권4

# 잡술雜述

경전을 해석하다 보면 한 가지 뜻에만 매이지 못하는 상황이 발생하고
그렇게 되면 일정함이 없어지는데, 일정함이 없으면 마치 쟁반 위를
구르는 구슬처럼 어디든 제멋대로 나가게 된다. 해석하다 보면 한 가지 학설에만
고집스레 매일 수도 있는데, 그렇게 되면 언어가 죽어버린다.
죽은 언어란 마치 봉인에 찍힌 인장과도 같으니, 그것을 어디다 쓰겠는가?

.

# 경전 해석을 위한 서두 解經題

『대불정』[1]이란 경전은 너무나 거대해 바깥이 없는 까닭에 '크다'(大)고 말해진다. 지극히 높아 올라갈 수 없기 때문에 '꼭대기'(頂)라고 일컬어진다. 지극히 크고 지극히 높은 것은 오직 부처님뿐이시니, 이 때문에 『대불정』이란 명칭이 생겼다. 옛날부터나 지금부터나 누가 이 『대불정』의 영원히 변치 않는 진리의 말씀을 따르지 않으랴? 다만 왜 그래야 하는지 그 이유를 아는 자가 드물 뿐이다. 그 이유를 알아 이처럼 지극히 크고 지극히 높아질 수 있다면 '최고의 불성'(佛頂)은 곧 내 안에 있는 것이다. 그런데 어째서 그것을 지극히 크다고 일컫는 것일까? 얼마나 큰지 볼 수 없기 때문에 지극히 크다고 일컫는 것이다. 어찌하여 그것을 지극히 높다고 말하는 것일까? 얼마나 높은지 다른 형체로 비유할 길이 없기 때문에 지극히 높다고 말하게 되었다. 볼 수 없고 형용할수도 없으니, 이것이 비밀이 아니면 도대체 무엇이란 말인가? 사람들은 그 유래가 대단히 비밀스럽다는 그 하나를 모르는 까닭에 밀폐된 가운

---

1) 『대불정』(大佛頂): 본래는 지혜가 가장 뛰어난 부처를 가리키는 말이지만, 다라니의 명칭으로도 쓰인다. 원명은 『대불정여래밀인수증료의제보살만행수능엄경』(大佛頂如來密因修證了義諸菩薩萬行首楞嚴經), 약칭하여 『대불정경』·『수능엄경』·『능엄경』이라고도 부른다. 아래에 나오는 '불정'(佛頂)은 부처 혹은 뛰어난 지혜로 풀이할 수 있겠다.

데 조용히 수도하지 못하고 수행으로 깨달음을 얻지도 못하면서 단지 어려움만을 확연히 드러내고 싶어한다. 그러나 어찌 알랴? 이 경전이야말로 뜻을 확실히 밝히는 비밀스런 경전이며, 거기서 가르치는 수양은 진리를 증명하는 비밀스런 수양이 되고, 그 안의 부처님이야말로 지극히 크고 지극히 높아 볼 수 없고 형용할 수도 없는 비밀스런 부처님인 줄을. 이렇게 비밀스럽지만 여러 보살의 만행[2]은 바로 그 안에서 흘러나오는 것이라 볼 수 없는 것이 없고 형용할 수 없는 것이 없으니, 완공[3]하여 아무짝에도 쓸모 없는 것에 비할 바가 아닌 것이다. 그런 까닭에 이 책을 일컬어 『수능엄』이라 부른다. 『수능엄』이란 단어는 당나라 말로 '끝까지 견고하다'(究竟堅固)는 뜻이다. 끝까지 견고해서 무너지지 않는다면 죽음이 없고 삶이 없으며 끝장낼 마음이 없어(無了)[4] 끝을 내지 않는 사람이 된다.

## 「결의론」의 앞에 쓰다 書決疑論前

경전은 풀이할 수 있기도 하고 풀이할 수 없기도 하다. 해석하다 보면 뜻밖의 생각과 통하기도 하고, 또 어떤 때는 의미의 설명만으로 떨어지는 경우도 있다. 해석하다 보면 한 가지 뜻에만 매이지 못하는 상황이 발생하고 그렇게 되면 일정함이 없어지는데, 일정함이 없으면 마치 쟁반 위를 구르는 구슬처럼 어디든 제멋대로 나가게 된다. 해석하다 보면 한 가지 학설에만 고집스레 매일 수도 있는데, 그렇게 되면 언어가 죽어버린다. 죽은 언어란 마치 봉니[5]에 찍힌 인장과도 같으니, 그것을 어디다 쓰겠는가?

2) 만행(萬行): 불법을 깨닫기 위한 일체의 행동.
3) 완공(頑空): 불교용어. 앎(知)·느낌(覺)·사유(思)·행위(行)가 없는 일종의 허무의 경계.
4) 무료(無了): 불교용어. 마음에 만물이 없어 끝장을 낼 마음이 없는 상태.

이 책에 담긴 수많은 언어는 『심경』에 나오는 '색즉시공,[6] 공즉시색'이라는 두 구절 경문을 풀이한 데 지나지 않는다. 경문 중에는 또 "이런 까닭에 공 가운데에는 색이 없다"는 말이 나오지 않던가? 그러므로 '무색'(無色)은 '중색'(衆色)의 모태요 중색은 무색의 색이니, 중색은 바로 무색이라고 말해도 괜찮지만 중색의 밖에 따로 무색이 없다는 말이야 어찌 가당할 것인가! 이렇게 보면 '진공'(眞空)은 '중고'(衆苦, 모든 苦厄)의 모태요 중고는 진공의 고액이 되니, 진공에서 모든 고액이 생겨난다고 말하는 것은 가능하지만 진공이 중고를 소멸시킬 수 없다는 말이야 또 어찌 가당할까! 기왕에 모든 고액을 만들어낼 수 있었다면 분명 그 고액을 소멸시킬 수 있음도 의심할 바 없겠다. 중고는 불길처럼 일어나지만, 진공은 생겨난 적이 있지를 않았다. 중고는 결국 없어지고 말지만, 진공이 소멸된 적은 없었다. 이런 까닭에 그 상황을 두고 극락법계(極樂法界)라 일컬으며, 이를 증명하고 거기에 들어간 자는 자재보살(自在菩薩)로 부른다. 이제 고통을 미워하고 즐거움을 구하는 자들이 그것을 두고 삼승[7]이라 부르니, 『심경』에서 말한 바 "오온을 비추니 모두가 헛되고, 일체의 고액에서 벗어난다"는 것이나 "일체의 고통을 제거할 수 있음은 진정 헛말이 아니다"라는 대목은 모두 허풍이 된다.

십법계(十法界)란 불계(佛界)와 구계[8]를 아울러 일컫는 말이다. 사

---

5) 봉니(封泥): 고대에 문서를 담은 상자를 봉함하던 방법. 먼저 문서가 담긴 상자를 새끼줄로 묶고 그곳에 아교를 칠해 봉한 뒤 도장을 찍어 비밀 유출이나 절도를 막았다. 서찰을 주머니에 넣고 주둥이를 묶어 봉니하기도 했으며, 진·한 시대에 널리 유행하였다.

6) 색즉시공(色卽是空): 색은 감지할 수 있는 일체의 형질(形質), 공은 만물이 인연 따라 생겨나므로 일정함이 없어 허환(虛幻)하고 실체가 없는 것을 가리킨다. 따라서 '색즉시공'은 일체의 사물이 모두 인연으로부터 발생하므로 허환하다는 의미가 된다.

7) 삼승(三乘): 불교용어. 일반적으로 소승(小乘, 聲聞乘)·중승(中乘, 緣覺乘)·대승(大乘, 菩薩乘)을 가리키는데, 삼자 모두 깊이가 다른 해탈의 도로 간주된다. 불법(佛法)을 지칭하는 말로도 쓰인다.

바세계를 불계로 삼거나 이 사바세계를 떠나면 불계가 없어진다는 말이 어찌 성립할 수 있겠는가? 그러므로 사바세계를 두고 부처님의 세계라 말하는 것도 가능하지만, 부처님의 세계가 곧 이 사바세계는 아니라고 말하는 것도 옳은 소리가 된다. 괴로운 번뇌가 아니라면 누가 즐거움을 구하는 발원을 하려 들겠는가? 즐거움을 얻는 것이 기쁘지 않다면 또 누가 지극한 즐거움을 구하고 싶다고 발원할까? 즐거움이 극도에 달하면 저절로 즐거움이 없어지는 법이다. 즐거움이 없다면 저절로 고통이 사라지고 장애물이 없으며 공포가 없고 전도된 몽상이 없어지는 법이다. 고통은 있지 않지만 장애물이 있고 공포가 있고 착란이 있는 상황이라면 그것들을 보고도 없다고 여기게 된다. 지혜와 만족이 있지 않으면 보고도 얻은 것이 없다고 여겨버리는 것이다. 인(因)과 연(緣)은 없지만 고(苦)와 집(集)이 있고 멸(滅)과 도(道)가 있으니, 억지로 고ㆍ집ㆍ멸ㆍ도는 없다고 여기게 된다. 공(空)과 색(色)은 없지만 안(眼)ㆍ이(耳)ㆍ비(鼻)ㆍ설(舌)ㆍ신(身)ㆍ의(意)가 있으므로 억지로 공 안에는 색이 없고 따라서 안ㆍ이ㆍ비ㆍ설ㆍ신ㆍ의도 없다고 여겨버리는 것이다. 그래서 "다만 말뿐이고 모두 실제 의미는 없다"고 말했다.

대저 경전이란 말씀의 가르침이다. 성인께서는 부득이한 상황에서 말씀을 남기셨기 때문에 말하는 족족 그것을 빗자루로 쓸어버리며 사람들이 거기에 집착할까 염려하셨다. 만약 모든 형상이 허망한 줄 알게 된다면 원력(願力)이나 자비(慈悲)는 형상 중에서 특히 큰 것이 되고 삶과 죽음이 걸린 심각한 문제가 된다. 그런데도 거기에 의지하여 편안하다 여기고 매달림으로써 성불의 근본을 이룬다고 여길 수 있을까? 부처가 계시기 때문에 발원이 있고 자비가 있는 법이다. 지금 사람들은 단지 부처님 뵙지 못하는 것만 걱정할 뿐 자신에게 부처의 원력이 없고 자비심이 없는 것은 걱정하지 않는다. 부처가 계신데 자비의 큰 발원이

---

8) 구계(九界): 십법계 중의 지옥(地獄)ㆍ아귀(餓鬼)ㆍ축생(畜生)ㆍ아수라(阿修羅)ㆍ인(人)ㆍ천(天)ㆍ성문(聲聞)ㆍ연각(緣覺)ㆍ보살(菩薩)을 말한다. 불계(佛界)와 상대적인 개념으로 모두 미계(迷界)에 속한다.

없는 경우를 나는 보지 못했다. 그러므로 부처가 계시면 보살도 따라 있게 마련인 것이다. 부처가 몸이라면 보살은 쓰임이고, 부처가 주인영 감이라면 보살은 집을 관리하는 관리인이고, 부처가 성스러운 천자라 면 보살은 온갖 것을 다 보살피는 집사 노릇을 한다. 누가 이 둘을 떨어 지게 할 수 있단 말인가? 부처를 아직 뵙지 못한 상태에서 한갓 거짓된 자비심만 일으킨다면, 그것은 위태한 노릇이다!

## 『수능엄경』해설 解經文

어둡고 흐림은 밝지 않은 것이다. 밝지 않음은 곧 밝음이 없는 상태 를 말한다. 세간에는 자신의 심지를 밝히지 못하는 종류의 사람들이 있 다. 그들은 자기의 진심이 마치 태허공[9]과 같아 얻을 수 있는 상[10]이 없다고 여기지만, 실은 색(色)에 관한 생각이 서로 뒤섞임에 따라 뒤죽 박죽 편치 못한 까닭에 공(空)을 이루지 못하는 데 그친다. 존재하는 모 든 것을 반드시 몽땅 비운 다음이라야 나에게 아무 상(相)이 없던 처음 을 종결짓게 되는데, 이런 상태가 바로 공(空)이다. 무릇 공으로 하여금 행위가 있게 한다면, 그것을 또 어떻게 진공(眞空)이라 일컬을 수 있겠 는가! 설사 공을 얻게 되더라도 그것은 또 땅을 파서 출토시킨 공으로 마치 지금 누구나 보고 있는 태허공 같을 따름인지라, 진공과는 끝내 교섭이 되지 않는다. 무릇 그 처음이야 본래 어둠침침해 밝지 않은 까 닭에 공이라 하였지만, 시간이 흐른 뒤에는 반대로 인위적인 공이 만들 어진 까닭에 더욱 캄캄해져 밝음이 사라지게 되었다. 이른바 캄캄함이 란 바로 모호하고 우매한 것으로, 이들 둘은 서로 다르지 않다. 그러나

---

9) 태허공(太虛空): 넓디넓은 우주의 허공. 결과적으로 행위와 사물이 없기 때문에 완공(頑空) 혹은 편공(偏空)이라고도 부른다. 소승의 열반에 비유함으로써 대승 열반의 묘공제일의(妙空第一義)와 구별짓기도 한다.
10) 상(相): 불교용어. 사물 일체의 외관과 형상을 말한다.

이 진공이 사리를 명명백백 제대로 깨닫는 이를 만난다면 진공은 바로 이 명백함 가운데 있게 된다. 하지만 진공 자체는 아직 명백해진 상태가 아니다. 만약 어리석어 사리에 어두운 자를 만난다면 진공은 또 이 어둠 가운데 들게 되는데, 그때의 진공은 아직 캄캄해지지 않은 단계에 위치한다. 그래서 "공이 캄캄한 가운데 있다"고 말한 것이다. 다만 내 마음이 진공인데 특별히 한 송이의 캄캄해서 밝지 않은 색(色)과 결합해버린다면 본래는 공이 되고 싶었어도 오히려 색이 되니, 이렇게 해서 공이 아직 이뤄지기도 전에 색이 벌써 은연중에 연결되고 만다. 그래서 "암암리에 연결되어 색이 된다"고 말하였다. 이리하여 나의 캄캄하고 밝지 못한 망색(妄色)에다 내가 특출하게 공(空)을 이루겠다는 망상[11]을 섞으면 신상[12]이 드디어 다 갖춰지게 되니, 원래 나의 이 몸은 색과 상(想)이 서로 뒤섞인 다음에 생겨나는 것인 까닭이다.

　기왕에 망색과 망상이 서로 뒤섞여 몸을 이루고 나면, 바깥 환경에 따라 끊임없이 흔들리는 망심[13]이 밤낮으로 몸 안에 쌓이게 되며, 흩날리는 먼지만 보고도 쫓아가는 망상이 아침저녁으로 몸 바깥으로 분출하면서 마치 파도를 따라 넘나들듯 그침이 없으니, 그 혼란하고 번잡스런 형상은 거의 말로 형용할 수 있는 지경이 아니다. 이는 심상(心相)이라 부르지만 진심이 아니니, 상(相)으로 마음을 삼는 것이 어떻게 가능하겠는가! 이는 스스로 미혹에 빠지는 것이다. 기왕에 미혹에 빠진 마음이라면 필시 마음이 색신[14] 속에 있다고 단정지으면서 반드시 여러 혼란스런 상(相)들을 제거해야 한다고 여기게 되지만, 한편으론 공(空)을 이루려는 생각도 다시 고개를 쳐들게 된다. 그렇게 해서 다시금 공(空)을 이루고 색(色)과 결탁하며 망상이 뒤섞이게 함으로써 내 몸을

---

11) 망상(妄想): 분별이 흐려졌기 때문에 생겨나는 갖가지 상(相).
12) 신상(身相): 신체의 형상.
13) 망심(妄心): 멋대로 분별하는 마음.
14) 색신(色身): 불교용어. 사대오진(四大五塵) 등 색법(色法)으로 이루어진 몸으로 육신을 일컫는다.

이루는데, 엎치락뒤치락 생명을 받다보면 도무지 끝이 나지 않게 된다. 그런데 이 모두는 공을 이루겠다는 일념에서 나온 것으로, 원래가 어두 컴컴한 무명(無明)에서 비롯하였을 뿐이다. 대저 미혹을 마음으로 삼는 것 자체가 또 하나의 미혹인 것이다. 다시 미혹의 오류에 빠져들면 나의 본심이 색신 안에 있다고 여기게 되는데, 이런 심상(心相)은 반드시 제거해야 옳다고 하겠다. 아차차! 심상이 어떻게 비워질 성질의 것일 꼬! 이는 미혹에 또 하나의 미혹을 보태는 꼴이다. 그래서 "남보다 곱절이나 미혹에 빠졌다"고 말한 것이다. 어찌 알랴! 나의 색신이 밖으로 흘러 산과 강에 이르고 대지를 두루 덮으며 눈에 보이는 태허공 등과 어우러지는 이 모든 것은 나의 오묘하게 밝혀진 진심 가운데 있는 한 점 물상(物相)일 따름인 것을. 이는 모두 자연스런 심상이니, 누가 그것을 비울 수 있겠는가? 심상은 결국 진심 가운데서 보이는 물상이니, 진심이 어찌 정말로 색신 안에 들어 있는 것이겠는가? 무릇 모든 상(相)이란 총체적으로 나의 진심 가운데 들어 있는 한 점 물상이니, 즉 물거품은 결국 망망대해 한가운데의 한 점 포말인 것이다. 바다가 한 점 포말을 없앨 수 있다면 진심 또한 한 점 상(相)을 제거할 수도 있을 것이니, 어찌 스스로 미혹에 빠지겠는가?

순서대로 정리해 살펴보면 어둠으로 공(空)을 삼는 미혹은 깨뜨려야 할 뿐이다. 게다가 진심이 벌써 색신을 껴안아 일체의 산하와 허공과 대지와 존재하는 모든 물상에 이르렀다면, 상(相)이 마음이고 마음은 색신의 안에 존재한다는 그 미혹 또한 깨뜨릴 수가 있다.


## 염불에 관한 문답 念佛答問

크고 작음을 서로 비교하는 것은 속목단학[15]의 쓸데없는 논의이다.

---

15) 속목단학(續鶩短鶴): 속부단학(續鳧斷鶴)이라고도 한다. 사물이 본성을 잃어버

천지가 나와 더불어 한 뿌리인데 누가 나보다 나을 것이며, 만물이 나와 더불어 한 몸인데 또 누가 나만 못할 것인가? 나는 염불이야말로 첫째가는 부처행이며, 염불 외에는 또 달리 첫째가는 의체[16]를 찾을 수가 없다고 생각한다. 만약 염불이 바로 석가모니께서 임시방편으로 마련하신 접인[17]의 방도라면, 이른바 최상의 가르침 또한 한결같이 임시로 지어낸 접인의 말씀일 뿐이다. 고인(古人)은 부처에게 오문[18]이 있으니 언제 제이의(第二義)로 떨어진 적이 있겠는가 하고 여겼는데, 바로 앙산[19]의 작은 석가모니께서 가슴으로부터 쏟아낸 말씀이다. 나중에 중봉화상[20]이 도를 배움에는 진실로 오문이 있다고 말씀하시며 사람들에게 백방으로 찾아보라고 가르쳤는데, 이는 사람들을 오도한 것이다. 때문에 이 일을 아는 것은 사람들이 진실로 죽음을 무서워하는가 아닌가에 달렸을 뿐이다. 발원하는 마음이 진실하다면 깨달음이나 깨닫지 못함이나 모두가 말장난이 된다. 염불과 참선은 결국 큰 바다에 귀속되는 일이니, 거기는 입술에 올릴 필요가 없는 곳이다.

---

리면 도움을 주려 해도 도리어 손해만 끼치게 된다는 뜻으로, 출전은 『장자』 「변무」(騈拇)편. "긴 것이라도 나머지가 있으면 안 되고, 짧더라도 부족하게 여겨서는 안 된다. 이런 까닭에 오리 다리는 비록 짧아도 그것을 늘여주면 근심이 되고, 학의 다리가 비록 길어도 자르면 슬퍼진다"(長者不爲有餘, 短者不爲不足. 是故鳧脛雖短, 續之則憂; 鶴脛雖長, 斷之則悲.)

16) 의체(義諦): 불교용어. 진체(眞諦)와 같은 뜻으로 가장 진실한 뜻과 도리를 가리킨다.

17) 접인(接引): 불교용어. 부처가 관세음과 대세지 두 보살과 더불어 중생을 서방정토로 인도하는 것을 말한다.

18) 오문(悟門): 불교용어. 깨달음에 이르는 지름길.

19) 앙산(仰山): 지금의 강서성 의춘(宜春) 남쪽에 있는 산 이름. 당대(唐代)에는 원주(袁州)에 속했다. 선종 위앙종(潙仰宗)의 시조 중 한 사람인 당대의 고승 혜적(慧寂)이 수도를 한 장소로서 그의 호이기도 하다.

20) 중봉화상(中峯和尙): 원대의 승려 명본(明本). 자는 중봉, 자호는 환주(幻住). 조맹부에게 『금강반야』의 뜻을 문답으로 알려주기도 했고, 인종(仁宗)의 국사가 되기도 하였다. 당시의 가장 유명한 고승으로 『능엄징심변견혹문』(楞嚴徵心辨見或問)과 『금강반야약의』(金剛般若略義) 등의 저술을 남겼다.

# 『모두와 여행을 마치고』[21] 후기 征途與共後語

초약후의 말은 아직도 깨닫지 못한 자들을 위해 발한 것일 뿐이다. 만약 방자급[22]에 여전히 용왕매진하는 참이었다면 어떻게 이런 말을 그에게 들이밀 수 있겠는가! 그러나 내가 듣기에 공부하는 자들 중에는 아직도 뭐가 뭔지 모르는 자가 적지 않다 하니, 그들에게는 이런 말을 들이밀어도 마땅할 것이다. 대처 세속의 부귀공명은 사람을 가장 쉽게 침몰시킨다. 나처럼 나이 들어 죽음을 목전에 둔 늙은이조차 명성을 가까이하고픈 멍에에서 아직 벗어나지 못하고 있는데, 떠들썩한 마당에서 온갖 아부로 남들의 환심을 사려는 인간들이야 더군다나 말할 나위 있을까? 그러나 한편으론 기꺼이 삶과 죽음을 궁구하고 인간세상의 번화함과 쾌락을 극단의 괴로움으로 여기면서 자신을 그 속에 빠뜨리는 것을 용납하지 못하니, 내가 또 세상에서 무엇을 추구한다 하겠는가? 사실 생사에 관한 생각이 아직 싹트지 못한 까닭에 세상의 참선하고 도를 공부한다는 자들 역시 나와 같은 정도에 머물고 마는 것이다. 그렇다면 콧구멍을 하늘 쪽으로 추켜올리는 거만한 자들 또한 존중할 만하니, 나는 약후가 그들을 너무 심하게 질책하지 않기를 바란다. 잠시 그 부분은 접어둔 채 거론하지 않기로 하자. 그리고 약후가 서두에서 한

---

21) 『모두와 여행을 마치고』(征途與共)는 지금은 전하지 않는 글이다. 이지는 『속분서』 권1 「방인암에게」(與方訒庵)에서 『정도여공』한 권은 지난 겨울 이별한 뒤 지은 책"(『征途與共』一冊, 是去冬別後物)이라고 존재를 밝히고 있다.

22) 방자급(方子及): 방항(方沆, 1542~1608). 자는 자급, 호는 인암(訒菴). 복건성 보전(莆田) 사람이다. 어려서부터 총명하고 장구훈고(章句訓詁)에 관심을 두지 않았다. 융경 2년(1568) 진사가 되어 남경의 호부원외랑(戶部員外郎)과 낭중(郎中)을 지냈는데, 강우(江右)의 여러 군(郡)에서 징수한 세금을 육군(六軍)에 지급한 일 때문에 무고를 당해 운남의 안녕제거(安寧提舉)로 좌천되었다. 하지만 얼마 뒤 다시 남경의 형부낭중(刑部郎中)에 보임되어 해서(海瑞)·이세달(李世達)·강보(姜寶) 등의 사랑을 받았다. 3년 뒤 첨사(僉使)로 발탁되어 운남의 제학(提學)이 되었지만, 다시 참소를 입어 영주(寧州, 강서성 南昌)의 지부로 쫓겨났다가 1603년 벼슬을 그만두고 귀향하였다. 저서로 『의란당집』(猗蘭堂集)을 남겼다. 이지와는 만력 원년(1537) 전후, 남경에서 알게 된 듯하다.

말을 절취하여 그와 함께 상량해보는 것은 어떠할는지?

약후는 음악의 도(道)가 선(禪)과 통할 수 있다고 했는데, 제법 그럴 싸한 말이다. 그런데 백아(伯牙)를 인용하여 증거로 삼으면서 옛날에는 악보가 필요 없었고 지금도 훌륭한 스승 따윈 필요 없다면서 오만하게 굴다가 마침내 스스로 그렇게 믿어버린 것은 웃음거리가 되기에나 족하니, 나는 전혀 그렇게 생각하지 않는다. 백아에게 있어 성련[23]은 제대로 만난 훌륭한 스승이라 말할 만하다. 악보에 의거해 하나하나 지적하면서 전수했으므로 근거와 법도가 있고 고금을 망라한 가르침이라고 말할 만하였다. 그런데 백아는 어째서 끝내 득음하지 못했던 것일까? 만약 성련이 정말로 악보에 맞춰 가르치는 스승 노릇을 그만둘 수 없었다면 의당 밤낮을 가리지 않고 곡조를 가르쳤어야 마땅한 노릇인데 어쩌자고 백아를 인적도 없는 바닷가, 아무것도 보이지 않는 적막한 땅으로 옮겼단 말인가? 백아가 세상의 다른 악공들과 똑같았다면 성련 선생의 행위 또한 어떻게 쓸데없는 짓이 아니라 할까? 음악의 도가 바다와 또 무슨 상관이 있다고 반드시 바닷가에 처박힌 다음에라야 얻게 된다고 했을까? 참으로 이상한 노릇이 아닐 수 없다!

원래 성련에게는 성련의 음악이 있으므로 제 아무리 성련이라도 제자에게 자신의 도를 전수할 수는 없는 법이다. 백아에게는 또 백아의 소리가 있으니 제 아무리 백아라 한들 성련을 그대로 본뜰 수는 없는 노릇이다. 여기서 말하는 음악의 도란 의외의 순간에 즉흥적으로 얻어지는 것이므로 다른 사람을 배워 이룰 수는 없다고 하겠다. 장님 악사 성련은 일찍이 음악을 배우지 못했던 까닭에 느낌이 닿자마자 당장 조

---

23) 성련(成連): 춘추시대의 유명한 거문고 교사. 전설에는 백아가 성련에게 거문고를 배웠는데 삼 년 동안 정통하지 못했다. 이에 성련이 제자를 데리고 동해상의 봉래산(蓬萊山)으로 가 바닷물의 출렁임이며 새들이 우짖는 소리를 듣게 하자, 백아는 "선생님께서 저의 감정을 옮기시려는 것이군요." 하고 탄식했다. 백아는 이때부터 계발되기 시작해 기예가 크게 진보했고 마침내는 천하의 고수가 되었다. 당나라 오긍(吳兢)의 『악부고제요해』(樂府古題要解) 「수선조」(水仙操)에 보이는 이야기이다.

화로운 음악을 산출해냈지만, 백아는 학습을 통해 배웠기 때문에 아무 것도 감지되지 않는 무인지경에 이른 뒤에야 소리가 오묘해질 수 있었 던 것이다. 만약 백아가 바닷가에 가지 않았더라면, 설사 갔다 하더라 도 성련 선생이 줄곧 그와 함께 어울렸더라면 끝까지 득음할 수 없었을 것이다. 오직 절해고도의 바닷가나 텅텅 빈 들판처럼 인적 끊어진 아득 한 곳에 다다른 뒤라야 예전에 배웠던 악보가 더는 존재하지 않고 전수 받은 가르침이 사라지며 큰 스승이 보이지 않게 된다. 전해 받은 예전 의 모든 것을 이제는 더 이상 붙들고 있으면 안 되는 것이다. 그렇게 되 어야만 소리는 비로소 제 소리가 난다. 이러한 음악의 도는 원래 악기 의 외관이나 가르침을 넘어선 상황에서 산출되는 것이니, 또 어떻게 성 련 선생을 통해 해결될 일이겠는가? 그렇다면 도를 배운다는 것도 어떠 해야 할지 알만한 노릇이다. 눈이 밝아도 보이지 않는 것이 있지만 얼 추 그림자만 보고도 그 전체를 알게 되고, 귀가 밝아도 들리지 않는 바 가 있는데 대나무 한 번 때리는 소리에 게[24]가 이뤄지기도 하는 법이 다. 모든 것이 다 그러할진대 어찌 장님 스승과 백아의 관계만이 유별 나다 하리오?

나는 방자급이 바로 장님 스승 같고 약후는 바닷가로 나아간 백아처 럼 되기를 희망한다. 이리하여 삼가 그 후속으로 글을 짓고 「여행길에 모두와 함께」라고 제목을 붙인 뒤 그들에게 돌려보냈다. '모두와 함께' 는 모든 이와 더불어 함께 배운다는 뜻이다. 방자급은 순보(純甫, 이지 의 사위 莊純夫)와 어울려도 좋겠다고 여긴 까닭에 여행길 내내 날마다 그와 함께 공부하였다. 만약 진정으로 더불 수가 있다면, 바라건대 여 기 적힌 이 말을 첨부하여 그에게 보내줘도 좋을 것이다.

---

24) 게(偈): 범어 게타(偈佗, Gāthā)의 준말로 불경에 나오는 노래 가사. 보통 4구로 이루어졌다.

## '하학상달'의 풀이 批下學上達語

"공부하여 천명에 도달하길 구한다"[25)]는 이 말은 매우 가당찮은 소리다. 기왕에 '사람의 일을 배우'(下學)지 않으면 '천명에 도달'(上達)할 수 없다고 말했으니, 공부하는 것이 상달하는 길이고 아래로 가는 것이 위로 나아가는 방법이며 그 외에는 달리 추구하여 도달할 이치가 존재하지 않는다. 그런데도 다시금 '구하여 도달한다'고 말씀하신 것은 무슨 까닭일까? 하지만 하학(下學)은 여전히 하학이고 상달(上達)은 그저 상달일 뿐이니, 만약 하학을 두고 상달하는 길이라 여긴다면 그 또한 아니 될 말이다. 그런데도 '공부해서 천명에 도달하길 구한다'고 말했으니, 이는 과연 하학이야말로 상달로 나아가는 길이란 뜻인가? 그것이 아니라면 상달을 추구하는 학문이 따로 있기라도 하다는 말인가? 만약 하학하는 것이 상달로 나아가기 위함이라면 앞서의 힐문을 당하게 될 것이고, 천명에 도달하길 추구하는 학문이 별도로 있는 것이라면 살점을 떼어 상처에 갖다 붙이는 어리석은 짓인지라 그 지나친 조급증 때문에 백해무익의 결과를 낳게 될 것이다. 그래서 정백자[26)]는 이렇게 말하였다.

"물 뿌려 바닥을 청소하고 예절을 갖춰 손님을 맞이하는 것이야말로

---

25) 『논어』 「헌문」(憲問)편의 일부를 차용했다. "공자께서 '나를 알아주는 이가 없구나' 하고 한탄하셨다. 자공이 그 말을 듣고 '어찌 선생님을 알아줄 이가 없겠습니까?' 하고 여쭈니, 공자는 이렇게 말씀하셨다. '하늘을 원망하지 않고 사람을 탓하지도 않는다. 인사를 배워 천명에 도달하니, 나를 알아줄 이는 하늘뿐이로다'" (子曰: '莫我知也夫.' 子貢曰: '何爲其莫知子也.' 子曰: '不怨天, 不尤人, 下學而上達. 知我者, 其天乎.')

26) 정백자(程伯子): 정호(程顥, 1032~85). 송대 낙양(洛陽) 사람으로 자는 백순(伯淳). 아우인 정이(程頤)와 더불어 이정(二程)으로 불리는 송대의 명유(名儒)이다. 주돈이(周敦頤)를 사사하고, 제가(諸家)를 섭렵했으며, 노장과 불교를 공부했지만 육경을 기본으로 하였다. 『역경』에 특히 정통했다. 시호는 순공(純公). 세칭 명도 선생(明道先生)으로도 일컬어진다. 그가 지은 『식인편정성서』(識仁篇定性書)와 『어록』이 『이정전서』(二程全書)에 수록되어 있고, 『송사』 권427과 『송원학안』 권13과 14에 보인다.

미묘한 이치를 탐구하여 신묘한 경계로 들어서는 길이다."

여기서 말한 '～야말로'는 하학이 바로 상달임을 의미한다. 그러나 또 한편으로는 이렇게도 말씀하셨다.

"사람은 모름지기 자기의 진심을 알아야 한다."

진심만 갖고는 앎을 인지하는 것이 불가능하니, 그것이 어찌 배운다고 구해질 수 있는 것이겠는가? 공부해서 구해지는 것이 아니라면 또 배움을 떠난 다음에라야 천명에 도달하게 된다. 그런 까닭에 배움을 통해 천명에 도달하길 구하는 것은 잘못이라 말한 것이다. 배움을 떠나는 것도 잘못이고 공부하는 것도 틀렸다면 공자는 어떻게 해서 천명을 알 수 있었단 말인가? 이는 안회가 공자의 상달을 놓고 평생토록 고심한 까닭이다. '학문하는 것이 바로 상달하는 것'이라 말하지 않았고, '학문을 떠나야 상달한다'고 말하지도 않았으며, 또 '학문은 상달을 추구하는 것'이라고 말씀하지도 않으셨다. 그리고 다만 '하학을 통해 상달한다'고 말씀하셨으니, 왜 그렇게 뜻과 말이 완곡했단 말인가? 바로 사람으로 하여금 스스로 느끼게 하여 그 안에서 저절로 깨우치게 할 요량이었던 것이다.

이제 땅바닥에 물 뿌려 청소하고 손님을 접대하는 사소한 일들을 살펴보기로 하자. 이런 일이야 어리석기 그지없는 사람이라도 해낼 수 있지만 그 안에서 상달의 길로 나아가기란 불가능하다. 그래서 이 일을 두고 하학(下學)이라 말하며 그들을 백성(百姓)이라 일컫고 비부(鄙夫)와 범민(凡民)으로 부르면서 다만 그들을 부려 그쪽으로 유도할 수 있다고나 말한 것이다. 미묘한 이치를 연구하여 신의 경지에 드는 것은 물론 상달(上達)이다. 상달하면 눈과 귀가 밝아지고 성스럽고 지혜로워져 하늘의 덕에 도달한 사람이 된다. 그래서 이를 두고 '형이상'[27]이라 말하며, '최고의 도를 말할 수 있다'[28]고 하며, '군자는 하늘의 이치를

---

27) 『역경』「계사전」 상편에 "형상 이전의 구체적으로 볼 수 없는 것을 도라 하고, 형상 이후의 구체적으로 볼 수 있는 것을 일컬어 기라고 한다"(形而上者謂之道, 形而下者謂之器.)는 대목이 보인다.

깨달은 이'29)라고 말하는 것이다. 안자가 비록 큰 현인이지만 여전히 '한 칸이 모자란다'30)고 하며 '겨우 이치에 근접했다'31)고만 일컬어지니, 다른 사람이야 말해 무엇하리오! 그렇다면 공자가 자신을 알아주는 이가 없다고 자탄하면서 오직 하늘만이 알아줄 거라고 말한 것은 진정 애통함의 극치라고 하겠다. 사실 세속의 도를 공부한다는 자들은 날마다 도와 접하면서도 알아채지 못하거나 도를 보고 나서 어질고 지혜로워지는 자의 두 종류가 있는데, 그들 중에 상달할 수 있는 자가 누구이겠는가? 무릇 공부란 상달에 이르는 길이다. 비록 성인이라 할지라도 모르는 것이 있는데 평범한 백성들이야 또 어떻게 유도하여 그것을 알게 할 것이랴? 그래서 공자는 "내가 아는 것이 있겠느냐?"32) 하고 말씀하셨던 것이다. 성인이라 할지라도 어쩔 수 없는 바가 있는데 또 어떻

---

28) 출전은 『논어』 「옹야」편. "공자께서 말씀하셨다. '보통 사람에게는 높은 도리를 말할 수 있지만, 중등 이하의 사람에게는 일러주지 말아야 한다'"(子曰: '中人以上, 可以語上也. 中人以下, 不可以語上也.')

29) 『논어』 「헌문」편. "공자께서 말씀하셨다. '군자는 하늘의 이치를 따르니 나날이 고명해지고, 소인은 사람의 욕심을 좇으니 나날이 아래로 내려가게 된다'"(子曰: '君子上達, 小人下達.')

30) 『맹자』 「진심」(盡心) 하편에 "남의 아비를 죽이면 그 사람도 나의 아비를 죽일 것이다. 남의 형을 죽이면 그도 내 형을 죽일 것이다. 그렇다면 내 스스로 형과 아비를 죽이는 것은 아니지만 실제로는 한 사람을 사이에 두었을 뿐이다!"(殺人之父, 人亦殺其父; 殺人之兄, 人亦殺其兄. 然則非自殺之也, 一間耳!)라는 대목이 나온다. 조기(趙岐)는 주(注)에서 "한 사람 간격이란 내가 가면 상대방이 따라오매 겨우 한 사람이 사이에 있을 뿐이니, 스스로 자신의 어버이를 죽이는 것과 무엇이 다르겠는가?"(一間者, 我往彼來, 間一人耳. 與自殺其親何異哉?) 하였고, 『이정유서』(二程遺書) 권12에서는 "구멍이 그 사이에 있다면, 이는 한 칸이 모자랄 뿐이다"(若孔乃在其中焉, 此未達一間也.) 하고 설명했다.

31) 출전은 『주역』 「계사전」 하편. "공자께서 말씀하셨다. '안회는 도에 거의 도달했구나. 자신에게 착하지 않은 점이 있으면 그것을 알고 고치지 않은 적이 없다. 알아서 고치고 나면 두 번 다시 되풀이하는 법이 없구나'"(子曰: '顔氏之子, 其殆庶幾乎, 有不善未嘗不知, 知之未嘗復行也.')

32) 『논어』 「자한」편. "공자께서 말씀하셨다. '내가 아는 것이 있겠느냐? 아는 게 없다. 하지만 어느 어리석은 자가 내게 물어온다면 그 질문이 텅 빈 듯 내용이 없는 것일지라도 나는 양끝을 다 들추어내 일러줄 것이다'"(子曰: '吾有知乎哉? 無知也. 有鄙夫問於我, 空空如也, 我叩其兩端而竭焉.')

게 보통 사람들로 하여금 그것에 능하게 만들 수 있으랴? 그래서 공자께서도 "백성들 중에서 능히 행할 수 있는 자가 드물어진 지도 오래되었다"[33]고 말씀하신 것이다. 백성들 중에서 행할 수 있는 자가 드물어진 까닭은 그것이 불가능해서이지 내쳤기 때문은 아닌 것이다. 그렇다면 하학이란 성인이나 범인이 똑같이 행해야 할 바가 된다. 범인이 기왕에 성인과 동일하게 공부했다면 온 거리에 나다니는 이들 모두가 성인이라 이른들 무엇이 안 될 것인가? 상달이 성인의 전유물이라면 보고 난 뒤 어질고 지혜로워지는 자와 날마다 행하면서도 모르는 자가 똑같이 상달하지 못하는 존재이므로 결국 모두가 보통 백성임이 명백해진다. 그렇다면 안회 아래로는 모두가 보통 백성인 것이다. 두려울진저! 성인께서는 자로[34]와 자공[35]의 면전에서 탄식하지 않으려 했지만 그것이 어찌 가능한 일이었겠는가?


## 방백우의 『수능엄경』 책갈피에 쓰다 書方伯雨册葉

능엄(楞嚴)은 당(唐)나라 말로 언제까지나 견고하다는 뜻이다. 언제까지나 견고한 것은 무엇을 말할까? 우리의 몸은 영원히 썩지 않는 것이 아니니, 죽으면 흙으로 돌아가게 된다. 우리의 영혼도 언제까지나 꺼지지 않는 것은 아닌지라, 흩어지면 바람 따라 흘러가게 된다. 명성도 언제까지나 무너지지 않는 것은 아니다. 천지가 여러 번 끝나고 하늘땅이 자리를 바꾸면 옛날 성현께서 남기신 책은 더 이상 존재하지 않을 것이니,

---

33) 『논어』「옹야」편. "공자가 말씀하셨다. '중용의 덕은 지극하지만 그것을 행할 수 있는 자가 드물어진 지도 오래되었다'"(子曰: '中庸之爲德也, 其至矣乎, 民鮮久矣.')

34) 자로(子路): 공자의 제자. 성은 중(仲), 이름이 유(由)이고, 자는 자로 혹은 계로(季路)라고도 하였다. 정사(政事)에 뛰어난 것으로 유명하다.

35) 자공(子貢): 공자의 제자. 성은 단목(端木), 이름은 사(賜), 자가 자공이다. 구변이 좋고 경영 능력이 있어 많은 재산을 모았고 외교 능력이 뛰어났다고 전해진다.

어디에 이름이 남고 어디에 명성이 기탁될 것인가? 모름지기 이 한 점을 잘 기억할지어다. 무엇이 견고한 것일까? 언제라야 세상의 종말을 맞이하게 될까? 항상 견고하여 부서지지 않는다는 것은 진실한 말일까? 거짓된 말일까? 이는 사람을 속이는 말일까? 아니면 속이지 않는 말일까? 남을 속인다고 할 것 같으면 이는 부처 자신이 스스로 속는 것이니, 그가 어찌 사람을 속일 수 있겠는가! 부디 참작하여 받아들이시게나!

## 약무의 모친이 아들에게 보낸 편지를 읽고 讀若無母寄書

약무[36]의 모친이 다음과 같은 편지를 보내오셨다.

"나는 해마다 늙어가면서도 팔 년 동안 너의 수발을 들었다. 네가 나를 버리고 출가한 것은 그만두고라도 왜 지금에 와서 또 먼 곳으로 떠나려 하느냐? 너의 스승도 당초 출가하실 때 부모님의 일을 모두 마친 다음에야 출가하지 않았더냐. 네가 지금은 멀리 떠나려 하지만 내가 죽기를 기다린 뒤 떠나도 늦지 않을 것이다."

약무는 답장을 보내 이렇게 말씀드렸다.

"제가 가까운 곳에 거주했지만 어머님의 수고를 조금도 대신하지 못하였습니다."

어머니가 다시 말씀하셨다.

"여기저기 아픈 것이 저절로 방편[37]이 되어 나는 자연스레 너를 염두에 두지 않게 되었으니, 너도 안심하고 내게 괘념치 말아라. 둘 다 마음에 매달아두지 않으면 피차가 같이 편안해질 것이다. 편안한 곳이 바로 정처(靜處)인데, 너는 어찌하여 먼 곳으로 떠나 고요함을 구하겠

---

36) 약무(若無): 이지를 모셨던 승려. 속성은 왕(王)씨, 이름은 세본(世本)이다. 황안(黃安) 출신이며, 그의 어머니는 장(張)씨라고 알려져 있다.

37) 방편(方便): 불교용어. 사람에 따라 각기 다른 가르침을 베풀어 불교의 진의를 깨닫게 하는 임기응변의 방식.

다고 고집을 부리느냐? 게다가 진소가(秦蘇哥)가 절을 사서 네게 증
여한 이래 너에 대한 대우가 또한 소홀하지 않았다. 너는 도정[38]만을
생각하지만, 나는 세정을 염두에 둔단다. 세정이 넘치면 그것이 바로
도정인 것이야. 내가 늙었기 때문이 아니라 너의 두 아들 또한 보살핌
을 받아야겠기에 하는 말이다. 너희 스승도 예전에 출가하고 난 다음
에 흉년을 만나자 아들을 돌보아주셨다. 필시 그분 마음에 그냥 넘길
수 없는 뭔가가 있었기에 그러신 것이겠지. 만일 보살피지 않고 그 아
들이 곤궁에 빠지게 내버려둬 제대로 크지도 못하고 남들의 비웃음이
나 살 지경에 이르렀다 치자. 이런 때를 당했을 때 네가 수도하며 고요
하고 싶은들 과연 마음에 동요가 생기겠느냐? 아니 생기겠느냐? 이런
경우 흔들리지 않을 수 있는 이치란 아직까지 세상에 없었다. 마음에
동요가 일렁이는 듯해도 또 남들의 비웃음이 무서워 그저 참고 숨기며
나날을 보내려 들겠지. 이렇듯 상관 않고 동요하지 않는 마음과 아이
를 돌보면서 동요하는 지금의 마음 중에서 무엇이 진실이고 무엇이 거
짓이겠느냐? 어느 쪽이 낫고 어느 쪽이 못하겠느냐? 이렇게 보건대
지금 아이를 돌본다면 외적으로야 마음이 동요한 것 같을 것이다. 하
지만 마음 깊은 곳은 편안하여 도리어 마음이 흔들리지 않을 테지. 만
약 아이가 어찌되든 상관치 않겠다면 외형상으로는 마음이 움직이지
않은 것 같지만 깊은 속내는 은근히 고통스러워 도리어 마음이 흔들리
게 될 것이다. 네가 한 번 네 마음을 세밀히 점검해보거라. 만약 마음
이 편안하다면 그것이 바로 상주[39]이고 그곳이 바로 금강[40]이니라. 어

---

38) 도정(道情): 도의(道義). 인생과 우주에 관한 큰 도리로 여기서는 불리(佛理)를
　　가리킨다. 이와 대칭되는 의미의 세정(世情)은 세속에서 벌어지는 사람간의 갖가
　　지 관계나 감정, 태도 따위를 말한다.
39) 상주(常住): 영원하여 변함이 없고 불생불멸(不生不滅)하는 허정(虛靜)의 경계.
40) 금강(金剛): 금강산(金剛山). 수미산(須彌山) 혹은 묘고산(妙高山)이라고도 부른
　　다. 불경에서는 금강산이 남섬부주(南瞻部洲) 등 사대주(四大洲)의 중심으로 큰
　　바다의 한가운데 있으며 높이가 335만 리나 된다고 설명한다. 정상에는 제석천
　　(帝釋天)이 거주하며 산허리에는 사천왕(四天王)이 살고 있다고 한다.

쩌자고 고집스레 남의 말만 듣는 것이냐? 그저 남의 말만 듣고 네 마음을 살피지 않는다면 외계의 사물(外境)에 의해 시비가 전도될 것이다. 외경 때문에 시비가 바뀌면 너는 마음이 편안한 경지에 도달할 수 없게 된다. 너는 마음이 상주할 곳으로 가지 않고 다만 외경이 머물 곳으로만 가고자 하는구나. 본인이야 용담(龍潭)이 조용하지 않아 금강으로 가려는 심산이겠지만, 금강이 조용하지 않다면 또 어디 가서 머무르려느냐? 너는 진종일 도(道)를 강론하려 들지만, 나는 오늘 너와 더불어 마음(心)을 이야기한다. 너 만일 믿기지 않거든 네 스승께 다시 여쭤보거라. 만약 외경에 머물려면 응당 금강에 살아야겠지만, 마음에 머물려거든 멀리 갈 필요가 없는 것이다. 네 마음이 고요하지 못하다면 금강으로 가는 일은 말하지 말거라. 설사 바다 밖에 이르더라도 마음은 더욱 혼란스럽기만 할 것이다."

탁오자(卓吾子)는 편지를 읽고 감탄하며 말했다.

집안에 성모(聖母)가 계시고 그 슬하에 진불(眞佛)이 태어남을 경하하노라. 조석으로 마음을 말씀하시는 성모 같은 스승이 계시니 지적하는 말씀은 모두가 해조음[41]이고 명하신 바는 전부 마음 깊숙이 울려 나오는 지극한 말씀이라. 뒤집어 두들겨도 깨뜨릴 수 없구나. 우리 같은 곁다리들이 쏟아낸 신발 신고 가려운 발 긁는 식의 말을 돌아보면 하나같이 이치에 닿지 않는 헛소리들뿐이다. 한다는 소리라곤 또 식사를 말로만 보여주는 것과 같으니, 어떻게 사람들을 배부르게 할 수 있겠는가? 한갓 곁다리들 말에 끌려다니고 또 그들에게 비웃음을 당하면서도 스스로는 부끄러운 줄 모르는구나. 지난번 그대에게 보낸 편지 몇 장을 돌이켜 생각하니 모두가 허장성세라, 우매한 자들에게 위협이나 가했으니 진정이나 진실한 뜻과 무슨 상관이 있으랴! 바라건대 속

---

41) 해조음(海潮音): 불교용어. 관세음보살이 설법하는 음성을 비유하는 말. 해조음은 웅장할 뿐아니라 때에 맞춰 밀려오기 때문에 관세음이 제때에 설법하는 모습과 비슷하다 하여 이런 비유가 만들어졌다.

히 물이나 불 속에 던져버려 성모의 눈에 뜨이는 일이 없도록 하라. 그리하여 성모의 입에서 내 한평생 한 짓이라곤 도리를 말한답시고 남을 해치는 노릇뿐이었다는 말씀이 나오지 않도록 하라. 또 바라건대 약무 자네는 어머님께서 보내온 편지를 잘 펴서 내걸어 염불하고 도를 공부하는 자들로 하여금 수시로 읽어볼 수 있도록 하라. 그러면 사람마다 깨닫는 바가 있어 진짜 부처를 염송하고 가짜 부처는 입에 올리지도 않게 될 것이다. 진짜 부처를 염송할 수 있는 것 자체가 바로 진짜 미타[42]인 것이니, 설령 '아미타불' 한 마디를 입에 올리지 않더라도 아미타불은 또 반드시 접인[43]하실 것이다. 어찌하여 그럴까? 부처를 외는 자는 반드시 수행을 해야 하는데, 효도는 백 가지 행실 중에서도 으뜸이 된다. 부처의 이름은 염송하면서 효행을 앞장서 빠뜨리다니, 아미타불이 어떻게 또 효행을 빠뜨릴 부처이시겠는가? 결단코 그런 이치는 있을 수 없다. 나는 거짓으로 부처를 염송하여 아미타불 뵙기를 구하지만, 저 부처는 애당초 또 무슨 부처를 염송하셨기에 아미타불이 되셨을꼬? 필경 그 또한 보통의 효성스럽고 어진 사람에 불과했을 것이다. 지극한 정에서 나온 말이라면 저절로 마음을 찌를 것이고 저절로 사람을 움직이며 저절로 사람을 통곡하게 만들 것이니, 약무도 반드시 나와 같을 거라고 생각한다. 성모의 이 말씀을 듣고 통곡하지 않을 사람은 없을 것이다.

---

42) 미타(彌陀): 아미타불(阿彌陀佛)의 약칭. 범어의 음역으로 '무량수'(無量壽) 혹은 '무량광'(無量光)이란 뜻이다. 대승불교의 부처로 서방 극락세계의 교주이며 정토종(淨土宗)이 믿는 주된 대상이다. 『아미타경』(阿彌陀經)에 따르면, 이 부처의 이름을 외우고 믿음에 의심이 없으면 극락정토에 왕생할 수 있다고 한다. 이른바 '염불'이란 통상 아미타불의 이름을 염송하는 것을 뜻한다. 절에서는 보통 아미타불과 석가, 약사불(藥師佛) 등 세 부처의 소상을 나란히 모셔두고 삼존(三尊)이라 일컫는다.

43) 접인(接引): 부처가 믿는 사람을 인도하여 서방정토로 왕생하게 하는 일.

# 경초공선생전 耿楚倥先生傳

　선생의 휘(諱)는 정리(定理)이고, 자는 자용(子庸), 별호는 초공(楚倥)으로 여러 학자들이 팔 선생(八先生)이라 부르는 바로 그분이시다. 학자들은 팔 선생의 존재를 모르는 이가 없건만, 정작 당사자인 선생은 시종 그 사실을 알지 못하였다. 그런데 여기서 「초공선생전」으로 제목을 붙인 까닭은 무엇일까? 무릇 전기라는 것은 행적을 전하기 위한 글이다. 선생은 자신의 전기가 있을 줄 전혀 기대하지 않았겠지만 이렇게 다시 전기를 지어 그를 후세에 전하게 되었으니, 그 까닭은 또 무엇이란 말인가? 원래 선생께서는 자신의 전기를 전혀 기대하지 않으셨지만, 나는 정녕 선생을 위한 전기를 짓지 않을 수가 없었다. 선생의 밝은 덕이 빛나지 않는 상황을 상고해보자. 이는 선생께서 자신의 덕을 과시하려 들지 않았기 때문이다. 재주가 있는데도 벼슬이 없는 것은 그가 자신의 재주를 벼슬 따위에 팔려고 하지 않은 때문이었다. 덕을 과시하지 않은 이 점이야말로 큰 덕을 이루는 원동력이 되었고, 재주를 쓰지 않았기에 비로소 진짜 재주꾼으로 일컬어질 수 있었다. 그러니 보통 사람들이야 또 어떻게 선생의 전기를 지을 수 있겠는가? 게다가 선생은 시종일관 도(道)의 공부를 자신의 사업으로 삼으신 분이었다. 비록 도를 공부하긴 했지만 사람들이 또 그에게 내재한 도학을 보지 못하는지라 진종일 입을 다문 채 도를 논하지 않으셨다. 그러나 눈빛만 한 번 스쳐도 도를 깨닫는 뛰어난 오성(悟性)의 소유자가 바로 그분이었다. 이른바 옷자락을 적시지 않더라도 언제나 축축한 윤기를 발하는 그런 사람이었던 것이다.

　장순부(莊純夫)는 일찍이 나에게 이렇게 아뢴 적이 있다.

　"팔 선생님이 말씀하셨습니다. '나는 당초 방담일(方湛一)을 사사했었네. 담일은 본시 학문이 뭔지도 모르면서 헛된 명성만을 좋아하기에 그의 곁을 떠나고 말았지. 마지막에 태호(太湖)로부터 일체의 평이하고 착실한 취지를 깨쳐 다시는 보거나 듣는 데 현혹되지 않으면서 마음을

온전히 모을 수 있었다네. 깜깜하고 꽉 막혀 입구도 없고 문도 없다는 의미를 심은(心隱)에게 얻어들은 뒤로부터는 비로소 충만한 자족감과 아울러 깊은 믿음이 생겨나서 더는 의심하지 않게 되었네. 다만 세상 사람들에게 함부로 말할 수가 없는 까닭에 평생토록 아무에게도 그 이야기를 하지는 않았지. 오직 우리 형님인 천대(天臺) 선생하고만 집안에서 더불어 토론했을 뿐이라네.' 그래서 그분은 또 천대 선생을 스승으로 모시게 되었습니다. 천대 선생 역시 '나의 학문에 뜻이 통하는 부분이 있다면, 그것은 내 여덟째 아우에게 힘입은 바 크다'고 말씀하시곤 했지요. 자용이 일찍이 천대에게 물었습니다. 『대학』·『중용』·『논어』·『맹자』가 똑같이 학문을 논하는 책이지만 어느 구절이 가장 절실한 말인지 살펴본 적이 있으십니까?' 천대는 '성인은 인륜의 극치'(聖人人倫之至)[44]라는 한 마디가 가장 중요하다고 말했는데, 자용은 끝까지 그 말이 '감정이 아직 발동하지 않은 본질적 상태'(未發之中)[45]라는 한 마디만 못하다고 생각했다더군요."

나는 당시 그 말을 듣고 양자가 다 그럴싸하다고 여겼다. 무릇 인륜

---

44) 『맹자』 「이루」 상편에서 차용하였다. "맹자가 말하였다. '컴퍼스와 자는 직선과 원형의 표준이요, 옛날의 성인은 인간이 지켜야 할 도리의 기준이다'"(孟子曰: '規矩, 方員之至也. 聖人, 人倫之至也.')

45) 출전은 『예기』 「중용」 제1장. "하늘이 사람에게 부여한 성질을 일컬어 성이라 하고, 본성에 따라 행동하는 것은 도라 하며, 도를 닦는 준칙을 일컬어 가르침이라 한다. 도는 잠시라도 떠나면 안 되는 것이니, 만약 떨어질 수 있다면 그것은 도가 아니다. 그러므로 군자는 다른 사람이 보지 않는 곳에서도 항상 경계하고 근신하며, 남들이 듣지 못하는 곳에서도 항상 황공하여 두려워한다. 캄캄한 곳보다 더 밝은 곳은 없으며, 미세한 것보다 더 확실히 드러나는 것은 없는 까닭에 군자는 혼자 있을 때 특별히 근신한다. 희노애락의 감정이 아직 발동하기 이전은 '중'이라 하고, 발동한 다음 절도에 맞는 것은 '화'라고 한다. 중은 천하 사물의 자연스런 본성이요, 화는 천하 사물이 함께 가는 길이다. 중과 화의 경지에 다다를 수 있다면 천지는 제자리에 위치할 것이고 만물은 순조로이 생장하게 된다"(天命之謂性, 率性之謂道, 脩道之謂敎. 道也者, 不可須臾離也; 可離, 非道也. 是故, 君子戒愼乎其所不睹, 恐懼乎其所不聞. 莫見乎隱, 莫顯乎微, 故君子愼其獨也. 喜怒哀樂之未發, 謂之中; 發而皆中節, 謂之和. 中也者, 天下之大本也; 和也者, 天下之達道也. 致中和, 天地位焉, 萬物育焉.)

의 극치는 아직 발동하지 않은 가운데 있으니, 만약 '미발지중'을 모른다면 또 어떻게 인륜의 극치에 다다를 수 있겠는가? 원래 도라는 것은 '중용'(中)의 상태에 도달해야 비로소 도달했다고 치는 법이다. 그래서 "중용의 지극함이여"[46]라고 하였으며, 또 "소리도 없고 냄새도 없으니, 지극할지언저"[47]라고 말했던 것이다.

임신년(壬申年)에 초공은 남경으로 유람을 왔다. 당시 나는 쥐뿔도 아는 것이 없으면서 입 놀려 떠들기나 좋아하는 무지한 작자였다. 묵묵히 아무 말씀도 하지 않던 선생은 내게 다만 이렇게 물으셨다.

"학문이란 스스로 믿는 것을 귀하게 치는 까닭에 '나는 이 문제에 대해 아직 확신할 수가 없다'[48]고 말한 것입니다. 또 자기만 옳다고 주장하는 독선을 두려워하는 까닭에 '스스로 옳다고 여기면 요·순의 도에 넣어줄 수 없다'[49]라고도 말했습니다. 한 번 여쭤 보겠습니다. 스스로 믿는

---

46) 『예기』「중용」 제2장. "공자께서 말씀하셨다. '중용의 도가 참으로 지극하구나! 하지만 그 도리를 실천할 수 있는 자가 드물어진 지도 벌써 오래되었다'"(子曰: '中庸其至矣乎! 民鮮能久矣.')

47) 『예기』「중용」 제33장. "공자가 '풍류소리와 여색은 백성을 교화하는 데 있어 말단에 속한다'고 말씀하셨다. 『시경』에서 이르기를 '덕은 터럭처럼 가볍다'고 했는데, 터럭은 그래도 비유할 데라도 있다. 『시경』「문왕」편에서 '하늘이 만물을 생육하시지만 소리도 없고 냄새도 없구나'라고 한 것이야말로 지극한 표현이로다"(子曰: '聲色之於以化民, 末也.' 詩曰: '德輶如毛.' 毛猶有倫. '上天之載, 無聲無臭.' 至矣.)

48) 『논어』「공야장」(公冶長)편에서 차용했다. "공자께서 칠조개를 파견하여 벼슬을 시키려고 하자, 그는 이렇게 응대했다. '저는 이 일에 대해 아직 자신이 없습니다.' 공자께서 그 말을 듣고 기뻐하셨다"(子使漆雕開仕. 對曰: '吾斯之未能信.' 子說.)

49) 『맹자』「진심」하편을 차용하였다. "만장이 물었다. '온 고장 사람들이 근후한 사람이라 칭송한다면, 그가 어디를 가든 충실한 사람이 아니할 수 없을 것입니다. 공자께서 그런 이를 도덕의 적이라고 여긴 것은 무슨 까닭입니까?' 맹자가 대답했다. '그의 잘못을 들춰내려 해도 거론할 것이 없고, 공격할 빌미를 찾아도 공격할 만한 허물이 없어라. 시류에 동화할 줄 알고 더러운 사회에 영합하는구나. 충성스럽고 믿음직하게 마음을 쓰고 청렴결백한 듯이 행동을 한다. 사람들이 모두 그를 좋아하니, 그 자신도 옳다고만 여기는구나. 하지만 그를 요·순의 정도에 들어선 이로 부를 수는 없으니, 그래서 도덕의 적이라고 말하는 것이다'"(萬章曰: '一鄕皆稱原人焉, 無所往而不爲原人；孔子以爲德之賊, 何哉?' 曰: '非之無

것과 스스로 옳다고 여기는 양자 사이에는 무슨 차이가 존재합니까?"

당시 나는 재빨리 이렇게 응수했다.

"저 혼자 옳다고만 여기는 까닭에 그를 요·순의 도에 편입시킬 수 없는 것입니다. 스스로 옳다고 여기지 않는다면 그 역시 요·순의 도에 넣어줄 수 없지요."

초공은 마침내 너털웃음을 터뜨리고 나와 작별하였다. 아마도 내가 종당에는 도에 들어갈 수 있을 거라는 생각에 대단히 기쁜 듯하였다. 나는 이때부터 초공을 그리워하는 마음에서 헤어나지 못했고 또 그때까지 천대 선생을 뵙지 못한 것을 유감으로 여기게 되었다.

정축년(丁丑年)에 운남성으로 들어가던 도중 단풍(團風)을 경유하게 되자 나는 결국 배에서 내려 육지에 상륙하고 말았다. 곧바로 황안(黃安)으로 직행하여 초공을 만나고 아울러 천대 선생을 뵈었더니 벼슬 따윈 치워버리고 그곳에 눌러앉고픈 생각만 났다. 초공은 나의 가난한 행색을 목도하더니 나더러 다시 운남으로 들어가라고 권유해왔다. 이리하여 나는 딸과 사위인 장순부를 황안에 머무르게 하면서 그와 이렇게 약속했다.

"저의 삼 년 임기가 끝나게 되면 그 동안 받았던 정사품의 녹봉을 수습해 돌아와 그것으로 생계수단을 삼겠습니다. 그리고 선생과 함께 이 땅에서 살겠습니다."

초공은 내 말을 가슴에 새겨두면서 장순부의 도학 공부를 대단히 엄하게 감독했다. 천대 선생 또한 내 딸과 사위를 자신의 친자식과 마찬가지로 돌보아주셨다.

아아! 내 어찌 천대의 은혜를 감히 하루라도 잊을 수 있었을까! 삼 년이 지난 뒤 나는 약속했던 대로 황안에 돌아갔다. 그러나 어이하랴? 머리를 맞대고 모여 산 지 채 몇 년도 지나지 않아 천대는 황제의 부르심

---

擧也, 刺之無刺也；同乎流俗, 合乎汙世；居之似忠信, 行之似廉潔；衆皆悅之, 自以
爲是；而不可與入堯舜之道, 故曰德之賊也.')

을 받아 서울로 올라가고 초공 또한 세상을 떠나고 말았다! 이미 수심만 가득할 뿐 즐거움이라곤 사라진 마당에 천대 선생은 또 '인륜지지'(人倫之至)라는 한마디를 가슴에 새겨 끝까지 고집하면서 수시로 나한테 처자를 유기하는 병통이 있다고 언급해왔다. 나 역시 '미발지중'(未發之中) 한마디를 고수하며 천대가 어쩌면 사물의 시작을 아직 규명하지 못해 인륜과 사물의 근원을 살피지 못한 것일지도 모른다는 우려를 표명했다. 이리하여 설전이 오가며 논쟁이 그칠 새가 없다가 마침내는 알력이 생겨나 오늘에 이르게 되었다. 이제 다행히도 하늘이 내 마음을 유도하여 나로 하여금 '미발지중'을 버리게 하시니, 천대 또한 '인륜지지'를 문득 잊어버리게 되었다. 이리하여 학문의 도(道)란 서로가 버려야만 서로 따르게 되고, 각자 자기 주장만 고집하다가는 양자가 다 상처를 입는다는 확실한 이치를 알 수가 있었다. 양쪽이 제각기 주장을 버리니 서로 간의 알력도 잊게 되었고, 각자 서운했던 감정을 잊어버리자 혼연히 한몸이 되어 다시는 사단이 벌어지지 않게 되었다. 이렇게 해서 나는 늙은 몸도 잊어버리고 추위도 두려워하지 않은 채 곧장 황안으로 달려가 산 속에 있던 천대를 만났다. 천대도 내가 찾아온다는 소식을 듣자 미친 듯이 기뻐했다고 한다. 서로의 뜻과 믿음이 일치한 것이 어찌 우연일 수 있으랴! 그러나 만약 초공 선생이 살아 있었더라면 단 한마디로 명쾌한 판단을 내려주었을 것이고 또 사태를 돌이킬 수도 있었을 것이다. 그랬더라면 내 어찌 괴롭게도 십여 년 동안이나 천대와 불화하다가 나중에야 깨달음에 이르렀겠는가 말이다! 만약 채 십 년을 채우지 않고 내가 죽어버렸더라면 나는 결국 융화되지 못했을 것이다! 나는 끝끝내 천대와는 화합할 수 없었을 테지! 그런 까닭에 도착한 다음날로 나는 초공의 아들 여념(汝念)을 데리고 그의 묘소를 찾아 참배하였다. 선생의 묘소 옆에 심어진 나무는 어느새 아름드리 굵기로 자라나 있었다. 나는 죽은 사람은 다시 살아날 수 없다는 사실이 애통했기 때문에 특별히 이 전기를 지었다. 그리고 연달아 편지 세 통을 써서 부쳤다. 첫 번째 편지는 경천대에게 보내는 것으로 나의 기쁨을 적은 내

용이었다. 두 번째 편지는 여념과 여사(汝思)에게 부쳐서 그들로 하여 금 선생의 묘소에서 읽고 불사르게 했는데, 나의 한을 적은 내용이었 다. 세 번째 편지는 특별히 서울에 있는 자건(子健)에게 보냈는데, 내가 기쁘면서도 한편 안타깝고 안타깝다가도 또 기뻐한다는 내용을 적은 글이었다. 원래 자건은 형을 사랑하는 마음 그대로를 내게로 쏟았는데, 그 세심함이란 미치지 않는 곳이 없을 정도였다. 그래서 전기를 지은 나의 뜻을 전해서 선생께 고하라고 일렀던 것이다.

나 주사경(周思敬)은 젊었을 때 병치레가 잦았다. 목숨에 미련은 많았지만 딱히 방도가 없던 차에 초공 형의 소개로 경천대 선생 문하 에서 가르침을 받게 되었다. 선생은 나의 학문이 노자와 불타에 깊이 빠져 있음을 알면서도 나를 친자식처럼 사랑해주셨다. 계속해서 경 씨 저택을 왕래하던 차에 이탁오 선생과 어울리게 되어 마음속 깊이 그를 스승으로 흠모하게 되었다. 두 선생께서 도에 관해 토론하다 피 차 사이가 어그러진 이래 벌써 십여 년의 세월이 흘렀다. 나는 중간 에 끼인 채 한 마디도 뻥끗할 수가 없었다. 쓰디쓴 승검초를 입에 문 벙어리 꼬락서니였으니, 어찌 남들에게 숨이라도 한 번 제대로 내쉴 수 있었겠는가? 그저 초공 선생이 일찍 돌아가신 것만을 한탄할 따름 이었다. 사흘 전 초공 선생의 장남인 여념이 보내온 편지를 받았다. 여념은 장순부를 구강(九江)까지 배웅하다가 일부러 사람을 시켜 남 경으로 편지를 전했는데, 내게 다음과 같은 기쁜 소식을 알려주고자 함이었다.

"두 선생님이 벌써 회동하셨습니다. 나누신 말씀도 대단히 화목했 고 의기투합했나이다."

사흘 뒤 섣달 스무아흐레는 바로 내 생일이었다. 그날 마침 탁오 선 생께서 지으신 「초공선생전」을 받게 되었는데, 그 안에는 두 선생이 화해하신 전말이 상세하게 서술되어 있었다. 이 글을 읽은 뒤 나는 자신도 모르게 눈물을 흘리며 중얼거렸다.

"두 선생의 덕이 참으로 커서 뭇사람을 교화(大而化)[50]하시는구나. 오늘 같은 날을 맞이하게 되다니, 어찌 내가 다시 태어난 날이 아닐 것이랴! 그게 아니면 초공 선생께서 부활한 것이겠지!"

나는 직접 선생의 글을 옮겨 적고 인쇄를 시켰다. 판각이 끝나자 나는 또 그것을 여넘과 나의 사위인 여사에게 보내주었다. 주사경 발문(跋文).


## 부록: 주우산이 승려 명옥을 위해 쓴 법어
周友山爲僧明玉書法語

만수사(萬壽寺)의 승려 명옥이 이온릉 선생을 모신 지도 벌써 오랜 시일이 흘렀다. 선생은 본디 출가하기 위해 이 땅에 오신 분이다. 하지만 세상 사람들이야 바야흐로 인간세상에 발을 딛고 밤낮으로 세상의 일을 수습하기에 겨를이 없으니, 어느 틈에 출세간의 뜻을 구해 출가한 사람을 섬기겠는가? 출가했다는 사람조차 그러한데 속세에 사는 이들이야 말해 무엇할까? 더구나 이 선생은 성격이 반듯하고 거동이 유별난 분인데다 신세가 몹시 외로우셨다. 한평생 속인을 만나거나 속된 말 듣는 것을 싫어하신 까닭에 신세가 더욱 고단했던 것이다. 그분이 좋아하는 것이라곤 오직 책 읽기뿐이었다. 독서를 하다가 충신이나 열사를 묘사한 대목에 이르기만 하면 늘 감개에 젖어 눈물을 흘리시곤 하였다. 그런 탓에 또 세상의 충성스럽고 의로운 일에 관해서라면 언제나 즐겨 듣곤 하셨다. 출가의 일로 선생을 찾아뵈면 그것을 기뻐하셨을 뿐 아니라, 누군가 진정을 다해 정확한 근거를 대며 충의지사를 아뢰면 또한 기뻐하지 않음이 없으셨다. 이런 연유로

---

50) 대이화(大而化): 크고 빛나는 덕업(德業)으로 만민을 교화함. 『맹자』「진심」 하편에서 인용했다. "충실하면서도 광휘가 넘치면 그것을 '크다'고 이르고, 위대해서 백성을 교화하는 이는 '성인'이라고 부른다"(充實而有光輝之謂大, 大而化之之謂聖.)

명옥 화상은 흥복사(興福寺)를 창건한 초대 조사 무용(無用)에 관한 일을 기꺼이 선생께 아뢰었던 것이다.

"흥복사는 연혁이 오래된 사찰입니다. 무용은 변방 출신의 승려였지요. 여러 지방을 떠돌던 무용은 흥복사에 들렀다가 그 절 승려의 늙고 쇠잔한 모습을 가엾게 여겼는데 주민들이 그를 괴롭히는 것에 분노하여 죽창으로 연달아 열일곱 명의 목숨을 처단했습니다. 그리고 곧바로 현청으로 달려가 자수하고 감옥에 갇히며 죽여달라고 청했지요. 현령이 그를 불쌍하게 여겨 목숨을 구해주려 하자, 무용은 거기에 따르지 않더니 결국은 스스로 목숨을 끊고 말았습니다. 흥복사의 중은 그 지극한 성정에 감동하여 몸으로 불법(佛法)을 지키고 죽음으로써 대중을 호위할 수 있게 되더니 급기야는 무용을 절을 창건한 일대조(一代祖)로 삼아버렸지요. 지금에 이르기까지도 절의 살림을 맡은 중은 그 규정을 지켜 거기서 조금도 어긋나는 바가 없습니다."

선생은 그 이야기를 듣자 한없이 기뻐하더니 따로 명옥을 불러 말씀하셨다.

"너는 이 중을 가볍게 말하면 안 된다. 이 중이 가정에 있었더라면 바로 진짜 효자일 것이고, 조정에서는 진정한 충신일 것이며, 친구들에게는 진정한 의사(義士)가 되었을 것이다. 그가 기꺼이 도를 공부하고 참선을 했더라면 정녕 세간을 벗어난 대장부로 하늘과 사람에 의해 스승과 부처로 받들어졌을 것이야. 어찌 가볍게 볼 수 있을꼬! 천지간에 원래부터 존재해야 할 것은 다만 이런 진정한 기개뿐이로다. 출가를 했든 말든 이런 기개 하나만 있으면 어떤 일도 이루지 못할 바가 없을 것이다."

명옥이 선생에게 아뢴 이야기와 선생이 명옥에게 내리신 말씀은 위와 같았다. 금년 봄, 명옥은 흥복사의 한 해 살림을 도맡는 세승(歲僧)이 되었고 나를 찾아와 법어를 내려달라고 부탁했다. 그때 나는 선생의 말씀을 듣게 되었고 결국은 명옥에게 다음과 같이 훈시하고 말았다.

"선생의 말씀이 바로 법어인데 거기서 더 무엇을 구하려 드느냐? 만일 세승의 직분을 맡은 자가 이 말씀을 듣게 되면 조사의 은덕을 기억할 수 있어 산문(山門)이 무궁무진하게 이어질 것이다. 만약 온 절의 승려가 이 말을 들으면 조사의 은공을 잊지 않아 세세년년 규정이 한결같을 것이다. 더군다나 이 덕분에 장자(長者)의 풍모를 전해 듣게 되어 출가라는 큰 일이 확연히 밝혀지지 않았더냐? 명옥은 당장 선생의 말씀을 족자에 옮겨 적어 방장(方丈) 스님의 처소에 걸어놓도록 하여라. 바라건대 온 절의 승려와 구름처럼 떠도는 도반들이 스쳐 지나면서라도 읽을 수 있도록 말이다. 혹시라도 진짜 사나이의 기개를 지닌 자가 있거들랑 빨리 와서 내게 알려주도록 하게나. 그를 데리고 선생을 찾아뵈어 선생께서 외롭고 심심하지 않도록 도와드려야겠네."

## 관공의 초상을 모시면서 題關公小像

옛날부터 삼걸(三傑)을 칭송해왔다. 나는 그 삼걸이 소하(蕭何)·한신(韓信)·장량(張良)이 아니라 유비와 장비·관공을 말한다고 생각한다. 예부터 세 벗(三友)[51]을 일컬어왔다. 나는 그 세 친구가 정직(直)과 성실(諒)과 박학다식(多聞)이 아니라 삼 형제의 도원결의라고 생각한다.

오호라! 오직 의리만이 썩지 않는 까닭에 천지와 더불어 수명을 같이 한다. 더군다나 관공은 삼보(三寶)에 귀의하여 부처에게는 불법을 수호

---

51) 삼우(三友): 『논어』「계씨」편에서 차용했다. "유익한 벗이 세 종류가 있고 해로운 벗이 세 종류가 있다. 정직한 자, 신의가 있는 자, 견문이 넓은 자를 벗하면 유익하고, 허식적인 자, 아첨 잘 하는 자, 말만 앞세우는 실없는 자와 친구하면 손해가 난다"(益者三友, 損者三友. 友直, 友諒, 友多聞, 益矣; 友便辟, 友善柔, 友便佞, 損矣.)

하는 가람[52]이 되시니, 억만년 오랜 세월 우리를 인도하는 스승이 아니 시던가! 나는 사방을 떠돌다가 주제넘게 관공이 나의 호적수라고 주둥 이를 놀리기도 하였다. 그를 의롭게 여기는 까닭에 그에게 예불을 드리 고, 그를 우러르는 까닭에 초상을 모시게 되었다.


## 세 보살상 모시는 논의 三大士[53]像議

관세음[54]의 불상은 높이가 한 자 네 치요, 문수[55] 상은 높이가 한 자 두 치이다. 얼굴은 다같이 남쪽을 향하게 되는데, 그렇게 만든 의도는 언제나 관세음과 대비시키고자 함에 있다. 유독 보현[56] 상만은 높이가 한 자 두 치인데 얼굴은 관세음처럼 정면을 향하도록 만들어라. 그러나 가부좌를 틀게 되는 반석은 문수의 것과 같도록 해야 한다. 보현과 문 수 두 보살이 들어앉은 석벽은 관세음의 자리에 비해 서너 치 아래로 떨어지는데, 거리는 둘 다 관세음보살에서 한 자 아홉 치만큼 떨어져야

---

52) 가람(伽藍): 가람신(伽藍神)의 약칭. 불교사원 안에 모셔진 호법신(護法神)을 말
한다. 불교경전에서는 원래 미음(美音)·범음(梵音)·뇌음(雷音)·사자(師子)
등의 열여덟 신이 가람을 수호한다고 말하는데, 선종(禪宗) 사원에서는 해당 산
의 토지신 등을 수호신으로 모셔왔다. 훗날 지의(智顗)가 옥천사(玉泉寺)를 건립
할 때 관우(關羽)의 환상을 보았다는 전설에 따라 그를 가람신의 반열에 올려놓
게 되었다.

53) 삼대사(三大士): 관세음·문수·보현의 삼대 보살. 보살(菩薩)은 '정을 아는 선
각자'(覺有情)라는 뜻으로, 대사(大士)라고도 부른다. 즉 위로는 보리(菩提, 깨달
음)를 구하고 아래로는 중생을 교화하는 자라는 의미를 지녔다.

54) 관세음(觀世音): 대승불교의 보살. 줄여서 관음(觀音)이라고도 한다. 중생을 널
리 교화하며 삼십여 가지 모습으로 현신한다고 전해지는데, 대체로 여성의 모습
으로 묘사된다.

55) 문수(文殊): 문수사리(文殊師利)의 약칭. '묘길상'(妙吉祥) 혹은 '묘덕'(妙德)의
의미를 지녔다. 대승불교에서 지혜(智慧)로 이름난 보살인데, 주로 사자(獅子)를
타고 다닌다.

56) 보현(普賢): 대승불교 보살의 하나로서 편길(遍吉)이라고도 부른다. 행원(行願)
으로 유명하며, 흰 코끼리를 타고 다니는 경우가 많다.

한다. 나한(羅漢)들의 소상은 높이가 죄다 예닐곱 치로서, 움직이고 서고 일어나고 구부리는 모양이 제각각 다르게 만들어야 한다. 관음의 좌대는 석벽에서 한 자 세 치만큼 떨어지게 하고, 문수와 보현의 좌대는 한 자 한 치만큼 떨어지게 만들라. 별도로 영롱하게 빛나는 산석(山石)을 마련해 정수리 윗부분을 덮게 하는데, 전부가 석벽으로부터 석 자 넉 치만큼 뻗어나와 가로로 절단된 석벽에 이르러서야 멈추게 하거라. 높은 곳은 곧장 산의 동굴까지 뚫린 채 연결되도록 하고, 석벽은 동쪽으로부터 비롯되는데 정중앙에 이르면 또다시 멈춰지게 만들어야 한다. 관세음 곁에는 선재[57]가 꽃을 들고 바치는 모습이 봉헌된다. 석벽이 또 약간 끊어졌다가 다시 가파른 모습으로 치솟아 방향을 바꾼 뒤 정중앙을 향한 자리에는 문수사리를 모셔야 하느니라. 다시 서쪽으로부터 약간 경사진 상태로 동쪽을 향하면 연달아 두 개의 절단면이 나타나는데, 한 면에는 탑을 세우고 한 면에는 보현보살을 모셔야 한다. 이것이 바로 세 보살을 안치시킬 좌석의 배치도이니라. 윗부분은 아득히 멀고도 구불구불하여 혹은 감춰지고 혹은 드러나며 때로는 이어지고 때로는 끊어지게 만들어야 하느니. 하나같이 험준하면서도 기괴한 풍경인즉슨 나한 등이 그 사이를 오가게 되느니라. 정성을 다해 뜻한 대로 빚어내고 좋은 안료를 발라 장식을 완성시키면 곧바로 상을 내릴 것이다. 그렇지 못하면 여러 부처 보살님께 아뢰어 너희들에게 당장 벌을 내리게 할 것이다.

당시 뭇 승려들이 다같이 보고 있다가 아뢰었다.

"절벽 위에 보살님의 법신(法身)을 모신다면 너무 작게 보이지 않겠습니까?"

그 말에 화상[58]은 다음과 같이 응수했다.

---

57) 선재(善財): 일명 선재동자(善財童子). 문수보살의 지시로 53명의 명사(名師)를 참방(參訪)한 뒤 보살이 되는 인물로 묘사된다. 관음보살을 참배하기 때문에 관음상 옆에는 항상 선재의 상이 놓여 있다.

"산이 사람을 품는 것이지 사람이 산을 껴안는 이치는 없느니라."

나중에 보살상이 완성되자 화상은 선 채로 오랫동안 그것을 응시하다가 처사[59]에게 교시했다.

"세 분은 결국 보살로 명명되지만 용처는 또 제각기 다르다. 관음은 자애의 상징이니, 얼굴에는 인자한 빛을 띠어야 하며 중생을 불쌍히 여겨 고해에 빠뜨리지 않으려는 의지가 드러나야 한다. 문수는 지혜의 표상이니, 매사 지혜가 우선되어야 한다. 지혜가 맨 처음 생성될 때는 어린아이와 같은 상태라, 얼굴은 기쁨과 윤기가 풍성히 넘치면서도 즐거움과 위안이 무궁무진한 듯이 보여야 한다. 보현은 행위의 상징이니, 모름지기 수고로운 기색이 있어야 할 것이다. 흡사 모든 행동이 자신의 서원을 아직 만족시키지 못한 듯이 말이다. 만약 이 같은 뜻을 안다면 보살의 참 모습이 저절로 드러날 것이고, 오가며 우러르는 자들도 문득 보리심을 발하게 될 것이다. 어찌 큰 공덕을 짓는 일이 아니겠는가! 이뿐만이 아닐세. 자네가 불상 조각을 시작한 이래 평생 지었던 하늘을 속이고 사람을 속인 모든 죄가 한꺼번에 녹아 없어질 것이네."

그때 한 승려가 참견하며 끼여들었다.

"그에게 참회를 구하는 마음이 먼저 있고 나서야 그리 될 수 있겠지요."

화상은 그에게 버럭 호통을 쳤다.

"이따위 썩어빠진 말일랑은 다시 언급하지 말거라!"

처사는 성이 김씨였는데 한쪽 눈이 애꾸라 먼 곳을 우러르거나 쳐다보는 일이 그다지 편하지는 않았다. 하지만 마음만은 실로 평온한지라 가르칠 만한 인물이었다. 불상의 이목구비는 약간 똑바르지 못한 데가

---

58) 화상(和尙): 범어의 의역으로 '친교사'(親敎師)라는 의미를 지닌다. 원래는 불교의 사장(師長)에 대한 존칭으로 쓰이다가 나중에 승려들을 지칭하는 말이 되었다. 여기서는 이지 자신을 가리킨다.

59) 처사(處士): 관직이 없으면서도 일정한 재능을 갖춘 사람. 여기서는 김씨 성의 불상 조각가를 가리킨다.

있었지만 화상은 매번 쳐다볼 때마다 훌륭하다고 감탄을 아끼지 않았으니, 어찌 빚은 사람 때문이 아닐 것이랴? 그게 아니라면 혹시 불상의 외양말고도 따로 감탄할 만한 구석이 있었기 때문인가? 뭇 승려들은 실로 그 까닭을 알지 못하였다. 이리하여 그들은 화상이 방장[60]으로 돌아가자마자 당장 지시를 내려 불상의 모습을 바로잡도록 하였다. 화상은 이 일을 알고 꾸짖어 마지않았다.

"네게 고칠 필요가 없다고 일렀거늘 어찌하여 또다시 처바르고 뜯어고친 것이냐?"

김씨 성의 처사가 아래위로 이빨을 딱딱 부딪치고 손을 덜덜 떨면서 곧바로 응대하였다.

"저의 뜻이 아니구만요. 여러 사람이 저에게 시키신 바이구만요."

그때 회림(懷林)이 곁에 있다가 그를 대신하여 화상께 아뢰었다.

"보살님의 코가 비뚤어져 입이랑 맞지 않고 얼굴도 단정치 않은데 어떻게 그냥 놔둔 채 고치지 않을 수가 있겠습니까?"

화상이 흔연히 웃으면서 입을 열었다.

"너희들이 어떻게 이 안에 숨겨진 이치를 알 수 있겠느냐? 너 한 번 눈동자를 고정시키고 잘 쳐다보아라. 애당초 고치지 않았을 때는 얼마나 신기(神氣)가 넘치는 정채로운 불상이었더냐. 신기만 있으면 저절로 살아 움직이기 때문에 생긴 모습 그대로 훌륭한 불상이자 부처 보살님이 된다. 고치고 보수해서 굳이 보기 좋게 만들 필요가 무에 있겠느냐. 형체를 보기 좋게 만드는 것은 세간의 용렬한 속물들이나 추구하느니. 살아 움직이는 것은 정신인데, 세간을 벗어난 보살이라야 거기에 올라타신다. 보기 좋다는 것은 외양을 꾸며 남들에게 환심사려 애쓰는 짓이니, 오늘날 거짓으로 명성을 일군 도학자들이 바로 그러하렷다. 살아 움직이는 것은 뜻과 마음이 진실해서 스스로 사물을 비출 수 있으니,

---

60) 방장(方丈): 사원에서 장로나 지주가 거처하는 장소. 유마힐의 거처는 사방(方) 한 길(丈)이지만 수많은 대중들을 수용한다는 『유마힐경』(維摩詰經)의 기록에서 유래하였다. 나중에는 사원의 주지를 가리키는 말이 되었다.

육안으로는 알아볼 수 있는 바가 아니다."

그때 마침 거사 양정견(楊定見)이 보석을 들고 찾아왔다. 화상은 시종을 불러 물로 보석을 깨끗이 씻게 한 뒤 깨끗한 책상 위에 풀 한 포기를 올려놓았다. 그리고 보석이 풀을 빨아들이는지 시험함으로써 그 진위를 가리고자 하였다. 반드시 진짜 보석이라야만 부처님의 정수리 상투에 박아넣을 수 있을 터였다. 그런데 보석은 끝끝내 풀을 빨아들이지 않았다. 화상은 불현듯 상황을 깨달으며 말했다.

"보석은 썩은 풀을 빨아들이지 않고 자석은 굽은 바늘을 끌어당기지 않는다고 옛날부터 기록에 나와 있었지. 빨리 가서 신선한 풀 한 포기만 뽑아와 다시 시험해보자꾸나!"

그 말대로 하자마자 보석은 즉시 풀을 빨아들였다. 화상은 기쁨에 겨워 소리쳤다.

"보석이 틀림없는 진짜로구나! 내 기쁨은 보석이 진짜여서가 아니야. 부처는 진(眞) 그 자체인 까닭에 세속에도 진인(眞人)이 있은 다음이라야 진불(眞佛)의 존재를 알게 되는 법이지. 진불이 계시면 자연스럽게 이들 진인을 사랑하시게 되느니. 진짜만이 진짜를 알아보고, 진짜만이 진짜를 가까이 하며, 진짜가 진짜를 그리워함은 너무나 당연한 이치니까! 그렇다면 부처만이 이 진짜 보석을 좋아하시는 게 아니라, 나 역시 이 보석을 사랑함이로다. 비단 내가 이 진보석을 사랑할 뿐 아니라, 이 보석 또한 사람들이 자신을 진짜로 알아주길 간절히 바라는 것이다. 그리고 보석은 또 썩은 풀로 말미암아 사람들이 자기를 진짜가 아니라고 오해하는 것을 바라지 않는다. 여기 진보석이 썩은 풀로 정체를 증명하려는 썩어빠진 인간을 만나 그 성질이 밝혀지지 않는다면, 이 보석은 비록 진짜라지만 필경은 부패한 인간의 손에서 죽어버릴 것임이 자명하다."

불상 조각의 초기 작업이 끝난 뒤 처사는 무릎을 꿇고 합장하며 아뢰었다.

"청컨대 스님께서는 부처님의 오장(五臟)을 어떻게 안치해야 할지

살펴주십시오!"

화상이 웃으면서 대답했다.

"치우거라! 내가 우선 너에게 묻겠다! 너는 일찍이 항문을 만든 일이 있느냐, 없느냐? 만약 항문이 없다면 설사 복부와 오장이 있다 한들 대변이 어디서 빠져나오겠느냐? 너희들이 우매한 탓에 옛날 사람들이 불상을 세우신 뜻을 아직 깨닫지 못하고 있구나. 고인이 불상을 세운 까닭은 중생들의 마음이 산란하기 때문에 그들로 하여금 부처님의 귀의(皈依)를 목도하게 하고 싶어서이다. 부처의 심장이나 간 같은 오장은 부처가 아니면 알 길이 없는데, 어찌 너희 따위가 만들어낼 수 있겠느냐! 그래도 세상의 불상 조각가들은 반드시 오장을 안치하고 일곱 구멍을 뚫는구나. 그 이유가 대체 무엇일까? 부처님의 영험으로 감응하시길 구해서이니라. 복을 빌면 복을 내리고, 재앙을 모면하게 해달라고 기원하면 또 그렇게 해주시길 바래서이니라. 이야말로 세상 사람들이 신상을 빚고 신을 모시는 본뜻이겠지. 그런데 나와 여러 부처 보살님은 그렇지가 않구나. 나라면 여러 부처 보살님들을 마음으로 삼아 내 마음을 영명하게 만들겠다. 만약 뭇 승려들이 여러 부처 보살님으로 마음을 삼으면 그들의 마음이 영명해질 테지. 부처와 보살들의 상을 빌려 수시로 자기 마음이 영명한가 아닌가를 따지는 데 그칠 뿐이니라. 영명하면 산 것이고, 그렇지 않으면 죽은 것이다. 이렇게 하면 부처나 보살의 오장이 늘 내게 있는 것이 된다."

처사가 다시 입을 열었다.

"아무 날에 개광[61]을 하는데 산 닭 한 마리를 잡아 그 피를 부처님 눈동자에 떨어뜨려야 하는구만요."

화상이 말했다.

"이곳에 계신 부처님은 저절로 눈을 뜨고 빛을 발할 것이니, 속세의

---

61) 개광(開光): 불교 의식의 하나. 불상이 완성되면 길일을 택해 예물을 갖추고 제사를 드리는데, 이 행사를 '개광' 혹은 '개안'(開眼)이라고 부른다.

도깨비 같은 장인(匠人)과 귀신 같은 중놈들이 교언영색으로 사람들의 재물을 갈취하는 것과는 다르니라. 너희들이 일단 정성껏 단장해서 내놓으면 누구든지 간에 바라보았을 때 흠모하고 숭앙하는 마음이 생겨나지 않을 도리가 없다. 그리하여 문득 깊고 무거운 정념의 고해에서 벗어나 그 자리에서 당장 안락과 해탈, 크나큰 광명의 피안을 구하게 된다면 너희들의 불상 사업은 끝이 난 것이다. 아울러 나의 소원 역시 마무리를 짓게 되겠지. 많은 말이 필요치 않구나! 더 이상 많은 말은 하지 말거라!"

덕분에 지금까지 불상에는 오장이 안치되지 않았고 개광제도 열리지 않았다. 그러나 개광제는 비록 드리지 않았을망정 불상의 광채는 겹겹으로 찬란히 빛나 쳐다보고 흠앙하지 않는 승려가 없었다.

오월 오일이 되자 화상은 낭하를 산책하다가 장엄하게 단장된 여러 부처 보살님과 위태존자[62]의 초상을 바라보더니 이렇게 탄식했다.

"단 한 덩어리 진흙으로 부처를 빚어 부처를 이루고, 보살을 빚어 보살을 이루었으며, 존자를 빚어 존자를 성립시켰구나. 위엄스러워야 할 분은 위엄이 있고 자비롭게 보여야 할 분은 자비로우니, 갖가지 변화와 성취가 죄다 만족스럽구나. 누가 알랴! 사람은 만물의 영장이라지만 사실은 한 덩어리 진흙보다도 못한 존재인 줄을. 너희들에게 제 아무리 천만 마디 말로 천만 가지 권유와 깨우침을 내려준들 귀머거리 아니면 벙어리처럼 도통 알아듣질 못하는구나. 그렇구나. 사람은 일개 토목(土木)보다도 못한 존재로구나!"

회림이 당시 곁에서 화상을 모시다가 가르침을 청하며 끼여들었다.

"사람을 흙덩이로 여긴다는 스님의 말씀을 누군가 듣게 되면 그 사람은 필경 화를 내겠지요. 흙으로 사람을 비유하더라도 그 말을 들은 이

---

62) 위태존자(韋馱尊者): 불교 수호신의 하나로 위천장군(韋天將軍)이라고도 한다. 사천왕 수하의 32장군 중에서도 우두머리라고 한다. 보통은 옛날 장군의 복장에 금강저(金剛杵)를 손에 들고 천왕전의 미륵상 뒤에 서서 정면으로 석가불을 향하고 있다.

들은 틀림없이 지나치다 여길 것입니다. 이제 사람을 되려 흙이나 나무만도 못하다고 여기시다니, 그들은 스님께서 망발을 한다고 여길 것입니다. 이를 또 어떻게 대처하시렵니까? 하지만 정말로 토목만도 못한 자들이 있으니, 스님 말씀도 너무 지나친 논단은 아니겠지요. 저는 일찍이 스님께서 사람이 개만도 못하다고 탄식하던 것을 아직도 기억하고 있습니다. 개는 죽을 때까지 주인을 배반하지 않는다는 말씀이셨지요. 또 손견(孫堅)의 「의마전」[63]을 읽게 되면 사람이 말만도 못하다는 탄식이 나옵니다. 말 같은 미물조차 은혜를 갚을 줄 아는데 사람은 도리어 낯빛을 바꾸고 매정하게 구니 믿을 수가 없다는 이야기였지요. 지금은 또 사람이 흙이나 나무만도 훨씬 못하다고 말씀하시는군요. 그 말씀대로라면 감정이 있는 짐승이든 감정이 없는 토목이든 모두 사람의 윗길에 있게 되는데, 그렇다면 하늘은 또 무슨 까닭으로 사람을 내셨을까요?"

"아아! 이는 너희들이 알 바가 아니로다. 사람 중에 못된 자는 짐승이나 토목만도 못한 것이 사실이다. 하지만 훌륭한 사람은 짐승을 순화시키고 초목을 자라게 하니, 또 어떻게 짐승이나 초목에 갖다대며 똑같다고 할 수가 있겠느냐? 나는 하하인(下下人)을 말한 것이지 상상인(上上人)[64]을 놓고 말한 것이 아니다."

회림이 다시 가르침을 청하고 나섰다.

---

63) 「의마전」(義馬傳): 『삼국지』「오서 · 손파로토역전」(吳書 · 孫破虜討逆傳)에 다음과 같은 이야기가 실려 있다. "손견이 승리의 기세를 타고 적진에 깊숙이 들어갔다가 서화(西華)에서 불리한 지경에 처하게 되었다. 결국 그는 상처를 입고 말에서 떨어져 풀숲 사이에 가로누웠다. 군중들이 사방으로 흩어져 찾았지만 손견의 소재지는 알 수가 없었다. 그때 손견이 탔던 말이 군영으로 돌아와 말발굽으로 땅바닥을 구르며 울부짖었고, 장졸들은 풀숲 사이에서 손견을 찾아낼 수 있었다. 군영으로 돌아온 손견은 십수 일 뒤 상처가 어느 정도 낫자 다시 출전하였다." 「의마전」의 저자가 손견인지 동명의 다른 사람인지는 확실치 않다.
64) 예전에는 사람을 아홉 등급으로 분류했는데, 상중하에 또다시 상중하를 겹쳐 상상(上上)과 하하(下下)가 만들어졌다. 상상인은 곧 가장 높은 경지에 든 사람, 하하인은 가장 열등한 사람을 가리킨다.

"위아래에 또 무슨 항상성이 있겠습니까? 육조대사(六祖大師)께서 남기신 '하하인에게도 최고의 지혜가 있을 수 있다'는 말씀을 기억합니다. 최상의 지혜가 있다면 비록 하등에 처했더라도 사실은 상등인 것입니다. '상상인에게도 지혜가 없는 자가 있다'고 하셨으니, 지혜가 없다면 비록 상등에 처했어도 또한 하등일 뿐입니다. 상하의 위치에 정녕 고정됨이란 없는 것이지요."

"아아! 이런 관점에서 나아간다면 사람은 결단코 신중하지 않을 수 없으렸다. 순간의 실수로 이 같은 극단에 떨어지고 별안간 상하의 위치가 뒤바뀔 수 있는 법이지. 나와 너는 오늘부터라도 어찌 시시때때 경계하며 조심하지 않을 수 있겠느냐!"

위의 글은 사미[65]인 회림이 기록한 것이다.


## 심유 대신 아뢰는 제문代深有告文 ―
### 당시 심유는 외지를 떠돌고 있었다 時深有遊方在外

용담(龍潭) 호숫가의 지불원(芝佛院)에서 부처님을 받드는 불제자 심유(深有)는 삼가 올해의 이번 달 지금 시각에 양나라 황제 경전(梁皇懺)[66]의 참회법에 따라 예배드림으로써 지난날의 허물을 씻고 용서를 빌고자 합니다. 생각건대 본 사찰의 여러 승려들은 비록 초야에 거주한

---

65) 사미(沙彌): 출가한 다섯 무리 중의 하나. 계율에 따라 출가하여 십계(十戒)는 받았지만 아직 구족계(具足戒)를 받지 못한 상태의 남성 수행자를 가리킨다. 여성은 사미니(沙彌尼)라고 부른다.

66) 양황참(梁皇懺): 불교서적 『자비도량참법』(慈悲道場懺法)의 별칭. 양나라 무제(武帝)가 옹주(雍州)의 자사를 지낼 때 투기가 심하던 부인 치씨(郗氏)가 병들어 죽었다. 황제로 즉위한 뒤 부인이 구렁이가 되는 꿈을 꾼 무제는 그녀 대신 죄를 참회하기 위해 불경 구절을 모아 참법(懺法) 10권을 짓고 『양황참』이라는 제목을 붙였다. 나중에는 불가에서 상용하는 초도(超度, 죽은 자의 영혼으로 하여금 지옥의 여러 고난에서 벗어나게 하는 일) 참법을 지칭하는 말이 되었다.

다지만 억지로 허송세월하면서 게으르고 산만한 채로 구차한 연명에서 벗어나지 못하고 있습니다. 마음으로는 감히 죄를 짓지 못한다 해도 성정인즉슨 간혹 사사로운 핑계에 흘러 후회할 짓을 저지르곤 하지요. 무릇 출가하여 수행하는 자라면 반드시 낮에는 강건하더라도 저녁에는 반성하며 두려움에 떨어야 합니다. 부처님께 공양을 바치는 시주들이 모두 복을 받고 공덕이 있기를 기원해야 하지요. 그런데 조석으로 생각에만 빠져 있다면 기실 헛된 시간을 보내는 격이 됩니다. 설사 이 마음이 두려움에 떨어 감히 죄를 짓지는 못한다 하더라도 온갖 상념이 분분히 일어난다면 어떻게 지성을 잃는 일이 없겠습니까? 다만 터럭 한 끝이라도 놓쳐버리면 죄가 동산만큼 커지는 법인데, 더군다나 만물이 인연 따라 생성하고 소멸되다가 재앙이 목전에 닥치는 상황이야 말해 무엇하겠습니까? 이 때문에 심유 등은 제자와 또 그 제자들을 거느린 채 삼가 자비와 위엄을 베풀어주십사고 아뢰나이다. 자비는 중생의 어리석음을 불쌍히 여겨 원컨대 작은 허물은 넘겨버리고 기록하지 말아달라는 것이지요. 위엄에 관해서는 훗날 받게 될 견책을 기다리는 터이니, 우선은 스스로 회개할 기회를 주시고 위엄 세우는 일일랑은 잠시 보류해주셨으면 합니다. 그렇게만 된다면 만력 21년 시월 이전의 일들은 이미 씻겨져나간 게 되겠지요. 이제 21년 시월 이후부터는 감히 거스르는 일이 없어질 것입니다.


## 다시 아뢰는 말씀 又稟

간절하게 경문을 염송하는 목적은 명심견성[67] 때문이고, 예참[68]하는

---

67) 명심견성(明心見性): 세속의 일체 잡념을 내버리고 잡념으로 인해 잃어버린 본성(本性, 즉 佛性)을 깨닫는 일.

68) 예참(禮懺): 부처님께 예배를 드리고 경문을 암송함으로써 지은 죄를 참회하는 일. 흔히 배참(拜懺)이라고 부른다.

까닭은 옛것을 버리고 새로움을 취하기 위해서입니다. 우리 승가(僧家)에서는 이를 준수하고 시행한 지가 오래되었지요. 둘 다 한 해의 겨울 시월 보름에 시작하여 이듬해 봄 정월 보름에 끝을 맺습니다. 지불원이 생긴 이래 용담의 승려들은 지금까지 몇 번이나 염송하고 몇 번이나 참회했는지 모릅니다. 그러나 심지는 끝내 밝아지지 않고 죄업은 도무지 벗겨지지 않으니, 그 이유가 대체 무엇일까요? 이제 탁오 화상은 지불원이 있는 이 산에 탑옥[69]을 세워 훗날 그가 죽은 뒤 귀성[70]할 장소로 삼았습니다. 또 안거[71] 기간에는 대중을 동원하여 예참하고 경을 읽으려고도 합니다. 철저한 참회가 수반되지 않으면 경문의 염송은 헛된 문자놀음이 될 것이요, 전심전력으로 읽고 외우지 않는다면 예참도 헛소리에 불과할 것입니다. 그러므로 이 두 가지 일은 승려들이 겸해서 수행할 바이니, 이번 회기(會期)에도 승려들의 일상사가 되어야 합니다. 만약 이 두 가지를 드물고 신기한 일로 지목한다면 통상적인 의례가 희귀한 제도로 뒤바뀌는 격이니, 어떻게 허물을 줄이는 도리를 독려하고 명심견성의 이치에 도달하길 바라겠습니까? 의당 매년 시월에는 이 제도가 통용되어 일상사가 되어야 할 것입니다. 그렇지 않다면 매번 회기 때마다 반드시 먼저 생각해야 하겠지요. 먼저 새로운 발상이 떠오르고 난 다음 일을 벌이고, 일이 끝나면 모화[72]에 들어가며, 모화가 끝난 다음이라야 성취가 생기게 됩니다. 이처럼 어렵고 힘들 바에야 전대미문의 제도라도 운위하는 것 또한 마땅하지 않겠습니까! 지금부터는 차라리 모화를 먼저 벌여 보살들과 인연을 맺고, 그 액수가 많든 적든 그것으로 호구할 양식을 삼겠습니다. 그저 두 끼니 굶지 않을 수만 있다면 백 날 동안 머리를 맞댈 수 있겠지요. 이렇게 정하고 나니 승려인

---

69) 탑옥(塔屋): 탑처럼 생긴 건축물.
70) 귀성(歸成): 서천(西天)으로 돌아간다는 뜻으로, 죽음을 말한다.
71) 안거(安居): 좌하(坐夏) 또는 좌랍(坐臘)이라고도 부른다. 승려들이 매년 우기(雨期) 3개월 동안 외출하지 않고 고요한 마음으로 좌선하며 공부하는 일. 안거 기간은 지역마다 날씨가 다르기 때문에 일정하지 않다.
72) 모화(募化): 화연(化緣). 불교나 도교도가 사람들에게 재물의 시주를 구하는 일.

상각(常覺)이 결연히 나서서 그 소임을 맡더군요. 혹독하게 뜨거운 더위도 마다 않고 수시로 불교를 믿는 가문을 찾아다녔으며, 아무리 힘든 길도 꺼리지 않고 날마다 어진 이들의 집을 방문하였습니다. 적은 양의 곡식도 마다 않고 시주한 이의 원력[73]에 따르니, 시주하는 순간 문득 보리[74]의 오묘한 마음을 발하지 않는 이가 없었지요. 얻은 곡식은 짊어지고 돌아와 재[75]에 쓸 양식으로 삼은 까닭에 먹는 족족 시주들로 하여금 보리의 오묘한 결과를 얻게 할 수가 있었습니다. 경전을 암송해야 마음이 밝아지는 것이지만, 시주는 편안히 앉은 채 저절로 착한 업보를 거두게 된 것이지요. 예불을 드려야 참회하게 되지만, 시주는 몇 톨의 곡식을 희사함으로써 마침내 복록의 밭을 넓히게 되었습니다. 여러 승려들이 시간을 헛되이 보내지 않았을 뿐 아니라 뭇 시주들 또한 재물을 헛되이 낭비하지 않게 된 것입니다. 그러니 상각의 공이 어찌 미미하다 하겠습니까! 다만 이런 식으로 세세년년 세월이 흘러가다보면 뭇 승려들이 복을 받고, 시주가 복을 받으며, 상각 또한 복을 받게 될 것입니다. 어쩌면 그들은 제가 헛소리를 한다고 여길지도 모르지요. 그래서 부처님께 아룀으로써 그들로 하여금 이 사실을 명확히 알게 하려는 것입니다.

---

73) 원력(願力): 서원(誓願)의 역량. 주로 선원공덕(善願功德)의 힘을 가리킨다.

74) 보리(菩提): 범어 Bodhi의 음역. 각(覺)·지(智)·도(道) 등의 의미로 해석된다. 순간적으로 깨달음을 얻는 경계를 뜻하며, 깨닫게 된 지혜나 깨닫는 방법 등을 가리키기도 한다.

75) 재(齋): 불가의 제도상 비구는 오시(午時)가 지난 뒤부터는 식사를 할 수 없는데, 오전(午前)과 오중(午中)의 식사를 일컬어 '재'라고 하였다. 소승(小乘)의 계율로는 오시가 지난 뒤의 식사만이 금지될 뿐 깨끗한 고기를 먹는 것은 금지사항이 아니었다. 나중에는 또 대승(大乘)의 별의(別意)에 의거하여 소식(素食)을 '재'라고 부르게 되었다.

# 약사불[76]을 찬미하며 아뢰는 글 禮誦藥師告文

　저는 요 이 년 동안 질병 때문에 고통이 매우 심했습니다. 사람의 목숨을 보통 계산해 볼 때 저 같은 나이는 이미 죽을 때라고 하겠습니다. 죽을 나이가 되었으면 죽음을 내려주시는 것이 바른 이치일진대, 어찌하여 죽음은 내리지 않고 도리어 질병만 하사하시는 것인지요?

　대저 질병의 괴로움을 내리는 까닭이야 아직 죽을 나이가 아니어서 이 세상에 좀더 머물게 하려는 것이겠지요. 이 때문에 질병을 빌려 고통을 내리면 그 사람은 자유롭고 활기차게 살지 못하게 됩니다. 하지만 저처럼 죽어 마땅한 사람도 있습니다. 나잇살이 고희(古稀)에 이르렀으니, 이는 죽어도 되는 첫 번째 이유입니다. 세상에 아무런 보탬이 안 되는 것은 죽어도 되는 두 번째 이유지요. 살아 있는 사람 중에 혹자는 이 세상에서 다 끝내지 못한 일이나 인연이 있겠지만 저 같은 이는 끝내야 할 일이 전혀 없으니, 이것이 죽어도 되는 세 번째 이유입니다. 이처럼 죽을 이유가 세 가지나 되는데 바로 죽음을 주시지 않고 질병으로 더욱 괴롭게 만드는 이유가 대체 무엇인지요?

　듣자하니 동방에 계신 약사유리광왕불(藥師琉璃光王佛)께서는 질병에 고통받는 중생들을 구제하여 열반에 들게 하겠다는 크나큰 서원을 세우셨다 하더군요. 이리하여 저 탁오 화상은 대중들에게 두루 포고하였습니다. 이번에 백이십 일 동안 열리는 법회를 빌려 도량에서 경전을 외우고 참회하라고 말입니다. 그렇게 해서 이번 시월 보름부터 시작하여 먼저 『약사경』(藥師經) 한 질 마흔아홉 권을 외우게 했는데, 저를 질병에서 벗어나게 해달라는 기도였습니다. 생각건대 부처의 발원은 크

---

76) 약사불(藥師佛): 약사유리광불(藥師琉璃光佛)의 약칭. 범어로는 양우리(穰麌梨)라 하며, 약왕보살(藥王菩薩)이라고도 부른다. 『약사유리광여래본원공덕경』(藥師琉璃光如來本願功德經)에 의하면, 불세존(佛世尊)께서 보살도(菩薩道)를 행할 때 중생의 모든 기도를 들어주겠다는 내용의 열두 가지 큰 소원을 발한 적이 있다고 한다. 약사불은 흔히 질병을 물리쳐주는 부처로 알려져 있다.

고도 깊으시니, 절대 허투루 들으실 리가 없겠지요. 부처님의 원력을 두고도 제가 기구하지 않는다면, 이는 저의 잘못입니다. 부처님께 기도했는데 그분이 거들떠보지 않는다면, 이는 부처님께서 자비롭지 못한 것이 됩니다. 기도해도 부처님이 혹 그 일을 알지 못할 수도 있겠는데, 이는 부처님의 귀가 밝지 못한 것으로 그런 부처는 부처가 아닙니다. 저는 절대 그런 일은 없을 거라고 확신합니다. 바라건대 대중들이 저를 위해 성심껏 염송을 하여 매달 초하루와 보름에 이 경문을 외우게 되면, 합쳐서 아홉 달 동안 아홉 번 경전을 외우게 됩니다. 오호라! 아홉 번이나 경전을 외웠다면 그 숫자가 많지 않다고는 말할 수 없을 것이고, 대중의 정성 또한 경건하지 못하다고는 말할 수 없을 것입니다. 이처럼 정성을 드렸는데도 응답하지 않는 일은 있을 수 없겠지요. 차라리 죽게 하는 편이 낫지 병을 주셔서는 아니 될 것입니다. 간절한 마음으로 재삼재사 부탁드리오니, 원컨대 부처님께서는 저의 청을 들어주시옵소서!

## 본사의 귀퉁이방으로 옮겨가며 아뢰는 글 移住上院邊廈告文

용호(龍湖)에 있는 지불원(芝佛院) 불당 뒷전에 산을 깎아 집을 짓고 이탁오의 유골을 모실 장소로 삼았습니다. 이 집을 지을 당시 탁오 화상은 호광[77]의 성도(省都)에 갔었기 때문에 거사 양정견(楊定見)과 절에 상주하는 승려 상중(常中)과 상통(常通) 등이 신명께 고하고 이 일을 해냈지요. 화상이 돌아와서는 다시 신명께 아뢰고 상방(廂房) 두 채와 앞채 주변의 건물 두 동을 더 증축했습니다. 설렁설렁 공사가 진행되더니 어느덧 건물이 완성되어 입주가 가능해졌지요. 화상은 모두

---

77) 호광(湖廣): 명초 홍무(洪武) 9년 호남과 호북을 합쳐 호광으로 개편하면서 성도를 무창부(武昌府)에 두었다. 그러므로 여기서는 이지가 무창에 간 것이 된다. 훗날 청대의 강희 3년 호광은 다시 호남성과 호북성으로 분할되었다.

가 힘을 갹출하여 이 큰 집을 지은 덕에 편안히 거주하게 된 것을 생각하기만 하면 심신이 불안할 뿐 아니라 자신이 철면피가 된 듯도 느낍니다.

건물이 완성되어 마침내 그 꼭대기에 '아미타불전'(阿彌陀佛殿)이라는 현판을 써서 내걸게 되었습니다. 안에는 고통받는 중생을 이끌어주시는 서방의 접인불[78] 한 분을 조각하여 모셨지요. 건물 높이는 한 길두 자인데, 절 안의 중들이 매일 세 번 염불을 드리면서 불상을 우러르고 귀의하는 장소가 되었습니다. 남쪽으로 들어선 세 칸짜리 상방에는 보타산[79]의 낭떠러지를 조각해 세우고 그 파도치는 듯한 암벽 위에 관세음보살을 좌정시킴으로써 고난을 구제하려는 대자대비한 원력이 드러나게 하였습니다. 뭇 승려들에게 의지처를 마련해주니, 더 이상은 두려움과 공포가 생기지 않게 되었지요.

앞쪽에 있는 다섯 칸짜리 낭하의 중간에는 금동으로 조각한 위태존자[80]의 소상을 모셨는데, 연결된 좌대의 높이가 아홉 자입니다. 승려들을 보호하는 책무는 오로지 그분께 맡겨 정성스럽고 부지런한 자는 이익을 얻게 하고 게으르고 우매한 자는 몽둥이 한 대가 제격이 되도록할 것입니다. 그래서 그곳 꼭대기에는 '호법존자지전'(護法尊者之殿)이라는 현판을 내걸게 하였지요. 그러나 관음보살을 모신 곳에는 그저 '나무관세음보살'(南無觀世音菩薩)이라는 일곱 자만 썼을 따름입니다.

---

78) 접인불(接引佛): 아미타불과 관세음대세지 두 보살은 염불하는 중생에게 손을 내밀어 그들을 서방세계로 왕생시킨다고 한다. 여기서는 물론 아미타불을 가리킨다고 보아야 할 것이다.

79) 보타산(普陀山): 중국 불교 4대 명산의 하나. 범어 보타낙가(補陀落迦, Potalka)의 줄인 음역으로 절강성 보타현(普陀縣)에 있으며 주산군도(舟山群島)에 속한다. 오대의 후량(後梁) 시절 일본의 승려 혜악(慧鍔)이 오태산(五台山)에서 관음성상(觀音聖像) 뵙기를 청하고 귀국하던 중 태풍에 가로막히게 되자 이 산에 '불긍거관음원'(不肯去觀音院)을 지어 '관음도량'(觀音道場)의 시발이 되었다. 후인들은 또 『화엄경』 「입법계품」(入法界品)에 근거하여 이곳이 선재동자가 관음보살을 예방한 보타낙가산(補陀落迦山)이라고 부회하기도 하였다.

80) 위태존자(韋馱尊者): 불법을 수호하는 신.

전각의 동쪽과 서쪽에는 달마(達摩)와 가람[81] 두 분의 소상을 모셔 받들게 했습니다.

문루(門樓)를 거쳐 북으로 올라가면 그 위쪽에 신명이 계시고, 남쪽으로 방향을 틀면 금강저(金剛杵)를 손에 든 금강신[82]이 호법존자의 지휘를 받고 있습니다. 이처럼 갖가지 자비롭고 위엄 있는 부처님과 보살들의 참된 모습을 모셔놓고 나면, 탁오 화상이 부처님 배후의 반 칸짜리 작은 방에 유골을 보관시킨다 하더라도 마음이 편안할 것입니다. 그런데 지금은 부처님을 조각하여 모시기 전이라, 아직은 감히 정방(正房)에 들어가 거주할 수도 없고 땅에다 대고 감사의 인사를 드릴 수도 없습니다. 어찌하여 그렇겠습니까? 토목공사가 아직 끝나지 않은지라 땅 파는 일에 앞으로도 수고를 더해야 하기 때문입니다. 다만 택일하여 귀퉁이방으로 들어가 거주하려다 보니 이런 사정을 고하지 않을 수는 없었습니다.


## 『약사경』 읽기를 마치고 아뢰는 고유문 禮誦藥師經畢告文

탁오 화상은 고질병인 천식에서 벗어나겠다는 바람 하나로 경문을 읽어 부처님께 감사하는 결사를 조직하였습니다. 생각해보니 오늘은 정월 십오일 대보름이더군요. 아홉 달 동안 지속되어 오늘에 이르렀으니, 이는 날짜 상으로도 이미 애초의 발원을 충족시켰다고 하겠습니다. 오늘까지 벌써 아홉 부(部)나 되는 경전 읽기가 마쳐졌지요. 겨우 2부의 경전을 읽고 나자 저의 천식은 구 할이나 사라지더군요. 다시 읽기

---

81) 가람(伽藍): 원래는 승려들이 거처하는 불사를 가람이라고 하지만, 여기서는 가람을 호위하는 신을 일컫는다.
82) 금강신(金剛神): 절 문의 양쪽에 세워진 금강야차(金剛夜叉). 본래는 금강저를 손에 쥔 부처의 호위신을 지칭하지만, 산문 안에 세워진 사천왕상을 가리키기도 한다.

시작해서 채 4부가 끝나지 않았을 때, 제가 식욕을 억제했더니 소식(素食)이 가능해졌습니다. 소식하는 기간이 길어지면서 천식은 완전히 나았고, 천식이 낫고 난 다음에는 소식하는 일이 더욱 즐거워졌습니다. 부처님의 공력이 아니라면 내 어찌 그럴 수가 있었겠습니까? 경을 읽는 뭇 승려들이 더할 나위 없이 경건하긴 하지만 사실은 약왕보살(藥王菩薩)의 깊고 무거운 연민 덕분입니다. 저 탁오 화상은 삼가 극진한 감사와 기도를 억누르지 못하겠습니다.

탁오 화상이 다시 아뢰옵니다. 상통(常通)이란 젊은 중이 있는데 약사여래께서 제 병을 치유하심을 보더니 그 또한 보리심을 일으켜 불단을 떠나지 않고 염송을 지속하며 종기 터진 상처가 속히 아물기를 기도하고 있습니다. 이렇게 몸가짐과 태도를 엄숙하고 경건히 하더니 이 달 열엿새 아침에는 뭇 승려들에게 경전 한 부만 읽어달라는 부탁을 해오더군요. 오호라! 부처님은 바로 삼계[83]의 큰 어버이시니, 어찌 취할 바 없는 일개 승려라 해서 내칠 리가 있겠습니까! 게다가 저는 또 여러 부처님의 적계(嫡系)이오니, 저를 보아서라도 어찌 상관하지 않으실 리 있겠습니까! 상통이 비록 대단히 똑똑한 건 아니지만 승려들 중에서는 그래도 큰 허물이 없는 자입니다. 종과 경쇠 다루는 데 모두 능숙하고, 그가 치는 북과 바라는 감동과 울림이 있습니다. 경 읽는 소리가 맑고 우렁차니 부처님의 법력이 곧이어 베풀어질 테지요. 이 년 동안이나 낫지 않은 종기라 합니다. 약왕보살께서 한 번만 가호를 베푸신다면 그 얼마나 다행한 노릇일까요! 이 일로 그를 대신하여 간청하나니, 우러러 의지하고픈 마음 누를 수가 없습니다.

---

83) 삼계(三界): 중생이 윤회한다고 일컬어지는 욕계(欲界)·색계(色界)·무색계(無色界). 출전은 『구사론』(俱舍論) 「세분별품」(世分別品).

# 병든 중 상통을 대신한 고유문 代常通病僧告文

용호의 승려 상통은 종기를 앓느라 생긴 고뇌 때문에 「수참」[84]으로 예배하며 부처님의 자비로우신 역사를 기원합니다. 다시 헤아리건대 상통은 출가하자마자 곧바로 삼보(三寶)에 귀의하였습니다. 견디기 어려운 상태가 최근 이 년 동안 계속되었는데, 고름이 흐르는 종기가 말썽을 부려 욱신거리는 아픔으로 오랫동안 고통을 받아왔지요. 의사와 약이 다 헛수고였고, 세월도 전혀 효과가 없었습니다. 모두들 한다는 말이 필시 전생에 지은 원업(冤業) 때문일 테니 육안을 가진 사람이 치료할 수 있는 병은 아니라 하였고, 당장 고통에서 벗어나길 원한다면 모름지기 석가모니 부처님 앞에서 참회할 노릇이라 하였지요. 희미한 말단에 구애되어 그것만 돌아본다면 무슨 수로 저 푸른 하늘에 뜻을 전할 수가 있겠습니까? 아무리 지극 정성을 들여도 반드시 이 아래 땅까지 강림하리란 법은 없는 것입니다. 전생에 지은 죄를 두루 살펴보니, 착실히 계율을 지켜 십 대를 거듭 고승으로 태어난 오달(悟達) 선사와 같을 수는 없다고 사료됩니다. 미천한 육체를 굽어 헤아리니, 또 몸뚱이를 토막내 마디마디 사지를 분해해도 노여움과 원한이 없었던 가리왕[85]만도 못한 존재입니다.[86] 일거수일투족이 허물 아닌 것이 없고, 날

---

84) 수참(水懺): 불교 경문의 일종. 「자비수참」(慈悲水懺)이라고도 부른다. 당대(唐代)의 오달 선사(悟達禪師)가 물로 얼굴의 종기를 씻어주는 이상한 중을 만난 뒤 은혜를 갚기 위해 지었다고 한다.

85) 가리왕(歌利王): 가리(迦利) 혹은 가려(迦黎)라고도 하며 범어 kali의 음역이다. 원래는 더럽고 흉악하다는 뜻이지만, 불교 고사에 나오는 고대 인도의 왕 이름으로 쓰였다. 석가가 남천축(南天竺)의 어느 바라문 가문에 태어났을 때, 당시의 왕 가라부(迦羅富)는 성격이 포악하고 교만하기 이를 데 없었다. 교외에서 중생들을 교화하는 석가를 만난 그는 '노여움'(瞋)과 '탐욕'(貪)이 어찌 없을 수 있겠는가 하며 부처의 귀와 코, 손을 자르는 만행을 저질렀다. 석가가 자신의 마음에 노여움과 원한이 없으면 몸이 당장 멀쩡해질 거라고 발원하는 순간 그의 몸은 원상대로 회복되었다. 왕은 이에 몹시 참회하면서 불문에 귀의했다는 이야기가 『열반경』(涅槃經) 권31에 보인다.

70

이며 달마다 쌓인 죄가 어디에 비유할 수도 없을 지경입니다. 아픔을
참아가며 지난날을 반추했더니, 어떤 경우는 확실히 알면서도 고의로
잘못을 저질렀더군요. 기왕에 그렇게 지은 죄들이야 어찌하겠습니까?
어쩌면 장래에 무간지옥으로 떨어져야 마땅할지도 모르겠습니다. 그가
의지하는 바 여러 형제들은 한마음 한뜻으로 문득 '쑥뜸을 뜨고 아픔을
나누는'(灸艾分痛)[87] 진정한 사랑을 일으켜주었습니다. 병 때문에 생
겨난 연민은 급기야 차화헌불[88]의 망령된 생각마저 발흥시키게 되었
지요. 이런 연유로 길일을 골라 참회의 경문으로 예배를 드리게 된 것
입니다. 여러 부처님을 두고 증명하나니, 일단 참회하고 나면 앞으로
참회할 짓은 다시 아니 하겠습니다. 대중 앞에서 맹세하건대 이 몸은
더 이상 옛날의 육신이 아닙니다. 이미 죄가 소멸되었는데 또다시 죄
를 짓는다면 짐승과 다를 바가 무엇이겠습니까? 만약 거듭해서 죄를
회개한 마당에 다시금 참회를 반복하게 된다면 능지처참도 달게 감수
할 것입니다. 엎드려 바라옵건대 부처님의 대자대비로 저의 지난 허물
을 두루 씻어주십시오. 석가모니의 크나큰 법력이라면 곧바로 씻어낼
수 있으시겠지요. 법수[89]가 암암리에 녹아들면 상처 자리는 저절로 아
물게 될 것입니다. 이는 원래 부처님 보살님이 지속적으로 그에게 연
민의 정을 베풀고 여러 형제들이 정성스럽게 예배를 드려주어야 달성

---

86) 불경에서는 원래 가리왕이 석가모니의 사지를 절단했다고 나오지만, 이 글에서
　　는 정반대로 묘사되고 있다. 아마도 이지가 착오를 일으킨 듯하다.

87) 구애분통(灸艾分痛): 형제간에 우애가 좋음을 비유하는 성어. 『송사』 「태조기」
　　(太祖紀)에서 유래되었다. "태종이 병을 심하게 앓자, 황제가 병문안을 갔다가
　　직접 쑥뜸을 놓아주었다. 태종이 아픔을 느끼자, 황제는 자신에게도 쑥뜸을 떴
　　다"(太宗嘗病亟, 帝往視之, 親爲灼艾. 太宗覺痛, 帝亦取艾自炙.)

88) 차화헌불(借花獻佛): 『과거현재인과경』(過去現在因果經) 권1에 "지금 내 딸이
　　연약하여 앞으로 나아갈 수 없으니 부디 꽃 두 송이만 보내 부처님께 바쳐주시
　　오." 하는 대목이 나온다. 나중에는 다른 사람의 물건을 빌려 인심쓴다는 비유가
　　되었다.

89) 법수(法水): 부처의 법을 가리킨다. 마음속의 번뇌를 녹이고 없애는 불법(佛法)
　　이 마치 더러움을 씻어내는 물과 같다고 하여 붙여진 명칭이다.

될 일이라 하겠습니다.

## 안거 기간을 맞이하여 대중에게 고하는 글 安期告衆文

어느 한 상주[90] 가운데 생겨나는 모든 사무는 전부 도를 닦는 방편이고, 엉터리 아닌 신실한 행위는 죄다 수행에 속한다. 오직 어리석은 자만이 불신하고 못난 자만이 구차하게 행동하니, 모름지기 사장(師長)이란 그들을 가르치고 훈독할 필요가 있다. 그런데 지금의 스승 된 자들은 가르치고 독려할 줄 모르고 그 제자들 역시 두려워하거나 삼가지 않으니, 모든 사무는 누구를 시켜 처리해야 할꼬? 느슨하게 풀어진 기강에 일을 시키면 필시 엉망으로나 만들게 될 것이다. 그래도 한두 명의 현명한 도자(徒子)나 도손(徒孫)이 서로 돕고 협력한 데 힘입어 여태까지는 용호의 절이 제대로 유지될 수 있었다. 하지만 개중에는 게으름의 타성에 젖어 반드시 불러내고 야단친 연후라야 꼼지락거리는 치들이 없지 않구나. 혹자는 제 고집만 피우고 상관조차 않으려 드는데, 불러내 야단을 쳐도 여전히 꿈쩍을 하지 않는다. 우리 안에도 세 종류의 승려가 섞여 있으니, 일을 엉망으로 만들지 않으려 해도 끝내 그리 되질 못하는구나.

우리 절의 승려는 대략 사십여 명인데, 각자가 또 도자를 거느렸고 도자는 또 도손을 거느리고 있다. 나날이 그 숫자가 증가하여 점차 세월이 흐르는 사이 드디어는 큰 총림을 이루게 되었다. 그러나 모두들 서로 눈치만 보고 일할 생각은 않으니, 비록 한두 명의 어진 이가 있다 한들 그들이 어찌 모든 일을 감당할 수 있으랴! 게다가 지금은 마침 일백이십 일이란 장기간에 걸쳐 대중이 운집하고 사방의 시주와 사해의

---

90) 상주(常住): 불교용어. 원래는 영원히 존속하거나 생멸과 변천이 없는 법을 일컫는 말이지만, 여기서는 집이나 땅, 집물 따위의 상주물(常住物)을 가리킨다.

고승대덕들이 한꺼번에 찾아와 부처님을 우러르고 예배하는 기간이 아니더냐?

이런 이유 때문에 장차 우리 절의 승려들을 세 부류로 나눠 뒷전에 나열하고자 한다. 부디 성실과 게으름이 확연히 밝혀지고, 게으른 자는 꼭 부지런한 자로 교화되어 착한 일을 이루었으면 한다. 시주의 은덕에 보답하고 사장의 교화를 도우며 장래의 열매를 맺게 하는 것은 모두 여기에 달렸구나. 부지런한 자는 학덕과 수행이 뛰어난 고승이 될 것이다. 게으른 자는 아무 뜻이 없는 땡추일 뿐이다. 편안히 앉은 채로 사방에서 시주한 밥이나 얻어먹고 불러내 야단쳐도 일하지 않는 자라면 부끄러움이 없는 것이다. 모두 현명한 사장이 완곡하면서도 주도면밀하게 타이르고 이끌어줄 필요가 있다 하겠다. 그러므로 사장이 있다면 그 사장을 꾸짖겠지만, 사장도 어쩔 수 없는 경우라면 위태존자를 책망할 것이다. 존자의 죄가 가벼우면 몽둥이 한 대로 그치겠고 죄가 무거우면 세 번은 몽둥이찜을 당해야 끝날 것이니, 존자께서는 내가 너무 엄하다고 여기지 마시라. 오직 부처님만이 지극히 세심하고 지극히 엄격하시니, 이런 까닭에 그분을 두고 대자대비하다고 일컫게 된다. 그래서 경전의 이름조차 『능엄』(楞嚴)이라 부르고 또 『화엄』(華嚴)이라 말하였다. 엄격함이란 슬픔을 만들어내는 동인이니, 그대 위태존자 또한 모르고 넘어가면 아니 될 것이다. 지나치게 시고 떫진 말아야 하니, 불법(佛法)은 썩어 문드러지는 물건이 아닌 까닭이다. 첫 번째로는 수행을 근실히 하는 승려 여덟을 꼽는다. 이 여덟 명은 내가 직접 친견한 자들인데 항상 임무를 수행하기에 추위와 더위를 피하지 않고 극도로 수고하길 마다하지 않았다. 두 번째로 게으른 승려 세 명을 꼽고, 세 번째로는 간사하고 완악한 승려[91] 한 명을 꼽는다. 이들 두 번째와 세 번째 승려들도 내가 직접 목도한 바에 따라 이렇게 분류

---

91) 혹자는 여기서 말하는 못된 승려는 노지심(魯智深)의 행적을 동경한 상지(常志) 라고 추측하기도 한다. 원중도의 『유거시록』(游居杮錄) 권9를 보면, 이지가 "그

한 것뿐이다. 만약 게으른 천성을 고쳐 부지런해지고 완악하다가도 순종하는 품성으로 바뀔 수 있다면 그들은 당장에 현명한 승려가 될 것이다. 다만 상주하는 승려들이 밥이나 축내면서 일하지 않는다면 제아무리 사람 숫자가 많다 한들 맡은 책임을 중시하지 않는 자로 모두가 싸잡히고 말 테니, 여기서 말한 십여 명은 가일층 노력해야 되지 않겠느냐! 노력해서 앞으로 나아가고 위태존자의 몽둥이찜질은 받지 말도록 하라.


## 토지신께 고하는 글 告土地文


경인년(庚寅年)에 공사를 시작한 이래 하루도 당신의 흙을 파헤치지 않은 날이 없고, 한 해도 토지신인 당신을 힘들게 하지 않은 해가 없었습니다. 다만 당신은 신기(神氣)뿐이시고 저희들 중생은 형상이 있는지라 마침내는 여러 일꾼들의 힘을 다하고 뭇 승려들의 마음을 다해 불전을 낙성하고 탑옥 또한 완성시키기에 이르렀습니다. 지금 눈앞에서 가부좌를 튼 채 위쪽으로 쭉 뻗은 분은 서방세계의 아미타불이신데, 금빛 찬란한 그 모습은 마치 대인(大人)의 고귀한 형상 같기도 합니다. 참배하러 온 사람이라면 누군들 염불하고 법문을 욀 마음을 일으키지 않을 수 있겠습니까? 앞쪽에 우뚝하게 서 계신 분은 불법을 수호하는 위태존자의 위풍당당한 모습인데, 금빛 찬란한 갑옷을 걸쳤고 손에는 또 마귀를 굴복시키는 금강저를 쥐고 있습니다. 전심전력으로 선업(善業)을 닦는 자라면 해찰하지 않고 물러서지 않겠다는 의지가 어찌 더욱 굳건해지지 않겠습니까? 게다가 또 관음보살과 대세지보살[92]이 나란히 우리

---

를 대단히 미워해서 결국은 용호에서 살지 못하게 되었다. 북쪽의 장안으로 갔지만 결국은 유랑하다 쓸쓸히 죽었다"(惡之甚, 遂不安于湖上, 北走長安, 竟流落不振以死.) 하는 대목이 보인다.

92) 대세지보살(大勢至菩薩): 범어 Mahāsthāma-prāpta의 의역으로 득대세(得大勢)

앞쪽에서 창도하시고, 더군다나 문수보살과 보현보살이 함께 우리 뒤쪽에서 계도하여주시는 마당입니다. 천 길 낭떠러지가 가로놓였어도 나한(羅漢)을 벗한다면 곧장 하늘까지 닿게 되고, 여유공간 없는 작은 방이라지만 달마[93]대사를 바라보면 그가 수도하던 동쪽 벽을 마주한 것과 마찬가지가 됩니다. 누구인들 화급한 일이 없을까마는 보살님이 바로 괴로움에서 구해주는 부처님이시고, 누가 한평생을 알겠는가마는 관운장(關雲長)은 특별히 불법을 수호하는 가람신이 되어주고 계십니다. 흑해[94]는 문이 있지만 불법(佛法)에는 들어갈 문이 없으니, 눈 안에서 보타산이 모습을 드러냅니다. 하늘에는 들어갈 길이 있어도 도(道)는 길이 없으니, 눈 속에서 영산[95]을 목도하게 되지요. 시방세계가 다 같이 공허하면 판단의 염은 곧 용과 호랑이처럼 요란하게 분산되고, 육창[96]이 고요해지면 까불이 호손[97]이라도 단 매에 때려잡을 수 있습니다. 이로부터 앞뒤가 끊이지 않고 부단히 이어지니, 모두가 장엄하고 성대하길 기원합니다. 모두들 한 마음으로 모아지는 데 힘쓰고 두 마음은 용납하지 않으니, 탁오의 오두막은 바로 극락정토인 셈이고 용호의 절은 두루두루 화엄세계의 도량이 됩니다. 이는 비록 부처님의 공덕일

라고도 번역한다. 줄여서 대세(大勢) 혹은 세지(勢至)라고도 한다. 아미타불 오른편에서 시중을 드는데, 아미타불과 그 왼편의 관세음을 합쳐 서방삼성(西方三聖)이라 부른다. 대세지는 지혜의 빛으로 모든 것을 비춰 무상의 힘을 얻게 된다는 의미이다.

93) 달마(達摩): 달마(達麼) 혹은 달마(達磨)라고도 쓰며, 보리달마(菩提達摩)의 준말이다. 천축국(天竺國)의 고승으로 본명은 보리다라(菩提多羅). 남조 양나라 보통(普通) 원년 중국에 들어올 때, 무제가 그를 건강(建康)으로 맞이하였다. 나중에 장강을 건너 북위(北魏)로 간 뒤 숭산(嵩山)의 소림사(少林寺)에 머물며 9년 동안 면벽하고 입적했다. 혜가(慧可)에게 법을 전해 중국 선종의 초조(初祖)가 되었다.

94) 흑해(黑海): 고해(苦海)를 일컫는다.

95) 영산(靈山): 인도의 불교 성지 영취산(靈鷲山)의 준말. 부처가 설법하던 장소라고 전해진다.

96) 육창(六牕): 육근(六根). 여섯 가지 인식 기능을 담당하는 안(眼)·이(耳)·비(鼻)·설(舌)·신(身)·의(意)를 말한다.

97) 호손(猢猻): 원숭이의 일종. 추위에 강하고 중국 북부의 산림에 서식한다.

지라도 사실은 또 당신께서 도와주신 덕분입니다. 그래서 특별히 당신의 신상을 조각하여 사명[98]과 더불어 나란히 늘어놓았습니다. 경건하고 공손하게 불공을 드리느라 술이나 고기는 올려놓지 않았고, 정성으로 소찬을 차리다보니 향채나 비린내나는 음식이 없습니다. 오직 다과만을 차려놓고 단지 소찬만을 공양할 것입니다. 이름난 차라도 반드시 끓여 올리겠사오니, 원컨대 사명과 더불어 뜻을 같이하옵소서. 아름다운 꽃을 바칠 것이오니, 응당 위태존자의 지휘에 따라주시옵소서. 잘못이 있으면 글로 남기시고, 허물을 보시면 속히 기록하옵소서. 세세한 곳까지 빠짐없이 열거하시되 당신에 대한 저의 공양이 사사로운 욕심 때문이라 말하지 마옵소서. 작고 큰 일을 모두 등재하시되 사람들이 당신을 공경함에 있어 편을 가른다고는 말하지 마옵소서. 이승과 저승이 협조하여 돕는다면 사람과 귀신이 다같이 근신할 것입니다. 그리되면 당신의 토양에도 힘이 생기고 하느님도 장차 더하시는 바가 있어 이 용호를 길이 지키고 영원토록 서로 의지하게 만들 것입니다.


## 부처님께 아뢰는 약속의 게송 告佛約束偈

용호의 지불원 절이
새로 도량을 건립하였습니다.
윗전에는 아미타불 모시고
아랫전에는 위태존자를 모셨지요.
특별히 중생을 제도하기 위함이니
그저 한가로운 길동무는 아니지요.
관음보살 문수보살 보현보살의
자비와 지혜와 행원(行願)이 엇섞여 자리를 잡았습니다.

---

98) 사명(司命): 생명을 관장하는 신.

이제부터는 귀의할 마땅한 곳을 찾았으니
이 모두가 신도인 선남선녀들 덕분입니다.
위태존자는 어찌하고 계신가요?
금강저 들고 정면에 꼿꼿이 서 계시네요.
터럭조차 올올이 분명한 무서운 모습이니,
더더욱 소홀히 하거나 가볍게 보지 마십시오.
이 분을 두고 대중들과 약속하겠습니다.
조급해하지 말고 혹독하지 말며 태만하지 마십시오.
사시사철 일찍 일어날 필요는 없으니
여명이 밝을 때 종소리로 알리면 그만입니다.
상쾌한 아침이면 『금강경』 한 권을 읽는데
춘하추동 언제나 한결같을 것입니다.
이고[99])에는 염불 일천 번을 읊는데
겨울과 봄 두 계절 동안 그러할 것입니다.
한가로운 여름에는 시절 따라 편안히 늘어지고
옛날 성현을 모방하지 않겠습니다.
그저 경전 읽기와 염불만을 기억하며
문들을 꼭 닫아걸기에 소홀히 하지 마십시오!
한가한 사람들이 끼여들어 방해하면
송경(誦經)과 염불이 띄엄띄엄 행해질 테니까요.
새벽을 알리는 종소리가 끝나자마자
여러 전각에 올라가 향불을 피웁니다.
향을 사를 때는 반드시 경쇠를 때려야 하니,
경쇠가 울려야만 향이 바쳐진 줄 아는 까닭이지요.
경쇠가 울리지 않으면 상향(上香)이 걸러진 것이니,
부처님 면전에서 무릎 꿇고 반나절 벌을 받아야 합니다.

---

99) 이고(二鼓): 이경(二更). 저녁 9시부터 11시 사이를 가리킨다.

종소리 들리면 대중들은 일제히 일어나
서둘러 옷자락을 바로잡으십시오.
양치질과 세수 같은 제반사가 끝나면
사미(沙彌)가 또 전처럼 종을 칠 것입니다.
우두머리 승려가 곧바로 대중을 인솔하여
차례대로 합장하고 공경을 다합니다.
늘어선 줄은 앞뒤가 흐트러지면 안 되고
맨 먼저 위태존자께 절로 인사를 드립니다.
그 다음은 관음전으로 올라가
경건하고 공손하게 한 차례 예배를 드립니다.
관음전에는 불경책이 펼쳐져 있어
무릎 꿇고 소리 높여 『금강경』을 낭송합니다
송경이 끝나고 식사를 마치면 무엇을 하나요?
여전히 소리 높여 『법화경』을 낭독합니다.
매년 겨울 석 달 동안 일이 없으면
날마다 한 권씩 『화엄경』을 읽겠습니다.
안거 기간에 탁발에 나서
선량한 보살 괴롭히는 짓을 불허하겠습니다.
그저 두 끼니 죽이나 밥을 먹을 수 있으면
곧장 진지하게 생각에만 몰두하겠습니다.
만약 죽사발도 받아먹지 못할 궁핍이라면
바리때 들고 집집마다 돌아도 무방할 것입니다.
그저 발걸음 내키는 대로 찾아갈 뿐이니
중노릇이 편한 줄 알게 되는군요.
중이 되면 부귀가 필요없고,
부귀는 중노릇에 어울리지 않습니다.
중노릇이란 본인을 위해 생사를 탐구하는 것이니,
남의 죽음이 자신에게 무슨 상관이 있겠습니까!

왜 꼭 죽음이 슬프다고 애도해야 하며

남의 탄생 축하에 기뻐 날뛰는 것입니까!

이유를 달지 않고 날마다 길거리를 돌아다니면

저절로 고귀함의 문전에 이르게 될 것입니다.

송경을 부탁한 집에 가는 것을 불허하고

혼자서만 경전 껴안고 낭송하는 것도 불허하겠습니다.

옥경[100]을 낭송함으로써

공공연히 도사의 밥그릇 뺏는 짓을 불허하겠습니다.

제멋대로 요령을 익힌 자가 침탈하려는

만수무강 중 밥그릇을 지켜내겠습니다.

고리채를 놓아 이자 불리는 짓을 불허하고

싼값에 사서 비싼 값에 되파는 상행위를 불허하겠습니다.

부귀하고 싶은 일체의 마음을

몽땅 용호의 흐르는 물에 던져버리겠습니다.

모름지기 깨달아 고치는 일이 많지 않으면

아무리 굶주림을 참아도 오래가지는 못할 줄 알아야 합니다.

타고난 복록은 운명에 정해졌단 말 듣지 않더라도

사람의 지혜와 힘으로 구할 수 있는 바가 아닙니다.

더군다나 몸뚱이 하나에 입 한 개 달렸을 뿐이니

왜 꼭 지나친 계산으로 근심을 만드는 것입니까!

스스로를 일컬어 불제자라 자처하면서

되려 시정잡배의 막된 짓거리나 배우고 다니는군요.

스스로를 비할 데 없는 선승(禪僧)이라 일컬으며

고귀함의 꼭대기에 독불장군으로 앉았습니다그려.

유유자적 변함없이 이익만 좇아다니니(蠅營狗苟),[101]

---

100) 옥경(玉經): 도가의 경전.

101) 승영구구(蠅營狗苟): 파리처럼 도처를 후비며 돌아다니고 개나 마찬가지로 구

그대 대신 부끄러워할 이도 없는 지경이로소이다.
제군들에게 때를 놓치지 말라고 권유합니다.
어서 빨리 염불해서 복을 닦으십시오.
이 마음을 옮겨 염불에만 몰두하면
그곳이 바로 청량(淸凉)한 극락세상입니다.


## 견식의 중요성 二十分識

이백 퍼센트의 견식이 있으면 백 퍼센트의 재주도 쉽게 얻을 수 있다. 원래 이백만큼의 견식이 있으니 비록 오륙십 퍼센트에 불과한 재능뿐이라도 백 퍼센트로 늘릴 수가 있는 것이다. 이백 퍼센트의 견식이 있으면 백 퍼센트의 담력도 발휘할 수 있다. 견식이 그만큼 크기 때문에 담력이 비록 사오십 퍼센트에 불과할지라도 백 퍼센트로 커지게 되는 것이다. 이 같은 현상은 재주와 담력이 죄다 식견으로부터 비롯된 뒤 채워지기 때문에 일어난다. 한갓 재주만 있고 담력이 없다면 겁이 많아 무슨 일에도 감히 나서지 못하고, 담력만 있고 재주가 없다면 어두운 밤길에서 제멋대로 움직이는 사람에 불과할 뿐이다. 재주와 담력은 기실 식견에서 보충되는 까닭에 식견을 갖추는 것이야말로 세상에서 가장 어려운 일이라 하겠다. 그만한 식견이 있으면 비록 사오십 퍼센트의 재주와 담력이라도 든든한 자세로 일을 성사시킬 수 있게 된다. 그러나 이 세상에는 또 재주만 믿고 담력을 키우는 자와 담력만 믿고 재주를 발휘하는 자도 있으니, 하나로 일괄해서 말하기는 어렵다. 그렇다면 식견과 재주와 담력은 비단 도(道)를 공부할 때에만 작용하는 것이 아니렷다. 무릇 속세에 있든 출가를 했든, 나라를 다스리든 가정을

---

차하게 목숨을 연명한다는 뜻. 명리를 추구하기에 염치를 돌보지 않고 수단을 가리지 않는다는 비유로 쓰인다.

다스리든, 더 나아가 천하를 다스리는 일에 이르기까지 어떤 경우라도
이 세 가지는 내버릴 수 없는 것이다. 그래서 "지혜로운 자는 흔들리지
않고, 어진 사람은 근심하지 않으며, 용감한 자는 두려워하지 않는다"
[102]고 말씀하셨을 것이다. 지혜로우면 식견이 있고, 어질면 재주가 있으
며, 용감하면 담력이 있다는 말이겠지. 촉한(蜀漢)의 초주[103]는 식견으
로써 이름을 떨쳤다. 강백약[104]은 담력은 셌지만 식견이 없는 까닭에 일
은 성사시키지 못한 채 자신의 목숨만 희생시켰고, 비의[105]는 재주는 뛰
어났지만 식견이 떨어졌던 까닭에 역시 공을 이루지 못하고 생명만 잃
었다. 이로부터 우리는 영웅호걸들의 행위가 어떠한지 그 대략을 알 수
있게 된다. 세 가지를 모두 구비하고 도를 공부한 이들 중에는 삼교(三
敎)의 대성인이 계시고, 경세가 중에는 여상[106] · 관이오[107] · 장자방[108]

---

102) 공자는 이 구절을 『논어』 「자한」(子罕)편과 「헌문」(憲問)편에서 두 번이나 강조
   한 적이 있다.
103) 초주(譙周): 삼국시대 촉한 사람으로 자는 윤남(允南). 호학하여 경전에 밝았으
   며, 서찰을 잘 쓰고, 천문에 정통하였다. 제갈량의 명으로 후주의 조정에 들어
   온 이래 비록 정사에 참여하지는 않았지만 큰일을 논의할 때마다 경전에 의거하
   여 대책을 세워주곤 하였다. 경요(景耀) 말년 등애(鄧艾)가 촉한으로 쳐들어올
   때 열린 대책회의에서 초주는 항복을 주장했고 후주는 그 말에 따랐다. 위나라
   는 그를 양성정후(陽城亭侯)에 봉했다. 훗날 진(晉)이 여러 번 그를 불렀지만
   스스로 공이 없다고 아뢰며 관작과 봉토를 되돌려주었다. 『삼국지』 「촉지」(蜀
   志) 권42에 보인다.
104) 강백약(姜伯約): 촉한의 장군 강유(姜維). 자는 백약. 천수(天水) 사람으로 관직
   이 정서장군(征西將軍)에 이르렀다. 제갈량이 죽은 뒤 군대의 통수권을 이어받
   았지만 전공을 세우지는 못했다. 위나라가 종회(鍾會)와 등애를 파견하여 촉을
   정벌하자, 강유는 검각(劍閣)에서 그들을 막았다. 후주가 항복한 뒤 강유도 따
   라 투항했지만 촉의 부흥에 대한 미련을 여전히 버리지 못했다. 마침 위의 병사
   들이 난리를 일으켜 그 틈에 종회를 죽였지만 자신도 그 와중에 피살당하고 말
   았다. 『삼국지』 권44에 보인다.
105) 비의(費褘): 촉한 사람으로 자는 문위(文偉). 익주(益州)에서 살 때 동윤(董允)
   과 나란히 이름을 날렸다. 사람됨이 영민하여 제갈량 사후 촉한의 대소사를 책
   임지는 위치에 올랐는데, 나중에 조정의 연회에서 만취하는 바람에 위나라에서
   항복한 곽수(郭修)에게 살해당했다. 『삼국지』 권44와 『낭야대취편』(琅邪大醉
   編) 권21에 보인다.

이 있다. 아무도 없는 빈 산이 쓸쓸하고 기나긴 밤 누군가 찾아오는 소리도 들리지 않으니, 어쩌다 이런 말을 뇌까리는 것도 한 가지 유쾌한 일이로구나. 이때 회림(懷林)이 곁에 있다가 나서며 물었다.

"스님께서는 이 세 가지 중에 무엇이 모자라십니까?"

나는 오십 퍼센트의 담력과 삼십 퍼센트의 재주, 이백 퍼센트의 식견이 있는 덕분에 세상을 살면서 근근히 화를 면할 수 있었노라고 대답해주었다. 참선하고 도를 배우는 무리들 중에서라면 내가 이백 퍼센트의 담력과 백 퍼센트의 재주, 오십 퍼센트의 식견을 갖췄겠지만 감히 석가나 노자에 비할 수는 없음이 자명하다. 또 글을 지어 책을 엮고 붓끝을 휘날려 사람을 놀라게 하는 방면이라면 내게도 이백 퍼센트의 식견과 이백 퍼센트의 재주, 이백 퍼센트의 담력이 있다고 하겠다. 오호라! 그만하면 충분하구나. 내 어찌 이 대목에서 유쾌하지 않을 수 있으랴! 비록 말할 만한 것은 없지만 회림이 이 같은 질문을 던져주니 또한 빈 골짜기에 울리는 반가운 발자국 소리(空谷足音)[109]로구나. 어찌 흐뭇하지 않을 수 있겠나!


# 위의 글로 말미암아 지난 일을 기록해보다 因記往事

예전에 황안(黃安)에서 살 때, 오소우(吳少虞)라는 큰 두건(大頭

---

106) 여상(呂尙): 주(周)나라의 명신. 문왕과 무왕을 도와 은을 물리치고 주의 기틀을 잡았다. 보통 강태공이나 태공망(太公望)이란 이름으로 알려져 있다.

107) 관이오(管夷吾): 관중(管仲). 춘추시대 제나라의 재상으로 환공(桓公)을 잘 보좌하여 오패(五霸)의 하나로 등극시킨 인물이다.

108) 장자방(張子房): 장량(張良). 한나라 고조의 책사로 자는 자방. 소하(蕭何)·한신(韓信)과 더불어 한나라의 건국에 이바지한 삼걸 중의 한 사람이다.

109) 공곡족음(空谷足音): 빈 골짜기로 도망친 자가 사람의 발소리를 듣고 기뻐한다는 『장자』 「서무귀」(徐無鬼)의 고사에서 유래한 성어. 매우 어렵게 얻은 편지나 소식을 일컫는 비유로 쓰인다.

巾)110)이 나를 희롱한답시고 이렇게 말한 적이 있다.

"공께서 임도건111)을 안다고 할 수 있을까요?"

임도건은 원래 복건(福建)과 광동성(廣東省) 사이에 걸쳐 살았던지라, 복건 사람을 놀릴 때면 반드시 임도건을 거론하게 마련이었다. 나는 그에게 '당신의 이 말은 나를 욕하는 거요, 아니면 찬양하는 거요?' 하고 물었다. 만약 그 말이 칭찬이었다면, 오소우는 임도건을 거도(巨盜)로 몰고 나는 청렴한 관리로 만들어주는 폭이었다. 하지만 나는 오소우란 큰 두건이 결코 이런 식으로 사람을 칭찬할 위인은 아닌 줄 익히 아는 터였다. 만약 그 말이 욕설이었다면 내 어떤 사람이라고 감히 임도건의 만분의 일이나마 따라갈 수 있으랴?

임도건은 바다 위에서 삼십여 년이나 횡행하였다. 절강과 남직예112) 로부터 광동과 복건에 이르는 몇 개 성의 연근해 지역에서 재화가 많이 난다고 이름났거나 사람과 물산이 몰려드는 지역은 해마다 그에게 노략질을 당했다. 성과 고을이 함락되고 관리들이 살육을 당하는 통에 조정에서는 임금조차 제때 식사를 못하는 판이었다. 정형113)과 도총통114) 같은 문무대신을 제외하고라도 그를 잡아들이라는 명을 받고 파견되었

---

110) 대두건(大頭巾): 두건은 명·청 시대의 유생들이 쓰던 사각형의 모자인데, 훗날에는 부패한 독서인을 가리키는 말로 전용되었다. 큰 두건은 곧 몽매함의 정도가 몹시 심하다고 비꼬는 이지 특유의 수사법이다. 오소우는 경정향의 문하생 오심학(吳心學)을 가리킨다.

111) 임도건(林道乾): 가정(嘉靖) 연간 바다를 근거로 반란을 일으켰던 해적. 천주(泉州) 출신으로 이지와는 동향이다. 척계광(戚繼光)이 왜적을 물리치자 이들과 결탁하고 있던 임도건은 남쪽으로 항해하여 대만의 항구 기룽(基隆)과 필리핀을 거쳐 말레이 반도의 파타인(Patain)에 이른 뒤 그 땅을 도건항(道乾港)으로 고쳐 부르며 활동하였다. 훗날 자신이 제조한 대포에 잘못 맞아 폭사했으며, 만사동(萬斯同)의 『명사』 권407에 행적이 보인다.

112) 남직예(南直隸): 명대에는 경사(京師)에 속하는 땅을 직예라고 불렀다. 또 북경을 직속 관할하는 지역은 북직예, 남경을 직할하는 곳은 남직예라고 부르기도 하였다. 이 글에서는 안휘와 강소 두 성을 가리킨다.

113) 정형(正刑): 형률(刑律)을 바로잡는다는 의미로 그 일을 집행하는 사법부의 수장을 가리키기도 한다.

다가 길에서 잡혀 죽은 사람이 또 얼마인지 알 수 없을 정도였다. 하지만 임도건은 여전히 유유자적 횡행을 그치지 않고 있다. 지금은 요행히 성군께서 윗전에 계시어 형벌이 적절히 시행되고 왜구는 멀리 쫓겨났으며 백성들도 높은 베개 베고 편안히 잠을 자건만, 임도건만은 한사코 예전처럼 무탈하게 지내는 형편인 것이다. 자칭 왕이라 하고 패자(覇者)로 호칭하는데도 사람들은 그를 따르고 싶어하며 아무도 배신하려 들지 않는다. 그의 재주와 식견이 보통을 뛰어넘고 담력과 기상이 무리를 압도하리라는 것쯤은 말하지 않아도 알 수 있는 노릇이렷다. 만약 임도건으로 하여금 이천 석의 녹을 받는 군수의 직책을 맡긴다면 해상에서 또다른 임도건이 출현하더라도 결코 방자히 굴지는 못할 것이다. 가령 이탁로(李卓老)를 임시변통으로 해상의 임도건과 교체시킨다고 가정해보자. 나는 안다. 군수 임도건은 며칠 안에 이탁로를 잡아죽일 텐데, 이 일에 병사 한 명 다치지 않고 화살 한 개도 소요되지 않을 것임을 말이다. 또 이탁로가 군수 노릇하던 시절은 마침 임도건이 횡행하여 편안한 날이 없을 때였는데, 그때 국가는 과연 이탁로가 반드시 홀륭한 계략으로 임도건을 잡아죽임으로써 해상에서 수십 년이나 버틴 도적을 소탕할 거라 보증할 수 있었을까? 이 모두는 눈에 보이는 뻔한 사실인데 어찌하여 스스로를 헤아릴 줄 모르고 날뛰겠는가 말이다!

아아! 평소 무사안일로 그저 얌전이나 빼고 고개나 숙이면서 진종일 단정히 앉아 흙인형이나 똑같이 구는 자를 두고 잡념을 일으키지 않으시니 진실로 대성인이자 큰 현인이라 여기는구나. 개중에 어느 정도 간 사람을 배운 자는 또 양지(良知)를 강론하는 자리에 끼여들어 고관대작 될 길을 은연중 도모하기도 한다. 그러나 일단 놀랄 일이 생기면 서로 멍하니 얼굴이나 쳐다보고 인간다운 낯빛은 없어질뿐더러 심한 경우는 서로 책임을 전가함으로써 명철보신할 수 있다고 여기는 판국이렷다.

---

114) 도총통(都總統): 각 군의 지휘관을 흔히 총독(總督) · 총관(總管) · 도통(都統) 등으로 불렀는데, 의미상 엄밀한 차이는 없다. 도총통은 이들을 총괄하는 군대 내의 최고 지휘관을 가리킨다.

따지고 보면 국가에서 원래 이런 놈들만 골라 등용한 탓에 막상 일을 당해서는 쓸만한 사람이 없는 것이다. 또 재주와 담력과 식견이 있는 그런 사람들을 내치고 임용하지 않거나, 또 그들이 관료가 되는 길을 엄격히 제한하며 천하를 어지럽힐 자들로 간주해버리니, 비록 도적질을 안 하고 싶다 한들 그 형세는 절로 그리되지 못한다. 만약 국가가 그들을 등용하여 군수나 영윤[115]의 벼슬을 시킬 수만 있다면, 이들이 어찌 삼십만의 용맹한 군사를 감당하는 정도에 그치겠는가? 또 만약 그들을 등용하여 호랑이처럼 용맹한 무신으로 키운다면 변방의 일은 그들에게 전담시킬 수 있으니, 사방 국경을 지켜야 할 근심은 조정에서 절로 사라질 것이다. 온 세상의 시비가 뒤집힌 탓에 호걸로 하여금 불만과 한을 품게 하고 영웅은 힘쓸 곳 없는 비애를 느끼게 한다면, 이는 그들로 하여금 도적이 되는 길로 내모는 것에 다름 아니다. 나는 여기에 대해 통한의 염을 품고 있는데 오소의란 큰 두건은 도리어 놀림감으로나 여기고 있구나. 나는 바야흐로 이를 부끄럽게 여기는데 큰 두건은 이를 조롱하고 있으니, 천하가 언제 태평해지겠는가? 그런 연유로 재주와 식견과 담력을 논급하던 차에 급기야 십여 년 전에 들었던 말을 다시 떠올리게 되었던 것이다. 아! 반드시 임도건 같은 자라야만 이백 퍼센트의 재주가 있고 이백 퍼센트의 담력이 있다고 말할 수 있을 것이다.

어떤 사람이 말했다.

"그렇다면 임도건은 식견이 없다는 말씀입니까? 식견이 없는 자가 어떻게 재주와 담력을 운용하여 틀림없는 승리를 이끌어낼 수 있겠습니까?"

무릇 옛날부터 식견이 있다는 사람은 세상이 그를 알아주지 않고 시대가 그를 용납하지 않았기 때문에 어떤 이는 질그릇을 굽거나 낚시질로 몸을 숨겼고, 혹자는 백정이나 술 파는 장사치들 사이로 섞여 들어

---

115) 영윤(슈尹): 춘추시대 초나라의 벼슬 이름. 군정과 대권을 장악한 최고위 관직이었다. 전국시대 이후로는 재상에 해당하는 최고 관직을 부르는 말로 통용되었다.

가야만 하였다. 그렇지 않으면 깊은 산 속이나 너른 광야로 나아가고 인간세상에서 종적을 감출 뿐이었으니, 어찌 자신을 시험한답시고 측정할 수 없는 심연으로 빠져들도록 두겠는가? 설사 많은 이가 너끈히 성공의 길을 걷기는 했다지만 놀랍고 무서운 일 또한 적지가 않았다. 나는 이런 때야말로 출세(出世)하는 법을 제대로 배워 곧장 여러 부처님, 여러 조사들과 함께 노닐 필요가 있다고 생각한다. 사정은 그렇지만 저 임도건이란 작자 역시 자신의 반역을 일종의 유희로나 보고 있음에 틀림없다. 임도건의 식견에 세상의 모든 큰 두건 쓴 사람은 하나같이 마음속에 담아두기가 부족하였다. 원래 그들이 자신을 어찌하지 못할 줄 사전에 예측하고 있었음이니, 그를 두고 이백 퍼센트의 식견을 지녔다고 말해도 무방할 것이다.


## 사해의 의미 四海

구문장(丘文莊)이 남월[116]에서 나라 안으로 들어오니 비로소 남해(南海)가 있더라고 하면서 서해(西海)는 어딘지 끝내 그 소재를 모르겠다고 말하였다. 내 생각은 이러하다. 「우공」편에서 "명성과 교화가 사해까지 다다랐다"[117]고 말하고 있는데, 이 또한 통치하는 땅을 직접 가본 경험을 바탕으로 그 사방 끝을 기록한 것일 따름이라고. 여기서 말한 사해란 바로 사방이다. 그러므로 또다시 "바람 따라 풀이 쏠리듯 사방이 내게로 기울어졌다"[118]고 말한 줄 알 수 있으니, 어찌 동서남북 전

---

116) 남월(南越): 일명 남월(南粵). 지금의 광동과 광서, 월남 북부 일대를 가리킨다. 진(秦)나라 말기 조타(趙陀)가 이 땅을 기반으로 남월왕이라 자칭한 데서 비롯되었다.

117) 출전은 『상서』「하서 · 우공」(夏書 · 禹貢)편. 원문은 다음과 같다. "북녘으로부터 남녘까지 성망과 교화가 사해에 다다랐다"(朔南曁聲教, 訖於四海.)

118) 『상서』「우서 · 대우모」(虞書 · 大禹謨)편. "순임금께서 고요에게 말씀하셨다.

방향에 지금의 남월에서 바라보이는 바다처럼 확실히 볼 수 있는 진짜 바다가 있을 것이냐?

이제 사방이라는 견지에 의거해 논의해보자. 사천(四川)은 천하의 정 서쪽이고, 운남(雲南)은 천하의 서남쪽이며, 섬서(陝西)는 천하의 서북 쪽에 해당한다. 하나는 정서쪽이고 하나는 정북쪽이며 나머지 하나는 서남쪽으로 모두 바다가 보이지 않는 땅들이다. 섬서에서 산서(山西) 방향으로 이동해보자. 대체적인 형세에 의거하면 산서는 흡사 정북쪽 에 위치한 지역 같기도 하다. 그러나 정북쪽 역시 바다가 없다. 오직 지 금의 계현[119]과 요령성(遼寧省)이 산동을 이웃하기 시작하면서 비로소 바다가 나타난다. 여기서부터 산동을 거쳐 그 동쪽이 바다인 것이다. 그러나 산동이라 해도 회(淮)·양(揚)·소(蘇)·송(松)을 거쳐 전당(錢 塘)·영(寧)·소(紹) 등의 지역에 이르러야만 비로소 정동쪽으로 바다 가 나타난다. 동구[120]에서 복건으로 가면 옛날의 민[121]과 월[122] 땅인데, 단지 그 동남방만이 바다라고 부를 수 있다. 광동은 바로 남월 땅으로, 지금 남해군[123]이란 명칭으로 다스려지는 땅에서는 다들 정남쪽을 바 다라고 여긴다. 복건과 광동이 땅덩이를 맞대고 있는 줄 모르는 것 또 한 동남해(東南海)로 부르는 이유가 되었을 것이다. 위와 같은 사실로 미루어보건대 정서쪽에는 바다가 없고 정북쪽에도 바다가 없으며 정남 쪽에도 바다가 없고 서북과 서남으로부터 동북에 이르기까지도 바다가 없으니, 겨우 정동쪽과 동남쪽 모서리 일대만이 바다일 따름이렷다. 어

---

'내가 마음 내키는 대로 다스리는데도 세상 백성들이 바람 따라 풀이 쏠리듯 내 게로 민심이 기울어진 것은 오로지 그대가 진실했던 덕분이오'"(帝曰: '俾予從 欲以治, 四方風動, 惟乃之休.')

119) 계현(薊縣): 지금의 북경시 서남쪽, 당산시(唐山市)의 서북쪽에 있는 현. 만리 장성과 가깝고 하북성에 속한다.

120) 동구(東甌): 절강성 온주부(溫州府) 일대. 지금의 영가현(永嘉縣)이다.

121) 민(閩): 지금의 복건성 일대.

122) 월(越): 고대 월나라의 소재지. 절강 혹은 절동(浙東) 지역을 말하는데, 소흥(紹 興) 일대를 지칭하기도 한다.

123) 남해군(南海郡): 지금의 광동성 광주시(廣州市).

찌 서해의 소재를 모르는 것에만 그칠 뿐일까?

게다가 오늘날 천하의 강물은 모두 서쪽으로부터 흐르는데, 서로부터 발원하는 물 중에서 장강(長江)과 한수(漢水)보다 큰 강은 없다. 장강에는 네 줄기의 지류가 있다. 민강[124]으로부터 흘러드는 것, 타강[125]에서 흘러나오는 것, 흑수[126]와 백수[127] 두 강으로부터 흘러나오는 것들이다. 한수에는 두 줄기의 지류가 있는데, 파총산[128]에서 흘러나오는 것과 서화[129]의 변방으로부터 흘러드는 물이 그것이다. 이들은 모두 사천을 가로지르는 강물이므로 이 강들이 정서쪽에 있다는 지금의 지적은 맞는 말이다. 강물 중에 황하보다 더 큰 것은 없는데, 황하는 곤륜[130]을 지난다. 곤륜은 바로 서번[131]의 땅이니, 이 또한 서쪽에 있는 것이다. 비록 운남 지역이 이제는 모두들 서남쪽에 있다고 지목하지만 운남의 물은 전부 사천을 거쳐 흘러나가니, 그 지세가 사천보다 높음을 알수가 있다. 높으면 물이 넘치면서 흐름이 생겨나게 되는 법이니까. 그런데 동남쪽의 바다 하나가 그 물들을 몽땅 받아들이고 있다면 그 바다는 반드시 흐름의 아래쪽에 자리잡은 것이고, 운남·사천·산서·섬서

---

124) 민강(岷江): 지금의 사천성 중부에 있는 양자강의 상류 지류. 문강(汶江)이라고도 부른다.

125) 타강(沱江): 일명 타수(沱水). 『한서』「지리지」(地理志)와 『수경』(水經)의 기재에 따르면, 타강은 두 갈래인데 하나는 사천성 무현(茂縣)의 서남쪽, 다른 하나는 사천성 비현(郫縣)의 서남쪽에 있다. 전자는 현재 위치를 상고할 수 없고, 후자는 지금의 비강(郫江)이라고 한다. 이 강은 비현의 서쪽에서 민강과 갈라져 동쪽으로 흐른 뒤 성도(成都)를 지나 또다시 민강과 합쳐진다.

126) 흑수(黑水): 『산해경』과 『목천자전』 및 『상서』「우공」편 등에 흑수에 대한 기록이 나오지만, 정확한 위치에 대해서는 제가의 해석이 분분하다. 중국에는 흑수라는 명칭의 강이 15종이나 된다.

127) 백수(白水): 지금의 사천과 감숙 두 성의 경계를 흐르는 가릉강(嘉陵江)의 지류인 백룡강(白龍江).

128) 파총산(嶓冢山): 일명 파산(嶓山). 지금의 섬서성 영강현의 서북쪽에 있다.

129) 서화(西和): 지금의 감숙성 서화현(西和縣)을 말한다.

130) 곤륜(崑崙): 신강(新疆)과 서장(西藏) 일대에 걸쳐 뻗은 곤륜산맥.

131) 서번(西蕃): 토번(吐蕃)의 별칭. 흔히 감숙과 청해성 일대에 흩어져 사는 소수민족인 장족(藏族)을 가리킨다.

등지는 죄다 바다에서 무척 멀리 떨어진 것도 알 수 있게 된다. 또 운남·사천·섬서의 외곽지대는 지대가 더한층 높은 것도 알 수가 있다. 그렇지 않다면 어째서 순리대로 서쪽으로 흘러 저 서해로 들어가지 않고 까마득한 먼 길을 구불구불 돌아 전부 동남쪽으로만 방향을 잡았단 말인가? 그러므로 사천이 정서쪽에 있다는 인식 또한 사방의 형세를 취해 개략적으로 말한 것일 따름이다. 지금의 운남성 삼선부(三宣府) 외곽에는 서양에서 대형 방직기계로 짰다는 넓은 천들이 바다를 건너왔다면서 유통되는데 이런 천들은 우리 복건 땅에서도 언제나 구할 수 있으니, 운남을 돌아 동쪽으로 가더라도 복건이 같은 바다에 연결된 까닭이다. 그러므로 운남은 다만 동남쪽이라고 말해야 옳으며 서남쪽에 있다고 하면 안 되는 것도 알 수가 있구나.

내가 이로부터 살펴보건대, 정남쪽의 땅도 아직 지도에 실리지 않은 마당이거늘 서남쪽의 땅이야 말해 무엇하랴? 때문에 나는 요즘 사람들이 다녀본 땅의 형세에 근거해 논의를 진행했는데 그래도 아직 정남쪽과 서남쪽, 정서쪽과 서북쪽, 정북쪽과 북동쪽의 여러 곳이 모자란 상태이다. 이 땅들은 바다가 보이지 않는 곳인 까닭에 그저 추측으로 일관하였다. 천하의 삼대 강이 모두 사천을 거쳐 흐르는 까닭에 그렇게 추론했지만, 지금 세상인들 무슨 수로 서해를 다시 찾아낼 수 있을꼬? 서해가 어디 있는지 알아낼 수 없다면 또 무슨 이름 무슨 근거로 그 바다에 제사를 지낸단 말인가? 그렇다면 구문장이 서울의 동북방에서 북해에 제사를 드리는 일이나 양승암(楊升菴)이 운남의 서남방에서 서해에 제사를 드리는 일이 모두 의미가 없어진다. 그 누가 제사를 흠향한단 말이냐? 오호라! 사해에 관한 말들을 살펴본 연후에야 세상 사람들의 식견이 협소한 줄 알았노라. 하물며 사해의 바깥이야 일러 무엇할까!

# 팔물설 八物

군자는 원망하지 아니하니 오직 소인만이 원망하며 군자가 은혜를 입으면 반드시 그 덕에 보답하는데 소인은 그렇지 않다고 생각한 적이 있었다. 대저 군자라고 해서 원한이 없는 것은 아니다. 다만 원한을 갚지 않을 따름인 것이다. 원한을 안 갚는 것이 아니라 '곧이곧대로'(直)의 방식으로 원한을 갚는다. 만약 어떤 사람이 밉살스러워 내칠 만하다면 그를 미워하고 내치는 방식으로 되갚는다. 만일 어떤 사람이 사랑스러워 곁에 둘 만하다면 그를 사랑하고 곁에 두는 방식으로 보답한다. 밉살스러워 내치는 것이나 사랑하여 가까이 두는 것이 다 곧이곧대로의 방식이며 천하의 공인된 상식에 부합한다. 어떤 이는 세상을 살면서 미워도 내칠 줄 모르고 좋아해도 등용할 줄 모른다지만, 군자라면 또 반드시 내치거나 반드시 등용할 줄을 안다. 이 또한 정직함이고 천하의 공리(公理)에도 부합한다. 무릇 이런 경우를 두고서야 '정직하게 대응한다'(以直)고 일컫는 것이다. 기왕에 정직함을 말하였다면 내게는 비록 원한이 없는 경우라도 반드시 똑같은 방식으로 갚아줘야 한다. 그래야만 성인은 일찍이 사사로운 원한을 갚은 적이 없다고 말하더라도 그것이 타당한 소리가 된다. 만약 '원수를 덕으로 갚는다'(以德報怨)[132]고 말한다면 그것은 고의요 위선이니, 성인은 그렇게 하지 않는다. 나에게 덕을 베푼 사람에 대해서는 반드시 보답에 뜻을 둬야 하나니, 비록 성인께서 고의로 처신한다거나 사사로운 후의를 베푼다 해서 따질 일은 아닌 것이다. 어찌하여 그럴까? 성인은 의리를 중시하는 분이다. 의리를 중시하기 때문에 '어린 자식을 맡겨도'(託孤)[133] 되는 것이다.

---

132) 출전은 『논어』「헌문」(憲問)편. "어떤 사람이 물었다. '원수를 은혜로 갚으면 어떠할까요?' 공자가 말씀하셨다. '그러면 은혜를 입은 사람에겐 어떻게 보답하려느냐? 응당 공정한 방법으로 원수를 갚아주고 은혜는 은혜로 갚아야 할 것이니라'"(或曰: '以德報怨, 何如?' 子曰: '何以報德? 以直報怨, 以德報德.')

133) 탁고(託孤): 출전은 『논어』「태백」(泰伯)편. "증자가 말했다. '키가 여섯 자밖에

하물며 지기(知己)가 남긴 고아임에랴? 의리를 중시하는 까닭에 정사를 맡길 수 있는 것인데, 더군다나 덕망 높은 조정의 정사를 맡기는 것이야 말할 나위 있겠는가? 그러므로 '덕으로 덕을 갚는다'(以德報德)라고 말씀하신 것이다. 다만 그 사람에게 반드시 갚을 줄 아는 덕성이 갖춰져 있어야만 한다. 이것 때문에 세상의 도는 그에게 의지하게 되고, 국가도 그에게 의탁하는 바가 있으며, 강상(綱常)이 추락하지 않게 되고, 인륜도 스러지지 않을 수 있게 된다. 소인배라 해서 은혜를 갚지 않는 것은 아니다. 그들은 갚을 수 있으면 갚지만, 갚을 수 없으면 내버려둔 채 갚지 않으며 훗날 맞닥뜨려질 결과가 어떠할지 계산이나 할 따름이다. 자신의 몸에 화가 미칠 것 같으면 온갖 수단으로 벗어날 궁리나 하고 슬그머니 도망쳐 종적을 감추니, 비록 그에게 덕이 있더라도 어떻게 그것을 알 수 있겠는가? 그에게는 오직 원수를 갚겠다는 일념만이 시종일관 변치 않을 뿐이다. 그러나 만약 자신에게 세력을 더해주고 재물을 보태줄 수 있다면, 또 자신이 그에게 의지하여 행세하고 활개칠 수만 있다면 원망이 바뀌어 도리어 은혜가 되는 경우 또한 다반사이다. 열이고 백이고 천이고 만이고 간에 모두 위와 같은 지경인 것이다. 이는 군자와 소인의 경계를 판가름하는 기준이 된다. 때문에 군자와 소인을 살피려면 다만 그 사람이 원수를 갚고 은혜를 갚는 틈새를 살피면 그만일 뿐이다. 그래서 나는 일찍이 위의 기준으로 고금의 군자와 소인을 판정하였으며, 수시로 사람들에게 이를 살피지 않는다고 나무라곤 하였다. 위의 기준 아니고서야 군자와 소인에게 무슨 차이가 있겠는가? 나의 견해는 소인배가 더욱 영리하고 부릴 만하다는 데에 있다.

---

안 되는 어린 임금을 맡길 만하고, 사방 백 리에 펼칠 명령을 위임시킬 만하며, 큰일을 당해 자신의 절개를 지킬 줄 아는 사람이라면, 그는 군자인 것인가? 참으로 군자라고 부를 만하다!'"(曾子曰: '可以託六尺之孤, 可以寄百里之命, 臨大節而不可奪也. 君子人與? 君子人也!') 흔히 탁고기명(託孤寄命)은 유명(遺命)을 받들어 어린 임금을 보좌하거나 군주가 상을 당했을 때 대신 조정을 다스리도록 명을 맡긴 신하를 뜻한다. 혹은 대단히 중요한 임무를 맡기는 경우를 가리키기도 한다.

어떤 사람이 위의 말을 듣고 이런 의견을 냈다.

"선생님께서 기왕에 이런 말씀을 하셨으니 드리는 말인데요. 선생님께서는 소인배를 대할 때 왜 그렇게 엄격하십니까? 악한 자를 미워하고 원한을 품을 때는 왜 그렇게 돌아섬이 성급하신지요?"

나는 이렇게 대답하였다.

"그렇지 않다. 내가 악당을 미워함이 비록 엄혹하다지만 그 심보의 미세한 곳까지 확실히 살피지 않았으면 감히 미움을 두지 않는다. 설사 그 사람이 이미 미워하고 있었다 해도 그가 만약 반 마디 착한 말을 하거나 혹은 사소해도 마땅한 일을 한다면 나의 묵은 원한은 모조리 사라지고 친애하는 마음이 곧바로 또 뒤따른다. 만약 그 사람이 정말로 어질었다면 애당초 그의 현명함을 칭찬하지 않았을 리 없고 또 그가 빨리 등용되기만을 바랐을 것이다. 어째서 그러할까? 하늘이 인재를 내심은 실로 어려운 일이기 때문에 내 마음은 오직 그 인재가 등용되지 못할까 그것만이 걱정인데, 어떻게 감히 원한을 품는단 말이냐? 그래서 누군가 비록 나를 원망하더라도 나를 해치거나 원수를 갚으려는 자는 결국 얼마 되지 않았으니, 이는 내 마음이 곧이곧대로 대응했기 때문이다."

어떤 사람이 다시 물었다.

"선생님께서는 진정으로 인재를 사랑하십니다. 그러나 처음에는 사람을 널리 만나시고 누군가에 대한 사랑이 과도하게 쏠리다가도 시간이 흐르면 그를 내치심이 너무나 조급하고 종당에 가선 거둬주는 사람의 범위가 또 지나치게 옹색하십니다. 왜 한 사람의 시비와 공과에 대한 결론이 난 뒤 상을 내리지 않으시는 겁니까? 처음에는 범위가 넓다가도 막판에 가서 협소해지는 폐단만은 막아야 되지 않을까요?"

아아! 이는 그렇지 않다. 무릇 사람이란 진실로 알기 어려운 까닭에 나는 감히 그가 엇비슷하다 해서 소홀하게 여기지는 못한다. 그래서 만남을 넓게 가지는 것이다. 하지만 진짜 인재는 만나기 어려운 까닭에 나는 또 엇비슷하다 해서 그를 완전히 믿어버리지 못하니, 이 때문에 만남은 좁아질 수밖에 없다. 만약 그가 눈에 들어 더 이상의 의심이 없

어진다면 내 마음은 죽을 때까지도 변하지 않는다. 예컨대 구장유(丘長 孺)·주우산(周友山)·매형상(梅衡湘) 같은 이들은 정녕코 한 번 보자 마자 당장 평생의 사귐을 맺었고 더 이상 상대방에 대한 시험은 없었 다. 양정견(楊定見)과 유근성(劉近城)은 만약 지금까지처럼 서로 따르 고 떨어지지 못하는 사이가 아니었다면 나는 아직도 그들을 믿지 못하 고 있을 것이다. 만난 처음부터 오늘에 이르기까지 환난을 함께하고 이 해득실을 함께했으며 같이 비방을 당했는데, 그런 연후에야 나는 그들 이 종신토록 나를 배반하고 떠나가지 않을 이들임을 알게 되었다. 사정 이 이러하므로 내가 사귐을 넓게 갖는다는 말은 지극히 타당하다. 만약 내가 사귐을 널리 갖지 않았더라면 오늘날 어찌 이 두 사람을 또 친구 로 맞을 수 있었겠는가? 유근성은 대단히 성실한 성격으로 스스로 두 마음 품는 것을 용납하지 못하는 사람이다. 양정견은 기개가 넘치는지 라 그의 안중에는 또 언제나 세상을 굽어보는 오만한 선비 기질이 도사 려 있다. 이 두 사람은 모두 마성(麻城) 출신이다. 주우산은 마성 출신 이지만, 정작 마성 사람들은 그를 알지 못한다. 매형상도 마성 출신인 데, 마성인들은 그가 누구인지 알지 못한다. 구장유가 마성에 살았더라 면 마성의 여러 저속한 악당들은 그를 패가망신할 후레자식으로나 간 주했을 것이다. 나는 주우산이야말로 세상에서 말하는 옷감이나 곡식 같은 사람이므로 그들이 몰라보는 것도 당연하다고 생각한다. 매형상 은 고금에 걸쳐 일컬어지는 백락(伯樂)의 천리마요 왕무자의 팔백준[134] 이니, 그들이 모르는 것 또한 너무나 당연하다. 구장유 같은 이는 비록 세상에 아무 도움도 안 되는 사람이지만, 그를 두고 기린이나 봉황·서

---

134) 팔백준(八百駿): 팔백리박(八百里駮). 소의 명칭으로 출전은 유의경(劉義慶)의
『세설신어』「태치」(汰侈)편. 왕군부(王君夫, 王愷)에게 이름이 팔백리박이란 소
가 있었는데 발굽과 뿔에서 항상 빛이 나는 영물이었다. 왕무자(王武子, 王濟)
는 왕군부에게 활쏘기 내기를 제안하면서 팔백리박을 걸게 하더니 자신이 이기
자 소의 심장을 갈라 맛을 보고 가버렸다. 박(駮)은 원래 준마를 지칭하며, 팔백
리는 달리기 잘하는 것을 형용한 말이다. 나중에는 기개가 크고 원대한 인물을
일컫게 되었다.

란(瑞蘭)·지초(芝草)라고 말하지 않을 수 없다. 구장유의 사람됨으로 말하자면, 비단 부모형제뿐만 아니라 지극히 사랑하는 처자식에게도 의지가 안 되는 인물이다. 처자식만 의지할 수 없을 뿐 아니라 자신의 몸뚱이조차 끝까지 책임질 수 없는 인물인 것이다. 그는 극단적으로 쓸모없는 인간이다. 하지만 그는 진정 하느님의 관심 아래 태어난 쉽게 만날 수 없는 인재이기도 하다. 가깝거나 멀리할 수 없고 존경하거나 소홀히 할 수 없는 그 사람을 어떻게 보통 사람과 비교할 수 있단 말인가? 그래서 나는 매번 그를 기린·봉황·서란·지초에 비기곤 하는데, 이는 지나친 논단이 아니다. 양정견과 유근성 같은 이는 비유컨대 쉽사리 흔들리지 않는 큰 누대나 전각 같아서 귀하게 여길 만한 인물들이다. 게다가 훌륭한 집안에 좋은 사람들이 모인 고장 출신이고 시비와 호오가 또 분명한 이들이기도 하다.

어떤 사람이 말했다.

"공께서 매형상에 대해 알아주시는 바가 그럴싸합니다. 하지만 사람들이 그를 몰라주는 까닭은 그의 권세와 지혜가 너무나 명백하기 때문입니다. 대저 사람이 권세와 지모를 휘두르게 되면 사람을 살릴 수도 있고 또 죽일 수도 있는 법이지요. 흡사 장강·회수·황하·바다가 그러하듯이 말입니다."

내가 보기에 매형상은 비록 그릇이 크긴 하지만 마음이 섬세하고 신중해서 조맹덕(曹孟德) 등에 견줄 바는 아니라고 생각한다. 반드시 조맹덕 등과 비등해야만 비로소 장강·회수·황하·바닷물이라고 말할 수 있으니, 어찌 매형상이 그 정도로까지 추켜세워질 인물이겠는가! 오호라! 나는 이들 몇 사람에 대해서 잘 알지만, 그들 몇몇은 서로에 대해 전혀 알지 못한다. 해나 달, 별처럼 밝게 빛나는 지혜가 아니라면 곽림종[135]·허자장[136]·사마덕조[137] 같은 이들이 줄지어 나온다 한들 어찌

---

135) 곽림종(郭林宗): 곽태(郭太). 후한의 계휴(界休) 사람. 태(太)는 태(泰)로 쓰기도 한다. 「분전」(墳典)에 정통했으며 제자가 수천 명이나 되었다. 일찍이 낙양

그들을 일일이 거둬 나란히 등용할 수 있을 것인가?

혹자가 다시 입을 열었다.

"선생님 말씀대로라면 반드시 이 몇 사람 같은 연후라야 세상에 쓰일 수 있겠습니다그려?"

거기에 대한 나의 대답은 이러하였다.

"그렇지 않다. 내 말은 그들이야말로 크게 쓰일 수 있는 자들이며 가장 얻기 어려운 자들인 동시에 많은 숫자가 쉽사리 나타나지 않음을 나타낸 것이다. 그대는 마성에 이 몇 사람이 한꺼번에 태어난 것만 보고 참으로 쉽게만 여기는구나. 내가 얼마나 많은 신경을 쓰고 힘을 들인 다음에야 이 몇 사람을 사귀게 되었는지 모르겠는가? 다른 사람들 같으면 도처에 널려 있고 수시로 등용할 수 있어 스스로 힘들이지 않아도 만날 수 있다. 비유컨대 금수나 초목처럼 사방 어디에나 깔려 있어 누구라도 골라서 취할 수 있는 것처럼 말이다."

나는 여러 시자(侍者)들과 더불어 밤중에 여기까지 이야기를 나눴다. 이튿날 우연히 양승암의 「봉부」(鳳賦)를 읽다가 느껴지는 바가 있어 다

---

에 가서 하남윤(河南尹) 이응(李膺)과 깊은 사귐을 가지며 명성을 경사에 떨쳤다. 훗날 향리로 돌아갈 때 배웅 나온 사람이 탄 수레가 수십 대를 넘었지만 유독 이응하고만 함께 배를 타고 강을 건넜다. 당시 이 광경을 본 사람들은 그들을 신선으로 여겼다. 일찍이 진·량(陳梁) 사이를 여행할 때 비를 맞아 두건 한쪽이 접혔는데, 당시 사람들은 이를 흉내내면서 '임종건'(林宗巾)이란 말을 만들어내기도 하였다. 동시대 인사들에 대한 품평을 즐겨했으나 위험한 말이나 공격적인 논단은 하지 않았기 때문에 홀로 당고(黨錮)의 화를 면할 수 있었다. 『후한서』(後漢書) 권98과 『고사전』(高士傳) 하권에 보인다.

136) 허자장(許子將): 허소(許劭). 자는 자장으로 여남(汝南)의 평여(平興) 사람이다. 젊어서 지조로 이름이 높았고 인륜을 따졌으며 아는 것이 많았다. 당시 번자소(樊子昭)·화양사(和陽士) 등과 나란히 이름을 날렸는데, 세상에서는 뛰어난 선비를 일컬을 때 다들 허소와 곽태를 지칭하였다.

137) 사마덕조(司馬德操): 사마휘(司馬徽). 한대 말기의 영천(穎川) 사람. 자는 덕조. 성격이 맑고 아취가 있으며 사람을 알아보는 통찰력이 뛰어나 방덕공(龐德公)으로부터 '물거울'(水鏡)이란 칭찬을 듣기도 하였다. 일찍이 제갈량과 방통(龐統)을 유비에게 추천하기도 했다. 훗날 조조가 그를 중용하려 했지만 때마침 병들어 사망하였다. 『삼국지』 권37에 보인다.

음과 같이 논평하였다.

"『서경』에서도 기린과 봉새를 거론하면서 그것들이 발군의 영물이라고 칭찬하였지. 대저 기린과 봉새는 실로 조수(鳥獸)의 무리 가운데 빼어나기 때문에 회귀하고 신기한 것인데, 이는 또 지초가 초목 중에서 빼어나고 기이한 것과도 같다 하겠다. 비록 회귀하고 기이하다고 말해지지만 그것들이 인간세상에 또 무슨 이익을 주겠는가! 생각건대 이 천지간에는 본래 세상에 별 도움은 안 되지만 귀하게 여길 만한 것들이 있으니, 예컨대 골동품이라 불리는 것들이 그렇지 않더냐? 이제 골동품의 물건 됨됨이를 보자면 그것이 세상에 무슨 도움이 되겠는가? 대저 성현의 탄생에 크고 작은 차이는 있었지만 세상에 무익한 경우란 아직까지 있지를 않았다. 유익함이 있다면 비록 짐 나르는 소나 새벽을 기다리는 닭으로부터 풀 한 포기, 나무 한 그루에 이르기까지 모두가 소중한 것이다."

이렇게 해서 「봉부」로부터 범위를 넓히다가 여덟 가지 사물(八物)을 나열하게 되었는데, 조수와 초목이 그 안에 포함되었다. 아아! 여덟 사물을 열거하니 고금의 인물들이 모두 그 안에 망라되는구나. 여덟 가지 사물은 무엇인가? 그 하나가 새·짐승·풀·나무(鳥獸草木)요, 다음은 누대와 전각(樓臺殿閣)이고, 지초와 서란(芝草瑞蘭)이 있으며, 삼나무·소나무·전나무·잣나무(杉松栝柏)가 그 다음이고, 무명·비단·콩·조(布帛菽粟)가 그 다음이며, 천리마와 팔백리박(千里八百)이 있고, 장강·회수·황하·바다(江淮河海)가 있으며, 마지막으로 해·달·별(日月星辰)이 있다.

무릇 조수초목에 속하는 것들은 종류가 많기도 하다. 하지만 새 한 마리, 풀 한 포기라도 인간세상의 쓰임에 감당되지 못하는 것은 없다. 기왕에 용도가 닿는다면 거기에 맞춰 취사선택되는데 버려질 것은 끝내 한 가지도 없구나. 이것이 팔물 중의 첫 번째이다.

궁전·사원·누각(宮寺樓閣)과 산 속의 오두막이며 초가집(山舍茅廬)은 터를 차지함은 똑같지만 높이의 고저가 다르다. 기둥을 세워 건

물을 이룸은 마찬가지인데 크기가 다르고, 사람이 살기는 매한가지인
데 넓이가 다르다. 똑같은 고장 사람이라도 그 사는 단위가 다르니, 궁
전이란 집은 그 중에 으뜸이 될 수밖에 없다. 비유컨대 새 중에서는 큰
기러기요, 짐승 중에는 훈련이 잘 된 사냥개, 풀 중에서는 감초이며,
나무 중에는 꼿꼿이 잘 자란 재목감이라 할 것이다. 똑같은 조수초목
이지만 또 보통의 조수초목과는 다르니, 이는 그것들이 조수초목 중에
서 유난히 두드러지는 종류이기 때문이다. 이것이 팔물 중의 한 가지
이다.

　지초는 언제나 있는 풀은 아니고 서란은 그 향기가 빼어나다. 소인은
싫어서 내치더라도 군자는 그것을 좋아하니, 세상에 군자가 없다면 이
풀들 또한 소용이 없어진다. 비유컨대 아끼는 노리개처럼 한 번 눈길이
스쳐 지나면 그만이니, 거기서 무슨 따스함이 나오겠는가? 아름다운 음
악으로 비유하더라도 귓전을 스치면 그뿐이니, 거기서 무슨 배부름이
나올 리 있을까? 하지만 배부름과 따스함은 나오지 않더라도 그것들이
희귀하다 말하지 않을 수는 없는 노릇이다. 이것이 또 팔물의 한 가지
이다.

　푸른 소나무와 비취색 잣나무는 언제 어디서나 볼 수 있는 것들로 세
월이 지나면 동량이 될 재목감으로 자란다. 아하! 이들이 언제나 있는
것이라 해서 어찌 소홀히 대할 수 있으랴! 과일나무와 봄의 자태를 다
투지만 꽃은 그보다 아름답지 못하고, 과일나무와 가을을 다투지만 열
매 또한 그만 못하다. 아아! 이들이 과일나무만 못하다 해서 어찌 함부
로 여길 수 있겠는가! 세상에는 맑은 절개를 지키는 선비가 있는데, 이
들은 서리와 눈발은 이겨낼 수 있되 동량이 되는 것은 감당치 못하는
자들이다. 마치 영원히 푸르른 세상의 풀과 같아 그 기세가 얼마나 도
도한지 모르겠구나! 아아! 어디에 그 기세의 도도함을 비길 수 있을
까? 이들은 해강봉[138]의 무리이다. 또 여덟 중의 한 가지이기도 하고.

---

138) 해강봉(海剛峰): 해서(海瑞). 명대 경산(瓊山) 사람으로 자가 여현(汝賢), 호는

지혜로운 자는 신기한 것을 좋아하기 때문에 옷감이나 곡식 따위는 진귀하게 여기지 않는다. 현명한 자는 기이함을 사랑하기 때문에 옷감이나 곡식은 사람에게 있어 특별할 것이 없다고 여긴다. 오직 위대한 지자(大智)와 위대한 현인(大賢)만이 이와 상반된 견해를 갖는다. 그리하여 옷감이나 곡식이 사람을 쉽게 따뜻하게 하고 쉽게 배부르게 만들어주는 성질을 자신에게로 옮겨오며, 또 누구든 가리지 않고 똑같이 배부르고 따뜻하게 만드는 그 성질이 다른 사람의 인생으로 전이되게 한다. 이른바 쉽고 간략하지만 이치에 들어맞고 작위가 없이도 교화가 이루어지는 것은 어찌 이들 덕분이 아니겠는가? 정녕 이 같은 사람들 덕분인 것이다. 이 또한 팔물의 한 종류이다.

말과 소, 기린과 봉새는 세속의 안목으로 볼 때 서로 너무 차이가 난다. 하지만 천리마는 하루에 천 리를 달리고, 팔백리박은 하루 일정에 팔백 리를 주파한다. 기린이며 봉새가 비록 희귀하고 기이하다지만 천리마나 팔백리박보다 기이할 것은 또 무엇인가? 무거운 임무를 진 채 멀리 가는 선비야말로 대체로 이와 유사한 치들이다. 그러나 세상에 백락이 없어 위의 짐승들을 그저 평범한 마소로나 여기고 그들이 천 리를 달릴 수 있음은 알지 못하니, 참으로 개탄스러울진저!ㆍ이 또한 팔물의 하나이다.

사람을 살릴 수도 있고 죽일 수도 있으며 가난하게 혹은 부자로 만들 수 있는 것이 장강ㆍ회수ㆍ황하ㆍ바다와 같은 것들이다. 이로움이 열에 다섯이라면 해로움 또한 열에 다섯은 된다. 이로움과 해로움이 각기 절반이지만 사람들은 그 개발에 싫증을 내지 않는다. 오늘날 사람을 등용하는 인사는 그 해로움만 알고 이로움은 살피지 않는데, 이는 천하의 강물을 모두 막고 사용하지 않으려는 행위나 똑같은 짓이다. 송대의 왕개보(王介甫, 왕안석)는 양산박(梁山泊)의 둑을 터서 기름진 옥토를 얻

---

강봉이다. 벼슬이 남경우도어사((南京右道御使)에 이르렀고 한평생 강직한 성품으로 일관하였다. 소설이나 희곡으로 각색된 많은 일화가 전한다. 권1 「경대중승에게 보내는 답장」(寄答耿大中丞) 역주 참조.

으려 했지만 물을 저장할 장소가 없는 것이 못내 걱정이었는데, 이에 대해 유공보[139]는 큰소리로 이렇게 호통을 쳤다.

"양산박을 또 하나 파서 거기에 물을 가두면 될 것 아니오!"

마찬가지 이치로 오늘날 큰 강이나 바닷물 같은 선비들을 해롭다는 판단만으로 등용하지 않으면 장차 그들을 어디에 둘 것인가? 이 또한 한 가지인데, 오늘날에는 아직까지 그런 사람을 보지 못했다.

해나 달 같은 지혜로움과 별 같은 명료함으로 온 대지를 두루 비추면 사물이 그 은혜를 입어 성장하게 된다. 포목이나 곡식은 결코 서리를 이겨내는 삼나무나 눈발을 견디는 잣나무의 지조를 구하지 않고, 팔백리박이나 천리마는 기이한 향내를 풍기는 기화요초의 요염한 자태를 전혀 부러워하지 않는다. 이름난 강이나 큰 저수지라도 때때로 범람하여 방죽이 무너질 수 있지만, 장강이나 대하(大河)는 실로 그 물에 의지하여 배를 띄우고 노를 저어 수송과 관개를 해낸다. 높은 누대와 시원한 전각이 우람하고 찬연히 들어서면 누가 그것을 욕심내지 않겠는가? 다만 거기에 새·짐승·물고기·자라 같은 미물들이 어울릴 자리가 없다면, 그들로 하여금 산천초목을 또 어떻게 많이 알게 한단 말인가? 인재가 적재적소에 중용만 된다면 부릴 수 있는 사람을 얻지 못할 경우란 없다. 그렇다면 해·달·별이 찬연히 빛나 만물을 두루 비춤을 안다는 것은 그 자체가 진정 귀한 일이 된다. 이 한 가지가 실은 여덟 가지를 망라하므로 응당 이것으로써 으뜸을 삼아야 할 것이다. 그러나 지금까

---

139) 유공보(劉貢父): 유반(劉攽). 송대의 신유(新喩) 사람. 자는 공보, 호는 공비(公非)이다. 성격이 소준(疏儁)하고 문장을 잘했으며 특히 역사에 정통하였다. 가형인 유창(劉敞)과 더불어 나란히 진사에 급제하는 일화를 남겼다. 일찍이 신법(新法)의 불편함을 논하다가 왕안석의 노여움을 사 조주(曹州) 지부로 방출되었는데, 관용과 화평으로 다스리니 도적의 풍기가 근절되었다. 벼슬은 중서사인(中書舍人)에 이르렀다. 사마광(司馬光)과 더불어 『자치통감』(資治通鑑)을 찬수하면서 한사(漢史)를 전담하기도 하였다. 저서로 『동한간오』(東漢刊誤)·『팽성집』(彭城集)·『공비선생집』(公非先生集) 등이 있으며, 『송사』와 『송원학안』 등에 전기가 보인다.

지 이런 사람을 본 적은 없다.

오호라! 지금까지 말한 팔물탕(八物湯)으로 약을 삼으면 원기와 피가 아울러 보충되어 신체에 두루 유익할 것이고, 세상을 구제하려고 들면 백관(百官)을 효율적으로 등용할 수 있어 다스림에 더없이 유익할 것이다. 사람을 등용하려는 자는 어쨌든 이 여덟 가지를 알아야 할 노릇이려니! 저 사람은 내게 어떤 원한이 있고 저 사람은 내게 어떠한 덕이 없는지 말하지 말지어다. 비록 천금을 받고도 전하지 않을 비술이나 불로장생의 비방을 끼고 있어도 나는 질투심 때문에 그를 미워할 줄만 알고 그가 나보다 나으면 어쩌나 그것만 걱정하는구나. 아아! 팔물에 관한 말들을 관찰한 다음에야 세상사람들이 남을 등용하는 데 있어 도량이 좁은 줄을 알았노라. 더구나 질투까지 심한 사람이라면 말해 무엇하랴!

## 다섯 가지 죽음 五死篇

사람에게는 다섯 종류의 죽음이 있는데, 오직 정영과 공손저구[140]의 죽음, 기신[141]과 난포[142]의 죽음, 섭정[143]의 죽음, 굴평[144]의 죽음 정도

---

140) 정영(程嬰)·공손저구(公孫杵臼): 정영은 춘추시대 진(晉)나라 사람으로 조삭(趙朔)의 친구였다. 도안가(屠岸賈)가 조삭을 죽이고 그 일족을 멸했을 때, 조삭의 처는 유복자를 낳았다. 조삭의 식객이던 공손저구는 정영과 모의하여 다른 사람의 아이를 업고 산으로 도망쳤고, 정영은 그들이 숨은 곳을 고발하여 몰살시킨 뒤 조삭의 진짜 아들을 안고 산 속으로 도망쳤다. 훗날 경공(景公)은 조삭의 후사로 이 아이, 곧 조무(趙武)를 세웠다. 조무가 도안가를 쳐서 죽이고 벼슬을 하게 되자, 정영은 공손저구의 뒤를 따르겠다고 말하며 자살했다. 『사기』 권43에 보인다.

141) 기신(紀信): 한 고조의 충신. 형양(滎陽)에서 항우의 포위망이 좁혀질 때 기신은 자청하여 한왕의 수레를 타고 항복하였다. 그 틈에 고조는 무사히 탈출했고, 분노한 항우는 기신을 불에 태워 죽였다. 『사기』 권8에 보인다.

142) 난포(欒布): 한대의 양(梁) 땅 사람. 팽월(彭越)의 친구였는데 그가 도적이 되어 떠난 뒤 연왕(燕王)에게 팔려가 그의 부하가 되었다. 팽월은 연을 공격한 뒤 난포

가 세상에서 으뜸가는 훌륭한 죽음이다.

그 다음은 전쟁에서 싸우다 죽는 것이고, 그 다음은 굴복하지 않다가 죽는 경우이다. 싸움터에서 죽는다면 용맹하기는 하지만 적을 헤아리지 않고 전진한 잘못에서 벗어날 수 없는데, 이는 계로[145]의 경우이다. 굴복하지 않다가 죽는 것은 의롭기는 하나 남에게 제압당한 원한이 없을 수 없으니, 이는 휴양[146]의 경우이다. 비록 순서는 아래에 두었으나 기실은 이런 죽음도 모두 열혈장부다운 것으로 보통 사람과는 다른 죽음이다.

---

를 속량시켜 대부(大夫)로 삼았다. 곧이어 팽월이 주살당하고 낙양 거리에 효수되었는데, 쳐다보는 것조차 금지된 상황에서 난포는 홀로 시신을 거두고 통곡하였다. 고조는 그의 의기를 장하게 여겨 도위(都尉)로 삼았다. 훗날 오(吳)가 반란을 일으켰을 때 군공을 세워 연의 재상이 되었다. 『사기』 권100과 『전한서』 권37에 보인다.

143) 섭정(聶政): 전국시대 한(韓)의 지(軹) 땅 사람. 원수를 피해 도(屠)에 은거하였다. 당시 재상인 한괴(韓傀)를 죽이려던 경(卿) 엄수(嚴遂)가 섭정의 용맹함을 듣고 찾아가 친교를 맺은 뒤 섭정 모친의 생일에 황금 백 일(鎰)을 보내 축하하였다. 섭정은 어머니가 돌아가시자 한괴를 칼로 찔러 죽인 뒤 자신은 얼굴과 눈알을 파내고 내장을 도려내 자살했다. 『사기』 권45에 보인다.

144) 굴평(屈平): 전국시대 초나라의 시인 굴원(屈原). 이름은 평, 자는 영균(靈均)이다. 박람강기하면서도 치란에 밝아 초에서 삼려대부(三閭大夫)를 지내며 회왕(懷王)의 신임을 받았다. 근상(靳尙) 등의 모함으로 왕이 그를 멀리하자, 굴원은 실의와 울분으로 「이소」(離騷)를 지었다. 경양왕(頃襄王)이 즉위한 뒤 다시 참소를 받아 강남으로 쫓겨나게 되자 「어부」(漁父) 등을 지은 뒤 멱라수(汨羅水)에 투신해 자살하였다. 『사기』 권84에 보인다.

145) 계로(季路): 공자의 제자 중유(仲由)의 자. 자로(子路)라고도 한다. 위(衛)에서 벼슬할 때 공회(孔悝)의 읍재가 되었는데, 공회의 모친 백희(伯姬)가 수량부(竪良夫)와 모의한 뒤 태자 괴외(蒯聵)를 세우려고 공회를 핍박하여 출공(出公)을 치게 하였다. 출공은 도망쳤지만 자로는 그를 도우려고 달려오다가 괴외의 공격을 받고 죽었다. 『좌전』 「정공」(定公) 12년조와 「애공」(哀公) 15년, 『사기』 권67에 보인다.

146) 휴양(睢陽): 당나라의 장순(張巡). 남양(南陽) 사람으로 박학다식하며 전법(戰法)에 밝았다. 개원 연간의 진사로 청하(淸河)와 진원령(眞源令)을 지내며 치적이 드높았다. 안녹산의 난 때 거병하여 휴양성을 지키면서 몇 달을 버텼지만 군량이 떨어지고 원군이 오지 않아 결국은 잡혀 죽고 말았다. 『당서』 권192와 『구당서』 권187 등에 보인다.

또 그 다음은 충성을 다하다 모함을 당해 죽는 경우인데, 초나라의 오자서[147]와 한나라의 조조[148]가 여기에 해당된다. 이들은 자신이 섬기는 임금이 어떤 자인지 몰랐기 때문에 지혜롭지 못했다고 일컬어진다. 또 그 다음은 공명을 성취하고 죽는 것인데, 예컨대 진나라의 상군[149]이나 초나라의 오기,[150] 월나라의 대부 종[151] 같은 인물이 여기에 속한다. 이들은 알아서 멈출 줄을 몰랐기 때문에 역시 지혜롭지 못했다는

147) 오자서(伍子胥): 오운(伍員). 춘추시대 초나라 사람으로 자가 자서였다. 부친 오사(伍奢)와 형 오상(伍尙)이 평왕(平王)에게 피살당하자, 자서는 오(吳)로 도망친 뒤 합려(闔廬)를 도와 초를 정벌하였다. 훗날 오왕 부차(夫差)에게 월(越)나라를 치라고 건의하다가 태재(太宰) 비(嚭)의 모함을 받고 죽었다. 그는 시종에게 자신의 눈알을 파내 오의 동문(東門) 위에 올려놓으라고 유언했고, 그로부터 9년 뒤 월은 오나라를 멸망시켰다. 『사기』 권66에 보인다.

148) 조조(鼂錯): 한의 영천(潁川) 사람. 조조(鼂晁)라고도 쓴다. 신불해와 상앙의 형명술을 배웠고, 문제(文帝) 때 명을 받들어 복생(伏生)에게서 『상서』를 전수받기도 하였다. 제후들의 봉지를 깎을 것을 주장했기 때문에 오와 초 등 7국이 반란을 일으켰을 때는 그의 타도가 명분으로 내세워졌다. 황제는 원앙(爰盎)의 건의를 받아들여 그를 동시(東市)에서 참수하였다.

149) 상군(商君): 상앙(商鞅). 전국시대 위(衛)나라 출신이기 때문에 위앙(衛鞅), 성이 공손씨라 공손앙(公孫鞅)으로 부르기도 한다. 형명학을 배운 뒤 진(秦) 효공(孝公) 밑에서 변법(變法)을 실시하여 정전제를 폐지하고 부세제도를 개혁함으로써 진의 부강에 힘썼다. 상(商)의 15읍에 봉해져 상군으로 호칭되기도 한다. 훗날 혜왕(惠王)에 의해 거열형(車裂刑)에 처해졌다. 『사기』 권68에 보인다.

150) 오기(吳起): 전국시대 위(衛) 사람. 병법의 대가로 처음에는 노(魯)에서 벼슬하다가 위(魏) 문후(文侯)의 초청으로 위의 장군이 되었고 마지막으로 초(楚)의 재상을 지냈다. 그는 보통 사졸과 의식을 똑같이 하면서 법령을 정비하고 불필요한 관직을 삭제했으며 귀족의 자제를 전사로 양성해 강병에 힘썼다. 도왕(悼王)이 죽은 뒤 그에게 원한을 품었던 귀족과 대신들의 공격을 받아 왕의 시체 아래서 엎드린 채 화살을 맞고 죽었다.

151) 종(種): 춘추시대 월의 대부(大夫) 문종(文種). 초의 추(鄒) 땅 사람으로 자는 회(會)였다. 오 · 월의 싸움에서 월이 패하자 구천(勾踐)은 종을 사신으로 보내 오나라와의 강화를 성립시켰다. 귀국 후 구천은 종에게 국정을 전담시켜 훗날 오나라를 멸망시킬 수 있었다. 범려(范蠡)는 지모가 뛰어나고 공이 많은 그에게 떠날 것을 권유했지만, 종은 그 말에 따르지 않았다. 훗날 종이 반란을 일으키려 한다는 무고를 들은 왕은 그에게 촉루검(屬鏤劍)을 보내 자살을 명했다. 『사기』 권41과 『오월춘추』 「월절서」(越絶書)에 보인다.

평가를 들었다. 비록 앞의 두 죽음에 비해서는 떨어지지만 임금에게 충성을 다했으니 몸은 죽었어도 영광스럽고, 세상에 큰 공을 세우고 만세에 영예로운 이름을 길이 드날렸으니 죽었다 한들 무엇이 슬프겠는가? 그러므로 지혜로운 자는 죽을 자리를 살필 때 위의 다섯 가지 중에서 선택하고 싶어한다. 우열의 차이는 있을망정 모두가 좋은 죽음이기 때문이다.

병들어 침상에 드러누운 채 처자식 꽁무니만 맴돌며 주둥이나 놀리는 작자들이 세상의 대부분이다. 이런 용렬한 속물들에게 익숙한 바라면 죽기에 마땅한 장소는 아닌 것이니, 어찌 대장부가 기꺼이 죽을 곳이겠는가? 그렇지만 이들은 임종 마당에 병고를 무릅쓰고 노래와 시를 읊거나 말채찍을 잡고 떠난다는 작별인사를 하면서 자신은 죽음이 두렵지 않고 아무 미련도 없다는 자들보다는 훨씬 나은 사람들이다. 원래 세속적인 관념으로 볼 때 그런 죽음은 미담으로 과장되거나 천수를 다한 죽음이라고 미화되지 않은 적이 없다. 하지만 명성을 얻고 싶어 지어낸 거짓말 따위는 되려 평범한 사람들이 순리대로 바르게 받아들인 자연스런 죽음만도 못하다고 하겠다. 집안에서 죽는 주제에 무슨 드러낼 지조가 있고 또 밝혀야 할 무슨 업적이 있다고 이따위 헛된 명성에 매달리는 것이냐?

대장부가 태어날 때는 원래 그럴 만한 까닭이 없지 않으니, 죽을 때도 어찌 이유 없는 죽음을 용납할 것인가? 삶에 이유가 있다면 그 죽음에도 반드시 뭔가가 있어야 한다. 아파하고 외로워하며 병상의 이불 속에서 뒹굴다가 관에 처박혀 상여에 실려나간 뒤 북망산 아래 파묻힌 다음 죽을 자리를 찾았다는 사람 중에는 아직까지 그런 이가 있지를 않았다. 순(舜)임금은 창오(蒼梧)에서 돌아가셨고, 우(禹)임금은 회계(會稽)에서 시체가 되었다. 어질고 현명한 제왕들조차 반드시 그런 길을 거치셨는데, 보통 인사야 두말할 나위 있겠나!

다만 나는 너무 늙어버렸다. 앞의 다섯 경우처럼 되기를 바라지만 또 그럴 수도 없는 처지가 되고 만 것이다. 위와 같은 죽음은 이미 불가능

하지만 침대에서 병들어 죽는 것은 또 사내 대장부가 맞이할 죽음이 아니니, 그렇다면 장차 어떻게 죽어야 옳단 말인가? 따져보니 그저 자그마한 거래나 해야 할 뿐이로구나. 공손저구나 섭정처럼 큰 거래를 했던 자들도 제대로 값을 쳐주는 사람을 만나지 못했는데, 어찌 나 같은 사람에게 침상에서 이불 덮고 죽는 개죽음이 가당할 것인가? 게다가 나는 이미 고향을 떠났고 하인들을 떨궈낸 뒤 곧장 이 땅에 와서 나를 알아줄 사람을 구하던 처지이다. 그런데 이 고장에는 나를 알아주는 지기(知己)가 없었다. 지기가 없으니 또 어떻게 죽어야 할꼬? 큰 거래는 벌써 물 건너갔다는 걸 나는 아노라. 사나이 대장부에게 분노를 터뜨릴 바가 없는 것이다. 이왕에 목숨을 바쳐도 좋을 지기가 없으니, 나는 장차 나를 알아주지 않는 사람들 앞에서 죽음으로써 나의 분노를 씻어낼 것이다. 삼가 이 글로써 나를 안다는 여러 사람들에게 고하노라. 부음을 듣고 찾아와 나를 보게 되더라도 절대 내 시신은 거두지 말라! 이는 간절한 부탁이다.


## 스러짐에 대한 애상 傷逝

삶에 죽음이 필연으로 뒤따름은 낮이 지나면 밤이 되는 것과 마찬가지 이치이다. 죽으면 다시 살아날 수 없는 것도 시간이 흘러가면 되돌리지 못함과 매한가지이고. 살고 싶지 않은 사람은 없지만 그 누구도 원하는 만큼 오랫동안 살 수는 없다. 죽음이 서럽지 않은 사람은 없으련만, 그렇다 해서 시간을 붙들어매 흘러가지 못하게 할 수도 없는 노릇이구나. 기왕에 오랜 세월 살 수가 없다면 삶에 욕심부릴 필요가 없어진다. 또 흐르는 시간을 잡아둘 수 없다면 스러진다 해서 슬퍼할 일도 아닌 것이다. 그러므로 나는 다만 죽음이 꼭 슬픈 일만은 아니라고 말하련다. 오직 삶만이 서러울 따름이니까. 스러지는 것을 애도하지 말고 바라건대 삶을 슬퍼하라!

## 승려의 계행 戒衆僧

부처께서는 바라밀[152]을 설파하셨다. 바라밀에는 여섯 가지가 있는데, 계율을 준수하라는 지계(持戒)도 그 중의 하나이다. 부처는 계·정·혜[153]도 말씀하셨다. 계·정·혜의 세 가지 중에서도 계행[154]은 첫번째로 꼽힌다. 계라는 한 글자는 정녕 쉽게 말할 도리가 없다. 계에서 정이 생겨나고, 정은 혜를 만든다. 혜는 다시 계를 발생시키니, 혜가 아니면 계는 떨어져나가고 만다. 혜는 계에서 출발하니, 혜가 아니라면 계는 소멸되고 마는 것이다. 그렇다면 정과 혜는 성불(成佛)의 근원이요, 계는 또 정·혜의 근원이 된다. 우리 석가모니 부처님은 성불하기에 앞서 전후 십이 년 동안 고행을 하셨다. 그분이 이같이 계를 지키신 것은 너희 대중 모두가 익히 아는 바이다. 우리 석가모니 부처님은 성불한 뒤에도 도합 사십구 년 동안 설법을 하셨는데, 그분의 계행이 한결같았던 것도 너희 대중이 다 아는 바이다. 만약 부처님의 이런 계행이 헛된 것이고 계행이 부처에게 구속일 뿐이었다면 득도하여 성불한 다음 계율을 깨고 파계해도 무방했으니, 절을 버리고 왕궁으로 돌아갔던들 안 될 게 무엇이었으랴? 하지만 그분은 여전히 찢어진 가사를 걸치고 거듭 바리때를 움켜쥐었으니, 어째서 그리하셨을꼬? 모름지기 부모님이 키워주신 은혜는 보답하기 어려운 줄 알아야 하니, 반드시 정진하여 그 은혜를 갚아야 한다. 이른바 한 자식이 득도하면 구족(九族)

---

152) 바라밀(波羅蜜): 범어 Pāramitā의 음역. '피안에 도착한다'(到彼岸)는 의미로 차안(此岸, 生死岸)을 건너 피안(涅槃·寂滅)에 닿는다는 뜻이다. 불경에서는 육바라밀(六波羅蜜)을 말하는데, 보시(布施)·지계(持戒)·인욕(忍辱)·정진(精進)·선정(禪定)·지혜(智慧)의 여섯 가지 수행방법을 가리킨다.

153) 계(戒)·정(定)·혜(慧): 삼학(三學) 또는 삼무루법(三無漏法)이라 부르기도 한다. 계는 '육체의 악을 방비하고 끊는'(防非止惡) 것이고, 정은 '잡념을 가라앉혀 인연을 끊는'(息慮靜緣) 것이며, 혜는 '유혹을 물리치고 진리를 증명하는'(破惑證眞) 것을 가리킨다.

154) 계행(戒行): 계율에 명시된 조항들을 성실히 지키는 것. 혹은 계율을 가리키기도 한다.

이 하늘에 태어난다고 하는데, 이는 결코 헛소리가 아니다. 시방세계의 낱알 한 개 보시라도 그냥 받아넣기는 어려운 법이니, 반드시 정진하여 그것에 가름해야 한다. 이른바 털 돋고 뿔난 짐승이 되어서라도 신자들의 보시는 갚아야 한단 말이 어찌 헛소리일까!

그렇다면 계라는 한 글자는 모든 오묘함의 관문이고, 파계라는 한 단어는 뭇 재앙의 근본인 것이다. 계라는 한 글자는 마치 삼군[155]에 에워싸인 것처럼 잠시라도 방비하지 않으면 당장 싸움에 져 패주하게 된다. 계라는 한 글자는 흡사 심산유곡에 발을 내디딘 것 같으니, 한 순간 경계하지 않으면 실족하여 죽음으로 떨어지고 마는 것이다. 그러므로 삼천위의는 태산보다 무겁고 팔만세행[156]은 쇠털처럼 촘촘함을 알아야 한다. 공연히 일을 만들어 억지로 강요함이 아니니, 법에 있어서 그렇게 하지 않으면 안 되는 까닭이 있는 것이다. '나를 보지 말라'고 말하며 한가롭게 지낸다거나 방종하지 말라. 단 한때 계율을 지키지 않아도 사람들은 벌써 그 사실을 아나니, 눈 똑바로 치켜 뜨고 주목하는 자들이 한 개나 열 개의 눈동자에 그치지 않아서 천억 개의 눈이 한꺼번에 그를 주시하고 있는 까닭이다. '나를 가리키지 말라'고 말하며 귀를 막고 방울을 훔치는 짓 따위는 저지르지 말라. 잠깐이라도 파계를 생각하면 귀신이 장차 그를 주살할 것이고, 곁에서 쳐다보고 성내는 자들 또한 하나나 열에 그치지 않는 천억 개의 손으로 일제히 그에게 손가락질할 것이다.

엄격하고 또 엄격하며 경계하고 또 경계할지어다. 지금부터는 이같은 모범을 보일지어다. 앉아서 공양 받아먹기를 흡사 뜨거운 쇠탄환 삼키듯 하라. 그러고도 만약 간담이 떨리고 심장이 서늘해지지 않는다면

---

155) 삼군(三軍): 군대의 통칭.
156) 삼천위의(三千威儀)·팔만세행(八萬細行): 비구의 위엄을 드러내기 위한 시행 세칙.『육조단경』(六祖壇經)에서 '삼천 가지 위의와 팔만 가지 세행'(三千威儀, 八萬細行)으로 말하고 있다. 위의(威儀)는 행(行)·좌(坐)·주(住)·와(臥)의 네 가지로서 행동거지에 있어서의 갖가지 계율과 규범을 가리킨다.

개돼지와 대체 무엇이 다르리! 행동에 있어 계주[157]를 찾는 것은 청량한 전각에 들어서는 일과도 같으니, 그런 상황에 다시금 혼비백산한다면 거지와 비교하여 무엇이 다를까! 마음은 이렇게 써야만 비로소 납자[158]라고 부를 수 있는 법이다. 물길을 운행하는 배처럼 풍랑이 일면 그대로 뒤집히고, 땅 위를 구르는 수레처럼 기우뚱하면 당장 엎어져버리는구나. 풍랑은 누가 일으키는 것인가? 전복되어 물 속에 빠져도 스스로 감당해야 할 노릇이려니. 기우뚱하는 흔들림은 누가 만든 작태인가? 엎어지고 넘어져도 본인이 감수할밖에. 우리 모든 대중들이야 어찌 그 일에 신중하지 않을 수 있으랴! 나이가 들고 오래 참석하여 따로 보여줄 것이 없는 자들을 제외하더라도 간간이 낀 신참 비구는 아직도 부끄러움을 알지 못하니, 부득이 연속해서라도 그들에게 천명할밖에! 우리 모든 대중들은 부디 제각기 힘껏 노력하여 지불원 도량의 이름을 빛내길 바라노라. 정신을 견고히 붙들어매 다함께 용담(龍潭)의 성대한 법회를 이루면 좋겠구나.


## 육바라밀 풀이 六度解


나는 도(道)를 공부하는 사람을 좋아하는데, 네가 기꺼이 도에 마음을 쏟겠다니 내가 또 무슨 말을 하겠느냐? 도는 육도[159]로부터 진입한다. 육도 중에는 지계(持戒)와 선정[160]이 포함된다. 계율은 흡사 토지

---

157) 계주(戒珠): 정결히 계율을 지키는 것이 마치 구슬처럼 맑음을 비유한 말. 출전은 『묘법연화경』(妙法蓮花經) 「비유품」(譬喩品). "불자들을 볼 것 같으면 청정하게 계율을 지켜 마치 깨끗한 구슬과도 같구나"(若見佛子, 持戒淸淨, 如淨明珠.)
158) 납자(衲子): 선승(禪僧)의 별칭. 납승(衲僧)이라고도 한다. 선승들이 납의(衲衣) 한 벌만 걸치고 사방을 돌아다닌 데서 유래한 명칭이다. 다만 납의는 두타비구(頭陀比丘)의 법복으로 선승들만 입는 복장은 아니라고 한다.
159) 육도(六度): 육바라밀. 즉 보시·지계·인욕·정진·선정·지혜를 가리킨다.

와도 같으니, 땅이 있어야 바야흐로 터가 생겨 집을 짓고 곡식도 경작할 수 있는 법이다. 그러나 거기에는 모름지기 인욕(忍辱)이 필요하다. 인욕이란 남에게 겸손함으로써 자신을 억제하고, 마음을 비움으로써 선(善)을 받아들이며, 감히 자만하지 못하는 것이다. 비유컨대 땅이 있더라도 수시로 거름을 주고 물을 대줘야 가을에 수확할 수 있는 것과 같은 이치라 하겠다. 그러지 못한다면 비록 땅이 있다 한들 무슨 이익이 있겠는가?

정진인즉슨 바로 위의 지계와 인욕 두 가지로 나아가는 것일 뿐이다. 날마다 이 둘에 정진하며 그만두지 않는다면 저절로 선정의 진짜 법문[161]에 들게 될 것이다. 선정이 이뤄지고 나면 지혜가 생겨나 해탈을 이루지 못할 걱정은 안 해도 된다. 그러므로 보시ㆍ지계ㆍ인욕은 참된 선정의 근본임을 알아야 할 것이다. 그러나 선정은 또 지혜와 해탈의 근본이 된다. 여섯 가지가 시종일관 서로 떨어지지 않는 모습이 마치 중생을 제도하는 것 같기 때문에 '육도'라고 부르게 되었다. 이 육도는 결국 해탈을 궁극의 목적으로 삼는다. 하지만 반드시 지계ㆍ인욕을 거쳐 선정에 들어간 연후라야 해탈을 얻을 수가 있다. 만약 해탈을 이룬다면 또 어떻게 위의 지계ㆍ인욕을 떠난 별도의 해탈이 있을 수 있겠는가! 법도에 의거함이란 바로 앞에서 말한 선정하는 사람이 되는 것뿐이다.

만약 선정을 떠나 해탈을 말한다면, 이는 선정뿐만 아니라 해탈조차

---

160) 선정(禪定): 선종의 수행방법 중 하나. 한 마음으로 심사숙고하는 것을 '선'(禪), 생각을 가라앉히고 마음을 응시하는 것을 '정'(定)이라 한다. 수행자가 정좌한 채로 마음을 수렴해 하나의 경지에 몰두하면서 오랜 시간을 보내면 심신이 안정되고 명정(明淨)을 관조하는 경지에 도달하게 되는데, 이를 선정이라 한다. 또 선은 색계천(色界天)의 법, 정은 무색계천(無色界天)의 법이라 하여 입정(入定) 정도의 깊이에 따라 사선(四禪, 色界定)과 사정(四定, 無色界定)으로 구분하기도 한다. 『단경』(壇經)「좌선품」(坐禪品)에 "무엇을 선정이라 하는가? 바깥으로 상을 떠나면 선이고, 안으로 어지럽지 않으면 정인 것이다. …… 외선내정을 선정이라 부른다"(何名禪定? 外離相爲禪, 內不亂爲定. …… 外禪內定謂禪定.)라는 구절이 실려 있다.
161) 법문(法門): 수행자가 도에 드는 지름길. 불문(佛門)을 두루 일컫기도 한다.

뭐가 뭔지 모르는 것이다. 이로써 생사(生死)의 일이 크다는 걸 알게 되나니, 이는 결코 천박하고 촐랑거리는 작자들이 도달할 수 있는 경지가 아니로구나. 저 영산(靈山) 등에서의 법회를 살펴보면 사십구 년이 줄곧 하루 같았고, 지계 인욕은 언제나 그 해가 또 그 해 같았다. 이제 세월은 멀어졌고 가르침은 쇠퇴하여 요즘 젊은이들은 한두 마디라도 얻어듣게 되면 금방 시건방을 떨며 시방[162]을 공경하지 않고 늙은이에게 예의를 갖추지 않으니, 도를 말한다 한들 무슨 부처가 될 수 있을꼬? 이야말로 아무것도 하지 말란 가르침과 무엇이 다르랴? 우리와 같은 부류는 아니라고 하겠다.


## 관음[163]의 질문 觀音問

담연[164] 대사에게 보내는 답장 答澹然師

근자에 그대는 편지를 보내와 이렇게 말하였지.

"관세음보살께서는 크고 거룩하신 서원을 세우셨습니다. 저 역시 똑같은 발원을 드리고자 합니다. 원컨대 보살님처럼 원통[165]하여 장애가

---

162) 시방(十方): 동서남북과 사방 모서리 및 상하. 불교의 시방세계는 무량무변(無量無邊)한 세계를 가리킨다.

163) 여기서 말하는 관음은 관음보살이 아니라 본문에서 언급되고 있는 이지의 여러 여성 제자들, 즉 담연 · 징연 · 자신 · 명인 등을 가리킨다. 그들은 이지에게 불법에 관한 많은 질문을 던졌고, 이지는 그에 대한 답변으로 「관음문」이란 장편의 글을 작성했던 것이다.

164) 담연(澹然): 마성(麻城) 사람으로 매국정(梅國楨)의 딸이다. 일찍 과부가 된 뒤 친정에 돌아와 살았는데, 자신의 거처를 수불정사(繡佛精舍)라 부르며 올케들과 더불어 이지의 가르침을 받았다. 아래에 나오는 징연(澄然) · 자신(自信) · 명인(明因) · 선인(善因) 등은 모두 매담연 주변의 여인들인데, 각각의 개별적인 행적은 전하지 않는다.

165) 원통(圓通): 신묘한 지혜로 증명된 이치. 원(圓)은 성체(性體)가 어디에도 치우치지 않는 것이고, 통(通)은 묘용(妙用)에 있어 장애가 없는 상태를 가리킨다. 곧 성법(性法)을 깨닫는 것을 말한다.

없는 상태가 되고 싶습니다. 듣자하니 암자의 스님들께서 관세음의 불상을 만들려고 하신다더군요. 저도 그 일에 동참하여 귀의(皈依)에 도달하고 싶습니다. 그저 바라옵건대 탁공(卓公, 이탁오)께서는 저를 위해 기[166] 한 편만 지어주시지요."

나는 편지를 받자마자 곧 붓을 휘둘러 다음과 같은 답장을 보냈다.

"관음보살께서 발하신 크나큰 서원은 계승해야겠지. 다만 보살님의 서원은 자비가 위주가 된다. 고난의 구제를 비(悲)로 삼고, 염불하는 중생을 인도하여 서방의 부처님께 귀의시키는 것으로 자(慈)를 삼으셨구나. 그 모든 것이 원통(圓通)하여 장애가 없는데 부처님이라면 모두 그러하시므로 관음보살님만의 전매특허는 아니니라. 그분의 불상은 다만 보시의 공덕에 해당할 뿐이니, 구태여 내게 질문할 필요가 무에 있겠느냐? 옳을 수도 있고 그를 수도 있는 문제에 관해서는 나도 감히 관여하지 못하겠구나."

당시 내가 대답한 말은 이와 같았다. 하지만 성불(成佛)과 발원(發願)의 일을 미처 설명하지 않았기 때문에 아래에 다시 부연하고자 한다.

원래 성불을 말하는 자들은 부처는 본디부터 부처였으니 성불을 말한다는 자체가 벌써 이치에 닿지 않는 소리라 한다. 그런 판에 발원하여 부처가 된다는 것이 더군다나 가당키나 한 노릇이겠나! 성불이란 부처가 될 자질은 있지만 아직 부처가 아닌 이를 부처가 되게 함인데, 이는 천 부처 만 부처에게 똑같이 해당된다. 발원이란 부처마다 제각기 행하고 싶은 바를 소원하는 것이니, 이는 천 부처 만 부처가 다 똑같을 수는 없는 바이다. 때문에 부처가 있은 다음에야 발원이 생기게 되니, 다 같은 부처지만 발원은 제각기 달라질 수밖에 없다. 이를 두고 동일한 가운데 다름이 있다고 일컫는 것이다. 발원은 죄다 부처에게서 나온다. 때문에 발원은 달라도 부처임은 본래 동일하니, 이를 두고 상이한

---

166) 기(記): 부처가 제자나 마음의 수행을 발원한 사람에게 장래의 성과로서 부처가 될 거라고 예언하는 행위. 기를 넘겨주는 것은 수기(授記), 받는 사람이 경건하게 인수하는 행위는 수기(受記)라고 부른다.

가운데 동일함이 있다고 일컫는다. 그러므로 발원은 부처로부터 비롯된다고 말해야 옳으니, 발원하여 성불하고 싶다는 말이 어찌 맞는 말이겠는가? 이 어찌 이치에 합당한 말일꼬! 그렇더라도 이는 또 쉽게 말할 수 있는 성질의 것이 아니다. 대승[167]의 성인께서도 중생에게 은혜를 베푸는 유혹에 아직 머물고 싶어 사람을 제도하겠다는 발원을 드리는 판에 새로 뜻을 세운 보살이야 말할 나위 있을까! 하지만 대승의 보살은 실로 새로이 뜻을 세운 보살에 미치지 못하고, 큰 서원을 세운 중생은 실로 큰 마음을 지닌 중생에 미치지 못한다. 이는 용녀(龍女)나 선재(善財)의 경우만 보더라도 알 수 있는 노릇이다. 그러므로 단지 보살만을 떼어 말한다면 그가 아무리 윗길의 보살이라 하더라도 원력(願力)을 빌어야만 그 무게가 더해지게 된다. 어찌하여 그럴까? 견체[168]가 아직 이뤄지지 않았고 신심(信心)이 아직 발육되지 않은 상태이기 때문이다. 오직 관음이나 대세지(大勢至)·문수(文殊)·보현(普賢) 같은 불교의 보살님들이라야 비로소 뭇 부처를 위해 발원하신다. 그러므로 석가불이 계시면 반드시 문수·보현보살이 계시고, 석가님이 부처가 되면 문수와 보현도 발원을 하게 된다. 아미타불(阿彌陀佛)이 계시면 반드시 관음과 대세지보살이 계시는데, 아미타불이 부처님이라서 관음과 대세지도 발원을 한다. 이것이 부처의 발원이니라. 바라건대 담연보살도 이를 계승토록 하라!

다시 덧붙여 又

부처님의 심법[169]은 전부 경전에 실려 있다. 경전 중의 한 글자를 터

---

167) 대승(大乘): 범어 Mahāyāna(摩訶衍那)의 의역. 기원 1세기 전후에 점차로 형성된 불교의 유파. 인도에서 중관학파(中觀學派)·유가행파(瑜伽行派)·밀교(密敎)를 거쳐 중국으로 넘어와 발전하였다. 대승은 이타(利他)를 강조하며 모든 중생을 보도(普度)하고 육도(六度) 위주의 보살행을 제창한다. 마치 '큰 마음'(大心)을 지닌 자가 타는 큰 수레 같다고 하여 '대승'이라 명명되었다.
168) 견체(見諦): 진리를 증험하여 깨닫는 일.

득하지 못함은 바로 자기의 생사를 터득하지 못하는 것이니, 오직 글자를 모르는 문맹만이 어찌할 수 없을 뿐이다. 경전을 읽을 필요가 없다고 말한다면 책 또한 보존될 필요가 없고, 부처님 역시 경전을 남기실 이유가 없었다. 옛 사람은 경전을 읽어 세 가지 이익이 생긴다고 말하였다. 바로 지혜가 계발되는 이익, 깨달음을 얻는 이익, 또 인증[170]을 얻는 이익이 그것이다. 그 이익이 이와 같은데, 어찌 경전을 읽지 않을 수 있으랴! 세상 사람들은 바빠서 책 읽을 겨를이 없고, 우매한 인간들은 뭐가 뭔지를 몰라 읽을 수가 없구나. 이제 요행히 이렇듯이 한가한 몸으로 태어나 세간을 위해 독경(讀經)하는 사람이 되었는데도 읽으려 들지 않는다면 앞의 두 부류보다도 오히려 뒤쳐지게 될 것이다. 어서 빨리 날짜를 잡고 뜻을 정하고 한도를 세워 글을 읽으라. 그리하여 이 몸이 죽을 때까지 진실할 수 있도록 힘쓰라.

### 다시 덧붙여 又

세상 사람들은 삶을 탐내고 죽음을 두려워한다. 사소한 이익에 목숨 거는 파리떼나 개새끼처럼 어디든 발길 닿지 않는 곳이 없는데, 만약 이번에 죽은 승려가 뜨거운 불구덩이 가운데 단정히 앉은 채 터럭 한 오리만큼의 공포도 없는 것을 보면 혹 부처님과 불법을 염송할 생각이 날지도 모르겠구나. 그것은 진세(塵世)의 사람들에게 대단히 유익한 일이니, 용호의 승려가 죽은 이를 위해 장례를 치렀으면 좋겠다는 따위는 아니 될 말이다. 원래 죽은 승려에게 장례를 치러주는 전송은 순전히 망자의 신혼(神魂)이 날아가는 데서 연유하였는데, 가는 방향을 모르는 까닭에 평소 계율을 잘 지킨 승려의 염불과 독경을 빌려 그 일을 돕게 된다. 이번에 화장된 승려는 필시 자신이 갈 방향을 확실히 아는 자인

---

169) 심법(心法): 경전을 제외한 전수(傳授) 방법. 마음으로 서로 인증(印證)하기 때문에 '심법'이라 부른다.

170) 인증(印證): 대조와 비교를 통해 사실과 부합됨을 증명하는 일. 인정(印正) 혹은 인정(印政)이라 쓰기도 한다.

데, 용호의 승려가 또 무엇 때문에 그의 장례를 치러줘야 한단 말인가? 게다가 용호의 승려는 비록 계행은 지킬 수 있다지만 삶을 탐하고 죽음을 두려워하는 마음이 죽은 승려보다도 훨씬 더 윗길이니, 무슨 힘으로 죽은 승려의 지승행을 돕는단 말인가? 나 같은 사람은 또 삶을 탐하고 죽음을 두려워하는 마음이 더한층 유별나 죽은 다음 화장당할 일이 무서운 나머지 특별히 용호 땅에 시신을 안치할 탑옥(塔屋)까지 미리 지어놓았다. 그런 내가 감히 아직 죽지 않은 육신으로 불이 벌겋게 타오르는 화로 안으로 스스로 들어가고 싶겠느냐? 내가 죽은 승려보다 훨씬 못하다는 것은 이미 자명한 사실이다. 자신(自信)과 명인(明因)의 도를 향한 마음이 다같이 간절한데, 이 모두는 담연보살 자네의 창도와 수련에 대한 깊은 공력으로 말미암은 것이겠지. 덕분에 여러 보살들은 자신도 모르는 사이 스스로 노력하며 앞으로 전진하여왔구나. 이러한 공력은 지금 화장당하는 승려의 그것보다 훨씬 더 크다 하겠다. 어째서 그러할까? 화장당하는 승려는 그저 자기 몸 하나를 불사르는 데 그쳤을 뿐이지만, 담연보살은 감화시키지 않는 바가 없기 때문이다. 화장되는 승려가 설사 딴 사람을 감화시킬 수 있다 해도 또한 여러 사람 염불하게 만드는 데 그칠 뿐이다. 담연보살 같으면 사람을 감화시켜 그 자리에서 성불시킬 수가 있으니, 이런 까닭에 그 공력이 자연 남다르다고 하는 것이다.

## 다시 덧붙여 又

도를 공부하는 사람의 기본은 바탕이 진실해야 한다는 것이다. 만약 처음부터 죽음에 대한 두려움으로 기반을 삼는다면, 반드시 생사에서 벗어나고 고해를 떠나며 두려움을 없애겠다는 생각이 구경[171]이 된다. 비록 느리고 빠른 차이는 있을망정 열반을 증험하고 피안(彼岸)에 닿지

---

171) 구경(究竟): 불교용어로 지극(至極)이라고도 부른다. 불전(佛典) 안에서 가리키는 최고의 경계를 말한다.

못하는 자는 결코 있지 않은 것이다. 애당초 명성의 추구만이 바탕이었다면 그 몸을 마치면서 성취하는 것이란 다만 하나의 허명(虛名)에 지나지 않게 된다. 그런데 허명 따위가 내게 있어 대체 무슨 상관이란 말인가? 이 일은 각자가 스스로 조사하고 연구할 과제로서 다른 사람이 도와줄 수 없는 바이다. 요즘 사람들은 열심히 도를 배운다고는 하지만, 또한 많은 이가 죽음을 두려워하지 않는다. 부처님은 삶과 죽음을 고해로 여겼는데 요즘 공부하는 자들은 오히려 그것을 지극한 즐거움으로나 여기니, 이는 끌채는 북쪽을 향하고 수레바퀴는 남쪽을 향한 것과 같은 이치로 갈수록 피안에서 멀어지는 꼴이다. 세간에서 공명을 떨치고 부귀한 사람들이 삶을 즐거움으로 여기는 것은 굳이 두말할 필요가 없다. 세속을 벗어나는 방법에 대해 배우고 싶다면서 허명을 좇는 데만 관심을 두는 판이구나. 이름은 단지 한평생에만 걸릴 따름인데, 이는 또 삶을 즐거움으로 여기고 고해로 여기지 않는 까닭이 된다. 고해에는 여덟 종류가 있는데, 삶도 그 중의 하나로 꼽힌다. 지금처럼 위로도 얻지 못하고 아래로도 얻지 못하며 배워도 얻지 못하고 배우지 않아도 얻지 못하면, 삶이 있어 생겨나는 고통을 볼 수가 있다. 부처님은 이런 연유 때문에 크나큰 공포심을 느끼셨던 것이다. 한 번 살펴보자꾸나. 오늘날의 우리가 언제 이번 삶에서 받은 육신을 고통이나 우환으로 여겨 한사코 거기서 벗어나려 애쓴 적이 있었던가! 흔히들 이 육신을 얻는 것이야말로 고통이라고 말하지만 기실 그것도 한 구절 말장난에 불과하구나. 이 몸이 함정과 구덩이 가운데 빠져 있는 것을 정말로 진지하게 보아내지 못한다면 단 하루도 살았다고 할 수가 없을 것이다. 한 번 스스로 잘 살펴보거라.

### 다시 덧붙여 又

들자하니 스승이 또 도를 깨달았다던데, 도가 어찌 수시로 얻을 수 있는 것이겠느냐? 하지만 진정으로 공부하는 자는 또 저절로 그렇게 된다. 양자호[172] 선생은 큰 깨달음은 열여덟 번, 작은 깨달음은 그 숫

자를 기억하지 못할 정도였다고 말씀하셨다. 그래서 자호 선생은 송대의 유자들 중에서도 유독 첫째 가는 고수(高手)이자 호한(好漢)으로 이름을 날리는데, 그 이유는 자주 의심하고 자주 깨달았기 때문이었다. 공부하는 사람이 의심할 줄 모르는 것은 크나큰 병통이다. 오직 의심해야만 자주 분석하게 되고, 그렇게 해서 의심을 깨뜨리면 이것이 바로 깨달음인 것이다. 자신(自信) 보살은 이 일에 있어 믿음이 가느냐, 아니 가느냐?

그녀는 시를 말하는 것과 부처를 말하는 것이 두 가지 다른 일이라고 여기는데, 이는 담시(談詩)가 곧 담불(談佛)임을 모르는 소치이다. 만약 시를 말하는 것이 곧 부처님을 말하는 것인 줄 깨닫는다면, 하루 종일 시에 관해서만 떠든들 무엇이 안 될 것이랴! 내가 인용한 「백설양춘」[173]의 언어들은 내 스스로 자족하기 위한 말들에 불과하지만, 그것으로 그녀를 격려하고 싶구나. 그녀로 하여금 부처가 아니면 시를 말할 수 없고, 시에 관한 담론을 벗어나면 또 달리 말할 만한 부처가 없음을 알게 하련다. 자신 보살은 나의 뜻을 저버리고 되레 담시가 아름답지 못하다 여기니, 어찌 잘못이 아니겠느냐? 부처님의 법을 전하신 여러 조사(祖師)님들만 두루 살펴보더라도 그분들이 지으신 시와 게송은 그 초탈하고 빼어난 기상을 당해낼 수 없으니, 이래도 담시를 병통으로 여길 것인가? 오직 본디부터 시를 지을 줄 모르는데 억지로 창작하는 경우만이

172) 양자호(楊慈湖): 양간(楊簡). 송대의 자계(慈谿) 사람. 정현(庭顯)의 아들로 자는 경중(敬仲)이다. 건도(乾道) 연간에 진사가 되어 낙평현(樂平縣)을 제수받아 학문을 일으키고 소송과 도적을 근절시켜 백성들로부터 '양부'(楊父)라는 칭송을 받았다. 국자감박사와 비서랑을 거쳐 온주(溫州)의 지부를 지낼 때는 백성들이 그의 화상을 그려 제사를 지낼 정도였다. 벼슬이 보모각학사(寶謨閣學士)에 이르렀고, 시호는 문원(文元)이다. 문도들은 그를 자호 선생(慈湖先生)이라 불렀다. 저서로 『갑을고』(甲乙稿)·『양씨역전』(楊氏易傳)·『오고해』(五誥解)·『기명시전』(器明詩傳)·『관기』(官記)·『혼기』(昏記) 등이 있으며, 사적이 『송사』 권407과 『송원학안』 권74에 보인다.

173) 백설양춘(白雪陽春): 전국시대 초나라의 가곡. 고아(古雅)한 가락으로 명성이 높았다.

불필요한 것이다. 만약 진실로 시를 지을 줄 안다면 부처님을 논한 덕분에 그 시가 더욱 공교해진 자가 또 얼마나 많은가? 어째서 담시를 꼭 병통으로 여기려 드는 것이냐?

### 징연에게 與澄然

글자를 모르는 것이 글자를 아는 것보다 나은데 왜 꼭 글자를 알려고 기를 쓰느냐? 성불함에 있어 글자를 아는가 여부는 묻지 말거라. 글자를 알아도 한 분 부처님이요, 글자를 몰라도 역시 한 분 부처님이다. 당초에 글자를 아는 부처님이 없었다면, 글자를 모르는 부처님도 없는 것이다. 글자를 아는 부처가 없는데 왜 꼭 글자를 알아야만 하고, 글자를 모르는 부처가 없는데 왜 꼭 글자를 몰라야만 하느냐? 요지는 다만 자신의 생사를 절실하게 여기는 데 있을 뿐이다. 나는 어제 구탄지(丘坦之)에게 생일을 축하하는 시를 다음과 같이 지어 보냈다.

　수고하여 키워주시니 부모님 은혜도 감사하지만
　스스로 서도록 도와주는 분은 우리 세존 부처님이시네.

지금 사람들은 다만 부모가 자신의 육신을 낳아준 것만 알고 밤낮으로 세존의 은덕을 입고 있는 줄은 모른다. 때문에 천만 겁 영원한 세월 동안 배은망덕한 인간으로 전락한 지도 오래로구나. 이제 요행히 세존께서 나의 어리석음을 깨우쳐주시고 문득 한 점의 무상보리심(無上菩提心)을 일으키시어 처음으로 드러난 부모의 본면[174]을 보고 싶도록 만든 것은 엄청난 행운이니, 응당 크게 부끄러워하고 뉘우쳐야 옳다고 하겠다. 그러므로 고인(古人)들이 도를 직접 깨닫거나 받아들일 때 법사(法師)의 면전에서 큰 소리로 울부짖었다 함은 제멋대로 지어낸 말이

---

174) 본면(本面): 본래면목(本來面目)의 준말. 사람이 본래부터 갖고 있는 심성(心性)을 가리킨다.

아니니라. 천만 겁 세월 동안 부모님을 잃어버렸다가 하루아침에 만나게 되었으니 제아무리 통곡하고 싶지 않은들 그렇게 되지 못하는 것이다. 신중하게 굴어 이치에 닿지 않는 말이나 희론(戲論)을 함부로 지어내는 큰 죄과를 만들지 말라! 세상에는 희론이 대단히 많지만 이 일만큼은 희론으로 만들면 아니 될 것이다.

### 자신에게 보내는 답장 答自信

기왕에 스스로를 믿는데 어떻게 또 내려놓질 못한다고 말하며, 기왕에 내려놓질 못하는데 어떻게 또 자기를 믿는다고 말하겠느냐? 한 번 물어보겠다. 자신을 믿는다 함은 무엇을 믿는다는 말이냐? 내려놓지 못한다는 것은 또 무엇을 내려놓지 못한다는 말이냐? 여기서 우리는 잘 생각해서 깨달아야 한다. 믿는 것도 자신이고, 믿지 않는 것도 자신이다. 내려놓는 주체가 자신이라면, 내려놓지 못하는 주체 역시도 자신이다. 내려놓지 못하는 것은 삶이요 내려놓는 것은 죽음이며, 믿음이 미치지 못하는 이것은 죽음이고 믿음이 미치는 이것은 삶이니라. 믿고 안 믿고 내려놓고 내려놓지 못하는 모든 것이 결국은 생사에 속하는 문제이다. 생사에 속한다는 것은 결국 자신에게 달린 문제란 뜻이니, 사람이 믿지 못해 내려놓지 못하고 또 믿어서 내려놓을 수 있는 그런 차원이 아닌 것이다. 이 문제는 착실하게 생각해서 받아들이면 스스로 알 수가 있다. 그러나 스스로 알아내는 것 또한 자신에게 달렸으니, 오고 가고 태어나고 죽는 이 모든 존재가 자기 자신이란 말은 믿어도 좋겠다. 보내온 편지에 '원래 삶과 죽음이 없다'(原無生死)고 한 네 글자는 비록 여러 부처님의 현성어[175]라 할지라도 사실은 진정 첫째 가는 요긴한 말씀이구나. 기왕에 삶과 죽음이 없다고 말하였으니, 원래 자신을 믿지도 않지만 또 자신을 믿지 않음도 없어지게 된다. 원래부터 내려놓

---

175) 현성어(現成語): 직접 그 일에 참여하지는 않고 곁다리로 내뱉은 허울 좋은 헛소리.

는 바가 없었으니, 내려놓지 않는 것 또한 없는 것이다. '원래 없다'(原無)는 두 글자는 대단히 주의하지 않으면 안 된다. 원래 없다고 말하였으니 사람이 없앨 수 있는 바가 아님을 알 수 있고, 또한 지금이라 비로소 없어지는 것도 아님을 알게 된다. 만약 오늘날까지 끌어오다 막 없어진 것이라면, 또한 원래부터 없었다고 말해서도 아니 될 것이다. 만약 사람이 없앨 수 있는 것이었다면 또한 그것을 일컬어 원래부터 없었다고 말해서도 아니 된다. '원래 없다'는 두 글자는 결국 시원하게 설명할 길이 없다는 말이다. 그러므로 원래 삶이 없는 줄을 아는 자라면 천 번을 태어나도 무방한 것이다. 어째서 그러할까? 비록 천 번을 태어나도 결국은 태어날 수 없다는 이 말은 원래가 삶이 없다는 뜻이기 때문이다. 원래 없는 삶으로 하여금 태어나게 할 수 있다면 또한 원래부터 삶이 없었다고 말할 수도 없는 법이다. 그러므로 원래부터 죽음이 없음을 아는 자라면 설사 만 번을 죽더라도 끝끝내 아무 지장이 없다고 하겠다. 어찌하여 그럴까? 만 번을 죽더라도 끝내 죽지 못한다는 이 말은 원래 죽음이 없다는 뜻이기 때문이다. 원래 없는 죽음도 죽게 할 수가 있으니, 또 이를 두고 죽음은 원래 없다고도 말해선 아니 된다. 그러므로 '원래 삶과 죽음이 없다'는 네 글자는 이렇듯 제멋대로 읽어 넘기면 아니 되나니, 그 오묘한 뜻에 간절히 매달리노라면 네 글자의 종착지를 보게 될 것이다.


다시 덧붙여 又

움직임이나 정적이 원래의 나는 아니니, 잘못 인식하지 않는 것이 좋겠다. 부모가 이미 태어난 다음은 바로 부모가 아직도 태어나기 전이니, 태어나기 전의 소식[176]이 따로 있는 것은 아니다. 태어나기 전을 볼

---

176) 소식(消息): 이 단어는 증감(增減)이나 성쇠(盛衰), 변화(變化), 휴양이나 휴식, 정지(停止), 짐작(斟酌), 소식, 징조나 단서, 진체(眞諦)와 내력, 기관(機關), 역경의 효사(爻辭) 명칭 등등 매우 다양한 뜻을 지닌다. 이 글에서는 진체 혹은 변화 따위로 풀이함이 적당할 듯하다.

수 있다면 불도(佛道) · 외도[177] · 사도(邪道) · 마도(魔道)는 결국 없는 것이니, 어찌 외도로 떨어질 것을 무서워할 필요가 있겠는가? 결론적으로 죽음이 없는데, 어찌 죽음을 두려워할 필요가 있겠는가? 하지만 이렇듯 죽음을 두려워하지 않는 마음도 결국은 일백 퍼센트 죽음에 대한 공포에서 나온 것이다. 세상 사람들은 다만 죽음이 무섭기 때문에 피와 살로 이루어진 이 육신을 탐내다가 결국은 삶과 죽음 사이를 유랑하기에 겨를이 없다. 성인은 다만 죽음이 너무너무 두려운 까닭에 생사의 원인을 궁구하셨고, 삶이 없음을 깨달은 다음에야 그 일을 그만두셨다. 삶이 없으면 죽음이 없고 죽음이 없으면 두려움도 없는 것이니, 이는 죽음을 두고 억지로 무섭지 않다고 강변한 말이 아니다. 자고이래 오직 부처님과 성인만이 죽음에 대해 가없는 두려움을 느끼시어 이렇게 말씀하셨다.

공자께서 근신하신 바로는 재계(齋戒) · 전쟁 · 질병이 있다.[178]
일에 임해 두려워하고 죽음에 임해 후회하지 않는 자는 내가 상대하지 않겠다.[179]

어떤가? 죽음에 대한 그분의 공포가 가까이 와닿지 않는가? 하지만 이 말씀을 기록한 자는 죽음에 대한 성인의 공포가 얼마나 컸는지를 알지 못했다. 죽음의 공포가 큰 사람이라야만 아침에 도를 깨닫고 나서 저녁에 죽는 공포에서 벗어날 수 있는 법이다. 그래서 "아침에 도를 들

---

177) 외도(外道): 불교도들이 불교 이외의 종교나 사상을 가리키는 말.
178) 출전은 『논어』 「술이」(述而)편.
179) 『논어』 「술이」편에서 차용했으며, 원문은 다음과 같다. "자로가 여쭈었다. '선생님께서 대군을 지휘하신다면 누구와 함께 하시겠습니까?' 공자가 말씀하셨다. '맨주먹으로 범을 잡고 맨몸으로 강을 건너다 죽더라도 후회하지 않는 자와는 함께 하지 않겠다. 반드시 일을 앞에 두면 두려워 조심하고 미리 잘 계획하여 성취가 있는 사람과 함께 하겠다!'"(子路曰: '子行三軍, 則誰與?' 子曰: '暴虎馮河, 死而無悔者, 吾不與也. 必也臨事而懼, 好謀而成者也!')

으면 저녁에 죽어도 좋다"[180]라고 말씀하셨던 것이다. 여기서 좋다는 말은 죽더라도 두려워하지 않겠다는 뜻이다. 다시 거듭해 죽을 일이 없으니, 더 이상 두려워할 일도 없는 것이다. 나는 늙었다. 손이 굳고 붓 끝이 무디어져 글자를 쓰는 것조차 어렵기만 하다. 근신하여 휘갈기지는 말되 모름지기 명인(明因)에게만큼은 확실히 이해할 수 있도록 수시로 도와야겠지. 나는 시와 학문을 구분하지 않는다. 다만 외롭고 친구가 곁에 없음을 핑계로 거기에 기대 고함을 내지르고 가슴속의 울분을 약간이나마 발설하니, 「백설양춘」의 고아한 아취는 내게 존재하지 않는다. 온 세상을 통틀어 진짜로 도를 공부하는 자가 없던 판에 지금 다행스럽게도 너희 모두가 진심으로 도를 갈구하니, 내 기쁨이 어떠하겠느냐! 만약 그 일에만 의지해 유유히 나날을 보낼 것 같으면, 또 그럴 필요가 무에 있겠느냐?

### 다시 덧붙여 又

산하대지(山河大地)가 없다면 청정본원(淸淨本原)[181]은 성립하지 않으므로 산하대지는 바로 청정본원이라 말해도 좋을 것이다. 산하대지가 없다면 청정본원은 완공[182]하여 무용지물이 되고, 단멸공[183] 상태가 되어 아무것도 태어나지 못하거나 발육시키지 못하게 된다. 더 이상 만물의 어머니가 아니게 되니, 반 푼 값어치나 나갈 수 있겠는가? 그렇다

---

180) 출전은 『논어』 「이인」(里仁)편.
181) 산하대지(山河大地)는 자연 중에서도 지세가 뛰어난 경승지를 주로 가리키지만, 여기서는 외관이나 외양을 말하는 것으로 보인다. 불교에서 청정(淸淨)은 악행과 번뇌를 끊어버린 상태를 말하니, 청정본원(淸淨本原)은 바로 내면의 청정함을 일컫는다. 산하대지와 청정본원이 둘이 아닌 하나라는 이지의 논조는 사물의 본질과 외관은 결코 분리될 수 없다는 자신의 철학을 비유해 풀이한 것이라 하겠다.
182) 완공(頑空): 불교용어. 지(知)·각(覺)·사(思)·위(爲)가 전혀 없는 허무의 경계.
183) 단멸공(斷滅空): 생기(生機)를 멸절시켜 허망(虛妄)하기만 할 뿐 아무것도 없는 상태.

면 산하대지의 생성에는 때와 장소와 옳지 않음이 없으니, 어찌 산하대지를 장애물로 여겨 그것을 없앨 수 있겠는가? 청정본원은 이른바 '심성의 본면목'(本地風光)[184]이다. 보아도 보이지 않고 들어도 들리지 않으며 듣고 싶어도 소리가 없고 냄새맡으려 해도 냄새가 없으니, 이는 이른바 거북의 털이나 토끼의 뿔(龜毛兎角)[185]처럼 원래부터 존재하지 않기 때문이다. 원래부터 없는 까닭에 그것을 일러 청정하다고 말하였다. 청정이란 본원이 청정한 것이다. 이런 까닭에 청정본원이라 말하게 되니, 어찌 사람이 청정하게 만들기를 기다렸다 청정해진 것이겠는가? 그래서 이를 두고는 소금이 물 속에 녹아 있는 상태와 같다고들 말한다. 오직 먹어본 사람만이 저절로 그 맛을 아나니, 먹지 않으면 죽을 때까지 그 맛을 알 도리가 없는 것이다. 이는 또 색깔 중의 교청[186]에도 비유할 수 있겠다. 원래 교청이라 말하지만 그것은 색깔이기도 하고, 색깔이라고 말하지만 또한 교청이기도 하다. 교청과 색깔은 합쳐진 하나인 것이니, 따로 분리시켜 말할 수가 없다. 이는 산하대지 안에서 청정본원을 취하려 들지만 청정본원은 벌써 산하대지에 합쳐져 있어 따로이 취할 수 없는 것과 마찬가지이다. 산하대지를 청정본원 밖으로 떼어내려 해도 산하대지는 벌써 청정본원과 합쳐져 있으니, 또 떼내려야 떼낼 수도 없는 처지인 것이다. 그래서 취할 수도 없고 버릴 수도 없다고 말하게 된다. 비록 내려놓지 않으려 해도 그럴 수가 없는 것이다. 구모토각에 대한 나의 견해는 부처와 다르니, 부처님이 말씀하신 바는 단멸공을 증명할 따름이다.

---

184) 본지풍광(本地風光): 본지는 본래 타고난 심성이란 뜻과 모습을 드러낼 수 있는 진신(眞身), 즉 법신(法身)의 뜻으로 풀이될 수 있다. 풍광은 경치·경물·문채·광채 등 여러 뜻으로도 풀이할 수 있지만, 여기서는 본면목으로 해석함이 적당할 듯하다.

185) 구모토각(龜毛兎角): 존재할 수 없거나 유명무실한 사물을 비유하는 말. 본래는 전쟁의 징조를 가리키는 데 쓰였으나 나중에 의미가 달라졌다.

186) 교청(膠靑): 아교 성분을 포함한 일종의 검정색 안료. 머리 염색을 할 때 쓰인다.

### 다시 덧붙여 又

염불은 편리한 한 줄기 길이니, 어제 화장한 승려는 다만 염불에서 힘을 얻었다. 누구나 염불할 줄만 알면 서방정토에 갈 수가 있는 것이다. 비단 이번 승려의 경우만이 아니다. 이런 화장법을 반드시 계승할 필요 또한 없어야 염불의 효과를 볼 수 있게 된다. 자고이래 염불하여 부처님의 접인(接引)을 받은 이들은 모두 질병 없이 세상을 떠나는 오묘함을 경험하였다. 그리하여 어떤 이는 앉은 채로 해탈했고, 어떤 이는 선 채로 사망하기도 했으며, 어떤 사람은 상서로움이 가득한 가운데 세상을 뜨기도 하였다. 그러므로 부처께서 목청 높여 열 번씩이나 말씀하신 내용은 다만 '아름다운 이별'(善逝)에 지나지 않는다. 아름다운 이별이란 지금 사람들이 말하는 '좋은 죽음'(好死)과 같은 말이다. 이번에 죽은 승려의 화장은 비록 정법(正法)은 아니어도 그가 염불의 힘으로 그리되었다고 한 것은 실로 바른 말이니, 그것이 정법이 아니라해서 그의 말이 정언(正言)이 아니라고 불신하면 아니 된다. 다만 사람들이 일부러 그것을 배울 필요는 없다고 본다. 염불은 모름지기 부처님 뵙는 것을 소원으로 해야지 화장당하는 따위를 소원으로 삼으면 아니 될 것이다.

### 다시 덧붙여 又

무상[187] · 무형(無形) · 무국토(無國土)와 유상(有相) · 유형(有形) · 유국토(有國土)가 무엇인지는 성불한 사람이라면 저절로 안다. 이미 열반을 깨달은 사람 역시 저절로 그것을 아나니, 어찌 수고롭게 그것을 남에게 질문한단 말이냐? 지금은 다만 염불 한 길만이 가장 확실하다. 염불이란 아미타불을 염송함이다. 석가모니 당시에도 그분은 아미타불이 서방의 극락국토에서 염불하는 중생을 접인하는 데 전념하신다고

---

187) 무상(無相): 진리가 모든 상(相)을 끊어버리는 것. 상(相)은 일체 사물의 외관이나 형상을 말한다.

대놓고 칭찬하셨다. 이렇게 보건대 이 일은 국토가 있기 때문일까? 없어서일까? 만약 국토가 없다고 한다면 아미타불은 거짓 이름이 되고, 연화[188]는 거짓 상(相)이 되며, 접인은 거짓말이 된다. 서로가 속이고 거짓말을 한 것이라면 부처는 응당 하늘 꼭대기까지 채워진 엄청난 죄를 감당해야 한다. 마치 요즘의 관청에서 말주변만 번드레한 건달놈이 그 자리에서 당장 정체가 드러나 즉시 주살당하는 것이나 마찬가지이니, 어떻게 만·억·겁 동안 총명한 호걸들을 인도하여 다함께 금련승회[189]에 오를 수가 있겠느냐? 어째서 나한테 형·상·국토의 유무를 묻는단 말이냐? 더군다나 부처님은 삼신(三身)을 갖고 계신다. 그 하나는 청정한 법신[190]으로 바로 지금 부처를 묻고 법을 묻고 형·상·국토의 유무를 묻는 자이다. 이는 형태가 없어 볼 수 없고 상(相)이 없어 알 수 없는 것이기도 한데, 이것이 한 가지 몸(身)이다. 두 번째는 백억·천억이나 되는 화신[191]으로 바로 지금 부처를 묻고 법을 묻고 형·상·국토의 유무를 묻는다. 이는 또 참선하고 싶고 염불하고 싶어하면서 또한 감히 스스로를 믿지도 못하는 존재이다. 이처럼 하루 열두 시각을 보내면서 백억·천억의 다른 모습으로 드러나는 까닭에 이를 일컬어 화신이라 부른다. 이것이 또 한 가지 몸이다. 이는 곧 마음이 움직이고 뜻이 생겨난 법신이 변화에 의해 행동에 들어선 단계로서, 볼 수 있고 알 수 있으며 형체를 이루기도 하는 존재이다. 세 번째는 두루 꽉 찬 보신[192]이다. 즉 지금 염불하는 사람이 꽉 차 있으면 당장 극락으로 보답하고,

---

188) 연화(蓮花): 불문(佛門)의 묘법(妙法).

189) 금련승회(金蓮勝會): 금련은 연꽃 모양의 불좌(佛座)를 말하고, 승회는 성대한 모임을 뜻한다. 곧 부처님 도량에서의 성대한 법회.

190) 법신(法身): 범어 Dharmakāya의 의역. 청정한 자성(自性)을 깨달아 일체의 공덕을 성취한 몸. 법신은 불생불멸(不生不滅)하며 형체가 없어도 어디서나 모습을 드러낸다고 한다. 불신(佛身)이라고도 부르며, 각 종파마다 해석이 다르다.

191) 화신(化身): 부처 삼신(三身)의 하나. 부처와 보살이 중생을 제도하기 위해 세상에 현신하여 설법할 때 변화하여 나타나는 갖가지 형상.

192) 보신(報身): 삼신의 하나. 보신불(報身佛) 혹은 보불(報佛)이라고도 부른다. 법신이 원인이 되어 수련을 거친 뒤 획득하게 되는 불과(佛果)의 몸.

참선하는 사람이 가득하면 당장 정토(淨土)로 보답하며, 선(善)을 닦는 사람이 가득하면 당장 천당으로 보답하고, 업(業)을 짓는 사람이 가득하면 당장 지옥으로 갚으며, 인색하고 탐욕스런 자에게는 굶주린 개가 되게 하는 것으로 갚고, 독살스럽고 남을 해치는 자라면 호랑이와 이리가 되게 하여 갚아준다. 한 치의 차이도 없고 터럭 한 오리만큼의 어긋남도 없으니, 이것이 바로 보신이다. 보신은 곧 응신[193]이니, 그가 응당 얻어야 할 몸으로 갚는다는 뜻이다. 이것이 또 한 가지 몸이다. 지금은 다만 염불이나 하고, 서방세계에 도달하지 못할까 하는 문제는 걱정하지 말라. 이는 마치 사람이 책이나 읽으면서 부귀를 얻지 못할 것은 걱정하지 않음과 마찬가지 이치이다. 원인이 있으면 바로 결과가 나타나는 법이다. 다만 근본을 얻어야 말단이 거기에 상응하지 못할 것은 걱정하지 말지어다. 그저 성불할 것이며, 부처가 말을 이해하지 못해 상(相)이 없고 형(形)이 없고 국토가 없는 것은 걱정하지 말거라. 또 모름지기 내가 말한 삼신은 부처님과는 다른 줄도 알아야 한다. 부처님이 말씀하신 삼신은 한꺼번에 전부가 갖춰지는 양상이 마치 대혜[194] 선사가 유가의 책을 인용하여 말한 것과도 같다.

'천명을 일러 성이라 부른다'(天命之謂性)는 청정법신이다. '본성에 따르는 것을 도라고 부른다'(率性之謂道)는 원만보신이다. '도를 닦는 것을 일컬어 교라고 한다'(修道之謂敎)[195]는 말은 백억·천억의 화신이다.

---

193) 응신(應身): 부처와 보살이 중생을 제도하기 위해 임의로 드러내는 각종 형상의 화신(化身).

194) 대혜(大慧): 송대의 고승으로 항주(杭州) 경산(徑山)의 불일 선사(佛日禪師)를 가리킨다. 이름은 종고(宗杲)이고 환오(圜悟) 선사의 법통을 이었다. 시호는 보각(普覺). 효종(孝宗)이 사사한 인연 덕분에 대혜 선사라는 호를 수여받기도 하였다. 『어록』 30권이 칙령으로 대장(大藏)에 들어가 있으며, 사적이 『오등회원』(五燈會元) 권19에 보인다.

195) 위의 세 구절은 모두 『예기』「중용」의 제1장에 보인다.

위의 말씀은 삼신의 뜻에 대한 가장 명쾌한 해답이다. 그러나 삼신이 바로 일신(一身)임을 정말로 알 수 있다면 삼세(三世)가 바로 일시(一時)임을 알게 되나니, 결국은 나와 부처의 말이 다르지 않은 것이다.

### 명인에게 답함 笞明因

어제는 손님이 계시어 미처 답장할 겨를이 나지 않았다. 그대가 한 말 중에 "자기가 이와 같은데 또 어떻게 인식이 되겠습니까?" 하는 대목이 기억나는구나. 나는 이 말이 아무리 상투어에 불과해도 인식할 필요가 없다고 말하는 것은 틀렸다고 생각한다. 그래서 서둘러 '인식해야 한다'는 몇 글자를 써서 보낸다. 무릇 자기를 직접 낳아준 부모를 인식하지 못한다면 어찌해야 좋으며, 어떻게 나날을 보내고, 어떻게 짐을 벗어놓을꼬? 알아서 스스로 인식하지 않을 도리가 없는 것이다. 세상천지 어디에 친부모를 모르는 판에 손놓고 알아보지도 않을 도리가 있겠느냐? 결단코 그런 이치는 있을 수 없고, 그런 사람 또한 있을 수가 없구나. 그리하여 나는 구탄지의 생일을 축하하는 시를 지을 때 다음과 같이 읊었다.

　　수고하여 키워주시니 부모님 은혜도 감사하지만
　　스스로 서도록 부축해주는 분은 우리 세존 부처님이시네.

부모보다 존귀한 존재가 없는데 사람이 되려 그것을 인식하지 못한다 함은 태초부터 딴사람을 부모로 오인하면서 그들이 나를 낳은 친부모가 아닌 줄은 알지 못한다는 말이다. 그러다 일단 부처님 세존의 가르치심에 따라 본래의 나 자신부터 친부모까지를 제대로 인식하게 되었으니, 어찌 상쾌하지 않을 것이냐! 또 부모를 알아보지 못한 옛날이 가슴 아파 어찌 저절로 애끓는 울음이며 눈물이 흐르지 않을 것인가! 그러므로 임제[196]는 이 일을 두고 '큰 어리석음'(大愚)을 격파했다고 여겼는데, 사실은 큰 어리석음의 격파가 아니라 기쁨의 극치인 것이다. 자기의 부모

를 인식하고 나면 제 아무리 큰일도 당장에 이뤄지고, 그 당장에 귀결이 난다. 이번에 만난 부모가 진짜 부모이기 때문에 지금까지 알았던 가짜 부모와는 비교도 되지 않는 것이다. 가짜 부모는 일을 두려워하지만, 진짜 부모는 일을 두려워하지 않는다. 불 속에 뛰어들 일이면 뛰어들지만 불에 타지 않고, 물 속에 들어갈 일이면 역시 들어가지만 익사하지도 않는다. 그러므로 오직 친부모만이 지극히 존귀하여 맞설 상대가 없고, 오직 친부모만이 생사(生死)에 진입할 수 있으면서도 생사에 매이지 않는다. 오직 친부모만이 생명을 탄생시킬 수 있지만 사실은 탄생이 없게 하고, 죽을 것을 죽게 하지만 사실은 죽음이 없도록 만들 수 있다. 이렇게 좋은 부모님이 계신데, 어찌 일찌감치 그분들을 가깝게 알아보지 않을 것이냐? 그러나 알아볼 때도 부모님은 자재[197]로우시고, 알아보지 못할 때라도 부모님은 여전히 자재로우시다. 오직 이 부모님만이 성격이 너무 좋아 다른 사람을 강박하려 들지 않는다. 때문에 또 이렇게 엉망인 붓끝으로 마구 휘갈기는 짓은 몹시 부당한 노릇이렸다.

### 다시 덧붙여 又

무명[198]의 "실성[199]이 바로 불성(佛性)"이란 두 구절은 또 쉽게 이해

---

196) 임제(臨濟): 당대(唐代)의 승려. 진주(鎭州) 임제원(臨濟院)에 거주했던 혜조 선사(慧照禪師) 의현(義玄)을 가리킨다. 본래는 조주(曹州)의 남화(南華) 사람으로 속성은 형(荊)씨이고 황벽(黃蘗)의 뒤를 이었다. 임제종(臨濟宗)의 시조. 『전등록』(傳燈錄) 권13에 보인다.

197) 자재(自在): 마음이 번뇌의 속박에서 벗어나 자유로우며 아무 장애가 없는 상태.

198) 무명(無明): 『불교인명대사전』(佛敎人名大辭典; 上海, 辭書出版社, 1999)에는 이름이 무명인 승려가 세 사람이나 보인다. 원대의 원장(元長), 송대의 혜성(慧性), 명대의 혜경(慧經) 선사가 모두 무명이라는 자(字)를 쓰고 있는데, 여기서는 원장을 지칭하는 것으로 추정된다. 원장(元長, 1284~1357)은 자가 무명, 호는 천암(千巖)이다. 소산(蕭山, 지금의 절강성 蕭山市 서쪽) 출신이며, 속성은 동씨(董氏)였다. 어려서 출가했고 열아홉 살에 계를 받았다. 중봉(中峰)과 명본(明本)에게서 선(禪)의 의미를 공부하며 정진하였다. 쥐새끼가 고양이의 밥그릇을 뒤지다 땅에 떨어뜨리는 소리를 듣고 깨달음을 얻었으며, 명본이 이를 인

되지 않는다. 기왕에 실성을 말하였다면 빈 몸(空身)은 말해선 아니 되고, 기왕에 빈 몸을 말하였다면 실성은 말하기에 적당치 않기 때문이다. 참참![200] "근본을 얻을 수만 있다면 말단은 걱정하지 말라"고 하였다. 여기에 대한 내 생각은 이렇다. 얻을 수 있는 근본이 있으면 걱정해야 할 말단도 생기게 마련이니, 말단을 걱정하지 말라고 말하기란 어려워진다. "자신을 이롭게 하면서 남도 이롭게 한다"는 말도 마찬가지이다. 누군가에게 이로운 것이라면, 그것이 꼭 자신에게 이로우리란 법은 없다. 기왕에 "부모가 아직 태어나기 전"이라고 말했다면 내 몸은 아직 없는 것이고, 내 몸이 아직 있지를 않다면 내 마음 또한 있을 턱이 없다. 내 마음이 아직 있지도 않은데, 어떻게 또 부처가 계시다고 말할 수 있겠는가? 만약 부처가 계시다면 마귀도 있을 것이고 그러면 삶도 있고 죽음도 있을 터인데, 또 어떻게 부모가 아직 태어나기 전이라고 말할 수 있겠는가? 그렇다면 이른바 진짜 부모란 존재 역시 거짓으로 만들어진 이름에 불과하니, 지나치게 진지해질 필요는 없다고 하겠다! 진짜 부모는 말도 할 줄 모르는데 그들이 아난[201]을 제도할 수 있다고 한다면, 그것이 가당키나 한 이치이겠는가? 부처님은 일찍이 아난을 제도하

정하였다는 일화가 전한다. 태정(泰定) 연간 복룡산(伏龍山)에서 거주할 때 배우는 자 수백 명이 앞다퉈 절하며 심요(心要)를 자결(咨決)했다고 한다. 조정에서 세 번이나 중신을 보내 향을 바쳤고 금란법의(金襴法衣)와 함께 보응묘변(普應妙辨)이란 호를 하사했다. 『어록』이 세상에 전하며, 사적이 『남송원명선림승보전』(南宋元明禪林僧寶傳) 권11·『증집속전등록』(增集續傳燈錄) 권6·『불조강목』(佛祖綱目) 권41 등에 보인다.

199) 실성(實性): 진여(眞如)의 다른 명칭. 『인왕경』(仁王經)에 "모든 법은 진실하고, 청정평등하며, 있는 것도 아니고 없는 것도 아니다"(諸法實性, 淸淨平等, 非有非無.)라는 구절이 보인다.

200) 참참(參參): 검증하고 또 검증하여 깨달음에 이르도록 하라는 의미의 상투어이다.

201) 아난(阿難): 아난타(阿難陀). 범어 Ānanda의 역음(譯音). 의역하면 환희(歡喜)·경희(慶喜)의 뜻이다. 석가모니 십대 제자의 한 사람으로 곡반왕(斛飯王)의 아들이며 석가의 종제(從弟)이다. 부처가 득도한 날 출생했으며 불수(佛壽) 55세, 그의 나이 25세에 출가하여 25년 동안 석가를 수행했다. 기억력이 뛰어나 가장 박식한 제자로 일컬어진다.

신 적이 없었다. 그런데 아난은 스스로 혼란에 빠졌고, 부처님이 반드시 자신을 제도해줄 것을 믿으며 기다리기만 하였다. 이런 까닭에 혼란은 갈수록 가중되기만 하다가 가섭[202]을 만나고 나서야 겨우 제도를 입어 제이조(第二祖)가 될 수 있었다. 가섭을 만났을 때, 가섭은 아난을 극력 배척하여 더불어 이야기도 나누지 않았으므로 대중들은 아난을 볼 때마다 사방으로 흩어지며 그를 원수처럼 보기나 할 뿐이었다. 이리하여 아난은 몸둘 곳을 모를 정도로 당황하였고 더 이상은 어쩔 수도 없는 극단의 경지에 다다른 연후에야 종전의 깨달음을 버리고 장식[203] 안에 조금의 견문도 남기지 않게 되었다. 부모가 아난을 아직 낳기도 전의 상태와 똑같아지고 나서야 가섭은 비로소 불법을 전수할 제이조로 아난을 인정하였다. 만약 아난에게 터럭 한 오리만큼이라도 의지할 만한 총명함과 또 내려놓지 못할 집착이 있었더라면 제아무리 깨끗하다 한들 가섭 역시 그에게는 기필코 불법을 전수하지 않았을 것이다. 원래 아난은 지극히 총명한 사람인 까닭에 버리기가 대단히 어려웠다. 그렇다면 경을 읽고 가르침을 익히는 자들은 다만 자신이 버릴 수 없는 것을 버리려고 해야만 비로소 경전과 가르침을 잘 읽은 사람이 되고 진짜로 총명한 위대한 선지식(善知識)이 된다. 경전을 읽거나 가르침을 익히면 안 된다고 말하지 말라. 다만 읽기는 읽되 잠시만 보고 거기서 즉시 벗어나면 되는 것이다.

명인이 말했다. 제상[204]은 원래 상(相)이 아닙니다. 다만 갖가지 차

---

202) 가섭(迦葉): 석가의 제자 중에서 이름이 가섭인 자는 다섯 명이지만, 경전에서는 마가가섭파(摩訶迦葉波) 한 사람만을 지칭한다. 나이가 많고 덕이 높아 대가섭(大迦葉)이라고 부른다. 석가가 죽은 뒤 불교에서 삼장(三藏)을 결집할 때 소집인 겸 수좌(首座)를 맡았다. 중국 선종에서는 가섭이 불법을 전승한 제일대 조사(祖師)이며 서방정토 이십팔조(二十八祖)의 시조라고 여긴다.
203) 장식(藏識): 법상종(法相宗)의 팔식(八識) 가운데 여덟 번째 '아뢰야식'(阿賴耶識)의 의역. 모든 선악(善惡)과 인과(因果)의 종자를 함장(含藏)한 지식을 가리킨다.

이 때문에 저절로 제상 안으로 떨어졌는데, 한 가지 상이 제상을 돌아다니는 광경은 보이지 않습니다.

제상이 원래 상(相)이 아니라 함은 옳은 말이다. 하지만 어찌해야 원래가 상이 아닌(非相) 줄 알아낼 수 있을까? 세간의 볼 수 있는 모든 것들은 하나같이 형상(相)이다. 지금 만약 비상(非相)을 볼 수 있다면, 보는 행위(見)는 존재하지만 외형(相)이 부재한 것이다. 상은 없지만 보는 행위가 존재하는 것이니, 이는 또 하나의 상이 발생했음이다. 어찌하여 그런가? 보는 것은 바로 이 상이기 때문이다. 지금은 잠시 접어두고 더 이상 따지지 말기로 하자. 불경에서는 "만약 제상이 상이 아님을 알아낸다면 바로 여래[205]를 보게 된다"고 말하였다. 기왕에 여래를 보았다면, 제상은 또 어느 곳을 향해 떠나간다는 말인가? 혹은 제상은 그대 앞에 완연히 펼쳐져 있지만 내 마음이 스스로 그것을 보지 않는 것일까? 그도 아니면 내 눈이 그것을 보지 않는 것인가? 눈은 볼 수 있지만 억지로 보이지 않는다고 여기고 마음은 볼 수 있는데도 왜곡하여 보이지 않는다고 여겨버린다면, 이는 또 평지에서 파도를 일으키고 바람도 없는데 물결을 일으키는 격이다. 본다는 행위를 제거해도 다시금 보지 않는 행위가 존재한다면, 어찌 큰 잘못이 아니겠느냐!

명인이 말했다. 활달공(豁達空)이란 견문을 끊어 없애는 경지에 진입하는 것입니다. 공(空)에 매달리고 유(有)를 내치는 것은 견문을 없애는 데 매달리는 격이니, 모두가 고의적인 조작입니다. 진짜 부모

---

204) 제상(諸相): 불교용어. 모든 사물의 밖으로 드러나는 형태를 가리킨다. 상(相) 역시 사물의 외관이나 형상을 말한다.

205) 여래(如來): 부처의 별명. 범어 Tathāgata의 의역. 여(如)는 여실(如實)을 의미하며, 여래는 여실한 길로부터 와서 진리를 밝혀주는 사람이란 뜻이다. 석가모니의 열 가지 법호 가운데 하나이기도 하다. 『금강경』(金剛經) 「위의적정분」(威儀寂靜分)에 "여래는 출발해 오는 곳이 없고 또한 가는 곳도 없는 까닭에 여래라는 이름이 붙었다"(如來者, 無所從來, 亦無所去, 故名如來.)는 구절이 보인다.

를 만나게 되면 저절로 이런 견식이 없어집니다. 그렇다면 이 견식은 바로 진공(眞空)의 오묘한 지혜인 셈이지요.

유(有)를 내버리고 공(空)에 집착하면 완공(頑空)이 만들어지는데, 이른바 단멸공(斷滅空)이 바로 그렇다. 즉 지금 사람들이 모두 함께 보는 태허공[206]인 것이다. 이 태허공은 만물을 생육시킬 수가 없다. 기왕에 만물을 생육시키지 못하는데, 어떻게 그것을 단멸공이라 말하지 않고 완공이라 말하지 않을 수 있겠는가? 완고함이란 마치 하나의 사물처럼 아무 변통이 없음을 말한다. 그렇다면 지금 사람들이 다함께 보는 공(空) 또한 사물이며 만물과 똑같은 종류이니, 어찌 귀하게 칠 바이겠는가! 육조(六祖)는 살아계시던 당시 특별히 그것을 빌려 장애가 없는 상태에 비유했을 뿐이다. 그러나 사실을 따지면 나의 진공이 어찌 이와 같은 것이겠느냐! 활달공(豁達空)이란 모름지기 세심하게 이해해야만 하니, 도를 공부함이 여기에 이르면 이미 대략은 완성되었다고 하겠다. 원컨대 가일층 공부에 매진하여 이렇듯 큰 열반의 즐거움을 빨리 깨닫도록 하라.

명인이 말했다. 이름하여 활달공이란 자가 누구입니까? 활달공에 진입하길 무서워하는 자는 누구이며, 활달공을 잘 헤아려 흡수할 수 있는 자는 누구입니까? 나의 진공은 만법[207]을 생겨나게 할 수 있어 저절로 황폐해지는 일 따위는 없습니다. 일찍이 이런 게송이 있었습니다.

---

206) 태허공(太虛空): 넓디넓은 우주의 허공에는 결국 아무 행위나 사물이 없다고 하여 완공(頑空)·편공(偏空) 혹은 태허공이라 부른다. 보통 소승(小乘)의 열반을 비유한다. 대승열반의 묘공(妙空)과 구별되는 제일의(第一意)의 공(空)이다.

207) 만법(萬法): 범어 dharma. '법'(法)으로 의역한다. 사물 및 그 현상을 뜻하며 이성(理性)과 불법(佛法)을 가리키기도 한다. 만법은 곧 일체의 사물을 가리킨다.

삼계[208]와 만법이여,

거기 귀의하지 않으면 어디로 향할꼬?

만약 멋대로라면 어떻게 하나?

이 일만 크게 어그러지리.

　　이는 공에 집착하는 바람에 생긴 병입니다. 요즘 사람 중에 여러 조사의 한 마디 수행에만 집착하는 자들은 조사들이 사람들을 가르칠 때 대부분 병의 증상에 따라 처방을 내린 줄을 모르고 있습니다. 예컨대 달마 대사는 이조(二祖)가 마음과 성(性)을 갖가지로 말하는 것을 보시고 그에게 밖으로 모든 인연을 끊어버리고 마음을 담벼락처럼 만들라고 가르치셨습니다. 만약 이 한 마디 말에 집착한다면 곧바로 단멸공이 성립되는 것입니다.

　　진공이 기왕에 만법을 생성시킬 수 있다면, 진공은 또 스스로 재앙과 복도 만들어낼 수 있을 것이다. 재앙과 복은 만법 중의 한 법이 아니던가? 모름지기 자신에게 재앙과 복이 없음을 알아서 깨달으면 그만이니, 되는 대로 지껄이면 아니 되는 것이다. 이조(二祖)가 당시에 마음을 말하고 성을 말했던 것도 다만 그가 일찍이 본심과 본성을 인지한 적이 없기 때문이었다. 본심과 본성을 인식하는 자가 어찌 또 마음을 말하고 성을 말하려 들겠는가? 그러므로 마음을 말하고 성을 말하는 사람은 모두가 심성이 뭔지도 모르는 자들인 것이다. 어째서 그러할까? 심성이란 본래 공(空)한 것이다. 본래 존재가 없는데, 또 어떻게 마음이 있고 더군다나 성이 있을 것이냐? 또 어떻게 마음이 있어 거기에 다시 말할 만한 성이 있단 말인가? 그러므로 이조는 본래의 공을 깨닫자 마음을 이내 담벼락처럼 만들 수가 있었다. 담벼락처럼 되고 나자 갖가지 마음을 말하고 성을 말하는 모든 인연들이 가라앉길 구하지 않아도 저절로 끊

---

208) 삼계(三界): 중생이 윤회한다는 욕계(欲界)·색계(色界)·무색계(無色界).

어져버렸고. 모든 인연이 알아서 가라앉고 나니 바깥으로부터의 인연
은 저절로 들어오지 못하게 되고 내심은 저절로 두려워하지 않게 되었
다. 이는 바로 진공의 실제 경계이고, 대열반의 지극한 즐거움이며, 대
적멸(大寂滅)이 수장된 바다이고, 뭇 부처 뭇 조사들이 혜명[209]을 상속
하여 끊어지지 않게 하는 까닭이다. 어찌 경솔하게 틀린 주석을 달 수
있을 것인가? 참참!

　명인의 말이다. 그 화장된 승려는 이치에 맞게 말도 잘했습니다. 다만
한 가지 의문은 화장당할 때 사람들에게 『미타경』(彌陀經)을 읽어달라
하면서 또 자신을 본 사람은 모두가 자기 제자라고 말했던 점이지요.

　화장에 임해서 『미타경』을 읽는 것은 우리 승가의 일상적인 의례이니
라. 그를 본 적이 있으면 그의 제자라는 말에 무슨 의구심이 든단 말이
냐? 누군가의 제자가 될 수 있는 사람만이 바야흐로 진짜 부처라 할 것
이니, 나는 한평생 남의 제자 노릇이나 하면서 늙어왔다.


## 예약 豫約[210]


### 머리말 小引

---

209) 혜명(慧命): 널리 전하는 불법(佛法). 불교에서는 지혜가 법신(法身)의 수명이
　　라고 여긴다. 지혜가 짧으면 법신이 죽기 때문에 혜명이라 부른다는 것이다.
210) 이 글은 이지의 일생에 대한 자전적 기록이다. 이지는 만년을 마성(麻城)의 지
　　불원(芝佛院)에서 보냈는데, 그가 70세 되던 해 절의 승려들을 위해 몇 가지 유
　　언을 겸한 약속의 글을 지었다. 이름하여 「예약」이라 했고, 「감개평생」(感慨平
　　生)은 그 마지막 단락에 해당한다. 이 글에서 이지는 명대의 부패한 정치상황을
　　격렬하게 비판하고, 봉건예교·도학의 반동성과 허위의식을 폭로하는 한편, 자
　　신의 쓸쓸하고 지난한 처경에 대해 묘사하고 있다. 이지의 비판정신이 가장 잘
　　드러나는 글이라 하겠다.

내 나이 벌써 칠순이니 언제 죽을지도 알 수 없는 노릇이다. 그러나 신세가 사방을 떠도는 나그네인지라, 이곳에 가족과 하인을 두지 않았다. 의지하는 바라곤 조석을 공양해주는 사람들인데, 모두가 본 절의 승려들인 까닭에 그들에게 미리 지켜야 할 규약을 남겨놓게 되었다. 규약의 내용은 다음과 같다.

내가 살아 있으면 매사 책임이 나에게 쏟아질 것이고, 사람들의 존경과 멸시 또한 내게로 집중될 것이다. 나에게 덕이 있다면 사람들은 나를 존경할 것이니, 너희들이 설사 부덕하더라도 쳐다보지 않을 것이다. 나에게 덕이 없다면 사람들은 나를 홀대하면서 너희들이 아무리 어질더라도 역시 아무것도 보지 않을 것이다. 모든 것이 내게 달려 있기에 나는 다만 처신에 신경을 써 부끄러움이 없게 하면 그만이었다. 옛날의 훌륭한 현인들이야 비록 미칠 수 없을지라도 푸른 하늘의 밝은 해와 같은 나의 심사는 보통 사람들이 또 따라잡기 어려운 바였다. 그래서 이 땅에 사는 큰 현인과 군자들은 하나같이 너그러우면서도 각별한 예우로 나를 대해주었다. 만약 내가 죽고 나면 사람들은 죄다 너희들만 바라보게 될 터이니, 어찌 오늘 같은 날이 다시 돌아올 수 있겠느냐? 게다가 너희들은 지금도 한가할 틈조차 없으니. 일 년 내내 불전을 수리했고, 불상을 깎고 경전 읽어달란 부탁에 응했으며, 종을 주조하고 쇠북을 제작함과 아울러 조석으로 노인들의 시중을 들어야 했다. 행동거지 하나하나가 체계가 잡히지 않아 공연히 바쁘기만 하고 잠깐의 짬도 나지 않는 세월이었다. 이제 다행히도 제반사가 그럭저럭 갖춰진 동시에 탑옥(塔屋)도 이미 완공이 되었구나. 내가 죽어 탑옥을 봉쇄한 다음에는 너희들이 조석으로 탑옥을 지키게 될 것이다. 그때는 사람들이 나를 보지 않고 너희들만을 보게 될 터인즉, 너희들이 말 한 마디 행동 한 자락이라도 어찌 함부로 할 수 있겠느냐! 너희들이 더한층 근신하며 승려의 계율을 지킬 수만 있다면, 사람들은 이로 말미암아 너희를 존경하게 될 것이다. 아울러 나까지 더욱 존경하면서 오히려 그리워하게 되겠지. 그렇지 못하면 너희는 존경받지 못할 뿐만 아니라 나와 이 용호상원(龍

湖上院)까지도 홍복사(興福寺) 같은 절의 접대승 정도로나 치부될 것이다. 그렇게 우리 산문(山門)에 욕을 보이는 말종이 되느니 차라리 이절을 비우고 나의 탑옥을 방치하여 아무도 지키게 하지 않는 편이 나을테지. 나는 위와 같은 이유들 때문에 미리 지켜야 할 규약을 설정하여 상융(常融)·상중(常中)·상수(常守)·회첩(懷捷)·회림(懷林)·회선(懷善)·회주(懷珠)·회옥(懷玉) 등에게 넘기려 한다. 나머지 몇몇 대중들은 내가 죽은 뒤 관리할 사람이 없으니 응당 원래 살던 곳으로 돌려보내되, 강요하지는 말지어다. 나이 어린 사람이란 모름지기 본사[211]의 관할이 있어야만 큰 그릇으로 성장할 수 있기 때문이다. 또 내가 죽은 뒤에는 세력이 갈수록 미미해질 것이므로 젊은이가 감당하거나 대처하기 어려울 수도 있기 때문이다. 만약에 나의 당부를 잘 새겨들어 굶주림을 참고 대중과 화합할 수 있다면 아무리 멀리 떨어진 시방(十方)의 현자라도 마땅히 이곳에 머물며 모두와 함께 어울릴 터인데, 이들 몇명의 대중과 용호하원(龍湖下院)의 식구들이야 말해 무엇하리오? 다만 그들이 수긍하지 않거나 수긍 못할 수도 있겠기에 일찌감치 기회를 빌려 일러두려는 것이다.

### 아침저녁의 공부에 대해 早晚功課

용호상원의 『약속책』(約束冊) 안에 모두 씌어져 있으므로 또다시 열거하진 않기로 한다.

### 아침저녁으로 절 지키는 일에 대해 早晚山門

산문은 예전처럼 잠가둘지어다. 홍수나 화재 같은 긴급한 사태가 아니면 함부로 열지 말지어다. 향을 사르고 예배를 드리러 온 친숙한 내 방객이나 시주가 아니라면 마구 열어주어서도 안 된다. 개중에는 경치

---

211) 본사(本師): 조사(祖師) 혹은 수업을 받은 선생님을 말한다. 불교에서는 근본이 되는 스승이란 의미로 해석하며, 석가여래에 대한 존칭으로 쓰기도 한다. 여기서는 절에 상주하는 고승대덕으로 보아야 한다.

를 구경하러 온 사람도 있을 것이다. 하지만 좋은 경치는 호수 위쪽의 산이나 연못 아래께 강가 따위로 하나같이 용호상원의 산문 바깥에 위치했으니, 거기서 맘대로 구경하라고 부탁하거라. 서로 문 두드리고 열어주는 수고는 할 필요가 없다. 멀리서 놀러온 자가 밥을 지어먹으려 한다면, 다리 건너가 바로 유당(柳塘) 선생네 사당이니라. 그곳에 사당지기 승려가 있으니, 유람객은 스스로 쌀과 장작을 마련하여 데리고 온 하인에게 차를 끓이고 밥을 짓게 하면 그만일 것이다. 그 안에 솥과 부뚜막이 갖추어져 있으니, 그런 경우 역시 우리 산문을 두드릴 필요가 없다고 하겠다. 왜 그래야 할까? 산승(山僧)은 손님을 공경하고 예의를 차릴 줄 모르는지라 자칫 손님에게 죄를 지을 수도 있기 때문이다.

### 아침저녁으로 지킬 예의에 대해 早晩禮儀

물 긷고 쌀을 찧는 등 일상적인 업무를 처리하는 외에 그 나머지 시간은 예불을 드리거나 조용히 앉아 있거라. 불경을 읽든지 아니면 경행[212]으로 염불이라도 외우거라. 승복을 정돈하고 손님을 맞이하는 따위의 모든 일에 있어 어찌 할 일 없는 시골 노인네가 빈둥거리며 여유 짓는 작태를 본받을 수 있겠느냐? 웃고 시시덕거리기보다는 차라리 부끄러운 듯 조는 듯 가만히 있으라는 이것이야말로 실질적인 말씀이다. 앉았을 때는 산같이, 움직일 때는 개미같이, 설 때는 기둥처럼, 멈출 때는 쇠못처럼 단단해야만 앉고 멈추고 움직이고 서는 모든 일이 법도에 맞게 될 것이다. 내 스스로 태만하지 않은데 누가 감히 나를 업신여기겠는가? 밥이 있으면 밥을 먹고, 밥이 없으면 죽을 먹거라. 돈이 있으면 곡식을 사들이고, 돈이 없으면 구걸을 나가라. 탁발해서 쌀이 나오지 않으면 밥을 빌어라. 밥을 얻지 못하면 죽을 빌도록 하고, 죽도 얻지 못하면 나물을 빌어라. 그 나물마저도 얻지 못하면 단정히 앉은 채 굶어

---

212) 경행(經行): 불교도가 일정한 장소를 맴돌거나 계속 오락가락 왕복하는 행위. 좌선을 할 때 졸음을 막기 위해서, 건강을 다지고 병을 치료하기 위해서, 혹은 경의를 표시하려는 목적도 있다.

죽을지어다. 이는 석가모니께서 가르치신 율의[213]니라. 석가를 본받지 않고 돈이나 긁어모으는 속물 땡추를 본받는다는 것이 가당키나 하느냐? 지금은 긁어 죽지 않으려 해도 훗날 언젠가는 또 배불러 죽고 병들어 죽지 않겠느냐? 어차피 한 번은 죽을 목숨이니 긁어 죽기를 두려워할 필요가 없다.

기왕에 굶어 죽는 일이 무섭지 않은데 또 어찌하여 종일토록 바깥으로 싸돌아다니겠느냐? 이런 까닭에 손쉽게 문밖출입 하는 것을 허락하지 않는다. 사람들 찾아 인사하는 세속의 예절이란 승가와 무관하므로 산문 밖에서 삐쭉거리고 나다닐 필요가 없는 외에도, 어느 암자 어느 장소로 가서 사부 혹은 사형·사제를 만나보는 것까지 모두 불허한다. 다만 사부가 잠시 우리 절에 들러 만나보는 경우만은 허락한다. 멀리서 온 사람은 하룻밤 유숙시키고, 가까이서 온 사람은 식사나 한 끼 대접해서 돌려보내라. 속세의 부모형제 같은 이들은 재를 올리는 경우가 아니면 함부로 산문에 들어와 만나는 것을 불허한다. 뚜렷한 이유도 없이 자주 휴가를 내 황백산(黃栢山)이니, 동산(東山)이니, 유마암(維摩庵) 등지로 떠나려는 자들은 당장 멀찌감치 쫓아버릴지어다. 차라리 탑옥을 지키는 이가 아무도 없을지언정 규약을 준수하지 않는 중은 하나라도 받아들이면 아니 된다. 차라리 한평생 사오 명의 제자만 거느릴지언정 규약을 받아들이지 않는 자는 하나라도 멋대로 늘려선 아니 될 것이다. 사부의 거처에 가는 것도 불허하는 마당에 속세의 집이야 말해 무엇하겠느냐? 이렇게 해서 진종일 문을 걸어 잠그고 있으면 산문 밖 출입도 저절로 뜸해질 것이다. 심신이 편안하고 뜻이 한곳으로 모아지면 시간이 흐를수록 절로 유리함을 느끼게 될 뿐만 아니라, 또 세상 사람 만나는 번거로움을 견디지 못하게 될 것이다. 그렇게만 된다면 도달하지 못할 서방정토가 어디이며, 밝히지 못할 큰일이 무엇이겠느냐? 한 번 고개를 돌려 날마다 저자거리를 맴도는 세속의 중들을 살펴보아라.

---

213) 율의(律儀): 승려가 준수해야 할 계율과 처신에 있어서의 행동준칙.

저절로 식은땀이 흐르고 그들이 부끄럽게 느껴질 것이다. 내세를 팔아 벌어들인 돈과 곡식으로 수치심 모르는 중들을 부양하거나 관공서와 여염집 대문을 출입하면서 성깔 잘 내는 개자식들 비위나 맞추고 다니니, 이야말로 아문에서 입술이나 촐싹거리며 세월을 보내는 자들과 무엇이 다르겠느냐! 저들이 중노릇을 그리해도 내가 중노릇을 그렇게 하지 않는다면, 비단 수행에 마땅할 뿐 아니라 체면도 절로 초월하게 되고 사람들의 경외심까지 불러일으키게 될 것이다. 어찌하여 문을 닫아걸고 조용히 좌선하려 들지 않는 것이냐?

기왕에 문을 닫아걸고 종일토록 지내다보면 찾아오는 손님도 저절로 드물어질 것이다. 만일 벼슬아치나 시골 양반이 찾아와 부득이 문을 열어주게 되더라도 그 역시 내가 이렇게 지내는 모습을 보면 절로 우러르는 마음이 생겨날 테니, 그때는 만난다 해도 무슨 장애가 있겠느냐? 향신(鄕紳)을 접견할 때는 노선생(老先生)이라 불러주고 춘원[214]과 문학[215]을 만나서는 선생이라 호칭해주면, 그들을 후히 대접하는 것이다. 나으리(老爹)나 상공(相公)은 도리어 그들을 경시하는 호칭일 뿐이다. 게다가 이미 불제자 된 몸으로 또 어찌 그들의 노예 나부랭이와 똑같은 호칭으로 그들을 부를 수 있겠느냐? 내 스스로 자중하면 남도 나를 존중할 것이고, 내가 스스로를 멸시하면 남도 나를 멸시할 것임은 이치상 필연적인 사실이다. 문을 닫고 조용히 앉아 있다 보면 사방이 고요해지며 소음도 잦아들 것이다. 해가 바뀌도록 이럴 수만 있다면 신이라도 우러러 받들 터인데, 사람들이야 말할 나위 있을까? 가장 이상적이기로는 세속을 벗어나 진짜 부처가 되는 것이지만, 그 다음으로 또 세상 사람들에게 경멸과 천대를 받지 않는다면 내 바람은 그것만으로도 충분하구나. 그까짓 시체를 안치한 탑옥쯤이야 지켜도 그만 안 지켜도 그만이니, 무

---

214) 춘원(春元): 원대 이래로 명·청시대까지 팔월에 향시(鄕試), 이월에는 회시(會試)를 치르는 것이 예부(禮部)의 전통이었다. 춘원은 아마도 춘시(春試), 즉 회시의 합격자를 일컫는 명칭인 듯하다.

215) 문학(文學): 유생(儒生). 학문이 있는 사람 일반을 두루 지칭한다.

엇이 그리 대수겠느냐! 만약 공무차 우리 현(縣)을 지나는 자가 있다면 용호하원의 승려들이 맞아 대접하면 그만이고, 탑을 지키는 승려에게 는 전혀 알릴 필요가 없다. 만약 정말 기쁜 마음으로 탑전에 예배드리 고 싶어하는 자가 있다면, 이 사람은 불자이며 위대한 성인이니 얼른 문을 열고 맞아들여 성인으로 대접하거라. 차를 끓이고 좋은 향을 살라 부처님과 동등하게 대우해야만 비로소 그에게 걸맞은 대접이 될 것이 다. 맞이하고 배웅함에 있어 예를 다하기에 힘써라. 부처를 담론하는 자는 부처님(佛爺)으로 부르고, 도학을 강론하는 자는 노선생(老先生) 이라 부를지어다. 강학도 아니하고 불교에 대해서도 말하지 않지만 기 개가 있어 나의 탑옥을 찾아보는 자가 있다면, 그를 큰 어르신(老大人) 으로 부를지어다. 그때는 다섯 명이 일제히 나가 깍듯하게 예의를 갖추 라. 세 명은 즉시 물러나 차를 준비하고, 상융(常融)과 회림(懷林) 두 사람만 남아서 손님의 자리를 보살피고 배석하거라. 상융은 모서리에 앉고 회림은 그 곁에 앉는데, 모두 옻칠한 의자를 사용하여라. 등받이 없는 의자를 손님이 앉으신 자리에 내놓으면 아니 되느니. 질문이 있으 면 바로 대답하되, 묻지 않으면 침묵을 지켜라. 편안하고 자유로운 분 위기에서 조용히 응대하는데 감히 손님에게 태만해서도 안 되지만 지 나치게 공경해서도 아니 될 것이다. 그들을 공경하면 반드시 이편에서 바라는 것이 있다고 여기게 될 터이니, 더더욱 안 될 말이다.

### 아침저녁으로 켜는 등불에 대해 早晚佛燈

무릇 등불이란 밤낮에 있어 밝음을 지속시키는 것으로, 해·달과 더 불어 나란히 빛나는 존재이다. 해는 낮을 밝히지만 땅속까지 밝히지는 못하고, 달은 밤에 세상을 밝히지만 방안까지 밝히지는 못한다. 해와 달이 비추지 못하는 곳을 이어주는 존재라면 바로 등불 아니겠는가? 그 렇기 때문에 해와 달과 등불은 부처를 밝힌다고 이르게 된다. 원래 부 처는 해·달·등불로 비유되는 까닭에 부처를 두고는 등불 같다거나 해·달 같기도 하다고 일컬어왔다. 해와 달이 비치지 않는 장소는 오직

등불만이 그 빛을 이어주니, 불을 밝힌 다음에라야 어둠이 물러가게 된다. 이는 해와 달은 없어도 되고 등불만이 요긴하단 말이 아니다. 지금 부처를 섬기는 자들은 습관적으로 남들을 따라갈 뿐 그 뜻은 알지를 못한다. 상명등[216]은 오직 등불뿐이라고 여기며 해와 달은 더 이상 논하려 들지 않는 것이다. 이리하여 밤낮으로 등불을 꺼뜨리지 않고 있으니, 해와 달은 그 의미가 모두 죽어버리게 되었다. 비단 달만 필요없는 빛이 되었을 뿐 아니라 해까지도 무익한 빛이 되고 만 것이다. 때문에 이제부터는 단지 밤에만 등불을 밝히고 낮에는 감히 켜지 못하게 함으로써 부처가 늘 해와 같이 되게 할 것이다. 그믐밤에만 등불을 켜고 보름을 전후한 십여 일 동안은 켜지 못하게 함으로써 부처가 언제나 달과 같음을 드러낼 것이다. 오직 그믐과 초하루를 전후하여 반 달 정도만 새벽까지 등불을 밝히게 함으로써 부처님이 항상 등불과 같이 되도록 할 것이다. 그래야 타당하고, 해·달·등불이 부처님을 밝힌다는 의미에 합당해질 것이다.

## 아침저녁으로 울리는 종과 북에 대해 早晩鐘鼓

무릇 산 속에서의 종소리, 북소리는 군대 내의 호령(號令)이고 하늘에서 울리는 천둥소리이다. 벼락이 한 번 때리면 온갖 곡식과 초목이 모조리 싹을 틔우고, 호령이 일단 선포되면 백만의 군사가 일제히 고함을 내질러 산천을 진동시킨다. 산 속에서의 종소리, 북소리 또한 이와 같은 작용을 한다. 울리기 전은 사방이 고요하여 아무 소리도 없고 온갖 생각이 모두 가라앉아 있지만, 일단 소리가 울렸다 하면 꿈속에 나비가 되었던 이는 다시 장주(莊周)로 돌아간다. 이목이 새롭게 뒤바뀌며 보고 듣는 모든 것이 죄다 달라지게 되는 것이다. 설사 잡념이 든다 하더라도 종소리 한 번에 스르륵 잊혀지고, 근심걱정이 있어도 북 한

---

216) 상명등(常明燈): 장명등(長明燈)이라고도 한다. 불단 앞에 공양으로 바쳐져 밤낮으로 꺼지지 않기 때문에 그런 이름이 붙었다.

번 때리자마자 단박에 사라지며, 열광하는 뜻과 호색하는 마음이 있더라도 일단 그 소리만 들으면 모두 어디로 갔는지 간 곳을 모르게 된다. 비단 너희 산사의 승려들만 그런 것이 아니니, 멀고 가까운 누군들 그 소리를 듣지 않겠느냐? 들으면 저절로 슬퍼 격앙되거나, 마음이 돌아서 방향이 바뀌기도 하고, 덧없는 신세를 알게 되며, 도리 없는 분란의 실체를 깨닫게도 된다. 그렇다면 산중의 종소리, 북소리의 역할은 결코 미미하다고 할 수가 없으니, 어찌 나이 어린 사미(沙彌) 아이들이 제멋대로 때리는 소리가 귀에 들어오겠느냐? 가볍고 무겁고 빠르고 느린 것에도 당연히 척도가 있다. 소리가 경쾌하면 사람을 기쁘게 할 수 있고, 무거우면 두려움에 떨게 만들며, 빠르면 흥분시킬 수 있고, 느리면 숨을 가다듬게 만든다. 그렇게 곧장 군대 내의 호령이나 하늘의 뇌성벽력과 똑같은 작용을 하니, 어찌 가벼이 여길 수 있겠는가 말이다! 멀리서든 가까이서든 모두들 우러르고 존경하는 바는 승려의 율행[217]이라고들 말한다. 하지만 소리의 도란 원래 마음과 통하는 것이니, 평소 율행에 힘쓰는 승보[218]가 치는 종과 북소리를 두고 맑고 화평하지 않더란 말은 여태까지 존재하지 않았다. 먼저 율행으로써 사람들의 외경심을 불러일으키고 나면, 또 신새벽이나 아름다운 밤에 평화롭게 울리는 종소리, 북소리를 듣게 되리라. 수시로 이 소리를 듣게 되면 그때마다 마음이 감동할 것이고, 아침저녁마다 이 소리를 들으면 또 그때마다 희열을 느끼게 될 것이다. 때문에 굳이 산문에 들어와 예불을 하거나 승려를 만나지 않고서도 잠심하여 수행하고 행실을 고치게 된다. 이러한 모든 것은 종소리, 북소리 덕분이니, 그 역할이 정녕 미미하지 않구나. 상황이 그렇게 되지 못하고 우리들의 종소리, 북소리가 마치 어린아이 장난처럼 제멋대로라면 저들은 반대로 잠을 깨우고 귀를 따갑게 했다고

---

217) 율행(律行): 승려가 계율을 잘 지켜 수행하는 것. 혹은 계율에 따른 실천을 일컫기도 한다.

218) 승보(僧寶): 불교 삼보(三寶)의 하나. 원래는 승단(僧團)을 가리키는 말이지만, 나중에는 불교의 교의를 계승하고 선양하는 승려를 지칭하게 되었다.

노할 뿐으로, 되려 그들의 짜증만 북돋게 될 것이다.

## 아침저녁으로 탑전을 지키는 일에 대해 早晚守塔

탑옥을 봉쇄한 다음에는 즉시 나무로 만든 신주에 제사를 드리되, 백일을 한도로 정하거라. 아침저녁 모두 향을 사르고, 점심때만 밥 한 그릇, 맑은 차 한 사발, 콩자반 약간을 공양하고, 위쪽에는 유리등을 걸어놓아라. 나는 일평생 사람들이 슬프다고 질질 짜는 것을 좋아하지 않았고, 또 그들이 눈을 감고 눈썹을 찌푸리며 부녀자의 천박한 자태를 짓는 모습을 혐오해왔다. 대장부는 기쁠 때 맑은 바람 불고 밝은 달이 뜨듯이 훨훨 도약하며 노래하고 춤춘다. 화가 나면 벼락이 치고 비바람이 몰아치며 파도가 일고 땅이 꺼지는 상황이 마치 삼군만마(三軍萬馬)의 내지르는 소리가 몇 리에 걸쳐 들끓는 것 같으니, 어디서 아녀자의 속물 기질이 나오겠느냐? 하물며 출가한 사람이라면 더 말할 나위 있을까? 게다가 인생이란 살았을 때는 나그네 노릇이라, 죽어야만 제 집에 돌아가게 된다. 귀가란 기쁜 일이라 서로 경하할 노릇이고, 또 스스로도 제자리를 얻은 데 대해 자축해야 할 것이다. 더군다나 칠십이 넘은 나이로 귀가하게 되었으니, 그 경사스러움이란 더욱 끝간 데가 없구나. 만약에 또다시 슬퍼하는 자가 있다면 이는 내가 제자리 찾아가기를 바라지 않는 것이니, 어찌 출가한 사람으로서 마땅히 취할 도리이겠느냐? 옛날에는 사람이 죽으면 염불로 전송했지만 지금 사람들은 성곽을 나가 노래하며 전별하는 예절을 행하니, 삶과 죽음이 동일함을 증명하는 일례인 것이다. 만약 손님을 전송하며 슬픔에 젖어버린다면, 손님 노릇 한 것이 어찌 거듭 난감하지 않겠느냐! 손님이 기뻐하지 않는다면, 주인도 무엇이 좋겠느냐? 그래서 재삼재사 당부하는 것이다. 너희들 우는 것이 무서워서가 아니라, 원래의 집으로 돌아가는 내 마음이 상할까봐 염려스러워 그런다. 응당 내가 좋아하는 것이 무엇인가만 유념하거라. 나는 책을 좋아하니 사계절 제사를 모실 때는 반드시 내가 직접 교정하고 비점(批點)한 책과 모아서 편집하고 베껴 출판한 책들을 제사상의

오른쪽에 진열하거라. 그리고 내가 평소 입던 옷들은 제사상의 왼편에 늘어놓는데, 아침 일찍 진설했다가 저녁이 되면 바로 거두어들이거라. 매년 열세 차례 제사를 지내지만, 이름만 제사로 하고 그저 밥 한 그릇, 차 한 사발, 약간의 콩자반만 차려놓거라. 다만 나는 향을 사랑하니 모름지기 좋은 향을 사를지어다. 나는 돈을 좋아하니 모름지기 깨끗한 지전을 잘 골라 사를지어다. 나는 책을 좋아하니 모름지기 내 책은 꽁꽁 간수해서 한 권도 다른 사람에게 함부로 빌려주지 말고 수시로 내다가 햇볕을 쪼이고 마르면 곧 거둬들일지어다. 내 사위 장순보(莊純甫)가 근자에 아들을 가르치는 까닭에 비록 내 책 읽는 것을 허락하긴 했다만 중요한 책은 결코 내줘서는 안 된다. 하긴 그 사람은 내 죽음에 대해서는 알지도 못할 것이다. 설령 다른 곳에서 내 죽음을 듣고 찾아오더라도 역시 책을 내줘서는 안 된다.

이사관[219]이 찾아와 억지울음을 쥐어짜며 남들 보기 좋으라는 흉물을 떨지 않도록, 너희들도 결코 사람을 보내 나의 죽음을 알려서는 안 된다. 내 죽음은 오늘에야 발생한 새삼스런 일이 아니다. 내가 가족을 고향으로 돌려보내고 이 땅에 혼자 남아 머리를 깎고 중이 된 그때 벌써 죽은 사람이 되었고, 다른 사람 모두가 나를 죽은 이로 대해주길 바라왔었다. 이런 연유로 나는 지금까지 단 한 번도 심부름꾼을 집에 보내지 않았는데, 이미 죽은 사람인지라 가정을 돌볼 필요가 없다고 생각한 때문이었다. 그래서 나는 일찍이 내가 충신이 될 수 있다고 자부한 적이 있었다. 이는 내가 가정과 자신을 잊어버릴 수 있는 사람임에 근거한 바이니, 공연한 허장성세로 허풍을 떤 것이 아니었다. 그렇지 않았다면 내 고향 진강(晉江)이 멀다지만 겨우 삼천여 리 떨어진 데 불과하니, 승려 하나쯤 돈 몇 푼 쥐어주고 파견하면 금방 당도할 거리인 것이다. 내 어찌 이 정도의 소소한 비용이 아까워서 그랬겠느냐? 그저 자

---

219) 이사관(李四官): 이지의 조카. 이지에게 아들이 없었던 까닭에 친척들이 후계자로 내세웠던 인물이다.

신을 죽은 사람인 양 여기고 남들 역시 나를 죽었다고 치부하길 바라서였으니, 그러면 피차간에 서로 걸리는 게 없어진다. 또 그래야 출가자는 마음놓고 출가하고, 집에 있는 사람도 안심하고 사람 노릇할 수가 있는 법이다. 여행 경비도 절약하고 가는 도중의 풍파도 겪지 않을 수가 있으니, 비단 저들을 도와주는 것일 뿐만 아니라 저들 역시 나를 도와주는 격이 된다. 어찌하여 그렇겠느냐? 저들이 수고하고 고생하면 내 마음도 절로 아프고 괴로워질 것이기 때문이다. 저들이 놀라고 무서워한다면 내 마음 또한 저절로 의혹과 두려움에 잠길 것이며, 저들이 안심하고 사람 노릇을 하지 못하면 나 역시 필경은 내가 저들을 압박했기 때문이라고 자책하게 될 것이기 때문이다. 그래서 나는 사람을 보내 그들에게 문안하길 원치 않았다. 사람을 보내 안부를 물으려 하지 않았던 것은 바로 그들과의 관계를 끊어 그들이 찾아오지 못하게 하려는 의도에 다름 아니었다. 장순보는 내 뜻을 헤아리지 못하고 여전히 세속의 정과 예절로 나를 대하면서 지금까지 벌써 세 번이나 찾아왔다. 그는 가세가 궁벽하니 올 때마다 반드시 노잣돈을 빌렸을 테고 집안 사람들을 성가시게 했을 것이다. 길에서 사십여 일을 보내지 않으면 이곳에 도착할 수가 없고, 달포씩 묵지 않으면 돌아가기도 어려울뿐더러, 또 사오십 일을 노상에서 보내지 않으면 쉬이 집에 도착하지도 못한다. 이런 일들을 곰곰 생각해 보면 나는 차라리 재가출가[220]하는 편이 마땅할 뿐이었다. 어째서 이렇듯이 장순보를 괴롭혀야 한단 말인가? 그래서 매번 이 일을 생각할 때마다 나는 매우 언짢은 심정이었고, 이는 또 그가 감히 찾아오지 못하게 만드는 까닭이 되었다. 장순보가 이곳에 오는 것도 내키지 않는 판에 또 어떻게 그에게 사람 파견하기를 허락하겠는가? 여태까지 줄곧 그에게 사람을 보내려 들지 않았는데 이제 와서 또 어찌 사자를 보내 죽음을 알릴 수가 있는가 말이다? 어찌하여 그렇겠느냐?

---

220) 재가출가(在家出家): 출가하지 않은 채 몸을 정결히 하고 불도(佛道)를 수행하는 것.

결론지어 말한다면 나의 죽음은 오늘의 일이 아니기 때문이다. 나의 죽음이 이제사 벌어진 일이 아닌데, 탑옥을 봉쇄했다 해서 어찌 내가 죽은 사람이 되겠느냐? 그러니 너희들도 응당 평상시와 똑같아야 함을 알수가 있다. 나를 평소와 똑같이 대하고, 나를 살아 생전과 마찬가지로 섬기라. 말을 조심하고 행동을 조심하여 예전보다 더욱 삼가고 신중히 굴면, 사람들마다 입을 모아 용호의 중들은 이처럼 계율을 잘 지키고 탁오를 모시는 일도 이처럼 어긋남이 없다고 말하게 될 것이다. 그리되면 내 마음도 대단히 기쁠 것이니, 다시는 나를 보지 못한다는 이유로 괴로워하고 슬퍼할 필요가 또 무에 있겠느냐? 나의 모습은 다시 볼 수 없을지라도 내 마음은 책을 열면 곧 거기에 있다. 책을 읽으면 그 사람이 보일 것이요, 정신은 또 천만 배나 잘 알게 될 것이다. 만약 저 육신 바깥의 것이라면 책말고 또 무엇이 있겠느냐? 더구나 내가 쓴 「예약」을 읽고 정해놓은 계율과 금기를 잘 지킨다면 나 이탁오를 하루종일 면대하는 것과 마찬가지가 되어, 다섯 명의 눈만으로도 그처럼 잘 드러날 수가 없고 다섯 명의 손으로만 가리켜도 그토록 가까운 경우가 없을 것이다. 왜 꼭 말라빠진 나무토막 같은 이 몸뚱이를 슬퍼하고 그리워함으로써 선생님을 잊지 않을 수 있다고 여기는 것이냐? 부디 노력하고 삼갈지어다!

내가 처음 마성에 왔을 때 증승암[221]이 지금은 건물을 늘려 지어 유마암(維摩庵)이라고 부르는 현성 아래쪽 절을 막 사들였는데, 모두가 주우산(周友山)이 출연한 재물 덕분이었다. 나는 이미 별도로 『유마암 창건시말』(維摩庵創建始末)이란 책 한 권을 북경과 주우산에게 부친 적이 있다. 책 안에 보시에 관한 일을 자못 상세히 기재해놓았는데, 미진한 곳은 또 기부금장부에 실어 맨 먼저 천중(川中)에 있는 주우산에게로 부쳤다. 두 가지를 아울러 보면 유마암을 보시한 공덕 있는 시주

---

221) 증승암(曾承庵): 자세한 사적은 미상. 본문에 기재된 것처럼 이지가 처음 마성에 왔을 때 유마암을 사서 거주하게 한 인물인데 불행히도 요절했다. 그의 죽음을 슬퍼하는 오언고시 「곡! 승암」(哭承庵)이 『속분서』 권5에 실려 있다.

들을 낱낱이 사실관계에 따라 살필 수가 있으니, 그 내용을 잃어버려선 아니 될 것이다. 『창건시말』은 아직 두 권이 남았는데, 한 권은 용호상원(龍湖上院)에 남겨 증거로 삼을 것이고 다른 한 권은 나의 탑옥과 우리 절을 굳건히 지킬 독실한 승려를 기다렸다가 주우산의 면전에서 그에게 넘길 것이다. 세간의 풍속은 나날이 부박해져 본분을 지키려 들지 않는다. 일반 백성도 살기 어렵다는 판에 출가한 사람이야 말할 나위 있겠나! 삼가 계율을 잘 지키고 도제나 대중들 끌어모으기를 능사로 삼지 말거라. 설사 나의 십분의 일, 이십분의 일은 배울 수 없다 치더라도 백분의 일이나 이만큼은 배워야 하지 않겠느냐? 왜 쓸데없는 일에 바쁘게 몰려다니며 밤낮으로 멈추지를 않는 것이냐! 가정이 있는 사람은 그래도 처자나 친척 나부랭이들 때문에 먹고 사는 일이나 인정상 치러야 할 도리에 쫓겨 어찌해볼 겨를이 없다지만, 나는 출가인인지라 혼자몸이면서도 일찍이 약간의 돈이나 곡식을 내놓은 적이 없었다. 만약 재물 뜯어내는 일을 그칠 줄 모른다면 비단 사람들이 재앙일 뿐 아니라 하늘이 내리는 형벌에서도 벗어나기 어려울 것이다. 주우산이 이 암자를 희사한 것은 작은 일이 아니다. 이 암자가 증씨(曾氏)와 유씨(劉氏) 두 집안에서 건네받은 일흔두 냥의 돈도 어찌 가벼이 볼 수 있겠느냐!

대저 우산이 나를 존경하는 까닭은 내가 약간이나마 사람답기 때문일 것이다. 내가 집으로 돌아가지 않고 다른 곳으로 떠나지 않는 이유도 우산이 나를 지기(知己)로 대해주었기 때문이다. 나는 어릴 때부터 사람을 잘 사귀지 않아 같이 노는 친구가 드물었다. 어느 정도 성장하여 외지에서 보잘것없는 벼슬을 하게 된 뒤로는 나를 존경한다는 사람들을 수시로 만나긴 했지만, 그들 역시 피상적이고 얄팍한 안목으로 나를 대할 뿐이었다. 진정 나를 알아준 이로는 주우산만한 사람이 없었던 것이다. 그래서 나는 집으로 돌아가지 않았고 더 이상은 다른 곳에 가서 친구를 찾지도 않았다. 천하를 누비고자 했던 생각도 이런 정도에서 끝내고 말았던 것이다. 게다가 우산은 나를 알아주는 것에 그치지 않고 나를 매우 존중하여준다. 대저 선비란 자기를 알아주는 이를 위해 죽는

다고 하였다. 어찌하여 그럴까? 지기란 만나기가 어렵기 때문이다. 지금 선비들은 일단 과거에 합격만 해도 곧 그 시험관을 자신의 친부모처럼 알며 죽을 때까지 그 은혜를 잊지 못한다. 제학관(提學官)이 장원으로 뽑아주기라도 하면 당장 그를 은혜 입은 스승으로 알며 아버지나 형처럼 섬기는 것도 그가 자신을 인정해주었기 때문이다. 글을 알아주는 것도 이와 같은데, 하물며 마음을 알아준 사람임에랴! 그래서 세상에는 남이 자신을 알아주는 데 대해 기뻐하지 않는 자가 없으니, 내가 왜 집으로 돌아가지 않는지도 알 수 있을 것이다. 그런데 지금 세상은 그 이유를 살피지 않고 내가 고향에 돌아가지 않는 것만으로 나를 탓하며, 집안이나 향리의 사람들까지도 내가 귀가하지 않는다는 이유를 들어 탓하고 나선다. 거기에 대해 내 마음은 그저 자문자답으로 이렇게 말할 뿐이다.

"너희들이 나를 알아주고 나를 과거의 장원으로 뽑아준다면 나는 알아서 돌아간다. 나의 귀향을 두고 굳이 성가시게 권유할 필요도 없지!"

그러나 우산은 기실 나의 스승이어서 한갓 지기에 그치는 이가 아니다. 그가 꽁꽁 몸을 숨겨 자신을 세상에 드러내지 않는 모습이란 실로 노자(老子) 이후 첫 번째 사람이라 하겠다. 내 스스로 까치발을 한 것처럼 그를 우러르다보니 돌아갈 마음은 더더욱 생겨나질 않는구나. 너희들은 삼가 나의 탑을 잘 지키고 언제까지나 계율을 잘 받들거라. 우산이 살아 있는 한 반드시 너희들을 보호해줄 테니, 너희들은 안정되어 아무 걱정거리가 없을 것이다.

유근성(劉近城)은 진실로 나를 사랑하는데, 그 정도가 실로 양봉리(楊鳳里)와 비등하다. 매담연은 속세를 벗어난 대장부이다. 비록 여자의 몸이라지만 어느 사내도 그녀를 쉬이 따라잡지는 못하리라. 지금은 도를 공부해서 확실한 자기만의 견해가 있으니, 나는 아무 걱정이 없구나. 비록 나를 스승으로 모신 적은 없지만—그녀는 내가 누구에게도 스승이 되려 하지 않는다는 사실을 안다—수시로 사람을 보내 삼십리 길을 달리게 하면서까지 불법(佛法)이 무엇인지 물어오니, 내 어찌

그녀에게 답을 주지 않을 수 있었겠느냐? 그녀는 스승에 대한 예로 묵묵히 나를 섬겨왔다. 이 세상에서 단 한 명의 제자도 받지 않으려 했던 나였지만 그녀의 소청에 대해 답변하지 않기도 역시 어려운 일이었다. 그래서 그녀가 가르침을 청한 편지에는 모두 답장을 하였던 것이다. 그녀는 나를 스승으로 불렀고 나 또한 담연 대사로 그 호칭에 응답했으니, 누군가의 스승이 되지 않겠다는 다짐을 끝내 어기고 싶지 않아서였다. 오호라! 서로 얼굴을 보지 않고도 스승으로 섬기며, 어느 한쪽만 스승인 것이 아니라 피차간에 서로를 스승으로 불렀으니, 이 또한 기이한 일이로구나!

담연을 대사라고 부른 까닭은 담연이 이미 머리를 깎고 불제자가 되었기 때문이다. 여러 여자들은 보살[222]로 호칭했는데, 그녀들이 모두 가정을 지키는 이들인지라 그렇게 불렀다. 하지만 그녀들은 또 진정한 보살이기도 하였다. 가세가 은성하고 문호가 대단하면 친척들의 왕래가 일상적인 예절이 되어 저절로 한가한 겨를이 없어지게 마련이니, 어떻게 수시로 머리를 맞대고 함께 이런 일들을 이야기할 수 있겠느냐? 모여서 이야기하지 못하면 물러나와 경전의 가르침을 읽었던지라, 수시로 묻는 말들은 모두 확실한 근거가 있었다. 이 어찌 허명(虛名)을 추구한 때문이라고 그들을 설명할 수 있겠느냐? 설사 명예욕 때문에 그랬다 치더라도 이는 천하의 기남자(奇男子)한테서도 드문 일이다. 하물며 생사에 관한 번뇌에서 벗어날 일념으로 아침저녁 불문(佛門)을 향해 정성스럽고 경건하게 예배를 드리는 그들이 아니더냐? 이들에게 경의를 표할지어다! 공경할지어다! 또 여러 보살들은 여자의 몸이기 때문에 사랑과 질투가 제각각인 친척들이 이러쿵저러쿵 쓸데없는 말들을 지어내 차마 들어줄 수 없는 경우도 있을 것이다. 그래도 그들은 전혀 상관하지 않고 여전히 불도(佛道)의 공부에만 매진할 줄 알아 세속을 벗어난

---

222) 보살(菩薩): 원래는 아직 성불하기 전 수행자 시절의 석가모니를 가리키는 말이지만, 나중에는 재가·출가 여부와는 상관없이 광범위하게 대승사상을 받드는 신도를 지칭하게 되었다.

사람이 되지 않았더냐? 하물며 너희들 출가한 아이들이야 매인 일도 없으면서 어찌 전념해 연구하지 않을 수 있겠느냐? 어찌 염불을 드리지 않을 수 있겠는가 말이다!

나에게 서방결[223]이 있는데 설명이 대단히 친절하다. 서방정토에 태어나려고 염불하는 자들은 모름지기 이런 윤회의 종착지를 알아야 확실한 지향과 기개가 생겨난다. 그렇지 못하다면 아무리 서방행을 닦는다 해도 역시 한 구절 견성[224]의 말에 불과하다. 때문에 염불하는 이는 반드시 서방결을 읽고 거기에 정통해야 진짜로 서방행을 닦는 사람이 된다. 염불이라는 것은 서방에 계신 미타불(彌陀佛)을 뵙고자 하는 일이다. 아미타불을 뵙는 것은 바로 서방정토에 태어난다는 뜻이니, 태어날 수 있는 서방정토가 따로 존재하는 것은 아니다. 견성이란 각자에게 갖춰진 아미타불의 본성을 보는 일이다. 자신에게 갖춰져 있는 아미타불의 본성을 보고 나면 곧바로 성불하게 되니, 이것말고 부처가 되는 별도의 길이 있는 것은 아니다. 그러므로 서방행을 닦는 자라면 어떻게 해서든지 부처를 만나려고 한다. 비록 저 부처님 아미타불의 모습을 뵌 것에 불과해도 언제나 부처 곁에 있었다고 한다면 또 어떻게 자기 안에 있는 부처를 보지 못할 이치가 있겠느냐? 수시로 보고, 수시로 들으면서, 수시로 깨닫고 깨우칠 일이다. 잡스런 배움이 없고 잡스런 일도 없이 하루를 그냥 내버려두면 백 날이 역시 그렇게 될 것이다. 한 겁(劫)을 거기에 맞추다보면 백만 겁이라도 그 상황과 똑같아질 수가 있다. 마음과 뜻이 순수하고 오롯하면 따로 왕생[225]하겠다는 생각조차 없어

223) 서방결(西方訣): 서방은 극락정토, 즉 불국(佛國)을 가리킨다. 결은 사물의 주요한 내용을 압운과 가락에 맞게 편집하여 쉽게 기억할 수 있도록 엮어낸 문장구절을 말한다. 즉 서방결은 서방정토에 극락왕생을 비는 주문을 일컫는다 하겠다.

224) 견성(見性): 본래는 맑고 깨끗한 불성(佛性)을 깨닫는 것을 가리키지만, 여기서는 현성(現成)의 의미로 쓰였다. 현성어(現成語)는 곧 사실과는 무관하게 겉가지로 지어낸 일련의 빈 말을 가리킨다.

225) 왕생(往生): 불교의 정토종(淨土宗)에는 신(信)·원(願)·행(行)을 구비하고 한 마음으로 염불하면 아미타불의 원력에 감응하게 되어 죽은 뒤 서방정토의 연

지게 마련이니, 어찌 성불하지 못할 리가 있겠는가? 그래서 성불하는 길은 대단히 많지만 확실하게 차질이 없기로는 염불만한 것이 없다고 하는 것이다. 이런 까닭에 온 대지의 중생들은 모두 이 한 가지에 매달려 익히기에 바쁘다. 하지만 최고로 총명하고 영리해서 기꺼이 염불하는 자에게 물어보더라도 그 안에 담긴 뜻을 아는 자가 한 명도 없으니, 아무리 염불을 한들 무슨 이득이 생기겠느냐? 기왕에 성불을 염두에 두지 않고 또 부처란 결코 될 수 있는 것도 아니라고 제멋대로 지껄여대는 물건이라면 제아무리 서방에 태어난들 무슨 소용이 있겠느냐? 설사 서방정토에 도달한다 치더라도 스스로 부처의 말씀을 믿지 않으려 들면 저절로 딴 생각이 일어나고 다른 곳에 가고 싶어질 것이니, 그러면 부처를 만나도 보지 못한 거나 마찬가지가 된다. 그래서 염불로 서방행을 닦는 세상 사람들이 웃긴다는 것이니, 그들이 서방에 태어날 이치란 천부당만부당할 뿐이다. 설사 하루에 백만 번 부처를 외치고 온갖 일을 내팽개친 채 오로지 여기에만 매달린다 해도 나는 그가 서방에 태어날 길이 없음을 알고 있구나. 모름지기 서방에 태어나 부처를 만나보게 해 달라고 발원할지어다. 하지만 수시로 그 가르침을 들으면서 반 마디도 감히 불신하는 바가 없고 감히 이해 못할 지경이 없어야만 비로소 왕생을 추구하는 근본적인 서원(誓願)이 올바른 주의가 될 뿐이다. 이상으로 탑을 지키는 일에 관해 말했는데, 그것은 결국 정토행을 닦는 요긴한 비결이기도 하다. 이 모두는 옛 현인들께서 아직까지 말씀하지 않은 바이기 때문에 상세히 열거함으로써 아침저녁 행하는 염불의 동인으로 삼는다.

### 한평생을 회고하며 感慨平生
선인(善因) 등 여러 보살이 나의 열반 소식을 알게 되면 반드시 사람

---

꽃 속에서 태어난다는 믿음이 있다. 또 큰 깨달음을 얻은 자는 마음대로 서방정토에 왕생할 수 있다고도 한다. 출전은 『무량수경』(無量壽經) 하권.

을 보내 살피려 들 것이다. 이들 여러 보살은 참으로 만나기 어려운 사람들이다. 선인 같은 이는 혼잣몸으로 여러 살림을 총괄하는데 대소사의 처리에 있어 빠뜨리는 구석이 없구나. 종갓집 맏며느리로 여러 시누이를 키웠고, 혼인시킬 때도 예의범절에 소홀함이 없었다. 시누이들에게서 어떤 비난도 듣지 않았을 뿐 아니라 그들 모두의 환심까지 샀던 것이다. 그녀의 온화한 성정이며 진정 어린 효도와 우애가 아니라면 어찌 이런 결과가 나올 수 있었겠느냐? 내가 듣기로 그녀의 재주와 식견은 남다른 구석이 있지만, 정작 선인 본인은 자신에게 별다른 데가 없는 것처럼 처신해왔다. 수시로 수불정사(繡佛精舍)에 찾아와서 시누이인 담연 대사와 더불어 진승[226]을 궁구했는데, 기필코 부처를 뵙고 나서야 그만둘 자세였다. 그렇기 때문에 나는 각별한 마음으로 그녀를 경애하고 존중해왔다. 이 모두는 너희가 익히 알고 있는 사실이다. 천리 밖 먼 곳의 사람도 아니고, 백 년 전 과거에 벌어진 일도 아니며, 혹은 전설처럼 떠돌아 믿지 못할 사실도 아닌 것이다.

너희들은 다만 이렇게 말한다. 출가하여 중이 되는 것이 바로 성불하는 길이고, 그것만으로도 재가자들보다는 훨씬 우월하다고 말이다. 지금은 나도 출가한 몸이지만, 설마하니 그것이 어찌 남보다 뛰어나서일까? 나의 출가에는 실로 부득이한 사정이 있었다. 출가가 좋은 일이라고 여겨 출가한 것도 아니고, 또 출가하지 않으면 수도할 수가 없어 그런 것도 아니었다. 설마하니 집에 있다 해서 수도할 수가 없었겠느냐? 나의 출가는 다만 내 한평생 남에게 속박당하기를 싫어해서 이루어진 일이었다.

무릇 사람이 세상에 태어나면 몸이 곧 남들의 속박을 받게 된다. 유년 시절은 물론이려니와, 스승의 지도를 받으며 글자를 깨치기 시작하는 시기 역시 말할 나위 없을 것이다. 성장하여 현학에 들어가면 곧 사

---

226) 진승(眞乘): 지도(至道)라고도 한다. 본래는 중국 이슬람교의 용어로서 하느님을 인식하고 접근하는 세 과정(教乘·道乘·眞乘) 중 가장 높은 단계를 말하는데, 불교에서는 해탈에 도달하는 가장 높은 경로를 비유하는 말로 쓰인다.

부와 제학종사[227]의 간섭을 받게 되며, 관리로 임관되면 바로 그 벼슬 때문에 속박을 당한다. 벼슬을 버리고 집으로 돌아가도 곧장 그 부(府) 현(縣)의 '관리 나으리들'(公祖父母)[228]에게 속박당하고 만다. 부임하면 맞이해야 하고 떠나면 배웅해야 하며, 푼돈을 내서 술상을 차려야 하고 뭉칫돈을 꺼내 생신을 축하해야 한다. 털끝만한 실수로 환심이라도 잃게 되면 당장 환란이 들이닥친다. 그들의 간섭과 구속이 관에 들어가 땅속에 묻히기 전에는 그치지 않는지라, 그들의 속박은 더한층 괴롭기만 할 뿐이었다. 이리하여 나는 차라리 사방으로 떠돌아다닐지언정 집에는 돌아가지는 않기로 하였다. 친구를 방문하고 지기를 찾아보려는 마음이 비록 간절하긴 했지만, 이 세상에 나를 알아줄 이가 없다는 것은 이미 자명한 사실이었다. 그저 남들의 간섭을 받고 싶지 않다는 마음 하나 때문에 벼슬을 버렸고 또 집으로도 돌아가지 않았다는 것이 바로 나의 본심이자 진실한 뜻이다. 다만 세상 사람들이 믿어줄 것 같지 않은지라 줄곧 남에게 말하지 않았을 뿐이었다. 그러나 집을 떠나 사방을 떠돌면서부터 가는 곳마다 또 어김없이 백성의 어버이 관리 나으리들이 계시어 나를 간섭하고 억누르곤 했다. 그래서 나는 등정석[229]이 처음 이 고을로 부임해왔을 때도 감히 현청으로 찾아갈 수가 없었다. 하지만 그가 예의를 갖춰 명첩[230]을 보내오니, 내 어찌 똑같은 방식

---

227) 제학종사(提學宗師): 성에는 제각기 소속 현학의 사생(師生)을 감독하는 기관인 제학도(提學道)가 있었는데, 이곳의 수장을 종사라고 불렀다. 사부(師父)는 현학의 교관을 가리킨다.

228) 공조부모(公祖父母): 명대에는 지부(知府) 이상의 지방관을 조공(祖公) 혹은 공조(公祖)라고 불렀다. 청대의 왕사정(王士禎)은『지북우담』(池北偶談)「증조부모」(曾祖父母)에서 이렇게 설명하였다. "요즘은 향관 중에서 주·현의 관리는 부모라 호칭하고 부 이상 상급조직의 관리는 공조라 부르는데, 명대부터 내려온 관습이다"(今鄕官稱州縣官曰父母, 撫·按·司·道·府官曰公祖, 沿明代之舊也.)

229) 등정석(鄧鼎石): 등응기(鄧應祈). 호는 정석이고, 등석양(鄧石陽)의 아들이다. 만력 14년(1586) 여름 마성(麻城)의 현령으로 부임하였다.

230) 명첩(名帖): 명함. 성명·관적·직함 등을 종이에 쓴 뒤 남을 방문할 때 미리 전달해 자신을 알리는 용도로 썼다.

으로 답례하지 않을 수 있었겠는가? 위와 같은 연유로 명함에 감히 시생(侍生)이라 쓰지 못했는데, 시생이라 칭하면 자신을 너무 높이는 격이 되는 까닭이었다. 또 감히 치생[231]이라고 말하지도 못했는데, 치생이라 하면 스스로 속박을 받아들이는 꼴이 되기 때문이었다. 심사숙고해 그에게 회답한 네 글자가 바로 '정착한 나그네'(流寓客子)[232]였다.

대저 떠돌이란 고금을 막론하여 언제나 있었던 존재들이다. 이제 각고을의 지방지(地方誌)만 살펴보더라도 '명망 있는 관리'(名宦)를 기록한 다음에는 반드시 뒤이어 그 땅에 '흘러들어온 유명인사'(流寓)들을 기재하고 있다. 명환은 어진 지방관을 가리키고, 유우는 현명하지만 몸을 숨긴 명사를 뜻한다. 어진 지방관이 있으면 반드시 그 지방에 흘러들어와 몸을 숨기는 현자가 있게 마련이니, 만일 유우로 기재되었다면 그가 지방관과 마찬가지로 어질다는 평판을 얻었기 때문인 것이다. 관리는 반드시 명망이 나야 사서에 이름이 오른다. 명성 높은 관리가 아니면 기록되지 않는 까닭에 '명환'이라는 용어가 생긴 것이다. 유우로 기재된 경우인즉슨 그의 어진 품성이야 묻지 않아도 알 수 있는 까닭에 유우라고만 일컬었는데, 원래 이 세상에는 재주와 덕망이 출중치 못하면서도 객지를 떠돌 수 있는 사람이 존재하지 않기 때문이다. 주회암(朱晦庵, 朱憙)은 무원(婺源) 사람인데 연평(延平)에서 목숨을 마쳤고, 소자첨(蘇子瞻, 蘇軾) 형제는 둘 다 미주(眉州) 사람이지만 한 사람은 겹현(郟縣)에 장사지냈고 또 하나는 영주(潁州)에서 장례를 치렀다. 이뿐만이 아니다. 소강절[233]은 범양(范陽) 사람이고 사마군실[234]은 섬

---

231) 치생(治生): 하급관리가 상관을 면대하거나 외부 관리가 원적지의 상관을 부를 때 자신을 일컫던 말. 시생(侍生)은 후배가 선배 면전에서 자신을 지칭하던 용어이다.

232) 유우객자(流寓客子): 유우는 타향에 거주한 시일이 오래되어 정착하게 된 상태를 말하고, 객자는 사방으로 떠도는 나그네를 뜻한다. 즉 오랫동안 객지를 떠돌며 고향에 돌아가지 못한 이지 자신을 지칭하였다.

233) 소강절(邵康節): 소옹(邵雍). 자는 요부(堯夫), 시호는 강절이다. 소문산(蘇門山) 백원(百源)에 은거하며 여러 번 관직을 제수받고도 나아가지 않았다. 나중

서의 하현(夏縣) 사람이지만 모두가 낙양(洛陽)에서 살다 죽었으니, 백낙천[235]이 본래 태원(太原) 사람이지만 떠돌다 낙양에 정착했던 것과 마찬가지라 하겠다. 누가 이들을 두고 크나큰 성현이면서도 객지에 정착해 편안하게 지낼 줄 알았던 분들이 아니라고 말하겠는가? 이런 까닭에 굳이 묻지 않더라도 그들이 어진 줄을 알 수가 있다. 그러나 내가 이미 '유우'라고 써놓고서 거기에 다시 '객자'를 덧붙인 것은 혹시 지나친 군더더기나 아닐까? 그렇지는 않다. 원래 떠돌다 어느 한 지방에 정착한다는 것은 집을 짓고 그 땅에 눌러산다는 뜻이 아니면 땅을 갈아 거기서 나는 수확을 먹는다는 말이니, 그 지방 관리의 간섭을 받지 않으려 한들 또 그럴 수가 없는 것이다. 그래서 '객자'라는 말을 덧붙여 내가 잠시 이 땅에 머물긴 하지만 사실은 진짜로 정착한 것이 아님을 알게 하였다. 사마군실이나 소강절 같은 분들이 그랬던 것과 마찬가지로 말이다. 이 몸이 떠나고 머무는 시일이 오래일지 잠깐일지 전혀 알 수 없는 마당에 현령이 비록 윗전의 자격으로 내게 군림하려 해도 또 턱없는 일이 되는 것이다. 기왕에 상전으로 내게 군림하지 못하는 마당이라면, 관리가 아무리 존귀한 신분이라 해도 어떻게 나를 속박할 수 있겠는가? 그래서 '유우객자'라는 네 글자를 겹쳐 씀으로써 나그네 노릇만 하겠다는 뜻과 간섭받지 않겠다는 마음을 확실히 천명했던 것이다. 하

에는 낙양에 거주하며 사마광·여공저(呂公著) 등과 친밀하게 교유한 바 있다.

234) 사마군실(司馬君實): 북송의 역사가 사마광(司馬光, 1019~86). 자가 군실, 섬주(陝州)의 하현(夏縣) 사람이다. 왕안석의 신법에 반대하여 낙양에 은거하는 15년 동안 『자치통감』(資治通鑑)을 저술했고, 철종이 즉위한 뒤에는 문하시랑(門下侍郎)이 되어 조정의 정사를 주관하며 변법파를 소탕하였다. 한평생 재물에 담백했으며, 노장과 불교를 배척했다. 죽은 뒤 온국공(溫國公)에 추증되었고, 시호는 문정(文正)이다. 저술로는 『자치통감』 외에 『독락원집』(獨樂園集)이 전하고, 『송사』권336·『송원학안』권78 등에 사적이 보인다.

235) 백낙천(白樂天): 백거이(白居易, 722~846). 당대의 시인으로 자는 낙천. 조상은 산서의 태원(太原) 사람이지만, 나중에 섬서의 하규(下邽, 지금의 渭南縣)로 옮겼고, 말년에는 낙양에 거주하였다. 벼슬을 그만둔 뒤에는 승려 여만(如滿)과 교유하며 자호를 향산거사(香山居士)라고 하였다. 『백씨장경집』(白氏長慶集)이 전한다.

지만 머리 깎고 출가하는 것만 못하다는 생각은 끝내 떨칠 수가 없었다. 원래 머리를 깎으면 마성 현지 사람이라 할지라도 저절로 관리의 속박을 받지 않게 되므로,[236] 다른 성 사람이야 말할 나위 없는 일 아니던가! 어떤 사람이 내게 말했다.

"기왕에 삭발을 작정했다면 당신 고향에 돌아가서도 머리를 깎을 수 있을 텐데, 왜 또 하필 마성이란 말이오?"

아아! 내가 이곳에서 삭발을 했다지만 그래도 온갖 궁리를 다해본 끝에 머리에 칼날을 들이밀었다. 등정석은 내 삭발한 모습을 보더니 너무나 구슬프게 울었고 또 자기 어머님이 했다는 말을 전해주었다.

"내가 느닷없이 그 말을 듣고 온종일 밥을 먹지 못했을 뿐 아니라 먹어도 목에 넘기지 못하더란 말을 네가 이노백(李老伯, 이탁오)에게 전했더라면, 그분은 머리카락을 남겨두기로 결정했을 것이다. 또 네가 만약 이노백을 달래 다시 머리를 기르게 한다면, 나는 네가 진정한 효자요 으뜸가는 훌륭한 관리라고 칭찬할 것이다."

오호라! 나의 삭발출가가 어찌 용이한 일이었을까! 나는 남들의 간섭을 받고 싶지 않다는 이유 하나 때문에 삭발을 감행했지만, 그것이 또 어떻게 손쉬운 일이었을까 말이다! 여기까지 쓰고 나니 저절로 콧등이 시큰해지는구나. 너희들은 절대 삭발을 능사로 여기지 말고 남들의 보시를 경솔하게 받아들이지 말지어다!

비록 그런 곡절이 있긴 했지만 내가 당한 많은 일들은 또 이미 극단을 달린 것이었다. 간섭받지 않겠다는 이유 하나 때문에 내가 당한 온갖 수난과 한평생의 시련은 온 대지를 먹으로 삼아 써내려가도 다 묘사하기 어려울 것이다. 현박사[237]가 되었을 때는 현령·제학과 어긋났고, 태학박사[238]가 되었을 때는 좨주[239]·사업[240]과 사이가 나빴다. 진명뢰[241]·

---

236) 일반적으로 승려는 국가에 세금을 납부할 의무가 없었고, 노역에도 종사하지 않았으며, 관리를 보아도 무릎 꿇지 않았다.
237) 현박사(縣博士): 현학(縣學)의 교관, 즉 교유(教諭)를 말한다. 1556년부터 5년 동안 이지는 하남성 휘현(輝縣)의 교유를 지냈다.

진이근[242] · 반성[243] · 여조양[244] 등등, 일일이 거론할 수도 없는 지경인 것이다. 예조에서 사무를 볼 때는 고상서[245] · 은상서[246] · 왕시랑[247] · 만시랑[248] 같은 모든 이에게 저촉되었다. 고상서와 은상서는 모두 내각 대학사였고, 반성 · 진이근 · 여조양 역시 내각대학사로 정무에 참여하고 있었다. 고상서는 젊고 뛰어나다고 이름난 진사들을 무수히 처단했지만[249] 나만은 서로 알력이 있었음에도 불구하고 건드리지 않았으니, 그 또한 걸출한 인물이었다! 가장 괴로웠던 일은 원외랑[250]이 되었을 때 사상서[251]와 대리경[252]인 동전책(董傳策) · 왕종이(汪宗伊)의 환심을 사지 못한 경우였다. 사씨는 말할 가치도 없는 자이지만, 왕씨와 동씨는 모두 올

---

238) 태학박사(太學博士): 명대에 중앙정부가 설립한 최고 교육기관이 바로 태학(혹은 국자감)인데, 이곳의 교수를 박사라고 불렀다. 1564년에 이지는 북경의 태학박사를 지낸 적이 있다.

239) 좨주(祭酒): 국자감의 최고 책임자.

240) 사업(司業): 국자감의 부장관(副長官). 좨주를 도와 유학훈도(儒學訓導)를 관장하는 책임을 맡았다.

241) 진명뢰(秦鳴雷): 자세한 사적은 미상. 북경의 국자감 좨주를 지낸 인물.

242) 진이근(陳以勤): 융경(隆慶) 연간 예부상서와 문연각대학사(文淵閣大學士)를 역임했다.

243) 반성(潘晟): 융경 연간 예부상서와 무영전대학사(武英殿大學士)를 역임했다.

244) 여조양(呂調陽): 예부상서였고, 만력 연간 문연각대학사를 지냈다.

245) 고상서(高尙書): 고의(高儀). 융경 연간 예부상서와 문연각대학사를 지냈다.

246) 은상서(殷尙書): 은사담(殷士儋). 융경 연간 예부상서와 문연각대학사를 역임했다.

247) 왕시랑(王侍郞): 왕희열(王希烈). 융경 연간 예부우시랑(禮部右侍郞)과 좌시랑(左侍郞)을 연달아 지냈다. 시랑은 본래 상서의 속관이지만, 나중에는 점차로 지위가 높아져 명 · 청시대에는 상서와 같은 반열로 치부되었다.

248) 만시랑(萬侍郞): 만사화(萬士和). 왕희열과 마찬가지로 융경 연간 예부우시랑과 좌시랑을 역임했다.

249) 명의 세종(世宗)은 도교를 신봉하여 태상사(太常寺, 제사와 예악을 관장하던 중앙부서)의 인원들이 뒤죽박죽이었다. 당시 고의(高儀)는 상소를 올려 48명을 도태시키자고 주장한 적이 있는데, 아마도 이 일을 가리키는 듯하다.

250) 원외랑(員外郞): 상서 수하 각 사(司)의 차관. 이지는 1570년에서 77년까지 남경에서 형부원외랑을 지냈다.

251) 사상서(謝尙書): 사등지(謝登之). 융경과 만력 연간에 걸쳐 남경에서 형부상서를 지냈다.

바른 사람이니 나하고는 의당 알력이 있어선 안 되는 이들이었다. 하지
만 그들 두 사람은 모두 공명을 추구하기에만 바빠 청백함은 남보다 나
은 데가 없건만 스스로 어질다고 재는 것은 열 배나 더한 자들이었으
니, 내 어찌 그들과 충돌하지 않을 수 있었겠는가? 또다시 가장 괴로웠
던 일은 조상서²⁵³⁾와의 반목이었다. 조씨는 도학(道學)으로 유명한 사
람이다. 그러나 누가 알았으랴? 도학으로 이름난 사람일수록 나와는 더
심하게 삐거덕거릴 줄을. 마지막으로 군수²⁵⁴⁾가 되었을 때는 순무(巡
撫)인 왕응,²⁵⁵⁾ 수도(守道)인 낙문례²⁵⁶⁾와 틀어지게 되었다. 왕씨는 본
래 저질이라 거론할 필요도 없는 자이지만, 낙씨는 나와 서로 잘 알고
지내는 사이였다. 그는 유능하며 품행이 방정했고 학문이 있고 실천적
인 행실로 널리 이름난 사람이었다. 그러나 나와는 끝내 불화를 면할
수 없었으니, 그 이유가 무엇일까? 그의 지나치게 각박하고 엄격한 성
격은 끝내 충돌을 피할 수 없게 만들었던 것이다. 그 사람은 당초 나를
청렴결백하다고 존중하더니 나중에는 내가 무능하다 여기며 고의적으
로 나를 해치려 들었다. 그는 자기만 알고 남은 돌아볼 줄 모르는 그런
종류의 인간이었던 것이다. 자고이래 대현군자(大賢君子)라고 일컬어

---

252) 대리경(大理卿): 대리사(大理寺)는 형부에서 이송된 중죄인을 다시 심리하던
　　기관이며, 그 수장을 대리경이라 불렀다. 동전책은 융경, 왕종이는 만력 연간에
　　각각 남경의 대리사경(大理寺卿)을 지냈다.
253) 조상서(趙尙書): 조금(趙錦). 만력 연간 남경에서 형부상서를 지냈다.
254) 군수(郡守): 부(府) 단위 지방행정의 최고책임자. 이지는 1577년에서 80년까지
　　운남성에서 요안지부(姚安知府)를 지냈다.
255) 왕응(王凝): 만력 초기 운남의 순무를 역임했다. 순무(巡撫)는 원래 비상설 직
　　함으로 어쩌다 각지에 파견되어 민정·군정 순시를 담당했지만, 명대 중기부터
　　는 관중(關中)과 강남 등지를 전담하는 기관이 되었다. 나중에는 총독(總督)과
　　같은 지방의 최고 행정장관을 가리키게 되었다.
256) 낙문례(駱問禮): 만력 연간 운남성의 참의(參議)를 지낸 인물. 일찍이 황제에게
　　상소를 올려 열 가지 사안을 건의했다가 운남으로 폄적된 뒤 이지와는 줄곧 벗
　　으로 지냈다. 수도(守道)는 포정사(布政使, 한 성의 행정장관) 좌우의 참정(參
　　政)과 참의를 가리키는데, 감찰 담당의 순시관(巡視官)이었다. 분수도(分守道)
　　라고도 부른다.

지는 자들 중에는 왕왕 그런 경우가 많았다. 내가 일찍이 안타까운 심
정으로 낙씨에게 권유했던 말들이 아직도 기억난다.

"운남은 변방이라 오랑캐가 들끓기 때문에 법령을 철저히 집행하기
가 어려운 곳입니다. 하루 하루를 대과 없이 넘기면서 군대와 소수민족
들이 더불어 편안하면 그만인 것입니다. 이 땅에서 벼슬하면서 가족이
없으면 오래 버티기 어렵고, 가족을 데려오게 되면 만리 길을 고생하며
들어와도 언젠가는 또 허겁지겁 낭패해서 떠나야 합니다. 특별히 이 점
에 대해 유념하지 않으면 안 될 것입니다! 다만 한 가지라도 능력이 닿
으면 그 사람이 바로 현자인 것이니, 어찌 일마다 완벽하길 구할 수 있
겠습니까? 고발해오는 이만 없다면 당신은 그저 귀머거리나 벙어리처
럼 모른 체 넘겨버리십시오. 무엇 때문에 굳이 꼬치꼬치 캐묻는 것입니
까? 원래 청렴과 성실, 용왕매진하는 적극성은 자신에게나 요구할 덕목
이지 남에게 요구할 성질의 것들이 아닙니다. 만약 이를 가지고 남들을
질책하면 나 자신의 청렴과 능력도 미덕이 되지 못하는 법이지요. 하물
며 천하의 일들이란 그저 또 이렇게나 처리해야 마땅하지요!"

아아! 누가 알았으랴! 내 결국 이 일 때문에 낙씨와 틀어지게 될 줄을
말이다. 비록 서로 반목은 있었지만, 만약 누가 나더러 사람을 천거하
라 한다면 나는 반드시 낙씨를 첫 번째로 추천할 것이다. 이상이 내 한
평생 지나온 대강이다. 위로는 동방생[257]이 금마문에 은둔하여 만승(萬
乘)의 천자를 친구로 삼고 치욕을 감내하며 벼슬을 유희로 삼은 것만
못하였다. 가장 위로는 또 중용을 지킨 호광[258]이나 머리카락 검은 젊

---

257) 동방생(東方生): 동방삭(東方朔). 한나라 무제 때의 문사. 우스개를 통한 정치
　　풍자로 황제에게 즐겨 간언하였다. 『사기』 「골계열전」에 다음과 같은 기록이 보
　　인다. "술이 얼근해지자 동방삭은 땅을 짚고 노래를 불렀다. '물 없이도 빠져 죽
　　고, 세상을 피해 금마문으로 들어가네. 궁전 안에서 온 몸을 숨길 수 있는데, 어
　　째서 깊은 산 속 오막살이를 찾아갈까보냐'"(酒酣, 據地歌曰: '陸沈於俗, 避世金
　　馬門. 宮殿中可以避世全身, 何必深山之中, 蒿廬之下.') 금마문은 미앙궁(未央宮)
　　에 있던 관리들의 출입문인데, 문전에 청동의 말을 세워놓았기 때문에 그런 이
　　름이 붙었다. 무제는 학사들을 이곳에 근무시키며 고문(顧問)으로 충당하였다.

은 시절 벌써 고관대작에 오른 양나라 강총,[259] 오대(五代) 때의 재상 풍도[260]만도 못하였다. 나는 녹봉을 탐내 벼슬을 하면서도 치욕은 참지 못했으니, 호랑이 아가리 같은 벼슬길에서 구명도생한 것만도 천행이라 할 것이다! 다 늙은 이제 와서 처세의 나은 방도를 따져보지만 상관들과 반목한 이 한 가지만 놓고 보더라도 이미 상책은 아니었다. 너희들이 그런 사정을 어찌 헤아릴 수 있을꼬!

이리하여 나는 세상에는 세 종류의 사람만이 출가에 적합하다고 생각하게 되었다. 만약 이 세 가지 상황에 속하지도 않으면서 출가하는 경우가 있다면, 그것은 어려움에서 도피하는 경우가 아니면 먹고 살 방도가 없기 때문이다. 출가인의 한가함과 자유로움을 탐낸다 함은 자신의 게으름이나 만족시키자는 수작이니, 말할 가치조차 없는 일이다.

세 종류는 어떤 사람들일까? 세상에는 원래 매복[261] 같은 종류의 사람들이 있다. 삶을 고통으로 알고, 형상을 치욕으로 간주하며, 지혜를

---

258) 호광(胡廣): 동한 사람. 자는 백시(伯始), 남군(南郡)의 화용(華容) 출신으로 『후한서』「등장서장호열전」(鄧張徐張胡列傳)에 보인다. 삼십여 년 동안 여섯 황제를 모시면서 모두에게 우대를 받았다. 성품이 온유·겸손·근검·소박하며, 조정의 법령에 정통했고, 일처리가 노련하고 원활해 당시 경사에 다음과 같은 노래를 유행시켰다. "만사 풀리지 않으면 백시에게 묻고, 세상에 중용 잘 지키기론 호공이 계시네"(萬事不理問伯始, 天下中庸有胡公.)

259) 강총(江總): 남조 사람으로 자는 총지(總持). 문사에 밝았고 특히 오·칠언시를 잘 지었다. 양나라 때 태자중사인(太子中舍人)을 지냈고, 진(陳)이 들어서자 태자첨사(太子詹事)가 되었다. 후주(後主)가 즉위한 뒤 복야상서령(僕射尙書令)으로 승진했기 때문에 세칭 강령(江令)이라고 한다. 날마다 후주를 모시고 연락에 빠진 채 많은 염시(艶詩)를 지어 바쳤기 때문에 압객(狎客, 황제와 지극히 친밀하면서도 예법에 구애받지 않는 사람)이란 호칭이 있었다. 수(隋)나라가 들어선 뒤 강도(江都)에서 죽었다.

260) 풍도(馮道): 오대(五代) 사람. 자는 가도(可道)이며 문장에 뛰어났다. 네 왕조를 거치며 열두 황제를 섬겼고, 이십여 년 동안 재상을 지냈다. 충절에 전혀 개의치 않고 자칭 장락로(長樂老)라 부르면서 지은 글은 모두 자신의 부귀영화를 노래한 것들뿐이라 후인들은 그를 비루하게 여겼다. 하지만 이지는 그가 백성들 편에서 그들의 이익을 고려했고 전쟁과 살육을 면할 수 있게 한 점을 높이 평가하며 전형적인 대은(大隱)으로 추숭하였다. 권5 「공명이 후주를 위해 베낀 필독서」(孔明爲後主寫申韓管子六韜) 역주 참조.

병독으로 알고, 육체를 질곡으로 삼는 자들 말이다. 그들은 확실히 인생 자체를 쓸데없는 혹덩어리로 보기 때문에 벼슬을 버리고 홍애[262]나 옥사[263]지간에 은거하지 않을 수가 없다. 이들이 셋 중의 한 부류가 된다.

또 다른 종류로 엄광[264]·완적[265]·진단[266]·소옹(邵雍) 같은 무리가 있다. 이들은 만약 여상[267]이 문왕(文王)을 만나고, 관중[268]이 제나라 환공(桓公)을 만나고, 제갈공명이 선주(先主) 유비를 만나고, 부열[269]이 고종

---

261) 매복(梅福): 서한 말기 사람. 구강(九江)의 춘수(春壽) 출신이며, 자가 자진(子眞)이다. 일찍이 벼슬을 했지만 나중에는 집에 들어앉아 독서하며 양성(養性)에 열중했다. 성제와 애제 때 몇 번이나 상소를 올렸지만 용납되지 않고 왕망이 전권을 휘두르게 되자 사위인 엄광(嚴光)을 따라 부춘산에 은거해 신선이 되었다고 한다. 『한서』「양호주매운전」(楊胡朱梅云傳)에 보인다.

262) 홍애(洪涯): 산 이름. 상고시대의 신선 홍애 선생(洪涯先生)이 득도한 곳이라 한다. 강서의 신건현(新建縣) 서남쪽에 있다는 설과 호북성 함녕현(咸寧縣) 동남쪽에 있다는 설이 전한다.

263) 옥사(玉筍): 산 이름. 회계산(會稽山)의 한 봉우리로 절강성 경내에 위치했다.

264) 엄광(嚴光): 동한 초기 절강의 여요(餘姚) 사람. 자는 자릉(子陵). 유수(劉秀)와 동문수학한 적이 있는데, 그가 제위를 계승해 광무제가 되자 변성명하고 은거하였다. 유수가 여러 경로로 찾았지만, 그는 끝내 벼슬을 거부하고 부춘산(富春山)에 들어가 은거했다.

265) 완적(阮籍): 위진시대(魏晉時代)의 시인 겸 사상가. 자는 사종(嗣宗). 보병교위(步兵校尉)를 지냈기 때문에 완보병(阮步兵)이라고도 부른다. 사마씨 일가와 줄곧 불화했는데, 늘 만취상태에 빠져 있는 것으로 보신의 방법을 삼았다. 죽림칠현의 한 사람이고, 『완사종집』(阮嗣宗集)을 남겼다.

266) 진단(陳摶): 오대와 북송 초기의 도사로 자는 도남(圖南). 부요자(扶搖子)라 자칭하며, 무당산(武當山)과 화산(華山)에 은거하였다. 주(周)의 세종(世宗), 송의 태조와 태종이 모두 출사를 권했지만 완강히 거절하였다. 태종은 그에게 희이 선생(希夷先生)이란 호를 하사하기도 하였다. 『무극도』(無極圖)·『선천도』(先天圖) 등의 저서를 남겼는데, 그 학설이 송대 이학의 발전에 많은 영향을 끼쳤다. 원대 희곡인 『진단고와』(陳摶高臥)의 주인공이기도 하다.

267) 여상(呂尙): 태공망(太公望) 강자아(姜子牙). 흔히 강태공이라고 부른다. 사냥을 나갔던 문왕이 위수(渭水) 물가에서 칠십여 세의 그를 만나 국사로 삼았다. 훗날 무왕을 도와 은을 멸망시키고 제나라에 봉해졌다.

268) 관중(管仲): 춘추시대 초기의 정치가로 이름은 이오(夷吾), 자가 중(仲)이다. 법가사상의 초기 인물이다. 친구 포숙아(鮑叔牙)의 추천으로 환공에 의해 경(卿)으로 임명되고 또 중부(仲父)로 존칭되었다. 제나라 환공을 도와 춘추시대 첫 번째 패주(覇主)가 되게 한 인물이다.

(高宗)을 만난 경우처럼 자신의 가치를 인정받지 못하면 차라리 숨어버리고 세상에 모습을 드러내지 않는다. 그래서 공자는 이렇게 말씀하셨다.

너희는 평소에 늘 이렇게 말했다. "나를 알아주는 사람이 없구나." 만약 누군가가 너희를 알아주고 등용해준다면, 너희는 어찌하겠느냐?[270]

또 이렇게도 말씀하셨다.

팔자구나! 나는 좋은 값으로 매겨줄 이를 기다릴 뿐이다.[271]

이런 까닭에 공자는 돌아가실 때까지 벼슬하지 않고 은거하셨다.

세상에 도가 행해지면 벼슬을 하고, 도가 행해지지 않으면 은거한다.[272]

공자의 위와 같은 언급은 단지 거백옥[273] 등을 칭찬하여 하신 말씀에 불과하다. 공자 같은 양반은 자신의 값을 제대로 매겨주고 중용해줄 사람을 만나지 못한다면, 설사 세상에 도가 행해지고 있다 하더라도 절대 자신을 팔지 않을 분이다. 이들이 또 한 부류이다. 그러나 세상천지 어디에 자신을 알아줄 사람이 있던가? 하물며 진정으로 천하를 위해 자신

---

269) 부열(傅說): 은나라 고종(高宗, 즉 상나라 武丁)의 재상. 당초 부암(傅巖)에서 노예의 신분으로 노역에 종사하고 있었지만, 고종이 발탁하여 재상으로 삼았다.
270) 출전은 『논어』 「선진」(先進)편.
271) 『논어』 「자한」(子罕)편.
272) 『논어』 「위령공」(衛靈公)편의 다음 구절을 차용했다. "군자로구나, 거백옥은! 나라에 도가 있으면 출사하고, 나라에 도가 없으면 물러나 모습을 감출 줄 아는구나"(君子哉蘧伯玉! 邦有道, 則仕; 邦無道, 則可卷而懷之.)
273) 거백옥(蘧伯玉): 춘추시대 위(衛)나라의 대부. 공자가 위나라에 갔을 때 그의 집에 묵은 적이 있다.

을 알아줄 군주를 만나는 일일까보냐! 그들은 부득이 동굴과 낚시터와 소문산(蘇門山) 등지에 은거해야 했으니, 이런 곳이야말로 그들에게 딱 맞는 장소라 하겠다.

또 한 부류가 있으니, 바로 도연명[274] 같은 이들이다. 그들은 부귀도 탐내고 가난도 괴롭게 여긴다. 가난이 괴로워 걸식을 하면서도 이것이 부끄러워 또 이렇게 말한다.

남의 집 대문을 두드렸지만 말이 잘 나오지 않았다.[275]

부귀를 탐내는 까닭에 팽택령이 되고자 하였고, 또 그 때문에 하인 한 명을 아들에게 보내면서 말하였다.

너의 땔감하고 물 긷는 수고를 돕게 하노라.[276]

---

274) 도연명(陶淵明, 365~427): 도잠(陶潛). 자가 연명으로 동진(東晉)의 시인이었다. 일찍이 남에게 청탁을 넣어 팽택의 현령이 된 적이 있는데, 허리를 굽혀 상관을 맞이하는 비루함이 싫어 팔십 일 만에 그만두고 말았다. 만년에는 생활이 곤궁해 때때로 친척과 벗에게 손을 내밀어야 했다.

275) 출전은 도연명의 오언고시 「걸식」(乞食). 전문은 다음과 같다. "허기가 나를 내몰아, 어디로 가는지도 모른 채 걸었네. 걷고 또 걸어 이 마을에 이르렀고, 대문은 두드렸지만 말문이 막혀버렸네. 주인이 내 뜻 알아채고 보따리 챙겨주니, 어찌 헛걸음이겠나! 웃고 떠들다 날은 저물었고, 술잔이 돌 때마다 잔을 기울였네. 새로 지기를 얻은 즐거움에 노래는 절로 시가 되었지. 배고픈 이 먹여준 은혜는 감사하지만, 한신의 재주가 없는 나는 부끄럽기만 하네. 가슴에 새겨두지만 또 어떻게 보답할꼬? 저승 가서도 그 은혜 잊지 않으려네"(飢來驅我去, 不知竟何之; 行行至斯里, 扣門拙言辭. 主人解余意, 遺贈豈虛來. 談諧終日夕, 觴至輒傾杯; 情欣新知歡, 言詠遂賦詩. 感子漂母惠, 愧我非韓才; 銜戢知何謝, 冥報以相貽.)

276) 출전은 양나라 소통(蕭統)의 「도연명전」(陶淵明傳). "(도잠은) 팽택령이 되어서도 집안일에 신경쓰지 않았다. 그는 하인 한 명을 아들에게 보내면서 편지에다 이렇게 썼다. '네가 날마다 해야 할 일을 혼자서 감당하기는 어려울 것이다. 이제 일손 하나를 네게 보내 나무하고 물 긷는 수고를 돕게 하노라. 이 사람도 역시 사람의 아들이니 잘 대해주기 바란다'"((潛)爲彭澤令, 不以家累自隨. 送一力給其子, 書曰: '汝旦夕之費, 自給爲難, 今遺此力助汝薪水之勞. 此亦人子也, 可善遇之.')

하지만 상관에게 허리 굽혀야 하는 상황을 참지 못하는 그 성질은 또 어쩌란 말인가? 이 때문에 그는 결국 팔십 일 만에 「귀거래사」(歸去來辭)를 읊고 말았으니, 이들이 또 한 부류의 은자라 하겠다.

여기까지 써내려갔을 때, 마침 곁에서 먹을 갈고 있던 회림(懷林)이 물었다.

"스님께서는 이 세 부류 가운데 어디에 드시는지요?"

내 대답은 다음과 같았다.

"그 질문 참으로 절묘하구나! 매복과 장주(莊周)처럼 인생이 쓸데없는 고통이라고 보는 견해라면, 나는 갖고 있지 않다. 기필코 자신을 알아줄 주군을 만난 뒤라야 출사하는 사람이라면 반드시 온 세상을 뒤덮는 참다운 재능이 있어야 하는데, 내게는 그런 재주가 없구나. 그러므로 그들과 같은 견해도 지니고 있지 않다. 그렇다면 남는 것은 오직 도연명뿐이지 않겠느냐?"

무릇 도연명의 맑은 심성은 천고에 영원히 전해질 것이니, 내가 또 어떤 사람이라고 감히 그와 비견되어 일컬어지겠는가? 하지만 세상의 간섭과 속박을 받지 않겠다는 진실한 마음 하나만은 우연히도 도연명과 일치하였다. 내 어찌 감히 천리마의 꼬리에 달라붙은 쉬파리(附驥)[277]처럼 그의 명성에 빌붙겠는가!

이상 여섯 가지로 당부사항을 적었다. 마지막 부분에 이르러선 다시 실의에 빠지면서 서글퍼 흐느끼게 되니, 나의 언사가 아무것도 돌아보지 않은 것을 알 수가 있구나! 너희들에게 권고하나니, 내가 죽었다 해서 절대로 울거나 슬퍼하지 말라. 그런데도 내 말이 다시금

---

277) 부기(附驥): 부기미(附驥尾)의 준말. 『사기』 「백이열전」(伯夷列傳)에 "안연이 비록 열심히 공부하긴 했지만 천리마 꼬리에 매달린 덕분에 그 행실이 더욱 널리 알려졌다"(顏淵雖篤學, 附驥尾而行益顯.) 하는 구절이 나온다. 사마정(司馬貞)은 색은(索隱)에서 안회가 공자로 인해 이름이 더욱 떨쳐졌다는 의미로 풀이했는데, 훗날에는 일반적인 겸사로 쓰이게 되었다.

슬퍼지고 있으니, 진실한 뜻과 마음이란 정녕 자신도 어찌할 수 없는 것이기 때문이겠지. 나는 너희들이 슬퍼하지 않기를 바란다. 그리고 또 너희들이 마음으로만 슬퍼하길 바란다. 마음만으로 슬퍼하는 것이 진정한 슬픔이니라. 진정한 슬픔은 스스로 억누르기 어려우니, 어찌 남들이 그치게 할 수 있겠느냐?

## 외로운 밤의 정담 寒燈小話

### 첫 번째 이야기

구월 열사흗날 밤, 대인[278]은 호흡이 가빠지는 병세에 시달리며 밤이 이슥하도록 홀로 앉았다가 아무개 등을 향해 말을 꺼냈다.

"구탄지(丘坦之)가 이번에 가더니 아예 오지를 않는구나."

말이 채 끝나기도 전에 그의 얼굴에선 빗방울 같은 눈물이 줄줄 흘러내렸다. 아무개는 대인에게 너무 상심하지 말라고 위로하다가 그를 달랠 요량으로 시정의 유행어를 입을 담았다.

"이 세계는 정말 서글픈 곳입니다. 천지가 이렇게나 넓은데 좋은 사람은 어디서고 찾아보기 어려우니 말입니다. 대인께서는 너무 상심하지 마십시오. 옛날부터도 상황은 줄곧 이와 같았으니, 오늘이라 해서 어찌 탓할 바이겠습니까! 제가 헤아리건대 그 사람은 떠났지만 세상천지 아무 데도 지기(知己)가 없으니 반드시 돌아올 때가 있을 것입니다."

그 말에 대인은 되는 대로 응수하였다.

"네 말은 옳지가 않구나. 그 사람은 총명한데다 재주가 넘치니 도처에서 많은 사람을 만날 테고 사랑도 받을 것이다. 다만 안타까운 것은 한 번 떠나더니 너무나 무정하단 말이야. 이 노인네가 밤낮으로 기다리

---

278) 대인(大人): 덕행이 높고 뜻과 지향이 심원한 사람. 노인이나 장자(長者)에 대한 경칭으로 여기서는 이탁오 자신을 가리킨다.

기 어려워하는 줄은 전혀 생각도 않는구나."

보름날 밤 다시 누군가 말하는 소리를 듣자하니, 일로(一老) 선생이 특별히 구탄지의 집까지 찾아가 형주(荊州)의 원생(袁生)을 예방하고 또 초청장까지 직접 갖고 가서 그를 초대했단다. 그런데 원생은 예방을 받고도 답례하지 않았고 부름에도 응하지 않았다고 하였다. 구탄지는 또 일로 선생과 집안끼리 내왕하는 사이였지만 그 또한 원생과는 이 일을 상의조차 하지 않았다는 이야기였다. 곁에 있던 사람들은 서로를 돌아보며 해괴하게 여기지 않는 이가 없었다. 다들 구탄지와 원생 같은 이는 이 세상에 존재한 적이 없는 인간들이란 반응이었다. 대인이 입을 열었다.

"원생은 단지 인간세상의 예법을 몰랐던 탓에 사람들의 노여움을 사게 되었고, 그 때문에 떠돌다 여기까지 흘러온 처지였다. 그런데 지금 또다시 사람들의 책망을 받고 있으니, 원생은 어디로 도피해야 한단 말인가? 쯧쯧! 원생이 난처한 지경에 처하게 됐구나. 어찌해야 죄를 없앨 수 있을꼬!"

젊은 사미승 회림(懷林)이 곁에 있다가 빙그레 미소지으며 말문을 열었다.

"원씨네와 구씨네는 틀림없이 이제 막 인간세상에 내려온 천상인(天上人)일 겁니다. 그래서 인간세상의 일은 살피지를 않는 것이죠. 만약 그들이 이 세상 사람이라면 어찌 세간의 예법을 살피지 않을 이치가 있겠습니까?"

아무개는 회림의 말이 매우 그럴싸하다고 맞장구를 쳤다. 대인이 말을 이었다.

"회림의 말이 옳구나. 다만 천상의 사람인 까닭에 인간세상의 일은 잘 모르는 것이다. 이런 연유로 세상 사람들이 능히 아는 바를 천인(天人)들은 알지 못하고, 세상 사람이 능히 행할 수 있는 바를 천인들은 행하지 못하는 것이겠지. 이런 까닭에 그들을 일컬어 천인이라 부르는 것이고. 세상 사람들이 알 수 있고 행할 수 있는 바라도 천인들이 알지 못

하고 행하지 못한다면, 천인들이 아는 바를 세상 사람들도 결코 알 리가 없으며 천인들이 행할 수 있는 바 역시 세상 사람들이 결코 행하지 못할 것이다. 천인들이 알지 못하고 행하지 못한다는 이유로 그들을 흠모하면서 한편으론 이 세상 사람이면 누구나 아는 지식과 행동을 기준 삼아 그들을 책망한다면, 이는 세상의 지식과 행동을 기준으로 인간을 책망하면서도 한편으론 그들에게 천인과 똑같이 알지 못하고 행하지 못하기를 요구하는 격이 된다. 이 어찌 어려운 일이 아닐 것이냐! 그리 되면 천인은 천인으로서의 자격을 잃어버릴 뿐 아니라 세상 사람들 또한 세상 사람으로서의 자격을 잃어버리게 되니, 이는 너무 지나친 요구인 것이다. 나는 차라리 이렇게 생각한다. 천인만 알고 천인만 행할 수 있는 바에 대해선 너그럽게 넘겨서 그와 좋게 지내도록 하고, 그가 모르고 행할 수 없어 세상 사람만 못한 바는 아예 덜어내고 양자를 다 구비하란 요구는 하지 않는 편이 낫겠다고 말이다."

이렇게 해서 당시의 감상을 시 세 편으로 읊게 되었는데, 그것으로 비판자들의 혼란을 덜어주고자 한다.

갓 세상에 내려온 천인이 아니라면
어떻게 세상 예절 모를 수가 있을까?
세상 예절 살피는 것이야 어렵지 않다오.
자네가 와서 내가 가면 예절을 아는 것이지.

인간세상 예절을 알지도 못하면서
어쩌자고 이 세상에 발길을 디밀었나?
그대 가슴속에 구슬이 수만 말 들었더라도
머리통 땅바닥 닿게 백 번 절함만 못한 걸세.

지난해에 갓 결혼한 신랑이 있었네.
두 군데를 왔다갔다 뛰며 너무나도 바빴지.

한다는 짓이라곤 청소하고 치우는 것인데
바보는 되려 신랑더러 대단하다 말하네.


### 두 번째 이야기

이날 밤 회림은 곁에서 시봉을 들다가 고양이가 걸상 아래 웅크린 것을 발견하더니 이렇게 말했다.

"이 고양이가 날마다 고깃점 붙은 뼈다귀 몇 덩이를 얻어먹더니 스님이 저를 귀여워하는 줄 알았나 봅니다. 언제나 스님 의자 언저리에 웅크리고 앉아 떠나질 않네요."

화상(和尙, 이탁오)이 탄식하며 말을 받았다.

"사람들 말에 의리가 없기론 고양이가 제일이라던데, 지금 녀석에게 먹이를 주고 돌봐준 경우를 보니 놈도 정이 붙어 떠나가질 않는구나. 이를 보면 고양이는 의리가 있는 동물이야!"

회림이 말했다.

"요사이 남을 욕하는 자들은 짐승이나 개를 들먹이거나 강도를 예로 들며 욕설을 퍼붓습니다. 욕하는 사람이 그것을 대단한 욕으로 생각하는 까닭에 욕먹는 사람도 절로 심각하게 받아들이는 판국이지요. 아이! 이 말이 사람에 대한 욕인 줄 대체 누가 알겠습니까! 세상에서 의롭다고 일컬어지는 존재 중에 사람보다 더한 것은 없습니다. 보시죠. 사람이 위엄과 예의를 갖춰 말을 뱉고 기염을 토할 때면 그 얼마나 아름답던가요! 남을 불쌍히 여기고 어여삐 여기는 모양을 보면 또 얼마나 절실하고 지극한지요! 그래도 한 가지만큼은 짐승이나 개, 강도보다 못한 점이 있다고 하겠습니다. 원래 세상에 태어나 강도가 되는 자들은 두 종류가 있습니다. 하나는 관가의 핍박에 쫓기고 원통한 마음을 풀 길이 없어 급기야는 어디론가 도망쳐버리는 부류입니다. 다른 하나는 재주와 힘이 넘쳐서 남의 밑에 있기가 싫은 자들이지요. 만약 누구 하나라도 그들의 재주를 아껴 능력발휘가 가능한 자리에 발탁만 해준다면, 그들은 반드시 자신의 몸을 바쳐 보답할 것이고 은혜를 잊지 않을 것입니

다. 그렇다면 강도를 들어 사람을 욕하는 것은 그 사람을 욕하는 게 아니라 도리어 칭찬하고 찬미하는 행위가 되고 맙니다. 개는 비록 사람의 종이지만 의리만큼은 유난히 강해 주인을 보호할 줄 알고 내쫓아도 떠나가지 않습니다. 먹을 것을 주지 않아도 개는 또 성내지 않고 스스로 똥을 찾아 먹으며 주변을 맴도는데, 이른바 '개는 가난한 집을 싫어하지 않는다'는 속담 그대로지요. 이제 개를 들어 사람을 욕한다면, 그것이 또 어찌 마땅하다 하겠습니까? 제가 보기에는 개를 갖고 사람을 욕할 게 아니라 반대로 사람을 갖고 개를 욕해야 되지 싶습니다. '노'(奴)라는 글자를 한 번 보시지요. 다른 사람의 부림이나 받을 뿐 남을 부리기엔 부족한 자들을 일괄해 노예라고 부릅니다. 이 세상에 언제 남을 부릴 줄 아는 사람이 있었습니까? 군왕들 중에도 한(漢)나라에 오직 효고(孝高)·효문(孝文)·효무(孝武)·효선(孝宣)[279]이 있었을 뿐 그 나머지는 모두가 노예였습니다. 그렇다면 노예야말로 사람의 본질에 합당한 호칭이라 할 판에 그것을 도리어 남들의 화나 돋구는 데 쓰는 것은 무슨 까닭일까요?"

화상이 말했다.

"짐승·가축·강도·개가 모두 사람을 욕하기에 부족하다면 응당 어떤 것이라야 사람을 욕하기에 합당하다 할꼬?"

회림은 마침내 뱀이며 호랑이 따위를 수십 종류나 거명했지만 하나같이 사람을 욕하기엔 적당치 않았다. 그들은 한밤중이 될 때까지 논의를 그치지 않았지만 결국은 한 가지도 찾아낼 수가 없었다. 마침내 화상은 장탄식을 내뱉고 말았다.

"오호라! 보기 좋은 것도 사람이고 어울리기 좋은 것도 사람이다만 그 시커먼 뱃속만은 도무지 들여다볼 수 없고 들어갈 수도 없구나!"

회림이 그 말을 받았다.

---

279) 효고는 한나라의 고조(高祖) 유방(劉邦), 효문은 문제(文帝) 유항(劉恒), 효무는 무제(武帝) 유철(劉徹), 효선은 선제(宣帝) 유순(劉詢)을 가리킨다. 이들은 모두 서한 시절 법가 노선을 실행한 황제들이다.

"과연 그 말씀대로라면 사람은 진정 형용하기 어려운 존재입니다. 세상에서는 인두겁이 개뼈다귀를 감싸고 있다고들 말하지만, 저는 개가죽이 사람 뼈를 휘감고 있다고 말하렵니다. 이 욕은 어떻게 생각하십니까?"

화상이 말했다.

"그것도 사람을 욕하기엔 부족하구나."

그들은 마침내 자리를 털고 일어나 잠자러 갔다.


### 세 번째 이야기

암자살림을 맡은 공양주 승려는 매일의 식사를 전부 성 안팎의 인가에서 공급하는 동냥밥으로 해결하는데, 먹고 남은 나머지는 따로 챙겨뒀다가 오가는 지역승려들이나 도반에게 제공하곤 하였다. 이날 도반 중의 한 사람이 또다시 찾아와 밥을 더 달라고 요구하자, 공양주 승려는 화가 난 나머지 욕설을 그치지 않았다. 대인이 시끄러운 소리를 듣고 아무개 등에게 일렀다.

"밥이야 주기 싫으면 안 줘도 그만인데 어찌하여 모욕과 욕설이 저리 심할꼬? 하물며 동냥밥의 나머지 따위를 갖고!"

이렇게 해서 상지(常志) 등의 승려에 대한 논평이 시작되었다.

"상지는 매번 돈과 물자를 얻어오기만 하면 곧바로 탕진해버리곤 한다. 이는 도반에게 욕설을 퍼붓는 인색한 공양주 승려와 비교하면 그래도 나은 편이겠지. 게다가 상지 등은 평소에도 자신이 재물을 가벼이 여기고 보시를 좋아해 공양주의 열 배 몫은 감당할 수 있다고 자처하는 판이니."

아무개가 그 말을 듣고 끼여들었다.

"그 말씀은 옳지 못하십니다. 그들은 기껏해야 서로 백중지간에 불과할 뿐이요. 공양주가 도반을 욕한 것은 지나치게 인색한 성정 때문이지요. 그는 다만 시주를 위해 남은 밥을 아까워할 줄만 알았지 그들을 위해 널리 복을 쌓을 줄은 몰랐습니다. 그저 밥동냥이 어려운 줄만 알

아 자기 제자나 배부르게 만들려 했을 뿐 욕을 먹는 고초가 되려 부처
님의 마음을 아프게 한다는 사실은 몰랐습니다. 이는 지나친 인색함이
빚어낸 결과지요. 상지 같은 녀석들은 명색[280]을 빌려 남의 돈을 우려
내는 짓이 대단히 쉬운 줄만 알았지 명색을 빌려 몇 차례씩 사람들에게
돈을 요구하는 것이 그들을 얼마나 난감하게 만드는 줄은 모릅니다. 더
군다나 타인의 돈으로 선심을 쓰고 남의 재물을 낭비하는 행위는 인정
에도 맞지 않으려니와 자신에게도 전혀 의미가 없는 짓 아닙니까? 이는
지나친 낭비가 빚어낸 잘못이라 하겠습니다. 낭비와 인색함은 둘 다 옳
지 못하니, 어떻게 상지가 낫다고 칭찬할 수 있겠습니까?"

대인이 말했다.

"자네의 말대로라면 재물을 가벼이 여긴다는 명성은 아름답지 않단
말인가? 저들은 정녕 재물을 가벼이 여긴다는 말을 선망한 연후 그리
처신하는 자들일세."

아무개가 말을 받았다.

"아이구! 그게 다 무슨 말씀입니까! 옛날 말씀에도 재물을 가벼이 여
기는 자는 반드시 의리를 중시한다 했으니, 까닭 없이 재물을 낭비하는
자는 있지 않았지요. 그러므로 의리를 중시하는 자는 반드시 재물을 경
시했고, 재물을 경시하는 자는 의리를 중히 여겼지요. 이런 까닭에 '재
물을 가벼이 여기고 의리를 중시하라'는 말과 '재물을 뿌려 친구를 사
귀라'는 말이 생겨났던 것입니다. 그러므로 범순우[281]가 보리를 가득
실은 배를 넘긴 것은 석만경[282] 때문입니다. 만약 석만경이 아니었다면

---

280) 명색(名色): 보통은 명의·명목·명칭 따위를 지칭하지만, 불교에서는 오온(五
蘊)의 총칭으로 사용하기도 한다. 여기서는 부처님의 이름을 빌려 시주를 구한
다는 뜻으로 쓰였다.

281) 범순우(范純佑): 송대 사람으로 범중엄(范仲淹)의 장남. 자는 천성(天成). 성정
이 영특하고 절행(節行)을 숭상하였다. 효성이 지극해 부모 곁을 떠나지 않았고
과거에도 응시하지 않았다 한다. 『송사』 권314와 『송원학안』 권3에 보인다.

282) 석만경(石曼卿): 석연년(石延年). 송대의 송성(宋城) 사람. 자는 만경. 기상과
절개에 심취하여 세상사에 등한했으며, 문필이 강건했고 특히 시에 능했다. 진

그는 보리 한 톨도 함부로 낭비하지 않았을 것입니다. 노자경[283]이 삼천 석의 쌀이 든 창고를 넘긴 것은 주공근[284] 때문이니, 공근이 아니었다면 그는 쌀 한 톨도 함부로 낭비하려 들지 않았을 것입니다. 공근을 위하여 사람을 모아야 하는 까닭에 재물을 뿌렸고, 석만경을 위해 의리를 지켜야 했던 까닭에 재물을 경시했던 것이지요. 지금 사람들은 남의 돈과 재산을 뜯어내 흙처럼 낭비해버리는데, 그것이 어찌 왕업을 꾀하고 패권을 도모하며 사람을 모으는 데 사용되는 것이겠습니까? 그게 아니면 재난 구휼에 대한 솟구치는 의로움을 억누를 수 없어 그러는 것일까요? 결국은 주색에 대한 욕구를 풀고 사납고 간특한 노복의 탐욕이나 키우는 것에 불과한데, 하도 어지러워 정리가 되지 않고 나약한 나머지 감히 밝혀내지 못할 따름인 것입니다. 조정의 부름을 기다리는 큰 현인

---

종(眞宗) 때 대리사승(大理寺丞)을 지내면서 장헌태후(章獻太后)가 정치에 복귀하라는 상소를 올리기도 했고, 태자중윤(太子中允)으로 있을 때는 변방의 경비를 강화해야 한다고 주장하기도 했다. 극단적인 호주가로 세칭 주선(酒仙)이라고 일컬어지며, 소순흠(蘇舜欽)·매요신(梅堯臣) 등과 나란히 이름을 날렸다. 『송사』 권442에 보인다.

283) 노자경(魯子敬): 노숙(魯肅, 172~217). 자는 자경이고, 임회동성(臨淮東城, 지금의 안휘성 定遠) 사람이다. 처음에는 원술(袁術)의 부하였다가 훗날 손권(孫權)에게 귀순하였다. 강동(江東)을 할거하고 형주(荊州)를 겸병하여 중원의 변화를 살피자고 주장해 손권의 총애를 받았다. 조조가 형주로 남하하자 유비와 연합하고 주유를 도와 조조의 군대를 적벽에서 대파하였다. 주유가 죽은 뒤에는 그를 대신하여 군대를 이끌었고, 벼슬이 한창태수(漢昌太守)와 횡강장군(橫江將軍)에 이르렀다.

284) 주공근(周公瑾): 주유(周瑜, 175~210). 자는 공근, 여강서(廬江舒, 지금의 안휘성 舒城) 사람이다. 어려서부터 손책(孫策)의 친구인지라 그를 따라 종군해 공을 세우고 건위중랑장(建威中郎將)에 임명되었는데, 당시 24세의 젊은이인 그를 사람들은 주랑(周郎)이라 불렀다. 손책이 죽은 뒤 장소(張劭)와 함께 손권을 보좌해 전부대독(前部大督)이 되었다. 건안 13년(208) 조조가 남하하자 노숙과 더불어 항전을 주장했고 적벽에서 조조 군대를 대파하였다. 벼슬이 편장군(偏將軍)과 남군태수(南郡太守)에 이르렀다. 손권에게 서쪽으로 익주를 취하고 북으로 한중(漢中)을 거두라고 건의했지만 계획이 미처 실행되기 전에 병들어 죽었다. 음악에 정통하여 무슨 음악이든 잘못이 있으면 반드시 지적해냈으므로 당시 "곡조가 틀리면 주랑이 되돌아보네"(曲有誤, 周郎顧)라는 노래가 유행하기도 하였다.

의 밥값에라도 언제 한 푼 보태진 적이 있기나 하던가요! 이처럼 방종한 욕구에 낭비하면서 재물을 경시한다는 핑계를 댄다면 천하의 부랑아들은 모두 재물을 깔보는 대장부가 되고 마는데, 그럴 바엔 오히려 과도한 인색함만도 못하다 하겠습니다. 그래서 '낭비보다는 차라리 인색한 편이 낫다'고 말하는 것입니다."

### 네 번째 이야기

구월 스무이렛날 회림이 장자(長者, 이탁오)를 모시고 서성(西城)으로 유람을 나가면서 만수사(萬壽寺) 쪽으로 방향을 잡았다. 이 절에는 아는 승려가 있어 장자는 매번 유람을 나갈 때마다 반드시 방장(方丈)에 들르곤 하였다. 이날은 갑자기 폭우가 몰아쳤는데, 그 기세가 마치 하늘이라도 와르르 쏟아질 것처럼 대단했다. 장자는 어느 이름난 선비의 집 대문 아래서 비를 피했다. 차 한 잔 마실 겨를도 채 되지 않아 비는 그쳤지만 평지는 온통 물바다가 되어 배가 둥둥 떠다녀도 될 정도였다. 회림이 장자에게 아뢰었다.

"이번 갑작스런 폭우로 물이 아직 빠지지 않았습니다. 차라리 집 안에 들어가 잠시만 앉아 계시다가 물이 빠진 뒤 출발하는 것이 더 낫겠습니다."

장자는 집 안으로 들어가 중당(中堂)에 올라앉았다. 그때 노복이 나타나더니 당장 안채로 손님이 들었다는 소식을 전하려고 하였다. 장자는 황급히 그를 제지시키면서 말했다.

"알리지 말게! 내가 비를 피하려 여기까지 왔지만 한 시각만 임시변통으로 앉았다 갈 셈이니, 부디 알리지 말아주게나! 통보하지 않으면 한 시각은 더 머물 수 있지만, 안으로 기별이 들어가 주인이 나오면 나는 차 한 잔만으로 일어서야 되네."

때마침 우연히 집 안에서 나오던 할멈 하나가 장자를 발견하더니 저도 모르게 고함을 내질렀다.

"이분은 탁오 나리시잖아, 왜 빨리 기별을 넣는 거야!"

그녀는 곧장 몸을 돌려 안채로 들어가면서도 입으로는 여전히 소리를 지르고 있었다.

"탁오 나리께서 중당에 납시어 계신다. 빨리 알려드려라! 빨리 알려드려라!"

이리하여 주인이 나오게 되었고 자리가 다시 마련되었다. 하지만 차 한 잔을 다 마시기도 전에 장자는 정말로 몸을 일으켰다. 가는 도중에 장자가 회림에게 물었다.

"어떻게 이 집안의 부녀자들이 죄다 이탁오를 알아보는가?"

회림이 대답했다.

"애오라지 부녀자들은 다 알아보는데 사내라고 생긴 것들은 하나같이 알아보지 못하더이다. 이 집안의 남자들은 장자를 뵙더니 모두 눈살을 찌푸리던 걸요."

"네 말대로라면 그들은 오히려 부인네만도 못하다는 것이냐?"

"그렇지는 않습니다. 남자들은 장자를 뵙는 데 익숙해 있어 심상하게 보았고, 이 노부인은 느닷없이 뵈었다는 차이뿐입니다. 느닷없이 본 까닭에 '참으로 뜻밖이란 생각'(希有想)과 '기뻐 들뜬 마음'(歡喜想)이 발생한 것이지요. 장자님께서 이것이 과연 일상적인 일인지 희귀한 일인지 생각해보시기만 한다면 제게 물어볼 필요가 없으실 겁니다. 남자가 부인네만도 못하다는 말씀인즉슨 틀렸습니다."

장자가 말했다.

"네 말이 옳구나! 네 말이 옳아!"

그들은 빠른 걸음으로 만수사에 갔고 그곳의 중과 회동했다. 중은 장자에게 글씨를 써달라는 부탁을 해왔다. 몇 장이나 되는 글씨를 다 써주고 나니, 이번에는 그의 제자가 또 연구[285]를 부탁해왔다. 연구의 내용은 다음과 같았다.

---

285) 연구(聯句): 작시방법의 일종. 두 명 혹은 여러 명이 각자 한 구절이나 몇 구절씩 지은 뒤 합쳐서 한 편을 이룬다. 한나라 무제와 여러 신하들이 합작한 「백량시」(栢梁詩)에서 비롯되었다고 한다.

승가는 세속이고
세속은 승가이니
좋은 도량이로다.
너는 네가 되고
나는 내가 되어
다함께 유희에 든다.

이날 밤은 비가 그치지 않고 내렸는데, 빗방울이 마치 수레바퀴처럼
굵었다. 흠뻑 젖은 가마를 타고 귀로를 재촉하던 장자가 별안간 가마
위에서 큰 소리로 부르짖었다.
"네가 보기에 너와 내가 빗속에서 함께 벌인 유희가 어떠하냐?"
회림이 대답했다.
"진실로 유희삼매(遊戲三昧)의 경지에 들었다고 이를 만합니다. 크
나큰 신통[286]이 장자님을 번뇌에서 벗어나게 했군요!"


## 『옥합기』[287]를 읽고 玉合

이 연극 또한 하고많은 곡절이 있지만 정작 중요한 곳에 이르러선 느

---

286) 신통(神通): 범어 Abhijñā의 의역으로 신통력(神通力) 혹은 신력(神力)으로 번
　　역하기도 한다. 부처와 보살, 아라한 등이 수지선정(修持禪定)을 통해 얻게 되
　　는 신비한 법력(法力)을 일컫는다.
287) 『옥합기』(玉合記): 명대 매정조(梅鼎祚)가 지은 전기(傳奇) 극본. 『급고각육십
　　종곡』(汲古閣六十種曲)의 여섯 번째 책에 보인다. 원작은 당대의 전기 「유씨전」
　　(柳氏傳)으로 대강의 줄거리는 다음과 같다. 자가 군평(君平)인 시인 한익(韓
　　翃)은 지기 이왕손(李王孫)의 집에서 그의 첩 유씨(柳氏)를 보고 열렬히 사모하
　　게 된다. 유씨 또한 그를 사모하니, 사정을 알게 된 이왕손은 많은 재물과 하인
　　을 딸려 그녀를 한익에게 시집보낸다. 훗날 안사의 난이 일어나 후희일(侯希逸)
　　의 막료로 종군하게 된 한익은 유씨와 헤어지고 난 몇 년 뒤에야 그녀가 번장(番
　　將) 사타리(沙吒利)의 수중으로 넘어간 것을 알았다. 후희일의 부장인 우후

슨하고 산만해져 본연의 아름다움을 제대로 살리지 못하고 있다. 그러나 이 역시 아취를 모르는 탓이라고 말하지 않을 수 없구나. 한군평이 유희(柳姬)를 만난 것은 그 자체로 몹시 신기한 사건이다. 하지만 이왕손과 허준이란 두 기인을 만나지 못했더라면 제아무리 기이하다고 떠들어댄들 역시 헛수고에 지나지 않는다. 이를 두고 옛날 사람들은 인연이 닿지 않았다며 원망하고 탄식하여 마지않았다. 바야흐로 군평은 유희를 손에 넣지 못하고 있다가 터럭 한 오리만큼도 힘들이지 않고 그녀를 차지하였으니, 이왕손의 기이한 안목은 천 년의 세월이 흘러도 필적할 이가 없을 것이다. 군평은 유희를 잃어버렸을 때도 한시나마 힘들이지 않고 그녀를 다시 데려올 수 있었으니, 허중승(許中丞)의 기묘한 행사는 천 년 이래 오직 곤륜노(崑崙奴)만이 자웅을 가릴 수 있을 뿐이다. 오호라! 세상에 군평처럼 기이한 일을 당한 자가 어찌 또 적다 할 것인가! 오직 기인을 만나지 못한 탓에 막판에 가선 둘 다 서로 다른 땅에서 원한을 품은 채 죽게 되는 것이 비감할 뿐이로구나! 그런데 군평은 미인을 너무 쉽게 얻은 까닭에 잃기도 쉽사리 잃었다. 허준이란 비범한 호걸이 아니었다면 어떻게 다시 유씨를 손에 넣을 수 있었을꼬? 이는 허중승이란 인물이 더한층 기이해지는 까닭이라 하겠다.


## 「곤륜노」[288]를 읽고 崑崙奴

허중승은 일시적인 계교로 유희를 데려와 옥합이 다시 합쳐지도록

---

(虞侯) 허준(許俊)이 사정을 알고 단신으로 사타리의 집을 찾아가 계교로 유씨를 빼오니, 두 사람은 다시 합쳐서 살게 된다.

288) 「곤륜노」(崑崙奴): 원래는 부잣집에서 부리던 남해(南海, 지금의 말레이시아나 자바 등지를 가리킴) 출신의 노복을 일컫는 말이지만, 여기서는 당나라 배형(裴鉶)이 지은 전기소설을 가리킨다. 곤륜노 마륵(磨勒)이 최생(崔生)을 등에 업고 곽자의(郭子儀) 집안의 십여 겹 담장을 뚫고 들어가 시녀인 홍초(紅綃)와 재회

주선했고, 곤륜노가 힘으로 시녀 홍초(紅綃)를 데려올 때는 겹겹의 관문도 그를 막을 수는 없었다. 이들은 모두 세상의 위급함을 돕는 유용한 사람들인 까닭에 협객이라고 일컬어진다. 충신은 충(忠)을 찬미하므로 넘어진 자는 일으켜 세우고 위급한 자는 부축하며 아홉 번 죽더라도 후회하지 않는다. 지사는 의(義)를 아름다이 여기므로 어려움에 처해도 스스로 떨쳐 일어나고 죽음이 닥쳐도 딴 마음을 품지 않는다. 시대와 장소를 불문해 세상이 협객을 대우하지 않고 멋대로 방치해버리면 끝내 그들의 능력을 이용할 수가 없었다. 혹은 그들이 협객인 줄도 알아보지 못해 경솔히 내팽개치고 말았으니, 협객 역시 누군가를 위해 죽음을 무릅쓰거나 봉사하려고 들지 않았다.

협사가 소중한 까닭은 그들이 재주와 지략을 겸비했으면서도 죽기를 무서워하지 않고 일을 성사시키기 때문이다. 만약 죽더라도 일을 성사시킬 수만 있다면 죽음이 정녕 어려운 일은 아니거니와, 육신을 죽이고도 일을 이루기에 부족하다면 그들이라 해서 어찌 또 목숨을 함부로 내버리려 들겠는가! 관고[289]는 반드시 장왕[290]을 구출하려 하였다. 그처럼 장왕의 목숨을 확실히 구명한 다음 목을 따고 죽은 이가 바로 위의 부류에 속한다. 곤륜노처럼 주인의 소망을 이룰 수 있고 주인의 몸을 온전히 보호할 수만 있다면, 노복으로서의 염원은 다 성취한 것이다.

---

시킨 뒤 그들의 도주를 돕는 것이 대강의 줄거리이다. 나중에는 남의 혼인을 열심히 도와주는 사람을 지칭하는 대명사가 되었다.

289) 관고(貫高): 한대 사람으로 조왕(趙王) 장오(張敖)의 재상.『사기』「장이진여열전」(張耳陳餘列傳)과『한서』권32에 보인다.

290) 장왕(張王): 장오(張敖). 한나라 사람으로 장이(張耳)의 아들이다. 아버지가 죽자 뒤를 이어 조나라의 왕으로 등극하고 고조(高祖)의 장녀 노원(魯元) 공주의 배필이 되었다. 고조가 평성(坪城)으로부터 조나라를 지나쳐갈 때 관고는 그를 죽이자고 제안했지만, 장오가 허락하지 않았다. 나중에 관고에게 원한을 품은 자가 이 일을 고발하는 바람에 장오와 관고는 체포되어 나란히 장안으로 압송되었다. 그러나 관고가 암살 음모는 자신이 혼자 꾸몄을 뿐 왕은 전혀 모르는 일이라고 진술한 덕분에 석방되어 다시 선평후(宣平侯)에 봉해졌다.『사기』권89와『한서』권32에 보인다.

설사 죽더라도 또 무슨 어려움이 있을 것이랴? 그저 곽자의(郭子儀) 집 안만 곤륜노를 어떻게 처치해야 할지 속수무책일 따름이었다. 곤륜노가 아무리 검술에 정통했다 한들 처음부터야 어찌 거기에 의존할 수 있었을꼬! 설사 검술이 뛰어나지 않았더라도 곽자의 집안의 사오십 명 졸개가 또 그를 어찌할 수 있었겠는가? 곤륜노가 주인에게 응수한 말만 보더라도 알 수 있는 노릇이다. 더군다나 저들 오십 명은 곤륜노를 주머니 속의 물건처럼 손쉽게만 여겼는데, 뜻밖에도 곤륜노는 그들의 포위망을 뚫고 탈출할 능력을 갖추고 있었다. 한 사내가 죽기를 무릅쓰면 천 사람도 당해내지 못하는 법인데, 고작 오십 명 따위가 산 목숨 내놓고 죽기 살기로 달려들려 하였겠는가? 무너진 포위망을 그대로 빠져나감에 있어 본디 아무 장애가 없었는데, 어찌하여 그가 검술이 뛰어난 것처럼 평가한단 말인가! 검술을 운위한다는 것 자체가 불가한데 그를 검협(劍俠)이라 부른다면 너무 과도하게 평가하는 것이 아닐까! 칼이 무슨 재주로 협기를 띨 수 있을꼬? 사람이 협기로 칼을 사용하는 것이지, 칼이 또 어떻게 사람을 협객으로 만들 수 있겠는가? 사람으로서 칼에 매달려 협기를 부린다면 그저 필부들의 우두머리나 될 뿐으로, 서초패왕(西楚霸王) 항우(項羽)처럼 이른바 "검술을 배움에 완성을 보지 못하고 팽개친 뒤 만인을 상대하는 법을 배웠다"[291]는 자가 바로 그러한 부류에 속한다. 만인을 상대하는 것이 어찌 칼 한 자루로 감당될 노릇이겠나! 저들 열사(烈士)로 호칭되는 검협들은 정녕 협기가 뭔지도 모르는 자라 말할 수 있다. 오호라! '협'(俠)이란 한 글자가 어찌 쉽사리 말해질 수 있는 것일까! 자고이래 충신·효자·의사(義士)·열부(烈婦)는 다같이 협객에 불과하였다. 무릇 칼쓰기에도 기술이 있겠지

---

291) 출전은 『사기』「항우본기」(項羽本紀). 항우는 어렸을 때 글공부를 팽개치고 검술을 배웠지만 중도에 다시 포기하고 말았다. 숙부인 항량(項梁)이 노하여 꾸짖자, 항우는 이렇게 대답했다. "글은 제 이름자나 쓸 수 있으면 족합니다. 칼은 한 사람을 대적하는 짓이라 배울 만하지 못하니, 만인을 상대하는 병법을 배울랍니다"(書足以記名姓而已. 劍一人敵, 不足學, 學萬人敵.)

만, 이는 또 진정한 영웅들이 원하는 바가 아닌 것이다. 어찌하여 그럴까? 깨지지 않는 기술이란 세상에 존재하지 않기 때문이다. 내가 어떤 기예로써 성인의 반열에 올랐다 자부하면, 저 사람 또한 스스로 신의 경지에 올랐다고 자처할 것이다. 기예와 기예가 맞부딪치면 결국 어떤 기술이라도 끝장을 보게 마련이다. 형경(荊卿)을 두고 일컫는 말들을 예전에 들어보지 못하셨는가? 장량(張良)은 진시황에게 철퇴를 던졌을 때 현장에 마침 솜씨 좋은 호위병이 부재한 덕분에 용케 도망쳐 죽음을 면할 수가 있었다. 그가 만약 능숙한 검객을 만났더라면 그 자리에서 당장 박살나 가루가 될 뻔한 상황이었다. 그래서 황석노인[292]은 이교(圯橋) 아래서 불같이 화를 내며 장량을 꾸짖어 마지않았던 것이다. 장량은 노인에게 가르침을 입은 뒤부터 더 이상 잔꾀는 부리지 않고 다만 무궁무진 간직한 신묘하고 예측할 수 없는 술수로서 매사에 대응하였다. 그리하여 진(秦)을 멸망시키고 한(漢)을 창건했으며, 항우를 패퇴시켜 유방을 일으켰고, 한신(韓信)이나 팽월(彭越)처럼 육젓 신세가 되지도 않으면서, 소하(蕭何)처럼 차꼬를 차고 구금되지도 않았고, 여후(呂后)의 시기와 포악함에서도 벗어나, 공명을 성취한 뒤 명예롭게 물러나는 당당한 대도(大道)의 길을 걸을 수 있었다. 거기에 무슨 신명이 계시고 무슨 술수가 필요하단 말인가? 하물며 검술 따위야 말할 필요 있을까? 이런 이유로 나는 노구천[293]의 천박한 안목을 마음속 깊이 슬

---

292) 황석노인(黃石老人): 황석공(黃石公). 이상노인(圯上老人)이라고도 부른다. 장량이 박랑사(博浪沙)에서 진시황의 암살에 실패한 뒤 하비(下邳)로 도망쳤을 때 이상에서 우연히 한 노인을 만났다. 그는 장량에게 『태공병법』(太公兵法)을 전수하면서 13년 뒤 제북(濟北)의 곡성산(穀城山) 아래에서 '누런 돌'(黃石)을 보면 자신인 줄 알라고 일러주었다. 13년 뒤 장량은 유방(劉邦)을 따라 그곳을 지나다가 과연 누런 돌 하나를 얻었고, 죽은 뒤에는 자신과 합장토록 시켰다.

293) 노구천(魯勾踐): 형가(荊軻)가 한단(邯鄲)에서 살 때 같이 바둑을 두던 인물. 언젠가 노구천이 화를 내며 욕설을 퍼붓자, 형가는 아무 말 없이 물러나와 그와 다시는 상종하지 않았다. 훗날 노구천은 형가가 진시황을 살해하려다 실패한 소식을 듣게 되자 다음과 같이 탄식하였다. "아아, 그가 검술을 제대로 익히지 못한 것이 참으로 아쉽구나! 내 얼마나 사람 보는 안목이 모자랐던 것인지! 지난

퍼하게 된다. 그의 왜소한 꼬락서니로야 또 무슨 수로 형경을 알아본단
말인가! 형경이란 사내는 원래가 진정한 협사였으니, 단순히 검술로만
알려진 협객은 아니었던 까닭이다.


## 『배월정』[294]을 읽고 拜月

이 극본은 관목[295]이 대단히 훌륭하다. 대사가 좋고 노래도 좋으니,
정녕 원대 사람의 손으로 이루어진 작품인 것이다. 첫머리는 산만한 듯
하지만 마지막은 절묘하기 이를 데 없으니, 『서상기』와 견주어 서로 각
축하더라도 손색이 없다. 응당 천지와 더불어 수명을 같이할 것이니,
이 세계가 존재하는 한 이 전기(傳奇)는 없어지지 않을 것이다. 그렇다
고 생각하지 않으시는가? 설사 그 말에 동의하지 않더라도 나는 자연스
레 그리되리라 확신한다. 작품을 한 번 상세히 읽어보자. 응당 사람들
로 하여금 오라비는 오라비답게 누이는 누이답게 하면서 의로운 남편
과 절개 있는 아내를 그리워하게 만들 것이다. 왕서란은 『서상기』의 여
주인공 최앵앵(崔鶯鶯)에 비해 명분을 중시하며 행동거지가 훨씬 더 단
정하고 우아하다. 어쩔 수 없이 장세륭과 이별하지만 그래도 하늘에 대
고 맹세하면서 끝까지 서로 배반하지 않기를 기원하니, 가히 정절의 극

---

날 내가 그를 욕할 때, 그는 나를 사람으로 여기지도 않았겠구나!"(嗟乎, 昔哉其
不講於刺劍之術也! 甚矣吾不知人也! 曩者吾叱之, 彼乃以我爲非人也!) 『사기』
「자객열전」에 보인다.
294) 『배월정』(拜月亭): 남희(南戱)의 극본으로 원대 시혜(施惠, 자는 君美)의 작품
이다. 일명 『유규기』(幽閨記). 관한경의 잡극 『규원가인배월정』(閨怨佳人拜月
亭)을 개편한 작품으로 추정된다. 금(金)과 원(元)이 교체하는 혼란기가 배경으
로 서생 장세륭(蔣世隆)과 그의 누이동생 서련(瑞蓮), 승상 해아(海牙)의 아들
흥복(興福)과 왕상서(王尙書)의 딸 서란(瑞蘭) 등이 주인공으로 등장한다. 이들
남녀가 몇 번의 곡절을 거쳐 결국은 두 쌍의 부부로 맺어지게 되는 희비애환이
주된 내용이다.
295) 관목(關目): 연극의 절정을 이루는 대목. 혹은 구성을 말한다.

치라고 말할 만하다. 깊은 숲으로 도망쳤던 홍복이 은혜를 알고 보은하
는 것도 물론 자연스런 이치였다. 그러다 결국 좋은 인연으로 맺어져
장세륭의 누이에게 장가드는 일을 허락받게 되는구나. 서련과 맺어진
홍복은 매부가 되고 장세륭은 손윗처남이 되었으니, 갚지 않은 덕이 없
고 보답하지 않은 은혜가 없어진 것이다. 하늘이 착한 사람에게 베풀고
보답하시는 광경이 그 얼마나 또 교묘한가!

## 『홍불기』[296)]를 읽고 紅拂

이 극본은 관목이 좋고 노래가 좋으며 대사가 좋고 줄거리마저 훌륭
하다. '낙창이 거울을 깨'(樂昌破鏡)[297)] 다시 결합하고, 홍불의 지혜로
운 안목은 천하무쌍이며, 규염객은 집을 버리고 바다로 들어가고, 월공
(越公, 양소)은 두 기녀를 나란히 내보낸다. 이 모든 것이 섬기고 본받
을 만하며 존경스러우면서도 선망스럽다. 그 누가 전기(傳奇)는 흥이
솟지 않고 배울 것이 없으며 사람들과 어울리지 못하게 하고 아랫사람
이 윗사람을 원망할 수 없게 만든다고 말하는가? 먹고 마시는 연회의

---

296) 『홍불기』(紅拂記): 명대 장봉익(張鳳翼)이 지은 희곡 이름. 당대 두광정(杜光
庭)이 지은 전기소설 「규염객전」(虯髯客傳)을 저본으로 하였다. 이정(李靖)이란
사람이 수(隋)나라 양소(楊素) 밑에 있던 홍불기(紅拂妓)를 만나 함께 도망치다
가 수염이 규룡처럼 구불구불 얽힌 규염객을 만난다. 규염객은 이들을 도운 뒤
이정으로 하여금 장차 천자가 될 이세민(李世民)을 섬기게 하고 자신은 부여로
가서 왕이 된다는 내용이다.
297) 낙창파경(樂昌破鏡): 남조의 진(陳)나라가 망할 무렵 부마 서덕언(徐德言)과
처 낙창공주(樂昌公主)는 서로 지켜주지 못할 것을 예감하고 구리거울을 깨
각자 절반씩 지니고 있다가 정월 보름날 그 거울을 팔아 서로 연락을 취하자고
약속하였다. 진이 망한 뒤 낙창은 양소의 집으로 들어가게 되었다. 기약한 날
짜가 되어 약속대로 서울에 간 서덕언은 과연 깨진 거울을 파는 자를 만날 수
있었고 부부는 다시 합쳐지게 된다. 당나라 맹계(孟棨)의 『본사시』(本事詩)
「정감」(情感)에 보이는 이야기로, 훗날에는 부부의 이별을 비유하는 성어로 쓰
이게 되었다.

즐거움을 누리는 사이 의협심이 솟고 비분강개할 일은 많아질 것이다. 지금의 음악은 옛 음악과 다를 바 없으니, 차별 없이 작품을 감상하고 싶다면 그것도 가능할 테지!

권5

# 독사讀史

홀륭한 문장이란 병든 자를 일어서게 할 수가 있으니,
이는 천하의 양약이란 목구멍에서 넘어가는 게 아니라 마음으로부터
받아들이는 것임을 증명한다. 병든 몸이 문장을 읽고 일어섰으니,
천하의 진약이야말로 생긴 형상을 보고 구해선 안 되며
오직 정신으로만 받아들일 수 있는 것이다.

## 조조의 인재 사랑 曹公二首

조공(曹公)이 사랑하는 딸을 정의[1]에게 시집보내려 하자, 오관중랑장[2]이 아뢰었다.

"여자들은 용모를 따지는데 정의는 한쪽 눈이 애꾸입니다. 아마도 애지중지 키운 따님이 좋아하지 않을 듯싶습니다."

나중에 조공이 정의와 만날 기회가 있었다. 앉은자리에서 흉금을 터놓고 이야기를 나누던 중, 조공은 별안간 자리에서 일어나며 소리쳤다.

"정연[3]은 능력 있는 선비다. 설사 그의 눈이 양쪽 다 멀었다 한들 딸자식을 시집보냄이 마땅하거늘, 하물며 한쪽 눈만 멀었음에랴? 이 아들 녀석이 나를 망치는구나!"

---

1) 정의(丁儀): 삼국시대 위(魏)나라의 패(沛) 사람. 자가 정례(正禮)였고, 정이(丁廙)의 형이다. 두 사람 모두 당시의 저명한 문사로 임치후(臨淄侯) 조식(曹植)과 교분이 두터웠다. 조식의 형 조비(曹丕)가 제위에 오른 뒤 트집을 잡아 조식의 죄를 물으려 하자, 정의는 맨몸으로 심부름 온 사자의 앞을 가로막으며 조비의 불인(不仁)과 불의(不義)를 통렬히 공박하고 아울러 문무백관이 폭군을 도와 학정을 일삼는다고 공격했다. 나중에 조비는 군대를 보내 조식을 체포하는 한편 정의 형제를 허창(許昌)으로 압송하여 살해했다. 『삼국지』 권21에 보인다.
2) 오관중랑장(五官中郎將): 위 문제 조비(曹丕)를 가리킨다. 당시 황제의 시위대장 격인 오관중랑장을 지내고 있었다.
3) 정연(丁掾): 정의가 나중에 조조의 연(掾, 屬官의 뜻)을 지냈기 때문에 '정연'이라 부른 것이다.

오호라! 조공의 인재 사랑은 상대방이 애꾸눈인 것도 잊어버렸을 뿐
아니라, 당신의 사랑하는 자식마저 떨치게 하였고, 또 자신의 딸이 기
뻐하지 않을 것조차 잊게 하였다. 조공 같은 분이라야 진정 극도에 달
한 인재 사랑이라 말할 수 있을 것이다! 그러나 정연은 또 무엇으로 그
사랑을 감당한단 말인가?

대저 사람들은 애꾸눈을 병신으로 여기지만 정연은 유독 애꾸눈인
덕분에 기이한 인물 대접을 받았으니, 나는 이로 말미암아 조공이 제대
로 눈을 뜬 사람임을 알게 되었다. 이렇게 해서 자신만의 독특한 감식
안으로 정연을 바라볼 수 있게 된 것이다. 그러므로 정연은 사랑하는
여인은 손에 넣지 못하는 한이 있더라도 장인어른만큼은 절대 잃어버
려선 안 된다! 설사 장인어른이란 호칭은 쓸 수 없을지언정 자신을 알
아준 군주로 부르지 않을 수가 없다고 하겠다!


## 또 하나의 일화 又


위나라 무제(武帝)가 두통을 앓느라 바야흐로 베개 위에 엎드려 있다
가 진림[4]의 격문을 읽더니 순간 벌떡 일어나면서 고함을 질렀다.

---

4) 진림(陳琳): 자는 공장(孔璋). 광릉(廣陵) 출신으로 건안칠자(建安七子)의 한 사람
   이다. 동한 말기 영제(靈帝) 때 주부(主簿)를 지냈다. 당시 대장군 하진(何進)이
   사방 제후들을 소집해 수도로 들어가 환관들을 제거하려 하자, 그는 "창이나 칼 끝
   을 쥐고 남에게 손잡이를 맡긴 격이니, 성공하지 못하면 도리어 난리가 날 것이다"
   고 말하며 만류하였다. 그러나 하진은 권고를 듣지 않고 면지(澠池)에서 동탁(董
   卓)을 맞아들였다. 이때 십상시(十常侍)가 장락궁(長樂宮)에 군사를 매복시켜 놓
   고 하태후로 하여금 항복하는 조서를 내리게 해 하진의 입궁을 도모하였다. 진림
   은 이것이 십상시의 음모임을 지적했지만, 하진은 듣지 않고 진입했다가 칼에 맞
   아 죽고 말았다. 동탁이 전권을 휘두르게 되자 진림은 기주(冀州)로 피난을 가 원
   소(袁紹)의 기실(記室)이 되었다. 원소가 조조를 치기 위해 거병했을 때, 그는 명
   을 받들어 조조를 성토하는 「위원소격예주」(爲袁紹檄豫州)라는 문장을 지었다. 조
   조는 진림의 글을 읽은 뒤 모골이 송연해졌고 식은땀을 줄줄 흘렸다 한다. 원소가
   죽은 뒤 조조는 기주를 공격하여 진림을 생포했고 자신의 신하로 삼았다.

"이 문장이 내 병을 낫게 하는구나! 이 글이 내 병을 고쳤어!"

무릇 훌륭한 문장이란 병든 자를 일어서게 할 수가 있으니, 이는 천하의 양약이란 목구멍에서 넘어가는 게 아니라 마음으로부터 받아들이는 것임을 증명한다. 병든 몸이 문장을 읽고 일어섰으니, 천하의 진약(眞藥)이야말로 생긴 형상을 보고 구해선 안 되며 오직 정신으로만 받아들일 수 있는 것이다.

대저 천하의 좋은 문장이란 마치 훌륭한 의사가 약 잘 쓰는 것과 같으니, 고금을 통틀어 그 숫자만 세더라도 결코 적지 않았다. 그러므로 진림 같은 문사는 어렵지 않게 찾아낼 수 있지만, 위 무제 같은 이는 유독 만나기가 어려운 것이다. 만일 진림의 격문이 눈이 있는 모든 사람 앞에 놓인다면 읽고서 좋다고 여기지 않을 이가 없겠지만, 읽은 사람 모두가 병세에 차도를 보이지는 않을 것이다. 병세가 호전될 정도는 된 다음이라야 위 무제가 얼마나 절절하게 인재를 사랑하고 좋은 문장에 대한 흠모가 깊었는지 알 수 있는 법이다.

그러므로 나는 진림의 능숙한 글솜씨에는 기뻐하지 않지만, 그가 참된 지기를 만난 것만은 더없이 기뻐한다. 지기란 원래 만나기가 어려우니, 비록 천하의 진림이라 할지라도 지기에 대해 감회를 품지 않을 수는 없을 것이다. 당나라 현종이 어찌 문장도 모르는 위인이었을까? 하지만 두보(杜甫)의 「삼대례부」5)나 맹호연6)의 시 「부재」(不才) 같은 작품도 마치 진·월 사람(秦越人)7)처럼 진작에 가차없이 내팽개쳐졌으

---

5) 「삼대례부」(三大禮賦): 천보 원년 2월 18일 당 현종은 직접 태청궁(太淸宮)에서 노자(老子)의 제사를 지냈다. 19일은 태묘(太廟)에서, 20일에는 남교(南郊)에서 천지에 제사지냈는데, 이를 '삼대례'라고 부른다. 두보는 천보 초기 진사 시험에 낙방하고 훗날 「삼대례부」 등의 글로 스스로를 천거하였다. 때문에 이 작품에는 간언하는 내용이 약간 담겨 있다.

6) 맹호연(孟浩然): 당대(唐代)의 시인. 일찍이 녹문산(鹿門山)에 은거했고 마흔 살에도 과거에 떨어질 정도로 일생이 불우했다. 시풍이 청담(淸談)하여 왕유(王維)와 병칭되었으며, 『맹호연집』(孟浩然集)을 남겼다. '부재'는 그의 시 「세모귀남산」(歲暮歸南山)의 "재주가 없으니 어진 임금 나를 버리고, 병이 깊어 친구들도 멀어져가네"(不才明主棄, 多病故人疏.)에서 따온 구절이다.

니, 육조의 용렬한 군주들 따위야 두말할 나위 있을까! 더군다나 심·사[8]가 자신을 낮추고 남을 추켜세운 것(引短推長)[9]이나, 승건[10]이 무딘 붓으로 스스로 재난에서 벗어나려 한 경우, 유효표[11]가 한갓 「변명」(辨命)이나 짓게 된 경우는 더 이상 말할 필요조차 없다고 하겠다!

---

7) 진월인(秦越人): 편작(扁鵲). 전국시대의 명의로 성은 진, 이름이 월인이다. 편작은 원래 황제(黃帝) 시절의 명의 이름이지만, 세상에선 진월인이 편작과 비슷하다 해서 같은 호칭으로 불러준다. 일찍이 제후(齊侯)의 병을 지적하며 치료를 주장했으나, 제후는 그 말을 듣지 않다가 죽어버렸다. 『사기』 권105에 보인다. 진월인은 또 원문에서 '秦·越人'으로 표기해놓아 춘추시대의 진·월나라 사람으로 해석할 수 있다. 진은 서북에 위치했고 월은 동남쪽에 위치해 그 거리가 대단히 멀기 때문에 서로 사이가 소원하다는 의미로 풀이할 수 있겠다.

8) 심(沈)·사(謝): 남조의 심약(沈約)과 사조(謝朓). 둘 다 제 무제(武帝) 영명(永明) 연간 성운을 강구하는 '영명체' 시로 이름을 떨친 시인이다. 심약은 자신의 『사성보』(四聲譜)를 입신(入神)의 경지에 오른 작품으로 자부했지만, 황제는 높이 평가하지 않으며 끝내 따르기를 거부했다. 사조 역시 무고를 당해 옥사했고, 『사선성집』(謝宣城集)을 남겼다.

9) 인단추장(引短推長): 고의로 재주를 드러내지 않아 자신을 낮추고 남의 장점은 추켜세우는 것. 여기서는 심약이나 사조가 성률이나 사조의 연구에만 몰입해 근체시를 완성한 경우를 가리킨다. 이들은 육조의 제(齊)·양(梁) 시대 최고의 시인이었지만 보신책의 일환으로 시의 형식적인 측면에만 관심을 두었던 것이다.

10) 승건(僧虔): 왕승건(王僧虔). 남조 제나라의 서예가로 왕희지의 4대손이다. 『남사』(南史) 「왕담수전부왕승건전」(王曇首傳附王僧虔傳)을 보면, "송나라 효무제는 글씨로 이름을 떨치고 싶어했다. 승건은 차마 자신의 글씨를 드러낼 수 없어 대명 연간에는 늘 이지러진 붓으로 글씨를 썼고, 덕분에 화를 모면할 수 있었다"(孝帝欲擅書名, 僧虔不敢顯迹, 大明世常用掘筆書, 以此見容.)는 기록이 나온다. 『왕염첩』(王琰帖) 등의 글씨를 남겼고, 저서로 『논서』(論書)가 있다.

11) 유효표(劉孝標): 유준(劉峻). 자는 효표. 남조의 송·제·양 삼대에 걸쳐 살았으며, 평원(平原, 지금의 산동성 淄博市) 사람이다. 어려서 고아가 되었지만 배우기를 좋아하고 안빈(安貧)하였다. 누군가 이서(異書)를 갖고 있다는 말만 들으면 반드시 찾아가 빌려 읽었기 때문에 최위조(崔慰祖)는 그를 두고 서음(書淫)이란 별명을 붙여주기도 하였다. 송나라 때 북위(北魏)의 포로가 되어 노비 생활을 하다가 생계에 쫓겨 중노릇도 하였다. 제 무제(武帝) 영명(永明) 4년(486) 강남으로 돌아왔고 무제(武帝) 때 전교비서(典校秘書)로 부름을 받았지만, 대중에게 영합하지 못하는 성격 때문에 무제의 미움을 받아 기용되지는 못했다. 이에 그는 「변명」(辨命)을 지어 자신의 흥회를 털어놓았고, 나중에는 또 「광절교론」(廣絶交

# 조식의 벗 양수 楊修

역사에서는 승상주부(丞相主簿) 양수[12]가 조식(曹植)을 세워 위나
라의 후계로 삼을 것을 모의했다고 전한다. 조비(曹조)는 그 때문에 걱
정이 되어 수레에 다 부서진 대나무 상자를 싣고 오질[13]을 그 안에 감
춰 들어오게 한 다음 이 일을 상의했다. 양수가 조조에게 그들의 범법
행위를 아뢰자, 조비는 크게 걱정이 되었다. 하지만 오질은 이렇게 장
담했다.

"걱정하지 마십시오."

이튿날 그는 똑같은 상자에 비단을 실어 안으로 들여왔다. 심문하고
조사해도 숨은 사람이 발견되지 않자, 조조는 이때부터 양수를 의심하
게 되었다.

양수는 또 매번 조식 앞에 나아갈 때마다 보고할 내용을 먼저 생각
해두곤 하였다. 조조의 뜻을 헤아려 미리 십여 개의 예상답안을 만들
었다가 문하[14]에 칙령이 떨어지자마자 묻는 족족 응답하도록 대비시

---

論)을 지어 세상 인심의 부박함을 개탄하기도 하였다. 그가 주석을 단 『세설신
어』(世說新語)는 인용한 전적이 대단히 광범위하다. 보통(普通) 연간에 죽었는
데, 문인들이 사사로이 현정(玄靖) 선생이란 시호를 붙여주었다. 『양서』(梁書)
권50과 『남사』(南史) 권49에 전기가 보인다.

12) 양수(楊修, 175~219): 한말의 홍농(弘農) 화음(華陰) 사람으로 자는 덕조(德
祖). 양표(楊彪)의 아들이고, 양준(楊準)에게는 조부가 된다. 박학다식하며 재주
가 기민했다. 건안 연간 효렴으로 낭중(郎中)에 제수되었고, 승상 조조에 의해 창
조주부(倉曹主簿)로 발탁되어 안팎의 일을 총괄하며 신임을 얻었다. 조비 이하
누구나 다 그와 사귀려 들자, 조조는 내심 꺼리는 심정이 되었다. 훗날 조식의 편
에 서서 그의 후계자 계승을 모의하자, 후환을 두려워한 조조는 구실을 만들어
그를 살해하고 말았다. 『후한서』 권44에 전기가 있고, 『삼국지』 「위지(魏志)·진
사왕식전(陳思王植傳)」에도 사적이 보인다.

13) 오질(吳質): 삼국시대 위나라 제음(濟陰) 사람. 자는 계중(季重). 재주와 학문이
모두 뛰어났고, 조비와 막역한 사이였다. 관직이 진위장군(振威將軍)에 이르렀으
며, 열후(列侯)에 봉해졌다. 공융 등 건안칠자와 더불어 진사왕 조식의 문학적 동
지이기도 했다. 『삼국지』 「위지」 권21에 보인다.

컸던 것이다. 이리하여 교서가 내려오기만 하면 곧바로 답이 들어가 니, 조조는 이를 괴이하게 여기다가 결국은 양수를 잡아들여 죽이고 말았다. 이는 실록에 적힌 사실이다. 혹자는 양수가 지나치게 총명한 데다 원씨(袁氏) 일가와 통혼까지 하는 바람에 조공의 미움을 사게 되었다고 말한다.

조공(曹公)의 인재 사랑은 고금을 통틀어 추앙되는 바이다. 예형[15]이 비록 버릇없이 굴었지만 여전히 그를 용납했고, 진림(陳琳)이 격문을 써서 아버지와 조상을 욕했지만 그래도 그를 거둬 기실(記室)로 삼은 조공에게 어찌 양수 같은 경우가 있다란 말인가? 게다가 이런 일이 있고서야 어떻게 군웅을 아울러 천하를 병합할 수 있을 것인가? 그가 임치후(臨淄侯) 조식을 옹위하려고 모의했다는 것은 조비 등에 의하여 날조된 거짓말이다. 조식은 본디 그 뛰어난 재주와 총애로써 한결같이 양수를 대한 까닭에 양수 역시 그를 지기로 알 수밖에 없었다. 조식은 양수에게 자주 편지를 보내면서도 거리끼는 바가 없었고 양수 또한 언제나 조조의 면전에서 자신의 총명함을 과시하기에 바빴으니, 자신의 재주를 감추는 데 능숙하지 못한 양수가 죽음을 당한 것은 너무나 당연한 일이었다. 양수와 예형, 공융[16]은 서로를 지기로 알았고 모두가 일류문사였던 까닭에 다같이 죽음을 당했던 것이다.

---

14) 문하(門下): 문하인(門下人)의 준말. 권세 있는 집안에서 부리는 사람.

15) 예형(禰衡): 동한의 평원(平原) 사람. 자는 정평(正平). 어려서부터 재담에 능했고 기개가 있었다. 공융과의 친분으로 조조에게 천거되었지만 병을 핑계로 가지 않는 바람에 그의 미움을 사게 되었다. 한 번은 조조가 욕을 보이려 하자, 벌거벗은 몸으로 조조 앞에서 욕설을 퍼붓기도 하였다. 조조는 안하무인으로 행동하는 그를 죽이고 싶었지만 현인을 해쳤다는 오명이 두려워 유표(劉表)에게 쫓아냈고, 유표 또한 강하태수(江夏太守) 황조(黃祖)에게 쫓아보냈다. 황조는 성격이 조급했기 때문에 예형의 불손한 언사를 핑계삼아 살해했다. 작품 「앵무부」(鸚鵡賦)가 『문선』 권13에 실려 있고, 『후한서』 권110에 전기가 보인다.

16) 공융(孔融): 동한 말 산동의 곡부(曲阜) 사람. 공자의 20세손이며 자가 문거(文擧)이다. 건안칠자의 한 사람. 헌제(獻帝) 때 북해상(北海相)을 지냈기 때문에 '공북해'라고도 부른다. 성격이 너그러워 거리끼는 바가 적었고, 후진을 밀어주길 좋아해 연일 찾아오는 빈객들로 문전성시를 이뤘다. 명성은 천하에 떨쳤지만

# 양웅의 「반소」를 읽고 反騷

주자(朱子)가 말씀하셨다.

　양웅[17]은 젊었을 때 사부(辭賦)를 좋아해 사마상여(司馬相如)의
작품을 흠모하다가, 굴원(屈原)의 문장이 사마상여 것보다 나은 것을
알고 기이하게 여겼다. 굴원은 임금에게 용납되지 못하자 「이소」(離
騷)를 짓고 스스로 강물에 투신해 자살했는데, 양웅은 그의 문장을
슬퍼하여 읽을 때마다 눈물을 흘리지 않을 때가 없었다. 그리고 군자
가 때를 만나면 크게 쓰이지만, 그렇지 못하면 용이 되다 만 뱀처럼
사납고 포악한 인물이 된다고 여겼다. 때를 만나고 못 만나고는 다
운명인데, 왜 꼭 강물에 몸을 던져야 했는지 안타까웠던 것이다. 이
리하여 글을 지을 때면 왕왕 「이소」에서 문장을 따와 거기에 반박한
다음 민산[18]에서 그것을 강물에 던지며 굴원을 애도했다고 한다.

　이생(李生, 이탁오)은 말한다.
　「이소」는 근심을 떠난다는 뜻이고, 「반소」(反騷)는 거기에 대한 반대
이니 몹시 근심한다는 의미가 된다. 바로 굴원을 위해 응결된 근심덩어
리를 뒤집어엎겠다는 의도였던 것이다. 세상은 분노할 만한 대상이 못
된다고 여기면서도 그의 분노는 한층 극심해졌고, 더러운 사회도 미워

---

　조조의 간사함에 대해 여러 번 모욕적인 언사를 퍼붓다가 결국 그에게 피살당하
　고 말았다. 『공북해집』(孔北海集)이 남아 있고, 『후한서』 권70에 전기가 보인다.
17) 양웅(揚雄): 서한 사람으로 자가 자운(子雲)이다. 한평생 명리에는 관심이 없고
　저술에만 전념해서 사마상여를 모방한 부(賦) 네 편과 굴원을 모방한 『반이소』
　(反離騷) · 『광소』(廣騷)를 지었으며, 『창힐』(蒼頡)을 모방한 『훈찬』(訓纂), 『우
　잠』(虞箴)을 모방한 『주잠』(州箴), 『논어』를 모방한 『법언』(法言), 『역경』을 모방
　한 『태현』(太玄)과 언어학의 전문서적인 『방언』(方言)을 저술하였다.
18) 민산(岷山): 산 이름. 사천성의 북부에 위치하여 사천과 감숙 두 성의 경계에 걸
　쳐 있다. 일찍이 양웅이 이곳의 남쪽에 살았다는 기록이 『한서』 「양웅전」 상권에
　보인다.

할 만한 대상이 못 된다고 여겼지만 세속에 대한 그의 미움은 갈수록 깊어지기만 하였다. 신룡(神龍)이 깊은 연못에 잠복한 것을 아름다이 여겼으니, 그는 세상 사람을 비루하게 여겼고 수준 낮은 선비를 나귀처럼 보았던 것이다. 그러니 굴원 같은 이를 어떤 인물로 보고, 세상을 얼마나 하찮게 깔보았겠는가? 원래 애석하게 여기는 마음이 깊고 또 애련한 심정이 깊었기 때문에 굴원에 대한 슬픔도 갈수록 배가되고 세상에 대한 통곡도 점점 더 극렬해졌던 것이다.

무릇 백이(伯夷)의 행실이 있다면 굶어 죽는 일조차 통쾌하게 여기고, 사사[19]의 담백한 성격이라면 더럽혀지지 않는 것을 미덕으로 삼는다. 사람마다 각자 좋아하는 바를 따를 뿐인 것이다. 만약 백이의 청렴을 고집하면서 유하혜의 온화함을 겸비하려 들고 유하혜처럼 부드러우면서도 백이의 청렴까지 아우르려 든다면, 유하혜는 더 이상 유하혜가 아니고 백이는 더 이상 백이가 아니어서 모두 가짜가 될 뿐이다. 굴원은 백이와 같은 부류이고, 양웅 같은 이는 유하혜와 같은 종류라 하겠다. 비록 서로 상반된 성격이긴 하지만 사실은 서로에 대한 이해가 깊어 서로를 아파하고 걱정하지 않은 적이 없었다. 저 거짓된 인간들이야 어찌 양웅을 모르는 것에만 그치겠는가? 그들이 어떻게 또 굴원을 이해할 수 있을꼬? 당나라의 유종원(柳宗元)은 「굴원을 애도하는 글」(弔屈原文)에서 이렇게 읊었다.

옛 수도를 버리고 이익을 좇아가야 하건만,
선생께선 차마 그러지 못할 줄 나는 아노라.
멀거니 선 채로 나라 망하는 꼴 보았지만
그것이 또 어찌 선생의 뜻이었으리?
곤궁과 현달은 뒤바뀌는 것 아니니,

---

19) 사사(士師): 원래는 주(周)나라의 관직명으로 형옥(刑獄)과 소송 등을 관장했지만, 여기서는 유하혜(柳下惠)를 가리킨다. 유하혜가 사사를 지내면서 세 번이나 쫓겨났다는 기록이 『맹자』 「양혜왕」 하편에 보인다.

그저 마음 비워 도 닦고 의리나 지킬 노릇.

어허, 선생의 모습 뵐 수는 없지만

그래도 문장만은 영락없는 그이로구나.

남기신 글들 통해 탄식하시니,

내 눈자위에도 어느덧 눈물 그렁그렁.

애달파라, 지금의 사람들이여

시절이 좋고 나쁜 줄 헤아리기나 하는지?

묵묵히 물러나 은거하고 말련다

일껏 말했어도 시행되지 않더라 한탄하면서!

그가 현재를 슬퍼하고 옛날을 그리워하는 것 또한 느낄 수가 있구나!
유독 태사공이 지은 「굴원전」만이 굴원을 가장 잘 이해하였다.

## 『사기』에 묘사된 굴원 史記屈原

대저 우물을 파는 자는 진흙을 걸러내고 옥구슬처럼 맑은 샘물이 나
와야만 두레박질을 할 수가 있다. 그러나 맑은 물이 나와도 샘물을 긷
지 않는다면, 우물을 판 사람의 심정은 정녕 아프지 않을 도리가 없을
것이다. 그러므로 왕이 현명하면 신하와 군주가 아울러 그 복을 누리지
만, 현명하지 못하면 신하와 군주가 다함께 욕을 당하게 된다. 그 판에
또 무슨 복이 들어올 수 있으랴? 그렇다면 회왕(懷王)이 진(秦)나라에
서 객사하고 굴원이 멱라수(汨羅水)에 빠져 죽은 일은 바로 신하와 군
주 둘 다 욕을 당한 경우일 뿐이니, 어찌 탓할 만한 일이겠는가!

장의(張儀)가 초나라 회왕을 모욕하고 농락하는 광경을 보면 마치 어
린아이를 어르는 것만 같다. 그런데도 굴원은 회왕에게 의탁하고 그를
군주로 모시면서 마치 요(堯)·순(舜)이나 삼왕[20]을 우러르듯 하였으
니, 비록 충성스럽긴 하지만 또한 멍청한 짓이었다. 관찰하는 사람은

다만 그의 마음만을 취하는 것이 옳을 것이다.

어리석고 무능한 군주에게 무슨 제정할 만한 전장제도가 있었겠는가? 좌우의 가까운 신하들 중에는 굴원과 마음이 일치하는 자가 전혀 없는 상황이었으니, 굴원은 너무나도 고독하고 도움 받을 곳 없는 처지였다. 더군다나 초고가 아직 만들어지지 않은 상황이었다면, 상관대부[21] 등은 도대체 무슨 수로 그것을 얻어보았단 말인가? 그들이 초고를 보았다는 말은 나 자신이 벌써 그것을 천하의 공유물로 인정하고 내보여주었음이다. 공유물에는 이미 너와 나의 구분이 없는 것인데, 또 무엇을 탈취하려 들고 또 빼앗는 데 무엇을 주지 않았다는 말인가? 빼앗으려 들고 뭘 또 빼앗는다고 주지 않을 것이냐? 설사 굴원이 기초한 문서가 상관대부의 능력 덕분이라고 양보해도 좋았을 것이니, 그에게 탈취할 의도가 생기지 않도록 만드는 것이 잘하는 처신이었다. 이렇게 사람이 군주를 모시는 도리로서 충성과 이로움을 넓힐 줄 아는 신하라야 진짜로 큰 충신일 것이다. 삼가 제대로 살피지 않으면 아니 될 사안이다.


## 「어부」[22]를 읽고 漁父


이 글을 자세히 감상하면 굴원이 만난 어부는 필경 실존인물이니, 작품도 거짓으로 꾸며낸 말은 아니라는 결론에 도달한다. 어부가 상앗대

---

20) 삼왕(三王): 삼왕에 관해서는 여러 가지 설이 있지만, 일반적으로는 하나라 우왕(夏禹), 상나라 탕왕(商湯), 주나라 문왕(周文王)이나 무왕(武王)을 가리킨다.
21) 상관대부(上官大夫): 전국시대 초나라의 대신. 굴원이 회왕의 신임을 얻으며 좌도(左徒)가 되자, 이를 질투한 상관대부는 참언을 올려 왕이 그를 멀리하게 만들었다. 경양왕(頃襄王)이 즉위하자 상관대부는 영윤 자란(子蘭)과 공모하여 굴원을 강남으로 방축시켰다.
22) 「어부」(漁父): 『초사』 권7에 실린 굴원의 절명사. 왕일(王逸)은 『초사장구』(楚辭章句) 「서」(序)에서 굴원이 지었다고 밝혔지만, 맥락으로 보아 굴원의 작품이 아닌 후인의 가탁임이 확실하다. 『장자』에도 「어부」편이 있기 때문에 『초사』의 「어부」도 장자의 우언문학이라고 알려져 있다.

를 두드리며 불렀던 노래[23]를 감상하면 청상[24]의 곡조가 유난히 두드러져 절대 굴원과 동일한 가락이 아니었다. 끝머리에 문득 세상을 거절하는 기색이 두드러지더니 급기야 굴원과는 더 이상 이야기하지 않고 가버린 것만 보아도 알 수 있는 일이다. 만약 굴원이 어부와 같은 견해를 지녔는데도 멱라수에 빠지려고 들었을까? 그들은 확실히 서로가 모순된 입장이었고, 각자 자신의 사상을 고집하였다. 그러나 어부처럼 은둔자가 되기는 쉬워도 굴원처럼 처신하기란 어렵다고 하겠다. 굴원은 나라에 도가 없으면 우직한 자가 환란을 당한다고 말했다.[25] 누가 지혜로울 수 없으랴마는, 우직한 자만은 그렇게 되지 못한다는 내용인 것이다. 어부의 견해는 굴원도 익히 아는 바였고 굴원도 말할 수 있는 것이었으니, 굴원을 위해 지어낸 이야기라고 말해도 역시 무방하리라.

## 「초혼」[26]을 읽고 招魂

주자가 말씀하셨다.

---

23) 노래가사는 다음과 같다. "창랑의 물이 맑으면 갓끈을 씻고, 창랑의 물이 흐리면 발을 씻을 수 있구나"(滄浪之水淸兮, 可以濯吾纓, 滄浪之水濁兮, 可以濯吾足.)

24) 청상(淸商): 고대 오음(五音)의 하나인 상성(商聲). 곡조가 맑고 처량해서 '청상'이란 이름이 붙었다.

25) 시류에 좇으라는 어부의 권유에 굴원은 이렇게 대답한다. "내가 듣자하니 막 머리를 감은 이는 반드시 갓을 털고, 갓 목욕을 한 사람은 옷에 묻은 먼지를 떨어낸다 합니다. 어찌 이 깨끗한 몸으로 사물의 더러움을 수용할 수 있겠습니까? 차라리 상수 물결에 몸을 던져 강물 속 물고기 뱃속에 장사지내고 말지언정 어떻게 이 결백한 몸으로 세속의 오염을 감당할 수 있겠습니까?"(吾聞之, 新沐者必彈冠, 新浴者必振衣. 安能以身之察察, 受物之汶汶者乎? 寧赴湘流, 葬於江魚之腹中. 安能以皓皓之白, 而蒙世俗之塵埃乎?)

26) 「초혼」(招魂): 이 작품은 사마천이 『사기』「굴가열전」(屈賈列傳)에서 굴원의 작품으로 소개했지만, 왕일은 『초사장구』에서 송옥의 작품으로 판정하였다. 그리하여 역대로 이에 대한 논란이 분분했는데, 청대의 임운명(林雲銘)이나 장기(蔣驥), 근세의 유국은(游國恩) 등은 굴원의 작품이라 주장했고, 주희나 육간여(陸侃

옛날에는 사람이 죽으면 그가 평소 입던 예복을 갖고 지붕 위로 올라가 가장자리에 아슬아슬 발을 딛고 북쪽을 향해 길게 부르짖었다.

"아아, 아무개야 돌아오너라."

그리고는 죽은 이의 옷을 세 번 흔들고 아래로 내려와 시체를 덮었다. 이것이 『예기』 단궁 (檀弓)편에서 말하는 이른바 '복' (復)이다.

나는 이렇게 생각한다. 혼을 불러 되돌아오게 하고, 간절하게 기도하며, 사랑의 마음을 다하는 까닭은 죽은 자가 다시 살아나길 기대하기 때문이라고. 이렇게 했는데도 살아나지 않으면 죽은 줄 알고 그제서야 장례를 치르곤 하였다.

그런데 형초[27) 지방의 풍속에 따르면, 어떤 경우는 산 사람에게 초혼의 의식을 거행하기도 한다. 그래서 송옥[28)은 굴원이 추방당한 것을 애련히 여기고 그의 혼백이 흩어질까봐 걱정한 나머지 드디어는 초나라의 풍속에 따라 천제의 명에 기탁하고 무당의 말을 빌려 굴원의 혼을 불러냈던 것이다. 그의 끝없는 사랑과 정성 어린 기도에는 고대의 유지가 여전히 남아 있다 하겠다. 이런 까닭에 태사공은 「초혼」을 읽고 그 뜻을 슬퍼했던 것이다.

이생(李生)은 말한다.

상제(上帝)께서는 무당인 양(陽)에게 굴평(屈平)의 소재를 점쳐보라

---

如) 같은 학자는 왕일의 학설에 따르고 있다. 근래에 와서는 대체로 사마천의 권위를 존중하여 굴원의 작품으로 인정하는 분위기이다.

27) 형초(荊楚): 형(荊)은 초(楚)의 옛 이름으로 고대의 형주(荊州)에 해당한다. 지금의 호북과 호남 일대를 말한다.

28) 송옥(宋玉): 전국시대 초나라 사람. 굴원의 후인이기 때문에 혹자는 굴원의 제자라고도 여긴다. 일찍이 경양왕을 모셨고, 사부(辭賦)를 좋아해 당륵(唐勒)·경차(景差) 등과 함께 나란히 이름을 날렸다. 『한서』 「예문지」에 16편의 작품이 전하지만 대부분 망일되고, 『구변』(九辨)·『풍부』(風賦)·『고당부』(高唐賦)·『등도자호색부』(登徒子好色賦) 등만이 현전한다.

명하시며 그에게 혼백을 돌려주라 하셨다. 무당 양은 굴원이 강남으로 방축되어 혼백이 오랜 시일 돌아오지 않았으므로 시초점을 쳐서 소재를 파악한 다음 혼을 되돌리기에는 너무 겨를이 없다고 아뢰었다. 어서 당장 장몽지관[29]을 보내 그의 혼백을 부르고 서둘러 데려옴이 마땅할 뿐이라고 하였다.

대저 혼백을 돌이켜 죽은 이를 살리고 뼈에 살점이 붙게 하는 것은 천제의 전권이다. 그런데도 무당 양으로 하여금 시초점을 치게 했으니, 천제도 그다지 영명하지는 않았던 것이다. 그래서 양은 천제의 명에 순종하기 어렵다고 말하며 자발적으로 자기의 감정을 앞세워 굴원의 혼을 불러들였다. 천제 역시 마침내는 무당 양에게 양보했으나, 굴원의 육체는 이미 시들어 다시는 살려낼 수가 없었다.

원래 송옥은 자신을 무당 양에 비기고 상관대부나 자란[30] 등은 장몽지관에 비유하며 회왕과 경양왕 등은 천제에 비유했으니, 말뜻이 더없이 은밀하였다. 그는 굴원의 혼백을 부르기 위해 다만 하늘과 땅속, 사방천지가 오래 머물 곳이 아님을 서술하고, 그저 고국강산의 토지와 음식, 궁실(宮室), 음악과 여인, 연회와 유렵의 즐거움, 종족의 아름다움만을 늘어놓는다. 그리고 당시의 일들은 절대로 언급하지 않았으니, 지극히 오묘하고 절묘하다 이를 만하다. 좋구나, 초혼이여! 애통하구나, 초혼이여! 즐겁구나, 초혼이여!

송옥과 동시대에 살았던 경차(景差)에게도 「대초사」(大招辭)라는 작품이 있고, 한나라에 이르러서는 회남소산(淮南小山)에게서 「초은사」(招隱士)가 나왔다.

---

29) 장몽지관(掌夢之官): 점몽(占夢)을 주관하는 관리. 왕일은 「초혼」의 주석에서 초혼하는 행위가 바로 장몽지관의 직분이라고 설명하였다.

30) 자란(子蘭): 초 회왕의 막내아들. 진(秦)이 초나라를 공격해 한중(漢中)의 땅을 빼앗고 회왕을 진으로 유인하려 할 때, 굴원은 왕에게 절대로 가선 안 된다고 권고했다. 하지만 자란은 그 반대의 주장을 펴 결과적으로 왕이 진에서 객사하게 만들었다. 경양왕이 즉위한 뒤 영윤에 임명된 자란은 상관대부와 더불어 굴원을 모함해 강남으로 추방시켰다.

주자께서 말씀하셨다.

"회남왕 유안[31]은 손님 초대를 좋아했는데, 그들 중에는 '여덟 선생'(八公)이라 불리는 무리도 끼여 있었다. 그들은 각자 나누어 사부를 짓고 끼리끼리 어울리면서 혹자는 대산(大山)이라 호칭하고 혹자는 소산(小山)이라 불렀다. 『한서』「예문지」에 회남왕의 여러 신하들이 44편의 부를 지었다고 한 대목이 바로 그것이다."

왕일[32]이 말했다.

"회남소산 무리는 굴원을 애달프게 여겼다. 몸은 비록 먹라수에 가라앉았지만 명성과 덕망이 세상에 널리 알려진 굴원이었다. 그들은 굴원이 산야에 은거한 처사와 다름없다고 여겼기 때문에 「초은사」(招隱士)라는 부를 지어 그 뜻을 기렸다."

## 동방삭[33]의 「계자시」[34] 誡子詩

현명한 사람은 처세에 있어
중용을 가장 귀하게 친다.

---

31) 유안(劉安, 기원전 179~122): 서한 시대 패현(沛縣) 사람. 유방의 손자이고 회남여왕(淮南厲王)의 아들로, 문제 16년(기원전 164)에 회남왕이 되었다. 독서와 음악을 좋아하고, 문장을 잘 지었으며, 재주가 기민해 무제가 「이소전」(離騷傳)을 지으라고 시키자 한나절 만에 완성본을 바치기도 하였다. 빈객과 방술지사 수천 명을 모아 『회남자』(淮南子)를 집체 편찬시키기도 하였다. 훗날 모반 사건에 연루되어 자살로 생을 마감했다.

32) 왕일(王逸): 동한시대 의성(宜城) 사람. 자는 숙사(叔師). 순제(順帝) 때 벼슬이 시중(侍中)에 이르렀다. 저서로 『초사장구』(楚辭章句)와 부(賦)·뢰(誄)·서(書)·론(論) 등이 있고, 『후한서』 권110의 상(上)에 보인다.

33) 동방삭(東方朔, 기원전 154~93): 서한시대 평원(平原)의 염차(厭次) 사람으로 자가 만천(曼倩)이다. 문제 때 처음으로 상시랑(常侍郎)이 되었고 나중에 태중대부급사중(太中大夫給事中)으로 옮겼다. 사부를 잘 짓고 성격이 해학적이며 우스개에 능했다. 언제나 무제의 시중을 들며 민첩하게 응수하고 어떤 골계도 막힘이 없기 때문에 무제는 그를 배우로 치부하며 농신(弄臣)으로 여겼다. 사부와 시

유유자적 한가롭게

도(道) 안에서 상종하는구나.

수양[35]의 처신은 졸렬했고

유하혜는 참으로 교묘하였지.

배불리 먹고 팔자걸음 걸으며

벼슬로 힘든 농사 대신했구나.

은거를 핑계삼아 세상을 희롱하고

행실이 시류에 어긋나도 화를 당하진 않았다.

재주가 고갈되면 목숨이 위태롭고

명성을 흠모하면 겉치레에 매이게 된다.

무리와 어울리면 번거로움 피할 수 없고

고독을 높이 치면 화목함을 잃게 되지.

남김이 있어 늘 모자라지 않도록 하고

자신의 의견은 가급적 적게 말하라.

성인의 도는 용처럼 뱀처럼

변화무쌍 끝이 없구나.

형체는 드러내도 정신은 감추어

만물과 더불어 변화하고 움직이라.

적당히 시류에 맞춰 흘러갈 뿐이니,

변치 않는 도리란 있지 않은 법이다.

---

문 작품이 많아 『한서』「예문지」에 20편이 기재되어 있지만 지금은 모두 망일되고, 오직 「답객난」(答客難) 한 편만이 『한서』「본전」(本傳)에 전한다. 그에 관해 전해지는 훗날의 많은 전설들은 모두 근거가 없는 것들이다.

34) 이 시는 『예문유취』(藝文類聚) 권23 인부(人部) 7의 「감계」(鑒誡)편에서 찾아볼 수 있다.

35) 수양(首陽): 산 이름. 일명 뇌수산(雷首山)이라고도 한다. 백이(伯夷)와 숙제(叔齊)가 이곳에서 고사리를 뜯으며 은거했다는 전설이 전한다. 이 글에서는 응당 백이·숙제를 가리킨다고 보아야 할 것이다.

탁오자는 말한다.

기왕에 시류를 따르는 것이 옳다고 말했으니, 백이나 숙제도 우둔했던 것은 아니다. 또 정해진 법칙이란 없다고 말했으니, 왜 꼭 유하혜처럼 굴어야만 처신이 교묘한 것이겠는가? 반고36)는 『한서』 권65의 「동방삭전」에서 다음과 같이 논찬하고 있다.

유향37)은 자신이 젊었을 때 장로나 현인들에게 사리에 통달하는 법과 동방삭이 살았던 시절에 대해 질문을 자주 던졌다고 말하고 있다. 그런데 돌아오는 대답은 하나같이 "동방삭은 우스개를 잘하고 구변이 유창했지만 자신의 의론을 지니지는 못했고, 평범한 보통 사람들을 위해 뭔가를 읊거나 해설하길 좋아했다"는 것이었다. 그리하여 후세에 많은 일화를 전하게 되었다고 하였다. 그런데 양웅은 또 동방삭을 두고 "언사에 있어 훌륭한 사표가 못 되고 행실에 있어 순수한 품행이 없었으니, 그가 남긴 풍류와 글이라야 천박해서 말할 가치조차 없다"고 말한다. 그렇지만 동방삭의 명성이 실제 상황보다 훨씬 초과한 것은 그의 변화다단한 해학과 활달함 때문이니, 동항의 다른

---

36) 반고(班固, 32~92): 자는 맹견(孟堅). 반표(班彪)의 아들이다. 애당초 부친이 편찬하던 사서를 완성시키려 했지만, 명제(明帝) 때 국사를 사사로이 개작한다는 무고로 하옥되었다. 석방 뒤 난대영사(蘭臺令史) 겸 전교비서(典校秘書)로 조서를 받들어 역사 편찬을 계속했고 20여 년 만에 『한서』를 완성하여 단대사(斷代史)의 개조가 되었다. 그밖에도 공신과 공손술(公孫述) 등의 열전, 재기(載記) 28편 및 『백호통의』(白虎通義) 등을 찬술하여 한 시대의 대표적인 역사가가 되었다. 또 「양도부」(兩都賦) 등의 사부와 각종 문체의 저작 41편을 남겼다. 화제(和帝) 때 대장군 두헌(竇憲)을 따라 종군하여 흉노를 공격했는데, 두헌이 피살된 사건에 연루되어 옥에 갇혀 죽었다.

37) 유향(劉向): 서한의 패현(沛縣) 사람. 자가 자정(子政), 본명은 갱생(更生)이며 훗날 향(向)으로 개명했다. 경술(經術)에 밝고 문장에 능해 벼슬이 광록대부(光祿大夫)에 이르렀다. 음양휴구(陰陽休咎)로 시정의 득실을 논하는 봉사(封事)를 여러 차례 올렸는데, 어투가 매우 직설적이란 평이 있었다. 원제(元帝) 때 중루교위(中壘校尉)가 되었지만 당시 전횡하던 왕망(王莽)의 배척을 받아 중용되지는 못했다. 보다 상세히는 권3 「전국론」(戰國論) 역주 참조.

사람들과 같은 선상에서 거명하면 안 된다. 임기응변의 재치를 보면 마치 배우 같고, 막힘 없는 모습은 지혜로운 듯하며, 바른 말로 직간 (直諫)하는 모습을 보면 정직한 듯하고, 자신의 행실을 스스로 모욕할 때면 마치 은자처럼 보이기도 한다. 백이·숙제는 틀렸고 유하혜는 옳다고 그 자식을 가르쳐서 보신하게 했구나. ……그야말로 골계의 황제라 할 것이다!

탁오자는 말한다.

유향도 기왕에 동방삭이 화술이 뛰어나고 언변이 유창하다고 말했으니, 이는 의론이 뛰어남을 시인한 것이다. 그런데 "자신의 의론을 지니지 못했다"고 말한 것은 도대체 어찌된 일인가? 유향이 말하는 의론이란 것을 한 번 살펴보자. 유향은 동방삭과는 그다지 멀지 않은 시절에 살았다. 천 년 전의 인물이라도 어렴풋이나마 아직 볼 수가 있는 법인데, 동방삭과 같은 시기에 살았던 장로들에게 그에 대해 물었다면 유향의 사람됨을 알 수 있는 노릇이다. 동방삭이 살았던 시절, 조야(朝野)를 불문하고 그를 이해하는 사람은 아무도 없었다. 오직 무제만이 동방삭을 인정했던 까닭에 그가 직간을 하면 반드시 경청했던 것이다. 그와 동시대의 여러 장로들 중에 누가 동방삭을 이해했다고 그들에게 동방삭을 묻는단 말인가? 동방삭이 답답한 나머지 「답객난」(答客難)을 구상한 것도 보지 못했단 말인가? 아! "언사에 있어 훌륭한 스승이 못되고 행실에 있어 순수한 품행이 없었으니, 그가 남긴 풍류와 글이라야 미천해서 말할 가치가 없"더란 말인가? 양웅의 사람됨은 더한층 잘 알수가 있구나. 야비하게 입술을 놀려 만세의 명성을 얻고자 하였으니, 동방삭과 비교하면 어찌 하늘땅만큼 차이가 난다 하지 않을까! 나의 이러한 비판은 응당 양웅과 동방삭의 실록으로 삼아야 할 것이다.

## 「비유선생론」[38] 非有先生論

제대로 사람을 잘 만나면 말 한 마디로 출세하기도 하고, 제대로 사람을 만나지 못하면 말 한 마디에도 죽음을 당한다. 천재일우의 만남은 적고 만나지 못하는 경우는 많으니, 이것이 뜻 있는 선비가 산으로 숨고 어진 사람이 천수를 누리려 보신에 힘쓰는 까닭이다. 차마 그럴 수 없기 때문에 임금에게 직간하려 들지 않는 것이니, 노래 부르고 거문고를 타면서 즐거움 속에 죽음을 잊는 것도 마땅해 보인다. 그렇다면 동방삭은 어찌 또 행운으로 한 무제를 만난 경우가 아닐 것이냐! 사람들 말로 가장 좋은 은거는 바로 도회지나 조정에 숨는 것이라는데, 동방삭이야말로 '조정에 은거'(朝隱)한 경우라 하겠다.

아아! 만약 무제가 그처럼 동방삭의 재주를 아끼고 알아주지 않았더라면 어떻게 감히 하루라도 도회지와 조정에서 얼쩡거릴 수 있었겠는가? 가장 먼저 세상을 피해 은둔하고도 덕의 쇠퇴를 노래할 수 있었던 사람이 바로 동방삭이다.


## 사마상여의 「자허부」子虛

반고가 『한서』 「사마상여전」(司馬相如傳)의 찬(贊)에서 말했다.

다음은 사천[39]의 말이다.

---

38) 이 작품 역시 동방삭의 부(賦)로 전문은 전하지 않지만, 『예문유취』나 『문선』 등에 실린 다른 작품들에서 그 일단을 엿볼 수 있다. '비유 선생'이란 존재하지 않는 사람이란 뜻으로, 동방삭이 군주를 풍간(諷諫)하기 위해 내세운 허구의 인물이다.
39) 사천(史遷): 한대 사마천(司馬遷)의 별칭. 사마천이 태사령(太史令)을 지내면서 사서를 편수한 까닭에 붙은 이름이다.

『춘추』는 의미가 명백해도 문장은 경전에서 숨은 경우가 많고, 『역경』은 본디 은밀함으로써 만물을 드러내는 데로 나아가며, 『시경』「대아」는 왕공(王公)과 대인(大人)이 재위하여 그 덕이 아래 서민에까지 미침을 말하고, 「소아」는 개인의 득실을 풍자하지만 그 흐름이 위에까지 미치고 있다. 말하는 바는 비록 다르지만 그 책들이 덕에 합치되는 모습은 똑같다고 하겠다. 사마상여는 비록 헛소리와 군말이 많지만 그가 주장하는 요지는 절약과 검소함으로 귀결되니, 이것이 『시경』의 풍간(諷諫)과 무엇이 다르랴? 양웅은 문사가 화려한 부(賦)는 "풍간에 뜻이 있어도 그 효과가 미미하다"(勸百諷一)[40]고 여겼다. 흡사 정풍(鄭風)이나 위풍(衛風)처럼 음란한 곡조를 노래하다 곡이 끝나면 다시 「소아」를 연주하는 것과도 같으니, 어찌 웃기는 노릇 아니냐고 여겼던 것이다!

나는 양웅의 이 말은 비단 인간을 이해하지 못했을 뿐 아니라 문학이 뭔지도 모르는 소리라고 생각한다. 문학을 몰랐을 뿐 아니라 언어가 무엇인지 알지 못했고, 언어를 모를 뿐만 아니라 풍간이 무엇인지도 모르는 무식한 소리인 것이다. 풍간이 뭔지도 몰랐으니, 그가 '진을 깎아내리고 신을 찬미'(劇秦美新)[41]한 것도 마땅한 노릇이었다.

---

40) 권백풍일(勸百諷一): 사마상여의 부는 풍간(諷諫)에 뜻이 있지만 그 화려한 문사 때문에 의미가 가려진 것을 말한다. 후세에는 사람을 경계시키려는 의도로 문장을 지었지만 결과는 그 반대로 나타났다는 뜻으로 쓰이기도 하였다.

41) 극진미신(劇秦美新): 왕망(王莽)이 한(漢)을 찬탈하고 자립하여 나라 이름을 신(新)이라고 지었을 때, 양웅은 사마상여의 「봉선문」(封禪文)을 모방한 「극진미신」이란 봉사(封事)를 올려 진나라를 배격하고 신을 미화하였다. 글 안에서 그는 진시황의 분서갱유나 도량형의 통일 같은 조치를 맹렬히 공격하며 왕망을 찬양하고 있다.

## 가의론 賈誼

반고는『한서』권48의「가의전」(賈誼傳) 논찬에서 이렇게 말했다.

유향은 가의[42]가 하·은·주의 삼대(三代)와 진(秦)나라의 치란(治亂)에 대해 그 의미를 제대로 파악해 논술했다고 칭찬했다. 그 의론이 매우 아름답고 국가의 요체에 통달했으니, 비록 고대의 이윤(伊尹)과 관중(管仲)이라 하더라도 그를 훨씬 능가하지는 못한다고 말했다. 만약 생존 당시 그가 중용되었더라면 그 공덕과 영향력이 반드시 대단했을 텐데 용렬한 신하들의 모함으로 끝내 해를 입고 말았으니, 참으로 애통하고 안타까운 일이라고 여겼던 것이다!

성정이 과묵했던 효문제[43]가 가의의 주장을 이해하고 몸소 실천하여 풍속을 바꾼 일을 거슬러올라가 살펴보자. 당시 가의가 아뢰었던 정치적인 건의는 대부분 받아들여져 시행되었다. 태중대부(太中大夫)를 지내던 시절 가의가 새로 개정하려 했던 제도는 한나라가 '흙의 덕'(土德)[44]이므로 복식 색깔은 황색을 숭상하고 숫자는 오(五)를 사용하자는 것이었다. 또 속국인 흉노를 관리하는 관리가 되어 '오이삼표'[45]를

---

42) 가의(賈誼): 서한 초기의 법가주의 정론가. 문제 때 박사가 되어 태중대부(太中大夫)에 임명되었지만 나중에 권신 주발(周勃)과 관영(灌嬰) 등의 배척을 받아 장사왕태부(長沙王太傅)로 방출되었다. 그 후 또다시 양회왕태부(梁懷王太傅)로 폄적되는 좌절을 겪고 33세에 요절했다. 그는 대내적으로 제후의 세력을 삭감해 중앙집권제를 공고히 하고 대외적으로는 흉노의 침략을 막아내 국가의 안전을 다질 것을 주장했다. 저술로「복조부」(鵩鳥賦)와「과진론」(過秦論) 등이 있고, 후인이 정리하여 편집한『신서』(新書)가 전한다.

43) 효문제(孝文帝): 한 문제 유항(劉恒, 기원전 202~157). 형명지학을 좋아해 법치로써 중앙집권의 봉건국가를 건립하려 시도하였다. 가의의 건의를 받아들여 중농억상(重農抑商)과 흉노의 동진을 막는 정책을 폈다.

44) 토덕(土德): 고대에는 금(金)·목(木)·수(水)·화(火)·토(土)의 오행이 오덕(五德)의 상징이었다. 아울러 오행이 상생·상극한다는 순환논리로서 왕조 교체의 징조로 삼았다. 이 설에 따르면, 주(周)나라는 화덕(火德)인데 물은 불을 이기므로 진(秦)나라는 수덕(水德)으로 여겨졌다. 흙은 또 물을 이기기 때문에 한나

시행함으로써 선우(單于)를 옭아매려고도 했는데, 이는 방법이 정녕 엉성해서 실제와는 맞지 않는 짓이었다. 가의 역시 천수를 누리지 못하고 요절하였다. 비록 공경(公卿)의 반열에 오르지는 못했지만 인정받지 못했다거나 불우했던 일생은 아니었다. 그가 지은 58편의 저작 가운데 사리에 절실하게 부합하는 바를 골라 모아 그의 전기에 덧붙이노라.

이탁오는 말한다.

반고는 일개 문유[46]일 따름이다. 그는 다만 사마천이 보인 본보기에 의거하여 일개 왕조의 역사를 편찬하기에나 적당하고 스스로 입론(立論)하기에는 부적절한 인물이었다. 그가 입론을 하게 되면 경전과 사서, 편견을 잡다하게 끼워넣어 허섭스레기가 되고 마는 까닭이었다. 반고는 글재주가 매우 뛰어났지만, 그의 『한서』는 효무제(孝武帝) 이전의 인물들에 대해선 사마천의 범례에 완전히 의지하고 있다. 그는 또 식견이 뛰어나긴 했지만, 전기 뒤편에 논찬을 다는 행위는 적절한 것이 아

<hr>

라는 토덕이 되었고, 색깔은 흙의 빛깔인 황색, 숫자는 오행 중에서 다섯 번째인 오(五)를 숭상하게 되었다.

45) 오이삼표(五餌三表): 가의가 건의했던 흉노에 대한 회유책. 안사고(顔師古)는 『한서』의 주석에서 이를 다음과 같이 설명하였다. "가의는 글에서 말하기를, 그들의 생긴 모습을 사랑하고 그 재주를 좋아해주는 것은 인도적 도리다. 큰 지조로 믿음을 사는 것은 변함 없는 의리이다. 애호함에 결과가 있고 이미 약속한 일을 꼭 지키면 저들은 오다가 열이 죽고 하나만 살더라도 반드시 찾아올 것이니, 이것이 '삼표'이다. 좋은 옷과 수레를 내려 그들의 안목을 붕괴시키고, 맛있는 음식과 산해진미를 내려 그들의 입맛을 변질시키며, 아름다운 음악과 여인을 하사해 그들의 취향을 바꾸고, 좋은 집과 노비를 하사해 그들의 뱃속이 달라지게 하며, 투항하는 자는 윗전이 불러 총애하고 같이 즐기며 직접 술을 따르고 손수 음식을 먹여 그들의 마음이 뒤집어지도록 만든다. 이것이 '오이'다"(賈誼書謂愛人之狀, 好人之技, 人道也; 信爲大操, 常義也; 愛好有實, 已諾可期, 十死一生, 彼將必至: 此三表也. 賜之盛服車乘以壞其目; 賜之盛食珍味以壞其口; 賜之音樂婦人以壞其耳; 賜之高堂邃宇府庫奴婢以壞其腹; 於來降者, 上以召幸之, 相娛樂, 親酌而手食之, 以壞其心: 此五餌也.)

46) 문유(文儒): 유자 중에서 저술에 종사하는 사람. 예악과 교화를 유별나게 따지는 유생을 일컫기도 한다.

니었다. 어찌하여 그럴까? 논찬이란 모름지기 전대미문의 독자적 견해를 갖추어야 하니, 한낱 보잘것없는 글재주만 지닌 자가 덤벼들 수 있는 바가 아니기 때문이다. 유향도 문유라곤 하지만 그는 근골이 세고 담력이 강한 인물이었다. 인품이 출중해서 반고와는 달랐기 때문에 견식 또한 같을 수가 없으니, 이것이 바로 그가 유자이면서도 스스로 입론할 수 있었던 까닭이 된다. 비록 문유의 범위에서 벗어나진 못하지만 그래도 그는 반고보다야 훨씬 윗길인 것이다.

한대의 유생들은 하나같이 동중서[47)]가 자신들 중의 으뜸이라고 여겼다. 지금 보기에도 동중서의 공(功)을 따지고 이익을 꾀하지 말라는 관점은 제법 그럴싸해 보인다. 하지만 그가 재이[48)]를 천명하다 옥에 갇히고 사형판결을 받은 일은 어떻게 설명할 것인가? 그가 재이와 인사의 관계를 밝히고자 했던 것은 이익을 계산하여 재앙을 피하려는 속셈에서였다. 이미 공과 이익을 꾀하지 않겠다고 해놓고서 또 재이를 밝히려

---

47) 동중서(董仲舒, 기원전 179~104): 서한 광천(廣川) 사람. 젊어서『춘추공양전』
(春秋公羊傳)을 공부해 경제(景帝) 때 박사가 되었다. 무제가 즉위한 뒤에는 현량(賢良)의 자격으로「천인삼책」(天人三策)을 올려 공자의 학문이 아니면 전부그 도를 끊어버려야 한다고 주장했다. 무제는 그의 건의를 받아들여 '백가를 퇴출하고 유학만을 받들라'(罷黜百家, 獨尊儒術)고 명령해 유학은 이후 이천여 년동안 중국사상의 정종이 되었다. 그의 학문은 유교의 종법사상을 중심으로 음양오행설을 접목해 신권(神權)·군권(君權)·부권(父權)·부권(夫權)이 일체가 되도록 연결시킨 것이었다. 천인감응설(天人感應說)과 군권신수론(君權神授論)을 내세워 '삼강오상'(三綱五常)의 봉건윤리를 제창했고, 태학(太學)을 설립하기도했다. 일찍이 강도상(江都相)과 교서왕상(膠西王相)을 지냈으며, 저서로『춘추번로』(春秋繁露)가 있다.
48) 재이(災異): 자연재해나 괴이한 자연 현상. 동중서는 '천인감응'을 선양하면서하늘은 인사에 간여하고 인간의 행위는 하늘에 감응한다고 인식했다. 아울러 자연계의 재해나 상서가 인간에 대한 하늘의 징벌이나 포상이라고 여겼다. 기원전135년 4월 궁궐 여기저기서 화재가 나자 동중서는 법가를 공격하는 주장(奏章)을 써 화재의 발생이 진대의 법가정책을 계승한 한나라에 대한 하늘의 불만 때문이라고 주장했다. 그런데 미처 깨끗이 정서하기도 전에 주장은 누군가에게 발견되어 무제에게 바쳐졌다. 무제는 주장을 대신들에게 넘겨 토론시켰고, 그 결과동중서는 조정을 비방했다는 죄목으로 하옥되어 거의 죽을 뻔했다.

들다니, 이것이 대체 무슨 소리란 말인가? 기왕에 재이를 논증하여 재
앙에서 벗어나려 했던 이가 또 어진 사람은 공리를 따지지 않고 월(越)
나라에는 어진 이가 한 명도 없다[49]고 말했으니, 이는 또 어찌된 소린
지? 말한 바가 서로 모순이 된다. 게다가 세상천지 어디에 공훈과 이익
을 꾀하지 않는 사람이 있더란 말인가! 만약 진실로 내게 이익이 되고
내가 큰 성공을 거두는데 도움이 되지 않는 줄을 안다면 무엇 때문에
정의를 말하고 도를 밝힐 필요가 있단 말인가? 동중서의 우매한 견해를
국가경영의 요체에 통달하고 일체의 쓰임에 진실했던 가의와 견주어보
면 어떠할는지?

　반고가 무엇을 알겠는가? 그저 옛날부터 전해오는 견문을 약간 아는
것에 불과한 자가 가의를 폄하하려 들다니, 어찌 가소롭지 않을까! 동
중서는 문장 구절이나 따질 뿐 글의 대의에는 어두운 유자이니, 그의
고루함이야 말할 필요도 없다 하겠다. 그러나 동중서는 유달리 완고하
다지만 교활한 구석은 없었는데, 오늘날에 이르러서인즉 그의 추종자
들은 담벼락을 뛰어넘는 도둑놈이 되었다. 아직 부귀를 손에 넣지 못했
을 때라면 그들은 명성을 높임으로써 더 높은 관직과 재물을 추구한다.
세상을 속이고 이름을 훔치는 자들이 무슨 짓도 마다하지 않는 경우인
것이다. 부귀를 손에 넣고 난 다음이면 그들은 또 조정에서의 부귀를
이용해 더한층 자신의 명성을 높이게 되는데, 그러다 만약 어려운 일이
라도 당하게 되면 구차하게 빠져나가기 위해 또 안 하는 짓이 없는 판

---

49) 동중서는 강도상(江都相)을 지낼 때, 역왕(易王)을 시봉했다. 한 번은 역왕이 그
　에게 물었다. "월왕 구천(勾踐)과 대부 설용(泄庸)·문종(文種)·범려(范蠡)가
　오나라를 공격해 멸망시켰네. 월에는 세 명의 어진 사람이 있다고 여기는데, 그
　대는 어떻게 생각하는가?" 동중서가 대답했다. "어진 사람은 정의를 바로 세우고
　이익을 꾀하지 않으며, 그 도를 밝히면서 공적은 계산하지 않습니다. ……그러므
　로 월에는 한 사람의 어진 이도 없었습니다"(仁人者, 正其誼不謀其利, 明其道不計
　其功. …… 由此言之, 越尙未有一仁也.) 동중서는 월나라의 세 대부가 구천을 도
　와 오를 멸망시킨 것은 공리를 꾀했기 때문이라고 여겨 그들이 어진 사람이란 말
　에 승복하지 못했던 것이다.

이다. 이런 자들이 어찌 진짜 도적이 아닐 것인가! 이들은 또 동중서의 죄인, 반고의 죄인이기도 하다. 그런 놈들이 감히 또 남의 말에 부화뇌동하여 가의를 의론하고 나서는구나. 이리하여 나는 가의와 조조(鼂錯) 두 분이 국가경영을 논한 문장들을 읽다가 편견에 사로잡힌 반고가 함부로 의론을 남발하는 것이 역겨워 마침내는 아래와 같은 노래를 짓게 되었다.

일단 내뱉은 말은 사두마차로도 따라잡지 못하니,
의론은 신중하여 잘못을 짓지 말지어다!
가의는 국가경영의 요체에 통달했고
유향은 이를 감별할 능력이 있구나.
삼표오이의 책략은
엉성하거나 졸렬하지 않았다.
반고는 어떤 인물로 칠까?
가의와 비교하면 천 리만큼 차이가 나네.
한나라 조정의 여러 인물 중에서
가의만이 실로 우뚝하구나.
공과 이익 따지지 말라는 동중서,
어찌 그리 어리석고 실정에 어두운가!
조정에는 어떤 사람 등용해야 마땅할까?
동중서에 따르면 터럭이 허옇게 센 유자라네.
조정에서 어슬렁거리는 저 늙은 유생들
관을 쓰고 패옥을 찬 당당한 모습이구나.
지금의 유자들 동중서 앞에 조아리는데
나는 도무지 그 이유를 모르겠네.

# 조조론 鼂錯

반고는 『한서』 권49 「조조전」(鼂錯傳)의 논찬에서 이렇게 말했다.

조조[50]는 국정 운영에 조급한 나머지 원대한 계획을 꾸미면서도 자신에게 닥칠 해는 보지 못했다. 그의 아버지가 이를 목도하고 '도랑에서 목을 매달아'(經於溝瀆)[51] 아무 이득 없이 자기 몸만 죽인 것[52]은 조괄[53]의 모친이 아들이 지목하여 온 가족의 생명을 구하느니만 못하

---

50) 조조(鼂錯, 기원전 200~154): 서한의 영천(穎川) 사람. 자세한 사적은 앞의 「이중승의 주의집 서문」(李中丞奏議序) 역주 참조.

51) 경어구독(經於溝瀆): 구덩이나 개천가에서 목을 매는 하찮은 죽음. 출전은 『논어』「헌문」편. "자공이 말했다. '관중은 어진 이가 아니지요? 환공이 공자 규를 죽였는데, 관중은 죽지 않고 오히려 환공의 재상을 지냈으니 말입니다.' 공자가 말씀하셨다. '관중은 환공의 재상이 되어 주군을 제후들의 패주로 만들었고 천하를 바로잡아 백성들이 지금까지도 그 은덕을 입고 있다. 관중이 아니었다면 우리는 벌써 머리카락을 풀어헤치고 옷섶을 왼편으로 여미는 오랑캐가 되었을 것이다. 어찌 보통 백성들이 작은 신의를 위해 길가에서 스스로 목매달아 죽어 아무도 그를 알지 못하는 것과 같을 수 있겠느냐!'"(子貢曰: '管仲非仁者與? 桓公殺公子糾, 不能死, 又相之.' 子曰: '管仲相桓公, 霸諸侯, 一匡天下, 民到于今受其賜; 微管仲, 吾其被髮左衽矣! 豈若匹夫匹婦之爲諒也, 自經於溝瀆, 而莫之知也!')

52) 조조가 개혁을 추진하며 제후들의 반발을 사고 있을 때, 그의 부친이 소문을 듣고 영천에서부터 아들을 찾아와 이를 걱정했다. 조조가 "그렇게 하지 않으면 천자의 존엄을 지킬 수 없고 종묘가 불안해진다"(不如此, 天子不尊, 宗廟不安.)고 말하자, 아버지는 "유씨야 편안해지겠지만 조씨가 위험해진다"(劉氏安矣, 而鼂氏危.)고 말한 뒤 약을 먹고 자살하며 말했다. "나는 재앙이 아들 몸에 미치는 것을 차마 보지 못하겠구나"(吾不忍見禍逮身.)

53) 조괄(趙括): 전국시대 조(趙)나라 사람. 조사(趙奢)의 아들이다. 어려서 병법을 배웠는데 군대의 일만큼은 천하에 자신을 당해낼 자가 없다는 자부심이 높았다. 아버지는 이런 아들에 대해 "조나라의 군대를 망하게 할 자는 분명 괄일 것이다"라고 예언하였다. 훗날 진(秦)과 조 사이에 교전이 진행될 때, 조왕은 진의 이간질을 잘못 믿고 염파(廉頗) 대신 조괄을 장수로 임명하였다. 이때 조괄의 모친은 남편의 말을 떠올리고 조왕에게 싸움에 지더라도 책임은 아들에게만 두고 연좌시키지 말아달라고 청원하여 허락을 받았다. 조괄은 결국 진의 장수 백기(白起)에게 대패하여 사살되었고, 항복한 군사 45만 명은 전부 생매장당했다. 『사기』 권81에 보인다.

였다. 슬프구나! 조조가 비록 제 명에 죽지는 못했지만, 세상은 그의 충정을 애달파한다. 그래서 그가 펼치고 시행했던 말과 저작들을 논해 이책에 수록하였다.

이탁오는 말한다.

조조가 자신이 지은 대책(對策)에서 한 문제를 오제(五帝)의 반열로까지 끌어올린 것은 아부가 아니라 그 신하들이 하나같이 황제만 못하다고 여긴 때문이었다. 그래서 그는 다음과 같이 말한다.

오제는 신성한 분들입니다. 그런데 그 신하들은 능력이 주군에 미치지 못했기 때문에 매사를 직접 처리하셨습니다.

일을 직접 처리하려면 불가불 술수를 알아야만 한다. 이제 와서 살펴보더라도 그 당시 조정의 여러 신하들 중에는 겨우 가의 정도가 내세워질 뿐이다. 가의는 비록 천고의 영재지만 문제와는 사이가 멀었으니, 이 어찌 문제가 능력 있는 신하를 거느린 것이겠는가? 대저 오패를 보좌한 신하처럼 그 주군보다 어진 부하가 없었고, 또 삼왕(三王)의 신하들처럼 주군과 더불어 똑같이 현명한 신하도 없는 상황이었으니, 효문제는 정녕 고립무원으로 도움받을 곳이 없었다. 이런 까닭에 조조는 그 사실을 슬퍼하여 문제를 오제와 같은 반열로까지 추켜세웠던 것이다. 그러나 한 문제에게 보좌가 없었다고 말하는 것은 맞지만 그가 술수를 몰랐다는 말인즉슨 옳지가 않다.

무릇 나라를 다스리는 술수란 다양하기 이를 데 없다. 만약 사람들 전부가 술수를 모르니 그들 모두가 기필코 나의 술수에 걸려들게 만들겠다고 지껄인다면, 이를 두고 어찌 술수를 안다 말할 수 있으리? 한 문제에게는 한 문제의 술수가 있고, 한 고조에게는 한 고조의 술수가 있으며, 이오제패[54]에게는 또 당연하게도 이오제패의 술수가 있다. 육가 구류[55]를 놓고 보더라도 재주가 있어 뭔가 큰 공을 이룬 사람들 중에는

진실로 한 가지나마 확실한 술수를 갖지 않은 자가 하나도 없었다. 오 직 유자(儒者)들만 그것을 모르는데, 그렇기 때문에 이들은 정치를 운 위해선 안 된다. 비록 그들 중에도 하나둘 정도 우연히 합치되는 경우 가 있다지만 하나같이 성정이 신명과 합일되거나 마음이 재주와 합쳐 져 만나는 경우가 아니었다. 흡사 좌권⁵⁶⁾을 진짜로 움켜쥐고 나서야 뭔 가 일을 꾸며보려는 자들이나 마찬가지였던 것이다.

이런 까닭에 때에 맞춰 술수도 적당한 것을 써야 하는데, 세상에는 정해진 때가 없고 개인에게도 정해진 술수는 없다. 때와 더불어 변화하 면서도 본인은 수고롭지 않은 그런 경우를 일컬어 우리는 상책이라 여 긴다. 자신의 술수를 고집하여 때를 제어하려는 경우가 있다. 그러나 때라는 것은 원래 무상하고 술수인즉 한정된 것이니, 이를 두고는 정해 진 것에 매달려 무궁한 변화에 대응한다 일컬으며 차선책으로 친다. 또 때를 보지 못해 어떤 술수를 써야 좋을지 알지 못할 경우도 있다. 술수 란 때에 따라 나오지만 술수가 때에 어긋날 수는 없으며, 술수가 있으 면 때도 있게 마련이나 때 역시 술수에 어긋날 수는 없다. 이는 관중(管 仲) 같은 사람만이 지닌 능력으로 상책 중의 상책일 것이다.

조조 같은 사람은 일개 형명⁵⁷⁾의 사상가로서 신도나 상앙의 술수를 익힌 것에 불과하다. 그런 자가 도리어 문제를 두고 술수를 모른다고

---

54) 이오제패(二五帝覇): 역사상 다섯 명의 패주(覇主)로 불리는 경우가 두 가지 있 는데, 첫 번째는 상고시대의 오패(五覇)로 하(夏)의 곤오(昆吾), 은(殷)나라 대팽 (大彭)과 시위(豕韋), 주(周)나라 때의 제(齊) 환공(桓公)과 진(晉) 문공(文公)을 가리킨다. 두 번째는 춘추시대의 오패로 제 환공 · 진 문공 · 송(宋) 양공(襄公) · 초(楚) 장공(莊公) · 진(秦) 목공(繆公)을 친다. 이 경우에는 송 양공과 진 목공 대신 오왕 합려(闔閭)와 월왕 구천(勾踐)을 대신 넣기도 한다.

55) 육가구류(六家九流): 선진에서 한초에 이르는 시기에 존재한 학술사상의 주요한 유파. 육가는 한대 사마담(司馬談)의 분류에 따른 것으로 음양가 · 유가 · 묵가 · 명가 · 법가 · 도덕가를 말한다. 출전은 『사기』 「태사공자서」(太史公自序). 구류는 『한서』 「서전」(序傳) 하편에서 인용한 유향(劉向)의 분류법으로 유 · 도 · 음양 · 법 · 명 · 묵 · 종횡 · 잡 · 농가를 일컫는다.

56) 좌권(左券): 고대에는 계약을 할 때 좌우 두 조각으로 나눈 뒤 원편은 채권자가 거둬 채무상환의 증거자료로 삼았다. 좌계(左契)라고도 부른다.

여기며 그를 이끌어 자신을 좇게 하려고 했으니, 그 미혹을 어떻게 설명할 거냐!

무릇 신도와 상앙의 술수는 천하를 평등하고 고르게 만들지 않음이 없지만, 한편으론 사람들로 하여금 그 일이 손바닥 뒤집듯이 전부 쉽게만 보게 만드는 단점이 있다. 그런데 일로 말미암아 떨어지는 재앙은 고스란히 본인이 감당해야 할 몫이 된다. 이렇게 해서 조조는 그 잔인하고 각박한 술수로 태자를 보필했는데, 태자 역시 그 잔인하고 각박한 술수를 써서 결국은 조조의 몸에 재앙을 되돌리고 말았다. 오호라! 누가 알았으랴! 조조는 문제에게 보필할 신하가 없음을 슬퍼했지만, 그 아비는 반대로 조조가 아비도 알아보지 못함을 슬퍼한 것을! 이렇게 나라를 위해 가정을 잊은 조조는 오직 밤낮으로 유씨 왕조가 존엄함을 상할까봐 그것만을 노심초사하였다. 공익을 위해 사사로움을 잊어야 하련만, 그 아비는 또 밤낮으로 조씨 집안이 안전하지 못한 것을 슬퍼하였다. 그로부터 천년이 지났어도 사람의 애간장을 끊는 슬픔이 아직 다하지 않은 판인데, 반고는 도리어 그 아비가 조괄의 모친을 배우지 못했다고 비난하고 있구나. 모자란지고!


## 혜강의 「절교서」[58] 絕交書


이 편지가 만약 혜강[59]을 대신한 다른 친구에게서 나왔다면 그렇다 칠 수도 있겠지만, 혜강 자신이 이 글을 썼다는 것은 이치에 닿지 않는

---

57) 형명(刑名): 전국시대 신불해(申不害)를 대표로 하여 형성된 학파. 순명책실(循名責實)과 신상명벌(愼賞明罰)을 주장했다. 한비자 등이 주창하면서 형명지학(刑名之學)으로 널리 알려지게 되었으며, 나중에는 형벌이나 형률(刑律)을 지칭하는 말이 되기도 하였다.

58) 혜강이 지은 「산거원에게 보내는 절교의 편지」(與山巨源絶交書)를 말한다. 혜강과 산도(山濤)는 모두 죽림칠현의 일원이며 정치적으로 위나라에 가까운 성향을 갖고 있었다. 훗날 사마씨(司馬氏)가 득세하고 위가 나날이 쇠약해지자 그들은

듯하다.

산도[60]가 혜강을 추천했던 것은 그를 이른바 진정한 지기로 알았던 데다 혜강의 재주 역시 추천해도 모자람이 없기 때문이었다. 혜강이 자신의 성정은 관직을 감당할 수 없으며, 만약 관리가 되면 반드시 화를 부르게 될 거라고 말한 것은 옳았다. 하지만 산도가 자기를 알지 못해 일부러 화를 끼치려 했다는 말인즉슨 옳지가 못했다. 자신을 원추[61]라 여기고 산도를 죽은 쥐새끼로 비유한 것 또한 옳지는 않았다. 자신을 천거한 사람더러 자기를 모른다고 치부하며 그대로 절교해버리고, 또 자신은 정말로 벼슬을 사랑하지 않는 데 반해 산도는 벼슬을 좋아하는 이로 몰아붙인 처사라니. 자신은 높이고 남을 깎아내리는 그 너무나 야박한 언사는 더더욱 옳지 않은 짓이었다.

오호라! 혜강 같은 재주에 조금만 학문을 더하게 되면 또 누가 그를 당해낼 수 있겠는가? 그런데도 전인(前人)의 말투를 답습하여 그런 매정한 발뺌의 언사를 지어내려 들었을까? 하지만 이 편지는 정말 두려울 정도로 준엄하고 빼어난 글이다. 천 년이 지난 지금도 여전히 그 사람을 보고 싶게 만드는구나. 내가 혜강을 폄하한다고 말하지 말라. 순전히 그가 상상인(上上人)이기 때문에 한 말일 따름이었다.

---

갈라지기 시작했다. 산도는 가장 앞장서서 사마씨 아래의 벼슬을 지냈을 뿐 아니라 또 안면을 내세워 혜강을 자기 편에 끌어들이려 하였다. 혜강은 칠현의 정신적 영수로서 출신은 한미했지만 위나라 종실과 통혼까지 했던 처지였기 때문에 사마씨에 대한 협조를 거부했다. 그리고 자신의 태도를 분명히 나타내는 한편 산도의 비굴함과 어두운 시국에 대한 불만을 그리기 위해 이 글을 지었다.

59) 혜강(嵇康): 자는 숙야(叔夜). 앞의 「이온릉전」(李溫陵傳) 역주 참조.
60) 산도(山濤, 205~283): 자는 거원(巨源). 하내(河內)의 회현(懷縣) 사람. 처음에는 위나라의 주부(主簿)를 지냈지만 사마의(司馬懿)와의 밀접한 관계 때문에 사마염(司馬炎)이 위를 무너뜨린 뒤부터는 줄곧 진나라에서 고위직을 지냈다. 역시 노장의 학문을 좋아한 죽림칠현의 일원이다. 태강(太康) 4년에 죽었고, 강(康)이라는 시호가 내려졌다.
61) 원추(鶢鶵): 봉새 과에 속하는 전설상의 새. 흔히 고아하고 어진 사람에 비유된다.

## 혜강의 「양생론」養生論

혜강과 완적[62]은 한마음이라고 일컬어진다. 그런데 완적은 체구가 우람하고 마음이 심오하여 매우 견식 있는 사람처럼 보이는데, 이는 그가 세상사에 관해서는 말하지 않고 손등[63]과 더불어 휘파람을 분 일[64]만 보아도 알 수가 있다. 상수[65]처럼 『장자』에 주를 달아 이미 대의(大意)에 통달한 이라면 정녕 장주(莊周)의 혜시(惠施)라고 말할 수 있다. 혜강은 이들 두 사람과 교유하면서도 어찌하여 도(道)에 관해서는 한마디도 묻지를 않았을까?

이제 혜강의 「양생론」을 읽어보니 신선의 일에 관해서는 전혀 아는 바가 없구나. 비단 신선의 일뿐만이 아니라 양생에 관해서도 알지를 못했다. 어째서 그는 친구들과 얼굴을 마주하고서도 이렇게 언급조차 않고 넘어갔을까? 혜강처럼 총명하고 때묻지 않은 호남아는 아무리 상수나 완적이라도 그를 어찌할 수 없었을 것이나, 참으로 아쉬운 일이 아닐 수 없구나. 사정은 그러하나 혜강의 고아한 인품이나 오묘한 문사가 어찌 '칠현'[66]이라 해서 따라잡을 수 있는 바이겠는가!

---

62) 완적(阮籍): 자는 사종(嗣宗)으로 위나라의 승상을 지낸 완우(阮瑀)의 아들이다. 처음에는 태위(太尉) 장제(蔣濟)를 위해 일하다가 나중에는 사마씨에게 협력해 산기상시(散騎常侍)를 지냈고 후(侯)에 봉해졌다. 성격이 거칠 것이 없었으며 언제나 술에 취한 상태로 살았다. 군서를 두루 읽었지만 노장을 좋아하진 않았고, 시부를 잘 지었다.

63) 손등(孫登): 진(晉)나라의 은사. 권1 「이온릉전」(李溫陵傳) 역주 참조.

64) 『진서』 「완적전」에 다음과 같은 이야기가 보인다. "완적이 일찍이 소문산(蘇門山)에서 우연히 손등을 만났다. 완적은 고대의 일과 신선, 양생술 등에 관해 물어보았지만 그가 일체 응하지 않았으므로 길게 휘파람을 불고 물러났다. 산등성이에 이르렀을 때 그는 난새나 용의 울음 같은 소리가 골짜기에 메아리치는 것을 들었다. 바로 손등의 휘파람이었다."

65) 상수(向秀): 자는 자기(子期), 하내(河內)의 회(懷) 사람으로 황문시랑(黃門侍郎)과 산기상시(散騎常侍)를 역임했다. 두뇌가 명석하고 원대한 식견이 있었으며 노장지학(老莊之學)을 즐겼다. 왕융(王戎)·혜강(嵇康) 등과 교유했고 죽림칠현의 일원이다. 시부를 잘 지어 「사구부」(思舊賦) 등을 남겼다.

## 혜강의 「금부」琴賦

『백호통』[67]에 나오는 말이다.

거문고(琴)는 금지(禁止)한다는 뜻이다. 사람의 사악함을 금지시켜 바른 길로 돌아가도록 만들기 때문에 '금'(琴)이라고 말한 것이다.

나는 '금'이란 '마음'(心)이며 '읊조림'(吟)이어서 그 마음을 읊조리는 바라고 생각한다. 사람들은 입으로 읊조리는 것만 알지 손으로도 읊조릴 수 있는 줄은 모른다. 또 입으로 소리낼 수 있는 것만 알지 손에서도 소리가 난다는 것은 알지 못한다. 예컨대 바람이 나무를 흔들면 바람은 아니 보이고 단지 나무가 우는 것만 보인다. 나무가 울지 않는다는 말은 옳지가 않으며, 나무가 울 줄 안다는 말 또한 틀렸다. 이는 우리에게 손에서도 소리가 난다는 사실을 일깨워준다. 그런데 듣는 사람들은 거문고 소리를 가리켜 한다는 말이 나무가 우는 것과 같다고 하니, 어찌 답답하지 않을 것인가!
『시자』[68]에 나오는 말이다.

순임금이 다섯 줄의 거문고를 만들고 남풍을 노래하셨는데, 가사는

---

66) 칠현(七賢): 죽림칠현. 완적·혜강·산도·상수·유영(劉伶)·완함(阮咸)·왕융(王戎) 등 일곱 명이 죽림에서 노닐었다 하여 붙여진 명칭이다. 출전은 『진서』「혜강전」(嵇康傳).

67) 『백호통』(白虎通): 『백호통의』(白虎通義) 혹은 『백호통덕론』(白虎通德論)이라고도 부른다. 동한의 반고(班固) 등이 편찬한 책으로 장제(章帝) 건초(建初) 4년(79)에 백호관(白虎觀)에서 경학을 변론(辯論)한 결과를 싣고 있다. 금문학파가 주장하는 정치적 학설의 요약이기도 하다.

68) 『시자』(尸子): 춘추시대 초나라 시교(尸佼)가 지은 책. 모두 20편으로 명법가(名法家)에 가까운 관점들을 싣고 있다. 시교는 일찍이 상앙을 스승으로 모시며 변법의 제정에 참여한 적이 있는데, 스승이 죽자 촉으로 달아나 『시자』를 지었다고 한다.

다음과 같다.

봄바람이 남에서 따스하게 불어오누나.
우리 백성들 근심을 씻어줄 수 있겠네.

불어오는 바람을 보고 그로 인해 백성들의 걱정거리를 생각하셨는
데, 이는 순임금의 마음이요 순임금의 읊조림이다.

미자[69]는 망해가는 은(殷)나라를 슬퍼하다가 기러기가 높이 나는 것
을 보자 거문고를 끌어당겨 곡조를 지었는데, 감히 입으로는 노래하지
못하고 그저 손가락만 놀려 소리를 냈던 것이다. 이는 미자의 마음이요
미자의 읊조림이다.

문왕은 후비(后妃)를 들인 뒤 금(琴)과 슬(瑟)로 벗하고 종과 북으로
즐거움을 돋우셨다. 지난날 잠 못 이루고 뒤척이며 오매불망 그리워하
던 심정은 더 이상 생겨나지 않았으니, 이런 까닭에 그분의 거문고는
「관저」[70]라는 노래를 연주할 수 있었다. 그런데 공자는 이 시를 읽고
찬탄하면서 "「관저」는 즐거우나 음란하지 않다"[71]고 말씀하셨으니, 비
록 즐거움이 넘치지만 잘못이라 할 수는 없다는 뜻이렷다. 이 어찌 문
왕의 마음이 아니겠는가? 문왕이 아니라면 누가 그런 시를 읊을 수 있
겠는가?

한 고조는 걸출한 재능과 위대한 지략으로 천하를 거머쥔 분이다. 그
는 어질고 유약한 태자에게 충실히 보필할 신하가 있어 한나라가 편안
할 수 있음을 기뻐했지만,[72] 또 한편으로는 애첩인 조왕(趙王) 모자가

---

69) 미자(微子): 은나라 주왕(紂王)의 이복형. 이름은 계(啓, 혹은 開)로 미(微) 땅에
   봉해졌다. 누차에 걸쳐 주왕의 폭정을 말렸지만 듣지 않자 몸을 숨겼다. 훗날 주
   나라에 항복하고 송(宋)에 봉해져 송의 시조가 되었다.
70) 「관저」(關雎): 『시경』의 첫 번째 시로 「주남」(周南)에 속한다. 주희는 『시집전』
   (詩集傳)에서 이 시가 주나라 문왕과 그의 왕비 태사(太姒)의 혼인과정을 그리고
   있다고 설명하였다.
71) 출전은 『논어』 「팔일」(八佾)편.

여후(呂后)의 수중에 들어 스스로를 보전할 수 없게 된 것을 슬퍼하였다. 이런 까닭에 그는 슬(瑟)에 의지하여 '커다란 기러기'(鴻鵠)[73]를 노래했던 것이다. 비록 눈물이 흘러 옷깃을 적시곤 있지만 그 소리는 비분강개하다. 실로 자신을 위안하고 싶은 기색이 뚜렷하니, 이 어찌 한 고조의 마음이 아닐 것인가? 한 고조가 아니면 또 누가 그런 노래를 읊조리겠는가?

이렇게 보건대 동일한 마음이면 읊조림도 동일함을 알 수가 있다. 그런데 "현악은 관악만 못하고, 관악은 또 육성만 못하다"고 하니, 이는 대체 무슨 말인가? 대저 마음이 같고 읊조림이 같다면 그 자연적인 성질 또한 같을 것이다. 그런데 한편으로 "점점 자연에 가까워진다"고 말하고 있으니, 또 무슨 까닭인지?[74] 이 어찌 혜강이 말한 바 예악의 본의에 아직 통달하지 못한 때문이 아니겠는가![75] 그래서 이런 말이 나왔을

---

72) 한 고조 유방은 애첩 척부인(戚夫人)의 아들 조왕으로 하여금 원래의 태자 효혜제(孝惠帝)를 대신시키려 했지만, 태자가 장량(張良)의 계책을 받아들여 사호(四皓)를 불러오자 태자를 바꾸려던 생각을 접어버렸다. 『사기』「유후세가」(留侯世家)에 보이는 사실이다.

73) 「홍곡가」(鴻鵠歌)의 전문은 다음과 같다. "큰 기러기 높이 나네. 단번에 천 리를 나는구나. 날갯죽지 펼치니 사방을 덮는구나. 사방을 덮으니 어찌할 수 있을꼬! 새 잡을 주살이 있어도 어디다 쏜단 말이냐!"(鴻鵠高飛, 一擧千里. 羽翮已就, 橫絶四海. 橫絶四海, 當可奈何! 雖有矰繳, 尙安所施!)

74) 『진서』「맹가전」(孟嘉傳)에서 환온(桓溫)이 "기악(伎樂)을 들어보면 현악은 관악만 못하고 관악은 육성만 못한데, 이유가 무엇인가?"(聽妓, 絲不如竹, 竹不如肉, 何謂也?) 하고 묻자, 맹가는 다음과 같이 대답했다. "점점 자연에 가까워지기 때문입니다"(漸近使之然.) 『세설신어』「식감」(識鑒)편의 주에서도 맹가의 별전(別傳)을 인용하고 있다.

75) 혜강은 「금부」(琴賦)의 서문에서 이렇게 말했다. "여덟 음을 내는 악기와 가무의 형상을 위해 역대의 재사들이 노래를 지었는데, 그 체제와 풍류는 서로 계승하지 않음이 없었다. 재간으로 말하자면 고난 가운데서도 굽히지 않는 꿋꿋함을 최상으로 치고, 노래로 읊을 때는 비애가 위주가 되어야 하며, 감화의 측면에서 미화시킬 때면 눈물이 흐르는 것을 귀하게 여긴다. 고운 것은 고운 것일 뿐, 그런 이치를 다하는 것은 아니다. 그 연유를 따져보면 흡사 음악이 무엇인지 근본적인 이해가 없는 것 같고, 그 지취를 훑어보면 예악의 의미에 통달하지 못하였다"(八音之器, 歌舞之象, 歷世才士並爲之賦頌: 稱其材幹則以危苦

것이다.

말로는 다 표현할 수 없어 노래를 부르는 것이고, 노래로는 부족하기 때문에 자신도 모르게 손을 움직여 춤추게 된다.[76]

혜강도 다음과 같이 말했다.

말을 반복해도 모자라면 노래를 불러 뜻을 펼치고, 노래를 불러도 부족하면 다른 말에 기탁해서 그 뜻을 천명하게 된다.[77]

부중무[78]는 「무부」(舞賦)에서 말했다.

노래는 말을 읊고 춤은 뜻을 다한다. 그 시를 논하는 것은 그 노래를 듣느니만 못하고, 그 노래를 듣는 것은 그 춤추는 모습을 관찰하느니만 못하다.

춤에서는 뜻이 남김없이 펼쳐지니, 노래에서보다 형체가 더 잘 살펴진다. 이로부터 말하건대 소리가 있는 것은 없느니만 못함이 확실하고, 말을 다하는 것은 뜻을 다하느니만 못함이 또 자명하다. 그렇다면 손에서는 소리가 나지 않는다 생각하며 손은 읊조릴 수 없다고 말하는 것 또한 옳다고 하겠다. 읊을 수가 없기 때문에 듣기를 잘하는 사람만이

---

爲上, 賦其聲音則以悲哀爲主, 美其感化則以垂涕爲貴. 麗則麗矣, 然未盡其理也. 推其所由, 似元不解音聲; 覽其旨趣, 亦未達禮樂之情也.) 여기서 말하는 예악이란 오례(五禮, 즉 吉·凶·君·賓·嘉)와 육악(六樂, 즉 雲門·咸池·大韶·大夏·大濩·大武)을 가리킨다.

76) 출전은 「모시서」(毛詩序).
77) 혜강, 「금부 서문」(琴賦序).
78) 부중무(傅仲武): 원래는 부무중(傅武仲)이라야 맞다. 동한의 문학가인 부의(傅毅). 자가 무중으로 반고와 동시대 사람이다.

그 마음을 알고 그 깊이를 가늠할 수 있게 되는 것이다. 그 자체가 자연인데 거기에 무엇을 더할 것이며, 또 누가 그것을 두고 육성만 못하다 이를 것인가!

나는 또 위와 같은 관찰을 통해 똑같은 거문고라도 원효니[79]의 앞에 서는 곡조가 더없이 현란하게 울렸을 것임을 알았다. 그러나 절명의 순간에 타는 거문고는 그 소리가 얼마나 찢어질 듯 처참하였을까?[80] 거문고 곡조는 물론 똑같았겠지만 마음씀이 정말 달랐을 테니 말이다. 마음이 다르면 손놀림이 다르고, 손놀림이 다르면 소리가 달라진다. 이들 소리가 어떻게 자연스런 성정에서 우러나온 소리가 아닐 것이며, 또 한 손에서 두 소리가 날 수 없다는 생각이 어찌 옳다 하겠는가? 그리고 저 소리는 자연스러운데 이 소리는 자연에서 우러나온 소리가 아니라고 말하는 것이 어떻게 가능할꼬? 그래서 채옹[81]은 거문고 소리를 듣자 연주자에게서 살기를 느꼈고,[82] 종자기(鍾子期)는 도도히 흘러가는 물

79) 원효니(袁孝尼): 원준(袁準). 자는 효니로 진(晉)나라 원오(袁奧)의 동생이다. 사람됨이 충신공정(忠信公正)하고 아랫사람에게 묻기를 부끄러워하지 않았다. 치세(治世)의 책무를 논한 저서 십여만 자가 있으며, 오경(五經)의 막힌 뜻을 논하기도 하였다. 태시(泰始) 연간에 급사중을 지냈고, 『진서』 권83에 전기가 보인다.

80) 혜강의 광릉산(廣陵散) 연주를 가리킨다. 혜강은 동시(東市)에서 자신의 처형이 집행되기 직전 스승이 되어달라는 태학생 삼천 명의 청을 거절한다. 그리고 해그림자를 돌아본 뒤 거문고를 찾으면서 말했다. "옛날 원효니가 나를 좇아 광릉산을 배울 때 나는 매번 그에게 인색하게 굴며 가르쳐주지 않았다. 광릉산의 맥이 이제 끊어지고 마는구나!" 『진서』 「혜강전」에 보이는 사실이다.

81) 채옹(蔡邕, 132~192): 자는 백개(伯喈). 진류(陳留)의 어(圉) 사람. 영제 때 의랑(議郎)이 되어 의정을 논하다 권신에게 죄를 입어 변방으로 유배되었다. 사면된 후에도 환관의 음해가 두려워 10여 년 동안 강호를 유랑하였다. 동탁(董卓)이 집권한 뒤 좌중랑장(左中郎將)이 되었지만, 그가 죽자 부역 혐의로 왕윤(王允)에게 체포되어 옥중에서 죽었다. 경사·천문·음률에 정통했고, 시부를 잘 지었으며, 서도 특히 예서에 능했다. 저술로 「독단」(獨斷)·「권학」(勸學)·「석회」(釋誨) 등 각종 문체의 글 100여 편이 남아 있다.

82) 채옹이 진류에 머물 때, 이웃 사람이 술과 음식을 차려놓고 그를 초대했다. 찾아가서 술이 거나하게 올랐을 즈음, 어떤 손님이 병풍 뒤에서 거문고 타는 소리가 들렸다. 채옹은 문밖에서 귀기울여 듣다가 "아이구, 음악으로 나를 불렀지만 살

을 느낄 수가 있었으며, 사광[83]은 남풍 덕분에 싸움이 일어나지 않을 줄 알아낼 수 있었다.[84] 원래 자연의 도가 손을 통해 마음과 만나면 그 오묘한 경지가 정녕 이와 같은 법이다.


## 혜강의 「유분시」[85] 幽憤詩

혜강은 감옥까지 가서 여안(余安)의 무죄를 증명했는데, 이런 의리는 실행하기가 지극히 어렵다고 하겠다. 그런데도 시에서 자책의 언사가 많은 것은 대체 무슨 까닭일까? 만약 그의 자책이 정말로 마땅하다면 이때부터의 자책은 시기적으로 벌써 늦은 것이 되고 마는데, 이는 죽음이 두려워서 나온 자책이기 때문이다. 기왕에 죽음을 두려워하지 않고 친구의 무죄를 밝혔는데 또다시 죽음을 무서워하며 자책하는 이유를 나는 알 수가 없다.

천하에는 진실로 죽음을 두려워 않고 의를 위해 사는 사람이 존재한다. 이러한 까닭에 그들은 목숨이 다할 때까지 의리를 즐거워하며 죽음을 잊게 되는데, 이런 죽음이라면 혜강이 진정으로 상쾌하게 여길 바이다. 그는 왜 자책의 말을 내뱉었을까? 역시 마찬가지로 세상 사람들 중에는 죽음이 무서워 감히 의리를 지키지 못하는 자들이 있다. 이들은 죽을 때까지 차라리 의리를 저버릴지언정 그 의리 때문에 친구를 위해 죽지는 않으려 하니, 역시 자책할 때는 없다고 하겠다. 친구간이든 임금과 신하 사이든 그렇지 않은 경우가 없는 것이다. 어린 자식이나 조정을 죽음으로 지켜주겠다고 맹세한 신하가 있는데도 죽음에 임박해서 자책하는 사람은 세상에 없는 법이다. 혜강이 시에서 '좋은 말이면 다 곧이들어 사람 가려내는 데 어둡다'(好善闇人)고 운운했던 것은 어쩌면 따로 가리키는 바가 있어 여안을 지칭한 것이 아니었을지도 모른다. 당시 태학생(太學生) 삼천 명이 같은 날 대궐 앞에 엎드려 상소함으로써 혜강의 구명을 간청했으니, 혜강은 더한층 자책감 없이 죽을 수가 있었다. 종회[86] 같은 반역자가 기회를 틈타 혜강을 모해한 일을 혜강이 어찌 그때까지 모를 수 있었으랴? 그런데도 여전히 한가롭게 정신과 원기를 북돋고 산골짜기나 동굴 등지에서 개현역철[87]하려고 들다니, 이것

---

86) 종회(鍾會): 삼국시대 위(魏)의 영천(潁川) 사람. 종요(鍾繇)의 아들이며, 자가 사계(士季)이다. 명리(名理)에 밝았으며, 서법에도 아버지의 유풍을 이어 남의 글씨를 잘 흉내냈다. 사마사(司馬師)와 사마소(司馬昭)를 따라 무구검(毋丘儉)과 제갈탄(諸葛誕)의 반란을 토벌했으며, 늘 기밀에 참여하여 신임을 받았다. 벼슬이 황문시랑(黃門侍郎)에 이르렀고 관내후(關內侯)에 봉해졌다. 경원(景元) 연간에 진서장군(鎭西將軍)이 되어 십만 군사를 이끌고 촉의 정벌에 나섰는데, 후주 유선(劉禪)이 등애(鄧艾)에게 투항해버리자 등애가 반란을 일으키려 한다고 밀고하여 그를 주살시키고 전 촉군을 휘하로 접수했다. 이어 사마소에게 반기를 들어 촉의 장군 강유(姜維) 등과 더불어 거병했다가 도리어 난군에게 피살당하고 말았다. 저서로 『도론』(道論) 20여 편이 있으며, 『삼국지』 「위지」(魏志) 권18에 보인다.

87) 개현역철(改絃易轍): 악기의 현을 고치거나 수레바퀴 자국대로 따라가지 않고 다른 길로 가는 행위를 일컫는다. 방향·방법·태도 등의 변경을 비유할 때 주로 쓰인다.

이 말이나 되는가? 이때가 어찌 혜강이 도를 닦으며 원기를 보충할 시점이었겠는가? 혜숙야(嵇叔夜)가 대체 어떤 사람이던가? 임종을 당해 광릉산[88]을 연주할 정도였으니, 분명 이 따위 어지러운 자책이나 착오로 생기는 요행을 바라는 천박한 자태는 없어야 했다. 어쩌면 할 일 없는 호사가들이 그의 사적 중간에 덧붙이고 윤색한 내용일 뿐이겠지. 읽는 사람 스스로도 분간해낼 수 있을 것이다.


## 유영[89]의 「주덕송」酒德頌

『법언』[90]에 나오는 말이다.

　명령(螟蛉)의 새끼를 데려온 나나니벌은 그에게 축원을 한다. "나를 닮아라, 나를 닮아라." 시간이 오래 흐르자 명령의 새끼는 나나니

---

88) 광릉산(廣陵散): 금곡(琴曲)의 명칭. 혜강은 이 곡의 명인이었지만 연주법을 비밀로 하여 남에게 전수하지 않았다. 나중에 모함을 받고 사형이 집행될 즈음에 그는 이 곡조를 타면서 "광릉산이 이제 세상에서 사라지는구나!"(廣陵散於今絶矣!) 하고 탄식했다. 나중에는 일에 있어 후계자가 없거나 이미 멸절된 음악을 가리키는 말로 쓰이게 되었다.

89) 유영(劉伶): 자는 백륜(伯倫). 패국(沛國) 사람으로 일찍이 건위장군참군(建威將軍參軍)을 지냈다. 성격이 거칠 것 없고 방탕하며 술을 좋아해 종일토록 만취상태에 빠져 지냈다. 왕융이나 혜강 등과 교유하며 죽림칠현의 일원이 되었다. 진나라 초기에 죽었고, 저술로 『문선』 권47에 실린 「주덕송」이 남아 있다.

90) 『법언』(法言): 한대 양웅(揚雄)의 저작. 모두 30권. 현전하는 판본으로는 진(晉)나라 이궤(李軌)의 주본(注本) 13권과 송대 사마광의 집주본(集注本) 10권의 두 종류가 있다. 이 책은 『논어』를 모방해 지어졌기 때문에 순수한 유가서에 속한다. 하지만 이궤는 도가와 유가를 병행하여 매번 양웅의 본뜻에 어긋나고 있고, 사마광은 수시로 자신의 의견을 삽입해 많은 부분을 정정했기 때문에 자구에 있어 원본과는 자못 차이가 난다. 목록이 학행(學行)·오자(吾子)·수신(修身)·문도(問道)·문신(問神)·문명(問明)·과견(寡見)·오백(五百)·선지(先知)·중려(重黎)·연맥(淵騫)·군자(君子)·효지(孝至) 등으로 분류되어 있다. 『사고제요』(四庫提要) 자부(子部)의 유가류에 보인다.

벌과 똑같아졌다. 빠르기도 하여라, 일흔 명의 제자가 중니를 닮아감이여!

이궤(李軌)는 주(注)에서 위의 대목을 이렇게 설명했다.

　　명령은 뽕나무벌레요, 나나니벌은 벌의 한 종류이다. 벌은 새끼를 칠 수 없으므로 뽕나무벌레를 데려와 엎어서 죽이기도 하고 감금시켜 키우기도 하면서 "나를 닮아라" 하고 축원한다. 그렇게 해서 시간이 오래 흐르면 벌로 변하는 것이다.

「주덕송」이란 이 노래는 다만 결어 부분이 유독 새롭고 기묘하여 『법언』에서 인용한 뜻과 다르니, 독자들은 세심히 살필지어다! 지금 사람들이 양자(養子)를 두고 명령자(螟蛉子)라 일컫는 것은 바로 여기서 유래하였다. 그렇다면 도학선생과 예법을 준수하는 속물 선비들은 모두 벌의 양자들이라고 해야 되겠다! 하지만 그들은 스스로를 일컬어 '두 호걸'(二豪)[91]이라 자칭하니, 슬플지언저!

## 상수의 「사구부」思舊賦

　　상수(向秀)의 「사구부」(思舊賦)는 혜강의 높은 재주, 신묘한 기예에 대해서만 설명할 뿐이다. 대저 혜강 같은 재주와 기예는 또 고금에 걸쳐 두루 존재하는 바이지만, 그런 인품과 기골인즉슨 예나 지금이나 드물기만 하구나. 어찌 상수가 자신의 안전을 도모해 할 말을 감히 다 쏟아내지 못한 것이겠는가? 그랬더라면 이 부는 지어지지 않아도 되었을

---

91) 이호(二豪): 『문선』의 주석에서는 공자(公子)와 처사(處士)를 일컫는다고 설명했다. 유영은 시에서 '고귀한 공자'(貴介公子)와 '벼슬아치와 은거한 처사'(縉紳處士)를 언급하고 있다.

것이며, 옛 친구에 대한 간절한 그리움 따위 역시 없었을 것이다.

상수는 나중에 혜강이 죽은 뒤 다시 몇 년을 더 살았는지 모르겠지만, 오늘날은 두 사람 다 어디에 있는가? 혜강은 그래도 아직까지 천고에 걸쳐서 호걸들의 탄식을 자아내고 있지만, 상수는 그저 그만일 뿐이다. 누가 또 상수를 혜강보다 더 사모하여 이 일을 두고 무한히 마음을 쓰겠는가 말이다! 게다가 이사(李斯)가 동문(東門)을 탄식[92]했다는 비유 또한 대단히 걸맞지 않는다. 죽림칠현 중에서 상수는 가장 기골이 없는 자였으니, "선배제현께서는 애당초 칠현에 대해 논평이 없으셨다"[93]고는 말할 수 없는 자였다.

## 『양승암집』을 읽고[94] 楊升庵集

나는 양신[95] 선생의 문집을 읽고 느낀 바가 많았다. 무릇 옛날의 성

---

92) 이사(李斯)는 원래 초(楚)의 상채(上蔡) 사람이지만 진(秦)으로 건너가 천하를 통일하고 승상을 지냈다. 나중에 이세(二世)가 등극한 뒤 조고(趙高)의 모함으로 사형에 처해지게 되었을 때, 그는 감옥문을 나서면서 아들에게 이렇게 탄식했다. "너와 함께 다시 누런 개를 끌고 나란히 상채의 동문을 벗어나 영리한 토끼를 쫓고 싶구나. 그러나 이 어찌 가능한 일이겠느냐?"(吾欲與若復牽黃犬, 俱出上蔡東門, 逐狡兎, 豈可得乎?) 『사기』 「이사열전」에 보인다.

93) 남조(南朝) 송(宋)의 유의경(劉義慶)이 편찬한 『세설신어』 「품조」(品藻)편에 사알(謝遏) 등 여러 사람이 칠현의 우열에 대해 논란을 벌이자, 사공(謝公, 謝安)이 "선배제현께서는 애당초 칠현에 대해 논평하지 않으셨다"(先輩初不臧貶七賢)고 말했다는 대목이 나온다.

94) 이 글 이하 「비석 뒤에 새긴 이름」(樊敏碑後)까지 17편은 『이탁오선생독양승암집』(李卓吾先生讀楊升菴集)에서 가려 뽑은 문장이다. 이 책은 이지가 양신(楊愼)의 문집을 읽고 그 감상을 적은 것인데, 어떤 문장은 양신의 원문을 싣기도 했고 경우에 따라서는 생략하기도 하였다. 역자가 확인한 판본은 하버드 대학 옌칭 도서관 소장본(도서번호: T5417/4298.4)이다.

95) 양신(楊愼, 1488~1559): 사천성 신도(新都) 사람. 자는 용수(用修), 호는 승암(升庵)이다. 어려서부터 총명하여 이동양(李東陽)의 인정을 받고 그 문하에서 수학했다. 정덕(正德) 6년(1511)에는 정시(廷試)에 장원으로 뽑혀 한림수찬(翰林

헌께서는 그 삶부터가 쉽지 않았고, 그 죽음 역시 쉽지가 않으셨다. 삶이 순탄치 않았기 때문에 생전에는 사람들마다 모두 추앙했고, 어렵게 돌아가셨기 때문에 죽어서도 세월이 갈수록 한층 더 사람들의 그리움을 자아냈다. 이렇게 해서 앞서 태어난 사람들은 그래도 후세에 대해 기대하는 마음을 갖게 되었고, 나중에 태어난 사람들은 또 매번 늦게 태어난 것을 한탄했던 것이다. 동시대에 태어난 사람들은 또 언제나 천리마 꼬리에 붙은 파리나 청천 하늘의 구름을 따라가는 존재로 자신을 비유하곤 하였다. 바로 이렇게 성현의 생사는 정말로 위대하다.

나는 선생의 문집을 읽다가 그의 생졸 연월이 알고 싶어졌지만 찾아낼 수가 없었다. 뭇 서문들을 두루 열람했지만 어디에도 그 사실은 실려 있지 않았다. 저들 남의 글에 서문을 써주는 자들은 서문이란 그저 칭찬이나 늘어놓아야 한다고 지껄일 뿐인데, 이는 또 도학자를 말할 때면 반드시 그 도를 확대시켜야 하고, 공과 업적을 서술할 때는 꼭 그 공을 과대포장하며, 인품을 설명할 때는 기필코 그 강직한 기개를 널리 선양해야 하는 것과 마찬가지이다. 하지만 사실이 그렇지 않은 줄 어찌 알겠는가?

원래 문집이라 하는 것은 그 사람의 글이 확실히 후세에 전해질 만하다는 판단이 선 연후에야 모아서 전하는 것이다. 그렇기 때문에 그 사람의 글은 응당 해나 별처럼 찬란히 빛나게 되고 눈 가진 사람이라면 누구나 그것을 볼 수가 있게 된다. 그런데 왜 또 서문이란 형식을 빌려 그 글들을 찬양하고 나서는 걸까? 칭찬을 늘어놓는 저 행위 자체가 이

修撰)을 제수받고 『무종실록』(武宗實錄)의 편수에 참여했다. 세종(世宗) 때에는 경연(經筵)의 강관(講官)이 되었고, 가정(嘉靖) 3년(1524)에는 한림학사가 되었다. 이후 동료들과 함께 장총(蔣璁)과 계악(桂萼)의 파면을 주장하다가 황제의 노여움을 사 운남의 수창위(水昌衛)로 유배되었고 나중에 촉으로 돌아와 사망했다. 저서로 『승암집』과 『풍아일편』(風雅逸篇) 등 다수가 있고, 천계(天啓) 연간에 문헌(文憲)이란 시호를 추증받았다. 『명사』 권192에서는 그를 "명나라에서 박학과 풍부한 저작으로는 양신이 제일이다. 시문 외에도 잡저가 일백여 종이나 되며, 모두가 세상의 빛을 보았다"라고 평가하고 있다.

미 쓸데없는 짓 아니던가? 더군다나 그 사람이 꼭 글 잘하는 것이 아닐 수도 있는데, 또 어떻게 그 문장이 반드시 전할 만한 것임을 알고 급기야는 찬양 일색의 글을 서문이랍시고 전하는 것인지?

그래서 나는 일찍이 이 세상의 서문 짓는 사람들은 대다수가 그의 무식한 자손들이 다른 사람의 지위와 명망을 빌려 그 조상을 빛내려는 속셈일 뿐이라고 말한 바 있다. 그렇지 않다면 그 형세가 부득불 청하지 않을 수 없거나, 또 글을 지어주지 않으면 안 되는 경우일 것이다. 다른 사람의 힘을 빌려 전해지는 문장이라면 그 글의 수준이 어떠할지는 알 만한 노릇이니, 장차 누가 그런 글을 후세에 전하겠는가? 만약 감히 청탁하지 않을 수 없는 경우거나 또 감히 사양할 수 없는 경우라면, 서문을 쓰는 사람들 또한 그 생졸 연월일과 생평의 순서만 곧이곧대로 서술하여 독자들이 상고할 수 있도록 도와주는 것이 좋을 듯하다.

아아! 선생은 이다지도 인품이 뛰어나셨고, 이렇듯이 도덕심이 빼어났으며, 재주와 덕망 또한 마찬가지였다. 하지만 평생토록 한 번도 그 능력을 시험해볼 기회를 얻지 못한 까닭에 문장에만 능력을 발휘하시니, 한 가지라도 잘 못 짓는 문체가 없고 또 짓지 않은 주제가 없으셨다. 비록 그 문하에서 배운 자라 하더라도 한 마디로는 찬양하기가 불가능한데, 후인들이야 말할 나위 있으랴! 나는 그래서 개인적인 앙모의 정이 슬그머니 더해진 탓에 그 생졸의 시말이나 상세한 이력을 살피고 싶었다. 예컨대 옛날 사람들이 이른바 연보란 것을 항상 책상 위에 얹어두고 흡사 그 문하에서 배운다고 생각했던 것처럼 발뒤꿈치를 치켜들고 선생의 뒤를 따르고 싶었던 것이다. 그런데 서문집 어디에도 그런 내용은 실리지 않았으니, 안타까운 심정을 금할 수 없구나. 더군다나 난쟁이가 바람결 따라 개 짖는 소리를 흉내내듯 소문만 듣고 선생을 그저 박학다식한 사람으로나 말할 수 있다고 쓴 서문까지 있으니, 더욱 가소롭기만 하다!

## 잠자리의 노래 蜻蛉謠

예나 지금이나 인정은 동일하고, 고금에 걸친 천하의 일과 형세 또한 마찬가지이다. 나는 젊어서부터 늙은 지금까지 상황에 근거하여 일의 판세를 따지곤 했는데, 한 사람도 의견이 같은 사람을 만나지 못했다. 이리하여 매양 놀라고 의아해하면서 '하늘이 어찌하여 나를 이처럼 불길한 존재로 태어나게 하셨을꼬!'라고 생각하곤 하였다. 무릇 인성이란 서로의 거리가 그다지 멀지 않은 것인데 나만은 유독 남들과 다르니, 이 어찌 불길한 징조가 아닐 것인가?

처음 벼슬길에 나섰을 때 나는 남방의 왜구와 북쪽 오랑캐의 난리를 직접 목도하였다. 마지막에는 운남에 들어가 또 토관(土官)들과 요족96), 장족97)의 변란을 물리도록 들어야 했다. 글을 읽고 나라의 녹을 먹는 작자들이란 대체로 의견이 다들 한결같았다. 나의 견해를 그들과 맞춰 보면, 그들은 나를 미쳤다고 여기지 않으면 죽일 놈이라고나 치부할 따름이었다.

이제 양승암 선생의 문집을 읽었더니, 강공98)의 사적을 기록한 부분이 보인다. 강공의 마음은 바로 나와 합치되는데 선생께서 이처럼 취록해놓으셨으니, 선생께서 당대에 등용되지는 못하셨지만 만약 등용되었더라면 반드시 강공처럼 되셨을 것임은 의심의 여지가 없다. 비록 후세에 태어났지만 견해가 예전의 철인과 부합하니 또 내 한평생이 불길한

---

96) 요족(傜族): 중국 소수민족의 일원으로 지금의 요족(瑤族)이다. 서남(西南)의 묘 요족(苗傜族) 계통으로 광서성의 동부 산악지대, 광동성의 북부, 호남성의 강화 현(江華縣)과 영명현(永明縣) 일대의 산간지대에 살고 있다.
97) 장족(僮族): 중국 소수민족의 하나. 광동·광서·운남 등지에 분포해 살며, 1965 년 장족(壯族)으로 개칭하였다. '장'(僮)은 '장'(壯)의 옛날식 표기로, 명·청시 대에는 멸칭(蔑稱)으로 '동'(獞)이라 쓰기도 하였다.
98) 강공(姜公): 강태공(姜太公), 즉 태공망(太公望) 여상(呂尙)을 말한다. 주나라 초 기의 현인으로 강씨 성에 자는 자아(子牙)였다. 무왕을 도와 은나라를 멸망시키 고 제(齊)에 봉해져 제나라의 시조가 되었다.

것만은 아니었음을 증명할 수 있겠다. 기쁜 마음에 여기에 수록해놓기
로 한다.


## 당귀매전 唐貴梅傳


양승암 선생은 「효열부 당귀매전」(孝烈婦唐貴梅傳)에서 다음과 같이
적고 있다.


열녀의 성은 당씨(唐氏)이고, 이름은 귀매(貴梅)이며, 지주(池州)
의 귀지(貴池) 사람이다. 나이 열다섯 살에 주씨(朱氏)에게 시집을
갔는데, 남편은 가난하면서도 허약한 자였다. 늙은 시어머니는 성깔
이 사납고 음탕했는데, 그녀는 젊은 시절 휘주(徽州)의 부자 장사치
와 사통한 적이 있었다. 홍치(弘治) 연간 다시 지주에 온 그 장사치는
며느리를 보고 좋아하게 되어 돈과 비단으로 비밀리에 시어머니를
매수했다. 시어미란 여자는 장사치의 재물에 혹해 며느리에게 몸을
팔라고 수백 번이나 꼬드겼지만 끝내 뜻을 이룰 수가 없었다. 핍박해
도 며느리는 듣지 않았고, 매질을 해도 역시 듣지 않았다. 불로 인두
를 데워 연신 단근질을 해대는 바람에 온몸에 성한 피부가 없었지만
며느리는 끝까지 말을 듣지 않았다. 시어머니는 결국 불효하다는 죄
목으로 며느리를 관가에 고발했다. 그 지방의 통판(通判)인 자계현[99]
출신의 모옥(毛玉)은 뇌물을 받고 형벌을 이중으로 가했다. 며느리는
거의 죽을 지경에 이르렀지만 그래도 고집을 꺾지는 않았다. 상인은
그때까지도 그녀의 아름다운 자색을 흠모했기 때문에 시어미를 교사
하여 보석으로 풀려나게 하였다. 친척들마다 며느리에게 "왜 사실을
토로하지 않느냐?"고 다그치자, 그녀는 이렇게 대답했다. "그렇게 해

---

99) 자계현(慈谿縣): 절강성(浙江省)의 영파부(寧波府)에 속한 현 이름.

서 내 명예를 보전하고 우리 시어머님을 더럽히란 말입니까?" 저녁이 되자 그녀는 옷을 갈아입고 후원의 늙은 매화나무 아래에서 목을 매 자살했다. 시어미는 이런 사실을 까맣게 모르고 있다가 이튿날 아침이 되자 손에 뽕나무 몽둥이를 들고 며느리의 방으로 쳐들어가 매질을 하려고 들었다. 그녀는 걸어가면서도 줄곧 욕설을 퍼부었다. "나쁜 년! 일찌감치 내 말을 들었으면 돈도 만지고 호강도 누렸을 텐데, 이제 어쩌자는 작정이냐?" 방 안으로 들어갔지만 며느리는 보이지 않았다. 이윽고 매화나무 아래에 이른 시어미는 그제야 며느리가 죽은 것을 알고 대성통곡을 터뜨렸다. 친척들이 몰려와 시끌벅적하게 떠들어댔다. "살았을 때 불효하다고 소송을 걸었잖소. 이제 며느리가 죽었으니 통쾌하게 여길 노릇인데, 통곡은 왜 한단 말이오?" 그 말에 시어미는 이렇게 대꾸했다. "며느리가 살았으면 나 역시 아직은 바랄 게 있어. 하지만 그년이 죽어버렸으니 상인은 반드시 뇌물 준 것을 되찾아갈 게요. 나는 이 때문에 우는 것이지 저 나쁜 년 때문에 우는 게 아니라오." 시체는 사흘 동안이나 나무에 걸려 있었는데 안색이 마치 살아 있는 사람 같아서 나무꾼이든 목동이든 그녀를 본 사람은 누구라도 눈물을 떨구었다. 매년 매화꽃이 필 무렵에는 달빛 아래 은은하게 그녀의 모습이 나타난다고 한다. 그 사건의 담당자는 부(府)의 관리가 연루되어 있는 까닭에 끝까지 그녀의 절개를 거론하지 못했다. 나의 장인 유사적(喩士積) 선생이 지주에 가벼운 여행을 가셨다가 그 이야기를 듣고 시를 지어 그녀를 조문하시더니 돌아와서는 내게 전기를 지어 후세에 그 사적을 전하라고 당부하셨다. 오호라! 당귀매 부인은 때를 얻지 못해 이런 사나운 시어미를 만났단 말인가! 살아서는 '매'(梅) 자로 이름을 삼더니, 죽는 것도 매화나무 그루터기 아래였구나. 그녀의 얼음같이 매서운 지조와 서리처럼 맑은 품성이 매화와 무엇이 다르리? 효성스러운데다 열절(烈節)을 겸비했으니 청사에 그 이름을 올림이 마땅하리라. 그 고을의 행정책임자가 직분을 다하지 못한 것이 슬프고도 안타깝구나! 이에 전기를 지어 노근비(露

筋碑)의 끝머리에 덧붙이노라.


탁오자(卓吾子)는 말한다.

선왕의 교화는 다만 궁벽한 시골 고을에서나 시행될 수 있을 뿐, 의관 정제한 관료나 신사들의 구역에선 시행되지 못하는구나. 세 가구만 사는 작은 마을의 글자도 모르는 무식한 아녀자들한테서나 시행될 수 있을 뿐, 평소 글공부해서 백성들의 윗자리를 차지한 군자들에게서는 시행될 수가 없구나. 지주의 통판 모옥은 원래 글을 읽고 백성들의 위에 군림하던 군자가 아니던가? 자계현은 또 모옥을 출생시킨 큰 고을로 이름난 명승지가 아니던가? 이제 통판이 뇌물을 탐내어 효성스럽고 절개 있는 여인을 음란죄를 몰아 죽였는데, 평소 글을 읽으며 교화를 받았다는 사람이 겨우 이 정도에 불과하구나. 그런데 당귀매라는 효부이자 열부는 차라리 죽을지언정 욕을 당하려 들지 않았다. 일찍이 단 한 줄의 글도 읽은 적이 없는 사람이 저처럼 성현의 교화를 입었으니, 선왕의 교화도 다 헛수고였구나. '효열'(孝烈)이란 두 글자는 양승암 태사(太史)가 특별히 신경 써서 적으신 바이다. 대저 당귀매의 죽음이 열절이긴 하지만, 그것이 효성과 무슨 상관이란 말인가? 차라리 죽을지언정 당귀매가 스스로 자백하지 않았던 까닭은 바로 시어머니 때문이었다. 그런 사정만 아니었다면 뇌물을 주고 사주한 상인에 대해 절치부심하지 않았을 리 없건만 어찌 죽음을 무릅쓰면서까지 사실을 감추고 말하려 들지 않았겠는가? 그녀를 기려 '효열부'(孝烈婦)라 써주는 것은 지극히 당연한 일이다. 죽은 지 사흘이 지나도록 시체가 그대로 걸린 채 얼굴이 산 사람 같았다는데, 여러 사람들은 사실을 알면서도 끝내 거론하지 못하였다. 매년 세모가 되어 흰 달이 매화꽃을 비추면 은은히 그 모습이 드러난다 했으니, 그녀는 아직도 사람들이 자신의 억울함을 알아주길 기대한단 말인가? 아아! 지금의 관청은 이런 원통한 죽음이 있어도 대신 밝혀내지 않을 뿐만 아니라, 설사 별도 항목의 손쉽게 밝힐 수 있는 사안이 있어도 반드시 형세와 힘

을 따진 연후에야 손을 대려 한다. 누가 수천 리 밖 먼 곳의 아무 상관도 없는 사람이 부탁하지도 않았는데 효열부로서 당귀매의 사적을 전할 줄 알았겠는가? 양태사는 당대 제일의 명사이시니, 그 동안 힘깨나 쓴다는 사람들이 백방으로 그의 말 한 마디를 빌려 자신의 무게를 더하려 시도했지만 성공한 적이 없었다. 지금 효열부가 유독 태사의 전기에 힘입어 백 세 뒤까지도 환히 알려질 수 있게 되었으니, 그녀도 이제는 눈을 감을 수 있을 것이다. 설사 그 당시 귀지에 한 어진 사람이 있었다 치자. 그가 의연히 나서서 당국자에게 알릴 수 있었다 치더라도 고작 현판 하나 하사받아 내걸리는 정도에나 그쳤을 것이다. 그 누가 이 일을 무겁게 알아주었겠는가? 이제 태사의 전기가 세상에 나왔으니 효열부의 모습도 다시는 달빛 아래 매화나무 그늘에 나타나지 않을 줄 나는 알겠다! 승암 선생은 이 이야기를 자신의 장인 유사적에게서 들었다. 유사적은 예전에 귀지로 유람을 갔다가 직접 그 일을 본 적이 있는지라 일찍이 시를 지어 그녀를 조상하기도 하였다. 이리하여 승암이 전기를 지을 적에는 유사적이 보고 들은 자초지종을 모두 실었는데, 이는 유사적의 말이 미더운 때문이었다. 그렇다면 이 전기는 그저 효열부의 일생을 드러낼 뿐만이 아니다. 유사적까지도 여기에 빌붙어 이름을 떨치게 되었으니, 이 전기가 어찌 헛되이 지어진 것이겠는가!

아차차! 통판 모옥의 당시 소행은 또 뇌물을 탐내고 사람들이 모를 거라는 짧은 생각에 이뤄졌을 뿐이다. 당귀매가 이미 죽었으니 누가 그녀를 위해 진상을 밝혀낼까? 그런데 누가 알았으랴? 귀지에서도 밝혀지지 않았던 그 일이 결국은 신도(新都)까지 가서 드러나게 될 줄을 말이다. 지금은 『승암문집』이 온 세상에 두루 퍼져 있으니, 당귀매의 사적이 이 문집에 실려 세상에 전해지는 줄을 누가 모르겠는가? 귀지의 인사들은 탐관오리 모옥이 뇌물을 받고 효열부를 음란죄로 몰아 죽인 일을 모두 알게 되었다. 자계현의 인사들 또한 자기 고을 출신의 관리 모옥이 뇌물을 받고 효열부를 음란하다고 핍박하여 죽인 일을 모두 알게

되었다. 모옥에게 자손이 없다면 그만이겠지만, 만약 그에게 아들이 있다면 모옥을 감히 아버지로 인정하기조차 어려울 것이다. 만약 손자가 있다면 필시 모옥을 할아버지라고 인정할 수도 없을 것이다. 왜냐하면 그와 동향의 젊은이들이 양태사를 흠모한 지도 오래되었기 때문이다. 그들이 양태사의 책을 읽고 당귀매의 사적을 열람하게 되면 반드시 귓속말로라도 그 이야기를 남들에게 알릴 것이다. 서로 이야기를 전하는 와중에 모옥의 자손을 보게 되면 속으로 비웃고 등뒤에서 욕하지 않는 사람이 없을 것이다. 모옥의 심정은 본래 많은 돈을 모아 그 자손에게 물려줌으로써 자손들의 감사를 받을 셈이었겠지만, 또 어찌 알았으랴! 되려 그것 때문에 자손들이 자신을 인정하지 못하게 될 줄을 말이다. 양태사의 전기는 선왕의 교화보다도 엄정함이 확실하구나. 나는 이 전기가 세상의 교화에 대단히 큰 보탬이 된다고 여기는 까닭에 거듭 읽고 상세히 기술함으로써 효열의 외전(外傳)으로 삼으려 한다.


## 다협명 茶夾銘

당나라 때 우보궐(右補闕)을 지낸 기무민(綦毋旻)은 그의 저작 「대다음서」(代茶飮序)에서 이렇게 썼다.

체증을 내리고 막힌 곳을 뚫어주니, 하루에 얻는 이로움이야 잠시 동안은 훌륭하지. 하지만 기운을 말리고 정력을 소진시키니, 종신토록 끼치는 해악이 지대하구나. 이로움을 얻으면 차의 덕이라 공을 돌리고, 해를 입더라도 차가 끼친 재앙이라고 말하지 말라.

나는 이 문장을 읽고 웃으면서 말했다.
"체증을 내리고 막힌 데를 뚫었으면 맑고 쌉쓸한 맛의 차가 실로 많은 효험을 지닌 것이지. 기운을 마르게 하고 정력을 소진시키는 것이야

정욕의 해악이 가장 크지 않은가. 이익을 얻고서도 차의 덕을 고마워할 줄 모르고, 스스로 몸을 망가뜨리고선 도리어 차가 끼친 재앙이라 말하는구나."

아아! 이는 자신에겐 너그럽고 남에게는 가혹한 이의 논단이로다. 이리하여 다음과 같은 명문[100]을 읊게 되었다.

나 같은 늙은이 벗이 없으니
아침저녁 그대만이 짝하는구나.
세상에서 맑고 씁쓸함으로야
누가 그대를 따라갈 수 있으리?
날마다 자네와 밥을 먹으니
그 동안 마신 양이 몇 종[101]인지 모르겠고,
매일 저녁 자네를 찻잔에 부었으니
얼마나 마셨는지 물을 수도 없어라.
아침에 일어나 한밤중에 잠들 때까지
시종일관 자네와만 더불고 싶구나.
자네의 성은 탕씨(湯氏)가 아니고
나도 이씨(李氏) 성이 아니로다.[102]
총괄하건대 언제까지나

---

100) 명문(銘文): 문체의 일종. 고대에는 흔히 비석이나 그릇 따위에 새겼다. 공덕을 칭송하거나 자신을 경계하는 내용이 대부분이며, 운어(韻語)를 많이 사용했다.

101) 종(鍾): 고대의 용량 단위. 춘추시대 제나라 왕실의 공식 단위로 일 종은 예순네 말(六斛四斗)의 분량이었다.

102) 이지의 성이 원래는 이씨가 아님을 암시하였다. 천주(泉州) 지방에서 전해지는 『청원임리종보』(淸源林李宗譜) 권3 「은륜지」(恩綸志)에는 다음과 같은 기록이 남아 있다. "큰댁의 이지는 원래 성이 임씨였다. 학교에 막 들어갔을 때의 기록에는 임재지로 남아 있는데, 오래지 않아 성을 이씨로 바꾸었다. 또 돌아가신 황제의 휘를 피해 '재' 자를 이름에서 삭제시켰다"(老長房李諱贄, 原姓林, 入泮學, 冊系林載贄, 旋改李姓. 避勝朝廟諱, 去載字.) 즉 자신의 본래 성은 임씨임을 이지도 알고 있었던 것이다.

맑고 엷은 한 맛으로 일관하거라.


## 이백의 고향 李白詩題辭

양승암 선생이 말씀하셨다.

이백은 사.동산[103]을 흠모한 까닭에 자칭 동산(東山) 이백이라고 하였다. 두자미(杜子美, 두보)가 "당신과 동산 이백은 매우 친했다"[104]라고 노래한 것이 바로 그 예증이다. 그런데 유구(劉昫)가 『당서』(唐書)를 편찬할 때 이백을 산동(山東) 사람으로 적는 바람에 드디어는 여러 가지 설이 분분히 일어나게 되었다.

---

103) 사동산(謝東山): 사안(謝安, 320~385). 자는 안석(安石)이고 진군(陳郡)의 양하(陽夏) 사람이다. 성격이 침착하고 기상이 빼어났으며 행서(行書)를 잘 써서 어려서부터 명성이 높았다. 관직에 여러 번 부름을 받았으나 나아가지 않고 동산(東山)에 은거하며 왕희지 등과 매일 서면으로만 교류하였다. 나이 사십에 출사하여 환온(桓溫)의 사마(司馬)가 되었고, 그가 죽은 뒤에는 상서복야(尙書僕射) 겸 장군으로 조정의 정치를 보좌하였다. 효무제 태원(太元) 8년(383) 정토대도독(征討大都督)이 되어 전진(前秦) 부견(苻堅)의 80여만 군사를 맞아 비수(淝水)에서 결전을 벌였는데, 여기서의 승리로 동진(東晉) 정권이 한동안 평안을 누릴 수가 있었다. 훗날 사마도자(司馬道子)와의 갈등으로 광릉(廣陵)으로 쫓겨났고, 태원 10년에 병사하였다. 시호는 문정(文靖)이고, 『진서』 권79에 전기가 보인다.

104) 출전은 두보의 시 「설단설복연간설화취가」(薛端薛復筵簡薛華醉歌). 『두시경전』(杜詩鏡銓) 권3에 보인다. 그런데 원문에서는 "그대는 동산 이백과 친했지"(汝與東山李白好)가 아니라, "그대는 산동의 이백과 친했지"(汝與山東李白好)라고 씌어져 있다. 주규(朱珪)는 여기에 대해 그 까닭을 주석에서 이렇게 설명하였다. "이백은 본래 농서의 성기 사람인데, 이 시에서는 그 고향을 산동이라 말하고 있다. 이태백의 아버지는 임성의 수령을 지내다가 그곳을 집으로 삼게 되었다. 그는 한평생 제와 연 일대에서 가장 오래 거주했기 때문에 당시 사람들은 그를 산동의 이백이라 호칭하였다"(白本隴西成紀人, 此稱山東者, 太白父爲任城令, 因家焉. 生平客齊兗間最久, 故時人以山東李白稱之.)

이 때문에 승암은 증자고[105]가 이백을 촉군(蜀郡) 사람이라고 확언한 대목을 인용하고, 또 『성도지』(成都志)에서 이백이 창명현(彰明縣)의 청련향(青蓮鄉) 태생이라고 말한 것을 끌어다 사실을 밝혔다.

탁오자는 말한다.

촉(蜀) 땅의 사람들은 이백을 사천 태생이라 말하고, 농서(隴西) 사람들은 그를 감숙(甘肅) 태생으로 말한다. 산동 사람들은 또 위의 증거를 빌려 그를 산동 태생이라고 주장하며 『일통지』(一統志)에 그 사실을 집어넣기까지 했는데, 이는 당나라 때부터 지금까지 전혀 변함이 없다. 근래의 왕원미[106]도 범전정(范傳正)의 묘지명에서 이를 단정적으로 시인하고 있다.

이백의 부친은 서역(西域)의 나그네였는데, 면주(綿州)의 파서현[107]으로 도망가 살다가 이백을 낳았다. 이는 실록에 적힌 바이다.

오호라! 일개 이백은 살았을 때 그를 용납해주는 땅이 없었다. 그런데 죽어서 백여 년이 지나자 그를 사모한답시며 이 때문에 다투는 자들이 시도 때도 없이 나타났던 것이다.

나는 이백이 어느 해에 태어났든 다 맞고, 어느 곳에 태어났든 다 옳다고 생각한다. 그는 하늘의 별이기도 하고 지상의 영웅이기도 하다. 파서 사람일 뿐만 아니라, 농서 사람이기도 하고, 산동 사람이면서 또한 회계 사람이기도 하다. 또 심양[108] 사람이면서, 야랑[109] 사람이기도

---

105) 증자고(曾子固): 당송팔대가의 한 사람인 증공(曾鞏, 1019~83)을 가리킨다. 자고는 증공의 자.
106) 왕원미(王元美): 왕세정(王世貞, 1526~60). 명대 태창(太倉) 사람으로 자가 원미이다. 자호(自號)는 봉주(鳳州), 또는 엄주산인(弇州山人)이라고도 한다.
107) 파서현(巴西縣): 지금의 사천성 면양현(綿陽縣) 일대.
108) 심양(潯陽): 지금의 강서성 구강현(九江縣) 일대.
109) 야랑(夜郎): 전국시대에 야랑국(夜郎國)이 위치했던 지역. 지금의 귀주 서부·북부, 운남의 동북부, 사천의 남부 일대를 말한다.

하다. 그가 죽은 장소도 영광이고, 살았던 곳도 영광이며, 떠돌아다닌 지역 또한 영광이고, 갇혔던 장소도 영광이다. 그가 가보지 않고 갇히지 않았던 곳에 사는 사람들도 그의 책을 읽으면서 그 사람을 만나니, 역시 영광이고 또 영광이로다. 다투지 말라! 다툴 것 없느니!

## 『사기』의「백이열전」伯夷傳

진서산[110]이 말했다.

　이 전기는 일단 문장이 볼 만하다.

양승암이 진서산의 말에 대해 논평했다.

　이 말은 황당하기 이를 데 없다. 도리에 어그러짐이 있으면 문장 자체가 성립하지 않는다. 문장과 도리가 어찌 따로 노는 두 가지 일이겠는가? 이로써 진서산이 문장에는 문외한인 줄을 한층 잘 알게 되었다. 그런데 우리 왕조에서도 「백이전」을 보충하고 개정한 사람이 있다니, 그것도 이상하구나!

또 다음과 같은 말씀도 있었다.

---

110) 진서산(眞西山): 진덕수(眞德修). 송대의 포성(浦城) 사람. 자는 경원(景元)이고 나중에 경희(景希)로 고쳤다. 경원(慶元) 연간의 진사로 관직이 참지정사(參知政事)에 이르렀다. 성격이 강직하여 입조 10년 만에 수십만 언의 주소(奏疏)를 올렸는데 모두 시의에 적중한 내용이었다. 향년 58세로 시호는 문충(文忠). 학문에 있어 주자를 정통으로 받들었으며, 『대학연의』(大學衍義)·『문장정종』(文章正宗) 등 다수의 저작이 있다. 사적이 『송사』 권167·『남송서』(南宋書) 권46·『송원학안』 권81 등에 보인다.

공자께서 백이를 두고 "인을 구하다 인을 얻었으니 또 무슨 원망이 있을꼬?"[111] 하고 말씀하셨다는 것은 주자의 생각이다. 이제 태사공이 지은 「백이전」을 보면 뱃속에 원망만 가득할 뿐이니, 공자의 이 말씀은 전혀 올바르지 않다.

탁오자는 말한다.

'원망은 무슨 원망'(何怨)은 공자의 말씀이고, '원망덩어리'(是怨)라는 평가는 사마천의 말이다. 원망 없는 상태를 뒤집어 원망 그 자체로 만들었으니, 문장이 지극히 정교하고 지극히 오묘하구나. 그런데 무엇 때문에 원망했다는 것일까? 폭력으로 또 다른 폭력을 대체한 걸 원망했고, 우[112]나 하(夏) 같은 성왕의 시대가 열리지 않은 것을 원망했으며, 믿고 따를 만한 지향이 없음을 원망했고, 주나라의 국토에서 자란 고사리를 먹을 수 없음을 원망하다 마침내는 원한을 품고 굶어 죽었던 것이다. 이만한 원한을 어찌 적다고 폄하할 수 있겠는가? 요즘의 학자들은 감히 원망할 줄 모르기 때문에 일도 제대로 해내지 못한다.

## 악비와 시전[113] 岳王幷施全

송나라는 악왕(鄂王) 악비[114]에게 충무(忠武)라는 시호를 추증했는

---

111) 출전은 『논어』 「술이」(述而)편. "염유가 물었다. '선생님께서 위나라 임금을 위해 일하실까요?' 자공이 말했다. '글쎄, 내가 한 번 여쭤보지.' 그는 안으로 들어가 여쭈었다. '백이와 숙제는 어떤 사람입니까?' '옛날의 현명한 사람들이지.' '그들이 원망했을까요?' '인을 추구하여 인을 얻었는데 또 무슨 원망이 있었겠느냐?' 자공이 밖으로 나와 말했다. '선생님은 위나라 군주를 위해 일하지 않으실 게다'"(冉有曰: '夫子爲衛君乎?' 子貢曰: '諾, 吾將問之.' 入曰: '伯夷叔齊, 何人也?' 曰: '古之賢人也.' 曰: '怨乎?' 曰: '求仁而得仁, 又何怨?' 出, 曰: '夫子不爲也.')

112) 우(虞): 순(舜)임금의 천하를 일컫는 명칭.

113) 시전(施全): 남송의 전당(錢塘) 사람. 소흥(紹興) 연간 전사소교(殿司小校)를

데, 그 교지에서 이렇게 말했다.

이광[115] 장군은 입으로 한 마디 말도 내뱉지 않았지만 이야기를 들은 사람마다 모두 눈물을 흘렸고, 인상여[116]는 몸이 이미 죽었지만 그 서릿발 같은 기상만은 여전히 살아 있는 듯하도다.

---

지내던 중 진회를 암살하려다가 실패하고 책형(磔刑)을 당해 죽었다.『송사』권 473에 보인다.

114) 악비(岳飛, 1103~42): 송대 탕음(湯飮) 사람. 자는 붕거(鵬擧). 모친에 대한 효성이 지극했으며 가난해도 열심히 공부하였다. 선화(宣和) 연간 전사(戰士)로 응모해 여러 번 금나라 군사를 격파했으며, 이 공으로 고종으로부터 '정충악비'(精忠岳飛)라는 네 글자를 하사받았다. 다시 이성(李成)과 유예(劉豫), 양요(楊么) 등의 반란을 진압하고 벼슬이 태위(太尉)에 이르렀다. 또 소보(少保)를 제수받으면서 하남북제로초토사(河南北諸路招討使)가 되었고, 얼마 뒤에는 금의 군사를 주선진(朱仙鎭)에서 대파하고 장차 강을 건널 계획을 세우기도 하였다. 그러나 당시 화친을 주장하던 진회(秦檜)가 하루에도 열두 번이나 항복하라는 금패(金牌)를 보내 소환하고 또 만사설(萬俟卨) 등을 부추겨 탄핵하는 바람에 체포된 뒤 옥에 갇혀 죽었다. 향년 39세. 효종(孝宗) 때 복권되면서 무목(武穆)이라는 시호가 내려졌고, 영종(寧宗) 때에는 악왕(鄂王)에 봉해지면서 다시 충무(忠武)라는 시호가 하사되었다.『악무목집』(岳武穆集)이 전하고, 『송사』권 365 등 많은 사서에 사적이 보인다.

115) 이광(李廣): 한대의 장군. 문제 때 흉노 토벌에 공을 세워 낭기상시(郎騎常侍)가 되었다. 활을 잘 쏘았기 때문에 흉노들은 그를 두려워하여 비장군(飛將軍)이라 부르면서 몇 해 동안 변경에 얼씬도 하지 않았다. 훗날 대장군 위청(衛靑)을 따라 흉노를 정벌하다가 길을 잃고 문책을 당하자 스스로 목을 매어 죽었다. 군사들은 소식을 들은 뒤 모두가 통곡했고, 백성들도 눈물을 흘리지 않는 자가 없었다고 한다.『사기』와『전한서』에 사적이 보인다.

116) 인상여(藺相如): 전국시대 조(趙)나라 사람. 처음에는 조환자(趙宦者)를 모시며 유현사인(繆賢舍人)을 지냈다. 조나라의 혜문왕(惠文王)이 초(楚)의 화씨벽(和氏璧)을 얻었을 때 진(秦)의 소왕(昭王)이 강제로 빼앗으려 하자, 그는 명을 받들어 구슬을 갖고 진나라로 들어간 뒤 진왕을 꾀로 굴복시켰다. 구슬은 다시 조나라로 돌아왔고, 인상여는 상대부(上大夫)가 되었다. 기원전 279년 민지(澠池)에서의 회동에서 진왕은 혜문왕을 모욕하려 했지만, 인상여는 이치로 따져 조나라가 굴욕을 당하지 않게 하고 그 공으로 상경(上卿)이 되었다. 대장 염파(廉頗)가 이에 불복했지만 인상여는 인내와 겸양으로 대처해 결국 그와 문경지교(刎頸之交)가 되었다.『사기』권81에 보인다.

또 다음과 같은 대목도 있다.

비록 이름을 바꾸라는 전교가 내려왔지만, 의례에 관해서는 아직 통일된 의견이 없다. 애당초 충민(忠愍)이라는 시호를 정했다가 얼마 뒤 다시 무목(武穆)이라는 시호로 개칭하였다. 옛 전장제도의 중흥을 목격하니, 황조(皇祖)의 본 뜻을 확실히 알겠도다. 이로부터 신변에 위험이 닥쳐도 윗전을 받든 내실을 취하였고, 또 한편으로는 국가의 환란을 평정한 외양을 채택하였구나. 충(忠)과 무(武)라는 두 글자를 합하여 그의 한결같은 은혜를 증명하였도다. 옛날 제갈량[117]은 한나라 황실의 부흥에 뜻을 두었고, 곽자의[118]는 당나라 수도를 다시 수복하였다. 그 계책과 공적은 비록 다를 수 있어도 마음가짐만큼은 서로 다르지 않구나. 청사에 남겨 기리자는데 고금에 걸쳐 똑같이 충무라는 시호를 쓴다 한들 무에 거리낄 게 있을꼬? 자손들에게 좋은 영향으로 남을 것이고, 장차 이 산하와 더불어 그 이름 영원하리라.

양승암은 이 대목에 대해 다음과 같이 말했다.

지금 온 천하의 악비 사당마다 그를 무목(武穆)이라 부르는데, 이

---

117) 제갈량(諸葛亮, 181~234): 자는 공명(孔明). 낭야(琅邪) 사람이지만 어려서 숙부를 따라 형주(荊州)로 이주해 은거하였다. 스스로를 관중(管仲)과 악의(樂毅)에 비유했고, 사람들은 그를 '와룡'(臥龍)으로 호칭하였다. 건안(建安) 12년 (207) 유비에게 형주와 익주를 탈취할 것과 손권과의 연합을 제의하면서 그의 휘하로 들어갔다. 이후 적벽대전을 승리로 이끌었으며, 촉한(蜀漢) 정권의 건립에 있어 유비의 주요 참모로 활약하였다. 건국과 동시에 승상에 배수되고 후주 (後主) 때에도 전권을 장악하였다. 정무를 주재함에 있어 상벌을 분명히 하고, 둔전제를 시행했으며, 서남부 소수민족들과의 관계를 개선하고, 다섯 차례에 걸쳐 북벌을 시행해 중원의 회복을 노리던 중 건흥(建興) 12년에 병사했다. 시호는 충무후(忠武侯). 『제갈량집』 24편이 전한다.

118) 곽자의(郭子儀): 당대(唐代)의 명장. 안사의 난을 평정한 뒤 분양왕(汾陽王)에 봉해졌기 때문에 흔히 '곽분양'이라고 부른다. 권2 「다시 주우산에게 보내는 편지」(又與周友山書) 역주 참조.

는 결정된 적이 없는 시호이다. 의당 충무(忠武)로 호칭하는 것이 마땅하리라.

또 이렇게도 말씀하셨다.

주문공(朱文公, 주자)께서 말씀하시길, "세상천지 어디에도 충의(忠義)라곤 찾아볼 수 없더니, 이런 정기(正氣)가 별안간 시전의 몸으로부터 뿜어져 나왔다"라고 하셨다. 그래서 『속강목』(續綱目)에 시전이 진회[119]를 찔렀으나 성공하지 못하고 죽었다고 기록하여 문공 자신의 유감을 표명하였다. 근자에 어떤 사람은 이렇게 말하기도 한다. "요사이 악비 사당의 대다수가 역적 진회의 동상을 주조해 문밖에 무릎을 꿇리고 결박을 지어놓는다. 그렇다면 마땅히 시전의 조각상도 만들어 왼편에 세우고 칼을 쥐어준 뒤 진회를 찌르게 해야 할 것이다."

이탁오는 말한다.

위의 의론은 몹시 지당한데다 풍속의 교화에도 유익한 점이 대단히 많다. 만약 예관(禮官)과 언관(言官)들이 상소 한 장 올릴 성의만 있다면, 충무라는 시호는 백 세 뒤까지도 알려질 것이고 시전의 충절도 우리 당대에 훤히 밝혀질 것이다. 그렇게 하지 않으면 사람마다 어떻게 그 일을 알 수 있겠는가!

## 의인 장천재 張千載

여릉(廬陵) 땅의 장천재(張千載)는 자가 의보(毅甫), 별호는 일악(一

---

119) 진회(秦檜): 송대의 간신. 자는 회지(會之), 강녕(江寧) 사람이다. 남송 초기 금(金)에 투항할 것을 주장하면서 악비를 모함해 죽인 장본인이다.

鶋)이고, 문산[120]의 벗이다. 문산이 높은 자리에 있을 때 여러 번 천거했지만, 그는 나아가지 않았다. 문산이 광주(廣州)에서 싸움에 지고 돌아와 길주성(吉州城) 아래 이르렀을 때, 장천재는 슬그머니 빠져나가 그를 만난 뒤 이렇게 말했다.

"승상께서 연[121]으로 가시면 저도 따라가겠습니다."

연 땅으로 간 장천재는 문산이 구금된 장소 근처에 기거하면서 삼 년 동안 하루도 빠짐없이 음식수발을 들었다. 또 남몰래 나무상자 하나를 만들어두었다가 문산의 목숨이 끊어지던 날 그의 머리통을 담았다. 문산의 부인 구양씨(歐陽氏)가 포로들 가운데 끼여 있다는 사실을 탐지해 알아내더니 그녀로 하여금 문상의 시체를 화장시키는 수완도 부렸다. 이 모든 일들이 끝난 뒤 그는 유골을 수습해 주머니에 담고 상자를 멘 채 남쪽으로 돌아와 문산의 가족들에게 넘겨주고 장례를 치르게 했다. 이날 문산의 아들은 몹시 성이 난 아버지가 호통치는 꿈을 꾸었다.

"왜 새끼줄을 아직도 끊지 않는단 말이냐?"

깜짝 놀라 깨어난 문산의 아들이 서둘러 상자를 열어 확인했더니 과연 머리카락을 감고 있는 새끼줄을 발견할 수 있었다. 이탁오는 그 사

---

120) 문산(文山): 문천상(文天祥, 1236~82). 송대 길수(吉水) 사람. 자는 송서(宋瑞) 혹은 이선(履善)이며, 호가 문산이다. 이종(理宗) 때 진사에 급제하여 공주(贛州)의 지부를 지냈다. 덕우(德祐) 초년 원(元)의 군대가 침입하자 지역 내의 호걸과 토착민들을 모아 저항하고 근왕(勤王) 운동을 벌여 우승상(右丞相)을 제수받았다. 이때 사신으로 원의 군중에 들어가 화친을 논의하다 포로가 되어 진강(鎭江)에 이르렀지만 야밤에 탈출하여 온주(溫州)에 닿기도 하였다. 익왕(益王)이 옹립된 뒤에는 부름을 받고 복주(福州)에 가 좌승상과 강서도독이 되었다가 원과의 교전에서 패해 순주(循州)로 후퇴했고, 위왕(衛王)이 옹립되자 신국공(信國公)에 봉해졌다. 조양(潮陽)에 주둔하던 중 다시 원의 장수 장홍범(張弘範)에게 패해 연(燕) 땅에 삼 년간 포로로 억류되었지만 끝내 굴복하지 않다가 피살되었다. 죽기 직전에 지은 「정기가」(正氣歌)는 그의 인품과 같은 시가라고 일컬어지며, 원의 세조(世祖)까지도 그를 '진정한 사나이'(眞男子)로 칭찬했다 한다. 저서로 『문산집』(文山集)·『문산시집』(文山詩集)이 있으며, 『송사』 권418과 『송원학안』 권88에 보인다.

121) 연(燕): 옛날 하북성(河北城)의 별칭. 하북성의 북부를 가리키기도 한다.

적을 기록하고 난 뒤 드디어는 장천재를 위해 다음과 같은 찬(贊)을 지었다.

> 그의 녹은 먹지도 않았으면서
> 그의 속박은 기꺼이 받아들였구나!
> 새끼줄 하나가 미처 끊어지지 않아
> 송곳이 복부를 찌르는 듯이 아팠지.
> 살아서는 노여움에 머리칼 곤두섰고
> 죽어서는 부릅뜬 눈 감지를 못하느니.
> 장천재는 어떤 사람이던고?
> 주머니와 상자에 유골 수습해 돌아왔네.
> 생사를 넘어선 우정 덕분에
> 천고에 그 이름을 전하는구나.

## 이섭이 도적에게 쓴 시 李涉贈盜

당나라의 이섭[122]은 「도적에게 보낸 시」(贈盜詩)[123]에서 다음과 같이 노래했다.

---

122) 이섭(李涉): 낙양 사람이며, 호는 청계자(淸溪子). 원래는 아우 이발(李渤)과 함께 여산(廬山)에 은거했는데, 헌종(憲宗) 연간 태자통사사인(太子通事舍人)에 제수되었다. 곧이어 협주(峽州)의 사창참군(司倉參軍)으로 폄적되었고, 태화(太和) 연간에는 태학박사(太學博士)를 지내다가 강주(康州)로 유배당했다.

123) 「증도시」(贈盜詩): 원제는 「정란사에 투숙했다가 밤손님을 만나다」(井欄沙宿遇夜客)이며, 전문은 다음과 같다. "저물녘 강변 마을에 비바람 몰아치네. 한밤중에 듣자하니 녹림 호걸 몰려왔다고. 우리 서로 만나도 피하지는 맙시다. 지금 같은 세상에 절반은 다 당신 같은 사람이라오"(暮雨瀟瀟江上村, 綠林豪客夜知聞. 相逢不用相回避, 世上如今半是君.)

우리 서로 만나도 피하지는 맙시다.
지금 같은 세상에 절반은 다 당신 같은 사람이라오.


유백온[124]은 「양산박의 분장대를 노래함」(詠梁山泊分贓臺)이라는 시에서 이렇게 읊었다.


흙 쌓아 만든 누대 높이도 솟았는데,
사람들은 강도가 여기서 장물을 나눴다 하네.
도둑을 미워한 맑은 절개(飮泉淸節)[125] 지금은 드물기만 하니,
어찌 유독 양산박만 이름을 떨칠 것인가?


반고는 『한서』 「혹리전」(酷吏傳)에서 '관리들이란 모두 관을 쓴 호랑이'라고 폄하했고, 『사기』에서는 '이들은 죄다 창칼을 들지 않고 노략질하는 강도들'이라고 말했다.
나 탁오자(卓吾子)는 관리들이야말로 하나같이 창칼을 손에 쥔, 그러면서도 도적 잡는 관군을 무서워하지 않는 자들이라고 생각한다. 그러다 문득 어느 도적이 관리에게 증정한 시 한 수가 떠오르기에 아래에 덧붙인다.


일찍이 얼굴은 못 봤지만 마음으로 서로를 이해하니


---

124) 유백온(劉伯溫): 유기(劉基). 명대 청전(靑田) 사람으로 자가 백온이다. 경사(經史)에 통달하고, 시문에 능했으며, 특히 천문과 병법에 정통했다. 태조를 도와 진우량(陳友諒)을 섬멸하고, 장사성(張士誠)을 평정했으며, 중원을 북벌하여 천하를 통일시켰다. 성의백(誠意伯)에 봉해졌으며, 저서로는 『욱리자』(郁離子)와 『복부집』(覆瓿集) 등이 있다.

125) 음천청절(飮泉淸節): 도둑이 되지 않겠다는 맑고 고고한 지조. 『설원』(說苑) 「담총」(談叢)에 실린 다음 이야기에서 유래하였다. "도천이라는 샘물이 있었는데, 공자는 목이 말라도 그 샘물을 마시지 않았다. '도천'이란 이름을 미워한 때문이었다"(水名盜泉, 孔子不飮, 醜其聲也.)

길을 가다 만난들 어찌 당신을 모르겠소?

소하[126)처럼 공정한 관리는 다 필요없는 세상,

장물이 있거든 뒷마당으로 날라가 나눠 가지십시다.

밤이슬 맞으며 고생하는 우리들 제발 가련히 보시고

앉은 당신은 삼 할, 나다니는 우리는 오 할만 떼어주시오.

당신은 우리 행실이 공명치 못하다 말하지만

법대로 처신하면 우리가 어떻게 먹고 산단 말이오?

당신은 '봉공'(奉公)을 핑계로 백성들 앞에 으르렁대지만,

우리야 어느 누가 당신처럼 걸어온 길 편안합디까?

당신은 달마다 월급 받고 날마다 식량까지 받지만

우리들 옷가지와 음식은 대관절 어디 있소이까!

당신이 오 할이고 삼 할이고 모두 불허한다면

나는 무력에 의지하여 창고를 털러 가겠소.

나를 도적으로 내몬 자 어찌 당신이 아니겠소!


## 탐관오리 封使君

한나라 때 선성(宣城) 군수 봉소(封邵)가 어느 날 호랑이로 변해 군민들을 잡아먹었다는 옛날 기록이 있다. 백성들이 그를 봉(封)사군[127)이라고 소리쳐 불렀더니 곧바로 사라져버리고 다시는 나타나지 않았다고 한다. 그 땅의 민요에 이런 노래가 있다.

---

126) 소하(蕭何, ?~ 기원전 193): 한대 초기 패(沛) 사람. 고조를 도와 천하를 평정한 뒤 승상이 되었고 찬후(酇侯)에 봉해졌다. 법치를 주장했기 때문에 이 글에서는 법을 공정하게 집행하는 현자의 의미로 쓰였다.

127) 사군(使君): 한대에 자사(刺史)를 일컫던 별칭. 혹은 남을 높여 부르는 존칭으로 쓰이기도 한다.

봉사군을 닮지 말라,
살아서는 백성을 다스리지 않더니
죽어서도 백성을 잡아먹는구나!

장우산(張禹山)은 이를 두고 다음과 같은 시를 지었다.

옛날의 봉사군은
호랑이로 변해 백성을 잡아먹더니,
오늘날 사군 노릇하는 자
관복 입은 채로 사람을 씹네.

또 다음과 같이 읊기도 하였다.

옛날의 호랑이 사군은
부르면 당장 부끄러워 멈췄는데,
오늘날의 호랑이 사군
부르면 이빨부터 가는구나.

또 이렇게도 읊었다.

옛날의 호랑이는 풀섶에 엎드렸는데
오늘날 호랑이는 관아에 버티고 앉았구나.
큰 놈은 사람과 가축을 삼키고
작은 놈은 물고기며 새우까지 씨를 말리네.

이 시가 너무 과격하다고 어떤 이가 비판했더니, 우산은 이렇게 대꾸
했다.
"내 성질이 본래 그런 걸 어떡하나."

승암은 이 일을 두고 우스개로 삼았다.

소동파(蘇東坡)는 희로애락의 모든 감정이 다 시로 형상화되었다. 그런데 장공의 시에는 웃음이 없고 다만 노여움과 욕설만 있는 것이냐?

이탁오는 거기에 다시 농담 한 마디를 덧붙인다.
과연 그렇지! 노여움과 욕설도 시가 되고말고! 승암의 이 한 마디는 노여움이나 욕설보다 더 심한 말이고말고.


## 송의 역사가 진과 흡사하다고? 宋統似晉

선생은 송나라의 역사 전개가 진(晉)과 흡사하다고 말씀하셨다. 그러나 나는 송에는 어진 임금이 많았지만 진나라에는 제대로 된 임금 하나가 없었다고 생각한다. 그러니 송 태조를 어찌 사마염[128]과 비교할 수 있겠는가? 어질고 부드러웠기 때문에 겁이 많고 약하게 비치기도 했지만, 백성을 사랑하고 선비를 애호한 보답은 하늘도 어김없이 내려주셨다. 비록 휘종[129]과 흠종[130]이 북쪽으로 끌려가는 정강지변(靖康之變)

---

128) 사마염(司馬炎): 진(晉)나라 무제(武帝). 온현(溫縣) 사람으로 사마소(司馬昭)의 큰아들이다. 자는 안세(安世), 시호는 무(武). 진왕(晉王)이 된 뒤 위(魏)의 선양을 받아 제위에 올랐다. 낙양으로 천도했으며, 오(吳)를 멸망시키고 천하를 통일했다. 26년간 재위했으며, 묘호(廟號)는 세조(世祖)이다. 태시(泰始)·함녕(咸寧)·태강(太康)·태희(太熙) 등이 그가 사용한 연호이다. 『진서』 권3에 보인다.

129) 휘종(徽宗): 송의 제8대 황제 조길(趙佶, 1082~1135). 시서화에 두루 능한 예술가로서 신종의 아들이고 철종의 아우이다. 채경(蔡京) 등을 중용했는데, 이들은 신법을 회복한다는 명분으로 원우당인(元祐黨人)을 간당(奸黨)으로 내모는 변란을 일으켰다. 도교를 존숭하여 사원을 짓고, 사치와 방탕으로 대규모 토목공사를 일으켰으며, 강남의 기화이석(奇花異石)을 모으기 위해 화석강(花石綱)

이 있었지만, 회제[131]와 민제[132]가 푸른 옷을 입고 술을 따르며 맨발로 침략자의 시중을 들었던 굴욕에 비하면 실로 하늘땅만큼 현격한 차이가 난다. 하늘이 송나라에 우호적이었음을 또한 알 수가 있다.

당나라는 비록 그보다 낫다고는 하지만 난리를 겪지 않은 임금이 없었고, 저마다 다들 도망다니기에 바빴다. 다섯 장사(五丁力士)[133]가 길을 연 이래 파촉(巴蜀)은 급기야 당의 황제가 도피하는 뒷문이 되고 말았으니, 한나라와는 달라도 벌써 크게 달랐던 것이다. 그러므로 송을 두고 한과는 비교할 수 없다 해도 괜찮지만, 당과 비교할 수 없다는 말인즉슨 옳지가 않다. 하물며 진과 비교하는 것임에랴?

진나라 사마의[134]는 연약하고 교활한 일개 노비였다. 거기에 그의 장남 사마사(司馬師)의 강폭함, 차남 사마소(司馬昭)의 시역과 찬탈을 더

___

이란 명칭으로 백성들을 수탈했다. 선화(宣和) 7년(1125) 금의 군사가 남침하자 제위를 태자에게 넘기고 태상황이 되었지만, 정강(靖康) 2년(1127) 금의 포로가 되어 북쪽으로 끌려간 뒤 오국성(五國城)에서 죽었다.

130) 흠종(欽宗): 조환(趙桓, 1100~61). 휘종의 장자로 금이 변경(汴京)을 침범한 뒤 황제가 되었지만, 굴욕적인 강화조약을 맺으며 태원(太原)·중산(中山)·하간(河間)의 땅을 할양했다. 정강 원년 다시 변경을 침략한 금군에게 잡혀 그 이듬해 휘종과 함께 북쪽으로 끌려간 뒤 훗날 오국성에서 죽었다.

131) 회제(懷帝): 서진(西晉)의 세 번째 황제 사마치(司馬熾, 284~313). 무제의 25번째 아들로 자는 풍도(豐度), 시호는 회(懷)이다. 재위 중에 흉노·선비·저·갈·강족 등이 번갈아 진을 침략해 할거정권을 건립하는 세칭 영가지란(永嘉之亂)을 당했다. 『진서』 권5에 보인다.

132) 민제(愍帝): 사마업(司馬鄴, 270~317). 무제의 손자이며, 오(吳) 효왕(孝王) 안(晏)의 아들이다. 자는 언기(彦旗), 시호는 민(愍)이다. 영가 7년(313) 회제가 죽은 뒤 가필(賈疋)이 장안으로 맞아들여 옹립했다. 건흥(建興) 4년 유요(劉曜)가 장안을 공격하자 나가서 항복했지만 그 이듬해 피살되었다. 그와 동시에 서진(西晉)은 종말을 고했다.

133) 오정역사(五丁力士): 전설에 나오는 다섯 명의 힘센 장사. 북위(北魏) 역도원(酈道元)의 『수경주』(水經注) 「면수」(沔水)에 따르면, 진(秦) 혜왕(惠王)이 촉(蜀)을 정벌하고 싶었지만 길을 몰라 다섯 마리의 석우(石牛)를 만들었다. 그리고 쇠꼬리 아래 금을 놓아두면서 소들이 싼 대변이라고 말했다. 촉왕은 오정역사로 하여금 석우를 끌어오게 했고, 그들이 지난 자리에 난 길로 진나라가 쳐들어왔다고 한다.

했으니, 어떻게 송 태조에 비길 수 있단 말인가? 사마염은 편협하고 사악한 방법으로 뜻을 이룬 일 개인에 불과하였다. 게다가 음란과 투기가 심한 며느리 가남풍[135]에게 대소사를 묻는 두꺼비에 불과했으니, 어떻게 태종(太宗)에 비길 수가 있겠는가? 하물며 인종(仁宗) 사십 년 치세는 겸손하면서도 검약했고, 신종(神宗)은 정신을 가다듬어 수많은 사업에 매진하지 않았던가! 다만 안타까운 것은 송나라에 강한 군주가 한 사람도 없었다는 사실이다. 그러므로 나는 당과 송은 하나로 보더라도 이들을 진과 비교하는 것은 너무 심한 처사라고 생각한다.

소강절[136] 같은 분은 나라의 운세를 묻는 질문에 대답하지 않고 다만 시렁 위에 얹힌 『진기』(晉紀)를 꺼내 보여주었다고 한다. 휘종과 흠종이 당한 일은 회제ㆍ민제의 사건에 부합하고, 송이 남쪽으로 천도한 일은 진이 강동(江東)으로 옮겨간 것과 흡사하다. 하지만 이것만 갖고 진과 비교해서는 안 되는 것이다.


## 왕희지의 경세제민 逸少經濟

승암 선생이 말씀하셨다.

---

134) 사마의(司馬懿): 삼국시대 위나라 온현 사람. 자는 중달(仲達). 재능이 뛰어나고 권모에 능해 조조 때부터 중용되었다. 문제가 서거한 뒤 고명(顧命)을 받고 명제(明帝)를 보필하면서 촉한 제갈량의 누차에 걸친 북벌을 모두 막아냈다. 조상(曹爽)이 전권을 휘두르자 사마의는 계교로 그를 죽이고 대신 승상이 되어 구석(九錫)을 받았다. 그가 죽은 뒤에는 아들인 사(師)와 소(昭)가 대를 이어 정권을 농단하였다. 손자인 염은 위를 찬탈한 뒤 그를 선제(宣帝)로 추존했다. 『진서』 권1에 보인다.

135) 가남풍(賈南風, ?~300): 진(晉) 혜제(惠帝)의 황후. 가충(賈充)의 딸로 투기가 심하고 권모술수에 능했다. 황후로 책봉된 이후 더욱 음란하고 포악해져 심약한 혜제를 끼고 정권을 농단하다 사마륜(司馬倫)에게 살해당했다. 혜제는 무제의 둘째아들 사마충(司馬衷, 259~306)인데, 성정이 어리석어 종실들의 변란인 팔왕지란(八王之亂)을 당했다.

136) 소강절(邵康節): 소옹(邵雍). 권3 「잡설」(雜說) 역주 참조.

왕희지[137]는 식견과 생각이 깊고 정밀하여 경세제민의 능력이 있는데, 글씨의 명성 때문에 그것이 가려지고 말았다. 후세 사람들은 오직 서도로서만 그를 칭찬하니, 예술적인 능력이 그에게는 큰 방해물이 된 것이다!

탁오자는 말한다.

예술적 능력이 어찌 사람의 걸림돌이 될 수 있으랴? 무릇 한 가지 예능에 완전히 정통한 자는 누구나 사람이 아닌 신인(神人)인 것이다. 하물며 서도에 있어서의 예술적 성취임에랴! 선생의 견해는 너무 한쪽으로 치우쳤구나! 혹자는 이를 두고 선생이 자신을 빗대 한 말이라고 설명하기도 한다.


## 공융과 낙빈왕 孔北海

공북해[138]는 뜻이 크고 절개가 곧은 동한의 명사인데, 건안칠자[139]와 더불어 그 이름이 나란히 거론된다. 낙빈왕[140]은 굳건한 문사(文

---

137) 왕희지(王羲之, 321~379): 진(晉)의 임기(臨沂) 출신이지만 나중에 회계(會稽)로 옮겼다. 광(曠)의 아들 · 도(導)의 조카이며, 자가 일소(逸少)이다. 달변과 담력 · 꿋꿋한 기상으로 이름이 높았으며, 원제(元帝) 때 우군장군(右軍將軍)을 지내 세칭 왕우군(王右君)이라고 부른다. 초서와 예서에 있어 고금의 으뜸으로, 「난정서」(蘭亭序) · 「악의론」(樂毅論) · 「황정경」(黃庭經) 등은 특히 걸작으로 일컬어진다. 단청에도 능했으며, 아들인 헌지(獻之)와 더불어 이왕(二王)이라고 불린다. 말년에는 사직하고 산수간에서 낚시를 하거나, 오두미도(五斗米道)를 받들기도 했고, 도사 허매(許邁)와 약을 캐고, 강남산천을 유람하며 보냈다. 향년 59세로『진서』권80에 보인다.
138) 공북해(孔北海): 공융(孔融). 자는 문거(文擧)로 공자의 20세손이다. 동한 말기 북해상(北海相)과 소부(少府) · 대중대부(大中大夫) 등을 지냈으며, 문사들과의 교유를 즐겨 집이 언제나 문전성시를 이뤘다고 한다. 재주를 믿고 여러 차례 조조를 깔보다가 결국 그에게 살해당했다. 시 · 송(頌) · 비문(碑文) · 논의(論議) 등 각종 문체의 글 25편이 전한다.

辭)에 충절과 의분을 겸한 당대의 의사(義士)인데, 수공사걸[141]과 더불어 같은 반열에 드는구나. 문장과 같은 하찮은 재주 때문에 그 입신의 큰 모습이 가리어졌으니, 애석하기 짝이 없다!

탁오자는 말한다.

문장이란 한낱 말기(末技)가 아니니, 그토록 큰 법도가 어찌 가려질 수 있으랴? 선생의 말씀은 옳지가 않다! 혹자는 선생께서 모든 일을 자신의 상황에 빗대어 비교한다고도 말한다.


## 경전과 사서는 안팎의 관계 經史相爲表裏

경전과 사서는 한 가지이다. 사서로서 경전의 내용을 담지 않았다면 왜곡된 역사가 될 뿐이니, 어떻게 후세 사람들에게 경계가 되겠는가? 경전이면서도 역사를 싣지 못했다면 헛소리를 지껄인 데 불과하니, 어떻게 사실을 만천하에 드러낼 것인가? 그러므로 『춘추』라는 경전은 춘추라는 한 시대의 역사인 것이다. 『시경』과 『서경』은 이제삼왕[142] 이래

---

139) 건안칠자(建安七子): 동한의 건안 연간 나란히 문명을 날리던 7인의 문사, 즉 공융·진림(陳琳)·왕찬(王粲)·서간(徐幹)·완우(阮瑀)·응창(應瑒)·유정(劉楨)을 말한다. 이들은 또 같이 업도(鄴都)에 살아 '업중칠자'(鄴中七子)로 호칭되기도 하였다.

140) 낙빈왕(駱賓王, 640~684): 당나라의 시인. 고종 말년 장안주부(長安主簿)를 지내던 중 모종의 사건에 연루되어 임해승(臨海丞)으로 좌천되자 이에 불만을 품고 벼슬을 내던졌다. 문명(文明) 연간 서경업(徐敬業) 등을 따라 측천무후에게 반기를 들고 양주(揚州)에서 반란을 일으켰다가 패하여 주살당했다. 어려서부터 문장을 잘 지었고 특히 오언시에 능해 일찍이 측천무후도 사람을 보내 그에게 글을 부탁한 적이 있다고 한다.

141) 수공사걸(垂拱四傑): 초당의 문학가 왕발(王勃)·양형(揚炯)·노조린(盧照鄰)·낙빈왕을 말한다. 수공은 무측천(武則天)의 연호인데, 이들 네 명이 측천무후 당시에 살았기 때문에 붙여진 이름이다. 초당사걸(初唐四傑)이라 부르기도 한다.

의 역사가 된다. 그리고 『역경』인즉슨 또 경전이 유래한 바와 사서가 비롯된 바를 사람들에게 보여준다. 도(道)의 실행이 누차에 걸쳐 바뀌다가 변화가 일정치 않아졌으니, 한 가지만 고집하며 매달리면 안 되는 것이다. 그러므로 『육경』은 모두 사서라고 말할 수 있다.

## 종규의 정체 鍾馗卽終葵

양승암 선생이 말씀하셨다.

『고공기』[143]에서 '큰 홀(大圭)[144]의 대가리 부분이 종규(終葵)이다'라고 말하며, '종규는 방망이이다. 제(齊) 사람들은 방망이를 일컬어 종규라 한다'고 주석을 달아놓았다. 아마도 큰 홀의 윗부분이 방망이와 비슷하게 생겨서 이런 말이 나왔을 것이다.

『금석록』[145]에서는 진(晉)과 송대의 인명이라고 풀이하였다. 이렇게 해서 종규(終葵)는 이름이 되었는데, 훗날 다시 종규(鍾馗)로 와전되었다. 세속에서는 또 신의 화상을 그려 대문 꼭대기에 붙여놓기도 하는데, 방망이를 들고 귀신을 때리는 형상을 하고 있다. 괴담을

---

142) 이제삼왕(二帝三王): 이제는 요(堯)와 순(舜), 삼왕은 은나라의 탕왕(湯王)과 주나라의 문왕(文王)·무왕(武王)을 가리킨다.

143) 『고공기』(考工記): 책 이름. 1권. 지금은 『주례』(周禮)의 여섯 번째 권으로 편입되었는데, 백공(百工)에 관한 일을 기술하였다. 한대 하간헌왕(河間獻王)이 『주례』를 얻었을 때 동관(冬官) 부분이 누락되어 있자 『고공기』를 보고 보충해 넣었다고 한다.

144) 홀(圭): 고대에 제후가 조회나 회동할 때 손에 들던 위가 둥글고 아래가 길쭉한 옥의 명칭. 천자가 제후를 봉할 때 하사했다.

145) 『금석록』(金石錄): 책 이름. 30권. 송대의 조명성(趙明誠)이 삼대(三代)의 이기(彛器)와 한(漢)·당(唐) 이래의 석각(石刻) 이천 종을 모아 시대적 선후에 따라 편집한 책. 앞의 목록 10권에는 연대와 제작자의 이름을 실었고, 뒤의 20권은 발미(跋尾)로서 변증(辨證)한 바를 설명하고 있다. 『집고록』(集古錄)과 유사하다.

좋아하는 자들은 여기에 말을 붙여 종규(鍾馗)가 귀신을 씹어먹을 수 있다고 억지를 부리기도 한다. 화공들은 또 「종규가 대보름날 저녁 밖에 나가 놀다」(鍾馗元夕出遊圖)라는 그림을 그리거나, 「종규가 누이를 시집보내다」(鍾馗嫁妹圖)를 그린다. 문인들은 또 소일거리로 「종규전」(鍾馗傳)을 지은 뒤 그는 개원(開元) 연간의 진사인데 명황(明皇, 당나라 현종)이 꿈에서 그를 보고 화공에게 명하여 화상을 그리게 했다고 말한다.

상고하건대 손적[146]과 장열[147]의 문집에는 종규 그림을 하사받고 감사하여 올린 표 (謝賜鍾馗畵表)가 실려 있지만 이는 개원보다도 훨씬 오래 전의 일이니, 이 역시 석감당[148]처럼 『급취장』[149]에 실린 가공의 인명인 것이다. 세속에서는 문간에 돌을 세워놓고 거기에 '태산석감당'(太山石敢當)이라는 글씨를 새기기도 하는데, 「종규전」을 짓 듯 문인들 또한 「석감당전」(石敢當傳)을 짓는다. 몽매한 사람들은 이

---

146) 손적(孫逖, ?~761): 노주(潞州) 섭현(涉縣) 출신으로 개원 연간 현량방정(賢良方正)으로 등과하여 좌습유가 되었다. 훗날 중서사인(中書舍人)이 되어 8년 동안 고칙(誥勅)을 관장했는데, 그가 지은 조서가 나올 때마다 사람들의 탄복을 자아냈다고 한다. 문집 30권이 전한다.

147) 장열(張說, 667~730): 자는 도제(道濟), 혹은 열지(悅之)라고도 한다. 낙양 사람으로 영태(永泰) 연간 현량방정으로 등과하여 중서령(中書令)에 올랐고 연국공(燕國公)에 봉해졌다. 모종의 사건에 연루되어 악주(岳州)로 폄적된 적이 있으나 오래지 않아 복직되었다. 문사가 정교하고 장엄해 조정의 큰 문장은 대부분 그의 손에서 나왔고, 허국공(許國公) 소정(蘇頲)과 나란히 이름을 날려 연허대수필(燕許大手筆)이란 명칭이 생겨날 정도였다. 폄적될 때의 시는 특히 처완(凄婉)하여 당시에 널리 전송되었으며, 『장연공집』(張燕公集)을 남겼다.

148) 석감당(石敢當): 옛날 집앞이나 마을 어귀에 세웠던 작은 돌비석이나 돌을 깎아 만든 무사상(武士像). 꼭대기에는 '석감당'이란 세 글자를 새겼는데, 민간에서는 불길한 일이나 재앙을 막아준다고 믿었다. 『급취장』 권1에 처음 그 명칭이 보이는데, '감당'은 '무적'(無敵)의 뜻이라고 안사고(顏師古)가 풀이하여놓았다.

149) 『급취장』(急就章): 도서명. 4권. 한대의 사유(史游)가 편찬했다. 『급취편』(急就篇), 혹은 줄여서 『급취』라고 한다. 당대의 안사고가 주를 달았고, 송대의 왕응린(王應麟)이 보주(補注)하여 4권으로 만들었으며, 청대의 손성연(孫星衍)도 『급취장고이』(急就章考異) 1권을 지어 각 판본의 이동(異同)을 고증하였다.

일을 전하다가 드디어는 정말 그런 사람이 실존했던 것처럼 생각하게 되었다.

탁오자는 말한다.

누군가가 종규를 두고 진짜 실존인물이라 말한다 해서 그를 탓하지는 말라. 종규는 정말로 사람보다 훨씬 오래된 존재이니까. 게다가 선생은 또 어떻게 종규 그 사람이 앞으로도 없을지를 미리 안단 말인가? 종규(終葵)라는 두 글자도 후인들이 갖다붙인 이름일 따름이다. 후인들이 종규(終葵)라고 이름 붙일 수 있었다면 또다시 종규(鍾馗)라고 이름 한들 안 될 것이 무엇이랴? 가짜면 모두 가짜인 게고 진짜면 모두 진짜인 것이니, 선생께서는 너무 진지하게 매달리지 마시라! 선생은 또 이렇게도 말씀하셨다.

소이간[150]이 지은 『문방사보』(文房四譜)에, '괵주(虢州)에서는 해마다 종규(鍾馗)를 이십 매(枚)씩 바친다'는 말이 실려 있다. 나는 이렇게 생각한다. 벼루에 종규(鍾馗)라는 이름이 붙은 까닭은 또 『고공기』가 종규(終葵)에 큰 홀이라는 뜻이 있다고 풀이했기 때문이다. 원래 벼루의 모양은 큰 홀처럼 생겨먹었다.

나는 이렇게 생각한다.

소이간은 또 진사 종규(鍾馗)가 와전되어 벼룻돌을 종규라고 부르게 되었다고 여겼다. 벼룻돌은 종규가 되고, 종규는 진사가 되었구나. 진사는 큰 홀의 윗부분이 되고, 큰 홀의 윗부분은 또 방망이가 되었다.

---

150) 소이간(蘇易簡): 송대의 동산(銅山) 사람. 자는 태간(太簡). 어려서부터 학문에 독실했고 글재주가 있어 태평흥국(太平興國) 연간에 진사로 발탁되었다. 한림학사승지(翰林學士承旨) 등 여러 벼슬을 거치는 동안 태종(太宗)의 총애를 받았고, 진주(陳州)에서 죽었다. 저서로 『문방사보』·『속한림지』(續翰林志) 및 문집 등을 남겼다.

결국 하나의 방망이로 귀착될 따름이니, 선생께서는 너무 신경 쓰지 마시라!


## 비파의 명인 段善本琵琶

당나라 정원(貞元) 연간 장안에 큰 가뭄이 들자 황제는 조서를 내려 두 곳에서 번갈아 기우제를 드리게 하였다. 저자거리 동쪽에 강곤륜(康崑崙)이란 사람이 살았는데 비파 타는 솜씨가 당대 제일이라는 평이었고, 본인 스스로도 저자 서쪽에는 자신과 필적할 만한 이가 없다고 생각하였다.

하루는 그가 누각에 올라 새로 편곡한 「녹요」(綠腰)라는 곡을 연주하게 되었다. 악보에 맞춰 곡을 타는 사이, 저자의 서쪽에서 어떤 여자가 나타나더니 악기를 껴안고 누각에 올라와 연주하기 시작했다. 그러자 가락 따라 단풍나무 향기가 바람 타고 흐르는데, 그 신묘한 솜씨는 가히 입신의 경지에 든 것이었다. 강곤륜은 너무나 놀라 그녀에게 뵙기를 청한 뒤 엎드려 절하면서 스승이 되어달라고 부탁했다. 여자가 옷을 갈아입고 나서니 바로 장엄사의 승려 단선본[151]이었다.

소문을 들은 덕종(德宗)은 그들을 불러 상을 내리고 그 자리에서 강곤륜에게 한 곡조 타볼 것을 명령했다. 연주가 끝난 뒤 단대사가 입을 열었다.

"근본이 어찌 그리 난잡한가? 게다가 삿된 소리까지 끼여 있구먼."

---

151) 단선본(段善本): 당대의 비파 연주가로 장안(長安)에 있는 장엄사(莊嚴寺)의 승려. 선본은 법명(法名)이다. 『유양잡조』(酉陽雜組) 전집(前集)의 권6 「악」(樂)에 "옛날에는 비파의 현을 고니의 힘줄(鵾鷄筋)로 만들었다. 개원 연간 단사(段師)는 비파를 연주할 때 가죽현(皮弦)을 사용했는데, 하회지(賀懷智)가 기러기 발을 부러뜨리고 그 악기를 연주했더니 소리가 나오지 않았다"는 기록이 보인다. 본문에서 인용한 고사는 대부분 『악부잡록』(樂府雜錄) 「비파」(琵琶)에 나오는 내용이다.

강곤륜이 절을 하며 아뢰었다.

"단 대사님은 신인(神人)이십니다."

덕종이 조서를 내려 강곤륜에게 벼슬을 제수하려 하자, 단 대사는 이렇게 상주했다.

"청컨대 곤륜이 십몇 년 동안은 악기를 가까이하지 말도록 하옵소서. 그 근본을 완전히 잊어버린 다음이라면 벼슬을 내려도 무방합니다."


탁오자는 말한다.

참으로 지당한 말이로다! 도를 공부하는 것 또한 이와 같으며, 다른 온갖 일들도 다 이와 마찬가지로다. 공부함에 있어 이렇게 하지 못한다면 차라리 책을 안 읽느니만 못하고, 글을 지을 때도 이러지 못할 바에야 차라리 짓지 않는 편이 낫다. 공과 업적이 이와 같지 못할진대 공업(功業)을 이뤘다고 말할 수 없는 법이고, 인품도 이와 같지 않을진대 또 어떻게 인품을 운위할 수 있을꼬? 결론짓건대 쥐새끼나 강아지의 옹색한 놀음이 될 따름이리라. 부처가 없는 곳에서 존엄을 사칭하는 자, 바로 강곤륜과 같은 무리라 하겠다. 어찌 입에 올릴 만하랴! 어찌 입에 올릴 만하랴!


## 비석 뒤에 새긴 이름 樊敏碑後

돌을 새기는 것은 기술이지만 또 한편으로 도(道)이기도 하다. 문혜군(文惠君)이 물었다.

"어허! 기술이 어떻게 이런 경지에까지 이르렀는고?"

그 말에 포정(庖丁)이 대답했다.

"제가 좋아하는 바는 도라 하겠지만 바로 기술에서 발전한 것입니다."[152]

이렇게 보면 도와 기예는 서로 동떨어진 두 가지가 아니다. 성인의

경지에 이르면 그가 바로 성인이고, 입신의 경지에 들었다면 신이 되는 것이니, 기예는 바로 도(道)이기도 하다. 기예가 신성(神聖)함이 우러나는 정도에까지 이르면 반드시 신의 가호가 따르는 법인데, 하물며 그것을 알아보는 사람이 있는 참에랴! 더군다나 천 년의 세월이 지나서도 사람들이 여전히 아끼는 것이라면, 직접 만든 당사자야 어찌 그것을 아끼지 않을 도리가 있을까? 석공이 자신의 이름을 적어넣는 것은 스스로 작품을 아껴서이고 자신이 일개 석공에 불과하단 사실을 인지하지 못해서이다. 신성성(神聖性)이 나에게 내재되어 있으면 기술은 함부로 구사되지 않는다. 그렇지 않다면 책을 읽고 글을 짓는 것도 천한 일이 될진대, 돌을 새기는 작업이라 해서 어찌 별다를 수 있겠는가?

이치는 그러하나 유무량(劉武良)처럼 정교한 기술의 석공이라면 이름을 남겨도 괜찮기는 하다. 그러나 지금의 석공들까지 또 빠짐없이 비석 뒤에 이름을 새기는 것은 대체 무슨 까닭인가? 남의 멋진 걸음걸이를 흉내내다 자신의 옛 보행 자세를 잊어버리듯 하나같이 남의 자취 답습하는 것을 당연하다 여기니, 실로 가소롭기만 하다!

그러므로 조각하는 자의 기술이 뛰어나면 그 사람의 성명까지 적어주게 되는데, 이는 비석이 새긴 이의 공력에 힘입어 세상에 전해지기 때문이다. 새기는 자의 기술이 때로는 뛰어나지 않을 수도 있다. 하지만 새겨진 글자와 문장 혹은 그 사람의 어진 성품은 반드시 적실하게 후세에 전해지니, 돌을 새기는 석공 또한 어김없이 돌을 새김으로써 거기에 편승하게 된다. 이른바 서로가 의지하여 다함께 이름을 전하게 되는 경우인 것이다.

원래 기교가 신성하다 할 정도에 다다르면 사람은 절로 그것을 중시하게 된다. 사람들에게 중시될 수 있으면 반드시 그들로부터 아낌을 받게 된다. 하지만 원우[153] 연간의 간당비[154]를 새긴 석공 상안민(常安民)은 자신의 이름을 비석 뒷면에 새기지 말아달라고 간절히 애원했으

---

152) 포정과 문혜군의 대화는 『장자』 「양생주」(養生注)에 보인다.

니, 그것은 또 무슨 이유에서였을까?


## 시화 詩畵

동파 선생이 말씀하셨다.

　그림을 논할 때 보이는 대로 대상을 사실적으로 묘사하란 말은 어린아이나 다름없는 견해이다. 시를 지을 때 어떤 시와 똑같이 지어야 한다고 주장한다면 그가 시인이 아님을 확실히 알 수 있다.

양승암은 그 말에 대해 이렇게 평론했다.

　동파의 이 말씀은 그림은 표현되는 정신을 귀하게 치고, 시는 운율을 높이 여긴다는 뜻이다. 하지만 그 말은 한쪽에 치우쳐 있어 대단히 올바른 견해는 되지 못한다. 조이도[155]는 동파의 말에 화답하여

---

153) 원우(元祐, 1086~93): 송대 철종(哲宗)의 연호.

154) 간당비(奸黨碑): 사마광(司馬光)은 구당(舊黨)의 영수로서 소식과 황정견(黃庭堅) 등 문인 119명을 규합하여 왕안석의 신법에 반대하고 나섰는데, 특히 신종 때 왕안석의 신당(新黨)과 격렬하게 대립했다. 숭녕(崇寧) 원년 증포(曾布)와 채경(蔡京)은 휘종에게 상소를 올려 구법당 120명을 간당(奸黨)으로 몰아 단례문(端禮門)에 비석을 세우게 하였다. 다시 3년이 지나서는 채경 등의 주동으로 다시 사마광 이하 309명을 원우원부당인(元祐元符黨人)으로 규정한 뒤 그 명단을 천하에 공포하였다.

155) 조이도(晁以道): 송대의 조설지(晁說之). 단언(端彦)의 아들로 자를 이도라 하였다. 사마광을 흠모하여 자호(自號)를 경우(景迂)라고 불렸으며, 원풍(元豐) 연간의 진사이다. 소식이 저술과(著述科)에 천거했지만 원우(元祐) 연간 당적(黨籍) 때문에 방축당했고 훗날 휘유각대제(徽猷閣待制)를 지냈다. 박학다식한 데다 시화에 능했으며, 육경(六經) 그 중에서도 특히 『역전』(易傳)에 정통했다. 저서로 『유언』(儒言) · 『조씨객어』(晁氏客語) · 『경우선생집』(景迂先生集) 등이 있으며, 『송사』 권444와 『송원학안』 권22에 보인다.

"그림은 사물 바깥의 형상을 묘사하지만 묘사하는 대상의 형태를 바꾸지 않는 데 요체가 있다. 시는 그림 밖의 뜻을 전달하지만 묘사 대상의 형태가 드러나는 것을 귀하게 친다"고 하였다. 이 말이 나오고 난 뒤에야 비로소 논의가 완정해졌다.

형태를 고치면 그림이 되지 않고 묘사하는 뜻도 그림 밖에서 얻어지는 것은 아니란 게 탁오자의 생각이다. 그리하여 다시 승암의 말에 화답하여 다음과 같이 덧붙인다.

"그림은 한갓 형태를 묘사하는 것만은 아니니, 바로 형태와 정신이 혼재함을 요체로 친다. 시는 그림 밖에 존재하는 것이 아니니, 바로 그림에서 나타난 형태를 묘사하는 것이다."

두자미(杜子美, 두보)에게 다음과 같은 시구가 있다.

아스라이 먼 꽃이야 겹겹이 우거진 나무들 탓이고,
구름이 경쾌한 것은 도처에 깔린 산들 덕분이지.

이것이야말로 시 속의 그림이니, 회화의 본보기로 삼아도 될 것이다. 당나라 사람 중에 「도원도」(桃源圖)를 그린 이가 있는데, 서원여[156]는 이 그림을 위해 다음과 같은 기(記)를 지었다.

초목들 사이로 안개 피어오르는 광경이 마치 향기를 머금은 듯하다. 뚫어져라 쳐다보고 거듭거듭 완상하니, 스스로 느끼기에 뼛골이 푸른 옥을 때리는 듯하고 육신이 거울 속으로 들어가는 것도 같다.

---

156) 서원여(舒元輿): 당대 동양(東陽) 사람. 원화(元和) 연간의 진사로 저작랑(著作郎)을 지냈다. 문장에 능했으며 소싯적에 지은 「두단부」(杜丹賦)로 일시에 명성을 떨쳤다. 권모술수가 많은데다 이선(李善)·정주(鄭注) 등과 가까이 지내다 감로지화(甘露之禍)를 당했다. 『당서』(唐書) 권179와 『구당서』(舊唐書) 권169에 보인다.

이는 그림 속의 시이고 입신의 경지에 든 절륜의 기예이다. 오도자[157]가 맨처음 장승요[158]의 그림을 보았을 때 말했다.

"헛되이 명성만 얻었을 뿐이로구나."

한참 뒤 그림 아래에 앉고 드러누운 그는 사흘 동안이나 그곳을 떠나지 못했다. 유익[159]은 애당초 일소(逸少, 왕희지)에게 승복하지 않으면서 '집닭과 들꿩'(家鷄野鶩)[160]의 논단을 서슴치 않더니, 훗날에야 백영[161]이 다시 태어났다고 여기게 되었다. 그렇다면 눈에 드는 것마다 칭찬을 남발하는 자는 결코 좋아서 그러는 것이 아니요, 결단코 까다롭게 작품을 고르는 사람이 아니다. 하물며 오도자나 유익만한 안목도 갖

---

157) 오도자(吳道子): 당나라 양적(陽翟) 사람. 이름은 도현(道玄)이고, 도자는 그의 자이다. 처음에는 하구위(瑕丘尉)를 제수받았으나 현종이 불러 내교박사(內敎博士)로 삼았다. 그림에 능해 화성(畵聖)이란 호칭이 있었고 특히 불상(佛像)과 산수에 능했다. 서법에도 일가견이 있으며, 『당조명화록』(唐朝名畵錄)과 『낭야대취편』(瑯琊代醉編) 권18에 보인다.

158) 장승요(張僧繇): 남조 양나라 사람으로 우군장군(右軍將軍)과 오흥태수(吳興太守)를 지냈다. 그림을 잘 그렸는데 특히 모사에 능하고 인물화에 뛰어났다. 당시 무제(武帝)가 건립한 많은 사원의 벽화는 모두 장승요가 도맡아 그렸고, 일찍이 안동사(安東寺)의 벽화를 그리면서 화룡점정(畵龍點睛)의 고사를 만들어내기도 하였다. 그가 산수화를 그리는 방식은 매우 특이해서, 붓으로 먼저 윤곽을 그리지 않고 흰 비단에 청록색 물감으로 산봉우리와 샘물, 돌 등을 겹쳐 칠한 뒤 나중에 물감의 번짐을 이용해 골짜기와 험준한 바위 등을 그리는 몰골준(沒骨皴)이라는 화법을 썼다. 『역대명화기』(歷代名畵記)와 『낭야대취편』 권18에 보인다.

159) 유익(庾翼): 진(晉)나라 사람으로 조지(條之)의 아우. 자는 치공(稚恭). 여러 벼슬을 거쳐 형주자사를 지냈으며 수많은 군공(軍功)을 세웠다. 시호는 숙(肅). 『진서』 권72에 보인다.

160) 가계야목(家鷄野鶩): 진(晉)의 유익은 서도에 능했는데 처음에는 왕희지를 인정하지 않아 자신의 서법(書法)을 집에서 기르는 닭에, 왕희지의 서법은 들꿩에 비유했다고 한다. 『태평어람』(太平御覽) 권91의 『진서』(晉書)를 인용한 대목에 보인다.

161) 백영(伯英): 후한 시대 주천(酒泉) 사람 장지(張芝). 백영은 그의 자이다. 어려서부터 고고한 지조를 지녀 호를 장유도(張有道)라고 하였다. 글씨를 잘 썼고 특히 초서로 유명했는데, 필력이 날아갈 듯하고 변화가 무궁해 당시 초성(草聖)이란 호칭이 있었다. 『후한서』 권95에 보인다.

추지 못한 자들이야 어찌 쉽사리 식별할 수 있겠는가! 아아! 백 대 천대를 거치며 스러져간 수많은 인물들을 쉽게 이해할 수 없음은 결국 이같은 때문이겠지.

## 당적비[162] 黨籍碑

왕안석(王安石)이 나라를 그르친 죄는 본래 죽여도 용서가 안 되는 바이다. 그런데 왕안석에게 나라를 그르칠 마음이 없었던 것은 천지가 다 아는 사실이다. 나라를 말아먹으려 생각하다 나라를 망친 자는 잔인하고 포악한 소인배로서 치죄할 필요조차 없다. 하지만 나라를 이롭게 하려다가 나라를 망친 자는 고집불통의 군자라, 그래도 불쌍하게 여길 만하다.

탁오는 말한다.
공은 그저 소인이 나라를 망칠 수 있는 줄만 알지 군자는 더한층 심하게 망치는 줄은 모르는구나. 소인이 나라를 그르치면 그래도 문제를 풀고 만회할 길이라도 있지만, 군자가 나라를 망치는 경우는 손을 쓸 방도조차 없게 마련이다. 이유가 무엇일까? 그 사람 자체가 스스로를 군자라고 생각하여 본심에 아무 부끄러움이 없기 때문이다. 그러므로 간담은 갈수록 커지고 뜻도 더욱 견고해지니, 누가 그를 말릴 수 있겠는가? 주자(朱子) 같은 이도 바로 그런 경우라 하겠다. 때문에 나는 언제나 이렇게 말하곤 하였다. 탐관오리의 해악은 작아도 청렴한 관리가 끼치는 해악은 엄청나며, 탐관오리의 해악은 다만 백성들에게나 미칠 뿐이지만 청렴한 관리가 만들어내는 해악은 자손들에게까지 미친다고

---

162) 당적비(黨籍碑): 당인비(黨人碑)라고도 한다. 북송 말년 채경 등이 원우 연간의 사마광·소식 등 309인을 붕당으로 지목하며 그 이름을 새긴 비석을 세우게 했는데, 바로 이 비석을 지칭한다.

말이다. 내가 매번 꼼꼼하게 조사했지만 백에 한 가지도 여기서 벗어나는 경우가 없었다.

## 모두 몸에 지녀야 하네 無所不佩

왕일(王逸)이 말했다.

행실이 맑고 고결한 자는 방초를 몸에 지니고, 덕이 밝게 빛나는 자는 옥을 차며, 매듭을 풀 줄 아는 자는 뿔송곳을 갖고 다니고, 의심을 해결할 능력이 있는 자는 결옥(玦)[163]을 몸에 지닌다. 그러므로 공자께서는 어느 것 하나 몸에 지니지 않은 바가 없으셨다.

이탁오는 말한다.

도학(道學)이 원래 외관의 장식을 중시한다는 것은 예로부터의 전통이니, 성인이 그렇지 않은 줄을 어찌 알겠는가? 옛날의 사내들은 바깥 나들이를 할 때 칼과 패옥을 빠뜨리지 않았고, 먼 곳으로 여행을 갈 때는 활과 화살을 몸에서 떼놓지 않았으며, 날마다 뿔송곳과 결옥 챙기는 것을 잊지 않았다. 패옥은 명목상 몸에 지니는 장신구요 육친을 섬기는 물건이라지만 기실은 우환에 미리 대비하려는 생각에서 문무(文武)가 아울러 차고 다닌 바이다. 하지만 지니고 다니기나 했을 뿐 그들로 하여금 도를 깨닫게는 못하였으니, 마치 정전제(井田制)를 실시하여 농민들에게 평소에는 농사를 짓게 하고 전시에는 군대에 나가게 한 것과 같은 이치이다. 뜻이 겉치레에 있지 않았으니, 다만 장식이란 명목을 빌렸을 따름이었다. 후세 사람들은 그런 사실에 어두워 이것들을 아름다

---

163) 결(玦): 몸에 지니던 고대의 옥공예품. 한쪽이 터진 둥근 고리 모양으로 흔히 결
  단이나 결절(決絶)의 상징물로 쓰였다.

운 장식으로만 여기고 자랑거리로나 삼는다. 내실에 힘쓰는 자는 이 때문에 짜증이 나 결국 이렇게 말하게 되었다.

"이런 물건들은 모두가 외관을 사치스럽게 꾸미려는 용도에서 나왔으니, 무슨 유익함이 있단 말이냐!"

그리하여 지금에 이르러선 전혀 사전 준비를 하지 않게 되니, 마침내는 문과 무가 갈라지게 되었다. 문사(文士)들이 무력에 대한 대비를 모르게 되었을 뿐 아니라, 무인들까지도 평상시든 알현을 할 때든 문관들의 복장을 흉내내서 헐렁한 옷자락에 폭 넓은 띠를 두르고 점잔이나 빼며 엄숙한 자태를 짓는 판인 것이다. 일단 긴급 상황이 발생하면 어찌 문인들만 속수무책일 것인가? 무인들 또한 어떻게 마음놓고 부릴 수 있으리오?


## 순경과 이사와 오공 荀卿李斯吳公

승암 선생의 말씀이시다.

순경[164]은 거유(巨儒)였지만 제자 중에는 분서갱유를 감행한 이사[165]가 있었고, 이사의 스승 노릇 뒤에는 시정(施政)의 일인자로 꼽히

---

164) 순경(荀卿, 기원전 313~238): 이름은 황(況). 당시 사람들이 경(卿)으로 존칭해 불렀는데, 한대 사람들은 선제(宣帝)의 휘를 피해 손경(孫卿)으로 개칭하였다. 전국시대 조(趙)나라 사람으로 제나라의 직하(稷下)에 유학해 좨주(祭酒)를 세 번 지냈다. 훗날 초나라로 옮겨 춘신군(春申君) 밑에서 난릉령(蘭陵令)을 지냈으나, 춘신군이 죽은 뒤에는 난릉에 거주하며 저술과 강학만으로 일생을 마쳤다. 한비와 이사가 모두 그의 문하에서 나왔다. 유·법·도·묵가 등 제가의 학술사상을 두루 비판·개괄했고, 유물주의적 천도관(天道觀)과 성악론을 주장했으며, 유가의 정명론(正名論)을 견지하면서, 예치(禮治)와 법치(法治)가 서로 결합된 통치를 주장했다. 저서로 『순자』 1권이 있다.

165) 이사(李斯, ?~기원전 208): 초나라의 상채(上蔡) 사람. 젊어서 고을의 말단관리를 지내다 순자에게 배웠다. 전국 말기 진(秦)으로 들어가 여불위의 사인(舍人)

는 오공[166]이란 제자가 있었다. 현명한 사람과 불초한 사람을 가리는 기준은 실로 본인의 자립 여부에 달린 것이니, 스승이나 친구와 연계시켜선 안 된다.

탁오자는 이렇게 생각한다.

스스로 자립할 수 있는 자라면 반드시 기개가 있는 법이다. 기개가 있으면 거기에 기대 자립할 수 있고, 기개가 없다면 아무리 많은 스승과 벗이 좌우에서 당기고 밀어주더라도 그를 어찌할 수 있겠는가? 한 시각이라도 의지할 이가 없으면 그 한 시각 동안 혼자 서 있지도 못하는 판국인 것이다. 하지만 자립한 다음이라면 알아서 스승을 찾아 달려갈 수 있으니, 공자를 모신 안연(顔淵)이나 증참(曾參)이 바로 그런 경우에 해당된다. 그들을 스승이나 친구와 연계시키지 말라는 논조 또한 틀렸다.


## 순자에 대한 송대 학자의 비판 宋人議荀卿

송나라 사람들은 순경(荀卿)의 학문이 불순했던 까닭에 이사에게 일

---

을 지내다 진왕(秦王) 정(政)에게 발탁되어 객경(客卿)이 되었다. 기원전 237년 진왕이 축객령을 내리자 그 부당함을 간하고 이어 정위(廷尉)가 되었다. 육국을 이간질시켜 내부적으로 군신과 군사적 행동이 결합되지 못하게 한 다음 각개 격파하는 정책을 펼침으로써 진이 육국을 통일하는 데 주요한 역할을 담당했다. 천하통일 이후에는 승상이 되어 분봉(分封)을 폐지하고, 경전을 불사르며, 사학(私學)을 금하고, 문자를 통일함으로써 중앙집권체제를 강화할 것을 주장했다. 진시황이 죽은 뒤 조고(趙高)와 더불어 조서를 위조해 태자 부소(扶蘇)를 죽게 한 다음 호해(胡亥)를 진(秦) 이세(二世)로 세웠다. 훗날 조고의 모략으로 피살되었다.

166) 오공(吳公): 한대의 관리. 문제 때 하남태수(河南太守)를 지냈으며, 가의(賈誼)를 박사(博士)로 추천했다는 기록이 『사기』 「굴원가생열전」(屈原賈生列傳)에 보인다.

단 전해지자 바로 분서갱유(焚書坑儒)의 재난이 발생했다고 말한다. 무릇 제자가 악행을 저지르면 죄가 스승에게까지 미친다니, 세상천지 어디에 그따위 이치가 있단 말인가? 이사 때문에 순자가 허물을 뒤집어 써야 한다면, 오기[167] 또한 증자(曾子)에게 누를 끼쳤다고 할 수 있다.

한대 학자인 환관[168]의 『염철론』(鹽鐵論)에 다음과 같은 대목이 있다.

이사와 포구자[169]는 함께 순경을 사사했다. 그런데 포구자는 백옥[170]의 문하에서 도를 닦았다.

탁오자는 말한다.

---

167) 오기(吳起): 전국시대 위(魏)나라 사람으로 용병(用兵)에 능했다. 처음에는 노나라 장수로서 제(齊)를 공격해 대파했지만, 위(魏)의 문후(文侯)가 어질다는 소문을 듣자 그에게 귀순한 뒤 진(秦)을 공격해 다섯 성을 빼앗고 서하(西河)의 태수에 제수되었다. 문후가 죽은 뒤 재상 공숙(公叔)의 시기를 받자 초(楚)로 망명해 도왕(悼王)의 재상이 되었다. 그 뒤 남으로는 백월(百越)을 평정하고, 북으로는 진(陳)과 채(蔡)를 합병했으며 삼진(三晉)을 제압하고, 서쪽으로 진(秦)을 정벌했기 때문에 제후들은 모두 초의 강성함을 근심하였다. 오기는 장군일 때 일반 장병들과 의식을 똑같이 했고, 재상일 때는 법령을 철저히 시행해 불필요한 벼슬은 없애고 귀족 자제를 전사로 양성해 강병(强兵)에 힘썼다. 도왕이 죽자 평소 원한이 있던 초의 귀족과 대신들은 그를 공격했고, 오기는 왕의 시체 아래에 엎드려 있다가 화살을 맞고 죽었다. 사서에서는 그가 어머니가 죽었을 때도 문상가지 않았고, 아내를 죽인 뒤 노나라에 갔다고 기록하고 있다. 본문에서 오기가 증자에게 죄를 지었다고 말한 것은 아마도 이 때문인 듯하다. 이극(李克)은 또 그가 탐욕스럽고 호색했지만 용병에 있어서는 사마양저(司馬穰苴)도 그를 이길 수 없었다고 말한다. 『오자』(吳子) 6편을 남겼으며, 『사기』 권65에 보인다.

168) 환관(桓寬): 자가 차공(次公)으로 서한의 여남(汝南) 사람이다. 선제 때 낭(郎)으로 임명되어 벼슬이 여강태수승(廬江太守丞)에 이르렀다. 박학하고 글을 잘 지어 일찍이 소제(昭帝) 때 어사대부 상홍양(桑弘羊)과 현량(賢良)·문학(文學)들이 염철(鹽鐵)의 관영화 같은 문제를 놓고 토론한 내용을 『염철론』 1권으로 편집했다. 모두 60편의 문장이 실렸으며, 지금까지도 전해진다.

169) 포구자(苞丘子): 초나라 사람으로 『통지』(通志) 「씨족략」(氏族略)에서 순경의 제자로 설명하고 있다. 포구(苞丘)는 복성(複姓).

262

이사의 죄를 순경에게 연루시킬 수 있다면, 포구자 또한 순자를 책봉해달라고 주청해야 마땅하다.


## 세 번 성찰하고 행동한 계문자 季文子三思


계문자[171]는 세 임금 밑에서 재상을 지냈지만 그가 죽었을 때에는 비단옷을 휘감은 첩이나 곡식을 먹이로 삼는 말도 없었고 잘 간직한 값나가는 그릇도 없었다고 한다. 이로 인해 좌구명(左丘明)은 호들갑스럽게 그를 칭찬했는데, 황동발[172]은 여기에 대해 다음과 같이 평했다.


행보(行父, 계문자)는 공손귀보(公孫歸父)가 삼가[173]를 없애려고 모의한 것에 분노하다가 대부(大夫) 네 명의 병력을 한곳에 모아 제

---

170) 백옥(白屋): 『한서』 권78 「소망지전」(蕭望之傳)의 안사고(顔師古) 주(注)에서, 백옥은 흰 띠풀로 지붕을 이은 집인데 천민이 산다고 설명하고 있다. 백옥은 또 고대 북방민족의 하나이기도 하다. 『문선』에 실린 반욱(潘勖)의 「책위공구석문」(冊魏公九錫文)의 이선(李善) 주(注)에서, 북방에 다섯 오랑캐가 있는데 그 중의 하나가 백옥이며 바로 지금의 말갈(靺鞨)이라고 밝히고 있다. 이 글에서는 아마도 신분이 천한 이름 없는 현자를 가리키는 듯하다.

171) 계문자(季文子, ?~기원전 568): 성은 희(姬)씨, 이름은 행보(行父). 춘추시대 노나라의 대부로 삼환 중에서 계손씨이다. 문공(文公) 초기 경(卿)이 되었고, 선공(宣公)·성공(成公)·양공(襄公)의 치세 기간 동안 재상을 지냈다. 선공 때 공손귀보가 삼환을 제거하려고 생각하자 제나라로 망명했고, 기원전 575년 숙손교(叔孫喬)가 진(晉)나라에 그를 죽여달라 청했을 때는 일시적으로 진에 억류되기도 하였다. 훗날 다시 노나라에 돌아와 계속해서 정권을 잡았다. 죽은 뒤 문(文)이라는 시호에 봉해졌다.

172) 황동발(黃東發): 황진(黃震). 송대 자계(慈谿) 사람. 자는 동발이고 보우(寶祐) 연간의 진사이다. 사관검열(史官檢閱)로서 영종(寧宗)과 이종(理宗) 때의 국사와 실록을 편수했다. 민궁(民窮)·병약(兵弱)·재궤(財匱) 같은 시정의 폐해를 직언하다 지방으로 폄적되기도 하였다. 사람됨이 청렴하고 본분에 충실했으며 주자를 학문의 근본으로 받들었기 때문에 문인들은 그를 문결 선생(文潔先生)이란 사시(私諡)로 호칭했다. 저서로 『고금기요』(古今紀要)·『황씨일초』(黃氏日鈔) 100권 등이 남아 있다.

(齊)를 공격하기에 이르렀다. 바야흐로 공자수[174]가 임금을 죽이고 선공(宣公)을 옹립했을 때도 행보는 그를 토벌하기는커녕 도리어 그를 위해 다시 한 번 제나라에 가서 뇌물을 바쳤다. 또한 군사를 거느리고 거(莒)나라의 제(諸)와 운(鄆) 두 고을에 성을 쌓아 자신의 봉토로 삼기도 하였다. 그에게는 첩과 말, 금은보화가 대단히 많았으니, 위의 말인즉슨 왕망[175]의 겸양과 공손함이다.

당시 사람들은 모두 그를 신임하며 "계문자는 세 번 생각한 다음에야 행동한다"고 말했지만, 공자는 그렇게 보지 않고 "두 번만 생각하면 된다"[176]고 말씀하셨다. 혹자는 "두 번 생각도 못하는 판국에 어떻게 세 번씩이나 생각하라 말하는가?"라면서, 만약 그가 두 번만 생각했더라면 역적과 한통속이 되어 뇌물을 바치거나 권력을 휘두르고

---

173) 삼가(三家): 삼환(三桓). 춘추시대 노나라의 대부 맹손씨(孟孫氏)·숙손씨(叔孫氏)·계손씨(季孫氏). 모두 환공(桓公)의 후예인 까닭에 삼환이라고 불렀다. 문공이 죽은 뒤 삼환의 세력은 날로 강성해져 삼군(三軍)을 나눠 통솔하며 노나라의 정권을 실질적으로 장악했다.

174) 공자수(公子遂): 양중(襄仲). 성은 희(姬), 이름이 수(遂)였기 때문에 흔히 공자수라고 부른다. 노나라의 대부로 문공 때 집정했다. 문공이 죽은 뒤 그 적자인 악(惡)과 아우 시(視)를 죽이고 서자 퇴(倭)를 선공(宣公)으로 옹립하였다. 양중과 그 아들 공손귀보(公孫歸父)가 국정을 장악했을 때, 일찍이 선공과 더불어 삼환의 제거를 모의한 적이 있지만 성사시키지는 못했다. 선공이 죽자 귀보는 제나라로 도망갔고, 삼환씨는 계속해서 노나라의 정권을 장악했다.

175) 왕망(王莽, 기원전 45~기원후 23): 한대 동평릉(東平陵) 사람으로 자는 거군(巨君). 황후의 생질로 신도후에 봉해졌는데, 아랫사람에게 겸양하고 공손해 당시 사람들에게 신망을 얻었다. 애제(哀帝)가 죽자 겨우 아홉 살의 평제(平帝)를 세운 뒤 전권을 휘두르며 안한공(安漢公)으로 자칭했다. 기원후 5년 평제를 독살한 뒤 두 살배기 유영(劉嬰)을 태자로 세우고 '유자(孺子)'라고 부르며 자칭 가황제(假皇帝)가 되었다. 기원후 8년 스스로 황제가 되어 국호를 신(新), 연호는 시건국(始建國)으로 고쳤다. 제도개혁을 실시해 전국의 민간토지는 왕전(王田)이라 부르고, 노비는 사속(私屬)이라 개칭한 뒤 매매를 금지시켰으며, 오균육관(五均六筦)을 시행하고, 여러 차례 화폐제도를 바꿨다. 이러한 시도는 사회적·경제적 혼란을 가중시켜 말년에는 녹림(綠林)·적미(赤眉) 같은 농민반란을 초래하였다. 결국 용릉(春陵)에서 거병한 광무제의 군대가 장안에 들어올 때 상인 두오(杜吳)에 의해 피살당했는데, 황제가 된 지 15년 만이었다. 시건국·대봉(大鳳)·지황(地皇) 등의 연호를 썼으며, 『한서』 권99에 사적이 보인다.

전쟁을 일으키며 남의 땅을 빼앗아 자신을 살찌우는 따위의 행동은 없었을 거라고 말한다.

주문공(朱文公, 주자)은 그 말뜻을 몰랐기 때문에 「공야장」편의 집주(集註)에서 '생각이 세 번째에 이르면 사심이 발동하여 도리어 미혹당하고 만다'고 해석했다. 정녕 그 말대로라면 『중용장구』 20장에서 이른바 '생각하되 결과를 얻지 못하면 사색을 그만두지 않는다'는 말이나, 관중(管仲)의 '생각하고 생각하고 또 생각한다. 생각해도 영통하지 않는 것은 장차 귀신이 통하게 할 것이다'[177]라는 말씀, 오나라 신하가 제갈각[178]에게 열 번 생각하라고 권유했다는 말은 전부 옳지 않게 된다.


탁오자는 이렇게 생각한다.

주공(周公)이 성인이 된 것도 남보다 곱절로 생각했기 때문이다. 생각해도 어떤 결론에 합치되지 않으면 밤을 새워서 해가 뜰 때까지 생각했던 것이다. 하룻밤 하루 낮 동안 생각이 어찌 세 번에 그쳤겠는가? 주자는 '생각을 신중히 하라'(愼思)[179]는 성인의 말씀에 미혹된 나머지 급기야는 세 번씩 생각하는 것을 경계하게 되었다. 오로지 세 번이란 숫자에만 매달려서 경계한 까닭에 그는 죽을 때까지도 성인이 생각을

---

176) 출전은 『논어』 「공야장」(公冶長)편. "계문자는 세 번 생각한 다음에야 움직였다. 공자가 그 말을 듣고 말씀하셨다. '두 번만 생각하면 된다!'"(季文子三思而後行. 子聞之曰: '再, 斯可矣!')

177) 출전은 『관자』(管子) 「내업편」(內業篇).

178) 제갈각(諸葛恪, 203~253): 자는 원손(元遜). 제갈근(諸葛瑾)의 장남으로 태자 손등(孫登)의 사우(四友) 중 한 사람이다. 단양태수(丹楊太守)를 지내면서 산월(山越)을 용납해 그 장정들을 병사로 거뒀고, 육손(陸遜)을 대신해 무창(武昌)에 주둔하며 병권을 장악하기도 했다. 손권이 죽은 뒤 손량(孫亮)을 옹립해 대장군이 되었고 이후 조정에서 전권을 휘둘렀다. 건흥(建興) 2년(253) 위나라를 공격했지만 실패하고 돌아온 뒤 손준(孫峻)의 계략에 걸려 피살당했다.

179) 출전은 역시 『중용장구』 20장. "널리 배우고, 살펴서 물으며, 삼가서 생각하고, 확실히 분별하며, 독실하게 행할지어다"(博學之, 審問之, 愼思之, 明辨之, 篤行之.)

신중히 하라고 말씀하신 속뜻을 알 수가 없었다.

나는 공부하는 자들이 천 번 만 번 생각함으로써 이 '신사'라는 두 글자의 뜻을 깨우치길 바란다. 만약 천만 번 생각하는 가운데 신사의 바른 뜻을 알게 된다면, 사색이란 '성인에 이르는 길'이라고 말할 수도 있을 것이다. 보잘것없는 한낱 계문자 따위가 어찌 사색과 염려를 운위하기에 충분한 존재이겠는가!


## 임금을 시해한 진항 陳恒弑君[180]

승암 선생이 말씀하셨다.

공자가 목욕하고 입조한 것[181]은 의에 합당한 행동이었다. 호씨[182]

---

180) 진항시군(陳恒弑君): 진항은 춘추시대 제나라의 대신 진성자(陳成子). 그가 간공(簡公)을 시해한 사건은 왕의 무도함 때문에 어쩔 수 없는 상황에서 이뤄진 것이라 『춘추』「애공」(哀公) 14년조에서도 "제나라 사람이 그 임금을 시해했다"(齊人弑其君)라고만 적었다고 한다. 훗날 '진항시군'은 다른 사람을 대신해 허물을 뒤집어쓴다는 전고로 쓰이게 되었다.

181) 출전은 『논어』「헌문」(憲問)편. 전문은 다음과 같다. "진성자가 간공을 시해하자 공자는 목욕재계하고 입조하여 애공께 아뢰었다. '진항이 그 임금을 시해하였으니 그를 토벌하십시오.' 애공이 '삼환에게 가서 물어보게.' 하고 대답하자, 공자가 말했다. '저는 대부의 말석에 거하기 때문에 감히 아뢰지 않을 수가 없었습니다. 그런데 임금께서는 「세 집안 사람에게 말하라」고 하시는군요.' 삼환에게 가서 말하자, 그들은 안 된다고 하였다. 공자가 말했다. '나는 대부의 말석에 있기 때문에 감히 아뢰지 않을 수가 없었다!'"(陳成子弑簡公. 孔子沐浴而朝, 告於哀公曰: '陳恒弑其君, 請討之.' 公曰: '告夫三子.' 孔子曰: '以吾從大夫之後, 不敢不告也! 君曰「告夫三子」者!'之三子告, 不可. 孔子曰: '以吾從大夫之後, 不敢不告也!')

182) 호씨(胡氏): 송대의 호안국(胡安國, 1074~1138). 자는 강후(康侯), 시호는 문정(文定). 그가 명을 받들어 찬수한 『춘추호씨전』(春秋胡氏傳) 30권은 춘추삼전(春秋三傳)이 전하는 사상 외에도 존왕지의(尊王之義)를 대거 차용해 시사(時事)를 기탁하고 풍자함으로써 경의(經義)에서 다하지 못한 의미에 부합하려고 애썼다. 『춘추호전』 혹은 『호씨춘추』라고도 부른다.

는 이에 대해 "중니(仲尼)의 이 거사는 먼저 출동하고 나중에 말을 듣는 편이 옳았다"고 말한다. 이는 성인의 미진함을 탓한 발언이다. 정말 호씨의 말대로 했다면 임금에겐 알리지도 않고 멋대로 군사를 동원한 격으로, 이는 공자가 먼저 반란을 일으킨 것이 된다. 이 상황에서 어떻게 남을 토벌한단 말인가? 호씨는 『춘추』에서 그 일을 풀이했고 주자는 이를 『논어』에서 인용했는데, 둘 다 이러한 이치를 깨닫지 못하고 있다.

악비(岳飛)가 금패(金牌)의 소환을 받았을 때 어떤 이가 군사를 돌이키지 말라고 권유하자, 그는 이렇게 말했다. "이는 바로 악비의 귀환이지 진회(秦檜)의 귀환이 아니라네." 바로 이렇게 해서 대의명분이 맞아떨어지게 되었다.


이탁오는 말한다.

세상에는 정녕 노여움 때문에 행동을 취하는 자가 있는데, 그 행위가 과연 정당한가의 여부는 물을 필요조차 없다. 감정이 치받쳐 말을 하는 자가 있지만, 그 말의 실천 여부 또한 물을 필요가 없는 것이다. 그 뜻을 애달파하면 그만이고, 그 마음을 헤아리면 되는 것이며, 그 자취를 남겨 천하와 후세의 난신적자(亂臣賊子)들로 하여금 두려워 떨게 만들면 그만인 것이다. 왜 꼭 도리를 있는 대로 설파해 난신적자의 마음을 북돋워주는 것인지? 도리에 맞지 않는다고 말할 것 같으면, 공자가 목욕재계하고 청원한 것 또한 도리에 어긋나는 일이다. 어찌하여 그럴까? 제나라 사람이 임금을 죽였다 한들 그것이 노나라와 무슨 상관이란 말인가? 노나라 사람이 상관없는 것은 물론이려니와, 집 안에만 틀어박혀 정사에는 참여할 기회조차 얻지 못한 공자와는 또 무슨 상관이더란 말인가? 참견할 계제가 아닌데도 참견하는 것은 자신의 주제를 벗어난 참람이다. 애공과 삼환이 모두 더불어 말할 만한 인물이 아닌 줄 뻔히 알면서도 굳이 이야기를 꺼낸 것은 다변의 극치라 하겠다. 결론적으로 도리에 어긋난 행위였던 것이다. 결과적으로 도리에는 어긋났지만, 그래

도 총괄하자면 도리에서 벗어났다는 격분에서 나온 행동이었고 난신적자들을 두려워하게 만드는 행위였다. 즉 공자가 살았던 당시가 한 부의 거대한『춘추』이니, 무엇 때문에 훗날「노사」(魯史)를 고쳐 쓴 다음 그 책을『춘추』라고 불러야 하겠는가? 전대의 명현 채허재[183]에게「악비가 군사를 돌이키다」(岳飛班師)라는 논설문 한 편이 있다. 지금에 와서 읽더라도 독자들로 하여금 머리털이 곤두서 모자를 찌르게 하고, 눈이 찢어져라 부릅뜨게 만들며, 악비 대신 진회를 죽이고 금나라 오랑캐를 멸망시켜야만 상쾌해질 것처럼 느끼게 만든다. 어찌 이런 의론문을 없앨 수 있으랴? 지어서도 안 되고 말해서도 안 된다는 것을 분명히 알지만, 어찌 이런 의론문이 없을 수 있으랴? 어떻게 이런 의론이 없어질 수 있단 말인가?


## 왕안석의 견식 王半山

왕반산[184]은 형가(荊軻)가 연(燕)나라로부터 후한 대접을 받았기 때문에 연의 태자 단(丹)을 위해 진(秦)나라에 보복한 것이라고 말한다. 정녕 이 말대로라면 강태공 여상(呂尙)은 주나라의 환대를 받았기 때문

---

183) 채허재(蔡虛齋): 채청(蔡淸). 명대의 진강(晉江) 사람으로 자는 개부(介夫). 성화(成化) 연간의 진사로 벼슬이 강서제학부사(江西提學副使)에 올랐으나 권력자의 비위를 거슬러 사직을 청했다. 곧이어 남경국자감좨주(南京國子監祭酒)가 되었으나 임지에 도착하자마자 죽었다. 청렴각고했으며, 가난해도 베풀기를 즐겼고, 주자학 특히『역경』의 연구로 명성이 높았다. 그 학문은 처음에 정(靜)이 위주였지만 나중에는 허(虛)를 위주로 하면서 서재 이름으로까지 삼았으므로 제자들은 그를 '허재 선생'이라 불렀다. 만력 연간 문장(文莊)이란 시호가 추서되었다.『사서몽인』(四書蒙引)·『역몽인』(易蒙引)·『허재집』(虛齋集) 등의 저서가 있으며,『명사』권282와『명유학안』권46 등에 보인다.

184) 왕반산(王半山): 왕안석(王安石, 1021~86). 송대 임천(臨川) 사람으로 자는 개보(介甫), 호는 반산, 시호는 문(文)이다. 가우(嘉祐) 연간 만언서(萬言書)를 올려 변법을 주장했지만 채택되지는 않았다. 희녕(熙寧) 2년(1069) 참지정사(參知政事)가 되어 삼사조례사(三司條例司)를 설치하고 변법을 주관했다. 이듬해

에 은나라 주왕(紂王)을 정벌했단 말인가? 누군가에 대한 인정이야 마음에 달린 것이니, 어찌 대접 여부에 따라 달라지고 말고 하겠는가? 반산의 견해는 누추하기 짝이 없다. 게다가 형경(荊卿)이 또 언제 연 태자 단을 알아준 적이 있단 말인가? 다만 전광185) 같은 절친한 친구가 앞장서서 추천하고 또 스스로 목을 따 진나라에 보내겠다는 번오기(樊於期) 같은 자가 뒤에서 줄지었기 때문에 어쩔 수 없었을 뿐이다. 상황이 여기에 이르자 형경은 비록 죽고 싶지 않았지만 그럴 수가 없게 되었던 것이다. 이리하여 나는 다음과 같이 「형경을 노래함」(詠荊卿)이란 시를 한 수 읊었다.

형경은 원래 연 태자 단을 알지 못했네.
다만 전광을 위해 죽음의 고난을 무릅썼을 뿐.
비분강개한 슬픈 노래 축으로 장단 맞추니,
찬바람 불던 역수는 지금도 싸늘하겠지.

또 「후영186)을 노래함」(詠侯生)이란 시도 두 수 지었다.

<hr>

재상으로 승진했지만 신법을 반대하는 사마광 등에게 밀려 관문전대학사(觀文殿大學士) 겸 강녕지부(江寧知府)로 옮겼다. 1075년 재상으로 복귀했지만 이듬해 다시 그만두고 강녕으로 물러나 거주했다. 이때 서국공(舒國公)에 봉해졌다. 1079년 다시 좌복야(左僕射) 겸 관문전대학사로 복귀하며 형국공(荊國公)에 봉해졌다. 일찍이 아들 왕방(王雱)과 더불어 『시경』·『상서』·『주관』(周官)에 주석을 달아 학관(學官)에 퍼뜨렸고, 만년에는 『자설』(字說)을 편찬했다. 산문과 시사(詩詞)에 능해 당송팔대가의 한 명으로 꼽힌다.

185) 전광(田光): 전국시대 연나라 사람. 사람됨이 지혜롭고 용감하며 침착했다. 태자 단이 그 소문을 듣고 진왕(秦王)의 암살을 모의하자, 그는 늙고 쇠약한 자기 대신 형가를 추천했다. 태자가 그에게 비밀을 지켜달라고 요구하자, "무릇 행함에 있어 남의 의심을 사는 자라면 절의 있는 협객이 아니다"(夫爲行而使人疑之, 非節俠也.)라고 말한 뒤 스스로 자문하고 말았다.

186) 후영(侯嬴, ?~기원전 257): 일명 후생(侯生). 전국시대 위(魏)나라의 은사. 집이 가난해 나이 칠십에 대량(大梁)의 이문(夷門)을 지키는 문지기가 되었는데, 신릉군이 그의 현명함을 듣고 맞이해 상객(上客)으로 삼았다. 기원전 257년 진(秦)

후영이 진나라 군대 물리칠 계책을 세우니

신릉군[187]은 병부를 뺏고 성을 나와 출정하였다.

공을 이룬 상객 마침내 죽고자 결심하니

후영이란 그 이름 천추만대에 빛나리라.


병부를 합쳐본 진비가 진위를 의심하자

주먹 날리고 철퇴 휘두른 백정이 있었네.

주해는 신릉군 문객이 아닌 줄 알았기에

후영은 바람맞으며 목을 찔러 그들을 전송했지.


원래 신릉군에게 있어 주해[188]는 그다지 미더운 사람이 아니었기 때

---

이 조나라를 포위했을 때 안리왕(安釐王)은 장군 진비(晉鄙)를 파견하여 조를 구원하게 했지만, 진비는 진병(秦兵)의 강성함을 겁내 중도에 주둔하며 관망자 세를 취했다. 후영은 신릉군에게 꾀를 내 위왕의 총희 여희(如姬)로 하여금 병부(兵符)를 훔쳐내게 하고 한편으로 백정 주해를 천거해 진비를 때려죽이게 하였다. 덕분에 신릉군은 진비의 군대를 탈취해 진을 물리치고 조를 구해낼 수 있었다. 애당초 후영은 신릉군에게 이렇게 말했다. "신이 마땅히 종군해야 하나 늙어서 그럴 수가 없습니다. 청컨대 공자가 발행하는 날부터 진비의 군대에 도착할 날까지를 세었다가 북쪽 마을에서 자결함으로써 공자를 전송하게 해주십시오"(臣宜從, 老不能, 請數公子行日以至晉鄙軍之日, 北鄉自剄以送公子.) 말했던 날짜가 되자 후영은 과연 스스로 목을 찔러 죽었다.

187) 신릉군(信陵君, ?~기원전 243): 전국시대 위(魏)나라의 귀족으로 이름은 무기(無忌). 안리왕의 이복동생으로 형이 즉위한 뒤 신릉군에 봉해졌다. 선비를 예의로 대해 문하에는 삼천 명의 식객이 들끓었지만, 왕은 그의 능력을 두려워해 국정을 맡기지 않았다. 기원전 257년 진나라가 조나라를 포위하자 그는 후영의 계교로 병부를 탈취하고 장군 진비를 죽인 뒤 그 군대를 통솔하여 조나라를 구했다. 이후 10년 동안 조에 머물다가 기원전 247년에야 위나라로 돌아왔다. 곧 바로 상장군(上將君)에 임명되었고 다섯 나라를 연합하여 진의 장수 몽오(蒙驁)의 군대를 하외(河外)에서 격파했다. 『위공자병법』(魏公子兵法)을 남겼으나 지금은 전해지지 않는다.

188) 주해(朱亥): 전국시대 위나라 대량(大梁) 사람. 용력이 있으면서도 도살장(屠肆)에 은거했는데, 후영이 그를 신릉군에게 천거했다. 진의 군대가 조나라를 포위했을 때, 신릉군은 주해로 하여금 사십 근짜리 철추로 진비(晉鄙)를 때려죽이게 함으로써 위나라의 병권을 장악할 수 있었다.

문에 후생은 또 공을 세우고 이름을 떨칠 즈음에 마침내는 죽음으로 그들을 배웅해야만 하였다. 비록 명목상으로는 신릉군을 전송한 죽음이었지만 사실은 주해를 전송한 죽음이었던 것이다.

꼴사납구나, 송대 유자의 견식이여! 그들이 어찌 영웅의 심정을 헤아릴 수 있으랴? 원래 옛날 사람들은 일의 성사를 귀하게 여겼기 때문에 제 몸을 죽이더라도 반드시 뭔가를 이루어내곤 하였다. 제 한 몸 아끼려고 해서는 어떤 일도 이뤄낼 수가 없는 것이다.

## 징세를 위한 생산물의 유통 爲賦而相灌輸

'조세를 위해서'(爲賦)라는 두 글자의 뜻이 대단히 명확한데, 무엇이 아직 분명치 않다고 말하는가? 원래부터 세금 징수를 위해 물건들을 유통시켰던 것이지, 상인들을 위해 물건을 유통시키지는 않았다. 세금을 거두기 위해 물건을 유통시키는 조처는 바로 가구 수를 계산해 곡식을 바치게 하고 조세를 운송시키는 지금의 정책과 유사하다. 상업적 이윤을 바라보고 물건을 딴 지역으로 운송하는 것은 바로 농민들을 내몰아 장사꾼을 본받게 하는 짓이다. 대저 농민을 내몰아 장사치를 흉내내게 한다면, 다음에는 또 어떤 백성을 내몰아 농사를 짓게 할 것인가? 만약 농민들 모두가 장사를 한다면 전답은 전혀 개간되지 않을 텐데, 장차 또 무슨 재화를 유통시켜 세금을 걷는단 말인가? 차라리 상인들로 하여금 스스로 그 일을 맡게 하고 그들로부터 세금을 거두는 편이 낫지 않겠는가? 농민들로부터 토지세를 거두고 상인들로부터 세금을 징수한다면 두 가지 이익이 동시에 확보되는 것이다. 바보라도 알 만한 사실을 무제가 몰랐다고 말하려는가? 하긴 당시의 곽자맹[189] 무리도 상대

---

189) 곽자맹(霍子孟): 한대의 곽광(霍光, ?~기원전 68). 평양(平陽) 사람으로 곽거병(霍去病)의 이복동생이고, 자는 자맹이다. 무제 때 봉상도위(奉常都尉)를 지내

부190)의 균수법191)이 좋은 줄을 몰랐는데, 반맹견(班孟堅, 班固) 따위야 말할 나위 있으랴! 속된 선비는 정치를 논하면 안 된다는 말이 너무나 가슴에 와 닿는다.

---

며 두터운 신임을 받았고, 황제가 죽은 뒤 유지를 받들어 김일제(金日磾) 등과 함께 소제(昭帝)를 보필했다. 소제가 죽자 창읍왕(昌邑王) 유하(劉賀)를 세웠으나 음란함을 이유로 폐위시키고 선제(宣帝)를 옹립했다. 함께 국정을 돌보던 상홍양·상관걸(上官傑) 등을 모반죄로 주살한 뒤 줄곧 정사를 총괄하다 지간(地節) 연간에 죽었다. 시호는 선성(宣成). 곽광은 성정이 단정·침착하며 사려가 깊어 정권을 잡은 22년 동안 사회가 안정되고 경제가 발전했지만, 권세가 내외에 떨치면서 조정에는 그의 족당이 넘치게 되었다. 선제는 친정을 하게 되자 곽씨의 병권을 거두고 급기야는 모반죄를 적용해 일족을 몰살시켜버렸다. 『한서』 권68에 보인다.

190) 상대부(桑大夫): 상홍양(桑弘羊, 기원전 152~80). 낙양(洛陽) 사람으로 상인 집안에서 출생했다. 무제 때 열세 살의 나이로 낭(郞)이 되었고 훗날 치속도위(治粟都尉)가 되어 농정을 관장했다. 소금·철·술의 전매를 적극적으로 주장하며 균수(均輸)와 평준(平準)을 담당할 기구의 설치를 건의함으로써 정부가 직접 운수와 무역을 담당하고 물가를 조절하게 했다. 이 정책은 부상대고(富商大賈)에게 타격을 안기고 국가의 수입을 늘리는 결과를 가져왔다. 원봉(元封) 연간에는 어사대부를 지내며 곽광·김일제 등과 더불어 소제를 보필했다. 기원전 81년 염철회의(鹽鐵會議)를 소집하여 소금과 철의 관영전매정책을 견지시켰다. 이듬해 소제를 폐위하고 연왕(燕王) 단(丹)을 세우려 한다는 죄목으로 상관걸과 함께 죽음을 당했다. 『사기』 권30과 『한서』 권24에 보인다.

191) 균수법(均輸法): 한 무제가 실시한 경제 조처의 하나. 대사농(大司農) 수하에 균수령(均輸令)과 균수승(均輸丞)을 두어 세금 징수와 화물의 매매·운송을 통일시켰다. 환관(桓寬)이 지은 『염철론』(鹽鐵論)에 따르면, 군국(郡國)의 제후들이 각자 공물을 운송하는 데 있어 왕래가 번잡할 뿐더러 화물이 많으면 일이 어려워 오가는 경비도 충당하지 못하는 경우가 종종 있었다. 이 때문에 군국에서는 운수관을 두고 서로 운송을 도움으로써 먼 지방 조공의 편의를 꾀했는데, 이것이 '균수'이다. 『사기』「평준서」(平準書)를 집해(集解)한 배인(裵駰)도 맹강(孟康)의 말을 인용하여 균수를 다음과 같이 설명했다. "운수를 담당한 관리들은 자기 지방에서 많이 나는 산물을 타지로 수송함으로써 지역에서의 가격을 고르게 하였다. 관에서 타처에 자기 땅의 생산물을 판매하니, 운송하는 자가 편할 뿐더러 관가에도 이익이 생겼다"(諸當所輸於官者, 皆令輸其土地所饒, 平準所在時價, 官吏於佗處賣之, 輸者既便, 而官有利.)

272

# 주자의 저술 文公著書

주문공(朱文公, 주희)의 도(道)에 대한 담론과 저술은 백 세가 지나도록 사람들이 떠받들어왔다. 하지만 고금의 인물들에 대한 그의 평론을 보면, 실로 공인된 시비에서 벗어나 인정에서 멀어진 감이 없지 않다. 왕안석은 간사한 자들을 이끌어주고 발탁하여 종사를 뒤엎은 자인데도 그를 『명신록』(名臣錄)에 올려놓고 도덕과 문장을 칭찬하였다. 소문충(蘇文忠, 소식)의 도덕과 문장은 고금을 통틀어 모두가 우러르는 바인데도 애써서 그를 헐뜯으며, 자신의 뜻을 마음대로 펼칠 수 있었으므로 그가 끼친 재앙은 왕안석보다 훨씬 더하다고 논단하였다. 간교한 왕안석인즉슨 이미 드러난 죄에 대해서도 가장 가볍게 처리하고, 현명한 소자(蘇子)를 두고는 미처 드러나지 않은 단점까지도 교묘히 찾아내는 판인 것이다. 이것이 무슨 심보란 말인가?

탁오자는 말한다.

주문공은 동파공(東坡公)을 모르는 것이 아니었다. 동파공은 도학을 비웃었고, 문공은 이를 증오하여 그야말로 낙당[192]을 위한 분풀이를 하기로 작정했던 것이다. 그이라 해서 어찌 인간적인 감정이 없었겠는가? 왕안석 같은 경우는 문공이 자의적으로 설명한 예라 하겠다.

승암 선생은 또 이렇게 말씀하셨다.

진회(秦檜)는 간교해서 사람이라면 누구나 그 고기를 씹고자 하는데, 문공은 그가 기골이 있다고 칭찬하였다. 악비(岳飛)의 죽음을 보

---

192) 낙당(洛黨): 송대 철종(哲宗) 연간 조정의 세 당파 중 하나. 정이(程頤)가 영수였고, 주광정(朱光庭)·가역(賈易) 등이 여기에 속했다. 정이가 낙양(洛陽) 사람인 까닭에 '낙당'이라고 불렸다. 당시의 세 당 중 소식은 촉당(蜀黨)의 영수였고, 유지(劉摯)는 삭당(朔黨)의 영수였다.

고 고금의 사람들 마음이 얼마나 찢어졌던가! 그런데 문공만은 그의 난폭함을 조롱하고 또 그가 전진하면서 살육을 일삼았다고 비난한다. 동중서(董仲舒)나 가의(賈誼) 같은 한대의 유자들은 하나도 빠짐없이 그 비난의 대상이 되었다. 제갈공명을 도적으로 지목하는 한편 또 그가 신자(申子)와 한비자(韓非子)를 받들었다고 비난했고, 한문공(韓文公, 한유)인즉슨 대전[193]과 서신 왕래를 하면서 유장한 글을 천여 자나 짓는 바람에 결국 전인(全人)이 되지 못했다고 적었다. 주공(周公)과 공자 이래로 그 비난의 화살을 피한 사람이 없었던 것이다.

문공이 「훼예장」[194]에 주를 달면서 다음과 같이 말한 기억이 난다. '성인께서는 착한 일을 잘 시행하는 데는 신속하셨지만, 악을 미워하는 일만은 천천히 하셨다.' 또 이렇게도 말하였다. '다만 먼저 앞장서서 선을 칭찬하고, 미리 나서서 악을 꾸짖는 일은 없도록 하라.'

정녕 이 말대로라면 문공은 이의 실천에 있어 왜 그렇게 느렸단 말인가? 어찌 자신이 타인의 악을 미리 꾸짖는 전철을 밟지 않았다고 말할 수 있겠는가?

탁오자는 이렇게 생각한다.

이런 논단 모두가 무방하지만 중요한 것은 옳은 말을 하는 것이다. 일개 소동파도 아직 모르면서 어떻게 천하의 선비를 의론할 수 있단 말

---

193) 대전(大顚): 당대(唐代)의 고승. 성은 양씨(楊氏). 처음에는 나부산(羅浮山)에 거주하다가 나중에는 조양(潮陽)의 영산(靈山)에 살았다. 한유(韓愈)는 「맹상서에게 보내는 편지」(與孟尙書書)에서 그를 다음과 같이 설명했다. "당시 조주에 한 노승이 살았는데, 호를 대전이라 하였다. 사람됨이 자못 총명하고 도리를 깨우쳤더라"(潮州時有一老僧, 號大顚, 頗聰明識道理.)

194) 훼예장(毁譽章):『논어』「위령공」편의 다음 대목을 가리킨다. "내가 사람들에 대해 누구를 헐뜯고 누구를 칭찬하겠느냐? 만약 칭찬한 바가 있다면, 그것은 내 스스로 증험한 바가 있기 때문일 것이다. 이 백성들, 삼대 때부터 바른 도를 실천한 사람들을 내가 어찌 마음대로 비판할 수 있겠느냐!"(子曰: '吾之於人也, 誰毁誰譽? 如有所譽者, 其有所試矣. 斯民也, 三代之所以直道而行也!')

인가? 소동파는 한평생을 고난 가운데 보내면서 전심전력으로 국가 경영에 일생을 바쳤다. 그의 생평에 의거하면, 하지 않은 일이 없지만 또 그가 어떤 일을 했다는 명목도 전혀 보이지 않는다. 다만 웃고 즐기는 가운데 남긴 필묵들만 인간 세상에 가득 보일 따름인 것이다. 그런데 문공은 그걸 알지 못했으니, 문공이 누군가를 의론할 필요 또한 없어지고 말았다.

## 『암연당유찬』을 읽고 闇然堂類纂引[195]

『암연당유찬』이란 어떤 책인가? 반사조[196]가 엮은 바로서 스스로를 감계[197]하기 위한 목적으로 지은 책이다. 나는 이 책을 읽고서 좋다고 여겼지만 늙어서 눈이 잘 안 보이는 까닭에 그 중에 가장 빼어난 대목만 다시 베껴 스스로의 감계로 삼기도 하였다.

내가 반씨와 이별한 지도 벌써 여러 해가 지났다. 당초에 나는 그가 뻣뻣하고 말주변 없는 사람이라고만 여겼을 뿐 유능하고 강건한 인물일 줄은 상상도 못하였다. 대략 이십여 년의 세월이 흐르는 동안 국내

---

195) 인(引): 문체의 일종. 당대 이후에 생겼는데, 대체적으로 서(序)와 비슷하지만 그보다는 비교적 간단한 내용을 담았다.

196) 반사조(潘士藻): 명대 무원(婺源) 사람. 자는 거화(去華), 호는 설송(雪松). 만력 연간의 진사로 온주(溫州) 추관(推官)을 지낸 뒤 어사로 승진하였다. 당시에 내시 후진충(侯進忠)과 우승충(牛承忠)이 몰래 빠져나가 부녀자를 겁탈하다 순찰자에게 체포되었지만 도리어 두들겨패는 사건이 발생하자, 반사조는 이를 즉시 사예감(司禮監)에게 보고하여 두 내시를 징계토록 하였다. 그런데 동창(東廠)을 장악하고 있던 장경(張鯨)이 이 일을 불문에 부치라는 조치를 내렸다. 하지만 반사조는 다시 직언을 올렸고 결국 장경과 황제의 노여움을 사 광동으로 폄적되었다. 오래지 않아 복직되어 다시 상보경(尙寶卿)으로 옮겼으나 곧바로 죽었다. 저서로『세심재독역술』(洗心齋讀易述) 등이 있으며,『명사』권234와 『명유학안』권35 등 여러 사서에 보인다.

197) 감계(鑑戒): 교훈을 이끌어내고 사람들에게 경각심을 일깨운다는 뜻. 혹은 그런 문장을 말한다.

의 벗들은 새벽별처럼 스러졌고, 남아 있는 자들도 혹자는 나이가 들고 뜻이 꺾여 저물녘의 해처럼 제 풀에 쓰러져갔다. 도(道)가 있다 해도 꽉 막히거나 변하지 않았으면, 관뚜껑 덮을 날짜가 아직 정해지지 않은 상황일 뿐이었다. 그 행동이 말을 가려주지 못하는 품이 주로 탁오자와 비슷한 부류들만 남았던 것이다. 그런데 거화(去華, 반사조)는 오늘날에 있어서도 그 뜻이 더욱 견고하고, 그 기상은 한층 충실해졌으며, 그 학문은 갈수록 조예가 깊어져 그 행실이 더한층 아름다우니, 확실히 나라를 맡기고 집안을 기탁하며 한 몸을 의탁할 수 있는 인재인 것이다. 그가 아무도 없는 사실(私室)에서도 은밀히 자신을 수양하고 감계함을 잊지 않은 결과가 아니라면 어떻게 그럴 수가 있을까? 설사 내가 거화를 보지 못한다 하더라도 어떻게 거화를 잃어버리겠는가 말이다. 그래서 나는 그를 만나면 반가웠고, 헤어지면 그리워했으며, 생각이 나도 볼 수가 없으면 그의 책을 펼쳐 읽음으로써 그를 만나곤 하였다. 게다가 이 책은 또 내게 잊지 말아야 하고 감계로 삼아야 할 것들을 보여주며 거화에게 달려가길 염원하게 만들었다.

무릇 감계의 책들은 옛날부터 존재해왔으니, 어찌 거화의 책만 유별나다 하겠는가? 거화가 이번에 엮은 『암연당유찬』은 모두 눈과 귀에 가까운 일들이고 시간상으로도 비교적 새로운 것들이며 도학자들의 견문은 별로 접할 수가 없으니, 지금 세상 사람들이 즐겨 말하는 주제들은 아니다. 비유컨대 시문(時文)이라면 당시에는 추세에 영합했어도 시간이 지나면 완고하다는 평가를 받을 문장들인 것이다. 또 곡(曲)에 비유하자면 새롭고 빼어난 곡조라 하겠고, 사(詞)라고 하면 남다른 격조를 지닌 노래이며, 율시에 비유하면 절향[198]이라 하겠다. 그 누가 귀를 기

---

198) 절향(切響): 본래는 측성(仄聲)으로 무겁고 탁한 자음(字音)을 가리킨다. 고인들은 시를 지을 때 자음의 경중과 청탁을 강구하면서 적당히 안배하는 것을 원칙으로 삼았는데, 『송서』(宋書) 「사령운전」(謝靈運傳)에서는 이를 "궁상각치우가 서로 변하게 해 높낮이가 상호 조절되도록 한다. 만약 앞에서 뜬 소리가 나왔으면 뒤에는 절향이 나와야 한다"(欲使宮羽相變, 低昂互節, 若前有浮聲, 則後

울여 경청하지 않을 것이랴? 이런 까닭에 한없이 기뻤다. 기뻐서 반드시 읽어야 했고, 읽으면 반드시 거울로 삼고 경계로 삼아야 할 대목이 나왔다.

## 친구간의 의리[199] 朋友篇

거화(去華, 반사조)의 벗에 대한 의리는 너무나 독실해서 이 『암연당 유찬』(闇然堂類纂)이란 책의 첫머리에서부터 돈독한 우정에 대해 찬술하고 있다.

무릇 천하에 진정한 벗이 존재하지 않은 지도 오래되었다. 그 까닭이 무엇일까? 온 세상이 죄다 눈앞의 이익만을 탐낼 뿐, 의리를 중시하는 자가 없어졌기 때문이다. 의리를 애호하면 죽음과 삶을 똑같이 보게 되니, 나어린 고아를 맡기고 자신과 가족을 돌보아달라는 부탁을 또 어떻게 사양하랴? 이익을 좋아하면 비록 살아 있어도 죽은 것과 마찬가지라, 매사에 팔 소매를 걷어붙이고 먹을 것을 탈취하며 돌멩이를 내던져 그 입을 막아버리는 것조차 모두 능사가 된다. 지금 세상 사람들이 칭송하는 벗이란 하나같이 목숨은 살았더라도 죽은 시체나 마찬가지인 자들뿐이다. 이들은 다름 아닌 이익을 좋아하는 자들로 친구간의 우정을 중시하지 않는다.

지금까지 언제 이 세상에 친구간의 의리를 중시한 자가 있었던가! 기왕에 의리를 중시하는 벗이 존재하지 않았다면 '친구는 없다'라고 말해도 가할 것이다. 이런 자세로 임금을 섬기는데, 어떻게 그를 의지한단 말인가?

───────────

須切響.)고 설명했다. 본문에서의 절향은 일부러 억센 구절을 사용해서 기특한 느낌을 살린 율시를 가리키는 듯하다.
199) 이 글은 반사조의 『암연당록최』(闇然堂錄最) 권1 「독실한 우정」(篤友誼)에 대한 이지의 평론이다.

# 의로운 종 아기 阿寄傳

전당(錢塘) 땅의 예양(豫陽) 전여성[200]에게 「아기의 전기」(阿寄傳)라는 글이 있다.

아기라는 사람은 순안(淳安) 서씨(徐氏)의 노복이었다. 서씨 형제들이 재산을 갈라 분가할 때 큰아들은 말 한 마리를 얻었고, 둘째는 소 한 마리를 챙겼으며, 막내의 과부는 아기를 차지하게 되었다. 아기는 당시 오십이 넘은 늙은이였으므로 과부는 흐느끼며 한탄하여 마지않았다.

"말이야 타면 되고 소라면 밭이라도 갈지만 제대로 뛰지도 못하는 늙은 종이야 내 모자라는 나물국이나 축내겠지!"

아기는 한숨을 쉬며 아뢰었다.

"아이구! 주인님께선 제 능력이 소나 말보다도 못하다 생각하십니까?"

그는 곧 살아갈 방도를 궁리하여 계획을 세운 뒤 필요한 비용을 적은 보고서를 주인에게 보였다. 과부는 비녀며 귀고리 등속을 모두 내어 열두 냥의 자금을 마련한 뒤 아기에게 넘겨주었다. 아기는 산으로 들어가 옻을 팔았고 일 년 만에 세 배의 이문이 남자 과부에게 장담했다.

"주인님, 아무 걱정 마십시오! 부자가 되는 것은 이제 시간문제입니다."

그는 다시 이십 년 동안 수만 금의 재산을 일구어냈고 과부의 세 딸을 시집보냈으며 두 아들을 장가들였다. 그들의 혼례에 쓰인 비용은 각

---

200) 전여성(田汝成): 명대의 전당 사람으로 자는 숙화(叔禾). 가정 연간의 진사로 광서우참의(廣西右參議)를 지내며 혁혁한 정적(政績)을 남긴 뒤 복건제학부사(福建提學副使)로 옮겼다. 박학하고 고문을 잘 지었으며 특히 서술에 능했다. 서남방에서 주로 벼슬한 덕에 이전 왕조의 유사(遺事)에 밝아 『염요기문』(炎徼紀聞)을 짓기도 하였다. 낙향한 뒤에는 산과 호수를 두루 돌았고 절서(浙西)의 여러 경승에서 노닐며 저술에 종사했다. 저서로 『서호유람』(西湖遊覽)·『전숙화집』(田叔禾集)·『요기』(遼記) 등이 있으며, 『명사』 권287·『명사고』(明史稿) 권268·『황명사림인물고』(皇明詞林人物稿) 권7 등에 보인다.

각 천 금을 헤아릴 정도였다. 또 스승을 초빙하여 두 아들을 가르쳤고 관례대로 곡식을 바쳐 태학(太學)에 입학시켰다. 그러고도 과부는 넉넉한 살림이 한 고을에서 제일이란 평판이었다. 얼마 뒤 아기는 병이 들었고 상태가 심각해지자 과부에게 말했다.

"늙은 종놈이 마소가 되어 보답하는 일도 이제 끝났습니다."

그는 베개 안에서 종이 두 장을 꺼냈는데, 크고 작은 가산 일체가 똑같이 공평하게 나누어져 있었다.

"이것을 두 서방님께 남겨드립니다!"

말을 마치자 아기는 숨을 거두었다. 서씨의 여러 손자들 중에서 어떤 자는 아기에게 사사로운 비축이 있을 지도 모른다고 의심하여 그의 옷궤를 훔쳐내 확인했다. 하지만 그 안에는 한 치의 옷감이나 한 톨의 곡식도 들어 있지 않았다. 아기의 미망인과 아들 한 놈은 다 떨어진 베옷으로 겨우 몸이나 가렸을 뿐이었다. 나는 원래 이 이야기를 유명화(兪鳴和)에게서 들었는데, 그는 또 이런 말도 덧붙였다.

"아기는 늙었지만 서씨의 가족을 보면 아무리 어린애라도 반드시 절을 했습니다. 말 타고 길을 가다 주인댁 식구를 만나면 반드시 재갈을 끌고 몇백 걸음을 옮긴 다음에야 올라타는 일도 언제나 똑같았지요. 주인마님을 만날 때 곁눈질을 하지 않았고, 주인댁 따님이 아무리 어려도 반드시 내외하여 남을 통해 말을 전했으며, 나란히 서는 일도 없었습니다."

그 말이 사실이라면 글을 읽어 예의에 밝은 양반님네라도 무엇을 거기에 더 보탤 것인가? 이러한 마음으로 임금과 부모를 섬기면 '크나큰 충신'(大忠)이며 '지극한 효자'(純孝)라고 불러도 좋을 것이다.

거화는 이렇게 말했다.


아기가 주인 여자를 섬긴 일은 이원(李元)이 주인 나리를 섬긴 일과 무엇이 다르랴? 내가 특히 가상하게 여기는 바는 그가 시종일관 노복으로 자처했다는 점이다. 이 전기를 세 번 읽는 동안 사모하고

존경하는 마음이 저절로 우러났다. 신하와 자식으로서 이같이만 임금과 부모를 섬길 수 있다면, 내가 무슨 걱정이겠는가?

탁오자는 말한다.

아비와 아들은 하늘이 정한 천성[201]이다. 아들이 되어 하늘의 뜻을 배반한다면, 천성은 어디에 있게 되는가? 대저 친아들도 제 부모를 알아주지 않고 옛날 젖먹이고 양육해준 은혜를 기억하지 못하는데, 한갓 노비가 도리어 지극한 효성으로 그 주인을 섬기었구나. 그렇다면 비록 노비에게라도 그 천정[202]이란 것을 기탁할 수 있단 말이니, 가까운 벗이야 말할 나위 있을까? 노비라도 지극한 효도가 가능한 마당인데, 하물며 관계가 친부자지간임에랴? 저들이 말하는 바 천성이란 한갓 억측의 말에 불과하니, 이른바 글을 읽어야 효제(孝悌)를 안다는 것은 한순간의 어찌할 수 없는 무기력에서 불거진 언사일 뿐이다. 노비와 주인 사이에 무슨 친함이 있겠는가? 노비가 언제 책을 읽어 한 글자나마 문자속이 들었겠는가 말이다? 이런 까닭에 나는 이 노비에게서 유독 세 번이나 감탄했고, 이런 까닭에 감히 그를 노비라고 호칭하지 못한다. 다만 나를 뛰어넘는 이로 부를 뿐인 것이다. 비단 나를 뛰어넘는 사람에 그치질 않으니, 그는 또 나를 노비나 마찬가지로 볼 것임이 뻔하다. 이유가 무엇일까? 그의 행위는 실로 내가 따라할 수 없는 바이기 때문이다.

## 공명이 후주를 위해 베낀 필독서 孔明爲後主寫申韓管子六韜

당자서[203]의 말이다.

---

201) 천성(天性): 천명(天命)과 같은 뜻. 하늘의 뜻 혹은 하늘이 안배한 운명을 가리킨다.
202) 천정(天定): 숙명론자들은 인간의 길흉화복과 귀천 등이 모두 천명(天命)으로부터 정해진다고 여기는데, 이를 '천정'이라고 부른다.

임금된 자는 세상을 바로잡는 일이든 문화를 지키는 일이든, 요컨대 법도의 제정을 중요하게 여겨야 한다. 『육도』(六韜)는 병법과 권력을 찬술함에 기이한 계책이 많고, 『관자』(管子)는 권력이나 법의 행사에 신중하고 '경제'(輕重)[204]를 중시했으며, 『신자』(申子)와 『한비자』(韓非子)는 이름과 실제를 따지고 사물의 진상을 연구하였다. 제갈공명이 이를 후주(後主)에게 추천한 것은 바로 그의 단점을 치료하기에 딱 맞기 때문이었다. 약은 좋고 나쁜 것이 없으니, 요는 병의 증상에 들어맞는가 여부이다. 아무리 완벽한 만병통치약이라도 병세에 맞지 않는다면 또 무슨 도움이 되겠는가?

다시 『고문원』(古文苑)을 보면, 선주 유비(劉備)가 임종시 후주에게 당부했던 말이 실려 있다.

신자와 한비자의 책은 사람의 뜻과 지혜를 증강시키니 읽고 암송하는 것이 좋겠다!

『삼국지』에서는 맹효유[205]가 극정[206]에게 태자에 대해 물어 '겸손하

---

203) 당자서(唐子西): 당경(唐庚). 송대 미주(眉州)의 단릉(丹陵) 사람으로, 자가 자서이다. 당백호(唐伯虎)의 아우이며, 세칭 노국(魯國) 선생이라 부른다. 소성(紹聖) 연간의 진사로 종자박사(宗子博士)라는 벼슬을 하다가 훗날 승의랑(承議郎)으로 옮겼다. 글을 잘 짓고 시무에 통달하여 그가 지은 「명치」(名治)·「찰언」(察言)·「내전행」(內前行) 같은 문장들은 세인의 칭송을 받았다. 저서로 『당자서집』24권이 있다.

204) 경중(輕重): 중국에서는 역대로 상품생산의 조절·화폐유통·물가통제에 관한 이론을 통칭하여 '경중'이라 불렀는데, 여기에 관해서는 『관자』「경중」(輕重)편의 논술이 가장 상세하다. 청대 말기의 어떤 사람은 정치경제학을 일컬어 경중학(輕重學)이라 부르기도 하였다.

205) 맹효유(孟孝裕): 맹광(孟光). 삼국시대 촉한의 낙양(洛陽) 사람. 자는 효유. 영제(靈帝) 말기에 강부리(講部吏)를 지내다 동탁(董卓)의 난리 때 촉으로 넘어가 의랑(議郎)·대사농(大司農) 등을 역임했는데, 유비가 부자(父子)의 예로 대했다. 박식하고 옛날 전적에 밝았으며 특히 『공양춘추』(公羊春秋)에 정통했다. 사

고 어질다'(虔恭仁恕)는 대답이 나오자, 효유가 한 말을 다음과 같이 싣고 있다.

당신이 말한 바는 모두 한 가문(家門)을 다스리는 데 필요한 덕목일 뿐입니다. 지금 내가 묻는 바는 그의 권모(權謀)·책략·지혜·조정능력이 어떠한가 하는 점입니다.

위의 글로 미루어 보건대 제갈공명은 신자와 한비자를 좋아했음이 확실하다. 하지만 그 책들이 병의 치료에 딱 들어맞는 약이라고 말하기에는 어쩐지 아직 미흡한 듯하다. 병들었을 때 약을 쓸 수 있다면 그것은 병의 치료에 도움이 된다. 하지만 약을 쓸 수 없는 상황이라면 병을 따져 대처하는 것이 또 무슨 소용이란 말인가? 유선[207]은 병이 깊었지만 어금니를 앙다물고 입을 벌리지 않기 때문에 약을 쓸 도리가 없는 자였다. 그런 판에 약이 병세에 맞는지 여부를 물어봐도 되는 것일까?

더군다나 신자와 한비자가 또 어떤 사람이던가? 그들은 원래 유가(儒家)에서 갈라져 나와 여섯 학파를 이루었다. 기왕에 여섯으로 갈라지고 나서는 제각기 일가를 이루었고, 일가를 이룬 뒤에는 또 저마다 고유한 학술을 지니고 각자가 반드시 이뤄야 할 업적을 쌓았다. 그들의 자취는

---

람됨이 직언을 좋아하고 회피하는 일이 없어 지탄의 대상이 되었다가 결국 사건에 연루되어 면직당했다. 나이 구십여 세에 죽었다.

206) 극정(郤正, ?~278): 삼국시대 촉의 언사(偃師) 사람. 본명은 찬(纂), 자는 영선(令先)이다. 후주 때 비서령(秘書令)과 낭지령(郎至令)을 지냈다. 어려서는 집이 가난했지만 호학하여 군서(群書)를 두루 읽었고 글을 잘 지었다. 촉이 망한 뒤 처자를 버리고 낙양까지 후주를 따라가 시중을 들었고, 진(晉)나라가 들어선 뒤에는 파촉태수(巴蜀太守)를 지냈다. 전해지는 시·론·부가 근 100편에 이른다.

207) 유선(劉禪, 207~271): 촉의 후주(後主). 자는 공사(公嗣)로 유비의 아들이다. 열일곱 살에 황제에 올라 연호를 건흥(建興)이라 불렀다. 초기에는 승상 제갈량에게 정사를 위임했지만 나중에는 환관 황호(黃皓)를 신임해 국세가 나날이 쇠약해졌다. 염흥(炎興) 원년(263) 위(魏)의 장수 등애(鄧艾)에게 항복하고 훗날 낙양에서 죽었다. 시호는 사공(思公).

마치 인주자국처럼 또렷해 한 점의 느슨함이나 탈선도 없었다. 그런데 유독 유가의 무리들만은 말이 흘러 넘치지만 믿고 따를 만한 바가 없으니, 이는 그들의 욕심이 지나친 데서 기인한다. 이리하여 급장유[208]는 그들을 두고 속은 욕심쟁이며 겉으로만 인의(仁義)를 베푸는 치들이라고 조롱했던 것이다. 또 육가(六家)의 요지를 논한 사마담(司馬談) 같은 이는 유가를 '광범위하지만 요점이 드물고, 수고로우나 공이 적다'(博而寡要, 勞而少功)는 여덟 자로 개괄하는데, 가위 지당하면서도 바꿀 수 없는 정론이라 하겠다. 공명은 후주에게 다음과 같이 말했다.

만약 적을 치지 않으면 우리의 통일과 건국사업 역시 망하게 됩니다. 앉아서 망하기를 기다리느니 차라리 먼저 나서서 적을 치는 편이 낫지 않겠습니까?

이 말은 공명이 후주가 반드시 망하게 될 줄 미리 알고 있었다는 반증이다. 하지만 또 빨리 전쟁을 치름으로써 후주가 망하지 않기를 바라기도 했는데, 이는 또 무슨 태도란 말인가? 비록 병이 진행되어 약을 쓸 수 없는 상황이지만 결국은 약을 들이밀지 않을 수도 없었기 때문에 그냥 한 번의 전쟁으로 요행이 생겨나길 바란 것이 어찌 아니겠는가? 내가 보기에 사마의[209]나 조진[210] 같은 이가 아직 살아 있는 상황에서 요

---

208) 급장유(汲長孺): 급암(汲黯). 경제와 무제 때 여러 벼슬을 거쳐 치적을 쌓으며 구경(九卿)의 반열에 올랐다. 황로(黃老)의 학술을 배워 무위(無爲)로 정사를 돌보았는데, 직간(直諫)을 잘하고 남의 잘못을 용납하지 않기 때문에 무제까지도 두려워하는 신하였다. 무제가 흉노를 정벌할 때는 화친을 주장하며 흉노의 귀족을 치는 것에 반대하기도 했다. 좀더 자세한 사적은 권3 「대요로 가는 정현령을 전송하며」(送鄭大姚序) 역주 참조.
209) 사마의(司馬懿, 179~251): 삼국시대 위나라 온현(溫縣) 사람. 자는 중달(仲達).
210) 조진(曹眞): 삼국시대 위나라 사람. 자는 자단(子丹). 본래의 성은 진씨(秦氏)로 소(邵)의 양자였다. 조조가 기병했을 때 소가 황완(黃琬)에게 살해당하자, 조조는 고아가 된 어린 진을 가엾게 여겨 입양시키고 자신의 아들과 똑같이 길렀다. 벼슬이 대사마(大司馬)에 이르렀고 소릉후(邵陵侯)에 봉해졌다. 문제의 유지를

행수가 실현될 가망성은 없었을 성싶다.

공명은 기산(祁山)으로 여섯 번이나 출정했고 해마다 백성을 동원하여 무고한 양민들을 수천 리 밖 전쟁터로 내몰았다. 기왕에 백성을 사랑하고자 한다면서 또 주군에게 보답하고 싶어했던 것이다. 스스로 적군을 상세히 파악하고 있다 생각했지만 또 승리를 바라는 욕심에서도 벗어나지 못했다. 결국 승리는 바랄 수 없게 되었고, 장군의 별은 여기서 마침내 운명하게 된다. 욕심이 많았던 그는 어질고 의롭다는 말까지 듣고 싶어했고, 그래서 모든 것을 다 얻고자 한 까닭에 일체의 노력을 수포로 만들었다. 공명처럼 위대한 성인마저도 사마담이 말한 여덟 글자의 범위에서 벗어날 수는 없었던 것이다.

나는 일찍이 이렇게 논한 적이 있다. 큰 업적을 남기는 위인은 반드시 후환을 고려하지 않아야만 공을 이루게 되는데, 진(秦)나라의 상군(商君)이나 초나라의 오기(吳起)가 바로 그런 경우라고 말이다. 하지만 유자들은 공도 세우고 후환도 없애고 싶어하니, 그들은 후환을 고려하는 마음으로는 천하의 큰 업적을 이룰 수 없음을 모르는 것이나 아닌지? 나는 알 길이 없구나.

후환을 고려하는 자는 반드시 천하의 큰 공훈을 이루려 들지 않는데, 장주(莊周)의 무리가 바로 그런 경우에 해당한다. 때문에 그들은 '진흙탕에서 꼬리를 끄는 거북이'(曳尾塗中)[211]가 될지언정 천 금의 폐백을

---

받들어 사마의와 함께 정사를 보필했고, 명제가 즉위한 다음에는 대장군이 되어 주천(酒泉)의 장진(張進), 오(吳)의 우저둔(牛渚屯), 촉(蜀)의 마속(馬謖) 등을 차례로 무찔렀다. 조진은 전쟁에 나갈 때마다 병사들과 동고동락하고 사재를 털어 부하들을 포상했기 때문에 누구나 그의 휘하에 들기를 원했다고 한다. 시호는 원후(元侯).

211) 예미도중(曳尾塗中): 초나라의 임금이 두 신하를 보내 낚시질하는 장자에게 정치를 해달라고 부탁하자, 장자는 낚싯대를 쥔 채로 돌아보지도 않고 대답했다. "초나라에는 죽은 지 삼천 년이나 되는 신령한 거북이 있는데, 왕이 천에 싸고 상자에 넣어 묘당에 보관한다고 들었소이다. 이 거북이 죽어 뼈를 남기고 귀하게 되길 바랐겠소? 아니면 산 채로 진흙탕에서 꼬리를 끌며 나다니길 바랐겠소?"(吾聞楚有神龜, 死已三千歲矣, 王巾笥而藏之廟堂之上. 此龜者寧其死爲留骨

받지 않으려 하고, 차라리 호상[212)에서 즐거움을 누릴지언정 초나라의 우환은 감당하려 들지 않는다. 하지만 유자는 그 모두를 갖고 싶어하기 때문에 조정에 있을 때면 또 백성을 걱정하고, 강호에 머물 때면 임금을 걱정한다는 의론을 발한다. 그들은 정녕 이 세상에 양두마(兩頭馬)가 없다는 사실을 모르는 것은 아닐까? 나는 또 그걸 잘 모르겠구나.

묵자(墨子)의 학술은 검약을 귀히 여기는데, 천하가 그를 두고 터럭 하나 뽑히지 않을 구두쇠라 매도해도 전혀 안타까워하지 않는다. 상자(商子)의 학술은 법(法)을 중시하고, 신자(申子)의 학술은 술(術)을 중시하며, 한비자(韓非子)의 학술은 법과 술을 모두 중시한다. 그들은 천하가 자신들에게 잔인하고 각박하다고 욕해도 전혀 안타까워하지 않는다. 곡역[213)의 학술은 '속임수'(詐)를 중시하고, 소진(蘇秦)과 장의(張儀)의 학술은 종횡(縱橫)을 중시한다. 그들은 천하가 자신들에게 변화무쌍하여 신의가 없다고 욕해도 전혀 꺼려 하지 않는다. '다섯 번 찾아가는'(五就)[214) 수고를 마다하지 않음으로써 하(夏)와 은(殷)의 업적을

而貴乎? 寧其生而曳尾於塗中乎?) 빈천해도 자유롭게 살겠다는 비유로 『장자』 「추수」(秋水)편에 보인다.

212) 호상(濠上): 호량지상(濠梁之上). 호수(濠水)에 놓인 교량 위라는 뜻으로 『장자』 「추수」에 보이는 지명이다. 장자가 혜자(惠子)와 더불어 어락(魚樂)을 논하던 장소이다.

213) 곡역(曲逆): 진평(陳平, ?~기원전 178). 전한의 공신으로 양무(陽武) 사람이다. 진승(陳勝)은 기의했을 때 위왕(魏王) 구(咎) 휘하의 태복(太僕)이 되었지만 구가 자신의 계책을 받아들이지 않자 항우에게 투신했다가 다시 유방의 호군중위(護軍中尉)가 되었다. 한이 건립된 뒤에는 곡역후(曲逆侯)에 봉해졌다. 지모가 뛰어나 고조를 도와 천하를 평정하고 혜제(惠帝) 때 좌승상이 되었으며, 여후(呂后)가 죽은 뒤에는 주발(周勃)과 함께 여씨 일가를 죽이고 문제를 세워 승상이 되었다. 문제 2년에 병사했다.

214) 오취(五就): 『맹자』 「고자」(告子) 하편의 "다섯 번 탕에게 귀순하고 다섯 번 걸에게 추천된 자가 이윤이다"(五就湯, 五就桀者, 伊尹也.) 하는 대목에 대해 조기(趙岐)의 주(注)는 이렇게 설명한다. "이윤은 탕을 위해 걸에게 조공을 바쳤지만 등용되지 못하고 탕에게 되돌아왔다. 탕은 다시 조공을 보냈는데, 이렇게 하길 무려 다섯 차례였다. 백성 구제를 생각하여 그 도가 시행될 수 있기를 바랐던 것이다"(伊尹爲湯見貢於桀, 不用, 而歸湯. 湯復貢之, 如是者五. 思濟民, 冀得

일궈낸 이윤[215]을 보라! 천하와 후세가 비록 그에게 두 임금을 섬기며 양쪽에서 이익을 취했다 욕하고, '제 살을 베어'(割烹)[216] 만든 음식으로 자신을 써달라고 요청했다 말하며, 태갑[217]을 세웠다가 다시 돌아오게 했다고 욕해도 아무렇지 않게 여긴다. 이는 또 임[218]으로서의 이윤의 학술이니, 그를 두고는 다만 욕을 참을 줄 알았다고 말해야 할 것이다. 초주[219]나 풍도[220] 같은 여러 원로들은 차라리 조정의 사직을 진(晉)나라에 바쳤다는 비방을 듣고 다섯 왕조를 섬겼다는 치욕을 견딜지

---

施行其道也.) 오취는 다섯 번 귀순한다는 뜻이지만, 나중에는 치국을 위해 애쓰는 현신을 가리키는 말이 되었다.

215) 이윤(伊尹): 이름은 아형(阿衡), 일설에는 지(贄)라고도 한다. 출신이 미천해 유신씨(有莘氏)의 딸이 상탕(商湯)에게 시집갈 때 잉신(媵臣)으로 따라가 탕을 섬겼다. 훗날 국정을 맡게 되자 정치를 발전시켜 하걸(夏桀)을 멸망시킨 뒤 상나라를 건국했다. 탕이 죽자 그 아들 외병(外丙)과 중임(中壬)을 세웠고, 나중에는 탕의 손자 태갑을 즉위시켰다.

216) 할팽(割烹): 출전은 『맹자』「만장」(萬章) 상편. "만장이 물었다. '누군가 말하더군요.「이윤은 제 살을 베어 맛있는 국을 끓인 뒤 탕에게 먹이고 자신을 임용해 달라 요청했다」구요. 정말 그런 일이 있었습니까?' 맹자가 말했다. '아니다. 그런 일은 없었다'"(萬章問曰: '人有言:「伊尹以割烹要湯」有諸?' 孟子曰: '否, 不然.') 주자는 주에서 이 대목에 대해 다음과 같이 설명한다. 『사기』에 따르면, 이윤은 도를 행하고 싶어 임금에게 접근하려 했지만 방법이 없자 유신씨의 잉신이 되었다. 그리고 솥과 도마를 가져가 맛있는 음식으로 탕을 기쁘게 하고 왕도를 실천하였다. 원래 전국시대에 이런 말이 있었다"(按史記伊尹欲行道致君而無由, 乃爲有莘之媵臣, 負鼎組以滋味說湯, 致於王道. 蓋戰國時有此說也.)

217) 태갑(太甲): 상(商)의 태종(太宗). 성탕(成湯)의 손자이고 태정(太丁)의 아들이다. 즉위한 뒤 폭정을 일삼으며 탕왕의 법제를 준수하지 않자, 이윤은 삼 년 동안 그를 동궁(桐宮)으로 추방하고 섭정을 맡았다. 하지만 그가 잘못을 뉘우치자 다시 맞아들여 정사를 맡겼는데, 이번에는 덕치를 펴서 모든 제후들이 복종했고 백성들이 편안하였다.

218) 임(任): 어려움을 두려워하지 않고 개인의 이해득실을 따지지 않으며 끝까지 꿋꿋이 맡은 바 책임 혹은 정의로운 사업을 완성시키는 사람. 『묵자』「경」(經) 상편에서는 "임은 선비가 자신을 희생시켜 이로움을 만드는 행위"(任, 士損己而益所爲也)라고 풀이했고, 청나라의 공자진(龔自珍)은 「존임」(尊任)에서 "임이란 자들은 협의 선성이다. 옛날에도 그들을 임협이라 불렀는데, 협은 선진 연간에 생겨났고 임은 삼대부터 있었다"(任也者, 俠之先聲也, 古亦謂之任俠, 俠起先秦間, 任則三代有之.)고 설명하였다.

언정 무고한 백성들이 날마다 도탄에 빠져 고통받는 것은 참지를 못하였다. 요컨대 모두들 고유한 학술이 있었으니, 그들은 결코 터무니없는 엉터리가 아니었던 것이다. 각자가 두루 쓰임에 맞아 결국은 큰일을 이뤄내는 인물이 바로 그들이었다. 그런데 저 좀생이 같은 유자들은 명분과 실리라는 두 가지 이익을 모두 선택하고 이를 겸비하려 드니, 그것이 가능키나 한 노릇이던가? 이는 다름이 아니라 명교(名敎)가 그들을 얽매기 때문이다. 이리하여 그들은 앞뒤를 돌아보고 좌우를 살핀다. 자신만의 고유한 학술이 없으니, 훗날 또 어떻게 신뢰할 만한 업적이 나오겠는가? 그런데도 또 '시중'221)이란 말로 자신을 수식하길 좋아하니, 진부한 옛 타령들이나 모방하고 지나간 자취를 뒤따르며 거기서 감히 반 발짝도 벗어나지 못하는 작자들이야 더 말할 나위 있을까! 이런 까

---

219) 초주(譙周, 201~270): 촉한 사람으로 자는 윤남(允南). 어려서 고아가 되었지만 학문을 좋아하고 서찰을 잘 썼으며 경학(經學)과 천문에 능통했다. 제갈량의 천거로 벼슬길에 나아갔다. 경요(景耀) 말년 등애가 촉한으로 쳐들어왔을 때 후주가 소집한 군신회의에서 항복을 주장했고, 이로 말미암아 위나라는 그가 나라를 보전하는 공을 세웠다 하여 양성정후(陽城亭侯)에 봉했다. 『법훈』(法訓)·『오경론』(五經論)·『고사고』(古史考) 등 백여 편에 달하는 저술을 남겼다.

220) 풍도(馮道, 882~954): 후주(後周)의 경위(景威) 사람으로 자는 가도(可道). 어려서부터 학문을 좋아했고 부모를 지극 정성으로 모셨다. 천우(天祐) 연간 유수광(劉守光)을 모시다가 유씨가 죽자 장승업(張承業)을 섬기면서 그를 진왕(晉王)에게 천거했다. 장종(莊宗)이 즉위한 뒤 호부시랑에 배수되었다. 명종(明宗)이 즉위한 뒤 단명전학사가 되었지만, 진이 당(唐)을 멸망시키자 진을 섬기며 사도(司徒)가 되고 연국공(燕國公)에 봉해졌다. 거란이 진을 멸하니 다시 거란을 섬겼고, 한(漢) 고조(高祖)가 등극한 뒤에는 한에 귀순하였다. 주(周)가 한을 멸하자 풍도는 다시 주를 섬기다가 73세를 일기로 죽어 문의(文懿)라는 시호를 받았다. 그는 4왕조 10임금을 거치며 20여 년 동안 재상을 지냈는데, 무거운 처신으로 명성이 높았다. 임금이 죽거나 나라가 망하는 일에 전혀 개의치 않고 스스로를 장락로(長樂老)라 부르면서 「장락로 자서」(長樂老自敍)를 짓기도 하였다. 일찍이 당대 장흥(長興) 연간 경전의 각인(刻印) 사업을 추진하여 국가 각경(刻經)의 원조가 되기도 하였다.

221) 시중(時中): 입신(立身)이나 일의 행사에 있어 시의에 걸맞아 모자람이나 넘침이 없는 상태를 일컫는 유가의 용어. 『예기』「중용」에서는 "군자가 중용에 합치될 수 있는 까닭은 그에게 군자의 덕이 있고 그가 언제라도 가운데 거하기 때문이다"(君子之中庸也, 君子而時中.) 하고 뜻을 설명했다.

닭에 신자와 한비자를 논하던 김에 좀더 논의를 확대시켜 말하게 되었다. 이 글을 읽는 사람들은 행여라도 나의 언사가 모두 경사(經史)에 실린 적이 없었던 것들이라고 여기지 않았으면 좋겠다.

권6

# 시가詩歌

가정이란 진정 성가신 부담이고,
세속과 어울려도 자꾸 원망이 따르네.
떠나자꾸나, 산 속에 드러누워
새벽에 일어나면 죽이나 한 사발 마시고 말자.

### 사언 장편고시 四言長篇
# 독서의 즐거움 讀書樂 − 서문과 아울러 幷引

조공이 말씀하셨다.

"늙어서도 배울 수 있는 자는 오직 나와 원백업[1]뿐이다."

대저 사분오열된 땅덩이의 창과 칼이 난무하는 전쟁터에서도 그분은 손에서 책을 놓지 않으셨는데, 나같이 하릴없고 한가한 일개 늙은이야 말할 나위 있을까! 이치는 그러하다만, 이는 또 억지로 강박하기 어려운 바이기도 하다. 그런데 내게는 원래 천행이라 할 만한 점이 몇 가지가 있다.

천행으로 하늘은 내게 밝은 눈을 주시어 고희의 나이에도 여전히 행간이 촘촘한 책을 읽을 수 있게 하셨다. 천행으로 내게 손을 내리시어 비록 고희에 이르렀지만 아직까지 잔글씨를 쓸 수도 있다. 그러나 이런 점을 두고 천행이라 하기에는 아직 미흡하겠지. 하늘은 다행스럽게도 내게 평생토록 속인을 만나기 싫어하는 성격을 주셨다. 덕분에 나는 한

---

1) 원백업(袁伯業): 원유(袁遺). 동한 말의 관리로 자는 백업. 원소(袁紹)의 당형(堂兄)으로 여남(汝南)의 여양(汝陽, 지금의 하남성 商水 서남쪽) 사람이다. 장안령(長安令)과 산양태수(山陽太守)를 지냈으며, 동탁(董卓)의 연맹군 정벌에 참여했다. 훗날 원소에 의해 양주자사(揚州刺史)로 임명되었으나 원술(袁術)에게 축출당했다.

창 나이 때부터 노년에 이르기까지 친척이나 손님의 왕래에 시달리지 않고 오직 독서에만 전념할 수 있었다. 천행으로 나는 한평생 가족들을 사랑하거나 가까이 하지 않는 무딘 감정을 타고났다. 그 덕분에 용호에서 말년을 보내면서 가족을 부양하거나 그들에게 핍박당하는 고통에서 벗어나 또 일념으로 독서에 전념할 수가 있었다. 하지만 이런 따위 역시 천행 운운하기에는 아직 미흡해 보인다. 천행으로 내게는 마음의 눈이 있어 책을 펴면 곧 인간이 보이곤 하였다. 또 그때마다 그 사람의 처음부터 끝까지를 대강은 볼 수가 있었다.

무릇 독서하고 세상을 의론하는 것이야 옛날부터 많이들 행하여왔다. 혹자는 거죽만 보고, 혹자는 몸뚱이와 살갗만 보며, 혹자는 신체 내를 관통하는 혈맥을 보기도 하고, 혹자는 근육과 뼈를 보기도 한다. 그러나 가장 지극한 경지라야 뼈에 이른 정도에 불과한 실정이었다. 설사 스스로는 오장육부를 관통하는 경지에 이르렀다 생각할 수도 있겠지만 기실 뼛골을 찌르는 정도까지는 아직 닿지 못했던 것이다. 이는 내가 바로 천행이라 생각하는 가장 첫 번째 항목이다. 요행히 하늘은 나를 대담하게 낳으셨다. 무릇 옛 사람들이 기꺼워하고 어여삐 여긴 현자들이 많건만, 나는 거개가 가짜라는 생각이었다. 또 그들 대다수는 어리석고 재주도 없으며 실제의 쓰임에는 적절치 않다고 여겨진 반면 그들이 멸시하고 내치고 침 뱉고 욕한 사람들 모두야말로 나라를 맡기고 가정을 맡기며 몸을 의탁할 수 있는 위인들이라고 생각되었다. 그 시비에 있어 옛 사람들과 이토록 크게 어그러졌으니, 대담하지 않으면 어찌 그럴 수 있겠는가? 이는 또 내 스스로 천행이라 여기는 두 번째 항목이다. 위와 같은 두 가지 천행이 주어진 덕분에 나는 늙도록 학문을 즐긴다. 그래서 「독서락」 한 편을 지어 스스로의 즐거움으로 삼기로 한다.

하늘이 용호를 만드사 탁오를 기다리셨네.
하늘이 탁오를 낳으사 용호가 존재하는구나.
용호에 탁오 있으니, 그 즐거움 어떠한가?

사시사철 책만 읽을 뿐 그 밖의 일은 모르는구나.

독서란 무엇인가? 나를 많이 만나는 기회

오롯이 마음과 만나서 혼자 웃고 노래하네.

노래하길 그치지 않다 연이어 부르짖기도 하지.

통곡하고 울부짖다 눈물범벅 되기도 하지.

노래함에 이유가 없질 않으니,

책 속에 사람이 있어서이네.

나는 그 사람을 보지만

사실은 내 마음을 얻는 것이라.

울 때도 이유가 없지 않으니,

내용이 텅텅 비어 사람이 보이지 않아서라네.

그 사람은 보지도 못하고

공연히 내 마음만 고달프게 했구나.

"그럴 때는 팽개쳐 읽지 말고

묶어서 다락에 올려놓으시라구.

편안히 정신을 쉬게 하며

노래와 울음도 그만두시고.

왜 꼭 책 읽은 연후라야 즐거워진단 말이오?"

얼핏 이 말을 들었을 때는

마치 나를 동정하는 듯하였네.

"책을 처박아 읽지 않으면 내가 무슨 수로 기쁨 느낄까?

마음의 휴식이 바로 책 사이에 있으니.

이 세계가 얼마나 좁고 책 속의 세계가 얼마나 넓던가.

천이야 만이야 수많은 성현들이 그대와 무슨 원한이 있겠소!"[2]

몸은 있으되 집이 없고,

---

2) 문답체의 형식을 빌렸다. 독서를 그만두라는 다른 사람의 권유를 가정적으로 설정하고, 이지 또한 답변의 형식으로 독서 외의 다른 즐거움은 없다고 결론 내리고 있다.

머리통은 있으되 두발은 잘라버린 신세로구나.

죽는 것은 육신이요 썩는 것은 뼛골이라.

책 읽는 즐거움만 영원하니,

원컨대 죽을 때까지 더불고 싶어라.

책의 숲에서 휘파람 부니,

그 소리에 송골매 놀라 푸드득 날아가네.

노래와 울음이 연달아 이어지니,

그 즐거움 무궁무진이로다.

촌음이 아까워라,

어찌 감히 여유부릴 수 있을까!


天生龍湖, 以待卓吾; 天生卓吾, 乃在龍湖.

龍湖卓吾, 其樂何如? 四時讀書, 不知其餘.

讀書伊何? 會我者多. 一與心會, 自笑自歌;

歌吟不已, 繼以呼呵. 慟哭呼呵, 涕泗滂沱.

歌匪無因, 書中有人; 我觀其人, 實獲我心.

哭匪無因, 空潭無人; 未見其人, 實勞我心.

"棄置莫讀, 束之高屋, 怡性養神, 輟歌送哭.

何必讀書, 然後爲樂?"乍聞此言, 若憫不穀[3].

"束書不觀, 吾何以歡? 怡性養神, 正在此間.

世界何窄, 方冊何寬! 千聖萬賢, 與公何寃!"

有身無家, 有首無髮, 死者是身, 朽者是骨.

此獨不朽, 願與偕歿, 倚嘯叢中, 聲震林鶻.

歌哭相從, 其樂無窮, 寸陰可惜, 曷敢從容!

---

3) 불곡(不穀): 불선(不善)과 같은 말로 고대의 왕후(王侯)가 자신을 가리킬 때 사용하던 겸사(謙辭)이다. 곧 '나'라는 뜻인데, 여기서는 이지가 운을 맞추기 위해 일부러 사용한 것으로 보인다.

# 오칠언 장편고시 五七言長篇
## 자족보다 더 큰 재산은 없느니 富莫富於常知足

분수를 아는 이보다 더 큰 부자는 없고
탈속한 사람보다 더 고귀한 이는 없으리.
가난 중에 무식보다 더한 가난이 없고
미천하단들 줏대 없음보다 더한 게 있으랴.
주변에 어진 이 하나 없는 것이 가난이고
벗들이 사방에서 찾아오면 그것이 바로 현달이다.
백 세의 영화를 누려도 요절일 뿐이니
만 세를 영원히 이어가야 장수라 말할 수 있으리.


富莫富於常知足, 貴莫貴於能脫俗;
貧莫貧於無見識, 賤莫賤於無骨力.
身無一賢曰窮, 朋來四方曰達;
百世榮華曰天, 萬世永賴曰壽.


위의 시에 대한 풀이를 다음과 같이 해보았다.

언제나 자족하여 분수를 알면 항상 넉넉할 것이기 때문에 부유하다
하였고, 탈속할 수 있다면 속되지 않으므로 고귀하다고 말했다. 견식이
없으면 시비곡직을 알지 못하고 현명함과 어리석음이 분간되지 않으
니, 칠흑처럼 깜깜한 사람일 뿐이다. 어디를 가야 할지 몰라 빌빌대는
꼬락서니가 마치 없는 집 자식과도 흡사하니, 이것이 가난이 아니면 무
엇이 가난일꼬? 줏대가 없으면 남을 따라서 움직이고 세력에 기댄 다음
에야 일어서게 되니 사방으로 의지나 할 따름이구나. 남에게 기대면서
자립하지 못하는 꼴이 정녕 남녀 노복들과 다름이 없으니, 이것이 비천
하지 않으면 무엇이 천골이란 말인가?

주변에 어진 이가 한 명도 없어 화급한 일을 당해도 속수무책인 것이

곤궁의 극치이다. 사방에 친구가 있어 부르기만 해도 당장 뜻맞는 동지들이 호응한다면 이야말로 현달의 극치라 하겠다. 우리 공자님께서도 그렇게 말씀하셨다. 예전에는 수치를 몰라 천해져도 좋다 여겼고, 한때나마 뜻을 이루고 요절해도 좋다고만 생각했었다. 하지만 꽃다운 이름을 백 세에 떨쳐 장수했다 여길 수 있는 이는 다만 역사에서 찬란하게 빛나는 여러 저명인사들뿐이다. 반드시 우리 공자님 같아야만 비로소 만 세에 걸쳐 이름을 드리우고 무한한 수명을 누린다고 말할 수 있을 것이다.     .

## 구월 구일 원중부[4]와 국화를 감상하다
### 九日同袁中夫看菊寄謝主人

지난해는 올보다 꽃이 빨리 피더니
금년 되니 사람은 작년보다 더 늙었네.
모두들 사람 늙으면 예전만 못하다 말하지만
누가 믿으려나? 친구는 늙어야 좋다는 것을.
가을 국화 피어나도 결국은 작년 꽃인데
사람들은 그저 새 친구만 칭찬하는구나.
그대는 보지 못하는가? 옛날 용산의 모자 때문에

---

4) 원중부(袁中夫): 원문위(袁文煒). 중부는 그의 자이며, 나중에 출가해 사심화상(死心和尙)으로 불렸다. 『호북통지』(湖北通志) 권169 「인물지(人物志) · 선석전(仙釋傳)」에 그의 대략적인 전기가 보인다. "사심화상은 황강의 공생 원문위를 가리킨다. 모종의 사단 때문에 서울의 숭국사에서 삭발하고 출가한 뒤 한양의 소정태 · 왕진과 더불어 도반으로 지냈다. 공안의 원굉도 형제가 그를 불러 오 · 월 일대를 돌아다니기도 하였다. 여행을 마치고 돌아온 뒤에는 대별의 산수를 사랑하여 장경각 뒤편에 집을 짓고 거처하면서 어머니를 모셔와 봉양했다"(死心和尙, 黃岡貢生袁文煒也. 因遭坎壈, 削髮于京師崇國寺. 漢陽蕭丁泰 · 王袗與爲仙侶. 公安袁宏道兄弟招之作吳越游. 而已歸, 愛大別山水, 于藏經閣後置室以區, 迎母以養焉.)

지금까지 모두들 맹가[5]를 이야기하는 것을.

작년에는 내가 음산[6]에 있었는데

올해는 자네가 또 강남 땅에 머무는구나.

주변 사람은 우리의 전생이 하나는 문수보살

또 하나는 석가모니라고 제멋대로 단정하네.

꽃이 피어도 내게 또 무슨 의미 있겠나?

인간 세상의 중양절 어떻게 또 감당해낼까?

고개 들어 높이 솟은 종산[7]을 우러르고

대문 나서면 우수산[8]을 지나쳐만 가고 싶네.

원군이여, 원군이여, 내 손을 이끌고

어딜 가려 이다지도 힘차게 잡아당기는가.

사공돈[9]이 눈앞에 있어도

---

5) 맹가(孟嘉): 자는 만년(萬年). 강하(江夏) 사람으로 정서장군(征西將軍) 환온(桓溫)의 참군(參軍)을 지냈으며, 맹가낙모(孟嘉落帽) 고사의 주인공이다. "구월 구일 환온이 용산에서 연회를 열자 그의 막료가 모두 운집하였다. 당시 막료들은 모두 군복을 입고 있었다. 문득 바람이 불어와 맹가의 모자를 날렸는데, 그는 이 사실을 전혀 깨닫지 못했다. 환온은 좌우에게 말하지 말라고 시킨 다음 그의 행동거지를 지켜보았다. 한참만에 맹가가 변소에 가자 환온은 모자를 돌려주게 하고 손성에게 그를 조롱하는 글을 짓게 한 다음 앉았던 자리에 놓아두었다. 맹가는 돌아와 그 글을 보고 즉석에서 답하는 글을 지었는데, 그 문장이 빼어나게 아름다워 좌중이 모두 찬탄하였다"(九月九日, 溫燕龍山, 僚佐畢集. 時佐吏並著戎服. 有風至, 吹嘉帽墮落, 嘉不之覺. 溫使左右勿言, 欲觀其擧止. 嘉良久如廁, 溫令取還之, 命孫盛作文嘲嘉, 著嘉坐處. 嘉還見, 卽答之, 其文甚美, 四坐嗟歎.) 훗날 이 성어는 재자나 명사들의 소탈한 풍류와 민첩한 재주를 형용하게 되었다. 출전은 『진서』(晉書) 「맹가전」.

6) 음산(陰山): 산서(山西)를 말하며, 아래에 나오는 강남은 남경을 가리킨다. 이지는 이 시를 만력 26년(1598) 중양절에 남경의 영경사(永慶寺)에서 지었다.

7) 종산(鍾山): 일명 종릉(鍾陵). 지금의 강소성 남경시 중산문(中山門) 밖에 위치한 자금산(紫金山)을 말한다. 제갈량이 말한 '용이 또아리를 튼 종산'(鍾山龍蟠)이 바로 이 산이다.

8) 우수산(牛首山): 일명 우두산(牛頭山). 지금의 남경시 서남쪽에 위치하였다.

9) 사공돈(謝公墩): 남경시 동쪽 장산(蔣山) 산자락에 위치한 언덕 이름. 진(晉)나라 때의 명사 사안(謝安)이 살았다고 해서 붙여진 이름이다. 사안은 양하(陽夏) 사람으로 자가 안석(安石)인데 고결한 품성으로 이름이 높았다.

날마다 집 안에서 꼼짝을 안 했고,

섬돌 앞에 탑이 솟아 있지만

높고 높은 구름에 가려 보이지 않았네.[10]

도포자락 휘날리며 팔자 걸음으로 뒤따르니

가을빛은 또 한 번 우리 앞에 펼쳐지누나.

하늘은 우리에게 기이한 인연 맺어주셨네.

기한 맞춰 찾아준 그대 정성에 감격하노라.

대문 안에 들어서니 가을 빛 대청까지 올라오고

차 끓일 준비에 목청 높여 아이 부른다.

즐거움 찾아드니 굳이 높은 산 오를 필요 있겠나?

바람 타고 흘러드는 술 향기 코끝을 찌르는구나.

두자미(杜子美, 두보)는 헛되이 백발시를 읊었고

도연명의 국화시도 피곤만 더하는구나.

어떠한가? 오늘 옛 친구 다시 만나

피지 않은 국화를 감상하는 즐거움이!


去年花比今年早, 今年人比去年老.

盡道人老不如舊, 誰信舊人老亦好.

秋菊總開舊歲花, 人今但把新人誇.

不見舊日龍山帽, 至今猶共說孟嘉?

去年我猶在陰山, 今年爾復在江南.

傍人錯指前身是, 一是文殊一瞿曇.

花開于我復何有, 人世那堪逢重九?

擧頭望見鍾山高, 出門便欲跨牛首.

---

10) 출가했어도 진정한 도(道)와 이상은 찾을 수 없는 현실을 비유하고 있다. 바로 집 앞에 있는 언덕, 섬돌 아래의 탑은 분명 가까운데 존재한다. 그러나 현실적으로는 멀게만 느껴지는 진리의 또 다른 모습일 것이니, 이는 현재의 모순을 해결할 수 없는 자신의 현실에 다름 아니다.

袁生袁生攜我手, 欲往何之仍掣肘.

雖有謝公墩, 朝朝長在門.

雖有堵前塔, 高高未出雲.

褰裳緩步且相隨, 一任秋光更設施.

天生我輩必有奇, 感君雅意來相期.

入門秋色上高堂, 烹茶爲具呼兒郎.

歡來不用登高去, 撲鼻迎風尊酒香.

子美空吟白髮詩, 淵明采采亦徒疲.

何如今日逢故知, 菊花共看未開時.


## 동짓날 자신을 반성하며 주인영감에게 감사한 마음을 읊조리다 至日自訟謝主翁

내일이면 일흔한 살, 오늘은 일흔 살이라네.

어른이 된 이래 저술이 없으니, 이미 늙은 마당에 또 무슨 도움이 되리!

독서의 쾌락 있다지만, 잃는 것도 걱정 얻는 것도 걱정일세.

잃어도 걱정이라니 이 무슨 말인고? 지난날이 헛되이 흘러갔음이네.

얻어도 걱정은 또 무얼 말할까? 다가올 내일이 얼마 안 남은 것이지.

눈과 귀는 예전만 못해도 정신은 아직 손상되지 않았네.

붓은 닳아 무디어졌지만 손끝은 그래도 민활히 돌아가누나.

완연한 일개 서생이로다, 우습기도 하고 귀엽기도 하네!

이 몸이 아직 죽지 않았으니 잠시는 산 사람 노릇하겠구나.

그나마 다행은 나의 벗 유군의 원조가 끊이지 않는 것이라네.

하인 대여섯이 걱정 없이 배부른 지도 벌써 오래되었다.

이렇듯 어진 주인 계시니, 천수[11]가 다하도록 무엇을 걱정하랴!

---

11) 천수(天數): 타고난 팔자나 운수, 혹은 숙명을 말한다. 숫자 구(九)는 다한다는

明朝七十一, 今朝是七十.

長而無述焉, 旣老復何益!

雖有讀書樂, 患失又患得.

患失是伊何? 去日已蹉跎.

患得是伊何? 來日苦無多.

聰明雖不逮, 精神未有害.

筆禿鋒鋩少, 指柔龍蛇在.

宛然一書生, 可笑亦可愛!

此將未死身, 暫作不死人.

所幸我劉友, 供饋不停手.

從者五七人, 素飽爲日久.

如此賢主人, 何愁天數九!


## 삭풍의 노래 朔風謠

사방팔방 떠도는 일 언제나 끝나려나?

이익과 명성 추구함에 끝날 때가 없구나.

명리가 온 세상에 가득 차 있으니

남북으로 떠도는 것이 바로 마땅하렷다.

삭풍 부는 삼월에 홑겹 옷차림

변방을 떠도는 나그네는 추위가 서럽구나.

우스워라, 산 속의 명상가

끝도 없는 낭떠러지에서 찬바람을 맞고 있네.

날 보고 이익을 좇는다면 날 모르는 소리요

그대가 명성을 흠모한다 말하면 어찌 그대를 안다 하랴?

---

의미의 '궁'(窮)과 통하기 때문에 목숨을 마친다는 의미로 해석할 수 있겠다.

명성도 이익도 좇지 않으니 아무 일도 없어라

분주히 길바닥 떠돌기야 어찌 할 일이겠나?

누군가 내게 참으로 좋은 계획 물어온다면

세상의 명리배와 임금 공덕 칭송하며

「강구요」[12]나 부르겠다 대답하려네.


南來北去何時了? 爲利爲名無了時.

爲利爲名滿世間, 南來北去正相宜.

朔風三月衣裳單, 塞上行人忍凍難.

好笑山中觀靜者, 無端絶塞受風寒.

謂余爲利不知余, 謂渠爲名豈識渠.

非名非利一事無, 奔走道路胡爲乎?

試問長者眞良圖, 我願與世名利徒,

同歌帝力樂康衢.


## 수불정사에 부쳐 題繡佛精舍

듣자하니 담연[13]은 오늘 태어났다는데

---

12) 「강구요」(康衢謠): 요(堯)임금이 50년 동안 천하를 다스린 뒤 백성들의 생각을
알고 싶어 미복을 입고 돌아다니다 사통팔달의 큰길(康衢)에서 어린아이에게 들
었다는 노래. 태평성대를 칭송하는 노래의 대명사로 일컬어지며, 전문은 다음과
같다. "우리 백성들을 키워주시니, 당신의 지극한 다스림 아닌 것이 없어라. 나도
모르는 사이 임금의 법에 따르게 되는구나"(立我蒸民, 莫匪爾極. 不識不知, 順帝
之則.) 출전은 『열자』(列子) 「중니」(仲尼)편.

13) 담연: 매담연(梅澹然). 이지의 지기이자 후원자이던 매국정(梅國楨)의 차녀인데,
이지와는 정신적으로 교류하며 많은 서신을 주고받았다. 그녀는 일찍 과부가 되
어 재가출가했으며, 마성현의 북쪽에 있던 자신의 집을 수불정사(繡佛精舍) 혹은
수불사(繡佛寺)라고 불렀다. 이 시는 그녀가 삭발하여 비구니가 되던 날 지어진
것으로 추정된다.

담연은 오늘 되려 중이 되는구나.

담연 같은 승보가 아직 세속에 있었구나

이제 보니 저 수불정사 등불이 불보로세.

우스워라, 사내로 모습이 바뀐 월상녀[14]

별것도 아닌 일을 기이하다 떠드네.

별안간 사리불[15]이 눈앞에서 사라졌구나

남자의 몸을 다시 숨기면 누구인지 알아볼까.[16]

세상 사람들아, 멋대로 추측하지 말게나.

수불정사가 바로 천상이라오.

---

14) 월상녀(月上女): 유마힐(維摩詰)의 딸. 태어난 지 얼마 지나지 않아 여덟 살 정도로 몸이 커졌고 용모가 단정했다. 성안에서 구혼자가 줄을 잇자 그녀는 자신이 직접 결혼 상대자를 고르겠다고 선언한 뒤 찾아온 사람들에게 불경을 강의하여 그들의 음욕을 없애고 예배를 받았다. 나중에 월상녀는 또 부처에게 나아가 사리불과 더불어 오묘한 뜻에 관해 함께 토론하기도 하였다. 『월상녀경』(月上女經)에 보인다.

15) 사리불(舍利佛): 부처님 10대 제자의 하나. 지혜가 으뜸으로 알려져 있다.

16) 사리불과 천녀의 만남에 대한 다음과 같은 고사가 『오등회원』(五燈會元) 권2 「사리불존자」(舍利弗尊者)에 보인다. "사리불이 성안으로 들어가다가 마침 성밖으로 나오는 월상녀를 만났다. 사리불은 내심 이 여자가 부처님을 뵈었지만 과연 깨달음을 얻었는지 궁금한 마음이 들었으므로 가까이 다가가 물었다. '누님은 어디로 가시는 길입니까?' 여자는 '사리불과 같은 곳으로 가고 있습니다.' 하고 대답했다. '나는 바야흐로 성에 들어가는 중이고 당신은 막 성을 나왔는데 어떻게 나하고 같이 간다고 말씀하십니까?' 여자가 '여러 불제자들은 응당 무엇에 의지해 살아갑니까?' 하고 묻자, 사리불은 '모든 불제자는 대열반에 의거해 살아갑니다' 하고 대답했다. '모든 불제자가 대열반과 더불어 산다면 나 또한 사리불과 같이 가는 것입니다.' ……사리불이 천녀에게 물었다. '어찌하여 여인의 몸을 바꾸지 않으십니까?' 여자는 '나는 십이 년 동안 여인의 형상이 되고 싶었지만 뜻을 이루지 못했는데 어떻게 변할 수 있겠습니까?' 하고 대답하더니 즉시 신통력을 발휘하여 사리불로 하여금 천녀의 모습이 되게 하였다. 그리고 자신은 사리불로 모습을 바꾼 뒤 그에게 물었다. '어찌하여 여인의 몸을 바꾸지 않으십니까?' 사리불은 천녀의 모습으로 대답했다. '나는 지금 모습을 바꿔 여인으로 변한 것에 대해 어떻게 말해야 할지 모르겠습니다.'" 이지는 위의 해학적인 전고를 운용해 담연을 월상녀에 비기고, 자신은 비록 담연과 더불어 도를 닦지는 않지만 뜻을 같이하는 동지임을 설명한다. 아울러 천녀가 남자로 변신하여 다시 여인이 되지 않는 비유를 들어 담연이 여장부임을 설파하고 있다.

산화천녀[17] 꽃을 뿌리려도 그대 몸에 붙을까 걱정이더니,
용녀가 성불해서 지금 다시 왔구나.[18]


聞說澹然此日生, 澹然此日却爲僧.

僧寶世間猶是有, 佛寶今看繡佛燈.

可笑成男月上女, 大驚小怪稱奇事.

陡然不見舍利佛, 男身復隱知誰是.

我勸世人莫浪猜, 繡佛精舍是天台.

天欲散花愁汝着, 龍女成佛今又來.


## 표류하는 십팔 나한의 게송 十八羅漢漂海偈

열여덟 나한이 바다 위를 표류하는데,
제일 뚱뚱한 나한놈 지독하기도 하구나.
발 헛디뎌 수미산[19]으로 미끄러지다가

---

17) 산화천녀(散花天女): 불경에 나오는 인물로 『유마경』(維摩經) 「관중생품」(觀衆生品)에서 유래하였다. "그때 유마힐의 방에 한 천녀가 나타나 여러 대인을 보고 그들의 설법을 듣더니 곧 그 모습을 드러낸 뒤 하늘의 꽃을 여러 보살과 대제자에게 뿌렸다. 보살들에게 뿌려진 꽃은 모두 바닥에 떨어졌는데, 대제자에게 뿌려진 꽃은 그의 몸에 달라붙어 떨어지지 않았다. 천녀가 '번뇌가 아직 다 가시지 않아 꽃이 몸에 달라붙는 것입니다' 하고 말했다."(時維摩詰室有一天女, 見諸大人, 聞所說法, 便現其身, 即以天華散諸菩薩大弟子上. 華至諸菩薩, 即皆墮落, 至大弟子便著不墮. 天女曰: '結習未盡, 故華著身'.)

18) 파갈라용왕(娑竭羅龍王)의 딸이 여덟 살에 불교의 도를 깨닫고 성불했다는 고사가 불경에 실려 있다. 즉 담연을 용녀에 비유하며 그녀가 뛰어난 오성(悟性)의 소유자임을 찬양한 것이다.

19) 수미산(須彌山): 범어 sumeru의 음역. 수미루(須彌樓)·수미로(須彌盧)·소미로(蘇迷嚧)라고도 번역하며, 묘고(妙高)·묘광(妙光)·안명(安明)·선적(善積) 등의 의미를 지닌다. 원래는 고대의 인도 신화에 나오는 산인데, 불교에서 받아들인 뒤부터는 한 소세계(小世界)의 중심을 가리키는 말로 쓰이게 되었다. 산 정

자루에 든 술과 고기 쏟아버리고 말았네.

그래도 성을 내며 동료들을 탓하더니

사대천왕을 몽땅 잡아먹으려 드는구나!

쯧! 바닥 없는 하늘이고 덮개 없는 땅이니,

좋은 극락 세계로다.[20]


十八羅漢漂海, 第一胖漢利害.

失脚踏倒須彌, 抛散酒肉布袋.

猶然嗔怪同行, 要吃諸人四大.

咄! 天無底, 地無蓋, 好個極樂世界.


## 십팔 나한의 유희 게송 十八羅漢遊戱偈


경문 읽기며 염불에 게송은 제쳐두고

도리어 신통방통 놀이판이나 벌이는구나.

세상의 원수놈들 다 죽일 수 있다 떠벌리며

호의를 악의로 뒤바꾸기만 하네.

아이구야!

나무아미타불

봄 여름 가을 겨울 사 계절.[21]

---

상에는 제석천(帝釋天)이 거주하고 산허리에는 사천왕이 살며, 사방 주위는 칠산
팔해(七山八海)와 사대부주(四大部洲)에 의해 에워싸여 있다고 한다.

20) 이 시는 불교의 허구성을 비판하고 풍자하는 타유시(打由詩)로 볼 수 있다. 나한
은 실질적으로 승려를 위시한 도학의 관련자들을 말한다. 현실세계를 인정치 않
는 그들을 신랄하게 비난한 시라고 말할 수 있겠다.

21) 마지막 구절은 희로애락의 감정을 자연의 이치에 따라 자연스럽게 발산하라는
뜻으로 해석된다. 유정유욕(有情有欲)한 현실을 인정하고 세속적인 삶의 합리성
을 긍정한 시라 하겠다.

不去看經念偈, 却來神通遊戲.

自誇能殺怨賊, 好意翻成惡意.

咦! 南無阿彌陀佛, 春夏秋冬四季.


## 곡! 경자용 哭耿子庸


호북의 황안 땅에 한 선비 있는데

가슴 속에 거짓 학문 한 자도 없었네.

사람들에게 『한서』를 읽게 하면서

학문은 그것으로 충분하다 일렀지.

온 세상 쩌르르 울릴 총명한 인재

그대 아니면 대체 누구란 말인가?

나우강[22] 선생이 한평생을 그대만

칭찬한 것도 그 때문이었네.

향년 오십일 세

오늘 아침 정말로 세상을 떴구나!

그대의 생애는 진정 헛되지 않았으니,

그대가 죽었다고 어찌 죽은 것이랴!


나는 그대의 친구지만

그대는 나의 스승이라.

나이는 내가 많다지만

그대를 항상 선생님으로 보았지.

---

22) 나우강(羅旴江): 나여방(羅汝芳). 자는 유덕(維德), 호는 근계(近溪)이며, 강서성
  남성(南城) 사람이다. 우강은 일명 여수(汝水)로 불리는데, 강서성 광창현(廣昌
  縣)의 남쪽에서 발원하여 북쪽으로 남성 등 여러 지역을 거쳐 파양호(鄱陽湖)로
  흘러드는 강이다. 나여방이 남성 사람이기 때문에 이를 자호로 삼은 듯하다.

그대는 말했지 "나는 젊어요"라고.

잠에서 덜 깬 듯 백치인 듯 굴던 그대.

집 떠나 신선 되길 공부하다가

중도에 다시 포기했었지.

돌아와서도 산에서처럼 정좌하니

고요의 극치에 다다라 마음은 절로 즐거웠네.

큰 문제 명쾌하게 풀리지 않으면

우두커니 앉아 아무것도 안 했지.

부단히 밖에 나가 도를 찾더니

중도에 그만 세상을 떠났구나.

태어나기 이전을 돌이켜 비춰도

내 마음은 움직이지 않네.

하늘을 우러러 너털웃음 터뜨리니

이 얼마나 기이한 일이라더냐!

이로부터 천둥소리 세상을 울리니

별안간 괴로움 감당해야 하는구나.

남들에게 말해봐야 소용없으리

그대 떠난 이 마당에 누가 날 알아줄까?


태진[23]은 진종일 이야기하고

동방삭[24]도 술술 담론하였지.

본래 민월[25] 사람인지라

여기 오니 모든 것이 여유로웠네.

---

23) 태진(太眞): 선녀의 이름. 『운급칠첨』(雲笈七籤) 권98에 "태진 부인은 왕모의 작
  은딸이다. 나이는 열예닐곱이고 이름은 완라, 자는 발수라 한다"(太眞夫人者, 王
  母之小女也. 年可十六七, 名婉羅, 字勃遂.)라고 설명하고 있다. 혹은 당나라 양귀
  비(楊貴妃, 719~756)를 일컫기도 하지만, 이 시에서는 다음 구절의 동방삭과 연
  계시켜 선녀의 이름으로 보는 것이 좋을 듯하다.
24) 동방삭(東方朔): 권5 「동방삭의 계자시(誡子詩)」 역주 참조.

군자에게 어진 말씀 있어서
들으면 사람 부끄럽게 하였지.
백문26) 땅에서 따르기 시작했고
만 리를 떠돌아 운남까지 갔었네.
집 떠난 내게 가족들 원망 넘치니
어떻게 그대보다 낫다고 말하겠소?
뜻 있는 선비는 가식에 괴로워하고
세상의 유자들 구차한 안락을 즐기네.
그대가 아직도 속되다고 말하다니,
듣는 사람 앉은 채 장탄식이나 내뿜는다.

그대의 마음 쉽게 알 수 없으니
내 말이 얼마나 다급했겠나?
그대의 말씀 북해약27)같이 웅장했다면
내 말은 서하백처럼 옹색하였지.
나직한 그대 음성 봄바람처럼 부드러워도
정곡 찌르는 예리함은 양숙28)이 화살을 쏘는 듯하였네.
쉽고 속된 어휘로 설명하시니
이해되지 않는 것은 하나도 없었네.
빛을 감추고 속인들과 어울리시어
만나면 윗자리 양보에 서로 다퉜지.

---

25) 민월(閩越): 지금의 복건성 일대. 고대에 민월족(閩越族)이 거처하던 땅이라 붙
   은 이름이다.
26) 백문(白門): 남경(南京)의 별칭. 육조 시대에 건강(建康, 지금의 남경)의 남문인
   선양문(宣陽門)을 백문이라 부른 까닭에 생겨난 이름이다.
27) 북해약(北海若):『장자』「추수」편에 나오는 북해의 신. 약은 그 이름으로 자신의
   안목이 협소했음을 탄식하는 하백에게 만물의 상대성을 설파하는 존재이다. 아
   래에 나오는 서하백(西河伯)은 역시 같은 글에 나오는 황하의 신을 가리킨다.
28) 양숙(養叔): 춘추시대 초나라의 양유기(養由基). 명사수로 이름이 높았다.

호연지기 온 천하에 그득했지만
떠나시니 흔적도 보이지 않는구나.
때때로 거문고 한 자락씩 울리면서
아침저녁 함께 보내고 싶어라.
끝났구나, 더 이상 날 알아줄 이 없으니
산다 한들 또 무슨 득이 있을까!

楚國有一士, 胸中無一字,
令人讀漢書, 便道賴有此.
蓋世聰明者, 非君竟誰與?
所以羅旴江, 平生獨推許.
行年五十一, 今朝眞死矣!
君生良不虛, 君死何曾死!

我是君之友, 君是我之師.
我年長於君, 視君是先知.
君言「吾少也」, 如夢亦如癡.
去去學神仙, 中道復棄之.
歸來山中坐, 靜極心自怡.
大事苟未明, 兀坐空爾爲.
行行還出門, 逝者在於斯.
反照未生前, 我心不動移.
仰天一長笑, 玆事何太奇!
從此一聲雷, 平地任所施.
開口向人難, 誰是心相知?

太眞終日語, 東方容易談.
本是閩越人, 來此共閑閑.

君子有德音, 聽之使人慚.

白門追隨後, 萬里走滇南.

移家恨已滿, 敢曰靑於藍?

志士苦粧飾, 世儒樂苟安.

謂君未免俗, 令人坐長嘆.


君心未易知, 吾言何測測!

大言北海若, 小言西河伯.

緩言微風入, 疾言養叔射.

麤言雜俚語, 無不可思繹.

和光混俗<sup>29)</sup>者, 見之但爭席.

浩氣滿乾坤, 收斂無遺跡.

時來一鼓琴, 與君共晨夕.

已矣莫我知, 雖生亦何益!


## 오언절구 五言四句
## 오문에서의 하룻밤 宿吳門

가을 깊으니 바람에 낙엽 떨어지고
맑은 연못 절반은 연꽃으로 뒤덮였네.
말 몰아 어디로 가는 게요?
오문<sup>30)</sup>에는 유객<sup>31)</sup>들이 많기도 하여라.

---

29) 화광혼속(和光混俗): 세속에 맞춰 살면서 자신을 감추고 드러내지 않는다는 의미
로 『노자』 56장에서 유래하였다. "그 빛을 감추고 티끌들에 섞여든다"(和其光, 同
其塵.)

30) 오문(吳門): 오현(吳縣)의 별칭. 지금의 강소성 소주(蘇州)와 그 주변 일대를 말
한다.

집 안의 도서들 반질반질 윤이 나건만
마당에는 빛깔 고운 가을 국화도 없구나.
팽택령 지낸 도연명은 알리라
밤새도록 잠 못이루고 뒤척인 사연을.[32]


秋深風落木, 淸水半池荷.
驅馬向何去? 吳門客子多.


屋有圖書潤, 庭無秋菊鮮.
應知彭澤令, 一夜不曾眠.


## 심유 스님과 함께 매화를 감상하다同深有上人看梅


동쪽 누각으로 매화 보러 갔더니
아쉬워라, 꽃송이 아직 벌어지지 않았네.
어슬렁거리는 새 하늘빛은 저물어가고
심유[33]스님 온 것만이 기쁠 뿐이라.


東閣觀梅去, 淸尊[34]怨未開.
徘徊天際暮, 獨與老僧來.


---

31) 유객(游客): 벼슬길 혹은 스승을 찾아 오문에 들어온 사람들을 가리킨다.
32) 도연명은 국화를 사랑한 시인으로 고결한 인품의 상징이다. 아름다운 것이 없어
    진 현실을 전고를 통해 개탄한 시로서 소조(蕭條)한 내면 세계를 안팎의 경물을
    대비하여 묘사하고 있다.
33) 심유(深有): 별호는 무념(無念). 권1「주우산에게 답함」(答周友山) 역주 참조.
34) 청존(淸尊): 청준(淸樽) 혹은 청준(淸罇)이라고도 한다. 술을 담는 용기로서 청
    주(淸酒)를 가리키기도 한지만, 이 시에서는 향기로운 술처럼 맑은 향내를 내뿜
    는 매화를 형용한 말로 보아야 할 것이다.

## 다시 매화를 보며 又觀梅

느닷없는 뇌성벽력 봄 날씨 일깨우니
매화꽃 차례대로 피어나누나.
금릉의 취미 고상한 방문객
특별히 꽃을 보러 여기까지 왔구나.


雷雨驚春候, 寒梅次第開.
金陵有逸客, 特地看花來.


## 정자진의 누각에서 鄭樓

곡구에 살았던 정자진35)은
저자 거리 안에서도 유유하구나.
볼품없는 누각에 귀한 손님 모셔놓고
얼근히 취해서도 술잔을 놓지 않네.


谷口鄭子眞, 棲遲市門裏.
小樓延上客, 酒酣猶未已.


---

35) 정자진(鄭子眞): 서한 말기 성제(成帝) 때 사람으로 성은 박씨(朴氏), 자가 자진
    이다. 운양곡구(雲陽谷口, 지금의 섬서성 禮泉 동북 지역)에 은거했기 때문에
    '곡구 정자진'이라 부른다. 대장군 왕봉(王鳳)이 예의를 갖춰 불렀지만 끝내 응
    하지 않았다. 양웅(揚雄)은 이런 그를 칭찬하여 "그 뜻을 굽히지 않고 암석 아래
    서 밭을 가네"(不屈其志而耕乎岩石之下) 하고 읊었다 한다.

## 삭발가 薙髮

적막한 연못가의 한 못생긴 늙은이
머리 깎고 곧장 중이 되었네.
원컨대 갠지스 강 모래알처럼 많은 중생
제도하여 해·달 같은 등불 되거라.

가정이란 진정 성가신 부담이고,
세속과 어울려도 자꾸 원망이 따르네.
떠나자꾸나, 산 속에 드러누워
새벽에 일어나면 죽이나 한 사발 마시고 말자.

유생 노릇도 어언 반평생
봉록을 탐낸 지도 참 오랜 세월이라.
무생인[36]을 증명하고파
처자식과의 인연도 다 팽개쳤노라.

대정[37]이란 은둔과 상관없는 것이지.
혼백이 맑으면 절로 남들과 어울리게 되네.
그런데 이제 응도[38]한 사람
예전에 벼슬하던 그이가 아니구나.

---

36) 무생인(無生忍): 무생무멸(無生無滅)의 이치에 안주하여 흔들림이 없는 상태.
『인왕경』(仁王經)에서 말하는 오인(五忍, 즉 伏忍·信忍·順忍·無生忍·寂滅
忍) 중에 네 번째에 해당한다.

37) 대정(大定): 부처 삼덕(三德)의 하나. 삼덕은 대정(大定)·대지(大智)·대비(大
悲)를 말한다. 부처의 마음이 맑고 밝은 것을 일컬어 대정이라 하고, 그 깨끗함으
로 일체의 법계(法界)를 비추는 것을 대지라 하며, 일체의 법계를 비추는 까닭에
고통받는 중생에 대해 구제하고픈 마음이 생기는 것을 대비라 부른다. 대정은 또
일체의 망령된 유혹을 끊어버리는 까닭에 단덕(斷德)이라고도 부른다.

空潭一老醜, 薙髮便爲僧.
願度恒沙衆, 長明日月燈.

有家眞是累, 混俗亦招尤.
去去山中臥, 晨興粥一甌.

爲儒已半世, 貪祿又多年.
欲證無生忍, 盡拋妻子緣.

大定非關隱, 魂淸自可人.
而今應度者, 不是宰官身.


## 귀아<sup>39)</sup>를 애도함 哭貴兒

물이 깊어 사람도 죽일 수 있겠다.
어찌하여 이런 데서 멱을 감았니?
잠들고 싶지만 잠은 안 오고
예서 죽은 너를 그리워한다!

마시지 않아 또 취할 수도 없구나.
네가 지금껏 무슨 죄를 지었더냐?
소리 높여 부르지만 대답이 없으니

---

38) 응도(應度): 본래는 일월성신의 행도(行度)나 법도에 들어맞는 상태를 가리키지
만, 여기서는 부처의 품에서 그 진리에 부합하게 된 것을 말한다.

39) 귀아(貴兒): 이지를 모시던 시자(侍者)의 이름. 그러나 『속분서』권5 「곡! 귀아」(哭
貴兒) 시에서 "네 아들은 내 손자"(汝子是吾孫)라고 말한 것에 의거하여 후사를 잇
기 위해 이지에게 양자로 보내진 동생의 아들, 즉 조카라고 추정하기도 한다.

너 죽은 연못가에서 통한에 젖노라!

혈육은 고향으로 돌려보냈고
동복들은 모두 나를 떠났네.
너와 나 그림자처럼 붙어다니다
오늘 아침은 나만 홀로 남았구나!

水深能殺人, 胡爲浴於此?
欲眠眠不得, 念子于玆死!

不飮又不醉, 子今有何罪?
疾呼遂不應, 痛恨此潭水!

骨肉歸故里, 童僕皆我棄.
汝我如形影, 今朝有我矣!


## 아내를 그리며 哭黃宜人

상투 틀고 쪽지며 부부가 된 이래
둘 다 사랑에는 얽매이지 않았지.
오늘 아침 당신의 부음 듣고서
나도 모르게 서러움에 잠겨버렸소.

끌리는 사랑이야 없었지마는
그대의 현숙함을 서럽게 기리노라.
부부간 반목이 생긴 적이 없으니
거안제미[40]로 섬기기 어언 사십 년.

친척들마다 효성을 칭찬하고
시부모도 당신이 애쓴다고 위로했지.
손님이며 벗들이 주야로 드나드니
술대접 손님치레에 거북이등처럼 터진 손.

자애로운 마음으로 무엇이든 나눴지만
스스로는 절약하며 집안살림 알뜰했지.
남편이란 작자가 불도에 미쳐 떠나가며
당신만 세상 끝에 홀로 떨궈놨구려.

물가로 나아가 물고기 희롱 바라보네
봄빛 물든 산에는 새만 홀로 우짖는구나.
가난할 때 사귐도 저버리면 안 되거늘
조강지처야 말할 나위 있으랴!

기결<sup>41)</sup>과 양홍 같은 애처가 중에
이지 너는 누구와 견줄 수 있더냐?
대장부 뜻을 온 천하에 두었으나
당신이 따르지 못함을 슬퍼하노라.


結髮爲夫婦, 恩情兩不牽.

---

40) 거안제미(擧案齊眉): 출전은 『후한서』 「일민전(逸民傳)·양홍(梁鴻)」편. 맹광(孟
光)이 남편 양홍의 곤궁한 처지에도 불구하고 밥상을 눈썹 높이까지 치켜들며 공
경했다는 고사에서 비롯되었다. 양홍은 동한시대 부풍(扶風)의 평릉(平陵) 사람
으로 자가 백란(伯鸞)이다. 집안이 가난하고 학문을 좋아했지만 굳이 벼슬길을
찾지는 않았다. 같은 고을의 맹광을 아내로 맞은 뒤 부부가 함께 산으로 들어가
밭을 갈고 베를 짜며 살았다 한다.

41) 기결(冀缺): 춘추시대 진(晉)나라 사람. 성은 극씨(郤氏)이고 시호가 성자(成子)라
흔히 극성자(郤成子)라 부른다. 기(冀)에서 땅을 갈며 살았는데, 아내와 더불어

今朝聞汝死, 不覺情悽然!

不爲恩情牽, 含悽爲汝賢.
反目未曾有, 齊眉四十年.

中表皆稱孝, 舅姑慰汝勞.
賓朋日夜往, 龜手事香醪.

慈心能割有, 約己善持家.
緣余貪佛去, 別汝在天涯.

近水觀魚戲, 春山獨鳥啼.
貧交猶不棄, 何況糟糠妻!

冀缺與梁鴻, 何人可比蹤?
丈夫志四海, 恨汝不能從!


# 한밤중의 기러기 울음 夜半聞雁

　해가 바뀐 이래 지병이 나날이 심각해지니 죽을 날도 얼마 남지 않았다는 생각이 든다. 나도 어느덧 칠십 줄에 들어선 노인이 되었다. 오십 세 이전의 일들을 돌이켜 생각하니, 이런 엉성한 몸과 마음으로 사방천지 떠돌아다니기만 했구나. 아울러 쥐꼬리만한 봉급으로 처자식을 부양하고, 보잘것없는 재주에 의거해 윗사람도 섬겼다. 그 뒤로 사

---

서로를 손님처럼 공경하였다. 구계(臼季)에 의해 문공(文公)에게 천거되었고, 기(冀) 땅을 하사받아 기결(冀缺)이란 호칭으로 불린다. 조순(趙盾)이 죽은 뒤 대신 정사를 맡기도 하였다. 『좌전』 「희공」(僖公) 33년조에 보인다.

람마다 모두 무서워하는 길을 나 혼자만 평탄한 대로로 알고 활보하길 이십 오 년, 하루도 거르지 않았구나. 당대의 명사들과 두루 사귀어 그 냥 지나쳐버린 이가 없었더니, 오늘에 이르기까지 그들은 나를 여전히 생각하며 내치질 않는다. 이는 세상 사람들이 어려워하는 바이지만 나에게는 무척이나 쉬운 일이었다. 인끈을 풀어 관직을 사퇴하고 호북으로 들어가게 되자 몸은 세상에서 사라지고 이름도 감춰졌는데, 이 역시 쉽고도 쉬운 일이었다고 말할 수 있다. 이렇게 남들이 위험하다 여기는 길을 가면서도 평안하게 느끼며, 세속을 떠나 청정한 세계로 도피하려다 되레 좌절만 거듭한 이유가 대체 무엇일까? 어찌 이치상 불가사의한 바가 아니겠는가! 나는 시종일관 이 길을 고집하면서 털끝만큼도 행보를 바꾼 적이 없었다. 지금 사람들이 어려워하는 바를 도리어 쉽게 생각하고 쉽다는 것은 반대로 어렵게 여겼는데, 나 스스로도 그 이유는 잘 알 수가 없구나. 이렇게 가슴속이 자신에 대한 서글픈 감상으로 얼룩진 터에 기러기 울음을 듣게 되자 급기야는 몇 줄 시가 읊어지고 말았다.

외기러기 북쪽으로 날아가며
한밤중에도 구슬프게 울부짖네.
무엇 때문에 저리 섧게 우는가?
나도 저처럼 아득해지길 바라는가.


하늘로 솟구칠 날개 있으니
까마득한 비상 어찌 이룰 수 없으랴?
어찌하여 만 리를 가야 할 이가
예서 꾸물거리는 나그네가 되었나?


외기러기 비록 짝은 없지만
뭇 기러기 그래도 동무해주네.

가엾어라, 어느 곳의 늙은이인지
오롯이 앉아 시름에 젖는구나!

용담에서 오랜 세월 지내다 보니
때때로 기북[42] 소식도 들려오더라.
기러기 날며 나를 기다리는 듯
산음[43]을 향해 날갯짓하네.

나중에 몇 년이 지나 나는 결국 기북에 가게 되었다. 도중에 산음을
지나치게 되니, 시에서 읊었던 말이 마침내 현실로 나타난 것이다.

孤鴻向北征, 夜牛猶哀鳴.
哀鳴何所爲? 欲我如鴻冥.

自有凌霄翮, 高飛安不得.
如何萬里行, 反作淹留客?

獨雁雖無依, 羣飛尙有伴.
可憐何處翁, 兀坐生憂患!

日月湖中久, 時聞冀北音.
鴻飛如我待, 鼓翼向山陰.

---

42) 기북(冀北): 기주(冀州)의 북쪽. 기주는 하북 · 산서 · 하남성에 걸친 황하 이북의
   동쪽을 가리킨다.
43) 산음(山陰): 산서의 대동부(大同府) 소속의 현 이름. 상건하(桑乾河)의 남쪽을
   가리킨다.

# 복건으로 돌아간 장순부를 떠올리며 莊純夫還閩有憶

훌륭한 사위가 제 집으로 돌아가니
누가 다시 우리 집을 찾아줄까나?
저녁 어스름에 비바람 몰아치니
자네는 앞마을에 머물고 있겠구나.

해산물 중에는 진미도 다양하니
숫돌 가는 주방에 신선한 내음 한창이겠지.
부부가 함께 먹고 즐기면서
마성에는 찾아오지 말도록 하라.

세 아들 모두 총명한 아이니
필시 일찍부터 이름 드날리겠지.
누구라도 효렴에 등과하거든
가는 길은 서릉<sup>44)</sup>을 거치게 하도록.

옛부터 칠순까지는 드물게 산다 했거늘
내 살날 앞으로 얼마나 더 남았을까?
자네는 의당 본인 앞가림이나 잘 하고
집 나간 나 같은 놈 생각하지 말게나.


承龍<sup>45)</sup>人歸去, 誰復到吾門?

---

44) 서릉(西陵): 지금의 강소성 남경시 남쪽. 손자들을 보고 싶은 마음에 과거를 치
러 가게 되면 이지 자신이 있는 방향으로 길을 잡으라고 당부한 것이다.

45) 승룡(承龍): 승룡(乘龍)이라고도 쓰며, 훌륭한 사위를 비유한다. 『예문유취』권
40에 『초국선현전』(楚國先賢傳)의 다음과 같은 대목을 인용한 설명이 실려 있다.
"손준의 자는 문영인데, 이원례와 더불어 태위 환언의 딸에게 나란히 장가들었

薄暮多風雨, 知子宿前村.

海物多奇錯, 礪房味正淸.
夫妻共食飽, 不得到麻城.

三子皆聰明, 必然早著聲.
若能擧孝廉, 取道過西陵!

七十古來稀, 知余能幾時?
君宜善自計, 莫念出家兒.


## 세모에 호남의 은자를 방문하다 歲暮過胡南老

호상46)은 빈 벽에 걸고
가난한 골목 안에 꼭꼭 숨어 사시네.
뵈는 것마다 번화가 풍경이건만
선생 홀로 안빈낙도하는구나.

황하 이북에서 이름을 날렸고
구당47)의 골짜기에 칭송 소리 드높아라.
백 년에 한 번 만날 산중노인이구나

---

다. 당시 사람들은 환숙원의 두 딸이 모두 용에 올라탔다고 말했는데, 사위들이
용처럼 뛰어남을 말한 것이다"(孫儁字文英, 與李元禮俱娶太尉桓焉女. 時人謂桓叔
元兩女俱乘龍, 言得婿如龍也.)

46) 호상(胡牀): 호상(胡床)으로 적기도 한다. 등받이와 팔걸이가 있고 다리를 접을
수 있는 옛날 의자. 교상(交床)이라고도 부른다.

47) 구당(瞿塘): 구당협(瞿塘峽). 지금의 사천성 봉절현(奉節縣) 동쪽에 위치한 명승
지. 양쪽으로 절벽이 대치한 가운데 장강이 흐르고 있다.

은은한 가운데 남의 모범 되셨네.


사방으로 피리 소리 들끓는구나.
대도시가 새해맞이에 분주한 게지.
그대가 보기에 높으신 관리들
주머니에 땡전 한 푼 있기나 하던가?


방석에는 구멍 뚫린 가난한 살림이지만
친구가 찾아가니 또한 반가워하시네.
정원의 채소만으로 손님 대접 충분하니
한 푼도 마련할 필요가 없구나.⁴⁸⁾


胡牀掛空壁, 窮巷有深居.
滿目繁華在, 先生獨晏如.


河內著碑銘, 瞿塘流頌聲.
百年林下叟, 隱隱作儀刑.


四隣簫管沸, 大都爲歲除.
君看五馬貴⁴⁹⁾, 囊有一錢無?


有席雖長穿, 有朋亦喜歡.
園蔬堪摘矣, 不用一錢看.

---

48) 셋째와 넷째 수는 알맹이는 없고 허식뿐인 부자의 생활과 자족하는 은자의 생활
을 대비하여 부화한 사회 기풍을 비판하고 있다. 부자는 겉보기엔 화려해도 사실
은 한 푼 값어치도 안 나가는 거짓뿐인 데 반해 호남의 은자는 가난하지만 안빈
낙도하는 참다운 삶의 전형으로 묘사되었다.
49) 오마귀(五馬貴): 높고 현달한 벼슬아치. 한대에는 태수(太守)가 다섯 마리의 말
로 행차했다고 하여 '오마'는 태수의 별칭으로도 쓰인다.

# 산사의 밤중 檜山[50]寺夜坐

솔바람 벌써 애간장 끊는데
담쟁이넝쿨 사이로 달빛 다시 비치네.
어쩌다가 오늘 밤 따라
만 리 타향서 홀로 누각에 올랐을까?[51]


松風已可哀, 蘿月復飛來.
如何當此夜, 萬里獨登臺?


# 정자현을 위로하며 慰鄭子玄

정자현이 눈비가 퍼붓는 악천후를 무릅쓰고 노하[52]를 지나 옛 친구를 방문하려 하였다. 나는 혹시라도 그가 와달라는 말에 할 수 없이 찾아주는 억지걸음인가 싶어 아래의 시 세 편을 지어 그의 걸음을 위로하였다.


눈비가 동남방으로 쏟아지는데

---

50) 합산(檜山): '檜' 자는 원래 '檜'으로 표기되어 있지만 자전에 없는 글자인 것으로 보아 '檜'의 잘못으로 추정된다. 이지의 벗 유동성(劉東星)은 자호를 합산주인(檜山主人)이라 했고, 합산은 그의 고향 심수현(沁水縣)의 단씨진(端氏鎭)에 위치하고 있다. 후진(後晉) 때 합산에 대운선원(大雲禪院)이란 절을 지었는데, 이곳을 합산사(檜山寺)라고도 불렀다는 기록이 『산동통지』(山東通志) 권57 「고적고」(古迹考)에 보이기도 한다.

51) 고독한 심경을 읊은 비량미가 두보의 시 「등고」(登高)의 "한평생 병마에 시달린 몸 홀로 누각에 올랐네"(百年多病獨登臺)를 연상시킨다. 아무리 몸부림쳐도 어쩔 수 없는 현실의 질곡이 때로 이런 의경(意境)의 시를 낳게 했을 것이다.

52) 노하(潞河): 일명 노수(潞水). 지금의 북경시 통현(通縣) 아래에 위치한 백하(白河)를 말한다.

가난한 친구 집은 북쪽 서울에 있구나.
그 옛날 북해 재상을 지낸 공융도
정강성[53]만은 지극히 존중하였지.

사방을 둘러보니 수심만 몰려드네
날마다 한 달 동안 눈발만 퍼붓는구나.
이러다간 장가만[54]에 닿게 되어도
가난한 친구 앞에 하소연도 어렵겠구나.

가난하고 천하면 친한 사귐도 드물다네.
그렇지만 허유[55]는 일부러 쪽박을 깨버렸지.
허유 같은 은자는 천고에 드물어라.
안 보려고 얼굴 가려도 자꾸만 손짓하네.[56]


雨雪東南行, 貧交家上京.

---

53) 정강성(鄭康成): 정현(鄭玄, 127~200). 동한 사람으로 부풍의 마융(馬融)에게 배워 군경(群經)에 주석을 단 대학자이다. 당시 공융은 북해(北海)의 재상을 지내고 있었는데 정현을 몹시 존경한 나머지 고밀(高密)의 현령에게 따로 '정공향'(鄭公鄕)이란 마을을 세우게 하였다.

54) 장가만(張家灣): 북경시 통현 남쪽에 있으며 노구하(瀘溝河)와 백하(白河)가 만나 서로 합쳐지는 지점이다.

55) 허유(許由): 전설 속의 은자. 전하는 말로는 요(堯)임금이 천하를 양보했지만 받아들이지 않고 영수(潁水)의 남쪽 기산(箕山)에 은거했는데, 요가 다시 불러 구주장(九州長)으로 삼자 듣지 않고 영수 물가에서 귀를 씻었다 한다. 『사기』 「백이열전」과 『장자』 「소요유」에 보인다. 어떤 사람이 늘 손으로 물을 떠먹는 허유를 보고 그에게 바가지 한 개를 선물하였다. 허유는 물을 먹고 나서 바가지를 나무에 걸어놓았는데 바람이 불어 나무가 흔들릴 때마다 부딪쳐 소리가 나자 이를 성가시게 여겨 깨부수고 말았다. 채옹(蔡邕)의 『금조』(琴操) 「기산조」(箕山操)에 보이는 고사.

56) 부자는 소맷자락으로 얼굴을 가리고 가난한 친구를 피하지만, 가난뱅이는 부자 친구를 보고 소리쳐 부르는 세태를 풍자했다. 정자현은 이런 세태와 무관하게 어려운 친구를 찾아주는 순수한 인물임을 허유에 빗대 칭찬하고 있다.

當時孔北海, 極重鄭康成.

四顧堪愁絶, 連天一月雪.
恐抵張家灣, 難對貧交說.

貧賤少親交, 許由故棄瓢.
許由千古少, 蒙袂且相招.


# 무창에 머물며 진정[57]의 유진천[58] 선생께 띄우다
## 寓武昌郡寄眞定劉晋川先生

오동나무 잎사귀 빽빽이 우거지고
나무들 어울려 쭉쭉 뻗었네.
한밤중 들리는 사람 소리에
그대를 만나게 되나 조바심 났지.

망종이 바로 오늘이구나
그대의 무창 행차 어찌 먼 길 아니랴!
농부는 환호작약 기뻐 날뛰며
빗속에 선 채로 수레를 맞네.

오고 간 사람에게 상세히 물어보니
저물어서 한양[59]성에 투숙했다네.

---

57) 진정(眞定): 전국시대 조(趙)나라 동쪽의 원읍(垣邑). 지금의 하북성 진정현에
   해당한다.
58) 유진천(劉晋川): 유동성(劉東星). 권1 「유헌장에게 답함」(答劉憲長) 역주 참조.
59) 한양(漢陽): 지금의 호북성 한양현 채전진(蔡甸鎭) 동쪽 근방.

사흘 뒤엔 경산<sup>60)</sup>을 바라보았고
닷새 만에 서릉을 지나왔다지.

푸른 풀 연못가에 가득 피어나
외로운 이 시름만 더하는구나.
걸음마다 한 번씩 돌아보며 멀어지니
그대 이제 가면 다시는 안 오겠지.

장차 내가 돌아갈 날 그날이
그대와 더불어 만날 때가 되겠지.
문자는 믿을 만한 어른이시고,
공북해는 훌륭한 사나이로다!

계심<sup>61)</sup>은 의기가 참으로 대단하이
한밤에도 대문을 활짝 열어놨구나.
궁도곡<sup>62)</sup>이나 모면하면 다행이지

---

60) 경산(京山): 지금의 호북성 경산현(京山縣) 동쪽. 일명 경원산(京源山)이라고도 부른다.

61) 계심(季心): 진·한 교체기의 유협. 초나라 사람으로 계포(季布)의 아우이며 임협(任俠)으로 관중(關中)에 이름을 떨쳤다. 사람을 대함에 있어 공손하고 근실했으며 의협심이 강해 사방 수천 리 안의 사람이 모두 그를 위해 죽기를 원할 정도였다. 일찍이 사람을 죽이고 오중(吳中)의 원앙(袁盎) 집으로 몸을 숨겼는데, 그 지방의 관료·귀족·지주·세도가 전부가 그를 형장(兄長)으로 대접하였다. 당시 사람들은 "계심은 용맹하고, 계포는 약속을 잘 지킨다"(季心以勇, 季布以諾)는 말로 그들 형제를 칭찬하였다. 『전한서』 권37에 보인다.

62) 궁도곡(窮途哭): 『진서』(晉書) 「완적전」(阮籍傳)에서 유래한 성어. 본래는 갈 길이 막힌 수레를 슬퍼하는 말이었지만, 나중에는 곤경에 처했을 때 토해내는 절망적인 애상(哀傷)을 가리키게 되었다. "완적은 때때로 내키는 대로 혼자 수레를 몰고 길이 아닌 곳으로 달리곤 하였다. 그러다 수레가 더 이상 나아갈 수 없는 곳에 이르면 매번 통곡하며 되돌아서곤 하였다"((籍)時率意獨駕, 不由徑路, 車迹所窮, 輒痛哭而反.)

먹여준 은혜 어찌 잊을꼬!


황혼녘에 하구[63]로 들어서다가
도리 없어 유기[64]처럼 묻고 말았네.
만약 그대를 못 만났다면
나 같은 떠돌이 어디로 갔겠나!


남국에 해당화 그늘 드리웠는데
강가 마을에 늙은 나만 버려졌구나.
그대는 산서 사람 쓰려고 생각하니
아직도 강남 땅 기억이나 하시는지?


密密梧桐樹, 亭亭相與許.
中夜聞人聲, 疑是見君子.


芒種在今朝, 君行豈不遙!
農夫歡倒極, 雨立迓星軺[65].


細問去來者, 暮宿漢陽城.
三日望京山, 五日過西陵.

---

63) 하구(夏口): 호북의 무창현 서쪽 황곡산(黃鵠山)에 있는 성 이름. 삼국시대 오나라의 손권이 건축했다.

64) 유기(劉琦): 원대(元代) 악주(岳州)의 임상(臨湘, 지금의 호남성 임상) 사람. 성장한 다음에 그가 두 살 무렵 난리통에 끌려간 어머니를 찾아나섰다. 황하의 남북과 회수의 동서쪽을 두루 편력했지만 몇 년 동안 만나지 못하다가 나중에 지주(池州)의 귀지(貴池, 지금의 안휘성 귀지)에서 찾아낸 뒤 죽을 때까지 봉양한 효자이다. 이 시에서는 갈 곳 없는 이지가 유기처럼 헤매는 모습을 형용하기 위해 인용되었다.

65) 성초(星軺): 사자(使者)가 타는 수레. 혹은 사자 자신을 가리키기도 한다.

青翠滿池臺, 徒增靜者哀.

一步一回遠, 君今去不來.


方我來歸日, 是君傾蓋時.

通玄[66]信長子, 北海[67]好男兒!


季心何意氣, 夜半猶開門.

幸免窮途哭, 能忘一飯恩!


黃昏入夏口, 無計問劉琦.

假若不逢君, 流落安所之!


南國留棠陰, 江城遺白叟.

君思用趙[68]人, 猶憶江南否?

---

66) 통현(通玄): 문자(文子). 춘추 말기에 살았던 도가 사상가이다. 반고는 『한서』
「예문지」에서 그가 노자의 제자이며 공자와 동시대인이라고 설명했다. 혹자는 그
를 성이 신(辛), 이름은 형(鈃, 혹은 研 · 姸), 자는 문자이며 범려(范蠡)의 제자라
고 설명하기도 하나 모두 근거 없는 설이고, 문자 스스로 "노담에게서 득도했다"
(得道于老聃)고 『문자』「도덕」(道德)에서 말한 바 있다. 후세의 도가들은 그를 통
현 선생 혹은 통현진인이라 받들었다. 『한서』「예문지」에 실린 『문자』 9편은 그의
제자나 후학이 지은 것으로 보인다. 당나라에 들어와 통현진군(通玄眞君)으로 봉
해졌는데, 그 경위가 『구당서』「현종기」(玄宗紀) 하편에 실려 있다. "(천보 원년)
장자에게 남화진인이란 호칭을 수여하면서 문자는 통현진인, 열자는 충허진인,
경상자는 통허진인으로 불리게 되었다. 그들 네 사람이 지은 책은 진경으로 승격
되었다"((天寶元年)莊子號爲南華眞人, 文子號爲通玄眞人, 列子號爲沖虛眞人, 庚
桑子號爲洞虛眞人. 其四子所著書改爲眞經.)

67) 북해(北海): 건안칠자의 한 사람인 공융(孔融). 자가 문거(文擧)이고 북해의 재
상을 지냈다.

68) 조(趙): 서주시대에 처음 봉해졌을 때는 산서성 홍동현(洪洞縣) 북쪽에 위치했
고, 전국시대에는 도읍을 진양(晋陽, 산서성 太原市 서남쪽)에 두었다가 한단(邯
鄲, 하북성 한단시 서남쪽)으로 천도했다. 권역이 대체로 산서성 중부와 섬서성
동북방 및 하북성 서남부에 해당한다. 이 시에서는 유진천이 산서 사람이므로 그

## 변방의 노래 塞上吟 -
당시 왜구가 침입했다는 경보가 발동되어 있었다 時有倭警

뗏목을 타고 하늘로 올라가자니
견우성 북두성과 부딪칠까 겁나고,
뗏목 타고 바다로 나가려 하니
울부짖는 교룡[69]이 또 앞을 가로막네.[70]

·

乘槎欲問天, 只怕衝牛斗.
乘桴欲浮海, 又道蛟龍吼.


## 솔과 매화의 노래 賦松梅

이팔청춘 아가씨 누구네 딸이기에
변방의 곡조를 연주하시나.
이가씨, 이 노래는 제발 뜯지 마시오.
집 없는 사람 듣고 있기 어렵소.

희고 밝은 추석의 달
소리가 없으니 누가 값을 논할까?
빛깔 있고 소리까지 겸한 것이야

---

지방 사람만 생각하고 강남에 있는 자신은 생각하지 않는다는 이지의 원망을 표
현하기 위해 쓰였다.
69) 교룡(蛟龍): 깊은 물 속에 산다는 전설적인 두 동물. 교는 홍수를 일으키고, 용은
구름과 비를 일으킨다고 전한다.
70) 동서남북 어디를 보아도 길이 없는 상황을 노래했다. 출로가 없는 시대적 고민,
나라에 대한 불만 같은 것이 서로 얽혀 복잡한 심경으로 표현되고 있다.

달빛 아래 속삭이는 솔과 매화라오.71)


二八誰家女, 曲彈塞上72)聲.
且莫彈此曲! 無家人難聽.


皎皎中秋月, 無聲誰論價?
有色兼有聲, 松梅明月下.


## 하심은의 훌륭한 제자 호시중에게 贈何心隱高第弟子胡時中

사흘 동안 장강을 세 번이나 건너다니,
호시중73)은 무슨 일이 그리 바쁜가?
스승과 제자의 은정이 깊고 깊어서
차마 무창을 보지 못하겠어라.74)

---

71) 솔과 매화는 본디 고고한 이미지를 지닌 사물로 늙지 않는 품격을 노래할 때 인
   용한다. 이 시에서는 달빛보다 격이 높다고 표현함으로써 시인 자신의 청고(淸
   高)함을 상징적으로 드러내는 대상으로 삼았다.
72) 새상(塞上): 변경 지대 혹은 북방의 장성 안팎을 가리킨다. 새상곡(塞上曲)은 이
   런 지역에서 불리던 노래로 원래는 한대의 악부인 횡취곡사(橫吹曲辭)에서 유래
   하였다. 대체로 변방의 풍물과 정서를 노래했는데, 후대의 시인들 역시 그 제목
   과 분위기를 빌려 많은 시를 남겼다. 왕유(王維)의 「위성곡」(渭城曲)을 예로 들
   어본다. "위성에 아침 비 내리니 공기가 신선하고, 객사의 버드나무 푸른 풀빛이
   새롭구나. 그대에게 한 잔 술 다시금 권하노라. 서쪽으로 양관을 벗어나면 친구
   도 없을 것이니"(渭城朝雨浥輕塵, 客舍靑靑柳色新. 勸君更進一杯酒, 西出陽關無
   故人.)
73) 호시중(胡時中): 자는 자정(子貞), 호는 환계(環溪), 안휘성의 기문(祈門) 사람이
   다. 아우인 호시화(胡時化, 자는 子介, 호는 少庚)와 함께 하심은에게 배웠다. 만
   력 7년(1579) 9월 2일, 하심은은 호광순무(湖廣巡撫) 왕지원(王之垣)에 의해 '요
   도'(妖道)와 '대도범'(大盜犯)의 죄목을 뒤집어쓰고 무창에서 살해되었다. 만력
   11년 겨울, 호시화는 스승의 유언에 따라 그 유골을 거둔 뒤 호북성 효감현(孝感
   縣)의 정후대(鄭後臺, 즉 鄭學顏) 묘에 합장시켰다. 오래지 않아 호시화가 죽었

三日三渡江, 胡生何忙忙?

師弟恩情重, 不忍見武昌.


## 매중승[75)]에게 화답한 게송 두 수 偈二首答梅中丞

본디 돌아갈 집이 없으니
가야 할 정해진 길도 없다네.
그래도 가야 할 길이 있다면
누구나 드나드는 대문 같은 길이지.[76)]


집안이 부자라고 자랑하지 말라.
재산은 사람을 추하게나 만들 뿐.
진정으로 집안을 다스리는 길이란
터럭 한 올도 갖지 않는 것이지.


本無家可歸, 原無路可走.

---

고, 호시중은 만력 12년 봄 영풍(永豐)까지 가서 하심은의 유족을 돌보았다. 이
시는 호시중이 정후대의 아우 정학박(程學博)을 찾아보기 위해 효감현으로 가던
도중 황안에 들렀을 때 이지에게 증정받은 것으로 추정된다.

74) 당시 하심은은 무창의 감옥에 수감된 상황이었다. 스승이 감옥에 갇히자, 제자는
심정상 차마 그가 있는 방향을 바라볼 수도 없었다. 경정향(耿定向) 같은 고관대
작도 하심은의 어려운 처경을 모른 체하는 마당에 호시중의 의로운 행동은 이지
에게 깊은 감동으로 다가왔던 것이다.

75) 매중승(梅中丞): 매국정(梅國楨)을 가리킨다. 그가 도찰원우첨도어사(都察院右僉
都御史)를 지내던 중 대동(大同)을 순무(巡撫)한 적이 있어 이렇게 부른 것이다.

76) 출가한 사람에겐 딱히 정해진 행로가 없다는 의미를 풀이했다. 찾을 길 없는 시
대의 출로, 사상적인 고민이 함축적으로 배어 있는 시로서 노신의 단편소설 「고
향」(故鄕)의 마지막 대목을 떠올리게 한다. 혹자는 이 시가 매국정이 절강도어사
(浙江道御使)로 부임하기 직전에 지어진 작품이며 대문구(大門口)는 무창(武昌)
을 가리킨다고 풀이하기도 한다.

若有路可走, 還是大門口.

莫誇家裏富, 家富令人醜.
若實到家人[77], 一毫亦無有.


## 첨부: 회림의 회답 게송 懷林答偈附

관아 안에는
없는 것이 없음을 저도 압니다.[78]
다만 바깥에서 가져왔으니
영원히 지켜내긴 어렵겠지요.[79]


亦知都府內, 事事無不有.
只是從外來, 令人難長守.

---

77) 가인(家人): 『주역』 64괘의 하나. 형태는 하리상손(下離上巽)으로 치가(治家)의
도(道)에 대해 논하고 있다. 『역경』「가인」의 "가인은 여자가 정숙해서 이롭다"
(家人, 利女貞.)는 괘사에 대해 공영달(孔穎達)은 소(疏)에서 이렇게 설명한다.
"가인은 괘 이름이다. 집안의 도를 밝히고 온 가족을 바르게 만드는 까닭에 가인
이라 부르는 것이다"(家人者, 卦名也, 明家內之道, 正一家之人, 故謂之家人.)

78) 혹자는 회림이 이 시를 호광좌포정사(湖廣左布政使) 유동성(劉東星)의 관아 혹은
별장에서 지었을 거라고 추측한다. 명대의 포정사는 성(省)의 행정장관으로 한
지역의 재정과 인사를 모두 주관하는 막강한 실력자였다. 때문에 부내(府內)에
머물던 회림은 없는 것이 없다고 표현할 수 있었을 것이다. 매국정은 유동성의
수하이기도 했다.

79) 이 세상 모든 것이 신외지물(身外之物)이니 죽을 때 가져갈 수 있는 것이란 아무
것도 없다. "금과 옥이 온 집안에 가득해도 누가 그것을 지키랴"(金玉滿堂, 誰能
保之.)는 경구를 연상시킨다.

# 운중[80]의 승방에 핀 작약꽃 雲中僧舍芍藥

작약꽃 두 송이가 정원에 피었다고
건물 안의 학승들 논평이 분분하구나.
목탁 두드리다가 잠시 손을 멈추니
바람이 꽃향기를 중생에게 실어 나르네.[81]


피어날 때는 성도 나라도 쓰러뜨릴 자태건만
시들 때는 나무에 기대고 난간에도 의지하네.
너는 단번에 꽃 두 송이 피웠다지만
내가 올 때는 천 산 넘고 만 강을 건넜지.


芍藥庭開兩朶, 經僧閣裏評論.
木魚[82]暫且停手, 風送花香有情[83].


笑時傾城傾國, 愁時依樹凭闌.

---

80) 운중(雲中): 운몽(雲夢). 호북의 운몽 등 일련의 지역과 호남의 동정호 및 그 부
근 일대를 말한다. 혹은 산서의 운중현(雲中縣, 지금의 大同市)을 가리키기도 하
는데, 여기서는 운중현으로 보는 것이 마땅하다.

81) 공부하는 경승(經僧)은 무욕(無欲)의 경계에 도달해야 하는데 꽃 한두 송이에도
마음이 흔들린다면 불가에서 말하는 사욕(私欲)의 유혹에서 아직 벗어나지 못한
것이다. 감각과 감정의 세계를 긍정하는 이지의 인식세계를 엿볼 수 있다.

82) 목어(木魚): 불교의 법기(法器)로 목탁과 딱따기를 일컫는다. 불가에서는 물고기
가 주야로 눈을 감지 않는다고 여겨 나무로 물고기 모양을 깎은 뒤 승려들을 경
계시키는 용도로 사용한다. 종류는 두 가지로서 하나는 둥근 물고기 형상으로 깎
아 경을 읽고 예불을 드릴 때 두드려서 박자를 맞추는 데 쓰고, 다른 하나는 길다
란 물고기 모양으로 조각해 식사나 집회 때 승려들을 불러모으는 용도로 사용한
다. 일명 딱따기(梆)라고도 부른다.

83) 유정(有情): 범어 sattva의 의역. '중생'으로 번역하며, 사람과 감정·의식이 있
는 모든 동물을 가리킨다.

爾但一開兩朶, 我來萬水千山.


## 사룡[84]이 두 손자·약후와 함께 내게 들러 단오떡을 먹다
### 士龍攜二孫同弱侯過余解粽

종자[85] 잎사귀 벗겨내니 단오절 생각나네.
굴원의 죽음 애통해도 멱라수는 묻지 말자꾸나.
기쁘구나, 어진 분들이 음식상 차려주니
덕분에 두 현인이 할 일 많은 줄 알겠네.


원방은 아우가 되기 어렵고
계방도 형이 되기는 어렵네.[86]
이렇게 죽이나 먹으면 될 노릇인데
왜 꼭 태양처럼 드날리려 하는가!


나는 본디 늙어서도 학문을 즐겼다.
그래서 진인[87] 따라 동쪽으로 옮겨왔지.

---

84) 사룡(士龍): 이등(李登). 자세한 사적은 이 책 증보1 「이여진에게 보내는 답장」
(答李如眞)의 역주 참조.

85) 종자(粽子): 찹쌀에 대추나 고기 따위의 소를 넣어 댓잎이나 갈잎에 싸서 쪄먹는
단오 음식. 초나라의 굴원이 강에 투신해 죽은 것을 애도하여 물고기가 그의 시
신을 뜯어먹지 않도록 이 음식을 강물 속에 던진 풍습에서 유래하였다.

86) 출전은 역시 『세설신어』 「덕행」편. "진원방의 아들 장문과 계방의 아들 효선이 각
기 아버지의 공덕을 놓고 다투다 결론을 보지 못하자 할아버지 진태구에게 가서
물었다. 그의 대답은 이러하였다. '원방이 형이라고 하기 어렵고, 계방은 동생이
라 말하기 어렵지'"(陳元方子長文有英才, 與季方子孝先, 各論其父功德, 爭之不能
決, 咨於太丘. 太丘曰: '元方難爲兄, 季方難爲弟.') 이로부터 '원방계방'은 형제가
모두 어질다는 의미의 전고가 되었다.

87) 진인(眞人): 도가와 불가의 용어. 본성을 갈고 닦은 뒤 득도하여 신선이 된 사람이
거나 진리를 깨우친 아라한(阿羅漢)을 일컫는다. 혹은 품행이 단정한 사람, 진실

두 집안에 인재들 나란히 태어나니

저절로 현인들이 늘상 모이는구나.


사주<sup>88)</sup>에는 큰 성인 승가 대사 일컬어지고,

금릉에는 또 원성<sup>89)</sup> 선생 계시네.

그대와 이봉양이 '두 분 이 선생'으로

병칭되는 상황과 얼마나 흡사한가!


解粽正思端午, 懷沙<sup>90)</sup>莫問汨羅!

且喜六龍下食<sup>91)</sup>, 因知二妙<sup>92)</sup>堪多.

---

하여 믿을 만하거나 인정을 아는 사람을 가리키기도 한다. 이 시에서는 후자로 봄이 옳겠다.

88) 사주(泗州): 지금의 안휘성 사현(泗縣). 1912년 주(州)에서 현(縣)으로 바뀌었다.

89) 원성(元城): 유안세(劉安世, 1048~1125). 자는 기지(器之), 위(魏, 지금의 河北 大明) 땅 출신이다. 진사에 합격한 뒤 바로 벼슬길로 나아가지 않고 사마광(司馬光)에게 배웠다. 원우(元祐) 연간 여공저(呂公著)에 의해 정언(正言)으로 천거되었고, 이어 간의대부(諫議大夫)와 추밀도승지(樞密都承旨) 등을 지냈다. 사람됨이 정직하고 직간을 잘 했으며 일을 공정하게 처리해 명망이 높았다. 장돈(章惇)에 의해 남안군(南安郡)으로 방출된 뒤 다시 소부소감(少府小監)으로 강등되었고 세 번째로는 신주별가(新州別駕)로 폄적되어 영주(英州)에 안치되었다. 휘종이 즉위한 뒤 사면을 받아 복직되었으나 채경(蔡京)이 집권하자 연달아 일곱 번이나 쫓겨나 섬주기관(陝州羈管)에 이른 뒤 죽었다. 시호는 충정(忠定), 세칭 원성(元城) 선생이며, 저서로『진언집』(盡言集)이 남아 있다.『송사』권345 ·『송원학안』권20 등에 보인다.

90) 회사(懷沙):『초사』「구장」(九章)의 한 편명.『사기』「굴원가생열전」(屈原賈生列傳)에서는「회사」가 굴원이 멱라수에 빠져 죽기 직전에 지은 절명시이며, 그가 돌을 안고 투신한 이유를 서술했다고 설명한다. 이로부터 '회사'는 충분(忠憤) 때문에 투신하여 의(義)를 죽인다는 전고로 쓰이게 되었다.

91) 육룡하식(六龍下食): 출전은『세설신어』「덕행」편. "진태구가 순랑릉을 방문하는데 가난하고 검소해서 노복이 없었다. 그래서 큰아들 원방에게는 수레를 몰게 하고, 작은아들 계방은 지팡이를 들고 뒤따르게 했으며, 손자인 장문은 아직 어렸기 때문에 수레에 태웠다. 목적지에 다다르자 순랑릉은 셋째 아들 숙자를 시켜 대문에서 그들을 맞게 하고, 여섯째 아들 자명에게는 술을 따르게 했으며, 여덟

元方旣難爲弟, 季方又難爲兄.
如此食糜自可, 何必白日飛昇<sup>93)</sup>!

我本老而好學, 故隨眞人東行.
兩家幷生才子, 自然常聚德星<sup>94)</sup>.

泗州說有大聖<sup>95)</sup>, 金陵亦有元城.
何似維明<sup>96)</sup>與公, 並稱 '二李先生'.

---

아들 중 나머지 여섯 명에게는 식사를 내오게 하였다"(陳太丘詣荀朗陵, 貧儉無僕
役. 乃使元方將車, 季方持杖後從. 長文尙小, 載著車中. 旣至, 荀使叔慈應門, 慈明行
酒, 餘六龍下食.) 육룡은 원래 남의 뛰어난 여섯 아들을 미화해서 부르는 말이지
만, 여기서는 이사룡과 초약후처럼 뛰어난 인물들이 직접 음식을 들고 자신을 방
문한 데 대한 감사의 비유로 쓰였다.

92) 이묘(二妙): 자신이 존경하고 추종하는 두 사람. 여기서는 물론 이사룡과 초약후
를 가리킨다.

93) 백일비승(白日飛昇): 도교에서는 사람이 수련을 해 득도하면 백주에 신선이 되어
하늘로 날아간다고 여긴다. 혹은 하루아침에 현달하여 귀한 신분이 되는 경우를
일컫기도 한다.

94) 덕성(德星): 고대에 경성(景星)이나 세성(歲星)은 복을 관장하는 덕성이라서 나
라에 도(道)와 복(福)이 있거나 현인이 출현할 때 나타난다고 여겼다. 혹은 현사
(賢士)를 가리키기도 한다. 유의경의 『이원』(異苑) 권4에 다음과 같은 대목이 실
려 있다. "진중궁이 모든 아들과 조카를 거느리고 순계화 부자를 만나러 가니, 이
덕분에 당시의 어진 사람들이 한자리에 모이게 되었다. 태사가 상주하기를, '오
백 리 안의 현인이 다 모였습니다'라고 하였다"(陳仲弓從諸子姪造荀季和父子, 於
是德星聚. 太史奏: 五百里內有賢人聚.)

95) 대성(大聖): 완벽한 도덕, 뛰어난 지혜와 능력, 만물의 도에 대한 통찰력을 두루
갖춘 사람을 말한다. 예로부터 제왕·부처·보살의 의미로도 쓰였지만, 여기서
는 당대의 고승 승가(僧伽, 628~710)를 지칭한다. 승가는 서역 사람으로 본성은
하씨(何氏)였다. 고종 때 장안에 왔는데 손에 버들가지를 들고 오·초 지방을 돌
며 때때로 기적을 보였다. 그가 사주에 가람을 짓고 거주하자, 고종은 보광왕사
(普光王寺)라는 현판을 내렸다. 중종 2년(708)에는 내도량(內道場)에서 그를 불
러 불법의 요체를 묻기도 하였다. 훗날 천복사(薦福寺)로 옮겨갔는데, 세상에서
는 그를 관음의 화신으로 불렀다. 이백이 그를 위해 「승가가」(僧伽歌)를 지은 바
있으며, 시호는 증성대사(證聖大師)이다.

칠언절구 七言四句

# 남쪽 연못 南池[97)]

황혼녘, 제수 탑수 나란히 흐르네.
강물 사이로 두보의 연못이 있구나.
늦은 봄날 꽃과 새는 감상할 만하건만
천고에 전할 문장 자신만이 알리라.[98)]


강물은 남지로 흘러들어 옛 비석을 읽누나.
임성[99)]에서 나그네가 된 지금은 어느 때인고?
예전에는 시 짓기가 괴롭기만 했으나
사람마다 경탄하는 두보의 시로 남았네.[100)]


濟濋[101)]相將日暮時, 此間乃有杜陵池.

三春花鳥猶堪賞, 千古文章只自知.

---

96) 유명(維明): 이봉양(李逢陽). 자가 유명, 별호를 한봉(翰峰)이라 하였다. 권3
「정림암기」(定林庵記) 역주 참조.

97) 남지(南池): 지명으로 보이는 남지는 여러 곳이지만 두보와 관련해서는 두 군
데를 들 수 있다. 한 곳은 사천성 낭중현(閬中縣) 서남쪽에 위치한 연못으로 여
기서는 두보가 시 「남지」(南池)를 지었다. 다른 한 곳은 산동성 제녕시(濟寧市)
성안 동남쪽으로 3리 떨어진 연못인데, 여기서는 「임성의 허주부와 함께 남지
에 놀러가다」(與任城許主簿游南池)라는 시를 남겼다. 이 시에서 읊은 남지는 응
당 제녕시 소재의 연못으로 보아야 한다. 아래에 나오는 두릉지(杜陵池) 역시
이 남지를 가리킨다.

98) 두보의 시 「우제」(偶題)의 "문장은 천고에 남을 일, 그 득실은 마음만이 안다"
(文章千古事, 得失寸心知.)는 대목을 연상시킨다.

99) 임성(任城): 옛날 임성현. 지금의 산동성 미산현(微山縣) 서북쪽에 위치했으며,
명대에는 제녕부(濟寧府) 소속이었다.

100) 두보의 시 「강에서 높은 파도를 만나 잠시 단상을 적다」(江上値水如海勢聊短述)
에서 말한 "아름다운 시구에 탐닉하는 성격이라, 표현이 남들을 놀라게 하지 못
하면 죽어서도 쉬지 않으리"(爲人性僻耽佳句, 語不驚人死不休.)라는 경계를 인
용하였다.

水入南池讀古碑, 任城爲客此何時?

從前祇爲作詩苦, 留得驚人杜甫詩.


## 태백루[102] 太白樓


세상사란 진정 물에 뜬 부평초라

금거북이는 술집에서 시름과 바꾸기 좋았구나.

산동을 떠돌던 이백 지금은 어디 있는가?

성 아래서 다만 태백루나 올려보노라.


천보 연간에 정사는 벌써 어지러웠지

이태백이야 취하지 않으면 어찌 견디었겠나?

당시에는 호기가 삼천 발이나 뻗어서

경국지색 미인이란 찬사 양귀비에게 바쳤네.


世事眞同水上浮, 金龜[103]好換酒家愁.

山東李白今何在? 城下唯瞻太白樓.

---

101) 제탑(濟漯): 제수와 탑수. 제수는 연수(兗水)·연수(濟水)·제수(沛水)라고도 부
   른다. 고대의 사독(四瀆, 長江·黃河·淮河·濟水) 중 하나로 황하의 남북 양쪽
   을 포괄한다. 하남의 제원시(濟源市) 서쪽 왕옥산(王屋山)에서 발원하여 하류에
   서 황하로 흘러드는데, 역대로 몇 차례나 물길이 바뀌거나 다른 강에 침탈되어
   그 흐름의 경로는 일정치 않다. 탑수는 일명 탑천(漯川)이라고도 부르며, 하남성
   준현(浚縣)의 황하로부터 갈라져 산동성의 여러 현을 거친 뒤 바다로 흘러든다.
102) 태백루(太白樓): 태백루라는 이름의 정자는 여러 곳에 있지만, 이 시에서는 아래
   의 산동이란 지명으로 보아 산동성 제녕시 성의 남쪽에 위치한 누각을 가리킨다.
103) 금구(金龜): 당나라 때 관리들이 허리에 차던 장식품의 일종. 이백은 「술상 앞
   에서 하지장을 떠올리다」(對酒憶賀監)라는 시의 서문에서 금구를 다음과 같이
   이야기했다. "태자빈객인 하공이 장안의 자극궁에서 나를 한 번 보더니 '귀양온
   신선'이라 부르고 그 당장 금거북이를 풀어 술과 바꿔먹으며 즐겼다"(太子賓客
   賀公, 於長安紫極宮一見余, 呼余爲 '謫仙人', 因解金龜, 換酒爲樂.)

天寶年間事已非, 先生不醉將安歸?
當時豪氣三千丈, 傾國名花贈玉妃.


## 국화를 한탄함 恨菊

선생만 국화를 사랑한 것이 아니어라.
무서리 맑은 날에 국화꽃 홀로 벌어졌구나.
온 뜨락 가을빛 만발해도 보는 사람 없으니
누군가 보내오는 술이나 기다릴까?[104]


不是先生偏愛菊, 淸霜獨有菊花開.
滿庭秋色無人見, 敢望白衣送酒[105]來?

---

104) 세속에 대한 비판이 여실하다. 국화의 결기 있는 자태를 감상하는 사람이 없는
　　현실에서 도연명과 자신을 동일시하며 홀로 국화를 마주한 외로운 심정을 노래
　　했다. 고독한 심경과 고결한 인품이 서로 어울려 한 수 서정의 세계가 창조된
　　것이다.

105) 백의송주(白衣送酒): 진대(晉代)의 왕굉이 하인을 시켜 도연명에게 술을 보낸
　　고사에서 비롯된 성어. 중양절에 친구에게 술을 보내거나 혹은 함께 마시면서
　　국화를 찬미하는 것을 일컫는다. 백의는 원래 평민을 말하지만, 여기서는 특별
　　히 술을 전달하는 하인을 가리킨다. 남조 송대의 단도란(檀道鸞)이 지은 『속진
　　양추』(續晉陽秋) 「공제」(恭帝)에 다음과 같은 고사가 실려 있다. "왕굉이 강주
　　자사를 지낼 때였다. 도잠이 중양절에도 마실 술이 없어 집 가장자리 동쪽 울타
　　리 아래 국화밭에서 손아귀 가득 국화꽃잎만 뜯으며 시름 젖어 앉아 있었다. 오
　　래지 않아 멀리서 어떤 흰옷 입은 사람이 다가오는 모습이 보였는데, 바로 자사
　　왕굉이 보낸 술심부름꾼이었다"(王宏爲江州刺史, 陶潛九月九日無酒, 於宅邊東
　　籬下菊叢中摘盈把, 坐其側. 未幾. 望見一白衣人至, 乃刺史王宏送酒也.)

## 육중학[106]을 애도함 哭陸仲鶴

이십 년 전 이 땅에서 헤어졌었지.
만 리를 달린 돛단배 겹겹의 구름 벗어났네.
지난날 운남에선 그대가 날 좋아하더니
오늘은 백하[107]에서 내가 그대를 추모하네.

해마다 빠지지 않고 편지를 보내와
부평초 같은 떠돌이 내 소식을 물었지.
범식이 산양에서 아직 해몽을 못했으니
늙은 내가 어떻게 문상 길 재촉하겠나!

二十年前此地分, 孤帆萬里出重雲.
滇南[108]昔日君憐我, 白下今朝我哭君.

歲歲年年但寄書, 草萍消息竟何如?
巨卿[109]未解山陽夢, 垂老那堪策素車[110]!

---

106) 육중학(陸仲鶴): 육만해(陸萬垓). 자는 천부(天溥), 호는 중학이며, 절강의 평호현(平湖縣) 사람이다. 융경(隆慶) 2년(1568)의 진사로 일찍이 남경형부원외랑(南京刑部員外郎)·운남병순부사(雲南兵巡副使)·복건순안사(福建巡按使)·산서우포정(山西右布政)·강서순무(江西巡撫) 등의 관직을 역임했는데, 이지와는 남경의 형부에 재직하던 동안 교분을 맺게 되었다. 『신종실록』(神宗實錄) 권325의 만력 26년 8월 그가 병으로 사직했다는 기록으로 추정하건대, 이 시가 씌어진 시점은 아마도 1598년경인 듯하다.

107) 백하(白下): 지금의 남경. 원래는 강소성 강녕현(江寧縣) 서북방에 백하성(白下城)이 있어 그곳을 가리키는 지명이었다. 하지만 당대 무덕(武德) 연간 백하성을 금릉(金陵)으로 옮기면서 이곳이 백하가 되었다.

108) 전남(滇南): 운남성의 별칭.

109) 거경(巨卿): 한대의 범식(范式). 일명 사(汜), 자는 거경으로 산양(山陽)의 금향(金鄕) 사람이다. 젊어서 태학에 들어가 여남(汝南)의 장소(張劭)와 벗이 되었다. 벼슬을 포기하고 귀향한 이 년 뒤에 서로 만나기로 약속했고 정해진 날짜에

# 중양절, 평상[111]에서 九日坪上

새처럼 훨훨 날아 어디든 깃들다보니
금년 중양절은 산서에서 보내는구나.
태항산[112]은 높이 올라 조망하는 장소라네
국화꽃 없더라도 술병은 끼고 가야지.

평상에 꽃은 없어도 술 살 돈은 있구나
술 사서 취한 김에 선의 세계로 도망가볼까?
만약 취중의 아취 모르겠다 말하면
평상에 올라 하늘에 대고 물어봐도 좋으리!

몸은 타향에 있어도 고향이 그립지 않더니
유유히 흐르는 구름에 마음 못내 울적하오.
친구가 가을날 변방의 소식 물어오면

---

맞춰 친구 집에 찾아갔다고 한다. 훗날 범식은 산양의 공조(功曹)가 되었는데
꿈속에서 장소가 죽었다는 예감이 들자 먼 길을 달려가 조문하고 백 일 동안 무
덤을 지켜 생사를 초월한 우정의 전범이 되었다. 원대 궁천정(宮天挺)의 희곡
『사생교범장계서』(死生交范張鷄黍)는 이들의 우정을 주제로 한 작품이다.

110) 소거(素車): 고대에 장례를 지낼 때 사용하던 수레. 백토를 발라 하얗게 칠했기
　　때문에 붙여진 이름이다. 여기서는 범식이 장소의 장례식에 참석하기 위해 타고
　　간 흰 수레에서 빌려온 상징이다. 장소가 죽은 뒤 범식은 말을 달렸지만 미처
　　당도하기 전에 발인이 시작되었다. 상여가 무덤에 도착하고 하관이 시작되었지
　　만 이상하게도 관이 움직이지 않았다. 그렇게 한참을 멈추어 있는데 멀리서 흰
　　수레와 흰 말이 울면서 달려오는 모습이 보였다. 장소의 어머니는 이 광경을 보
　　고 "이는 분명 범거경이다" 하고 말했다. 범식이 상여를 운구하는 삼줄을 잡고
　　인도하자 관은 비로소 앞으로 나아갔다. 『후한서』 「독행전(獨行傳)·범식(范
　　式)」편에 보이는 이야기이다.
111) 평상(坪上): 석성산(析城山) 꼭대기. 지금의 산서성 양성현(陽城縣) 서남쪽에
　　위치하였다.
112) 태항산(太行山): 일명 오행산(五行山), 혹은 태형산(太形山)이라고도 부른다.
　　산서, 하남, 하북의 세 성에 걸쳐 경계가 연이어 있다.

햇빛 내리쬐는 평상에서 술이나 찾으련다.


如鳥飛飛到處棲, 今年九日在山西.
太行正是登高處, 無菊亦應有酒攜.


坪上無花有酒錢, 謾將沽酒醉逃禪[113].
若言不識酒中趣, 可試登高一問天[114]!


身在他鄉不望鄉, 閒雲處處總凄涼!
故人若問涼邊事, 日射坪田索酒嘗.


## 섣달 그믐의 사찰 풍경 除夕道場卽事


뭇 승려들 일제히 아미타불 합창하는데
나는 세상 끝에서 또 한 해를 보내는구나.
내일 아침이면 어느덧 일흔한 살,
칠십 평생 벌써 어그러진 줄 누가 알리오!


평상에서 만난 친구 정리가 두터워라

---

113) 도선(逃禪): 선계(禪戒)로 달아나는 것. 두보의 시 「음중팔선가」(飮中八仙歌)의
    "취한 김에 종종 선으로 달아나길 좋아했지"(醉中往往愛逃禪)라는 구절에 대해
    구조오(仇兆鰲)는 이렇게 주를 달았다. "도선은 묵적이나 양주에게 도망간다는
    말과 마찬가지이다. 이는 도망쳐 나가는 것이지 도망쳐 들어온다는 말이 아니
    다"(逃禪, 猶云逃墨逃楊, 是逃而出, 非挑而入.)
114) 문천(問天): 심중의 울분이나 억울함을 하늘에 대고 호소하는 행위. 왕일(王逸)
    은 『초사』 「천문」(天問)의 서문에서 문천에 대해 다음과 같이 말했다. "「천문」은
    굴원의 작품이다. 어째서 문천이라고 말하지 않았을까? 하늘은 존귀하여 물을
    수가 없기 때문에 천문이라 말한 것이다"(「天問」者, 屈原之所作也. 何言問天?
    天尊不可問, 故曰天問也.)

지인[115]이 날 위해 비로자나불께 공양드리네.
등불 켜고 석탄 때서 태양처럼 불빛 이글거리니
나그네 고달픈 밤도 쉽사리 넘어가네.

백발이 무참해도 어찌할 수 없어라
가련타, 섣달 그믐날 마장[116]에 얽혔구나.
봄바람 열흘만 불어 얼음이 녹으면
심수 물결은 예전처럼 하염없이 흐르겠지.

衆僧齊唱阿彌陀, 人在天涯歲又過.
但道明朝七十一, 誰知七十已蹉跎!

坪上相逢意氣多, 至人爲我飯樓那[117].
燒燈熾炭紅如日, 旅夕何愁不易過!

白髮催人無奈何, 可憐除夕不除魔!
春風十日氷開後, 依舊長流沁水波.

---

115) 지인(至人): 사상이나 도덕적 수양에 있어 가장 높은 경계에 도달한 사람. 도가
    에서는 세속을 초월하여 무아의 경계에 다다른 사람을 일컫기도 한다.
116) 마장(魔障): 범어 māra의 음역. 수신(修身)에 있어서의 장애물이나 재난을 가
    리킨다.
117) 루나(樓那): 비로사나(毘盧舍那) 혹은 비로자나불(毘盧遮那佛)의 준말. 누지불
    (樓至佛)이라고도 하며, 바로 대일여래(大一如來)를 가리킨다. 일설에는 법신불
    (法身佛), 즉 부처의 진신(眞身)에 대한 존칭이라 하지만 일치된 견해는 아니
    다. 연화장 세계에 살면서 그 몸이 이사무애(理事無碍)의 법계(法界)에 두루 차
    크나큰 광명을 내비춤으로써 중생을 제도한다는 부처이다.

## 폐관[118] 閉關

문이 잠겼으니 너는 마침 참선 중이라,
선방의 주인 노릇 마치고 손님이 되었네.
어쩔 수 없는 속세의 정 아직 다하지 않았어라
여전히 문 열고 나가 새해를 맞이하네.


閉關正爾爲參禪, 一任主人到客邊.
無奈塵心[119]猶不了, 依然出戶拜新年.


## 원소절 元宵

정월 대보름은 정말 서글픈 밤이다
외로운 등불 마주하고 적막 가운데 앉았구나.
재계하고 들어앉아도 양성[120]이 되진 않아라
노여움 몇 번이나 눈보라에 휘감겨 뒹구네.


元宵眞是可憐宵, 獨對孤燈坐寂寥.
不是齋居[121]能養性, 嗔心幾被雪風搖.


---

118) 폐관(閉關): 선방에서 수행하는 승려가 일정 기간 문을 걸어 잠그고 아무와도
    만나지 않는 것.
119) 진심(塵心): 명리를 탐내는 속된 마음.
120) 양성(養性): 도사가 수행하는 방법의 일종. 조용한 방에서 좌우를 물리치고 정
    신을 맑게 해 잡념을 가라앉히는 것을 말한다. 입정(入靜)이라고도 부른다.
121) 재거(齋居): 재계한 뒤 따로 거처하는 것. 혹은 집안에 틀어박혀 한거하는 상황
    을 일컫기도 한다.

## 곡! 회림 哭懷林

남쪽에서 날아온 소식 차마 들을 수 없어라
억장 무너지는 용퇴[122] 땅에 노을이 깔린다.
그날 병든 몸을 부둥켜안고 떠나갔지만
날아든 편지는 벌써 깨알 같은 문장이었네.

나이도 젊고 재주 또한 자랑할 만했거늘
잠시 못 본 사이 하늘 저 끝으로 가버렸네.
어찌하여 날 버리고 먼저 돌아가
초나라 구름이 되고 노을로도 뿌려지느냐.

꿈에서 만났더니 아직도 할 말 진진하여
예전에 병들어 떠난 일 깜빡 잊어버렸다.
그대 육신 바람과 불 따라 흩어진 다음에도
보낸 편지는 가을 옷 부쳐달란 당부였네.

나이 늘그막에 몸을 대동에 두었다
나 오늘은 젊어서 죽은 그대를 곡하노라.
생사를 건너뛴 우정 하늘만큼 거대하니
음악이 어찌 이 마음 그려낼 수 있으랴!

南來消息不堪聞, 腸斷龍堆日暮雲!
當日雖然扶病去, 來書已是細成文.

---

122) 용퇴(龍堆): 호남성 악양현(岳陽縣)의 남쪽에 있는 지명. 일명 금사주(金沙洲)
라고도 부른다.

年少才情亦可誇, 暫時不見卽天涯.

何當棄我先歸去, 化作楚雲散作霞.


夢中相見語依依, 忘却從前抱病歸.

四大[123]皆隨風火散, 去書猶囑寄秋衣.


年在桑楡[124]身大同, 吾今哭子非龍鍾[125].

交情生死天來大, 絲竹[126]安能寫此中!


## 진양[127] 회고 晋陽懷古

분하[128] 강물 터지자 조나라는 벌써 갈라졌는데

맹담[129]은 몰래 나가 삼군을 이간질시켰네.

어찌하여 지백[130]이 패망한 다음에

---

123) 사대(四大): 흙(地)・물(水)・불(火)・바람(風). 불교에서는 인체와 우주를 이루고 있는 원소가 바로 이 '사대'라고 여긴다.

124) 상유(桑楡): 해가 떨어질 때는 빛이 뽕나무와 느릅나무 가지의 끝에 걸린다고 하여 '상유'는 일몰이나 어떤 일의 마지막 단계를 가리킨다. 보통 만년이나 노경을 비유하는 말로 쓰인다.

125) 용종(龍鍾): 늙고 쇠약하여 행동이 불편한 모습, 곧 늙은이를 가리킨다.

126) 사죽(絲竹): 현악기와 관악기의 총칭, 즉 음악을 말한다.

127) 진양(晋陽): 지금의 산서성 태원시(太原市)의 별칭.

128) 분하(汾河): 산서성의 분수(汾水). 강물의 중류는 청서현(淸徐縣)에서 개휴현(介休縣)까지 흐르며 하류에서 황하로 흘러든다.

129) 맹담: 장맹담(張孟談). 전국시대 조나라 사람으로 조양자(趙襄子)의 가신이었다. 지백이 한(韓)・위(魏)와 결탁하여 조나라를 토벌하려 하자, 조양자는 맹담을 불러 이를 상의하였다. 맹담은 조양자에게 진양에서 지백을 맞아 대응하라고 시키는 한편 한・위를 설득하여 함께 지백을 토벌하고 그 땅을 나눠 갖는 계책을 냈다.

130) 지백(智伯): 순요(荀瑤). 일명 지백(知伯), 지씨(知氏) 혹은 지양자(知襄子)라고도 부른다. 춘추시대 진(晉)나라 육경(六卿)의 하나로 기원전 472년 진의 군대를

고사[131]는 전공도 없이 으뜸으로 논해졌는고?


水決汾河趙已分, 孟談潛出間三軍.

如何智伯破亡後, 高赦無功獨首論?



# 안문[132]을 지나며 過雁門

관문 수비는 병사 하나로 충분하다 말하네

옛 사람들 일찍이 여기서 흉노를 막아냈었지.

지금은 흉노족 추장이 제 발로 찾아와 굽실대니

옛날처럼 이목[133]이 지휘할 필요도 없구나.

---

거느리고 제나라를 정벌해 패퇴시켰다. 조앙(趙鞅)과 범씨(范氏)·중행씨(中行
氏)가 서로 싸울 때 그는 조앙을 지지하여 범씨와 중행씨를 축출하고 그 땅을
나눠 가졌다. 얼마 후에는 진의 출공(出公)을 축출하고 교(驕)를 임금으로 세우
는 등, 사경(四卿) 가운데 세력이 가장 막강해져 정사가 모두 그의 손에서 결정
되었다. 또 한·위를 거느리고 조나라를 공격해 조양자를 진양에서 포위하였다.
그런데 조앙은 도리어 한·위와 연합해 지백을 공격해 살해하고 그 땅을 나눠
가졌다. 『좌전』「애공」(哀公) 23년과 27년조에 보인다.

131) 고사(高赦): 춘추시대 진(晉)나라 사람. 지백이 진양에서 조양자를 포위해 공격
할 때 조양자를 모셨다. 나중에 포위가 풀리고 조양자가 공을 세운 사람 다섯에
게 상을 줄 때, 고사는 맨 첫 번째에 올랐다. 의아하게 여긴 맹담이 이유를 묻
자, 조양자의 대답은 다음과 같았다. "나라와 사직이 위태롭고 과인이 우환에
빠졌을 때 과인과 교류하며 군신의 예를 잃지 않은 자는 고사뿐이었다. 이 때문
에 나는 그를 으뜸으로 생각한다네"(寡人之國危社稷始, 身在憂約之中, 與寡人
交, 而不失君臣之禮者, 惟赦, 吾是以先之.) 『여씨춘추』「의상」(義賞)편에 실린
일화이다.

132) 안문(雁門): 지금의 산서성 대현(代縣) 서북쪽 안문산에 있는 안문관(雁門關).
안문산은 주산(注山), 형령(陘岭), 서형산(西陘山)이라고도 부른다.

133) 이목(李牧): 전국시대 조(趙)나라의 장군. 대안문(代雁門)에 상주하며 흉노를
지켰다. 날마다 군사를 훈련시키며 기회를 엿보다 흉노를 대파하니, 그 뒤로는
흉노가 십 년 동안 국경을 넘보지 못했다. 그는 또 진(秦)의 군대를 대파하여 무
안군(武安君)에 봉해지기도 하였다. 진은 이 때문에 골치를 앓다가 조왕의 총신

천 금의 보검은 칼날 벼린 적 없으니
허위허위 관문에 올라도 감개가 무량하다.
관문 아래 사람들은 진정한 기상을 칭송하오만
요새를 지키는 병사는 흘러간 청춘을 이야기하네!

盡道當關用一夫, 昔人曾此扞匈奴.
如今冒頓[134]來稽顙[135], 李牧如前不足都.

千金一劍未曾磨, 陡上關來感慨多.
關下人稱眞意氣, 關頭人說白頭何!

## 상간[136]을 가로지르며 渡桑間

사람을 만나도 나의 출신지 묻지를 않는다
병주[137]에서 이틀만 자면 바로 우리 마을이구나.

---

곽개금(郭開金)에게 뇌물을 주고 이목이 모반을 꾀하려 한다고 무고를 시켰다. 조왕이 이목을 참수하자 진은 곧 군대를 일으켜 조나라를 멸망시키고 말았다.
134) 묵돌(冒頓): 서한 초기의 흉노족 선우. 성은 연제(攣鞮). 진(秦) 이세(二世) 원년에 아버지를 죽이고 자립하여 군정(軍政) 제도를 건립하였다. 이후 동으로 동호(東胡)를 멸망시키고, 서쪽으로 월지(月支)를 내쫓았으며, 북으로는 정령(丁零), 남으로는 누번(樓煩)과 백양(白羊)을 정복하며 한의 변방을 빈번히 침범해 소란을 피웠다. 이 시에서는 묵돌처럼 강성한 오랑캐 추장을 가리키는 말로 쓰였다.
135) 계상(稽顙): 무릎을 꿇고 이마가 땅바닥에 닿게 하는 큰절. 최고의 존경과 복종을 나타내는 의례이다.
136) 상간(桑間): 지금의 하남성 복양현(濮陽縣) 서남부 일대로 상중(桑中)이라고도 한다. 일설에는 하남성 기현(淇縣)의 변방을 지칭한다고도 하지만, 문맥으로 보아 이 시에서는 상건(桑乾)의 오기인 듯하다. 상건하(桑乾河)는 산서와 하북의 서북부를 흐르는 영정하(永定河)의 상류인데, 오디가 익을 때쯤 강물이 마른다는 전설 때문에 이런 이름이 붙었다고 한다.

내일 상간을 가로질러 건너서
두 여정만 더 가면 매형상을 만나겠네.


逢人勿問我何方, 信宿幷州卽我鄕.
明日桑間橫渡去, 兩程又見梅衡湘.


## 처음으로 운중에 와서 初至雲中

날마다 석장에 의지하니 영락없는 늙은 중 행색
산 빛깔 아득히 멀고 나무들 층층이 우거졌구나.
대문 벗어나 사람들 말소리 달라진 줄 느끼자
어느덧 몸은 정말 백등산[138]에 이르렀구나.


錫杖朝朝信老僧, 蒼茫山色樹層層.
出門祗覺音聲別, 不審身眞到白登.


## 두 선객[139]에게 贈兩禪客

맹상군 문하의 삼천 식객 중에서

---

137) 병주(幷州): 고대 구주(九州)의 하나. 대략 하북의 보정(保定), 산서의 태원과
    대동 일대에 해당한다. 전설에 따르면 우(禹)가 홍수를 다스릴 때 권역을 구주
    로 나눴다고 하는데, 병주의 위치에 대해서는 『주례』「하관(夏官)·직방씨(職方
    氏)」에 다음과 같은 기록이 보인다. "정북쪽을 일컬어 병주라 하였고, 그 중심이
    되는 산은 항산이며, 그 대표적인 연못은 소여기라 부른다"(正北曰幷州, 其山鎭
    曰恒山, 其澤藪曰昭余祁.)
138) 백등산(白登山): 산서성 대동시 동쪽에 위치한 산 이름.
139) 선객(禪客): 불교용어. 선가(禪家)의 사원에서는 미리 말 잘하는 재주꾼을 선택

개구멍받이 도둑놈과 닭 울음 흉내꾼이 가장 귀엽네.

진나라 관문 벗어나 무사히 돌아간 다음에야

두 사람이 참선의 도리 깨친 줄 알게 되었지.[140]


孟嘗門下客三千, 狗盜鷄鳴絶可憐.

自脫秦關歸去後, 始知二子會參禪.


# 윗 절의 편지를 받고 得上院信


세상사 유래야 논할 수가 없느니,

모욕을 참고 피안에 닿는 이것이 진리라네.

오늘 아침 용호에서 보낸 편지 받고서

당장에 사미승 불러 물 길어 데우라 분부했지.


世事由來不可論, 波羅[141]忍辱[142]是玄門[143].

今朝接得龍湖信, 立喚沙彌取水焚.

---

해서 속세인이 설법을 청할 때 설법자와 더불어 문답을 주고받게 하는데, 이를 선객이라고 부른다. 혹은 참선하는 승려 일반을 가리키기도 한다.

140) 개구멍을 드나드는 좀도둑과 닭 울음 흉내의 재간꾼은 사람들이 가장 멸시하던 존재였지만, 그들만이 난관에 처한 맹상군을 도울 수가 있었다. 선(禪)의 방식은 다양하니, 이들이 지닌 도성(道性)이며 지혜를 어찌 무시할 수 있을 것인가! 아무리 하찮은 존재며 기예(彫蟲小技)라도 결국은 다 쓸모가 있는 것이다.

141) 바라(波羅): 바라밀(波羅密)의 준말. 범어 Pāramitā의 음역으로 피안에 도착한다는 뜻이다. 차안(此岸, 生死岸)으로부터 피안(彼岸, 涅槃·寂滅)으로 건너가는 것을 의미한다.

142) 인욕(忍辱): 범어 Kṣānti의 의역으로 육바라밀의 하나이다. 모든 모욕과 번뇌를 참고 견뎌 노여움과 원망이 없는 상태에 도달하는 것을 말한다.

143) 현문(玄門): 현묘한 법문(法門), 즉 불법(佛法)을 가리킨다. 때로는 불교를 지칭하기도 하고, 높고 깊은 경계를 일컫는 용어로도 쓰인다.

## 다시 산사에 와 마백시[144]에게 준 시 重來山房贈馬伯時

산 속의 집을 떠난 지 어느덧 십 년이라
직접 심었던 대나무 하늘을 찌르게 자랐구나.
예전에는 젊은이로 그대가 유일했었지
어느 쪽으로 산을 본들 서글프지 않으랴!


一別山房便十年, 親栽竹篠已參天.
舊時年少唯君在, 何處看山不可憐!



## 삼진[145]으로 통하는 옛 길 古道通三晉

황하는 멀리 흰 구름 사이로 펼쳐졌는데
저 산보다는 차라리 하늘에 오르기가 쉽겠다.
그 누가 삼진으로 통하는 옛 길을 말했던가?
지금 사람 눈에는 태항산만 보일 뿐이로구나.[146]


黃河遠綴白雲間, 我欲上天天不難.
三晉誰云通古道, 人今唯見太行山.

---

144) 마백시(馬伯時): 마봉양(馬逢暘). 자가 백시이고, 금릉 사람이다. 권3 「정림암기」(定林庵記) 역주 참조.
145) 삼진(三晉): 춘추시대에 조(趙) · 위(魏) · 한(韓) 삼가(三家)는 모두 진(晉)나라를 섬기는 경(卿)이었다. 그런데 전국에 이르자 위 문후 사(魏文侯斯) · 조 열후 적(趙列侯籍) · 한 경후 건(韓景侯虔)이 진을 삼등분해 나라를 세웠고, 이를 삼진이라 부르게 되었다. 대체로 지금의 산서 · 하남 · 하북의 서남방 지역으로 태행산 일대에 해당한다.
146) 이지의 역사비판의식이 돋보이는 시. 고서에는 삼진으로 통하는 길이 있다고 기록되어 있는데, 막상 그곳에 닿고 보니 까마득한 높이의 태항산이 눈앞을 가로막는 현실이었다. 거짓으로 점철된 옛 역사책을 비꼰 내용의 시라 하겠다.

## 중주[147] 여행의 첫 번째 일정 中州第一程

노정에 보이는 표지마다 사람 무참하게 만드네
그 심정 그대로 중원 제일의 누각에 올랐노라.
태항산이 버티며 수레 갈 길 가로막지만
천 년 동안 사람들마다 산꼭대기에 올랐지.[148]


程程物色使人羞, 同上中原第一樓.
太行雖有摧車路, 千載人人到上頭.


## 영사시[149] 詠史

형경은 원래 연 태자 단을 알지 못했네
다만 전광을 위해 죽음의 고난 무릅썼을 뿐.
비분강개한 슬픈 노래 축으로 장단 맞추니
찬바람 불던 역수는 지금도 싸늘하겠지.


후영이 진나라 군대 물리칠 계책을 세우니
신릉군은 병부를 뺏고 성을 나와 출정하였다.
공을 이룬 상객 마침내 죽고자 결심하니
후영이란 그 이름 천추만대에 빛나리라.

---

147) 중주(中州): 예주(豫州, 지금의 하남성 일대). 구주의 한가운데에 위치했다고
하여 중주라고 불렀다.
148) 중주는 중화 문명의 발원지이지만 지금은 영락해버린 현실을 개탄하고 있다. 이
시에서 말하는 중주 제일의 누각은 영희루(營戲樓)인데, 그 역시 이지의 눈에는
퇴락한 모습일 뿐이었다. 앞의 시 「삼진으로 통하는 옛 길」에 이어 자유로운 운
행이 어려운 태항산의 존재를 묘사하고 있다.
149) 이 시에 얽힌 전고는 권5 「왕안석의 견식」(王安山)에서 자세히 설명하고 있다.

병부를 합쳐본 진비가 진위를 의심하자
주먹 날리고 철퇴 휘두른 백정이 있었네.
주해는 신릉군 문객이 아닌 줄 알았기에
후영은 바람 맞으며 목을 찔러 그들을 전송했지.


荊卿原不識燕丹, 祇爲田光一死難.
慷慨悲歌唯擊筑, 蕭蕭易水至今寒.


夷門畫策却秦兵, 公子奪符出魏城.
上客功成心遂死, 千秋萬歲有侯嬴.


晉鄙合符果自疑, 揮鎚運臂有屠兒.
情知不是信陵客, 刎頸迎風一送之.


## 각기[150] 却寄


지팡이 떨쳐 짚고 강남으로 떠났으니
얼마 동안은 웃고 떠들 도리가 없구나.
차라리 파수밀[151]씨 여인을 선망하며

---

150) 각기(却寄): 부사어. 일시적인 감상을 기탁한다는 뜻으로 잠시 혹은 당분간이란
   의미의 '권차'(權且)와 동의어이다. 본래는 그럴 의도가 없었는데 잠깐의 수상
   (隨想)에서 시가 저절로 흘러나온 상황을 말한다.

151) 파수밀(婆須蜜): 범어 Vasumitrā의 음역. 파수밀다(婆須蜜多) · 벌소밀달라(筏
   蘇蜜呾羅) · 화수밀(和須蜜)로도 표기하며, 세우보살(世友菩薩)의 범어식 이름
   이다. 천우(天友)라고도 한다. 부처가 돌아가시고 사백여 년 뒤에 나타난다는
   보살로 화엄(華嚴)의 53지식(知識) 가운데 23번째에 해당한다. 원래는 험난국
   (險難國) 보장엄성(寶莊嚴城)의 음녀(婬女)라고 하는데 선재동자(善財童子)의
   말을 듣고 중생이 심법(深法)을 일으키는 곳에서 죽고자 하였다. 『화엄경』 권67
   에 보인다.

석가모니 부처님 만날 발원이나 드리련다.

바리때 챙겨 돌아온 뒤에도 참선은 되지 않고
아스라이 들리는 고담준론, 되려 눈물이 솟구치네!
지금 세상 사나이들 아는 것이 얼마나 될까?
하나같이 벼슬만 높으면 신선이라 말하네.

눈보라 따라 온 천지에 백설 흩날리더니
점점이 핀 붉은 꽃은 물방울 머금은 매화로다.
문 앞에 수레 매였다고 부자라 뻐기지 말라
두견새는 어느새 벌써 봄을 불러왔구나.

들리는 소리마다 자기 자신을 일깨우네
삶과 죽음은 산 같은데 속세는 꼼짝을 않는구나.
관음보살 뵙고 싶다면 지금의 네가 관음이니라
연꽃은 원래 꽃을 닮은 사람에게 속하나니.[152]

一廻飛錫下江南, 咫尺[153]無由接笑談.
却羨婆須蜜氏女, 發心猶願見瞿曇.

持鉢來歸不坐禪, 遙聞高論却潸然!
如今男子知多少, 盡道官高卽是仙.

---

152) 너의 본신(本身)이 연꽃처럼 아름다우면 정과(正果)를 얻게 된다는 불교의 이치
를 깨우쳐주고 있다. 또 관음이 바로 너라는 대목은 "나다니는 모든 사람이 성
인"(滿街都是聖人)이란 이지의 지론을 환기시킨다.

153) 지척(咫尺): 주나라 제도에 8치(八寸)는 지(咫), 10치는 척(尺)이라고 불렀다.
보통 아주 가까운 거리나 협소한 장소, 짧은 시간, 보잘것없어 말할 가치가 없
는 것 따위를 형용하는 말로 쓰인다.

盈盈細抹隨風雪, 點點紅粧帶雨梅.

莫道門前馬車富, 子規[154]今已喚春回.


聲聲喚出自家身, 生死如山不動塵[155].

欲見觀音今汝是, 蓮花原屬似花人.


# 양봉리의 섭산[156] 도착을 기뻐하며 喜楊鳳里到攝山

십 년 동안 서로를 형제처럼 지켰더니

헤어지고 삼 년이 한 세상 지난 듯 까마득하이.

오늘에야 강물 따라 다시 찾아왔는데

산사는 외로운 구름과 야생 학만 지키고 있네.


용호의 이별 회상하니 겨우 얼마 전인데

하늘이 눈발 흩뿌려 눈썹과 수염 하얗게 물들였네.

자네 이제 다시금 용호에서 돌아왔지만

희끗해진 귀밑머리야 본인이 먼저 알겠지.


十年相守似兄弟, 一別三年如隔世.

今日還從江上來, 孤雲野鶴在山寺.

---

154) 자규(子規): 두견새의 별칭. 전설에 촉(蜀)의 황제 두우(杜宇)의 혼백이 변신한
새라고 하며 항상 밤에만 운다. 소리가 처량해서 흔히 비고애원(悲苦哀怨)한 심
정을 펼치는 데 차용된다.

155) 진(塵): 세속 혹은 속세. 은자(隱者)일 경우에는 벼슬길을 일컫는다. 불교에서
는 인간세상을 일러 '진'이라 하고, 도가에서는 일세(一世)를 일진(一塵)이라
부른다.

156) 섭산(攝山): 지금의 강소성 남경시 동북쪽에 위치한 서하산(栖霞山).

憶別龍湖才幾時, 天涯霜雪淨鬚眉.

君今復自龍湖至, 鬢裏有絲君自知.


# 산에서 약후의 낙방 소식을 듣고 山中得弱侯下第書

말릉[157] 사람 떠나가 서울에서 노닐었지만
수후의 구슬 또다시 어둠 속에 던져졌구나.
어젯밤 산 앞에 뇌성벽력 몰아치기에
그대에게 한 자 적어 황주[158]로 보낸다.


秣陵人去帝京遊, 可是隋珠[159]復暗投.

昨夜山前雷雨作, 傳君一字到黃州.


# 주선생과 함께 동룡[160]의 매화를 감상하다 同周子觀洞龍梅

꽃 한 가지 비스듬히 오래된 성벽 동쪽에 걸쳤네

---

157) 말릉(秣陵): 지금의 강소성 강녕현(江寧縣, 東山鎭) 남쪽 말릉진(秣陵鎭). 이 시
    의 주인공, 즉 진사시에 또다시 낙방한 초약후의 고향이다.

158) 황주(黃州): 지금의 호북성 황주시.

159) 수주(隋珠): 수후지주(隋侯之珠). 전설에 나오는 야광주로 진귀한 보물을 비유
    한다. 『회남자』「남명훈」(覽冥訓)과 간보(干寶)의 『수신기』(搜神記) 권20에 의
    하면, 수후가 길을 가다가 상처를 입은 큰 뱀을 보고 약을 발라주었다. 뱀은 일
    년 뒤 아가리에 구슬을 물고 같은 자리에 나타나 수후에게 은혜를 갚았는데, 구
    슬의 지름은 한 치가 넘고 순백색이었으며 밤에도 빛을 발해 흡사 달빛처럼 방
    안을 훤히 비췄다. 수후주(隋侯珠)·영사주(靈蛇珠)·명월주(明月珠) 등 여러
    가지 명칭으로 불린다.

160) 동룡(洞龍): 동룡서옥(洞龍書屋)을 가리킨다. 처사(處士) 오소우(吳少虞)가 강
    학하던 곳으로 황안(黃安)의 현성에서 남쪽으로 12리 떨어진 사마산(似馬山)

호호백발 늙은이가 그대를 만나 동룡에 나갔지.
꽃들이 앞다퉈 웃음 던져도 탓할 수는 없겠다
주랑이 어젯밤 이 산에 들어왔거든.[161]


一枝斜倚古垣[162]東, 白首逢君出洞龍.
莫怪花神爭笑語, 周郎昨夜此山中.


## 호숫가에 무리지어 핀 매화꽃 湖上紅白梅盛開戲題

봄날 설레는 마음은 한가한 사람 것이로구나
붉고 흰 꽃 어우러져 눈길 자주 끌어당기네.
꽃망울 막 터지는데 그대는 예전보다 늙었고
꽃구경하는 이도 심은 사람은 아니로구나.


始知春意屬閒身, 紅白相將入望頻.
才到開時君又老, 看花不是種花人.


---

기슭에 위치하였다. 이지가 경정향의 천와서원(天窩書院)에 머물 무렵, 그 저서
의 절반은 이곳에서 지어졌다는 기록이 동치(同治) 연간의 『황안현지』(黃安縣
志)에 실려 있다. 아래 시에서 말하는 그대는 응당 오소우를 가리킨다고 보아야
할 것이다.

161) 백발이 허연 내가 화사한 빛깔의 매화를 보러 동룡에 나갔다는 대목에서 선명히
떠오르는 색깔의 대비를 볼 수가 있다. 주랑은 이지를 찾아온 손님으로 주사구
(周思久)를 가리키지만, 한편으로는 미남자로 유명한 『삼국지』의 주유(周瑜)를
연상시킨다. 이러한 아취는 시가 창작의 기본이겠지.

162) 고원(古垣): 목란고성(木蘭古城). 『황안부지』(黃安府志) 권3 「황안현고적」(黃安
縣古迹)에 남제(南齊) 때 건립된 성이라고 설명되어 있다.

## 주산인[163]에게 贈周山人

사나이 기상 온 세상에 떨치라고 말하지 말라
점 쳐주고 백 푼을 받으니 가난 걱정이 없구나.
지금 당장 황매[164]로 길 떠나려 한다면
누가 열 냥이나마 내게 던져주겠나?[165]

謾道男兒四海身[166], 百錢賣卜不愁貧.
卽今欲上黃梅路, 誰把十金抛與人?


## 모란꽃 필 제 牡丹時

모란은 이제 겨우 꽃망울 벌어지는데
작약꽃은 오래 전부터 활짝 피었네.
하지만 산중이라 찾는 사람 없으니
꽃 피고 지는 일 끝내 아무도 몰라라.

---

163) 산인(山人): 원래는 산 속에 은거한 처사 혹은 도사 등을 가리키지만, 이 시에서는 팔괘를 벌이고 운명을 점치는 술사를 일컫는다. 이지와 동시대 사람인 황극매(黃克梅)에게 「광릉으로 가는 산인 주문미를 전송하다」(送周山人文美之廣陵)라는 시 1수가 있는데, 이 시의 주산인과는 동일인인 듯하다.

164) 황매(黃梅): 황매현. 지금의 호북성 황매현 서북방에 위치했다.

165) 주산인의 호의를 입고 감사한 마음을 읊었다. 누구도 자신을 돌아보지 않는 가운데 주산인만은 점을 팔아 번 푼돈의 복채를 쾌척하는 은혜를 베푼 것이다. 가난해도 걱정 없이 사는 주산인의 넉넉한 마음을 찬미한 시라 하겠다.

166) 사해신(四海身): 사해는 본래 온 천하라는 뜻으로, 사람의 기상이 크고 성격이 호탕하며 교류가 매우 넓은 것을 비유한다. 신(身)은 품덕(品德)이나 재능, 공명(功名)과 사업 따위를 가리킨다. 곧 온 세상을 꽉 채우는 공명이나 기개, 덕성 따위를 일컫는 말이다.

옛날 장안의 꽃구경하던 때 떠올리나니

서시[167]는 유독 모란꽃에 흠뻑 취하고 말았지.[168]

궁중의 한 나무에 꽃송이 무수히 매달렸기에

다 합쳐 세어보니 이백여덟 줄기나 되었네.


牡丹才記欲開時, 芍藥于今久離披.

可是山中無人到, 花開花謝總不知.

.

憶昔長安看花時, 牡丹獨有醉西施.

省中[169]一樹花無數, 共計二百單八枝.


오언율시五言八句

## 처음으로 석호[170]에 와서 初到石湖


허공에 박힌 돌 맑게 빛나고

---

167) 서시(西施): 춘추시대 월나라의 미녀. 선시(先施) 혹은 서자(西子)라고도 하며,
별명은 이광(夷光)이다. 성은 시씨(施氏). 월왕 구천(勾踐)이 회계(會稽)에서
오왕 부차(夫差)에게 패한 뒤 범려(范蠡)는 서시를 그에게 바쳤다. 그리고 부차
를 미혹시켜 정사를 그르치게 한 다음 오나라를 멸망시켰다. 훗날 서시는 범려
에게 돌아가 오호(五湖)에 같이 배를 띄웠다는 기사가『오월춘추』「구천음모외
전」(勾踐陰謀外傳)에 보인다. 일설에 의하면 오나라가 망한 뒤 월은 서시를 강
물 속에 빠뜨렸다고도 한다.

168) 서시는 본디 미인의 대명사 격이지만 술에 취해 흐느적거리는 자태는 더욱 요염
할 수밖에. 오직 모란만이 서시의 그런 자태에 비견될 수 있을 뿐 다른 꽃은 감
히 엄두도 내지 못할 일이다.

169) 성중(省中): 궁금(宮禁)의 안쪽으로, 황제가 거주하거나 정사를 돌보는 곳을 말
한다. 궁 안의 경비가 삼엄해 신하들은 함부로 출입할 수 없었기 때문에 붙여진
명칭이다. 혹은 제왕의 후비(后妃)를 가리키기도 한다.

170) 석호(石湖): 용호(龍湖)를 말한다. 용호는 용담(龍潭)이라고도 했는데, 호수 한
가운데 거대한 바위가 있어 석호 혹은 석담(石潭)이라고도 불렀다.

358

초가집은 푸른 시냇물 굽어보누나.
물고기들은 초승달 아래 노닐고
사람은 좁은 다리 서쪽을 거넌다.
집안으로 들어가 술상 차림 분부하고
봄을 맞아 내키는 대로 말을 달린다.
마음대로 나다니는 이유를 대라면
대나무지팡이가 마침 기댈 만해서라네.


皎皎空中石, 結茅[171]俯靑溪.

魚遊新月下, 人在小橋西.

入室呼尊酒, 逢春信馬蹄.

因依如可就, 笻竹[172]正堪攜.


## 봄날 밤 연회에서 '공' 자로 운을 맞추다 春宵燕集得空字


높다란 처마에 등불 내걸린 밤
넘치는 흥취로 술잔 빌 틈이 없구나.
옛 친구가 어제 도착했는데
천 리 먼 길에 봄바람까지 몰고 왔네.
대나무 그림자 차가운 연못가에 드리우고
노랫소리 가랑비 사이로 울려퍼진다.
어여뻐라, 새해의 달빛이여!
노쇠한 늙은이도 마다 않고 빛을 뿌리네.[173]

---

171) 결모(結茅): 결묘(結茆)라고도 쓴다. 띠풀을 엮어 만든 집, 즉 간단하고 누추하
　　게 지은 집을 말한다.
172) 공죽(笻竹): 대나무의 일종. 지팡이를 많이 만들기 때문에 흔히 지팡이의 대명
　　사로 쓰인다.

高館張燈夜, 淸尊[174]興不空.

故交來昨日, 千里動春風.

竹影寒塘下, 歌聲細雨中.

可憐新歲月, 偏向舊衰翁.


## 중추절에 유근성[175]이 술병을 들고 용호를 찾다
中秋劉近城攜酒湖上


그물 들어 물 맑은 호수로 내던지고

난간에 기대 고기가 걸려드는 광경 구경한다.

누가 장차 술병 챙겨서

양자운의 거처를 찾아줄 것인가?

물 맑아 백사장의 갈매기도 깨끗하고

툭 트인 하늘에 나뭇잎도 성글어지네.

중추절이라, 오늘처럼 달 밝은 밤에

자네와 나 둘이서만 배회하고 있구나.


舉網澄潭下, 凭闌看得魚.

誰將從事酒, 一問子雲廬[176]?


---

173) 고적한 노년 가운데에 드물게 기쁜 날도 있어 그 심정을 읊었다. 이지에게는 우
수와 격분의 시가 많아 이러한 감정의 작품은 매우 드물게 보인다.

174) 청준(淸尊): 청준(淸樽) 혹은 청준(淸鐏)이라고도 표기한다. 술단지나 술잔을
말하며, 청주(淸酒)를 가리키기도 한다.

175) 유근성(劉近城): 자와 호는 미상이며 마성 사람이다. 이지가 용담으로 옮겨온
뒤 양정견과 더불어 도반으로 자주 어울리던 벗이었다.

176) 자운려(子雲廬): 자운정(子雲亭)이라고도 한다. 소재지는 사천성 면양현(綿陽
縣). 서한의 학자 양웅(揚雄)이 공부하던 곳으로 그의 자를 따서 붙인 이름인데,
흔히 학자의 조촐한 서재를 상징한다.

水白沙鷗淨, 天空木葉疎.

中秋今夜月, 爾我獨躊躇.


## 가을을 목전에 두고 벗들과 대밭에 가기로 약속하다
### 秋前約近城鳳里到周子竹園

대나무 숲 오솔길로 찾아든 세 분 벗[177]이여

맑고 그윽한 정경, 절반은 그대들 덕분일세.

서적은 내던지고 손님들과 마주 앉아

술잔 채우며 즐거이 학문을 논한다.

비 내린 다음이라 이끼 더욱 푸르고

외로운 학은 사람들에게 달려드는구나.

손잡고 다같이 떠나고 싶어라

돌아보니 해는 아직 저물지 않았네.


늦더위에 사람은 더한층 늘어지는데

대숲 깊은 곳에선 바람 절로 서늘하여라.

차가 나오면 거듭해서 차를 따르고

술병이 오면 그대와 더불어 목을 축인다.

한가롭게 거닐며 길들인 사슴 구경하는데

부르는 소리가 야트막한 담장을 넘어오네.

나지막이 흥얼거리는 새 가을이 다가오니

앞으로는 좀더 쉬이 어울릴 수 있겠구나.

---

177) 이 시의 세 벗은 양봉리(楊鳳里, 楊定見), 유근성(劉近城), 주우산(周友山, 周思敬)을 말한다. 만력 16년(1588) 여름, 이지가 용호로 가기 직전 씌어진 시인 듯하다.

竹徑來三友, 淸幽半在君.
抛書爲對客, 把酒好論文.
靑苔過雨後, 獨鶴向人羣.
携手欲同去, 相看日未曛.

暑在人還倦, 竹深風自凉.
茶來頻我酌, 酒到與君嘗.
徙倚窺馴鹿, 聞呼過短牆.
沈吟秋日近, 容易得相將.


## 석양의 환양루에서 '기'자로 운을 맞추다
### 環陽樓晚眺得碁字

환양루[178)]에 놀러온 객도 아니면서
어찌하여 자리 깔고 바둑까지 두는가!
창문을 밀쳐 여니 구름도 유유히 흘러가고
난간에서 굽어본 달은 아직도 배회하는구나.
물 속의 고기와 용은 깨어서 움직이고
꽃 사이로 노니는 새와 까치 배가 고프다.
보아하니 봄은 또 반이나 지나갔구나
몸은 비록 늙었지만 피곤한 줄도 잊게 되네.


不是環陽客, 何來席上碁!
推窓雲亦去, 俯檻月猶遲.

---

178) 환양루(環陽樓): 매국정(梅國楨)이 건립한 정자. 마성(麻城)의 북문 밖 경치 좋
은 곳에 위치하였다.

水底魚龍醒, 花間鳥鵲飢.
眼看春又半, 雖老亦忘疲.


# 다시 증군[179)의 집에 들르다 重過曾家

얼음처럼 맑은 꽃잎에 아직도 눈송이 매달렸네
귀밑머리 허연 내가 또다시 매화를 보는구나.
꽃은 작년 그대로 희디희지만
이 집의 주인은 어느 날에야 돌아올는지?
달랑 술잔 하나 늙은 객 앞에 놓였는데,
담장 너머 매화는 그새 세 번이나 피었었지.
그대에게 얹혀 머물 도리 없으니
내일 아침 다시 찾아올밖에.


氷肌仍帶雪, 霜鬢更逢梅.
花是去年白, 人知何日回?
一杯臨老客, 三度隔牆開.
無計就君住, 明朝還復來.


---

179) 증중야(曾中野)를 가리킨다. 이지는 만력 13년 3월초 마성에 도착한 뒤 잠시
증중야의 집에 머물다 유마암으로 옮겨간 적이 있었다. 그 동안 매화가 세 번이
나 피었다는 시 구절로 보아 이 시는 만력 16년(1588)경에 씌어진 것으로 추정
된다.

## 정자현을 배웅하며 아울러 약후에게 부치다
送鄭子玄兼寄弱侯

나는 이제 마땅히 돌아갈 곳도 없는데
그대는 어찌하여 먼 길을 떠나는가?
막다른 길에 다다르면 모름지기 통곡하고
득의한 곳이라 해도 오래 머물진 마시게.
여행길 오른 귀밑머리는 서릿발에 희게 물들고
시를 넣는 주머니는 가을비에 젖어들겠지.
계문 땅이 비록 쓸쓸하다지만
초약후가 거기 있음을 떠올리게나.


我乃無歸處, 君胡爲遠遊?
窮途須痛哭, 得意勿淹留!
旅鬢迎霜日, 詩囊[180]帶雨秋.
薊門[181]雖落莫, 應念有焦侯.


## 구장유[182]의 생일을 맞아 丘長孺生日

그대에게 생일을 차려주고 나니

---

180) 시낭(詩囊): 시의 초고를 집어넣는 주머니. 당대 시인 이상은(李商隱)으로부터
유래하였다. "(그는) 언제나 어린 종놈을 데리고 다녔고 큼직한 나귀를 탔다.
등에는 다 떨어진 비단자루 하나를 짊어졌는데, 가끔 시구가 떠오르면 즉시 적
어 주머니 안에 집어넣곤 하였다"(恒從小奚奴, 騎距驢, 背一古破錦囊, 偶有所得,
卽書投囊中.) 출전은 『이장길소전』(李長吉小傳).

181) 계문(薊門): 계구(薊丘) 혹은 계문관(薊門關)이라고도 부른다. 지금의 북경시
덕승문(德勝門) 밖 토성관(土城關). 일설에는 천진시(天津市) 계현(薊縣) 동쪽
을 가리킨다고도 한다.

더 이상 젊은이로 취급하지 못하겠네.

인간사 백 년은 살기 쉬워도

그대 같은 이 만나기는 세상에 어려운 일이라.

술 석 잔에 서기가 피어나고

한 줄금 뿌린 비에 꽃샘추위도 가는구나.

손님 맞아 취한 척 사양하네만

술잔 앞이라야 노자님이 계신 걸세.[183]


似君初度[184]日, 不敢少年看.

百歲人間易, 逢君世上難.

三杯生瑞氣, 一雨送春寒.

對客猶辭醉, 尊前有老聃.


## 관우 사당을 참배하며 謁關聖祠

그대 같은 친구 사귈 수만 있다면

향불 연기 피어올라 조각구름 이루리.[185]

---

182) 구장유(丘長孺): 구탄(丘坦). 자는 장유 혹은 탄지(坦之)라고도 부르며, 마성 사
람이다. 만력 34년(1606) 무과 향시의 장원으로 벼슬이 해주참장(海州參將)에
이르렀지만 곧 그만두고 귀향했다. 『마성현지』(麻城縣志) 권20에서는 그가 "시
를 잘 짓고 글씨에 능해 미전과 매우 비슷했다"(善詩工書, 極似米顛)고 설명하
며, 『남북유초』(南北遊草)·『초구집』(楚邱集)·『도료집』(度遼集) 등을 남겼다
고 적고 있다. 원중랑(袁中郞) 등과도 친교가 깊었으며, 이지와는 그가 늘 어울
리던 매지환(梅之煥)이 매국정의 종자인 까닭에 알게 된 것으로 보인다. 이지는
또 그의 인품을 높이 평가해 인봉지란(麟鳳芝蘭)에 비기기도 하였다.

183) "늙어가며 세상사에 교활해진다"(老于世故很干猾)고 하듯, 문견지지(聞見之知)
에 물들어 동심을 잃어버리는 세태를 노래했다. 술잔 앞이라야 장수의 한 상징
인 노자가 계시다는 대목에선 이지의 해학이 느껴지기도 한다.

184) 초도(初度): 원래는 갓 태어난 시간. 나중에는 생일을 가리키는 말이 되었다.

기왕에 제일의[186]로 귀의했으니

어찌 또 옛날처럼 셋으로 갈라지겠나?

쇠와 돌도 세월이 흐르면 닳아 없어지건만

관우 장비 이야기야 그 누가 듣지 못했을꼬!

아무도 본받지 않는 내 마음조차

장군님만은 존경하고 있다네.


交契得如君, 香烟可斷雲.

旣歸第一義, 寧復昔三分[187]?

金石有時敵, 關張孰不聞!

我心無所似, 只是敬將軍.


## 칼 들고 말 달리는 관운장 동상을 보고 觀鑄關聖提刀躍馬像

영웅이 거듭 세상에 나타나니

그 빛 햇살처럼 눈이 부시네.

불꽃은 갓 떠오른 태양처럼 환하고

금빛 정기 온 세상을 비추는구나.

확실히 백마성[188]을 포위하고

---

185) 언제나 향을 사르며 참배하는 바람에 향불 연기가 뭉쳐 구름이 될 정도라는 의미로 해석된다.

186) 제일의(第一義): 불교용어로 가장 높고 깊은 오묘한 이치를 가리킨다. 나중에는 불교적 의미가 탈색되어 가장 중요한 이치를 가리키는 말이 되었다.

187) 삼분(三分): 한나라가 망한 뒤 위(魏)·오(吳)·촉(蜀)의 삼국으로 갈라진 상황. 혹은 삼국의 사화(史話)를 일컫기도 한다.

188) 백마성(白馬城): 지금의 강소성 남경시 동북쪽 연자기(燕子磯) 부근. 삼국시대에 오나라가 건축했다. 강변을 따라 요새를 지키는 용도였으며 봉화대까지 설치되어 있었다.

아직도 안량[189]을 참수할 기세일세.
어찌 헤아렸으랴, 천 년 세월이 흐른 뒤
관운장을 다시 뵙게 될 줄을.


英雄再出世, 烈烈有暉光.
火焰明初日, 金精照十方.
居然圍白馬, 猶欲斬顏良.
豈料人千載, 又得見關王.


## 가을의 정회 秋懷


몽땅 하얘진 만년의 머리카락
지닌 것이라곤 노쇠에 굴복 않는 마음뿐이지.
쓸쓸하게 떠도는 건 접여[190]를 배워서가 아니라
깊은 사귐 바라는 간절함 때문이라네.
그리운 님 꿈속에서 찬바람에 실어보내고
낙엽 지는 소리에 가을의 상념 읊조리오.
자고 이래 귀 밝은 사람 중에서
어쩌면 따로 지음[191]이 있을지도.[192]

---

189) 안량(顏良): 원소 휘하의 장군. 관우가 조조에게 몸을 기탁할 당시 관우의 손에
    죽었다.
190) 접여(接輿): 춘추시대 초나라의 은자. 『논어』 「미자」(微子)편에 그 존재가 보인
    다. "초나라의 미치광이 접여가 노래를 부르면서 공자 앞을 지나쳐갔다"(楚狂接
    輿, 歌而過孔子.) 형병(邢昺)은 이 대목의 소(疏)에서 그를 다음과 같이 설명했
    다. "접여는 초나라 사람으로 성은 육씨, 이름은 통이고, 자가 접여이다. 소왕
    때 정치와 법의 집행에 일정함이 없자 머리카락을 풀어헤치고 거짓으로 미친 척
    하며 출사하지 않았다. 당시 사람들은 그를 일컬어 '초나라 미치광이'라고 불렀
    다"(接輿, 楚人, 姓陸名通, 字接輿也. 昭王時, 政令無常, 乃被髮佯狂不仕. 時人謂
    之 '楚狂' 也.) 이 시에서는 접여와 같은 은자를 가리키는 말로 쓰였다.

白盡餘生髮, 單存不老心.

栖栖非學楚, 切切爲交深.

遠夢悲風送, 秋懷落木吟.

古來聰聽者, 或別有知音.


## 산보 閒步

정원에 물을 주며 오래된 채마밭 둘러보니
가을빛이 흡사 강남처럼 좋구나.
밭두렁으로 물 흠뻑 스며 채소는 거둘 만한데
서리맞아 누런 감은 아직 단맛이 돌지 않네.
그대 진중자193)가 아니라니
내 어찌 늙은 부처 행세를 하겠나!

---

191) 지음(知音): 지기(知己), 혹은 뜻을 같이하는 동지. 『열자』「탕문」(湯問)편에서
유래하였다. "백아는 거문고를 잘 탔고, 종자기는 거문고 소리를 잘 알아들었
다. 백아가 거문고를 타며 높은 산을 생각하면 종자기는 '태산처럼 참 높기도
하다' 말했고, 백아가 흐르는 물을 생각하면 종자기는 '장강이나 황하처럼 물이
참 크기도 하다'며 감탄했다. 백아가 생각하는 바를 종자기는 반드시 알아맞혔
던 것이다"(伯牙善鼓琴, 鍾子期善聽琴. 伯牙琴音志在高山, 子期說 '峩峩兮若泰
山'; 琴音意在流水, 子期說 '洋洋兮若江河'. 伯牙所念, 鍾子期必得之.) 나중에는
자신의 작품을 깊이 이해하거나 정확하게 평가하는 사람을 일컫게 되었다.

192) 나의 고독한 노래를 어느 귀 밝은 사람이 들어줄지도 모른다는, 들어주면 좋겠
다는 간절함이 배어 있다.

193) 진중자(陳仲子): 전국시대 제나라 사람. 이름은 자종(子終). 형인 진대(陳戴)가
제나라의 상경이 되어 만종의 녹을 받자, 중자는 이를 의롭지 않게 여기고 초나
라의 오릉(於陵)으로 도망을 갔다. 그리고 오릉중자(於陵仲子)라 자칭하면서 가
난해도 비굴하게 굴지 않았고 불의한 곡식은 먹지 않았다. 그가 어질다는 소문
을 들은 초왕이 후한 금품을 보내며 재상으로 삼으려 하자, 중자는 이 일을 처
에게 상의했다. 처는 "난세에는 재난이 많으니 당신은 목숨을 보전할 수 없을
것입니다" 하고 말했고, 중자는 다시 도망쳐 다른 사람의 채소밭에 물을 주며
살았다. 출전은 『고사전』(高士傳).

같이 한가롭게 넝쿨에 주저앉아

그대에게 기댄 채 잡담이나 두어 마디 지껄인다.


灌園看老圃, 秋色似江南.

畦沁蔬堪摘, 霜黃柿未甘.

爾非陳仲子, 我豈老瞿曇!

聊共班荊[194]坐, 憑君說兩三.


## 입춘에 상융 등의 도착을 기뻐하다 立春喜常融二僧至


오랜 떠돌이 생활에 나이도 저무는 말년

나는 노쇠했지만 스스로 존귀하다 말하네.

시간은 빠르게 줄달음질쳐서

추웠다 싶으면 어느새 더워지는구나.

천한 인간들 날마다 자리다툼이나 하니

마음 상해 일찌감치 문닫아 걸었네.

새 봄에 그대들 도착하는 모습을 보니

내가 아직 살아 있다 생각하게 되는구나!


마침 자네들이 봄날을 맞아

---

194) 반형(班荊): 반형도구(班荊道舊) 혹은 반형도고(班荊道故)의 준말. 길 가던 도
중에 친구를 만나 가시나무를 깔고 앉아 회포를 풀며 정담을 나누는 상황을 가
리킨다. 출전은 『좌전』 「양공」(襄公) 26년조. "초나라의 오삼과 채의 태사 자조
는 친구 사이였는데, 그 아들인 오거와 성자도 서로 사이가 좋았다. …… 오거는
정나라로 달아나 장차 진나라로 망명하려는 참이었다. 성자는 진으로 가던 길에
정나라의 교외에서 오거를 만났고 가시덤불을 깔고 앉아 같이 밥을 먹으며 초나
라로 돌아가자는 이야기를 하였다"(楚伍參與蔡太師子朝友, 其子伍擧與聲子相
善. …… 伍擧奔鄭, 將遂奔晉. 聲子將如晉, 遇之於鄭郊, 班荊相與食, 而言復故.)

부처님을 뵙고자 찾아왔구나.

구차한 목숨 오랜 나그네 신세라지만

중노릇은 이제 막 개시하였네.

은은한 빛의 매화꽃 갓 벌어지고

사방 흩날리는 눈발은 삼켜도 좋으리.

일천삼, 사백 리 그대들 여정은

또 하나의 새로운 세계였겠지.


客久歲云暮, 吾衰道自尊.

時辰催短速, 晷刻[195]變寒溫.

人賤時爭席, 神傷早閉門.

新春看爾到, 應念我猶存!


正爾逢春日, 到來兩足尊[196].

傭生長作客, 僧臘[197]始開門.

淡淡梅初放, 如如雪可吞.

千三四百里, 又是一乾坤.


---

195) 귀각(晷刻): 해시계(日晷)와 물시계(刻漏). 둘 다 시간을 측정하는 고대의 과학 기구로 시간이나 시각(時刻)을 의미하기도 한다.

196) 양족존(兩足尊): 여래불(如來佛)을 존칭해 부르는 말. 송대 소식의 「정거사에 구경가다」(遊淨居寺)라는 시에 "부처님께 절을 하고 고개를 드니, 두 줄기 눈물이 주르륵 흐르네"(稽首兩足尊, 擧頭雙涕揮.)라는 구절이 있는데, 왕문고(王文誥)는 집주(輯注)에서 다음과 같이 설명하였다. "『행집경』에 이르기를, 여래세존께서는 복과 지혜를 구비하셨으므로 양족존이라 부른다"(『行集經』: 如來世尊 福足·慧足, 稱兩足尊.)

197) 승랍(僧臘): 중이 수계(受戒)를 받은 이후의 햇수. 곧 출가한 뒤로부터 헤아리는 나이를 말한다. 법랍(法臘)이라고도 부른다.

## 석양의 건루[198]에서 乾樓晚眺

만 리 밖의 친구를 부르며
까마득한 하늘 향해 박수를 치노라.
변방에 황혼 깃드니 안개 무겁게 깔리고
광활한 하늘 아래 세월은 하염없구나.
조각구름 고성 사이에 서렸고
지는 해는 서산을 비춘다.
요행히 들려오는 노랫소리에
더욱 마음 아파 발길 돌리지 못하네.

난간에 기대어 옷자락 휘날리며
멀리멀리 조망하는 오늘은 무슨 날인가?
바로 칠월 중원절[199]이라
바깥 나들이한 아낙네 슬픔도 듣게 되네.
잔을 비우니 곧바로 술이 채워지고
노래가 끝나면 또다시 시를 읊조린다.
원컨대 북쪽으로 흐르는 물을
종자기와 더불어 연주하고 싶어라.

매중승이 난리를 평정한 뒤
나를 데리고 누각에 올랐네.
즐거워라, 민간의 유행가 들려오는데

---

198) 건루(乾樓): 산서성 대동부(大同府)의 성 서북쪽에 위치한 누각. 웅장하고 장려
한 풍경으로 명성이 높다.
199) 중원절(中元節): 음력 칠월 십오일. 옛날 도관(道觀)에서는 이날 재초(齋醮)를
지냈고, 불교 사원에서는 우란분회(盂蘭盆會)를 열었으며, 민간에서도 죽은 친
지의 제사를 지내는 등, 제각기 망자를 위한 의식을 가졌다.

대장부 들끓는 울분은 담겨 있지 않구나.

어스름 노을 깔리니 구름 낮게 드리우고

망루에 해가 걸려 그림자 더욱 짙어라.

돌아가고 싶지만 아직 그럴 수 없음은

이 땅에 나를 아는 벗이 있기 때문이라.


呼朋萬里外, 拍手層霄間.

塞晚浮烟重, 天空歲月閒.

斷雲迷古戍[200], 落日照西山.

幸有聲歌在, 更殘且未還.


凭高一灑衣, 望遠此何時?

正是中元節, 兼聽遊女悲.

杯乾旋可酌, 曲罷更題詩[201].

願將北流水, 彈與鍾子期.


中丞[202]綏定後, 攜我共登臨.

所喜聞謠俗, 非干懷壯心.

山雲低薄暮, 樓日壓重陰.

欲歸猶未可, 此地有知音.

---

200) 고술(古戍): 변방의 오래된 성곽이나 보루.

201) 제시(題詩): 어떤 사물이나 서화 등에 대해 느낌이 떠오를 때 즉흥적으로 시를 짓는 행위. 건물 기둥이나 서화, 기명(器皿) 등에 써넣는 경우가 많았다. 혹은 그렇게 지은 시구를 가리키기도 한다.

202) 중승(中丞): 벼슬 이름. 한대에는 어사대부(御史大夫) 아래 양승(兩丞)을 두었는데, 하나는 어사승(御史丞)이고 다른 하나는 중승(中丞)이었다. 동한 이후로 중승은 어사대(御史臺)의 장관을 가리키는데, 명대에는 순무(巡撫)를 일컫기도 하였다. 이 시에서는 하남도어사(河南道御使)와 대동순무(大同巡撫)를 지낸 매국정(梅國楨)을 가리킨다. 또 만력 20년(1592)에 발발했던 영하(寧夏)의 사변을 평정했던 그의 경력으로 보아 이 시는 그 이후에 지어진 것으로 추측된다.

# 마테오 리치에게 贈利西泰[203]

허위허위 북해에서 내려와
꾸불꾸불 남방으로 옮겨가기도 했지.
짐짓 '이'(利) 자 내걸어 성으로 삼고
오지의 산과 물길들 기록에 남겼네.
되돌아보니 십만 리 여정
두 눈 들어올리니 구중궁궐이구나.
이 나라 풍광은 두루 구경하셨는가?
하늘에는 햇빛도 마침 밝아라.


逍遙下北溟[204], 迤邐向南征.

刹利標名姓, 仙山[205]紀水程.

回頭十萬里, 舉目九重城.

觀國之光未? 中天[206]日正明.

---

203) 리서태(利西泰): 마테오 리치(Matteo Ricci, 1532~1610). 리마두(利瑪竇)라고
적기도 한다. 이탈리아 예수회 소속의 선교사로 만력 8년(1580) 광동(廣東)에
도착하여 중국식 이름인 리서태로 개명하였다. 나중에 북경에 들어가 천주교회
를 건립하고 선교에 종사했다. 중국어·천문학·지리학·의학 등에 두루 정통
해 신종(神宗)의 존경을 받았고, 당시의 대신 서광계(徐光啓)나 이지조(李之藻)
등과도 교분이 깊었다. 『건곤체의』(乾坤體義) 2권·『기하학원본』(幾何學原本)
6권 등의 역서가 있으며, 서양 역법과 천문학을 중국에 처음 소개했다고 전해진
다. 『명사』 권397과 『사고제요』(四庫提要) 권106 등에 보인다.
204) 북명(北溟): 고대인의 의식 속에서 북쪽으로 가장 멀리 위치한 큰 바다. 북명(北
冥)이라고도 쓴다. 『장자』「소요유」에 "북쪽 바다에 어떤 물고기가 있는데, 그
이름을 곤이라 한다. 곤의 길이는 몇천 리나 되는지 전혀 알 수가 없다"(北冥有
魚, 其名爲鯤, 鯤之大不知其幾千里也.)고 했고, 육덕명(陸德明)은 『석문』(釋文)
에서 "북명은 본래 '명'으로도 쓰는데 북해를 말한다"(北冥, 本亦作 '溟', 北海
也.) 하고 설명했다.
205) 선산(仙山): 신선이 사는 산. 저자에서 멀리 떨어진 조용한 장소를 가리키기도
한다.

## 유월에 원중부가 있는 섭산을 방문하다 六月訪袁中夫攝山

그리운 사람 찾아 천불령에 갔다네
안개 푸르른 정상에서 피서를 했지.
산에 사는 즐거움 물어봤더니
세상 밖 샘물 맛이 어떠냐고 되묻는구나.
등넝쿨 나무에 얽혀 그늘 무성하니
은은한 햇빛, 하루가 일년처럼 느껴지네.
앉아 있자니 서늘한 바람 불어와
옷깃 풀어헤치고 함께 흔쾌히 즐겼지.


懷人千佛嶺, 避暑碧霞207)巓.
試問山中樂, 何如品外泉?
陰陰藤掛樹, 隱隱日爲年.
坐覺涼風至, 披襟共灑然.


## 벽라원 잔치에서 구강사백208)에게 주다
薛蘿園宴集贈鷗江詞伯


옥전209)의 수확으로 밥이 나오니
돈과 곡식을 거침없이 쏟아 부었네.

---

206) 중천(中天): 높은 하늘. 혹은 천운(天運)이 마침 적중했다는 뜻으로, 태평성대
    를 비유하기도 한다.
207) 벽하(碧霞): 푸른 노을. 주로 은자나 신선이 사는 곳을 가리킬 때 쓰인다.
208) 구강사백(鷗江詞伯): 사백은 사종(詞宗)의 동의어로서 문사(文辭)의 대가로 칭
    송되는 사람을 일컫는다. 이 시에서의 구강사백은 누구인지 알 수 없지만, 구강
    지역에서 글을 가장 잘 짓기로 유명한 사람을 가리키는 듯하다.

이름난 정원이라 꽃과 나무도 철이 빠르고

오솔길에선 소와 양 많이들 뛰노는구나.

차를 끓이며 심오한 철학 궁구하고

향을 살라 더러운 병을 쫓는다.

종후[210)가 너그럽지 않은 까닭에

그대의 뜻이 연라[211)에 있구나.


爲有玉田飯, 任從金粟過.

名園花樹早, 小徑牛羊多.

煮茗通玄理, 焚香去染痾.

宗侯非曠蕩, 若意在烟蘿.


## 동평을 바라보며 望東平有感

옛날 제나라 경계에 이르러

옛일을 조문하며 동평[212)을 찾았노라.

가랑비에 민물고기 뛰어오르고

---

209) 옥전(玉田): 옥이 산출된다는 전설 속의 밭. 양백옹(楊伯雍)이 무종산(無終山)
    에서 물을 길어 의장(義漿)을 만들었더니, 어떤 사람이 그것을 마시고 돌 한 말
    을 선사하면서 심으면 아름다운 옥을 생산할 수 있고 훗날 아름다운 부인을 얻
    게 된다고 말했다. 백옹이 돌을 밭에 심자 과연 일 경(一頃)이 넘게 백벽(白璧)
    이 자라나 옥이 열렸고 그 덕분에 서씨(徐氏)의 딸과 결혼할 수 있었다. 출전은
    간보(干寶)의『수신기』(搜神記) 권11. 옥전은 또 눈과 얼음으로 뒤덮인 전답이
    나 아름다운 전원을 가리키기도 한다.
210) 종후(宗侯): 종(宗)은 종주(宗主), 즉 어떤 일에 있어 통솔하여 모범이 되는 사
    람이나 우두머리를 말하고, 후(侯)는 고대의 작위로서 제후나 사대부를 지칭한
    다. 곧 구강사백의 윗전을 가리킨다고 보아야 할 것이다.
211) 연라(煙蘿): 초목이 무성하게 우거져 안개가 서리고 넝쿨이 휘감긴 곳. 조용히
    은거하거나 수도하는 장소를 가리키며, 흔히 선경(仙境)이나 신선을 빗대는 말
    로도 쓰인다.

구름 걷히니 산새도 우지진다.

화사한 복숭아꽃 강물 양안에 피어나고

버들가지 산들산들 가는 봄을 전송하네.

가없는 즐거움 누가 장단 맞출 수 있을까?

오직 그대만이 이런 삶을 느끼겠지.


我來齊境上, 弔古問東平.

細雨河魚出, 雲收山鳥鳴.

夭桃²¹³⁾夾岸去, 弱柳送春行.

最樂誰堪比? 唯君悟此生.



## 요성²¹⁴⁾을 지나며 過聊城


누가 백 명을 거느리는 장수가

일개 서생보다 낫다고 말하는가?

발해 땅에는 새로 군대가 들어섰고

중원은 온통 모병으로 들끓는구나.

왜구는 겨우 보병 두어 놈뿐인데

조정의 대신은 숫자가 몇이던가.

보지 못하였는가? 제나라 노중련²¹⁵⁾이

격문을 활로 쏘아 요성을 구했던 일을.

---

212) 동평(東平): 한대에 동평국(東平國)이 있던 자리. 지금의 산동성 동평현으로, 지역 안에 북송 말년 농민봉기가 일어난 양산박(梁山泊)이 위치했다.

213) 요도(夭桃): 아리따운 복숭아꽃. 『시경』 「주남(周南)·도요(桃夭)」에서 "물오른 복숭아나무에 활짝 꽃피었네"(桃之夭夭, 灼灼其華)라고 묘사한 이래 아름다운 소녀를 비유하는 말이 되었다.

214) 요성(聊城): 지금의 산동성 요성시(聊城市) 서북방. 춘추시대 제나라의 땅으로 요읍(聊邑)이라고도 불렀다.

誰道百夫長, 勝作一書生.

渤海新開府[216], 中原盡點兵[217].

倭夷兩步卒, 廊廟幾公卿.

不見魯連子, 射書救聊城?


## 무성[218]을 지나며 過武城

거문고 반주의 노랫소리 옛 나루에 울려퍼지니
지나치는 길이지만 배를 멈추고 싶구나.
세상이 변하니 인걸은 어디로 갔나?
마음 아파 더 이상 머물기 싫어라.
문장은 태산 동쪽 지역에 드날리셨고
예와 악은 『춘추』에 실으셨지.

---

215) 노중련(魯仲連): 전국시대 제나라 사람. 지모가 뛰어났지만 출사하지 않고 언제
나 각 나라를 주유하며 남의 어려움을 돕는 데 앞장섰다. 조(趙)나라 효성왕(孝
成王) 때 진(秦)의 군대가 조의 수도 한단(邯鄲)을 포위하자, 그는 조와 위(魏)
의 대신들을 설득해 진의 소왕(昭王)에게 항복하지 않고 굳게 방비하는 쪽을 택
한 뒤 결국 진군을 격퇴시켰다. 훗날 제나라의 전단(田單)이 잃어버린 땅을 수
복하려 했으나 연(燕)나라의 장수가 요성을 굳게 지키는 바람에 성이 함락되지
않았다. 노중련은 철수를 권유하는 편지를 써 화살에 날려보냈고, 이 바람에 연
나라 진영에선 자중지란이 일어나 무사히 요성으로 진입할 수 있었다. 제나라는
그에게 작위를 내렸지만 받지 않고 바다로 나가 은거하였다. 『사기』「노중련열
전」에 보인다.
216) 개부(開府): 부병(府兵)의 직제. 서위(西魏)와 북주(北周) 시대에는 전국의 부
병을 24군으로 나눈 뒤 매 군(軍)마다 하나의 개부를 설치했는데, 소속 병력의
숫자는 대략 이천 명이었다. 혹은 고급관료(三公, 大將軍, 將軍)가 부서(部署)를
세워 막료들을 배치시키는 것을 가리키기도 한다.
217) 점병(點兵): 장정을 징발하거나 병마를 점검하는 것. 인원을 동원해 각자에게
임무를 맡기는 경우를 비유하기도 한다.
218) 무성(武城): 역사상 무성이란 지명은 여러 경우가 보이지만, 여기서는 노나라의
무성, 즉 지금의 산동성 비현(費縣) 서남방을 가리킨다.

연릉의 계찰[219]은 웃어넘길 만하고
자유의 항변 또한 흘려넘기셨다네.[220]


공자님 말씀에는 헛소리가 없어서
우스개 한 번에도 천 년 정론이 정해졌네.
흰눈처럼 고결해 동조할 사람 드무니
청운의 원대한 뜻 누가 거두어줄까나?
봄바람은 가는 풀 위로 불어오고
밝은 달 미끄러지는 배를 비춘다.
노나라에 사나이 많다 하지만
그분 앞에 몇이나 늘어서겠나?[221]


絃歌古渡口, 經過欲停舟.

---

219) 계찰(季札): 공자찰(公子札)이라 부르기도 한다. 오나라 왕 수몽(壽夢)의 막내 아들이며, 제번(諸樊)의 아우이다. 제번과 여매(餘昧)가 여러 차례 왕위를 양보했지만 언제나 사양하고 수용하지 않았다. 연릉(延陵)에 봉해져 연릉계자(延陵季子), 나중에는 또 주래(州來)에 봉해져 연주래계자(延州來季子)로도 호칭된다. 여제(餘祭) 시대에는 노(魯)·제(齊)·정(鄭)·진(晉)·서(徐) 등의 나라에 여러 차례 사신으로 나가 각국의 현명한 사대부들에게서 칭송을 받았다. 음악에 조예가 깊어 노나라에 사신으로 갔을 때는 주공(周公)으로부터 전해진 천자의 음악을 감상한 뒤 그 뜻을 모두 알아들어 존경을 받았고, 위(衛)에서 진(晉)으로 가던 길에는 종소리를 듣고 임금에게 죄를 얻어 쫓겨난 군자가 그 땅에 있음을 말하기도 하였다. 『사기』「오태백세가」(吳太白世家)에 보인다.

220) 연릉계찰은 음악의 심미적 가치를 알았고 음악 안에서 정치적 치란의 표상은 간파할 수 있었지만 예악이 치국의 본질임은 깨닫지 못했다. 자유는 또 한 지방의 수령으로는 탁월한 역량을 지녔지만 그래도 공자와는 비길 바가 아니었다. 결국 공자의 본령을 칭찬한 것이다.

221) 공자는 흰 눈처럼 고아하며 청운의 높은 이상을 지니셨으니, 그에 동조할 이가 얼마나 될 것인가? 이지는 사뭇 공자를 반대한 것처럼 보이지만 기실은 그렇지 않음을 말해주는 시이다. 공자를 우상화해 보편의 가치로 삼는 것에는 반대했을지 몰라도 역사상 업적을 남긴 공자의 인물됨만은 이 시에서처럼 그리도 존경했던 것이다.

世變人何往, 神傷意不留.

文章誇海岱,[222) 禮樂在春秋.

堪笑延陵[223)札, 同時失子游[224)!


先師無戲論, 一笑定千秋.

白雪難同調, 靑雲誰見收.

春風吹細草, 明月照行舟.

魯國多男子, 幾人居上頭?


## 칠언율시七言八句
## 무창225)을 출발하여 강을 건너고 대별226)에서 머물다
### 自武昌渡江宿大別

222) 해대(海岱): 옛날의 청주(靑州)와 서주(徐州). 지금의 산동성 태산(泰山) 동쪽 지역을 말한다.

223) 연릉(延陵): 춘추시대 오(吳)나라의 읍(邑). 지금의 강소성 무진현(武進縣)으로 계찰이 봉해진 땅이다.

224) 자유(子游): 춘추시대 오나라 사람으로 성은 언(言), 이름은 언(偃)이고, 자가 자유이다. 공자의 문인 중 문학에 뛰어났다고 알려졌고 사과십철(四科十哲)의 한 명으로 꼽힌다. 일찍이 무성(武城)의 수령을 지냈는데, 그가 음악에 대해 공자와 나눈 대화가 『논어』 「양화」(陽貨)편에 실려 있다. "공자가 무성에 가시어 거문고와 노랫소리를 들으시고는 빙그레 웃으며 말씀하셨다. '닭을 잡는 데 어찌 소 잡는 칼을 쓰겠느냐?' 그 말에 자유가 대꾸했다. '전에 제가 선생님께 들었을 때는 군자가 도를 배우면 사람을 사랑하고, 소인이 도를 배우면 부리기가 쉽다 고 하셨는데요.' 공자가 말씀하셨다. '얘들아! 언의 말이 옳다. 방금 전에 한 말은 농담이었다!'"(子之武城, 聞弦歌之聲, 夫子莞爾而笑曰: '割鷄焉用牛刀?' 子游對曰: '昔者, 偃也聞諸夫子曰: 『君子學道則愛人, 小人學道則易使也.』' 子曰: '二三子! 偃之言是也, 前言戲之耳!') 원래는 공자가 자유의 재주를 아까워해 한 말이었지만, 자유는 공자가 예악의 도를 말하는 줄로 오해하였다. 자유가 반박하자 공자는 더 이상 따지지 않고 자신의 말을 농담으로 돌려버렸던 것이다.

225) 무창(武昌): 지금의 호북성 무한시(武漢市). 한구시(漢口市)와 합병하여 1949년부터 무한시로 편입되었다.

성근 종소리 한밤중에 산사로 떨어지니

오늘 밤 어떻게 무창을 볼 수 있을까?

흐르는 물도 정을 알아 늙은 나를 가여워하고

가을 바람은 우환 없이도 사람의 애간장 끊네.

천 년을 핀 방초는 앵무주[227]의 상징이고

만 리를 지나온 장강은 한양[228]으로 흘러든다.

대별산이야 원래 이별의 땅이 아니련만

올라서 굽어보니 설움 더없이 북받치네.[229]


疎鐘夜半落雲房[230], 今夕何由見武昌?

流水有情憐我老, 秋風無恙斷人腸.

千年芳草題鸚鵡, 萬里長江入漢陽.

大別原非分別者, 登臨不用更悲傷!

---

226) 대별(大別): 산 이름. 일명 노산(魯山) 혹은 운익산(雲翼山). 호북의 무한시 한
   양(漢陽) 동북쪽의 한강(漢江) 서안에 위치하였다.

227) 앵무주(鸚鵡洲): 무한시 서남쪽 장강(長江) 가운데에 위치한 삼각주. 동한 말
   강하태수(江夏太守) 황조(黃祖)의 큰아들 사(射)가 여기서 연회를 베풀었는데,
   손님 중의 한 사람이 앵무새를 바쳤다 하여 유래한 이름이다. 당나라 최호(崔
   灝)의 「황학루」(黃鶴樓)라는 시에 나오는 다음 구절로 인해 더욱 유명해졌다.
   "한양의 나무들 맑은 강물에 또렷이 비치고, 방초는 앵무주에 무성히 우거졌구
   나"(晴川歷歷漢陽樹, 芳草萋萋鸚鵡洲.)

228) 한양(漢陽): 지금의 호북성 한양현(漢陽縣, 蔡甸鎭) 동쪽. 나중에 무한시 경내
   로 편입되었다.

229) 이 시는 1590년 이지를 방문했던 원굉도(袁宏道)가 석 달 동안 머물고 떠나갈
   때 지은 시이다. 강 건너까지 원굉도를 배웅하고 난 뒤 대별산에서 숙박하며 이
   별의 아쉬움을 시로 풀어냈던 것이다.

230) 운방(雲房): 승려나 도사, 은자 등이 사는 집의 통칭.

## 새벽길에 동쪽으로 출정하는 병사들을 만나 잠시 매중 승을 떠올리다 曉行逢征東將士却寄梅中丞

봉화 오르는 성 서쪽은 장수들의 진지로구나
안개 차가운 새벽녘 집집마다 밥짓는 연기 피어오르네.
변방의 용맹한 자제들 화려한 안장을 자랑하지만
험난한 요새의 장군들은 일찌감치 성문을 닫는다.
주변의 바닷가는 언제라야 풍랑 잠잠해질까?
대장의 지위에 올라 하릴없이 성은에 절만 하였지.
운중에 파목[231]처럼 정말 뛰어난 장수가 있다는데
어찌해야 이동시켜 천자를 배알시킬까?[232]


烽火城西百將屯, 寒烟曉爨萬家村.

雄邊子弟誇雕鞯, 絶塞將軍早閉門.

傍海何年知浪靜, 登壇[233]空自拜君恩.

雲中今有眞頗牧, 安得移來覲至尊?

---

231) 파목(頗牧): 염파(廉頗)와 이목(李牧)의 병칭. 둘 다 전국시대 조(趙)나라의 명
    장이었다.
232) 염파와 이목처럼 뛰어난 장수가 있어도 황제를 만날 길이 없으니, 이는 매중승
    같은 고위관리가 할 일임을 깨우치고 있다.
233) 등단(登壇): 옛날에 회맹(會盟), 제사, 제왕의 즉위식, 장군 직위의 배수 같은
    행사가 있을 때는 단상을 설치하여 성대한 의식을 거행하였다. 여기서는 '장수
    를 임명하는 의례'(登壇拜將)를 가리킨다. 출전은 『사기』 「회음후열전(淮陰侯
    列傳). "소하가 말했다. '왕께서는 평소 오만하고 무례하여 대장을 임명할 때도
    마치 어린아이 부르듯 하시니, 이것이 바로 한신이 떠나간 이유입니다. 왕께서
    반드시 그를 쓰고자 하신다면 좋은 날을 가려 목욕재계하시고 연단을 설치하십
    시오. 예를 갖추면 일이 성사될 것입니다.' 왕이 그러라고 허락하였다"(何曰:
    '王素慢無禮, 今拜大將如呼小兒耳, 此乃信所以去也. 王必欲拜之, 擇良日, 齋戒,
    設壇場. 具禮, 乃可耳.' 王許之.)

# 황혼녘에 거용관을 지나며 晚過居庸

하늘이 빚은 험난한 요새에 거용관[234] 들어서니

백이십 리 산하가 웅장한 형세로 바뀌었네.

지키는 관리는 상서로운 징조를 몰라도

행인들은 또 모두 어진 현인을 말하는구나.

구비마다 물이 솟아 말달리기 더디기만 하고

구름 속까지 뻗은 산맥 달빛 아래 이슬에 젖는다.

연시[235]에는 이제 감개 어린 한탄도 멎었으니

한 왕실에 올리는 봉사[236] 벌써 여유가 넘치네.


重門天險設居庸, 百二山河勢轉雄.

關吏不聞占紫氣[237], 行人或共說非熊[238].

灣環出水馬蹄澀, 回復穿雲月露融.

---

234) 거용관(居庸關): 하북성 창평현(昌平縣) 서북쪽의 거용산에 있는 관문. 일명 군
도관(軍都關) 혹은 계문관(薊門關). 깎아지른 듯한 낭떠러지 사이로 큰 개울이
흐르는 험난한 지형이기 때문에 옛부터 요애(要隘)로 호칭되었다.

235) 연시(燕市): 전국시대 연나라의 수도. 진시황을 죽이려던 자객 형가의 연시비가
(燕市悲歌) 무대이기도 하다. "형가는 연나라에 온 뒤 연의 개백정과 축을 잘 타
는 고점리와 친해졌다. 형가는 술을 즐겨 날마다 개백정·고점리와 더불어 연시
에서 술을 마셨다. 술기운이 얼근하게 오르면 고점리는 축을 탔고, 형가는 거기
에 맞춰 시장 안에서 노래를 부르며 같이 즐겼다. 그리고 나서는 같이 울며 곁
에는 마치 아무도 없는 듯이 굴었다"(荊軻旣至燕, 愛燕之狗屠及善擊筑者高漸離.
荊軻嗜酒, 日與狗屠及高漸離飮於燕市, 酒酣以往, 高漸離擊筑, 荊軻和而歌於市中,
相樂也, 已而相泣, 旁若無人者.) 출전은『사기』「자객열전」.

236) 봉사(封事): 밀봉한 주장(奏章). 옛날에 신하가 상주문을 올릴 때 비밀 누출을
방지하기 위해 검은 주머니에 넣고 봉함한 까닭에 붙여진 이름이다.

237) 자기(紫氣): 보랏빛 구름. 고대에는 이를 상서로운 기운으로 보고 제왕이나 성
현 등이 나타날 징조라고 설명했다. 유향(劉向)의『열선전』(列仙傳)에 그 어원
이 보인다. "노자가 서쪽으로 옮겨갈 때이다. 관문지기 윤희가 멀리서 보랏빛
구름이 관문 위로 떠가는 광경을 보았는데, 얼마 뒤 노자가 과연 푸른 소를 타
고 지나쳐갔다"(老子西遊. 關令尹喜望見有紫氣浮關, 而老子果乘靑牛而過也.)

燕市卽今休感慨, 漢家封事已從容.


## 구일 극락사에 갔다가 원중랑²³⁹⁾이 곧 온다는 소식을 듣고 기뻐서 읊다 九日至極樂寺聞袁中郞且至因喜而賦

세상살이 그 동안 꼭 외로운 건 아니었지만

한평생 확실히 원중랑은 내 편이었네.

시절이 중양이라 꽃도 응당 빨갛게 물들 때

벗이 찾아와 마음을 논하면 병 또한 물러가겠지.

늙은 전나무 무성한 가지에 석양의 까치 시끄럽고

서녘 바람에 지는 해는 뜨락 오동나무로 떨어진다.

---

238) 비웅(非熊): 태공망(太公望) 여상(呂尙). 출전은 『육도』(六韜) 「문사」(文師)편. 문왕이 위수 근처로 사냥을 나가기 전 점을 쳤더니, 다음과 같은 복사(卜辭)가 나왔다. "위수의 남쪽에서 사냥을 하면 장차 큰 물건을 얻게 될 것입니다. 용이 아니고 이무기도 아니며 호랑이가 아니고 큰 곰도 아니니, 공후를 얻을 징조입니다"(田於渭陽, 將大得焉, 非龍非彲, 非虎非羆, 兆得公侯.) 문왕은 과연 위수 물가에서 낚시질하던 태공을 만났고 그를 수레에 태워 돌아온 뒤 스승으로 삼았다. 이로부터 '비웅'은 강태공 혹은 숨은 현인을 지칭하는 대명사가 되었다.

239) 원중랑(袁中郞): 원굉도(袁宏道, 1568~1610). 자는 중랑 혹은 무학(無學), 호는 석공(石公), 공안(公安) 사람이다. 1592년 진사에 등과했지만 출사하지 않고 형인 원종도(袁宗道)와 더불어 향리에서 성명지학(性命之學)을 연구했다. 이듬해에 상경하여 오령(吳令)을 제수받고 1592년 봄 부임했지만 2년 뒤 사직하고 친구인 도석궤(陶石簣)와 더불어 동남방을 유람하였다. 1598년 다시 경조교관(京兆教官)이 되었다. 1600년에는 예부의 의제정주사(儀制訂主事)가 되었지만 몇 달 만에 사직하고 유랑(柳浪)에서 7년을 은거하였다. 훗날 다시 기용되어 관직이 계훈낭중(稽勳郞中)에 이르렀고, 1610년 9월 6일 죽었다. 이지는 삼원(三袁) 중에서 중랑을 가장 사랑하였다. 1590년 중랑이 용호를 방문했을 때, 이지는 그를 석 달이나 머물게 하며 함께 황학루에 오르고 장강을 건너서까지 전송하며 시를 지어 이별을 아쉬워했다. 1593년 또다시 용호를 방문한 중랑은 열흘을 머물면서 「용호의 스승과 작별하며 지은 절구 다섯 수」(別龍湖師五絶)를 지었고, 이지도 거기에 화답하는 8수의 시를 『이온릉외기』(李溫陵外記) 권3에 남겼다.

황금대<sup>240)</sup>에 올라 천 리 밖을 그리워하다
속히 여행길 나서라고 원중랑에게 통보하네.


世道由來未可孤, 百年端的是吾徒.
時逢重九花應醉, 人至論心病亦蘇.
老檜深枝喧暮鵲, 西風落日下庭梧.
黃金臺上思千里, 爲報中郎速進途.


## 정월 초하루 극락사에 큰 눈 내리다 元日極樂寺大雨雪


온 세상 모조리 새 옷으로 갈아입었네
사바세계 산사의 봄을 독점하고 말았구나.
누가 알았으랴? 궁궐 향해 만세 부르는 날
마침 서설 흩날려 더없이 유쾌한 시간 될 줄을.
외로운 중은 구름 끝자락 산사로 돌아가고
흐뭇한 달빛은 밭두둑가 서성이는 사람을 비춘다.
근래에 터럭은 칼로 죄다 밀어버렸지
번뇌를 떨쳐내려도 자꾸만 세속에 물들게 되네.


萬國衣冠共一新, 婆娑<sup>241)</sup>獨占上方<sup>242)</sup>春.

---

240) 황금대(黃金臺): 하북성 역현(易縣)의 동남방 역수(易水)의 남쪽에 있다. 전국
시대 연(燕)나라의 소왕(昭王)이 건축한 뒤 황금을 쌓아놓고 천하의 인재를 초
빙하였다는 고사에서 유래한 이름이다. 이 시의 제목에 보이는 극락사는 내용으
로 보아 황금대 근처에 위치한 작은 절인 듯하다.

241) 파사(婆娑): 불교의 사바(娑婆), 즉 사바세계를 말한다. 범어 Sahā의 음역으로
감인(堪忍)이란 뜻이며, 인토(忍土)로 번역되기도 한다. 석가모니가 교화한 삼
천대천세계(三千大千世界)의 총칭이다.

242) 상방(上方): 절에서 주지승이 거주하는 내실. 보통 불사(佛寺)를 가리킨다.

誰知向闕山呼[243]日, 正是飛花極樂辰?

寂寂僧歸雲際寺, 溶溶月照隴頭人.

年來鬢髮隨刀落, 欲脫塵勞[244]却惹塵.


# 비 오는 탑사[245]에서 원소수[246]의 운에 맞추다
## 雨中塔寺和袁小修韻

하릴없이 이 강가에 오래도 꾸물거렸네

빗방울 나그네 옷을 적실 때 옛 친구를 만났지.

정월 초하루에 아직도 방랑중이라고만 말하니

깊은 절간의 외로운 신세 누가 알아주겠나?

재주가 넘치다보니 한곳에 붙잡아두기 어렵고

술과 시가 천 종이라 가난을 꺼리지 않는구나.

신선 같은 자네야 물론 좋은 상황일 테니

이 늙은이 기운 북돋아줘도 무방할 것이네.


無端滯落此江瀕, 雨濕征衫逢故人.

但道三元[247]猶浪跡, 誰知深院有孤身?


---

243) 산호(山呼): 봉건시대 황제에 대한 찬미 의례. 머리를 땅에 조아리고 큰 소리로
    세 번 만세(萬歲)를 불렀다.

244) 진로(塵勞): 불교에서 말하는 속세의 번뇌. 일이나 여행길에서 누적된 피로를
    말하기도 한다.

245) 탑사(塔寺): 절 안에 탑이 있어 일명 백탑사(白塔寺)라고도 한다. 남경에 위치
    했으며, 양(梁)나라 천감(天監) 연간 영경공주(永慶公主)가 향을 바친 일화가
    전해 영경사(永慶寺)라는 이름으로도 부른다.

246) 원소수(袁小修): 원중도(袁中道). 자는 소수, 삼원(三袁)의 막내로 공안 사람이
    다. 자세한 사적은『분서』권1「이온릉전」의 역주 참조.

247) 삼원(三元): 음력 정월 초하루. 해·달·일의 첫 번째에 해당하는 날이라 하여
    '삼원'이라 불렀다.

才傾八斗[248]難留客, 酒賦千鍾[249]不厭貧.

自是仙郎[250]佳況在, 何妨老子倍精神.


# 양숙자[251]의 「오나라 정벌을 청하는 글」을 읽고
## 讀羊叔子勸伐吳表


세 사마씨 모의하여 업도[252]를 집어삼키더니

얼마 안 가 애송이 오랑캐에게 넘겨주었네.

산도[253]는 사사로운 걱정 안 하는 사람이지만

---

248) 재경팔두(才傾八斗): 재고팔두(才高八斗) 혹은 재과팔두(才誇八斗)라고도 하며, 글재주가 뛰어난 인재를 말한다. 송대 무명씨의 『석상담』(釋常談)「팔두지재」(八斗之才)에 다음과 같은 고사가 실려 있다. "문장에 있어 팔두지재란 말이 많이 쓰이는데, 사령운은 일찍이 이렇게 말한 바 있다. '천하의 재주는 한 섬인데, 그 중 조식이 여덟 말을 독점하고, 내가 한 말을 얻었으며, 나머지 한 말은 천하 사람이 다같이 나눠가졌다'(文章多謂之八斗之才, 謝靈運嘗曰: '天下才有一石, 曹子建獨占八斗, 我得一斗, 天下共分一斗.')

249) 종(鍾): 용량 단위. 1종의 분량에 대해선 64말(六斛四斗), 80말(八斛), 100말(十斛) 등 여러 설이 있다.

250) 선랑(仙郎): 젊은 남자 신선으로 보통 잘생긴 청년을 비유한다. 당대(唐代)에는 상서성(尙書省) 각 부서의 낭중(郎中)과 원외랑(員外郞)에 대한 습관적인 호칭이기도 하였다. 이 시에서는 낭중을 지낸 원소수를 가리킨다.

251) 양숙자(羊叔子): 양호(羊祜, 221~278). 태산(泰山)의 남성(南城, 지금의 산동성 費縣 서쪽) 사람으로 자는 숙자. 세족 출신으로 경헌황후(景獻皇后)의 동생이다. 위나라 말기 사마씨의 왕조 찬탈을 적극적으로 도와 사마염이 제위에 오르자 중군장군(中軍將軍)으로 후(侯)에 봉해졌고, 태시(泰始) 연간에는 형주자사(荊州刺史)로 나가 몇 차례나 오나라 정벌을 지휘했다. 형주에 있을 때 그는 늘 가벼운 옷에 허리띠를 느슨히 매고 갑옷을 걸치지 않은 채로 덕을 쌓는 일에만 힘썼으므로 오인(吳人)들마저 그를 흠모할 정도였다. 그가 죽은 뒤 백성들이 현산(峴山)에 비석을 세웠는데, 바라보는 사람마다 모두 눈물을 흘려 이 비를 타루비(墮淚碑)라고 불렀다는 일화가 전한다.

252) 업도(鄴都): 삼국시대 위나라의 도읍 이름. 한대에는 지금의 하남성 임장현(臨漳縣) 서남쪽의 한 고을에 불과했지만, 후한 말부터 문학의 연수(淵藪)로 성장했고 위나라에 이르러선 도읍이 되었다.

딴 속셈이 있나 없나 양호가 어찌 알리오?

천연 해자 장강이 잠시 진으로 흘러들었지만

영토를 오랑캐에 넘기고 결국 오로 건너왔구나.

그 당시 왕씨나 사씨들이 무슨 일을 했던가?

술 데우는 화로 앞에서 청담²⁵⁴⁾이나 노닥거렸지.²⁵⁵⁾


三馬同槽²⁵⁶⁾買鄴都, 轉身賣與小羗胡²⁵⁷⁾.

山濤不是私憂者, 羊祜寧知非算無?

天塹²⁵⁸⁾長江權入晉, 地分左衽²⁵⁹⁾終輸吳.

---

253) 산도(山濤, 205~283): 진(晉)대 하내회현(河內懷縣) 사람으로 자는 거원(巨源), 시호는 강(康)이다. 노장(老莊)의 학문을 즐겼고 죽림칠현의 일원이었다. 사마의(司馬懿)의 인척으로 이부상서를 지냈는데 조정에서 중립을 지켰으며 청렴하고 공평무사했다. 또 그가 발탁한 인물들은 모두 당대의 준걸이었다. 일찍이 용병(用兵)의 근본을 논하면서 주군(州郡)의 무비(武備)를 없애면 안 된다고 주장해 무제로부터 천하의 명언이란 칭찬을 들었고, 왕융(王戎)에게서 혼금박옥(渾金璞玉)이란 평가를 듣기도 하였다.『진서』(晉書) 권43에 의하면, 양호가 집정할 때 어떤 사람이 배수(裴秀)를 모함하자 산도는 적극적으로 그를 옹호하다 기주자사(冀州刺史)로 쫓겨나간 일이 있었다. 시에서 묘사한 양호와 산도의 갈등은 이 사건을 말하는 듯하다.

254) 청담(淸談): 위·진시대 노장(老莊)을 숭상하여 현리공담(玄理空談)를 일삼던 사회적 분위기. 현담(玄談)이라고도 한다. 청담은 유무(有無)나 본말(本末)에 관한 논변에 관심이 집중되어 있는데, 삼국시대 위나라의 하안(何晏)·하후현(夏侯玄)·왕필(王弼) 등으로부터 비롯되어 진대의 왕연(王衍) 때 특히 성행했고 제·량시대에 이르러서도 쇠퇴하지 않았다. 훗날에는 시의에 들어맞지 않는 담론 일반을 가리키는 말이 되었다.

255) 진나라가 오를 멸망시켰지만 결국은 오나라 땅에서 명맥을 유지하게 된 역사적 사실을 들어 순환하는 역사를 설명하고 있다. 또한 청담이 나라를 그르쳤다는 비유를 들어 지식인들의 잘못된 공론을 비판하였다.

256) 삼마동조(三馬同槽): 정권 찬탈의 음모를 꾸민다는 뜻. 위(魏) 무제(武帝)의 꿈에 세 마리의 말이 한 구유통에서 먹이를 먹었다는 고사에서 유래하였다. 여기서 말 세 마리는 사마의(司馬懿)·사마사(司馬師)·사마소(司馬昭)를 가리킨다.

257) 강호(羗胡): 강족(羗族)과 흉노족(匈奴族). 중국 서북부에 살던 소수민족의 통칭이기도 하다.

258) 천참(天塹): 자연적으로 이루어진 호구(壕溝). 물길이 험난하여 교통의 왕래를 단절시키는 강을 말하는데, 주로 장강(長江)을 가리킬 때 쓰인다.

當時王謝<sup>260)</sup>成何事? 只好淸談對酒壚.


## 유우석<sup>261)</sup>의 「금릉회고」 시를 읽고 讀劉禹錫金陵懷古

왕준<sup>262)</sup>의 누선<sup>263)</sup>이 익주로 내려갔을 때의
금릉을 회고한 이, 유우석이 으뜸이구나.
천 심<sup>264)</sup>의 긴 쇠사슬 장강 바닥에 가라앉았고
백만의 용양<sup>265)</sup> 장군 석두성<sup>266)</sup>으로 기어올랐네.

---

259) 좌임(左衽): 좌임(左袵) 혹은 좌메(左袂)라고도 한다. 고대의 중국에서 일부 소수민족은 옷깃이 왼편을 향했기 때문에 흔히 오랑캐를 일컫는 말로 쓰인다.

260) 왕사(王謝): 육조시대의 명문세가인 왕씨와 사씨. 곧 명문세족 일반을 가리킨다.

261) 유우석(劉禹錫, 772~842): 자는 몽득(夢得), 팽성(彭城, 지금의 강소성 徐州) 사람이다. 진사에 급제하고 또다시 박학굉사과(博學宏詞科)에 올랐으며, 왕숙문(王叔文)의 영정혁신(永貞革新)에 참여했다가 실패한 뒤 낭주사마(朗州司馬)로 폄적되었다. 이어 연주자사(連州刺史)를 지내던 중 배도(裴度)의 추천으로 벼슬이 집현원학사(集賢院學士)와 태자빈객(太子賓客)에 이르렀다. 고문에 정통했고 오언시에 능했다. 만년에는 늘 백거이(白居易)와 함께 어울렸고 그로부터 시호(詩豪)라는 별명을 얻기도 하였다.

262) 왕준(王濬, 206~285): 진대(晉代) 홍농(弘農) 호현(湖縣, 지금의 하남성 靈寶) 사람으로 자는 사치(士治). 박학하고 뜻이 커 익주자사(益州刺史)를 지낼 때 적극적으로 누선 같은 견고한 거함을 건조하고 병기를 제작하였다. 오나라 정벌에 나섰을 때 적들이 철쇄(鐵鎖)로 강을 가로막으며 저항하자, 왕준은 다시 대벌화거(大筏火炬)를 만들어 철쇄를 불살라 끊고 곧장 석두성(石頭城) 아래에까지 이르렀다. 궁지에 몰린 오왕 손호(孫晧)는 결국 항복했고, 이로써 진은 오나라를 멸망시켰다. 왕준은 벼슬이 무군대장군(撫軍大將軍)에 이르렀고, 죽은 뒤에 무(武)라는 시호를 추존받았다. 『진서』 권42에 보인다.

263) 누선(樓船): 누각이 있는 큰 배로 고대에는 주로 전투용으로 썼다. 수군을 가리키기도 한다.

264) 심(尋): 옛날 길이의 단위. 1심은 8척(尺)에 해당한다.

265) 용양(龍驤): 무제가 왕준에게 내린 장군 명호(名號). 시에서 묘사한 백만의 용양은 용양 장군 왕준 휘하의 병사들을 비유한 말이다.

266) 석두성(石頭城): 금릉의 다른 이름. 즉 지금의 남경이다.

시를 짓던 선비는 모두가 붓을 놓았는데
공을 이룬 두 분은 서로를 겨누지 않는구나.
종산[267]에 서린 왕기 천 년 동안 그대로일세
밤낮으로 장강에 뜬 모습 보이지 않는가!


王濬樓船下益州, 金陵懷古獨稱劉.
千尋鐵鎖沉江底, 百萬龍驤上石頭.
賦就群公皆閣筆, 功成二子莫爲讐.
鍾山王氣千年在, 不見長江日夜浮!


참고: 유우석의 「금릉회고」金陵懷古


아름다운 성 모래톱에 조수 차오르고
정로정[268]에는 햇빛 비껴 쏟아지네.
채주는 신록으로 새롭게 변했지만
막부의 연기 예전처럼 푸르르구나.
홍망은 인간사에 달린 것이고
산천은 지형 때문에 쓸쓸해지네.
어디선가 들려오는 후정화[269] 노랫소리

---

267) 종산(鍾山): 남경시 조양문(朝陽門) 밖에 있는 산 이름. 자금산(紫金山), 성유산
(聖遊山), 북산(北山) 등 여러 이름으로 불린다. 제갈량이 건업(建業)에 사신으
로 가서 손권을 '종산에 또아리를 튼 용'(鍾山龍蟠)으로 비유했다는 일화가 전
해진다. 훗날 손권의 조부 휘(諱)가 그곳으로 피난하여 장산(蔣山)이라고 개명
하였다. 산꼭대기에 천보성(天保城)이 있다.

268) 정로정(征虜亭): 동진시대(東晉時代) 세워진 누각으로 지금의 강소성 남경시
서북쪽 모퉁이의 진회하(秦淮河) 연안에 있다.

269) 후정화(後庭花): 악부 청상곡(清商曲) 오성(吳聲)의 가곡 이름. 당대에는 교방
곡(敎坊曲)의 명칭이었다. 본명은 「옥수후정화」(玉樹後庭花)로 남조시대 진
(陳) 후주(後主)의 작품이다. 가사는 경박하고 음탕하지만 곡조가 대단히 슬퍼
훗날 망국지음(亡國之音)의 대명사가 되었다.

서러움 차올라 차마 듣지 못하겠어라.


潮滿冶城渚, 日斜征虜亭.
蔡州新草綠, 幕府舊煙靑.
興廢由人事, 山川空地形.
後庭花一曲, 幽怨不堪聽.


## 유리사[270] 琉璃寺


유리사 가는 길에 해가 막 서쪽에 기우네
가을바람에 말달리니 나무들 뒤로 멀어져간다.
승방은 잠그지 않아 손님들 멋대로 떠나가니
농가에 술 익었지만 누구를 위해 날라올까?
울타리에 보슬비 내려 국화꽃 피기를 재촉하고
산등성 밝은 별은 새벽닭에게 시간을 알린다.
심유 스님 알아서 나와 동무해주시니
한바탕 웃고 나서 앞개울을 건너도 좋으리![271]


琉璃道上日初西, 馬遠秋風萬木低.
僧舍不關從客去, 田家有酒爲誰擕?
籬邊小雨催黃菊, 山岫明星報曉鷄.
自有深公爲伴侶, 何妨一笑過前溪!


---

270) 유리사(琉璃寺): 지금의 산동성 치평현(茌平懸) 동북쪽에 있던 절.
271) 서로가 알력 없이 흐뭇하게 녹아드는 인간관계를 묘사하지만, 한편으로 자신의
　　담담한 고독을 바탕에 깔고 있다. 아름다운 경물 묘사, 편안하고 고요한 경계가
　　돋보이는 서정시이다.

# 서울로 떠나며 운송 스님에게 이별기념으로 증정한 시
## 赴京留別雲松上人

지공[272]은 종적 감추고 이 산중에서 살았네
깊이 숨어 은거함이 그만 못해 부끄럽구나.
솔바람 빌려다 베개 삼아 높이 베니
승방이 내 집임을 비로소 알게 되었소.
바람 불어 대나무 잣나무에 가사자락 찢어지고
연못에 달빛 가득하니 종과 경쇠 소리 허허롭네.
전생의 인연 아직 다 보답하지 못한 탓에
갈림길에서 채찍질하려다 또다시 망설이오.


支公遯跡此山居, 深院巢雲愧不如.
自借松風一高枕, 始知僧舍是吾廬.
風吹竹柏袈裟破, 月滿池塘鐘磬虛.
獨有宿緣酬未畢, 臨歧策馬復躊躇.

---

272) 지공(支公): 진대(晉代)의 고승 지둔(支遁). 자는 도림(道林). 일찍이 지형산(支
硎山)에 은거하여 별칭을 지형(支硎)이라 하였다. 세칭 지공(支公), 혹은 임공(林
公)이라 한다. 사안(謝安)이나 왕희지(王羲之) 등과 방외의 사귐을 가졌고 나중
에는 여항산(餘杭山)에 거주하였다. 애제(哀帝) 때 낙양(洛陽)의 대궐로 가서 축
잠(竺潛)의 뒤를 이어 강법했는데 현리(玄理)를 잘 설명해 당시의 주목을 끌었
다. 어떤 사람이 선물한 말을 기르면서 "나는 그 신준(神駿)함을 사랑할 뿐"이
라 하더니, 누군가 학을 보내자 이를 날려보내면서 "하늘을 솟구쳐오르는 생물
을 어찌 감상의 도구로 삼겠는가" 하고 말해서 당시 사람들은 그를 광달(曠達)
하다고 여겼다. 태화(太和) 2년 낙양에서 산으로 돌아온 지 얼마 뒤에 죽었다.
양(梁)의 『고승전』(高僧傳) 권4에 전기가 보인다.

# 망노대[273]에서 이정의 사당에 예를 갖추다 望魯臺禮謁二程祠
## ─이정은 둘 다 이 땅에서 태어났다 二程俱産於此

해는 저물고 강가의 누대에 서풍 불어오네
울창한 고목들이 사람 애절하게 만드는구나.
여인과의 하룻밤도 정녕 시로 읊을 만하나[274]
노나라 땅은 언제라야 시야에 들어올까?
천 년 세월 현인으로 추존된 이 오직 형제뿐이라
한평생 어릴 때 모습 뵙기를 상상하였네.
당장이라도 훨훨 문간에 눈 내릴 듯하니[275]
선생께서 이 미련퉁이 아끼시는 줄 알겠네.

---

273) 망노대(望魯臺): 호북성 황피현(黃陂縣) 소재의 누각. 『호북통지』(湖北通志) 「고적」(古迹) 권15에 다음과 같은 기록이 보인다. "망노대는 황피현의 동쪽에 있는데, 송대의 정호(程顥)·정이(程頤) 두 선생이 옛 노나라 땅을 바라보기 위해 건축하였다. 명대 경태 연간 그 산기슭에 두 분의 사당을 건립하였다"(望魯臺在黃陂縣東, 二程先生築以望魯. 明景泰間建祠其麓.)

274) 무산운우(巫山雲雨)의 고사를 암용(暗用)하였다. 출전은 전국시대 초나라 송옥(宋玉)의 「고당부」(高唐賦). "예전에 선왕이 고당에 놀러갔다가 피곤하여 낮잠을 잔 적이 있었다. 왕의 꿈속에 어떤 여자가 나타나 말하였다. '저는 고당의 나그네인데, 임금께서 고당에 납시었다는 말을 듣고 찾아왔습니다. 원컨대 잠자리에서 모시고 싶습니다.' 왕은 그녀를 받아들였다. 떠날 때 그녀는 이렇게 하직 인사를 했다. '저는 무산의 남쪽, 고구의 북쪽에 살고 있습니다. 새벽에는 아침 노을이 되고 저녁에는 비를 뿌리며 언제나 임금님 곁에 있겠습니다'"(昔者先王嘗游高塘, 怠而晝寢. 夢見一婦人, 曰: '妾爲高塘客, 聞君游高塘, 願薦枕席.' 王因幸之. 去而辭曰: '妾在巫山之陽, 高丘之陰, 旦爲朝雲, 暮爲行雨, 朝朝暮暮, 陽台之下.') 이로부터 무산운우는 남녀간의 즐거운 교합을 일컫는 말이 되었다.

275) 정문입설(程門立雪)의 전고를 암용하였다. 출전은 『송사』 「도학전이(道學傳二)·양시(楊時)」. "양시가 낙양에서 정이를 뵈었을 당시 그의 나이는 사십이었다. 하루는 정이를 만나러 갔는데, 그는 마침 눈을 감고 앉은 채 졸고 있었다. 양시는 유초와 더불어 시립하여 기다렸는데, 정이가 그들의 존재를 알아챘을 때는 문밖에 눈이 벌써 한 자나 쌓인 다음이었다"(見程頤於洛, 時蓋年四十矣. 一日見頤, 頤偶瞑坐, 時與游酢侍立不去. 頤旣覺, 則門外雪深一尺矣.) 대체로 스승과 도를 존중하여 그 문하에 나아가 배운다는 뜻으로 쓰인다.

日暮西風江上臺, 森森古木使人哀.

楚雲[276]一夜眞堪賦, 魯國何年入望來?

千載推賢唯伯仲, 百年想像見嬰孩.

翛然欲下門庭雪, 知是先生愛不才.

---

276) 초운(楚雲): 초나라 하늘의 구름. 『진서』(晉書) 「천문지」(天文志) 중편에 "한
의 구름은 포목 같고, 조의 구름은 소 같으며, 초의 구름은 태양 같고, 송의 구
름은 수레 같다"(韓雲如布, 趙雲如牛, 楚雲如日, 宋雲如車.)고 묘사하였다. 보통
여자의 예쁘게 쪽진 머리를 비유한다.

# 이탁오 『분서』 발문 李氏焚書跋

탁오의 학술은 요강[277]에서 연원한다. 원래 왕용계(王龍谿)는 요강 문하의 수제자로 그 학술을 하심은(何心隱)에게 전했고, 이는 또 탁오에게 전해졌다. 이런 까닭에 탁오는 하심은을 논할 때 존경심이 극에 달해 그를 상구[278]의 대인(大人)으로까지 간주했다. 그는 또 『용계문록』(龍谿文錄)의 서문을 쓰면서 이렇게 말했다.

"선생의 이 책은 예전에 없었고, 이제도 나올 리가 없으며, 후세의 학자들 중에도 다시는 이런 저술을 짓는 자가 없을 것이다."

공자가 논한 시비장단이 의거하기에 부족하다 여기면서도 용계에 대한 탁오의 존경심만은 이런 정도에 이르렀던 것이다. 이로부터 우리는 탁오의 학문이 또 어디서 유래했는지 알 수 있게 된다. 탁오는 이 책 외에도 『장서』(藏書)·『속장서』(續藏書)·『설서』(說書)·『탁오대덕』(卓吾大德) 등의 저술을 남겼다. 『장서』는 역사를 기술한 책으로 춘추시대에서 시작하여 송·원 때까지를 아우르고, 『속장서』는 명대의 단대사로

---

277) 요강(姚江): 절강성 여요현(餘姚縣)의 남쪽에 있는 강 이름. 명대 왕수인(王守仁)이 여요현 사람이라 그의 학파인 양명학파(陽明學派)를 요강학파라고 불렀다.

278) 상구(上九): 『주역』 괘사의 여섯 번째 양효(陽爻). 『주역』 「건괘」(乾卦)에서 "상구의 효사는 높이 오른 용으로 후회함이 있다"(上九: 亢龍, 有悔.)고 했는데, 「문언전」(文言傳)에서는 이를 다음과 같이 해석하였다. "존귀하지만 자리가 없고, 지위가 높지만 백성이 없다. 현인이 낮은 자리에 있어 보필할 수 없는 까닭에 움직이면 후회할 일이 생긴다"(貴而無位, 高而無民, 賢人在下位而無輔, 是以動而有悔也.) 이로부터 상구는 도덕과 학문이 가장 높은 사람을 비유하는 말이 되었다.

만력 이전의 일들을 다루고 있다. 작년에 등추매(鄧秋枚)가 『장서』를 구입하고 이효돈(李曉暾)이 금릉에서 『속장서』를 구입해온 덕분에 나도 이 책들을 모두 읽어볼 기회가 있었다. 『분서』 이 책은 금주(錦州)의 장기정(張紀庭)이 국학보존회(國學保存會)에 기증한 것으로 명대의 발간본이다.

탁오는 다음과 같이 말한 적이 있다.

"『분서』라고 명명하여 이 책이 응당 불살라지고 내버려질 운명임을 말하였다."

명대에 이 책은 두 번이나 판금당하고 불태워졌다. 첫 번째는 만력 30년 급사중(給事中) 장문달[279]의 주청에 의해서였고, 두 번째는 천계 5년 어사(御史) 왕아량(王雅量)의 주청에 의해서였다. 그런데 우리는 이 책이 유통을 금지시키라는 어명이 내려진 이후에 출판된 것임을 초약후(焦弱侯)의 서문을 통해 알 수가 있었다. 오호라! 조정에서는 비록 책의 유통을 금지하고 불살랐지만 사대부들은 서로 돌아가며 거듭해 책을 찍어냈던 것이다. 진명경(陳明卿)은 다음과 같이 말했다.

"탁오의 책이 유행하면서 기침하고 침을 뱉을 때조차 탁오가 아니면 기껍지 않았고, 책상 위에 탁오의 책이 올라와 있지 않으면 가까이 다가가지 않았다."

탁오를 숭배하는 당시의 풍조가 이와 같았던 것이다.

대저 학술이란 천하의 공기(公器)이다. 제왕이란 자가 일신의 호오에 치우친 나머지 권력으로 그것을 막으려 한들 천하는 전혀 두려워하지

---

279) 장문달(張問達): 자는 덕윤(德允)이고, 경양(涇陽) 사람이다. 만력 11년(1583)의 진사로 고평(高平)과 유현(濰縣)의 지현(知縣)을 지내며 치적을 쌓았다. 그 뒤 호부상서와 좌도어사(左都御史)를 지냈는데, 이때 이지를 탄핵하여 그를 옥사시키기도 하였다. 광종(光宗)의 병이 위중할 때 여러 대신과 더불어 고명을 받았고, 천계(天啓) 초에는 이부상서로서 정격(挺擊)·홍환(紅丸)·이궁(移宮)의 3대 안건을 처리하여 공정하다는 평가를 받았다. 사직을 청해 향리로 돌아갔지만 위충현(魏忠賢)의 농간으로 탄핵당해 집안이 망한 지 얼마 뒤에 죽었다. 숭정(崇禎) 초년에 복권되어 태보(太保)에 추증되었다.

않는다. 설사 두려워한다손 세상이 바뀌고 나면 내가 사는 오늘날처럼 탁오의 책은 계속 출간되게 마련인즉, 이 역시 명대의 조상님들이 미리 알았더라도 어찌할 수 있는 바가 아닌 것이다. 그렇다면 탁오 당시의 판금과 분훼(焚燬)가 어찌 또 쓸데없는 짓이 아니었으랴!

탁오의 사람됨은 사조제[280]나 고염무,[281] 왕홍찬[282] 같은 여러 선생의 의론에서 자못 무시된 경향이 있다. 오직 원중랑(袁中郞)이 지은

---

280) 사조제(謝肇淛): 자는 재항(在杭), 호는 소초재(小草齋)이며 민현(閩縣, 지금의 복건성 福州) 사람이다. 박학하고 시문에 능했으며 만력 30년(1602) 진사가 되어 호주(湖州)의 추관(推官)에 제수되었다. 공부랑중(工部郞中)을 지낼 때 황하의 물이 불어나는 것을 보고『북하기략』(北河紀略)을 지어 강의 원류를 파헤치는 한편 역대 치수정책의 장단을 논하기도 하였다. 벼슬이 광서우포정사(廣西右布政使)에 이르렀으며, 저서로『오잡조』(五雜俎)·『유연집』(遊宴集)·『소초재고』(小草齋稿) 등이 있다.

281) 고염무(顧炎武, 1613~82): 자는 영인(寧人), 원래 이름은 고강(顧絳)으로 강소 곤산(昆山) 사람이다. 정림진(亭林鎭)에 살았기 때문에 정림 선생(亭林先生)이라고도 부른다. 명대의 제생(諸生)으로 양영언(楊永言)의 반청운동에 참가하여 노왕(魯王)으로부터 병부사무(兵部司務)를 제수받았다. 학문에 있어서 그는 실질을 중시하고 경세(經世)를 강구하며 공담(空談)을 반대하였다. 화북의 각지를 편력하며 자신의 이론대로 직접 개간을 하거나 유목을 시도하다가 훗날 섬서의 화음현(華陰縣)에 정착하였다. 그 뒤 국가의 전장제도·군읍(郡邑)의 장고(掌故)·천문의상(天文儀象)·하조(河漕)·병농(兵農) 및 경사제가(經史諸家)에 관해 연구하여 "학문에 근거가 있다"(學有根柢)는 평가를 받았다. 저서로『천하군국이병서』(天下郡國利病書) 120권·『조역지』(肇域志) 1권·『음론』(音論) 3권·『시본음』(詩本音) 10권·『역음』(易音) 3권·『당정운』(唐正韻) 20권·『일지록』(日知錄) 30권·『고음표』(高音表) 2권·『운보정』(韻補正) 1권·『금석문자기』(金石文字記)·『구고록』(求古錄)·『두해보정』(杜解補正)·『이십일사연표』(二十一史年表)·『역대제왕택경기』(歷代帝王宅京記)·『영평이주지명기』(營平二州地名記)·『창평산수기』(昌平山水記)·『산동고고록』(山東考古錄)·『경동고고록』(京東考古錄)·『휼고』(譎觚)·『고중수필』(菰中隨筆)·『정림문집』(亭林文集)·『시집』(詩集)이 있다.

282) 왕홍찬(王弘撰): 자는 무이(無異), 호는 산사(山史), 섬서성 화음현 사람이다. 명대의 제생으로 박식하고 고문에 능했다. 금석학을 좋아해 고서화와 금석을 다량 수집한 소장가였으며, 송대의 이학에도 정통했다. 역학을 좋아해 도상(圖像)을 꿰뚫었으며, 서도에 조예가 깊었고, 천하를 편력하며 관중(關中) 사대부의 영수로 활약하기도 하였다. 강희 연간 홍학박사(弘學博詞)로 부름을 받았으나 거절하고 이때 자신을 부르러 왔던 친구 이인독(李因篤)과는 절교한 뒤 화산(華

「이온릉전」(李溫陵傳)에서만 제법 긍정적으로 이야기되었을 뿐이다. 나는 원중랑이 지은 전기를 찾아내 이 책의 말미에 덧붙였다.

슬프다! 슬프구나! 탁오의 학술이 시대와 어긋나 그의 책이 일시적으로 훼멸당했더라도 추측컨대 그의 사람됨이나 언사를 기록한 이는 반드시 존재했을 것이다. 고염무나 왕홍찬은 주장하는 학술이 자신들과 다르다고 하여 탁오의 위인됨마저 통렬히 공격하면서 성인의 반도(叛徒)라고까지 여겼는데, 만약 그 말이 옳다면 왕양명이 세상의 비난과 모략에서 벗어날 수 없음이 너무나 확실해진다.

무신(戊申) 3월에 순덕(順德)의 황절(黃節)이 발문을 짓다.

---

山) 아래에 살았다. 고염무·손지울(孫枝蔚)·염이매(閻爾梅) 등 수십 명과 주고받은 서신으로 『우성집』(友聲集)을 엮었으며, 저서로 『역상도설』(易象圖說)·『산지』(山志)·『지재집』(砥齋集)이 있다.

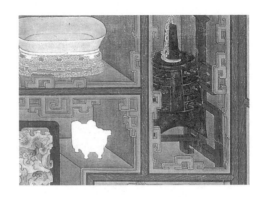

증보增補

세속 사람들이 진짜로 미추를 알 수 있어 그런 것이 아니니,
이렇게 보도록 습관이 되었고 이렇게 듣도록 단련이 되었기 때문이지요.
보고 들어 견문을 쌓는 것이야 내면의 작용이겠지만, 미추라는 관념은
결국 외부에서 결정되게 마련입니다.

# 증보 1

## 이여진[1]에게 보내는 답장 答李如眞

저는 불교를 공부하는 사람입니다. 이단의 무리에 끼는지라 성인의 문도들에게는 깊이 배척당하는 존재이지요. 저는 이 때문에 공자의 문도들에게 부담 없이 가벼운 마음으로 가르침을 청하지 못한 지가 벌써 하루 이틀이 아닙니다. 그들이 나를 배척하고 성명에 뜻을 두지 않았다고 비난할까봐서가 아니라, 그들과는 공부하는 방향이 다르니 미처 저의 안목을 틔워주기도 전에 저의 병만 심화시킬까봐 걱정이 되었기 때문입니다. 제 나이도 연만하고 쇠약한지라 감히 무익한 소청을 드려 이 유한한 시간을 또 헛되이 흘려보낼 수야 없는 노릇이지요. 지난날 가까이서 살펴주신 은혜를 감히 잊어버리지 못하는 것은 마치 형께서 말씀

---

1) 이여진(李如眞): 이등(李登, 1524~1609). 자는 사룡(士龍), 별호는 여진으로 상원(上元) 사람이다. 약관에 제자원(弟子員)이 되어 당시 남방을 순시하던 경천대의 총애를 받았다. 하지만 여러 번 시험에 떨어져 추천으로 신야령(新野令)이 되었는데, 일년 만에 노랫소리가 온 고을에 가득할 정도로 탁월한 치적을 남겼다. 일찌감치 내전(內典, 불교경전)에 심취하여 벼슬을 그만두고 읽은 바를 책으로 추려 『반야약초』(般若約抄)·『종경록초』(宗鏡錄抄)·『각해동부』(覺海同符)를 펴냈다. 또 평생 성명(性命)을 연구하는 한편 백가의 서적에도 두루 통달하였다. 저서로 『자학정와』(字學正譌) 6권·『정자천문』(正字千文) 2권·『수각편해』(讐刻篇海) 5권·『척고유문』(摭古遺文) 1권·『노자약전』(老子約筌) 2권·『이지재가장』(易知齋家藏)이 있고, 시문집으로는 『야성진우존고』(冶城眞寓存稿)와 『속고』(續稿)가 전해진다.

하신 바 "가까운 사람이라도 실수가 없어야 친해지게 되고, 오랜 친구라도 손해를 입히지 않아야 그와 막역해진다"는 마음과 똑같다고 하겠습니다. 저 자신 얄팍한 인간은 아니라고 생각하지만 아직까지 제 학문이 확실해진 적은 없습니다. 친구들로부터 접인(接引)되는 은혜를 입었으니 보답하고 싶은 마음이야 간절하지만 그 길을 찾을 도리가 없습니다. 갚을 능력이 있는데도 일부러 보답하지 않는 것이 아니란 말이지요.

형의 원대한 가르침을 입고 나니 감격한 마음 말로 표현하기가 어렵습니다. 다만 제가 선(禪)을 공부하는 바람에 서로의 길이 엇갈렸으니, 어찌해야 좋을는지요! 무릇 '백성을 사랑한다'(親民)[2]는 뜻, '악함이 없다'(無惡)[3]는 뜻, 갖가지 '싫증내지 않는다'(不厭)나 '나태하지 않는다'(不倦)는 등등의 의미는 너무나 절실해서 들을 만하지 않은 말이 없습니다. 확실히 행할 만한 취지들이지요. 다만 제가 지금까지 덕을 제대로 밝히지 못한 것에 생각이 미치면, 어떻게 친민의 일에 종사할 수 있겠습니까? 아직 학문이 멈출 바를 알지 못하는데, 어떻게 감히 나는 학문에 싫증내지 않는다고 말할 수 있겠습니까? 염증내지 않는 경지에도 다다르지 못한 주제에 어떻게 또 가르치는 일에 나태하지 않을 수가 있겠습니까?

저 개인적으로는 공부하고 배우는 일에 싫증내지 못하는 것이 흡사 굶주린 사람이 배불리 먹기를 싫어하지 않고 추운 사람이 옷 두껍게 껴입기를 마다하지 않는 것과 같습니다. 지금은 생사(生死)와 성명(性命)에 대한 갈망이 혹독한 굶주림이나 추위를 해결하는 단계에도 아직 미치지 못했으니, 비록 싫증내지 않으려 한들 또 어떻게 가능하겠습니까? 만약 배움이 뭔지도 모르면서 그저 '싫증내지 않는다'는 구호만을 따

---

2) 출전은 『예기』 「대학」편. "대학의 도는 하늘로부터 품수받은 덕을 밝힘에 있고, 백성들을 사랑함에 있으며, 사람들로 하여금 지고지선의 경계에 다다르게 하는 데 있다"(大學之道, 在明明德, 在親民, 在止於至善.)

3) 『논어』 「이인」(里仁)편. "공자가 말씀하셨다. '진실로 인에 뜻을 두면 악행이 나올 수가 없다'"(子曰: '苟志於仁矣, 無惡也.')

공부의 표제로 삼는다면, 어쩌면 학문이 미처 익기도 전에 싫증부터 저절로 따라붙을 것입니다. 그런 상황에서야 안연(顏淵)처럼 학문을 즐기고 싶다 한들 과연 그것이 가능하겠습니까? 공자처럼 '먹는 것을 잊고 근심을 잊으며 늙음이 닥쳐오는 것조차 깨닫지 못하'[4]고 싶다 한들 그것이 또 어떻게 가능하겠습니까? 하물며 가르치는 일에 게으르지 않기를 바랄 수 있겠습니까! 이는 아마도 동로[5] 정도는 되어야 감당해낼 듯싶습니다. 저 같은 사람은 감히 여기에 스스로 만족하지 못하면서도 다른 사람들에게는 반드시 이 학맥을 종주로 삼으라고 요구합니다.

이유가 무엇일까요? 아직 배움이 무엇인지 모르기 때문이요, 아직은 자신의 덕을 스스로 밝혀내지 못한 까닭입니다. 아직은 '자신을 완성'(成己)[6]시키고, '스스로를 자립'(立己)[7]시키며, '자신의 모든 정성을 다하'(盡己)는 성(性)에 도달하지 못했기 때문입니다. 애오라지 덕을 아직까지 밝히지 못한 까닭에 나를 밝혀줄 수 있는 것이라면 무엇이든 가까이하게 되지요. 하지만 자신보다 못한 자는 감히 친하게 지내지를 못합니다. '아부나 일삼고 남의 비위나 맞추는 자'[8]는 하나같이 내게

---

4) 『논어』 「술이」편. "섭공이 공자에 대해 자로에게 물었는데, 자로가 대답하지 않았다. 공자가 그 일을 알고 말씀하셨다. '네 어찌 「그의 사람됨은 화가 나면 밥 먹는 것을 잊고 즐거우면 근심걱정을 다 잊어버려 늙음이 다가오고 있는 것조차 모를 정도입니다」 하고 말하지 않았느냐?'"(葉公問孔子於子路, 子路不對. 子曰: '女奚不曰: 「其爲人也, 發憤忘食, 樂以忘憂, 不知老之將至云爾!」')

5) 동로(侗老): 경정향(耿定向). 그의 호 초동(楚侗)을 높여 부른 말이다.

6) 성기(成己): 『예기』 「중용」 제25장의 성기성물(成己成物)에서 따왔다. 본인에게 성취가 있으면 다른 만물에도 그러한 성취가 생기게 하는 것을 말한다. "성은 자신의 인격을 완성시키는 데 그치지 않고 다른 만물이 자연에서 품수받은 성질까지도 완성시킨다. 자신을 완성시키는 것은 '인'이고, 만물을 완성시키는 것은 '지'이다. 인과 지는 하늘이 낸 덕이고 안팎을 종합하는 도이기 때문에 언제 시행하더라도 마땅할 수 있다"(誠者, 非自成己而已也, 所以成物也. 成己, 仁也; 成物, 知也. 性之德也, 合內外之道也, 故時措之宜也.)

7) 입기(立己): 『논어』 「옹야」(雍也)편의 다음 구절에서 따왔다. "인이란 자신이 세우고 싶은 도를 타인도 세우게 하는 것이며, 자신이 행하고 싶은 도를 타인도 행하게 하는 것이다"(夫仁者, 己欲立而立人, 己欲達而達人.)

손해를 끼칠 사람들이니, 감히 친해질 수가 없지요. 기왕에 친하지를 못했으니 그에 따라 나를 미워하는 사람이 생겨나고, 한편으로 내가 미워하는 자가 생기는 것도 자연스런 이치라 하겠습니다. 비유컨대 자식에게 있어 아버지가 바로 그렇겠지요. 아들이 똑똑하고 못난 것은 각자 다를 수가 있지만, 아비된 입장에서는 아들을 사랑하지 않을 수가 없으며 미워하는 마음도 일찍이 두어본 적이 없을 것입니다. 까닭이 무엇일까요? 아비에게 있어 아들이란 장차 전답·집·금전·피륙을 맡기고 공명과 사업을 기탁할 존재이기 때문입니다. 할아버지로부터 물려받은 온갖 것을 이제는 모두 아들에게 넘겨야 할 판인데, 어떻게 아들을 염두에 두지 않을 수가 있겠습니까? 하지만 장차 자신의 아침밥은 어떻게 때울지, 저녁에는 어디서 머물지, 추울 때 누가 옷을 제공할지 알 수 없고 숭상하는 바를 잃을까봐 밤낮으로 전전긍긍하는 신세가 된다면, 아들을 두는 일에 무심해질 수밖에 없습니다. 설사 아들이 있다 한들 위의 일들을 부탁하고 싶을지 또 어떻게 알겠습니까? 바로 저 같은 사람이 그러하니까요. 제가 동로의 말에 감히 귀 기울이지 못하는 것도 바로 이 때문입니다. 저는 오랜 벗에게 각박한 인간이 아닙니다. 비록 그들을 도탑게 해주고는 싶지만 그 길이 전혀 찾아지질 않는군요. 아아! 어찌해야 생사라는 중대사가 명쾌히 밝혀지고, 윤회가 영원히 중단되며, 이로부터 장자(長者)의 가르침을 듣게 되고, 전심전력으로 '친민' 하여 '싫증내지 않'고 '게으르지 않'는 학맥을 받들게 될까요!

　형은 그저 인(仁)을 행하려고만 할 뿐 인을 알려고는 애쓰지 않으니, 공자 문하의 명덕(明德)·치지(致知)의 가르침과는 또 거리가 있는 듯 합니다. 지금은 다시 문학이란 분야에 전념하면서 문자에 독음을 다는

---

8) 『논어』 「계씨」(季氏)편에서 인용하였다. "공자가 말씀하셨다. '유익한 벗이 세 종류고 해로운 벗이 세 종류가 있다. 정직한 벗, 신실한 벗, 많이 아는 벗과 사귀면 유익하다. 위엄만 내세우며 곧지 못한 사람, 아첨만 일삼아 믿음직하지 못한 사람, 말만 많고 내실이 없는 사람과 사귀면 손해를 본다.'"(孔子曰: '益者三友, 損者三友: 友直, 友諒, 友多聞, 益矣; 友便辟, 友善柔, 又便佞, 損矣.')

따위의 일에나 열중하시며 그것이 또 인(仁)이 되고 제이의(第二義)가 된다고 여기시는 듯도 합니다. 학문이 이처럼 잡다한 까닭에 제가 무슨 가르침을 청해야 좋을지 모르겠다 했지만, 이는 그런 일들을 가볍게 보고 한 말이 아닙니다. 형께서 저의 안목을 꼭 틔워주지 않을 수도 있다고 생각하면 저의 병이 더해지기만 합니다. 대저 형께서는 선현들보다 고명하시어 덕행에 있어서는 안연이나 민자건[9]보다 앞에 놓이고, 문학은 자유[10]·자하[11]보다 뛰어나시며, 정사는 염구[12]·중유[13]와 겨루어도 빠지지 않습니다. 이 또한 형처럼 다재다능한 분만이 겸비할 수 있는 것이겠지요. 저는 단 한 가지 일에서조차 허둥대기만 하니 죽을 때까지 제대로 해내는 바가 아무것도 없을 것입니다. 사람의 유능과 무능이 천만 리도 넘게 차이가 나니, 정녕 일괄해서 논할 수 없음이 이와 같군요! 저는 지금 당신 앞에서 마냥 부끄러울 따름입니다.

---

9) 민자건(閔子騫, 기원전 536~?): 성은 민(閔), 이름은 손(損), 자는 자건으로 춘추 말기 노나라 사람이다. 공자 문하의 사과십철(四科十哲) 중 덕행에 들며 특히 효행으로 이름이 높았다.

10) 자유(子游, 기원전 506~?): 성은 언(言), 이름은 언(偃)이며, 자는 자유이다. 언유(言游)로 일컬어지기도 한다. 춘추 말 오나라 사람으로 자하·자장(子張)과 더불어 공자 말기의 이름난 제자이며 문학으로 알려졌다.

11) 자하(子夏, 기원전 507~?): 성은 복(卜), 이름은 상(商)이며, 자는 자하이다. 복자하(卜子夏) 혹은 복선생(卜先生)이라고도 부른다. 춘추 말기 진(晉)나라의 온(溫) 땅 사람이며 문학으로 이름이 났다. 재기가 뛰어나고 민첩했다고 전해진다.

12) 염구(冉求, 기원전 522~?): 자는 자유(子有). 염자(冉子) 혹은 유자(有子)라고도 부른다. 노나라 사람으로 공자의 문하생 중 정치적 능력이 가장 탁월한 인물로 알려졌다.

13) 중유(仲由, 기원전 542~480): 자는 자로(子路). 일명 계로(季路)라고도 부르며, 노나라 사람이다. 성격이 강직하고 용감하여 일평생 공자를 따라다니며 그를 보호했다.

# 하극재[14] 상서에게 답하는 편지 答何克齋尚書

저는 복건에서 태어났습니다. 해문[15]에서 성장했고, 위[16] 땅에서 호구책을 찾았으며, 연[17] 땅에서 공부했습니다. 백하(白下)에서는 친구를 방문했고, 사방팔방 떠돌며 가르침을 구했습니다. 북경과 남경에 모여든 인물들이나 재화의 집산지인 동남방 출신들, 양명 선생의 제자와 도손(徒孫)들로부터 임제종[18]과 단양[19]의 정통파에 이르기까지 도에 접근한 사람이라면 참배하지 않은 이가 없었습니다. 사상의 본질을 철저히 파헤치지 못한 채 그냥 멈출 수는 없었던 것입니다.

오십 세에는 운남에 이르렀는데, 도를 찾아 떠난 길이 아니었고 그저

---

14) 하극재(何克齋): 하상(何祥). 호는 극재, 사천의 내강(內江) 사람으로 관직이 정랑(正郎)에 이르렀다. 조정길(趙貞吉)과 구양덕(歐陽德)을 사사하면서 그들의 일거수일투족을 모두 기록으로 남겨 학문의 목표로 삼았다. 또 경사(京師)의 강회(講會)에서 식인(識仁)과 정성(定性)에 관해 강의하면서 하나같이 양지(良知)의 뜻으로 해설하였다. 황종희는 그의 학문에 대해 "비록 조대주로부터 출발했지만 유자의 법도를 잃지는 않았다"(雖出於大洲, 而不失儒者矩矱.)라고 평가한 바 있다.

15) 해문(海門): 지금의 강소성 진강(鎭江)과 양주(揚州)의 중간. 장강(長江)이 바다로 흘러드는 입구에 해당한다.

16) 위(衛): 고대에 위나라가 위치했던 지역. 지금의 하북 남부와 하남의 북부 일대를 가리킨다.

17) 연(燕): 전국시대 연나라 땅. 수도 연경(燕京, 지금의 북경)을 중심으로 하북성 북부의 땅 대부분이 이에 속한다.

18) 임제종(臨濟宗): 불교 선종의 유파에서 남종오가(南宗五家, 潙仰·臨濟·曹洞·雲門·法眼)의 하나. 남악(南岳)의 회양법계(懷讓法系)에 속한다. 마조(馬祖)·백장(百丈)·황벽(黃蘗)을 거쳐 당나라 때 하북 임제(臨濟院)의 의현선사(義玄禪師)에 의해 정식 종파로 창립되었다. 단도직입(單刀直入)과 준열한 기봉(機鋒)으로 순간적인 깨달음을 추구하는 것이 특징이다.

19) 단양(丹陽): 도가(道家) 북종칠진(北宗七眞)의 하나인 단양진군(丹陽眞君). 이름을 마옥(馬鈺) 혹은 마각(馬珏)이라 하며, 금나라 정원(貞元) 연간의 진사였다. 왕가(王嘉)를 따라 수도하였고, 단양포일무위보화진군(丹陽抱一無爲普化眞君)에 봉해졌으며, 우선정종(遇仙正宗)을 열었다. 그가 남긴 『단양진인어록』(丹陽眞人語錄) 1권은 모두 후학을 훈도하는 말로서 청정염담(淸淨恬憺)을 근본으로 하며 역행불퇴(力行不退)를 주지로 삼았다. 『도보원류도』(道譜源流圖)에 보인다.

만리타향에서의 밥벌이일 따름이었습니다. 삼 년 만에 운남을 벗어나 다시 호북에서 살기 시작했는데, 지금은 또 호북의 마성으로 거처를 옮겼습니다. 이제는 사람들이 저를 마성 사람으로 생각하고, 저 역시도 자신을 마성 사람이라고 생각합니다.

공께서는 백 가지 복을 빠짐없이 갖추신 분입니다. 세속의 사람이라면 누구나 공을 칭송할 수 있으니, 제가 한 마디 덧붙이는 것이야 군더더기에 불과하겠지요. 그러므로 제 한평생 벗을 사귄 내력이나 위와 같이 설명할 따름입니다.


### 초종오[20]에게 與焦從吾

여기는 초공(楚侗, 경정리)이 세상을 떠난 이래 적막하기 그지없습니다. 이리하여 지난날 선지식[21]들과 가까이 지내던 때를 그리워하게 되었지요. 자신이 어느 지방에 있는지 전혀 자각하지 못하고 서로를 주시하며 세월을 보내니, 정녕 노년이 다가오는 줄도 몰랐던 시절이었습니다. 원래 진정한 벗이란 삶과 죽음을 염두에 두고 온 힘을 다해 정진하면서도 스스로는 왜 그러는지도 모르게 마련이지요. 지금은 실로 하루 해를 넘기기도 어려울 지경입니다.

작년 시월에 정주(亭州)에 간 적이 있는데 묵을 만한 거처가 마땅치 않아 며칠 만에 돌아오고 말았습니다. 금년 봄 삼월에 다시 그곳에 가는데, 생각 같아선 무념(無念, 深有和尙)과 증승암(曾承菴)을 불러 백하로 배를 띄운 뒤 형과 상종하고 싶기도 합니다. 형께서는 세상을 쩌

---

20) 초종오(焦從吾): 초횡(焦竑). 자는 약후(弱侯), 호는 담원(澹園) 혹은 의원(漪園)이다.

21) 선지식(善知識): 불교용어로 범어 kalyānamitra의 의역. 이름을 듣는 것은 '지'(知), 모습을 보는 것은 '식'(識)이라고 하는데, 착한 친구 혹은 좋은 반려자라는 뜻이다. 나중에는 불교의 고승을 지칭하는 말이 되었다.

르르 울릴 만큼 총명하시지만 일생 동안 시문(詩文)과 초서(草書)의 명인이 되기에만 힘을 쏟으셨습니다. 또 불행히도 그 방면에서 실력을 발휘하는 바람에 생사에 관한 염려가 겨우 일, 이 할에 불과하게 되었습니다. 미미하고 미미한 정도가 또 이 정도인 것입니다. 게다가 궁색한 처지가 토박이로서의 인사도 차릴 만하지 못한 까닭에 아직도 결단을 내리지 못하고 계시지요. 하지만 형께서는 실로 저와 만나지 않을 수가 없다고 생각합니다. 형이 비록 건강하고 정력이 넘친다지만 연세가 또 거의 오십 줄에 접어들었습니다. 지금 당장 생사에 대해 생각하지 않으면, 훗날 공명을 손에 넣어 일의 형세가 갈수록 바빠지고 정력이 점차로 쇠진하며 글을 배우겠다는 자들이 날마다 문전에 득실거릴 때가 올 텐데, 그때가 되면 아마도 이 문제에 몰입할 겨를이 더한층 줄어들게 될 것입니다. 공명과 부귀 따위는 평생을 다 바쳐 신외지물[22]이라고 떠들고 다녔는데, 그때에 이르러서 그것이 도리어 주인이 되고 성명(性命)은 반대로 객이 된다면 어찌하시렵니까? 제가 형하고 어울리는 것은 오직 이 한 가지 일 때문인지라, 저도 모르게 이렇게 말하고 말았습니다.

## 다시 종오에게 又與從吾

무념이 돌아와 당신의 가르침을 얻어들은 지도 벌써 석 달이나 지났습니다. 그 뒤로 전혀 소식이 없으니, 과거 볼 일이 바빠 편지 쓸 겨를을 내지 못하는 것입니까? 아니면 용호로 편지를 전할 기러기가 없고, 강에는 뱃속에 편지를 넣어 전할 잉어가 없기 때문입니까? 도원[23]에는

---

22) 신외지물(身外之物): 개인의 육체 이외의 모든 것. 주로 명예나 지위, 재산 따위를 가리킨다.

23) 도원(都院): 도찰원(都察院)의 준말. 명대 홍무(洪武) 15년(1382) 어사대(御史台)를 개편해 만든 최고 감찰기관이다. 좌·우도어사가 장관이 되고, 그 아래로 좌·우부도어사(左右副道御使) 및 좌·우첨도어사(左右僉道御使)를 두었다. 그

편지를 전하는 사신들이 부단히 들락거려 그 편에 부쳐도 될 터이니, 불편을 핑계로 삼기는 어려울 것입니다. 이곳은 우물 속에 들어앉은 것처럼 숨통이 콱콱 막히고, 무념이 아니면 이야기를 나눌 만한 상대도 없습니다. 수시로 고인(古人)을 마주 대하기는 하지만 종당에는 눈이 침침해지고 기운이 빠질 때가 오고 말지요. 백하에서 보내오는 편지 한 통을 만 금의 값어치로 생각하건만, 형께서는 무슨 연유로 인색하게 굴면서 보내주지 않으시는 겁니까?

제가 실제로 형과 대면하는 장면을 생각해주십시오. 고인의 말씀에는 대부분 내력이 있으니, 혹여 옛 일에 통달한 사람일지라도 현재까지 반드시 통달했다고는 할 수 없습니다. 수시로 서책을 마주 대할 때마다 형 생각이 나면서 측근에서 모시고 싶어지니, 이것이 제가 형을 잃을 수 없는 첫 번째 이유입니다. 학문이란 한 가지 일을 지금에 이르기까지 다 마치질 못했으니, 이는 제가 형을 잃을 수 없는 두 번째 이유가 됩니다. 비록 아무짝에도 쓸모 없는 늙은이지만 수시로 세 분 성인(공자 · 노자 · 석가)의 경륜과 크나큰 쓰임에 의구심을 품다보면 마치 흑과 백처럼 어긋나면서 서로간의 거리가 천만 리에 그치지 않았습니다. 다만 세 분 모두가 위대한 성인인지라 함부로 의론할 수가 없으니, 이는 또 제가 형이 없으면 안 되는 세 번째 이유가 됩니다. 형의 눈길이 닿는 곳마다 도(道)가 존재하고 형과 얼굴을 마주한 채 이야기를 나누면 번민이 해소되니, 저는 정말 반 시각도 형과 떨어지질 못하겠습니다. 이는 제가 형이 보내주는 편지를 날마다 목매달고 기다리는 까닭입니다. 듣자하니 곽구(霍丘)에게 과거에 급제한 문하생이 있다 합니다. 이참에 한 번 걸음하여 축하해주고 지나는 길에 이곳에도 들러 저의 타는 듯한 그리움을 위로해주십시오. 그런 다음 서울에 가는 것 또한 좋지 않겠습니까? 제발 일거리가 많다는 핑계만은 둘러대지 마십시오.

---

아래로는 행정구역에 따라 13도에 감찰어사를 설치했는데, 주(州) · 현(縣)을 돌며 백관을 규찰하는 임무를 맡았다.

『복건록』(福建錄)「효제책」(孝弟策)은 너무나 빼어나니, 응당 양명 선생의 『산동시록』(山東試錄)과 나란히 전해야 합니다. '주자양의 단안'(朱紫陽斷案)[24]에서 거백옥[25]은 마흔아홉, 공자는 일흔 살에 종심소욕(從心所欲)했다고 인용한 대목은 정녕 빼어난 솜씨요 크나큰 견식이라 하겠습니다. 제가 지난번에 운위했던 "훌륭한 저자는 순전히 폄하 일색이라도 칭찬의 뜻이 저절로 그 안에 기탁되고, 온통 칭찬의 말뿐이라도 폄하의 뜻이 자연스레 그 안에 존재하게 된다"는 말뜻 바로 그대로입니다. 형께서는 큰 문장에 대단히 능숙하신데, 비명이나 기[26] 등속에서 특히 빼어난 걸작이 많으십니다. 소장공(蘇長公, 蘇軾)의 한 마디 한 글자는 금과 옥처럼 아름다워 천고이래 그와 견줄 만한 이를 볼 수가 없으니, 이는 그의 가슴속에 속물기가 전혀 없고 붓을 휘두를 때는 상투어를 쓰지 않는데다 다른 사람 발뒤꿈치를 따르지 않았기 때문입니다. 하지만 아무리 대문호라도 결국은 의지하고 모방하는 데가 있게 마련이지요. 후배들 중에 누구라도 지향이 뚜렷한 자가 있으면 겨를이 날 때마다 저에게 하나씩 보여주십시오. 저 또한 그들을 아끼고 인정해주겠습니다. 아무 바탕도 없는 속

---

24) 주자양단안(朱紫陽斷案): 주자양은 주희(朱熹)를 가리킨다. 그는 특히 이름이 많아서 자는 중회(仲晦), 호는 원회(元晦) 혹은 둔옹(遁翁)이었고 자양이나 회암(晦庵)으로도 불렸다. 자호는 창주병수(滄州病叟)이며, 자칭 운곡노인(雲谷老人)이라고도 하였다. 흔히 주자(朱子)로 통칭한다. 단안(斷案)은 논단 혹은 결론이란 뜻으로, 주희의 저술 중에서 의론을 거쳐 모종의 결론을 도출한 문장들을 가리킨다.

25) 거백옥(蘧伯玉): 춘추시대 위(衛)나라의 대부. 이름은 원(瑗)이지만 백옥이란 자로 통용된다. 공자의 제자로 "나이 오십이 되자 사십구 년 살아온 세월의 잘못을 알았다"(年五十而知四十九年之非.)고 말한 현인이다.

26) 기(記): 문체의 한 종류. 서사가 위주가 되지만 서정이나 산천의 경관을 묘사하기도 한다. 진대(晉代)의 도잠(陶潛)이 지은 「도화원기」(桃花源記)를 대표작으로 꼽는다. 명대 오눌(吳訥)의 『문체명변』(文章辯體)「서제」(序題)에서는 기를 다음과 같이 설명하였다. "『금석례』에서는 기가 일을 기록하는 문장이라 말했고, 진덕수(眞德修)는 기가 서사 위주로 씌어져야 한다고 말했다. 「우공」이나 「고명」은 바로 기의 원조인데, 후인들은 기를 지을 때 의론을 섞이는 걸 막지 못했다"(『金石例』云: 記者, 記事之文也. 西山曰: 記以善敍事爲主.「禹貢」·「顧命」乃記之祖, 後人作記, 未免雜以議論.)

인들을 데려와 학문을 논하는 일은 없었으면 합니다. 그들은 명예 때문이 아니면 이익을 위해서만 움직이니, 하등 도움이 안 되는 까닭이지요.

## 다시 종오 효렴에게 又與從吾孝廉

불경에 이르기를, "번뇌(塵勞之儔)[27]는 여래가 심으셨다"고 하였습니다. 저들 진정으로 오력[28]을 갖춘 자들은 삼계[29] 안에서 본인이 원하는 일을 하다가 마왕의 대오에 합류하여 마왕의 동료가 되기도 하는데, 자신이 마왕과 함께인지 부처와 함께인지 전혀 감지하지 못하는 형편입니다. 원컨대 형은 하루빨리 속세의 업연[30]을 마감하고 조속히 제일가는 경지에 올라 세상 사람이기를 끝내도록 하십시오. 세간을 벗어나게 하는 부처님의 법이 확실해지면 오력이 드러날 거라고 아룁니다.

근자에 용호에 거주하며 도시의 생활과는 점차 멀어지고 있습니다. 예전에 비하면 좀더 적막감을 느끼게 되지만, 그래도 이곳은 제가 만년을 보내기에 한층 적당한 장소입니다. 일찍이 백성들의 나이가 예순 살이 되면 부역에서 벗어나게 된다고 말한 적이 있지요. 원래 조정에서도 그 나이가 되면 정력이 이미 쇠진한 줄 알아 일 안 하고도 먹을

---

27) 진로지주(塵勞之儔): 번뇌. 진로문(塵勞門)이라고도 한다. 탐(貪)·진(貪) 등의 번뇌는 중생의 진성(眞性)을 더럽히고 심신을 어지럽게 하기 때문에 진로라고 불렀다. 주(儔)는 부류(部類)의 뜻. 번뇌는 팔만 사천 종류가 있으므로 진로 또한 그만큼의 숫자가 있다고 일컬어진다.

28) 오력(五力): 악을 물리치고 지혜를 깨닫게 하는 다섯 가지 힘. 신력(信力, 부처가 말씀하신 법에 대해 믿고 의심하지 않는 힘), 정진력(精進力, 설법대로 나아가며 정진하는 힘), 염력(念力, 정진하면서 인연의 경지에 생각을 집중시키는 힘), 정력(定力, 잡념 없이 마음을 고정시키는 힘), 혜력(慧力, 정심에 의지해 지혜를 일으키고 실질적인 앎의 경지에 도달하는 힘)을 말한다.

29) 삼계(三界): 욕계(欲界)·색계((色界)·무색계(無色界). 삼유(三有)라고도 한다. 사악한 생각이나 번뇌에 물들어 미혹에 빠진 중생들이 윤회하는 경계(境界)나 거처를 일컫는다.

30) 업연(業緣): 고락의 결과를 초래하는 인연이나 행위.

수 있도록 놓아주었고 세간의 일들은 전혀 따지거나 묻지 않았습니다. 그런데 스스로 한가하고 편안할 줄을 모르다니, 어디 될 법이나 한 소리입니까!

『홍명집』[31]에는 볼 만한 대목이 없지만 한 가지 무척 기분 좋은 일이 있었습니다. 예전에 사강락[32]의 문집을 읽을 때 스스로를 혜업문인[33]이라고 자부하는 그의 과시에 자못 의구심이 솟았지요. 그런데 날마다 집중하여 그가 학문을 논변한 여러 문장을 읽고 나니, 그것들이 대단히 정교하면서도 세심한 줄 알게 되더군요. 그는 학문에 뜻을 둔 해부터 당장 원공[34]을 사사했으며 도생[35] 같은 여러 명류들과도 회동했으니, 그의 자부심은 정녕 마땅한 것이었습니다. 그렇다면 도공[36]이 비

----

31) 『홍명집』(弘明集): 책 이름. 14권. 양대(梁代)의 석승우(釋僧佑)가 편찬했다. 모두 10편으로 동한부터 양대까지의 불법(佛法)을 천명한 문장들인데, 양나라 이전의 불교 저작으로 실전된 것은 모두 이 책에 의지하여 이름을 전한다. 당대(唐代)의 석도선(釋道宣)이 이 책의 속편으로 『광굉명집』(廣宏明集) 30권을 지었지만 체제는 약간 다르다.

32) 사강락(謝康樂): 사령운(謝靈運, 385~433). 진군(陳郡) 양하(陽夏, 지금의 하남성 太康) 사람으로 진대(晉代) 사현(謝玄)의 손자이다. 강락공에 습봉되었으나 남조의 송나라 때 후(侯)로 강등되었다. 어려서부터 배우기를 좋아하여 읽지 않은 책이 없었고, 문장은 당대의 으뜸이었다. 진대에는 낭야왕(琅邪王) 대사마의 참군(參軍)을 지냈고, 송이 들어선 뒤에는 영가태수(永嘉太守)가 되었으나 고을의 산수를 유람하며 백성을 돌보지 않았다. 훗날 관직에서 물러나 회계(會稽)에 은거하다가 문제 때 다시 출사하여 임천내사(臨川內史)를 지내기도 하였다. 나중에 탄핵을 받아 광주(廣州)로 추방되었다가 모반을 일으키려 한다는 고변을 당하고 죽음에 처해졌다. 문집이 세상에 전한다.

33) 혜업문인(慧業文人): 문학적 자질을 타고나 문학에 업연(業緣)이 맺어진 사람. 혜업은 본디 불가의 용어로 지혜의 업연을 가리킨다. 출전은 『송서』(宋書) 「사령운전」(謝靈運傳).

34) 원공(遠公): 석혜원(釋慧遠, 334~417). 속성은 가씨(賈氏)로 안문(雁門)의 누번(樓煩, 지금의 산서성 神池와 五寨 두 현의 접경지역) 사람이다. 명문가 출신으로 열두 살부터 외삼촌 영호씨(令狐氏)를 따라 허창(許昌)과 낙양(洛陽)에 유학했고, 스물한 살에 석도안(釋道安)을 스승으로 모시고 출가하였다. 불경을 연구하며 많은 창의적인 성과를 남겼다. 양양(襄陽)이 함락된 이후 남쪽으로 옮겨 영악(靈嶽, 지금의 절강성 항주시 飛來峰)에서 수도하였다. 당시 외국에까지 명성이 높았다고 하며, 『고승전』 권6에 전기가 보인다.

록 동시대에 살았어도 사실은 강락을 알지 못했는데, 유민[37] 같은 여러 현인이야 나위가 있겠습니까! 사공은 실로 원공을 중시했고, 원공은 정녕 마음으로부터 사공을 아끼고 사랑하였습니다. 그가 사공의 잡스러운 마음을 꺼려 문사에 들기를 허락하지 않았다는 말은 속된 선비들의 망령된 언사일 따름입니다. 원공은 정말로 현인을 사랑했고 견식 또한 높았습니다. 그가 다른 사람에게 준 편지를 읽어보면 은근하면서도 지나칠 정도로 세심하여 혹시라도 남의 기분을 상할까봐 그것만을 걱정합니다. 그런 판에 사공처럼 총명한 이가 또 스승의 도리로 원공을 모셨으니, 원공이 어찌 그를 배척했겠습니까! 천 년을 떨칠 높으신 현인이 지금까지 매몰되어 있다가 나로 인해 막 세상에 드러나게 되었으니, 이것이야말로 한 기쁨입니다. 왕마힐(王摩詰, 王維)은 시로써 명성을

---

35) 도생(道生, 355~434): 축도생(竺道生). 동진의 승려로 거록(巨鹿, 지금의 하남성 平鄉 서남쪽) 사람이다. 속성은 위씨(魏氏)이고, 사족(士族) 출신이었다. 어려서 출가하여 축법태(竺法汰)·구마라십(鳩摩羅什)을 사사했으며, 구마라십을 도와『대품반야경』(大品般若經)과『소품반야경』등을 번역하였다. 사람마다 본래 불성(佛性)이 있다고 주장하며 선제(禪提)가 모두 성불할 수 있다고 말해 이단으로 몰려 처벌받기도 하였다. 양주(涼州)에서『대반열반경』(大般涅槃經)을 번역해 강남에 전했는데, 그의 돈오성불(頓悟成佛) 주장과 맞물려 남북으로 크게 유행하였다. 저서로『유마경의소』(維摩經義疏)·『이체론』(二諦論)·『불성당유론』(佛性當有論) 등이 있다.

36) 도공(陶公): 도잠(陶潛, 365~427?). 자는 연명(淵明). 일설에는 이름이 연명이고, 자가 원량(元亮)이라 한다. 도간(陶侃)의 증손자로 박학하고 문장을 잘 지었으며 소탈하고 예법에 구애되지 않는 유유자적한 성격이었다. 자호를 오류 선생이라 부르며「오류 선생전」(五柳先生傳)을 짓기도 하였다. 일찍이 팽택령(彭澤令)을 지내며 '쌀 닷 말 때문에 허리를 굽힐 수 없어'(五斗米折腰) 의희(義熙) 2년(406)「귀거래부」(歸去來賦)를 부르며 향리에 은거하였다. 훗날 관에서 여러 번 불렀지만 고사하고 나아가지 않았다. 술과 국화, 시로서 세월을 보내다 원가(元嘉) 연간 향년 62세로 죽었다.

37) 유민(遺民): 유린지(劉驎之). 자는 자기(子驥) 혹은 유민. 진대의 남양(南陽, 지금의 하남성 남양) 사람으로 젊어서부터 소박한 품성을 숭상하며 은일의 뜻을 품었다. 환충(桓沖)이 그의 명성을 듣고 장사(長史)로 초빙했지만 고사했다고 한다. 훗날 양기(陽岐, 荊州에서 200리 떨어진 작은 마을)에 은거했고, 신의로 명성이 높았다.『진서』권94에 전기가 보인다.

떨쳤습니다. 논자들은 그가 비록 선리(禪理)에 통달하긴 했지만 진짜 선(禪)에는 아직 도달하지 못했다고 말하는데, 그 문장의 묘미를 아는 일이야 말해 무엇하겠습니까! 선이란 원래 시에 의해 가려지고 문장은 또 선에 의해 가려지는 바인데, 그들은 그것을 보려 하지 않았습니다. 이제『육조탑명』(六朝塔銘) 등을 읽어보면 문장이 맑고도 오묘하니, 어찌 그의 시재(詩才)가 덜 발휘되었다고 하겠습니까! 이것이 또 한 가지 기쁨입니다.

지금 생각 같아서는『유선』(儒禪) 한 책을 따로 엮고 싶습니다. 선(禪)에 대해 말한 사람들을 시대에 따라 차례대로 편집하고 싶지만 안타깝게도 남아 있는 책이 없습니다. 있더라도 또 사방으로 대부분 흩어져버렸구요. 예컨대 양억[38]·장자소[39]·왕형공(王荊公, 王安石)·문문산(文文山, 文天祥)의 문집들은 모두 분산되어 제대로 보존된 것이 없습니다.『승선』(僧禪)이라면 승려들의 말만 전문적으로 모은 것인데, 따로 또 한 책이 됩니다.『유선』과 나란히 유통시킬 것이로되, 대체로 꼼꼼하고도 간결하게 엮는 것을 요체로 삼아야 합니다. 독자들이 책을 펼치면 일목요연하게 그 내용의 정수(醍醐)[40]를 맛볼 수 있고, 도(道)

---

38) 양억(楊億, 974~1020): 자는 대년(大年)이고 건주(建州)의 포성(浦城) 사람이다. 열한 살 때 태종(太宗)이 불러 시험을 치르고 비서성(秘書省) 정자(正字)를 수여했다는 천재이다. 순화(淳化) 연간 진사에 급제해 광록사승(光祿寺丞)이 되었으며, 진종(眞宗)이 즉위한 뒤에는 정언(正言)으로『태종실록』을 편수하기도 하였다. 사람됨이 꼿꼿하며 후학에게 가르치길 좋아했고 박학해서 글을 잘 지은 외에도 역사와 전장제도에 밝았다. 저서로『무이신집』(武夷新集)과『내외제』(內外制) 및『도필』(刀筆) 194권이 있다.

39) 장자소(張子韶): 장구성(張九成, 1092~1159). 남송의 항주 사람으로 자는 자소, 자호는 횡포거사(橫浦居士) 혹은 무구거사(無垢居士)라고 하였다. 소흥(紹興) 2년(1132) 진사시의 장원이었다. 벼슬길에 올라 권세에 아부하지 않았고 화의에 반대하다가 진회(秦檜)의 미움을 사 남안군(南安郡)에 14년간 유배되었다. 진회가 죽은 뒤 다시 기용되어 온주(溫州)의 지현을 지냈다. 양억에게 학문을 배웠는데 경술(經術) 연구에 불학(佛學)을 겸비했다는 평을 듣는다. 시호는 문충(文忠). 저서로『맹자전』(孟子傳)·『횡포집』(橫浦集) 등이 전한다.

40) 제호(醍醐): 양젖 혹은 우유로 만든 치즈 비슷한 식품. 불교에서는 불성(佛性)을 비유하여 사람을 깨닫게 하는 지혜를 상징한다. 간혹 맛있는 술을 비유하기도 한다.

안에 들기도 더욱 쉽도록 말입니다.

『화엄합론』(華嚴合論)은 정교함에 있어 당해낼 바가 없으니, 한 글자도 고쳐선 아니 될 것입니다. 이 책은 또 하나의 『화엄경』인 까닭입니다. 마치 상수[41]와 곽상[42]이 『장자』에 주석을 달았지만 『장자』만을 경(經)으로 높여주고 상수와 곽상의 글은 단순한 주해라고 말할 수 없는 것과 마찬가지 이치지요. 또 좌구명(左丘明)이 『춘추』의 전(傳)을 지었지만 『춘추』만이 경이고 좌씨의 글은 전이라고 할 수 없는 것과도 같습니다. 어찌하여 그럴까요? 만약 『춘추』를 없앤다면 좌씨의 글이 저절로 유행할 것이고, 그리되면 『좌씨춘추』 또한 경이 될 것이기 때문입니다. 만약 『장자』가 없어진다면 상수와 곽상의 글이 저절로 유행하여 또 하나의 경이 될 것이기 때문이지요. 그러므로 상수와 곽상만을 고집하여 그것으로 『장자』를 해설하거나 좌씨의 말을 근거로 『춘추』를 논평하는 자가 있다면, 그 사람은 지혜롭지 못하다고 하겠습니다.

## 경중승에게 보내는 회답 復耿中丞

천하가 비록 넓다지만 친구를 찾기란 실로 어렵습니다. 호기로운 선비가 많지 않고 배우기를 좋아하는 자는 더욱 드문 까닭이지요. 그 동안은 찾아뵈면서도 도를 깨우치는 것에만 힘써왔습니다. 그러다 틀렸다고 비난을 받아도 고민하지 않고 인정받지 못해도 후회가 없었던 것은 아우님이신 경자용(耿子庸) 한 사람이 실로 모든 것을 감당해주었기 때문입니다. 그런데 이제는 불행히도 세상을 떠나고 말았군요! 저는 자

---

41) 상수(向秀): 권5 「혜강의 양생론」 역주 참조.
42) 곽상(郭象, 252~312): 자는 자현(子玄). 처음에는 사도연(司徒掾)을 지내다 황
    문시랑으로 옮겼고, 나중에는 동해왕(東海王) 사마월(司馬越)에 의해 태부주부
    (太傅主簿)가 되었다. 노장을 좋아했고 청언(淸言)을 잘했으며 『장자』에 주를 달
    기도 하였다. 영가(永嘉) 말년에 죽었다.

신보다 나은 친구를 사귀고자 사방을 떠돌았고 친구의 손에서 살고 죽기를 원했지만 그럴 수가 없었습니다. 그래서 자용을 한 번 보자마자 이제는 죽어도 되겠다고 스스로 생각했던 것인데, 뜻밖에도 자용이 저보다 먼저 세상을 떠나다니요! 말이 여기에 이르니 제 가슴은 터져나갈 듯합니다!

공께서는 평소 형제간의 우의가 돈독하셨으니, 오장이 찢기는 듯한 그 아픔이야 말하지 않아도 알 만합니다. 게다가 멀리서 구하지 않아도 뜻을 같이하는 벗을 집안에서 저절로 만나던 판이었으니, '하늘이 나를 버린다'(祝余)[43]는 탄식이 어찌 허투루 내뱉는 말씀이겠습니까! 몇 번이고 편지라도 한 통 올려 위로해드리고 싶었지만 넋이 나간 것만 같아 저 역시도 마음을 가라앉힐 수가 없었습니다. 그런 참에 어떻게 감히 위로랍시고 세속의 허랑한 말을 공에게 올릴 수 있었겠습니까?

이제는 다 그만두렵니다! 다만 배움의 추구라는 한 가지 사업은 보잘 것없는 자질을 지닌 자가 성취할 수 있는 바가 아니라고 생각하지요. 무릇 고인께서는 이런 배움을 두고 큰 학문(大學)이라 여기셨고, 여기에 종사하는 사람은 큰 사람(大人)이라고 천명하셨습니다. 대인이야 어찌 평범한 사람들이 알아볼 수 있는 바이겠습니까? 노자 당시에도 노자를 알아본 이는 오직 공자 한 분뿐이었고, 공자 때에는 공자를 알아준 이가 또 안자 한 사람에 그쳤습니다. 지기(知己)란 원래 이렇게 만나기 어려운 존재입니다. 만약 공의 아우인 자용이 살아있을 당시 누구 한 사람이라도 더 그를 알아볼 수 있었다면, 그는 또 자용이라 하기에 부족한 사람일 것입니다.

---

43) 축여(祝余): 축여(祝予)라고도 쓰며, 『공양전』(公羊傳) 애공(哀公) 14년조에 보인다. "자로가 죽자 공자께서 말씀하셨다. '아아, 하늘이 나를 죽이는구나!'"(子路死, 孔子曰: '噫, 天祝予!') 하휴(何休)는 이 대목의 주(注)에서 다음과 같이 설명하였다. "축은 끊는다는 뜻이다. 하늘은 안연과 자로를 내 공자를 보좌하였다. 그들 둘 다 죽었다는 말은 하늘이 장차 공자를 죽게 하려는 증좌였던 것이다"(祝, 斷也. 天生顏淵·子路爲夫子輔佐, 皆死者, 天將亡夫子之證.) 나중에는 후배나 제자의 죽음을 애도하는 전고가 되었다.

아아! 더 이상 말하지 않겠습니다! 지금에 이르러 안타까운 것은 제가 수천 리를 달려온 이유가 고작 공과 공의 아우 두 분께만 있었다는 사실입니다. 지금 공께서는 또 조정에 올라가 계십니다. 이 땅은 황량하고도 적막하니, 그 누가 저를 단련하고 키워주겠습니까? 무릇 학문을 한다면서 친구를 찾지 않고, 또 찾기는 해도 자신보다 나은 이를 찾기에 애쓰지 않는 자들은 굴욕과 아픔을 참거나 세상에서의 큰 시련을 감수하지 못합니다. 그런 자들이 아무리 학문을 좋아한다 말해도 저는 믿지 않습니다. 큰 그릇이 되고 큰 사람이 되며 큰 학문을 일컫고 싶어도 그것이 가능이나 하겠습니까?

## 주이로[44]에게 답함 答周二魯

선비는 '자신을 위하는 것'(爲己)[45]을 귀하게 치고, '스스로의 즐거움을 찾기에'(自適)[46] 힘씁니다. 만약 스스로 만족하지 못하면서 남의 기쁨이나 쫓아다닌다면 제아무리 백이·숙제 같은 이라도 다같이 사악하고 음란해지며, 자신은 위할 줄 모르면서 남을 위하는 데만 힘쓴다면 요·순 같은 성인도 똑같이 흙먼지 구덩이의 쭉정이가 됩니다. 유자들의 쓰임이 이러했기 때문에 급기야는 몽장[47]에게 배척당하고 청우[48]에게 욕을 먹으면서 괜찮은 장사치만도 못한 부류로 여겨지고 말았지요.

---

44) 주이로(周二魯): 주굉약(周宏禴). 호는 이로이며, 호광의 마성(麻城) 사람이다. 그가 남경의 병부무선사주사(兵部武選司主事)를 지낼 때 편지를 보내 화광동진(和光同塵)을 권유하자, 이지는 위의 글로 회답하였다.

45) 위기(爲己): 스스로 덕을 쌓아 자신을 완성시키며 남이 알아주기를 바라거나 부화뇌동하지 않는 것.

46) 자적(自適): 유유자적하게 스스로의 즐거움을 찾는 것. 출전은 『장자』「변무」(駢拇)편. "남의 만족만 만족해하고 스스로 만족해야 할 것에 만족하지 않는다면, 그가 도척이든 백이든 누구라도 똑같이 미혹 속에 본성을 잃는 것이다"(夫適人之適, 而不自適其適, 雖盜跖與伯夷, 是同爲淫僻也.)

47) 몽장(蒙莊): 장주(莊周). 장자가 몽현(蒙縣) 사람인 까닭에 생긴 호칭이다.

원래 그들은 아침에 도를 들으면 저녁에 죽어도 좋다고 하였습니다. 비록 다른 길이 없기도 했지만 세상에 쓰이거나(用世)[49] 처신하는 방도만큼은 결단코 유자들에게서 기대할 수 있는 바가 아니었습니다. 후세에 어느 정도 지략을 아는 자가 나와 청정영일[50]한 다스림에 도달하는 수도 있기는 했지요. 예컨대 한의 문제(文帝)·조참(曹參)·급장유(汲長孺) 등은 자신을 이롭게 하면서도 이타적이어서 다같이 최고의 태평성대를 일궈냈던 것이니, 만약 황제(黃帝)와 노자의 시대를 직접 살게 된다면 또 얼마나 굉장하겠습니까? 저는 실로 그렇게 되면 기쁘겠지만 습기[51]가 너무 무거워 그 만분의 일도 바랄 수가 없습니다. 원래 입으로는 스스로 만족한다 말하면서도 결국은 남의 기쁨만 뒤쫓고 있었고, 말로는 자기를 위한다 하면서 종당에는 자신을 너무 가볍게 보고 있었던 거지요. 노자가 말씀하셨습니다.

날카로운 기운을 꺾어 세상을 둥글게 하고, 뒤얽힌 관계는 풀어 화목하게 하며, 너무 밝은 빛은 가려 눈부시지 않게 하고, 세상의 누추한 곳에 늘 함께 있다.[52]

---

48) 청우(青牛): 노자(老子). 유향(劉向)의 『열녀전』(列女傳)에 "노자는 서쪽으로 갔다. 함곡관을 지키는 관리 윤희가 관문 위로 떠가는 보랏빛 구름을 보았는데, 노자가 과연 푸른 소를 타고 그곳을 지나쳐갔다"(老子西遊, 關令尹喜望見有紫氣浮關, 而老子果乘青牛而過也.) 하는 대목에서 유래하였다. 나중에는 도사나 신선들이 타고 다니는 교통수단을 일컫는 말이 되었다.

49) 용세(用世): 세상에 의해 쓰임을 당하는 일.

50) 청정영일(清淨寧一): 욕심이 없어 깨끗하면서도 안정되고 통일된 상태. 『사기』 「조상국세가」(曹相國世家)에 용례가 보인다. "소하는 법의 집행에 공정하여 백성들의 마음이 일제히 그에게 쏠리게 하였다. 조참이 그를 대신한 뒤에도 이러한 원칙은 계속해서 지켜졌다. 그가 무위의 정치를 시행한 덕분에 백성들은 고루 편안할 수 있었다"(蕭何爲法, 顜若畫一; 曹參代之, 守而勿失. 載其清淨, 民以寧一.)

51) 습기(習氣): 불교용어. 번뇌의 잔여 성분을 말한다. 불교에서는 모든 번뇌를 현행(現行)·종자(種子)·습기의 세 종류로 나눈다. 기왕에 현행의 번뇌를 숨기고 번뇌의 종자를 끊었어도 남아 있는 번뇌의 성분이 번뇌상(煩惱相)을 드러낼 수 있는데, 이를 일컬어 '습기'라 한다.

52) 출전은 『노자』 제4장. "挫其鋭, 解其紛, 和其光, 同其塵."

(물은) 모두가 싫어하는 곳에 머무는 까닭에 도와 거의 같은 경지에 들었다고 말한다.[53]

제가 황안에 있을 때는 하루 종일 문을 닫아걸고 지냈기 때문에 대중과는 어울릴 수 없었습니다. 마성에 오고 난 다음에야 유희삼매[54]를 알아 화류계를 출입하면서 비로소 대중들과 어울리게 되었지요. 하지만 화광(和光)의 경지에는 아직 도달할 수가 없었습니다. 어찌하여 그랬겠습니까? 여러 책들에 관한 경중승과의 학술적인 논변이 여전히 진행되고 있었기 때문입니다. 이제 와서 생각해보니 그 따위 토론에 무슨 유익함이 있었겠습니까? 그저 해결되지 않는 논란이나 주고받다 피차간에 골만 갈수록 깊어지고 논쟁의 불꽃만 한층 치열하게 타올랐을 뿐이었지요. 무익했을 뿐만 아니라 도리어 자기 의견만 고집하며 남을 능멸한다는 혐의까지 뒤집어쓰게 되었으니, 신법(新法)을 공격한 송대 유자의 옛 전철을 밟고 있으면서도 스스로는 알지 못하였던 것입니다. 어찌 위기(爲己)할 줄 모르고 자적(自適)할 줄 모른 탓이 아니라 하겠습니까? 그리하여 알아서 빛을 감출 줄 모르고 스스로 그 빛을 번쩍이고 싶어 안달한 때문인 것을요. 가만히 자신의 소행을 생각해보면 실로 부끄럽기 짝이 없더군요. 그래서 머리를 깎기로 결심했고, 깊은 산중으로 들어가 세상 사람들과 시비를 다투고 장단을 비교하는 상황에서 벗어나려 하였습니다. 원래 얼굴을 마주 대하면 감정을 가라앉히지 못하는 까닭에 그 형세상 다시 문을 닫아걸고 혼자 지내는 쪽을 택하지 않을 수가 없었던 것입니다. 삶과 죽음 같은 큰 문제에 대해 이럴 필요까지

---

53) 『노자』 제8장. 원문은 다음과 같다. "최고로 선한 사람은 물과 같다. 물은 만물을 이롭게 하면서도 만물과 다투지 않는다. 모두가 싫어하는 낮은 곳에 처하기 때문에 물이야말로 도에 가깝다고 하는 것이다"(上善若水, 水善利萬物而不爭, 處衆人之所惡, 則幾于道矣.)

54) 유희삼매(遊戲三昧): 불교용어. 신통자재(神通自在)하여 중생들 사이에서도 얽매임이 없는 선정(禪定)의 경지. 명교에 구애되지 않은 채 초연하고도 자유롭게 세간에 노니는 것을 말한다.

야 없었겠지만, 한평생을 수고와 근심 속에서 낭비한 것이 스스로 부끄러웠습니다. 나이가 어언 예순둘이니 바람 앞의 촛불 같은 신세라, 시간이 얼마 남지 않은 마당입니다. 하물며 이후로는 아직 살아 있는 세월이라도 곧 죽게 될 몸뚱이를 흐르는 시간 속에 되는 대로 맡겨야 할 처지가 아니던가요! 여기서 또 자적할 줄 모른다면 대체 어느 세월이 되어서야 자적을 얻게 되겠습니까? 게다가 유희와 놀음 같은 것들은 사람들이 다함께 즐기는 바인데, 유자들만은 이를 미워합니다. 삭발하고 자신의 용모를 훼손시키는 행위인즉 유생들이 싫어할 뿐 아니라 보통 사람들도 미워하는 바이지요. 자신을 감추는 방법으로 이보다 더 나은 것은 없었습니다. 제가 또 어떻게 이 따위 머리카락 몇 오리를 아낀답시고 사람들이 미워하는 바에서 도망을 치겠습니까? 도에 가까이 다가섰다고 감히 말할 수는 없지만, 저는 다만 도에 의거하여 비천하고 욕된 곳에 거했고, 뒤로 물러나 낮은 곳을 택했으며, 허허롭고 외진 곳에 머물렀습니다. 물이란 사물의 속성은 본래 지극히 선하지만, 유독 사람이란 존재만은 그것을 닮지 못하더군요. 그래서 저는 억지로나마 물처럼 행동하려고 애써왔지요. 늙어서 아무짝에도 쓸모가 없는 까닭에 그러는 편이 더한층 마땅하였습니다.

　남경에는 지금 오대[55] 선생이 형조(刑曹)에 계시고 근계 선생도 벌써 거기 당도하셨습니다. 저는 부끄럽지만 다 늙은 몸이라 전심전력으로 시중을 들 수가 없습니다. 형께서는 기왕에 그곳의 같은 부서에서 벼슬

─────────────────

55) 오대(五臺): 육광조(陸光祖, 1521~97). 자가 여승(與繩), 호는 오대, 시호는 장간(莊簡)이다. 가흥(嘉興)의 평호(平湖) 사람. 가정(嘉靖) 26년(1547)에 진사가 되어 준현(濬縣)의 지현을 제수받았다. 남경의 예부주사(禮部主事)와 낭중(郎中)을 거쳐 만력 연간에는 이부상서가 되었다. 사람됨이 충성스럽고 강직했으며 장고(掌故)에 밝아 매번 큰 회의가 있을 때마다 그의 한 마디에 모든 것이 결정되곤 하였다. 인재를 추천할 때도 귀천을 가리지 않고 소홀함이 없어 사람마다 우러러 보았으나, 이 때문에 시기하는 자들이 생겨 몇 번이나 물러나 한거하며 불승(佛乘)을 연구하였다. 일찍이 지은 글을 모아 『오등회원』(五燈會元)을 판각했고, 알려지지 않은 경전을 모아 소책자의 『장경』(藏經)을 찍는 데 앞장서기도 하였다. 만년에는 자백노인(紫柏老人)과 교유하며 연구에 더욱 힘을 쏟았고 염불삼매(念

을 살았으니, 빨리 흥을 일으켜 그들을 한 번 만나보십시오. 오대 선생은 뼈대가 굳건하고 담력이 세며 오랫동안 여러 일을 거쳤기 때문에 세상사 돌아가는 이치에 밝습니다. 조정의 법전까지 훤히 꿰고 계신 것은 굳이 말을 빌릴 필요도 없지요. 그가 출세(出世)의 학문을 온 마음과 정신으로 깨우친 지도 벌써 여러 해이거늘 입을 꼭 다물고 도무지 말씀이 없으시군요. 만나면 그저 인과에 대해서나 말을 하니, 사람으로 하여금 쓴웃음만 나오게 합니다. 진정한 유자를 만나도 백치나 꿈꾸는 사람처럼 굴어 도리어 의구심이나 자아내는 판이지요. 그렇다면 사람들에 대한 이 양반의 기만이 너무 심한 것이니, 이는 세상에 나말고는 제대로 된 사람이 없다고 생각하는 까닭입니다. 또한 이 노인네가 자신의 쓸모를 잘 감추는 기술도 남들이 따라갈 바가 아님을 알겠습니다. 형께서는 대장부의 뜻을 품고 계시니 세상에 등용되든 혹은 벗어나든 어느 경우라도 이 노인을 건너뛰면 아니 될 것입니다. 근계 선생은 올해 나이가 일흔네 살이십니다. 젊어서부터 도를 공부했는데, 원래가 진정한 영웅이고 진정한 협객이었던 까닭에 빛을 거둬들이고 불꽃을 감추며 반야[56]의 분야를 전문적으로 깊이 연구할 수 있었습니다. 늙었어도 쭉정이는 다 내버리고 더러움과 미움은 자기 한몸에 모았지요. 원래 화광동진의 극치는 속된 유자들이 알 수가 없으니, 모두들 이분의 실질을 두고 이처럼 못났다고 지껄였던 것입니다. 노자께서 말씀하셨습니다.

천하 사람들은 모두 자신의 도가 너무 커서 도 같지 않다고 말한다. 오직 너무나 크다는 이유 하나 때문에 도가 도 같지 않은 것이다. 만

---

佛三昧)를 닦았다. 이지는 오대가 자신의 성격과 비슷하고 또 불학을 연구한다는 이유 때문에 경정향과 논쟁을 벌일 때 자주 그를 거론하며 비유나 논증의 대상으로 삼곤 하였다.

56) 반야(般若): 범어 Prajñā의 음역으로 지혜(智慧)라는 뜻이다. 불교에서는 일체 사물의 지혜를 여실하게 이해한다는 의미로, 일반적으로 가리키는 지혜와는 구별해서 사용한다. 대승불교에서는 반야를 '모든 부처의 어머니'(諸佛之母)로 일컫는다.

약 도가 도처럼 보였다면 벌써 오래 전에 아무짝에도 쓸모 없는 작은 도로 변질된 것이다.[57]

원래 극도로 큰 것이라면 담지 못할 바가 무엇이겠습니까? 노자가 말했듯이 사람들이 도를 도처럼 여기지 않는 것도 지극히 당연합니다. 사람마다 이 노인을 못났다고 여긴다면, 이 노인을 알아줄 이는 저절로 드물어지겠지요. 알아주는 자가 희소해지면 이 노인은 더욱 고귀해질 것입니다. 여기에 또 무슨 의심이 있겠습니까!

저는 이 두 노인네가 지금 세상의 첫째 가는 명류요 후세에도 첫째 가는 명류가 될 것임을 너무나 잘 압니다. 용세(用世)며 처세(處世), 경세(經世)며 출세(出世)가 모두 지극한 상태로 벌써부터 갖추어진 분들이지요. 형이 다만 세심하게 그분들의 말씀을 듣기만 한다면, 형에게도 크게 용처가 닿음을 확실히 알게 될 것입니다. 하지만 이런 말은 또 제가 자적(自適)하지 못했다는 증거이고 위기(爲己)하지 못했다는 증명이기도 합니다. 어찌하여 그럴까요? 형께서는 제게 이 두 사람에 대해 묻지 않았고 또 이 두 사람을 만날 생각도 한 적이 없는데, 제가 무슨 이유로 이 두 분에 대해 이토록 지극하게 이야기하는 걸까요? 어찌 저의 심장이 너무 뜨겁기 때문이 아니겠습니까! 한바탕 웃을 일입니다! 웃고 넘어가지요!


## 주유당에게 답함 答周柳塘

경로(耿老)는 주군(周君)에게 보낸 편지[58]에 이렇게 썼습니다.

---

57) 『노자』 제67장. "天下謂我道大, 似不肖; 夫惟大, 故似不肖; 若肖, 久矣其細."
58) 『경천대선생문집』(耿天台先生文集) 권3에 「주유당에게」(與周柳塘) 21편이 실려 있지만, 본문에 나오는 악의적인 문장들은 보이지 않는다. 다만 이지와 경정향 사이에 존재했던 각종 견해 차이가 비교적 자세히 서술되어 있을 뿐인데, 기생에

지난번에 탁오가 기생을 끼고 놀았던 일을 적은 편지가 아직 남아 있다는 말을 들었습니다. 그런데 최근에 보내온 편지에는 제가 탁오의 선기[59]를 이해하지 못한다고 말했더군요. 옛적에 안산농[60]이 학문을 강론하던 와중에 갑자기 벌떡 일어나 땅바닥을 구르며 땅재주를 넘더니 "나의 양지를 보라!"고 말한 적이 있는데, 선비들은 지금까지도 그 일을 전하며 웃음거리로 삼습니다. 탁오의 갖가지 짓거리는 땅재주뜀의 의도와 다를 것이 없습니다. 그저 아쉬운 것은 그의 적절치 않은 언동이요 오묘하지 않은 기봉[61]일 따름입니다.

또 이런 말도 했습니다.

유노교[62] 문하의 여러 사람이 등령군[63]을 연회에 모셨을 때입니다. 탁오는 연극에 출연한 여배우를 희롱했는데, 이 또한 선기이고

---

관한 언급도 그 안에 포함된다. 위의 내용들은 아마도 이지가 풍문으로 나도는 말을 듣고 추측하여 재구성한 것으로 보인다.

59) 선기(禪機): 불교 선종의 승려들이 선(禪)과 법(法)을 설명할 때 관건이 되는 중요한 언사나 동작. 혹은 사물로 교의(敎義)를 암시하는 행위를 뜻하기도 하는데, 듣는 사람의 깨달음을 유도하는 작용을 하기 때문에 붙은 이름이다. 혹은 선법(禪法)의 요지(要旨)나 정수(精髓)를 일컫기도 한다.

60) 안산농(顔山農): 안균(顔鈞). 자가 산농으로 길안(吉安) 사람이다. 일찍이 유사천(劉師泉)을 사사했으나 소득이 없자 서파석(徐波石)에게 배워 태주학파(泰州學派)의 일원이 되었다. 성격이 거칠 것이 없어 평소 자연스럽게 행동하며, 이를 '도'라고 일컬었다. 수시로 흐트러진 행실을 보인 뒤 경계하고 두려워함으로써 수양했고, 유가의 견문·도리·격식은 모두 도의 장애물이 된다고 여겼다. 유협의 기질이 있어 남의 어려움을 돕길 좋아하였다. 조대주(趙大洲)가 귀양을 갈 때 동행했고, 서파석이 원강부(沅江府)에서 전사하자 그 유골을 수습해 돌아가 장례를 치르기도 하였다. 하지만 떠들썩한 성격 때문에 세인의 미움을 사 남경 감옥에 수감되었다가 나근계의 도움으로 풀려난 뒤 팔십여 세의 고령에 변방으로 쫓겨나 행방불명되었다. 『명유학안』 권32에 보인다.

61) 기봉(機鋒): 불교 선종의 용어. 문답이 신속·예리하고, 적상(迹象, 그다지 현저하지 않게 드러난 상황, 과거와 미래를 추단하는 데 쓰인다)에 떨어지지 않았으며, 함의가 심오한 어구를 가리킨다. 보통은 상황 변화에 빠르게 대응하며 나온 기지(機智)에 찬 언사를 가리킨다.

땅재주뜸과 같은 의미라 하더군요. 원래 그는 노교의 학문이 몸가짐이나 규범에 있어 너무 엄숙한지라 그 족쇄를 풀어주고 싶었을 뿐이랍니다. 하지만 노교의 학문은 공경구인(恭敬求仁)을 근원으로 삼아 벌써 일가를 이룬 상태지요. 지금 그의 이 같은 거동을 보고 있노라니, 연회의 주최자를 깔보고 손님을 욕보였다는 유감만이 갈수록 더해질 따름입니다. 먼젓번의 방종도 아직 헤아리질 못하는데, 어떻게 그를 깨우쳐 해탈을 시키겠습니까!

또 이렇게도 말했습니다.

　　탁오는 일찍이 그의 아우를 강박하여 기생질을 시켰는데, 이 또한 선기라고 억지를 부리더라.

이런 말도 있지요.

　　언젠가 탁오는 승려떼를 거느리고 어느 불쌍한 과부의 집에 들어가 재를 올려달라고 애걸하더니, 급기야는 이 과부에게 규방의 행실이 문란하다는 수치까지 뒤집어쓰게 하였습니다. 향리의 신사들은 이 일을 매우 유감스럽게 여겼는데, 이 또한 선기라고 합니다. 공자가 남자[64]를 만났던 일과 같다고 했다지요. 남자는 수레 소리만 듣고도 백옥[65] 같은 현인을 알아냈으니, 그녀는 더불어 이야기를 나눌 만한

---

62) 유노교(儒魯橋): 유사소(劉師召). 호는 노교이고, 마성 사람이다. 매국정(梅國楨)의 스승이었다고 전해지며, 『경천대선생문집』에 도학에 관해 토론한 「유노교에게」(與劉魯橋) 한 편이 실린 것으로 보아 경정향과도 막역했던 사이로 추정된다.

63) 등령군(鄧令君): 등정석(鄧鼎石)을 가리킨다. 영군(令君)은 현령(縣令)에 대한 존칭으로 당시 등정석은 마성의 현령을 지내고 있었다.

64) 남자(南子): 춘추시대 위령공(衛靈公)의 부인. 그녀가 송(宋)의 공자 조(朝)와 사통하자, 태자 괴외(蒯聵)는 가신인 희양수(戲陽遫)와 모의하고 그녀를 살해하려다가 미수에 그친 채 진(晉)으로 도망갔다. 영공이 죽은 뒤 남자는 명을 받들어

사람임에 틀림없습니다. 탁오는 우리 학파가 자신의 뜻을 이해할 능력이 없다고 경멸하는 까닭에 부인네들 중에서 자신의 지지자를 찾았던 것입니다. 우리 학파가 자신과 다른 것이 아무리 안타까웠더라도 탁오의 유감은 지나친 데가 있습니다. 저는 그 과부의 총명함이 남자에는 미치지 못할 것이기 때문에 이 기봉 역시 부적절하게 발해졌다고 생각합니다.

제가 동로(侗老, 경정향)의 이 편지를 보니 어떻게든 저를 위해 추문을 가려줄 심사에 일부러 이런 극진한 명목을 지어내고 있었습니다. 그것으로 저의 추행을 대체시키려고 말이지요. 그분은 제가 한평생 단점을 덮고 장점을 드러내거나 악을 가리고 선을 드러내는 데 있어 손해만 보고 살다가 '소인배가 한가하니 어디든 안 가는 곳이 없다'는 말을 듣는 지경으로 떨어진 줄도 모르시더군요. 저 자신은 남들을 기만할 수 있을 거라 생각했지만 결국에 가선 스스로를 속이는 데 떨어지기나 했던 것입니다. 다행히도 진정한 벗들이 고황에 침을 놓아주니, 그들의 힘을 적지 않게 빌리고 나서야 비로소 저의 잘못을 깨닫고 통한에 젖어 과거를 반성하게 되었지요. 점차 본래의 면목을 드러내게 되었고, 뒤집어쓰게 될 오명에 대해서는 감히 개의치 않게 되었습니다. 지금도 여전히 선을 속이고 악은 은폐하는 도중에 있는 것 같아 아직 완전한 본성으로 환원하진 못한 상태입니다. 그런데도 동로는 곧장 나를 추한 놈으

막내아들 영(郢)을 옹립했지만, 영은 사양하고 괴외를 왕으로 세웠다. 이렇게 해서 괴외는 결국 남자를 죽였다. 『논어』「옹야」편에 "공자가 남자를 만났더니, 자로가 기뻐하지 않았다"(子自南子, 子路不說) 하는 기록이 보인다.

65) 백옥(伯玉): 춘추시대 위(衛)나라의 대부. 성은 거(蘧), 이름은 원(瑗)이었다. 한번은 위령공이 밤에 부인인 남자와 함께 앉아 있는데, 요란한 수레 소리가 들리다가 대궐에 이르러 멈췄다. 부인이 백옥의 수레라고 말하자, 공은 어떻게 아느냐고 물었다. 부인은 "군자는 어둡다고 해서 궁궐 앞에서 내려야 하는 예의를 폐하는 일이 없습니다. 백옥은 어진 대부라 그래서 아는 거지요"(君子不以冥冥墮行, 伯玉, 賢大夫也, 故知之.) 하고 대답했다. 『좌전』의 「양공」(襄公) 14년과 26년조에 보인다.

로 지목하며, 나를 위해 추문을 가려주겠다는 식으로 사실을 왜곡하고 있습니다. 심지어는 내가 친구들에게 가르침을 구하는 것도 잘못이라 하고, 내가 천 리 먼 길에도 불구하고 가르침을 구하러 찾아온 뜻마저 잘못이라 합니다. 그의 의도를 짚어보면 충심에서 우러나지 않은 말이 없지만, 내 병은 그것으로 고쳐질 수가 없습니다.

이른바 추하다는 것 또한 세속의 안목에 의거해 내뱉은 말에 불과합니다. 속인들이 추하다고 여기는 것이라면 사람마다 추하게 여길 것이고, 속인들이 아름답다 여기는 것이라면 사람들 모두가 아름답게 생각할 것입니다. 세속 사람들이 진짜로 미추를 알 수 있어 그런 것이 아니니, 이렇게 보도록 습관이 되었고 이렇게 듣도록 단련이 되었기 때문이지요. 보고 들어 견문을 쌓는 것이야 내면의 작용이겠지만, 미추라는 관념은 결국 외부에서 결정되게 마련입니다. 아교처럼 단단히 들러붙었고 빡빡하게 얽혀 풀어지지 않는 까닭에 아무리 어질고 지혜로운 사람이라도 손가락 앞에서 손가락이 아니라고 부인하는 억지를 부릴 수는 없는데, 하물며 불초소생처럼 어리석고 고집스러운 자이겠습니까! 그러나 세속의 사람들이 아무리 그 같은 편견을 고정관념으로 삼고 현인과 군자들이 정론으로 삼는다 하더라도 그 본심을 잘 살피면 진실로 속일 수 없는 것이 있습니다. 속일 수가 없기 때문에 남들이 보지 않는 은밀한 장소에서라도 드러내지 않을 수 없고, 오직 추하게 여겨지는 까닭에 큰 마당에 모인 군중들 앞에서 명명백백 밝혀내지 않을 수 없으니, 이 또한 그 형세가 만들어낸 결과일 뿐입니다.

공자께서 이른바 혼자 있을 때 근신하지 않으면 안 된다고 한 것도 바로 이를 두고 하신 말씀이지요. 그러므로 『대학』에서도 누차에 걸쳐 말하기를, 홀로 있음을 경계하면 자신을 속이는 일이 없어지고, 자신을 속이지 않으면 저절로 만족하게 되며, 스스로 만족할 수 있다면 '뜻이 정성스러워진다'(誠意)고 했습니다. 뜻이 정성스러울 수 있으면 귀문관[66]에서도 벗어나게 되지요. 사람과 귀신의 구분은 실로 여기에 있는 까닭에 저는 세속에서 말하는 추함은 끝내 은폐하지 못한 채 스스로를 귀신

굴 아래로 침몰시켜버렸습니다. 동로에게 이런 뜻을 알리는 것도 그가 나를 위한답시고 실상을 은폐하며 이 지경까지 사실을 호도하는 상황을 도무지 견딜 수가 없기 때문입니다.

중간에서 '선기'(禪機) 운운한 것도 전혀 옳지가 못합니다. 불교의 조사(祖師)들께서는 사방에서 찾아온 학생들이 처음 입문할 때에는 그 깊이를 따지지 않고 그저 간단한 말 한 마디나 몽둥이 한 대 혹은 할(喝) 같은 호통 한 마디로 그를 시험하는데, 이른바 탐수간[67]이란 방법이지요. 배우는 자는 모르기 때문에 장대 끝에 매달려 떨어지려 하질 않습니다. 그때 몽둥이 한 방을 날려 미미하게라도 생기가 나도록 한 다음 '채찍 그림자'(鞭影)[68]를 슬그머니 보여주면 껍데기뿐인 자와 알맹이가 꽉 찬 사람이 나눠지게 되지요. 후학들이 무지해서 이를 기봉이라 지목하는 것도 벌써 웃기는 일이라 할 것입니다. 바로 저 같은 사람인즉슨 모두가 진정에서 행하는 것이니 선(禪)이라 할 수 없고, 스스로 쾌락을 취하고자 그러는 일이니 기[69]도 아닙니다. 저는 병술년 봄 비장(脾臟)에 생긴 병이 일 년이 넘도록 낫지 않아 다 늙은 폐물이 되고 말았습니다. 백방으로 조리해도 온갖 약이 다 효험이 없었지요. 가족들이 돌아가고 홀몸으로 호북에 남게 되자 수시로 바깥으로 나돌며 발길 내키는 대로 나돌아다녔습니다. 그러고 나니 쌓였던 번민이 저절로 해소

---

66) 귀문관(鬼門關): 이승과 저승의 경계로 죽음의 변경이 된다는 전설상의 지명. 보통은 지세가 험악한 땅을 가리키는 비유로 쓰인다.

67) 탐수간(探水竿): 물 속의 깊이를 재는 긴 장대. 불가에서는 도행(道行)의 깊이를 측정하는 법을 가리킨다.

68) 편영(鞭影): 말채찍의 그림자. 『경덕전등록』(景德傳燈錄) 「천대풍간선사」(天台豐干禪師)에 다음과 같은 고사가 보인다. "외도가 예배를 드리고 말했다. '훌륭하십니다. 세존이시여. 대자대비하게도 저의 미망을 걷어 깨달음에 들어가게 하시는군요.' 외도가 나간 뒤 아난이 부처님께 물었다. '외도가 무엇을 증거로 깨달음에 들었다고 말하는지요?' 부처가 대답하셨다. '세상의 좋은 말처럼 말채찍만 보고도 알아서 스스로 깨우쳤다"(外道禮拜云: '善哉世尊, 大慈大悲開我迷雲, 令我得入.' 外道去已. 阿難問佛云: '外道以何所證而言得入.' 佛云: '如世間良馬, 見鞭影而行.') 편영은 나중에 자신을 독려하는 사물을 빗대는 전고가 되었다.

69) 기(機): 사물의 관건이나 중추, 혹은 변화의 발단 등을 말한다.

되면서 산사[70] 같은 혈액순환을 원활하게 만드는 약이 필요 없게 되었습니다. 울화가 저절로 내려가니 인삼이며 황기 같은 원기를 돋우는 약재가 쓸모 없어졌지요. 채 반 년이 지나지 않아 저는 원래의 건강을 회복하였습니다. 그제서야 진정한 약은 가짜 단약(丹藥) 따위가 아니고 질병은 대부분 억지를 쓰는 데서 비롯되는 줄 알게 되니, 도처로 사람들 따라 손잡고 다니며 노래를 들었지요. 이때부터는 제가 알아서 즐거움을 찾아다니면서 진정한 생기(生機)에 더없이 즐거워하다 보니, 거짓이나 은폐의 병통이 터럭 한 오리만큼도 남지 않게 되었고 덕분에 가짜 병도 저절로 나아버렸습니다. 나는 내 병을 고쳤을 뿐이니, 그 일이 선기(禪機)와 무슨 상관이랍니까?

외지로 돌다보니 집안의 아우 등등을 따르게 하지 않을 수 없었습니다. 아우는 저 때문에 따라온 것이고, 저는 의탁할 바를 얻은 것이지요. 아우 무리가 무엇 때문에 처자를 팽개치고 수천 리나 떨어진 곳으로 나를 따라왔겠습니까? 내심 그들이 가여웠기 때문에 자연스레 마음을 좀 썼을 뿐인데, 거기 어디에 또 선기가 있다는 말입니까?

불쌍한 과부의 이야기에 관해서라면 형께서도 익히 아시는 바입니다. 내가 성안으로 들어오고 가족들을 모두 돌려보낸 이후로 그 여자는 수시로 다과를 보내왔는데, 육신보살[71]을 봉양함에 있어 경건하기 이를 데 없었습니다. 나도 처음에는 아무것도 묻지 않고 다만 시방세계의 모든 불교신도와 동등하게 보면서 그저 받기만 하고 보답은 하지 않았지요. 나중에 그 일이 고을 안에 알려져 추잡한 소문이 돌자, 나 또한 그녀를 탓했고 꾸짖어 물리친 뒤에는 더 이상 그녀의 공양을 받지 않았습니다. 이는 또 고을 안의 친구들이 모두 아는 이야기입니다. 그러나

---

70) 산사(山査): 산사(山楂) 혹은 산사(山樝)라고도 쓴다. 낙엽과의 교목으로 이파리는 달걀형에 가깝고, 꽃은 흰색이며, 열매는 작은 원구처럼 생겼다. 익으면 심홍색이 되며 조그만 반점이 있는데, 맛이 시고 식용 혹은 약용으로 쓰인다.

71) 육신보살(肉身菩薩): 불교용어. 본래는 삶에서 도를 닦고 성불한 보살을 가리키지만, 여기서는 선지식(善知識)에 대한 존칭으로 쓰였다.

내 마음에는 종내 한 점의 미심쩍은 부분이 남아 있었습니다. 그 여자는 기왕에 수절을 맹세하여 강요해도 마음을 바꾸지 않았고 오직 한 마음으로 부처님을 공양하며 내세의 보답을 희구한 사람입니다. 그런데 이처럼 독실한 사람에게 무슨 연유로 그 같은 소문이 돌게 되었을까 하는 의구심이 들었고, 이리하여 대중들을 이끌고 다같이 그녀를 한 번 방문하였던 것입니다.

그녀에게는 대를 잇기 위해 들인 양자로 서른 살이 넘는 아들이 있었습니다. 그에게 부탁해 손님접대를 맡게 하니, 저절로 집주인 역할이 정해진 것이지요. 방문하고 나서야 비로소 외로운 과부가 의지할 곳 없는 가난뱅이인데다 진실로 남들의 멸시와 위협을 받는 처지인 줄 알게 되었습니다. 그 여자는 천수를 다 누렸다고 할 수 없는 나이였지만 이미 바짝 늙은 노년의 고단한 신세였고 말릉 출신이었습니다. 친척들 중에는 기댈 만한 사람이 없고 자녀도 전혀 두지 못했으니, 그 사정이 어떠했겠습니까? 돌아다니는 소문 따위는 지혜로운 사람에게 이르러 멈춰지는 까닭에 나는 더한층 소문에 개의치 않았고 도리어 그 여자를 불쌍하게 여겼습니다. 이 일이 또 도를 배우는 것과 무슨 상관이겠습니까? 내가 마성에 들어간 다음을 떠올려보면, 삼 년을 거기서 살았지만 저를 사랑하는 몇 사람 빼고는 누가 기꺼이 쌀말이나마 보태주었는지요? 그 여자는 시종일관 공경과 예의를 다했으니, 나도 은혜를 갚고자 거듭해서 그녀를 생각하게 되었습니다. 원한이 있으면 반드시 대신 씻어주고 억울한 일이 있다면 기필코 대신 풀어주어야 하는 것 또한 인지상정이었으니, 거기 어디에 선기(禪機)가 끼여들 틈이 있다고 공자가 남자(南子)를 만난 일로 증명해야 하겠습니까? 요컨대 나는 세속의 일개 용렬한 사내의 도량에 불과하고, 아무리 공자라 해도 역시 용렬한 보통사람입니다. 사람들 모두가 남자를 알고 나 또한 남자를 볼 수가 있는데, 대체 무엇이 선(禪)이고 무엇이 기(機)란 말입니까? 자로는 무지한지라 공자가 남자를 만났다고 기뻐하지 않은 것도 이상할 것 없으니, 하물며 그로부터 천 년이나 지난 지금이겠습니까! 사람들마다 볼

수 있는 일을 공자만 볼 수 없었다면, 이는 공자에게도 불가능이 있었다는 말이 됩니다. 공자는 불가능한 일이 없는 사람인데, 어찌하여 보아선 안 되는 그런 사람이 있더란 말입니까? 예를 갖고 말하거나 선기를 갖고 말하는 것은 모두 자로 따위의 윤리이니, 재재거릴 필요조차 없다고 하겠습니다.

이른바 산농의 땅재주뜀에 관해서는 과문한 탓인지 들어본 적이 없습니다. 만약 정말로 그런 일이 있었다면, 산농은 혼자 양지의 진정한 뜻을 깨달아 스스로 자세를 취하고 알아서 굴렀을 뿐입니다. 그것이 다른 사람들 일과 무슨 관계가 있다고 또 선기라 여기시는지요? 세간의 땅재주꾼에게 무슨 금기가 있겠습니까? 밤낮으로 쉴 틈 없이 넓은 마당 군중들 가운데서 권세가에게 아첨하여 하루의 영화를 보전하지요. 컴컴한 방구석에서 노비처럼 비굴한 얼굴로 무릎걸음을 기며 한때의 총애를 구하기도 합니다. 그렇지 않은 사람이 없고, 그런 일이 없을 때가 없으며, 한 시각도 땅재주뜀이 벌어지지 않을 때가 없는데, 유독 산농이 한 번 구른 일을 두고 웃음거리로 삼다니요! 동로는 아마도 사람들이 그것을 본받아 날마다 땅재주뜀이나 할 줄 알고 걱정하시나 본데, 나는 이렇게 생각합니다. 산농 또한 한때 땅재주를 굴렀다고 하지만 그 뒤로 산농의 땅뜀에 도(道)가 들었다고 말하는 사람을 전혀 볼 수가 없으니, 그렇다면 제아무리 산농이라도 한평생 땅뜀만 구를 수는 없었을 것입니다. 산농조차 그런 판에 다른 사람들이야 나위가 있겠습니까? 다시 말해 산농에게 땅뜀을 배웠다는 자가 있다는 말을 못 들었는데, 왜 꼭 사람들이 산농의 땅뜀을 배울 거라 근심하시는 겁니까? 이는 모두 평소에 기우가 너무 많은 탓입니다. 저는 유독 산농의 땅뜀이 평생을 두고 이어지지 못한 것이 너무나 안타깝습니다. 몸을 구를 때는 안으로 자신이 보이지 않고 밖으로 다른 사람이 보이지 않으며, 내면으로 아름다움이 없고 바깥으로 추함도 없습니다. 굽히지 않으면 자세가 만들어지지 않고, 마당을 구르면 다른 사람은 보이지 않습니다. 안팎을 모두 잊게 되며 몸과 마음이 하나가 되니, 어렵지요. 어렵구말구요. 산농에

게 과연 이런 본령이 있었는지 모르겠고, 산농이 과연 목숨이 다할 때까지 구를 수 있었는지도 모를 일입니다! 내가 보기에 여기까지는 다다르지 못했을 성싶군요. 만약 정말로 이러한 경지에 다다를 수 있었다면 그는 바로 나의 스승이시니, 내 어찌 다른 사람들의 비웃음을 샀다는 이유로 감히 이 노인에게 의구심을 품겠습니까! 만약 이 땅뜀에서 자신의 양지를 생각하지 않고 도리어 그것을 타인에 대한 비웃음거리로 치부한다면 미혹이랄밖에요! 그것은 양지를 깨닫는 학문이 아니라, 실로 다른 것을 구하는 뜻이라 할 것입니다.

그러나 이는 또 산농으로부터 깨닫게 된 부분일 뿐, 선기와는 전혀 상관없는 일입니다. 산농은 위기(爲己)의 극치에 이른 까닭에 이와 같이 행동할 수 있었습니다. 만약 터럭 한 오라라도 남을 의식하는 마음이 있었다면 그리하진 않았을 테지요. 위기(爲己)가 바로 위인(爲人)이고, 스스로 깨달아 아는 것이 바로 남을 얻는 길입니다. 위기(爲己)의 밖에 따로 위인(爲人)의 학문이 있지 않은 것입니다. 산농이 아니면 누가 대중들 앞에서 이러한 기봉(機鋒)을 시험하려 들고 사람들마다 자기를 믿어주길 바라겠습니까? 또 믿지 않은들 무슨 해가 있겠습니까! 그러나 정말로 훌륭한 바탕의 큰 인재가 그 자리에 있었다면 묵묵한 만남에도 깊은 뜻이 통했을 것이고, 산농도 기꺼워하지 않았을 리 없습니다. 내가 또 그 가운데 나공(羅公, 羅汝芳)처럼 총명하고 깨달음에 밝은 이가 없는 줄 어찌 알고 일부러 똑같은 추태를 지음으로써 그 일에 끼여들어야 하겠습니까? 이 모두는 알 도리가 없습니다. 그러나 만약 나공 그 양반이 현장에 계셨더라면 한 번 땅뜀만으로 서쪽에서 굴러오는 대의(大意)를 묵묵히 접수하고 떠났을 것이니, 어떻게 다른 사람에게 웃음거리가 될 것을 걱정하여 산농을 제지하는 그런 일이 벌어졌겠습니까?

웃는 이도 알아서 혼자 웃고, 깨닫는 이도 알아서 저 혼자 깨달을 것입니다. 요행 깨닫는 자가 있다면 천 사람이든 만 사람이든 백 년이든 천 년이든 웃으라 하십시오. 산농은 상관하지 않을 것입니다. 어찌하여

그럴까요? 불교의 법은 원래 용렬한 대중을 위해 발해진 것이 아니기 때문입니다. 원래 상등의 도리를 말해주면 안 되는 사람들에게 말한 것이 아니고, 원래 남들의 웃음거리가 될까봐 걱정스러워 감히 말못하고 입다물어버리는 것이 아닌 까닭입니다. 지금은 다른 사람들이 비웃을까봐 그 걱정에나 절절매고 한 사람이 도를 깨우친 기쁨에는 조급해하지 않으니, 저는 경로가 무슨 말을 하고 있는지 도무지 알 수가 없습니다. 그 또한 너무나 외곽에나 신경 쓰고 타인만을 의식한 짓거리라 하겠습니다.

유노교의 학문이 공경(恭敬)을 위주로 한다는 대목 또한 너무나 사리에 어긋난 망발입니다. 동로의 거칠고 들뜬 구석은 민망한 구석이 있으니, 요설로 거듭 설명해 깨뜨려주는 것도 무방하지 않을까요? 대저 공경이라 함이 어찌 쉽게 여길 것이겠습니까! 옛 사람들은 한 번의 지극한 공손함이 천하를 태평하게 만들고 한 번 자신을 굽히면(恭己)[72] 임금 노릇이 바로 된다고 했는데, 이것이 과연 노교의 공손함일까요? 저는 노교가 공손하지 못한 것을 특히 싫어했는데, 어찌 노교의 공손함을 놓고 트집잡을 리가 있겠습니까? 고인은 일단 공경을 수양하면 만백성이 편안해지고 단 한 번의 거경[73]에 남쪽을 향해 앉은 왕도 될 수 있다고 했는데, 이것이 과연 노교의 공경입니까? 저는 노교에게 공경심이 없는 것을 특히 싫어했는데, 어찌 노교의 경애심을 놓고 탓할 리가 있겠습니까? 저의 고통은 너무나 심합니다! 만약 노교처럼 구는 것이 진짜 공경이라고 여긴다면, 그런 사람은 조정에 임해서도 신이나 된 것처럼 입을 꽉 다물고 침묵을 지켜 절대로 재앙이나 실패 따위는 불러들이지 않을 것입니다. 경비를 맡은 병사들에게 식사를 전달하고 '저울로

---

72) 공기(恭己): 출전은 『논어』「위령공」편. "무위로 다스릴 수 있는 분은 순임금뿐이셨다! 그분이 무엇을 했던가? 몸가짐을 공손히 한 채 남쪽을 향해 앉아 있었을 뿐이다"(無爲而治者, 其舜也與? 夫何爲哉? 恭己正南面而已矣.)

73) 거경(居敬): 몸가짐을 공경스럽게 갖는 것. 『논어』「옹야」편에 보인다. "윗사람이 몸가짐을 경건히 갖고 간소하게 행하면서 그 백성들을 다스리면 또한 좋지 않겠습니까?"(居敬而行簡, 以臨其民, 不亦可乎?)

책 무게를 다는'(衡石程書)74) 것처럼 경건하고 부지런하기만 하다면야 어찌 한두 세대 만에 망할 리가 있겠습니까? 그러므로 공경을 안다는 것은 그리 쉽게 말할 성질의 것이 아닙니다. 공경이 쉽게 말해지는 것이 아닌 까닭에 공경은 쉽게 알 수도 없습니다. 알고서 말한다면 그 사람이야말로 성인이겠지요. 알지도 못하면서 공경을 말하고 또 학습한다면 이는 조괄75)이 아버지의 글을 읽고 우맹76)이 손숙오를 흉내내는 짓이니, 그것을 어찌 진실이라 하겠습니까! 어찌 거짓이라 말하지 않을 수 있겠습니까! 정녕 웃기는 노릇이지요.

저는 형께서 저를 안타깝게 여기시고 동로께서도 저 때문에 마음을 쓰시는 줄 너무나 잘 압니다. 그러나 용렬한 보통 사람의 심장으로는 감히 형과 동로를 끝까지 잘 섬길 수가 없으니, 저의 타고난 천성이 또 이와 같습니다. 그리고 동로께서 기왕에 이 말을 꺼내신 것은 저를 가르치시려는 의도 때문이었으니, 제가 또 어떻게 묵묵히 입을 다물고 감

---

74) 형석정서(衡石程書): 형석량서(衡石量書)라고도 한다. 고대에는 죽간이나 목판으로 문서를 만들었기 때문에 저울로 문서의 중량을 달았는데, 군주가 국정에 전념하는 상황을 빗대었다. 출전은 『사기』 「진시황본기」(秦始皇本紀). "천하의 일은 대소를 막론하고 모두 천자에게 결재를 맡았다. 천자는 저울로 책의 무게를 달아 날마다의 한도를 정했는데, 한도를 채우지 못하면 쉴 수가 없었다"(天下之事, 無大小皆決於上, 上至以衡石量書, 日夜有呈, 不中呈不得休息.)

75) 조괄(趙括): 전국시대 조나라의 명장 조사(趙奢)의 아들. 어려서 병법을 배웠는데 전략에 대단히 능해 자신을 천하무적으로 생각했다. 일찍이 아버지와 더불어 전쟁을 논했는데, 부친은 아들을 꺾을 수 없었지만 옳다고는 생각하지 않았다. 나중에 조괄은 염파(廉頗)를 대신하는 장수가 되었고, 장평(長平)의 전투에서 진(秦)의 장수 백기(白起)에게 패해 수십만의 병사를 잃었다. 당시 조나라의 명신 인상여(藺相如)는 이렇게 말했다. "괄은 단지 그 아비의 책을 읽고 전수받을 수 있었을 뿐 임기응변을 알지 못했다"(括徒能讀其父書傳, 不知合變也.) 훗날 이 고사에 근거해 이론에만 치우친 채 실제에는 걸맞지 않는 상황을 두고 지상담병(紙上談兵)이란 말이 생겨났다. 출전은 『사기』 「염파인상여열전」(廉頗藺相如列傳).

76) 우맹(優孟): 춘추시대 초나라의 배우로 풍자에 능했다. 재상 손숙오(孫叔敖)가 죽은 뒤 우맹이 그의 의관을 걸치고 표정과 동작을 흉내냈더니, 초의 장왕(莊王)과 신하들은 하나같이 손숙오가 다시 살아난 줄만 여겼다고 한다. 출전은 『사기』 「골계열전」(滑稽列傳).

히 치지도외할 수 있겠습니까! 어떻게 세간의 아첨 떠는 말을 빌려 거 짓으로 아부하고 두 분 어른의 일시적인 환심을 사는 것에 그칠 수 있 겠습니까!


## 서울지기[77]에게 부치는 답장 寄答留都

　형께서 보여주신 그의 편지를 읽었더니 온갖 일이 다 생트집인데, 하 나같이 남에게서 얻어들은 내용이었습니다. 이런 말로 누구를 기만하 겠습니까! 하지만 편지의 내용은 구구절절 낱낱이 저의 병폐를 정확히 맞춰 그저 제가 수시로 자백하고 털어놓은 일들에 그치지 않고 있었습 니다. 아무리 저와 교류했던 사람이라지만 제가 앓고 있는 병의 증상을 이처럼 훤히 꿰고 있었던 것입니다. 그럴 수 있었던 까닭은 내가 이기 적인 마음으로 이기적인 학문을 하여 그저 자신에게 통쾌하고 마땅한 것만을 취하면서 다른 사람의 공격과 풍자는 돌아보지 않았기 때문입 니다. 그리하여 여러 어른들의 사랑에 힘입어 누차에 걸친 간곡한 회유 를 당하게 되었는데, 그럼에도 끝내 그 버릇을 고치지 못한 것은 노년 의 즐거움에 방해가 될까 걱정스러웠기 때문입니다. 이기심은 일체의 만물과 동떨어지게 만들고, 제멋대로의 방종한 행동은 신중한 언행과 구별됩니다. 천만 가지 추태는 모두 여기에 근원을 두고 있지요. 나에 대한 저 사람의 책망이 바로 이러합니다.
　하지만 벌써 탓할 일도 없어지고 말았습니다. 어찌하여 그럴까요? 나

---

77) 여기서 말하는 서울의 친구는 이세달(李世達)을 가리킨다. 만력 14년(1586) 그 는 막 이부좌시랑(吏部左侍郞)에서 남경의 이부상서(吏部尙書)로 승진한 참이었 다. 당시 경정향은 그에게 편지를 보내 이지가 "백 가지로 사단을 일으키면서도 모든 것을 남에게 의지하는 자"(百生事, 皆是仰資于人者)라는 험담을 늘어놓은 적이 있었다. 이지는 이세달이 보여주는 편지를 읽은 뒤 그에게 경정향의 허위의 식을 폭로하는 이 편지를 썼던 것이다. 본문에서 가리키는 그 사람은 물론 경정 향을 말한다.

는 진술서를 관청에 제출하여 죄를 묻는 과정이 종결되었고 화외[78]의 백성이 되는 것이 허용되었습니다. 만약 아직도 지난 일을 책망하며 그치지 않는다면, 그것은 너무 심한 짓이죠. 그는 '만물이 한 몸'(萬物一體)이란 주장을 자신의 척도로 삼지 않았고, '사사로이 미워하는 바가 없는 것'(無有作惡)[79]도 아니며, 오장육부마다 어진 마음을 쌓아놓은 것도 아니고, 이타심으로만 똘똘 뭉쳐 이기심이라곤 전혀 없는 성현도 아니기 때문입니다. 하는 말마다 세상의 법이 되고 행동은 세상의 준칙이어서 백 대의 사표가 되는 것도 아닌 까닭입니다. 그래서 저는 매번 그의 뒤를 쫓아가다 되돌아서서 중얼거리곤 하였습니다. '내게 모자란 것은 만물일체라는 인(仁)의 마음이고 또 사사로운 미움을 두는 일이다. 지금 그는 나 한 사람도 아직 이해하지 못하는데, 어떻게 만물을 이해할 수 있겠는가? 나 한 사람에 대해서도 미움이 이와 같거늘, 어떻게 그에게 사사로운 증오가 없다고 하겠는가? 누차에 걸쳐 되돌려 책망해도 아파할 줄 모르니, 어떻게 그에게 남을 측은히 여기는 어진 마음이 있다 하겠나?'

그가 나를 책망할 이유가 나에게는 사사건건 구비되어 있었고, 반대로 내가 그를 탓할 이유 역시 그에게 빠짐없이 갖추어져 있었습니다. 하지만 그가 대놓고 망발이라 단정짓는 까닭에 나도 감히 더 이상은 말할 수가 없었습니다. 사정은 그러하나 설사 내가 한 말이 그의 마음에 꼭 마땅치는 않았을지라도 그 가운데 한두 마디 도에 가까운 언사가 어찌 없었겠습니까? 하지만 그 말들을 낱낱이 지목해 미친 소리니 헛소리니 해대고 있으니, 그것은 사사로운 미움이 가슴속에 꽁꽁 맺혀 느닷없이 풀기가 어렵기 때문이겠지요. 이리하여 비록 들을 만한 말이 있어도

---

78) 화외(化外): 정령(政令)이나 교화가 미치지 않는 먼 지방.
79) 출전은 『서경』 「홍범」(洪範)편. "(천하의 백성들은) 비뚤어지거나 그릇됨 없이 왕이 정한 법을 따를지어다. (관리들은) 사사로이 좋아하는 바가 없이 왕이 정한 도리를 따를 것이며, 사사로이 싫어하는 바가 없이 왕이 정한 길을 따를지어다"
　(無偏無陂, 遵王之義; 無有作好, 遵王之道; 無有作惡, 遵王之路.)

몽땅 치지도외하고 상관하지 않았던 것입니다. 그렇다면 그의 병폐는 나와 서로 비등합니다. 그가 마음을 비우지 않는 것도 나와 같고, 그의 심중에 뭔가 사사로움이 있는 것도 나와 유사합니다. 그의 하고 많은 변설은 오직 자신을 돋보이게 하고 사도[80]를 온전히 하는 데만 애쓰고 있는데, 그것은 또 내가 대수롭지 않게 여기는 바입니다. 그런데 바로 그것을 갖고 나를 책망하는 까닭에 나는 그에게 승복하지 않았던 것입니다. 만약 건창 선생[81]으로 하여금 같은 이유로써 나를 꾸지람하게 했다면, 내가 어떻게 그 책망을 받아들이지 않을 수 있겠습니까? 이유가 무엇일까요? 그분은 진정 사사로운 미움이 없고 만물과 한몸이기 때문입니다.

 이제껏 나는 효제충신(孝悌忠信)을 말하지 않은 적이 없었습니다. 그런데 내가 효제를 두고 쓸데없는 말이라 했다니, 이게 도대체 무슨 소리입니까? 무릇 남을 책망하는 사람은 반드시 자신에게 허물이 없어야만 남에게도 그 결점을 없애라고 탓할 수 있으며, 자신에게 덕이 있은 연후라야 남에게도 똑같이 덕을 배양하라고 호통칠 수 있는 법입니다. 이제 자신에게 없는 덕을 남에게는 되려 갖춰야 한다고 꾸짖으며 자신에게 있는 허물을 반대로 남에게는 없애라고 야단친다면, 이것이 또 무슨 일이란 말입니까? 하지만 이 역시 호의에서 비롯된 사단일 것입니다. 나는 다만 그 호의를 받아들이기만 할 뿐, 더 이상은 그에게 덕과 결함의 유무를 묻지 않으면 어떠할까요? 나는 그저 자신을 비울 뿐, 그가 비우지 않는 것은 상관하지 않을 것입니다. 다만 가르침을 받아들이기만 할 뿐, 그가 저에게 가르치길 좋아하는 것에는 상관하지 않겠습니다. 내가 감히 다른 사람을 해치지 않으면 그만일 뿐, 내가 남을 해친다

---

80) 사도(師道): 스승이 된 도리 혹은 사법(師法, 스승의 학문이나 기예의 체계).
  그러나 이 글에서는 스승의 지위나 역할, 스승을 존경하는 풍기 따위를 지칭하였다.

81) 건창 선생(建昌先生): 나여방(羅汝芳)을 가리킨다. 나여방은 강서의 남성(南城) 사람인데, 이곳은 명대 당시 건창부(建昌府) 관할이었다.

고 그가 아무리 떠들고 다녀도 상관하지 않겠습니다. 그러면 그와 나의 처지가 안돈되어 둘 다 마땅함을 얻게 되고 떠돌던 말들도 얼음이 녹듯 자연스레 사그라지게 되겠지요. 내 생각이 어떻습니까? 어떻게 생각하시는지요?

하지만 저도 끝까지 침묵할 수만은 없는 사안이 있습니다. 형께서는 원래 순수한 인(仁) 그 자체이시고, 온 고을의 사대부 역시 인의 종지를 알고 있는 사람들입니다. 이제 와서 다만 인의 종지를 갖고 형을 칭송한다면 아마도 온 고을의 사대부들 모두가 저를 양심이 마비된 어질지 못한 작자라고 여기게 될 것입니다. 이는 장자(長者)가 말씀하신 '일체' (一體)의 뜻과 크게 어긋납니다. 분별이 너무 지나치고 자신을 과도하게 높인 짓이니, '친민'(親民)이나 '사사로운 미움을 없애라'는 뜻에도 역시 모자라는 구석이 있습니다. 일전에 양태사(楊太史)에게 보낸 편지에도 비판의 말이 들었더군요. 만약 하나하나 일러준 대로만 실행한다면, 형과 그이 사이에 존재하는 두터운 우의를 충분히 알게 되겠지요. 하지만 그런 게 아니라면 바로 높은 관리라서 그를 존경하는 것이니, 진정 그의 유익한 친구는 아니라고 하겠습니다. 게다가 그가 보낸 편지에는 등화상에 대한 원망이 수시로 드러납니다. 그는 어째서 자신이 미워하는 사람은 남들도 기필코 미워해야 직성이 풀리고, 누구 하나라도 거기에 동참하지 않으면 당장 그 사람에 대한 불만을 있는 대로 터뜨리는 것입니까? 그렇지 않다면 어째서 보내는 편지마다에 등화상에 대한 욕설이 잠시도 그치지 않는 것일까요? 이 한 가지 일만 보아도 그의 사사로운 미움이 대체 얼마입니까? 그 얼마나 야박하고 어질지 못한 노릇인지요! 사람들은 등화상이 고을 안의 어느 누구도 잘못되게 한 적이 없으며 한 고을 사람을 해친 자는 되려 그이라고들 말합니다. 지금 그가 고향으로 돌아왔습니다. 마음을 비우고 한 번 들여다봅시다. 그가 돌아오자마자 당장 그 앞에서 소리치고 뒤에서 옹위하며 문간과 길을 가득 메운 채 쫓아와 아부하고 말끝마다 선생님이라고 높여 부르는 작자들, 과연 이들 모두가 등화상이 잘못 가르쳐 망쳐놓은 사람들입니까?

만약 등활거의 가르침에 따르려는 이가 하나라도 있다면 관가의 문전에는 소송하는 사람들이 끊어져 한가로이 참새 잡는 그물을 펼쳐놓게 될 것입니다. 누가 감히 권세에 빌붙어 아부하려 들고 스승과 제자의 명의를 빌기 위해 앞다퉈 쫓아오겠습니까? 그가 등활거를 미워하니, 활거도 결국 이 때문에 그를 미워합니다. 이런 보답이야말로 당연한 이치겠지요. 오직 사사로운 미움을 두지 않아야만 되돌아오는 인사가 없을 것입니다. 삼가 염두에 두십시오! 간곡히 당부합니다!

## 상순의 수권[82]에 편지를 써 고충암에게 보내다
### 書常順手卷呈顧沖菴

무념(無念)이 서울에서 돌아오면서 고충암[83]의 편지를 들고 왔습니다. 내가 고충암을 만나지 못한 지도 십 년이 넘었습니다. 듣자하니 그는 나를 초산[84]으로 불러 유람을 시키려고 한답니다. 나는 초산으로 간다는 것 자체가 기쁜 게 아니라, 고군이 초산의 주인이 되었음을 기뻐합니다. 그렇더라도 만약 고군을 따라 떠날 수만 있다면 동서남북 사방 어디라도 좋을 것이니, 왜 꼭 초산에 가기를 고집하겠습니까? 반드시 초산으로 가야 한다면 초산이 중요해서입니다. 만약 고군을 따라 나선다면 거기에 산이 있다는 사실조차 더는 깨닫지 못할 것입니다. 하물며

---

82) 수권(手卷): 접거나 펼 수만 있고 벽에 걸 수는 없는 가로 폭의 서화용 긴 두루마리.

83) 고충암(顧沖菴): 고양겸(顧養謙). 자가 익경(益卿), 호는 충암이다. 이지와 고충암은 1578년을 전후해 운남에서 함께 벼슬을 산 적이 있었다. 이 편지가 씌어진 시점은 1589년 충암이 남경에 막 부임하여 이지를 초산(焦山)의 명월루(明月樓)로 초청했을 때로 보이는데, 편지에 쓴 것처럼 이지는 초대에 응하지 못했다.

84) 초산(焦山): 지금의 강소성 진강시(鎭江市) 동북쪽 장강 안에 위치하였다. 남조 송나라 원가(元嘉) 연간 북위(北魏)의 남침을 막기 위해 이곳에 병영을 설치한 바 있다.

초산은 그저 장강의 한켠 귀퉁이에 상투처럼 뾰죽이 솟은 산이 아닙니까! 초산이 아니면 안 된다고 고집부릴 필요가 없는 것입니다.

사방에 퍼져 있던 친구들도 이제는 몇 명 남지 않았습니다. 늙었지만 벗이 없으니 하루종일 책만 읽게 되는데, 이는 노인의 할 짓이 아니더군요. 이제는 오직 죽음만을 기다릴 뿐입니다. 기왕에 처첩의 품안에서 죽기를 원하지 않았고 또 가짜 도학자들 손에서 죽고 싶지도 않았으니, 장차 누구의 품안에서 죽어야 하겠습니까?

고군은 나의 이런 심정을 응당 헤아릴 터인데, 어째서 꼭 초산으로 가라하는 것입니까? 남이고 북이고 중앙이고 변방이고 간에 그가 가는 곳이라면 나는 어디든지 따라갈 수 있습니다. 때로는 말채찍을 잡은 채 앞장서고 때로는 뒤쪽에서 말을 타고 따라갈 것입니다. 때로 배첩갑[85]을 받들기도 하고 또 어느 때는 교상[86]을 들어도 좋다는 말은 그저 장난삼아 내뱉은 말이 아닙니다. 옛날에 계자[87]는 아들을 영(贏)과 박(博)의 중간에 장사지냈습니다. 아들도 죽어 좋은 자리에서 묻히기를 원하는데, 자기 몸이야 나위가 있겠습니까? 양홍(梁鴻)은 요리[88]의 무덤 곁에 묻히길 원했습니다. 죽은 뼈도 좋아하고 흠모하는 사람 옆에 있고 싶어

---

85) 배첩갑(拜帖匣): 배갑(拜匣)이라고도 한다. 예전에 남의 집을 예방하거나 혹은 예물을 보낼 때 명함·서신·예물 따위를 넣던 장방형의 납작한 나무상자.

86) 교상(交狀): 호상(胡狀)의 별칭. 등받이가 있고 접을 수 있는 의자의 일종으로, 당대 오긍(吳兢)의 『정관정요』(貞觀政要) 「신소호」(愼所好)에 그 명칭의 유래가 보인다. "수나라 양제는 의심이 많아 방비하길 좋아했으며 미신을 철저히 믿었다. 오랑캐를 몹시 꺼려 호상을 교상으로, 호과를 황과라고 고쳐 부를 정도였다"(隋煬帝性好猜防, 專信邪道, 大忌胡人, 乃至謂胡狀爲交狀, 胡瓜爲黃瓜.)

87) 계자(季子): 춘추시대 오(吳)나라의 계찰(季札). 오왕 수몽(壽夢)의 막내아들로 왕위를 사양하고 연릉(延陵)에 봉토를 받아 연릉계자(延陵季子)라고 부른다.

88) 요리(要離): 춘추시대 오나라의 자객. 오왕 합려(闔閭)는 전제(鱄諸)를 보내 왕 요(王僚)를 살해한 뒤 또다시 요리를 파견하여 위(衛)나라로 망명한 왕자 경기(慶忌)를 죽이려고 계획하였다. 요리는 왕에게 자신의 오른팔을 자르고 처자를 죽여달라 부탁한 다음 죄를 얻었다고 사칭하며 도망을 가 위나라에서 경기를 만났다. 경기는 기뻐하며 그와 더불어 대사를 모의하였다. 그들이 한 배에 타고 강을 건널 때 경기는 요리에 의해 급소를 다치는 중상을 입었지만, 그래도 요리를

하는데, 온 세상에 떨치는 인걸이고 지금 시대에 마침 중용되고 있는 고충암 겉이야 말할 나위 있겠습니까? 나의 뜻은 한결같습니다.

무념의 수제자 상순이 수권을 손에 들고 글을 써달라 하는데, 나는 마침 그가 고군에게 가서 이 맹약을 확정짓길 바라던 참이었습니다. 이리하여 즉석에서 이 글이 씌어지니, 다시 편지를 쓸 필요가 없어진 것입니다.


## 관등지[89]에게 보내는 편지 與管登之書

멀리서 보내온 가르침을 받고 너무나 감격하였습니다. 아름다운 서체를 자세히 읽어보니 구구절절 낱낱이 빼어난 정신에서 흘러나온 대로 모사되었고, 웅건하고도 광달한 기상이 진정 고금에 빼어난 걸작이

---

석방하여 오로 돌려보냈다. 하지만 요리는 강릉(江陵)에 이르렀을 때 칼 위에 엎어져 자살하고 말았다. 이로부터 요리는 중국 역사에서 장렬지사(壯烈之士)의 대명사가 되었다. 『사기』「노중련추양열전」(魯仲連鄒陽列傳)과 『여씨춘추』「충렴」(忠廉), 『오월춘추』「합려내전」(闔閭內傳) 등에 보인다.

89) 관등지(管登之): 관지도(管志道, 1536~1608). 자는 등지, 호는 동명(東溟)으로 태창(太倉) 사람이다. 어려서부터 태도가 엄숙했고 두 번만 읽으면 내용을 곧 외워버렸다는 천재로 1563년 경정향에게 발탁되어 근계와 동애(東崖) 등의 가르침을 받았다. 1571년 진사가 되어 환로에 올랐으나 장거정의 미움을 사 전도가 순탄치는 않았다. 언제나 말하기를, "선비는 세상에서 숨어 살아 인정받지 못하더라도 후회 않는 흉금이 있어야만 더불어 깊은 경지로 나아갈 수 있다. 또 반드시 불의한 행동은 하지 않고 무고한 사람은 죽이지 않는 행실이 있고 뜻한 바는 하지 않는 절개가 있어야만 더불어 입신할 수 있다"(士必有遯世不見知而不悔之胸襟, 然後可與深造. 又必有行一不義殺一不辜而得志弗爲之節槪, 然後可與立身.)라고 하면서 넘치는 자신감을 보였다. 뜻을 예리하게 갈아 서방에서 전래된 학문으로 육경(六經)의 종지를 증명하길 기대했고, 삼교(三敎)를 포괄하고 구류(九流)를 융합하여 일가를 이루려고 하였다. 『맹의정측』(孟義訂測)·『각미여측』(覺迷蠡測) 등이 세상에 전한다. 만력 10년(1582) 전후로 이지가 황안에서 경정향에게 의탁할 때 관지도와 더불어 한 집에 거주한 적이 있는데 그다지 각별한 사이는 아니었다 한다.

440

라 할 만합니다. 그 고아한 인품하며 바른 마음씀씀이, 뛰어난 재주가 정말로 스스로 즐겼다 하기에 족하고 남들의 수준을 넘어섰다 하기에 충분한 것이었습니다. 비록 수십 년이나 떨어져 있던 사이였지만 흡사 얼굴을 마주 대한 듯하여 기쁘고 즐겁기가 한량없었습니다. 저 같은 사람이 어찌 입가에 올리기 족하다고 천 리 길을 귀찮다 않고 안부를 물어주셨습니까? 감사하여이다! 감사하여이다!

다만 말씀드리고 싶은 것은 형은 배움을 묻는 일에 대해 언급하지 않으시면 좋겠다는 점입니다. 학문을 논하는 행위는 갖가지 기쁘고 즐거운 흥취를 되려 파묻어버리는 짓입니다. 사람이 태어나면 또 저마다 세상에 기댈 능력이 주어지는 법인데, 어째서 이 한 가지까지 기필코 더해져야 하겠습니까? 공동 선생[90]과 양명 선생 같은 분들은 동시대에 태어나 한 분은 도덕으로 한 분은 문장으로 이름을 날렸습니다. 천만 세가 지난 뒤에도 두 선생님의 빛나는 자취는 그대로 남을 것이니, 어째서 꼭 도덕을 말하는 것까지 아울러 겸해야 합니까? 공동 선생을 존경하는 자라 해서 어찌 양명 선생에 대한 존경심이 덜하겠습니까? 원컨대 형께서는 그 일을 그만두시지요! 십만 겁(劫)이 지난 뒤 형과 상면하여 그때 다시 상황을 보면 어떨는지요? 그때라면 형과 더불어 학문을 토론하겠습니다. 웃자고 하는 말이지만요.

---

90) 공동(空同) 선생: 명대의 문인 이몽양(李夢陽)의 호. 자는 헌길(獻吉), 혹은 천사 (天賜)이다.

증보 2

## 초약후에게 회답하다 復焦弱侯

　무념(無念)이 돌아와 근황을 상세히 들었습니다. 제가 계획을 세워 형에게 가고자 결심한 까닭은 제 나이가 연만한 탓에 더 이상은 기다릴 수 없을 것 같기 때문입니다. 형께서는 이미 관직에 나아가 밤낮으로 겨를이 없으시니, 비록 조석으로 곁을 떠나지 않고 모시면서 가르침을 청하고 싶다 한들 그것이 어떻게 가능하겠습니까? 형의 관리 신분이 저를 만나는 데 방해가 안 된다면 저야 머리를 기르고 자신을 굽혀 따를 수도 있습니다. 낮이야 설사 겨를이 없다 해도 어찌 긴 밤이 없겠습니까? 다만 듣자하니 형의 몸과 마음이 다같이 한가하지 못하다구요. 그러니 제가 결코 가면 안 된다는 사실에는 의심의 여지가 없습니다. 고충암(顧沖菴)은 이제 막 남경에 부임하였습니다. 응당 재주가 쓰일 때이고 크게 쓸 만한 가치가 있는 사람이니, 남이고 북이고 중앙이고 변방이고 간에 어디에 머물게 될지 아직은 모르는 상황입니다. 그런데도 저를 초산(焦山)에 불러들이겠다고 약속을 하니, 더더욱 큰 잘못이지요. 편안한 곳을 버리고 굳이 고생길에 나서 빈 산을 지키고 고충암 시랑(侍郎)을 위해 관아를 지켜야 한다면, 그것이 어떻게 또 이탁오가 할 짓이라 하겠습니까? 일단은 이곳에 머물면서 무념·양봉리(楊鳳里)·유근성(劉近城) 등 여러 사람들과 더불어 조석으로 용호(龍湖)에나 나아갈 작정입니다. 설사 이곳 터줏대감이 나를 냄새나고 불결하게 여긴

다 해도 괘념하지 않겠습니다. 바라건대 형께서는 전심전력으로 직분에만 충실하소서!

　저는 일찍이 세상에는 세 종류의 괴짜가 있는데, 그들이 세상에 나아가 태평을 일궈내지 못하는 것은 다들 양다리를 걸친 채 이것저것 모두에 간여하기 때문이라고 생각했었습니다. 첫 번째는 관직이 자신을 구속한다고 여기면서도 마음으로는 또 자리에 연연해하는 부류입니다. 바깥으로 괴로워하고 또 속으로도 괴로운 경우지요. 이 경우 그 사람은 비록 높은 자리에 있어도 마음은 극도로 괴로워서 벼슬을 버려야만 자유로워지는데, 저 같은 사람이 이런 부류에 속합니다. 또 한 부류가 있으니, 본래는 부귀해지는 것이 목적입니다. 하지만 겉으로는 그것을 원치 않는 듯 궤변을 늘어놓는데, 사실은 이에 의탁하여 부귀영화로 연결되는 사다리에 올라타려는 심보지요. 그들은 또 도덕과 인의를 내세워 자신을 포장합니다. 이 경우 그 사람의 몸과 마음이 다같이 힘들 것임은 거론할 필요조차 없을 것입니다. 유별난 한 부류가 있는데, 벼슬하는 것이 싫어지면 곧바로 관직을 버리는 경우지요. 학문을 강론하고 싶으면 곧 강의를 하고, 강론하기 싫으면 더 이상 지속하지 않습니다. 이런 부류의 사람은 몸과 마음이 다같이 태평하여 사지가 가볍고 편안합니다. 양다리를 걸치는 데 따르는 부담이 없을 뿐더러 또 은폐하거나 자랑하는 추태가 없는 까닭에 칭송할 만한 부류입니다. 조문숙(趙文肅, 趙貞吉) 선생께서는 이렇게 말씀하셨습니다.

　"나의 이 주둥이와 장자[91]의 얼굴 상판으로 내각의 대신이 되고 나서야 비로소 만사에는 정해진 운명이 있음을 믿게 되었다. 하루라도 마음이 한가한 날이 있으면 그 하루만큼 이익을 본 것이다."

　세간의 부귀공명이나 도덕성명(道德性命)이 언제 사람을 속박했더랬습니까? 사람이 저 스스로를 속박했을 뿐이지요. 헛소리라도 이 정도면

---

91) 장자(張子): 역사상 장자라고 불리는 이는 전국시대의 장의(張儀)와 송대의 장재(張載) 두 사람이 있다. 명대에는 장거정(張居正)을 지칭하기도 했는데, 여기서는 장거정을 가리키는 것으로 보인다.

받아들일 만한 구석이 있는 것 아닙니까?

무넘이 고충암을 만난 것은 몹시 신기하지만 이점암(李漸庵, 李世達)을 한 번도 못 만난 것은 또 못내 애석한 노릇입니다! 추공(鄒公, 鄒守益)이 내게 가르침을 내려주고 양공(楊公, 楊復所)이 봉급을 나눠준 것 모두가 응당 감사할 일입니다. 하지만 나는 늙었습니다. 베개 위에 엎드려 죽음이나 기다리면서 필묵은 내팽개친 지가 벌써 오래되었지요. 게다가 초야의 쇠약한 늙은이 주제에 온 경사(京師)에 명함을 뿌리며 내방을 알렸으니, 어쩌면 내가 불길하게 여겨졌을 듯도 합니다. 아아! 제가 속박에서 벗어나겠다는 결심을 피력한 이래 사정을 아는 사람이라면 저의 무례를 탓하지 않았습니다. 지난번 추공이 고정(古亭)을 지날 때 저는 공교롭게도 출타한 바람에 옷자락 떨치며 달려가 뵙지를 못해 며칠이나 마음이 아팠습니다. 무릇 한림학사가 다다른 곳에서는 생울타리에도 빛이 나고 지나간 지 사흘이 지났어도 향기가 여전히 남는다 했으니, 누군들 앞다투어 달려가 빨리 뵙고 싶지 않았겠습니까? 소생만 유독 그런 기회를 얻지 못했으니, 이 얼마나 박복한 인연일까요!

「문을 나서면 어려운 손님을 뵌 듯하라」(出門如見大賓篇)는 『설서』(說書)의 문장 한 편을 첨부해 보내 가르침을 청합니다. 또 「정일」(精一)이란 글과 「성현이 자신의 성을 다하는 까닭」(聖賢所以盡其誠)이라는 제목의 문장이 있지만 아직 다 쓰지를 못했으니 이 다음에 완성되면 보내드리겠습니다. 대저 성인의 말씀은 너무나 절실하고 너무나 유용해서 한 마디도 빈 말이 없습니다. 만약 해설자가 거기다 주해(註解)를 붙인다면 성인의 말씀을 무슨 용도로 쓰는 것이겠습니까!

학문을 강론하는 세간의 여러 책들 중에서 명쾌하고 핵심에 투철하기로는 자고이래 왕용계(王龍溪) 선생의 책만한 것이 없습니다. 저는 예전에 그분의 저작을 자못 완벽하게 수집했었는데, 지금은 사람들이 모두 집어가버려 하나도 남은 것이 없습니다. 여러 벗들 중에는 경전 읽기를 어려워하는 이들이 있는데, 그들은 특히 대혜[92]의 『법어』(法語)와 중봉[93]의 『광록』(廣錄)을 어려워합니다. 오직 용계 선생의 저작만은

읽어서 기뻐하지 않는 자가 없었지요. 이 때문에 선생께서 천하와 후세에 남기신 공덕이 적지 않음을 알게 되었습니다. 『수호전』을 갖고 계신다고 들었는데 무념이 읽고 싶어하니 그에게 보내주시기 바랍니다. 원본이 아니어도 상관은 없지만, 그래도 원본이 아니면 진정한 쓰임에는 용도가 닿지 않겠지요. 방인암[94]이 지금까지 운남에 있다는데, 어떻게 된 일입니까? 어찌해야 그와 한 번 상면할 수 있을는지요! 무념은 이번 여행에서 여러 원로들을 만날 수 있어 몹시 기꺼웠다고 말합니다. 듣자하니 산동의 이(李) 선생께서는 세속과 절연하려는 의지가 줄곧 간절하시다구요. 이렇게 살폈더니 저는 오매불망 당신 생각에 잠자리에서조차 엎치락뒤치락하게 되었는데, 어떻게 그것이 멈춰질 그리움이겠습니까! 원공(袁公, 袁宗道)이 정말 용호까지 왕림할 수 있다면 내년 여름 초엽 저는 응당 집을 청소하고 차를 끓여 그를 기다릴 것이니, 그가 부디 약조를 어기지 않았으면 좋겠습니다. 양복소[95]는 형과 제법 떨어져 살게 된 것이 안타까운 모양입니다. 저는 지난번 유로(柳老, 周思久)와 더불어 살 때 그의 「심여곡종론」(心如穀種論)과 「혜적종역」(惠迪從逆)이란 작품을 보았는데, 실로 위대한 문장가였습니다. 첫머리의 논단은

---

92) 대혜(大慧): 남송(南宋)의 고승. 『어록』 30권이 『대장경』에 수록되어 있다. '법어'는 원래 불법(佛法)을 강설하는 언어를 지칭하는 불교명사지만, 여기서는 그의 어록을 가리킨다. 권2 「초약후에게 보내는 답장」(復焦弱侯) 역주 참조.

93) 중봉(中峯, 1263~1323): 원대의 승려 명본(明本). 자는 중봉, 자호는 환주(幻住)이고, 전당(錢塘)의 손씨(孫氏) 아들이다. 15세에 출가하여 안탕사자원(雁蕩師子院)에서 고봉(高峰)에게 참례했다. 십 년의 고된 참선으로 초탈(超脫)했는데, 기봉(機鋒)이 날카로워 대변(大辯)의 칭호가 있었다. 고봉이 입적한 뒤 호해(湖海)에 은거하다 만년에는 천목(天目)에 살았다. 인종(仁宗)이 불렀지만 나아가지 않자, 의복과 호가 하사되었다. 지치(至治) 3년(1323)에 입적하니, 향년 61세였다. 원통(元統) 연간 보응국사(普應國師)의 칭호가 하사되었고, 『중봉광록』(中峯廣錄)을 남겼다.

94) 방인암(方訒庵): 방항(方沆). 자가 자급(子及), 호는 인암이다. 권4 「모두와 여행을 마치고 후기」(征途與共後語)의 역주 참조.

95) 양복소(楊復所): 양기원(楊起元). 호는 복소. 관직이 이부시랑 겸 시독학사(侍讀學士)에 이르렀으며, 태주학파의 후예이기도 하다.

서너 번이나 반복되어 명료하기 이를 데 없는데 아쉽게도 끝머리에서는 도리에 관한 의론이 들어가 앞뒤가 약간 맞지 않았지요. 하지만 지금 세상에서는 이런 저작을 원해도 아직까지 지어낼 만한 사람이 없으니, 이른바 배움은 믿음의 문으로부터 들어온다는 말이 옳은가 합니다. 이로부터 길이 생겨 갈 수가 있고 대문이 생겨 열 수가 있으며 엄정하면서도 당당하게 날마다 깊이 연구하니, 근계 선생의 바람이 외롭게 않고 형 같은 분도 좋은 짝을 얻게 되었지요. 제가 비록 늙고 쇠약하여 남에게 조탁되는 일은 감당할 수 없다지만 어떻게 감히 스스로를 근계 선생의 법석[96]에서 멀리 떨어진 곳에 두겠습니까? 듣자하니 이 노친네는 친구 구하기를 그치지 않고 결단코 작은 성취에 스스로 안주하는 이가 아니라 하니, 이 얼마나 기쁜 노릇입니까!

저는 이미 용호에서 살기로 마음을 정했습니다. 고작 오십 금 빚을 내어 조그만 탑 하나를 수리했고 겨울이 지나면 그곳으로 옮겨갈 작정입니다. 무공(無功) 스님이 여기에 들러 한 번 만났습니다. 비록 이곳에 들렀다지만 그저 사람들로 하여금 그가 배우기를 좋아하고 이처럼 열심히 친구를 찾아다니는구나 하고 이야기하게 만드는 데 불과했지요. 대저 오늘날 도를 배우는 자들은 관직을 명성보다 중시하고, 명성을 또 학문보다 중하게 여깁니다. 학문으로 명성을 일으키고, 이 명성에 의지해 벼슬길에 들어서지요. 학문이 이름을 일으키기에 부족하고 이름이 벼슬길을 도모하기에 부족하면 사람들은 이름을 마치 헌 빗자루처럼 내버립니다. 뜻 있는 많은 이들이 공부하려 들지 않고 많은 이들이 나 같은 무리를 진짜 알건달로 여기는 것도 이상할 게 없지요. 이에 대해 수치심을 느낀다면 그 사람은 마음속에 수오지심이 존재한다 하겠습니다. 이제 말과 행동이 일치하지 않는 것에 대해 부끄러워할 줄 모르고 되려 다른 사람의 농담이나 장난을 혐오한다면, 그것은 이른바 자신의

---

96) 법석(法席): 불교용어. 불법을 강론하는 좌석이나 장소를 두루 일컫는다. 여기서는 일반적인 교단(教壇), 즉 강의를 하는 자리를 가리킨다.

삼년상은 돌보지 못하면서 남들의 소공[97]은 눈을 부릅뜨고 살피는 격이지요. 서글픈지고!

근래에 「남들이 자기를 알아주지 않는다고 걱정 말고 남을 모르는 것을 걱정하라」(不患人之不己知患不知人)는 『설서』의 문장 한 편을 완성시켰습니다. 세상 사람들은 누구나 자신이 사람을 볼 줄 안다고 말합니다. 하지만 공자는 유독 그 일만을 걱정했고 요임금도 유독 그것을 어렵게 여겼으니, 자기가 남을 알아볼 수 있다고 지껄이는 세간의 작자들은 모두 거짓말쟁이입니다. 학문을 연마함에 있어 진실하면 사람을 알 수 있지요. 남을 알면 자신도 알 수가 있습니다. 이렇게 남을 아는 것이 자신을 아는 데 중요한 일인 까닭에 "나는 말을 알아듣는다"[98]고 하였고, 또 "말을 모르면 사람을 알 길이 없다"[99]고도 하셨습니다.

세상을 살피는 데 있어 진실하면서도 허황하지 않으면 저절로 다른 이를 이해하게 되니, 남을 알 수 있는 능력은 자신을 아는 능력에서 비롯됩니다. 이렇게 자신을 아는 것은 남을 아는 데 있어서도 중요한 일인 까닭에 "사람을 알아보는 자는 지혜로우니, 이런 사람은 인재를 등용할 수 있다"[100]고 하였고, "요·순처럼 총명한 이도 모든 사물을 알 수는 없기 때문에 먼저 힘쓰는 바가 따로 있다"[101]고 말했습니다. 먼저

---

97) 소공(小功): 고대 상복의 한 종류로 오복(五服) 가운데 네 번째에 해당한다. 복상기간은 다섯 달로서 조부의 형제, 부친의 종형제, 자신의 재종형제에 해당하는 친척의 상을 말한다.

98) 출전은 『맹자』 「공손추」 상편. "공손추가 '감히 묻건대 선생님의 마음 공부는 무슨 장점이 있습니까?' 하자, 맹자가 대답하였다. '나는 말을 알아들을 줄 알고, 내 호연지기를 잘 배양한다'"(敢問夫子惡乎長? 曰: 我知言, 我善養吾浩然之氣.)

99) 『논어』 「요왈」(堯曰)편. "공자가 말씀하셨다. '천명을 모르면 군자가 될 수 없고, 예를 모르면 입신할 수 없으며, 남의 말에서 시비를 알아내지 못하면 그 사람의 선악을 변별할 수 없다'"(子曰: 不知命, 無以爲君子也. 不知禮, 無以立也. 不知言, 無以知人也.)

100) 『서경』 「고요모」(皋陶謨)편. "사람을 알아보는 이는 지혜로우니 다른 이를 관리로 발탁할 수 있고, 백성을 편안하게 해주면 백성들은 그의 은덕을 기리게 된다"(知人則哲, 能官人; 安民則惠, 黎民懷之.)

힘써야 할 바란 현명한 이를 가까이하는 것을 말합니다. 현명한 이와 친해진다는 것은 현명한 이를 알아보는 것을 말하지요. 고래로 명군과 어진 재상이라면 어느 누가 현인을 만나 가까이하고 싶어하지 않았겠습니까? 하지만 그들이 마지막으로 가까이했던 자들은 하나같이 어질지 않았으니, 그 사람이 어질지 않은 줄도 모르고 어질다 오해하며 가까이했기 때문입니다. 그래서 또 "그 사람을 몰라서야 되겠는가?"[102] 하고 말씀하셨던 것입니다. 사람을 알면 사람에게 실수가 없고, 사람에게 실수하지 않으면 천하가 편안해집니다. 이는 요임금께서 어렵게 여기신 바이고 공자 같은 큰 성인이 깊이 우려하신 바인데, 세상 사람들은 그것을 쉽게만 바라보는군요.

오호라! 이 얼마나 또 방자하고 사려 깊지 못함의 극치란 말입니까! 하물며 일시적인 감정이나 한 개인의 애증만으로 온 천하의 은거한 선비, 빛을 감추고 세속에 섞인 무리, 거죽만 냄새나고 더러운 사내들, 예컨대 주공(周公)과 공구(孔丘) 같은 이들을 살피려 하다니요! 그래서 높은 지위를 얻기는 어렵지 않지만 그 자리에 맞게 위신을 세우기는 극도로 어렵다고 하는 것입니다. 만약 일률적으로 자신에게 순종하는 짝패나 자기를 존경하는 무리만 받아들인다면 천하의 선비들은 그를 찾아오지 않을 것입니다.

---

101) 『맹자』 「진심」(盡心) 상편. "맹자가 말씀하셨다. '총명한 사람은 모르는 것이 없지만 눈앞의 당장 해야 할 일을 중시한다. 어진 이는 사랑하지 않는 이가 없지만 현명하고 능력 있는 사람부터 먼저 가까이하려고 한다. 요·순처럼 총명한 분들도 모든 사물을 알 수는 없기 때문에 중요한 일부터 먼저 분별하려 들고, 요·순의 어진 성품으로도 모든 이를 사랑할 수는 없기 때문에 현명한 사람부터 먼저 가까이하는 것이다"(孟子曰: '知者無不知也, 當務之爲急; 仁者無不愛也, 急親賢之爲務. 堯舜之知而不徧物, 急先務也; 堯舜之仁不徧愛人, 急親賢也.')

102) 『맹자』 「만장」(萬章) 상편. "천하의 좋은 선비를 친구로 삼고도 아직 부족하게 여기면 다시 위로 올라가 옛사람을 논하게 된다. 그러나 고인의 시를 읊고 고인의 책을 읽으면서 고인의 생평과 행실을 몰라서야 되겠는가? 이리하여 고인의 신세를 상고하게 되는 것이다. 이것이 고인과 친구가 되는 법이다"(以友天下之善士爲未足, 又尙論古之人. 頌其詩, 讀其書, 不知其人可乎? 是以論其世也. 是尙友也.)

오늘날 시를 외우고 글을 읽는 자들은 있지만 그들이 과연 사람을 알아보고 세상을 논한다고 할 수 있을까요? 평소에 맹가(孟軻)를 마음으로 복종하기에 부족한 인물로 보았다면 막상 위급한 상황이 닥쳐도 그가 말한 '거슬러 올라가 고인을 논'(尙論)[103]하는 따위는 절실하면서도 유용한 방법이 되지 못할 것입니다. 세상을 지극히 잘 안다는 학자들은 나의 이 말이 황당하고 귀에 거슬리겠지요. 하지만 거슬린다고 해서 받아들이지 않으면 장차도 듣기 좋은 말만 골라 듣던 지난날의 전철을 되풀이하게 될 것이고, 그것은 또 높은 관리라는 신분을 이용하여 조정을 미혹하고 천하의 선비들을 기만하는 짓거리가 아니겠습니까!

독한 약은 병에 이롭습니다. 뼈를 깎고 피를 뽑는 고행은 관운장(關雲長)처럼 대단한 용사가 아니면 감당해낼 수 없지요. 자신을 공자나 맹가 같은 인물이라고 자부하는 분들이 관의용무안왕(關義勇武安王, 관우)만도 못해서야 아니 될 말입니다. 이는 그저 편지 한 통일 뿐이지만 한평생의 사귐이 여기에 있고 생애 중간의 절교 또한 이 안에 들었으니, 아무리 장원급제한 높으신 신분이라도 제게 으름장을 놓아서는 아니 될 것입니다. 세간의 벗들 중에서 나만한 이는 절대로 없습니다.

소장공(蘇長公, 蘇軾)은 너무나 뛰어난 인물인 까닭에 그의 문장도 자연히 경천동지할 대작이 되었습니다. 세상 사람들은 그 인품을 모르고 다만 문장으로써 그를 칭송하는데, 문장은 그에게 있어 사실은 여기(餘技)인 줄도 모르는 것이지요. 사람 자체가 탁월하지 않은데 문장이 불후의 명작으로 후세에 전해지는 경우는 세상에 있을 수 없습니다. 저는 소식의 전집에서 일정량을 베껴 네 권의 책으로 따로 편집했는데, 그 안의 내용은 모두 세상 사람들이 일찍이 맛보거나 다루지 않았던 것들입니다. 세상 사람이 좋아하는 글은 그들이 아는 것뿐이고 또 장공이 그들에게 영합하여 지었던 작품들이지요. 그의 진짜 큰 작품들, 크게 두드

---

103) 상론(尙論): 앞의 주 참조. 상(尙)은 상(上)의 의미로서 '진전하여 위로 올라간다'(進而上)는 뜻이다.

려 큰 울림이 일어나고 살짝 두드려 작은 메아리가 호응하며 그의 정신과 골수가 온전히 배어 있는 작품들은 제가 이제 빠짐없이 추려내어 책으로 엮었습니다. 간간이 한 번씩 훑어보면 그의 평생 심사가 눈앞에 보이는 듯 선연하니, 마치 장공을 면대하여 옷깃을 풀고 이야기를 나누며 조석으로 함께 노니는 것만 같습니다. 한 부를 더 복사하여 보내드리고 가르침을 청하지 못하는 것이 유감일 따름입니다. 만약 인쇄본이 나오게 되면 공부하는 학생들이 책상머리에 올려놓고 과거의 초장(初場)·이장(二場)·삼장(三場)에 빠짐없이 지참하게 될 것입니다. 용계 선생의 전집을 제게 보내주는 것도 절대로 잊지 마십시오! 근계 선생의 책이라면 읽기에 적당치 않습니다. 원래『근계어록』(近溪語錄) 정도는 이해하는 자라야 그 언어 밖의 뜻을 읽어낼 수 있는 까닭이지요. 그렇지 않으면 반대로 구속감만 더해지는 느낌에서 벗어날 수 없으니, 왕용계 선생의 책이 글자마다 해탈에 이르는 관문이어서 이미 깨달은 자가 읽으면 마음에 새기기에 족하고 아직 깨닫지 못한 자가 읽으면 증입[104]하기에 족한 것만 못합니다.

저는 올해 예순세 살입니다. 질병 또한 허다하여 세상 살 날이 얼마 안 남은 까닭에 말하는 바가 모두 직설적이고 완곡하지 못합니다. 비록 나이가 들고 의지할 곳조차 없는 신세에 기댄다 해도 지기(知己) 앞에서 또 어떻게 자신을 굽혀 영합할 수 있겠습니까! 만약 서로 잘 아는 사이에도 영합이 필요하다고 한다면, 그들은 서로를 안다고 말해선 아니 될 것입니다. 그렇다면 저는 끝내 한 사람의 지기도 없게 되는 걸까요? 현재의 처지로 살펴보건대 이 몸이 마칠 때까지 한 명의 지기도 없을 것임이 당연해 보입니다.

---

104) 증입(證入): 불교용어. 바른 지혜로써 진리를 실제처럼 깨달아 얻는 것을 말한다. 분(分)과 만(滿)의 두 종류가 있는데, 초지(初地)로부터 십지(十地) 이하의 깨달음은 분, 묘각(妙覺)은 만이 된다고 한다.

## 서울의 친구에게 보낸 회답 寄答京友

"인재는 얻기 어렵다. 그렇지 아니한가!"[105]

지금 사람은 누구나 인재 얻기가 어려운 줄 알고 또 인재 만나기가 어렵다고 말할 줄 압니다. 하지만 인재를 알아보는 어려움은 전혀 알지 못해서 인재가 눈앞에 이르러도 끝끝내 사랑할 줄을 모릅니다. 요행히 알아보고 사랑한다 해도 자기가 지닌 재주만큼 생각하는 자를 볼 수 없고, 저절로 입 밖에 흘러나오듯 그 재주를 축하하고 찬양하는 이도 끝내 볼 수가 없습니다. 흡사 공북해(孔北海, 孔融)가 예정평(禰正平, 禰衡)을 천거하고 맨발 벗고 양표[106]를 구명한 일과도 같다고 하겠습니다. 어찌하여 그럴까요? 그는 진정으로 인재를 아끼는 사람이 아닌 까닭입니다. 비록 인재를 아낀다곤 하지만 또한 인재를 아낀다는 명성을 좋아하였고, 이 때문에 그들을 아꼈을 뿐이지요. 그러니 또 어떻게 자기 재주처럼 남의 재주를 평가하고, 공북해가 그런 것처럼 저절로 흘러

---

105) 출전은 『논어』「태백」(泰伯)편. "순임금은 현명한 신하 다섯이 있어 천하를 잘 다스렸다. 무왕이 말씀하시길, '나에게는 유능한 신하가 열 명 있다'고 하였다. 공자가 말씀하셨다. '인재란 얻기 어렵다고 하는데, 옳은 소리 아니냐? 요·순 이래 주나라까지 인재가 많았지만, 한 명은 부인네였기 때문에 사실은 아홉 사람뿐이었다. 천하를 삼등분했을 때 주나라는 그 둘을 차지하였지만 문왕은 제후로서 은나라를 섬겼으니, 문왕의 덕이야말로 지극했다고 말할 수 있구나'"(舜有臣五人, 而天下治, 武王曰: '予有亂臣十人.' 孔子曰: '才難, 不其然乎? 唐虞之際, 於斯爲盛, 有婦人焉, 九人而已. 三分天下有其二, 以服事殷, 周之德, 可謂至德也已矣.')

106) 양표(楊彪, 142~225): 자는 문선(文先)이며, 양진(楊震)의 증손이다. 가업을 이어받아 젊어서부터 여러 경전에 정통했다. 영제(靈帝) 때 의랑(議郎)을 제수받았는데, 나중에 경조윤(京兆尹)이 되어 황문령(黃文令) 왕보(王甫)를 처벌했다. 사도(司徒)를 지낼 때는 동탁(董卓)의 천도에 반대하다가 면직되었고, 그가 죽은 뒤 태위(太尉)로 복직되기도 하였다. 곽사(郭氾)와 이각(李傕)의 난리 때 충절을 다해 황제를 보호하다 조조의 시샘으로 반역죄를 뒤집어쓰고 하옥되었지만 공융의 구명으로 화를 모면할 수 있었다. 위나라 문제는 즉위한 뒤 그를 태위로 삼으려 했지만 끝까지 고사하는 바람에 곤장 몇 대를 때리고 빈객의 예우로 대우했다. 황초(黃初) 연간에 죽었으며, 『후한서』 권84에 보인다.

나오는 칭찬을 기대할 수 있겠습니까? 오호라! 저는 거기에 대해 어떤 희망도 갖고 있지 않습니다!

춘추시대의 천하를 예로 들어봅시다. 성인의 재주를 아낄 줄 아는 자가 한 명도 없었던 까닭에 성인께서는 특별히 위와 같은 탄식을 발하시며 요·순시대의 인재 풍년을 깊이 선망하셨습니다. 그렇다면 인재란 정말 얻기 어렵지만 그래도 언제나 존재는 하였던 것입니다. 하지만 인재를 아끼는 자는 천고이래 아직까지 보이지가 않습니다. 공자는 인재를 아끼셨고 또 다른 사람의 재주를 알아볼 능력도 있었지만 거기에 합당한 지위는 얻지 못하셨지요. 제나라에 들어가서는 안평중(晏平仲, 晏嬰)을 알아보셨고, 정나라에 계실 때는 공손자산(公孫子産)을 알아보셨으며, 오나라에 계자(季子)가 있다는 소문을 들으시고는 그대로 달려가 그의 장례를 참관하셨습니다. 그의 인재 아낌이 이와 같았으니, 그로 하여금 뜻을 펼치게 하였더라면 어찌 인재들이 세상에서 사라지도록 손을 놓고만 있었겠습니까! 그렇다면 공자의 '인재는 얻기 어렵다'는 탄식은 사실 인재를 얻기 어렵다는 탄식이 아니라, 바로 인재를 아끼는 이를 만나기 어렵다는 탄식이었던 것입니다.

대저 재주에는 크고 작은 구분이 있으니, 큰 인재라야만 바야흐로 인재라고 말할 수 있습니다. 큰 인재가 있어도 그에게 기꺼이 직무를 맡기는 사람은 특히나 만나기 어렵지요. 기왕에 큰 재주가 있는데 또 재난을 기피하지 않을 용기까지 있어 몸으로 자신의 임무를 감당하며 용감하게 나아갈 사람이라도 한 번의 발탁을 입지 못한다면 몸이 기댈 곳을 잃게 되지요. 그 상황에서야 아무리 인재를 아끼고 싶은들 어찌할 수 있겠습니까! 요행히 과거에라도 급제해서 기댈 곳이 생기면 누군가의 손을 빌려 인재를 천거할 수도 있겠지요. 하지만 나이가 벌써 때를 넘겼다면 아무리 재주가 장양양[107] 같다 해도 듣는 자가 때를 넘겼다고

---

107) 장양양(張襄陽): 당(唐)대의 장간지(張柬之)를 가리킨다. 자는 맹장(孟將), 양양 사람이다. 자세한 사적은 권2 「서울의 친구에게 부치는 편지」(寄答京友)의 역주 참조.

내치지 않을지 어찌 알며, 천거를 받은 자가 기왕의 늙음을 핑계로 천거에 게으르지 않을지 또 어찌 알겠습니까?

무릇 큰 재주를 가진 사람들은 자질구레한 일에 대해서 아는 바가 적기 때문에 저지르는 실수가 허다하게 마련입니다. 진정한 안목을 갖춘 사람과 더불어 이야기하지 않는다면 반드시 불신을 당하게 되지요. 이런 운수를 당하게 되면 비록 엄청난 재주가 있다 해도 그것을 또 어디에 펼칠 수 있겠습니까? 그러므로 덕망이 남보다 훨씬 뛰어나고 재주와 학문이 일세의 으뜸이 아닌데도 권력자가 믿고 의지하는 이라면, 그런 이는 쉽게 신임하거나 등용해선 안 될 것입니다.

그러나 정성을 다해 충성을 바치지 않는데도 정말 자기 자신처럼 생각해주고 진정에서 우러난 칭찬이 흘러나온다면, 설사 그 사람이 나를 신임한다 해도 그 사람한테는 내가 꼭 믿을 만한 사람이 아닐 수도 있습니다. 그런 사람과는 한 시대에 살면서 아침에 소문을 듣고 저녁에 등용되듯 빨리 인정받지 못한다 해도 안타까울 것 없지요. 오호라! 한숨이 절로 흘러나옵니다그려!

# 焚書 II

# 卷四　雜述

## 解經題

　『大佛頂』者，至大而無外，故曰大；至高而莫能上，故曰頂．至大至高，唯佛爲然，故曰『大佛頂』也．夫自古自今，誰不從是『大佛頂』如如而來乎？但鮮有知其因者耳．能知其因，如是至大，如是至高，則佛頂在我矣．然何以謂之至大？以無大之可見，故曰至大也．何以謂之至高？以無高之可象，故曰至高也．不可見，不可象，非密而何？人唯不知其因甚密，故不能以密修，不能以密證，而欲其決了難矣．豈知此經爲了義之密經，此修爲證明之密修，此佛爲至大至高，不可見，不可象，密密之佛乎？此密密也，諸菩薩萬行悉從此中流出，無不可見，無不可象，非頑空無用之比也．是以謂之『首楞嚴』．『首楞嚴』者，<u>唐</u>言究竟堅固也．究竟堅固不壞，則無死無生，無了不了之人矣．

## 書決疑論前

　經可解，不可解．解則通於意表，解則落於言詮．解則不執一定，不執一定卽是無定，無定則如走盤之珠，何所不可．解則執定一說，執定一說卽是死語，死語則如印印泥，欲以何用也？

　此書千言萬語，只解得『心經』中"色卽是空，空卽是色"兩句經耳．經中又不曰"是故空中無色"乎？是故無色者衆色之母，衆色者無色之色，謂衆色卽是無色則可，謂衆色之外別無無色豈可哉！由此觀之，眞空者衆苦之母，衆苦者眞空之苦，謂眞空能生衆苦則可，謂眞空不能除滅衆苦又豈可哉！蓋旣能生衆苦，則必定能除滅衆苦無疑也．衆苦熾然生，而眞空未嘗生；衆苦卒然滅，而眞空未嘗滅．是以謂之極樂法界，證入此者，謂之自在菩薩耳．今以厭苦求樂者謂之三乘，則『心經』所云"照見五蘊皆

空, 度一切苦厄", 又云"能除一切苦, 眞實不虛"者, 皆誑語矣.

十法界以佛界與九界並稱, 豈可卽以娑婆世界爲佛界, 離此娑婆世界遂無佛界耶? 故謂娑婆世界卽佛世界可也, 謂佛世界不卽此娑婆世界亦可也. 非厭苦, 誰肯發心求樂? 非喜於得樂, 又誰肯發心以求極樂乎? 極樂則自無樂, 無樂則自無苦, 無罣礙, 無恐怖, 無顛倒夢想. 非有苦, 有罣礙, 有恐怖, 有顛倒, 而見以爲無也. 非有智有得, 而見以爲無得也. 非有因有緣, 有苦有集, 有滅有道, 而強以爲無苦·集·滅·道也. 非有空有色, 有眼耳鼻舌身意, 而強以爲空中無色, 無眼耳鼻舌身意也. 故曰"但有言說, 皆無實義."

夫經, 言敎也. 聖人不得已而有言, 故隨言隨掃, 亦恐人執之耳. 苟知凡所有相皆是虛妄, 則願力慈悲尤相之大者, 生死之甚者, 而可藉之以爲安, 執之以爲成佛之根本乎? 凡有佛, 卽便有願, 卽便有慈悲. 今但恐其不見佛耳, 不患其無佛願, 無慈悲心也. 有佛而無慈悲大願者, 我未之見也. 故有佛, 卽便有菩薩. 佛是體, 菩薩是用; 佛是主人翁, 菩薩是管家人; 佛是聖天子, 菩薩是百執事. 誰能離得? 若未見佛而徒興假慈悲, 殆矣!


## 解經文

晦昧者, 不明也. 不明卽無明. 世間有一種不明自己心地者, 以爲吾之眞心如太虛空, 無相可得, 祇緣色想交雜, 昏擾不寧, 是以不空耳. 必盡空諸所有, 然後完吾無相之初, 是爲空也. 夫使空而可爲, 又安得謂之眞空哉! 縱然爲得空來, 亦卽是掘地出土之空, 如今之所共見太虛空耳, 與眞空總無交涉也. 夫其初也, 本以晦昧不明之故而爲空; 其旣也, 反以爲空之故, 益晦暗以不明. 所謂晦暗, 卽是晦昧, 非有二也. 然是眞空也, 遇明白曉了之人, 眞空卽在此明白之中, 而眞空未始明白也. 苟遇晦暗不明之者, 眞空亦卽在此晦暗之中, 而眞空未始晦暗也. 故曰: "空晦暗中." 唯是吾心眞空, 特地結起一朵晦暗不明之色, 本欲爲空, 而反爲色, 是以空未及爲而色已暗結矣. 故曰: "結暗爲色." 於是卽以吾晦暗不明之妄色, 雜吾特地爲空之妄想, 而身相宛然遂具, 蓋吾此身原從色想交雜而後有也.

旣以妄色妄想相交雜以爲身, 於是攀緣搖動之妄心日夕屯聚於身內, 望

塵奔逸之妄想日夕奔趣於身外，如衝波逐浪，無有停止，其爲昏擾擾相，殆不容以言語形狀之矣。是謂心相，非眞心也，而以相爲心可歟！是自迷也。既迷爲心，則必決定以爲心在色身之內，必須空却諸擾擾相，而爲空之念復起矣。復從爲空結色雜想以成吾身，展轉受生，無有終極，皆成於爲空之一念，始於晦昧之無明故耳。夫既迷爲心，是一迷也。復迷謬以爲吾之本心卽在色身之內，必須空却此等心相乃可。嗟嗟！心相其可空乎！是迷而又迷者也。故曰："迷中倍人。"豈知吾之色身洎外而山河，遍而大地，並所見之太虛空等，皆是吾妙明眞心中一點物相耳。是皆心相自然，誰能空之耶？心相既總是眞心中所現物，眞心豈果在色身之內耶？夫諸相總是吾眞心中一點物，卽浮漚總是大海中一點泡也。使大海可以空却一點泡，則眞心亦可以空却一點相矣，何自迷乎？

比類以觀，則晦昧爲空之迷惑，可破也已。且眞心既已包却色身，洎一切山河虛空大地諸有爲相矣，則以相爲心，以心爲在色身之內，其迷惑又可破也。


## 念佛答問

小大相形，是續鶩短鶴之論也。天地與我同根，誰是勝我者；萬物與我爲一體，又誰是不如我者。我謂念佛卽是第一佛，更不容於念佛之外復覓第一義諦也。如謂念佛乃<u>釋迦</u>權宜接引之法，則所謂最上一乘者，亦均之爲權宜接引之言耳。古人謂佛有悟門，曾奈落在第二義，正<u>仰山</u>小<u>釋迦</u>吐心吐膽之語。後來<u>中峯和尚</u>謂學道眞有悟門，敎人百計搜尋，是誤人也。故知此事在人眞實怕死與不耳。發念苟眞，則悟與不悟皆爲戲論，念佛參禪總歸大海，無容着唇吻處也。


## 征途與共後語

<u>弱侯</u>之言，蓋爲未得謂得者發耳。若<u>方子及</u>猶爲勇往之時，豈宜以此言進之哉！然吾聞學者未得謂得眞不少也，則卽進之以此言亦宜。夫世間功名富貴，最易埋沒人。余老矣，死在旦夕，猶不免近名之累，況當熱

鬧之場，擦粉塗額以悅於人，而肯究心生死，視人世繁華極樂以爲極苦，不容加乎其身，余又安所求於世也？蓋生死念頭尚未萌動，故世間參禪學道之夫，亦只如此而止矣．則有鼻孔遼天者，亦足奇也，我願弱侯勿太責之備也．姑置勿論，且摘弱侯叙中語，以與侯商何如？

侯謂聲音之道可與禪通，似矣．而引伯牙以爲證，謂古不必圖譜，今不必碩師，傲然遂自信者，適足以爲笑，則余實不然之．夫伯牙於成連，可謂得師矣，按圖指授，可謂有譜有法，有古有今矣．伯牙何以終不得也？且使成連而果以圖譜碩師爲必不可已，則宜窮日夜以教之操，何可移之海濱無人之境，寂寞不見之地，直與世之矇者等，則又烏用成連先生爲也？此道又何與於海，而必之於海然後可得也？尤足怪矣！蓋成連有成連之音，雖成連不能授之於弟子；伯牙有伯牙之音，雖伯牙不能必得之於成連．所謂音在於是，偶觸而即得者，不可以學人爲也．矇者唯未嘗學，故觸之即契；伯牙唯學，故至於無所觸而後爲妙也．設伯牙不至於海，設至海而成連先生猶與之偕，亦終不能得矣．唯至於絕海之濱，空洞之野，渺無人跡，而後向之圖譜無存，指授無所，碩師無見，凡昔之一切可得而傳者，今皆不可復得矣，故乃自得之也．此其道蓋出于絲桐之表，指授之外者，而又烏用成連先生爲耶？然則學道者可知矣．明有所不見，一見影而知渠；聰有所不聞，一擊竹而成偈：大都皆然，何獨矇師之與伯牙耶？

吾願子及如矇師，弱侯如居海上者，於是焉敬以書其後，而題曰『征途與共』以歸之．與共者，與共學也．子及以純甫爲可與，故征途曰與之共學．倘眞可與共，則願幷以此語與之可．


## 批下學上達語

"學以求達"，此語甚不當．旣說離下學無上達，則即學即達，即下即上，更無有求達之理矣，而復曰'求達'，何耶？然下學自是下學，上達自是上達，若即下學便以爲上達，亦不可也．而乃曰"學以求達"，是果即下學以求達耶，抑別有求達之學耶？若即學求達，當如前詰；若別有求達之學，則剜肉作瘡，尤爲揠苗之甚矣．故程伯子曰："洒掃應對，便是精義入神."曰'便是'，則是即學即達也．然又曰："人須是識其眞心,"大眞

心不可以識識，而可以學求乎？　不可以學求，　則又是離學而後有達也，故謂學以求達者非也．離學者亦非，即學者亦非，然則夫子何自而上達乎，此顏子所以終身苦孔之達矣．不曰"即學即達"，不曰"離學而達"，亦不曰"學以求達"，而但曰"下學而上達"，何其意圓語圓，令人心領神會而自默識於言意之中也．今觀洒掃應對，雖下愚之人亦能之，唯不能達乎其上，是以謂之下學也，是以謂之百姓也，是以謂之鄙夫也，是以謂之凡民也，是以謂之但可使由也．至於精義入神，則自然上達矣．上達，則爲聰明聖智，達天德之人矣．是以謂之曰"形而上"也，謂之曰"可以語上"也，謂之曰"君子上達"也．雖顏子大賢，猶曰"未達一間"，曰"其殆庶幾"，況他人哉！則夫子之自謂莫我知，自謂惟天知者，信痛悼之極矣．蓋世之學者不是日用而不知，則便是見之爲仁智，而能上達者其誰也？夫學至上達，雖聖人有所不知，而凡民又可使知之乎？故曰："吾有知乎哉．"雖聖人有所不能，而凡民又可使能之乎？故曰："民鮮能久矣．"民之所以鮮能者，以中庸之不可能也，非棄之也．然則下學者，聖凡之所同．夫凡民既與聖人同其學矣，則謂滿街皆是聖人，何不可也？上達者，聖人之所獨，則凡見之爲仁智，與日用而不知者，總是不達，則總是凡民明矣．然則自顏子而下，皆凡民也．可畏也夫！先聖雖欲不慨嘆于由・賜之前可得耶？


## 書方伯雨冊葉

楞嚴，唐言究竟堅固也．究竟堅固者是何物？此身非究竟不壞也，敗則歸土矣．此心非究竟不壞也，散則如風矣．聲名非究竟不壞也，天地數終，乾坤易位，古聖昔賢，載籍無存矣，名於何有，聲於何寄乎？切須記取此一着子：何物是堅固？何年當究竟？究竟堅固不壞是眞實語，是虛謬語？是誑人語，是不誑人語？若誑人，是佛自誑也，安能誑人．千萬參取！


## 讀若無母寄書

若無母書云："我一年老一年，八歲守你，你既捨我出家也罷，而今又

要遠去. 你師當日出家, 亦待終了父母, 纔出家去. 你今要遠去, 等我死了還不遲."

若無答云: "近處住一毫也不曾替得母親." 母云: "三病兩痛自是方便, 我自不欠掛你, 你也安心, 亦不欠掛我. 兩不欠掛, 彼此俱安. 安處就是靜處, 如何只要遠去以求靜耶? 況秦蘇哥從買寺與你以來, 待你亦不薄, 你想道情, 我想世情. 世情過得, 就是道情. 莫說我年老, 就你二小孩子亦當看顧他. 你師昔日出家, 遇荒年也顧兒子, 必是他心打不過, 纔如此做. 設使不顧, 使他流落不肖, 爲人笑耻. 當此之時, 你要修靜, 果動心耶, 不動心耶? 若不動心, 未有此理; 若要動心, 又怕人笑, 又只隱忍過日. 似此不管而不動心, 與今管他而動心, 孰真孰假, 孰優孰劣? 如此看來, 今時管他, 迹若動心, 然中心安安妥妥, 却是不動心; 若不管他, 迹若不動, 然中心隱隱痛痛, 却是動心. 你試密查你心: 安得他好, 就是常住, 就是金剛. 如何只聽人言? 只聽人言, 不查你心, 就是被境轉了. 被境轉了, 就是你不會安心處. 你到不去住心地, 只要去住境地. 吾恐龍潭不靜, 要住金剛; 金剛不靜, 更住何處耶? 你終日要講道, 我今日與你講心. 你若不信, 又且證之你師, 如果在境, 當住金剛; 如果在心, 當不必遠去矣. 你心不靜, 莫說到金剛, 縱到海外, 益不靜也."

卓吾子讀而感曰: 恭喜家有聖母, 膝下有真佛. 夙夜有心師, 所矢皆海潮音, 所命皆心髓至言, 顛撲不可破. 回視我輩傍人隔靴搔癢之言, 不中理也. 又如說食示人, 安能飽人, 徒令傍人又笑傍人, 而自不知恥也. 反思向者與公數紙, 皆是虛張聲勢, 恐嚇愚人, 與真情實意何關乎! 乞速投之水火, 無令聖母看見, 說我下生盡是說道理害人去也. 又願若無張掛爾聖母所示一紙, 時時令念佛學道人觀看, 則人人皆曉然去念真佛, 不肯念假佛矣. 能念真佛, 即是真彌陀, 縱然不念一句'彌陀佛', 阿彌陀佛亦必接引. 何也? 念佛者必修行, 孝則百行之先. 若念佛名而孝行先缺, 豈阿彌陀亦少孝行之佛乎? 決無是理也. 我以念假佛而求見阿彌陀佛, 彼佛當初亦念何佛而成阿彌陀佛乎? 必定亦只是尋常孝慈之人而已. 言出至情, 自然刺心, 自然動人, 自然令人痛哭, 想若無必然與我同也, 未有聞母此言而不痛哭者也.

462

## 耿楚倥先生傳

先生諱定理，字子庸，別號楚倥，諸學士所稱八先生是也．諸學士咸知有八先生，先生初不自知也．而此稱「楚倥先生傳」，何也？夫傳者，所以傳也．先生初不待傳，而此復爲傳以傳之，又何也？蓋先生初不待傳，而余實不容不爲先生傳者．按先生有德不耀，是不欲耀其德也；有才無官，是不欲官其才也．不耀德，斯成大德矣；不用才，始稱眞才矣．人又烏能爲先生傳乎？且先生始終以學道爲事者也．雖學道，人亦不見其有學道之處，故終日口不論道，然目擊而道斯存也．所謂雖不濕衣，時時有潤者也．

莊純夫曾告我曰："八先生云：'吾始事方湛一．湛一本不知學，而好虛名，故去之．最後得一切平實之旨於太湖，復能收視返聽，得黑漆無入無門之旨於心隱，乃始充然自足，深信而不復疑也．唯世人莫可告語者，故遂終身不談，唯與吾兄天臺先生講論於家庭之間而已．'故亦遂以天臺爲師，天臺亦自謂吾之問學雖有所契，然賴吾八弟之力爲多．子庸曾問天臺云：'『學』・『庸』・『語』・『孟』，雖同是論學之書，未審何語最切？'天臺云：'聖人人倫之至一語最切'子庸謂終不若未發之中之一言也．"余當時聞之，似若兩件然者．夫人倫之至，卽未發之中，苟不知未發之中，則又安能至乎？蓋道至於中，斯至矣．故曰："中庸其至矣乎．"又曰："無聲無臭至矣．"

歲壬申，楚倥遊白下，余時懵然無知，而好談說．先生默默無言，但問余曰："學貴自信，故曰'吾斯之未能信'．又怕自是，故又曰'自以爲是，不可與入堯・舜之道'．試看自信與自是有何分別？"余時驟應之曰："自以爲是，故不可與入堯・舜之道；不自以爲是，亦不可與入堯・舜之道．"楚倥遂大笑而別，蓋深喜余之終可入道也．余自是而後，思念楚倥不置，又以未得見天臺爲恨．丁丑入滇，道經團風，遂舍舟登岸，直抵黃安見楚倥，並睹天臺，便有棄官留住之意．楚倥見余蕭然，勸余復入，余乃留吾女幷吾婿莊純夫于黃安，而因與之約曰："待吾三年滿，收拾得正四品祿俸歸來爲居食計，卽與先生同登斯岸矣．"楚倥牢記吾言，敎戒純夫學道甚緊；吾女吾婿，天臺先生亦一以己女己婿視之矣．

嗟嗟！余敢一日而忘天臺之恩乎！旣三年，余果來歸，奈之何聚首未數載，天臺卽有內召，楚倥亦遂終天也！旣已戚戚無懽，而天臺先生亦終守定'人倫之至'一語在心，時時恐余有遺棄之病；余亦守定'未發之中'一言，

恐天臺惑未窺物始，未察倫物之原．故往來論辯，未有休時，遂成扦格，直至今日耳．今幸天誘我衷，使余舍去‘未發之中’，而天臺亦遂頓忘‘人倫之至’．乃知學問之道，兩相舍則兩相從，兩相守則兩相病，勢固然也．兩舍則兩忘，兩忘則渾然一體，無復事矣．余是以不避老，不畏寒，直走黃安會天臺于山中．天臺聞余至，亦遂喜之若狂．志同道合，豈偶然耶！然使楚倥先生而在，則片言可以折獄，一言可以回天，又何至苦余十有餘年，彼此不化而後乃覺耶！設使未十年而余遂死，余終可以不化耶，余終可以不與天臺合耶！故至次日，遂同其子汝念往拜先生之墓，而先生之墓木拱矣．余既痛九原之不可作，故特為此傳，而連書三紙以貽之：第一紙以呈天臺，志余喜也．第二紙付汝念・汝思，使告而焚之先生之墳，志余恨也．第三紙特寄子健于京，志余喜而且恨，恨而又喜也．蓋子健推愛兄之心以及我，可謂無所不之矣．故為傳傳余意以告先生云．

敬小時多病，貪生無術，藉楚倥兄介紹，得受業于耿天臺先生之門．先生雖知余學沉于二氏，然愛余猶子也．繼因往來耿宅，得與李卓吾先生遊，心切師事之．兩先生以論道相左，今十餘年矣．敬居其間，不能贊一辭，口含黃蘗，能以氣向人乎？唯恨楚倥兄早逝耳．三日前，得楚倥長郎汝念書．汝念以送莊純夫到九江，專人馳書白下，報喜於余云：“兩先生已聚首，語甚歡契．”越三日，則為十二月二十九，余初度辰也，得卓吾先生寄所著「楚倥先生傳」，述兩先生契合本末且悉．余讀之，不覺淚下曰：“兩先生大而化矣，乃適以今日至，豈非余更生辰耶，抑楚倥先生復作也！”因手書而梓之．板成，以付汝念及余婿汝思．周思敬跋．

## 附周友山為僧明玉書法語(周思敬)

萬壽寺僧明玉，事溫陵李長者曰久矣．長者本為出世故來此，然世人方履人間世，日夜整頓人世事尚無休時，而暇求出世之旨以事出世之人乎？雖出家兒猶然，何況在家者．且長者性方行獨，身世孤單，生不不愛見俗人，聞俗語，以故身世益孤．唯愛讀書．讀書每見古忠臣烈士，輒自感慨流涕，故亦時時喜聞人世忠義事．不但以出世故來見長

者, 長者方喜之; 若或有以眞正的實忠義事來告, 長者亦無不喜也. 是故<u>明玉和尙</u>喜以<u>興福寺</u>開山第一祖<u>無用</u>事告長者云: "<u>興福寺</u>, 古刹也. <u>無用</u>, 方僧也. <u>無用</u>遊方來至其寺, 憫寺僧之衰殘, 忿居民之侵害, 持竹鎗連結果一十七條性命, 然後走縣自明, 詣獄請死. 縣令憐之, 欲爲出脫, <u>無用</u>不從, 遂卽自刎. 寺僧感其至性, 能以身護法, 以死衛衆, 遂以此僧爲開山第一祖. 至今直寺者守其規程, 不敢少犯." 長者聞之, 歡喜無量, 叫<u>明玉</u>而言曰: "爾莫輕易說此僧也. 此僧若在家, 卽眞孝子矣; 若在國, 則眞忠臣矣; 若在朋友, 則眞義士矣; 能肯學道參禪, 則眞出世丈夫, 爲天人師佛矣. 可輕易也耶! 蓋天地間只有此一副眞骨頭耳. 不問在世出世, 但有此, 百事無不成辦也."

　　<u>明玉</u>之告長者, 幷長者之語<u>明玉</u>如此. 今年春, <u>明玉</u>爲<u>興福寺</u>直歲僧來求法語于余, 余因以得聞長者之語, 遂語<u>明玉</u>曰: "卽此是法語矣, 又何求乎? 苟直歲僧聞此語, 則能念祖德也, 繼繼繩繩, 山門不墜矣. 苟合寺僧聞此語, 則毋忘祖功也, 歲歲年年, 規程一如矣. 況因此得聞長者之風, 頓明出世大事乎? <u>明玉</u>可卽以此語登之于軸, 懸之于直寺方丈之室, 庶幾合寺僧衆, 雲遊道侶, 過而讀焉. 或有眞正骨頭者, 急來報我, 我將攜以見長者, 俾長者不至孤單也."

## 題關公小像

　　古稱三傑, 吾不曰<u>蕭何</u>・<u>韓信</u>・<u>張良</u>, 而曰<u>劉備</u>・<u>張飛</u>・<u>關公</u>. 古稱三友, 吾不曰直・諒與多聞, 而曰<u>桃園</u>三結義.

　　嗚呼! 唯義不朽, 故天地同久, 況公皈依三寶, 於<u>金仙氏</u>爲護法伽藍, 萬億斯年, 作吾輩導師哉! 某也四方行遊, 敢曰以公爲述. 唯其義之, 是以儀之; 唯其尙之, 是以像之.

## 三大士像議

　　<u>觀世音</u>像高一尺四寸, <u>文殊</u>像高一尺二寸, 面俱向南, 而意思實時時照<u>觀世音</u>. 獨<u>普賢</u>像高一尺二寸, 面正向如<u>觀世音</u>然, 而趺坐磐石則如<u>文</u>

殊. 普賢與文殊二大菩薩所坐石崖, 比觀世音坐俱稍下三四寸, 俱相去一尺九寸. 羅漢等像俱高六七寸, 有行立起伏不同. 觀音坐出石崖一尺三寸, 文殊・普賢坐出石崖一尺一寸. 別有玲瓏山石, 覆罩其頂, 俱出崖三尺四寸, 直至橫斷崖邊止. 高處直頂穿山穴, 石崖自東來, 至正中亦邊止. 觀世音旁有善財執花奉獻. 崖又稍斷, 復起一陡崖, 轉向正中坐, 坐文殊師利. 又自西斜向東, 連生兩崖: 一崖建塔, 一崖坐普賢. 即此三坐. 上方, 迢遞逶迤, 或隱或現, 或續或絕, 俱峻險占怪, 則羅漢等往來其間. 用心如意塑出, 用上好顏料裝成, 即有賞; 不則明告佛菩薩, 即汝罰也.

時有眾僧共見, 曰: "崖上菩薩法身莫太小麼?" 和尚曰: "只有山藏人, 未有人包山." 後菩薩像出, 和尚立視良久, 教處士曰: "三大士總名菩薩, 用處亦各不同. 觀音表慈, 須面帶慈容, 有憐憫眾生沒在苦海之意. 文殊表智, 凡事以智爲先, 智最初生, 如少兒然, 面可悅澤豐滿, 若喜慰無盡者. 普賢表行, 須有幸勤之色, 恰似諸行未能滿足其願. 若知此意, 則菩薩眞身自然出現, 可使往來瞻仰者頓發菩提心矣. 豈不大有功德哉! 不但爾也, 即汝平生塑像以來一切欺天誑人之罪, 皆得銷殞矣." 時有一僧對曰: "也要他先必有求懺悔之心乃可." 和尚呵之曰: "此等腐話再不須道!" 處士金姓, 眇一目, 視瞻不甚便, 而心實不穩可教. 像之面目有些不不整, 和尚每見, 輒嘆以爲好, 豈非以其人乎, 抑所嘆在驪黃之外也? 眾僧實不知故. 因和尚歸方丈, 即指令改正. 和尚大叫曰: "叫汝不必改, 如何又添改也?" 金處士牙顫手搖, 即答云: "非某甲意, 諸人敎戒某也." 林時亦在旁, 代啓和尚曰: "比如菩薩鼻不對嘴, 面不端正, 亦可不改正乎?" 和尚忻然笑曰: "爾等怎解此個道理, 爾試定睛一看: 當時未改動時, 何等神氣, 何等精采. 但有神則自活動, 便是善像佛菩薩者矣, 何必添補令好看也. 好看是形, 世間庸俗人也. 活動是神, 出世間菩薩乘也. 好看者, 致飾於外, 務以悅人, 今之假名道學是也. 活動者, 眞意實心, 自能照物, 非可以肉眼取也."

適居士楊定見攜寶石至, 和尚呼侍者取水淨洗, 因置一莖草於淨几之上, 取石吸草, 以辨眞不. 蓋必眞, 乃可以安佛菩薩面頂肉髻也. 乃石竟不吸草. 和尚乃覺曰: "寶石不吸腐草, 磁石不引曲鍼, 自古記之矣. 快取一莖新草來投之!" 一投即吸. 和尚喜甚, 曰: "石果眞矣! 此非我喜眞也, 佛是一團眞者, 故世有眞人, 然後知有眞佛; 有眞佛, 故自然愛此眞

466

人也. 唯眞識眞, 唯眞逼眞, 唯眞念眞, 宜哉! 然則不但佛愛此眞石, 我亦愛此眞石也. 不但我愛此眞石, 卽此一粒眞石, 亦惓惓欲人知其爲眞, 而不欲人以腐草誣之以爲不眞也. 使此眞石遇腐人投腐草, 不知其性, 則此石雖眞, 畢竟死于腐人之手決矣."

佛像菩薩坏胎已就, 處士長跪合掌而言曰: "請和尙看安五臟!" 和尙笑曰: "且住! 我且問爾! 爾曾留有後門不? 若無門, 卽有腹臟, 屎從何出? 所以你們愚頑, 未達古人立像之意. 古人立像, 以衆生心散亂, 欲使之覰佛飯依耳. 佛之心肝五臟, 非佛罔知, 豈是爾等做得出也! 且夫世之塑神者必安五臟, 穿七孔, 何也? 爲求其靈而應也, 庶幾祈福得福, 祈免禍得免禍也. 此世人塑神事神之本意也. 若我與諸佛菩薩則不然. 若我以諸佛菩薩爲心, 則吾心靈; 衆僧若以諸佛菩薩爲心, 則衆僧心靈. 借佛菩薩像以時時考驗自己心靈不靈而已. 靈則生, 不靈則死. 是佛菩薩之腹臟常在吾也." 處士又曰: "某日開光, 須用活雞一隻刺血點目睛." 和尙曰: "我這裏佛自解放光, 不似世上一等魍魎匠·魍魅僧巧立名色, 誆人錢財也. 爾且去用心粧出, 令一切人見之無不生渴仰心, 頓捨深重恩愛苦海, 立地欲求安樂解脫·大光明彼岸, 卽爾塑事畢矣, 我願亦畢矣. 無多言! 再無多言!" 故至今未安五臟, 未開光. 然雖未開光, 而佛光重重照耀, 衆僧見之, 無不渴仰.

至五月五日, 和尙閒步廊下, 見粧嚴諸佛菩薩及韋馱尊者像, 嘆曰: "只這一塊泥巴, 塑佛成佛, 塑菩薩成菩薩, 塑尊者成尊者, 欲威則威, 欲慈則慈, 種種變化成就具可. 孰如人爲萬物之靈, 反不如一泥巴土塊乎! 任爾千言萬語, 千勸萬諭, 非聾卽啞, 不聽之矣. 果然哉, 人之不如一土木也!" 懷林時侍和尙, 請曰: "和尙以人爲土, 人聞之必怒; 以土比人, 人聞之必以爲太過. 今乃反以人爲不如土木, 則其以和尙爲胡說亂道, 又當何如也? 然其實眞不如也, 非太過之論也. 記得和尙曾嘆人之不如狗矣, 謂狗終身不肯背主人也. 又讀孫堅「義馬傳」, 曾嘆人之不如馬矣, 以馬猶知報恩, 而人則反面無情, 不可信也. 今又謂人更土木之不如, 則凡有情之禽獸, 無情之土木, 皆在人上者, 然則天亦何故而生人乎?" "噫! 此非爾所知也. 人之下者, 禽獸土木不若, 固也; 人之上者, 且將咸若禽獸, 生長草木, 又豈禽獸草木可得同乎? 我爲下下人說, 不爲上上人說." 林復請曰: "上下亦何常之有? 記得六祖大師有云: '下下人有上上智', 有上智則雖下亦上; '上上人有沒意智', 沒意智則雖上亦

下. 上下之位, 固無定也."　"噫! 以此觀之, 人決不可以不愼矣. 一不愼即至此極, 頓使上下易位. 我與子從今日始, 可不時時警惕乎!"　沙彌懷林記.


## 代深有告文 時深有遊方在外

龍潭湖芝佛院奉佛弟子深有, 謹以是年日月, 禮拜梁皇經懺以祈救過有愆事. 念本院諸僧雖居山林曠野, 而將就度日, 不免懶散苟延, 心雖不敢以逐非, 性或偏護而祇悔. 夫出家修行者, 必日乾而夕惕; 庶檀越修供者, 俱履福而有功. 早夜思惟, 實成虛度. 縱此心凜凜, 不敢有犯; 而衆念紛紛, 能無罔知. 但一毫放過, 卽罪同丘山; 況萬端起滅, 便禍在旦夕乎? 深有等爲此率其徒若孫, 敬告慈嚴. 慈以憫衆生之愚, 願棄小過而不錄; 嚴以待後日之譴, 姑准自改而停威. 則萬曆二十一年十月以前, 已蒙湔刷; 而從今二十一年十月以後, 不敢有違矣.


## 又告

切以誦經者, 所以明心見性; 禮懺者, 所以革舊鼎新. 此僧家遵行久矣. 皆以歲之冬十月十五日始, 以次年春正月十五日終. 自有芝佛院以來, 龍潭僧到今, 不知凡幾誦而凡幾懺矣, 而心地竟不明, 罪過竟不免, 何哉? 今卓吾和尚爲塔屋於慈院之山, 以爲他年歸成之所, 又欲安期動衆, 禮懺誦經. 以爲非痛加懺悔, 則誦念爲虛文; 非專精念誦, 則禮懺爲徒說. 故此兩事僧所兼修, 則此會期僧家常事也. 若以兩者日爲希奇, 則是常儀翻成曠典, 如何可責以寡過省愆之道, 望以明心見性之理乎? 謂宜於每歲十月, 通以爲常. 否則每一期會, 必先起念; 先起念已, 然後擧事; 旣擧事已, 然後募化; 旣募化已, 然後成就. 如此艱辛, 謂之曠典, 不亦宜乎! 從今以後, 不如先期募化有緣菩薩, 隨其多寡, 以爲資糧. 但得二時無饑, 卽可百日聚首. 於是有僧常覺, 慨然任之. 不辭酷烈之著, 時遊有道之門; 不憚跋涉之勤, 日履上聖之室. 升合不問, 隨其願力, 無不頓發菩提妙心; 擔荷而來, 因其齋糧, 可使隨獲菩提妙果. 誦經者明心,

而施主以安坐自收善報；禮佛者懺罪，而施主以粒米逢廣福田．不唯眾僧不致虛度，雖眾施主亦免唐捐．<u>常覺</u>之功，不既溥乎！但如此歲歲年年，則眾僧有福，施主有福，<u>常覺</u>亦有福．恐以我爲妄語，故告佛使明知之．

## 禮誦藥師告文

余兩年來，病苦甚多．通計人生大數，如我之年，已是死期．既是死期，便與以死，乃爲正理，如何不賜我死，反賜我病乎？夫所以賜之病苦者，謂其數未至死，尚欲留之在世，故假病以苦之，使之不得過于自在快活也．若我則該死之人：壽至古稀，一可死也；無益於世，二可死也；凡人在世，或有未了業緣，如我則絶無可了，三可死也．有此三可死，乃不卽我死，而更苦我病，何也？聞東方有<u>藥師琉璃光王佛</u>發大弘願，救拔病苦眾生，使之疾病涅槃．<u>卓吾和尚</u>於是普告大眾，趁此一百二十日期會，諷經拜懺道場，就此十月十五日起，先諷『藥師經』一部四十九卷，爲我祈求免病．想佛願弘深，決不虛妄也．夫以佛願力而我不求，是我罪也．求佛而佛不理，是不慈也；求佛而佛或未必知，是不聰也：非佛也．吾知其決無是事也．願大眾爲我誠心念誦，每月以朔望日念此經，共九朔望，念經九部．嗚呼！誦經至九部，不可謂不多矣；大眾之殷勤，不可謂不虔矣．如是而不應焉，未之有也．但可死，不可病．苦口叮嚀，至三再三，願佛聽之！

## 移住上院邊廈告文

<u>龍湖芝佛院</u>佛殿之後，因山蓋屋，以爲<u>卓吾</u>藏骨之室．蓋是屋時，<u>卓吾和尚</u>往<u>湖廣會城</u>，居士<u>揚定見</u>及常住僧<u>常中</u>・<u>常通</u>等告神爲之．逮和尚歸，又告神添蓋兩廂，及前廊邊兩廈．草草成屋，可居矣．和尚但念力出眾人，成此大屋，宴然居之，不特心神不安，面貌且有厚顏也．屋成，遂題扁懸其額曰'阿彌陀佛殿'．中塑西方<u>接引佛</u>一尊，高一丈二尺，以爲院僧三時念佛，瞻像皈依之地．南向廂房三間，塑起<u>普陀懸崖</u>，坐<u>觀世音菩薩</u>於崖石波濤之上，以顯急苦難大慈悲之力，使眾僧有所依怙，不生怖

畏. 前廊五間, 中間塑韋馱尊者金像一軀, 連座高九尺, 專賴其擁護僧眾, 使精勤者獲利益, 怠昏者用一杵, 故扁其額曰'護法尊者之殿', 而觀音則直書'南無觀世音菩薩'七字而已. 殿之東西, 供養達摩‧伽藍二像. 門樓北上, 其神在上, 南向, 則爲執金剛神, 專聽護法尊者主使. 有此種種慈悲威嚴佛菩薩眞容, 則和尙借佛背後半間丈室以藏骨, 心亦安矣. 今尙未塑佛, 未敢入居正室, 且亦未敢謝土. 何也? 土木之攻未得止, 則動土之事尙有勞也. 但欲擇日入居邊廈, 不得不告.


## 禮誦藥師經畢告文

和尙爲幸免病喘, 結經謝佛事. 念今日是正月十五之望日, 九朔望至今日是爲已足, 九部經於今日是爲已完. 誦經方至兩部, 我喘病卽減九分; 再誦未及四部, 我忍口便能齋素. 齋素既久, 喘病愈痊; 喘病既痊, 齋素益喜. 此非佛力, 我安能然? 雖諷經眾僧虔恪無比, 實藥王菩薩憐憫重深, 和尙不勝禮謝禱告之至. 和尙再告: 有小僧常通見藥師如來卽愈我疾, 亦便發心, 隨壇接諷, 祈瘡口之速合. 乃肅躬而致虔, 以此月十六之朝, 請大眾諷經一部. 嗚呼! 佛乃三界之大父, 豈以僧無可取而遂棄之; 況我實諸佛之的嗣, 又豈忍不以我故而不理也! 念此僧雖非克肖, 在僧中亦無大惡. 鐘磬齊臻, 鼓鉢動響. 經聲昭徹, 佛力隨施. 兩年末愈之瘡, 藥王一旦加被, 何幸如之. 爲此代懇, 不勝瞻依!


## 代常通病僧告文

龍湖僧常通, 爲因病瘡苦惱, 禮拜水懺, 祈佛慈悲事. 重念常通自從出家, 卽依三寶. 叵耐兩年以來, 痰癖作祟, 瘡疼久纏, 醫藥徒施, 歲月靡效. 咸謂必有冤業, 恐非肉眼能醫; 倘求一時解除, 須對法王懺悔. 第顧微末, 何緣上達於彼蒼; 縱出全誠, 未必降臨於下地. 歷觀前劫, 想不能如悟達師之戒律精勤, 重重十世以爲高僧; 俯念微軀, 又不如歌利王之割截身體, 節節肢解而無嗔恨. 舉足下足, 罔非愆尤; 日增月增, 無可比喩. 因忍痛以追思, 或明知而故犯. 彼已往其奈之何, 恐將來當墮無間.

所賴衆弟兄等: 同心一意, 頓興灸艾分痛之眞情: 因病生憐, 遂起借花獻佛之妄念. 以是吉日, 禮拜懺文. 仗諸佛爲證明, 一懺更不再懺; 對大衆而發誓, 此身卽非舊身. 若已滅罪而更生, 何異禽獸; 倘再悔罪而復懺, 甘受誅夷. 伏願大慈大悲, 曲加滷刷; 大雄大力, 直爲洗除. 法水暗消, 瘡口自合. 此蓋佛菩薩憫念保持之恩, 與衆弟兄殷勤禮拜之致也.

## 安期告衆文

一常住中所有事務, 皆是道場; 所作不苟, 盡屬修行. 唯愚人不信, 不肖者苟且, 須賴師長敎督之耳. 今師不知敎督, 其徒又不畏愼, 則所有事務令誰爲之? 必至於廢弛荒散而已. 尚賴一二徒子徒孫之賢者自相協力, 故龍湖僧院得以維持到今. 然中間不無偸惰成性, 必待呼喚而後作者; 或恃頑不理, 雖呼喚之而亦不爲者. 未免有三等僧衆在內, 則雖欲不荒散, 終不可得矣. 夫此間僧衆約有四十餘人, 各人又受徒子, 徒子又收徒孫, 日益月增, 漸久遂成大叢林, 而皆相看不肯作務, 則雖有一二賢者, 其奈之何! 況今正當一百二十日長期, 大衆雲集, 十方檀越, 四海龍象, 共來瞻禮者乎?

爲此, 將本院僧衆分爲三等, 開列於後, 庶勤惰昭然, 務化惰爲勤, 以成善事. 報施主之德, 助師長之化, 結將來之果, 咸在於茲矣. 勤者, 龍象也. 懶者, 無志也. 若安坐而食十方之食, 雖呼喚亦不作者, 無恥也. 皆賴賢師長委曲勸誘之. 故有師長則責師長, 若師長亦無之奈何, 則責韋馱尊者. 尊者輕則一杵, 重則三杵畢矣, 尊者勿謂我太嚴也. 唯佛至細至嚴, 所以謂之大慈大悲. 故經曰『楞嚴』, 又曰『華嚴』. 嚴者所以成悲也, 爾韋馱又不可不知也. 勿太酸澀, 佛法不是腐爛之物. 第一等勤行僧有八. 此八衆, 余所親見者, 其常川作務, 不避寒暑勞苦極矣. 第二等躲懶僧衆三名, 第三等奸頑僧衆一名. 此二等三等之衆, 據我目見如此耳, 若懶而能勤, 頑而能順, 卽爲賢僧矣. 但常住徒有人食飯, 無人作務, 且人數雖多, 皆非是作重務之人, 則此十餘衆者, 可不加勤哉! 努力向前, 毋受尊者之杵可也.

## 告土地文

自庚寅動工以來, 無日不動爾土, 無歲不勞爾神. 唯爾有神, 凡百有相, 遂使堊工竭力, 衆僧盡心, 以致佛殿告成, 塔屋亦就. 目今趺坐直上, 則西方阿彌陀佛一軀也, 金碧輝煌, 宛有大人貴相矣. 瞻仰而來者能無頓興念佛念法之心乎? 卓立在前, 則護法韋馱尊者威容也, 金甲耀光, 已手降魔寶杵矣. 專修淨業者能無更堅不懈不退之志乎? 又況觀音 · 勢至咸唱導於吾前, 更有文殊 · 普賢同啓迪於吾後. 懸崖千丈, 友羅漢直抵上方; 少室無餘, 面達摩猶在東壁. 誰無緩急, 大士卽是救苦天尊; 孰識平生, 雲長尤是護法伽藍. 黑海有門, 唯法無門, 現普陀於眼底; 上天有路, 唯道無路, 覿靈山在日中. 十界同虛, 判念便分龍虎; 六總寂靜, 一棒打殺猢猻. 從茲繼繼繩繩, 咸願師師濟濟. 務同一念, 莫有二心. 則卓吾之廬, 卽是極樂淨土; 龍湖上院, 徧是華嚴道場矣. 此雖仗佛之賜, 實亦爾相之能. 故特塑爾之神, 使與司命並列. 虔恭致齋, 不酒不肉; 殷勤設素, 匪葷匪腥. 唯茶果是陳, 只疏飯以供. 名香必蓺, 願與司命齊意; 好花用獻, 當聽韋馱指麾. 有惡則書, 見過速錄. 細微畢舉, 毋曰我供汝也而有阿私; 小大同登, 毋曰衆汝敬也而有偏黨. 幽明協贊, 人神同欽. 則爾土有力, 帝將加升, 長守此湖, 永相依附矣.


## 告佛約束偈

龍湖芝佛上院, 從新創立道場. 上殿阿彌陀佛, 下殿韋馱尊者.
特地接引衆生, 不是等閒伴侶. 觀音文殊普賢, 悲智行願交參.
從今皈依得地, 皆賴信女善男. 韋馱尊者何爲? 寶杵當頭立斷.
毫髮分明可畏, 尤勿容易等閒! 爲此與衆約束, 不緊不嚴不慢.
四時不須起早, 黎明報鐘方好. 清早『金剛』一卷, 春夏秋冬一樣.
二鼓念佛一千, 冬春二時爲然. 休夏依時自恣, 不是傚古模賢.
但記誦經念佛, 緊閉門戶莫忽! 恐惹閒人雜沓, 致使誦念間歇.
早晨報鐘甫畢, 便入諸殿上香. 上香必須鳴磬, 磬動知是行香.
失磬定是失香, 面佛罰跪半晌. 大衆聞鐘齊起, 急忙整頓衣裳.
嗽洗諸事各訖, 沙彌如前撞鐘. 首衆卽便領衆, 以次合掌致恭.

前後不得參差，先行拜禮韋馱，然後觀音上殿，虔恭禮拜一遍．
上殿鋪設經卷，高聲跪誦『金剛』．誦罷齋畢何爲？依舊諷讀『法華』．
每歲三冬無事，日日『華嚴』一卷．不許安期抄化，擾害菩薩善良．
但得二時粥飯，便當吃緊思量．如果粥飲不繼，沿門持鉢可也．
但知聽其自至，便知爲僧便宜．爲僧不須富貴，富貴不須爲僧．
爲僧爲己生死，人死於己何與！何必哀死弔喪，替人慶生喜旺，
無故遨遊街市，及自上門上戶．不許赴請誦經，不許包攬經誦．
不許諷誦『玉經』，公奪道人衣鉢．不許私習應付，侵占萬壽僧飯．
不許放債生利，不許買賤賣貴．一切富貴心腸，盡付龍湖流水．
須知回頭無多，縱使忍饑不久．不聞衣祿分定，非人智力能求．
何況一身一口，何必過計私憂！自謂是佛弟子，却學市井下流；
自謂禪僧無比，獨坐高貴上頭．猶然蠅營狗苟，無人替代爾羞．
我勸諸人莫錯，快急念佛修福．但移此心念佛，便是清涼極樂．

## 二十分識

有二十分見識，便能成就得十分才，蓋有此見識，則雖只有五六分才料，便成十分矣．有二十分見識，便能使發得十分膽，蓋識見既大，雖只有四五分膽，亦成十分去矣．是才與膽皆因識見而後充者也．空有其才而無其膽，則有所怯而不敢；空有其膽而無其才，則不過冥行妄作之人耳．蓋才膽實由識而濟，故天下唯識爲難．有其識，則雖四五分才與膽，皆可建立而成事也．然天下又有因才而生膽者，有因膽而發才者，又未可以一概也．然則識也·才也·膽也，非但學道爲然，舉凡出世處世，治國治家，以至於平治天下，總不能舍此矣，故曰"智者不惑，仁者不憂，勇者不懼"．智卽識，仁卽才，勇卽膽．蜀之譙周，以識勝者也．姜伯約以膽勝而無識，故事不成而身死；費禕以才勝而識次之，故事亦未成而身死．此可以觀英傑作用之大略矣．三者俱全，學道則有三敎大聖人在，經世則有呂尚·管夷吾·張子房在．空山岑寂，長夜無聲，偶論及此，亦一快也．懷林在旁，起而問曰："和尚於此三者何缺？"余謂我有五分膽，三分才，二十分識，故處世僅僅得免於禍．若在參禪學道之輩，我有二十分膽，十分才，五分識，不敢比於釋迦老子明矣．若出詞爲經，落筆驚人，

我有二十分識，二十分才，二十分膽．嗚呼！足矣，我安得不快乎！雖無可語者，而林能以是爲問，亦是空谷足音也，安得而不快也！

## 因記往事

向在黃安時，吳少虞大頭巾曾戲余曰："公可識林道乾否？"蓋道乾居閩・廣之間，故凡戲閩人者，必曰林道乾云．余謂爾此言是罵我耶，是贊我耶？若說是贊，則彼爲巨盜，我爲清官，我知爾這大頭巾決不會如此稱贊人矣．若說是罵，則余是何人，敢望道乾之萬一乎？

夫道乾橫行海上，三十餘年矣．自浙江・南直隷以及廣東・福建數省近海之處，皆號稱財賦之産，人物陬區者，連年遭其荼毒，攻城陷邑，殺戮官吏，朝廷爲之旰食．除正刑・都總統諸文武大吏外，其發遣囚繫，逮至道路而死者，又不知其幾也，而林道乾固橫行自若也．今幸聖明在上，刑罰得中，倭夷遠遁，民人安枕，然林道乾猶然無恙如故矣．稱王稱霸，衆願歸之，不肯背離．其才識過人，膽氣壓乎羣類，不言可知也．設使以林道乾當郡守二千石之任，則雖海上再出一林道乾，亦決不敢肆．設以李卓老權替海上之林道乾，吾知此爲郡守林道乾者，可不數日而卽擒殺李卓老，不用損一兵費一矢爲也．又使卓老爲郡守時，正當林道乾橫行無當之日，國家能保卓老決能以計誅擒林道乾，以掃淸海上數十年之逋寇乎？此皆事之可見者，何可不自量也？

嗟乎！平居無事，只解打恭作揖，終日匡坐，同於泥塑，以爲雜念不起，便是眞實大聖大賢人矣．其稍學姦詐者，又攙入良知講席，以陰博高官，一旦有警，則面面相覷，絕無人色，甚至互相推委，以爲能明哲．蓋因國家專用此等輩，故臨時無人可用．又棄置此等輩有才有膽有識之者而不錄，又從而彌縫禁錮之，以爲必亂天下，則雖欲不作賊，其勢自不可爾．設國家能用之爲郡守令尹，又何止足當勝兵三十萬人已耶？又設用之爲虎臣武將，則闠外之事可得專之，朝廷自然無四顧之憂矣．唯舉世顚倒，故使豪傑抱不平之恨，英雄懷罔措之戚，直驅之使爲盜也．余方以爲痛恨，而大頭巾乃以爲戲；余方以爲慚愧，而大頭巾乃以爲譏：天下何時太平乎？故因論及才識膽，遂復記憶前十餘年之語．吁！必如林道乾，乃可謂有二十分才，二十分膽者也．

某曰:"如此則林道乾無識乎? 無識安能運才膽而決勝也?" 夫古之有識者, 世不我知, 時不我容, 故或隱身於陶釣, 或混跡於屠沽, 不則深山曠野, 絶人逃世而已, 安肯以身試不測之淵也? 縱多能足以集事, 然驚怕亦不少矣. 吾謂當此時, 正好學出世法, 直與諸佛諸祖同遊戲也. 雖然, 彼亦直以是爲戲焉耳. 以彼識見, 視世間一切大頭巾人, 舉無足以當於懷者, 蓋逆料其必不能如我何也, 則謂之曰二十分識亦可也.


## 四海

丘文莊謂自南越入中國始有南海, 而西海竟不知所在. 余謂「禹貢」言"聲敎訖於四海"者, 亦只是據見在經歷統理之地而紀其四至耳. 所云四海, 卽四方也. 故又曰"四方風動", 則可見矣, 豈眞有東西南北之海, 如今南越之海的然可覩者哉?

今據見在四方論之: 四川天下之正西也, 雲南則天下之西南, 陝西則天下之西北. 一正西, 一正北, 一西南, 皆不見有海也. 由陝西而山西, 據大勢則山西似直正北之域矣, 而正北亦無海也, 唯今薊·遼鄰山東, 始有海. 從此則山東爲東方之海, 山東抵淮·揚·蘇·松以至錢塘·寧·紹等處, 始爲正東之海. 東甌至福建, 則古閩越地也, 稍可稱東南海矣. 廣東卽南越地, 今其治爲南海郡, 盡以爲正南之海矣, 不知閩·廣壤接, 亦僅可謂之東南海耳. 由此觀之, 正西無海也, 正北無海也, 正南無海也, 西北西南以至東北皆無海, 則僅僅正東與東南角一帶海耳, 又豈但不知西海所在耶?

且今天下之水皆從西出, 西水莫大於江·漢. 江有四: 有從岷來者, 有從沱來者, 有從黑·白二水來者. 漢有二: 有從嶓冢來者, 有從西和徼外來者. 此皆川中之水, 今之所指以謂正西是也. 水又莫大於黃河, 黃河經過崑崙. 崑崙乃西蕃地, 是亦西也. 雖雲南之地今皆指以爲西南, 然雲南之水盡流從川中出, 則地高於川中可知矣. 高者水之所瀉, 流之所始, 而東南一海咸受之, 則海決在下流之處, 雲南·四川·山·陝等去海甚遠, 皆可知也. 雲南·川·陝之外, 其地更高, 又可知也. 不然, 何以不順流而西, 往彼西海, 而乃迢遞透迤盡向東南行耶? 則知以四川爲正西者, 亦就四方之勢概言之耳. 今雲南三宣府之外, 有過洋闖機大布道自海上

來者, 此布我閩中常得之, 則雲南旋遶而東, 又與福建同海. 則雲南只可謂之東南, 而不得謂之西南, 又可知矣.

吾以是觀之, 正南之地尙未載之輿圖, 況西南耶? 故余謂據今人所歷之地勢而論之, 尙少正南與西南・正西與西北・正北與北東諸處者, 以不見有海故卜之也. 以天下三大水皆從川中出卜之, 而知其難以復尋西海於今之世也. 西海旣不可尋, 則又何名何從而祀海也? 然則丘文莊欲祀北海於京之東北, 楊升菴欲祀西海於滇之西南, 皆無義矣, 其誰享之? 嗚呼! 觀於四海之說, 而後知世人之所見者小也, 況四海之外哉!

## 八物

嘗謂君子無怨, 唯小人有之; 君子有德必報德, 而小人無之. 夫君子非無怨也, 不報怨也; 非不報怨也, 以直報怨也. 苟其人可惡而可去, 則報之以可惡可去之道焉; 苟其人可好而可用, 則報之以可好可用之道焉. 其惡而去之也, 好而用之也, 直也, 合天下之公是也. 其或天下不知惡而去之・好而用之也, 而君子亦必去之・必用之, 是亦直也, 合天下之公理也. 夫是之謂'以直'. 旣謂之直, 則雖無怨於我者, 亦必如是報之矣, 則雖謂聖人未嘗報怨焉亦可也. 若曰'以德報怨', 則有心矣, 作僞矣, 聖人不爲也. 至於人之有德於我者, 則志在必報, 雖以聖人爲有心, 爲私厚, 不計矣. 何也? 聖人義重者也. 義重故可以託孤, 而況託知己之孤乎? 義重故可以寄命, 而況寄有德之命乎? 故曰'以德報德'. 唯其人有必報之德, 此世道所以攸賴, 國家所以有託, 綱常所以不墜, 人倫所以不滅也. 若小人非不報德也, 可報則報, 不可報則亦已而勿報, 顧他日所値何如耳. 苟禍患及身, 則百計推托, 逃避無影矣, 雖有德, 將安知乎? 唯有報怨一念, 則終始不替. 然苟勢盛於我, 財多於我, 我又可藉之以行立, 則怨反爲德, 又其常也. 蓋十百千萬咸如斯也. 此君子小人界限之所以判也. 故觀君子小人者, 唯觀其報怨報德之間而已. 故余嘗以此定古今君子小人, 而時時對人言之不省也. 除此之外, 君子小人有何分別乎? 吾見在小人者更爲伶俐而可用也.

或曰: "先生旣如此說矣, 何先生之待小人也過嚴, 而惡惡執怨也反過甚乎?" 余曰: "不然, 我之惡惡雖嚴, 然非實察其心術之微, 則不敢有惡

476

也. 縱已惡其人, 苟其人或又出半言之善焉, 或又有片行之當焉, 則我之舊怨盡除, 而親愛又隨之矣. 若其人果賢, 則初未嘗不稱道其賢, 而欲其亟用之也. 何也? 天之生才實難, 故我心唯恐其才之不得用也, 曷敢怨也. 是以人雖怨我, 而欲害我報我者終少, 則以我心之直故也."

或曰: "先生之愛才誠然矣, 然其始也取人太廣, 愛人太驟, 其既也棄人太急, 而終之收錄人也亦太狹. 曷不論定而後賞, 勿以始廣而終狹乎?" 吁! 不然也. 夫人實難知, 故吾不敢以其疑似而遽忽之, 是故則見以爲廣; 而眞才難得, 故吾又不敢以疑似而遽信之, 是故則見以爲狹耳. 若其入眼卽得, 無復疑似, 則終身不貳, 如丘長孺・周友山・梅衡湘者, 固一見而遂定終身之交, 不得再試也. 如楊定見, 如劉近城, 非至今相隨不舍, 吾猶未敢信也. 直至今日患難如一, 利害如一, 毀謗如一, 然後知其終不肯畔我以去. 夫如是, 則余之廣取也固宜. 設令不廣取, 今日又安得有此二士乎? 夫近城篤實人也, 自不容以有二心, 楊定見有氣人也, 故眼中亦常常不可一世之士. 夫此二人, 皆麻城人也. 友山麻城人, 而麻城人不知之也. 衡湘麻城人, 而麻城人不知之也. 若丘長孺之在麻城, 則麻城諸俗惡輩直視之爲敗家之子矣. 吾謂周友山則世之所稱布帛菽粟是也, 其不知也宜也. 梅衡湘則古今所稱伯樂之千里馬, 王武子之八百駿是也, 其不知也亦宜也. 若丘長孺, 雖無益於世, 然不可不謂之麒麟鳳凰・瑞蘭芝草也. 據長孺之爲人, 非但父母兄弟靠不得, 雖至痛之妻兒亦靠他不得也. 非但妻兒靠不得, 雖自己之身亦終靠他不得. 其爲無用極矣. 然其人固上帝之所篤生, 未易材者也. 觀其不可得而親疎敬慢也, 是豈尋常等倫可比耶? 故余每以麟鳳芝蘭擬之, 非過也. 若楊定見二子者, 譬則樓臺殿閣, 未易動搖, 有足貴者. 且高明之家, 吉人之都, 是非好惡, 又自明白.

或曰: "公之知梅衡湘, 似矣, 然人之所以不知者, 以其權智太審也. 夫人而專任權智, 則可以生人, 亦可以殺人, 如江淮河海之水然矣." 余謂衡湘雖大樣, 然心實細謹, 非曹孟德等比也. 必如曹孟德等, 方可稱之爲江淮河海之水, 如之何而遽遽以譽衡湘也哉! 嗚呼! 此數公者, 我固知之, 而數公固各不相知也. 非有日月星辰洞然皎然, 如郭林宗・許子將・司馬德操者出, 安能兼收而並用之耶?

或曰: "如先生言, 必如此數者, 然後可以用於世耶?" 曰: "不然也. 此其可大用者也, 最難得者也, 未易多有者也. 子但見麻城一時有此數

人，便以爲易易矣，不知我費了多少心力方得此數人乎？ 若其他則在在皆有，時時可用，自不待費力以求之矣。 猶之鳥獸草木之生，周遍大地，任人選取也。」

余既與諸侍者夜談至此，次日偶讀升菴「鳳賦」，遂感而論之曰：「『書』稱麟鳳，稱其出類也。 夫麟鳳之希奇，實出鳥獸之類，亦猶芝草之秀異，實出草木之類也。 雖曰希奇秀異，然亦何益於人世哉！意者天地之間，本自有一種無益於世而可貴者， 如世之所稱古董是耶？ 今觀古董之爲物，於世何益也？ 夫聖賢之生，小大不同，未有無益於世者。 苟有益，則雖服箱之牛， 司晨之雞， 以至一草一木， 皆可珍也。」 故因「鳳賦」而推廣之，列爲八物，而鳥獸草木與焉。 吁！ 八物具而古今人物盡於是矣。 八物伊何？ 曰鳥獸草木，曰樓臺殿閣，曰芝草瑞蘭，曰杉松栝柏，曰布帛菽粟，曰千里八百，曰江淮河海，曰日月星辰。

夫鳥獸草木之類夥矣， 然無有一羽毛一草木而不堪人世之用者。 既已堪用矣，則隨所取擇，總無棄物也。 是一物也。

夫宮寺樓閣，山舍茅廬， 其址一也，而高低異； 本植一也，而小大異；居處一也，而廣狹異。 同爲鄉人而鄉不如，則以宮室產業之良矣。 譬之於鳥則賓鴻，於獸則獵犬，於草則國老，於木則從繩。 同於鳥獸草木，而又不同於鳥獸草木，則以其爲鳥獸草木本類之獨著耳。 是一物也。

夫芝草非常，瑞蘭馨香，小人所棄，君子所喜，設於世無君子亦已。 譬之玩物，過目則已，何取於溫？ 譬之好音，過耳則已，何取於飽？ 然雖無取於溫飽，而不可不謂之希奇也。 是一物也。

夫青松翠柏，在在常有，經歷歲時，棟梁遂就。 噫！安可以其常有而忽之！ 與果木鬭春，則花不如，與果木鬭秋，則實不如。 吁！安可以其不如而易之！ 世有清節之士， 可以傲霜雪而不可以任棟梁者，如世之萬年青草，何其滔滔也。 吁！ 又安可以其滔滔而擬之！ 此海剛峰之徒也。 是亦一物也。

夫智者好奇，以布帛菽粟爲不足珍； 賢者好異， 以布帛菽粟爲無異於人。 唯大智大賢反是，故以其易飽易煖者自過吾之身，又以其同飽同煖者同過人之日。 所謂易簡而得理， 無爲而成化，非若人之徒歟？ 眞若人之徒也。 是亦一物也。

夫馬牛麟鳳，俗眼視之，相去故甚遠也。 然千里之駒，一日而致；八百之牛，一日而程。 麟乎鳳乎，雖至奇且異，亦奚以異爲也？ 士之任重致遠

478

者, 大率類此. 而世無伯樂, 祇謂之馬牛而不知其能千里也, 眞可慨也! 是又一物也.

夫能生人又能殺人, 能貧人又能富人, 江淮河海是也. 利者十五, 而害者亦十五. 利害相半, 而趨者不倦. 今世用人者知其害而不察其利, 是欲堙塞天下之江河而不用之也. 宋王介甫欲決梁山泊以爲良田, 而思無置水之處. 劉貢父大聲叫曰: "再鑿一梁山泊則可置此水矣!" 然則今日江淮河海之士, 旣以有害而不用矣, 將安所置之哉? 是亦一物也, 今未見其人也.

夫智如日月, 皎若辰星, 照見大地, 物物賦成. 布帛菽粟者, 決不責以霜杉雪柏之操; 八百千里者, 決不索以異香奇卉之呈. 名川巨浸, 時或汎濫崩衝; 長江大河, 實藉其舟楫輸灌. 高樓涼殿, 巍然煥然, 誰不欲也, 獨不有鳥獸魚鼈與之咸若, 山川草木亦令多識乎? 器使之下, 可使無不獲之夫. 則知日月星辰灼然兼照, 眞可貴矣. 此一物者, 實用八物, 要當以此物爲最也, 今亦未見其人也.

嗚呼! 此八物湯也, 以爲藥則氣血兼補, 皆有益於身; 以救世則百工效用, 皆有益於治. 用人者其尙知此八物哉! 毋曰彼有怨於我也, 彼無德於我也, 雖有千金不傳之秘, 長生不老之方, 吾只知娼嫉以惡之, 而唯恐其勝其已也已. 吁! 觀於八物之說, 而後知世之用人者狹也, 況加之娼嫉之人歟!


## 五死篇

人有五死, 唯是程嬰·公孫杵臼之死, 紀信·欒布之死, 聶政之死, 屈平之死, 乃爲天下第一好死. 其次臨陣而死, 其次不屈而死. 臨陣而死勇也, 未免有不量敵之進, 同乎季路. 不屈而死義也, 未免有制於人之恨, 同乎睢陽. 雖曰次之, 其實亦皆烈丈夫之死也, 非凡流也. 又其次則爲盡忠被讒而死, 如楚之伍子胥, 漢之鼂錯是矣. 是爲不知其君, 其名曰不智. 又其次則爲功成名遂而死, 如秦之商君, 楚之吳起, 越之大夫種是矣. 是爲不知止足, 其名亦曰不智. 雖又次於前兩者, 然旣忠於君矣, 雖死有榮也; 旣成天下之大功矣, 立萬世之榮名矣, 雖死何傷乎? 故智者欲審處死, 不可不選擇於五者之間也. 縱有優劣, 均爲善死.

若夫臥病床榻之間，徘徊妻孥之側，滔滔者天下皆是也．此庸夫俗子之所習慣，非死所矣，豈丈夫之所甘死乎？雖然，猶勝於臨終扶病歌詩，杖策辭別，自以為不怖死，無顧戀者．蓋在世俗觀之，未免誇之為美談，呼之為考終．然其好名說謊，反不如庸夫俗子之為順受其正，自然而死也．等死於牖下耳，何以見其節，又何以見其烈，而徒務此虛聲為耶？

丈夫之生，原非無故而生，則其死也又豈容無故而死乎？其生也有由，則其死也必有所為，未有岑岑寂寂，臥病床褥間，扶柩推輦，埋於<u>北邙</u>之下，然後為得所死矣．<u>蒼梧殯虞</u>，<u>會稽</u>葬夏，聖帝明王亦必由之，何況人士歟！第余老矣，欲如以前五者，又不可得矣．夫如此而死既已不可得，如彼而死又非英雄漢子之所為，然則將何而死乎？計唯有做些小買賣耳．大買賣如<u>公孫杵臼</u>·<u>聶政</u>者既不見買主來到，則豈可徒死而死於床褥之間乎？且我已離鄉井，捐童僕，直來求買主於此矣，此間既無知己，無知己又何死也？大買賣我知其做不成也，英雄漢子，無所洩怒，既無知己可死，吾將死於不知己者以洩怒也．謹書此以告諸貌稱相知者，聞死來視我，切勿收我屍！是囑！


# 傷逝

生之必有死也，猶晝之必有夜也．死之不可復生，猶逝之不可復返也．人莫不欲生，然卒不能使之久生；人莫不傷逝，然卒不能止之使勿逝．既不能使之久生，則生可以不欲矣．既不能使之勿逝，則逝可以無傷矣．故吾直謂死不必傷，唯有生乃可傷耳．勿傷逝，願傷生也！


# 戒衆僧

佛說波羅蜜．波羅蜜有六，而持戒其一也．佛說戒·定·慧．戒·定·慧有三，而戒行其先也．戒之一字，誠未易言．戒生定，定生慧．慧復生戒，非慧離戒；慧出於戒，非慧滅戒．然則定·慧者成佛之因，戒者又定·慧之因．我<u>釋迦老子</u>未成佛之先，前後苦行一十二年，其戒也如此，汝大衆所知也．我<u>釋迦老子</u>既成佛之後，前後說法四十九年，其戒也如

此，亦汝大衆所知也．若謂佛是戒空，戒是佛縛，旣已得道成佛，不妨毀
律破戒，則舍精舍，歸王宮，有何不可，而仍衣破衲，重持鉢，何爲者
哉？須知父母乳哺之恩難報，必須精進以報之．所謂一子成道，九族生
天，非妄言也．十方顆粒之施難消，必須精進以消之，所謂披毛戴角，酬
還信施，豈誑語耶！

然則戒之一字，衆妙之門；破戒一言，衆禍之本．戒之一字，如臨三
軍，須臾不戒，喪敗而奔；戒之一字，如履深谷，須臾不戒，失足而殞．
故知三千威儀，重於山岳；八萬細行，密如牛毛．非是多事强爲，於法不
得不爾故也．毋曰"莫予覲也"，便可開居而縱恣．一時不戒，人便已知，
正目而視者，非但一目十目，蓋千億目共視之矣．毋曰"莫予指也"，便可
掩耳而偸鈴．一念不戒，鬼將誅之，旁觀而嗔者，非但一手十手，蓋千億
手共指之矣．

嚴而又嚴，戒之又戒．自今以往，作如是觀：坐受齋供，如吞熱鐵之
丸，若不膽顫心寒，與犬家其何異！行覓戒珠，如入淸涼之閣，若復魂飛
魄散，等乞丐以何殊！如此用心，始稱衲子．如水行舟，風浪便覆；如車
行地，欹斜卽敗．風浪誰作？覆沒自當．欹斜誰爲？顚仆自受．凡我大
衆，其愼之哉！除年長久參者無容贅示，間有新到比丘未知慚愧，不得不
更與申明之耳．凡此大衆，幸各策厲，庶稱芝佛道場；猛著精神，共成龍
遭勝會可矣．


## 六度解

我所喜者學道之人，汝肯向道，吾又何說？道從六度入．六度之中，持
戒禪定其一也．戒如田地，有田地方有根基，可以爲屋種田．然須忍辱．
忍辱者，謙下以自持，虛心以受善，不敢以貢高爲也．如有田地，須時時
澆糞灌水，方得有秋之稔．不然，雖有田地何益？精進則進此持戒忍辱
兩者而已．此兩者日進不已，則自然得入禪定眞法門矣．旣禪定，不愁不
生智慧而得解脫也．故知布施・持戒・忍辱眞禪定之本，而禪定又爲智
慧解脫之本．六者始終不舍，如濟渡然，故曰六度．此六度也，總以解脫
爲究竟，然必須持戒忍辱以入禪定，而後解脫可得．及其得解脫也，又豈
離此持戒忍辱而別有解脫哉！依舊卽是前此禪定之人耳．如離禪定而說解

脫，非唯不知禪定，而亦不知解脫矣．以此見生死事大，決非淺薄輕浮之人所能造詣也．試看他靈山等會，四十九年猶如一日，持戒忍辱常如一年．今世遠教衰，後生小子拾得一言半句，便自猖狂，不敬十方，不禮晚末，說道何佛可成．此與無爲教何異乎？非吾類也．

## 觀音問

### 答澹然師

昨來書，謂："觀世音大士發大弘願，我亦欲如是發願：願得如大士圓通無障礙．聞庵僧欲塑大士像，我願爲之，以致皈依，祇望卓公爲我作記也．"余時作筆走答云："觀音大士發大弘願，似矣．但大士之願，慈悲爲主：以救苦救難爲悲，以接引念佛衆生皈依西方佛爲慈．彼一切圓通無障礙，則佛佛皆然，不獨觀音大士也．彼塑像直布施功德耳，何必問余？或可或否，我不敢與．"余時作答之語如此，然尙未明成佛發願事，故復言之．

蓋言成佛者，佛本自成，若言成佛，已是不中理之談矣，況欲發願以成之哉！成佛者，成無佛可成之佛，此千佛萬佛之所同也．發願者，發佛佛各所欲爲之願，此千佛萬佛之所不能同也．故有佛而後有願，佛同而願各異，是謂同中有異也．發願盡出于佛，故願異而佛本同，是謂異中有同也．然則謂願由于佛可也，而謂欲發願以成佛可乎？是豈中理之談哉！雖然，此亦未易言也．大乘聖人尙欲留惑潤生，發願度人，況新發意菩薩哉！然大乘菩薩實不及新發意菩薩，大願衆生實不及大心衆生，觀之龍女・善財可見矣．故單言菩薩，則雖上乘，猶不免借願力以爲重．何者？見諦未圓而信心未化也．唯有佛菩薩如觀音・大勢至・文殊・普賢等，始爲諸佛發願矣．故有釋迦佛則必有文殊・普賢，釋迦爲佛而文殊・普賢爲願也．有阿彌陀佛則必有觀音・勢至，彌陀是佛而觀音・勢至是願也．此爲佛願，我願澹師似之！

### 又

佛之心法，盡載之經．經中一字透不得，卽是自家生死透不得，唯不識字者無可奈何耳．若謂經不必讀，則是經亦不必留，佛亦不用有經矣．昔

人謂讀經有三益：有起發之益，有開悟之益，又有印證之益．其益如此，曷可不讀也！世人忙忙不暇讀，愚人懵懵不能讀，今幸生此閒身，得爲世間讀經之人而不肯讀，比前二輩反在其後矣．快刻期定志立限讀之，務俾此身眞實可以死乃得．


## 又

世人貪生怕死，蠅營狗苟，無所不至，若見此僧端坐烈焰之中，無一毫恐怖，或遂頓生念佛念法之想，未可知也．其有益于塵世之人甚大，若欲湖僧爲之津送則不可．蓋凡津送亡僧者，皆緣亡者神識飛揚，莫知去向，故藉平時持戒僧衆誦念經咒以助之．今此火化之僧，必是了然自知去向者，又何用湖僧爲之津送耶？且湖上僧雖能守戒行，然其貪生怕死，遠出亡僧之下，有何力量可以資送此僧？若我則又貪生怕死之尤者，雖死後猶怕焚化，故特地爲塔屋于龍湖之上，敢以未死之身自入于紅爐乎？其不如此僧又已甚遠．自信·明因嚮往俱切，皆因爾澹師倡導，火力甚大，故衆菩薩不覺不知自努力向前也．此其火力比今火化之僧又大矣．何也？火化之僧只能化得自己，若澹師則無所不化．火化僧縱能化人，亦只化得衆人念佛而已，若澹師則可以化人立地成佛，故其火力自然不同．


## 又

學道人大抵要跟脚眞耳，若始初以怕死爲跟脚，則必以得脫生死·離苦海·免恐怕爲究竟．雖遲速不同，決無有不證涅槃到彼岸者．若始初只以好名爲跟脚，則終其身只成就得一個虛名而已，虛名於我何與也？此事在各人自查考，別人無能爲也．今人縱十分學道，亦多不是怕死．夫佛以生死爲苦海，而今學者反以生死爲極樂，是北轅而南其轍，去彼岸愈遠矣．世間功名富貴之人，以生爲樂也，不待言也．欲學出世之法，而唯在于好名，名只在于一生而已，是亦以生爲樂也，非以生爲苦海也．苦海有八，生其一也．卽今上亦不得，下又不得，學亦不得，不學亦不得，便可以見有生之苦矣．佛爲此故，大生恐怖．試看我輩今日何曾以此生身爲苦爲患，而決求以出離之也．尋常亦會說得此身是苦，其實亦只是一句說話耳，非眞眞見得此身在陷阱坑坎之中，不能一朝居者也．試驗之自見．

## 又

聞師又得了道，道豈時時可得耶？然真正學者亦自然如此．楊慈湖先生謂大悟一十八遍，小悟不記其數，故慈湖於宋儒中獨爲第一了手好漢，以屢疑而屢悟也．學人不疑，是謂大病．唯其疑而屢破，故破疑即是悟．自信菩薩於此事信得及否？彼以談詩談佛爲二事，不知談詩即是談佛．若悟談詩即是談佛人，則雖終日談詩何妨．我所引‘白雪陽春’之語，不過自謙之辭，欲以激厲彼，俾知非佛不能談詩也，而談詩之外亦別無佛可談．自信失余之意，反以談詩爲不美，豈不誤哉？歷觀傳燈諸祖，其作詩說偈，超逸絕塵不可當，亦可以談詩病之乎？唯本不能詩而強作，則不必；若真實能詩，則因談佛而其詩益工者又何多也，何必以談詩爲病也？

## 與澄然

認不得字勝似認得字，何必認得字也？只要成佛，莫問認得字與否，認得字亦是一尊佛，認不得字亦是一尊佛．當初無認字佛，亦無不認得字佛．無認字佛，何必認字；無不認字佛，何必不認字也？大要只要自家生死切耳．我昨與丘坦之壽詩有云：“劬勞雖謝父母恩，扶持自出世中尊．”今人但見得父母生我身，不知日夜承世尊恩力，蓋千生萬劫以來，作忘恩背義之人久矣．今幸世尊開我愚頑，頓能發起一念無上菩提之心，欲求見初生爺娘本面，是爲萬幸，當生大慚大愧乃可．故古人親證親聞者，對法師前高叫大哭，非漫然也．千萬劫相失爺娘，一旦得之，雖欲不慟哭，不可得矣．慎莫草草作語言戲論，反成大罪過也！世間戲論甚多，惟此事是戲論不得者．

## 答自信

既自信，如何又說放不下；既放不下，如何又說自信也？試問自信者是信個甚麼？放不下者又是放不下個甚麼？於此最好參取．信者自也，不信者亦自也．放得下者自也，放不下者亦自也．放不下是生，放下是死；信不及是死，信得及是生．信不信，放下不放下，總屬生死．總屬生死，則總屬自也，非人能使之不信不放下，又信又放下也．於此着實參取，便自得之．然自得亦是自，來來去去，生生死死，皆是自，可信也矣．來書“原無生死”四字，雖是諸佛現成語，然真實是第一等要緊語也．既說原無生死，則亦原無自信，亦原無不自信也；原無放下，亦原無不放下

也."原無"二字甚不可不理會: 旣說原無, 則非人能使之無可知矣, 亦非今日方始無又可知矣. 若待今日方始無, 則亦不得謂之原無矣. 若人能使之無, 則亦不得謂之原無矣."原無"二字總說不通也. 故知原無生者, 則雖千生總不妨也. 何者? 雖千生終不能生, 此原無生也. 使原無生而可生, 則亦不得謂之原無生矣. 故知原無死者, 則雖萬死總無礙也. 何者? 雖萬死終不能死, 此原無死也. 使原無死而可死, 則亦不得謂之原無死矣. 故"原無生死"四字, 不可只恁麼草草讀過, 急着精彩, 便見四字下落.

又

一動一靜, 原不是我, 莫錯認好. 父母已生後, 卽父母未生前, 無別有未生前消息也. 見得未生前, 則佛道・外道・邪道・魔道總無有, 何必怕落外道乎? 總無死, 何必怕死乎? 然此不怕死總自十分怕死中來. 世人唯不怕死, 故貪此血肉之身, 卒至流浪生死而不歇; 聖人唯萬分怕死, 故窮究生死之因, 直證無生而後已. 無生則無死, 無死則無怕, 非有死而強說不怕也. 自古唯佛・聖人怕死爲甚, 故曰"子之所愼, 齋戰疾", 又曰"臨事而懼, 若死而無悔者吾不與", 其怕死何如也? 但記者不知聖人怕死之大耳. 怕死之大者, 必朝聞而後可免于夕死之怕也, 故曰'朝聞道夕死可矣'. 曰可者, 言可以死而不怕; 再不復死, 亦再不復怕也. 我老矣, 凍手凍筆, 作字甚難, 愼勿草草, 須時時與<u>明因</u>確實理會. 我於詩學無分, 祇緣孤苦無朋, 用之以發叫號, 少洩胸中之氣, 無「白雪陽春」事也. 擧世無眞學道者, 今幸有爾列位眞心向道, 我喜何如! 若悠悠然唯借之以過日子, 又何必乎?

又

若無山河大地, 不成淸淨本原矣, 故謂山河大地卽淸淨本原可也. 若無山河大地, 則淸淨本原爲頑空無用之物, 爲斷滅空不能生化之物, 非萬物之母矣, 可值半文錢乎? 然則無時無處無不是山河大地之生者, 豈可以山河大地爲作障礙而欲去之也? 淸淨本原, 卽所謂本地風光也. 視不見, 聽不聞, 欲聞無聲, 欲嗅無臭, 此所謂龜毛兔角, 原無有也. 原無有, 是以謂之淸淨也. 淸淨者, 本原淸淨, 是以謂之淸淨本原也, 豈待人淸淨之而後淸淨耶? 是以謂之鹽味在水, 唯食者自知, 不食則終身不得知也. 又謂之色裏膠青. 蓋謂之曰膠青, 則又是色, 謂之曰色, 則又是膠青. 膠

靑與色合而爲一, 不可取也. 是猶欲取淸淨本原於山河大地之中, 而淸淨本原已合於山河大地, 不可得而取矣; 欲捨山河大地於淸淨本原之外, 而山河大地已合成淸淨本原, 又不可得而舍矣. 故曰取不得, 舍不得, 雖欲不放下不可得也. 龜毛兔角, 我所說與佛不同: 佛所說以證斷滅空耳.

又

念佛是便宜一條路, 昨火化僧只是念佛得力. 人人能念佛, 人人得往西方, 不但此僧爲然, 亦不必似此火化乃見念佛功效也. 古今念佛而承佛接引者, 俱以無疾而化爲妙. 故或坐脫, 或立亡, 或吉祥而逝. 故佛上稱十號, 只曰'善逝'而已. 善逝者, 如今人所言好死是也. 此僧火化, 雖非正法, 但其所言得念佛力, 實是正言, 不可因其不是正法而遂不信其爲正言也, 但人不必學之耳. 念佛須以見佛爲願, 火化非所願也.

又

無相·無形·無國土, 與有相·有形·有國土, 成佛之人當自知之, 已證涅槃之人亦自知之, 豈勞問人也? 今但有念佛一路最端的. 念佛者, 念<u>阿彌陀佛</u>也. 當時<u>釋迦</u>金口稱讚有<u>阿彌陀佛</u>, 在西方極樂國土, 專一接引念佛衆生. 以此觀之, 是爲有國土乎, 無國土乎? 若無國土, 則<u>阿彌陀佛</u>爲假名, 蓮華爲假相, 接引爲假說. 互相欺誑, 佛當受彌天大罪, 如今之衙門口光棍, 卽當時敗露, 卽受誅夷矣, 安能引萬億劫聰明豪傑同登金蓮勝會乎? 何以問我有無形·相·國土爲也? 且夫佛有三身: 一者淸淨法身, 卽今問佛問法與問有無形·相·國土者也, 是無形而不可見, 無相而不可知者也. 是一身也. 二者千百億化身, 卽今問佛問法問有無形·相·國土, 又欲參禪, 又欲念佛, 又不敢自信, 如此者一日十二時, 有千百億化現, 故謂之化身. 是又一身也. 卽法身之動念起意, 變化施爲, 可得而見, 可得而知, 可得而狀者也. 三者圓滿報身, 卽今念佛之人滿卽報以極樂, 參禪之人滿卽報以淨土, 修善之人滿卽報以天堂, 作業之人滿卽報以地獄, 慳貪者報以餓狗, 毒害者報以虎狼, 分釐不差, 毫髮不爽, 是報身也. 報身卽應身, 報其所應得之身也. 是又一身也. 今但念佛, 莫愁不到西方, 如人但讀書, 莫愁不取富貴, 一理耳. 但有因, 卽有果. 但得本, 莫愁末不相當; 但成佛, 莫愁佛不解語, 不有相, 不有形, 不有國土也. 又須知我所說三身, 與佛不同. 佛說三身, 一時其足, 如<u>大慧</u>引儒書

云:"'天命之謂性',清淨法身也.'率性之謂道',圓滿報身也.'修道之謂教',千百億化身也."最答得三身之義明白.然果能知三身卽一身,則知三世卽一時,我與佛說總無二矣.

## 答明因

昨有客在,未及裁答.記得爾言"若是自己,又何須要認".我謂此是套語,未可便說不要認也.急寫'要認'數字去.夫自己親生爺娘認不得,如何是好,如何過得日子,如何便放得下,自不容不認得去也.天下豈有親生爺娘認不得,而肯丟手不去認乎?決無此理,亦決無此等人.故我作壽丘坦之詩有云:"劬勞雖謝父母恩,扶持自出世中尊."尊莫尊于爺娘,而人却認不得者,無始以來認他人作父母,而不自知其非我親生父母也.一旦從佛世尊指示,認得我本生至親父母,豈不暢快!又豈不痛恨昔者之不見而自哀鳴與流涕也耶!故臨濟以之築大愚,非築大遇也,喜之極也.夫既認得自己爺娘,則天來大事當時成辦,當時結絕矣.蓋此爺娘是眞爺娘,非一向假爺娘可比也.假爺娘怕事,眞爺娘不怕事:入火便入火,燒之不得;入水便入水,溺之不得.故唯親爺娘爲至尊無與對,唯親爺娘能入於生死,而不可以生死;唯親爺娘能生生而實無生,能死死而實無死.有此好爺娘,可不早親識認之乎?然認得時,爺娘自在也;認不得時,爺娘亦自在也.唯此爺娘情性大好,不肯強人耳.因復走筆潦倒如此,甚不當.

## 又

無明"實性卽佛性"二句,亦未易會.夫既說實性,便不可說空身;既說空身,便不宜說實性矣.參參!"但得本,莫愁末."我道但有本可得,卽便有末可愁,難說莫愁末也."自利利他"亦然:若有他可利,便是未能自利的矣.既說"父母未生前",則我身尚無有;我身既無有,則我心亦無有;我心尚無有,如何又說有佛?苟有佛,卽便有魔,卽便有生有死矣,又安得謂之父母未生前乎?然則所謂眞爺娘者,亦是假立名字耳,莫太認眞也!眞爺娘不會說話,乃謂能度阿難,有是理乎?佛未嘗度阿難,而阿難自迷,謂必待佛以度之,故愈迷愈遠,直至迦葉時方得度爲第二組.當迦葉時,迦葉力擯阿難,不與話語,故大衆每見阿難便卽星散,視之如讐人然.故阿難慌忙無措,及至無可奈何之極,然後舍却從前悟解,不留

半點見聞於藏識之中，一如父母未生阿難之前然，迦葉方乃印可傳法爲第二祖也。說使阿難猶有一毫聰明可倚，尚貪着不肯放下，至極乾淨，迦葉亦必不傳之矣。蓋因阿難是極聰明者，故難舍也。然則凡看經看教者，只要舍我所不能舍，方是善看經教之人，方是眞聰明大善知識之人。莫說看經看教爲不可，只要看得瞥脫乃可。

　　明因曰：諸相原非相，只因種種差別，自落諸相中，不見一相能轉諸相。

　諸相原非相，是也，然怎見得原非相乎？世間凡可得而見者，皆相也，今若見得非相，則見在而相不在，去相存見，是又生一相也。何也？見卽是相耳。今且勿論。經云"若見諸相非相，卽見如來"，既見了如來，諸相又向何處去乎？抑諸相宛爾在前，而我心自不見之耶，抑我眼不見之也？眼可見而強以爲不見，心可見而謬以爲不見，是又平地生波，無風起浪，去了見復存不見，豈不大錯！

　　明因曰：豁達空是落斷滅見，着空棄有是着無見，都是有造作。見得眞爺娘，自無此等見識。然卽此見識，便是眞空妙智。

　棄有着空，則成頑空矣，卽所謂斷滅空也，卽今人所共見太虛空是也。此太虛空不能生萬有。既不能生萬有，安得不謂之斷滅空，安得不謂之頑空？頑者，言其頑然如一物然也。然則今人所共見之空，亦物也，與萬物同矣，安足貴乎！六祖當時特借之以喻不礙耳。其實我之眞空豈若是耶！唯豁達空須細加理會，學道到此，已大段好了，願更加火候，疾證此大涅槃之樂。

　　明因曰：名爲豁達空者是誰，怕落豁達空者是誰，能參取豁達空者是誰。我之眞空能生萬法，自無莽蕩。曾有偈云："三界與萬法，匪歸何有鄉，若人便恁麼，此事大乖張。"此是空病，今人有執着諸祖一語修行者，不知諸祖教人，多是因病下藥，如達磨見二祖種種說心說性，故教他外息諸緣，心如牆壁。若執此一語，卽成斷滅空。

488

眞空既能生萬法， 則眞空亦自能生罪福矣． 罪福非萬法中之一法乎？
須是眞曉得自無罪福乃可，不可只恁麼說去也．二祖當時說心說性，亦只
爲不曾認得本心本性耳．認得本心本性者，又肯說心說性乎？ 故凡說心
說性者，皆是不知心性者也．何以故？ 心性本來空也．本來空，又安得有
心更有性乎？ 又安得有心更有性可說乎？ 故二祖直至會得本來空，乃得
心如牆壁去耳．既如牆壁，則種種說心說性諸緣，不求息而自息矣．諸緣
既自息，則外緣自不入，內心自不惱，此眞空實際之境界也，大涅槃之極
樂也，大寂滅之藏海也，諸佛諸祖之所以相續慧命於不斷者也，可以輕易
而錯下注脚乎？ 參參！

<u>明因</u>云： 那火化僧說話亦通，只疑他臨化時叫人誦『彌陀經』， 又說
凡見過他的都是他的徒弟．

臨化念『彌陀經』，此僧家常儀也． 見過卽是徒弟，何疑乎？ 能做人徒
弟，方是眞佛，我一生做人徒弟到老．


## 豫約

### 小引

余年已七十矣，旦暮死皆不可知．然余四方之人也，無家屬僮僕於此，
所賴以供朝夕者，皆本院之僧，是故豫爲之約．約曰： 我在則事體在我，
人之敬慢亦在我．我若有德，人則敬我，汝等縱不德，人亦看不見也．我
若無德，人則我慢，縱汝等眞實有德，人亦看不見也．所係皆在我，故我
只管得我立身無愧耳．雖不能如古之高賢，但我靑天白日心事，人亦難
及，故此間大賢君子，皆能恕我而加禮我．若我死後，人皆唯爾輩之觀
矣，可復如今日乎？ 且汝等今日亦自不暇： 終年修理佛殿，塑像請經，鑄
鐘鞔鼓，幷早晚服事老人．一動一息，恐不得所，固忙忙然無有暇刻矣．
今幸諸事粗具，塔屋已成，若封塔之後，汝等早晚必然守塔，人不見我，
只看見汝，則汝等一言一動可苟乎哉！ 汝等若能加謹僧律，則人因汝敬，
幷益敬我，反思我矣．不然，則豈但不汝敬，將我此<u>龍湖上院</u>卽同興福等
寺應付僧一樣看了也，其爲辱門敗種，寧空此院，置此塔，無人守護可

矣. 吾爲此故, 豫設戒約, 付<u>常融</u>·<u>常中</u>·<u>常守</u>·<u>懷捷</u>·<u>懷林</u>·<u>懷善</u>·<u>懷</u><u>珠</u>·<u>懷玉</u>等. 若餘幾衆, 我死後無人管理, 自宜遣之復還原處, 不必强也. 蓋年幼人須有本師管轄, 方可成器; 又我死後勢益淡薄, 少年人或難當抵也. 若能聽約忍饑和衆, 則雖十方賢者, 亦宜留與共聚, 況此數衆與下院之衆乎? 第恐其不肯或不能, 是以趁早言之.

## 一 · 早晚功課

其上院『約束册』中, 不復再列

## 一 · 早晚山門

山門照舊關鎖, 非水火緊急, 不得擅開; 非熟客與檀樾爲燒香禮拜來者, 不得擅開. 若爲看境而來, 境在湖上之山, 潭下之水, 盡在上院山門之外, 任意請看, 不勞敲門與開門也. 遠者欲做飯吃, 則過橋卽是<u>柳塘先生</u>祠, 看祠有僧, 來客可辦柴米, 令跟隨人役燒茶煮飯, 彼中自有鍋竈, 亦不勞扣門矣. 何也? 山僧不知敬客禮數, 恐致得罪耳.

## 一 · 早晚禮儀

除挑水舂米作務照常外, 其餘非禮佛卽靜坐也, 非看經卽經行念佛也. 俱是整頓僧衣與接客等矣, 豈可效鄉間老以爲無事, 便縱意自在乎? 與其嬉笑, 無寧恥唲, 此實言也. 其坐如山, 其行如蟻, 其立如柱, 其止如釘, 則坐止行立如法矣. 我既不自慢, 人誰敢謾我? 有飯吃飯, 無飯吃粥; 有銀則糴, 無銀則化. 化不出米, 則化出飯; 化不出飯, 則化出粥; 化不出粥, 則化出菜; 化不出菜, 則端坐而餓死. 此<u>釋迦</u>律儀也. 不法<u>釋迦</u>而法積攢俗僧可乎? 此時不肯餓死, 後日又不飽死不病死乎? 總有一日死, 不必怕餓死也.

既不怕餓死, 又胡爲終日馳逐乎? 是故不許輕易出門. 除人家拜望禮節與僧家無干, 不必出門往看外, 若稱要到某庵某處會我師父或師兄師弟者, 皆不許, 只許師父暫時到院相看, 遠者留一宿, 近者一飯卽請回. 若俗家父母兄弟, 非辦齋不許輕易入門相見. 若無故而時常請假, 欲往<u>黃栢山</u>, 欲往<u>束山</u>, 欲往<u>維摩庵</u>等處者, 卽時驅遣之去. 寧可無人守塔, 不可容一不守戒約之僧; 寧可終身只四五衆, 不可妄添不受約一人. 夫既不許到師父住處矣, 況俗家乎? 如此則終日鎖門, 出門亦自希矣. 不但

身心安閒, 志意專一, 久則自覺便宜, 亦不耐煩見世上人矣. 有何西方不可到, 大事不可明乎? 試反而視世間僧日日遨遊街市, 當自汗流羞恥之. 化他日之錢米, 養不惜羞之和尚, 出入公私之門, 裝飾狗臉之行, 與衙門口積年奚殊也! 彼爲僧如是, 我爲僧不如是, 不但修行所宜, 體面亦自超越, 起人敬畏, 何苦而不肯閉門靜坐乎?

既終日閉門, 亦自然無客, 萬一有仕人或鄉先生來, 不得不開門者, 彼見我如此, 亦自然生渴仰矣, 雖相見何妨耶? 接鄉士夫則稱老先生, 接春元及文學則稱先生, 此其待之者重矣. 若稱之以老爹相公, 反輕之耳. 且既爲佛子, 又豈可與奴隷輩同口稱聲耶? 我自重, 人自重我; 我自輕, 人亦輕我: 理之所必至也. 閉門靜坐, 寂然無聲, 終年如此, 神猶欽仰, 何況於人? 太上出世爲眞佛, 其次亦不爲世人輕賤, 我願足矣. 區區藏屍塔屋, 有守亦可, 無守亦可, 何足重乎! 若本縣經過有公務者, 自有下院衆人迎接, 非守塔僧所當聞. 若其眞實有高興欲至塔前禮拜者, 此佛子也, 大聖人也, 急宜開門延入, 以聖人待之, 烹茶而燒好香, 與事佛等, 始爲相稱. 迎送務盡禮: 談佛者呼之爲佛爺; 講道學者呼之爲老先生; 不講學不談佛, 但其人有氣概欲見我塔者, 則呼之爲老大人. 五衆齊出與施禮, 三衆卽退而辦茶, 唯留<u>常融</u>·<u>懷林</u>二人安客坐而陪之: <u>融</u>隅坐, <u>林</u>傍坐, 俱用漆椅, 不可用凳陪客坐也. 有問乃答, 不問卽默, 安閒自在, 從容應對, 不敢慢之, 不可敬之. 敬之則必以我爲有所求, 甚不可也.


### 一·早晚佛燈

夫燈者所以繼明於晝夜, 而並明於日月者也. 故日能明於晝, 而不能照重陰之下; 月能明於夜, 而不能照殿屋之中. 所以繼日月之不照者, 非燈乎? 故謂之曰日月燈明佛, 蓋以佛譬日月燈, 稱佛之如燈如日月也. 日月有所不照, 唯燈繼之, 然後無所不照, 非謂日月可無而燈獨不可無也. 今事佛者相沿而不知其義, 以爲常明燈者但是燈光, 而不復論有日月, 乃晝夜然燈不息, 則日月俱廢矣. 非但月爲無用之光, 而日亦爲無益之明矣. 故今只令然燈於夜, 晝則不敢然, 以佛常如日也. 只令然燈於晦, 望之前後十餘夜卽不敢然, 以佛之常如日也. 唯鄰晦朔前後半餘月, 然燈徹旦, 以佛之常如燈也. 則允矣, 足稱日月燈明佛矣.

### 一 · 早晚鐘鼓

夫山中之鐘鼓，卽軍中之號令，天中之雷霆也。電雷一奮，則百穀草木皆甲坼；號令一宣，則百萬齊聲，山川震沸。山中鐘鼓，亦猶是也。未鳴之前，寂寥無聲，萬慮俱息；一鳴則蝶夢還周，耳目煥然，改觀易聽矣。縱有雜念，一擊遂忘；縱有愁思，一搥便廢；縱有狂志悅色，一聞音聲，皆不知何處去矣。不但爾山寺僧衆然也，遠者近者孰不聞之？聞則自然悲仰，亦且回心易向，知身世之無幾，悟勞攘之無由矣。然則山中鐘鼓所係匪鮮淺也，可聽小沙彌輩任意亂敲乎？輕重疾徐，自有尺度：輕能令人喜，重能令人懼，疾能令人趨，徐能令人息，直與軍中號令天中雷霆等耳，可輕乎哉！雖曰遠近之所望而敬者僧之律行；然聲音之道原與心通，未有平素律行僧寶而鐘鼓之音不清越而和平也。既以律行起人畏敬於先，又聽鐘鼓和鳴於清晨良宵之下。時時聞此，則時時熏心；朝朝暮暮聞此，則朝朝暮暮感悅。故有不待入門禮佛見僧而潛修頓改者，此鐘鼓之音爲之也，所係誠非細也。不然，我之撞鐘擊鼓，如同兒戲，彼反怒其驚我眠而呫我耳，反令其生躁心矣。

### 一 · 早晚守塔

封塔後卽祀木主，以百日爲度，早晚俱燒香，唯中午供飯一盞，清茶一甌，豆豉少許，上懸琉璃。我平生不愛人哭哀哀，不愛人閉眼愁眉作婦人女子賤態。丈夫漢喜則清風朗月，跳躍歌舞，怒則迅雷呼風，鼓浪崩沙，如三軍萬馬，聲沸數里，安得有此俗氣，況出家人哉？且人生以在世爲客，以死爲歸。歸家則喜而相慶，亦自謂得所而自慶也，又況至七八十而後歸，其爲慶幸，益以無涯，若復有傷感者，是不欲我得所也，豈出家人之所宜乎？古有死而念佛相送，卽今人出郭作歌送客之禮，生死一例。苟送客而哀興，豈不重難爲客耶！客既不樂，主人亦何好也？是以再四叮嚀，非怕汝等哭也，恐傷我歸客之心也。唯當思我所嗜者。我愛書，四時祭祀必陳我所親校正批點與纂集鈔錄之書于供桌之右，而置常穿衣裳于供桌之左，早陳設，至晚便收。每年共十三次祭祀，雖名爲祭祀，亦只是一飯一茶一少許豆豉耳。但我愛香，須燒好香；我愛錢，須燒好紙錢；我愛書，須牢收我書，一卷莫輕借人，時時搬出日頭曬曬，乾便收訖。雖<u>莊純甫</u>近來以敎子故，亦肯看書，要書但決不可與之。且彼亦不知我死，縱或於別處聞知我死而來，亦不可與以我書。

李四官若來，叫他勿假哭作好看，汝等亦決不可遣人報我死，我死不在今日也．自我遣家眷回鄉，獨自在此落髮爲僧時，即是死人了也．已欲他輩皆以死人待我了也．是以我至今再不曾遣一力到家者，以爲已死無所用顧家也．故我嘗自謂我能爲忠臣者，以此能忘家忘身之人卜之也，非欺誕說大話也．不然，晉江雖遠，不過三千餘里，遣一僧持一金即到矣，余豈惜此小費哉？不過以死自待，又欲他輩以死待我，則彼此兩無牽掛：出家者安意出家，在家者安意做人家．免道途之勞費，省江湖之風波，不徒可以成就彼，是亦彼之所以成就我也．何也？彼勞苦則我心亦自愁苦，彼驚懼則我心亦自疑懼；彼不得安意做人家，我亦必以爲使彼不得做人家者我陷之也．是以不願遣人往問之．其不肯遣人往問之者，正以絕之而使之不來也．莊純甫不曉我意，猶以世俗情禮待我，今已到此三次矣．其家既窮，來時必假借路費，借倩家人，非四十餘日不得到此，非一月日不好遽回，又非四五十日未易抵家．審如此，則我只宜在家出家矣，何必如此以害莊純甫乎？故每每到此，則我不樂甚也，亦以使之不敢復來故也．既不肯使之來此，又豈肯遣人往彼乎？一向既不肯遣人往彼，今日又豈可遣人往彼報死乎？何者？總之我死不在今日也．我死既不在今日，何爲封塔而乃以死待我也？則汝等之當如平日又可知也．待我如平日，事我如生前，言語不苟，行事不苟，比舊更加謹慎，使人人咸曰龍湖僧之守禁戒也如此，龍湖僧之不謬爲卓吾侍者也又如此，其爲喜悅我也甚矣，又何必以不復見我爲苦而生悲愴也？我之形雖不可復見，而我心則開卷即在矣．讀其書，見其人，精神且千萬倍，若彼形骸外矣，又何如我書乎？況讀其豫約，守其戒禁，則卓吾老子終日對面，十日視之無有如其顯，十手指之無有如其親者，又何必悲戀此一具瘦骨柴頭，以爲能不忘老子也耶？勉之戒之！

我初至麻城，曾承庵創買縣城下今添蓋樓屋所謂維摩庵者，皆是周友山物，余已別有『維摩庵創建始末』一書寄北京與周友山矣．中間開載布施事頗詳悉，其未悉者又開其緣簿中，先寄周友山于川中．二項兼查，則維摩庵布施功德主，亦昭昭可案覆而審，不得沒其實也．『創建始末』尚有兩冊：一冊留龍湖上院爲照；一冊以待篤實僧能堅守樓屋靜室者，然後當友山面前給與之．世間風俗日以偷薄．不守本分，雖百姓亦難，何況出家之者．謹守清規，莫亂收徒衆以爲能！縱不能學我一分半分，亦當學我一釐兩釐，何苦勞勞碌碌，日夜不止也．在家之人，尚爲有妻兒親眷等，衣

食人情，逼迫無措；我出家人一身亦不曾出一丁銀米之差，若不知休，非但人禍，天必刑之，難逃免也。周友山既捨此庵，不是小事。此庵見交銀七十二兩與曾·劉二家矣，可輕視之歟！

夫友山之所以敬我者，以我稍成一個人也。我之所以不同家，不他往者，以友山之知我也。我自幼寡交，少知遊。稍長，從薄宦於外，雖時時有敬我者，然亦皮膚粗淺視我耳；深知我者無如周友山。故我不還家，不復別往尋朋友也，想行遍天下，亦只如此已矣。且友山非但知我，亦甚重我。夫士為知己死，何也？知己之難遇也。今士子得一科第，便以所取座主為親爺娘，終身不能忘；提學官取之為案首，即以提學官為恩師，事之如事父兄：以其知己也。以文相知，猶然如此，況心相知哉！故天下未有人而不喜人知己者，則我之不歸家又可知矣。今世不察，既以不歸家病我，家中鄉里之人，又以不歸家為我病。我心中只好自問自答，曰："爾若知我，取我為案首，我自歸矣，何必苦勸我歸也。"然友山實是我師，匪但知我已也。彼其退藏之密，實老子之後一人，我自望之若跂，尤不欲歸也。爾等謹守我塔，長守清規，友山在世，定必護爾，爾等保無恐也。

劉近城是信愛我者，與楊鳳里實等。梅澹然是出世丈夫，雖是女身，然男子未易及之，今既學道，有端的知見，我無憂矣。雖不曾拜我為師，——彼知我不肯為人師也——然已時時遣人走三十里問法，余雖欲不答得乎？彼以師禮默默事我，我縱不受半個徒弟於世間，亦難以不答其請。故凡答彼請教之書，彼以師稱我，我亦以澹然師答其稱，終不欲犯此不為人師之戒也。嗚呼！不相見而相師，不獨師而彼此皆以師稱，亦異矣！

於澹然稱師者，澹然已落髮為佛子也。於眾位稱菩薩者，眾位皆在家，故稱菩薩也，然亦真正是菩薩。家殷而門戶重，即戚戚往來常禮，亦自無閒曠之期，安得時時聚首共談此事乎？不聚而談，則退而看經教，時時問話，皆有的據，此豈可以好名稱之！夫即使好名而後為，已是天下奇男子所希有之事，況實在為生死起念，早晚唯向佛門中勤渠拜請者乎？敬之敬之！亦以眾菩薩女身也，又是有親戚愛妬不等，生出閒言長語，不可耳聞也，猶然不一理會，只知埋頭學佛道，作出世人，況爾等出家兒並無一事，安可不究心，安可不念佛耶？

我有西方訣，最說得親切，念佛求生西方者，須知此趣向，則有端的志氣矣。不然，雖口修西方，亦是一句見成語耳。故念佛者定須看通了西方訣，方為真修西方之人。夫念佛者，欲見西方彌陀佛也。見阿彌陀佛了，

494

卽是生西方了，無別有西方可生也．見性者，見自性阿彌陀佛也．見自性阿彌陀佛了，卽是成佛了，亦無別有佛可成也．故修西方者總爲欲見佛耳，雖只得面見彼佛阿彌陀，然既常在佛之旁，又豈有不得見自己佛之理耶？時時目擊，時時耳聞，時時心領而意會．無雜學，無雜事，一日聽之，百日亦聽之；一劫伴之，百萬劫亦與之伴：心志純一，再無別有往生之想矣，不成佛更何待耶？故凡成佛之路甚多，更無有念佛一件直截不蹉者．是以大地衆生，咸知修習此一念也．然問之最聰明靈利肯念佛者，竟無一人曉了此意，則雖念佛何益？既不以成佛爲念，而妄謂佛是決不可成之物，則雖生西方欲以奚爲？縱得至彼，亦自不肯信佛言語，自然復生別想，欲往別處去矣，卽見佛猶不見也．故世之念佛修西方者可笑也．決萬萬無生西方之理也．縱一日百萬聲佛，百事不理，專一如此，然我知其非往生之路也．須是發願欲求生西方見佛，而時時聽其敎旨，半言不敢不信，不敢不理會，乃是求往生之本願正經主意耳．以上雖說守塔事，而終之以修淨土要訣，蓋皆前賢之所未發，故詳列之，以爲早晚念佛之因．

### 一・感慨平生

善因等衆菩薩，見我涅槃，必定差人來看．夫諸菩薩甚難得，若善因者，以一身而綜數産，纖悉無遺；以家婦而養諸姑，昏嫁盡禮．不但各無間言，亦且咸得歡心，非其本性和平，眞心孝友，安能如此？我聞其才力其識見大不尋常，而善因固自視若無有．時時至繡佛精舍，與其妹澹師窮究眞乘，必得見佛而後已．故我尤眞心敬重之．此皆爾等所熟聞，非千里以外人，百年以遠事，或出傳說未可信也．爾等但說出家便是佛了，便過在家人了．今我亦出家，寧有過人者，蓋大有不得已焉耳，非以出家爲好而後出家也，亦非以必出家乃可修道然後出家也．在家不好修道乎？緣我平生不愛屬人管．夫人生出世，此身便屬人管了．幼時不必言；從訓蒙師時又不必言；既長而入學，卽屬師父與提學宗師管矣；入官，卽爲官管矣．棄官回家，卽屬本府本縣公祖父母管矣．來而迎，去而送；出分金，擺酒席；出軸金，賀壽旦．一毫不謹，失其歡心，則禍患立至，其爲管束至入木埋下土未已也，管束得更苦矣．我是以寧飄流四外，不歸家也．其訪友朋求知己之心雖切，然亦亮天下無有知我者；只以不願屬人管一節，既棄官，又不肯回家，乃其本心實意．特以世人難信，故一向不

肯言之. 然出家遨遊, 其所遊之地亦自有父母公祖可以管攝得我. 故我於鄧鼎石初履縣時, 雖身不敢到縣庭, 然彼以禮帖來, 我可無名帖答之乎? 是以書名帖不敢曰侍生, 侍生則太尊己; 不敢曰治生, 治生則自受縛. 尋思四字回答之, 曰'流寓客子'. 夫流寓則古今時時有之, 目今郡邑誌書, 稱名宦則必繼之以流寓也. 名宦者, 賢公祖父母也; 流寓者, 賢隱逸名流也. 有賢公祖父母, 則必有賢隱逸名流, 書流寓則與公祖父母等稱賢矣. 宦必有名乃紀, 非名宦則不紀, 故曰名宦. 若流寓則不問可知其賢, 故但曰流寓, 蓋世未有不是大賢高品而能流寓者. 晦庵婺源人, 而終身延平; 蘇子瞻兄弟俱眉州人, 而一葬郟縣, 一葬潁州. 不特是也. 邵康節范陽人也, 司馬君實陝西夏縣人也, 而皆終身流寓洛陽, 與白樂天本太原人而流寓居洛一矣. 孰謂非大賢上聖而能隨寓皆安者乎? 是以不問而知其賢也. 然既書流寓矣, 又書客子, 不已贅耶? 蓋流而寓矣, 非築室而居其地, 則種地而食其毛, 欲不受其管束又不可得也. 故兼稱客子, 則知其爲旅寓而非眞寓, 如司馬公·邵康節之流也. 去住時日久近, 皆未可知, 縣公雖欲以父母臨我, 亦未可得. 既未得以父母臨我, 則父母雖尊, 其能管束得我乎? 故兼書四字, 而後作客之意與不屬管束之情暢然明白, 然終不如落髮出家之爲愈. 蓋落髮則雖麻城本地之人亦自不受父母管束, 況別省之人哉! 或曰: "既如此, 在本鄉可以落髮, 又何必麻城?" 噫! 我在此落髮, 猶必設盡計校, 而後刀得臨頭. 鄧鼎石見我落髮, 泣涕甚哀, 又述其母之言曰: "爾若說我乍聞之整一日不吃飯, 飯來亦不下咽, 李老伯決定留髮也. 且汝若能勸得李老伯蓄髮, 我便說爾是個眞孝子, 是個第一好官." 嗚呼! 余之落髮, 豈容易哉! 余唯以不肯受人管束之故, 然後落髮, 又豈容易哉! 寫至此, 我自酸鼻, 爾等切勿以落髮爲好事, 而輕易受人布施也!

雖然, 余之多事亦已極矣. 余唯以不受管束之故, 受盡磨難, 一生坎坷, 將大地爲墨, 難盡寫也. 爲縣博士, 卽與縣令·提學觸; 爲太學博士, 卽與祭酒·司業觸. 如秦, 如陳, 如潘, 如呂, 不一而足矣. 司禮曹務, 卽與高尙書·殷尙書·王侍郞·萬侍郞盡觸也. 高·殷皆入閣, 潘·陳·呂皆入閣, 高之掃除少年英俊名進士無數矣, 獨我以觸迕得全, 高亦人傑哉! 最苦者, 爲員外郞不得尙書謝·大理卿董幷汪意. 謝無足言矣, 汪與董皆正人, 不宜與余抵. 然彼二人者皆急功名, 淸白未能過人, 而自賢則十倍矣, 余安得免觸耶? 又最苦而遇尙書趙. 趙於道學有名. 孰知

道學益有名而我之觸益又甚也? 最後爲郡守, 卽與巡撫王觸, 與守道駱觸. 王本下流, 不必道矣. 駱最相知, 其人最號有能有守, 有文學, 有實行, 而終不免與之觸, 何耶? 渠過於刻厲, 故遂不免成觸也. 渠初以我爲清苦敬我, 終反以我爲無用而作意害我, 則知有己不知有人, 今古之號爲大賢君子, 往往然也. 記余嘗苦勸駱曰: "邊方雜夷, 法難盡執, 日過一日, 與軍與夷共享太平足矣. 仕於此者, 無家則難住; 攜家則萬里崎嶇而入, 狼狽而去. 尤不可不體念之! 但有一能, 卽爲賢者, 豈容備責? 但無人告發, 卽裝韓啞, 何須細問? 蓋清謹勇往, 只可責己, 不可責人, 若盡責人, 則我之清能亦不足爲美矣, 況天下事亦只宜如此耶!" 嗟嗟! 孰知余竟以此相觸也! 雖相觸, 然使余得以薦人, 必以駱爲薦首也. 此余平生之大略也. 上之不能如東方生之避世金馬門, 以萬乘爲僚友, 含垢忍恥, 遊戲仕路; 最上又不能如胡廣之中庸, 梁江總之頭黑, 馮道之五代. 貪祿而不能忍訕, 其得免於虎口, 亦天之幸耳! 旣老而思勝算, 就此一著, 已非上策, 爾等安得知耶!

故余嘗謂世間有三種人決宜出家. 非三種而出家, 非避難, 卽無計治生, 利其閒散, 可以成就吾之懶也, 無足言也. 三種何? 蓋世有一種如梅福之徒, 以生爲我酷, 形爲我辱, 知爲我毒, 身爲我桎梏, 的然見身世之爲贅疣, 不得不棄官而隱夫洪崖 · 玉笥之間者, 一也. 又有一種如嚴光 · 阮籍 · 陳摶 · 邵雍輩, 苟不得比于呂尙之遇文王, 管仲之遇齊桓, 孔明之遇先主, 傅說之遇高宗, 則寧隱無出. 故夫子曰: "居則曰不吾知也, 如或知爾, 則何以哉?" 又曰: "沽之哉! 我待價者也." 是以孔子終身不仕而隱也. 其曰"有道則仕, 無道則懷", 不過以贊伯玉等云耳. 若夫子苟不遇知己善價, 則雖有道之世, 不肯沽也. 此又一種. 夫天下曷嘗有知己之人哉? 況眞爲天下知己之主歟! 其不得不隱居于巖穴 · 釣臺 · 蘇門之山, 固其所矣. 又有一種, 則陶淵明輩是也: 亦貪富貴, 亦苦貧窮. 苦貧窮故以乞食爲恥, 而曰"扣門拙言詞"; 愛富貴故求爲彭澤令, 因遣一力與兒, 而曰"助汝薪水之勞". 然無耐其不肯折腰何, 是以八十日便賦「歸去」也. 此又一種也. 適懷林在傍研墨, 問曰: "不審和尙于此三種何居?" 余曰: "卓哉! 梅福 · 莊周之見, 我無是也. 必遇知己之主而後出, 必有蓋世眞才, 我無是才也, 故亦無是見也. 其唯陶公乎?" 夫陶公淸風千古, 余又何人, 敢稱庶幾, 然其一念眞實, 受不得世間管束, 則偶與同耳, 敢附驥耶!

以上六條，末條復潦倒哀鳴，可知余言之不顧矣！勸爾等勿哭勿哀，而我復言之哀哀，眞情實意，固自不可强也．我願爾等勿哀，又願爾等心哀，心哀是眞哀也．眞哀自難止，人安能止？


## 寒燈小話

### 第一段

九月十三夜，大人患氣急，獨坐更深，向某輩言曰：“丘坦之此去不來矣．”言未竟，淚如雨下．某謂大人莫太感傷，因爲鄙俚之語以勸大人．語曰：“這世界眞可哀：乾坤如許大，好人難容載．我勸大人莫太傷懷．古來盡如此，今日安足怪！我量彼走盡天下無知己，必然有時還來．”亂曰：“此說不然．此人聰明大有才，到處逢人多相愛．只恨一去太無情，不念老人日夜難待．”十五夜，復聞人道有一老先生特地往丘家拜訪荆州袁生，且親下請書以邀之．袁生拜旣不答，召又不應；丘生又係一老先生通家子，亦竟不與袁生商之．傍人相視，莫不驚駭，以爲此皆人世所未有者．大人謂：“袁生只爲不省人間禮數，取怒於人，是以遨遊至此，今又責之備，袁生安所逃死耶？嗟嗟！袁生之難也，烏得無罪乎！”懷林小沙彌從傍哂曰：“袁家·丘家決定是天上人初來下降人世者，是以不省人世事也．若是世間人，安有不省世間禮數之理？”某謂林言甚辯．大人曰：“林之言是也．夫唯眞天上人，是以不知有人世事．故世間人之所能知者，天人不知；世間人之所能行者，天人不能：是以謂之天人也．夫世間人之所能知能行者，天人旣已不知不能，則天人之所知者世間人亦決不知，天人之所能者世間人亦決不能．若慕天人以其所不知不能，而復責天人以世之所共知共能，是猶責人世以知能，而復求其如天人之不知與不能也，不亦難歟！則不惟天人失其爲天人，將世間人亦失其爲世間人矣，是責備之過也．吾謂不如取天人之所獨知獨能者而以與之好，而略其所不知不能之不如世間人者，而不爲之求備焉，則善矣．”因感而賦詩三章，以袪責備者之惑．

不是天人初下世，如何不省世人禮？省得世人禮不難，爾來我往知禮矣．
旣不能知人世禮，如何敢到人間世？任爾胸藏萬斛珠，不如百拜頭至地．
去年曾有一新郎，兩處奔波苦苦忙．糞掃堆邊都是也，癡人却說郎非常．

498

### 第二段

是夜，懷林侍次，見有貓兒伏在禪椅之下．林曰：「這貓兒日間祇拾得幾塊帶肉的骨頭吃了，便知痛他者是和尚，每每伏在和尚座下而不去．」和尚嘆曰：「人言最無義者是貓兒，今看養他顧他時，他卽戀着不去．以此觀之，貓兒義矣！」林曰：「今之罵人者動以禽獸奴狗罵人，強盜罵人，罵人者以爲至重，故受罵者亦自爲至重．吁！誰知此豈罵人語也！夫世間稱有義者莫過於人．你看他威儀禮貌，出言吐氣，好不和美！憐人愛人之狀，好不切至！只是還有一件不如禽獸奴狗強盜之處．蓋世上做強盜者有二：或被官司逼迫，怨氣無伸，遂爾遁逃；或是盛有才力，不甘人下，倘有一個半個憐才者使之得以效用，彼必殺身圖報，不肯忘恩矣．然則以強盜罵人，是不爲罵人了，是反爲讚嘆稱美其人了也．狗雖人奴，義性尤重，守護家主，逐亦不去；不與食吃，彼亦無嗔，自去吃屎，將就度日．所謂‘狗不厭家貧’是也．今以奴狗罵人，又豈當乎？吾恐不是以狗罵人，反是以人罵狗了也．至於奴之一字，但爲人使而不足以使人者，咸謂之奴．世間曷嘗有使人之人哉？爲君者漢唯有孝高・孝文・孝武・孝宣耳，餘盡奴也．則以奴名人，乃其本等名號，而反怒人何也？」和尚謂：「禽獸畜生強盜奴狗既不足以罵人，則當以何者罵人乃爲恰當？」林遂引數十種如蛇如虎之類，俱是罵人不得者．直商量至夜分，亦竟不得．乃嘆曰：「嗚呼！好看者人也，好相處者人也，祇是一付肚腸甚不可看，不可處！」林曰：「果如此，則人眞難形容哉！世謂人皮包倒狗骨頭，我謂狗皮包倒人骨頭．未審此罵何如？」和尚曰：「亦不足以罵人．」遂去睡．

### 第三段

守庵僧每日齋，皆取給于城內外人家供給盞飯，推其餘乃以飯往來方僧道侶．是日，道侶中有一人再來索飯，守僧怒罵不已．大人聞之，謂某輩曰：「不與食亦罷，何太辱罵也？況又盞飯之餘乎！」因論及常志等，謂：「常志每借得銀物，隨手輒盡，此其視守僧之罵道人較勝矣．且常志等平日亦自謂能輕財好施，當過守僧十倍也．」某謂：「此說未當，要不過伯仲之間耳．彼守僧之罵道人，傷于太儉者也．但知爲施主惜餘飯，而不知爲施主廣積福；但知化飯之難，欲以飽其徒，不知受罵之苦，反以傷佛心：是太儉之故也．若常志輩，但見假借名色以得人之銀若甚容易，而不知屢借名色以要人之銀，人實難堪．況慷他人之慨，費別姓之財，於人爲

不情，於己甚無謂乎？是太奢之過也．奢儉俱非，何以稱常志之勝？”大人曰：“若如子言，則輕財之名不美乎？彼固慕輕財之名而後爲之者也.”某曰：“嗟哉！是何言歟！夫古之言輕財者必曰重義，未有無故而輕財者也．故重義者必輕財，而輕財者以重義故，是以有輕財重義之說，有散財結客之說．是故范純佑麥舟之予，以石曼卿故；非石曼卿則一麥不肯妄費矣．魯子敬有一囷三千米之予，以周公瑾故；非公瑾則一粒不肯妄費矣．爲公瑾是以結客故散財，爲石曼卿是以重義故輕財．今得人錢財，視同糞土，豈爲謀王圖霸，用之以結客乎？抑救災恤患，而激於義之不能以已也？要不過縱酒色之慾，滋豪奴之貪，亂而不理，懦而不敢明耳，何曾有一文施及於大賢之待朝餔者！此爲浪費縱慾，而借口輕財，是天下之浪子皆輕財之夫也，反不如太儉者之爲得，故曰‘與其奢也寧儉’．”

### 第四段

九月二十七日，林隨長者遊至西城，發足欲往萬壽寺．寺有僧，長者每遊必至方丈．是日忽逢暴雨，勢似天以同來，長者避雨于秀士門下．不一盞茶，雨過，然平地皆水，可以行舟矣．林啓長者曰：“此驟雨，水未退，不如升堂一坐，稍待水退乃往．”長者登堂，坐于中堂之上．時有老僕卽欲入報，長者遽止之曰：“勿報！我躲雨至此，權坐一時，切勿報！不報，我尚多坐一時；若報，主人出，我不過一茶卽起矣．”偶它中有老姆從內出，見是長者，不覺發聲曰：“是卓吾老爹，何不速報！”便番身入內，口中道：“卓吾老爹在堂，快報知！快報知！”于時主人出，安座已．坐未一茶，長者果起．至道中，問林曰：“何此家婦人女子盡識李卓吾耶？”林曰：“偏是婦人女子識得，其丈夫相者反不識．此間男子見長者個個攢眉．”長者曰：“如爾言，反比不得婦人耶？”林曰：“不然．男子慣見長者，故作尋常看，此老婦人乍見耳，乍見是以生希有想·歡喜想也．長者但自念果尋常乎，希有乎，不必問林也．若說男子不如婦人，非矣．”長者曰：“爾言是！爾言是！”疾行至萬壽寺，會其僧．其僧索書．書數紙已，其徒又索聯句．聯句曰：“僧卽俗，俗卽僧，好個道場；爾爲爾，我爲我，大家遊戲．”是夜雨不止，雨點大如車輪．長者肩輿淋漓帶雨而歸，大叫于輿上曰：“子看我與爾共作雨中遊，何如？”林對曰：“眞可謂遊戲三昧，大神通自在長者矣！”

## 玉合

此記亦有許多曲折，但當要緊處却緩慢，却泛散，是以未盡其美，然亦不可不謂之不知趣矣．韓君平之遇柳姬，其事甚奇，設使不遇兩奇人，雖曰奇，亦徒然耳．此昔人所以歎恨於無緣也．方君平之未得柳姬也，乃不費一毫力氣而逕得之，則李王孫之奇，千載無其匹也．迨君平之既失柳姬也，乃不費一時力氣而逕復得之，則許中丞之奇，唯有崑崙奴千載可相伯仲也．嗚呼！世之遭遇奇事如君平者，亦豈少哉！唯不遇奇人，卒致兩地含冤，抱恨以死，悲夫！然君平者唯得之太易，故失之亦易，非許俊奇傑，安得復哉？此許中丞所以更奇也．


## 崑崙奴

許中丞片時計取柳姬，使玉合重圓；崑崙奴當時力取紅綃，使重關不阻：是皆天地間緩急有用人也，是以謂之俠耳．忠臣俠忠，則扶顚持危，九死不悔；志士俠義，則臨難自奮，之死靡他．古今天下，苟不遇俠而妄委之，終不可用．或不知其爲俠而輕置之，則亦不肯爲我死，爲我用也．

俠士之所以貴者，才智兼資，不難於死事，而在於成事也．使死而可以成事，則死眞無難矣；使死而不足以成事，則亦豈肯以輕死哉！貫高之必出張王，審出張王而後絕吭以死者是也．若崑崙奴既能成主之事，又能完主之身，則奴願畢矣，縱死亦有何難，但郭家自無奈崑崙奴何耳．劍術縱精，初何足恃．設使無劍術，郭家四五十人亦能奈之何乎？觀其酬對之語可見矣．況彼五十人者自謂囊中之物，不料其能出此網矣．一夫敢死，千夫莫當，況僅僅五十人而肯以活命換死命乎？直潰圍出，本自無阻，而奈何以劍術目之！謂之劍術且不可，而乃謂之劍俠'，不益傷乎！劍安得有俠也？人能俠劍，劍又安能俠人？人而俠劍，直匹夫之雄耳，西楚霸王所謂"學劍不成，去，學萬人敵"者是也．夫萬人之敵，豈一劍之任耶！彼以劍俠稱烈士者，眞可謂不識俠者矣．嗚呼！俠之一字，豈易言哉！自古忠臣孝子，義夫節婦，同一俠耳．夫劍之有術，亦非眞英雄者之所願也．何也？天下無不破之術也．我以術自聖，彼亦必以術自神，術而逢術，則術窮矣．曾謂荆卿而未嘗聞此乎？張良之擊秦皇也，時無術士，故

子房得以身免; 使遇術者, 立爲齏粉矣. 故黃石老大嗔怪于坯橋之下也. 嗣後不用一術, 只以無窮神妙不可測識之術應之. 滅秦興漢, 滅項興劉, 韓·彭之俎醢不及, 蕭何之械繫不及, 呂后之妬悍不及, 功成名遂而身退, 堂堂大道, 何神之有, 何術之有, 況劍術耶? 吾是以深悲魯勾踐之陋也, 彼其區區, 又何足以知荊卿哉! 荊卿者, 蓋眞俠者也, 非以劍術俠也.


## 拜月

此記關目極好, 說得好, 曲亦好, 眞元人手筆也. 首似散漫, 終致奇絶, 以配『西廂』, 不妨相追逐也, 自當與天地相終始, 有此世界, 卽離不得此傳奇. 肯以爲然否? 縱不以爲然, 吾當自然其然. 詳試讀之, 當使人有兄兄妹妹, 義夫節婦之思焉. 蘭比崔重名, 尤爲閒雅, 事出無奈, 猶必對天盟誓, 願終始不相背負, 可謂貞正之極矣. 興福投竄林莽, 知恩報恩, 自是常理. 而卒結以良緣, 許之歸妹, 興福爲妹丈, 世隆爲妻兄, 無德不酬, 無恩不答. 天之報施善人, 又何其巧歟!


## 紅拂

此記關目好, 曲好, 白好, 事好. 樂昌破鏡重合, 紅拂智眼無雙, 虬髯棄家入海, 越公並遣雙妓, 皆可師可法, 可敬可羨. 孰謂傳奇不可以興, 不可以觀, 不可以羣, 不可以怨乎? 飲食宴樂之間, 起義動慨多矣. 今之樂猶古之樂, 幸無差別視之其可!

# 卷五 讀史

## 曹公二首

曹公欲以愛女嫁丁儀，五官中郎將曰："婦人觀貌，而丁儀目眇，恐愛女不悅。"後公與儀會，因坐而劇談，勃然起曰："丁掾好士，卽使其兩目盲，猶當嫁女與之，何況但眇？ 是兒誤我！"嗚呼！曹公愛才而忘其眇，愛才而忘其愛，愛才而忘其女之所不愛，若曹公眞可謂愛才之極矣！然丁掾亦何可當也？ 夫人以目眇爲病，而丁掾獨以目眇見爲奇，吾是以知曹公之具眼矣. 是故獨能以隻眼視丁掾也. 是故丁掾可以失愛女，而不可以失岳翁！ 縱可以不稱岳翁，而不得不稱以知己之主！

## 又

魏武病頭風，方伏枕時，一見陳琳檄，卽躍然起曰："此愈我疾！此愈我疾！"夫文章可以起病，是天下之良藥不從口入而從心授也. 病卽起於見文章，是天下之眞藥不可以形求，而但可以神領也. 夫天下之善文章，如良醫之善用藥，古今天下亦不少矣. 故不難於有陳琳，而獨難於有魏武. 設使呈陳琳之檄於凡有目者之前，未必皆以爲好，然未必遽皆能愈疾也. 唯愈疾，然後見魏武之愛才最篤，契慕獨深也. 故吾不喜陳琳之能文章，而喜陳琳之遇知己，蓋知己甚難，雖琳亦不容不懷知己之感矣. 唐之明皇，豈不是能文章者？ 然杜甫「三大禮賦」，浩然「不才」詩，已棄之如秦·越人矣，況六朝之庸主哉！況沈·謝引短推長，僧虔禿筆自免，孝標空續「辨命」哉！

## 楊修

史稱丞相主簿楊修謀立曹植爲魏嗣，曹丕患之，以車載廢簏，內吳質與之謀．修以白操，丕大懼，質曰：「無害也．」明日復以簏載絹而入，推驗無人，操由是疑．又修每當就植，慮有關白，忖度操意，豫作答教十餘條，敕門下隨問應答．於是教裁出，答即入，操怪之，乃收殺修．此爲實錄矣．或以修聰敏敏常，又與袁氏爲婚，故曹公忌之．夫曹公愛才，今古所推，雖禰正平之無狀，猶爾相容，陳孔璋之檄辱及父祖，且收以爲記室，安得有此？且有此，安得兼羣雄而并天下也？其欲謀立臨淄，爲丕等所譖是的，蓋臨淄本以才捷愛幸，秉意投修，故修亦自以植爲知己．植既數與修書，無所避忌，修亦每於操前馳騁聰明，則修之不善韜晦，自宜取敗．修與禰正平·孔北海俱相知，俱是一流人，故俱敗．

## 反騷

朱子曰：「雄少好辭賦，慕司馬相如之作，怪屈原文過相如，至不容，作「離騷」，自投江而死，悲其文，讀之未常不流涕焉．以爲君子得時則大行，不得則龍蛇，遇不遇命也，何必湛身哉！乃作書往往摭「騷」文而反之，自崏山投諸江以弔屈原云．」李生曰：「離騷，離憂也；「反騷」，反其辭，以甚憂也，正爲屈子翻愁結耳．彼以世不足憤，其憤世也益甚；以俗爲不足嫉，其嫉俗愈深．以神龍之淵潛爲懿，則其卑鄙世人，驪驟下上，視屈子爲何物，而視世爲何等乎？蓋深以爲可惜，又深以爲可憐，痛原轉加，而哭世轉劇也．夫有伯夷之行，則以餓死爲快；有土師之沖，則以不見羞汙爲德：各從所好而已．若執夷之清而欲棄柳之和，有惠之和又欲并夷之清，則惠不成惠，夷不成夷，皆假焉耳．屈子者夷之倫，揚雄者惠之類，雖相反而實相知也，實未常不相痛念也．彼假人者豈但不知雄，而亦豈知屈乎？唐柳柳州有云：「委故都以從利兮，吾知先生之不忍．立而視其顛覆兮，又豈先生之所志？窮與達其不渝兮，夫唯服道而守義．吁嗟先生之貌不可得兮，猶彷彿其文章．託遺編而嘆喟兮，渙余涕其盈眶．哀今之人兮，庸有慮時之否臧？退默默以自服兮，曰吾言之而不行！」其傷今念古，亦可感也！獨太史公「屈原傳」最得之．

504

## 史記屈原

夫爲井者泄淤泥而瑩淸泉，可以汲矣，而乃不汲，眞不能不令人心惻也．故知王明則臣主並受其福，不明則臣主並受其辱，又何福之能得乎？然則懷王客死於秦，屈原沉沒於淵，正並受其辱者耳，曷足怪也！張儀侮弄楚懷，直似兒戲，屈原乃欲託之爲元首，望之如堯・舜・三王，雖忠亦癡．觀者但取其心可矣．昏愚庸主有何草制可定，左右近侍絕無與原同心者，則原亦太孤子而無助矣．且所草稿旣未定，上官大夫等安得見之？旣得而見，則是吾示天下以公也．公則無有我人，又何待奪，又何奪之而不與乎？卽推以爲上官大夫之能可也，不待彼有奪意斯善矣．此以人事君之道，臣之所以廣忠益者，眞大忠也，甚不可以不察也．

## 漁父

細玩此篇，畢竟是有此漁父，非假設之辭也．觀其鼓枻之歌，逈然淸商，絕不同調，末卽頓顯拒絕之跡，遂去不復與言，可以見矣．如原決有此見，肯沉汨羅乎？實相矛盾，各執一家言也．但爲漁父則易，爲屈子則難，屈子所謂邦無道則愚以犯難者也．誰不能智，唯愚不可及矣．漁父之見，原亦知之，原亦能言之，則謂爲屈原假設之詞亦可．

## 招魂

朱子曰："古者人死，則以其上服升屋履危，北面而號曰：'皐某復．'遂以其衣三招之而下以覆尸．此禮所謂復也．說者以爲招魂復魂，有禱祠之道，盡愛之心，蓋猶冀其復生耳．如是而不生，則不生矣，於是乃行死事．而荊楚之俗，乃或以施之生人，故宋玉哀閔屈原放逐，恐其魂魄離散，遂因國俗，託帝命，假巫語以招之．其盡愛致禱，猶占遺意，是以太史公讀之而哀其志焉．"

李生曰：上帝命巫陽占筮屈平所在，與之魂魄．巫陽謂屈原放逐江南，魂魄不復日久，不待占而後知，筮而後與也．但宜卽差掌夢之官往招其

魂，速之來歸耳．夫返魂還魄，生死肉骨，天帝專之，乃使<u>陽</u>筮之，帝之不足爲明矣．故<u>陽</u>謂帝命難從，而自以己情來招引之也．天帝亦遂辭巫<u>陽</u>，而謝不能復用<u>屈原</u>焉．蓋<u>玉</u>自比巫<u>陽</u>，而以<u>上官</u>・<u>子蘭</u>等比掌夢之官，以<u>懷</u>・<u>襄</u>比天帝，辭意隱矣．其招之辭只述上下四方不可久處，但道故國土地・飲食・宮室・聲妓・宴遊之樂，宗族之美，絕不言當日事，可謂至妙至妙．善哉招也！痛哉招也！樂哉招也！同時<u>景差</u>亦有「大招辭」．至<u>漢</u>時<u>淮南小山</u>作「招隱士」．

　<u>朱子</u>曰："<u>淮南王安</u>好招致賓客，客有'八公'之徒，分造詞賦，以類相從，或稱<u>大山</u>，或稱<u>小山</u>，<u>漢</u>「藝文志」有<u>淮南王</u>羣臣賦四十四篇是也．"

　<u>王逸</u>云："<u>小山</u>之徒閔傷<u>屈原</u>身雖沉沒，名德顯聞，與隱處山澤無異，故作「招隱士」之賦以彰其志．"


## 誡子詩

"明者處世，莫尚於中．優哉游哉，於道相從．<u>首陽</u>爲拙，<u>柳惠</u>爲工．飽食安步，以仕代農；依隱玩世，詭時不逢．才盡身危，好名得華．有羣累生，孤貴失和．遺餘不匱，自盡無多．聖人之道，一龍一蛇．形見神藏，與物變化，隨時之宜，無有常家．"

　<u>卓吾子</u>曰：既云隨時之宜，則<u>首陽</u>非拙；既云無有常家，則何必<u>柳下</u>而後爲工？

　<u>班固</u>贊曰："<u>劉向</u>言少時數問長老賢人通於事及<u>朔</u>時者，皆曰：'<u>朔</u>口諧倡辯，不能持論，喜爲庸人誦說．'故令後世多傳聞者．而<u>揚雄</u>亦以<u>朔</u>'言不純師，行不純德，其流風遺書蔑如'也．然<u>朔</u>名過實者，以其詼達多端，不名一行，應諧似優，不窮似智，正諫似直，穢德似隱．非<u>夷</u>・<u>齊</u>而是<u>柳下惠</u>，戒其子以尚容．… 其滑稽之雄乎！"

　<u>卓吾子</u>曰：<u>向</u>既稱<u>朔</u>口諧辯倡，則是論勝也，而曰"不能持論"何哉？<u>向</u>之所謂論者，<u>向</u>去<u>朔</u>未遠，千載而上，恍然猶將見之，而問於長老之在<u>朔</u>時者，<u>向</u>可知也．當<u>朔</u>時，朝野無半人知<u>朔</u>，唯<u>武帝</u>知<u>朔</u>，故<u>朔</u>有諫必聽．彼同時諸長老，誰是知<u>朔</u>者而問<u>朔</u>也？不見設客難乎？吁！"言不純師，行不純德，其流風遺書蔑如"乎不也？<u>雄</u>之爲人益可知矣．卑卑弄其脣吻，欲以博萬世之名，視<u>朔</u>奚啻霄壤！余此參駁，當爲<u>朔</u>・<u>雄</u>實錄．


506

## 非有先生論

遇得其人，則一言以興；遇不得其人，則一言遂死．千載遇少而不遇多，此志士所以在山，仁人所以盡養壽命也．唯其不忍爲，是以莫肯爲，歌咏彈琴，樂而忘死，宜矣．然則東方生蓋亦幸而遭遇漢武者也．人謂大隱居市朝，以東方生爲朝隱．噫！使非武帝愛才知朔如此，敢一日而居市朝之間哉？最先避世而歌德衰者朔也．


## 子虛

班固曰："史遷稱『春秋』推見至隱，『易』本隱以之顯，『大雅』言王公大人而德逮黎庶，『小雅』譏小己之得失，其流及上：所言雖殊，其合德一也．相如雖多虛辭濫說，然其要歸，引之節儉，此與『詩』之諷諫何異？揚雄以爲靡麗之賦勸百而諷一，猶騁鄭・衛之音，曲終而奏『雅』，不已戲乎！"余謂揚雄此言非但不知人，亦且不知文；非但不知文，亦且不知言；非但不知言，亦且不知諷矣．既不知諷，宜其劇秦而美新也．


## 賈誼

班固贊曰："劉向稱賈誼言三代與秦治亂之意，其論甚美，通達國體，雖古之伊・管未能遠過也．使時見用，功化必盛，爲庸臣所害，甚可悼痛！追觀孝文玄默躬行，以移風俗，誼之所陳略施行矣．及欲改定制度，以漢爲土德，色上黃，數用五，及欲試屬國，施五餌三表以繫單于，其術固以疏矣．誼亦天年早終，雖不至公卿，未爲不遇也．凡所著述五十八篇，掇其切要於事者著於「傳」云．"

李卓吾曰：班氏文儒耳，只宜依司馬氏例以成一代之史，不宜自立論也．立論則不免攙雜別項經史聞見，反成穢物矣．班氏文才甚美，其於孝武以前人物，盡依司馬氏之舊，又甚有見，但不宜更添論贊於後也．何也？論贊須其曠古隻眼，非區區有文才者所能措也．劉向亦文儒也，然筋骨勝，肝腸勝，人品不同，故見識亦不同，是儒而自文者也．雖不能超

於文之外, 然與固遠矣.

漢之儒者咸以董仲舒爲稱首, 今觀仲舒不計功謀利之云, 似矣. 而以明災異下獄論死, 何也? 夫欲明災異, 是欲計利而避害也. 今旣不肯計功謀利矣, 而欲明災異者何也? 旣欲明災異以求免於害, 而又謂仁人不計利, 謂越無一仁又何也? 所言自相矛盾矣. 且夫天下曷嘗有不計功謀利之人哉! 若不是眞實知其有利益於我, 可以成吾之大功, 則烏用正義明道爲耶? 其視賈誼之通達國體, 眞實切用何如耶?

班氏何知, 知有舊時所聞耳, 而欲以貶誼, 豈不可笑! 董氏章句之儒也, 其腐固宜. 雖然, 董氏特腐耳, 非詐也, 直至今日, 則爲穿窬之盜矣. 其未得富貴也, 養吾之聲名以要朝廷之富貴, 凡可以欺世盜名者, 無所不至. 其旣得富貴也, 復以朝廷之富貴養吾之聲名, 凡所以臨難苟免者, 無所不爲. 豈非眞穿窬之人哉! 是又仲舒之罪人, 班固之罪人, 而亦敢於隨聲雷同以議賈生, 故余因讀賈·鼂二子經世論策, 痛班氏之溺於聞見, 敢於論議, 遂爲歌曰: 駟不及舌, 愼莫作孽! 通達國體, 劉向自別. 三表五餌, 非疎匪拙. 彼何人斯? 千里之絶. 漢廷諸子, 誼實度越. 利不可謀, 何其迂闊! 何以用之? 皤鬢鶴髮. 從容廟廊, 冠冕珮玦. 世儒拱手, 不知何說.


## 鼂錯

班固贊曰: "鼂錯銳於爲國, 遠慮而不見身害. 其父睹之, 經於溝瀆, 亡益救敗, 不如趙母指括以全其宗, 悲夫! 錯雖不終, 世哀其忠, 故論其施行之語著於篇."

卓吾曰: 鼂錯對策, 直推漢文於五帝, 非諛也, 以其臣皆莫及也. 故曰: "五帝神聖, 其臣莫及, 而自親事." 親事則不可不知術數矣. 今觀其時在廷諸臣, 僅賈生耳. 賈生雖千古之英, 然與文帝遠矣, 是豈文帝咸有一德之臣乎? 夫旣不得如五霸之佐, 賢於其主, 又不得如三王之臣, 與主而俱賢, 則孝文眞孤立無輔者矣. 是故鼂錯傷之, 而推之以與五帝並也. 然謂漢文無輔則可, 謂其不知術數則不可. 夫治國之術多矣, 若謂人盡不知術數, 必欲其皆就己之術數, 則亦豈得謂之知術數哉? 漢文有漢文之術數也, 漢高有漢高之術數也, 二五帝霸又自有二五帝霸之術數也.

508

以至六家九流, 凡有所挾以成大功者, 未常不皆有眞實一定之術數. 唯儒者不知, 故不可以語治. 雖其間亦有一二偶合, 然皆非性定神契, 心融才會, 眞若執左券而後爲之者也. 是故因其時, 用其術, 世無定時, 我無定術, 是之謂與時消息而己不勞, 上也. 執其術, 馭其時, 時固無常, 術則有定, 是之謂執一定以應於不窮, 次也. 若夫不見其時, 不知其術, 時在則術在, 而術不能違時; 術在則時在, 而時亦不能違術: 此則管夷吾諸人能之, 上之上也. 若量錯者, 不過刑名之一家, 申‧商之一術, 反以文帝爲不知學術, 而欲率使從己, 惑矣!

夫申‧商之術, 非不可平均天下, 而使人人視之盡如指掌也, 然而禍患則自己當之矣. 故錯以其殘忍刻薄之術, 輔成太子; 而太子亦卒用彼殘忍刻薄之術, 還害其身. 嗚呼! 孰知錯傷文帝之無輔, 而其父反以傷量錯之無父乎! 是故國爾忘家, 錯唯知日夜傷劉氏之不尊也. 公爾忘私, 而其父又唯知日夜傷量氏之不安矣. 千載之下, 眞令人悲傷而不可已, 乃班固反譏其父不能學趙母, 謬哉!

## 絶交書

此書若出相知者代康而爲之辭則可; 若康自爲此詞, 恐無此理. 濤之擧康, 蓋所謂眞相知者; 而康之才亦實稱所擧. 康謂己之情性不堪做官, 做官必取禍, 是也; 謂濤不知己而故欲貽之禍, 則不是. 以己爲鴛雛, 以濤爲死鼠, 又不是. 以擧我者爲不相知, 而直與之絶, 又以己爲眞不愛官, 以濤爲愛官者, 尊己卑人, 不情實甚, 則尤爲不是矣. 嗚呼! 如康之天才, 稍加以學, 抑又何當也, 而肯襲前人之口吻, 作不情之遁辭乎? 然此書實峻絶可畏, 千載之下, 猶可想見其人. 毋曰余貶康也, 全爲上上人說耳.

## 養生論

嵇‧阮稱同心, 而阮則體妙心玄, 一似有聞者, 觀其放言與孫登之嘯可覩也. 若向秀注『莊子』, 尤爲已見大意之人, 眞可謂莊周之惠施矣. 康

與二子遊, 何不就而問道? 今讀『養生論』全然不省神仙中事, 非但不識神仙, 亦且不識養生矣. 何以當面蹉過如此耶? 以此聰明出塵好漢, 雖向・阮亦無如之何, 眞令人恨恨. 雖然, 若其人品之高, 文辭之妙, 則豈'七賢'之所可及哉!

## 琴賦

『白虎通』曰: "琴者禁也. 禁人邪惡, 歸於正道, 故謂之琴." 余謂琴者心也, 琴者吟也, 所以吟其心也. 人知口之吟, 不知手之吟; 知口之有聲, 而不知手亦有聲也. 如風撼樹, 但見樹鳴, 謂樹不鳴不可也, 謂樹能鳴亦不可. 此可以知手之有聲矣. 聽者指謂琴聲, 是猶指樹鳴也, 不亦泥歟!

『尸子』曰: "舜作五絃之琴, 以歌南風, 曰: '南風之薰兮, 可以解吾民之慍兮.'" 因風而思民慍, 此舜心也, 舜之吟也. 微子傷殷之將亡, 見鴻雁高飛, 援琴作操, 不敢鳴之於口, 而但鳴之於手, 此微子心也, 微子之吟也. 文王既得后妃, 則琴瑟以友之, 鐘鼓以樂之, 向之展轉反側, 寤寐思服者, 遂不得有, 故其琴有「關雎」. 而孔子讀而贊之曰: "「關雎」樂而不淫." 言雖樂之過矣, 而不可以爲過也. 此非文王之心乎? 非文王其誰能吟之? 漢高祖以雄才大略取天下, 喜仁柔之太子既有羽翼, 可以安漢, 又悲趙王母子屬在呂后, 無以自全, 故其倚瑟而歌鴻鵠, 雖泣下霑襟, 而其聲慷慨, 實有慰藉之色, 非漢高之心乎? 非漢高又孰能吟之?

由此觀之, 同一心也, 同一吟也, 乃謂"絲不如竹, 竹不如肉", 何也? 夫心同吟同, 則自然亦同, 乃又謂'漸近自然', 又何也? 豈非叔夜所謂未達禮樂之情者耶! 故曰: "言之不足, 故歌詠之; 歌詠之不足, 故不知手之舞之." 康亦曰: "復之不足, 則吟詠以肆志; 吟詠之不足, 則寄言以廣意." 傅仲武「舞賦」云: "歌以詠言, 舞以盡意. 論其詩不如聽其聲, 聽其聲不如察其形." 以意盡於舞, 形察於聲也. 由此言之, 有聲之不如無聲也審矣, 盡言之不如盡意又審矣. 然則謂手爲無聲, 謂手爲不能吟亦可. 唯不能吟, 故善聽者獨得其心而知其深也, 其爲自然何可加者, 而孰云其不如肉也耶!

吾又以是觀之, 同一琴也, 以之彈於袁孝尼之前, 聲何夸也? 以之彈於臨絕之際, 聲何慘也? 琴自一耳, 心固殊也. 心殊則手殊, 手殊則聲

殊，何莫非自然者，而謂手不能二聲可乎？而謂彼聲自然，此聲不出於自然可乎？故蔡邕聞絃而知殺心，鍾子聽絃而知流水，師曠聽絃而識南風之不競，蓋自然之道，得手應心，其妙固若此也.

## 幽憤詩

康詣獄明安無罪，此義之至難者也，詩中多自責之辭何哉？若果當自責，此時而後自責，晚矣，是畏死也. 既不畏死以明友之無罪，又復畏死而自責，吾不知之矣. 夫天下固有不畏死而爲義者，是故終其身樂義而忘死，則此死固康所快也，何以自責爲也？亦猶世人畏死而不敢爲義者，終其身寧無義而自不肯以義而爲朋友死也，則亦無自責時矣. 朋友君臣，莫不皆然. 世末有託孤寄命之臣既許以死，乃臨死而自責者. “好善闇人”之云，豈別有所指而非以指呂安乎否耶？當時太學生三千人，同日伏闕上書，以爲康請，則康益可以死而無責矣. 鍾會以反虜乘機害康，豈康尙未之知，而猶欲頤性養壽，改絃易轍於山阿巖岫之間耶？此豈嵇康頤性養壽時也？余謂叔夜何如人也？臨終奏「廣陵散」，必無此紛紜自責，錯謬幸生之賤態，或好事者增飾於其間耳，覽者自能辯之.

## 酒德頌

『法言』曰：“螟蛉之子，蜾蠃祝之口‘類我類我’，久則肖之矣. 速哉七十子之肖仲尼也.”李軌曰：“螟蛉桑蟲，蜾蠃蜂蟲. 蜂蟲無子，取桑蟲蔽而殪之，幽而養之，祝曰‘類我’，久則化成蜂蟲矣.”此頌唯結語獨新妙，非『法言』引用意，讀者詳之！今人言養子爲螟蛉子卽此. 然則道學先生・禮法俗士，擧皆蜂蟲之螟蛉子哉！猶自謂二豪，悲歟！

## 思舊賦

向秀「思舊賦」，只說康高才妙技而已. 夫康之才之技，亦今古所有；但

其人品氣骨，則古今所希也．豈秀方圓自全，不敢盡耶？則此賦可無作也，舊亦可無爾思矣．秀後康死，不知復活幾年，今日俱安在也？康猶爲千古人家所歎，而秀則已矣，誰復更思秀者，而乃爲此無盡算計也耶！且李斯歎東門，比擬亦大不倫．'竹林七賢'，此爲最無骨頭者，莫口先輩初無臧貶'七賢'者也．

## 楊升菴集

余讀先生文集，有感焉．夫古之聖賢，其生也不易，其死也不易．生不易，故生而人皆仰；死不易，故死而人爾思．於是乎前而生者，猶冀有待於後世；後而生者，又每歎恨於後時；同時而生者，又每每比之如附驥，比之如附青雲．則聖賢之生死固大矣．

余讀先生文集，欲求其生卒之年月而不得也．遍閱諸序文，而序文又不載．彼蓋以爲序人之文，只宜稱贊其文云耳，亦猶序學道者必大其道，敍功業者必大其功，敍人品者必表揚其梗概，而豈知其不然乎？蓋所謂文集者，謂其人之文的然必可傳於後世，然後集而傳之也．則其人之文當皎然如日星之炳煥，凡有目者能視之矣，而又何藉於敍贊乎？彼敍贊不已贊乎？況其人或未必能文，則又何以知其文之必可傳，而遂贊而序之以傳也？故愚嘗謂世之敍文者多，其無識孫子欲借他人位望以光顯其父祖耳．不然，則其勢之不容以不請，而又不容以不文辭者也．夫文而待人以傳，則其文可知也，將誰傳之也？若其不敢不請，又不敢辭，則敍文者亦只宜直述其生卒之日，與生卒之次第，使讀者有考焉斯善矣．

吁！先生人品如此，道德如此，才望如此，而終身不得一試，故發之於文，無一體不備，亦無備不造，雖游其門者尚不能贊一辭，況後人哉！余是以竊附景仰之私，欲考其生卒始末，履歷之詳，如昔人所謂年譜者，時時置几案間，儼然如遊其門，躡而從之．而序集皆不載，以故恨也．況復有矮子者從風吠聲，以先生但可謂之博學人焉，尤可笑矣！

512

## 蜻蛉謠

古今人情一也, 古今天下事勢亦一也. 某也從少至老, 原情論勢, 不見有一人同者, 故余每每驚訝, 以爲天何生我不祥如此乎! 夫人性不甚相遠, 而余獨不同, 非不祥而何? 余初仕時, 親見南倭・北虜之亂矣; 最後入滇, 又熟聞土官・猺・㺄之變矣. 大概讀書食祿之家, 意見皆同, 以余所見質之, 不以爲狂, 則以爲可殺也. 今讀先生集, 記姜公事. 姜公之心正與余合, 而先生取之如此, 則知先生唯不用, 用必爲姜公無疑矣. 生雖後時, 見符前哲, 亦可以證余生之非不祥也. 因喜錄此.

## 唐貴梅傳

升菴先生「孝烈婦唐貴梅傳」曰:"烈婦姓唐, 名貴梅, 池州貴池人也. 笄年適朱, 大貧且弱. 有老姑悍而淫, 少與徽州富商有私. 弘治中, 富商復至池, 見婦悅之, 密以金帛賂姑. 姑利其有, 誨婦淫者以百數, 弗聽; 迫之, 亦弗聽; 加以箠楚, 又弗聽; 繼以炮烙, 體無完膚, 終不聽. 姑乃以婦不孝訟於官. 通判慈谿毛玉受賂, 倍加刑焉. 婦幾死, 然終不聽也. 商猶慕其色, 令姑保出之. 親黨咸勸婦曰:'何不吐實?'婦曰:'若然, 全吾名而汙吾姑乎?'乃夕易袿襦, 雉經於後園古梅樹下. 姑不知也. 及旦, 手持桑杖, 將入室挺之. 且罵且行, 曰:'惡奴! 早從我言, 得金帛享快樂, 今定何如也?'入室無見, 尋至樹下, 乃知其死, 因大慟哭. 親黨咻曰:'生既以不孝訟, 死乃稱嫗心, 何以慟哭爲?'姑曰:'婦在, 吾猶有望; 婦死, 商人必倒臟. 吾是以哭, 非哭惡奴也.'尸懸於樹三日, 顏如生, 樵夫牧兒見者咸墮淚. 每歲梅月之下, 隱隱見其形. 有司以府官故, 終不敢舉節. 余舅氏喩土積薄遊至池, 聞其事, 作詩弔之, 歸屬愼爲傳其事. 嗚呼! 婦生不辰, 遭此悍姑. 生以梅爲名, 死於梅之株. 冰操霜淸, 梅乎何殊? 旣孝且烈, 汗靑宜書. 有司失職, 咄哉可吁! 乃爲作傳, 以附露筋碑之跗."

卓吾子曰: 先王敎化, 只可行於窮鄕下邑, 而不可行於冠裳濟濟之名區; 只可行于三家村裏不識字之女兒, 而不可行於素讀書而居民上者之君子. 池州通判毛玉, 非素讀書而居民上之君子乎? 慈谿爲縣, 又非毛

玉所産之巨邑名區乎？今通判貪賄而死逼孝烈以淫，素讀書而沐敎化者如此；孝烈唐貴梅寧死而不受辱，未曾讀書而沐聖敎者如彼：則先王之敎化亦徒矣．'孝烈'二字，楊太史特筆也．夫貴梅之死烈矣，於孝何與？蓋貴梅所以寧死而不自白者，以姑之故也．不然，豈其不切齒痛恨於賄囑之商，而故忍死以爲之諱哉？書曰'孝烈婦'，當矣．死三日而尸猶懸，顏如生，衆人雖知而終不敢擧，每歲之暮，白月照梅，隱隱如見，猶冀有知者乎？吁！今之官府，不但此等之死不肯代白，縱有別項容易表白者，亦必有勢與力而後肯．孰知數千里之外，無干與之人，不用請求而逕以孝烈傳其事也？楊太史當代名流，有力者百計欲借一言以爲重而不得，今孝烈獨能得太史之傳以自昭明於百世，孝烈可以死矣．設使當其時貴池有賢者果能慨然白之於當道，亦不過賜額掛匾，了一故事耳矣，其誰知重之乎？自此傳出，而孝烈之形，吾知其不復重見於梅月之下也！升菴之聞，聞於其舅喩士積．士積夙遊貴池，親見其事，曾爲詩以弔之，故升菴作傳，其載士積見聞始末，以士積可信也．然則此傳不但孝烈藉以章顯，士積亦附以著名矣，傳豈徒作耶！

嗟嗟！毛通判當日之爲，亦只謂貪其賄而人莫知也——貴梅已死，而誰爲白也．孰知不白於貴池而卒白於新都乎？今『升菴文集』盛行於世，夫誰不知傳其事於此集之中者？貴池人士咸知有贓吏毛玉受賄而死逼孝烈以淫也，慈谿人士亦咸知有鄉官毛玉受賄而死逼孝烈以淫也．毛玉唯無孫子則已，苟有子，則必不敢認毛玉以爲父；苟有孫，則必不敢認毛玉以爲祖矣．蓋同鄉少年傾慕太史之日久矣，讀其書，閱其事，則必私相告語．私相告語，未有不竊笑而背罵者．夫毛玉之心，本欲多積金錢以遺其孫子，使孫子感己也，又安知反使孫子不敢認己也哉！太史之傳，嚴於先王之敎化明矣．余謂此傳有裨於世敎者弘也，故復亟讀而詳錄之，以爲孝烈之外傳云．


## 茶夾銘

唐右補闕綦毋旻著「代茶飲序」云："釋滯消壅，一日之利暫佳；瘠氣耗精，終身之害斯大．獲益則歸功茶力，貽害則不謂茶災．"

余讀而笑曰："釋滯消壅，清苦之益實多；瘠氣耗精，情慾之害最大．

獲益則不謂茶力，自害則反謂茶殃。" 吁！是怨己責人之論也．乃銘曰：
我老無朋，朝夕唯汝．世間清苦，誰能及子？逐日子飯，不辨幾鐘；每夕
子酌，不問幾許．夙興夜寐，我願與子終始．子不姓湯，我不姓李，總之
一味清苦到底．


## 李白詩題辭

升菴曰："白慕謝東山，故白號東山李白．杜子美云'汝與東山李白好'
是也．劉昫修『唐書』，乃以白為山東人，遂致紛紛耳。"因引曾子固稱白
蜀郡人，而取『成都志』謂白生彰明縣之青蓮鄉以實之．

卓吾曰：蜀人則以白為蜀産，隴西人則以白為隴西産，山東人又借此
以為山東産，而修入『一統志』，蓋自唐至今然矣．今王元美斷以范傳正
「墓志」為是，曰："白父客西域，逃居綿之巴西，而白生焉．是謂實錄。"
嗚呼！一個李白，生時無所容入，死而百餘年，慕而爭者無時而已．余謂
李白無時不是其生之年，無處不是其生之地．亦是天上星，亦是地上英．
亦是巴西人，亦是隴西人，亦是山東人，亦是會稽人，亦是潯陽人，亦是
夜郎人．死之處亦榮，生之處亦榮，流之處亦榮，囚之處亦榮，不遊不囚
不流不到之處，讀其書，見其人，亦榮亦榮！莫爭莫爭！


## 伯夷傳

眞西山云："此傳姑以文取。"楊升菴曰："此言甚謬．若道理有戾，卽
不成文，文與道豈二事乎？益見其不知文也．本朝又有人補訂『伯夷傳』
者，異哉！"又曰："朱晦翁謂孔子言伯夷'求仁得仁，又何怨'，今太史公
作『伯夷傳』，滿腹是怨，此言殊不公也。"

卓吾子曰："何怨"是夫子說，"是怨"是司馬子長說．翻不怨以為怨，
文為至精至妙也．何以怨？怨以暴之易暴，怨虞・夏之不作，怨適歸之
無從，怨周士之薇之不可食，遂含怨而餓死．此怨曷可少也？今學者唯
不敢怨，故不成事．

## 岳王幷施全

宋贈鄂王岳飛諡忠武，其文曰："李將軍口不出辭，聞者流涕；藺相如身雖已死，凜然猶生."又曰："易名之典雖行，議禮之言未一．始爲忠愍之號，旋更武穆之稱．獲覩中興之舊章，灼知皇祖之本意．爰取危身奉上之實，仍采戡定禍亂之文．合此兩言，節其一惠．昔孔明之志興漢室，子儀之光復唐都，雖計效以或殊，在秉心而弗異．垂之典冊，何嫌今古之同辭；賴及子孫，將與山河而並久."楊升菴曰："今天下岳祠皆稱武穆，此未定之諡也．當稱忠武爲宜."又曰："朱文公云：'舉世無忠義，這些正氣忽自施全身上發出來．'故『續綱目』書施全刺秦檜不克而死，亦文公遺意也．近有人云：'今之岳祠多鑄賊檜像，跪縛門外．當更鑄施全像，立在左，持刀砍檜乃得．'"

李卓吾曰：此論甚當，甚有益風教．倘禮官言言肯上一疏，則忠武之諡，曉然於百世；施全之忠，暴白於聖朝矣．不然，人人未得知也．


## 張千載

盧陵張千載，字毅甫，別號一鶚，文山之友也．文山貴時，屢辟不出．及文山自廣敗還，至吉州城下，千載潛出相見，曰："丞相往燕，千載亦往."往卽寓文山囚所近側，三年供送飲食無缺．又密造一檟，文山受命日，卽藏其首，訪知夫人歐陽氏在俘虜中，使火其屍，然後拾骨實囊，舁檟南歸，付其家安葬．是日，文山之子夢其父怒曰："繩詎未斷！"其子驚覺，遽啓視之，果有繩束其髮．

李卓吾既書其事，遂爲之贊曰：不食其祿，肯受其縛！一繩未斷，如錐刺腹．生當指冠，死當怒目．張氏何人，實囊舁檟．生死交情，千載一鶚！


## 李涉贈盜

唐李涉「贈盜」詩曰："相逢不用相迴避，世上如今半是君."劉伯溫「詠梁山泊分贓臺」詩云："突兀高臺累土成，人言暴客此分贏．飲泉清節今

寥落，何但<u>梁山</u>獨擅名？"『<u>漢書</u>』云："吏皆虎而冠."『<u>史記</u>』云："此皆劫盜而不操戈矛者."

<u>李卓吾</u>曰：此皆操戈矛而不畏官兵捕盜者．因記得盜贈官吏亦有詩一首，並錄附之：

未曾相見心相識，敢道相逢不識君？
一切<u>蕭</u>何今不用，有贓擡到後堂分.
肯憐我等夜行苦，坐者十三行十五.
若謂私行不是公，我道無私公奚取？
君倚奉公戴虎冠，誰得似君來路寬？
月有俸錢日有廩，我等衣食何盤桓！
君若十五十三俱不許，我得持彊分廩去，驅我爲盜寧非汝！


## 封使君

古傳記言<u>漢宣城</u>郡守<u>封邵</u>，一日化爲虎，食郡民．民呼曰<u>封使君</u>，卽去不復來．其地謠曰："莫學<u>封使君</u>，生不治民死食民！"

<u>張禺山</u>有詩云："昔日<u>封使君</u>，化虎方食民；今日使君者，冠裳而吃人."又曰："昔日虎使君，呼之卽慚止；今日虎使君，呼之動牙齒."又曰："昔時虎伏草，今日虎坐衙．大則吞人畜，小不遺魚蝦."或曰此詩太激．<u>禺山</u>曰："我性然也."<u>升菴</u>戲之曰："<u>東坡</u>嬉笑怒罵皆成詩，公詩無嬉笑，但有怒罵耶？"

<u>李卓吾</u>復謔之曰：果哉怒罵成詩也！<u>升菴</u>此言，甚於怒罵.


## 宋統似晉

<u>先生</u>謂<u>宋</u>統似<u>晉</u>，余謂<u>宋</u>多賢君，<u>晉</u>無一主，卽<u>宋藝祖</u>以比<u>司馬炎</u>何如也？唯其仁柔，是以怯弱，然愛民好士之報，天亦不爽矣．<u>徽</u>・<u>欽</u>雖北轅，與<u>懷</u>・<u>愍</u>靑衣行酒，跣足執蓋，實大逕庭．天之厚<u>宋</u>，亦可知也．<u>唐</u>雖稍得，然無主不亂，個個出走．自<u>五丁</u>開道以來，<u>巴蜀</u>遂爲<u>唐</u>帝逃竄後

戶, 與漢已大不侔矣. 故謂宋比漢不得則可, 謂比唐不得則不可, 況比晉乎? 晉之司馬懿, 一名柔奸家奴也, 更加以司馬師之強悍, 司馬昭之弒奪, 而何可以比藝祖? 司馬炎一名得志狹邪也, 更濟以賈南風之淫妒, 問公私之蝦蟆, 而何可以比太宗? 況仁宗四十年恭儉哉, 神宗勵精有爲哉! 所恨宋主無一剛耳. 故余謂唐·宋一也, 比之晉則已甚. 若康節不答國祚之問, 唯取架上『晉紀』以示, 見徽·欽事符懷·愍, 南渡事似江東, 非以是遂爲晉比也.

## 逸少經濟

先生謂逸少"識慮精深, 有經濟才, 而爲書名所蓋, 後世但以翰墨稱之, 藝之爲累大哉!"

卓吾子曰: 藝又安能累人? 凡藝之極精者, 皆神人也, 況翰墨之爲藝哉! 先生偏矣! 或曰: 先生蓋自寓也.

## 孔北海

"北海大志直節, 東漢名流, 而與'建安七子'並稱; 駱賓王勁辭忠憤, 唐之義士, 而與'垂拱四傑'爲列. 以文章之末技, 而掩其立身之大閑, 可惜也!"

卓吾子曰: 文章非末技, 大閑豈容掩? 先生差矣! 或曰: 先生皆自況也.

## 經史相爲表裏

經·史一物也. 史而不經, 則爲穢史矣, 何以垂戒鑑乎? 經而不史, 則爲說白話矣, 何以彰事實乎? 故『春秋』一經, 春秋一時之史也. 『詩經』·『書經』, 二帝三王以來之史也. 而『易經』則又示人以經之所自出, 史之所從來, 爲道屢遷, 變易匪常, 不可以一定執也. 故謂『六經』皆史可也.

## 鍾馗即終葵

楊升菴曰："『考工記』云：'大圭首終葵.'注：'終葵，椎也. 齊人名椎曰終葵.'蓋言大圭之首似椎也. 『金石錄』以爲晉・宋人名. 夫以終葵爲名矣，後又訛爲鍾馗. 俗又畫一神像帖於門首，執椎以擊鬼. 好怪者便傳會說鍾馗能啖鬼. 畫士又作「鍾馗元夕出遊圖」，又作「鍾馗嫁妹圖」. 文士又戲作「鍾馗傳」，言鍾馗爲開元進士，明皇夢見，命工畫之. 按孫逖・張說文集有「謝賜鍾馗畫表」，先於開元久矣，亦如石敢當，『急就章』中虛擬人名也. 俗便立石於門，書'太山石敢當'，文人亦作「石敢當傳」. 昧者相傳，便謂眞有其人矣."

卓吾子曰：莫怪他謂眞有其人也，此物比眞人還更長久也. 且先生又安知不更有鍾馗其人乎？終葵二字，亦是後人名之耳. 後人可以名終葵，又後人獨不可以名鍾馗乎？假則皆假，眞則皆眞，先生勿太認眞也！先生又曰："蘇易簡作『文房四譜』云：'虢州歲貢鍾馗二十枚.'愼按：硯以鍾馗名，亦卽『考工記』終葵大圭之義，蓋硯形如大圭耳."

李卓吾曰：蘇易簡又以進士鍾馗而訛呼石爲鍾馗矣. 硯石爲鍾馗，鍾馗爲進士，進士爲大圭首，大圭首爲椎，總之一椎而已，先生勿勞也！


## 段善本琵琶

唐貞元中，長安大旱，詔移兩地祈雨. 街東有康崑崙，琵琶號爲第一手，自謂街西無己敵也. 登樓彈新翻調「綠腰」. 及度曲，街西亦出一女郎，抱樂器登樓彈之，移在楓香調中，妙技入神. 崑崙大驚，請與相見，欲拜之爲師. 女郎更衣出，乃莊嚴寺段師善本也. 德宗聞知，召加獎賞，卽令崑崙彈一曲. 段師曰："本領何雜耶？兼帶邪聲." 崑崙拜曰："段師神人也." 德宗詔授康崑崙. 段師奏曰："請崑崙不近樂器十數年，忘其本領，然後可授."

卓吾子曰：至哉言乎！學道亦若此矣，凡百皆若此也. 讀書不若此，則不如不讀；作文不若此，則不如不作；功業不若此，則未可言功業；人品不若此，亦安得謂之人品乎？總之鼠竊狗偷云耳. 無佛處稱尊，康崑崙之流也. 何足道！何足道！

## 樊敏碑後

鐫石，技也，亦道也．文惠君曰："嘻！技蓋至此乎？"庖丁對曰："臣之所好者道也，進乎技矣．"是以道與技爲二，非也．造聖則聖，入神則神，技卽道耳．技至於神聖所在之處，必有神物護持，而況有識之人歟！且千載而後，人猶愛惜，豈有身親爲之而不自愛惜者？石工書名，自愛惜也，不自知其爲石工也．神聖在我，技不得輕矣．否則，讀書作文亦賤也，寧獨鐫石之工乎？雖然，劉武良以精鐫書名可也，今世鐫工，又皆一一書名碑陰何哉？學步失故，盡相習以爲當然，可笑矣！故雕鐫者工，則書鐫者姓名，碑蓋藉鐫而傳也．鐫者或未甚工，而所鐫之字與其文，或其人之賢，的然必傳於世，則鐫石之工亦必鐫石以附之．所謂交相附而交相傳也．蓋技巧神聖，人自重之．能爲人重，則必借重於人．然元祐奸黨碑，石工常安民乃懇求勿鐫姓名於其後，又何耶？

## 詩畫

東坡先生曰："論畫以形似，見與兒童隣．作詩必此詩，定知非詩人．"升菴曰："此言畫貴神，詩貴韻也．然其言偏，未是至者．晁以道和之云：'畫寫物外形，要物形不改；詩傳畫外意，貴有畫中態．'其論始定．"

卓吾子謂改形不成畫，得意非畫外，因復和之曰："畫不徒寫形，正要形神在；詩不在畫外，正寫畫中態．"

杜子美云："花遠重重樹，雲輕處處山．"此詩中畫也，可以作畫本矣．唐人畫「桃源圖」，舒元輿爲之記云："烟嵐草木，如帶香氣．熟視詳玩，自覺骨戞靑玉，身入鏡中．"此畫中詩也，絕藝入神矣．

吳道子始見張僧繇畫，曰："浪得名耳．"已而坐臥其下，三日不能去．庾翼初不服逸少，有家雞野鶩之論，後乃以爲伯英再生．然則入眼便稱好者，決非好也，決非物色之人也，況未必是吳之與庾，而何可以易識．噫！千百世之人物，其不易識，總若此矣．

## 黨籍碑

"安石誤國之罪，本不容誅；而安石無誤國之心，天地可鑒．主意於誤國而誤國者，殘賊之小人也，不待誅也．主意利國而誤國者，執拗之君子也，尚可憐也．"

卓吾曰：公但知小人之能誤國，不知君子之尤能誤國也．小人誤國猶可解救，若君子而誤國，則末之何矣．何也？彼蓋自以爲君子而本心無愧也．故其膽益壯而志益決，孰能止之．如朱夫子亦猶是矣．故余每云貪官之害小，而清官之害大；貪官之害但及於百姓，清官之害幷及於兒孫．余每每細查之，百不失一也．

## 無所不佩

王逸曰："行淸潔者佩芳，德光明者佩玉，能解結者佩觿，能決疑者佩玦．故孔子無所不佩也．"

李卓吾曰：道學原重外飾，蓋自古然矣，而豈知聖人之不然乎？古者男子出行不離劍佩，遠行不離弓矢，日逐不離觿玦．佩玉名爲隨身之用，事親之物，其實思患豫防，文武兼設，可使由而不可使知之道也，與井田寓兵同括矣．意不在文飾，特假名爲飾耳．後人味其實也，以是爲美飾而矜之．務內者從而生厭曰："是皆欲爲侈觀者，何益之有！"故於今並不設備，而文武邃判．非但文士不知武備，至於武人居常走謁，亦效文裝矣：寬衣博帶，雍雍如也，肅肅如也．一旦有警，豈特文人束手，武人亦寧可用耶？

## 荀卿李斯吳公

升菴先生曰："以荀卿大儒，而弟子有焚書坑儒之李斯；以李斯爲師，而弟子有治行第一之吳公．人之賢否，信在自立，不係師友也．"

卓吾子曰：能自立者必有骨也．有骨則可藉以行立；苟無骨，雖百師友左提右挈，其奈之何？一刻無人，一刻站不得矣．然既能行立，則自能

奔走求師，如顏・曾輩之於孔子然，謂其不係師友，亦非也．

## 宋人譏荀卿

宋人謂卿之學不醇，故一傳於李斯，即有坑儒焚書之禍．夫弟子爲惡而罪及師，有是理乎？若李斯可以累荀卿，則吳起亦可以累曾子矣．
『鹽鐵論』曰："李斯與苞丘子同事荀卿，而苞丘子修道白屋之下．"
卓吾子曰：使李斯可以累荀卿，則苞丘子亦當請封荀子矣．

## 季文子三思

文子相三君，其卒也無衣帛之妾，食粟之馬，無重器備，左氏侈然稱之．黃東發曰："行父怨歸父之謀去三家，至掃四大夫之兵以攻齊．方公子遂弑君立宣公，行父不能討，反爲之再如齊納賂焉．又帥師城莒之諸・鄆二邑以自封殖，其爲妾馬金玉也多矣，是即王莽之謙恭也．時人皆信之，故曰'季文子三思而後行'．夫子不然之，則曰'再思可矣'．若曰：'再尚未能，何以云三思也？'使能再思，不黨篡而納賂，專權而興兵，封殖以肥己矣．文公不得其辭，乃云'思至於三，則私意起而反惑'．誠如其言，則『中庸』所謂'思之不得弗措也'，管子所謂'思之思之又重思之，思之不通，鬼神將通之'，吳臣勸諸葛恪十思者，皆非矣．"
卓吾曰：周公之聖，唯在於思兼．思而不合，則夜以繼日．一夜一日，思又何止三也？朱子蓋惑於聖人愼思之說，遂以三思爲戒．唯其戒三思，是以終身不知聖人之愼思也．我願學者千思萬思，以思此'愼思'二字．苟能得愼思之旨於千思萬思之中，則可以語思誠之道矣，區區一季文子何足以煩思慮乎！

## 陳恒弑君

九菴先生曰："孔子沐浴而朝，於義盡矣．胡氏乃云'仲尼此舉，先發後

聞可也'. 是病聖人之未盡也. 果如胡氏之言, 則不告於君而擅興甲兵, 是孔子先叛矣, 何以討人哉? 胡氏釋之於『春秋』, 朱子引之於『論語』, 皆未知此理也. 岳飛金牌之召, 或勸飛勿班師. 飛曰:'此乃飛反, 非檜反也.'始爲當於義矣."

李卓吾曰: 世固有有激而爲者, 不必問其爲之果當也; 有有激而言者, 不必問其能踐言與否也. 哀其志可也, 原其心可也, 留之以爲天下後世之亂臣賊子懼可也. 何必說盡道理, 以長養亂賊之心乎? 若說非義, 則孔子沐浴之請亦非義矣. 何也? 齊人弒君, 與魯何與也? 魯人尙無與, 又何與於家居不得與聞政事之孔子也? 不得與而與, 是出位之僭也. 明知哀公三子皆不可與言而言, 是多言之窮也. 總之爲非義矣. 總之爲非義, 然總之爲出於義之有所激也, 總之爲能使亂臣賊子懼, 卽孔子當日一大部『春秋』也, 何待他日筆削『魯史』而後謂之『春秋』哉? 先正蔡虛齋有「岳飛班師」一論, 至今讀之, 猶令人髮指冠, 目裂眦, 欲代岳侯殺秦檜·滅金虜而後快也, 何可無此議論也? 明知是做不得, 說不得, 然安可無此議論乎? 安得無此議論乎?


# 王半山

半山謂荊軻爹於燕, 故爲燕太子丹報秦. 信斯言也, 亦謂呂尙爹於周, 故爲周伐紂乎? 相知在心, 豈在爹也, 半山之見醜矣. 且荊卿亦何曾識燕丹哉! 只無奈相知如田光者薦之於先, 又繼以刎頸送之於後耳. 荊卿至是, 雖欲不死, 不可得矣. 故余有「詠荊卿」一首云:"荊卿原不識燕丹, 祇爲田光一死難. 慷慨悲歌爲擊筑, 蕭蕭易水至今寒." 又有「詠侯生」二首云:"夷門畫策却秦兵, 公子奪符出魏城. 上客功成心邃死, 千秋萬歲有侯嬴." 又:"晉鄙合符果自疑, 揮鎚運臂有屠兒. 情知不是信陵客, 刎頸迎風一送之." 蓋朱亥於公子相知不深, 又直侯生功成名立之際, 邃以死送之耳. 雖以死送公子, 實以死送朱亥也. 醜哉宋儒之見, 彼豈知英雄之心乎! 蓋古人貴成事, 必殺身以成之; 捨不得身, 成不得事矣.

## 爲賦而相灌輸

'爲賦'二字甚明，何說未明也？ 蓋爲賦而相灌輸，非爲商而相灌輸也. 爲賦而相灌輸，卽如今計戶納糧運租之類； 爲商而相灌輸，乃是驅農民以效商賈之爲. 夫旣驅農民以效商矣，又將驅何民以事農乎？ 若農盡爲商，則田盡不關，又將以何物爲賦而相輸灌也？ 曷不若令商自爲之，而征其稅之爲便乎？ 農有租賦之入，商有征稅之益，兩利策收，愚人亦知，而謂武帝不知耶？ 蓋當時霍子孟輩，已不曉桑大夫均輸之法之善矣，何況班孟堅哉！ 俗士不可語於政，信矣.


## 文公著書

"朱文公談道著書，百世宗之. 然觀其評論古今人品，誠有違公是而遠人情者： 王安石引用姦邪，傾覆宗社也，乃列之『名臣錄』而稱其道德文章； 蘇文忠道德文章，古今所共仰也，乃力詆之，謂得行其志，其禍又甚於安石. 夫以安石之姦，則未減其已著之罪；以蘇子之賢，則巧索其未形之短. 此何心哉？"

卓吾子曰： 文公非不知坡公也. 坡公好笑道學，文公恨之，直欲爲洛黨出氣耳，豈其眞無人心哉！ 若安石白宜取. 先生又曰："奏檜之姦，人皆欲食其肉，文公乃稱其有骨力；岳飛之死，今古人心何如也，文公乃譏其橫，譏其直向前廝殺. 漢儒如董如賈，皆一一議其言之疵. 諸葛孔明名之爲盜，又議其爲中·韓；韓文公則文致其大顚往來之書，齊齊千餘言，必使之不爲全人而已. 蓋自周·孔而下，無一人得免者. 憶文公註「毀譽章」云：'聖人善善速，而惡惡則已緩矣.' 又曰：'但有先褒之善，而無預詆之惡'. 信斯言也，文公於此，惡得爲緩乎？ 無乃自蹈於預詆人之惡也？"

卓吾子曰： 此俱不妨，但要說得是耳. 一蘇文忠尙不知，而何以議天下之士乎？ 文忠困阨一生，盡心盡力幹辦國家事一生. 據其生下，了無不幹之事，亦了不見其有幹事之名，但見有嬉笑遊戲，翰墨滿人間耳. 而文公不識，則文公亦不必論人矣.

## 闇然堂類纂引

『闇然堂類纂』者何? 潘氏所纂以自爲鑒戒之書也. 余讀而善之, 而目力竭于既老, 故復錄其最者以自鑒戒焉. 夫余之別潘氏多年矣, 其初直謂是木訥人耳, 不意其能剛也. 大抵二十餘年以來, 海內之友寥落如晨星, 其存者或年往志盡, 則日暮自倒, 非有道而塞變, 則蓋棺猶未定也. 其行不掩言, 往往與卓吾子相類, 乃去華之于今日, 其志益堅, 其氣益實, 其學愈造而其行益修, 斷斷乎可以託國託家而託身也. 非其暗室屋漏, 闇然自修, 不忘鑒戒, 安能然乎? 設余不見去華, 幾失去華也. 余是以見而喜, 去而思, 思而不見則讀其書以見之, 且以示余之不忘鑒戒, 亦願如去華也. 夫鑒戒之書, 自古有之, 何獨去華? 蓋去華此『纂』皆耳目近事, 時日尙新, 聞見罕接, 非今世人士之所常談. 譬之時文, 當時則趨, 過時則頑. 又譬之於曲則新腔, 於詞則別調, 於律則切響, 夫誰不側耳而傾聽乎? 是故喜也. 喜則必讀, 讀則必鑒必戒.


## 朋友篇

去華友朋之義最篤, 故是『纂』首纂篤友誼. 夫天下無朋久矣. 何也? 舉世皆嗜利, 無嗜義者. 嗜義則視死猶生, 而況幼孤之託, 身家之寄, 其又何辭也? 嗜利則雖生猶死, 則凡攘臂而奪之食, 下石以滅其口, 皆其能事矣. 今天下之所稱友朋者, 皆其生而猶死者也. 此無他, 嗜利者也, 非嗜友朋也. 今天下曷嘗有嗜友朋之義哉! 既未嘗有嗜義之友朋, 則謂之曰無朋可也. 以此事君, 有何賴焉?


## 阿寄傳

錢塘田豫陽汝成有「阿寄傳」. 阿寄者, 淳安徐氏僕也. 徐氏昆弟別産而居: 伯得一馬, 仲得一牛, 季寡婦得寄. 寄年五十餘矣, 寡婦泣曰: "馬則乘, 牛則耕, 跟蹌老僕, 乃費吾藜羹!" 阿寄歎曰: "噫! 主謂我力不牛馬若耶?" 乃畫策營生, 示可用狀. 寡婦悉簪珥之屬, 得金一十二兩

界寄，寄則入山販漆，期年而三其息，謂寡婦曰："主無憂! 富可立致矣."又二十年而致産數萬金，爲寡婦嫁三女，婚兩郎，齎聘皆千金. 又延師教兩郎，皆輸粟入太學，而寡婦卓然財雄一邑矣. 頃之，阿寄病且革，謂寡婦曰："老奴馬牛之報盡矣." 出枕中二楮，則家計巨細悉均分之，曰："以此遺兩郎君!"言訖而終. 徐氏諸孫或疑寄私蓄者，竊啓其篋，無寸絲粒粟之儲焉. 一嫗一兒，僅敝縕掩體而已. 余蓋聞之俞鳴和. 又曰："阿寄老矣，見徐氏之族，雖幼必拜，騎而遇諸途，必控勒將數百武以爲常. 見主母不睨視，女雖幼，必傳言，不離立也." 若然，則縉紳讀書明禮義者，何以加諸? 以此心也，奉其君親，雖謂之大忠純孝可也.

去華曰："阿寄之事主母，與李元之報主父何以異? 余尤嘉其終始以僕人自居也. 三讀斯傳，起愛起敬，以爲臣子而奉君親者能如是，吾何憂哉?"

李卓吾曰: 父子天性也. 子而逆天，天性何在? 夫兒尚不知有父母，尚不念昔者乳哺顧復之恩矣，而奴反能致孝以事其主. 然則其天定者雖奴亦自可託，而況友朋; 雖奴亦能致孝，而況父子. 彼所謂天性者，不過測度之語; 所謂讀書知孝弟者，不過一時無可奈何之辭耳. 奴與主何親也? 奴於書何嘗識一字也? 是故吾獨於奴焉三歎，是故不敢名之爲奴，而直曰我以上人. 且不但我以上人也，彼其視我正如奴矣. 何也? 彼之所爲，我實不能也.


## 孔明爲後主寫申韓管子六韜

唐子西云："人君不論撥亂守文，要以制略爲貴. 『六韜』述兵權，多奇計; 『管子』愼權衡，貴輕重; 『申』·『韓』覈名實，攻事情. 施之後主，正中其病. 藥無高下，要在對病. 萬全良藥，與病不對，亦何補哉?"又觀『古文苑』載先主臨終勅後主之言曰："申·韓之書，益人意智，可觀誦之!"『三國志』載孟孝裕問郤正太子，正以虔恭仁恕答，孝裕曰: "如君所道，皆家門所有耳. 吾今所問，欲知其權略知調何如也."

由此觀之，孔明之喜申·韓審矣. 然謂其爲對病之藥，則未敢許. 夫病可以用藥，則用藥以對病爲功，苟其用藥不得，則又何病之對也? 劉禪之病，牙關緊閉，口噤不開，無所用藥者也，而問對病與否可歟? 且申·

526

韓何如人也？ 彼等原與儒家分而爲六. 既分爲六, 則各自成家; 各自成家, 則各各有一定之學術, 各各有必至之事功. 擧而措之, 如印印泥, 走作一點不得也. 獨儒家者流, 汎濫而靡所適從, 則以所欲者衆耳. 故汲長孺謂其內多欲而外施仁義, 而論六家要指者, 又以'博而寡要, 勞而少功'八字蓋之, 可謂至當不易之定論矣. 孔明之語後主曰: "苟不伐賊, 王業亦亡. 與其坐而待亡, 孰與伐之?" 是孔明已知後主之必亡也, 而又欲速戰以幸其不亡, 何哉？ 豈謂病雖進不得藥, 而藥終不可不進, 以故猶欲僥倖於一逞乎? 吾恐司馬懿・曹眞諸人尚在, 未可以僥倖也. 六出祁山, 連年動衆, 驅無辜赤子轉鬪數千里之外, 既欲愛民, 又欲報主, 自謂料敵之審, 又不免幸勝之貪, 卒之勝不可幸, 而將星於此乎終隕矣. 蓋唯其多欲, 故欲兼施仁義; 唯其博取, 是以無功徒勞. 此八字者, 雖孔明大聖人不能免於此矣.

愚嘗論之, 成大功者必不顧後患, 故功無不成, 商君之於秦, 吳起之於楚是矣. 而儒者皆欲之, 不知天下之大功, 果可以顧後患之心成之乎否也, 吾不得而知也. 顧後患者必不肯成天下之大功, 莊周之徒是已. 是以寧爲曳尾之龜, 而不肯受千金之幣; 寧爲濠上之樂, 而不肯任楚國之憂. 而儒者皆欲之, 於是乎又有居朝廷則憂其民, 處江湖則憂其君之論. 不知天下果有兩頭馬乎否也, 吾又不得而知也. 墨子之學術貴儉, 雖天下以我爲不拔一毛不恤也. 商子之學術貴法, 申子之學術貴術, 韓非子之學術兼貴法・術, 雖天下以我爲殘忍刻薄不恤也. 曲逆之學術貴詐, 儀・秦之學術貴縱橫, 雖天下以我爲反覆不信不恤也. 不憚五就之勞, 以成夏・殷之績, 雖天下後世以我爲事兩主而兼利, 割烹要而試功, 立太甲而復反可也. 此又伊尹之學術以任, 而直謂之能忍詬焉者也. 以至譙周・馮道諸老寧受祭器歸晉之謗, 歷事五季之恥, 而不忍無辜之民日遭塗炭, 要皆有一定之學術, 非苟苟者. 各周於用, 總足辦事, 彼區區者欲選擇其名實俱利者而兼之, 得乎? 此無他, 名教累之也. 以故瞻前慮後, 左顧右盼. 自己既無一定之學術, 他日又安有必成之事功耶？ 而又好說'時中'之語以自文, 又況依倣陳言, 規跡往事, 不敢出半步者哉! 故因論申・韓而推言之, 觀者幸勿以爲余之言皆經史之所未嘗有者可也.

# 卷六 詩歌

四言長篇

## 讀書樂 #引

曹公云："老而能學，唯吾與袁伯業."夫以四分五裂，橫戈支戟，猶能手不釋卷，況淸遠閒曠哉一老子耶！雖然，此亦難强. 余蓋有天幸焉. 天幸生我目，雖古稀猶能視細書；天幸生我手，雖古稀猶能書細字. 然此未爲幸也. 天幸生我性，平生不喜見俗人，故自壯至老，無有親賓往來之擾，得以一意讀書. 天幸生我情，平生不愛近家人，故終老龍湖，幸免俯仰逼迫之苦，而又得以一意讀書. 然此亦未爲幸也. 天幸生我心眼，開卷便見人，便見其人終始之槪. 夫讀書論世，古多有之，或見皮面，或見體膚，或見血脈，或見筋骨，然至骨極矣. 縱自謂能洞五臟，其實尙未刺骨也. 此余之自謂得天幸者一也. 天幸生我大膽，凡昔人之所忻艷以爲賢者，余多以爲假，多以爲迂腐不才而不切于用；其所鄙者・棄者・唾且罵者，余皆的以爲可託國託家而託身也. 其是非大戾昔人如此，非大膽而何？此又余之自謂得天之幸者二也. 有此二幸，是以老而樂學，故作「讀書樂」以自樂焉.

天生龍湖，以待卓吾；天生卓吾，乃在龍湖.
龍湖卓吾，其樂何如？四時讀書，不知其餘.
讀書伊何？會我者多. 一與心會，自笑自歌；
歌吟不已，繼以呼呵. 慟哭呼呵，涕泗滂沱.
歌匪無因，書中有人；我觀其人，實獲我心.
哭匪無因，空潭無人；未見其人，實勞我心.
棄置莫讀，束之高屋，怡性養神，輟歌送哭.
何必讀書，然後爲樂？乍聞此言，若憫不穀.
束書不觀，吾何以歡？怡性養神，正在此間.

世界何窄，方冊何寬! 千聖萬賢，與公何冤!

有身無家，有首無髮，死者是身，朽者是骨.

此獨不朽，願與偕歿，倚嘯叢中，聲震林鵑.

歌哭相從，其樂無窮，寸陰可惜，曷敢從容!


## 五七言長篇

### 富莫富於常知足

富莫富於常知足，貴莫貴於能脫俗；貧莫貧於無見識，賤莫賤於無骨力.

身無一賢口窮，朋來四方口達；百世榮華口夭，萬世永賴口壽.


解者曰：常知足則常足，故富；能脫俗則不俗，故貴. 無見識則是非莫曉，賢否不分，黑漆漆之人耳，欲往何適，大類貧兒，非貧而何? 無骨力則待人而行，倚勢乃立，東西恃賴耳，依門傍戶，眞同僕妾，非賤而何? 身無一賢，緩急何以，窮之極也. 朋友四方，聲應氣求，達之至也. 吾夫子之謂矣. 舊以不知恥爲賤亦好，以得志一時爲夭尤好. 然以流芳百世爲壽，只可稱前後烈烈諸名士耳，必如吾夫子，始可稱萬世永賴，無疆上壽也.


### 九日同袁中夫看菊寄謝主人

去年花比今年早，今年人比去年老.

盡道人老不如舊，誰信舊人老亦好.

秋菊總開舊歲花，人今但把新人誇.

不見舊日龍山帽，至今猶共說孟嘉?

去年我猶在陰山，今年爾復在江南.

傍人錯指前身是，一是文殊一瞿曇.

花開于我復何有，人世那堪逢重九?

擧頭望見鍾山高，出門便欲跨牛首.

袁生袁生攜我手，欲往何之仍掣肘.

雖有謝公墩，朝朝長在門.

雖有塔前塔，高高未出雲.

褰裳緩步且相隨，一任秋光更設施.

天生我輩必有奇，感君雅意來相期.

530

入門秋色上高堂，烹茶爲具呼兒郎.
歡來不用登高去，撲鼻迎風尊酒香.
子美空吟白髮詩，淵明采采亦徒疲.
何如今日逢故知，菊花共看未開時.

## 至日自訟謝主翁

明朝七十一，今朝是七十. 長而無述焉，既老復何益！
雖有讀書樂，患失又患得. 患失是伊何？ 去日已蹉跎.
患得是伊何？ 來日苦無多. 聰明雖不逮，精神未有害.
筆禿鋒鋩少，指柔龍蛇在. 宛然一書生，可笑亦可愛！
此將未死身，暫作不死人. 所幸我劉友，供饋不停手.
從者五七人，素飽爲日久. 如此賢主人，何愁天數九！

## 朔風謠

南來北去何時了？ 爲利爲名無了時.
爲利爲名滿世間，南來北去正相宜.
朔風三月衣裳單，塞上行人忍凍難.
好笑山中觀靜者，無端絕塞受風寒.
謂余爲利不知余，謂渠爲名豈識渠.
非名非利一事無，奔走道路胡爲乎？
試問長者眞良圖，我願與世名利徒，
同歌帝力樂康衢.

## 題繡佛精舍

聞說澹然此日生，澹然此日却爲僧.
僧寶世間猶是有，佛寶今看繡佛燈.
可笑成男月上女，大驚小怪稱奇事.
陡然不見舍利佛，男身復隱知誰是.
我勸世人莫浪猜，繡佛精舍是天台.
天欲散花愁汝着，龍女成佛今又來.

### 十八羅漢漂海偈

十八羅漢漂海，第一胖漢利害．
失脚踏倒須彌，拋散酒肉布袋．
猶然嗔怪同行，要吃諸人四大．
咄！天無底，地無蓋，好個極樂世界．

### 十八羅漢遊戲偈

不去看經念偈，却來神通遊戲．
自誇能殺怨賊，好意翻成惡意．
咦！南無阿彌陀佛，春夏秋冬四季．

### 哭耿子庸

楚國有一士，胸中無一字，
令人讀『漢書』，便道賴有此．
蓋世聰明者，非君竟誰與？
所以羅旴江，平生獨推許．
行年五十一，今朝真死矣！
君生良不虛，君死何曾死！

### 其二

我是君之友，君是我之師．
我年長於君，覷君是先知．
君言"吾少也"，如夢亦如癡．
去去學神仙，中道復棄之．
歸來山中坐，靜極心自怡．
大事苟未明，兀坐空爾為．
行行還出門，逝者在於斯．
反照未生前，我心不動移．
仰天一長笑，茲事何太奇！
從此一聲雷，平地任所施．
開口向人難，誰是心相知？

其三

太眞終日語，東方容易談．
本是閩越人，來此共閑閑．
君子有德音，聽之使人慚．
白門追隨後，萬里走滇南．
移家恨已滿，敢曰靑於藍？
志士苦粧飾，世儒樂苟安．
謂君未免俗，令人坐長嘆．

其四

君心未易知，吾言何測測！
大言北海若，小言西河伯．
緩言微風入，疾言養叔射．
囈言雜俚語，無不可思繹．
和光混俗者，見之但爭席．
浩氣滿乾坤，收斂無遺跡．
時來一鼓琴，與君共晨夕．
已矣莫我知，雖生亦何益！

五言四句
宿吳門

秋深風落木，清水半池荷．
驅馬向何去？吳門客子多．

其二

屋有圖書潤，庭無秋菊鮮．
應知彭澤令，一夜不曾眠．

同深有上人看梅

東閣觀梅去，清尊怨未開．
徘徊天際暮，獨與老僧來．

### 又觀梅
雷雨驚春候，寒梅次第開.
金陵有逸客，特地看花來.

### 鄭樓
谷口鄭子眞；棲遲市門裏.
小樓延上客，酒酣猶未已.

### 薙髮
空潭一老醜，薙髮便爲僧.
願度恒沙衆，長明日月燈.

### 其二
有家眞是累，混俗亦招尤.
去去山中臥，晨興粥一甌.

### 其三
爲儒已半世，貪祿又多年.
欲證無生忍，盡抛妻子緣.

### 其四
大定非關隱，魂淸自可人.
而今應度者，不是宰官身.

### 哭貴兒
水深能殺人，胡爲浴於此?
欲眠眠不得，念子于茲死!

### 其二
不飮又不醉，子今有何罪?
疾呼遂不應，痛恨此潭水!

534

### 其三

骨肉歸故里，童僕皆我棄。
汝我如形影，今朝有我矣！

### 哭黃宜人

結髮爲夫婦，恩情兩不牽。
今朝聞汝死，不覺情悽然！

### 其二

不爲恩情牽，含悽爲汝賢。
反目未曾有，齊眉四十年。

### 其三

中表皆稱孝，舅姑慰汝勞。
賓朋日夜往，龜手事香醪。

### 其四

慈心能割有，約己善持家。
緣余貪佛去，別汝在天涯。

### 其五

近水觀魚戲，春山獨鳥啼。
貧交猶不棄，何況糟糠妻！

### 其六

冀缺與梁鴻，何人可比蹤？
丈夫志四海，恨汝不能從！

### 夜半聞雁

改歲以來，老病日侵，計不久矣。夫余七十人也，追思五十以前，抱此
矗疎，遨遊四海，兼圖升斗以瞻俯仰，憑尺寸以奉高尊。人人皆視爲畏
途，余獨坦行闊步二十五載，不少一日，遍交當世名流，無空過者，直至

今日，猶然念余不舍也．是世之所難者，余之所易也．及其解組入楚，身退矣，名且隱矣，可謂易而又易矣，乃行畏途覺不安，逃空虛轉顛躓何耶？豈非理之不可曉者耶！夫余執此道以終始，未嘗一毫改步也．今難者反易，易者反難，雖余亦自不知其故矣．內實自傷，故因聞雁而遂賦之．

孤鴻向北征，夜半猶哀鳴．
哀鳴何所為？欲我如鴻冥．

其二
自有凌霄翮，高飛安不得．
如何萬里行，反作淹留客？

其三
獨雁雖無依，羣飛尚有伴．
可憐何處翁，兀坐生憂患！

其四
日月湖中久，時聞冀北音．
鴻飛如我待，鼓翼向山陰．

後數歲，余竟赴冀北，過山陰，其詞卒驗．

## 莊純夫還閩有憶
承龍人歸去，誰復到吾門？
薄暮多風雨，知子宿前村．

其二
海物多奇錯，礪房味正清．
夫妻共食噉，不得到廬城．

其三
三子皆聰明，必然早著聲．

536

若能舉孝廉, 取道過西陵!

其四
七十古來稀, 知余能幾時?
君宜善自計, 莫念出家兒.

**歲暮過湖南老**
胡牀掛空壁, 窮巷有深居.
滿目繁華在, 先生獨晏如.

其二
河內著碑銘, 罜堰流頌聲.
百年林下叟, 隱隱作儀刑.

其三
四隣簫管沸, 大都爲歲除.
君看五馬貴, 囊有一錢無?

其三
四隣簫管沸, 大都爲歲除.
君看五馬貴, 囊有一錢無?

四其
有席雖長穿, 有朋亦喜歡.
園蔬堪摘矣, 不用一錢看.

**樏山寺夜坐**
松風已可哀, 蘿月復飛來.
如何當此夜, 萬里獨登臺?

**慰鄭子玄**
鄭子玄不顧雨雪之難, 走潞河, 欲尋舊交, 余懼其或有"嗟來"也, 故作

詩三章，以慰其行.

雨雪東南行，貧交家上京.
當時<u>孔北海</u>，極重<u>鄭康成</u>.
右一章

四顧堪愁絕，連天一月雪.
恐抵<u>張家灣</u>，難對貧交說.
右二章

貧賤少親交，<u>許由</u>故棄瓢.
<u>許由</u>千古少，蒙袂且相招.
右三章

**寓武昌郡寄眞定劉晋川先生**
密密梧桐樹，亭亭相與許.
中夜聞人聲，疑是見君子.

其二
芒種在今朝，君行豈不遙！
農夫歡倒極，雨立逻星軺.

其三
細問去來者，暮宿<u>漢陽城</u>.
三日望<u>京山</u>，五日過<u>西陵</u>.

其四
青翠滿池臺，徒增靜者哀.
一步一回遠，君今去不來.

其五
方我來歸日，是君傾蓋時.

通玄信長子, 北海好男兒!

其六
季心何意氣, 夜半猶開門.
幸免窮途哭, 能忘一飯恩!

其七
黃昏入夏口, 無計問劉琦.
假若不逢君, 流落安所之!

其八
南國留棠陰, 江城遺白叟.
君思用趙人, 猶憶江南否?

塞上吟時有倭警
乘槎欲問天, 只怕衝牛斗.
乘桴欲浮海, 又道蛟龍吼.

賦松梅
二八誰家女, 曲彈塞上聲.
且莫彈此曲! 無家人難聽.

其二
皎皎中秋月, 無聲誰論價?
有色兼有聲, 松梅明月下.

贈何心隱高第弟子胡時中
三日三渡江, 胡生何忙忙?
師弟恩情重, 不忍見武昌.

偈二首答梅中丞
本無家可歸, 原無路可走.

若有路可走，還是大門口．

其二
莫誇家裏富，家富令人醜．
若實到家人，一毫亦無有．

　　懷林答偈附
　　亦知都府內，事事無不有．
　　只是從外來，令人難長守．

六言四句
雲中僧舍芍藥
芍藥庭開兩朵，經僧閣裏評論．
木魚暫且停手，風送花香有情．

其二
笑時傾城傾國，愁時依樹凭闌．
爾但一開兩朵，我來萬水千山．

士龍攜二孫同弱侯過余解粽
解粽正思端午，懷沙莫問汨羅！
且喜六龍下食，因知二妙堪多．

其二
元方既難爲弟，季方又難爲兄．
如此食糜自可，何必白日飛昇！

其三
我本老而好學，故隨眞人束行．
兩家幷生才子，自然常聚德星．

540

其四

泗州說有大聖，金陵亦有元城.
何似維明與公，並稱'二李先生'.


七言四句
南池

濟濼相將日暮時，此間乃有杜陵池.
三春花鳥猶堪賞，千古文章只自知.


其二

水入南池讀古碑，任城爲客此何時？
從前祇爲作詩苦，留得驚人杜甫詩.


太白樓

世事眞同水上浮，金龜好換酒家愁.
山東李白今何在？ 城下唯瞻太白樓.


其二

天寶年間事已非，先生不醉將安歸？
當時豪氣三千丈，傾國名花贈玉妃.


恨菊

不是先生偏愛菊，清霜獨有菊花開.
滿庭秋色無人見，敢望白衣送酒來？


哭陸仲鶴

二十年前此地分，孤帆萬里出重雲.
滇南昔日君憐我，白下今朝我哭君.


其二

歲歲年年但寄書，草萍消息竟何如？
巨卿未解山陽夢，垂老那堪策素車！

## 九日坪上

如鳥飛飛到處棲，今年九日在山西．
太行正是登高處，無菊亦應有酒攜．

### 其二

坪上無花有酒錢，謾將沽酒醉逃禪．
若言不識酒中趣，可試登高一問天！

### 其三

身在他鄉不望鄉，閒雲處處總淒涼！
故人若問淒邊事，日射坪田索酒嘗．

## 除夕道場卽事

眾僧齊唱阿彌陀，人在天涯歲又過．
但道明朝七十一，誰知七十已蹉跎！

### 其二

坪上相逢意氣多，至人為我飯樓那．
燒燈熾炭紅如日，旅夕何愁不易過！

### 其三

白髮催人無奈何，可憐除夕不除魔！
春風十日氷開後，依舊長流沁水波．

## 閉關

閉關正爾為參禪，一任主人到客邊．
無奈塵心猶不了，依然出戶拜新年．

## 元宵

元宵真是可憐宵，獨對孤燈坐寂寥．
不是齋居能養性，嗔心幾被雪風搖．

**哭懷林**

南來消息不堪聞，腸斷龍堆日暮雲！
當日雖然扶病去，來書已是細成文。

**其二**

年少才情亦可誇，暫時不見卽天涯。
何當棄我先歸去，化作楚雲散作霞。

**其三**

夢中相見語依依，忘却從前抱病歸。
四大皆隨風火散，去書猶囑寄秋衣。

**其四**

年在桑榆身大回，吾今哭子非龍鍾。
交情生死天來大，絲竹安能寫此中！

**晋陽懷古**

水決汾河趙已分，孟談潛出間三軍。
如何智伯破亡後，高赦無功獨首論？

**過雁門**

盡道當關用一夫，昔人曾此扞匈奴。
如今冒頓來稽顙，李牧如前不足都。

**其二**

千金一劍未曾磨，陡上關來感慨多。
關下人稱眞意氣，關頭人說白頭何！

**渡桑間**

逢人勿問我何方，信宿幷州卽我鄉。
明日桑間橫渡去，兩程又見梅衡湘。

初至雲中
錫杖朝朝信老僧，蒼茫山色樹層層.
出門祇覺音聲別，不審身眞到白登.

贈兩禪客
孟嘗門下客三千，狗盜雞鳴絕可憐.
自脫秦關歸去後，始知二子會參禪.

得上院信
世事由來不可論，波羅忍辱是玄門.
今朝接得龍湖信，立喚沙彌取水焚.

重來山房贈馬伯時
一別山房便十年，親栽竹筱已參天.
舊時年少唯君在，何處看山不可憐！

古道通三晉
黃河遠綴白雲間，我欲上天天不難.
三晉誰云通古道，人今唯見太行山.

中州第一程
程程物色使人羞，同上中原第一樓.
太行雖有摧車路，千載人人到上頭.

詠史
荊卿原不識燕丹，祇爲田光一死難.
慷慨悲歌唯擊筑，蕭蕭易水至今寒.

其二
夷門畫策却秦兵，公子奪符出魏城.
上客功成心邃死，千秋萬歲有侯嬴.

544

## 其三

晉鄙合符果自疑，揮鎚運臂有屠兒．
情知不是信陵客，刎頸迎風一送之．

## 却寄

一迴飛錫下江南，咫尺無由接笑談．
却羨婆須蜜氏女，發心猶願見瞿曇．

## 其二

持鉢來歸不坐禪，遙聞高論却潸然！
如今男子知多少，盡道官高卽是仙．

## 其三

盈盈細抹隨風雪，點點紅粧帶雨梅．
莫道門前馬車富，子規今已喚春回．

## 其四

聲聲喚出自家身，生死如山不動塵．
欲見觀音今汝是，蓮花原屬似花人．

## 喜楊鳳里到攝山

十年相守似兄弟，一別三年如隔世．
今日還從江上來，孤雲野鶴在山寺．

## 其二

憶別龍湖才幾時，天涯霜雪淨鬖眉．
君今復自龍湖至，鬢裏有絲君自知．

## 山中得弱侯下第書

秣陵人去帝京遊，可是隋珠復暗投．
昨夜山前雷雨作，傳君一字到黃州．

### 同周子觀洞龍梅

一枝斜倚古垣東，白首逢君出洞龍.
莫怪花神爭笑語，周郎昨夜此山中.

### 湖上紅白梅盛開戲題

始知春意屬閒身，紅白相將入望頻.
才到開時君又老，看花不是種花人.

### 贈周山人

謾道男兒四海身，百錢賣卜不愁貧.
即今欲上黃梅路，誰把十金拋與人？

### 牡丹時

牡丹才記欲開時，芍藥于今久離披.
可是山中無人到，花開花謝總不知.

### 其二

憶昔長安看花時，牡丹獨有醉西施.
省中一樹花無數，共計二百單八枝.

## 五言八句

### 初到石湖

皎皎空中石，結茅俯青溪.
魚遊新月下，人在小橋西.
入室呼尊酒，逢春信馬蹄.
因依如可就，筇竹正堪攜.

### 春宵燕集得空字

高館張燈夜，清尊興不空.
故交來昨日，千里動春風.
竹影寒塘下，歌聲細雨中.
可憐新歲月，偏向舊衰翁.

### 中秋劉近城攜酒湖上

舉網澄潭下，凭闌看得魚.
誰將從事酒，一問子雲廬？
水白沙鷗淨，天空木葉疎.
中秋今夜月，爾我獨躊躇.

### 秋前約近城鳳里到周子竹園

竹徑來三友，清幽半在君.
拋書爲對客，把酒好論文.
青苔過雨後，獨鶴向人羣.
攜手欲同去，相看日未曛.

### 其二

署在人還倦，竹深風自涼.
茶來頻我酌，酒到與君嘗.
徙倚窺馴鹿，聞呼過短牆.
沈吟秋日近，容易得相將.

### 環陽樓晚眺得碁字

不是環陽客，何來席上碁！
推窗雲亦去，俯檻月猶遲.
水底魚龍醒，花間鳥鵲飢.
眼看春又半，雖老亦忘疲.

### 重過曾家

冰肌仍帶雪，霜鬢更逢梅.
花是去年白，人知何日回？
一杯臨老客，三度隔牆開.
無計就君住，明朝還復來.

### 送鄭子玄兼寄弱侯

我乃無歸處，君胡爲遠遊？

窮途須痛哭，得意勿淹留！
旅鬢迎霜日，詩囊帶雨秋。
薊門雖落莫，應念有焦俠。

### 丘長孺生日
似君初度日，不敢少年看。
百歲人間易，逢君世上難。
三杯生瑞氣，一雨送春寒。
對客猶辭醉，尊前有老聃。

### 謁關聖祠
交契得如君，香烟可斷雲。
既歸第一義，寧復昔三分？
金石有時敝，關張孰不聞！
我心無所似，只是敬將軍。

### 觀鑄關聖提刀躍馬像
英雄再出世，烈烈有暉光。
火焰明初日，金精照十方。
居然圍白馬，猶欲斬顏良。
豈料人千載，又得見關王。

### 秋懷
白盡餘生髮，單存不老心。
栖栖非學楚，切切為交深。
遠夢悲風送，秋懷落木吟。
古來聰聽者，或別有知音。

### 閒步
灌園看老圃，秋色似江南。
畦沁蔬堪摘，霜黃柿未甘。
爾非陳仲子，我豈老瞿曇！

548

聊共班荊坐，憑君說兩三.

## 立春喜常融二僧至

客久歲云暮，吾衰道自尊.
時辰催短速，晷刻變寒溫.
人賤時爭席，神傷早閉門.
新春看爾到，應念我猶存！

### 其二

正爾逢春日，到來兩足尊.
偷生長作客，僧臘始開門.
淡淡梅初放，如如雪可吞.
千三四百里，又是一乾坤.

## 乾樓晚眺

呼朋萬里外，拍手層霄間.
寒晚浮烟重，天空歲月閒.
斷雲迷古戌，落日照西山.
幸有聲歌在，更殘且未還.

### 其二

凭高一灑衣，望遠此何時？
正是中元節，兼聽遊女悲.
杯乾旋可酌，曲罷更題詩.
願將北流水，彈與鍾子期.

### 其三

中丞綏定後，攜我共登臨.
所喜聞謠俗，非干懷壯心.
山雲低薄暮，樓日壓重陰.
欲歸猶未可，此地有知音.

### 贈利西泰

逍遙下北溟，迤邐向南征.
利利標名姓，仙山紀水程.
回頭十萬里，舉目九重城.
觀國之光未？中天日正明.

### 六月訪袁中夫攝山

懷人千佛嶺，避暑碧霞巔.
試問山中樂，何如品外泉？
陰陰藤掛樹，隱隱日為年.
坐覺涼風至，披襟共灑然.

### 薜蘿園宴集贈鷗江詞伯

為有玉田飯，任從金粟過.
名園花樹早，小徑牛羊多.
煮茗通玄理，焚香去染痾.
宗侯非曠蕩，若意在烟蘿.

### 望東平有感

我來齊境上，弔古問東平.
細雨河魚出，雲收山鳥鳴.
夭桃夾岸去，弱柳送春行.
最樂誰堪比？唯君悟此生.

### 過聊城

誰道百夫長，勝作一書生.
渤海新開府，中原盡點兵.
倭夷兩步卒，廊廟幾公卿.
不見魯連子，射書救聊城？

### 過武城

絃歌古渡口，經過欲停舟.

550

世變人何往，神傷意不留.
文章誇海岱，禮樂在『春秋』.
堪笑延陵札，同時失子游!

其二
先師無戲論，一笑定千秋.
白雪難同調，青雲誰見收.
春風吹細草，明月照行舟.
魯國多男子，幾人居上頭?

## 七言八句
### 自武昌渡江宿大別
疎鐘夜半落雲房，今夕何由見武昌?
流水有情憐我老，秋風無恙斷人腸.
千年芳草題鸚鵡，萬里長江入漢陽.
大別原非分別者，登臨不用更悲傷!

### 曉行逢征東將士却寄梅中丞
烽火城西百將屯，寒烟曉爨萬家村.
雄邊子弟誇雕韉，絕塞將軍早閉門.
傍海何年知浪靜，登壇空自拜君恩.
雲中今有眞頗牧，安得移來覲至尊?

### 晚過居庸
重門天險設居庸，百二山河勢轉雄.
關吏不聞占紫氣，行人或共說非熊.
灣環出水馬蹄澀，回復穿雲月露融.
燕市卽今休感慨，漢家封事已從容.

### 九日至極樂寺聞袁中郎且至因喜而賦
世道由來未可孤，百年端的是吾徒.
時逢重九花應醉，人至論心病亦蘇.

老檜深枝喧暮鵲，西風落日下庭梧.
黃金臺上思千里，為報中郎速進途.

## 元日極樂寺大雨雪

萬國衣冠共一新，婆娑獨占上方春.
誰知向闕山呼日，正是飛花極樂辰？
寂寂僧歸雲際寺，溶溶月照隴頭人.
年來鬢髮隨刀落，欲脫塵勞却惹塵.

## 雨中塔寺和袁小修韻

無端滯落此江瀕，雨濕征衫逢故人.
但道三元猶浪跡，誰知深院有孤身？
才傾八斗難留客，酒賦千鍾不厭貧.
自是仙郎佳況在，何妨老子倍精神.

## 讀羊叔子勸伐吳表

三馬同槽買鄴都，轉身賣與小羌胡.
山濤不是私憂者，羊祜寧知非算無？
天塹長江權入晉，地分左衽終輸吳.
當時王謝成何事？只好清談對酒壚.

## 讀劉禹錫金陵懷古

王濬樓船下益州，金陵懷古獨稱劉.
千尋鐵鎖沉江底，百萬龍驤上石頭.
賦就群公皆閣筆，功成二子莫為讐.
鍾山王氣千年在，不見長江日夜浮！

## 琉璃寺

琉璃道上日初西，馬遠秋風萬木低.
僧舍不關從客去，田家有酒為誰攜？
籬邊小雨催黃菊，山岫明星報曉雞.
自有深公為伴侶，何妨一笑過前溪！

552

### 赴京留別雲松上人

支公遯跡此山居，深院巢雲愧不如.

自借松風一高枕，始知僧舍是吾廬.

風吹竹柏袈裟破，月滿池塘鐘磬虛.

獨有宿緣酬未畢，臨歧策馬復躊躇.

### 望魯臺禮謁二程祠二程俱產於此

日暮西風江上臺，森森古木使人哀.

楚雲一夜眞堪賦，魯國何年入望來？

千載推賢唯伯仲，百年想像見嬰孩.

翛然欲下門庭雪，知是先生愛不才.

## 李氏焚書跋

卓吾學術淵源姚江. 蓋龍谿爲姚江高第弟子，龍谿之學一傳而何心隱，再傳而爲卓吾. 故卓吾論心隱，尊以爲上九大人；而其敘龍谿文錄，則曰"先生此書前無往古，今無將來，後有學者可以無復著書矣."夫卓吾以孔子之是非爲不足據，而尊龍谿乃至是. 由是言之，亦可以知卓吾學所從來矣. 卓吾此書外，復著有『藏書』·『續藏書』·『說書』·『卓吾大德』等書. 『藏書』述史，始自春秋，訖於宋·元；『續藏書』則述明一代萬曆以前事. 去歲鄧秋枚購得『藏書』，李曉暾自金陵購得『續藏書』，余皆獲讀之. 此書則爲錦州張紀庭捐贈國學保存會者，明刊本也.

卓吾曰："名曰『焚書』，言其當焚而棄之."明季此書兩經禁燬：一焚於萬曆三十年，爲給事中張問達所奏請；再焚於天啓五年，爲御史王雅量所奏請. 然而此本則刻於既奉禁燬以後，觀焦弱侯序可知也. 嗟夫！朝廷雖禁燬之，而士大夫則相與重鋟之. 陳明卿云："卓吾書盛行，咳唾間非卓吾不歡，几案間非卓吾不適."當時風尙如此. 夫學術者天下之公器，王者徇一己之好惡，乃欲以權力遏之，天下固不怵也. 然卽怵矣，而易世之後，鋟卓吾書者如吾今日，則亦非明之列宗所得而如何者. 然則當日之禁燬，毋亦多事爾.

卓吾爲人，頗不理於謝在杭·顧亭林·王山史諸賢之論，惟袁中郎著

「李溫陵傳」頗稱道之. 余最錄袁傳以附於後. 嗟夫! 嗟夫! 卓吾學與時忤, 其書且燬, 記其人者或甚其詞, 度必有之. 亭林・山史因學術之同異, 至痛詆其人, 以爲叛聖. 若是, 夫陽明之不能免於世之詆訶, 固宜也. 戊申三月, 順德黃節跋.

# 增補一

## 答李如眞

弟學佛人也，異端者流，聖門之所深闢．弟是以於<u>孔氏</u>之徒不敢輕易請教者，非一日矣．非恐其闢己也，謂其志不在於性命，恐其術業不同，未必能開我之眼，愈我之疾．我年衰老，又未敢泛泛然爲無益之請，以虛度此有限時光，非敢忘舊日親故之恩，如兄所云‘親者無失其爲親，故者無失其爲故’之云也．念弟非薄人也，自己學問未曾明白，雖承朋友接引之恩，切欲報之而其道無由，非能報之而不爲之報也．

承兄遠敎，感切難言．第弟禪學也，路徑不同，可如之何！且如‘親民’之旨，‘無惡’之旨，種種‘不厭’‘不倦’之旨，非不親切可聽，的的可行．但念弟至今德尚未明，安能作親民事乎！學尚未知所止，安敢自謂我不厭乎？既未能不厭，又安能爲不倦事乎？切恐知學則自能不厭，如饑者之食必不厭飽，寒者之衣必不厭多．今於生死性命尚未如饑寒之甚，雖欲不厭，又可能耶？若不知學，而但取‘不厭’者以爲題目工夫，則恐學未幾而厭自隨之矣．欲能如<u>顏子</u>之好學，得歟？欲如夫子之忘食忘憂，不知老之將至，又可得歟？況望其能不倦也乎哉！此蓋或<u>侗老</u>足以當之，若弟則不敢以此自足而必欲人人同宗此學脈也．

何也？未能知學之故也，未能自明己德故也，未能成己‧立己‧盡己之性故也．惟德有未明，故凡能明我者則親之；其不如己者，不敢親也；便佞者、善柔者皆我之損，不敢親也．既不敢親，則惡我者從生焉，我惡之者亦從生焉，亦自然之理耳．譬如父之於子然，子之賢不肖雖各不同，然爲父者未嘗不親之也，未嘗有惡之之心也．何也？父既有子，則田宅財帛欲將有托，功名事業欲將有寄，種種自大父來者，今皆於子乎授之，安能不以子爲念也？今者自身朝餐未知何給，暮宿未知何處，寒衣未審誰授，日夕竊竊焉唯恐失所向，無心於得子，又安知有子而欲付托此等事乎？正弟之謂也．此弟於<u>侗老</u>之言不敢遽聆者以此也．弟非薄於故舊之

人也，雖欲厚之而其道固無從也．吁！安得大事遂明，輪迴永斷，從此一聽長者之敎，一意親民而宗'不厭''不倦'學脈乎！

且兄祇欲爲仁，不務識仁，又似於孔門明德致知之敎遠矣；今又專向文學之場，精研音釋等事，似又以爲仁爲第二義矣．雜學如此，故弟猶不知所請敎也，非薄之謂也，念兄未必能開弟之眼，愈弟之疾也．大抵兄高明過于前人，德行欲列于顏・閔，文學欲高于游・夏，政事不數于求・由，此亦惟兄之多能能自策之，弟惟此一事猶惶惶然恐終身不得到手也．人之賢不肖懸絶且千萬餘里，眞不可概論有如是哉！弟今惟自愧爾矣．

（『李溫陵集』卷一）

## 答何克齋尚書

某生于閩，長于海，丏食于衛，就學于燕，訪友于白下，質正于四方．自足兩都人物之淵，東南才富之產，陽明先生之徒若孫及臨濟的派，丹陽正脈，但有一言之幾乎道者，皆某所參禮也，不扣盡底蘊固不止矣．五十而至滇，非謀道矣，直翺口萬里之外耳．三年而出滇，復寓楚，今又移寓于楚之麻城矣．人今以某爲麻城人，雖某亦自以爲麻城人也．公百福具備，俗之人皆能頌公，某若加一辭，贅矣．故惟道其平生取友者如此．

（『李溫陵集』卷一）

## 與焦從吾

此間自楚倥去後，寥寥太甚，因思向日親近善知識時，全不覺知身在何方，相看度日，眞不知老之將至．蓋眞切友朋，死生在念，萬分精進，亦自不知故耳．自今實難度日矣．

去年十月曾一到亳州，以無處館宿，不數日卽回．今春三月復至此中，擬邀無念・曾承菴泛舟白下，與兄相從．夫兄以蓋世聰明，而一生全力盡向詩文草聖場中，又不幸而得力，故于生死念頭不過一分兩分，微而又微也如此．且當處窮之日，未必能爲地主，是以未敢決來．然念兄實不容不與弟會者．兄雖强壯，然亦幾于知命矣．此時不在念，他年功名到手，事

勢益忙，精力漸衰，求文字者造門日益衆，恐益不暇爲此矣．功名富貴等，平生盡能道是身外物，到此反爲主而性命反爲賓，奈之何？我與兄相處，惟此一事，故不覺如此．

（『李溫陵集』卷二）

## 又與從吾

無念來歸，得尊敎，今三閱月矣，絶無音使，豈科場事忙不暇作字乎？抑湖中無鴻雁，江中少鯉魚也？都院信使不斷，亦可附之，難曰不便也．此中如坐井，舍無念無可談者．雖時時對古人，終有眼昏氣倦時．想白下一字如萬金，兄何故靳不與耶？

念弟實當會兄．古人言語多有來歷，或可通于古未必可通于今者，時時對書，則時時想兄，願得侍兄之側也，此弟之不可少兄者一也．學問一事，至今未了，此弟之不可少兄者二也．老雖無用，而時時疑著三聖人經綸大用，判若黑白，不啻千里萬里，但均爲至聖，未可輕議之，此又弟之不可少兄者三也．若夫日擊在道，晤言消憂，則半刻離兄不得，此弟之所以日望兄往來佳信也．聞霍丘有高中門生，便一往賀，順道至此，慰我渴懷，然後赴京，不亦可歟？萬勿以多事自托也．

『福建錄』「孝弟策」冠絶，當與陽明『山東試錄』並傳．‘朱紫陽斷案’至引伯玉四十九・孔子七十從心，眞大手段，大見識，弟向云“善作者純貶而褒意自寓，純褒而貶意自存”是也．兄于大文章殊佳，如碑記等作絶可．蘇長公片言隻字與金玉同聲，雖千古未見其比，則以其胸中絶無俗氣，下筆不作尋常語，不步人脚故耳．如大文章終未免有依做在．後輩有志向者何人，暇中一一示我，我亦愛知之．世間無根器人莫引之談學，彼不爲名便是爲利，無益也．

（『李溫陵集』卷二）

## 又與從吾孝廉

『經』云：“塵勞之儔，爲如來種．”彼眞正具五力者，向三界中作如意

事, 入魔王侶爲魔王伴, 全不覺知是魔與佛也. 願兄早了業緣, 速登上第, 完世間人, 了出世法, 乃見全力云.

近居龍湖, 漸遠城市, 比舊更覺寂寞, 更是弟之晚年便宜處耳. 嘗謂百姓生而六十, 便免差役, 蓋朝廷亦知其精力旣衰, 放之閒食, 全不以世間事責問之矣, 而自不知暇逸, 可乎!

『弘明集』無可觀者, 只有一件最得意事. 昔時讀『謝康樂』, 自負慧業文人, 頗疑其誇; 今于集中見其辨學諸篇, 乃甚精細. 彼其自志學之年卽事遠公, 得會道生諸名侶, 其自負固宜. 然則陶公雖同時, 亦實未知康樂, 矧遺民諸賢哉! 謝公實重遠公, 遠公實雅愛謝公, 彼謂嫌其心雜不許入社者, 俗士之妄語耳. 遠公甚愛賢, 所見亦高, 觀其與人書, 委曲過細, 唯恐或傷, 況謝公聰悟如是, 又以師道事遠公, 遠公安忍拒之! 千載高賢埋沒至今, 得我方爾出見于世, 此一喜也. 王摩詰以詩名, 論者雖謂其通于禪理, 猶未遽以眞禪歸之, 況知其文之妙乎! 蓋禪爲詩所掩, 而文章又爲禪所掩, 不欲觀之矣. 今觀『六祖塔銘』等文章淸妙, 豈減詩才哉! 此又一喜也.

意欲別集『儒禪』一書, 凡說禪者依世次彙入, 而苦無書; 有者又多分散, 如楊億・張子韶・王荆公・文文山集皆分散無存. 若『僧禪』則專集僧語, 又另爲一集, 與『儒禪』並行, 大約以精切簡要爲貴. 使讀者開卷了然, 醍醐一味, 入道更易耳.

『華嚴合論』精妙不可當, 一字不可改易, 蓋又一『華嚴』也. 如向・郭註『莊子』, 不可便以『莊子』爲經, 向・郭爲註; 如左丘明傳『春秋』, 不可便以『春秋』爲經, 左氏爲傳. 何者? 使無『春秋』, 左氏自然流行, 以左氏又一經也. 使無『莊子』, 向・郭自然流行, 以向・郭又一經也. 然則執向・郭以解『莊子』, 據左氏以論『春秋』者, 其人爲不智矣.

(『李溫陵集』卷二)

## 復耿中丞

四海雖大而朋友實難, 豪士無多而好學者益鮮. 若夫一往參詣, 務于自得, 直至不見是而無悶, 不見知而不悔者, 則令弟子庸一人實當之, 而今不幸死矣! 僕尙友四方, 願欲生死于友朋之手而不可得, 故一見子庸,

遂自謂可以死矣, 而詎意子庸乃先我以死也耶! 興言及此. 我懷何如也!

公素篤于天倫, 五內之割, 不言可知. 且不待遠求而自得同志之朋于家庭之內, 祝予之嘆, 豈虛也哉! 屢欲附一書奉慰, 第神緒忽忽, 自心且不能不, 而敢遽以世俗遊詞奉勸于公也耶? 今已矣! 惟念此問學一事, 非小小根器者所能造詣耳. 夫古人明以此學爲大學, 此人爲大人矣. 夫大人者, 豈尋常人之所能識耶? 當老子時, 識老子者惟孔子一人; 當孔子時, 識孔子者又止顏子一人. 蓋知己之難如此. 使令弟子庸在時, 若再有一人能知之, 則亦不足以爲子庸矣.

嗟嗟! 勿言之矣! 今所憾者, 僕數千里之來, 直爲公兄弟二人耳. 今公又在朝矣, 曠然離索, 其誰陶鑄我也? 夫爲學而不求友與求友而不務勝己者, 不能屈恥忍痛, 甘受天下之大鑪錘, 雖曰好學, 吾不信也. 欲成大器, 爲大人, 稱大學, 可得耶?

(『李溫陵集』卷二)

## 答周二魯

士貴爲己, 務自適. 如不自適而適人之適, 雖伯夷・叔齊同爲淫僻; 不知爲己, 惟務爲人, 雖堯・舜同爲塵垢粃糠. 此儒者之用, 所以竟爲蒙莊所排, 青生所訶, 而以爲不如良賈. 蓋其朝聞夕可, 雖無異路, 至于用世處身之術, 斷斷乎非儒者所能企及. 後世稍有知其略者, 猶能致清淨寧一之化, 如漢文帝・曹相國・汲長孺等, 自利利他, 同歸于至順極治, 則親當黃帝・老子時又何如耶? 僕實喜之而習氣太重, 不能庶幾其萬一, 蓋口說自適而終是好適人之適, 口說爲己而終是看得自己太輕故耳.

老子口: "挫其銳, 解其紛, 和其光, 同其塵." "處衆人之所惡, 則幾于道矣." 僕在黃安時, 終日杜門, 不能與衆同塵; 到麻城, 然後遊戲三昧, 出入于花街柳市之間, 始能與衆同塵矣, 而又未能和光也. 何也? 以與中丞猶有辯學諸書也. 自今思之, 辯有何益? 祇見紛紛不解, 彼此鋒銳益甚, 光鋩愈熾, 非但無益而反涉于矜驕, 自蹈於宋儒攻新法之故轍而不自知矣. 豈非以不知爲己, 不知自適, 故不能和光, 而務欲以自炫其光之故歟? 靜言思之, 實爲可恥. 故決意去髮, 欲以入山之深, 免與世人爭長較短. 蓋未能對面忘情, 其勢不得不復爲閉戶獨處之計耳. 雖生死大事不

增補 · 559

必如此，但自愧勞擾一生，年已六十二，風前之燭，曾無幾時，況自此以往，皆未死之年，待死之身，便宜歲月日時也乎！若又不知自適，更待何時乃得自適也耶？且遊戲觝耍者，衆人之所同，而儒者之所惡；若落髮毀貌，則非但儒生惡之，雖衆人亦惡之矣。和光之道，莫甚於此，僕又何惜此幾莖毛而不遠於衆人之所惡耶？非敢自謂庶幾于道，特以居卑處辱，居退處下，居虛處獨，水之爲物，本自至善，人特不能似之耳。僕是以勉強爲此舉動，蓋老而無用，尤相宜也。

　　白下此時，五臺先生在刑曹，而近谿先生亦已到。僕愧老矣，不能葡匐趨侍，兄既同官于此，幸早發興一會之。五臺先生骨剛膽烈，更歷已久，練熟世故，明解朝典，不假言矣。至其出世之學，心領神解，又已多年，而絶口不談，逢人但說因說果，令人鄙笑。遇眞正儒者，如癡如夢，翻令見疑。則此老欺人太甚，自謂海內無人故耳。亦又以見此老之善藏其用，非人可及也。兄有丈夫志願，或用世，或出世，俱不宜蹉過此老也。近老今年七十四矣，少而學道，蓋眞正英雄，眞正俠客，而能回光斂焰，專精般若之門者；老而糟粕盡棄，穢惡聚躬，蓋和光同塵之極，俗儒不知，盡道是實如此不肖。老子云："天下謂我道大，似不肖；夫惟大，故似不肖；若肖，久矣其細。"蓋大之極則何所不有，其以爲不肖也固宜。人盡以此老爲不肖，則知此老者自希；知此老者既希，則此老益以貴矣。又何疑乎！

　　僕實知此二老者，今天下之第一流也，後世之第一流也。用世處世，經世出世，俱已至到。兄但細心聽之，決知兄有大受用處也。然此言亦僕之不能自適處也，不眞爲己處也。何也？兄未嘗問我此兩人，又未嘗欲會此兩人者，我何故說此兩人至此極也，豈非心腸太熱之故歟！一笑！一笑！

（『李溫陵集』卷四）

## 答周柳塘

　　耿老與周書云，"往見說卓吾狎妓事，其書尚存，而頃書來乃謂弟不能參會卓吾禪機。昔顏山農于講學會中忽起就地打滾，口：'試看我良知！'士友至今傳爲笑柄。卓吾種種作用，無非打滾意也。第惜其發之無當，機鋒不妙耳。"又謂"魯橋諸公之會讌鄧令君也，卓吾將優旦調弄，此亦禪機也，打滾意也。蓋彼謂魯橋之學，隨身規矩太嚴，欲解其枷鎖耳。然魯

橋之學，原以恭敬求仁，已成章矣．今見其舉動如是，第益重其狎主辱客之憾耳．未信先橫，安能悟之令解脫哉！」又謂「卓吾曾强其弟狎妓，此亦禪機也．」又謂「卓吾曾率衆僧入一嫠婦之室乞齋，卒令此婦冒帷簿之羞，士紳多憾之，此亦禪機也．夫子見南子是也．南子聞車聲而知伯玉之賢，必其人可與言者．卓吾蔑視吾黨無能解會其意，故求之婦人之中．吾黨不己之憾，而卓吾之憾，過矣．弟恐此婦聰明未及南子，則此機鋒又發不當矣．」

余觀侗老此書，無非爲我掩醜，故作此極好名色以代我醜耳．不知我生平喫虧正在掩醜著好，掩不善以著善，墮在「小人閒居無所不至」之中，自謂人可得欺，而卒陷于自欺者．幸賴眞切友朋針砭膏肓，不少假借，始乃覺悟知非，痛憾追省，漸漸發露本眞，不敢以醜名介意耳．在今日正恐猶在詐善掩惡途中，未得全眞還元，而侗老乃直以我爲醜，曲爲我掩，甚非我之所以學于友朋者也，甚非我之所以千里相求意也．跡其用意，非不忠厚款至，而吾病不可瘳矣．

夫所謂醜者，亦據世俗眼目言之耳．俗人以爲醜則人共醜之，俗人以爲美則人共美之．世俗非眞能知醜美也，習見如是，習聞如是．聞見爲主于內，而醜美遂定于外，堅于膠脂，密不可解，故雖有賢智者亦莫能出指非指，而況頑愚固執如不肖者哉！然世俗之人雖以是爲定見，賢人君子雖以是爲定論，而察其本心，有眞不可欺者．既不可欺，故不能不發露于暗室屋漏之中，惟見以爲醜，故不得不昭昭中明于大廷廣衆之下，亦其勢然耳．夫子所謂獨之不可不愼者，正此之謂也．故『大學』屢言愼獨則毋自欺，毋自欺則能自慊，能自慊則能誠意．能誠意則出鬼門關矣．人鬼之分，實在于此，故我終不敢掩世俗之所謂醜者，而自沉于鬼窟之下也．使侗老而知此意，決不忍爲我粉飾遮護至此矣．

中間所云‘禪機’，亦大非是．夫祖師于四方學者初入門時，未辯深淺，顧以片言單詞，或棒或喝試之，所謂探水竿也．學者不知，粘著竿頭，不肯捨放，卽以一棒趁出，如微有生意，然後略宗鞭影，而虛實分矣．後學不知，指爲機鋒，已白可笑．況我則皆眞正行事，非禪也；自取快樂，非機也．我于丙戌之春，脾病載餘，幾成老廢，百計調理，藥轉無效．及家屬既歸，獨身在楚，時時出遊，恣意所適．然後飽悶自消，不須山查導化之劑；鬱火自降，不用參著扶元之藥：未及半載而故吾復矣．乃知眞藥非假金石，疾病多因牽强，則到處從衆攜手聽歌，自是吾自取適，極樂眞

機，無一毫虛假掩覆之病，故假病自瘳耳．吾已吾病，何與禪機事乎？

　　既在外，不得不用舍弟輩相隨；弟以我故隨我，我得所托矣．弟輩何故棄妻孥從我於數千里之外乎？心實憐之，故自體念之耳，又何禪機之有耶？

　　至于嫠婦，則兄所素知也．自我入邑中來，遣家屬後，彼氏時時送茶饋果，供奉肉身菩薩，極其虔恪矣．我初不問，惟有等視十方諸供佛者，但有接而無答也．後因事聞縣中，言語頗雜，我亦怪之，叱去不受彼供，此又邑中諸友所知也．然我心終有一點疑：以爲其人既誓不嫁二宗，雖強亦誓不許，專心供佛，希圖來報，如此誠篤，何緣更有如此傳聞事，故與大衆共一訪之耳．彼氏有嗣子三十餘歲，請主陪客，自有主人，既一訪問，乃知孤寡無聊，眞實受人欺嚇也．其氏年已不稱天之外矣，老年嫠身，係秣陵人氏，親屬無堪倚者，子女俱無，其情何如？流言止于智者，故予更不信而反憐之耳．此又與學道何與也？念我入麻城以來，三年所矣，除相愛數人外，誰肯以升合見遺者？氏既初終如一，敬禮不廢，我自報德而重念之，有寃必代雪，有屈必代伸，亦其情然者，亦何禪機之有，而以見南子事相證也？大抵我一世俗庸衆人心腸耳，雖孔夫子亦庸衆人類也．人皆見南子，吾亦可以見南子，何禪而何機乎？子路不知，無怪其弗悅夫子之見也，而況千載之下耶！人皆可見，而夫子不可見，是夫子有不可也．夫子無不可者，而何不可見之有？若口禮，若口禪機，皆子路等倫，可無辯也．

　　所云山農打滾事，則淺學未曾聞之；若果有之，則山農自得良知眞趣，自打而自滾之，何與諸人事，而又以爲禪機也？夫世間打滾人何限，日夜無休時，大庭廣衆之中，諸事權貴人以保一日之榮；暗室屋漏之內，爲奴顏婢膝事以倖一時之寵．無人不然，無時不然，無一刻不打滾，而獨山農一打滾便爲笑柄也！個老恐人效之，便日日滾將去．予謂山農亦一時打滾，向後絕不聞有道山農滾者，則雖山農亦不能終身滾，而況他人乎？卽他人亦未有聞學山農滾者，而何必愁人之學山農滾也？此皆平日杞憂太重之故，吾獨憾山農不能終身滾滾也．當滾時，內不見己，外不見人，無美于中，無醜于外，不背而身不獲，行庭而人不見，內外兩忘，身心如一，難矣，難矣．不知山農果有此乎，不知山農果能終身滾滾乎！吾恐亦未能到此耳．若果能到此，便是吾師，吾豈敢以他人笑故，而遂疑此老耶！若不以自考，而以他人笑，惑矣！非自得之學，實求之志也．然此亦自山農自得處耳，與禪機總不相干也．山農爲己之極，故能如是，儻有一

562

毫爲人之心, 便做不成矣. 爲己便是爲人, 自得便能得人, 非爲己之外別有爲人之學也. 非山農欲于大衆之中試此機鋒, 欲人人信己也. 不信亦何害! 然果有上根大器, 默會深契, 山農亦未始不樂. 吾又安知其中無聰明善悟者如羅公其人, 故作此醜態以相參乎? 此皆不可知. 然倘有如羅公其人者在, 則一打滾而西來大意默默接受去矣, 安得恐他人傳笑而逐已也? 笑者自笑, 領者自領. 幸有領者, 卽千笑萬笑, 百年笑, 千年笑, 山農不理也. 何也? 佛法原不爲庸衆人說也, 原不爲不可語上者說也, 原不以恐人笑不敢說而止也. 今切切于他人笑之恐, 而不急急于一人領之喜, 吾又不知其何說矣. 其亦太狗外而爲人矣.

至于以劉魯橋爲恭敬, 又太悖謬. 侗老之齷浮有可憐憫者, 不妨饒舌重爲註破, 何如? 夫恭敬豈易易耶! 古人一篤恭而天下不, 一恭己而南面正, 是果魯橋之恭乎? 吾特恨魯橋之未恭耳, 何曾以恭爲魯橋病也. 古人一修敬而百姓安, 一居敬而 南面可, 是果魯橋之敬乎? 吾特憾魯橋之未敬耳, 何曾以敬爲魯橋病也. 甚矣吾之痛苦也! 若信如魯橋便以爲恭敬, 則臨朝端默如神者決不召禍敗. 衛士傳餐, 衡石程書, 如此其敬且勤也, 奈何一再世而遂亡也耶? 故知恭敬未易言也. 非恭敬之未易言也, 以恭敬之未易知也. 知而言之則爲聖人; 不知而言之而學之, 則爲趙括讀父書, 優孟學孫叔, 豈其眞乎! 豈得不謂之假乎! 誠可笑也.

弟極知兄之痛我, 侗老之念我, 然終不敢以庸衆人之心事兄與侗老者, 亦其稟性如是; 亦又以侗老旣肯出此言以敎我矣, 我又安敢默默置可否于度外, 而假爲世間承奉之語以相奉承, 取快于二公一時之忻悅已耶!

(『李溫陵集』卷四)

## 寄答留都

觀兄所示彼書, 凡百生事, 皆是仰資于人者. 此言誰欺乎! 然其中字字句句皆切中我之病, 非但我時時供狀招稱, 雖與我相處者亦洞然知我所患之症候如此也. 所以然者, 我以自私自利之心, 爲自私自利之學, 直取自己快當, 不顧他人非剌. 故雖屢承諸公之愛, 誨諭之勤, 而卒不能改者, 懼其有礙于晚年快樂故也. 自私自利則與一體萬物者別矣, 縱狂自恣則與謹言愼行者殊矣. 萬千醜態, 其原皆從此出. 彼之責我是也.

然已無足責矣．何也？我以供招到官，問罪歸結，容之爲化外之民矣．若又責之無已，便爲已甚，非‘萬物一體’之度也，非‘無有作惡’也，非心肝五臟皆仁心之蘊蓄也，非愛人無已之聖賢也，非言爲世法・行爲世則・百世之師也．故余每從而反之曰：吾之所少者，萬物一體之仁也，作惡也．今彼於我一人尚不能體，安能體萬物乎？於我一人尚惡之如是，安在其無作惡也？屢反責之而不知痛，安在其有惻隱之仁心也？彼責我者，我件件皆有，我反而責彼者亦件件皆有，而彼便斷然以爲妄，故我更不敢說耳．雖然，縱我所言未必有當于彼心，然中間豈無一二之幾乎道者？而皆目之爲狂與妄，則以作惡在心，固結而難遽解，是以雖有中聽之言，亦並棄置不理．則其病與我均也，其爲不虛與我若也，其爲有物與我類也；其爲捷捷辯言，惟務己勝，欲以成全師道，則又我之所不屑矣．而乃以責我，故我不服之．使建昌先生以此責我，我敢不受責乎？何也？彼眞無作惡也，彼眞萬物一體也．

今我未嘗不言孝弟忠信也，而謂我以孝弟爲剩語，何說乎？夫責人者必己無之而後可以責人之無，己有之而後可以責人之有也．今己無矣而反責人令有，己有矣而反責人令無，又何也？然此亦好意也．我但承彼好意，更不問彼之有無何如；我但虛己，勿管彼之不虛；我但受教，勿管彼之好呂所教；我但不敢害人，勿管彼之說我害人．則處己處彼，兩得其當，紛紛之言，自然冰釋．何如，何如？

然弟終有不容默者．兄固純是仁體矣，合邑士大夫亦皆有仁體者也．今但以仁體稱兄，恐合邑士大夫皆以我爲麻痺不仁之人矣．此甚非長者之言‘一體’之意也．分別太重，自視太高，於‘親民’‘無作惡’之旨亦太有欠缺在矣．前與楊太史書亦有批評，倘一一寄去，乃足見兄與彼相處之厚也．不然，便是敬大官，非眞彼之益友矣．且彼來書時時怨憾鄧和尚，豈以彼所惡者必令人人皆惡之，有一人不惡，便時時讐憾此人乎？不然，何以千書萬書罵鄧和尚無時已也？卽此一事，其作惡何如！其忌刻不仁何如！人有謂鄧和尚未嘗害得縣中一個人，害縣中人者彼也．今彼回矣，試虛心一看，一時前呼後擁，填門塞路，趨走奉承，稱說老師不離口者，果皆鄧和尚所教壞之人乎？若有一個肯依鄧豁渠之教，則門前可張雀羅，誰肯趨炎附熱，假托師弟名色以爭奔競耶？彼惡鄧豁渠，豁渠決以此惡彼，此報施常理也．但不作惡，便無回禮．至囑！至囑！

（『李溫陵集』卷四）

## 書常順手卷呈顧沖菴

無念歸自京師, 持顧沖菴書. 余不見顧十年餘矣, 聞欲攀我于焦山之上. 余不喜焦山, 喜顧君爲焦山主也. 雖然, 儻得從顧君遊, 卽四方南北可耳, 何必焦山? 必焦山, 則焦山重; 若從顧君, 則不復知有山, 況焦山特江邊一礨者哉! 可不必也. 余有友在四方, 無幾人也. 老而無朋, 終日讀書, 非老人事, 今惟有等死耳. 旣不肯死于妻妾之手, 又不肯死于假道學之手, 則將死何手乎? 顧君當知我矣, 何必焦山之之也耶? 南北中邊, 隨其所到, 我能從焉, 或執鞭, 或隨後乘, 或持拜帖匣, 或拿交牀俱可, 非戲論也. 昔季子葬子于嬴・博之間, 子尙欲其死得所也, 況其身乎? 梁鴻欲埋于要離塚傍, 死骨猶忻慕之, 況人傑蓋世, 正當用世之人乎? 吾志決矣.

因無念高徒常順執卷索書, 余正欲其往見顧君以訂此盟約也, 卽此是書, 不必再寫書也.

(『李溫陵集』卷四)


## 與管登之書

承遠敎, 甚感. 細讀佳刻, 字字句句皆從神識中模寫, 雄健博達, 眞足以超今絶古. 其人品之高, 心術之正, 才力之傑, 信足以自樂, 信足以過人矣. 雖數十年相別, 宛然面對, 令人慶快無量也. 如弟者何足置齒牙間, 煩千里枉問哉? 愧感! 愧感!

第有所欲言者, 幸兄勿談及問學之事. 說學問反埋却種種可喜可樂之趣. 人生亦自有雄世之具, 何必添此一種也? 如空同先生與陽明先生同世同生, 一爲道德, 一爲文章, 千萬世後, 兩先生精光具在, 何必更兼談道德耶? 人之敬服空同先生者豈減於陽明先生哉? 願兄已之! 待十萬劫之後, 復與兄相見, 再看何如, 始與兄談. 笑笑.

(『李溫陵集』卷六)

# 增補二

## 復焦弱侯

無念回，甚悉近況。我之所以立計就兄者，以我年老，恐不能待也。既兄官身，日夜無閑空，則雖欲早晚不離左右請教，安能得？官身不妨，我能蓄髮屈己相從，縱日間不閑，獨無長夜乎？但聞兄身心俱不得閑，則我決不可往也無疑也。至於沖菴，方履南京任，當用才之時，值大用之人，南北中外尚未知稅駕之處，而約我於焦山，尤爲大謬。舍穩便，就跋涉，株守空山，爲侍郎守院，則亦安用李卓老爲哉？計且住此，與無念·鳳里·近城數公朝夕龍湖之上，雖主人以我爲臭穢不潔，不恤也。所望兄長盡心供職業！

弟嘗謂世間有三等作怪人，致使世間不得太平，皆由於兩頭照管。第一等，怕居官束縛，而心中又舍不得官。既苦其外，又苦其內。此其人頗高，而其心最苦，直至舍了官方得自在，弟等是也。又有一等，本爲富貴，而外矯詞以爲不願，實欲托此以爲榮身之梯，又兼採道德仁義之事以自蓋。此其人身心俱勞，無足言者。獨有一等，怕作官便舍官，喜講學便講學，不喜講學便不肯講學。此一等人，心身俱泰，手足輕安，既無兩頭照顧之患，又無掩蓋表揚之醜，故可稱也。趙文肅先生云："我這個嘴，張子這個臉，也做了閣老，始信萬事有前定。只得心閑一日，便是便宜一日。"世間功名富貴，與夫道德性命，何曾束縛人，人自束縛耳。狂言如此，有可采不？

無念得會顧沖菴，甚奇，而不得一會李漸菴，亦甚可憾！鄒公有教賜我，楊公有俸及我，皆當謝之。然我老矣，伏枕待死，筆墨久廢，且以衰朽田野之老，通刺上國，恐以我爲不祥也。罷罷！自告免狀，知不我怪。向鄒公過古亭時，弟偶外出，不得摳趨侍從，悔者數日。夫金馬玉堂，所至蓬蓽生光，既過三日，餘香猶在，孰不爭先快睹邪？鄙人獨不得與，何緣之寡薄也！

有「出門如見大賓篇」『說書』，附往請教．尚有「精一」題·「聖賢所以盡其性」題，未寫出，容後錄奉．大抵聖言最切實，最有用，不是空頭語．若如說者註解，則安用聖言爲邪！世間講學諸書，明快透髓，自古至今未有如龍谿先生者．弟舊收得頗全，今俱爲人取去，無一存者．諸朋友中讀經既難，讀大慧『法語』及中峯『廣錄』又難，惟讀龍谿先生書，無不喜者．以此知先生之功在天下後世不淺矣．聞有『水滸傳』，無念欲之，幸寄與之，雖非原本亦可；然非原本，眞不中用矣．方訒菴至今在滇，何耶？安得與他一會面也！無念甚得意此行，以謂得遇諸老．聞山東李先生向往甚切，有絕類離羣之意．審此，則令我寤寐爾思，展轉反側，曷其已耶！袁公果能枉駕過龍湖，明年夏初當掃館烹茶以俟之，幸勿爽約也！楊復所憾與兄居住稍遠，弟向與柳老處，見其「心如穀種論」及「惠迪從逆」作，是大作家．論首三五翻，透徹明甚，可惜末後作道理議論，稍不稱耳．然今世要未能作此者，所謂學從信門入是也．自此有路徑可行，有大門可啓，堂堂正正，日以深造，近谿先生之望不孤，而兄等亦得良侶矣．弟雖衰朽，不堪雕琢，敢自外於法席之下耶？聞此老求友不止，決非肯以小成自安者，喜何如也！

我已主意在湖上，只欠五十金修理一小塔，冬盡卽搬其中．祝無功過此一會，雖過此，亦不過使人道他好學·孳孳求友如此耳．大抵今之學道者，官重於名，名又重於學．以學起名，以名起官．使學不足以起名，名不足以起官，則視棄名如敝箒矣．無怪乎有志者多不肯學，多以我輩爲眞光棍也．于此有恥，則羞惡之心自在．今于言不顧行處不知羞惡，而惡人作耍遊戲，所謂不能三年喪而小功是察也，悲夫！

近有「不患人之不己知患不知人」『說書』一篇．世間人誰不說我能知人，然夫子獨以爲患，而帝堯獨以爲難，則世間自說能知人者，皆妄也．于問學上親切，則能知人；能知人則能自知．是知人爲自知之要務，故曰"我知言"，又曰"不知言，無以知人"也．于用世上親切不虛，則自能知人；能知人由于能自知．是自知爲知人之要務，故曰"知人則哲，能官人"，"堯·舜之知而不偏物，急先務也"．先務者，親賢之謂也．親賢者，知賢之謂也．自古明君賢相，孰不欲得賢而親之，而卒所親者皆不賢，則以不知其人之爲不賢而妄以爲賢而親之也．故又曰"不知其人，可乎"．知人則不失人，不失人則天下安矣．此堯之所難，夫子大聖人之所深患者，而世人乃易視之．嗚呼！亦何其猖狂不思之甚也！況乎以一時之喜怒，以一

人之愛憎, 而欲視天下高蹈遠引之士, 混俗和光之徒, 皮毛臭穢之夫, 如周丘其人者哉! 故得位非難, 立位最難. 若但取一概順己之侶, 尊己之輩, 則天下之士不來矣. 今誦詩讀書者有矣, 果知人論世否也? 平日視孟軻若不足心服, 及至臨時, 恐未如彼'尚論'切實可用也. 極知世之學者以我此言爲妄誕逆耳, 然逆耳不受, 將未免復蹈同心商證故轍矣, 則亦安用此大官以誑朝廷, 欺天下士爲哉? 毒藥利病, 刮骨刺血, 非大勇如關雲長者不能受也. 不可以自負孔子·孟軻者而顧不如關義勇武安王者也. 祇此一書耳, 終身之交在此, 半路絕交亦在此, 莫以狀元恐嚇人也. 世間友朋如我者絕無矣.

蘇長公何如人, 故其文章自然驚天動地. 世人不知, 祇以文章稱之, 不知文章直彼餘事耳. 世未有其人不能卓立而能文章垂不朽者. 弟于全刻抄出作四冊, 俱世人所未嘗取者. 世人所取者, 世人所知耳, 亦長公俯就世人而作者也. 至其眞洪鐘大呂, 大扣大鳴, 小扣小應, 俱繫彼精神髓骨所在, 弟今盡數錄出, 間時一披閱, 平生心事宛然如見, 如對長公披襟面語, 朝夕共游也. 憾不得再寫一部, 呈去請敎耳. 倘印出, 令學生子置在案頭, 初場二場三場畢其矣. 龍谿先生全刻, 千萬記心遺我! 若近谿先生刻, 不足觀也. 蓋『近谿語錄』須領悟者乃能觀于言語之外, 不然未免反加繩束, 非如王先生字字皆解脫門, 得者讀之足以印心, 未得者讀之足以證入也.

弟今年六十三矣, 病又多, 在世日少矣, 故所言者皆直致不委曲. 雖若倚恃年老無賴, 然於相知之前, 亦安用委曲爲也! 若說相知而又須委曲, 則不得謂之相知矣. 然則弟終無一相知乎? 以今觀之, 當終吾身無一相知也.

(『李溫陵集』卷四)

## 寄答京友

"才難, 不其然乎!" 今人盡知才難, 盡能言才難, 然竟不知才之難, 才到面前竟不知愛, 幸而知愛, 竟不見有若己有者, 不見有稱喜讚揚不啻若自其口出者, 如孔北海之薦禰正平, 跣足救楊彪也. 何也? 以其非眞惜才也; 雖惜才, 亦以惜才之名好, 以名好故而惜之耳. 則又安望其能若己

有・不啻若口出如<u>孔北海</u>然也？嗚呼！吾無望之矣！

　舉<u>春秋</u>之天下，無有一人能惜聖人之才者，故聖人特發此嘆，而深羨於<u>唐</u>・<u>虞</u>之隆也．然則才固難矣，猶時時有之；而惜才者則千古未見其人焉．<u>孔子</u>惜才矣，又知人之才矣，而不當其位．入<u>齊</u>而知<u>晏平仲</u>，居<u>鄭</u>而知<u>公孫子產</u>，聞<u>吳</u>有<u>季子</u>，直往觀其葬，其惜才也如此，使其得志，肯使之湮滅而不見哉！然則<u>孔子</u>之嘆"才難"，非直嘆才難也，直嘆惜才者之難也．

　夫才有巨細，巨才方可稱才也．有巨才矣，而肯任事者為尤難．既有大才，又能不避禍害，身當其任，勇以行之，而不得一第，則無憑，雖惜才，其如之何！幸而登上弟，有憑據，可藉手以薦之矣，而年已過時，則雖才如<u>張襄陽</u>，亦安知聽者不以過時而遂棄，其受薦者又安知不以既老而自懈乎？

　夫凡有大才者，其可以小知處必寡，其瑕疵處必多，非眞具眼者與之言必不信．當此數者，則雖有大才，又安所施乎？故非自己德望過人，才學冠世，為當事者所倚信，未易使人信而用之也．然非委曲竭忠，眞若自己有，眞不啻若口出，縱人信我，亦未必能信我所信之人，憾不得與之並時，朝聞而夕用之也．嗚呼！可嘆也夫！

（『李溫陵集』卷四）

# 탁오 이지 선생의 연보

이지를 탄핵하는 사람들은 그를 요물이라고 말한다. 고염무(顧炎武) 같은 대학자도 "자고이래 거리낄 줄 모르고 감히 성인에게 반기를 든 자로 이지보다 심한 이가 없다"[1]고 말했는데, 이처럼 편견이 다분하게 섞인 비판도 당연하다고 믿는 이들이 많았다. 이와 반대로 한편에서는 상반된 견해들이 존재한다. 이지의 친구 초횡(焦竑)은 그가 "성인 문하의 둘째 좌석에 앉을 자격이 있다"[2]고 말했고, 마경륜(馬經綸)도 그가 "백세를 기다린 성인으로 절대 흔들리지 않을 사람"[3]이라 평가하였다. 동시대를 살았던 이들이 이렇게 엇갈린 평가를 내렸다는 한 가지만 놓고 보더라도 그 인생의 궤적은 심상치 않았음을 짐작하게 된다. 이런 문제들은 결국 그의 평생 사적을 살피는 동안 해결을 모색할 수밖에 없을 것이다. 그가 살아온 자취를 관찰함으로써 그 사상의 연원을 살피고 그를 둘러싼 다양한 해석이 사실은 서로 모순되는 것이 아니라 제각기 처한 상황과 관점이 다른 데서 도출된 필연의 결과임을 설명해야 한다.

그 동안 출간된 이지 관련 저작물들 가운데 연보는 그래도 종류가 많은 편에 속한다. 대부분의 이지 연구자들은 우선 연보 작성에 손을 대면서 그의 행적부터 정리하려 시도하였다. 이지의 사상을 이해하기 위해서는 그의 삶부터 고찰할 필요가 있다고 생각한 듯한데, 그래서인지 또 대부분의 연보가 이지의 저술 중에서 일부분을 연도별로 발췌해 옮겨놓고 그 사상의 발전과정을 설명하려는 방식으로

---

1) 『일지록』(日知錄) 권18. "自古以來, 小人之無忌憚, 而敢于叛聖人者, 莫甚于李贄."
2) 『명유학안』(明儒學案) 권35 「문단초의원선생횡」(文端焦漪園先生竑). "성인이 아닐지도 모르지만 미칠 '광' 자를 둘러메고 성인 문하의 둘째 자리에 앉을 만하다"(未必是聖人, 可肩一狂字, 坐聖門第二席.)
3) 마경륜, 「주려재 사업에게 답함」(答周礪齋司業), "李先生, 所謂百世以俟聖人而不惑之人也."

서술되어 있다. 그러나 이런 방법이 얼마만큼 효용가치가 있는지는 사실 의문의 여지가 없지 않다. 그 사상의 흐름이나 내용이 위주가 되다 보니 생애와는 많은 부분 무관하고, 따라서 생생한 느낌이 전달되는 연보이기는 어려웠던 것이다. 그래서 이 연보에서는 앞선 이들의 성과는 흡수하되 사상에 대한 설명은 가급적 줄이고 매년의 주요한 사건들과 주변인물의 상황을 언급하는 정도에 그쳤다. 그리고 연보 뒤편에는 지어진 연대가 확실한 작품들의 목록을 수록하였다.

이 연보는 아래와 같은 자료들을 참고하여 작성하였다. 이들 저작은 연보 중에서도 대체로 잘 알려졌고 정리도 깔끔하게 이뤄진 것들이라 할 수 있다.

1. 용조조(容肇租), 「이지연보」(李贄年譜), 『이지평전』(李贄評傳; 臺北, 商務印書館, 民國 69년 4월).

2. 스즈키 도라오(鈴木虎雄) 작·주유지(朱維之) 번역, 「이탁오연보」(李卓吾年譜), 하문대학역사계(厦門大學歷史系) 편집, 『이지연구참고자료』(李贄研究參考資料; 福州, 福建人民出版社, 1975년 3월) 제1집.

3. 미조구치 유조(溝口雄三), 「이지연보」(李贄年譜), 『중국고전문학대계』(中國古典文學大系) 제55권 『근세수필집』(近世隨筆集; 東京, 平凡社, 昭和 46년 9월).

4. 임기현(林其賢), 『이탁오사적계년』(李卓吾事蹟繫年; 臺北, 文津出版社, 民國 77년 3월).

5. 임해권(林海權), 『이지연보고략』(李贄年譜考略; 福州, 福建人民出版社, 1992년 11월).


### 1527년(丁亥), 가정(嘉靖) 6년, 1세

이지(李贄), 원래의 성은 임씨(林氏), 이름은 재지(載贄)이다. 이름 바꾸기를 즐겨 죽을 때까지 무려 47가지에 달하는 호를 사용했다고 한다. 자칭으로는 온릉거사(溫陵居士)·백천거사(百泉居士)·사재거사(思齋居士)·탁오거사(卓吾居士)·이생(李生)·이장자(李長者)·이노자(李老子)·탁오노자(卓吾老子) 등을 사용했고, 다른 사람들은 이온릉(李溫陵)·이백천(李百泉)·이의랑(李儀郎)·이비부(李比部)·이요안(李姚安)·이사군(李使君)·이용호(李龍湖)·용호(龍湖)·용호사(龍湖師)·독옹(禿翁)·화상(和尙)·이상인(李上人) 등으로 불렸다. 탁오는 독오(篤吾)라고 쓰기도 하였다.

조부는 종결(宗潔)이고 호는 죽헌(竹軒)이며, 조모는 동씨(董氏)였다.

부친의 휘는 모(某)라고만 기재되어 있어 알려진 바가 없다. 자는 종수(鍾秀), 호는 백재(白齋), 군(君)의 제생(諸生)이고 서당 선생이었다. 생모 서씨(徐氏)는 이지가 태어나자마자 사망하여 계모 동씨(董氏)의 손에서 자랐는데, 일곱 명의 아우와 누이가 있었으며 그가 맏아들이었다.

이지는 지금의 복건성 천주시(泉州市)에 해당하는 진강현(晉江縣)에서 10월 26일에 태어났다. 그의 고향 천주는 중국의 동남방 연근해에 위치한 항구로서 당·송 이래 해외교역의 요충지로 꼽히던 대도시였다. 이 때문에 이지의 사상과 성격은 중국 근대 남방문화의 결정체라고 설명되기도 한다. 이지가 태어나던 무렵 생존하고 있었던 사상과 문화계의 주요인물들 동향은 아래와 같다.

이동양(李東陽, 1447~1516), 자는 빈운(賓雲), 호는 서애(西涯), 호광(湖廣)의 다릉(茶陵) 사람으로 이 해는 그가 사망한 지 11년째 되는 해였다.

왕수인(王守仁, 1472~1528, 일설에는 1529년이라고도 한다), 자는 백안(伯安), 학자들이 양명 선생(陽明先生)이라 부르며 절강(浙江)의 여요(餘姚) 사람이다. 56세.

이몽양(李夢陽, 1472~1528), 자는 천사(天賜) 혹은 헌길(獻吉), 호는 공동자(空同子), 감숙성 경양(慶陽) 사람. 56세.

왕간(王艮, 1483~1540), 자는 여지(汝止), 호는 심재(心齋), 강소성 태주(泰州)의 풍장(豐場) 사람. 45세.

양신(楊愼, 1488~1559), 자는 용수(用修), 호는 승암(承庵), 사천성 신도(新都) 사람. 40세.

전덕홍(錢德洪, 1496~1574), 자는 홍보(洪甫), 호는 서산(緒山), 절강성 여요 사람. 왕수인의 제자로 당시 32세였다.

이원양(李元陽, 1497~1580), 자는 인보(仁甫), 호는 중계(中溪), 운남성 태화(太和) 사람. 31세.

왕기(王畿, 1498~1583), 자는 여중(汝中), 호는 용계(龍谿), 절강성 산음(山陰) 사람. 30세.

오승은(吳承恩, 1500?~82?), 자는 여충(汝忠), 호는 사양산인(射陽山人), 절강성 산음 사람. 약 28세.

나홍선(羅洪先, 1504~64), 자는 달부(達夫), 호는 염암(念庵), 강서성 길수(吉水) 사람. 24세.

귀유광(歸有光, 1506~71), 자는 희보(熙甫), 세칭 진천 선생(震川先生), 강소성 곤산(昆山) 사람. 21세.

조정길(趙貞吉, 1508~76), 자는 맹정(孟靜), 호는 대주(大洲), 사천성 내강(內江) 사람. 20세.

왕신중(王愼中, 1509~99), 자는 도사(道思), 호는 남강(南江), 별호는 준암거사(遵岩居士), 복건성 진강(晉江) 사람. 19세.

왕벽(王襞, 또는 王壁이라고도 쓴다, 1511~87), 자는 순종(順宗), 호는 동애(東涯), 왕간의 둘째 아들로 당시 17세였다.

모곤(茅坤, 1512~1601), 자는 순보(順甫), 호는 녹문(鹿門), 절강성 귀안(歸安) 사람. 16세.

이반룡(李攀龍, 1514~70), 자는 우린(于麟), 호는 창명(滄溟), 산동성 역성(歷城) 사람. 14세.

해서(海瑞, 1514~87), 자는 여현(汝賢), 호는 강봉(剛峰), 광동성 경산(瓊山) 사람. 14세.

나여방(羅汝芳, 1515~88), 자는 유덕(維德), 호는 근계(近溪), 강서성 건창(建昌) 사람. 13세.

하심은(何心隱, 1517~79), 본명은 양여원(梁汝元), 자는 부산(夫山), 호는 주건(柱乾), 강서성 영풍(永豐) 사람. 11세.

이재(李材, 1518~99), 자는 맹성(孟城), 호는 견라(見羅), 강서성 풍성(豐城) 사람. 10세.

추수익(鄒守益, 1519~62), 자는 겸지(謙之), 호는 동곽(東廓), 강서성 안복(安福) 사람. 9세.

육광조(陸光祖, 1521~98), 자는 승여(繩輿), 호는 오대(五臺), 절강성 평호(平湖) 사람. 7세.

경정향(耿定向, 1524~96), 자는 재륜(在倫), 호는 초동(楚侗) 혹은 천대(天臺), 호광의 황안(黃安) 사람. 4세.

장거정(張居正, 1525~82), 자는 숙대(叔大), 호는 태악(太岳), 호광의 강릉(江陵) 사람. 3세.

왕세정(王世貞, 1526~90), 자는 원미(元美), 호는 봉주(鳳洲) 혹은 엄주산인(弇州山人), 강소성 태창(太倉) 사람. 2세.

주사구(周思久, 1527~92), 자는 자징(子徵), 호는 유당(柳塘), 호광의 마성(麻城) 사람. 1세.

낙문례(駱問禮, 1527~1608), 자는 자본(子本), 호는 찬정(纘亭), 절강성 제기(諸暨) 사람. 1세.

574

장국정(莊國禎, 1527~1604), 자는 군지(君祉), 호는 빈양(濱陽) 혹은 양산(陽山), 복건성 진강(晉江)의 청양(靑陽) 사람. 1세

나순흠(羅順欽), 자는 윤승(允升), 호는 정암(整菴), 강서성 태화(泰和) 사람. 63세.

담약수(湛若水), 자는 원명(元明), 호는 감천(甘泉), 광동성 증성(增城) 사람. 62세.

왕정상(王廷相), 자는 자형(子衡), 호는 준천(浚川), 하남성 의봉(儀封) 사람. 54세.

호직(胡直), 자는 정보(正甫), 호는 여산(廬山), 길주(吉州)의 태화(泰和) 사람. 11세.

왕시괴(王時槐), 자는 자직(子直), 호는 당남(塘南), 길주의 안복(安福) 사람. 6세.

### 1528년(戊子), 가정 7년, 2세

11월 29일 왕수인 사망. 향년 57세.

서용검(徐用檢, ~1611) 탄생. 자는 극현(克賢), 호는 노원(魯源), 절강성 금화(金華) 사람.

### 1529년(己丑), 가정 8년, 3세

9월 29일 이몽양 사망. 향년 58세.

부친 백재공이 재취부인 동씨를 맞아들이다.

### 1530년(庚寅), 가정 9년, 4세

8월 14일 재상 양일청(楊一淸, 1454~) 사망. 자는 응녕(應寧), 호는 수암(邃庵), 운남성 안녕(安寧) 사람. 향년 87세.

### 1531년(辛卯), 가정 10년, 5세

양희순(楊希淳, ~1572) 탄생. 자는 도남(道南), 호는 허유(虛游), 상원(上元) 사람.

### 1532년(庚辰), 가정 11년, 6세

이세달(李世達, ~1599) 탄생. 자는 자성(子成), 호는 점암(漸庵), 섬서성 경

양(涇陽) 사람.

주사경(周思敬) 탄생. 자는 자례(子禮), 호는 우산(友山), 호광(湖廣)의 황안(黃安) 사람이다.

### 1533년(癸巳), 가정 12년, 7세

부친을 좇아 글을 읽기 시작하다. 부친 백재공은 이름난 교사였기 때문에 당시 많은 명망가의 자제들이 그의 문하에서 수학하였다.

6월 8일 부인 황씨(黃氏) 출생.

이봉양(李逢陽, ~1572) 탄생. 자는 유명(維明), 호는 한봉(翰峰), 남경 사람이다.

### 1534년(甲午), 가정 13년, 8세

경정리(耿定理, ~1584) 탄생. 자는 자용(子庸), 호는 초공(楚倥), 세칭 팔선생(八先生). 경정향의 아우로 황안 사람이다.

### 1535년(乙未), 가정 14년, 9세

아버지 백재공을 좇아 계속해서 수학하다.

### 1536년(丙申), 가정 15년, 10세

1월 9일 관지도(管志道, ~1608) 탄생. 자는 등지(等之), 호는 동명(東溟), 강소성 태창(太倉) 사람.

### 1537년(丁酉), 가정 16년, 11세

장인 황조(黃朝) 사망.

3월 8일 고양겸(顧養謙, ~1604) 탄생. 자는 익경(益卿), 호는 충암(沖菴), 강소성 남통주(南通州) 사람.

8월 25일 반사조(潘士藻, ~1599) 탄생. 자는 거화(去華), 호는 설송(雪松), 안휘성 무원(婺源) 사람.

### 1538년(戊戌), 가정 17년, 12세

「노농노포론」(老農老圃論)이란 글을 지어 사람들의 찬사를 받다.

1월 22일 유동성(劉東星, ~1601) 탄생. 자는 자명(子明), 호는 진천(晉川),

산서성 심수(沁水) 사람.

**1539년(己亥), 가정 18년, 13세**
부친을 좇아 계속 글을 읽었다.

**1540년(庚子), 가정 19년, 14세**
『상서』(尙書)를 읽기 시작. 이에 앞서 이지는 『주역』과 『삼례』(三禮)를 이미 독
파하고 있었다.
7월 8일 축세록(祝世祿, ~1611) 탄생. 자는 무공(無功), 호는 석림(石林), 강
서성 파양(鄱陽) 사람.

**1541년(申표), 가정 20년, 15세**
초횡(焦竑, ~1620) 탄생. 자는 약후(弱侯), 강녕(江寧) 사람.
경정력(耿定力, ~1607) 탄생. 자는 자건(子健), 호는 숙대(叔臺), 경정향의
아우이다.

**1542년(壬寅), 가정 21년, 16세**
부학(府學)에 입학하여 본격적으로 글을 읽기 시작한 것으로 추정된다. 천주
(泉州)의 『청원임리종보』(淸源林李宗譜) 권4 「은륜지」(恩綸志)의 "가계에서 큰
집에 해당하는 이지는 원래 성이 임씨였다. 학교에 입학했을 때 명부에 임재지라
고 이름을 기재했으나 얼마 뒤부터는 이씨로 고쳐 사용하였다. 또한 황제의 휘를
피해 이름에서 '재' 자를 삭제하였다"(老長房李諱贄, 原姓林, 入泮學, 冊系林載
贄, 旋改姓李. 避勝朝廟諱, 去載字.)라는 기록으로 보아 이때부터 성을 임씨에서
이씨로 바꾼 듯하다.
매국정(梅國楨, ~1605) 탄생. 자는 극생(克生) 혹은 객생(客生), 호는 형상
(衡湘), 호광의 마성 사람.

**1543년(癸卯) 가정 22년, 17세**
6월 5일 훗날 소존숙(蘇存淑)에게 출가한 둘째 누이 출생.

**1544년(甲辰), 가정 23년, 18세**
부학(府學)에서 공부하였다.

5월에는 살던 집 근처에서 큰불이 나 많은 이재민이 발생하였다.

### 1545년(乙巳), 가정 24년, 19세
부학에서 계속 공부하였다.

### 1546년(丙午), 가정 25년, 20세
이때쯤부터 생계를 위해 직업을 가졌던 것으로 추정된다. 청양(靑陽) 일대를 돌며 글을 가르치다가 훗날 사위가 된 장순부(莊純夫)의 부친 장용회(莊用晦, 자는 君顯)를 사귀기도 하였다.

### 1547년(丁未), 가정 26년, 21세
부인 황씨와 결혼하다.

양기원(楊起元, ~1599) 탄생. 자는 정복(貞復), 호는 복소(復所), 광동성 귀선(歸善) 사람.

주여등(周汝登, ~1629) 탄생. 자는 계원(繼元), 호는 해문(海門), 절강성 승현(嵊縣) 사람.

이유정(李維楨, ~1626) 탄생. 자는 본녕(本寧), 호광의 경산(京山) 사람.

방항(方沆, ~?) 탄생. 자는 자급(子及), 호는 인암(認庵), 복건성 보전(莆田) 사람.

### 1548년(戊申), 가정 27년, 22세
호구를 위해 계속해서 사방을 떠돌다.

이 해에 등활거(鄧豁渠)—원래 이름은 명학(名鶴), 호는 태호(太湖), 사천성 내강(內江) 사람—가 계족산(鷄足山)으로 입산하였다.

### 1549년(己酉), 가정 28년, 23세
호구를 위해 여전히 사방을 떠돌다.

### 1550년(庚戌), 가정 29년, 24세
8월 14일 나중에 사위가 된 장봉문(莊鳳文, ~1614) 출생. 자는 순부(純夫) 혹은 순보(純甫)라고 하였다.

같은 날 탕현조(湯顯祖, ~1617) 역시 탄생하였다. 자는 의잉(義仍), 호는 약

사(若士), 강서성 임천(臨川) 사람.

### 1551년(辛亥), 가정 30년, 25세
생계를 위해 계속 사방을 떠돌다.

### 1552년(壬子), 가정 31년, 26세
복건성의 향시(鄕試)에 참가하여 황승요방(黃昇耀榜)의 거인(擧人)에 합격하였다.

방양(方揚, ~1595) 탄생. 자는 사선(思善), 안휘성 흡현(歙縣) 사람.

### 1553년(癸丑), 가정 32년, 27세
집에 머물며 친족들과 함께 부학(府學) 자계사(紫溪祀)에서 가르침을 폈다.

### 1554년(甲寅), 가정 33년, 28세
7월 7일 큰딸 출생.

도망령(陶望齡, ~1608) 탄생. 자는 주망(周望), 호는 석궤(石簀), 절강성 회계(會稽) 사람.

### 1555년(乙卯), 가정 34년, 29세
하남성 휘현(輝縣, 옛 이름은 共城)의 교유(敎諭)로 관료생활을 시작하였다.[4]
봉급을 받게 된 뒤로는 부친을 모셔와 봉양하였고, 이 무렵에는 형제들이 모두 혼인을 마쳤다.

이 해에 큰아들이 요절하였다.

### 1556년(丙辰), 가정 35년, 30세
휘현에서 현학교유(縣學敎諭)로 계속 재직하다.

경정향(耿定向)과 호직(胡直)이 진사에 합격한 뒤 나여방(羅汝芳)과 함께 학문을 토론하기 시작하였다.

---

4) 용조조(容肇祖)는 관리가 된 해를 『휘현지』(輝縣志) 권3 「직관」(職官)의 기술에 의거해 30세로 설명했지만, 연보를 작성한 다른 이들은 모두 『분서』 권1 「답경사구」(答耿司寇)의 이지 자술에 근거해 29세로 판정하고 있다.

### 1557년(丁巳), 가정 36년, 31세

휘현의 현학교유로 재직하였다.

### 1558년(戊午), 가정 37년, 32세

휘현의 현학교유로 계속해서 재직하였다.

### 1559년(己未), 가정 38년, 33세

남경(南京)의 국자감박사(國子監博士)로 승진하다. 부임 후 몇 달 만에 부친상을 당했고 장례를 위해 귀향길에 올랐다. 그러나 왜구의 침입으로 인해 고향에 도착하기까지는 반년이나 걸렸다.

### 1560년(庚申), 가정 39년, 34세

연초에 집에 도착해 거상(居喪)하였다. 왜구의 침략이 극심하자 상복을 입은 처지임에도 불구하고 성을 지키며 왜구를 막는 일에 동참하였다.

2월 16일 원종도(袁宗道, ~1600) 탄생. 자는 백수(伯修), 호는 석포(石浦), 호광의 공안(公安) 사람.

이 해에 양여원(梁汝元, 즉 何心隱)이 입경하여 경정향 형제와 교분을 맺었고 아울러 장거정(張居正)과 현령궁(顯靈宮)에서 논쟁을 벌이던 중 사이가 틀어지는 일이 있었다.

### 1561년(辛酉), 가정 40년, 35세

천주에서 계속 거상하였다.[5]

등림재(鄧林材)—자는 자배(子培), 호는 석양(石陽), 사천성 내강(內江) 사람—가 거인에 합격하다.

### 1562년(壬戌), 가정 41년, 36세

5월에 친구 장용회(莊用晦) 사망.

9월에 거상을 마치고 온 가족을 거느린 채 입경하였다.

서울로 가던 길에 오현(吳縣)에 들러 「오문에서의 하룻밤」(宿吳門) · 「서울로

---

5) 스즈키 도라오는 그의 『이탁오연보』에서 이 해에 복상(服喪)을 마치고 입경하여 구직했다고 말하지만, 여러 가지 정황에 비춰보았을 때 다음 해라야 맞는다.

떠나며 운송 스님에게 이별 기념으로 증정한 시」(赴京留別雲松上人)⁶⁾ 등의 시를 짓기도 했으며, 초겨울에야 북경에 도착하였다.

이 해에 서용검(徐用檢)·이재(李材)·장국정(莊國楨)이 진사에 급제하였다.

8월 25일 마경륜(馬經綸) 탄생. 자는 주일(主一), 호는 성소(誠所), 북통주(北通州) 사람이다.

### 1563년(癸亥), 가정 42년, 37세

북경에서 서당을 열고 학생들을 가르치며 관직에 결원이 나기를 기다렸다.

### 1564년(甲子), 가정 43년, 38세

6월에 북경의 국자감박사(國子監博士)로 임용되었다. 그러나 오래지 않아 조부 죽헌공(竹軒公)의 부음이 당도했고, 이날 또 차남까지 병들어 죽었다. 이지는 거상을 위해 남쪽으로 돌아가던 중 휘현에 들러 아내와 딸을 위해 땅을 마련하고 그곳에서 살도록 조처하였다. 그러나 이 해에 하남은 기근이 들어 둘째와 셋째 딸이 굶주림에 시달린 끝에 병사하고 말았는데, 남은 가족들은 당시 위휘부(衛輝府)의 추관(推官)이던 등림재(鄧林材)의 도움으로 간신히 위기를 모면할 수 있었다. 이후 그들은 농사와 방직으로 연명하였다. 이지는 홀로 천주에 돌아가 동문(東門) 밖 동악산(東岳山)에 장지를 마련하고 조상 삼대의 영구를 합장하여 오랜 숙원을 달성했다.

이 해에는 또 구탄(丘坦, ~?)이 태어났고, 등활거가 황안으로 경정리를 방문한 뒤 자신의 말을 모은 『남순록』(南巡錄)을 편찬하였다.

### 1565년(乙丑), 가정 44년, 39세

천주에서 계속해서 조부상을 치렀다.

### 1566년(丙寅), 가정 45년, 40세

여름에 복상이 끝나 휘현으로 가서 가족을 만났다.

늦가을이나 초겨울 무렵 다시 북경으로 가서 예부사무(禮部司務)에 보임되었

---

6) 스즈키 도라오는 이 시가 만력 28년(1600)에 지어졌다고 말하지만, 나중의 여행은 하남의 상성(商城)에서 출발하여 북통주(北通州)로 향하는 경로를 택하고 있다. 양자의 경로가 일치하지 않기 때문에 이 해에 지어진 것으로 추정하였다.

는데, 이 무렵 왕양명의 저작을 처음으로 접하면서 도학에 뜻을 두게 되었다.

11월 세종(世宗)이 세상을 떠나 그 아들 재후(載垕)가 목종(穆宗) 황제로 새로 즉위하였다. 이지의 본명 재지(載贄)는 황제의 휘(諱)에 저촉되었으므로 이때부터 '재'(載) 자를 떼어낸 이지(李贄)로 개명하게 된다.

6월에는 경정향이 남경의 청량사(淸凉寺) 경내에 숭정서원(崇正書院)을 창립하고 초횡을 초빙하여 강의를 주관토록 하였다.

### 1567년(正卯), 융경(隆慶) 원년, 41세

예부사무의 업무를 보면서 틈틈이 서용검(徐用檢)을 좇아 불교와 도학을 연구하기 시작하였다. 왕용계와 왕양명의 저작을 읽고 난 다음부터 그는 부처와 신선의 존재를 인정하면서 도학과 불교에 서로 상통하는 점이 있다는 것을 인식하게 되었다.

### 1568년(戊辰), 융경 2년, 42세

3월에 진사에 합격하고 예부주사(禮部主事)로 발령받은 이봉양(李逢陽)과 동료가 되었다.

주안(周安, 즉 定林)이 양희순(楊希淳)을 따라 서울에 왔고 이지와 인사를 나눴다.

원굉도(袁宏道, ~1610) 탄생. 자는 중랑(中郎), 호는 석공(石公), 원종도의 둘째 아우로 호광의 공안(公安) 사람이다.

### 1569년(己巳), 융경 3년, 43세

예부에서 계속 근무하며 초횡(焦竑)과 처음으로 면식을 텄다.

2월 『심재어록』(心齋語錄) 4책이 간행되었다.

### 1570년(庚午), 융경 4년, 44세

형부주사 이재(李材)가 이봉양·정여벽(鄭汝璧)·유균(喩均)·황작(黃綽)·진동(陳棟) 등과 더불어 수도에서 강학을 시작하였다. 이지는 이재와 알게 된 뒤 의기투합했고 자연스럽게 그 모임에 어울리게 되었다.

5년 동안의 예부 근무를 마치고 남경의 형부원외랑(刑部員外郎)으로 임명되었다. 이지는 예부에 근무하던 기간 동안 여러 명의 상관과 갈등을 빚었는데, 이때의 양상을 훗날 「예약·감개평생」에 서술하였다.

남경에서는 초횡과 조석으로 어울리며 학문을 토론했고 깊은 사귐을 맺었다. 초횡은 경정향이 남방을 순시하며 학문을 독려할 때 인연을 맺은 제자로서 가정 13년에 거인이 되었지만 당시에는 집에 머물고 있었다. 초횡의 『노자익』(老子翼)에는 이지의 주석(注釋)이 13번이나 나오며, 이지의 『분서』·『장서』·『파선집』을 가장 먼저 읽고 서문을 쓴 이는 바로 초횡이었다. 이지 사후에 그는 또 『이씨유서』(李氏遺書)를 편집하기도 하였다. 청대의 기윤(紀昀)은 "초횡은 경정향을 스승으로 모시고 이지와는 친구 사이로 지냈지만 이지에게서 더욱 깊은 영향을 받았다. 두 사람은 함께 어울리며 광선(狂禪)의 작태를 보였다. 이지는 공자를 비판했고, 초횡 역시 양주와 묵적을 숭상하며 맹자를 비난하는 입장에 섰다."[7] 하고 두 사람의 관계를 설명했다.

이 해에 금릉(金陵)에서 주안(周安)을 만났다.

형부에 재직하는 동안 이지는 밤낮으로 벗을 만나고 학문을 토론했는데, 주로 증험(證驗)을 강조하며 공담(空談)을 배격하였다. 또 상군(商君)·오기(吳起)·한비(韓非)의 책을 즐겨 읽었고, 한대 사마천의 『사기』(史記), 당대 두보의 『두자미집』(杜子美集), 송대 소식의 『소자첨집』(蘇子瞻集), 원대 시내암의 『수호전』(水滸傳), 명대 이몽양(李夢陽)의 『이헌길집』(李獻吉集)을 고금에 걸친 5대 명문장으로 추앙하였다.

5월 7일 원중도(袁中道, ~1623) 탄생. 자는 소수(小修), 삼원(三袁) 중의 막내로 호광의 공안 사람이다.


### 1571년(辛未), 융경 5년, 45세

옥룡산(屋龍山) 아래 집을 빌려 거주하며 형부원외랑 직무를 계속 수행하였다.

당시 남경의 호부랑(戶部郎)이던 방항(方沆), 병부거가사주사(兵簿車駕司主事)인 관지도(管志道), 신야령(新野令) 이등(李登), 호조(戶曹)의 소량간(蕭良幹) 등과 사귀며 학문을 토론하였다.

이 해에 천주(泉州)의 임(林)·이(李) 두 성씨가 연합하여 시조인 목재공(睦齋公)의 묘소를 증수하였다. 이지는 이 일을 두고 "구 대 조상이 한 무덤에 드시니, 대대로 기울인 정성 제사를 빛내는구나. 한 조상 후손이 두 성씨로 나뉘었으니,

---

7) 『사고전서총목제요』(四庫全書總目提要) 권125 「초약후문답일권」(焦弱侯問答一卷). "竑師耿定向而友李贄, 于贄之習氣沾染尤深, 二人相率以爲狂禪. 贄至于詆孔子, 而竑亦崇楊·墨, 與孟子爲難."

왕조의 융성한 문물 임씨·이씨를 드날리게 하네"(九世同墳, 歷代明禋光俎豆; 一宗兩姓, 熙朝文物夸林李.)라는 대련(對聯)을 지었다.

### 1572년(壬申), 융경 6년, 46세

가을에 경정리가 남경에 와서 이지·초횡과 더불어 학문을 토론하였다.

양희순(楊希淳)이 죽자 주안(周安)은 출가하여 중이 되었다. 주안의 소청에 의해 초횡은 이지와 관지도(管志道) 등과 약속하고 주안을 운송선사(雲松禪士)에게 보내 그의 제자가 되게 한 뒤 정림(定林)이란 법명을 내렸다.

나여방(羅汝芳)이 산동의 동창부(東昌府) 지부(知府)가 되었는데, 이지가 그와 만난 시점은 대략 이때쯤인 듯하다. 나여방은 안산농(顏山農)의 제자였는데, "어린아이의 순진무구한 마음이 되려면 공부하지 않고 사고하지 않아야 한다"(赤子之心, 不學不慮)는 방법으로 치량지(致良知)에 도달할 것을 주장해 양명학파 가운데 선종에 가장 가까운 일파가 되었다.

### 1573년(癸酉), 신종(神宗) 만력(萬曆) 원년, 47세

계속해서 형부원외랑으로 재직하였다.

늦가을 남경에 온 왕기(王畿)와 두 차례 회동하였다.

### 1574년(甲戌), 만력 2년, 48세

반사조(潘士藻)와 축세록(祝世祿)이 남경에 머물며 이지를 방문하였다.

형부에 재직하는 동안 이지는 초횡과 더불어 『태상감응편』(太上感應篇)을 간행하였다.

봄과 여름 사이에 왕벽(王襞)이 남경에서 강회(講會)를 열었는데, 여기서 이지와 서로 만난 듯하다. 왕벽은 왕기의 둘째 아들로 왕간(王艮)이 죽은 뒤 그의 자리를 물려받아 태주학파의 사상을 선양하는 중이었다. 이지는 왕벽을 스승으로 모시며 자신을 양명학파의 적계(嫡系)로 인식하였다. 태주학파는 크게 두 가지 관점에서 이지에게 영향을 미쳤는데, 하나는 "성인의 도는 백성들의 일상생활 가운데 있다"(聖人之道, 無異于百姓日用)는 것이고, 다른 하나는 "옷 입고 밥 먹는 것이 바로 인륜이고 사물의 이치"(穿衣吃飯, 卽是人倫物理)라는 관점이다. 하지만 이지는 왕간처럼 도통의 계승자임을 자부하며 공자를 존숭하지는 않았으므로 왕간이나 왕벽의 사상을 그대로 계승했다고 할 수는 없다.

겨울에 황안(黃安)의 천중산(天中山)으로 들어가 승려 정림(定林)을 만나고

저술에 종사하였다. 그리고 동지가 지난 뒤 소철(蘇轍)의 『노자해』(老子解)를 남경에서 간행하고 그 서문을 지었다.

### 1575년(乙亥), 만력 3년, 49세

봄에 천중산을 떠나 정림과 더불어 안휘성 사주(泗州)를 여행하면서 사주대성(泗州大聖)이라 일컬어지는 당나라 고승 승가(僧伽)대사의 사당을 참배한 뒤 남경으로 돌아왔다.

겨울에 다시 남경을 떠나 항주(杭州)를 여행한 것으로 추정된다.

### 1576년(丙子), 만력 4년, 50세

계속해서 남경에서 형부랑중(刑部郎中)을 지냈다.

단오날에는 이등(李登)이 두 손자를 데리고 초횡과 함께 그를 방문하였다.

쉰 살의 나이는 이지에게 특별한 전환점이 되는 시기였다. 그는 「성교소인」(聖教小引)에서 쉰 살 이전의 자신은 단지 남들이 짖으면 따라 짖는 한 마리 개에 불과했다고 회고하였다. 이후로 불교가 그에게 미치는 영향은 갈수록 깊어졌고, 불교의 이론을 차용해 유교를 비판하는 경향 또한 농후해졌다.

### 1577년(丁丑), 만력 5년, 51세

남경의 형부랑중에서 운남성의 요안지부(姚安知府)로 발령이 났다.

떠나기에 앞서 서적과 쓰던 물건들을 하운봉(夏雲峰)의 집에 맡겼다.

봄이 되어 운남으로 출발했는데, 도중에 황안에 들러 경정리를 만나고 아울러 딸과 사위인 장순부(莊純夫)를 경씨 집안의 오류별서(五柳別墅)에 머물게 하였다.

이지는 본래 단신으로 운남에 들어갈 작정이었지만 부인 황씨가 동행을 주장하는 바람에 함께 길을 떠났다. 귀주(貴州) 경내의 용리역(龍里驛)에서는 마침 수도로 입경하던 나여방을 만나기도 하였다.

부임한 뒤에는 풍덕사(豐德寺)의 선당(禪堂)을 수리하고 삼대서원(三臺書院)을 창립하여 강학하는 장소로 삼았다. 낙문례(駱問禮)에 의해 "선에 치중한다"(多入于禪)는 비판을 받은 때도 이 즈음인 듯하다. 낙문례는 공맹과 정주학의 충실한 사도였기 때문에 양명학을 배척하여 이설(異說)로 간주하는 입장이었다. 덕분에 그의 문집 『만일루집』(萬一樓集)에는 이지에 대한 비판이 상당량 출현하는데, 이지가 보기에 이 모두는 "고의로 자신을 해치려는"(作意害我) 짓거리였다.

그가 요안을 다스리는 동안은 법령이 맑고 간결하게 집행되었다. 업무가 끝나

여가시간이 되면 항상 승려들과 더불어 불학에 관해 토론했고 심지어는 절에 가서 공사를 처리하는 경우도 있었다.

11월 11일 큰 외손자 조이(祖耳)가 황안에서 출생하였다. 조이는 자가 여사(汝師), 호는 사총(四聰)이며, 사위 장순부의 큰아들이다.

### 1578년(戊寅), 만력 6년, 52세

운남의 첨도어사분순이해도(僉都御史分巡洱海道)로 부임한 고양겸(顧養謙)과 면식을 트고 깊은 우의를 나누게 되었다.

변방의 소수민족에 대해 이지는 관용적인 정책을 폄으로써 백성들의 환영을 받았다. 하지만 이로 인해 몇몇 상관들과 사이가 틀어졌고, 그 경위는 훗날 「예약ㆍ감개평생」에 기록되었다.

정형(政刑)의 부족한 곳을 보충하기 위해 『태상감응편』(太上感應篇)을 중각했고, 낙문례는 이 책을 위해 서문을 지었다.

봄에는 낙문례와 함께 요안성에서 남쪽으로 5리 떨어진 관해루(觀海樓)를 구경했고, 성의 남문 밖에 청련사(青蓮寺)를 새로 창건하기도 하였다.

가을에서 겨울 사이 사천도어사(四川道御使) 유유(劉維)가 운남의 안찰사(按察使)로 부임하였다. 때마침 등월(騰越)에서 소수민족의 봉기가 일어나 이지를 위시한 그 지역 지부(知府)들은 정벌에 나서게 되었다. 이지는 명을 받들어 영창부(永昌府)에 갔고 동료인 나요주(羅姚洲)ㆍ정대요(鄭大姚) 등과 함께 계족산(鷄足山)에 올랐다. 그곳에 머무는 몇 달 동안 소월선인(小月禪人) 등과 불교의 정토법문(淨土法門)을 토론했고, 「염불답문」(念佛答問)ㆍ「육도해」(六度解)ㆍ「사해설」(四海説) 등을 짓기도 하였다.

한겨울에는 대리부(大理府)의 감통사(感通寺)에서 이원양(李元陽)을 방문하였다. 그들은 함께 산수를 감상했고 밤마다 침상을 나란히 하고 자면서 선(禪)을 논했다. 이원양은 자신이 저술한 「이탁오 태수가 요안에서부터 수레를 달려 방문하였기에 증정하다」(卓吾李太守自姚安命駕見訪因贈)와 「감통사에서 임지로 돌아가는 이탁오 태수를 배웅하다. 요안에서부터 찾아왔는데 왕복거리는 천 리가 넘는다」(感通寺送卓吾李太守回任, 自姚安見訪, 往復千餘里) 같은 글에서 이지의 치도(治道)와 치적에 대해 칭찬을 아끼지 않았다.

### 1579년(己卯), 만력 7년, 53세

고금신(高金宸)이 요안부의 토동지(土同知)를 세습하여 부임하였다.

가정 연간 난창(瀾滄)과 요안의 병비부사(兵備副使)를 역임한 강룡(姜龍)은 운남의 소수민족에 대해 유화책을 펴 대요현의 서북쪽 철색정(鐵索箐) 등에 거주하던 자들을 산에서 내려오게 함으로써 변방을 안정시켰다. 이지는 강룡을 찬미한 양신(楊愼)의 「청령요」(蜻蛉謠)를 읽고는 "강공의 마음이 바로 자신과 부합한다"고 술회했다.

여름과 가을 사이에 수하였던 정대요(鄭大姚)가 이임하자, 이지는 「송정대요서」(送鄭大姚序)를 지어 그의 업적을 칭찬하였다.

9월 2일 하심은(何心隱)이 호광순무 왕지원(王之垣)에 의해 무창(武昌)에서 장살(杖殺)되었다. 그는 본명이 양여원(梁汝元)으로 일찍이 과거공부를 포기하고 가산을 털어 강서성 길안(吉安)의 영풍현(永豐縣)에 췌화당(萃和堂)을 조직하여 사회를 개량하는 실험을 진행한 바 있다. 그곳에 참여한 사람들은 관혼상제와 부역을 모두 균등하게 했고, 청소년의 교육과 노인의 봉양을 집단으로 실시했으며, 70세 이상의 노인은 쉬도록 조처하였다. 그는 도학자들이 말하는 "천리를 보존하고 인욕을 없앤다"(存天理, 滅人欲)는 가르침에 반발하며 인간의 물질적 욕망을 긍정했다. 가정 38년 영풍현 현령의 가혹한 세금징수를 비판하다 투옥된 바 있으며, 이듬해에는 북경에 들어가 엄숭(嚴嵩)을 반대하다 엄당(嚴黨)의 박해를 받게 되자 하심은으로 개명하고 사방을 떠돌며 강론에 열중하였다. 이로부터 그는 요주의인물이 되어 여러 차례 체포령이 떨어지게 되었다. 만력 7년 그는 마침내 왕지원에 의해 '요역'(妖逆)과 '대도범'(大盜犯)의 죄명을 뒤집어쓰고 무창에서 살해되고 말았던 것이다.

### 1580년(庚辰), 만력 8년, 54세

봄에 공무로 무정현(武定縣)에 갔다가 그곳의 수령 하수졸(何守拙)과 함께 성의 서쪽 사산(獅山)에 오른 뒤 25일 만에 돌아왔다.

봄에는 순안(巡按) 유유(劉維)가 상부에 보고를 올려 이지·고금신·나요주 등이 모두 포상을 받았다. 이지는 동료들을 위해 「고동지장권서」(高同知獎勸序)·「논정편」(論政篇) 등의 글을 지어 격려했다.

임기 만료를 몇 달 남겨놓은 3월 무렵, 이지는 가족을 거느리고 초웅(楚雄)으로 가서 유유에게 사직을 청했다. 하지만 요구가 받아들여지지 않자 곧장 운남성 이해(洱海)의 서북쪽에 위치한 계족산으로 들어간 뒤 경전을 읽으면서 나오지 않았다. 이지 자신은 사직의 이유를 벼슬이 주는 속박감 때문이라고 설명했지만 4남3녀의 자녀 중에 큰딸만이 살아남은 그 자신의 불행한 가족사와도 무관하진

않아 보인다. 생사(生死)라는 인생의 큰 일이 명쾌하게 밝혀지지 않아 번민은 시시각각 그를 압박했고, 이런 상황에서 벼슬을 버리고 선지식(善知識)을 찾아보려는 열망은 갈수록 강해지고 있었던 것이다.

계족산에 들어가기 전 곤명(昆明)에 가서 40일 동안 하수졸·방항·조소화(趙少華) 등과 어울리며 오화산(五華山)에 올랐고, 육조(六祖)의『단경』(檀經)을 판각하였다.

5월에 계족산으로 들어가는 도중에 운남현(雲南縣, 지금의 雲祥縣)에 들러 구정산(九鼎山)에 올랐다. 계족산에 가서는 처음에는 대각사(大覺寺)에 머무르다 영상사(迎祥寺, 즉 鉢孟庵)로 옮겼다.

당시 요안에서는 성의 동문 밖에 광명궁(光明宮, 일명 光明寺)이 완공되었는데, 이지가 화신(火神)을 제사지내기 위해 세운 사당이었다. 덕분에『요주지』(姚州志) 권8에는 이지가 지은「광명궁기」(光明宮記)가 남아 있어 오늘날에도 당시의 상황을 알 수 있게 해준다.

7월 초 사직을 윤허한다는 교지가 떨어졌고, 그 후로는 운남의 산수를 두루 돌며 유람하였다. 요안을 다스리는 3년 동안 그는 봉급 외에 사사로이 챙기는 것이 없어 청렴하고 소박하다는 평가를 받았다. 그가 임지를 떠날 때의 반응은 자못 열렬해서 "삼 년의 임기를 마치자 그는 끝내 사직하고 떠났다. 백성들은 기어오르고 길가에 드러누워 수레가 떠날 수 없을 정도였다. 수레 안에는 달랑 몇 권의 책뿐이었다. 순안어사 유유 및 양대의 관원들은 당시 진신과 명인들이 증정한 글을 모아『고상책』을 엮어 그의 뜻을 기렸다. 첨사도어사 고양겸 또한 서문을 지어 증정하였다."[8] 하는 기록이 남아 있다.

요안지부로 재직하는 동안 그는 또 요안의 성황사(城隍祀)를 수리하기도 하였다.


### 1581년(申巳), 만력 9년, 55세

초봄에 유유(劉維)·방항(方沆) 등과 함께 곤명성에서 북쪽으로 15리 떨어진 용천사(涌泉寺)를 유람하였다. 이지는 용천정(涌泉亭)의 건립을 발의했고, 이후 그곳에는 그의 뜻대로 정자가 세워지게 되었다.

---

8)『요안현지』(姚安縣志) 권29「이지전」(李贄傳). "士民攀臥道間, 車不得發. 車中僅圖書數卷. 巡按劉維給藩臬兩司匯集當時士紳名人贈言爲『高尙冊』, 以彰其志. 僉使道御使顧養謙亦撰序以贈"

초봄이 끝날 무렵 운남을 떠나 호북으로 길을 떠났다.

초여름에 황안에 도착해 경정리의 천와서원(天窩書院)에 머물렀다. 천와산방(天窩山房)이라고도 부르는 이곳은 성에서 15리 떨어진 오운산(五雲山) 꼭대기에 자리잡고 있었는데, 경씨 형제들이 강학을 하는 장소였다. 이지는 이후『분서』·『장서』·『속장서』의 거의 절반을 이곳에서 탈고하였다. 이지가 황안을 선택한 이유는 친구가 있고 생활하기에도 편리한 점이 많았기 때문이었다. 그리고 고향으로 돌아간다면 반드시 부딪치게 될 사람들의 간섭과 속박을 피하고 싶어서이기도 했다.

8월 곤명의 와창영(瓦倉營)에 있는 토주묘(土主廟)가 완성되었고, 이지는「중수와창영토주묘비기」(重修瓦倉營土主廟碑記)를 지어 신도(神道)와 정치가 결합되는 상황의 이점을 설명하였다.

만력 3년에 저술했던『해로』(解老) 2권과 운남에서 지었던「심경제강」(心經提綱)을 황안의 읍후(邑侯)가 다시 간행하였다. 이지는 따로「제강설」(提綱說)을 지어 그 경위를 설명했고,「노자해 서문」(老子解序)에서는 소철(蘇轍)과의 견해차를 서술하기도 하였다. 소철이 노자의 학문은 무위(無爲)에 치우쳐 천하의 경영을 경시했다고 여긴 반면, 이지는 노자가 천하를 불치지술(不治之術)로 다스리려 했다고 생각했다. 그리하여 인의예악과 형명법술(刑名法術)은 천하를 다스리는 방법이 되지 못하므로 모든 형명 조목이 내포한 속박에서 벗어나야 한다고 주장했다. 그러나 그는 한비(韓非)가 노자의 무위지치(無爲之治)를 잔인하고 각박한 술수로 발전시킨 것에 대해서는 반대하는 입장이었다.

겨울 12월에 초횡이 황안에 와서 열흘 동안 이지를 방문했다. 그가 부친의 80세 생신을 기념하는 글을 부탁하자, 이지는「초태사 부친의 팔순 생신을 경하하다」(壽焦太史尊翁后渠公八十秩華誕序)를 짓기도 하였다.

법명을 무념(無念)이라 부르는 용담(龍潭)의 승려 심유(深有)와 처음으로 알게 되었다.

이 해에 이탈리아 선교사 마테오 리치(利瑪竇)가 광주(廣州)에 처음 상륙하였다.


### 1582년(壬午), 만력 10년, 56세

황안의 천와에서 저술에 종사하였다.

봄에 주사구(周思久, 즉 周柳塘)가 마성 용호(龍湖)의 조대(釣臺)에 한벽루(寒碧樓)를 건립하였다. 이곳은 정자의 남쪽으로 용호사(龍湖寺)가 있고 강 건너 맞은편에는 지불사(芝佛寺)가 위치했으며, 강물 속에는 석대(石臺) 즉 조어대(釣魚

臺)가 자리한 명승지였다. 여기서 이탁오는 즐겨 강학했으며, 조어대 옆의 동굴에
는 서적을 보관하였다.[9] 경정리와 학문을 토론하던 주사구가 경정향은 '명교를
중시'(重名敎)하고 이지는 '진기를 안다'(識眞機)고 말한 것도 이 무렵이었다.

이 해에 경정향은 집에서 복상(服喪) 중이었다. 관지도(管志道)가 때때로 천와
로 찾아왔지만 오래 머물지는 않았다. 이지는 오심학(吳心學)—호는 소우(少虞),
일찍이 황안의 사마산(似馬山)에 은거한 적이 있으며 동룡서원(洞龍書院)을 창
건하였다—이나 주사구와 자주 어울리곤 하였다. 황안에서 그는 오원학[10]과 몹
시 친밀하게 지냈다.

겨울에는 『장자해』(莊子解)를 지어 『장자』 내편 7편에 주를 달았다.

장거정(張居正, 1525~ )이 향년 58세로 사망했고, 『서유기』의 저자인 오승은
(吳承恩, 1500~ )도 83세로 이 해에 세상을 떠났다.

### 1583년(癸未), 만력 11년, 57세

계속해서 황안의 천와에 거주하였다.

2월에 초횡이 북경의 회시(會試)에 참가하자 『노자해』·『장자해』 및 편지 한
통을 보내 『남화경』(南華經)의 판각에 대한 그의 의견을 물었다.

4월에 초횡이 낙방하고 돌아오자 다시 편지와 시를 보내 그를 위로하였다.

10월 10일 경정향이 60세 생일을 맞자 이지는 다시 초횡에게 편지를 보내 이
여진(李如眞)과 함께 황안에 와달라고 초청했지만 성사되지는 않았다.

겨울이 끝날 무렵 이지는 다시 용담(龍潭)에 갔다. 거기서 왕기(王畿)의 부고
를 듣고는 바로 신위를 설치하고 제사를 드리며 「왕용계 선생 영전에 올리는 글」
(王龍谿先生告文)을 지어 그를 추모하였다.

이 해에 등활거의 『남순록』(南詢錄)이 황안 일대에 유포되어 유행하였다. 오소
우도 이 책을 베꼈다가 경정향의 질책을 받았는데,[11] 이지는 여기에 대해 다른

---

9) 『마성현지』(麻城縣志) 권2 「명승」(名勝)편. "釣臺, 在縣東二十里, …… 明季邑人周柳
塘建寒碧樓于臺上, ……其左(南岸)爲龍湖寺. ……龍湖寺與芝佛寺隔河相望, 河中有石
臺, 卽釣魚臺. 明季李卓吾嘗講學于龍湖臺上, 建樓名寒碧, 臺側有洞, 卽李氏藏書所."
10) 『황안현지』(黃安縣志) 권8 「오소화전」(吳少華傳). "오원학의 자는 소화이며 제생
으로 태학에 입학했다. 타고난 성품이 강직하고 발랐으며 언행에 거침이 없었다.
이탁오와 학문을 논하면서 서로 친밀하게 사귀었다"(吳顯學, 字少華, 以諸生入太
學. 賦性剛介, 言行不拘, 與李卓吾談經論道, 交相得也.)
11) 『경천대선생전서』(耿天臺先生全書) 권3 「여오소우」(與吳少虞) 참조.

생각을 갖고 있었다. 그는 등활거의 언행이 '도에 합당하다'(得道)고 칭찬하면서 『남순록』의 서문을 지었고, 이는 경정향과 이지의 갈등이 공개적으로 불거지는 계기가 되었다.

누군가가 이지에게 친구가 없음을 비웃자 그는 「이생의 열 가지 사귐」(李生十交文)을 지어 이를 변명하였다.

3월에는 매국정(梅國楨)·매국루(梅國樓, 호는 瓊宇, 국정의 아우)·반사조(潘士藻)·이정기(李廷機)·탕현조(湯顯祖) 등이 진사에 급제하였다.

### 1584년(甲申), 만력 12년, 58세

황안의 천와에 줄곧 거주하였다.

2월에 낙문례가 호광의 안찰사분순무창도(按察使分巡武昌道) 겸 관병비부사(管兵備副使)로 부임하였다. 봄에서 여름 무렵 이지는 그에게 편지를 보내 독서와 저술로 소일하는 자신의 근황을 설명하였다.[12]

7월 23일 경정리가 죽었다. 경정향에게도 '하늘이 무너지는 아픔'(天祝子)이었지만, 이지 역시 그 이후로 고독과 상실감이 더욱 깊어졌다.

이때 초횡의 부친도 세상을 떠났다. 이지는 황안을 떠나 남경으로 옮길까 했지만 나중에 초횡이 부친상 중인데다 가세가 빈한하여 자신을 접대할 수 없는 형편임을 생각하고 가지는 않았다.

8월에 승려 정림이 백하에서 황안에 와 천중산(天中山)에 머물렀다.

이 해 3월에 경정향은 도찰원좌첨도어사(都察院左僉都御史)가 되어 7월에 임지로 떠났는데, 8월에는 다시 승진하여 도찰원좌부도어사(都察院左副都御史)가 되었다. 이때부터 그는 조상을 빛내고 후손을 잘 훈육하려는 마음이 더욱 간절해져 이지가 자기 집안의 자제들을 그르칠까봐 노심초사하게 되었다. 그는 자주 편지를 써 이지를 탓했고, 다른 사람들에게도 수시로 이런 염려를 내비쳤다. 경정향과 이지의 갈등은 이렇게 촉발되어 이후 유명한 사상적 논쟁으로까지 발전해나간다. 이후 경정향과의 논쟁이 공개적으로 전개되기 시작하자 이지는 천와를 떠나 사마산으로 간 뒤 오소우의 동룡서원에 머물렀다. 하지만 논쟁이 격화될수록 오소우와의 감정도 덩달아 악화되어 10월에는 마성으로 옮겨가야만 했다. 하지만 거처할 곳이 마땅치 않아 며칠 만에 돌아와버리고 말았다.

---

12) 『속분서』 권1 「낙부사에게 답함」(答駱副使) 참조.

## 1585년(乙酉), 만력 13년, 59세

춘삼월에 황안을 떠나 마성으로 간 뒤 주사구의 사위 증중야(曾中野)의 집에 머물렀다. 오래지 않아 유마암(維摩庵)이 완성되자 이지는 그곳으로 거처를 옮겼다. 이곳은 증승암(曾承菴)의 창도 아래 주우산(周友山)이 출연한 돈으로 민가를 사들여 개축한 집이었다. 이지는 여기서 3년여 동안 거주하며 '머리카락 기른 채 집을 떠난 늙은 노승'(帶髮辭家一老僧)으로 살았다.

그 무렵 등석양(鄧石陽)은 "형·상 지방을 떠돌다 이탁오를 만나 고금의 일에 관해 다양하게 논구"[13]하고 있었다. 당시에 어떤 사람이 이지가 불학(佛學)을 연구하는 것은 "인륜을 버리고 처자식을 떠나는"(棄人倫, 離妻室) 짓이라고 비난하자, 이지는 등석양에게 보내는 편지에서 이에 대한 변론을 늘어놓게 된다. 등석양은 일찍부터 이지의 가까운 친구였지만 정주학을 견지하며 공맹의 도를 굳게 사수하려는 사람이었다. 그는 이지와 불교의 진공(眞空)에 관해 토론하며 불교가 인륜과 물리(物理)를 위반하고 있다고 비난했다. 그러나 이지는 "옷을 입고 밥을 먹는 것이 바로 인륜이고 사물의 이치"라고 반박하며 가장 기본적인 물질적 욕구의 해결을 긍정하고 나섰다. 이는 경정향의 "집에서 효도하고 나가서는 우애 있게 지내는 것은 바로 옷 입고 밥 먹는 일이나 마찬가지다"(夫此入孝出弟, 就是 穿衣吃飯)[14]라는 주장과는 명백히 다른 관점이었다.

이지와 등석양의 토론에서 등활거(鄧豁渠)를 어떻게 바라보는가 하는 점은 그들의 견해차에 있어 분수령을 이룬다. 이지는 『남순록』의 서문에서 촉인(蜀人)이 등활거의 말을 평가한 대목을 인용했는데, 등석양은 이 부분이 자신의 스승 조정길(趙貞吉)에게 누가 된다고 여겼다. 또 그 글이 "세상 사람 모두가 공명과 처자를 내팽개친 채 학문에 종사하게 만드는"(欲使天下之人皆棄功名妻子而後從事于學) 폐단을 유발시킨다고 여겨 이 글을 없애줄 것을 요구했다. 그러나 이지는 여기에 동의하지 않고 등활거의 언행이 '도에 합당'(得道)했다는 사실을 여러 통의 편지를 통해 역설했다. 몇 년 동안 경정향은 등활거에 대한 공격에 여력을 아끼지 않았다. 그는 등활거가 '성인의 가르침을 모욕'(輕侮聖訓)하는 죄를 범했다는 비난까지 서슴지 않았고, 이지와의 갈등은 이로부터 더욱 깊어지게 되었다.

여름에 증승암이 마흔 살의 젊은 나이로 죽었다. 이지는 「승암을 애도함」(哭承

---

13) 『내강현지』(內江縣志) 권4 「등림재전」(鄧林材傳). "游莉湘, 遇李卓吾, 上下古今多少參證."
14) 『경천대선생전집』 권3 「주유당에게」(與周柳塘).

庵)이라는 시에서 "넓디넓은 천지간에 끝내 나 혼자 남았구나!"(悠悠天壤間, 念我終孤立!)라고 자탄하며 그를 애도했다.

구월 윤달에 경정향은 「기몽」(紀夢)이란 글을 지어 왕수인의 양지(良知)를 『중용』에서 말하는 "군자의 도리는 담백해서 싫증나지 않는다"(君子之道, 淡而不厭)의 담백함과 결합시킨 뒤 이러한 담백함이 바로 양지의 조종(祖宗)이라고 설명했다. 글 속에서 말한 '갈고 닦고 씻고 행구는'(湔磨刷滌) 수양이야말로 사람들로 하여금 명예욕을 떨쳐낼 수 있게 한다고 말했던 것이다. 초겨울에 이지는 여기에 대한 반론문 격인 「경중승이 논한 담백함에 대해 회답함」(答耿中丞論淡)을 지어 경정향의 갈고 닦고 씻고 행구는 수양을 반대하고 '통달한 사람의 넓은 견식'(達人宏識)을 주장했다. 선망하는 바가 있을 때 사람은 결코 담백해질 수 없으므로 경정향의 주장은 잠꼬대에 불과하다고 보았던 것이다.

### 1586년(丙戌), 만력 14년, 60세

마성의 유마암에 거주하였다.

봄에는 비장에 병이 나서 일년여가 지난 다음에야 겨우 나았다.

당시 심유가 남쪽으로 유람을 떠나자 이지는 그에게 우강(旰江)에 가서 나여방을 찾아보라 당부하였다.

5월에는 나여방이 남경에서 강학하였다. 이지는 주사구 · 무념 등과 함께 강물에 배를 띄워 강서의 건창(建昌)으로 간 뒤 나여방을 만나고 절강을 거쳐 남경에 가 다시 나여방의 강학을 들을 예정이었지만 병 때문에 성사시키지 못했다. 그는 『근계자집』(近溪子集)을 탐독하며 이에 대한 아쉬움을 달랬다.

이여진(李如眞)이 『초씨필승』(焦氏筆乘) 2책을 보내왔는데, 그 안의 논학(論學) 부분에 몹시 공감하였다.

경정향도 수도에서 「이조부」(二鳥賦)를 부쳐왔는데, 이지는 그 작품이 자신을 겨냥한 것이라고 여겨 이에 반박하는 글을 지어 극명(克明) 편에 보냈다. 아울러 초횡에게도 편지를 써서 경정향에게 열람시킬 것을 주문했다.

여름에 등응기(鄧應祁, 자는 鼎石, 鄧石陽의 아들)가 마성현령으로 부임하였다. 그와 이지는 세교(世交)가 있던 터라 부임 직후 바로 명함을 보내왔고, 이지 역시 답례하며 자신을 '유우객자'(流寓客子)로 자칭하였다.

이지와 경정향의 논쟁은 나날이 격화되었고 논점도 분명해지고 있었다. 이 때문에 이지와 가까웠던 주사구나 오소우 같은 경정향의 문인들과는 서먹한 사이가 되었고, 주사구 또한 이로 말미암아 아우 주사경과 갈등을 빚게 되었다. 이 해

에 경정향은 처 팽숙인(彭淑人)의 장례를 치르기 위해 고향에 돌아왔고, 이때부터 논쟁은 더욱 격화되었다. 이지의 장편대작 「경사구에게 답함」(答耿司寇)이 씌어진 때도 이 즈음이었다.

여름에 이지는 병을 앓는 와중에서도 『세설신어보』(世說新語補)에 평점(評點)을 달았다. 또 호광에 홍수가 나자 구황대책을 문의하는 등응기에게 「등정석에게 회답함」(復鄧鼎石)이란 편지를 쓰기도 하였다.

6월에는 축세록이 황피교유(黃陂教諭)로 부임하던 중 마성에 들러 이지와 재회하였다. 축세록은 경정향의 제자였고, 이지와도 교분이 있는 사이였다.

이 해에 정림이 천중산(天中山)에서 죽었고, 마백시(馬伯時)가 그를 위해 부도를 세웠다.

### 1587년(丁亥), 만력 15년, 61세

마성의 유마암에서 기거하였다. 전년부터 줄곧 비장에 병이 든 상태였기 때문에 제자들을 거느리고 자주 나들이를 하며 유유자적한 생활을 즐겼다.

초가을에는 황피(黃陂)에 가 축세록(祝世祿)을 만났고, 또 그곳 노대산(魯臺山)에 위치한 이정사(二程祠)를 참배하였다.

가을에 가족들을 천주(泉州)로 돌려보냈는데, 그 얼마 후에 귀아(貴兒, 일명 桂兒)가 물에 빠져 죽었다. 귀아는 이지 동생의 아들로서, 아들이 없는 이지의 후사를 잇기 위해 양자로 입적되었던 조카로 추정된다. 이지는 귀아를 위한 추도시를 쓰면서 며느리는 응당 재가시켜야 한다고 말했다.

가족이 돌아간 직후 이지는 경정향에게 「경사구에게 고별함」(與耿司寇告別)이란 편지를 보내 결별을 통고했다. 경정향은 이지가 편지에서 말한 '향원'(鄕愿)이 자신을 가리킨다고 여기고 이에 대해 반박하는 편지[15]를 보냈다. 그러나 이지는 대문을 닫아걸고 『장서』의 집필에 더욱 열중하는 나날을 보냈다.

이웃에 사는 과부을 동정하여 돌봐주다가 불미스런 소문이 난 때도 이 즈음으로 추정된다.[16]

10월 11일 태주학파의 거두 왕벽(王襞, 1511~ )이 사망했고, 10월 16일에는 해서(海瑞, 1514~ ) 역시 세상을 떠났다.

이 해에 마테오 리치(利瑪竇)가 남경에 도착하였다.

---

15) 『경천대선생문집』 권4 「다시 이탁오에게」(又與李卓吾) 참조.
16) 『분서』 증보1 「주유당에게」(答周柳塘) 참조.

**1588년(戊子), 만력 16년, 62세**

마성의 유마암에 계속해서 거주하였다.

연초에 거상을 위해 향리로 돌아온 매국정(梅國楨)과 처음으로 상면하였다.

2월에는 경정향이 황안에 돌아와 동생 경정리와 부인 팽숙인의 제반장례절차를 모두 마무리지었다.

봄과 여름 사이에 『이씨장서』의 초고가 완성되자 이지는 이를 남경의 초횡에게 보내 열람시키고 아울러 서문을 부탁했다. 이 무렵부터는 이지가 머리를 깎고 서호(西湖)로 떠날 생각을 하고 있었던 것으로 추정된다.

여름에 나여방이 다시 남경을 방문할 것이라는 소식을 듣자 초횡에게 편지를 써 그에게 가르침을 받으라고 권유했는데, 초횡은 도리어 나여방의 결점을 낱낱이 지적해 경정력과 주사구의 찬사를 받았다. 이에 경정향은 나여방을 옹호하는 편지를 주사구에게 보내기도 하였다.[17] 사실 이지는 나여방을 존경했지만 그를 비난하는 구석도 없지 않았다. 예컨대 나여방은 학문이 무(無)에서 유(有)로 나아가야 한다고 주장했지만, 이지는 유(有)에서 무(無)로 들어가야만 학문의 미묘한 경계에 도달할 수 있다고 여기고 있었다. 주사구는 이지의 견해에 동조하다 경정향의 비난에 직면했던 것이다.

여름에는 유마암에서 삭발을 했는데 수염은 깎지 않고 남겨두었다. 이 일은 크게 물의를 일으켜 주사구나 경정향, 축세록 등이 편지를 주고받으며 설전을 벌이는 계기가 되었다. 그러나 친구인 증계천(曾繼泉)이 삭발하고 출가하려 하자, 이지는 편지를 보내 그의 결심을 만류하고 나섰다.

가을에는 거처를 용담의 지불원(芝佛院)으로 옮겼다. 불당에는 공자의 화상을 내걸었고, 「다섯 가지 죽음」(五死篇)을 지어 생사에 관한 자신의 생각을 천명하기도 하였다.

윤6월 3일에 부인 황의인이 천주에서 향년 56세로 세상을 떴다. 당시 사위 장순부는 마성에 머물고 있었으므로 딸 혼자서 장례를 치러야만 하였다. 이지는 7월경이 되어서야 부음을 들었고 묘비의 비문을 써서 장순부에게 들려보내 비석에 새기게 하였다.

용담으로 옮겨온 직후 이지는 『세설』(世說)과 『유림』(類林)을 모방한 『초담집』(初潭集)을 편찬하기 시작하였다. 이 책에서 이지는 유가사상에 얽매이지 않았던 역사적인 인물들을 찬양하고 유교의 가법(家法)에만 매달리는 도학자들을

---

17) 『경천대선생문집』 권3 「다시 주유당에게」(又與周柳塘) 16번째 편지 참조.

신랄하게 비판하였다. 이 책의 평론 일부분은 『분서』와 『속분서』에도 수록되어 있다.

9월 2일에는 나여방(1511~)이 향년 74세로 별세하였다. 이지는 11월 24일에야 부음을 들었고, 이듬해 춘분 직전에 「나근계 선생 영전에 아뢰는 글」(羅近谿先生告文)을 지어 애도하였다.

### 1589년(己丑), 만력 17년, 63세

마성 용호의 지불원에 거주하였다.

이월경에 일재(日在)가 진강(晉江)에서 와 황의인의 장례가 끝났음을 보고하였다. 이지는 장순부에게 그녀의 현숙함을 칭찬하였고 아울러 자신의 편지를 영전에서 되풀이해 읽음으로써 그녀가 다른 곳에 태어나지 말고 자신을 기다려줄 것을 당부했다.

3월에 초횡이 장원으로 진사에 급제한 뒤 한림원 수찬에 임명되었다. 그는 도망령(陶望齡)·원종도·황평(黃平) 등과 어울리며 학문을 토론했는데, 때마침 수도에 왔던 승려 무념(無念)도 이들과 어울리게 되었다. 무념이 돌아온 후 이지는 초횡과 고양겸(顧養謙)의 근황을 자세히 얻어들을 수 있었다.

여름에는 안휘성 휴녕현(休寧縣)의 현령으로 부임하는 축세록(祝世祿)이 그를 만나기 위해 들렀다.

4월에는 호광에 큰 기근이 들었다. 이 무렵 이지는 늙고 친구가 없다는 고단함을 절실히 느끼며 자칭하여 '노고'(老苦)라고 불렀다. 그는 다시 머리를 기르고 용호를 떠나 친구 초횡이 있는 수도로 갈 생각에 무념을 그곳으로 보냈다. 무념은 초횡뿐만 아니라 고양겸·추여광(鄒汝光)·양기원(楊起元)·이유청(李惟清)·원종도 등과도 만났다. 그들 중 일부는 이지에게 서신이나 선물을 보내기도 하였다.

여름에 한림원 편수(編修) 원종도가 초부(楚府)에 책봉되어 고향으로 돌아가게 되자, 초횡은 그에게 이지를 찾아볼 것을 당부했다.

여름과 가을 사이 용담에 돌아온 무념으로부터 초횡의 심신이 모두 편안하지 못하다는 말을 들은 이지는 수도에 가려던 계획을 포기했다. 그는 초횡에게 편지를 써 자신은 용담에 계속 거주할 생각이며 탑 하나를 만들어 자신의 뼈를 묻을 장소로 삼겠다는 계획을 밝혔다. 그 무렵 남경의 호부시랑이던 고양겸이 초산(焦山)으로 초청했지만, 이지는 완곡하게 사양하고 가지 않았다.

당시 국자감 사업이던 양기원이 이지와 주사구의 사이가 나쁘다는 소문을 들

고는 주사구에게 편지를 써 화해를 권유했다. 이지는 양기원의 배려에 감격하여 그를 칭찬하는 편지를 초약후에게 써서 보냈다.

이 해에 천도외신(天都外臣)이 서문을 쓴 100회본『수호전』이 간행되었다. 이지는 초횡에게 이 책과 새로 간행된『용계선생전집』(龍谿先生全集)을 구해달라 부탁했고 아울러 그의『파선집』(坡仙集) 4책이 이미 완성되었음을 알렸다.

훗날 이지의 묘비문을 쓴 왕가수[18]가 용담으로 이지를 만나러 왔다. 그리고 이 해에는 등활거의 재전제자(再傳弟子)인 황안(黃安)의 두 승려가 용담으로 찾아오기도 하였다.

### 1590년(庚寅), 만력 18년, 64세

용호의 지불원에 거주하였다.

『설서』·『분서』·『장서』의 단편적인 평론들을 마성에서 잇달아 간행하였다. 『분서』는 이지의 대표적인 저작으로 만력 18년 이전에 지은 편지·잡술·사론· 시가 등을 수록하고 있는데, 이지는 자신의 주된 논적 경정향이 은퇴한 뒤에 마성에서 이를 간행한 이유를 책이 '사람들의 마음속에 들어가'(入人之心) 사회적으로 깊은 영향을 끼칠 것이기 때문이라고 설명했다. 이지는 원종도와 원굉도 같은 벗들에게『설서』와『분서』를 보내기도 하였다.

봄에 주사구의 병이 위급해지자 이지는 주사구의 사위 증중야(曾中野)의 알선으로 그와 화해를 한다.

4월 20일에 주사구가 죽었다. 이지는 주귀경(周貴卿)에게 편지와 새로 간행한 『분서』1책을 보내며 자신과 선천의 교분이 얼마나 깊었는지를 역설했다. 다만 조급한 성격 때문에 서로 사이가 벌어지고 참지 못했을 뿐이라는 설명이었다.

경정향은 전 해에 벼슬에서 물러나 이 해 3월 초에 향리로 돌아왔다. 6월에 그는 공개적으로 간행된『분서』를 보자 불같이 화를 내며 당장 이지와 논쟁을 벌였던 편지들을 들춰낸 뒤「경계하기를 구함」(求儆)이라는 공개서신을 작성했다. 그의 문인 채의중(蔡毅中, 자는 弘甫, 하남의 光山縣 출신) 역시 이 글의 서(序)를 지어 이지를 공격했다. 경정향이 관부와 결탁하여 이지를 몰아내려 하였으므로

---

18) 왕가수(汪可受): 자는 이허(以虛), 호는 정봉(靜峰), 호광의 황매(黃梅) 출신이다. 일찍이 금화지현(金華知縣)과 길안지부(吉安知府)를 지냈으며, 이지와는 돈독한 우정을 나눴다. 이지 사후에「탁오노자묘비문」(卓吾老子墓碑文)을 짓고 비석을 세운 인물이다.

그는 무창(武昌)으로 몸을 피했다. 이때는 양정견(楊定見)과 상중(常中)·상통(常通) 같은 승려들이 용호에 뼈를 묻고 싶다는 이지의 염원을 실현하기 위해 지불원 뒤에 탑옥을 신축하던 중이었다.

나중에 이지는 또 형주(衡州)를 거쳐 남초(南楚) 지방을 유람하게 되었다. 형주에서는 훗날 「이탁오전」(李卓吾傳)을 지은 심부(沈鈇, 호는 介庵, 복건의 詔安 사람)를 방문하기도 한다. 다시 용호로 돌아온 뒤에는 호광좌포정사(湖廣左布政使) 유동성(劉東星)이 아들 유용상(劉用相)을 보내 그에게 도를 배우게 하였다.

### 1591년(辛卯), 만력 19년, 65세

지불원에 거주하였다.

봄에 경정력이 황안으로 돌아온다는 소식을 듣자 이지는 천중(川中)에 있던 주우산에게 편지를 써 경정향과 화해하고 싶다는 의향을 밝혔다.

원굉도가 찾아와 석 달이 넘게 머물며 학문을 토론하였다. 원굉도와 몹시 의기투합했던 이지는 헤어질 때는 무창까지 전송하며 그와의 이별을 아쉬워했는데, 이때의 만남으로 원굉도는 이지에게서 깊은 영향을 받게 된다.

5월에는 원굉도와 함께 황곡기(黃鵠磯)에서 유람을 하던 중 '대중을 미혹시키는 이단'(左道惑衆)으로 몰려 쫓기는 일이 있었다. 이지는 주우산과 양정견에게 보낸 편지에서 이 사건의 배후 주모자로 경정향을 지목했다. 사건 직후에 이지는 원굉도와 함께 무창에서 이십 리 떨어진 홍산사(洪山寺)로 대피했는데, 이런 와중에도 이지의 명성은 더욱 확산되었다. 양기원은 이지를 위해 분란을 해소하고 싶다고 주우산에게 말했고, 유동성은 이지가 '도가 있는'(有道) 사람이라고 평가했으며, 『분서』 같은 저작을 읽은 호광의 일부 관리들도 그를 몹시 존경하게 되었다. 유동성은 이지를 무창의 회성(會城)에서 맞아와 조석으로 어울려 함께 학문을 토론하며 서로 늦게 안 것을 아쉬워하였다.

초가을에 경정향의 문인 채의중이 「분서변」(焚書辯)을 지어 이지를 비난하자, 경정향도 「경계할 것을 요구한 편지 후편」(求儆書後)을 지어 이에 합세하였다. 무창은 경정향의 문인들이 몰려 있는 지역이었으므로 이지는 이곳을 뜨고 싶었지만 달리 방도가 없는 심정을 「매중승에게 보내는 게송 2수」(偈二首答梅中丞)에서 표현하기도 한다.

가을에는 대별산(大別山)에 유람을 갔고 그곳에서 초횡의 소개로 당백원(唐伯元)을 만났다. 신안(新安) 사람 하도보(夏道甫, 이름은 大朋)가 이지에게 배운 것도 이 해의 일로 추정된다. 이지가 죽은 뒤 그는 이지의 글을 모아 『이씨유서』(李

氏遺書), 일명『용호유묵』(龍湖遺墨)을 편집하여 출간하였다.

### 1592년(壬辰), 만력 20년, 66세

무창에서 유동성의 보호를 받으며 '안락하고 자유로운 한량' (安樂自在漢)으로 자처하였다.

여름에 친구 육사산(陸思山)의 편지를 받고 2月에 영하병변(寧夏兵變)이 일어났음을 알았다. 당시 조선에는 왜구가 침략하여 명나라를 넘보고 있다는 소식이 들려왔으므로 이지는 이들 두 사건에 대해 깊은 우려를 표명하여 마지않았다.[19] 또 이에 발분하여 「견식의 중요성」(二十分識)과 「위의 글로 말미암아 지난 일을 기록해보다」(因記往事)를 지어 국사(國事)와 인재(人才)에 관한 관심을 드러내기도 하였다.

4월 말에 유동성이 도찰원우첨도어사로 승진하여 보정(保定)을 순무하게 되자, 이지는 그를 통해 하남순무 오자신(吳自新)에게 새로 펴낸『분서』 4책과 편지를 보냈다. 유동성이 떠난 뒤에는 초횡에게 편지를 써 몸둘 곳이 없는 괴로움을 호소하기도 한다.

여름에는 무창에 계속 머물며『충의수호전』(忠義水滸傳)에 비점(批點)을 달고 이 책을 위한 서문을 썼다. 또 잡극『서상기』(西廂記)에 비점을 달고 「동심설」을 지어 자신의 문학적 견해를 밝히기도 하였다. 이지는 희곡이나 소설 같은 통속문학에 관심을 기울이며 많은 작품에 비점을 달았는데, 특히 「잡설」에서는 『배월정』(拜月亭)·『서상기』·『비파기』 같은 희곡에 평론을 가하며 내용의 진실성 여부에 좌우되는 화공(化工)과 화공(畵工)의 기준을 제시하기도 하였다.

역시 여름에 주우산이 북경으로 가게 되자 이지는 그에게『분서』·『설서』·『파선집』과 자신이 비점을 가한『맹자』를 초횡에게 보내며 아울러『파선집』의 오류를 교정해달라고 부탁했다.

가을에는 이질을 심하게 앓았다. 원중도의 술회에 따르면, 그는 5월 29일 이지의 거처에 들어 한담을 나누고 밤늦게 돌아왔는데 그 직후에 큰 병이 났다. 7월 3일까지도 완치되지 않자 그는 무창에서 배를 빌려 타고 공안으로 돌아갔다. 원중도가 떠난 뒤 이지도 병을 앓게 되었고 승려인 상문(常聞)과 회림(懷林)의 간병을 받으며 두 달이 지나서야 겨우 완쾌할 수 있었다.

가을에 하남참정(河南參政) 경정력이 태상사소경(太常寺少卿)으로 승진하여

---

19)『속분서』권2 「서쪽 출정에 관한 글 후어」(西征奏議後語) 참조.

겨울에는 하남으로부터 고향에 돌아오게 되었다. 소식을 들은 이지는 경정향과 화해하고 싶다는 의사를 주우산에게 써 보냈지만, 나중에 방항(方沆)이 찾아오는 바람에 용호로 돌아가진 않았다. 이 무렵 어명을 받고 남방을 순시하러 온 초횡과 재회하기도 하였다.

9월 16일에는 영하가 평정되어 포로들이 수도로 압송되었다는 소식을 듣고 매국정에게 축하의 편지를 써서 보냈다.

### 1593년(癸巳), 만력 21년, 67세

봄에 무창에서 마성의 용호로 돌아왔다. 이어 지불원에 불전 두 채를 증축하며 좀더 많은 승려들을 모아 불상을 모실 계획을 세웠다.

매국정의 차녀 매담연(梅澹然)은 지불원에 관음보살의 상을 모실 거란 소식을 듣자 이지에게 편지를 써 출가의 뜻을 밝히고 자신을 위한 기(記) 한 편을 부탁했다. 그녀의 영도 아래 자신(自信)·명인(明因)·선인(善因) 등도 이지에게 불법(佛法)의 가르침을 구하게 되었고, 이지는 그녀들을 보살로 호칭했다. 이 일로 명인 등이 비난에 직면하게 되자, 이지는 스스로 마왕(魔王)을 자처하며 그녀들의 어려움을 대신하고자 애썼다. 또 여자들은 견식이 얕아 도를 배우기에는 역부족이란 비난에 대해서도 「여인은 도를 공부해도 별 수 없다는 견해에 대한 답변」(答以女人學道爲見短書)을 지어 반박하였다.

5월 5일 지불원에서 여러 보살과 위태존자의 소상을 모시는 낙성식을 거행하였다.

5월 상순에는 원종도가 아우 원굉도·원중도 및 왕이명(王以明)·공산목(龔散木) 등을 대동하고 용담으로 찾아와 이지에게 가르침을 청했다. 이들과 토론한 내용은 대단히 광범위해서 문사철과 종교의 모든 방면을 아우르는 것이었다. 원중도는 이때 논한 내용을 『작림기담』(柞林紀譚)이란 글로 정리했는데, 본문에서는 이지를 작림수(柞林叟)라 호칭하며 그 실명을 밝히지 않았다. 이지는 원종도와 원굉도의 재능을 몹시 칭찬했고, 삼원(三袁) 역시 그로부터 깊은 영향을 받았다. 이들 형제는 열흘 정도 머물다 용호를 떠났는데, 제각기 이별의 시를 남겨 작별을 아쉬워하였다.

9월에 형주동지(衡州同知) 심부(沈鈇)의 주선으로 이지는 황안에서 경정향을 만났고 그와 화해하고 싶다는 오랜 염원을 실현하게 되었다. 이지와 경정향은 함께 황안현 북쪽의 천태산(天台山)을 유람하며 다시금 옛정을 회복할 수 있었다.

9월 중순에는 회림(懷林)과 함께 지불원에서 한담을 나눈 뒤 「한등소화」(寒燈

小話)를 지었다.

이 해에 심유(深有)는 외지를 돌다가 이지의 장골탑(藏骨塔)을 중건하는 문제로 공안의 원중도를 방문했다. 심유가 외유하는 동안 지불원의 일은 이지 스스로 주관했는데, 대체로 건물을 증축하고 부처의 소상을 모시고 승려들의 업무를 분담해 정해주고 법회를 거행하는 따위의 잡무들이었다. 10월 15일경에는 토지신에게 감사를 드리고「토지신께 고하는 글」(告土地文)을 지었다.

### 1594년(甲午), 만력 22년, 68세
지불원에 거주하였다.

정월 보름 천식이 완전히 나은 것에 감사하여 부처에게 예불을 올리고「약사불을 찬미하는 글」(禮誦藥師經畢告文)을 지었다.

봄에는 지불원의 장자 심유가 제자인 상문(常聞)과 불화하여 하남 상현(商縣)의 황벽산(黃蘖山)으로 옮겨가 법안사(法眼寺)를 창건하였다. 이지가 달래도 돌아오지 않자 하지(夏至)에는 그 제자를 시켜 용호에서 산까지 양식을 날라다주게 하였다. 이어 어린 사미승 양도(楊道) 역시 이유 없이 달아나고 심유의 제자 회희(懷喜)도 절을 떠나자, 이지는「세 배반자 이야기」(三叛記)를 지었다.

4월과 5월경에는 다시 무창에 가서 매국정의 가문이 보관하고 있던 백거이(白居易)의 친필『능엄경』(楞嚴經)에 제사(題詞)를 달았다.

이지는 용호로 돌아온 이래 대중들을 상대로 강연하는 경우가 많았는데, 그의 강학은 유교의 울타리를 벗어났을 뿐 아니라 불교의 규범도 초월하는 것이라 사회적으로 지대한 영향을 끼쳤다. 특히 부녀자들을 제자로 받아들인 일 때문에 그는 자주 어려움에 봉착하게 되었다. 당시 경정향은 와병중이면서도 저서『학단』(學彖)의「풍도론」(馮道論)에서 이단과 이지에 대해 맹렬한 비판을 퍼부었다. 마성에서도 이지를 박해하려는 움직임이 일자, 이지는 주우산에게 편지를 써 그들의 압박에 결코 굴하지 않겠다는 투지를 보였다. 그리고 또 그에게 지불원의 뒤쪽에 건물 한 채를 짓고 책을 읽거나 장서를 보관하는 용도로 쓰겠다는 편지를 보냈다. 마성의 일부 인사들은 지방관리와 결탁하여 지불원을 허물겠다는 유언비어를 퍼뜨렸지만, 이지의 결심은 달라지지 않았다.

늦가을 무렵 고양겸이 계요총독(薊遼總督) 겸 조선 군무(軍務)를 총괄하는 직책에 대한 사직서를 올리자,「고충암의 사직 상소를 읽고」(讀顧沖菴辭疏)를 지었다.

이 해에 왕본아(汪本鈳, 자는 鼎甫, 新安 사람)가 용호로 찾아와 제자가 되었다. 그는 이지 생전에도 가장 성실한 제자이자 친구였지만 죽은 뒤에는 이지의

문장들을 수집하고 정리하여 『속분서』 등을 간행한 인물이다.

### 1595년(乙未), 만력 23년, 69세

2월에 용호에서 지불원으로 돌아와 저술과 강론을 계속하였다.

지난해 섣달 광동참의(廣東參議)를 지낸 사정현[20]이 호광첨사(湖廣僉使)로 부임하면서 호북의 분순도(分巡道)까지 겸하게 되었다. 그는 경정력과 오랜 친분관계인데다 수도에 있을 때는 문하생으로서 경정향에게 인사를 한 적도 있었으므로 특별히 황안까지 찾아와 경정향에게 문안을 드렸다. 그리고 마성을 지날 때는 법으로써 이지를 징치하겠다는 소문을 퍼뜨렸는데, 이 바람에 마성에는 또 한 차례 이지를 박해하는 풍랑이 휘몰아치게 되었다. 경극념(耿克念, 이름은 汝念, 경정리의 장남)은 편지를 써 이지를 황안으로 불렀으나, 그는 위협적인 수단으로 자신을 마성에서 떠나게 하려는 사정현의 의도는 결코 성공할 수 없다고 단언했다.

여름에는 고양겸이 통해(通海, 즉 南通州, 지금의 강소성 南通市)로 불렀으나, 이지는 무더위를 핑계로 완곡하게 사절하고 가지 않았다.

초가을에는 반사조(潘士藻)가 내방하여 이지와 더불어 인과(因果)에 관해 논했다. 그는 자신의 『암연당유찬』(闇然堂類纂)을 이지에게 보였고, 이지는 그를 위해 「암연당유찬 서문」(闇然堂類纂引)을 지었다. 이지는 나중에 또 그 안에서 감계(鑒戒)의 뜻이 두드러지는 문장들만 따로 모아 『암연록최』(闇然錄最) 4권을 펴내기도 하였다.

대체로 이 무렵에 신안(新安)의 첨진광[21]과 반정모(潘廷謨, 潘見泉의 넷째 아들)가 용호로 이지를 예방한 듯하다. 당시 이지는 첨진광을 '젊은 친구'(小友)라고 호칭했는데, 그는 이지 사후 10년째 되던 1612년 북통주에 가서 성묘하고 「비음기」(碑陰記)를 지어 추모하였다.

8월경에 원굉도가 오현(吳縣)에서 편지를 보내 아우 중도가 매국정의 요청으로 대동(大同)에 갔는데 그가 오현으로 되돌아오면 함께 용호에 가겠다고 알려왔다. 원중도는 이번의 대동행이 이지의 지나친 칭찬과 관련이 있다고 술회한 바

---

20) 사정현(史旌賢): 자는 정준(廷俊) 혹은 위점(偉占). 대리부(大理府)의 운남현(雲南縣) 사람으로 내강지현(內江知縣)을 역임하였다.

21) 첨진광(詹軫光): 자는 군형(君衡), 호는 문석(間石). 안휘성의 무원(婺源) 사람으로 만력 7년의 거인이다.

있다.[22]

경정향은 이 년 동안 병을 앓고 있는 중이었다. 가을에 그는 황안성 동쪽에 위치한 건암(建庵)에 가서 관음보살의 상을 안치했다. 이 무렵 경극념이 다시 편지를 보내 이지를 황안으로 불렀다. 하지만 이지는 화해를 구걸하러 간다는 혐의를 피하기 위해 돌아가지 않기로 했고 누군가의 비호를 구하지는 않겠다는 자신의 의지를 편지로 밝혔다.[23]

겨울에 장순부가 마성과 황안에 도착했고, 방항(方沆, 당시에는 寧州知州를 지내고 있었다) 역시 찾아와 함께 학문을 토론했다. 이별할 때 이지는 방항의 기념책에 '함께 새로운 길을 개척한다'(征途與共)는 네 글자를 써주며 「정도여공후어」(征途與共後語)를 지었다. 대체로 도를 배우는 것은 자신에 의거해 실천해야만 성취가 있다는 내용이었다.

가을 무렵 유동성은 아들 유용상을 파견해 이지를 산서의 심수(沁水)로 맞이하려 하였다. 이지는 당초 그 달 10일경에 출발할 예정이었지만 분순도 사정현이 자신을 법으로 다스리려 한다는 소문을 듣자 계획을 고쳐 황안으로 행선지를 바꿨다. 이지는 유동성에게 편지를 쓰고 양정견을 불러 자신과 황안에 동행해줄 것을 부탁하며 '성가신 일'(多事)을 두려워하지 않겠다는 의지를 보였다.

11월이나 12월경 이지는 황안의 천와(天窩)에서 경정향을 만났고, 쌍방은 재차 화해를 확인했다. 이지는 「경초공선생전」(耿楚倥先生傳)을 지어 자신과 경정향 간의 갈등과 화해의 전말을 밝혔다. 그리고 세 벌을 복사해 한 부는 경정향에게, 또 한 부는 경정리의 아들 여념(汝念)과 여사(汝思)에게, 다른 한 부는 서울에 있던 경정력에게 보내 자신의 진심을 나타냈다. 두 사람의 화해에 관심을 기울이던 주우산은 당시 남경에 있었다. 경여념은 장순부를 통해 이 소식을 주우산에게 알렸고, 12월 29일 「경초공선생전」을 받아든 주우산은 이 글을 위한 발문을 쓰고 아울러 판각까지 시켰다.

재작년에 이지의 가르침을 받았던 원종도는 북경으로 돌아간 뒤 벗들과 도(道)와 선(禪)에 관해 논하는 모임을 며칠에 한 번씩 갖고 있었다. 그들은 모두 이지를 장자(長者)로 존경했고, 이지의 칠순에는 하례물로 비단을 보내기도 하였다.

---

22) 『가설재문집』(珂雪齋文集) 권3 「새유기」(塞游記) 참조.
23) 『속분서』 권1 「경극념에게」(與耿克念) 참조.

## 1596년(丙申), 만력 24년, 70세

정월에는 황안에 거주했다.

당시 승려 약무(若無)가 용호를 떠나 먼곳으로 가려 하자, 그의 모친 장씨는 아들에게 편지를 보내 이치로 그를 말렸다. 이지는 장씨의 글을 읽고 몹시 감동하여 그녀를 '성모'(聖母)로 호칭하면서 「약무 모친이 보낸 편지를 읽고」(讀若無母親寄書)를 썼다. 경정향도 이지의 글을 읽은 뒤 「이탁오가 승려 왕약무에게 보낸 편지를 읽고」(讀李卓吾與王僧若無書)를 지어 자신의 '불용이'(不容已)설을 천명했고, 「효절전」(孝節傳)과 「서효절전」(書孝節傳)으로 이지의 글을 칭찬했다.

2월 초에는 황안에서 용호로 돌아왔다. 그리고 원종도에게 편지를 써 작년에 보내온 생일축하선물에 사의를 표시하고 아울러 자신이 받아왔던 박해에 대한 분노를 터뜨리기도 하였다.[24]

이 해에 그는 『손무자십삼편』(孫武子十三篇), 일명 『손자병법』을 탐독하다 문무의 준비가 다같이 갖춰져야 한다는 요지의 「병식론」(兵食論)을 지었다. 이듬해에는 『손자병법』에 기초하여 『손자참동』(孫子參同)을 저술하기도 하였다.

당시 왕본아(汪本鈳)가 과거를 보라는 가족들의 성화에 못이겨 신안으로 돌아가게 되자, 이지는 방백우(方伯雨)에게 『역경』을 배우라는 편지를 써서 보냈다. 그 후 이지는 또다시 『설서』와 『시문고의』(時文古義)를 소개하며 거자업(擧子業)에 힘쓰라는 편지를 보내주었다.

정월에 사정현이 강서성의 안찰사첨사(按察使僉使)로 발령이 나 늦어도 봄에는 이임한 듯하다. 이지는 관료생활 25년을 회고하며 「한밤중의 기러기 소리」(夜半聞雁) 4수를 지었고, 승려들에게 계율을 지키라고 요구한 「예약」(豫約)에도 자신의 유언과 평생을 회고하는 「감개평생」(感慨平生)을 끼워넣었다. 「감개평생」은 관료생활에서 봉착했던 난관들과 거기에 대응하는 불굴의 정신을 묘사하고 있어 이지의 경력과 사상을 살피는 데 있어 특히 중요한 자료가 된다.

여름에는 양신(楊愼)의 시문선집 『양승암집』(楊升庵集) 81권을 읽고 독서찰기(讀書札記) 형식의 『독승암집』(讀升庵集) 20권을 편찬했다. 양신의 연보도 작성하려 했지만 성사되진 않았으며, 책 안에 수록된 일련의 평론들에는 이지의 진보적 관점이 투영되어 있다.

이 무렵 몇 년 동안 여제자들과 주고받은 문답을 정리하여 「관음문」(觀音問)을 완성시켰다. 불성(佛性)과 세계본원(世界本源), 불교의 수행방법 등을 논한 이

---

24) 『속분서』 권1 「답우인서」(答友人書) 참조.

글은 이지의 불교관을 아는 데 있어 중요한 저작물로 꼽는다.

6월 21일 경정향이 향년 73세로 사망했다. 이 즈음 이지는 하남(河南)을 여행 중이었고 산서의 심수로 가던 길이었다. 유용상과 승려 회림 등이 수행했으며, 9월이 되어서야 심수에 당도할 수 있었다. 심수에서는 평상촌(坪上村)에 머물며 낮에는 문을 닫아건 채 책을 읽었고 밤에는 유용상·유용건(劉用健) 등에게 『대학』·『중용』을 가르쳤다.

### 1597년(丁酉), 만력 25년, 71세

정월에는 심수의 평상촌에서 지냈다.

대동순무(大同巡撫) 매국정(梅國楨)에게 다시금 대동에 와달라는 그의 요청을 수락하는 편지를 써서 보냈다.

1월 20일 유동성의 수연(壽宴)에 참석하고 「유진천의 환갑을 축하하다」(壽劉晋川六十序)를 지었다.

당시 마성과 황안 일대에는 누군가 이지를 살해하려 한다는 소문이 돌고 있었으므로 초횡은 상황을 면밀히 분석한 뒤 이지에게 용호로 돌아가라고 권유했다. 하지만 그는 자신을 알아주는 이가 있는 그곳이 바로 뼈를 묻을 곳이라며 용호로 돌아가기를 거부하였다.

청명절에 유동성이 후사가 없는 귀신들을 위한 재를 올리자, 이지는 그를 대신하여 「제사 못 받는 귀신들을 위해」(祭無祀文)를 지었다.

평상촌에서는 『도고록』, 일명 『명등도고록』(明燈道古錄)을 완성시켰다. 이 책은 학문에 관한 담론의 기록으로 유동성의 아들 유용상과 조카 유용건이 주로 질문하고, 간간이 유동성과 회림(懷林)의 질문이나 설명이 끼여 있으며, 이지가 대부분 답변하는 형식으로 구성되었다. 유용상과 유용건은 자신들이 직접 기록해 놓았던 문답을 정리하여 모두 42장 상·하 두 권으로 편집하였다. 이지는 『도고록』이 공맹의 도를 선양하고 있다고 말했으나 사실은 그만의 독창적인 관점으로 『대학』과 『중용』을 해석했기 때문에 유가의 취지에 어긋나는 견해들도 적지 않다. 유가의 가장 기본적인 개념이랄 수 있는 도(道)나 예(禮) 등에 관해서도 '세리'(勢利)에 입각한 해석을 가하고 있다.

봄과 여름 사이에 그는 대동으로 출발했다. 도중에 진양(晋陽)과 청량산(淸涼山)을 경유했고 5월이 되어서야 대동에 도착해 운중승사(雲中僧舍)에 머물렀다.

대동부에서는 추관(推官) 이유청과 가깝게 지냈다. 주로 불학에 관해 토론하며 지냈는데, 이유청은 그에게 살생을 금하고 함께 서방으로 귀의할 것을 권유하

기도 하였다. 여기서 그는 고양겸이 사직하고 고향에 돌아갔다는 소식을 듣자 분격했고, 인걸(人傑)의 정의에 대해 매국정과 의견을 교환하기도 하였다. 또『손자참동』을 완성시켰다. 이 책은 군사를 경시하는 유가의 낡은 사고방식을 신랄하게 비판하며 문무가 상호 결합해야 한다고 주장하고 있다. 그는 이 책 외에도「사해」(四海)와「팔물」(八物),「해경문」(解經文) 등을 북경의 한림원편수(翰林院編修)로 있는 원종도에게 보내 그의 찬탄을 샀다.

대동에서 이지는 계속해서『장서』를 수정했다. 그는 초횡에게 이 책을 보내 재차로 교열을 보게 하고 판각을 일임시킬 작정이었다. 매국정은 이런 이지를 위해 충분한 물자를 대주었고 또 사람을 보내『장서』를 베끼는 작업까지 도와주었다. 7월 5일에는 함께 대동성 서북쪽에 위치한 건루(乾樓)에 올라 술을 마시며 시를 읊었다.

8월에는 대동을 떠나 유용상 등과 함께 북경으로 갔다. 이 즈음 이지는 돌아갈 곳 없는 괴로움에 절망하고 있었지만 절대로 후회하지는 않았다. 떠나기에 앞서 그는 경정력에게 편지를 써 자기를 위해 서산(西山)의 승방을 알아봐달라고 부탁하기도 하였다.

수도로 올라가는 도중에는 조선으로 왜구를 물리치러 가는 병사들과 마주쳐「새벽길에 동쪽으로 출동하는 병사들을 만나 잠시 매중승을 떠올리다」(曉行逢征東將士却寄梅中丞)라는 시를 지었다. 거용관(居庸關)을 지나친 뒤에는 통주부(通州府)에서 8리 떨어진 노현(潞縣)에서 경정력이 승방을 물색해놓았다는 소식을 기다렸다. 그 사이 반사조를 만나기도 하였다.

통주에 머물 때 마경륜(馬經綸)의 부친 마시서(馬時敍)와 면식을 트게 되었다. 그의 아들 마경륜과도 이 즈음에 알게 된 듯하다.

9월 9일 북경으로 가서 서산의 극락사(極樂寺)에 머물렀다. 이곳은 중심지에서 상당히 멀리 떨어진 곳이었는데, 이지는 반사조와 수시로 어울리며 시간을 보냈다. 다시 강서성 요주(饒州) 덕흥현(德興縣)에 위치한 황산암(篁山庵)의 승려 진공(眞空)이 건물 증축을 마치고 반사조를 찾아와 비기(碑記)를 부탁하자, 이지는 대신「황산비문」(篁山碑文)을 지어주었다.

16일에는 유용상이 심수로 돌아갔다. 이지는 매국정에게 편지를 전하며『손자참동』의 인쇄상황과『장서』의 초록(抄錄) 정도를 물었는데, 오래지 않아『장서』의 초고(抄稿)가 그에게 당도하였다.

서산의 극락사에 머무는 동안『정토결』(淨土訣) 3권을 편집하여 판각했다.

이 해의 8월에 초횡은 순천부(順天府)의 향시에서 부주고(副主考)로 임명되었

다. 11월에 급사중 항응상(項應祥)과 조대함(曹大咸)이 조번(曹蕃) 등 아홉 사람의 문장이 음란하다며 초횡을 무고하는 일이 생겼다. 초횡은 상소를 올려 무고함을 주장했고, 이지 역시 그를 옹호하여 마지않았다. 그러나 초횡은 결국 행인(行人)으로 직위가 깎여 복녕주동지(福寧州同知)로 좌천되었고, 소식을 들은 이지는 편지를 보내 그를 위로했다.[25]

가을과 겨울 사이에는 왕본아(汪本鈳)가 북경으로 이지를 찾아왔고, 이후 6년 동안 서로 떨어지지 않는 사이가 된다.

12월에는 극락사가 '폐관'(閉關)을 했기 때문에 이 기간 동안은 독경과 참선으로 시간을 보내면서 아무도 만나지 않았다.

### 1598년(戊戌), 만력 26년, 72세

봄까지 북경에 있는 서산의 극락사에 머물렀다.

정월 초하루 큰 눈이 내리는 가운데 밖으로 나와 새해를 맞고 「정월 초하루 극락사에 큰 눈 내리다」(元日極樂寺大雨雪)라는 시를 읊었다.

봄에는 강관(講官)에서 물러난 초횡과 함께 배를 타고 남경으로 갔다. 가는 길에 하북의 창주(滄州)에 들러 장로전운사(長蘆轉運使) 하계고(何繼高, 호는 泰寧)를 만났는데, 그는 이지에게 자신이 정선한 왕용계의 저작에 권점(圈點)을 찍어달라고 부탁했다. 배 안에서는 귀신이나 신기한 이야기를 모은 지괴소설 『규거지』(睽車志, 송대 郭彖 지음, 5권)를 선별해 엮었다. 그는 「선록규거지 서문」(選錄睽車志序)에서 이 책이 『인과록』(因果錄)이나 『감응편』(感應篇)과 나란히 두고 볼 만하다는 예찬을 폈다. 배 안에서 그는 또 자신의 일부 저작을 모아 엮으면서 『노인행』(老人行)이라는 제목을 붙였다.

배가 산동의 요성(聊城)을 지날 때는 조선원정전쟁에서의 참패를 떠올리며 「요성을 지나며」(過聊城)를 읊었고, 초여름에 비현(邳縣)을 지나칠 때는 주국정(朱國禎)과 만났다. 의정(儀征, 옛 이름은 眞州, 지금의 강소성 의정현)을 지나칠 때는 원중도를 만나 함께 천녕사(天寧寺)를 구경하기도 했다.

초여름에 남경에 닿아 처음에는 초횡의 정사(精舍)에 머물렀지만 오래지 않아 영경사(永慶寺, 일명 白塔寺)로 옮겨갔다. 그 무렵 남경이부우시랑(南京吏部右侍郎) 양기원(楊起元)은 남경에서 강학하고 있었는데 이지에 대한 존경심이 극에 달해 자신의 제자 사영녕(佘永寧)과 오세징(吳世徵) 등으로 하여금 이지의 제자

---

25) 『분서』 권2 「약후에게」(與弱侯) 참조.

가 되게 하였다. 사영녕은 이때 이지와 주고받은 문답의 내용을 정리한 『영경문답』(永慶問答)을 남겼다. 당시 영경사로 찾아와 이지에게 배운 이로는 이등(李登)·이주산(李朱山)·오원암(吳元庵)·서급(徐及)·무념(無念)·정혼지(程渾之)·방항(方沆)·조노천(曺魯川) 이외에 홍석부(洪石夫)·왕진보(汪震甫) 등이 있었다.

그 무렵 이지에게 용호로 돌아가라고 부추기는 자가 있었다. 당시 경조교관(京兆教官)이던 원굉도는 양오서(楊鳥栖, 楊定力으로 추정됨)에게 편지를 써 이지의 북경행을 만류했고, 도망령(陶望齡) 역시 초횡에게 편지를 보내 그대로 남경에 머물 것을 권유했다.

6월에는 남경의 동북쪽에 있는 섭산(攝山, 일명 栖霞山)에 올라 원문위(袁文煒, 자는 中夫)와 함께 피서를 즐겼다. 양정견이 섭산에 도착하자 이를 기뻐하는 「양봉리가 섭산에 도착한 것을 기뻐하다」(喜楊鳳里到攝山)라는 시를 짓기도 하였다.

7월에 고양겸이 통주에서 편지와 물자를 보내왔다. 이지는 사람을 시켜 통주로 시 4수와 편지를 보내며 감격한 마음을 나타냈다.

7·8월경에는 『파공연보』(坡公年譜) 및 『후록』(後錄) 3권을 완성시켰고, 진정보(陳正甫, 자는 所學)가 남경까지 와서 가지고 갔다. 9월에는 『용계선생문록초』(龍谿先生文錄抄) 9권을 펴냈다.

9월 9일 중양절에는 원중부와 함께 영경사의 국화꽃을 감상하였다.

이 해부터는 벗들을 모아 『역경』을 읽기 시작한다.

### 1599년(己亥), 만력 27년, 73세

남경의 영경사에 계속 머물렀다.

입춘 무렵 상융(常融)과 다른 한 승려가 용호에서부터 찾아왔다. 이 일은 '삶을 훔치면서 줄곧 계속되는 나그네 노릇'(偸生長作客)에 지쳐 있던 이지에게 내심 도에 대한 자존을 일깨우고 자신감을 불어넣는 계기가 되었다. 그는 서찰 대신 시 4수를 여제자 매담연에게 보내기도 하였다.

이 즈음 고양겸이 다시 이지를 통주로 초청했지만 가지는 않았다.

이 해에 유동성은 공부상서 겸 우도어사로 승진한 참이었다. 그가 수도에 있을 것인지 아니면 회상(淮上)에 머물 것인지의 문제에 대해 고민하자, 이지는 입조를 권유했다.[26]

여름 무렵 이지는 두 차례에 걸쳐 이탈리아의 예수회 선교사 마테오 리치와 만

났으며 그를 위해 부채에 글씨를 써주고 시 두 수를 증정했다. 리치는 만력 9년 중국에 와서 중국어와 문자, 예절 등을 배우고 조경(肇慶) 등지에서 선교활동을 하다 만력 23년 북경으로 옮겨갔다. 이후 다시 남경에서 활동하다 26년 다시 북경으로 올라갔다. 하지만 어떤 사람이 그를 두고 왜구의 정탐꾼일지도 모른다고 의심하는 바람에 27년 다시 남경으로 옮길 수밖에 없었는데, 이 덕분에 이지와 상봉하는 기회를 갖게 된 것이다. 그는 자신의 저작 『교우론』(交友論)을 이지에게 선사했고, 이지는 이 책을 다시 호광 일대의 벗들에게 보내주었다.

7월에는 『장서』 68권이 남경에서 판각에 들어가 9월에는 모든 작업이 완료되었다. 이 책은 만력 16년 초횡의 교열로 출판된 이래 여러 번의 수정을 거쳐 재작년에야 원고가 완성된 참이었다. 대체로 공자의 시비판단에 무조건 추종하진 않는다는 점이 이 책의 가장 큰 특징이며, 초횡·유동성·매국정·축세록·방시화(方時化)·경정력 등이 서문을 썼다. 『장서』는 출간 후 남경 일대에서 큰 반향을 일으켰고, 이지는 곧바로 『속장서』의 저술에 착수했다.

가을에는 산보차 청량(淸凉)에 갔다가 일불(一佛)의 청량사(淸凉祠)를 참배하였다.

이 해 가을 초횡은 남경으로 돌아오며 다시는 벼슬을 하지 않겠다고 결심하였다. 그의 제자 방시화—일찍이 조성령(朝城令)을 지냈고, 『역송』(易頌) 등의 저서를 남겼다—는 소식을 듣자 신안(新安)에서 가족들을 거느리고 남경으로 옮겨와 초횡에게 『역경』을 배웠다. 이리하여 이지와 초횡 등 대여섯 사람이 함께 『역경』을 읽게 되었다.

겨울에 매담연이 용호에서 편지를 보냈는데, 이지는 답장에서 그 이듬해 용호로 돌아가겠다는 계획을 밝혔다.

12월 하조총독(河漕總督) 유동성이 이지를 산동의 제녕(濟寧)으로 불렀지만, 이지는 갈 수 없는 이유를 설명하고 아울러 유용상을 남경으로 불러들이면서 『역경』을 공부해 번민을 없애라고 일렀다. 유용상은 편지를 받자 당장 남경으로 달려와 『역경』 공부에 참가했다. 「역인소서」(易因小序)에서는 당시 이지에게 배웠던 이들로 마봉양(馬逢陽)·오명공(吳明貢)·왕본아·유용상을 들고 있다.

이 해에 관지도(管志道)는 태창주(太倉州)에서 새로 찍은 『문변독』(問辨牘) 1책을 보내왔다. 하지만 이지는 문학(問學)과 도덕(道德)을 겸하려는 그의 태도가

---

26) 『분서』 권2 「진천옹의 장수를 기원하는 글 말미에 덧붙이다」(書晉川翁壽卷後) 참조.

못마땅했으므로「관등지에게 보내는 편지」(與管登之書)에서 이를 지적했고, 관등지 역시 이에 반박하는 내용의「이탁오 거사에게 보내는 편지」(答李居士卓吾書)를 보내왔다.

이 해에는 이등(李登)과 명리(名利)에 관해 토론하는 편지를 주고받았고, 탕현조(湯顯祖) 역시 금릉에 있으면서 이지의 강석(講席)에 자주 출석하였다.

윤4월 17일 이세달(李世達)이 향년 67세로 죽었고, 8월 19일에는 양기원(楊起元)이 향년 53세로 사망하였다. 이재(李材) 역시 이 해에 79세로 세상을 떠났다.

### 1600년(庚子), 만력 28년, 74세

남경의 영경사에 계속 기거하였다.

정월 초하루에는 잠시『역경』공부를 중단하고 오명공(吳明貢)을 방문하였다. 그의 서재에서『양명선생전집』을 발견하자 그 즉시 독파한 뒤 양명이 공자의 도를 잇고 있다고 생각하게 된다.

초이레에는 유용상이 새로 건립한 흥선사(興禪寺)에서 재를 올렸다. 이지는 방시화 · 왕본아 · 마봉양과 함께 참석하여 조심법사(祖心法師)의『묘법연화』(妙法蓮華) 강연을 들었다.

봄에는『양명선생도학초』(陽明先生道學鈔)와『양명선생연보』(陽明先生年譜)를 엮었다. 미처 작업이 끝나기도 전에 하조총독 유동성이 업무차 남경에 왔다가 이지를 산동의 제녕(濟寧)으로 데리고 갔다. 3월 21일에는 제녕에 도착하여 유동성의 관아 근처에서 기거하게 되었다.

마경륜이 찾아왔으므로 이지는 그와 함께 제녕성과 태백루(太白樓) · 남지(南池) 등의 명승을 관람했다. 그러면서 한편으로는『양명선생도학초』8권과『연보』2권을 완성해 판각을 마무리지었다. 이지는 이 책들에 대한 자부심이 대단히 높아 방백우에게 보내는 편지에서 '이 책의 오묘함은 천고에 딴말을 용납하지 않는다' (此書之妙, 千古不容言)고 말하기도 하였다.

제녕의 관아에서 이지는 계속해서『역경』을 공부하고『역인』(易因)의 내용을 수정했다. 당시에 방시화는 남경에서 이지를 위한 불전과 재실을 짓고 있었다. 초여름 무렵 상보사소경(尙寶司少卿) 반거화(潘去華, 호는 雪松)가 신안으로 돌아가는 길에 제녕에 들르자, 이지는 그에게『분서』와『설서』를 넘겨주고 남경으로 가져가 새로 간행하게 하였다.

이 무렵 마테오 리치와 에스파냐 사람 방적아[27)]가 남경에서 북경으로 가던 중 일부러 길을 돌아 그를 방문하였다. 초여름에 이지는 제녕의 관아에서 리치와 세

차례 만났다.

제녕 관아에서 그는 또 요광효(姚廣孝)의 『도학록』(道學錄)에 비점을 달았다. 이 책은 송대 정주(程朱) 일파의 불교 배척에 대해 반박하는 내용을 담고 있었는데, 이지는 이 책이 '절대적으로 볼 만하다'(絶可觀)고 말하며 극찬을 아끼지 않았다.[28]

당시 왕본아가 편지를 보내 돌아올 것을 재촉하였다. 이지는 답장에서 남경으로 돌아갈 대략적인 날짜를 써서 보냈으나 나중에 계획을 바꿨다. 그리고 북으로 돌아가는 마경륜을 전송하다 직고(直沽)에 이르러서야 헤어졌다.

이 무렵 그는 노하(潞河)를 거쳐 마성으로 돌아갈 것을 결심하였다. 노하에서 그는 천 리 밖까지 배웅 나온 유용상과 작별하였다.

호북으로 돌아간 이지는 이릉주판(夷陵州判)으로 부임하는 이다견[29]과 우연히 마주치게 되었다. 두 사람은 함께 무당산(武當山)—호북성 균현(均縣)에서 남쪽으로 백 리 가량 떨어진 곳에 위치했다. 일명 태화산(太和山)—에 들어가기로 약속했고, 그곳에서 석 달 동안 내전(內典)을 공부하여 『일서』(逸書) 13권을 엮었다.

여름에는 이지가 비선(批選)한 『파선집』(坡仙集) 16권이 초횡의 주관 아래 남경에서 간행되었다. 그러고 나서 초가을 무렵 용호로 돌아갔다.

이번에는 이지도 용호에서 저술에만 전념할 작정을 하고 있었다. 그는 『법화경』(法華經)의 선주(選注)와 『언선편』(言善篇)—일명 『삼교묘술』(三敎妙術)—을 끝내고 『역인』을 수정할 계획이었다. 하지만 반대파들은 이지를 '설법교주'(說法敎主)라고 부르면서 그를 원적지를 돌려보낼 것이라는 소문을 퍼뜨렸다. 이지는 이에 반박하는 편지를 초횡에게 보냈고,[30] 초횡은 이지에게 다시 남경으로 돌아오길 권유하는 시를 보내왔다.[31]

겨울에 매국정을 반대하는 어떤 마성 사람이 지방관료와 결탁하여 '음란을 조

---

27) 방적아(龐迪我): 에스파냐 사람으로 만력 연간에 활동하였다. 자는 순양(順陽). 천산(天算)에 밝아 흠천감(欽天監)에 재직했고, 『칠극』(七克)이라는 저서를 남겼다.

28) 『속분서』 권3 「요공정」(姚恭靖) 참조.

29) 이다견(李多見): 자는 자행(子行), 복건성 홍화부(興化府) 사람. 이덕용(李德用) 의 아들로 만력 2년의 진사였다.

30) 『속분서』 권1 「초약후에게」(與焦弱侯) 참조.

31) 『담원집』(澹園集) 권39 「굉보에게 부침」(寄宏甫) 참조.

장하는 요망한 중'(僧尼宣淫)이란 비방을 퍼뜨려 '유랑승을 추방하고 음란한 절간을 허물자'(逐妖僧, 毁淫寺)는 선동을 일으키면서 이것으로 이지를 박해하고 매국정의 명성을 무너뜨리려 하였다. 또 이 해에 부임한 호광의 안찰사첨사(按察使僉使) 풍응경(馮應京)은 '용호사를 허물고 유랑객은 법으로 다스린다'(毁龍湖寺, 實從游者法)고 공언하여 비방이 사방에서 한꺼번에 일어나게 되었다. 그들은 이지가 매담연 등에게 불교를 가르친 것을 공공연히 트집잡았는데, 이런 비방으로 말미암아 매담연은 나중에 죽음에까지 이르게 된다. 풍응경은 용호의 지불원에 불을 질렀고 이지의 장골탑(藏骨塔)을 파괴했으며 아울러 이지를 멀리 내쫓게 하였다. 양정견은 먼저 방도를 마련해 이지를 감춘 다음 하남 상성현(商城縣)의 황벽산(黃蘗山)으로 피신시켰다. 당국자는 또 마성현학(麻城縣學)에게 명을 내려 양정견이 이지를 감췄는지 아닌지를 조사하기도 하였다. 이지가 이번에 당한 박해의 원인과 경과는 마성 출신인 유동(劉侗)의 『제경경물략』(帝京景物略) 권8 「이탁오묘」(李卓吾墓)에 기록이 남아 있다.

10월에 마경륜은 통주에서부터 『역경』을 배우고자 이지를 찾아왔다. 마성에 닿은 그는 이지가 마침 박해를 입어 황벽산에 있는 줄 알게 되자 그대로 이 산에 들어가 이지를 만나고 그와 40일 동안 『역경』을 읽었다. 이 기간 동안 이지는 맹목을 반대하고 독립적인 사고를 주장하는 내용의 「성교소인」(聖敎小引)을 짓기도 한다.

이 해 9월 원종도(袁宗道, 1560~ )가 향년 41세로, 12월에는 반사조(潘士藻, 1537~ )가 향년 64세로 세상을 떠났다.

### 1601년(辛丑), 만력 29년, 75세

정월에는 황벽산에 머물며 『언선편』을 완성시키고 편목(篇目)과 소인(小引)을 유동성에게 보내 서문을 부탁했다.

이 무렵 사수(思修)·상순(常順)·성근(性近) 세 승려가 호북의 광제(廣濟)로 길을 떠나자 「광제로 가는 사수·상순·성근 세 사람을 전송하며」(送思修常順性近三人往廣濟)라는 시를 지어 전송하였다.

마경륜은 호광안찰사첨사 풍응경에게 편지를 써 이지를 변호하는 한편, 당국자에게 '혹세'(惑世)와 '선음'(宣淫) 같은 유언비어에 대해서도 반박하고 나섰다.

2월에 이지는 마경륜과 함께 북통주(北通州)로 떠났다. 그는 닿는 곳마다 시를 남기며 춘분 무렵 회하(淮河)를 건너고, 3월 3일 청명절 전에는 황하 유역에 이

르렀다. 그리고 4월 북통주에 이르러서는 마경륜의 별장에 머물렀다. 이곳은 통주성의 동남방 모서리에 위치했는데 문창각(文昌閣)에서 가까운 2년 전에 신축한 새 건물이었고, 연화암(蓮花庵) 혹은 연화사(蓮花寺)라는 명칭이었다. 이곳에서 이지는 마경륜과 함께『역경』을 읽으며 계속해서『역인』을 손보았다.

이 무렵 원중도가 노하(潞河)를 건너 형 원종도의 유해를 모시고 귀향하던 중 이지를 찾았다. 이지는「원대춘방을 곡함」(哭袁大春坊)이란 시를 지어 원종도를 애도하였다. 원중도는 또 그에게 향기가 강하고 자극적인 채소(葷菜)를 먹지 말라 권하기도 하였다.

여름에는 마경륜과 함께 반산(盤山, 하북성 薊縣 서북쪽 소재)과 방산(房山, 북경시 소재)에 올랐다. 이 산들을 둘러보는 동안 유동성은 몇 차례나 사람을 보내 그를 불렀다. 이지는 돌아가지 않고 대신「사각」(史閣) 21편과「사각서술」(史閣敍述)을 베껴 그에게 부쳤다. 하지(夏至)가 지난 뒤 10일째 되던 날 유동성은「사각관어」(史閣款語)를 쓰고 아울러 판각까지 시켰다.

한편으로 원굉도는 이지의 행적에 관심을 보이며 편지를 쓰고 아울러『정토결』(淨土決)의 주석을 부탁하였다.

마경륜의 별장에서 이지는 왕가수(汪可受)를 만나기도 했고, 또 옛친구 반사(潘絲, 호는 見泉)의 3남 정시(廷試)를 조우하기도 하였다. 정시의 자는 무공(武功)인데 당시 통주참장(通州參將)으로 조운(漕運)을 감독하고 있었다. 이지는 그가 부친의 뜻을 계승한 것을 기뻐하며 조정을 위해 '충성과 효도를 다하라'(效忠盡孝)고 격려했다.

이지와 마경륜의 부친 마시서(馬時敍)는 오랜 교분이 있어 때때로 편지를 주고받으며 명덕(明德)과 친민(親民)·형신(形神)의 관계며 육왕심학(陸王心學) 등의 문제에 대해 토론하는 사이였다.『속분서』권1에 수록된 편지만 해도 3통에 이른다.

『속장서』를 집필하기 위해 이지는 재차 서산의 극락사로 옮겨갔다. 그는 이 책을 집필하는 동안 초횡의 도움을 적지 않게 입었다. 이러는 동안 또 숭국사(崇國寺)를 방문하여 그곳에서 명대의 개국공신 요광효(姚廣孝)의 책과 초상화 등을 관람하기도 하였다.

겨울에 정자현(鄭子玄)이 내방하였다. 그가 장가만(張家灣)에 사는 옛친구를 방문하려 떠나자, 이지는「정자현을 위로하며」(慰鄭子玄) 3수를 지어 전송하였다.

9월 19일 유동성(劉東星, 1538~ )이 향년 64세로 사망했다.

### 1602년(壬寅), 만력 30년, 76세

북통주 마경륜의 별장에 거주하며 『속장서』의 집필을 끝냈다.

정월에는 병이 들어 한동안 자리에서 일어나지 못했지만, 병중에서도 『구정역인』(九正易因)을 완성시켰다. 이는 여러 해 동안 집필해온 『역인』의 최후교정본이자 이지의 마지막 저작이었다. 『구정역인』이 완성된 뒤 병이 더욱 심해졌으므로 2월 5일에는 유언을 기초하여 승려들에게 넘겼다. 여기서 그는 자신의 후사를 부탁했는데, 마경륜은 나중에 이 유언에 근거하여 그의 장지를 노수(潞水)의 서쪽 영복사(迎福寺) 근처로 정하게 된다. 직후에 그는 또 「유언」(遺言)과 「유언을 쓴 뒤」(書遺言後) 각 한 부씩을 베껴 초횡과 지기들에게 열람시켰다.

윤2월 22일 예과급사중 장문달(張問達)이 재상 심일관(沈一貫)의 뜻을 받들어 이지를 탄핵했다. 신종(神宗)은 이를 비준했고, 그날로 이지는 옥에 갇히게 되었다. 마경륜이 죄를 무릅쓰고서라도 그와 동행하여 함께 죽으려고 한 정황은 원중도의 「이온릉전」에 자세하게 기록되어 있다.

이지가 감옥에 갇혀 있는 동안 마경륜은 그의 구명을 위해 백방으로 분투하여 마지않았다. 그는 유관관리들에게 호소하여 이지를 보호했고, 한편으로는 당국자에게 편지를 써 이지의 무죄와 억울함을 밝혔다.

옥중에서 병고에 시달리게 되자 이지는 '다만 몽둥이 한 방으로 숨이 끊어지면 상쾌하겠다'(唯願一棒了當爲快)고 했으나, 병에 어느 정도 차도가 생기자 시를 짓고 책을 읽으며 소일하였다.

3월 12일 왕본아(汪本鈳)가 신안으로 모친을 뵈러 떠나자 시를 지어 전송하였고 옥중에서도 그를 그리워하는 시 한 수를 지었다.

옥에 갇힌 지 거의 한 달이 지났을 때, 이지를 원적지로 강제송환시킬 것이라는 풍문이 전해졌다.

3월 25일 이지는 시자(侍者)를 불러 머리를 깎게 하다가 이발칼로 자신의 목을 찔렀고, 이튿날 자시(子時)에 숨이 끊어졌다. 하지만 『명사』권369「신종실록」(神宗實錄)에는 "이지가 옥에 갇힌 뒤 죄를 무서워하다가 음식을 먹지 않아 죽었다"(贄逮至, 懼罪, 不食死)라고 기재되어 있다.

당시 마경륜은 일처리가 늦어진다고 생각하여 부친을 뵈러 잠시 집으로 돌아가 있었다. 그는 이지의 부음을 듣자 자책하여 마지않았고, 유언대로 이지를 북통주의 북문 밖 마씨장(馬氏莊) 영복사 옆에 안장시킨 뒤 따르던 승려들로 하여금 탑을 지키게 하였다.

이지의 부음이 알려지자 벗들의 조문이 이어졌다.

3월 19일 방항(方沆)이 영주(寧州)에서 마경륜에게 「기사십절」(紀事十絶)을 보내왔고, 해문(海門)의 주여등(周汝登)은 「조이탁오선생이절」(弔李卓吾先生二絶)을, 방시화(方時化)는 「감분」(感憤) 4수와 「곡이탁오선생문」(哭李卓吾先生文)을 지었다. 이밖에도 도망령이 「제이탁오선생문」(祭李卓吾先生文)을, 왕본아가 「곡이탁오선사고문」(哭李卓吾先師告文)을, 사영녕이 「이탁오선생고문」(李卓吾先生告文)을, 오종선(吳從先)이 「이독옹찬」(李禿翁贊)을, 서릉동지(西陵同志)가 「배참공덕소」(拜懺功德疏)를, 초횡이 「추천소」(追薦疏)를 지어 추모하였다.[32]

이 해 여름 신안의 사영녕이 『영경문답』(永慶問答)을 엮어 펴냈다.

### 1608년(戊申), 만력 36년, 사후 6년
원중도가 「이온릉전」(李溫陵傳)을 편찬하였다.

### 1609년(己酉), 만력 37년, 사후 7년
봄에 『이탁오비선도연명집』(李卓吾批選陶淵明集)이 출간되었다.

이 해에 초횡이 서문을 쓴 『속장서』가 출간되었다.

이지가 엮었다고 전해지는 『침중십서』(枕中十書)가 밀운현(密雲縣)의 삼교사(三敎寺)에서 발견되었다.

### 1610년(庚戌), 만력 38년, 사후 8년
왕본아가 통주에 와서 이지의 묘를 손질하고 애도시 한 수를 지었다. 겨울에는 또 「탁오노자묘비」(卓吾老子墓碑)를 지어 자신과 이지가 만난 전말을 적었다.

### 1612년(壬子), 만력 40년, 사후 10년
10월 초횡이 편집한 『이씨유서』(李氏遺書)가 간행되었다. 이 책은 상·하 2권과 부록으로 편집되었는데, 상권에는 편지를 싣고 하권에는 잡술과 시를 실었다.

### 1615년(乙卯), 만력 43년, 사후 13년
『이탁오합선도왕집』(李卓吾合選陶王集) 4권이 간행되었다.

---

32) 이상 『이온릉외기』(李溫陵外記) 권1 참조.

### 1618년(戊午), 만력 46년, 사후 16년

여름과 가을 사이 이지의 제자 도정(陶珽, 호는 不退)이 그의 사당을 요안(姚安)에 건립했다.

이 해 여름 왕본아에 의해 『언선편』(言善篇)과 『설서』(說書)가 완릉(宛陵)에서, 『이씨속분서』가 신안(新安)에서 간행되었다. 이 중에 『속분서』와 『설서』는 신안의 해양홍옥재(海陽虹玉齋) 간본으로 호칭되고 있다. 왕본아는 이 책들을 장내(張鼐, 호는 侗初, 華亭 사람)에게 보내며 『언선편』의 서문을 부탁하였다. 7월 9일 장내는 「독탁오노자서술」(讀卓吾老子書述)을 써서 보냈고, 이 글은 훗날 『속분서』의 첫머리에 삽입되었다.

### 만력 연간

해우(海虞)의 고대소(顧大韶)가 『이온릉집』(李溫陵集) 20권을 교감하였다.

### 1625년(乙丑), 천계(天啓) 5년

9월에 이지의 저작이 다시금 불태워지고 금서조치되었다. 사천의 도어사(道御使) 왕아량(王雅量)이 이 달에 이지의 저작을 금지시켜달라는 주소(奏疏)를 희종(憙宗)에게 올렸던 것이다.

### 1671년(辛亥), 청대 강희(康熙) 10년

반증굉(潘曾紘, 호는 昭度)이 『이온릉외기』(李溫陵外記) 5권과 『이온릉별기』(李溫陵別記)를 간행했고, 장사역(張師繹)·한경(韓敬)·반호(潘灝) 등이 서문을 썼다.

### 1728년(戊申), 옹정(雍正) 6년

이지가 비점(批點)을 단 『충의수호전』(忠義水滸傳) 100회본이 일본 경도(京都)에서 출간되었다. 다만 이 책은 20회까지만 판각되는 데 그쳤다.

### 1782년(壬寅), 건륭(乾隆) 47년

2월 21일 사고전서관(四庫全書館)의 총재 영렴(英廉)이 금서목록을 바쳤는데, 이지의 『분서』·『장서』·『속장서』 등을 '전면금지'(應繳違碍) 서적으로, 『이탁오문집』과 『독승암집』(讀承庵集)은 '부분금지'(抽毁) 서목(書目)으로 분류해놓았다. 건륭 연간에 금서로 지정된 이지의 저작은 수십 종에 달한다.

### 1915년(乙卯), 민국(民國) 4년

9월 오우(吳虞)가 『이탁오별전』(李卓吾別傳)을 저술하였다.

### 1932년(壬申), 민국 21년

오이봉(烏以鋒), 「이탁오저술고」(李卓吾著述考;『文史硏究所輯刊』제1권 제2책)가 출간되었다.

황운미(黃云眉), 「이탁오사실변정」(李卓吾事實辨正;『金陵學報』1932년 5월 2권 1기)이 간행되었다.

### 1934년(甲戌), 민국 23년

혜문보(嵇文甫), 「이탁오와 좌파왕학」(李卓吾與左派王學;『河南大學學報』1934년 6월 1권 2기)이 출간되었다.

### 1935년(乙亥), 민국 24년

4월 주유지(朱維之)의 『이탁오론』(李卓吾論)이 협대서점(協對書店)에서 출판되었다.

일본인 스즈키 도라오가 짓고 주유지가 번역한 『이탁오연보』가 『복건문화』(福建文化) 1935년 4월 3권 18기에 실렸다.

역시 같은 잡지에 주유지의 「이탁오의 성격」(李卓吾的性格)과 주겸지(朱謙之)의 「이탁오의 사상」(李卓吾的思想)이 수록되었다.

### 1937년(丁丑), 민국 26년

1월 용조조(容肇租)의 『이탁오평전』(李卓吾評傳)이 상무인서관(商務印書館)에서 출판되었다.

### 1949년(己丑), 민국 38년

4월 오택(吳澤)이 『유교의 반역자 이탁오』(儒敎叛徒李卓吾)를 화하서점(華夏書店)에서 출판하였다.

### 1953년(癸巳)

10월 이지의 유골을 통주성 북쪽 통혜하(通惠河) 북쪽 기슭 대비림촌(大悲林村)의 남쪽으로 이장하였다. 이듬해에는 비석을 다시 세우고 한켠에는 묘지를 이

장하게 된 전말을 새긴 비석을 세웠다.

### 1956년(丙申)

1월 주겸지가 『이지—16세기 중국 반봉건사상의 선구자』(李贄—十六世紀中國半封建思想的先驅者)를 호북인민출판사(湖北人民出版社)에서 펴냈다.

### 1957년(丁酉)

4월 용조조가 『이지연보』를 삼련서점(三聯書店)에서 펴냈다.

### 1958년(戊戌)

섭국경(葉國慶)이 「이지선세고」(李贄先世考)를 『역사연구』(歷史研究) 1958년 제2기에 실었다.

### 1959년(己亥)

후외려(侯外廬)와 구한생(邱漢生)이 「이지의 진보사상」(李贄的進步思想)을 『역사연구』 1959년 제7기에 실었다.

### 1962년(壬寅)

3월 구한생이 『이지』(李贄)를 중화서국(中華書局)에서 출간하였다.

### 1974년(乙卯)

3월 하문대학(厦門大學) 역사계(歷史系)가 엮은 『이지연구참고자료』(李贄研究參考資料) 제1 · 2 · 3집이 복건인민출판사에서 간행되었다.

### 1983년(癸亥)

10월 북경시 당국이 이지의 무덤을 다시 북경시 동쪽 교외 통주성의 서해자공원(西海子公園)으로 이장하고 동서로 두 개의 비석을 세웠다.

### 1986년(丙寅)

10월 29일(음력 9월 26일) 복건성 남안현(南安縣) 용교상당촌(榕橋尙塘村)에 이씨가묘(李氏家廟)와 이지의 기념사(紀念祠)가 건립되었다. 그 이후 매년 10월 26일 이지의 탄신일마다 그 후손들이 이 사당에서 제사를 봉헌하고 있다.

**1987년(丁卯)**

12월에 이지연구학회(李贄研究學會)가 성립되었다.

**2000년(庚辰)**

장건업(張建業)이 주관해 편집한 『이지문집』(李贄文集)이 북경의 사회과학문헌출판사(社會科學文獻出版社)에서 간행되었다.

# 연도별 작품목록

이지의 작품 중에서 연대 확인이 가능한 글들을 정리해보았다. 원전에는 지은 연대가 기재되어 있지 않기 때문에 대체로 본문의 내용과 주변인물들의 증언에 의거해 추정한 것이다. 아울러 『분서』나 『속분서』에 수록되어 있지 않은 작품들은 가능한 한 간단한 설명을 덧붙여 그 글의 서지적 상황을 이해하는 데 조금이라도 도움이 되고자 하였다.

## 1562년, 36세

「오문에서의 하룻밤」(宿吳門);

「서울로 떠나며 운송 스님에게 이별 기념으로 증정한 시」(赴京留別雲松上人): 이상 출전은 『분서』 권6.

『여지전』(荔枝傳): 일명 『여지경』(荔枝鏡). 남녀간의 자유연애와 혼인을 소재로 한 희곡. 일설에 의하면 이지가 천주에 돌아갔을 때의 작품이라고 하나 확인된 바는 없다.

## 1566년, 40세

「여행 중에 절에 있는 여러 벗을 그리워하다」(途中懷寺上諸友) 1수;

「백운사에 이르러 벗을 기다리다」(至白雲寺待友幷序) 1수;

「백운산에서 등석양을 만나다」(白雲山中晤鄧石陽命韻得山字) 1수: 이상 3수의 시는 하남성 휘현(輝縣)의 백운사에 있는 석비(石碑)에 새겨진 상태로 전해진다. 이 해 여름과 가을 사이 이지는 휘현의 백운산에서 보냈다.

「자족보다 더 큰 재산은 없느니」(富莫富於常知足) 및 해설: 북경에서 예부사무(禮部司務)를 지낼 때 지었다. 『분서』 권6.

### 1570년, 44세

「모임 일자에 관한 쪽지」(會期小啓):『분서』권2. 남경의 형부(刑部)에 재직하던 당시에 지은 글이다.

### 1571년, 45세

「주산인에게」(贈周山人):『분서』권6.

「사공돈 아래의 초은당을 처음으로 찾아가다」(初往招隱堂堂在謝公墩下) 3수:『속분서』권5.

### 1574년, 48세

「사물설」(四勿說);

「소자유의 노자해 서문」(子由解老序):『분서』권3.

「초약후에게」(與焦弱侯):『속분서』권1.

『분서』권5 독사(讀史)의 「조조의 인재 사랑」(曹公二首)에서 「사구부」(思舊賦)까지의 17편은 이 해에 씌어진 것이라고『속장서』권1 「초약후에게」(與焦弱侯)에서 밝혔다.

「태상감응편 서문」(太上感應篇序):『인과록』(因果錄) 첫머리의 「인과록 서문」(因果錄序)에서 이 글 전편을 인용하고 있다. 남경의 형부에 재직하는 동안 씌어진 글이다.

### 1575년, 49세

「괘검대」(掛劍臺) 1수;

「섣달 그믐에 이사룡이 도착하다」(除夕李士龍至, 得'吾'字) 1수:『속분서』권5.

『노자해』(老子解): 일명『해로』(解老).『이탁오유서』(李卓吾遺書)에는 상·하 두 편으로 수록되어 있다.

### 1576년, 50세

「사룡이 두 손자·약후와 함께 내게 들러 단오떡을 먹다」(士龍携二孫同弱侯過余解粽) 4수:『분서』권6.

### 1577년, 51세

「관제께 아뢰는 글」(關王告文):『분서』권3.

「관공의 초상을 모시면서」(題關公小像):『분서』권6.


### 1578년, 52세

「탁오론 대략」(卓吾論略):『분서』권3.

「염불에 관한 문답」(念佛答問);

「바라밀 풀이」(六度解);

「사해의 의미」(四海): 위의 3편은 모두 계족산(鷄足山) 대각사(大覺寺)의 이
관루(二觀樓)에서 지었으며,『분서』권4에 실려 있다.

「청련사」(青蓮寺) 2수:『요안현지』(姚安縣志) 권65「금석지」(金石志)에 첨부
된「문징」(文徵)에 보인다.

「용산설」(龍山說):『대요현지』(大姚縣志)에 보인다. 용산은 요안부의 북쪽 대요
에서 오십 리 떨어진 곳으로 풍경이 아름답다. 이곳에 유람갔을 때 쓴 작품이다.


### 1579년, 53세

「대요로 가는 정현령을 전송하며」(送鄭大姚序):『분서』권3.


### 1580년, 54세

「고동지를 격려하는 글」(高同知獎勸序);

「논정편」(論政篇);

「이중계 선생 영전에 바치는 글」(李中溪先生告文): 이상『분서』권3.

「초약후에게」(與焦弱侯) 제1신:『속분서』권1. 똑같은 제목의 편지가『속분서』
권1에만 7통, 기타 초약후에게 보내는 글은 물경 9통에 달한다. 덕분에『속분서』
에만 16통의 편지가 실리게 된 것이다.

「비 온 뒤 단엄암을 방문해 옛 친구 초약후를 그리워하다」(雨後訪段嚴庵禪室
兼懷焦弱侯舊友) 2수;

「고충암이 누각에 올라 이별을 말하다」(顧冲菴登樓話別):『속분서』권5.

「발우암에서 화엄경 독경을 들으며 비를 기뻐하다」(鉢盂庵聽誦華嚴幷喜雨) 2
수:『속분서』권5. 이 시는 5월이나 6월경에 계족산의 영상사(迎祥寺, 일명 鉢盂
庵)에서 지었다.

「녹권지주 공덕비」(祿勸州知州題名碑記): 민국에 발간된『녹권현지』(祿勸縣
志) 권13「예문지」상편에 보인다. 이지가 요안지부로 있을 때 녹권현의 지주였

던 하수졸(何守拙)의 업적을 찬양하는 이 글을 지었다.

「구정산」(九鼎山) 1수: 『대리부지』(大理府志) 권29 「예문지」 중편. 5월에 운남현(雲南縣)에 갔을 때 지었다.

「광명궁기」(光明宮記): 『요주지』(姚州志) 권8. 5월에 계족산에서 지었다.

이밖에도 『분서』 권3에 실린 「심경의 대강」(心經提綱)이 요안에 있던 이 무렵 지어졌다고 추정된다.


### 1581년, 55세

「초약후에게 부침」(寄焦弱侯): 『속분서』 권1. 봄에 운남을 떠나 귀주(貴州)의 오살(烏撒)로 가던 도중 지었다.

「입산 뒤 초약후의 편지를 받고」(入山得焦弱侯書有感) 2수;

「제학 방자급에게 부침」(寄方子及提學) 2수: 『속분서』 권5.

「초약후에게」(與焦弱侯) 제2신: 『이씨유서』(李氏遺書) 권1. 초여름 황안의 천중산(天中山)에 도착한 직후 씌어졌다.

「제강설」(提綱說): 고대소(顧大韶)의 『이씨문집』(李氏文集) 권9에 보인다. 이해 초 황안수령이 「심경의 대강」을 펴냈을 때 지었다.

「초약후에게」(與焦弱侯) 제6신·제7신: 『이씨문집』 권9.

「와창장 토지묘 중수비기」(重修瓦倉營土主廟碑記): 비석은 곤명시 와창장(瓦倉莊)에 세워져 있고, 그 내용은 복건성 인민출판사가 펴낸 『이지연구참고자료』 제2집에서 찾아볼 수 있다.

「노자해 서문」(老子解序): 『이씨총서』(李氏叢書)와 초횡의 『노자익』(老子翼) 권7에 보인다.


### 1582년, 56세

「처음으로 석호에 와서」(初到石湖);

「봄날 밤 연회에서 ‘공’ 자로 운을 맞추다」(春宵燕集得空字): 『분서』 권6.

「경초공에게」(與耿楚倥);

「초의원에게 회답함」(復焦漪園);

「초의원에게」(與焦漪園): 『속분서』 권1.

「초태사 부친의 80세 생신을 경하하다」(壽焦太史尊翁后渠公八十秩華誕序): 『속분서』 권2.

「남화경을 읽고」(讀南華): 『속분서』 권4.

「초약후에게」(與焦弱侯) 제3신 · 제8신 · 제10신:『이씨유서』권1.

『장자해』(莊子解):『남화』(南華)라고도 부르며, 상 · 하 2권으로 구성되어 있다.


## 1583년, 57세

「왕용계 선생 영전에 바치는 글」(王龍谿先生告文);

「이생의 열 가지 사귐」(李生十交文):『분서』권3.

「초약후에게」(與焦弱侯) 제3신 · 제4신:『속분서』권1.

「산중에서 절구 두 수를 짓다」(山中偶感事作二絶句): 위의「초약후에게」편지
에서 이 시를 지었다는 기록이 보인다. 나중에「초약후에게 보내는 절구 두 수」
(感事二絶寄焦弱侯)라고 제목을 바꿔『속분서』권5에 수록하였다. 그 중 한 수는
「산에서 약후의 낙방 소식을 듣고」(山中得弱侯下第書)라고 제목을 고쳐『분서』
권6에도 실었다.

「소졸재의 지천명 생신을 맞아」(知命偶似蕭拙齋):『속분서』권5. 시월 초하루
에 소량간(蕭良幹)의 50회 생일을 맞아 지은 축시이다.


## 1584년, 58세

「경중승에게 답함」(答耿中丞);

「다시 경중승에게 답함」(又答耿中丞):『분서』권1.

「사룡의 두 어머니를 슬퍼하는 노래에 부쳐」(復士龍悲二母吟):『분서』권2.

「하심은의 훌륭한 제자 호시중에게」(贈何心隱高第弟子胡時中);

「주 선생과 함께 동룡의 매화를 감상하다」(同周子觀洞龍梅);

「유리사」(琉璃寺);

「곡! 경자용」(哭耿子庸) 4수:『분서』권6.

「경중승에게 보내는 회답」(復耿中丞):『분서』증보1.

「낙부사에게 답함」(答駱副使);

「승려 심여에게 답함」(答僧心如);

「다시 초약후 태사에게」(又與弱侯焦太史):『속분서』권1.

「이견전이 불러 동호를 유람하다」(李見田邀游東湖):『속분서』권5.

「초약후에게」(與焦弱侯) 제15신:『이씨유서』권1.


## 1585년, 59세

「등석양에게 답함」(答鄧石陽);

「등석양에게 보내는 답신」(復鄧石陽);

「다시 석양태수에게 답함」(又答石陽太守);

「구약태에게 보내는 답신」(復丘若泰);

「경중승이 논한 담백함에 대한 회답」(答耿中丞論淡): 『분서』 권1.

「하극재 상서에게 답함」(答何克齋尙書): 『분서』 증보1.

「초약후에게」(與焦弱侯): 『속분서』 권1.

「초약후 태사에게」(與弱侯焦太史): 『속분서』 권1. 『분서』 증보1에 실린 「초종오에게」(與焦從吾)는 이 편지의 절록(節錄)이다.

「남순록 서문」(南詢錄序): 『속분서』 권2.

「곡! 양승암」(哭承庵);

「승려 대지와 비를 바라보다」(大智對雨);

「중추절에 달을 보고 승암을 생각함」(中秋見月感念承庵): 『속분서』 권5.


## 1586년, 60세

「초약후에게」(與焦弱侯);

「경사구에게 답함」(答耿司寇);

「주약장에게 답함」(答周若莊): 『분서』 권1.

「등정석에게 보내는 답장」(復鄧鼎石): 『분서』 권2.

「서울지기에게 부치는 답장」(寄答留都): 『분서』 증보1.

「초약후 태사에게」(與焦弱侯太史): 『속분서』 권1.


## 1587년, 61세

「이견라 선생에게 답함」(答李見羅先生);

「송태수에게 보내는 회답」(復宋太守);

「다시 서울의 벗에게」(復京中友朋);

「경사구에게 보내는 고별사」(與耿司寇告別): 『분서』 권1.

「곡! 귀아」(哭貴兒) 3수;

「망노대에서 이정의 사당에 예를 갖추다」(望魯臺禮謁二程祠) 1수: 『분서』 권6.

「이여진에게 답함」(答李如眞): 『분서』 증보1.

「여사와 자우의 이름에 관해」(汝師子友名字說): 『속분서』 권2. 여사와 자우는 이지의 사위 장순부(莊純夫)의 큰아들과 둘째 아들인 조이(祖耳)와 종이(宗耳)의 자(字)이다.

「초종오에게」(與焦從吾):『속분서』권1.

「초약후에게」(與焦弱侯) 제17신:『이씨유서』권1.『속분서』권1에 실린「초종 오에게」(與焦從吾)는 이 글의 절록이다.

「세설신어보 서문」(世說新語補序):『세설신어』첫머리에 보인다.

「곡! 귀아」(哭貴兒) 2수;

「방자급이 육중학을 놀리다」(因方子及戲陸仲鶴) 2수;

「동지 후 대설이 내려 이웃사람에게 의복을 기위달라 부탁하다」(至後大雪呼 鄰人縫衣帶因感而賦之」1수:『속분서』권5.

### 1588년, 62세

「주남사에게 회답함」(復周南士);

「등명부에게 답함」(答鄧明府);

「초의원에게 답함」(答焦漪園);

「양정견에게」(與楊定見);

「경대중승에게 보내는 답장」(寄答耿大中丞);

「주유당에게 회답함」(復周柳塘):『분서』권1.

「하심은론」(何心隱論);

「증계천에게」(與曾繼泉):『분서』권2.

「전국론」(戰國論);

「병식론」(兵食論);

「유해 예찬」(贊劉諧):『분서』권3.

「다섯 가지 죽음」(五死篇);

「자찬」(自贊):『분서』권4.

「곡! 황의인」(哭黃宜人) 6수;

「가을을 목전에 두고 벗들과 대밭에 가기로 약속하다」(秋前約近城鳳里到周子 竹園) 2수;

「중추절에 유근성이 술병을 들고 용호를 찾다」(中秋劉近城携酒湖上);

「삭발가」(薙髮) 4수;

「다시 증군의 집에 들르다」(重過曾家);

「석양의 환양루에서 '기' 자로 운을 맞추다」(環陽樓晚眺得碁字):『분서』권6.

「다시 종오 효렴에게」(又與從吾孝廉);

「주유당에게 답함」(答周柳塘);

「주이로에게 답함」(答周二魯):『분서』증보1.

「초의원 태사에게」(與焦漪園太史):『속분서』권1.

「공자상을 지불원에 안치하고」(題孔子像于芝佛院):『속분서』권4.

「막 용호에 와서」(初居湖上);

「황의인을 그리며」(憶黃宜人) 2수;

「독서등」(讀書燈):『속분서』권5.

『초담집』(初潭集): 가을에 용담(龍潭)으로 이사한 뒤 정리하고 평점을 달았다.

「부부론」(夫婦論): 원제는 「부부론 총론」(夫婦論總論)으로 본래『초담집』권1에 실렸던 글인데, 제명을 고쳐『분서』권3에 수록하였다. 그밖에『초담집』에 실렸던 「독의 뜻 서문」(序篤義)·「삼교귀유설」(三敎歸儒說)·「사귐의 어려움」(論交難)·「강신론」(强臣論)·「훌간론」(謔姦論) 등도『속분서』권2에,「배요경이 소를 올려 뇌물사건에 연루된 양준을 구하다」(裴耀卿疏救楊濬坐贓免笞辱准折贓)·「자급과 자수」(子伋子壽)·「위개가 꿈을 묻다」(衛玠問夢)·「유공이 적로를 보내지 않다」(庾公不遣的盧)·「사어금식」(史魚禽息)·「공융에게는 자연지성이 있다」(孔融有自然之性)·「왕유가 도잠을 비난하다」(王維譏陶潛)·「혁자를 사모하다」(其思革子)·「금등을 읽고」(讀金縢) 등은『속분서』권4에 재수록되었다.


**1589년, 63세**

「주유당에게 답함」(答周柳塘):『분서』권1.

「장순부에게」(與莊純夫);

「다시 초약후에게」(又與焦弱侯);

「황안의 두 스님을 위한 글 세 편」(爲黃安二上人三首);

「이점로에게 회답하는 편지」(復李漸老書):『분서』권2.

「다시 서울의 벗에게 답함」(又答京友);

「나근계 선생 영전에 아뢰는 글」(羅近谿先生告文);

「방죽도 족자에 적은 글」(方竹圖卷文):『분서』권3.

「정자현을 배웅하며 아울러 약후에게 부치다」(送鄭子玄兼寄弱侯):『분서』권6.

「상순의 수권에 편지를 써 고충암에게 보내다」(書常順手卷呈顧沖菴):『분서』증보1.

「초약후에게 보내는 답장」(復焦弱侯):『분서』증보2.『분서』권2에도 같은 제목의 글이 보이는데, 전자의 절록이다.

「응방권 뒤에 쓰다」(書應方卷後):『속분서』권2.

「홀로 앉아」(獨坐):『속분서』권5.

「문을 나서면 어려운 손님을 뵌 듯하라」(出門如見大賓篇):『설서』.

「남들이 자기를 알아주지 않는다고 걱정 말고 남을 모르는 것을 걱정하라」(不患人之不己知患不知人):『설서』.

「대중과 더불어 즐거워하다」(與衆樂樂卷):『이씨문집』권12.


**1590년, 64세**

「유헌장에게 답함」(答劉憲長):『분서』권1.

「증중야에게」(與曾中野):『분서』권2.

「주귀경에게」(與周貴卿):『속분서』권1.

「설서 서문」(自刻說書序):『속분서』권2.


**1591년, 65세**

「주우산에게 답함」(答周友山):『분서』권1.

「주우산에게 보내는 편지」(與周友山書);

「양정견에게」(與楊定見);

「친구에게 답하는 편지」(答友人書);

「유진천에게」(與劉晋川);

「유방백에게 답하는 편지」(答劉方伯書);

「유진천에게 답하는 편지」(答劉晋川書):『분서』권2.

「하학상달의 풀이」(批下學上達語):『분서』권4.

「매중승에게 화답한 게송 두 수」(偈二首答梅中丞);

「무창을 출발하여 강을 건너고 대별에서 머물다」(自武昌渡江宿大別):『분서』권6.

「초약후에게 보냄」(寄焦弱侯);

「초약후에게」(與焦弱侯);

「육천보에게」(與陸天溥);

「하도보에게」(與夏道甫);

「마백시에게」(與馬伯時);

「양정견에게 회답함」(復楊定見):『속분서』권1.

「저녁 비」(暮雨):『속분서』권5.

「원굉도에게」(贈袁宏道): 이 시는 제목을 따로 붙이지 않은 증정시인데, 원중도의

『가설재문집』(珂雪齋文集) 권9「묘고산법사비」(妙高山法寺碑)에 인용되어 있다.

### 1592년, 66세

「초의원에게」(與焦漪園);

「친구에게 답하는 편지」(答友人書);

「하남 오중승에게 보내는 편지」(與河南吳中丞書);

「주우산에게」(與周友山);

「육사산에게 답함」(答陸思山);

「양봉리에게」(與楊鳳里);

「우산에게」(與友山);

「다시 주우산에게 보내는 편지」(又與周友山書);

「서울 친구에게 부치는 편지」(寄答京友);

「매형상에게」(與梅衡湘);

「마성 사람에게 회답하는 편지」(復麻城人書):『분서』권2.

「충의수호전 서문」(忠義水滸傳序);

「동심설」(童心說);

「잡설」(雜說);

「격률시에 대한 얄팍한 설명」(讀律膚說):『분서』권3.

「견식의 중요성」(二十分識);

「위의 글로 말미암아 지난 일을 기록해보다」(因記往事);

「옥합기를 읽고」(玉合);

「곤륜노를 읽고」(崑崙奴);

「배월정을 읽고」(拜月);

「홍불기를 읽고」(紅拂):『분서』권4.

「도석궤에게 회답함」(復陶石簣);

「무창에 머물며 진정의 유진천 선생께 띄우다」(寓武昌郡寄眞定劉晋川先生):
『분서』권6.

「초약후에게」(與焦弱侯);

「유초천에게」(與劉肖川):『속분서』권1.

「원중부를 희롱하다」(戲袁中夫);

「등루편」(登樓篇):『속분서』권5.

「조사득법인연 서문」(祖師得法因緣序):『고덕기연』(古德機緣)에 보인다.

630

## 1593년, 67세

「다시 양봉리에게」(又與楊鳳里);

「명인에게」(與明因);

「여인은 도를 공부해도 별 수 없다는 견해에 대한 답변」(答以女人學道爲見短書):『분서』권2.

「벌레 세 마리」(三蠹記):『분서』권3.

「본사의 귀퉁이방으로 옮겨가며 아뢰는 글」(移住上院邊廈告文);

「세 보살상 모시는 논의」(三大士像議);

「토지신께 고하는 글」(告土地文);

「심유 대신 아뢰는 제문」(代深有告文);

「다시 아뢰는 말씀」(又告);

「약사불을 찬미하며 아뢰는 글」(禮誦藥師告文);

「안거 기간을 맞이하여 대중에게 고하는 글」(安期告衆文);

「승려의 계행」(戒衆僧);

「부처님께 아뢰는 약속의 게송」(告佛約束偈);

「관음의 질문·담연대사에게 답함」(觀音問·答澹然師);

「한등소화」(寒燈小話):『분서』권4.

「수불정사에 부쳐」(題繡佛精舍);

「다시 산방에 와 마백시에게 준 시」(重來山房贈馬伯時):『분서』권6.

「시어 마백시에게」(與馬伯時侍御):『속분서』권1.

「서쪽으로 정벌을 나가며」(西征奏議後語):『속분서』권2.

「여러 승려의 직분」(列衆僧職事):『속분서』권4.

「원석공에게 답함」(答袁石公) 8수;

「천태산 정상에서」(宿天台頂):『속분서』권5.


## 1594년, 68세

「세 배반자 이야기」(三叛記):『분서』권3.

「약사경 읽기를 마치고 아뢰는 고유문」(禮誦藥師經畢告文);

「병든 중 상통을 대신한 고유문」(代常病僧告文):『분서』권4.

「주우산에게 답함」(答周友山);

「주우산에게」(與周友山);

「구장유에게 회답함」(復丘長孺):『속분서』권1.

「궁도설」(窮途說);

「중각 오등회원 서문」(重刻五燈會元序):『속분서』권2.

「고충암의 사직 상소를 읽고」(讀顧沖菴辭疏);

「석담즉사」(石潭卽事) 4절:『속분서』권5.

「백거이 친필 능엄경 제사」(白居易手書楞嚴經題詞): 이일화(李日華)의『미수헌일기』(味水軒日記) 권2 만력 38년 2월 18일조에 보인다.


**1595년, 69세**

「고충암 노인에게 답하는 편지」(復顧沖菴翁書):『분서』권2.

「팔물설」(八物):『분서』권3.

「여행길에 모두와 대화를 마치고」(征途與共後語);

「경초공 선생전」(耿楚倥先生傳):『분서』권4.

「암연당유찬 서문」(闇然堂類纂引);

「친구간의 의리」(朋友篇);

「의로운 종 아기」(阿寄傳):『분서』권5.

「복건으로 돌아간 장순부를 떠올리며」(莊純夫還閩有憶) 4수:『분서』권6.

「답장」(答來書);

「경극념에게」(與耿克念) 제2신;

「성의 장로에게」(與城老);

「경극념에게」(與耿克念) 제1신;

「마백시에게」(與馬伯時):『속분서』권1.

「암연당유찬 발췌록」(闇然堂錄最) 4권:『이탁오유서』.

명대 이지 비선(批選)『인과록』(因果錄): 일명『이씨인과록』(李氏因果錄). 청대 황우직(黃虞稷)의『천경당서목』(千頃堂書目) 권3에 보인다.


**1596년, 70세**

「방백우에게 보내는 서간」(與方伯雨柬):『분서』권2.

「약무의 모친이 아들에게 보낸 편지를 읽고」(讀若無母寄書);

「관음의 질문」(觀音問) 17조;

「예약」(豫約):『분서』권4.

「독서의 즐거움」(讀書樂);

「한밤중의 기러기 울음」(夜半聞雁);

「영사시」(詠史) 3수;

「동짓날 자신을 반성하며 주인영감에게 감사한 마음을 읊조리다」(至日自訟謝
主翁);

「중주 여행의 첫 번째 일정」(中州第一程);

「삼진으로 통하는 옛 길」(古道通三晉);

「산사의 밤중」(楂山寺夜坐);

「중양절, 평상에서」(九日坪上);

「윗 절의 편지를 받고」(得上院信);

「섣달 그믐의 사찰 풍경」(除夕道場卽事) 3수;

「가을의 정회」(秋懷):『분서』권6.

「왕정보에게」(與汪鼎甫);

「친구와 문장을 논함」(與友人論文);

「친구에게 답하는 편지」(答友人書);

「주우산에게」(與周友山);

「반설송에게」(與潘雪松);

「방인암에게」(與方訒庵);

「고평현령 마대윤에게 답함」(答高平馬大尹);

「하도보에게 회답함」(復何道甫);

「매경우에게 답함」(答梅瓊宇):『속분서』권1.

「팔월에 또 눈비가 내리다」(又八月雨雪似晉老和之);

「한파」(乍寒);

「눈 내린 뒤」(雪後);

「구장유가 문옥을 데리고 용호로 나를 찾아오다」(丘長孺訪余湖上兼有文玉):
『속분서』권5.

「손무자 13편을 읽고」(讀孫武子十三篇): 지금은 전하지 않는데,『속분서』권1
「방인암에게」(與方訒庵)에서 용호에서 지은 책이라고 존재를 밝혀놓았다.『손자
참동』(孫子參同)의 저본으로 추측된다.

『독승암집』(讀承庵集) 20권: 만력 연간의 간본으로 원제는『이탁오선생독승암
집』(李卓吾先生讀承庵集)이다.『분서』권5「독사」(讀史)편에 모두 26편의 문장
이 실려있다.


**1597년, 71세**

「초약후에게」(與焦弱侯);

「이유청에게」(與李惟清);

「친구에게 보내는 편지」(與友人書):『분서』권2.

「약후에게」(與弱侯);

「귀신론」(鬼神論);

「제사 못 받는 귀신들을 위하여」(祭無祀文);

「황산비문」(筭山碑文):『분서』권3.

「심경 해설」(解經文);

「경전 해석을 위한 서두」(解經題):『분서』권4.

「솔과 매화의 노래」(賦松梅);

「곡! 회림」(哭懷林);

「안문을 지나며」(過雁門) 2수;

「상간을 가로지르며」(渡桑間);

「처음으로 운중에 와서」(初至雲中);

「운중의 승방에 핀 작약꽃」(雲中僧舍芍藥);

「벽라원 잔치에서 구강사백에게 주다」(薜蘿園宴集贈鷗江詞伯);

「진양회고」(晋陽懷古);

「새벽길에 동쪽으로 출동하는 병사들을 만나 잠시 매중승을 떠올리다」(曉行逢征東將士却寄梅中丞);

「석양의 건루에서」(乾樓晚眺);

「황혼녘에 거용관을 지나며」(晚過居庸);

「구일 극락사에 갔다가 원중랑이 곧 온다는 소식을 듣고 기뻐서 읊다」(九日至極樂寺聞袁中郎且至因喜而賦)):『분서』권6.

「매극생에게 회답함」(復梅克生);

「친구에게 답함」(答友人);

「경자건에게」(與耿子建);

「경숙대에게」(與耿叔臺);

「이유청에게 답함」(答李惟清);

「반설송에게」(與潘雪松);

「도석궤에게 회답함」(復陶石簣);

「유경대에게 답함」(答劉敬臺);

「대주의 유경대 어른에게 답함」(答代州劉戶曹敬臺):『속분서』권1.

「왕흡의 모친 전숙인의 구십 세 생신을 맞아」(壽王母田淑人九十序);

「유진천의 환갑을 맞아」(壽劉晋川六十序):『속분서』권2.

「단선보에게 드림」(贈段善甫);

「관음각」(觀音閣) 2수;

「대동성」(大同城);

「성 동문에서 병사들의 행렬을 보고」(觀兵城東門);

「나그네 읊조림」(客吟);

「서울을 바라보며 운중의 여러 사람을 떠올리다」(望京懷雲中諸君子);

「폭우」(雨甚);

「부평초 인생」(捲蓬根):『속분서』권5.

「경자건에게 드리는 말씀」(與耿子建納言):『이씨유서』권1.

『정토결』(淨土訣) 3권:『이탁오유서』본과 만력 25년 주방각본(朱坊刻本) 4권
본이 있다.

『손자참동』(孫子參同) 13편: 일명 『손자참동계』(孫子參同契). 현존하는 판본
으로는 계지재(繼志齋)의『이탁오유서』판과 만력 48년(1620) 오흥민씨(吳興閔
氏)가 펴낸『송균관주묵간본』(松筠館朱墨刊本) 4권이 있다.

『도고록』(道古錄): 일명『명등도고록』(明燈道古錄). 만력 연간 만권루간본(萬
卷樓刊本)으로 존재한다.


## 1598년, 72세

「정림암기」(定林庵記);

「통주로 보내는 시 말미에 다시 덧붙이다」(又書使通州詩後):『분서』권2.

「용계선생문록초 서문」(龍谿先生文錄抄序):『분서』권3.

「폐관」(閉關);

「구월 구일 원중부와 국화를 감상하다」(九日同袁中夫看菊寄謝主人);

「심유 스님과 함께 매화를 감상하다」(同深有上人看梅);

「곡! 육중학」(哭陸仲鶴);

「비 오는 절간에서 원소수의 운에 맞추다」(雨中塔寺和袁小修韻);

「정월 초하루 극락사에 큰 눈 내리다」(元日極樂寺大雨雪);

「유월에 원중부가 있는 섭산을 방문하다」(六月訪袁中夫攝山);

「양봉리의 섭산 도착을 기뻐하며」(喜楊鳳里到攝山) 2수;

「원소절」(元宵);

「동평을 바라보며」(望東平有感);

「무성을 지나며」(過武城) 2수;

「요성을 지나며」(過聊城):『분서』권6.

「심왕에게 답함」(答沈王);

「초약후에게 회답함」(復焦弱侯);

「오득상에게」(與吳得常):『속분서』권1.

「규거지 서문」(選錄聨車志序);

「노인행 서문」(老人行序);

「설호집 서문」(說弧集序):『속분서』권2.

「서하사의 중창불사」(栖霞寺重新佛殿勸化文):『속분서』권4.

「맑은 못 흰 달을 심왕처럼 읊다」(清池白月咏似沈國王);

「요성회고」(聊城懷古) 2수;

「가풍대」(歌風臺);

「도원을 지나다 삼의사를 참배하다」(過桃園謁三義祠);

「벽간운에 맞춰」(和壁間韻);

「통주의 고충암에게 문안을 전한다」(使往通州問顧冲菴) 2수:『속분서』권5.

『파공연보』(坡公年譜) 및 『후록』(後錄) 3권:『속분서』권2 「노인행 서문」에 이 책을 지었다는 기록이 보이지만 책은 현재 전하지 않는다.

『용계선생문록초』(龍谿先生文錄抄) 9권: 만력 27년 산음(山陰) 하계고(何繼高) 간본이 전한다.

『이장자비선대혜집』(李長者批選大慧集): 남경에서 비점을 달은 뒤 선별해 실었고, 진대래(陳大來)가 판각하여 유통시켰다.


### 1599년, 73세

「초약후에게 보내는 편지」(與焦弱侯書);

「고충암 노인에게 회답하는 편지」(復顧冲菴翁書);

「담연대사에게 보내는 답장」(復澹然大士);

「진천옹에게 회답하는 편지」(復晉川翁書);

「진천옹의 장수를 기원하는 글 말미에 덧붙이다」(書晉川翁壽卷後):『분서』권2.

「방백우의 수능엄경 책갈피에 쓰다」(書方伯雨冊葉):『분서』권4.

「입춘에 상용 등의 도착을 기뻐하다」(立春喜常融二僧至);

「다시 매화를 보며」(又觀梅);

「마테오 리치에게」(曾利西泰): 『분서』권6.

「관둥지에게 보내는 편지」(與管登之書): 『분서』증보1.

「유초천에게 회답함」(復劉肖川);

「이사룡에게 회답함」(復李士龍): 『속분서』권1.

『장서』(藏書) 68권: 일명 『이씨장서』(李氏藏書).


**1600년, 74세**

「유초천과 작별하며」(別劉肖川書): 『분서』권2.

「태백루」(太白樓) 2수;

「남쪽 연못」(南池) 2수: 『분서』권6.

「봉리에게」(與鳳里);

「방백우에게」(與方伯雨);

「친구에게 보내는 편지」(與友人書);

「유진천에게 답함」(答劉晋川);

「초약후에게」(與焦弱侯);

「왕정보에게」(與汪鼎甫) 제1신·제2신;

「매장공에게」(與梅長公): 『속분서』권1.

「성인의 가르침」(聖敎小引);

「도교초 서문」(道敎鈔小引);

「법화경 방편품 해설」(法華方便品說): 『속분서』권2.

「석가모니 이후」(釋迦佛後);

「설법의 유래」(說法因由): 『속분서』권4.

「법화경 낭송을 듣고」(聽誦法華);

「임성에 도착한 뒤 다시 배를 구해 시어에게 가다」(到任城乃復方舟而進以侍御也);

「윤장전에서 전륜을 보다」(輪藏殿看轉輪);

「마성소와 더불어 임청곳에 나가다」(同馬誠所出臨淸閘);

「금대」(琴臺);

「직고에서 마성소와 그의 부친 마력산과 아울러 고씨·장씨 두 거사를 전송하다」(直沽送馬誠所兼呈若翁歷山並高張二居士);

「바다를 바라보며」(望海) 2수;

「용호에서 방효렴을 만나다」(湖上逢方孝廉);

「장도정이 세모에 산에 오르길 조르더니 대나무 그림을 선사하기에 답례로 읊다」(張陶亭逼除上山旣還寫竹贈詩故以酬之):『속분서』권5.

「이탁오 선생 비점 도여록」(李卓吾先生批點道餘錄):『속분서』권3「요공정」(姚恭靖)에 이 책을 완성했다는 기록이 보인다.

『양명 선생도학초』(陽明先生道學鈔) 8권, 부록『양명선생연보』(陽明先生年譜) 2권: 산동성 제녕에서 이 해 3월 완성하였다.

「양명선생 도학초 서문」(陽明先生道學鈔原序):『양명선생연보』첫머리.

「양명선생 연보 후기」(陽明先生年譜後語):『양명선생연보』하권.

「역인 서문」(易因小序):『역인』첫머리.

『역인』(易因) 상·하 2권: 지금은『속도장』(續道藏)본 6권으로 남아 있다.

### 1601년, 75세

「정자현을 위로하며」(慰鄭子玄):『분서』권6.

「마력산에게」(與馬歷山);

「마력산에게 회답함」(復馬歷山);

「마력산에게 답함」(答馬歷山);

「마시어에게 답함」(答馬侍御):『속분서』권1.

「사각서술」(史閣叙述);

「개국소서」(開國小序);

「원중도의 수권 뒤편에 쓰다」(書小修手卷後);

「석자수지 서문」(釋子須知序):『속분서』권2.

「요공정」(姚恭靖):『속분서』권3.

「반견천의 참장 아들을 만나 그를 회고하다」(追述潘見泉先生往會因由付其兒參將);

「초려의 주희 예찬을 읽고」(讀草廬朱文公贊);

「호가십팔박의 뒤쪽에 쓰다」(書胡笳十八拍後):『속분서』권4.

「호북의 황매현 조사탑에 예배가는 사수·상순·성근 세 스님을 배웅하며」(送思修常順性近三上人往廣濟黃梅禮朝塔);

「북으로 돌아가는 마성소를 전송하다」(送馬誠所侍御北還);

「지붕 위로 봄비 내리니」(樓頭春雨);

「온천 수창」(溫泉酬唱);

「불어나는 강물을 보며」(觀漲);

「여양 가는 길」(汝陽道中);

「곽유도와 황숙도가 만난 곳」(郭有道與黃叔度會遇處);

「사흘 바람」(三日風);

「황하를 건너며」(渡黃河);

「배 안에서 고보당의 서화를 보고」(舟中和顧寶幢遺墨);

「미타사」(彌陀寺);

「곡! 춘방 원종도」(哭袁大春坊):『속분서』권5.

『언선편』(言善篇): 일명『탁오노자삼교묘술』(卓吾老子三敎妙術), 줄여서『삼교묘술』이라 부른다. 모두 4권으로 만력 46년(1619) 완릉(宛陵) 유손지(劉遜之)의 간본이 전한다.


### 1602년, 76세

『속장서』(續藏書) 27권: 만력 27년부터 시작해 이 해 봄 통주의 마경륜 별장에서 완성되었다.

『구정역인』(九正易因) 4권: 역시 이 해 봄 통주에서 완성을 보았다.

「이탁오 선생 유언」(李卓吾先生遺言, 일명「유언」);

「유언한 뒤에 쓰다」(書遺言後):『속분서』권4.

「옥중에서의 절구 여덟 수」(繫中八首);

「어머니를 뵈러 남으로 돌아가는 왕정보를 전송하며」(送汪鼎甫南歸省母);

「감옥에서 남으로 돌아간 왕정보를 떠올리며」(繫中憶汪鼎甫南還):『속분서』권5.

# 저작물목록

이지의 저술은 대단히 많다. 게다가 오랜 기간에 걸쳐 수많은 위서가 만들어 지고 유통되어왔기 때문에 진위 여부를 가리기도 쉽지 않은 현실이다. 그러므 로 이지의 이름으로 통용되는 저작을 정리하는 일은 그를 바로 알기 위해선 무엇보다도 선행해야 할 중요한 작업이다. 명ㆍ청시대에 계속된 금서 조치와 박해에도 불구하고 현재 전해지는 이지의 저술은 거의 100종에 가깝다. 그렇 지만 소재지가 제각각인데다 상당수가 아직 정리되지 않은 상태이기 때문에 우선은 개략적인 정리에 치중할 수밖에 없겠다. 아래의 목록은 임해권(林海 權)이 『이지연보고략』(李贄年譜考略; 福建, 人民出版社, 1992년 11월 제1판) 에서 부록으로 첨부한 내용을 다시 정리한 것이다. 아직은 불완전한 목록이므 로 앞으로도 계속 보완할 필요가 있다고 여겨진다. 희귀본의 경우는 그 소재 지를 밝혀놓았다.

## 壹. 저작류

一. 書答ㆍ雜述類

### 1. 『李氏焚書』6권

**李贄 著**

명대 萬曆 18년(1590) 亭州(麻城)刊刻本[1];

만력 28년(1600) 蘇州陳証聖序刊本[2];

---

1) 刻本: 刻板에 인쇄한 서적. 版本이라고도 부른다.
2) 刊本: 인쇄한 판본을 일컫는 말인데, 보통 네 종류로 나눈다. 첫째는 '왕조'(朝代) 별 분류 방법으로 宋本ㆍ元本ㆍ明本 등을 말한다. 둘째는 각판의 소재지에 따른 분류로서 殿本ㆍ監本ㆍ官署本ㆍ書院本ㆍ坊刻本 등이 있다. 셋째는 형식에 따른 분

天啓(1621~27) 연간 吳興閔氏朱墨套印本[3];

청대 光緒 34년(1908) 上海國學保存會『國學叢書』제1輯 排印本[4];

宣統(1909~11) 연간 陝西敎育圖書社排印本;

民國 25년(1936) 3월 上海雜誌公司印張氏貝葉山房 『中國文學珍藏本叢書』 제1輯 排印本;

1961년 3월 中華書局排印本;

1971년 1월 중화서국『분서』·『속분서』合訂本.

그밖에 명대에 『李氏焚餘』라는 제목으로 발행된 翻刻本[5] 또한 『분서』로 추정 된다.

## 2. 『李卓吾先生遺書』 2권, 附錄 1권

### 이지 撰

명대 만력 40년(1612) 陳大來(邦泰)刊本 ─ 복건성박물관 소장.

상권은 서답, 하권은 잡술과 시를 수록하고 있다. 부록에서는 이지를 애도하는 시문과 袁中道의「李溫陵傳」및 馬經綸이 이지를 구하기 위해 당시 권력자와 유관 부서의 관리들에게 보낸 편지를 싣고 있다. 일명『李氏遺書』.

## 3. 『李氏續焚書』 5권

### 이지 著 (明) 汪本鈳 輯

명대 만력 46년(1618) 新安海陽王氏虹玉齋刊本.

1959년 12월, 1961년 中華書局排印本; 1974년 4월 중화서국 線裝本[6]; 1975 년 1월 중화서국『분서』·『속분서』合訂本.

## 4. 『易因』

### 이지 著

명대 만력 28년 남경 陳邦泰刻本─호북성도서관, 북경대학도서관 소장. 원전 에 의거해 두 부분으로 나눴고 따로 권수를 매기지는 않았다.

---

류로 大字本·小字本·巾箱本 등을 말한다. 넷째는 내용에 따른 분류이며 足本· 選本·節本 등이 있다.

3) 套印本: 두 가지 이상의 색깔로 인쇄한 서적. 보통 같은 각판에 다른 색깔을 칠해 순서대로 인쇄하는 방법을 사용한다.

4) 排印本: 원고의 순서에 따라 납 활자와 그림 등을 조판해서 찍어낸 책.

5) 翻刻本: 원래의 판본에 의거해 똑같이 찍어낸 책, 즉 복제본을 말한다.

6) 線裝本: 실로 묶어 裝訂한 책. 중국의 전통적인 제책 방법으로 흔히 洋裝本과 대비 되는 의미로 쓰인다.

만력 35년 張國祥이 판각한 『續道藏』本. 일명 『李氏易因』. 원문에서 책머리의 「易因小序」와 「讀易要語」 두 문장을 삭제하고 上經·下經을 각기 3권으로 나누어 도합 6권이다. 오류가 많아 세심한 교감을 거친 뒤라야 읽을 수 있다.

그밖에 中國科學院社科所 도서관에서 소장한 舊抄本 『역인』이 있는데 따로 분책을 하지는 않았다.

## 5. 『九正易因』 4권

### 이지 著

朱彝尊의 『經義考』나 『명사』 「예문지」 등에서는 4권으로 설명했으나, 『四庫全書總目·經部·易類存目』에 실린 「九正易因提要」에서는 권수를 나누지 않았다고 씌어 있다.

중국사회과학원도서관에 소장된 鈔本[7] 『구정역인』은 8冊으로 나눠 상·하권으로 장정하고 있다. 중국 유일의 孤本이자 珍本이다.

## 6. 『陽明先生年譜』 2권

### 이지 撰

명대 만력 17년(1609) 武林繼錦堂刊本; 청대 道光 6년(1826) 重刊本이 있다.

## 7. 『李氏六書』 6권

### 이지 撰  (明) 李維楨 刪訂  (明) 顧大韶 參訂

명대 만력 45년(1617) 疵嗜軒刊本.

내용은 제1권이 『歷朝藏書』(즉 『장서』), 제2권은 『皇朝藏書』(즉 『속장서』)이고 『名公初潭』(즉 『初潭集』)이 부록으로 실려 있으며, 제3권은 『焚書·書答』, 제4권은 『焚書·雜說』, 제5권은 『叢書滙』, 제6권은 『說書』이다. 제5권을 제외하고는 매 권마다 첫머리에 顧大韶의 刪定小記가 붙어 있다.

## 8. 『李溫陵集』 20권

### 이지 撰

명대 海虞顧大韶校刊本 6冊(북경대 소장). 일명 『李氏文集』이라고도 한다.
또 명대 姑熟陳文刻本이 북경대도서관에 보관되어 있다.

1권에서 13권까지는 서답과 잡술, 즉 『분서』에 실린 내용이고, 14에서 17권까지는 讀史, 즉 『장서』에서 발췌 수록한 史論이며, 18과 19권은 『說書』, 20권은 시로 끝맺고 있다.

## 9. 『李氏全書』 19권(명대 潘曾紘의 『李溫陵外記』 5권 첨부)

---

7) 鈔本: 원고 혹은 인쇄본에 의거해 손으로 베낀 책, 즉 필사본을 말한다.

이지 撰

명대 信箸齋刻本이 있으며, 내용은『설서』10권·『분서』4권·『속분서』5권
으로 구성되어 있다.

## 10.『李氏遺書』9권

### 이지 撰·選

대략 명대 천계 연간의 간본이다. 내용은『釋子須知』1권·『曹氏一門』2권·
『明詩選』2권·『淨土訣』1권·『道古錄』2권으로 구성되었다.

## 11.『李氏叢書』11種 24권

### 이지 撰·選

명대 崇禎(1628~43) 연간 燕超堂刊本, 일명『卓吾先生李氏叢書』. 북경대 소장.
내용은『도고록』2권·『心經提綱』1권·『觀音問』1권·『老子解』2권·『莊子
解』2권·『孫子參同』3권·『墨子批選』4권·『因果錄』3권·『淨土訣』1권·
『闇然錄最』4권·『三敎品』1권으로 구성되어 있다.

## 12.『李卓吾尺牘全稿』(부록: 이탁오 시 전부 및 잡술 9편)

### 이지 著  (민국) 王英 編校

1935년 4월 상해 南强書局排印本.

## 13.『李卓吾時用通俗云箋』

舊刊本.

## 14.『李卓吾詩集』

### 이지 撰

世界文庫 제7책.

## 15.『卓吾詩篇』

### 이지 撰  (민국) 晉江蘇大山 選輯

紅蘭館小叢書抄本.


## 二. 存目類(제목만 전하는 글)

## 1.「老農老圃論」

이지 12세 때 작품. 제목이『분서』권3「탁오논략」에 보인다.

## 2.「湖上語錄」

無念이 輯錄하였고, 제목이『속분서』권1「與焦從吾」에 보인다.

## 3.「老人行」2册

### 이지 撰

만력 26년에 초약후와 더불어 배를 타고 남방을 여행하던 중, 배 안에서 할 일이 없자 주머니를 뒤져 원고를 찾아내고 2책으로 엮은 뒤 『老人行』이라고 제목을 붙였다는 기록이 『속분서』 권2 「老人行敍」에 보인다.

**4. 『坡公年譜』 및 『後錄』 3권**

이지 撰

「노인행서」에서 『노인행』과 아울러 이 책을 지었다고 말하고 있다.

**5. 『卓吾大德』**

『姚安縣志』 「人物傳・李贄傳」과 장문달의 탄핵상소에서 이 책을 언급하고 있지만, 책의 면모는 밝히지 않았다. 『高尙冊』이 아닐까 추정된다.

**6. 『初談集』 28권**

이지 著

『福建通志』 「藝文志」에 제목이 보이고 小說家類・雜事에 들어 있다. 『初潭集』으로 추정된다.

**7. 『姑妄編』 7권**

이지 著

『복건통지』 「예문지」에 제목이 보이고 소설가류・잡사에 들어 있다. 청대 黃虞稷이 편집한 『千頃堂書目』에도 보인다.

**8. 『業報案』 2권**

이지 著

『복건통지』 「예문지」에 제목이 보이고 소설가류・異聞에 들어 있다. 『천경당서목』에도 보인다.

**9. 『禪談』 1권**

이지 著

『복건통지』 「예문지」에 제목이 보이고 釋家類에 들어 있다. 『천경당서목』에도 보인다.

**10. 『李氏春秋』**

이지 著

초횡의 『老子翼』, 潘士藻의 「書洗夫人傳後」에 모두 이 책이름이 보인다. 『李氏藏書』의 별칭인 듯하다.

**11. 『史閣萬年』**

이지 著

『복건통지』 「예문지」에 제목이 보이고 雜事類에 들어 있다. 건륭 연간에 발행

된 『泉州府志』「예문지」에 기재된 『吏閣萬年』이란 명칭은 이 책의 잘못된 표기이다. 『속분서』 권2에 실린 「史閣敍述」은 이지가 이 책을 위해 쓴 서문으로 보인다.

### 12. 「維摩庵創建始末」

이지 撰

제목이 『분서』 권3 「豫約·早晚守塔」에 보인다.

### 13. 「三嘆餘音」

제목이 『속분서』 권2 「窮途說」에 보인다.

### 14. 「古文法眼」 4권

이지 著

건륭 연간에 발행된 『천주부지』 「예문지」에 제목이 보인다.


## 貳. 비평류

一. 四書評論

### 1. 『道古錄』 2권

이지 著  (明) 劉用相·劉用健 合輯

명대 만력 24년 劉東星이 서문을 쓴 萬卷樓刊本. 일찍이 『李卓吾遺書』 안에 수록되었다가 다시 고대소의 『李氏文集』에도 수록되었다. 일명 『明燈道古錄』. 『大學』과 『中庸』에 대한 평론으로 모두 42章으로 구성되어 있다.


二. 歷史評論

### 1. 『李氏藏書』—일명 「藏書」 68권

이지 撰

명대 만력 27년 金陵刊本;

명대 만력 29년 金陵刊本;

명대의 翻刊本으로 『遺史』라는 제목으로 출간된 경우도 있다;

명대 천계 원년(1621) 古吳陳仁錫評刊本;

1951년 5월, 1959년 5월, 1962년 6월, 1974년 7월 中華書局排印本.

### 2. 『李氏續藏書』—일명 「續藏書」 27권

이지 撰

명대 만력 39년(1611) 王維儼金陵刊本;

명대 汪修能校刊本, 서문이 첨부되어 있다;

명대 施應槐重刊本;

명대 천계 3년(1623) 陳仁錫評刊本;

1959년 10월, 1960년 3월, 1974년 7월, 1974년 8월 中華書局排印本.

### 3. 『初潭集』 30권

이지 撰

명대 만력본 8冊;

명대 숭정 연간 武林王克安重刊本 12권;

1974년 12월 中華書局排印本 30권.

### 4. 『李卓吾批點皇明通記』―일명 『皇明從信錄』

(명) 陳建輯 著  이지 批點

명대 蘇州閶門刊本;

日本 元祿 9년(1679) 12월 京林久兵衛刊本;

일본에서는 또 『新鍥李卓吾先生增補批點皇明正續合幷通記統宗』 13권으로 간
행되기도 하였다.


三. 諸子評論

### 1. 『老子解』 2권·『莊子內篇解』 2권

이지 著

명대 刊本(북경도서관 소장본);

명대 刊本 『解老』 2권이 초횡의 『老子翼』에 수록되어 있다;

명대 刊本 『莊子內篇解』 2권이 『李卓吾遺書』에 수록되어 있다.

### 2. 『李卓吾先生批點道餘錄』 1권

(명) 姚廣孝 撰  이지 批點

명대 만력 17년(1619) 海虞錢謙益刊本.

### 3. 『心經提鋼』 1권

이지 著

秘笈本이 전하고;

『李卓吾遺書』에도 수록되어 있다.

### 4. 『淨土決』 4권―일명 『淨土訣』.

이지 著

명대 만력 25년 朱枋刊本;

명대 만력 27년 海陽朱居士顗重刻本.

『李卓吾遺書』에도 수록되어 있다.

### 5. 『孫子參同』4권

**이지 輯評　(명) 王世貞·袁黃 批注**

명대 만력 48년(1620) 吳興閔氏松筠館朱墨刊本.『복건통지』「예문지」에는 3권으로 되어 있고, 현존하는『李卓吾遺書·孫子參同』에도 3권이라 기재되어 있다. 북경도서관이 소장한『七子參同』에도 이 책이 수록되어 있다.


## 四. 文集評論

### 1. 『李卓吾先生批選晁賈奏疏』2권

**(漢) 晁錯·賈誼 撰　(명) 이지 輯批**

명대 간본. 북경도서관 소장.

### 2. 『李卓吾批點曹氏一門』

**(魏) 曹操 등 지음 (명) 이지 批點**

명대 간본 3冊. 북경사범대 소장.

### 3. 『李卓吾批點世說新語補』20권

**(南朝 宋) 劉義慶 著　(명) 何良俊 增補　이지 批點**

명대 만력 14년 陳文燭刊本;

명대 書林余氏儒刊本;

명대 葉滋堂校跋, 王汝存刻本.

### 4. 『李卓吾先生合選陶王集』4권

**(晉) 陶淵明·(唐) 王維 著　(명) 이지 批選**

명대 만력 43년 乙卯(1615) 刊本.

내용은『李卓吾批選陶淵明集』2권과『李卓吾選王摩詰集』2권으로 구성되어 있다.

『천주부지』「예문지」에는『評選陶詩』2권과『評選王摩詰詩集』3권으로 적혀 있다.

### 5. 『坡仙集』16권―일명『選批坡仙集』

**(宋) 蘇軾 著　(明) 이지 選批**

명대 만력 28년 繼志齋焦竑刊本.

『泉州府志』「예문지」에는 10권이라고 소개되어 있다.

### 6. 『評選三異人傳』20권·附錄 4권

**(명) 俞允諧 輯　이지 評**

명대 兪氏求古堂刊本. 내용은 『方正學文集』11권; 『于節闇奏疏』4권 · 『文集』1권 · 『詩集』1권; 『楊椒山奏疏』1권 · 『詩集』1권 · 『文集』1권이고, 부록 4권은 『方正學傳狀』1권 · 『于節闇傳狀』1권 · 『楊椒山自著年譜』1권 · 『傳狀』1권으로 구성되어 있다. 『천주부지』「예문지」에는 『皇明三異人錄』4권의 명칭이 보이는데, 아마도 이 책의 부록인 듯하다.

그 밖에 『三異人文集』25권이 명대 간본으로 북경도서관에 소장되어 있는데, 내용은 다음과 같다. 『李卓吾評選方正學文集』11권, 『李卓吾批選楊椒山集』4권, 『李卓吾評于節闇奏疏』4권, 『文集』1권, 『詩集』3권; 『附錄』1권, 『補遺』1권.

『四庫全書總目』에는 22권으로 기재되어 있다.

### 7. 『趙文肅公集』4권

**(명) 趙貞吉 撰　이지 選評**

명대 만력 연간 간본. 일명 『評選趙文肅公集』.

### 8. 『李卓吾先生讀承庵集』20권

**(명) 楊愼 撰　이지 評選**

명대 만력 28년 繼志齋刊本. 줄여서 『讀承庵集』이라 부른다.

### 9. 『張文忠公奏對稿』4권

**(명) 張居正 撰　이지 評選**

명대 천계 연간 간본. 일명 『評選張文忠公奏對稿』.

### 10. 『李卓吾批評三大家文集』28권

**(명) 葉敬池 輯　이지 評**

명대 만력 葉敬池書種堂刊本. 『李卓吾先生讀承庵集』20권 · 『趙文肅公集』4권 · 『張文忠公奏疏抄』4권으로 구성되어 있다.

### 11. 『卓吾先生批評龍谿王先生語錄抄』8권

**(명) 王畿 撰　李贄 評**

명대 만력 연간 新安吳可期刻本

### 12. 『國朝名公書啓狐白』6권

**(명) 湯賓尹 選　(명) 丘兆麟 釋　이지 批評**

명대 余文杰刊本.


五. 小說批點

### 1. 『李卓吾先生批評西遊記』100回

(명) 吳承恩 著  이지 批評

(명) 君裕劉 판각, 旌德郭卓然 새김. (명) 詞曲家 袁申駕亭 題詞.

1982년 中州書社出版社珍本明刻袁幔亭本 100회, 插畵 200幅이 실린 線裝本
이다.

명대에 간행된 大字附圖本과 金陵大業堂刊本도 있다.

2. 「新刻京本列國志傳」 8권

(명) 余邵魚 撰  이지 評點

청대 文錦堂刊本이 북경도서관에 소장되어 있다.

3. 「批評繡榻野史」 4권

(명) 呂天成 撰  이지 批評

명대 만력 연간의 간본이 남아 있다.


六. 戲曲評點

1. 「李卓吾先生批點西廂記珍本」 2권·附錄 3권

(元) 王德信·關漢卿 撰  (명) 이지 批點

명대 숭정 13년(1640) 西陵天章閣刻本 2권·부록 3권이 북경도서관에 현전
한다.

「李卓吾先生批評北西廂記」 2권

(元) 王實甫 撰  (원) 關漢卿 續  (명) 이지 評

명대 만력 연간 容與堂刊本

「元本出相北西廂」 2권

이지·王世貞 評

만력 38년(1610) 起鳳館刊本. 1982년 일본 京都의 思文閣에서 다시 影印해
출판했으며, 神田喜一郎의 서문이 첨부되어 있다. 이 책은 기봉관간본과 曲
文·판형·字體·문자의 배열 방식 등은 똑같지만, 序·考·凡例·眉評·부
록이 없고 대신 책의 앞부분에 釋義·字音 따위가 들어 있다. 이는 다른 고전
희곡 간본에서는 볼 수 없었던 體例이다.

「三先生合評元本北西廂」

(명) 湯顯祖·이지·徐渭 評

명대 숭정 연간 滙錦堂刊本.

2. 「李卓吾先生批評幽閨記」 2권―일명 「幽閨記」 또는 「拜月亭」

(원) 施惠 撰  (명) 이지 評  (명) 羅懋登 注釋

명대 만력 연간 容與堂刊本;

명대 『古本戲曲叢刊』初集本;

1952년 상해 商務印書館影印本.

3. 『李卓吾先生批評琵琶記』 2권

    (원) 高明 撰   (명) 이지 評

    명대 만력 연간 虎林容與堂刊本;

    명대 『古本戲曲叢刊』初集本;

    1955년 상해 商務印書館影印本.

4. 『李卓吾先生批評玉合記』 2권

    (명) 梅鼎祚 撰   이지 評

    명대 만력 연간 容與堂刊本 2冊;

    명대 『古本戲曲叢刊』初集本;

    1955년 상해 商務印書館影印本.

5. 『李卓吾先生批評紅拂記』 2권

    (명) 張鳳翼 撰   이지 評

    명대 만력 연간 容與堂刊本 2冊;

    명대 書林游敬泉刊附圖本.

6. 『李卓吾先生批評玉簪記』 2권

    (명) 高濂 撰   이지 評

    명대 만력 연간 青藜館刊本.

7. 『李卓吾先生批評古本荆釵記』 2권

    (명) 朱權 撰   이지 評

    명대 刊本 4冊이 북경도서관에 소장되어 있다.

8. 『李卓吾先生批評浣紗記』 2권

    (명) 梁辰魚 撰   이지 評

    명대 말기의 刊本이 북경도서관에 소장되어 있다.

9. 『李卓吾先生批評金箋記』 2권

    (명) 朱履靖 撰   이지 評

    명대의 刊本 2冊이 북경도서관에 소장되어 있다.

10. 『李卓吾先生批評金印記』 2권

    (명) 蘇復之 撰   이지 評

    명대 만력 연간의 刊本이 전한다.

## 參. 輯選과 批選

1. 『墨子』15권

    이지 選　(명) 郎兆玉 評

    명대 천계 연간 武林堂策檻刊本.

2. 『老子解』3권

    (宋) 蘇轍 撰　(명) 이지 選輯

    만력 9년 刊本.

3. 『于節闇集』

    (명) 于節 撰　이지 編

    명대 刊本이 북경도서관에 소장되어 있다.

4. 『陽明先生道學鈔』8권

    (명) 王守仁 撰　이지 選

    명대 만력 37년(1609) 武林堂策檻刊本;

    청대 道光 6년(1826) 重刊本.

5. 『龍谿王先生文錄鈔』9권

    (명) 王畿 撰　이지 編選 및 圈點

    명대 만력 27년 山陰何繼高刊本.

6. 『續皇明詩選』2권

    이지 輯

    일본 正德 5년(1715) 平安錦山堂刊本.

7. 『魏仲雪增補李卓吾名文捷録』6권

    이지 輯　(명) 魏浣初 增補

    명대 만력 40년(1612) 書林余應興刻本.

8. 『見聞雅集外史類編』8권

    이지 選

    명대 金陵張氏少吾主人刻本.

9. 『華嚴合論簡要』4권

    (唐) 李通玄 合論　(명) 이지 簡要

    명대 천계 연간 吳興董氏刊本.

10. 『言善篇』4集

    이지 輯

    명대 만력 16년(1618) 宛陵劉遜之刊本. 일명 『卓吾老子三教妙術』혹은 『三教

*妙術*』.

### 11. 『李氏因果錄』 3권

**이지 輯**

명대 간본. 일명 『因果錄』. 『복건통지』 「예문지」에서는 소설가류 · 雜事로 분류하였다.

### 12. 『古德機緣』 6권

**이지 批選　(명) 卓發之 校閱**

명대 간본. 이 책 첫머리에 이지의 「祖師得法因緣序」가 실린 것으로 보아 『고덕기연』이란 서명은 나중에 생겨난 것으로 추정된다.

### 13. 『山中一夕話』 12권

**이지 輯　(청) 笑笑先生 重輯**

청대 光緒 4년(1878) 『申報館叢書續集 · 說部類』本;
1965년 王利器 輯 『歷代笑話集』에 10편이 수록되었다.

### 14. 『雅笑』 3권

**이지 輯　(명) 古臨天水 姜肇昌 校訂**

만력 연간 간본 3책이 있다. 강조창은 서문에서 "나는 약관에 온릉에 갔다가 이탁오 선생을 뵙게 되었다. …… 선생께서 세상에 전할 만하지 못하다고 여기셨기 때문에 나는 오랫동안 이 책을 상자 안에 감춰놓았다"(余弱冠游溫陵, 得晤李卓吾先生. …… 先生以爲不足傳, 余固韜之篋中久矣.)라고 말하고 있다.

### 15. 『李氏逸書』 13권

**이지 輯**

명대 천계 연간으로 추정되며 서문이 딸린 간본이 현전한다.

### 16. 『大慧集』

**이지 批選**

명대 만력 陳大來刊本. 초횡이 「書李長者批選大慧集」이란 서문을 썼다. 초횡의 서문은 『이온릉외기』 권3에도 실려 있다.

### 17. 『選錄聯車志』 2권

**(宋) 郭彖 撰　(명) 이지 選錄**

『속분서』 권2에 「選錄聯車志敍」가 보인다.

### 18. 『說弧集』

**이지 輯**

『속분서』 권2에 「說弧集敍」가 보인다.

19. 『短長』2권 · 『國事』2권

　이지 選

　명대 간본 2책이 북경대학에 소장되어 있다.


## 肆. 僞書로 의심되는 저작

### 1. 『四書評』19권

　이지 批評

　명대 만력간본의 내용은 『대학』 1권 · 『중용』 1권 · 『논어』 10권 · 『맹자』 7권
으로 구성되었고, 1975년 5월 상해 人民出版社에서 출판한 바 있다;

　또 『四書參』(일명 『史書批點』 · 『四書眼』) 19권은 명대 말기 吳興閔氏朱墨套
印本이다;

　『천주부지』 「예문지」에서 이지의 저작으로 소개되어 있는 『四書評眼』 13권
역시 『四書評』을 말하는 것으로 보인다.

　그러나 이 책은 명대 周良公이 『書影』 권1에서 葉書(호는 文通, 無錫 사람)의
저작임을 밝힌 이래 위작이라는 평가가 정설이다. 그 근거로 周良工과 섭주는
동시대 사람인 까닭에 섭주에 관한 周亮工의 기록은 거의 섭주의 벗 侯汝勘의
직접진술에 의거한 점을 들 수 있다. 게다가 섭주는 東林黨의 거두 顧憲成의
제자였는데, 『사서평』의 내용이 고헌성의 사상과 완전히 일치한다는 사실로
도 입증된다.

### 2. 霞漪閣 校訂 『四書評要』 36권

　**(명) 溫陵卓吾李贄 評纂　新都寧野吳從先 參訂(一)　武林仙郎何儌然 校閱**

　명대 만력 41년(1613) 吳氏霞漪閣刊本;

　명대 만력 42년(1614) 茂勤堂翻刻本;

　1974년 11월 中華書局排印本.

　이 책의 評語는 만력 38년 姚舜牧이 編印한 『史綱要領』과 매우 흡사해 이 책
을 겨냥해 지어졌다는 평가를 듣기도 한다.

### 3. 『大雅堂訂正枕中十書』 10권

　**이지 輯　(명) 袁宏道 校 및 序　(명) 釋如德 閱**

　명대 博極堂刊本. 『精騎錄』 · 『篔窗筆記』 · 『賢奕選』 · 『文字禪』 · 『異史』 · 『博
識』 · 『尊重口』 · 『養生醍醐』 · 『理譚』 · 『騷壇千金訣』로 구성되어 있고, 扉頁이
『袁石公校鐫李卓吾先生枕中十書』로 만들었다.

　또 『枕中十書』로 명대에 발행된 6권본이 있다.

위의 10종류의 책 중에『精騎錄』과『篔窗筆記』를 제외하고 나머지는『李卓吾先生秘書八種』에도 수록되어 있다.『文字禪』1종은 또『快書六種』에도 들어 있다.

### 4.『李卓吾先生秘書八種』—일명『大雅堂藏書』

이지 輯　(淸) 余聞鶴 重輯

청대 강희 12년(1673) 序刊本. 내용은『詩學正宗』1권 ·『賢奕選』2권 ·『文字禪』1권 ·『異史』1권 ·『博議』1권 ·『重口』1권 ·『養生』1권 ·『理譚』1권으로 구성되어 있다. 이 책은 위작임이 확실하지만, 분서 권4에 실린「批下學上達語」가『理譚』에 수록되어 있기도 하다.

### 5.『荔鏡記』

명대 嘉靖 45년(1566) 麻沙余氏重刊本.『重刊五色潮泉挿科增入詩詞北曲構欄鏡記戱文全集』이란 이름으로 통용된다. 일본의 千葉書屋과 영국의 옥스퍼드 대학도서관에도 소장본이 있다.『荔鏡記』는 바로『陳三五娘』인데, 泉州의 재사 陳伯卿과 潮州의 미인 黃碧琚가 혼인의 자유를 추구한다는 내용의 연애담이다. 천주 사람 李禧 · 龔顯鴻 · 蘇大山 등이 모두『荔鏡記』를 두고 이지가 가정 연간 귀향했을 때의 작품이라고 주장하지만 신빙성은 없다.

### 6.『疑耀』7권

(明) 溫陵李贊宏甫 著　嶺南張萱孟奇 訂

명대 만력 36년(1608) 刊本;『叢書集成』初編本.

이 책에 대해서는 역대로 설이 분분하다.『四庫全書總目提要』에서는 張萱의 저작으로 규정하였고, 容肇租(「疑耀考辯」에서 만력 연간 張萱이 스스로 간행한 책이라 주장하였다)와 馮友蘭이 그의 설을 지지하였다. 반면에 鄭振鐸 · 朱謙之 등은 이지의 저작이라 주장한다. 주겸지는『西諦書目』「疑耀題跋」에서 이 책의 일부분은 張萱의 손을 거쳤지만 그것이 탁오의 저작임을 부인할 근거는 되지 못한다고 반박하였다.

### 7.『李卓吾先生批評三國志』120回

(元) 羅本 撰　(明) 이지 評

명대 建陽吳觀明刊本;

명대 書林(吳郡)蔡光樓 · 槐植堂刻 120회 간본;

청대 吳郡寶翰樓刊本 120회;

청대 吳郡緣音堂刊本 120회;

鄭振鐸의『西諦書目』에 실린『李卓吾先生批評三國志』120회는 19책으로 그

림이 들어간 청대 초기의 刻本이다.

또 명대 天德堂刊本인『李卓吾先生評三國志』20권과 청대 초기 간본으로 烟水山人이 편집했다고 하는『李卓吾批三國志傳』20권이 전한다. 陸聯星은 이지 평점으로 전해지는『삼국지』가 위서라고 밝혔다. 이밖에도

『新鐫校正京本大字音釋圈點三國演義』12권

(원) 羅本 撰 (명) 이지 評이 전한다.

### 8.『李卓吾先生批評忠義水滸傳』120回

#### (元) 施耐庵 撰 (明) 이지 評

『李卓吾先生批評忠義水滸傳』100회본이 명대 만력 38년(1610) 容與堂刊本;

청대 강희 연간 芥子園刊本;

1966년, 1975년 中華書局影印 · 容與堂刊本上海版本으로 전한다.

『批點忠主水滸傳』120회본은 (명) 楊定見 改編, 명대 만력 42년 袁無涯刊本;

명대 천계 연간 郁郁堂刊本 및 寶翰樓復印本;

민국 商務印書館本으로 전한다.

이상 두 종류의 간본에 대해 명대의 許自昌은 이지의 評點이라 단언했지만, 명대의 錢希言 · 陳繼儒, 청대의 周亮工 및 魯迅은 위탁이 분명하다고 주장하였다. 1958년 戴望舒는『小說戲曲論集』에「袁刊〈水滸傳〉之眞僞」라는 글을 통해 袁無涯刊本은 진짜, 容與堂本은 가짜라고 말했다. 靳岱가『歷史硏究』1976년 제6기에 발표한「李贄與〈水滸〉一文」도 이 학설을 따르고 있다.

### 9.『七子參同』6冊

#### (명) 이지 著

청대의 필사본인데,『黃帝子我子三略』·『子我子六韜』·『孫武子』·『吳子』·『蔚繚子』·『司馬子』·『李衛公』으로 구성되어 있다. 朱謙之는『孫子參同』을 제외한 나머지는 모두 僞書라고 하였다.

### 10.『李氏說書』6권

#### 이지 撰

만력 18년 麻城에서 간행되어 44편을 수록했지만 이미 일실되었다.

만력 46년(1618) 新安海陽汪氏(汪本鈳)紅玉齋刻本.

현전하는『李氏說書』는 위작으로 내용 대부분은 명대 莆田 林兆恩의『林子三教正宗』에 수록된『四書正義』와 기타 문장들이다. 일부분은 王守仁의『傳習錄』을 베꼈고, 그 나머지 6편은 이지의『분서』에서 옮겨왔다. 만력 연간에 간행된 王宇刊本도 있다.

## 11. 『龍湖閑話』 1권

**이지 撰**

청대 『敬修堂叢書』본이 북경사대에 필사본 형태로 보존되어 있고, 『복건통지』「예문지」에도 그 명칭이 전한다. 명대의 蕭士瑋는 『春浮園別錄』에서 이 책과 『柞林紀潭』을 위서로 단정했고, 주겸지 역시 이에 동조한다. 그러나 『작림기담』의 경우는 가짜라고 단정짓기에는 미심쩍은 대목이 적지 않기 때문에 판단을 유보할 필요가 있다.

## 12. 『破愁新話』 3권

**(명) 이지 編次　(淸) 笑笑先生 增訂　哈哈道士 校閱**

청대 간본.

『李贄著作知見目錄』에서는 현전하는 3권의 상태가 불완전하고 순서와 명칭이 일치하지 않기 때문에 위작이 확실하다고 말하고 있다.

## 13. 『大隋志傳』 4권(혹은 20권) 46回

**無名氏 撰(혹은 羅貫中 撰)　이지 參訂**

청대 坊刊本. 또 청대 광서 14년(1888) 書文堂刊本 8책이 전한다.

孫楷第는 이 책이 '竟陵鍾惺伯敬 編次；溫陵李贄卓吾 參訂'을 내세우며 책머리에 林瀚의 序를 싣고 있지만 사실은 楮人獲의 책 전반부를 찢어낸 뒤 제목을 바꾼 것이라고 고증하였다. 주겸지 역시 위서임을 주장하였다.

## 14. 『鐫李卓吾批點殘唐五代史演義傳』 8권, 60回

**(元) 羅本 撰　(明) 이지 評**

명대 간본; 청대 초기 간본.

주겸지가 위서임을 고증하였다.

## 15. 『薛家將平西傳』 8권

**(명) 鍾惺 編次　이지 參訂**

명대 閭坊刊本.

孫楷第는 이 책이 사실은 『異說征西演義全傳』이며 坊間에서 위조한 것이라고 고증한 바 있다.

## 16. 『新鐫全像武穆精忠傳』 8권

**이지 評**

명대 天德堂刊本; 청대 聚盛堂刊本.

孫楷第는 이 책이 『李卓吾評精忠傳』이라 제목을 달았지만, 첫머리에 보이는 李春芳의 序는 바로 『精忠錄』의 序를 옮겨온 것으로 위작이라 고증하였다.

### 17. 『七十二朝四書人物演義』 40권

명대 간본;

청대 광서 연간 상해 十萬卷樓石印本.

孫楷第는 石印本의 표면에 『李卓吾先生秘本』이라 쓰고 있지만 사실은 『四書』
에서 따온 구절들을 합성한 책으로, 坊肆들의 소행이라 말하고 있다.

### 18. 『龍圖公案』 10권

**저자 미상 이지 評**

청대 翻明刻本.

주검지가 위서임을 밝힌 바 있다.

# 역자 후기

새해 벽두에 적도를 넘어 대양주에 다녀왔다. 한겨울에서 한여름으로 바뀌는 색다른 체험에서 뭔가가 느껴질 듯 잡힐 듯 다가오는 것도 같았다. 그러나 그것이 무엇인지는 도무지 알기 어려웠다. 갈망하여 마지않는 아름다움의 실체인지, 사랑과 쓸쓸함이 뒤엉킨 인생여정의 한 단면인지, 혹은 관조와 인내로 일관해야 할 삶의 본질인지 어느 것도 확실치 않았다. 어리석은 우리는 자신이 경험하고 눈으로 확인한 사실만을 믿으려 한다. 타자의 세계는 그저 무심한 냉소로 일관하며 의미를 축소하려 든다. 아집과 편견이 거기서 자라나고 시계(視界)가 첩첩의 장애물로 둘러싸이는 줄은 모르고. 그러나 껍질을 깨고 자신이 살던 세계와 정면으로 맞선다는 것 또한 무섭고 고통스런 일임을 잘 알고 있다. 만약 주변이 꽉 막혀 출로가 없는 상황이라면 아픔은 배가될 수밖에 없을 것이다. 그러나 그렇게 거친 길을 마다 않은 사람들이 있기에 우리는 역사와 철학과 문학을 운위할 수 있게 되었다. 탁오는 명대 말기의 그 가장 뚜렷한 전형이다.

탁오는 답답하게 드리워진 시대의 어둠을 찢고 치열한 사고와 삶으로 단련된 정신을 우리에게 보여준다. 철학은 시대의 거울이란 말이 정말로 실감나는 인물이다. 그러나 예견했음에도 불구하고 그가 자신의 시대를 거스른 반역에 대해 치러야 할 대가는 혹독했다. 죽음조차도 훗날 당해야 할 오욕을 가리지는 못했는데, 그 가장 가깝고 현저한 사례로 우리는 문화혁명의 광풍이 기세를 떨치던 1970년대 초반 모택동의

선동으로 중국 전역에 불어닥친 이탁오 열풍을 떠올리게 된다. 시골 작은 촌락의 당 기관지 면면을 장식하던 이탁오 학습열기와 추모기사야말로 그에 대한 왜곡의 절정이었다. 그 사상의 전모에는 관심도 없이 필요한 부분만 살짝 들춰내서 우리 앞에 소개된 그는 봉건타파의 기치를 높이 세운 혁명전사였고, 최초의 유물론자 혹은 공산주의자였으며, 여권신장의 기수였고, 프롤레타리아 계급의 진정한 동지였다. 하지만 탁오의 글을 찬찬히 읽어보면 이런 모든 수식어들이 얼마나 자의적이고 황당한 억지인가를 금세 깨닫게 된다. 탁오는 대체로 내세울 우상이 필요했던 이들에 의해 이용되었고 또 그들의 입맛에 따라 편의적으로 해석되곤 했던 것이다. 따라서 그때는 탁오를 논하는 대부분의 경우에서 학문적인 진지성은 찾아보기 어려웠다.

탁오를 접하면서 맨 처음 느꼈던 의문은 왜 그의 저술에 대한 주석이나 번역본이 하나도 없을까 하는 것이었다. 일부 알려진 문장에 대한 선역(選譯)이나 선주본(選注本)은 없지 않았으나 제대로 된 완역이나 완주본은 찾아볼 수 없었다. 그의 명성에 비해, 또 고전에 대한 중국인들의 각별한 관심이나 태도에 비추면 이상할 정도였지만 궁금증은 얼마 안 가 금방 풀렸다. 왕조시대의 지식인이라면 누구나 가장 유명한 이단이었던 그를 취급하는 데 대한 부담은 지고 싶지 않았을 거라는 짐작이 갔다. 청대가 망한 이후로는 굴곡진 중국의 역사가 그에 대한 차분한 연구를 가로막았을 것이었다. 그리고 공산화 이후로는 자유로운 학술 연구가 불가능한 정치적 상황이, 지금은 들여야 할 공력에 비해 보상이 따르지 않는 어정쩡한 사회주의 제도하의 왜곡된 경제논리가, 또 예전에 비해 한참 떨어져버린 연구자의 해독능력이 모두 복합적으로 작용하고 있다는 걸 어렵잖게 알 수 있었다. 그래서, 이 책의 번역은 정말로 어려웠다.

별다른 지침서도 없이 달랑 원문뿐인 상태에서 한 글자 한 구절이 전부 막힘의 연속이었고 술술 해독되는 대목은 거의 없었다. 고심참담(苦心慘憺)! 『분서』를 대하는 내내 나는 이 말이야말로 내가 처한 상황을

묘사하는 가장 적절한 단어라고 생각했다. 그렇게 힘겹다보니 때로는 저자에 대한 원망이나 의구심 같은 것이 생겨나지 않을 리 없었다. 도대체 알아볼 수 있게 글을 썼어야지. 전혀 남들을 의식하지 않고 거침없이 휘두른 붓끝에 후학이 얼마나 고통받고 있는지 알기나 할까 싶었다. 한편으로 그의 난해한 문장에는 오만한 자기과시가 숨어 있지 않나 싶기도 하였다. 언젠가 이런 불만을 한 중국인 친구에게 늘어놓았더니, 그는 이런 말로 답변을 대신했다. "그렇지 않아. 고인(古人)은 우리보다 훨씬 수준이 높았다고. 우리가 그들을 못 따라가는 것일 뿐이야." 이 말은 순간적인 깨달음처럼 나를 잡아당겼고 그때 이후로 다시는 탁오라는 인물에 대해 의구심이나 염오감을 품지 않게 되었다. 오직 외경(畏敬)으로만 대하고 고전에 대한 부족한 소양을 탓하면서 어떻게든 노력으로 문제를 풀어보려고 애썼다.

그러나 길은 멀고 험했다. 흡사 밀교의 비의를 캐려는 사람처럼 허걱거리며 여기까지 왔지만 그에 대한 나의 이해가 어느 만큼이라고는 감히 말하지 못하겠다. 시간이 흐르면서 얽힌 실꾸리가 풀리듯 저절로 해석되는 곳도 많아졌지만 그의 저술에 드리워진 시대의 아우라가 너무 깊고 독특했던 까닭에 읽는 이는 그에게서 한없는 겸손과 인내를 배워야만 했다. 그렇지 않으면 누구의 접근도 허락하지 않는 듯한 그 도도하고 정교한 문체 앞에서 나가떨어지지 않을 도리가 없었던 것이다.

탁오는 획일적인 사고를 거부한 통합의 사유인이었다. 그러면서도 두루뭉수리가 아니라 문제의 정곡을 찌르는 날카로움이 있었다. 전통과 제도에 매몰되지 않고 시대의 문제를 정확히 간파해 새로운 가치관을 제시할 수 있었던 사내, 그가 바로 이탁오였다. 그래서 그의 사상은 사뭇 급진적이다. 가짜 도학꾼들이 난무하는 명대 말기 사회에서 그는 깨어 있는 정신으로는 독보적인 존재였다. 『분서』 곳곳에는 아침 햇살에 은빛 비늘을 반짝이며 유영하는 물고기처럼 펄떡이는 사고들이 흘러넘친다. 그러나 그의 사상은 또 보편적인 것이기도 하였다. 인간에 대한 깊은 연민과 거짓에 대한 증오는 탁오가 살아 있는 동안 그를 지

탱시켜준 원동력이었다. 그것은 때로 도(道)나 자비(慈悲)로 연결되었고 혹은 생사를 초월한 삶의 해답처럼 여겨지기도 하였다. 그에게는 무위(無爲)조차 일종의 의미 있는 실천이 되었다. 노장철학은 탁오에 이르러 적극적인 입세(入世)의 방편으로 해석되기도 했던 것이다.

당면한 문제의 해결을 논할 때 사람들은 대부분 제도나 시스템을 거론한다. 하지만 이런 것들을 두고 공자가 말한 '성숙한'(有恥且格) 단계에 다다르는 통로라 하기에는 뭔가 미흡해 보인다. 부끄러움과 격조를 모르는 개인들만 와글거리는 작금의 현실에서 우리가 추구해야 할 가장 절실한 덕목은 탁오가 말한 거짓 없는 순수한 마음의 회복, 즉 말과 행실의 일치가 아닐까 싶다. 전제군주가 통치하는 시대에도 인본주의적인 사상은 존재했고, 민주주의가 꽃피었다는 오늘날에도 저만 아는 독선과 이기는 도처에 횡행한다. 요컨대 문제의 궁극은 인간에게서 찾아야 하는 것이다. 이를 도외시하거나 차치한 채 다른 데다 책임을 떠넘기는 짓은 본말이 전도된 행위거나 본분을 회피하는 비겁이 아닌가 한다.

이런 견지에서 볼 때, 탁오는 이 세계와 인간의 본질을 정확하게 인식했고 또 가식 없는 적나라한 문장으로 이를 비판하며 문제점을 짚어낸 인물이었다. 그래서 그는 늘 고독했고, 그를 읽는 사람들도 덩달아 고독하게 만든다. 그가 우리에게 남긴 가장 큰 유산이라면 위선과 허위의식을 벗겨낸 자리에서 인간 내면의 가장 깊은 의식을 들여다보게 했다는 점일 것이다. 세상의 모순과 거짓은 그를 하염없는 구도의 길로 밀어넣었다. 그렇게 해서 세상의 모든 사상을 섭렵하려 했으나 결국은 '마음'(心)으로 귀착하게 된다. 심학과 불교의 유심론은 그로 하여금 세상의 문제는 바깥에서가 아니라 인간 내면에서 해답을 찾아야 한다는 믿음을 안겨준 것이나 아니었을까?

아무도 보이지 않는 길 위에 서 있는 것은 힘들다. 그가 그랬고, 또 그 뒤를 이은 자들이 그랬다. 그래도 그가 꽂아놓은 이정표대로 따라가다 보면 어딘가에 희미한 발자국이나마 남을 것 같아 여기까지 오게 되

었다. 몇 년 전 북경시 외곽 통주(通州)의 서해자공원(西海子公園)에 위치한 탁오의 무덤을 찾은 적이 있는데, 호숫가 정자에서 한 노인이 얼후(二胡)를 켜며 탁한 음성으로 노래부르고 있었다. 흐느끼는 듯한 그 음색은 의외로 장중하던 탁오의 묘지와 함께 오랫동안 마음에 남았다. 그런 것들이 바로 연면한 역사가 아닌가 한다. 어줍잖게나마 이 책을 이루기까지 많은 분들께 신세를 졌다. 이 자리를 빌려 감사드리며 아울러 탁오에게 관심 있는 분들에게는 이 책이 작은 등불이 되었으면 좋겠다.

# 찾아보기

Li Zhi

*Fenshu*

Translated by Kim, Hye-kyung

Published by Hangilsa Publishing Co., Ltd., Korea, 2004

GB
한길그레이트북스

인류의 위대한 지적 유산

# 분서 II

이지 지음 · 김혜경 옮김

한길사

## 한길그레이트북스

인 류 의 위 대 한 지 적 유 산

## 권3 잡술雜述

# 분서 I 차례

## 권6 시가詩歌

### 사언 장편고시四言長篇

### 오칠언 장편고시五七言長篇

분서II 차례

# 권4 잡술雜述

GB
한길그레이트북스

인류의위대한지적유산

# 분서 II

이지 지음·김혜경 옮김

한길사

골동품 앞에 앉은 미인

전형적인 사대부 집안의 여인으로 단아하면서도 화려한 치장이 돋보인다.
이들 대부분은 봉건적인 가부장제도 아래서 자신의 뜻을 펴지 못한 채 굴종의 삶을 살아야 했다.
그러나 이지는 그런 한계를 뛰어넘는 여성들을 찬양했으며, 그 가운데 몇몇은 제자로 받아들여
그들과 더불어 도를 논하기도 했다.

▲이지의 수고(手稿)

간결하지만 힘이 넘치는 서체에서 그의 담박하면서도 꼿꼿한 성품을 엿볼 수 있다.

▶이지의 묘

북경시 외곽 통주의 서해자공원에 있는 이지의 묘비이다. 전면에 새겨진 비문은 평생을 두고
교류하며 진정한 지기로 여겼던 초횡(焦竑)의 글씨다.

▲「남경번회도」

명대 후기 남경의 번화한 시장풍경이다. 자본주의의 맹아가 이미 태동된 시기로, 경제는
급격히 발달하고 있었지만 사회적 의식은 아직 그에 미치지 못했다.

▼「효경도」

명대 구영의 작품으로 『효경』의 한 장면을 묘사한 것이다. 이지는 명대의 가장
진보적인 사상가이지만 유가 윤리에 따라 50세 이전 가족에 대한 모든 책무를 완수했다.
그는 말년이 되어서야 출가해 구도자의 삶을 살았다.

▲주희(1130∼1200)

이학(理學)의 집대성자. 명대에 이르러 그의 철학은 자유로운 사고를 옥죄는 교조주의로 변질되어
이지의 호된 비판대상이 되었다.

▶도연명(365∼427)

동진(東晉)의 시인. 이름은 잠(潛), 연명은 자이다. 명리를 버리고 전원에 은거하는 삶을 노래했다.
이지는 도연명 정도는 되어야 은둔을 말할 수 있다는 말로 그를 칭송했다.

## 지은이 이지

이지 李贄의 원래 이름은 재지(載贄), 호는 탁오(卓吾)다.
조상 중에는 페르시아만을 오가며 무역을 하다가 색목녀를 아내로 맞거나
이슬람교를 믿은 이도 있었지만, 이지 본인은 중국의 전통문화 안에서 성장했다.
그러나 훗날 노장과 선종, 기독교까지 두루 섭렵한 이력으로 인해 그의 사상은
중국 근대 남방문화의 결정체로 설명되기도 한다. 그는 26세 때 거인(擧人)에 합격해
하남·남경·북경 등지에서 줄곧 하급 관료생활을 하다가 54세 되던 해 운남의 요안
지부를 끝으로 퇴직했다. 이지는 40세 전후 북경의 예부사무로 근무하던 중
왕양명과 왕용계의 저작을 처음 접한 뒤 심학에 몰두했다.
나이가 들어 불교에 심취하고는 62세에 정식으로 출가해 절에서 기거했다.
그는 유불선의 종지가 동일하다고 인식했고, 유가에 대한 법가의 우위를 주장했으며,
소설과 희곡 같은 통속문학의 가치를 긍정하는 평론 활동을 폈다. 유가의 정통관념에
도전하는 『장서』를 집필했고, 공자가 아닌 자신의 기준으로 경전을 해설한 『사서평』을
출간했으며, 선진 이래 줄곧 관심 밖에 있던 『묵자』의 가치를 새롭게 조명하기도 했다.
이렇듯 스스로 이단을 자처하며 유가의 말기적 폐단을 공격하고 송명이학의 위선을
폭로한 그에게 세인은 양쪽으로 갈려 극단적인 평가를 부여했다. 결국 혹세무민의 죄
를 뒤집어쓰고 감옥에 갇혀 있던 중 76세에 자살로 생을 마감했다.
그의 저작들은 명·청대의 가장 유명한 금서였지만 대부분은 지금까지 전해지고
있으며, 그의 이름을 빌린 수많은 위작 또한 횡행하고 있다.


## 옮긴이 김혜경

김혜경(金惠經)은 대전에서 태어나 이화여자대학교 중문과를 졸업하고
타이완 국립대만사범대학교 국문연구소에서 석사와 박사 학위를 받았다.
미국 하버드대학교 옌칭연구소와 로스앤젤레스의 로욜라 메리마운트대학교(LMU),
영국 런던대학교(SOAS)에서 연구한 바 있으며 중국 무한대학교 초빙교수를
지내기도 했다. 1991년부터 국립한밭대학교 중국어과에서 학생들을 가르치면서 명말
청초 및 근대의 문학과 사상을 주로 공부했고 이 시기의 고전을 우리말로 옮기는
작업에 관심을 기울여왔다. 펴낸 책으로는 한길사에서 펴낸 『분서』 『속분서』
『명등도고록』이 있고, 그 밖에 『요재지이』(전 6권)가 있다.
논문으로는 「이지의 병가 사상」 「호적 연구」(胡適研究) 등이 있다.

분서 Ⅱ

**지은이** 이지
**옮긴이** 김혜경
**펴낸이** 김언호

**펴낸곳** (주)도서출판 한길사
**등록** 1976년 12월 24일
**주소** 10881 경기도 파주시 광인사길 37
**홈페이지** www.hangilsa.co.kr
**전자우편** hangilsa@hangilsa.co.kr
**전화** 031-955-2000~3 **팩스** 031-955-2005

**부사장** 박관순 **총괄이사** 김서영 **관리이사** 곽명호
**영업이사** 이경호 **경영이사** 김관영 **편집주간** 백은숙
**편집** 박희진 노유연 이한민 박홍민 배소현 임진영
**관리** 이주환 문주상 이희문 원선아 이진아 **마케팅** 정아린
**디자인** 창포 031-955-2097
**인쇄** 오색프린팅 **제본** 경일제책사

제1판 제 1쇄 2004년 6월 30일
제1판 제 7쇄 2023년 12월 20일

값 35,000원

ISBN 978-89-356-5643-1 94150
ISBN 978-89-356-5644-8 (전2권)

# 한길그레이트북스 인류의 위대한 지적 유산을 집대성한다

●한길그레이트북스는 계속 간행됩니다.

존 맥피의 모든 팬을 위한 향연인 이 책은 그의 가장 뛰어난 
통합한 방대한 역작이다. 지질학을 주제로 한 맥피의 글에 익⋅
술에는 과학 이론뿐 아니라 그를 지질학으로 안내하는 인물들 
되어 있다는 것을 알 테다. (⋯) 흠잡을 데가 거의 없는 이 야 
에서, 맥피 특유의 문체는 한결같고 당당하다. "LA 다저스의 전신인 브루클린 다저스 
의 홈구장이 있던 이벳필드도 말단퇴석이었다. 이곳에서 장타자가 장외 홈런을 치면, 
베드퍼드가에 떨어진 공은 빙퇴석 위를 튀어내려가서 빙하성 유수 퇴적평원 위의 코 
니아일랜드 쪽으로 굴러갔다. 로스앤젤레스에서는 그 누구도 이런 홈런을 칠 수 없을 
것이다. _『퍼블리셔스 위클리』

암석은 종종 혼돈스럽지만, 그런 연구는 맥피의 투명한 글 안에는 없다. 25개의 놀라 
운 지형도로 장식된 그의 알찬 책은 20년 프로젝트의 결과물이다. 이 프로젝트에서 
그는 일반 대중의 관심도 사로잡으면서 지질학계에서 받아들여질 수 있을 정도의 완 
성도로 지질학과 그 종사자들을 소개하는 것을 목표로 세웠다. 그는 "북위 40도 부근 
의 북아메리카 횡단면"을 묘사할 생각으로 이 프로젝트를 시작했지만 훨씬 더 넓은 
범위를 다루면서 마무리를 지었다. 그의 이야기의 규모는 제2권인『수상한 지형에서』 
의 구조로 가늠해볼 수 있다. 해리스라는 인물 묘사로 시작하는 가운데 애팔레치아산 
맥의 단편인 델라웨어 협곡을 조사하고, 애팔레치아산맥과 판구조론을 논하며, 대륙 
빙하 이론을 소개한다. 이 제2권과 나머지 네 부분으로 채워진 매혹적인 이전 세계의 
그림은 약 2억4500만 년 전 중생대가 시작될 무렵의 북아메리카까지 거슬러 올라간 
다. _『사이언티픽 아메리칸』

맥피가 미국의 지질을 공부하기 시작한 것은 20년 전의 일이다. 그는 지질학자들과 
함께 80번 주간고속도로를 여유롭게 달리면서, 도로절개면에서 눈에 띄는 암석의 지 
층을 해독하는 지질학자들의 이야기에 귀를 기울였다. 보통 사람의 눈에는 알록달록 
한 바위로만 보이는 것이 실은 아주 오랜 시간의 기록이며, 멋지게 솟아오르고 갈라 
지고 부서진 지각의 흔적이다. 철저하게 문과 체질인 맥피는 처음에는 지질학 용어의 
시적인 표현과 땅에 대한 사랑 때문에 지질학에 끌렸지만, 나중에는 그와 친구가 된 
지질학자들의 성격에도 매료되었다. 게다가 한 편의 글을 쓰기 위해 떠올린 좋은 발

상이 사실은 일생의 주제였다는 것을 깨달았다. 그의 북아메리카 횡단 지질 여행에 대한 설명으로 채워진 네 권의 책은 과학 울렁증이 가장 심한 독자조차 기술 분야의 매력을 느낄 수 있도록 바꿔놓고, 비문학 창작을 예술의 경지로 올려놓은 책으로 명성을 얻었다. 이제 그는 새로운 내용을 보강하고 수정한 그 네 권의 책에 북아메리카 대륙 중심부의 별 특징 없는 땅에 대한 연구인 『크라톤을 가로질러』라는 미발표 지질학 작품을 추가하여, 북아메리카 대륙의 초상을 보여주는 한 권의 책으로 엮었다. 이 웅장한 서사는 북아메리카의 지질학적 역사라는 드라마뿐 아니라 암석에 대한 사랑이 인생의 사랑인 사람들의 흥미진진한 이야기도 전한다. _다나 시먼, 『북리스트』

맥피의 예술적인 북아메리카 지질 역사 이야기는 미국의 중심부인 캔자스와 네브래스카 깊숙이 들어가서 선캄브리아기라는 아득한 과거의 추적으로 완성된다. 이 모음집에는 『분지와 산맥』 『수상한 지형』 『평원의 융기』 『캘리포니아의 지질학적 형성』이라는 그의 예전 지질학 작품 네 권이 포함된다. 그는 여기에 『크라톤을 가로질러』를 추가한다. 대륙의 기반암인 크라톤에서, 지질연대학자인 랜디 반 슈무스와 함께 "동위원소와 화학적 특성, 우주론의 자료, 추측"의 영역을 파고든다. 맥피의 글에는 거대한 구조가 홀로 서 있는 것처럼 보이게 하는 비결이 있다. "이 열곡에 있는 많은 절벽이 높이가 수직으로 900미터에 이르고" 지표 아래로도 180미터를 더 내려간다. 늘 그렇듯이 솜씨 좋은 맥피는 초기 호상열도와 화산활동과 미소대륙의 창조에 관한 이야기를 도맡았고, 「창세기」에 걸맞은 힘과 소박함으로 그 이야기를 풀어낸다. _『커커스리뷰』

지질학 입문서, 자서전, 경관에 대한 광범위한 조망이라는 세 가지 역할을 하며, 멋진 조각 글들로 장식된 『이전 세계의 연대기』는 미국을 바라보는 아주 특별한 시선을 제공한다. 이 책은 대문장가의 역작이다. 이 책에서 상상하는 지구에 몸을 맡기고, 잘 알려져 있지 않은 북아메리카 대륙의 모습에 눈을 뜨자. _로이 포터, 『로스앤젤레스타임스』

이전 세계의
연대기

# 이전 세계의
# 연대기

존 **맥피** 지음 | 김정은 옮김 | 최상훈 감수

# JOHN——
## ANNALS OF THE FORMER WORLD
# MCPHEE

글항아리**사이언스**

욜란다 휘트먼에게

# 목차 이야기

    1978년, 나는 지질학자들과 함께 미국 횡단 여행을 시작했다. 도로절 개면에 드러난 암석뿐 아니라 함께 여행한 지질학자들에 대한 이야기까지 다루는 글을 쓰기 위해서였다. 그 결과물은 북위 40도 부근의 북아메리카 횡단면과 거기에 담긴 과학이 될 터였다. 80번 주간interstate고속도로(와 그 주변 지역)를 1년 동안 여행하면서, 때로는 나라 전체를 횡단하기도 했지만, 대개는 한 지역을 한 사람의 지질학자와 다녔다. 그렇게 동행한 지질학자로는 프린스턴대학의 케네스 데퍼스, 프린스턴의 대학원생이었다가 이제는 미네소타대학의 교수가 된 퇴적학자 캐런 클레인스펜, 미국 지질조사소의 애니타 해리스와 데이비드 러브, 캘리포니아대학 데이비스 캠퍼스의 구조학자 엘드리지 무어스가 있었다. 첫 여행을 끝내고, 메모를 옮겨 적으면서 전체적인 글의 구조를 구상하던 중, 나는 이것이 몇 년 더 글을 써야 할 뭔가의 밑그림이라는 것을 직감하고, 이 주제에 계속 품을 들이고 싶었다. 전체적인 구조는 크게 네 부분으로 나뉘는데, 서로 분리되어 있기도 하고 연관되어 있기도 했다. 그래서 나는 시간 간격을 두고 다른 분야와 지질학을 오가며 글을 쓰는 와중에, 짬짬이 지질학자들과 더 많은 곳을 돌아다니기로 결심했다. 추가 여행지는 80번 주간고속도로보다 훨씬 멀리 있는 그리스 본토, 키프로스섬, 애리조나의 탄광촌, 샌앤드레이어스 단층의 이 끝에서 저 끝까지였다. 주제는 미국의 횡단면을 넘어서 세계에 분포하는 오피올라이트ophiolite와 지구구조학까지 확장되었다. 어쩌다보니 로버트 루이스 스티븐슨, 와샤키 추장, 시어도어 루스벨트(2회), 레나페족의 위노나, 윌리엄 테컴세 셔먼, 윌리엄 펜, 존 오거스터스 서터 같은 인물도 다루게 되었다.

기본적으로 전체적인 구조를 이끄는 주제는 판구조론이었다. 판구조론의 혁명은 1960년대에 일어났으므로, 내가 여행을 시작할 당시에도 그 개념에 비판적인 사람이 없지 않았다. 나는 누가, 왜 반대의 목소리를 내는지를 알고 싶었고, 새로운 학설이 검증되고 적용되는 방식을 관찰하고 싶었다. 그 외에도 많은 문제를 다루겠지만, 가장 중요한 이론은 판구조론이었다. 이야기의 구조는 뉴욕에서 샌프란시스코까지 주간고속도로를 따라 선형으로 이어지지 않는다. 미국 전체를 이리저리 넘나든다. 이를테면 뉴저지에서 시작한 여행이 네바다로 뛰어넘어가기도 하는데, 2억 년 전에 뉴저지에서 일어났던 구조 운동이 오늘날 네바다에서 반복되고 있기 때문이다.

이제, 1978년부터 1998년까지 순차적으로 발표해온 내 계획이 끝을 맺었다. 처음 네 부분은 1981, 1983, 1986, 1993년에 출간되었다. 마지막 다섯 번째 글은 이 책에 있는 큰 공백을 메우기 위한 것이다. 내가 계획한 이야기에는 북아메리카 대륙 중부에 관한 내용이 거의 없었고, 광범위하고 일반적인 방식으로만 언급되었다. 다양한 기period와 세epoch와 절age을 넘나드는 여러 연대표는 있었다. 그러나 암석 대 암석의 변화에 대한 세세한 설명 같은 것은 없었다. 미국 중부에는 지표에 드러난 암석이 거의 없다. 그래서 전국 횡단이라는 취지의 처음 구상에서는 시카고에서 샤이엔에 이르는 넓은 지역을 의도적으로 대충 넘어갔다. 암석이 드물다면, 구조적으로 다룰 것은 더 드물 것이다. 10억 년이 넘도록 그 지역에서는 별다른 일이 일어나지 않았다. 그래도 나는 그 지역을 빠뜨렸다는 것에 약간의 죄책감을 느꼈고, 이 서사시의 행간에 생긴 공백을 어떻게 줄일지를 고민했다. 그 답은 지구물리학에서 나왔다. 최근 방사성 연대 측정법에서 컴퓨터과학에 이르는 다양한 분야의 발전과 지구물리학이 결합하면서, 지질학자들은 북아메리카 대륙 중부가 선캄브리아 시대에 어떻게 형성되고 발달해왔는지를 확인할 수 있게 되었다. 나는 샤이엔과 시카고 사이를 둘러보는 것도 좋겠다고 생각했고, 캔자스대학의 W. R. 반 슈무스와 함께 그 생각을 실행에 옮겼다.

지질학을 주제별로 분류한 목록이 아니라 서서히 풀어나가는 이야기를 하고자 하는 의도에서, 책 전체는 여행, 짧은 주제 글, 회상, 간단한 전기, 인간과 암석의 역사에 관한 이야기들로 구성되었다. 그렇기 때문에 이 책에서는 기본적인 판구조론에 관한 내용이나 기본적인 지질 시대에 관한 내용을 골라서 찾아 읽기는 어렵다. 그런 주제에 일일이 소제목을 달지도 않았다. 내가 목차를 서술형으로 쓰는 까닭도 바로 그런 이유에서이다. 이 방대하고 포괄적인 책에서, 나는 두 마리 토끼를 잡으려 하고 있다. 본문은 분할하지 않고 이어지게 두면서, 이 계획이 어떻게 시작되었고 20년에 걸쳐 어떻게 발전해왔는지, 어디에 무엇이 있는지를 미리 설명하려고 한다.

첫 번째 이야기인 분지와 산맥은 입문을 위한 글이다. 판구조론의 역사와 현상을 주제로 하는 긴 설명 글이 있다. 이 설명 글은 판구조론이 무엇이고, 누가 어떻게 알아냈는지를 다룬다.

분지와 산맥에는 시간에 관한 글도 있다. 우리가 어느 정도 당연한 것으로 여기는 오늘날의 지질 연대표는 19세기 초에는 존재하지 않았다. 비전문가들(주로 의사들)이 50년가량에 걸쳐 조금씩 완성해나간 것이다. 그들은 어떤 것이 더 먼저 나타났는지를 알아냈고, 시대에 이름을 붙여 구별했다. 변화하는 지구의 모습을 따라가는 동안, 시간은 당연히 절대적으로 중요한 역할을 하며, 시간의 크기는 가늠하기가 매우 어렵다.

나는 대학에서 영문학을 전공했다. 고등학교와 대학에서 물리학, 화학, 생물학, 지질학에 관한 다양한 기초 과정 수업을 듣기는 했지만, 딱히 흥미도 없었고 학점을 맞추기 위한 것일 뿐이었다. 모든 글쓰기가 그렇듯이, 지질학에 관한 글쓰기 역시 피학적이고 정신을 피폐하게 만드는 자승자박의 고역이다. 소재가 암석일 때는 그 고역이 더 심해진다. 그렇다면 이 행동을 어떻게 설명할 수 있을까? 왜 익숙한 문화를 벗어나서 다른 분야에 관한 글을 쓰려는 것일까? 왜 영문학을 전공한 사람이 암석에 관한 글을 쓰려는 것일까? 인문학회라는 것에 소속되어 연구를 하고, 대학에서 인문학 연구에 관한 강의를 하는 사람이 무엇 때문에 지질학과 관련된 글을 쓰기 시작한 것일까? 이런 의문에 대해서도 분지와 산맥의 한 단락이 답이 될 것이라고 믿는다.

나는 짧은 시기를 제외한 생의 대부분을 뉴저지의 프린스턴에서 보내면서 공립학교와 대학을 다녔다. 열일곱 살 때 매사추세츠의 디어필드 아카데미에 들어갔는데, 그곳에는 프랭크 콩클린이라는 지질학자가 진행하는 매우 훌륭한 1년 과정의 지질학 수업이 있었다. 당시에도 나는 영문학과로 진로를 정하고 있었지만, 그 뒤로 수십 년 동안 아주 다양한 주제의 논픽션을 써왔다. 그중에는 자연 풍경에 관한 글도 더러 있었고, 그때마다 지질학을 가볍게 접하게 되었다. 머지않아 내 글에는 이런저런 방식으로 지질학을 다룰 일이 많아졌고, 나는 제대로 알기 위해서 프린스턴대학의 지질학과 교수들에게 도움을 청하곤 했다. 이를테면 『파인배런스The Pine Barrens』와 『대드루이드와의 만남Encounters with the Archdruid』 같은 책에는 지질학 관련 문장이 조금 등장하고, 내가 오랫동안 품고 있던 질문에서 나온 책인 『이 땅으로 들어와서Coming into the Country』에서는 분량이 좀더 늘었다. 확실히, 유콘강 유역에 사금이 있는 까닭은 산이 풍화되어 부서지면서 강의 자갈 속에 금이 흩어졌기 때문일 것이다. 거기까지는 이해했다고 생각했다. 그러나 나는 무엇이 산의 내부에 처음 금을 집어넣었는지가 궁금했다. 나는 지질학과에 전화를 걸어서 한 교수와 이야기를 나눴는데, 그는 그 문제의 답을 찾아줄 수 없다고 말했다. 그의 주된 관심사는 쥐라기의 나뭇잎이었다. 그는 켄 데피스에게 연락해보라고 말했다. "데피스는 알아요. 아니, 안다고 생각할 거예요." 내게 데피스는 산에 금을 집어넣은 사람이었다.

1년 정도 데피스와 암석에 관한 대화를 두서없이 다방면으로 나누다가, 나는 그에게 뉴욕 근처의 도로절개면에서 『뉴요커』의 「장안의 화제 Talk of the Town」 난에 기고할 소재를 함께 찾으면 어떻겠냐고 물었다. 폭파로 노출된 암석 단면을 보고 그 역사를 읽어서 일인칭 복수 시점으로 글을 써보자는 것이었다. 이 짧은 여행이 계획되는 동안에도, 나는 그에게 도로절개면으로 이어지는 길을 따라 북쪽으로 가면, 이를테면 애디론댁산맥을 통과하는 노스웨이의 멋진 길을 따라 올라가면, 더 괜찮은 이야기가 있는지 물었다.

"이 대륙에서는 아니에요." 데피스가 말했다. "만약 이 대륙에서 그런 것을 보고 싶다면, 지질 구조를 가로질러 서쪽으로 가야 해요."

순간, 내 생각은 샌프란시스코를 향해 내달리고 있었다. 그 길에는 저마다 다른 이야기를 전하는 도로절개면들이 광고판처럼 늘어서 있을 것이다. "쭉 가보지 않을래요?" 나는 그에게 물었다. 2주 후, 우리는 네바다에서 은을 찾고 있었다.

데피스는 20년 동안이나 이 계획을 옆에서 든든하게 지켜주었다. 그는 항상 내 이해력과 잠재력을 실제보다 두 배쯤 부풀려 생각하는 것 같았다. 내 머리보다 6~8미터 더 높이 있는 이야기를 할 때에도 스트레스를 받는 기미가 전혀 없고, 그런 이야기를 하고 있다는 인식조차 없다. 비교문학 교수가 아닐까 의심스러울 정도로 다양한 책을 두루 섭렵한 그는 내가 도달하고 싶은 목표를 직감적으로 이해했다. 내 목표는 지질학계에서 받아들여질 수 있을 정도의 완성도로 그의 과학과 그 종사자들을 소개하면서, 방식과 형식 면에서는 사람들의 관심을 끄는 것이었다. 나는 이런 생각을 할 정도로 순진했고 몇 달 동안 신경쇠약 상태에 있었지만, 20년 동안 많은 것을 배웠다. 데피스는 지질학 문헌을 찾고 심사숙고해 애팔래치아산맥과 로키산맥과 캘리포니아를 추천했고, 함께 여행할 만한 지질학자도 소개해줬다. 그는 그들에게 연락해서 내가 하고자 하는 것을 설명해 그들의 관심을 끌어냈고, 나를 도와줄 수 있는지 물었다. 그들 역시 그 첫해에 함께 여행한 이래로, 차례로 내 20년 지기 친구이자 조언자가 되었다.

몇 개의 대륙 횡단 연대표에는 본문에서 선택된 순간이 그려지는데, 이전 세계의 아득히 먼 과거 어느 순간의 미국 고대 지형을 살짝 훑어보는 그림이다. 분지와 산맥에는 트라이아스기 말기 여행이 있고, 지질시대에 관한 설명 글의 한 부분인 미시시피기와 펜실베이니아기의 연대표가 있다. 연대표의 개념을 소개하기 위한 방법으로, 분지와 산맥에서는 먼저 현재 아메리카 대륙의 지형학적 경관을 대륙 전체를 가로지르면서 빠르게 살펴본다. 수상한 지형에서는 캄브리아기와 오르도비스기, 실루리아기 일부를 소개한다. 최초의 육상식물은 이 실루리아기의 첫 번째 시기가 끝나고 두 번째 시기가 시작할 무렵에 등장한다. 평원의 융기에서는 에오세 연대표가 동부와 서부에서 동시에 시작되고, 오늘날 와이오밍에 해당되는 거대한 호수에서 만난다.

분지와 산맥에서는 판구조론을 소개하고, 수상한 지형에서는 애니타 해리스가 몇 가지 면에서 판구조론에 이의를 제기한다.

수상한 지형에서는 네 부분으로 구성되었다. 1. 애니타 해리스의 전기, 2. 애팔래치아산맥의 단편인 델라웨어 협곡(단편을 이해해야만 전체의 이해를 향해 나아가는 긴 여정을 떠날 수 있다), 3. 애팔래치아산맥과 판구조론, 4. 대륙 빙하 형성에 대한 학설(여기서는 그 학설이 잘 받아들여지지 않았던 19세기의 상황과 판구조론이 겪는 20세기 상황이 대비되었다). 이 네 부분은 이렇게 나뉘어 있지는 않지만, 조금만 주의를 기울이면 알 수 있을 것이다. 석탄과 석유에 관한 짧은 글도 있다. 여기서 이야기는 펜실베이니아 서부로 넘어가는데, 펜실베이니아 서부는 두 가지 주제에서 중요한 장소다. 델라웨어 협곡은 하나의 자유분방한 실험, 작품 속의 작품이다. 그곳에서 (수천 년인) 인간의 역사는 모종의 목표를 이루기 위해 지질학의 역사와 대화를 나누기 시작한다. 이 글의 의미는 조지 이네스의 풍경화에 잘 드러나 있다. 그 풍경을 만들어낸 것이 무엇인지를 알 수 있다면, 미국 동부를 만든 것이 무엇인지도 알 수 있을 것이다. 화가의 어깨너머로 어떻게 된 일인지 알아보자.

지질학자들은 겉으로 드러난 지형적 특징을 의미할 때는 "terrain(지형)"이라 쓰고, 수 킬로미터 깊이의 땅덩어리를 가리킬 때는 "terrane(암층)"이라고 쓴다. 수상한 지형에서를 처음 출간했을 때, 나는 "지질학자가 아니므로 협조하지 않겠다"고 썼다. 사실 terrane은 적어도 19세기 중반부터 영어에 있던 단어였다. 웹스터는 그 의미를 안다. 그러나 나는 별로 찾아볼 생각을 하지 않았고, 고집불통이 되어 두 철자 사이의 애매함만 곱씹었다. 이제 나는 마음을 고쳐먹고 태도를 바꿨다. terrain은 지형이다. terrane은 3차원의 거대한 땅덩어리다. 나는 필요할 때마다 본문의 내용을 바꿨다. 그래도 제목인 수상한 지형에서는 필사적으로 지켜냈다. 제목은 그 의미를 고스란히 유지하며 그대로 남아 있다.

애니타 해리스는 브루클린의 윌리엄스버그에서 자랐고, 솔직히 말해서 그곳을 벗어나기 위해 지질학을 공부했다. 그녀 인생사의 한 단면은 뉴욕시 지질학의 한 단면이다. 그녀는 석유 탐사의 효율을 향상시킨 고생물학적 발견으로 국제적 명성을 얻었다. 나는 그녀가 뉴저지에서 인디애나까지 탄산염암을 채집하는 동안 함께 다녔다. 많은 이가 두 대륙의 봉합선을 나타낸다고 생각하는 애팔래치아산맥의 역사와 관련해서, 판구조론에 대한 그녀의 거침없는 충고도 잘 드러나 있다.

평원의 융기는 기본적으로 와이오밍에 대한 이야기다. 와이오밍의 경계 안에는 이례적으로 광범위한 지질학적 특징들이 포함되어 있다. 주간고속도로의 도로절개면에 관한 이야기일 뿐 아니라 잭슨홀, 티턴산맥, 파우더강 분지, 윈드강 분지, 래러미산맥, 데이비드 러브와 그의 부모, 특히 그의 어머니에 관한 이야기이기도 하다. 러브의 어머니가 아이들을 교육한 러브 목장은 말을 타고 한참을 나가야 이웃이 있는 곳으로, 와이오밍의 지리적 중심부에 위치하고 있다. 러브의 어머니는 1882년에 태어났고 오래전에 작고했기 때문에 내가 직접 만날 기회는 없었지만, 내가 직업적으로 마주친 사람 중에서 아마 가장 매력적인 인품을 지닌 사람일 것이다. 래러미 조산운동, 즉 로키산맥의 발생에 관한 이야기, 로키산맥의 매몰과 발굴에 관한 이야기, 잭슨홀과 티턴산맥의

(단편적으로 이해된) 지질학적 역사에 관한 글, 지구물리학적 열점(옐로스톤, 하와이, 버뮤다, 아이슬란드, 트리스탄다쿠냐 제도 같은 곳)에 관한 설명, 야외지질학과 "블랙박스 지질학" 사이의 긴장관계를 볼 수 있다.

지질학자들의 연구 방식에는 그들이 어떤 종류의 땅에서 자랐는지가 드러난다는 이야기가 있다. 이와 관련해서, 와이오밍의 한가운데서 태어난 지질학자의 생애보다 더 훌륭한 본보기는 아마 어디에도 없을 것이다. 러브 목장과 데이비드 러브의 성장 과정에 관한 이야기를 보자.

흘끗 보고 지나칠 와이오밍 롤린스의 심심한 풍경 속에는 그랜드캐니언의 웅장한 암벽보다 훨씬 더 긴 시간이 펼쳐져 있다. 그리하여 롤린스 지하로 26억 년 전까지 닿아 있는 그야말로 지질 주상도나 다름없는 암석 단면에 관한 이야기를 다룬다.

평원의 융기의 마지막 여섯 번째 부분에서는 지질학적 발견과 환경 보존 사이의 긴장 상황을 짜깁기 형식으로 살펴본다. 광물자원 탐사 지질학자이자 와이오밍의 자연을 열정적으로 보호해온 데이비드 러브는 그 자체로 이 싸움의 본질이다. 그런 그의 사례는 석탄, 함유셰일oil shale, 트로나trona, 오버스러스트대의 석유와 가스, 옐로스톤 공원의 석유, 그의 대표적인 발견이며 그의 집 근처에 위치한 퇴적 우라늄에 드러나 있다.

캘리포니아의 지질학적 형성은 분지와 산맥보다 13년 뒤에 나왔고, 기다린 보람이 있었다. 어린아이들도 다 알다시피, 미국 내에서 캘리포니아와 맞먹을 정도로 활발한 구조 운동이 일어나는 곳은 알래스카뿐이다. 내가 캘리포니아의 지질학적 형성을 막 집필하기 시작한 1989년에 로마프리에타 지진이 일어났고, 그 사건은 본문에서 중요하게 다뤄졌다. 1992년에는 빅베어와 랜더스와 조슈아트리에서 또 지진이 일어났다. 랜더스와 조슈아트리의 지진은 새로운 단층선에서 일어난 것이 분명하며, 켄 데피스가 분지와 산맥에서 했던 예측이 확인된 것이다.

태평양 연안의 한 지점에서 시작해 같은 지점에서 끝나는 캘리포니아의 지질학적 형성은 엘드리지 무어스와 함께 캘리포니아를 동서로 횡단하면서 있었던 일들에 대한 장황하고 산만한 회상이다. 무어스의 구조운동 가설은 판구조론의 범위를 넓혀가고 있으며, 그는 그 범위 안에서 이전 세계를 재구성하고 있다. 애니타 해리스가 수상한 지형에서를 통해 언급한 "판구조론 신봉자들"은 엘드리지 무어스가 포함된 집단일 것이다. 이를테면 그는 애리조나와 남극이 한때 연결되어 있었다고 주장해왔다. 이런 주장도 1995년에 그가 미국지질학회 회장으로 선출되는 것을 막지는 못했다. 단순한 수미상관 구조인 캘리포니아의 지질학적 형성의 시작과 끝 부분에는 판이한 두 지질학적 사건의 광범위한 영향에 대한 글이 배치되어 있다. 한 사건은 1840년대와 1850년대의 골드러시이고, 다른 한 사건은 1989년의 로마프리에타 지진이다.

무어스는 오피올라이트학자로, 해양지각 암석 전문가다. 육지에 놓여 있거나 부착된 상태로 발견되는 해양지각의 암석은 큰 의문을 던지기도 하고 답을 주기도 한다. 먼저 오피올라이트의 특성과 복잡성을 소개한 다음, 키프로스와 그리스에 대한 회상으로 이어진다. 무어스가 수십 년 동안 연구한 곳인 키프로스와 그리스에는 해저에서 운반된 암석이 산맥을 이루고 있다. 이 암석은 아주 얇은 몇몇 층을 제외하고는, 대륙에서 유래한 물질이 바다에 쌓여 만들어진 퇴적암이 아니다. 대양의 확장 중심부에서 마그마가 식어 만들어진 화성암이며, 저 아래 맨틀의 암석이다. 캘리포니아에도 이런 거대한 암석덩어리, 즉 외래 암층으로 이뤄진 부분이 있는데, 지질학에서는 이것을 스마트빌 지괴라고 부른다.

금광 광부의 아들인 무어스는 애리조나 크라운킹의 고산지대에서 성장기의 대부분을 보냈고, 현재 캘리포니아의 그레이트센트럴밸리에 살고 있다. 그레이트센트럴밸리와 지질학적으로 비슷한 이야기를 갖고 있는 계곡은 세계 어디에서도 찾아보기 어렵다(있다 해도 매우 드물다). 독특한 이야기를 간직한 코스트산맥은 데이비스에 있는 무어스의 집에서 서쪽으로 몇 킬로미터 떨어진 곳에 있다. 세계에 분포하는 오피올라이트와 지구의 구조 운동을 설명하는 긴 글은 움직이는 지도에 관한 이야기이고, 모든 판과 대륙을 포함하는 땅의 발달과 소멸에 관한 이야기다. 이 글은 내파밸리의 루이스 마티니 와이너리에서 나눈 취기 어린 대화의 결과물이다.

샌프란시스코의 지질은 80번 주간고속도로 진입로의 도로절개면에서 관찰이 시작되며, 샌프란시스코 시내의 언덕들 사이를 걸어다니며 관찰되기도 한다). 캘리포니아 남북 종단에 관한 글은 단층의 집합체인 샌앤드레이어스 단층계를 다룬다. 특히 헤이워드 단층은 헤이워드뿐 아니라 샌프란시스코, 오클랜드, 버클리를 포함해, 베이에리어의 다른 모든 도시에 큰 상흔을 남길 수도 있다.

크레이톤을 가로질러서는 네브래스카를 설명하기 위해 콜로라도를 찾아간다. 콜로라도에서는 위로 휘어져 올라간 네브래스카의 기반암을 볼 수 있기 때문이다. 캔자스대학의 한 지질연대학자가 이 여행을 함께 해준 덕분에 설명은 더욱 풍성해졌다. 시카고와 샤이엔 사이에서, 가장 매력적인 지구물리학적 특성은 북아메리카 대륙 중앙부 열곡이다. 지구 역사의 4분의 1을 거슬러 올라가서, 약 11억 년 전에 갈라진 이 열곡은 한없이 깊은 시간을 들여다볼 수 있는 심연의 가장자리가 되어준다. 지금까지 지구에서 발견된 가장 오래된 암석은 연대가 40억 년 가까이 되며, 지구 자체의 나이와 6억 년 정도밖에 차이가 나지 않는다. 이야기는 태초로 거슬러 올라갔다가, 다시 방향을 바꿔서 호상열도가 부착되어 작은 크레이톤craton들이 형성되는 시생누대로 나아간다. 시생누대가 끝날 무렵인 지금으로부터 25억 년 전, 바로 북아메리카에 해당되는 지역에서는 대단히 크고 결코 되풀이될 수 없는 지구의 행동 변화가 일어난다. 이런 변화로 인해 호상철광이 침전되고, 오늘날의 판구조 운동이 시작되었다.

원생누대 초기에는 일곱 개의 작은 크레이톤이 충돌로 합쳐지면서 캐나다 순상지가 된다. 더 나중에 생긴 호상열도들이 떠밀려와서 이 순상지에 접안해 마침내 네브래스카와 콜로라도의 대부분이 형성된다. 선캄브리아 시대를 바라보는 이런 새로운 시각은 방사성 연대 측정법의 발전과 자기이상과 중력이상에 대한 측정 및 해석의 결과이며, 이 모든 것은 유정에서 나온 암석 코어를 통해 사실 여부가 확인되었다.

호상열도는 더 부착된다. 오늘날의 뉴멕시코와 캔자스에는 남아메리카의 안데스산맥 가장자리와 비슷한 해양지각판의 경계가 동북쪽으로 발달한다. 원생누대가 중간쯤 지났을 때, 당혹스럽게 일렬로 늘어선 거대한 심성암들(비교적 근래에 만들어진 시에라네바다산맥의 저반batholith과 비슷하다)이 북아메리카를 이 끝에서 저 끝까지 관통한다. 게다가 심성암이면 거의 당연한 현상인 산맥 형성을 동반하지도 않는다.

11억 년 전의 연대표는 북아메리카 대륙의 동쪽과 서쪽 가장자리에서 시작하여 점점 확장되고 있던 대륙 중앙부 열곡으로 수렴된다. 아이오와에서 이 확장이 멈췄을 때, 왠지 콜로라도에는 파이크스피크 화강암이 나타난다. 이것이 선캄브리아기 북아메리카에서 일어난 마지막 구조 운동 사건이다.

이 계획의 초창기부터 내게 유익한 상담을 해준 편집자는 캘리포니아 패서디나의 세라 리핀콧이다. 그녀는 1993년에 프리랜서 단행본 편집자가 되기 위해 『뉴요커』를 나왔다. 뉴욕에 살 때 세라는 비행기를 타고 캘리포니아 공과대학을 찾아가는 것이 완벽한 휴가라고 생각했다. 그녀는 종종 그런 휴가를 보낸다. 이제 패서디나에 살고 있는 세라는 캘리포니아 공과대학에서 (글쓰기 과정을) 가르친다. 분지와 산맥의 첫 문장부터 크레이톤을 가로질러의 파이크스피크에 대한 결론에 이르기까지, 세라는 이 책의 편집자였다. 여기서 설명한 첫 여행을 시작한 이래로 20년 동안, 판구조론에 대한 전문가들의 태도는 다른 방향으로 발전했다. 그런 발전은 본문에 반영되었고, 우리는 통합본을 준비하면서 점점 더 판구조론이 받아들여져가는 분위기를 그대로 남겨보려고 했다. 어디서든 우리는 자유롭게 소재를 추가했고, 시간의 척도를 조절했고, 끊임없이 향상되는 방사성 측정 연대에 보조를 맞추려고 노력했다. 본문은 아귀를 맞추고, 뒤섞고, 고치고, 어떤 부분은 잘라냈다. 그리고 어디가 반복되는지 샅샅이 살폈다. 반복되는 부분은 거의 잘라냈지만, 어떤 것은 조금 바꾸기도 하고, 어떤 것은 그냥 그대로 두었다. 암시와 반복은 발라드에서처럼 이 주제에도 유용할 수 있다. 암석에는 저마다 칭호가 있고, 저마다 반복구가 따라붙는다. 그 안에는 거듭해서 일어나고 또 일어나는 일들이 보인다. 이 책에서 다룬 장소의 『이전 세계의 연대기』는 암석이 예전에 했던 이야기의 메아리다. 애니타 해리스는 "지질 현상은 반복된다!"는 말을 즐겨한다. 그 말을 너무 좋아해서 조금 있다가 또 "지질 현상은 반복된다!"고 반복한다.

편의를 위해서, 이 목차도 반복되어야 한다. 간략하게 다음과 같다.

일러두기

1. 이 책의 목차에 관해서는 저자가 별도의 글을 할애해 설명하고 있다. 한국어판도 원
   서를 기준으로 삼아 중제 없이 편집하고, 각 권에 실리는 주요 내용을 목차 아래에 실
   었다.
2. 원서에서 이탤릭체로 강조한 것은 고딕체로 표시했다.

# 목차

## 지도 목록

제1권

# 분지와 산맥

—

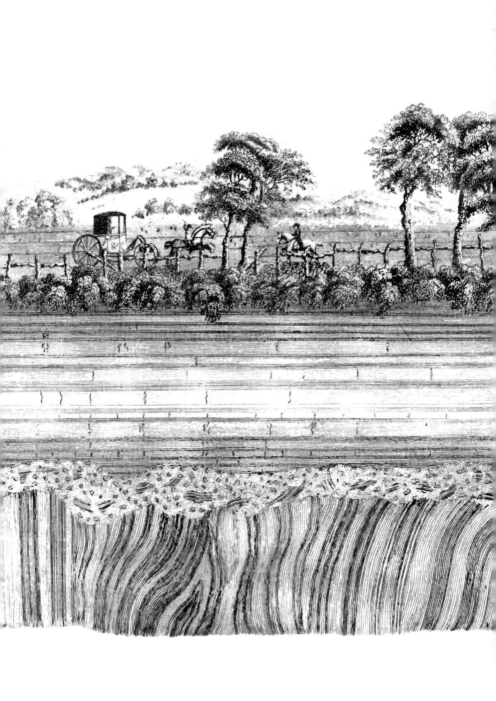

지구의 극은 고정돼 있지 않고 이동했다. 적도는 확실히 움직였다. 판 위에 얹힌 대륙은 아주 멀리까지, 그리고 아주 다양한 방향으로 운반되었다고 여겨진다. 따라서 우리가 사는 세계의 어떤 지형지물이 서경 73도 57분 53초, 북위 40도 54분 14초에 고정되어 있다고 주장하는 것은 매우 오만한 행동처럼 보인다. 바다 위에 떠 있는 배처럼, 그것은 어느 정도 일시적인 위치를 묘사한 것이다. 그럼에도 이런 좌표는 일반적으로 예측 가능한 미래를 묘사하기 때문에, 우리를 정확히 조지워싱턴 다리의 서쪽 가장자리로 안내할 것이다. 오전 9시. 평일 아침. 자동차에는 입자물리학이 거의 종합적으로 드러난다. 자동차는 압축된 연료를 폭발시키면서 팰리세이즈실sill(암상)의 짙은 색의 높다란 도로절개면 사이를 지나 시카고, 샤이엔, 새크라멘토라는 목적지로 향한다. 한 젊은 여성이 '콘바이마르 벌크 수송, 프로이하우프 롱레인저'라고 쓰인 대형 트럭에서 내뿜는 매연을 피하기 위해 바위벽에 바싹 붙어서 걸어간다. 북유럽계 얼굴에 라틴계의 짙은 갈색 눈동자를 지닌 그녀의 외모는 북유럽 태생의 조부모에게서 물려받았을 것이다. 그녀는 등산화에 청바지를 입고, 손에는 쇠망치를 들고 있다. 그러나 트럭 기사는 그녀가 긴 금발머리의 젊은 여성이라는 것만 알아차린 모양이다. 추파를 던지듯 울

스코틀랜드 보더스 제드버러의 부정합, 존 클라크 그림, 1787년, Scottish Academic Press, Ltd., 에든버러의 호의로 실음.

리는 트럭의 경적이 그녀의 귀에 따갑게 울린다. 그녀는 지질학자이고, 박사학위를 준비 중인 대학원생이다. 그녀는 자신뿐 아니라 자신이 서 있는 도로와 그 앞의 바위벽과 거대한 다리와 이 멋진 도시 전체가 트럭과 같은 방향으로 움직인다고 확신하고 있다. 사실, 미국 본토와 캐나다와 멕시코까지도 서서히 장중하게 움직이고 있다는 것을 거의 의심하지 않는다. 하지만 그녀는 지구구조학을 고찰하기 위해 이곳에 온 것이 아니다. 물론 하려면 할 수는 있다. 이론상, 팰리세이즈실은 대서양을 만든 사건의 표식이다. 뉴저지와 아프리카의 마우레타니아가 하나이던 트라이아스기에, 이 지역은 말 그대로 찢어지기 시작했다. 안간힘을 쓰며 벌어지면서 거대한 지각 덩어리로 부서지고 있었다. 계곡들은 사실상 경쟁을 벌였다. 그중 한 계곡은 바닷물이 들어올 정도로 깊게 파여서 한동안은 오늘날의 홍해와 비슷한 모양이었을 것이다. 지각 아래에서는 이 사건을 자극하면서 동시에 자극을 받은 맨틀이 용암을 올려 보냈을 것이다. 용암은 아래에서 밀려 올라오는 압력 때문에 수평으로 놓인 지층, 이를테면 셰일shale과 사암 사이에 관입해 지면을 300미터 위로 밀어올렸을 수도 있다. 관입한 용암이 수백 제곱킬로미터 넓이로 펼쳐져서, 모암 속에는 실sill(암상)이라는 널찍한 새로운 층이 만들어졌을 수도 있다.

클레인스펜은 이 특별한 암상이 지표면에서 약 3킬로미터 아래까지 내려간다고 말하면서, 망치로 세게 내리친다. 경적이 울린다. 무수히 많은 타이어가 지나가면서 거친 파도 소리 같은 굉음을 낸다. 소리를 질러야만 겨우 이야기를 할 수 있다. 그녀는 다시 망치질을 한다. 바위는 끄떡도 하지 않는다. 도로절개면의 바위벽은 아주 가파르다. 그녀가 바위를 계속 내리치자, 꽤 묵직한 덩어리가 떨어져나온다. 방금 드러난 신선한 표면에 결정들이 반짝인다. 비대칭적이고 즉흥적이고 비정형인 사장석 결정들이 어두운 휘석 사이에서 반짝인다. 이 암석은 휘록암이라고 불린다. 희끗희끗한 점이 박혀 있는 짙은 회색의 휘록암은 트위드 직물을 닮았다. 휘록암은 지하 깊은 곳에서 서서히 냉각되기 때문에 그런 아름다운 결정이 만들어진다.

"노두에 코를 박고 있으면 보답이 있어요." 클레인스펜은 떼어낸 암석 시료를 손으로 이리저리 돌려보며 말한다. 마치 푸주한이 고기를 손질하듯 작은 망치로 시료를 다듬고 사인펜으로 "1"이라고 쓴다. 그녀는 도로절개면을 따라 이동하다가 포획암 하나를 발견한다. 포획암은 작은 모암 덩어리가 마그마 속에 떨어져서 빵 속에 박힌 건포도처럼 갇혀버린 것이다. 그녀가 가리키는 곳을 따라 지층 속에는 흐름 무늬가 있고, 굳고 있는 조각들이 둥글게 말려 있는 휘록암 속 소용돌이가 있고, 퇴적물처럼 층을 이루고 있는 굵은 결정들이 있다. 팰리세이즈실은 화학적 특성과 조직 면에서 복합적인 암석으로 표현되는 균질 마그마의 대표적인 본보기다. 이 실은 하나의 지괴를 이루면서 서쪽으로 기울어져 있는데, 48킬로미터 떨어진 곳에 있는 이 지괴의 서쪽 끝은 뉴저지에서 '경계단층'이라고 알려져 있다. 서쪽 끝으로 갈수록 점점 낮아지는 지괴는 뉴어크 분지를 형성한다. 높은 동쪽 끝은 점점 침식되면서 이 분지로 퇴적물을 흘려보냈고, 결국 팰리세이즈실이 드러났다. 이 과정에는 허드슨강의 형성과 발달이 일조를 했고, 마침내 허드슨강은 맨해튼에서 강 건너를 바라볼 때 길게 펼쳐지는 뉴저지의 절벽을 깎아냈다. 널찍한 실은 냉각되는 동안 갈라지면서 가느다란 기둥 모양이 되었는데, 아주 곧고 크기가 일정한 그 기둥은 울타리palisade에 비교될 수밖에 없었을 것이다.

이 큰 도로절개면의 수많은 균열 중에는 일부 기둥처럼 보이는 것도 있지만, 사실 이 도로절개면의 균열은 주상절리만으로 설명되기에는 너무 다양하다. 눈치 없는 다이너마이트의 흔적은 말할 것도 없다. 클레인스펜의 말에 따르면, 팰리세이즈실은 단층 지괴의 경사로 인해 꽤 심한 압력을 받았거나, 그 위에 놓인 도로가 침식되면서 짓누르는 무게 때문에 금이 갔을 수도 있다. 지각조석earth tide 때문에 고체인 지구가 변형될 때 부서진 것일지도 모른다. 달에 반응하는 것은 바다만이 아니다. 하루 두 번, 단단한 땅도 무려 30센티미터나 위아래로 움직인다. 그 정도의 힘과 그 정도의 거리라면, 견고한 바위를 부수고도 남는다. 유정이나 우물에서는 만조가 되면 기름이나 물이 더 많이 흘러나올 것이다.

그 문제에 관해서라면, 지질학자들은 이 도로절개면에서 할 일을 하고 떠났다. "정말 여기를 싹 훑고 갔네요!" 그들이 도로절개면을 너무 두들겨댄 바람에 어쩌면 절벽이 30센티미터쯤 뒤로 물러났을지도 모른다. 1킬로미터 길이의 휘록암을 따라서, 셀 수 없이 많은 작은 구멍이 깔끔하게 뚫려 있었다. 그 구멍들은 더 크고 수직으로 뚫려 있는 발파공이나 발파 유도공과는 전혀 다르다. 그보다 더 작고 수평으로 뚫려 있고, 동전을 한 줄로 넣으면 딱 맞을 크기다. 그 구멍들은 지질학자들이 고지자기 시료를 채취한 흔적이다. 마그마가 결정을 이루면서 고체로 바뀔 때, 마그마 속에 들어 있는 특정 철광물은 나침반처럼 지구의 자극 방향으로 일정하게 늘어선다. 그렇게 얼떨결에 당시의 북쪽을 가리키게 된다. 지구의 자기장은 남북극이 수백 번 뒤바뀌었고, 자기장이 역전되기까지의 기간은 제각각이다. 지질학자들은 그 역전들이 언제 일어났는지만을 알아내, 그것을 토대로 뚜렷한 주기 없이 불규칙한 시간의 척도를 만들었다. 물론 지질학에는 연대를 나타내는 여러 다른 틀이 있고,

화석 같은 다른 지표를 이용하면 암석 단위의 연대를 수백만 년 수준까지 알아낼 수 있다. 그러나 암석 내부의 광물 나침반을 한번 확인하면, 조금 더 정확한 추정 연대를 얻을 수 있다. 고지자기에 대한 이해는 대륙들의 상대적인 위치를 밝히는 데 도움을 줌으로써 대륙 이동의 연구에도 대단히 큰 기여를 했다. 지질학자끼리는 고지자기학paleomagnetism 전문가를 고마술사paleomagician라고 부르곤 한다. 수많은 고마술사가 팰리세이즈실의 도로절개면을 오르내리면서 만들어놓은 구멍은 굴뚝새와 암청색큰제비들을 위한 힐튼 호텔처럼 보인다. 그러나 새들은 전혀 관심이 없다.

팰리세이즈실에서 고속도로의 홈이 끝나는 곳 근처에는 해컨색강 계곡의 특색 없는 풍경이 넓게 펼쳐진다. 도로는 해컨색강 쪽으로 내려간다. 서쪽으로 기울어 있는 팰리세이즈실은 갑자기 경사가 더 급해지면서 땅으로 곤두박질친다. 그래서 비탈을 따라 내려가는 동안, 캐런 클레인스펜은 기울어진 팰리세이즈실의 꼭대기를 향해 휘록암을 따라 "윗부분"으로 올라가고 있는 셈이다. 암석의 조직은 더 매끄러워지고 결정의 크기는 더 작아진다. 그러다 곧 섭씨 1000도의 마그마가 모암과 만난 지점이 나타난다. 모암은 셰일이었다. 이 셰일은 오래전에 미치류 labyrinthodont라는 양서류와 팔라이오니스쿰paleoniscid이라는 어류가 살던 어느 트라이아스기 호수 밑바닥의 개흙이었다. 접촉면 아래의 휘록암은 이제 매끈하고 균일한 짙은 색의 단단한 암석이다. 트위드 직물 같은 무늬는 없다. 온도가 낮은 구역에서는 결정이 커질 시간이 없기 때문에, 결정의 크기는 눈에 보이지 않을 정도로 아주 작다. 접촉면에는 곧고 뚜렷한 선이 나타난다. 클레인스펜은 접촉면을 손으로 만져본다. 마그마의 열기는 셰일 속으로 약 30미터를 스며들어서, 셰일을 익히고 변성시켜서 점문 점판암으로 바꿔놓았다. 이 점문 점판암 시료를 채취하려면 망치를 더 세게 내리쳐야 한다. "조금 특이한, 자연 그대로의 광물은 이런 데서 나와요." 그녀는 망치질을 하면서 간간이 설명을 이어간다. "이 지층의 접촉변성대가 아마 뉴저지에서는 가장 단단할 거예요."

클레인스펜은 도로절개면이 끝나는 곳 근처까지 몇십 미터를 더 갔다. 핀참나무, 플라타너스, 사시나무, 미루나무는 금관화와 등나무와 함께 바람을 타고 날아들어와서 도로가와 바위틈에서 살 곳을 찾아보려고 하지만, 이곳의 환경은 카슨싱크의 중심부보다 더 매몰차게 보인다. 이 점문 점판암에는 화석 굴이 있다. 그 긴 굴들을 따라서, 트라이아스기의 동물들은 얕은 호수의 수면에서 그리 멀지 않은 진흙(이토) 속을 한가로이 돌아다녔을 것이다. 커다란 고무샌들 한 짝, 부서진 계란 한 판, 골프공 세 개가 나뒹군다. 두 개는 아주 싸구려지만, 하나는 유명 상표의 골프공이다. 주간고속도로 아래로 떨어진 탄산음료 캔은 차들이 일으키는 동풍에 떠밀려서 시속 16킬로미터의 속도로 딸그랑거리며 움직인다. 차단막처럼 서 있는 나무들이 트럭의 소음을 누그러뜨린다. 캐런은 쉴 겸 이야기를 할 겸 미루나무에 등을 기대고 앉는다. "도로절개면은 뜻밖의 선물이 되기도 해요. 켄터키 파이크빌 근처에 늘어서 있는 도로절개면들은 아주 규모가 큰데, 어떤 강 삼각주 체계의 지류 전체를 볼 수 있어요. 자연 제방도 있고, 그 제방에서 넘어간 퇴적물이 넓게 쌓여 있는 범람원의 셰일과 석탄층도 있어요. 손가락처럼 갈라져 있는 삼각주의 물길이 내 쪽으로 흘러오는 모양을 정면에서 볼 수 있는데, 이 포카혼타스 삼각주는 미시시피기-펜실베이니아기에 애팔래치아산맥에서 흘러내려왔어요. 물길이 계곡을 가로질러 앞뒤로 움직이는 모습, 시간의 흐름에 따라 수직으로 포개져 있는 모습이 나타나 있어요. 그곳에서는 수많은 작은 조각을 퍼즐 맞추듯이 맞춰야 하는 것이 아니라, 연속으로 이어진 노두에서 그 모든 것을 한 번에 볼 수 있어요."

지질학자들은 대체로 종잡을 수 없는 운전자들이다. 도로절개면이 나타나면, 급회전을 해서 차를 휘청거리게 만들곤 한다. 그들에게 도로절개면은 하나의 문이고, 어느 국지적인 이야기의 단편이고, 주위를 둘러싼 암층에서 지구를 상상할 수 있게 해주는 무대의 입구다. 암석은 그 자체로 그 암석이 형성되기 시작한 풍경의 중요한 단서다. 암석에는 크기가 휴런호만 했던 와이오밍의 어떤 호수, 워싱턴크로싱에서 서쪽으로 뻗어 있던 얕은 바다, 네바다에서 시작되어 캘리포니아를 지나서 바다로 들어간 큰 강들의 풍경이 담겨 있다. 불행히도, 고속도로 관리공단에서는 그런 사정을 잘 모를 때가 많다. 관리공단에서는 식물이 자랄 만한 곳에는 무조건 씨를 뿌린다. 지질학자들이 한목소리로 불평하듯이, 그들은 "모든 것을 우거지게 만든다."

"우리는 암석이 아름답다고 생각해요. 고속도로 관리공단은 암석을 흉물스럽다고 생각하고요."

"북부에는 살갈퀴예요."

"남부에는 망할 칡이 있어요. 그걸 다 없애려면 곡사포가 필요해요. 산비탈도 다 칡으로 덮여 있어요."

"야외조사를 하면서 멈추는 곳은 거의 도로절개면이에요. 구조가 잘 드러나지 않은 지역에서는 도로절개면이 지질학에서 아주 중요한 역할을 해요."

"도로절개면이 없으면, 드릴로 구멍을 뚫거나 흐르는 물에 자연적으로 깎인 지형을 찾아야 하는데, 그런 곳은 흔치 않거든요."

"지질학자로서 대규모 도로를 건설하는 시대에 살고 있다는 것은 행운이에요."

"도로절개면에서는 신선한 암석 시료를 채집할 수 있어요. 도로 공사에서는 가차 없이 막 잘라내기 때문에 작은 암석과 더 부드러운 암석 단위가 숨어 있을 수가 없어요."

"지질학자에게 도로절개면은 의사의 청진기와 같아요."

"치과의사의 X-선이고요."

"이집트학자의 로제타석이죠."

"배고픈 사람의 손에 있는 20달러 지폐예요."

"안전하게 운전을 하려고 하면, 지질학을 할 수가 없어요."

습한 기후에서는 식물이 땅을 뒤덮고 있기 때문에, 지질학자들이 노출된 암석을 볼 수 있는 곳은 흐르는 물에 깎인 침식면이 거의 유일하다. 그래서 지질학자들은 물길을 따라서 수백, 수천 킬로미터를 걷는다. 습한 지역에서 도로절개면이 일종의 선물이라면, 다른 지역도 똑같이 그렇다. 이를테면 조지아의 산록지대처럼, 자연의 노두가 너무 심하게 풍화되어서 사실상 망치가 보이지 않을 정도로 빠지는 곳에서는 암석을 읽는 것이 쉽지 않다. 어쨌든 어딘가에는 갓 잘라낸 도로절개면이 만들어질 것이고, 지질학자들은 브라질 싱구강 상류에서 막 발견된 부족을 찾아 인류학자와 경주를 벌이는 선교사처럼 달려갈 것이다.

"어렸을 때 나는 가족과 함께 장거리 여행을 하면, 도로절개면과 노두들을 열심히 들여다봤어요." 캐런이 말했다. "처음부터 지질학자가 될 운명이었나봐요." 캐런은 제네시밸리에서 자랐고, 그녀가 했던 장거리 여행의 대부분은 펜실베이니아와 웨스트버지니아와 버지니아를 거쳐서 아버지의 부모를 만나러 노스캐롤라이나로 가는 것이었다. 그런 여행을 하면서, 암석층의 휘어지고 뒤틀리고 접히고 끊어지고 쭈글쭈글한 모습을 못 보고 지나치기란 아마 어려울 것이다. 또 처음에는 판판한 종이 다발 같았을 암석층이 어떻게 그렇게 되었는지 궁금해질 것이다. "나는 주로 퇴적학, 그러니까 퇴적 구조에 관심이 있었어요. 덕분에 야외조사를 많이 해요. 나는 지하 수 킬로미터 지점의 특정 온도와 압력에서 어떤 일이 벌어지는지에 대한 이론에는 그다지 관심이 없어요. 맨틀에 관심이 있는 사람이라면 야외조사는 별로 하지 않아요. 지질학에는 인문학적인 면도 조금 있어요, 그것도 내가 이 일을 하는 이유예요. 물리학이나 화학에서 하듯이 그렇게 엄밀하게 증명을 하지 않아도 돼요. 지질학 연구실에는 흰 실험복은 없지만, 지질학도 그런 식으로 연구를 해요. 뉴어크 분지의 아래에는 애팔래치아산맥이 깎이면서 나온 것들이 남아 있어요. 여기 우리 발밑하고 저 계곡 아래, 그리고 경계단층 너머로 여기저기가 그런 곳이에요. 내가 박사학위 논문을 위해서 서부에서 연구를 하고 있는 분지는 이미 존재하고 있는 변형대의 꼭대기에 형성되어 있어요. 그 분지도 이것과 똑같은 방식으로 형성되었다고는 말할 수 없지만, 이렇게 나중에 생성되어 산악 지대 위에 얹힌 이런 분지들의 역학적 특성에 관심이 가요. 캘리포니아에 있는 그레이트밸리는 아마 전형적인 후기 압축 분지일 거예요. 압축 분지는 판들이 합쳐지면서 형성된 분지예요. 뉴어크 분지는 판들이 벌어질 때 형성되는 인장 분지로 보고 있어요. 지질 기록에서 우리는 이 두 분지 사이의 차이를 어떻게 알아볼 수 있을까요? 내가 알아내려고 하는 것은 이 분지의 전체적인 그림과 이런 절개면에서 읽을 수 있는 분지의 역사예요. 한 번의 현장 답사로 하루아침에 이 모든 것을 이룰 순 없겠지만, 여기서 암석을 살펴본 다음 다른 사람의 해석을 평가할 수는 있어요." 그녀는 잠시 이야기를 멈추고, 지나온 도로절개면을 돌아본다. "이 고속도로는 나라 전체를 가로질러 그어진 칼자국 같아요. 정말 그래요. 이런 종류의 조사를 여기서부터 캘리포니아까지 할 수 있어요. 그런데 하고 싶다면 서둘러야 할 거예요. 머지않아, 이 길을 따라 홀로 여행을 하는 것은 진기한 체험이 될 거예요. 사람 한두 명. 차 한 대. 이쪽 해안에서 저쪽 해안까지. 오늘날 우리는 이런 이동을 별로 대수롭지 않게 여겨요. 그러나 그건 가장 특별한 종류의 개인적 자유예요. 특별히, 우리가 우연히 속해 있는 이 기간에만 누릴 수 있는 것이에요. 아주 경이롭고, 언젠가는 끝날 일시적인 현상이죠. 우리 나라에는 세계 최고의 고속도로망이 있어요. 덕분에 우리는 다른 어떤 나라에서도 하지 못하는 일을 할 수 있지요. 그리고 그건 동시에 생태적 재앙이기도 해요."

해마다 6월이면, 동부 대학의 학생과 교수들은 염산이 든 유리병과 돌망치와 브런튼 나침반을 들고 서부로 향한다. 확실히, 미국 동부의 우거진 수풀 아래에도 매혹적인 지질학적 특성은 대단히 많다. 애팔래치아산맥의 지질 구조에는 골치 아픈 난제가 있으며, 지사와 층서에 관한 복잡한 퍼즐도 있다. 동부의 환경적 중요성을 폄하하고 싶은 사람은 아무도 없을 것이다. 그러나 서부에는 엄청나게 방대한 지역에 걸쳐 암석들이 노출되어 있다는 것이 부정할 수 없는 사실이므로, 동부 지질학자의 약 75퍼센트는 일종의 하계 야외조사를 위해 서부로 향한다. 그들은 미국 석유지질학자 협회에서 발행한 주州지질도와 광역고속도로 지질도를 가져간다. 그 지도들은 물감을 마구 흩뿌려서 그린 추상화처럼 알록달록하고, 그 지역 최상층에 있는 암석의 벌레 자국과 집신벌레에 대해서도 자유분방하게 묘사하고 있다. 그 지도는 2차원이지만 오히려 3차원적인 것을 알려준다. 지질도를 보면 아스팔트를 따라 이어지는 절개면의 사연과 대강의 연대를 알 수 있다. 클레인스펜은 짐을 가득

실은 낡은 캠핑카를 타고 다니면서 몇 년 동안 이 일을 해오고 있다. 대형 스프링이 달린 그녀의 포드 트럭의 앞좌석 아래에는 특이한 로키산맥의 조각들이 있고, 뒤에는 산악용 텐트가 실려 있다. 그녀는 이 차로 트라이아스기의 저지대와 경계단층을 횡단하고, 습곡과 단층으로 변형된 애팔래치아산맥의 산맥과 계곡 지대를 오른다. 그녀의 여행은 무엇보다 자연지리학적 지형에서 출발하며, 나라나 주는 신경 쓰지 않는다. 정치적 경계는 지구를 부자연스럽게 분할하고, 직선과 하천 경계에 갇혀 있는 인간의 에고를 종이 위에 그려놓은 것이기 때문이다. 미국은 사실 한 대륙의 일부분이며, 북아메리카의 한 서랍이다. 미국이라는 서랍을 없애면, 프레리도그는 이쪽으로 흩어지고 앨리게이터악어는 저쪽으로 흩어질 것이다. 한 지형 안에 지질학적 경계, 포유류의 경계, 양서류의 경계가 서로 엇갈린다. 거기에는 황소개구리가 사는 세상, 너깃층이 차지하는 지역, 쿠거의 영역을 가르는 경계가 있다. 쿠거의 영역은 쿠거의 나라다. 여기에 겹쳐진 수천수만의 나라 중에서 극히 일부가 하나의 국가, 바로 대서양 해안 평원 위에 수도가 있는 미합중국으로 선포되었다. 대개 변화는 한 지질구에서 다른 지질구로 넘어가면서 극적으로 일어난다. 펜실베이니아를 중간쯤 지나서, 애팔래치아산맥의 규암 능선과 석회암 계곡을 벗어나 긴 등산로가 시작되는 곳 근처에 있는 캄브리아기의 바위를 잠시 내려다보자. 16킬로미터의 경사로를 오르는 동안, 시간은 캄브리아기를 지나서 오르도비스기, 실루리아기, 데본기, 미시시피기로 이어진다(일반적으로 그랜드캐니언의 절벽에 나타나 있는 시대도 이와 비슷하다). 그리고 마침내 펜실베이니아라는 이름이 붙은 시기를 상징하는 갓돌인 앨러게니 고원의 정상에 이른다. 이제는 엑슨사의 지도조차 새로운 지질학, 침식으로 깊게 팬 땅의 복잡한 기하학적 구조를 따라 유리에 금이 간 것처럼 사방으로 뻗어 있는 도로들을 보여준다. 이에 비해 예전의 도로는 산줄기가 끝없이 이어지는 이 변형된 산맥 사이의 길고 구불구불한 길을 따라 동북에서 서남 방향으로 나아갈 수밖에 없었다. 대륙을 횡단하는 이런 여행을 하는 동안, 캐런은 하루에 무려 1600킬로미터를 주행하기도 한다. 그런 속도는 위험할 뿐 아니라 확실히 비도덕적이다. 그녀는 지붕 밑에서 잠을 잔 적이 거의 없고, 사람들이 이런 여행을 왜 하고 싶어하는지 상상도 하지 못한다. 그녀는 어둠이 내리고 있는 자신의 야영지를 "자세히 탐색한다". 국유림이라는 점이 특별히 끌렸고, 3달러짜리 야영장이라는 점은 그리 좋지 않다. 한쪽에는 두 대의 트레일러 사이에 돗자리가 펼쳐져 있고, 한쪽에는 친목을 다지면서 왁자하게 떠드는 무리가 있다. 또 한쪽에서는 화려하게 장식한 할리데이비슨 오토바이들이 한밤중에 산비탈을 올라간다. 지형학적으로 불분명한 경계를 지나는 동안 앨러게니 고원은 차츰 사라지고 안정된 크레이톤이 나타난다. 이 크레이톤은 북아메리카 대륙의 영원한 중심, 그 심장부, 아득히 먼 옛날부터 묵묵히 느긋하게 늘 그 자리에 있는 내륙안정지괴Stable Interior Craton다. 이 크레이톤의 동쪽으로는 노년기의 산들이 있고, 서쪽으로는 장년기의 산과 그 너머로 더 젊은 산들이 있다. 이 크레이톤의 가장자리도 왕성한 산맥 형성 작용에 참여했다. 그러나 크레이톤 내부는 손상되지 않고 그대로 남아 있으며, 그 너비가 미국의 절반에 이른다. 이 크레이톤은 아주 조금씩, 천천히 얇아지고 있는데, 지난 2000년 동안 지금까지 약 5센티미터가 소실되었다. 캐나다의 상당 부분과 미네소타와 위스콘신의 일부 지역에서, 이 크레이톤의 표면에는 선캄브리아기에 만들어진 기반암으로 이루어진 대륙 순상지 continental shield가 드러난다. 오하이오, 인디애나, 일리노이를 포함한 미국 중서부의 대부분 지역은 순상지다. 이 순상지를 얇게 덮고 있는 퇴적층은 한 번도 변형된 적이 없고, 구조 운동으로 으깨져서 가루가 된 적도 없다. 지금은 사라진, 크레이톤 위에 형성된 얕은 바다들의 고요한 밑바닥에서는 사암, 실트암, 석회암, 백운암이 지상보다 더 평평하게 쌓였다. 아이오와. 네브래스카. 행정구역상 서쪽으로 갈수록 땅이 두터워진다. 로키산맥에서 떨어져나온 것들이 크레이톤 위로 운반되어 넉넉하게 쌓이면서 고도는 300, 600, 1500미터로 점점 높아진다. 마침내 프런트산맥이 시야에 들어온다. 하얗게 빛나는 회색의 산들이 갈매기 모양을 이루며 벽화처럼 펼쳐진다. 부채꼴 모양으로 퇴적물이 쌓여 있는 산을 올라 로키산맥 안으로 들어가서 협곡을 따라 내려가면 래러미 평원에 뚝 떨어진다. "하나의 주요 지질구에서 다른 지질구로 들어가면, '와!' 하고 절로 감탄이 나오면서 실감이 난다." 이제 앞에도 산이고, 뒤에도 산이다. 산 위에 놓인 산도 있고, 이리저리 위아래로 밀쳐지면서 형성된 수많은 산이 있다. 그 산들을 모두 지나고, 또 협곡 하나를 지나면 베이슨앤드레인지가 나타난다. 모르몬교 지도자인 브리검 영은 인접한 협곡을 통해서 이곳에 들어왔을 때, 저 멀리 평원을 둘러싸고 있는 워새치산맥의 기슭에서 선상지를 지나 흘러내려오는 강을 보며 곧바로 결단을 내리고, "바로 이곳이다"라고 말했다. 그 풍경은 그곳에 정착할 것을 권했다. 다른 대안은 바다처럼 넓은 소금 호수를 옆에 끼고 소금으로 뒤덮인 황무지를 횡단하는 강행군을 하는 것이었다. 그 황무지는 송전탑 없이도 전파가 막힘없이 전달될 수 있을 정도로 넓고 평평하다. 당연히 산도 있다. 황무지의 양끝으로, 오쿼러산맥, 스탠스베리산맥, 프로몬터리산맥, 실버아일랜드산맥이 있다. 네바다로 넘어가면, 띄엄띄엄 하나씩 고고하고 수수하게 서 있던 산맥들이 파도처럼 밀려들기 시작한다. 산을 넘고 또 산을 넘으면, 남북으로 뻗어 있는 산이 나타난다. 산줄기는 넓고 평평한 계곡으로 리듬을 맞추면서 오르락내리락 이어진다. 분지와 산맥의 높이 차는 1600미터에 이른다. 홈볼트강은 미루나무로 둘러싸인 홈볼트산맥의 산자락을 휘감고 돌아간다. 깊고 수량이 많으며 1년 내내 물이 흐르는 홈볼트강은 바다에 도달하지 않는 강 가운데 세계에서 가장 큰 강이다. 강물이 빠져서 강이 사라진 자리에는 물이 증발하고 남은 것들이 굳어 있는 평원이 있고, 그 근처에는 연속적으로 이어져 있는 단층 지괴의 아랫부분이 있다. 계단 모양으로 끊겨 있는 이 단층 지괴를 따라 올라가면 베이슨앤드레인지에서 벗어나게 된다. 한 계단 올라가면 리노가 있고, 계단 꼭대기에는 시에라네바다산맥으로 올라가는 도너패스의 정상이 있다. 이미 4200미터를 넘게 올라왔지만, 산은 하늘을 찌르며 계속 위로만 이어져 있는 것 같다. 시에라네바다산맥은 서쪽 기슭을 경첩 삼아서 동쪽으로 솟구쳐 있다. 그래서 서쪽 비탈은 새크라멘토밸리 쪽으로 길게 이어진다. 그레이트밸리 지질구에 속하는 새크라멘토밸리는 해수면과 고도가 같은 평지이며, 완전히 산으로 둘러싸여 있다. 이곳은 일반적인 계곡처럼 침식으로 만들어진 것이 아니다. 계곡 주위로 산들이 나타난 것이다. 비옥한 평지를 가로질러 아보카도 나무들 너머로는 궁극적으로 현재의 지질구이자 대양의 둔덕인 코스트산맥이 마른 지푸라기 같은 갈색을 띠고, 버지니아참나무 그늘을 드리우며 서 있다.

이 여행을 트라이아스기에 한다고 한번 상상해보자. 대략 트라이아스기 말기에, 뉴욕에서 샌프란시스코까지 80번 주간고속도로를 타고 가는 것이다. 아직 허드슨강은 생기지 않았고, 팰리세이즈실은 3000미터 지하에 있을 것이다. (현재의 학설에 따르면) 대서양을 만드는 작용은 한창 진행 중이지만, 아직 바닷물은 들어오지 않고 있다. 우리 뒤로, 대서양이 될 자리에는 수천 킬로미터의 육지가 펼쳐져 있다. 훗날 아프리카, 남극, 인도, 오스트레일리아가 될 조각들로 이루어진 거대한 땅덩어리다. 이제 뉴어크 분지를 건넌다. 분지는 대부분 붉은 진흙으로 차 있다. 진흙 위에는 몸무게 2톤짜리 영원newt이 만들어놓은 것으로 보이는 자국이 있다. 이번에는 길고 야트막하며 남북 방향으로 형성된, 증기가 솟아오르는 검은 언덕이 나타난다. 그것은 진흙 위로 올라온 용암의 흐름이다. 용암은 공기 중에서 빠르게 식어서 치밀하고 매끄러운 질감의 현무암이 된다. 언젠가는 이 용암 언덕 위의 마을과 명소에는 몬트클레어, 마운틴사이드, 그레이트노치, 글렌리지 같은 이름이 붙게 될 것이다. 언덕 정상에 오르니 이제 분지의 나머지 부분을 가로질러 경계단층까지 보인다. 뉴욕에서 서쪽으로 약 48킬로미터 떨어진, 훗날 윕패니와 파시패니가 될 자리에는 높이 약 2100미터의 산 하나가 있다. 이 산에 올라가면 습곡과 단층이 일어난 애팔래치아산맥이 첩첩이 펼쳐진다. 그러나 이 애팔레치아산맥은 애벌레처럼 솜털로 덮여 있지도 않고 닳아서 매끈하지도 않은, 가장자리가 조금 거친 중년기의 산이다. 숫자는 아득히 오랜 시간에 관해서는 별 효력이 없는 것 같다. 2000년이 넘어가는 시간은 5만 년이든 5000만 년이든 상상력을 마비시키는 점에서는 마찬가지다. 어쨌든 이 트라이아스기 여행은 지금으로부터 2억1000만 년 전, 지구의 역사를 5퍼센트 정도 거슬러 올라간 시기의 일이다. 뉴저지의 준고산지대 봉우리들에서 시작되는 이 길고 완만한 비탈은 펜실베이니아 서쪽의 저지대까지 이어진다. 그곳에는 크레이톤을 가로질러 퇴적암이 평평하게 펼쳐져 있다. 석탄, 사암, 셰일, 석회암이 조금씩 닳아 없어지면서, 오하이오, 인디애나, 일리노이, 아이오와는 1000년에 2.5센티미터씩 낮아진다. 훗날 미주리강이 흐르는 카운실블러프스가 될 곳에서는 붉은 언덕으로 둘러싸인 세상과 만나게 된다. 이 페름기의 붉은 언덕은 네브래스카 끝까지 이어지다가 와이오밍의 평지로 내려간다. 간간이 모래가 있고, 모래보다 고운 실트와 그보다 더 고운 진흙으로 이뤄진 붉은 흙은 해수면 높이를 따라 와이오밍을 가로질러 이어지다가 유타로 들어간다. 벽돌처럼 붉은 이 흙은 와이오밍의 붉은 절벽과 붉은 협곡, 빨갛게 달아오른 것 같은 플레이밍고지Flaming Gorge의 골짜기 절벽이 될 것이다. 붉은 암석이 트라이아스기에만 있는 것은 아니지만, 트라이아스기의 암석은 전 세계적으로도 붉은 편이다. 뉴저지의 셰일도 붉고, 원난성의 사암도 붉고, 볼가강 기슭의 퇴적층도 붉고, 잉글랜드 솔웨이만 주변도 붉다. 트라이아스기 붉은 층이라 불리는 이 지층은 남극 대륙의 마른 계곡, 우스터셔의 붉은 이회암, 알자스로렌의 언덕 지대에 나타난다. 애리조나의 페트리파이드 포레스트와 규화목 숲과 페인티드 사막. 남아프리카공화국 그레이트카루의 붉은 층. 트라이아스기의 붉은 암석은 속속들이 붉다. 풍화된 표면은 붉은색을 띠지만 사실은 회색인 그랜드캐니언의 레드월 석회암층과는 다르다. 펜실베이니아기 후기부터 페름기를 거쳐 트라이아스기까지 대기 중에는 산소가 매우 풍부했을 것이다. 펜실베이니아기 내내 해수면의 높이는 계속 바뀌었다. 그 사이 엄청난 양의 식생이 성장했다가 물에 잠겨 파묻히고, 성장했다가 물에 잠겨 파묻혔다. 그것이 결국 켜켜이 쌓여서, 사이사이에 사암과 셰일층이 끼어 있는 석탄층들이 되었다. 살아 있는 식물은 이산화탄소를 받아들여서, 산소는 대기 중으로 내보내고 탄소는 탄수화물의 형태로 저장한다. 그러면 세균과 동물은 식물을 섭취해 탄소를 다시 산화시킨다. 만약 막대한 양의 식물이 땅에 파묻히면, 이런 순환은 틀어질 것이다. 식물 속의 탄소도 식물과 함께 파묻혀서 암석 속에 갇히므로, 대기 중에는 산소의 양이 증가할 것이다. 펜실베이니아기에는 전 세계에 걸쳐 대단히 많은 양의 탄소가 파묻히면서 대기 중 산소량이 두 배로 증가했을 가능성이 있다. 이 이야기는 가설이라기보다는 추측에 더 가깝지만, 그 산소는 무엇을 할 수 있었을까? 산소는 어디로 갔을까? 지구에는 탄소 말고도 대량으로 산화될 수 있는 것이 또 있다. 바로 철이다. 연한 녹색을 띠는 산화제1철은 어디에나 흔하며, 지각을 구성하는 암석의 무려 5퍼센트를 차지한다. 그리고 산화제1철이 산소를 받아들이면 붉은색을 띠는 산화제2철이 된다. 바로 그런 일이 때마침 펜실베이니아기 이후에 일어났을지도 모른다. 페름기의 암석은 대체로 붉다. 거대한 규모의 붉은 층으로 상징되는 트라이아스기의 지구는 어쩌면 화성보다 더 붉었을지도 모른다.

붉은 평원을 벗어나서 지금으로부터 2억1000만 년 전의 유타 서부를 어둠 속에서 지나간다면, 그곳이 트라이아스기라는 것을 암시할 만한 고환경학적 단서는 한 톨도 없을 것이다. 그러나 앞쪽으로 보이는 네바다 동부에는 뉴저지의 봉우리들과 연대가 엇비슷해 보이는 산들이 일렬로 서 있다. 조금 둥그스름하고 연륜을 드러내기 시작한 이 산맥을 넘어 서쪽 비탈로 내려가면, 갓 만들어진 고산 지형의 눈 덮인 산봉우리들이 펼쳐진다. 뾰족한 봉우리와 칼 같은 능선이 험준한 산맥을 이루며 갑자기 하늘 높이 치솟아 있고, 그 위로 눈보라가 구름처럼 피어오른다. 지금 이곳은 샌프란시스코에서 약 640킬로미터 떨어진 네바다 중부다. 이 산맥을 넘어가면 (오늘날의 학설에서는) 탁 트인 바다가 펼쳐진다. 곧장 바닷가로 내려와서, 오징어가 가득한 적당히 깊은 바다를 건넌다. 이 바다에 조용히 쌓이고 있는 퇴적물은 융기하고 있는 시에라네바다산맥의 덮개암이 될 것이다. 바다 위에는 거대한 화산들이 서 있다. 그런 다음, 대략 시에라네바다산맥의 기슭이 끝나는 지점에서 그레이트 밸리가 시작될 것이다. 오늘날의 캘리포니아 오벤에서는 대륙붕 너머의 깊은 바다로 나아간다. 바다 멀리 어딘가에는 섬이 있겠지만, 기본적으로 이 바다의 해양지각은 중국해와 닿아 있다. 그 해저 어디에도 북아메리카를 떠올릴 만한 모습은 없다. 훗날 새크라멘토와 샌프란시스코를 이루게 될 언덕이나 계곡의 낌새는 보이지 않는다.

———

나는 수업 시간에 앉아서 교실 안을 종이비행기처럼 떠다니는 용어에 귀를 기울이곤 했다. 지질학은 기술과학descriptive science이라고 불렸다. 빙하성 유수 퇴적평야, 해침곡, 현곡 지류, 해안 침식이 있는 지질학은 설명이 없으면 아무것도 아니었다. 지질학은 지각 균형 조절, 충적 하도, 경사 부정합, 이동하는 분수계, 뿌리 없는 산맥, 염호로 이뤄진 비유의 샘이었다. 강은 상류에서부터 침식되었다. 물길은 산비탈이나 언덕 비탈을 파내며 탐욕스럽게 다투다가 끝내 갈라졌고, 이제 두 강은 다시 하나의 물길이 되기 위해 합류한(한쪽 물줄기가 방향을 바꿔 다른 물줄기를 따라간다) 쟁탈하천이 된다. 시에라네바다산맥에서는 유바강이 베어강을 쟁탈했다. 뉴멕시코의 어느 지층에 있는 마초라는 이름의 층원은 대부분 다른 지층이 무너지고 녹은 것에서 유래했다. 암석은 피로하고, 연약하고, 비등립상 조직을 갖고 있었다. 구부러지거나 접힌 암석의 안쪽 면에는 압축력이 작용하고 바깥쪽 면에는 장력이 작용한다. 그리고 그 중간 어디쯤에는 아무런 변형력도 미치지 않는 지점이 있다. 스러스트단층, 역단층, 정단층 할 것 없이 모든 단층에는 움직이는 두 면이 있었다. 비탈에 놓인 바윗돌은 안식각일 때는 미끄러지지 않았다. 정말로 이 분야에는 인문학적인 면이 적지 않은 것 같았다. 지질학자들은 영어로 의사소통을 했고, 뼛속까지 전율이 일도록 사물의 이름을 붙일 수 있었다. 그들에게는 비조화 저반에 루프 펜던트roof pendant가 있었고, 사막 포도층에 모자이크 역암이 있었다. 녹색과 검은색의 알록달록한 무늬가 있는 심해의 초염기성 암석은 사문암이었다. 바르한 사구에는 활주 사면이 있었다. 1841년, 한 고생물학자는 중생대의 거대한 괴물이 "무시무시할 정도로 거대한 도마뱀"이라는 결론을 내렸다. 그래서 그 동물의 이름은 공룡이 되었다. 꽃줄로 장식된 곡상 사층리, 개수대 같은 석회암 함몰 지대, 베개 용암, 석화된 나무, 깊게 패어 굽이치는 감입 곡류와 무능하천도 있다. 암맥군, 단층 활면, 분출 와지, 화산탄. 호그백hogback. 방산충 연니. 몇몇 용어는 사춘기 소년의 불두덩을 저릿저릿하게 했다. 산이 솟아오르는 운동은 조산운동orogeny이었다. ontogeny(개체발생), phylogeny(계통발생), orogeny(조산운동), 모두 두 번째 음절에 강세가 있는 단어들이다. 앤틀러 조산운동, 아발론 조산운동, 타코닉 조산운동, 아카디아 조산운동, 앨리게니 조산운동. 래러미 조산운동. 미국 중부의 지질학 역사는 따분했다. 쌓인 것도 별로 없고 깎인 것도 별로 없다. 그저 그곳에 소박하게 가만히 있었다. 동부는 한때 급진적이었다. 서너 번의 조산운동이 단속적으로 일어난 고생대에는 불안정하고 개혁적이고 혁명적이었다. 그 후 1억5000만 년 동안의 동부는 안정적이고 보수적이었다. 태평양 연안은 태평하지 않았다. 용결응회암과 프란시스코 멜란지Franciscan melange(심하게 변형되어 분석을 할 수 없는 복합체), 주향 이동 단층과 무너지는 건물들, 비등천과 갓 만들어진 화산암이 있고, 지구의 확장적 해체가 일어나는 이 지역의 지질학적 특성은 가죽재킷과 반사 선글라스 같은 거칠고 기묘한 매력을 지녔다.

당연히 책장에는 뒷면도 있었고, 길버트와 설리번이 마음을 빼앗길 만한 종류의 지질학 용어가 가득했다. 만들어진 자리에 그대로 있는 암석은 원지성autochthonous, 자리를 옮긴 암석은 타지성allochthonous이라고 불렸다. 각도에서 "정상normal"은 "수직"을 의미했고, 단층에서 "정상"은 상반이 내려가는 단층을 의미했다. 와이오밍에는 두 개의 그린강 분지가 있었다. 하나는 지형이며, 와이오밍 지상에 있었다. 하나는 지질 구조이며, 와이오밍의 지하에 있었다. 유타와 네바다에 자리하고 있는 그레이트베이슨과 베이슨앤드레인지를 헷갈려서는 안 되었다. 그레이트베이슨은 지형이며, 세계에서도 보기 드물게 바다로 빠지는 물길이 없는 광대한 땅이었다. 베이슨앤드레인지는 그레이트베이슨을 포함해 그 주변의 산맥을 아우르는 지역이었다. 이 지역은 그레이트베이슨에서 북쪽으로 약간, 남쪽으로도 꽤 많이 펼쳐져 있었다. 생각의 초점을 매끄럽게 이중으로 맞출 수 있는 사람이라면, 펜실베니아기의 아이오와, 미시시피기의 미주리, 네브래스카 빙기의 네바다, 일리노이 빙기의 인디애나, 캔자스 빙기의 버몬트, 위스콘신 빙기의 텍사스를 명확하게 이해하기에 부족함이 없었다. 연구를 통해서, 천수meteoric water는 비에서 유래하는 것이 밝혀졌다. 천수는 필종, 적종, 역종, 재종 방식으로 비탈을 따라 흘렀고, 무종 하천도 드물지 않았다.

해가 갈수록 이런 언어의 퇴적층은 점점 두껍게 쌓여갔다. 어떤 사람은 우리 지구의 한 조각을 외완지향사epieugeosyncline라고 부를 정도로 몰염치해졌다. 두 하천의 사이를 의미하는 하간지interfluve라고 하는 용어는 메소포타미아에서 썼을 법한 단어였다. 미국 지질 협회에서 발간한 『지질학과 관련 과학 용어 사전Glossary of Geology and Related Sciences』 에 따르면, 칵톨리스는 "망상 덕톨리스로 구성된 준수평 코놀리스다. 그 말단은 하폴리스처럼 구부러지거나, 스페노리스처럼 얇거나, 아크 모리스나 에스몰리스처럼 어울리지 않게 툭 불거져 있다". 암석에 사문 암이라는 이름을 붙인 사람들과 같은 부류의 사람들은 자큐피란자이 트, 클리노프틸로라이트, 에클로자이트, 미그마타이트, 틴캘코나이트, 스자이벨리아이트, 펌펠리아이트, 마이에르호페라이트 같은 이름을 붙 였다. 암석에 파라셀시안이라는 이름을 붙인 사람들과 같은 부류의 사 람들은 디스푸졸사이트, 메타키르크헤이메라이트, 플로고파이트, 카젠 부켈라이트, 음보자이트, 노셀라이트, 네이보라이트, 삼소나이트, 피제 오나이트, 무스크옥사이트, 페브스타이트, 이니그마타이트, 조스미사 이트 같은 이름을 붙였다. 지질학 연구실에서는 1950년대부터 X-선 회 절분석기와 형광분석기가 널리 이용되기 시작했다. 그 후 (1970년 무렵 에) 전자현미경이 도입되면서, 지질학자들은 암석의 구성 성분을 그 어 느 때보다 더 세밀하게 조사할 수 있었다. 이 장치들이 보는 암석 시료 는 지질학자들이 오랫동안 돋보기나 현미경으로 관찰해온 결과와 항 상 동일하지는 않았다. 이를테면 안산암andesite은 남아메리카의 안데스 산맥에 많이 분포한다고 해서 그런 이름이 붙었다. 그러나 장치들에 따 르면 안데스산맥에는 안산암이 놀라울 정도로 적다. 시에라네바다산맥 의 비교적 젊고 대단히 아름다운 화강암은 전 세계적으로 유명하다. 그 러나 시에라네바다산맥에는 화강암이 매우 드물다. 요세미티 폭포, 하 프돔, 엘카피탄에 있는 시에라네바다산맥의 "화강암"은 거의 다 화강섬 록암이다. 마그마와 그것이 굳은 암석의 이름은 항상 외우기가 어렵다. 땅속에서 화강암이 되는 마그마는 지표로 흘러나오면 유문암으로 굳을 것이다. 땅속에서 섬록암이 되는 마그마는 지표에서는 안산암으로 굳을 것이다. 땅속에서 반려암이 되는 마그마는 지표에서는 현무암으로 굳을 것이다. 이 세 쌍의 암석들 사이의 차이는 화학적 조성과 연관이 있고, 한 쌍의 암석 안에 나타나는 차이는 결정의 형태와 조직의 차이와 연관이 있다. 암석의 색은 반려암 쪽으로 갈수록 짙어지고 화강암 쪽으로 갈수록 밝아진다. 휘록암은 특별한 조직의 반려암이라는 사실과 같은 시시콜콜한 부가 설명은 말할 것도 없이, 이런 모든 것은 회절분석기와 형광분석기와 전자현미경이 가세해 다방면에서 트집을 잡기 전에도 비전문가는 기억조차 하기 어려웠다. 이전까지는 모두 화강암이라고 묘사되던 것들이 화강섬록암, 몬조나이트, 섬장암, 아다멜라이트, 트론제마이트, 알라스카이트, 그리고 소량의 진짜 화강암을 포함하는 하나의 큰 암석군으로 드러났다. 대단히 많은 양의 유문암이 면밀한 조사를 통해서 석영안산암, 유문석영안산암, 석영레타이트가 되었다. 안산암은 화강섬록암의 이란성 쌍둥이라고 할 수 있을 정도로 이산화규소silica와 칼륨과 나트륨과 알루미늄을 많이 함유하고 있는 것으로 밝혀졌다. 이런 점들은 꽤 괜찮은 편이다. 본래의 용어들은 여전히 쓰이고 있다. 오히려 지질학자들은 그들의 대화에 신조어를 추가하려는 열정이 옛 용어에 대한 애정보다 크다. 지질학자들은 화강암이라는 용어를 버릴 생각이 없다. 그들은 교회에서는 화강섬록암이라고 말하고, 그 외 주중에는 화강암이라고 말한다.

　내가 열일곱 살이었을 때, 동부 계곡의 끝자락을 올려다보며 배웠던 원리들은 이제는 옛 지질학이라고 불린다. 새로운 지질학이라는 표현에는 1960년대에 지구과학 분야에서 일어난 혁명의 효과가 종합적으로 담겨 있다. 당시 지질학자들은 확장되고 있는 해저를 기어다녔고, 사람들은 대륙의 이동 속도에 관해 토론을 하기 시작했고, 지구를 둘러싸고 있는 20여 조각 지각판의 상호 작용이 판구조론이라는 이름으로 알려지게 되었다. 내가 열일곱 살이었을 때는 이런 이야기가 거의 낌새도 없었다. 그리고 조금 시간이 흘러, 점점 노쇠해져가는 중년이 된 지금, 나는 지질학을 다시 배우고 싶었다. 옛 지질학과 새로운 지질학의 차이를 느끼고 싶었고, 가능하다면 과학이 엄청난 격변을 겪은 후 10년 동안 어떻게 자리를 잡았는지를 감지하고 싶었다. 그러나 거창한 큰 그림보다는 주변의 암석과 일상적인 접촉을 통해서, 무엇이 바뀌었고 무엇이 바뀌지 않았는지를 알아보고 싶었다. 그리고 지질학자와 함께 도로 절개면을 따라 걷다보면, 무슨 일이 일어날지는 모르지만 눈이 확 뜨이는 뭔가를 얻을 수 있을지 모르겠다는 생각이 들었다. 이런 생각은 캐런 클레인스펜을 만나기 오래전부터, 아니, 내게 이 나라 곳곳을 안내해준 미국 지질조사소의 데이비드 러브나 애니타 해리스, 캘리포니아대학 데이비스 캠퍼스의 엘드리지 무어스를 만나기 한참 전부터 품고 있었다. 내가 가장 먼저 한 일은 누구라도 할 수 있는 일이었다. 나는 내가 사는 지역의 지질학자에게 전화를 걸었다. 내가 사는 곳은 뉴저지 프린스턴이었고, 내가 연락한 사람은 프린스턴대학에서 지질학 입문을 강의하는 선임 교수인 케네스 데피스였다. 의무는 시야를 넓혀준다. 과학에 소질이 별로 없는 학생이라도 교육과정 설계자들이 높이 매달아둔 지성의 발할라에 이르려면 반드시 한두 과목의 과학 수업을 들어야 한다. 데피스의 강좌는 그런 학생들을 끌어들이는 수업 중 하나다. 그가 붙인 강좌명은 '지구와 그 자원Earth and Its Resources'이다. 학생들이 붙인 강좌명은 '돌들을 위한 돌 이야기Rocks for Jocks'다.

데피스는 허리선만큼은 종신이 보장된 거구의 사내다. 그의 머리카락은 루트비히 판 베토벤처럼 뒤로 뻗쳐 있다. 그는 운동화를 신고 강의를 한다. 그의 말소리는 또박또박하고 막힘없이 당당하며 가극적이다. 동료가 묘사하는 그는 "1제곱미터당 아이디어가 지질학과의 어느 누구보다 많은 지식의 중개자이며, 다른 사람들은 그냥 나가떨어진다". 데피스라는 그의 성은 미로를 뜻하는 "메이즈maze"와 운이 맞는다. 그는 지질공학, 화학해양학, 퇴적암석학을 연구해왔다. 강의를 하는 동안, 그의 눈은 강의실 안을 두루 살핀다. 그는 명쾌하면서도 주제를 온전하게 전달하기 위해 세심한 주의를 기울인다. 괴짜 운동광과 창백한 시인은 그의 과녁판에서 가장자리에 있지만, 과녁의 중심에는 미래의 지질학자가 있다는 것을 알기 때문이다. 학부생들은 지질학 연구를 하려고 프린스턴에 들어오지는 않는다. 신입생들이 학생 카드에 적어 내는 세 가지 관심 분야 중에 암석을 포함시키는 학생은 아무도 없다. 이 과목을 자신의 전공으로 삼는 사람들은 입학 후에 관심을 갖게 된다. 모두 그런 것은 아니지만 대체로 그렇다. 그들 중 적지 않은 수가 지질학에 관심을 갖게 되는 것은 데피스에게 달렸다. 그렇지 않으면 그의 학과는 섭입대로 밀려들어가는 지각처럼 사라질 것이다. 그래서 그의 눈은 강의실 안을 살핀다. 그의 수업을 들은 학생 중에는 새크라멘토 킹스 농구단의 지명을 받은 사람도 있고, 장거리 달리기 기록 보유자도 있다. 그런 이들도 캘리포니아 공과대학의 지구물리학 교수가 되었고, 하버드대학의 암석학 교수가 되었다.

　데피스 자신의 연구는 베이슨앤드레인지의 퇴적층에서 심해의 밑바닥, 상상조차 하기 어려운 맨틀 속 사건으로 이어졌다. 그러나 그의 열정은 공변되며, 그는 지질학의 한 부분에 관한 이야기보다는 시공간을 4차원적으로 재구성해 풀어내는 전체적인 이야기에 애착을 느끼는 것 같다. 교사로서 그의 목표는 터무니없을 정도로 야심차다. 그는 자신의 강의를 통해서 적어도 100명의 지질학자가 등장하기를 기대하는 것처럼 보인다. 어쩌면 텔레비전을 켰을 때 새크라멘토 킹스 농구팀의 주전 선수들 중에 공인된 화성암 분류학자가 서 있는 모습을 보고 싶은 것일지도 모른다. 데피스를 처음 알게 될 당시, 나는 산에 금이 어떻게 들어갔는지를 궁금해하고 있었다. 나는 옛 방식의 금광맥 탐사가 대체로 금과 석영의 연관성에 의지한다는 것을 알고 있었다. 그리고 금이 산에서 나와서 하천의 자갈 속으로 들어가는 침식 과정에 대해서도 알고 있었다. 내가 알고 싶은 것은 무엇이 산에 처음 금을 집어넣었는지였다. 나는 지사학자 한 사람과 지형학자 한 사람에게 이에 관해 물어봤다. 그들은 모두 데피스를 추천했다. 데피스는 금이 단순히 희귀하기만 한 것이 아니라고 설명했다. 금은 스스로를 사랑한다고 말할 수 있다. 금은 백금과 함께, 다른 원소와 결합하지 않는 귀금속 중의 귀금속이다. 금은 자유롭게 있기를 원한다. 온도가 낮은 지각의 암석에서는 대체로 홀로 존재한다. 그러나 온도가 대단히 높아지면 화합물을 형성할 것이다. 지구 내부의 특정 구역에서 마그마 유체 속에 있는 금은, 이를테면 염소와 결합할 수도 있다. 염화금은 물에 "어느 정도" 녹기 때문에, 지하 깊은 곳에서 마그마 속을 순환하는 물에 용해될 것이다. 이 물에는 칼륨, 나트륨, 규소 같은 여러 다른 원소도 용해된다. 뜨거워진 용액은 단단한 지각의 틈새로 상승하고, 그 틈새에서 냉각되면서 금과 염소가 분리된다. 그러면 금은 가루나 얇은 조각, 어떤 때는 거위 알보다 더 큰 덩어리의 형태로 물속에 가라앉는다. 규소도 침전된다. 이산화규소, 즉 석영의 형태로 지각의 틈새를 매우면서 광맥을 형성해 금을 둘러싼다.

　내가 데피스에게 도로절개면에 대한 면밀한 조사에서 무엇을 기대할 수 있는지를 물었을 때, 그는 도로절개면은 다른 시대의 세계로 열려 있는 창이라고 답했다. 우리는 고속도로에서 암석 시료를 채취하기로 계획했다. 나는 새로 만들어진 주간고속도로를 따라 북쪽으로 올라가면서 발파로 노출된 바위를 살펴보자고 제안했다. 그는 이 대륙에서는 북쪽으로 가면 지질학적 특성이 그다지 다양하지 않다고 말했다. 대륙의 방향을 따라 횡으로 나아가야 한다고 했다. 서쪽으로 가야 한다는 것이다. 본래 내 계획은 뉴욕주의 화이트페이스산 같은 장소를 찾아다니는 주말 여행이었다. 그런데 이제는 원대한 다른 계획이 떠오르기 시작했다. 내가 80번 주간고속도로는 어떨지 그에게 물었다. 꽤 긴 거리다. 어떨까? 그는 "재미나겠다"고 말했다. 그러고는 골똘히 생각에 잠겼다. 이 고속도로는 경계단층을 가로지른 후, 습곡대의 굴곡진 언덕들을 평탄하게 골라놓은 빙퇴석 더미 위를 살금살금 지나간다. 펜실베이니아 구간에서도 빙하 쇄설물과 비슷한 춤을 춘다. 크레이톤 위에서는 그런 도움이 필요 없다. 로키산맥의 오르막을 지나 단층 지괴의 계단을 올라서면, 시에라네바다산맥의 입구에 이른다. 그 길은 지질학적으로 영리하다. 동물의 이동 경로였고, 인간의 역사가 그 뒤를 따랐다. 멜로드라마를 피하고, 그랜드캐니언과 잭슨홀과 장중한 지질학적 오페라를 비켜가지만, 그 길에서는 이 대륙의 큰 그림, 역사, 구조, 구성 요소를 알차게 경험할 수 있을 것이다. 게다가 80번 고속도로의 도로절개면에서는 모든 시대의 암석을 다 볼 수 있을 가능성이 크다.

그 뒤로 나는 베틀에서 날실 사이를 오가는 북처럼 이 고속도로를 오갔다. 더러는 연구를 하는 지질학자들을 따라다니고, 더러는 지질학자들을 데리고 이 절개면에서 저 절개면으로, 이 해안에서 저 해안으로 돌아다녔다. 지구 어느 곳에서든지, 암석 기록은 시간을 거슬러 더 과거의 지형 속으로 들어가서 수만 가지 이야기를 펼쳐놓는다. 그곳에서 지구의 모습은 일렁이는 불꽃처럼 끊임없이 바뀌고, 바뀌고, 또 바뀌었다. 한두 시대의 지층이 드러나 있는 도로변의 암석은 바로 아래에 있는 층에서는 무슨 일이 일어났고, 바로 위에 놓인 층에서는 무슨 일이 일어났는지(또는 결코 일어나지 않았는지)를 슬며시 드러낸다. 그 속에 담긴 이야기를 모두 풀어낸다는 것은 15미터 길이의 장서에 담긴 지질학을 속속들이 언급하는 것이나 마찬가지일 텐데, 어떻게 궁리를 하더라도 내가 할 수 있는 일은 아니다. 나는 몇 개의 알짜배기 시료를 따라 여행하는 평범한 사람일 뿐이다. 그 시료를 꼽아준 대학과 정부 기관의 지질학자들은 학생에서 숨은 고수에 이르기까지, 경력도 천차만별이다. 나는 모든 지질학을 대변하거나 그에 따른 모든 사실을 다 훑어보려는 시도는 하고 싶지 않다. 나는 내가 흥미 있는 것을 선택하고 싶다. 그리고 그것을 통해, 지질학자들이 암석 속에 쓰인 기록에서 보는 풍경과 사건을 묘사함으로써 이 대륙의 일반적인 역사를 제시하려고 한다.

사전 조사를 위해, 데피스와 나는 팰리세이즈실에 올랐다. 캐런 클레인스펜이 4.5킬로그램짜리 망치로 휘록암을 내리친 것은 내가 그녀와 함께 그곳을 다시 찾았을 때였다. 그런 다음, 해컨색 계곡을 가로질러 서쪽으로 여행을 시작했다. 때는 아침이었다. 테터보로 비행장에는 사업가들을 가득 태운 소형 비행기들이 내려앉고 있었다. 데피스는 그 비행기들을 가리키면서, 만약 빙하가 후퇴하고 있던 위스콘신 빙기 말이었다면 저 비행기들은 수백 미터 깊이의 물속에 있었을 것이라고 말했다. 해컨색 계곡에는 스위스 제네바호와 크기가 비슷하고 수많은 섬이 떠 있는 빙하호가 있었다. 그 호수의 동쪽 기슭에는 팰리세이즈실이 있었고, 서쪽 기슭에는 오늘날 워청산이라고 알려져 있는 용암 언덕이 있었다. 빙하는 퍼스앰보이에서 멈췄다. 그곳에 남은 빙퇴석은 그 호수의 둑이 되었고, 북쪽으로 후퇴하던 빙하가 녹은 물이 채워지면서 호수가 형성되었다. 약 2억 년 전의 활주로는 매우 뜨거운 붉은 평원이었고, 그 옆에는 식어가고 있는 워청산이 있었을 것이다. 이 산은 갈라진 틈새와 용암천에서 빨간빛을 내뿜고 있었지만, 전체적으로는 흑연처럼 검었다. 현무암의 용암류는 밤하늘을 밝히지 않는다. 그보다 3억 년 전에 같은 위치에 착륙하려면, 비행기는 대륙 동부의 드넓은 대륙붕을 덮고 있던 바닷물 속으로 들어가야 했을 것이다. 그 바다 밑바닥에서는 거의 순수한 석회암이 형성되고 있었는데, 당시 대륙에는 침식되어 얕은 바다로 흘러들어갈 만한 것이 사실상 아무것도 없었기 때문이다. 이 세 순간은 지구의 가장 최근 9분의 1에 해당되는 시간에서 무작위로 뽑은 것이다.

패터슨에서, 80번 주간고속도로는 워청산 용암을 가르고 지나간다. 그 절개면을 끝에서 끝까지 걸으면서, 데피스는 주변에 있는 셰일을 조금 집어들었다. 트라이아스기의 붉은 셰일이었다. 그는 셰일을 입에 넣고 씹어봤다. "모래 알갱이가 씹히면 실트층이고, 크림처럼 부드러우면 셰일이에요. 이건 크림 같네요. 한 번 씹어보세요." 그것을 커피에 넣고 싶은 생각은 들지 않았다. 도로절개면의 현무암 절벽에는 수많은 작은 구멍들이 있었다. 어떤 구멍은 크기가 콩알만 했고, 어떤 구멍은 레몬만 했다. 마그마는 지표면에 가까워질수록, 진저에일처럼 쉬익 소리를 내면서 엄청난 양의 기체를 뿜어낸다. 식어가는 현무암에 남아 있던 기체 방울은 이런 작은 구멍을 형성한다. 100년 정도, 그 구멍 속에는 별 다른 것이 들어차지 않는다. 그러나 서서히, 최소 대략 100만 년에 걸쳐서, 구멍 속에 제올라이트zeolite 결정이 들어차기도 한다. 제2차 세계대전이 끝나고 한참이 지날 때까지도, 제올라이트 결정의 활용 가능성에 대해서는 별로 알려지지 않았다. 또 어디에 풍부한지도 알려져 있지 않았다. 데피스는 이 분야에서 중요한 초기 연구를 했다. 네바다에 위치한 분지 두 곳과 산맥 두 곳을 다룬 그의 박사학위 논문에는 제올라이트 산업 의 시동을 건 부록이 포함되어 있다. 특정 종류의 제올라이트(제올라 이트는 모두 30여 종류가 있다)가 정유 공장에서 중요한 촉매로 쓰이게 된 것이다. 이 제올라이트 대신 쓸 수 있는 다른 촉매는 백금이었다. 이 제 페터슨에서, 데피스는 제올라이트를 찾기 위해 도로절개면의 버그 vug(이 작은 구멍을 실제로 부르는 용어)를 뒤지고 있었다. 어떤 버그는 바닷가재가 몸을 숨기는 굴처럼 컸다. 버그 속에는 하얀 실 같은 제올라 이트 결정이 정말로 들어 있었다. 활석이나 석면과 비슷하게 생긴 부드 럽고 비누 같은 결정이었다. 그러나 대부분의 제올라이트는 몇 센티미 터 옆으로 차들이 질주하는 위험한 상황에도 아랑곳하지 않는 전문가 와 아마추어 수집가들에 의해 거의 깨끗이 비워진 상태였다. 이제 버그 는 처음 100년 동안 그랬던 것처럼, 거의 텅 비어 있었다. 현무암 너머에 있는 셰일에서, 우리는 트라이아스기의 동물이 파놓은 굴을 봤다. 토토 와 방향에서 온 구급차 한 대가 사이렌을 울리며 빠르게 지나갔다.

우리는 몇 킬로미터를 이동해 퍼세익강 계곡의 그레이트피스 초원으 로 들어갔다. 그곳은 호수 밑바닥처럼 평평하고 배수가 잘 되지 않는 땅 이었다. 뉴저지의 초원은 젖은 스펀지 같은 땅으로, 턱 위로는 가라앉 지 않는다. 그레이트피스 초원, 트로이 초원, 블랙 초원, 그레이트 습지 의 갈대숲 사이에는 윕패니, 파시패니, 매디슨, 모리스타운이 흩어져 있 다. 이 지역 전체가 호수의 밑바닥이었던 것은 거의 확실하다. 호수는 그 자체로 물이 잘 빠지지 않는다는 증거이기 때문이다. 호수는 강의 동맥 류이며, 대단히 일시적인 지형이다. 어떤 호수는 그냥 마른다. 어떤 호수는 물을 흘려 내보내서 호수를 비운다. 호수에서 흘러나가는 물은 계곡을 깊어지게 하고, 상류를 침식시킨다. 이곳에 있던 퍼세익 빙하호는 약 1만 년 전에 사라졌고, 그 전에 빙하가 후퇴하면서 지금의 퍼세익 계곡이 드러났다. 호수의 물은 새롭게 형성된 퍼세익강으로 점차 빠져나갔고, 이 강물이 다시 30미터 아래에 있는 해컨색 빙하호로 들어갔다. 그 물길의 중간에 있던 한 폭포에서는 사실상 페터슨이라는 도시의 기반이 된 물레방아가 처음 돌아가기 시작했을 것이다. 가장 규모가 컸을 때의 퍼세익호는 깊이 60미터, 길이 48킬로미터, 너비 16킬로미터였고, 경치도 대단히 아름다웠을 것이다. 지금도 호수 주변은 모래톱과 모래섬, 파도에 깎인 절벽과 삼각주가 한적한 교외 마을을 배경으로 절경을 이룬다. 퍼세익호의 서쪽 기슭은 경계단층의 사면이 침식되어 얕은 벼랑을 이루고 있었고, 이 호수의 가장 매력적인 특징은 반도처럼 튀어나와 있는 갈고리 모양의 현무암이었다. 오늘날 이 현무암은 지질학자들에게는 제3차 워청 용암류의 일부라고 알려져 있고, 뉴저지 주민들에게는 훅산이라고 불린다.

훅산이 가까워지자 데피스는 설레어하기 시작했다. 예전에 반도를 이루던 부분의 발치는 고속도로가 만들어질 때 발파되었다. 데피스가 말했다. "어쩌면 여기에는 제올라이트가 조금 남아 있을지도 몰라요. 정말 너무 맛을 보고 싶거든요." 그는 차대가 높은 지질학과 차량으로 도로 연석을 뛰어넘어 차를 댄 다음, 망치를 꺼내들고 절개면으로 걸어갔다. 절개면은 가팔랐고, 펠트 같은 질감의 검은색 현무암 표면은 산화된 철로 인해 갈색을 띠었다. 이 현무암에 있는 수만 개의 작은 버그 속에는 진주 광택이 나는 제올라이트 결정이 들어 있을 가능성이 아주 높았다. 데피스는 자세한 관찰을 위해 작은 돋보기를 꺼냈다. 10배율짜리 헤이스팅스 삼중 돋보기였다. 그는 "보석상에서 멋지게 연기를 해보라"고 제안했다. "이것을 흔들면서 값이 너무 높다고 말하는 거예요. 결정들이 아름답네요. 결정이 아름답다는 것은 천천히 자란다는 뜻이에요. 서두르지 않아야 뭔가 좋은 것이 만들어져요." 그는 망치를 들고 절개면을 내리쳤다. 암석의 기질matrix이 부서져 나오는 동안, 많은 결정이 박살날 수밖에 없었다. 그가 말을 이어갔다. "이 결정들은 베트남 마을들 같아요. 보존을 하기 위해서 파괴를 해야 되죠. 이 결정에는 알루미늄, 규소, 칼슘, 나트륨이 들어 있고, 놀라울 정도로 많은 물이 갇혀 있어요. '제올라이트'는 '끓는 돌'이라는 뜻이에요. 지름이 시침핀의 머리보다 조금 큰 정도인 작은 제올라이트 결정 하나를 물이 나올 때까지 가열하면, 결정 내부의 표면적은 침대보와 비슷한 크기가 될 거예요. 제올라이트는 어떤 분자를 다른 종류의 분자와 분리할 때 자주 이용돼요. 이를테면 제올라이트는 세제를 만들 때 생분해되는 분자를 골라낼 수 있지요. 제올라이트는 물을 좋아해요. 냉장고에서는 잘못해서 프레온Freon에 들어간 물을 흡수하기 위해 쓰여요. 차에서는 기름 탱크 속의 수분을 제거하는 데 쓰일 수도 있어요. 클리놉틸로라이트clinoptilolite라 불리는 어떤 제올라이트는 방사성 폐기물 속 스트론튬과 세슘의 가장 강력한 흡수제예요. 클리놉틸로라이트에 엄청난 양의 치명적인 물질을 흡수시킨 다음, 작은 공간에 보관하면 되죠. 윌리엄 와일러 감독의 「빅 컨트리The Big Country」라는 영화를 보면, 클라이맥스인 추격전 대목에서 악당이 총을 맞고 어떤 협곡의 벼랑으로 굴러떨어지는 장면이 있어요. 그 협곡 장면에서 클리놉틸로라이트처럼 보이는 것이 우수수 쏟아졌어요. 지질학자들은 곧바로 와일러 감독에게 전화를 걸어 이렇게 말했죠. '영화 잘 봤어요. 그 협곡은 어디죠?' 제올라이트가 많이 나는 곳으로는 알프스산맥, 캐나다의 노바스코샤, 콜로라도의 노스테이블산이 있어요. 콜로라도 광업대학에 있을 때, 나는 그냥 주변을 두들겨보기 위해서 노스테이블산에 오르곤 했어요. 뉴저지의 이 지역에서도 세계적으로 품질이 아주 뛰어난 제올라이트가 나와요."

혹산 정상에는 단풍나무와 참나무가 있었고, 도로절개면 아래의 바위틈에는 우단담배풀들이 뭉쳐서 자라고 있었다. 로마인들은 우단담배풀의 줄기를 소기름에 흠뻑 적셔서 장례식 횃불로 이용했다. 아메리카 원주민들은 부드러운 플란넬 직물 같은 이 식물의 길쭉한 잎을 신발 안창으로 쓰는 법을 초기 개척자들에게 가르쳐주었다. 경계단층은 여기서 서쪽으로 불과 5킬로미터 떨어진 곳에 있었다. 그곳에서 이 분지는 산맥과 닿아 있고, 뭉툭한 단층절벽의 흔적은 이제 빙하 쇄설물 아래에 파묻혀 있었다. 데피스의 말에 따르면, 단층 변위, 즉 단층 작용이 시작되었을 때 맞닿아 있던 두 지점이 벌어진 최종 거리는 4570미터가 넘었다. 물론 이런 작용은 수백만 년에 걸쳐 일어났고, 분지 앞에 놓인 산맥은 계속 침식되고 있었으므로, 4570미터 높이로 치솟아 있던 뭔가는 없었을 것이다. 그러나 일반적으로 트라이아스기 말기에 분지와 산맥 사이에는 약 1.6킬로미터의 높이 차, 즉 기복이 있었을 것이다. 갑작스러운 홍수에 산에서 떠내려온 돌들은 분지 가장자리에 위치한 선상지에 쌓였고, 그 틈새에 모래와 진흙이 채워져서 역암이 형성되었다. 뉴저지에 있는 이른바 해머크리크 역암은 동글동글한 자갈이 박힌 모양이 마치 누른 머릿고기 같아서 푸딩스톤puddingstone이라고도 불린다. 분지가 산맥과 만나는 이곳에는 퇴적물이 엄청난 높이로 쌓여 있다. 어쨌든 2억 년이나 침식이 계속되고 있지만, 현재 남아 있는 것만 해도 두께가 5킬로미터에 이른다. 데피스는 이렇게 말했다. "예전에 네바다 오스턴에서 어떤 술집에 간 적이 있는데, 갑자기 폭우가 쏟아졌어요. 그러자 바텐더가 출입문에 나무판을 대고 못을 박기 시작하는 거예요. 나는 영문으로 몰라서 어리둥절해 있었는데, 바윗돌들이 큰길에 굴러다니는 것을 보고 이해를 했어요. 대륙이 갈라지기 시작하면, 그런 일이 아주 많이 일어날 거예요. 단층 작용은 이 분지를 만들었어요. 퇴적물은 분지를 채웠지요. 당겨지는 부분이 떨어지면 지표에 공간을 만드는데 이게 단층이에요. 지표 아래의 공간은 뜨거운 맨틀의 상승을 유발하고, 관입하면 실(암상)이 되고 밖으로 흘러나오면 용암류가 되는 거예요. 옛 지질학에서는 모암 속에 들어 있는 실을 보고, '아, 이 실은 훨씬 나중에 만들어졌구나' 하고 생각했어요. 새로운 지질학에서는 이 모든 사건이 어느 정도 동시에 일어난다고 보고 있어요. 대륙은 갈라지고 있었고, 결국 대서양이 만들어졌어요. 아프리카 서북부의 습곡대를 보면, 뉴저지의 이면을 볼 수 있어요. 그곳에서는 애팔래치아산맥과 같은 시대에 습곡 작용이 일어났고, 그 이후 트라이아스기에 단층 작용이 일어났어요. 지도에서 두 대륙을 나란히 놓고 보면 내 말이 무슨 뜻인지 알 거예요. 이것과 같은 단층 지괴들은 코네티컷 계곡에서 사우스캐롤라이나까지 지금도 뚜렷하게 남아 있지만, 연속적이지는 않아요. 대서양의 형성에는 이런 모든 사건이 얽혀 있어요. 서부에 있는 그레이트베이슨, 베이슨앤드레인지의 이야기도 아주 비슷해요. 그곳에서는 땅이 쪼개지고 있어요. 바다가 생길 가능성도 꽤 커요. 무슨 2억 년 전에 일어났던 일이 아니에요. 신생대의 마이오세에 시작되었고, 오늘날에도 현재진행형이에요. 여기 뉴저지에서 우리가 보고 있는 것은 제올라이트 결정 같은 소소한 지질학적 특성이 아니에요. 우리는 대서양의 형성을 보고 있는 거지요. 이곳에서 2억 년 전에 일어났던 일을 지금 당장 보고 싶다면,

네바다에서 다 볼 수 있어요."

———

분지. 단층. 산맥. 분지. 단층. 산맥. 분지와 산맥 사이에는 1.6킬로미터의 기복이 있다. 스틸워터산맥. 플레전트밸리. 토빈산맥. 저지밸리. 소노마산맥. 펌퍼니켈밸리. 쇼쇼니산맥. 리즈강 계곡. 페큅산맥. 스텝토밸리. 분지와 산맥은 전류의 파형 같은 모양을 그린다. 우리는 주간고속도로에서 60킬로미터쯤 떨어진 플레전트밸리의 분지에서 토빈산맥을 올려다보고 있다. 높이가 2700미터쯤 되는 산등성이에는 층구름이 토성의 고리처럼 걸려 있다. 우리가 토빈산맥을 지날 때, 구름 위로 우뚝 솟아 있는 토빈산의 정상은 맑았다. 산자락에는 목장이 하나 있었다. 양이 노니는 목장 울타리 안에는 시냇물이 흘렀고, 밝은 초록색의 건초더미가 쌓여 있었다. 산속에는 노간주나무마다 열매가 주렁주렁 달려 있었고, 공기는 아무것도 섞지 않은 진gin의 향기를 냈다. 멀리서 봤을 때는 간단히 "사막"으로 치부되는 이 땅은 코요테와 주머니생쥐와 검버섯도마뱀과 방랑뒤쥐의 보금자리이고, MX 미사일과 흰배박쥐가 있는 곳이다. 베이슨앤드레인지에는 밍크와 수달이 산다. 사슴과 영양도 있고, 호저와 쿠거도 있고, 사다새와 가마우지와 검은부리아비도 있다. 보나파르트갈매기와 알락흑꼬리도요도 있고, 아메리카물닭과 버지니아뜸부기도 있다. 꿩, 뇌조, 캐나다두루미, 붉은매, 불꽃올빼미, 흰기러기도 산다. 네바다의 지형에는 습곡산맥인 애팔래치아산맥처럼 에어매트리스나 줄무늬 감자칩 같은 모양의 골은 없다. 이곳의 산과 계곡은 그런 압축 방식으로 형성되지 않았다. 네바다에는 각각의 산맥이 전함처럼 홀

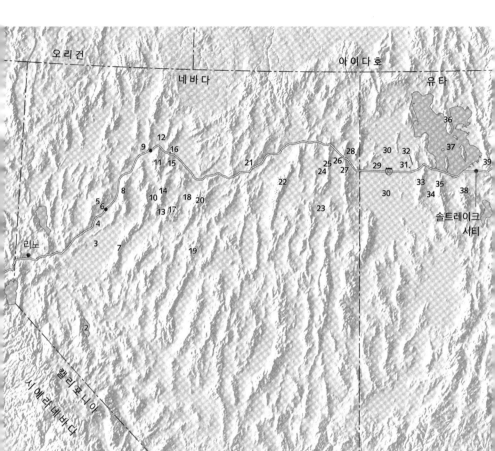

1. 도너패스
2. 워커호
3. 카슨싱크
4. 훔볼트싱크
5. 트리니티산맥
6. 러브록
7. 스틸워터산맥
8. 훔볼트산맥
9. 위네무카
10. 플레전트밸리

11. 소노마산맥
13. 저지밸리
14. 토빈산맥
15. 펌퍼니켈밸리
16. 골콘다산
17. 피시크리크산맥
18. 리즈강 계곡
19. 토이야브산맥
20. 쇼쇼니산맥
21. 칼린 협곡

22. 루비산맥
23. 스텝토밸리
24. 인디펜던스밸리
25. 페큅산맥
26. 고슈트밸리
27. 토아노산맥
28. 파일럿산
29. 보너빌 소금평원
30. 그레이트솔트호 사막
31. 그레이백산

32. 리플밸리
33. 시더산맥
34. 스컬밸리
35. 스탠스버리산맥
36. 프로몬토리산맥
37. 그레이트솔트호
38. 오쿼러산맥
39. 워새치산맥

로 서 있고, 그레이트베이슨은 그런 산맥에서 내려온 퇴적물로 이뤄진 대양과 같다. 그 모습은 마치 일본을 공격하기 위해 전례 없는 규모로 괌에 집결한 함대를 연상시킨다. 어떤 산맥은 길이가 60킬로미터이고, 어떤 산맥은 길이가 160킬로미터, 240킬로미터다. 산맥들은 대체로 남북으로 뻗어 있다. 너비 16~24킬로미터인 산맥들 사이에 놓인 분지에는 세이지sage와 갯보리가 무성하고, 그 위로 데이지 꽃처럼 생긴 풍차가 외롭게 서 있는 들판이 80킬로미터, 160킬로미터, 400킬로미터에 걸쳐 펼쳐진다. 동물들은 그들의 서식지에 만족하는 편이며, 깊고 건조한 계곡을 가로질러 밖으로 나가는 모험을 감행하지 않는다. 데피스는 이렇게 말한다. "다람쥐가 이런 분지를 가로질러 간다고 상상해보세요. 이런 높은 산맥에서는 동물상이 산맥마다 꽤 다른 편이에요. 이곳의 동물들은 갈라파고스에 사는 다윈의 핀치들처럼 격리되어 있지요. 이 산맥은 엄밀히 따지면 섬이나 마찬가지예요."

온 천지가 고요하다. 이따금씩 들리는 새소리와 코요테 무리의 울음소리를 제외하면, 베이슨앤드레인지 안에는 거대한 적막만 가득 차 있다. 그 안에 있는 산들도 소리 없이 거대하다. 지금 우리처럼 여기에 서서 눈앞에 놓인 높은 산을 올려다보고 그 아래에 놓인 80킬로미터 길이의 계곡을 내려다보면, 완전히 고요를 느낄 수 있을 것이다. 그것은 알래스카 유콘강의 겨울 숲에서 느낄 수 있는 정적이다. 그 정적을 이 높은 산등성이까지 옮겨놓은 것 같다. 물리학자인 프리먼 다이슨은 『프리먼 다이슨, 20세기를 말하다Disturbing the Universe』에서 네바다 남부에 대해 이렇게 썼다. "숨을 멈추면 실로 아무 소리도 들리지 않는다. 바람에 나뭇잎이 스치는 소리도 없고, 멀리서 차들이 달리는 소리도 없다. 새소리, 벌레 소리, 아이들이 떠드는 소리도 없다. 그 적막 속에서 나는 홀로

신과 마주한다. 그 새하얗고 단조로운 고요 속에서, 나는 우리가 제안하려고 했던 일에 대해 처음으로 살짝 부끄러운 감정이 들기 시작했다. 우리가 정말로 이 고요를 트럭과 불도저로 침범하려 했는가? 그리고 몇 년 후에 방사능 폐기장으로 만들려고 했는가?"

기분 좋은 계곡이라는 뜻의 이곳 플레전트밸리에서 데피스가 발견한 기분 좋은 것은 향기로운 산쑥이었다. 데피스는 서부 전역을 돌아다니며 자랐고, 그의 아버지는 석유 기술자였다. 데피스는 자신의 향수를 자극하는 두 가지 냄새 중 하나는 산쑥의 향기이고 하나는 정유 공장의 냄새라고 말했다. 그의 말에 농담기는 조금도 없었다. 이 산에서는 갑자기 홍수가 나면 사람 머리만 한 돌들이 굴러 내려온다. 그 돌들은 더 작은 크기의 충적물과 함께 분지 가장자리의 선상지에 쌓였다. ("폭우는 이곳의 중요한 조각가다.") 그 선상지들은 아직 굳지 않은 상태다. 시간이 흐르면 선상지에 쌓인 퇴적물은 엄청나게 두터워질 것이고, 땅속 깊이 가라앉아 열과 압력을 받아서 역암이 될 것이다. 선상지를 만드는 퇴적물을 공급하는 침식 작용은 산이 융기하는 중에도 일어난다. 산은 먼저 완성이 되고, 그다음에 닳아 없어지는 것이 아니다. 산은 생겨나는 중에도 수백만 년 동안 꽤 일정한 속도로 깎여나간다. 산은 시간이 흐르는 동안 꾸준히 융기하고 퇴적물을 흘려보낸다. 쉼 없이 흘러가는 시냇물처럼 늘 똑같지만 결코 똑같지 않다. 이 지역의 남쪽에 있는 모하비 사막에서는 산맥이 융기를 멈추고 점차 마멸되어가고 있다. 새도산맥, 데드산맥, 올드대드산맥, 카우홀산맥, 불리언산, 퓰산, 초콜릿산맥. 이 산들은 이제 스스로의 잔해 속에 점점 더 깊이 파묻혀서 평지에 섬처럼 솟아 있는 언덕이 되어가고 있다. 그러나 모하비 사막에서 수백 킬로미터 북쪽에 위치한 이곳에서는 대부분의 산맥이 확실히 융기하고 있다. 왜냐하면 우리가 보고 있는 것은 새로운 지진의 흔적이기 때문이다. 끝이 보이지 않는 그 흔적은 산기슭을 따라, 즉 분지와 산맥이 만나는 단층면을 따라 이어진다. 계곡을 벗어난 곳에서 보면, 그 흔적은 기본적으로 가로로 길게 뻗어 있는 담황색의 띠처럼 보인다. 위로 올라가면, 식생의 틈이 나타난다. 나란히 자라던 식물이 어느 10월의 저녁에 갑자기 수 미터가 멀어지게 되었고, 분지와 산맥, 즉 플레전트밸리와 토빈산맥도 순식간에 멀어졌다. 산은 4.8미터를 솟아올랐다. 이 산맥은 1세기에 약 2.5센티미터의 속도로 침식되고 있었다. 따라서 이 산맥은 침식과의 경쟁에서 한순간에 약 2만 년의 시간을 번 것이다. 이런 산맥은 빵처럼 부풀지 않는다. 오랫동안 가만히 있으면서 장력을 축적하다가 갑자기 크게 움직인다. 그러고는 다시 수천 년 동안 묵묵히 침식되고 있다가 다시 크게 움직인다. 그렇게 800만 년을 지내왔다. 1915년에 이 단층은 크게 움직이면서 계곡을 저 멀리까지 지퍼처럼 벌려놓았고, 폭주 기관차 같은 소리와 함께 산기슭을 따라 32킬로미터가 넘는 길이의 땅을 찢어놓았다.

데피스는 이렇게 말한다. "이곳은 정말로 핵발전소가 들어와서는 안 되는 종류의 땅이에요. 주변에 있는 스틸워터산맥과 소노마산맥과 펌퍼니켈밸리에서는 동시에 다른 작용이 일어났어요. 사실 이곳이 특별히 경치가 훌륭한 절벽은 아니죠. 중요한 것은 모든 게 살아 있다는 겁니다. 베이슨앤드레인지 전체, 아니 대부분이 살아 있어요. 이 땅은 움직이고 있어요. 이 단층은 움직이고 있지요. 이곳에는 전역에 온천이 있고, 젊은 화산암이 있어요. 어디에서나 단층의 흔적을 볼 수 있어요. 이곳은 갈라지고 있고, 부서지고 있는 세상이에요. 여기 보이는 것과 같은 산쑥 풀밭의 갑작스러운 단절은 거기에 단층이 있다는 것, 단층 지괴가 생기고 있다는 것을 알려줘요. 이곳은 아주 아름답고 젊고 활동적인 단층절벽이에요. 이곳은 성장하고 있어요. 이 산맥은 융기하고 있고요. 네 바다의 이런 지형은 산의 형성이 진행 중인 모습이에요. 여기에는 낮은 언덕 지대가 없어. 모든 산이 아주 젊어요. 이곳은 살아 있는 땅이에요. 이곳은 구조적으로 활발하고, 확장이 일어나고, 산이 형성되고 있는 세계예요. 지질학자가 아닌 사람들에게는 단순히 산맥, 산맥, 산맥이 이어질 뿐이죠."

전 세계 대부분의 산악지대는 압축의 결과물이다. 지각의 조각들이 모여서 구부러지고, 으깨지고, 떠밀리고, 눌려서 하늘 높이 밀려 올라간 것이 히말라야산맥, 애팔래치아산맥, 알프스산맥, 우랄산맥, 안데스산맥이 되었다. 베이슨앤드레인지의 산맥들은 다른 방식으로 만들어졌다. 로키산맥과 시에라네바다산맥 사이에 놓인 이 지역은 지각이 확장되고 있다. 잡아당겨지고, 얇아지고, 말 그대로 갈기갈기 찢기고 있는 것이다. 이 지역의 양쪽 끝에 자리한 리노와 솔트레이크시티 사이의 거리는 96킬로미터가 멀어졌다. 그레이트베이슨의 지각은 여러 조각으로 부서졌다. 그 조각들은 단순화를 위한 경우가 아니라면, 도미노에는 비유될 수 없다. 조각들은 모양이 제각각이며, 굳이 비유를 하자면 튼 살과 더 비슷하다. 이 조각들은 거의 남북 방향으로 뻗어 있는데, 대략 동서 방향으로 잡아당겨지고 있기 때문이다. 조각들 사이의 끊어진 부분, 즉 단층면은 수직이 아니라, 평균 60도 정도의 각도로 비스듬하게 기울어져서 땅속으로 들어간다. 그리고 이 각도는 거대한 지괴의 무게 중심에 처음부터 영향을 주어서 지괴를 기울어지게 만들었다. 보통 한 지괴의 높은 쪽 끝이 다른 지괴의 낮은 쪽 끝과 만나서 골짜기나 분지를 형성했다. 높은 쪽 끝은 풍화작용에 의해 깎이고, 닳고, 긁혀서 산맥이 되었다. 산에서 떨어져나온 것들은 분지로 굴러들어갔다. 처음 분지에는 맑고 푸른 물이 채워졌다. 그 후 산에서 내려온 퇴적물이 켜켜이 쌓이면서 분지는 더 큰 하중을 받았고, 단층 지괴의 불균형은 더 커졌다. 기울기는 더 뚜렷해졌다. 마치 시소처럼, 높은 산 쪽은 더 높아지고 낮은 분지 쪽은 더 낮아졌다. 그 결과 지괴 전체가 신, 물리학, 기계적 풍화, 화학적 풍화는 물론, 저 아래에서 불안하게 요동치고 있는 맨틀과도 위태롭고 일시적인 휴전 상태에 놓이게 되었다. 맨틀은 정상보다 더 뜨거워지고 있고, 거의 틀림없이 이 활동을 조절하고 있을 것이다. 분지와 산맥을 합쳐야 온전한 단층 지괴가 된다. 내려간 쪽은 분지이고, 올라간 쪽은 산맥이다. 800킬로미터에 걸쳐, 분지와 산맥은 베이슨앤드레인지 지역을 가로질러 서로를 슬근슬근 떠밀고 있었다. 지괴들은 추가적인 단층 작용 같은 것을 일으켜서 불규칙적인 부분을 관리했다. 어떤 지괴는 서쪽이 높았고, 어떤 지괴는 동쪽이 높았다. 이 거대한 산맥들 중에서 가장 동쪽에 솟아 있는 워새치산맥의 급경사면은 서쪽을 향하고 있었다. 가장 서쪽에 위치하며, 도너패스도 중턱에 불과할 정도로 압도적으로 높은 시에라네바다산맥의 급경사면은 동쪽을 향하고 있었다. 시에라네바다산맥이 하늘 높이 솟아오르는 동안, 다시 말해서 높이가 3000미터를 넘어 3600미터, 4300미터를 향해 발달하는 동안, 너무 높아진 산맥은 태평양에서 오는 비를 차단했다. 싱그럽고 따뜻하고 플로리다 같고 초목이 우거져 있던 네바다에는 비그늘rain shadow(이 현상을 부르는 용어)이 드리워져 건조해졌다.

우리는 (픽업트럭을 타고) 석양 속으로 들어간다. 플레전트밸리 북쪽으로 가는 길, 전신주라기에는 너무 가느다란 막대기에 전화선 한 가닥이 얹혀 지나간다. 옆으로는 노을에 물든 거대한 산맥들이 보인다. 차갑고 맑은 하늘에 별이 하나씩 나타난다. 여기저기서 캘리포니아산토끼들이 나타나서 길을 건넌다. 어슴푸레하게 소떼의 형상이 지나간다. 으스스한 형상의 수증기가 분지를 가로지른다. 수증기가 피어오르는 강에는 맑은 온천수가 흐르고 있다. 강은 너비가 50센티미터 정도밖에 되지 않았지만, 뜨거운 물살이 하얗게 일어나는 여울을 군데군데 만들면서 빠르게 흐르고 있다. 온천이 솟아나는 샘에서는 물이 엄청난 소리를 내며 거세게 끓어오르고 있다. 이 온천들 옆에는 선명한 초록색을 띠는 웅덩이들이 있다. 웅덩이 가장자리에 둥글게 쌓여 있는 석회질 침전물인 트래버틴travertine은 링컨센터의 트래버틴 벽과 애리조나 하바수캐니언의 트래버틴 웅덩이와 같은 물질이다. 그러나 이곳의 웅덩이들은 손을 댈 수 없을 정도로 뜨겁다. 온천에 몸을 담갔다가는 고기 스튜가 되고 말 것이다. 데피스는 이것이 "지각 확장의 직접적인 결과"라고 말한다. "지각이 확장되면서 뜨거운 맨틀이 지표 근처까지 올라온 거예요. 아마 여기 어디에 균열이 있을 겁니다. 그 균열을 통해서 올라온 물이 이런 온천을 만든 거죠. 이 물에는 광물이 풍부하게 녹아 있어요. 광맥 형태의 광상은 바로 이런 온천에서 만들어져요. 내가 전에 이야기했던 열수에 의한 금의 운반 작용과 같은 거죠. 빗물이 뜨거운 암석 틈으로 들어갔다가 은, 텅스텐, 구리, 금 같은 것들을 끌고 올라오고, 그것이 우연히 발견되는 거예요. 광상 분포도와 온천 지도는 거의 일치하는 것처럼 보일 겁니다. 지진파는 뜨거운 암석을 통과할 때 느려지는데, 암석이 뜨거울수록 지진파는 더 느려지죠. 미국 땅에서 베이슨앤드레인지 지하보다 지진파의 속도가 느린 곳은 없어요. 그래서 지질학자들이 저 아래 뜨거운 맨틀이 있다고 말하는 것은 괜히 겁을 주려는 소리가 아니에요. 우리는 온도를 측정했거든요."

분지-산맥 단층 지괴는 어떤 면에서 보면 맨틀 위에 떠 있다고 말할수 있다. 사실, 지각은 모두 맨틀 위에 떠 있는 셈이다. 지각은 무게가 더해지면 아래로 내려가고, 그 위에 놓인 짐이 사라지면 위로 떠오른다. 딱 부둣가에 있는 배와 같다. 서서히 해체되는 로키산맥에서 떨어져나온 작은 조각들은 미시시피강 삼각주로 운반된다. 퇴적물이 쌓일수록 삼각주는 점점 깊이 아래로 내려가면서 맨틀을 내리누른다. 미시시피강 삼각주의 두께는 현재 7600미터가 넘는다. 삼각주 하부는 온도와 압력이 대단히 높아서 실트는 실트암으로 바뀌고, 모래는 사암으로 바뀌고, 진흙은 셰일로 바뀌는 중이다. 다른 사례로는, 플라이스토세 말에 스코틀랜드를 3.2킬로미터 두께의 얼음으로 덮고 있던 빙상ice sheet을 들 수 있다. 그 빙상 때문에 스코틀랜드는 맨틀 속에 잠겨 있었다. 스코틀랜드의 해안은 그 얼음이 녹고 난 뒤에야 다시 높이 솟아오를 수 있었다. 이것은 지각 평형 조절이다. 이를테면 나무토막 하나를 물속에 넣고 누르고 있다가 손을 뗀다고 해보자. 나무토막은 수면으로 올라와서 스스로 평형 상태를 찾을 것이다. 그 위에 개구리 한 마리를 놓으면, 나무토막은 내려갈 것이다. 개구리가 토하면, 나무토막이 조금 위로 올라갈 것이다. 개구리가 뛰어내리면, 나무토막은 다시 평형을 조절할 것이다. 어디서든지 경관이 침식으로 닳아 없어지면, 남아 있는 것은 위로 올라가면서 평형이 조절될 것이다. 더 오래된 암석일수록 눈에 띄게 올라간다. 이유에 관계없이, 지각은 두꺼워지면 내려가는 쪽으로 평형이 조절된다. 이런 모든 설명은 분지-산맥 단층 지괴가 맨틀 위에 떠 있는 대표적인 그림과 함께, 맨틀이 액체 상태임을 암시하는 것처럼 느껴질 수도 있을 것이다. 그러나 그렇지 않다. 맨틀은 고체다. 지표면 근처의 특정 공간에서만 마그마로 바뀌어 땅 위로 삐져나오는 것이다. 맨틀의 온도는 대단히 다양하다. 두께가 3000킬로미터에 이르는 것은 무엇이라도 그럴 것이다. 맨틀은 크레이톤 아래에서는 냉각되어 있는 것처럼 묘사된다. 그러나 지표면의 기준에서 보면, 맨틀은 세계 어디에서나 일반적으로 백열 상태다. 하얗게 빛을 발할 정도로 뜨거운 고체이지만 점성이 대단히 강하기 때문에, 그 위에 지각을 "띄울" 수 있는 것이다. 어느 토요일 오후, 데피스는 욕조에 앉아서 맨틀의 점성에 대해 생각하고 있었다. 그러다 벌떡 일어나서 수건으로 손을 뻗었다. 그는 "피아노 줄!" 하고 혼잣말을 하면서 서둘러 옷을 입었다. 도서관에 가서 피아노 조율에 관한 책을 보고 피아노 줄의 점도를 계산하기 위해서였다. 그가 예상한 점도는 $10^{22}$ 푸아즈였다. 피아노 줄. 잘 조율된 스타인웨이 피아노의 뚜껑을 열고 안을 들여다보면, 작은 대륙을 띄울 수 있는 선들이 보인다. 피아노 줄은 강하지만 아주 천천히 느슨해지고, 늘어지고, 끊어질 것이다. 지구의 맨틀과 정확히 같은 점성을 지녔다. 데피스는 "그래서 피아노 조율사에게 계속 일이 있는 것"이라고 말한다. 몇 킬로미터를 더 가자, 저 멀리 한밤중에 외로이 서 있는 크리스마스트리 같은 게 보인다. 위네무카다. 다른 가능성은 없다. 네온사인은 네바다와 잘 어울린다. 광막한 검은 공간은 네온사인의 빛을 정제해 천박한 화려함을 걸어낸다. 우리는 색색의 은은한 불빛을 향해 계속 달린다. 불빛은 여전히 멀고, 여전히 작다. 주변에는 아무것도 지나가지 않는다. 데피스는 "이 길에서 누군가를 만날 확률은 10의 −5승"이라고 말한다. 한 시간 넘게 달려서, 우리는 카지노의 불빛이 번쩍이는 마을 입구에 다다른다. 올해의 뉴스는 지폐 슬롯머신의 인기가 동전 슬롯머신을 처음으로 앞섰다는 것이다.

———

데피스가 네바다에 온 목적은 한편으로는 순수하고 한편으로는 고귀하다. 그의 열정은 순수한 과학 탐구와 고귀한 금속의 탐색으로 정확히 양분되어 있는 것 같다. 그는 이 분지에 대한 인문학적 이해를 높이기 위해, 분지 퇴적층에서 고지자기 시료를 채취해오고 있다. 이 작업을 통해서 그는 땅이 갈라지는 방식에 대한 통찰을 얻고자 한다. 각 단층 지괴의 역사에 나타나는 미묘한 차이를 감지하고 싶은 것이다. 반면, 은은 그의 자녀들을 대학에 보내줄지도 모른다. 어쨌든 이곳은 네바다. 네바다의 지질학적 특성은 미국 – 에스파냐 전쟁을 불러왔다. 19세기 미국의 사업가이자 정치가인 조지 허스트는 이 땅에서 큰돈을 벌었다. 이곳의 은 광석은 순도가 매우 높아서, 광부들은 무거운 회색 돌을 자루에 담아서 유럽행 배에 싣는 것 말고는 더 할 일이 없었다. 그 시절의 그 암석, 순도가 높은 광석이 지표에 그대로 드러나 있던 천성 부화 광상은 확실히 사라졌지만, 데피스는 그곳에 뭔가 자신을 위한 것이 남아 있을지도 모른다고 생각했다. 호사스러운 연회를 즐긴 사람들이 접시까지 핥아먹었을 리는 없기 때문이다.

우리는 솔트레이크시티에서 흰색 포드 트럭을 빌렸다. "여기에 건초 더미만 없으면, 영락없는 네바다 사람이 될 거예요." 데피스는 빗자루로 트럭의 눈을 치우며 이렇게 말했다. 11월이었다. 이미 7센티미터가 쌓였는데, 눈은 계속 내리고 있었다. 눈발은 서쪽에서 우리 쪽으로 비스듬히 흩날렸다. 우리는 눈을 가늘게 뜨고 차창 안쪽을 문질렀고, 옆으로는 얕은 상가 건물들이 지나갔다. 손질된 야생 오리와 꿩. 사슴 고기 잘라서 포장해드려요. 드라이브인 판매합니다. 아침 7시부터 자정까지. 우리 뒤로 놓인 워새치산맥의 암벽과 뾰족하고 하얀 봉우리들은 당연히 보이지 않았다. 그러나 시계가 좋아지면서, 솔트레이크시티 서쪽으로 곧 다른 산맥의 모습이 어렴풋이 보이기 시작했다. 오쿼러산맥이었다. 가파르게 기울어져 있는 오쿼러산맥의 지층이 차양의 줄무늬처럼 또렷하게 드러났다. "저 지층들은 펜실베이니아기와 페름기의 사암과 석회암이에요." 데피스가 말했다. "당시 남반구에서는 빙하가 형성되고 있었어요. 빙하는 들락날락하고, 해수면의 높이는 계속 오르내렸죠. 그래서 저 퇴적층에 줄무늬가 있는 거예요."

　하나의 산맥이 나타나서 솟아오를 때, 아주 많은 것이 함께 나타나서 솟아오른다. 오쿼러산맥이 솟아오를 때, 지각은 산산조각이 날 때까지 잡아당겨졌다. 이 사건은 유타 중부의 등장을 극적으로 조절해온 수많은 단계의 사건들 중에서 가장 최근에 일어났다. 고속도로에서도 그대로 보이는 것처럼, 줄무늬의 산비탈에 자리 잡고 있는 바위는 한때 대단히 강한 힘으로 떠밀렸다. 잡아당기는 힘이 아니라 미는 힘에 의해 바위의 대부분이 90도 넘게 젖혀지면서 거의 뒤집히다시피 했다. 역전이 일어난 것이다. 이런 격렬한 변화는 엄청난 규모로 일어날 수 있다. 유럽에는 한 나라 전체가 역전된 곳이 있다. 큰 나라는 아니지만, 그래도 엄연한 국가인 산마리노는 땅 전체가 역전되었다. 베이슨앤드레인지의 단층 작용 자체는 아무것도 역전시키지 않았다. 베이슨앤드레인지를 이루는 거대한 단층 지괴들의 기울기는 최대 30도다. 오쿼러산맥의 암석을 이렇게 변형시킨 사건은 오쿼러산맥이 형성되기 5200만 년 전인 지금으로부터 약 6000만 년 전에 일어났다. 그리고 그 사건으로 만들어진 높은 산맥은 이곳의 태양 아래서 오랜 세월에 걸쳐 서서히 침식되어 해체되고 빗물에 씻겨 사라졌을 것이다. 이제, 그 오래된 산의 흔적이자 단편인 오쿼러산맥 속의 뒤집힌 줄무늬는 새로운 산의 일부로 올라와서 모습을 드러내고 있다. 새로운 산맥, 즉 베이슨앤드레인지의 산맥들에는 지구 전체 나이의 8분의 1에 해당되는 약 5억5000만 년에 걸쳐 형성된 아주 다양한 시기의 암석들이 모여 있다. 최근까지는 더 오래된 암석이 이 지역 어딘가에 있을 것이라고 생각했지만, 개선된 연대 측정 기술을 통해 그렇지 않다는 것이 밝혀졌다. 이곳에서는 지구 연대의 8분의 7이 흔적도 없이 사라졌다. 암석은 해체되었고, 다른 곳으로 옮겨져 윤회되었다. 그렇다고 해도 지구 역사의 8분의 1이 결코 짧은 시간은 아니다. 베이슨앤드레인지의 거대한 지괴들이 드높은 산맥으로 치솟을 때, 각각의 단층은 무려 6000미터에 걸쳐 어긋났다. 그동안 예전의 바다 밑바닥과 현무암 암맥과 파묻힌 강과 금맥과 화산 분출물과 사구의 모래가 닥치는 대로 지표면에 노출되었고, 시간의 조각들은 뒤죽박죽으로 이어졌다. 베이슨앤드레인지에는 데본기의 맑고 탄산이 풍부한 얕은 바다에서 만들어진 깨끗한 석회암이 있다. 펜실베이니아기의 연니가 어느 깊은 해구에 빠르게 쌓여서 만들어진 짙은 색의 단단한 처트질 실트암도 있다. 화석이 풍부한 트라이아스기의 퇴적암, 포획암이 흩어져 있는 백악기의 화강암, 올리고세의 화산재가 굳은 용결응회암도 있다. 이곳의 지질학적 특징은 가지런히 층을 이룬 케이크와는 사뭇 다르다. 이곳의 지층은 잇따른 격변에 쉴 새 없이 시달려왔다.

용결응회암은 분지-산맥 단층 작용이 시작될 당시 이 지역 전체의 표면을 이루고 있었다. 그리고 그 이전의 2000만 년 동안, 지표면의 최상층을 이루고 있던 암석이었다. 이 광활한 화산 평원에는 굴곡이 거의 없었고, 그 암석이 땅 위로 올라오는 과정에는 그 거대함과 황량함에 어울리는 규모의 대학살이 일어났다. 100개가 넘는 지각의 열극과 화구와 화도가 맹렬히 확장되면서 증기와 유문암질 화산유리가 뒤섞인 분출물이 터져나왔다. 이 분출물은 엄청나게 밝은 빛을 내는 구름 같았고 공기보다 무거웠는데, 마치 먼지폭풍처럼 주위의 풍경을 휩쓸고 지나갔을 것이다. 과거 헤라쿨라네움과 폼페이에 쏟아진 화산재는 이에 비하면 가볍게 흩날린 가루에 불과했다. 지면에 내려앉은 거대한 구름이 기존 경관의 윤곽을 따라 천천히 스며들어가는 동안, 강물은 치직거리며 증발했고 말라버린 강바닥과 계곡에는 그 구름이 들어찼다. 이 구름은 파도처럼 밀려오고 또 밀려오면서, 마치 주형에 석고가 채워지듯이, 물길을 남김없이 메웠다. 도랑과 협곡과 동굴과 습지가 모두 메워지자, 거의 굴곡이 없는 뜨거운 평원만 남았다. 그 후로도 땅속에서는 더 많은 구름이 터져나왔고, 평원 전체에 거침없이 퍼져나갔다. 당연히 살아 있는 모든 것이 죽었다. 한 번 분출된 구름은 매사추세츠 넓이의 지역에 퍼졌고, 무거운 화산재의 흐름은 그보다 20배 넓은 지역을 뒤덮은 뒤에야 멈췄다. 게다가 그 구름은 화산재가 녹아서 엉겨붙을 정도로 뜨거웠다. 이 거대한 구름은 땅에 내려앉아 응축되는 동안, 대부분 화산유리로 이뤄진 단단한 암석을 형성했다. 그 두께는 무려 300미터에 이르렀고, 식어가고 있는 화산유리 속에서는 천천히 결정이 형성되었다. "한 지역이 이 정도로 많은 암석에 파묻혔고, 그 암석이 녹아서 엉겨붙을 정도로 뜨거웠다면, 그것은 궁극적으로 환경 재앙이에요." 데피스가 말했다. "최근에 일어난 일이 아니라서 다행이에요."

그렇게 호되게 당한 이 지역은 2200만 년 동안 가만히 그 자리에 있었다. 화산활동은 주변 지역에서만 계속되었다. 그사이 응회암이 침식되면서 도랑과 협곡, 아담한 계곡과 작은 언덕들이 만들어졌지만, 기본적으로 평평한 땅의 모습은 별로 바뀌지 않았다. 부글부글 끓어오르고 터지면서 수만 제곱킬로미터에 걸쳐 지구의 표면이 완전히 뒤바뀌는 일은 되풀이되지 않았다. 그러나 땅속에서 그렇게 큰 동요가 일어났다는 사실은 분명 뒤이어 벌어질 대격변의 전조였다. 결국 용결응회암 평원과 그 아래에 놓인 수백 미터 두께의 땅이 갈라지기 시작했고, 베이슨앤드레인지가 되었다.

분지에는 곧바로 물이 채워지면서 호수가 형성되었고, 호수에는 생명이 깃들기 시작했다. "저기 호수 지층에서 우리가 발견한 화석들 가운데 가장 오래된 것은 마이오세 후기 화석이에요." 데피스가 말했다. "따라서 베이슨앤드레인지 단층 작용은 마이오세 후기에 일어났다고 생각할 수 있어요. 약 800만 년 전이죠." 비그늘이 길어지는 동안, 호수들은 점차 "화학적으로 바뀌어갔다". 염분, 즉 (쓴맛이 나는) 염기성 물질이 증가하다가 결국 말라버렸다. 베이슨앤드레인지에서는 마이오세 이후에도 현무암질 용암이 흘렀다. 그 용암은 뉴저지의 워청산처럼 단층 작용이 시작되고 한참이 지난 후에 지표면으로 쏟아져 나왔다. 꽤 최근에 국지적인 화산활동이 있었다는 증거인 분석구cinder cone(화산 분출물이 쌓여서 만들어진 원뿔 모양의 돌산 — 옮긴이)의 잔해도 있고, 다른 지역의 화산에서 분출되어 아주 넓은 지역에 떨어진 가벼운 화산재도 이곳의 분지와 산맥에 내려앉아 있다. 또 강의 삼각주, 거대한 호수의 가장자리에서는 계단 모양의 지형인 단구와 파도에 깎인 절벽도 볼 수 있다. 그레이트베이슨에 거대한 호수가 형성된 것은 플라이스토세에 빙하 형성 작용이 시작된 이후였다. 북부 지방을 얼음으로 뒤덮은 전 세계적인 기후 변화가 비그늘을 일시적으로 걷어냈고, 그레이트베이슨에는 폭우가 쏟아졌다. 강수량보다 증발량이 훨씬 많던 이 지역에서 이제 그 반대 현상이 일어났다. 거대한 호수가 분지들을 차례차례 연결시켰고, 산맥들은 섬이 되었다. 그렇게 만들어진 호수로는 맨리어스호(이 호수의 밑바닥이 현재 데스밸리의 일부분이다), 리노 근처에 있던 라혼탄호(이 호수의 밑바닥은 현재 훔볼트싱크와 카슨싱크가 되었다), 보너빌호가 있다. 보너빌호는 이리호와 맞먹는 크기로 커졌고, 그 뒤로 조금 더 커졌다. 아이다호에 있는 레드록패스에서는 그레이트베이슨의 가장자리에서 넘친 물이 스네이크강 평원으로 흘러들어갔다. 이제 보너빌호는 미시간호만큼 커졌다. 보너빌호는 멀리서 일어난 빙하 작용의 영향을 받았을 뿐, 빙하호는 아니었다. 호수는 수천 년 동안 그 자리에 있으면서, 가장자리에 석회암 단구를 형성하고 파도에 깎인 절벽을 만들었다. 마침내, 보너빌호는 조금씩 단계적으로 물이 줄어들기 시작했다. 증발량과 강수량이 일시적으로 평형을 이루며 수위 변화가 멈춰 있는 곳마다 침식이 일어났고, 점점 더 많은 단구가 형성되었다. 그 후 비그늘이 다시 드리우자 호수의 크기는 이리호 수준으로 돌아갔고, 화학적 특성이 바뀌어갈수록 호수는 더 작아지고 더 얕아졌다. 그렇게 계속 작아지고 얕아지다가, 그 시절이 끝나갈 즈음에 그레이트솔트호가 되었다.

　그레이트솔트호는 우리 오른편으로 다가왔다가 눈 속으로 사라졌다. 어떤 의미에서 보면, 이 호수에는 호숫가가 없었다. 축축하고 평탄한 분지가 호수 안까지 이어져 있었다. 호숫가의 각도는 약 179.9도로 나타났다. 눈발이 소용돌이치는 하늘에는 섬과 같은 어두운 형상이 남북으로 길게 늘어서 있었다. 그 섬들은 물속에 잠겨 있는 산맥의 봉우리들이다. "화학적으로 볼 때, 이곳은 전 세계에서 가장 냉혹한 환경 중 하나예요." 데피스가 말했다. "지구상에서 가장 짠물과 가장 염분이 적은 물 사이를 몇 시간 만에 오갈 수 있어요. 이런 환경에서는 가장 원시적인 몇몇 생명체만 살아갈 수 있어요. 저 물속에는 염화나트륨이 거의 포화 상태로 들어 있어요. 해마다 짧은 기간에, 워새치산맥에서 다량의 물이 내려와서 호수 표면의 많은 부분이 상대적으로 맑은 물이 돼요. 그러면 그곳에 사는 모든 생명체는 1세제곱센티미터당 수십 킬로그램에 해당되는 삼투압 충격을 받게 되죠. 고등한 동물과 식물은 전혀 받아들일 수 없는 환경이에요. 다세포생물은 전혀 없어요. 세균 조금, 조류藻類 조금. 저기 살고 있는 짠물새우는 삼투압 충격으로 수백만 마리씩 죽어요."

나는 겨울 해질녘에 믿기지 않을 정도로 아름다운 이 호수를 본 적이 있다. 눈발을 늘어뜨린 구름이 빠르게 흘러가는 하늘 아래에서, 워새치산맥의 암벽은 짙은 장미색으로 물들어 있었고, 주름진 석판 같은 물 위로 섬들이 솟아 있었다. 이제 그 모든 것이 눈 속에 가려져 신비스러운 형상이 되었다. 내게 눈은 별로 상관이 없었다. 6월의 어느 날, 하계 야외조사를 위해 서부로 향하는 캐런 클레인스펜을 따라간 나는 그녀와 함께 고산지대의 맑은 강가에서 과일과 치즈를 먹으며 소풍을 즐기기 위해 워새치산맥에 들렀다. 강물은 규암과 사암 자갈 위로 하얗게 물보라를 일으키면서 푸른 초원을 가로질러 빠르게 흘렀다. 초원에는 소떼가 노닐고 있었고, 강둑에는 미루나무가 줄지어 서 있었다. 맑고 신선하며 당당해 보이는 강물은 사실상 아무것도 모른 채 힘차게 자신의 운명을 향해 나아가고 있었다. 이 천국 같은 풍경을 지나서 마지막 협곡을 빠져나가면, 강물은 그레이트베이슨으로 들어갔다. 다른 출구는 없다. 그레이트솔트호에는 이런 강이 세 줄기가 들어온다. 그레이트솔트호는 이 강들을 말 그대로 소멸시켜버린다. 우리는 좁은 협곡을 지나 산 아래로 내려왔다. 협곡은 유니언퍼시픽의 철도가 주간고속도로의 가운데로 지나가야 할 정도로 아주 좁았다. 그리고 더 가파른 협곡으로 들어섰다. 혼을 쏙 빼놓을 듯이 무섭게 돌아가는 스키 코스 같은 협곡 위로는 높은 절벽이 우뚝 서 있었다. 붉은 벽돌색의 너깃 사암과 깨지기 쉬운 해양 석회암으로 이뤄진 절벽에는 스크러브참나무들이 자라고 있었다. "세상에, 하늘에서 떨어지는 것 같아요." 운전대를 잡고 있던 클레인스펜은 거대한 수직 도로절개면들 사이로 빠르게 내려가면서 이렇게 말했다. 거대한 절개면 하나가 물러나면서, 갑자기 베이슨앤드레인지가 모습을 드러냈다.

"여기예요."

"그가 어떻게 느꼈을지 상상해보세요."

앞쪽으로 설화석고로 만든 것 같은 매끈한 도시가 보였다. 그 값비싼 동네는 당장이라도 5미터쯤 뛰어오를 수 있는 워새치 단층을 따라서 일렬로 펼쳐져 있었다. 멀리 오쿼러산맥과 스탠스베리산맥과 솔트레이크호가 보였다. 일요일 오후, 모르몬교도들은 접이식 의자와 탁자를 들고 물가로 나왔다. 그들은 탁자를 길게 이어 붙이고 스무 명이 둘러앉아 식사를 즐겼다. 수천 제곱미터 넓이의 호숫가가 온전히 그들의 것이었고, 갈매기들은 신성한 소들처럼 그들 주위를 맴돌았다. 수영을 하기 위해서는 먼저 물속으로 걸어 들어가야 했다. 수백 미터를 가도 물은 발목 깊이였다. 물 위에 드러눕자 몸이 떠올랐다. 나는 한 번도 물에 뜨지 못했다. 아홉 살부터 열다섯 살까지 적십자의 생존 수영 시험을 볼 때, 나는 아울크리크 다리의 교수대에 매달린 것처럼 두 발을 아래로 늘어뜨리고 턱을 쭉 빼고 물 밖으로 고개를 내밀었다. 나는 몰래 발을 굴러서 수면 위로 입을 내밀고 숨을 쉬었다. 나는 제대로 물에 뜨지 못했다. 이제 나는 배영을 시도했고, 무슨 수중익선처럼 호수 위로 튀어올라 600미터를 나아갔다. 발뒤꿈치와 엉덩이와 견갑골만 물에 닿은 것 같았다. 나는 몸을 뒤집어 자유형을 해봤다. 거의 손과 무릎으로만 헤엄을 칠 수 있었다. 때는 6월, 장소는 솔트레이크호의 남쪽 끝이었다. 염분이 가장 적은 철이었고, 호수 전체에서 염분이 가장 적은 장소였다.

옆으로 몸을 돌리고 팔꿈치를 괴자, 물 건너 북쪽으로 프로몬토리산 맥이 보였다. 이 산맥은 섬처럼 보이지만, 사실 남쪽으로 호수 안까지 뻗어 있는 반도다. 1869년, 금으로 만든 선로용 대못 하나가 프로몬토리 산맥으로 운반되었다. 이 황금 대못은 최초의 북아메리카 대륙 횡단 철도의 완공을 상징하기 위해 그곳의 선로에 고정되었다. 인간이 달에 첫 발자국을 남기기 정확히 1세기 전, 솔트레이크시티와 리노는 당시 인간이 옮긴 큰 발걸음 덕분에 성큼 가까워졌을 것이다. 또 당시 이 철도는 선로 배치와 관련해 그 지역에서 두 번 불만을 일으켰는데, (산맥을 넘어가는) 황금 대못이 고정된 선로를 버린 일과 호수를 가로질러 둑길과 나무다리를 만든 일이었다. 호수를 가로지르는 선로는 프로몬토리 반도의 남쪽 끝을 살짝 스쳐 지나간다. 나무다리 구간은 1950년대 후반에 돌로 교체되었다. 호수를 남북으로 분할하는 둑길은 단단한 방파제처럼 호수를 가로지른다. 그레이트솔트호로 흘러들어오는 주요 강들은 모두 남쪽 호수로 들어온다. 북쪽 호수는 남쪽에 비해 수위가 30~60센티미터 더 낮고 훨씬 더 짜다. 북쪽 호수의 물을 한 컵 증발시키면 약 3분의 1컵의 소금이 남는다. 남쪽 호수의 물 한 컵에서는 약 4분의 1컵의 소금이 남는데, 이것도 바닷물 한 컵에 들어 있는 소금 양에 비하면 여덟 배나 많다. 호수가 우리를 유인해 우리 피부에서 신선한 물을 빼내려고 하자, 모공이 닫히고 입술이 부풀어 오르면서 살짝 감각이 둔해졌다. 솔트레이크호의 물은 살짝 긁힌 상처도 몹시 따갑게 만들었고, 목구멍 안쪽을 염증이 생긴 것처럼 쓰라리게 했다.

우리는 호수 바닥에서 동그란 돌을 주워 자루에 담았다. 솔트레이크호의 모래인 어란석魚卵石이었다. 어란석은 평범한 모래, 즉 강물에 운반되어온 작고 매끄러운 산의 잔해가 아니었다. 어란석은 호수에서 형성된 모래였다. 빗방울이 공기 중에 있는 티끌을 중심으로 만들어지듯, 어란석은 물결에 이리저리 휩쓸릴 정도로 작은 암석 알갱이를 중심으로 형성된다. 작은 암석 알갱이는 물속을 움직이다가 내려앉고, 움직이다가 내려앉는다. 이 알갱이가 물속에 떠 있는 동안 탄산칼슘이 겹겹이 둘러싸면서 진주 비슷한 것이 만들어진다. 다이아몬드 칼로 어란석을 잘라보면 완벽하게 동심원을 이루고 있는 내부가 드러난다. 아니면, 어란석이라는 이름을 붙인 사람이 상상했을 법한 돌 속의 흰자와 노른자가 드러난다. 바하마 주위의 얕은 바닷가 모래톱에는 어란석 언덕이 길게 펼쳐져 있다. 만약 펜실베이니아 리하이밸리에 있는 캄브리아기 노두에서 지질학자가 바위에 박혀 있는 어란석을 발견한다면, 그는 바하마나 그레이트솔트호를 떠올리면서 캄브리아기의 바다가 얕고 석회질이 풍부했을 거라고 추론할 것이다. 이제 시료 자루는 5킬로그램짜리 설탕 포대 같았다. 나는 몸을 뒤집어 물 위에 누운 채 배 위에 자루를 올렸다. 그렇게 조금 낮게 떠서, 나는 호수 기슭을 향해 물장구를 쳤다.

그레이트솔트호의 단단하고 평평한 기슭에는 수십만 마리의 짠물파리가 와글거렸다. 넓적하고 시커먼 점 같은 파리들은 전자 기기 잡음 같은 소리를 내며 바쁘게 윙윙거렸다. 성스러운 갈매기 한 마리가 부리를 딱딱거리며 짠물파리들을 잠시 흩어놓았다. 갈매기들이 농작물을 해치는 귀뚜라미를 모두 잡아먹어서 모르몬교도들을 구해주기 3년 전, 초기 미국 개척자인 킷 카슨은 굶주린 이주민들에게 먹이기 위해 총으로 갈매기들을 잡았다. 그러나 갈매기와 짠물파리는 자연의 생존자들이다. 이제 봄의 끝이 서둘러 떠날 때가 되자, 사방에는 죽은 동물이 널려 있었다. 삼투압 충격으로 죽은 새우의 수는 파리보다 훨씬 더 많았다.

길이 2센티미터쯤 되는 잔잔한 새우 사체들이 황화수소의 악취 속에서 썩어가고 있었다. 호수 바닥의 어란석층 사이사이에는 무수한 사체로 이뤄진 검고 미끈거리는 개흙이 마치 짠물새우로 만든 고기푸딩처럼 채워져 있었다.

소금 결정은 눈처럼 머리에 들러붙었고, 분처럼 얼굴을 덮었다. 호숫가 근처의 인공 연못에서는 태양이 모턴사를 위해 소금을 만들고 있다. 호숫가를 따라서는 유타주의 호의로 설치된 급수탑이 띄엄띄엄 늘어서 있었다. 줄을 당기면 샤워를 할 수 있었다.

그리고 가을 눈이 내리고 있는 지금, 데피스와 나는 보너빌호의 언저리에서 단구를 볼 수 있었다. 그 단구는 우리가 있는 곳에서 산비탈을 따라 300미터쯤 위에 있었다. 그렇게 깊었던 호수가 현재는 평균 깊이 4미터로 줄어들었다는 것이 우울한 기분을 자아냈다. 호수는 여전히 줄어드는 중이었고, 세계에서 두 번째로 혹독한 죽음의 수역이 된 지 오래였다. 200년 전 이 호수는 사해와 비슷했을 것이다.

"우와, 저거 좋은데요." 갑자기 데피스가 이렇게 말하면서 갓길에 차를 세웠다. 스탠스버리산맥의 콧날 한 끝이 주간고속도로에 잘리면서 잘생긴 푸른 바위의 거대한 단면이 수직으로 드러나 있었다. 높이 40미터의 바위 절벽에는 얇은 층이 고르게 분포하고 있었다. 전체적으로 평원과 나란히 동쪽으로 살짝 기울어 있는 그 지층에는 예외적으로 조금 너저분하게 구겨져 있는 부분이 있었다. 그 모습은 마치 유리창에 부딪혀서 깨진 눈덩이나 출입구만 무너지고 다른 곳은 그대로인 담장을 연상시켰다. 데피스는 "이 상황을 리히터해보자"면서, 차에서 내려 도로를 건너갔다. 그는 그 절개면을 조사하기 위해 망치로 암석을 내리쳤다. 그리고 떨어져나온 조각을 긁어모아서 그 위에 산성 용액을 떨어뜨렸다.

눈발은 서풍에 떠밀려서 동쪽으로 약 60도 각도로 내리고 있었다. 바위의 층리는 동쪽으로 20도 기울어져 있었다. 데피스가 쓴 털모자의 줄무늬는 북쪽으로 50도 기울어져 있었다. 털모자에는 큼직한 술이 달려 있었고, 그 아래로 희끗희끗한 머리카락 삐죽삐죽 나와 있는 그의 모습은 마치 거대한 몸집의 엘프 같았다. 그는 바위 속에 들어 있는 "이 커다란 땅콩"이 무엇 때문에 생겼는지 알 것 같으며, 중요한 구조 운동 사건의 흔적은 아닐 것이라고 말했다. 좀도둑이 매장 직원을 쏜 사건이나 신문 안쪽에 실리는 작은 기사처럼 국지적인 충격일 것이라는 이야기였다. 이 도로절개면은 주로 석회암으로 이뤄져 있었다. 이 석회암은 오르도비스기의 바다 속에 있던 석회질 진흙이 모여 만들어졌고, 그 땅콩은 백운암이었다.

석회암은 탄산칼슘이다. 백운암은 탄산칼슘에 마그네슘이 추가된 것이다. 둘 다 탄산염 암석으로 알려져 있다. 데피스는 대학에서 물속에 침전되는 마그네슘이 석회암을 백운암으로 변화시키는 것은 거의 확실하다고 배웠지만, 백운암은 어디에서도 형성되고 있지 않기 때문에 그것을 경험적으로 확인할 방법은 없었다. 데피스는 그것을 믿는 것이 불가능했다. 그는 이미 동일과정론자였다. 현재가 과거의 열쇠라고 믿는 동일과정론자는 어떤 암석이 어떻게 형성되는지 이해하고 싶으면 지금 형성되고 있는 그 암석을 보러 간다. 킬라우에아 화산에서 흐르는 현무암을 본다. 해터러스섬의 해류에 의해 만들어지고 있는 미래의 사암 사층리를 본다. 곰 발자국을 완전히 덮어버리는 범람하는 강의 표토층을 관찰한다. 그는 지금 어딘가에서는 분명히 석회암이 백운암으로 바뀌고 있을 것이라고 확신했다. 대학원을 졸업하고 얼마 지나지 않아, 그는 다른 두 사람과 함께 카리브해의 네덜란드령 앤틸리스 제도에 위치한 보나이러로 갔다. 그곳에서 그들이 발견한 한 산호초는 태양 아래에서 농축되면서 "마그네슘이 대단히 풍부한 즙을 만들고 있었다". 그 즙은 아래에 있는 석회암으로 흘러들어갔고, 석회암은 백운암으로 바뀌고 있었다. 그들은 이 발견을 『사이언스』지에 소개했다. 유타의 이 거대한 도로절개면에 드러난 암석은 오르도비스기 바다의 석회질 바닥이었다. 이 바다는 대단히 얕아서 가끔 석회질 진흙이 수면 위로 노출되었을 것이다. 진흙은 물기가 마르면서 여러 조각으로 갈라졌고, 이후 수위가 올라가면 이 조각들 위에 다시 석회질 진흙이 쌓였다. 이 과정이 계속 반복되면서, 이제 이 석회암은 같은 종류의 석회암 조각이 박혀 있는 각력암이 되었다. 우연히 만들어진 이 암석은 얇게 편을 떠서 액자 속에 넣어두고 싶을 만큼 사랑스럽게 보인다.

이 푸른 바위는 연대가 5억 년에 이른다. 이 바위를 품고 있는 산의 이름을 남긴 하워드 스탠스베리 대위는 그레이트베이슨으로 들어갈 당시인 1849년에 이미 50세가 다 되어가고 있었다. 그는 플로리다에서 등대들을 만들고 있었다. 정부는 그에게 이 염호의 조사를 맡겼다. 노새 16마리, 물통 하나, 인도산 고무로 만든 자루 몇 개를 가지고 그는 호수를 한 바퀴 돌고, 그 주변을 더 돌았다. 사람들은 그를 만류했다. 그는 물이 다 떨어졌지만, 운이 바닥나지는 않았다. 그는 자신이 본 것에 대한 이야기를 가지고 돌아왔다. 저 멀리 서쪽 평원에 책, 옷가지, 트렁크, 가재도구, 사슬, 멍에, 죽은 암소, 버려진 마차 따위가 흩어져 있다는 이야기였다. 도너 일행은 1846년 8월 말에 스탠스베리산맥의 산자락을 돌아가고 있었다. 그들의 왼편에는 바위산이 있었고, 오른편에는 호수의 습지가 있었다. 이 거대한 푸른 도로절개면은 초자연적인 방식으로 그들을 죽음의 공포로 몰아넣었을 것이다. 그들은 데피스가 트럭을 세운 주간고속도로의 갓길 바로 너머를 따라 줄지어 걸어갔을 것이다. 데피스와 나는 도로를 건너 차를 세운 곳으로 돌아가기 위해서, 거대한 트레일러가 지나가기를 기다렸다. 일곱 줄의 바퀴에 컨테이너 두 대를 매달고 달리는 그 트레일러를 데피스는 "지독한 기차"라고 묘사했다.

스탠스베리산맥, 스컬밸리……. 도너 일행은 스컬밸리에서 좋은 풀밭과 좋은 물을 발견했다. 그리고 한 옹달샘에서 새들이 갈기갈기 찢어놓은 안내문 하나를 발견했다. 이주민들은 찢어진 안내문 조각을 맞춰보았다. "이틀 낮-이틀 밤-나아가기 힘든-사막 횡단-물에 닿다." 스컬밸리를 벗어난 그들은 시더산맥을 넘어 리플밸리로 들어갔고, 그레이백산을 넘어서 그레이트솔트호 사막으로 갔다. 그레이백산은 뉴저지의 워청산처럼 현무암으로 이뤄져 있었다. 뉴저지의 워청산 현무암은 약 2억 년 전에 흘러나왔고, 그레이백산의 현무암은 3800만 년 전에 흘러나왔다. 20세기에 들어선 지 한참이 지나서야, 그레이백산의 짙은 회색 노두 사이에서 마차 파편, 소뿔 조각, 버려진 도기 항아리 따위를 발견할 수 있었다. 갑자기 눈이 그치고 차가운 햇살이 나타났다. 그레이백산을 넘어가자, 우리 눈 앞에는 그레이트솔트호 사막이 펼쳐졌다. 말라버린 보너빌호의 바닥인 이 사막은 주변의 풍경을 모두 잠식할 정도로 드넓었다. 주간고속도로도 이 사막을 가로질러 지나가지만, 마차 행렬이 지나간 길과는 조금 다르다. 마찻길은 여기서 살짝 서북쪽에 있다. 마찻길은 파일럿산맥의 파일럿피크를 향해 곧바로 나아간다. 우리는 약 80킬로미터 앞에 자리한 파일럿피크를 뚜렷하게 볼 수 있었다. 바람에 구름이 흩어지면서 모습을 드러낸 뾰족한 봉우리는 활짝 펼쳐진 깃발 같았다. 이주민들은 이 마른 호수 바닥을 건너서, 현재 네바다에 속하는 300미터 높이의 파일럿피크를 보금자리로 삼았다. 파일럿피크의 기슭에는 단

충절벽을 따라 냉천이 솟는다. 이 샘에 도착했을 때, 이주민들의 혀는 피로 물들어 거무죽죽해져 있었다.

데피스는 이렇게 말했다. "그 불쌍한 사람들이 목마른 동물들을 이끌고 이곳으로 왔다고 상상해보세요. 주먹구구식으로 이런 경로를 내놓은 놈을 그들이 묶어서 매달지 않은 게 이상할 정도죠."

평원은 대부분 알칼리성을 띠었다. 짙은 갈색의 진흙은 표면만 말라 있었고, 5센티미터만 파고 들어가도 축축하고 미끈거렸다. 비가 조금만 와도 소는 무릎까지 빠졌을 것이다. 이주민들은 그레이트솔트호 사막에서 멈출 생각이 전혀 없었다. 그들은 파일럿산맥을 향해서 밤낮없이 이동했다. 그날, 그들은 신기루를 봤다. 탑과 마을과 호수가 아른거렸다. 때로는 진짜 호수도 있었다. 폭풍이 지나간 후에 일시적으로 형성되는 플라야playa호였다. 바람이 불면, 플라야호의 물은 수은 덩어리들처럼 평원 바닥을 돌아다녔다. 800~1200세제곱킬로미터의 물이 오늘은 여기, 내일은 저기로 옮겨다녔다. 그리고 얼마 후에는 호수가 신기루처럼 사라지고, 그들의 마차는 진창에 덩그러니 처박혀 있었다. 이 길은 네바다로 들어가는 네 분지가 주된 이주 경로와 다시 만나는 지름길, "더 가까운 경로"라고 홍보되었지만, 보너빌 평원의 횡단을 선택한 이주민은 극소수였다. 이 길은 랜스퍼드 헤이스팅스가 고안했고, 그의 이름을 따서 헤이스팅스 지름길이라고도 불렸다. 헤이스팅스는 스컬밸리에 도움이 될 만한 안내문을 썼다. 그의 경로는 지질학적으로 험난한 길이었지만, 그것은 그의 지식과 관심을 벗어나는 일이었다. 헤이스팅스의 관심사는 정치였다. 그는 캘리포니아의 대통령이 되고자 했다. 그는 당시 멕시코에 속하지 않았던 캘리포니아에 새로운 나라를 세우기로 결심하고, 서부의 백악관에 기거하는 랜스퍼드 헤이스팅스 대통령이 되기 위해서 그가 할 수 있는 모든 일을 했다. 최고의 자리에 오르기 위한 그의 계획은 서부로 가는 새로운 지름길을 만들고, 면담과 전단지를 통해서 그 경로와 목적지를 홍보해 해마다 수천 명의 이주민을 끌어들이고, 그들의 조언자이자 인도자가 되어 약속된 낙원에서 그들을 예비군처럼 이용하는 것이었다. 그의 캠프는 훨씬 더 동쪽에 있는 길가에 있었다. 그는 도너 가족을 끌어들였다. 리드 가족, 케세버그 가족, 머피 가족, 매커친 가족도 끌어들였다. 그들은 주된 경로를 남쪽으로 크게 벗어나서 워새치산맥의 기름진 석회암 토양에서 울창하게 자란 스크러브참나무 숲으로 들어갔다. 도너 가족은 굳건하고 믿음직한 일리노이 스프링필드라는 안정된 크레이톤을 떠났다. 몇 주를 씨름하며 살아 있는 철조망 같은 스크러브참나무를 뚫고 길을 냈다. 갈증을 견디며 나아가기 위해, 가재도구는 보너빌 평원에 버려졌다. 시에라네바다산맥으로 향하는 다른 지름길을 단축시켜주는 더 가까운 경로라던 이 길은 몇 킬로미터만 가봐도 훨씬 더 먼 길이라는 것이 드러났다.

데피스와 나는 보너빌 평원 위에 펼쳐진 그래피티를 지났다. 뭔가를 새겨넣을 곳도 없고 스프레이 페인트를 뿌릴 단단한 재료도 마땅히 없기에, 그래피티 화가들은 단단한 진흙 위에 자갈을 힘겹게 옮겨다놓았다. 그들은 자몽만 한 크기의 돌들, 주간고속도로에서 나온 바닥다짐용 석재들을 쌓아놓고 큼직하게 자신의 이름들을 썼다. 로스, 돈, 단, 주디, 마크, 문, 에릭. 이름들은 80~90킬로미터 길이로 펼쳐져 있었다. 땅 팝니다. 에릭의 석판화는 현무암과 백운암에 그려져 있었다. 그 암석들은 그레이백산의 조각, 스탠스버리산맥의 조각들이 분명했다. 만약 그 이름이 1세기 정도 그곳에 그대로 있게 된다면, 결국 터져버릴 것이다. 돌에는 입자의 경계를 따라 소금이 끼어들어갈 것이다. 그러면 소금 속에 있던 물이 증발하고 소금 결정이 계속 쌓여서, 암석의 틈을 팽창시키고 결국 암석을 터뜨릴 것이다. 데스밸리에 있는 수천 개의 작은 돌무더기는 한때 커다란 화강암 바위였다. 소금은 바위를 산산조각 낸다. 울타리를 넘어 들어와서 바위를 밑바닥부터 부숴뜨린다.

유타의 경계가 가까워지자, 평원은 싸라기눈이 내린 것 같은 눈부신 하얀색으로 바뀌었고, 휘몰아치는 바람은 소금 속에서 악마를 만들어내고 있었다. 이 순백의 세상 너머로, 지구의 굴곡을 따라 휘어져 있는 소금을 볼 수 있었다. 제트 엔진을 장착한 자동차가 마하 0.9가 넘는 속도로 보너빌 소금 평원을 질주할 때, 운전자들은 항상 언덕 꼭대기로 올라가는 느낌을 받는다고 한다. 이 소금을 파고 들어가면, 케이크를 장식하는 설탕 반죽처럼 딱딱하고 하얀 판 모양의 소금이 나타난다. 두께 2.5센티미터가 넘는 이 소금판은 거의 순수한 염화나트륨이다. 그 아래에는 모래 알갱이만 한 소금 입자가 몇 센티미터 두께로 쌓여 있고, 또 그 아래에는 떠먹는 요구르트 같은 질감의 밀크커피색 진흙이 있다. 염호의 크기가 줄어들면서 가장자리에 이렇게 소금이 남는 것과 비슷한 방식으로, 북아메리카 대륙 가장자리에서는 바다가 줄어들 때 만에 갇힌 바닷물이 점차 마르면서 소금 평원이 만들어진 일이 몇 번 있었다. 다시 바다가 들어오면, 그 소금 위로 바닷물이 펼쳐졌다. 소금은 바닷물에 용해되기보다는 파묻혔고, 내륙에서 운반되어온 퇴적물이 그 위에 층층이 쌓였다. 점점 더 많은 퇴적물의 무게에 눌리면서, 소금층은 땅속으로 더 깊이 들어갔다. 소금은 비중이 작고, 소성이 대단히 커서 변형된 형체를 잘 유지한다. 소금층 위로 2400미터 높이의 퇴적물이 쌓이면, 소금은 움직이기 시작한다. 천천히, 굼실굼실 소금끼리 뭉치면서 움직인다. 이렇게 한 덩어리가 된 소금은 암석층 사이를 크게 벌려놓는다.

점점 더 큰 덩어리를 이루는 소금은 위쪽으로 길을 트면서 버섯 모양으로 솟아올라 암염 돔dome을 형성한다. 셰일과 사암 속을 계속 비집고 올라가는 암염 돔은 지층을 우아한 아치 모양으로 구부리고, 그다음에는 위로 쏘아올린 총알처럼 지층을 뚫고 땅 위로 튀어나온다. 이런 방식으로 움직이는 소성체를 다이아퍼diapir라고 한다. 다이아퍼의 형태는 뒤집힌 물방울 모양이다. 이렇게 뚫고 올라온 후, 대개 암염 돔 옆에는 마치 벽에 기대어놓은 널빤지처럼 암염 돔에 기대어져 있는 큰 사암층이 있을 것이다. 투과성이 있는 사암 위에는 대체로 셰일층이 놓이는데, 셰일층은 투과성이 없다. 사암 속으로 들어간 유체는 셰일 아래에 갇힐 뿐 아니라, 투과성이 없는 암염에도 갇힌다. 석유와 암염의 기이한 동반자 관계로 들어가보자. 석유도 만들어진 후에 이리저리 돌아다닌다. 석유가 처음 어디에서 만들어졌는지는 결코 찾을 수 없다. 석유는 투과성 암석을 통과해 아주 먼 거리를 이동한다. 뭔가에 갇히지 않는 한, 석유는 계속 위로 올라가고, 결국 태양빛 아래에서 타르로 바뀔 것이다. 타르로는 군산복합체를 운영하기는커녕 리무진 한 대도 굴릴 수 없다. 그러나 만약 석유가 비스듬한 사암층을 통해 위로 올라가려다가 암염의 벽에 닿으면, 석유는 거기에 갇혀 있게 될 것이다. 암염 돔의 옆을 작은 드릴로 뚫고 내려갈 때 "모래"가 나오면, 아마 그곳에 석유가 있을 것이다. 멕시코만에는 물이 마르면서 소금으로 뒤덮인 작은 만이 아주 많았다. 그 암염 돔들이 있던 곳에는 이제 석유시추탑들이 서 있다. 미시시피강 삼각주에도 암염 돔이 몇 개 박혀 있고, 석유가 채굴되고 있다. 그 암염 돔 안에는 높이 약 30미터의 공간들이 마치 회의장처럼 줄줄이 이어져 있다. 그 회의장은 벽과 바닥과 천장이 모두 순도 99퍼센트 이상의 소금으로 이뤄져 있다.

데피스가 말했다. "이 소금 평원 아래에는 산이 있을 가능성이 커요. 그 산은 여느 산맥과 다름없이 구조가 복잡할 거예요. 그냥 묻혀 있을 뿐이죠."

우리는 네바다주의 경계 근처에서 부서진 석회암과 용결응회암 몇 개를 주웠다. 응회암은 단단하고 묵직했으며, 장석과 석영이 주근깨처럼 박혀 있는 결정질 암석이었다. 거기서 결코 도시를 파낼 수는 없을 것이다. 이제 그 산맥은 파묻혀 있지 않았고, 파일럿피크는 그늘진 분지 위로 솟아올라 계곡에서 1600미터 높이에 있는 햇살과 닿아 있었다. 우리는 곧 토아노산맥을 오르고 있었다. "여기 또 도로절개면이 있네요." 정상 근처에서 데피스가 말했다. "도로절개면이 다가오는 것을 느껴보세요. 타코닉 파크웨이에 가면 정말 반할 거예요. 준비가 되어 있다면, I-80 도로도 그래요." 토아노산맥의 도로절개면에는 화강암이 있었다. 화강암의 형제자매나 아들이나 사촌이 아닌, 장석과 석영으로 이루어진 하얀 눈밭에 까맣게 반짝이는 각섬석이 골고루 박혀 있는 진짜 화강암이었다. 이 화강암은 시에라네바다산맥의 유명한 화강암과 연대가 얼추 비슷했다. 이곳에 이런 화강암이 존재한다는 것은 멀리 서쪽에서 일어난 극적인 구조 운동으로 거대한 지각이 녹으면서 방출된 열이 실로 엄청났다는 것을 의미한다. 네바다 동부까지 신선한 화강암 덩어리를 만들 정도의 열기가 뿜어져 나온 것이다.

우리는 이런 방식으로 도로절개면을 따라 움직였다. 이 산맥에서 저 산맥으로, 농장 마당에서 바위를 쪼는 닭처럼, 무엇이 단층 지괴를 밑에서 밀어올렸는지를 살폈다. 우리는 고슈트밸리를 가로질러 페큅산맥에 오르면서 데본기의 붉은 셰일, 데본기의 실트암, 데본기의 석회암 속으로 들어갔다. 모두 토아노산맥의 화강암보다 훨씬 더 오래되었고, 다른 세계에서 유래했다. 이 셰일과 실트암과 석회암은 (대체로) 바다에서 만들어졌고, 바다나리와 다른 해양 생물의 화석이 가득했다. 지층의 생김새는 대륙 중앙부, 크레이톤 위의 얕은 바다였던 일리노이나 아이오와 전역에서 수집될 것 같은 지층과 별로 다르지 않았다. 이 지층들이 실제로 대륙붕에서 만들어졌고, 데본기에는 북아메리카 대륙의 끝이 대략 페큅산 근처에 있었다는 실마리는 별로 없었다. 포장마차로 대륙을 곧장 횡단해 캘리포니아로 가려던 첫 시도 역시 페큅산맥에서 끝났다. 그 마차가 버려진 산맥 동쪽 기슭의 한 샘터는 주간고속도로에서 멀지 않은 곳에 있었다. 그 후의 이주민들은 그 마차를 뜯어 불을 지피고 음식을 해먹었다. 데피스는 실트암은 뱉어내지만, 셰일은 즐겁게 씹고 있었다.

그레이트솔트호의 어란석은 현재 형성 중이었다. 스탠스베리산의 백운암은 거의 5억 년이 되었다. 응회암은 3000만 년 전에 용결되었다. 토아노산맥의 화강암은 연대가 1억 년이었다. 페큅산의 암석은 그보다 네 배 더 오래되었다. 0에서 5억 년까지, 시간의 띠를 만들어 이 암석들을 표시하면, 양쪽 끝에만 뭉쳐 있고 중간인 3억 년을 대표하는 시료는 없었다. 그런데 아주 우연히, 단층이 불쑥 솟아오르듯이, 고속도로에서 조금 떨어진 골콘다에서 2억5000만 년 전인 트라이아스기를 완벽하게 보여주는 지층이 튀어나왔다.

지질학자들은 때로 그들이 그림Picture이라고 부르는 것을 이야기한다. 그들은 관용적인 의미와는 완전히 다른 방식으로, 내게 "당신은 '그림'이 그리지 못했다"고 말하곤 한다. 어란석과 백운석, 응회암과 화강암, 페큅산의 실트암과 셰일은 모두 그 '그림'의 조각들이다. 고생물과 화학적 특성, 지각의 움직임, 고환경의 풍경 같은 그런 조각에 얽힌 이야기들은 그 자체로도 훌륭한 하나의 이야기이지만, 모두 '그림'의 조각들이다.

이 '그림'에서 가장 중요한 문제점은 그것의 99퍼센트가 사라졌다는 점이다. 용융되거나 용해되고, 찢어지고, 물에 씻겨 내려가고, 산산조각이 나서 '그림' 속의 다른 조각으로 바뀌었다. 지질학자들은 그중 남아 있는 조각들을 찾아내 점선으로 연결한다. '그림'은 선들이 채워질수록 선명해진다. 대개의 경우, 그 수단은 층서를 통해서 지층의 연대와 암석의 유형, 퇴적된 시기의 풍경을 알아내는 층서학stratigraphy이다. 선은 그 자체로 지질학자들에게 습곡, 단층, 평평한 평원 같은 구조structure를 보여준다. 궁극적으로 지질학자들은 어떤 구조가 언제, 어떻게, 왜 나타나게 되었는지, 이를테면 특정 지층이 언제, 어떻게, 왜 습곡이 되었는지를 추론할 것이며, 그것을 구조학tectonics이라고 부른다. 층서, 구조, 구조학. 언젠가 도서관 엘리베이터에서 우연히 이런 대화를 들은 적이 있다. "일단 카프카를 읽고, 그다음에 투르게네프를 읽어요. 그리고 그다음에, 그제야 톨스토이를 읽을 준비가 된 거예요."

그리고 톨스토이를 다 외웠을 때, 비로소 '그림'을 받아들일 준비가 되는지도 모른다. 다차원적이고 전 세계적인 범위의 모든 시간을 아우르며 움직이는 이 '그림'은 때로 '큰 그림'이라고 불린다. 처음에 그림을 전체적으로 보지 못한다고 해서 걱정할 필요는 없다. 지질학자들도 그림을 다 보지는 못한다. 겸손한 지질학자는 때로 발을 툭 차면서, 자신과 동료들을 힌두교의 장님과 코끼리 우화에 등장하는 인물에 빗대어 묘사할 것이다. 미국 지질조사소의 데이비드 러브는 "우리는 모두 코끼리를 만지는 장님"이라는 말을 내게 적어도 쉰 번은 했다. 그 시의 한 토막이 지질학 교재에 있는지는 잘 모르겠다.

알고 싶은 것이 무척 많은

여섯 명의 힌두스탄 사람이 있었다.

그들은 코끼리를 보러 갔다

(그러나 모두 맹인이었다).

그들은 각자 자신의 관찰 결과에

내심 만족했다.


첫 번째 힌두스탄 남자는 코끼리의 옆구리를 만지고 살아 있는 담벼락 비슷한 것이 분명하다고 생각한다. 두 번째 남자는 엄니를 만지고 코끼리를 창 같은 동물이라고 생각한다. 다른 남자들은 각각 코, 귀, 꼬리, 무릎을 만지고, "뱀" "부채" "밧줄" "나무"를 연상한다.


그래서 이 힌두스탄 남자 여섯은

오랫동안 시끄럽게 논쟁을 벌였고,

저마다 자신의 견해를

굳게 믿었다.

그러나 그들의 견해는 저마다 부분적으로만 옳았고,

모두 틀렸다!


맹인과 코끼리 우화는 일부 대학원생이 말하는 "팔 흔들기"를 진정시키기 위해 늘 명심해야 한다. 팔꿈치를 마구 들썩이면서 전달하는 가설은 너무 독창적이어서 과학적 서술이라기보다는 상상에 가깝다. 확고한 것이 있으면 마음껏 상상력을 펼칠 수 있다. 지질학자들은 두세 개의 뼈를 찾아내 이전까지는 듣도 보도 못한 생명체의 전체적인 형상을 상상하고, 오래전부터 있던 '그림'의 경관 속에 그것을 그려넣는 것으로 유명하다. 지질학자들은 진흙에서 산을 본다. 산맥에서는 대양을 보고, 대양에서는 미래의 산맥을 본다. 그들은 하나의 바위에 올라가서 하나의 이야기를 알아내고, 다른 바위에서는 다른 이야기를 알아낸다. 그렇게 이야기들이 쌓이면 그 이야기들을 연결하고, 단서에서 해석한 유형을 바탕으로 자세한 사건의 역사를 재구성하고 글을 쓴다. 이것은 탐정의 일이지만, 대부분의 탐정은 상상조차 하기 어려운 규모의 수사다. 셜록 홈스나 가능한 일이다. 블랙히스나 햄스테드에서 작은 모래알을 찾아내 사건을 추리하는 셜록 홈스는 오늘날까지도 지질학자들에게 최초의 과학 수사 지질학자로 인정받고 있다. 홈스는 허구 속 인물이지만, 그는 한 과학 분야에서 새로운 길을 터나가기 시작했다. 그리고 그 과학은 세심한 추론을 통해서 지어낸 이야기가 갖는 속성을 뛰어넘는 사실을 전달한다. 지질학자들은 그들끼리만 편한 대화를 할 때는 아무도 본 적이 없는 풍경 속으로 들어간다. 사라지고 또 사라지면서 지구 전체에 걸쳐 펼쳐지는 그 풍경 속에는 바다와 산과 강과 숲과 열도가 있다. 가슴이 저릿할 정도로 아름다운 열도는 격렬한 화산활동 속에서 솟아오르고 조용히 그 자리를 지키다가 거의 영원히 사라진다. 만약 그 열도의 작은 조각이 지각 어딘가에 남아 있다가 뭔가에 의해 솟아올라 눈에 띄었다면, 지질학자는 트위드 모자를 쓰고 망치와 샌드위치와 돋보기와 상상력을 챙겨서 그곳에 간다. 그리고 그 열도를 다시 만들어낸다.

언젠가 나는 이런 상상을 해봤다. 나세르 압타브의 카펫 상점에서 한밤중에 큰불이 나는 것이다. 쌍대공 지붕을 얹은 압타브의 전시장에는 털이 긴 카펫, 넓게 짠 카펫, 코바늘로 짠 카펫, 덮개, 준페르시아 카펫,

폴리에스테르 카펫이 층층이 쌓여 있었다. 상점 안에 있던 거의 모든 것이 강한 열기에 타서 없어지거나 녹아버렸다. 지붕은 무너졌다. 태풍 같은 바람이 불고, 때아닌 번개가 치던 밤이었다. 빨갛게 불이 붙은 잔해들이 융단 위로 떨어졌다. 겹겹이 내려앉은 잿더미는 바람에 날려 소용돌이치며 공중을 떠다녔다. 지하로 내려가는 계단에는 녹아내린 폴리에스테르가 단단하게 눌어붙었다. 거의 동시에, 바로 옆에 있던 아이스크림 공장에서도 큰 사고가 터졌다. 아직 아무도 도착하지 않았다. 깊은 밤이었고, 외딴 도시였다. 그리고 얼마 후, 여섯 가지 맛이 뒤섞인 아이스크림 반죽의 압력과 무게를 이기지 못하고, 카펫 상점의 서쪽 벽이 쓰러졌다. 나세르 압타브의 카펫 전시장 안으로 천천히 밀고 들어온 반죽은 접히고 쭈그러지면서 카펫의 잿더미를 뒤덮었을 뿐 아니라, 전시장을 다른 편으로 조금 밀어냈다. 눈이 내리기 시작했다. 눈은 진눈깨비로 바뀌었고, 이내 차가운 비로 다시 바뀌었다. 하늘이 개면서 강한 바람이 불었고, 기온은 섭씨 영하 6도로 떨어졌다. 서로 앙숙인 두 보험 회사 대표가 소방차 앞에 나타났다. 보험 회사에서는 무슨 일이 어떤 순서로 일어났고, 압타브의 과실이 어디까지인지를 정확히 알아야 했다. 만약 압타브의 과실이 100퍼센트가 아니라면, 아이스크림 공장의 과실은 얼마나 되는가? 그리고 유감스럽게도 하늘의 탓으로 돌려야 하는 과실은 얼마나 되는가? 확실히 이 문제는 치킨밸리 경찰서에서 다루기에는 너무 버거운 사안이었다. 아니, 어떤 수사관이라도 마찬가지였을 것이다. 그것은 당연히 야외지질학자를 위한 문제였다. 결국 한 사람이 급하게 투입되었다. 닳은 등산화. 얼떨떨한 표정. 그는 벽과 천장의 조각들을 찾아내고, 카펫 밑을 살펴보고, 아이스크림의 맛을 봤다. 지하로 내려가는 계단의 발판들을 만져봤다. 위를 올려다보면서 보험 회사에서 알고자 하는 모든 것을 말해줬다. 그에게 이것은 5분이면 끝나는 간단한 일이었다.

높은 산등성이에서 산 아래 평지를 지나는 도로까지, 루비산맥 전체가 온통 눈이었다. 데피스는 "우웩" 하는 소리를 냈다. 눈에 대한 그의 논평이었다.

"스키 선수처럼 말하네요." 내가 말했다.

데피스는 "스키는 은퇴했어요"라고 말했다.

그는 콜로라도 광업대학에 다니던 시절에 스키를 탔다. 당시 로키산맥 지대의 다른 대학들에는 미국 최고의 스키 선수들이 입학해 있었다. 그들은 1952년 올림픽 출전 자격을 얻기 위해, 학구적으로 보이려고 애쓰면서 아마추어 흉내를 내고 있었다. 데피스는 그가 속한 팀에서는 실력이 뛰어난 편이었지만, 그날은 엄청난 눈폭풍 때문에 최고의 스타들도 산 위에서 나동그라지고 있었다. 데피스의 활강 순서는 늦은 오후였다. 그가 막 출발선 쪽으로 이동하기 시작하자 눈보라는 맑은 노을로 바뀌었고, 그는 잘 다져진 눈에 바짝 집중할 수 있었다. 데피스는 힘차게 출발했고, 곧 폭탄처럼 내달렸다. 그때까지만 해도, 그의 몸은 날렵했다. 그는 높은 탑에서 낙하하는 물체처럼 산을 내려갔다. 결국, 그 경기는 그를 최고의 선수들 사이에서 가장 높은 자리에 서게 해줬다.

초저녁인 지금, 인디펜던스밸리를 건너가고 있던 데피스는 노을에 붉게 물들어가고 있는 루비산맥의 하얀 정상을 못 본 것 같았다. 높이 3400미터인 루비산맥은 그레이트베이슨의 이쪽 지역에서 가장 높은 산이다. 이유는 잘 모르겠지만, 데피스는 주석과 납의 녹는점에 관해 큰 소리로 이야기하고 있었다. 그의 말에 따르면, 일반적으로 물질은 절대 0도를 기준으로 온도가 녹는점의 2분의 1보다 높으면 균열이 일어나기보다는 흐르는 성질이 있다. 주석과 납은 상온에서 구부러진다. 고체 상태이지만 흐르는 것이다. 상온은 주석과 납의 녹는점과 절대 0도 사이의 중간 온도보다 조금 더 높기 때문이다. 유리와 주철은 상온에서 구부러지지 않는다. 유리와 주철은 녹는점과 절대 0도 사이의 중간 온도가 상온보다 높기 때문이다. "만약 여기 이 단층 지괴 하나의 폭과 같은 깊이까지 땅속으로 내려가면, 온도는 암석의 녹는점과 절대 0도 사이의 중간쯤이 될 거예요. 지각은 그 지점보다 위에서는 단단해 부러지는 성질인 취성이고, 아래에서는 유연하게 형태가 변하는 소성이 있어요. 취성이 끝나는 지점이 기울어진 단층 지괴의 바닥이에요. 단층 지괴는 뜨겁고 소성이 있고 천천히 흐르는 지각 하부와 맨틀 상부에 놓여 있어요. 떠 있다고도 말할 수 있겠죠. 나는 그것 때문에 산맥들이 이렇게 율동적이라고 생각해요. 산맥들 사이의 간격은 산맥의 깊이, 즉 온도가 낮은 지각의 취성 부분의 깊이에 의해 결정되는 것 같아요. 산맥과 산맥 사이를 잇는 이런 골짜기를 건너다보면, 그 단층 지괴가 얼마나 깊이 박혀 있는지를 가늠할 수 있어요. 만약 단층 지괴가 그 너비보다 훨씬 더 깊이 박혀 있다면, 이를테면 온도의 변화율이 달라서 온도가 낮은 취성 구역이 지표면의 너비보다 한 다섯 배쯤 더 깊이 내려간다면, 단층 지괴는 역학적으로 자유롭지 않았을 거예요. 이런 산을 만들 정도로 충분히 기울어질 수 없었다는 거죠. 그래서 나는 이 단층 지괴들의 깊이가 얕을 거라고 추측해요. 그 너비 정도이지 않을까 생각해요. 지진의 역사도 이런 추측을 뒷받침해줘요. 베이슨앤드레인지에서는 얕은 지진만 일어났어요. 데스밸리의 서쪽 가장자리에 있는 산에는 아주 거대하고 불룩한 절벽들이 있어요. 그 절벽들은 거북이등이라 불리는데, 나는 거북이등보다는 고래등에 더 가까운 것 같아요. 그 절벽들을 보면, 물렁물렁

할 때 소성 변형되었다는 것을 알 수 있을 거예요. 내 생각에는 산이 너무 많이 기울어져서 지괴의 바닥 부분이 살짝 드러난 것 같아요. 데스밸리는 해수면보다 고도가 낮아요. 해발고도가 킬로미터 단위인 이 지역의 분지에서 1800미터 높이의 자갈을 긁어낼 수 있다면, 이 산들의 맨 아랫부분에서도 분명히 데스밸리 가장자리와 비슷한 모습을 볼 수 있을 거예요. 이 가설은 발표하지 않았습니다. 근데 맞는 것 같아요. 나는 데스밸리에서 야외조사를 해본 적이 없어요. 운 좋게도 1961년에 데스밸리의 지질도를 처음으로 만든 사람과 같이 그곳에 있었죠. 그 시절에는 베이슨앤드레인지에서 1년 내내 연구를 할 수 있었어요. 베이슨앤드레인지는 북아메리카의 다른 어느 곳보다 지질학적인 면에서 내게 인상적인 곳입니다. 이 지역 어디에서도 무슨 일이 언제 벌어졌는지를 이야기하는 것은 결코 쉽지 않아요. 산맥 너머 또 산맥, 나는 이것이 신비로워요. 지질학에는 신비로운 것이 아주 많아요."

———

북아메리카 대륙을 횡단하는 80번 주간고속도로에는 세 개의 터널이 있다. 공교롭게도, 한 터널은 젊은 암석을 통과하고, 다른 하나는 중년의 암석을 통과한다. 그리고 나머지 하나는 노년의 암석을 통과하는데, 적어도 윤회되어 지상에 올라온 지 얼마 되지 않은 암석들 중에서는 꽤 오래된 편이다. 와이오밍의 그린리버에서, 이 고속도로는 제법 규모가 컸던 신생대 호수 밑바닥의 잔해 밑으로 지나간다. 샌프란시스코만의 예바부에나섬을 통과하는 터널은 중생대의 사암과 셰일 속을 지나간다. 네바다 칼린 협곡에는 고생대의 암석에 구멍 두 개가 깔끔하게 뚫려 있다. 꼭 지질학자들이 선정했을 것 같은 착각이 드는 절묘한 위치들이다. 그리고 지금, 우리는 칼린 협곡에 있는 터널을 향해 가고 있었다. 데피스는 눈에 띄게 들떠 보였다. 누가 보면 그 위치를 데피스가 선정했다고 생각할 듯싶었다. "예위 징크 보가와Yewee zink bogawa!" 그가 이렇게 말하면서 커브를 돌자, 터널이 시야에 들어왔다. 나는 그를 힐끗 쳐다본 다음, 그의 시선을 쫓아서 터널 위 경사면을 올려다봤다. 그곳에는 돌무더기와 노간주나무가 있었지만, 교수의 입에서 그런 이상한 소리가 튀어나오게 한 것이 무엇인지는 알 수 없었다. 그는 속도를 늦추지 않았다. 데피스는 전에 이곳에 와본 적이 있었다. 서쪽 방향의 터널을 통과해 다시 밝은 곳으로 나오자, 그는 오른쪽을 가리키며 "이얍!" 하고 말했다. 그는 갓길에 차를 세웠고, 우리는 감탄을 하며 경치를 둘러봤다. 푸른 물이 넘실거리는 훔볼트강이 우리 쪽으로 흘러오고 있었다. 강의 가장자리 곳곳에는 하얀 얼음이 부채꼴 모양으로 쌓여 있었고, 그 옆에는 풀밭이 있었다. 그리고 그 너머로는 적갈색을 띠는 건조한 고지대가 솟아올라 있었다. 나는 사랑스러운 풍경이라고 말했다. 데피스는 정말로 사랑스럽다고 맞장구를 치면서, 자신이 본 것 가운데 가장 사랑스러운 경사부정합 중 하나라고 말했다.

강은 협곡의 절벽을 따라 휘어져서 우리 쪽으로 흘렀다. 절벽은 굉장히 울퉁불퉁하게 침식되어 있었고, 현재 남아 있는 주요 부분은 높이 180미터의 가파른 언덕이 되어 우뚝 서 있었다. 언덕은 하늘을 배경으로 젖가슴 같은 윤곽을 그리고 있었다. 나는 열심히 찾아봤지만, 데피스가 보고 있는 것은 여전히 보이지 않았다. 마침내, 나도 그것이 보였다. 또 노간주나무와 돌무더기와 침식으로 생긴 잔주름이 내가 그 이야기를 들여다볼 틈을 잘 내어주지 않았다. 이 언덕은 구조적으로 뚜렷하게 다른 두 지층으로 이뤄져 있었다. 두 지층은 서로 어긋나 있었고, 지구의 수평과도 어긋나 있었다. 마치 아무렇게나 이어 붙인 콜라주 속에서 날카롭게 대비되는 두 예술적 충동처럼 그 자리에 함께 붙어 있을 뿐이었다. 두 지층 모두 층리가 있는 퇴적암이었다. 원래 바닷가나 바다 밑바닥에서 쌓인 이 암석들은 처음에는 수평으로 놓여 있었다. 그러나 지금은 언덕 상부의 지층이 60도 이상 기울어 있고, 언덕 하부의 지층도 거의 수직으로 서 있었다. 마치 철거 과정의 실수로 한 건물이 다른 건물 위로 쓰러진 것 같은 형상을 하고 있었다. 데피스는 이런 모양의 언덕이 만들어지려면, 산맥 하나가 만들어졌다가 파괴되고 같은 자리에 새로운 산맥이 만들어진 다음, 그것이 또다시 거의 파괴되어야만 한다고 했다. 먼저 하부 지층이 되는 암석이 수평으로 놓였을 것이다. 그 지층은 포도주처럼 붉은 기질 속에 밝은 색의 잔잔한 자갈들이 거품 방울처럼 박혀 있는 역암이었다. 그 후, 이 지역이 압축되어 산이 만들어지면서 이 붉은 역암층도 기울어졌다. 역암층은 지금처럼 수직으로 일어선 것이 아니라 45도 정도로 기울어졌을 것이다. 그 산맥은 침식되어 사라져갔다. 높은 봉우리에서 낮은 언덕을 거쳐 작은 두둑 같은 것이 되었다가, 비스듬한 지층이 있는 평지만 남았을 것이다. 그리고 결국 그 위에 바다가 덮였다. 물속에서는 상부 지층이 될 새로운 퇴적층이 그 위에 쌓였을 것이다. 그리고 훗날, 새로운 산맥을 만드는 힘이 퇴적층 전체를 옆으로 밀고, 위로 들어올리고, 회전시켰다. 그렇게 해서 하부 지층은 거의 수직으로 서 있고 상부 지층은 비스듬한, 현재와 같은 모양이 만들어졌을 것이다. 뒤이어 분지-산맥 단층 작용이 일어났지만, 이곳 칼린 협곡의 구조에는 별로 영향을 미치지 않았다. 전체적으로 2~3도가 더 기울어졌을 뿐이었다.

환경이 바뀌고, 바뀌고, 또 바뀌기 위해서는, 분명히 아주 긴 시간이 필요할 것이다. 하부 지층의 암석이 만들어지고, 기울어지고, 풍화되어 사라지고, 그 위에 다시 퇴적층이 쌓이기 위해서는 막대한 시간이 필요했다. 그 막대한 시간이 두 층을 깔끔하게 분할하는 선명한 선으로 표현되었다. 그 시간은 경사부정합 자체였다. 그 선을 만지면 4000만 년이라는 시간이 손끝에 느껴질 것이다. 이 부정합의 하부 지층인 통카층은 미시시피기 중기에 형성되었다. 스트라선층이라 불리는 상부 지층은 그로부터 4000만 년 후인 펜실베이니아기 후기에 쌓였다. 캄브리아기, 오르도비스기, 실루리아기, 데본기, 미시시피기, 펜실베이니아기, 페름기, 트라이아스기, 쥐라기, 백악기, 팔레오세, 에오세, 올리고세, 마이오세, 플라이오세, 플라이스토세······. 기와 세라는 이름으로 길게 이어지는 지질 시대 체계에서, 4000만 년의 시간 간격을 두고 따로 퇴적된 이 두 지층은 연대표 상으로는 바로 옆에 붙어 있었다. 언덕의 아래쪽 절반을 차지하는 암석은 3억4000만 년 전인 미시시피기에 만들어졌고, 부정합 위쪽의 암석은 3억 년 전인 펜실베이니아기에 만들어졌다. 두 팔을 양옆으로 활짝 펼치고 한쪽 손끝에서 반대쪽 손끝까지의 거리를 지구의 역사 전체라고 생각할 때, 이 언덕 비탈에서 일어난 모든 중요한 사건은 한쪽 손바닥의 중간에서만 일어났을 것이다.

스코틀랜드의 어떤 경사부정합은 사람들이 신학적 비유를 벗어나서 실제 시간의 관점에서 지구의 역사를 이해하는 데 도움을 주었다. 이 경사부정합은 잉글랜드와의 경계 근처에 위치한 제드버러의 어느 강둑에 노출되어 있었고, 래머뮤어힐스가 북해와 만나는 곳에서 파도에 깎여 만들어진 어느 곳에도 노출되어 있었다. 18세기 말에 발견된 이 부정합은 하나의 혁명을 알리는 신호탄이었다. 그러나 이 혁명은 당시 미국과 프랑스에서 일어나고 있던 다른 혁명들보다 더 조용하고 더 서서히 진행되었으며, 다른 질서에 관한 것이었다. 당시의 일반적인 통념에 따르면, 지구의 나이는 5000~6000년이었다. 이 수치는 그보다 1세기 전인 17세기에, 한 아일랜드 대주교(제임스 어셔)가 성경에서 세대 수를 헤아려서 구한 값이었다. 지구의 나이에 대한 어셔의 실제 표현은 기원전 4004년 "10월 23일로 접어드는 밤"에 지구가 창조되었다는 것이었다.

18세기 말에는 퇴적암이 노아의 홍수 때 만들어졌다는 생각도 널리 받아들여졌다. 산에서 발견되는 해양 생물의 화석은 모두 홍수가 일어났을 때 그곳까지 떠밀려간 것들이라고 생각했다. 그러나 모두가 그렇게 믿은 것은 아니었다. 이를테면 레오나르도 다빈치는 아펜니노산맥에 조개 화석이 있다는 것을 알고, 아드리아해까지의 거리를 계산했다. 그리고 40일 만에 160킬로미터를 이동할 수 있는 재주 많은 조개가 있어야만 했다고 말했다. 헤로도토스는 나일강 삼각주를 보고 가늠할 수 없을 정도로 오랜 시간이 그곳에 축적되어 있다는 것을 알았다. G. L. L. 드 뷔퐁은 1749년에 발표한 그의 『박물학Histoire Naturelle』 제44권에서, 지구는 7만 5000년 전에 뜨거운 태양 속에서 나타났다고 말했다. 간단히 말해서, 다양한 형태의 '큰 그림'은 계속 있어왔다. 그러나 18세기 말에 압도적으로 널리 퍼져 있던 학설은 이 세상이 물에서 기원했다는 수성론이었다. 수성론은 한 독일 광물학자에 의해 크게 발전해, 지구 체계에 대한 골상학이 되었다. 그는 저서가 비록 적었지만 강의는 대단히 유명해서 옥스퍼드, 케임브리지, 토리노, 라이덴, 하버드, 프린스턴, 예일대학에서는 지구에 대한 그의 해석을 그대로 가르쳤다. 그의 이름은 아브라함 고틀로프 베르너였다. 프라이베르크 광업대학의 교수였던 베르너는 작센 지방을 벗어난 적이 없었다. 외삽법은 그가 세계를 여행하는 방법이었다. 그는 "보편적 지층"을 믿었다. 작센 지방 암석의 특징을 의심 없이 페루의 암석에까지 확장시켰다. 그는 오늘날에는 화성암, 퇴적암, 변성암으로 분류되는 모든 종류의 암석이 지구 전체를 둘러싸고 있던 바다에 녹아 있다가 침전된 물질에서 만들어졌다고 믿었다. 화강암, 사문암, 편암, 편마암은 가장 먼저 침전되었다고 해서 "1차"암석이라 불렀고, 산맥의 정상부와 중심부를 이루는 암석이 되었다. "전이"암석(이를테면 점판암)은 물에 잠긴 높은 산비탈에 비스듬하게 쌓인 암석이었다. 거대한 바다에서 물이 빠지고 산들이 태양 아래에서 마르는 동안, 산기슭 아래에 있는 물속에서는 "2차"암석(사암, 석탄, 현무암 따위)이 평평하게 퇴적되었다. 그리고 바다가 계속 물러나는 동안, "3차"암석이라고도 불리는 "충적"암석이 오늘날의 해안평야 위에 형성되었다. 지구의 표면은 그렇게 형성되고, 그대로 남아 있다는 것이었다. 바닷물이 어디로 갔는지에 대한 언급은 전혀 없었다. 이렇게 세부적인 설명을 빠뜨리고도 용케 넘어갈 수 있을 정도로 베르너의 언변은 뛰어났다. 그는 피라미드 모양의 현무암들이 하늘 높이 성처럼 솟아 있는 작센의 언덕들을 가리키면서 "현무암은 화산활동으로 만들어지지 않는다고 생각한다"고 말할 수 있을 정도로, 즉각적인 모순도 두려워하지 않았다. 그는 화산활동이 석탄의 자연 발화로 인해 지표에 나타나는 효과라고 치부할 수 있었다. 오늘날에는 그의 생각이 그 놀라운 파급력에 비례해 우스꽝스럽게 보일지도 모르지만, 비틀거리며 나아가는 과학에서는 그런 일이 자주 일어난다. 가장 크게 웃는 사람은 나중에 웃는 사람이다. 그리고 현대의 일부 지질학자는 흰 실험복을 입은 사람들이 지하실에서 오로라 같은 섬광이 번쩍거리는 100만 달러짜리 계기반을 주시하며 여름을 보내는 블랙박스 지질학black-box geology을 보면서, 그들의 직계 조상이 베르너라고 생각한다. 베르너의 "첫 암석 분류를 보면 현장의 암석에 대한 그의 경험적 지식이 얼마나 빈약한지 드러나기" 때문이다. 아치볼드 기키 경이 한 이 말은 1905년에 출간된 『지질학의 창시자들The Founders of Geology』이라는 책에 등장한다. 영국과 아일랜드 지질조사소의 수장을 지낸 기키는 그의 망치 끝을 잉크에 담그고 있는 것 같은 뛰어난 지질학자였다. 베르너에 대한 그의 이야기를 요약하면 다음과 같다. "그는 충성스러운 제자들의 노력 덕분에 생전에 과학의 교황처럼 추앙받았다. 어떤 주제든지 그가 선택하기만 하면, 그의 판단은 최종 결론이 되었다. (…) 그는 지각의 암석 배치를 통해서 처음 지구를 둘러싸고 있던 대양의 역사를 추적했고, 화강암과 편마암과 운모편암 덩어리에서 그 대양에 최초로 침전된 것을 찾았고, 연속적으로 쌓인 지층을 보면서 바닷물의 성분이 연속적으로 바뀌었다고 인식했다. 베르너가 세상에 내놓은 대담한 개념에 매료된 많은 사람은 화학과 물리 법칙에 무지하거나 알고 있더라도 자세히는 몰랐을 것이다." 게다가 베르너의 지구는 「창세기」와 잘 맞았고, 그래서 정말로 교황을 불쾌하게 하지도 않았다. 세계 곳곳으로 퍼져나간 베르너의 제자들은 베르너의 그림과 상반되는 추론과 마주치면, 그런 이단들을 모두 "허상적 구조"라고 묘사했다. 그중에는 1785년 3월과 4월에 에든버러에서 열린 왕립학회에 처음 소개된 제임스 허턴의 『지구의 이론: 지구 위 육지의 구성과 해체와 복원에서 관찰되는 법칙의 조사Theory of the Earth; or, an Investigation of the Laws Observable in the Composition, Dissolution and Restoration of Land Upon the Globe』도 포함된다.

허턴은 스물네 살에는 의업을 포기한 의사였고, 마흔두 살에는 농장에서 은퇴한 농부가 되었다. 그는 어디를 가든지, 강바닥과 강가의 절벽,

도랑과 흙을 파낸 구덩이, 해안의 노두와 고지대의 절벽에 이끌렸다. 노 픽의 하얀 석회암 속에서 검게 빛나는 처트를 찾아내거나 셰비엇 언덕 지대에서 조개 화석을 보면, 허턴은 그것들이 왜 거기에 있는지 궁금했 다. 그는 지구의 활동에 온통 마음을 빼앗겼고, 역동적인 주기 속에서 점진적이고 반복적으로 일어나는 과정을 알아차리기 시작했다. 허턴은 모호하고 관찰 불가능한 태초의 지구를 상상하는 대신, 있는 그대로의 지구를 생각했다. 그리고 현재에서 시간을 따라 앞뒤로 이동할 때 일어 날 법한 작용을 그려봤다. 그는 현재 상태의 암석을 연구하면, 그 암석 의 과거와 미래의 모습도 알 수 있을 것이라고 생각했다. 허턴은 지질학 적으로 극적인 환경인 에든버러로 갔고, 아서시트와 솔즈베리크랙스 아 래에 살았다. 그곳에는 한때 녹았던 암석이 남아 있었다. 성벽 같은 저 언덕들이 바다 속에서 침전된다고는 믿기지 않았다. 허턴에게는 약간의 재산이 있었고, 그래서 밥벌이에 신경을 쓰지 않아도 되었다. 게다가 에 든버러에서 수집한 검댕으로 염화암모늄을 만드는 회사에 투자한 뒤로 는 생활이 더 안락해졌다. 그는 주로 화학 실험을 했다. 제올라이트에서 소금을 추출한 적도 있었다. 그러나 대부분은, 15년이라는 세월에 걸쳐, 자신의 학설을 정립하는 연구에 집중했다.

허턴은 버릭셔에 있는 그의 농장에서 보리를 키우다가, 강물이 흙을 바다로 운반하는 것을 보고 서서히 일어나는 파괴를 감지했다. 문득 그 는 만약 강물이 충분히 오랫동안 저런 작용을 했다면 농사를 지을 땅 은 없었을 것이라는 생각이 떠올랐다. 그렇다면 세상에는 새로운 흙의 공급원이 분명히 있어야 했다. 그 새로운 흙은 위에서, 즉 고지대에서 내 려왔을 것이고, 비와 서리에 산이 조금씩 줄어들면서 만들어졌을 것이 다. 그리고 거력, 큰 자갈, 잔 자갈, 모래, 실트, 진흙으로 크기가 점점 작아지면서 산마루에서 바다까지 나뭇가지 모양으로 펼쳐진 수계를 따라 내려갔을 것이다. 강은 그것들을 바다로 실어 나르지만, 중간에 일부가 가라앉아서 비옥한 평원이 만들어졌을 것이다. 아마존강은 안데스산맥을 깎아내어 대륙의 절반을 평원으로 만들었다. 강, 특히 홍수가 난 강은 계속 그것들을 실어 나르고, 결국에는 깊고 고요한 물속에 내려놓았을 것이다. 그런 깊은 물에 켜켜이 쌓인 진흙과 실트와 모래와 자갈은 어느 정도의 두께가 되면 열과 압력에 의해 단단히 다져지고, 서로 엉기고, 경화되고, 석화된다. 암석이 되는 것이다. 이야기는 여기서 끝을 맺을 수가 없었다. 만약 그랬다면, 지표면은 오래전에 다 닳아서 매끄러워지고 지구 전체가 일종의 늪지와 같은 상태가 되었어야 했다. 그는 "오래된 대륙들은 닳아 없어져가고 있고, 바다 밑바닥에서는 새로운 대륙들이 형성되고 있다"는 결론을 내렸다. 고지대에는 해양 생물의 화석이 있었다. 그런 생물은 홍수로 그곳에 올라가게 된 것이 아니었다. 뭔가가 암석을 바다 밑바닥에서 밀어올렸고, 우그러뜨려 산맥을 만들었다. 화산과 온천을 곰곰이 생각해보면, 지구 내부에 엄청난 열이 있다는 것을 감지할 수 있었다. 그 열은 석탄이 자연 발화하는 기이한 암층에서 발생할 수 있는 열보다 훨씬 많았다. 그리고 암석을 물렁하게 만들고 다른 형태의 암석으로 바꿔놓을 수 있을 정도로 온도가 높을 뿐 아니라, 확실히 한 지역의 지각 전체를 옮기고 구부리고 부러뜨리고 바다 위로 높이 들어올릴 수도 있었다.

허턴이 보기에는 화강암도 엄청난 열의 산물 같았다. 물속에서 어찌어찌 자란 침전물일 리는 결코 없었다. 화강암은 순차적인 의미에서 볼 때 원시적인 1차 암석이 아니었다. 그가 보기에, 화강암은 뜨거운 액체 상태로 올라와서 그 위에 놓인 땅을 들어올리고 기존의 지층 속에 얇게

나 두껍게 끼어든 것처럼 보였다. 그 전까지는 아무도 이런 상상을 하지 않았다. 현무암도 침전된 것이 아니었다. 허턴의 표현에 의하면, 한때 녹아 있던 현무암은 "액화 능력과 지하 세계의 불이 지닌 팽창력"을 드러냈다. 허턴의 통찰력은 놀라웠지만 오류가 없진 않았다. 그는 대리암이 한때 용암이었다고 생각했지만, 사실 대리암은 석회암이 높은 압력을 받아 변성된 것이다.

조각들을 하나씩 모아 그림을 만들어가는 동안, 허턴은 그 그림을 온전히 혼자만 간직하지 않았다. 그는 늘 친구들과 대화를 하며 저녁 시간을 보냈다. 그들 중에서 조지프 블랙이라는 화학자의 반응은 광범위하게 오락가락하는 허턴의 추측을 붙잡아주는 일종의 중심추 역할을 했다. 그들은 온도와 압력의 변화율이 어떤 물질에 미칠 효과나 암석 형성 과정에 관해 이야기를 나눴다. 허턴은 충동적이고 대단히 창의적인 사색가였다. 블랙은 신중하고 비판적이었다. 블랙의 시각은 분석적이며 간결하고 진지했다. 허턴의 짙은 색 눈동자에는 재치가 반짝였고, 어란석처럼 동그랗게 벗겨진 이마 속에는 지식이 가득했다. 이산화탄소의 발견자로 여겨지는 블랙은 화학사에서 중요한 인물 중 한 명으로 꼽힌다. 허턴과 블랙은 '오이스터 클럽'이라는 모임을 만들어, 일주일에 한 번씩 애덤 스미스, 데이비드 흄, 존 클라크, 로버트 애덤, 애덤 퍼거슨 같은 친구들과 느긋하게 어울리며 즐거운 시간을 보냈다. 멀리서 제임스 와트나 벤저민 프랭클린 같은 손님이 찾아와서 모임에 참석하기도 했다. 프랭클린은 이들에 대해 "어떤 시대나 나라에도 나타난 적 없는 (…) 실로 위대한 사람들의 모임"이라고 말했다. 이 시기부터 스코틀랜드 계몽 운동이 시작되었다고 묘사되지만, 그 당시에는 그저 오이스터 클럽일 뿐이었다. 술을 마시지 않는 허턴은 친구들의 업적에 열광적으로 취하는 진정한 술꾼이었다. 와트가 뚜렷한 발전을 이룬 그의 증기기관에 대한 보고를 하기 위해 그곳을 찾았을 때에도 허턴은 크게 기뻐했다. 모르는 사람이 보면 증기기관을 허턴이 만드는 줄 알았을 것이다. 클럽의 다른 사람들이 저마다 경제학, 건축, 수학, 물리학, 해군 전술, 다방면의 철학을 연구하느라 분주한 사이, 허턴은 그가 만들어나가고 있는 지구 그림의 조각들을 그들과 공유했다. 해가 갈수록, 그의 그림에서는 인간 세계가 시간 속에서 차지하는 위치가 점차 작아져갔다. 그것은 코페르니쿠스가 우리를 우주의 중심이라는 허상에서 몰아낸 방식과 매우 흡사했다.

그로부터 1세기 후, 한 역사학자는 이렇게 지적했다. "과학과 종교 사이의 직접적인 적대관계는 코페르니쿠스와 갈릴레이의 발견이 이뤄지던 시대에 가톨릭 세계에서 등장했지만, 개신교에서는 심각하게 느끼지 않았다. 그러나 지질학자들이 「창세기」의 천지창조 설명을 의심하기 시작하면서 상황은 바뀌었다." 그 적대관계가 실질적으로 시작된 날은 1785년 3월 7일이었다. 그날 왕립학회에서 발표된 허턴의 논문은 아마 다음과 같이 시작되었을 것이다. "이 논문의 목적은 지구가 존재해온 시간과 관련해서 약간의 추정을 해보는 것이다." 그날의 발표는 어느 정도 즉흥적으로 이뤄졌고, 그의 학설이 (엄청나게 두꺼운) 책으로 엮여 나온 것은 그로부터 10년 뒤의 일이었다. 한편, 왕립학회는 허턴에게 3월 7일에 낭독한 논문에 대한 개요를 정리해줄 것을 요청했고, 그 작업은 1785년 4월 4일에 끝났다. 아래 인용문은 그 초록의 일부다.

우리가 결론을 내리기 위해 찾은 근거는 다음과 같다. 첫째, 우리가 딛고 있는 땅은 단순하고 처음의 모습대로 있는 것이 아니라, 2차적인 요인이 작용해 형성된 하나의 복합체다. 둘째, 현재의 땅이 만들어지기 전에도 바다와 육지로 구성된 세계가 존재했고, 그 세계에도 오늘날과 같은 조수와 해류의 작용이 있었다. 그리고 마지막으로 대양의 밑바닥에서 현재의 육지가 형성되는 동안, 이전의 육지에도 식물과 동물이 있었고 (⋯) 그들의 존재 방식은 현재와 비슷했다. 따라서 우리가 도달한 결론은, 우리가 사는 육지는 전부는 아니더라도 대단히 많은 부분이 이 지구의 자연스러운 작용으로 만들어졌다는 것이다. 그러나 이런 육지가 물의 작용을 견디면서 영구적으로 남아 있으려면, 두 가지 요건이 필요했다. 첫째, 지괴들의 형성은 느슨하거나 응집력이 없는 물질들이 모여서 이뤄져야 한다. 둘째, 바다 밑바닥에서 이렇게 굳어 형성된 지괴들은 물 위로 올라와 현재의 위치에 있어야 한다. (⋯)

온갖 종류의 물질이 고결되어 있는 지층이 발견된다는 점에서, 지층은 일반적으로 수용액과 같은 수단에 의해 고결되는 것이 아니라는 결론을 내렸다. (⋯)

온갖 종류의 광물질을 녹이는 극한의 열과 같은 힘은 육지를 대양의 밑바닥에서 현재 위치까지 끌어올리기에 충분한 팽창력을 만들어낼 수 있을 것으로 추정된다. (⋯)

따라서 광물 체계와 관련된 하나의 학설이 형성된다. 이 체계에서는 굳어 있지 않은, 응집력 없이 흩어져 있던 물질들이 바다 밑바닥에 모여서 단단한 고체를 형성한다. 그리고 바다 밑바닥은 자리가 바뀌어 (⋯) 육지가 된다. (⋯)

따라서 육지가 해저에서 형성된 다음 해수면 위로 올라오는 규칙적인 체계가 확인되면서, 자연스럽게 시간과 관련된 의문이 생긴다. 이런 대단한 위업을 달성하기 위해 필요한 시간은 얼마나 되는가? (⋯)

우리는 다음과 같은 결론을 이끌어낼 수 있을 것이다. 첫째, 현재 있는 육지가 만들어지기까지는 어느 정도의 시간이 필요했다. 둘째, 현재의 육지를 이루는 재료가 된 예전의 육지가 만들어질 때에도 같은 시간이 필요했다. 마지막으로, 현재 바다 밑바닥에 놓여 있는 것은 미래의 육지가 될 토대다. (…)

20세기의 시각에서 보면, 제임스 허턴은 이 논문으로 현대 지질학의 창시자가 되었다. 당시 허턴의 처지에서 보면, 그는 자신이 납득할 수 있는 탁월한 학설을 만들고 세상이 대체로 그 과정을 따른다고 밝힘으로써 스스로 논란의 최전선에 섰다. 그는 벌집을 건드린 셈이었고, 적지 않은 공격을 받았다. 아인슈타인의 학설을 확인하기 위해 개기일식의 가장자리를 촬영하러 갔던 실험물리학자들처럼, 이제 허턴은 자신이 옳은지를 확인하기 위해 몇 곳을 추가로 답사했다. 훗날 허턴이 그의 책을 쓰면서 어느 장의 제목으로 표현한 것처럼, 그는 자신의 학설이 "주제를 명확히 설명하기 위한 관찰을 통해 확인된 학설"인지 알아야 했다. 그는 갤러웨이로 갔다. 밴프서에도 갔다. 솔트코츠와 스켈몰리와 럼블링브리지도 갔다. 애런섬, 맨섬, 포스만에 위치한 인치키스섬에도 갔다. 가끔 친구인 존 클라크가 동행했고, 클라크는 허턴이 주목한 풍경을 선화나 수채화로 그렸다. 1968년, 이름 뒤에 로마 숫자가 붙는 유서 깊은 이름을 지닌 또 다른 존 클라크는 그의 미들로디언 영지에서 그 그림들이 들어 있는 가죽 가방을 발견했다. 70장의 그림 중에는 중심부에 화강암이 박혀 있는 산의 단면을 그린 그림이 있었다. 허턴이 생각하기에, 화강암은 "1차"암석이 아니라 지하에서 녹은 상태로 스코틀랜드로 올라온 것이었기 때문에, 기존의 편암 속으로 끼어든 화강암에는 여기저기에 편암 조각이 박혀 있어야 했다. 실제로 그랬다. 허턴은 훗날 이렇게 썼다. "이제 우리는 실제로 액체 상태인 화강암을 보지 않고도 모든 면에서 이 사실을 입증할 수 있다고 결론을 내릴 수 있을 것이다. 다시 말해서, 액체 상태의 화강암은 지하의 힘에 의해 부서지거나 온갖 방식으로 변형된 지층 사이로 흘러들어가고 있었다."

허턴의 학설에서 가장 입증을 필요로 하는 것은 본질적으로 참신하지만 전혀 이해할 수 없는 그의 시간 개념이었다. 4004+1785년이라는 시간으로는 지브롤터나 웨일스의 언덕지대는커녕 벤네비스산의 봉우리 하나도 만들기 어려울 것이다. 허턴은 들판과 습지를 가로질러 서 있는 하드리아누스 방벽을 봤다. 노섬벌랜드에서 1600번의 겨울을 보낸 이 방벽에는 별로 대단한 일이 일어난 것 같지 않았다. 지질학적 과정은 확실히 느렸다. 그의 학설을 설명하기 위해 필요한 것은 단 하나, 시간뿐이었다. 충분히 긴 시간, 아직까지 누구도 상상해본 적 없는 그런 시간이 필요했다. 이제 허턴은 암석에 나타나는 생생한 사례, 숨이 멎을 정도로 아득한 시간을 보여주는 광경을 찾아야 했다. 스코틀랜드 남부 전역에는 "결정편암schistus"이라는 지층이 있는데, 이 지층은 올드레드 사암이라 불리는 다른 지층과 대체로 인접해 있었다. 시스터스층은 사방에서 시달림을 당한 것처럼 보였고, 올드레드 사암층은 기본적으로 평탄했다. 만약 어딘가에서 서로 어긋나 있는 두 지층을 본다면, 해체되고 있는 세상의 아래에 해체된 세상의 잔해가 있고, 그 아래에 또 다른 세상의 잔해가 있다고 생각할 수밖에 없을 것이다. 그 광경에서 훗날 경사부정합이라 불리게 될 구조를 유추해낸 허턴은 그런 구조를 더 찾아다녔다. 헤더, 가시금작화, 고사리, 잎갈나무, 소나무로 뒤덮인 습한 땅에서, 교과서에나 나올 법한 암석의 사례를 찾기란 극히 어려웠다. 훗날 허턴이 쓴 글에는 전형적인 야외지질학자의 탄식이 담겨 있었다. "자연학자에게 하찮은 것은 없다. 돌 위를 낮게 기어가는 이끼도 산과 계곡을 아름답게 장식하는 고고한 소나무만큼 흥미롭다. 그러나 암석의 표면에서 이전 세계의 연대기를 읽으려는 자연학자에게, 암석을 덮고 있는 이끼는 시야를 방해해 암석의 종류를 구별할 수 없게 만든다. 심히 유감스러울 뿐이다." 그러나 허턴의 끈기는 성가신 식물에 비길 바가 아니었다. 잉글랜드와 가까운 제드버러 근처에서, 허턴은 처음으로 경사부정합이 대단히 선명하게 드러나 있는 지층을 발견했다. 그는 친구를 만나러 가기 위해 그 지역을 돌아다니다가 강가의 절벽 하나를 발견했다. 최고 수위선 아래로 드러나 있는 절벽에는 평평하게 놓인 사암층과 그 아래 수직으로 서 있는 결정편암층이 보였다. 허턴의 친구인 존 클라크는 나중에 그곳을 찾아와서 허턴을 위해 세 개의 세상이 만나는 이 명확한 접점을 그림으로 남겼다. 그림의 아래에는 가장 오래된 잔해들이 거의 수직으로 서 있고, 중간에는 단단하게 굳은 모래가 평평하게 쌓여 있다. 그리고 그림의 가장 젊은 풍경에는 나무와 담장이 가득하고, 강가 절벽 위의 길을 따라서 두 마리의 말이 끄는 사륜마차 한 대가 지나간다. 마부는 채찍을 휘두르며 말을 재촉한다. 훗날 허턴은 "나는 이 현상에 대해 곧 만족했다"고 썼다. "지구의 자연사에서 이렇게 흥미로운 대상을 우연히 발견한 나의 행운을 크게 기뻐했다. 그것은 내가 오랫동안 허탕을 치며 찾아다니던 것이었다."

지구의 자연사에서, 이 두 부정합 지층이 나타내는 모든 시간에서 가장 흥미로운 점은, 이 역사의 두 단계가 셀 수 없이 많은 가로대가 있는 사다리에서 이웃한 두 발판이라는 점이었다. 세상의 역사를 6000년이라고 생각하는 세계, 그런 시간의 제약 속에 놓인 사회에 살던 허턴으로서는 두 종류의 암석을 분리하는 선 하나에 무려 7000만 년의 시간 간격이 있고, 각 지층마다 수백만 년의 이야기가 담겨 있다는 것을 알 길이 없었다. 그러나 그는 그와 비슷한 무언가를, 굉장한 진실을 어렴풋이 감지했다. 그리고 그 강가 절벽에 서서 그곳을 바라보고 있을 때, 그는 모든 인류를 위해 그것을 보고 있었다.

그는 자신이 관찰한 것을 확인하고 다른 목격자를 더 끌어들이기 위해서, 이듬해 봄에 존 플레이페어와 던글래스의 제임스 홀이라는 청년과 함께 배를 타고 버릭셔의 해안을 둘러봤다. 허턴이 그 지방의 지질학적 특성에서 추측한 바로는, 그 지층은 같은 지층이 닿아 있는 래머뮤어 언덕지대의 가장자리 절벽에 나타나야 했다. 짐작대로 그 지층은 시카포인트라는 곳과 이어져 있었다. 이곳에서는 아래쪽 층은 완전히 뒤집혀서 수직 기둥이 되었고, 그 위에 올드레드 사암층이 풍상에 시달린 탁자 상판처럼 놓여 있었다. 마침내 그 광경을 묘사하게 되었을 때, 그는 간결하게 기쁨을 표현했다. "아름다운 그림이 (⋯) 바다에 씻겨 드러났다." 플레이페어의 글은 서정적이었다.

이 경이로운 광경을 처음 보고 우리가 느낀 감정은 쉽게 잊히지 않을 것이다. 자연사에서 가장 기이하고 중요한 사실 중 하나에 관한 뚜렷한 증거가 우리 손에 있었다. 이 증거는 지금까지 감각을 통해서 직접적으로 증명된 적이 한 번도 없을 것 같은 이론적인 추측을 실존하는 실체로 만들었다. 우리는 종종 스스로에게 말하곤 했다. 서로 다른 두 지층에 대해, 그리고 두 지층 사이에 나타난 긴 단절에 대해 우리가 얻을 수 있는 더 명확한 증거는 무엇일까? 우리는 그 지층들이 심연의 품에서 등장하는 모습을 실제로 본 것일까? 우리는 시간을 거슬러 결정편암층이 아직 바다 밑바닥에 놓여 있던 때, 우리 앞에 놓인 사암층이 모래나 진흙의 형태로 거대한 대양에서 막 퇴적을 시작하고 있던 때로 안내된 느낌이었다. 그것은 아득히 먼 옛날, 이 암석들 중 더 오래된 것조차 수직으로 서 있지 않고 바다 밑바닥에 수평으로 놓여 있던 시절, 지구를 둘러싼 단단한 껍질을 산산조각 내는 엄청난 힘의 방해를 받기 전의 어느 시대를 나타냈다. 격변들은 이 비범한 광경에서 아직 멀리 있는 것처럼 보였다. 시간의 심연을 그렇게 깊숙이 들여다보고 있노라니 점점 더 아득해지는 기분이 들었다.

허턴은 왕립학회에서 "지구가 존재해온 시간과 관련해서 약간의 추정을 해보는 것"이 그의 목적이라고 밝혔다. 그러나 제드버러와 시카포인트를 본 후에는 어떤 추정을 할 수 있었을까? 허턴은 다음과 같이 썼다. "우리가 살고 있는 세계를 구성하는 물질은 현재의 직전에 있던 지구에서 온 것이 아니라 (…) 그 이전의 해수면 위에 있던 땅에서 왔고, 현재 우리 땅은 당시에는 아직 대양의 물속에 있었다. 여기에는 뚜렷이 구분되는 연속적인 세 단계가 존재하며, 각 단계마다 우리의 시간 측정법으로는 규정할 수 없는 기간이 지속된다. (…) 따라서 이 물리적 조사의 결론은, 우리가 태초의 흔적도 발견하지 못하고 종말을 전망할 수도 없다는 것이다."

———

올드레드 사암은 남쪽으로 흘러 바다로 들어가는 강들에 의해 깎여나갔다. 그 바다에서는 오늘날에는 데번이라 불리는 지역에 해양 퇴적층이 쌓이고 있었다. 올드레드 사암의 구조에서는 그 강들의 크기, 유속, 흐르는 방향, 섬들, 물길의 경사와 굴곡을 추론할 수 있을 뿐 아니라, 자갈톱, 모래톱, 강바닥의 잔물결, 물길의 변화, 모래로 형성된 "파도"를 거의 볼 수도 있다. 그 강들이 흘러들어간 바다는 러시아까지 이어져 있었지만, 1830년대의 지질학자들이 데번셔의 암석에서 발견한 돌산호 화석은 이전에 발견된 산호들과는 연대가 달랐다. 그 산호와 연관이 있으면서 확실히 덜 발달한 산호나 조금 더 발달한 산호는 이전에 발견된 적이 있었다. 덜 발달한 산호는 올드레드 사암 아래에 있는 암석에서 나왔고, 더 발달한 산호는 올드레드 사암 위에 놓인 암석에서 나왔다. 따라서 브리튼섬 북부에 있는 올드레드 사암과 잉글랜드 남부인 데번에서 나온 석회암은 시대가 같은 것으로 (정확하게) 추론되었다. 그 후로 같은 시대의 암석은 세계 어디에서나, 아이오와시티 시내에 있든지, 네바다 페큅산의 정상에 있든지, 펜실베이니아 스트라우즈버그에 있든지, 오하이오 샌더스키에 있든지, 모두 데본기 암석이라 불리게 되었다. 그 이름을 붙일 당시에는 알지 못했지만, 데본기는 4600만 년 동안 이어진 기간이다. 당시의 지질학자들에게는 아직 그 시간을 측정할 수단이 없었다. 또 그들은 그 4600만 년의 기간이 3억6200만 년 전에 끝났다는 것을 알 방법도 없었다. 그들에게 있는 것이라고는 더 넓어진 새로운 통찰력뿐이었다. 그들은 그런 통찰력으로 이해할 수 없을 정도로 막대한 시간을 다루고 있었다. 데본기는 지금으로부터 4억800만~3억6200만 년 전의 시기다.

지질학자들은 독일 루르 지방의 석탄과 영국 타인강 유역의 석탄 같은 유럽의 석탄층을 보면서 한 시대의 이름에 석탄을 넣기로 결정하고, 석탄기라는 이름을 만들었다. 석탄층은 올드레드 사암층 꼭대기에 놓여 있었다. 따라서 시간의 흐름상, 석탄기(미국에서는 미시시피기와 펜실베이니아기로 세분되었다)는 데본기 다음에 연속되는 시기일 것이다. 그리고 마침내 과학에서는 지금으로부터 3억6200만~2억9000만 년 전까지, 7200만 년의 기간이 석탄기로 결정되었다.

암석 망치를 들고 다니면서 화석 군집과 연속적인 동물상을 관찰하는 방식으로, 지질학자들은 19세기의 첫 80년 동안 지질 시대의 연대표를 만들어나갔다. 이 연대표의 토대가 된 것은 되돌릴 수 없는 생명 역사였다. 19세기에 걸쳐, 생명 역사는 다윈에 의해 예견되고 확인되었다. 산호의 변화를 통해 데본기를 정의했을 때, 다윈은 아직 무명이었고 비글호에서 내린 지 얼마 되지 않았다. 『종의 기원The Origin of Species』이 발표된 것은 그로부터 20년 뒤의 일이었다. 한편, 지질학자들은 지층을 비교하면서 암석의 기록보다는 생명의 기록을 읽었다. 암석은 순환했고, 한 시대의 사암은 다른 시대의 사암과 뚜렷하게 구별되지 않았다. 그러나 생명의 진화는 순환적으로 일어나지 않기 때문에, 지질학자들은 암석에 보존되어 있는 화석이 얼마나 오래전의 것인지를 감정함으로써 암석의 상대적 나이를 정할 수 있었다. 어떤 생물은 다른 생물에 비해 이 작업에 더 유용했다. 이를테면 굴과 투구게는 시대의 한계를 정해준다. 굴은 트라이아스기에 나타났고, 투구게는 캄브리아기에 나타났다. 두 종류 모두 진화가 거의 일어나지 않았고, 알다시피 멸종을 피했다. 반면 어떤 생명체는 갑자기 나타나고 빠르게 진화해, 수적으로도 번성하고 지리적으로도 널리 퍼졌다. 그러다가 갑자기 사라지거나 크게 줄어들었다. 지질학자들은 이런 화석을 "표준화석"으로 공표하고, 삼삼오오 그런 화석들을 연구했다. 경험상으로 봤을 때, 개별적인 생명체를 보는 것보다는 연속적인 지층과 거기에 포함된 화석 전체를 비교하는 것이 암석의 상대적 나이를 구하는 가장 확실한 방법으로 밝혀졌다. 생명체의 등장과 멸종 시기에 대한 꼼꼼한 비교는 연대를 나누고 정확한 경계를 결정하는 데 도움이 되었다.

E. L. 닥터로의 소설에서, 앨프리드 테니슨, 윌리엄 트위드, 애브너 더블데이, 짐 브리저, 마사 제인 캐너리가 한 식탁에 둘러앉아 만찬을 하고, 만찬의 주최자는 러더퍼드 B. 헤이스라고 상상해보자. 지질학자들은 이들을 화석 군집이라고 부를 것이다. 그리고 닥터로의 추가적인 설명이 없더라도 지질학자나 다른 누군가는 이 만찬이 벌어진 시기가 1870년대 중반이라고 어림짐작해볼 수 있을 것이다. 캐너리는 1870년대가 시작될 무렵에 열여덟 살이었고, 트위드는 1878년에 사망했기 때문이다. 그 외 다른 사람들의 일대기는 이 범위에서 문제가 되지 않는다. 더 정교해진 화석 군집을 활용해서, 지질학자들은 암석의 계와 통과 조, 지질 시대의 대와 기와 세를 확립해나갔다. 그러나 닥터로의 이야기에서는 한 식탁에 둘러앉은 사람이 여섯 명에 불과하지만, 지질학자들은 어느 한곳의 지층에서만 수백, 심지어 수천 종의 생명체를 먹이사슬과 유전적 역사에 따라 일렬로 배열해, 상대적인 시간을 거의 정확하게 확립해야 할 것이다.

이런 연대표에서는 어떤 시대가 다른 시대보다 더 두드러졌고, 그중에서 가장 두드러지는 시대는 눈으로 볼 수 있는 큰 화석들이 처음 등장해 크게 번성한 시대였다. 이 시대의 특징은 생명의 갑작스러운 대폭발이었다. 모든 주요 생물 문이 거의 동시에 발달했고, 그 생물들을 후대에 알려지게 할 뼈와 껍데기와 이빨과 다른 단단한 부분들이 생겨났다. 이런 초기 화석이 들어 있는 암석은 할렉톰과 그 주변의 웨일스 지대에서 처음 연구되었기 때문에, 웨일스의 로마식 이름을 따서 이 암석에 해당되는 시대를 캄브리아기라고 불렀다. 그다음 시대인 실루리아기는 로마에 극렬하게 저항한 웨일스 부족의 이름을 딴 것이다. 몇 년에 걸쳐 비교 연구가 더 이뤄진 끝에, 캄브리아기-실루리아기의 경계선을 두고 논란이 벌어졌다. 캄브리아기파는 그들의 깃발을 시간을 따라 더 후대로 옮겨놓으려 하고, 실루리아기파는 다시 과거로 밀어내려고 하면서, 명예를 건 치열한 과학 논쟁이 벌어졌다. 논쟁의 중심이 된 시기는 일종의 비무장 지대가 되었다. 우호관계는 깨졌다. 교착 상태는 수십 년 동안 지속되었다. 그러던 중 과학적 외교에 능한 인물들이 논쟁이 벌어진 시간대와 관련해 한 가지 제안을 내놓았다. 그 시기 자체가 한 시대의 지위를 얻기에 충분한 특징이 있다는 것이었다. 이 제안이 받아들여지면서, 이 시기의 이름은 완강하고 호전적인 또 다른 웨일스 부족의 이름을 따서 오르도비스기로 정해졌다. 아량을 베풀 여지는 충분했다. 시간은 엄청나게 많았다. 캄브리아기는 지금으로부터 5억4400만~4억 9000만 년 전, 오르도비스기는 4억9000만~4억3900만 년 전, 실루리아기는 4억3900만~4억800만 년 전으로 확정되었다.

한 영국 지질학자는 러시아로 가서 우랄산맥을 한두 계절 둘러본 후, 그 고지대의 지명인 페름을 따서 새로운 시대를 명명했다. 뚜렷하게 구별되는 고유의 화석 이야기가 있는 페름의 지층은 석탄기의 지층 위에 놓여 있었다. 페름기의 지층은 펜실베이니아의 지층과 그랜드캐니언의 가장자리에도 얹혀 있었다. 페름기 화석 군집의 독특한 특징은 생물의 진화 형태뿐 아니라 군집의 크기에도 나타났다. 위쪽에 놓인 젊은 지층으로 갈수록 화석의 수는 크게 감소했다. 죽음의 물결이 밀려와서 수천 종의 생물이 사라진 것이 분명했다. 아직까지는 당시에 무슨 일이 있었는지에 대해 두루 만족할 만한 설명이 나오지 않았다. 얕은 바다가 급격히 후퇴하면서, 셀 수 없이 많은 서식 환경이 파괴된 것일지도 모른다. 어쩌면 원인이 외계에서 기원해, 근처에서 소멸한 초신성이 치명적인 방사선을 방출한 것일지도 모른다. 그 죽음의 물결은 지금으로부터 2억 5010만 년 전에 밀려왔고, 정확히 그 무렵에 시베리아에서 범람현무암이 분출해 약 150만 제곱킬로미터 넓이의 지역이 순식간에 백열 용암으로 덮였다. 급격한 이산화탄소의 배출로 짧고 격렬한 온실효과가 일어나면서 대양의 용승 작용이 멈췄고, 그와 관련된 양분의 증가도 멈췄을 것이다. 이 가설들 중 어느 것도 하나의 이론으로 모습을 갖출 수 있을 만큼 충분한 동의를 얻어내지 못했다. 그러나 그 원인이 무엇이든, 어류와 무척추동물의 절반 이상과 전체 양서류의 4분의 3, 모든 해양동물의 96퍼센트가 사라졌다는 데는 아무도 이의를 제기하지 않는다. 그리고 이 사건은 페름기 대멸종이라고 알려진다.

그 이후의 역사에서 그에 비할 만한 규모의 멸종은 없었을 것이다. 더 강하게 표현하자면, 지금까지 단 한 번 있었던 사건이다. 페름기 대멸종의 선은 캄브리아기의 시작과 함께 나타난 또렷한 창조의 선과 응답송을 부르듯 나란히 서 있다. 이 두 선을 양끝으로 하는 기나긴 시간 전체를 지구 역사에서는 고생대로 분류한다. 고생대라는 하나의 단위는 형체가 없는 시간의 바다 속 깊은 곳, 수면에서는 꽤 아래지만 바닥에서는 까마득히 위인 어중간한 곳에 떠서 길게 늘어져 있다. 지금으로부터 5억4400만~2억500만 년 전인 고생대는 지구 역사의 15분의 1에 해당되는 기간이다. 캄브리아기, 오르도비스기, 실루리아기, 데본기, 미시시피기, 펜실베이니아기, 페름기. 내가 열일곱 살 때, 나는 이 단어들을 아코디언 주름처럼 줄여서 사라진 세계의 시대와 지층의 순서를 "캄오실데미펜페"로 외우곤 했다. 아니면 손바닥에 써놓는 방법도 있었다.

라이엘, 퀴비에, 코니베어, 필립스, 폰 알베르티, 폰 훔볼트, 데누아예, 달로이, 세지윅, 머치슨, 랩워스, 스미스(윌리엄 "지층" 스미스) 같은 지질학자들은 허턴의 통찰력을 확장시켜서 이 연대표를 만들고 과학사에 그들의 이름을 남겼고, 그로부터 100년 후에는 헤스, 히즌, 매켄지, 모건, 윌슨, 매슈스, 바인, 파커, 사이크스, 유잉, 르 피숑, 콕스, 메나드 같은 과학자 군단이 바야흐로 판구조론 혁명을 일으켰다. 고생대 바로 위에 놓여 있고, 페름기의 생물이 전혀 나타나지 않는 암석계의 특징은 독일에 있는 세 지층에 잘 드러나 있었다. 특정 사암, 석회암, 이회질 셰일로 이뤄진 이 세 개의 지층은 검은 숲과 라인강 계곡을 따라 줄무늬 깃발처럼 펼쳐져 있었으며, 4200만 년 동안 이 시대에는 트라이아스기라는 이름이 주어졌다. 중생대에서 가장 오래된 시대인 트라이아스기에는 페름기 대멸종에서 살아남은 두 과의 파충류가 이례적으로 번성하기 시작했다. 이 시기는 쥐라기를 거쳐 백악기까지 1억5000만 년 동안 이어졌다. 백악기의 종말과 함께 사라진 "무시무시할 정도로 거대한 도마뱀"은 당시에 크기가 최대로 커졌고, 에오세에 고래가 진화하기 전까지 그보다 큰 동물은 없었다. 스위스 서부 지역과 프랑스의 프랑슈콩테 지방에 걸쳐 놓여 있는 완만한 산맥인 쥐라산맥의 거대한 석회암을 연구하던 유럽 지질학자들은 쥐라산맥의 석회암 속에 들어 있던 엄청난 양의 고대 생물 화석을 세계 다른 곳의 화석 군집과 비교했고, 이 석회암의 시대 전체를 쥐라기라고 불렀다. 쥐라기에는 원시적인 조류가 등장했다. 이 새는 날개에는 발톱이 있고, 부리에는 이가 있으며, 파충류 꼬리처럼 생긴 기다란 꼬리에는 깃털이 돋아 있었다. 이 새가 날짐승으로서 할 수 있는 동작은 나무에 올라가거나 폴짝 뛰는 것이 고작이었다.

어떤 시대는 산맥에서 이름을 따고, 어떤 시대는 부족에서 이름을 따고, 어떤 시대는 우랄산맥에 있는 구소련의 행정구역 같은 이곳저곳의 지명에서 이름을 따는 등, 시대의 이름에 일관성이 전혀 없다는 점에 주목한 물리학자, 화학자, 수학자들은 정중하고 부드럽게, 연대표가 고풍스러운 것 같다고 지적했다. 이렇게 말해도 될지 모르지만, 시대에 뒤떨어진 것처럼 보인다는 것이었다. 어쩌면 지질학은 간단한 수 체계로 나타내는 편이 더 나았을지도 모른다. 지질학자들의 대체적인 반응은 이 제안이 두 문화 사이에 존재하는 다리를 넘어오려는 것처럼 보인다는 것이었다. 1822년, 유럽의 한 지질학자는 도버의 하얀 절벽, 켄트와 서식스의 언덕지대, 코냐크와 캄파니아의 백악질 땅에 이름을 붙였다. 8000만 년의 기간에 해당되는 이 지층은 뒤늦게 네덜란드, 스웨덴, 덴마크, 독일, 폴란드까지도 퍼져 있다는 것이 밝혀졌다. 그는 이 지층의 시대를 백악기라 불렀다. 이름의 적절성을 따졌을 때, 그가 붙인 이름은 아주 매력적이었다. 그는 J. J. 도말리우스 달로이였다. 트라이아스기, 쥐라기, 백악기. 백악기가 끝났을 때, 거대한 해양 파충류가 사라졌다. 하늘을 나는 도마뱀, 공룡, 루디스트조개류, 수많은 어류도 사라졌다. 무수한 종류의 소형 해양 생물도 완전히 멸종하거나 크게 감소했다. 같은 시기에, 오늘날 데칸 트랩이라고 알려진 범람현무암이 맨틀 밖으로 나와서 100만 제곱킬로미터가 넘는 인도 땅을 빠르게 뒤덮었고, 그로 인해 대양의 용승 작용이 사실상 중단되었다. 대양이 정체되면, 해류가 혼합되는 바다에 사는 식물성 플랑크톤이 사라졌을 것이다. 먹이사슬이 끊어지면, 끊어진 먹이사슬 위에 있는 생명체는 생존의 위협을 받는다. 식물성 플랑크톤은 먹이사슬의 가장 밑바닥을 이룬다. 이동하는 대륙들에 둘러싸인 북극해는 백악기 때 지구 역사에서 가장 거대한 호수를 이뤘을 것이다. 그러다가 북대서양이 벌어지면서 바닷물이 남쪽으로 흘러들어갔을 때, 남쪽 바다의 생물들은 차가운 바닷물로 인한 삼투압 충격을 겪었을 것이다. 마찬가지로 대륙의 분리와 연관이 있을 것으로 추정되는 해수위의 급격한 변화 역시 기온과 해류의 변화를 초래해, 먹이사슬을 파괴했을지도 모른다. 1979년 말, 버클리에 위치한 미 국립 로런스 방사능연구소의 한 소규모 연구진은 노벨상 수상자인 루이스 앨버레즈와 그의 아들인 지질학자 월터를 주축으로, 아폴로 천체Apollo Object의 지구 충돌로 인한 재앙을 다룬 논문을 발표했다. 아폴로 천체는 "지구와 궤도가 교차하는" 직경 1킬로미터 이상의 소행성을 말한다. 수성과 화성과 달과 지구의 표면을 곰보로 만든 이런 소행성들의 충돌 흔적은 지구에서는 대부분 풍화되어 희미하게 남아 있다. 일반적인 운석과 마찬가지로, 아폴로 천체에는 이리듐과 백금 같은 금속이 지구의 지각에 비해 최소 1000배 이상 많을 수도 있다. 로런스 연구소의 연구진은 아주 멀리 떨어져 있는 지역인 이탈리아, 덴마크, 뉴질랜드 등지에서도 얇은 띠 모양의 퇴적층을 발견했다. 어떤 곳에서는 두께가 1센티미터 정도에 불과한 이 퇴적층에는 지구의 것이라고는 믿기 어려운 농도의 이리듐이 포함되어 있었다. 백악기 화석은 이 뚜렷한 선 아래로는 풍부하고, 선 위로는 자취를 감춘다. 이 선은 정확히 백악기의 종말을 나타내고 있다. 이 연구진은 계산을 통해서, 직경 약 9.5킬로미터의 소행성이 1억 메가톤의 힘으로 지구에 충돌해 너비 160킬로미터의 크레이터를 만들었다고 주장했다. 위협적인 궤도의 소행성 수백 개가 지구 밖에 돌아다니고 있는 상황을 생각하면, 내일 오후에라도 또 일어날 수 있을 것 같은 이 충돌로, 소행성과 지각의 파편은 약 3만 세제곱킬로미터 부피의 버섯구름이 되어 피어올랐을 것이다. 그중 일부는 성층권까지 올라가서 지구 전체로 빠르게 퍼졌고, 육지와 바다에 닿는 태양빛을 차단해 광합성을 억제했을 것이다. 버클리 연구진의 가설이 발표된 지 10년 후, 유카탄반도 지하 500미터 지점에 파묻혀 있던 칙술루브 크레이터가 발견되었다. 아폴로 천체에 의해 만들어진 것이 분명한 이 크레이터는 너비가 180킬로미터에 이른다. 1883년 8월 26일과 27일, 순다 해협에 위치한 인도네시아의 크라카타우섬에서는 엄청난 화산 폭발이 일어났다. 이 폭발로 공기 중으로 분출된 물질의 부피는 20세제곱킬로미터가 되지 않았지만, 불과 며칠 만에 화산재가 지구 전체로 퍼져서 한낮에도 해질 무렵처럼 하늘이 어둑어둑했다. 이 특별한 황혼은 2년 반 동안 계속되었다. 제임스 허턴이 열다섯 살 때 사망한 에드먼드 핼리는 신이 큰 혜성을 지구에 충돌시킴으로써 노아의 홍수를 일으켰다고 제안한 논문을 쓴 적이 있다. 그 원인이 무엇이든, 백악기 대멸종은 지구 역사에서 가장 엄청난 두 번의 멸종 사건 중 하나였다. 백악기 대멸종은 그보다 앞서 일어났던 페름기 대멸종과 함께 중생대의 틀을 형성했다. 중생대는 이런 죽음의 시간이라는 괄호 안에서 창조의 싹을 틔운 시대였다.

시간이 흐르면서 우리의 태도를 확립해나가는 동안, 우리는 사라진 생물과 멸종 위기에 처한 생물들에 크나큰 빚을 졌다. 만약 다음 멸종을 향해 나아가는 자리의 맨 앞줄에 콘도르와 키트여우와 검은발족제비와 세발가락나무늘보와 우리 인간이 나란히 서 있다면, 절망감에 빠지기보다는 도도한 전통의 행진을 담담히 받아들여야 할 것이다. 버지니아주머니쥐는 아마 백악기부터 있었을 것이다. 어떤 조개류는 데본기, 굴은 트라이아스기부터 있었다. 그러나 바다에 있는 모든 굴 개체수만큼의 종은 영원히 사라졌을 것이다. 우리는 주머니쥐가 되어야 한다. 그러면 우리는 신보다 오래 살아남을 수 있을 것이다. 백악기 대멸종 직후부터 가장 최근까지 이어지는 신생대는 현재까지 살아 있는 연체동물 종의 비율에 따라 1830년대에 분류되었다. 이를테면 3500만 년 전에 끝난 에오세의 연체동물은 현재 약 3.5퍼센트가 살아남아 있다. 에오세는 "현세의 새벽"이라는 뜻이다. 에오세에는 최초의 말이 등장했다. 미니콜리 품종의 개와 비슷하게 생긴 이 말은 키가 30센티미터 정도였다. 마이오세("중간 정도의 현세")의 연체동물은 현재 약 15퍼센트가 살아남아 있고, 플라이오세("가까운 현세")로 오면 그 비율이 절반에 가까워진다. 생명체가 그렇듯이, 연체동물에도 특별히 단단한 부분이 있다. 플라이오세에는 초원이 툰드라로 바뀌고 북쪽에서 빙하가 내려오면서, 많은 포유류 종이 절멸했다. 플라이스토세("가장 가까운 현세")의 연체동물은 90퍼센트 이상이 현재 존재하고 있다. 전통적으로 플라이스토세는 100만 년에 걸쳐 주기적으로 빙상이 발달한 네 번의 큰 빙기로 나누는데, 각각의 빙기는 네브래스카 빙기, 캔자스 빙기, 일리노이 빙기, 위스콘신 빙기라고 불린다. 이제 플라이스토세의 빙기들은 주기적으로 반복된 여러 번의 빙하 형성 작용 중에서 비교적 최근의 세에 일어났던 사건으로 여겨지고 있다. 그 빙하 주기는 아마 마이오세에 시작되었을 것이며, 플라이스토세에는 빙상의 크기가 최고조에 이르렀을 것이다. 이런 신생대 세의 이름을 최초로 제안한 인물은 찰스 라이엘이며, 그가 쓴 『지질학 원리Principles of Geology』는 19세기 대부분의 기간에 걸쳐 지질학의 교과서로 군림했다. 여기에 이런저런 문제를 해결하기 위해서 올리고세("약간 최근")가 삽입되었고, 시작 부분을 잘라서 팔레오세("오래된 현세")를 만들었다. 팔레오세, 에오세, 올리고세, 마이오세, 플라이오세, 플라이스토세, 지금으로부터 6500만~1만 년 전까지 이어진 시대다. 신생대 세계의 흔적은 지구상에 아주 많이 남아 있기 때문에 신생대는 더 잘게 세분되었고, 각 세의 범위가 2100만~200만 년으로 짧은 편이다.

지질학을 무시했다면, 나는 다음과 같이 시작되는 조지프 콘래드의 작품 속 한 단락을 더 좋아했을지도 모른다. 그 단락은 이렇게 시작된다. "그 강을 따라 올라가는 것은 마치 세상이 처음 시작되었을 때, 식물들이 땅에서 폭동을 일으키고, 거대한 나무들이 왕처럼 군림하던 때로 시간을 거슬러 올라가는 것과 같다." 잠시 후, 그는 이렇게 말한다. "생명의 이런 고요함은 평화와는 조금도 비슷하지 않았다. 그것은 헤아릴 수 없는 의도가 가득한 어떤 완강한 힘의 고요함이었다. 복수심 가득한 표정이 우리를 노려보고 있었다. 나중에는 그 시선에 익숙해졌고, 더 이상 보이지 않았다. 시간이 없었다. 나는 물길을 따라가며 계속 생각을 해야 했다. 숨어 있는 강둑의 흔적을 대부분 감으로 알아차려야 했다. 나는 가라앉아 있는 돌을 지켜봤다." 비유를 통해 봤을 때, 그가 거슬러 올라간 시대는 석탄기까지였다. 석탄기에는 식물이 폭동을 일으키기는 했지만, 세상이 처음 시작된 순간은 아니었다. 최초의 육상식물은 실루리아기에 나타났다. 오르도비스기와 캄브리아기에는 육상에 어떤 식생도 없었다. 캄브리아기 아래의 깊은 그림자 속에는 그 후의 모든 시대를 합친 것보다 7배 더 긴 시간이 있었다. 세상이 처음 시작된 이래로, 40억 년은 그렇게 지나갔다. 그 시기에는 화석도 거의 존재하지 않았다. 그곳에는 대륙 순상지를 이루는 암반, 달 표면을 이루는 암반인 크레이톤의 중심부가 있었다. 남아프리카공화국의 비트바테르스란트 지역이 될 산호초들이 있었다. 애디론댁산맥과 윈드리버산맥과 수어드반도와 맨해튼섬이 될 암석이 있었다. 그러나 지구 역사의 8분의 7에 해당되는 이 시기에 대해서는 알려진 것이 거의 없다. 무겁고 두꺼운 전형적인 지질학 교과서에서 선캄브리아 시대를 다루는 부분은 14쪽에 불과하다. 선캄브리아 시대는 예사롭지 않은 상상력을 지닌 지질학자들의 관심을 끌었고, 그들은 습곡으로 주름진 편암으로 이뤄진 산맥을 봤다. 우라늄-납, 루비듐-스트론튬, 칼륨-아르곤을 이용한 방사성 연대 측정법의 도움으로, 선캄브리아 시대에서는 케노란, 허드슨, 그렌빌 조산운동이 확인되었고, 아페비아, 하드리니아, 팔레오헬리키아 시대가 분류되었다. 지구 생명의 역사에서 처음 20억 년은 따로 분리해 시생누대라고 불린다. 광합성은 시생누대 중기에 시작되었다. 호기성 생물은 선캄브리아 시대에서 상당히 뒤늦게, 헬리키아나 하드리니아 시대의 어느 무렵에 등장했다. 와이오밍 서모폴리스에서 형성되고 있는 트레버틴은 미국에서 가장 젊은 암석이다. 그곳에서 32킬로미터 떨어진 윈드강 협곡 상류에는 북아메리카 대륙 중심부의 27억 년 된 노두가 있다. 선캄브리아 시대는 지금으로부터 45억6000만~5억4400만 년 전까지의 기간이다.

지구의 연대표의 다른 쪽 끝에는 홀로세가 있다. 지금으로부터 1만 년 전까지의 기간인 홀로세는 현세라고도 불리며, 녹고 있는 얼음 옆에서 크로마뇽인이 살아가던 시대였다. (18세기 지질학 용어 중에 제1기와 제2기는 오래전에 사라졌지만, 기이하게도 제3기와 제4기는 지금까지 남아 있다. 일반적으로 제3기는 신생대의 거의 모든 기간을 아우르는 용어로, 백악기 대멸종부터 플라이오세 말까지의 시기를 가리킨다. 반면 제4기는 그 뒤로 이어지는 상대적으로 짧은 시기인 플라이스토세와 현세를 의미한다. 빙상이 남긴 빙퇴석, 베이슨앤드레인지에서 분지의 최상층을 채우고 있는 퇴적층은 제4기의 지층이다.) 인류는 플라이스토세의 어느 시점에, 지질학자이자 신학자인 피에르 테야르 드샤르댕이 말한 '성찰의 문턱Threshold of Reflection'을 넘어섰다. 당시 사람들 안의 뭔가가 "스스로를 돌아보게 하면서, 이른바 무한한 약진이 일어났다. 겉으로 봐서는 내부 기관의 어떤 변화도 없어 보였다. 그러나 깊은 곳에서는 거대한 혁명이 일어났다. 이제 초감각적인 관계와 표현의 공간 속에서 의식意識이 용솟음치고 있었다. 동시에 의식은 그 능력이 농축된 단순성 속에서 스스로를 감지할 수 있었다. 그리고 이 모든 것은 처음으로 일어났다." 다른 종류의 수도승이라고 할 수 있는 환경운동 전도사들은 종종 위대한 "전진의 도약"의 관점에서 지질학 연대표의 쓸모를 발견하고, 우리의 성찰 능력이 대자연에 미치는 중요한 의미를 주장했다. 이를테면 환경운동 단체인 '지구의 벗Friends of the Earth'의 창시자이자 '시에라 클럽Sierra Club'의 명예 영웅인 데이비드 블로워는 지칠 줄 모른 채 미국 전역을 돌아다니면서 그가 "설교"라 부르는 것을 했고, 머잖아 그의 이야기를 들은 사람들은 「창세기」의 6일이 사실은 지구의 45억 년 역사를 대신한다는 것을 생각하게 되었다. 그런 관점에서 보면, 하루는 약 7억 5000만 년이 되고 "월요일부터 목요일 정오까지 지구는 줄곧 모양을 갖추느라 바빴다". 생명체는 화요일 정오에 나타나기 시작했고, "아름답고 유기적인 온전한 생명체"는 이후 4일에 걸쳐 발달했다. "토요일 오후 4시에는 거대한 파충류가 등장했다. 5시간 후, 미국삼나무가 나타날 즈음에 대형 파충류는 더 이상 없었다. 자정이 되기 30분 전에 그리스도가 탄생했다. 산업혁명은 자정이 되기 40분의 1초 전에 시작되었다. 우리는 40분의 1초 전에 일어난 일이 영원히 계속된다고 생각하는 사람들로 둘러싸여 있다. 우리는 그들을 정상인으로 여기지만 완전히 미친 사람들이다." 블로워는 파란색과 초록색과 소용돌이치는 흰색의 지구 사진을 들고 이렇게 말한다. "이것은 아폴로 우주선에서 바라본 지구입니다. 보십시오. 이게 전부입니다. 우주인의 눈에서 보면 우리 생명이 얼마나 연약한지 알 수 있습니다." 블로워는 우리가 지구 자원을 소비하는 모습을 시속 200킬로미터의 속도로 달리는 자동차에 비유했으며, 그 속도는 더 빨라지고 있다고 말했다.

이와 비슷한 방식으로, 지질학자들은 지구의 연대표를 1년 달력에 비유하곤 한다. 그러면 선캄브리아 시대는 새해 첫날부터 할로윈 한참 뒤까지 이어진다. 공룡은 12월 중순에 나타나서 성탄절 이튿날 사라진다. 마지막 빙상은 12월 31일 자정 1분 전에 녹고, 로마 제국은 5초 동안 지속된다. 이제 다시 두 팔을 옆으로 활짝 벌린 길이가 지구의 모든 역사를 나타낸다고 생각하고, 생명의 선이 있는 한쪽 손을 보자. 캄브리아기는 손목에서 시작되고 페름기 대멸종은 손바닥의 바깥쪽 끝에서 일어난다. 신생대 전체는 손가락에서 지문이 있는 마지막 마디이고, 손톱 다듬는 줄을 한 번 쓱 그으면 인류 역사가 송두리째 날아갈 수도 있다. 지질학자는 지질학적 규모 속에서 산다. 그들 개인적으로는 자신이 발견한 자원의 착취 속도에 경각심을 가질 수도 있고, 그렇지 않을 수도 있을 것이다. 그러나 지질학자들은 이런 반복적인 비유를 통해서 인류의 기록, 즉 지난 수천 년 동안 이어진 성찰의 시대를 시간의 끝에서 마지막 밝은 빛을 발하는 작은 불꽃으로 본다. 그들은 종종 인류의 존재를 우주 어딘가에서 잠시 지구를 찾은 방문객에 비유한다. 밝은 빛을 일으키며 폭발하는 인류의 특성은 단순히 20세기에 일어난 인구 폭발만이 아니라 지구에 인간이 머문 기간 전체로 이뤄진다. 단 한 번의 폭발, 그 폭발은 핵 내부에서 일어나는 중성자의 연쇄적인 폭발을 쏙 빼닮았다. 1억 분의 1초마다 연쇄적으로 모든 세대의 중성자가 연달아 폭발하면서 온도가 수백만 도까지 치솟고, 원자가 붕괴되고, 홀로 남은 원자핵들이 전자의 바다를 떠돌고, 압력이 1억 기압까지 증가하고, 중심부에서는 시속 800만 킬로미터의 속도로 확장이 일어난다. 이런 방식의 확장은 다른 누군가가 또 원자폭탄을 만들지 않는 이상, 우주 어디에서도 다시 볼 수 없을 것이다.

인간의 의식이 플라이스토세의 어느 화창한 날에 갑자기 용솟음치기 시작했는지는 모르겠지만, 인간이라는 종은 본질적으로 동물적인 시간 감각을 대체로 유지해오고 있다. 사람은 다섯 세대를 생각한다. 사람의 생각은 자신을 중심으로 이전 두 세대와 이후 두 세대까지 미치며, 그 가운데에 놓인 자신의 세대에 과도하게 집중한다. 어쩌면 그것은 비극일 수도 있고, 어쩌면 달리 선택의 여지가 없는 것일 수도 있다. 인간의 마음은 아득히 긴 시간을 이해할 수 있을 만큼 충분히 진화하지 않았을지도 모른다. 단지 그 시간을 측정만 할 수 있는 것일 수도 있다. 적어도 지질학자들은 때로 그것을 궁금하게 여기고, 내게 그 의문을 알려주곤 한다. 그들은 수백만 년이라는 시간을 그들이 어느 정도까지 진정으로 느낄 수 있는지를 궁금하게 여긴다. 감각적 방식으로 일단의 사실들을 흡수하는 것, 그리고 그것을 이용해 역사 시대를 넘어서 아득한 심연의 시간 속으로 들어가는 것은 어느 정도까지 가능한지를 알고 싶어한다. 원초적인 억압은 그 길의 걸림돌이 될 수도 있다. 지질학적 시간 규모로 볼 때, 너무나 짧은 인간의 수명은 거대한 규모의 시간을 상상하는 것을 방해한다. 마음이 그 정보를 차단하는 것이다. 아주 긴 시간을 일상적으로 다루는 지질학자들은 그런 시간 개념이 자신에게 스며들어서 다양한 방식으로 영향을 준다는 것을 알게 된다. 그들은 지구상에서 진화한 하나의 종이 어느 열대 섬의 흙에서 하늘을 나는 대형 여객기에 이르는 모든 것을 배우게 되기까지의 기간이 믿을 수 없을 정도로 짧다는 것을 안다. 그들이 보기에 크로마뇽인, 모세, 다빈치의 시대와 현재는 전혀 분간할 수 없는 층을 이루고 있는 아주 얇은 띠에 불과하다. 시간의 흐름 속에서 스스로가 얼마나 덧없는 존재인지를 인지하지 못하는 한 종을 보면서, 지질학자들은 나타났다가 사라져간 모든 종의 이야기를 술술 풀어낼 수 있다. 그리고 그 이야기 속에서는 종들이 어떤 특별한 방식으로 죽음에 내몰렸는지가 강조된다.

시간은 지질학자의 삶에 영향을 미친다. 적어도 지질학자는 서로 다른 두 척도로 작용하는 두 언어로 생각하며 살아간다.

"문명에 대해서는 별로 신경 쓰지 않아요. 내 절반은 문명에 화가 나 있어요. 나머지 절반은 그렇지 않죠. 나는 어깨를 으쓱하고, '그러면 바퀴벌레에게 넘겨주자'라고 생각해요."

"일반적으로 포유류 종은 200만 년 동안 지속돼요. 우리는 종으로서의 수명이 거의 다한 거예요. 리키가 더 오래된 인류를 발견할 때마다, 나는 '오! 우리는 때가 지났네'라고 말해요. 우리는 지구의 지배종이라는 지위를 다른 생물군에게 넘겨줘야 할 거예요. 그러지 않으려면 영리해져야 하지요."

"지질학자가 아닌 사람도 무엇보다 지질학적 시간 감각을 알아야 해요. 1년에 몇 센티미터의 속도로 느리게 일어나는 지질학적 과정은 충분한 시간 동안 계속된다면 엄청난 효과를 일으키지요."

"100만 년은 짧은 시간이에요. 대부분의 문제를 다루기 위해 쓸 수 있는 가장 짧은 시간이죠. 이제 당신은 지구의 시간 척도에 마음을 맞추기 시작한 거예요. 내 경우는 이제 거의 무의식적으로 그렇게 됐고, 지구와 우정 비슷한 것이 생겼어요."

"저 산들이 생겨나서 정상 부분이 없어지고 동쪽으로 밀쳐지기까지 그리 오랜 시간이 걸리지 않았어요. 그런 다음 움직임이 멈췄어요. 아마 1000만 년 안에 일어났을 거예요. 지질학자에게 그 정도면 굉장히 빠른 거예요."

"100만 년 같은 시간에 대한 전통적인 반응에서 자유로워진다면, 인간의 시간이라는 한계에서 조금 자유로워질 수 있을 거예요. 그러면 한편으로는 전혀 살고 있지 않는 것이고, 다른 한편으로는 영원히 사는 것이 돼요."

———

누군가는 뭔가 그럴싸해 보이게 시간을 응축시켜 말하고 싶은 유혹을 받는다. 이를테면 베이슨앤드레인지의 산맥들을 융기시킨 단층은 "겨우" 800만 년 전에 시작되었다고 말하는 것이다. 마이오세 후기는 "불과" 800만 년 전이었다. 로키산맥이 7000만 년 전에 형성되고 애팔래치아산맥의 습곡이 4억 년 전에 일어났다고 해서, 800만 년이라는 기간이 짧아지는 것은 아니다. 이미 가늠하기 어려운 규모의 시간을 더 가늠하기 어렵게 만드는 방식으로 시간을 축약하는 것은 피해야 한다. 백악기의 800만 년, 데본기의 4600만 년은 아주 길다. 각각의 시기마다 정교하게 구성되고 세심하게 이름이 붙여진 시간의 척도가 있다. 나는 그 굉장한 목록을 되풀이하고 싶은 생각이 없다. 다만 그 풍성함을 전하고 싶을 뿐이다. 모든 대와 세를 세분하는 단계와 연대의 이름은 아르메니아 어딘가의 지명을 나열해놓은 것처럼 보인다. 베리아, 발랑쟁, 오트리브, 바렘, 베둘, 가르가, 압트, 알비, 세노마눔, 튀롱, 코냐크, 상통, 캄파니아, 마스트리히트는 백악기의 시대들이다. 사실 백악기는 더 세밀하게 나뉘어서, 8000만 년의 시간이 50여 개 구간으로 뚜렷하게 세분화되어 있다. 트라이아스기는 스키타이세, 아니스세, 라딘세, 카르니아세, 노리아세, 라에티아세로 구성되어 있으며, 각 세는 평균 700만 년 동안 지속되었다. 라에티아세에서 살아남은 생물들은 리아스세로 넘어갔다. 트라이아스기 바로 뒤에 오는 세인 리아스세는 쥐라기 초기에 속한다. 카잔, 쿠방, 코파닌, 키메리지, 트리메독, 투마이, 타타르, 티파니……. 지질학자들은 종종 이런 암호 같은 이름보다는 해독할 필요가 없는 단순한 용어에 의지하곤 한다. 이를테면 3억4127만 년 전의 어느 여름에 일어난 홍수는 "미시시피기 중후기 초반"에 일어났다고 기록하는 것이다. "미시시피기 중기"라고 적당히 뭉뚱그릴 수도 있지만, 수백만 년에 이르는 미시시피 중기에서 더 정확한 시기를 지정해야 할 것 같은 꺼림칙함이 있다. "후기"와 "초기"는 항상 시간을 나타낸다. "상부"와 "하부"는 암석층을 나타낸다. "데본기 상부"와 "쥐라기 하부"는 암석에 표현된 시간의 단편이다.

미시시피기 중기에는 약 8000만 년 전에 해당되는 메러멕이라는 절이 있다. 그리고 메러멕절에는 한 섬의 해안선을 따라서 통카층이 퇴적되고 있었다. 통카층은 네바다 칼린 협곡의 경사부정합에서 더 오래된 지층이다. 포도주처럼 붉은 사암과 그 안에 박힌 자갈들은 해안의 모래와 조약돌들이었을 것이다. 분명 꽤 큰 섬이었을 것이며, 오늘날 중국 해안에서 멀리 떨어져 있는 타이완처럼 이 섬도 북아메리카 대륙과는 거리가 있었다. 섬에는 습지가 있었고, 습지에는 양서류가 우글거렸다. 장차 그들이 될 인류의 모습을 불완전하게 감추고 있는 양서류는 뭉툭한 다리로 비척이며 움직였다. 이 메러멕절의 섬과 북아메리카 대륙 사이에는 너비 약 640킬로미터의 해협이 있었는데, 이 해협에 살던 총기어류crossopterygian fish에서 양서류가 진화했다. 이 해협에는 단단한 껍데기를 으스러뜨리는 상어, 바다나리의 초원, 나사못처럼 생긴 나선형의 이끼벌레bryozoa가 있었다. 그곳은 따뜻한 적도의 바다였다. 적도는 오늘날 샌디에이고의 자리에서 위로 올라가 콜로라도와 네브래스카를 지나 슈피리어호의 자리로 이어졌다. 슈피리어호는 그로부터 거의 3억 4000만 년 후에 파이기 시작했을 것이다. 만약 메러멕절에 현재의 80번 주간고속도로를 따라서 동쪽으로 이동한다면, 와이오밍주 경계 근처에 있던 북아메리카 해안의 붉은 해변에서 여행을 시작해야 했을 것이다. 고사리 숲이 울창한 적도의 붉은 토양을 지나 점점 오르막을 올라가면 래러미 근처 어딘가에서 정상에 다다르고, 그곳에서 시작되는 내리막은 네브래스카의 그랜드아일랜드까지 낮은 언덕들 사이로 길게 이어졌을 것이다. 그랜드아일랜드에는 만이 형성되어 있었다. 멀리 동쪽으로 640킬로미터 떨어진 오늘날 미시시피강의 자리에는 반대편 해안이 있었고, 그 너머로는 고사리와 나무고사리가 울창하게 자라는 습하고 평평한 저지대인 일리노이와 인디애나와 오하이오가 있었다. 오하이오의 중간쯤에서, 크레이톤의 표면을 덮고 있는 또 다른 바다가 나타났을 것이다. 해안은 멀리 펜실베이니아 중부에 있었다. 뉴저지에서는 고도가 높아지면서 산세가 점점 더 험준해지기 시작했을 것이다. 얼음으로 둘러싸이고 눈으로 덮인 정상의 모습은 적도 열대 지방에 펼쳐진 눈밭과 빙하를 볼 수 있는 오늘날 케냐산이나 뉴기니와 에콰도르의 산봉우리들과 다르지 않았다. 조지워싱턴 다리의 위치에 다다르면, 꽤 높은 곳에 서서 미래의 아프리카가 될 수많은 산이 펼쳐진 광경을 바라볼 수 있었을 것이다.

만약 그로부터 100만 년 후에 다시 방향을 돌려서 네바다로 돌아간다면, 시대는 여전히 메러멕절이어도 몇 가지 주목할 만한 변화가 나타났을 것이다. 서부 해안은 동쪽으로 이동했지만, 아주 조금만 움직였고 여전히 와이오밍의 서쪽 끝에 있었다. 그러나 해협 너머에 있는 섬에는 중요한 변화가 나타났다. 섬이 1년에 5센티미터가 조금 넘는 속도로 64킬로미터를 동쪽으로 이동해 해협 바닥을 압축시켜서 높은 산들을 밀어올렸다. 오늘날 인도네시아 티모르섬의 산들도 이와 같은 방식으로 반다해 위로 3000미터가 넘게 솟아올랐다. 바다 위로 솟아오른 이런 메러멕절의 네바다산맥 속에는 자갈이 박히고 포도주 같은 붉은색을 띠는 사암인 통카층이 들어 있었다.

그로부터 4000만 년 후, 통카층의 산맥이 닳아서 평평해지고 그 위에 스트라선층의 석회암이 형성되고 있을 무렵의 북아메리카는 풍경이 크게 달라졌다. 이제 펜실베이니아기 후기의 미주리절(약 3억 년 전)이 되었고, 애팔래치아산맥은 여전히 높았지만 더 이상 험준하지는 않았다. 오늘날 펜실베이니아 듀보이스 주변의 산들을 따라 서쪽으로 내려가면, 식물이 빽빽하게 자라는 늪지로 들어서게 될 것이다. 그곳이 바로 식물이 땅에서 폭동을 일으키고 큰 나무들이 왕처럼 군립하던 펜실베이니아기의 펜실베이니아였다. 그 나무들은 우리 기준으로는 거대하지는 않아도 꽤 큰 나무들이었다. 나무껍질에는 자로 잰 듯이 정확하게 배열된 마름모무늬가 있었고, 줄기는 두툼했으며, 높이는 약 30미터였다. 어떤 나무는 껍질의 무늬가 솔송나무의 껍질과 비슷했고, 납작한 띠 모양 잎이 나 있었다. 또 어떤 나무는 사이프러스나무처럼 줄기에 세로로 홈이 있고 밑동이 부풀어 있었다. 그런 나무들 사이로 수리부엉이만 한 잠자리가 날아다녔다. 양서류는 바삐 돌아다녔을 뿐 아니라, 그중 몇몇은 파충류가 되었다. 키 큰 나무들이 이루는 숲의 우듬지는 그물처럼 얽혀 있어서 숲의 바닥 쪽에는 볕이 잘 들지 않았다. 하층 식생에는 골풀처럼 생긴 나무와 종자고사리들이 뒤얽혀 있었다. 그곳에는 높이가 15미터에 이르는 나무고사리도 많았다. 그 풍경은 열대우림을 연상시키지만, 언덕과 물웅덩이가 많은 스펀지 같은 경관은 애버글레이즈 습지나 디즈멀 습지나 아차팔라야 분지와 더 비슷했고, 가장자리는 구불구불한 해안선을 이루고 있었다. 펜실베이니아기 내내 빙상은 남쪽의 대륙들을 향해 내려오고 있었다. 빙상이 전진과 후퇴, 얼기와 녹기를 반복하는 동안, 해수면은 오르내렸다. 바다가 육지로 들어오면서 듀보이스의 습지와 같은 곳에는 먼저 바닷가 모래가 쌓였고, 나중에 바닷물이 점점 깊어지면서 석회질 진흙이 쌓였다. 충분히 파묻히자, 진흙은 석회암이 되고, 모래는 사암이 되고, 식생은 석탄이 되었다. 바다가 물러가고 그중 일부가 침식되어 깎여나갔지만, 그 후에 바닷물이 다시 상승하면서 새로운 세대의 고사리와 나무들이 연속적인 층을 이루며 파묻혔을 것이다. 펜실베이니아의 석탄은 윤회층cyclothem이라 불리는 이런 지층에 포함되어 있으며, 아이오와와 일리노이의 석탄층도 이와 비슷하다. 펜실베이니아 서부에서 오하이오 동부까지는 얕은 바다가 펼쳐져 있었는데, 펜실베이니아기 미주리절 시대에는 그 너비가 약 160킬로미터였다. 그 바다 건너편 해변에도 석탄 늪지가 있었고, 그곳을 지나면 연한 회색 토양에 형성된 낮고 무성한 열대숲이 인디애나에서 일리노이 동부까지 이어져 있었다. 숲이 끝나는 곳에는 또 석탄 늪지와 바다가 있었다. 그 바다의 맞은편 해안은 오늘날 미시시피강의 자리에 있었고, 그 너머로 적도의 열대우림이 끝나는 곳에는 또 다른 늪지와 또 다른 바다가 있었다. 그곳의 바다는 맑고 탄산이 녹아 있었다. 그 바다에서는 육지에서 운반되는 퇴적물이 거의 없이, 동물 뼈만 쌓인 깨끗하고 두꺼운 석회질 퇴적층이 형성되었다. 거기서 800킬로미터 떨어진 와이오밍 동부에는 장밋빛 해안이 있었다. 해안 남쪽으로는 산들이 솟아 있었다. 로키산맥의 조상 격인 그 산들은 시간이 흐르면서 비스듬하게 깎여나갔을 것이다. 펜실베이니아기의 와이오밍에서 그 산들의 산자락을 따라가다 보면, 모래 언덕들이 물결처럼 이어지는 사하라 사막 같은 곳을 횡단하게 될 것이다. 800킬로미터에 걸쳐 펼쳐진 연한 장미색과 호박색의 모래밭은 북아메리카 서부 해안인 오늘날의 솔트레이크시티 자리에서 끝난다. 펜실베이니아기의 해수면이 오르내리는 동안, 이곳에 번갈아 쌓인 석회질과 모래의 지층은 훗날 오쿼러산이 융기하면서 드러나게 된다. 해안에서 320킬로미터 떨어진 바다 속에 있던 칼린 협곡의 자리에서는 깨끗한 석회질 진흙이 쌓이고 있었다. 칼린 협곡의 부정합을 이루는 두 층 가운데 젊은 지층인 스트라선층은 거의 순수한 석회암이다.

현재의 학설에 따르면, 칼린 협곡의 부정합을 이루는 두 지층은 트라이아스기 초기에 일어난 지각판의 충돌로 솟아올랐다. 그 결과 또 다른 새로운 산맥이 형성되었다. 그 높은 산들은 쥐라기가 끝나기 전에 침식으로 허물어졌지만, 칼린 협곡에 담긴 이야기를 다 지우지는 못했다. 여전히 칼린 협곡의 부정합을 가만히 쳐다보고 있던 켄 데피스는 이렇게 말했다. "늘 그렇듯이 산맥들의 형성과 파괴는 그 깊이를 가늠하기가 어려워요. 베이슨앤드레인지의 역사에서 이는 하나의 단막극일 뿐이에요. 감자 조금과 김빠진 맥주 같은, 아주 짧은 시간이죠. 그 모든 역사 속에서 사라진 엄청난 것들 중 작은 조각 하나에 불과해요." 이 한 장소에서는 지구 역사의 40분의 1에 해당되는 시간 동안, 침식과 퇴적과 산의 형성이라는 순환 주기가 완벽하게 두 번 돌아갔다. 존 플레이페어가 1788년에 제임스 허턴을 따라 시카포인트에서 경사부정합을 봤을 때, 그의 마음을 혼란스럽게 만든 것은 바로 이런 점이었다. 플레이페어가 거기에 있었다는 것, 플레이페어가 허턴과 허턴의 지질학을 똑같이 잘 알고 있었다는 것은 특별한 행운이었다. 마침내 허턴의 책이 발표되었을 때, 대부분의 독자는 그의 지루한 이야기에 짓눌리고 말았다. 허턴은 아무리 좋게 봐도 글을 어렵게 쓰는 작가였다. 그에게 통찰력은 있었지만 문장력은 없었다. 스물일곱 살의 제임스 홀도 허턴, 플레이페어와 함께 시카포인트에 갔었고, 몇 년 후 허턴에 대해 이렇게 말했다. "내가 허턴 박사의 첫 번째 지질학 출판물을 읽었을 때, 그의 체계를 전혀 받아들이고 싶지 않다는 생각이 들었음을 인정할 수밖에 없다. 그리고 대다수의 세상 사람은 지금도 계속 그럴 거라고 생각한다. 그러나 저자와 친분을 쌓는 동안, 그의 쾌활하고 명쾌한 언변이 모호한 그의 글과는 충격적인 대조를 이룬다는 것을 알게 되었다." 홀은 우연히 도가니에서 암석을 녹였고, 암석이 식는 동안 결정이 어떻게 형성되는지를 관찰했다. 그는 실험지질학의 창시자로 여겨진다. 존 플레이페어도 허턴의 문체에 대해, "그를 알고 있는 사람들, 명쾌하고 정확할 뿐 아니라 힘과 생기가 넘치는 그의 일상 대화를 들어본 사람들은 믿기 어려울 정도로 모호하다"는 평가를 내놓았다. 다음 글을 보면, 플레이페어가 두 권으로 된 허턴의 『지구의 이론』을 읽으면서 무슨 생각을 했을지 상상해볼 수 있을 것이다.

우리의 땅을 조사하면서, 만약 우리가 발견한 물질의 덩어리가 원래는 평범하게 만족스러운 방식으로 형성된 것이 분명하지만 이제는 구조가 극단적으로 왜곡되고 위치가 바뀌었다면, 또 그 덩어리가 극단적으로 단단하게 통합되어 있고 조성이 다양하게 바뀌었다면, 그래서 원래 구성 성분인 해양 성분의 흔적이 극단적으로 지워지고 다양한 녹은 광물질의 광맥이 나중에 끼어들었다면, 우리는 여기에 있는 물질의 덩어리에 대해 대양의 밑바닥에서 천천히 퇴적된 것들과 기원이 다르지는 않지만 지하의 열과 확장하는 힘에 의해 더 많은 작용을 받았다고, 다시 말해서 광물 지역의 작용에 의해 더 큰 변화가 일어났다고 가정할 이유가 있을 것이다.

이 긴 문장 속에는 변성암의 발견에 관한 이야기가 담겨 있다. 그러나 변성 작용이 셰일을 점판암으로 바꿔놓고 화강암을 편마암으로 바꿔놓듯이, 허턴의 문장력은 그의 생각을 부석으로 바꿔놓았다. 놀라울 것도 없이, 그의 통찰은 곧바로 전파되지 않았다. 간간이 추종자가 생겼고, 그보다 훨씬 많은 공격을 받았다. 공격은 주로 신학적인 내용과 관련 있었지만, 당연히 지질학에 관한 것도 있었다. 특히 그의 유연한 시간 감각이 문제였다. 심지어 지구가 6000년보다 훨씬 더 오래되었다는 것에 사람들이 동의하기 시작했을 때에도, 지구의 나이는 되도록 보수적으로 추정되었다. 따라서 허턴의 학설에서 요구되는 시간과는 부합하지 않았다. 1899년까지도 켈빈 경은 지구의 나이가 2500만 년쯤 될 거라고 생각했다. 켈빈은 당대 과학계에서 가장 권위 있는 인물이었고, 아무도 그의 권위에 도전하려 하지 않았다. 허턴의 『지구의 이론』은 1795년에 발표되었다. 당시에는 그 누구도 노아의 홍수에 대한 역사적 신뢰성을 의심하지 않았고, 지구상의 모든 종은 저마다 따로 창조되었으며 처음 창조되었을 때의 모습과 현재의 모습이 거의 같다고 생각했다. 허턴은 그런 생각에도 동의하지 않았다. 그는 농업 관련 글을 쓰면서 동물의 변이 문제를 꺼내들었고, 다음과 같이 지적했다. "품종의 무한한 변이 속에서, 그 종이 살아가기 위한 본능적 기술의 발휘에 가장 잘 적응한 형태는 확실히 끊임없이 번성할 것이며, 계속적으로 일어나는 자연적인 변이에 의해 점점 더 완벽해지는 경향을 나타낼 것이다. 가령 발이 빠르고 시력이 좋은 개가 살아가기 유리한 곳이라면, 그런 목적에 가장 잘 적응한 형태가 가장 확실히 살아남을 것이다. 반면, 그런 추격 방식에 잘 적응하지 못한 형태는 가장 먼저 사라질 것이다. 그리고 이것은 그 종의 다른 모든 형태와 능력에 똑같이 적용되어, 본질적 수단을 구하는 본능적인 기술로 추구될 것이다." 허턴이 사망한 해인 1797년에 집필 중이던 이 원고는 이후 150년 동안 어느 부분도 발표되지 않았다.

지구에 대한 허턴의 학설에서는 용융된 현무암과 관입된 화강암 같은 화성암적 측면을 다루었기 때문에, 이 학설의 지지자들은 화산론자 또는 화성론자로 알려졌다. 이들은 곧 베르너의 학설을 추종하는 수성론자들의 공격을 받았고, 신이 노아의 홍수를 비롯한 일련의 재앙을 통해서 세상을 만들었다고 믿는 다른 사람들로부터도 비난을 받았다. 화성론과 수성론의 대립은 19세기, 심지어 20세기까지 이어졌으나, 지지자들의 비율은 점차 역전되었다. 1800년에는 열 명 중 아홉 명이 허턴의 지지자가 되었다. 사실, 베르너의 제자인 한 수성론자가 에든버러대학 자연사학과의 학과장이 되면서, 몇 년 동안은 허턴의 도시인 에든버러에서도 수성론이 공식 학설이었다.

이 모든 것이 존 플레이페어를 분발하게 만들었을 거라고 추정할 수 있다. 당대의 묘사에 따르면, 그는 인생을 사랑하고 아량이 넓은 미남이며 "온화한 위엄과 사려 깊은 열정"을 지녔었다. 그 당대의 묘사를 한 인물이 그의 조카라는 점은 중요하지 않다. 모든 수성론자와 성직자가 한편을 이뤄서 자기 친구의 지루한 글을 상대로 싸움을 벌이는 상황은 플레이페어에게 분명 불공평해 보였을 것이다. 그래서 그는 상황을 바꾸기로 결심했다. 그는 수많은 그의 언어적 재능 중에서 차분한 명석함과 분명한 문장을 만드는 감각을 활용해, 1802년에 『허턴의 지구의 이론 해설Illustrations of the Huttonian Theory of the Earth』을 발표했다. 이 책은 허턴의 이론을 처음으로 명쾌하고 설득력 있게 설명한 책이었다. 이 책으로 상대편의 기세를 꺾어놓음으로써, 플레이페어는 그의 효능을 증명했다. 칼뱅주의 지질학자인 장 안드레 들뤼크는 1809년에 다음과 같이 썼다. "허턴 박사와 다른 여러 지질학자의 결론에 따르면, 우리 대륙은 그지없이 오래되었고, 어떻게 사람이 살게 되었는지 알지 못하며, 인류는 그들의 기원에 대해 전혀 알지 못한다. 같은 자료, 그 사실에서 내가 도달한 결론에 따르면, 사실 우리 대륙들은 그렇게 오래되지 않았고, 그 대륙들을 탄생시킨 대격변의 기억은 우리 사이에 보존되어 있어야 한다. 그래서 우리는 인류 역사의 기원을 찾아 「창세기」로 이끌리게 되는 것이다. 자연과학계를 통틀어 이보다 더 중요한 대상을 찾을 수 있을까?"

지질학자들이 연대표를 만들어나가는 동안, 그들의 연구와 축적된 자료는 허턴의 학설을 확실히 더 빛나게 해줬다. 그리고 1830년대 초, "과학을 모세로부터 해방시키는 것"이 지질학에서 그의 사명이라고 누누이 말해온 찰스 라이엘은 허턴의 학설과 지구의 나이에 대한 그의 생각이 보편성을 얻는 과정에서 가장 큰 진전을 가져다주었다. 라이엘은 총 세 권으로 이뤄진 『지질학 원리, 현재 작동하는 원인들을 참고해 과거 지표면의 변화를 설명하려는 시도Principles of Geology, Being an Attempt to Explain the Former Changes of the Earth's Surface, by Reference to Causes Now in Operation』라는 책을 발표했다. 라이엘은 방식과 태도 면에서 허턴보다 더 허턴다울 정도로 수성론과 격변설을 극렬히 반대했다. 그는 지구의 지형이 오랜 세월에 걸쳐 스스로 만들어지고 파괴되었다가 다시 만들어지기를 반복한다는 동일과정설을 지지했을 뿐 아니라, 모든 과정이 모든 시대에 걸쳐 정확히 동일한 속도로 진행되어야 한다는 지나치게 엄격한 주장을 펼치기도 했다.『지질학 원리』는 지금까지 발표된 지질학 교재 중에서 가장 오랫동안 가장 큰 영향력을 발휘한 책이었다.『지질학 원리』제1권이 출간된 지 18개월이 되었을 때, 비글호는 찰스 다윈을 태우고 데번포트를 출항했다. "나는 열심히 공부했던 라이엘의『지질학 원리』제1권을 가져왔다. 이 책은 여러 면에서 내게 최상의 도움이 되었다. 내가 맨 처음 조사한 장소인 카보베르데 제도의 산티아고라는 섬에서, 나는 라이엘이 지질학을 대하는 방식이 대단히 우월하다는 것을 확실하게 경험했다. 함께 가져왔던 다른 저자의 작품이나 그 후에 읽은 어떤 작품과도 비교가 되지 않았다." 다윈이 처음 지질학을 공부했을 때, 그는 에든버러에서 베르너학파의 수성론 강연을 들으면서 거의 졸다시피 했다. 그럼에도 그는 훗날 케임브리지대학에서 지질학으로 학위를 받았고, 스스로를 지질학자라고 말했다. 여행에서 그가 채집한 암석과 그 암석에 포함된 광물에 대한 그의 감정엔 기본적으로 오류가 없었다. 다윈이 채집한 암석들은 케임브리지에 있으며, 현대의 지질학자들은 그 암석들을 박편으로 만들어서 다윈의 암석학을 확인했다. 비글호를 타고 항해하는 동안, 다윈은 느리게 반복되는 지구의 순환과 아득히 깊은 시간에 대한 생각이 더 확고해져갔다. 그의 손에는 라이엘의 책이 있었고, 그의 머릿속에는 허턴의 학설이 있었다. 6000년이라는 시간으로는 절대로 파충류에서 날개가 돋아날 수 없다. 그러나 6000만 년이라면, 깃털도 생길 수 있을 것이다.

———

현재의 이론에 따르면, 서쪽 바다에서 이동해온 여러 개의 외래 암층은 약 3억 년에 걸쳐 북아메리카 대륙에 서서히 모여들었고, 약 4000만년 전에 이 활동이 끝나면서 북아메리카 대륙은 현재의 모습과 비슷한 크기로 커졌다. 그 암층들 중 세 개가 80번 주간고속도로가 지나가는 위도에서 대륙과 충돌했다. 그중 첫 번째 암층은 칼린 근처에서 포도주색의 붉은 사암을 으스러뜨리고 주름지게 만든 충돌을 일으켰다. 트라이아스기 초기에 들어온 두 번째 암층은 칼린 협곡의 부정합 전체를 현재와 가까운 위치로 회전시켰을 것으로 추측된다. 소노미아라는 이름이 붙여진 이 두 번째 암층은 오늘날의 네바다 서부와 캘리포니아 동부의 상당 부분을 포함하고 있다. 이 암층은 1년에 2.5센티미터 정도씩밖에 움직이지 않았지만, 먼저 들어온 암층과 80킬로미터나 포개지고 나서야 멈췄을 정도로 엄청난 힘으로 대륙을 파고들었다고 전해진다. 이 사건의 흔적은 그 지역의 이름을 따서 골콘다 스러스트라고 알려져 있다. 이 스러스트단층(단층면을 경계로 상반이 하반 위로 거의 밀려올라가는 단층―옮긴이)의 상반과 하반은 둘 다 골콘다산 서쪽 사면의 도로절개면에 드러나 있다. 펌퍼니켈밸리를 벗어난 고속도로는 그곳에서 소노마산맥의 지맥 하나를 가로지른다. 그곳이 나타나자 데피스가 차를 세우고 "여기에 눈알을 붙여보자"고 말한 것은 예사로운 일이다.

산 정상은 새벽이었다. 우리는 몇 시간째 깨어 있었고, 도로변 식당의 창가 자리에 앉아서 아침을 먹었다. 밖은 아직 어둑했고, 유리창에는 가게 안의 모습이 반사되었다. 우리 뒤편의 벽에 붙어 있는 텔레비전에서는 위대한 말 실버의 말발굽 소리가 울려 퍼지고 있었다. 「론 레인저The Lone Ranger」였다. 오전 5시. CBS가 네바다에 아침 인사를 전했다. 나는 베이컨과 계란을 기다리면서, 슬롯머신에 5센트짜리 동전 두 개를 넣고 5센트짜리 동전 두 개를 돌려받았다. 왠지 기분이 좋아졌다. 데피스는 귀금속 시세로 오늘의 운세를 점쳐보고 있었다. 그의 기분이 나처럼 좋아지려면 5센트짜리 동전 두 개보다는 훨씬 많은 게 필요할 것이다. 그는 은을 찾으러 가는 길이었지만, 우선은 호기심을 채우기 위해 고속도로 절개면을 걸어다니며 이따금 깡통을 걷어찼다. 11월의 공기에는 서리가 어려 있었다. 입김이 담배 연기처럼 피어올랐다. 그의 말에 따르면, 미국을 관통하는 80번 주간고속도로에는 이런 맥주 깡통이 평균 1미터 간격으로 늘어서 있었다. 서쪽으로 수천 제곱킬로미터에 이르는 지역이 밝아오는 새벽빛에 서서히 모습을 드러내고 있었다. 분지와 산맥, 그리고 우리 바로 아래에 펼쳐진 패러다이스밸리, 골콘다 마을, 물결치듯 늘어서 있는 미루나무 사이로 언뜻언뜻 훔볼트강이 드러났다. 곳곳의 온천에서 피어오르는 수증기 때문에 땅 전체가 김을 내뿜고 있는 것 같았다. 도로절개면은 길고 높았으며 계단 모양으로 잘려 있었다. 대부분 사암이었지만, 서쪽 끝의 아래쪽에는 짙은 색의 셰일이 발파로 노출되어 있었다. 이 셰일은 많이 변형되어 있었고 어느 정도 변성도 일어났다. 한때는 평평하게 쌓여 있던 지층이 이제는 구겨지고 으깨져서 바위가 젖은 빨래처럼 접혀 있었다. "이렇게 박살난 장소에서는 무슨 일이 있었는지 알아보려고 이리저리 돌아다니다보면 몇 시간이 금방 지나갈 수 있어요." 데피스는 신중하게 말했지만, 이곳에서 일어났던 일을 안다고 꽤 확신하는 듯했다. 위에 놓인 사암에 화산암 조각이 많고, 가장자리가 날카롭고 다양한 크기의 처트와 석영 알갱이가 가득하다는 것은 화산 폭발로 인해 떨어져나온 물질들이 바다로 빠르게 휩쓸려 들어가서 (강의 흐름에 모서리가 둥글려질 기회가 거의 없이) 퇴적되었다는 것을 의

미했다. 따라서 대륙 가장자리에 있는 깊은 바다에 활 모양으로 늘어서 있는 섬들, 즉 알류샨 열도, 비스마르크 제도, 소앤틸리스 제도, 뉴질랜드, 일본과 같은 호상열도 하나가 이미 자리를 잡고 있던 대륙 위로 밀고 올라오면서 그 위에 포개졌고, 엉망으로 으깨진 셰일은 그중 한 조각인 것이다. 데피스는 절개면을 유심히 관찰하면서 깊은 생각에 잠겼다. "여기는 아주 복잡한데, 트라이아스기 초기에 일어난 골콘다 스러스트의 상반과 하반 때문만은 아니에요. 불과 90미터 떨어진 곳에서는 분지와 산맥을 형성하는 단층 작용이 일어나고 있었어요. 이 지역의 그림은 굉장히 복잡해요. 캐나다 서부와 알래스카의 지질도를 보면, 뚜렷이 구별되는 암층의 띠가 연속으로 대륙에 부착되어 있는 것을 볼 수 있어요. 여기서는 그런 유형이 모두 부서져서 형체를 알아볼 수 없지요. 베이슨앤드레인지의 단층 작용과 올리고세에 터져나온 엄청난 양의 화산재에서 형성된 용결응회암 때문입니다. 그러니까 이곳은 정말 잘생긴 난장판이에요. 이런 종류의 충돌이 더 알아보기 좋게 남아 있는 곳을 보고 싶다면, 알프스로 가보세요. 알프스에서는 대륙 대 대륙의 충돌 그 자체를 볼 수 있지요."

이론은 이 정도로 끝내기로 하자. 이 도로절개면은 지질학에 대한 데피스의 폭넓은 관심사의 양극단을 모두 포함하고 있었다. 이제 그는 사암에 있는 큰 틈새에 관심을 보였다. 600만~700만 년 전의 단층으로 생겼을 것으로 추측되는 그 틈새에는 암석 부스러기가 가득 차 있었다. 마치 땅속에서 폭탄 하나가 터져서 무너져 내린 것 같았다. 암석 부스러기는 바깥쪽으로 갈수록 점점 작아졌고, 그 안쪽에는 뚜렷한 암석 중심부가 있었다. 사방은 온천이 솟아나는 땅인데, 이곳은 마른 온천이었다. 도로 건설로 드러난 절개면에는 암석 틈에서 용솟음치며 끓어오르던 물의 기억이 남아 있었다. 말라버린 온천에는 균열이 생기기 시작했고, 그 균열에는 두어 세대에 걸쳐 방해석 맥이 채워졌다. 데피스는 망치를 들고 이곳저곳을 두드리며 방해석 시료를 채취하느라 분주했다. "여기에 그냥 버려두기에는 너무 잘생겼네요." 그는 캔버스가방에 시료를 가득 채우며 말했다. "이곳에서는 열 작용이 아주 많이 일어났어요. 이런 물질 대부분은 더 이상 암석이라 부르기 어려운 상태예요. 흙이나 똑같죠. 1903년에 발데마르 린드그렌이라는 한 광산지질학자는 리노 근처의 스팀보트라는 곳에 있는 이런 돌무더기에서 진사cinnabar를 발견했어요. 진사는 황화수은이에요. 그는 지각 깊은 곳에서 물이 올라오는 틈새에서도 진사를 발견했습니다. 그는 생각했죠. '아하! 수은 광상은 온천 광상이구나!' 하고. 그래서 그 생각을 광상에 일반적으로 적용해서, 광상을 광물이 침전된 물의 온도로 분류하기 시작했어요. 따뜻한 물, 뜨거운 물, 더 뜨거운 물, 그런 식으로요. 이제 우리는 금속 광상이 전부는 아니지만 절반 이상이 열수에서 기원한다는 것을 알고 있어요. 알다시피, 지하 깊은 곳을 순환하는 뜨거운 물은 금, 은, 몰리브덴, 수은, 주석, 우라늄 할 것 없이 땅속에 있는 거라면 뭐든지 끌어올려서 지표 근처에 침전시키죠. 광맥은 이런 식으로 암석의 틈새를 채우고 있어요. 옛 온천 지도와 금속 발견지의 지도는 신기할 정도로 비슷해요. 이런 오래된 온천이 네바다에 은을 가져다주었어요. 바로 여기, 이 도로절개면에서 은을 발견해 지역 고속도로 기술자에게 줄 수 있다면 기분이 좋을 것 같아요."

그가 시료 몇 개를 챙겼다. 이 시료들은 결국 은이 없는 것으로 밝혀졌고, 우리는 채취한 곳에 도로 가져다놓았다. 우리는 곧 고속도로를 벗어나서 북쪽으로 가는 도로로 빠져나왔다. 그 길을 따라 펼쳐진 파스텔 색조의 계곡에는 소와 건초가 있는 황갈색 들판에 연한 녹색의 강이 흐르고 있었다. 수족 원주민에게 블랙힐스가 특별한 곳이었듯이, 이 계곡은 파이우트족에게 특별한 곳이었다. 파이우트족은 서서히 터전을 빼앗겼고, 백인을 죽이면서 필사적으로 그곳을 지키려 했다. 그리고 결국 죽음을 맞이했다. 이 "사막"에 정착한 최초의 개척자들이 농민인 것을 보면, 이 분지가 그들에게 얼마나 울창하고 아름답게 보였을지를 짐작할 수 있다. 너비 16킬로미터, 길이 110킬로미터의 분지는 산맥, 분지, 산맥의 순서로 남북으로 길게 늘어서 있는 톱니 같은 능선에 둘러싸여 있었다. 모형 제트기처럼 생긴 까치들은 도로 가장자리에서 날아올라 트럭 덮개보다 조금 높게 날아다녔다. 데피스는 까치들이 발달이 덜 되어서 쥐라기의 시조새가 떠오른다고 말했다. 우리는 가축 탈출 방지용 도랑을 건넜다. 도랑은 없고 도로 위에 줄무늬만 그어져 있는 것을 보니, 네바다의 소들도 발달이 덜 되어서 국가 표준보다 조금 낮은 한 자릿수 IQ를 갖고 있는 모양이다.

데피스의 말에 따르면, 800만 년 동안 이곳에서 지각 덩어리들이 가차 없이 갈라지고 단층을 따라 샘들이 끓어오를 때, 은이 베이슨앤드레인지 전역에 침전되었다. 끊임없이 높아지는 산들은 때로 광상을 끊어놓았고, 그로 인해 사건의 순서가 굉장히 복잡하게 뒤얽히면서 광석을 찾으러 오는 사람들을 혼란에 빠뜨렸다. 그러나 광석 탐사를 아주 간단하게 만드는 또 다른 현상이 있었다. 바로 침식이었다. 침식은 온천과 맥상 광상에 잠입해 은을 농축시켰다. 빗물은 황화은을 염화은으로 바꿔놓았다. 제대로 자리를 잡은 무거운 물질은 수백만 년 동안 그 자리에 있었고, 비가 내릴 때마다 더 농축되었다. 이런 광상을 지질학자들은 천성 부화 광상이라 불렀고, 광부들은 땅 위의 노다지라고 불렀다.

1860년대와 특히 1870년대에는 이런 광상이 산줄기마다 발견되었다. 너비가 수십 미터이고, 길이가 2킬로미터에 달하는 거대한 천성 부화 광상이 지표면이나 지표면 근처에 널려 있었다. 곧바로 도시들이 생겨났고, 그 옆으로는 겉만 번드레한 술집, 천막집, 뗏집, 술통으로 만든 판잣집들이 늘어섰다. 이런 공동체의 기록에는 동업자들 사이의 이권 분쟁이 원만하게 해결되지 않은 흔적이 드러난다. "데이비슨은 버틀러의 왼쪽 팔꿈치를 쏴서 뼈를 부러뜨린 다음 도끼로 발가락을 잘랐다." 사람들은 그곳에 하드스크래블, 고우즈아이, 배틀마운틴, 트레저힐 같은 이름을 붙였다. 1890년대가 되자, 북적이던 사람들이 대부분 그곳을 떠났다. 그 30년 동안 네바다에는 오늘날보다 더 많은 지역 공동체가 있었다. "은은 우리의 자원 중에서 가장 격감한 자원입니다. 보이는 곳에 있었기 때문이죠." 이 말을 하는 데피스는 착잡해 보였다. "천성 부화 광상을 찾는 데 지질학 박사학위는 필요하지 않았거든요."

필요한 것은 실버 짐Silver Jim뿐이었다. 파이우트족 남자인 실버 짐은 사람들을 산이나 계곡으로 데려가서 연한 녹색이 도는 회색 바위를 보여주었다. 그 바위는 매끈한 소뿔처럼 은은한 밀랍 광택을 띠는 각은석 horn silver이었다. 그곳에는 들기조차 어려운 커다란 각은석이 그냥 놓여 있었다. 실버 짐은 1톤에 2만7000달러의 가치가 있는 각은석을 보여줄 수 있었다. 달러는 1860년대의 달러였고, 1톤은 지금과 같은 1톤이었다. 당시에는 외바퀴 손수레를 하나 가득 채우면 5000달러어치의 은을 가지고 언덕을 내려올 수 있었다. 데피스에게는 애리조나 툼스톤에 사는 광부 친구가 한 명 있었는데, 그는 4, 5년 전에 자신의 땅에서 미처 보지 못했던 천성 부화 광상 하나를 우연히 발견했다. 두께가 고작 몇 센티미터인 좁은 띠 모양의 광맥이 선인장 아래 1.8미터 지하에 묻혀 있었다.

그는 굴삭기로 광맥을 덮고 있던 화산흙을 걷어내고, 이 19세기의 골동품을 찾아내 소중하게 손으로 파냈다. 그는 자식들에게 이렇게 말했다. "내가 지금 하는 일을 잘 보고, 이 바위를 자세히 봐라. 이런 건 다시는 영영 볼 수 없을 거야." 주말 오후의 두어 시간 동안, 그는 땅에서 2만 달러를 벌었다.

이제 우리는 흙길로 들어섰다. 우리 차의 뒤꽁무니에는 데피스가 그 지역의 초인종이라고 묘사한 원뿔 모양의 흙먼지가 매달려 있었다. 그는 초인종이 울리지 않는 쪽을 더 좋아했다. 새로운 것을 알게 되면 포도송이를 떼어 나눠주듯이 사람들에게 곧바로 알려주던 이 수다스럽고 인정 많은 교수가 오늘따라 유난히 눈을 가늘게 뜨고 입을 꾹 다물고 있었다. 그는 지역 등기소에 잠깐 차를 세웠다. 자루 같은 스웨터를 입고 베토벤 같은 머리를 한 우스꽝스러운 모습으로, 공무원에게 숫자 세 개를 알려주면서 등기부 열람을 요청했다. 토지 번호는 여섯 자리 숫자로 되어 있었다. 데피스는 뒤의 세 자리는 마치 탁자 위에 엎어놓은 카드처럼 혼자만 간직했다. 그는 등기부에서 찾고 있던 것을 발견했다. 이제 우리는 마을에서 80킬로미터를 올라왔다. 그곳의 유일한 번화가는 한참 전에 지났고, 오드 펠로즈 회관도, 잡화점도, 미루나무도, 검은 포플러도 모두 지나왔다. 주위에는 집도 없고, 구조물도 없고, 원뿔 모양의 흙먼지도 없었다. 계곡은 점점 깊어졌다. 계곡이 끝나면서 산줄기가 이어졌다. 저 멀리 높이 솟아 있는 민둥산의 비탈에 부자연스럽게 평평한 선 하나가 보였다.

"저기가 길이에요?" 내가 그에게 물었다.

"저기는 우리가 갈 곳이에요." 그가 말했다. 그리고 나는 그가 차라리 말을 안 했다면 좋았을 거라고 생각했다.

그곳을 올려다보면서, 나는 내가 일확천금을 꿈꾸는 누군가를 보겠다는 일념으로 바위 언덕을 기어 올라간 최초의 저널리스트가 아니라는 것을 떠올리고는 안도했다. 1869년, 『뉴욕헤럴드』의 편집장은 천성 부화 광상에 대한 취재를 의뢰할 만한 기자들을 쭉 훑어보다가, 별 어려움 없이 톰 캐시를 선택했을 것이다. 캐시는 네바다를 이리저리 돌아다녔다. 제보를 받은 한 곳에서, 그는 주머니칼을 꺼내 갱도의 벽을 잘라냈다. 손으로 감싸 쥘 수 있고 부스러지지 않는 순도 높은 광석이 확실히 떨어져나왔다. 캐시는 은광 주인에게 "허위 사실을 부풀린" 과장 기사를 썼다는 비난을 받고 저널리스트로서 평판이 나빠질까봐 두렵다고 말했다. 그는 그런 위험을 피하기 위해, "은이 가장 풍부한 부분의 시료를 갖고 싶다"고 털어놓았다. 은광 주인은 캐시에게 약 6킬로그램짜리 암석을 건넸다. 이 암석에는 (광석 무게의 73퍼센트인) 4665그램의 은이 함유되어 있었다. 같은 해, 캘리포니아 지역 신문인 『알타칼리포르니아Alta California』의 기자인 앨버트 S. 에번스는 두 명의 은행가, 한 명의 지질학자와 함께 네바다의 광산을 방문한 일을 묘사했다. 그곳에서 그는 밧줄에 묶여 광산 안으로 내려졌다. "촛불 빛에 반짝이는 거대한 검은 바윗덩이가 사방에서 모습을 드러냈다. 옆에도 은이 있었고, 머리 위에도 은이 있었다. 우리의 허파를 채우고, 우리의 신발과 옷을 회색으로 뒤덮은 먼지 자체도 미세한 은이었다. 우리는 이 공간 안에 눈에 보이는 은만 100만 달러의 가치가 있다는 말을 들었고, 그것을 직접 확인했다. 보이지 않는 곳에 있는 은의 양이 어느 정도인지는 하늘만이 안다."

하늘은 정확히 알고 있었다. 베이슨앤드레인지 전역에 푸지게 흩어져 있는 이 천성 부화 광상은 지금까지 전 세계에서 발견된 것 가운데 은이 가장 풍부한 은 광상이지만, 가장 얕은 곳에 위치하는 광상이기도 했다. 아주 많이 널려 있었고, 돈을 찍어내는 것이 은을 줍는 속도를 따라가지 못할 정도로 진짜 은밭이었다. 그러나 동이 날 때가 되자 동이 났고, 그 때는 아주 빨리 찾아왔다. 버지니아시티에 있는 캄스톡로드에서는 지하의 틈새에서 순도는 조금 낮아도 상당량의 은을 포함하는 "진짜 광맥"이 가끔씩 나타났지만, 천성 부화 광상 아래에는 아무것도 없는 경우가 더 많았다. 은광과 함께 북적이던 마을들은 10년도 채 안 돼 사라졌다.

우리는 계속 19세기의 광산 한 곳으로 향하고 있었다. 그리고 이제는 지그재그로 이어지는 길을 따라 가파른 산비탈을 오르고 있었다. 데피스는 지도를 보기 위해 내게 운전대를 넘겼다. 그는 은의 2차 회수에 관심을 갖게 된 계기가 1970년대 초반에 유명했던 어느 컴퓨터 모의실험 결과 때문이라고 말했다. 이 모의실험에서는 미분 방정식을 활용해 세계 인구, 환경오염, 자원, 식량 같은 것을 종합해 시간의 흐름에 따른 변화를 예상했다. 그 결과, 2000년이 되면 자원의 고갈로 인해 세계가 어느 정도 종말을 맞게 될 것이라는 예측이 나왔다. "우리는 확실한 광상을 모두 찾아냈으니, 당연히 그 대가는 치러야겠죠." 그가 말했다. "그치만 그 계산에는 보유 자원이나 미래에 발견될 자원이나 남아 있는 폐광의 재확인은 포함되어 있지 않아요." 그는 미국 에너지부 같은 데서 의뢰가 들어올 것을 예상하고, 예상할 수 있는 석유와 우라늄의 발견에 관한 연구를 시작했다. 그의 연구 대상이 우라늄에서 은으로 바뀐 것은 뉴욕의 경영자 연합으로부터 금 탐사를 도와달라는 요청을 받고 나서였다. 에오세라는 이름의 이 경영자 연합은 옛 금광을 뒤지는 일에 관심을 갖고 있었다. 데피스는 세계에서는 아직도 금이 계속 발견되고 있고 새로운 금 광산들도 여전히 개발 중이지만, 주요 은 광산은 1915년 이래로 발견된 적이 없다는 점을 그들에게 지적했다. 은에 대한 압박은 어마어마했다. 전체 은의 3분의 2가 치의학과 사진 분야에서 이용되었고, 다른 상업적 대체물은 없었다. "우리가 싹 쓸어버렸어요. 마그네슘과 브롬을 다 써버린 것처럼, 은도 다 써버린 거죠. 원한다면 가격을 얼마든지 올릴 수는 있지만, 새로운 은광을 가질 수는 없을 거예요." 그는 가격이 오르면, 은값이 금값을 능가할 것이라고 예측했다. 그에게는 은의 2차 회수가 금을 찾는 것보다 훨씬 더 매력적인 사업으로 보였다. 에오세는 그를 은광 추적을 도울 자문위원으로 임명했다.

이제 분지에서 한참 높은 곳에 이른 우리는 아래에서 봤던 그 가느다란 선 위에 있었다. 트럭과 폭이 거의 같은 길이 산비탈을 가로질러 지나갔다. 길은 오목한 곳으로 들어갔다가 볼록한 곳으로 돌아 나오고, 다시 오목한 곳으로 들어갔다가 더 볼록한 곳으로 나왔다. 나는 길 안쪽에 있었고, 볼록한 곳을 돌아갈 때마다 한 번씩 차의 후드 너머로 풍경을 볼 수 있었는데, 보이는 것이라고는 하늘과 멀리 있는 다른 산꼭대기들뿐이었다. 900미터쯤 아래에 있는 계곡을 볼 수 있었고, 산 아래로는 100킬로미터 밖까지 보였다. 내리막길은 단순히 아주 가파른 정도가 아니었다. 내 판단으로, 자동차가 미끄러져서 빙글빙글 돌다가 화염에 휩싸여 100미터쯤 날아가게 할 정도의 경사였다. 운전대에서 손이 미끄러졌다. 내 손은 땀범벅이 되었다.

데피스는 차분하게 경치를 즐기고 있는 듯 보였다. 그가 내게 물었다. "트럭 운전은 어디서 배웠어요?"

"그렇게 어렵지는 않네요. 하지만 이번이 처음이에요."

1900년 이전까지 이 지역에서 쓰인 광석으로부터 은의 추출법을 보면, 먼저 암석을 작은 쇄광기에 넣고 빻아서 가루로 만든 다음 거기에 뜨거운 소금물과 수은을 넣고 휘저었다. 그렇게 수은으로 은을 끌어당긴 후에는 수은을 증발시켜 은을 얻었다. 1887년에는 더 많은 은을 얻을 수 있는 추출법이 잉글랜드에서 개발되었다. 은 광석을 청산가리라 불리는 시안화물에 용해시키는 방식이었다. 이 추출법은 남아프리카로 급속히 전파되었고, 마침내 미국에 당도했다. 이 방법은 옛 광석의 찌꺼기를 시안화물로 처리해 남아 있는 은을 얻기 위해 주로 이용되었고, 특히 대공황 시기에 성행했다. 그러나 19세기 네바다에는 은광이 아주 많았기 때문에, 데피스는 그런 손길이 미치지 않은 곳이 남아 있을 것이라고 확신했다. 그런 곳을 탐색하기 위해 그가 찾은 첫 번째 장소는 프린스턴대학의 파이어스톤 도서관 C층이었다. 그는 책과 잡지들을 훑어보면서, 1860~1900년에 베이슨앤드레인지에서 일정 달러 이상의 은을 생산한 은광의 목록을 수집하기 시작했다. 데피스는 숫자와 연관된 이야기를 좋아하지 않았다. 그는 콜로라도강 근처의 선인장 군락지에서 오리건 철도 근처의 산맥, 오쿼러산에서 시에라네바다산맥의 동쪽 사면에 이르는 여러 지역에서 그런 은광들을 찾아냈다. 그는 모두 스물다섯 곳의 목록을 추렸다. 캄스톡 광맥 같은 큰 은광은 은이 완전히 사라질 때까지 여러 번 시안화물로 처리되었고, "각지에서 관광객이 개미떼처럼 모여들었다". 한 폐은광 재처리업자는 조금 작고 오지에 있는 은광을 최고로 쳤다. 단기간에 부화 작용이 일어난 광상, 좁은 틈새에 형성된 광맥, 이런 곳에 생긴 마을은 6년이면 사라졌다. 그는 100년 전에 100만 달러의 가치를 지녔던 은광은 지금도 100만 달러의 가치를 지닌다고 판단했다. 과거의 기술로는 광석의 은을 90퍼센트밖에 추출할 수 없었고, 남아 있는 10퍼센트의 은은 예전의 90퍼센트의 은보다 더 값이 나갈 것이기 때문이다. 데피스는 책과 잡지를 더 뒤지면서, 1970년대에 관심을 끌었던 옛 은광들이 어떤 곳이었는지를 알아봤다. 그리고 그런 곳들은 목록에서 무조건 제외시켰다.

그다음 그는 미국 지질조사소에서 항공사진들을 구입했다. 항공사진은 서로 겹쳐지는 두 장의 사진이 한 쌍을 이뤘는데, 각각의 사진 한 쌍은 약 41제곱킬로미터의 넓이를 나타냈다. "입체 장비로 그 사진들을 보면, 거인이 된 느낌이 들어요. 1.6킬로미터 간격으로 벌어져 있는 두 눈으로 약 1만2000미터 상공에서 땅을 내려다보는 거죠. 정말이지, 입체 사진 본 적 있나요? 사물이 땅에서 튀어나와요. 광석을 캐낸 자리도 보이고, 폐석장도 보이고, 희미하게 길의 흔적도 보여요. 환경론자들이 옳아요. 이런 기후에서는 흔적이 오래갈 거예요. 길의 흔적이 사라지기까지 오랜 시간이 걸리는 지형이지요. 광부 입장에서 추측해보자고요. 만약 이곳이 광산이라면, 이제 나는 어디에서 물을 구해야 할까요? 만약 여기 이 시내 옆의 이게 분쇄소라면, 광산은 어디일까요? 나는 지도에 표시되지 않은 광산들을 찾고 있었어요. 몇 군데에서 폐석장을 볼 수 있었지요. 폐석장은 밝은 회색으로 눈에 확 들어옵니다. 옛날 광부들은 은이 전혀 없는 폐석도 버렸지만, 은이 별로 없어서 당시 기준으로는 가치가 없는 광석도 버렸어요. 나는 그런 폐석장의 부피를 대략 추측해봤어요. 제련된 광석 폐기물은 항공사진에서는 부자연스럽게 밝은 회색 얼룩으로 나타나요. 이 산맥에서 내가 찾은 광석 폐기물과 폐석 더미 중 일부는 내가 본 어떤 지도에도 나타나지 않아요."

그는 경비행기 한 대를 빌려 네바다로 날아갔다. 그리고 약 300미터 상공에서 그 지역을 둘러보면서, 그 지역의 최근 모습을 망원렌즈로 직접 촬영했다. 그의 비행기를 올려다보면서 손을 흔들고 있는 다른 폐은광 재처리업자들이 보이면, 그는 그곳도 목록에서 제외했다. 그다음에는 몇 곳을 직접 찾아가서 시료를 채집했다. 데피스는 자신의 기계 장치를 이용해, 19세기는 말할 것도 없고 불과 몇 년 전까지만 해도 아무도 들어본 적 없는 방식으로 시료를 조사했다. 그는 오래된 목재를 발로 차면서 못을 살폈다. 1900년부터 사용된 둥근 쇠못은 시안화물 시대를 확인할 수 있는 간편한 표준화석이었다. 그는 각진 못이 있기를 바랐다.

데피스는 이제 이 일을 혼자서 하고 있었다. 에오세와의 관계는 그들이 여러 이유에서 데피스 말고 다른 자문위원의 의견을 따르기로 결정한 뒤부터 차츰 멀어졌다. 그리고 에오세 측이 겨울에 대처할 필요가 없는 곳을 선호하면서, 그들의 관심은 애리조나로 옮겨갔다. 어느 날 프린스턴에서, 데피스의 아내인 낸시 데피스는 100년 된 『기술과 광업 저널 Engineering & Mining Journals』 더미를 살피던 중, 남편의 목록에 있는 것으로 추정되는 어느 1870년대 광산에 대한 두 줄짜리 자료를 찾아냈다. 바로 그 자료가 그를 이곳으로 불러들였고, 우리가 이 산비탈을 풍뎅이처럼 기어오르고 있는 이유였다.

우리는 마지막 모퉁이를 돌았다. 안쪽 바퀴들은 단단히 지면에 닿아 있었고, 나머지 바퀴들은 데피스의 기대감이 떠받치고 있었다. 이제 우리는 커다란 V자 모양 계곡의 한쪽 절벽을 따라 움직이고 있었다. 계곡은 점점 좁아지다가, 마침내 미루나무들이 굽어보는 마른 골짜기가 되었다. 좁은 틈새와 같은 계곡 위로 펼쳐진 수백 에이커의 가파른 산비탈에는 구덩이와 갱도와 대장장이가 만든 광석 양동이와 오래된 마른 목재가 가득했다. 목재에는 각진 못이 박혀 있었다. 각진 못이 가득 담겨 있는 광석 양동이도 있었다. 데피스는 "훌륭한 쓰레기"라고 말하면서, 광산을 지나 언덕 위로 걸어 올라갔다. 그는 작은 시내를 따라서 미루나무들 사이로 들어갔다. 시냇물은 거의 말라 있었다. 미루나무 아래에는 거의 형체만 남은 1세기 전의 오두막들이 있었다. 2100미터 높이에 있는 이 마른 골짜기에 살았던 100명의 사람은 100년 전에 그들의 마지막 선거를 치렀다. 그들에게는 식당 하나, 맥주 양조장 하나, 서점 하나가 있었다. 술집은 일곱 곳이었다. 그러나 지금은 다 허물어지고 뼈대조차 남아 있지 않았다. 있는 것이라고는 물기만 남은 개울 바닥을 낯설고 불만스럽게 내려다보는 늙고 불행한 미루나무들뿐이었다. 그곳에는 열여섯 그루의 뒤틀린 미루나무가 남아 있었는데, 대부분 둘레는 1미터가 넘었다. 데피스가 말했다. "미루나무들은 환경론자들을 시험에 들게 해요. 미루나무는 솟구치는 분수처럼 물을 빨아올려 공기 중으로 뿜어대죠. 저 미루나무들을 잘라내면 개울에 다시 물이 흐를 거예요. 미루나무는 훔볼트강의 물을 들이마시고 있어요. 이 지역에서는 광부들이 물을 필요로 하기 때문에 갈등이 좀 있습니다. 나무를 잘라내면 물이 보존될 거예요. 소금물과 수은을 이용하는 옛 제련 방식에서는 1톤의 광석을 처리하려면 3톤의 물이 필요해요. 이 개울에는 그런 물이 없었죠. 여기서 광석을 채취해 충분히 큰 개울로 가져가야 했을 거예요. 그러다보니 우연찮게 노새를 타고 19킬로미터를 이동하게 되었을 겁니다. 아마 그들은 가장 좋은 광석만 가지고 여기서 나갔을 거예요. 이곳에는 아마 꽤 품위가 좋은 광맥 위에 놓인 천성 부화 광상이 있었을 거고요. 그들은 챙길 것만 챙겨서 6년 안에 이곳을 뜬 거죠."

우리는 다시 은광으로 내려갔다. 은광 아래에는 반듯하게 V자로 깊게 패인 계곡을 가로질러 개울이 흐르고 있었다. 이 개울에서는 수백만 년에 걸쳐 100년에 한두 번씩 홍수가 났을 것이다. 한쪽 비탈에는 폐석장으로 쓰인 몇 에이커의 땅이 있었다. 데피스는 제련되지 않은 폐석을 줍기 시작했다. 그는 "그들이 이 바위에서 무엇을 볼 수 있었는지에 달

려 있을 것"이라고 말했다. "쉽게 보였으면 다 가져갔을 거예요. 복잡하
고 점진적으로 함량이 변했다면 구별하기 어려웠을 것이고, 그렇다면
여기에 내다 버렸을 거예요." 발밑에 밟히는 폐석들은 풍화되어 푸석푸
석했고, 부서지고 있는 피라미드의 사면처럼 불안정하게 얼기설기 쌓
여 있었다. 그는 캔버스 천으로 된 작은 시료 가방을 200미터마다 하나
꼴로 채우면서 폐기장을 돌아다녔다. 한 걸음씩 옮길 때마다, 돌무더기
속에 그의 발이 발목 위까지 빠졌다. 계곡 바닥에서 데피스가 있는 곳
까지의 높이는 약 60미터였다. 바닥의 경사와 무너지기 직전의 각도로
아슬아슬하게 쌓여 있는 폐석 더미를 생각하면, 금방이라도 산사태가
날 것 같았다. 결국 그가 저 아래 있는 마른 개울의 이끼 낀 웅덩이에 떨
어지고, 추출하지 못한 막대한 양의 은폐광 아래에 파묻히는 모습도 어
렵잖게 상상이 되었다. 작은 개울에는 그곳에서 홍수가 났음을 알려주
는 바윗돌들이 마구 뒤섞여 있었고, 바윗돌을 둘러싸고 있는 수분 접
촉성 식물phreatophyte은 작살 같은 뿌리를 땅속 깊이 찔러넣고 있었다.
데피스는 확실히 즐거워 보였고, 두려움은 전혀 없는 듯했다. 갑자기 바
람이 불어서 흙먼지가 날리자, 그가 소 울음소리처럼 "무" 하는 소리를
냈다. 주황색과 검은색의 고깔모자를 쓰고 차가운 햇살 아래에서 열심
히 돌무더기를 뒤지는 그의 모습은 영락없는 프린스턴의 난쟁이 요정
Gnome of Princeton이었다. 확실히 그에게는 취리히의 요정gnome of Zurich으
로 등극하고 싶은, 즉 금융계의 큰손이 되고픈 야심이 있었다.

그는 1톤당 은이 142그램은 나와야 재처리 작업을 할 가치가 있다고
말했다. 그가 얻은 수치는 그보다는 큰 것으로 판명날 것이다. 얼마 지
나지 않아, 그는 안쪽을 비닐로 덧대고 묽은 시안화물 용액을 채운 작
은 웅덩이를 만들 것이다. 두 명의 기술자가 관리하는 그 웅덩이는 광

석을 분쇄하던 곳 아래에 만들어질 것이다. 푸르스름한 광석 폐기물에서는 그가 네바다에서 발견한 어떤 폐은광에서보다 더 많은, 1톤당 1644그램의 은이 나올 것이다. 그는 "시안화물에 이 광석을 넣으면 은이 튀어나온다"고 말했다. "내가 가진 시안화물은 신시내티 인구를 다 죽이고도 남아요. 인간과 시안화물은 애증의 관계지요. 필립 에이벌슨은 번개가 이산화탄소와 다른 대기 성분에 작용해 시안화수소가 만들어진다는 것을 밝혀냈습니다. 그 시안화수소가 중합되고 나중에 물과 반응하면 단백질의 구성 성분인 아미노산이 돼요. 그리고 여차저차해서 생명이 만들어졌겠죠. 에이벌슨은 『사이언스』의 편집인으로, 지구화학자이고 맨해튼 계획에 참여했습니다. 이곳에서 납득할 만한 가격에 은을 얻으려면, 작은 기술이 요구됩니다. 소형화된 장비와 단순한 기술을 보유해야 하죠. 19세기에는 산쑥을 태워서 염화은을 용해시킬 소금물을 가열했어요. 수은이 은을 끌어내면, 그들은 끽끽거리는 소리로 '진짜배기'를 얻었다는 것을 알았죠. 수은과 은의 혼합물은 치과에서도 쓰이는데, 치과의사가 그 혼합물을 치아에 짓이겨넣을 때에도 그런 소리가 나요."

데피스의 방법은 산쑥이나 소리와는 다른 것에 의존할 것이다. 때가 되면, 그는 그곳에 두 칸짜리 야외 화장실만 한 크기의 이동식 실험식을 만들 것이다. 그 실험실에는 은 이온 선택형 전극, 원자 흡수 분광 광도계 같은 장비가 갖춰질 것이다. 불꽃을 켜고 두 개의 스위치를 닫으면, 시료 속에 들어 있는 은의 함량을 즉시 확인할 수 있을 것이다. 한동안 그는 갓 만든 2.26킬로그램짜리 은괴를 바닥에 놓고 문을 낄 것이다. 웅덩이 작업이 끝나면, 시안화물을 회수해 프러시안 블루Prussian blue라는 시장성 좋은 화합물로 바꿔놓을 것이다. 그리고 웅덩이에는 흙을 덮고 개밀 씨앗을 뿌릴 것이다.

그리고 지금, 산속의 은광에서 시료 채집을 끝마친 그는 자신의 추출 기술을 개선하기 위해 집으로 가져갈 광석을 큰 마대에 가득 채웠다. 그가 채집한 더 작은 시료들은 경사면의 다양한 부분에서 채취한 은의 순도를 알아보기 위한 것이었다. 그는 이렇게 말했다. "나는 넝마주이에 지나지 않아요. 4만 달러짜리 X-선 장비를 갖추고 있는 재처리업자도 있어요." 바람이 불자 폐석 더미에서 일어난 흙먼지가 그의 얼굴 쪽으로 날아왔다. 그는 또 소 울음소리를 내면서 말했다. "당신한테는 그냥 먼지로 느껴지겠지만, 나한테는 돈 같아요."

"그 돈이 얼마쯤 되는 것 같나요?" 내가 물었다.

그는 매직펜을 꺼내들고 새 캔버스 가방의 한 면에 미터법 단위를 쓰고 도형을 그리면서 계산을 하기 시작했다. "자, 폐석 더미 중 이쪽 부분이 최소 1만5000세제곱미터라고 해봅시다. 그게 가장 적게 잡은 거예요. 1톤에 200달러라고 할 때, 300만 달러쯤 되겠네요. 여기 언덕 쪽은 빼고요."

"저 위의 붉은 말뚝들은 뭐죠?"

"누가 새 광석을 찾았다고 생각하는 것 같은데요. 나는 여기 아래, 옛날 것에 관심이 갑니다."

"만약 이 가방에 들어 있는 은의 품질이 좋다면, 에오세는 어떻게 되죠? 만약 그들이 당신은 아직 에오세 소속이라고 판단하면요? 그들이 보안관을 찾아가면 어쩌죠?"

"나는 에오세 소속이 아니에요. 그리고 내 머릿속에 들어 있는 것도 에오세 소속이 아니고요. 오래전에 법적으로 확정된 문제예요. 하지만 만약 누군가 내 뒤를 따른다면, 각서에 굴복하기보다는 기꺼이 감옥행을 선택하길 바랍니다."

해질녘에 산을 돌아 내려오는 동안, 우리는 차를 멈추고 조용한 계곡을 바라봤다. 붉은 하늘 아래로 110킬로미터 길이의 분지와 그 둘레를 성벽처럼 둘러싸고 있는 산들, 그리고 160킬로미터 밖에 있는 아름다운 소노마산맥의 소노마산이 보였다. 데피스가 말했다. "만약 지구를 야구공만 하게 줄인다면 저 산들을 느낄 수 없겠죠. 망원렌즈가 달린 사진기가 있으면 저 산을 에베레스트라고 믿게 할 수도 있을 거예요." 이렇게 높은 곳인데도 공기 중에는 산쑥 냄새가 가득했다. 발치에는 코요테 배설물이 있었다. 우리는 어둠 속에서 왔던 길을 되돌아갔다. 가축 탈출 방지용 도랑을 건너고 캘리포니아산토끼가 도로에서 뛰놀던 곳을 지나는데, 깜깜한 어둠 속에서 도로 한가운데에 갑자기 검은 소 한 마리가 나타났다. 브레이크의 비명과 함께 차가 멈췄다. 소는 미동도 없이 눈도 껌벅이지 않고 벽처럼 서 있었다. 그 후 우리는 천천히 차를 몰았다. 그런데 달도 없는 그 밤에 우리 오른편 하늘에서 희고 둥그런 것이 나타났다. 우리는 속도를 더 줄였다. 그 둥그런 것은 구름처럼 조금 부풀었다. 우리는 너무 눈이 부셔서 결국 차를 세우고 차 밖으로 나와 불안하게 그 빛을 올려다봤다. 더 작고, 역시 둥근 물체가 그 안에서 튀어나왔다. 어쩌면 뒤에서 나온 것일지도 모른다. 작은 구체의 주위에는 토성처럼 고리가 있었다. 작은 구체는 큰 구체 옆에서 몇 분 동안 이리저리 움직이다가 다시 큰 구체 속으로 들어갔다. 이튿날 모든 지역 신문에 이 이야기가 실렸다. 『네바다주 저널Nevada State Journal』은 우리가 있던 곳에서 사방 160킬로미터 내에 있는 다양한 사람이 "불가사의한 둥근 빛"을 목격했다고 썼다. 두 명의 사냥꾼은 이렇게 말했다. "그때 우리는 그곳을 벗어나야겠다고 생각했어요. 그래서 얼른 트럭에 올라타고 서둘러 출발했지요. 뒤를 돌아봤는데, 그 빛의 오른쪽 아래에서 작은 비행체가 나오는 게 보였어요. 작은 비행체는 가운데에 둥근 지붕이 있고 양쪽으로 날개가 달려 있었지만, 전체적으로 타원 모양이었습니다." 어떤 사람은 이렇게 말했다. "처음에는 착시 현상이라고 생각했어요. 그런데 점점 더 계속 가까워지면서, 착시가 아니라는 것을 알 수 있었어요. 그러고는 한쪽에서 뭔가가 나오기 시작했어요. 처음에는 별처럼 보였다가 나중에는 둘레에 고리가 생겼지요. 토성에 있는 것 같은 그런 고리 말이에요. 소리는 나지 않았습니다. 그러다가 사라졌죠."

사냥꾼 중 한 사람은 이렇게 말했다. "이제 우리는 둘 다 믿어요. 그리고 두번 다시 보고 싶지 않아요. 우리는 뱀 말고는 무서운 게 별로 없는 꽤 건장한 남자들인데, 이제는 비행접시도 무서워요."

작은 비행접시가 사라진 후, 큰 것도 점차 흐릿해지더니 사라졌다. 도로에는 데피스와 나, 그리고 꿈쩍도 않고 눈만 반짝이고 있는 검은 소만 남았다. 데피스가 말했다. "코페르니쿠스는 지구를 우주의 중심에서 몰아냈고, 허턴은 우리를 태초와 가까운 어디쯤이라는 특별한 위치에서 몰아내 무한한 시간의 한가운데에 풍덩 빠뜨렸어요. 외계 문명은 생명의 창조와 관련해서 우리가 어디쯤에 있는지를 보여주는 것일 수도 있습니다."

———

우리는 피시크리크산맥과 토빈산맥 사이에 있는 저지밸리로 갔다. 그곳에서 데피스는 두 계절 정도 야외 현장 연구를 하면서 박사학위 논문 자료를 수집했다. 그는 오븐 속 같은 날씨에 텐트 생활을 했고, 솟아오르는 산과 그 산에서 떨어져나온 퇴적층을 조사할 때는 1리터가 넘는 물을 단숨에 마시기도 했다. 단층이 시작되었을 때 가장 먼저 잘게 부서져서 언덕 아래로 씻겨내려간 물질은 당시 그 지역의 표면을 이루고 있던 올리고세의 두터운 용결응회암이었다. 침식이 응회암을 뚫고 그 아래에 놓인 더 오래된 암석에까지 이르자, 오래된 암석도 쪼개져서 분지로 흘러내렸다. 분지를 따라 위로 올라가는 것은 산맥을 읽어내려가는 것과 같았다. 데피스는 그 지역의 일반적인 기록을 설명해왔고, 이제는 그 시기와 베이슨앤드레인지 지대의 발달 사이의 관계를 설명할 수 있기를 바랐다. 그는 고속도로에서 60킬로미터쯤 떨어지고, 뒤로 흙이 아주 많이 쌓인 저지밸리 초입의 한 작은 언덕 꼭대기에서 잠시 차를 멈췄다. 베이슨앤드레인지의 다른 곳에 비해 아늑한 느낌이 드는 곳이었다. 약 30킬로미터에 걸쳐 눈 덮인 산맥들 사이로 남쪽으로 길게 이어지는 이 계곡에는 산쑥이 무성했다. 데피스는 카우보이처럼 소리를 질렀다. 계곡에는 젊은 현무암질로 이뤄진 원뿔 모양 돌산인 분석구들이 플라이스토세의 거대한 검은 개미집처럼 서 있었다. 여기저기에는 작은 뷰트butte(주변의 평지와 급경사를 이루는 탁자 모양의 바위 언덕―옮긴이)가 있었다. 이 뷰트들은 윗부분의 사암 덕분에 침식되지 않고 지금까지 남았지만, 녹고 있는 각설탕처럼 곧 완전히 해체되어 분지의 평원 속으로 흡수될 것이다. 데피스가 말했다. "네바다에 있는 계곡에서는 어디든 산쑥을 볼 수 있을 거예요. 지금 우리가 있는 곳에서 2.5미터 아래에는 당신이 모르는 굉장히 흥미로운 이야기가 있지요. 내가 토빈산맥 저 너머에서 마이오세 후기의 말 이빨을 발견했거든요."

"마이오세 후기의 것인 줄 어떻게 알았어요?"

"나는 몰랐죠. 그 이빨을 말 이빨 전문가에게 보냈습니다. 그리고 여기서 멀지 않은 곳에서 비버 이빨, 물고기 화석, 낙타 뼈대, 코뿔소 턱도 찾아냈어요. 그 턱도 마이오세 후기의 것이었어요. 이 지역에는 마이오세 초기와 중기의 화석이 없습니다. 이 분지 퇴적층에서 발견되는 화석은 무조건 마이오세 후기의 화석이라는 것을 기억하게 될 거예요. 따라서 눈치 빠른 척추동물 고생물학자는 베이슨앤드레인지의 단층 작용이 시작된 연대를 마이오세 후기로 추정할 수 있을 거예요. 척추동물 고생물학은 오래전부터 중요한 취미생활이었어요. 장대던지기처럼 역사가 깊죠."

우리는 바큇자국을 따라 1.6킬로미터 정도의 흙길을 더 올라간 다음, 자갈이 많은 울퉁불퉁한 언덕은 걸어서 올라갔다. 우리는 언덕 너머 마른 골짜기로 내려갔다가 다시 올라와서 반대편 비탈의 윤곽을 따라 걸었다. 이 비탈들은 별개의 언덕이 아니라, 산에서 흘러내리고 있는 것들이 쌓인 거대한 충적선상지의 조각들이며, 갈라진 가죽처럼 바싹 마른 개울에 의해 주름이 생긴 것이다. 이런 개울들 사이로 간간이 드러나는 연속적인 퇴적층은 주로 어두운 색을 띠었고, 밝은 회색의 화산재 층만 특별히 도드라졌다. 이 지역이 아닌 다른 어딘가에서 날아온 화산재는 바람에 날려온 마침표 같았다. 이 화산재는 아마 320킬로미터쯤 떨어진 오늘날의 스네이크강 평원에 서 있던 화산에서 유래했을 것이다. 분지에 있던 호수(오래전에 사라진 마이오세와 플라이스토세의 호수)의 바닥에 가라앉은 화산재는 대부분 제올라이트로 변했다. 데피스는 저지밸리에서 제올라이트의 일종인 에리오나이트erionite 300만 톤을 발견했다. 에리오나이트라는 이름은 양모를 뜻하는 그리스어에서 유래했고, 섬유 모양의 에리오나이트는 인간의 폐에서 악성중피종이라는 병을 일으킨다. 베이슨앤드레인지 전역에는 수백만 톤의 에리오나이트가 있지만, 가만히 두면 아무런 병도 일으키지 않는다. 그러나 미국 국방부의 제안처럼 이 지역에 있는 스물다섯 곳의 계곡에 MX 미사일을 위한 콘크리트 방호 시설 4600개를 설치한다면, 건설 과정 내내 바람은 특별한 위험을 초래할 것이다. 미세 물질이 바람에 운반되어 이동할 수 있는 거리는 우리 상상을 초월한다. 데피스가 저지밸리에서 찾아낸 가장 두꺼운 단일 퇴적층은 3미터 두께의 화산재 층이었다. 언젠가 데피스는 그가 "최고의 화산학자"라고 생각하는 캘리포니아대학 버클리 캠퍼스의 하월 윌리엄스에게 그 화산재 층을 보여주었다. 그리고 320킬로미터 떨어진 곳에서 한 번에 이 정도의 화산재를 날려보낼 수 있는 화산의 크기는 어느 정도여야 하는지를 물어봤다. 윌리엄스는 그저 가만히 서서 머리를 가로저으며 감탄만 할 뿐이었다.

우리 위에 있는 판판한 바위 꼭대기에는 나뭇가지 한 무더기가 쌓여 있었다. 물이 많은 땅에서 비버가 모아놓았음 직한 크기의 나뭇가지들이었다. 데피스가 말했다. "매예요. 둥지가 남쪽을 향해 드러나 있는 것을 보세요. 매는 오래전부터 태양에너지를 활용했습니다. 태양은 알을 부화시키고, 어미 매는 자유롭게 날아다니죠." 데피스는 우리 앞에 있는 비탈에 드러난 퇴적층을 이리저리 둘러보다가 바로 그 자리에서 작업을 시작하기로 결심했다. 그의 손에는 그가 직접 고안한 장치가 들려 있었다. 그는 이 장치를 이용해 아직 굳지 않은 호수 퇴적층에서 고지자기 시료를 채취하는 정교한 작업을 수행하려 했다. 내게는 조금 덜 정교한 장비인 군용 삽이 주어졌다. 데피스는 내게 비탈을 따라 60센티미터 깊이의 구덩이를 참호처럼 길게 파달라고 부탁했다. 풍화된 표면을 제거하고 그가 지나갈 길을 만들기 위해서였다. 산에서 떨어져나온 알갱이들이 분지로 들어와 쌓이는 동안, 알갱이들 속에 들어 있는 자철석은 나침반처럼 모두 똑같이 지구의 자극 방향을 가리키며 고정되었을 것이다. 마이오세 후기 이래로 지구의 자기장은 남북이 20번 역전되었는데, 지금까지 지자기 역전이 일어난 연대는 잘 밝혀져 있다. 만약 데피스가 아직 고결되지는 않았지만 단단히 다져진 퇴적층을 채집해서 그 안에 담긴 증거를 손상시키지 않고 고지자기학 연구실까지 잘 가져갈 수만 있다면, 말 이빨과 코뿔소 턱뼈 같은 척추동물을 통해서 알고 있는 연대와 연속적인 분지 퇴적층 속의 자철석에 나타난 고지자기의 연대를 비교할 수 있을 것이다. 그렇게 해서 그는 이 분지, 이 산맥에서 언제 무슨 일이 일어났는지를 더 잘 알게 될 것이다. 나중에는 화산재와 저지밸리의 다른 층서를 베이슨앤드레인지 지역의 다른 계곡 퇴적층과 비교할 수도 있을 것이다. 그리고 그 모든 것이 어떻게 형성되었는지에 대한 이야기를 더 명확하게 밝힘으로써, 베이슨앤드레인지의 장면 장면에 윤기를 더할 수 있을지도 모른다. 그래서 그는 코어 채취 장치를 직접 발명해 조작해왔다. 이 장치는 투명 플라스틱 관을 땅속으로 조심스럽게 밀어넣기 위해서, 자성을 띠지 않도록 알루미늄으로 만든 초소형 천공기를 이용했다. 내가 초벌로 땅파기를 시작했을 때, 데피스는 이렇게 말했다. "이곳에 있는 3000미터 두께의 퇴적층은 800만 년 동안 쌓인 것이에요. 나는 이 시도의 성공에 큰 기대를 걸고 있습니다. 비탈을 60센티미터가 아니라 600센티미터 깊이로 팔 수 있다면 소원이 없겠어요. 당신 대신 불도저가 있으면 좋겠지만, 모름지기 사람은 만족할 줄 알아야 하는 거죠."

내가 삽을 들고 비탈로 올라가자마자, 삽은 두 동강이 났다. 자루가 부러져버린 것이다. 그다음부터는 삽의 머리 부분을 두 손으로 잡고 불편한 모종삽을 쓰는 것처럼 땅을 긁어야 했다.

데피스는 "이 고지자기학적 자료가 지구 자기장의 역전 이상의 것을 알려준다"고 말했다. "지자기의 남북극이 그저 언제, 어느 방향으로 바뀌었는지만 결정하는 것이 아니에요. 지구의 자기장은 나침반 바늘처럼 적도에서는 평평하게 누워 있어요. 하지만 극지방에서는 수직으로 서 있고, 그 사이의 위도에서는 그에 해당되는 각도로 기울어져 있지요. 따라서 암석 속에 있는 고지자기 나침반을 관찰하면, 그 당시 지자기의 남북극 방향이 어디인지를 알 수 있을 뿐 아니라, 더 미세한 위치 감지를 통해서 암석이 형성된 곳의 당시 위도도 알 수 있습니다."

빙하가 지나간 흔적이 남아 있는 알제리의 포도층에는 극지방의 흙이 있다. 캐나다에는 열대 지방의 환초가 있고, 시베리아와 남극 대륙에는 열대 지방의 석회암이 있다. 화석을 통해서, 암석에 보존된 기후를 통해서, 이런 사실들은 고지자기가 발견되기 훨씬 전부터도 알려져 있었다. 그러나 아무리 너그럽게 봐도 온전히 이해했다고 말하기는 어려웠다. 고지자기가 1906년에 처음 감지되면서, 암석이 형성된 곳의 위도에 관한 고기후학자와 고생물학자들의 이야기가 마침내 확인되었다. 그러나 그 현상의 비밀은 아직 다 풀리지 않았는데, 두 가지 설명이 똑같이 합리적으로 보였기 때문이다. 암석이 (그와 함께 대륙도) 움직였을 수도 있었고, 지구 전체가 마치 한쪽으로 기울어져 돌아가는 장난감 팽이처럼 움직여서 극과 적도가 기우뚱거리며 이리저리 움직였을 수도 있었다. 다시 말해서, 적도가 미네소타로 갔을 수도 있었고, 미네소타가 적도로 갔을 수도 있었다는 것이다.

대륙이동설과 판구조론으로 알려지게 되는 지구 표면의 특별한 운동에 대한 학설은 무려 16세기에 나왔다. 플랑드르의 지리학자인 아브라함 오르텔리우스는 그의 『완전한 지리학자Thesaurus Geographicus』(앤트

워프, 1596) 제3판에서 아메리카 대륙이 지진과 다른 파국적 사건으로 인해 "유럽과 아프리카 대륙에서 떨어져나갔다"고 가정하고, 다음과 같이 썼다. "세계지도를 보고 (…) 유럽과 아프리카의 돌출부와 (…) 아메리카 대륙의 우묵한 부분을 (…) 유심히 비교해보면, 파열의 흔적이 드러난다." 이후 수 세기 동안, 다양한 저자가 그런 연상을 일으키는 대륙의 모양에 주목했다. 그러나 그 대륙들이 정말 갈라졌을 거라고 상상한 사람은 아무도 없었기 때문에, 대륙을 갈라지게 한 메커니즘은 생각조차 하지 않았다. 스코틀랜드의 철학자인 앵거스의 토머스 딕은 1838년에 발표한 『천상의 풍경, 또는 행성계에 드러난 경이로움: 신의 완벽성과 다양한 세계에 대한 설명Celestial Scenery; or, the Wonders of the Planetary System Displayed: Illustrating the Perfections of Deity and a Plurality of Worlds』이라는 책에서, 아프리카 서부가 브라질의 튀어나온 부분과 얼마나 잘 맞아떨어질 수 있는지에 주목했다. 그리고 "캐나다의 노바스코샤와 뉴펀들랜드는 영국 해협과 비스케이만에 딱 들어맞고, 영국과 아일랜드는 데이비스 해협의 입구와 들어맞을 것"이라고 썼다. 그렇게 맞추면 "하나로 합쳐진 대륙이 형성"될 것이다. "이런 상황들을 고려하면, 대륙들이 원래는 하나였다는 것도 전혀 불가능한 이야기는 아니다. 과거의 어떤 물리적 변동이나 재앙이 일어나서 어떤 강력한 힘에 의해 대륙들이 산산조각 나고, 그 사이로 바닷물이 거세게 밀려들어와서 현재 우리가 보는 것과 같은 모양이 되었을지도 모른다." 내가 이 순금덩이 같은 딕의 이야기를 알게 된 것은 캐나다 지질조사소의 앨런 구데이커 덕분이며, 오르텔리우스에 대한 이야기는 바드 칼리지의 제임스 롬으로부터 도움을 받았다. 두 사람이 각각 1991년과 1994년에 『네이처』를 통해 보고한 내용에 따르면, 대륙이동설의 기원은 교과서에서 그 주창자로 알려진 오스트리아 그라츠대학의 기상학자 알프레트 베게너보다 3세기 전으로 거슬러 올라간다. 오르텔리우스와 딕은 베게너보다 훨씬 앞서서 빼어난 주장을 내놓고도 거의 주목을 받지 못한 반면, 베게너는 꽤 명성을 얻었지만 그 명성은 곧 오명으로 변질되었다.

베게너가 1912년에 독일 지질학협회에 보낸 글과 그로부터 3년 후에 출간된 『대륙과 대양의 기원Die Enstehung der Kontinente und Ozeane』을 보면, 그의 개념의 토대가 된 것은 퍼즐 조각처럼 맞아떨어지는 아프리카와 아메리카 대륙의 모양만이 아니었다. 그는 대양을 사이에 두고 떨어져 있는 암석들 사이의 유사성을 확인했고, 살아 있거나 화석으로 남은 생명체를 비교하기도 했다. 베게너는 고지자기에 관해서는 전혀 알지 못했다. 고지자기학은 당시 걸음마 단계였고, 그 문제를 이해하게 된 것은 그로부터 몇 년 뒤의 일이었다. 그러나 베게너는 대륙이동설을 널리 알린 인물이었다. 안타깝게도 그는 대륙이 어떻게 움직였는지를 설명하려고 시도했다. 그는 대륙이 쇄빙선처럼 단단한 현무암을 뚫고 지나가는 모습을 상상했다. 벤저민 프랭클린이 1782년에 에든버러를 찾기 전까지는 지구 표면이 액체로 된 내부 위에 떠 있다는 것을 믿지 않았던 것처럼, 당시에 베게너의 가설을 믿는 사람은 거의 아무도 없었다. 열기구 탑승 기록 보유자, 북극 탐험가로 명망을 얻은 베게너가 이제 50년을 조롱 속에서 살게 될 주장을 내놓은 것이다. 살아서나 죽어서나, 그는 멸시의 대상이었다. 그의 생각은 비웃음과 조롱과 야유와 경멸과 놀림을 당하고 희화화와 풍자의 대상이 되었지만, 결코 무시될 수는 없었다. 1928년, 미국 석유 지질학자협회는 대륙이동설에 대한 학술 논문집을 발표했다. 그중에서 시카고대학의 롤린 T. 체임벌린이 발표한 「베게너 학설에 대한 몇 가지 반론Some of the Objections to Wegener's Theory」이라는 논문에는 당시 지질학자들 사이에 널리 퍼져 있던 분위기가 표현되어 있다. 그런 분위기는 1970년대에 들어서면서 수그러들긴 했지만, 완전히 사라지지는 않았다.

베게너의 학설은 대체로 자유분방하다. 그의 학설에서는 우리 지구에 상당한 자유가 주어지며, 경쟁관계에 있는 대부분의 이론에 비해 불편하고 추악한 사실에 얽매이거나 제한될 가능성이 적다. 그의 학설의 매력은 게임의 제한 규정이 적고 엄격하게 적용되는 행동 수칙이 없다는 사실에 있을 것이다. 따라서 많은 것이 편하게 넘어간다. 그러나 지금과 같은 상황을 받아들이려면, 우리는 현재 지질학에 적용되고 있는 게임의 규칙 대부분을 완전히 바꿔야 한다. 그렇지 않으면 이 학설을 무시해야 한다. 이 학설의 성격을 규정하는 이야기 중에서 내가 들어본 최고의 묘사는 1922년 앤아버에서 열린 미국 지질학회 회의에서 나온 말이었다. "만약 우리가 베게너의 학설을 믿는다면, 우리는 지난 70년간 배운 모든 것을 잊고 다시 시작해야 할 것이다."

1930년대 내내, 그리고 특히 제2차 세계대전이 시작된 이후, 고지자기 자료가 축적되었다. 고지자기 자료가 주어진 장소에서 시간의 흐름에 따라 만화경처럼 바뀌는 환경에 대한 이야기를 내놓는 사이, 지질학자들은 지구본과 지도 위에 뚜렷한 극이동 곡선을 그려갔다. 여기에는 실루리아기 말에 지자기의 극이 있었고, 저기에서는 지자기의 극이 다른 방향을 향했다. 전 세계의 다양한 장소에서 채취한 동일한 연대의 암석 시료들은 그 안에 갇혀 있는 나침반에 대해 많은 것을 알려주었다.

일부 지질학자(남아프리카의 소집단들, 케임브리지대학의 특이한 교수 한두 명)는 다른 설명을 더 좋아했지만 그들은 소수였고, 전 세계 지질학계에서는 모두가 역사지질학의 흠정교수인 루셔스 P. 이니그마타이트의 강연을 듣기 위해 해마다 북새통을 이뤘다. 그의 강연은 대륙이동설을 조롱하기로 유명했다. 석유 지질학자들은 고대의 강이 만들어놓은 지하 깊은 곳의 사암에서 그들이 찾고 있던 것을 찾았을 때, 자연스럽게 그 강이 흐른 방향을 알고 싶어했다. 그들은 강이 흐른 방향을 알고 싶으면, 유전에서 채취한 서로 다른 연대의 코어에서 서로 다른 지자기 극의 위치를 이용해야 한다는 것을 오래전부터 경험적으로 알고 있었다. 그것이 극이동의 결과인지, 대륙 이동의 결과인지는 그들에게는 별로 중요하지 않았다. 석유 회사들이 고지자기 나침반을 이용해서 돈을 벌고 있었음에도, 다른 지질학자들은 고지자기 나침반의 바늘을 믿을 수 없다는 결정에 스스로 만족했다. 어떤 영국 지질학자들은 대륙이동설을 받아들이면서, 부동의 위치에 고정된 영국을 중심으로 다른 대륙들이 지구 전체에 걸쳐 움직인다는 식의 이야기와 지도를 만들어냄으로써 혼란을 야기했다.

1950년대 후반이 되자, 더 나은 설명의 필요성이 대두될 정도로 고지자기학적 증거가 많이 축적되었다. 이를테면 극이동과 관련해서 인도에서 나온 자료는 세계의 나머지 부분과 잘 맞지 않았다. 자료에 설명할 수 없는 이상이 연달아 나타나는 것이 아니라면, 남반구에서 만들어진 인도가 적도를 지나서 빠르게 북쪽으로 이동한 것이었다. 그 속도는 대단히 빨랐고(1년에 22센티미터), 다른 지역에 나타난 적도의 위치 변화 속도와도 전혀 일치하지 않았다. 자료가 더 많아지고 자료의 분석이 더 정교해지면서, 한때 전 세계적으로 합의가 이뤄졌다고 생각했던 극이동 곡선이 대륙마다 조금씩 다를 가능성이 있다는 사실이 드러나기 시작했다. 고생대와 트라이아스기 암석을 기반으로 만든 북아메리카와 유럽의 극이동 곡선은 매우 닮아 있었지만, 특이하게도, 마치 하나의 선이 술에 취해 이중으로 보이는 것과 비슷한 방식으로 분리되어 나타났다. 그 간격은 오늘날 대서양의 너비와 일치했다. 대서양은 트라이아스기에 벌어지기 시작했다.

대륙이동설은 극이동설에 가려져 오랫동안 빛을 보지 못했지만, 머지않아 상황은 역전되었다. 케임브리지대학의 고지자기 연구자들은 그들의 자료에서 두 학설 모두 옳을 가능성이 드러나고 있다는 결론을 내렸고, 이 결론은 훗날 프린스턴대학의 연구에서도 사실로 확인되었다. 지자기의 극은 정말로 움직였다. 대륙들 역시 이동했다. "겉으로 보이는 극이동" 현상은 확실히 대륙의 이동으로 인해 나타났다. 그러나 그와 더불어 지구도 자전을 했으므로, "진짜 극이동" 유형이 지표면을 변화시킨 다른 모든 운동과 겹쳐져서 보인 것이다. 그런데 그 운동이란 무엇일까? 만약 대륙이 이동했다면, 어떤 방식으로 이동하고 있었을까? 도대체 어디서 와서 어디로 가고 있었을까? 두 대륙이 충돌하게 되면 무슨 일이 벌어질까? 대륙들이 단단한 현무암을 헤치고 나아가는 것은 확실히 아니었으니, 실제로는 어떻게 움직인 것일까? 10년 동안, 정확히는 1960년에서 1968년 사이에, 이런 의문들에 대해 놀라우리만치 다양한 해답이 나왔다. 고지자기학자들뿐 아니라, 지진학자, 해양학자, 지질학자, 지구물리학자들까지도 새롭게 쏟아져 나오는 정보 주위로 모여들어서 줄줄이 과학 논문을 내놓았다. 전문 분야가 다른 이들의 통찰이 서로 맞물리면서, 대부분의 지질학자는 지구의 동역학에 대한 그들의 이해를 근본적으로 조정해야 했다.

"그것은 우리가 성경 이야기를 포기했을 때만큼이나 심원한 변화였어요." 데피스는 자신의 시료 채취 장치를 바닥에 대고 톡톡 치면서 말했다. "다윈의 진화론, 아니면 뉴턴이나 아인슈타인의 물리학에 비길 정도로 엄청난 변화였죠."

논문들 자체는 정직한 과학 논문의 제목을 달고 있었다. 그중에서 「대양 분지의 역사History of Ocean Basins」 「해령, 해구, 거대한 단층, 지각체Rises, Trenches, Great Faults, and Crustal Blocks」 「해저의 확장과 대륙의 이동Sea-Floor Spreading and Continental Drift」 「지진학과 새로운 지체구조론Seismology and the New Global Tectonics」 같은 제목은 어쩌면 그것이 불러올 엄청난 효과를 이미 알고 있어서인지, 그 주제의 규모가 잘 드러나는 것처럼 보인다. 버클리, 프린스턴, 샌디에이고, 뉴욕, 캔버라, 케임브리지(잉글랜드)에서 약 20편의 중요한 논문이 나왔고, 이 논문들이 함께 판구조론 혁명에 기여했다고 말할 수 있을 것이다.

이제 판구조론은 널리 받아들여지고 있다. 내가 고등학교를 다니던 시절에는 미국에 기본적으로 텔레비전이 없었다. 그리고 4년 후, 텔레비전은 파리잡이 끈끈이의 자리를 대신했다. 내가 고등학교를 다니던 1940년대에는 "판구조론"이라는 용어가 존재하지 않았다. 그러나 우리의 물리-지질학 교과서에는 대륙의 이동과 그 메커니즘에 대해 아주 놀라운 선견지명을 보여주는 단락이 있었다. 요즘 교실의 아이들은 그들이 배우고 있는 이야기가 산처럼 오래되었고, 선생님이 그 이야기를 기원전 4004년에 신에게 직접 들은 것처럼 여긴다.

그 이야기는 모든 것이 움직이고 있고, 대륙의 외곽선은 이런 움직임과 대체로 관계가 없고, 사실 "대륙 이동"은 잘못된 표현이고, 마르코 폴로에 따른 세계의 그림만이 갈색과 초록색과 파란색으로 그려진 옛 지도에서 대단한 의미를 지닌다는 이야기다. 현재 지구는 판이라 불리는 약 스무 개의 지각 조각으로 갈라져 있다. 판의 경계는 대륙을 가로지르거나 빙 둘러싸면서 대륙의 가장자리와 대양의 한가운데를 이리저리 복잡하게 지나간다. 판은 계란 껍데기처럼 얇고 단단하다. 태평양판은 두께가 약 100킬로미터이고, 가로세로의 너비는 각각 1만4500킬로미터, 1만2900킬로미터다. "태평양판"은 "태평양"과는 다르다. 태평양은 여러 개의 판을 전부 또는 일부 덮고 있는 대양이다. 지각판 중에는 코코스판과 나스카판처럼 육지와 전혀 연관이 없는 지각판도 있고, 아라비아판과 이란판과 한때 (하늘의 도움으로) 중국판이라고 알려져 있던 유라시아판처럼 거의 완전히 육지로만 이뤄진 지각판도 있다. (일부 지질학자에게는 이게 농담으로 보이지 않을 것이다. 해리 헤스는 1960년에 「대양 분지의 역사」를 통해 새로운 이야기를 펼쳐놓으면서, 다음과 같은 글로 이 논문을 시작한다. "대양의 탄생은 추측만 할 수 있을 뿐이고, 그 이후의 역사는 불분명하며, 현재의 구조는 이제 겨우 이해되기 시작하고 있다. 이 주제에 관해서는 매력적인 추측이 풍성하지만, 지난 10년간 나온 추측은 대부분 엉성했다.") 남아메리카판, 아프리카판, 북아메리카판은 대양에 절반쯤 걸쳐져 있다. 오스트레일리아와 인도는 같은 판의 다른 부분이다. 부메랑처럼 생긴 이 판의 양끝에는 육지가 있다. 이 판의 북쪽 부분에서는 조금 다른 움직임이 나타나지만, 뚜렷한 경계는 없다. 이 판은 초기에 두 개의 판으로 분리되었다. 아프리카에서는 그레이트리프트밸리의 동쪽 암괴가 소말리아판이라 불릴 수 있을 정도로 충분히 분리 작용이 일어났지만, 아직은 경계가 다 이어져 있지 않다. 대륙은 유람선처럼 바다 위를 유유히 떠다니지는 않는다. 대륙은 판에서 가장 높이 있는 부분이다. 북아메리카판은 대서양 한가운데서 시작해 샌프란시스코에서 끝난다. 유라시아판은 대서양 한가운데서 시작해서 오호츠크해에서 끝난다.

움직이는 것은 판이다. 판은 모두 움직인다. 판은 움직이는 방향이 다 다르고, 속도도 제각각이다. 아드리아판은 북쪽으로 움직인다. 그 뒤를 따라가던 아프리카판은 아드리아판을 유럽으로 밀어붙였다. 그로 인해 이탈리아가 유럽에 못처럼 박히면서 알프스산맥이 만들어졌다. 남아메 리카판은 서쪽으로 움직인다. 나스카판은 동쪽으로 움직인다. 남극판 은 강물에 떠 있는 얼음판처럼 회전하고 있다.

판구조론은 수많은 서로 다른 현상을 하나의 이야기 속에 모아놓았 다. 이전의 지질학에서 그런 일은 아브라함 베르너가 수성론 체계를 만 들었을 때와 제임스 허턴이 『지구의 이론』을 썼을 때, 단 두 번뿐이었다. 판이 분리되는 곳에는 대양이 형성된다. 판이 충돌하는 곳에는 산맥이 만들어진다. 바다가 넓어지고 두 판이 서로 멀어지면, 그 가운데에는 새 로운 해저가 나타난다. 새로운 해저는 이동하는 판의 뒷자락 끝을 따라 계속 형성된다. 움직이는 판의 앞쪽에 위치한 오래된 해저는 깊숙한 해 구 속으로 밀려들어간다. 쿠릴 해구, 알류샨 해구, 마리아나 해구, 자바 해구, 일본 해구, 필리핀 해구, 페루-칠레 해구 같은 해구 속으로 들어간 해저의 지각판은 650킬로미터를 더 내려간다. 그렇게 땅속 깊이 내려가 는 동안 일부는 녹아서 밀도가 낮아지고, 백열을 내면서 거칠게 지표를 향해 올라온다. 그렇게 지표면 밖으로 나와서 화산활동으로 모습을 드 러내기도 하고, 지하에서 상승을 멈추고 굳어서 다양한 형태의 암반으 로 그 자리에 머물러 있기도 한다. 전 세계적으로 화산은 대부분 해구 의 뒤편에 늘어서 있다. 거의 모든 지진은 판의 경계의 움직임이다. 판이 분리되면서 새로운 물질이 형성되는 판의 뒤편에서는 얕은 곳에서 지진 이 발생한다. 한 판이 다른 판을 거칠게 밀어붙이고 있는 곳(샌앤드레이

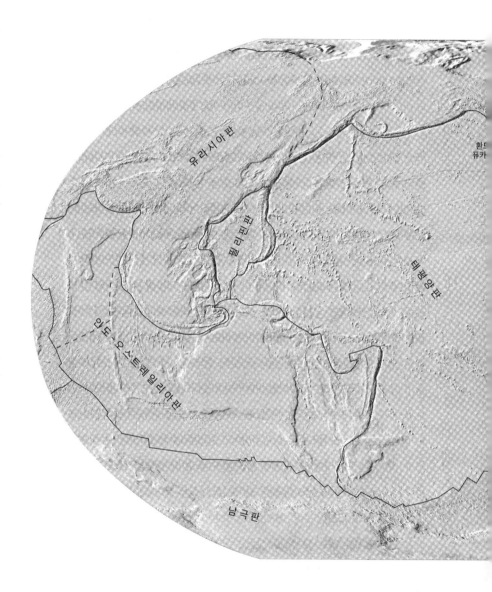

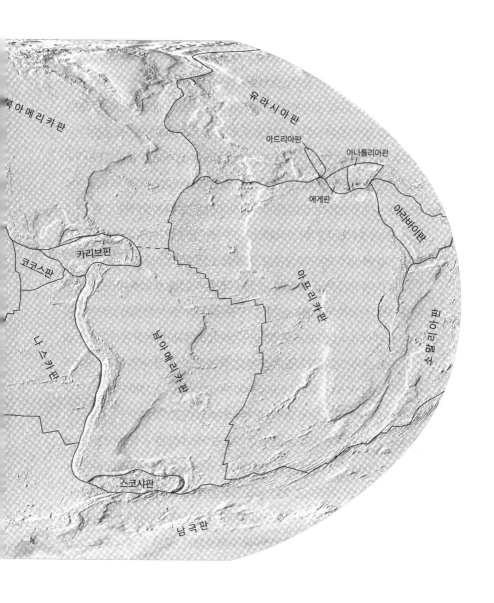

주요 지각판과 몇 개의 작은 지각판

어스 단층)에서는 판의 가장자리를 따라 얕은 곳에서 지진이 일어난다. 해구 뒤편에서는 지하 650킬로미터에 이르는 어떤 깊이에서도 지진이 발생할 수 있다(일본, 1923년; 칠레, 1960년; 알래스카, 1964년; 멕시코, 1985년). 한 지진학자는 해구 아래의 깊은 곳에서 지진이 일어난 평면이 지구의 중심 쪽으로 45도 기울어 있는 것을 발견했다. 대양의 바닥이 해구에 도달해 땅속 깊은 곳으로 들어갈 때, 평균적으로 그 정도의 각도를 이룬다. 칼을 들고 오렌지를 45도 각도로 잘라보자. 오렌지를 수직으로 자르면, 절개선이 직선으로 나타날 것이다. 칼날이 45도 기울어져 있으면, 오렌지 표면에 원호 모양의 절개선이 나타날 것이다. 오렌지 내부로 들어간 칼날이 녹아서 액체가 된다고 상상해보자. 오렌지 껍질의 구멍을 통해서는 작은 화산들이 분출될 것이고, 그 화산들도 원호 모양으로 늘어선 호상열도를 이룰 것이다. 일본, 뉴질랜드, 필리핀, 뉴헤브리디스 제도, 소앤틸리스 제도, 쿠릴 열도, 알류샨 열도는 모두 이렇게 형성된 호상열도다.

해구가 대륙의 가장자리를 따라 늘어서 있고 바다 밑바닥이 대륙의 아래로 내려가면서 소멸되는 곳에서는 가장자리의 지형이 솟아오를 것이다. 서로 눌리는 두 지각판은 산맥을 형성할 것이고, 화산도 나타날 것이다. 페루-칠레 해구는 남아메리카 서부 해안과 바싹 붙어 있다. 동쪽으로 움직이고 있는 나스카판은 이 해구 아래로 내려가고 있다. 높이 치솟은 안데스산맥에는 6500킬로미터에 걸쳐 화산이 흩어져 있다. 남아메리카 대륙의 가장자리 아래로 파고들어가면서 녹고 있는 태평양의 해저는 이 산맥을 6000미터 높이로 끌어올리는 데 큰 도움을 주었다.

대양의 밑바닥, 즉 해양지각은 해구 아래로 내려갈 정도로 밀도가 높은 반면, 대륙은 아주 가볍고 아주 잘 뜬다. 대륙 지각이 해구로 들어오면, 해구가 꽉 막히면서 큰 혼란이 일어날 것이다. 대륙 지각의 일부가 수십 킬로미터를 내려간다 하더라도, 결국에는 막힐 것이다. 오스트레일리아가 그런 대륙이다. 그래서 오스트레일리아 대륙의 지각이 해구를 틀어막고 있는 곳에서는 땅이 위로 휘어지면서 높이 5000미터가 넘는 뉴기니의 산맥들이 만들어졌다.

두 대륙 지괴가 서로 충돌하는 경로를 따라 움직이면, 두 대륙 사이의 바다는 점점 좁아지다가 대륙이 해구 위를 밀고 나아가면서 결국 닫힌다. 그리고 두 대륙이 부딪치면, 두 대륙이 앞쪽 가장자리가 높이 치솟아 불룩한 봉합선을 만들면서 더 큰 하나의 대륙 지괴가 새롭게 형성된다. 우랄산맥은 그런 불룩한 봉합선이다. 히말라야산맥도 마찬가지다. 히말라야산맥은 인도-오스트레일리아판이 만들어낸 최고의 작품이다. 인도는 올리고세에 티베트를 정면으로 들이받았다. 그 충돌이 너무 강력해서 판의 경계가 휘고 찌그러졌을 뿐 아니라, 새롭게 형성된 티베트 고원 아래로 밀고 들어가서 히말라야산맥을 8800미터가 넘는 높이로 치솟게 만들었다. 이 산맥에는 약간의 문제가 있다. 인도는 밀고 들어가는 것을 멈추지 않았고, 히말라야산맥은 지금도 높아지고 있다. 히말라야산맥은 높이와 부피가 이미 너무 거대하기 때문에 산맥 자체에서 발생하는 방사성 열에 의해 녹기 시작하고 있다. 1953년에 등반가들이 첫 깃발을 꽂은 히말라야 최고봉의 눈밭 아래에는 인도가 북쪽으로 움직이면서 갑자기 사라진 맑고 따뜻한 바다에 살던 동물들의 뼈가 있었다. 아마 그 뼈들은 해저에서 6000미터쯤 아래에 파묻혀 있다가 암석이 되었을 것이다. 이 사실은 그 자체만으로도 지표면의 운동에 대한 하나의 논문이 된다. 만약 어떤 명령에 의해, 이 논문을 한 문장으로 표현해야 한다면, 나는 다음 문장을 선택할 것이다. 에베레스트산의 정상은 해양 석회암이다.

판은 커지고, 줄어들고, 결합하고, 사라진다. 판의 수는 시간이 흐르면서 바뀐다. 판은 방향을 바꾼다. 플라이오세 이전에는 캘리포니아 앞바다에 해구가 있었다. 서쪽에서 이동해온 바다 밑바닥이 이 해구로 들어오면, 동쪽으로 기울어져서 지구 속으로 내려갔다. 커다란 화산들이 나타났다. 화산 아래에 녹아 있던 지각이 식으면서 엄청난 크기의 새로운 화강암 저반들이 만들어졌다. 분지-산맥 단층 작용은 그 저반들을 4200미터 위로 들어올렸고, 비바람은 그 저반들을 다듬어 시에라네바다산맥의 형상을 만들었다.

바다 밑바닥이 해구 속으로 들어갈 때는 윗부분이 깎이면서 조금 지저분하게 조각들이 떨어져나올 수 있다. 그 조각들이 결국 다른 판 위에 놓이면서, 수천 킬로미터 떨어진 곳에서 형성된 큼직한 해양지각 덩어리가 이제는 대륙의 지층 사이에 어색하게 끼어 있게 되는 것이다. 벌레이오, 산시메온, 샌프란시스코의 얕은 산들로 이뤄진 캘리포니아의 코스트산맥은 대륙 쪽으로 밀고 들어온 판에 의해 물 밖으로 밀어올려진 일종의 둑이다. 이 판에는 큼직한 해양지각 조각들과 육지와 바다의 물질이 마구 뒤섞여 있는데, 지질학자들은 이 뒤죽박죽 덩어리를 프란시스코 멜란지라고 부른다. 지질학자들은 여기저기 흩어진 암석 덩어리에서 프란시스코 멜란지의 층리면을 찾아내 점선으로 연결하는 방식으로 프란시스코 멜란지의 층서를 맞춰서 박사학위를 받곤 했다. 판구조론을 통해 드러난 바에 따르면 프란시스코 멜란지에는 층서가 없다. 다시 말해서, 연속적인 퇴적의 이야기가 없고 강한 힘에 떠밀려 뒤죽박죽이 된 더미일 뿐이다. 동쪽으로 이동하던 해양지각판의 움직임은 분지-산맥 단층 작용이 시작된 직후에 멈췄다. 그때부터 판은 다른 방향으로 움직이기 시작했다. 이제 해구는 기능을 멈췄고, 샌앤드레이어스 단층이 그 자리를 대신하게 되었다.

옛 지질학에서 산의 형성은 시간의 흐름에 따라 율동적으로 연이어 일어나는 조산운동으로 보였다. 이런 조산운동은 부분적으로는 지각 균형 조절의 결과였고, 부분적으로는 대체로 설명되지 않은 "지구의 힘"의 작용 때문이었다. 산이 깎이면서 생기는 물질은 지각에서 우묵하게 아래로 굽어 있는 거대한 곡분에 퇴적되는데, 이런 지형을 지향사 geosyncline라고 불렀다. 지구의 힘은 지향사를 만들었다. 지향사에 퇴적물이 쌓이는 동안, 그 아래에 있는 맨틀은 퇴적물의 무게에 계속 짓눌리다가 나중에는 트램펄린 효과를 일으킨다. 지각이 균형을 되찾기 위한 반동이 일어나면서 퇴적물이 위로 튀어오르는 것이다. 멕시코만은 지향사의 좋은 예다. 실트, 모래, 진흙, 실트암, 사암, 셰일이 7600미터가 넘는 두께로 쌓여 있는 로키산맥의 많은 부분도 지향사다. 데피스는 "남쪽이 다시 올라갈 거예요!"라고 말하곤 했다. 언젠가 거대한 퇴적물 더미가 해수면보다 훨씬 높이 솟아오르고, 비바람에 깎여서 주름이 생길 것이다. 그 주름은 마치 오래되어 말라버린 사과 껍질의 주름과 비슷할 것이다. 선캄브리아 시대 말기의 아발론 조산운동, 오르도비스기 말기의 타코닉 조산운동, 데본기 후기의 아카디아 조산운동, 미시시피기의 앤틀러 조산운동, 펜실베이니아기 – 페름기의 앨리게니 조산운동, 백악기 – 제3기의 래러미 조산운동, 이렇게 꾸준히 규칙적으로 일어난 조산운동의 리듬은 "지구의 교향곡"이라고 알려졌다. 그것은 지구 전체를 아우르는 융기 효과의 느린 행진곡이었다. 예측 가능하며 역사의 순서에 따라 위풍당당하게 진행되었다. 1960년대 말이 되자 이 교향곡은 마지막 연주를 하게 되었고, 구식 에올리아 음계와 함께 다락방에 처박히는 신세가 되었다. 산의 형성은 예측 불가능한 마구잡이 충돌의 이야기가 되었다. 대륙이 충돌하거나 해구가 막히면, 판의 움직임이 변덕을 부려서 다른 쪽으로 방향을 틀어버릴 수 있었다. 이제 판 이론에서는 아발론, 타코닉, 아카디아, 앨리게니 조산운동을 별개의 사건으로 보지 않고, 같은 사건에서 서로 이어지는 다른 부분들로 보고 있다. 그 사건은 오늘날 대서양이 있는 곳에 존재했던 이아페투스라는 고대 바다의 소멸과 연관이 있었다. 이아페투스해의 양쪽에 있던 두 대륙은 정면으로 부딪치지 않고, 가위처럼 움직이면서 북쪽부터 가까워졌다. 그렇게 결합된 경계면에서 습곡과 단층 작용이 일어나면서 아틀라스산맥과 애팔래치아산맥이 만들어졌다. 이것은 고생대의 이야기이며, 그 운동은 마침내 멈췄다. 중생대에는 완전히 새로운 동력이 발달했고, 같은 지역에서 지각이 분리되기 시작했다. 분리된 조각들은 유라프리카 – 아메리카 분지와 산맥이라는 새로운 지질구를 형성했다. 이 지괴들은 계속 분리되었고, 결국에는 새로운 판의 경계와 새로운 대양 분지가 만들어졌다. 한동안 홍해와 같은 모양을 하고 있던 이 대양 분지는 그 후 점점 더 넓어져서 대양이 되었다.

———

지질학의 혁명을 일으킨 이 탐구의 초창기에 가장 먼저 초점을 맞춘 분야는 해저의 구조였다. 프린스턴대학에서 광물학을 가르치던 해리 헤스는 제2차 세계대전 때 공격수송함의 함장을 지냈다. 그는 상륙 부대를 수송했는데, 그 군인들은 이오섬의 맹렬한 방어에 맞서 싸우거나 링가예만 해안에서 로켓을 발사했다. 수면 위의 시끄러운 소리는 그에게 별로 방해가 되지 않았다. 그는 파도미터Fathometer라는 새로운 음향 측심기를 가져가서, 전투가 있거나 없거나 항상 그 장치를 켜놓았다. 파도미터는 자동 기록계의 말단을 통해 해저의 모양을 그려냈다. 그렇게 나타난 많은 해저 지형 중에서 그는 사화산을 확인했다. 수많은 사화산이 쟁반 위의 키세스 초콜릿처럼 태평양 바닥에 흩어져 있었다. 그 사화산들에서 눈길을 끄는 특징은 꼭대기 부분이 잘려 있다는 점이었다. 그것은 파도의 작용임이 분명했다. 그 화산들 대부분은 수심 수백 미터가 넘는 물속에 있었다. 그는 어떻게 그런 형태가 만들어졌는지 알 수 없었다. 헤스는 이런 화산에 19세기 프린스턴의 지질학자 이름을 딴 기요 guyot라는 이름을 붙이고, 항해를 계속했다.

제2차 세계대전은 신기술이 쏟아져 나오는 계기가 되었다. 새로운 파도미터와 양성자 자력계를 갖춘 1950년대의 해양학자들, 그중에서도 특히 컬럼비아대학의 브루스 히즌과 마리 사프는 해저 지형을 마치 눈으로 직접 본 것처럼 대단히 상세하게 그려냈다. (오늘날에는 그 최고의 지도들이 기밀로 분류되는데, 잠수함이 숨어 있는 위치가 드러나 있기 때문이다.) 심해에서 해구보다 더 도드라지는 것은 바다 속 산맥인 해령이었다. 해령은 일반적인 바다 밑바닥보다 1800미터 정도 더 높았고, 모든 대양과 지구 전체에 걸쳐 마치 재봉선처럼 뻗어 있었다. 영어로는 rise 또는 ridge로 알려지게 되는 해령에는 대서양 중앙 해령, 동남인도양 해령, 동태평양 해령 등이 있다. 해령은 중앙의 능선에서 부드러운 경사를 이루며 바깥쪽으로 수백 킬로미터에 걸쳐 뻗어 있었고, 그 가장자리는 해터러스 심해저평원, 데메라라 심해저평원, 테즈먼 심해저평원 같은 심해저평원과 연결되었다. 이런 대규모 해저 산맥은 대부분 등줄기 바로 아래에 정상부의 윤곽을 나타내는 홈처럼 축을 이루며 지나가는 높은 계곡이 있었다. 이 계곡들은 분리되고 있는 판의 경계라는 것이 밝혀지면서, 마침내 열곡으로 여겨지게 되었다. 일찍이 1956년에 컬럼비아대학의 해양학자들은 해저 중앙 열곡부의 지진 발생률이 놀라울 정도로 높다는 것을 암시하는 자료를 수집했다. 어느 정도 지지를 받고 있었던 이 발견은 이후 1963년의 핵실험 금지 조약에 대한 기대로 전 세계에 100곳 이상의 지진 감시소가 설치되면서 더 확실하게 입증되었다. 만약 어디에선가 지하 핵실험이 이뤄지면 다른 쪽에서도 그것을 감지해야 했기 때문에, 냉전은 예전에는 접근조차 할 수 없었던 규모의 지진 자료를 부산물로 가져다준 셈이었다. 판구조론의 모든 것, 경계를 따라 안정된 상태를 유지하는 폭력에 관한 이야기는 대체로 전쟁 장비의 발달을 통해 밝혀지고 있었다. 지진에서 땅이 움직이기 시작하는 곳을 "진원"이라고 하며, 샌앤드레이어스 단층 같은 변환단층transform fault을 따라서는 진원이 얕게 나타났다. 해구에서는 진원이 대단히 깊은 곳에 있기도 했다. 사실들이 쌓여갔다. 새로운 지진학 자료를 담은 세계지도에는 해저 산맥의 해령뿐 아니라 해구와 변환단층을 따라서도 진원이 모여 있는 것으로 나타났다. 지진학이 지각판의 윤곽을 개략적으로 그릴 수 있다는 것을 보여주는 결과였다.

이제 예비역 미 해군 소장이 된 헤스에게는 해저가 중앙 해령을 중심으로 확장되고 있다는 것이 명백한 사실처럼 보였다. 중앙 해령의 깊은 틈새에서는 새로운 해저가 끊임없이 만들어지고 있었다. 그는 당시 그가 포착할 수 있는 여러 관련 현상을 깊이 탐구한 자신의 연구와 1960년까지 발표된 다른 이들의 연구를 종합해 같은 해에 『대양 분지의 역사』를 썼다. 1940년대에 델프트대학의 한 교수는 『지구의 맥동The Pulse of the Earth』이라는 책에서 살짝 비꼬는 투로, 지질학적 사실들 사이에 생기는 빈틈이 종종 "지질학적 서정을 담은geopoetical" 것들로 채워진다고 썼다. 그리고 이제 유쾌하고 솔직한 헤스는 그의 책 첫 단락에서 그 표현을 응용했다. 그는 "필요 이상 환상의 세계로 들어가지는 않을" 생각이지만, 그럼에도 "지질학적 서정을 담은 글"을 내놓으려고 한다고 밝혔다. 그는 자신의 추측 중에서 어떤 것이 공허한 억측이고, 어떤 것이 돌이켜봤을 때 올바른 통찰이 될지 확신이 없었다. 그의 기준은 오로지 그 자신에게 설득력 있어 보였다는 것일 수도 있었다. 이제 그는 그의 기요가 확장 중심부에서 형성된 화산이고, 그곳에서 해수면 위로 돌출되어 파도의 공격을 받았다고 생각했다. 해저가 움직이면서, 그 화산들은 서서히 심해저평원으로 이동했고, 결국에는 심해의 해구라는 "쇄석기에 얹혀 아래로 내려갔으며" 그곳에서 사라졌다. 그는 "지구는 쉴 새 없이 표면이 변하고 있는 역동적인 물체"라고 썼고, 지구의 동력이 거대한 순환 세포로 구성되어 움직이고 있는 맨틀 깊은 곳에서 나온 열이 분명하다는 다른 이들의 의견에도 동의했다. (이 발상은 1839년 이래로 이런저런 형태로 나오고 있었고, 지금도 '판구조론의 동력은 무엇인가?'라는 미해결 문제에 대한 해답으로 널리 추측되고 있다.) 또한 헤스는 새로운 해저의 형성과 연관된 열이 바다를 계속 상승시키며, 바깥쪽으로 이동하는 새로운 물질이 점차 냉각되고 가라앉는다고도 추론했다. 해령은 비영구적인 지형이고, 해저는 모두 "수명이 짧은" 것처럼 보였다. 그는 "대양 전체가 3억~4억 년에 한 번씩 거의 깨끗하게 청소된다(새로운 맨틀 물질로 대체된다)"고 썼으며, 해양지각이 사실상 그 절반의 시간에 소멸된다는 것을 의심하지 않았다. "그렇기 때문에 해저 퇴적층의 두께가 비교적 얇고, 해저 화산의 수가 비교적 적으며, 대양에는 백악기보다 더 오래된 암석의 존재 증거가 없는 것이다." 그는 다음과 같은 글로 마무리를 했다. "필자는 대양 분지의 진화 과정을 상상해보려 했다. 그 수많은 추측이 전부 올바르기는 어려울 것이다. 그럼에도 대양과 관련된 온갖 수많은 가설을 검증하기 위한 유용한 사고틀이 되어줄 것이다. 이 사고틀이 보완되고 수정되어 결국에는 더 튼튼하고 새로운 구조의 토대를 만들어질 수 있기를 기대한다."

1963년, 케임브리지대학의 드러먼드 매슈스와 프레드 바인은 헤스의 구조를 보강해주는 특별한 과학 논문을 발표했다. 바다를 가로질러 해저를 앞뒤로 훑는 자력계에는 강도가 뚜렷하게 다른 두 개의 자력이 기록되었다. 지도 위에 표시를 하자, 이 자력의 차이는 중앙 해령과 나란한 줄무늬가 되었다. 해령의 한가운데를 지나가는 자력은 일관되게 강했다. 해령에서 멀어질수록, 강한 자력과 약한 자력은 다양한 너비의 줄무늬를 나타냈는데, 그 너비는 좁게는 수 킬로미터에서 넓게는 80킬로미터에 이르렀다. 바인과 매슈스는 케임브리지에서 차를 마시면서 이야기를 나누다가, 이 자료를 이용해서 해리 헤스의 확장하는 해저와 고지자기를 통해 결정된 연대를 맞춰볼 생각을 떠올렸다. 둘은 꼭 맞아떨어졌다. 자력이 약한 선들은 지구의 자기장이 역전되었던 시기와 일치했고, 자력이 강한 선들은 자극이 북쪽에 있던 시기와 일치했다. 게다가, 사실상 해령에서 바깥쪽으로 시간이 흐르는 달력인 이 자력선들은 해령을 중심으로 대칭을 나타내고 있는 것처럼 보였다. 해저는 확장만 되고 있었던 것이 아니라, 그 연대까지도 기록하고 있었다. 캐나다의 L. W. 몰리도 독립적으로 같은 결론에 도달했다. 바인과 매슈스의 논문은 1963년에 『네이처』에 발표되었고, 판구조론의 발달에서 가장 중요한 논문이되었다. 같은 해 1월, 몰리는 거의 동일한 발상을 담은 논문을 『네이처』 편집부에 제출했지만 그들은 아직 그런 내용을 받아들일 준비가 되어 있지 않았다. 그래서 몰리는 그 논문을 미국『지구물리학 연구 저널 Journal of Geophysical Research』에 보냈지만, 논문은 즉시 반려되었다.『지구 물리학 연구 저널』측에서는 몰리의 논문을 반려하면서 그의 생각이 진지한 출판물보다는 칵테일 파티에 더 어울린다고 논평했다.

바인-매슈스 가설을 뒷받침하는 자료들은 점점 더 쌓여가기 시작했다. 무엇보다 강력한 자료는 동태평양 해령을 횡단한 미 국립 과학재단의 연구선인 엘타닌호가 만든 해저의 자기 지형도였다. 엘타닌호의 자료를 통해 밝혀진 바에 따르면, 해저는 확장 중심부에서 멀어질수록 더 오래되었고 양쪽으로 2000킬로미터에 걸쳐 완벽한 대칭을 이루었다. 1960년대 내내 배들은 자력계를 끌고 다니면서 대양을 계속 항해했고, 마침내 해수면을 돌아다닌 배들과 해저의 자료 사이의 상관관계가 컴퓨터로 프로그래밍되었다. 칼륨-아르곤 연대 측정법은 지난 350만 년 동안 지구 자기장이 역전된 시기를 누가 봐도 완벽하게 결정했다. 컬럼비아대학의 지질학자들은 그 기간의 해저 확장 속도를 계산한 다음, 그 전에도 그 속도로 일정하게 확장이 일어났다고 가정했다. 그리고 그런 가정 하에서, 훨씬 더 확장된 고지자기 연대표를 추정했다. (훗날 개선된 방사성 연대 측정법을 통해서 이 방법의 정확성이 입증되었다.) 그리고 이 연대표를 활용해, 그들은 대양 분지의 역사를 즉시 지도로 만들었다. 그 지도는 대륙의 지질도에 비하면 아주 반듯하고 여백이 많았다. 스탠퍼드대학의 고지자기학자인 앨런 콕스는『판구조론과 지자기 역전 Plate Tectonics and Geomagnetic Reversals』이라는 그의 책에서 다음과 같이 묘사했다. "해저의 구조는 나무의 나이테처럼 단순하고, 오늘날의 은행 수표의 자기 서명처럼 쉽게 해독이 가능하다."

한편, 토론토대학, 컬럼비아대학, 프린스턴대학, 스크립스해양연구소의 지질학자들은 판구조론의 기틀이 될 마지막 주요 요소들을 채워나가고 있었다. 그들은 구 위에서 움직이는 조각의 기하학적 특성을 밝혀냈고, 판의 경계에서만 변형이 일어난다는 것을 증명했으며, 판의 상대적 운동을 도표로 만들었고, 판의 경계를 나타낸 최초의 세계지도를 만들었다.

만약 이 모든 것이 옳다면, 헤스의 주장처럼 비교적 자주 "대양 전체가 거의 깨끗하게 청소되어" 심해저에는 오래된 암석이 없어야 했다. 1968년 이래로, 해양 시추선인 글로마챌린저호와 JOIDES 레절루션호가 잇따라 전 세계를 돌아다니며 가장 오래된 해양 암석을 찾아다녔다. 지금까지 발견된 가장 오래된 해양 암석은 쥐라기의 것이었다. 대륙에는 39억6000만 년 된 순상지의 암석이 남아 있는 45억6000만 년 된 지구에서, 인간이 지금까지 바다 밑바닥에서 찾아낸 가장 오래된 암석의 연대가 고작 1억8500만 년이라는 것은 정말 뜻밖의 일이었다. 지구의 나이는 바다에서 가장 오래된 암석보다 25배 더 많았다. 1969년에는 태평양 서북부에서 가장 오래된 해저가 발견될 것처럼 보였다. 글로마챌린저호가 관측을 위해 그곳으로 갔다. 배에 타고 있던 두 명의 러시아인은 쥐라기보다 더 오래된 고생대의 암석이 발견될 것이라고 믿었다. 그들은 갑판에 모습을 드러낼 첫 삼엽충을 기념해 건배를 하기 위한 보드카를 가져갔다. 고생대의 표준화석인 삼엽충은 캄브리아기의 시작과 함께 지구에 나타났고, 페름기 대멸종 때 영원히 사라졌다. 페름기 대멸종은 당시 바다에서 발견된 가장 오래된 암석의 연대보다 6500만 년 전에 일어났다. 시추선이 하와이에서 서쪽으로 시추를 하며 나아가는 동안, 예상대로 바다 밑바닥에서는 점점 더 오래된 암석이 올라왔다. 그러나 마리아나 해구의 경계에 이르렀을 때조차 러시아인들은 실망할 수밖에 없었다. 보드카를 딸 일은 없었다. 하지만 마리아나 해구 건너편에 있는 필리핀해의 밑바닥에는 어쩌면 더 오래된 암석이 있을지도 몰랐다. 글로마챌린저호는 굴착 파이프를 끌어올리면서 마리아나 해구를 가로질러 움직였다. 이번에는 쥐라기에 비해 연대가 10분의 1 정도밖에 되지 않는 마이오세의 암석이 나왔다. 러시아인들은 그 보드카 병을 열었다. 건배를 해야 할 다른 일이 있었다! 닐 암스트롱과 에드윈 올드린이 달 위를 걷고 있었다.

———

"예전에 우리는 이곳을 북아메리카라고 불렀죠." 데피스는 다른 투명한 관을 땅속에 집어넣으면서 말했다. "이제 우리는 판을 생각해요. 판구조론 혁명은 진짜로 갑자기 일어났어요. 점진적인 고조나 정치적 혁명에 앞서 나타나는 자욱한 안개 같은 것은 없었어요. 1950년대, 그러니까 내가 대학원생이었을 때는 프린스턴의 거의 모든 교수진이 대륙이동설을 완전히 헛소리라고 생각했어요. 2년 후에 해리 헤스가 처음으로 그 생각을 깼죠. 나는 그것과는 전혀 상관없이 연구 경력을 이어갈 거라고 생각했어요. 석유와 광업에는 계속 연구를 이어갈 만한 부분이 충분히 있어 보였거든요. 하지만 이제는 과학 전체를 끌어들일 정도로 엄청난 뭔가가 나타난 거죠. 예전에 우리는 대륙이란 오래된 암석을 중심으로 양파처럼 커져가는 것이라고 생각했어요. 판구조론은 그 생각을 뒤엎어버린 거예요. 그리고 이제 우리는 산맥이 얼마나 빨리 솟구칠 수 있는지를 알았어요. 대륙 대 대륙의 충돌은 제한된 장소에서 일어나는 엄청난 사건이에요. 애팔래치아산맥과 우랄산맥이 대륙과 대륙의 봉합선이라는 것이 알려지자, 사람들은 '좋아, 그럼 캘리포니아의 봉합선은 어디에 있지?' 하고 말했죠. 지질학자들은 계속 '봉합선을 찾았다! 봉합선을 찾았다!'라고 하면서 튀어나왔어요. 물론, 최소 세 개 이상의 봉합선이 있다는 것이 밝혀졌어요. 그때마다 큰 섬이 바다를 메우면서 아메리카 대륙에 부딪혔어요. 인도가 티베트에 부딪힌 것처럼, 작은 인도라고 할 수 있는 코디액섬이 알래스카를 들이받으려고 한 것처럼 말이에요. 이곳 서부에서는 태평양 중부의 화석이 발견되기도 하고, 적도에서 남쪽으로 1600킬로미터 떨어진 곳에서 만들어진 석회암이 나오기도 해요. 캘리포니아의 지층에 있는 화석 중에는 뉴기니에서 나오는 것과 사촌뻘인 이질적인 화석도 있어요. 한동안 사람들은 봉합 때 사라진 바다마다 이름을 붙이며 다녔어요. 첫 번째 조각은 서쪽에서 들어와 북아메리카 대륙 위로 올라왔어요. 미시시피였고, 무려 60킬로미터나 올라왔죠. 이 작용으로 칼린 부정합에 있는 암석이 처음 기울어졌어요. 예전에는 이 작용을 앤틀러 조산운동이라고 불렀어요. 트라이아스기 초기에는 두 번째 암층인 골콘다 스러스트가 들어와서, 첫 번째 암층의 뒤꽁무니를 80킬로미터쯤 덮었어요. 그리고 쥐라기에 세 번째 암층이 들어왔죠. 새크라멘토 근처 어디쯤에서 봉합되면서 캘리포니아가 어느 정도 완성됐어요. 어디선가 읽었는데, 두 명의 지질학자가 북아메리카에서 떨어져나간 암층을 시베리아에서 발견했다더군요. 주님이 주신 것을 주님이 도로 가져가신 거죠."

나는 『지질학Geology』에서 본 기사에 대한 이야기를 꺼냈다. 지질학자 여덟 명 중 한 명이 판구조론을 받아들이지 않는다는 이야기였다.

데피스는 이렇게 말했다. "아직도 미련을 못 버린 몇몇 사람이 있어요. 그들은 이 이야기 속으로 들어올 생각이 없는 거예요."

나는 데피스에게 유인타산맥이 판 이론으로 설명될 수 있다고 생각하는지 물었다. 로키산맥에 속하는 유인타산맥은 바다에서 1100킬로미터 떨어져 있고, 수천 킬로미터 내에 위치한 다른 모든 산맥과 달리 동서로 뻗어 있다. 만약 서부의 대규모 산맥들이 충돌하는 판들로 인해 솟아올랐다면, 어떻게 유인타산맥은 다른 산맥들과 직각을 이루게 되었을까?

데피스는 내게 "로키산맥 지질학자와 이야기를 하고 있는 것이 분명하다"고 말했다. 그는 잠시 아무 말 없이 땅에 구멍을 뚫었다. 나는 삽으로 흙을 퍼내서 완벽한 시료를 드러냈다. 잠시 후 그가 말했다. "유인타산맥의 북쪽 벽이 아주 장관이에요. 정말 장엄하죠. 거기에 오르면, 갑자기 구조적으로 산맥의 경계가 보여요. 그치만 무엇이 그 산을 거기에 두었는지는 보이지 않지요. 유인타산맥은 불가사의해요. 분지 – 산맥 단층의 조각은 아니에요. 하지만 수직에 가깝게 서 있고, 압축의 흔적은 거의 없어요. 거기에 가만히 서서 하늘 높이 솟아 있는 그 산들을 보세요. 유인타산맥은 판구조론에 대한 우리 생각과 잘 맞지 않아요. 아마 로키산맥은 언제, 어디서, 몇 번의 충돌로 만들어졌는지에 관한 일반적 비밀이 세계에서 가장 마지막에 밝혀질 장소 중 하나가 될 거예요."

『지질학』의 그 기사는 1970년대 말에 돌린 설문을 토대로 삼고 있었다. 결과는 40퍼센트의 지질학자가 판 이론이 "기본적으로 확립되었다"고 느낀 것으로 나타났다. 대략 비슷한 수의 지질학자는 "꽤 잘 확립되었다"는 표현을 선호했다. 11퍼센트는 "불완전하게 증명되었다"고 느꼈다. 7퍼센트는 1940년 이전에 대륙이동설을 받아들였다고 답했다. 6퍼센트는 판구조론이 1980년대 후반에도 "여전히 의심스러울" 것이라고 생각했다. 그리고 한 지질학자는 이 학설이 결국 거부될 것이라고 예측했다.

데피스는 "주어진 어느 순간에 두 지질학자가 머릿속에 맴도는 모든 가설과 학설을 정확히 똑같은 수준으로 받아들이는 경우는 없다"고 말했다. "늘 다양한 단계로 받아들이고 있는 여러 생각이 있어요. 그것이 과학의 작동 방식이지요. 생각이 받아들여지는 범위는 다양해요. 확고하게 받아들여지는 것도 있고, 형성 과정에 있거나 뜬금없이 한밤중에 떠오르는 생각처럼 말 그대로 설익은 단계의 생각도 있습니다. 모든 과학이 추측과 관련 있지만, 지질학만큼 추측이 많은 과학도 별로 없을 거예요. 델라웨어 협곡은 흔적 없이 사라진 거대한 호수의 배출구일까요? 지형학자는 원론적으로 그런 생각도 괜찮다고 말할 거예요. 지질학에서는 불완전한 정보를 다뤄야 해요. 석유 시추에서는 불완전한 정보를 약빠르게 다룰 줄 아는 편이 좋아요. 물리학자도 그럴까요? 절대 아니에요. 물리학자는 컴퓨터로 소수점 일곱째 자리까지 확인하고 싶을 거예요. 지질학자는 통계학적으로 가장 확률이 높은 작용 방식을 선택해야 합니다. 그 결과, 지질학의 방식은 추론이 많은데, 추론은 늘 바뀌죠. 지향사를 본 사람은 아무도 없어요. 용결되고 있는 응회암도, 관입되고 있는 화강암 저반도 아무도 본 사람이 없어요."

나는 그의 시료 채취를 돕고 있기 때문에, 그의 과학에서 내가 느낀 문학적 색채에 대해 자유롭게 말할 자격을 얻은 기분이 들었다.

데피스는 "중요한 차이가 있다"고 말했다. "문학 작품을 쓰는 작가들은 비평가와 박사 논문을 쓰는 학생들이 내놓는 온갖 미묘함과 복잡성과 저의와 함의를 생각하지는 않을 거예요."

"신은 지질학자들에 대해 바로 그렇게 말했죠." 나는 그의 부러진 삽으로 지층을 조금씩 긁어내면서 말했다.

"지진에 대한 아르켈라오스의 설명을 생각해보세요." 그가 알쏭달쏭한 이야기를 했다. "지진이 지하 동굴에 갇혀 있는 공기로 인해 일어나는데, 공기가 빠져나가려 하면서 땅을 뒤흔든다는 이야기 있잖아요. 그 이후로는 모두 지구의 내부에 가스가 차 있다고 생각했어요."

데피스는 그의 친구인 제이슨 모건에게 후속 연구로 무엇을 할 생각인지를 물어봤다고 했다. 모건은 「해령, 해구, 거대한 단층, 지각체」라는 논문에서 판의 경계를 정의했다. 모건은 잘 모르겠지만 아마 다음에 할 가장 흥미로운 연구는 그 가설이 틀렸음을 증명하는 일이 될 것이라고 말했다.

그것은 「창세기」의 오류를 밝힌 것에 비길 만한 반전이 될 것이다. 나는 캘리포니아대학 데이비스 캠퍼스의 엘드리지 무어스를 떠올렸다. 그는 판구조론 혁명이 한창일 때 대학원에 있었던 것 같다면서, 판구조론의 인과적 짜릿함과 열정은 "숭고한 전쟁"이 한창 진행 중인 과달카날섬에 착륙한 듯한 상상을 불러일으켰다고 말했다. 매사추세츠 공과대학의 교수인 해양지질학자 타냐 앳워터는 당시 스크립스해양연구소에서 학사후 연구를 하고 있었다. 그녀가 스탠퍼드대학의 앨런 콕스에게 보낸 편지에는 당시 분위기가 고스란히 드러난다. "해저 확장은 멋진 개념이었어요. 우리가 이미 알고 있는 많은 것을 설명할 수 있게 해줬기 때문이죠. 뿐만 아니라, 판구조론은 우리한테 진짜 날개를 달아줬어요. 우리한테 확고한 규칙을 만들어줌으로써, 우리가 모르는 장소에서 무엇을 찾아야 하는지를 예측할 수 있게 해줬어요. (…) 판 개념이 나온 순간부터, 샌앤드레이어스 단층계의 지질학적 특성은 확실히 흥미로운 사례가 되었습니다. 댄 매켄지와 밥 파커가 나한테 그 생각을 이야기해준 그 밤, 우리는 라호야의 리틀 바버리아에서 함께 맥주를 마시고 있었어요. 댄이 냅킨에 그림을 그리면서 설명했죠. 나는 '아!' 하고 감탄하면서 '근데 그러면 멘도시노의 움직임은 어떻게 돼죠?' 하고 물었어요. 댄은 '간단해요!' 하면서 나한테 세 개의 판을 보여주었습니다. 그야말로 정말 간단했죠! 그 단순성과 세 판의 기하학적 구조가 보여준 힘은 그날 밤 내 마음을 사로잡았고, 그때부터 단단히 자리를 잡고 있습니다. 머릿속에 마구잡이로 흩어져 있던 사실들이 별안간 질서정연한 틀의 구멍 속으로 쏙쏙 제자리를 찾아들어가는 경이로운 경험을 했어요. 내면에서 폭발이 일어난 것 같아요. 그게 그날 밤 내가 느꼈던 것이고, 미국 서부의 기하학적 구조에 대해 연구할 때 (그리고 논의할 때) 나와 다른 이들이 종종 느끼곤 하는 것이에요. (⋯) 판구조론의 백미는 우리 모두가 소통을 시작하도록 만들었다는 점입니다. 암석만 집중적으로 파는 사람, 심해의 미화석을 동정하는 사람, 몬태나의 단층 지도를 그리는 사람이 갑자기 모두 서로의 연구에 관심을 갖게 되었어요. 나한테는 여러 분야의 사람들과 대화를 하고 그들의 이야기를 듣는 게 일과의 절반이 된 것 같아요. 그러면서 그 모든 것이 어떻게 서로 맞물리게 될지를 탐색하고 있습니다. 그리고 뭔가 딱 맞아떨어지는 것이 나오면, 마음속에서 뭔가 경이로운 짜릿함이 터지는 듯한 느낌이 들어요. 확실히 사람의 뇌는 질서를 사랑하는 것 같아요."

한편, 데피스는 그 짜릿함이 생기기 전에 석유 회사인 셸에 들어갔다. 유전 지대에서 자란 그는 자연스레 석유 노동자들을 좋아했다. 그들의 기술과 독립성, 위험을 감수하며 능숙하게 대처하는 그들의 방식을 존경했다. "투우사처럼 늘 조심해야 돼요. 그런 위험이 압도적인 위협은 아닙니다. 하지만 항상 존재하죠. 뭔가에 깔릴 수도 있고, 화상을 입을 수도 있고, 질식될 수도 있고, 폭발 사고를 당할 수도 있어요. 시추대 위에서 작업하는 사람은 신속하고 정확하게 파이프를 구멍 속에 넣는데, 어떤 장비로도 그만큼 빠르게 할 수 없을 거예요." 어린 데피스는 종종 아버지를 따라 유전에 들어가곤 했다. 그의 아버지는 오클라호마시티, 허친슨, 그레이트벤드, 미들랜드, 홉스, 캐스퍼 등지로 근무지를 여러 번 옮겨다녔다. 10대 시절, 데피스는 캐스퍼 시립교향악단에서 프렌치호른을 연주했다. 고등학교 토론팀에서 토론을 하기도 했다. 그때 그는 지금의 모습처럼, 분사와 동명사의 마지막 음절을 불교의 징처럼 울리는 토론의 달인이 되었다. 데피스는 다른 이들이 우표를 수집하듯이 암석을 수집했다. 그는 조언을 구하기 위해 자신의 시료를 그 지역 지질학자들에게 가져갔다. 그 지질학자들 중에는 석유 사업가 J. 폴 게티에게 1948년에 쿠웨이트로 갈 것을 제안한 폴 월턴도 있었다. 고등학생 데피스는 여름이면 유전에서 발파공을 보조하거나 유정을 관리하는 허드렛일을 했다. 대학원을 졸업하고 셸 기술센터가 있는 휴스턴으로 갔을 때, 그는 곧 닥칠 지질학의 혁명을 전혀 몰랐을 뿐 아니라 앞으로는 성공적인 석유 탐사가 위축될 것이라는 사실도 알지 못했다. 당시 셸에는 저명한 지질학자인 M. 킹 허버트가 있었다. 데피스가 셸에 막 자리를 잡았을 무렵, 허버트는 지질학자들이 발견하고 있는 것보다 더 많은 석유가 미국 영토 밖에서 나올 날이 올 거라고 (놀라울 정도로 정확하게) 예측했다. 그는 불가피하게 따라올 에너지 위기에 대해서도 예측했다. 데피스는 점점 줄어들고 있는 허버트의 수치를 보면서, 자신의 전성기를 만들어줄 것처럼 보였던 것들도 그 수치와 함께 사라져가고 있다는 것을 알았다. 그는 교직에 들어가기 위해 셸을 퇴직했고, 머잖아 오리건주립대학의 교수가 되었다. 그곳에서 그는 해양화학자로 새 출발을 했는데, 바다에서 많은 일이 벌어지고 있었기 때문이다. 오리건주립대학에는 제

2차 세계대전이 끝나고 정부로부터 사들인 소형 선박을 개조한 해양 연구선이 있었다. "석유 회사에서 일하는 것이 갑자기 사양 산업인 철도 회사에서 일하는 것처럼 되어버렸어요. 이제 새로운 장비가 즉석에서 만들어지고 있던 이 새로운 분야에는 내가 어릴 때 유전에서 봤던 것들과 비슷한 문제들이 있었습니다. 바다에서 우리는 갱저압 측정계bottom-hole pressure gauge와 그 외 다른 유전 장비들을 사용했어요. 나는 수년 전에 유전에서 느꼈던 것과 비슷한 종류의 흥분을 느꼈고, 선원들도 유전에서 일하는 거친 막노동자들과 비슷한 느낌이었죠."

안타깝게도, 데피스에게는 해양학자로서 중요한 결격 사유가 있었다. 그는 뱃멀미가 지독히도 심했다. 그의 열정은 눅눅해졌고, 그는 어떻게 서든 배를 타지 않으려 하기 시작했다. 그러던 1965년 10월, 토론토대학의 J. 투조 윌슨과 케임브리지의 프레드 바인은 오리건과 워싱턴주 앞바다에 있는 기이하게 고립되어 있는 중앙 해령 조각에 대한 논문을 발표했다. 그것은 훗날 후안데푸카판이라고 알려지는 지각판의 확장 중심부였다. 세계에서 가장 작은 지각판 중 하나인 후안데푸카판의 해구 건너편에는 후드산, 레이니어산, 세인트헬레나산, 글레이셔피크 같은 캐스케이드산맥의 화산들이 줄지어 서 있었다. "대륙이동설은 기꺼이 뱃멀미를 감수할 만한 가설"이라고 생각한 데피스는 일주일간 연구선 사용을 신청했다. 그에게 따로 생각해둔 계획 같은 것은 없었다. 그는 해리 헤스에게 연락해 의견을 구했다. 헤스는 곧바로 말했다. "해령으로 가서 축을 이루는 계곡에서 암석을 채취하세요. 오래되지 않은 것일수록 더 좋아요." 해령에서 새로운 해저가 형성된다는 헤스의 가설은 거의 검증이 이뤄지지 않고 있었다. 당시는 엘타닌호의 분석이 나오기 전이었고, 글로마챌린저호가 항해를 시작하기 전이었다. 데피스의 질문에 대한 헤스의 즉각적인 대답은 자신의 가설을 서랍 속에 처박아두게 될 수도 있는 검증을 바로 그곳에서 하라는 제안이었다.

데피스는 암석을 채취하기 위해 그곳으로 갔다. 해령을 찾는 일이 먼저였으므로, 그는 음향 측심기를 이용해 바다 밑의 윤곽을 추적하는 작업을 했다. 데피스가 암석을 준설해 끌어올렸을 때, 해령의 축을 이루는 암석은 대단히 젊었다. 그러나 결국 데피스의 흥미를 불러일으킨 것은 측심기의 바늘이 그려낸 해저의 단면이었다. 오리건 앞바다의 확장 중심부의 단면은 박사 논문을 쓰기 위해 네바다에서 야외조사를 했던 그에게 놀라울 정도로 친숙했다. 그것은 마치 베이슨앤드레인지 횡단면을 줄여놓은 것처럼 보였다. 확장되고 있는 새로운 지각은 단층 조각들로부서져서 베이슨앤드레인지의 축소판 같은 모습을 이루고 있었는데, 두 곳 모두 같은 원인으로 인해 만들어진 지형이었기 때문이다. 또한 2억 1000만 년 전 트라이아스기의 미국 동부 저지대의 축소판이기도 했다. 경계 단층이 형성되고 현무암이 흐르던 트라이아스기의 코네티컷과 트라이아스기의 뉴저지에서는 분지와 산맥들이 점점 확장되고 간격이 벌어지면서 대서양이 만들어졌다. 벌어지기 시작한 지 약 2000만 년이 지난 대서양과 양쪽 해안선의 모습은 오늘날의 홍해와 닮았다. 먼 훗날 언젠가는 아마 베이슨앤드레인지도 오늘날의 홍해와 비슷해질 것이다.

1972년 12월, 우주비행사 해리슨 슈미트는 아폴로 17호를 타고 홍해와 아덴만을 내려다보고 있었다. 그 단순한 기하학적 구조는 아프리카와 아라비아반도를 실톱으로 살짝 잘라놓은 것처럼 보였다. 슈미트는 관제센터에 있는 사람들에게 이렇게 말했다. "내가 자랄 적에는 대륙이동설과 해저 확장설을 배우지는 않았어요. 그치만 좁은 만으로 분리되어 있는 아프리카 대륙 동북부의 조각들이 서로 들어맞는 방식을 보면,

누구라도 그 학설들을 믿게 될 거라고 장담해요." 슈미트는 새로운 지구 이론과 관련해 마음을 바꾼 80퍼센트의 과학자 중 한 사람이었다. 우주비행사 훈련과 더불어 지질학 박사학위도 받은 그는 달에서 100킬로그램의 암석을 가지고 지구로 귀환했다.

———

위네무카에서 30킬로미터쯤 떨어진 지점, 이제 주간고속도로는 훔볼트산맥을 향해 남쪽으로 내려가고 있다. 코요테 한 마리가 도로 옆을 따라 달린다. 무리와 떨어진 코요테는 혀를 축 늘어뜨리고 주눅이 든 것처럼 느린 속도로 움직인다. 데피스의 말에 따르면, 베이슨앤드레인지에 있는 대부분의 산맥에는 은 매장지가 적어도 한두 곳씩 있었지만 훔볼트산맥에는 무려 다섯 곳이나 있었다. 우리는 과거 라혼탄호의 바닥이었던 저지대로도 들어갔다. 온천 지도에는 이 지역에 더 활발한 활동이 있는 것으로 나타난다. 이곳에서는 지각의 확장이 뭔가 더 뚜렷했고, 그래서 광상이 더 많다고 데피스는 설명한다. 그는 이곳에 바다가 생기면 확장 중심부는 이 근처 어디쯤이 될 것이라고 생각한다. 아니면 유타에 있는 보너빌호의 바닥이 될 가능성도 있다. "하지만 연결성은 여기가 더 좋아요."

"연결성이요?"

"데스밸리, 워커호, 카슨싱크." 엑슨의 미국 서부 지도가 우리 둘 사이의 좌석 위에 펼쳐진다. 데스밸리에서 카슨싱크로 움직인 그의 손가락은 러브록에서 고속도로를 가로질러 북쪽으로 올라간다. "바다는 여기에 형성될 거예요. 아니면 보너빌 분지. 나는 여기라고 생각해요."

도로에서 몇 킬로미터 떨어진 곳에는 1960년대의 신도시 예정지가 있다. 널찍한 도로와 분수 광장이 생기기로 되어 있었지만, 건설이 지연되다가 나중에는 무기한 연기되었다. 유령조차 없는 이 유령 마을의 이름은 넵튠시티로 정해졌었다.

우리는 오른편에 강을 끼고 훔볼트산맥을 빙 돌아간다. 도너 원정대를 포함해 줄잡아 6만5000명이 포장마차에 몸을 싣고 17년에 걸쳐 이 길을 따라 훔볼트싱크와 카슨싱크로 향했고, 물이 없는 두려움의 나날을 보냈다. 그러나 처음에는 지금의 우리처럼, 소떼에게 먹일 풀이 무릎 높이까지 무성하게 자란 비옥하고 드넓은 초원과 마주쳤다. 강은 이곳에서 마지막 할 일을 하고 온데간데없이 사라졌다. 이주민들은 이곳을 훔볼트의 빅메도우스라 불렀고, 이곳은 늘 250여 대의 마차가 쉬어가는 곳이었다.

"트라이아스기에는 여기에 바다가 있었어요." 데피스가 말한다. "적어도 소노미아 암층이 나타나서 봉합되기 전까지는 그랬어요. 그 바다에는 오징어가 가득했고 심해는 아니었지만 바닥은 햇빛이 닿지 않을 정도로 깊어서 저서생물이 우세하지는 않았지요."

"우세하지 않았는지는 어떻게 알죠?"

"실트암과 그 안에 있는 암모나이트를 봤거든요. 그래서 알죠."

시간의 흐름을 따라 우리 앞뒤로 놓인 대양의 환영을 뒤로하고, 우리는 러브록으로 달려간다. 천천히-흙먼지 주의 러브록, 네바다 89419. 두터운 눈구름이 낮게 깔린 차가운 하늘에는 사이사이 파란 하늘이 보인다. 트리니티산맥에는 장막 같은 눈이 내리고 있고, 계곡에는 눈 기둥이 산불의 연기처럼 피어오르고 있다. 러브록은 오버랜드 길의 역마차가 지나는 정류장이었다. 이곳은 네바다 전역에 "물 사정이 나쁜 좋은 마을"로 알려지게 되었다. 『러브록 리뷰 - 마이너Lovelock Review - Miner』의 한 편집자는 1915년에 다음과 같이 썼다. "물 문제가 해결되기 전까지는 이곳에서 사업을 하도록 사람들을 설득하려는 시도가 그다지 소용없다. (…) 물 때문에 누가 죽지는 않겠지만, 물 때문에 사람들이 떠나는 것은 분명하다." 1917년, 러브록은 3급 도시에 포함되었고, 그에 대한 첫 조치 중 하나는 감리교회에서 365미터 이내의 매춘을 금지하는 것이었다. 통행금지도 시행되었다. 다른 조치로는 달빛이 밝을 때는 도시의 불을 모두 끄라는 지시가 있었다.

제스 카지노 넉넉한 슬롯머신
투스팁스 주유소 모텔
사설 우물로 물 공급합니다
러브록 종자 회사
곡물과 사료

홈볼트의 빅메도우스에 위치한 이곳의 주요 기업은 마을 끄트머리에 있는 종자 협동조합이다. 이곳에서 생산된 알팔파 종자는 전 세계로 보내진다.

거리에는 카우보이모자를 쓴 남자들, 스리피스 정장을 입은 남자들, 바람막이 점퍼를 입은 남자들, 키가 크고 깡마른 몸에 작업복을 입고 턱수염을 기른 남자들이 있다. 카우보이모자를 쓰고 부츠를 신고 청바지를 입은 여자들도 있다. 노란색과 보라색 소용돌이무늬가 그려진 화려한 트럭에서 호리호리한 청년이 내린다. 트럭은 롤바rall bar라 불리는 쇠파이프 구조물이 둘러쳐져 있고 큼직한 타이어와 열일곱 개의 조명으로 꾸며져 있다.

라혼탄호의 단구 아래로 러브록 머스탱스 미식축구팀의 전용 구장이 보인다. 구장 옆에서는 소들이 풀을 뜯고 있다. 지방 법원의 바깥에 놓인 커다란 변성받은 화강암 판에는 십계명이 새겨져 있다.

10. 이웃의 아내나 하인이나 소를 탐하지 말지어다.
브레이즌 오나거 – 바 – 맥주 – 피자
와우 모텔

"러브록은 사람 이름이었어요." 데피스가 조심스럽게 알려준다.

러브록 상회

그 이름은 러브록 상회의 간판에서 빛이 바래가고 있다. 러브록 상회는 1905년에 세워졌고, 1907년에 확장되었다. 현재는 버스정류장인 이곳에는 주류 판매점, 옷가게, 식료품점, 부동산 중개사무소, 빵집, 우편과 송금 업무를 하는 웨스턴유니언 사무소가 모두 한 공간에 있다. 그 공간을 떠받치는 기둥 하나에 안내문이 붙어 있다.

정부의 무료 식권은 받지 않습니다

계곡 건너편, 훔볼트산맥의 단층 절벽 위 바위에는 흰 글씨로 거대하게 "L"자가 쓰여 있다.

우리는 스터전스 로그 캐빈이라는 이름의 식당에 들어가서, 체리와 수박과 종 그림이 규칙적으로 배열된 벽을 배경으로 자리를 잡는다. 장식장 속 퓨마 한 마리. 꼬리 끝까지 길이 180센티미터. 토빈산맥에서 대니얼 (빌) 밀치가 쏴서 잡음.

나는 데피스에게 엑슨 지도를 주고, 내가 알아볼 수 있도록 그가 생각하는 새로운 바다와 확장 중심부가 생길 자리를 지도에 그려달라고 부탁했다. "당연히 그레이트베이슨에 있는 계곡은 다 들어가요. 정도만 다를 뿐이죠. 그치만 내가 말한 곳은, 바로 여기예요." 데피스가 연필을 들고 밑그림처럼 두 개의 선을 그리기 시작하자, 너비 약 25킬로미터의 구획이 만들어진다. 그는 데스밸리의 축을 따라 네바다로 올라간 다음, 배솔트와 콜데일을 따라 서북부로 가다가 정북으로 방향을 틀어 워커호, 펠런, 러브록을 통과한다. "확장 중심부는 멘도시노곶에서 발달하는 변환단층과 연결될 거예요." 데피스는 이렇게 덧붙이면서, 캘리포니아 해안에서 러브록보다 조금 북쪽의 한 지점까지 선 하나를 긋는다. 그의 그림은 하나의 지각판을 만들고 있고, 그는 그 지각판의 경계에 대해 꽤 자신이 있는 것처럼 보인다. 멘도시노 변환단층은 이미 그 자리에 있고, 움직일 준비가 되어 있기 때문이다. 그는 새로운 판의 남쪽 경계에 대해서는 그다지 확신이 없다. 로스앤젤레스 바로 위를 동서로 지나는 갈록 단층이 새로운 판의 한쪽 가장자리일 수도 있고, 아니면 확장 중심부가 모하비 사막과 솔턴호를 지나서 남쪽으로 이어지다가 칼리포르니아만에 있는 태평양판과 만날 수도 있다. "모하비 사막은 분지─산맥 단층 작용의 중단되면서 그곳에 있고." 데피스는 휘파람을 부는 대신 혼잣말처럼 중얼거리면서 다른 선을 그린다. "활발하게 확장되고 있는 열곡의 남쪽 끝에는 변환단층이 있어야 해요. 바다는 어딘가를 통해서 들어오지요."

이제 그는 지도 위에 손을 올려놓고 갈록 단층과 멘도시노 단층의 테두리를 만든다. 그의 손안에 샌프란시스코, 새크라멘토, 프레스노를 포함해 베이커스필드에서 레딩에 이르는 캘리포니아의 대부분이 들어온다. 리노와 시에라네바다산맥 전체, 4070만 헥타르의 네바다 지역이 포함되는 것은 말할 것도 없다. 그가 말한다. "이렇게 캘리포니아판이 만들어져요. 딱 하나 문제는, 이 크기가 맞느냐는 거죠. 더 클까요? 바다 쪽으로 얼마나 뻗어 있을까요?" 캐나다의 브리티시컬럼비아는 그의 왼편, 멕시코는 그의 오른편에 있다. 그 옆에는 참나무무늬 합성수지판을 받친 그의 커피잔이 놓여 있다. 해안은 그의 배와 맞닿아 있다. 그는 캘리포니아 중부를 바다 쪽으로 끌고 나오듯이 손을 움직인다. "너무 많은가? 아니, 모하비나 바하칼리포르니아반도까지 포함시켜야 하나?" 항공기 엔진을 실은 무개화차의 행렬이 굉음을 울리며 마을을 통과한다.

내 신경은 건물 밖으로 쏠린다. 나는 해발 1.6킬로미터의 이 건조한 분지에 사는 사람들의 생각이 궁금하다. 만약 데피스가 무엇을 하고 있었는지를 안다면, 그들의 마을이 바다가 될 수도 있다는 소식을 접한다면, 그들은 어떻게 생각할까? 곧 알아볼 생각이다.

"뭐요?"

"당신 취했어요?"

"내 생각에는, 우리는 그때 여기 없을 테니까 신경 쓰지 않을래요."

"조금 믿기지 않네요. 그럴 수도 있겠지만, 조금 믿기지 않아요."

"그런 일이 진짜 순식간에 일어난다면 몇 명이 죽게 될지도 모르지만, 대부분의 다른 사건이 그렇듯이 수백 년 전에 알게 된다면 사람들은 여기를 빠져나가겠죠. 그리고 아마 그런 일이 생기기도 전에 이미 세상은 엉망일 거예요."

"바닷물이 밀려오고, 파도가 치고, 물난리가 나고, 그런 걸 말하는 거예요? 걱정하지 마요. 명왕성이 그 자리에 있는 한, 우리도 여기에 안전하게 있을 거예요."

"배가 있잖아요."

"지난 2년 동안 들은 것 중 최고의 뉴스네요. 내가 세상을 하직하고 땅속으로 들어가면, 바닷물이 그 위에서 나를 시원하게 해준다는 거잖아요. 그날이 토요일 밤이면 좋겠어요. 특별히 목욕할 일도 없고."

"잘된 일인지도 몰라요. 정치인이 너무 많잖아요. 그런데 그런 사람들은 배가 있겠지요. 난 광부였어요. 아, 여기저기 다 있어봤어요. 그런데 지금은 기계가 다 하고, 광부는 다 죽었죠."

"네바다의 전체적인 역사는 아주 다양한 환경에 적응하는 식물, 동물, 인간의 역사예요. 이곳 사람들이 대체로 개인적이라는 것을 알 수 있을 거예요. 지방 검사로서 나는 그런 사례를 매일 보죠. 그들은 정부의 간섭으로부터 자유롭게 살고 싶어합니다. 조직화된 생활 방식에 맞추려고 하지 않아요. 이 지역은 발전을 피하려는 사람들이 정착한 곳이에요. 그들의 생활 방식은 대부분의 사람에게 전혀 매력이 없지만, 그들은 그것을 선택했죠. 다른 곳에서는 견딜 수 없다고 생각할 환경을 선택한 거예요. 그래서 그들은 가장 이상한 상황에 손쉽게 적응할 거예요."

"나는 이곳에서 35년을 살았어요. 그중 거의 절반은 시장으로 지냈죠. 바다가 들어온다는 것은 상상이 잘 안 돼요. 이 모든 것이 한때는 바다 속에 있었다는 것을 우리 대부분은 알지만요. 여기서 동쪽으로 꽤 큰 단층이 발달해 있다는 것은 알지만, 활동이 없을지도 모르잖아요. 하지만 당신에게는 큰 인상을 남겼군요."

"누구나 선택할 권리가 있고, 누구나 질문할 권리가 있습니다. 만약 당신의 질문이 합당하다고 생각되지 않았다면, 나는 답할 필요가 없겠죠. 물고기가 잘 잡히면 좋겠네요. 해변에 땅을 갖는 것도 나쁘지 않을 거예요. 그런 일이 확실히 일어난다고 확인된다면, 우리는 사람들을 이 지역에서 내보내는 조치를 취해야 하겠죠. 그러나 경찰서장으로서, 나는 불안해하지 않을 겁니다."

"이곳이 사막을 벗어나서 물이 많은 곳으로 바뀌겠군요. 세상에, 우리가 그 물을 쓸 수 있겠네요. 소방서장으로서 하는 얘기예요. 여기는 화재 신고 전화가 1년에 70통 정도 들어와요. 별로 많은 편은 아니지만, 빌어먹을 목장의 불을 끄러 160킬로미터를 가야 합니다. 우리는 물을 많이 저장할 순 없지만 적어도 열기를 식힐 순 있어요. 저기 3만8000리터들이 물탱크가 있습니다. 물이 없는 곳에서는 진짜 요긴하죠. 바닷물이 들어올 때쯤이면 아마 나는 여기에 없을 거예요. 그건 다행이죠. 나는 수영을 못하거든요."

그사이, 스터전스 로그 캐빈에 있던 데피스는 지도 위에 표시한 선에 마무리 손질을 한다. "솔턴호와 데스밸리는 현재 해수면보다 낮아요. 그래서 만약 중간에 여기저기 끊어지지 않는다면, 바다는 저기까지 들어올 거예요. 동아프리카의 열곡대, 홍해, 대서양이 이와 아주 흡사합니다. 캘리포니아는 섬이 될 거예요. 그 시기만 모를 뿐이죠."

# 제2권
# 수상한 지형에서

—

애니타 해리스의 전기 | 뉴욕시의 지질학 | 애팔래치아산맥의 조각인 델라웨어 협곡 | 애팔레치아산맥과 판구조론 | 대륙에서의 빙하 작용 이론 | 석탄의 기원 | 펜실베이니아의 석유 | 대륙 횡단 연대표: 캄브리아기/오르도비스기 | 대륙 횡단 연대표: 실루리아기 초기와 후기 | 판구조론에 관한 주목할 논쟁

다음 단락은 판구조론과 빙하지질학에 따른 간략한 미국 동부의 역사다.

약 10억 년 전, 규모를 알 수 없는 대륙 하나가 갈라지면서 오늘날 대서양의 자리쯤에 대양이 하나 만들어졌다. 이 고대의 바다는 이아페투스해라고 불린다. 대서양Atlantic이라는 이름을 아틀라스에서 땄기 때문에, 그 전에 있던 더 오래된 바다는 그리스 신화에서 아틀라스의 아버지인 이아페투스의 이름을 딴 것이다. 그들의 과학이 위험할 정도로 영리하다고 느낄지도 모르는 일부 지질학자는 이아페투스해라는 이름에 시큰둥하다. 그들은 원대서양proto-Atlantic이라는 이름을 선호한다. 이 고대 바다는 오늘날의 대서양보다 훨씬 더 오랫동안 존재했지만, 고생대에 약 2억5000만 년에 걸쳐 서서히 사라졌다. 거대한 지괴들은 서로를 향해 움직이면서 가장자리가 비틀렸고, 대륙 순상지는 아래로 휘어졌다. 그다음, 느리면서도 잔혹한 충돌이 일어났다. 대륙 간 충돌의 흔적은 험준한 산악지대를 만들었고, 오랜 시간이 흘러 애팔래치아산맥으로 남았다. 2억1000만 년 전인 중생대에는 지각이 다시 갈라지기 시작했다. 애팔래치아산맥의 특정 부분이 뜯어지고 단층 분지가 형성되었

"델라웨어 협곡"의 세부적인 묘사, 조지 이네스, 1859, 몽클레어 미술관 소장.

는데, 그 흔적은 코네티컷 리버밸리, 게티즈버그 전쟁터, 컬페퍼 분지에 남아 있다. 그리고 마침내 새로운 대양이 만들어질 정도로 지각이 분리되었고, 현재 너비 약 4800킬로미터인 이 대양은 지금도 계속 벌어지고 있다. 한편, 빙하 형성 주기는 본질적으로 지질학적 현재에 확립되었다. 빙상은 허드슨만의 양쪽에 형성되기 시작해, 모든 방향으로 뻗어나갔다. 사실상 캐나다 전체와 뉴잉글랜드, 뉴욕, 뉴저지 상당 부분과 펜실베이니아와 중서부를 뒤덮었다. 이 얼음은 최소 12회 밀려왔다가 물러갔으며, 대략 10만 년이 소요되었을 것으로 추정된다. 지구 역사 초기의 다른 빙하 형성 주기로 판단할 때, 현재의 주기는 이제 겨우 시작 단계다. 빙상의 발달은 앞으로 50회 이상 더 있을 것으로 예상된다. 일부 지질학자들은 녹고 있는 얼음 옆에서 크로마뇽인이 살던 때부터 인구가 폭발적으로 증가한 지금 이곳에 이르는 1만 년의 기간을 따로 분리해, 홀로세라고 부르려는 시도를 해왔다. 이 시도에는 우리가 사는 시간과 장소는 홀로세이며, "빙하시대"인 플라이스토세는 모두 지나갔다는 의미가 담겨 있다. 홀로세는 상대적으로 빙하가 줄어든 기간에 불과해 보인다. 결국 이 시기가 끝나면, 3킬로미터 두께의 빙하가 토론토를 밀고 내려와서 테네시에 쌓일 것이다. 만약 이 이야기가 믿기지 않는다면, 그 이유는 딱 하나다. 지금까지 발견된 플라이스토세의 빙상 중 가장 남쪽에 있는 것이 테네시 120킬로미터 앞에서 멈췄기 때문이다.

애니타 해리스는 위 단락에서 설명한 내용을 하나도 받아들이지 않는 지질학자다. 그녀는 판구조론의 수용에 미온적이다. 이 새로운 학설에서는 산악지대와 화산섬, 해령과 심해저 평원, 알래스카의 지하 깊은 곳에서 일어나는 지진과 샌앤드레이어스 단층 아래의 얕은 곳에서 일어나는 지진을 하나의 통일된 이야기 속 요소들로 설명한다. 판구조론에서는 지구의 겉껍데기가 다양한 크기의 조각들로 나뉘는데, 이 조각들이 분리되면 대양이 형성되고, 충돌하면 산이 만들어지고, 서로 스쳐 지나가면 건물이 무너진다. 판구조론은 1960년대에 일대 변혁을 일으켰고, 애니타 해리스는 오늘날 학교에서 이 학설을 너무 그럴싸하게 가르치는 것을 우려하고 있다. 해리스의 말은 이렇다. "모두가 그 학설을 믿고 있는 것은 아니라는 점을 사람들에게 알리는 것이 중요해요. 많은 대학에서 모두 그것만 가르치고 있어요. 판구조론 신봉자들은 대륙을 미친 듯이 움직여요. 그들은 해마다 결론을 바꾼 논문들을 발표해요. 그들의 말에 따르면, 애팔래치아산맥은 북아메리카 대륙의 동쪽 가장자리에 대륙 지괴 하나가 충돌해서 만들어졌어요. 나는 그 지역의 지질학적 특성을 어느 정도 알고 있고, 그래서 그런 그들의 말이 틀렸다는 것도 알고 있어요. 다른 곳에 대한 주장도 다 틀렸다는 말이 아니에요. 나는 받아들일 준비가 되어 있어요. 하지만 판구조론은 지나치게 단순화되고 과도하게 적용되는 일이 빈번해요. 완전히 열이 받치는 일은, 귀여운 젊은 애들이 지질학 과목을 세 개 듣고 와서 내게 판구조론에 대해 이야기를 할 때죠. 야외 현장 답사를 가서 바위 한번 본 적 없는 애들이 말이에요."

이런 이야기를 하면서, 애니타 해리스는 어느 흐린 4월 아침에 80번 주간고속도로를 타고 서쪽으로 인디애나를 향해 가고 있었다. 그녀는 지질학자들이 즐겨 말하는 것처럼, 나를 데리고 "지질학을 하러" 갔고, 그것은 그녀가 보는 눈으로 시골을 둘러보자는 것이었다. 애니타는 뉴저지, 펜실베이니아, 오하이오를 지나면서, 고생대의 표준화석인 코노돈트conodont가 들어 있는 석회암과 백운암을 채집했다. 그녀는 코노돈트가 석유와 천연가스 탐사에 대단히 유용하다는 것을 발견했고, 그 결과 모빌, 셰브론, 아모코, 아르코 같은 석유 회사들과 중국인, 노르웨이인들이 그녀의 연구실 문턱을 드나들었다. 운전을 하는 그녀는 철도 노동자가 쓰는 것 같은 푸른 줄무늬 모자에 양모셔츠와 청바지를 입고 있었고, 신발은 낡은 등산화였다. 허리에 차는 가방에는 석회암과 백운암을 확인하기 위한 염산이 담긴 작은 병이 들어 있었다. 도드라진 광대뼈, 강단 있어 보이는 갈색 눈동자, 두 갈래로 올려 묶은 검고 긴 머리카락은 뭔가 아메리카 원주민 같은 분위기를 풍겼다. 이제 중년에 접어든 그녀는 두 번 결혼을 했었다. 첫 남편은 애팔래치아 북부의 지질학자였고, 현재 남편은 애팔래치아 남부의 지질학자다. 그녀는 코니아일랜드에서 태어나서 브루클린 윌리엄스버그에 있는 빈민가의 다세대 주택에서 자랐다. 그녀의 태도와 영혼과 말투에는 브루클린의 중산층 지역인 플랫부시의 느낌이 적잖이 묻어났다. 그녀의 아버지는 러시아 사람이었고, 본명은 허셜 리트박이었다. 그는 브루클린에서 해리 피시맨으로 불렸고, 때로는 해리 블록이라고도 불렸다. 애니타 해리스의 말에 따르면, 브루클린에 사는 러시아계 유대인에게 영어식 이름은 아무 의미가 없었다. 그녀는 피시맨으로 자라서 결혼과 함께 엡스타인이 되었다가 해리스가 되었다. 애니타 해리스는 지질학 연구를 하면서 여러 이름으로 논문을 냈고, 본의 아니게 그녀의 논문을 찾는 사람들을 조금 곤란하게 했다. 나는 그녀의 요청으로 그녀를 그냥 애니타라고 부를 것이다. 그녀가 지질학과를 선택한 이유는 솔직히 말하면 빈민가를 벗어나기 위해서였다. 애니타는 언젠가 내게 이렇게 말했다. "지질학과에 들어가면, 뉴욕에 살지 않아도 될 줄 알았어요. 그곳을 벗어날 방법이었죠." 브루클린 칼리지를 졸업했을 때, 그녀의 나이는 열아홉 살이었다. 애니타는 "산을 돌아다니는 것만으로" 돈을 받을 수 있다는 것에 큰 충격을 받았고, 대단히 기쁘기도 했다고 회상했다. 현재 그녀는 미국 지질조사소의 돈을 받으면서 셀 수 없이 많은 산을 돌아다니고 있다.

오하이오 서북부의 평탄한 농경지를 지난 후, 고속도로의 오르막을 따라 놀라운 지형이 펼쳐졌다. 그 풍경은 애니타가 판구조론에 대한 공격을 잠시 유예하게 만들기에 충분했다. 언덕지대가 나타났다. 언덕들은 경사가 가팔랐다. 이 전원 지대의 모습은 뉴잉글랜드를 닮았다. 숲이 울창한 산마루와 천연 호수들, 돌담, 우묵하게 꺼진 곳과 웅덩이, 자갈과 큰 돌덩이들 위로 단풍나무와 참나무들이 자라는 종잡을 수 없어서 아름다운 지형, 그곳이 인디애나였다. 울퉁불퉁한 야산인 인디애나의 이 외진 곳은 평탄한 중서부라는 명성이 무색할 정도로 언덕이 많았다. 움직이지 않는 대륙의 핵심부인 내륙 안정 지괴라는 크레이톤 위에 단단히 놓여 있는 미국 중부 전체는 구조적으로 안정되어 있다. 이 기반암을 덮고 있는 암석층은 사실상 평탄하며, 융기는커녕 습곡 작용도 한 번 일어난 적이 없다. 그런데 낯설기 짝이 없는 이 어수선한 언덕지대가 나타난 것이다. 확실히 뭔가를 위에 얹어놓은 것처럼 보이는 이 지형은 인디애나의 단조로움을 줄이기 위해 주 의회에서 일부러 만든 것처럼 보일 지경이었다. 사람들은 19세기가 될 때까지 이 지형이 어디에서 유래했으며, 어떻게, 왜 만들어졌는지 전혀 알지 못했다. "저 큰 돌덩이들을 자세히 보면 기이한 점들이 많이 보일 거예요." 애니타가 말했다. "붉은 벽옥이 들어 있는 역암. 화강편마암. 현무암. 모두 이 근처에서는 볼 수 없는, 캐나다에서 온 암석이에요. 수백 킬로미터를 운반되어온 거죠."

현세의 빙상은 땅 위로 계속 뻗어나가는 과정에서 엄청난 양의 짐을 운반했다. 그 짐은 움직이는 빙상에 의해 땅에서 뽑히고 깎이고 떨어져 나간 바위들이었다. 바위는 점점 마모되어 자갈과 모래와 실트와 진흙이 되었다. 얼음이 녹을 때, 빙하는 그런 짐을 수조 톤까지 쏟아냈다. 가장 최근에 빙상이 남하한 시기는 위스콘신 빙기라 불리는데, 그 영향이 위스콘신에 잘 드러나 있기 때문이다. 그런 면에서 보면, 빙하가 뉴욕에 미친 영향은 별로 인상적이지 않다. 뉴욕에서는 롱아일랜드가 있는 곳(롱아일랜드 거의 전체), 낸터킷섬, 코드곶, 마서스비니어드섬의 서쪽 가장자리가 빙하가 짐을 부려놓은 자리다. 빙하는 전진을 멈추고 녹기 시작하는 곳마다 후퇴를 알리는 표식인 말단퇴석terminal moraine을 남겼다. 말단퇴석에는 엄청난 양의 바위와 모래와 자갈과 진흙이 마구 뒤섞여 쌓여 있다. 얼음은 뉴저지의 퍼스앰보이, 매터친, 노스플레인필드, 매디슨, 모리스타운에서 멈추면서, 빙퇴석이 가득한 구불구불하고 넙적한 선을 남겼다. 이 선은 이들 뉴저지의 마을을 연결할 뿐 아니라 로키산맥까지 이어져 있다. 모리스타운 서부의 오래된 결정질 암석은 아주 오래전에 애팔래치아산맥이 융기할 때 서쪽과 위쪽으로 밀리면서 압축되고 변형되어 부분적으로 용융된 기반암에서 유래했는데, 오늘날에는 능선이 줄지어 늘어서 있는 이곳을 뉴저지 하일랜즈라고 부른다. 뉴저지 하일랜즈는 동북에서 서남 방향으로 뻗어 있다. 이 고지대는 동-서로 이어지는 도로의 건설에서는 걸림돌로 작용했지만, 유명한 예외가 한 번 있었다. 최후의 빙상이 내려놓은 말단퇴석은 산마루와 산마루 사이를 둑길처럼 연결했고, 80번 주간고속도로는 그 둑길을 따라 서쪽으로 나아간다. 얼음은 쏟아진 우유처럼 북아메리카 대륙 전체에 고르게 퍼져나갔고, 그로 인해 얼음이 최종적으로 도달한 선은 대단히 불규칙했다. 뉴욕주 버펄로 남부에 있던 얼음은 펜실베이니아에는 도달하지 못했지만, 오하이오와 인디애나와 일리노이 안쪽까지 깊숙이 파고들었다. 빙상은 나이아가라 폭포를 쏟아지게 했고, 오하이오강을 옮겨놓았으며,

5대호를 파놓았다. 얼음은 단계적으로 녹으면서 물러났다. 여기저기서 멈춰서 일시적인 평형 상태를 이루던 빙상은 때로는 잠시 다시 전진을 하다가 북쪽으로 후퇴를 계속하기도 했다. 이렇게 빙하가 주춤했던 인디애나 동북부 같은 곳에는 그때마다 큰 돌덩이와 자갈과 모래가 그득그득 쌓였다. 인디애나의 지형은 이런 암석 쇄설물 무더기인 후퇴빙퇴석recessional moraine이 만들어놓은 것이다. 크기와 종류가 다양한 암석이 뒤섞여 있는 빙퇴석은 독특한 방식의 구조를 이뤘고, 지질학자들은 그 구조 속에서 얼음의 무게와 속도는 말할 것도 없고, 얼음의 움직임과 주춤거림까지도 읽어낼 수 있다. 스코틀랜드의 농민들은 그런 물질이 스코틀랜드 땅에 어떻게 쌓이게 되었는지를 전혀 몰랐던 아주 오래전부터, 그것을 틸till(표석 점토)이라고 불렀다. 틸은 "기분 나쁜 밑흙", 거칠고 척박한 땅이라는 의미로 쓰였다.

"골프 코스로 딱 맞는 장소예요." 애니타가 말했다. 그리고 얼마 지나지 않아, 도로를 따라 1800미터쯤 내려가자, 스코틀랜드의 글렌이글스와 덤프리스와 블레어고리의 골프장 페어웨이를 복제해놓은 듯한 풍경이 펼쳐졌다. 이곳은 덤프리셔와 퍼스셔에서 6400킬로미터나 떨어져 있는 곳이지만, 빙하 모래로 만들어진 천연 벙커와 트랩, 언덕진 러프와 페어웨이, 빙하 지형인 캐틀kettle로 인한 구덩이와 호수, 그 밖의 다른 복잡한 해저드를 연상시키는 골프 코스 같은 지형이었다. 애니타 해리스는 "골프 코스를 원하면 빙하로 가라"고 말했다. "골프는 원래 빙퇴석, 에스커esker, 여기저기 파인 빙하성 유수 퇴적평원 같은 스코틀랜드의 빙하 지형에서 시작되었어요. 전 세계 어디서나, 골프 코스는 빙하 지형의 경관을 본 따서 만들고 있어요. 이렇게 보이는 전원 풍경을 만들려고 하는 거죠. 나는 루이지애나 같은 곳에서 불도저로 스코틀랜드의 빙퇴석을 흉내 낸 것을 본 적이 있어요. 웃기는 일이죠."

여름철의 따뜻한 오후가 되면, 오늘날 빙하가 녹은 물이 흘러들어오는 강은 격류가 된다. 글레이셔피크에서 녹아내린 물이 들어오는 워싱턴주의 수이아틀강이 그렇고, 북아메리카 최고봉인 매킨리산의 융빙수가 요란하게 쏟아져 들어오는 알래스카의 엔타강이 그렇다. 거대한 빙상들이 녹아내린 플라이스토세에는 수백 개의 수이아틀강과 엔타강이 있었다. 오늘날 그 강들은 거의 다 사라졌고 흔적만 남아 있다. 그 강들에 의해 빙하의 앞쪽으로 형성되는 빙하성 유수 퇴적평원에는 온갖 크기의 돌이 크기별로 나뉘고 매끈하게 다듬어진다. 큰 돌덩이보다는 작은 조약돌이 더 멀리 이동하고, 작은 조약돌보다는 모래가 더 멀리 이동하고, 모래보다는 실트가 더 멀리 이동하는 것이다. 그런 다음 점차 힘을 잃고, 틈새가 진흙으로 메워진다. 빙하가 후퇴할 때는 엄청난 크기의 얼음덩어리가 부서지면서 떨어져나오는 일이 잦았다. 그 자리에 남겨진 얼음덩어리 주위로 자갈과 진흙이 쌓이면서 그대로 강이 형성되었다. 얼음덩어리는 커다란 부활절 달걀처럼 땅속에 파묻힌 채로 서서히 녹았다. 얼음이 모두 녹아서 사라지면, 빙하성 유수 퇴적평원에는 움푹 파인 구덩이만 남았다. 그 구덩이의 모양이 주전자를 닮았기 때문에, 아니 주전자를 닮았다고 묘사되기 때문에, "캐틀"은 지질학 용어가 되었다. 모든 캐틀에는 한동안 물이 담겨 있었고, 아직까지 물이 남아 있는 곳도 있다. 빙하 밑으로 발달한 강은 구불구불한 홈을 따라 흘렀다. 얼음에서 나온 바위와 자갈은 그 강으로 떨어졌고, 얼음벽 사이의 강바닥에 쌓여 두꺼운 층이 되었다. 그리고 빙하가 사라지자, 구불구불한 언덕 같은 모양의 강바닥이 남았다. 옛 아일랜드 사람들은 이런 언덕을 에스커라고 불렀다. 에스커는 통로라는 뜻인데, 옛 아일랜드 사람들에게는 에스커가 질척한 늪지 위를 이동하는 둔덕길이었기 때문이다. 빙하의 갈라진 틈새를 채우고 있던 암석 쇄설물은 얼음이 녹으면서 갖가지 모양의 크고 작은 언덕과 둔덕으로 남았다. 이런 언덕과 둔덕이 모여 있는 울퉁불퉁한 지대를 스코틀랜드에서는 일반적으로 케임kame이라고 부른다. 스코틀랜드와 마찬가지로, 인디애나, 뉴잉글랜드와 퀘벡, 프랑스 라브레스와 에스토니아에서도 빙하에 의한 이런 특징이 남아 있는 지형을 스코틀랜드와 마찬가지로 케임-케틀 지형이라고 한다.

고속도로는 빙하와 함께 왈츠를 추고 있었다. 스코틀랜드를 닮은 인디애나의 캐틀과 케임 속에서 여기서는 빙하성 유수 퇴적평원, 저기서는 빙퇴석과 어울렸다. 도로절개면의 표석 점토는 덩굴식물인 베치vetch로 뒤덮여서 온통 초록이었다. 우리는 이 울퉁불퉁한 지형을 더 자세히 둘러보기 위해 잠시 도로를 벗어났다. 빙하는 약 1만2000년 전에 인디애나에서 물러갔다. 물이 말라버린 수많은 호수 바닥에는 울창한 숲이 들어섰다. 미네소타 북부의 바운더리워터스 지역에서는 1만 년 전이나 어쩌면 그보다 늦게 빙하가 물러갔고, 빙하가 남긴 호수의 대부분이 지금도 그곳에 남아 있다. 바운더리워터스 지역에서는 오늘날 그 호수의 운명과 이용을 놓고 보존 전쟁이 벌어지고 있다. "앞으로 5000년 후에는 싸울 것이 별로 없을 거예요." 애니타는 어깨를 으쓱하면서 웃으며 말했다. "미네소타의 그 호수들도 인디애나에 있었던 호수들처럼 거의 다 마르게 될 테니까요." 더 크고 깊은 호수 몇 곳만 남을 것이다. 우리는 제임스호, 빙엄호, 우즈호, 룬호를 둘러봤다. 매사추세츠의 월든호처럼 이 호수들도 케틀이다.

호수 주위의 숲에는 돌덩이들이 흩어져 있었다. 그 돌덩이들은 제각각 다 다르고, 몇몇은 꽤 컸다. 만약 어떤 돌덩이가 그 아래에 놓인 기반암과 종류가 다르다면, 분명히 조금 떨어진 어딘가에서 운반되어왔을 것이다. 이런 돌덩이를 표석erratic이라고 부른다. 알래스카에서 내가 본 어느 빙하 표석은 크기가 사무용 건물만 했는데, 흙이 된 그 표석의 윗부분에서는 나무들이 머리카락처럼 자라고 있었다. 인디애나의 포케이건 주립공원에서 제임스호를 바라보고 있는 멋진 건물들에 치장된 붉은색과 회색의 자연석은 캐나다에서 왔다. 붉은 벽옥이 들어 있는 역암은 휴런호의 북쪽 둔치에서 만들어졌고, 줄무늬가 있는 회색 편마암은 온타리오 중부에서 온 것이다. 얼음에 운반되어 인디애나로 들어온 더 작은 것들, 이를테면 다이아몬드와 금은 원산지를 추적하기가 조금 더 어렵다. 대공황 시기에 인디애나에서 살아남는 한 가지 방법은 광부가 되는 것이었다. 그 광부들은 하루 5달러를 벌기 위해 빙하에 쓸려온 퇴적물, 즉 빙하 표적물 속에 들어 있는 사금을 가려내는 단순하고 고된 작업을 했다. 빙하 표적물 속에는 덩어리 금은 없었고, 무게가 7그램 이상 나가는 것도 별로 많지 않았다. 하지만 순금이 꽤 풍부한 편이었다. 그 사금은 사실상 추적이 불가능한 캐나다 동부 어딘가에서 흩뿌려진 것이다. 현세의 빙하 형성 사건에서 기이한 일 중 하나는, 전 세계 얼음의 5분의 3이 북아메리카를 뒤덮고 스프링필드 남부와 일리노이까지 뻗어나가는 동안에 유콘강 계곡과 그와 가까운 알래스카에는 빙하가 전혀 형성되지 않았다는 점이다. 그 결과, 세계에서 사금이 가장 풍부한 강인 유콘강에 있는 사금은 얼음에 휩쓸려 흩어지지 않고 그 자리에 남아 있었다. 인디애나의 사금 채취 광부들은 그들의 사금 채취 접시에서 마나카나이트 찾는 법을 배웠다. 철과 티타늄으로 된 이 콩알 모양의 자갈은 금이 가까이 있다는 것을 어느 정도 일관성 있게 알려주었다. 이 마나카나이트는 캐나다 크레이톤, 캐나다 순상지라고도 불리는 캐나다의 선캄브리아기 암석의 중심부가 노출된 부분에서 나왔다. 사금 접시에는 석류석, 자철석, 각섬석, 강옥, 벽옥, 남정석도 올라왔다. 그중 인디애나가 원산지인 광물은 하나도 없으며, 모두 캐나다 순상지에서 유래했다. 인디애나의 빙하 퇴적물 속에는 캐나다의 구리도 있고, 캐나다 원산이 분명한 다이아몬드도 들어 있다. 인디애나에서는 아몬드모양 육팔면체의 분홍색 다이아몬드, 마름모 모양 사방십이면체인 푸른색 다이아몬드가 수백 개 발견되었다. 위스콘신에서 발견된 20캐럿짜리 다이아몬드에 비하면 소박한 수준이지만, 무게 5캐럿에 달하는 이런 인디애나의 다이아몬드들은 각각 영 다이아몬드(1898), 스탠리 다이아몬드(1900) 같은 이름을 얻을 정도의 위상을 지녔다.

다이아몬드의 모암은 킴벌라이트 관kimberlite pipe이다. 다이아몬드 관이라고도 불리는 킴벌라이트 관은 일종의 분화도diatreme로, 맨틀에서부터 올라온 이산화탄소와 물이 팽창하면서 지각에 뚫린 비교적 작은 구멍이다. 킴벌라이트 관에서는 마그마가 엄청난 속도로 상승해 지표에 도달한다. 이런 현상은 지구의 역사에서 무작위적으로 일어났고, 언제 어디서라도 다른 킴벌라이트 관이 폭발할 수 있다. 아주 깊은 곳에서 초음속으로 솟구치는 킴벌라이트 관에는 얕은 곳에서 느리게 일어나는 세인트헬레나산의 폭발이나 킬라우에아 화산의 용암류에서는 결코 볼 수 없는 독특한 물질들이 딸려 올라온다. 그 물질들 중에는 다이아몬드도 있다. 확실히 인디애나와 그 근방에는 킴벌라이트 관이 없다. 거대한 붉은 벽옥 덩어리와 작은 금 조각들과 마찬가지로, 인디애나의 다이아몬드도 빙하 표석이다. 이 빙하 표석은 캐나다에서 왔다. 표석 점토의 구조를 읽고 아래에 놓인 암석의 홈과 줄무늬를 따라 방향을 잡으면, 그리고 딱 고래 모양으로 빚어놓은 것 같은 빙퇴구drumlin 언덕의 방향과 그 빙퇴구를 만든 얼음이 온 방향에 주목하면, 누구라도 이 지역에 당도한 얼음이 대략 동북쪽으로 45도에 가까운 방향에서 왔다는 것을 간단히 알 수 있다. 인디애나폴리스에서 퀘벡의 오티시산맥 사이를 잇는 직선 근처 어딘가에 다이아몬드가 포함된 킴벌라이트 관이 적어도 하나는 있었다는 이야기다. 인디애나를 뒤덮고 있던 얼음이 남아프리카의 킴벌리 광산에서 왔을 리는 없기 때문이다. 얼음은 오티시산맥에서 형성되어 성장했고, 꽃이 피어나듯 퍼져나갔다. 빙하는 그것이 운반한 암석과 그것이 지나온 암석을 통해서 그 여정에 관한 이야기를 풀어놓았지만, 어디에서 다이아몬드를 얻었는지에 대해서는 밝히지 않았다.

평균적으로 지표에서 약 96킬로미터 아래에 있는 맨틀에는 지진파의 속도가 느려지는 층이 있다. 지진파는 암석이 무를수록 느려진다. 따라서 지진파가 느린 구간에서는 암석이 녹는점에 가까울 것으로 추측된다. 그렇지 않은 단단한 맨틀 위에서는 지각판들이 미끄러지면서 그 경계면에서 일어나는 상호작용에 의해 판구조론이라고 알려진 효과가 나타날 수 있다. 지각판은 지각과 맨틀 최상부로 이뤄지며, 두께가 145킬로미터에 이르기도 한다. 다이아몬드 관이라고도 불리는 킴벌라이트 관은 그보다 훨씬 더 깊은 곳에서 시작되는 것으로 추정된다. 그리고 대부분의 지질학자는 다이아몬드 관이 어떤 면에서는 "잘 밝혀지지 않았다"고 말할 것이다. 다이아몬드 관을 이루는 물질은 운모에서 나온 물과 다른 광물에서 나온 이산화탄소가 압축된 것으로 추정되는 연료를 주위의 맨틀 암석에서 끌어모은 후, 서서히 상승하여 그 위에 가로놓인 판으로 침투하는 것으로 여겨진다. 처음에는 상승이 느리지만, 193킬로미터를 통과한 후에는 지표를 마하 2의 속도로 뚫고 올라올 것이다. 그 결과 미간의 총구멍처럼 아담한 분화구가 생긴다.

지금까지 아무도 지구 속으로 193킬로미터를 뚫고 들어간 적이 없고, 그럴 수 있을 것 같지도 않다. 그런데 다이아몬드 관이 그런 깊은 곳에 있는 것을 시료로 가지고 올라온 것이다. 그 시료는 사방에 흩뿌려지기도 하지만, 목을 막히게 하는 뻑뻑한 과일 케이크처럼 관 속에 남아 있기도 한다. 대륙 아래에 있는 꾸러미에서 맨 밑바닥에 있는 층은 대체로 감람암으로 이뤄져 있어서, 맨틀의 주성분은 감람암일 것으로 여겨진다. 다이아몬드 관에는 석류석과 옥이 가득한 고압에서 재결정화된 현무암이 있다. 엄청난 크기의 감람석 결정도 있다. 그 전체가 다이아몬드의 모암인 킴벌라이트라고 알려져 있다.

　킴벌라이트 관에서 다이아몬드가 나올 확률은 100분의 1이다. 탄소는 대단히 높은 온도와 압력하에서만 가장 치밀한 형태의 결정을 이룰 것이다. 최소 1제곱센티미터당 약 7000킬로그램의 압력이 요구되는데, 이 정도의 압력은 지각의 가장 두꺼운 부분 아래에만 존재한다. 지각의 가장 두꺼운 부분은 대륙의 중심부인 크레이톤이다. 다이아몬드를 품고 있는 킴벌라이트는 모두 크레이톤을 뚫고 올라온 관에서만 발견되었다. 다이아몬드는 지하의 생성 장소에서는 안정된 상태로 존재하지만, 압력이 더 낮은 곳을 통과해 위로 올라오는 동안 빠르게 흑연으로 바뀔 것이다. 그런 구간을 무서운 속도로 통과해야만, 다이아몬드는 비로소 다이아몬드로 지표에 도달한다. 그리고 갑자기 냉각되어 위태로운 보존 상태에 들어가는 다이아몬드가 인간에게는 왠지 "영원한" 느낌의 감동으로 다가온다. 다이아몬드는 총알처럼 지각을 뚫고 발사된다. 그런데도 흑연 덩어리 안에서도 종종 발견된다. 가늠할 수 없을 정도로 많은 양의 다이아몬드가 흑연으로 바뀌거나 이산화탄소가 되어 공기 중으로 흩어진다. 상온과 대기압 아래에 있는 다이아몬드는 극히 좁은 열역학적 구간에 잠시 머물러 있는 것이다. 다이아몬드는 흑연이 되기를 원한다. 그리고 대기 중의 산소에 의해 완전히 타버리지 않는다면, 다이아몬드는 비교적 적은 양의 열로 흑연이 될 수 있다. 이런 면에서 볼 때, 다이아몬드는 불안정하다. 손가락에서 빛나는 이 영원한 맹세의 상징은 연필심이 되기를 갈망한다. 가끔 운석에서 발견되는 알갱이들을 제외하고, 자연에서 다른 방식으로 존재하는 다이아몬드는 없다.

킴벌라이트는 쉽게 풍화된다. 1867년, 남아프리카의 한 소년이 공기놀이를 하다가 퇴적물 속에서 다이아몬드를 찾아낸 일을 계기로 남아프리카에서는 여러 개의 킴벌라이트 관이 발견되었고, 그중 하나가 킴벌리 광산이 되었다. 킴벌리 광산이라는 다이아몬드 관 하나에서만 모두 1400만 캐럿의 다이아몬드가 나왔다. 그 전에는 다이아몬드의 근원암이 전혀 알려져 있지 않았다. 리전트 다이아몬드, 코이누르 다이아몬드, 무굴 황제 다이아몬드는 강물에 의해 침식되면서 드러났다. 플라이스토세의 빙벽이 퀘벡을 가로지르면서 산을 깎아내고 호수를 만들 때, 분명히 킴벌라이트 관도 짓뭉개졌을 테고 그 안에 있는 것들이 서남쪽을 따라 흩어졌을 것이다. 다이아몬드를 흩어놓은 얼음은 의문만 던져놓은 것이 아니라 그 답도 모호하게 만들었다. 다이아몬드 관은 몇 개일까? 어디에 있을까? 다이아몬드는 얼마나 들어 있을까? 만약 그 내용물 중 1000만 분의 1이 보석 가치가 있는 다이아몬드라면, 채굴할 가치가 있을 것이다. 그 관들은 인디애나에서 동북쪽으로 어딘가에 있을 것이다. 모두 너비 400미터 이내의 범위에 있을 가능성이 크다. 아마 빙하 표적물 아래에 있을 것이고, 어쩌면 호수 밑바닥에 있을지도 모른다. 몇 곳이 발견되기도 했지만 가치가 있는 곳은 없었다. 추측건대, 비교적 다이아몬드가 많이 박혀 있는 관도 있을 것이다. 많은 사람이 그 관들을 추적했지만, 지금까지 찾아낸 사람은 아무도 없다.

"몇 년 전에 시베리아에서는 빙하 표적물 속에서 다이아몬드를 발견한 뒤로, 두 개의 다이아몬드 관을 찾아냈어요." 애니타가 내게 말했다.

"어쩌면 러시아 지질학자들이 여기서도 도움이 될 수 있겠네요." 내가 말했다.

애니타는 제임스호 건너편에 한 줄로 늘어서 있는 빙퇴석 언덕들을 바라보면서 내 제안을 무시하기로 했다. 언덕들은 그 너머에 있는 빙하성 유수 퇴적평원을 가리고 있었다. 잠시 후 그녀가 말했다. "암석은 기억하고 있어요. 캐나다 어디에서 다이아몬드 관을 찾아야 하는지를 암석이 딱 꼬집어 알려줄 수는 없을지도 몰라요. 하지만 이런 빙하 표적물 속에 다이아몬드가 들어 있다면, 그것은 다이아몬드 관이 거기에 있다는 것을 암석이 말해주는 것이라고 봐야 해요. 암석은 그것이 만들어진 시대에 일어난 사건들을 기록하고 있어요. 암석은 책이에요. 저마다 다른 말과 다른 문자로 쓰여 있지만, 우리는 그것을 읽는 법을 배우고 있어요. 화성암은 그것이 용융 상태에서 고체 상태로 바뀐 온도와 그런 일이 일어난 시기를 알려줘요. 그래서 당시 지구의 모습을 상상할 수 있게 해주죠. 30억 년 전에 형성된 암석이든 어제 땅 위에 올라온 용암이든 상관없습니다. 퇴적암의 색깔, 알갱이의 크기, 물결 자국, 비스듬한 층무늬인 사층리는 퇴적 환경의 에너지에 대한 단서가 되어, 그 지층이 퇴적된 강의 특성이나 물살의 방향이나 세기 같은 것을 알려줘요. 암석에 나타난 식물상, 발자국이나 단단한 부분 같은 유기체의 흔적은 그 퇴적물이 바다에서 왔는지, 육지에서 왔는지를 알려줘요. 어쩌면 물의 온도와 깊이, 육상의 기온도 알려줄지 몰라요. 변성암은 높은 온도와 압력에 의해 재결정 작용이 일어난 암석이에요. 변성암의 광물 조성을 보면,

그것이 원래 화성암이었는지 퇴적암이었는지를 알 수 있어요. 변성암은 그 후에 일어난 일과 변성이 일어났을 때의 온도를 알려줘요. 한때 나는 역사를 전공하고 싶었어요. 선생님의 추천으로 과학 쪽으로 진로를 정했지만, 사실 내가 공부한 것은 역사였어요. 믿기지는 않겠지만, 나는 이런 지형에서 자랐어요. 이런 호수와 언덕을 보면서 결코 브루클린이 떠오르지는 않을 거예요. 그런 면에서라면, 인디애나도 생각날 곳은 아니죠. 나는 기반암이 무엇을 의미하는지 몰랐어요. 암석을 읽는 법을 배우면서, 암석 속에 얼마나 많은 역사가 담겨 있는지를 알고 정말 놀랐던 기억이 나요. 빙하와 관련된 것들은 모두 최근에 온 것이고, 지금 지표면에 놓여 있어요. 브루클린의 대부분은 구멍이 숭숭한 빙하성 유수 퇴적평원이에요. 브루클린은 broken land, 즉 부서진 땅이라는 뜻이에요."

———

어느 날 내가 애니타 해리스를 태우러 뉴저지 모건빌에 있는 그녀의 사촌 집으로 갔을 때, 우리는 내로스 다리를 건너서 브루클린으로 들어가기로 했다. 애니타는 그녀가 살았던 동네를 25년 동안 본 적이 없었다. 애니타의 사촌인 머리 스레브레닉은 우리가 떠나기 전에 커피를 주며 걱정을 감추지 않았다. 심지어 구제불능인 사람들을 보고 있는 것처럼 조금 당황하기도 했다. 그 역시 브루클린에서 자랐다. 현재 트럭회사의 소유주 겸 기사인 그는 교외에 살면서 뉴욕 7번가까지 의류를 운송하는 일을 하고 있다. 시내를 통과해 여러 창고까지 운행을 하는 그와 그의 기사들은 어떤 길을 피해야 하는지를 잘 알고 있지만, 때로는 그들도 말 그대로 골칫거리에 휘말렸다. 범죄는 그의 일상의 일부였다. 그는 커피잔을 헹구는 동안 결국 속말을 꺼내놓으며 우리에게 제정신이 아니라고 말했다. 그는 우리를 말리기 위해 두 팔을 휘저으며 열변을 토했다. 그의 말은 오래된 구역이든 오래되지 않은 구역이든 자신이라면 윌리엄스버그 근처에는 가지 않을 것이며, 그런 것과 관련해서라면 브루클린에는 다른 좋은 곳도 많다는 이야기였다. 그러면서 그는 비위를 시험하는 것 같은 텔레비전 뉴스의 잔학한 이야기들을 줄줄이 늘어놓았다. 나는 지질학자의 암석망치로 자기방어를 하다 죽는 기분은 어떨지 궁금했다. 애니타는 우리가 시내를 떠나는 동안 긴장한 것 같았다. 25년 만에 고향으로 돌아간다는 것이 두려워 보였다.

해 뜰 무렵부터 이미 뜨거운 8월의 어느 날이었다. "윌리엄스버그에서 나는 베리가 381번지에 살았어요." 애니타는 내로스 다리를 건너면서 말했다. "세계 최악의 빈민가였는데, 건물에는 옥내 배관이 없었어요. 우리가 처음 살았던 아파트는 엘리베이터가 없는 6층 건물이었어요. 20세기 초에 지어진 그 건물 맞은편에는 트라이아스기의 붉은 사암이 있었죠." 우리 앞에는 브루클린이 펼쳐져 있었고, 북쪽으로는 맨해튼의 고층건물 밀집 지역 두 곳이 5킬로미터 간격으로 우뚝 서 있었다. 월가의 첨탑들 너머로 미드타운의 고봉들이 보였다. 애니타는 내게 맨해튼 시내의 고층건물들 사이에 왜 야트막한 등마루가 있는지 궁금한 적이 없었냐고 물었다.

나는 항상 도시의 스카이라인이 상업이나 역사나 도덕 같은 인간의 문제로 인해 만들어졌을 것이라고 생각해왔다고 말했다. 마천루 속에 있는 리틀 이탈리아나 맨 꼭대기 층에 있는 리놀륨 장판 창고를 누가 상상할 수 있겠는가?

누구나 짐작하고 있듯이, 맨해튼 미드타운의 고층건물들은 단단한 바위 속에 박혀 있었다. 애니타의 말에 따르면, 그 바위는 한때 녹는점에 가까운 온도까지 가열되었다가 재결정화되고, 다시 가열되었다가 재결정화되는 사이, 건물을 지탱하기에 더없이 만족스러운 바위가 되었다. 무엇보다 더 중요한 것은, 바로 지표에 있다는 점이었다. 센트럴파크에 가면 은빛으로 반짝이는 바위들을 볼 수 있다. 바위 표면에서 반짝이는 것은 모두 운모다. 4억5000만 년 된 그 바위들은 맨해튼 편암이라고 불렸다. 미드타운 전역에는 그런 바위가 지표면이나 지표면 근처에 있지만, 30번가 남쪽 지역에서부터 서서히 사라지기 시작해 워싱턴 광장에서 갑자기 자취를 감춘다. 만약 표석 점토가 수십 미터 두께로 쌓이지 않았다면, 미드타운과 월가를 잇는 낮은 등마루는 모두 물속에 있었을 것이다. 그래서 그리니치빌리지, 소호, 차이나타운은 골프공 받침대보다 더 대단한 것은 지탱하지 못할 것 같은 물질 위에 세워졌다. 그 물질은 멀리 뉴욕주에 있는 라마포산맥이 부서진 조각들이고, 허드슨강 상류에 위치한 캐츠킬과 나이액과 테너플라이에서 깎여 운반되어 온 것이다. 월가 구역에서는 기반암이 다시 땅 위로 올라오지는 않지만, 지하 12미터 이내에 있어서 시내에서 가장 높은 건물을 올리는 토대가 될 수 있었다. 뉴욕은 단단한 기반암을 발판으로 삼아 성장했고, 뉴욕의 상황과 관계없이 전 세계 모든 도시도 뉴욕을 닮으려 했다. 이를테면 휴스턴 중심부의 스카이라인은 맨해튼 스카이라인의 복사판이다. 휴스턴은 3600미터 두께의 몬모릴로나이트 점토 위에 놓여 있다. 이런 점토 광물은 습기를 머금으면 젤리처럼 된다. 땅에서 엄청난 돈을 뽑아낸 휴스턴의 석유 회사들은 다시 수억 달러의 돈을 땅속에 쑤셔넣은 셈이다. 휴스턴은 지하층이 깊기로 세계에서 가장 유명한 도시다. 휴스턴의 고층건물들은 진구렁 속에서 꺼떡거리는 거대한 볼링핀이다.

우리는 벨트 파크웨이를 타고 브루클린 외곽을 따라서 먼저 코니아일랜드로 향했다. 코니아일랜드는 애니타가 어릴 적에 자주 놀러 갔던 곳이고, 그녀가 예정보다 조금 서둘러 태어난 곳이기도 했다. 임신 7개월이던 애니타의 어머니는 어느 날 해변에 가려고 지하철을 탔고, 애니타는 코니아일랜드 병원에서 태어났다.

"크롭시가", 애니타는 도로 표지판을 읽으며 말했다. "오른쪽으로 가요. 여기서 빠져야 해요."

나는 오른쪽 길로 들어섰다. 신호는 깜박이고 있었지만, 출구는 멈춰 선 차들로 꽉 막혀 있었다. 그곳에는 경찰이 있었고, 경광등이 번쩍였다. 험하게 찌그러진 폰티액 자동차의 옆면에 한 청년이 손바닥을 펼쳐서 올려놓는 사이, 경찰이 권총을 빼어들고 그 청년에게 뭐라 말을 하고 있었다. 애니타는 "고향에 온 것을 환영한다, 애니타" 하고 말했다.

이른 아침이라 넓은 해변은 한산했다. 어제 1만 명이 이곳에 있었고, 곧 그만큼의 사람이 다시 북적일 것이다. 추억의 놀이기구인 패러슈트 점프가 단단히 자리를 잡고 우뚝 서 있었다. 그늘에 있는 사이클론 롤러코스터에 비스듬하게 빛이 닿았다. 애니타는 추억에 잠긴 듯이 이리저리 시선을 돌리다가 저 멀리 고가 철로를 바라봤다. 유기체의 외형이 모래에 찍혀서 만들어진 화석을 지질학에서는 외면몰드external mold라고 한다. 이 해변이 거대한 이매패류의 집단 서식지였다는 것을 읽어내기 위해서 퇴적학자가 될 필요는 없을 것이다. 우리는 바다와 만나는 해안선 쪽으로 걸어갔고, 파도의 유희가 집중된 곳에는 짙은 색의 무거운 모래가 있었다. 그 모래는 맨해튼 편암이 빙하에 깎이면서 떨어져나온 작은 석류석, 적철석, 자철석 조각들이었다.

표석 모래로 이뤄진 코니아일랜드 해변 자체는 빙하성 유수 퇴적평원의 가장 끝부분이었다. 북쪽에서 내려온 위스콘신 빙기의 빙상이 뉴잉글랜드를 거쳐서 맨해튼을 넘어왔을 것이라고 짐작할 수도 있겠지만, 이 빙상은 맨해튼에서 정북 방향에 놓여 있는 허드슨 강가의 뉴저지 카운티들에서 왔다. 뉴저지 팰리세이즈에서 온 큰 돌덩이들은 센트럴파크에 흩어졌고, 같은 종류의 휘록암은 브루클린 전역에 분산되었다. 빙하는 브롱크스와 맨해튼을 완전히 덮었고, 넓적한 주둥이 같은 빙하의 앞부분은 애스토리아, 매스페스, 윌리엄스버그, 베드퍼드스타이베선트를 가로질러 이동하다가 플랫부시에서 멈췄다. 플랫부시는 이 경로의 종착점이고 빙하시대의 반환점이며 말단퇴석의 자리다. 녹고 있는 얼음에서 하얗게 소용돌이를 일으키며 쏟아져 나온 물은 그 속에 실려 있는 모래와 자갈을 크기별로 분류해 벤슨허스트와 카나르시와 코니아일랜드에 빙하성 유수 퇴적 평원을 형성했다. 애니타가 어렸을 때, 그녀는 낡은 방충망 창틀을 들고 코니아일랜드행 기차를 타곤 했다. 그녀는 그 방충망으로 모래를 걸러 사람들이 해변에서 잃어버린 보석 따위를 찾았다. 이제 그녀는 해변의 모래에 수만 개의 석류석이 있다는 것을 알고 있었다. 코니아일랜드 해변에는 산화되어 해변을 황갈색으로 만드는 철이 많았고, 해변을 하얗게 만들어주는 석영은 많지 않았다. 밀짚 색의 모래에는 검은색과 은색의 운모가 반짝였다. 이 흑운모와 백운모는 5번가와 그 근처의 맨해튼 편암에서 떨어져나온 것이다. 해변은 그 암석이 어디에서 왔는지를 보여준다. 코니아일랜드 모래의 대부분은 뉴저지 휘록암, 포드햄 편마암, 인우드 대리암, 맨해튼 편암이다. 애니타는 모래를 조금 집어 들고 돋보기로 살펴봤다. 각각의 모래알갱이는 각이 지고 모서리가 또렷했는데, 그녀는 근원암이 아주 최근에 빙하에 부서졌기 때문이라고 말했다. 둥글둥글한 알갱이가 만들어지기 위해서는 더 오랜 시간이 필요하다. 비바람과 파도가 이 모래알갱이들에 작용하고 있던 기간은 1만5000년이었다.

편마암 알갱이와 석류석이 휩쓸려온 것처럼, 위스키병과 콜라 깡통과 맥주 깡통과 모래로 뒤범벅이 된 피클과 일회용 접시도 해변으로 휩쓸려왔다.

"펭귄처럼 빽빽하고 미장공보다 더 흙투성이군요." 나는 해변의 생명체들을 보며 말했다.

"우리는 박쥐, 찌르레기, 플라이스토세의 나무늘보와 같은 급이에요. 세상을 아주 엉망으로 만들죠." 애니타는 이렇게 말했고, 우리는 코니아일랜드를 떠나 윌리엄스버그로 향했다.

우리는 빙하성 유수 퇴적평원에서 북쪽으로, 오션 파크웨이를 따라 8킬로미터를 올라갔다. 가로수가 늘어서 있는 널찍한 길인 오션 파크웨이의 주변은 나무 그늘이 드리운 길을 따라 깔끔한 집들이 늘어서 있는 산뜻한 동네였다. 앞쪽으로 내내 말단퇴석이 어렴풋이 느껴졌다. 멀리서 보면 절벽 같지만, 실제로는 조금 가파른 언덕일 뿐이었다. 이스턴 파크웨이에서 가장 높은 지점의 높이는 60미터다. 60미터 높이의 표석 점토인 것이다. 오르막은 프로스펙트 공원 근처에서 시작된다. 평탄한 길을 가다가 어느 순간 비탈을 오르기 시작해 정점에 오르면, 사방에 묘지가 펼쳐진다. 에버그린 묘지, 루터 묘지, 마운트카멜 묘지, 사이프러스 힐 묘지, 그린우드 묘지. 잔디밭 아래 300만 명의 시신이 묻혀 있는 역사상 가장 거대한 네크로폴리스들이 결국 말단퇴석 속으로 모여든 것이다. "빙하 지역에서 빙퇴석을 찾으려면 묘지만 찾으면 돼요." 애니타가 말했다. "빙퇴석은 농지로는 좋지 않아요. 가파른 언덕 지대인 데다가 표석과 큰 돌덩이가 많기 때문이죠. 하지만 땅을 파기 쉽고 배수가 잘돼요. 빙하성 유수 퇴적평원은 질퍽한 땅이에요. 대부분의 사람은 묫자리로 빙퇴석을 선호해요. 어머니를 늪지대에 묻기는 싫잖아요."

LA 다저스의 전신인 브루클린 다저스의 홈구장이 있던 이벳필드도 말단퇴석이었다. 이곳에서 장타자가 장외 홈런을 치면, 베드퍼드가에 떨어진 공은 빙퇴석 위를 튀어 내려가서 빙하성 유수 퇴적평원 위의 코니아일랜드 쪽으로 굴러갔다. 로스앤젤레스에서는 그 누구도 이런 홈런을 칠 수 없을 것이다.

우리는 프로스펙트 공원을 통과했다. 빙퇴석의 전면부에 자리를 잡고 있는 이 공원에는 울퉁불퉁한 땅 위에 커다란 표석들이 박혀 있었다. 프로스펙트 공원은 인디애나의 포카곤 공원과 아주 비슷해 보였다. 다른 점은 포카곤 공원의 표석은 캐나다 순상지에서 왔고, 프로스펙트 공원의 표석은 뉴저지 팰리세이즈에서 왔다는 것이다. 펜실베이니아에서는 애디론댁산맥의 암석 조각이 발견되고, 독일 북부의 평원에서는 스웨덴의 암석 조각이 발견된다. 그리고 카나르시의 자갈과 코니아일랜드의 모래에는 당연히 뉴욕주 타이콘데로가의 백운암, 스키넥터디의 사암, 픽스킬의 화강암이 있다. 이런 장거리 운반 작용은 어디에서나 대륙 빙상의 특징이지만, 빙하 표적물 속에 들어 있는 암석을 다 설명하지는 못한다. 빙하는 깎아내기도 하고 메우기도 한다. 끊임없이 표적물을 뜯어내고 내려놓기를 반복했다. 거두어갔다가 다시 내어주는 것이다. 다이아몬드가 퀘벡에서 인디애나로 이동했을 수도 있고, 백운암이 뉴욕주의 조지호에서 바다로 이동했을 수도 있다. 그러나 빙하에 운반되는 표적물은 대부분 근방에 떨어진다. 프로스펙트 공원에 있는 큰 돌들은 뉴저지에서 온 것이다.

"빙하 지질학은 다루기가 쉬워요." 애니타가 말했다. "빙하가 만들어낸 것은 보존이 아주 많이 되어 있기 때문이죠. 또, 같은 과정이 일어나고 있는 장소를 찾아가서 볼 수도 있어요. 남극 대륙에 가면 대륙의 빙하 작용을 볼 수 있어요. 고산지대의 빙하 작용이 보고 싶으면 알래스카에 가면 되고요."

맑고 따뜻한 여름날은 이제 정오가 가까워져가고 있었다. 프로스펙트 공원은 조용했고 인적이 없었다. 마치 버려진 곳 같았다. 애니타는 어릴 적에 이곳에 종종 오곤 했다. 그녀가 기억하는 이곳은 어디를 보나 소풍 온 사람들이 있었다. 이런 불길한 정적은 없었다. "여기는 안전하지 않은 것 같아요." 그녀는 이렇게 말했고, 우리는 윌리엄스버그로 향했다.

윌리엄스버그가 가까워질수록, 애니타는 확실히 더 긴장을 하는 것 같았다. "이제 그곳은 세계 최악의 슬럼일 뿐이라고 말하더라고요." 애니타가 말했다. "창문을 모두 올리고 문을 잘 잠궈야 하는 건 아닌지 모르겠어요."

"그럼 우리는 더워서 죽을 거예요."

"이곳은 완전히 부자연스러운 곳이에요." 그녀는 계속 말을 이어갔다. "완전히 인공적인 환경이에요. 살아남은 것이라고는 바퀴벌레, 쥐, 인간, 비둘기뿐이에요. 브루클린 칼리지의 교수들은 이런 인공적인 세계에 사는 사람들의 삶에 지질학을 연결시키는 것을 어려워했어요. 겨울이면 우리는 지하철을 기다리느라 엉덩이가 꽁꽁 얼죠. 빙하 작용에 대한 논의는 아마 이렇게 시작할 수 있을 거예요. 도시에는 지질학을 아는 사람이 없어요."

우리는 먼저 그녀가 다닌 고등학교로 갔다. 폐교처럼 보였지만 그렇지는 않았다. 건물은 보루로 둘러싸인 거뭇거뭇한 요새를 연상시켰다.

무시무시한 외관과 달리, 건물 안의 높고 시원한 복도에는 광택제 냄새가 났다. 애니타는 A가 적힌 성적표를 들고 이 복도를 4년 동안 지나다녔고, 열다섯 살의 나이에 최우등으로 졸업했다. 우리는 그녀가 나온 초등학교인 37공립학교로 갔다. 가로보다 세로가 더 높은 건물의 모습은 벽돌로 지은 오래된 교회당처럼 보였다. 확실히 버려진 곳이었다. 유리도 없고, 곳곳이 허물어져 있었다. 교실 바닥에 뿌리를 내린 나무들은 창문 밖으로 자라나고 있었다. 애니타가 말했다. "적어도 내가 다닌 학교를 없어지기 전에 볼 수 있어서 기쁘네요."

우리는 브로드웨이와 베리가로 갔다. 그리고 이제 애니타는 25년 만에 처음으로, 그녀가 예전에 살았던 낡은 건물 앞에 섰다. 네모난 6층짜리 공동주택에는 수많은 비상계단이 있었다. 트라이아스기의 붉은 돌보다는 철 계단이 더 많이 보였다. 애니타는 조용히 건물을 바라봤다. 대개는 금세 이야기를 늘어놓던 그녀는 꽤 오랫동안 말이 없었다. 그러다가 이렇게 말했다. "내가 살았을 때만큼 나빠 보이지는 않네요."

한동안 건물을 응시하던 그녀가 다시 입을 열었을 때, 그녀의 목소리에서 아침의 긴장은 말끔히 사라져 있었다. 애니타가 말했다. "모래 분사를 했네요. 표면이 깨끗해졌어요. 낮은 층에는 외벽을 새로 붙이고, 건물 전체를 모래 분사로 청소했어요. 사람들이 내게 해준 말은 틀렸어요. 내가 살던 때보다 더 깨끗해 보여요. 동네 전체는 아직 그대로예요. 변하지 않았어요. 나는 이 거리에서 막대와 고무공으로 야구놀이를 하며 놀았어요. 여기는 우리 동네예요. 내가 자란 그 동네. 나는 이 동네가 무섭지 않아요. 자신감이 생기네요. 무섭지 않아요."

우리는 천천히 한 블록씩 이동했다. 우리 앞에서 젊은 여자가 유모차를 밀면서 거리를 건넜다. "저 여자 가발이에요. 확실해요." 애니타가 말했다. "아마 머리를 밀었을 거예요." 애니타는 동네에 있는 각양각색의 사람들 중에서 또 다른 여자를 가리키며 말했다. "저기, 저 터번 쓴 여자 보이죠? 일부러 머리를 가린 거예요. 저 사람들은 하시드 유대인이에요. 그들은 머리를 모두 깎거나 감춰서 지나가는 남자들의 호감을 사지 않도록 하려는 거예요." 양쪽 귀 옆으로 꼬불꼬불한 머리카락을 길게 늘어뜨리고 있는 남자가 지나갔다. 모세5경의 격언을 따르는 것이었다. 애니타가 말했다. "이 거리에 있는 것만으로도 중세로 들어가는 것과 같아요. 다행히 우리 부모님은 종교적이지 않았어요. 나는 이 사람들이 오래전에 이곳에 왔을 거라고 생각하곤 했죠. 하시드 유대인이 다 가난한 것은 아니에요. 그건 확실해요. 그들의 집이 대단해 보이지는 않지만, 안을 들여다봐야 해요. 그들은 다이아몬드 세공사들이에요. 돈을 만지죠. 그리고 여전히 이곳에 있어요. 사람들은 틀렸어요. 사람들이 내게 해준 말은 틀렸어요."

우리는 정오의 햇살을 벗어나서 짙은 그늘이 진 윌리엄스버그 다리 아래로 들어갔다. 거대한 석재 교각과 둥근 아치는 이집트 건축물을 연상시켰다. 애니타는 어렸을 때 이 다리 아래에서 핸드볼을 하며 놀았다. "이곳에 테니스 코트 같은 것은 없었어요." 남자아이들은 수영을 하러 강으로 갔고, 그녀는 베리가로 돌아갔다. "나요? 강에서요? 나는 안 했죠. 남자아이들은 다 벗고 수영을 했어요."

공기가 무겁게 가라앉고 거리가 흐물흐물해지는 가장 무더운 여름이 되면, 애니타는 윌리엄스버그 다리로 가서 허드슨강이 내려다보이는 높은 곳에 자리를 잡았다. 그곳에는 늘 바람이 불었다. 일고여덟 살의 애니타는 보도에 앉아 다리를 대롱대롱 늘어뜨리고 브루클린 해군 조선소를 바라봤다. 제2차 세계대전이 한창일 때였다. 그녀는 미주리 전함,

베닝턴 전함, 키어사지 상륙함이 차차 완성되어 용골이 물속으로 들어가는 모습을 지켜봤다. 그것은 놀라운 구경거리였지만, 거의 움직임이 없었다. 어린 애니타는 다리 너머에 있는 것들이 점점 더 궁금해졌다. 어느 날 그녀는 용기를 내어 다리를 다 건너봤다. 맨해튼에 발을 딛었다가 이내 되돌아왔다. "나는 딜랜시가까지 가보고 싶었지만 너무 무서웠어요."

그다음에는 딜랜시가를 세 블록 앞두고 되돌아서 얼른 집으로 돌아갔다. 이런 식으로 애니타는 시간을 두고 자신의 지평을 조금씩 넓혀갔다. 대부분은 그냥 둘러보고만 왔지만, 때로는 돈을 조금 들고 맨해튼의 상점에 들어가기도 했다. 애니타의 유일한 돈벌이 수단은 동네에서 얻은 빈병이었다. 그녀가 생각하는 엄청난 부자는 생화를 살 여유가 있는 가정이었다. 그녀의 어머니는 비서였다. 어머니의 수입은 가족에게 필요한 것을 충당하기에는 턱없이 부족했다. 그녀의 아버지는 ("얼굴에 흉터가 있어서 험상궂게 보이는") 트럭 운전사였는데, 사고로 허리를 크게 다쳤다. 그 일로 3년 동안 견인 치료를 받느라 수입이 없었다. 애니타의 맨해튼 탐험은 점점 더 범위가 넓어져서 왕복 20킬로미터 거리가 되었다. 그녀가 가장 멀리까지 나아간 지점은 센트럴파크에 있는 어딘가였다. "거기까지 갔었어요. 너무 무서웠죠." 바워리를 거쳐서 이스트빌리지를 통과하던 어린 애니타의 지질학 감각은 자신의 집 문간에 앉아 있는 사람과 별반 다르지 않았다. 엠파이어스테이트 빌딩을 올려다봤을 때, 그녀는 그 건물이 센트럴파크에 드러나 있는 그 기반암 덕분에 올라갈 수 있었다는 것을 알지 못했다. 그래서 그곳에 드러난 바위를 보고, 그 반짝거리는 너른 바위들이 미국 동부의 습한 공기 속에서 왜 흙과 식물로 뒤덮이지 않았는지를 궁금해하지도 않았다. 와이오밍에서는 바람에 흙이 벗겨지면서 바위가 노출될 수 있지만, 와이오밍은 맨해튼에 비해 고도가 몇 킬로미터 더 높고, 달의 바다보다 더 건조하다. 이곳 동부에서는 강물에 바위가 깨끗이 씻길 수는 있었지만, 그 바위는 강물이나 조수가 닿지 않는 섬의 고지대에 있었다. 어린 애니타는 왜 그 바위에 긁힌 자국과 홈이 있는지, 그리고 어디에서 그렇게 은행 입구처럼 맨들맨들하게 광이 나게 되었는지, 한 번도 궁금하게 여긴 적이 없었다.

애니타는 열다섯 살 때부터 브루클린 칼리지에서 물리학, 광물학, 구조지질학, 화성 및 변성 암석학에 관한 책을 읽었다. 그녀는 허용되는 범위 안에서 추가 수업을 들었다. 대학 수업을 듣기 위해서는 한 학기에 6달러를 내야 했으므로, 가능한 한 투자한 만큼 전부 얻어낼 작정이었다. 실험실 사용료와 파손 보상비도 있었다. 지질학에서 파손 보상비는 크지 않았다. 브루클린 칼리지는 미국 대학의 학부 중에서 규모가 비교적 작은 곳으로, 대략 하버드대학과 비슷한 규모였다. 흰 테두리가 있는 차분한 식민지 시대풍 벽돌 건물, 대칭을 이루는 정원, 담장으로 둘러싸인 잔디밭도 하버드를 닮았고, 하버드와 마찬가지로 빙하성 유수 퇴적 평원 위에 서 있었다. 브루클린 칼리지는 바다를 향하고 있는 말단퇴석인 플랫부시의 남부에 있다. 애니타가 다니던 때인 1950년대 중반의 브루클린 칼리지는 리틀 레드 스쿨하우스라고 불릴 정도로 좌파가 많았다. 그녀는 정치에 관해서는 잘 몰랐고, 루프 펜던트, 비조화저반, 탄성충돌, 중성자 분산의 세계에 살았고, 광상, 야외지질도 작성, 지구물리학, 지사학에 대해서도 지식을 확장해나갔다. 이런 것들을 배우기에 앞서, 그녀는 회계, 부기, 타자, 속기를 먼저 익혔다. 애니타의 가족은 애니타가 그녀의 어머니처럼 비서가 될 것이라고 생각했다.

이제 애니타는 그 여름날에 그랬던 것처럼, 나와 함께 맨해튼 5번가로 올라간다. 그녀는 5번가를 우묵한 향사의 축이라고 설명한다. 그녀는 발밑에 무엇이 있는지를 안다. 맨해튼이라는 섬의 구조를 알고 있는 것이다. 맨해튼의 구조에 나타나는 공간적 관계의 역설은 지질학자들에게는 특별한 즐거움이 되고, 촌철살인의 라틴어 문장처럼 누구나 쉽게 이해할 수 있다. 윌리엄 F. 버클리의 작품을 보면, 세계 역사상 어떤 작가도 천문 항법의 원리를 보통 사람들에게 명확하게 이해시키지 못했다고 언급하는 구절이 있다. 그런 다음 그는 천문 항법이 아주 단순하다고 단언하고, 현재 그가 하고 있는 이야기의 진행을 잠시 멈추고 이 초보적인 기술을 명확하게 설명하지 못하는 문학 수업의 실패를 제대로 바로잡겠다고 말한다. 그는 곧바로, 호기롭고 용감무쌍하게 설명을 시작한다. 그리고 그의 설명이 다 끝날 무렵이 되면, 태양들은 궤도에 있고 황량한 바닷가 모래톱은 부서진 별빛에 반짝인다. 이제 본론으로 들어가서, 두 강 사이에 놓인 맨해튼이라는 암석 덩어리에 대해 내가 완벽하게 이해했다고 밝히고 싶은 것은 맨해튼 중심부를 지나는 5번가가 가장 높은 지대를 가로지르면서, 동시에 향사 구조의 우묵한 지점을 지나갈 수 있는 비결이다. 암석이 압축되어 습곡이 일어나면, 향사와 배사가 생긴다. 습곡 구조의 모양은 S자와 비슷하다. S자를 가로로 누이면 왼쪽이 향사, 오른쪽이 배사가 된다. 배사와 향사는 서로의 일부를 이룬다. 암석의 배치는 그 지역의 구조를 구성하지만, 그 구조가 반드시 지표면의 모양일 필요는 없다. 지표면의 모양을 만드는 주체는 침식이다. 침식, 특히 이동하는 빙하의 거센 힘이 실린 침식은 마음대로 구조를 깎아내며 지나갈 수 있다. 길이 방향으로 잘라서 평평한 면이 위로 가도록 놓은 당근은 향사 습곡을 구성한다. 맨해튼은 빅애플Big Apple이라는 조금 당황스러운 애칭으로 불리는데, 적어도 교육적으로는 빅캐럿Big Carrot이라 불리는 편이 나을지 모른다. 섬의 양옆으로 지나가는 강에 가장자리가 침식되면서, 맨해튼섬은 전체적으로 납작하면서 가운데가 약간 볼록한 언덕 모양이 되었다. 가장 높은 곳에 위치한 5번가는 향사의 가장 오목한 가운데 부분을 지나가고 있는 것이다.

그날 오후, 애니타는 어퍼웨스트사이드에서 자신의 암석 망치를 꺼내서 맨해튼에서 백운석질 대리암을 조금 떼어냈다. 그녀는 한 노두에서 얻은 이 암석으로 자신이 연구하는 코노돈트와의 연관성을 알아볼 생각이었다. 애니타는 그 대리암이 "너무 익었다"고 말했다. "이런 온도를 얻으려면 9000~1만2000미터 지하로 내려가야 해요. 아니면 주위에 용암이 있거나, 지열의 증가율이 아주 높았을 거예요. 장소에 따라 달라요. 이 대리암은 너무 익어서 거의 증발될 지경이에요. 틀림없이 아주 화끈한 암석일 거예요." 그녀는 72번가와 웨스트엔드가가 만나는 곳에서 걸음을 멈추고, 작은 아파트 건물 외벽에서 검은색과 녹색이 어우러진 아름다운 사문암을 보며 감탄했다. 5번가와 매디슨가 사이를 지나는 68번가에서는 반려암으로 치장한 집에 감동했다. 트라이아스기의 모래 속 화석처럼 어린 시절을 갑갑하게 보낸 사람은 누구나 그럴 것이다. 그것은 엄청난 부가 드러나는 집, 반려암으로 지은 집이었다. 그 블록을 따라 올라가자 반려암 저택보다 더 웅장한 화강암 저택이 나타났고, 그 너머에는 석회암으로 지은 대저택이 있었다. 보통은 빗물에 녹을까 두려워할 너무나 호사스러운 저택이었다. 애니타는 그 위에 염산을 떨어뜨리고 거품이 생기는 것을 지켜봤다.

———

애니타의 전남편인 잭 엡스타인은 애팔래치아 북부의 지질학자다. 그 역시 브루클린 칼리지를 다녔고, 와이오밍대학에서 석사과정을 공부했다. 애니타도 1958년에 함께 와이오밍에 가려고 했지만, 와이오밍대학 지질학과는 1년 차 대학원생에게는 장학금을 제공하지 않았다. ("내겐 돈이 필요했어요. 요리를 할 냄비도 없었거든요.") 그녀는 세계적으로 유명한 지질학과가 있는 프린스턴 같은 곳을 알아봤지만, 프린스턴은 와이오밍보다 문턱이 더 높았다. 당시 프린스턴대학은 찰스 라이엘 경의 직계 후손이 자기 몸무게만큼의 보석을 수업료로 내겠다고 해도 여성의 입학을 허용하지 않았을 것이다. 애니타는 열 곳의 대학에 지원서를 냈다. 그중 블루밍턴에 있는 인디애나대학에서 가장 좋은 제안이 왔다. 머지않아 그녀의 교수는 그녀가 대단히 총명하고 공격적인 학생이라는 것을 알게 되었다. 애니타는 교수들이 이야기를 하는 동안 마치 '아냐, 아냐, 아냐, 아냐, 이 멍청아, 너는 아무것도 몰라'라고 말하는 것처럼 당혹스럽게 고개를 가로젓는 버릇이 있었다. 그런 종류의 행동이 그녀의 생각과 항상 무관한 것은 아니었다. ("나는 그렇게 전통적인 지질학자는 아니에요. 상식적이라고 생각하는 일부 학설만 받아들여요.")

블루밍턴은 세일럼 석회암 위에 서 있었다. 건축업계에서는 아름다운 "일정 규모의 석재"가 나오는 세일럼 석회암을 잘라서 도시의 외관을 장식한다. 세일럼 석회암은 지금으로부터 3억4800만~3억4000만 년 전인 미시시피기 중기 메러멕절의 석회질 진흙에서 만들어졌다. 당시 블루밍턴은 크레이톤 위에 형성된 얕은 바다의 한쪽 언저리 아래에 있었다. 한 교수는 애니타에게 "자네 같은 뉴욕 사람들에게는 엠파이어스테이트 빌딩이 있겠지만, 이런 외진 곳에는 그런 건물을 캐낸 구멍이 있다"고 지적했다.

애니타와 잭 엡스타인은 1958년에 결혼했다. 두 사람은 석사학위를 받고 미국 지질조사소에 들어갔다. 이쪽 업계에서 지질조사소는 특히 선망하는 직장이었다. 야외조사 경험을 얻고자 하는 지질학자에게 지질조사소는 양적인 면과 다양성 면에서 다른 어느 곳보다 월등히 뛰어났다. 애니타와 잭 엡스타인은 지질학을 "극한의 응용과학"이라 여겼고, 지질학에서는 야외조사 경험이 필수 경력이라고 확고하게 믿었다. 곡괭이와 삽을 들고 탐사를 하는 사람뿐 아니라 학생을 가르치는 교수에게도 극히 중요하다고 생각했다. ("사람들은 야외로 나가서 경험을 쌓아야 해요. 뒤에 물러앉아서 배운 것을 그대로 가르쳐서는 안 돼요.") 지질조사소에 들어간 첫해에 그들은 기대 이상으로 많은 수확을 얻었다.

지질학은 때로 주관적일 정도로 직관적이기 때문에, 우연히 얻은 현장 경험의 종류가 심오한 과학적 문제와 관련된 태도에 영향을 미칠 수도 있다. 젊은 암석들 속에서 자란 지질학자는 현재에서 과거의 실마리를 찾는 동일과정설을 강력하게 지지할 가능성이 크다. 그들은 젊은 암석 속에 있는 강의 모래톱을 확인하고, 현재 흐르고 있는 강의 모래톱을 본다. 그리고 시간의 흐름을 따라 돌고 돌아서 서로의 형태로 되어가고 있는 과정에 있다는 것을 안다. 과거에 무엇이었든지 언젠가는 다시 그것이 될 것이다. 아주 오래된 암석과 함께 성장한 지질학자들은 그 암석이 최초의 생명이 발달하기 전부터 있었다는 사실에 큰 감명을 받는 편이고, 지구 물질의 재순환은 하나의 극적인 이야기 속에 포함되는 작은 일화일 뿐이라고 생각하는 경향이 있다. 그 극적인 이야기는 시커먼 더껑이 이외에는 아무것도 없는 지구에서 시작한다. 그리고 대륙의 배치가 이리저리 바뀌는 과정을 거쳐서 오늘날의 지구 풍경으로 발전한다. 이 이야기의 맨 앞부분은 "더껑이 구조론scum tectonics"이라고 불린다. 암석이 산에서 부서져서 바다로 운반되고 다시 산이 될 암석을 형성한다는 암석의 순환은 동일과정설의 핵심이며, 에든버러의 제임스 허턴이 18세기 말에 처음 설명했다. 광대한 시간 개념을 지닌 허턴은 헤아릴 수 없이 오랜 시간에 걸쳐 서서히 일어나는 지각의 변화를 상상함으로써 다윈으로 가는 길을 열었고(시간은 진화의 첫 번째 요건이다), 반복적인 과정과 대체로 점진적으로 일어나는 변화에 대한 생각도 강조했다. 현대의 옷을 입은 이 개념들은 지금도 지질학에서 서로 부딪치고 있다. 어떤 지질학자는 암석 기록을 시간 간격을 두고 재앙들이 배치된 아주 긴 띠그림처럼 생각하는 반면, 어떤 지질학자는 암석 사태와 화산폭발에서부터 대륙의 융기와 판의 충돌에 이르는 모든 것이 아직 다 밝혀지지 않은 어떤 이야기 속의 극적인 장면들이라고 여기는 쪽을 선호한다. 브루클린에서 자란 지질학자라면, 어느 쪽 편견이든 자유롭게 선택할 수 있을 것이다.

지구의 동역학에 대한 애니타 엡스타인의 생각은 1959년의 어느 밤에 중대한 변화를 겪었다. 당시 애니타와 그녀의 남편은 몬태나 서남부에서 하계 야외조사를 수행 중이었다. 그곳에서 그들의 임무는 옐로스톤 국립공원의 한 귀퉁이를 감싸고 있는 몬태나주의 매디슨산맥과 갤러틴산맥의 구조와 층서를 연구하고 지질도를 만드는 것이었다. 두 사람이 생활하던 미국 지질조사소의 이동주택은 블레이미스톤 목장에 있는 사시나무 숲에 자리하고 있었다. 이 아름다운 목장의 주인은 연수기 사업가인 에밋 J. 컬리건이었는데, 그는 그곳에 살지는 않았다. 애니타 부부는 지질조사소에 들어온 이래로, 펜실베이니아에서 연구를 해왔다. 델라웨어 협곡 지역에 대한 상세한 지도를 제작하고, 겨울에는 워싱턴의 본부에서 지냈다. 그리고 이제 그들은 특별히 눈에 띄는 미국의 한 지역에서 지질학을 할 기회를 얻고 있었다. 애니타의 말에 따르면 그 곳은 "모든 것이 널려 있는 곳"이었다.

목장의 한쪽 끝에는 매디슨강 계곡에 댐이 생기면서 만들어진 헤브 겐호가 있었다. 계곡을 따라 이어지는 단층선은 비활성 단층이라고 생각되었다. 그날 밤까지는 그랬다. 공기는 상쾌했다. 보름달은 밝게 떴다. 그 전날, 갤러틴산맥의 감시탑에 있던 산불 감시인은 불안한 정적을 감지했다. 그는 새들이 모두 사라졌다는 것을 깨달았다. 모든 종류의 새가 한꺼번에 산을 떠난 것이다. 어떤 사람은 곰들도 모두 떠나고 남아 있는 곰들이 불안하게 서성거린다는 것을 알아차렸다. 애니타와 잭 앱스타인은 이런 신호를 전혀 알아차리지 못했다. 그러나 알았다고 하더라도 그것을 어떻게 받아들여야 할지는 몰랐을 것이다. 당시 그들은 중국인 지질학자들이 지진 감지를 위해서 야생동물을 주기적으로 관찰하고 있었다는 것을 알지 못했다. 또 그들은 지질조사소 래러미 사무소의 데이비드 러브가 불과 몇 주 전에 "옐로스톤 국립공원과 주변 지역의 제4기 단층"이라는 제목의 초록을 발표했다는 것도 알지 못했다. 이 초록에서 러브는 그 지역에서 대규모 지진 활동은 과거의 일이라는 통념에 동의하지 않는다고 표현했다. 러브는 큰 충격이 일어날 수도 있다고 생각한다고 말했다. 오후 11시 37분, 카드놀이를 하던 애니타의 머리 위에 매달려 있던 손전등이 흔들리기 시작했다. 찬장에서 그릇이 떨어지고, 분지에서 물이 솟구쳤다. 잭은 흔들리는 손전등을 잡아보려고 하다가, "손전등에 머리를 맞았다". 이동주택의 바닥은 애니타가 어릴 때 코니아일랜드의 놀이동산에서 들어갔던 유령의 집처럼 흔들렸다. 두 사람은 밖으로 뛰쳐나왔다. 훗날 애니타는 "나무들이 쓰러지고 있었고, 단단한 땅은 찐득한 젤리 같았다"고 회상했다. 밝은 달빛 아래에서 흙이 파도처럼 움직이는 것이 보였다. 그녀는 공포에 사로잡혀 있었지만, 흙의 파도가 파장이 잘 전달되지 않고 마루에서 부서지고 있다는 것을 알아차릴 수 있을 정도로 침착했다. 애니타는 30초간 "엄청난 폭발 소리"와 "거대한 토네이도"가 있었다고 기억한다. 그들이 있던 곳은 진앙과 가까웠다. 당시의 충격은 560킬로미터 떨어진 곳에서도 느껴졌고, 하와이와 알래스카의 우물에도 뚜렷한 영향을 미쳤다. 그들이 있던 곳에서 동서로 약 30킬로미터에 걸쳐 지표면이 갈라졌다. 단층은 컬리건의 목장 주택을 그대로 통과했다. 건물이 무너져 내렸고, 뒤쪽으로 지면이 3.6미터나 솟아올랐다. 애니타가 들은 토네이도 소리는 무게가 8000만 톤에 이르는 선캄브리아 시대의 산에서 난 소리였다. 산비탈의 변성암에 있는 편리면들이 매디슨강 쪽으로 기울어졌고, 그 결과 산의 절반이 빠르게 무너져 내렸다. 이 산사태는 북아메리카 역사에서 지진으로 일어난 가장 규모가 큰 산사태 중 하나로 꼽힌다. 사람들은 산 아래나 근처에서 야영을 하고 있었다. 사망자의 일부는 공기의 충격파로 인해 나무에 매달려서 깃발처럼 펄럭이다가 목숨을 잃었다. 자동차들은 마른 덤불처럼 땅위를 굴러다녔다. 그 모든 것이 암석 사태에 막혀 불어난 강물에 잠겼고, 지금도 여전히 '지진 호수'라고 불리는 깊이 55미터의 물속에 있다.

단층은 지하 수면의 높이를 바꿔놓았고, 그로 인해 지하수의 압력이 높아지면서 물과 모래와 자갈이 함께 뿜어져 나오는 기괴한 샘이 솟구쳤다. 그래도 헤브겐호의 댐은 무너지지 않았는데, 아마 호수의 분지 전체가 6.7미터나 내려앉았기 때문일 것이다. 이렇게 낮아지고 있는 수면을 가로질러, 세이시seiche라 불리는 파도가 일렁였다. 세이시는 민물의 지진해일, 욕조 안의 출렁임 같은 것이다. 헤브겐호의 수면은 이런 진동으로 12시간 동안 출렁였지만, 처음 서너 시간의 진동은 매우 컸다.

물은 호숫가의 방갈로들을 덮쳤고, 사람들은 그들의 침대 위에서 익사했다.

화산이 폭발하거나 지진이 산비탈을 무너뜨리면, 사람들은 크게 놀라서 그 사건을 지켜보다가 다른 이들에게 알려준다. 인간의 역사를 통틀어, 이런 사건을 목격하는 일은 비교적 흔치 않다. 그래서 그 사건들이 나타내는 유형을 인간이 감지하기 시작한 지는 200년 정도밖에 되지 않았다. 지질학적 시간의 관점에서 보면 인간의 시간은 감지하기 어려울 정도로 짧다. 시간의 척도의 맨 끝에 보일락 말락 하게 붙어 있다. 만약 지질학적 시간을 인간의 시간 안에서 볼 수 있다면, 해수면은 수백 미터씩 오르내리고, 빙하는 대륙을 덮치면서 내려왔다가 물러갈 것이다. 유카탄반도와 플로리다는 어느 순간에는 마른 땅이었다가 다음 순간에는 물속에 있을 것이다. 대양은 대문처럼 활짝 열리고, 산들은 구름처럼 솟아올랐다가 셔벗이 녹아내리듯 무너져내릴 것이다. 대륙은 아메바처럼 기어다니고, 강들은 우산을 타고 떨어지는 빗줄기처럼 나타났다가 사라질 것이다. 호수는 비 온 뒤의 물웅덩이처럼 물이 고였다가 말라버릴 것이고, 화산은 개똥벌레가 가득한 정원처럼 지구를 밝힐 것이다. 이 프로그램의 마지막 장면에서, 자신의 입장권을 손에 쥔 인간이 나타난다. 인간은 거의 즉시 사유재산과 일정 규모의 석재와 생명보험을 생각해낸다. 세인트헬레나 화산에서 18킬로미터 높이의 화산재 구름이 피어올라 인간의 감수성을 공격하면, 인간은 『뉴욕타임스』에 이 산을 폭발시킬 것을 종용하는 편지를 쓴다.

밤이 고요함을 되찾고 땅이 움직임을 멈추자, 애니타는 잃었던 평정을 되찾고 카드뭉치를 집어들고는 혼잣말을 했다. "다 그런 거죠, 여러분. 지구는 아주 불안정하게 흔들리는 물체이고, 원래 그렇게 움직여요.

확실히 이 주변의 산들은 아직 올라가고 있어요." 훗날 그녀는 이렇게 말했다. "우리가 배운 것은 모두 틀렸어요. 우리는 지표면의 변화가 느릿느릿 꾸준하게 진행된다고 배웠죠. 그러나 그런 일은 일어나지 않았어요. 느릿느릿 꾸준하게 진행되는 지질 시대는 재앙으로 마침표를 찍어요. 그리고 우리가 지질 시대의 기록에서 보는 것은 재앙이에요. 알갱이가 크기별로 쌓인 사암을 보면, 고운 것에서 굵은 것 순으로 쌓인 게 있어요. 폭풍우 때문이에요. 폭풍우가 쳐서 수위가 높아지면, 굵은 알갱이가 고운 알갱이 위에 놓여요. 암석 기록에는 평온한 시대는 잘 나타나지 않아요. 대신 재앙은 남아 있어요. 미국 서남부에서는 이 재앙에서 저 재앙까지, 이 홍수에서 저 홍수까지 생명이 이어집니다. 세상의 진화는 한 번에 티끌만큼씩 일어나는 것이 아니에요. 100년 만의 폭풍, 100년 만의 대홍수가 찾아올 때 일어납니다. 그런 천재지변이 다 하는 것이죠. 그 지진은 나를 격변론자로 만들었어요."

그때 곰들이 갤러틴산맥을 떠나 어디로 갔었는지는 아무도 모른다. 다시 돌아왔을 때, 곰들은 진흙을 뒤집어쓰고 있었다.

———

그해 가을에 잭 앱스타인이 루이지애나 알렉산드리아 지질조사소의 수자원분과 사무소로 발령이 나면서, 다른 형태의 재앙이 모습을 드러냈다. 애니타는 아무 직책도 없었고, 자리가 있다손 치더라도 일을 할 수가 없었다. 지질조사소에는 부부가 같은 관리자 밑에서 일할 수 없다는 규칙이 있었기 때문이다. 알렉산드리아 사무소는 작았고, 상관이 한 사람 있었다. 길지 않은 애니타의 경력이 갑자기 중단되었다. 그녀는 알렉산드리아 주변의 한 고등학교에서 물리와 화학을 가르쳤고, 이듬해 여름에는 주 정부의 취업 사무소에서 면접관으로 일했다. 애니타는 언제 어디서든 기회가 닿으면 본인의 지질학을 했다. 애니타가 일터에서 차를 몰고 집으로 가는 길에는 신호기처럼 옷을 입고 가짜 빙퇴석 위에서 골프공을 치는 사람들이 보였다.

다행히도, 애니타가 취업 면접에 관심이 없는 것 이상으로, 그녀의 남편도 루이지애나의 수자원에 관심이 없었다. 두 사람은 다른 일자리를 얻을 기회를 높이기 위해 박사학위를 따기로 결심했다. 그들은 오하이오주립대학에 등록하고, 펜실베이니아 동부에서 여름 야외 현장 연구를 해 박사 논문을 썼다. 그들은 구불구불한 애팔래치아산맥의 산등성이들 사이에서 지질도를 작성하고 생물층서학을 연구했다. 그들은 다양한 지층의 방향적 특성(주향strike)과 경사각에 주목하면서, 펜실베이니아 레딩 인근의 스쿨킬 협곡에서 델라웨어 협곡까지 좁은 띠 모양으로 이어지는 변형대를 따라가고, 펜실베이니아와 뉴저지와 뉴욕이 만나는 델라웨어강의 굽이로 향했다. 델라웨어 협곡에 가장 최근에 당도한 빙상은 델라웨어강의 바닥을 깊게 파고 지나가면서 하나의 산을 둘로 쪼개고, 그 틈새에 끼어 있었다. 산보다 더 높이 솟아 있던 빙상은 거기서 전진을 멈췄다. 그래서 그 지역에 대한 그들의 학위 논문은 툰드라의 화석, 케임과 에스커, 빙하 주변에 형성되는 돌덩이와 사라진 호수 바닥, 애디론댁산맥의 표석, 드넓은 지역에 놓인 말단빙퇴석에 관한 이야기로 채워졌다. 브루클린의 빙하성 유수 퇴적물 및 인디애나의 표석 점토와 마찬가지로, 펜실베이니아 전원 지대 역시 애니타가 빙하지질학을 정교하게 다듬는 데 도움이 되었다. 그녀는 이 분야의 전문가를 양성하는 오하이오주립대학의 극지 연구소에서 빙하지질학에 대한 공부를 더 이어갔다. 그러나 그녀가 특별히 빙하의 증거에 관심이 있었던 것은 아니다. 원인猿人의 두개골과 비교할 때 영국의 에드워드 7세(재위 1901~1910)가 현대인인 것처럼, 위스콘신 빙기의 빙하는 기나긴 시간의 흐름에서 볼 때 현대의 것이나 다름없었다. 그 얼음은 1만7000년 전에 녹아서 델라웨어 협곡에서 사라졌다. 애니타는 빙하 쇄설물 사이로 불쑥 튀어나와 있는 수억 년 된 암석의 특정 층서에 더 관심이 있었다. 그녀는 그런 암석을 부수고 그 내용물 중 일부를 분리했다. 그리고 50~100배 배율의 현미경으로 그 속에 들어 있는 코노돈트를 관찰했다. 코노돈트는 미지의 해양 생물의 이빨이다. 인간의 이처럼 단단하고, 인간의 이와 같은 재료로 만들어졌다. 100배로 확대된 코노돈트 중에는 늑대의 턱처럼 생긴 것도 있고, 상어 이빨을 닮은 것도 있고, 화살촉처럼 생긴 것도 있고, 도마뱀의 등가시처럼 작은 톱날이 나 있는 것도 있었다. 모두 눈에 거슬리지 않게 비대칭을 이루고 있는 매력적인 자연물이었다. 코노돈트 중에는 원뿔 모양인 것이 많아서, 1859년에 라트비아의 한 고생물학자는 원뿔 모양 이빨이라는 뜻인 코노돈트라는 이름을 붙였다. 코노돈트는 여러 지층에서 발견되지만, 석회암과 백운암 같은 탄산염 암석에서 가장 쉽게 찾을 수 있다. 코노돈트는 지질학자들에게 유용하다. 전 세계에 분포하며, 코노돈트를 남긴 생명체는 고생대 초에 나타나서 트라이아스기 말에 완전히 사라졌기 때문이다. 그러나 코노돈트에 대한 연구는 1950년대 후반이 되어서야 발표되기 시작했고, 그때부터 코노돈트는 지구 역사의 15분의 1에 해당되는 5억1200만~2억800만 년 전 사이의 기간을 구별하는 중요한 표준화석이 되었다. 코노돈트 이빨을 갖고 있던 생명체가 진화하는 동안, 코노돈트 역시 점점 더 복잡해져서 작은 이빨, 막대 모양 이빨, 날카로운 이빨에 이르는 다양한 형태로 분화되었다. 이런 변화를 관찰하는 지질학자들은 코노돈트가 발견되는 장소의 상대적 연대를 쉽게 결정할 수 있었다.

시료를 채집한 후, 애니타가 시료를 보낼 곳으로 오하이오주립대학보다 더 나은 곳은 없었다. 존스홉킨스대학이 하키와 비슷한 구기 종목인 라크로스로 유명하고, 하트윅은 축구, 롤린스는 테니스로 유명한 것처럼, 오하이오주립대학은 코노돈트로 유명하다. 지질학자들은 오하이오주립대학을 "코노돈트 공장"이라고 부른다. 그곳에서 일하는 다른 모든 노동자처럼(이 업계에서는 코노돈트 전문가를 "코노돈트 노동자conodont worker"라고 부른다), 애니타는 자신이 채집한 시료에서 진화적 변화의 목록을 작성하는 동안, 우연히 어떤 것은 색이 밝고 어떤 것은 색이 어둡다는 것을 알았다. 코노돈트는 흰색, 진갈색, 노란색, 황갈색, 회색을 나타냈다. 그 시료들은 미국 전역, 사실상 전 세계에서 오하이오주립대학으로 오기 때문에, 애니타는 코노돈트의 색깔에 어떤 지리적 유형이 있다는 것을 알아차리기 시작했다. 켄터키와 오하이오에서 나온 코노돈트는 거의 흰색에 가까운 아주 옅은 노란색이었다. 펜실베이니아 서부의 코노돈트는 연노란색이고, 펜실베이니아 중부의 코노돈트는 진갈색이었다. 애니타가 스쿨킬 협곡 북부에서 채집한 것은 색이 검었다. 그녀는 처음에는 자신의 시료에 뭔가 문제가 있다고 생각했지만, 그녀의 지도교수는 석회암이나 백운암이 변형되는 동안 수반되는 압력 때문에 그런 흑화가 일어났을 가능성이 크다고 말했다. 교수는 그 문제를 정식으로 연구하는 것을 권하지 않았고, 그녀는 다시 코노돈트의 생물층서 연구에 몰두했다. 한번은 뉴욕주를 횡단하면서 미국 동부의 석회암과 백운암을 채집한 적이 있었다. 이리호에서 캐츠킬산맥까지, 뉴욕주에는 폭이 무려 96킬로미터에 이르는 평평한 데본기의 암석이 케이크처럼 반듯하게 놓여 있다. 그곳을 횡단하면서 연대가 거의 비슷한 암석들을 채취할 수 있는데, 그 암석들은 단순히 오래된 데본기의 시료가 아니다. 4600만 년에 걸친 데본기 중에서, 이를테면 데본기 초기 700만 년에 해당되는 주딘절Gedinnian의 석회암과 백운암이라는 것, 더 정확히는 주딘절 중기인 헬더버그조의 암석이라는 것을 알 수 있다. 무려 240킬로미터에 걸쳐서 300만 년 남짓의 시간을 따라갈 수 있고, 그 연대를 세밀하게 나눌 수도 있다. 애니타는 그와 비슷한 종류의 작업을 했고, 오하이오주립대학에서 그 암석들을 잘게 바쉈다. 그녀가 알아낸 바에 따르면, 이리 카운티에서 나온 코노돈트는 호박색이었다. 스카일러와 스투번의 코노돈트는 황갈색이었고, 티오가와 브롬에서는 짙은 적갈색을 띠는 코노돈트가 나왔다. 올버니 카운티에서 나온 코노돈트는 아스팔트처럼 검었다.

애니타는 코노돈트의 색이 그 지역의 지질학적 역사와 관련해서 뭔가를 암시하고 있는 것은 아닌지 궁금했다.

그녀의 지도교수는 대수롭지 않게 생각했다. 그는 코노돈트의 색이 구조 운동으로 인한 압력의 결과라고 단언했다.

그것은 단순히 스쳐 지나가는 생각이었고, 애니타는 다시 자신의 논문 주제로 돌아와서 연구를 계속했다. 논문의 제목은 "뉴저지, 뉴욕 동남부, 펜실베이니아 동부의 실루리아기 상부와 데본기 하부 암석의 층서와 코노돈트 고생물학"이 될 것이다. 그녀는 지금으로부터 4억 년 전을 조금 넘긴, 실루리아기-데본기 경계 근처의 짧은 기간에 나타난 코노돈트의 미묘한 진화적 차이를 기록하고 있었다. 그리고 자신이 채집한 미화석을 연대순으로 배열해, 그것이 나온 암석 단위를 시대순으로 구별하고 분류했다. 그러면 그 암석을 채집한 지역의 구조를 이해하는

데 도움이 될 것이다. 코노돈트의 색은 그녀의 마음속에서 점차 희미해져갔다.

1966년, 오하이오주립대학에서 박사과정을 마친 애니타와 잭 앱스타인은 지질조사소로 돌아갔다. 잭 앱스타인은 애팔래치아 북부의 지질에 집중하기 위해서였고, 애니타는 뭐든 일을 얻기 위해서였다. 그녀에게는 워싱턴에서 지도를 편집하는 업무가 주어졌다. 코노돈트와 관련된 일이라면 더 좋았겠지만, 당시 연방 예산으로 채용할 수 있는 코노돈트 연구자는 한 명뿐이었고, 그 자리에는 이미 다른 사람이 있었다. 얼마 지나지 않아, 애니타는 미시시피강 동부에서 제작되는 모든 지질도의 책임편집자가 되었다. 그녀는 수백 명의 지질학자를 상대했다. 지질조사소에는 1500명의 지질학자가 있었다. 그들은 연구 특성이 다 달랐고, 푹 꺼진 향사 구조와 횡와습곡(옆으로 누운 습곡 구조)을 시각화하는 능력도 제각각이었다. 그녀는 그들 중 일부를 "패배자"로 봤다. 그런 사람들을 파견하는 곳을 그녀는 혼자서 "징벌 구획"이라고 불렀는데, 루이지애나의 작은 강어귀인 오키페노키 습지가 그런 곳이었다. 만약 경사에서 주향을 알아내지 못하는 사람이라면, 경사도 주향도 만날 일이 없는 곳으로 갈 수밖에 없었다. 그녀는 그들을 불쌍히 여기지 않았다. 그녀는 중국 지질조사소에서 지질학적 농노가 되느니 미국 내에서 패배자로 있는 편이 낫다고 생각했다. 중국 지질조사소에는 40만 명이 있다. 애니타는 "대단한 조직"이라고 말한다. "만약 노출된 암석이 보고 싶으면, 그들은 우리처럼 강둑이나 도로절개면에 의존하지 않아요. 만약 중국의 중요한 지질학자 한 사람이 어떤 암석의 횡단면을 보고 싶어하면, 농노들은 산비탈을 파야 할 거예요."

그녀는 7년 동안 지도 편집자로 일하는 동안, 개인 시간을 거의 다 쏟아부으며 코노돈트 연구를 계속했다. 메릴랜드와 펜실베이니아에서 수집한 암석을 잘게 부수고 집에서 "시료를 돌렸다". 시료를 돌린다는 것은 단순히 현미경의 대물렌즈 아래 슬라이드를 밀어넣는 일이 아니었다. 암석을 분쇄하고 산성 용액에 넣어서 대부분의 성분을 용해시킨 후, 남아 있는 성분을 분류해야 했다. 이 분류 작업은 화학적으로는 할 수 없기 때문에 물리적으로 해야 했다. 그것은 1940년대 초반에 많은 물리학자를 중도 포기하게 만든 우라늄 동위원소 분리 작업과 비슷한 문제였다. 또 사금 채취 작업과도 조금 비슷했지만, 금은 얻을 수 없었다.

애니타는 기본적으로 사브롬화에탄을 이용한다. 대단히 무겁고 대단히 독성이 강한 이 액체는 1리터에 80달러가 넘는다. 화강암은 사브롬화에탄에 뜬다. 석영도 사브롬화에탄에 뜬다. 코노돈트는 거품도 내지 않고 가라앉는다. 그녀는 고무장갑을 낀 손으로 화학 후드 안에서 녹지 않은 암석 잔여물을 사브롬화에탄에 넣는다. 위에 뜨는 가벼운 물질들은 제거한다. 귀찮게도, 가라앉는 것은 코노돈트만이 아니다. 황철석을 포함한 다른 것들도 가라앉는다. 그녀는 사브롬화에탄보다 더 무거운 액체인 요오드화메틸렌으로 이 과정을 반복한다. 요오드화메틸렌에서는 황철석과 이런저런 물질은 가라앉는 반면, 코노돈트와 다른 것들은 위에 뜬다. 계속해서 그녀는 전자기적으로 코노돈트를 농축시킨다. 이제 그녀는 현미경 아래서 "바보도 알아볼 수 있는 특이한 모양"을 보고, 캄브리아기, 오르도비스기, 실루리아기, 데본기, 미시시피기, 펜실베이니아기, 페름기, 트라이아스기를 세분하는 수십 개의 시대를 각각의 코노돈트에 배정한다.

시대를 기록하는 동안, 애니타는 색깔을 무시할 수 없었고 그 색깔에 담겨 있을지도 모르는 중요한 의미에 대한 의문이 다시 떠올랐다. 애팔래치아산맥은 일반적으로 동쪽으로 갈수록 지층이 두터워졌다. 동쪽으로 더 멀리 갈수록 더 깊이 파묻혀 있는 암석은 한때 더 큰 열을 받았다. 그녀가 보기에, 열이 코노돈트의 색에 영향을 미치는 방식은 버터에 열을 가할 때 색이 바뀌는 방식과 비슷해 보였다. 처음에는 노란색이었던 버터가 밝은 갈색, 점점 더 짙은 갈색으로 바뀌다가, 결국 새카맣게 타버리고 프라이팬에서는 연기가 피어오르는 것이다. 그녀는 '아, 이것을 온도계로 활용할 수도 있겠구나'라고 생각했다. 코노돈트의 색은 지도에 변성암을 나타낼 때 도움이 될지도 몰랐다. 어떤 암석이 열과 압력에 의해 다른 종류의 암석으로 바뀌는 과정은 그 세기에 따라 구분된다. 코노돈트의 색을 지도 위에 표시하면, 그 세기의 미묘한 차이가 증명될 수도 있었다. 애니타는 직장 사람들에게 이렇게 말하기 시작했다. "코노돈트를 하나 보여주세요. 내가 애팔래치아산맥 어디에서 나온 것인지 맞혀볼게요." 그녀는 놀라울 정도로 정확하게 코노돈트의 위치를 여러 번 알아맞혔다. 애니타는 코노돈트의 색깔이 고정된 탄소의 양에 의해 조절된다고 생각했다. 열이 있으면, 주어진 코노돈트에서 탄소의 양은 그대로이지만 수소와 산소의 양은 감소한다는 것이다. 버터를 가열할 때 바로 그런 현상이 일어난다. 아무도 그녀의 생각에 동의하지 않았다. 전자현미분석기로 각각의 원소를 확인해보면 애니타의 생각을 검증할 수 있을지도 모르지만, 당시는 1967년이었다. 그 시절의 전자 분석기는 수소와 산소 같은 가벼운 원소를 감지하지 못했다. 그녀는 다른 증명 방법을 찾아냈다. 그러기 위해서는 가정에서는 그 누구도 장만할 수 없는 종류의 장비가 필요했다. 그러나 지질조사소는 그녀에게 "대체 그런 것을 누가 알아야 하느냐"며 의문을 제기했다. 지질조사소는 공공을 위해 설립되었다.

"좋아, 나도 모르겠다." 애니타는 그렇게 혼잣말을 했고, 6년이 지나갔다. 1973년에 석유 파동이 일어나면서, 미국 지질조사소는 미국의 에너지 자원 증산을 위해 가능한 모든 것을 할 필요를 느꼈다. 석유천연가스분과는 규모가 15배나 커졌다. 유능한 지질학자 200여 명을 위한 자리가 새롭게 생겼다. 그 지질학자들은 석유 회사에서 발탁해오거나 지질조사소의 다른 곳에서 데려왔다. 석유 회사 출신 지질학자들에게는 연구를 발표할 기회가 있다는 점이 매력으로 다가왔다. 석유천연가스분과를 운영하기 위해, 피터 R. 로즈는 셸의 간부 자리를 포기했다. 지질조사소 소속의 애팔래치아 남부 지질학자인 레너드 해리스는 관심사가 오자크산맥에서 북쪽으로 옮겨가고 있었는데, 그 역시 석유천연가스분과로 왔다. 어느 날 그는 애니타가 코노돈트에 관심이 있었다는 것을 안다고 운을 떼면서, 애니타의 암석 시료를 조금 얻어 "유기 숙성" 정도를 분석하고 싶다고 말했다.

애니타는 검은 머리와 푸른 눈의 이 지질학자가 오자크산맥보다 훨씬 더 대단한 장소에서 온 사람인 것처럼 그의 이야기에 귀를 기울였다. 유기 숙성을 감지하기 위해 어떻게 하겠다고? "화학적으로 하는 건가요?" 그녀가 물었다.

그가 대답했다. "네, 그렇게도 할 수 있고, 그곳에 있는 꽃가루나 포자 같은 유기물의 변화를 관찰해도 돼요."

"관찰이요? 어떻게요?"

"색 변화를 보는 거예요. 아시겠지만, 꽃가루와 포자는……"

"잠깐!" 그녀가 말했다. "잠깐, 멈춰보세요. 색이 옅은 노란색에서 갈색, 검은색으로 변하는 거, 맞죠?"

"맞아요." 그는 담담한 어조로 말했다. 무엇보다 그는 석유 지질학자였지만, 그녀는 그렇지 않았다. 석유 회사는 꽃가루 화석과 포자 화석의 색을 활용하고 있었다. 꽃가루와 포자의 색은 암석층이 석유가 만들어질 수 있는 온도에 도달했는지를 확인하는 데 도움이 되었다. 그러나 꽃가루나 포자가 있는 육상식물은 고생대가 시작되고 1억3000만 년이 지난 후에야 발달했다. 게다가 거의 어디에나 있는 해양 화석처럼 풍부하지도 않았다. 석유 회사에서 꽃가루와 포자의 색 변화를 활용한다는 레너드 해리스의 이야기를 듣고 있던 애니타는 이내 자신이 "시간을 허비했다"는 것을 깨달았다. 게다가 그것이 다가 아니었다. 그녀는 꽃가루와 포자가 석유업계에서 지질온도계로 활용된다는 것을 몰랐다. 이제 그녀는 같은 목적에 코노돈트를 활용하면 더 광범위한 온도와 다른 시대를 망라하는 새로운 지리적 적용 수단이 될 수도 있다는 것을 알았다.

그녀는 해리스에게 말했다. "내 생각에는 코노돈트를 이용하면 더 쉽고 더 정확하게 평가할 수 있을 것 같아요. 코노돈트도 같은 방식으로 색이 바뀌거든요."

이번에는 해리스가 놀랐다. "그런 이야기는 처음 듣는걸요?"

그녀가 말했다. "왜냐하면 아무도 모르거든요."

———

석유는 변화숙성된 해조류의 화석이다. 석유가 만들어지려면, 화석을 품은 암석이 따뜻한 커피의 온도로 가열되어서 그 온도를 최소 100만 년 동안 유지해야 한다. 최저 온도는 섭씨 약 50도다. 온도가 그보다 낮으면, 조류의 잔해는 기름으로 변하지 않고 그대로 남는다. 온도가 섭씨 150도 이상으로 올라가면, 암석 안에 있던 기름 성분이 모두 파괴된다. ("그런 것들이 애팔래치아산맥 전역에 널려 있어요. 암석을 관찰하면 사방에서 이런 죽은 석유를 볼 수 있어요.") 좁은 "석유 창문 petroleum window"이라 불리는 섭씨 50도에서 150도 사이의 온도 범위는 지각 전체의 온도 분포에서 14분의 1에 불과하다. 이 사실은 인류가 한 세기 만에 세계적으로 그렇게 많은 양의 석유를 소비할 수 있었던 이유를 어느 정도 설명해준다. 석유가 형성되려면 해조류가 석유 창문에 속하는 깊이에 적당한 기간 동안 묻혀 있어야 할 뿐 아니라, 석유가 형성된 후에도 이런저런 이유로 모암의 온도가 올라가면 석유는 파괴될 수 있다.

정치인이 원로 정치인이 되듯이, 천연가스는 석유가 된다. 유기물은 무엇이든지, 빠르게 천연가스를 만들 것이다. 천연가스는 지표면의 온도에서도 만들어지고, 수백 도 이상의 고온에서도 만들어진다. 애니타는 이렇게 말한다. "천연가스는 뭔가가 죽으면 곧바로 얻을 수 있어요. 석유의 경우는 유기물과 적당한 온도가 필요해요. 석유를 찾을 때는 구멍을 뚫기 전까지는 뭐가 있는지 몰라요." 어디에 구멍을 뚫어야 하는지를 알아내기 위해서, 지질학자들에게는 확실한 지질온도계가 필요하다. 꽃가루와 포자는 꽤 유용하지만, 그것이 화석화되는 특정 암석에서만 그렇다. 게다가 꽃가루와 포자는 고생대 초기에는 전혀 없었고, 심해에서 형성된 암석에는 극히 드물다.

레너드 해리스는 애니타에게 그 발견을 몇 년 동안이나 "뭉개고" 있었는지 물었다.

그녀는 10년 정도라고 말했다. 그녀가 마지막으로 원한 것은 그것을 비밀에 부치는 것이었지만, 아무도 관심을 보이지 않았다. 애니타는 뉴욕주의 연속적인 동-서 시료 슬라이드 세트를 해리스에게 주고, 펜실베이니아에 대해서도 이와 비슷한 세트를 줄 수 있다고 말했다. 해리스는 남쪽으로 가서 테네시주를 횡단하면서 연대가 비슷한 탄산염 암석을 채집했다. 그리고 애니타가 그 코노돈트 시료를 돌리자, 북부의 주들에서 나타난 것과 흡사한 색 변화가 나타났다. 동쪽으로 갈수록 색이 어둡고, 서쪽으로 갈수록 색이 옅었다. 레너드와 애니타는 석유천연가스분과의 책임자인 피터 로즈에게 이 모든 것을 보고했다. 그들은 코노돈트의 색 변화가 석유 창문에 있는 암석을 더 빠르고 더 적은 비용으로 찾을 수 있는 기술로 안내할 것이라는 점을 지적했다. 로즈는 의아해했다. 이 모든 것이 그렇게 명백하다면, 왜 미국에서 지금까지 아무도 이런 생각을 하지 못했는지 이해할 수 없다는 것이었다. 애니타는 로즈에게 자신도 몇 년 동안 같은 의문을 가졌었다고 말했다. "색맹만 아니면 아무리 바보라도 따라할 수 있는" 방법이기 때문이었다.

　로즈의 요청에 따라, 애니타가 속한 지질조사소 부서는 그녀에게 일주일에 이틀간 코노돈트 연구를 하는 것을 허락했다. 애니타는 주말에는 집에서 연구를 계속했다. 다양한 색깔에 대한 실제 온도값은 정해지지 않았다. 애니타는 1년에 걸친 실험을 통해서 온도값을 결정했다. 그녀는 켄터키에서 나온 가장 밝은 색 코노돈트를 가지고, 그것이 연노란색, 황금색, 호박색, 초콜릿색, 고동색, 검은색, 회색이 될 때까지 다양한 온도로 가열했다. 충분한 열을 가하면, 코노돈트는 하얗게 변했다가 투명해질 것이다. 섭씨 900도에서는 완전히 분해된다. 애니타는 자신의 시료를 대단히 다양한 비율의 온도와 시간으로 가열해봄으로써, 실험실에서 얻은 결과를 기반으로 지질 시대에서의 온도를 추론하는 방법을 개발할 수 있었다. 그녀는 옅은 노란색 코노돈트가 색 변화 없이 계속 그대로 유지되는 온도는 섭씨 약 50도라고 결론을 내렸다. 섭씨 60~90도에서 100만 년 정도 있었던 코노돈트는 호박색이 될 것이다. 지구의 온도 변화는 장소에 따라 다르지만, 일반적으로 암석의 온도는 지하로 30미터씩 내려갈 때마다 섭씨 1도씩 증가한다. 코노돈트가 호박색이 되는 온도에 있으려면 900~1800미터 깊이의 암석에 박혀 있어야 하는 것이다. 애니타의 발견에 따르면, 코노돈트는 2700~4600미터 깊이에서 약 1000만 년 동안 있으면 밝은 갈색으로 바뀐다. 만약 깊이 5500미터인 곳에서 1000만 년을 보낸다면, 코노돈트는 짙은 갈색이 될 것이다. 기간은 비슷하지만 훨씬 더 깊은 곳에 있었던 코노돈트는 검은색, 회색, 흰색, 수정처럼 투명한 색이 될 것이다. 애니타는 코노돈트에 높은 압력을 가해보기도 했다. 구조 운동, 즉 조산운동이나 지역 전체가 밀가루 반죽처럼 치대지는 대규모 지각 변동으로 인한 압력도 코노돈트의 색에 영향을 줄 수 있다는 제안이 있었기 때문이다. 그녀는 실험을 통해서, 압력은 코노돈트 색에 거의 영향을 주지 않는다고 확신했다. 코노돈트 색 변화의 주원인은 열이었다.

물론, 대규모 지각 변동이 일어나는 동안 땅속 깊은 곳에 파묻히면 엄청난 열을 받는다. 애니타의 코노돈트 중에서 뉴저지의 시료는 검은색이었고, 켄터키의 시료는 기본적으로 색이 옅었다. 동부의 산맥이 해체될 때, 가까운 곳에 있던 코노돈트는 아주 깊숙이 묻혔지만, 멀리 떨어져 있는 것들은 그렇지 않았기 때문이다. 미국 동부는 대부분 고대 애팔래치아산맥의 잔해로 이뤄져 있으며, 뉴욕의 데본기 암석의 예에서 볼 수 있듯이, 산맥이 서 있던 곳에서 가까이 있는 지층이 가장 두텁다. 펜실베이니아 동부에서는 두께가 수천 미터에 이르는 연속적인 퇴적층이 오하이오에서는 두께가 3미터에 불과할 수도 있다. 펜실베이니아 서부에서 처음 발견되었을 때, 석유는 바위틈에서 스며나와 개울을 따라 흘렀다. 그 석유가 놀라울 정도로 순수하다는 평판을 얻으면서, 사람들은 건강을 위해 석유를 사서 마시기도 했다. 애니타는 진정으로 특별한 이 기름을 둘러싸고 있는 암석에서 코노돈트 시료를 추출해 관찰했다. 온도 범위는 석유 창문의 중심인 섭씨 80~120도였고, 코노돈트의 색은 황금빛을 띤 갈색이었다.

1년에 걸친 실험과 함께, 천연색 필름 사진과 함께, 그녀가 "풍동 모형wind-tunnel model"이라고 부르는 그래프 및 도표와 함께, 애니타는 자신의 이야기를 할 준비가 되었다. 1974년 11월 플로리다에서 미국 지질학회 모임이 있었고, 그녀는 거기서 논문을 발표하기로 되어 있었다. "나는 세심하게 준비했어요. 늘 그래요. 그래서 버벅거리지는 않았어요. 그러나 미국 지질학회 모임은 중요하지 않았어요. 그들은 학자였고, 탐사기술을 별로 잘 알지도 못했어요." 5개월 후, 그녀는 댈러스로 가서 미국 석유지질학자협회 회원들 앞에서 발표를 했다. 같은 내용의 발표였지만, 이번에는 장소를 제대로 찾았다. 각지의 석유 회사들과 캘거리와 털사 같은 석유 산지의 지질학회에서 온갖 요청이 쏟아져 들어왔다. "그들의 기술적 구멍, 그것도 아주 큰 구멍을 메워줬죠." 애니타는 그 시절을 회상하며 말했다. "그들은 지층의 온도를 산정할 수 있어야 했고, 이렇게 하면 간단했어요."

애니타는 미국 지질조사소의 상근 코노돈트 전문가가 되었다. 그녀는 메릴랜드에 산다. 그녀의 집은 꽃과 잔디밭 속에 놓인 섬이다. 그녀는 새벽 4시 30분에 일어나서 버지니아 레스턴에 위치한 지질조사소 본부로 차를 몰고 간다. 석유 회사에서는 그녀를 끊임없이 찾는다. 중국 지질조사소의 대규모 대표단을 포함해서 남극을 제외한 모든 대륙의 석유 지질학자들도 마찬가지다. 석유 탐사자들은 갈색과 노란색의 코노돈트를 석유를 찾는 길잡이로 활용하는 반면, 광물 탐사자들은 흰색 코노돈트를 이용해 구리, 철, 은, 금을 찾는다. 가장 고온에서 만들어지는 흰색 코노돈트와 투명한 코노돈트는 열점, 열변성대thermal aureole, 고대 열수천의 잔해라는 것을 암시한다. 그런 곳에서는 용해되어 있던 금속 광물이 침전되어 광맥을 이루었을 것이다.

애니타의 발견이 발표된 후, 여러 대학에서 그녀를 찾기 시작했다. 그녀는 다른 곳에서 배운 것을 증명할 기회가 주어진 것에 기뻐하면서, 기꺼이 프린스턴 같은 곳에도 갔다. 이제는 여학생들도 그녀의 강의를 들었다. 1970년대 후반, 그녀와 그녀의 동료 연구진은 잇달아 논문을 발표했다. 논문 표지에는 그들의 학문적 시도뿐 아니라 사생활의 일면까지도 부득이하게 드러나 있었다. 과학 출판물의 "책임 저자"는 이름이 맨 앞에 실리고, 그 연구에서 가장 중요한 역할을 한 사람이다. 반면 다른 저자들의 이름은 스튜 통조림의 원료 표기처럼, 기여도 순에 따라 실린다. 기준이 되는 논문은 1977년에 나왔다. 제목은 「코노돈트의 색 변화 - 유기적 변성의 지표Conodont Color Alteration - an Index to Organic Metamorphism」이며, 저자는 "애니타 G. 엡스타인, 잭 B. 엡스타인, 레너드 D. 해리스"의 순서로 소개되었다. 1978년에는 「애팔래치아 분지의 고생대 암석에서 나온 석유와 천연가스 자료: 탄화수소 잠재력과 열 성숙도 평가를 위한 지도(코노돈트 색상 등변성선과 피복층의 등층후선) Oil and Gas Data from Paleozoic Rocks in the Appalachian Basin: Maps for Assessing Hydrocarbon Potential and Thermal Maturity (Conodont Color AI· teration Isograds and Overburden Isopachs)」가 발표되었다. 사실상 석유 탐사를 위해 고도로 전문화된 지도인 이 논문의 저자는 "애니타 G. 해리스, 레너드 D. 해리스, 잭 B. 엡스타인"이었다. 약 1년 뒤에는 「코노돈트 색상 변화, 유기 -

무기 변형 지표, 애팔래치아 분지 지질학에 대한 그 적용Conodont Color Alteration,an Organo-Mineral Metamorphic Index, and Its Application to Appalachian Basin Geology」이라는 논문 요약본이 발표되었고, 저자는 "애니타 G. 해리스"였다.

———

애니타 해리스는 암석 망치와 큰 망치와 염산병과 나를 챙겨서 80번 주간고속도로를 따라 서쪽으로 여행을 시작했다. 그녀는 뉴저지 넷콩에서 서쪽으로 8킬로미터쯤 떨어진 알라무치 근처의 전망 좋은 곳에 차를 멈췄다. 옅은 초록색 계곡의 기운이 느껴지는 선선한 4월의 아침이었다. 고도 약 300미터인 비교적 높은 곳에서 내려다보니, 구름 사이로 멀리 서쪽으로 30킬로미터 떨어진 키타티니산에 빽빽하게 늘어선 나무들까지 한눈에 들어왔다. 하늘과 맞닿은 선을 만들면서 평평하게 이어지는 산등성이에는 확실히 깊게 패인 홈이 하나 있었다. 시야의 한가운데서 시선을 사로잡는 그 홈은 사격 조준기의 눈금처럼 선명하게 드러나 있었다. 델라웨어 협곡이었다. 큰 강은 마치 담장의 구멍을 빠져나가는 도둑처럼, 협곡 사이로 산을 통과해 비스듬히 지나간다. 우리가 서 있는 곳 아래 가까이에 한두 개의 산등성이가 있었지만, 멀리 델라웨어 협곡까지는 대부분 조림된 숲과 생울타리와 반듯하게 구획이 나뉜 들판이 무려 200미터 아래에 드넓게 펼쳐져 있었다. 셰넌도어 계곡에 비길 수 있을 정도로 숨 막히게 아름답고 매력적인 풍경이었다. 대부분의 사람이 마음속에 그리고 있는 뉴저지의 풍경에 셰넌도어 계곡은 포함되지 않는다. 그러나 이 뉴저지 애팔래치아산맥의 경관은 셰넌도어를 닮기만

한 것이 아니라 사실상 셰넌도어였다. 이곳은 남쪽으로는 앨라배마까지, 북쪽으로는 캐나다까지 이어지는 계곡의 일부이기 때문이다. 과학자들에게는 애팔래치아산맥의 그레이트밸리라고 알려져 있는 이 계곡은 지질학적으로 연속적인 특징을 지닌 하나의 계곡이며, 지역에 따라 챔플레인, 셰넌도어, 테네시 계곡이라 불린다. 그러나 뉴저지의 이곳에는 따로 이름이 없다. 전체적으로 길쭉하고 주로 탄산염 암석으로 이뤄진 이 계곡은 나타났다 사라지기를 반복하면서 멀리 동북부까지 이어지다가, 캐나다 뉴펀들랜드에서 부서진 형태로 모습을 드러낸 다음 바로 들어간다. 테네시 버몬트에서는 이 계곡의 대리암을 캐낼 수 있다. 이 계곡은 군대의 이동 경로였다. 앤티텀으로 가는 길이며, 치카마우가, 새러토가, 타이컨더로가 같은 전적지가 위치한다. 아침 햇살을 받은 아니옵스쿼치산맥, 그린산맥, 뉴저지 하일랜즈, 버크셔, 캐톡틴, 그레이트스모키산맥이 계곡에 그림자를 드리운다. 이 산맥들은 구조와 조성이 똑같고, 모두 선캄브리아 시대에 형성되었다. 우리가 서서 내려다보고 있는 자리는 애팔래치아 복합체의 일부였다. 이곳은 10억 년 이상 된 결정질 암석이었고, 계곡의 암석은 더 젊었으며, 키타티니산의 암석은 그보다 더 젊었다. (지질학자들은 10억을 의미할 때 "billion"이라는 단어를 되도록 쓰지 않는데, 다른 영어권 지역에서는 세 자릿수나 더 큰 값을 나타낼 수도 있기 때문이다. 영국에서 billion은 1조를 나타낸다.) 우리는 뉴저지 하일랜즈에서 이 거대한 산맥의 한 조각을 들여다보고 있었다. 그곳은 리지앤드밸리 지질구, 즉 습곡과 단층으로 변형된 애팔래치아산맥이 시작되는 곳이었다. 동쪽으로 물결치듯 부풀어 오른 길고 구불구불한 이 산등성이들을 일찍이 에드먼드 윌슨은 "나무로 덮인 땅 아래 놓인 보잘것없는 주름"이라고 깎아내렸다.

애니타는 "지질은 스스로 반복된다"고 말했다. 그러면서 우리 앞에 있는 전경을 이해할 수 있는 사람이라면 애팔래치아산맥 전체를 대체로 이해하게 될 것이라고 말했다. 우리가 보고 있는 것은 상상할 수 없을 정도로 높고 장대한 고봉들의 흔적, 단편적인 증거였다. 우리가 서 있는 곳 뒤에서 동쪽으로 뻗어 있던 그 고봉들은 이제는 거의 다 해체되고 재순환되어 수천 미터 두께의 더 젊은 암석이 되었다. 그리고 그 암석은 쐐기 모양을 이루며 서쪽으로 펼쳐졌고, 오하이오에 이르러서는 아주 얇은 층이 되어 지면을 덮었다.

땅의 생김새는 기본적으로 물의 영향을 받는다. 물은 경관을 따라 흐르고, 계곡을 파내고, 빙하처럼 제멋대로 땅을 밀고 지나간다. 이런 물의 작용은 외적인 것이다. 그러나 땅의 생김새는 내부에 있는 암석 자체의 영향을 받고, 심지어 암석에 의해 조절되기도 한다. 용해도는 말할 것도 없고, 연속적인 지층의 상대적인 강도, 습곡과 단층 같은 주어진 암석의 구조에도 영향을 받는다. 애팔래치아산맥을 이해하는 것은 미국 지질학의 제1과제였고, 착수가 어려운 문제이기도 했다. 그랜드캐니언의 절벽처럼 읽기 쉽게 수평으로 쌓여 있는 지층이 거의 없었기 때문이다. 애팔래치아산맥은 압축되고 뒤죽박죽으로 길게 늘어지는 수수께끼 같은 산맥이었다. 4000킬로미터에 걸쳐서 뒤집힌 지층과 재순환된 암석이 가득했고, 깎아지른 듯한 단층과 수평으로 밀린 암반도 많았다. 한때는 32킬로미터에 이르렀을 것으로 추정되는 지대는 아주 촘촘하게 습곡이 일어서 이제는 8킬로미터 안에 들어가 있다. 이 지역은 피드먼트, 선캄브리아기의 고원지대, 그레이트밸리, 습곡가 단층으로 변형된 산맥. 앨러게니 고원으로 이뤄진 지대가 나란하고 구불구불하게 이어지는 것처럼 보인다. 높고 단단했으며, 낮고 연약했다. (나는 셰넌도어 계곡을 "약한 암석의 띠"라고 묘사하는 것을 들은 적이 있다.) 정장을 입고 마차를 타던 초기 애팔래치아 지질학자들은 그 땅에 알맞은 지형학적 감각을 발달시켰다. 그들은 기다란 원뿔 모양의 언덕들을 보면 그 안에 백운암이 들어 있다고 추측하는 법을 배웠고, 어릿광대의 모자처럼 생긴 산등성이를 올려다볼 때는 캄브리아기의 사암이 있다는 것과 그 너머 계곡에는 캄브리아기 셰일이 있다는 것을 느꼈다. 더 높고 더 단단한 산등성이에는 대체로 실루리아기의 규암이 꽉 들어차 있는 반면, 초록이 무성하고 바위가 갈비뼈처럼 붉거져 있는 저지대는 오르도비스기의 바다에 쌓인 석회암 때문에 그런 형태와 비옥함을 얻었을 것이다. 계곡에는 얕은 둔덕들이 있었다. 그 둔덕 속에는 셰일이 있었다. 셰일은 쉽게 부서지지만 석회암처럼 물에 녹지는 않는다. 그래서 셰일은 석회암 계곡에 물집처럼 솟아 있었다. 석회암과 백운암은 둘 다 탄산염 암석이지만 석회암이 훨씬 물에 잘 녹는다. 그래서 백운암은 석회암 계곡 위로 원뿔 모양으로 서 있을 수 있었다. 초기 지질학자들은 일단 이런 기본적인 암석의 성질에 대한 개념을 발달시켜놓고, 말고삐를 당기며 신속하고 효율적으로 움직여서 미국 최초의 지질도를 채워나갔다. 대체로 정확한 그 지질도들은 지금 봐도 인상적이다.

그러나 거기에 무엇이 있는지를 확인한다고 해서 그것이 거기에 있기까지 무슨 일이 벌어졌는지가 설명되는 일은 드물다. 지구의 역사가 암석에 쓰여 있을 수는 있어도, 그 역사가 지질도와 일치하지는 않는다. 지질도는 현재 그 지역의 최상층을 보여주지만, 훨씬 더 아래에는 무엇이 있고 그 위로는 무엇이 사라졌는지는 잘 나타나지 않는다. 주어진 한 장소에서, 즉 주어진 위도와 경도에서, 세상의 겉모습은 한 장의 그림으로 기록되기에는 너무 자주 바뀔 것이다. 이를테면 그 모습은 한때는 호수이고, 한때는 바다일 것이다. 산간 지방, 고요한 평원, 적도의 사막, 북극의 해안, 석탄 늪, 강의 삼각주가 될 수도 있을 것이다. 그런데 그 모두가 하나의 주소로 묶이는 것이다. 이런 장면들은 무엇보다 암석의 퇴적에 나타나는 특징을 통해서 식별될 수 있다. 또 암석의 화학적 조성, 자기적 성분, 내부의 색깔, 단단한 정도, 화석, 화성암이나 변성암이나 퇴적암이 만들어진 시기를 통해서도 구별할 수 있다. 그러나 역사적 서사의 일부인 이런 증거 항목들은 한 토막의 구절에 불과하며, 종종 멀리 떨어져 있다. 무수한 조각으로 이뤄진 퍼즐에서 떨어져나온 특이한 조각들 같은 것이다. 지구상의 한 지점에서 지각의 모양을 수직으로 나타내는 지질 주상도rock column 역시 헤아릴 수 없이 많은 역사를 담고 있다. 그러나 지질 주상도는 일반화된 그림이고, 끊어진 곳이 많다. 지질 주상도는 주로 석유 시추공과 지진에 대한 3차원적 연구에 의존한다. 시추공은 얕고, 지진 연구는 새로우며 흔치 않다. 다시 말해서, 오늘날 지질학에는 창의적 상상력을 펼칠 여지가 아주 많다. 무엇보다 놀라운 것은, 1820년대와 1830년대에 애팔래치아산맥을 둘러본 초기 지질학자들이 확실하게 눈에 띄는 암석만 분류한 것이 아니라, 다양한 지층 사이의 층서 관계를 알아내고 복합적인 구조를 보기 시작했다는 점이다. 초기 지질학자들은 이곳저곳의 암석 유형 및 산과 지층과 계곡, 즉 그들이 보고 알 수 있는 것들을 면밀히 살피기 시작했고, 그 지역의 그림을 조금씩 조심스럽게 그려나가기 시작했다. 이후 한 세기 반에 걸쳐, 그들과 그들을 계승한 지질학자들은 이야기가 논리적으로 이어질 수 있도록 조각들을 하나씩 맞춰나갔고, 그 결과 애팔래치아산맥의 역사 전체를 아우르는 이야기를 만들었다. 새로운 증거와 통찰이 등장하면, 때때로 옛 논리가 폐기되었다. 판구조론이 나왔을 때, 이 새로운 주장은 포용되거나 허용되었지만 결코 보편적으로 수용된 것은 아니었다. 그사이, 애팔래치아산맥은 계속 천천히 쇠락해갔다. 그러나 산맥의 기원에 관한 논쟁은 그렇지 않았다.

계곡의 풍경과 멀리 드문드문 보이는 능선을 관찰하던 애니타는 이 지역의 산들이 올라왔다가 깎여나간 것은 한 번이 아니라 여러 번이었다고 말했다. 애팔래치아산맥은 연속적인 조산운동의 결과물이라는 것이다. 가장 최근에는 2억5000만 년에 걸쳐, 타코닉 조산운동, 아카디아 조산운동, 앨리게니 조산운동이라는 세 번의 조산운동이 일어났다. 그중 첫 번째인 타코닉 조산운동은 거의 5억 년 전에 시작되었다. 이 조산운동으로 올라온 산맥이 거의 다 침식되어 사라진 후, 남은 산의 밑동과 잔해는 대부분 퇴적암이 되었다. 그 퇴적암이 아카디아 조산운동에 관여했다. 아카디아 조산운동이 끝나고 한참이 지난 후, 그 산의 밑동과 석화된 잔해는 앨리게니 조산운동에 휘말렸고, 또다시 새로운 산괴가 하늘 높이 솟아올랐다. 지금 우리 앞에 놓인 것은 모두 그 산괴의 폐허일 뿐이다. 이와 같은 방식으로 애팔래치아산맥의 조산운동에서는 저마다 앞서 일어난 조산운동의 산물이 재사용되었다. 이제 우리에게 남겨진 이 오래된 산맥은 침식으로 거의 다 파괴되었지만, 그럼에도 고대 산맥의 암석이 너무도 명백하고 추적 가능한 방식으로 포함되어 있었다. 애니타의 말에 따르면, 델라웨어 협곡의 단단한 규암은 이 이야기의 핵심과는 다른 작용을 나타냈다. 타코닉 조산운동의 잔해인 바윗돌, 자갈, 모래, 실트는 여러 갈래로 복잡하게 흐르는 큰 강의 급류를 따라 민둥산에서부터 운반되어 내려왔다. 물은 식물의 방해를 받지 않고 거침없이 땅 위를 흘렀는데, 당시 육상세계에는 초록색 이파리가 하나도 존재하지 않았기 때문이다.

타코닉 조산운동이 일어나기 오래전의 풍경은 사뭇 달랐다. 오늘날 북아메리카의 기반암으로 이뤄진 우중충한 대륙이 납작하게 놓여 있었고, 조용히 흐르는 물가에는 깨끗한 모래가 쌓여 있었다. 이런 캄브리아기의 모래가 남아 있는 암석에서는 천천히 흐르는 강, 흰 모래가 깔린 강변이 있는 평탄한 경관을 유추할 수 있다. 결코 일정하지 않은 해수면은 캄브리아기 내내 대체로 상승했다. 바다는 평균 100만 년당 16킬로미터의 속도로 대륙을 파고들었고, 해안의 모래는 점점 크레이톤 전체에 펼쳐져갔다. 포츠담 사암, 앤티텀 사암, 웨인스버러 사암, 오클레어 사암. 지금으로부터 5억4400만~4억9000만 년 전인 캄브리아기에는 구조적으로 조용한 시기가 5400만 년 동안 이어졌다. 캄브리아기가 끝나고 오르도비스기가 시작될 무렵, 대양은 대륙 위로 거대한 만을 확장해갔다. 백악기에 바닷물의 높이가 가장 높았던 때를 제외하면, 5억 년 동안 그 어느 때와 비길 수 없을 정도로 바다가 넓어졌다. 그 이유는 아무도 모른다. 지구에 있는 물의 양은 고정되어 있다. 물은 비가 되어 내리거나 강이 되어 흐른다. 증발하거나 얼거나 심해저의 평원에 머물러 있을 수도 있다. 그러나 지구 밖으로 나갈 수는 없다. 다량의 물이 얼음덩어리가 되어 대륙 위에 얹혀 있을 때는 해수면의 높이가 급격히 낮아진다. 캄브리아기-오르도비스기의 상당 기간에, 지구에서는 빙하 작용이 없었고 거의 모든 물이 액체 상태로 존재했다. 그러나 그것만으로 바다가 현저히 높아진 이유는 설명되지 않을 것이다. 대부분의 알려진 지구 역사에서, 빙하의 얼음은 사실 별로 중요하지 않았다. 오늘날 같은 빙하시대는 극히 드물다. 캄브리아기-오르도비스기에 바다가 더 높아진 것은 부단히 활동하는 맨틀이 평소보다 더 많은 양의 열을 울컥 쏟아냈기 때문일 가능성이 있다. 이런 종류의 열은 지각판의 한가운데에 하와이섬을 만들고, 판이 갈라지는 곳에서 중앙 해령을 융기시킨다. 이유가 무엇이든, 당시에는 오늘날 북아메리카 크레이톤의 절반 이상이 바닷물로 덮였다. 깨끗한 백사장과 넓고 평평하게 모래가 깔린 대륙붕이 형성된 후, 크레이톤을 덮고 있던 얕은 바다에는 석회질 진흙이 퇴적되기 시작했다. 석회질 진흙은 부서진 조개껍데기와 해양 생물의 단단한 부분으로 이뤄진다. 이 석회질 진흙이 석회암이 되었고, 조건이 맞는 곳에서는 석회암에 마그네슘이 침투해 백운암이 되었다. 퇴적층이 점점 두터워지면서 대략 600미터의 두께가 되는 동안, 이 캄브리아기-오르도비스기의 탄산염 암석은 그 아래에 놓인 사암과 더 아래 놓인 선캄브리아 시대의 암반을 점점 더 깊이 파묻었다. 마치 짐을 가득 실은 배처럼, 모든 것을 아래로 짓눌러서 찐득한 맨틀 속으로 밀어넣었다. 그러나 그 작용은 1000년에 수 센티미터의 속도로 조용하고 차분하게 일어났다.

계곡의 풍경, 협곡과 멀리 보이는 능선, 봄에 새순이 돋는 갈아놓은 들판을 눈에 담고 있던 나는 우리가 민시족의 땅에 들어와 있다는 것을 알아차렸다. 민시족은 레나페족 원주민 중에서 가장 북쪽에 사는 부족이었다. 그들은 현세가 시작될 무렵에 이 지역에 들어왔고, 워싱턴의 시대가 시작되면서 이 지역에 대한 권리를 잃었다. 이제 그들은 표준화석처럼 역사의 뚜렷한 한 층을 나타낸다. 그들의 보금자리와 주된 사냥터는 미니싱크였다. 미니싱크는 산을 넘어 강 옆으로, 델라웨어 협곡 상류에 있는 땅이다. 델라웨어라는 이름은 민시족에게는 아무 의미도 없었다. 그 이름은 영국인 가족에게 속한 것이었다. 레나페족에게는 그 강을 부르던 그들만의 이름이 있었다. 나는 그곳에서 몇 킬로미터 떨어지지 않은 곳에 살았기 때문에 초등학교 시절에는 그 이름을 조금 알고 있었다. 오늘날 미니싱크는 옥수수 낟가리, 섬과 골짜기의 안개, 송어가

헤엄치는 강과 곰이 있는 땅이다. 특히 뉴저지는 시달림을 당하지 않았고, 민시족의 시대와 비교했을 때 지질학적으로 동일하다. 미니싱크의 원주민들은 훌륭한 지질학자였다. 그들이 돌아다닌 길은 대단히 범위가 넓어서, 다른 사냥터와 조개무지가 쌓인 바닷가 야영지뿐 아니라 채석장도 있었다. 그들은 채석장에 야영지를 만들고, 동석으로 만든 그릇으로 조리를 했다. 그 동석은 오늘날 펜실베이니아 체스터 카운티의 런던브리튼 타운십의 땅에서 잘라낸 것이다. 그들은 화강암, 현무암, 규질점토암, 심지어 실트암으로도 손도끼를 만들었는데, 모두 집 근처에서 얻은 것이었다. 그들은 회색 옥수와 갈색 벽옥을 얻기 위해 펜실베이니아 버크스 카운티로 갔다. 그들은 빙하에 운반된 혼펠스를 활용했다. 딥킬의 플린트로는 화살촉과 창날을 만들었고, 오논다가의 처트로는 긁개와 송곳을 만들었다. 플린트, 처트, 벽옥은 모두 옥수에서 만들어지며, 옥수는 석영의 변종이다. 동부의 플린트 지대는 캐나다 온타리오에서 뉴욕주를 가로질러 남쪽으로 미니싱크까지 이어진다. 그들이 그것을 알기 위해 프라이베르크 광업대학에 다닐 필요는 없었다. 그들은 이 미세 결정질 석영의 일정한 결합 방식을 경험적으로 이해했다. 플린트는 충격을 받으면 면을 따라 쪼개지지 않고 조개 모양으로 깨져서 모서리가 칼날처럼 날카로워졌다. 사냥감들과 함께 살아가는 숲은 레나페족이 '끝없는 산'이라고 부르는 곳의 양쪽 가장자리에 있었다. 강에는 장어, 청어의 일종인 샤드, 철갑상어가 있었다. 사람들은 옥수수 밭 한가운데서 고리버들로 지은 집에 살았다. 그들은 빛과 사계절, 위대한 영 Manito이 주관하는 자연의 모든 요소를 숭배했다. 민시족의 매장지는 미니싱크에서 경치가 가장 좋은 곳에 있었다. 죽은 이들은 땅속에 들어가면 은하수를 건너서 그들의 마지막 여행을 시작했다.

아메리카 인디언들은 100만 년의 100분의 1인 1만 년 전에 미니싱크에 처음 나타났다. 우리 앞에 놓인 계곡의 탄산염 암석은 연대가 5억 년에 가깝다. 지구 자체 나이의 9분의 1에 해당되는 기간이다. 애니타는 암석에 함유된 코노돈트 때문에 이 암석에 특별한 관심을 두었고, 우리는 고속도로에서 계곡 아래로 빠져서 차를 세우고 도로절개면에서 암석 시료를 채집했다. 도로절개면의 모습은 헬레니즘 시대의 석공이 만든 벽돌담의 폐허를 연상시켰다. 절개면은 도로의 양끝과 중앙선 부분에도 있었다. 그곳에는 푸르스름한 흰색과 연한 회색의 석회암, 백운암이 풍화되어 담황색을 띠고 있었다. 암석은 날씨에 반응해 다양한 색을 나타낼 것이다. 자철석으로 인해 붉게 녹이 슬고, 구리의 흔적을 따라 녹색으로 바뀐다. 겉모습만으로는 판단이 어려울 수 있다. 지질학자들은 이전에 본 적이 없는 노두는 천천히 확인한다. 그들은 사냥꾼이 감탄할 만한 먼 거리에서 이름을 확인하며 슬슬 돌아다니는 것이 아니다. 노두 위로 올라가서 망치로 노두를 쳐내고 10배율 돋보기로 암석을 관찰한다. 탄산염이 포함되어 있을 가능성이 있으면, 염산을 몇 방울 떨어뜨려본다. 염산을 떨구면 석회암에서는 이내 맥주처럼 거품이 생긴다. 백운암은 석회암만큼 산에 잘 반응하지 않는다. 애니타는 큰 망치로 도로절개면의 암석 몇 킬로그램을 어렵게 떼어냈다. 있는 힘을 다해서 몇 번이고 암벽을 세게 내리쳐야 했다. 애니타는 그녀가 떼어낸 조각의 신선한 면을 살펴보면서 백운암인 것 같다고 말했다. 그 조각은 산에 반응하지 않았다. 그녀는 암석 조각을 칼로 긁어서 가루를 만들었다. 그 가루 위에서 산이 거품을 냈다. "이 백운암은 아주 깨끗하네요. 만약 열을 받아서 재결정화되었다면 하얗고 아름다운 대리석 무늬가 생겼을 거예요." 애니타가 말했다. "조산운동이 일어났을 때 온도가 500도까지 올라갔다면, 대리암으로 바뀌었을 거예요. 이탈리아의 돌로미테산처럼요. 돌로미테산에는 이름과 달리 백운암dolomite은 별로 없어요. 그곳의 암석은 거의 다 대리암이에요." 그녀는 도로절개면의 둥근 구조를 가리켰다. 캄브리아기의 바다에 살던 미생물 집단의 화석인 조류성 스트로마톨라이트였다. "당시 바다가 얕았다는 것을 알 수 있어요. 이런 것들은 빛이 있는 곳 근처에서만 자라거든요. 주위에 진흙이 전혀 없는 것이 보이죠. 이 암석은 아주 깨끗해요. 물도 따뜻했을 거예요. 차가운 물에서는 이렇게 두터운 탄산염 퇴적층이 생기지 않거든요. 탄산염은 따뜻한 물일수록 더 잘 녹아요. 그래서 이런 도로절개면을 보는 것은 깨끗하고 얕은 열대의 바다 속을 들여다보는 것과 같아요."

마른땅이 표류하고 지축이 이리저리 쉽게 흔들리던 캄브리아기의 바다와 그 아래에 놓인 뉴저지는 적도에서 약 20도 떨어진 곳에 있었을 것이다. 현재 이 위도에 있는 유카탄반도에서는 사람들이 투명한 물속에서 스노쿨링을 즐기며 수경 너머로 석회암이 될 풍경을 감상한다. 유카탄반도는 거의 다 탄산염으로 이뤄져 있으며, 그 탄산염은 그곳의 바다에서 쌓였다. 플로리다도 그랬다. 얕은 바다 아래에 파도에 씻긴 탄산염 모래 언덕이 있는 바하마 제도 지역의 위도는 20~26도다. 캄브리아기가 끝날 무렵, 적도가 지나간 방향은 오늘날 북아메리카 대륙의 남북 방향이 되었다. 적도는 텍사스의 빅벤드 지역과 오클라호마 지도에서 냄비 자루처럼 길게 뻗어 나온 지역을 지나서, 네브래스카, 사우스다코타, 노스다코타로 향했다. 만약 캄브리아기 후기에 오늘날 80번 주간 고속도로의 경로를 따라 이동한다면, 네브래스카 카니 근처에서 적도를 지났을 것이다. 뉴저지에서는 엉덩이 높이까지 차 있는 물속에서 조류 무더기와 그 조류를 뜯고 있는 복족류 사이로 허위허위 걸어야 했고, 그렇게 적도를 건널 수 있었을 것이다. 시카고 서부와 일리노이의 대부분에 걸쳐서는 깨끗한 모래와 물 위로 드러나 있는 캐나다 크레이톤의 조용한 가장자리를 지났을 것이다. 석회질의 바다 밑바닥은 아이오와에서 다시 나타났고, 네브래스카 동부로 이어졌다. 그런 다음 카니 근처에서 타는 듯이 뜨거운 적도의 해변으로 올라오면, 10억 년 동안 그 자리에 있던 암석들로 이뤄진 낮은 언덕들과 마주쳤을 것이다. 그곳은 매우 황량했고, 초록색과 붉은색으로 물든 암석에는 생명의 기미가 언뜻 드러났을 것이다. 이제 와이오밍이다. 래러미를 지나면 서쪽으로 바닷가가 펼쳐지고, 그 후로는 유타까지 쭉 갯벌이 이어졌을 것이다. 대륙붕으로 들어온 바닷물은 이제 점점 더 깊어지기 시작했다. 네바다로 160킬로미터를 들어간 곳에는 대륙사면이 있고, 그 너머로는 푸른 대양이 있었다.

그곳에서 다시 뒤로 돌아서 3000만 년 후로 이동한다고 해보자. 말하자면 지금으로부터 4억6000만 년 전인 오르도비스기로 간다면, 대륙붕의 가장자리는 여전히 네바다 엘코 근처에 있었을 것이고, 점차 상승하고 있는 깨끗한 석회질의 바다 밑바닥은 적어도 솔트레이크시티까지는 이어져 있었을 것이다. 와이오밍은 전체적으로 저지대의 마른 땅이거나 계속 바다가 이어졌을 가능성도 있다. 그 증거들은 풍화되어 거의 다 사라졌지만, 한 가지 실마리가 남아 있다. 와이오밍 동남부에서는 약 1억 년 전에 킴벌라이트 관이 폭발했는데, 그 폭발 뒤의 혼란 속에서 오르도비스기 말기의 해양 석회암 일부가 킴벌라이트 관 속으로 떨어져서 그대로 보존되었다. 네브래스카 서부에서는 건조하고 황량한 선캄브리아 시대의 지형을 통과했을 것이고, 링컨에 이르면 또 다른 바다가 나타났을 것이다. 아이오와, 일리노이, 인디애나까지 이어지는 바다는 물이 맑았고, 크레이톤 위에 형성된 바닥이 울퉁불퉁해 얕은 곳과 깊은 곳이 많았다. 오하이오에서는 바다가 탁해지기 시작했을 것이다. 동쪽으로 갈수록 점점 더 탁해지고, 석회질 위에는 점점 더 많은 실트가 가라앉고 있었을 것이다. 펜실베이니아에서는 훗날 델라웨어 협곡이 될 자리로 가까이 갈수록, 바다 밑바닥이 점차 낮아질 것이다. 그래서 그 전까지는 해수면 근처였던 곳이 이제는 수십 길 깊이의 물속에 잠겼을 것이다.

애니타는 "탄산염암의 탁상지가 붕괴되었다"고 말했다. "대륙붕이 낮아지면서 큰 함몰이 생겼어요. 거기로 퇴적물이 쏟아져 들어갔죠." 두 손으로 종잇장의 양끝을 잡고 손을 움직이면 종이가 아래로 휘어지듯이, 석회암과 백운암과 그 아래에 놓인 기반암이 내려앉으면서 우묵한 골이 형성되었고, 그 안에는 짙은 색의 진흙이 빠르게 들어찼다. 진흙은 셰일이 되었고, 셰일은 조산운동으로 인한 열과 압력에 의해 내부의 광물이 재배열되면서 점판암으로 바뀌었다. 우리는 서쪽으로 3킬로미터쯤 더 이동해 까만 점판암이 드러난 도로절개면에서 차를 멈췄다. 애니타가 말했다. "3600미터 두께의 이 검은 진흙은 1200만 년 동안 쌓인 것이에요. 한 덩어리의 암석으로는 엄청난 두께죠." 이 지층은 마틴스버그층이라고 불린다. 마틴스버그층은 바다 속에서 퇴적된 후, 조산운동의 격변 속에서 휘어지고 쪼개졌다. 그 결과, 각각 두께가 1000쪽에 이르는 검은 책들이 겹겹이 쌓인 형상과 비슷한 암석이 되었다. 이런 암석은 살짝 쳐서 조각을 떼어내기만 해도 뭔가 아름다운 것이 만들어진다. 굴곡진 형태와 켜켜이 쌓인 얇은 층리는 분명 분재 제작자의 눈에 매력적으로 보였을 것이다. 키가 15센티미터인 나무를 위해서는 적당한 환경인 것 같다. 나는 때때로 마틴스버그층을 보고 싶은 마음에, 몇 조각을 차에 놓아두었다. 델라웨어강 건너편의 펜실베이니아에는 마틴스버그층의 커다란 단면이 드러나 있다. 절리나 맥이 없는 이 단면에는 촘촘히 쌓여 있는 납작한 판들 사이에 광물이 얇게 늘어서 있고, 얇은 층리면은 대단히 넓고 판판해 엄청난 크기의 석판을 잘라낼 수 있다. 그곳의 암석은 "색이 바래지 않은 진짜 청회색 점판암"으로 묘사된다. 단단하지만 "부드럽고" 유리보다 더 매끄럽게 광을 낼 수도 있다. 멤피스에서 세인트조까지, 조플린에서 미주리강 분지의 도시들까지, 미국 당구 도박의 역사에서 이 마틴스버그 점판암으로 만든 당구대 위에서 한몫 잡지 않은 도박사는 거의 없을 것이다. 당구공이 부딪치는 소리를 지금도 타락의 소리로 여기는 사람이라면, 오르도비스기의 바다 밑바닥에 쌓인 이 진흙으로 만들어진 것이 그런 당구대만이 아니라 미국 모든 학교의 칠판도 있다는 점은 한번 생각해볼 만하다.

붕괴된 탁상지와 그 위로 쏟아져 들어온 퇴적물로 이뤄진 마틴스버그층은 다가올 격변을 최초로 암시하는 큰 전조였다. 그 뒤를 이어서 지질학적 대격변, 지각의 변형, 구조적인 융기가 일어났다. 산들은 잇달아 솟아올랐다. 지구 역사에서 마틴스버그층의 시대는 인류 역사에서 네덜란드 동인도회사의 헨리 허드슨이 1906년에 배를 타고 레나페강 입구에 처음 당도한 순간에 비길 수 있을 것이다.

애팔래치아산맥의 그레이트밸리를 다 지나갈 때까지, 애니타와 나는 다른 석회암과 점판암을 더 만났다. 우리는 그 암석들이 원래의 층리면에서 다양한 각도로 기울어져 있고 수직으로 일어서 있으며 뒤집혀 있다는 것을 알 수 있었다. 오래전에 사라진 아주 오랜 옛날의 산괴들이 접히고 떠밀리면서 그렇게 복잡한 지층이 만들어진 것이다. 도로는 강 쪽으로 다가가서 강을 끼고 북쪽으로 돌아갔다. 그러자, 키타티니산의 끊어진 부분의 한눈에 들어왔다. 전후 사정을 이해하기에는 아직 거리가 멀지만, 그 경이로움을 볼 수 있을 정도로는 가까웠다. 산은 두 동 강으로 잘려 있었고, 양쪽은 습곡과 지층과 절벽이 대칭을 이뤘다. 약 400미터 높이의 암석 전체가 하늘과 맞닿은 곳부터 청백색의 강 위에 있는 바윗돌까지 쏙 빼닮은 모습이었다. '허드슨강파' 화가들이 최고의 작품을 그리기 위해 델라웨어강을 찾은 것도 당연했다. 조지 이네스는 델라웨어 협곡을 여러 번 그렸고, 다른 어느 곳보다 강을 따라 약 6.5킬로미터 아래에 펼쳐진 풍경을 즐겨 그렸다. 그 그림들, 강에는 조각배가 떠 있고 풀밭에는 소들이 노닐고 펜실베이니아 쪽에는 증기기관차가 연기를 내뿜고 있는 그 그림들을 나는 종종 애니타의 말에 비춰 생각해본다. 그녀는 이런 한 장의 그림을 가능하게 만든 모든 것을 이해한다면 북아메리카 대륙 동부의 역사를 아주 많이 이해하게 될 것이라고 말했다. 내가 보기에 애니타는 그림의 전체적인 구성에 대한 감각을 이야기하고 있는 것 같았다. 그것은 단지 눈에 보이는 표면적인 그림 한 점이 아니라, 끈질기게 남아 있는 단편들이 훗날 그 본질 속에 혼입되어 들어가서 일련의 모든 요소가 어우러진 작품이다. 아득히 멀리 떨어진 시대의 소재들이 하나의 풍경 속에 모여 있는 이 복합적인 그림에는 허드슨강파의 화풍뿐 아니라, 그 시대를 반으로 가르며 흐르는 강에 잘려 있는 산과 그 아래에 놓인 조각배, 자갈, 뾰족탑, 소떼, 산비탈, 강가 절벽, 케임으로 대표되는 다른 모든 시대의 요소들도 담겨 있다.

키타티니산은 마틴스버그층과 닿아 있었고, 마틴스버그층보다 최소 1000만 년 이상 젊은 암석으로 이뤄져 있었다. 이 산은 대체로 규암으로 이뤄져 있는데, 규암은 지옥에서 가장 뜨거운 곳의 주성분이다. 지각 변동 이후, 엄청난 침식 작용이 일어난 미국 동부에서 규암은 여전히 높이 솟아 있다. 마틴스버그층도 무른 편이어서 계곡이 되었다. 그 둘 사이에는 시간만 존재할 뿐이다. 두 지층이 만나는 곳에서는 1000만 년의 시작과 끝을 손가락 하나로 만질 수 있다. 정확히는 지금으로부터 4억 4000만~4억3000만 년 전인 오르도비스기 최후기에서 실루리아기 초기에 이르는 기간이다. 당시 뭔가가 마틴스버그층을 우묵한 퇴적 분지에서 해수면 밖으로 끌어냈고, 침식으로 깎여나간 마틴스버그층은 고지대에서 무엇이 내려오든지 곧바로 그 위에 펼쳐질 수 있을 정도로 낮아졌다. 그리고 타코닉산맥에서 내려온 모래가 그 위에 펼쳐졌다. 모래는 사암이 되었다. 그로부터 5000만 년 후, 새로운 산맥이 솟아오르면서 발생한 열에 모래 알갱이들이 녹고 압축되어서 규암으로 변했거나, 아니면 그로부터 1억 년 후에 나타난 또 다른 산맥의 열과 압력에 의해 변성이 일어난 것일 수도 있다. 당시 델라웨어강은 생길 기미조차 보이지 않았다. 더 큰 규모의 강들이 현재 델라웨어강의 물길과는 전혀 다른 방향으로 거세게 흐르고 있었다. 땅이 수직 운동을 하고 있으면, 강은 땅의 모양을 따라 어디로든 흐른다. 대략 1억 년 동안, 땅은 델라웨어강이 흐르기 알맞은 모양이 아니었을 것이며, 다시 1억 년의 시간이 더 흐른 뒤에야 오늘날 키타티니산과 델라웨어강의 관계가 형성되었을 것이다. 델라웨어강의 물길이 어떻게 생기게 되었는지는 아무도 모른다. 이제는 사라진, 바다 속의 진흙처럼 놓여 있던 땅 위를 가로질러 흘렀을까? 산에서부터 내려오던 두 물길이 서로 침식을 일으키다가 결국 하나로 합쳐진 것일까? 산 위에 있던 거대한 호수에서 물이 흘러넘치면서 그 물이 배출되는 통로로 협곡이 만들어진 것일까? 거대한 호수에 대한 생각은 지지를 받지 못했다. 그런 생각은 이론적으로는 가능한 하나의 가설로 받아들여지기보다는, 기본적으로 황당한 추측으로 여겨졌다. 키타티니산과 위스콘신 빙기의 빙하 사이에는 한동안 빙하호가 하나 있었다. 사이오타호라 불리는 이 호수의 얼음이 녹으면, 흘러넘친 물이 협곡을 지나갔다. 델라웨어 협곡에는 당시 그 물길로 인해 형성된 삼각주와 층리를 갖는 바닥 퇴적층이 주기적으로 나타난 흔적이 남아 있다. 그러나 산이 설탕이 아닌 이상, 길이 13킬로미터에 깊이 60미터였던 빙하호가 협곡을 깎아낼 수는 없었을 것이다.

빙하는 지금으로부터 2만3000년 전에 당도했다. 말단퇴석은 델라웨어 협곡에서 남쪽으로 겨우 16킬로미터 떨어진 곳에 있다. 그래도 빙하가 산꼭대기를 넘어가는 동안, 빙하의 앞부분은 두께가 600미터를 넘었을 것이다. 그 빙하는 델라웨어 협곡을 완전히 틀어막았고, 분명히 협곡을 더 넓혔을 것이다. 빙하는 강바닥을 크고 둥글게 파헤쳤고, 빙하가 지나간 자리에는 60미터 두께의 자갈이 남았다. 아메리카 원주민이 미니싱크에 들어왔을 때, 당시 그곳의 식생은 툰드라 지대였다. 1만년 전에 미니싱크의 식생은 툰드라 지대에서 숲으로 바뀌었고, 원주민들은 그 변화를 체험했다. 원주민들이 플린트, 벽옥, 처트, 옥수를 깨뜨리는 방식은 아나톨리아, 수메르, 이집트, 비잔티움 시대와 연관이 있을 수도 있다. 헨리 허드슨은 지금으로부터 약 400년 전에 신세계에 당도했다. 그의 뒤를 따라서 네덜란드 상인, 네덜란드 식민지 개척자, 네덜란드 광부들이 들어왔다. 그들은 미니싱크에서 광석 등급의 구리를 발견했다. 아니, 발견했다고 생각했다. 그 지역에 전해 내려오는 반은 옳고 반은 실체가 없는 이야기에 따르면, 헨드리크 반 앨런이라는 사람이 키타티니산의 가치를 감정했고, 산의 절반이 구리라고 생각했다. 네덜란드 왕은 그에게 광산을 설립하고 광석을 운반할 길을 건설하라고 명령했다. 그 길은 미니싱크를 따라 올라가서 평탄한 땅을 지나, 에소퍼스크리크(뉴욕주 킹스턴)에 있는 허드슨강까지 이어졌다. 길이 160킬로미터의 이 길은 신세계에 건설된 최초의 고속도로였다. 이 길은 아직도 남아 있으며, 거의 바뀌지 않은 곳도 많다. 반 앨런은 도로 건설을 감독하는 일이 바쁘지 않을 때는 사랑 놀음을 했는데, 상대는 레나페족 추장의 딸이었다. 추장의 이름은 위시노닝이었고, 그 딸의 이름은 위노나였다. 어느 날, 반 앨런은 미니싱크에서 델라웨어강의 섬들이 있는 곳 근처 숲으로 홀로 사냥을 나갔고, 다람쥐 한 마리를 향해 총을 쐈다. 다람쥐는 나뭇가지 사이로 잽싸게 도망쳤다. 반 앨런은 다시 총을 쐈다. 다람쥐는 다른 나뭇가지로 달아났다. 총을 다시 장전한 반 앨런은 다람쥐를 향해 살금살금 다가가서 아주 신중하게 조준해 발사했다. 다람쥐가 땅에 떨어졌다. 다람쥐를 집어든 반 앨런은 다람쥐의 심장에 꽂힌 화살을 발견했다. 강 가장자리에서, 붉은색 카누 위의 위노나가 그를 향해 웃고 있었다. 두 사람은 사랑에 빠졌다. 미니싱크에 구리 같은 것은 있지도 않았다. 반 앨런은 개의치 않았다. 위노나는 그를 위해서 그 땅의 이야기를 다시 썼다. 강의 전설을 들려주고, '끝없는 산'의 이야기를 들려주었다. 결국 전설이 된 위노나의 이야기에 따르면, "그녀는 이 아름다운 계곡의 오랜 전승에 관해 말했다. 한때는 깊은 바다 속에 있던 산맥이 위대한 영의 의지에 따라 산산이 부서져서 그녀의 부족을 위한 보금자리가 미니싱크 골짜기에 드러났다". 1664년, 페터 스타위베산트는 총 한 발 쏴보지 못하고 뉴암스테르담을 포함한 모든 것을 잉글랜드 찰스 왕의 해군에게 넘겨주었다. 헨드리크 반 앨런에게는 광산을 폐쇄하고 고향으로 돌아가라는 명령이 내려졌다. 그는 인디언 아내를 유럽으로 데려갈 수는 없었다. 반 앨런은 델라웨어 협곡 위 높은 절벽에서 위노나에게 이런 문제를 설명했다. 위노나는 절벽에서 뛰어내려 죽었고, 반 앨런도 그녀의 뒤를 따랐다.

거의 닿을 듯이 지나가는 대형 트럭들이 일으키는 돌풍과 굉음 속에서, 우리는 콘크리트 방벽과 암석 사이의 좁은 공간을 따라 절벽 아래로 걸었다. 강과 마찬가지로 우리도 산을 가로질러 움직이고 있었지만, 방향은 반대였다. 거울처럼 마주 보며 솟아 있는 400미터 높이의 절벽 아래를 지나는 협곡은 매우 좁았다. 그래서 고속도로는 갓길도 없이 가까스로 협곡을 통과했다. 근처에 주차장이 있어서, 우리는 그곳에 차를 세웠다. 델라웨어 협곡 국립 휴양지 주차장은 산을 관통하는 이 천연 통로를 시민과 여행객이 편하게 볼 수 있는 위치에 자리하고 있었다. 협곡을 가득 메우고 있는 주간고속도로와 철도와 그 밖의 다른 도로들이 마치 집중치료실 환자에게 연결된 줄을 연상시키지만, 상관은 없다. 빗물관에는 애팔래치아산맥 등산로의 표시인 흰색 줄이 그어져 있었다. 이 등산로는 뉴저지 쪽의 산에서 내려와 고속도로를 따라 강을 건너서 펜실베이니아 쪽 능선 꼭대기로 연결되었다. 이 지역에서는 협곡을 마주보고 있는 두 산을 부르는 이름이 따로 있었다. 펜실베이니아 쪽은 민시산, 뉴저지 쪽은 태머니산이었다. 우리 머리 위로 서 있는 절벽의 암석은 뚜렷하게 층을 이루며 쌓였을 뿐 아니라, 미국 동부에서 일어난 여러 번의 조산운동으로 변형되기도 했다. 어떤 곳은 탁자 위의 테이블보처럼 함께 밀려났다. 그 특별한 습곡의 특별한 일부분은 침식이 일어나는 동안 산을 떠받치는 암석으로 남아서 서북쪽으로 약 45도의 각도로 처박혀 있었다. 일반적으로 그 방향을 따라 이동하면, 각각의 뒤집힌 층이 앞서 나왔던 층보다 더 젊어진다. 그 층은 실루리아기의 점진적 변화에 대한 기록으로는 그다지 의미가 없었다. "경사는 항상 위쪽을 가리키고,

항상 젊은 암석을 가리켜요." 애니타가 말했다. "지질학 I 수업 첫날에는 그것을 배우죠."

"무지렁이를 가르치다가 지쳐본 적이 있나요?" 내가 물었다.

"이런 수준에서 가르쳐본 적이 언제였는지도 모르겠어요." 애니타가 말했다.

강 근처 도로와 노두가 시작되는 곳에는 절벽에서 떨어진 바윗돌이 쌓인 너덜겅 때문에 산의 규암과 그 아래에 놓인 점판암 사이의 접촉면이 보이지 않았다. 산의 내부를 관통하는 이 협곡을 따라 이동한다는 것은 실루리아기를 초기에서부터 후기까지 걸어가는 것이며, 지금으로부터 4억3500만~4억1000만 년 전에 형성된 암석 집합체를 살펴보는 것이었다. 가장 먼저 나타난 가장 오래된 규암은 역암질이었다. 그 속에는 석화된 자갈과 모래가 들어 있었다. 애니타는 말소리가 들리도록 소리를 지르며 말했다. "이런 자갈에서는 산에 쏟아지는 폭우를 볼 수 있어요. 이 자갈은 어떤 망류 하천에 있는 모래톱 속으로 들어가고 있는 거예요. 이 암석에는 진흙이 매우 적어요. 물이 대단히 빠르게 흐르면서 진흙을 모두 쓸고 내려갈 정도로 높고 경사가 급한 곳에 있는 하천이었어요. 이 모래와 자갈은 산자락에서 내려오고 있었는데, 그 산은 젊고 높았어요."

대부분의 하천은 계곡을 따라 굽이치면서 한쪽 면은 깎아내고 반대쪽 면에는 모래톱을 만들지만, 엄청난 양의 모래와 자갈을 운반하는 망류 하천은 그렇지 않다. 망류 하천은 넓은 강바닥에서 얼기설기 얽힌 물길을 따라 흐른다. 실루리아기의 이 역암에서, 나는 알래스카산맥에서 본 적이 있는 웅장한 망류 하천의 소리를 들을 수 있었다. 그곳에서는 1.6킬로미터 너비의 자갈밭 위로 순록과 곰이 돌아다녔고, 땋아놓은 은

발머리 같은 물길이 놓여 있었다. 그 망류 하천은 갓 솟아오른 젊은 산이 침식으로 해체되어가고 있다는 것을 증언한다. 만약 그렇다면 우리 앞에 놓인 이 암석, 강모래 속에 깨끗한 강자갈이 보존되어 있는 이 암석도 마찬가지일 것이다. 애니타는 "지질은 스스로 반복된다"고 말했고, 우리는 암석을 만져보고 채집하면서 절벽을 따라 이동했다. 그녀는 내게 물길이 메워지면서 말의 배처럼 휘어 있는 퇴적층을 보여주었다. 망류 하천은 물길이 자주 바뀌고 복잡하게 얽혀 있기 때문에 깊이가 1.5미터를 넘는 경우가 없었다. 확실히, 우리가 위쪽 도로에서 채집한 더 오래된 암석에 묘사되어 있던 고요한 지구와 조용한 바다는 이 고대의 산맥을 만든 사건이 일어나면서 일대 변혁을 겪었다. 이국적인 아라비아의 산처럼 벌거벗은 이 산맥은 동쪽을 향해 서 있었고, 모래와 자갈을 이쪽으로 흘려보냈다. 물결 자국(연흔)인 사층리에 모래가 놓인 방식을 통해, 애니타는 이 망류 하천이 적어도 4억 년 전에는 서쪽으로 흘렀다는 것을 알 수 있었다.

300년 전, 이 땅에 도착한 윌리엄 펜은 레나페족을 보자마자 거의 바로 유대인이라고 판단했다. 그는 고국에 편지를 썼다. "그들은 눈이 작고 검었다. 딱 봐도 유대인과 다르지 않았다. 나는 그들이 유대인이라고 확신한다. (…) 그들을 보면, 런던의 베리가나 듀크스플레이스에 있는 것 같은 생각이 들 것이다." 그들은 "대체로 키가 크고, 머리카락이 직모이며, 체격이 좋았다". 그들은 정제한 곰의 기름을 몸에 발랐다. 펜은 그들의 말을 공부했다. 그들을 더 잘 알수록 그들과 조약을 잘 성사시킬 수 있었기 때문이다. "그들의 언어는 고상하면서도 제한적이지만, 히브리어와 비슷하다. (…) 한 단어가 세 가지 의미로 쓰인다. (…) 내가 알고 있는 유럽의 언어 중에서, 그들의 언어보다 억양이 더 감미롭고 훌륭한 언어는 없다고 말하고 싶다." 펜은 그 부족의 고유명사에서 "웅장함"을 느꼈다. 그는 태머니, 포케신, 랜코카스, 샤카막슨 같은 고유명사를 나열했다. 그리고 여기에 와이오미싱과 위시노밍과 와이오밍을 추가했다. 펜은 샤카막슨의 느릅나무 숲 아래에서 레나페족과 조약을 맺었다. 그 자리에는 태머니가 있었다. 태머니는 레나페족의 역사에서 가장 유명한 추장이 되었다. 그가 죽고 몇 년 후, 미국 동부 도시의 백인들은 그의 이름을 딴 모임을 만들었고, 그를 세인트 태머니라고 부르며 수호성인으로 삼았다. 레나페족에 대한 펜의 애정은 존경에서 우러나온 것이었다. 레나페족과 함께 지내는 것은 어렵지 않았다. 그들은 너그럽고 지적이며 평화를 추구했다. 레나페족도 펜을 존경했다. 그는 약속을 지켰고, 자신의 몫을 부담했으며, 공정했다.

샤카막슨의 느릅나무 숲 아래에서, 펜실베이니아와 레나페족은 "태양이 빛나고 강물이 흐르는 동안 언제까지나" 평화롭게 지낼 것을 맹세했다. 펜은 자신에게 땅이 필요하다고 설명했다. 레나페강 서쪽 땅 일부를 펜이 갖기로 합의되었다. 땅의 넓이는 정해진 시간 동안 한 사람이 걸어갈 수 있는 거리로 정의되어 있었다. 대개 하루나 이틀 정도, 점심을 먹거나 이상한 연기를 피우기 위해 간간이 쉬면서 천천히 걷는 것이 레나페족의 방식이었다. 서로를 신뢰하고 있던 펜의 일행과 레나페족은 오늘날 벅스 카운티 어디쯤에서 땅의 경계를 정하는 일을 포기했다. 펜은 고향인 잉글랜드로 돌아갔고, 1718년에 사망했다.

그로부터 15년 후, 펜의 아들인 토머스가 증서 한 장을 들고 잉글랜드에서 나타났다. 법률가의 수완을 지닌 사업가인 토머스는 그 증서가 북쪽으로 하루하고 한나절 동안 걸어서 갈 수 있는 범위의 땅을 그의 아버지가 갖기로 했다는 것을 증빙한다고 말했다. 그는 이 사실을 레나페족에게 알리고, 그런 이야기가 금시초문인 새로운 세대의 레나페 인디언들에게 이 거래의 성사에 동의할 것을 요구했다. 훗날 이 거래는 '도보 구매Walking Purchase'라고 불렸다. 토머스의 형제인 존과 리처드도 함께 가담해 이 거래에 참여할 사람을 모집했다. 그는 펜실베이니아에서 가장 발이 빠른 사람에게 202헥타르의 땅을 주겠다고 제안했다. 실제로 그는 마라톤 주자 세 명을 고용했다. 1737년 9월 19일, 도보 구매에 동행한 레나페족은 불평을 하기 시작했다. 그들과 보조를 맞출 수 없었기 때문이다. 그러나 그들은 따라갔다. 선조들이 계약을 맺었기 때문이다. 백인들은 104킬로미터를 "걸어서" 포코노산맥 깊숙이까지 들어갔다. 뻔뻔스럽고 모욕적인 행동이었지만, 레나페족은 이 불만스러운 상황을 곧 받아들였을 것이다. 그러나 토머스 형제는 레나페족의 분노를 폭발시키는 실수를 저질렀다. 그들의 새로운 영토는 논리적으로 북쪽 경계가 필요했다. 비논리적이게도, 그들이 그린 경계는 델라웨어 협곡과 가까운 델라웨어강의 한 지점을 향해 동쪽으로 가지 않고, 동북쪽으로 올라가서 그들 몫의 땅에 미니싱크를 포함시켰다. 뒤이어 대학살이 일어났다. 건물이 불탔다. 강 상류와 하류에서 백인의 머리 가죽이 벗겨졌다. 레나페족은 "프랑스제 손도끼"를 구하려고 했다. 한때 그들은 온화하게 땅을 내주었지만, 이제는 영국과 프랑스의 북아메리카 식민지 전쟁에 발을 담그게 되었다. 미니싱크의 백인을 참고 견디던 그들은 정착지 전체를 불태우고 사람들을 죽였다. 그들은 존 러시를 죽이고, 그의 아내와 아들과 딸도 죽였다. 그들은 반아큰 가족과 반캠프 가족 17명을 죽였다. 그들은 강을 따라 사람들을 뒤쫓았고, 그들의 배 위에서 그 사람을 죽였다. 그들은 한스 반플레어라, 램버트 브링크, 피어스웰 굴딩, 매슈 루를 죽였다. 그러나 시간을 거슬러 올라가서 백인들을 죽일 수는 없었다. 그들은 미니싱크를 결코 되찾을 수 없었다.

　우리가 굉음을 내며 달리는 트럭들 옆으로 움직이는 동안, 한 걸음씩 옮길 때마다 평균 1만 년의 시간이 지나갔다. 시간의 흐름은 당연히 일정하지 않았다. 하나의 강바닥 화석에 200만 년의 시간이 담겨 있을 수도 있고, 그 옆에 있는 얇은 층에는 한 계절이나 한 번의 폭풍우가 기록되어 있을 수도 있다. 우리 머리 위로는 아래쪽이 튀어나와 있는 사암층이 보였다. 사암에 나타난 다각형 무늬는 햇볕에 바싹 말라서 갈라진 진흙 위에 폭우로 불어난 물에 운반된 모래가 쌓여서 만들어진 자국이었다. 애니타는 암석 망치의 뾰족한 끝으로 한 역암층에서 자갈 하나를 떼어냈다. 그녀는 "유백색 석영"이라고 말했다. "흔한 석영이에요. 도로 위쪽에 있는 선캄브리아 시대의 고지대에서 우리가 봤던 암석이죠. 타코닉 조산운동은 더 오래된 암석을 밀어올렸고, 그 암석에 침식이 일어나서 모래와 자갈이 되었어요. 그것이 바로 이 역암 속에 있는 모래와 자갈이에요. 애팔래치아라는 산계 전체가 어떤 식으로 계속 자급자족을 하는지를 보여주는 하나의 본보기죠. 이것은 실루리아기의 암석에 박혀 있는 선캄브리아 시대의 자갈이에요. 데본기의 암석에서는 실루리아기의 자갈을 볼 수 있고, 미시시피기의 암석에서는 데본기의 자갈을 볼 수 있어요. 지질은 스스로 반복되죠." 노두 곳곳에는 오래전에 쓰인 작은 숫자들이 보였다. 애니타는 잭 엡스타인과 함께 델라웨어 협곡의 지질을 연구할 때 자신이 썼던 숫자라고 말했다. "여기서 몇 달을 보냈는지 몰라요. 30센티미터 간격으로 암석을 조사했죠." 규암 사이에는 사암뿐 아니라 셰일 층도 간간이 끼어 있었다. 셰일은 진흙이었다. 그 진흙은 며칠 또는 몇 시간에 걸쳐 강바닥에 가라앉았고, 그 아래에 놓인 고대 강모래에 아름답게 줄지어 있는 물결 자국 사이를 채우기도 했다.

우리 앞에 놓인 암석 속의 그림 하나하나마다 그녀의 마음속에는 그에 상응하는 풍경이 그려졌다. 실루리아기 초기의 황량한 땅의 풍경, 폭이 수 킬로미터가 넘는 강의 풍경, 그리고 그 모든 풍경이 합쳐져서 거대한 타코닉산맥이 실루리아기의 빗물에 침식되어 동쪽이 차츰 줄어들어가는 연속적인 그림이 되었다. 산은 전체적으로 둥글어지고 강의 경사는 완만해졌다. 그곳에는 가라앉는 땅의 그림이 있고, 상승하는 해수면의 그림이 있었다. 애니타는 셰일을 보면서, 한때 어느 강어귀에 있던 진흙과 그 강어귀에 살던 조개류와 해파리의 화석을 발견했다. 그 근처에서 얇게 떨어지는 짙은 색의 조각들에서는 "해변 뒤에 있는 검은색의 작은 석호"를 봤다. 두껍게 쌓인 희고 깨끗한 모래층에서는 해변을 봤다. "이런 밝은 색의 모래는 해변에서만 볼 수 있어요." 그녀가 말했다. "저것은 해변 모래예요. 우리는 바다 너머 서쪽을 보고 있는 거예요."

당시에 오늘날 80번 주간고속도의 경로를 따라서 여행을 하려면, 얕은 바다를 항해할 수 있는 배가 필요했을 것이다. 훗날 조지워싱턴 다리가 될 자리는 수백 미터 두께의 암석 밑에 있었기 때문에, 이 여정은 산골짜기의 급류에서 시작해야 할 것이다. 큰 바윗돌과 자갈들이 산에 기대어 쌓여 있는 거대한 선상지를 따라 힘차게 내달린 강은 서쪽으로 흘렀고, 그곳에는 얕은 바다가 대륙을 덮고 있었다. 강이 물속에 쏟아낸 충적토는 타코닉산맥의 사면을 따라 위에서부터 아래까지 길게 펼쳐졌고, 서쪽으로 점점 거대한 퇴적물 더미가 쌓여서 삼각주 복합체를 형성했다. 훗날 델라웨어 협곡이 생길 자리에서는 흰 모래가 깔린 해변을 벗어나서 바다를 건너 서쪽으로 향했을 것이다. 뒤를 돌아보면, V자 모양으로 패인 가파른 산골짜기들이 간간이 보였을 것이다. 망류 하천의 역암과 강어귀의 진흙과 해변의 모래가 있던 그곳은 델라웨어 협곡의 더 오래된 암석이 형성되고 있던 세계였다. 홀로세에서는 안데스산맥이 이와 비슷할 것이다. 동쪽 사면으로 쏟아진 자갈이 거대한 선상지를 이루며 쌓여 있는 모습은 같지만, 본질적으로 식생에 큰 차이가 있다. 실루리아기 초기에는 사실상 식생이 없었다. 펜실베이니아에는 바닥에 모래가 깔린 얕은 바다가 있었다. 적도는 위치가 조금 바뀌어서, 이제는 동북-서남 방향으로 지나가면서 미니애폴리스와 덴버를 통과했다. 오하이오의 바다 밑바닥에는 어두운 색의 석회질 진흙이 있었고, 인디애나부터 서쪽으로는 깊이가 겨우 수 미터인 맑은 물 아래에 하얀 석회질 모래가 깔려 있었다.

다시 방향을 바꿔서 그로부터 2500만 년 후로 간다면, 여전히 석회암으로 이뤄진 평평한 암반 위에 펼쳐진 바다에서 파도를 타고 있을 가능성이 크지만, 실루리아기 후기에 관해서는 잘 알려져 있지 않다. 그 시대의 암석은 대부분 사라졌다. 단서들은 넓게 흩어져 있다. 래러미 근처의 다이아몬드 관 속으로 떨어진 해양 석회암 중에는 연대가 실루리아기 후기인 것들이 있다. 와이오밍에서부터 동쪽으로 존재했던 바다에서는 대대적인 증발이 일어나고 있었던 것으로 보인다. 그 증발은 시카고에서 멈춘다. 지금도 그곳에서는 실루리아기에 자란 거대한 산호초를 볼 수 있는데, 산호초는 사막에서는 성장하지 않는다. 당시 이 산호초는 파도에 씻겨서 오늘날 태평양의 콰잘레인이나 에니웨톡 같은 환초를 이루었고, 시간이 흐르자 실루리아기의 조개들이 가득 들어찬 감미로운 푸른색의 백운암이 되었다. 이 백운암은 4억 년 넘게 그 자리에 있다가 골재로 채취되어, 80번 주간고속도로에서 몇 킬로미터 구간의 콘크리트 표면이 되었고, 오늘날 시카고를 상징하는 수많은 고층건물의 토대가 되기도 했다. 실루리아기에는 이 환초가 시카고의 상징이었을 것이다. 80번 주간고속도로는 채석장 위에 놓인 다리를 따라 실제로도 환초들을 가로질러 가는데, 환초가 시카고만큼이나 그랜드캐니언에 가깝게 보인다는 점은 아마 최고의 매력일지도 모른다. 그 환초 너머에는 다른 환초들과 염도가 매우 높은 바다가 있었다. 염도가 바닷물의 약 3배가 되면, 석고가 결정으로 석출된다. 오하이오 중부에는 단검과 비슷한 길이의 석고 결정들이 바닥에 달라붙어 있었다. 그다음으로는 뜨거운 열대의 무역풍을 만났을 것이다. 이 무역풍은 적도를 향해 불어가면서 무릎 깊이의 바다를 증발시켰다. 오하이오 영스타운 동쪽은 붉은 진흙으로 인해 물색이 탁했다. 그 진흙은 가까워지고 있는 해안에서 흘러들어 왔다. 해변은 오늘날 펜실베이니아 중부인 훗날 블룸즈버그가 될 곳에 있었고, 근처에는 서스퀘해나강이 갈라지는 곳이 있었다. 퇴적물이 거대한 쐐기 모양으로 쌓여 있는 삼각주 복합체는 160킬로미터 길이로 발달해 있었다. 타코닉산맥의 규모는 소박해졌다. 가파른 망류 하천은 사라졌고, 아무렇게나 쌓인 역암은 구불구불한 물길 옆 진흙 둔덕 아래에 묻혔다. 강은 선홍색과 진홍색을 띠는 조용한 저지대를 따라 잔잔하게 흘렀다. 그 붉은 땅에 처음으로 녹색식물이 등장했다.

시간의 흐름을 따라 나아가면서 델라웨어 협곡의 기울어진 지층을 지나는 동안, 우리는 포도주색에서 장미색에 이르는 다양한 색조의 붉은색 사암과 실트암과 셰일을 만났다. 두께가 불규칙적인 얇은 층과 그 속에 들어 있는 벌레 구멍 및 물결 자국과 사층리를 보면서, 애니타는 갯고랑과 갯벌과 바다로 흘러들어가는 강어귀와 사주와 연근해를 그려냈다. 애니타는 강 하류 쪽에 붉게 펼쳐진 삼각주를 봤고, 언덕의 규모로 낮아진 타코닉산맥을 봤다. 우리는 높았던 타코닉산맥이 허물어져 쌓인 거친 역암과 단단한 회색 규암을 지났다. 샤완겅크층이라고 알려진 이 지층은 델라웨어강 위로 그림 같은 절벽을 형성한다. (이 규암 절벽은 암벽 등반가들에게는 낙원 같은 곳으로, "[샤완]겅크"에서 선택한 부분을 그들끼리는 "갭랩gap rap"이라고 부른다.) 그리고 이제 우리는 고속도로에서부터 거리로는 800미터, 연대로는 2000만 년을 거슬러 올라가, 키타티니산을 구성하는 두 지층 가운데 더 젊은 지층을 살펴보고 있었다. 대체로 붉은색을 띠는 이 암석의 이름은 블룸즈버그층이며, 지금으로부터 약 4억1000만 년 전인 실루리아기 후기의 삼각주 평원에서 가장 바깥쪽에 위치한 지층이다.

지금으로부터 200여 년 전, 건국된 지 24년 된 미국에서는 델라웨어 협곡을 지나는 최초의 마찻길이 만들어졌다. 식민지 정착민들은 방울뱀들이 도사리고 있는 암벽에 만들어진 좁고 어두운 통로를 무서워했다. 그래서 델라웨어 협곡은 수송의 관문 역할을 하지 못한 채, 한적하고 을씨년스러우며 불가사의한 자연으로 남았다.

약 30미터 길이에 걸쳐 회색의 샤완겅크층이 붉은색의 블룸즈버그층으로 바뀌는 암석을 보면서, 우리는 실루리아기의 풍경이 바다와 해안에서 충적토가 쌓인 해안평야로 변하는 광경을 봤다. 애니타는 만약 현미경이 있다면 블룸즈버그층의 강모래에서 물고기의 비늘을 볼 수도 있을 것이라고 말했다. 그 물고기는 팬케이크 뒤집개처럼 생겼고 앞쪽에 눈이 달려 있었다.

1820년, 관광객들이 델라웨어 협곡을 찾았다. 그들은 비니 같은 이름을 지닌 필라델피아 사람들이었다.

붉은 사암을 조금 떼어낸 애니타는 이 사암이 침식과 퇴적 이야기를 전하고 있다고 말했다. 침식과 퇴적은 구불구불하게 흐르는 강에서 일어나는 전형적인 현상이다. 이런 강은 한쪽 면이 깎여나가는 동안, 그 반대쪽 면에서는 퇴적이 일어난다. 사암 속에 이암 덩어리가 들어 있는 곳은 침식이 심하게 일어나면서 강둑 위에 있는 진흙 토양이 무너져 내린 것이다. 한편, 그 반대쪽 강둑, 즉 강이 구부러지는 곳의 안쪽 면에는 포인트바point bar라 불리는 모래톱이 쌓여 강 안쪽으로 튀어나와 있었다. 포인트바가 보존되어 있는 깨끗한 사암 속에는 마치 골풀을 엮어놓은 것처럼 생긴 곡선으로 이뤄진 층인 사층리가 있었다.

여행을 하다가 반으로 잘린 산과 마주친다면, 당연히 어떻게 그런 일이 일어났는지를 추측하게 될 것이다. 예전의 아메리카 원주민들도 그랬다. 그들은 미니싱크와 마주쳤을 때, 그곳이 한때 "깊은 바다"였다는 결론을 내렸다. 새뮤얼 프레스턴도 원주민들의 생각에 동의했다. 프레스턴은 1828년에 『해저드의 펜실베이니아 기록Hazard's Register of Pennsylvania』에 보낸 편지에, 델라웨어 협곡이 "미국의 다른 어느 곳보다 흥미로운 자연 지형"이라고 썼다. 계속해서 그는 다음과 같은 가설을 세웠다. "대단히 두터운 충적토, 즉 산 위에 만들어진 땅의 모습을 볼 때, 분명히 이전 세계의 어느 시기에는 산의 앞쪽에 거대한 둑이 있었고, 미니싱크라 불리는 정착지 전체는 호수 속에서 형성되었다. 미니싱크가 확장되면서 물은 최소 80킬로미터 뒤로 물러났다." 그는 다음과 같이 결론을 내렸다. "물이 만든 땅에서 강에 있는 폭포가 물러난 것으로 보이는 거리로 미루어, 그 폭포의 높이는 작게 잡아도 45~60미터였을 것이고, 물의 양에 비례해 나이아가라와 비슷한 거대한 폭포를 이루었을 수도 있다." 프레스턴은 지질학자가 아니라 여행가였다. 19세기 사람들에게 새로운 과학을 가장 능란하게 설명한 책인 찰스 라이엘의 『지질학 원리』 제1권이 나온 것은 그로부터 2년 후였고, 그나마도 바다 건너 런던에서 출간되었다. 무엇보다 놀라운 것은 프레스톤의 가설이었다. 뒤이어 나타날 여러 훌륭한 지질학자와 마찬가지로, 프레스톤은 틀렸을 때조차 아주 합리적이었고 지질학에 관한 자신의 생각을 소신 있게 주장했다. 그는 이렇게 글을 맺었다. "만약 누군가 내 가설이 틀렸다고 생각한다면, 직접 가서 조사해보길 바란다. (…) 델라웨어 협곡은 어디로 달아나지 않을 것이다."

나지막하고 한가로운 실루리아기의 땅에 퇴적물이 천천히 쌓이는 사이, 암석 내부의 철이 산화되면서 암석은 붉게 변했다. 반면에 붉은 암석을 만드는 공급원이 풍화되었다면, 암석은 처음부터 붉었을 수도 있다. 노두 속에 있는 어두운 색조의 진흙과 밝은 색의 실트는 실루리아기의 홍수 때마다 쌓인 것이다. 거기에는 공과 베개 모양의 구조, 위로 올라가는 물결 자국, 유수의 소용돌이무늬, 아주 작은 사구와 같은 강모래 속의 구조들이 적갈색, 담홍색, 암적색, 연지색 같은 다양한 색조의 붉은색을 띠고 있었다.

델라웨어 협곡을 가장 효율적으로 발견한 사람들은 화가들이었다. 화가들은 무심코 델라웨어 협곡을 대중에게 알렸다. 말 그대로 델라웨어 협곡을 명소로 만들었다. 대칭을 이루는 지형학적 현상에 매료된 화가들은 밑그림을 그리고 채색을 하고 조각을 했다. 최초의 작품은 1830년의 「스트릭랜드 판화Strickland Aquatint」였다. 그림 앞쪽으로는 좁고 길쭉하며 바닥이 평평한 더럼보트가 강에 떠 있고, 배에는 일어서서 노를 젓고 있는 네 명의 선원과 선미 쪽에 있는 키잡이(역시 서 있다)가 타고 있다. 그림 뒤편에 비현실적으로 깊게 파인 산 위에는 원시림이 울창하다.

침식과 퇴적 작용을 일으키며 계곡을 가로질러 내려가는 하천은 홍수로 범람이 일어나면 하부로부터 자갈과 모래와 진흙과 미세한 알갱이를 순서대로 내려놓을 것이다. 지금 우리 앞에 있는 암석에는 이 순서가 빠짐없이, 여러 번 반복되어 있었다. 하천의 이동 역사는 4억1200만 년 전, 4억1100만 년 전, 4억1000만 년 전, 점점 더 낮아지고 있는 계곡을 따라 켜켜이 쌓인 층으로 남아 있었다.

1832년, 애셔 B. 듀랜드는 우연히 이 풍경을 발견했다. 듀랜드는 곧 허드슨강파라 불리게 될 화풍의 창시자 중 한 사람이었다. 허드슨강파라는 이름에는 낭만적 운치를 표현하기 위해 야외로 나간 화가들에 대한 한 비평가의 조롱이 투사되어 있었다. 화가들은 허드슨강으로 올라갔고, 로키산맥으로 올라갔고, 거침없이 델라웨어 협곡으로 들어갔다. 듀랜드도 더럼보트를 그렸다. 그가 그린 나무는 일본 나무처럼 생겼다. 듀랜드는 그 그림을 직접 동판화로 제작해 발표했다. 이젤이 세워졌던 곳에는 호텔이 들어선다는 법칙이 여기서도 성립했다. 1833년, 이곳에는 25개의 객실을 갖춘 키타티니 하우스가 세워졌다.

애니타는 블룸즈버그층의 역암을 한 조각 쪼아냈다. 그 역암은 그것이 만들어진 강에 물이 많았다는 증거였다. 완만한 언덕 지대를 이루는 실루리아기의 전원 풍경은 분명히 사랑스러웠을 것이며, 강 주변에는 푸른 융단이 펼쳐져 있었을 것이다. 모래 속에 있는 자갈들 속에는 고지대의 벽옥이 있었다.

1836년에는 헨리 다윈 로저스가 이끄는 초기 지질학자들이 당도하기 시작했다. 그들은 펜실베이니아 최초의 지질 연구를 수행했다. 심해에서 만들어진 마틴스버그 점판암과 그 위에 서 있는 산의 "주름"과 "고랑"이 있는 지층에서, 로저스는 "놀라우리만치 엄청난 지각의 운동과 격변" 및 지질 시대의 "가장 중요한 순간"을 봤다. 그는 이것을 펜실베이니아주에 보고했고, 마침내 타코닉 조산운동과 앨리게니 조산운동이 알려지게 되었다. 그는 뉴저지의 산들이 뭔가에 의해 확 비틀리면서 나란히 있던 펜실베이니아의 산들과 수백 미터 어긋나게 되었다고 생각했다. 로저스는 "이런 가로 방향의 변위가 애팔래치아산맥 지대의 모든 큰 능선과 계곡에 널리 일어났다고 생각한다"고 썼다. "그리고 전부는 아니어도, 대부분의 깊은 홈을 만든 주원인이며, 협곡이라는 이름으로 알려진 이런 깊은 홈은 수많은 높은 산줄기를 기부에 닿을 정도로 쪼개놓는다."

붉은 블룸즈버그층 사이사이에는 가끔 초록색을 띠는 얇은 층들이 끼어 있었다. 애니타는 '쿠퍼시퍼'라고 하는 그 초록색 지층이 네덜란드 사람들에게 헛된 희망을 주었다고 말했다. 블룸즈버그 삼각주에 무엇이 있었는지는 모르지만, 구리는 그렇게 많지 않았다. 1840년대에 미니싱크에서는 광산들이 다시 문을 열기 시작했고, 한 계절 만에 파산했다. F. F. 엘린우드 목사는 1854년 8월 29일 펜실베이니아 델라웨어 협곡 마을의 마운틴 교회에서 "봉헌식 설교"를 했다. 엘린우드 목사는 그 해를 천지창조 이후 여섯 번째 1000년이 되는 해로 자리매김했다. 그는 신자들에게 이렇게 말했다. "이 축복받은 곳 위로 6000번의 사나운 겨울바람이 매섭게 불었지만, 아직까지 예견된 운명은 충족되지 않았습니다. 그러나 여기, 마침내, 정말로, 이 반석 위에 교회가 단단히 세워졌습니다. 이것은 지옥의 문이 열리지 않기를 바라는 우리의 희망이자 기도입니다. (…) 수 세기 동안, 야훼께서는 이 산의 암석 요새에 기거해왔습니다. 귀기울여 들을 인간이 이곳에 있기 전부터, 그분의 목소리는 산들바람의 한숨과 폭풍의 천둥소리 속에 깃들어 있었습니다. 그럼에도 이 좁은 골짜기에서는 극심한 싸움이 벌어지곤 했습니다. 이 야생의 장소에 인간의 발길이 침범하기 전부터, 인간의 기술이 천연의 암석을 뚫고 폭파시키기 전부터, 이곳에는 하느님의 손길이 홀로 미치고 있었습니다. 하느님은 저기 멀리 보이는 강까지 깊은 바위틈으로 이어지는 길을 만들어주셨고, 거대한 절벽과 비탈진 골짜기에 늘 푸른 풀밭과 월계수 꽃의 반짝이는 빛을 덧입혀주셨습니다." 바로 그해 여름, 기술의 손길 덕분에 델라웨어와 래커워너와 서부의 철도가 천연의 바위를 뚫고 들어갔다. 역마차는 곧 자취를 감췄다. 강을 이용하는 뱃길은 철도에 자리를 내주었다. 그늘을 드리우는 플라타너스 숲은 잘려나갔다. 협곡에는 전신선이 길게 이어졌다. 실용성과 멋진 경치 중에서 하나를 선택할 기회가 주어진다면, 분명히 사람들은 둘 다 가지려고 할 것이다. 기찻길의 한쪽으로는 상류층을 실은 열차가 달렸고, 그 반대쪽에는 석탄을 실은 열차가 달렸다.

애니타는 갈라진 진흙(건열)의 화석에 손가락을 가져다 댔다. 그 암석이 햇볕이 쨍쨍한 시간과 계절에 만들어졌을 뿐 아니라 당시 환경이 평온했다는 것도 알려주는 증거였다. 또 그녀는 단층 활면(나중에 일어난 격변 속에서, 지괴가 다른 지괴 위로 미끄러지면서 만들어진 구조의 흔적)의 마찰로 생긴 매끄러운 줄무늬를 손가락으로 쓸어내렸다.

오늘날처럼 생태를 중시하는 시대에 『백패커backpacker』풍의 사진을 찍는 사람들이라면, 선로에서 40킬로미터 이내의 풍경은 사진을 찍기는커녕 눈길도 잘 주지 않을 것이다. 그러나 1850년대에 조지 이네스는 델라웨어 협곡으로 들어갔고, 기차가 보이는 곳에 이젤을 세웠다. 그 그림들은 메트로폴리탄 미술관, 테이트 모던 뮤지엄, 영국 내셔널 갤러리(런던)에 전시된다. 한편, 1860년에는 커리어앤드아이브스 출판사가 그 그림 중 하나를 석판화로 제작했다. 1866년에 키타티니 하우스에서는 로비에서 멀지 않은 곳에서 지배인이 흉포한 대형 고양잇과 동물의 공격을 받아서 사망하는 사고가 있었지만, 그럼에도 객실이 250개로 늘어났다. 사고는 큰 문제가 되지 않았다. 이곳은 신세계였고, 영광의 장소를 벗어나면 늑대와 곰도 있었기 때문이었다. 델라웨어 협곡은 인파로 북적이는 최고의 여름 휴양지가 되어가고 있었다.

"위로 올라갈수록 입자가 작아지는 주기에 주목해야 해요." 애니타가 말했다. "이 층들은 사층리를 갖는 사암층인데, 아래쪽에는 진흙 쇄설물들이 있고, 중간에는 물결 모양으로 고르지 않은 층리를 보여주는 세일상 실트암과 사암이 있고, 맨 위에는 희미하게 보이는 건열과 생난작용이 일어난 실트암과 백운암 결핵체가 있어요."

1860년대에 델라웨어 협곡을 찾아온 한 귀부인은 "만약 나이아가라 폭포가 여기에 있었다면 델라웨어 협곡은 정말 멋진 곳이 되었을 것"이라는 유명한 말을 남겼다.

1875년, 『앨딘Aldine』은 델라웨어 협곡을 그린 목판화 작품 세 점을 소개했다. 그림 속에는 지팡이를 짚고 걸어가는 신사들과 양산을 쓰고 긴 드레스 자락을 규암 바닥에 늘어뜨리고 있는 숙녀들이 있었다. 그림에 곁들여진 글은 델라웨어 협곡을 유럽의 어느 산길보다 미학적으로 높은 위치에 올려놓았다. 『앨딘』은 "아메리카의 예술 잡지"를 추구했지만, 다른 분야로 파고드는 것을 주저하지 않았다. 이 잡지는 독자들에게 다음과 같이 말했다. "펜실베이니아의 산들은 훨씬 먼 곳에 있는 미국의 여러 산맥보다 덜 알려져 있고 방문객도 적다. 심지어 유럽에 있는 산맥들보다 사람들의 발길이 덜 미친다. 그러나 지구상의 다른 어느 곳 못지않게 아름답고, 여러모로 탁월한 위치에 놓일 만한 위엄을 갖추고 있다고 말할 수 있다. 게다가 이 협곡은 자연 애호가에게만 관찰과 사색의 묘미를 주는 게 아니다. 과학자도 뭔가 할 일이 있다. 만약 과학자가 꽤 오랫동안 이곳에 머무른다면, 확실히 할 일을 찾을 것이다. 어쩌면 그 과학자는 나이아가라 폭포에 대해서는 폭포가 처음부터 그 자리에 있었는지, 아니면 캐나다의 세인트로런스강 입구에서 내려온 것인지를 확실히 결정하지 못하고 있었을지도 모른다. 하지만 델라웨어 협곡에서는 지난 반세기의 과학적 추측을 결합해, 지금의 모습이 대홍수 때 변한 것인지, 아니면 어떤 엄청난 민물의 흐름을 가로막고 있던 벽이 무너지면서 거대한 내륙 호수의 물이 흘러나온 것인지를 알아낼 수 있을 것이다."

1877년이 되자, 키타티니 하우스는 5층 건물이 되었다. 그해 성수기가 끝날 무렵, 『하퍼스 위클리』에는 델라웨어 협곡의 목판화 한 점이 실렸고, 그 목판화를 제작한 그랜빌 퍼킨스는 엘 그레코와 같은 반열에 오른 듯했다. 높이 솟아 있는 산 아래, 분홍색 양산을 든 여자가 강둑에 몸을 기대어 앉아 있었다. 밀짚모자를 쓰고 짙은 색 정장을 입은 남자는 그녀 옆에서 마치 풀숲의 뱀처럼 몸을 쭉 늘이고 있었다.

블룸즈버그층 암석의 사층리와 평탄한 지층 속에서 시간의 자취를 천천히 따라가는 동안, 그곳에는 지질학자들이 "상부 흐름 체계의 하부"라고 부르는 증거들이 있었다. 이제는 "하부 흐름 체계의 상부"가 되어가고 있었다.

강이 지겨워지면, 그곳에는 관현악단, 음악가, 연사, 가면무도회도 있었다. 사람들은 자유롭게 서로의 시를 낭독하기도 했다.

거대하게 쌓여 있는 웅대한 자연이여!
늘 생각에 휩싸여 있는 사람들의 눈길을 받는다,
그대의 형상은 고요하고 꾸밈없다.
오래전 혼돈에서 창조가 시작된 때,

그 모습은 지금도 온전하다. 만약 어떤 이유로,

어떤 비밀스러운 이유로, 그대의 암석 맨틀을 빌린다면,

그리고 그대의 조각들이 저 아래 평원 위로 내던져진다면,

인간의 자부심은 원대한 구상을 이룰 것이다.

모든 두려운 힘 중에서 가장 위대한 힘,

그 힘은 그 방벽을 바닥까지 거칠게 찢어놓고,

레나페의 강줄기가 빠져나갈 길을 터주고,

나무와 물이 거칠게 뒤섞는다.

마법이 풀리는 듯한 이 대단한 광경은

영원한 암석의 굳건한 장벽을 무너뜨린다.

그것은 격렬하게 폭발하는 화산일 수도 있고,

공포가 거품처럼 일어나는 노아의 홍수일 수도 있다.

상상이 마음껏 나래를 펼치게 하자…….

그러나 우리는 추측을 멈추자.

그리고 지질학의 아들들을 위한 생각거리가 되게 하자.

그들은 자갈에서 산의 형성을 판단할 것이다…….


애니타는 산의 이 부분에서 암석이 약해지고 있었다고 말했다. 지층을 깎고 지나가는 강은 이런 약한 부분을 찾아내 공략했다. "물이 지나갈 틈새나 바람이 통과할 틈새가 있는 곳은 어디든지 기반암에 구조상 약한 부분이 있어요. 이 암석은 균열이 아주 많고 약해져 있어요. 여기서는 특히 습곡이 강하게 일어났어요."

호텔들은 펜실베이니아에 있었다. 1880년대와 1890년대에는 호텔이 굉장히 많이 들어서면서 경쟁이 치열해졌다. 산의 왕좌를 차지하기

위한 게임을 하듯, 키타티니 하우스보다 더 높은 곳에 워터갭 하우스가 들어섰다. 베란다로 둘러싸인 길고 하얀 건물 위에 얹혀 있는 둥근 지붕은 맨사드 지붕(상부는 완만하고 하부는 급경사로 처리된 2단 지붕—옮긴이)의 굴뚝처럼 보였다. 부족한 것은 증기선 한 척뿐이었다. 그곳은 전망이 매우 좋았다. 훗날 80번 주간고속도로가 될 뉴저지의 좁다란 범람 평야와 하얀 단구 위에는 경작지와 나무 울타리가 있었고, 가을에는 옥수수 낟가리를, 봄에는 방금 갈아놓은 밭고랑을 볼 수 있었다.

애니타와 나는 블룸즈버그층의 마지막 지점, 아니 블룸즈버그층이 협곡의 노두 속으로 모습을 감추는 지점에 이르렀다. 그녀는 마지막 층을 가리키며 말했다. "이건 조립의 기저 모래예요. 포인트바와 수로에 퇴적되는 기저 모래는 강이 구불구불하게 흐를 때 강의 옆면에 부착되죠." 총 457미터에 이르는 지층은 실루리아기의 고지대가 허물어지는 과정을 전하고 있었다.

세기가 바뀌고 10여 년 후, 관광용 자동차 한 대가 워터갭 하우스의 현관 승차장으로 들어섰다. 기사가 내리고, 지붕이 없는 차 뒷좌석에는 시어도어 루스벨트(1858~1919)가 홀로 앉아 있었다. 사진에 포착된 그는 뜻 모를 표정을 짓고 있었다. 그는 뱃살이 두둑한 몸집에 밝은 색의 마직 정장을 입고, 그에 어울리는 모자를 쓰고 있었다. 이 휴양지의 지역사회에서는 분명 흥분되는 순간이었겠지만, 테디라는 별명으로 불리던 그는 은퇴 후의 시간을 보내는 중일 뿐이었고, 어찌 보면 델라웨어 협곡도 그와 비슷한 처지였다. 변덕스러운 손님들은 폭포가 있는 나이아가라 지역을 더 좋아했다. 도시를 연결하는 전차가 풍경에 추가되었다. 하류로 약 3킬로미터를 내려가서, 조지 이네스가 좋아했던 풍경이 있는 곳에는 로마 시대의 수도관처럼 생긴 새로운 철교가 들어섰다. 철도는 강의 양쪽 모두로 협곡을 통과했다. 골프 코스도 있었다. 얼음에 떠밀려서 부서진 산의 사면으로 올라간 가파른 표석 점토가 극적으로 변형된 빙하 지형인 이 골프 코스에서, 월터 헤이근이 1926년 이스턴 오픈 챔피언십의 우승을 차지했다. 그로부터 얼마 지나지 않아, 이 대회의 마지막 경기가 개최되었다. 월터 헤이근은 다시 돌아오지 않았고, 19세기도 다시 돌아오지 않았다. 오랫동안 필라델피아에 살았던 사람들이 이제는 메인주에 있었다. 1931년에는 키타티니 하우스가 봉화처럼 불타올랐다. 화물 열차들은 잉걸불을 피해서 덜커덩거리며 도망쳤다. 1960년에는 주간고속도로가 들어왔다. 처음 마찻길이 생긴 지 160년 만의 일이었다. 지구 역사의 한 단위로서, 160년이 아무것도 아니라고 말할 수는 없다. 그러나 강 옆에 퇴적되어 있는 붉은 암석은 이런 단위 9만4000개를 나타냈다. 달리 말하자면, 두께가 457미터인 블룸즈버그층은 160년마다 5밀리미터씩 쌓인 것이다. 켈로이드 흉터처럼 불거진 고속도로는 뉴저지 쪽을 따라서 샤완겅크의 규암을 뚫고, 블룸즈버그층의 붉은 층을 뚫고 지나갔다. 협곡을 한 번 지나가는 것으로는 충분하지 않은지, 고속도로는 다시 방향을 바꿔서 강을 건너갔다.

우리가 지나온 모든 암석에서, 그 물질들을 운반한 강과 시내는 서쪽과 서북쪽으로 흐르고 있었다. 나는 강둑 너머로, 독특하게 다른 방향으로 흐르고 있는 델라웨어강을 바라봤다. "델라웨어강은 언제 생긴 거죠?" 나는 애니타에게 물어봤다.

그녀는 어깨를 으쓱하며 말했다. "오래전에요."

"그렇군요."

애니타는 몸을 돌려 산을 단절시킨 그 거대한 틈을 바라보며 말했다.

"아마 쥐라기 후기일 거예요. 백악기 초기일 수도 있고요. 찾아볼 수는 있어요. 그쪽으로는 별로 관심이 없었거든요."

그렇다면 델라웨어강의 연대는 대략 1억5000만 년인 것이다. 델라웨어 협곡의 연대는 4억 년이었다. 거기서 다시 5000만 년을 거슬러 올라가면 타코닉산맥이 있었다. 강은 1억5000만 년 전, 바위는 4억 년 전, 제1대 조상격인 산맥은 4억5000만 년 전에 만들어진 것이다. 이런 시간은 너무 아득해서, 만주어로 된 달력을 보는 것처럼 아무 감흥이 없을 수도 있다. 그래서 우리는 인간의 시간에 비유해서, 말하자면 지질 시대의 1억 년을 인간의 1세기에 빗대어, 위로 올라갈수록 입자가 작아지는 순서와 사건들로 이뤄진 얇은 층리들과 서서히 일어나는 쇠퇴와 순식간에 일어나는 격변에서 지질 변화의 속도를 감지한다. 우리는 동쪽으로 흐르는 강들을 본다. 그다음에는 융기하는 산들을 본다. 강들은 서쪽으로 방향을 돌린다. 파도처럼 밀려온 산들은 치솟았다가 부서지고, 서쪽으로 펼쳐진다. 산들이 허물어지고 어느 정도의 시간이 지난 후, 강들은 다시 동쪽으로 흐른다. 화가의 어깨 너머로 보는 풍경 속에는 그 모든 것이 들어 있다. 암석 속에서 그 풍경을 먼저 봤다면, 그렇게 보일 것이다. 그림 속 풍경은 10억 년에 걸쳐 스쳐 지나간 그 수많은 순간의 합에는 한없이 못 미친다.

———

우리는 다리를 건너 협곡을 빠져나와서, 델라웨어강 다리 요금소에서 25센트를 냈다. 징수원은 나이가 꽤 지긋한 할아버지였다. 마치 지구 역사의 6000만 분의 1에 해당되는 시간을 살아온 사람 같았다. 그는

"즐거운 하루 보내세요"라고 말했다. 우리는 서쪽으로 향하고 있었고, 곧 지질학자들이 "이른바 포코노산맥"이라 부르는 곳으로 들어서게 될 터였다. 사실 포코노산맥은 층층이 쌓인 평평한 땅인데, 혼란스럽게 흐른 강줄기에 깎여서 숲으로 뒤덮인 메사mesa(탁자 모양으로 솟아 있는 대지—옮긴이)로 나뉘었고, 그런 메사들에 포호포코산 같은 이름이 붙은 것이다. 부푼 흉터처럼 길게 이어지는 변형된 애팔래치아산맥, 즉 습곡산맥의 리지앤드밸리 지대는 이 위도에서는 극히 좁아졌다. 앨라배마에서 캐나다까지 무려 130킬로미터의 폭으로 이어지는 애팔래치아산맥은 80번 고속도로가 지나가는 펜실베이니아 동쪽 끝 부분에서는 폭이 24킬로미터로 좁아진다. 그곳의 습곡대가 좁은 까닭은 포코노산맥이 변형되지 않았기 때문이다. 지각 변동이 일어나서 암석에 좌우로 골이 지는 동안, 포코노산맥이 될 지층은 조금 압축되기는 했지만 휘어지지는 않았다. 애니타는 "이 암석은 구조적으로 충격을 받았고, 찌그러지지는 않았다"고 말했다. "조금 부서지기는 했지만 별로 움직이지는 않았어요. 활면은 없었어요."

이제 다리 요금소를 1.6킬로미터쯤 지나서 아직 한참 습곡대를 통과하고 있을 때, 우리는 도로 기사들이 관통로throughcut라고 부르는 길을 만났다. 관통로에서는 도로가 능선 가장자리를 뚫고 지나간다. 우리는 차를 멈추고 고속도로를 가로질러 절개면이 더 높은 쪽으로 올라갔다. 암석은 석회질 셰일이었다. 약 3억9000만 년 전, 깊이가 18미터쯤 되었을 바다 밑바닥의 진흙에서 만들어진 그 암석에는 조개껍데기와 산호 조각들이 빽빽이 들어차 있었다. 암석 속에는 완족류(조개나 가리비와 비슷한 종류)와 원뿔 모양의 산호가 들어 있었다. 단독으로 자라는 이 원뿔 모양 산호의 특정 종류는 데번셔에서 연구를 하던 19세기 지질학

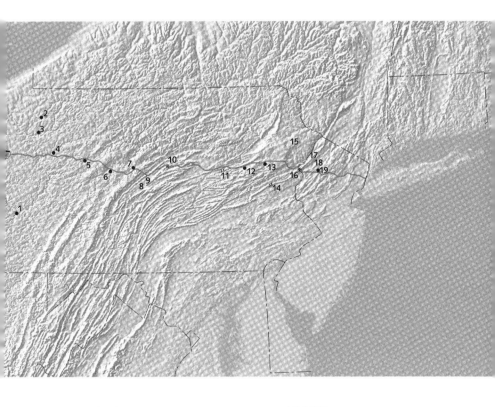

1. 피츠버그

2. 타이터스빌

3. 오일시티

4. 클라리온

5. 듀보이스

6. 클리어필드

7. 스노우슈

8. 니타니밸리

9. 볼드이글산

10. 홀리털리도 길

11. 프라잉팬 협곡

12. 블룸즈버그

13. 히코리런 주립공원

14. 리하이 협곡

15. 포코노 고원

16. 델라웨어 협곡

17. 키타티니산

18. 애팔래치아산맥의 그레이트밸리

19. 알라무치

자들의 표준 화석이 되었다. 그들은 그 산호가 발견된 암석의 상대적 연대를 알아내, 그 시대에 데본기라는 이름을 붙였다. 애니타는 이렇게 말했다. "만약 이 절개면이 없었다면, 나는 이 암석들을 결코 평가할 수 없었을 거예요. 다음 노두는 킹스턴과 올버니의 중간쯤에 있어요. 이 길이 처음 만들어졌을 때, 우리는 얼른 이곳에 들어와서 지도를 작성했어요. 그놈의 풀씨와 지푸라기와 유기질 타르를 천지에 발라놓기 전에 얼른 측량을 해야 했으니까요. 동부에는 지질학에 관심 있는 사람이 아무도 없어요."

데본기 초기에는 이곳에서 바다가 멀리 물러나 있었다. 기울어진 지층을 따라 비탈을 올라가는 동안, 우리는 점점 더 얕아지고 있는 해양 퇴적층을 따라 200만~300만 년의 시간을 걸었고, 파도에 굴러다니면서 동그랗게 닳아 있는 진주같이 하얀 석영이 가득한 역암을 만났다. 역암 너머에는 색이 밝고 알갱이가 큰 사암이 있었다. 데본기 해변의 화석이었다. 그 바다 멀리 서쪽으로는 캐나다와 알래스카의 국경 근처에서 적도가 지나가고 있었을 것이다. 우리는 방향을 돌려 숲으로 올라가서 튀어나온 산등성이의 둘레를 돌아갔다. 이제 고속도로에서 꽤 높은 곳에 이르렀고, 큰 상자갑 같은 차들의 지붕이 내려다보였다. 동부 해안에서 서부 해안까지 이사를 책임지는 노스아메리카 밴라인의 트럭들이었다. 우리는 숲을 지나서, 지층의 경사와 반대 방향인 동쪽으로 더 들어갔다. 멀리 산등성이 반대편 높은 곳까지 올라가자, 또 다른 해변이 나타났다. 아까 것보다 1000만~1500만 년 더 오래된 해변이었다. 대륙을 덮고 있는 얕은 바다가 들락날락하는 해침과 해퇴의 반복 속에서, 실루리아기 후기에는 해안선이 이곳에 멈춰 있었다. 애니타가 말했다. "델라웨어 협곡의 붉은 지층이 울타리 섬 뒤에 있는 석호에서 종잇장처럼 얇게 쌓인 진흙이었을 때, 이곳은 울타리 해변이었어요. 지질학은 예측이 가능해요. 만약 석호의 진흙이 있다면, 멀지 않은 곳에 바닷가 모래가 있어야 해요." 애니타는 숲을 지나서, 얕은 바다에서 형성되는 짙은 색 석회암 노두가 있는 바다 쪽으로 걸어갔다. "내가 여기에 올라온 것은 이것 때문이에요. 이만큼 순수한 석회암은 찾기 어려울 거예요." 그녀는 지도 측량을 하던 시절에 봤던 이 노두를 떠올렸고, 지금 코노돈트를 얻기 위해서 왔다. 애니타는 큰 망치로 바위를 내리쳤다. 내키지 않았지만 합법적인 일이었다. 불꽃이 튀었다. 그녀는 열심히 약 28리터들이 캔버스 가방 두 개를 천천히 채워갔다. 애니타는 비슷한 여행을 수백 번 했던 것처럼, 그 가방들을 어느 작은 마을의 우체국으로 가져가서 카운터 위에 올려놓았다. 돌덩이들이 둔탁한 소리를 내는 사이, 시골 우체국장의 휘둥그레진 눈이 돋보기 너머에서 움직였다. 가방에는 무료 송달 우편물 번호가 인쇄되어 있었다. "애니타 G. 해리스, 미국 지질조사소 고생물학 및 층서학 분과, 워싱턴 D.C. 20560, 업무용" 꼬리표를 본 우체국장은 자신의 불만을 억누르면서 짐짓 근엄하게 그 암석 가방을 접수받았다.

그것은 조개껍데기가 가득한 해안 석회암이었다. 석회암 속에는 돌산호가 들어 있었고, 개암 열매처럼 생긴 완족류가 풍부했다. 애니타의 말에 따르면, 농민들은 이 석회암을 헤이즐넛 돌이라고 부른다. 노두를 따라 조금 더 멀리 가자, 석회암 속에는 작고 둥근 바다나리 줄기 조각이 가득했다. 바다나리는 키가 크고 우아한 동물인데, 식물의 줄기처럼 자라는 자루 끝에는 꽃잎 같은 머리가 달려 있다. 애니타가 말했다. "바다나리는 해안과 가까운 얕고 깨끗한 바다에서 자라요. 이곳은 피지나 필리핀이나 과테말라의 해안과 비슷한 곳이었어요. 산호와 껍질이 두꺼운 조개류는 물이 따뜻했다는 것을 알려줘요. 암석의 색이 어두운 것은 중유가 가득했기 때문이에요. 중유는 나중에, 아주 나중에 암석 속으로 흘러들어왔고, 고온의 열에 의해 구워졌어요. 그 온도가 몇 도였는지는 코노돈트가 알려줄 거예요."

퇴적과 변형이 일어난 애팔래치아산맥에서, 암석은 바다 한쪽으로 밀쳐진 카펫처럼 압축되기만 한 것이 아니라 장소에 따라서는 압축되고 떠밀려서 습곡이 앞으로 쓰러져 누운 상태가 되기도 했다. 어떤 습곡은 부러졌다. 어떤 곳에서는 한 지역 전체가 서북쪽으로 수 킬로미터 밀려 나기도 했다. 수십 가지 다른 복잡한 사건들이 국지적으로 리지앤드밸리 지질구의 구조에 영향을 미쳤다. 따라서 다음에 무엇이 있을지는 아무도 예측할 수 없었다. 전체 서열이 갑자기 뒤집히거나, 반복되거나, 똑바로 서 있어서 거꾸로 읽힐 수도 있었다. 이런 암석들 속에서는 시간이 위아래로 흐르기만 하는 것이 아니라 이리저리 넘나들기도 한다.

애니타가 말했다. "진짜 슐레마젤schlemazel(이디시어로 자주 운 없는 일을 당하는 사람이라는 뜻 — 옮긴이)이에요. 지질학은 괜히 geology가 아니에요. 가이아에서 따온 말인데, 가이아는 카오스의 딸이죠."

델라웨어 협곡의 서쪽으로 기울어진 실루리아기 지층 속에서, 서쪽으로 데본기 암석이 있을 것이라고 추측을 할 수는 있지만 그것이 합리적 예상이 될 수는 없다. 한 덩어리의 층서가 전혀 손상이 없고 뒤집혀 있지 않다면, 그런 예상을 할 수도 있을 것이다. 펜실베이니아에서 처음 만났던 큰 도로절개면의 암석은 연대가 데본기 초기였다. 그곳을 떠나 고속도로를 따라서는 서쪽으로 11킬로미터, 연대표를 따라서는 1200만 년을 이동한 우리는 데본기 중기의 해양 실트암과 셰일이 있는 도로절개면에 차를 세웠다. 이 암석들은 유기질 잔여물이 매우 풍부해서 탄소처럼 검었고, 다이너마이트에 잘려서 드러난 산호의 모습은 감귤의 단면과 비슷했다. 캄브리아기, 오르도비스기, 실루리아기, 데본기까지, 으스러지고 뒤죽박죽 뒤섞인 이 땅에서 우리는 놀라울 정도로 일관성 있게 시간의 흐름을 따라 여행을 하고 있었다. 그리고 이제 비단같이 부드러운 이 데본기의 해저에서, 우리는 타코닉산맥과 아카디아산맥의 격변 사이에 길게 이어진 평온한 기간의 막바지를 보고 있었다. 차를 타고 서쪽으로 이동하는 동안, 암석의 입자가 갑자기 굵어졌다. 자갈이 울퉁불퉁 박힌 역암이었다. 그 자갈은 새로운 아카디아산맥에서 처음으로 폭발하듯이 뿜어져 나온 것이었다. 동쪽에서 나타난 아카디아산맥은 침식으로 파괴되는 속도보다 10배 더 빠르게 융기했고, 새롭게 형성된 강의 수계는 이렇게 쏟아져 나온 암석을 빠르게 흘려보냈다. 몇 킬로미터, 즉 1000만~1500만 년을 더 가자, 데본기 상부의 어느 조용한 땅, 물길이 있는 낮은 충적평야의 도로절개면이 나타났다. 붉은 강모래 속에는 포인트바, 침식을 깎인 강둑, 물결 자국이 있었다. 우리는 델라웨어 협곡에서 4000만 년을 지나왔고, 지질은 서사시와 같은 규모로 스스로 반복되고 있었다. 아카디아산맥 아래로는 새로운 접합 선상지가 나타났다. 이 거대한 산맥이 해체되는 동안, 그 쇄설물은 서쪽으로 퍼져나가면서 육지 위와 바다 속에 쌓였다. 동쪽에서는 두께가 최소 3000미터에 이르고, 서쪽으로 갈수록 점차 얇아지면서 거대한 쐐기 모양을 이룬 이 쇄설물 더미를 지질학에서 캐츠킬 삼각주라고 부른다.

그것은 거대한 땅덩이의 표면이다. 높은 동쪽 끝에 작용한 침식은 캐츠킬산맥의 형상을 깎아냈다. 기본적으로 평탄하게 놓여 있는 암석은 서쪽으로 이리호 기슭까지 쭉 평탄하다. 그것은 뉴욕주 최상층의 절반을 이루는 암석이다. 체난고의 암석이며, 셔터쿼의 암석이기도 하다. 세네카, 이타카, 엘마이라, 오니온타의 암석이다. 펜실베이니아에서는 대체로 파묻혀 있거나 잘려서 변형된 산맥 속으로 짓이겨져 들어갔지만, 이른바 포코노산맥은 평탄하고 높이 서 있다. 포코노산맥은 사실 뉴욕주 데본기의 쇄설물 쐐기의 일부분이다. 포코노산맥은 뉴욕주에서 혀처럼 뻗어나와서 펜실베이니아를 침범한다.

아카디아산맥은 사라졌다. 그 쇄설물 쐐기는 남아 있다. 아카디아산맥이 남긴 퇴적물이 거의 인디애나까지 닿아 있는 것을 볼 때, 데본기 전성기 때 아카디아산맥에는 칸첸중가 같은 산들이 늘어서 있었을 것이다. 허물어지는 동안, 아카디아산맥은 그 쇄설물 속에 점점 더 깊게 파묻혔다. 덴버에서, 로키산맥은 그 자체의 쇄설물 더미 속에 앉아 있다. 로키산맥에서 내려온 쇄설물 쐐기는 산기슭에서 가장 두껍고, 동쪽으로 갈수록 점차 얇아진다. 로키산맥의 동쪽에 놓인 캔자스와 네브래스카는 둥글넓적한 덩어리에서 잘라낸 치즈 조각과 비슷하다. 말하자면 치즈 조각의 두꺼운 쪽이 서쪽으로 가도록 옆으로 뉘여놓은 형상인 것이다. 따라서 고도 자체가 퇴적물의 부피를 나타낸다. 캔자스와 네브래스카는 서쪽이 동쪽에 비해 약 900미터가 더 높다.

우리는 포코노산맥의 정상 위를 달리고 있었다. 균일하지는 않지만 기본적으로 평탄한 이 지형은 포코노산맥에서 알프스의 뾰족한 봉우리들에 해당된다. 우리가 도로절개면에서 층상 구조의 암석을 본 곳은 비눗방울이 멈출 정도로 평탄해 보였다. 대체로 데본기 말과 미시시피기 초의 캐츠킬 사암으로 이뤄진 이 암석은 비트 수프처럼 붉었다. 포코노산맥의 정상은 험준한 암벽이 없을 뿐 아니라, 끝도 없이 펼쳐진 스크러브참나무 아래로 길게 이어져 있었다. 그곳에는 토탄 늪이 있었다. 그곳에는 엄청난 양의 물이 괴어 있었다. 언덕처럼 쌓인 자갈 더미가 흩어져 있는 풍경이었다. "강물이 이 자갈들을 여기까지 올려다놓을 방법은 없어요." 애니타가 말했다. "독실한 농민들은 이것이 대홍수의 증거라고 말하죠."

그렇다면 그 대홍수는 얼음 홍수였다. 그 자갈들은 빙퇴석의 자갈들, 빙하성 유수의 자갈들이기 때문이다. 포코노산맥을 지나는 80번 고속도로는 위스콘신 빙기 빙상의 최대 전진선과 거의 정확히 일치한다.

우리는 고속도로를 잠시 벗어나서, 맛조개가 가득턴 갯벌이던 데본기의 실트암을 보러 갔다. 암석 표면은 풀턴 수산물 시장 같았다. 수많은 조개가 페이즐리 무늬를 이루고 있었다. 3억7000년 된 조개들은 오늘날의 조개들과 꼭 닮았다. "사물은 잘 변하지 않아요." 애니타는 차로 돌아가면서 이렇게 말했다.

우리는 차를 몰고 히코리런 주립공원으로 들어갔다. 그곳에서 우리는 빽빽한 숲을 통과해 공터를 향해 걸어갔다. 물이 있는 곳이 가까워지는 것 같았다. 넓이가 6.8헥타르인 그 공터의 가장자리는 물가를 닮았고, 침엽수로 둘러싸여 있었다. 삐죽삐죽한 침엽수의 윤곽은 북쪽 지방의 호수를 떠오르게 했다. 그러나 물이 있어야 할 것 같은 자리에는 바윗돌만 그득했다. 수천 개의 커다란 바윗돌 중에는 길이가 9미터에 이르는 것도 있었고, 거의 모든 바윗돌이 골라놓은 것처럼 평평하게 놓여 있어서 흡사 붉은 바윗돌로 이뤄진 호수와 같은 초현실적인 풍경을 만들어냈다. 아빠, 엄마, 해리, 조지는 1970년에 스프레이 페인트 한 통을 들고 그곳을 찾았다. 조 비자드는 그보다 몇 년 뒤에 왔었다. 돌 위에 덕지덕지 남아 있는 수십 개의 흔적은 이 공원이 설립된 해인 1935년까지 거슬러 올라간다. 그러나 붉은 바윗돌들이 깔린 드넓은 공간을 횡단하는 것은 쉽지 않기 때문에, 궁색한 방명록은 한쪽 귀퉁이를 벗어나지 못했다. 바윗돌들은 기막히게 아름다웠다. 호수같이 고요했고, 빛깔은 사랑스러웠으며, 주위를 둘러싼 가문비나무 외에는 아무것도 없었다. 우리는 다양한 색조의 붉은 돌을 이리저리 건너다니면서 조금 걸었다.

애니타는 중심을 잃고 넘어질 뻔했다. 그녀는 "어휴, 이 모지리"라고 말했다.

나는 새로운 지질학 용어를 배우고 있는 것일지도 모른다고 생각했다.

"이것은 빙하 주변부의 바윗돌이에요." 애니타가 이야기를 이어갔다. "이 돌들은 표석이 아니에요. 어디서 옮겨온 것이 아니에요. 지금과 같은 기후에서는 표석이 아닌 큰 바윗돌이 숲에서 그냥 나타나지는 않아요. 여러 놀라운 조건이 맞아떨어져야만 이런 풍경이 만들어질 거예요. 우선 알맞은 기반암이 있어야 했어요. 그것이 알맞은 각도로 기울어져야 했고, 물에 씻겨서 침식되기에 알맞은 형태여야 했고, 빙하에서 알맞은 거리만큼 떨어져 있어야 했어요. 빙하의 종착점은 약 800미터 떨어진 곳에 있었어요. 기후는 극지방 같았어요. 상상해보세요. 여름에 기반암에 스며든 물이 서릿발이 되어 올라오고, 그런 종류의 겨울이 기반암을 깨뜨리는 것이죠. 자갈, 모래, 진흙은 얼음이 녹은 물에 완전히 씻겨내려가고 이런 돌덩이들만 남은 거예요."

2만 5000년 전, 상대적으로 볼 때 지질학적으로 현재인 플라이스토세 후기, 극지방의 서리는 바윗돌을 깨뜨렸고 풍화작용으로 둥글게 다듬기 시작했다. 그 바윗돌을 만든 재료는 3억 5000만 년 전에 침식된 아카디아산맥이 내놓은 것이다. 다시 고속도로로 돌아가서 포코노 고원을 계속 가로질러 가는 동안, 우리 옆으로 또 다른 붉은 지층이 지나갔다. 평평하게 옆으로 누워 있는 이 지층도 연대가 대략 비슷해 보였다. 애니타가 말했다. "블룸즈버그층 기억하죠? 이 암석은 그보다 5000만 년 후의 것인데, 블룸즈버그층처럼 생겼어요. 게다가 블룸즈버그층처럼 지대가 낮은 충적 해안평야에 형성됐어요. 당시 아카디아산맥은 점점 사라져가고 있었죠. 내가 계속 이야기하듯이, 지질학은 몇 가지 사실만 배워두면 예측 가능해요. 지질은 지질 주상도 전체를 통해 스스로 반복돼요."

지질 연대표에 이런 사건들을 각각의 자리에 배치하면, 규칙적인 주기를 감지할 수 있다. 암석 주기, 빙하 주기, 조산운동 주기가 암석 속에 겹쳐져 나타난다. 그러나 이 모든 것을 종합해보면, 그 주기들은 답을 주기보다는 더 많은 질문을 던지며, 드러내기보다는 자연의 비밀을 계속 감추고 있는 것처럼 보인다. 증거를 통해 밝혀진 바에 따르면, 아카디아산맥이 무너져 내렸고, 그보다 앞서 타코닉산맥도 무너져 내렸다. 그리고 두 산맥의 부스러기가 서쪽으로 펼쳐지면서 새로운 세계를 만들었다. 따라서 아카디아 조산운동으로 습곡과 단층이 일어난 퇴적암은 앞서 형성되었던 산맥의 알갱이들로 만들어졌으며, 셰일에서 점판암으로, 사암에서 규암으로, 석회암과 백운암에서 대리암으로 변성이 일어난 암석도 마찬가지임을 감지할 수 있을 것이다. 세 번째 지각 변동인 앨리게니 조산운동은 펜실베이니아기-페름기에 일어났다. 또 다른 산맥이 파도처럼 솟아올랐다가 부서졌고, 그 파도가 부서진 흔적은 서쪽으로 흘러갔다. 이 모든 것은 확실했고, 매우 반복적이었다. 거대한 산맥이 솟아오르고, 무너지고, 솟아오르고, 무너지면서 땅을 뒤덮고 경관을 만들었다. 마치 연이어 해변으로 밀려든 물이 그대로 얼어버린 것 같은 모습이었다. 하지만 이런 과정은 왜, 어떻게 일어나게 되었을까? 암석을 보면 지질이 반복된다는 것을 알 수는 있지만, 그 과정이 무엇 때문에 시작되었는지는 알 수 없다. 강에서, 암석 속에서 산의 조각들을 찾아낼 수는 있지만, 산이 왜 그곳에 있었는지를 알아낼 수는 없다.

나는 애니타에게 물었다. "산을 솟아오르게 만든 것은 무엇인가요?"

"아카디아산맥이요?"

"타코닉, 아카디아, 앨리게니, 전부 다요. 무엇이 그 산맥들을 처음 올라오게 만들었나요?"

지질학자로서 애니타의 방식은 하나의 노두에서 시작해 거기서부터 스스로 역사를 설명해나가는 것이다. 자신이 직접 만져볼 수 있는 것에서 시작해, 시간을 따라 거슬러 올라가면서 가능한 한 멀리까지 추론하는 것이었다. 실재하는 암석인 강의 역암이 강을 보여준다는 점에는 다른 주장이 있을 수 없다. 강은 더 높은 곳이 있다고 말한다. 강이 운반하는 퇴적물의 부피는 산맥을 암시할 수도 있다. 선캄브리아 시대의 벽옥이 후대의 강에서 발견된다면, 이른바 기반암인 선캄브리아 시대의 암석이 융기해 산맥을 형성했다는 것을 의미한다. 이것은 이론의 여지 없이 깔끔하게 유추된 합리적 추론이다. 이런 방식으로 장면의 변화를 따라 과거로 거슬러 올라가는 것은 어둠 속에서 지질 주상도를 더듬으면서 세상의 시작을 향해 내려가는 것과 같다. 그 길에는 약간의 단단한 발판도 있다. 그러나 결국에는 추론이 추측의 그림자 속에 파묻히는 순간이 올 것이다. 더 아득히 내려간 곳에서는 추측이 신의 권한을 빼앗을지도 모른다.

애니타는 유별나게 실용적인 사고방식의 과학자, 약점이 거의 없는 지질학자, 퇴적암뿐 아니라 화성암과 변성암에 대해서도 해박한 지식을 갖고 있는 사람이라는 평가를 받는다. 또 현장의 암석을 알고 직접 가서 문제를 해결할 수 있는 뛰어난 생물층서학자이자 고생물학자라고도 묘사된다. 솔직히 고백하자면, 나는 그녀를 자극하기 위해 질문을 던졌다. 나는 그녀가 "무엇이 그 산들을 처음 융기하게 만들었는지 모른다"

고 대답하리라는 것을 알고 있었다. "몇 가지 생각은 있지만, 나는 몰라요. 판구조론 신봉자들은 자기들이 안다고 생각할 거예요."

1960년대에 모습을 드러낸 판구조론은 새로운 사실들을 밝혀냈고, 전 세계의 지진 자료가 그것을 강력하게 뒷받침해줬다. 사람들 간의 적대적 태도로 인해 무기고와 핵폭탄과 금지 조약들이 확고히 자리를 잡기 시작하면서, 핵실험의 미세한 진동을 감지하기 위한 지구 관찰의 중요성이 대두되었다. 세계 전역에 지진계가 아주 많이 설치되었고, 지난 1970년대에 몇 개의 폭발이 감지된 것 이상의 엄청난 사실들이 드러났다. 세계의 지진 분포도는 이전과 완전히 달라졌다. 지진이 어떤 선을 따라 집중되는 경향이 나타났는데, 이 선은 대양의 중앙부를 가로지르고, 이 대륙을 관통하고, 저 대륙의 가장자리를 따라가면서 세계를 한 바퀴 돌아 솔기처럼 이어졌다. 다른 자료에 비춰볼 때, 지진 발생 지역의 양상은 지각판의 외곽선과 비슷해 보였다. 지각판은 약 20개의 지각-맨틀 조각으로 이뤄진 지구의 겉껍데기인데, 두께는 평균 96킬로미터이고 길이와 너비는 매우 다양하다. 지각판은 확실히 움직이고 있었다. 각각 다른 속도로 움직였고, 좌충우돌하면서 높은 산을 밀어올렸다. 약 1억8000만 년 전에는 판들이 벌어지면서 대서양이 생겼다. 지난 2000만 년 동안은 두 지각판이 벌어지는 곳에서 홍해가 만들어지고 있었다. 해양지각의 판들은 심해의 해령 속으로 빨려 들어가면서 지하로 수백 킬로미터를 더 내려가는 것처럼 보였다. 그 결과 암석이 녹아서 형성된 마그마가 지표로 다시 올라오면서, 소앤틸리스 제도, 알류샨 열도, 뉴질랜드, 일본 같은 호상열도가 만들어질 것이다. 만약 해양지각이 대륙 근처에 있는 해구 아래로 들어가면, 대륙의 가장자리를 밀어올리고 그 자리를 화산으로 꿰매어놓을 수도 있다. 안데스산맥과 아콩카과산, 캐스케이드산맥과 레이니어산, 후드산, 세인트헬레나산이 그런 식으로 만들어졌을지도 모른다. 판구조론은 범세계적인 학설이다. 혁명적이며, 확실히 흥미진진하다. 별개의 현상들을 하나의 이야기로 엮어냈다. 지구의 형상을 종합적으로 설명했다. 판구조론은 바다 밑바닥을 후지산과 연결시켰고, 모로코를 미국의 메인주와 연결시켰다. 또 사하라 사막의 암석에 남아 있는 빙하의 흔적이나 알래스카 페어뱅크스와 놈에 나타나 있는 적도의 모습처럼, 오래전부터 알려져 있던 사실들 속의 수수께끼도 말끔히 없애주었다. 이 학설은 대양을 벌어지게 할 수 있을 뿐 아니라 닫히게도 할 수 있었다. 만약 판구조론이 대륙을 갈라지게 할 수 있다면, 대륙을 봉합할 수도 있을 것이고 그 충돌의 여파로 산맥이 만들어질 수밖에 없을 것이다. 이탈리아가 유럽에 부딪히면서 알프스산맥이 만들어졌다. 오스트레일리아는 뉴기니와 부딪쳤고, 마오케산맥이 만들어졌다. 두 대륙이 만나는 곳에서는 우랄산맥이 만들어졌다. 인도는 대단히 빠른 속도로 티베트에 부딪혔다. 그 이전 시대에는 남아메리카, 아프리카, 유럽이 한 덩어리로 북아메리카에 부딪히면서 애팔래치아산맥이 만들어졌다. 그때의 봉합선은 아마 브레바드 단층대일 것이다. 애팔래치아산맥 남부에서 동북쪽으로 길게 발달한 이 단층대는 양쪽의 암석 유형이 확연히 다르고, 어긋난 단층이 들어맞는 부분이 보이지 않는다. 불연속적인 브레바드 단층대는 캐톡틴산맥과 스태튼섬까지 이어져 있는 것처럼 보였다. 스태튼섬의 동남부는 확실히 구세계의 조각이었다. 유럽으로 가는 배들은 스태튼섬의 다리 밑을 지나면 유럽에 도착하는 셈이었다.

10년 동안 확고한 자료를 통해 판구조론을 만든 사람들은 의식적으로, 그리고 솔직하게, "지질학적 서정"으로 보기 좋게 왁스 칠도 하고 있었다. 일단 판구조론의 기본적인 요소들이 완성되자, 다시 말해서 해저 확장의 발견으로 해구에서 일어나는 지각판의 섭입을 이해하고, 판의 경계선과 판의 운동을 마침내 설명할 수 있게 되자, 신들의 영역으로 형이상학적 도약을 이룬 판구조론은 야훼의 면전에서 허세를 부렸다. 한 과학자는 그런 분위기를 불편하게 여겼다. 암석을 통해 시간을 더듬어 올라가서 그곳에 있던 강과 산에 이르고, 알 수 없는 미지의 어둠 속에서 조심스러운 추측을 하는 대신, 판구조론은 그 자체의 개념과 그 자체의 특성과 그 자체의 정의로 절대자의 일에 도전하고 있었다. 문에 달린 명패는 바뀌었다. 다른 대안은 없었다. 그것은 모든 대륙과 모든 대양을 아우르는 이론이었다. 깊이가 100킬로미터인 세계의 과거이자 현재이며 미래였다. 지구상에 있던 모든 장면이었다. 그것은 작용을 할 수도 있었고 그렇지 않을 수도 있었다. 판구조론은 스스로 터뜨린 폭죽으로 천국으로 올라갔다. 그렇게 "확립되자" 판구조론은 알고 있는 것에서 모르는 것으로 거슬러 올라가기보다는, 보이지 않는 것이 지표면에 만들어낸 결과물을 향해 나아가는 것처럼 보였다. 이 모든 것에 대한 애니타의 감정은 반감이라기보다는 우려였다. 그녀는 판구조론을 거부하는 것이 결코 아니었다. 동의할 수 없는 곳까지 적용되는 것이 문제였다. 게다가 판구조론은 신봉자들('애들')에게 운전대를 맡기기에는 너무 빠른 차였다.

———

"판구조론자들에게는 그들이 기대하는 어떤 양상이 있어요." 애니타가 말했다. "거기에 약간 갇혀 있는 것 같아요. 만약 뭔가 판구조론에 잘 들어맞지 않으면, 그들은 어떤 이유를 찾겠죠. 뭔가 놓치고 있는 것이 있다거나, 뭔가 섭입되었다거나, 지표 아래에 아직 발견되지 않은 뭔가가 있다고 말할 거예요. 그렇게 끼워 맞추는 거죠."

"해양지각이 해구 속으로 들어가서 용융된 다음, 해구 뒤편에서 화산과 호상열도로 나타난다는 것을 믿나요?" 나는 애니타에게 물었다.

"그것은 확실해요." 그녀가 말했다. "그리고 태평양판의 한쪽 끝이 캘리포니아에서 서북쪽으로 밀고 들어오고 있다는 것도 의심의 여지가 없고요. 내가 이의를 제기하는 것은 판구조론이 절대적인 복음으로 받아들여진다는 점이에요. 내가 알고 있는 것에 비춰보면, 너무 과하게 적용되고 있어. 지질학적으로 세세한 것에는 주의를 기울이지 않아요. 끔찍할 정도로 잘못 활용되고 있어요. 사실을 왜곡하고, 세상을 지나치게 단순화하고 있어요. 나는 대서양이 확장되고 있다는 것을 전적으로 믿어요. 얼마나 오랫동안 확장되고 있었는지는 몰라요. 북아메리카와 남아메리카가 맞부딪치고 있다는 것은 믿지 않아요. 태평양판의 가장자리 전체가 서에서 동으로 밀리고 있지만, 어떤 대륙도 충돌하지 않아요. 나는 이 모든 것을 설명하는 판구조론은 보지 못했어요. 내 생각에는, 대륙의 지각 구조와 해양의 지각 구조는 다른데 해양에 작용하는 것을 종종 대륙에 잘못 적용하는 것 같아요. 그 결과, 국지적인 지질학에 대한 이해는 더 부족해져요. 판구조 모형은 대단히 일반적이고 대단히 광범위하게 적용되기 때문에, 더 이상 국지적으로는 좋은 그림이 나오기가 어려워요. 이제 대학에서는 판구조론으로 박사학위를 따는 사람들이 나오고 있는데, 그 사람들은 황화광상이 발길에 차여도 못 알아볼 거예요. 판구조론은 실용적인 과학이 아니에요. 대단히 흥미롭고 재미있지만, 석유를 찾는 방법은 아니에요. 일종의 도피처 같은 거예요. 생각하고 싶지 않을 때 하는 일인 거죠."

판구조론 혁명이 일어나기 전, 옛 지질학의 그림자가 절반쯤 드리워 있던 시절에는 (앞서 지적한 것처럼) 산맥은 땅속 깊은 곳에 있는 지향사에 의해 융기된다고 생각했다. 지각이 크게 아래로 휘어진 곳이나 바다 밑의 긴 해구에 퇴적물이 쌓이면 지향사가 된다. 이를테면 북아메리카 동부에서 마틴스버그 점판암이 된 진흙은 먼저 지향사에서 암석이 되었다. 그곳에는 훗날 형성될 산맥처럼 거대한 골짜기가 동북쪽으로 지나갔다. 그 산맥이 어떻게 나타났는지는 명확하게 밝혀지지 않았지만, 그 이야기는 약간의 저자 논란이 있어도 명확해 보였다. 그리고 그것은 지구의 전기에서 각 장의 표제인 율동적이고 연속적인 조산운동에 대한 이야기였다. 일부 지질학자는 조산운동을 구두점에 비유하는 것을 선호하는데, 산이 만들어지는 단계들은 지금껏 이어지는 비율이 아주 적었기 때문이다. 지질학자들의 시간 계산 방식에 따라 다르지만, 그 비율은 전체의 1퍼센트 남짓이며 10퍼센트를 넘지 않았다.

애니타는 북아메리카에서 가장 유명한 사례를 골라 이렇게 말했다. "멕시코만은 거대한 지향사예요. 그렇게 보고 싶다면요. 미시시피강에 있는 새발 모양의 거대한 삼각주에는 엄청난 퇴적물이 쌓여 있어요. 6700미터를 뚫고 내려갔는데 아직 에오세였어요. 지각에는 약 1만 2000미터 두께까지 퇴적물이 쌓일 수 있어요. 그것이 탄성 한계예요. 그런 다음에 그 퇴적물을 다시 뿜어내죠. 다시 튀어오르기 시작하는 거예요. 퇴적물도 열을 받으면 녹아요. 물, 기체, 기름이 암석에서 나오죠. 퇴적층은 열뿐만 아니라 지각 평형에 의해서도 상승해요. 퇴적층은 가로 방향으로도 움직여요. 그래서 스러스트 암반도 있는 것이죠. 타코닉 산맥이 나타나기 약 5000만 년 전인 캄브리아기-오르도비스기에 이 대륙은 우리의 서쪽에 있었어요. 해안선은 오하이오 중부에 있었고, 우리 동쪽으로 오늘날 대서양 대륙붕이 있는 자리에는 일본 같은 호상열도가 있었어요. 캐나다의 뉴펀들랜드부터 조지아까지는 화산쇄설물 퇴적층이 있어요. 길이가 딱 일본만 해요. 현재 아시아의 해안선이 이 이야기 속 오하이오의 해안선이에요. 일본 열도에서 동해로 퇴적물이 쏟아져 들어가고 있는 모습을 그려봐요. 마틴스버그 점판암은 대륙, 그러니까 오하이오에서 떨어져나온 것이 아니에요. 대부분 동쪽에서, 연안의 호상열도에서 유래했어요. 1만2000미터의 퇴적물이 쌓이고, 갑자기 튀어오른 것이죠. 마틴스버그층은 갑자기 생겨났어요. 타코닉산맥이 나타난 거죠. 일단 과정이 시작되면, 저절로 계속 진행돼요. 산맥이 밀려 올라가고 서쪽으로 침식이 일어나요. 퇴적물은 지각을 눌러요. 그 물질은 밀도가 낮고, 밀도가 높은 물질의 체계 속에 놓이는 거예요. 그런 물질이 충분히 쌓이면, 밀도가 낮은 물질은 다시 위로 올라오죠. 조산운동의 파동은 그런 방식으로 전파돼요. 각각의 산괴가 재사용되면서, 점점 서쪽으로 새로운 산괴가 만들어지고 있는 거예요. 하지만 나는 무엇이 그 과정을 개시했는지는 아직 모르겠어요."

옛날에는 지사학자들이 그런 이야기들을 하나로 엮었다. 실용성을 중시한 자원지질학자들은 그런 부분에는 별로 신경을 쓰지 않았다. 1933년, C. H. 베어 주니어는 채굴할 가치가 있는 청회색의 점판암인 마틴스버그층을 묘사하면서 다음과 같이 썼다. "퇴적암은 종종 양방향에서 압축이 일어나는데, 이 힘은 대략 지각의 수축으로 묘사될 수 있을 것이다. 이런 수축이 어떻게 일어나는지에 관한 문제는 당면한 목적의 논점을 벗어난다. 그러나 평탄하게 쌓인 지층면이 주름지거나 접혀서 '습곡'이 형성된다는 것은 잘 알려진 효과다."

1970년대가 되자, 베어가 대략 묘사한 것이 대륙 간 충돌의 영향이라고 널리 믿게 되었다. 그 충돌이 일어났을 때, 대서양 이전에 있던 고대 바다인 이아페투스해가 막혔고, 두 대륙의 봉합선은 애팔래치아산맥의 등줄기가 되었다는 것이다. 타코닉, 아카디아, 앨리게니로 이어지는 연속적인 조산운동의 파동은 불규칙한 해안선과 대륙붕의 형성에 일조했다. 돌출된 곳, 특히 반대편에서 유래한 비슷한 특징을 지닌 일부 곶과 반도가 있는 곳은, 그 작용이 초기에 일어났을 것이다. 먼저 접촉이 일어나는 이런 돌출된 곳은 타고닉 조산운동에 의해 만들어졌다고 전해진다. 마침내 거대한 만들이 서로 맞부딪치면서, 아카디아 조산운동이 시작되었다. 마지막으로 앨리게니 조산운동에서는 맞붙은 대륙이 으스러지면서 충돌이 완성되었다. 노스캐롤라이나의 브레바드를 지나는 뚜렷한 봉합선은 아프리카와 아메리카는 말할 것도 없고, 애틀랜타, 애시빌, 로아노크까지도 어느 정도 이어져 있었다.

마틴스버그층의 해저와 그 아래 놓인 탄산염 암반이 떠밀리고 여러 조각으로 끊어져 카드처럼 뒤섞였다는 데는 의심의 여지가 없다. 옛 지질학과 완벽한 조화를 이루면서, 선캄브리아 시대의 기반암과 함께 솟아오른 이 지층은 산맥이 되었고, 퇴적물을 흘려보냈다. 그렇게 형성된 쇄설물 쐐기에 깊이 파묻혀서 마틴스버그층은 점판암으로 바뀌었고, 탄산염 암석은 대리암으로 바뀌었다. 따라서 판구조론과도 맞아떨어진다. 판구조론은 조산운동의 모형을 개조하고 지향사를 허물어뜨렸을 수도 있지만, 전통적인 증거와 잘 들어맞는다.

분명 예외가 존재하며, 이에 관해서는 추가 연구가 필요하다. 만약 브레바드 단층대가 그 봉합선이라면, 어떻게 그렇게 짧은 기간에 나타날 수 있었을까? 이 단층대는 160킬로미터에 걸쳐 뚜렷하게 나타나며, 몇백 킬로미터의 의심스러운 구간이 더 있고, 그 후로는 존재하지 않았다.

만약 타코닉, 아카디아, 앨리게니 조산운동이 한 번 일어난 대륙 간 충돌의 부분적인 효과라면, 왜 그렇게 오랜 시간이 걸렸을까? 판구조론에서 판들은 각기 다른 속도로 움직이는데, 평균 1년에 5센티미터쯤 움직인다. 우리가 아는 애팔래치아산맥을 만든 연속적인 조산운동은 약 2억5000만 년에 걸쳐 일어났다. 2억5000만 년 동안 1년에 5센티미터씩 움직이면, 그 지괴는 지구의 3분의 1을 횡단할 수 있을 것이다. 지질학자들이 자신의 학설을 설명할 때 보통은 아주 많은 시간을 필요로 한다. 그러나 이 경우에는 시간이 너무 많다. 두 대륙이 2억5000만 년 동안 충돌을 했다는 것이다.

지각판이 처음 확인되고 판구조론이 세계적인 뉴스가 된 지 불과 4년 뒤인 1972년, 애니타와 두 명의 공저자는 판구조론이 작용한다는 강력한 증거가 되는 일련의 논문을 발표했다. 이 논문은 스웨덴이, 아니 스웨덴과 비슷한 뭔가가 한때 펜실베이니아였다는 것을 명확하게 증명했다. 그것은 코노돈트 고생물학을 통해서 나온 추론이었다. 이 논문은 판구조론을 뒷받침하는 증거로 널리 인용되었고, 지금도 인용되고 있다. 레딩 북쪽, 애팔래치아산맥의 그레이트밸리에서 애니타는 이전까지 북아메리카에서는 발견되지 않았던 오르도비스기 초기의 코노돈트를 발견했다. 이 코노돈트는 스칸디나비아의 암석에서 발견되는 오르도비스기 초기의 코노돈트와 사실상 똑같았다. 북아메리카 전역에서 발견되는 오르도비스기 초기의 코노돈트는 열대와 아열대 바다에 사는 것들이었다. 반면 스칸디나비아의 코노돈트는 더 차가운 물에 살았고, 애니타가 펜실베이니아에서 찾아낸 이 낯선 코노돈트 역시 그랬다. 애니타는 그 코노돈트를 외래지괴라고 불리는 암석에서 발견했는데, 그 암석은 먼 거리를 이동해서 박혀 있는 스러스트 암층이었다. 공교롭게도 이 코노돈트가 발견된 곳에서 500미터 이내에 있는 비슷한 시대의 암석에서 발견된 따뜻한 물에 사는 미국 코노돈트는 거의 이동을 하지 않는 종류였다. 스칸디나비아의 코노돈트는 원시 대서양이 막힐 때 펜실베이니아에 들어와, 다가오는 판의 선두에서 해안으로 떨어져나온 것으로 추측된다. 애니타는 이 이야기에 대해 다음과 같이 말했다. "심지어 나는 '아, 이 조각은 다가오는 유럽-아프리카판에서 떨어져나왔구나'라고 말했어요. 모두가 그 논문을 인용했어요. 지금까지도 사람들은 그 논문을 '놀랍고 획기적인 논문'이라고 말해요. 나는 속이 상했죠. 그 논문은 애팔래치아 북부에서 판구조론의 적용을 뒷받침해주는 중요한 증거로 쓰였어요. 판구조론 모형을 활용해 애팔래치아산맥을 이해하려는 많은 사람은 이 논문이 고생물학적으로 잘못된 해석에 근거했다는 것을 지금도 모르고 있어요."

3년 후에 네바다에서 연구를 하던 애니타는 연대가 오르도비스기 중기인 스칸디나비아형 코노돈트를 발견했다. 그녀의 남편인 레너드 해리스는 이 발견에 흥미를 보였다. 그의 아내를 당혹스럽게 만들기 위해서는 당연히 아니었고, 판구조론에도 제동을 거는 효과가 있음을 감지했기 때문이다. 그는 "어떻게 그렇게 될 수 있을까?"라며 묻곤 했다. "어떻게 이런 일이 일어났지? 유럽이 네바다에 부딪힐 수는 없잖아." 애니타는 차가운 물에 사는 코노돈트 화석을 채집한 토이야브산맥에서 다른 산맥이 있는 동쪽으로, 분지에서 산맥으로 이동하다가, 차가운 물에 사는 종류와 따뜻한 물에 사는 종류, 즉 아메리카형과 스칸디나비아형 코노돈트가 둘 다 들어 있는 오르도비스기 중기의 탄산염 암석을 발견했다. 더 동쪽으로, 유타에 있는 같은 연대의 석회암에서는 따뜻한 물에 사는 코노돈트만 발견되었다. 이제 그녀는 완전히 자신의 실수였다는 것을 깨달았다. 오르도비스기에 북아메리카 대륙을 덮고 있던 얕은 바다 밑바닥에는 바하마처럼 드넓은 탄산염 암석으로 이뤄진 탁상지가 있었고, 유타는 그 탁상지의 거의 서쪽 끝에 위치해 있었다. 유타 서부에서 대륙붕은 태평양 바닥 쪽으로 기울어지고 있었고, 네바다 중부에서는 결국 대륙이 깊고 차가운 바다 속으로 들어갔다. 코노돈트의 종류는 지리적 기원 때문이 아니라 수온 때문에 달랐던 것이다. 유럽 북부의 코노돈트는 바닷물이 깊거나 얕거나 종류가 같았다. 어느 깊이에서나 물이 차가웠기 때문이다. 그러나 언젠가 샌프란시스코가 될 바다를 관통해 적도가 지나가던 이곳 아메리카 대륙에서는, 오르도비스기의 수온이 깊이에 따라 달랐다. 스칸디나비아의 코노돈트로 보였던 화석은 차갑고 깊은 바다에서 형성된 것이었으며, 아메리카의 코노돈트는 얕고 따뜻한 바다에서 만들어진 것이었다.

토이야브산맥에서 동쪽으로 이동해 유타로 들어간 애니타는 노두에서 노두를 따라가면서, 깊은 바다에서 점점 상승한 대륙붕을 거쳐 허리 깊이의 바다로 이어지는 오르도비스기의 세계를 여행했다. 이제 애니타는 동부의 조산운동과 관련된 스러스트 단층 작용이 찬물에 사는 코노돈트와 그것이 들어 있는 암석을 대륙 가장자리의 깊은 곳에서 펜실베이니아가 될 자리로 밀어넣었다는 것을 알 수 있었다. 그 코노돈트는 확실히 이동을 했지만, 스톡홀름보다는 뉴저지 앞바다에서 왔을 가능성이 더 컸다. 지층이 밀려올라가고 겹쳐지는 동안, 아메리카 대륙 동쪽 사면에서 움직이던 암석들은 깊숙이 파묻혔다. 그 과정에서 찬물에 사는 코노돈트와 따뜻한 물에 사는 코노돈트가 뒤섞였을 것이다. 토이야브산맥 동쪽으로는 지층의 중첩이 덜 일어났고, 차갑고 깊은 대륙 가장자리에서 대륙 사면을 따라 멀리 따뜻한 탁상지까지 이어지는 순서 전체를 추적할 수 있었다. "그 변화는 판의 움직임과는 아무 상관이 없었어요." 애니타는 이렇게 결론을 내렸다. "판구조론과는 아무 상관이 없어요. 내 실수죠. 그것은 하나의 환경 변화, 하나의 환경적 순서였어요."

더 근래에, 알래스카에서 연구를 하던 애니타는 그런 장면과 다시 마주쳤고, 이번에는 단단히 집중을 했다. "아메리카" 코노돈트는 오르도비스기의 화산섬을 둘러싼 환초에서 나왔고, 측면이 급경사를 이루는 이 화산섬 근처의 차갑고 깊은 바다에서는 "스칸디나비아" 코노돈트가 나왔다.

애니타는 도로에 움푹 파인 곳을 피해 급히 방향을 바꾸며 말했다. "판구조론 신봉자들은 동물상 목록을 보고 대륙을 정신없이 움직이고 있어요. 고생물학자들이 그러는 것이 아니에요. 대부분 지질학자들이 고생물학을 오용하고 있어요. 만약 지질학자들이 해양학과 그에 따른 현대의 생물상 분포를 이해하지 못한다면, 현재 미국 동부 해안을 어떻게 이해할지 생각해봐요. 지금으로부터 4000만 년이나 5000만 년 후에 암석에 남아 있는 것을 보고 미국 동부 해안을 한번 재구성한다고 해봐요. 메인과 래브라도를 연결시키고, 해터러스곶을 플로리다 남부에 갖다 붙이고, 난리도 아닐 거예요. 어쩌면 동일한 동물상을 봤다는 이유로, 거기에 영국 한 조각도 포함시킬지 몰라요. 해류에 대해서는 들어본 적 있어요? 멕시코만류 알아요? 래브라도 해류는요? 멕시코만류는 동물상을 북쪽으로 보내요. 래브라도 해류는 동물상을 남쪽으로 보내죠. 아주 오래전의 기록에서 볼 수 있는 수많은 비정상적인 동물상이 판구조론으로 설명되고 있지만, 나는 있어서는 안 될 장소로 동물상을 보내는 해류를 통해서 설명될 수 있다고 생각해요. 판구조론이 등장한 초기에는 저를 포함한 많은 지질학자가 시류에 편승해서, 애팔래치아산맥

동부뿐 아니라 북아메리카 전체의 동물상 분포 이상을 설명하려고 했어요. 일부 학자의 연구로 동물에 대한 고생태학적 조절이 더 잘 이해되면서, 판구조론으로 설명할 이유가 없어졌죠."

그 경험은 적어도 경계의 의미를 담고 있었다. 애니타는 판구조론에 대해 완전히 마음을 닫지는 않았지만, 의혹의 시선을 늦추지 않고 판구조론이 고집하는 보편성에 대해 회의적으로 생각하게 되었다. 그녀의 불편함은 움직이는 대양저에서 떨어진 거리에 따라 다르다. 그녀는 자신을 곧잘 "이의 제기자protester"라고 묘사한다. 학설 자체에 대한 이의 제기가 아니라, 그 학설을 마른 땅에까지 과도하게 적용하고 있다는 점에 대한 이의 제기다. 그녀는 이렇게 말했다. "많은 사람이 대양저에 적용되는 아주 흥미로운 발상을 모든 것에 적용하려는 시도를 했어요. 그들은 판구조론으로 지질 시대 전체를 추론하려고 했어요. 그렇게 탄탄한지는 모르겠어요. 내 남편은 그런 생각 중 몇 개를 날려버렸죠."

때때로 애팔래치아 해리스라고 알려져 있던 레너드 해리스 역시 지독한 이의 제기자였다. 안타깝게도 그는 1982년에 암과 그 합병증으로 비교적 젊은 나이에 사망했다. 그는 온화하고 부드럽게 말했지만 말수가 거의 없었고, 호리호리하지만 길이 없어도 장거리를 거뜬히 걷는 강단 있는 사람이었다. 그는 이미 연구된 암석에 생각들을 쌓아올리는 것을 좋아했고, 지구 전체를 아우르는 거대한 그림에 휩쓸리듯이 쉽게 매혹되지 않았다. 그는 애팔래치아산맥에서 조산운동들이 일어나기 전의 아득한 과거를 "좋았던 옛날"이라고 불렀다. 판구조론과 관련해서는 반대 의견을 제시하는 것이 그의 소임이라고 여겼다. 단조롭고 융통성 없는 반대가 아니라, 자신의 지식으로 도움을 줄 수 있는 부분에서 선별적으로 의견을 냈다. 애니타는 그를 교회의 정문에 자신의 논지를 써

붙인 마르틴 루터에 비유했다.

그는 몇 년 동안 석유 회사들에서 지질학자와 지구물리학자들에게 애팔래치아 남부의 지질을 가르쳤고, 그 대가로 석유 회사들이 갖고 있던 애팔래치아산맥의 지각에 대한 비공개 지진 조사 자료를 얻을 수 있었다. 훗날 미국 지질조사소과 몇 개 대학의 연합 연구단에서는 지진과 비슷한 충격을 일으켜서 이 자료를 보강했다. 장비를 실은 그들의 대형 트럭이 말 그대로 땅을 흔드는 동안, 진동 감지 장치가 바위 아래 깊은 곳에서 반사되는 파동의 유형을 기록한다. 이 기술은 컴퓨터 단층촬영이라고도 불리는 의료용 CT 촬영과 비슷하다. 반사되는 유형을 통해 구조가 드러나는 것이다. 이 기술은 습곡과 단층과 얇은 층리와 활동하거나 식어 있는 마그마체를 드러내고, 맨틀의 상부를 기록한다. 또한 암석의 밀도를 알아냄으로써 암석의 종류도 밝힌다. 땅을 가로질러 움직이는 이 기계 장치는 지진선seismic line이라고 알려진 땅속 지형의 횡단면을 그려낸다. 폭발물로 지진을 일으키는 방식은 수년 동안 석유 탐사에 활용되어왔다. 알래스카는 이런 "지진"으로 인한 붕괴로 툰드라가 거의 다 파괴되었다. 프루도만의 매장량은 이런 방식으로 밝혀졌다. 인구가 많은 동부에서는 다이너마이트가 대중을 자극할 수 있으므로, 대학과 지질조사소는 바이브로사이즈Vibroseis라는 거대한 장비를 이용해서 땅의 진동을 일으켰다. 이 진동을 통해서 가장 먼저 밝혀진 것 중 하나는 브레바드 단층대가 비교적 깊이가 얕고, 그 아래에 놓인 지각도 아메리카 대륙의 암석이어서 대륙 대 대륙의 봉합선이 희미하게나마도 나타나지 않는다는 사실이었다. 이 그림의 어디에도 아프리카는 없었다. 브레바드 단층대는 본질적으로 가로로 놓여 있는 거대한 스러스트 암반에서 썰매처럼 위로 구부러져 있는 한쪽 끝부분으로 밝혀졌다.

판구조론자들은 이 소식에 맞춰서 봉합선을 80킬로미터 더 동쪽으로 옮겼다. 아프리카의 새로운 가장자리는 노스캐롤라이나의 킹스마운틴 아래가 되었다. 지진파를 쏘자 킹스마운틴에서 봉합선이 제거되었다. 레너드 해리스는 이 이야기를 즐겨 했다. "우리가 브레바드에 대한 자료를 얻었을 때, 그들은 봉합선을 킹스마운틴으로 보냈어요. 그리고 우리가 킹스마운틴에 대한 자료를 얻으니까, 봉합선이 해안평야 밑에 있는 것이 분명하다고 말했죠. 지금 우리는 그들이 말한 해안평야에 대한 자료를 얻고 있는데, 이제는 대륙붕 아래에 있을 것이라고 말하고 있어요. 뭐, 우리는 거기서도 자료를 얻었어요." 애팔래치아산맥 꼭대기에서 바닥까지, 이런 자료가 수집된 곳은 어디서나 스러스트 암상이 서북쪽으로 움직인 것처럼 나타났고, 그 스러스트 작용의 대부분은 이전까지는 한 번도 의심된 적이 없었다. 통념에 따르면, 그린산맥, 버크셔산맥, 뉴저지 하일랜즈, 캐톡틴산맥, 블루리지산맥 북부의 오래된 암석은 그 자리에 단단히 뿌리를 박고 있었다. 지질학자들이 하는 말처럼 원지성 암석이라는 것이었다. 이 암석들은 다양한 조산운동으로 으스러져서 가루가 되거나 변성이 일어났을 수는 있지만, 그래도 처음 형성된 장소에 단단하게 붙어 있는 것으로 여겨졌다. 이 지대는 고정된 지괴에서 시작되어 스러스트 작용이 서북쪽으로 진행된 것으로 가정되었다. 이것은 옛 지질학에서 나온 발상으로, 판구조론의 내용에 통합되었다. 그러던 1979년, 바이브로사이즈가 이 지대에서 땅을 진동시켰고, 퀘백에서 블루리지산맥에 이르는 지대 전체가 밀려갔다는 것이 밝혀졌다. 그레이트스모키산맥, 스카이라인 드라이브, 미국 대통령 별장이 위치한 캠프데이비드, 레딩 프롱 지대, 버크셔산맥과 그린산맥에 이르는 모든 지역이 최소 수십 킬로미터, 최대 280킬로미터까지 서북쪽으로 움직였다.

레너드는 이 새로운 자료를 이용해, 북아메리카 암석이 떠밀리고 변형되기 전의 원래 위치와 모습을 조심스럽게 복원한 그림을 내놓았다. 그가 선택한 횡단면은 녹스빌에서 찰스턴을 거쳐 바다까지 이어졌다. 이 복원도에 따르면, 습곡과 단층으로 변형된 애팔래치아산맥인 리지앤드밸리의 암석은 엄청난 압력을 받아서 폭이 약 96킬로미터 줄어들었다. 단단히 고정되어 있었다고 여겨졌던 블루리지산맥은 지금은 해안인 곳에 있다가 내륙으로 옮겨졌다. 현재 조지아 피드먼트에 있는 암석은 480킬로미터 떨어진 곳에 있는 오늘날 해안의 위치에서 왔다. 이 복원도로 아프리카는 멀찌감치 물러나게 되었다. 그리고 판구조론에서는 그동안 대륙과 대륙을 잇는 봉합선의 가장 "전형적인" 사례로 여겨졌고, 많은 학교에서 계속 그렇게 가르치고 있는 것을 대체할 다른 봉합선이 어느 정도 필요해졌다.

판구조론 신봉자들은 지질학적 인내심을 발휘해, "처음에 맞지 않으면 맞추고, 맞추고 또 맞추라"는 그들의 신조에 따라서 그들의 믿음을 다시 손봤다. 도움이 될 만한 사실은 서부에서 나왔다. 오르도비스기의 미국 서부에는 탄산염 암석이 깊은 바다 속 해양지각까지 비스듬하게 이어져 있었고, 드넓은 육지는 없었다. 캘리포니아주, 오리건주, 워싱턴주, 캐나다의 브리티시컬럼비아는 대륙의 구조가 전혀 없었던 곳에 나타난 것이다. 아메리카 대륙의 서쪽 가장자리를 따라 위에서 아래로 길게 뻗어 있는 평균 너비 640킬로미터의 땅은 사실 잘 규명되어 있지 않았다. 알래스카 전체 역시 마찬가지였다. 이런 땅들은 모두 어떻게 그 자리에 나타났을까? 무엇이 서부의 산들을 압축시켰을까? 만약 유럽이 태평양 한가운데에 있었다면 이런 의문들은 금방 답을 얻었겠지만, 아쉽게도 그렇지 않았다. 중국이 치고 빠졌다는 제안을 내놓을 정도의 광신도는 아무도 없었다. 그렇다면 북아메리카 대륙은 오르도비스기 이래로 3억6400만 헥타르의 땅을 어디에서 획득했을까?

해답은 미소판microplate, 또는 외래 암층exotic terrane이라고도 불리는 개념 속에 있었다. 뉴기니, 뉴질랜드, 뉴칼레도니아, 마다가스카르, 코디액, 민다나오, 피지, 솔로몬 제도, 타이완이 북아메리카 크레이톤에 모여들기 위해 물 위에 떠밀려다니는 통나무처럼 바다를 가로질러왔다는 것이다. 그중 첫 번째로 확인된 암층은 랭걸리아 암층이었다. 랭걸리아라는 이름은 알래스카의 후지산이라고 할 수 있는 성층화산(용암류와 화산쇄설물이 층을 이루고 있는 화산—옮긴이)들이 있는 랭걸산맥에서 딴 것이다. 그 이후로 수십 개의 다른 외래 암층의 지괴에 소노미아, 스티키니아, 스마트빌 같은 이름이 붙여졌다. 만약 어떤 땅이 외래 암층인지 아닌지 불확실하다면, 다시 말해서 가까운 곳에서 왔는지 멀리서 왔는지를 누구도 확실하게 말할 수 없을 정도로 알쏭달쏭하다면, 수상한 암층이라고 알려진다. 나는 알래스카 동부 내륙에 있는 타나나강 북쪽지대를 다녀온 일이 떠올랐다. 그곳에서는 진gin을 닮은 강물이 산에서 내려와 얼음같이 차가운 유콘강으로 들어갔다. 집으로 돌아온 나를 반겨준 것은 뉴저지의 한 지질학자가 쓴 알래스카의 유콘강 상류 지역을 묘사한 『네이처』 논문이었다. 『네이처』에는 다음과 같이 쓰여 있었다. "그 암층은 아마 복합체일 것이다. 고생대 상부 해양 집합물이 있는 나페nappe(층상단층이나 횡와습곡 등의 작용에 의해 수평에 가까운 면을 따라 멀리 이동한 암층—옮긴이)가 석영–장석질과 규질의 화산암이 풍부하며 선캄브리아 시대로 추정되는 원암 위로 밀려 올라간 것으로, 연대는 고생대로 알려져 있으며 대륙의 관계는 알려져 있지 않다." 나는 그곳이 내가 있었던 곳이었다는 것을 알고 깜짝 놀랐고, 내게 친숙한 지형이 이제는 수상한 곳으로 의심을 받고 있다는 것이 조금 심란했다.

이 글을 쓰고 있는 지금, 타이완은 확실히 중국 본토를 향해 이동하고 있다. 암석 미소판의 선두에 있는 타이완은 호상열도 조각들로 이뤄져 있으며, 그 앞에는 유라시아 판에서 떨어져나온 물질과 타이완섬에서 솟아오르는 산맥에서 흘러내린 물질로 이뤄진 쐐기 모양 부가대 accretionary wedge가 있다. 판의 가장자리가 타이완 앞에서 찌그러지는 동안, 부가대와 활 모양으로 배열된 화산 지대 사이의 모든 공간이 메워질 정도로 많은 것이 밀어올려지면서 그 요소들이 모두 통합된 하나의 섬이 만들어졌다. 이제 타이완섬은 서북쪽으로 이동 중이다. 타이완의 중화인민공화국 합병을 꾀하고 있는 중국 본토 정부로서는 난감하고 역설적인 상황이다. 타이완은 확실히 중국과 하나가 될 뿐만 아니라, 배에 꽂히는 주먹처럼 중국을 파고들 것이다. 홍콩에서 상하이에 이르는 지역에는 큰 산맥이 올라올 것이다. 그때가 언제일지가 문제일 뿐이다.

대륙과 충돌 직전의 외래 암층으로서, 타이완은 북아메리카 대륙 서부의 형성을 설명하는 모형이다. 게다가 대륙 동부의 조산운동과 원시 대서양이 닫힌 현상에 미소판 구조론을 적용하기 위한 본보기이기도 하다. 이런 관점에서, 타이완행 비행기표는 뭔가 확실히 타코닉 조산운동을 일으킨 시기인 "오르도비스기로 가는 티켓"으로 묘사되었다. 만약 당시에 어떤 대륙이 북아메리카에 충돌한 것이 아니라면 타이완 같은 섬이 당도했을 가능성이 있다. 이 비유는 더 확장된다. 타이완의 남쪽에는 루손, 민다나오, 보르네오, 술라웨시, 뉴기니, 자바, 그리고 말레이반도에서 비스마르크 제도에 이르는 수백 개의 작은 섬이 있다. 그 아래에서는 오스트레일리아가 올라오고 있다. 확실히 북상하고 있는 오스트레일리아는 복잡하게 놓여 있는 미소판들과 함께, 중국에 충돌하는 방향으로 움직이고 있다. 미소판 학설에 따르면, 유럽과 아프리카와 남아메리카가 북아메리카와 가까워지고 있던 고생대에 걸쳐, 대륙들의 앞바다에는 자바, 뉴기니, 보르네오, 루손, 타이완 같은 섬들과 그보다 작은 수천 개의 작은 섬들이 가득했을 것이다. 캐나다 뉴펀들랜드의 아발론 반도는 그런 섬들 중 하나의 일부였던 것으로 보인다. 또 캐롤라이나의 점판암대, 프로비던스의 로드아일랜드 동쪽 일부분, 광역 보스턴도 그렇게 보인다. 오랜 기간에 걸쳐서 하나씩 일어난 애팔래치아산맥의 조산운동에서 단순한 대륙 대 대륙의 충돌로 설명할 수 없었던 부분은 외래 암층이 도착한 일정으로 설명될 수 있을 것이다. 예전에 누군가 내게 이 작용에 대해, "바다에서 뉴질랜드와 마다가스카르 같은 섬들을 쓸어다가 앨리게니 조산운동이 일어나는 곳 가까이에 가져다놓는 것"이라고 요약해줬다. 암층은 대단히 다양하고 해석은 분분하다. 한때 육상에 남아 있는 외래 암층 잔해의 후보 중 한 곳은 윌리엄스타운 동쪽으로 뉴잉글랜드 지역 전체인데, 오르도비스기에 당도해 타코닉산맥을 융기시켰을 것으로 추측된다.

외래 암층과 그 효과는 대륙간 충돌의 증거인 뚜렷한 봉합선을 찾아내지 못해 당황한 판구조론자들이 내놓은 반응 중 하나일 뿐이었다. 또 다른 반응은 두 대륙이 충돌할 때 삼나무에 도끼날이 들어가듯이 한 대륙이 다른 대륙을 파고들 수 있다는 생각이었다. 만약 그렇다면, 파고 들어간 대륙의 위와 아래에서는 침입을 당한 대륙의 모암을 찾을 수 있을 것이다. 이 개념은 편상 구조론flake tectonics이라고 알려져 있다. 이 가설이 바이브로사이즈에 던지는 메시지는 땅을 그만 흔들고 집으로 돌아가라는 것이다. 약간의 침식과 편상 구조론으로, 바다를 건너온 암석의 한참 아래에서 그곳의 토박이 암석을 볼 수 있다는 것이다. 그래도 한 무더기의 외래 암층은 편상 구조론보다 더 많은 문제를 해결하는 것처럼 보인다. 외래 암층은 타코닉, 아카디아, 앨리게니 조산운동의 시간 간격을 설명할 뿐 아니라, 타코닉 조산운동의 변형이 애팔래치아산맥 남부가 아닌 북부에서만 일어난 이유도 제시한다. 또 충돌의 경계를 줄여서 브레바드 봉합선의 존엄성을 조금 회복시켜준다.

애니타는 와이퍼를 작동시켜서 4월의 소나기를 닦아냈다. 고속도로 옆에 있는 데본기 포코노산맥의 도로절개면은 우리가 전에 봤던 것들과 연대와 특징이 꽤 비슷했다. 우리는 그곳을 지나쳤다. "비가 올 때는 지질 조사를 하지 않는 편이 좋아요." 애니타는 "암석에 불공평하다"고 말했다. 북아메리카 동부에 외래 암층들이 추가되었을 가능성에 관해서는 이렇게 말했다. "만약 애팔래치아산맥에서 겹쳐진 지층을 다 펼치면, 산이 만들어지기 시작하기 전의 대륙이 지금보다 훨씬 더 넓었다는 것이 드러날 거예요. 더 작았을 리가 없어요."

나는 레너드 해리스의 말을 떠올렸다. 그는 매릴랜드 로럴에 있는 그들의 집에서 이렇게 말했다. "브레바드 단층대는 어떤 스러스트대에서도 볼 수 없는 종류의 단층이에요. 가본 적이 없는 지역에 대해 판구조론 모형만으로 역사를 기록하면 안 돼요. 그 사람들은 그들이 하고 있는 일을 평가할 방법이 없어요. 그들은 그냥 이야기를 보기 좋게 꾸미고 있을 뿐입니다."

애니타는 "판구조론의 해석은 종종 자료가 중단되는 곳에서 시작된다"고 말했다. "그 사람들은 그냥 미소판을 여기저기에 띄울 거예요. 미국 서부가 미소판으로 만들어졌다면, 그 조각들을 만들어낸 육괴는 도대체 어디 있는 거죠?"

"그들은 공상과학 소설가가 되려고 해요." 레너드가 말했다. "그것이 그들이 하고자 하는 것입니다. 그들은 정말로 공상과학 소설의 방식으로 보고 있어요. 나는 결코 그럴 수는 없었어요. 원인이 뭔지 모르겠다면, 모르는 거예요. 그런 거죠."

"맞아요. 하지만 사물을 바라보는 훨씬 낭만적인 방법이기는 해요. 그리고 학생들에게는 확실히 그런 게 매력이 있죠." 애니타가 말했다.

"사람들이 좋아하죠."

"필연성에 얽매이거나 힘겹고 지겹게 사실을 수집할 필요 없이 온갖 놀이를 즐길 수 있으니까요. 자료를 얻느라 죽어나가지 않고도 논문을 쓸 수 있거든요."

"사람들은 공상과학 소설을 원해요. 모래 알갱이의 움직임을 보는 것보다는 세상의 조각들이 움직인다고 믿는 것이 더 쉬워요. 애팔래치아 산맥의 해석에서 근본적인 문제는 블루리지산맥과 피드먼트 지하의 자료를 구할 수 없다는 점이에요. 1979년 이전까지는 모든 해석이 산맥이 그 자리에 고정되어 있다는 생각에 기반을 뒀어요. 그들의 발상은 가까운 바다에서 얻는 자료가 기반이 되었죠. 아시다시피, 3차원적으로 지진 자료와 자기장 자료를 얻었고, 그런 자료를 어느 정도 육지에도 적용했어요. 개념이 대양에서 육상으로 발전된 거예요. 이제 우리는 지표면 아래에서도 자료를 얻기 시작하고 있고, 그 개념들을 시험해보고 있어요. 사람들이 지금까지 말해온 것 중에는 서로 일치하지 않는 이야기가 많아요. 그들이 말한 것 중 일부만 서로 일치하고 있어요."

나는 애니타와 레너드에게 말했다. "대륙 대 대륙의 충돌을 나타내는 지진선을 얻으려면, 봉합선을 찾기 위해 동쪽으로 꽤 멀리 가야겠군요."

"나는 동쪽으로 충분히 멀리 갈 수 있다고 생각하지 않아요." 애니타가 말했다. "대양 분지는 아주 멀리 있거든요."

"해안에서 연구를 시작해 점점 더 바다 쪽으로 눈을 돌리면, 곧바로 문제가 생겨요." 레너드가 말했다. "그들의 말에 따르면, 지금까지 발견된 해양지각 중에서 가장 오래된 것은 연대가 쥐라기입니다. 육지에는 지금까지 만들어진 암석이 선캄브리아 시대의 것부터 다 있어요. 우리에게는 연속체가 있어요. 훨씬 더 오래 보존된 것이 있지요. 어떤 암석은 거의 40억 년이 됐어요. 그래서 그와 관련해서 문제가 하나 있어요. 해양지각이 모두 쥐라기나 그 이후에 만들어진 것이라면, 여기 육지에서 일어나고 있는 많은 일이 바다에서는 결코 보존되지 않는다는 것이에요. 두 곳을 비교하기는 어려워요."

애니타가 말했다. "나는 판구조론을 믿어요. 다만 그들이 동부 해안 같은 곳에서 저지르고 있는 방식은 아니라고 생각하고 있는 것뿐이에요. 판구조론을 모든 문제의 손쉬운 해답으로 이용해서는 안 돼요. 내가 이의를 제기하는 것은 바로 그 부분이에요. 그들이 말하는 봉합선 지대가 사라지니까, 이제는 미소판으로 가고 있어요."

"그들은 어떤 순서도 볼 필요가 없다고 말하고 있는 것 같아요." 레너드가 말했다. "모두 혼란 상태에 있기 때문이라는 거죠. 모두 뒤죽박죽이면 신경 쓸 일이 뭐가 있겠어요?"

"우리가 하려는 것은 서로 겹쳐져 있는 스러스트 암층을 떼어내 알아볼 수 있는 종류의 지질학 모형을 만드는 것이에요." 애니타의 말이다.

레너드가 말했다. "그것이 무엇일지 보기 위해 떼어내는 거예요. 미리 생각해두었던 것을 확인하는 게 아니죠. 대륙붕이었을 수도 있고, 분지였을 수도 있어요. 연구를 해서 무엇이었는지 알아내는 거죠."

"판구조론 신봉자들은 이런 시도를 하지 않아요. 그럴 이유가 없기 때문이죠." 애니타가 말했다. "빠진 조각이 너무 많아요. 기존의 조각들 하나하나는 그 자체로 하나의 실체예요. 모든 조각이 아무렇게나 섞여 있어요."

"대부분의 사람은 스러스트 단층 지대에서 연구할 기회가 전혀 없어요. 우리는 평생을 그런 지대와 함께 살았어요. 하나의 단층계를 따라 충분히 멀리까지 가면, 다음 스러스트 단층을 실제로 볼 수 있어요. 어쩌면 한 200킬로미터쯤 가야만 어떻게 생겼는지를 알아낼 수 있을지도 몰라요. 그것으로 모형을 만들어요. 스러스트 단층을 떼어내 그 땅이 원래 어떻게 생겼는지를 알아내는 것이죠. 그러나 그것을 다 끝내기 전까지는 문제와 마주치면, '세상에, 너무 달라. 다 미소대륙일지도 몰라' 하는 소리가 나오는 게 당연해요. 초기 퇴적 분지의 모양처럼 동쪽으로 넓고 평평하게 뻗어 있는 하나의 조각을 재구성해야 해요. 그러면 일부는 바다에, 일부는 육지에 걸쳐 있는 화산암 지대를 볼 수도 있고, 그냥 그 자리에 계속 놓여 있는 하나의 분지를 볼 수도 있어요. 조지아에서 북쪽으로 똑같은 것이 보일 거예요. 애팔래치아산맥 지대는 다양한 종류의 퇴적 유형을 나타내는 분지들이 거의 쭉 이어져 있어요. 외부에서 유입된 조각들이 아니에요."

"전혀 아니죠."

"과학은 감정이 개입되지 않는 공정한 것이 아니에요. 사람들이 매력적인 웅변가에게 영향을 받듯이, 과학도 훌륭하고 논리적인 이야기에 영향을 받아요. 이 지대가 다른 곳에서 유래한 아주 작거나 아주 큰 땅덩어리들이 대륙에 합쳐지면서 오랜 시간에 걸쳐 만들어졌다는 이야기는 매력적이에요. 그러나 뚜렷한 봉합선이 없는 지진선을 얻었다는 사실은 실제로 무슨 일이 벌어졌었는지를 궁금하게 만들죠. 데본기와 타코닉산맥의 봉합선들은 다 어디에 있는 걸까요? 단순히 알아보지 못하고 있는 것일까요? 아니면 사실 스러스트 단층이 일어난 암반일까요?"

———

나는 판구조론의 세부 내용을 알아내려는 지질학자들과 어울려서 현장 답사를 할 생각도 해봤다. 그 세부적인 내용은 변성에 관한 것이고, 지구물리학적인 것이었다. 대화는 격해지기도 한다. 그들은 그 자체로 낯선 언어로 논쟁을 벌이고, 세계의 층서 단위를 블랙잭 카드처럼 뒤섞는다. 이를테면 검은 소가 풀을 뜯고 둥근 건초더미가 쌓여 있는 버몬트에서는 단단히 다져진 흙길을 걸어, "중량 제한 10톤 도로"인 널다리를 건너고 검은가문비나무 아래를 지나, 빠르게 흐르는 맑은 시냇물 속에 절벽처럼 튀어나와 있는 캄브리아기의 노두로 내려가면서, 그들은 논쟁을 벌인다.

"당신이 처음 추측한 것이 맞아요. 하지만 계속 밀고 나가서 그것이 정확한 추측이라는 것을 증명해야 해요."

"우리는 구조의 발달에 관한 이야기를 하는 중이에요."

"구조가 저런 식으로 발달하지 않는다는 것은 이제 꽤 확실해졌어요."

"이방성 결정 구조에 관해서는, 방금 당신이 이야기한 것처럼 말해서는 안 된다고 생각해요. 그 추측의 활용을 정당화하려면 다른 문장에 넣어야 해요."

"당신이 무슨 말을 하려는 건지 모르겠어요. 이방성이든 아니든, 저것은 압력을 받았다는 의미예요."

"상의 열역학적 안정성에 관해 이야기할 때, 그 발달이 시그마1, 시그마2, 시그마3, 이렇게 셋으로 나뉘는 것은 이방성 결정의 증거예요. 석류석의 발달에서는 괜찮아요. 운모에 대해서는 괜찮지 않아요."

주위의 언덕들은 확실히 고정되어 있지 않고, 얼마나 멀리까지 움직였는지는 아무도 모른다. 그 언덕들을 구성하는 암석은 횡와습곡으로 인해 뒤집혀서 그것이 얹혀 있는 암석보다 더 오래되었다. 옛 지질학에서는 이 언덕들을 높은 타코닉산맥의 큰 조각들이라고 묘사했다. 그 조각들이 중력 때문에 산비탈을 미끄러져 내려가서 서쪽으로 형성된 바다에 놓였다는 것이다. 이제 이 언덕들은 스러스트 암반의 조각으로 보이기도 하고, 외래 암층일 가능성이 점쳐지기도 한다.

"어쩌면 한때는 그 타지성 암석이 더 광범위했다는 그림을 그릴 수 있을 거예요. 그 암석이 검은 진흙의 바다를 통과해 이쪽으로 오고 있었고, 여기에 그 기록이 있는 거죠. 이곳이 북아메리카와 만난 곳이에요. 적어도 가능성은 있어요."

"하지만 그 대양 서쪽 면의 잔해는 없어요."

"증거는 역암의 나머지 부분, 약간의 석회암 부스러기 속에 있을 거예요. 증거는 지진선 속에 있을 거에요."

"하지만 그 증거가 어쩌면…… 북아메리카에서 떨어져나온 물질이 비늘 모양으로 겹쳐진 것일 수도 있잖아요."

"그렇지, 그럴 수도 있어요."

"그래서 나는 그것이 확정적이라고 생각하지 않아요."

"확정적이라고 말하는 게 아니에요. 다른 가능성을 말하는 것일 뿐이지. 당분간 나는 체인호 오피올라이트와 함께 여기에 매달려 있으려고 해요."

그들의 말을 이해하지 못해도 상관없다. 그들조차 자신들의 말이 이치에 맞는지 확신하지 못한다. 그들의 목적은 시도에 있다. 모두가 몰려들었다. 이 과학은 청바지에 장화를 신고, 긁히고 해진 야외조사용 가죽가방을 들고, 철도 기술자의 모자를 쓴 이 사람들을 선택한다. 그들에게는 그냥 바깥에 나오는 것만으로도 적잖은 의미가 있다고 할 수 있다. "이런 과학에서 중요한 세 가지는 여행, 여행, 여행이에요." 그들 중 한 사람이 말했다. "지질학은 합법적인 관광이죠." 어떤 노두에 모였을 때, 지질학자들은 자신의 전문 분야를 암석에서 맨 먼저, 때로는 맨 마지막에 본다. 사람들은 다른 곳에 있는 지역에서 연구할 때 적용할 만한 기술에 귀를 기울인다. 만약 누가 쪼개짐면에 영향을 주는 작은 기포의 전문가라면, 다른 이들은 쪼개짐이 흥미로운 암석이 있을 때는 그 전문가의 말에 의지할 것이다. 대화는 전문 분야에서 전문 분야로, 자질구레한 것에서 자질구레한 것으로 꼬리를 물고 이어지면서, 새로운 합의를 이끌어내려 하고, 현재의 연구에는 없는 문제를 확인하려고 한다. 때때로 세부적인 내용들이 다듬어진다. 그림은 크게 확장된다.

"우리는 북아메리카에 있지 않죠?"

"당신은 북아메리카에 있어요. 그래요."

"당신은 유럽에 있고요."

"그럴 가능성도 있어요. 그래요."

"당신은 바다 건너편에 있고요."

"아니요, 나는 바다 건너편에 있는 것이 아니에요. 나는 여기로 이식되었어요. 당신과 나 사이에 대서양이 있다고요? 그건 아니에요."

"당신은 타지성이군요."

"딱 맞는 말이에요."

"당신은 근원이 없어요."

"말할 것도 없이 누워 있고요."

"불과 몇 시간 후에."

"아마 봉합선이 또 있을 거예요."

"봉합선은 또 있을지 모르지만, 우리가 아는 것은 이것 하나뿐이에요."

"아니, 아니, 하나 더 있어요. 퀘벡을 따라 올라가는 것."

"아니에요. 그것은 위치가 맞지 않아요. 캐나다 지진선으로 증명됐어요. 예전에, 1965년에 셔브룩 이상에 있는 오르도비스기 말기 화석이 나온 라발도 기억할 거예요. 랭글리호에서 뉴브런즈윅까지 하나의 지대로 이어지는, 오르도비스기 중기에서 실루리아기까지 연속적인 퇴적 작용을 볼 수 있는 곳이 또 어디에 있죠? 셔브룩에서 복원된 것은 나와야 할 곳에서 나올 거예요. 그래서 내 추측은 두 대륙이 충돌하고 저기에 있는 분지에서 퇴적물을 계속 받아들였거나, 아니면……"

"이중 호상열도가 있었을지도 모르죠."

"다른 해결책도 있어요."

"물론 그렇죠, 하지만 내 말은 가장 단순한 배치를 받아들이자는 거예요."

"그냥 호상열도 하나에 양옆으로 분지가 있으면 안 될까요?"

"아니, 안 돼요. 브론슨힐 복배사도 있고, 애스컷-위든도 있거든요."

"섭입대의 고정된 판에는 화산호가 있고, 아래로 내려가는 판 위에는 호상열도가 있어요."

"애스컷-위든 아래로 내려가는 수명이 짧은 판이 있고, 그 반대편에는 더 오래 지속되는 판이 있어요. 나는 이 암석들 속에 뭔가 있어야 한다고 생각해요. 이 석회암 속에 말이에요. 저 탁상지와 잘 연결될 수 있었으면 해요."

"내가 딱 하나 말할 수 있는 것은……"

"푸른 석영은 어때요?"

"푸른 석영은 어떠냐고요? 타코닉 암석의 충서는 아발론의 캄브리아기 암석과 단위층 대 단위층 수준으로 일치하고, 화석도 비슷해 보여요. 내가 말할 수 있는 그게 전부예요. 웨일스 말고는 어디서도 이와 비슷한 것을 볼 수 없어요."

각각의 대륙을 직접 찾아다닌 한 구조지질학자는 논란이 되는 이런 광경에서 시선을 돌려 위를 올려다본다. 그는 "지질학자들이 논쟁을 벌이는 동안, 암석은 그저 그곳에 있을 뿐"이라고 말한다. "그리고 때로는 웃고 있는 것 같아요."

———

침식으로 파인 곳에 부딪혀서 차가 도로 밖으로 날아갈 뻔했다. 지질학 대 펜실베이니아주의 대결, 지질학이 이겼다. 동부의 날씨에서 고속도로의 기대수명은 20년이다. 가는 길 내내 80번 고속도로는 뒤틀리고, 갈라지고, 용해되고, 파였다. 펜실베이니아의 도로 표면에는 꽤 많은 양의 석회암이 들어 있다. 석회암은 증류수에 녹기 때문에 당연히 산성비에 녹는다. "산성비가 지표면을 녹이면, 물이 땅속으로 들어가서 얼었다 녹았다를 반복해요. 그러면 도로가 사정없이 갈라지죠." 애니타는 속도를 최대한 줄이며 말했다. "물론 물은 기반암에도 정확히 이런 방식으로 작동해요. 그러나 고속도로를 기반암과 비교할 수는 없어요. 고속도로는 토양의 보호를 전혀 받지 않으니까요. 그리고 주로 탄산염으로 이뤄져 있어요. 탄산염은 내구성이 그다지 좋지 않아요."

우리는 펜실베이니아로 100킬로미터쯤 들어가서 포코노 고원에서 내려왔다. 대체로 시간을 거슬러 올라가면서 거대한 두 산맥의 잔해를 통과한 셈이었다. 이제 계곡, 산줄기, 계곡, 산줄기가 반복되는 친숙한 풍경이 나타났다. 우리는 다시 변형된 애팔래치아산맥 안에 있었다. 델라웨어 협곡이 이 습곡대에서 몸통의 일부라면, 이곳은 포코노산맥 서부를 감아 돌아가는 곁가지였고, 작은 광장 같은 막다른 길이었다. 구불구불하게 이어지는 산등성이들이 끝나는 곳은 마치 손가락처럼 뉴욕주의 방향을 가리키고 있었다. 율동적으로 이어지는 지형은 예측 가능하고 아름다웠다. 규암으로 이뤄진 능선과 탄산염 암석으로 이뤄진 계곡은 서남쪽으로 뻗어 있는 반면, 고속도로는 그런 지형과 타협하면서 서쪽으로 향하고 있었다. 땅의 형체가 뚜렷이 드러나는 대륙 규모의 지형도나 지질도를 보면, 습곡과 단층으로 변형된 애팔래치아산맥은 구불구불한 뱀의 움직임처럼 굴곡이 일정하다. 멕시코만의 해안 평원 아래에서 올라온 산맥은 앨라배마에서 곧장 오른쪽으로 휘어져서 조지아로 들어간 다음, 왼쪽으로 구부러져서 테네시로 들어간다. 그리고 오른쪽으로 휘어져서 노스캐롤라이나로, 왼쪽으로 휘어져서 버지니아로 들어가고, 다시 오른쪽으로 휘어져서 펜실베이니아로, 왼쪽으로 휘어져서 뉴저지와 뉴욕으로, 오른쪽으로 휘어져서 퀘벡과 뉴브런즈윅으로, 마지막으로 왼쪽으로 휘어져서 뉴펀들랜드로 들어간다. 어떤 사람들은 이런 애팔래치아산맥의 굴곡에서 선캄브리아 시대의 해안선을 볼 수 있다고 믿는다. 타코닉 조산운동이 끝나고 좋았던 그 옛날의 북아메리카에서, 물결처럼 크게 굽이치는 이런 굴곡이 이아페투스해의 만을 이뤘다는 것이다. 그것이 무엇을 의미하든, 3200킬로미터에 걸쳐 반복

적으로 나타나는 이런 형태는 외래 암층의 무작위적인 충돌을 암시하지 않는다. 같은 맥락에서, 대륙의 충돌로 만신창이가 된 해안선을 암시하지도 않는다. 애팔래치아산맥에서 축의 특징이 가장 잘 드러나는 그레이트밸리도 대륙 충돌 서사와는 잘 맞지 않는 것처럼 보인다. 부드러운 검은 점판암과 셰일, 계곡을 이 끝에서 저 끝까지 구성하고 있는 물에 녹은 탄산염 암석은 모두 서남쪽으로 수 킬로미터나 움직였기 때문이다. 만약 서로 다른 시기와 장소에 떠밀려온 뉴질랜드나 마다가스카르 같은 섬들이 마구잡이로 부딪치고 있었다면, 지층이 상당히 어긋나 있었을 것이다. 접히고 끊기고 뒤섞이고 떠밀리면서 온갖 시달림을 받은 암석이라면, 침식을 통해서 전체적으로 길게 이어지는 기하학적으로 정상적인 형태의 계곡이 되기보다는 뒤죽박죽으로 뭉개져 있을 거라고 상상할 수 있을 것이다. 구불구불하게 이어지는 그레이트스모키산맥에서 그린산맥까지와 피드먼트 고원 같은 선캄브리아 시대의 고지대에 관해서도 비슷한 생각이 든다. 애팔래치아산맥 전체가 나란한 선을 이루며 일관성 있게 굽이치고 있는 것이다.

한동안 애니타는 석회암이 밀쳐지고 변형되는 방식보다는 실제로 만질 수 있는 석회암에 더 관심을 보였다. 블룸즈버그에서 동쪽으로 약 13킬로미터 떨어진 곳에서, 애니타는 시료를 채취할 만한 좋은 석회암 노두를 발견했다. 그 노두는 고속도로에서 400미터쯤 떨어진 곳에 있었고, 우리는 그쪽으로 걸어갔다. 애니타가 노두에 산성 용액을 떨궈봤다. 거품이 격렬하게 일어났다. 애니타는 "실루리아기 상부의 석회암"이라고 말했다. "코노돈트를 조사해보지 않고서는 확실히 말할 수는 없지만, 난 알아요."

"틀리면 어떻게 해요?"

"틀리면 틀리는 거죠, 안 그래요? 그들은 내가 최선을 다하도록 돈을 지불해요. 지질학자들은 탐정이에요. 자신이 가진 것을 활용해서 일을 하죠."

애니타는 큰 망치를 전력으로 휘둘렀다. 노두는 갈라지지 않았다. "이 직종은 육체노동이에요." 그녀는 이렇게 투덜거리며 다시 노두를 세게 쳤다.

시료를 가지고 산을 내려올 때, 그녀의 무릎에는 멍이 들기도 한다. 한번은 그녀의 가방을 넘겨받은 시외버스 기사가 "이 안에 돌덩이라도 들었나요?" 하고 묻기도 했다. 애니타는 시료 가방을 기꺼이 화물칸에 실었다. 캘리포니아에서 내가 본 어떤 지질학자는 시료를 화물칸에 싣는 것을 불안해했다. 그는 멀리 외국에 나갔다가 돌아올 때면 항공권을 두 좌석 구매했다. 하나는 자신의 자리였고, 하나는 암석을 놓을 자리였다.

우리는 라임스톤빌을 지났다. 우리는 라임스톤런과 서스쿼해나강의 서쪽 지류를 건넜고, 이제 도로는 높이 약 360미터의 계곡이 V자 모양으로 깊게 파인 곳을 향해 가고 있었다. 계곡 양옆으로 서 있는 화이트디어산과 니타니산은 타코닉 조산운동에서 서쪽으로 떨어져나간 실루리아기 초기의 규암이었다. 산비탈을 따라 가파르게 형성된 숲에는 규암 돌덩이들이 있었지만, 뚜렷한 노두나 도로절개면이나 다른 형태로 노출된 바위는 없었다. 사실 그녀가 채집한 예외적인 석회암 말고는 특별한 암석이 잘 보이지 않았고, 애니타는 조바심을 내고 있었다. "내가 펜실베이니아의 이쪽을 한 번도 연구하지 않은 것은 놀라운 일이 아니에요." 그녀가 말했다. "노두가 없어요. 삼림 아래에는 붕적층만 깔려 있고요." 이곳에는 여러 개의 능선이 다닥다닥 붙어서 지나갔다. 고속도로는 이 지형에 순응하며, 서남쪽으로 뻗어 있는 물결 모양의 산맥을 따라 나아갔다. 능선 아래에 놓인 계곡을 지날 때는 협곡이 나타나기를 기다렸다. 협곡은 곧 나타날 것이다. 풍경화가의 역사나 사랑에 빠진 인디언 이야기가 있는 국가적 명소는 아니지만, 그래도 산줄기를 예리하게 자르고 지나가는 협곡이었다. 도로는 상대팀 수비의 구멍을 찾아낸 미식축구 공격수처럼 오른쪽으로 돌아서 빠져나갔다. 그렇게 능선을 빠져나온 뒤에는, 서남쪽으로 방향을 틀어서 다시 다른 계곡을 따라가면서, 다음에 놓인 긴 능선을 향해 점점 다가갈 것이다. 그곳에는 또 다른 협곡이 있을 것이다. 작은 시내들이 수많은 협곡을 가르며 흘렀다. 협곡들은 서로 30킬로미터 이내에 있었다. 이를테면 버펄로산에는 베어 협곡이, 니타니산에는 그린 협곡이, 네이키드산에는 프라잉팬 협곡이, 화이트디어산에는 포스 협곡이 있었다. 그 밖에도 서드 협곡, 세컨트 협곡, 퍼스트 협곡, 셍크스 협곡, 스프루스 협곡, 스토니 협곡, 리만 협곡, 블랙 협곡, 맥머린 협곡, 프레더릭 협곡, 불런 협곡, 글렌캐빈 협곡이 있었다.

선캄브리아 시대, 캄브리아기, 그리고 오르도비스기의 상당 부분 동안, 강들은 아메리카 대륙 동남쪽으로 흘러 이아페투스해로 들어갔다. 그러자 대륙붕이 아래로 휘어졌고, 우묵해진 그 자리로 마틴스버그의 진흙이 동쪽으로부터 쏟아져 들어왔다. 그 산들이 아프리카에서 왔는지, 유럽에서 왔는지, 아니면 부가대에서 떨어져나온 불쌍한 타이완 같은 섬에서 왔는지는 아직 확실히 정해지지 않았지만, 확실한 것은 퇴적층에 보존되어 있는 증거다. 모래의 파도, 물결 자국, 사층리가 있는 포인트바는 물살이 서쪽과 서북쪽으로 흘렀다는 것을 나타낸다. 후대의 암석에는 이런 증거가 어디에나 있으며, 북아메리카 동부의 강들이 고생대 나머지 기간 내내 오늘날 대륙 중부에 해당되는 쪽으로 흘렀다는 것을 나타낸다. 연이은 조산운동으로 동부에서 새로운 산들이 솟아오를 때마다 새로운 강들이 흘러내려오면서 쐐기 모양 퇴적물과 크고 작은 삼각주를 만들었지만, 강물이 흐르는 방향은 항상 서쪽이었다. 마지막 조산운동은 약 2억5000만 년 전인 페름기에 일어났고, 꽤 오랜 시간이 걸렸다. 그 후 수천만 년 동안, 그 산들은 구조적으로 조용한 세계에서 조금씩 침식되어갔다. 그러다가 중생대 초기가 되자, "지구의 힘"은 이 지역을 잡아 뜯기 시작했다. 오늘날의 학설에 따르면, 바닷물이 들어올 정도로 깊게 본격적으로 갈라진 것은 쥐라기에 들어서였다. 대서양이 벌어졌다. 균열이 일어난 쪽에서는 대단히 짧고 가파른 강들이 새롭게 벌어진 바다로 흘러들어갔지만, 이제 동부 해안 지방이 된 지역의 전반적인 물길은 계속 서쪽으로 흘렀다. 백악기가 되자 강의 흐름이 바뀌었다. 페놉스콧강, 코네티컷강, 허드슨강, 델라웨어강, 서스쿼해나강, 포토맥강, 제임스강이 현재의 방향으로 흘렀다.

강은 나타났다 사라진다. 강은 강이 지나가는 길에 놓인 바위보다 훨씬 젊다. 강은 계곡을 살살이 돌아다니고, 때로는 계곡 밖으로 뛰쳐나온다. 거꾸로 흐르기도 하고 때로는 사라진다. 강의 움직임은 그 아래에 놓인 단단한 땅의 구조에 따라 달라졌다. 촘촘하게 접혀 있는 애팔래치아산맥은 빨래판과 비슷하다. 그 구조의 방향은 빨래를 문지르는 방향과 직각으로 놓여 있다. 이런 빨래판 구조가 만들어지고 동쪽에서 반복적으로 솟아오르던 고생대에는 빗물이 모여 형성된 시내가 빨래판의 홈을 타고 서쪽으로 흘렀다.

중생대에 대서양이 나타나면서, 미국 동부의 주요 하천은 처음에는 미국 중서부 쪽으로 계속 흘러갔다. 판구조론 이야기의 한 부분은 구조 활동으로 인한 균열이 엄청난 열을 동반하며, 이 열이 갈라진 땅의 양쪽을 마주보고 있는 지하실 뚜껑문처럼 들어올린다는 것이다. 홍해 양쪽의 해안이 이런 모양이다. 양쪽 해안 모두 2700미터, 3000미터, 3600미터 높이의 산들이 있다. 홍해 쪽으로는 대단히 짧고 가파른 강들이 흘러 들어간다. 아라비아에서 간헐적으로 흐르는 주요 강들은 거의 다 홍해의 동쪽 해안지대에서 동쪽으로 수백 킬로미터를 흐르고, 홍해의 서쪽 해안지대에 있는 이집트의 강들은 서쪽으로 흘러 나일강 쪽으로 간다. 판의 확장 중심부인 세계의 중앙 해령들은 홍해의 열곡과 같은 형태를 취하고 있다. 대체로 해령은 양방향으로 완만한 경사를 이루면서 약 1800미터 아래에 놓인 심해저평원으로 서서히 이어진다. 홈처럼 파인 해령의 중심선으로는 해저의 열곡이 지나간다. 동부 아프리카의 열곡들 안으로는 대단히 짧고 가파른 강들이 쏟아져 들어간다. 반면 콩고강처럼 긴 강들은 열곡과 가까운 곳에서 발원하지만, 서쪽으로 무려 1600킬로미터를 흘러서 바다로 들어간다. 확장 중심부의 발견과 확인은 판구조론 이야기의 출발점이 되었고, 지금까지 이 학설에서 논란이 가장 적은 부분이다. 쥐라기에는 아메리카 동부 지역이 점차 낮아졌다. 현재의 설명에 따르면, 대양이 넓어질수록 확장 중심부의 열에서도 멀어지면서 지역 전체가 푹 꺼진 수플레처럼 식어버렸고, 물의 무게와 축적된 퇴적층도 대륙붕에 압력을 가했을 것으로 보고 있다. 어쨌든, 대략 3억 년 동안 서북쪽으로 기울어 있던 드넓은 땅은 이제 시소처럼 방향을 바꿔서 반대편으로 기울어지기 시작했다.

방향을 바꾼 강들은 빨래판의 홈에 일시적으로 모였다가 그 위로 흐르면서 암석의 약한 틈을 찾았다. 다시 새로운 방향으로 흐르는 물은 땅을 깎아내기 시작했다. 이 과정은 사진 제판 기술과 비슷한데, 이 기술에서는 약품 처리된 금속판이 산에 각각 다른 정도로 녹으면서 그림이 드러난다. 새롭게 동쪽으로 거꾸로 흐르는 강은 애팔래치아산맥의 구조를 다른 형태로 침식했다. 강은 셰일과 탄산염 암석 속으로 흘러들어가서 깊고 넓은 구덩이를 만들었다. 규암과 다른 변성암이 있는 곳에서는 힘겨운 저항에 부딪혔다. 때로는 땅속으로 흘러들어갔다가 배사 구조의 반원형 꼭대기와 마주치면, 규암을 가르고 그 안에 있는 석회암을 찾아냈다. 이는 감자를 싸고 있는 포일을 벗겨내고 그 안의 부드러운 감자를 찾아내는 것과 비슷하다. 아치 모양의 꼭대기를 제거한 물은 계곡 아래로 깊이 파고들어가서, 석회암 계곡의 양옆에 산등처럼 높이 솟아 있는 규암 동강이를 남길 것이다. 상류를 침식하는 시내는 완만한 비탈을 깎아내 다시 가파른 산비탈로 되돌려놓고, 가장 가까운 다른 물길로 향하는 고랑을 팠다. 반대편에서는 다른 시내가 똑같은 일을 했다. 두 시내는 산을 깎으면서 서로 가까워지다가 결국 두 물길 사이의 경계가 무너지고 하나로 합쳐졌다. 방향이 바뀐 한쪽 시내가 포획되는 것이다. 이렇게 제 물길로 흐르거나, 다른 시내를 포획하거나, 포획당하는 방식으로, 수천 개의 물길이 만들어졌다가 사라지고 다시 만들어지기를 반복하면서, 계곡의 모양이 바뀌고 수백 개의 협곡이 만들어졌다. 이 시내들은 공통된 단순한 목적이 있었다. 바로 다른 방향으로 기울어진 새로운 경관에서 바다로 들어갈 수 있는 최단 거리를 찾는 것이었다. 물길이 바뀌면서 버려진 협곡은 풍극wind gap이라 불린다. 지역적인 맥락에서 볼 때, 델라웨어강의 협곡은 보기보다 경이롭지는 않다.

1970년까지 유행하던 신생대 초기 북아메리카 동부의 그림은 광활한 준평원이었다. 도드라진 곳이 거의 없는 평평한 땅에 구불구불한 강이 정처 없이 흐르던 세계였다는 것이다. 원시적인 산맥에 가해진 물의 힘은 지형 전체를 해수면에 가까운 높이까지 닳아 없어지게 했을 것으로 생각되었다. 이 가설에 따르면, 이후 준평원이 솟아올랐고 강들이 그곳을 해체했다. 무른 암석은 물에 씻겨내려가고 단단한 암석만 높은 산등성이로 남았는데, 놀라울 정도로 평평한 그 산등성이들은 준평원만큼 평평해서 준평원의 잔해로 여겨졌다. 파묻힌 산맥의 꼭대기를 가로질러 흐르는 준평원의 강들은 산등성이가 나타나면 가르고 지나갔고, 협곡이 만들어졌다. 20세기의 4분의 3에 이르는 기간에 우리는 이렇게 배웠다. 이 가설은 항공모함처럼 생긴 뉴저지 스쿨리산의 이름을 따서 스쿨리 평원 가설이라고 알려졌다. 스쿨리 평원 가설의 유행은 끝났고, 이름은 남았다. 대신 특정 각도의 경사와 평평한 능선의 연관성에 관한 정상 상태 물리학에서 나온 이야기로 바뀌고 있다. 언젠가 한 대학원생은 내게 오래된 가설은 결코 완전히 죽지는 않는다는 이야기를 했다. 그는 오래된 가설이 휴화산 같다고 말했다.

———

탄산염 암석의 계곡들과 조각보처럼 펼쳐진 농장들 아래에 파묻혀 있는 암석은 보이지 않았다. 가파른 산비탈의 숲과 그 앞에 펼쳐진 들판의 아름다움, 4월의 신록 위로 피어나는 아지랑이는 애니타에게 그다지 감흥을 주지 못했다. 그녀에게는 암석이 주는 위안이 필요했다. 애니타는 손가락으로 운전대를 톡톡 두들겼다. 그녀를 보고 있자니, 평탄한 곳을 흐르는 잔잔한 강물 위에 앉아 있는 급류타기광이 떠올랐다. "내가 펜실베이니아 이쪽을 한 번도 연구하지 않은 것은 놀라운 일이 아니에요." 그녀는 다시 이렇게 말했다. 한참 동안 바위가 없었다. "언젠가 꼭 이란에 가보고 싶어요." 애니타는 어느 정도 포기하고 이야기를 이어갔다. "자그로스산맥도 전형적인 습곡과 스러스트 단층 지대예요. 자그로스의 매력은 식생이 전혀 없다는 점이죠. 모든 것이 다 보여요. 100퍼센트 노두예요."

　도로가 오른쪽으로 휘어져서 이름 없는 계곡으로 들어섰을 때, 애니타는 말을 잃었다. 20미터 높이의 도로절개면인 볼드이글 규암이 나타났고, 그곳을 지나가자 이번에는 더 높은 도로절개면이 나타났다. 붉은색의 얇은 층리들이 서쪽으로 크게 기울어진 주니아타 사암이었다. "방금 한 말 취소할래요. 내가 장담하는데, 이건 진짜 엄청난 지층이에요." 애니타가 말했다. 암석은 계속 나타났다. 중앙분리대에도 있었고, 도로의 좌우에도 있었다. 우리는 그것을 모두 둘러보며 계속 나아갔다. 이제 도로는 붉은 암석으로 된 골짜기로 내려가고 있었다. 즉석 지형학이라고 할 수 있는 정밀한 발파의 결과물이었다. 골짜기는 점점 깊어졌고, 도로에 그림자를 드리웠다. 그리고 그 골짜기가 마지막으로 돌아가는 길에서, 지리학적으로 빅산이라 불리는 산의 내부가 드러났다. 이곳에는 원래 천연 협곡이 있었지만 충분히 넓지 않았기 때문에 다이너마이트로 30만 년 분량의 침식을 일으킨 것이다. 한쪽 끝이나 돌출부만 살짝 잘려나간 것이 아니라 산을 완전히 관통하는 절개면이었다. "우와, 대박! 저놈들 좀 봐!" 애니타가 외쳤다. "정말 끝내주는 노두, 끝내주는 절개면이네요." 높이가 70미터가 넘고, 포도주처럼 붉은 이 절개면은 뉴욕과 샌프란시스코를 잇는 80번 주간고속도로에서 가장 거대한 인공 노두였다. 중국 지질조사소에서 감동할 만한 위업이었다. "지질 조사를 할 때는 예상치 못한 발견을 하게 되죠." 애니타는 내게 이렇게 말하면서 자그로스산맥은 어느새 잊어버렸다.

　우리는 그 암석들이 그늘을 드리운 갓길에 차를 세웠다. 애니타는 다시 "우와, 대박, 저놈들 좀 봐"라고 말하면서 고개를 뒤로 돌렸다. "세상에!" 층리는 한쪽으로 기울어져서 위쪽으로 길게 선을 그렸고, 그 선 중 몇 개는 초록색이었다. 록헤이븐에서 거의 정남쪽, 서스쿼해나강에서 서쪽으로 약 50킬로미터 떨어져 있는 이 주니아타 사암은 타코닉산맥에서 내려왔고, 델라웨어 협곡의 암석을 운반한 강들과 같은 수계에 의해 서쪽으로 퍼져나갔다. "이곳은 단면의 두께를 측정하기에 아주 훌륭한 장소가 될 거예요." 애니타가 말했다. "완벽하게 노출되어 있고, 일관적이에요. 단층도 없어요. 얇은 녹색 띠들은 퇴적이 너무 빨리 일어나서 산화가 되지 못한 거예요." 지질학자들의 흔적은 어디에나 있었다. 지질학자들은 암석에 숫자와 글자를 남겼고, 수많은 고지자기 시료를 채취했다. 가까이 보이는 층리는 잔잔한 물에서 형성된 암석처럼 단조로울 정도로 똑같지는 않았다. 오히려 이동하는 물길들, 깃털 모양의 사층리, 자연제방, 범람원 퇴적층이 가득했다. 고동색의 작은 판 모양 진흙 조각도 있었다. 그 진흙 조각들은 폭우가 내릴 때 평지에서 떨어져나왔다.

우리는 몇 킬로미터를 되돌아가면서 그 바위를 천천히 다시 살폈다. 거대한 도로절개면에 다시 다가가고 있을 때, 애니타가 말했다. "일리노이였다면 이곳은 주립공원이 됐을 거예요."

———

나는 그 엄청난 붉은 암석으로 이루어진 절벽을 그 후로 대박 절개면이라고 불렀는데, 대박 절개면의 층리면은 동쪽으로 기울어져 있었다. 우리가 지나온 수 킬로미터에 걸쳐, 그곳의 암석은 90도로 접혀 있었다. 따라서 서쪽으로 가는 우리는 곧바로 시간을 거슬러 올라가서 공간적으로 캄브리아기-오르도비스기의 탄산염 암석으로 이뤄진 계곡으로 내려가는 것이었다. 그동안 도로는 내리막을 따라 왼쪽으로 휘어져서 니타니 밸리로 들어갔다. 니타니 밸리에는 초록으로 물들어가는 풍성한 목초지와 잔잔하게 흐르는 시내와 흰색의 농가들 사이로 백운암이 갈빗대처럼 여기저기 튀어나와 있었다. "펜실베이니아 주청사는 니타니 백운암 위에 놓여 있어요." 애니타가 말했다. "이 계곡을 따라 30킬로미터쯤 내려가면 돼요."

일부 남아 있는 캄브리아기의 사암은 계곡에서 물집처럼 불룩하게 도드라져 있었다. 고속도로는 그 주위를 서쪽으로 돌아서 아직도 끝나지 않고 이어지는 또 다른 산기슭으로 향했다. 변형된 애팔래치아산맥의 마지막 산줄기인 볼드이글산이었다. 캄브리아기의 사암과 오르도비스기의 백운암 이후, 볼드이글산을 뚫고 지나가는 협곡에는 실루리아기의 규암이 있었다. 이 규암의 지층은 서쪽으로 가파르게 기울어져 있었다. 바위는 휘어지고 또 휘어져서, 우리는 다시 역사를 관통하여 위로 올라가고 있었다. 그러나 이제는 지층의 경사가 더 이상 역전되지 않았다. 점점 더 젊어지는 20킬로미터 길이의 암석을 따라, 우리는 고생대를 거의 시작부터 끝까지 올라갔다. 우리는 시간을 따라 최소 3억 년을 거슬러 올라갔고, 지형을 따라서는 수직으로 300미터 이상을 올라갔다. 80번 고속도로에서 유타 동쪽으로 가장 긴 비탈인 볼드이글크리크에서 스노우슈까지 16킬로미터 구간의 오르막을 오르는 동안, 가벼운 눈발이 바람에 흩날리기 시작했다.

우리는 단층과 습곡산맥 지질구의 끝에 다다르고 있었고, 긴 오르막에는 지각 변동이 일어나기 전 바다의 깨끗한 모래에서 걸쭉한 석탄기 늪지의 마지막 모습에 이르는 고생대의 역사가 축약되어 있었다. 우리는 세 산계의 잔해, 반복적으로 나타나는 사암들과 종잇장 같은 셰일들을 지나왔다. 실루리아기, 데본기, 미시시피기에 형성된 그 얇은 셰일들은 산성지로 만든 책들처럼, 그것이 꽂힌 책장에서 허물어져가고 있었다. 이 셰일은 아주 약하다. 만약 마추픽추처럼 계단식으로 잘라놓지 않았다면, 아마 오래전에 고속도로를 파묻어버렸을 것이다. 다른 도로 절개면에는 비트처럼 붉고 적당히 단단한 캐츠킬 삼각주의 사암이 수직으로 서 있었다. 우리는 충분히 단단한 산등성이들과 무른 계곡들을 살펴봤다. 나는 암석 속에 반복적으로 펼쳐지는 고생대의 장관을 감지하기만 한 것이 아니라 눈으로도 봤다. 지금은 사라진 산들은 거대하고 복잡한 변화의 흔적을 모두 남겨놓았다. 땅은 솟구쳤다가 가라앉았고, 바다는 육지를 침범했다가 물러났다. 시간이 흐르면서 힘을 잃어간 고대의 강들은 강이 흐르기 전의 모습을 대부분 지웠을 뿐 아니라, 새로운 풍경을 겹쳐놓았다. 그러는 동안, 나는 그 수백 가지 그림을 내 마음 속에 하나로 잘 담아 정리할 수는 없었지만, 우리가 단순히 혼돈의 풍경을 지나고 있는 것은 아님을 분명하게 확신했다.

16킬로미터 길이의 언덕 기슭에 있는 지층은 거의 수직으로 서 있었다. 긴 오르막을 지나는 동안, 지층은 점차 수평이 되었다. 200만 년마다 1도씩 느긋하게 뒤로 기울어지다가 마침내 평평해졌다. 그사이 고속도로는 변형된 애팔래치아산맥을 벗어나서 앨러게니 고원 위로 들어섰다.

이제 암석은 펜실베이니아기의 강에서 만들어진 거대한 사암이었다. 갑판처럼 평평한 이 암석은 비교적 방해를 받지 않았다. 확실히 동쪽의 산맥에서 떨어져나온 것이지만, 그 산맥을 압축시킨 힘에는 그다지 영향을 받지 않았다. 광포한 강물은 고원을 해체해, 절반쯤 먹은 웨딩 케이크, 허물어진 피라미드, 이상하게 뻗친 머리 모양 같은 언덕들을 남겨놓았다. 피츠버그는 이런 기하학적 구조 위에 세워졌다. 거리와 도로는 종잡을 수 없는 물길을 따라 충실하게 만들어졌고, 언덕들은 사회와 인종과 민족과 종교에 따라 사람들을 나누어 쌓아올렸다. 한 언덕에는 잘난 속물들이, 한 언덕에는 유대인들이, 한 언덕에는 지친 사람들이, 한 언덕에는 가난한 사람들이 모여 살았다.

눈보라가 휘날리는 피츠버그에서 동북쪽으로 160킬로미터 떨어진 곳에는 이제 수많은 도로절개면이 있었다. 그 도로절개면에는 위로 갈수록 입자가 고와지는 순서로, 사암과 실트암과 셰일이 쌓여 있었다. 앨러게니의 검은 셰일인 그 셰일층 아래에는 사암과 실트암과 셰일이 더 평평하게 쌓여 있었다. "만약 당신이 석탄을 찾고 있다면, 이 검은 셰일을 보고 눈이 확 돌아갔을 거예요." 애니타가 말했다. "이 도로절개면에는 석탄이 있을 거예요. 이것이 펜실베이니아기의 펜실베이니아예요. 펜실베이니아기 암석의 고향이죠."

펜실베이니아기의 펜실베이니아는 적도에서 몇 도 떨어지지 않은 곳에 있던 밀림으로, 인도네시아 남부나 과달카날섬과 비슷했다. 민물 습지의 숲은 바닷물이 파고들어오는 만으로 바뀌어가는 해안선에 서 있었는데, 오늘날 말라카 해협 옆에 있는 수마트라의 습지나 자바해 옆에 있는 보르네오의 습지와 비슷했다. 당시에는 '지구 다른 곳의 빙하 주기로 인해 해수면의 높이가 지질학적 속도에서는 빠르게 오르내리고 있었다. 그래서 해수면의 높이가 낮아질 때는 습지가 해안선을 밀어냈고, 해수면의 다시 높이가 높아질 때는 해양 석회암이 습지 위에 쌓였다. 이런 주기가 한 번 지나갈 때마다 해안선은 무려 800킬로미터를 움직였다. 바다는 펜실베이니아와 오하이오의 대부분을 침범했다가 물러갔다. 펜실베이니아기에는 이런 주기가 매우 잦은 간격으로 찾아왔기 때문에, 펜실베이니아기의 암석에는 지구 반대편에서 일어난 빙하의 특징인 사선의 줄무늬가 나타나곤 한다. 그 빙하는 3억 년 전에 존재했다. 그런 종류의 빙하 유형은 지금까지, 다시 말해서 지층에는 종잇장처럼 가느다란 줄무늬로 기록될 우리의 짧은 지구 방문 기간에에는 다시 나타나지 않았다.

　고속도로 양편으로 가림막처럼 서 있는 나무들의 윤곽 위로 거대한 굴착기의 윗부분이 보였다. 마치 기계로 만든 기린의 머리와 목 부분처럼 생긴 그 굴착기들은 지난 50년 동안 이곳에서 지형을 뒤바꿔놓으면서 펜실베이니아의 석탄층을 벗겨내고 있었다. 펜실베이니아는 킴벌리의 다이아몬드 광산과 클론다이크의 사금 채취장보다 훨씬 더 가치 있는 광상이었다. 도로절개면에 있는 석탄은 수십 킬로미터에 걸쳐 이어져 있을 것이다. 석탄층은 앨러게니 셰일처럼 짙고 탁한 회색이 아니라 선명한 검은색으로 반짝인다. 도로절개면은 얇은 케이크 시트가 켜켜이 쌓여 있는 헝가리식 케이크처럼, 밝은 색과 어두운 색 층이 번갈아가며 아래에서부터 사암, 실트암, 셰일, 석탄, 사암, 실트암, 셰일, 석탄 순서로 쌓여 있었다. 한참 위로는 석회암이 석탄을 덮고 있는 모습을 볼 수 있었는데, 거기서 습지가 바다로 덮였을 것이다. 현재의 지층은 해안선 안쪽에서 만들어졌다. 오늘날 미시시피강 삼각주의 내포에서처럼, 이리저리 구불구불하게 흐르는 강이 빽빽한 식생을 모래로 덮고 있었을 것이다. "이 도로절개면은 석탄의 형성 과정을 보여주는 교과서예요." 애니타가 말했다. 파묻혀서 압축된 식물의 잔해는 먼저 토탄이 된다. 포자, 씨앗 껍질, 나무, 나뭇잎, 뿌리가 마구 뒤섞여 있는 토탄은 씹는담배처럼 생겼고, 불에도 잘 탄다. 토탄과 석탄의 관계는 눈과 빙하 얼음의 관계와 비슷하다. 눈은 파묻혀서 압축되는 동안, 재결정 과정을 거처서 얼음이 된다. 이 얼음은 원래의 눈보다 밀도가 평균 10배 더 높다. 토탄이 파묻혀서 압축이 되고 지열을 받는 동안, 토탄 속의 산소와 수소와 질소가 대부분 빠져나가고 탄소 성분만 농축된다. 미국 지질학회의 『지질학 사전Glossary of Geology』은 석탄을 "곧바로 연소될 수 있는 암석"이라고 정의한다. 무게로는, 암석 무게의 절반 이상이 탄화물이면 석탄이다. 석탄의 밀도는 토탄의 약 10배다. 미국에는 아일랜드를 1000년 동안 따뜻하게 할 수 있는 토탄이 있다. 미국은 그 토탄을 거의 사용하지 않는다. 미국에는 세계 어느 나라보다 훨씬 더 많은 석탄이 있기 때문이다. 지표 근처에 있는 토탄은 결코 석탄이 될 수 없다. 1.2킬로미터 깊이에 묻혀 있는 토탄은 역청탄이 된다. 역청탄을 현미경으로 보면, 나무의 목질과 껍질, 잎과 뿌리, 씨앗 껍질과 포자를 볼 수 있으며, 경우에 따라서는 어떤 식물의 것인지도 구별할 수 있다. 더 깊이 파묻혀서 엄청난 압력을 받으면 무연탄이 된다. 무연탄은 약 95퍼센트의 탄소로 이뤄져 있고, 대단히 단단해 조개 모양으로 깨진다. 무연탄은 진주광택이 있으며 밝은 파란색 불꽃을 일으키며 탄다. 석탄은 지각 변동의 기록이다. 펜실베이니아기 후기에 동쪽에서 세 번째 산맥이 솟아오르면서 흘러내린 새로운 쇄설물더미는 지금까지의 것들을 모두 짓이기면서 엄청난 압력으로 깊이 파묻고 극심한 습곡을 일으켜서 펜실베이니아 동부의 무연탄을 만들었다. 습곡단층 산맥에 형성된 이 꼬투리 모양의 탄전은 땅속 깊은 곳에 있다가 침식과 지각 평형 작용에 의해 지표로 올라왔다. 무연탄층은 종종 뒤집혀 있거나 똑바로 서 있다. 이곳 앨러게니 고원에서는 꽤 깊이 매장되어 있는 편이지만 지각 변동의 압력이 적었기 때문에 석탄의 품질이 조금 떨어진다.

우리는 차를 멈추고 시료를 조금 채집하려고 했지만, 손에서 부스러지지 않을 정도의 시료를 찾기가 어려웠다. "이것은 아주 잘 떨어지는, 재가 많은 석탄이에요." 애니타가 말했다. "사람들은 어쨌든 가져가요. 양동이를 들고 이런 도로절개면에 와서 집에서 연료로 쓸 석탄을 가져가는 거죠."

우리는 석탄 줄무늬가 이어지는 도로절개면을 따라 몇 킬로미터를 이동했고, 지형학적으로 조금 더 높은 지대에 이르렀다. 그곳은 석탄층이 더 두꺼웠다. "서쪽으로 갈수록, 지층의 단면에서 위쪽으로 갈수록, 석탄이 더 많아져요. 강이 늙어가면서 흐름이 더 느려지기 때문이죠." 애니타가 말했다. "범람원은 더 넓어졌어요. 물이 고인 웅덩이도 더 많아졌고요. 식생이 형성되어 쌓일 수 있는 지역이 더 넓어졌어요. 오늘날의 미시시피강 하구처럼요." 클리어필드에서 동쪽으로 약 8킬로미터 떨어진 곳에서, 우리는 석탄이 가득한 길고 높은 관통로에 멈춰 섰다. 도로 양쪽으로 굴착기들이 작업을 하고 있었다. 우리는 암석 망치로 약간의 시료를 쪼아냈다. 시료는 모양을 그대로 유지했다. "이곳에는 석탄이 엄청나네요." 애니타가 말했다. "상품성이 좋은 석탄이에요. 이 석탄이 만들어지기 위해, 이 위로 펜실베이니아기의 퇴적물이 900미터 두께로 쌓였었을 거예요. 그 퇴적물은 침식으로 제거됐겠죠. 900미터 두께의 하중을 받아야 이 정도 품질의 석탄이 만들어질 수 있을 거예요."

나는 (1킬로그램당 6000킬로칼로리의 열량을 내는) 이 공짜 연료에 온통 마음을 빼앗겨서 암석망치를 마구 내리쳤다. 품질 좋은 석탄이 가방에 가득 찼다. 집에 가져가서 난로를 뗄 생각이었다. 애니타는 내 얼굴이 석탄 먼지 때문에 시커멓게 되고 있다고 말해줬다.

나는 두건으로 얼굴을 닦고, 애니타에게 물었다. "이것을 전부 내가 가지나요?"

애니타는 "정부 연구에는 이만큼이면 충분하다"고 말했다. 그리고 우리는 도로로 향했다.

———

마지막 대규모 조산운동이 펜실베이니아 동부에 습곡을 일으켰을 때, 깊이 파묻히고 구조적으로 으스러지면서 놀라운 석탄층이 만들어졌지만 모암 속에 들어 있던 석유는 모두 까맣게 타서 파괴되었다. 코노돈트 역시 검게 변했다. 여러 번에 걸친 애니타의 시료 조사로 증명된 것처럼, 코노돈트는 미국을 가로질러 서쪽으로 갈수록 색이 점점 밝아지는 경향이 있었다. 검은색에서 고동색, 탁한 주황색을 거쳐 다양한 밝기의 노란색으로 변해갔다. 이제 오하이오까지 80킬로미터쯤 남은 곳에서 듀보이스와 클라리온의 서쪽을 달리는 동안, 우리는 갈색 지대를 벗어나 황금색 지대로 들어가고 있었다. 석탄의 품질이 동쪽으로 갈수록 좋아진다면, 이론상 석유의 품질은 그 반대 방향으로 갈수록 좋아진다. 우리는 고속도로에서 오른쪽으로 빠졌다. 곧바로 오일시티 시내의 페트롤리움가가 나타났다.

우리는 계속 북쪽으로 향했다. 오일시티와 타이터스빌을 잇는 24킬로미터 구간 사이에는 초기 미국 석유의 본고장인 내파밸리가 놓여 있었다. 내파밸리는 V자 형태의 깊은 계곡이었다. 계곡 가장자리에서 강까지 높이가 150미터에 이르렀고, 계곡 바닥에는 앙증맞게 보일 정도로 작은 정유 공장들이 늘어서 있었다. 이곳은 엑슨의 베턴루지 정유 공장이나 서노코의 마커스훅처럼 불야성을 이루는 삭막한 도시를 연상시키지 않았다. 오히려 그리스도 형제회, 베린저 와이너리, 보리우 포도원 같은 와이너리가 늘어서 있는 캘리포니아 내파밸리의 풍경을 연상시켰다. 울프스헤드 정유 공장 뒤에는 펜조일 정유 공장이 있었다. 정유 공장들 옆으로는 오일크리크가 있었다. 냇가에서 석유가 방울방울 떨어져서 시냇물로 흘러들어오는 오일크리크는 18세기에 아주 유명했다. 석유를 모으기 위해 파놓은 구덩이들에서 자란 나무의 나이로 판단할 때, 아메리카 원주민들은 그보다 3세기 전부터 이곳을 알고 있었다. 세네카족은 석유를 피부에 발랐다. 그들은 빛과 열을 얻기 위해 석유를 이용했을 것이다. 석유는 오래전부터 사용되었다. 노동자들은 그리스도가 탄생하기 3000년 전부터 아스팔트를 깔았다. 석유와 관련된 최초의 에너지 파동은 기원전 1875년에 일어났다. 최초의 석유 유출 사고는 천재지변이었고, 규모가 그다지 크지 않아서 기름을 먹고 사는 박테리아에 의해 정화될 수 있었다. 1853년 미군 공병대의 한 중위가 보고한 내용에 따르면, "캘리포니아의 샌타바버라와 샌타바버라 제도 사이의 해협에는 가끔씩 광물성 기름막이 생겼다. 이 기름막의 표면은 물 위에 기름을 부을 때처럼 아름다운 무지개 색을 띠었다". 기름막은 기름이 누출될 때마다 항상 나타났다. 제2차 세계대전이 끝나고 몇 년이 흐른 뒤에도, 이란의 모든 유전에서는 지표면으로 기름이 새어나왔다. 텍사스 최초의 유정은 1865년에 기름이 새어나오는 곳 근처에 만들어졌다. 온타리오의 한 유정은 그보다 6년 먼저 시추되었고, 같은 해 여름 미국에서는 에드윈 드레이크 대령이 펜실베이니아에서 최초의 상업 유정을 굴착했다. 이 유정은 오일크리크에서 채 100걸음도 떨어지지 않은 곳에 세워졌다.

드레이크 대령은 군 복무 기록이 전혀 없었다. 그는 병약한 열차 승무원이었다. 나이는 마흔이었지만, 뉴욕과 뉴헤이븐을 오가는 열차의 흔들리는 통로에 똑바로 서 있을 수 없을 정도로 허약했다. 코네티컷의 펜실베이니아 석유 회사는 오일크리크 주변의 농지와 삼림을 사들이고 있었는데, 그는 이 회사에 자신이 평생 모은 돈을 맡겼다. 드레이크는 지질학자가 아니었다. 그는 석유가 기본적으로 얕은 바다 밑바닥에서 산화되지 않은 상태로 쌓인 조류의 시체라는 것을 알지 못했다. 그 조류의 시체가 기름이 나올 정도의 살짝 높은 온도에서 수백만 년 동안 뭉근하게 조리되었다는 것 역시 알지 못했다. 그는 석유가 한 종류의 암석에서 만들어져 다른 종류의 암석으로 이동한다는 것 역시 알지 못했다. 이를테면 석유는 대륙을 덮고 있는 얕은 바다에 형성된 석호의 진흙에서 만들어지고, 나중에는 그 석호와 넓은 대양의 사이에 놓여 있던 연안사주에서 만들어진 사암 속으로 이동한다. 그는 오일크리크가 펜실베이니아기와 미시시피기의 지층을 모두 침식시키고, 어느 데본기 해안의 지층까지 내려갔다는 것도 알지 못했다. 1859년의 드레이크는 이 모든 것을 알지 못했고, 지질학에도 문외한이었다. 드레이크가 알고 있는 것은 오일크리크에서 방울방울 떨어지는 것을 두고 흥정을 할 수 있다는 것뿐이었다. 그것은 약으로 쓰였다. 미국 동부 어디에서나 붉은 마차 무리가 이 누출물을 건강 증진 음료로 팔았다. "키어의 진품 석유! 바위의 기름! 천연 치료제. (…) 가슴, 기관, 허파의 병에 경이로운 치유력이 있으며, 그 외 치료할 수 있는 질환으로는 설사, 콜레라, 치질, 류머티즘, 통풍, 천식, 기관지염, 연주창, 화상, 버짐, 신경통, 피진, 백선, 까다로운 피부 발진, 얼굴의 반점과 여드름, 울화병, 만성 눈 질환, 단독……." 게다가 드레이크는 예일대학의 한 화학과 교수의 말에 크게 고무되었다. 교수는 스며나온 석유 한 병을 자신의 연구실에서 조사하고 이렇게 말했다. "내가 보기에 (…) 귀사의 소유지에 있는 원료는 간단하고 비용이 많이 들지 않는 공정을 거쳐 대단히 가치 있는 상품이 될 것 같습니다. 내 실험에서 특히 주목할 만한 것은 원료의 거의 전체가 낭비 없이 상품이 될 수 있다는 게 증명되었다는 점입니다." 그리고 무엇보다 드레이크에게는 바위 속에 있는 물질을 추적할 묘안이 있었다. 그는 시냇가에 스며나오는 물질을 닦아서 모으는 것에 만족하지 않고 구멍을 뚫어 뽑아내기로 했다. 지역민들의 눈에는 그가 바보로 보였지만, 그는 아랑곳하지 않았다. 그들의 평가는 나중으로 미뤄둘 생각이었다. 그의 발견은 지하 21미터 지점에서 성공적으로 완수되었다.

사람들은 기름을 찾아 오일크리크 주변으로 몰려들었다. 판자촌이 형성되었고, 민둥산 위로 유정탑이 숲을 이뤘다. 펜실베이니아에는 레드핫이라는 마을이 있었다. 페트롤리움센터, 피트홀시티, 바빌론도 있었다. 사람이 살지 않던 피트홀시티는 석 달 만에 인구가 1만5000명이 되었다. 강에서는 평저선이 석유를 시장으로 운반했다. 평저선의 짐칸은 오늘날 초대형 유조선에서 탱크가 나뉘어 있듯이 칸칸이 나뉘어 있었다. 계곡의 물방앗간에서는 방앗간 저수지에서 물을 한 번 흘려보내주고 사용료를 받았다. 평저선이 하류로 내려갈 수 있도록 계곡의 수위를 높여주는 대가였다. 때로는 평저선이 파손되어 기름이 유출되기도 했다.

이 계곡에 드라마틱 석유 회사를 설립한 존 윌크스 부스는 생산성을 높이려다가 오히려 유정을 망가뜨리고 말았다. 사업에 실패한 그는 1864년 가을에 다른 일거리를 찾아서 그곳을 떠났고, 이듬해인 1865년에 링컨을 암살했다.

이런 여러 역사적 사실에 대한 자료는 펜실베이니아 사적 및 박물관 위원회를 위해 자료 수집을 담당하는 웨스트펜 석유 회사의 어니스트 C. 밀러로부터 큰 도움을 받았다.

1871년이 되자, 땅속에서 석유를 퍼올리는 나라는 9개국으로 늘어났다. 그러나 전 세계 석유의 91퍼센트는 여전히 펜실베이니아에서 나오고 있었다. 석유의 성분을 파라핀, 등유 등으로 나눠서 증류할 때, 당시에는 상업적 가치가 전혀 없던 휘발유는 땅에 그냥 버려졌다.

석유는 귀하다. 지구상에 살았던 생명체 중에서 극히 적은 비율의 생명체만 석유가 되기 때문이다. 암석 속에 들어 있는 유기 탄소의 양은 석유 탄소에 비해 1만1000배 더 많다. 석유 탄소가 기름으로 바뀌어 보존되기 위해서는 여러 조건이 잘 맞아떨어져야 하는데, 그중에서 가장 중요한 것은 근원암의 열 이력thermal history이었다. 시간에 따른 온도 변화의 기록인 열 이력은 무엇보다 코노돈트의 색에 가장 잘 남아 있다. "이 계곡의 석유로 만들어지는 윤활유는 세계 최고로 꼽혀요." 애니타가 말했다. "비중이 대단히 낮은 기름이고, 자연적인 과정을 통해서 거의 완벽하게 정제되었기 때문에 정제를 많이 할 필요가 없어요. 섭씨 100도 정도의 낮은 온도에 2억 년 정도 있었을 거예요. 실제로 이곳에서 꺼낸 기름은 바로 차에 넣어도 돼요."

———

240킬로미터를 달리는 동안, 우리가 지나온 땅에는 빙하 퇴적물이 없었다. 위스콘신 빙기의 얼음이 남긴 표석 점토와 표석과 빙퇴구와 케임은 어디에도 없었다. 살짝 들린 치맛단처럼, 빙하의 최대 전진선이 뉴욕주 어딘가로 올라가 있었던 것이다. 이제, 이곳 펜실베이니아 서쪽 끝에서는 빙하의 선두 부분이 다시 남쪽으로 내려오고 있었다. 우리는 80번 고속도로와 서경 80도가 만나는 지점에서 말단퇴석과 마주쳤다.

숲속에 있는 이질적인 돌덩이들, 모암 위에 일정한 방향으로 나 있는 긁힌 자국, 크기 구별 없이 뒤섞여 있는 자갈과 모래까지, 어디에나 얼음의 흔적이 있었다. 빙하 작용이 남긴 특징은 존 핸콕이 미국 독립선언서에 남긴 서명만큼이나 또렷했고, 얼음이 단단한 땅을 가로질러 움직인 곳은 어디나 알아볼 수 있었다. 증거가 있으니 북극의 분위기를 어렵잖게 상상할 수 있다. 그곳에는 북쪽으로 갈수록 더 두터워지는 청백색의 얼음판, 대륙의 크기만큼 드넓은 하얀 표면에 쉴 새 없이 휘몰아치는 강풍, 눈부신 햇빛 속에서 띄엄띄엄 보이는 산봉우리들, 시냇물이 큰 바윗돌을 비켜 흘러가듯이 그 산봉우리들을 우회해 서서히 움직이는 빙하가 있었을 것이다.

오하이오가 우리를 반겨주었다. 고속도로 중앙분리대 위에는 졸음운전 방지 문구가 쓰인 표지판이 있었다. 오하이오에는 도로절개면이 많지 않다. 그래도 인디애나, 일리노이, 아이오와, 네브래스카와 비슷한 편이었고, 우리는 얼마 지나지 않아 구멍이 뚫린 해양 셰일과 석화된 강모래로 이뤄진 절벽 옆을 달리고 있었다. 물결 자국이 있는 석탄기의 사암이었다. 우리는 아직 그 시대의 암석과 함께 있었지만, 앨러게니 고원에 올라선 이래로 감지하지 못할 정도로 조금씩 고도가 낮아지고 있었다. 이 고원의 동쪽 가장자리는 해발고도가 600미터 이상이고, 지금까지 우리는 그 절반을 내려왔다. 우리가 고대의 산들로부터 더 멀어지는 동안, 쐐기 모양을 이루는 그 퇴적물 더미는 더 얇아졌다.

우리는 대륙에서 지질 구조가 가장 평온한 지대인 내륙 안정 지괴에 들어섰다. 얇은 퇴적층이 둔중한 기반암을 평평하게 덮고 있는 이 지역의 변화는 지질학적 시간의 기준에서 보더라도 이례적으로 느리다. "이곳은 미국에서 가장 보수적인 곳이에요." 애니타가 말했다. "나는 종종

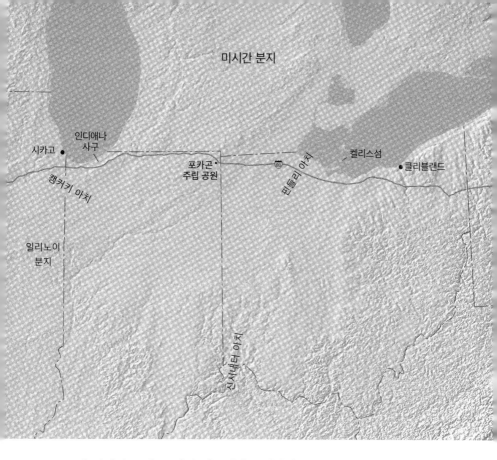

미시간 분지

시카고
인디애나
사구
켈리스섬
클리블랜드
캥커키 아치
포카곤
주립 공원
핀들리 아치
일리노이
분지
신시내티 아치

그런 생각이 들어요. 가장 떠들썩하고 열광적인 사람들은 지각 변동이 가장 활발한 곳에 사는 것 같아요."

　　그러나 이런 안정된 지괴도 조금은 움직인다. 지구의 표면에서 수직과 수평으로 움직이지 않는 부분은 어디에도 없다. 미국 중서부 암석의 층리면은 완전히 평평한 것처럼 보이지만 사실 기울어져 있다. 아주 긴 거리에 걸쳐 서서히 낮아지다가 다시 올라가면서 대단히 넓고 얕은 그릇 모양의 지형을 만들고, 그 가장자리에서 아치를 그린 다음 다시 미묘하게 낮아지면서 비슷한 그릇 모양 지형을 또 만들 것이다. 핀들리 아치, 미시간 분지, 캥커키 아치, 일리노이 분지는 그렇게 만들어졌다. 애니타는 이 아치들을 "기반암의 정상부"라고 불렀다. 그녀의 말에 따르면, 허드슨만은 천천히 채워지고 있는 대륙 분지였다. 미국 중서부의 분지들은 가장자리까지 가득 채워진 평지였다. 이 분지들은 삐걱거리며 움직이는 크레이톤의 운동에 의해 만들어진다. 이런 운동은 맨틀 내부의 깊숙한 곳에서 나오는 힘의 작용에 대한 반응으로 추측된다. 흔히 하는 말로, "제대로 밝혀지지 않은" 과정인 것이다. 이 지역에 나타나는 지각의 활동 정도는 사후 강직이 시작되었을 때의 움직임과 비슷하다. 그러나 이 지역이 항상 그랬던 것은 아니다. 이 안정된 크레이톤의 암석 깊은 곳에는 오래전에 사라진 산맥의 뿌리가 있지만, 지난 10억 년 동안 조산운동은 없었다. "그 이래로 중서부는 무엇을 하고 있었을까요? 아무것도 하지 않고 그냥 있었죠." 애니타가 말했다. "그냥 여기에 앉아서 하품을 하고 있었어요." 얕은 바다가 조용히 들락날락하고, 땅속에서는 석탄층이 형성되었을 수는 있었다. 그러나 북쪽에서 내려오고 있는 빙벽의 진로를 완전히 바꿔놓거나 그에 필적하는 규모의 변화를 일으킬 만한 일은 일어나지 않았다.

이 얼음은 너비가 남극 대륙과 비슷했다. 최근에 대륙에서 일어난 추적 가능한 빙하 작용을 볼 때, 북아메리카 대륙에는 매번 오늘날 남극 대륙 크기의 빙상이 형성되었다. 7만5000년 동안 이어지고 1만 년 전에 끝난 위스콘신 빙기에는 전 세계 얼음의 5분의 3이 북아메리카 대륙 위에 있었다. 5분의 1은 유럽 대륙을 덮고 있었고, 나머지 5분의 1은 그 외 지역에 흩어져 있었다. 빙하지질학은 지질학의 모든 분야 중에서 가장 명확하고 추측의 여지가 가장 적다. 첫 번째 이유는 시대가 같다는 점 때문이다. 얼음은 물러나지만 완전히 사라지지는 않는다. 남극 대륙뿐 아니라 그린란드도 두께 3킬로미터가 넘는 얼음으로 덮여 있다. 알래스카는 약 7만 제곱킬로미터(알래스카 전체 넓이의 4퍼센트)가 얼음으로 덮여 있다. 스위스나 세계의 다른 곳과 마찬가지로, 알래스카에서는 둥근 계곡인 서크cirque에서 만들어진 빙하가 계곡 빙하의 본류로 들어가는 것을 볼 수 있다. 서크 빙하는 높은 산등성이를 부채꼴로 깎아내는데, 서너 개의 서크 빙하가 꽃잎 모양으로 배치된 산등성이에서는 암석이 떨어져나가면서 뾰족한 뿔 모양의 봉우리만 남는다. 키츠슈타인호른, 핀스터아아호른, 마터호른이 그렇게 만들어진 봉우리다. 빙하의 움직임은 오늘날의 빙상과 빙원과 빙하를 통해서 효과적으로 관찰할 수 있을 뿐 아니라, 빙하가 지나가면서 남긴 흔적은 어디에나 풍부하게 보존되어 있다. 빙하가 다녀간 것은 아주 최근의 일이었다.

지금은 빙하의 증거가 너무나 명확하게 여겨지지만, 1830년대까지만 해도 아무도 그 중요성을 이해하지 못했다. 통찰과 실마리와 조짐은 있었다. 스코틀랜드 계몽주의 시대의 인물인 제임스 허턴은 세계를 바라보는 새로운 시각을 혼자 힘으로 발달시켰고, 그의 시각은 현대 지질학의 토대가 되었다. 그의 『지구의 이론』(1795)에는 스위스의 거대한 계곡에 있는 자갈과 돌덩이가 오래전에 알프스산의 얼음이 확장되었을 때에 그 자리에 놓인 것으로 보인다는 언급이 있다. 그러나 허턴은 긁힌 화강암과 자갈더미가 사방에 널려 있는 스코틀랜드에서 자신의 학설을 만드는 동안, 스코틀랜드가 얼음에 덮여 있었을지도 모른다는 의심은 전혀 하지 않았다. 300미터 높이의 얼음에 완전히 덮여 있던 스코틀랜드는 사실상 맨틀 속에 잠기기도 했었다.

1815년, 펜닌 알프스산맥 아래에 위치한 스위스 발드바뉴에서 한 등산가는 애먼 곳에 서 있는 큰 돌덩이들이 모두 오래전에 사라진 빙하에 운반된 것이라고 지질학자에게 말했다. 페루딘이라는 이름의 이 등산가는 알프스산양 사냥꾼이었다. 그의 이야기를 들은 지질학자는 장 드 샤르팡티에였다. 그는 사냥꾼의 말을 믿지 않았기에 그 정보를 무시했다. 유럽에서는 아주 오랫동안 노아의 홍수를 지구의 주된 조각가로 여겨왔기 때문에, 누구도 다른 해석을 제시하는 위험을 감수하고 싶어하지 않았다. 만약 어떤 돌덩이의 종류가 그것이 놓인 곳의 기반암과 다르다면, 대홍수의 급류에 휩쓸린 토석류에 의해 운반되었을 것이라고 생각했다. 1821년, 이그나스 베네츠라는 스위스의 한 토목공학자는 스위스 자연과학회에서 그 등산객이 샤르팡티에에게 한 말을 믿는다고 말했다. 게다가 그는 "시간의 밤 속에 잃어버린 어느 시대une époque qui se perd dans les nuits des temps"에 "거대한 높이hauteur gigantesque"의 빙하가 돌덩이들을 스위스 전역에 흩어놓았다고 믿었다. 베네츠의 의견 역시 무시되었다. 그로부터 12년 후, 마침내 샤르팡티에는 베네츠의 추측이 옳을 것이라고 판단했다. 샤르팡티에는 베네츠의 논문이 발표될 수 있도록 해주는 한편, 밖으로 나가서 움직이는 얼음의 증거를 수집하고 이름을 붙이며 분류했다. 그렇게 표석, 기반암의 긁힌 자국과 광택, 측퇴석과 말단퇴석이 확인되었다. 1834년에 샤르팡티에는 스위스 자연과학회에 「스위스에서 표석 운반의 유력한 원인에 대하여Notice sur la Cause Probable du Transport des Blocs Erratiques de la Suisse」라는 제목의 논문을 제출했다. 이 논문 또한 무시되었고, 당연히 웃음거리가 되었다.

샤르팡티에는 과학계에서 정치력이 있었다. 레오폴트 폰 부흐와 알렉산더 폰 훔볼트 같은 위대한 "석학들"이 그의 프라이베르크 광업대학 동기였다. 그는 론강이 흐르는 고산지대 계곡에 있는 제네바호 위에 살았다. 많은 석학이 그의 집 식탁에 모였다. 1836년 여름, 뇌샤텔대학의 자연사 교수인 장 루이 로돌프 아가시는 같은 길가에 집을 얻었다. 아가시는 스물아홉 살에 불과했지만 고생물학 연구 분야에서 상당한 명성을 얻고 있었다. 그 역시 여행을 했다. 그는 폰 훔볼트의 제자가 되었고, 파리에서는 조르주 퀴비에 밑에서 연구를 했다. 그리고 폰 훔볼트와 폰 부흐가 그랬듯이, 얼음에 대한 학설을 들은 다른 모든 사람이 그랬듯이, 그도 터무니없는 이야기라고 생각했다.

폰 훔볼트는 암석 관찰을 위해 야외 현장 답사를 갈 때 실크해트를 쓰고 넥타이를 매고 단추가 두 줄로 달린 무릎길이의 프록코트를 입었다. 퀴비에와 폰 부흐의 차림도 그와 비슷했다. 아가시는 조금 덜 갖춰 입기는 했지만, 샤르팡티에와 함께 론강 상류의 계곡을 돌아다니기 위한 그의 복장은 등산화에 청바지를 입는 20세기 야외지질학자들과 딱히 비슷하지도 않았다. 얼음이 계곡의 형태를 바꿔놓았듯이, 아가시가 본 것은 그의 인생을 영원히 바꿔놓았다. 그곳을 떠날 때, 아가시는 페루딘과 베네츠와 샤르팡티에가 믿었던 학설이 옳다고 확신하게 되었다. 그는 스위스의 전원지대를 오르내리며 돌아다니는 동안, 가는 곳마다 계속 증거를 찾아냈다. 홈이 파인 바위, 갈려서 매끄러운 바위, 오래전에 사라진 얼음이 남긴 빙퇴석, 물에 의해서는 결코 운반될 수 없을 것 같은 자리에 놓여 있는 둥근 돌덩이들이 있었다. 찾아다녀보니 비슷한 경관의 장소가 아주 많았다. 그가 상상했던 것보다 훨씬 더 넓은 범위에 걸쳐 얼음이 퍼져 있었음을 암시하는 것 같았다. 그러자 문득 얼음으로 덮인 범위가 한 계곡, 한 지방, 한 나라 이상이었을지도 모른다는 직감이 들었다. 대륙 빙하 작용이라는 개념이 드디어 제자리를 잡은 것이다. 수백 미터 두께의 얼음이 아일랜드에서 러시아까지 쭉 이어져 있었다는 것을 깨달은 짜릿한 순간이었다. 1837년 여름, 뇌샤텔에서 열린 스위스 자연과학학회에서는 회장으로 당선된 루이 아가시가 연설을 시작했다. 고생물학에 관련된 강연을 할 것이라는 사람들의 예상과 달리, 아가시는 자신이 알게 된 빙하 역사의 연대기와 빙하의 증거를 아주 길게 설명했다. 그가 학회와 전 세계에 공표한 것은 얼마 지나지 않아 '빙하시대'라는 이름으로 알려졌다.

아가시는 이 시기를 빙하시대Époque Glaciaire라고 불렀다. 어떻게 불리든, 빙하시대는 스위스에서나 외국에서나 그의 동료들을 압도하지 못했다. 아가시는 옹호보다는 공격을 훨씬 더 많이 받았다. 폰 부흐는 말 그대로 두 손 들었다. 아가시가 자신의 미래를 어느 정도 생각하지 않고, 애니타가 본 "판구조론 신봉자들"처럼, 어디서 멈춰야 하는지를 모르는 것처럼 보였기 때문이다. 아가시의 발언은 북유럽 전체를 뒤덮은 얼음이라는 관찰 가능한 현상에서 추측할 수 있는 범위를 넘어섰다. 그는 갓 태어난 알프스가 얼음 아래에서 솟아오르면서 얼음을 깨뜨렸다는 결론을 내렸다.

미국 서부에 훔볼트 해류, 훔볼트강, 훔볼트산맥으로 이름을 남긴 알렉산더 폰 훔볼트는 아가시의 친구이자 스승이었다. 폰 훔볼트는 아가시에게 다시 화석 어류 분류에 매진할 것을 강력히 권했다. 아가시는 이 연구로 국제적 명성을 얻었고, 런던 지질학회로부터는 지질학계 최고의 영예인 울러스턴 메달을 받았다. 훔볼트는 아가시에게 보낸 편지에 "한번에 너무 여러 주제에 지적 능력을 펼치고 있다"고 썼다. "나는 당신이 화석 어류에 집중해야 한다고 생각합니다. (…) 그러면 확고한 지질학에 더 크게 이바지하게 될 것이고, (하찮은 얼음으로) 원시세계의 발달에 대한 막연한 고찰을 하는 것보다 더 낫습니다. (…) 당신은 이것이 당신을 다른 이들의 노예로 만드는 것이라고 말할 것입니다. 맞는 말이기는 하지만, 여기 낮은 곳의 사정도 나름 만족스럽습니다. 나는 33년 동안 그 성가신 아메리카에 몰두하면서 바쁘게 지내오지 않았습니까? (…) 당신의 얼음은 나를 두렵게 합니다."

아가시는 전보다 빙하에 더 집요하게 매달리는 것으로 응답했다. 그는 과거와 현재의 빙하를 생각했다. "빙하를 본 이래로, 나는 눈으로 뒤덮인 기분입니다. 지구의 표면은 전부 얼음으로 덮여 있었고 이전의 피조물은 모두 추위로 죽었을 것 같습니다." 그는 한 영국인 지질학자에게 영어로 이런 편지를 썼다. "사실 내가 상당히 만족하는 것은, 얼음이 최근에 유럽의 지표면에서 일어난 변화를 모두 설명하는 완벽한 해답으로 받아들여질 것이라는 점입니다." 아가시는 프랑스의 평원에서 빙퇴석을 발견했다. 독일에서는 스웨덴의 돌덩이를 발견했다. 그린델발트에서 한 이방인은 아가시의 이름을 듣고, 소년 같은 그의 얼굴을 보면서 유명하고 대단한 그 교수의 아들이냐고 물었다.

1839년, 아가시는 마터호른 기슭의 평원이나 아이거와 융프라우의 봉우리 밑에 놓인 빙하를 찾아갔다. 그는 베른 알프스 지역의 최고봉인 핀스터아어호른의 기슭에 있는 아르 빙하까지 걸어 올라갔다. 훗날 그는 "그곳에서 나는 빙하의 진행에 관해 지금 내가 알고 있는 가장 중요한 사실을 확인했다"고 썼다. 그는 설원 위의 한 오두막집에서 나온 병속의 편지를 보고, 한 수도사가 1827년 그곳을 지었고 9년 후에 돌아와 보니 오두막집이 산 아래로 600미터 이상 내려와 있었다는 것을 알게 되었다. 아가시는 아르 빙하 위에 자신이 지낼 곳을 만들었다. 아가시와 그의 동료들은 얼음 속에 말뚝을 박았고, 그중 일부는 빙하를 가로질러 일렬로 늘어서게 했다. 그리고 얼마 지나지 않아, 빙하 얼음이 강처럼 흐르기 시작했다. 중심부에서 더 빠르게 흘렀고, 굽은 곳에서는 바깥쪽으로 갈수록 속도가 빨랐다. 빙하가 녹은 물은 얼음 속의 깊은 구멍으로 흘러 들어가고 있었다. 아가시는 그 구멍 위에 튼튼한 삼각대를 설치하고 직접 빙하 속으로 내려갔다. 줄무늬가 있는 푸르스름한 세계 속으로 36미터를 내려가자, 발이 물에 닿았고 그는 하강을 멈추라고 소리쳤다. 빙하 위에 있던 동료들은 아가시의 외침을 잘못 알아듣고 줄을 더 내려서 그를 물속에 빠뜨렸다. 그러자 비명의 종류가 달라졌고, 이번에는 동료들이 그 의미를 똑바로 이해했다. 물에 흠뻑 젖은 아가시는 다모클레스의 칼날 같은 고드름에 둘러싸여 땅 위로 끌어올려졌다. 고드름이 너무 커서 그대로 깨뜨렸다가는 그가 죽을 수도 있을 것 같았다. 그는 이 실험을 마무리하면서 이렇게 말했다. "어떤 강력한 과학적 동기로 인한 것이 아니라면, 누구에게도 나를 따라하라는 충고를 하고 싶지 않다." 아가시와 그의 동료 연구진은 알프스 계곡의 얼음을 더 넓은 시야에서 보기 위해 산에 올라갔다. 융프라우와 슈렉호른과 핀스터아어호른의 정상에서, 그 전에는 철저히 사람들의 관심 밖에 있던 다른 여러 산꼭대기에서, 그들은 관찰 기록을 남겼다.

아가시는 빙하의 흔적을 찾아 잉글랜드, 스코틀랜드, 아일랜드, 웨일스로 갔다. 그리고 잉글랜드, 스코틀랜드, 아일랜드, 웨일스에서 그 흔적을 발견했다. 그곳에도 스위스처럼 양배암roche moutonnée이 있었다. 양의 등처럼 생긴 암석이라는 뜻인 양배암은 기반암이 불룩하게 노출되어 있는 부분인데, 얼음이 다가온 쪽은 매끈하고 반대쪽은 잡아 뜯겨서 흩어져 있는 것이 특징이다. "열대의 식생으로 장식되고 거대한 코끼리와 엄청나게 큰 하마와 거대한 식육류가 떼를 지어 살던 과거 유럽의 표면은 갑자기 광대한 얼음 속에 파묻혔다. 얼음은 평원과 호수와 바다와 고원을 모두 뒤덮었다." 아가시는 그의 『빙하 연구Études sur les Glaciers』(1840)에 이렇게 썼다. "강력한 힘으로 창조된 생명의 움직임 위로 죽음의 침묵이 내려앉았다. 봄은 찾아오지 않고 강은 흐름을 멈췄다. 얼어붙은 해안(그러나 진짜 바다와 닿아 있지는 않다) 위로 떠오르는 햇살이 이르는 곳에는 북쪽에서 내려온 겨울의 숨결과 그 얼음의 바다 위에서 갈라지는 크레바스의 천둥소리만 있었다."

그의 연구에 대한 반응은 얼음보다 더 차가웠다. 독일 최초의 지질도를 만들었고 화산에 대한 연구로 이미 유명세를 떨치고 있던 폰 부흐는 분노를 감추지 않았다. 실제로 그는 아가시를 베를린대학 교수로 초빙할 생각을 완전히 철회했다. 실루리아계를 확인하고 명명한 스코틀랜드의 지질학자 로더릭 머치슨 경은 "싸움할" 준비가 되었다고 경고했다. 런던 지질학회의 연설에서 머치슨은 이렇게 말했다. "한때 아가시에게 인정된 것은 스위스의 가장 깊은 계곡들이 과거에 눈과 얼음으로 채워져 거대한 제네바호 같았다는 것이었는데, 나는 어디서 멈춰야 하는지를 모르겠다. 그 가설을 발트해와 북구의 바다까지 적용해 잉글랜드 남부와 독일과 러시아의 절반이 비슷한 빙상으로 덮여 있었고, 그 표면에 북쪽에서 내려온 돌덩이들을 내려놓았다고 생각할 수도 있을 것이다. 육상 빙하 학설이 더 넓게 확장되는 것에 반대하는 유럽 지질학자의 수가 더 많은 한, 이런 신념을 마음에 너무 깊게 담아두는 것은 조금 위험 부담이 있다."

이유가 무엇이든, 아가시가 연구하고 있던 효과는 폰 훔볼트에게는 순전히 국지적 현상이라는 느낌을 주었다. 아가시가 "지옥으로 내려가기descente aux enfers"라고 묘사한 빙하 내부로 들어갔던 일에 폰 훔볼트는 경악했다. 아가시가 고생물학자로서의 명성에 위협을 받고 있을 뿐 아니라 목숨의 위협까지 받고 있었기 때문이다. 폰 훔볼트는 아가시에게 보내는 편지에, 이제는 "빙하기를 옹호하거나 반대하는 내용의 책들을 모두 읽고 비교해봤고" 그 학설을 수용하는 쪽으로 전혀 다가가지 못했다고 말했다. 폰 훔볼트는 "고귀한 영광은 천천히 찾아온다"는 세비네 부인의 말을 인용하면서, "특히 빙하시대가 그렇게 되기를 간절히 바란다"고 덧붙였다.

그러나 머지않아 반전이 일어났다. 19세기 영국의 가장 걸출한 지질학자인 찰스 라이엘이 『빙하 연구』를 탐독하고 스스로 깨쳤다. "라이엘이 당신의 학설을 완전히 받아들였습니다!!!" 아가시는 한 친구로부터 이런 편지를 받았다. "내가 라이엘에게 그의 아버지 집에서 3킬로미터 떨어진 곳에 있는 아름다운 빙퇴석군을 보여주자, 그는 곧바로 그것을 받아들였습니다. 살면서 내내 그를 당혹스럽게 했던 문제가 풀린 듯 보였습니다." 찰스 다윈은 급히 전원지대로 나가서 "사라진 빙하가 남긴 흔적"이 있는지 직접 찾아봤다. 다윈은 한 친구에게 이렇게 썼다. "내가 장담하건대, 사라진 화산도 그 활동과 방대한 힘의 흔적을 이보다 더 뚜렷하게 남기기 어려울 것입니다. (…) 내가 지금 이 글을 쓰고 있는 여관이 있는 이 계곡은 예전에 적어도 240~300미터 두께의 단단한 얼음으로 덮여 있었던 것이 분명합니다! 11년 전에 내가 이 계곡에서 하루를 보냈을 때에도 빙하의 흔적은 선명했겠지만, 당시 나는 평지를 흐르는 물과 드러난 바위만 보았습니다."

케임브리지대학의 과학자들은 여전히 완강했다. 그러나 1960년대에 판구조론이 등장한 이후에 벌어진 상황처럼, 빙하 학설을 받아들이는 지질학자의 수는 점점 늘어갔고 극렬히 반대하는 사람의 비율은 낮아졌다. 1862년, 로더릭 머치슨 경은 런던 지질학회 연설에서 자신도 이제는 그 그림을 보고 있다고 천연스럽게 선언했다. 그는 자신의 연설문을 아가시에게 보내면서, 다음과 같은 짧은 글을 덧붙였다. "내가 틀렸다는 것을 공언하게 되어 진심으로 기쁘게 생각합니다. 내 나라의 산에 대한 당신의 원대하고 독창적인 발상을 나는 반대했었습니다. 그래요! 이제는 나도 빙하가 진짜로 산에서 평지로 내려왔다고 확신합니다. 오늘날 그린란드의 빙하처럼 말이죠."

———

그린란드는 85퍼센트가 얼음으로 덮여 있다. 우리가 빙하기에 살고 있다는 것이 의심스럽다면, 그린란드가 지도에서 차지하고 있는 흰 부분의 넓이를 한번 확인해보자. "여기서 1만 8000년 전에 얼음이 녹았어요." 애니타는 오하이오의 갓길 쪽을 보면서 머리를 주억이며 말했다. "위스콘신과 메인에서는 1만 2000년 전에 녹았어요. 남극의 펭귄에게 물어보면, 빙하시대는 아직 안 끝났다고 할 거예요."

남극의 얼음은 넓이가 1554만 세제곱킬로미터이고, 두께도 (일반적으로) 3킬로미터나 된다. "극지에 있는 지괴는 만년설로 덮여 있어요." 애니타는 이야기를 계속했다. "만약 시베리아 육괴가 북극에 있었다면 상황이 더 나빴을 거예요. 그랬다면 정말로 불안했을 텐데, 하늘이 도왔죠. 알다시피, 북극의 바다 위에 떠 있는 얼음은 두께가 1.8미터에 불과해요. 진짜 무거운 빙상은 대륙이 떠받치고 있죠. 만약 그린란드와 남극의 얼음이 지금 다 녹는다면, 해수면의 높이는 30미터 이상 상승할 거예요. 그러면 전 세계 도시의 절반이 바닷물에 잠기는 거죠. 미국 남부는 해안에서 160킬로미터 들어가도 해발 고도가 겨우 15미터예요. 대부분의 시간에 걸쳐, 지구를 덮고 있는 얼음은 거의 없었어요. 지금보다 얼음이 훨씬 더 많던 2만 년 전에는 해수면의 높이가 90미터 더 낮았어요. 해안선은 뉴욕에서 동쪽으로 160킬로미터 이상 바깥쪽에 있어서, 대륙붕의 가장자리까지 걸어갈 수 있었어요. 볼티모어 협곡과 허드슨 협곡 같은 해저 협곡도 물 위로 드러나 있었죠."

차창 밖으로 세 개의 풍경이 겹쳐 보였다. 세 개의 풍경은 시대와 마음의 단계에 따라 세 개의 초점을 이루었다. 도로 옆 바위 속에는 3억 2000만 년 전에 대륙을 덮고 있던 얕은 바다의 그림이 숨어 있었다. 그 바다의 서쪽 어디쯤, 오늘날 지질학자들에게 오하이오만이라고 알려진 곳에는 신시내티 군도가 있었을 것이다. 2만 년 전의 두꺼운 얼음이 남긴 흔적도 있었다. 물갈퀴 모양으로 갈라진 빙하의 앞부분은 남쪽으로 길게 뻗어나가서, 오하이오 캔턴과 매실리언과 우스터 근처에 이르렀다. 그리고 당연히 현재 오하이오의 풍경도 있었다. 오늘날 오하이오의 지표면은 누군가 낮잠을 자고 일어난 뒤의 흐트러진 침대보 같았다. 지하에 놓인 평탄한 암반과 달리, 고속도로는 굴곡이 심했다. 디젤 엔진은 배기가스를 내뿜었고, 캠핑카는 바람에 기우뚱거렸다.

"지질학자들 중에는 시간에 따른 지구의 변화를 보여주는 지도를 만드는 것을 목표로 하는 사람이 많아요." 애니타가 말했다. "불과 100년 전의 지형도에서 해안의 저지대만 봐도 변화가 엄청나다는 것을 알 수 있어요."

우리는 10미터 길이의 도로절개면을 조사했다. 절개면을 이루는 거대한 사암은 철이 아주 풍부해서 도로에 녹이 슬게 할 정도였다. 주변의 다른 암석에 비해 보존이 잘 된 이 사암은 우뚝 솟아 언덕을 이뤘고, 그렇기 때문에 고속도로 건설을 위해 폭파되었다. "굉장한 사암이에요." 애니타는 내게는 보이지 않는 뭔가를 바라보며 열정적으로 말했다.

우리는 강을 건넜다. "유명한 쿠야호가강이에요." 그녀가 말했다. "여기서 수영을 했다가는 몸이 녹아버릴 거예요."

쿠야호가강은 남쪽으로 흐르고 있었다. 이 강은 오하이오 동북쪽 끝에서 발원해, 남쪽의 아콘강으로 흘러간다. 그다음에는 방향을 바꿔서, 클리블랜드를 끼고 북쪽으로 크게 돌아서 이리호로 들어간다.

졸음운전 방지 표어가 쓰인 표지판들이 또 지나갔다.

애니타는 "안 졸아, 안 존다고" 하고 말했다.

이제 도로는 이탈리아식 철제 아치 다리로 이어졌다. 다리는 베리아 삼각주의 한 조각인 베리아 사암 위에 서 있었다. 미시시피기 초기에 형성된 베리아 삼각주는 멀리 오하이오만까지 새발 모양으로 뻗어 있었다. 우리는 가던 길을 멈추고, 그곳의 한 역암에서 골프 공만 한 크기의 석영 자갈을 주웠다. "이것들은 해안 바로 앞바다에 있었을 거예요." 그녀가 말했다. "이 자갈들은 손으로 떼어낼 수 있어요. 이 역암은 델라웨어 협곡에 있는 역암처럼 열을 받은 적이 없거든요. 별로 파묻히지 않았어요. 암석화가 잘 되지 않았고요. 단단해질 만큼 충분히 열을 받지 않았죠."

몇 킬로미터 서쪽에서 우리는 다시 쿠야호가강을 건넜다. 그리고 멀리 고속도로의 다리에서 부드럽게 구불거리며 흘러가는 쿠야호가강과 아주 넓게 뚫려 있는 계곡을 내려다봤다.

"쟁탈하천이에요." 애니타가 말했다. "빙하에 의해 넓어진 계곡에 볼 품없는 물길. 쿠야호가강 계곡은 요세미티처럼 가파르고 깊게 파였어요."

"쿠야호가강 계곡을 요세미티에 비교하는 거예요?"

"기술적으로 보면 그래요."

우리는 고속도로를 벗어나서 계곡을 따라 클리블랜드로 들어갔다.

쿠야호가강은 언론의 비난을 받아왔다. 몇 년 전 화재가 났을 때, 미국 전체의 관심이 쿠야호가강에 집중되었다. 이 강은 다양한 탄화수소 함량에 비해 물의 비율이 상대적으로 적었다. 강에서 일어난 불길은 철도 교량 두 개가 거의 다 파괴될 정도로 격렬했다. 신문에는 쿠야호가강의 좋은 점에 대해서는 아무런 언급도 없었다. 강은 공원들을 만들었다. 북쪽에서 내려온 빙하가 미시시피기의 지층을 1500미터 깊이로 가르면서 데본기의 지층인 세네카조와 셔터쿼조까지 파고들어가기 전부터, 강은 그곳에 있었다. 강은 깊은 골짜기를 팠고, 골짜기는 훗날 빙하가 지나가면서 넓어졌다. 얼음이 V자 모양의 골짜기를 파고들어서 U자 모양으로 바꿔놓은 것이다. 얼음은 요세미티에서도 같은 작용을 했다. 차이는, 요세미티의 절벽은 작은 반점이 있는 흰색 화강암인 반면, 클리블랜드 계곡의 절벽은 얇게 떨어지며 기체를 방출하는 검은색의 무산소 셰일이라는 점이었다. 이 셰일은 데본기 후기 바다의 고요한 물속에 퇴적된 진흙이었다. 이 셰일에는 산화되지 않은 생명체의 잔해가 대단히 많아서 유기물이 차지하는 비율이 전체 부피의 20퍼센트에 이른다. 얇은 층리 사이에 유기물이 켜켜이 쌓이면서 종이더미 같은 모양의 셰일이 된 것이다. "물이 아주 잔잔해서 언제나 맨눈으로 관찰할 수 있어요." 애니타가 말했다. "이 지층은 미친 듯이 가스를 만들고 있어요. 그 가스는 위에 있는 사암으로 올라가고, 사암은 가스를 모아두죠. 그 사암이 베리아 사암이에요. 사람들은 베리아 사암에 자기만의 가스전을 뚫고, 그들 가정의 난방에 이용했어요." 클리블랜드 도시 공원의 대부분은 쿠야호가강의 절벽 안쪽 깊숙이, 종잇장처럼 떨어지는 탄소 절벽 아래에 있었다. 그곳은 천연의 천연가스 세계였다.

오늘날의 쿠야호가강처럼, 가장 최근의 빙상이 내려오기 전에 오하이오에 흐르던 강들도 대부분 북쪽과 서북쪽으로 흘러나갔다. 미끄러지는 얼음의 힘은 거의 모든 것을 쓸어버렸다. 물은 빙하의 앞쪽에 고여 있다가 서쪽과 남쪽으로 갈라졌다. 빙하의 둘레를 따라, 대략 빙하의 남쪽 가장자리를 따라서 새로운 수계와 "빙하 테두리 계곡"인 오하이오강과 오하이오 계곡이 형성되었다.

———

다윈이 『종의 기원』을 발표했을 때, 과학계 역시 종교계 못지않게 충격에 빠졌다. 찰스 라이엘 경마저 "다윈은 너무 멀리 갔다"고 말했다. 토머스 헨리 헉슬리 외에 몇 명의 지지자가 있었지만, 영국 제도의 거의 모든 고생물학자는 하나같이 부정적이었다. 게다가 머치슨과 함께 데본기 지층 체계를 확립한 케임브리지대학의 지질학자인 애덤 세지윅은 다윈을 읽는 것이 "즐겁기보다는 고통스럽다"고 묘사했다. 그는 다음과 같이 말했다. "어떤 부분에서는 대단히 감탄했고, 어떤 부분에서는 옆구리가 아플 정도로 웃었다. 그리고 다른 부분을 읽으면서는 아주 슬펐다. 완전히 틀리고 지독스럽게 심술궂다는 생각이 들었기 때문이다. 많은 (…) 결론이, 증명도 반증도 할 수 없는 가정을 기반으로 광범위하게 내려졌다. (…) 다윈은 귀납적 경로를 완전히 버리고 추측이라는 편한 길을 택했다." 영국 해협 건너편의 과학자들은 다윈에 대한 평가에 더 인색했지만, 예외도 있었다. 그중 눈에 띄는 인물은 벨기에의 지질학자인 J. J. 도말리우스 달로이였다. 공교롭게도 그는 루이 아가시의 빙하 학설도 처음부터 지지했고, 백악기의 토대가 되는 지층을 발견하고 백악기를 명명하기도 했다.

미국에서는 유럽과는 달리, 지질학자와 생물학자들을 포함한 과학계 전반에서 진화를 빠르게 지지했고 초기에 참여했다. 그러나 미국에도 유명한 예외가 있었다. 바로 하버드대학의 루이 아가시 교수였다. 대서양을 건너와서 몇 번의 강연을 한 그는 남은 생을 미국에서 보냈다. 그리고 그는 우리가 알고 있듯이, 미국 교육사에서 가장 유명한 교수 중 한 사람이 되었다. 그의 명성은 대체로 빙하에 대한 그의 놀라운 이야기와 전달력에서 비롯되었다. 그가 교육자로서 영어 구사에 서툴다는 것은 큰 문제가 되지 않았다. 그는 사하라 사막보다 훨씬 넓고 두께가 수백 미터에 이르는 빙하가 움직이는 그림을 이야기로 그려냈다. 그의 이야기는 보스턴을 뒤덮고 코드곶에 퇴적물을 쏟아놓는 빙하, 브리지포트를 뒤덮고 롱아일랜드에 퇴적물을 쏟아놓는 빙하, 월든호를 남기고 콩코드에서 후퇴하는 빙하의 그림을 그렸다. 하버드는 사실 빙퇴구 언덕이었다. 후퇴하는 빙하가 남긴 유수 퇴적물 더미인 빙퇴구는 빙하의 배설물이라고 할 수 있다. 미국은 아가시를 흥분시켰다. 그가 생각했던 세상을 뒤덮고 있던 얼음의 많은 부분이 미국에 있었는지도 몰랐다. 그는 수페리어호로 가서 직접 카누를 타고 호숫가를 둘러봤다. 그는 뇌샤텔에서 알아낸 특징들을 그곳에서도 확인했다. 허드슨하일랜즈에서는 라인강의 고지대를 떠올렸다. 그는 "표석 현상과 빙하의 흔적이 (…) 이 땅의 표면 어디에나 있다"고 썼다. "매끈한 바위가 뚜렷하게 나타나고, 빙퇴석이 넓은 공간에 걸쳐 이어진다. 그린델발트의 빙하 위에 놓인 돌덩이들처럼 층을 이룬 빙하 표적물이 있다." 아가시는 코네티컷 계곡에 갔다. "이 지역에도 표석 현상이 매우 뚜렷하다. 사방에 매끈한 바위가 널려 있고, 사암과 현무암 위에는 아주 멋진 홈들이 파여 있다. 나란히 늘어선 빙퇴석은 평원 위의 성곽처럼 뚜렷하게 드러나 있다. (…) 이 얼마나 멋진 땅인가! 보스턴과 스프링필드 사이의 길을 따라, 아주 오래된 빙퇴석과 매끈한 바위들이 계속 나타난다. 현재 빙하의 경로에서 이런 표석들을 본 적이 있는 사람이라면, 말 그대로 땅을 뒤덮고 있는 이 표석들이 정말로 빙하에 운반되었다고 주저 없이 판단할 수 있을 것이다. 나는 내가 가장 저명한 미국 지질학자 몇 명의 생각을 벌써 변화시켰다는 뿌듯함을 느꼈다.”

헨리 데이비드 소로는 하버드의 도서관에서 아가시의 책을 빌렸고 몇 주 후에 반납했다. 아마 그는 책을 읽지 않았을 것이다. 확실히 소로는 월든호가 빙하로 만들어진 캐틀이라는 것을 몰랐고, 빙퇴구와 빙퇴석에 둘러싸여 살고 있다는 것을 짐작조차 하지 못했다. 소로는 아가시를 알고 있었고, 16년 동안 매사추세츠에서 같은 지역에 살았지만, 소로의 작품 속에는 빙하 작용과 관련된 이야기가 전혀 등장하지 않는다. 소로는 너셋과 체운스쿡과 메리맥과 미들섹스의 연못들을 얼음이 만들었을 것이라고는 조금도 의심하지 않은 것이 분명하다.

빙하학과 일반지질학에 푹 빠져 있던 아가시는 역마차 마부에게까지도 그것을 가르쳐주려고 했다. 그는 작은 도움만 있으면 누구라도 지구의 특성을 이해할 수 있다고 믿었다. 보스턴에서 그는 자신의 주장을 완벽하게 펼치고 프랑스-독일식 억양과 비문을 피하기 위해서, 빙하기에 대한 일련의 강연을 프랑스어로 하겠다고 발표했다. 사람들은 그 강연을 듣기 위해 돈을 지불했고, 그는 다시 정제된 단어들만으로 사람들의 탄복을 이끌어냈다. 그가 쥐라산맥과 펜닌 알프스산맥, 그리고 그 사이에 있는 계곡의 돌덩이들에 대해 이야기할 때, 가장 감명을 받은 사람은 아가시 자신이었다. 대단히 넓은 그의 표현 범위 속에는 눈물도 포함되어 있었다. 넓은 이마와 두툼한 입술과 매부리코를 지닌 그는 손에 든 지휘봉 하나만으로 얼음의 움직임을 지휘했다. 그는 한 달에 한 번씩 토요일에 친구들과 함께 일곱 가지 코스로 늦은 점심 식사를 했다. 이 식사 모임에서는 누구도 집에 가려고 서두르지 않았다. 그들은 대개 보스턴에 있는 "파커 식당"의 시청이 내다보이는 방에서 만났다. "아가시는 항상 식탁의 상석에 앉아서 자신의 화려한 인맥과 즐거운 모임의 분위기를 한껏 누렸다." 아가시의 친구인 샘 워드는 이렇게 회상했다. 헨리 워즈워스 롱펠로는 보통 아가시의 맞은편 끝에 앉았고, 그의 오른쪽에는 올리버 웬델 홈스가 앉았다. 홈스는 그의 어깨 너머로 창밖의 빛이 들어오는 것을 좋아했다. 식탁에 둘러앉은 이들 중에는 제임스 러셀 로웰, 존 그린리프 휘티어, 너새니얼 호손, 랠프 월도 에머슨, 리처드 헨리 데이나, 에버니저 호어, 벤저민 피어스, 찰스 엘리엇 노턴, 제임스 엘리엇 캐벗이 있었다. 아가시는 팔꿈치께에 술잔을 두고, 때로는 두 개의 시가에 불을 붙여서 양손에 하나씩 든 채로 대화를 하곤 했다. 홈스는 아가시가 "거인같이 웃었다"고 말했다. 롱펠로는 아가시가 『히페리온 Hyperion』에 나오는 빙하에 대한 묘사를 좋아한다고 말하자, 안도하며 기뻐했다. 에머슨의 일기에 묘사된 아가시는 "품이 크고 뚱뚱한 데다 말만 번지레하고 분방한 사람"이었다. 찰스 라이엘 경은 미국을 방문했을 때 아가시의 모임에 초대를 받았다. 미 의회의 상원의원인 찰스 섬너도 가끔씩 참석했다. 아가시는 섬너를 썩 좋아하지는 않았는데, 그가 정치적 잇속에 지나친 관심을 보였기 때문이다.

이 모임은 아가시 클럽이라고 알려졌고, 정식 명칭은 토요일 클럽이었다. 어느 여름에 토요일 클럽이 애디론댁 산맥으로 캠핑을 가기로 했을 때, 롱펠로는 에머슨이 총을 가져가기 때문에 가지 않겠다고 했다. 롱펠로는 에머슨이 총을 맡기기에는 너무 투미한 사람이라고 설명하면서 "누군가 총에 맞을 것"이라고 말했다. 롱펠로의 시 중에는 아가시의 생일을 축하하는 시가 있다. 롱펠로는 이 시를 토요일 클럽에서 큰 소리로 낭독했는데, 이 시에서는 대자연이 아가시에게 다음과 같은 말을 건넸다.

"이리 와서 나와 함께 거닐자." 그녀가 말했다.
"아직 누구의 발길도 닿지 않은 곳을.
그리고 아직 아무도 읽지 않은 글을 읽자.
신이 직접 쓴 그 글을."

존 그린리프 휘티어도 아가시에 관한 시를 썼다. 다음 10행은 그가 쓴 100행이 넘는 그 시의 한 부분이다.

스승은 젊은이에게 말했다.
"우리는 진리를 찾기 위해 왔다.
확실치 않은 열쇠를 들고
신비의 문을 하나씩 열어본다.
우리는 그의 법칙을 통하여
원인의 옷자락에 닿는다.
끝도 없고 시작도 없는 그분,
이름을 붙일 수 없는 유일한 존재
우리의 모든 빛의 원천
생명의 생명, 힘의 힘."

1868년, 유럽을 여행 중이던 롱펠로는 찰스 다윈을 찾아갔다. "케임브리지의 석학들은 정말 대단해요." 다윈은 롱펠로에게 이렇게 말했다. "우리 대학 둘을 합쳐도 상대가 되지 않아요. 왜냐하면 거기에는 아가시가 있기 때문이죠. 그는 세 명 몫으로 쳐야 해요."

『종의 기원』에 대한 아가시의 반응에 비춰볼 때 다윈의 아량은 놀랍기만 하다. 아가시는 『종의 기원』에 대해 이렇게 요약했다. "세상은 이런저런 방식으로 생겨난다. 그것이 조직되는 방식에 대한 의문은 대단히 큰 문제이고, 다윈의 학설은 생명의 기원을 설명하려는 다른 모든 시도와 마찬가지로 막연한 추측일 뿐이다. 심지어 그의 추측은 현재 우리가 알고 있는 것으로 할 수 있는 최고의 추측도 아니다." 아가시는 다윈의 진화론을 받아들이지 않았다. 여러 해 전, 청년 아가시는 그의 고생물학 연구 결과에 대해 다음과 같이 썼다.

> 1500종 이상의 화석 어류를 접하면서 내가 알게 된 것은, 종은 한 종에서 다른 종을 거쳐 점진적으로 나아가는 것이 아니라 이전의 종과 직접적인 연관 없이 갑자기 나타났다가 사라진다는 것이다. 거의 서로 동시대에 존재하는 수많은 종류의 둥근비늘류Cycloid와 빗비늘류Ctenoid가 모두 방패비늘류Placoid와 마름모비늘류Ganoid의 후손이라고 주장할 수 있다고는 생각하지 않기 때문이다. 또한 인간을 포함한 포유류가 어류에서 직접 내려왔다는 단언에 대해서도 마찬가지일 것이다. 이런 모든 종은 왔다가 가는 시간이 정해져 있다. 그들은 제한된 기간에만 존재한다. 그리고 여전히 전체적으로 무수히 많고, 어느 정도 가까운 관계를 나타낸다. 게다가 각각의 유형, 심지어 각각의 종은 저마다의 존재 방식과 밀접한 연관이 있는 하나의 구성 체계 안에서

정해진 조화를 이룬다. 그뿐만이 아니다. 이런 엄청난 다양성 속에서 모든 시대에 걸쳐 스스로 풀리고 있는 보이지 않는 끈이 있다. 그 끈이 제시하는 끊임없는 발전의 끝에는 인간이 있고, 척추동물의 네 강은 그 중간 단계이며, 무척추동물은 늘 똑같은 부수적인 존재다. 이런 사실들은 풍부하고도 강력한 생각의 발현이며, 선견지명이 있는 숭고한 지성의 행동이 아닌가? (…) 내 미약한 지력은 창조의 작품 속에서 적어도 이것만은 읽어냈다. (…) 이런 사실들은 아직 과학에서 논의되지 않은 원리들을 소리 높여 선언하지만, 고생물학 연구는 점점 더 집요한 관찰자의 눈앞에 놓인다. 내 말의 의미는 창조가 창조주와 관계가 있다는 것이다.

그 후로 아가시가 살아 있는 동안에는 그의 발언을 수정하게 할 만한 사건이 일어나지 않았다. 아가시는 1873년에 사망했다. 하버드는 그를 대신해 세 명의 교수를 임명했다. 9년 후, 아가시의 후임 지질학과장은 아가시가 발간한 한 과학 잡지에 빙하시대를 허상이라고 묘사한 논문을 발표했다. "이른바 빙하시대는 (…) 몇 년 전에 빙하 지질학자들 사이에서 큰 인기를 끌었으나, 이제는 가차 없이 폐기될지도 모른다." 이 논문은 다음과 같은 결론을 내렸다. "빙하시대는 국지적인 현상이었다."

———

오하이오주 클리블랜드의 서쪽, 지형은 점점 더 평탄해졌다. 높이 솟아 있는 노두들은 사라졌지만, 간간이 길쭉한 바윗덩어리가 도로를 따라 옹벽처럼 길게 늘어서 있었고, 주변 들판에는 베리아 사암, 베드퍼드

세일, 콜럼버스 석회암이 언뜻언뜻 보였다. "이 지역은 시속 100킬로미터로 가면서도 측량할 수 있어요." 애니타가 말했다. 조금 떨어진 곳의 바위 위에 덮인 흙은 암석이 갈리면서 생긴 가루와 모래로 이뤄진 고운 표석 점토였다. 그리고 우리는 하얀 농장들 사이로 검은 흙이 덮인 평원을 지났는데, 이 평원에서는 배수로 하천의 일을 했다. 절대 수평의 세계인 이 평원은 최근까지 거대한 호수의 밑바닥이었다. 이곳의 석회암은 데본기 중기 열대 오하이오의 깨끗한 바다에서 형성되었다. 그 바다는 결국 사라졌다. 10억 년이 두 번 지나간 후, 석회암 위로 미끄러져 내려온 빙하가 물러가면서 엄청난 양의 민물이 남았다. 그 물이 오늘날 이리호의 물이 되었고, 당시 물의 양은 지금의 두 배였다.

"빙하가 없었다면 우리는 지금과 같은 방식으로 살아갈 수 없었을 거예요." 애니타가 말했다. "빙하의 남쪽에는 오래전의 풍화작용으로 수용성 무기물이 제거되면서 꽤 푸석푸석한 흙이 남았어요. 나무를 심고 20년이 지나면, 그곳에는 엄청난 양의 비료를 퍼부어야 해요. 빙하가 만든 이 흙은 풍화되지 않아서 무기물이 풍부해요. 갓 부서진 바위예요. 그리고 그 아래에 있는 석회암은 사람들이 들판에 비료로 뿌리는 바로 그 성분이에요. 이곳을 지나가던 초기 정착민들은 나무가 없는 것을 보고, 빙하 지형 너머에 있는 미주리 같은 곳으로 이동했어요. 그들은 훌륭한 농지를 놓친 거예요. 이집트에서는 홍수로 범람이 일어날 때마다 신선한 무기물을 얻곤 했는데, 멍청이들이 아스완하이 댐을 건설한 뒤로는 범람이 멈췄어요. 무기물의 보급을 제 손으로 차단해서 비옥한 삼각주를 소금밭으로 만들어버린 거죠."

우리는 핀들리 아치를 가로질러 미시간 분지의 가장자리에 닿았다. 지표면 아래에 있는 지형인 미시간 분지는 실트와 진흙으로 이뤄진 평평하고 검은 지표면에 감춰져서 보이지 않았다. 열대의 오하이오에서, 한때 핀들리 아치는 물러가고 있던 바다의 일부를 붙들어두고 있었다. 고립된 바닷물은 천천히 농축되다가 결국 사라지면서 유명한 모턴의 소금과 US 석고를 남겼고, 그보다 더 많은 석회암도 남겼다. 또 이 증발암의 층서를 이루는 다른 성분인 백운암과 경석고도 남겼다. 고속도로에서 북쪽으로 빠져나온 우리는 샌더스키만에 위치한 오하이오의 집섬을 지나, 마블헤드에 있는 호수 선착장에서 켈리스섬으로 가는 카페리에 올랐다. 매표소 옆에는 "역사적인 빙하의 홈을 보러 가세요"라고 쓰인 광고판이 있었다. 우리는 호된 바가지요금을 내고 배에 올랐으며, 이내 뱃삯보다 더 호된 바람을 맞았다. 바람은 이리호에 거센 파도를 일으키고 있었다. 켈리스섬은 호안에서 6.4킬로미터 떨어져 있었고, 카페리 위의 다른 차들에는 한 달 치 식료품이 가득했다. 넓이가 11.6제곱킬로미터인 켈리스섬에는 120명이 살고 있다. 섬을 가로지르는 동안, 우리는 붉은색과 검은색 돌로 벽을 치장한 석조주택을 지났다. 그 돌들은 빙하에 의해 캐나다 순상지에서 뜯겨서 남쪽으로 운반된 벽옥과 각섬암이었다.

켈리스섬은 아치 구조의 일부이기 때문에 지대가 높다. 5대호를 파헤친 위스콘신 빙기의 빙상은 그물처럼 얽혀 있는 개울들을 통째로 밀어 없앴고, 도드라지는 계곡의 특징을 모두 뭉개버렸다. 그사이 켈리스섬도 비스듬하게 잘려나갔지만, 견고한 아치 구조는 파괴되지 않았다. 물에 잠긴 산등성이는 이 태곳적 호수의 바닥 위에 서 있었다. 얼음의 무게가 사라지면서, 아메리카 북부 전체는 다시 서서히 올라왔다. 호수에서는 많은 양의 물이 점차 빠져나갔고, 켈리스섬은 이리호의 수면에서 18미터 위로 솟아올랐다.

우리는 석회암 비석들이 있는 섬의 공동묘지를 지나서, 섬의 북쪽 기슭에 도착했다. 이곳에서 시작된 채석 작업을 통해, 얼음이 암석 속에 자취를 남긴 방식이 드러나게 되었다. "빙하 홈 주립 기념관." 빙하가 남긴 홈은 마치 거인이 4000제곱미터 넓이의 부드러운 버터 위를 손가락으로 훑고 지나간 것 같은 모양이었다. 나란한 홈들은 볼링 레인 가장자리에 있는 고랑보다 더 컸다. 전체적으로 그리스 돌기둥에 조각된 세로 줄무늬 같은 느낌이었다. 홈의 방향은 움직이는 얼음의 활주 경로로 확인된 동북-서남 방향으로 늘어서 있었다. 5대호 자체를 제외하고, 이보다 더 확실한 대륙 빙하 작용의 증거는 어디서도 볼 수 없을 것이다. "만약 물의 압력을 이용해서 오하이오 북부의 흙을 기반암에서 싹 씻어내면, 이런 홈을 수도 없이 많이 볼 수 있을 거예요." 애니타가 말했다. "이 홈들은 수백 년 안에 사라질 거예요. 석회암은 홈이 생길 정도로 무르면서, 수백 년을 견딜 수 있을 정도로 단단해요. 셰일에서는 이런 홈이 빠르게 사라질 거예요. 빙하의 바닥 쪽에는 돌덩이가 운반되는데, 아까 집에 붙어 있던 각섬암과 붉은 벽옥 같은 것이 바로 빙하에 운반된 돌덩이예요. 그런 돌덩이들이 들어 있는 빙하가 이 섬을 마구 찢고 지나간 거죠. 아가시가 이것을 봤다면 정신을 못 차렸을 거예요."

빙하 지질학자들 중에는 20세기 후반까지도 이런 인상적인 빙하의 홈이 대홍수 때 굴러다니던 큰 돌덩이들에 의해 파였다고 믿는 사람이 있었다. 이런 예외가 있기는 하지만, 판구조론처럼 루이 아가시의 대륙 빙하 이론도 놀라울 정도로 급속하게 세계 전역에서 널리 받아들여졌다. 토머스 쿤이 『과학혁명의 구조The Structure of Scientific Revolutions』에서 설명했듯이, 하나의 새로운 이론이 상대적으로 확립될 때 그 이론은 수년, 심지어 수 세기에 걸쳐 확장된 연구의 유형들을 정의한다. 그렇게 낡은 이론을 뒤집는 새로운 이론이 나타나고, 뉴턴의 원리가 적용되지 않는 범위까지 도달하는 아인슈타인의 이론이 등장하는 것이다. 생각해보면, 판구조론도 언젠가는 전반적으로 개선이 될 것이다. 그러나 대륙빙하 작용에 관한 이론은 대대적인 수정이 일어날 것 같지는 않아 보인다. 플라이스토세의 대륙에서 얼음을 빼는 것은 태양계의 중심에서 태양을 추방하는 것이나 마찬가지일 것이다. 세네카호와 카유가호를 비롯해 이른바 핑거레이크스라 불리는 뉴욕주 서부의 모든 호수를 만든 얼음은 파타고니아와 노르웨이와 알래스카와 메인에 있는 피오르드와 정확히 같은 방식으로 물이 흐르는 계곡을 팠다. 얼음은 엄청난 양의 캐나다 암석을 파내어 미국에 부려놓았고, 암석을 파낸 자리에는 얼음이 녹은 물이 채워지면서 캐나다에는 수십만 개의 새로운 호수가 만들어졌다. 지구상에 있는 전체 민물의 6분의 1은 캐나다의 호수와 연못과 강과 개울에 있다. 그린란드와 남극과 다른 곳에는 그보다 네 배나 더 많은 민물이 여전히 얼음 형태로 갇혀 있고, 세계의 다른 곳에는 그 나머지인 약간의 귀중한 민물이 흩어져 있다.

　이제 우리의 빙하시대는 150년에 걸친 폭넓은 연구로 확실하게 밝혀졌다. 빙하성 유수 퇴적물이 확인된 미시시피강 하구가 말단퇴석이 있는 곳에서 960킬로미터 떨어져 있다는 사실에서, 우리는 얼음이 녹으면서 흐른 물의 양과 세기를 어느 정도 가늠해볼 수 있다. 땅이 북쪽으로 기울어진 곳에서는 융빙수가 빙하의 진행 방향과 반대 방향에 고였고, 이런 곳에서는 빙퇴석과 후퇴하는 얼음 사이에 갇힌 물이 거대한 호수를 이뤘다. 그렇게 만들어진 모미 빙하호의 일부가 오늘날 이리호로 남았다. 미시간호는 시카고 빙하호가 남은 것이고, 온타리오호는 이로쿼이 빙하호가 남은 것이다. 위니펙호, 매니토바호, 우즈호를 남긴 한 빙하호의 바닥과 호안단구와 삼각주와 호안선은 서스캐처원, 매니토바, 온타리오를 가로질러 1100킬로미터가 넘게 이어졌고, 미국으로 내려와서 사우스다코타의 밀뱅크까지 이르렀다. 이 호수는 카스피해를 제외한 오늘날 세계의 다른 어떤 호수보다 컸다. 플라이스토세의 북아메리카에서 가장 거대했던 이 호수의 이름은 아가시 빙하호다.

빙상에서 흘러내리는 차가운 공기가 남부의 따뜻하고 습한 공기와 만나면, 지역 전체가 물에 잠길 정도로 엄청난 폭우가 내렸다. 네바다의 분지들은 호수가 되었고, 분지들 사이에 있는 산맥들은 섬이 되었다. 보너빌호는 유타 넓이의 3분의 1을 뒤덮었다. 몽골의 고비 사막, 오스트레일리아의 대찬정 분지, 북아프리카의 여러 저지대에도 거대한 호수들이 만들어졌다. 꽃가루 화석을 통해 드러난 것처럼, 사하라 사막에는 숲이 있었고 그물처럼 얽혀 흐르던 강이 있었다. 지금도 사하라 사막에는 그 물길의 흔적이 남아 있다.

북아메리카에서는 약 2만 년 전에 얼음이 물러가기 시작했고, 그 자리에 최초의 식생이 돋아나면서 툰드라가 형성되었다. 탄소14 동위원소를 이용하면 화석 툰드라의 연대를 알아낼 수 있다. 연대를 통해 확인된 미국 동부의 빙하는 천천히 후퇴하다가 점점 더 빨리 물러갔다. 그로부터 5000년 후에는 빙하의 말단이 아직 코네티컷에 있었다. 다시 2500년 뒤에는 캐나다 국경을 넘어갔다. 빙하 근처의 툰드라에 살던 인류는 창의적이고 강인해질 수밖에 없었다. 문명의 발달에는 어느 정도 빙하의 영향이 있었다. 빙하에 대응하기 위해 불과 무기와 도구를 다루게 되었고, 털가죽을 입게 되었다. 독창성은 빙하와의 거리가 가까울수록 더 풍부해진다고 여겨진다. 물론 적도에 사는 사람들이라면 분명히 격분할 만한 이야기다. 지질학적 시간으로 볼 때, 영국에서 빙하가 물러난 시기는 셰익스피어가 태어나기 직전이었다. 호모 사피엔스 *Homo sapiens* 화석은 빙하시대보다 더 오래된 퇴적층에서는 결코 발견되지 않는다.

사라진 산맥의 풍경을 그 쇄설물 더미에서 추측할 수 있는 것과 같은 방식으로, 아가시는 얼음으로 덮여 있는 대륙의 모습을 직관적으로 떠올렸다. 그것은 시간에 따른 증거를 거슬러 올라가면서 수행한 추론의 산물이었다. 얼음이 거기에 있었다는 이야기와 어떻게 그곳에 있게 되었는지에 관한 이야기는 사뭇 다르다. 산의 기원이 엄청난 쟁점인 것처럼, 빙하의 기원도 마찬가지다. 특히 그 원동력은 특성상 잘 이해되지 않는다. 얼음은 북극에서 페인트 통이 쏟아지듯이 세상에 나타나지 않았다. 북극권보다 훨씬 아래에 있는 여러 지역에서 형성되기 시작했고, 바다에 막혀 더 이상 나아갈 수 없을 때까지 북쪽을 포함한 모든 방향으로 움직였다. 지질학자들은 이런 장소를 확장 중심부라고 불렀는데, 지각판이 구조적으로 분리되어 갈라지는 경계를 부를 때에도 같은 용어를 사용한다. "얼음은 왜 형성되었는가?"라는 질문에 대해서는 추측만 할 수 있을 뿐이다. 이 현상은 확실히 드물다. 연속적으로 커졌다 작아졌다를 반복한 빙상은 지구 역사에서 대략 3억 년에 한 번꼴로 나타난 것으로 보인다. 대단히 드물게 일어나는 것으로 봤을 때, 단독으로는 이 현상의 원인이 될 수 없는 여러 상황이 동시에 벌어진 결과로 추정된다. 그 요소들은 빠르거나 느리게 작용한다. 대기는 6000만 년에 걸쳐 서서히 차가워진다. 어쩌면 이 현상은 대규모 조산운동으로 로키산맥, 안데스산맥, 알프스산맥, 히말라야산맥이 형성된 시기와 그런 조산운동과 연관된 화산활동으로 설명될 수 있을지 모른다. 성층권으로 올라간 화산재는 태양빛을 다시 우주 공간으로 반사시킨다. 또한 산맥의 침식, 그중에서도 화강암의 침식은 공기 중에서 이산화탄소를 제거하는 화학작용을 일으킨다. 그 결과, 지구는 온실 효과가 감소하면서 냉각된다. 어쨌든 필수 요소는 서늘한 여름이다. 그래서 어느 겨울에 내린 눈이 다음 겨울까지 남아 있어야 한다. 지구의 축은 4만 년마다 3도에 걸쳐 이리저리 기우뚱거린다. 지구가 태양 쪽으로 덜 기울면 여름이 더 서늘해진다. 이런 면에서 볼 때, 태양으로부터 오는 에너지는 일정하지 않다. 게다가, 서로 얽힌 채로 우주 공간을 항해하면서 계속 변하는 태양과 지구의 상대적 위치 역시 기후에 미묘한 영향을 미칠 수 있다. 이산화탄소도 기후에 영향을 주는데, 대기 중의 이산화탄소 양은 일정하지 않다. 이런 여러 요건 중에서 얼음을 커지게 할 수 있는 사건들이 동시에 일어나는 상황에 놓이는 것이다. 처음부터 극적인 변화가 일어나지는 않는다. 그러나 지구의 기온은 대단히 중요하므로, 몇 도만 떨어지면 얼음이 형성되어 확장될 것이다. 서늘한 여름이 오고, 눈이 녹지 않고, 일부 깊은 계곡에는 가을이 일찍 찾아온다. 눈이 덧쌓이고, 긴 겨울이 이어진다. 다시 서늘한 여름이 오고, 남아 있는 눈이 더 많아진다. 다져진 눈은 얼음 알갱이로 변한다. 눈은 하얗기 때문에 태양열을 반사시켜서 공기를 냉각시키는 데 일조한다. 이 과정은 스스로 확장되며, 멈출 수가 없다. 일단 엄청나게 커지고 나면, 얼음은 움직이기 시작한다. 얼음의 바닥 근처에는 선명한 선들이 형성되는데, 이 선을 따라 끊어진 얼음은 오버스러스트 단층이 일어난 애팔래치아산맥의 암반처럼 저절로 미끄러진다. 지구에서 올라오는 열은 빙하의 바닥을 녹여 얇은 수막을 형성하고, 얼음은 그 위로도 미끄러진다. 암석으로 이루어진 스러스트 암반도 물 위를 미끄러진다. 소성이 있는 맨틀 위에 움직이는 지각판이 놓여 있는 것처럼, 빙하의 하부는 소성이 있어서 형태가 잘 변하고 상부는 단단하다. 단단한 빙하의 표면이 구부러지는 곳에서는 얼음에 금이 가면서 크레바스가 생기고 단열대가 형성된다. 단단한 해양지각도 마찬가지다(클라리온 단열대, 맨도시노 단열대). 이런 균열은 대륙을 이루는 암석 곳곳에 있다. 사실, 산맥과 분지처럼 오르내리는 거의 모든 빙하의 표면은 변형된 애팔래치아산맥의 구불구불한 지형과 놀라울 정도로 비슷하다. 적도 쪽으로 움직이는 대륙 빙상은 열을 견딜 수 있을 때까지 계속 나아간다. 일반적으로 뉴욕시 정도의 위도에 이르면, 얼음은 녹는 속도와 전진 속도가 거의 비슷해진다. 그래서 더 이상 전진하지 못하고 스태튼섬에 말단퇴석을 남긴 것이다. 바다의 온도 역시 추위 때문에 낮아지므로, 얼음의 크기를 키워줄 눈의 공급도 줄어들 것이다. 얼음은 모든 곳에서 후퇴하지만, 완전히 사라지지는 않는다. 기후는 온화해진다. 대양은 따뜻해진다. 북부의 삼림지대에는 눈이 두껍게 쌓인다. 빙하가 다시 확장된다. 일단 일정한 유형이 자리를 잡으면, 그 주기는 비교적 안정적으로 유지된다. 우리의 경우는 앞으로 9만 년 안에 빙하가 다시 찾아올 것이다.

---

우리는 켈리스섬을 뒤로하고, 예전에 거대한 호수의 밑바닥이었던 오하이오를 가로질러 달렸다. 그곳에는 끝이 갈고리 모양으로 휘어진 모래톱이 예전에 물속으로 뻗어 있었고, 마른 모래톱 위에는 농장 건물들이 서 있었다. 주위를 둘러싸고 있는 들판에 비해 지대가 높은 그 모래톱은 가장 좋은 땅이었다. 밭을 가는 계절인 봄에는 이런 것들이 보였다. 이제 1년 동안은 다시 볼 수 없는 풍경일 것이다.

우리는 호수 바닥을 벗어나서 도로절개면으로 들어섰다. 베치 덩굴로 덮인 표석 점토 도로절개면의 주위로 케틀과 케임과 빙퇴구가 펼쳐진 위배시 빙퇴석은 뉴잉글랜드를 닮은 인디애나의 빙하 지형이었다. "골프 코스로 딱 맞는 장소예요." 애니타가 말했다. "골프 코스를 원한다면 빙하 지대로 가야 해요." 우리는 이 험한 지형을 더 자세히 살피기 위해서 주간고속도로를 잠시 벗어났다. "나는 이런 지형에서 자랐어요. 브루클린에서요." 애니타가 말했다. "나는 기반암이 무슨 뜻인지도 몰랐어요. 뉴욕시에서는 빙하 작용의 한계를 지하철망으로 구분할 수 있어요. 빙하 작용이 있던 곳 뒤쪽으로는 열차가 지하로 지나가요. 빙퇴석과 유수 퇴적평원은 고가나 지상 구간이에요."

우리는 다시 80번 주간고속도로로 돌아와서, 구멍이 숭숭 난 유수 퇴적평원과 빙퇴석 위를 달려서 세인트조지프강을 건넜다. 애니타의 생각은 아직 브루클린에 머물러 있었다. "내 아버지는 20년 전에 돌아가셨어요." 애니타가 말했다. "아버지가 어렸을 때, 아버지의 어머니는 아버지에게 야물커yarmulke(유대인 남자들이 정수리에 쓰는 동글납작한 모자—옮긴이)를 벗고 식사를 하면 죽게 될 것이라고 말했대요. 아버지는 할머니가 안 볼 때 야물커를 살짝 쳐들고 시리얼을 한입 먹었어요. 죽지 않았죠. 아버지는 아주 신심이 깊었는데, 그 일로 믿음이 흔들렸대요."

우리 왼쪽으로, 푸른 잎이 우거진 숲의 우듬지 위에 놓인 새알 같은 금빛 돔이 보였다. 그 돔은 노터데임 대학의 지붕이었다. "종교적 편견은 어떤 형태든 비열해요." 애니타가 말했다. "브루클린에서 여호와의 증인이 내게 『파수대The Watchtower』를 팔려고 하면, 나는 글을 읽을 줄 모른다고 말하곤 했어요. 그래도 계속 달라붙으면, 나는 '내 신에 대해 말해줄게요' 하고 말했죠."

고속도로는 다시 세인트조지프강을 건너질렀다. 우리는 케임 복합체에 풀이 덮인 도로절개면을 통과한 후, 발파라이소 빙퇴석이라 불리는 어느 후퇴빙퇴석에 있는 다른 도로절개면을 지났다. 이정표는 발파라이소가 가까워지고 있다는 것을 나타냈다. "인디애나같이 따분한 곳에서 어디서 그런 이름이 나왔을까요?" 애니타는 이렇게 말했고, 우리는 인디애나 사구로 향하는 출구로 빠져나왔다.

인디애나의 사구들은 코드곶의 가장 높은 사구들보다 더 높으며, 미시간호의 기슭을 따라서 종사구, 횡사구, 포물선 사구가 네 줄로 늘어서 있다. 이 사구들은 빙하의 영향으로 형성되었다. 우리가 가진 인디애나 지도에는 이 사구들 중 세 개가 산으로 표기되어 있었다. 사구들은 모래벚나무, 마람풀, 미루나무, 방크스소나무, 노간주나무, 블루벨로 덮여 있었다. 다만, 사구를 만들었던 바람은 훗날 다시 돌아와서 사구의 한쪽을 크게 날려버렸다. 우리는 탐산 기슭까지 걸어갔다. 위를 올려다보며, 애니타가 "저기 저놈 크기 좀 봐요" 하고 말했다. 우리는 정상에 올랐다. 그곳에서 바라보는 전망은 발전소를 좋아하는 사람이라면 무척 좋아할 만한 경치였다. 우리 왼쪽과 오른쪽으로 발전소가 각각 하나씩 있었다. 게리 발전소와 미시간시티 발전소였다. 호수에는 시카고의 모습이 일렁거렸다. 시카고는 2000년 전까지는 물속에 있었다. 발파라이소 빙퇴석은 시카고 빙하호의 남쪽 가장자리였다. 빙하호의 수위가 낮아지는 동안, 인디애나 사구가 될 물질들이 남았다. 이 사구는 빙하의 표석 점토에서 바람에 날려온 모래가 쌓여서 형성되었고, 그 모래는 만들어진 지 얼마 되지 않아서 돋보기로 보면 가장자리가 우툴두툴하다. "아주 최근에 마모되었기 때문에 코니아일랜드의 모래와 비슷해요." 애니타는 돋보기를 통해 보면서 말했다. 애니타는 돋보기를 눈에 고정시키고 모래를 한 줌 집어들었다. "각이 진 붉은 처트 알갱이가 보이네요. 작은 화성암 조각도 있고, 켈리스섬의 홈에서 깎여나간 것 같은 각섬암과 붉은 벽옥도 보여요. 붉은 산화철이 덧씌워진 석영 알갱이도 보여요. 안에 있는 석영이 바로 보여요. 작은 탄소 조각도 있고, 녹색 처트도 있어요. 모래 사이로 기어다니는 벌레도 한 마리 있네요."

우리는 탐산 꼭대기에서 바람을 등지고 앉아서, 호수 위에 일렁이는 하얀 물살을 감상했다. "사하라 사막에 사구가 있다는 것은 누구나 다 알죠." 애니타가 말했다. "하지만 사하라에도 켈리스섬에 있는 것과 같은 홈이 있는 줄은 잘 몰라요. 오르도비스기에 기반암이 파여서 생긴 홈인데, 당시에는 사하라가 극지방이었고 적도는 몬트리올에 있었어요."

나는 사하라가 어떻게 그렇게 돌아다닐 수 있었는지를 물었다.

"지각 전체와 맨틀의 일부가 지구 내부를 돌아다닐 수 있어서 가능해요. 구 속의 구인 셈이죠." 애니타가 말했다. "대륙계의 위치는 시간의 흐름에 따라 위도가 바뀔 수 있어요. 그건 나도 부정할 수 없어요."

"인도가 아시아에 충돌했다고 믿나요?"

"모르겠어요. 나는 그쪽의 지질에 대해서는 아는 것이 별로 없어요. 그러니 어떻게 믿을 수 있겠어요? 많은 문제에서 판구조론은 유일한 해답이 아니에요. 게으른 사람을 위한 편리한 해답이 되는 경우도 많고요. '나는 더 이상 생각할 필요가 없다'고 말하는 것이나 마찬가지예요. 문제에서 쉽게 빠져나가는 방법이죠. 애팔래치아산맥에서는 판구조론의 해석이 잘못되었다는 것이 여러 번 밝혀졌어요. 지질은 종종 판구조론을 반박하죠. 그래서 판구조론 신봉자들은 자료를 무시하는 경향이 있어요. 진짜 끔찍한 일은 자료에 얽매이는 것을 귀찮아하는 게 아니라, 기본적인 사실을 무시한다는 점이에요. 조금 현대미술 같아요. 기본기를 배우지 않은 사람들이 캔버스에 아무렇게나 물감을 칠하는 거죠. 아마추어가 프로세계에 뛰어든 거나 다름없어요. 어물쩍 넘어갈 수 있다고 생각하는 거죠. 이 직종에는 나처럼 판구조론을 별로 믿지 않는 사람들도 많아요. 그러나 우리는 불평만 할 수는 없어요. 판구조론은 사람들의 흥미를 불러일으켰어요. 지질학에 신인을 많이 끌어들였죠. 어디에나 의식적으로 반대 의견을 내는 악마의 대변자는 있게 마련이에요. 그리고 판구조론에 대해서는 내가 악마의 대변자를 자처하려고 해요."

베어투스산맥

몬태나

옐로스톤
국립공원

워새시러카산맥

빅혼 분지

빅혼강

어리이

워시키산맥

티턴산맥

그로스밴트산맥

마운트 레이디
하일랜드

윈드강

서모폴리스

오울크리크산맥

스네이크강

크로반트산맥

머스크랜트

윈드리버 분

솔트리버산맥

와이오밍산맥

코라

파인데일

랜더

가스 언덕

애프턴

레드
블러프
목장

스위트워터강

크룩스 협곡

그린강 분지

그레이트 디바이
분지

오버스러스트대

스팀보트산맥

레오사이트
힐스

그린강

록스프링스

그린강

와사키
분지

I-80

블랙스포크강

에번스턴

플레이밍고지
저수지

콜로라도

대륙 분할선

파우더강 분지

블랙힐스

사우스다코타

파우더강

펌프킨뷰트

노스플랫강

캐스퍼

스네이스힐스

네브래스카

레러미산맥

세미노산맥

해나
분지

스산맥

롤린스

레러미강

용기

앨링턴

래러미 평원

메디신보산맥

노스플랫강

스노이산맥

래러미

파인
블러프스

시에라마드레
산맥

샤이엔

80

이 이야기는 고지대 지질학과 로키산맥 지역 지질학자에 관한 것이다. 먼저 이렇게 못을 박았으니, 이야기의 첫머리에 지질학자의 느낌이 전혀 없는 가녀린 젊은 여성이 등장해도 아무도 오해하지 않을 것이다. 그녀는 역마차를 타고 북쪽으로 가기 위해 와이오밍 롤린스에서 기차에서 내렸다. 와이오밍 북부는 아직 옛 서부의 모습이 많이 남아 있었다. 때는 1905년 가을이었고, 그녀의 나이는 스물세 살이었다. 거의 백발에 가까운 밝은 금발인 그녀는 몇 달 전 매사추세츠에서 웰즐리대학을 졸업했고, 우수한 대학생만 가입할 수 있는 파이베타카파 클럽의 열쇠를 목걸이로 만들어 걸고 있었다. 고전 연구를 전공한 그녀는 라틴어와 그리스어를 할 줄 알았고, 승마 실력도 출중했다. 그러나 이렇게 멀리까지 여행을 해본 적은 한 번도 없었다.

한편, 그녀는 롤린스를 보고 크게 놀랐다. 롤린스는 그곳 주민들의 말처럼, "아침마다 신문에 살인 사건 기사"가 실릴 정도로 총격이 자주 일어나는 곳이었다. 와이오밍주의 한가운데에 위치한 롤린스에서는 늑대와 코요테를 죽이기 위해 연간 지출하는 경비가 19년 된 대학을 유지하는 비용보다 더 많이 들었다. 그녀가 예상한 롤린스는 "낙후된" 마을,

"개척지" 마을이었다. 거리마다 우글거리는 빅노즈 조지 같은 악당이 노상강도 사건을 일으키고, 역마차를 약탈하고, 보물 지도를 만들어 숨겨두고 있는 모습을 상상했다. 그러나 10월의 그 저녁, 그녀가 역에서 만난 사람은 손수레를 든 하인이었다. 하인은 그녀의 짐을 페리스 호텔까지 실어 날라주었다. 호텔에서는 단추가 아주 많이 달린 옷을 입은 벨보이가 짐을 건네받았다. 3층 건물인 호텔은 훈훈하게 스팀 난방이 되어 있었다. 전깃불이 들어왔고, 레이스 커튼도 있었다. 그녀는 곰곰이 생각했다. 물주전자에 주둥이가 없으면 어때?

———

그로부터 75년이 지난 어느 봄날, 사륜구동 브롱코 한 대가 80번 주간고속도로를 통해서 롤린스로 들어오고 있었다. 운전석에 앉은 데이비드 러브는 미국 지질조사소 래러미 환경분과 책임자였다. 현지성 암석 연구 분야에서 최고 수준의 지질학자인 그에게는 유난히 어울리지 않는 직함이었다. 러브는 1913년에 와이오밍 한가운데서 태어났다. 그는 외딴 목장에서 자랐고, 주로 어머니로부터 교육을 받았다. 그는 예일 대학에서 박사학위를 받고, 애팔래치아 남부와 대륙 중부에서 석유 탐사를 했다. 확실히 경험은 다른 곳에서 쌓았지만, 그의 직업상의 성취는 거의 모두 그의 고향 지역에서 이뤄졌다. 수십 년 동안, 그는 지질조사소 동료들 사이에서 가장 영향력 있는 야외지질학자 두세 명 안에 들었고, 최근에는 당연히 "로키산맥 지질학의 대가"로 여겨지고 있다. 이 대가는 백발이 성성하고, 옅은 푸른색 눈가에는 잔주름이 진 노인이었다. 그는 끈이 끊어진 낡은 회색 장화를 신고, 갈색 면바지와 말가죽 재킷을 입었다. 그의 허리 한가운데에 있는 황동 버클은 컨베이어 벨트의 장치를 연상시킨다. 야릇하게도, 그 장치에는 "LOVE"라는 단어가 돌아가고 있었다. 머리에는 말총으로 만든 띠를 두른 카우보이모자를 쓰고, 눈에는 삼중 초점 안경을 쓰고 있었다. 그의 안경에조차 층서가 나타나 있었다.

그는 놀라울 정도로 광범위한 분야를 다루는 지질학자다. 지구화학, 구조지질학, 환경지질학, 플라이스토세 지질학, 층서학, 지역 지질학, 지질도 작성에 이르는 모든 분야를 연구했고, 이 모든 분야에서 대단히 많은 연구 결과를 발표했다. 그는 차 안을 답답하게 여기는 것 같았다. 평생을 걷거나 말을 타면서 여행해온 생활 습관으로부터 오는 불편함이었다. 내 요청으로, 그는 나와 함께 와이오밍을 횡단하면서 주간고속도로 절개면의 암석들을 살펴보는 중이었다. 그 절개면의 암석들이 보여주는 지질학적 특성은 앞으로 답사할 때 와이오밍의 어느 지역으로 가볼지를 결정하게 해주는 일종의 관문 역할을 해줄 것이다. 한번은 빅혼분지에서 침낭을 펼치다가, 나는 그에게 별빛 아래서 밤을 보낸 시간이 그의 인생에서 얼마 정도를 차지하는지 물었다. 그는 "3분의 1"이라고 답했다. 몇 분 뒤, 반쯤 잠에 들려고 하는데 그가 답을 정정했다. "4분의 1이라고 합시다. 과장하지 않도록 조심하고 싶어요." 그는 몸을 돌렸고 곧 잠이 들었다. 나는 천천히 잠에 빠져드는 동안, 힘겹게 머리를 굴리며 계산을 해봤다. 러브의 나이가 일흔 살쯤이었으니, 오늘밤은 그가 땅바닥에서 보내는 6000번째 밤쯤 된다는 계산이 나왔다. 정확히 땅바닥은 아니었다. 과장하지 않도록 조심해야 한다. 그는 미국 지질조사소의 낡아빠진 공기 매트리스를 40년 동안 갖고 다녔다. 그 매트리스는 꽤 새것이었을 때, 공기가 새기 시작했다. 그는 밸브를 통해 매트리스 안에 무가당 연유를 부어 넣었고, 그 후로는 공기가 새지 않았다.

이제 노스플랫강을 건너서 롤린스를 향해 달리는 동안, 5월인데도 도로 위에는 눈보라가 날리고 있었다. 이것이 와이오밍이었다. 이곳은 캐나다의 배핀섬처럼 조금은 온화한 곳이 아니다. 북극해의 스피츠베르겐섬이 육지로 둘러싸여 있는 것이나 마찬가지인 곳이다. 우리는 거의 느껴지지 않을 정도로 조금씩 언덕을 오르고 있었다. 눈보라에도 지질 구조는 또렷이 드러났다. 우리는 우리 쪽으로 기울어져 있는 지층 위로, 도로절개면에서는 그 지층의 사이로 차를 몰았다. 이 지층은 롤린스 융기의 영향을 받았다. 롤린스 융기는 실패한 산맥이라고 말할 수 있었다. 멀리 남쪽에는 메디신보산맥과 시에라마드레산맥이 서 있었다. 이 산맥들과 다른 산맥들이 솟아오르는 동안, 이곳 역시 솟아오르려 했지만 평지만 뒤틀어놓았을 뿐이다. 지층의 기울기는 도로보다 가팔랐다. 그래서 도로절개면을 따라 움직이는 동안, 우리는 시간의 단면을 따라 아래로 내려가는 셈이었다. 연속적으로 나타나는 각각의 층은 층서학적으로 이전의 층보다 더 오래되고 더 아래에 있는 층이었다. 만약 1억 년 전 백악기의 어느 5월 아침이었다면, 우리는 너른 내해를 이루고 있는 바다의 몇 길 물속에 있었을 것이다. 북아메리카의 크레이톤인 내륙 안정 지괴를 가로질러 놓은 탁상지를 덮고 있는 이 바다는 멕시코만에서 북극해까지 닿아 있었다. 오늘날의 경관을 긁어내면서 흐르고 있는 노스플랫강은 짙은 색의 셰일이 있는 곳까지 파고들어갔는데, 이 셰일은 크레이톤을 덮고 있던 그 얕은 바다의 유기물이 풍부한 검은 진흙이었다. 시간이 흐르는 동안, 소금물은 수위가 오르내리고 넓게 퍼졌다가 다시 줄어들었다. 러브의 말에 따르면, "바다가 서쪽으로 나아갔다가 후퇴하고, 다시 나아갔다가 후퇴하기를 계속 반복하면서, 설교된 사암과 셰일층을 남겼다". 신선한 해안평야가 드러났다가 다시 물에 잠기기를 반복했다. 마른 산지가 되어가는 곳에는 해안 습지의 식생이 번성했다. 그 모습은 플로리다의 애버글레이즈 습지나 이스트앵글리아 지방의 토탄 늪, 아니면 일시적으로만 나타나는 자바해의 가장자리들과 비슷했을 것이다. 그리고 바닷물의 높이가 높아지면서 식생이 물속에 잠긴 뒤에는 모래나 진흙 속에 파묻혔다가 훗날 석탄으로 보고될지도 모른다. 도로절개면에는 사암과 셰일층 아래에 석탄층이 있었다. 와이오밍의 이 지역에는 백악기의 늪지가 특히 풍부했다. 1억 년 후, 유니언퍼시픽 철도는 이 지역을 우선적으로 선택했을 것이다. 그래야만 그 석탄으로 연료를 자체 공급할 수 있었을 것이기 때문이다.

주기적인 변화의 리듬 속에 있던 또 다른 암석은 석회암이었다. 이곳에서도 고속도로를 따라 이런 무르고 불순물이 섞인 석회암이 길게 늘어서 있었다. 석회암은 원래 부서지거나 물에 녹은 조개껍데기에서 나온 석회가 바다 밑바닥에 쌓인 후, 지금 있는 곳보다 300미터 이상 더 깊은 곳에서 단단하게 굳은 것이다. 도로의 중앙분리대와 양쪽 가장자리에는 야생 쑥부쟁이가 활짝 피어 있었다. 쑥부쟁이는 석회질 토양에서 잘 자란다. 그 점을 지적하는 러브의 목소리에 날이 서 있었다. 그는 이 쑥부쟁이들이 와이오밍의 토종 식물이 아니라고 말했다. 이 풀들은 소떼와 양떼를 따라 와이오밍에 들어왔고, 나중에는 건초를 운반하는 트럭과 기차에 실려서 수백 킬로미터 떨어진 남쪽에서도 왔다. 그리고 이 쑥부쟁이는 암석 속의 셀레늄을 끌어내는 능력이 있었다. 인간과 동물의 몸에 농축되면 독성을 나타내는 셀레늄은 일부 화산재 속에 들어 있고, 바람에 날려 운반된다. 1억 년 전, 아이다호에는 성층화산이 있었다. 화산에서 내뿜은 화산재는 동쪽으로 이동해 바다에 떨어졌다. 그때 셀레늄이 석회 진흙 속으로 들어갔고, 이제 이 외래종 쑥부쟁이가 석회암 속에서 셀레늄을 끌어내 지표세계에 독을 퍼뜨리고 있다. 이렇게 할수 있는 식물은 많지 않다. 대부분의 식물은 셀레늄을 무시한다. 이 쑥부쟁이와 일부 다른 식물은 발아를 하기 위해 셀레늄이 필요하다. 이 식물들은 암석에서 셀레늄을 흡수한 후, 거의 모든 식물이 흡수할 수 있는 형태로 바꿔놓는다. 셀레늄으로 오염된 식물을 소와 양이 먹고, 그고기로 만든 음식을 사람이 먹는다. 농축된 셀레늄은 뇌에서 근육으로 메시지를 전달하는 효소를 파괴한다. "소와 양은 앞이 보이지 않아 비틀거리는 훈도병에 걸려요." 러브가 말했다. "사람도 병에 걸릴 수 있어요. 심혈관계에 질환이 생기죠. 간과 신장에 손상이 일어나요. 셀레늄은 불임을 일으켜요. 더 나쁜 것은 선천성 기형도 일으킨다는 거예요. 셀레늄은 납이나 비소처럼 농축되는 독이에요. 신경가스의 원료 중 하나죠."

그는 왼쪽과 오른쪽을 가리켰다. "솔트세이지가 자라는 이곳은 한때양떼를 방목하기에 좋은 평원이었어요. 이제는 독이 있어서 위험해요. 셀레늄 농도가 심각한 지역은 썩은 마늘에서 나는 것 같은 냄새가 나요. 날이 더 따뜻해지면 그런 냄새를 맡을 수 있을 거예요. 50년 전, 내첫 번째 일 중 하나는 그로반트강을 거슬러 올라가면서 셀레늄을 전환하는 식물을 찾는 것이었죠. 우리는 일주일 동안 야영을 하면서 날마다그런 식물을 찾아다녔어요. 그때는 그런 식물이 많지 않았어요. 이제는같은 장소에 그런 식물이 개 몸의 벼룩보다 더 많아요. 식물은 인간의도움 없이는 그런 셀레늄 장벽을 넘을 수가 없어요. 일반적으로 로키산맥에서는 수백만 에이커가 바뀌었어요. 때로 사람들은 이웃들이 자신의 목초지를 오염시켰다고 생각해요."

노스플랫강에서 16킬로미터쯤 떨어진 곳에는 꼭대기가 평평한 산등성이 하나가 우리 앞에 지평선을 이루고 있었다. 그 산등성이는 주변의 셰일보다 더 느린 속도로 해체되고 있는 단단한 사암이었다. 고속도로는 이 장애물을 다이너마이트로 해결했다. 고속도로 기술자들은 이런 통로를 계단 모양 관통로라고 불렀고, 지질학자들은 자연에서 이런 지형이 발견되면 풍극wind gap이라고 불렀다. 그곳에 다다르자, 우리는 차를 세우고 노두를 자세히 들여다봤다. 높은 계단 모양을 하고 있는 이 노두가 프런티어 사암이기 때문이었다. 고생물학자와 충서학자들이 알갱이 하나까지 빠짐없이 연구한 이 사암을 러브는 "공개된 도로절개면"이라고 불렀다. 조금 우중충하고 거무튀튀한 회색을 띠며, 오래전에 생물이 뚫어놓은 구멍들이 화석으로 남아 있는 이 암석이 그렇게 많은 관심을 받은 이유가 한눈에 뚜렷하게 보이지는 않았다. 그럼에도, 망치를 들고 그것을 떼어내고 있는 러브는 꽤 들떠 보였다. 적어도 그를 괴롭힌 쑥부쟁이만큼의 자극은 되는 것 같았다. 그 사암은 해안에서 멀지 않은 바다 속에 있던 모래였다. 그는 "프런티어 사암은 로키산맥 지역의 석유를 함유한 사암 가운데 가장 규모가 큰 것 중 하나"라고 말했다. 1500미터, 3000미터, 6000미터 깊이에서 시추가 거듭되면서 이 유명한 지층에서는 꽤 짭짤한 수익이 났다. 그리고 여기, 풍화되지 않은 신선한 지층의 표면에는 그것이 지닌 풍부한 자원의 단서가 드러나 있었다. 기름은 자동차 엔진에서처럼 지구 내부에서도, 온도 증가로 인한 파괴에 취약하다. 그런 이유에서 아마 지금까지 대량으로 발견된 기름 중에서 가장 오래된 것은 시대가 백악기(대략 1억 년 전)일 것이다. 지질학자들이 땅속 어디에 석유가 있을지를 알아내는 능력을 갖게 된 기간은 한 사람의 수명 정도에 불과하다. 지난 50년 동안 지구에서는 많은 양의 석유가 태워 없어졌다. 1975년 즈음부터는 발견되는 석유의 양이 연소되는 석유의 양과 비슷한 수준으로 줄어들었다. 러브의 말에 따르면, 프런티어 사암에서는 하나의 유정에서만 5억 배럴의 석유가 발견되었다. 나는 경건한 마음으로 벌레가 들어 있는 사암 덩어리 하나를 채집했다.

도로를 따라 채 2킬로미터를 못 가서, 우리는 얇은 판 모양으로 떨어지는 모리 셰일의 낮은 도로절개면에 다시 차를 세웠다. 데이비드 러브와 함께 와이오밍을 가로질러 나아가는 동안, 나는 18세기의 대배우인 데이비드 개릭과 함께 그의 극단이 공연하는 극장 주변의 거리를 돌아다니는 것 같은 느낌을 받았다. 그 거리에는 티턴산맥, 베어투스산맥, 윈드리버산맥 같은 멋진 연극은 없지만, 그 이야기와 구성과 구조를 넌지시 드러내면서 공연을 홍보하는 포스터 같은 도로절개면들이 있었다. 이 모리 셰일은 백악기 바다 밑바닥에 있던 유기질 진흙이었고, 프런티어 사암의 석유는 그 진흙 속에서 형성될 수 있었다. 모리 셰일은 썰물이 빠져나간 갯벌의 냄새가 나는 아주 까만 셰일이었다. 이 셰일 속에는 수백만 개의 물고기 비늘이 운모처럼 박혀 있었다. 셰일층 사이사이에는 대단히 물러서 실제로 형태가 쉽게 바뀌는 암석인 벤토나이트층이 끼어 있다. 유연하고 구멍이 많으며, 대개 미색이지만 가끔 고동색을 띠기도 하는 벤토나이트는 분해되고 재결정화된 화산응회암이다. 엄청난 양의 화산 쇄설물이 내려앉은 와이오밍에는 벤토나이트가 광범위하게 분포하며, 그 두께가 3미터를 넘는 곳도 많다. 어떤 면에서 보면, 벤토나이트는 모든 분지를 덮고 있다. 또 광물 비누라고도 알려져 있는 벤토나이트는 부피의 15배까지 물을 흡수할 수 있는 마법 같은 능력을 지니고 있다. 물을 흡수한 벤토나이트 위를 달리면, 타이어는 부드러운 버터를 밟은 것처럼 미끄러질 것이다. 물을 머금어서 팽창한 벤토나이트 토양은 검보gumbo라고 불린다. 한번은 우리가 빅혼 분지의 황무지를 횡단하고 있을 때 가벼운 소나기가 내렸고, 도로의 표면은 순식간에 흙에서 콜로이드 현탁액으로 바뀌었다. 차바퀴가 얼음판 위에 있는 것처럼 미끄러지기 시작했다. 사륜구동은 도움이 되지 않았다. 지질학자는 검보에 난파된 차를 버리고 걸어서 65킬로미터를 이동하는 일이 종종 있다. 와이오밍에서 캐낸 벤토나이트는 세계 전역으로 수출된다. 팔 수 있는 진흙이 땅에 있다는 것은 축복이다. 벤토나이트는 접착제, 자동차, 광택제, 세정제, 페인트에 쓰인다. 또 석유 시추에서 관을 내려보내고 드릴 날에 있는 구멍을 통해 암석 조각을 지표로 운반하기 위한 장비의 "진흙drilling mud"(굴착 이수) 속에도 들어 있다. 벤토나이트는 시추공의 벽에 달라붙어서 원치 않는 물을 제거한다. 관개 수로와 저수지의 마감재로도 쓰이고, 화장품 속에도 들어간다. 아메리카 원주민들은 아메리카들소를 벤토나이트가 가득한 늪지로 몰았다. 벤토나이트는 살충제와 방충제와 치약의 성분이며, 맥주의 정제에도 쓰인다.

러브가 그의 공기 매트리스를 벤토나이트로 수리해보려고 한 적이 있는지 궁금했지만, 그는 그런 이야기는 하지 않았다. 그가 자란 목장에 있는 윈드강 분지에 비가 내리면 마차들이 길에 멈춰서 있었다는 이야기를 해줬다. 그곳에 비가 내리는 일은 생일만큼이나 가끔 있는 일이었다고 했다. 와이오밍의 벤토나이트는 대부분 연대가 백악기이고, 조성이 일정하다. 산맥 어디에나 있기 때문에, 벤토나이트가 광범위하게 퇴적될 때 산맥이 그곳에 없었다는 것을 증명하는 것은 크게 의미가 없어 보인다. 백악기는 지구 역사에서 그렇게 아득한 옛날이 아니다. 최근 3퍼센트에 해당되는 기간이다.

다시 차로 걸어가는 러브는 맥주를 마신 지 오래된 사람 같은 표정을 하고 있었다. 그는 배가 고프다면서 이렇게 말했다. "내 배에서는 목구멍이 잘린 줄 알 거예요." 다음 언덕 너머에는 유니언퍼시픽 철도를 중심으로 펼쳐진 롤린스가 있었다.

———

1905년 10월 20일, 두 대의 말이 끄는 역마차는 동이 튼 직후에 롤린스를 출발했다. 멋진 페리스 호텔에서 편하게 몸을 누일 시간은 많지 않았다. 마차의 좌석 아래에는 계란과 포도와 굴이 쌓여 있었고, 마부 옆에도 수많은 상자와 우편 행낭이 탑을 이루고 있었다. 마차 운송장에서 승객에게 주어진 지위는 포도나 굴과 정확히 동등했다. 웰즐리에서 온 이 젊은 여성은 물품 목록을 쭉 훑어보다가 '에셀 윅섬 양'이라고 쓰인 자신의 이름을 발견했다.

마차의 객실은 캔버스 천으로 된 지붕이 있었고, 앞면과 양쪽 옆면에는 역시 캔버스 천으로 된 커튼이 둘러쳐져 있었다.

마부인 빌 콜린스는 나와 연배가 비슷한 젊은 사람이었고, 나흘가량 기른 턱수염이 거뭇거뭇했다. 그는 바퀴 둘레에 묶어놓은 고삐의 매듭을 풀고 운전석으로 획 올라갔다. 그는 거의 그의 머리 높이까지 쌓여 있는 우편낭에 한쪽 다리를 올리고 편하게 자리를 잡은 다음, 한쪽 팔을 좌석 등받이에 걸치면서 커튼을 들어올렸다. 그러고는 "여기는 조금 외롭네요"라며 양해를 구했다.

마차에는 두 명의 승객이 있었다. 다른 승객의 이름은 앨리스 에이머스 웰티였고, 그녀는 서북쪽으로 320킬로미터 떨어진 두봐의 여성 우체국장이었다. 웰티 부인의 우체국은 미국의 다른 어떤 우체국보다 철도에서 멀리 떨어져 있다는 점에서 독특했지만, 그런 점이 웰티 부인의 옷맵시에 불편을 초래하지는 않았다. 티니 상점 같은 어울리지 않은 간판을 단 의상실 덕분은 아니었다. 그녀의 옷은 통신 판매를 통해서 맨해튼의 B. 앨트먼 백화점에서 산 것이었다. 초로에 접어든 웰티 부인은("그녀의 흰머리에 신의 가호가 있기를") 8만 제곱킬로미터 범위 내에 살고 있는 모든 것에 대한 소문을 환히 꿰고 있을 것 같은 재미난 사람이었다. 흰머리에 관한 언급은 빌 콜린스에 대한 묘사 및 웰티 부인의 소문 반경에 대한 묘사와 함께, 에셀 윅섬이 전날부터 쓰기 시작한 일기의 한 대목이었다.

역마차가 철도 침목으로 지은 집들을 지나고, 양 목장들을 지나고, 공동묘지와 주 교도소를 지나서 마을을 빠져나가자, 이내 흙먼지가 날리는 탁 트인 땅으로 나타났다. 이곳에서 두어 개의 언덕을 돌아간 후, 역마차는 서북쪽으로 방향을 잡았다. 언덕 비탈에는 석회암 노두가 드러나 있었고, 노두 아래에는 오래된 작은 채석장이 있었다. 아메리카 원주민들은 이 채석장에서 캐낸다. 3억5000만 년 된 산화철로 전쟁에 나서기 전 몸에 바르는 강렬하고 지속력 좋은 물감을 만들었다. 더 최근에는 이 산화철은 유니언퍼시픽 철도의 차량에 이용되었고, 1880년경에는 브루클린 다리에 이용되었다. 언덕 꼭대기는 특별할 것 없는 경치 속에서 그럭저럭 볼거리가 되었다. 로키산맥의 한가운데에 위치한 이곳에는 번듯한 이름을 붙일 만한 산이 없었다.


우리 앞쪽으로 멀리 산들이 보였다. 능선 하나가 평원 위로 올라왔다가 다시 평원 속으로 가라앉았다. 첫날 본 것은 그게 거의 전부였다.

와이오밍 지역에서 이렇게 멀리 보이는 산은 2700~3000미터 정도의 높이로는 그리 큰 인상을 남기지 못했다. 그러나 웍섬 양은 한 문장 속에 그 산들의 지질학적 역사를 직감적으로 담았다. 산들은 정말로 평원에서 솟아올랐다가 다양한 방식으로 다시 평원으로 돌아갔기 때문이다.

초원을 따라 구불구불하게 이어지는 길 사이로 (…) 우리는 각각 수천 마리의 양을 몰고 가는 두 명의 목부를 만났다. "목부들이 개들을 데리고 다니는 것이 보이죠." 마부가 말했다. 목부들이 팔을 들고 이상한 몸짓을 하는 동안, 양떼의 맞은편에 있는 개들은 뒷다리를 꼿꼿이 세우고 명령을 기다렸다.

1905년의 와이오밍에서는 양 300만 마리와 소 80만 마리가 산간 방목지의 풀을 두고 경쟁을 벌였다. 좁은 틈으로 비집고 들어온 거센 겨울 바람은 고지대와 높은 하늘 사이를 오가며 빠르게 불었다. 이 바람은 풀밭의 눈을 날려버렸고, 양에게 더 호의적이었다. 양들은 더 강해졌고, 빠르게 몰아치는 매서운 겨울바람을 그들의 털로 버텨냈다. 와이오밍 토박이들끼리 하는 말로, "주말에 여름이 오면 소풍을 가자"는 이야기가 있다.

롤린스에서 20킬로미터 떨어진 벨스프링에서 역마차는 말을 바꿨다. 동쪽으로 기울어진 퇴적층의 끝에 튀어나와 있는 일종의 계단 모양 지형인 벨스프링에는 중생대의 풍경이 드러나 있었다. 가장 위에 있는 계단은 백악기, 중간에는 쥐라기, 가장 아래는 붉은 트라이아스기의 절벽이 있었고, 그 절벽 앞에는 차가운 붉은 진흙으로 지붕을 덮은 건물들이 모여 있었다. 당시 웍섬 양은 그 풍경이 1억7500만 년에 걸친 시간을 보여준다는 것을 알지 못했으므로, 그것이 어떤 시기의 1억7500만 년인지는 당연히 알 리가 없었다. 그녀는 이 퇴적층이 바로 이곳에서 끊겼다는 것도 몰랐고, 수백 미터 아래에 놓인 끊어진 지층의 나머지 동강에는 엄청난 양의 석유와 가스가 들어 있다는 것도 몰랐다. 사실 당시에는 아무도 몰랐다. 그 석유가 발견된 것은 그로부터 20년 뒤의 일이었다.

역마차는 고도 2100미터가 넘는 세퍼레이션 평원에 올랐고, 아직도 환상 같은 산들을 쫓고 있었다. 그녀는 그 산들 중 하나의 이름이 위스키산이라는 것을 알게 되었다. 콜린스는 운전석에 앉아서 주위를 둘러보면서, 예전에 그에게 그 산의 이름을 물어본 어느 승객 이야기를 했다. "내가 그에게 이 마차 안에 있고, 내 손이 닿는 곳에 있는 것이라고 말해줬는데도 알아맞히지 못하더라고요." 멀리 "하얀 점" 하나가 나타났다. 그들이 몇 시간이나 초조하게 기다린 도로변 식당이었다.

가까이 다가갔을 때 더 크게 보이지는 않았다. (…) 웰티 부인과 나는 그동안 꽁꽁 얼어붙은 몸을 녹이기 위해 얼른 안으로 들어갔다. 식당 밖 지붕에는 절반으로 잘린 소가 매달려 있었다. (…) 너저분한 부엌에서는 몸집이 크고 지친 기색이 역력한 뚱한 여자가 양만 많고 볼품없는 식사를 차려주었다. 그러고는 팔짱을 끼고 앉아서 우리가 먹는 모습을 지켜봤다. (…) 우리는 거의 적막 속에서 구운 감자, 거대한 비스킷, 양파와 당근, 통조림 애플파이를 먹었고, 식사를 마쳐서 기뻤다. 마차는 말을 바꿨고, 우리는 로스트솔저를 향해 출발했다.

로스트솔저는 그곳에서 다시 16킬로미터 떨어진 곳에 있었으므로, 세 시간이 걸렸을 것이다. 웰티 부인은 스무 시간 뒤에 나타날 호그백 이야기를 벌써부터 하고 있었다. 호그백은 높은 산꼭대기에서 이어지는 가파른 내리막인데, 그곳에 부는 유명한 와이오밍의 바람 때문에 수많은 역마차가 순식간에 산 아래로 곤두박질쳤다. 땅바닥에는 말뼈들 사이로 부서진 마차의 잔해가 사방에 널려 있었다. 어떤 마부는 바람에 날아가지 않도록 마차를 쇠사슬로 나무에 묶어놓았다는 이야기도 있었다. 호그백이 가까워지면, 종종 역마차들은 마차 양옆의 포장이 배의 돛과 같은 역할을 하지 않도록 걷어올려서 바람을 통과시키기도 했다. 그 누구도 제동 장치를 믿지 않았다.

내려갈 때는 항상 바퀴가 체인에 심하게 잠기면서 돌아가지는 않고 미끄러지기만 했다. (…) 추수감사절이 오기 조금 전에 화물을 운송하는 말들이 이탈했다. 마차에는 추수감사절 만찬에 꼭 필요한 칠면조, 굴, 과일 같은 것들이 실려 있었다. 마부는 뒤에 있는 말들을 부르면서 도움을 요청했다. 말들이 내려왔을 때, 마부는 조용히 그루터기에 앉아서 오렌지 껍질을 벗기고 있었고, 마차와 파편들은 아래에 흩어져 있었다.

석유는 1916년에 로스트솔저 아래에서 발견되었다. 이곳은 로키산맥에서 지금까지 발견된 유전 중에서 단위면적당 산출량이 가장 많은 곳이었다. 그곳에는 다양한 깊이로 구멍이 뚫렸고, 어떤 구멍은 깊이가 1.6킬로미터에 달했다. 석유가 발견된 모암의 범위는 놀라울 정도로 광범위했다. 캄브리아기의 플랫해드 사암, 미시시피기의 매디슨 석회암, 펜실베이니아기의 텐슬립 사암이 석유의 모암이 되었다. 척워터층(트라이아스기의 붉은 모래), 모리슨층, 선댄스층, (유명한 쥐라기 지층인) 너깃층에서도 석유가 나왔고, 백악기의 프런티어층에도 당연히 석유가 있었다. 로스트솔저의 한 유정은 온갖 감귤류의 가지를 접붙여서 오렌지, 레몬, 감귤, 자몽이 한 그루에 열려 있는 나무 같았다. 이 함유 구조를 발견한 사람은 프린스턴대학의 젊은 지질학자였다. 그는 그 구조를 발견했을 뿐 아니라, 지질학자들 사이에 "양치기 배사sheepherder anticline"라는 용어가 자리를 잡는 데에도 일조했다. 양치기 배사는 프린스턴의 지질학자가 양치기처럼 차려입고 양떼를 몰고 다니다가도 발견할 수 있을 정도로 특별히 뚜렷한 배사 구조다. 그는 그런 복장 덕분에 로스트솔저의 암석을 연구하는 동안 사람들의 관심을 피할 수 있었다.

우리는 덜컹거림에 시달리다 마침내 그곳에 도착했고, 몸을 녹일 수 있는 곳으로 들어가니 반가웠다. 그동안 마부는 다른 마차로 짐을 옮겨 실었다. 마부가 바뀔 때마다 마차도 바뀌고, 마부는 각자가 맡은 마차의 정비를 책임진다. 커크 식당은 로스트솔저를 지키고 있다. 커크 부인은 땅딸막한 몸집에 머리가 부스스한 여자였다. 그녀는 내게 밤 동안 걸칠 낡은 군복 외투를 주었다. (…) 얼마 지나지 않아, 우리는 페기 도허티라는 마부와 함께 다시 출발했다. 페기 도허티는 키가 크고 머리가 희끗희끗한 사람이었다. 사람들은 그가 춤을 추러 가면 나무 의족의 못을 빼놓는다고 말한다.

이제 말은 네 마리였다. 곧바로 제멋대로 날뛰면서 달아나려고 하는 "이 사악한 팀"은 줄이 뒤얽힌 썰매개들처럼 되었고, 페기 도허티는 욕을 하기 시작했다.

하느님 맙소사, 어떻게 욕을 할 수 있는지.

웰티 부인은 도허티의 기분을 풀어주기 위해 폭설에 고립된 여행자에 대해 물어봤다. 손가락 여섯 개와 한쪽 다리를 잃고 다른 쪽 발도 절반만 남아 있는 도허티 씨가 이 주제에 대해 할 말이 많다는 것을 웰티 부인은 알고 있었다. 1883년, 그는 웍섬 양 또래의 젊은 여성 승객과 함께 눈보라에 갇혔다. 눈이 너무 많이 쌓여서 마차가 움직일 수 없게 되자, 도허티는 말 한 마리를 풀었다. 이미 동상으로 몸이 굳어 있던 그는 마구에 매달렸고, 말은 그를 매단 채로 눈보라를 뚫고 나아갔다. 몇 시간 동안 말에 끌려가다가 역마차 정거장이 가까워지자, 도허티는 마침내 마구에서 손을 놓았다. 휘몰아치는 바람 속에서, 그는 소리를 질러 도움을 요청했다. 구조대가 마차에 도착했을 때, 승객은 이미 죽어 있었다.

도허티는 웰티 부인에게 근래에는 겨울이 그렇게 매섭지 않다고 말했다.

"맞아요." 웰티 부인이 맞장구를 쳤다. "그리고 이런 여름에는 눈보라가 없죠."

해가 지고, 별이 떴다. 그리고 추위는 더 매서워졌다. (…) 9시 반쯤, 저녁을 먹을 식당에 도착한 우리는 추위로 꽁꽁 얼어 있었다.

롱기스라 불리던 그곳은 인구 수십 명의 작은 마을이었고, 크룩스 협곡 바로 남쪽에 있었다. "롱기스"는 역마차 회사를 운영하던 일라이 시뇨의 성을 거꾸로 쓴 것이었다. 로스트솔저와 롱기스 같은 지명은 이제 와이오밍의 주소에서 사라졌지만, 역마차 정거장의 흔적은 남아 있다.

저녁은 바로 준비되었다. 예의 그 마른 애플파이와 거대한 비스킷과 블랙커피로 이뤄진 통조림 식사였다. 우리는 열 시쯤에 말들을 새로 바꿔서 다시 출발했다. 우리는 옷을 단단히 여미고 체온을 유지하기 위해 바싹 붙어 앉았다. 그리고 우리 뒤에 놓인 우편낭에 몸을 기댔다.

밤이 오기 전, 롱기스는 기온이 섭씨 영하 18도까지 떨어졌다. 역마차가 크룩스 협곡으로 들어가자, 별빛이 밝게 쏟아지는 들판에는 검은색과 은색의 거대한 바위들이 도드라져 보였다. 어떤 바위는 말만큼이나 컸다. 이윽고 멀리 북쪽에 있는 산들이 더 이상 높아 보이지 않게 되었다. 산들은 왠지 평원 속에 가라앉아 있었다. 한편, 바윗돌을 근원이 되는 기반암과 연결시키는 사람은 그 바윗돌들이 어떻게 그렇게 높은 곳까지 올라갔는지를 궁금하게 여길 것이다. 큰 바윗돌들은 화강암이었다. 그리고 당시에는 아무도 알아차리지 못했지만, 그 화강암들 사이에 있는 조금 작은 돌들은 옥이었다. 보석 옥, (에메랄드처럼 초록색인) 연옥이 박혀 있는 바윗돌은 강바닥에서 이리저리 쓸려다니면서 매끄럽게 닳아 있었다. 그녀가 마차에서 바라보고 있을 때, 달빛에 비친 옥은 그저 땅바닥에 있는 자갈로 보였을 것이다. 크룩스 협곡에는 막대한 양의 우라늄이 있었는데, 협곡 양쪽으로 약 300미터 높이까지 고치 모양과 렌즈 모양으로 매장되어 있었다. 우라늄은 1955년에 발견되었다. 크룩스 협곡 아래에는 석유도 있었다. 석유는 1925년에 발견되었다. 크룩스

강은 크룩스 협곡을 따라 고지대들을 통과하면서 곧게 흘렀다. 협곡 위에는 크룩스산이 있었다. 웍섬 양은 크룩스의 크룩이 어떤 크룩인지 무척 궁금했을 것이다. 수많은 가능성이 있지만, 영광의 주인공은 조지 크룩 준장이었다. 미 육군 사관학교를 1852년에 졸업한 그는 아메리카 원주민들 사이에서는 '회색 여우'로 알려져 있었다. 플랫강 지역의 사령관이었던 크룩 장군은 진실성 있는 태도로 원주민을 대했다는 면에서 시대를 1세기 이상 앞서 있었다. 게다가 원주민을 상대로 군사 작전을 치르는 것이 어렵냐는 누군가의 질문에 대한 그의 대답 하나만으로도, 그는 이 땅에 이름을 남길 자격이 충분했다. 그는 이렇게 답했다. "네, 그들은 힘겨운 상대입니다. 그러나 가장 힘겨운 것은 그들이 옳다는 것을 알고 있으면서 싸우러 나가야 한다는 점입니다."

나는 내 여행가방 손잡이가 마차의 포장 위에 만드는 그림자를 몇 시간째 지켜보면서 달의 위치 변화를 관찰했다. 시간은 지루하게 흘러갔고, 추위는 점점 더 심해졌다. (…) 3시에서 4시 사이에 우리는 마이어스빌에 도착했다.

그들은 스위트워터강에 이르렀다. 강을 건널 때는 새로운 마부가 함께했다. 그는 놀라울 정도로 말투가 여렸다. 그는 말들을 향해 "어머, 얘들아!" 하고 소리를 질렀다.

길에 나와본 경험이 한 번뿐이라는 이 마부는 마차를 끄는 말들을 알지 못했고, 채찍도 없었다. 호그백이 다가오고 있었다. (…) 그때부터 우리는 잠이 달아났고, 눈도 깜박일 수 없었다.

호그백은 비버산 분수계에서 급하게 내려오는 칼날 같은 돌출부였다. 비버산 분수계에서 갈라진 물은 동쪽으로는 플랫강으로 흘러가고, 북쪽으로는 윈드강과 빅혼강과 옐로스톤강으로 흘러간다. 호그백을 이루는 프런티어 사암과 모리 셰일은 백악기의 바다에서 평탄하게 퇴적되었고, 나중에 이곳에서 급격하게 위로 휘어지면서 가장자리가 삐죽삐죽한 내리막이 만들어졌다. 호그백의 셰일은 벤토나이트 검보로 인해 미끄러웠다.

우리는 비버산 정상에서 멀리 하얗게 펼쳐진 윈드리버산맥을 바라봤다. 마부는 뒷바퀴에 제동 장치를 채우고 내리막을 내려가기 시작했다. 말들이 계속 길을 벗어나면서 대혼란이 일어났다. 길에는 급하게 돌아가는 굽이들이 있었고, 화물마차들이 넘어질 위기를 아슬아슬하게 넘기면서 파놓은 고랑들도 있었다. 말 한 마리가 넘어졌지만, 다른 말들에 끌려가다시피 하다가 결국 일어섰다. 마침내 비탈이 덜 가파른 곳에 이르자, 마부는 다시 제동 장치를 풀고 언덕을 내려가기 시작했다. 말들이 제 몸보다 무거운 수레를 끌면서 쥐처럼 달리는 동안, 마차는 골짜기에서 좌우로 휘청거렸다.

롤린스를 떠난 지 스물여섯 시간 만에 역마차는 헤일리에 도착했다. 아침 식사가 기다리고 있었고, 윅섬 양의 의견으로는 "똑같이 괴물 같은 비스킷과 블랙커피"가 기다리고 있다고 말할 수 있을 것이다. 가디너 밀스라는 목장주가 도착했다. "키가 작고 까무잡잡하며 말투가 맵살스러운" 그는 그녀에게 외투 위에 덮을 커다란 털코트를 건네주고, 쾌적한 그의 사륜마차 안에서 추위를 피할 수 있게 해줬다. 밀스는 새로 부임한 여교사를 16킬로미터 떨어진 그의 레드블러프 목장까지 데려가기 위해서 그곳에 왔다. 오후가 되자, 두 사람은 장미색, 진홍색, 벽돌색, 암적색이 이어지는 180미터 높이의 절벽을 따라 서북쪽으로 향했다. 트라이아스기의 암석인 그 붉은 절벽 아래의 커다란 샘 근처에 나지막한 목장 건물들이 있었다.

한쪽 귀퉁이에는 가축우리와 일꾼들의 숙소, 곡물과 우유 창고로 쓰이는 통나무집들이 있었다. 마차가 목장 입구로 들어서자, 앞머리를 한껏 부풀린 어린 소녀 둘이 우리를 마중 나왔다. 천방지축인 학생들에 대한 내 두려움은 말끔히 사라졌다.

그녀의 방에 있는 "서랍장"은 모슬린 커튼으로 감싼 상자더미였다. 방에는 "개인용 세면대"와 사방 30센티미터짜리 거울이 하나 있었다. 벽에는 사전트와 게인즈버러의 판화와 영화배우 에설 베리모어와 프시케의 그림이 걸려 있었다.

───

롤린스의 서쪽 외곽에서, 데이비드 러브는 주간고속도로의 갓길에 차를 세웠다. 그의 의도는 잘 모르지만, 경관을 사진으로 남겨두는 편이 좋을 것이다. 롤린스는 낮은 언덕과 넓고 평평한 초원 사이에 자리를 잡고 있었고, 그곳에는 멋진 사진이 나올 만한 경치는 없었다. 2킬로미터 남짓 떨어진 곳에는 롤린스 지방법원이 있었지만, 이 서쪽 변두리 지역은 롤린스에서는 꽤 구석진 곳이었다. 드러난 바위, 갈색의 마른 잡초,

칙칙한 녹색의 그리스우드 덤불과 세이지 군집이 군데군데 흩어져 있는 차분한 세계였다. 80번 주간고속도로는 1965년에 흰색 콘크리트로 만들어졌지만, 오래전에 바다에 살았던 조류의 유해가 화장되어 뿌려진 도로는 이제 색이 짙어졌다. 남쪽으로는 마른 골짜기와 침식된 암석 부스러기가 널려 있는 불모지가 있었다. 북쪽에는 파도처럼 날카롭게 부서지는 능선이 몇 개 있었지만, 롤린스 융기는 로키산맥의 일원이 되기에는 턱없이 부족했다. 그렇다면 와이오밍 전체의 지질도가 머릿속에 들어 있는 데이비드 러브는 이곳에 왜 멈췄을까?

러브의 말에 따르면, 롤린스 주변에 드러나 있는 이 바위들에는 뉴욕에서 샌프란시스코까지 이어지는 80번 주간고속도로에 있는 다른 어떤 노두보다 더 넓은 범위의 시간이 펼쳐져 있었다. 우리는 지구가 살아온 기간의 절반이 훌쩍 넘는 시간 속의 수많은 순간을 보고 있었고, 2억 5000만 년 전의 바위 끝 벼랑에서 시간이 멈춘 그랜드캐니언의 장관보다 훨씬 더 긴 시간을 보고 있었다. 이곳 롤린스에서 우리 앞에 놓인 암석은 연대가 시생누대까지 거슬러 올라가고, 마이오세까지 이르렀다. 좋은 사진기가 있다면, 이 광경에서 셔터 속도 250분의 1초에 조리개 값 f/16로 26억 년의 시간을 포착할 수 있을 것이다. 그러나 그 사진에서 가장 시선을 사로잡는 것은 언덕 위에 서 있는 하얀 롤린스 공영 급수탑이 될 것이다.

그래도 그 언덕은 시생누대의 화강암과 캄브리아기의 사암과 미시시피기의 석회암이었다. 만약 그것들이 형성되고 있을 당시에 사진을 찍을 수 있었다면, 꽤 볼만한 작품들이 나왔을 것이다. 그곳에는 거품 같은 덩어리들이 떠다니는, 대륙이 없는 깊은 바다가 있었다(그 아래 보이지 않는 곳에서는 마그마가 냉각되고 있었을 것이다). 대륙이 올라오고 해안이 생긴 후에는 이끼조차 없이 드러난 맨 바위 위로 강들이 흘렀다. 앨라배마를 닮은(그러나 적도 근처에 있는) 저지대의 평원은 짙은 붉은색 흙으로 덮여 있었다. 그리고 대륙붕에 형성된 깨끗하고 따뜻한 바다가 있었다.

건조하고 뜨거운 모래 언덕도 있었다. 그 모래언덕들은 모두 마이오세의 태양이 떠오르는 방향을 향하고 있었다. 훨씬 더 오래된 다른 모래언덕들은 큰 의문 하나를 남겼다. 그 모래언덕들이 물속에 있었는지 아니면 물 밖에 있었는지를 지금은 알 수 없기 때문이다. 그 모래언덕들은 와이오밍 전체와 훨씬 더 넓은 범위를 뒤덮고 있었다. 어쩌면 리비아 사막과 무척 비슷했을지도 모르는 이 펜실베이니아기의 모래언덕들은 텐슬립-캐스퍼-파운틴 층이 되었다. 구불구불하게 흐르는 강의 그림도 있었다. 범람 퇴적층과 자연 제방이 쌓인 강가에는 소철류가 자라고 있었다. 빨래통만 한 크기의 발자국도 있었고, 나무 위로 높이 머리를 내밀고 있는 거대한 동물도 있었다. 강 뒤편으로, 우각호의 가장자리에는 습지 식물이 무성했다. 이런 그림을 남긴 지층은 모리슨층이었다. 극적인 공룡들이 특히 인상적인 쥐라기의 경관인 모리스층은 도로에서 바로 위쪽에 드러나 있었다. 수장룡과 거대한 거북과 악어가 있는 드넓은 백악기 바다의 다양한 풍경도 있었다. 팔레오세의 습한 아열대 늪지도 있었고, 에오세의 산을 빠르게 내달리는 강에 펼쳐진 자갈톱도 있었다. 이 강은 아열대의 평원까지 이어졌는데, 그 평원에는 강아지만 한 말들이 살기 위해서 몸을 숨기고 있었다.

이곳에서 만들어진 그림들은 장면 하나하나가 다 다르며, 높이 쌓아올릴 수 있을 것이다. 그 그림들을 순서대로 모두 합치면, 와이오밍의 이 부분에 대한 지질 주상도가 된다. 그 지질 주상도는 땅속 깊이 파고들어간 유정 시추 장치에서 얻은 기록과 일치할 것이다. 물론 군데군데 빠진 곳도 있을 것이다. 어느 곳이나 지질 주상도에는 남아 있는 것보다는 빠져 있는 시간이 더 많다. 풍화되어 사라진 부분이 너무 많기 때문이다. 게다가 지질 주상도에 있는 암석은 1000년 동안 이어지는 시간을 기록하기보다는 한 번의 폭발, 한 번의 홍수, 하나의 빗방울 같은 순간을 남기기에 더 적합하다. 마치 뉴스 방송처럼 재난들을 이어 붙여놓은 경우가 더 많고, 누적된 시간의 기록은 별로 없다.

나는 지구 역사의 그렇게 많은 부분이 왜 별로 특별할 것도 없는 이런 곳의 지표면에 나타나 있는 것인지 러브에게 물었다.

그는 이렇게 말했다. "그냥 난데없이 나타난 거예요. 이것이 여기에 저절로 나타난 이유는 격렬하게 논쟁해볼 일이죠." 롤린스 융기는 아무것도 이루지 못한 게 아니었다.

산등성이에 있는 선캄브리아 시대의 화강암은 26억 년 된 시생누대의 암석이다. 이 화강암은 우리가 있는 곳 아래로 기울어져 있었다. 고속도로 근처에서는 유니언퍼시픽의 철도가 그 위에 놓인 사암을 뚫고 지나갔다. 화강암에서 유래한 사암은 캄브리아기 바닷가에 있던 모래였고, 당시 미국 서부 해안은 이곳 롤린스에 있었다. 이 플랫해드 사암과 그 위에 놓인 매디슨 석회암 사이에는, 고생대 평원의 진한 붉은색 흙이 작은 덩어리를 이루며 1억7000만 년에 걸친 부정합 속 여기저기에 흩어져 있었다. 철도에서 우리 쪽으로 조금 더 가까이 있는 낮은 언덕 비탈에는 붉은 줄이 하나 보였다. 우리는 그쪽으로 걸어가서 그것을 조금 채취해 가방 속에 넣었다. 암석이라고 하기에는 너무 약해서 쉽게 부서져 가루가 되었다. 코코아 분말 같은 질감의 아름다운 장미색 가루였다. 페인트 업계에서는 롤린스 레드라고 알려져 있고, 아메리카 원주민들에게는 전투 화장에 쓰이는 효험 있는 약이던 이 가루는 3억5000만 년 된 고古토양(화석 토양)이었다. 우리가 다시 도로로 돌아왔을 때, 바퀴가 26개인 CF 화물운송 회사의 대형 트랙터-트레일러 두 대가 천둥 같은 소리를 내며 지나갔다. 러브가 말했다. "처음에는 포장마차가 있었고, 그다음에는 12~16마리의 소가 끄는 화물 운송용 대형 우마차가 있었어요. 이제는 저런 것들이 있죠."

롤린스에 펼쳐진 시간은 와이오밍의 곳곳에 있는 지질 주상도처럼, 인상적일 정도로 세밀했다. 미국 전체의 37분의 1에 불과한 와이오밍이 그와 걸맞지 않은 비율의 미국 지질을 포함하고 있음을 암시하는 것 같았다. 지질학자는 그들이 자란 환경에 있는 암석에 강하게 영향을 받는 경향이 있다. 이를테면 구조지질학이라는 지질학의 한 분야는 전통적으로 스위스가 주도해왔다. 스위스 지질학자들은 구조의 교과서 같은 국토에서 하이킹을 하고 스키를 타며 어린 시절을 보낸다. 한 다국적 석유 회사가 전 세계 지부의 구조지질학자들을 휴스턴에 불러들여 회의를 열었을 때, 휴식 시간의 공용어는 스위스 독일어였다. 퇴적학의 마술사는 대개 네덜란드인들이다. 기록이 없는 예금deposit을 담보로 대출을 받는 방법을 찾아내는 사람들이라는 네덜란드인들에 대한 기대는 퇴적층deposit에도 적용된다. 신시내티는 놀라울 정도로 많은 미국 고생물학자를 배출했다. 신시내티는 대단히 특별한 오르도비스기 화석이 많이 발견된 곳이다. 석유 지질학자들의 수도인 휴스턴은 반경 240킬로미터 안에 망치로 내리칠 만한 암석이 없다. 휴스턴의 지질학자들은 다른 어딘가에서 온 것이다.

선캄브리아 시대의 크레이톤인 순상지 위에서 자란 지질학자들은 구리, 다이아몬드, 철, 금에 흥미를 보이는 경향이 있다. 세계적인 규모의 금속 광상은 대부분 선캄브리아 시대에 형성되었다. 다이아몬드는 맨틀에서 올라오기 시작한 후, 지표세계로 가는 여정에서 살아남기 위해서는 두꺼운 크레이톤이 필요한 것으로 보인다.

캘리포니아에서 성장한 지질학자들은 프란시스코 멜란지와 저탁류 퇴적물turbidite이라는 특이한 복합 구조로 연구를 시작한다. 이렇게 고도로 변형된 암석 구조를 연구할 때는 지형학자인 G. K. 길버트보다는 정신의학자인 알프레트 아들러나 카를 융이 더 필요해 보인다. 셸은 직원 명단에서 캘리포니아 출신 지질학자의 이름 옆에는 별표를 붙인다. 그 별표의 의미는, 이를테면 그들이 텍사스에 있는 동안에는 핵베리 퇴적층의 멕시코만 저탁류 퇴적물과 관련해서는 꽤 유용할 수 있지만, 그 외 다른 곳에 배정할 때는 주의하라는 것이다. 전에 셸에 근무했던 한 지질학자(데이비드 러브는 아니다)는 내게 이렇게 말했다. "그 별표에는 '일을 다 마치면 다시 캘리포니아로 돌려보내라'는 의미도 있어요. 셸은 그들을 별개의 종족으로 생각했다니까요."

와이오밍에서 자란 지질학자는 아마 별표를 제외한 위의 모든 능력을 지니고 있을 것이다. 와이오밍에서 자란 지질학자는 자원지질학도 무시할 수 없고, 고식물학도 무시할 수 없고, 모든 시대의 세세한 이야기들을 하나도 무시할 수 없었을 것이다(와이오밍에는 지구 역사의 모든 시대가 다 나타나 있다). 와이오밍의 지질학적 특성은 무엇보다 다방면으로 박식한 사람을 만들어내는 경향이 있을 것이다. 와이오밍의 지질학자는 수많은 암석을 직접 눈으로 보고 서로 맞춰서 그 안에 담긴 이야기의 본질에 다다르는 사차원적 재능을 갖춘, 지질학자들이 말하는 '큰 그림'의 각본가이자 석판화가였다.

언뜻 보면 와이오밍은 나라에서 임의로 나눈 하나의 구획 같다. 주 경계가 네모반듯하게 사각형을 이루는 주는 미국에서 와이오밍과 콜로라도뿐이다. 그런 경계선은 자연에 대한 모욕으로 보일 수도 있다. 강과 분수계가 만드는 자연의 지형을 무시한, 순전히 정치적 이유에서 나온 경계선처럼 보인다. 그러나 강과 분수계는 어떤 면에서 보면 경계로 어울리지 않는다. 경계에 담긴 영속적이라는 의미는 강과 분수계의 작용으로 무색해진다. 강과 분수계는 움직이고 변하고 사라진다. 강은 대체로 젊다. 미국에서 가장 오래된 강은 뉴강이라 불린다. 뉴강은 (노스캐롤라이나와 버지니아와 웨스트버지니아에서) 지구 역사의 1.5퍼센트가 조금 넘는 기간에 존재해왔다. 콜로라도강이 생기기 이전의 시대에는 셀 수 없이 많은 강이 이리저리 복잡하게 흐르면서 그랜드캐니언의 지층을 깎아내고 녹이고 쌓고 운반해왔다. 최근에 나타난 콜로라도강은 아주 짧은 시간 동안만 그랜드캐니언을 파헤쳐왔다. 인류는 이미 만들어져 있는 그랜드캐니언만 볼 수 있었다. 그린강은 지난 수백만 년 동안 유인타산맥을 깎아내며 흘렀고, 윈드강은 아울크리크산맥을, 래러미강은 래러미산맥을 깎아내면서 흘렀다. 산맥 자체도 올라오고 움직였다. 분지를 채우고 있던 수백 미터 높이의 퇴적물은 최근에 사라졌다. 롤린스 주위에서 암석이 넓게 드러나는 동안, 땅의 모습은 자주 바뀌었다. 와이오밍은 지구의 기록인 암석 해독을 위한 첫 번째 원칙을 강조하고 있는 것 같다. 지표면의 모습은 지표면의 모습일 뿐이라는 것이다. 지형은 성장하고, 쇠퇴하고, 압축되고, 펼쳐지고, 해체되고, 사라진다. 모든 풍경은 일시적이며, 다른 풍경의 조각들로 이뤄진다. 숭덩 잘려나간 수박의 단면과 같은 와이오밍의 경계를 나타내는 네 직선은 와이오밍과 그 이전의 세계의 테두리가 되어야 마땅하다.

와이오밍에서 자란 지질학자는 판구조론으로는 가장 설명하기 어려운 세계의 산맥 속에서 자란 것이다. 와이오밍에서 자란 지질학자는 그곳의 화산활동, 그곳의 산맥에서 일어나는 침식, 그곳의 분지에서 일어나는 퇴적 작용을 통해서 지구의 순환을 본능적으로 이해했을 것이다. 사람들이 지켜보는 동안, 지질은 스스로 반복되고 있다. 미국 지질조사소의 초대 수장인 G. K. 길버트는 일찍이 "지질학자라면 빙하를 보고 화산 분출을 관찰하고 지진을 느껴보고 싶은 것이 당연하고 자연스러운 야망"이라고 말했다. 와이오밍에서 자란 지질학자는 이 모든 것을 멀리 가지 않고도 어린 시절에 경험할 수 있었다.

───

워섬 양의 학교인 오두막은 스컬 협곡 초입 근처인 트윈크리크에 있었다. 학교는 밀스 목장에서 2킬로미터쯤 떨어진 곳에 있었다. 학생들은 훨씬 더 먼 곳에서 왔고, 어떤 때는 높이 쌓인 눈을 뚫고 오기도 했다. 아침에는 잉크통 안의 잉크가 얼어 있는 날도 많았고, 그런 날은 잉크를 녹이는 것으로 하루를 시작했다. 읽기와 맞춤법과 화학과 시민 정부에 대해 배우는 것은 그다음 일이었다. 때로는 벽 틈으로 파고들어온 눈이 교실 안을 떠다니기도 했다. 물은 얼어붙은 트윈크리크 시냇물에 구멍을 뚫고 길어왔다. 냇물이 바닥까지 꽁꽁 얼어 있으면, 학생들은 눈을 녹였다. 가로세로 길이가 각각 4.2미터, 4.8미터인 이 학교는 웰즐리 대학의 욕실보다 더 작았다. 문에는 "지나가던 사람이 쏜 6연발 권총의" 총알 구멍이 있었다. 뗏장을 덮은 지붕에서 학생들의 머리 위로 흙이 떨어지는 것을 방지하기 위해, 천장 위에는 낡은 마대 자루와 작업복을 넣어두었다. 그러나 종종 먼지가 내려왔고, 먼지는 교실 남쪽에 있는 창문으로 들어온 햇살에 부딪혀 반짝였다. 교실에는 윅섬 양의 교탁과 의자, 그리고 여덟 명의 학생을 위한 책상이 있었다. 윅섬 양의 업무는 와이오 밍주 프리몬트 카운티의 제11구역에서 받을 수 있는 정규 교육을 학생들에게 100퍼센트 전달하는 것이었다.

처음 15분이나 30분 동안은 『톰 아저씨네 오두막』이나 『유괴』를 읽으면서 모두 함께 난롯가에 둘러앉아 몸을 녹인다. 대개 책을 읽는 동안에 얼어붙은 길을 따라 말이 달려 내려오는 소리가 나면서 소년들의 주의가 산만해진다. 몇 분 후에는 키 180센티미터의 조지가 한 손에는 귀리 자루를, 다른 손에는 보자기에 싼 점심 도시락을 들고 교실 안으로 들어온다. 말을 타고 8킬로미터를 달려오면서 몸이 꽁꽁 언 조지는 난로 옆 바닥에 앉아서 박차의 버클을 풀고, 승마용 가죽 덧바지와 모자를 벗는다. 목과 귀를 두세 겹으로 감싼 목도리를 풀고, 기온에 따라서 한 겹 또는 두 겹으로 입은 코트를 벗고, 조끼 단추를 풀고 가죽 소맷부리를 정리한다. 그러면 드디어 수업 준비가 다 된다.

키가 180센티미터인 샌드퍼드는 가장 덩치가 큰 학생이다. 그는 행동이 느리고 큰 손발을 늘 신중하게 움직인다. 그는 부드러운 목소리에 존경을 담아서 나를 "선생님"이라고 부른다. 야외에서 놀이를 하는 동안에는 그는 딴 사람이 된다. 바깥 공간은 덩치가 큰 그에게도 충분히 넓다. 그다음으로 큰 소년은 오토 슐릭팅이었다. 그는 마르고 까무잡잡하며, 영민함과 아둔함이 기묘하게 뒤섞인 소년이다. 그는 옳거나 틀리거나 항상 문제가 있다! 또 그는 큰 관심을 끌기 위해서 허풍을 떤다. 하지만 오토에게는 뭔가 아주 귀여운 구석이 있다. 나는 그의 여동생에게 짧은 선을 덧긋거나 지워서 덧셈 뺄셈 하는 법을 알려주고 있었다. 나중에 나는 오토의 시험지 뒷면에서 수백 개의 짧은 선을 봤다. 오토는 그 방법으로 100단위까지 계산을 하려고 한 것이 틀림없다. 그는 거의 열다섯 살이고 나눗셈을 배우는 중이다. (…) 산수를 못하는 것은 집안 내력이다. 나는 "96에는 8이 몇 번 들어가지?" 하고 묻는다. 오토는 한참을 고민한다. 마침내 그가 밝게 웃으면, 나는 그가 정답을 말하기를 간절히 고대한다. "두 번이요." "우리 몸의 세포에는 무엇이 공급되지?" 내가 그에게 묻는다. 그가 생각한다. 그리고 "식초인 거 같아요" 하고 답한다. 그는 형태에 대한 개념이 전혀 없다. 그가 칠판에 그린 북아메리카 지도는 하나같이 순무처럼 생겼다.

학생들의 나이는 한 자릿수에서 두 자릿수에 걸쳐 있었고, 지적 능력의 폭은 그보다 더 넓었다. 윅섬 양은 에먼스 슐릭팅을 불러서 "소화는 어디에서 일어나지?" 하고 물었다. 에먼스는 "이리 운하에서요"라고 답했다. 윅섬 양은 가정에 문제가 있던 조지 엘러에게 특별히 관심을 기울였다.

그는 겨우 열세 살이었지만 샌드퍼드보다 키가 더 컸고, 잘생긴 금발 소년이었다. 나는 그 아이를 가족과 분리해야 했기에 그 애를 납치했다. 그런 생각을 한 것은 그 애가 자신의 아버지를 죽이려 하기 때문이다! 그 애의 얼굴은 더없이 잘생겼다.

점심시간에는 모두가 지역의 소식을 주고받았다. 올드 핸리가 덫으로 잡은 대평원늑대 한 마리, 이 목장 저 목장에서 없어진 소와 말들, 얼마 전에 폭풍 때문에 길을 잃은 어느 목부 이야기 같은, 1만8000제곱킬로미터 넓이의 지역을 휘저어놓을지도 모르는 이야기는 뭐든지 나왔다. 학교 뒤편에 있는 스컬 협곡으로 들어가서 그 너머 고지대로 올라가면 120~160킬로미터 떨어진 곳까지 볼 수 있었다. "윈드리버산맥을 배경으로 크로하트뷰트의 희미한 외곽선을 볼 수 있었다." 크로하트뷰트라는 이름에는 와이오밍의 역사가 담겨 있었다. 크로하트뷰트는 주변 경관보다 300미터 높게 솟아 있고, 평평한 사암으로 덮여 있다. 오늘날까지도 크로하트뷰트 꼭대기에는 원주민들의 원뿔형 천막인 티피가 있었던 고리 모양의 터가 남아 있다. 외진 서부 지역에서 유난히 시선을 사로잡는 광경 중 하나는 둥글게 배치된 돌들이다. 한때는 바람을 견뎠던 그 돌들은 이제는 바람에 날려 사라진 것들을 떠오르게 한다. 크로족은 크로하트뷰트 지역의 사냥터를 좋아했고, 쇼쇼니족도 마찬가지였다. 두 부족은 전쟁을 벌였고 이 땅에서 많은 피를 흘렸다. 마침내 쇼쇼니족 추장이 크로족 추장에게 말했다. 이 싸움은 무의미하다. 우리 둘이 일대일로 싸우자. 그리고 이긴 자가 사냥터를 갖자. 쇼쇼니족의 추장은 위대한 와샤키였다. 와이오밍 지도에는 그의 이름이 산맥과 카운티를 포함해 여섯 곳의 지명에 남아 있다. 와샤키는 쉰 살이 넘었지만 체격이 건장했다. 크로족은 이 제안에 이의를 제기하는 편이 현명했을 것이다. 와샤키는 크로족 추장과 벌인 육박전에서 이긴 다음 그의 심장을 잘라냈다. 그리고 그것을 먹었다.

신출내기 외지인이자 순진한 처녀 선생님이라는 상대적으로 불리한 조건에 있었지만, 웍섬 양은 적응이 빠른 사람이었다. 그녀는 남다른 통찰력으로 와이오밍을 금세 이해하게 되었다. 이를테면 그녀의 일기 중 어느 날에는 조지 엘러의 아버지에 대한 이야기가 담겨 있었다. "그는 암말 한 마리와 함께 이 땅에 들어왔다. 첫해 여름, 암말은 여섯 마리의 새끼를 낳았다! 그런데 암말이 송아지도 낳았는지, 엘더 가족의 소도 마릿수가 늘었다." 이 글이 쓰인 날짜는 그녀가 역마차를 타고 도착한 이튿날인 1905년 10월 22일이었다. 그 후로 몇 달 동안, 그녀는 이웃들을 묘사했다(이웃의 범위는 수십 킬로미터 밖까지 적용되었다). "옆집에는 열여덟 살쯤 된 프링크 부인이 아주 건강한 아기와 함께 살았다. 그 옆에는 프링크 부인의 자매인 아이다 프랭클린이 살았는데, 아이다는 프링크 부인보다 몸집이 거의 두 배였고 조용히 있어도 더 소란스러웠다." 목욕 중에 사망한 더티 빌 콜린스에 대한 이야기도 있었다. 웍섬 양은 밀스 부인이 들려주는 가이 시뇨라는 바람둥이 이야기를 즐겨 기록했다. "그의 마음은 양배추 같아서 아가씨들마다 이파리를 한 장씩 떼어준다." 웍섬 양의 기록에 따르면, 가장 가까이 있는 이발사는 양털을 깎으며 일을 배웠고, 대장장이는 치과의사를 겸하고 있었다. 프랑스계 캐나다인인 올드 펠론은 그녀에게 깊은 인상을 남겼다. 그의 형제가 아메리카 원주민들에게 죽임을 당한 후에 정부에 돈을 요청하는 것을 거부했기 때문이다. 올드 펠론은 "그는 죽는 것이 낫다"고 말했다. 올드 펠론은 남성 목적격 대명사를 쓰는 버릇이 있었다. 웍섬 양은 이렇게 썼다. "펠론에게는 아내가 있었는데, 아내의 이야기를 할 때는 항상 '그him'라고 했다." 웍섬 양 자신도 이 장면 속 등장인물 중 하나였다. 사람들은 때로 그녀를 '흰 머리 꼬마'라고 불렀다.

"이곳에는 내가 기꺼이 만나야 하는 사람이 많았다." 일기의 초반부에는 이런 글이 있었다. 그녀는 원주민들의 손에 자란 인디언 딕을 만나보고 싶어했다. 그는 자신이 누구인지 전혀 몰랐다. 아마 원주민들에게 살해당한 이주민의 자식이었을 것이다. 웍섬 양은 "사워 도라 불리는 여자도 만나보고 싶었다. 또 세손가락 빌, 서퍼링 짐, 샘 오메라, 루브 로 같은 사람도 만나보고 싶었다……." (루브 로는 마차와 역마차에서 강도질을 하면서 왕실 가족의 일원을 찾아다녔다.) 한편, 양을 키우며 떠돌아다니는 카우보이 한 사람이 있었는데, 그는 윅섬 양을 만난 것을 누구보다 기뻐했을 것이다.

윅섬 양의 일기에서, 그는 "이름이 조니 러브인 러브 씨"로 처음 등장한다. 그는 100킬로미터 밖에 살았고 돌봐야 할 소와 양이 많았지만, 어찌 된 일인지 젊은 여교사가 새로 부임해왔을 때 그곳에 있었다. 그 후로 며칠, 몇 주, 몇 달 동안, 그는 눈에 띄게 자주 모습을 보였다. 대개는 깊은 밤에 불쑥 찾아왔다. 조용히 울타리 안으로 들어와서 자신의 말에게 물과 먹이를 주고 일꾼 숙소에서 잠을 잤다. 그리고 이튿날 아침 식사 자리에 나왔다. 그는 짙은 색 머리카락과 파란 눈과 부드러운 스코틀랜드 억양을 지닌 미남이었다.

러브 씨는 서른다섯 살쯤 된 스코틀랜드 사람이다. 그를 처음 봤을 때는 삯일을 하는 일꾼인 줄 알았다. 그는 작업복을 입고 긴 의자에 뻣뻣하게 앉아서 쉬고 있었다. 그는 무릎까지 올라오는 검은색과 붉은색 줄무늬의 엄청난 양말을 신고 있었는데, 양말 윗부분에는 푸른색 테두리가 있었다. 그 양말은 그에게 실내화 대신인 것 같았다. 그의 얼굴은 상냥했고, 영민해 보이는 파란 눈동자가 반짝였다. 입가를 덮을 정도로 자란 콧수염은 시냇가에 늘어진 버드나무 같았다. 그러나 무엇보다 독특한 것은 그의 목소리였다. (…) 스코틀랜드 사투리 약간, 조금 늘어지는 말투, 콧소리 약간, 한 번씩 나오는 높은 가성, 야외에서 말을 하고 있는 것 같은 음색이 있었다. 그의 목소리는 그의 눈만큼이나 반짝였다. 그리고 그의 말투는 아주 예스러웠고 색다른 표현이 많았다.

러브 씨는 이 여정을 위해 꼬박 열한 시간씩 이동을 했다. 그에게 이 여정이 지루하거나 괴롭지는 않았다. 그는 작은 마차를 자주 탔는데, 말들에게 가고자 하는 방향을 알려주고 좌석에 누워 잠을 청하곤 했기 때문이다. 그는 에든버러에서 왔지만, 누구보다도 그 지역에 잘 적응했다. 그는 내리 7년을 집 없이 지내면서 야외에서 잠을 잤다. 말 위에서 그는 그의 준마들과 일체가 되었다. 그는 빠른 속도를 유지하며 장거리를 이동할 수 있는 체력을 지녔다. 총을 쏘면 늘 명중이었다. 1897년에는 지리적으로 와이오밍 중심부에 가까운 머스크랫크리크의 정부 공여 농지에 정착하기 시작했고, 그때부터 자신의 능력을 펼쳐나갔다. 그는 이런저런 방법으로 수백 헥타르의 땅을 얻었지만, 대부분 건조하고 탁 트여 있는 땅에서 면적은 중요하지 않았다. 가장 중요한 것은 물에 대한 권리였고, 존 러브가 물을 관리해야 하는 지역의 넓이는 와이오밍 전체 면적의 약 1퍼센트에 해당되는 2600제곱킬로미터에 달했다. 그는 1891년에 걸어서 이 땅에 들어왔고, 1905년 당시에는 말 여러 마리와 소 200마리와 양 수천 마리를 갖게 되었다. 웍섬 양의 일기에서 그는 "양고기 백만장자muttonaire"라고 불렸다.

그의 유쾌한 성향은 더 흔히 볼 수 있는 스코틀랜드인의 유형과는 대조를 이뤘다. 그는 악당 흉내를 냈고, 어처구니없는 짓에 능통했다. 그는 그 고지대 사람들을 모두 알고 있는 것처럼 보였고, 그 지역이 처한 조건들은 더 잘 알고 있었다. 어느 날 그와 대화를 나눈 후, 웍섬 양은 일기에 다음과 같이 썼다.

이곳은 아름다운 만큼 잔인한 땅이다. 남자들은 자연의 선처 덕분에 겨우 이곳에 있는 것 같다. 우리는 큰 폭풍이 지나갈 때마다, 실종되는 사람들의 이야기를 듣는다. 어제 레드 사막에서는 양떼를 몰던 사람이 실종되었다. 사람들이 일주일 동안 그를 찾아다녔지만, 아무 흔적도 나오지 않았다. 이름이 조니 러브인 러브 씨는 머스크랫 근처에 있는 그의 땅에서 얼마 전에 사라진 사람에 관해 말했다. 밀스 씨가 "외지인이에요?" 하고 물었다. "아니요, 여기서 나고 자란 사람이었어요." "나이가 많아요?" "아니요, 한창나이였어요. 로스트캐빈을 떠날 때 술에 취해 있지도 않았어요."

러브 씨는 위스콘신 포티지 근처의 한 목장에서 태어났다. 목장주인 그의 삼촌은 환경운동가인 존 뮤어였다. 그의 어머니는 그를 낳은 날 사망했다. 의사이자 사진작가이고, 세계 여행에 관한 강연도 하던 그의 스코틀랜드인 아버지는 여행을 끝내고 가족을 집으로 데려갔다. 스코틀랜드에서, 갓난아기인 그는 세 명의 누나 손에 자랐다. 의사인 아버지는 존이 열두 살이었을 때 사망했다. 존의 누나들은 네브래스카 브로큰보로 이민을 가서, 1870년대와 1880년대에 정부 공여 농지에 정착해 모두 성공을 거두었다. 존은 10대 중반이었을 때, 누나들과 함께 살기 위해 그곳으로 갔고, 1888년의 눈폭풍을 경험했다. 일주일 내내 몰아친 눈보라에 한 치 앞도 보이지 않았기 때문에, 집에서 헛간까지 밧줄을 잡고 다녀야 했다.

그는 학장의 화단에 표지판을 세웠다는 이유로 네브래스카 대학에서 퇴학을 당했다. 그래서 카우보이 일을 하러 갔고, 곧 더 서쪽으로 갈 생각을 하기 시작했다. 충분히 돈을 모은 그는 작은 마차 한 대와 거기에 어울리는 검은 말들을 사서 와이오밍을 향해 출발했다. 주 경계를 막 지나서 첫 밤을 보내는 동안, 그의 말들이 독이 있는 샘물을 먹고 죽어버렸다. 그 후에 그가 한 행동은 아마도 그의 일대기를 가장 함축적으로 보여주는 순간일 것이다. 네브래스카에는 그가 돌아갈 수 있는 집이 세 곳이나 있었다. 그는 그의 전 재산이나 다름없는 마차를 죽은 말들 옆에 버리고, 걸어서 와이오밍으로 들어갔다. 러브는 약 320킬로미터를 걸었다. 크룩스 협곡과 인디펜던스록에서 가까운 오리건 길의 스플리트록에서, 그는 71목장의 카우보이로 고용되었다. 그해는 1891년이었고, 와이오밍주는 생긴 지 10개월된 신생주였다.

1890년대 내내 존 러브의 이력에는 몇 개의 구멍이 있지만, 카우보이와 서부 정착민으로서 그는 확실히 성공을 거뒀고 여러 사람과 끈끈한 우정을 나누기도 했다. 그의 친구들 중에는 와샤키 추장, 역마차 마부인 페기 도허티, 로버트 르로이 파커와 해리 롱어보(영화 「내일을 향해 쏴라」의 부치 캐시디와 선댄스 키드)도 있었다. 어느 날 러브는 늙은 와샤키 추장에 대한 궁금증 하나가 점점 커져서 더 이상 참을 수 없게 되었다. 그는 추장에게 크로하트뷰트 이야기가 어디까지 사실인지를 물었다. 와샤키 추장이 정말로 적의 심장을 먹었을까? 추장은 이렇게 말했다. "이봐요, 조니, 젊고 혈기왕성할 때는 이상한 짓을 정말로 하기도 하지요."

로버트 르로이 파커는 이따금씩 머스크랫크리크에 있는 러브의 목장을 찾아왔다. 러브의 목장은 콜로라도 홀인더월과 스위트워터강의 중간쯤, 즉 파커의 은신처와 그의 여자가 있는 곳 사이에 위치하고 있었다. 러브의 후손들은 몇 년 전에 잭슨홀의 한 오두막에서 발견된 사진 한 장을 가끔씩 멍하게 들여다보곤 하는데, 그 사진이 발견된 오두막의 주인은 무법자 갱단인 와일드 번치 일원이었다. 1890년대 중반에 찍힌 그 사진 속에는 파커와 함께 열여덟 명의 남자가 있었다. 검은색 신사복을 입은 파커는 풀 먹인 하얀 깃에 넥타이를 매고 중절모를 쓰고 있었다. 사진 속 남자들 중 두 명은 정체가 의문스러웠다. 그중 한 사람은 중간 정도 키에 골격이 탄탄하고 말쑥한 차림새에 중절모를 한쪽으로 비껴 쓰고 있었다. 상냥한 얼굴에는 영민해 보이는 눈동자가 반짝였고, 입가를 덮을 정도로 자란 콧수염은 시냇가에 늘어진 버드나무 같았다. 존 러브가 이런 갱단에 가입했을 것 같지는 않지만, 젊고 혈기왕성할 때는 이상한 짓을 정말로 하기도 한다.

레드블러프 목장에서 한번은 밀스 부인이 러브 씨를 살짝 나무랐다. 러브 씨가 다른 스코틀랜드인들과 있을 때는 스코틀랜드인이 되고, 미국인들과 있을 때는 미국인이 된다는 것이었다. 러브 씨는 잠깐 생각을 하더니 이렇게 말했다. "그래야 내가 대권의 적임자로 남게 되죠." 러브 씨의 마차는 맛있는 것들과 이국의 선물을 끊임없이 실어왔다. 그는 지인들을 통해서 사탕과 견과류와 사과 같은 것을 구해왔고, 모두에게 아낌없이 나눠주었다. 윅섬 양은 그를 "진정한 산타클로스"로 보기 시작했다. 그리고 예상대로 성탄절에 산타가 나타났다.

> 그리고 이튿날은 성탄절이었다. (…) 저녁 식사 직전, 환호성이 들렸다. 만찬 시간에 맞춰서 러브 씨가 오고 있었다. 그가 기록을 깨고 낮에 도착한 것이다!

집 안에는 리기다소나무 한 그루가 세워졌고, 큰 가지에는 녹인 백반을 발라서 눈꽃이 핀 것처럼 보이게 했다. 작은 가지에는 담배 은박지를 감싼 나무공이 주렁주렁 매달렸다. 종이로 만든 별에는 풀칠을 해 반짝이는 운모 조각들을 붙였다. 성탄절을 맞아 밀스 씨와 러브 씨는 옷에 리넨 깃을 달고, 웍섬 양이 "바싹 구워진 셔츠"라고 부른 셔츠를 입었다. 집에서 온 선물 꾸러미를 본 웍섬 양은 내용물이 잠옷이라는 것을 직감하고 꾸러미를 열어보기 위해 자신의 침실로 들어갔다.

이튿날 웍섬 양은 랜더에 있는 협회라는 곳에 가야 했다. 협회는 강연과 교육과 직무 연습을 위한 프리몬트 카운티 교사 회합이었다. 러브 씨 역시 랜더에 일이 있다고 했다. 놀라운 우연의 일치였다.

> 나는 그와 함께 가야 하는 것으로 정해졌다. (…) 고백하건대, 나는 그가 조금 무서웠다. (…) 나는 내 코트를 입고, 그 위에 밀스 부인의 물개 가죽옷을 입었다. 그리고 목도리, 털모자, 털장갑, 보온용 바지, 덧신까지 챙겼다. 그렇게 꽁꽁 싸맸더니 한 발짝도 움직일 수 없게 되었다. "꼼짝도 못하겠네요." 러브 씨는 이렇게 말하면서 웃었다.

랜더에서 러브 씨의 일이 무엇인지는 모르지만, 그다지 다급한 일은 아니었던 것 같다. 웍섬 양은 카운티 관리인인 데이비스 양의 집에 머물렀고, 다른 사람들이 그곳을 드나드는 동안에도 러브 씨는 계속 남아 있으려고 했다.

> 저녁 시간이 되었고, 러브 씨는 남아 있었다. 우리는 형편없는 통조림 음식으로 차가운 저녁 식사를 했다. 맥브라이드 양이 떠났고, 러브 씨는 남았다.

오후에 러브 씨가 찾아왔다. 예고 없는 방문임이 분명했다. 나는 데이비스 양이 없는 이유를 설명했지만, 그는 그다지 신경을 쓰지 않는 것 같았다. 나는 그녀가 곧 돌아올 것이라고 말했다. 그는 내게 마차를 타고 나가서 교외를 둘러보지 않겠느냐고 물었다. 당연히 그러고 싶었다. (…) 멀리 인디언 보호구역 안쪽으로 들어간 우리는 초콜릿 상자를 사이에 두고 즐겁게 수다를 떨었다. (…) 그는 랜더에는 남자가 저녁 시간을 보낼 곳이 술집밖에 없다며 서글퍼했다. "와서 마시멜로로 건배해요." 내가 그렇게 말하자, 그는 좋은 생각이라며 내 제안을 받아들였다.

　일요일에 웍섬 양이 교회에 갔을 때, 러브도 그곳에 있었다. 존 샌타 러브는 10년 동안 교회에 간 적이 없었다. 예배가 끝난 후에는 랜더를 떠날 시간이었다.

　아침부터 내린 눈으로 길은 거의 보이지 않게 되었다. 빛이 점점 사그라졌지만 세상은 부드러운 백색으로 바뀌어갔고, 좀처럼 어두워지지 않았다. 해가 지고 눈발 사이로 달의 윤곽이 흐릿하게 보였다. 온 세상을 살포시 덮고 있는 눈 때문에 아무것도 보이거나 들리지 않았다. 말들은 갈 길을 알았고, 착실히 움직였다. 다행히 춥지는 않아서, 겹겹이 두른 옷과 담요와 새 발토시가 우리를 따뜻하고 쾌적하게 지켜주었다. 눈폭풍을 뚫고 돌아다니는 길은 난롯가에 앉아서 밖을 바라보는 것보다 더 즐거웠다. 이야깃거리가 다 떨어져서 조용하게 이동하고 있을 즈음에, 러브 씨가 겉옷 아래에서 사탕 봉지들을 찾아냈다. (…) 그는 내게도 사탕을 먹여주었다. 나는 여러 겹으로 몸을 꽁꽁 싸맸고 밀스 부인의 물개 가죽옷의 치렁치렁한 소매 때문에 꼼짝도 할 수 없었다. 우리는 그렇게 시간 가는 줄 모르고 어느새 먼 길을 지나왔다.

   랜더에서 이런 글을 쓰는 순간에도, 『쇼쇼니 패스파인더Shoshone Pathfinder』의 편집자와 발행인들은 젊은이들에게 와이오밍 중부로 이주할 것을 독려하는 특별호를 완성하고 있었다. 이 잡지에는 다음과 같이 쓰여 있었다. "우리는 한 사람 한 사람을 진심으로 환영한다. 당신이 이곳에 와서 인간의 계산 능력을 초월하는 풍부한 천연자원의 개발을 돕기를 간절히 바란다." 그곳은 "가장 영양이 풍부한 풀들과 산쑥 덤불로 덮여 있는" 땅이었다. 윈드리버산맥에 있는 "수천 제곱킬로미터의 울창한 삼림은 인간의 발길이 한 번도 침범하지 않았으며 (…) 이 땅에서 나오는 질 좋은 목재는 앞으로 언제까지라도 필요한 수요를 모두 충족시켜줄 것이다." 게다가 그곳에는 석탄도 있었다. "우리의 탄전에 대해서는 미국 전체가 1세기 동안 써도 고갈되지 않을 것이라고 한다. (…) 이런 엄청난 양의 연료나 그런 연료가 고갈된다는 것은 상상조차 하기 어렵다." 그리고 석유도 있었다. "이 땅에 자연적으로 저장된 석유의 양이 추정할 수 없을 정도로 많다는 것은 오랜 시간에 걸쳐 인정된 사실이다." 그리고 금도 있었다. 윈드강의 남쪽 끝에 있는 하드스크래블, 그라운드호그, 히든핸드, 모르몬크레비스, 아이언듀크, 미짓, 러슬러, 카리부, 아일리시주 같은 이름의 작은 금광에서는 거의 500만 달러어치의 금이 생산되었다. "이 금광들 중에 바닥이 난 것은 없고, 다만 더 좋은 장비가 필요할 정도로 깊이가 깊어졌을 뿐이다." 그곳에는 우라늄도 있었지만, 아직까지는 우라늄을 찾아야 할 뚜렷한 필요성이 없었고 그 일을 할 지질학자도 없었다.

   겨울이 계속되는 동안 살을 에는 바람과 앞이 보이지 않을 정도로 휘몰아치는 눈이라는 자원은 고갈될 줄 몰랐고, 기온은 가끔씩 섭씨 영하 45도 근처까지 떨어졌다. 웍섬 양은 집 안에 갇혀 지내는 답답함을 일기에 풀었다. "내 정신에 좀이 쑤신다." 그러나 러브 씨는 눈보라가 가장 거셀 때에도 어떻게든 그 길을 뚫고 찾아왔다. 한번은 "훨씬 더 꽁꽁 싸맨" 그가 말을 타고 "알칼리뷰트에서 왔다". 어떤 날에는 하루 온종일을 트윈크리크 학교에서 공부를 하며 보내기도 했다.

그의 이런 관심은 꼬박 5년 동안 이어졌다. 그는 그녀를 따라 콜로라도에 갔고, 심지어 위스콘신까지도 쫓아갔다. 두 사람은 1910년 6월 20일에 결혼을 하고, 숙식이 가능한 양치기용 마차를 타고 윈드강 분지에 있는 그의 목장으로 들어갔다. 그곳은 완만한 언덕들이 솟아 있는 평원이었다. 주위에는 그들 말고는 거의 아무도 없었다. 윈드리버산맥은 130킬로미터 밖에 있었고, 아울크리크산맥은 50킬로미터 떨어진 곳에 있었다. 래틀스네이크힐스까지는 30킬로미터, 비버 분수계까지는 25킬로미터, 빅혼산맥까지는 160킬로미터가 떨어져 있었다. 이곳에서 그들은 번창했다. 그리고 참담한 손실도 경험했다. 그들은 이곳에서 세 아이를 길러냈다. 두 아들은 비슷한 또래였고, 12년 터울을 두고 딸이 하나 있었다. 카운티에서 이따금 여선생을 보냈지만, 기본적으로 아이들의 교육은 그들의 어머니가 담당했다. 자녀 중 한 사람은 석유화학자가 되었고, 한 사람은 뉴저지와 뉴욕주의 고속도로를 설계한 공학자가 되었다. 그리고 나머지 한 자녀는 걸출한 로키산맥 지질학자가 되었다.

———

네브래스카 – 와이오밍의 경계를 따라 북위 41도 지역에는 평원 위에 길고 불룩한 절벽이 있는데, 그곳을 파인블러프스라고 한다. 파인블러프스의 암석은 그곳에서 멀지 않은 곳에 있는 스카츠블러프와 연대가 비슷하고, 역사도 비슷하다. 파인블러프스 꼭대기에 서서, 데이비드 러브는 이곳이 마차를 타고 서부로 향하던 수많은 이주민에게 미주리 서쪽 지평선 너머에서 처음으로 쉬어가는 곳이었다고 말했다. 그 절벽 꼭대기에서, 이주민들은 로키산맥의 전면에 놓인 산맥들과 처음으로 마주쳤을 것이다. 그리고 그 산맥의 전경은 그들에게 용기와 희망을 주었을 것이다. 우리도 같은 장소에서 서쪽을 바라보고 있었지만, 휘몰아치는 눈보라 속에 피어 있는 봄의 들꽃 너머로 그리 멀리까지는 보이지 않았다. 바로 앞에는 래러미산맥이 있고, 서남쪽 어딘가에는 네버서머산맥이 있었을 것이다. 해발 3000~4000미터에 이르는 장쾌한 산맥이 펼쳐질 테지만, 오늘은 아니었다. 러브는 봄의 눈폭풍이 "짧은 입맞춤처럼, 일시적이며 곧 사라질 것"이라고 말했다. (그 일시적인 것 때문에 우리는 사흘 동안 발이 묶여 있었다.) 한편, 80번 주간고속도로가 파인블러프스를 가르고 지나간 곳에는 살펴봐야 할 큰 도로절개면이 있었고, 상상해봐야 할 풍경들이 있었다. 그 풍경에는 눈보다 더한 것이 드리워져 있었다.

파인블러프스는 주위의 땅보다 지대가 높다. 메사나 뷰트 같은 탁자 모양 지형처럼, 주위의 땅이 모두 사라지고 남은 것이기 때문이다. 파인블러프스의 암석은 퇴적암(석회암, 사암)이고 평평하게 놓여 있는 것처럼 보이지만, 아주 살짝 기울어져 있다. 그리고 그 층리면을 서쪽으로 160킬로미터쯤 연장해보면, 1킬로미터마다 약 11미터씩 높아지면서 산맥의 정상과 만나는 예전의 풍경을 그려낼 수 있을 것이다. "표면이 이어져 있었어요." 러브가 말했다. "래러미산맥 꼭대기에서 이곳 고원까지 내려왔어요. 파인블러프스는 그 표면의 일부였고요."

지구 역사로 따지면 그리 오래전 일은 아니었다. 그는 이 지역의 가장 일반적인 연대가 1000만 년 전이라고 말했다. 로키산맥의 중심부는 우리가 알고 있는 형태가 형성된 이래로, 대부분 파묻혀 있었다. 마치 바다에 흩어져 있는 섬처럼, 가장 높은 봉우리들만 드러나 있었다. 윈드리버산맥의 봉우리들은 그런 마이오세의 평원 위로 솟아 있는 작은 언덕들이었다. 빅혼산맥의 최고봉 역시 불쑥 튀어나와 있었고, 다른 산맥의 산마루도 마찬가지였다. 그보다 4000만 년 전인 에오세의 로키산맥과 그 사이에 놓인 넓은 분지들의 모습이 오히려 오늘날과 더 비슷해 보였을 것이다. 전체적으로 높이는 더 낮았지만, 지형의 형태는 기본적으로 같았다.

그 기이한 이야기 속에는 세세한 부분까지 특이한 것으로 가득했다. 이를테면 석회암은 대체로 바다에서 형성되는 암석이고, 산호와 조개껍데기에서 유래한다. 파묻힌 산맥의 능선을 따라 천막 지붕처럼 내려오는 표면 위에서는 어떤 종류의 석회암이 형성되었을까? 러브의 말에 따르면, 그 표면에는 레이스처럼 얽혀 있는 개울들이 흘렀고, 그 개울들은 파묻힌 산맥 동쪽의 울퉁불퉁한 지형으로 흘러들어가서 수많은 호수를 만들었다. 오래된 탄산염은 물에 녹아서 개울물을 통해 호수로 운반되었다. 석회는 산의 중심부에 있는 화강암에서도 녹아 나왔다. 그 호수들에서 민물 석회암이 형성되었다는 사실은 석회암 속에 들어 있는 민물고둥 화석을 통해서 확인되었다. 그 석회암 속에는 다른 화석도 있었다. 강제수용소와 화석 무덤으로 묘사되는 좁은 범위 안에 다양한 화석이 빽빽하게 들어차 있는 것이 발견되었다. 그 화석 군집은 오늘날 브라질 중남부의 어느 평원을 연상시킨다. 그런 곳에서는 한철 동안 내린 폭우로 수많은 호수의 물이 불어나고, 좁아진 섬들에는 동물들이 붐비다가 사라질 것이다. 물에 녹을 수 있는 석회암은 북아메리카 동부에서는 비옥한 계곡을 형성하지만, 건조한 서부에서는 대부분 녹지 않고 그대로 남아 있다. 석회암이 타고난 강인함으로 우뚝 서 있는 동안, 더 약한 주변의 암석들은 사그라져갔다. 석회암은 파인블러프스를 보호하는 덮개암이었다. 그 석회암 위에는 노간주나무가 번성하고 있었고, 폰데로사소나무와 검상잎유카도 있었다.

브롱코를 탄 우리는 눈길을 뚫고 그레이트플레인스의 끝을 가로지르는 산맥으로 향하고 있었다. 그 산맥은 동쪽으로 흐르는 물길에 의해 너울과 같은 형상이 되었다. 도로 근처 여기저기에는 백악기의 모래 깊은 곳에서 석유를 빨아올리기 위해 근엄하게 꺼떡거리고 있는 펌프잭pump jack들이 보였다. 그 모습은 마치 기도에 몰두하고 있는 거대한 메뚜기 같았다. 샤이엔을 지나는 동안, 눈에 보이는 것이라고는 정유탑 꼭대기에서 바람을 맞으며 맹렬하게 타오르는 60미터 높이의 불기둥뿐이었다. 러브는 "엄청난 낭비"라고 말했다.

만약 7500만 년 전 백악기 후기의 캄파니아세에 와이오밍을 가로질러 서쪽으로 이동하고 있었다면, 우리는 말 그대로 바다 위에 있었을 것이다. 래러미산맥은 존재하지 않았고, 빅혼산맥, 베어투스산맥, 윈드리버산맥도 마찬가지였다. 당시 와이오밍 어디에도 산맥이 있었다는 증거는 없다. 우리는 (뭔가 브롱코를 닮은) 배를 타고 항해를 하다가 롤린스에서 동쪽으로 그리 멀지 않은 해안으로 올라올 것이다. 해변 너머 서쪽으로, 적어도 유타까지는 평평한 습지 지형이었다.

그 이전에는 산맥이 있었다. 이 산맥은 주로 콜로라도에 있었고, 와이오밍으로 몇 킬로미터 정도 삐져나와 있었다. 이 산맥은 선조 로키산맥이라 불리지만, 서로 다른 시기에 같은 집에 살았던 두 가족처럼 로키산맥과는 아무 연관이 없다. 이 펜실베이니아기의 산맥은 2억3000만 년 전에 풍화되어 평평해졌다. 그곳에는 그보다 수억 년 앞서, 선캄브리아 시대의 다양한 시기에 만들어진 다른 산맥들도 있었다. 사실 선캄브리아 시대의 증거는 20억 년에 걸쳐서 일어난 수많은 사건을 암시한다. 그렇게 솟아올랐다가 닳아 없어져온 거대한 산맥들은 모두 선조 로키산맥이라 불릴 자격이 있다.

시생누대가 끝나고 얼마 지나지 않은 선캄브리아 시대 중기에는 큰 화산들에서 흘러내린 용암이 멀리 바다 밑바닥까지 이르렀고, 그 바다 밑바닥은 오늘날 와이오밍의 한 부분을 이룬다. 화산들이 어디에 있었는지는 알 수 없지만, 분명히 존재했다는 사실은 용암이 증명한다. 얼마 후 용암은 조산운동으로 추정되는 습곡과 단층 작용을 받았다. 아직 그 지역에는 더 많은 선캄브리아 시대의 산맥이 방대한 규모로 올라오고 있었고, 그 산맥에서 흘러내린 7600미터 두께의 퇴적물이 쌓인 바다는 오늘날 와이오밍의 다른 부분들이 되었다. 퇴적물이 암석으로 바뀐 후, 추가로 일어난 더 많은 조산운동의 작용으로 인해 암석은 가열되고 변화되었다. 그렇게 석회암은 대리암이 되고, 사암은 규암이 되고, 셰일은 점판암이 되었다. 한편, 약 9.6킬로미터 깊이의 지각 속에는 뜨겁고 거대한 마그마체가 들어왔는데, 이 마그마체는 대부분 화강암의 화학적 특성을 지니고 있었다. 오늘날 80번 주간고속도로가 래러미산맥을 가로지르는 와이오밍 동부 지하에 있던 이 마그마는 장석에 색을 입히고 화강암을 분홍색으로 만들 수 있을 정도로 충분한 철이 포함되어 있었다. 큰 결정이 서서히 자라는 것은 당연한 이치다. 마그마는 이례적인 크기의 석영과 장석 결정을 생성하면서 서서히 냉각되었다.

이 모든 일은 지구 역사의 처음 88퍼센트에 해당되는 선캄브리아 시대에 일어났다. 종종 선캄브리아 시대의 암석을 뭉뚱그려서 "기반암basement"이라고 부른다. 대륙의 기반, 즉 세상의 경이로운 것들이 그 위에 놓이기 위해 먼저 마련된 자리라는 뜻이다. 이런 과학적 비유는 아무리 좋게 봐도 모호하다. 기반이라는 말에는 어떤 면으로는 단단한 토대라는 의미가 있고, 어떤 면으로는 눈에 띄지 않는 땅속이라는 의미가 있다. 그러나 둘 중 어떤 의미로 쓰이든지 40억 년이라는 막대한 시간의 의미는 담겨 있지 않다. 되살릴 수 없는 것까지 압축해서 욱여넣으려는 시도다. 무수히 많은 고대의 산맥이 솟아올랐다가 스러지기를 반복한 한 지역의 역사를 간단히 축약한 것이다. 이곳에서는 펜실베이니아에서처럼 작은 산줄기 하나가 로키산맥 요람기의 계보를 대신한다고 말할 수 없다.

백악기 후기와 제3기 초기에는 와이오밍의 드넓은 바다와 습지 아래에서 산들이 솟아나기 시작했다. 바닷물은 멕시코만과 북극해로 빠져나갔다. 그리고 데이비드 러브가 한마디로 요약한 것처럼, "완전히 아수라장이 되었다". 와이오밍 서쪽 끝에서는 지각에서 분리된 암반들이 동쪽으로 미끄러져 내려갔다. 이 암반들은 더 젊은 암석 위로 80킬로미터, 100킬로미터, 120킬로미터를 이동했고, 기왓장처럼 서로 겹쳐지면서 쌓였다. 이런 오버스러스트 산맥에서 동쪽으로 약 640킬로미터 떨어진 곳에서는 전혀 다른 방식으로 형성된 산맥이 나타나기 시작했다. 그 산맥은 땅에서 똑바로 솟아올랐다. 러브의 표현에 따르면, 그 산맥은 그냥 "부풀어 올랐다". 그 산맥들 사이에 생긴 분지들은 아래로 휘어졌고, 특히 가장자리에서는 습곡도 일어났다. 산맥은 움직이기는 했지만 그리 많이 움직이지는 않았다. 여기서 8킬로미터, 저기서 13킬로미터 정도였다. 산맥은 아주 잡다하고 복잡하게 움직였다. 윈드리버산맥은 동남쪽으로 아주 천천히, 10년에 13센티미터씩 100만 년에 걸쳐 이동했다. 빅혼산맥은 둘로 쪼개져서, 한쪽은 남쪽으로 이동했고 한쪽은 동쪽으로 이동했다. 베어투스산맥도 이와 비슷하게, 한쪽은 동쪽으로 가고 다른 한쪽은 서남쪽으로 갔다. 메디신보산맥은 동쪽으로 이동했다. 와샤키산맥은 서쪽, 유인타산맥은 북쪽으로 움직였다. 기본적으로 이 산맥들은 깊숙이 뿌리를 박고 있기 때문에 이동 거리가 길지는 않았다. 시에라마드레산맥은 전혀 움직이지 않았다. 산맥의 능선들이 가리키는 방향은 풍향계의 방향처럼 제각각이었다. 래러미산맥은 주로 남북으로 뻗어 있었다. 윈드리버산맥과 빅혼산맥은 서북 – 동남으로 지나갔다. 더 특이한 경우는 유인타산맥이었다. 이 산맥은 미국 서부의 산맥들이 대체로 늘어서 있는 축과 직각을 이루며 동서로 지나갔고, 아울크리크산맥도 마찬가지였다. 이 모든 산맥은 대륙 중심부의 크레이튼, 내륙 안정 지괴로부터 올라오고 있었다. 그것은 애팔래치아 스러스트 암반 위에 놓인 오하이오에서, 마치 커다란 담요 아래에서 잠이 깬 돼지 가족이 움직이듯이, 산맥이 올라온 것과 같았다. 대단히 큰 규모에서 정통 수수께끼인 이 현상은 전 세계 구조 운동 역사에서 일어난 가장 독특한 사건 중 하나였다. 어떤 학설도 이 현상을 제대로 짚어내지 못했다. 이 사건은 급속도로 일어났다. 러브는 메디신보산맥에 대해 이렇게 지적했다. "이런 산맥들이 올라와서 높이 치솟고, 꼭대기가 깎여나가고, 동쪽으로 밀려가기까지는 그리 오래 걸리지 않았어요. 그러고는 움직임이 멈췄어요. 아마 1000만 년 정도 걸렸을 텐데, 그건 지질학자들에게는 정말 빠른 거예요."

산맥이 솟아오르면서 600미터 두께의 암석이 제거되었다. 백악기에서 아래로 선캄브리아 시대에 이르는 지층의 층서 전체가 산산조각이 나서 미시시피의 나체즈까지 쓸려가는 동안, 산맥에서는 결정질 암석과 변성암으로 된 중심부가 드러났다. 5억 년의 역사에서 이것은 엄청난 사건이었다. 『로키산맥 지역의 지질도Geologic Atlas of the Rocky Mountain Region』의 글을 빌리면, 그것은 "서반구에서 구조학적으로 독특했고, 그래서 특별하지는 않더라도 조금 다른 구조적 해석이 필요할 것으로 보인다". 전면 산맥이라 불리는 오버스러스트 동쪽의 산맥들(윈드리버, 유인타, 빅혼, 메디신보, 래러미산맥 따위)은 그들만의 독특한 순서에 따라 세상에 나타났다. 그러나 일반적인 연대는 서에서 동으로 진행되므로, 가장 나중에 올라온 것은 래러미산맥이었다. "산맥은 잠시도 가만있지 않았어요." 이제 러브는 이렇게 말하고 있었다. "산맥들은 한꺼번에 부풀어 오르지 않았어요. 어느 정도의 기간에 걸쳐서 움직였다 멈추기를 반복했죠. 아울크리크산맥은 에오세 초기에 올라왔고, 유인타산맥도 마찬가지였어요. 훨씬 동쪽에 있는 메디신보산맥은 유인타산맥보다 먼저 올라왔어요. 모두 별개의 산맥이지만, 대체로 같은 유형의 기원에서 유래했어요. 한 가족이 뭉쳐 있듯이, 그 산맥들도 뭉쳐 있는 거죠. 그 산맥들은 같은 사건의 일부예요."

그 사건을 지질학에서는 래러미 조산운동, 또는 래러미 지각 변동 Laramide Revolution이라고 부른다.

산들은 항상 허물어진다. 솟아오르고 있는 동안에도 당연히 허물어지고 있다. 침식과 조산운동이 경쟁을 벌일 때, 침식은 결코 지는 법이 없다. 그러나 비교적 짧게, 산이 솟아오르는 속도가 파괴되는 속도보다 훨씬 우세한 시기가 있다. 러브가 "세상 어디에도 알려진 바 없는 가장 큰 규모의 수직 이동"이라고 말한 윈드리버산맥의 경우는 주변 지역에 비해 1만8000미터나 솟아올랐다. 유인타산맥은 1만5000미터를 솟아올랐고, 다른 산맥들도 엇비슷하게 융기했다. 잦은 비와 수많은 물길은 산을 녹아내리게 했다. 에오세에는 와이오밍의 서쪽에 코스트산맥도, 시에라네바다산맥도 없었다. 태평양에서 불어오는 따뜻한 바람은 로키산맥에 비를 뿌리고, 오늘날의 플로리다와 비슷한 기후를 만들었다. 에오세 초기, 산맥들이 현재의 모습과 얼추 비슷해지면서 조산운동이 멈췄다. 지각의 구조 운동이 잠잠해진 동안에도 침식은 계속되었고, 산맥들 사이에서 아래로 휘어 있는 넓은 분지에는 퇴적물이 계속 채워졌다.

그다음에 이 지각 변동에 하나가 더 첨부되었다. "에오세 초기가 끝날 무렵인 5200만 년 전에 다시 아수라장이 됐어요." 러브가 말했다. 와이오밍 서북부에 수천 개의 균열이 생기면서 2.5세제곱킬로미터의 용암이 흘러나왔다. 용암은 풍화되어 갈라지고 강물에 의해 새롭게 배치되면서, 애브사러카산맥의 모습으로 조각되었다. "그 후 모든 것이 이렇게 저렇게 되었죠." 그는 이야기를 계속했다. "올리고세에는 구조적인 활동이 완전히 잠잠했고, 적어도 마이오세 초기까지는 그렇게 잠잠하게 있었어요. 3000만 년 동안 그랬죠. 그러고 나서 마이오세 후기에 또다시 아수라장이 됐어요. 그리고 그런 아수라장이 1000만 년 동안 몇 번 반복됐어요. 지질학은 정적인 과학이 아니에요."

이렇게 저렇게 된 이후 3000만 년 동안, 로키산맥은 빠르게 파묻혔다. 로키산맥 자체의 쇄설물에도 파묻혔고, 그리 평화롭지 못하게 땅 위로 흐르거나 하늘에서 떨어진 물질에 의해서도 그 어느 때보다 깊숙하게 파묻혔다. 그 물질들은 대부분 멀리 떨어져 있는 화산이 폭발하면서 바람에 날려온 것이다. 당시 오하이오와 오리건과 네바다에는 엄청나게 거대한 성층화산이 있었다. "그리고 어쩌면 애리조나와 캘리포니아에도 있었을지 몰라요." 러브가 말했다. "세부적인 내용은 아직 부족해요. 에오세가 끝날 무렵이 되자, 와샤키산맥과 아울크리크산맥이 다 파묻히면서 윈드리버 분지와 빅혼 분지가 그 위로 합쳐질 정도였어요. 올리고세 말이 되자, 가장 높은 산들은 산꼭대기의 300~1200미터만 충적 평원 위로 삐죽 튀어나와 있었어요. 강물은 힘없이 느릿느릿 흘렀고, 화산재에 막혀 침식을 일으킬 수 없었어요."

코뿔소는 이런 환경 변화를 겪으며 살았고, 그곳에는 원시적인 사슴과 영양, 발굽이 세 개인 작은 말들도 있었다. 점점 고도가 높아지고 더 건조해지는 동안, 무화과와 목련과 빵나무로 이뤄진 아열대 세계는 단풍나무와 참나무와 너도밤나무가 우거진 시원한 숲이 되었다. 이렇게 선선해진 기후는 고도 하나만으로는 설명이 되지 않았다. 그것은 다가올 빙하기의 전조였다.

마이오세에 들어설 때까지 산들을 파묻고 있던 물질을 러브는 "놀라운 두께의 사암과 응회암을 포함하는 쇄설물"이라고 묘사했다. 옐로스톤과 서쪽 어딘가에서 온 화산모래가 바람에 날리면서 곳곳에 거대한 모래언덕이 형성되었다. 와이오밍 중부에는 600미터 두께의 모래가 쌓였다. 미국에서 가장 두꺼운 마이오세 퇴적층인 5800미터 두께의 퇴적층은 가라앉고 있는 잭슨홀로 들어갔다. 윈드리버산맥에서 남쪽으로는 콜로라도까지, 동쪽으로는 네브래스카까지 쭉 이어진 평원 위에는 이따금씩 가장 높은 산봉우리의 꼭대기들만 보였다. 강들은 오늘날보다 1000미터 이상 높은 곳에서 흘렀다. 거의 정상부까지 파묻힌 산맥들은 기본적으로 평탄한 지형을 사이에 두고 수백 킬로미터씩 떨어져 있었다. 강물에 운반된 퇴적물과 두터운 화산모래 아래에 파묻혀서 시야에서 완전히 사라진 산들은 정상부만 겨우 보이는 산들보다 훨씬 많았다. 퇴적이 최고조에 이르렀을 때는 드넓고 평평한 지표면이 와이오밍의 90퍼센트 이상을 차지하고 있었고, 그 위로 느릿느릿 흐르는 강물은 거대한 곡류와 우각호를 형성했다. 이 사건들이 거의 다 끝나갈 무렵에는 퇴적물이 더 이상 높게 쌓이지 않았을 것이다. 마이오세 후기의 이 높이가 퇴적층의 최대 높이였다.

이 지역, 즉 젖히고 밀치고 겹쳐진 산맥의 일족이 완전히 파묻혀 있는 암층 전체가 뭔가에 의해 갑자기 1.6킬로미터 정도 솟아올랐기 때문이다. "모든 곳이 완전히 획일적으로 융기한 것은 아니었어요." 러브가 말했다. "하지만 그런 일은 어디에도 없죠." 이른바 조륙운동epeirogeny이라 불리는 이 작용을 무엇이 일으켰는지에 대한 문제는 활발하면서 때로는 신랄한 논쟁의 주제다. 그러나 오늘날까지 계속되고 있는 이 작용의 결과는 너무나 명백하며, 그만큼 극적이었다. 지질학에서 이 작용은 로키산맥 발굴Exhumation of the Rockies이라고 알려져 있다.

와이오밍의 산맥 지대와 그 주변에서만 약 20만4500세제곱킬로미터 부피의 퇴적물이 파헤쳐지고 제거되었다. 당연히 이웃한 산계에서도 비슷한 규모의 발굴이 이뤄졌다. 이 과정은 1000만 년째 계속 진행 중이지만, 지난 150만 년 동안은 특히 더 활발하게 일어났다고 여겨진다. 그 이유는 부분적으로는 대륙 빙상의 주변부에 내린 비의 양 때문이었을 것으로 추정된다. 융기가 일어나면서, 마이오세의 평원 위를 이리저리 돌아다니며 한가롭게 흐르던 강은 곧고 빠르게 내달리기 시작했고, 마치 사슬톱의 톱니가 움직이듯 자갈과 돌덩이를 잘라내 운반했다. 그 물길이 놓인 유형은 한참 아래에 묻혀 있는 에오세의 지형과는 전혀 관계가 없었다. 어떤 물길은 이제는 와이오밍의 허공이 된 땅을 세차게 내달리다가 파문힌 산맥의 산둥성이를 가로질러 흐르기도 했다. 그 물길은 산맥이 있는 곳까지 파고 내려간 후, 산맥을 갈랐다. 어떤 물길은 그보다 더 기이한 결과를 낳았다. 만약 우연히 강이 파묻힌 산맥의 돌출부 위에 놓인다면, 강은 그 돌출부를 잘라내고 산의 내부로 흐르다가 결국에는 무슨 마법처럼, 이치에 맞지 않게 다시 바깥으로 흘러나가게 될 것이다. "결국"이란 당연히 현재다. 현재 메디신보산맥으로 흘러들어가는 노스플랫강은 다시 해나 분지를 가로질러 나오고, 그런 다음에는 세미노산맥과 그래닛산맥을 통과한다. 노스플랫강은 그래닛산맥의 산등성이에서 스위트워터강과 합류한다. 오늘날의 지형과 상관없이, 강들은 마이오세의 모양을 따라 흐른다. 래러미 평원에서는 래러미강이 한동안 전통적인 강처럼 흐른다. 분지의 중심에 자리를 잡고 주위를 둘러싼 풍경의 원래 설계자인 척 행세를 하지만, 그다음에는 오른쪽으로 급히 방향을 틀고 머리를 낮춘 수소처럼 래러미산맥을 향해 돌진한다. 이렇게 만들어진 협곡은 깊고 험하다. 강물은 우렁찬 소리를 내며 그 협곡 사이로 흐른다. 래러미강이 흘러내려와서 로키산맥이 발굴될 때, 강물이 지닌 연마력은 산맥을 둘로 갈라놓을 정도였다.

사실, 와이오밍에 흐르는 대부분의 주요 강과 그 강이 가로지르는 경관 사이에는 뚜렷한 관계가 없다. 다른 곳의 강들은 마치 나뭇잎 속의 잎맥처럼 갈라지면서 그들이 지배하는 경관과 조화를 이루며 흐르는 반면, 로키산맥에 흐르는 대부분의 강은 자연뿐 아니라 상식까지도 거스르는 것처럼 보인다. 스위트워터강은 오리건 길의 데블스게이트에서 화강암으로 된 언덕으로 흘러들어가서 그 반대편으로 나온다. 윈드강은 아울크리크산맥으로 방향을 잡고 곧바로 그쪽으로 흐른다. 윈드강도 산맥을 관통하여 그 반대편으로 나온다. 이 강 역시 마이오세에 완전히 파묻힌 산맥을 가로질러 흘렀고, 산맥이 발굴되는 동안 그 위에 놓인 것이다. 놀라울 정도로 비정상적인 흐름이기 때문에, 초기 탐험가들은 물론이고 원주민들조차 강줄기들을 서로 연결시키지 못했다. 사람들은 아울크리크산맥의 남쪽에 흐르는 강을 윈드강이라고 불렀다. 산맥의 북쪽에 흐르는 강은 빅혼강이 되었다. 그리고 마침내 윈드강 협곡을 발견했다.

래러미산맥의 동쪽 측면에는 어쩌다보니 발굴 작용을 피한 땅이 있다. 멀리 네브래스카까지 뻗어 있는 마이오세의 흔적과 사실상 인접해 있는 이 땅은 멕시코와 캐나다 사이에서 유일하게 지금까지도 산 정상이 파묻혀 있는 곳이다. 북쪽으로, 그리고 남쪽으로 발굴이 깊고 넓게 일어나면서 산의 앞쪽은 위세가 당당하다. 그러나 아주 좁지만 여전히 온전하게 남아 있는 이 그레이트플레인스의 한 조각은 손가락처럼 쭉 뻗어 있다. 그리고 산맥의 중심부, 즉 선캄브리아 시대의 분홍색 화강암이 그대로 드러나 있는 산꼭대기와 변함없이 이어져 있다. 이곳은 여느 곳과 다르다. 이곳에서는 그레이트플레인스에서 로키산맥의 한 봉우리 정상까지 곧장 이어진다. 지질학자들에게 이곳은 건널 판자라는 뜻인 갱플랭크gangplank라고 알려져 있다.

이제 우리의 브롱코는 눈을 뚫고 산을 오르기 시작했고, 러브는 갱플랭크가 나올 것이라고 말했다. 양옆으로 땅이 점점 사라져가고 시야가 흐릿해졌다. 정말로 널빤지를 타고 하늘로 올라가는 것 같았다. 우리가 올라가는 동안, 땅의 폭은 점점 더 좁아져갔다. 우리는 갓길에 차를 세우고 시동을 끈 다음 잠시 주위를 둘러봤다. 다리 위에 서 있는 느낌이었다. 해체된 로키산맥과 멀리서 날아온 화산재로 만들어진 이 다리는 흩날리는 눈발 사이로 언뜻언뜻 보이는 거대한 발굴지를 가로질러 놓여 있었다. "이곳의 연 강수량은 300밀리미터이고, 대부분 눈으로 내리죠."

러브가 말했다. "평균 기온은 섭씨 3도예요. 식물의 생장 기간은 90일이 채 되지 않고요. 와이오밍에서 이 지역의 환경 조건은 북극권과 거의 같아요." 우리는 눈 때문에 지질 조사를 포기하고 조심스럽게 산을 내려와서 래러미에 있는 그의 집으로 갔다. 그리고 날씨가 좋을 때에 다시 갱플랭크를 찾았다.

갱플랭크의 길이는 약 800미터였다. 북에서 남까지, 산의 전면을 따라 땅이 점점 낮아지면서 한때 그곳에 있던 엄청난 양의 퇴적층이 파헤쳐졌다. 이 발굴로 끊어지고 뒤집혀 있는 펜실베이니아기 사암의 끝이 드러났는데, 가파르게 서 있는 이 사암은 동쪽으로 살짝 기울어져서 산맥에 기대어 있었다. 이 붉은 사암은 마치 헛간에 세워놓은 잡동사니처럼, 래러미산맥의 양쪽 가장자리에 기대어 서 있었다. 이 사암은 제거된 꼭대기의 일부이기 때문에, 그 자체로 래러미 조산운동의 이야기를 전하고 있다. 고생대 지층의 일부인 이 사암은 한때 땅속 깊이 있던 선캄브리아 시대의 화강암 위에 평평하게 놓여 있었다. 어떤 사람들은 이 사암이 펜실베이니아기 해변의 모래였다고 생각했다. 정체가 무엇이든, 평평하게 놓여 있었다는 사실만은 분명하다. 대략 2억5000만 년 동안 그렇게 평평히 놓여 있는 동안 그 위로 지층이 차곡차곡 쌓였고, 마침내 백악기의 바다 밑바닥이 형성되었다. 그런 다음 아수라장이 되면서 아래에서 화강암이 밀고 올라왔다. 땅속에서 올라온 화강암의 중심부는 마치 두 짝의 미닫이문을 밀어젖히면서 인도를 뚫고 올라온 엘리베이터 같았다. 그것은 수많은 시대의 연대기였다. 땅속 깊은 곳에서 덮개암을 뚫고 올라온 오래된 단단한 암석이 결국 가장 높이 우뚝 서는 동안, 그 양옆에 기대어 있는 덮개암은 바깥쪽으로 갈수록 연대가 점점 젊어진다. 이 펜실베이니아기 사암의 부러진 끝, 다시 말해서 기울어진 지층의 노출된 부분은 산맥의 경계를 따라서 풍화되어 거친 톱니 모양이 되었다. 산의 옆면에 형성되는 이런 호그백은 로키산맥 지역 산들의 특징이다. 콜로라도 볼더에는 호그백들(플랫아이언산맥)이 그림처럼 펼쳐져 있는데, 이 호그백들 역시 똑같은 펜실베이니아기 지층이 프런트산맥에 기대어 있는 것이다. 이제 갱플랭크 위에서, 러브는 이렇게 덧붙였다. "지금 보고 있는 고생대 암석은 미시시피강 이후로 처음 나타난 거예요. 이 암석은 아이오와와 네브래스카에서도 이어져 있지만, 땅속에 파묻혀 있어요."

1865년 가을, 그렌빌 다지 소장은 기병대와 그 외 병력과 짐을 실은 동물의 행렬을 이끌고 남쪽으로 향하고 있었다. 그들은 래러미산맥 기슭에 있는 세인트브레인 길을 따라 가고 있었다. 앞서 치른 파우더강 전투에서 패배를 하지는 않았지만, 중요한 목적을 달성하지 못했다. 그들의 목적은 북부 샤이엔족과 오갈랄라 수족에게 겁을 주는 것이었다. 그러나 다지 장군의 마음은 뭔가 다른 것에 사로잡혀 있었다. 링컨 대통령은 죽기 얼마 전에 다지에게 유니언퍼시픽 철도의 노선을 골라올 것을 지시했다. 다지는 이전의 다른 사람들과 마찬가지로 짐 브리저에게 조언을 구했다. 짐 브리저는 덫 사냥꾼, 탐험가, 모피상, 사업가, 만능 산악인으로 꽤 유명한 사람이었다. 당시 60세였던 그는 다른 사람들보다 20~30년 앞서 서부로 들어갔고, 다른 백인들은 거의 모르는 곳을 알고 있었다. 그는 그레이트솔트호를 발견했고, 그것을 태평양이라고 보고했다. 잭슨홀, 옐로스톤호, 옐로스톤 폭포, 파이어홀 간헐천, 매디슨강에 대한 그의 묘사는 한때 "짐 브리저의 거짓말"이라고 알려지기도 했다. 그의 장인은 와샤키족의 추장이었다. 그리고 이제 이 북군의 장군은 철도를 어디에 놓아야 할지를 알고 싶었다. 오리건 길은 래러미산맥의 북단을 돌아서 스위트워터강을 따라 사우스패스로 이어졌다. 까다롭게 따져도 수월한 길이었다. 그러나 경쟁력 있는 대륙 횡단 철도를 생각하면, 스위트워터강은 너무 멀리 돌아가는 길이며 석탄도 없었다. 브리저는 조지폴크리크를 언급했고, 이곳의 가장 높은 위치가 래러미산맥의 능선에서 가장 낮은 위치보다 낮다고 말했다(이는 각도를 측정하는 관측 장비인 경위의theodolite를 통해서 곧 사실로 확인되었다). 경로는 그곳이 될 수도 있었다.

그래서 1865년에 파우더강 남쪽으로 내려온 다지는 기병대와 짐을 실은 동물의 행렬을 세인트브레인 길에 남겨두고, 소규모 정찰대를 이끌고 로지폴크리크로 올라갔다. 로지폴크리크의 정상에서, 그는 남쪽을 돌아보고 정상 부근의 지형을 살폈다. 브리저가 추천한 곳에서 8~16킬로미터 남쪽에 위치한 크로크리크 상류의 작은 계곡에서, 다지는 예상치 못하게 원주민 무리와 마주쳤다. 그의 보고서에는 무슨 부족인지는 언급되지 않았다. 그들은 적대적이었다. 정확히 말하면, 다지가 그들을 향해 발포를 해서 그렇게 되었다. 양쪽 다 갑작스러운 조우에 당황한 순간, 원주민들은 다지와 그의 정찰대 행렬 사이에 끼어 있었고, 이 상황은 다지를 긴장시켰다. 정찰대는 말에서 내려 정확히 동쪽으로 걸었다. "인디언들이 너무 가까이 다가오면, 라이플총으로 그들의 접근을 막았다." 이 과정에서 갱플랭크가 발견되었다. 동쪽으로 계속 가는 동안, 다지는 급경사면에 닿을 것으로 예상하고 그곳에서 연기를 피워 신호를 보내려고 했다. 그러나 급경사면은 나타나지 않았다. 대신, 아주 오래전에 높이 있던 지면이 남긴 흔적에 이르렀다. 크로크리크와 론트리크리크라는 두 개의 물길 사이에 놓인 이 좁은 길은 산 정상까지 이어져 있었다.

그 길은 끊어지지 않고 평원까지 이어져 있었다. 당시 나는 길 안내인에게, 우리가 머리 가죽을 지켰기 때문에 그 교차로를 발견한 것이라고 확신한다고 말했다.

다지 장군은 동부로 돌아갔고, 1867년 봄에 그의 경로에 대한 승인을 얻어서 돌아왔다. 당시 유니언퍼시픽 철도의 종점은 네브래스카 중부에 있었다. 다지는 기차에서 내려 노스플랫강을 따라 로지폴크리크까지 올라갔다. 그리고 산맥이 가까워지는 동안, 그는 육로를 통해 크로크리크까지 곧바로 넘어가서 그곳을 새로운 철도 구간의 서부 종점으로 정하고 말뚝을 세웠다. 그다지 마음에 들어하는 사람은 아무도 없었지만, 그는 그곳에 샤이엔이라는 지명을 붙였다. 곧바로 그는 격노한 샤이엔족으로부터 자신을 지켜야 했다. 샤이엔족은 군인과 노동자들을 죽이고, 말뚝을 뽑고, 가축을 훔치고, 장비를 파괴했다. 일부 정치가와 관료와 자본가들이 서부를 시찰하기 위해 그곳에 왔을 때, 샤이엔족은 그들을 공격했다. 다지 장군은 리볼버 권총을 겨누면서 손님들에게 말했다. "저 망할 인디언들을 소탕하지 못하면, 유니언퍼시픽 철도는 건설을 포기해야 합니다. 정부가 결단을 내리길 바랍니다."

갱플랭크에서 가장 좁은 지점의 폭은 유니언퍼시픽 철도가 겨우 지나갈 수 있는 정도다. 주간고속도로는 한쪽 귀퉁이에 매달려 있다. 기차의 선로와 차로가 너무 가까워서 갱플랭크의 모습은 기타의 넥과 닮아 있었다. 기다란 석탄 화차가 우리 옆으로 지나갔다. "석탄은 화차 꼭대기보다 더 높게 쌓지 않아요." 러브가 설명했다. "환경을 생각한 조치인데, 탄가루가 바람에 날리는 것을 방지하기 위해서죠." 그는 이것이 좋은 생각임은 분명하지만, 어린 시절에 증기기관차에서 내뿜는 검댕을 뒤집어

쓴 경험이 많은 그로서는 탄가루에 대한 작금의 공격이 "더 이상 나무가 없는 수목한계선에서 산불 진압을 걱정하는 것 같다"는 생각을 지울 수 없다고 말했다. 예전에는 구식 증기기관차가 마을에 들어오면, 굴뚝에서 검댕이 뿜어져 나왔다. 그는 이 길이 중요한 이주로가 될 수 없었을 것이라고 말했다. 가축의 힘을 이용하는 여행에서 절대적으로 필요한 풀과 물이 부족했기 때문이다. 그러나 철도의 경우, 갱플랭크는 빠르고 효율적이므로 탁월한 경쟁력이 있었다. 덴버-리오그란데 철도가 시간과 돈을 쏟아부어가며 지그재그식 선로를 오르는 수고를 하고 있을 때, 산타페 철도가 산악지대뿐 아니라 사막과도 씨름을 하고 있을 때, 유니언퍼시픽 철도는 이미 갱플랭크에 올라 서부로 가는 길을 열었고, 사람들에게 엉클피트라는 별칭으로 불리고 있었다. 러브는 말했다. "이런 변방에서는 엉클피트에 비하면 엉클샘(미국 연방 정부의 별칭─옮긴이)은 담요 밑에 있는 깔따구였어요. 유니언퍼시픽이 가장 이득을 봤죠. 이 마이오세의 오갈랄라층은 산의 전면부를 감싸고 있는 고지대 평원의 퇴적층에서 가장 젊은 지층이었어요. 미묘하고 학술적으로 의미도 있어 보이지만, 모두 철도 건설 이전의 이야기죠. 로키산맥의 전면부전체에서 이런 곳은 없어요. 여기서는 그레이트플레인스에서 산꼭대기까지 단번에 올라갈 수 있어요. 이 길이 아니면 산을 구불구불 돌아가거나 터널을 통과해야 하죠. 이 지형 하나가 다른 어떤 요소보다 서부의 형성과 큰 연관이 있었어요. 오리건 길의 중요성을 폄하하려는 것은 아니지만, 여기에는 모든 게 다 있어요. 지금까지 이런 점을 지적한 적이 없었어요."

선로가 만들어질 때, (연방 정부는) 선로를 따라 64킬로미터 길이에 걸쳐 있는 땅의 50퍼센트를 체스판 모양으로 나눠서 3.2킬로미터마다

2.56제곱킬로미터씩 분양했다. 유니언퍼시픽은 덩치가 너무 커서 현재 몇 개의 회사로 나뉘었다. 그중에는 로키마운틴 에너지, 업랜드 공업, 챔플린 석유 회사가 있었고, 와이오밍을 달까지 보낼 수 있는 양의 우라늄도 묻혀 있었다. 샤이엔에서는 유니언퍼시픽 철도역과 주정부 청사가 캐피털가의 양끝에서 마주보고 있었다. 래러미산맥에서 서쪽으로 64킬로미터 떨어져 있는 유니언퍼시픽 철도역은 래러미산맥 자체와 마찬가지로 적갈색의 펜실베이니아기 사암으로 싸여 있고, 선캄브리아 시대의 화강암 위에 놓여 있다. 적어도 주청사 건물만큼 눈길을 끄는 이 건물은 호사스러운 명패가 달린 웅장한 산이다.

물론 아메리카 원주민들도 오래전부터 갱플랭크를 이용하다가 래러미 정상에서 다지 장군과 마주쳤다. 아메리카 원주민들은 갱플랭크를 건너서 그레이트플레인스에서 래러미 분지까지 갔고, 메디신보산맥에 있는 사냥터에 올랐다. 그리고 그들도 원래부터 있던 길을 따라가고 있었다. "버펄로가 만든 길이었어요." 러브가 말했다. "버펄로는 정말 길을 잘 만들어요. 버펄로가 만든 길이라고는 믿기지 않을 거예요. 최고의 토목공학자만큼 훌륭하죠. 오늘날에도 남아 있어요. 옐로스톤의 오지에 있다가 늪과 펄펄 끓는 온천이 있는 첩첩산중에서 길을 잃었을 때는 버펄로가 다니는 길을 찾으면 빠져나올 수 있어요." 갱플랭크 위를 지나는 80번 주간고속도로의 한쪽에 "야생동물 횡단"이라고 쓰인 표지판이 서 있었다.

———

우리는 갱플랭크를 지나서 분홍색 화강암의 절개면이 드러난 고속도로로 들어갔다. 러브가 말했다. "이제 우리가 있는 이 산은 선캄브리아 시대의 중심부 위에 놓여 있어요. 자세히 봐야 할 거예요. 이런 멋진 지질학적 특징은 포착하기가 어려워요. 80번 주간고속도로는 그런 지질을 보여주려고 만든 것이 아니라 그 장점을 활용해 만들어진 것이니까요." 그곳에는 분홍색 화강암 절개면이 더 있었고, 14억 년 전에 이 화강암이 관입한 모암인 짙은 색의 각섬암도 조금 흩어져 있었다. 고속도로는 밝은 분홍색의 화강암과 짙은 회색의 각섬암이 만나는 부분을 가르고 지나갔다. 마치 누군가가 그 부분에서 색을 바꿔 칠해놓은 것 같았다. 어두운 색 암석에는 깨지고 쪼개진 면이 가득했다. "아마 이 암석은 화강암이 관입하기 전에는 오랫동안 느긋하게 있었을 거예요." 러브가 말했다. "20억 년, 어쩌면 30억 년 된 암석일 수도 있어요. 우리는 알 수 없는 없어요."

고도가 높아지는 동안, 화강암 도로절개면은 더 깊어지고 높아졌으며, 더 붉어지는 것 같았다. 암석은 단단했다. 계단 모양 없이 잘려 있는 절개면의 높이는 50미터나 되었다. 마블링이 잘된 소고기처럼, 암석 속에는 석영맥이 가득 들어차 있었다. 이 석영들은 화강암이 형성되고 한참이 지난 후 갈라진 틈으로 들어온 것이다. 절개면의 암벽에는 수직으로 나란하게 여러 개의 홈이 패어 있었다. 마치 이국의 퇴적층에 남아 있는 거대한 지렁이가 지나간 자국 같았다. 사실 이 홈들은 암반을 사전에 쪼개는 과정에서 뚫은 구멍 중에서 다이너마이트를 장전하지 않은 구멍의 흔적이었다. 고속도로를 건설할 때는 암반에 구멍을 뚫은 다음, 구멍 세 개마다 하나씩 다이너마이트를 넣어 폭발시킨다. 이런 방법으로, 우리는 대서양에서 태평양까지 이어지는 80번 주간고속도로의 가장 높은 해발 2630미터 지점에 이르렀다. 멀리 커다란 화강암 덩어리 위에 닭 머리를 잘라서 얹어놓은 것 같은 게 보였다. 가까이 다가가서 올려다보니, 그제야 에이브러햄 링컨이 보였다. 정확히는 큼직한 받침대 위에 링컨의 두상을 올려놓은 조각작품이었다. 몇 해 전까지 이 조각상은 링컨 고속도로의 정상부에 있었다. 이제 그 숭고한 정신까지는 아니어도 도로는 통합되었고, 이 조각상은 주간고속도로 안에 놓이게 되었다.

우리는 거기서 80번 주간고속도로를 벗어났고, 서남풍을 맞으며 놀라울 정도로 평탄한 산마루를 가로질렀다. 한 쌍의 바큇자국이 나 있는 분홍색 화강암 속에는 1달러짜리 은화만 한 크기의 결정들이 박혀 있었다. 높고 드넓은 표면에서 바라보는 경치 속에는 로키산맥 전면부의 한 부분이 큼직하게 담겨 있었다. 콜로라도에는 네버서머산맥이 우뚝 솟아 있었고, 남쪽과 서쪽으로는 스노이산맥의 붉은 봉우리들이 보였다. 울창한 큰키나무 숲 위로 하얗게 솟아 있는 스노이산맥은 메디신보산맥의 꼭대기에 얹혀 있는 것처럼 보였다. 놀랍게도, 그렇게 보이기만 하는 것이 아니라 실제로도 그랬다. 해발 3000미터 높이에 위치한 스노이산맥의 바닥은 메디신보산맥의 넓고 평평한 정상 위에 놓여 있다. 마치 물 위에 떠 있는 범선처럼, 스노이산맥은 그 자리에서 600미터 높이의 돛을 하늘 높이 펼치고 있다. 마이오세에는 스노이산맥의 기부가 놓인 메디신보 산맥은 꼭대기까지 모두 평평하게 파묻혀 있었다. 스노이 산맥과 우리가 있는 래러미산맥의 정상 사이에는 80킬로미터에 걸쳐서 우묵하게 파헤쳐진 래러미 평원이 놓여 있다. 우리의 시선은 마이오세의 경관인 메디신보산맥의 수목한계선에 닿아 있었다. 그 경관은 3600미터 높이에서부터 우리가 있는 약 2700미터 높이까지 완만한 경사를 이루며 이어져 있었다. 동쪽으로 방향을 돌려서 거의 다 사라져가는 평원을 내려다보자, 러브의 표현을 빌리자면 "동쪽의 엉덩이골로 계속 빠져나가고 있는"마이오세의 표면을 볼 수 있었다.

로키산맥 중심부에서는 어디를 가나, 가장 높이 있는 퇴적분지가 3000~3600미터 높이로 우뚝 솟은 산들과 닿아 있었다. 그 산들은 세계의 다른 산들에 비해 형태가 기묘하며, 그만큼 아름답다. 이를테면 베어투스산맥에서는 펜닌 알프스산맥의 현곡과 아주 비슷한 U자 모양의 빙하곡을 오를 수 있다. 그러나 해발 3000미터, 3300미터, 3600미터로 점점 높이 올라가는 동안, 하늘을 찌를 듯한 바이스호른 같은 봉우리는 찾아볼 수 없다. 대신 예상치 못한 지형 속으로 들어서게 된다. 건조한 와이오밍의 분지 위로 가파른 경사를 오르고 나면, 세상과 동떨어진 곳에 펼쳐진 낙원 같은 싱그러운 풍경과 마주친다. 시냇물이 굽이쳐 흐르는 고산지대의 초원이 둥그스름하지만 기본적으로 지평선을 따라 나타나는 풍경을 가로질러 펼쳐지는데, 한쪽에는 숲이 있고 다른 한쪽에는 침엽수와 차가운 연못들이 드문드문 흩어져 있다. 메디신보산맥의 풍경도 이와 비슷하고, 유인타산맥과 빅혼산맥도 마찬가지다. 산봉우리들이 탁자 위의 왕관처럼 놓여 있는 이런 평평한 고원은 말이 되지 않는다. 그러나 고원과 고원 사이에 160킬로미터에 걸쳐 깊게 파여 있는 분지에 공기가 아니라 흙이 채워져 있다고 생각하면, 즉 두텁게 흙이 퇴적되어 있는 마이오세의 지형을 상상하면 조금 납득이 된다. 그 드넓은 침식면이 남긴 산중턱의 고원에 과학에서는 다양한 이름을 붙여왔다. 그중에서 현재 가장 두드러지는 이름은 준정상면subsummit surface이다. "윈드리버산맥의 유니언패스 위에 높이가 3600미터인 고원이 하나 있는데, 더운 날의 똥덩어리보다 더 평평해요." 러브는 그런 높이의 평지에서는 때로 두려움을 느끼기도 한다고 말했다. 험준한 봉우리들 속에 있을 때는 그런 기분이 들지 않는데, 3600미터 높이에서 아이오와 남부에 있는 것 같은 기이함에서 오는 일종의 고소공포증인 것 같다고 덧붙였다.

큼직한 결정이 박혀 있는 우리 발밑의 화강암은 그 어떤 화강암보다 입자가 굵었고, 그로 인해서 비바람에 특히 취약했다. 수백만 년 동안 노출되어 있던 이 화강암의 분홍색 장석과 검은색 운모와 유리같이 투명한 석영은 다이너마이트의 도움 없이도 긁어낼 수 있었다. 이 점을 포착한 유니언퍼시픽은 이 분홍색 화강암을 1300킬로미터에 걸쳐서 선로의 바닥 다짐용 자갈로 활용했다. 이 지역에는 흙이 거의 없고, 거친 분홍색 암석만 20킬로미터의 폭으로 깔려 있었다. "시카고에서 서쪽으로 갈수록 토양의 두께와 비옥함이 점점 줄어들어요. 그리고 갱플랭크로 들어서서 이곳 래러미산맥의 정상까지 올라오면, 사실상 흙이 전혀 없죠." 러브가 말했다. "1000만 년에 걸쳐 흙이 만들어졌는데, 하나도 없는 거예요. 왠지 아세요? 바람 때문이에요. 바람이 자갈보다 작은 것은 다 날려버렸어요."

이런 바람 속에 서 있는 것은 강의 급류 속에 서 있는 것과 같았다. 간간이 돌풍이 불기도 했지만, 바람은 근본적으로 꾸준히 불었다. 지속적으로 불어온 서남풍의 기록은 인간이 역사를 기록한 이후부터가 아니라 산이 만들어진 순간부터 암석에 선명하게 새겨져 있었다. 듬성듬성서 있는 나무들은 바위 자체에 뿌리를 박고 있는 것처럼 보였다. 바람에 뒤집힌 우산처럼 생긴 나뭇가지들은 밑동에서부터 바람을 따라 휘청거리고 있었다. "로키산맥의 이 지역에서는 바람의 침식이 대단히 중요한 의미를 지니고 있어요." 러브가 말했다. "심지어 래러미 아래쪽으로도 나무들이 기울어져 있어요. 와이오밍 토박이들은 이곳의 풍속계가 쇠사슬에 매달린 모루라고 말하곤 하죠. 땅에 대한 조사를 할 때, 조사관들은 삼각대를 세워둘 수가 없었어요. 한밤중이나 해 뜰 무렵에 작업을 해야 했죠. 사람들은 바람 때문에 제정신이 아니었어요." 그의 어머니가 1905년에 쓴 일기에 따르면, 트윈크리크 학교 옆을 지나던 올드 핸리는 파이프에 불을 붙이기 위해서 교실로 불쑥 들어와 수업을 방해했다. 그녀는 오두막을 짓기 위해 씨름하다가 결국 바람에 굴복한 남자의 이야기도 썼다.

그는 바람이 불 때 들보를 올리고 있었다. 고개를 들자 그의 머리 위로 바람에 날려가는 다람쥐들이 보였다. 어느 틈엔가 죽은 양도 한 마리씩 나타났다. 마침내 마지막까지 버티고 있던 한 마리가 그 위로 날아가고 있었다. 그는 주위를 둘러보며 "음매" 하고 말했다. 그런 일이 있은 후 그는 몬태나로 갔다.

경관의 모양을 형성하는 침식은 물과 얼음과 바람의 작용이라고들 한다. 대개 바람은 가장 작거나 무시해도 될 정도로 미미한 요소인 경우가 많지만, 와이오밍에서는 그렇지 않다. 고속도로에서 뒤를 돌아보자, 산 정상에서 북쪽으로, 폰데로사소나무와 사시나무와 엽편송 사이로 비더우글렌 화강암이 보였다. 다른 화강암과 마찬가지로, 비더우글렌 화강암도 약한 면을 따라 침식이 일어나서 큰 덩어리들로 나뉘었고, 덩어리의 모서리는 바람에 날아온 모래알갱이에 닳아서 둥그스름했다. 굴러내려와서 따로 떨어져 있는 화강암 덩어리는 지면과 가까운 곳에서 날아다니는 모래 알갱이에 꼭대기 바로 아랫부분이 혹독하게 마모되어 거대한 버섯과 같은 모양이 되었다. 그 뒤의 절벽도 유기체를 닮았다. 둥근 바윗덩어리들이 높게 쌓여 있고, 꼭대기에 놓인 큰 돌들은 떨어질락 말락 간신히 균형을 유지하고 있었다. 그 모습을 가만히 바라보는 러브는 지형에 담긴 깊은 의문을 골똘히 생각하고 있는 것처럼 보였다. 잠시 후 그가 말했다. "야생마는 배변을 할 때 다른 야생마가 배변을 해놓은 자리를 찾아가요. 그렇게 계속해서 똥탑을 높이 쌓죠. 딱 저렇게 생겼어요. 사람이 기르는 말들은 그러지 않아요."

샤이엔에서 바로 남쪽, 80번 주간고속도로 옆에 있는 와이오밍 관광 안내 센터에는 벽돌로 지은 저장탑으로 둘러싸인 열한 개의 야외용 탁자가 있다. 각각의 저장탑에는 전망창이 있어서, 와이오밍을 찾은 관광객은 바람을 맞지 않고 어느 정도 소풍을 즐길 수 있다. 이 지역에는 사실상 모든 집에 방풍림이 있다. 그리고 집들은 대체로 단층이다. 이동식 주택은 지붕에 중고 타이어를 덮어놓는다. 그러지 않으면 지붕이 바람에 뜯겨나간다. 콜로라도대학의 퇴적학자인 메리 크라우스는 어느 날 와이오밍 중북부에 차를 세우고 노두를 연구하러 갔다. 그사이 차는 바람에 떠밀려서 벼랑 아래로 떨어졌다. 와이오밍에서 운행하는 어느 프로펠러 동력 비행기는 구토 혜성Vomit Comet이라고 알려져 있다. 그 비행기에서 내릴 때는 사람들의 얼굴이 모두 보랏빛이 되어 있다.

"오늘날 대부분의 사람은 바람과 모래의 힘을 깨닫지 못하고 있어요." 러브가 말했다. "도로는 포장이 돼 있어요. 하지만 링컨 고속도로가 생기고 처음 50년 동안만 해도, 사람들은 오후에 서쪽으로 차를 몰고 나가는 것을 좋아하지 않았지요. 칠이 벗겨지고 차가 망가졌거든요. 앞 유리창에 자잘한 흠집이 너무 많이 나서 앞이 잘 보이지 않게 됐지요." 아직까지는 고속도로 관리공단에서 바람을 포장하지는 못한다. 80번 주간고속도로에서는 트레일러를 끄는 거대한 트랙터가 바람에 뒤집힌다. 와이오밍에 눈이 내리면, 골칫거리는 이제 시작일 뿐이다. 눈은 내리고 또 내려서 높이 쌓이고, 땅눈보라ground blizzard를 일으켜서 사방이 보이지 않게 된다. 땅눈보라는 집들을 파묻기도 하고, 도로절개면에서는 15미터 높이까지 눈을 흩날리기도 한다. 제설차보다 바람이 먼저 와서 눈을 다른 곳으로 날려버릴 수도 있다. 이곳에 오래 산 사람들은 이렇게 말하곤 했다. "여기서는 눈이 녹지 않아요. 그냥 닳아 없어지지." 와이오밍에서 80번 주간고속도로가 눈 때문에 폐쇄되는 일이 없는 달은 8월뿐이다. 때로는 고속도로가 며칠씩 폐쇄되기도 한다. 전미 여객 철도 공사가 와이오밍에서 여객 수송 서비스를 중단하기 전까지는 80번 고속도로에서 발이 묶인 사람들이 차를 버리고 기차로 그곳을 벗어나곤 했다. 가장 바람이 거센 곳은 메디신보산맥의 끝자락을 둘러싸고 있는 롤린스 동쪽 구간인데, 이 구간의 고속도로 가드레일에 설치된 풍속계에는 제한 속도를 초과하는 바람이 자주 기록된다.

이제 러브는 래러미 평원 너머 서쪽의 산들을 바라보고 있었다. 그는 꽤 최근까지 단단한 땅이던 약 80킬로미터 길이의 경관으로 시선을 옮기다가, 로키산맥 발굴 작용에서 바람의 역할은 지금까지의 예측보다 훨씬 더 클 것 같다는 생각이 든다고 말했다. 미시시피 삼각주에서 확인할 수 있듯이, 물은 분명 분지의 퇴적물을 파내어 제거하는 중요한 매개체다. 그곳의 해안에서 몇 킬로미터 떨어진 바다의 진흙에 구멍을 뚫으면, 4500미터를 뚫고 내려가도 드릴의 날은 여전히 마이오세에 있을 것이다. 러브는 계속해서 이렇게 말했다. "그래도 우리는 파우더강 분지, 빅혼 분지, 윈드강 분지, 래러미 분지 외에 다른 곳에서 나온 퇴적물의 부피를 거의 정확하게 알아요. 모두 미시시피강 삼각주 쪽으로 내려갔다고 말할 수 있어요. 하지만 미시시피 삼각주로 가서 그 부피를 보면, 엄청난 차이가 나죠. 멕시코만으로 들어간 것과 여기서 제거된 것을 맞춰보면, 아귀가 맞지 않아요. 여기서 제거된 것이 아래로 내려간 것보다 훨씬 더 많아요. 흐르는 물은 이곳에서 떨어져나간 물질의 절반만 설명할 수 있습니다. 그 물질이 모두 미시시피강 삼각주로 간 것이 아니라면, 어디로 갔을까요? 운반된 물질의 상당량은 조금 다른 방식으로 설명될 수 있어요. 나는 바람이 그 역할을 했다고 생각해요. 내 개인적인 느낌으로는 동쪽으로 날아가서 대서양으로 들어간 것도 꽤 많아요. 아마 일부는 허드슨만으로 갔을 거예요. 우리는 모르죠. 이런 것들이 현재 우리가 고심하고 있는 문제들이에요. 바람이 운반할 수 있는 양은 얼마나 될까요? 이것 역시 몰라요. 하지만 몇 년 전의 어느 흙먼지 폭풍이 불었을 때는 캔자스와 네브래스카와 콜로라도에서 일어난 엄청난 양의 흙먼지가 대서양으로 들어갔어요. 그 먼지 폭풍은 딱 이틀 불었는데 말이에요."

그런 먼지 폭풍은 자주 발생하며, 규모나 기간 면에서 특별한 것은 아니었다. 그것이 주목할 만한 가치가 있었던 까닭은 그 효과가 연구되어 『퇴적암석학 저널Journal of Sedimentary Petrology』에 발표되었기 때문이다. 이 흙먼지가 조지아 해안에 짙은 안개처럼 나타났을 때, 가까운 서배너에 위치한 스키더웨이 해양연구소의 연구자들은 이 흙먼지에 관심을 보였다. 먼지 구름은 3킬로미터 높이까지 치솟았고, 위성사진에 나타난 이 먼지 구름의 넓이는 약 100만 제곱킬로미터였다. 스키더웨이의 연구자들은 공기 시료 채집 측정 장비를 이용해서 이 흙먼지 알갱이들을 수집했다. 그들은 그 한 번의 먼지 폭풍 속에 들어 있는 흙먼지의 양이 1년 동안 북대서양 근처의 강과 공기를 통해 운반되는 모든 퇴적물의 25퍼센트를 충분히 설명할 수 있다고 보고했다. 게다가 그중 약 85퍼센트는 일라이트라 불리는 점토광물이었다. 동부 해안 지방의 강에서 흘러나가는 실트 속에는 일라이트의 양이 매우 적지만, 일라이트는 그쪽의 해저 퇴적층에서 흔히 볼 수 있는 광물이다. 스키더웨이의 계산에 의하면, 그 한 번의 모래폭풍으로 해저에 쌓인 퇴적물의 무게는 100만 톤에 이르렀다.

준정상면의 고속도로에서 더 멀리 벗어나자, 높이 18미터, 바닥 너비 18미터인 화강암 피라미드가 나타났다. 건축가 H. H. 리처드슨이 설계한 무게 6000톤의 이 피라미드는 확실히 바람에 날아갈 염려는 없어 보였다. 우리는 그 피라미드를 바람막이 삼아 서 있었다. 간헐적으로 불어오는 바람이 귓가를 두드렸다. 그 기념비는 그곳의 황량한 고립감에 정비례하는 위화감을 형성했다. 80번 고속도로에 에이브러햄 링컨 동상이 있다면, 유니언퍼시픽 철도에는 이 기념물이 있었다. 이 기념비는 오크스 에임스와 올리버 에임스 형제를 기리기 위해 세워졌다. 매사추세츠의 삽 제조업자이자 철도 자본가인 에임스 형제의 신용대출 회사인 크레디트모빌리에는 유니언퍼시픽 철도에 제공되는 정부 보조금을 챙기기 위해 건설 계약을 맺었다. 당시에는 미국 의회에 소속되어 있다면, 크레디트모빌리에의 주식을 절반 가격에 매입할 수 있었다. 피라미드의 꼭대기 부분 동쪽 면에 올리버의 얼굴이 돋을새김으로 새겨진 명판이 붙어 있었다. 1881년에 그의 얼굴을 조각한 어거스터스 세인트 고든스는 그랜드아미 광장에 있는 윌리엄 테컴세 셔먼 장군의 동상과 보스턴 코먼 공원에 있는 로버트 굴드 쇼의 동상을 제작했다. 세인트 고든스는 오크스 에임스의 얼굴도 조각했는데, 그의 얼굴이 새겨진 명판은 바람을 맞는 피라미드의 서쪽 면에 있었다. 이 기념물은 유니언퍼시픽 철도에서 가장 높은 지점 옆에 세워졌지만, 현재 철도의 최고 지점은 다른 곳에 있다. 1901년에 노선이 변경되면서 선로가 5~6킬로미터 떨어진 곳으로 이동했기 때문이다. 원래 선로가 지나가던 자리의 흔적은 너무 흐릿해져서, 그 위치를 지목하기 위해 지질학자가 필요했다. 그리고 그 일을 한 지질학자는 러브였다. 오크스의 코는 성능 좋은 라이플총에 맞아 떨어져나갔다. 올리버 역시 총에 맞아서 코와 얼굴의 다른 부분이 꽤 많이 날아갔다. 러브의 말에 의하면, 그리스와 로마와 사라센의 문화재를 파괴한 반달족은 조각 작품의 코를 부러뜨렸다. 여기에도 반달족이 있었던 것 같다.

고속도로로 돌아가서 에이브러햄 링컨 동상의 바로 서쪽을 지나자, 암석이 다시 젊어지기 시작했다. 우리는 선캄브리아 시대의 산맥 중심부를 벗어나서, 산맥 반대편에 기대어 있는 펜실베이니아기의 붉은 사암과 마주쳤다. 짙은 붉은색을 띠는 거대한 절개면이었다. 이 절개면을 통과하는 동안, 도로는 갑자기 푹 꺼지는 것처럼 급경사를 이루면서 텔레폰 협곡을 크게 빙 돌아서 산을 내려갔다. 우리 머리 위 어딘가로 로키산맥 최초의 전화선이 지나갔을 것이다. 당시 미국 대통령이던 시어도어 루스벨트는 열두 필의 말과 수행원과 함께, 샤이엔으로 가기 위해 1903년 텔레폰 협곡에 올랐다. 그의 콧수염은 라이트 형제가 봤다면 감명받았을 정도로 날렵하게 꺾인 비행기 날개처럼 생겼다. 그는 카우보이 모자를 쓰고 있었다. 당시에는 그의 두둑한 뱃살이 어느 정도 통제되고 있었다. 주와 주를 잇는 길은 꽤 거친 편이었지만, 거칠기는 그도 마찬가지였다. 그곳의 붉은 암석은 대단히 아름답고 풍족했기 때문에, 사람들은 건축 자재로 쓰기 위해 여기저기 흩어져 있는 도로절개면에서 돌들을 떼어내 자신들의 트럭에 실었다. 래러미 평원에 처음 당도한 목장주들도 마찬가지였다. 마차를 타고 산에 올라가서 집을 지을 암석을 모았다. 그것은 다공성이고 투수성이 있으며, 입자가 작고 단단한 데다 부러지는 성질이 있는 사암이다. 그리고 투과성이 없는 화강암 위에 놓여 있기 때문에, 물은 이 사암을 통과해 산 아래로 내려간다. 산 아래에 있는 단층대에서 물은 스스로의 압력에 의해 저절로 지표로 솟아오르고, 래러미는 이런 샘들을 중심으로 형성되었다. 높이가 10~20미터인 밝은 붉은색 도로절개면 위로 담황색의 석회암이 덮여 있었다. 열대의 물속에서 펜실베이니아기의 모래 위에 퇴적된 석회암이었다. 산맥이 융기하면서 그 위에 평평하게 놓인 암석층이 거의 똑바로 설 정도로 휘어진 후, 침식되고 있는 산의 경사면은 난데없이 괴롭힘을 당한 지층보다 더 완만하게 내려갈 것이다. 그래서 텔레폰 협곡의 가파른 경사를 따라 내려오는 동안, 고속도로는 도로절개면의 암석보다는 덜 기울어 있었다. 그리고 붉은 사암은 점차 틈새로 끼어드는 젊은 석회암에 자리를 내어주다가 완전히 사라졌고, 우리는 대양의 바닥을 따라 움직이고 있었다. 그곳에는 오늘날 비스마르크 제도나 술라웨시해의 한쪽 귀퉁이 같은 적도 근해에 살았던 바다나리, 완족류, 조류가 가득했다.

협곡이 끝나면서 로키산맥 내부의 드넓은 마른 바다인 평원들이 펼쳐졌고, 우리는 어느새 래러미의 그랜드가에서 와이오밍대학을 지나고 있었다. 넓고 폭신한 잔디밭 위에 서 있는 담황색의 건물 벽에는 바다나리와 완족류와 단추 모양의 조류 화석이 박혀 있었지만, 도로절개면을 닮았다고는 말하기 어려웠다. 우리는 11번가에 있는 러브의 집과 대학 캠퍼스 안에 있는 러브의 사무실을 지났다. 그의 사무실 옆에는 2층 건물 높이의 실물 크기 티라노사우루스 렉스*Tyrannosaurus rex* 동상이 서 있었다. 지구 역사상 가장 포악하게 생긴 이 동물이 처음 발견된 곳은 당연히 와이오밍이다. 우리는 성마테오 성공회 교회를 지났다. 러브가 유감스럽게 생각하는 것처럼, 교회의 벽에도 바다나리와 완족류와 단추

모양의 조류가 들어 있었다. 예전에 그는 이 교회의 주일학교에서 아이들을 가르친 적이 있었다. 그는 아이들을 밖으로 데리고 나가서 교회 벽에 있는 화석을 보여주었다. 그는 그 생물들이 살았던 환경을 설명하고, 암석의 연대를 이야기했다. 그는 생물이 어떻게 진화하고 적응하고 번성하는지를 설명했다. 여기서 그의 퇴적 신학 경력은 끝이 나고 말았다.

우리는 시내에서 북쪽으로 몇 킬로미터 떨어진 곳에 있는 채석장을 지났다. 와이오밍대학과 성마테오 교회뿐 아니라 이비슨 여성 양로원과 올버니 카운티 법원 건물도 이 채석장의 돌로 만들어졌다. "이곳의 돌은 화석을 조금 포함하고 있는 석회질 사암이에요." 러브가 말했다. "꽤 단단한 편이죠." 우리는 래러미산맥 기슭을 따라 계속 북쪽으로 이동하다가 우회전을 해 산맥 안으로 들어갔다. 어느 협곡을 오르는 동안, 우리는 지층의 횡단면을 따라 과거로 내려가면서 선캄브리아 시대까지 이르렀다. 이곳의 암석은 이웃한 준정상면의 화강암보다 더 오래되었다. 어떤 암석은 고양이 눈처럼 영롱한 빛을 냈는데, 가시광선 스펙트럼의 모든 빛을 발하며 반짝거렸다. 러브의 말에 따르면, 그 암석은 알루미늄 함량이 15퍼센트에 달하는 사장암이었다. 카리브해의 보크사이트가 고갈되면, 이 사장암은 알루미늄의 공급원이 될 것이다. "사장암은 단단하며 녹는점이 높고 쉽게 균열이 생기지 않아요." 러브가 이야기를 계속했다. "그래서 핵폐기물을 보관하기에 유용할 거예요." 사장암은 희귀하다. 사장암은 시생누대에 형성되기 시작했고, 대체로 헬리키아절이라고 알려진 선캄브리아 후기의 한 시대에 만들어졌다. 애디론댁산맥의 고지대는 대체로 사장암으로 이뤄져 있다. 사장암의 운명은 우리가 사용한 핵연료를 봉인하는 데 쓰이거나, 맥주캔이 되기 위해 조금씩 분해되는 것이다. 사장암이 더 풍부한 곳은 따로 있다. 달을 바라볼 때, 우리 눈에 보이는 부분은 거의 다 사장암이다.

다른 날, 나는 러브와 함께 80번 고속도로를 타고 래러미 평원을 가로질러 서쪽으로 향하다가, 예상치 못한 호수들을 만났다. 그 호수들은 빙하호나 인공호수가 아니었다. 또는 플로리다에서처럼 석회암이 용해되어 만들어진 싱크홀에 물이 찬 호수도 아니었다. 대체로 물이 흘러나가는 곳이 없는 그 호수들은 염호였다. 어떤 것은 염기성을 띠었고, 어떤 것은 소금물이었으며, 어떤 것은 완전히 말라 있었다. 러브는 약 1.6킬로미터 길이의 내들러호를 가리키며 말했다. "이 호수에 들어 있는 염 성분은 황산나트륨이에요. 뭔가 무시무시한 느낌이죠." 스무 마리쯤 되는 영양이 호숫가를 질주하고 있었다. 지구상에 있는 대부분의 호수는 강의 안식처다. 그 안식처에서 강들은 거칠어진 경관을 헤치고 나갈 길을 찾거나, 움직이는 얼음이 만드는 혼돈 속에 남겨진다. 래러미 평원은 얼음에 덮인 적이 한 번도 없었다. 그렇다면 무엇이 이 호수들을 파놓은 것일까?

그 질문에 러브는 이렇게 되물었다. "뭐일 거 같아요?"

2~3킬로미터 떨어진 곳에 푹 파인 땅이 하나 보였다. 길이 18킬로미터, 폭 6.4킬로미터의 이 우묵땅은 황해보다 더 깊었다. 물웅덩이가 몇 개 있었지만, 어떤 종류의 대수층과도 이어져 있지 않았고 기본적으로 말라 있었다. 절제된 표현에 재능이 있는 래러미 사람들은 이곳을 빅할로라고 불렀다. 지질학자들은 이곳을 풍식 분지라고 불렀다. 바람의 침식 작용으로 형성된 분지, 더 간단히 말해서 바람에 파인 땅이라는 뜻이었다. 빅할로에서 바람은 백악기 셰일의 약한 틈새를 찾아 비집고 들어간 후, 순식간에 49억 세제곱미터의 흙을 파내어 바람에 날려버렸다. 바람은 이런 분지를 만들기만 한 것이 아니라, 대체로 단단한 암석으로

만들어진 틀 안에 분지를 보존하기도 했다. 래러미 평원에서 단단한 암석은 무거운 규암 자갈이다. 이 규암 자갈은 스노이산맥에서 떨어져나온 선캄브리아 시대의 조각들인데, 평원으로 운반되어 플라이스토세의 강바닥이 되었다. 물이 있든지 없든지, 우리가 지나온 호수들은 모두 바람이 만든 것이다. 봄바람이 살랑이는 구름 한 점 없는 아침이었다. 동쪽으로 굴러가는 둥근 덤불들이 고속도로 위를 달리는 우리 쪽으로 다가왔다. 마치 통통 튀는 농구공들이 가득 들어차 있는 체육관 같았다. 바람은 그 농구공들을 솜씨 좋게 몰아가고 있었다. "수송나물의 일종인 러시아엉겅퀴예요." 러브가 말했다. "자연의 경이로움 중 하나죠. 이렇게 굴러다니는 동안 씨앗이 터져요."

푸른 평원을 가로질러 메디신보산맥과 스노이산맥이 선명한 윤곽을 드러내며 우뚝 솟아 있었다. 두 산맥은 실제로 별개의 산맥이라는 느낌이 들 정도로 생김새가 판이했다. 더 가까이 보이는 메디신보산맥은 산마루가 평평했고, 발삼나무, 가문비나무, 소나무들로 인해 짙은색을 띠었다. 그 뒤로 높이 솟아 있는 스노이산맥은 꼭대기 부분이 하얗고 나무가 없었다. 한 산맥이 사실상 다른 산맥 위에 얹혀 있는 모습은 파묻힌 산맥, 뒤이어 일어난 지역 전체의 융기, 산맥의 발굴이라는 로키산맥 이야기의 핵심적인 역설을 담고 있는 바벨탑이었다. 이 모든 것을 강조하듯이, 사람들은 이 하나의 산맥을 두 개인 것처럼 이름을 붙였을 뿐 아니라 스노이산맥의 최고봉을 메디신보산이라고 명명했다. 그 자리에서 메디신보산은 3662미터 높이로 솟아 있었다.

우리는 100년 된 목장 주택 한 채를 지났다. 그리고 돌로 지은 그 집보다 더 오래되어 보이는 방목장 안으로 희미한 바큇자국이 보였다. 암울한 세월을 보내다가 1868년에 버려진 오버랜드 길이었다. "고약한 길이었어요." 러브가 말했다. "경사는 급하고, 돌은 많고, 물도 없고, 풀도 없었어요. 래러미 평원을 건너는 데 하루에 16킬로미터씩, 3일이 걸렸어요. 종종 진창이 되어 푹푹 빠지기도 했죠. 재앙이었습니다."

메디신보산맥이 거칠게 동쪽으로 몇 킬로미터 떠밀리는 조산운동이 일어났을 때, 산맥 전면의 암석에서는 습곡이 일어났다. 이런 습곡에 있는 배사 구조에는 움직이는 유체를 가두는 트랩이 형성되었다. 우리에게는 꺼떡거리며 기름을 퍼올릴 펌프잭만 있으면 되었다.

도로절개면에 있는 자갈층은 러브의 말처럼 "래러미 지각 변동의 첫 활동에서 메디신보산맥의 뚫고 올라옴"을 나타냈다. 이 자갈층은 팔레오세에 만들어졌다. 몇 킬로미터 떨어진 곳에 있는 칼날 같은 산등성이에는 산의 형성이 계속되는 동안 45도 기울어진 똑같은 역암층이 드러나 있었다. 그리고 그곳을 지나자마자, 평평하게 놓인 에오세의 퇴적층이 나타났다. 러브는 "그래서 조산운동 기간을 알 수 있다"고 말하면서 이렇게 덧붙였다. "이 산맥들이 지층을 뚫고 올라와서 동쪽으로 밀려가기까지는 그리 오랜 시간이 걸리지 않았어요. 그러고는 움직임이 멈췄죠. 아마 1000만 년쯤 걸렸을 텐데, 지질학자들에게 이것은 정말 빠른 거예요."

알링턴 근처에서는 특이한 경관 하나가 산맥에서 쭉 뻗어나와 있었다. 마치 북쪽으로 향하는 둑길처럼 생긴 그 지형은 플라이스토세의 툰드라를 가르며 거세게 흐르던 강물이 산에서 끌고 내려온 강자갈로 덮여 있었다. 이 자갈이 뒤이어 일어난 침식을 견뎌내는 사이, 양쪽 가장자리에서는 더 가벼운 물질들이 씻겨 내려갔다. 지질학자들은 이런 지형을 페디먼트pediment라고 부른다. 러브는 "이 지역에서 가장 놀라운 페디먼트"가 우리 앞에 있다고 말했다. 내 마음의 눈에서는 알래스카산맥을 타고 내려오는 망류 하천이 보였다. 두껍게 펼쳐진 자갈은 어쩌면 그 아래에 놓인 이전 세계의 풍경을 보존하기 위한 것일지도 모른다. 80번 고속도로가 알링턴의 페디먼트를 관통하는 곳에서, 이 플라이스토세의 자갈 아래에는 에오세의 사암이 있었고, 그 아래에는 붉은색과 초록색의 이암이 놓여 있었다. 그리고 다시 그 산맥이 처음 만들어졌을 때 산에서 내려온 역암을 덮고 있었다. 우리는 그 지층을 따라 올라가면서 한 세계에서 다른 세계로 변화하는 과정을 읽을 수 있었다. 융기하고 있는 산에서 떨어져 내리고 있는 자갈들, 격렬한 변화가 멈춘 뒤의 고요한 풍경, 이 모든 것이 냉혹한 기후의 착잡한 기념품 속에 보존되어 있었다.

13킬로미터 떨어진 도로절개면에서는 앞서 봤던 역암이 백악기 암석과 맞닿아 있었다. 이 백악기 암석은 래러미 조산운동으로 산맥이 융기할 때보다 더 가파르게 위로 휘어져 있었다. 역암 속에서 증거를 골라내는 일은 폭발의 잔해를 분류하는 일과 비슷했다. 나는 도로절개면에서 돌멩이를 하나씩 골라 러브에게 주면서 무엇인지 물어봤다. 어떤 돌멩이는 연대가 미시시피기쯤 된 고생대의 규암질 사암이었다. 알갱이가 둥글었다. 흑운모는 없었다. 사실 운모 종류는 하나도 없었다. 백악기의 사암도 있었다. 이 사암은 산에서 내려온 것이 아니라 근처에서 유래했을 것이다. 고생대 또는 선캄브리아 시대의 처트도 있었다. 역암의 기질인 팔레오세의 해나층 사암도 있었다. 스노이산맥에서 내려온 20억 년 된 선캄브리아 시대의 규암도 있었다. 선캄브리아 시대의 맥에서 나온 큼직한 유백색 석영도 있었다. 그리고 하나는 러브가 모르는 것이었다.

조산운동으로 산이 만들어지는 동안 분지도 함께 만들어지지만, 분지는 에베레스트산의 높이보다 훨씬 더 깊게 파여도 주목을 덜 받는다.

메디신보강을 건너서 노스플랫강과 롤린스로 다가가는 동안, 우리는 해나 분지 위로 들어가고 있었다. 해나 분지의 표면은 굴곡이 있기는 했지만, 산자락에 있는 다른 방목장이 그렇듯이 기본적으로 별 특징이 없는 평평한 땅이었다. 그곳은 물이 아니었고, 우리는 배에 타고 있지 않았다. 그러나 깊이 1만3000미터의 분지를 가로지르는 동안 우리는 여러 모로 그런 느낌을 받았다. 이곳은 북아메리카에서 가장 깊은 구조 분지였다. 이 분지에는 백악기와 팔레오세와 에오세 암석이 여러 개의 U자 모양으로 구부러져 있는데, 그런 U자 모양을 따라서 무려 15미터 두께의 탄층이 들어 있었다.

우리는 노스플랫강을 건너 조금 긴 경사로를 오르면서 몇 개의 도로 절개면을 둘러보고, 롤린스에서 갓길에 차를 세웠다. 롤린스 융기의 면면이 복합적으로 드러난 그곳에 펼쳐진 모든 시간을 한 번에 흡수하기 위해서였다. 롤린스, 그곳에서 러브의 어머니는 75년 전에 역마차에 몸을 실었다.

———

미국 지질조사소의 축척 2만4000분의 1 지형도 시리즈 중에는 러브 목장이라는 제목의 지도가 있다. 이 지형도가 묘사하는 경관은 북위 43도, 서경 107도 지점의 바로 아래에 있으며, 와이오밍의 지리적 중심에서 20킬로미터 정도 떨어진 곳에 있다. 코럴드로, 캐슬가든스, 버펄로 월로스, 점핑오프드로 같은 이 지역 자연물의 이름은 데이비드 러브가 어렸을 때 그의 집 부엌 식탁에서 어느 정도 구체화되었다. 그의 사투리, 그의 관점, 그의 실용적인 손재주, 그가 몰두하는 분야는 하나같이 그가 그곳에서 자랐다는 사실을 증명한다. 그는 한때 "상점에서 산 것"이라는 말에 눈을 반짝였다. 몇몇 카우보이가 리볼버 권총을 쓸 때, 그는 "총알을 때리는" 구식 총을 썼다. 억척스러운 목장 일꾼은 "터럭만 잡히면 무엇이든 타는" 사람이었다. 커피에 "편자가 떠 있을" 정도라고 하면, 제대로 끓인 커피였다. 담요는 "수건sougan"이었다. 방수천은 "헨스킨henskin"이었다. 멀리 떨어진 지역으로 들어가는 것은 "산맥을 들쑤시고 있는" 것이었다. 러브의 목장 이야기에서, 말은 "캐비cavvy"라는 무리를 지어 들어오고 나간다. 만약 그 말들이 소유주가 없고 길들여지지 않았다면, "말 타는 자리"로 몰아서 사로잡는 "와일드 번치wild bunch"인 것이다. 고약하다는 뜻의 "오너리ornery"는 그의 말버릇이었다.

그는 아버지를 "억세지만 다정하며 의지가 강한 사람"이라고 묘사한다. 그의 아버지는 어린 아들을 무릎에 앉히고 "밴버리 사거리에서 목마 타고 백마 탄 귀부인을 구경하자"라는 노래를 불러주었고, 저녁 식사 후에는 "아이들의 배가 꺼지라고" 야생마를 태워주었다. 그의 어머니의 푸념은 스토브 연통을 타고 곧바로 올라가서 바람에 날아갔다. 그의 아버지는 그런 엉터리 영시 같은 동요를 부르지 않을 때는, 스코틀랜드 시들을 비단 폭처럼 풀어놓을 수 있었다. 그는 목소리가 매우 좋았고, 에든버러 지역의 억양을 지녔다. 스콧의 서사시인 「호수의 여인The Lady of the Lake」의 모든 구절을 외우고 있던 그는 작은 사내애들의 어깨에 팔을 두르고, 낭랑한 목소리로 시를 읊어주었다. 아이들이 스콧의 시에 슬슬 싫증을 내면, 그는 다른 시를 낭송했다. 그의 머릿속에는 케이스네스곶에서 래머뮤어 언덕에 이르는 스코틀랜드의 풍광 전체를 충분히 그리고도 남는 발라드들이 들어 있었다.

데이비드는 형 앨런과 15개월 차이가 났다. 여동생인 피비는 한참 뒤에 태어났기 때문에 이런 풍경을 잘 기억하지 못한다. 2600제곱킬로미터 넓이의 지역에 아이들이라고는 그들밖에 없었고, 그곳에 자생하는 나무의 수는 그들보다 더 적었다. 목장 건물 옆에 있는 머스크랫크리크에서부터, 침식으로 굴곡진 광활한 건조 지대가 넓게 펼쳐진 윈드강 분지에는 버펄로풀, 그라마풀, 먹을 수 있는 솔트세이지가 자라고 있었다. 바람이 잦아들면 이 드넓은 세계가 고요해졌고, 아주 멀리 있는 해변 종다리의 울음소리까지 들을 수 있었다. 가장 가까운 이웃은 20킬로미터 떨어진 곳에 살았다. 가장 청명한 밤에도 다른 불빛은 전혀 보이지 않았다.

버펄로가 만든 오래된 길들은 머스크랫크리크의 물길을 따라가다가 가지를 치며 갈라졌다. 오래된 길이긴 하지만 아주 오래된 것은 아니어서, 길옆에 있는 버펄로의 해골 중에는 거죽이 붙어 있는 것도 있었다. 소년들은 아버지를 도와 목장 일을 할 때, 버펄로 길을 따라 말을 타고 다니곤 했다. 그들은 어릴 때부터 오랫동안 말을 탔고, 때로는 물 없이 가기도 했다. 수십 년이 지난 지금도 데이비드는 차가운 샘물을 그냥 지나치면서 "지금 물을 마시면 하루 종일 목이 마를 것"이라고 말할 것이다. 울타리 기둥으로 쓸 삼나무를 자르기 위해, 그들은 마차를 끌고 크룩스 협곡 근처의 그린산으로 갔다. 꼬박 2주가 걸리는 여정이었다. 해마다 가을이면, 형제는 열흘 동안 래틀스네이크힐스를 오가며 땔감으로 쓸 나무를 했다. 각각 네 마리의 말이 끄는 마차 두 대를 가져가서, 엽편송을 가득 채웠다. 나무를 자르는 연장은 도끼와 양쪽에 손잡이가 달린 톱이었다. 집 근처에서는 아버지와 함께 석탄을 캤다. 그들은 캐슬가든스라고 하는 멋진 침식 지형에서 말이 끄는 굴착기를 이용해 표토를 긁어내고 탄층을 드러냈다. 그들의 아버지는 야생마를 잡는 데 능했다. 그러려면 말과 기수는 야생마보다 더 빨리 달리는 기술이 필요했다. 그는 보유하고 있는 말보다 더 많은 야생마를 포획했다. 그래서 가장 좋은 말에는 그의 목장의 낙인을 찍고, 나머지 말들은 내다 팔았다. 일부는 달아나기도 했다. 데이비드가 기억하는 어떤 야생마는 2.1미터 높이의 울타리를 조금도 건드리지 않고 가볍게 뛰어넘었다. 데이비드와 앨런이 10대 중반이 되자, 형제의 아버지는 목장일 품앗이가 있을 때는 형제를 보냈다. 그들은 러브 목장 대표로 참석해 소 야영지에서 다른 카우보이들과 머물렀고, 눈 속에서 담요만으로 지낸 일도 더러 있었다. 그들은 밖에 나오면 밖에서 잤고, 결코 텐트에서 밤을 보내지 않았다. 이것은 선택이 아니었다. 한 가족의 규칙이었다.

젊은 시절, 7년 동안 야숙을 하던 존 러브는 담요로 몸을 둘둘 감싸고 마지막에 방수천을 덮고 스냅훅과 D링으로 고정시켰다. 강한 돌풍이 불거나 예상치 못한 눈폭풍을 만났을 때는 주위를 둘러보며 돌출된 강가 절벽의 마른 틈새를 찾았다. 그는 세이지를 모아서 아기 요람 정도 크기로 길게 모닥불을 피우고 콩, 베이컨, 양고기, 빵, 그 외에 있는 것을 가리지 않고 익혀 먹었다. 식사한 뒤에는 불을 끄고 침낭을 펼쳤다. 그는 물에 젖지 않게 포장한 책을 꺼내 석유 등불 밑에서 읽었다. 그의 연간 지출액은 75달러였다. 그는 밧줄로 만든 고리와 뼈 단추로 앞을 여미는 긴 곰가죽 코트를 입었다. 산에 갈 때는 파라솔 대신 커다란 검은 우산을 가져가는 특이한 사람이었다. 그의 삼촌인 존 뮤어는 이 대단한 야영가가 침대 속에 있는 동안 이른 아침에 불을 피울 수 있는 장치를 발명했다. 그리고 이제, 밝은 금발의 어린 소년은 아버지에게 텐트를 반대하는 이유를 물음으로써 사실상 러브 목장의 규칙에 의문을 제기하고 있었다. "구할 수 있는 것을 늘 다 가져야 할 필요는 없단다." 아버지는 소년을 살살 달래면서 이야기했다. "너는 텐트가 없이 생활하는 데 익숙해져야 해." 그의 아버지는 텐트가 "순례자"라 불리는 계층의 사람들을 위한 것임을 분명히 했다.

데이비드가 아홉 살이었을 때, 그는 건초 목초지와 피너클스(캐슬가든스에 있는 작은 사암 뷰트들) 사이에 한 줄로 덫을 놓았다. 그 덫에는 코요테, 붉은스라소니, 오소리 따위가 걸렸다. 토끼는 총으로 잡았다. 데이비드는 늦가을과 초겨울의 눈을 헤치고 그 길을 뛰어다녔다. 춥고 눈보라가 치던 1월의 어느 날, 아버지와 함께 있던 데이비드는 엽총과 토끼를 눈밭에 떨어뜨렸다. 데이비드는 얼른 총을 집어들었지만, 총은 그의 손에서 스르륵 미끄러져서 다시 눈밭에 떨어졌다. "총을 떨어뜨리는 것은 엄청난 대죄였어요." 그가 말했다. "총신에 눈과 얼음이 들어가면, 총알이 발사될 때 총이 터질 수도 있거든요." 안장의 밧줄걸이에 매달리는 것처럼, 그냥 해서는 안 되는 행동이었다. 그의 아버지는 데이비드가 덤벙거린다고 생각하지 않았을 것이다. 데이비드의 아버지는 엄한 목소리로 말했다. "얘야, 토끼와 총은 내버려두고 얼른 집으로 뛰어가라. 얼른!" 데이비드의 행동을 보고, 그의 아버지는 병명은 알지 못했지만 그 증세가 저체온증이라는 것은 알았다.

10월에도 눈보라가 몰아쳐서 집이 파묻히고 앞 베란다에 굴이 생기기도 했다. 겨울이 깊어갈수록 집 안 벽의 못머리 위로 서리가 자랐고, 때로는 하얀 가시 같은 것이 방 안으로 몇 센티미터나 뻗어나오기도 했다. 방은 열한 개였다. 그의 어머니는 집 안에 자라는 서리를 보고 바깥 기온을 알 수 있었다. 섭씨 영하 17도 이하에서는 1도씩 내려갈 때마다 서리가 약 5센티미터씩 자랐다. 언젠가는 무려 1.4미터 길이의 서리가 자란 적도 있었다. 집의 틈새에는 소석회와 톱밥과 소똥을 발랐다. 거센 바람이 불면 눈은 가장 좁은 틈새로 파고들었고, 난로의 불구멍 위에 놓인 둥근 백통판은 쉴 새 없이 댕그랑거렸다. 차갑고 마른 눈 속에서는 말발굽 소리, 육중한 몸집이 온기를 찾아 벽을 세게 치는 소리가 들려왔다. 존 러브는 추위를 막기 위해 장화에 신문을 넣었다. 그 신문은 아마 『뉴욕타임스』였을 것이다. 추운 밤, 그의 어머니는 『뉴욕타임스』로 감싼 뜨거운 다리미로 아이들의 잠자리를 데웠다. 가족은 일요판 신문만 구독하고 있었다. 데이비드 러브는 『타임스』가 "귀했다"고 회상한다. 그들은 그 귀한 신문으로 외풍을 막았다. 『디모인 레지스터Des Moines Register』이든, 『타코마 뉴스 트리뷴Tacoma News Tribune』이든, 어디의 무슨 신문이든 가리지 않고 벽에 발랐다. 읽을 때에도 종류를 가리지 않기는 마찬가지였다. 수십 킬로미터 이내에 있는 소 방목지와 양 방목지에서 글을 읽을 줄 아는 사람은 누구나 신문을 샅샅이 읽었고, 돌려가며 읽었다. 신문은 너덜너덜해질 때까지 그 지역을 돌아다녔다. 러브의 표현처럼, 그곳에는 "활자에 대한 굶주림"이 있었다. 이웃과 만나면 누구 할 것 없이 거의 첫 질문이 "신문 가진 것 있나요?"였다.

러브 목장에는 열 채가 넘는 부속 건물이 남향으로 자리 잡고 있었는데, 대부분이 쓰던 건물이었다. 1905년 목장을 통과하는 역마차 노선이 없어질 때, 존 러브는 사라질 마을에서 살 것을 찾기 위해 역마차 길을 따라 내려갔다. 그는 호텔, 우체국, 조 레이시의 머스크랫 술집을 포함한 올드머스크랫 전체를 사들였고, 건물들을 통째로 30킬로미터 옮겼다. 그는 골든레이크도 사들여서 53킬로미터를 옮겨왔다. 목장 울타리를 따라 대략 반원형으로 배치된 건물들은 다른 목장주들이 이용해보기 위해서 먼 거리를 찾아올 정도로 크고 튼튼하게 지어졌다. 조 레이시의 술집은 건초막이 되었다. 호텔의 일부는 마구를 두는 곳과 취사장이 되었다. 나머지 건물들은 대장간, 병아리 부화장, 얼음 창고, 마차고, 지하 저장고가 되었다. 또 수십 킬로미터 내에 있는 모든 일꾼의 사랑방인 카우보이 숙소도 있었다. 50킬로미터 떨어진 윈드강의 강둑에서 가져온 거대한 미루나무로 만든 곡식 저장고도 있었다. 양털 저장고도 있었고, 나무 풍차 아래에는 수동으로 물을 퍼 올리는 우물도 있었다. 큰 건물 자체는 오래된 마을의 부분과 새로 지은 부분이 어우러진 일종의 콜라주 목조 건물이었다. 건물의 양옆으로는 또 다른 건물이 날개처럼 붙어 있었다. 창문에는 기포로 인해 일그러진 유리가 끼워져 있었다. 존은 스무 단의 통나무를 만들기 위해서 160킬로미터 떨어진 윈드리버산맥에 있는 로지폴소나무 숲까지 다녔다. 갈 때마다 통나무를 10개씩 갖고 돌아왔는데, 한 번 왕복하는 데 2주가 걸렸다. 그는 모두 150개의 통나무를 모았다. 변변한 화장실은 당연히 없었다. 가족은 때로 미끄러운 검보 진창이 되는 길을 30미터 걸어서, 어느 목장 일꾼이 만든 네 개의 구멍이 있는 구조물까지 가야 했다. 그 구조물은 그의 집에 있는 책장과 같은 장식용 널빤지로 만들어졌는데, 이 구조물을 만든 목수는 크룩스 협곡을 지나 윈드강 지역까지 윅섬 양을 처음 데려다준 역마차 마부 페기 도허티였다.

러브 가족은 풍차 아래에 있는 우물에서 집까지 물을 길어오는 일에 점점 지쳐갔다. 그래서 그다음에 벌어진 일을 훗날 그녀는 이렇게 썼다.

땅 뚫는 기구와 모래땅을 이용해서 실험을 해본 후, 존은 의기양양하게 부엌에 펌프와 싱크대를 설치하고 집에서 조금 떨어진 곳에 묻어놓은 통까지 배수관을 연결했다. 그것은 당시 로드아일랜드만 한 넓이의 지역에서 처음 설치된 가장 멋지고 유일한 수도 시설이었다.

저녁에는 석유 등잔이 은은한 노란빛을 드리웠다. 벽에 걸린 자수 액자에는 "씻고 깨끗해지자"라고 쓰여 있었다. 모두가 휴대용 함석 욕조에서 목욕을 했다. 아이들은 맨 마지막이었다. 당시 더 비싼 함석 욕조에는 받침대가 있었지만, 러브 가족은 최고급 욕조를 살 여유가 없었다. 마룻바닥에는 회색과 얼룩무늬의 말가죽 깔개 두 장, 커다란 늑대 털가죽 하나, 부드러운 붉은스라소니 가죽 깔개가 있었다. 의자는 생가죽이나 등나무로 엮어 만들었다. 존은 부엌 문틀에 고정시킨 판에 아들들의 키를 기록했다. 현관에는 파리 노트르담 성당의 괴물 석상을 본뜬 황동 문고리가 달려 있었다.

가족의 거실 겸 식당은 올드머스크랫의 식당이었다. 벽에는 매끄럽게 윤을 낸 버펄로 뿔이 방패 모양 틀에 고정되어 있었다. 거실 한가운데에 놓인 가구는 조 레이시의 머스크랫 술집에 있던 도박용 탁자였다. 포커와 룰렛 게임용 둥근 탁자는 펠트로 덮여 있었고, 조작하는 사람이 원하는 곳에서 룰렛 휠을 멈출 수 있도록 만든 미세한 테두리도 그대로 남아 있었다. 탁자 밑을 잘 더듬어보면, 도박장의 재정 건전성이 위태로워질 때마다 딜러가 꺼내는 와일드카드를 보관하는 황동 틈새를 만질 수도 있었다. 탁자를 덮고 있는 펠트에 코를 가져다 대면 희미하게 화약 냄새가 나는 것 같기도 했다. 데이비드 러브는 이 탁자에서 기본적인 교육을 받았다. 그의 교실은 식당이었고, 그의 책상은 술집의 도박용 탁자였다. 그의 어머니가 붉은색과 흰색의 인도 문양 천으로 탁자를 덮었을 때, 그것은 어쩌면 학구적인 분위기를 내보기 위해서였는지도 모른다.

지역 교육청에서 보내주는 여교사들이 여름 석 달 동안 다녀갔다. 연중 가장 괜찮은 시기에 온 것이다. 소년들은 주로 어머니에게 교육을 받았다. 소년들의 어머니는 뚜껑 달린 책상과 페기 도허티가 만든 유리를 끼운 책장을 갖고 있었다. 100권의 책이 꽂혀 있는 책장에는 1911년판 브리태니커 백과사전, 그리스 로마 문학, 셰익스피어, 디킨스, 에머슨, 소로, 롱펠로, 키플링, 트웨인의 작품이 있었다. 소년들의 어머니는 아이들에게 프랑스어와 라틴어를 가르쳤고, 그리스어도 조금 가르쳤다. 그녀는 아이들에게 독일어 책도 읽어주었는데, 읽으면서 바로 번역을 해서 들려주었다. 아이들은 『일리아드』와 『오디세이』를 읽었다. 그 공부방은 목장 살림집의 서쪽 끝에 있어서 해질 무렵에 볕이 환하게 들었다. 어린 데이비드는 책에서 햇빛이 사라져가는 것을 보면서 책 내용이 달아나고 있다고 생각했다.

어떤 면에서 보면, 이런 외진 곳의 학문적 환경은 도시 중심부에 있는 학교보다 훨씬 더 무질서했다.

폭풍이 오기 전이나 방목장을 둘러보러 갈 때는 집에 남자들이 가득했다. 나는 빵을 굽고, 병조림을 담고, 빨래를 하고, 비누를 만들었다. 앨런과 데이비드가 휘발유 세탁기 옆에 서서 역사와 지리 책을 읽는 동안, 나는 홑이불들을 탈수기에 넣었다. 내가 다림질할 때 아이들은 다리미대 옆에서 철자법 공부를 했다. 내가 빵 반죽을 할 때 아이들은 재봉틀 발판에서 구구단을 15단까지 외웠다. 큰 카드에 숫자가 인쇄되어 있는 집중력 문제에 (…) 답을 적기 위해서 (…) 아이들은 방을 가로질러 뛰어다녔고 (…) 걸으면서 생각하는 법을 배웠다. 쓰여 있는 아홉 문제를 도움 없이 맞히면, 열 번째 문제는 없었다. (…) 아이들은 달리는 말발굽 소리나 개울을 건너는 카우보이들의 소리가 들리면, 방목장에 가기 위해서 놀라울 정도로 짧은 시간 안에 할 일을 끝냈다. 그러고는 도살하는 것을 지켜보거나, 큰 소리로 우는 송아지들을 젖떼기 축사로 옮기는 것을 도왔다.

———

어떤 강한 지적 호기심이나 학문적 훈육도 소년의 집중력을 영원히 붙들어 매놓지는 못했다. 젖소가 진구렁에 빠졌다거나, 지금까지 본 것 중에서 가장 큰 코요테가 야생마 우리에서 올드 조지를 끌고 나갔다는 이야기가 들리거나, 문이 벌컥 열리면서 "안장의 밧줄걸이에 손을 다친 카우보이를 사람들이 데리고 들어왔다". 데이비드는 그런 일이 늘 있었다고 회상했다. 수업은 중단되었고, 재봉틀의 움직임도 멈췄다. 그리고 그의 어머니는 카우보이의 상처를 꿰맸다.

그녀는 합숙생활을 하는 이런 카우보이들과 함께 생활하는 법을 단기간에 터득했다. 목장 생활 초반에는 잘 적응하지 못해서 자신이 말이나 소나 양이었으면 좋겠다고 생각했다. 6개월 동안 다른 여자를 한 번도 보지 못했고, 목장 일꾼 무리를 보고 다가가려고 하면 그들은 큰 소리로 "예배 시간이에요!"라고 외치곤 했다. 그녀는 "끔찍한 (…) 갑작스러운 침묵"을 경험했다. 그녀가 집에서 30킬로미터 떨어진 방목장에서 장갑 한 짝을 잃어버렸을 때, 그것을 발견한 외지인이 누구의 것인지를 금방 알아내어 목장에 돌려주러 올 정도로 그곳에는 여자가 드물었다. 남자들이 집안일과 요리를 했고, 멀리 떨어져 있는 시장까지 식료품을 사러 다녔다. 음식은 합숙소에서 준비해 양치기용 마차로 운반되었다. 그녀와 존은 큰 집을 짓고 다른 것들을 갖추기 전까지 양치기용 마차에서 살았다. 캠핑카의 원조라고 할 수 있는 와이오밍의 양치기용 마차 안에는 용수철 쿠션이 있는 침대와 작은 부엌이 있었다.

　두 아들이 태어나서 두 단어 이상으로 된 말을 할 수 있을 정도로 자라자, 아이들은 그녀를 '맛난 음식Dainty Dish'이라고 불렀고 때로는 '쾌활한 올빼미Hooty the Owl'라고도 불렀다. 아이들은 그들이 먹는 음식에 다른 이름을 붙였다. 이를테면 강아지라고 부르기도 했고, 다른 요리는 애벌레와 코요테라고 불렀다. 부엌 의자는 샘이었다. 크리스마스트리 장식은 콩 스튜였다. 이름 붙이기 놀이는 이어졌다. 그들은 트리 가지 위의 솜이 녹지 않을 것이라고 서로 확신했다. 데이비드는 자신을 낙타라고 생각했지만 나중에는 마음을 바꿔서 "부스 부부"라고 주장했다. 데이비드의 어머니는 그를 "사뿐사뿐 걷는 귀여운 엘프"라고 묘사했다. 데이비드가 그의 어머니에게 "벼룩 한 마리에게 코요테는 세상의 전부"라고 말했을 때, 그녀는 규모에 대한 데이비드의 감각이 나날이 발전한다고 적었다.

　어느 날, 데이비드가 어머니에게 물었다. "세균은 얼마나 오래 사나요?"

　그녀는 "세균은 20분이면 할아버지가 될 거야"라고 대답했다.

　그러자 그는 이렇게 말했다. "그 정도면 세균에게는 긴 시간이겠죠?"

　그녀는 데이비드가 목장에서 가장 어리지만 화살촉과 돌조각을 가장 잘 찾아낸다고도 기록했다.


　데이비드가 다섯 살이나 여섯 살쯤 되었을 때, 우리는 화살촉과 돌조각을 찾아다니기 시작했다. 우리가 계곡과 개미탑을 꼼꼼히 살피는 동안, 데이비드는 양손에 화살촉을 들고 재잘거리며 달려왔다. 한번은 그 애가 이렇게 말했다. "우리에게 개미탑을 보내주는 돌조각의 신이 있어요. 그는 하늘에 살면서 구름을 만지작거려요."

카우보이들은 앨런과 데이비드의 오락거리를 두고 호메로스와 경쟁을 벌였다. 데이비드는 한 카우보이에 대한 기억을 떠올렸다. 그는 "올가미 밧줄로 마술 같은 묘기를 부릴 수 있었어요. 그의 밧줄은 살아 있는 것처럼 움직였어요. 밧줄이 그의 말 주위에서, 우리 머리 위와 발밑에서 왔다 갔다 하면 우리는 좋아서 폴짝폴짝 뛰면서 소리를 질렀죠." 도축 같은 음울한 장면도 그들의 눈앞에 펼쳐졌다. 몇 년 후, 데이비드는 한 편지에 이렇게 썼다.

도살을 지켜보는 우리는 언제나 공포와 호기심을 느꼈다. 그러나 그때는 참여가 허락되지 않았다. 그것은 너무 슬펐고, 결코 되돌릴 수 없는 일처럼 보였다. 우리는 목이 잘리는 순간에 솟구치는 피, 절단된 숨통으로 새어나오는 절망적인 숨소리, 살기 위한 몸부림과 썰물처럼 빠르게 빠져나가는 생명, 공포에 질린 큰 눈이 차츰 생기를 잃고 탁해지는 모습을 봤다. 우리는 이것이 이 지역에서 살아가는 우리가 겪어야 하는 절차의 하나라는 사실과 우리가 먹고살기 위해서 다른 생명을 희생시켜야 한다는 사실을 깨닫고 받아들였다. 그러나 숨통의 절단은 어린 우리의 마음속에서 즉사를 상징하는 가장 두려운 것이 되었다. 우리는 되도록 "숨통"이라는 단어를 쓰지 않으려고 할 만큼 겁에 질려 있었다.

그는 카우보이들에 대한 기억을 글로 남겼다. 그들이 남긴 유산을 솔직하게 다룸으로써 그 어머니에 그 아들임을 확실히 보여주었다.

목장으로 흘러들어오는 카우보이의 수는 봄이 깊어갈수록 점점 더 늘어갔다. 호리호리하고 아주 건장하며 무뚝뚝한 독신남인 그들은 대부분 20대이거나 30대 초반이었다. 그들은 가난한 집에서 태어나 가장 기본적인 교육만 받았고, 그들의 운명을 담담히 받아들였다. 카우보이들은 밤낮도 없고 휴일도 없이 일했다. (…) 대부분 우락부락하고 겉늙어 보이는 주름진 얼굴이지만, 눈빛만은 살아 있었다. 카우보이 중에 안경을 쓴 사람은 아무도 없었다. 안경을 쓴 사람은 다른 종류의 일로 빠졌다. 카우보이는 안장에 앉아 있는 시간이 길어서 등이 일찍 굽는 사람이 많았다. 밭장다리인 사람, 탈장을 방치해 탈장대를 한 사람, 허리를 다쳐서 합숙소에 "붙잡을 난간"이 필요한 사람도 많았다. 카우보이들은 가로로 설치된 이런 난간을 5~10분 동안 붙잡고 서서 야생마와 씨름하느라 파열된 디스크에 가해지는 통증을 완화시키곤 했다. 어떤 사람은 지속적으로 격렬하게 말을 타는 동안 콩팥이 제자리에 있도록 20센티미터 너비의 허리띠를 차기도 했다.

카우보이들이 크게 다쳐서 도움이 필요할 순간은 어떤 의미에서 보면 진정한 예배 시간이었다. 그럴 때 그들은 어디로 가야 하는지를 오래전부터 알고 있었다. 데이비드는 수업을 하던 중에 카우보이 한 사람이 피가 흐르는 손을 치켜들고 들어오면서 공부가 중단된 순간을 생생하게 기억한다. 그 카우보이는 야생마에 올가미를 씌우고 있었는데, 손가락 하나가 올가미와 안장 앞쪽에 있는 밧줄걸이 사이에 걸리고 말았다. 손가락은 아직 그의 손에 붙어 있었지만, 힘줄 두 개로 간신히 매달려 있었다. 데이비드의 어머니는 물을 끓이고 외과용 가위를 소독하고 자신의 손과 팔을 문질러 씻었다. 그녀는 근엄하고 무심하게 "힘줄을 싹둑 잘라서 떨어진 손가락을 발갛게 달아오른 화로 속 석탄에 던져넣은 다음, 남은 손가락 동강 위로 피부를 잡아당겨 꿰맸다. 그리고 다정하게 웃으면서 말했다. '조, 한 달만 지나면 차이를 전혀 못 느낄 거예요.'"

그 지역에는 사나운 울프하운드 무리가 있었는데, 다른 목양업자가 코요테를 죽일 목적으로 키우는 개들이었다. 그 사냥개들은 방울뱀 죽이기를 즐기는 것처럼 보였다. 살아 있는 뱀이 국수 가락처럼 축 늘어질 때까지 물고 흔들어댔다. 그 개들을 담당하는 목장 일꾼은 이렇게 말했다. "그 개들은 봄에 뱀에게 물리기 전까지는 기분이 좋지 않아요. 이제는 물리는 데 익숙해졌고, 더 이상 머리가 붓지도 않아요." 아마 (걷다가) 그 개들과 마주친 사람은 차라리 방울뱀과 마주치는 편이 더 낫다고 생각할지도 모른다. 어느 여름날 오후, 존 러브는 장작을 패다가 울프하운드 두 마리가 당시 두 살, 세 살이던 그의 아들들이 있는 쪽으로 쏜살같이 달려 내려오는 것을 봤다. 그는 아이들에게 소리쳤다. "얘들아! 뛰어! 집으로 들어가! 사냥개가 온다!" 아이들은 바싹 뒤를 쫓아오는 개들을 피해서 겨우 집 안으로 들어갔고, 개들은 닫힌 문에 얼굴을 부딪혔다. 아이들의 어머니는 부엌에 있었다.

사냥개들은 포기하지 않고 사납게 날뛰면서 부엌 창문까지 뛰어올랐다. 개들은 작은 창문의 유리들을 산산조각 내고 안으로 들어오려고 발버둥을 쳤다. 앞발을 창문틀 안쪽 선반까지 집어넣었고, 깨진 유리창 틈으로 머리를 들이밀며 침을 질질 흘렸다. 나는 급한 대로 화덕 위에 있던 무거운 프라이팬을 움켜쥐고 선반에 매달린 발과 으르렁거리는 머리를 내리쳤다. 겁에 질린 아이들은 내 뒤에 숨었다. 창문틀이 개들의 맹습을 막아주었고, 개들은 내 공격에 기세가 꺾인 것 같았다. 마침내 개들이 창틀에서 발을 내리고 달아났다.

소년들의 어휘에서, "하운드"는 깊은 어둠 속에 있던 "숨통"이라는 단어와 결합됐다. 지금까지도 데이비드는 울프하운드를 보면 등골이 서늘해지는 것을 느낀다.

러브 목장의 환경에 바람과 눈과 죽어가는 소와 사나운 개만 있는 것은 아니었다. 맑고 푸른 하늘 아래에서 조용하고 서정적인 나날이 이어졌다. 방목장 울타리 위에는 붉은깃검은꾀꼬리가 앉아 있었고, 봄에는 잔잔한 꽃들의 향기가 퍼졌다. 산들바람이 불면 천천히 풍차가 돌아갔고, 풍차 옆에 있는 널찍한 통나무집에는 집 둘레를 따라 꽃들이 만발했다. 때로는 개울에 쇠오리가 있었고, 흰뺨오리, 고방오리, 청둥오리도 찾아왔다. 들판에 목초가 다 자라면, 거둬들이는 데 꼬박 일주일이 걸렸다.

존은 마지막 목초를 실어 나를 때 나를 태우고 가기를 좋아했다. 때로 나는 고삐를 잡고 "워, 워!" 하며 말을 구슬렸고, 그동안 남자들은 목초를 던져 올렸다. 길이 고르지 않아서 마차가 흔들리는 동안에는 앨런과 데이비드를 양옆에 데리고 향긋한 목초 속에 드러누웠다. 하얗게 피어오른 뭉게구름이 드넓은 파란 하늘을 가로지르며 움직였다. 구름은 아주 가까웠다. 너무 가까워서 이 세상에 구름과 목초만 있는 것 같았다.

건초막이 거의 다 차면, 소년들은 조 레이시의 머스크랫 술집 무도장에 가서 롤러스케이트를 신었다. 그렇게 보이지는 않지만, 이 무도장은 러브 목장의 크로케 경기장이기도 했다. 겨울이면 소년들은 신발에 스케이트 날을 끼우고, 바람을 맞으며 계곡으로 올라갔다. 아니면 코요테 덫에서 분리한 고정 핀을 양손에 들고, 바람에 닦여 반들반들한 검은 얼음을 지치며 썰매를 타고 내려왔다. 그리고 거의 매일 밤, 부모와 함께 마작을 했다.

어느 가을, 소년들의 어머니는 곧 태어날 여동생 피비를 맞이할 준비를 하기 위해서 100킬로미터 떨어진 리버턴으로 갔다. 열한 살과 열두 살인 아들들을 위해서는 세심한 학습 프로그램을 준비해두었다. 사실상 소년들은 어머니의 통신 학교에 등록하게 된 셈이었다. 소년들은 그들이 공부한 프랑스어와 철자법과 산수 과제를 편지봉투에 넣고 24킬로미터 떨어진 우체국으로 가지고 가서 어머니에게 우편으로 보냈다. 그러면 그녀는 그것을 채점해 출산 전후로 돌려보냈다.

아기의 머리색은 내 결혼반지 색과 같았다. 작은 분홍색 불가사리 같은 손가락이 아기의 볼 근처에서 활짝 펴졌다.

가끔씩 지평선 위에 흙먼지가 피어오르면서 누군가 목장 쪽으로 다가오기도 했다. 호기심이 발동한 소년들은 지붕 위에 올라가서 수 킬로미터 밖에서 가까워오는 형체를 지켜봤다. 그 지역을 지나는 사람은 대부분 러브 목장에 들렀다. 꽤 널찍한 합숙소와 2600제곱킬로미터 내에서 가장 큰 말 방목장이 있었을 뿐 아니라, 맑은 물이 솟는 샘도 있었기 때문이다. 게다가 그곳에는 스코틀랜드식 환대가 있었다. 정체를 알 수 없는 으스스한 손님부터 가장 가까운 사람에게까지, 커피 한 잔과는 다른 대접을 했다. 러브 씨와 웍섬 양이 결혼하고 얼마 지나지 않아, 와이오밍 교구의 성공회 주교인 너새니얼 토머스는 시어도어 세지윅과 함께 복음 마차를 타고 목장에 왔다. 세지윅은 훗날 (『선교 정신The Spirit of Missions』이라는 출판물에) 다음과 같이 썼다.

멀리 집이 보였다. 그것은 물이 있다는 뜻이었다. 사막 한복판의 이 외딴 목장에서 우리는 젊은 여성을 봤다. 그날 그녀의 남편은 집에 없었다. 그녀는 파이베타카파의 열쇠가 달린 금 목걸이를 하고 있었다. 웰즐리대학을 졸업한 그녀는 이제는 와이오밍의 새색시였다. 그녀는 그리스어와 라틴어를 알았고, 평온한 초원에 서 있는 자신의 말을 사랑했다.

주교는 "이교도"를 찾고 있다고 말했고, 오래 머물지 않았다.

도피 중인 범죄자도 꽤 자주 묵어갔다. 그럴 수밖에 없었다. 오늘날 외딴곳에 도피 중인 범죄자가 한 번씩 주유소에 들러야 하는 것과 비슷했다. 어느 날 한 남자가 지평선에서 큰 흙먼지 구름을 일으키며 홀로 말을 타고 목장에 도착했다. 그 흙먼지의 주인공이 "치안대"였으면 더 좋았을 것이다. 존 러브는 말을 타고 온 사람이 살인죄로 지명수배된 인물이라는 것을 알고 있었다. 또 그에게 목숨을 잃은 희생자를 대부분의 사람이 "죽어 마땅했다"고 생각한다는 것도 알고 있었다. 살인자는 존 러브에게 5달러를 빌려달라고 하면서 담보로 회중시계를 두고 가겠다고 제안했다. 그리고 만약 그 제안을 존 러브가 거부하면, 다른 방법으로 돈을 구해보겠다고 말했다. 시계는 아주 잘 맞았다. 그 시계는 야외 조사를 하는 데이비드의 주머니 속에 지금도 들어 있다.

그런 사람들이 찾아오는 일이 잦다보니, 데이비드의 어머니는 결국

"내가 만나본 살인자들"이라는 연대기를 썼다. 그녀는 그 원고를 공개하거나 사적으로 출판하지 않았는데, 와이오밍의 일부 가족에게 민감한 주제라고 생각했기 때문이다. 데이비드는 언젠가 이렇게 말했다. "그들은 죽어 마땅한 사람을 해치운 좋은 사람들이고, 가족의 친구였어요. 어머니는 그들을 불쾌하게 하고 싶어하지 않았어요. 그들 중에는 괜찮은 사람이 아주 많았거든요."

빌 그레이스도 그런 사람들 중 한 명이었다. 정착민이자 카우보이인 그는 와이오밍 중부에서 가장 유명한 살인자 중 한 사람으로 감옥에 다녀왔다. 그러나 사람들은 대체로 사법부의 판단에 동의하지 않았고, 빌이 유죄를 받은 행동에 대해 그가 "시민의 의무를 다했을" 뿐이라고 생각했다. 그의 명성이 한창 드높을 무렵의 어느 오후에 그가 목장에 찾아와서 저녁을 먹기 위해 머물렀다. 데이비드와 앨런은 어렸지만, 그가 어떤 사람인지 정확히 알고 있었다. 그래서 그의 등장이 이루 말할 수 없을 정도로 두려웠다. 마침 그날 아이들이 방울뱀을 잡아왔다. 150센티미터가 넘는 아주 큰 방울뱀이었다. 아이들의 어머니는 그 방울뱀을 크림에 졸여서 토스트와 함께 식탁에 올리기로 했다. 아이들의 부모는 식탁에서 절대 "방울뱀"이라는 단어를 입에 올리지 말라고 데이비드와 앨런에게 단단히 이르고, 손님에게는 그것이 닭이라고 말했다. 빌 그레이스가 방울뱀으로 만든 음식을 즐기면서 먹을 수 있는 사람이 아닐 수도 있었기 때문이다. 그러나 소년들은 흥분을 주체하지 못했다. 부모의 당부가 있었음에도, 식탁에서의 대화는 점점 뱀에 대한 이야기로 흘러갔다. 음식이 줄어드는 동안, 소년들은 무심코 독사에 관한 이야기를 꺼냈다. 아이들은 그 지역의 굴속에 살고 있는 동물이 얼마나 되는지에 대한 이야기와 뱀을 만난 이야기 따위를 했다. 그러다가 결국 방울뱀 고기가 아주 맛이 좋다는 말을 하고야 말았다.

빌 그레이스가 말했다. "세상에, 만약 누가 내게 방울뱀 고기를 먹으라고 준다면, 나는 그 사람을 죽여버릴 거예요."

순간 소년들은 흠칫하며 몸이 굳어버렸다. 완전한 정적 속에서 소년들의 어머니가 이야기를 꺼냈다. "빌, 닭고기 좀더 드시겠어요?"

빌 그레이스는 "내가 그러더라도 신경 쓰지 말아요" 하고 말했다.

———

머스크랫크리크는 존 러브가 와이오밍에서 신청한 두 번째 정부 공여 토지였다. 첫 번째로 받은 땅은 50킬로미터 떨어진 빅샌드드로에 있었다. 그곳은 풀이 넉넉하게 자라지 않았고, 눈이 지나치게 많이 내렸으며, 식수로 적합한 물이 아주 적었다. 1897년, 그는 땅을 포기하고 다른 곳으로 갔다. 역마차 마을을 구입하기 한참 전, 머스크랫크리크에서 그는 땅에 구덩이를 파고 소나무 막대와 진흙으로 지붕을 얹은 토굴에 살았다. 겨울에는 따뜻했고 여름에는 시원했다. 그리고 연중 내내 스코틀랜드보다 더 습했다. 그는 위험한 모험을 할 준비를 했다. 서쪽으로 100킬로미터 떨어진 랜더의 한 은행에 그는 특별한 내기를 제안했다. 이 은행의 자산 중에는 수천 마리의 양이 있었는데, 존 러브는 여름 동안 그 양들을 몰고 가서 최소 평균 4.5킬로그램을 찌워서 가을에 돌아올 수 있다고 장담했다. 성공하면 큰 보상이 있을 것이고, 실패하면 거의 한 푼도 벌지 못할 것이었다. 거센 폭풍이 불면 양떼가 전멸할 수도 있기 때문에, 그는 날씨에 운을 맡겼다. 11월이 되자, 양들은 도박판의 칩처럼 둥그스름해졌다. 현금으로 바꿀 준비가 된 것이다. 그는 한 양치기에게 양들을 돌보게 하고, 말을 타고 서모폴리스로 가서 자신의 양떼를 구입하기로 하고 계약금을 치렀다. 거래 조건은 엄격했다. 7일 내에 잔금을 납부해야 했다. 만약 그러지 못하면 양떼는 말할 것도 없고 계약금까지 모두 빼앗길 터였다. 일주일 안에, 그는 살찐 양떼가 있는 곳으로 가서 양들을 랜더로 옮겨놓고 돈을 받아서 서모폴리스로 가야 했다. 왕복 400킬로미터의 여정이었다. 서모폴리스의 하늘은 눈구름이 끼어 어둑어둑했다. 그는 곰가죽 모자와 곰가죽 코트와 양털로 안을 덧댄 바지를 입고, 자신의 말인 빅레드에 안장을 얹었다. 빅레드는 1888년에 레드 사막 어딘가에서 야생마로 태어났다. 존 러브와 빅레드가 아울크리크 산맥을 오르고 있을 때, 눈폭풍이 불기 시작했다. 맑고 따뜻한 날에도 위험하기 그지없는 가파른 지역을 통과하면서, 그들은 사방이 온통 하얀 어둠 속에서 더듬더듬 길을 찾아나갔는데, 바람으로 인해 체감 온도는 섭씨 영하 45도에 이르렀다. 한 시간 동안 9.6킬로미터를 이동해서 그와 그의 말은 21시간 만에 양떼가 있는 곳에 도착했다. 그리고 양들의 체중이 줄지 않도록 조심스럽게 랜더로 가기 시작했다. 존은 그의 몫으로 받은 돈을 가지고 빅레드에 올라타고 쏜살같이 산을 넘어갔다. 그와 빅레드는 약속한 기한 내에 도착했다. 존 러브는 자신의 양을 몰고 그의 집으로 돌아갔다. 이 7일로 그는 1년을 앞서가게 되었다. 윅섬 양과 결혼한 해인 1910년이 되자, 그는 1만1000마리가 넘는 양과 수백 마리의 소와 말을 소유하게 되었다. 오늘날의 가치로 환산하면 대략 500만 달러어치의 가축이었다.

결혼 초기에 존 러브는 말을 타고 자신의 땅을 둘러보면서 윌리엄 쿠퍼의 시를 읊었다.

나는 내가 둘러보는 모든 것의 제왕,

거기에 있는 나의 권리는 누구도 넘볼 수 없다.

새 가정을 꾸리면서, 그는 근래 몇 년 동안 벌어진 일들을 그다지 걱정하지 않았던 것으로 보인다. 양치기들이 살해되고, 마차들이 불태워지고, 양들은 곤봉에 맞아 죽거나 수백 미터 높이의 절벽으로 내몰렸다. 서부 영화를 세 편만 보면 누구라도 알 수 있듯이, 소를 키우는 사람들과 양을 키우는 사람들 사이에 혈전이 벌어지고 있었다. 그 갈등은 20세기에 들어선 후에도 꽤 오랫동안 지속되었다. 데이비드에 따르면, 그의 아버지 목장에 소와 양이 다 있었던 것은 양쪽 모두와 잘 지내기 위한 방법이었다. 그의 왕국을 넘볼 수 있는 것은 자연과 은행가뿐이었다.

한편, 카우보이들은 뜻하지 않게 도배장이가 되기도 했다.

통신 판매 회사로부터 초록색 무늬가 들어간 도배지 뭉치가 왔다. 도배를 어떻게 해야 하는지 정확하게 아는 사람은 아무도 없었지만, 설명서가 들어 있었다. 나는 개수통 여러 개에 한가득 풀을 쒔다. 저녁에 존은 합숙소에서 카우보이 여섯 명을 불러왔다. 그들은 널빤지와 긴 의자들을 가지고 왔고, 기우뚱거리는 식탁 위에 도배지를 모두 올려놓았다. 나는 치수를 재고, 도배지를 잘라 풀칠을 하고, 가장자리를 다듬었다. 그러면, 말 탈 때 입는 덧바지를 입고 박차를 쩔렁거리는 카우보이들이 긴 의사를 따라 성큼성큼 걸으면서 식당 천장에 풀칠을 하고 잘라 놓은 벽지를 붙였다. 결과는 모두가 깜짝 놀랄 정도로 만족스러웠고, 우리는 38리터가 넘는 사과주 한 통을 비우며 자축을 했다.

존은 목장 주택에 지붕을 얹었다. 두께가 30센티미터인 지붕은 절반이 진흙이었다. 지름 5센티미터짜리 나무 기둥 수백 개로 만든 지붕 위에 삼베를 덮고, 그 위에 캔버스 천을 덮고, 그 위에 사이사이에 진흙을 채운 서까래를 덮고, 그 위에 골이 진 철판을 덮고 아스팔트를 발랐다. 집을 여름에는 시원하게 하고 겨울에는 따뜻하게 하는 데 도움이 되는 이런 지붕은 윈드강 분지에서는 특이한 형태였다. 이런 튼튼한 지붕은 와이오밍의 날씨를 견딜 수 있게 해줬지만, 목장의 다른 부분은 그렇지 못했다. 1912년 겨울, 시속 160킬로미터가 넘는 바람이 불면서 양들은 피난처를 찾아 마른 협곡으로 들어갔고, 마치 눈사태가 난 것처럼 삽시간에 눈 속에 파묻혔다. 존 러브와 그의 목장 일꾼들은 40~50시간 동안 잠도 자지 않고 양들을 구하기 위해 사투를 벌였다. 일부는 구해냈지만, 수천 마리의 양이 죽었다. 온도가 섭씨 영하 18도까지 올라가는 조금 덜 궂은 날씨에도 양들은 바람에 쌓인 눈더미를 헤치고 그 아래에 있는 풀을 먹지 못했다. 얼어붙은 눈의 표면은 양의 다리에 상처를 냈고, 양들이 지나간 길은 피로 붉게 물들었다. 눈 속에 풀이 파묻혀 있다고 상상조차 하지 못하는 소는 목화씨 찌끼 덩어리로 연명했다. 존 러브는 랜더의 은행가들에게 돈을 빌려서 목장 일꾼의 삯을 주고 생필품을 사야 했다.

그해 봄에는 유례없이 큰 홍수가 나서 목장이 거의 다 파괴되었다. 러브 부부는 아기였던 앨런을 데리고 밤중에 급히 몸을 피했다.

날이 밝았을 때 우리는 집으로 돌아왔다. 악취와 무너진 잔해와 쓰레기가 우리를 맞이했다. 홍수는 지나갔다. 현관문은 부서졌고, 빗물이 가득 담긴 통이 식당까지 들어와 있었다. 의자와 다른 가구들은 진흙 속에 처박혀 있었다. 매트리스들은 떠다녔다. 문짝과 서랍들은 물에 불어서 여닫을 수 없었다. 아기 옷이 들어 있는 커다란 트렁크 옷장은 뒤집혀 있었다. 옷장 속에 있던 것들은 죄다 젖고 물이 들었다. 모든 방에 탁자 높이까지 물이 찼고, 새 벽지에는 흙탕물 얼룩이 생겼다.

랜더의 은행가들이 득달같이 찾아왔다. 그들은 며칠 동안 상냥한 태도로 머물면서, 목장 동물의 기록을 살피고, 살아남은 동물의 수를 세고, 존 러브의 계좌를 확인했다. 그런 다음 어느 저녁 식사 자리에서, 오랫동안 격의 없이 이름을 부르며 친구처럼 지낸 귀중한 고객이자 신용 있는 대출자인 존 러브에게 은행 부사장은 손을 마주 비비며 이런 말을 꺼냈다. "러브 씨, 우리는 담보가 더 필요합니다." 은행가는 존 러브가 신뢰할 수 있는 채무자이지만 다른 목장주들은 그렇지 않으며, 다른 목장의 손실은 러브 목장보다 더 크다고도 말했다. 은행가는 예금주들을 보호하기 위한 조치에 러브 목장을 이용해야 했다. "우리는 당신의 양을 처분했으면 합니다." 은행가는 이야기를 계속했다. "소는 지킬 수 있게 해드릴 생각인데, 조건이 하나 있습니다." 조건은 목장을 담보로 내놓는 것이었다. 그들은 한 정착민이 정성껏 일궈놓은 땅의 지분을 요구하고 있었다.

존 러브는 소리를 질렀다. "당신네 뼈가 무덤에서 썩어가고 있을 때에도 나는 이 땅을 갖고 있을 거요!" 그러고는 욕을 할 수 있도록 은행가에게 밖으로 나가자고 말했다. 은행가는 신용을 위해 순순히 밖으로 나가서 원망의 소리를 다 들어주었다. 마침 신호라도 받은 것처럼, 언덕 너머에서 구매자가 찾아왔다. 살아남은 양은 모두 처분되었다. 살아남은 모든 소와 말과 심지어 개까지도 구매자의 손에 넘어갔다. 양치기용 마차들이 갔고, 많은 양의 장비와 물품도 갔다. 존 러브는 합숙소에 있는 일꾼들에게 임금을 지급했고, 그들도 떠났다. 존 러브의 아내가 앨런을 안고 서서 조용히 그 광경을 지켜보고 있는 동안, 은행가는 그녀를 바라보며 상냥하게 물었다. "아기랑 어쩔 셈이에요?"

그녀는 "그를 지킬 생각이에요"라고 말했다.

존 데이비드 러브는 이런 상황 속에서 태어났다. 가족은 거의 모든 것을 잃었지만, 가족 자체만은 아직 잃지 않았다. 서서히 그의 아버지는 더 소박하게 가축을 모아갔다. 먼저 그는 하루 종일 전속력으로 말을 타면서 야생마를 사로잡는 일부터 시작했다. 야생마들을 점점 더 가까이 뭉치게 만들어 야생마 우리로 들어가게 하거나, 몇 킬로미터 떨어진 곳에 있는 자연의 막다른 골목(삼면이 절벽으로 둘러싸인 작은 협곡)으로 몰아넣었다. 러브 가족은 이 협곡을 코럴드로라고 불렀다. 두 소년이 네 살과 다섯 살이었을 때의 어느 날, 소년들은 여느 때처럼 곡물 저장고 지붕에서 아버지가 말을 타는 모습을 보고 있었다. 소년들의 아버지는 마치 구름의 그림자처럼 지형을 따라 움직이다가, 다음 순간 땅바닥에 몸을 세게 부딪쳤다. 말이 오소리 굴을 헛디딘 것이었다. 온몸이 잡초에 찔린 상처와 피와 흙먼지로 뒤덮인 소년들의 아버지는 몸이 축 늘어지고 의식이 없었다. 마치 죽은 것처럼 보였다. 그는 집 안으로 옮겨졌다. 몇 시간 후, 그가 조금씩 몸을 움직이기 시작했고, 고통스러워하면서 중얼거렸다. "망할 놈의 말. 망할 놈의 말. 이제 절대 믿지 않을 거야." 아이들은 그때 딱 한 번 아버지가 욕을 하는 소리를 들었다.

몇 번의 가뭄이 찾아왔고 홍수가 또 일어났고 길고 매서운 겨울이 이어졌지만, 존 러브는 결코 목장을 팔지 않았다. 그는 로키산 홍반열에 걸려 죽을 고비를 넘기기도 했다. 어느 해, 그는 오마하로 소를 탁송한 후 27달러짜리 청구서를 받았다. 소를 파는 가격보다 운송비가 더 비쌌다. 양이 많이 죽어나간 어느 겨울이 지나고 찾아온 봄에 소년들과 아버지는 부풀어 오르고 악취가 고약한 양의 시체에서 꽤 많은 양털을 뽑아서 내다 팔았고, 그 대금을 쇼쇼니에 있는 한 은행에 맡겼다. 은행 입구 위에는 "강력" "안전" "보호" 같은 단어들이 아치를 만들고 있었다. 그 은행은 파산했고 가족은 많은 돈을 잃었다. 지독한 겨울은 많았지만, 그 중에서도 최악의 겨울은 1919년에 시작되었다. 데이비드와 그의 아버지는 스페인독감에 걸려서 거의 죽을 뻔하다가 서서히 회복하면서 몇 달을 병석에 누워 있었다. 목장 일꾼은 없었다. 두 환자가 가장 위태로웠을 때, 그의 어머니는 두 사람을 (160킬로미터 떨어져 있는) 병원으로 데려가기로 결심하고, 도움을 청하기 위해 말을 탈 준비를 했다. 탈 수 있는 말은 크고 드센 수말 한 마리뿐이었다. 데이비드의 어머니는 긴 의자 위에 서서 마구를 채우려고 했다. 말은 그녀가 서 있는 의자를 걷어차고 그녀의 발을 밟았다. 그녀는 계획을 포기했다.

수소가 뿔이 있는 곡물 저장고를 부수고 들어갔다. 그곳에는 말과 닭에게 먹일 우리의 유일한, 얼마 안 되는 먹이가 들어 있었다. 어리석게도, 나는 소를 뒤따라 들어가서 계단 아래로 몰았다. 암소들이 여기서 한 마리, 저기서 한 마리씩 죽기 시작했다. 아침마다 몇 마리가 일어나지 못했다. 낮에는 멀쩡하게 걸어다니던 소가 돌풍에 날려 쓰러진 종이 인형처럼 갑자기 생기를 잃었다.

사실 그 수소는 곡물저장고에서 그녀에게 달려들어 뒤쪽 벽에 그녀를 짓누를 뻔했다. 그러자 당황한 그녀는 빗자루로 소의 눈을 쓸었다.

만약 소가 밟은 판자가 부러지지 않았다면, 그녀는 목숨을 잃었을지도 모른다. 소는 놀라서 문 쪽으로 방향을 틀었다. (이후 수십 년 동안 존 러브는 부러진 판자를 고치지 않았다.)

건물들 주위로 휘몰아치는 눈은 바람에 날려 집안으로 들어왔다. 눈은 굴뚝으로, 창틀 사이로, 심지어 열쇠 구멍으로도 닫혀 있는 집 안의 모든 방마다 비집고 들어왔다. 장작더미는 눈 속에 파묻혔다. 얼마 안 되는 석탄더미는 꽁꽁 얼어서 얼음과 한 덩어리가 되었다. 감각이 마비될 정도의 추위 속에서, 나는 하루 다섯 시간씩 연료를 들여놓고, 물을 길어 나르고, 닭 모이를 주고, 소와 말에게 먹일 목화씨 찌끼 덩어리와 건초를 내놓았다.

존은 왜 그렇게 밖에 오래 있느냐, 왜 옆에 있지 않느냐면서 투덜거리기 시작했다. 좋은 징조였다. 그렇게 오래 없었던 것에 대해 그의 기분을 풀어주기 위해, 밤에는 담요를 둘러쓰고 침대 옆에 앉아서 등잔 불빛 아래에서 책을 읽어주었다.

그녀의 소지품 중에는 웰즐리대학의 한 친구가 보낸 편지가 있었다. 편지에서 친구는 그녀에게 "한가할 때는 무엇을 하는지" 물었다.

캐스퍼에서 와샤키 요새까지 가는 역마차 노선에는 머스크랫크리크에서 갈라져 나온 샛강을 지나는 곳이 있다. 냇둑이 아주 높고 냇바닥까지 이어지는 경사가 대단히 가파른 그곳에는 부러진 마차 연결봉과 부서진 바퀴들이 널려 있었다. 앨런과 데이비드는 그곳을 점핑오프드로라 불렀고, 오늘날 그 지명은 지도에 실려 있다. 풀숲이 우거진 어느 습지에서는 수없이 많은 커다란 뼈들을 발견하고, 소년들은 그곳에 버펄로월로스라는 이름을 붙였다. 아마 원주민들은 그 습지로 들소를 몰아서 사냥을 했을 것이다. 한 아이는 그렇게 추측했다. 또 다른 아이는 초원 위로 노출된 암석에서 물이 흘러나왔기 때문에 그곳에 습지가 생겼을 것이라고 추측했다. 말 위에서 보내는 유년기에는 경관을 둘러보는 것 말고는 딱히 할 일이 없었다. 물이 흘러나오는 암석은 단순히 다공질일 뿐 아니라 투수성이 있었다. 또 단단하기도 했다. 그 암석은 곡물 저장고와 합숙소 아래에 있는 것과 똑같은 붉은 암석이었고, 모래가 자연적으로 굳어서 만들어진 것이 분명했다. 버펄로월로스의 물이 시냇물에서 유래할 수는 없었다. 버펄로월로스는 시내보다 18미터나 더 높은 곳에 있었기 때문이다. 사암층은 북쪽으로 기울어져서 동서로 뻗어 있었다. 고지대는 동쪽으로 있었다. 물은 분명 거기에서 내려왔을 것이다. 그것을 알아내기 위해 예일대학의 박사학위가 필요하지는 않았다. 특히 바위가 아주 많이 노출된 곳에서 자란 사람이라면 더욱 그렇다. 훗날 본격적인 연구를 할 때까지, 버펄로월로스에 대한 그의 해석은 말 위에서 하는 짐작에 불과했다. 살아가는 동안 내내, 그는 즉각적인 추론을 하게 될 때면 그것을 말 위에서 하는 짐작이라고 불렀다.

사암 속의 물은 늪지를 만들었을 뿐 아니라, 다른 데서는 건조한 이 지역에 초원도 형성했다. 초원에서는 건초가 나왔다. 기반암 지질학은 목장 일과 확실히 밀접한 관계가 있었다. 물론 데이비드는 정확히 이런 단어를 써서 표현하지는 않았을 것이다. 그러나 당시 그는 이 주제에 대해 많은 시간 동안 생각했고, 자연스럽게 지질학자가 되었다. 그것은 매사추세츠 글로스터에서 자란 사람이 자연스럽게 어부가 되는 것과 비슷했다. 언젠가 그는 이렇게 말했다. "날마다 장시간 동안 말을 타면서 그런 생각을 했어요. 모든 것이 너무 단조로웠죠. 그곳에서 우리는 단조로움과 싸웠어요. 허구한 날, 나 자신과 주위를 둘러싼 지형뿐이었어요. 생각할 것이라고는 저 셰일은 왜 줄무늬가 있는지, 늪지는 왜 늪지가 되었는지, 식물은 왜 그 자리에 자라는지, 나무는 왜 특정 유형의 암석에서만 자라는지, 어떤 곳은 물이 많은데 어떤 곳은 왜 물이 없는지, 초원은 왜 그곳에 있는지, 개울을 건너는 어떤 지점은 어째서 물이 거의 지나가지 못할 정도로 그렇게 모래로 뒤덮여 있는지 같은 것뿐이었어요. 그런 것들은 바로 눈앞에 있는 현실이었죠. 만약 기반암이나 염류피각이나 검보 속에 있다면, 나아가기가 어려워요. 석회각은 지하수면에 침전된 석회예요. 어떤 지질의 특성은 어려울 때 배우기도 하죠. 달리 흥미를 가질 만한 일도 없었어요. 모든 것이 지질에 달렸어요. 아무리 바라보라도 식생이 그 땅과 직접 반응한다는 것은 알 수 있었죠. 그래서 새와 야생동물도 땅에 반응했고요. 우리도 땅에 민감했어요. 겨울이 오면, 우리의 생활은 어디서 바람이 불어오고 어디에 눈이 쌓이는지에 영향을 받았어요. 우리는 이런 자연 현상들이 무작위로 일어나지 않는다는 것을 알 수 있었어요. 통제되고 있었고, 하나의 체계가 있었어요. 침식과 퇴적 과정은 우리가 자라는 동안 함께 있었어요. 다른 나라에서는 알지 못하지만, 누군가에게는 지형을 이해하는 것이 그곳에 살기 위해서 대단히 중요한 일이에요. 대개 지형은 동물의 생사에 중요한 역할을 하고, 그래서 우리의 생존에도 중요해요. 만약 우리가 배운 것이 하나 있다면, 자연과는 싸워서는 안 된다는 것이에요. 우리는 자연과 함께 살아야 해요. 그리고 자연에 적응해야 해요. 자연은 타협을 해주지 않기 때문이죠."

가장 건조한 계절에는 진흙 바닥이 갈라져서 균열(건열)이 생겼다. 이

건열은 매우 단단해서 말이 밟아도 갈라진 다각형의 형태가 깨지지 않았다. 암석에서 똑같은 모양을 본 데이비드 러브는 그 암석이 한때 진흙이었다는 것, 그것이 암석에 남아 있는 이전 세계의 여름 풍경이라는 것을 어렵지 않게 알아차릴 수 있었다. 그는 초크힐스(여러 색이 있는 황무지)에서 말을 타고 내려가는 동안 작은 턱뼈들과 작고 검은 이빨들을 발견했고, 마침내 그 화석들이 에오세 말의 것임을 알게 되었다. 지구최초의 말은 키가 30센티미터였다.

지평선에 나타나서 천천히 목장 쪽으로 다가오거나 때로 한참을 그자리에 머무는 형체 중에는 지질학자들도 있었다. 그가 처음 만난 지질학자는 미국 지질조사소 소속이었다. 석유 회사에서 일하는 사람들도 있었다. 석유 회사 지질학자들의 좋은 옷과 반짝반짝한 장화는 그의 눈을 사로잡았다. 그들 중에는 과학계에서 유명한 사람도 있었다. 이를테면 찰스 T. 럽턴 같은 구조지질학자는 캣크리크 배사의 시추 위치를 찾아내고 몬태나의 석유를 발견했다. 그는 빅혼 분지에서도 이와 비슷한 일을 했다. 데이비드는 특히 두 가지 면에서 그를 기억한다. 하나는 그가 "바깥세계에 관한 이야기를 해줬다"는 것이고, 다른 하나는 주변 산에서 엄청나게 큰 암모나이트 조각들을 가져와서 백악기 후기의 표준화석인 이 나선형 두족류가 마차 바퀴만큼이나 컸다는 것을 외삽 추정을 통해 보여주었다는 것이다. 『미국 석유지질학자협회보Bulletin of the American Association of Petroleum Geologists』에 실린 럽턴의 부고에는 "그는 항상 친구의 아이들에게 해줄 이야깃거리가 있었다"고 쓰여 있다.

1936년에 이 부고를 쓴 찰스 J. 헤어스 역시 러브 목장에 자주 들렀다. 지질조사소의 일과 개인 사업을 병행하던 헤어스(1881~1970)는 "로키산맥 석유지질학의 원로"가 되었고, 와이오밍 지질학회의 창시자 중 한 사람이었다. 와이오밍 중부에서 발견된 대부분의 중요한 유전은 그 지역 배사 구조에 대한 그의 연구에서 출발했다. 그는 교육자로서도 유명했다. 당시 현장에서 그를 보조하던 젊은 연구자들의 명단은 미국에서 가장 뛰어난 지질학자의 명단이 되었다. 러브 목장에 왔던 지질학자들은 최고의 답사 지질학자였다. 미지의 땅에 들어가서 그들이 만든 지도는 오늘날에 봐도 놀라울 정도로 정확하다. 데이비드는 이렇게 표현했다. "그들은 마법의 장막을 펼쳤다. 그들은 우리가 한 번도 본 적 없는 것을 우리에게 보여주었다. 일부 암모나이트에는 진주층이 있었다. 두 장의 조개껍데기가 모두 온전하게 남아 있는 중생대의 굴 껍데기도 있었다. 그 굴 껍데기는 열어서 안을 볼 수도 있었다. 모두 바다 속, 바다 밑바닥에만 살던 것들이었다. 그들은 5000만 년 된 아름다운 나뭇잎도 가져왔는데, 그 나뭇잎이 나온 에오세의 암석은 바다가 아닌 곳에서 만들어졌다. 바다들은 사라졌다. 산들이 올라왔다. 날마다 우리는 주위를 둘러보면서, 마음의 눈을 통해 그렇게 일어난 일들을 볼 수 있었다."

데이비드의 어머니는 조세프 르콩트의 『지질학 원리Elements of Geology』를 갖고 있었다. 데이비드는 아홉 살 때 그 책을 읽었다. 당시 그는 지질 구조와 층서를 이해했을까? 그가 단층 작용을 이해하기 시작할 수 있었을까? 그는 "어느 정도는 이해했다"고 말한다. "어쨌든 그것을 바로 눈앞에서 볼 수 있었으니까요."

남쪽 지평선에는 개스힐스가 있었다. 개스힐스는 푸른 줄무늬가 있는 능선으로, 뱃머리처럼 V자 모양을 이루고 있었다(실제로는 둥근 아치 모양의 셰일이었다). 데이비드는 1953년에 그곳에서 우라늄을 발견했다. 어릴 때 말을 타고 그 능선을 넘어가다가 그는 석유가스 냄새를 맡았다. 그곳에서는 석유도 스며나왔다("그것은 충분히 짐작할 수 있을 거예요. 개스힐스라는 지명이 그냥 나왔을 리는 없을 테니까").

목장에서 석유와 가스가 대화에 등장한 것은 데이비드가 네 살 때였다. 그해(1917) 여름, 목장에서 30킬로미터 내에 있는 서로 다른 여섯 곳에 난데없이 유정탑이 나타났다. 그리고 다른 목장주들과 마찬가지로, 러브 가족도 얼어 죽은 양의 털을 뽑는 것만으로는 대출금을 갚기에 턱없이 부족하다는 점을 고심하기 시작했다. 데이비드의 어머니는 이 모든 것을 가족의 신기루라고 불렀다.

우리에게 석유는 한때 와이오밍을 떠도는 이야기 속 단어일 뿐이었다. 인디언과 덫사냥꾼은 석유가 스며나오는 곳에 관한 이야기를 했다. 1832년에 보너빌 대위는 오늘날 랜더 근처에서 그가 발견한 "거대한 타르 샘"에 관해 썼다. 그의 부대는 거기서 나오는 석유로 갈라진 말발굽과 마구에 쓸려서 생긴 말의 상처를 치료했고, 자신들의 통증에 "연고"로 활용하기도 했다. 인디언에 대항하고 요새를 건설한 탐험가 짐 브리저는 오리건 길을 따라가는 이주민들에게 타르와 밀가루를 섞어서 마차의 차축 윤활제로 팔았다. 이주민들도 말린 버펄로 배설물에 타르를 조금 넣으면 화력이 더 좋아진다는 것을 알고 있었다.

그리고 이제 그녀는 집을 방문한 지질학들에게, 만약 그들이 찾고 있는 것이 석유라면 분명히 러브 목장 아래에서 발견될 것이라고 말했다. 왜냐하면 그녀의 둘째 아들 이름의 머리글자가 ( J. D. 록펠러처럼) J. D.였기 때문이었다.

그런 흥분은 전염성이 있었다. 양, 소, 말, 날씨, 시장에 대한 이야기만 단조롭게 반복되던 우리의 대화 속에 배사, 향사, 붉은 층, 시추, 드릴 날, 망대, 임시 다리, 머리를 조심해야 하는 가로대 같은 새로운 단어들이 등장했다. 거의 모든 양치기가 자신만의 석유등을 갖고 있었다. 우리는 석유 개발권을 얻었다.

머리가 희끗희끗하고 허름한 옷차림의 건달 같은 사람이 말을 타고 우리 집 쪽으로 왔다. 그는 중요한 일이라도 되는 양, 자신의 석유 개발권에 대한 검증 작업을 하는 동안 며칠 우리 집에 머물러도 되는지 물었다. 그러더니 존에게 삽을 빌려달라고 했다. 그런데 그는 개발권을 얻으려면 말과 마차도 필요하다고 말했다. 거기까지 성공한 그는 당당하게 물었다. "이제, 당신의 석유는 어디에 있죠?"

소년들은 도회지에서 멀리 떨어진 곳에 있었지만, 마냥 순진하게 자라지는 않았다.

짐 루시라는 이름의 한 남자는 드릴 날 하나 없이 석유를 찾고 있었다. 러브 목장에 도착한 그는 자신의 사업을 제안했다. 짐 루시는 약장수 같은 사람이었다. 떠돌이 구조의 연금술사였고, 땅속에서 수맥을 찾듯 석유를 찾는 점쟁이였다. 그는 검은색 절연테이프로 감싼 병 하나를 갖고 있었다. 그 병은 줄에 매달려 있었고, 땅속의 석유와 접속할 수 있다는 비법 액체가 담겨 있었다. 데이비드 러브는 루시가 집에서 몇 미터 떨어진 곳에서 병을 들고 서 있는 모습을 다른 가족와 함께 지켜봤다. 병이 빙글빙글 돌기 시작했다. 한쪽 손에서는 커다란 다이아몬드 같은 것이 반짝 빛을 냈다. 루시는 조용히 정신을 집중하고 뭔가를 세기 시작했다. 이프레시아, 알비, 오트리브, 발랑쟁 – 병이 한 바퀴씩 돌 때마다 지질 시대가 하나씩 지나갔다. 병이 회전을 멈추면, 그때까지의 회전수로 석유의 깊이를 계산할 수 있었다. 데이비드는 짐 루시를 다시 보지 못했지만, 지질조사소에는 그의 유령이 출몰하고 있을지도 모른다.

1918년, 빅샌드드로에서 1억 달러 규모의 석유와 가스전이 발견되었다. 그곳은 존 러브가 1897년에 포기한 그의 첫 정부 공여 토지였다. 1920년에 부광지대 임대법Mineral Land Leasing Act이 시행된 이후부터는 석유 회사들이 정부로부터 직접 토지를 임대할 수 있었다. 목장주의 권리는 더 이상 없었다. 목장주가 직접 시추를 하려면 5만 달러가 필요했다.

만약 그 정도의 돈이 있다면 유정은 필요 없다는 것이 이 지역의 대체적인 의견이었다. 우리의 신기루는 완전히 사라졌다.

서남쪽으로 80킬로미터 떨어진 로스트솔저의 유전에서는 불기둥이 깃발처럼 치솟았고, 몇 주 동안 밤하늘을 밝혔다. 목장에서 10킬로미터 떨어진 홀슈 협곡에서는 싱클레어와이오밍 석유 회사가 1300미터를 파고 들어가서 석유가스를 발견했다. 가스는 시추관을 파괴하고 나무로 만든 유정탑을 산산조각 낼 정도로 세차게 뿜어져 나왔다.

가스가 터졌을 때, 그 시추 기술자는 시추 장치의 바닥에서 45킬로그램짜리 모루를 옮기고 있었다. 그는 1킬로미터쯤 떨어진 풀밭으로 날아갔는데, 그제야 자신이 아직도 모루를 들고 있다는 것을 깨달았다고 했다.

러브 가족은 마차를 타고 나무를 찾으러 다녔다. 그들은 부서진 유정탑 전체를 부엌 화덕에서 태웠다.

데이비드는 유정 깊은 곳에서 튀어나온 연한 회색의 작고 거친 셰일 덩어리 하나를 집어들었다. 아이는 셰일 속에서 작은 해양 생물의 화석들을 봤다. 그리고 자기 손톱만 한 크기의 진주광택이 있는 얇은 조각들을 봤다. 그 조각들은 한때 그곳에 살던 조개의 몸을 지켜주던 조개껍데기였다. 그 화석들은 깊이 1킬로미터쯤 되는 땅속에서 올라왔고, 인간의 시간이 시작되기 이전의 지구에 살았다. 그들은 지금은 사라진 그 해안에서 옮겨진 이래로, 아주 오랜 시간 동안 흙 속에 파묻혀 있었다. 시추 기술자는 데이비드에게 그 조개껍데기로 석유의 존재를 예측할 수 있다고 말했다. (…) 그는 연약한 조개껍데기들이 박혀 있는 그 셰일을 집으로 가져왔고, 그것은 그때부터 줄곧 인디언 그릇 속에 들어 있다.

10대 시절에 형제는 가끔 말을 타고 40킬로미터를 달려서 쇼쇼니에 춤을 추러 가곤 했다. (언젠가 나는 데이비드에게 그 춤이 스퀘어댄스 같은 포크댄스였느냐고 물었는데, 그는 "아뇨, 접촉이 있는 스포츠였어요"라고 대답했다.) 그들은 거의 밤새 춤을 추고 다시 40킬로미터를 달려서 집으로 돌아왔다. 형제가 프리몬트 카운티 직업고등학교를 다니는 동안, 그들의 어머니는 랜더에 집을 얻어서 아이들과 함께 생활했다. 아이들의 반 친구 중에는 윌리엄 셰익스피어가 있었는데, 그의 다른 이름은 워보닛War Bonnet(독수리 깃으로 장식한 아메리카 원주민의 전투모—옮긴이)이었다. 당시 랜더는 와이오밍에서 가장 외딴곳에 있는 마을이었다. 랜더는 자체적으로 "철길이 끝나고 마찻길이 시작되는 곳"이라고 홍보했다. 이따금씩 형제와 어머니가 나들이를 갈 때는 레드캐니언을 지나갔다. 길게 굽이치는 레드캐니언의 대단히 아름다운 광경은 중생대라는 긴 시간을 보여주었다. 앞으로 기울어져 있는 동쪽 벼랑에는 땅에서 180미터 높이의 암벽이 서 있고, 위에서부터 차례로 에오세, 팔레오세, 백악기, 쥐라기의 단구가 트라이아스기의 붉은 절벽 위에 놓여 있었다. 서쪽으로 올라가면서는 세이지로 덮인 페름기의 비탈이 이어졌다. 시선을 따라 고도가 점점 높아지는 동안, 시간은 점점 과거로 내려가서 선캄브리아 시대의 최상부에 닿았다. 바로 서쪽 지평선 위로 봉우리들이 보이는 윈드리버산맥이었다.

　트라이아스기의 붉은 지층 속에는 선명한 하얀 줄 하나가 멀리까지 이어져 있었다. 놀라울 정도로 일정한 150센티미터 두께의 석회암이었다. 마침 데이비드는 13만 제곱킬로미터에 걸쳐 놓여 있는 이 균일한 층을 조사할 참이었다. 세상 어디에도 없는 가장 독특한 암석 단위 중 하나인 이곳에는 지층이 형성될 당시의 환경을 판단할 만한 화석이 전혀 없어서 이곳이 민물이었는지 짠물이었는지조차 알 수 없다. (언젠가 그는 내게 이 점을 지적하면서, "이것이 로키산맥의 중요한 기준층marker bed"이라고 말했다. "13만 제곱킬로미터예요. 오늘날 세상 어디에서 이 정도로 안정된 상태를 볼 수 있을지 한번 상상해보세요. 난 못 찾겠어요. 지질학적으로 독특한 장소예요.") 그러나 소년 데이비드에게 이 알코바 석회암은 레드캐니언의 다른 측면들에 비해 덜 매력적이었다. 그곳에는 트라이아스기의 붉은 층처럼 눈에 띄는 새빨간 머리카락 때문에 레드캐니언 레드라 불리는 여자가 살고 있었다. 노년이 된 데이비드는 그녀를 "끝내주는 창녀"라고 묘사했다. 어쩌면 소년들이 레드캐니언을 통과할 때 소년들의 어머니가 으레 함께 다닌 이유 중 하나는 레드캐니언 레드 때문일지도 모른다.

존 러브는 뷰익 자동차를 중고로 구입했다. 랜더까지 가는 시간을 줄이고, 가족을 더 자주 보러 가기 위해서였다.

극도로 긴장한 그는 목청을 높이면서 넓은 평지에서 혼자 운전을 익혔다. 차를 멈추고 싶을 때는 "워, 서라!"라는 말이 자동으로 튀어나왔다.

존 러브는 운전을 배우려고 애쓰던 한 목축업자가 결국 실패하고 자신의 차를 도끼로 부숴버렸다는 것을 알고 있었다. 존은 그처럼 되지 않기로 마음을 단단히 먹었다. 당연히 그는 운전을 배우는 데 성공했고, 가족은 곧 점심 도시락과 레모네이드 한 병을 싣고 스위트워터 분수계까지 차로 소풍을 갈 수 있게 되었다. 그들의 지평선은 이미 넓었지만, 순식간에 더 넓게 확장되었다. 존은 처음으로 휴가를 내어 소년들이 대학에 가기 전에 태평양을 보여주기로 결심했다. 러브 가족은 뷰익을 타고 서쪽으로 향했다. 차에는 빵 상자와 캠핑용 버너와 알루미늄 냄비 한 세트가 있었고, 뒷좌석에는 담요가 높이 쌓여 있었다. 차 옆면의 발판에는 여행 가방을 얹고, 위에는 천막을 실었다.

———

소년들은 와이오밍대학에 입학했다. 앨런은 도시공학을, 데이비드는 지질학을 전공했다. 그리고 데이비드는 파이베타카파 회원으로 선발되었다. 와이오밍대학의 사암에는 다음과 같은 문구가 새겨져 있었다.

분투하라 –

자연의 지배는 쟁취하는 것이다.

주어지는 것이 아니다.

데이비드는 석사학위를 따기 위해 래러미에 머물렀고, 그 후에는 장학금으로 예일대학에서 박사학위를 받기 위해 동부로 갔다. 인간이 만든 멋진 지형 속에 도착해 조금 얼떨떨해 있는 그의 눈에는 대학원 연구동 안뜰에 놓인 돌에 새겨진 래피얼 새버티니의 문장이 들어왔다. "그는 웃음을 주는 재능과 세상이 미쳤다는 생각을 갖고 태어났다." 이 문장은 그가 예일에서 안정을 찾게 해줬고, 일평생 정부와 과학계를 위해 일할 수 있도록 도와주었다. 대학원생이 된 그는 독일어 독해 실력을 키워야 했다. 그는 와이오밍의 산에서 여름 야외조사를 하는 동안 모닥불을 피워놓고 독일어 공부를 했다. 그때 읽은 한 책에서 그는 독일 킬에 위치한 해군사관학교 입구에 적혀 있다는 글을 봤다. 로키산맥 지질학자가 평생 직업적 좌우명으로 삼게 되는 글이 있는 곳으로서 킬은 조금 뜻밖의 장소였다. 그가 영어로 바꾼 그 문장은 다음과 같다. "'이것이 옳다'고 말하지 말고, '그래서 내게 그렇게 보이는 까닭은 지금 내가 그렇게 안다고 생각하기 때문이다'라고 말하라."

예일대학은 지질학 분야에서 세계 최고 수준의 대학 중 한 곳이었고, 그 관심사는 지구 전역에 골고루 미치고 있었다. 그곳에는 삼단 논법의 추론과 백과사전적 지식이 있었고, 학생들의 노력을 최대치까지 이끌어냈다. 그래서 데이비드는 스스로 황금기라고 생각한 시기에 몇 달씩 도서관에 틀어박혀 지내야 했다. 예일대학의 지질학과는 큰 그림에 중점을 두었기 때문에 노두를 많이 본 경험이 있는 사람은 그리 많지 않았다. 노두를 손으로 직접 만지거나 말 위에 앉아서 천천히 둘러보며 살았던 학생에게는 적어도 그렇게 보였다. 그러나 이런 차이가 동부의 암석 담론에 대해 그가 느낀 존경심을 훼손하지는 않았다. "그들의 야외지질학은, 뭐랄까, 불완전했어요." 그의 평가는 조심스럽다.

그는 바위가 유별나게 많이 드러난 땅에서 야외조사를 했다. 대학원 시절 여름에 한동안 티턴산맥에 있었지만, 주로 애브사러카산맥의 남쪽 가장자리를 따라 돌아다녔다. 애브사러카산맥은 러브 목장에서 서북쪽으로 160킬로미터 떨어진 곳에 있었다. 그는 박사학위 논문을 완성하기 위한 충분한 지식을 얻기 위해 약 12만 헥타르(1200제곱킬로미터) 넓이의 지역을 선택했다. 지질학적으로 그곳은 백지나 다름없는 땅이었다. 사실상 아무것도 알려져 있지 않았다. 지형학적으로는 지도가 만들어져 있었다. 그는 그 지도를 가지고 갔다. 몇몇 강은 언덕 위로 흘러갔다.

애브사러카산맥은 예전에 어느 화산에서 쏟아져 나온 화산 분출 쇄설물로 이뤄진 퇴적암이 겹겹이 쌓여 있는 것처럼 보였다. 그것이 단단하게 굳어진 후, 풍화로 허물어지고 강물에 운반되어 모인 물질이었다. 애브사러카산맥의 화산 퇴적물은 로키산맥 중심부를 파묻은 막대한 퇴적물의 일부인데, 단단했기 때문에 오래 남을 수 있었다. 거대한 바윗돌들은 그 암석을 쏟아낸 화도가 근처에 있었다는 것을 암시한다. (3차원 지도인 기복도에는 애브사러카산맥이 옐로스톤 공원에서 쏟아져 나온 것처럼 보인다.) 로키산맥의 발굴이 일어나는 동안, 이 지층의 내구력은 그 자리에 산맥을 남겼다. 그 산맥은 마치 성벽처럼, 인접한 평원보다 2100미터 높게 우뚝 서 있다.

이 논문 주제를 골랐을 때, 러브가 선택한 것은 A에서 B로 가는 어떤 여정이 아니었다. 그는 어딘가에 있는 작은 분지 하나를 따로 떼어 그 안에 들어 있는 곤죽을 묘사하는 글을 쓰지 않았다. 대신 그는 날개마다 아름다운 색깔을 반짝이며 돌아가는 지질학의 바람개비를 골랐다. 이를테면 아울크리크산맥의 서쪽 끝은 러브의 논문 주제인 애브사러카산맥 아래에 지금도 파묻혀 있다. 그곳에는 대부분이 파묻혀 있는 다른 산맥도 있다. 그는 그 산맥을 발견해 와샤키산맥이라는 이름을 붙였다. 애브사러카산맥이 아울크리크산맥과 구조적으로 분리되어 있다는 것은 분명했다. 그러나 아울크리크산맥이 와샤키산맥보다 젊다거나 와샤키산맥이 생성 초기에 서남쪽으로 떠밀려서 윈드강 분지의 바닥을 이루는 평평한 셰일 위로 올라왔다는 사실은 금방 확실하게 드러나지 않았다. 그는 이 지역을 혼자 걸어다니면서 조금씩 이런 것들을 밝혀나갔다. 그의 논문에서 다루는 지역은 조금 떨어진 윈드강 분지까지 닿았고, 그렇게 다채로운 요소들이 모여서 로키산맥의 장대한 진용이 완성되었다. 그 요소들에는 습곡산맥과 침식된 고원인 개석대지dissected plateau가 포함되어 있었다. 분지 퇴적층, 높고 험준한 봉우리들, 마른 협곡, 지형 변화에 관계없이 원래의 물길을 따라 흐르는 큰 하천들, 세이지가 자라는 사막, 3100미터 높이의 수목한계선까지 올라가는 상록수림도 있었다. 잘 보존된 준정상면에서부터 한참 아래에서 발굴된 화석 지형에 이르기까지, 모든 층위가 빠짐없이 들어 있었다. 그 지역은 어떤 장소라도 일교차가 섭씨 45도에 이를 수 있었다. 그 지역에는 길이 없었기 때문에 그는 몇 년 동안 걸어다니면서 말과 함께 다닐 수 있도록 길을 냈다. 방법론적으로는 암석학, 고생물학, 층서학, 구조학을 골고루 참고하면서 그 지역의 지질도를 작성했다. 그리고 그 과정에서 그는 일곱 개의 지층을 발견하고 이름을 붙였다.

예일대학 시절에 이런 여름 야외조사를 하던 중, 한번은 랜더 근처의 한 호수에서 그는 발을 크게 다쳤다. 그는 반다나로 지혈을 한 다음 절뚝거리며 시내로 들어가서 프랜시스 스미스 박사를 찾았다. 스미스 박사는 예전에 진드기열에 걸린 데이비드의 아버지와 연쇄상구균에 감염되어 죽을 뻔한 그의 어머니를 치료해준 적이 있고, 데이비드가 무사히 야구 경기를 할 수 있도록 몇 년 동안 그의 상처를 꿰매준 의사였다. 이제 데이비드의 발을 치료하는 동안, 그는 최근에 로버트 르로이 파커(부치 캐시디)가 그의 병원을 찾아왔다고 데이비드에게 말했다.

데이비드는 캐시디가 볼리비아에서 죽었고 모두가 그 사실을 알고 있다는 것을 의사에게 정중히 알려주었다.

의사는 모두가 잘못 알고 있는 것이라고 말했다. 의사의 말에 따르면, 입구에 나타난 그 환자는 뭔가를 생각하듯이 오랫동안 그 자리에 가만히 서서 의사의 얼굴을 살폈다. 그러고는 의사가 자기를 알아보지 못하는 것을 보고 기뻐하면서 말했다. "내가 누군지 모르겠죠?"

의사가 말했다. "낯이 익기는 하지만, 정확히는 생각이 나지 않네요."

그 환자는 파리에서 수술을 받아서 얼굴이 바뀌었다고 말했다. 그러더니 자신의 셔츠를 올리고 깊게 패인 총알 흉터를 보여주었다. 스미스 박사는 그 상처를 보고 자신의 솜씨라는 것을 똑똑히 알아봤다.

데이비드 러브가 와이오밍에서 하던 연구는 미국 지질학회의 관심을 끌었다. 그는 미국 지질학회의 전국 모임에 연사로 초대되었다. 장소를 옮겨가며 열리는 이 회의는 워싱턴 D.C.에서 열릴 예정이었다. 그는 엄청난 부담감을 느끼고 두려움에 떨었다. 미국 지질학회에서 대학원생에게 연설을 요청하는 것은 너무나 이례적인 일이었다. 그는 덜컥 겁이 났다. 동부였고, 수도였고, 미국에서 가장 저명한 지질학자들이 그곳에 있을 것이기 때문이었다. 그곳에는 스탠퍼드의 베일리 윌리스, 버클리의 앤드루 로슨, 미국 자연사박물관의 월터 그레인저, 프린스턴의 테일러 톰이 있을 것이다. 러브가 제출한 논문은 제3기 암석의 습곡과 단층을 다뤘다. 제3기는 6500만 년 전에 시작되어 대략 200만 년 전까지 이어진 시대였다. 러브가 예일대학에 갈 당시에는 습곡과 단층이 일어난 모든 암석은 제3기 이전에 만들어졌고, 모든 제3기 암석은 변형이 일어나지 않았다는 것이 지질학계의 통념이었다. 애브사러카산맥에 관한 논문에서, 러브가 작성한 지도 곳곳에는 습곡과 단층이 일어난 제3기 암석이 있었다. 그는 화석과 층서학을 알고 있었다. 그의 추론은 말 위에서 하는 짐작이 결코 아니었다. 그는 자신이 할 이야기를 세심하게 연습했다. 워싱턴 호텔 연회장의 연단에 섰을 때, 그는 목소리를 가다듬는 데 온 힘을 쏟느라 멜빵에 단추를 끼우는 것을 잊어버렸다는 사실을 알아차리지 못했다. 멜빵은 그의 등 뒤에 매달려서 너풀거리고 있었다. 당황스러운 상황은 시작에 불과했다. 그의 발표가 중요한 대목에 이르렀을 때, 그러니까 이 변형이 제3기에 들어서고 1500만 년이 지난 뒤에 일어났으며 래러미 지각 변동은 완전히 끝나지 않았다고 확신한다는 것을 설명하던 중, 그는 비웃음 소리를 들었다. 그리고 연설을 끝냈을 때는 박수가 전혀 나오지 않았다. 시간이 조금 흐른 후, 구조지질학자 테일러 톰이 자리에서 일어났다. 러브의 논문으로 자신의 연구 중 일부가 도전을 받게 된 톰은 이렇게 말했다. "이 논문은 로키산맥 지질학의 중요한 이정표입니다."

그보다 몇 년 전 뉴욕에서 열렸던 러브의 첫 미국 지질학회 회의에서는, 그가 아는 사람이라고는 와이오밍대학 시절 그의 지도교수였던 새뮤얼 H. 나이트뿐이었다. 낯선 얼굴들은 오랫동안 그가 과학 문헌에서 봐왔던 이름들과 하나씩 짝지어지기 시작했다. 그가 숭배하는 신들이 그의 주위에서 살아 움직이고 있었고, 그들이 얼마나 친근한지를 알게 되어 기분이 좋았다. 이제 로키산맥 지질학의 거목이 된 러브의 이야기에서, 그 경험은 러브 자신에 대한 묘사라고 할 수도 있었다. "그들도 바짓가랑이에 다리를 한 짝씩 꿰어 입어야 하는 평범한 사람들이었어요. 개개인은 아주 인간적이었죠. 그들은 젊은 사람들에게 거침없이 의견을 말하라고 용기를 주었어요." 그들이 서로의 논문에 대해 토론할 때, 그들의 허심탄회한 논쟁 방식을 지켜보는 것은 러브에게 큰 즐거움이었다. 에이사 매슈스라는 이름의 한 고생물학자는 세계 최초의 새가 페름기에 존재했다는 발견에 대한 자신의 확신을 소개했다. 세계 최초의 새로 공인된 아르카이옵테릭스_Archaeopteryx_보다 약 1억 년이 더 앞서는 발견인 셈이었다. 매슈스는 유타의 페름기 암석에 남아 있는 몇 가지 놀라운 생흔화석trace fossil을 자세히 열거하면서, 새가 날개 끝을 땅에 끌면서 어설프게 뛰어가다가 마침내 날아오르게 되는 과정이 그 화석에 기록되어 있다고 말했다. 월터 그레인저는 이런 특이한 이야기가 회의에서 받아들여지기 전에 자리에서 일어났다. 그는 이렇게 말했다. "매슈스 교수는 최초의 새가 유타에서 날아올랐다는 것을 의심의 여지 없이 증명했지만, 그 새가 땅에 내려앉았다는 것은 증명하지 못했습니다."

러브보다 나이가 별로 많지 않은 데이비드 그릭스는 조산운동에 관한 몇 가지 참신한 발상을 훌륭하게 입증했다. 그러자 "구조지질학의 시조 중 한 사람"이라고 러브가 묘사한 베일리 윌리스는 그릭스에게 찬사를 보냈다. 그다음으로는 샌앤드레이어스 단층을 명명한 위대한 지질학자 앤드루 로슨이 그릭스에게 영예로운 말을 해줬다. "평생 처음으로, 유일하게 베일리 월리스의 말에 동의합니다."

또 다른 상황에서는 한 젊은 지질학자가 월터 그레인저에게 도전장을 내밀었다. "그레인저 박사님, 자신이 옳다고 확신하십니까?" 그레인저는 조금도 주저하지 않고 이렇게 답했다. "젊은이, 만약 내 인생의 50퍼센트가 옳다고 증명된다면 나는 아주 크게 성공했다고 여길 것입니다."

예일대학을 졸업한 러브는 한동안 유타의 위새치산맥에 있는 미국 지질조사소에서 일했다. 그는 빽빽하게 자란 스크러브참나무의 억센 가지들을 헤치며 한 번에 한 걸음씩 힘겹게 나아갔다. 90년 전, 이 숲에서 발이 묶인 도너 원정대는 결국 눈과 마주치고 말았다. 그는 셸 석유 회사에 취직해, 일리노이, 인디애나, 미주리, 켄터키, 조지아, 아칸소, 미시간, 앨라배마, 테네시에서 5년 동안 석유가 있을 만한 지질 구조를 찾아다녔다. 이 시기에 그는 암석에 대한 것뿐 아니라 여러 면에서, 특히 애팔래치아 남부에서 많은 경험을 쌓았다. 그는 노두를 찾기 위해 "늪살모사가 스쳐 지나가는" 강바닥을 따라 수백 킬로미터를 걸어다녔다. 도로와 선로의 절개면도 살펴봤다. 해가 저물면 그곳에서 잠을 잤다. 때로는 한 번에 몇 주씩 농가에 머물기도 했다. 테네시에서는 어느 날 한 농장주가 데이비드를 조용히 불러서, 보기 드물게 예쁜 자신의 10대 딸과 중매를 서려고 하는데, 데이비드가 먼저 그녀에게 신발 한 켤레를 사줄 수 있는지 물었다. 그 소녀는 아버지가 나서서 짝을 맺어주고 싶어할 만큼, 이 젊은 지질학자를 흠모하고 있었던 것으로 보인다. 그 농장주로서는 세상에서 가장 귀한 것을 내어주려고 하는 것이기 때문에, 데이비드는 자신이 "최고의 칭찬"을 받고 있다고 느꼈다. 솔직히 그는 그들의 마음을 상하게 하고 싶지 않았다. 그렇게 되면 무엇보다도, 그 지역에서 그가 따놓은 점수를 잃게 되기 때문이었다. 여러 갈래의 물길에 깊게 패이면서 형성된 그곳의 복잡한 지형은 미시시피강 삼각주의 중요한 한 부분이며, 지질학자들은 미시시피강 어귀에서 북쪽으로 켄터키 퍼두커까지 뻗어 있는 미시시피강 삼각주를 거대한 알뿌리 모양 퇴적층이라고 부른다. 그 농장주는 젊은 지질학자에게 지질 조사를 허가할 수 있는 중요한 위치에 있었다. 셰일층 사이에 끼어 있는 투수성 사암을 찾아야만 그 안에 갇혀 있을지도 모르는 석유를 찾을 수 있었다. 그래서 그는 집주인을 언짢게 하지 않으려고 애를 썼다. 게다가 그에게는 약혼자도 있었다.

1934년, 데이비드는 와이오밍대학에서 한 지질학도를 만났다. 펜실베이니아의 브린모어 여자대학에서 온 그녀는 와이오밍대학에서 두 학기를 보내기로 되어 있었는데, 데이비드는 그것을 그녀의 해외 연수라고 불렀다. 와이오밍으로 가는 것을 선뜻 허락한 그녀의 아버지는 누구나 적어도 일생에 한 번은 집을 벗어나서 세상을 경험할 권리가 있다고 말했다. 그녀의 이름은 제인 매트슨이었고, 그녀가 자란 곳은 사립학교가 밀집한 조용한 도시인 로드아일랜드의 프로비던스였다. 그녀는 데이비드보다 몇 갑절 더 세련되었지만, 처음에는 서부의 지질학자들이 새로운 용어를 가르쳐주었다고 믿고 야외조사 일지에 creek(개울)을 사투리인 "crick"으로 적기도 했다. 게다가 러브를 "지나치게 잘생겼다"고 생각했다. (만약 그도 그 불평에 동의했더라면, 같은 종류의 대답을 해줬을 수 있었을 것이다.) 그래도 그녀가 그에게 호감을 느낀 까닭은 어느 정도는 그가 거리를 두었기 때문이었다. 그녀는 거칠지 않은 카우보이를 좋아했고, (당시의) 그는 너무 수줍음이 많았다. 너무 숫기가 없다보니, 그의 작은 포드 쿠페 안에서 공손하게 가만히 앉아만 있었다. 그녀의 결혼관에서 "키스는 약속"이었고, 한동안 두 사람 사이에는 아무런 약속도 없었다. 그는 그녀를 래러미산맥의 정상으로 데려갔다. 그리고 분홍색 화강암 위에서 은은히 빛나는 별빛을 받으면서, 조금 알쏭달쏭하지만 박력 있는 조언을 했다. "무슨 일을 하든지, 이곳에 지질학자와 별을 보러 올라오지 말아요."

예일대학의 합격 편지를 받았을 때, 그들은 자축의 뜻으로 샤이엔에서 함께 산에 올랐다. 낡은 30번 국도를 따라 내려오는 길에 두 사람은 갱플랭크에서 봄의 눈 폭풍을 만났다. 그리고 밤새 눈에 갇혀 좋지 않은 소문이 날까봐 전전긍긍했다. 그들은 폭설을 뚫고 래러미에 닿았다. 브린모어대학을 졸업한 후, 스미스대학에서 대학원 과정을 밟게 된 제인은 블랙힐스와 빅혼산맥에서 여름 야외조사를 하기 위해 와이오밍으로 돌아왔고, 그녀의 석사 논문 주제는 펜실베이니아-페름기 암석이 되었다. 데이비드가 예일에서 공부하는 동안에는 함께 있는 시간보다 떨어져 있는 시간이 더 많았던 두 사람은 장문의 편지를 자주 주고받았다. 그녀에게 편지는 서로를 잘 알게 되고, 삶에 대한 서로의 접근 방식을 살펴보는 방편이었다. (얼마 전에 그녀는 내게 이 이야기를 하던 중에, 까만 눈을 보석처럼 반짝이면서 이렇게 덧붙였다. "왜 젊은 사람들이 편지를 주고받는 대신 같이 살려고 하는지, 이제는 알 것 같아요.") 1970년대에 그녀는 캘리포니아대학출판부에서 중생대 포유류에 관한 책을 편집했지만, 자신의 연구는 아무리 해도 가끔씩밖에 할 수 없었다. 언젠가 그녀는 내게 이렇게 말했다. "우리 세대에는 여자가 가정을 갖기로 선택했다면, 집에서 가족을 돌보는 것이 당연한 일이었어요. 나는 이 점에 대해 조금 고민을 하기는 했지만, 그리 심각하게 하지는 않았어요. 스물다섯 살이 되고 여러 선택지를 살펴봤어요. 그리고 아내와 엄마가 되는 것이 지질학자가 되는 것보다 낫다고 결정했죠. 그와 지질학 이야기를 할 수 있다는 사실은 그저 작은 행운 같은 것이에요." 그녀는 데이비드가 생각을 다듬는 것을 돕기 위해 지질학적 악마의 대변자가 되어 자신의 의견을 내놓는다. "무슨 근거로 그렇게 생각하죠? 어떻게 그런 추론이 나올 수 있죠?" 가끔 그가 켈트족 특유의 급한 성미를 자제하지 못할 때마다 그녀는 그렇게 말할 것이다.

1910년 즈음 러브 목장에서, 데이비드의 어머니는 그의 아버지에게 뜬금없이 이렇게 물었다. "스코틀랜드인은 죽이지 않는 이상 그에게 맞춰주어야 한다는 것이 사실이에요?"

존 러브는 이 질문을 진지하게 받아들였다. 그는 곰곰이 생각한 후, 담백하게 말했다. "아니에요."

제인은 "데이비드는 새로운 생각을 하는 데 거침이 없다"고 말한다. "그는 실용주의자예요. 결코 뒤돌아보는 일이 없죠. 그는 독창적이면서도 현실적이에요. 그가 자랄 때 목장에는 수도 시설도, 전기도, 자동차도 없었어요. 게다가 필요한 장비는 스스로 고쳐서 써야 했어요. 그는 철사 한 가닥만 있으면 뭐든지 고칠 수 있어요. 수도 배관에서부터 자동차까지, 뭐든지요. 그는 지질학에도 그런 실용적인 생각을 똑같이 적용해요. 만약 어떤 암석 덩어리가 아래로 내려갈 것처럼 보인다면, 그는 물리학을 알고 있으니까 어떻게 움직일지를 알 수 있어요. 그의 재능은 특히 인과관계에 대한 그의 감각에 있어요. 그의 지식과 경험과 호기심은 암석의 존재에만 머물러 있지 않고 훨씬 멀리까지 뻗어 있어요. 그는 내가 아는 사람 중에서 가장 독창적인 지질학자예요."

두 사람은 1940년에 결혼을 했다. 두 사람의 네 자녀 중 둘은 그가 여름 야외조사를 다녀온 뒤에 임신되어서, 그가 수백 킬로미터 떨어진 곳으로 다음 야외조사를 떠난 사이에 태어났다. 제인은 그것이 지질학의 여러 일면 중 하나일 뿐이라고 말한다. 1970년대 후반에 어딘가로 나갔던 야외조사에서, 데이비드는 내게 이렇게 말했다. "나는 그 이야기를 34년 동안 듣고 있어요." 여름 야외조사는 6월에 시작해서 약 4개월 동안 계속된다. 결혼 초반, 제인은 이 시기에는 데이비드를 거의 보지 못했다. "내 아버지는 프로비던스에서 변호사 일을 하셨어요. 와이오밍에서 교환학생으로 1년을 지내고 나니, 프로비던스에서 변호사와 결혼을 한다는 것은 생각만 해도 갑갑했어요."

두 사람의 첫아이인 프랜시스는 일리노이 센트레일리아에서 태어났다. 당시 데이비드는 그곳의 셸 석유 회사에서 일하고 있었다. 센트레일리아는 변경에 있는 도시인 만큼 황량했지만, "점점 더 험악해져갔다". 그곳에서는 공정함에 대한 데이비드의 생각과 어긋나는 일이 많이 벌어졌다. 그는 이렇게 말했다. "그곳은 쭉정이들만 가득한 신흥 도시였어요. 1823년 이래로 그곳에 정당한 살인은 없었어요." 그곳은 노동조합 문제가 골칫거리였다. 운송 노동자들은 시추 노동자들을 노조에 가입시키려고 했다. 시추 노동자들은 거부했고, 그들에게 손해로 여겨지는 뭔가를 할 생각이 골칫거리였다. 운송 노동자들은 폭력을 행사했다. 그들은 사냥용 칼로 한 시추 노동자의 머리 가죽을 벗기고 망치로 뼈를 부러뜨렸다. 데이비드는 "그것이 그들에게는 남자다움을 보여주는 것이었다"고 말했다. "그들은 거칠게 놀았어요. 진짜 후레자식들이었죠." 그가 찾아갔던 어떤 마을에는 "개와 석유 회사 직원 출입금지"라는 표지판이 있었다. 그는 떠돌이 판매원 시늉을 해야 했다.

테네시에서는 가끔 세금 징수원으로 오해를 받아서 봉변을 당할 뻔했다. 한번은 도망자들이 그를 철도 수사관이라고 생각한 적도 있었다. 마침 제인도 함께 있었는데, 두 사람이 선로를 따라 이동하다가 잠시 멈춰 서서 수사관처럼 암석을 살피는 동안, 선로의 절개면에 시신을 유기한 도망자들은 숲에서 그들을 지켜보고 있었다. 그 도망자들은 총을 겨누기는 했지만 쏘지는 않았다. 그들은 제인을 끌어들이고 싶지 않았다. 결국, 데이비드는 도망자들로부터 직접 이 모든 상황에 대해 듣고, 무고한 사람을 죽일 뻔했는데 마음이 불편하지는 않았는지 물었다. 그들은 데이비드에게 수수 시럽 한 통을 주었다.

센트레일리아에서는 해가 지면, 유전 위로 치솟는 석유가스 불빛에 신문을 읽을 수 있었다. 당시에는 석유가스가 경제적으로 별로 가치가 없었기 때문에, 석유 회사는 가스를 그냥 태워 없애고 있었다. 이 상황은 그의 스코틀랜드인 기질과 잘 맞지 않았다. "나는 그것이 좋은 관리 방식이라고 생각하지 않아요." 그는 이렇게 설명한다. "우리는 그곳의 땅과 자원을 모두 관리했어요. 만약 대체 불가능한 자원을 그 땅에서 몽땅 끄집어내 파괴한다면, 그것은 제대로 일을 하는 게 아니에요. 센트레일리아에는 수천 개의 불기둥이 타고 있었어요. 수백 킬로미터 밖에서도 보였죠." 석유 회사의 비밀주의도 그에게는 거슬렸다. 그것만 아니라면 석유 회사는 괜찮은 직장이었다. 그는 과학자로서 연구는 공개해야 한다는 소신이 있었지만, 그의 연구는 상업적 이익을 위해 보안에 부쳐졌다. 게다가 이사를 너무 자주 다녔다. 첫딸이 태어나고 2년 동안 13개 주를 돌아다니는 사이, 그는 "여기저기에 불을 지르는 몹쓸 멍청이들을 위해 석유를 찾고" 있었다. 데이비드와 제인은 "이보다 나은 삶이 있을 것"이라는 확실한 결론에 도달했다.

그는 와이오밍과 미국 지질조사소로 돌아오기로 결정하고, 먼저 제2차 세계대전을 위한 매우 중요한 임무를 맡았다. 그해는 1942년이었고, 미국은 극심한 바나듐 부족에 시달리고 있었다. 금속 원소인 바나듐을 철에 첨가하면, 장갑판으로 효과적인 강철 합금을 만들 수 있었다. 그는 애프턴 외곽의 오버스러스트대에 있는 페름기 암석에서 바나 듐을 찾아다녔다. 우선 (검은 셰일로 이뤄진 지층 속에서) 다량의 바나 듐이 있는 곳을 확인한 다음, 겨울에 작은 제재소와 오두막을 짓고 여 덟 개의 새로운 광산을 짓기 위한 목재를 직접 가공했다. 애프턴은 모르 몬교도의 집단 거주지였다. 그 지역의 모르몬교 장로는 자녀가 서른네 명이었다. 마을에서 모르몬교도가 아닌 사람은 러브 부부와 잡화상을 하는 이시도어 슈스터뿐이었다. 러브는 모르몬교도 농민을 모집해 바나 듐을 캐내는 법을 가르쳤다. 그들이 작업을 하던 좁은 협곡에서는 하루 에도 몇 번씩 눈사태가 일어났다. 눈은 협곡의 벽을 타고 600미터 높이 에서 쏟아져 내려왔다. 데이비드도 차가운 회오리바람처럼 몰아치는 그 런 눈사태에 갇혀 크게 다친 적이 있었다. 그는 몇 주 동안 병원에 누워 있었다. 그의 몸에는 성한 곳이 거의 없었다. 진단서에 적힌 러브의 말 에 따르면, "눈사태가 그를 쭉 잡아당겼다".

광산이 잘 자리를 잡은 후, 러브 부부는 래러미로 이주했다. 그는 그 곳에 야외조사 사무소를 꾸리고, 이후로 계속 지질조사소에서 일했다. 그의 아이들은 래러미에서 자랐다. 딸 프랜시스는 현재 오클라호마의 공립학교에서 프랑스어를 가르치고 있다. 두 아들, 찰스와 데이비드는 모두 지질학자가 되었다. 바버라는 무코가와 포트라이트 연구소의 학 술 프로그램 책임자인데, 워싱턴주 스포캔에 있는 이 연구소는 일본 니 시노미야에 본교를 둔 무코가와 여자대학의 미국 캠퍼스에 있었다. 미 국 지질조사소는 지역의 야외조사 사무소들을 폐쇄하고 지질학자들을 멘로파크(캘리포니아), 레스턴(버지니아), 덴버(콜로라도)의 연방 센터 로 통합시켰다. 이런 구조 조정이 일어나는 동안, 러브는 지질조사소의 조직에서 점점 도태되어가고 있었다. 관료주의의 바람은 메디신보산맥

위의 바람보다 더 거세게 불었지만, 그는 저항했다. "이런 경향은 지질학자들을 모두 하나의 모래동산에서 놀게 하고 있어요." 그는 언젠가 이렇게 에둘러 설명했다. 그리고 그의 친구이자 미국 자연사박물관의 척추동물 고생물학 전시 책임자인 맬컴 매케너는 이 문제에 관해 이렇게 논평했다. "데이비드는 지질학이 있는 곳에 머물기로 선택했고, 사다리를 오르려고 하지 않았다. 그는 대단히 유능했다. 그래서 지질조사소는 그가 와이오밍을 벗어나게 하려고 했지만, 그는 가지 않았다. 그의 야외조사 사무소는 얼마 남지 않은 현장 사무소 중 한 곳이었다. 지질조사소는 사람들에게 정보를 주기도 하지만, 사람들에게서 정보를 얻기도 한다. 사람들은 데이비드를 보기 위해 들른다. 그가 떠나면 래러미의 사무소는 폐쇄될 것이다. 그리고 그것은 와이오밍으로서는 큰 손실이 될 것이다. 사람들이 덴버에 있는 사무실에서 칸막이를 사이에 두고 다닥다닥 붙어 앉아 있는 동안, 데이비드는 연구 주제와 가까이 있다. 그는 아침에 문을 열고 나가기만 하면 중요한 일들을 할 수 있다."

데이비드의 말에 따르면, 그의 일은 석유에서 마노에 이르는 모든 것을 찾아낸 다음, 미국 국민에게 "여러분, 여기에 달려드세요" 하고 말하는 것이나 마찬가지라고 볼 수 있었다. 법이 허용하는 범위 안에서, 그는 언제든지 사표를 던지고 직접 그 일에 달려들 수 있었다. 그러나 석유도, 우라늄도, 보석도, 금도, 매번 그다지 내키지 않았다. 확실히 그는 돈에는 별 관심이 없었다. 만약 지질조사소의 일이 상업적인 것에 한정되어 있었다면 애초에 들어가지도 않았을 것이다. 지질조사소는 학술적목적을 위해서도 미국의 지질을 조사한다. 어떤 지질의 일면을 이해하려면, 그것이 놓인 기반을 광범위하게 연구하는 것보다 더 좋은 방법은 없다. 지질학계에서 지질조사소는 특별한 권위를 지닌다. 주요 대학의 지질학 교수진과 대등한, 어쩌면 그 이상의 대접을 받는다. 대학의 높은 자리에 있는 교수들이 미국 지질조사소에 대해 "그들은 자신들이 신의 조력자인 줄 안다"고 투덜댔다는 이야기도 있다. 대학의 지질학자들은 지질조사소를 "답답하다"고 보는 경향이 있다. 그리고 러브가 오래전에 알아차린 것처럼, 지질조사소에는 권위적인 분위기가 있다. 발표되어야 할 뭔가에 대한 보고서가 너무 많고, 주어진 연구에 대한 조직의 관심이 너무 많다. 때로는 완성된 논문을 뒤덮고 있는 이름의 머리글자들 때문에 과학적 내용을 알아보기 어려울 정도다. 1879년에 창립된 미국 지질조사소는 대단히 권위적이었다. 그래서 매케너는 지질조사소를 "관성적 조직, 중세 스콜라 철학의 잔재"라고 불렀지만, 이렇게도 말했다. "대학에 있는 사람들에게는 1년에 두 달이 주어진다. 회사에 있는 사람들에게는 제약이 있다. 지질조사소는 다른 누구도 할 수 없는 일을 할 수 있다." 이 업계에는 지질조사소에서 일을 해본 경험이 없는 지질학자는 혹독한 훈련을 받지 않은 것이라고 생각하는 사람이 많다.

러브는 잭슨홀에 기지를 만들기도 했다. 이 기지는 작은 집이었는데, 결국 오두막 두 채가 되었다. 그의 많은 여름 야외조사가 그곳에서 시작되었다. 그는 오랜 세월 동안 특별한 열정으로 와이오밍의 구석구석과 다른 로키산맥 지역과 세계 여러 곳을 찾아다녔다. 그러나 그는 지질학을 처음 시작했을 때부터 늘 티턴산맥의 경관에 이끌려왔다. 그 역사의 완전성과 계곡의 수수께끼에 끌려서 다시 돌아오곤 했던 것이다. 그런 풍경 하나를 이해하게 된다는 것은 그 풍경이 속하는 지질구에 대해 대단히 많은 것을 이해하는 것이다. 그리고 그는 로키산맥의 다른 어떤 부분보다 잭슨홀의 이야기를 조사하기로 결정했다.

———

"홀hole"은 초기 백인들이 대단히 높은 산맥에 바싹 붙어 있는 계곡을 부르던 말이었다. 데이비드 잭슨도 그 말을 쓰던 사람이었다. 오후가 되면 티턴산맥의 그림자가 드리우는 그 계곡은 본질적으로 그 자신의 계곡이었고, 잭슨은 1820년대에 그 계곡을 따라 덫을 놓으며 살았다. 시간이 흐르면서 무법자 무리들이 계곡에 들어오고, 뒤이어 목축을 하는 사람들이 들어오고, 마지막으로 정부 공여 농지에 정착하려는 농민들이 들어왔다. 농민들의 담장이 방목지를 침범하면서 일촉즉발의 긴장감이 형성되었고, "비밀스럽게 감춰진 과거를 뒤로하고 쓸쓸히 홀로 말을 타는" 서부의 방랑자 셰인이 총 없이 이 계곡에 들어오는 장면이 연출되었다. 한 농민이 그에게 일을 해줄 것을 부탁했고, 그는 성실하게 일하면서 평화롭게 살아가고자 했다. 농민은 셰인에게 그의 과거에 관해서는 거의 묻지 않았지만, 그에게 신뢰감을 느꼈고 그가 여러 면에서 농장에 도움이 될 것이라고 생각했다. 이 이방인의 말안장에 얹힌 짐꾸러미 깊숙한 곳에는 상아색 손잡이의 콜트 리볼버 권총이 들어 있었다. 총집에서 미끄러지듯이 나온 권총은 조용히 공이치기가 내려졌고 어디도 겨냥하지 않은 채, 한 손가락 위에 단단히 얹혀 있었을 것이다. 농민의 어린 아들은 어느 날 무심코 그 총을 발견하고 서둘러 아버지에게 뛰어갔다.

"아빠, 셰인의 짐 속에 뭐가 있는지 알아요?"

"총이겠지."

"그치만 어떻게 알았어요? 본 적 있어요?"

"아니. 그래도 총은 갖고 있겠지."

"근데 왜 총을 차고 다니지 않을까요? 잘 쏠 줄 몰라서 그럴까요?"

"아들아, 만약 셰인이 너를 털끝 하나 건드리지 않고 네가 입고 있는 옷의 단추를 명중시킬 수 있다고 해도 아빠는 놀라지 않을 거야."

물론 셰인은 셰퍼가 쓴 소설 속 인물이지만, 셰인으로 대표되는 시대는 그 지역을 보여주는 하나의 지층과 같았다. 셰퍼의 소설은 이렇게 시작한다. "그는 89년 여름에 말을 타고 우리 계곡에 들어왔다." 그는 "계곡 위로 지평선을 그리며 나아가는 산들"도 흘낏 쳐다봤다. 지형의 묘사가 또렷하지 않지만, 셰퍼는 분명히 빅혼산맥 근처에 있는 장소를 염두에 두고 있었을 것이다. 그러나 할리우드에서 이 이야기를 영화화하기로 결정하고 샤이엔에서 뭄바이에 걸쳐 펼쳐지는 이야기를 준비하면서, 셰인이 말을 타고 들어오는 계곡은 거의 자동으로 결정된 것처럼 보였다. 그가 천천히 가로질러 다가오는 계곡 바닥은 대체로 호수 바닥처럼 평평했다. 계곡 가운데에는 나무가 울창한 뷰트들이 어색하게 놓여 있었고, 그 옆으로는 맑고 차가운 개울이 흘렀다. 많은 장소에서 평평함은 환상에 불과했다. 그곳에는 불규칙적인 기복이 있었고, 짙은 색의 소나무 숲이 있는 땅과 옅은 녹색의 세이지가 넓게 펼쳐진 땅이 뚜렷한 이유도 없이 아름답게 맞물려 있었기 때문이다. 연못도 있었다. 어떤 연못은 겨울에 휘파람고니가 머물 정도로 따뜻했고, 더 높은 산에 있는 호수도 꽤 많았다. 산은 어디에나 있었다. 계곡은 라이디산의 고원지대와 그로반트산맥과 스네이크강 분지의 꽤 가파른 비탈이 삼면을 둘러싸고 있었다. 서쪽으로는 서서히 산기슭으로 올라가는 것이 아니라, 평지와 가파른 절벽 사이에 갑자기 선명한 경계선이 나타났다. 가파른 절벽은 티턴산맥이었다. 마치 산이 저절로 움직여서 수목한계선을 빠르게 통과해 하늘을 뚫고 올라간 것 같았다. 티턴산맥의 봉우리들은 둔덕처럼 둥그스름하다. 그러나 언젠가는 얼음에 깎여서 알프스의 바이스호른, 마터호른, 치날로트호른 같은 뾰족한 봉우리가 될 것이다. 할리우드에서 티턴산맥 같은 풍경을 그냥 둘 리는 없다. 서부 영화를 본 적이 있다면, 분명히 티턴산맥을 봤을 것이다. 티턴산맥은 셀 수 없이 많은 영화의 배경에 등장했다. 그리고 영화 속에서 캐나다에서 멕시코까지, 캔자스에서 거의 해안 지역까지 이리저리 떠돌아다니는 이 산맥이야말로 구조적으로 가장 활동적인 산맥임이 분명하다. 마차 행렬이 인디펜던스를 떠나 서부를 향해 이동하기 시작하면, 아름답고 위험하면서 동시에 희망이 넘치는 땅을 찾아나선다는 것을 암시하듯이 지평선 너머 저 멀리 티턴산맥이 나타난다. 마차 행렬이 한 달쯤 이동한 후에도, 티턴산맥은 여전히 저 멀리에 있다. 다시 2주가 흐르고, 티턴산맥이 조금 가까워진다. 티턴산맥은 길이 64킬로미터에 폭 16킬로미터가 채 되지 않는데, 어디서나 보이는 그 비범함뿐 아니라 웅장한 모습과도 어울리지 않는 소박한 크기다. 자연 보존 단체와 워싱턴의 관료들은 티턴산맥과 그 아래에 있는 잭슨홀을 매킨리산, 모뉴먼트밸리, 콜로라도강의 그랜드캐니언과 하나의 범주로 묶어서 절경이라고 부른다.

티턴산맥의 경관 속에는 활동사진 속에는 담기지 않는 형태의 활동이 있다. 계곡의 모양새는 신비스럽고 역설적이며 기이하다. 1983년, 그랜드티턴산 아래에 위치한 제니호에 들어간 잠수부들은 호수 바닥에 뿌리를 내린 한 쌍의 엥겔만가문비나무가 24미터 깊이의 물속에 똑바로 서 있다고 보고했다. 라이디산 고원지대에서 발원한 스프레드크리크가 스프레드크리크라 불리는 까닭은 입구가 둘이기 때문이다. 사람도 그렇듯이, 개울도 입이 둘이면 쉽게 퍼져나간다. 개울의 두 어귀는 5킬로미터쯤 떨어져 있다. 또 다른 지류는 주된 물줄기보다 더 낮게 흐

른다. 피시크리크라 불리는 이 지류는 산기슭을 따라 슬며시 흐른다. 한편, 4.5미터 더 높은 곳에서는 강물이 옆으로 넘치는 것을 방지하기 위한 홍수 방지 제방이 있는 스네이크강이 계곡의 한가운데로 흘러간다.

나는 데이비드 러브와 함께 1년 동안 답사 여행을 다녔다. 우리는 베어투스산맥, 옐로스톤 고원, 매디슨강의 헤브겐 지진대, 아일랜드파크 칼데라, 스네이크강 분지의 여러 부분을 둘러봤다. 여행이 끝날 즈음, 우리는 티턴패스에 올라가서 잭슨홀을 내려다봤다. 그는 갑자기 뭔가가 떠오른 듯한 어조로 이렇게 말했다. "자, 한 애송이가 역동적인 지질학을 처음 경험한 장소가 저기 있네요."

그 애송이는 다름 아닌 그 자신이었다. 그는 1934년 여름에 말을 타고 이 계곡에 들어왔다. 스물한 살이었던 그는 베이스캠프를 설치하고, 연구를 위해 산으로 올라갔다. 티턴산맥에는 높이 450미터가 넘는 곳에 작은 호수가 많았다. 서크호, 밍크호, 그리즐리베어호, 아이스플로호, 스노드리프트호, 솔리튜드호 같은 이름의 그 호수들이 얼마나 깊은지, 얼마나 많은 물이 담겨 있는지는 아무도 몰랐다. 와이오밍 지질조사소는 그런 것들을 알고 싶었기에, 그에게 접이식 배 한 척과 함께 여름철 단기 일자리를 제안했다. 그는 티턴산맥에 올랐고, 월든호의 수심을 측정한 소로처럼 호수에서 노를 저었다. 그는 최초의 뱃멀미를 수목한계선 위에서 경험했다고 말하곤 한다. 티턴산맥의 봉우리들이 펜닌 알프스산맥을 한 조각 옮겨온 것처럼 알프스산맥과 비슷하게 생겼다고 하더라도, 조금 위로 올라가면 커다란 차이가 있었다. 알프스산맥에는 간헐천, 비등천, 보글거리는 진흙 구덩이, 인간의 시대에 굳는 용암이 없기 때문이다. 러브의 베이스캠프는 시그널산에 있었다. 티턴산맥의 기준으로는 언덕에 불과한 시그널산은 잭슨호에서 300미터 위로 솟아 있었다. 그로부터 50번이 넘는 여름이 지나간 후의 어느 날, 그는 시그널 산에서 이렇게 말했다. "내가 애송이였을 때는 모든 것을 벗어나서 잠시 쉬고 싶으면 여기로 올라오곤 했어요."

내가 물었다. "혼자서요?"

그러자 그가 대답했다. "오, 그럼요. 항상 혼자였어요. 나는 늘 혼자 있기를 좋아하는 편이었어요. 지금도 그래요."

그는 여가가 생기면 산의 이곳저곳을 들쑤시거나 계곡을 돌아다니다가 말에서 내려 그 자리에 앉아 생각을 하곤 했다. ("서두르면 지질학을 할 수 없어요.") 그 뒤로 여름에 말을 타거나 걸어서 그곳에 갈 때마다, 그는 경관의 세세한 부분들을 그의 눈과 그의 망치로 수집했다. 정상에 오르거나 시야가 넓은 곳에 서면, 가능한 한 그곳에서 오래 시간을 보내곤 했다. 점차 그 땅을 흡수하고, 숨겨져 있는 확실한 구조의 조절 방식을 감지하고, 그것이 어떻게 형성되었는지를 궁금하게 여겼다. ("내가 보고 있는 게 무엇인지 모르는 것은 문제가 되지 않아요. 나중에는 뚜렷해질 테니까요. 아마 그럴 거예요. 그러나 그렇지 않을 수도 있어요. 그것은 떨어진 꽃잎을 다시 꽃에 붙여보려는 것이나 마찬가지이기 때문이죠.") 그런 산봉우리들 중에는 예전에 가본 적이 없는 곳도 있었지만, 그는 어디에 돌탑을 쌓거나 자신의 이름을 남기지 않았다. ("나는 두 개의 봉우리에 내 이름을 남겼어요. 젊고 혈기왕성할 때는 이상한 짓을 정말로 하기도 하죠.") 무슨 통찰을 얻을 수 있을지 없을지 알 수 없는 상황에서, 그는 어렵사리 뭔가를 알아냈다. 산쑥부쟁이는 언제나 동쪽을 향하고 있었다. 바윗돌들은 그것이 유래한 기반암에서 멀리 떨어져 있었다. 주위의 산들 중 어디에도 규암이 없었지만, 계곡에는 금을 품고 있는 규암 덩어리가 가득했다. 그는 계곡 바닥에서 여러 개의 단층을 발견했고, 몇 년 동안 그 단층들 사이의 납득할 만한 순서를 알아내려고 했으나 실패했다. 인접한 두 뷰트에서는 서로 다른 시기에 화산활동이 일어났다. 높은 곳에서 내려다보니, 상류 쪽에 미늘이 달린 것처럼 생긴 물길이 보였다. 물길은 한 방향으로 흐르기 시작하다가 둥글게 휘어져서 반대 방향으로 흘러갔다. 그것은 물이 있는 쟁반을 옮겨본 사람은 알아차릴 수 있는 종류의 움직임이었다. 뭔가가 이 쟁반을 기울인 것이 분명했다. 그는 시그널산 위에서 바로 아래에 있는 스네이크강을 내려다봤다. 군데군데 물의 흐름이 느려지고 구불구불한 물길이 우각호로 변한 강의 모양은 낮은 지대를 관통하며 흐르는 전형적인 노년기 하천의 모습이었다. 이곳은 지대가 낮다고 하기 어렵고, 스네이크강은 결코 노년기 하천이 아니었다. 강을 따라 몇 킬로미터 더 아래로 내려가면, 물길은 급히 오른쪽으로 휘어졌다가 곧게 흘렀고, 유속이 빨라지면서 하얗게 물보라가 일었다. 시그널산 위에서는 말코손바닥사슴과 엘크 같은 모든 사슴 종류가 발정기 직전에 하나의 샘에 모여 있는 모습도 내려다볼 수 있었다. 사슴들은 근처의 다른 강과 늪과 호수는 쳐다보지도 않고 그 샘물을 먹기 위해 서로 밀치락달치락 파고들었다("시끄럽게 울면서 계속 움직였어요"). 그는 그곳에 최음제 샘이라는 이름을 붙였다. 그는 수십 년에 걸쳐 한 번에 한 구간씩, 잭슨홀의 스카이라인을 완전히 돌아봤다. 어둠이 내리면 그 자리에서 야영을 했고, 몰려드는 메뚜기와 모르몬여치를 내던지며 식사를 했다. 그곳의 시냇물에는 돼지 허벅지만 한 크기의 송어들이 있었다. 때로는 들꿩이 잡히기도 했다. ("나는 암석 망치를 하늘로 던져올려서 푸른들꿩이나 산쑥들꿩을 떨어뜨릴 수 있었어요. 망치는 당연히 사냥철에만 던지죠. 애브사러카산맥에서는 망치를 던져서 방울뱀도 잡았어요. 이제 나는 더 이상 방울뱀을 죽이지 않아요. 방울뱀도 자연 풍경의 일부라는 것을 깨달았고, 방울뱀을 해치고 싶지 않아요.") 그는 총을 갖고 다니지 않는다. 대신 곰 퇴치용 방울을 달고 다닌다. 한번은 방울을 잊어버리고 산에 간 적이 있는데, 키가 180센티미터인 암컷 회색곰 한 마리가 어디선가 나타나 그를 쳐다보고 서 있었다. 그는 살갗이 바싹 마르고 몸이 굳는 것 같았다. ("누가 도망을 갔는지 맞혀보세요.") 말코손바닥사슴에게 쫓긴 일도 몇 번 있었다. 그럴 때는 나무로 올라갔다. 한번은 나무가 한 그루도 없는 곳에서 말코손바닥사슴과 마주쳤다. 그와 말코손바닥사슴은 수목한계선 위에 있었다. 마침 더 높은 곳에 있던 그는 말코손바닥사슴이 있는 쪽으로 바윗돌들을 굴리기 시작했다. 바윗돌 하나가 산산조각이 나면서 말코손바닥사슴 쪽으로 파편이 쏟아졌다. ("말코손바닥사슴은 승부가 끝났다고 생각하고 그곳을 떠났어요.")

그로반트강은 티턴산맥의 높은 봉우리들과 거의 반대 방향에서 잭슨홀 계곡으로 들어왔다. 그로반트강에서 조금 위로 올라가면, 나무 없이 맨땅이 드러난 산비탈이 있었다. 그곳에서는 최근에 7500만 톤의 돌무더기가 사태를 일으켰고, 강을 가로막았다. 그는 남-북 방향으로 형성된 빙하의 홈들을 봤고, 스네이크강이 서쪽으로 범람하는 것을 막는 제방들을 기억했다. 그가 생각하기에 이것은 빙하가 지나간 이래로 계곡 바닥이 서쪽으로 기울었음을 암시하는 것이었다. 구불구불한 소나무로 덮인 언덕들은 계곡의 여러 호수를 티턴산맥에 바싹 붙여서 둘러싸고 있었다. 계곡마다 호수가 하나씩 있었다. 분명 높은 산에서 내려온 빙하가 협곡을 지나면서 잭슨홀 계곡에 빙퇴석을 내려놓고, 뒤로 갈수록 녹으면서 호수를 형성했을 것이다. 얼음의 흔적 중 어떤 것은 최근에 만들어진 것처럼 뚜렷했다. 다른 흔적들은 조금 더 희미했는데, 각각의 빙하 작용 사이에는 수만 년의 시간 간격이 있었을 것이다. 웨스턴 와이오밍 지역사회 대학에서 지질학과 인류학을 가르치는 러브의 아들 찰리는 1967년의 어느 날 그로반트산맥의 능선을 따라 산행을 하다가, 80킬로미터 떨어진 애브사러카산맥의 기반암에서 떨어져나온 바윗돌들을 발견했다. 만약 그 바윗돌들이 겉으로 보이는 것처럼 빙하 작용의 결과물이라면, 이제까지 알려지지 않았을 뿐 아니라 다른 어떤 시기보다 더 규모가 큰 빙하기의 기록이 될 것이다. 증거는 불충분했지만, 큰 바윗돌을 80킬로미터나 운반해 3000미터 높이의 산 정상에 내려놓을 수 있는 것이 빙하 말고 무엇이 있을까? 데이비드는 이 의문에 대한 답으로 "유령 빙하 작용ghost glaciation"이라는 용어를 만들었다.

잭슨홀 내부와 그 주변에서 봤을 때, 북쪽의 경치는 높고 기본적으로 평평하며 숲으로 덮여 있는 지형이라고 결론을 내릴 수 있다. 이 지형은 옐로스톤 방향에서부터 뭔가가 사태를 일으킨 것처럼 보이는데, 실제로도 남쪽으로 퍼져나가면서 냇바닥과 연못과 작은 골짜기들을 모두 메워서 원래의 지형을 감춰버렸다. 처음 이 지역에 말을 타고 들어왔을 때, 러브는 유문암을 보고 대수롭지 않게 여겼다. 유문암은 화강암과 화학적으로는 같지만, 마그마가 지표로 올라와서 급하게 식었기 때문에 결정의 크기가 달랐다. 옐로스톤에서 피어난 뜨겁고 자욱한 구름 속에 들어 있던 이 유문암은 티턴산맥의 북쪽 끝을 덮쳤고, 그곳에서 갈라져 산맥의 양쪽을 따라 흘렀다.

잭슨홀의 이 끝에서 저 끝까지 펼쳐져 있는 노두는 멀리서 보면 마치 눈 같았다. 자세히 들여다보면, 하얀 대리암과 하얀 셰일과 하얀 화산재로 이뤄져 있었다. 러브는 주향과 경사를 측정하고 자료를 종합한 후, 퇴적층의 두께가 약 1800미터라고 추산했다. 이 퇴적층에는 바닥에서 꼭대기까지 민물에 사는 조개와 고둥이 가득했고, 비버와 그 밖의 얕은 물에 사는 설치류와 다른 동물들도 있었다. 따라서 잭슨홀 계곡은 호수였다. 그 호수는 항상 얕았다. 그러나 퇴적된 지층의 두께는 2킬로미터에 가까웠다. 호수가 수명을 다할 때까지 계곡 바닥이 꾸준히 가라앉고 있었다는 것 외에는 달리 합리적으로 설명할 방법이 없었다.

잭슨홀을 둘러싼 화산암들의 색깔은 흰색, 갈색, 붉은색, 보라색, 다양한 색조의 노란색, 녹색이었다. 규암 바윗돌도 있었다. 강물에 씻겨 둥글고 넓게 흩뿌려져 있는 이 바윗돌들은 서북쪽 멀리 아이다호에 있는 암석에서 유래했는데, 얼음에 의해 운반된 것이 아닐 수도 있었다. 그는 라이디산 고원지대와 잭슨홀의 동쪽 가장자리를 따라서도 다른 종류의 바윗돌을 발견했다. 사람 머리보다 더 큰 그 바윗돌들도 규암 바윗돌과 마찬가지로 그에게 의문을 던졌다. 한동안 그는 그 의문의 답을 찾지 못하고 있었다. 그는 백악기 바다의 검은색과 회색 퇴적층을 봤다. 그리고 이 퇴적층을 측량해 두께가 약 3킬로미터라는 것을 알아냈다. 그 퇴적층 바로 위에서는 석탄이 발견되었다. 그 옆에 있는 붉은색과 주황색 암석에서는 작은 발자국들과 조그만 공룡 뼈가 나왔다. 더 큰 뼈도 나왔다. 해양 인산염의 지층도 있었다. 그는 처트질의 검은 셰일, 깨끗한 백운암, 어두운 색의 백운암, 어느 대양의 바닷가였던 거대한 사암을 채집했다. 아름다운 해양 석회암에 형성된 청회색 동굴에도 들어갔다. 진흙이 갈라진 흔적이 남아 있는 셰일도 발견했다. 개미집처럼 생긴 작은 둔덕들도 봤는데, 그 둔덕들은 남조류가 만든 것이었다.

그는 휘어지고 금이 간 편암, 각섬암, 줄무늬가 있는 편마암을 암석망치로 쪼아서 가방에 담았다. 그리고 이 오래된 암석들이 지표에서 한참 아래에 있던 어느 시기에 화강암이 마그마의 형태로 그 사이로 뚫고 올라왔고, 마침내 칼륨-아르곤 연대 측정법에 의해 연대가 결정되었다. 화강암이 형성된 시기는 지금으로부터 25억 년 전이었다. 따라서 화강암의 침입을 받은 암석은 더 오래되었지만, 변성이 일어났기 때문에 그전에 얼마나 오래 존재했었는지, 다시 말해서 지구상에 있는 가장 오래된 암석의 연대인 40억 년에 얼마나 가까이 다가가는지를 밝힐 수 없었다.

마구잡이로 모인 이후에 배열되고 쌓인 이런 암석 기록의 완성도는 모든 면에서 잭슨홀 계곡의 아름다움에 비례했다. 30억 년 전부터 구조 운동이 활발하게 일어나고 있는 현재에 이르기까지, 이 계곡은 지구 역사의 대단히 많은 부분을 나타내고 있었다. 한 지질학자가 잭슨홀 계곡에 특별히 매료된 것은 놀라운 일이 아니었다. 전체적인 경관을 둘러보고, 노두에서 노두로 움직이는 동안, 데이비드는 이 암석을 저 산과 연결시키고, 이 지층을 저 강과 연결시키면서 지역 전체의 그림을 조금씩 만들어가기 시작했다. 그렇게 30년 정도가 지나자, 잭슨홀 계곡의 역사가 어느 정도 시간 순으로 정리되었다. 새로운 증거와 함께 새로운 깨달음을 얻으면, 한때는 논리적으로 보였던 가설이 폐기되기도 했다. 판구조론이 나왔을 때, 그는 예기치 못한 이 새로운 사실을 포용하고 이에 적응하기는 했지만, 결코 선뜻 받아들이지는 않았다. 그는 이 지역을 주제로 한 연구 논문을 20편 넘게 써왔고, 대중을 위해 이 연구를 요약한 책인 『티턴산맥 경관의 창조Creation of the Teton Landscape』를 동료인 존 리드와 함께 발표하기도 했다. 그가 미국 내무부로부터 받은 공로 표창장에 따르면, 그는 "한 지역의 층서와 구조에 대한 기본적인 틀을 확립했다". 간단히 말해서, 그는 꽃에 다시 꽃잎을 붙여놓은 것이다.

그리고 그 꽃은 보통 꽃이 아니었다. 티턴산맥의 경관에 담긴 지질의 역사는 북아메리카에서 가장 완벽할 뿐 아니라 가장 복잡하기도 했다. ("내 삶의 일부를 이곳에 바친 한 가지 이유는 너무나 오래 함께 있었기 때문이에요. 나는 내 시간을 낭비하고 싶지 않아요. 다른 장소보다는 이곳에 집중하면 뭔가 조금 더 성과를 낼 수 있을 거예요.") 그의 마음속에 모인 이야기들을 한 조각씩 모아나간 지 반세기를 훌쩍 넘긴 지금, 그는 그 이야기를 고대 로마의 두루마리처럼 펼칠 수 있다. 선캄브리아 시대의 맨 처음 순간부터, 그는 경관의 변화를 지켜볼 수 있다. 움직이고 커지고 무너지고 뒤섞인 경관은 공간적으로만 혼란스러운 것이 아니라, 시간의 흐름에 따른 인과관계도 뒤죽박죽이었다. 이제 그는 움직이고 있는 경관을 여러 가지 방식으로 관찰할 수 있다. 지역이 전체적으로 올라가는 동안에 잭슨홀 계곡은 함몰되고 있었는데, 이런 역설적인 변화가 경관의 모습을 만드는 데 한몫했다.

티턴산맥에는 45미터 너비로 암벽을 가르며 지나가는 휘록암의 암맥이 있다. 이 암맥은 마치 출전하는 전사의 얼굴에 그려진 그림처럼 산의 전면을 따라 짙게 일직선을 그리며 위로 쭉 뻗어 있다. 휘록암은 반려암과는 형제와 같고, 화강암과는 먼 친척뻘인 짙은 색 암석이다. 지금은 단단한 암맥이 차지하고 있는 이 공간은 한때 지하 6.4킬로미터 지점에 있던 틈새였고, 휘록암은 이 틈새를 통해서 마그마의 형태로 올라왔다. 이것은 지금으로부터 약 13억 년 전인 선캄브리아기의 헬리키아절이라는 시대의 이야기로, 서쪽으로 멀지 않은 곳에는 해변이 있고 그 너머에는 얕은 대륙붕이 있다. 오리건도 없고, 워싱턴주도 없으며, 아이다호도 대부분 없다. 대신 해양(또는 대양) 지각 위로 푸른 대양이 펼쳐진다. 바닷가 쪽으로 내려가면, 별 특색 없는 평원을 가로질러 강들이 느릿느릿 흐르고 있다. 평원 아래에 비스듬하게 놓여 있는 휘어지고 끊어진 편암과 편마암의 변형 속에는 지금은 닳아 없어진 수많은 산이 하늘 높이 솟아오를 때부터 오랜 세월에 걸쳐 일어난 지각의 운동이 보존되어 있다. 이제 헬리키아 시대의 해안이 사라진다. 해안은 파묻혀서 사암이 되고, 이 사암은 더 많은 습곡 작용이 일어나는 산맥의 열과 압력으로 인해 규암으로 변한다. 산맥은 물에 녹아 흩어지고, 또다시 조용한 평원이 물결 아래로 사라진다. 훗날 잭슨홀이 될 곳에도 물이 밀려들어온다. 이곳은 위도가 홀로세의 스리랑카나 말레이반도나 파나마와 비슷하며, 적도 쪽으로 이동하고 있다. 그 물은 따뜻하지만, 늘 맑거나 조용한 것은 아니다. 얕은 곳에는 남조류가 쌓여 언덕을 이룬다. 해수위는 급격히 낮아진다. 각진 모양으로 갈라진 진흙은 열대의 태양 아래서 도자기처럼 단단해진다. 바다가 다시 돌아온다. 물은 거의 투명하고, 수십억 마리의 동물 뼈는 순수한 청회색의 석회암을 형성한다. 드뷔시의 「가라앉은 대성당」처럼 대부분 바닷물 속에 잠겨 있는 그곳은 이따금씩 빛이 내리쬐는 공기 중으로 올라오기도 한다. 모래가 넓고 두텁게 쌓여 있지만, 화석 기록은 거의 없다. 그래서 데이비드 러브조차 그곳이 물속이었는지 공기 중이었는지를 확실하게 말할 수 없다. (차이가 명백하다면, 그는 확실하지 않은 것은 확실하지 않다고 바로 이야기할 것이다. 그가 즐겨 하는 말을 빌리면, 그는 "담장 양쪽에 다리를 하나씩 걸치고 걸어가는 사람"이 되지 않으려는 편이다. 그는 그 사암 중 일부는 공기 중에서 산화되어 붉은색을 띠는 육지의 모래언덕과 해안선이라고 생각한다.) 잭슨홀은 적도에 가깝고, 얕은 바다가 증발하면서 인산염이 형성된다. 갯벌이 나타난다. 붉은색의 드넓은 갯벌은 멀리 동쪽에 있는 상류에서 천천히 흘러 내려온 강물에 의해 두터워진다. 갯벌의 진흙 속에는 작은 공룡의 뼈와 발자국들이 있다. 이 지역은 빠르게 북쪽으로 움직여서

3000만 년 동안 약 1600킬로미터를 이동하는데, 아마 지구의 유일한 대륙이 갈라지고 있기 때문일 것이다. 갯벌 위에는 거대한 모래언덕들이 형성된다. 바람에 날려온 마른 모래가 쌓여서 만들어진 모래언덕들은 오늘날의 사하라 사막과 정확히 같은 위도에 형성된 붉은색과 주황색의 사하라 사막이다. 그다음, 이 붉은 모래 위로 선댄스해라는 바다가 형성된다. 북쪽에서 내려온 이 바다로 인해, 커다란 사구들은 진흙과 모래 속에 파묻힐 뿐 아니라 엄청나게 많은 조개로 뒤덮인다. 물이 빠져나가고 범람원이 드러나면, 분홍색, 보라색, 붉은색, 초록색으로 물든 땅에 강들이 흐른다. 공룡들은 이런 색색의 경관을 어슬렁거리며 돌아다닌다. 개만 한 크기의 공룡, 곰만 한 크기의 공룡, 버스보다 더 큰 공룡까지 크기도 제각각이다. 다시 생겨난 바다는 생명의 잔혹함이 가득하다. 서쪽의 성층화산들에서 흘러내린 검은색과 회색의 퇴적물이 바다로 쏟아져 들어온다. 이 시기에는 훗날 잭슨홀의 위치가 될 바다 밑바닥의 한 조각이 현재의 와이오밍 위도보다 훨씬 북쪽에 있고, 계속 북쪽으로 올라가서 오늘날 캐나다의 새스커툰 근처까지 도달한다.

육지는 아치를 그린다. 편암과 화강암 위에 놓여 있는 수 킬로미터 두께의 퇴적물이 솟아오르고 휘어진다. 바다는 동쪽으로 빠져나간다. 공룡은 차츰 사라진다. 서북쪽에서 솟아오른 산맥은 선캄브리아 시대에 형성된 중심부에 단단히 뿌리를 박고 있다. 망류 하천은 산맥에서 커다란 규암 바윗돌을 끌고 흘러내려오고, 금을 함유한 자갈을 수십 킬로미터 너비에 걸쳐 펼쳐놓는다. 서쪽에서는 다른 산맥이 땅속에 뿌리박히지 않은 암석판의 형태로 나타난다. 마룻장처럼 미끄러지고 겹쳐지면서 계속 쌓인 이 산맥은 더 젊은 암석 위로 올라가고, 깊숙이 뿌리를 박고 있는 다른 산맥에 충돌한다. 그사이 동쪽에서는 더 거대한 산줄기와 크게 아래로 휘어진 분지들이 나타나서 래러미 지각 변동의 무작위적인 기하학적 구조를 형성한다.

이 모든 일이 벌어지는 동안, 잭슨홀이 될 자리의 움직임은 상대적으로 적다. 미래의 계곡이 될 자리를 가로질러 서북쪽으로 볼록하게 언덕이 솟아오른다. 언덕은 큰 산맥의 시초가 될 수도 있지만, 이 언덕은 그런 운명을 타고나지 않았다. 그러나 수 킬로미터 지하에서는 선캄브리아 시대의 화강암과 각섬암과 편마암과 편암 사이에 큰 단층이 발달한다. 그 단층 지괴 중 하나가 최소 600미터 이상을 올라오다가 지표에 한참 못 미친 지점에서 잠시 멈춰 있다.

북쪽과 동쪽에서는 새로운 화산들이 올라온다. 열극들이 벌어진다. 찐득한 용암과 날아다니는 화산재가 기존의 지형을 모두 지워버린다. 흐르는 강물은 이 물질들을 해체해 수 킬로미터 떨어진 곳에 켜켜이 쌓아 재배치한다. 잭슨홀의 암석에 보존되어 있는 이런 풍경들을 하나씩 살피며 지금까지 지구 역사의 99.8퍼센트에 해당되는 시점에 당도했지만, 티턴산맥과 조금이라도 비슷한 것은 아직 보이지 않는다. 선캄브리아 시대의 암석은 더 젊은 퇴적층 아래에 파묻혀 있다. 지표면은 특색 없는 언덕지대다. 와이오밍 서부에 오버스러스트대를 만들고, 산맥들이 더 동쪽을 향해 지면에서 솟아오르게 한 운동은 모두 압축이었다. 즉, 지각이 서로 밀리면서 접히고 끊어졌고, 그렇지 않으면 변형이 일어났다. 이제는 지각이 확장되면서 땅이 넓어지고 육지들이 서로 멀어진다. 그리고 그 결과 중 하나가 남북으로 뻗어 있는 80킬로미터 길이의 정단층이다. 이 단층을 중심으로 양쪽에 위치한 두 지괴는 마치 양방향으로 열리는 뚜껑문의 두 문짝처럼, 하나는 위로 올라가고 하나는 아래로 내려간다. 위로 올라간 지괴가 새로 생겨난 티턴산맥이고, 그 얹혀 있던

5억 년에 걸쳐 쌓인 퇴적층도 산맥과 함께 올라왔다. 침식은 이 퇴적층을 한 꺼풀씩 벗겨낸다. 동쪽은 그보다 더 빠르게 가라앉으면서 빈 공간이 점점 더 커져간다. 지하에서는 크고 작은 화산, 화도, 지표의 틈새로 계속 밀려나오는 마그마가 북쪽으로 이동한다. 아이다호의 지하에서 이동하는 마그마가 땅을 내려앉히고 스네이크강 평원을 만들듯이, 이곳에서 북쪽으로 이동한 마그마로 인해 잭슨홀 지하의 빈 공간은 더 커져간다. 옐로스톤에 다다르자, 지표로 올라온 마그마는 사방에 펼쳐진다. 그리고 뜨거운 구름을 일으키며 옐로스톤에서 흘러내려온 마그마는 티턴산맥의 북쪽 끝을 파묻고, 두 갈래로 갈라져서 산맥의 양쪽을 따라 흐른다. 기울어진 잭슨홀 계곡의 바닥은 마치 물이 담긴 양동이 속의 각얼음처럼 부서져 있다. 그 조각들 중 일부는 뷰트가 되어 똑바로 서 있다. 이제 계곡에는 길이 64킬로미터의 얕은 호수가 생기고, 그 호수에서는 눈처럼 하얀 석회암이 만들어진다. 이 호수에는 하얀 셰일도 있고, 하얀 화산재가 물에 가라앉아 쌓인 지층도 있다. 퇴적층의 두께는 약 1800미터에 달하는데, 그 위에 놓인 호수의 깊이는 항상 얕다. 호수에는 민물에 사는 조개와 고둥이 가득하며, 비버와 수생 설치류도 산다. 퇴적물이 쌓이는 동안, 호수 밑바닥의 기반암도 같은 속도로 가라앉고 있다. 옐로스톤에서 흘러내려온 용암은 호수에서 마지막 김을 크게 내뿜으며 차츰 식어서 흑요석이 된다. 자욱한 안개처럼 피어오른 뜨거운 화산재도 이 계곡으로 내려온다. 화산재는 냉각되어 응회암이 된다. 큰 호수는 사라진다. 연이어 지진이 일어나서 계곡에는 또 단층이 생기고, 물길이 막히면서 좁고 깊은 호수들이 형성된다. 갑자기 생겨난 호수들은 처음 나타났을 때와 마찬가지로 갑자기 사라진다. 티턴산맥의 지괴들이 빠르게 융기하는 동안, 지금까지 약 4600미터 두께의 퇴적층이 침식으로 사라졌다. 그리고 선캄브리아 시대의 화강암은 그에 수반되는 각섬암, 편암, 편마암, 세로 줄무늬가 있는 휘록암과 함께, 하늘 아래 가장 높이 솟아 있는 암석이 되었다. 선캄브리아 시대의 암석 양옆으로는 끊어진 고생대 지층과 끊어진 중생대 지층이 위로 휘어져 있다. 톱니처럼 깔쭉깔쭉한 호그백을 이루는 이 지층들은 끊임없이 옆으로 밀리고 있다. 하늘과 맞닿아 있는 화강암 위에는 아직 침식이 일어나지 않은 캄브리아기의 사암 한 조각이 위태롭게 얹혀 있다. 이 단층에서 티턴산맥의 반대편에 있는 지괴에는 같은 종류의 사암이 계곡 아래에 놓여 있다. 한때는 가까이 있던 이 두 층 사이의 수직 거리는 6000미터가 넘는다.

이제 이 연대기는 본질적으로 현재에 이르렀지만, 산맥들은 여전히 거대한 바윗덩어리나 다름없는 모양새다. 이제 애브사러카산맥과 윈드리버산맥과 옐로스톤 고원의 중심부에서 4000세제곱킬로미터의 얼음이 티턴산맥의 협곡에서 조금 못 미친 곳까지 내려온다. 한 덩어리로 합쳐지면서 중심부의 두께가 거의 1킬로미터에 육박한 빙하는 잭슨홀 계곡을 파헤치며 지나간다. 이 빙하의 서쪽이 티턴산맥에 남긴 긁힌 자국은 오늘날 수목한계선보다 높은 곳을 따라 나 있다. 빙하가 녹아 사라지면, 바윗돌이 널린 척박한 땅이 남는다. 규모가 조금 작기는 하지만 무시할 수 없는 크기의 빙하가 다시 찾아오고, 세 번째로 찾아온 빙하는 더 작아진다. 빙하의 앞부분이 산속에서 협곡을 가르고 지나갈 때는 서크라는 계곡이 만들어진다. 서크의 둥근 부분이 계속 침식되는 동안, 빙하는 혼horn이라고 알려진 뾰족한 봉우리를 형성한다. 잭슨홀 계곡 곳곳의 호수 빙하의 흔적이다. 빙하가 줄어들면서 산속으로 물러가는 동안, 인간은 물러가는 얼음을 보기 위해 찾아온다. 빙하가 사라지고 한참이 지난 뒤, 지하의 마그마가 북쪽으로 끌어당겨지면서 계속 불안정한 상태인 잭슨홀 계곡은 바닥이 더 가라앉는다. 둘레가 1.5미터인 아름드리 가문비나무들도 계곡과 함께 가라앉아서 제니호의 물속에 잠긴다. 같은 시기에 티턴산맥은 위로 솟아오른다. 이 산맥은 우리 시대에 활동하고 있다는 사실을 강조하듯이, 14세기가 끝날 무렵에는 몇 초 동안 수십 센티미터를 융기한다. 1925년, 7500만 톤의 암석이 그로반트 강으로 무너져 내린다. 제니호의 바닥에서 가문비나무들이 발견된 해인 1983년에는 리히터 규모로 중상 정도의 지진이 잭슨홀을 뒤흔든다.

———

지질도는 한 장의 종이로 된 교과서다. 색깔과 기호의 암호로 이뤄진 수수께끼 같은 방식으로, 그 경계 안의 지질에서 수행된 모든 중요한 연구를 나타낸다(아니, 나타내야 한다). 전체적인 지형의 측정에서부터 암석의 구조에 나타난 유형에 이르기까지, 지질도는 그때까지 한 지역에 대해 알려진 것과 알려지지 않은 것이 모두 압축된 축도가 되어야 한다. 지역별 지질도는 전통적으로 주 단위로 만들어지며, 만들어진 시기는 다양하다. 네바다주는 1978년, 뉴욕주는 1970년, 뉴저지주는 1910년이다. 다른 과학 출판물과 마찬가지로, 지질도에서도 주로 책임 저자의 이름이 가장 먼저 나온다. 이 작업은 아주 오랜 시간이 걸리고 방대한 문헌을 참고해야 하기 때문에, 어떤 주의 지질도를 완성한다는 것은 일생이 걸린 작업으로 인식된다. 그리고 데이비드 러브는 미국 지질학사에서 주 지질도의 책임 저자를 두 번 역임한(와이오밍 1955년, 와이오밍 1985년) 두 번째 인물이다. 지질학은 기술記述하고 해석하는 과학이다.

그래서 종사자들 사이에 자주 의견 충돌이 일어난다. 둘 이상의 지질학자가 서로 엇갈린 결론에 도달한 곳에서는 지도에 어떤 결론을 표시할지를 결정하기 위해서, 러브가 직접 나가서 그들의 야외조사를 하나하나 다시 살펴봐야 했다. 사람들은 자신의 주장이 타당성을 의심받으면 격해지는 경향이 있는데, 비유적으로 말하자면 그의 동료 중에는 권총집에 손을 갖다 댄 사람도 있었다. 그것은 어쩌면 서로의 단추가 떨어져서 조금 서늘한 느낌이 들었을 때 저지른 실수인지도 모른다.

1955년판 와이오밍주 지질도는 적용 범위, 화석의 연대, 그 지역에 대한 중요한 사실의 전달이라는 면에서 주 지질도의 세부적인 기준을 정립했고, 그 기준은 1985년판 지도를 통해서 재정립되었다. 미국 자연사박물관의 맬컴 매케너는 이렇게 말한다. "대부분의 지도는 다양한 논문과 보고서를 서로 짜깁기한다. 데이비드는 오로지 암석만 본다. 그것에만 전념한다. 대부분의 지질도는 암석이 아닌 시간에 대한 지도다. '확인되지 않은 쥐라기' 같은 식으로 말하고, 암석에 대한 언급은 생략한다. 데이비드의 지도에는 그런 것이 별로 없다. 지도 제작은 이제 푸대접을 받는다. 그러나 위성사진으로 모든 것이 다 볼 수는 없다. 대단히 상세한 기본 지도를 제작해야 한다. 진짜 지도에서 손을 떼지 않아야 한다. 단단한 기초가 없다면, 지질학자들의 이야기는 완전히 뜬구름 잡는 소리가 되고 만다. 데이비드는 그 기초를 확실히 다지고 있다. 그는 멀리 떨어진 곳의 지질학을 말하지 않는다. 그는 높은 자리에 앉아서 지구가 어떻게 작동하는지를 생각하려고 하지 않는다. 그는 현장을 지향한다. 일부 지질학자는 야외조사가 장비를 들고 앞마당에 나가서 그들의 장비를 돌려보는 것이라고 생각한다. 데이비드는 항상 그곳에 머물러 있다. 그는 스스로 찾아낸 것을 통해서 지질학을 알아간다. 그는 지질학이 어떻게 수행되어야 하는지에 대한 본보기를 확립했다. 그 본보기는 지독하게 모범적이다. 데이비드와 겨루려면, 아주 많이 걸어야 할 것이다."

러브는 언젠가 통신 판매 책자에서 "1000마일 양말"이라는 설명이 적힌 상품을 봤다. 그는 조금 의심스러웠지만, 나중에 보니 광고 문구는 사실이었다. 그 양말들은 정말로 1000마일 양말이었다. 양말은 빠르게 해어졌지만 그것은 중요하지 않았다.

예전에는 지질학에 입문하려는 사람은 거의 다 수만 킬로미터를 걸어다니면서 그만큼 많은 수의 노두를 연구하는 미래를 예상했다. 정의에 따르면, 지질학은 야외에서 뭔가를 하는 것이었다. 눈에 겨우 보일락 말락 하는 화석을 관찰하기 위해서 고운 흙먼지를 걷어내고, 공룡 다리를 꺼내기 위해 돌처럼 단단하게 굳은 진흙을 긁어내고, 이 바위 저 바위로 옮겨다니며 시간에 따른 층서의 관계를 확립하는 것이었다. 그리고 무엇보다, 주향과 경사 지도를 스스로 작성함으로써 구조에 대한 감각을 개발시켜야 했다. 지질학자들이 하는 말로, 노두에 코를 박고 있어야 했다. 현재 암석의 구조를 통해서, 지질학자는 그것이 암시하는 움직임을 알아내려고 애썼다. 여기저기서 하나씩 모인 조각들은 점차 하나의 이야기로 틀을 잡아갔다. 지구의 일부를 느낀다는 것은 거대한 몸체를 만지고 있는 것과 마찬가지였다. 그 몸체는 너무 거대하기 때문에, 자신이 내린 결론에 확신이 있다고 하더라도 한없이 겸손해질 수밖에 없다. 여러 지질학자와 마찬가지로, 러브도 장님과 코끼리에 관한 힌두교 우화를 좋아하게 되었다. 그 짧은 이야기 속에는 그가 연구하는 과학의 역사와 특성이 함축적으로 담겨 있기 때문이었다. "우리는 코끼리를 만지는 장님들이에요." 그는 거의 버릇처럼 이 말을 되풀이하곤 했다. 대단히 넓고 복잡한 지각에는 지구 역사에서 일어난 대부분의 사건 중에서 아주 적은 양의 증거만 담겨 있기 때문에, 지구 전체를 아우르는 큰 그림은커녕 한 지역에 대한 밑그림을 제시할 때조차도 관련된 모든 노두를 샅샅이 살펴봐야 한다는 것을 마음에 새기기 위해서였다.

최근에는 코끼리를 만지는 방법의 가짓수가 크게 늘어났다. 지질학은 주사형 투과전자현미경, 유도 결합 플라즈마 분광광도계, $^{39}Ar/^{40}Ar$ 레이저 미소탐침 같은 장비들을 받아들였고, 지진파를 통해 지구의 내부 구조를 들여다보기 위해 땅에 충격을 가하는 장비인 바이브로사이즈도 당연히 여기에 포함되었다. 그사이, 여름 야외조사를 나가서 암석을 직접 만지는 지질학자의 비율은 꾸준히 감소하고, 형광등 불빛 아래에서 출력물에 코를 박고 있는 이들의 수는 그만큼 더 증가해왔다. 지금은 아날로그 지질학자의 시대다. 한 사람에게 하나의 손목시계가 있듯이, 그들에게는 그들을 규정하는 단어가 필요하다. 데이비드 러브를 규정하는 단어는 "야외 현장"이다. 한때는 지질학자들이 모두 그와 같았지만 이제는 더 이상 그렇지 않으므로, 그의 분야는 야외지질학이 되었다. 그는 전형적인 야외지질학자다. 암석망치와 브런튼 나침반을 들고, 날씨가 궂을 때는 겉옷을 하나 더 껴입고, 1000마일 양말을 신고, 머릿속에 200기가바이트짜리 하드디스크를 넣고 다니는 그런 사람이다. 그의 발자취를 따르는 젊은 과학자들도 있다. 그들은 지금도 신발이 까지고 청바지가 닳도록 야외에 나가지만, 그들과 동시대를 살아가는 연구자들 중에는 지구의 조각들과 지구에 관한 사실들을 실험 장비에 넣고 돌리는 사람이 훨씬 더 많다. 야외지질학자들은 이런 활동을 블랙박스 지질학이라고 부른다. 어쩔 수 없이, 그들의 대화에는 약간의 긴장관계가 드러난다.

"새로 온 구조지질학자는 누구지?"

"도크니."

"현장을 중시하는 사람인가?"

"지구물리학자이기는 하지만 좋은 사람이야."

"어렵겠군."

사무실 지질학자, 실험실 지질학자라고도 불리는 블랙박스 지질학자들은 진지한 학문을 피하려는 동료들의 도피 수단이 야외조사라고 말한다고 알려져 있다. 그런 발언이 공공연하게 나오는 일은 거의 없지만, 아무리 너그럽게 봐도 야외지질학의 중요성이 보편적으로 인정받는다고 보기는 어렵다. 한편, 일부 실험실 지질학자는 지역에 관해 해박한 현장 경험을 쌓은 지질학자들과의 공생을 그야말로 열정적으로 주장한다. 지구물리학자인 로버트 피니는 "대부분의 시간을 컴퓨터로 연구하면서 허우적대고 있다"고 말했다. 그러고는 확인을 위해서는 현장 지식이 있는 누군가의 도움이 필요하며, 그런 도움 없이는 어려울 것 같다고도 덧붙였다. 계속해서 그는 이렇게 말했다. "그런 사람들이 없다면, 대규모 지질 조사 같은 것은 없었을 거예요. 실험실로 들어오는 모든 시료 상자에는 낡은 신발 한 켤레가 들어 있어야 해요. 선배 지질학자들 중에는 노두에서 만나 굉장한 지식을 서로 나누는 집단이 있어요. 그들은 상대방의 영역을 서로 찾아감으로써 서로 다른 세계에 대한 통찰을 결합시키죠. 그들을 만났을 때, 나는 모퉁이 가게에서 사내들이 수작을 걸듯이 그들에게 말을 걸었어요. 내가 하고 있는 연구는 개념을 다루고 이상화되어 있기 때문에, 나는 그것이 그들이 봐온 것과 연관이 있는지를 알고 싶었어요. 그들의 나이는 대개 50대 이상이에요. 그런 유형의 연구가 약화되고 있다는 것은 지적인 면에서 중대한 범죄예요. 그것은 과학의 특성과 연관이 있고, 우리가 하고 있는 것과도 연관이 있어요.

현실은 칠판에서 포착할 수 있는 그런 것이 아니에요."

이런 감상도 있지만, 대학의 지질학부 내에서는 교육과정과 연구 방향에 대한 설문에서 블랙박스 지질학자들이 야외지질학자들보다 표를 더 많이 얻는 경향이 있으며, 연구비 획득 면에서도 더 좋은 성과를 내는 편이다. 언젠가 러브는 "블랙박스 시대가 된 것은 소수만이 아는 독특한 연구를 위한 자금을 구할 수 있게 되었기 때문"이라고 논평했다. "미국 국방부, 미국 국립 과학재단 등은 이른바 특이한 탐구에 돈을 써요. 현장에서 암석을 채집하면서 얻는 경험에는 실험실 지질학자들이 놓치고 있는 것이 있어요. 이를테면 요즘 큰 인기를 끌고 있는 것이 인공위성 영상을 활용한 원격 감지 기술이에요. 이것을 이용하면 현장에 나가지 않고도 엄청나게 큰 사진을 얻을 수 있어요. 하지만 사진은 이차원적이에요. 3차원적인 것을 얻으려면, 즉 지하에 무엇이 있는지를 연구하려면, 감히 의문을 제기할 수 없는 성스러운 힘을 또 빌려야 해요. 그것이 바로 지구물리학이죠. 그렇게 사무실에서 수많은 해석을 내놓을 수 있어요. 그들은 현장과 관련해서는 몇 년 전에 수집된 자료에 의존하기 때문에 손쉽게 목표에 도달할 수 있어요. 박물관의 시료나 다른 사람이 수집한 시료를 그대로 이용하는 건데, 그런 시료는 맥락과 맞지 않을 수도 있어요. 내 말이 너무 가혹한 것은 아닌지 걱정되기도 하지만, 우리에게는 현장과 관련된 지식의 부족에서 비롯된 해석 오류가 있으니까요. 생각을 주로 하는 이 연구자들 중에는 2차 정보나 3차 정보를 토대로 해석하는 사람이 많아요. 이런 놀이를 이제는 '모형화modelling'라고 부르죠. 내가 봤을 때는 시큼한 올빼미 똥밖에 안 보이는 것이 많아요. 본 적도 없는 것을 가지고 어떻게 무조건 믿으라는 식으로 글을 쓰거나 말을 할 수 있을까요? 다른 연구자가 옳을 것이라고 믿는 것만으로는 충분하지 않아요. 혼자 힘으로 평가할 수 있어야 해요. 그러나 실험실 지질학을 하는 곳에는 돈이 있어요. 돈은 블랙박스 속에 있죠. 나는 그런 지원이 결국에는 끝날 것이라고 생각해요. 자금이 집중되고 있는 시기에 그런 종류의 사무실 연구를 한다고 그들을 비난할 수는 없어요. 그러나 직접 하고 싶지는 않아요. 더 넓은 시야에서 지질학의 장면을 보는 것이 내게는 더 만족스러워요. 나는 저 언덕 너머에 무엇이 있는지를 알고 싶거든요."

어느 날 그가 라이디산 고원에서 이런 이야기를 하고 있을 때, 우리는 해발 2800미터 높이에 있는 노두에 앉아서 270도로 펼쳐진 경치를 바라보고 있었다. 경치는 첨탑 같은 애브사러카산맥을 지나 플라이스토세의 용암으로 이뤄진 산으로 이어지고, 그다음에는 대륙 분수계의 능선을 따라 올라가더니 티턴산맥보다 약 12미터 더 높은 윈드리버산맥의 고봉들과 빙하가 나타났다. 거기서부터 하늘과 맞닿은 산의 윤곽선은 점차 평평해지다 가장 높이 파묻혀 있는 평원인 마이오세의 준정상면이 되었다. 그 너머로 남쪽 지평선을 가로질러 펼쳐져 있는 그로반트산맥에서는 높이 120미터가 넘는 너깃 사암의 주황색 절벽에 오후의 햇살이 내리쬐고 있었다. 다른 산들의 정상을 지나서 시선을 서쪽으로 움직이자, 마침내 티턴산맥의 전경이 나타났다. 우리는 꽤 오랫동안 조용히 그 경치를 바라봤다. 러브는 여기서는 경치가 잘 보이기 때문에 이곳을 좋아한다고 말했다. 그래서 그는 수십 년 동안 여러 번, 여기서 가던 길을 멈추고 피뇬소나무에 기대앉아서 그 풍경을 하나하나 둘러봤다. 그 모습은 마치 하늘 전체를 올려다보며 별을 헤아리는 천문학자 같았다. 그는 곰곰이 생각하더니, "여기서 보이는 산들은 모두 올라가본 것 같아요"라고 말했다.

우리 아래에는 드라이코튼우드크리크가 있었다. 이 시내는 동남쪽으로 몇 킬로미터를 흐르다가 티턴산맥이 있는 서쪽으로 급히 방향이 바뀌었다. 다른 시내들도 거의 같은 모양으로 흐르는 것을 볼 수 있었는데, 그 모양이 꼭 양치기의 지팡이들을 모아놓은 것처럼 생겼다. "이 땅은 동쪽으로 기울어지고 그다음에는 남쪽으로 기울어졌어요. 그러고는 다시 서쪽으로 기울었죠." 러브가 말했다. "이것은 경사운동이 일어나고 있는 지괴이고, 티턴산맥 기슭까지 이어져 있어요. 미늘처럼 휘어진 물길은 경첩에 해당되는 위치가 여기 우리가 있는 곳에서 동쪽에 있다는 증거죠. 경첩은 아마 대륙 분수계일 거예요. 우리는 물의 흐름에서 많은 것을 알아낼 수 있어요. 물길은 아주 예민해요. 최소한의 기울기 변화에도 반응하죠. 나는 이 점이 과소평가되고 있다고 생각해요." 러브는 드라이코튼우드크리크의 냇둑을 따라 펼쳐진 사암 절벽의 아래를 가리키면서 원주민들이 자주 야영을 했던 곳이라고 말했다. 예전에는 이 시내에 송어가 가득했기 때문인데, 물속으로 손을 뻗기만 해도 송어가 잡혀 올라왔다고 했다. 그는 내게 물이 왜 이렇게 맑은지 아느냐고 묻더니, "상류에 셰일이 없어서"라고 말했다. "물을 탁하게 하는 고운 알갱이가 없기 때문이에요. 강을 보면, 그 퇴적물 속에서 한 분수계의 전체 역사를 볼 수 있어요. 손바닥에 있는 손금만큼이나 숨김없이 드러나 있죠."

우리는 러브의 전망대로 올라가는 도중에 샘을 만나서 잠시 가던 길을 멈췄다. 나는 물냉이 속에 얼굴을 파묻고 물도 마시고 물냉이도 먹었다. 러브는 와이오밍이 준주이던 시절에 이곳을 처음 답사한 지질학자이자 의사인 F. V. 헤이든의 이야기를 들려주었다. 헤이든은 와이오밍의 샘과 강들을 돌아다니며 물냉이를 던져놓아서 이주민들이 괴혈병에 걸리는 것을 방지했다. 헤이든은 펜실베이니아대학의 교수였고, 1879년에 미국 지질조사소로 합병된 여러 단체 중 하나를 이끌었다. 1850년대 후반에 이 지역에 처음 들어온 그는 식물이 전혀 없이 훤하게 드러난 땅을 보고 크게 흥분했다. 그는 정기적으로 직접 찾아와서 이 노두 저 노두를 황급히 돌아다니면서 가방 한가득 시료를 채웠다. 뭔가를 주워 모으고 있는 그의 모습을 의아하게 생각한 수족 원주민들은 그를 지켜보면서 그에 대해 토론했고, 마침내 그를 공격했다. 수족이 그의 캔버스 가방들을 빼앗아 탈탈 털자 바닥에 돌들이 떨어졌다. 곧바로 헤이든 교수는 수족에게 특별한 대접을 받았다. 수족은 그를 정신 장애가 있는 불쌍한 사람으로 여기고, 그들의 언어로 '돌을 주우며 뛰어다니는 자'라는 이름을 붙여주었다. 그래서 이후의 모든 적대적 상황도 헤이든에게는 아무 영향이 없었다.

나는 러브가 샘에서 물 한 모금 마시지 않고 있다는 것을 알아차렸다. 그는 "물을 마시면 오후 내내 목이 마르게 될 것"이라고 말했다.

그리고 지금, 이 높은 노두 위에서, 에오세의 화산인 애브사러카산맥에서 윈드리버산맥(래러미 조산운동으로 표현된 와이오밍 최고의 경치)까지, 그리고 새롭게 솟아오른 티턴산맥(현재 로키산맥에서 가장 젊은 산맥)을 빙 둘러보면서, 나는 어떤 지질학자가 이 세상에서 판구조론으로 해독되는 마지막 장소는 로키산맥이 될 것이라고 믿고 있다는 이야기를 했다.

러브는 "내가 꼭 동의할 필요는 없을 것 같다"고 말했다. "더 까다로울 거라고는 생각해요. 그래요. 그것에 관해 생각을 많이 해봤어요. 지금 단계에서는 직접적으로 엮이는 것은 좀 거북하네요. 모든 산맥의 상세한 연대표를 얻기도 전에 어떻게 그 산맥들을 판구조론의 거대한 그림에 끼워넣을 수 있겠어요? 나는 뭐가 됐든 미숙아가 태어나게 하고 싶지는 않아요."

판구조론자들이 로키산맥을 생각할 때 적잖이 아쉬움을 느끼는 점은, 어떤 산맥과 논리적으로 그 산맥을 만들었을 것으로 판단되는 판의 경계까지의 거리가 엄청나게 멀다는 것이다. 모든 의문은 결국 하나의 의문으로 수렴된다. 도대체 무엇이 대륙에 부딪혔기에, 저 멀리 앞쪽에서 산맥이 솟아오를 정도의 엄청난 오버스러스트 단층이 일어날 수 있었을까? 충돌할 대륙이 없는 상황에서, 이를테면 애팔래치아산맥의 형성에서 유럽과 아프리카가 했다고 알려진 역할을 할 만한 대륙이 없는 상황에서, 최근 판구조론자들은 외래 암층의 개념에 눈길을 돌렸다. 일본 같은 호상열도가 북아메리카 대륙에 하나씩 충돌하면서 오늘날 가장 서부에 있는 주들이 들러붙었고, 그 과정에서 산맥들이 융기했다는 것이다. 진실이 무엇인지는 모르지만, 서부의 산맥들이 대서양이 열린 시기와 비슷한 무렵에 발달하기 시작했다는 것은 구조적으로 대단히 주목할 만한 우연이다. 중생대 중기, 대서양이 열릴 때, 북아메리카의 암석권은 마치 거대한 깔개처럼 서쪽으로 밀리기 시작한다. 서쪽은 대체로 태평양판에 인접해 있다. 방안에서 밀리던 깔개는 반대편 벽에 부딪히면 우그러질 것이다.

"우리는 가장 가까운 판의 경계와 약 1600킬로미터 떨어진 곳에 있어요." 러브가 말했다. "이곳의 경관을 해안을 따라 일어난 사건들과 연결시켜서는 안 돼요. 이것은 판구조론을 무력화한다거나 버린다는 뜻이 아니에요. 하지만 여기에 판구조론을 적용하는 것은 어울리지 않아요. 마치 토끼가 말과 흘레붙는다는 이야기 같아요. 여기에는 판들이 서로 맞물려 돌아가고 있다는 증거가 전혀 없어요. 오버스러스트로 밀려올라간 암반은 아마 5000만 년 전에 일어난 판구조 운동의 징후일 거예요. 하지만 중요한 문제는 판구조론이 이곳의 시간의 틀 속에 적절하게 놓이지 않는다는 점이에요. 판구조론에 엄청난 의미가 있으며 이 개념이 유효하다는 점에는 이제 모두가 거의 동의하고 있어요. 대부분의 사람은 그와 관련해서는 더 이상 논쟁을 하지 않아요. 우리의 논쟁은 세부적인 것으로 가고 있어요. 우리는 이곳을 판구조론으로 설명하려는 글이 쏟아져나오기 전에 이 모든 산맥을 철저히 해부해야 해요. 발상이나 근거가 있는 가설들에는 잘못이 없어요. 하지만 근거 없이 휘황찬란하기만 한 일반론은 시간 낭비예요. 생각에 빠져 사는 연구자들은 대부분 불충분한 자료를 토대로 광범위한 해석을 하고 있어요. 주 지질도, 미국 연방 지질도, 세계 지질도를 보고 쓴 논문이 수두룩해요. 지질도를 보고 산맥이 어떻게 형성되었고, 거기에 관련된 힘은 무엇인지에 대해 포괄적인 결론에 도달하는 거죠. 산맥 하나하나의 구조를 알기 전까지는 무슨 산맥이 언제 올라왔는지 어떻게 말할 수 있겠어요? 아니면 한 번의 엄청난 지각 변동으로 모든 산맥이 단번에 나타났을지도 모르잖아요. 그 산들이 모두 똑같다고 가정할 수는 없어요. 산맥 하나하나의 구조를 알기 위해서는 퇴적층의 역사를 자세히 알아야 해요. 퇴적층의 역사를 자세히 알려면, 층서학을 알아야 해요. 나는 층서학이 죽었다는 것을 최근에야 알았어요. 많은 학교에서 이제 더는 층서학을 가르치지 않아요. 내가 보기에, 이것은 알파벳도 모르면서 소설을 쓰는 거예요. 이제 지질학 논문들은 층서학에 대한 지식 없이 산맥의 구조를 연구하는 해골들의 무덤이에요. 마이오세 후기에 잭슨홀에는 호수가 있었어요. 그 호수에는 1800미터가 넘는 퇴적층이 쌓였는데, 그중 절반이 화학적으로 침전된 석회암이에요. 그러면 공급원이 있어야 해요. 아주 오래전에 티턴-그로반트 융기가 일어나면서 매디슨 석회암이 광범위하게 드러났어요. 그것이 화학적으로 용해되어 서늘한 기후에 사는 화석들과 함께 침전된 것이죠. 따라서 그 호수가 있었을 당시의 기후는 아마 차갑고 습했을 거예요. 먼저, 그 물질들이 퇴적될 분지가 하나 만들어져야 했어요. 이 분지는 최종적으로 약 4000미터 깊이는 되어야만 우리가 그곳에서 발견한 모든 호수와 강의 퇴적물을 받아들일 수 있어요. 아마 그 지역이 융기되고 있을 당시에 그 분지는 해수면보다 3.2킬로미터 아래에 있었을 거예요. 이 모든 것은 정적인 구조의 토대이고, 정적인 구조는 동적인 구조 운동의 토대가 돼요. 아울크리크산맥과 유인타산맥은 동-서로 지나가요. 왜 그럴까요? 만약 지각의 구조적인 힘이 서쪽에서 왔다면, 왜 이 산맥들의 방향은 우리가 예상할 수 있는 방향과 직각을 이루고 있을까요? 고무판을 가지고 뒤틀림 실험을 하면 다양한 방향으로 구부릴 수 있어요. 당연히 동-서 방향으로도 솟아오르게 할 수는 있지만, 나는 그렇게 결론 짓고 싶지는 않아요. 허물어지고 있는 산맥도 있어요. 래러미 조산운동에 휘말렸다가 4000만~5000만 년 후에 가라앉아서 부서진 파이 껍질처럼 이 방향 저 방향으로 기울어진 분지들도 있어요. 그래닛산맥은 한때 윈드리버산맥만큼 높았어요. 왜 낮아졌을까요? 어떻게 낮아졌을까요? 이런 것들을 전부 종합해 진짜 큰 그림을 만들기에는 아직 때가 이르다고 생각해요. 1985년의 와이오밍 지질도는 1955년 지질도와 비교할 때, 새로 작성된 부분의 85퍼센트예요. 그 비율을 보면, 30년 동안 새로 습득한 정보가 얼마나 많은지를 알 수 있어요. 큰 그림은 아직 안정적이지 않아요. 새로운 생각, 새로운 구조학, 새로운 층서학이 언제든지 포함될 수 있어요. 이런 정보는 생각을 아주 많이 해야 하는 판구조론자에게 필수적인 부분이에요. 그리고 지금으로부터 25년 후, 50년 후, 100년 후에는 아주 많이 다른 그림이 될 거예요."

롤린스 서쪽의 80번 주간고속도로, 러브와 나는 대부분의 아이오와보다 훨씬 더 평평한 어느 지역으로 들어섰다. 그 지역은 80킬로미터 이상 도로절개면이 없을 정도로 기복이 거의 없었다. 마른 호수 바닥들이 올록볼록하게 드러난 세퍼레이션 평원 한가운데에 있는 우리의 현재 고도는 2100미터가 넘지만, 멀리 지평선은 지구의 형체를 따라 부드러운 곡선을 그리고 있었다. 험준함과 거리가 먼 이런 분위기 속에서, 우리 옆으로 표지판 하나가 지나갔다. 대륙 분수계를 통과하고 있음을 알려주는 표지판이었다. 주변이 너무 평평해 분수계라는 것이 조금 비현실적으로 다가왔다. 지도 제작자가 위치를 결정하기 어려운 지점일 것 같다. 이곳의 위치는 지도마다 제각각일 것이다. 게다가, 해어지고 갈라진 낡은 밧줄의 고리처럼 그곳이 둘러싸고 있는 80만 헥타르의 땅은 대서양과 태평양 어느 쪽으로도 물이 흘러나가지 않아서 "분수계"라는 단어에 모호함을 더한다.

　　우리는 아래에 놓인 지층을 생각하면서, 두 개의 퇴적 분지 사이에 놓인 아치의 마루를 따라 달리고 있었다. 그러나 분지는 완전히 파묻혀 있었기 때문에 겉으로는 전혀 마루처럼 보이지 않았다. 우리 왼쪽에 있는 평원은 와샤키 분지였고, 오른쪽에 있는 평원은 그레이트디바이드 분지였다. 두 분지는 에오세의 충적토라는 수프가 그득 담겨 있는 그릇 같았다. 두께가 1.6킬로미터에 이르렀을 것으로 추정되는 더 젊은 퇴적층은 물에 씻겨내려가거나 바람에 날아간 지 오래였고, 뭔가가 최근에 떨어졌을지도 모르는 5000만 년 된 표면만 남아 있었다.

　　말을 탄 양치기 한 사람이 하늘을 배경으로 불쑥 튀어나와 있었다.

양떼보다 눈에 띄는 양치기는 멀리서도 춥고 불편해 보였다. 5월의 궂은 어느 오후, 회색 구름이 빠르게 움직이면서 우박이 쏟아지기 시작했다. 러브는 고속도로를 빠져나왔다. 짙은 갈색의 바큇자국을 따라 마구 덜컹거리면서 3킬로미터쯤 가자, 갑자기 주위가 거의 하얗게 밝아졌다. 마치 5000만 년의 시간을 뛰어넘은 것 같았다. 10~15헥타르 남짓한 이 땅을 이루는 화산재는 와이오밍, 콜로라도, 캔자스, 네브래스카를 거의 다 뒤덮고 멀리 텍사스까지 날아간 화산재 중에서 이 지역에 남아 있는 전부였다. 방사능 연대 측정법을 통해서 이 화산재는 지금으로부터 60만 년 전인 플라이스토세에 분출되었다는 것이 확인되었고, 이 시기는 지구 역사에서 대단히 최근에 해당된다. 미국의 역사가 지난 주 수요일에 일어났던 일보다 7000배 더 오래되었듯이, 지구의 나이는 이 화산재가 쌓인 시기보다 7000배 더 오래되었다. 아주 작은 유리 조각으로 이뤄진 이 화산재는 화산이 폭발한 곳에서부터 바람을 타고 약 320킬로미터를 이동했다. 최근에 폭발한 워싱턴주의 세인트헬레나 화산에서 바람이 부는 방향으로 320킬로미터 떨어진 곳에 쌓인 화산재의 양은 7.6센티미터였다. 이곳 대륙 분수계에 있는 화산재의 두께는 18미터다. 서북쪽으로 160킬로미터 이상 떨어진 곳에도 동일한 화산재가 남아 있는 것을 볼 때, 이제는 침식으로 거의 다 사라진 이 60만 년 전의 화산재가 얼마나 광범위하고 두텁게 내려앉았는지를 가늠해볼 수 있다. 러브는 "이것이 선한 사람과 악한 사람에게 공평하게 내려졌다고 추측해야 한다"는 수수께끼 같은 말을 했다. 이것은 강물에 운반되어 돌아다니지 않았다. 확실히 바람에 날려온, 모래도 없고 진흙도 없는 순수한 화산재였다. 러브는 그리 멀지 않은 곳에서 털로 뒤덮인 매머드의 뼈가 발견되었다고 말했다. 그리고 그 뼈는 5만 제곱킬로미터가 넘는 지역에서 확실하게 플라이스토세 연대를 나타내는 유일한 예외였다. 때로 화산재는 용결응회암을 형성하기도 하지만, 이 화산재는 내려앉은 후에 고결되지 않았다. (폼페이에 쌓인 베수비오 화산의 화산재도 너무 높이 날렸기 때문에 단단히 굳어지지 않았다. 당시 화산재는 연기처럼 빠르게 피어올라서 사실상 성층권까지 올라갔다. 대ㅅ플리니우스는 그 모양이 마치 꼭대기가 평평한 우산소나무 같다고 말했다. 지질학 용어로는 이런 화산 폭발을 "플리니형 분화Plinian eruption"라고 한다.) 우리가 있는 곳에서 서북쪽으로 320킬로미터 떨어진 곳에는 옐로스톤의 간헐천과 칼데라, 색색의 진흙구덩이와 분기공이 있었다. 러브는 이곳 라바크리크의 화산재가 옐로스톤의 역사에서 가장 거대한 분출 중 하나를 대표한다고 말했다. 이제 우박은 우리가 있는 곳에 퍼붓고 있었다. 러브가 쓴 카우보이모자의 챙 위에 연어 알 같은 우박이 쌓였다. 그는 우박을 보슬비쯤으로 여기는 것 같았다. 60만 나노초도 지속되지 않아서 눈치조차 채지 못하는 것처럼 행동했다.

대부분의 화산과 그와 연관된 현상들, 즉 옐로스톤 지표면의 역사에 나타난 것과 비슷한 종류의 현상 대부분은 지구의 겉껍데기를 이루는 스무 개의 판의 경계를 따라 나타난다. 지구의 반지름에서 약 60분의 1의 두께를 차지하는 이 판들은 뜨겁고 불안정한 맨틀 위를 미끄러지며 돌아다닌다. 판이 갈라지고 있는 곳(홍해, 대서양 중앙부)에서는 뜨거운 마그마가 올라와서 그 틈새를 채운다. 판이 다른 판 아래로 미끄러져 들어가는 곳(샌프란시스코, 예리코)에서는 땅이 찢기고 암벽이 무너진다. 판이 충돌하는 곳(디날리, 아콩카과, 칸첸중가)에서는 웅장한 산맥이 형성된다. 판이 충돌할 때는 대개 한 판이 다른 판 아래로 가파른 경사를 이루며 미끄러져 내려가는데, 섭입대라 불리는 이 부분의 깊이는 640킬로미터에 이른다. 섭입대에서 지하로 끌려내려간 물질들은 녹아서 마그마의 형태로 올라오고, 지표면으로 올라온 마그마는 케스케이드산맥, 안데스산맥, 알류샨 열도, 일본 열도에 있는 것과 같은 화산들을 형성한다. 이런 이야기에 비춰볼 때, 옐로스톤은 특별히 눈길을 끈다. 마그마로 만들어진 온갖 것이 있고 유황이 부글거리는 옐로스톤은 가장 가까운 판의 경계와 약 1300킬로미터 떨어져 있기 때문이다.

판구조론이 발달할 때, 이 학설은 해답을 내놓기도 했지만 그만큼 의문도 불러일으켰다. 그리고 그중에는 판구조론의 입장에서 불편한 의문도 적지 않았다. 그 의문들은 대개 화산활동과 연관이 있었다. 이를테면 태평양판의 조용한 중심부에 위치한 하와이섬에서 용암이 뿜어져 나오는 이유는 무엇일까? 마찬가지로, 만약 화산이 섭입대의 산물이라면, 차드 사하라 지역의 티베스티산맥에서 가장 가까운 섭입대는 어디에 있을까? 아프리카판의 가장자리에서 2000킬로미터 떨어져 있는 티베스티의 산악지대는 하와이의 마우나케아산과 마우나로아산 같은 순상화산들로 이뤄져 있다. 줄지어 늘어선 봉우리들 끝에 카메룬 화산이 있는 그곳에서 가장 가까운 섭입대는 어디에 있을까? 성층화산인 카메룬 화산은 가장 가까운 판의 경계에서 2400킬로미터나 떨어진 곳에 있다. 게다가, 판구조론 혁명이 일어나기 전부터 있었던 지질학의 오랜 난문제들 가운데 일부는 판구조론이 나온 이후에도 그대로 남아 있었다. 캐나다 순상지를 어떻게 설명할 수 있을까? 남아메리카 순상지는 어떤가? 어떻게 그렇게 많은 선캄브리아 시대 암석이 수십억 년 동안 파묻히지 않고 해수면과 가까운 높이에 있을 수 있을까? 최근에 로키산맥의 탁상지를 융기시켜서 로키산맥 발굴 작용을 일으킨 것은 무엇이었을까? 왜 러브와 내가 서 있는 탁상지는 해수면과 같은 높이가 아닐까?

콜로라도 고원을 융기시켜서 강물에 깊게 파인 협곡이 되게 만든 것은 무엇이었을까? 범람현무암은 무엇으로 설명될 수 있을까? 이런 의문의 해답으로 판구조론은 적절해 보이지 않았다. 판구조론으로 대륙의 퇴적 역사를 예측할 수 있다고 생각할 수도 있겠지만, 그것은 불가능하다. 미시간 분지, 일리노이 분지, 윌리스턴 분지 같은 깊이 수 킬로미터의 대륙 분지가 있는 까닭은 무엇일까? 궁극적으로는 순상지 같은 지형이 될 것이라고 예상한다면, 비정상적으로 깊게 파인 이런 분지들은 어떻게 설명할 수 있을까? 석유업자들은 누구보다 그 이유를 알고 싶어한다. 그들은 판구조론자들에게 "이런 분지들에 관해서 판구조론은 무엇을 알려주는지"를 물었다. 그 답은 "아무것도 알려주지 않는다"였다. 왜 뉴햄프셔의 화강암은 애팔래치아의 역사와 연대가 맞지 않게 상대적으로 젊은 것일까? 마치 바다 밑바닥에 마구잡이로 생긴 기포처럼, 심해저 평원 위로 높이 솟아오른 거대한 지각의 융기는 어떻게 설명할 수 있을까? 해터러스 심해저 평원 위에 5382미터 높이의 산으로 우뚝 서 있는 버뮤다는 어떻게 설명할 수 있을까? 얇은 산호층으로 덮여 있는 6000미터 높이의 산봉우리들이 줄줄이 늘어서 있는 마셜 제도, 길버트 제도, 라인 제도, 투아모투 제도를 만든 것은 무엇일까? 이 제도들도 옐로스톤처럼, 버뮤다처럼, 하와이처럼, 카메룬 화산처럼 판의 경계에서 아주 멀리 떨어진 곳에 있다.

옐로스톤이라는 이름은 화학적으로 변질되어 화려한 황금빛을 띠는 화산암에서 유래했다. 옐로스톤은 근처에 있는 마그마의 영향을 받아서 연기를 내뿜고 보글거린다. 북아메리카의 지질도를 보면, 옐로스톤에서 떨어져나온 밝은 색의 화산 쇄설물 더미가 마치 비행운처럼 아이다호를 가로질러 서쪽으로 길게 이어져 있다. 그 길을 따라 옐로스톤에서 멀어질수록 점점 더 오래된 암석이 나온다. 그렇게 시대를 하나씩 거슬러 올라가면, 컬럼비아강 범람현무암에 다다른다. 마이오세 초기, 뜨거운 쇳물처럼 지상에 올라온 이 현무암은 30만 제곱킬로미터 넓이를 뒤덮고(어떤 곳에서는 깊이가 3~5킬로미터에 이른다), 컬럼비아밸리를 채우고 노스캐스케이드산맥에 가로막혀 고여 있었다. 암석의 연대를 비교해보면, 오늘날 옐로스톤이라 부르는 지질학적 현상이 어찌된 일인지 1년에 2.5센티미터 속도로 동쪽으로 움직이고 있었다는 결론에 도달할 수도 있을 것이다. 판구조론자들의 주장에 따르면, 공교롭게도 북아메리카 대륙이 정확히 같은 속도로 반대 방향으로 이동하고 있다. 지구물리학적 의미에서 볼 때, 움직이고 있는 것은 옐로스톤이 아니라고 믿는 지질학자의 수는 점점 더 증가하고 있다. 그들은 오늘날 옐로스톤 국립공원의 지표면에 갖가지 지형으로 표현되는 엄청난 열이 북아메리카 대륙이라는 선체로부터 한참 아래에 있는 맨틀이라는 바다에서 유래했다고 믿는다. 이 고정된 열에너지 발생 장소의 위를 북아메리카 대륙이 미끄러지듯이 움직이는 동안, 엄청나게 강한 열이 지각판을 뚫고 올라온다는 것이다.

이런 장소를 지질학에서는 "열점hot spot"이라고 부른다. 지구에는 약 60곳의 열점이 있는 것으로 추측된다. 대부분 옐로스톤보다 더 오래되었고, 발생하는 열량도 더 적은 편이다. 옐로스톤의 열점은 두꺼운 대륙 지각의 아래에 놓여 있지만, 그곳에서 지표로 올라오는 마그마의 양은 하와이 전체에서 나오는 마그마의 양과 엇비슷하다. 태평양 바닥에 뚜렷한 흔적을 남기고 있는 하와이는 세계에서 보존이 가장 잘되어 있고 추적이 가능한 열점이다. 기본적인 해저 지형이 표시되어 있기만 하면, 일반적인 지도에서도 하와이의 지질학적 역사를 확인할 수 있다. 태

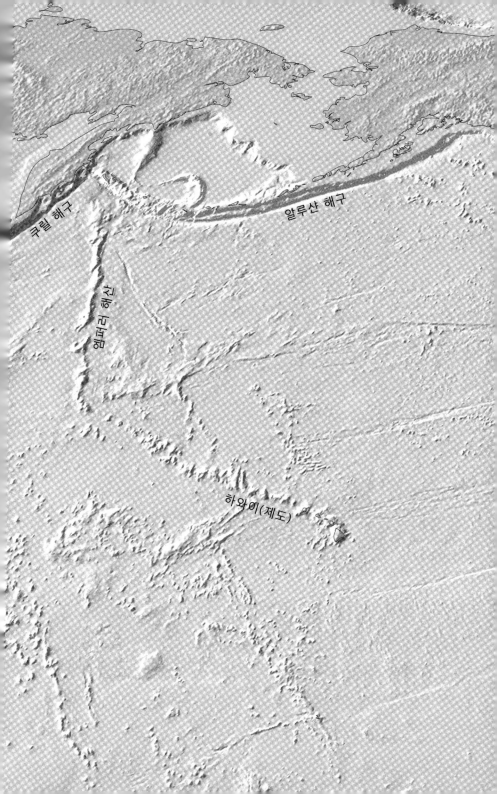

쿠릴 해구

알루샨 해구

엠퍼러 해산

하와이(제도)

평양판은 서북쪽으로 움직이고 있다. 일본 해구, 알류샨 해구 아래로 들어가서 반대편에 놓인 화산섬으로 역류한다. 예전에는 정북에 가까운 방향으로 움직였지만, 4300만 년 전에 진로가 바뀌었다. 현재 태평양판 아래에서 활동하는 열점이 만드는 섬과 다른 효과들은 모두 태평양판의 이동 방향과 반대 방향인 동남쪽으로 움직이는 것처럼 보일 것이다. 해저에서 정상까지 높이가 지구상에서 가장 높은 순상화산들인 마우나케아산과 마우나로아산은 하와이섬 동남쪽 끝부분에 있다. 이런 끝부분은 극도로 활발한 분화를 하는 킬라우에아 화산에서 만들어지고 있다. 하와이는 서북쪽으로 갈수록 낮고 평온하며 오래되었다. 섬의 더 오래된 부분은 침식에 굴복해 이제는 파도 아래에 놓여 있다. 이렇게 파도에 집어삼켜진 하와이의 과거는 태평양의 지각 위로 8000킬로미터가 넘는 길이로 뚜렷한 자취를 남겼다. 4300만 년 전에 만들어진 지점에 이르면, 자취의 방향이 북쪽으로 약 60도가 꺾인다. 그 꺾인 지점에서 위로는 엠퍼러 해산이라 불린다. 더 과거로 거슬러 올라가는 부분은 쿠릴 해구와 알류샨 해구의 연결부로 이어지고, 그곳에서 땅속으로 사라진다. 엠퍼러 해산에서 가장 오래된 곳은 연대가 백악기다. 마우나로아산은 당연히 현대에 만들어졌다. 마우나로아산에서 동남쪽으로 60킬로미터 떨어진 해저에는 로이히라는 해산이 있다. 현무암으로 이뤄진 로이히는 이미 3600미터가 넘게 솟아 있고, 이 홀로세 안에 수면 위로 올라올 것이다.

한 가족처럼 늘어서 있는 하와이의 섬들과 엠퍼러 해산의 연대는 하와이가 1년에 9센티미터씩 동남쪽으로 번져가고 있는 것 같은 착각을 일으킨다. 반면 판구조론에서는 움직이고 있는 것은 당연히 태평양판이라고 말한다. 판의 속도와 방향은 몇 번의 관찰을 통해서 확실하게 확립되었다. 샌앤드레이어스 단층 같은 곳에 나타난 단층의 어긋남은 시간의 경과로 측정된다. 한때 나란히 옆에 놓여 있던 캘리포니아의 장소들은 1100만 년이라는 시간이 흐르는 동안 이제 600킬로미터가 떨어지게 되었다. 엄청난 양의 해양지각 암석이 바다에서 끌어올려졌고, 방사능 연대 측정법을 통해 연대가 결정되었다. 확장 중심부에서부터의 거리를 이 연대로 나눠서 암석의 이동 속도를 구했다. 최근에는 위성을 이용한 삼각 측량을 통해서 1년에 걸친 판의 움직임을 더 정교하게 측정하고 있다. 열점은 판의 이동 속도를 구하는 또 다른 방식을 제공하는데, 판의 이동에서 열점은 항해에서 별과 같은 역할을 하기 때문이다.

역으로, 이미 확립된 구조 운동의 속도를 이용해 판에 대한 열점의 이동 경로를 지도에 나타내는 것도 가능하다. 위치와 날짜(현재가 될 것이다)만 주어지면, 어떤 열점이 어떤 시대에 지구상 어디에 있었는지를 알 수 있다는 것이다. 프린스턴의 지구물리학자인 W. 제이슨 모건은 이런 경로를 여러 개 그렸고, 다양한 간행물에 발표했다. 거의 실내에서 연구하는 사무실 지질학자라고 묘사할 수 있는 모건은 과학사에서 으뜸으로 중요한 인물이다. 1968년, 32세이던 모건은 판구조론 혁명을 이뤄낸 최초의 논문들 중 마지막 논문을 발표했다. 모건은 물리학을 전공했고, 그의 박사 논문 주제는 천체 역학을 적용해 중력 상수의 변동을 찾아내는 것이었다. 박사후 연구원이 된 후에야 지질학에 발을 들여놓게 된 그는 푸에르토리코 해구에서 중력 이상에 대한 자료를 다루는 일을 맡았다. 그는 우연히 프레드 바인이라는 젊은 영국인 지질학자와 2년 동안 같은 사무실을 쓰게 되었는데, 바인은 케임브리지의 동료인 드러먼드 매슈스와 함께 확장되고 있는 해저의 지형이 좌우대칭을 이룬다는 것을 발견한 인물이었다. 이 통찰은 이후에 발전된 판구조론이라는 혁명적 이론의 토대가 되었고, 바인과 같은 사무실을 쓰던 모건은 그의 말처럼 "한 방이 있는" 그 주제에 합류하게 되었다. H. W. 메나드의 논문을 본 모건은 거대한 단층과 단열대에 관해 나름의 고찰을 하기 시작했고, 그것들이 구의 기하학적 원리와 어떤 연관이 있을지도 모른다고 생각했다. 당시에는 샌앤드레이어스 단층이나 퀸샬럿 단층 같은 세계의 거대한 단층이 하나의 체계 속에서 서로 연결되어 있을지 모른다는 생각을 한 사람은 아무도 없었다. 따라서 그 체계가 훨씬 더 큰 이야기 속에서 어떻게 그려질지에 대해 생각한 사람도 당연히 아무도 없었다. 모건은 대규모 단층들의 방향을 알기 위해서 야외지질학자들의 연구를 찾아봤고, 수천 킬로미터에 걸쳐 일관되게 나타나는 놀라운 특징을 발견했다. 그는 단단한 구면 조각의 운동에 관한 기하학 법칙을 토대로 이 단층들을 조사했고, 해구와 해령도 함께 조사했다. 모건은 1967년 미국 지구물리학 연맹 회의에서 푸에르토리코 해구에 관한 논문을 발표할 예정이었다. 당일이 되자, 그는 자리에서 일어나 그 주제를 다루지 않겠다고 말했다. 대신 「해령, 해구, 거대한 단층, 지각체」라는 제목의 논문을 읽음으로써 지질학계에 판구조의 존재를 드러냈다. 그가 하고자 하는 이야기는 제목에 함축되어 있었다. 그의 이야기에 따르면, 판은 단단해 내부적으로 변형이 되지 않고, 판의 경계는 해령과 해구와 거대한 단층과 같은 세 종류의 경계에서 확인할 수 있었다. 그런 다음 그는 다양한 속도와 방향으로 움직이면서 특별한 풍경을 만드는 판의 운동을 설명했다. 약 10년 후, 모건의 프린스턴대학 동료인 켄 데피스는 모건에게 후속 연구로는 무엇을 할 예정인지 물었다. 수줍음이 많은 모건은 어깨를 으쓱하고 웃으면서 조지아 서배너에서 보낸 어린 시절의 흔적이 희미하게 남아 있는 부드러운 억양으로 이렇게 대답했다. "모르겠어요. 틀렸다는 증명이 될 것 같아요."

대신 그는 열점에 관심을 보였다. 그리고 맨틀 속에 숨어 있는 열점의 뿌리와 지표에 드러나는 열점의 징후를 연결시킨다고 여겨지는 열기둥thermal plume에도 관심을 보였다. 열점 학설은 판구조론에서 제기되거나 회피한 많은 문제를 해결해줬다. 게다가 판구조론과 마찬가지로, 수많은 별개의 현상을 하나의 이야기 속에 담아냈다.

1937년, 그레이트미티어호라 불리는 한 해양관측선은 새롭게 발명된 수심 측정기를 이용해 북대서양의 심해저평원에서 5200미터 높이로 솟아 있는 거대한 산을 발견했다. 그 산은 카사블랑카에서 서쪽으로 2만 4000킬로미터 떨어진 곳에 있었다. 당시에는 아무도 그 산의 기원을 추측해볼 엄두를 내지 못했다. 그저 기록을 남기고 그레이트미티어 해산이라는 이름을 붙일 수 있었을 뿐이다. 오늘날, 제이슨 모건은 다른 열점 연구자들과 함께 그레이트미티어 해산의 일반적 기원에 대한 학설을 제시할 뿐 아니라, 이 해산이 2억 년에 걸쳐 지구의 어느 지점에 있었는지를 나타내려 하고 있다. 그들이 생각한 아주 오래전 그레이트미티어 해산의 위치는 캐나다 노스웨스트 준주에서 포트레이디엄과 노자앗 사이에 놓인 키와틴 지역이다. 현재의 그레이트미티어 해산은 기부의 형태와 크기로 봤을 때, 열점에 의해 만들어진 것이 분명해 보인다. 기부의 너비가 약 800킬로미터이고, 하와이나 수많은 다른 열점과 아주 비슷한 돔 형태를 이루고 있다. 바다 속에서 그 정도 규모의 산이 솟아오를 수 있는 방법은 별로 없다. 이 해산은 한때 포트레이디엄과 노자앗 사이의 어디쯤에 있었으므로, 이론적으로는 움직이는 판에 의해 만들어진 작은 원형 구역의 궤적을 추적하고 연대를 결정하기만 하면 된다.

키와틴은 캐나다 순상지의 중심부에 있다. 만약 예전에 캐나다 순상지 위에 더 젊은 퇴적층이 있었다면, 순상지 아래에 있는 열점이 그 퇴적층을 밀어올려 없애버렸을 것이고, 캐나다 순상지의 수수께끼는 그렇게 만들어졌을 것이다. 모건은 다양한 시대에 다양한 위치에서 순상지 아래에 있던 열점들이 나중에 쌓인 퇴적층을 계속 없애왔을 것이라고 확신한다. 캐나다 순상지 여기저기에 집요하게 남아 있는 고생대의 조각들은 열점의 수가 운석공과 마찬가지로 그다지 많지 않았다는 것을 나타낸다. 만약 캐나다 순상지의 표면이 선캄브리아 시대 이래로 아무것도 덮이지 않은 채 그대로 놓여 있었다면, 지금보다 패인 자국이 훨씬 더 많아서 달 표면과 다르지 않았을 것이다.

쥐라기가 되자 그레이트미티어 열점은 허드슨만 서쪽 바다 밑으로 들어갔고, 백악기 초기에는 온타리오 무스팩토리 아래에 있었다. 이 모든 것은 현장에서 얻은 직접적인 증거에서 나온 것이 아니라, 거의 6400킬로미터 떨어진 바다 속에 있는 해산을 보며 추정한 것이다. 그러나 시간이 지나면서, 열점과 열점 주변에 있는 엄청난 양의 마그마가 1억 2000만 년 전에 뉴햄프셔 지하에 있었다는 계산이 나왔다. 북부 애팔래치아산맥에 속하는 뉴햄프셔의 화이트산맥에는 다량의 화강암이 있는데, 방사성 동위원소를 이용해 연대를 측정하자 이 화강암은 애팔래치아의 역사에서는 이해할 수 없을 정도로 "연대에 맞지 않게" 1억 2000만 년 전에 만들어졌다.

북아메리카 대륙붕의 동쪽, 좀 심해저평원 위에는 뉴잉글랜드 해산의 봉우리들이 유리종처럼 늘어서 있다. 평균 높이가 3350미터인 이 해산은 연대가 매우 잘 밝혀져 있으며, 동쪽으로 갈수록 점점 젊어진다. 각각 9500만 년, 9000만 년, 8500만 년인 해산의 연대와 위치는 모건이 수학적으로 예측한 그레이트미티어 열점의 변화와 일치한다.

연대 측정의 정확성은 아르곤-아르곤 연대 측정법의 개발로 크게 향상되었다. 핵 반응기 속에서 중성자의 흐름이 암석 시료에 충돌하면, 암석 시료 속에 있는 칼륨 원자는 일정한 비율로 아르곤-39로 바뀐다. 시료 속에는 아르곤-39의 동위원소인 아르곤-40도 있는데, 중성자 충돌의 영향을 받지 않는 아르곤-40은 지질학적 시간에 걸쳐 칼륨이 자연적으로 붕괴되면서 만들어진다. 이 붕괴 속도는 잘 알려져 있으며 일정하다. 아르곤-40의 비율이 더 높을수록 암석은 더 오래된 것이다. 이 비율을 질량분석계로 측정하면 연대가 결정된다. 그 전까지 수만 년 단위의 연대를 결정하는 가장 좋은 방법으로 알려져 있던 것은 칼륨-아르곤 연대 측정법이었다. 이 방법은 두 단계를 거치므로, 두 개의 시료가 필요하다. 먼저 화학적 과정을 통해 현재 칼륨의 양을 결정한다. 그 다음, 두 번째 시료로는 방사성 붕괴를 일으켜서 딸 핵종인 아르곤으로 바뀐 칼륨의 양이 얼마나 되는지를 질량분석계로 알아본다. 이 방법은 풍화에 영향을 받는다. 풍화는 암석 표면에서만 일어나는 것이 아니라 암석 내부의 알갱이 하나하나에서도 일어난다. 풍화된 물질에서는 아르곤이 사라진다. 따라서 칼륨에 대한 아르곤의 비율 전체가 바뀌므로 이 방식으로 결정된 연대는 조금 부정확하다. 새로운 연대 측정법은 예전 방법보다 더 일관되고 더 정확했다. 특히 뉴잉글랜드 해산과 같은 곳에서 칼륨-아르곤 방식으로 결정된 연대는 모건의 계산과 대략적으로 맞아떨어지지만, 아르곤-아르곤 방식으로 결정된 연대는 정확히 그 궤적을 따르는 결과가 나타난다.

백악기 후기 캄파니아절인 지금으로부터 8000만 년 전, 그레이트미티어 해산은 아메리카판과 아프리카판의 경계인 대서양 중앙 해령의 아래에 있었을 것이다. 그 이래로, 그레이트미티어 해산은 남쪽으로 부드러운 곡선을 그리면서 아프리카판을 통과했다. 백악기 후기부터 팔레오세, 에오세에 걸친 이 경로는 아메리카 대륙 쪽에 있는 경로만큼이나 잘 밝혀져 있다. 에오세 이후, 이 열점은 그 이름을 안겨준 거대한 해산이 되었다. 그런 다음 식어가기 시작했고, 서서히 유성처럼 사라져갔다.

유성처럼. 열점을 묘사하는 사람의 거의 모두 사실을 무시하고 환상속으로 들어가서 현실을 반전시키고 싶은 유혹을 받는다. 즉, 고정되어 있는 열기둥 위로 지각판이 천천히 움직이고 있다는 진짜 이야기를 말하는 대신, 마치 열점이 움직이면서 유성과 같은 자취를 남긴 것처럼 이야기하고 싶어하는 것이다. 거기에는 나 자신도 포함된다. 말로 표현할 때는 대륙을 움직이는 것보다는 열점을 움직이는 것이 훨씬 더 쉽다. 이를테면 가상의 움직임을 통해 열점을 설명하려는 다른 이야기도 있다. 브라질 남부의 제랄산맥에 있는 한 열점은 쥐라기 후기에 범람현무암과 함께 시작되었다고 전해진다. 이 열점은 수백만 년 동안 브라질의 지하에서 동쪽으로 움직여서 아프리카로 건너갔다. 당시에는 아프리카와 남아메리카가 별로 떨어져 있지 않았다. 이 열점은 앙골라의 산들을 융기시킨 다음, 다시 방향을 바꿔서 서남쪽에 있는 바다 밑으로 들어가 월비스 해령을 형성했다. 해산들이 한 줄로 늘어서 있는 월비스 해령을 따라가면, 이 열점의 현재 위치인 트리스탄다쿠냐 제도에 이른다.

제랄산맥에서 현재 위치까지, 트리스탄다쿠냐 열점의 경로는 매우 잘 드러나 있고 연대도 잘 결정되어 있다. 그래서 모건의 말처럼 "정말로 아프리카에 고정되어" 있고, 남아메리카에 대해서는 말할 것도 없다.

그렇다면 이 학설에서는 같은 판을 동시에 관통하는 열점들은 경로가 나란할 것이라는 추론을 자동적으로 할 수 있을 것이다. 태평양에서는 라인 제도, 투아모투 제도, 마셜 제도, 길버트 제도가 하와이와 엠퍼러 해산과 경로가 나란하다. 대서양에서는 카나리아 제도가 마데이라 제도와 나란한 곡선을 그리며 이동했다. 두 제도 모두 열점이고, 그레이트미티어 해산과 같은 경로를 남겼다. 카보베르데 제도는 열점이다. 1억 7000만 년 전, 뉴햄프셔 아래에 있던 이 제도의 경로는 그레이트미티어 열점의 나중 경로와 거의 일치한다. 화이트산맥에서 가장 규모가 큰 화강암의 관입은 약 1억7000만 년 전에 일어났다. 카보베르데 제도는 찰스 라이엘의 『지질학 원리』를 손에 든 다윈이 비글호에서 처음 상륙한 곳이었고, 라이엘이 보여준 과학에 감탄해 빠르게 빠져들게 만든 곳이기도 했다. 만약 라이엘이 카보베르데 제도 역시 항해를 하고 있으며, 심오한 지구물리학적 의미로 볼 때 뉴잉글랜드에서 온 것이라고 말했다면, 아마 다윈은 그 책을 배 밖으로 던져버렸을지도 모른다.

가장 잘 확인된 경로에서조차 모든 것이 순조롭게 맞아떨어지는 것은 아니다. 뉴햄프셔에는 연대가 2억 년인 화강암도 있다. 이 화강암은 애팔래치아 조산운동의 일부라기에는 너무 젊고, 두 개의 열점이 지나가면서 남긴 다른 화강암으로 설명되기에는 너무 오래되었다. 아마 이 2억 년 된 화강암은 지각이 갈라지면서 대서양이 생긴 시기에 올라온 마그마와 관계가 있을 것이다. 그레이트미티어 해산을 캐나다 순상지의 가장자리, 즉 오늘날 몬트리올이 있는 곳 아래에 당도했고, 그때 아마 몽테레지 언덕지대가 형성되었을 것이다. 몬트리올이라는 지명의 유래 중 하나인 몽테레지 언덕지대는 화산 지형이다. 그러나 칼륨-아르곤 방식으로 측정된 이곳의 연대는 다른 어떤 계산으로도 몬트리올이 열점 위에 있었던 시기와 2000만 년이 어긋나는데, 이것이 이 학설에서 하나의 예다. 모건은 이런 불일치를 "설명할 수 없는 무작위 현상" 때문이라고 여기고, 연대 측정의 오류 가능성을 언급한다. 또한 그는 "만약 몽테레지 언덕지대가 이 모형과 정말로 맞지 않는다면 다른 모형을 제시해야 한다"고도 꽤 담담하게 말한다.

열점 가설은 1960년대 초반에 토론토 대학의 J. 투조 윌슨이 하와이 섬을 잠깐 둘러본 것을 계기로 나오게 되었다. 상황은 명확해 보였다. 18세기에 『지구의 이론』을 통해서 지질학을 정립한 제임스 허턴은 대강 땅속 깊은 곳에서 유래한 엄청난 열이 지구의 활동을 일으킨다는 식으로 이해했다("바다 밑바닥에 형성된 지층 아래에서는 엄청난 양의 열이 올라오고 있다"). 그러나 오늘날까지도 그 열이 어떤 방식으로 작동하는지 정확히 아는 사람은 아무도 없다. 열점에서 올라온 열은 지각판이 미끄러지는 맨틀 상부의 층인 연약권에 기름칠을 하는 효과를 내는 것으로 보인다. 만약 그 자리에 열점이 없었다면 판의 움직임은 멈췄을 것이라는 주장도 있다. 허턴은 애초에 열점이 왜 존재하는지에 대한 답을 찾고 있었다. 제이슨 모건이 당장 할 수 있는 것은 이번에도 웃으면서 어깨를 으쓱하는 것뿐이다. 그는 이렇게 말한다. "모르겠어요. 뭔가 맨틀 하부에서 열이 빠져나가는 방식과 연관이 있을 것 같아요."

이 열은 맨틀의 아주 깊은 곳에서부터 (그리고 어쩌면 더 깊은 곳에 있는 핵에서부터) 한곳에 집중되어 기둥 모양으로 올라온다고 여겨지고, 그런 이유에서 기둥이라고도 불린다. 표면에 드러난 열의 형태는 그것이 맨틀 아래 깊은 곳에서부터 식물의 줄기와 같은 모양을 하며 서 있다는 것을 증명하지 않는다. 열점에 있는 용암의 화학적 특성은 그것이 연약권 아래에서 올라왔음을 암시하지만, 맨틀 속에 고정되어 있는 열점의 직접적인 증거는 아니다. 열점의 존재는 오로지 추론일 뿐이다. 맨틀의 시료를 조사할 방법은 없다. 지진파를 통해서, 점도 계산을 통해서, 온도와 압력에 따른 광물의 상태에 대한 열역학적 계산을 통해서만 감지할 수 있다. 음파는 무른 암석에서는 느리게 움직인다. 또 어떤 종류의 소리는 용융된 암석에서는 전혀 전달되지 않을 수도 있다. 지진파의 속도와 유형은 암석에 관한 이야기를 전달한다. 지진학은 아직 지구를 속속들이 들여다보고 열점의 수를 셀 수 있을 정도로 정교하지는 못하지만, 점점 더 그런 능력에 다가가고 있다. 그렇게 된다면, 열점은 여름 소나기 속의 빗물받이 홈통처럼 스크린에 나타날 것이다. 만약 그렇지 않다면, 패기 넘치는 지질학적 지구물리학 탐구에서 두 번째로 위대한 이야기는 끝나버릴지도 모른다.

열점의 수명은 약 1억 년인 것으로 보인다. 당연히 더 오랫동안 효과가 지속되는 열점도 있다. 만약 열점이 대륙 지각의 아래에서 시작된다면, 지표에 처음 드러내는 열점의 모습은 범람현무암일 것이다. 열점의 자취는 컬럼비아강과 제랄산맥의 범람현무암에서만 시작되는 것이 아니다. 인도 데칸 고원의 범람현무암, 남아프리카 그레이트카루의 범람현무암, 동아프리카 에티오피아 고원의 범람현무암, 러시아 시베리아 대지의 범람현무암에서도 열점의 자취가 시작되었다. 범람현무암은 그 이름이 암시하는 것처럼, 엄청난 양의 현무암이 빠르게 이동함으로써 열점의 존재를 드러낸다. 마이오세 중기에 오리건과 워싱턴주에서는 300만 년에 걸쳐 25만 세제곱킬로미터의 범람현무암이 흘러나왔다. 이런 형태로 표면을 완성한 열기둥은 그 위에 놓인 판이 미끄러지는 동안 오리건과 워싱턴주의 범람현무암을 벗어나서 옐로스톤 쪽으로 이동하기 시작했고, 그렇게 이어진 경로는 스네이크강 평원이 되었다.

잠깐 사이에 엄청난 양의 용암이 흐르는 사건은 지표세계에는 확실히 큰 충격이다. "우리는 범람현무암이 대기에 어떤 영향을 미쳤는지 모릅니다." 1985년의 어느 날, 모건은 대규모 범람현무암의 연대표를 내게 보여주면서 이렇게 말했다. 이런 범람현무암은 "물처럼" 계곡을 모두 메우고 수백만 제곱킬로미터 넓이의 지역에 살고 있는 모든 생명체를 죽였을 뿐 아니라, 대기를 통해 퍼져나가서 세계 전역에 치명적인 영향을 주었을 것이다. 모건의 범람현무암 연대표는 현재 주로 이야기되는 대멸종 주기와 거의 정확히 일치하는데, 여기에는 백악기 대멸종이라고 알려진 공룡 절멸 사건과 시기가 같은 데칸 고원의 범람현무암도 포함된다.

열점이 지각판에 만드는 구멍은 전지 우표에서 절취선을 따라 뚫려 있는 구멍과 비슷하다. 열기둥의 경로를 따라 약해진 지각판은 수천만 년이 지난 후에는 그 경로를 따라 분리될 것이다. 이를테면 그린란드가 캐나다에서 떨어져나간 선의 위치를 처음으로 그린 것은 마데이라 제도였다. 인도양에 있는 케르겔렌 열점은 인도가 남극 대륙에서 갈라진 과정에 일조했을 가능성이 있다. 역시 인도양에 위치한 크로제 제도는 마다가스카르섬이 아프리카 대륙에서 벗어나도록 도움을 준 것으로 보인다. 3억 년 전, 남부 초대륙의 내륙에서는 한 열점이 오늘날 브라질 북부 해안이 될 선을 만들고 있었다. 이 선은 아프리카의 아이보리코스트와 골드코스트의 해안선이기도 하다. 이 열점은 이제 대서양에 있는 세인트헬레나섬이 되었다.

아이슬란드에서 가장 오래된 암석은 섬의 동쪽과 서쪽 끝에 위치한다. 그 이유는 서북쪽에서 내려온 열점인 아이슬란드가 현재 유럽과 아메리카의 분기점인 대서양 중앙 해령을 통과하고 있기 때문이다. 당분간 아이슬란드는 대서양과 함께 확장이 계속될 것이다. 이탈리아 에트나 화산의 열점은 1억 년 전에는 우크라이나 아래에 있었고, 우크라이나 순상지를 깨끗이 청소한 것으로 보인다. 브라질에서 동쪽으로 약 2300킬로미터 떨어진 남아메리카판 위에 있던 한 열점은 대서양 중앙 해령 옆에 어센션섬을 만들었다. 이 열점은 쥐라기 초기에 바하마 제도를 벗어나기 시작한 후, 아프리카 아래에서 1억1000만 년을 보냈다. 당시에는 대서양이 없었기 때문에, 아메리카에서 아프리카로 바로 넘어갈 수 있었다. 해터러스 심해저 평원에서 5486미터 높이로 솟아 있는 바하마 제도는 탄산염질 탁상지로 정의되며, 석회암과 산호가 깔린 얕은 바다로 둘러싸여 있다. 모건은 "그곳을 뚫고 들어가서 현무암을 찾아내게 되기를 바란다"고 말한다. 캐나다 래브라도 열점은 "눈먼blind" 열점으로 여겨진다. 눈 먼 열점이란 지표로 열기둥을 올려 보낼 길을 찾지는 못했지만, 그럼에도 지형을 융기시킨 열점을 말한다. 그래야만 깨끗한 캐나다 순상지는 말할 것도 없고, 이해할 수 없는 래브라도의 고도를 설명할 수 있다. 남아메리카의 기아나 순상지 역시 눈 먼 열점 위에 놓여 있는 것으로 여겨진다. 이 열점으로 인해 기아나 지역이 융기되었고, 물기둥의 높이가 나이아가라의 20배인 세계에서 가장 높은 폭포도 만들어졌다는 것이다.

버뮤다는 희미하지만 뚜렷한 열점이 마지막 위용을 드러낸 곳이며, 현재 이 열점은 버뮤다 제도 동부의 해양지각 아래에 놓여 있다. 돔 모양으로 융기한 바다 밑바닥은 너비 1000킬로미터인 하와이와 비슷한 전형적인 형태를 이룬다. (대륙 아래에서도 버뮤다와 하와이처럼 부풀어 오른 지괴가 위성을 이용한 중력 이상 측정을 통해서 발견되기도 한다.) 버뮤다 열점은 3000만 년 동안 활동을 하지 않았지만, 잘 밝혀져 있는 북아메리카판의 운동과 그레이트미티어 열점의 경로를 따라 서쪽으로 이동했을 것이라고 추측할 수 있다. 이전의 맥락에서 볼 때, 버뮤다는 현재의 위치보다는 과거의 위치가 훨씬 더 흥미롭다는 것을 증명한다. 조지아에서 버지니아까지 미국 대륙을 옆에서 볼 수 있다면, 엄청난 규모의 백악기 지층이 노스캐롤라이나 피어곳의 정상을 지붕으로 하여 남북으로 기울어져 있는 모습을 볼 수 있을 것이다. 뭔가가 그것을 아치 모양으로 융기시켰는데, 지층의 순서와 구조를 살펴보면 그 시기가 팔레오세라는 것을 쉽게 알 수 있다. 팔레오세 이래로 북아메리카판이 움직인 거리는 버뮤다와 피어곳 사이의 거리와 정확히 일치한다.

버뮤다는 터널을 빠져나온 기차처럼 그곳에 당도했다. 아니, 그렇게 보였을 것이다. 백악기 후기의 캄파니아세에는 그레이트미티어 열점이 대서양 중부에 있었고, 당시 버뮤다는 그레이트스모키산맥 아래에 있었다. 애팔래치아 산계는 지질학적으로 일가친척이라 할 수 있는 산맥들로 구성되는데, 캐나다 뉴펀들랜드에서 앨라배마까지 나란히 구불구불하게 이어지는 이 산맥들은 앨라배마에서 멕시코만 해안평야의 퇴적층 아래로 사라진다. 밧줄처럼 길게 이어지는 이 산맥들이 두 곳에서만 높이 솟아 있고 다른 곳에서는 낮은 이유는 판구조론으로 잘 설명되지 않는다. 그러나 열점으로는 설명될 수 있다. 그레이트미티어와 카보베르데의 열점이 스모키산맥의 버뮤다라고 할 수 있는 뉴잉글랜드의 높은 산맥 지대를 융기시킨 것으로 보인다. 융기는 침식을 재촉한다. 미국 동부에서는 애팔래치아 조산운동의 마지막 단계인 페름기의 암석이 거의 다 사라졌다. 다만 웨스트버지니아와 그 근처의 오하이오와 펜실베이니아 지역, 열점 경로의 중간인 뉴햄프셔와 노스캐롤라이나 사이에만 남아 있다. 판의 움직임은 시간의 흐름에 따라 바뀌기 때문에, 과거와 현재 할 것 없이 열점의 모든 경로는 지구 표면에서 하나의 망상 구조를 형성한다. 이 망상 구조의 선이 닿지 않는 지역에는 종종 미시간 분지, 일리노이 분지, 미시시피강 삼각주, 윌스턴 분지 같은 대륙 분지가 있는 것으로 드러난다. 그리고 이런 분지의 테두리는 열점의 경로 위에 늘어서 있는 구조 아치다. 모건의 생각에 따르면, 거대한 대륙 분지는 솟아오른 열점이 분지의 경계를 만들면서 생성되는 것일지도 모른다. 그레이트 미티어의 경로는 허드슨만 분지와 미시간 분지 사이를 지난다. 어느 고생대의 열점은 미시간 분지와 일리노이 분지를 가르는 캥커키 아치를 만든 것으로 보인다. 버뮤다의 경로는 일리노이 분지와 미시시피강 삼각주를 지난다. "분지는 모두 지나쳤어요." 모건은 지도를 짚으면서 이렇게 말한다. "나는 이것이 우연이라고 생각하지 않아요."

버뮤다의 열점은 내슈빌 돔을 만들었다. 백악기 중기에는 오자크 고원을 융기시켰다. "열점이 뭔가를 융기시켰을 때, 그 꼭대기에서 얼마나 침식이 일어나는지는 그곳에 놓인 물질의 내구력에 달렸어요." 모건은 이야기를 이어갔다. "만약 미시시피강 하구처럼 걸쭉한 진흙 상태라면 엄청나게 빨리 침식될 것이고, 만약 규암으로 만들어졌다면 잘 견뎌낼 거예요. 더 단단한 것일수록 더 높이 서 있는 거죠." 열점의 에너지 중 상당량은 그 위에 놓인 판을 얇게 만드는 데에 쓰인다. 이미 판이 얇은 곳에서는 대부분의 에너지가 지표면 위로 올라와서 용암류 같은 형태로 분출될 것이다. 열기둥이 두껍고 오래된 크레이톤을 뚫고 올라올 때는 킴벌라이트나 카보나타이트가 만들어지거나 기체가 분출하여 외지를 만든다. 열기둥은 분화도로 표현되는데, 극도로 집중적인 화산활동을 일으키는 분화도는 맨틀에서 다이아몬드를 끌어올려 공기 중에서 마하 2의 속도로 폭발시킨다. 이 통로는 대단히 좁아서 관이라고 불린다. 폭발이 일어난 후에 관 속에 남아 있는 암석이 킴벌라이트다. 버뮤다가 캔자스 아래에 있을 때, 라일리 카운티의 킴벌라이트가 만들어졌다. 여러 해 동안 이 다이아몬드 관은 화산이 어디에 있는지 아무도 모른다는 의미에서 숨은 화산성 구조라고 불렸다. 나중에는 운석이 충돌한 자리라고 여겨졌다. 1975년, 탄화텅스텐 드릴 날을 이용해서 라일리 카운티에 있는 이 다이아몬드 관에 구멍을 뚫었다. 다이아몬드를 제외한 모든 것을 부드럽게 자를 수 있는 탄화텅스텐 드릴 날은 18미터를 뚫고 내려간 다음, 더 이상 내려가지 못하고 멈춰 섰다. 지상으로 끌어올려진 드릴 날에는 긁히고 파인 자국이 남아 있었다. "운석이 충돌한 자리"는 버뮤다 열점의 경로를 따라서 테네시, 켄터키 남부, 미주리에도 있었다. 모건은 그것을 분화도라고 생각한다. 그의 표현을 빌리면, 그것은 "열점 폭발hot-spot blast"이었다. 그 관들은 고생대 암석의 기질 속에 들어 있다. 만약 그것이 정말로 운석이 충돌한 자리였다고 하더라도, 열점은 그 지역의 융기와 침식을 일으켜 그것이 드러나게 했을 것이다. 모건의 말을 요약하면 "어느 쪽이든 유효하다"는 것이다.

버뮤다 열점이 와이오밍의 지하에 있던 백악기 네오코미아 시대에는 로키산맥이 존재하지 않았지만, 아이다호의 저반을 이루는 마그마는 최근에 버뮤다 열점의 경로에서 조금 떨어진 곳으로 들어왔다. 버뮤다 열점이 워싱턴주 아래에 있었을 때, 워싱턴주는 푸른 바다였다. 이 경로를 따라 2억 년을 더 거슬러 올라가면, 버뮤다 열점은 알래스카의 야쿠타트 아래에 있었을 것이다. 프린스턴대학의 어느 학회에서 이런 이야기를 대체로 처음 들은 한 대학원생은 "마치 규칙 없는 체스 놀이를 하고 있는 것 같다"고 말했다.

지난 2000만 년 동안, 우리가 '옛 서부'라고 부르는 지역을 지나면서 지형 전반의 형태에 많은 영향을 끼친 열점은 옐로스톤만이 아니었던 것으로 여겨진다. 옐로스톤보다 덜 격렬했던 어느 열점은 현재 뉴멕시코 래턴 아래에 자리를 잡고 있다. 그곳의 지표에는 화산이 있다. 래턴의 열기둥은 오클라호마 쪽으로 튀어나온 텍사스 북부 지역과 콜로라도 남부의 고원을 융기시켰다. 이곳에서 동쪽으로 흘러간 용암은 오클라호마 서부까지 이르렀다. 옐로스톤과 나란한 이 열점의 경로에는 로스앨러모스 위의 헤이메즈 칼데라가 포함되며, 시작점은 태평양이었을 것으로 추측된다. "콜로라도 고원, 그레이트플레인스, 로키산맥의 탁상지를 융기시킨 것은 무엇인가?"라는 질문에 대해, 열점 학설은 "래턴과 옐로스톤의 열기둥"이라는 답을 내놓는다. 유타와 네바다가 이 열점들을 가로질러 지나가는 동안, 열기둥은 리노와 솔트레이크시티 사이의 거리를 800만 년에 걸쳐 약 100킬로미터 벌려놓는 신장 단층 작용을 일으켰다. 그 결과, 땅이 단층 지괴들로 끊어지면서 베이슨앤드레인지라는 지질구가 형성되었다. 브리티시컬럼비아대학의 지구화학자이자 지질연대학자인 리처드 암스트롱이 암석 연대 측정 실험실에서 수행한 연구로 밝혀낸 바에 따르면, 베이슨앤드레인지의 단층 작용은 이 지역의 서쪽 끝에서 시작되어 100만 년당 약 45킬로미터의 속도로 동쪽으로 이동했다. 이는 시간과 공간 면에서 현재 옐로스톤과 래턴 아래에 위치한 열점들에 대한 대륙의 이동과도 맞아떨어진다. 티턴산맥은 800만 년 전에 융기하기 시작했고, 확실히 래러미 조산운동의 산물은 아니다. 이 산맥은 신장 단층 작용의 결과물이며, 베이슨앤드레인지의 가장 동쪽 끝에 표현된 지형으로서 열점 이론과 맞아떨어진다. 콜로라도 고원은 두 열점의 경로 사이에 놓여 있다. 그래서 모건은 두 열점이 복합적으로 작용해 콜로라도 고원이 융기했고, 그 결과 깊은 협곡들을 파내는 유수의 에너지가 만들어졌다고 믿는다. 주변에서 모두 일어난 융기와 신장 단층 작용을 콜로라도 고원만은 어떻게 피했는지, 왜 단층 지괴로 갈라지지 않았는지에 대한 의문은 모건을 당혹스럽게 한다. 어쨌든 이 두 열점이 점점 더 땅을 밀어올리고 있다는 것을 뒷받침하는 놀라운 관찰 결과가 있다. 두 열점 사이의 선을 따라 대륙 분수계가 지나간다는 것이다.

그것은 북아메리카도 언젠가는 스네이크강 평원에 있는 옐로스톤 열점의 절취선을 따라 쪼개질 수밖에 없다는 것을 암시한다. 데이비드 러브는 "그것이 내게는 경고 신호"라고 말한다. "나는 거기에 조금 문제가 있다고 봐요. 열점 발상이 사실보다 조금 더 부풀려진 느낌이 들어요. 용어 자체도 아마 사람마다 의미가 다를 거예요. 내게 열점은 비정상적으로 온도차가 큰 지역을 의미해요. 온도가 아주 높아서 지하 깊은 곳에 곤죽 같은 화성암이 있는 곳이라고도 해석될 수 있어요. 스네이크강 평원에서는 동에서 서로 갈수록 화산이 오래되었다는 것은 넓은 의미에서는 맞는 말이에요. 하지만 세부적으로 들어가면, 앞뒤가 맞지 않는다는 것을 알게 되죠. 우리는 다양한 화산에 대해 우리가 알아야 할 연대를 다 알고 있지는 않아요. 그것을 알아야 하고, 지질학적인 관점과 시간의 관점에서 지도에 나타내야 해요. 우리는 그러려고 노력하고 있지만, 아직 그다지 만족스럽게 되지는 않았어요. 나는 훨씬 더 많은 정보를 알고 싶어요. 와이오밍 서북부에서는 화산활동이 에오세 초기인 5200만 년 전에 시작됐어요. 그 화산의 중심부는 애브사러카산맥에 있어요. 그곳에서 나온 화산 쇄설물은 물과 바람에 의해 윈드강 분지와 그린강 분지 전체로 퍼져나갔어요. 그다음에는 무슨 일이 일어났게요? 모든 것이 흐지부지됐어요. 옐로스톤-애브사러카 열점은 에오세 말에 갑자기 끝나버렸죠. 열점은 도대체 어디로 갔을까요? 이 열점은 2500만~3000만 년 후에 같은 장소에서 다시 활동을 시작했어요. 그 열기둥은 몇 천만 년 동안 무엇을 하고 있었을까요? 어떻게 다시 활성화될 수 있었을까요? 우리는 이런 질문에 대한 답을 찾아야 해요. 그리고 아직은 그 답을 얻지 못했어요. 만약 열기둥 학설이 옳았다면, 이 문제는 이미 답을 얻었겠죠."

———

고속도로 위의 우박은 눈으로 바뀌었고, 우리는 갓길에 드러누워 있는 화물 운송 회사의 연접식 트레일러 옆을 지났다. 스물여섯 개의 바퀴가 하늘을 향하고 있는 이 트레일러는 아마 (하루 이틀 전에) 바람에 뒤집혔을 것이다. 갑자기 날씨가 바뀌었고, 이제는 흰색과 파란색이 대리석 무늬처럼 어우러진 하늘 아래에서 록스프링스 융기를 오르고 있었다. 그린리버와 에번스턴을 따라 이동하는 동안, 호수 퇴적지와 황무지를 지나고 서쪽의 오버스러스트대로 올라가서 와이오밍의 끝에 이를 때까지 햇살은 계속 우리와 함께했다. 주 경계선에서는 한 무리의 갈매기가 서행차선을 평온하게 활보하면서 이곳이 유타라는 것을 상징적으로 보여주었다. 갈매기는 예전에 모르몬교도들의 목숨을 구해준 새였다. 그러나 고향으로 향하는 모르몬교도의 차량 행렬은 은혜를 갚을 생각이 별로 없어 보였다.

와이오밍이 에너지를 얻기 위해 침을 맞아왔다고 말할 수 있다면, 가장 다양한 시술을 받은 곳은 와이오밍 서남부 지역일 것이다. 와이오밍 서남부에는 록스프링스 근처의 새로운 탄전에서부터 오버스러스트대의 새로운 유전에 이르는 다양한 시설이 있고, 에오세 호수의 셰일 퇴적층에서는 실험적으로 석유를 추출하기도 했다. 사우디아라비아의 모든 암석보다 더 많은 석유를 함유하고 있는 이런 셰일 퇴적층은 와이오밍 서남부 외에 인접한 콜로라도와 유타 지역에도 있다. 이제는 유니언퍼시픽만 그런 이권을 노리는 것이 아니었다. "우리는 동부 해안과 서부 해안의 기득권층에 휘둘리고 있어요." 러브가 말했다. "이것은 에너지 식민지화라고 할 수 있어요." 그리고 우리가 이 지역을 횡단하는 동안, 풍경의 변화를 따라 다시 이 주제로 돌아올 때마다 그의 반응이 매번 똑같지는 않았다. 그의 내면에서는 과학자가 튀어나올 때도 있고, 사람들을 벌떼처럼 불러 모으는 자원탐사자의 면모가 발휘될 때도 있고, 자신의 고향 땅을 보존하려는 열정적인 환경운동가가 튀어나와서 인류와 지구를 망치는 행동을 맹렬히 비난할 때도 있었다. 러브는 국가를 위해서 돈이 될 만한 자원을 찾아다니는 암석 탐사자다. 동시에 그는 본능이 이끄는 대로 따라가는 순수과학자이기도 하다. 그는 대중 강연도 자주 하는데, 강연료는 모두 티턴 과학학교와 '하이컨트리뉴스' 같은 환경 단체에 기부한다. 따라서 그는 환경운동에 수반되는 모든 형태의 긴장 상태, 다시 말하면 그의 시대가 지닌 중대한 역설의 일부를 스스로 떠안고 있는 것이다. 내가 보기에 그는 다른 여러 환경운동가보다 아주 덜 편향적이다. 그러나 그가 속한 집단과 마찬가지로, 그 역시 상반된 이해관계에 시달리고 있다. 그는 열정적으로 와이오밍을 보살핀다. 자원 때문에 몸살을 앓고 있을지 몰라도, 와이오밍은 여전히 와이오밍이다. 그리고 불가피하게 와이오밍에 집중되는 말과 상상은 그것만으로도 그 공간에 혼란을 일으킬 수 있다. 너무나 거대한 공간, 그래서 언덕 꼭대기에 올라서면 짐 브리저가 눈으로 본 것뿐 아니라, 아득한 시간을 가로질러 아무도 본 적 없는 것까지 볼 수 있는 그런 공간이다.

록스프링스 융기는 롤린스 융기처럼 래러미 조산운동에서 부수적으로 생긴 것인데, 계속 솟아올라 산맥이 되지 못한 작은 언덕 지형이다. 도로 가장자리의 얕은 절개면에는 "붉은 개red dog"라고 불리는 붉은 클링커clinker 층이 있었다. 석탄 덩어리가 번개나 자연 발화에 의해 연소되면, 그 위에 놓인 암석이 산화되어 붉게 변한 것이 클링커다. 클링커가 있다는 것은 석탄이 있다는 표시다. 러브는 이 클링커에는 방사능이 있다고 말했다. 석탄처럼 클링커도 침출된 우라늄을 잘 받아들였다. 절개면이 높아지는 동안, 우리는 폭파 방식을 통해서 절개면 속에 들어 있는 암석의 유형을 알 수 있었다. 절개면이 거의 수직인 곳에는 사암이 있었다. 경사가 완만한 절개면에서는 셰일을 볼 수 있었다. 사암, 셰일, 다시 사암의 순서로 이어지는 도로절개면은 옆에서 보면 땅에서부터 자연스럽게 올라가면서 건물을 단단히 떠받치고 있는 버팀도리와 비슷한 모양을 하고 있었다. 경사가 완만할수록, 절개면의 암석은 더 물렀다. 가장 완만한 곳에서는 석탄이 길게 줄무늬를 그리고 있었다.

역마차 시대의 아주 작은 마을인 포인트오브록스에는 40미터 높이의 긴 도로절개면이 있었다. 이 도로절개면에 드러나 있는 엄청난 양의 모래는 어느 큰 강의 삼각주였다. 이 삼각주는 바다가 물러가고 래러미 조산운동이 시작될 때, 솟아오르고 있던 로키산맥에서 떨어져나온 물질들이었다. 우리는 그곳에서 고속도로를 벗어나 외길을 따라 북쪽으로 8킬로미터를 올라갔다. 록스프링스 융기의 옆을 지나 돌아 들어가자, 이내 탁 트인 경치가 펼쳐졌다. 동쪽으로는 희미하게 보이는 뷰트 너머로 그레이트디바이드 분지의 양 목축지가 보였고, 북쪽으로는 스팀보트산맥과 (플라이스토세에 마그마가 흘러 관입한) 루사이트힐스 뒤로 하얀 윈드리버산맥이 보였다. 그 앞쪽으로는 100여 킬로미터에 걸쳐 바르한 사구들이 펼쳐진 사막이 있었고, 그 사막 한가운데에는 와이오밍에서 가장 높은 건물이 서 있었다. 바로 짐브리저 석탄 화력발전소였다. 1970년대 중반에 건설된 이 발전소는 와이오밍 전력 수요의 네 배인 200만 킬로와트의 전기를 생산할 수 있었다. 24층 건물 높이인 이 거대한 발전소는 와이오밍에서 주청사보다 높은 건물인 샤이엔의 연방 정부 센터보다 두 배 이상 더 높았다. 발전소 건물 옆에는 네 개의 굴뚝이 솟아 있는데, 높이 150미터의 굴뚝 꼭대기는 냉각탑에서 피어오르는 연기에 가려 잘 보이지 않을 때가 많다. "이곳은 죽어라고 연기를 뿜어대고 있어요." 러브가 말했다. "바람은 오염된 연기를 퍼뜨리죠. 날씨가 추울 때는 황산이 침전되어 구름이 노래져요. 그건 사람한테도, 식물한테도 몹시 해로워요. 이 발전소만 생각하면 슬프고 좌절감이 들어요. 발전소가 건설되기 전의 물과 공기 질에 관한 기초 자료를 갖고 있어야 했는데, 우리가 놓친 거죠." 당시 그는 산에 있는 샘물에서 비소에 중독되어 몇 달을 앓기도 했지만, 자신의 탓으로 돌렸다.

짐브리저 발전소의 이면에는 철도의 무개차 대신 전선을 통해서 와이오밍의 에너지를 실어 나르겠다는 생각이 깔려 있었다. 송전탑들은 전기라는 장막을 휘감은 팔을 쭉 뻗고 있는 발레리나들처럼 오리건-아이다호 전력망을 따라 길게 늘어서 있었다. 석탄은 포트유니언 지층에 있었다. 어떤 의미에서 보면, 이 지층은 현재의 가장 하부를 이루는 지층이다. 위치상으로는 신생대의 기부로, 백악기 대멸종 이후 첫 지층이었다. 백악기 대멸종으로 대형 동물은 사라졌지만, 숲과 식물이 우거진 습지는 그렇지 않았다. 당시의 와이오밍은 현재보다 수백 킬로미터 더 북쪽에 있었고, 낮은 습지대 주위로 참나무, 느릅나무, 소나무 숲이 들어서 있었다. 땅의 높이는 해수면과 가까웠다. 산맥들이 움직이기 시작했다. 그리고 갓 솟아오르기 시작한 유인타산맥, 윈드리버산맥, 아울크리크산맥, 메디신보산맥의 비탈에서 흘러내린 퇴적물은 포트유니언층을 형성했다. 그때 진흙 속에 파묻힌 식물은 산소가 차단되면서 탄소가 보존되었다. 산맥 자체가 파묻히는 동안, 두터워진 분지 속에 떨어진 식물도 함께 파묻혔다. 파묻힌 깊이와 압력으로 인해, 식물은 무르고 푸석푸석한 아역청탄이 되었다. 아역청탄은 질이 좋지는 않았지만 그래도 불이 붙는 저유황 석탄이었다. 로키산맥 발굴 작용과 함께, 자연은 바람과 물의 형태로 이 석탄이 있는 곳까지 파고들어갔다. 석탄을 덮고 있던 1.6킬로미터 두께의 퇴적물은 자연에 의해 거의 다 걷히고, 1970년 대 중반이 되었을 때는 18미터만 남아 있었다. 당시 자연의 일을 이어받은 것은 마리온8200이라 불리는 3600만 킬로그램짜리 굴착기였다.

드래그라인이라고도 불리는 이 장비는 대단히 커서 굴착을 할 장소에서 조립해야 했고, 조립 과정은 14개월이 걸렸다. 현재 발전소에서 2,3킬로미터 떨어진 곳에서 작업하는 이 장비는 4개의 줄에 연결된 기다란 붐을 흔들면서 2.4헥타르 넓이의 지역 어디에나 닿을 수 있었고, 버킷이 한 번 움직일 때마다 약 100톤의 바위를 퍼서 다른 곳에 옮길 수 있었다. 마리온8200이 굴착을 하는 협곡 양옆으로 서 있는 절벽은 약 9미터 두께의 단단한 석탄으로 이뤄져 있었다. 이 장비는 내부가 청회색으로 칠해져 있었고, 미끄럼 방지 처리가 된 바닥과 두꺼운 강철 칸막이벽과 방수 처리가 된 것으로 보이는 타원형 문이 달려 있었다. 한 칸씩 안으로 들어가면 마지막에는 냉난방이 되어 있는 중앙 전력 통제실에 이르는데, 이곳에는 전기 모터들이 한 줄로 늘어서 있었다. 이 장비의 가장 아이러니한 점은 디젤 엔진으로 작동하기에는 지나치게 크고 강력하다는 것이었다. 이 장비의 차대 높이는 9층 건물 높이에 이르지만, 장비를 작동시키기에 충분한 크기의 디젤 엔진을 집어넣을 수가 없었다. 여기에 들어갈 수 있는 것은 전기 모터뿐이었다. 장비 뒤쪽으로는 마치 무게 4000톤짜리 쥐의 꼬리처럼 뻗어나와 있는 거대한 검은 케이블이 도랑을 지나고 언덕을 넘어서 발전소까지 이어져 있었다. 발전소의 1등 고객은 이 거대한 장비였다.

두어 시간에 한 번씩, 마리온8200은 평저선처럼 생긴 접지부에서 거대한 몸을 일으켜 어설프게 뒤뚱거리며 2미터 정도 뒷걸음질쳤다. 장비가 닿는 땅은 접지부의 가장자리로 연기가 새어나오면서 흙이 바로 석판으로 변할 정도로 극심한 압력을 받았다. 다양한 톱니바퀴들이 정확히 맞물려 돌아가면서 동력을 전달하는 이 거대한 장비는 짐브리저 발전소를 시찰 온 러시아 공학자들을 당연히 매료시켰다. 그들은 시베리아의 한 지역에 25기의 발전소를 집중적으로 건설하려고 하는데, 그 지역이 와이오밍의 스위트워터 카운티와 아주 비슷하다고 털어놓았다.

분출하는 화산이나 다를 바 없는 이 노천 광산에서는 지질 시대와 인간의 시대가 공공연하게 교차하고 있었다. 보통은 이 두 시대 사이의 긴밀한 관계가 감춰져 있다. 온갖 신호음과 높으신 분들의 회의로 가득한 인간의 시대는 물리학자들이 피코초라고 부르는 아주 짧은 순간 동안 모든 일이 일어났다. 46억 년에 걸친 지질 시대는 하나의 메시지를 전달하고 있는데, 생명체들은 그 메시지를 열어보지 않고 발신자에게 돌려보내는 편이다. 그러나 이곳에서는 깊은 과거에서 올라온 지질 시대가 현세와 합류했고, 러브는 이 상황을 지옥문이 열렸다고 표현했다. "사람들이 이것을 어떻게 보는지는 누구의 소가 들이받히고 있는지에 따라 다를 거예요. 만약 전기 사정이 좋지 않는 곳에 살고 있다면, 멋지다고 생각하겠죠. 만약 이쪽에서 바람이 불어오는 방향에 살고 있다면, 그렇지 않을 거예요. 와이오밍의 소는 들이받히고 있어요."

짐브리저 발전소의 공사가 한창일 때는 8킬로미터에 이르는 작업로를 따라 수백 개의 텐트와 트레일러가 늘어서 있었다. 그 "충격"은 약 50킬로미터 떨어진 록스프링스, 슈피리어, 그리고 주변의 다른 작은 마을들을 궁극적으로 바꿔놓았다. 트로나 채광과 석유 호황기와도 가까 웠던 그 시기에는 지역의 인구가 두 배로 늘어났다. 광풍 같은 호황이 진정된 후에도, 와이오밍 인구의 28퍼센트는 이동식 주택에 살고 있었 다. 짐브리저 발전소를 짓는 동안, 특히 록스프링스는 어디에도 마음 둘 곳 없는 사람들을 끌어들이는 마을이 되었다. 그런 사람들은 불꽃 무늬 가 그려진 픽업트럭을 끌고 마을로 들어왔다. 그곳은 술집에서 싸움이 일어나고 매춘이 횡행하는 서부의 거친 변두리였다. 거의 모두 그렇게 생각했지만, 데이비드 러브는 아니었다. "싸움도 다 예전 이야기예요." 그가 말했다. "이제 싸움이 시작되면, 시비를 거는 동안 친구들이 말려 요." 차에서는 떼어갈 수 있는 것은 뭐든지 떼어갔다. 마약상은 인간의 뇌를 마비시킬 수 있는 온갖 물질을 들여왔다. 물론 맥도널드도 생겼다. 가게의 내부는 옛날 총, 플라스틱으로 된 소 낙인 조명, 서부의 총싸움 이 낭만적으로 묘사된 그림으로 장식되어 있었다. 그림 속에는 옛날식 건물이 늘어서 있는 흙먼지 자욱한 길에서 총잡이를 태운 말들이 앞발 을 치켜들고 서 있었다. 록스프링스의 한 경찰관은 동료 경찰관을 가까 운 거리에서 사살했고, 나중에 법정에서는 동료가 자신을 죽이려 한다 는 느낌을 받았다고 말했다. 어떻게 그런 판단을 했을까? 그는 "사람이 살의를 느끼면 눈에 나타난다"고 말했다. 배심원단도 그렇게 생각했다. 그는 무죄 평결을 받았다. 일부 스위트워터 카운티 주민은 살해당한 경 찰관이 죽을 만하다고 생각한 것으로 보였다.

록스프링스에 살면서 학생들을 가르치고 있는 러브의 아들 찰리는 이곳 지역사회의 범죄 조직은 "동네 불량배 수준에 불과하다"고 말했다. 그는 이렇게 설명했다. "이 지역의 초라한 갱단은 마피아가 접촉을 원할 만큼 똑똑하지 않아요. 돼지 귀로 비단 지갑을 만들 수는 없죠."

사람들이 호황을 따라 도시로 몰려들면서 와이오밍의 카우보이 수는 6000명에서 4000명으로 줄어들었다. 어쨌든 소 1000마리당 한 사람의 카우보이가 필요했다. 낙인을 찍는 철, 소가 새끼를 낳는 철, 목초를 수확하는 철이면, 일손이 부족한 목장주는 석유 굴착 장치 근처로 가서 석유 노동자들에게 부업을 해달라고 애원해야 했다.

———

증기로 돌아가는 수냉식 발전소로서, 이 발전소는 놀라울 정도로 허전해 보였다. 강이 없어서 그런 것 같았다. 주위를 둘러싸고 있는 갈색 풍경에는 마른 협곡들이 오래된 유화의 잔금처럼 펼쳐져 있었다. 그래도 그런 협곡 중 하나인 데드맨드로 협곡에는 30헥타르 넓이의 호수가 있었고, 호수 가장자리에는 구명환, 배, 바비큐 그릴 따위가 있었다. 짐 브리저 발전소는 서쪽으로 64킬로미터 떨어진 그린강에서 분당 7만 9500리터의 속도로 물을 끌어오고 있었다. 수백 킬로미터 떨어진 와이오밍 동북부의 훨씬 더 건조한 곳에서는 한 발전소를 냉각시키기 위해, 대륙 분수계 너머로 그린강의 강물을 퍼올려서 스위트워터강까지 끌어오자는 제안이 있었다. 그러면 스위트워터강에서 노스플랫강으로 흘러 들어간 물을 조금 작은 분수계 위로 퍼올려서 파우더강 분지로 보낸다는 것이었다. 러브는 이렇게 말했다. "그러면 스위트워터 지역 전체가 망가질 거예요. 플랫강을 파괴하고 파우더강을 파괴하겠다는 거죠. 오로지 파우더강 분지의 석탄 때문에 걸쭉한 석탄물이 흐르는 파이프라인 같은 것을 만들겠다는 거죠. 기록상으로는 그곳에 석탄이 엄청나게 많아요. 만약 석탄으로 가스를 만들게 된다면, 그 석탄이 필요할 거예요.

이 제안은 분지 횡단 그린강 수로 전환 사업이라고 알려져 있어요. 그린강의 물에는 불소가 있어요. 어디가 됐든 이 물이 땅속에 스며들면, 10~15년 후에는 지하수가 오염될 수 있어요. 이 강은 트로나에서 나트륨도 받아들여요. 그린강이 지나가는 지역의 식수에는 환경보호국의 기준을 크게 초과하는 나트륨이 들어 있어요. 만약 그들이 대륙 분수계 너머로 물을 끌어오기로 결정한다면, 파우더강 분지는 제염 공장이 필요할 정도로 수질이 나빠질 수 있어요."

우리는 그린리버를 향해 이동했다. 80번 주간고속도로의 어떤 곳보다 장관을 이루는 그린리버의 도로절개면과 암석 노두의 퇴적층 속에는 그 혹독한 역사가 담겨 있었다. 지평선을 가로질러 낮게 펼쳐져 있는 검은 산들은 마치 다가오고 있는 폭풍우 같았다. 그리고 어떤 의미로 보면, 실제로도 그랬다. 그 검은 산들은 서쪽에서 밀려와 쌓인 오버스러스트대였다. 우리는 멀리 북쪽으로 그로반트산맥과 윈드리버산맥, 남쪽으로 유인타산맥의 높은 서크에 이르는 4만1500제곱킬로미터 넓이의 땅을 한눈에 바라보고 있었다. 그 땅은 대부분 건조했고, 부서지고 있는 건빵처럼 평평하게 쌓여 있었다. 이런 풍경 속에서 세계에서 일곱 번째로 큰 호수를 볼 수 있는 사람은 지질학자뿐일 것이다.

그 호수가 존재하던 에오세의 북아메리카는 현재의 형태에 가까워져 가고 있었다. 당시 뉴욕에서 파리까지의 여정은 오늘날보다 1300킬로미터쯤 짧았을 테지만, 북대서양은 충분히 큰 바다로 발달해 있었을 것이다. 애팔래치아산맥은 훨씬 더 높았다. 오대호는 없었다. 서쪽에서 그레이트플레인스가 융기하지도 않았다. 로키산맥의 전면에서는 해수면 높이의 탁상지에서 산들이 솟아올랐고, 서쪽으로 흐르는 강들은 로키산맥 전면에 있는 산맥들을 돌아 흘러서 오버스러스트로 만들어진 산맥

앞에 고여 있었다. 캘리포니아에는 시에라네바다산맥이 없었고, 네바다와 유타에는 베이슨앤드레인지의 산맥들이 없었다. 태평양 연안에서 온 축축하고 부드러운 땅만 있었을 뿐이다. 이런 에오세의 북아메리카에서, 대륙 양쪽의 가장자리에서 동시에 안쪽을 향해 오다보면 아조프해를 닮은 호수에서 만나게 될 것이다. 길이 240킬로미터, 폭 160킬로미터의 이 호수는 북아메리카의 이리호, 아프리카의 탕가니카호, 캐나다의 그레이트베어호보다 더 컸다. 이탈리아의 마조레호에 비하면 200배나 더 컸다. 1세기 전에 한 지질학자가 고슈트호라고 부르기 전까지, 이 호수는 이름조차 없었다.

호수는 수명이 대단히 짧아서 지질에 거의 기록을 남기지 않는다. 호수는 강이 툭 불거지는 곳에 생기는 일시적인 지형학적 현상이다. 호수는 물이 찼다가 저절로 빠지거나, 그냥 증발되어 사라진다. 호수는 지속적이지 않다. 오대호의 수명은 2만 년이 채 되지 않았다. 그레이트솔트호도 2만 년이 되지 않았다. 고슈트호가 마지막 퇴적층 속으로 사라지면서 수명이 다했을 때의 나이는 800만 년이었다.

록스프링스의 서쪽에서 우리는 급경사면과 마주쳤다. 화이트산이라 불리는 이 절벽은 킬페커크리크의 계곡에서 300미터 높이로 우뚝 서 있었다. 화이트산은 구조적인 의미에서 진정한 산이 아니었다. 습곡이나 오버스러스트로 만들어진 산도 아니고, 화산도 아니었다. 이 산은 캐츠킬이나 포코노처럼 층을 이룬 평평한 암석이 물에 잘려 떨어져나온, 지질학적으로 특별할 것 없는 한 조각의 암반일 뿐이었다. 사실 그 조각은 고슈트호의 바닥이었고, 800만 년의 시간이 거의 다 담겨 있었다. 이 호수는 처음에는 민물호수였다가 차츰 물이 줄면서 결국 씁쓸한 짠물호수가 되었을 것이다. 어쩌면 듬성듬성 바닥을 드러냈을지도 모른다.

훗날 기후가 다시 습해지면서 분지에 물이 채워지자, 호수는 최대 크기로 커졌다. 화이트산에서는 이런 단계들을 모두 볼 수 있었다. 산 중턱에는 건조한 소금 사막에 해당되는 구간이 있는데, 거의 흰색에 가까울 정도로 은은한 밀짚색을 띠는 이 구간 때문에 이 절벽은 화이트산이라 불리게 되었다. 이 지층을 드러낸 물길은 산 아래쪽에 놓여 있었다. 킬페커크리크의 (초석saltpeter이 가득한) 시냇물은 비터크리크로 흘러들어갔고, 곧 그린강과 합류했다.

도로를 따라 3킬로미터쯤 내려가자, 호수 바닥의 뱀 눈 같은 터널 두 개가 나타났다. 뉴욕과 샌프란시스코를 잇는 80번 주간고속도로의 터널 세 개 중 하나인 이 터널은 화이트산 중턱에 있어야만 했다. 그렇지 않으면, 고속도로는 왼쪽으로 불룩 튀어나와서 그린리버 시내를 망가뜨려야 했을 것이다. 뷰트들이 성곽의 흉벽처럼 늘어서 있는 능선 위로 타워 사암이 솟아 있었다. 뷰트들은 도시 외곽의 건물들처럼 띄엄띄엄 늘어서 있었다. 멀리 왼쪽에는 지질학자 존 웨슬리 파웰이 1869년에 배를 띄운 섬이 있었다. 이곳을 출발한 한 무리의 작은 배들은 그린강의 본류로 들어갔고, 북아메리카에서 가장 거센 급류에서 살아남았다. 이 여정은 그랜드캐니언을 통과한 최초의 항해로 알려졌다. 거대한 사암 기념물이 서 있는 갈색 셰일 아래로, 터널은 짠물 시기의 호수 바닥을 뚫고 지나갔다.

우리는 터널의 서쪽 끝에서 밝은 곳으로 빠져나왔다. 터널 주위에는 높은 보루를 이루는 뷰트들이 촘촘하게 서 있었고, 거의 2킬로미터에 걸쳐 뻗어 있는 도로절개면과 강가 절벽에는 평탄한 지층이 거대한 규모로 펼쳐져 있었다. 1870년, 윌리엄 헨리 잭슨은 그 이듬해에 이뤄진 헤이든의 답사를 위해 이 풍경을 사진으로 남겼다. 뷰트에는 '톨게이트 바위' '찻주전자 바위' '설탕항아리 바위' '거인의 엄지손가락' 같은 이름이 붙게졌다. 러브는 톨게이트 바위 위에는 인디언의 암각화가 있지만 너무 높아서 잘 보이지 않는다고 말했다. 그는 "그곳에 올라가려면 산양이 되어야 한다"며 이야기를 이어갔다. 그 이야기를 하기가 무섭게, 타워 사암의 기슭에 있는 원뿔 모양의 너덜겅 위에 석고처럼 하얀 형체가 나타났다. 형체는 암각화와 가까운 곳에서 미동도 없이 서 있었다. "암각화가 어디 있는지 알고 싶은 사람이 있다면 산양을 찾으라고 이야기해줘요." 그는 내게 이렇게 조언했다. "산양을 찾으면 언제나 암각화를 찾을 수 있어요."

화이트산의 중간에서 조금 위에는 인산염과 우라늄을 함유한 사암층이 있었다. 러브가 그 사실을 아는 까닭은 그 우라늄을 그가 발견했기 때문이다. 바다가 아닌 곳에서 만들어진 인산염층은 세계적으로 유례가 거의 없으며, 기이하게 사라진 이 호수의 여러 유산 중 하나였다. 몇 킬로미터에 걸쳐, 함 우라늄 인산염 사암은 주간고속도로의 경로에서 낮은 능선을 형성했고, 그 사암을 곧장 뚫고 지나가는 고속도로는 모든 운전자에게 몇 밀리뢴트겐씩의 방사능을 투사해 졸음운전을 방지했다.

러브도 퇴적의 이야기가 구조 운동의 역사를 아주 많이 반영하고 있다고 말했다. 퇴적층을 거꾸로 읽어나가면 산맥들의 형성 과정도 알아낼 수 있었다. 이를테면 유인타산맥과 윈드리버산맥에서 유래한 퇴적암의 위치 및 연대에서는 윈드리버산맥이 먼저 발달했다는 것이 드러난다.

고슈트호의 역사에서는 모든 순간마다 생명이 충만했다. 소금 평원 위로는 짠물파리가 앞이 보이지 않을 정도로 역겨운 구름을 이루고 있었고, 물속에는 길이가 3.6미터인 악어와 무게가 18킬로그램인 물고기가 있었다. 에오세의 와이오밍에는 이런 것들이 있었고, 붕메기, 아미아고기, 곱상어, 골설어, 매가오리, 청어 따위가 다양한 시기에 이 호수에 살았다. 미국 자연사박물관에는 고슈트호에서 청어를 삼키려고 하는 연농어목 물고기의 화석이 있다. 4600만 년 된 이 화석에는 2~3초 동안 벌어진 다급한 상황이 고스란히 남아 있다. 이 박물관이 소장하고 있는 전 세계 척추동물 화석은 다섯 점 중 한 점이 와이오밍에서 발굴되었고, 그중에서도 고슈트호와 그 주변에서 나온 것이 큰 비중을 차지한다. 호수 주변에는 붉은 장미, 실고사리, 히비스커스, 무화자나무, 풍선덩굴, 모감주나무가 자랐다. 소나무, 미국삼나무, 포플러, 플라타너스, 사이프러스나무, 단풍나무, 버드나무, 참나무 같은 나무들도 대체로 잘 알아볼 수 있었다. 소금쟁이, 멸구, 바구미, 귀뚜라미 같은 곤충도 있었다. 하늘에는 군함조가 가득했다. 얕은 물가에는 조류藻類가 두텁게 쌓여 있었다. 800만 년에 걸친 모든 단계에서, 퇴적물과 함께 쌓인 엄청난 양의 유기물은 오늘날 함유셰일의 형태로 보존되어 있다. 유인타산맥 너머에도, 콜로라도 서부에서 유타주까지 이르는 거대한 호수가 있었다. 유인타호라 불리는 이 호수와 고슈트호, 그리고 더 작은 몇몇 호수의 셰일층 속에 들어 있는 석유의 양은 약 1조5000억 배럴로 추정된다. 세계에서 가장 많은 탄화수소가 이곳에 매장되어 있는 것이다. 이는 사우디아라비아 원유 매장량의 약 9배이며, 미국에서 지금까지 퍼올린 석유의 10배에 달하는 양이다.

　그린리버에는 이른바 마호가니 절벽이라 불리는 독특한 긴 절개면이 있는데, 이곳에는 함유셰일이 특별히 풍부하다. 이 절벽은 나무보다는 점판암이 얇게 쌓인 청백색 석판과 더 비슷해 보인다. 함유셰일의 겉면은 항상 청백색으로 풍화되어 있지만, 내부는 색이 진하고 나무처럼 우툴두툴하다. 층리가 얇을수록 유기물의 비율이 높다. 가장 기름을 많이 머금은 짙은 색 조각은 1년의 퇴적을 나타내는 두께가 1만5000분의 1밀리미터였다. 러브가 바위에 염산을 조금 떨어뜨리자, 염산은 등을 동그랗게 부풀린 고양이처럼 송글송글 맺혔다. "사실 이것은 케로겐kerogen이에요." 그가 말했다. "케로겐은 파라핀유로 전환돼요. 펜실베이니아의 원유와는 달라요."

함유셰일이 광업공학자에게 제시한 문제는 아주 명확하며, 아직까지 해결되지 않았다. 어떻게 하면 지구의 표면을 파괴하지 않으면서 셰일을 제거할 수 있을까? 지금까지 고려되었던 방법은 크게 세 가지였다. 하나는 노천 채굴한 셰일을 부숴서 석유를 분리하고 남은 찌꺼기를 평평하게 펼쳐놓는 것이다. 이 방법은 약 6만5000제곱킬로미터의 땅을 완전히 뒤바꿔놓을 수도 있다. 두 번째는 땅속으로 파고들어가서 일정량의 암석을 캐낸 다음, 그 자리를 다시 찌꺼기로 메우는 것이다. 이 방법은 "제자리 변형modified in situ" 접근법이라 불린다. 그리고 마지막으로, 구멍을 뚫고 프로판을 주입한 다음 불을 붙이는 방법이 나왔다. 그 열기로 인해 액체 상태의 기름이 셰일에서 빠져나오게 될 것이다. 그런 다음 기름을 불길에 파괴되기 전에 재빨리 다른 구멍을 통해서 끌어올리는 것이다. 이 불은 클링커에 붙은 불처럼 무한정 계속되지는 않을 것이다. 산소가 공급되지 않으면 불꽃은 죽어버린다. 이 방법은 "제자리 충실true in situ" 채굴법이라고 알려졌고, 몇 킬로미터 떨어진 화이트산에서 연방 정부가 이 채굴법을 시험하고 있었다. 지금까지의 실험으로 채굴 비용은 배럴당 100만 달러로 낮아졌다. 언젠가 사이엔에서, 나는 땅콩버터 병에 가득 들어 있는 그런 기름을 본 적이 있다. 그것의 모양과 냄새는 마치 오랫동안 비우지 않은 침 뱉는 통 속의 내용물 같았다.

1조5000억 배럴이라는 추정치는 모든 셰일에 케로겐이 들어 있다는 가정하에 나온 것이기 때문에, 조금 부풀려진 것이다. 석유가 풍부한 셰일에는 톤당 95~245리터의 석유가 들어 있는데, 그 암석에 함유된 기름의 양은 6000억 배럴을 넘지 않을 것이다. 그렇다고 해도 그 자리에는 지금까지 전 세계에서 생산된 모든 석유보다 더 많은 양의 석유가 있는 것이다. 러브는 "사방에서 떠들고 있다"고 말했지만, 에너지 위기가 목전에 다가오면서 정부와 업계는 모두 흥미를 잃고 발을 빼려 하고 있었다. 아마 일시적인 후퇴일 것이다. 조만간 사람들은 그 셰일을 원하게 될 것이다.

———

러브의 말에 따르면, 산이 앉을 자리에 고슈트호가 그렇게 오랫동안 지속되기 위해서는 놀라우리만치 섬세한 지각의 균형이 필요했다. 퇴적물을 받아들일 수 있도록 호수에 계속 물이 고여 있으려면, 호수 바닥이 두터워지는 동안 적당한 속도로 가라앉아야만 했을 것이다. 고슈트호의 퇴적층은 바닥에서 꼭대기까지의 평균 높이가 약 800미터다. 이 퇴적층에는 어떤 높이에나 석유가 들어 있다. 퇴적층의 중간에 있는 증발 시기는 고슈트호의 진하고 복합적인 소금물이 구역질 날 정도로 파리 떼가 윙윙거리는 진흙 평원으로 둘러싸여 있었다는 것을 나타낸다. 세계적으로도 보기 드물게 진한 농도의 이 소금물에서는 세스퀴탄산나트륨sodium sesquicarbonate, 즉 트로나가 침전되었다. 트로나는 1938년에 발견되었지만, 1960년대가 되어서야 선풍이 불기 시작했다. 우리는 그린리버에 있는 암석에서 짭짤한 결정의 맛을 느껴봤다. 이곳의 지층은 지하의 광산을 가리키며 서쪽으로 기울어 있었다. 트로나는 도자기, 섬유, 펄프와 종이, 철강의 주원료이며, 특히 유리에서는 무엇보다 중요하다. 러브는 단순히 열차의 화차를 세차하는 과정에서 매일 2톤 이상의 트로나가 그린강으로 흘러들어가고 있으며, 트로나에는 다량의 나트륨이 들어 있다고 말했다. 와이오밍 환경부는 화차의 세차를 중단시켰다. 러브의 말에 의하면, 그린리버에는 트로나가 있는 곳까지 관정을 뚫어서 물을 끌어올리는 맥주 양조장이 있었다. 그 맥주는 발포정처럼 거품이 났다. 우리가 있는 곳에서 몇 킬로미터 남쪽에는 플레이밍 협곡 저수지로 흘러들어가는 물이 있었다. 미 연방 국토개발국에서 댐을 건설하기 전, 플레이밍 협곡은 미국 서부에서 손꼽히는 절경이었다. 불꽃처럼 붉은 트라이아스기의 지층이 아치를 그리고 있는 210미터 높이의 협곡은 댐이 건설되고 난 후에는 거의 다 물에 잠기고 바위 끝만 살짝 물 밖으로 올라왔다. 저수지는 80킬로미터에 이르는 강의 흐름을 멈추게 했다. 수위가 높을 때는 저수지의 물이 트로나층을 통과하기도 한다. 수위가 낮아지면 용해된 트로나가 암석 밖으로 나와 저수지로 흘러내린다. 다시 수위가 높아지면 바위는 또 물에 잠기고 더 많은 트로나가 용해된다. 그로 인해, 하류에 위치한 파월호와 미드호는 화학물질 저수지가 되어가고 있다고 러브는 말했다. "그리고 결국 그 물을 이용하는 사람들은 멕시코의 가난한 농민들이에요. 우리는 그 물에서 염분을 제거해야만 해요." 고속도로를 따라 몇 킬로미터를 내려가서 블랙스포크강을 건널 때, 범람원에 하얗게 말라붙어 있는 알칼리 염류가 보였다. 도로 양편으로는 버려진 농가 주택과 버려진 헛간들이 보였다. 쓰러져가는 빈 구조물에서는 검게 썩어가는 판자들이 떨어져 있었다. 강의 침전물과 버려진 농가는 무관하지 않았다. 러브는 이것이 리먼 관개 계획 때문이었다고 설명했다. 국토개발국이 구상한 리먼 관개 계획은 와이오밍 서남부를 위스콘신에 뒤지지 않는 지역으로 만들기 위해서 시도되었다. 블랙스포크강에는 1971년 댐이 건설되었고, 그 물은 땅에 스며들었다. 땅은 표백한 다리뼈보다 더 하얗게 변했다. 지금도 살짝 눈이 덮인 것처럼 보였다. 러브는 "알칼리 염류가 땅을 망쳐놓았다"고 말했다. "이곳은 배수 시설이 너무 열악해서 이 염류를 씻어낼 수가 없어요. 저 농민들이 마시는 물속에 들어 있는 나트륨을 상상해봐요."

한편, 그린리버 서쪽에는 흰 연기를 뿜어내는 높은 굴뚝 하나가 뜬금없이 산맥 위로 솟아 있는 것처럼 보였다. 산에 가려 보이지 않지만, 그 굴뚝 아래에는 트로나 정제 공장이 있었다. 그리고 그 공장 아래에는 트로나 광산이 있었다. 나는 6개월쯤 전의 어느 겨울날 저 아래에 내려간 적이 있었다. 그곳 사람들은 이 공장 굴뚝에서 나오는 흰 연기가 순수한 수증기라고 내게 말했다.

"주를 가로지르면서 지나가요." 러브가 말했다. "수증기치고는 꽤 오래 가는 편이에요."

그는 정제 공장에서 수증기와 함께 불소도 나오고 있다고 말했다. 바람을 타고 내려앉은 불소는 불소증을 일으킬 수도 있었다. 러브는 불소가 윈드리버산맥에서 숲을 망가뜨리고 있을지도 모른다고 생각했다. 오후의 하늘은 구름 한 점 없었지만, 완전히 맑지는 않았다. "지금 보이는 안개는 와이오밍을 가로질러 움직이는 트로나 안개예요." 그가 말을 이어갔다. "예전에는 결코 이렇지 않았어요. 평상시에도 멀리 있는 산을 또렷하게 볼 수 있었어요."

트로나는 굵기가 손톱 정도이고, 대부분 벌꿀색 버터크런치처럼 생겼다. 나는 지금 우리가 있는 곳에서 약 300미터 아래에 있던 어느 야외용 탁자에서 커피를 마신 기억이 났다. 해질 무렵 카프카의 세계처럼 칙칙한 그곳에서는 다이너마이트가 일으키는 천둥소리가 여기저기서 터져나왔다. 다음 폭발이 일어날 자리를 정하기 위해 3미터 길이의 봉에 달린 사슬톱들이 바위를 잘랐다. 도시락 가방에 붙어 있는 스티커에는 이렇게 쓰여 있었다.

회오리바람을 만나면,
운명에 도전하지 마세요.

탈출구가 막혔을 때: 1. 방어벽을 친다. 2. 귀를 기울인다. 3. 총을 쏜다. 4. 힘껏 열 번 두드려서 신호를 보낸다. 4. 15분 쉬었다가 다시 신호를 보낸다. 5. 다섯 번의 총소리가 들리면, 당신의 위치를 알고 도움을 주러 오고 있다는 뜻이다.

러브는 이렇게 말했다. "미국 동남부는 미국의 뇌졸중과 고혈압 지대예요. 물에 포함된 나트륨 때문이죠. 이곳도 그에 뒤지지 않아요. 어쩌면 여기가 더 앞설지도 몰라요."

몇 년 전, 크리스탈크리크에서 가까운 그로반트강에서 러브는 말들이 클로버리 지층을 먹고 있다는 것을 알았다. 말들은 지층의 노두에 코를 들이밀고 백악기의 부드러운 석회 덩어리를 후루룩거리며 먹고 있었다. 그는 이 말들이 어디에서 왔는지를 짐작할 수 있었다. 말들은 윈드리버산맥 서쪽 기슭에 자리한 파인데일 근처의 코라에서 왔을 것이다. 래러미 조산운동으로 산맥이 융기하기 시작했을 때, 윈드리버산맥은 서쪽으로 몇 킬로미터를 움직이면서 그 지역의 유일한 석회암을 완전히 뒤덮었다. 그 결과, 파인데일에서 자란 대학 신입생들은 의치를 해야 하는 경우가 드물지 않다고 러브는 말했다. 파인데일은 와이오밍에서 충치가 가장 많은 지역 중 한 곳이다. 조지아 서배너의 관상동맥 혈전증처럼, 파인데일의 우식증도 지질학적 이유에서 발생한다.

러브의 말에 따르면, 어딘가에서 구상 중인 지열 프로젝트에서는 옐로스톤 동남쪽에 위치한 아일랜드파크 칼데라의 뜨거운 지하수를 개발할 계획이었다. 많은 사람이 내심 가장 궁금하게 여기는 점은 올드페이스풀을 비롯한 옐로스톤의 다른 간헐천들이 어떻게 될지에 관한 문제일 것이다. 뉴질랜드에서는 지열 에너지를 이용하기 위해 세계에서 다섯 번째로 큰 간헐천 지대를 개발했다. 그러자 마치 손으로 밸브를 잠근 것처럼, 카라피티의 간헐천이 즉시 분출을 중단했다. 한때 네바다에는 옐로스톤 못지않은 간헐천 지대가 있었다. 그러나 1961년에 지열 우물을 파기 시작하면서 네바다에서는 간헐천이 사라졌다. 올드페이스풀은 인간의 손길이 닿지 않아도 충분히 문제가 생기고 있었다. 1세기 동안, 그리고 아무도 모르는 오랜 시간 동안, 올드페이스풀 간헐천은 평균약 70분 간격으로 분출을 계속해왔다. 그러나 1959년에 가까운 몬태나에 있는 헤브겐호에서 지진이 일어난 뒤로는 간헐천의 분출이 느려졌다. 1975년과 1983년에 추가로 지진이 일어나면서, 올드페이스풀은 방문객이 불만을 터뜨릴 정도로 분출 주기가 불규칙해졌다. 올드페이스풀에는 경기장 관중석처럼 간헐천을 둘러싸고 있는 관람석이 있는데, 그곳에 모인 사람들은 올드페이스풀이 그 이름처럼 믿음직하게 "작동하기를" 기대한다. 수문학자들이 말했듯이, 물과 증기로 만들어진 뻐꾸기 시계처럼 제시간에 땅의 틈새로 터져나오기를 바라는 것이다. 크게 실망한 방문객들은 분출을 독려하며 함께 박자에 맞춰 박수를 치기도 하고, 국립공원 관리자에게 간헐천의 수리를 요구하기도 하는 모양이었다. 이 사실을 알게 된 어느 과학자는 어깨를 한번 으쓱하고, 관찰을 하고, 법칙을 만들 수 있었다. 이 법칙에 따르면, 불만의 크기는 사람들이 옐로스톤 국립공원에 타고 온 차의 연비에 반비례한다.

지질이 미치는 의학적 영향에 조예가 깊은 러브는 다른 문제에도 관심을 두고 있었다. 그는 대중 강연을 하거나 미 상원의원들과 만나면, 지열 우물에서 스네이크강으로 방출되어 헨리스포크를 통해 1600킬로미터 떨어진 하류까지 운반될 방사능 물에 대해 어떤 생각을 갖고 있는지 그들에게 물었다. 어쨌든 크로피시크리크, 폴캣크리크, 허클베리 온천에서 방사능 물이 나왔고, 옐로스톤의 피치스톤 고원은 말할 것도 없었다. 피치스톤 고원에는 방사능 식물의 군락지가 있다. 그리고 그 식물을 먹고 사는 흙파는쥐, 생쥐, 다람쥐 같은 동물들도 방사능에 오염되었다. 이 동물들의 몸속에는 라듐이 너무 많이 농축되어서 인화지 위에 갖다 놓으면 그대로 사진이 찍힐 정도였다. 러브의 질문에 한 상원의원은 "아무도 그런 이야기를 해주지 않았다"고 말했다.

───

새롭게 석유가 나오면서 뒤늦게 이목이 쏠리고 있는 오버스러스트대에서는 거대한 단층 지괴가 더 젊은 암석 위로 밀려 올라가서 얹혀 있었기 때문에, 지형을 따라 위로 올라가는 동안 우리는 시간을 따라서는 아래로 내려가는 셈이 되었다. 첫 번째로 나타난 높은 산은 연대가 백악기였고, 우리는 그곳에 오르기 위해 고속도로를 벗어났다. 두 줄의 바퀏 자국이 나 있는 대단히 가파른 흙길을 따라 우리는 산골짜기로 들어갔다. 이른바 주향계곡이라 하는 이런 유형의 계곡은, 지층의 각도가 위로 향하고 지층의 한 부분이 그 양옆보다 더 무른 곳에 형성될 것이다. 높은 계곡 언저리에는 노간주나무가 늘어서 있었고, 동쪽 가장자리를 따라서는 우주비행사가 감탄할 만한 경치가 펼쳐졌다. 왼쪽에서 오른쪽으로 둘러보면, 유인타산맥에서 윈드리버산맥까지 240킬로미터에 걸친 풍경과 사이사이에 놓인 황무지들이 한눈에 들어왔다. 황무지에는 메워진 호수 위에 에오세 후기의 강 진흙과 모래가 아무렇게나 흩어져 있었고, 이제는 변덕스럽게 쏟아지는 폭우가 그 진흙과 모래를 더 멀리 흩어놓고 있었다.

물이 가장 많은 습지 한가운데에는 수백 그루의 나무가 잘린 은회색 흔적이 남아 있었다. 탁 트인 그곳에서 나무들은 강낭콩 모양의 담장처럼 배치되어 있었는데, 그 넓이는 대략 6헥타르였다. 나무들은 희미하게 이중 울타리 모양을 이루고 있었다. 작은 틈새 하나만 남기고 둘러쳐진 그 울타리는 아마 헤아릴 수 없이 오랜 세월 동안 영양을 잡는 덫으로 쓰였을 것이다. 가지뿔영양 구이를 좋아한 사람들은 영양이 담장을 기어오르지 않는다는 사실을 수 세기 전에 발견했다. 웨스턴와이오밍 지역사회 대학에서 인류학과 지질학을 가르치고 있는 러브의 아들 찰리는 이 덫에 관해 알아냈고, 그 덫을 활용하는 효과적인 전략을 생각해냈다. 러브는 "원주민만큼 영리하게 생각하는" 아들에 대해 자랑스럽게 이야기했다. 높은 계곡은 아름다운 고요를 단단히 지키고 있었다. 그 고요는 베이슨앤드레인지의 고요를 연상시켰고, 겨울 유콘강의 고요를 똑 닮았다. 영양을 잡는 덫은 유일한 인간의 흔적이었다. 이것이 백인이 나타나기 전의 오버스러스트대였다. 영리하기는 하지만 원주민처럼 생각하지 않는 백인은 지형을 측량하고, 지질 구조의 모형을 만들고, 그 아래에 있는 것을 꺼내려고 했다. 그곳의 산과 계곡에는 마운틴블루벨, 솔트세이지, 꽃잔디, 백년초가 있었다. 러브는 땅에서 식물 하나를 뽑아 들고 내게 뭔지 아느냐고 물었다. 본 적이 있는 것 같았다. 나는 "달래"라고 대답했다.

그가 말했다. "이것은 독애기나리예요. 먹으면 바로 죽어요. 이것 때문에 개척민 아이들이 많이 죽었어요. 개척민들도 이것을 달래라고 생각했죠."

갑자기 거대한 고요를 깨뜨리며 총소리가 들렸다. 계곡 서쪽 끝에 사륜구동차 두 대가 굉음을 울리면서 갑자기 나타나더니 푸른 연기를 내뿜고 사라졌다. 그들은 계속 총을 쏘아대면서 북쪽으로 이동했다. 이 지역은 지금 크게 북적이고 있지만, 이것도 다 한철이다. 한동안 이곳도 불꽃 그림으로 장식된 픽업트럭의 세상일 것이다. 잡지들은 이 지역을 "북아메리카에서 가장 인기 있는 석유와 가스 지대"로 묘사했다. 러브는 이 묘사에 당혹감과 씁쓸함을 느꼈다. 북아메리카에서 가장 인기 있는 석유와 가스 지대의 4분의 3은 사람들의 무관심 속에 방치되어 있었기 때문이다.

러브는 "이 지역에 유전이 있을 가능성에 대해서는 1907년에 기록되었다"고 말했다. "그것을 지금 그들이 '찾고' 있는 거예요. 그 논문은 1907년에 지질조사소의 A. C. 비치가 쓴 것인데, 그냥 무시됐어요. 1975년까지는 이 스러스트대에는 석유가 없다고 말했죠. 이제 이 지역은 뜨거운 관심을 받고 있어요. 비치는 80번 고속도로가 지나가는 이 스러스트대의 한 부분을 연구했어요. 그는 석유가 그곳에 있어야 한다고 했고, 어디에 있을지를 예상했어요. 그의 논문은 매우 훌륭해요. 그의 논문이 무시됐다는 사실은 대부분의 석유 회사와 지질학자들이 얼마나 근시안적인지를 단적으로 보여줘요. 이 스러스트대와 가까운 그린 강 분지에 위치한 라바지 유전은 1924년에 발견됐어요. 그로부터 20년 후에는 라바지 유전에서 나오고 있는 석유의 양이 그 구조에 포함될 수 있는 양보다 더 많다는 것이 분명해졌고요. 석유는 스러스트대에서 이동하고 있었어요. 우리는 눈앞에 있는 증거를 보지 못하고 있었어요. 사람들은 그 문제에 관해 이야기를 하고, 왜 그런지 궁금하게 여겼어요. 이제 분지 가장자리는 새로운 유전 개발 장소로 떠오르고 있습니다. 산맥이 분지에 얹혀 있는 곳은 어디든지, 백악기 암석과 팔레오세 암석 아래에 석유와 가스가 있을 가능성이 꽤 높아요. 몬크리프 석유 회사는 아미토에서 약 2750미터의 화강암을 뚫고 백악기 암석까지 들어가서 유전을 얻었어요. 지금까지 본 것 중 가장 뭣 같은 유전이죠."

80번 고속도로를 따라 와이오밍의 끝으로 향하는 우리는 시추 장비와 펌프잭들 사이를 지나고 있었다. 그중 일부는 다른 어떤 유전보다 산유량이 높았다. 러브가 말했다. "이 시추 장비들은 풍경을 아주 많이 손상시키지는 않아요. 이것 아니면 저것이라는 식으로 극단적일 필요는 없어요." 나는 윈드리버산맥의 남쪽 끝에 있는 타코나이트 광산에서 선캄브리아 시대의 변성퇴적암을 내려다보던 러브의 모습이 기억났다. 그곳은 한 면의 길이가 약 1.6킬로미터인 사각의 노천 광산이었다. 나는 그에게 이런 곳을 보면 어떤 기분이 드는지 물었고, 그는 이렇게 답했다. "그들은 산을 한쪽만 파괴하고 있어요. 노천 광산 뒤로는 눈 덮인 산꼭대기가 있어요. 이 정도는 감수하며 살 수 있죠. 이것은 우리 나라를 움직이는 혈액 같은 것이니까요." 나는 베어투스 고속도로가 건설될 때의 일도 떠올랐다. 스위스 계곡 같은 경치를 따라 독특한 아름다움을 지닌 준정상면의 초원까지 올라가는 도로의 건설이 계획되었을 때, 러브는 거동이 불편한 사람도 이런 풍경을 볼 수 있게 될 것이라는 말로 이 계획을 옹호했다.

러브는 와이오밍대학에서 무급 겸임 교수로서 대학원생들에게 래러미와 지질학에 관한 조언을 해준다. 대학원생들은 졸업 논문 주제를 정해야 할 때가 오면 상상력이 먹통이 되는 경향이 있다. 그들은 한결같이 "모든 것이 다 연구되어 있다"고 말한다.

러브는 "말도 안 된다"고 말한다. "눈을 가리고 와이오밍 지질도에 다트를 던져서 어디에 맞든지 그곳에서 논문 주제를 찾을 수 있어요."

어느 날 나는 러브가 오랫동안 현장 사무소로 이용한 잭슨홀의 작은 오두막에서 그에게 와이오밍 지질도에 다트를 던져봐도 되는지 물었다. 그는 "해보라"고 말했다. 나는 세 번 다트를 던졌다. 내가 보기에 두 번째 다트가 가장 적당한 곳에 꽂혔다. 다트는 니플메사 아래에 있는 스위트워터크리크에 안착했다. 노스애브사러카 야생 보호구역의 선라이트산에서 몇 킬로미터 떨어진 곳이었고, 13킬로미터 떨어진 곳에는 옐로스톤 국립공원이 있었다. "선라이트 관입체에 명중했네요." 러브는 이렇게 말했고, 나는 잭팟이 터졌기를 조금 기대했다. "그 지역은 아직 조사되지 않았어요. 그곳은 격자 모양으로 구획이 나뉘어 있지 않아요. 스위트워터크리크를 따라서는 광천들과 기름이 새어나오는 곳들이 있어요. 유수의 석유 회사들은 그 지역이 야생 보호구역에서 제외되기를 원해요." 러브의 말에 의하면, 세이지 풀밭을 가로질러 애브사러카산맥의 기슭까지 이어지는 빅혼 분지 유전의 존재는 구조적으로 엄청난 의문을 던진다. 빅혼 분지는 애브사러카산맥 아래에서 어디까지 뻗어 있을까? 애브사러카산맥은 화산 쇄설물로 만들어졌기 때문에, 스위트워트크리크의 냇둑에서 새어나오는 기름은 애브사러카산맥의 암석에서 유래한 것이 아니다. 러브는 빅혼 분지에서 석유를 함유하고 있는 암석이 애브사러카산맥 아래로 매머드까지 쭉 이어져 있을지도 모른다고 생각한다고 말했다.

나는 매머드라는 이름을 중얼거리며 그곳이 어디에 있는지를 떠올리고, 이렇게 말했다. "매머드는 몬태나와의 경계에 있어요. 옐로스톤 국립공원을 완전히 가로질러가네요."

그는 "그렇다"고 말했다.

1970년, 러브와 그의 동료인 J. M. 굿은 이 주제에 관한 논문을 발표했다. 그들이 가장 밋밋하고 재미없는 문장을 찾기 위해 몇 개의 제목을 퇴짜 놓은 끝에 결정한 논문 제목은 「와이오밍 서북부 지열 지대의 탄화수소Hydrocarbons in Thermal Areas, Northwestern Wyoming」였다. 지도에 꽂힌 내 다트와 관련해서는 그는 이제 이렇게 말했다. "만약 지구화학에 관심이 있다면, 그곳에서 스며나오는 기름의 조성은 아직 연구되지 않았어요. 고생대의 고유황 석유인지, 중생대의 저유황 석유인지, 제3기의 저유황 석유인지 몰라요. 누군가는 그 기름의 특성과 그것을 함유하고 있는 암석의 깊이를 알아내야 해요." 그의 어조에는 개인적인 감정이나 의견은 없어 보였다. "지구물리학에 관심이 있다면, 화산 아래에 있는 암석에서 얻는 지진파의 반향 같은 것은 어떨까요? 그 자료를 해석해 화산 이전의 구조를 알 수 있을 거예요. 화산화학적인 면에서는, 지열과 석유의 이동으로 인해서 이 에오세의 화산암에 어떤 변질이 일어났는지를 조사해볼 수도 있어요. 이런 것들은 아직까지 탐구되지 않았어요. 지역을 생각하면, 지질학자는 다트가 꽂힌 곳의 가능성을 못 본 척할 수 없어요. 과학자는, 일개 과학자가, 석유와 가스 탐사와 관련해서 어떤 공공 정책이 시행되어야 하는지를 결정하지 않아요."

어떤 암석도 옐로스톤 협곡의 암석보다 더 화산암스러울 수는 없을 것이다. 장미색과 포도주색, 짙은 적갈색, 우라늄염의 노란색을 발하는 옐로스톤 협곡의 암벽에서는 뜨거운 물과 함께 석유도 흘러나온다. 1939년 국립공원 관리청이 이 협곡에서 흘러내려가는 강에 다리를 놓기 위해서 땅을 파고 있을 때, 기름이 터져나왔다. 노동자 몇 명이 유황 증기에 질식사하는 사고도 있었다. 이런 일들이 심심찮게 벌어지고 있음에도, 지질학에는 화산이 있는 곳에서는 석유가 발견되지 않는다는 통념이 있다. 1960년대에 러브는 더 광범위한 조사를 위해 야외로 나갔다. 이를테면 그는 1.2미터짜리 쇠막대 하나를 들고 옐로스톤 안쪽 깊은 곳까지 말을 타고 들어갔다. 오솔길이 끝나는 지점에서 32킬로미터를 더 들어간 곳에서, 러브는 타르 웅덩이 같은 늪지들을 발견했다. 그가 늪지 속으로 쇠막대를 밀어넣자, 크림색 액체가 솟아올랐다. 그는 그 액체를 병에 담았다. 하루쯤 지나자 액체가 분리되었는데, 대부분은 맑은 호박색 기름이었다. 이 연구 계획을 추진하면서, 그의 내면에서는 주저하는 환경론자와 어딘가에 새로운 자원이 있는 것이 좋은 자원 개발자가 대립했지만, 과학자는 쇠막대를 들고 말을 탔다. 그는 스스로를 경멸하게 되리라는 것을 알았지만, 다른 누군가의 신념이나 의견 때문에 자신의 과학 탐구를 참을 생각은 없었다. 그는 친구들을 잃었다. 지구의 벗도 그중 하나였다. 야생보호협회, 시에라 클럽에 속한 친구들과도 소원해졌다. 그들에게 옐로스톤의 기름은 러브가 불러일으킬지도 모를 위협의 시작일 뿐이었다. 미국의 야생 보호구역은 석유처럼 중요한 뭔가가 없을 것이라는 가정하에 지정되었다. "솔직히 말하면, 시에라 클럽 같은 단체의 분노를 유발했다는 점은 신경이 쓰여요." 그날 러브는 오두막에서 이렇게 말했다. "시에라 클럽은 내 작은할아버지가 창립한 단체예요. 그리고 나는, 여기서 배신자가 되었죠."

———

 옐로스톤을 통과하던 러브와 나는 어느 날 펄펄 끓는 온천 옆에 자욱한 안개 같은 것이 피어 있는 것을 봤다. 러브는 갑자기 섬광계수기를 꺼내서 물 위에서 발생하는 섬광을 측정했다. 섬광계수계는 초당 150회를 딸깍였는데, 이는 이 온천에서 발생하는 방사능이 주변에 비해 세 배 정도 더 높다는 뜻이었다. 흥미롭기는 했지만, 그는 초당 5000회가 넘어가는 곳도 본 적이 있었기에 그다지 큰 감흥은 없었다.

 제2차 세계대전이 끝난 직후 몇 년 동안, 전 세계는 우라늄 찾기에 혈안이 되었고 지질학자들은 연구할 배경이 세 배쯤 늘어난 것 같았다. 더 크고 더 작은 우라늄 폭탄을 만드는 방식으로 미국의 안보를 강화하려는 생각에서 군비 경쟁에 돌입했을 뿐 아니라, 자연적으로 발견되는 원소 중 가장 무거운 이 원소가 값싼 비용으로 가정의 난방을 해결하고 도시를 밝히는 새로운 만능 카드가 되어줄 것이라는 희망도 있었다. 히로시마를 파괴한 암석은 콜로라도 고원에서 나왔고, 기본적으로 탐사자들을 끌어들인 곳도 그 지역이었다.

 지질학자들의 말처럼, 금속 광상은 열수 활동의 결과다. 지구화학자들은 지각 깊은 곳을 순환하는 물이 마주치는 모든 것을 받아들인다고 생각했다. 금, 은, 우라늄, 주석 할 것 없이, 열과 압력만 충분하면 무엇이든 물에 용해될 것이다. 과학자들은 금속이 물과 함께 지표 근처로 올라와서 침전된다고 생각했다. 정의에 의하면, 광맥은 온천 근처의 틈새를 채우고 있는 것이다. 이 학설은 너무 정확했기 때문에 이 논의에 다른 발상이 끼어드는 것을 차단하는 경향이 있었다.

사우스다코타에서 연구를 하던 세 지질학자는 1950년과 1951년에 석탄 광상에서 우라늄을 발견했다. 그 지역에는 열수 활동의 기록이 없었다. 아주 멀리 동쪽에서 날아온 화산쇄설물로 만들어진 올리고세의 응회암이 석탄을 덮고 있었다. 어떤 사람들은 일반적인 지하수가 응회암 속의 우라늄을 침출시켜서 석탄 속으로 운반했다고 생각했다. 만약 현재 받아들여지고 있는 모든 학설에 위배되는 이런 과정이 정말로 일어난다면, 우라늄은 열수 환경뿐 아니라 퇴적 분지에서도 발견될지 모른다. 러브가 와이오밍 분지에 대한 연구를 제안했을 때, 미국 지질조사소의 열수 연구자들은 그 계획을 조롱했을 뿐 아니라 막으려고도 했다. 때로는 과학의 정신도 그렇게 된다. 올리고세의 응회암은 로키산맥을 파묻고 있는 퇴적물의 일부이며, 산맥이 발굴되는 동안 대부분 제거되었다. 러브는 퇴적 분지를 둘러봤다. 그곳에는 잠재적인 모암들이 한때 응회암으로 덮여 있었다는 증거가 있었다. 그는 DC-3 기종의 비행기를 타고 파우더강 분지 위를 공중 섬광계수기로 조사했다. 일부 지역의 측정값은 놀라웠는데, 특히 주변보다 높이 솟아 있는 침식 지형인 펌프킨뷰트에서 강하게 나타났다. 지프를 타고 그곳에 갈 때, 러브는 확실한 조언을 얻기 위해 퇴적학자인 프랭클린 B. 반 후튼과 동행했다. 그때 이후로 반 후튼은 자신을 "데이비드 러브의 인간 섬광계수기"라고 묘사하고 있다. 러브가 알고 싶은 것은 올리고세에는 매몰된 빅혼산맥을 다 덮고 파우더강 분지 전역에 퍼질 정도로 응회암이 많았었느냐는 것이었다. 러브와 반 후튼은 노스펌프킨뷰트 정상에 올라가서, 올리고세의 응회암 속에 들어 있는 빅혼산맥 서부에서 나온 화산 자갈을 발견했다. 그런 다음 그 아래에 놓인 지층의 사암 사이로 내려오는 동안, 러브의 섬광계수기는 많은 장소에서 초당 6000회의 신호를 보냈다.

머지않아, 러브와 동료 연구진은 그의 발견을 설명하기 위해서 롤프런트roll-front 광상에 대한 개념을 발전시켰다. 롤프런트 우라늄은 혜성 모양이나 초승달 모양으로 배치되어 있는데, 지하수가 흐르는 방향은 볼록하고 뒤쪽으로 갈수록 뿔처럼 점점 좁아졌다. 러브와 그의 동료진은 6가 우라늄이 대단히 물에 잘 녹고 산화된 물에서는 쉽게 우라닐 이온uranyl ion으로 바뀐다는 사실에서부터 이 우라늄 광상의 화학적 특성에 대한 연구를 시작했다. 우라늄 용액이 대수층으로 내려가는 동안, 유기물이 특별히 많은 곳을 지나게 되면 이런 롤프런트 광상이 발달할 것이다. 유기물은 산소와 잘 결합한다. 물에 잘 녹는 6가 우라늄은 산소를 잃고 물에 잘 녹지 않는 4가 상태가 되어 $UO_2$의 형태로 석출되는데, 이것이 우라니나이트uraninite라 불리는 광물이다.

따라서 깊이 파묻혀 있는 우라니나이트를 찾는 한 가지 방법은 기울어진 대수층에 구멍을 뚫어 조사하는 것이다. 비정상적으로 농축된 유기물이 발견되는 곳이 있다면 대수층 위로 다시 구멍을 뚫어서 조사해 본다. 만약 거기서 붉게 산화된 사암이 나온다면, 두 구멍 사이의 어딘가에 우라니나이트가 있는 것이다.

러브는 지질조사소에 보낸 보고서에 "우라늄이 발견된 곳에는 부드럽고 다공질의 분홍색이나 황갈색을 띠는 사암 결핵체가 굴러다닌다"고 묘사했다. 그리고 "일부 광석에 채산성이 있고, 지역 전체에서 접근성이 좋고, 모암과 주변 지층의 성질이 무르고, 마지막으로 현재 알려진 모든 광상에 노천 채굴 방식이 적용될 수 있다는 점에서 이 지역의 개발이 매력적으로 보인다"고 덧붙였다. 러브는 이 문장으로 학계에서나 일반적으로나 와이오밍에서 상용 우라늄을 발견한 사람이자 와이오밍 우라

뉴 산업의 창시자가 되었다. 그러나 사실들은 금방 명확해지지 않았다. 러브의 보고서가 처음 나왔을 때, 지질조사소 내에서는 부정적인 반응을 보이는 사람이 많았다. 주로 열성적인 열수 연구자나 다른 방식의 우라늄 광상이 나타날 수 있다는 것을 믿을 준비가 되지 않은 사람들이었다. 미국 원자력 위원회의 원료분과 책임자는 이런 의견을 결집시켰다. 이 수상한 발견을 인정할지 부정할지를 놓고 파우더강 분지에서 위원회가 소집되었다. 한 사람을 제외하고는 모두 열수 연구자로만 이뤄진 이 위원회는 "양질의 우라늄 광석 시료가 발견된 것은 사실이지만, 경제적으로는 아무 의미가 없다"는 내용의 보고서를 내놓았다. 몇 주 안에 파우더강 분지의 그 지역에 광산이 들어서기 시작했다. 마침내 광산의 수는 64곳이 되었는데, 그중에서 가장 큰 광산은 엑슨의 하일랜드 광산이었다. 이 광산들은 32년 동안 운영되었다. 스리마일섬 원자력 발전소 사고로 광산들이 폐쇄될 때까지, 이곳에서 캐낸 우라늄 광석의 양은 1500만 톤에 달했다.

러브의 보고서가 발표된 후인 1952년, 『래러미 부메랑Laramie Boomerang』이라는 지역 신문 1면에는 "래러미의 과학자, 와이오밍주에서 우라늄 광석을 발견하다"는 제목의 기사가 실렸다. 이 공표를 시작으로, 러브가 "최초이자 가장 격렬한" 와이오밍 우라늄 광풍이라고 묘사한 것이 불어닥쳤다. "수백 명이 래러미로 들어왔어요." 그는 이야기를 이어갔다. "100만 달러를 주겠다면서 미국 지질조사소를 떠나 어떤 회사의 경영을 맡아달라는 제안을 받기도 했죠. 당시 내 연봉은 8640.19달러였습니다."

그 발견으로 다른 퇴적 분지에도 우라늄이 있을 것으로 예상되었고, 러브는 발견을 계속했다. 1953년 가을, 그는 독립연구자인 두 명의 아마추어 지질학자와 함께, 러브 목장에서 20킬로미터 떨어진 윈드강 분지의 개스힐스에서 우라늄을 발견했다. 그는 이렇게 표현했다. "개스힐스는 모든 사람과 그들의 개를 끌어들였어요. 그곳은 주말 탐사자들의 메카였고, 사람들이 마치 동물 사체에 달라붙은 구더기처럼 들끓었죠. 횡령과 주먹다짐과 총격전이 일어났고, 정비공과 의류 외판원들은 벼락부자가 됐어요."

그런 이야기를 하던 어느 여름날 오후, 마침 우리는 개스힐스 꼭대기에 있었다. 그곳에는 50여 개의 노천 우라늄 광산 구덩이가 우리를 둘러싸고 있었고, 북쪽으로 조금 낮은 곳에는 머스크랫크리크와 러브 목장이 보였다. 대체로 원형인 노천 광산의 구덩이는 지름 0.8킬로미터, 깊이 150미터 정도였다. 광석이 있는 곳까지 내려가기 위해 약 120미터 두께의 겉흙이 벗겨져 있었다. 그곳의 모습은 뭔가 비현실적인 난장판이었다. 전쟁의 폐허도 이보다 더 나빠 보일 수 없을 것이며, 어떤 의미에서 보면 이곳 역시 전쟁터였다. 러브는 "만약 곡괭이와 삽을 들고 이것을 해야 했다면, 꽤 오래 걸렸을 것"이라고 말했다. 구덩이들은 약 260제곱킬로미터 넓이에 걸쳐 흩어져 있었다.

우리는 거무스름한 우라니나이트 몇 개를 주웠다. 우라니나이트는 손에서 쉽게 부서졌다. 나는 러브에게 이 광석의 방사능이 위험한 수준인지 물었다.

"'위험한 수준의 방사능'이란 무엇일까요?" 러브가 말했다. "우리에게는 진정한 기준이 없어요. 우리도 몰라요. 이곳의 암 발병률이 대단히 높다는 것만큼은 이야기할 수 있어요. 개스힐스에서는 우라늄, 몰리브덴, 셀레늄, 비소라는 네 원소가 서로 상승 효과를 일으키고 있어요. 이 원소들은 별개로 작용할 때보다 함께 있을 때 독성이 더 강해져요. 캐내고 남은 광미를 그냥 덮어놓고 잊어버릴 수는 없어요. 그런 것들은 환경에 해로워요. 지하수로, 지표수로 스며들어가죠. 이 광산들은 지하수면 아래에 있기 때문에 우라늄층에 있는 물을 지표로 퍼올리고 있어요. 우리 목장에 있는 머스크랫크리크의 시냇물에는 우라늄 함량이 700퍼센트 증가했어요."

우리는 목장 서남쪽에서 그린산까지를 한눈에 둘러볼 수 있었다. 한 소년이 담장과 울타리 기둥으로 쓸 소나무와 삼나무를 자르러 다닌 길 전체가 시야에 들어왔다. 한 시간 전, 우리는 러브 목장에 들렀었다. 소년이 해온 나무로 만든 기둥들은 지금도 거의 다 쓰이고 있었다. 옹이지고 뒤틀렸지만, 여전히 서 있었고 썩지도 않았다. 존 러브가 머스크랫크리크의 냇둑에서 한뎃잠을 자던 초창기부터, 이 목장은 그와 그의 가족에게만 속해 있었다. 주변 지역이 거의 다 그렇듯이, 이제 이 땅도 축산 회사에 임대가 되었다. 머스크랫크리크를 800미터쯤 앞둔 곳에서, 데이비드 러브는 해리퍼드종 수소를 50마리까지 세다가 임차업자들이 과잉 방목을 하는 것 같다고 말했다. 그는 "나쁜 놈들"이라면서, "1년 중 이맘때치고는 너무 많다"고 말했다. 그는 우라늄에 대한 권리를 나타내는 기둥들을 가리키면서 말했다. "사람들이 무단으로 권리를 주장하고 있어요. 거의 1세기 동안 등기가 돼 있는 땅인데."

나지막하고 길게 펼쳐진 집 위로 존 러브가 얇은 판자를 겹겹이 덮어 만든 지붕은 거의 내려앉지 않았다. 40년 가까이 사람이 살지 않은 집이었다. 책장과 뚜껑 달린 책상은 누군가가 훔쳐갔다. 도둑들은 가구를 꺼내기 위해 문틀을 부셔놓았다. 온전히 남아 있는 부엌 문틀에는 존 러브가 아이들의 키를 기록한 판자가 아직도 박혀 있었다. 카우보이들이 발라준 초록색 벽지는 오래전에 완전히 사라졌고, 그 벽지가 덮여 있던 벽체 역시 거의 다 사라졌지만, 샛기둥 사이와 소나무 판자 위에는 난방을 위해 바른 신문지 조각이 남아 있었다.

> 5인조 열차 강도를 쫓는 추격대, 록아일랜드 선로 근처에서 전투를 벌이다
> 건초더미 속에서 발견된 강도들, 뜨거운 추격전이 벌어지다
> 양쪽 모두 중무장
> 도망자들은 필사적이지만 추격전은 그들의 체포로 끝날 것으로 보인다

마당에는 시금치가 아무렇게나 자라고 있었다. 대장간에서는 모루와 풀무가 사라졌다. 강에서는 오리들이 날아올랐다. 까치밥나무 덤불은 죽어 있었다. 참느릅나무도 죽어 있었다. 러시아올리브나무는 아직 살아 있었다. 이 중에는 데이비드가 심은 나무가 많았다. 잎이 넓은 미루나무 한 그루는 그가 열한 살 때 심은 것이었다. "이 나무는 어쨌든 다음 해 준비를 하고 있네요." 그가 말했다. "잎눈이 나오려고 해요."

나는 어디를 가나 그와 그의 아버지가 심은 나무밖에 없는 이유가 궁금하다고 말했다.

그는 "습기가 부족하다"고 답했다. "여기서는 절대 나무가 자라지 않아요."

"'절대'는 무슨 뜻인가요?" 내가 물었다.

그는 "지난 1만 년"이라고 말했다.

영양 한 마리가 우리를 보고 황소개구리 같은 소리를 내며 울었다. 10여 채의 목장 건물 중 일부는 사라졌고, 일부는 무너지고 있었다. 울타리는 무너졌다. 합숙소는 사라졌다. 미루나무로 지은 곡식저장고는

없어졌지만, 러브 가족이 건초를 쟁여두던 조 레이시의 머스크랫 술집은 남아 있었다. 건물의 문짝이 바람에 흔들렸다. 데이비드는 널빤지 하나를 찾아내 문이 닫혀 있도록 단단히 괴어놓았다. 데이비드가 나무하러 갈 때 쓰던 짐마차도 있었다. 바퀴들은 옛 서부의 기념품으로 여겨져 도난당해 사라졌다. 그는 지하 저장실을 들여다봤다. 저장실을 덮고 있는 뗏장 아래에는 손으로 깎아 만든 45센티미터 길이의 각목들이 있었다. 데이비드는 이 저장고 안에 넣어두면 얼지도 않았고, 여름에는 늘 음식이 차가웠다고 말했다. 최근에 퓨마 한 마리가 이 지하 저장고에 살았지만, 지금은 비어 있었다.

나는 집 안 벽에 발려 있는 난방용 신문지에 빠져 있었고, 그사이 러브는 조용히 이 방 저 방을 걸어다녔다.

5월 4일, 튀니지 비제르타―프랑스의 M. 펠레탕 해양부 장관을 환영하는 자리에서, 펠레탕 장관은 짧은 연설을 했다. 그의 선언에 따르면, 프랑스는 더 이상 정복을 꿈꾸지 않으며 향후 프랑스의 자원은 현재 프랑스가 보유한 것을 강화하는 데 이용될 것이라고 한다.

바닥에는 소와 코요테의 배설물이 사방에 깔려 있었다. 데이비드와 앨런이 함께 쓰던 침실의 옷장과 장난감장에는 숲쥐가 모아놓은 잡동사니가 60센티미터 높이로 쌓여 있었다.

클론다이크나 알래스카에서 친구나 친척이 실종되셨나요? 만일 그렇다면, 우리에게 편지를 보내주세요. 조용하고 신속하게 찾아드립니다. 모든 편지는 엄격히 비밀 보장. 1달러 동봉. 주소 유콘준주 사서함

727, 클론다이크 정보 사무소.

그의 교실이었던 공간으로 다시 들어온 데이비드는 이렇게 말했다. "이건 못 견디겠어요. 여기서 나가죠."

우리는 개스힐스에서 그린산으로 향하는 그의 여정을 눈으로 따라갔다. 그는 이렇게 말했다. "마차로 꽤 많이 돌아다녔다는 것을 알 수 있을 거예요. 힘드냐고요? 그렇죠. 우리는 이런 곳에서 공공을 위해 큰일을 하고 있다고 생각했어요. 돌이켜보면, 큰일을 한 것인지 큰 해를 입힌 것인지 모르겠어요. 가끔은 후회 비슷한 생각도 들어요. 그래요. 집에 거의 다 왔네요."

제4권

# 캘리포니아의 지질학적 형성

———

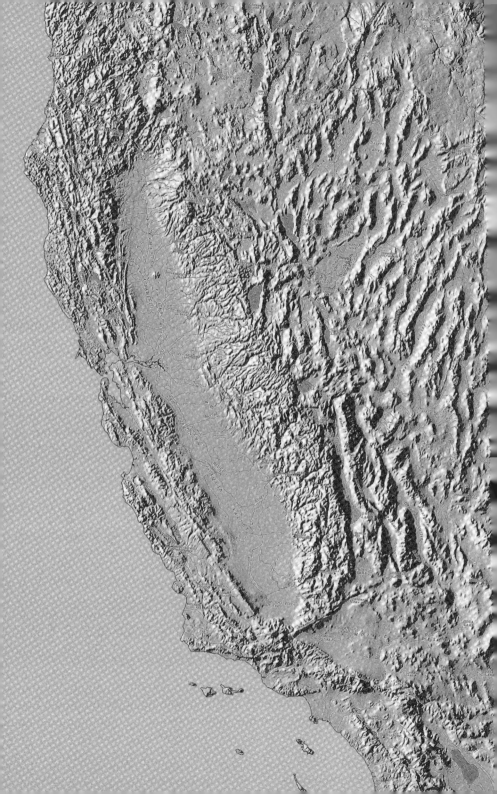

샌프란시스코의 오션뷰 지구를 따라 내려가다가 데일리시티를 지나 첫 번째 고속도로 출구로 나간 다음, 사실상 유턴을 하듯이 꺾이는 길을 따라 다시 북쪽으로 올라가면, 막다른 골목에 쓰레기 처리장이 있다. 이제 차에서 내려 무성한 풀숲을 지나서 북쪽으로 수백 미터를 걸어 올라간다. 걷다보면 왼쪽에 길이 하나 나오는데, 400미터 길이의 이 가파른 비탈길로 내려가면 바다가 나온다. 바다를 따라 왔던 방향인 남쪽으로 다시 돌아가면 머슬록이 있다.

머슬록은 마석horse이다. 지질학에서 마석이란 단층의 벽 사이에 갇혀서 갈 곳을 잃은 바윗덩어리를 뜻한다. 이곳은 사라지기 위해 나타났다. 바위는 가까스로 대륙에서 뛰어나온 것처럼 보였다. 정확히 말하면, 처음 그곳에 갔을 때 그런 생각이 들었다. 안개 속에 어렴풋이 바위가 나타났고, 초록빛 바닷물은 바위에 부딪혀 하얗게 부서졌다. 머슬록은 작은 바위가 아니었다. 태평양에 서 있는 머슬록의 모습은 마치 갈색 사다새가 지붕 위에 앉아 있는 3층 건물 같았다. 바다 쪽으로 돌출된 바위 위로 걸어가서 안개 속을 올려다보면 그 사다새를 볼 수 있었다. 주위를 둘러보다가 내륙과 마주했을 때, 내가 있는 곳은 15미터 높이 절벽의 아랫부분이었다. 절벽 윗부분의 암석은 형체를 알아볼 수 없을 정도로 산산이 부서져 있었다. 절벽 꼭대기에서 바닥까지 이어지는 거대한 균열은 돌출된 바위를 지나 파도 속으로 사라졌다. 캘리포니아 남부와 중부를 통과해 서북쪽으로 800킬로미터를 올라온 샌앤드레이어스 단층은 이곳에서 바다와 만났다.

나는 안개가 자욱한 1978년의 어느 오후에 지질학자인 케네스 데피스와 함께 머슬록에 왔다. 그 뒤로 나는 혼자서 또는 다른 이들과 함께 몇 번 더 머슬록을 찾았다. 암석권과 관련해서, 이곳은 판의 움직임을 앉아서 관찰하기 좋은 곳이다. 우리의 생각을 지리에 의존할 수 있는 순간이다. 물론 샌앤드레이어스 단층은 한 가닥이 아니다. 너비 800미터의 강철 밧줄 같은 것인데, 이 밧줄을 이루는 각각의 가닥은 하나 또는 여러 개의 지진을 특징적으로 나타낸다. 머슬록은 샌앤드레이어스 단층의 바깥쪽 경계 근처에 있다. 거대한 균열을 중심으로 한쪽은 북아메리카판이고 다른 한쪽은 태평양판이라고 말할 수는 없지만, 그렇게 말하고 싶은 생각이 든다. 판의 경계를 중심으로 양쪽에 한 발씩 올려놓으면, 오른발은 멕시코 쪽으로 움직이고 왼발은 알래스카 쪽으로 움직이면서 가랑이가 점점 더 벌어지는 모습이 거의 자동적으로 상상이 된다. 이런 그림은 어느 정도는 옳지만, 실제 판의 경계는 그렇게 또렷이 정의되지 않는다. 샌앤드레이어스 단층은 수많은 가닥이 복잡하게 얽혀 있어서 너비가 다양할 뿐 아니라, 크고 작은 다른 단층들이 최소 80킬로미터에 걸쳐 어느 정도 평행하게 늘어서 있다. 어떤 단층은 서쪽으로 바다 밑에 있지만, 내륙에 있는 단층이 더 많다. 현재 지질학자들은 판의 경계의 너비가 8킬로미터인지, 80킬로미터인지, 아니면 유타 중부까지 뻗어 있는지를 놓고 논쟁을 벌이고 있다. 그럼에도 머슬록의 바닷물 아래에 있는 화강암이 시에라네바다산맥 남부에서부터 샌앤드레이어스 단층계를 따라 480킬로미터를 이동해왔고, 계속 서북쪽으로 이동 중이라는 것은 분명하다. 이 화강암은 판 운동의 증거가 될 것이다.

지구 역사의 대부분을 차지하는 기간 동안 캘리포니아는 없었다. 현재의 학설에 의하면 그렇다. 캘리포니아가 물속에 있다가 나중에 올라왔다는 뜻이 아니다. 파묻힌 암층이든 자연지리학적 지역이든, 오늘날 우리가 캘리포니아라고 부르는 다양한 암층과 지질구들 중 어떤 것도 없었다는 뜻이다. 대륙은 훨씬 동쪽에서 끝났고, 대륙붕도 마찬가지였다. 캘리포니아가 될 곳에는 수 킬로미터 깊이의 푸른 바다만 있었다. 그 바다의 밑바닥에서는 해양지각의 암석이 섭입대 속으로 사라지고 있었다. 확장 중심부에서는 모두 합치면 오늘날 태평양 넓이의 몇 배에 이르는 바다 밑바닥이 만들어졌고, 지구의 곡선을 따라 움직여서 해구 속으로 들어갔다. 캘리포니아가 1킬로그램도 생기기 전에 모두 녹아버린 것이다. 그러다가 한 번에 한 조각씩, 부분들이 조립되기 시작했다는 것이 현재의 학설이다. 여기서 호상열도 하나, 저기서 대륙 조각 하나, 그렇게 일본, 뉴질랜드, 마다가스카르 같은 땅덩이들이 한 번에 하나씩 북아메리카 대륙에 다가와서 으스러지면서 들러붙었다. 바하칼리포르니아는 떨어져나가려고 한다. 더 많은 부분이 함께 떨어져나갈지도 모른다. 캘리포니아의 어떤 부분들은 정면으로 충돌했고, 어떤 부분들은 샌앤드레이어스 단층 서쪽에 있는 시에라 화강암과 같은 방식으로 변환단층 위로 미끄러져 들어왔다. 1906년의 대지진 때, 판이 다른 판에 대해 움직이면서 국지적으로 일어난 위치 변화의 최대값은 약 6미터에 달했다. 캘리포니아 전체의 조각을 맞춰온 동역학은 사람들이 하나의 "대지진"으로 구분하는 수만 개의 지진과 그보다 규모가 작은 수백만 개의 지진으로 이뤄져 있다. 1914년, 미국 지질도의 샌프란시스코 편을 쓴 앤드루 로슨은 아쉬움을 토로했다. "대부분의 단층으로 표현되는 에너지는 오랜 시간에 걸쳐 힘을 잃어왔고, 어떤 의미로 보면 위협적이지 않다. 게다가 샌앤드레이어스 단층대에 가해지는 압력은 1906년의 단층운동으로 완전히 영구적으로 해소되었다." 샌앤드레이어스 단층을 명명한 앤드루 로슨은 최고의 구조지질학자였고, 그의 이론적 결론은 오늘날 다른 이들의 학설이 그렇듯이 그의 시대에는 크게 존중받았다. 이후 60년 동안 캘리포니아에서는 인구가 증가했고, 그들은 단층의 힘이 정말로 사라졌다고 생각했다. 역사상 (샌앤드레이어스 단층의 이 부분에서 일어난) 가장 큰 지진으로 단층의 힘이 발산되면서 위험이 영원히 사라졌다고 짐작한 것이다. 그러나 세계 각지에서 여러 과학자가 합심해 판구조론을 만들던 1960년대가 되자, 1906년에 일어난 6미터의 위치 변화는 변화하는 지구 전체의 기하학적 구조에서 봤을 때는 극히 미미한 변화라는 것이 적어도 지질학자들 사이에서는 분명해졌다. 지구의 껍데기를 이루는 20여 개의 암석판은 거의 다 끊임없이 움직이고 있다. 이런 판들이 움직이면 지진이 일어난다. 큰 지진이 5만 번 일어나면, 약 160킬로미터의 이동이 이뤄질 것이다. 아무것도 없던 그곳에, 지진은 멀리 떨어진 세계 곳곳의 재료들을 가져다가 캘리포니아를 빚었다.

데피스와 나는 분지와 산맥 지질구인 유타와 네바다에서 연구를 하고 있었다. 이제 데피스는 동부에 있는 집으로 돌아가려 했고, 우리는 그의 비행편을 기다리는 동안 샌프란시스코를 돌아다녔다. 샌프란시스코 시내에서 우리는 트랜스아메리카 빌딩을 만났다. 건물은 아랫부분이 아주 넓었고, 위로 갈수록 좁아지면서 뾰족해졌다. 다른 건물들은 대단히 높고 곧게 뻗어 있었다. 데피스가 말했다. "내진 구조에는 피라미드식과 레드우드식, 이렇게 두 가지가 있어요. 두 방식 모두 거리 양쪽에서 열심히 일을 하고 있군요." 이 고층건물들은 1978년에는 다 신축 건물이었다. 데피스는 지진이 나면 건물의 진동 주기가 높이에 따라 다 다를 것이라고 지적했다. 그 건물들은 "금이 가고 삐거덕거릴" 것이다. 고속도로의 신축 이음이 데피스의 눈길을 끌었다. 그는 지진이 나면 그 이음매가 벌어지면서 도로가 무너질지도 모른다고 말하면서, 고속도로를 "쉽게 뽑아 쓰고 버리는 각휴지 같은 일회용품"이라고 말했다. 데피스는 2번가와 스틸먼가가 교차하는 그늘진 공간에서 이 이야기를 했다. 그 거리 위를 지나는 고가도로에는 80번 고속도로의 종점, 샌프란시스코 고가도로의 시작점, 2층 구조로 된 엠바카데로 고속도로가 있었고, 그 밖의 수많은 나들목과 도로들이 둥글게 돌아가고 있었다. 수많은 도로가 뒤엉켜 있는 이 거리 전체를 데피스는 스파게티 그릇이라고 불렀다. 그의 말에 따르면, 이곳은 조수가 들어오는 갯벌로 둘러싸인 습지였다. 복잡하게 겹쳐진 도로는 거대한 T자형 강철로 공중에 고정되어 있었다. 데피스는 말했다. "공학자는 자연을 상대로 게임을 하고 있어요. 대지진이 일어나면 땅은 회색의 젤리로 바뀔 거예요. 저 T자형 강철 기둥들이 토마토 지지대처럼 뽑혀나갈지도 몰라요. 사람들은 모두 시내에 고립될 겁니다. 매립지 아래는 옛날 갯벌에 있던 기존의 진흙이 액화될 거예요. 발을 조금만 꼼지락거려도 진흙이 무릎까지 올라올지도 몰라요." 오늘날 고속도로 아래에 있는 옛날 갯벌 지대는 1906년 지진이 일어났을 때, 11킬로미터 떨어진 샌앤드레이어스 단층대 자체 다음으로 세게 흔들린 곳이었다. "언젠가는 로스앤젤레스가 이곳보다 더 나쁜 상황에 놓일 거예요." 데피스가 말했다. "대지진 발생 직후의 중요한 몇 시간 동안, 도움과 음식과 물이 차단될 거예요. 고속도로는 한 토막씩만 무너지면 끝이에요."

우리는 빌린 픽업트럭을 타고 하루 전에 캘리포니아로 들어왔다. 우리가 올라간 리노 서쪽의 계단 모양 단층 지괴는 도너 원정대를 시에라네바다산맥의 산마루로 이끈 바로 그곳이었다. 캘리포니아에는 북아메리카판의 뱃머리가 있었다. 다시 말해서, 미끄러지는 판들의 경계가 이 위도에 있는 것이다. 또한 캘리포니아는 북아메리카 대륙이 가장 최근에 획득한 부분에 속했다. 따라서 이 지역의 구조 운동은 대단히 급작스럽고 현재진행형이기 때문에, 캘리포니아에는 미국 내 인접 지역에서 가장 높은 지점과 가장 낮은 지점이 130킬로미터 안에 들어 있었다. 이 곳은 북위 40도 선에 위치한 북아메리카의 다른 어떤 지역보다 판구조론에서 예측하는 활동을 가장 잘 보여주고 있었다.

오랜 시간 동안, 나는 이 땅을 종횡으로 오가며 사람과 장소들을 찾아다녔다. 그러나 데피스와 함께 캘리포니아의 암석들 속에서 맞이한 첫 아침은 조금 새로웠다. 한 지질구에서 다른 지질구로 이동할 때 지형의 특성이 얼마나 급작스럽게 바뀌는지를 볼 수 있었을 뿐 아니라, 지질학자의 세계에서 관할권이 바뀌는 것도 볼 수 있었기 때문이다. 청명한 하늘 아래에 놓인 주 경계선을 지나서 트러키로 올라가는 동안, 거대한 바윗덩어리들이 나타났다. 단단하고 네모반듯하며, 밝은 색의 석영과 장석 위에 반짝이는 흑운모가 흩어져 있는 아름다운 바위였다. 데피스가 힘차게 말했다. "시에라네바다산맥으로 들어가서 화강암과 사귀어 봅시다."

한두 굽이를 돌아가자, 도로 한켠에 마름모꼴 경고 표지판이 나타났다. 데피스는 한층 더 들뜬 목소리로 말했다. "낙석 표지판은 우리에게는 언제나 좋은 소식이죠."

그리고 나타난 분홍색과 담황색의 거대한 도로절개면은 그를 혼란스럽게 했다. 그는 "젊은 화산의 작용으로" 만들어진 암석이라고 생각하지만, "잠시 미스터리로" 남겨두고 싶다고 말했다. 그 잠시는 꽤 길어졌다. 데피스는 놀라울 정도로 박학다식한 지질학자였지만, 그가 주로 논문을 쓰고 연구해온 전문 분야인 네바다는 점점 더 멀어지고 있었다. 도로 위에 있는 변성퇴적암 속에는 짙은 색의 길쭉한 덩어리들이 아무렇게나 쌓인 장작개비들처럼 흩어져 있었다. 데피스는 트럭에서 내려 그 노두를 뚫어져라 들여다봤지만, 절벽 위의 소나무에서 그를 내려다보고 있는 독수리의 학명을 알아내는 편이 더 쉬울 것 같아 보였다.

"새 지질학자가 있어야 해요." 그가 내게 말했다.

우리는 암석 시료를 채취하고 눈 녹은 물에 손을 씻은 다음 샌드위치를 먹었다. 그러면서 도너패스 정상 쪽에서 전조등을 켜고 내려오고 있는 비에 젖은 차들을 바라봤다. 구름 한 점 없는 베이슨앤드레인지를 뒤돌아보고 우리 앞에 놓인 상황도 바라보면서 데피스는 이렇게 말했다. "비그늘을 벗어나 빗속으로 들어가자고요."

고지대로 올라온 후, 우리는 몇 개의 변성퇴적암을 더 만났지만 데피스는 좀처럼 갈피를 잡지 못했다. "이제 엘드리지 무어스에게 이 일을 넘길 때가 됐네요." 그가 말했다.

몇 킬로미터를 더 가서, 우리는 자갈투성이의 큰 도로절개면을 만났다. 화산재가 한 번 떨어지고, 진흙탕이 한 번 지나가고, 표석점토와 신선한 오트밀이 대충 뒤섞여 있는 것처럼 보였다. "이 곤죽 같은 것이 뭔지는 나도 모르겠어요." 그는 최후의 항복을 선언했다. "새 지질학자가 있어야 해요. 캘리포니아 전문가로요."

무어스는 그레이트센트럴밸리에 위치한 4000제곱미터 넓이의 한 농장에 있었다. 그 주위로는 캘리포니아대학 데이비스 캠퍼스의 채소-작물 재배 연구소가 삼면을 둘러싸고 있었다. 20년 전까지만 해도 데이비스는 농과대학이었지만, 이후 버클리와 어깨를 나란히 하기 위해 점차 다양한 분야로 확장해갔다. 데이비스 캠퍼스의 지질학과는 맨틀암석학자인 이언 맥그리거, 고생물학자인 제리 립스 같은 장래가 촉망되는 젊은 과학자들을 영입했는데, 구조학자인 엘드리지 무어스도 그런 과학자 중 한 명이었다.

15년에 걸쳐, 무어스와 나는 때때로 캘리포니아를 둘러봤다. 우리는 횡단을 하기보다는 중간에서 양쪽 방향으로 이동하는 식으로 돌아다녔다. 네바다에서 샌프란시스코로 향하는 80번 고속도로의 노두를 망치로 두들기면, 팀북투보다 더 멀리서 유래한 암석에 닿을 수 있었다. 팀북투는 이름만 들으면 아주 외딴곳 같지만 캘리포니아 유바 카운티에 있다. 캘리포니아를 더 잘 이해하기 위해서, 나는 무어스를 따라 지질학적 특성이 비슷한 마케도니아와 키프로스로 갔고, 현대 그리스에 대한 무어스의 지식 덕분에 한층 더 알찬 여행을 할 수 있었다. 그는 그리스 지질의 역사뿐 아니라 사람의 역사까지도 잘 알고 있었다. 판테온의 계단에 서서, 전쟁과 폭발과 웅변과 도난당한 보물에 관한 이야기를 하는 그의 모습은 영락없는 여행 가이드였다. 그러다가 그 언덕 자체가 언제 어디서 왔는지에 관한 이야기를 했고, 물에 잘 녹는 바위라서 동굴이 많다는 것을 알면서도 그리스인들이 그 언덕 위에 신전을 세운 까닭에 대해서도 말해줬다. 무어스는 나의 모든 지질학 계획에서 내내 조언자 역할을 했고, 그사이 우리의 턱수염은 희끗희끗해졌다. 그와 그의 아내 주디는 19세기에 지어진 농장 주택에 지금도 살고 있는데, 천장이 높고 오래된 두 개의 채광창이 있는 그 집은 삼나무 마룻바닥 위로 햇볕이 한가득 들었다. 우리가 처음 만났을 때 다섯 살, 여덟 살, 열한 살이던 그의 아이들은 장성해 집을 떠났다. 두 곳의 출입구에는 타일처럼 매끄럽고 검은색과 초록색 점무늬가 있는 큼직한 사문암이 각각 놓여 있다. 현관에 이런 돌이 있다면, 그 집은 지질학자가 사는 집이다.

거실에는 『지질학Geology』 표지 아홉 개를 모아서 만든 액자가 있었다. 미국 지질학회에서 1970년대에 창간한 이 잡지는 엘드리지 무어스가 편집장으로 있는 동안(1981~1988) 세계적인 과학 잡지로 성장했다. 무어스는 엘리베이터가 너무 느려서 계단으로 뛰어 올라가는 사람이다. 그는 『지질학』 편집장을 맡는 동안, 정상 근무를 하며 학생들을 가르쳤고 다방면에 걸친 자신의 연구도 게을리하지 않았다. 『지질학』 표지로 만든 액자는 미국 지질학회 사람들이 그에게 준 선물이었다. 그 표지 그림들 중에는 아이슬란드의 분기공, 콜로라도 남부의 사구, 킬라우에아 화산에서 오렌지색으로 빛나는 뜨거운 용암, 티라노사우루스 렉스에게 산 채로 잡아먹히는 트리케라톱스의 그림이 있다. 사투를 벌이고 있는 두 공룡의 머리 위 하늘에는 지구에 충돌해 공룡의 멸종을 일으켰다고 여겨지는 직경 약 10킬로미터의 소행성인 아폴로 천체가 다가오고 있었다. 목차면에 있는 편집자의 말에서, 무어스는 이 그림을 "최후의 만찬"이라고 했다. 지질학자들로부터 격렬한 항의가 쏟아졌다.

표지 모음의 한가운데에 있는 1988년 어느 호의 표지에는 어느 바닷가의 노두에서 첼로를 연주하는 무어스의 모습이 담겨 있다. 무어스는 애리조나 중심부에 위치한 고지대에서 자랐다. 그곳은 대단히 외지고 인적이 드물어서 캠프camp라고 불렸다. 포장도로에서 아주 멀었고, 산 등성이의 지그재그식 도로보다 훨씬 높았으며, 단단한 광석을 캐는 작은 광산 입구들이 주위를 둘러싸고 있었다. 무어스는 열세 살 때 첼로 연주를 배웠고, 오후에는 한동안 첼로 연습을 했다. 그의 아버지를 포함한 광부들은 그가 왜 그러는지 이해할 수 없었다. 무어스는 데이비스와 새크라멘토의 교향악단과 연주를 했다. 『지질학』 표지에 있는 바닷가의 노두는 키프로스 페트라투로미우의 각력질 석회암이다. 야외에 있는 무어스는 첼로의 가장 명백한 단점을 오래전에 해결했다. 그가 가지고 다니는 첼로는 에른스트 누스바움이 메릴랜드의 공방에서 만든 것인데, 기본적으로 다른 첼로와 같지만 불룩한 몸통이 없다. 넥, 줄감개, 지판, 브리지를 포함해 스크롤에서 엔드핀에 이르는 모든 것이 길쭉한 직사각형 케이스 안에 쏙 들어가고, 전자 울림통 역할을 하는 배선이 있다. 이것은 셰르파의 첼로, 에베레스트의 첼로, 베이스캠프의 비올이다. 무어스의 거실에는 그랜드피아노가 있다. 피아노 뒤편 선반에는 그의 자녀들이 쓰던 악보 상자가 아직도 자리를 차지하고 있다. 상자에는 "브라이언 클라리넷" "브라이언 바순" "캐스린 첼로" "제니바 피아노" "제니바 바이올린"이라는 이름표가 붙어 있고, "엘드리지 첼로" "엘드리지 첼로와 피아노" "엘드리지 첼로 협주곡과 삼중주"라는 이름표가 붙은 상자 세 개가 더 있다.

주디는 뉴욕주 오렌지 카운티의 농촌에서 자랐다. 그녀는 그레이트밸리에 있는 자신의 드넓은 캘리포니아 농장에서 1년 열두 달 채소를 기르고 있으며, 딸기, 포도, 블랙베리, 염소, 돼지, 닭, 배, 천도복숭아, 자두, 체리, 복숭아, 살구, 아스파라거스, 대추, 무화과, 사과, 감, 파인애플 구아바도 키운다. 그러나 최근에는 주디가 다른 일을 하느라 수확이 그리 좋지 못하다. 그녀는 집 없는 사람들이나 파산으로 살고 있는 집에서 쫓겨날 처지에 놓인 사람들에게 식량과 긴급 도움을 제공하는 단체에서 일하고 있다. 주디는 10대 시절부터 지역 과학센터에서 일해왔고, 데이비스에서도 다른 이들과 함께 과학센터를 설립했다. 학교 버스를 타고 100킬로미터 떨어진 주변 지역에서 온 아이들은 관측경, 현미경, 오실로스코프, 살아 있는 뱀, 골격 모형, 분리되는 인체와 뇌 모형을 만져본다. 단정한 선생님 같은 주디는 탁자 위에 두 손을 올려놓고 암석판의 상호 작용을 설명한다. 그녀의 쉬운 설명에 따르면, 암석권은 지각의 암석과 그 아래에 놓인 맨틀의 암석까지인데, 맨틀은 판을 움직이게 할 수 있을 정도로 미끄럽다. 엄지를 접어 넣고 나머지 손가락을 평평하게 편 채로 두 손을 나란히 놓은 그녀는 두 손을 서로 꽉 눌러서 위로 휘어지게 만들었다. 여기서 두 손은 서로 만나서 충돌하는, 그래서 산을 형성하는 두 개의 대륙이나 지괴인 셈이다. 히말라야산맥은 이런 방식으로 만들어졌다. 주디는 손을 다시 평평하게 놓고 천천히 두 손의 사이를 벌린다. 이때 두 손은 확장 중심부에서 양쪽으로 분리되는 두 개의 판이 된다. 대서양은 이런 방식으로 만들어졌다. 이제 그녀는 한 손을 다른 손 아래로 미끄러뜨리기 시작한다. 이것은 섭입이다. 바다 밑바닥은 이런 식으로 밀려들어가서 사라진다. 다시 엄지를 접어 넣고 나머지 손가락을 쫙 피고 손바닥을 나란히 놓은 그녀는 한 손은 몸 쪽으로, 다른 손은 몸 바깥쪽으로 미끄러뜨려서 양손의 검지끼리 비벼지게 한다. 이 것은 주향을 따라 미끄러지는 변환단층인 샌앤드레이어스 단층의 움직임이다. 캘리포니아의 일부 지역은 이런 방식으로 현재의 위치로 미끄러져 들어왔다. 그녀는 지구의 판의 경계를 수렴 경계, 발산 경계, 변환단층으로 구분해 간단히 설명한다. 판의 구조는 똑똑한 사람의 머리도 돌처럼 굳어지게 만들 정도로 복잡하지만, 기본적인 모형은 단순하다. 그녀가 웃음을 띠면서 두 손을 모으면 산이 만들어질 준비가 된 것이다.

1978년, 내가 주디의 남편과 함께 시에라네바다산맥에 처음 들어갔을 때, 그에게는 회색 폴크스바겐 버스 한 대가 있었다. 버스의 범퍼에는 "대륙 이동을 멈춰라"라고 쓰인 스티커가 붙어 있었는데, 그는 그 스티커가 재미있다고 생각했던 것 같다. 당시에는 대륙 이동의 메커니즘을 알아낼 수 있다면 그 이동을 정말로 멈추게 하겠다고 생각한 지질학자가 적지 않았다. 그러나 그때는 무엇이 판을 움직이는지 아무도 몰랐고 (지금도 확실히 아는 사람은 아무도 없다), 그것을 어떻게 멈출 수 있는지도 아무도 몰랐다. 판구조론은 그가 지질학계에 막 발을 들여놓았을 무렵에 등장했고, 그의 비유에 따르면, 그는 해변에 두 번째 물결을 일으켰다. 그는 이것을 "각성의 물결realization wave"이라고 불렀다. 그때부터 지질학자들은 이 새로운 이론의 전체적인 규모와 숨은 의미, 그것이 제공하는 연구의 가능성을 알아가기 시작했다. 말 그대로 범지구적 규모의 과학 혁명이었다.

캘리포니아의 지형은 크게 세 부분으로 나뉜다. 리노에서 샌프란시스코까지, 80번 고속도로가 지나가는 곳에는 캘리포니아의 횡단면을 이루는 세 부분이 뚜렷이 드러난다. 그 세 부분은 알래스카를 제외한 미국 48주에서 가장 높은 산맥인 시에라네바다산맥, 기본적으로 해수면과 높이가 같고 아이오와나 캔자스보다 훨씬 더 평평한 그레이트센트럴밸리, 해양의 잡동사니로 이뤄져 있고 지금도 인접한 바다에서 올라오고 있는 코스트산맥이다.

이 횡단면에서 각각의 길이는 코스트산맥이 64킬로미터, 그레이트센트럴밸리가 80킬로미터, 시에라네바다산맥이 145킬로미터다. 모두 더해

코스트산맥 　　그레이트　　　시에라네바다산맥
　　　　　　　센트럴밸리

세로로 10배 확대한 모습

도 엄청난 거리는 아니다. 뉴욕에서 보스턴까지의 거리도 되지 않는다. 펜실베이니아의 해리스버그에서 피츠버그까지의 거리 정도다. 이곳의 너비와 단면의 모양은 이탈리아 제노바에서 스위스 취리히 사이에 놓인 아펜니노산맥, 파단 평원, 알프스산맥과 비슷하다.

　낡은 폴크스바겐 버스로 시에라네바다산맥을 오를 때는 서쪽에서 올라가는 편이 좋다. 종종 이 산맥은 들려 올라간 뚜껑문에 비유된다. 서쪽 사면은 길고 평평하며, 주 경계선과 가까운 동쪽 사면은 가파른 절벽을 이룬다. 시에라네바다산맥의 모양은 비행기 날개의 단면과 비슷하며, 앞쪽은 수직을 이루고 뒤쪽은 길고 비스듬하게 내려가는 장작 헛간의 지붕과도 닮았다. 19세기의 지질학자인 클래런스 킹은 이 산맥의 모양을 "바다의 물결"에 비유해, 네바다에 부딪혀 부서질 것처럼 치솟은 거대한 너울과 같다고 했다. 뚜껑문은 시에라네바다산맥의 구조를 가장 잘 설명하는 비유다. 시에라네바다산맥은 그레이트센트럴밸리 아래 어딘가에 경첩에 해당되는 위치가 있으며, 동쪽 사면이 급격한 단층으로 융기하기 시작한 지는 얼마 되지 않았다. 300만~400만 년 전으로 추정되는데, 이는 지질학적으로는 아주 짧은 시간이다. 지금도 융기하고 있는 이 산맥은 여전히 리히터 지진계를 활발하게 움직이면서 가끔씩 대지진을 일으키기도 한다(오언스밸리, 1872년). 시에라네바다산맥이 융기하기 직전의 지질 시대에는 화산에서 흘러나온 안산암질 용암류가 마치 아이스크림 위의 버터스카치 시럽처럼 지형을 따라 퍼져나갔다. 잇따라 흘러나온 안산암질 용암류는 지역의 경관을 모두 뒤덮고 그 위에서 평평하게 굳었다. 거대한 뚜껑문이 열리는 동안, 즉 시에라네바다산맥이라는 거대한 지괴가 기울어지며 올라오는 동안, 안산암질 용암류도 함께 기울어졌다. 그리고 이제 고속도로의 도로절개면에서는 그 융기로 인해 기울어진 각도를 볼 수 있다.

이 모든 것이 얼마나 최근에 일어난 일인지를 염두에 두어야 한다. 지질 시대에서 꽤 근래에 이르기 전까지, 시에라네바다산맥은 존재하지 않았다. 산맥도, 비그늘도, 3000미터 높이의 암벽도 없었다. 큰 강들이 흘러가던 서쪽에는 이제는 높은 산들이 가득 들어차 있었다. 그 강들은 평원을 가로질러 바다로 들어갔다.

산들에 관해 기억해보자. 산을 이루고 있는 것은 그 산을 만든 것이 아니다. 화산은 예외로 하고, 산이 지구의 어떤 힘에 의해 솟아오를 때, 그 산을 이루고 있는 것은 마침 우연히 그곳에 있는 것들이다. 만약 천매암 지대와 습곡된 변성퇴적암이 우연히 그곳에 있었다면, 산의 일부가 될 것이다. 만약 사문암질 감람암과 금이 들어 있는 자갈이 우연히 그곳에 있었다면, 역시 산의 일부가 될 것이다. 만약 거대한 화강암질 저반이 우연히 그곳에 있었다면, 그것도 산의 일부가 되어 솟아오를 것이다. 그리고 그것들이 모두 솟아오르는 동안에는 물과 (때로는) 얼음에 의한 침식도 함께 일어날 것이다. 빙하에 도려내지면서 서크가 형성되고, U자곡과 깊고 좁은 계곡과 첨탑 같은 돌기둥도 생긴다. 저마다 혼란스러운 부분들이 다른 부분 위로 굴러떨어지면서 풍경의 아름다움도 더 커져간다.

시에라네바다를 찾아간 우리의 수많은 여행 중 첫 여행에서, 무어스는 노두를 보기 위해 고속도로 갓길에 차를 세웠다. 켄 데피스를 좌절시킨 곤죽 같은 노두 중 하나인 그것은 도너패스의 정상에서 서쪽으로 26킬로미터 떨어진 곳에 있었고, 옆에는 유바 협곡으로 넘어가는 다리가 있었다. 야외 현장에서 무어스의 모습은 마치 지질학자가 된 지그문트 프로이트처럼 보였다. 둥근 얼굴에 회색 테 안경을 쓰고 독특한 턱수염을 기른 무어스는 챙이 넓고 멋스럽게 주름이 잡힌 흰색 캔버스 페도라를 쓴다. 눈가의 잔주름은 그의 연륜을 드러낸다. 그는 보통 체크무늬 셔츠에 파란 면바지를 입고, 파란 운동화를 신는다. 허리께에는 한쪽에 수첩 가방이 있고, 다른 쪽에는 브런튼 나침반이 들어 있는 낡은 가죽 케이스가 있다. 그는 땅딸막하고 가슴이 떡 벌어졌으며, 그의 엉덩이는 지형과 가깝게 붙어 있다. 그의 목에는 지질학자들이 노두의 결정을 자세히 보기 위해 휴대하는 작고 강력한 확대경인 헤이스팅스 삼중 돋보기 두 개가 걸려 있다. 이 거대한 곤죽 같은 노두에 뭐가 들었는지를 알아내기 위해 무어스가 그 돋보기를 쓸 필요는 없었다. 노두 속에는 삐죽삐죽한 암석 부스러기와 매끈하고 둥근 자갈이 함께 들어 있었다. "언뜻 봐서는 진흙의 흐름인 이류인데, 완전히 빙하가 아니라고 말하기는 어려워요." 무어스가 말했다. "대체로 안산암질 이류 각력암이고, 안에는 강자갈이 들어 있어요. 위에 있는 것은 빙하의 표석 점토인데, 이 표석 점토는 빙퇴석처럼 보이지만 빙퇴석은 아니에요."

플라이오세 초기에는 그곳에 화산이 있었다. 그 화산은 오래전에 침식으로 사라졌다. 안산암질 용암은 그 화산이 쏟아낸 것이다. 더 가벼운 화산분출물은 분화구 주위에 자리를 잡았다. 습한 대기 속에서 일어난 화산 분출은 장기적인 폭우의 원인이 되었다. 불안정한 비탈을 따라 빗물이 흘러내렸다. 화산 진흙도 함께 쓸려 내려갔고, 날카로운 바위 조각이 가득한 화산 진흙은 단단히 굳어서 훗날 각력암이 되었다. 더 최근에는 고산지대에서 내려온 빙하가 땅을 파내면서 화산이 남긴 것의 상당 부분을 밀고 지나갔다. 그리고 빙하의 얼음이 녹으면서, 날카로운 바위 조각이 가득한 진흙의 흐름 위에는 표석 점토 무더기가 남았다. ("대체로 안산암질 이류 각력암이고, 안에는 강자갈이 들어 있어요. 위에 있는 것은 빙하의 표석 점토인데, 이 표석 점토는 빙퇴석처럼 보이지만 빙퇴석은 아니에요.")

이 모든 일이 한 지점에서 벌어졌다. 모두 그 도로절개면 하나에 표현되어 있었다. 만약 전체적인 이야기가 한눈에 완벽하게 보이지 않는다 해도 걱정할 것 없다. 같은 이야기가 같은 시대에 시에라네바다산맥 여러 곳에서 반복되고 있기 때문이다. 다른 화산에서도 안산암이 분출되고 진흙이 흘러내렸으며, 얼음이 화산의 흔적을 어지럽혀놓았다. 이것은 지표면의 이야기, 즉 가장 나중에 일어난 일에 대한 설명이다. 각진 바위 조각이 가득한 진흙과 안산암질 용암은 그보다 5억 년 전에 놓여 있던 암석 위로 흘러갔다. 더 깊이 있고 다른 이야기를 담고 있는 그 암석은 산이 올라올 당시에 그저 우연히 그 자리에 있었다. 그랜드캐니언의 지층은 부정합이라 불리는 일시적인 지층의 단절로 가득 차 있다. 그랜드캐니언에는 드러난 시간보다 빠져 있는 시간이 훨씬 더 많다. 만약 5억 년이라는 이 간극의 시기가 정확히 맞아떨어졌다면, 그랜드캐니언을 지워버렸을 수도 있었다. 캘리포니아 동부에서, 안산암 용암류와 그 아래에 놓인 암석 사이의 극미한 간극은 시에라네바다 대부정합Great Sierra Nevada Unconformity이라고 알려져 있다. 그것이 무엇이었고 어떻게 되었는지를 이해한다는 것은 수천 갈래로 나뉜 구조에서 딱 두 부분 사이의 관계를 이해한다는 것이었다.

무어스와 나는 캘리포니아의 동쪽 경계까지 쭉 갔다가 되돌아서 다시 시에라네바다산맥을 넘어왔다. 그 뒤로도 우리는 여러 번 그렇게 했다. 가파른 동쪽 비탈을 올라가면, 화강암에 또 화강암, 안산암으로 덮인 화강암이 보인다. 여기까지는 충분히 이해가 가능하다. 그러나 산맥을 다 횡단할 때까지, 유형과 연대와 기원이 엄청나게 다양한 암석들을 보게 된다. 바다에서 만들어지지 않은 플라이오세, 마이오세, 에오세의 지층, 여기는 쥐라기, 저기는 트라이아스기, 이프레시아절, 루테티아절, 티톤절, 라에티아절, 메시나절, 마스트리히트절, 발랑쟁절, 키메리지절, 고생대 상부 지층까지, 이름만 들어도 정신이 없다. 암석의 종류는 교통 상황만큼이나 빠르게 변하는 것 같다. 감람석이 풍부하고 심하게 변형된 변성암이 있다. 사문암도 있다. 반려암도 보인다. 한 사건 뒤에 다른 사건이 일어나는 방식은 무작위인 것처럼 보인다. 다양한 시대의 수많은 고대 풍경의 흔적들이 가까운 곳이나 먼 곳에서 운반되어 옆에 놓이고 위에 얹혀서 한 군데에 모이고, 그것이 한 덩어리로 융기되어 산이 되고, 주 당국이 만든 도로절개면으로 노출된 것 같다. 단순히 관찰만으로는 쉽게 뒤바뀌는 공간과 순차적인 시간 속에서 모든 것이 딱 맞아떨어지기를 기대할 수 없다. 태평양 주변에서 유래한 모든 잡동사니가 다락방에 처박힌 것처럼 모여 있는 시에라네바다라는 이 복잡한 암석의 헛간 속에서, 각각의 암석들이 나타내는 풍경과 사건을 단박에 알아보기를 바랄 수는 없는 것이다.

이를테면 널찍한 다락에서 납유리로 세공된 고래기름 등잔을 하나 찾아냈다고 해보자. 그 등잔의 유래와 이동 경로에 관해 생각하고, 알아내고, 추측하고, 궁금해한 것은 무엇일까? 그리고 그 등잔 옆에서 조지프 믹의 합판 장미목 의자 하나, 영국제 은식기와 받침대 한 벌, 꽃이 만

발한 덤불 속에 있는 새들이 그려진 팔각 접시 하나가 발견되었다고 해보자. 1850년, 1833년, 1662년, 1620년 같은 제작 연도가 곧바로 떠오르지 않을 수도 있을 것이다. 각각의 물건이 만들어진 장소나 처음 사용된 환경을 마음속에 그려내지 못할 수도 있을 것이다. 이 물건들이 언제 또는 어떻게 이 다락까지 오게 되었는지를 알아내는 것은 더더욱 어려울 것이다. 또 앤 여왕 시대의 단풍나무 식탁 의자 하나, 방패 모양 등받이 마호가니 식탁 의자 하나, 조개 문양이 새겨진 치펜데일의 호두나무 식탁 의자 하나, 등나무로 엮은 등판과 조각이 특징인 윌리엄 대공과 메리 여왕 시대의 미국 안락의자 하나도 옆에 줄줄이 늘어서 있다. 층서학적으로 볼 때, 이 가구들은 순서가 뒤죽박죽이다. 어떻게 된 일일까? 왜 이 자리에 있을까? 부인할 수 없는 한 가지 사실은 이곳이 다락이라는 점이다. 천장까지 빼곡하게 들어차 있는 가구들 중에는 양쪽에 서랍이 달린 앤 여왕 시대의 마호가니 화장대, 헤플화이트 양식의 마호가니-수자목 책장, 신고딕풍의 장미목 의자, 나폴레옹 시대의 마호가니 그릇장, 베르제르 의자를 변형한 섭정 시대의 마호가니 서재용 계단도 있다. 금칠을 한 목재에 돋을새김으로 장식된 황동판이 붙어 있는 침대도 있다. 체리목과 새눈무늬 단풍나무로 만든 연방 시대의 서랍장, 빅토리아 시대 초기의 마호가니 식탁 의자, 조각과 상감 무늬로 장식되고 단풍나무와 호두나무로 만든 연방 시대의 뚜껑 달린 책상, 필기대가 달린 윈저 의자, 도금한 청동으로 장식되고 쪽모이 세공으로 만들어진 루이 15세 시대의 자단목 서랍장도 있다. 오랜 옛날 인도에서 만들어진 사원의 종도 있다. 등받이에 세로판 장식이 있는 연방 시대의 마호가니 안락의자도 있다.

이제 구분을 해보자. 각 가구의 법적 소유권에 대한 탐색을 마친다.

시대별로 바뀌는 공간을 따라가며 이야기를 거슬러 올라간다. 그리고 각각의 가구가 유행하던 궁전과 정자와 집과 연회장, 그곳의 위치와 바깥 기후를 상상한다.

당연히 우리는 할 수 없는 일이고, 가구 하나를 조사하는 것도 쉽지 않다. 심란해하지 말자. 전체 이야기를 알 수 없어도 심란해할 것 없다. 가구를 만든 이들이 그 가구가 어디로 가게 될지 알 수 없듯이, 그 가구들이 어디에서 왔는지를 우리가 모르는 것도 당연하다.

"자연은 뒤죽박죽이에요." 무어스가 말했다. "항상 똑같고 일관되기를 기대해서는 안 돼요."

나는 퇴적학자인 캐런 클레인스펜이 바로 이 산에서 내게 해준 말이 떠올랐다. "이것을 체계적인 방식으로 처리할 수는 없어요. 왜냐하면 이 암석들은 체계적이지 않거든요."

그래도 무어스는 노두와 도로절개면을 하나하나 찾아다니며, 아무렇게나 뒤섞여 있는 암석 속에서 뚜렷이 다른 기원을 밝혀내 연대순으로 충분히 이어지는 풍경들을 조금씩 되살려나갔다. 그것이 바로 지질학자의 일이다. "많은 시간을 암석과 보내고, 많은 시간을 가만히 생각만 하며 보내죠." 그가 말했다. "이를테면 이 산들은 신생대 제3기에 정단층이 일어났어요. 구조에 관해서 보면 혼란스러운 지형이에요. 장소마다 서로 다른 단계의 구조를 나타내요. 지형을 꿰뚫어보고 암석들이 3차원적으로 어떻게 놓여 있는지를 알아본다는 것은 학부생이 이해하기는 매우 어려운 일이에요." 아무 말 없이 2킬로미터쯤 가던 그가 알쏭달쏭한 이야기를 덧붙였다. "그런 일은 왼손잡이가 더 잘해요."

나는 한동안 조용히 있다가 그에게 물었다. "왼손잡이예요?"

그가 말했다. "나는 양손잡이예요."

공교롭게도 나는 왼손잡이였지만, 혼자만의 비밀로 간직하기로 했다.

동쪽에서 도너패스 정상까지 오르는 길은 가파르다. 거리는 48킬로미터가 조금 안 됐고, 길은 곧지 않았다. 시에라네바다산맥 전면에서 차로 올라갈 수 있는 길 중에서 이보다 짧고 가파른 길은 없다. 아래에 놓인 (고도 1220미터의) 분지에서는 고개를 꺾고 3000미터 위를 올려다보면 그대로 밀려 올라간 화강암 덩어리가 보이지만, 리노에서 올라가는 이 길에서는 무어스가 말한 "제3기의 정단층"이 가파른 절벽을 층층이 늘어놓았고, 산마루의 높이도 낮추었다. 초기 덫사냥꾼들은 이곳에서 원주민의 길을 발견했다. 아마 그 길을 만든 원주민은 동물이고, 시간이 흐르면서 사람이 그 뒤를 따라 지나다녔을 것이다.

네바다–캘리포니아 주경계선에 있는 폰데로사소나무와 서양측백나무 숲 아래로 언뜻언뜻 화강암이 보인다. 도로 옆 암석은 짙은 색의 장작더미처럼 기둥 모양으로 갈라져 있다. 이 암석은 화강암을 덮고 있는 안산암으로, 냉각되는 동안 기둥 모양으로 갈라진 것이다. 이후 8킬로미터에 걸쳐, 고속도로는 용암과 진흙의 흐름이 번갈아 나타나면서 담황색과 회색이 반복되며 이어지는 기다란 절개면을 지나간다. 아마 용암류 사이에는 10만 년의 시간 간격이 있을 것이다. 반면 얇은 층을 이루는 이류는 그보다 10배 더 자주 나타났을 것이다. 이곳의 화강암 위에 씌워진 화산암의 덮개는 두께가 1킬로미터에 이른다. 나무들 사이로는 큼직한 빙하의 표석들이 자리하고 있다. 제자리를 벗어나서 안산암 위에 놓여 있는 이 화강암 돌덩이들은 수천 년 전에 내려온 기다란 얼음의 띠에 의해 운반되었다.

정상을 약 5킬로미터 앞두고 다시 화강암이 나타난다. 이 화강암은 얼음에 의해 운반된 조각이 아니라 도로 한켠에 있는 기반암 속에 들어 있다. 그다음에는 제프리소나무 아래로 더 많은 화강암이 보인다. 풍화된 화강암, 밝고 반짝이며 얇게 잘린 화강암이다. 화강암의 풍화는 안산암과의 접촉으로 갑자기 끝난다. 이 특별한 화강암은 아마 약 9000만 년 동안 그 자리에 조용히 머물면서 풍화되고 있다가 안산암질 용암이 그 위로 흘렀을 것이다. 언덕을 뒤덮고 계곡을 메운 용암은 마치 석고 틀처럼 화강암 지형을 밀봉해 마이오세의 풍경을 보존했다. 군데군데에서 무작위로 안산암의 덮개암을 뚫고 침식이 일어났다. 그래서 도로에서는 두 층을 모두 볼 수 있다. 화강암은 정상에서 다시 나타난다.

해발 2206미터인 도너패스 정상은 시에라네바다산맥의 절반 높이다. 고속도로 건설 기술자들은 도너패스 주변에서 1840년대에 이주민들이 넘어간 길보다 훨씬 덜 가파른 길을 발견했다. 원래의 도너패스는 3킬로미터쯤 남쪽으로, 예전에 40번 국도가 지나가던 길에 있다. 무어스와 나는 언젠가 그곳에 올라 절벽 끝에 서서 동쪽을 바라봤다. 수만 제곱킬로미터 넓이에 걸친 분지와 산맥 지형이 네바다 쪽으로 부채꼴로 펼쳐져 있었다. 지형 전체가 도너패스로 집중되는 선들을 그리고 있는 것 같았다. 300미터가 넘는 아슬아슬한 낭떠러지 아래에는 도너호가 있었다. 도너패스를 넘어가려면 발이 달린 것이든, 바퀴가 달린 것이든 모두 그곳을 넘어가야 했다. 시에라네바다산맥의 연 강수량은 평균 약 1780밀리미터이며, 거의 다 눈으로 내린다. 이 강수량은 뉴욕시의 약 1.5배이며, 시애틀의 약 두 배다. 시에라네바다산맥에 쌓인 눈의 깊이는 12미터에 이를 수도 있다. 1846년 10월 말, 이 길을 올라가던 도너 원정대는 눈에 굴복해 후퇴할 수밖에 없었다. 그들이 겨울을 보내면서 굶어 죽어간 곳은 도너패스 아래의 둥근 빙하곡에 있는 도너호 기슭이었다.

한겨울에 나는 도너호 근처의 스키 콘도에 묵은 적이 있었다. 그곳에 먼저 묵었던 어느 까탈스러운 손님은 "평화로움과 아름다움은 냉장고와 난방기의 시끄러운 소리와 만나 엉망이 되었다"는 후기를 남겼다. 여름이 한창인 지금, 도너패스 주위에는 쉬 녹지 않은 눈이 흩어져 있었다. 한 사람이 자전거를 타고 이주민들의 길로 올라왔다. 그는 일어선 채로 열심히 페달을 밟았지만 좀처럼 속도가 나지 않았다. 정상에 이르자, 그는 다시 안장에 앉았고 미끄러지듯이 서쪽으로 넘어갔다. 동쪽으로, 그가 자전거를 타고 힘겹게 벗어난 깊은 계곡의 풍경을 빚어낸 것은 빙하가 아니라 남북으로 평행하게 이어지는 큰 단층들이었다. 단층이 일어나면서 큰 땅덩어리 한 조각이 낮아졌는데, 두 개의 다른 지괴 사이에서 아래로 내려간 이런 단층 지괴를 지구graben라고 부른다. 도너호에서 산등성이 하나를 건너 동남쪽에 놓인 타호호는 같은 지구 안에 자리잡고 있다. 두 호수는 원래 연결되어 있었지만, 최근에 안산암이 쏟아져 들어오면서 두 호수 사이에 산등성이가 만들어졌을 것이다.

무어스는 큰 산맥 조각의 기계적 하강으로 인해 다양한 수준의 원래 구조가 예기치 못한 장소에 어떻게 나타나는지에 주목했다고 말했다. 그는 어떤 구조를 감지하기 위해 노력하면, 바위를 뚫고 그 아래에 놓인 "지형을 꿰뚫어보는" 재능이 발달하게 될 것이라고도 말했다. 다양한 암석이 주어진 장소에 당도할 때, 암석들은 다락에 쌓여 있는 가구처럼 저마다의 역사를 품고 있다. 그 역사는 경우에 따라 고결된 시기가 될 수도 있고, 퇴적 환경이 될 수도 있고 변성이 될 수도 있다. 층서와 다른 병렬 배치 같은 단위층 대 단위층의 관계를 전체적으로 고찰하는 것은 정적인 구조인 structure다. 이 정적인 구조가 움직이는 것이 구조 운동인 tectonics다.

도너패스에 이르자, 지형은 더없이 아름다웠다. 지형을 꿰뚫어본다는 것은 쉬운 일이 아니지만, 정적인 구조를 보고 싶다면 화강암에서 시작해야 할 것이다. 네바다에서 도너패스에 이르는 땅은 어디에나 화산암의 덮개암이 있지만, 늘 합판처럼 얇다. 어디서나 침식이 일어나고 파고들 틈이 생겨서 결국에는 그 아래에 놓인 화강암 덩어리가 슬쩍 드러난다. 이 화강암이 바로 시에라네바다산맥의 저반이다. 저반은 지질학자들이 거대한 마그마가 만드는 화성을 가리키기 위해 고안해낸 용어다. 과학에서는 표면의 넓이가 100제곱킬로미터 이상인 암체를 저반으로 정의한다. 바닥의 깊이를 알 수 없기 때문에 저반은 심반abyssolith이라고도 불린다. 캘리포니아에 있는 저반은 표면의 넓이가 약 6만5000제곱킬로미터다. 이 저반은 시에라네바다산맥 안쪽에 거대한 체펠린 비행선처럼 놓여 있다. 현장에서 발품을 팔아 지도를 작성하는 지질학자들은 저반의 깊이를 알 수 없을지 모르지만 지구물리학자들은 알아낼 수 있다. 정확히 말하자면 알아낼 수 있다고 생각하는 것이고, 저반의 바닥이 약 9.6킬로미터 아래에 있다고 말한다. 만약 그렇다면, 저반의 무게는 1000조 톤이고 부피는 최소 61만3500세제곱킬로미터가 된다.

저반을 생각하면 나는 금속 뼈대 안에 커다란 공기 주머니가 풍선처럼 늘어서 있는 거대한 경식 비행선이 떠오른다. 저반은 하나의 공간 안에 괴어 있는 마그마에서 발달하는 것이 아니라, 심성암이라고 하는 용융된 암석의 덩어리가 풍선처럼 연달아 늘어서 있는 것이다. 거대한 시에라네바다산맥의 저반은 쥐라기 초기에서 백악기 후기에 이르는 1억5000만 년에 걸쳐, 발갛게 달아오른 유동체의 형태로 맥동하듯이 연달아 솟아오르며 그 땅으로 들어왔다. 여기에는 세 번의 절정기가 있었는데, 첫 번째는 지금으로부터 2억 년 전, 두 번째는 1억4000만 년 전, 세 번째는 8000만 년 전에 나타났다. 가장 광범위하게 일어난 시기는 "세 번째 맥동기"였다. 이 현상은 모두 지표에서 10~30킬로미터 아래에서 일어났는데, 이곳에서는 대륙 지각과 섭입하는 해양지각이 (대륙 지각의 아래로 들어가면서) 용융되고 있었다. 백악기의 마스트리히트절과 신생대의 거의 모든 시대에 걸쳐, 냉각된 마그마와 냉각되고 있는 마그마가 파묻혔다. 그 위에서 지형은 환등기에서 슬라이드가 한 장씩 넘어가듯이 바뀌고 또 바뀌었다. 그리고 마침내 최근에 저반이 올라왔고, 침식으로 깎여서 올란차산과 휠러산과 휘트니산이 만들어졌다.

도너패스 위의 짙은 색 절벽은 플라이오세의 화산암이지만, 도너패스 옆에 놓인 암석은 화강암이었다. 서정적으로 풍화되어 특유의 아름다움을 풍기는 이 화강암 속에는 작고 검은 형상들이 있었다. 수천 개에 이르는 그 형상은 다른 곳에서 유래한 돌멩이들이었다. 그 돌멩이들은 이 저반이 관입한 모암의 조각이었다. 모암 조각들은 마그마가 아직 액체 상태일 때 그 속에 떨어졌거나, 마그마가 더 식었더라도 다른 물질을 받아들일 수 있을 정도로 물렁한 상태였을 때 들어갔을 것이다. 모암 조각들은 물러지고 둥글어졌지만 완전히 녹아 없어지지는 않았다. 도너패스 정상에서 서쪽에 있는 80번 주간고속도로에서, 우리는 도로 절개면의 화강암 속에서 이런 변성퇴적암의 더 큰 조각들을 봤다. 2킬로미터쯤 더 가는 동안, 조각들의 크기는 계속 커졌다. 무어스는 그것을 "풍부한 포획암, 쥐라기-트라이아스기 암반의 가장자리 조각들"이라고 말했다. 이 조각들은 비교적 최근에 화강암을 뒤덮은 안산암이나 다른 분출물이 아니었다. 관입한 저반에 포함된 암반 가장자리의 부분들이었다. 그 조각들은 8000만 년 전에 아직 덜 굳어서 무른 화강암 속으로 떨어졌고, 그 전에는 1억 년 정도 지각을 구성하는 암석으로 있었다.

고속도로 중앙분리대에 있는 제프리소나무 아래에는 기반암이 드러나 있었다. 이 기반암의 노두는 1만1000년 전에 그 위로 지나간 얼음에 닦여서 반들반들했다. 표석이 아주 많았다. 도너패스 정상을 지나 18킬로미터를 가는 동안, 화강암 속의 포획암은 크기가 점점 더 커졌다. 우리가 처음 본 것은 자갈 크기였는데, 이제는 곰만 한 크기가 되었다. 구조지질학자라면 추가적인 징후가 없어도 그다음에 무엇이 나타날지를 알아차릴 수 있을 것이다. 우리는 저반의 가장자리, 마그마와 모암의 접촉 지점을 향해 빠르게 다가가고 있었다. 고속도로 기술자들이 딱 이런 장소를 발파해 도로절개면을 낸 것은 우연한 행운이지만, 켄 데피스와 내가 오른쪽으로 굽어진 길을 돌아 들어갔을 때 데피스는 "우와! 우와! 차 세워요!" 하고 소리쳤다. 그리고 잠시 후 이렇게 말했다. "이것은 I-80 도로 전체에서 최고의 노두예요. 조금만 걸어 올라가면 거대한 저반의 벽을 직접 만질 수 있어요."

무어스는 이제 그것을 "어디서도 볼 수 없는 훌륭하고 깔끔한 접촉면"이라고 불렀다. 다른 차들이 전투기처럼 우리 옆을 지나가는 동안, 그는 이렇게 덧붙였다. "바로 여기예요. 딱 여기!" 기본적으로 수직을 이루고 있는 접촉면은 산비탈을 따라 올라가서 나무 아래로 사라졌다. 접촉면은 더없이 뚜렷했다. 마치 도시에서 나란히 붙어 있는 화강암 건물과 벽돌 건물 사이의 경계 같았다. 저반의 화강암은 거의 흰색인 반면, 모암의 색은 불그스름했다. 무어스의 설명에 따르면, 변성이 일어난 모암은 한때 호상열도의 잔해였다. 화강암은 아주 많은 소금에 약간의 후추가 뿌려진 것 같은 전형적인 모양이었고, 단단했다. 호상열도의 암석은 삭아서 녹이 슨 쇠처럼 겹겹이 일어나고 바스라졌다. 접촉면에서 1미터쯤 떨어진 곳에는 포획암을 잡아먹으려는 듯이 모암 속으로 혀를 쑥 내밀고 있는 것 같은 화강암의 모습이 보존되어 있었다.

화강암은 길게 이어지는 도로절개면을 따라 검은색, 포도주색, 담황색, 녹색으로 바뀌었다. 수직으로 나타나는 줄무늬들은 긴 옷자락에 잡힌 촘촘한 주름 같았다. 분명, 저반이 당도하기 전에 어떤 사건에 휘말렸던 것이다. 그것은 국지적으로 일어난 소규모 변동이 아니라, 광범위하게 영향을 미친 지각 변동 사건이었다. 3킬로미터쯤 더 가자, 이야기가 급변하면서 반려암 도로절개면이 나타났다. 이 반려암은 맨해튼 어퍼이스트사이드에 있는 호화롭고 멋진 집들에 치장된 반려암보다 더 완벽했다. 반려암 역시 마그마가 식은 암석이다. 석영 함량이 적은 반려암은 화성암의 스펙트럼에서 가장 어두운 색의 암석에 속했고, 이 스펙트럼의 밝은 쪽 끝에는 대체로 화강암이 있다. 도로절개면에는 맨틀의 암석인 감람암도 있었다. 무어스의 의견에 따르면, 이런 고철질암과 초고철질암(이산화규소의 함량이 낮고 철과 마그네슘의 함량이 높은 암석)이 나타난 시기는 도로 위의 암석에 촘촘한 주름이 잡히는 사건이 일어난 이후이며, 저반의 관입이 일어나기 전이었다. 우리가 이동하는 동안, 반려암-감람암은 화강암과 깍지를 낀 것처럼 맞물렸고, 도로가 다시 시에라네바다산맥의 저반 속으로 내려가는 사이에 사라졌다. 화강암의 회랑을 지난 후, 지형학적으로 뒤죽박죽인 구조 속에는 더 많은 화산암이 있었다.

전체적인 경관이 보이기 시작하자, 100킬로미터에 걸쳐 이어지는 시에라네바다산맥 서부의 완만한 비탈을 따라 균질함이 드러났다. 이 산맥의 거대한 표면(뚜껑문의 윗부분)을 완성하는 것은 암석이 아닌 우리의 눈이었다. 강의 협곡은 거대한 표면을 깊게 잠식해 들어갔다. 남쪽에서 북쪽까지, 깊은 계곡 위로 하늘과 맞닿은 평평한 산등성이까지 아름다운 경치가 드넓게 펼쳐졌다. 우리는 에미그런트 협곡으로 들어섰다. 이곳은 침식으로 패인 골짜기가 특히 더 깊었다. 도너패스에서 30킬로미터 떨어진 이곳의 풍경은 도너패스를 넘어간 이주민들의 상황이 녹록지 않았다는 것을 여실히 보여주었다. 에미그런트 협곡에서 베어 계곡으로 들어설 때까지 이주민들은 밧줄을 이용해 마차를 내려보냈다. 우리가 내려다본 베어 계곡은 향삼나무로 둘러싸인 고산지대의 풀밭이었다. 그 북쪽으로는 완만한 비탈을 이루는 능선 아래, 서쪽으로 기울어진 퇴적층이 있었다. 무어스는 이것을 고생대의 사암 위로 흐른 진흙이 만든 각력암이라고 묘사했다. 깊은 골짜기 하나가 이 산등성이를 가르고 지나갔다. 이 골짜기로 유바강이 흘렀다. 이곳에서 유바강은 고산지대 얼음의 도움으로 베어강의 물줄기를 포획했다. 동북쪽의 하얗고 높은 봉우리들 아래에는 고산지대의 빙하가 화강암 속으로 파고들어간 호수가 있었다. 이 빙하는 화산 진흙 위에 빙퇴석을 남겼는데, 날카로운 파편과 둥근 자갈이 뒤섞여 있는 이 화산 진흙을 보고 데피스는 두 손을 들어버렸다. 무어스의 말에 따르면, 우리와 그 호수 사이의 암석은 "석영이 풍부한 고생대 하부의 퇴적층으로, 최소 두 번의 습곡과 변성을 겪었다." 그리고 그 호수 위의 봉우리들은 쥐라기의 호상열도 잔해였다.

무어스는 "지질학과 함께 혼자가 되는 즐거움"에 관해 여러 번 말했다. 충분한 시간을 들여 이런 풍경 속을 걸어다니면서 그 부분들이 서로 어떻게 맞아떨어지는지를 알아내기 위해 고민하고, "독주곡이 아닌 관현악곡 같은" 과학 문헌에 자신이 할 수 있는 것을 추가했다. 이전까지 암석이 전혀 없던 곳에 캘리포니아가 만들어지기 위해 무슨 일이 벌어졌는지를 무어스는 우리가 길을 따라가며 봤던 암석과 주변의 풍경 속에서 꽤 뚜렷하게 볼 수 있었다. 암층으로서, 즉 겉으로 드러난 단순한 배치뿐 아니라 지각의 삼차원적인 덩어리 전체로서, 이 지역은 지질학에서 소노미아 암층이라고 알려지게 되었다. 소노미아 암층은 네바다 중부의 소노마산맥에서 우리가 서 있는 곳 서쪽에 위치한 시에라네바다산맥 기슭까지 뻗어 있었다. 판구조론자들은 시간을 거슬러 올라가면서 판의 운동을 재구성하는 동안, 지괴들이 하나로 모여 초암층 superterrane을 형성하고 다시 쪼개져서 새로운 대륙을 형성하는 모습을 본다. 이런 거대한 사건에 휘말리는 곳에서는 뉴펀들랜드, 마다가스카르, 뉴질랜드, 수마트라, 일본 같은 호상열도들이 대륙의 중심부를 향해 미끄러져 들어가거나 충돌한다. 이런 호상열도는 새로운 경관의 가장 바깥쪽 층이 된다.

암층이 바다로 들어와서 스스로 대륙에 들러붙는 것을 지질학자들은 "접안한다dock"고 말한다. 이런 비유를 전혀 부끄럽게 여기지 않는 지질학자들은 접안 장소를 봉합선이라고 부르기도 한다. 현재 이론에 따르면, 소노미아 암층은 트라이아스기 초기에 북아메리카 서부에 접안했다. 그 봉합선이 세로로 지나가는 자리에는 오늘날 네바다 골콘다가 위치한다. 판구조론이 나오기 1세기 전까지, 뚜렷하게 얹혀 있는 이 암석은 골콘다 스러스트라고 알려져 있었다. 이 사건은 지금으로부터 약 2억5000만 년 전에 일어났다. 소노미아 암층은 호상열도였다. 무어스는 이 호상열도가 남북으로 3200킬로미터쯤 뻗어 있었을지도 모른다고 말했다. 베어 계곡 위의 고생대 사암과 동북부에서 볼 수 있는 석영이 풍부한 퇴적층도 이때 함께 들어온 것이다. 새로 접안한 암층에는 화산이 발달했다. 그 조각들 중 일부가 도너패스 정상의 화강암 속에 들어 있는 포획암이 되었을 것이다. 해양지각이 해구 속으로 밀려들어가는 소노미아의 서쪽 가장자리를 따라서도 많은 화산이 발달했다. 그 화산에서 만들어진 암석은 우리 머리 위로 솟아 있는 봉우리 속에 들어 있었다. 대략 우리가 서 있는 곳쯤에 화산 아래에 놓인 특별히 아름다운 해안 지대가 있었다. 그 화산들은 킬리만자로나 후지산 같은 성층화산이었다.

사실 소노미아 암층은 고대 북아메리카 대륙의 서쪽 가장자리에 스스로 들러붙은 두 번째 암층이었다. 첫 번째 암층은 고생대의 미시시피기에 당도했다. 이 암층은 거의 유타까지 밀고 올라갔다. 이 위도에서는 세 번째 암층이 중생대의 소노미아 암층을 뒤따라 들어왔다. 암층이 마구 구겨지면서 조산운동의 효과가 소노미아 전체를 통해 동쪽으로 전파되었고, 퇴적층의 변성을 일으켰다. 그 결과 실트암은 점판암으로, 사암은 규암으로 변했다. 그리고 두 번 이상의 습곡이 일어났다. 우리가 도로 옆에서 본 알록달록한 주름이 바로 그 습곡이었다. 이것이 바로 저반이 관입한 모암이었다.

화강암 저반은 아무 곳에나 나타나지 않는다. 캔자스 아래에 저반이 발달하는 것을 보려면 억겁을 기다려야 할 것이다. 먼저 지각에서 거대한 구조 운동이 일어나야 한다. 그다음 화강암, 더 정확히는 냉각되어 화강암이 될 마그마가 산맥 아래로 들어온다. 지표면에는 화산이 나타나고 용암이 흐른다.

마그마가 생성되려면 모종의 방식으로 지각의 아랫부분이 녹아야 한다. 하나의 판이 다른 판 아래로 들어가는 현상인 섭입은 용융을 일으킬 것이다. 그리고 암층을 압축시키고 두껍게 만드는 충돌 역시 용융을 일으킬 것이다. 대륙 간의 충돌이 일어난 후에는 지각의 두께가 두 배가 될 수도 있다. 그런 지각의 내부에서는 3000만 년 안에 저반이 올라올 것이다. 지하 깊은 곳에는 우라늄, 칼륨, 토륨 같은 천연 방사성 원소에서 나오는 열이 갇혀 있다. 그 열이 계속 증가하면 원소를 품고 있는 암석이 녹고 그 주변도 녹는다. 오늘날 티베트의 땅속 깊은 곳에서는 화강암이 형성되고 있어야 한다. 이 지역에서는 인도가 유라시아판에 부딪혔고, 이 충돌은 아직 끝나지 않았기 때문이다. 캘리포니아의 지하에서는 두터워진 지각과 판의 섭입이 둘 다 저반의 형성에 기여했다. 먼저 소노미아 암층이 당도해 봉합되면서 자체적으로 변형이 일어났고, 소노미아 암층의 서쪽에 뭔가가 부딪히면서 다시 변형이 일어났다.

시에라네바다산맥의 저반에는 해양지각뿐 아니라 대륙 지각도 녹아 있다. 전 세계의 거대한 저반은 대부분 진짜 화강암이 아니다. 화강암보다 색이 조금 더 어두워서, 엄밀히 말하면 화강섬록암에 속한다. 내게는 너무 엄밀한 이야기다. 그러나 시에라네바다산맥 고지대의 이 암석은 거의 누구나 화강암이라고 부른다.

이 저반 이후로 수백만 년 동안 아무것도 없는 시에라네바다 대부정합이 왔다. 어쨌든 이 기간에 우리가 볼 수 있는 것은 아무것도 남아 있지 않다. 암석 기록은 저반에서 근래의 안산암 용암류로 훌쩍 뛰어넘는다. 무어스는 에미그런트 협곡의 전망 좋은 지점에서 그 부분을 가리켰다. 수백만 년 전, 우리의 동쪽에 놓인 땅덩이가 잡아당겨지고 조각나면서 베이슨앤드레인지 지역이 만들어지기 시작했을 때, 가장 서쪽에서는 시에라네바다산맥이 솟아오르고 있었다. 중생대에 접안한 땅의 습곡과 단층 지형 속에서 올라온 시에라네바다산맥은 오래전에 사라진 산맥의 뿌리였다. 이 연대기는 에미그런트 협곡에서 끝을 맺으면서, 사방으로 흩어진 큰 바윗돌들과 아무렇게나 쏟아진 표석 점토, 뾰족한 봉우리, 날카로운 산등성이, 베어 계곡의 깊고 넓은 U자곡 같은 빙하 작용의 흔적을 이 새로운 산맥에 남겼다.

나는 지질학자가 피부과 의사와 비슷하다고 생각했다. 지질학자는 대체로 지구의 가장 바깥쪽 2퍼센트를 연구하기 때문이다. 내게 지질학자는 지구라는 동물의 거친 피부 위를 벼룩처럼 기어다니면서 모든 주름과 틈새를 샅샅이 탐색해 이 동물을 움직이게 하는 것이 무엇인지를 밝혀내기 위해 애쓰는 사람이다.

무어스는 나와 생각이 조금 다르다고 말했다. 그는 지구 전체가 판구조와 연관이 있다고 말했다. 섭입하는 판에서 일어나는 지진을 무려 650킬로미터 지하 범위까지 판독할 수 있고, 이제 지진파의 자료는 차가운 해양지각판의 조각이 핵과 맨틀 사이의 경계까지 내려갈지도 모른다는 것을 암시하고 있었다. 핵과 지각판의 충돌은 하와이, 옐로스톤, 아이슬란드 같은 열점의 활동과 연관이 있을지도 모른다. 그는 이런 것들을 피부학이라고 부르고 싶지는 않다고 말했다.

무어스가 지질학을 배우던 1950년대 후반과 1960년대 초반은 아직 판구조론의 모양이 제대로 갖춰지지 않은 시기였다. 나는 그에게 당시에 어떻게 배웠는지 물었다. 캘리포니아 공과대학에서 무어스를 가르친 교수들은, 다시 말해서 오늘날 옛 지질학이라고 알려진 학문에서는 산의 형성과 화산의 발달과 솔트레이크시티 서쪽의 북아메리카의 형성에 대해 어떻게 설명했을까? 지금 그가 알고 있는 것은 그가 배운 것에서 얼마나 크게 달라졌을까?

그의 말에 따르면, 산의 형성 메커니즘에 대한 과학적 이해는 19세기 후반에 처음으로 큰 진전을 이뤘다. 당시 뉴욕주 고문 지질학자인 제임스 홀은 지향사 주기에 대한 개념을 처음으로 생각해냈고, 1968년에 판구조론이 공표되기 전까지 이 개념은 지질학에서 널리 받아들여지고 있었다. 산맥 지대는 주로 대륙의 주변부에서 융기하고, 무엇보다 습곡된 해양 퇴적층과 관입된 저반을 포함하는 경향이 있기 때문에, 홀은 바다 밑바닥에 넓고 길게 패인 골짜기 같은 깊고 우묵한 지형이 있다고 상상했다. 이런 곳에 엄청난 양의 퇴적물이 쌓이고 마그마가 관입하면, 산맥으로 융기할 준비가 되는 것이다. 이것이 무어스가 배운 산맥의 형성 과정이었다.

멋지고 그럴싸한 모든 허구가 그렇듯이, 지향사에는 많은 진실이 포함되어 있었다. 층서에서 지질 구조에 이르기까지, 지질학은 약 100년 동안 지향사의 관점에서 이해되었다. 지향사와 관련된 지식을 이용해 금을 찾았다. 은과 안티몬과 석유도 찾았다. 지향사의 개념에서 출발해, 지향사가 이리저리 변해 눈앞에 놓인 산맥이 될 때까지 일어난 사건들을 시간의 흐름을 따라가면서 추측했다. 또는 현재의 산맥에서 시작해, 마음속으로 산맥을 해체하면서 지향사로 되돌아갈 때까지 시간을 거슬러 올라가면서 이전의 지형을 재구성했다. 암석의 형성에서부터 산맥의 형성, 산맥의 해체, 새로운 산맥을 만들 암석의 형성까지, 이 모든 과정이 지향사 주기에 속했다.

이 개념은 수정되고 보강되고 개선되면서, 어쩔 수 없이 더 복잡해졌다. 원래 형태의 지향사는 가운데가 두껍고 양쪽 가장자리가 얇으며, 다양한 장소에서 다양한 종류의 암석으로 만들어졌다. 독일의 구조학자인 한스 슈틸레는 지향사를 얕은 것과 깊은 것으로 나눠서 차지향사miogeosyncline와 완지향사eugeosyncline로 부르자고 제안했다. 이 용어는 널리 쓰이게 되었다. 차지향사는 (석회암처럼) 얕은 물에서 형성되는 퇴적암이 만들어지는 곳이며 화산이 없었다. 완지향사에서는 화산활동이 일어나며, 처트처럼 깊은 물에서 형성되는 퇴적암이 만들어졌다. 20세기에 들어서 관련된 과학적 내용이 축적되고 발전하면서, 뛰어난 표현력을 갖춘 새로운 세대의 지질학자들이 묘사하는 온갖 형태의 지향사를 다 설명하기에는 '차'와 '완'이라는 접두어만으로는 부족했다. 곧 새로운 용어가 팝콘처럼 터져나오기 시작했다. 전문가들의 대화에 준지향사parageosyncline, 정지향사orthogeosyncline, 단련지향사taphrogeosyncline, 박층지향사leptogeosyncline, 종지향사zeugogeosyncline, 연지향사paraliageosyncline, 외완지향사epieugeosyncline 같은 용어가 포함되었다.

무어스는 1955년에 캘리포니아 공과대학에 입학했다. "옛 지질학에서는 북아메리카 서부의 완지향사와 차지향사가 선캄브리아 시대 후기에 시작되어 백악기까지 쭉 이어졌다고 가르쳤어요." 그가 말했다. "암석은 완지향사의 중심에서 대륙붕 쪽으로 일어난 습곡과 스러스트, 즉 조산운동으로 변형이 됐어요. 이 메커니즘을 '조산력orogenic force'이라고 했죠. 이를테면 이곳 시에라에는 완지향사와 차지향사가 있는데, 완지향사가 차지향사 위로 밀고 올라간 것이 골콘다 스러스트였어요. 이 '조산운동'이 어떻게 일어났는지는 아무도 몰랐죠."

만약 캘리포니아의 암석을 해체해 원래의 지향사처럼 초기 형태를 복원하는 방식으로 재조립한다면, 얕은 물의 퇴적물 다음에 깊은 물의 퇴적물이 나타나지만 그 반대는 없을 것이다. "그것은 전혀 설명되지 않았어요." 무어스는 계속해서 말했다. "게다가 지향사 주기는 약 2억 년이라고 말했어요. 몬태나의 오버스러스트대에서는 1만2200미터 두께의 선캄브리아 시대 퇴적층이 백악기 퇴적층 위로 밀려올라갔어요. 학생인 우리는 선캄브리아 시대 퇴적층이 여전히 거기에 있다는 점이 어리둥절했죠. 지향사의 주기는 2억 년인데, 10억 년 동안이나 지향사가 그곳에 그대로 있는 이유는 뭘까? 답은 나오지 않았습니다."

홀의 학설은 말도 안 되는 공상이 아니었다. 불완전한 발상이었을 뿐이다. 어쨌든 산에는 바다에서 온 암석이 있었다. 그러나 지향사와 산맥 사이에는 뭔가 빠진 것이 있었고, 그것이 바로 판구조론이었다.

———

우리는 에미그런트 협곡에서 계속 서쪽으로 나아가면서 크고 작은 돌이 뒤섞인 담황색 표석 점토로 된 도로절개면을 통과했다. 그리고 수많은 푸른 문이 달린 분홍색 차고를 지났다. 트럭 부대로 제설 작업과 도로 관리를 하는 교통부 산악 관리센터의 차고였다. 차고가 있는 위치는 토석류가 천천히 움직이고 불안정한 빙퇴석이 슬금슬금 내려오면서 조용히 산사태를 일으키는 곳이었다. 무어스는 "기술자들이 또 파업을 한다"고 말했다. 그러나 그의 투덜거림은 겨우 5킬로미터 만에 섭입대로 사라지고 경탄이 되어 다시 튀어나왔다. 유문암질 응회암의 밝은 지층이 노출된 근사한 도로절개면이 높고 길게 이어졌기 때문이다. 무어스의 말에 따르면, 2900만 년 전 하늘에서 떨어진 이 화산재는 오늘날 네바다의 자리에 있던 화산에서 분출된 것이다. 그는 도로 한켠에 차를 세우고, 차 밖으로 나와서 기술자들이 다듬어놓은 노두에 코를 바싹 갖다 댔다. 그가 돋보기를 들고 응회암을 관찰하는 동안, 네바다 쪽에서 거대한 트럭이 매연을 내뿜으며 산비탈을 내려오고 있었다. 브레이크가 심하게 과열된 트럭은 검은 연기를 뿜어냈다. 트럭이 지나가고 한참이 지난 후에도 공기 중에는 지독한 매연 냄새가 감돌았다. 화산재는 여러 번에 걸쳐 분출했다. 서쪽으로 날아온 화산재는 뜨거운 상태로 땅에 내려앉았고, 서로 엉겨붙으면서 연속적인 띠 모양으로 단단히 굳었다. 100킬로미터 이상 떨어진 화산에서 날아온 화산재는 한 번에 1미터가 넘는 두께로 쌓였다. 화산재는 당연히 수평으로 내려앉았다. 이 화산재층은 이제 "시에라네바다산맥과 함께 융기하면서 서쪽으로 기울어지고 있었다. 우리는 해발 1200미터 지점을 지나서, 응회암보다 다섯 배 더 오래되고 기원에 더 근접한 화산암인 소노미아 암층의 암석들 사이로 내려왔다. 캘리포니아가 조립되는 과정에서 열과 압력에 의해 변질된 이 암석은 고속도로를 따라 풍화되어 붉은색, 주황색, 담황색, 흰색이 뒤섞인 추상적인 형태를 만들었다.

이제 도너패스 정상에서 서쪽으로 50킬로미터 떨어진 지점에 이른 우리는 캘리포니아 금의 모암 속으로 들어왔다. 금이 다양한 방법으로 당도했을 때, 그 모암은 그곳에 있었다. 금을 찾기에 가장 확실한 장소는 하상 표사 광상fluviatile placer, 즉 흐르는 강의 자갈밭(각력)이었다. 금은 그런 환경에서 발견되었다. 사광을 뜻하는 placer는 플라세르라고 발음되며, 에스파냐 항해 용어로 "모래톱"이라는 뜻이었다. 더 일반적으로는 "기쁨"이라는 뜻이 있다. 모래를 일어서 금을 분리하는 일은 단단한 바위를 쪼개 금을 꺼내는 것보다 대단히 쉽기 때문에, "사광 채굴placer mining"이라는 용어에는 두 가지 뜻이 다 내포되어 있는 것 같다. 시에라네바다산맥에서 서쪽으로 흐르는 강에 들어 있는 금 중 일부는 어떤 지층이 침식되면서 떨어져나온 것인지를 추적할 수 있었다. 이를 테면 아주 오래된 균열을 메우고 있는 근처의 석영맥에서 금을 찾을 수 있었다. 강자갈 속에서 금이 발견되고 2년이 채 되지 않아, 단단한 바위 틈새들이 화약으로 폭파되었다. 해발 300~1200미터에 이르는 시에라네바다산맥 아래쪽의 조용한 땅에는 금을 찾는 사람들이 두더지보다 더 빠르게 퍼져나갔다. 그들의 기술은 그들만큼이나 통제 불능이었고,

다가올 20세기를 미리 보여주듯이 빠르게 발전했다. 1848년에 금을 캐는 주된 장비는 칼집이 있는 단도였다. 노란 금속을 바위틈에서 그냥 꺼내기만 하면 되었다. 그로부터 1~2년 안에 사금 접시, 체, 선광기, 긴 세광용 홈통이 잇달아 도입되었다. 사람들은 온갖 다양한 것을 발명하고 개조하고 새로 들여왔다.

금이 나오는 곳은 또 있었다. 현재 물이 흐르는 하천보다 훨씬 높은 곳에 있는 마른 자갈밭에서도 금이 발견되었다. 그런 자갈밭은 높은 산비탈에 있었고, 때로는 산마루에 있기도 했다. 자갈밭은 불연속적인 고치 모양 광상 속에 놓여 있었다. 지질학자들은 결국 그 광상들을 점선으로 연결했다. 광상의 단면은 배의 모양과 비슷한 V자 모양을 이루었고, 어떤 곳은 광상의 너비가 1킬로미터가 넘었다. 광상은 미국 국기와 같은 색을 지니고 있었다. 번쩍번쩍 빛날 정도로 붉었고, 흰색도 있었을 뿐 아니라, 가장 낮은 곳은 짙은 푸른색을 띠었다. 그 자갈밭은 흔적만 남은 화석 강바닥이었는데, 그 강들은 오늘날 시에라네바다산맥의 가장 큰 강보다 훨씬 더 컸다. 그 강들은 에오세의 유콘강이었다. 지금으로부터 5000만 년 전, 대단히 높은 동쪽의 고원에서 흘러내려온 강들은 오늘날 캘리포니아에 해당되는 저지대를 통과해, 강물에 운반된 알갱이들을 열대의 해안평야 위에 크기 순서대로 내려놓았다. 그로부터 4000만 년 후, 지괴 하나가 서쪽으로 기울어지면서 시에라네바다산맥이 융기할 때, 에오세의 강바닥을 포함한 열대의 해안평야도 함께 들려 올라갔다. 이 강바닥은 유명세를 탈 수밖에 없는 운명이었고, 지질학계에서는 "캘리포니아의 에오세 강바닥"보다는 간단히 "함금 자갈 the auriferous gravels"로 더 잘 알려졌다. 강 삼각주의 전면과 후면, 모래톱에서 강가 절벽에 이르기까지, 어느 곳에서나 함금 자갈에서는 다양한 순도의 금이 나왔다. 진한 "푸른 선blue lead"을 따라, 높은 곳에는 1톤당 10센트, 낮은 곳의 어딘가에는 1톤당 수 달러의 부가 농축되어 있었다.

자갈에서 금을 분리하려면 물로 씻어내야 했다. 그러나 높은 지대에 있는 바싹 마른 큰 강의 강바닥을 보잘것없는 수량의 작은 시냇물로 씻어낼 수는 없다. 함금 자갈의 발굴은 1850년대에는 기술적으로 큰 도전이었다. 광부들은 고지대에 물을 가둬두었다가, 도랑과 수로를 통해서 물을 자갈밭으로 흘려보냈다. 5년 안에, 광부들이 만든 도랑과 수로의 길이는 8000킬로미터에 이르렀다. 어느 화석 강바닥에서 152미터 위에 있는 도랑에서 호스의 노즐을 통해 흘러내려온 물은 시속 190킬로미터의 속도로 분사되었다. 노즐에서 분사되는 물은 지름이 접시 크기였고 수압이 엄청났다. 노즐 근처에서 분사되는 물이 손에 닿으면 손가락에 화상을 입을 정도였다. 물대포나 마찬가지였다. 비탈진 자갈밭에 이런 고압의 물을 분사하면, 자갈이 아래로 흘러내렸다. 당시 어느 기록에는 "금이 들어 있는 자갈 언덕에 물을 흘려보내서, 시에라네바다산맥의 죽은 강을" 파냈다고 묘사되었다. 미국 내에서 채굴된 전체 금의 3분의 1에 해당되는 300만5049킬로그램의 금이 시에라네바다산맥에서 나왔다. 그중 4분의 1은 수력 채굴에 의해 발굴되었다.

에오세의 마른 강바닥에 놓인 80번 주간고속도로가 골드런을 지난다. 도롯가에는 급작스러운 변화가 기록되어 있다. 마치 강가에서 물속으로 풍덩 뛰어든 것처럼, 변성된 화산암 지대는 금세 함금 자갈 지대로 바뀌었다. 우리는 갓길에 차를 세우고, 30미터 높이의 절벽을 올려다봤다. 그 절벽은 일부러 깎아낸 도로절개면을 닮았지만 고속도로 공사로 만들어진 것이 아니었다. 덤불과 풀과 이끼가 아무렇게나 절벽을 뒤덮으며 매달려 있었다. 그것을 숲이라고 부를 수 있는지는 모르겠지만, 폰데로사소나무 몇 그루가 조붓하게 모여서 자라고 있었고, 그 아래에는 두툼한 둥근 잎에 짙은 붉은색 줄기가 있는 만자니타가 덤불숲을 이루고 있었다. 함금 자갈은 적갈색을 띠었고, 토마토만 한 크기의 돌멩이들이 가득했다. 그 돌들은 가장 인상적인 강을 따라 멀리 운반되었다.

고속도로를 가로질러 남쪽으로, 갑자기 풍경이 푹 꺼지면서 깊은 골짜기가 드러났다. 우리와 가까이 있는 골짜기 끝은 우리 머리 위에 있는 나무에서 90미터 아래에 있었다. 멀리 있는 골짜기 끝은 거의 두 배 더 깊었다. 너비 1.6킬로미터의 이 골짜기는 이주민들의 마차가 처음 시에라네바다산맥을 넘을 때는 존재하지 않았다. 모두 고압 호스에서 뿜어져 나온 물에 의해 파인 골짜기였다. 이 엄청난 크기의 경관을 인간이 만든 것이다. 골짜기 북쪽 가장자리에 폰데로사소나무가 서 있는 자리가 원래의 땅이 있던 높이였다.

고속도로는 이 자갈밭에서 중간보다 조금 위를 지나는 평평한 단구 위에 있었다. 우리 머리 위의 폰데로사소나무 숲 너머에는 서던퍼시픽 철도의 선로가 지나가고 있었다. 1860년대는 (당시에는 센트럴퍼시픽이던) 이 철도 회사에서 시에라네바다산맥을 가로질러 동쪽으로 향하는 선로를 놓는 작업을 막 시작할 무렵이었다. 서던퍼시픽 철도는 호스의 노즐이 닿기 전에 이 땅에 대한 권리를 확보하고 있었다. 무어스와 나는 선로 쪽으로 올라갔다. 선로의 북쪽에는 도로 남쪽의 골짜기와 비슷한 규모로 파헤쳐진 골짜기와 수력으로 만들어진 하얀 절벽이 보였다. 선로는 조금 아래에 매달려 있는 고속도로와 함께, 격벽처럼 남아 있는 옛 지형 위를 지나고 있었다. 이 옛 지형은 채굴이 만들어낸 지협이었고, 채굴되지 않은 금과 자갈로 이뤄진 30미터 높이의 둑길이었다.

이곳은 아이오와힐, 로웰힐, 파버티힐, 포커플랫, 더치플랫, 레드도그,

유벳, 양키짐, 가우지아이, 미시간블러프, 험버그시티가 있는 땅이었다. 이곳은 80번 고속도로의 현재 경로에서 남북으로 수십 킬로미터를 따라 500여 곳의 천막촌이 흩어져 있던 땅이었다. 이곳은 한두 해 동안은 세계 뉴스의 중심지였고, 수십 년 동안은 산업이 흥하면서 망치질 소리가 울려퍼졌다. 이제 메마른 공기를 동요시키는 것은 아무것도 없었다. 비행기 한 대조차 지나가지 않았다. 그러나 인공의 계곡들을 내려다보고 있으면, 엄청난 수압으로 자갈 비탈을 깎아내는 물소리가 들리는 것도 같았다. 파버티힐에서는 400만 달러어치의 금이 나왔고, 유벳에서는 300만 달러어치를 얻었다. 험버그시티는 금이 나오리라는 확신이 없어서 humbug(허풍)라는 이름이 붙었지만, 3060만 세제곱미터의 흙을 씻어내 500만 달러어치의 금이 나오자 지명이 노스블룸필드로 바뀌었다. 우리가 서 있는 땅 아래에 있는 골짜기들에서는 600만 달러어치의 금이 나왔다.

무법자로 유명한 양키 짐은 오스트레일리아 사람이었다. 당시 저돌적으로 영업을 하던 한 은행은 시대를 앞서가는 저축과 대출 상품을 내놓았다. 상환 능력을 초과하는 수표를 발행한 것이다. 시에라네바다산맥 대부분에 걸쳐 80번 주간고속도로는 플레이서와 네바다라는 두 카운티의 경계선 근처를 지나는데, 이 두 카운티에서는 모두 5600만 달러어치의 금이 산출되었다. 오늘날의 가치로 환산하면 50억 달러에 이를 것이다. 양키 짐은 같은 이름의 마을에서 교수형을 당했다.

우리의 발아래 있는 고대의 강바닥은 골드런을 지나 더치플랫을 통해 들어온 화석 강의 지류와 합류했고, 레드도그와 유벳을 거쳐 서북쪽으로 빠져나갔다. 인간이 지구에 나타나기 전, 이 에오세 수계의 흔적은 빙하와 최근의 강과 그 밖의 여러 지질학적 동인에 의해 대부분 지워졌다. 그리고 인간은 그 나머지 흔적을 거의 다 없애버렸다. 무어스는 1세기 만에 만들어진 골짜기를 둘러보면서 "인간은 지질학적 동인"이라고 말했다. 대개 침식은 지질학자들이 파국적 사건이라고 부르는 허리케인, 암석 사태, 대홍수 같은 재앙이 일어났을 때 나타난다. 그리고 시에라네바다산맥에서 약 100억 세제곱미터의 땅을 물로 씻어낸 수력 채굴은 충분히 이런 재앙에 포함될 만하다.

나는 무어스가 그리스 북부의 한 감람석 노두를 암석 망치로 두들겼을 때를 기억한다. 그가 감람석에 끌린 것은 학술적인 이유에서였지만, 그는 감람석이 내열 벽돌의 재료로 활용되기 때문에 오래지 않아 사라질 수도 있다고 말했다. 나는 사람들에게 감람석에 대한 관심을 불러일으켜서 산비탈을 마구 파헤치게 만든 장본인이 된 기분은 어떤지 그에게 물었다. 그는 이렇게 말했다. "정신이 이상해지는 기분이에요. 나는 광산 마을에 살았고, 광산 일을 하는 가정에서 자랐죠. 그곳을 벗어날 즈음에는 광산이 지긋지긋했습니다. 이제 나는 시에라 클럽의 회원이에요. 그러나 산업사회에서 살 생각이라면, 끔찍하게 보이는 장소가 있어야 한다는 현실을 직면해야 해요. 다른 곳은 제쳐두고, '여기는 원래 이런 곳이야' 하고 말하는 거죠."

나는 그가 내 질문에 대한 대답으로 비슷한 이야기를 한 것을 기억한다. 그때 나는 데이비스에서, 직업적으로 발달된 지질학적 시간 감각이 그에게 어떤 영향을 미쳤는지 물었다. 그는 이렇게 말했다. "사람의 정신이 이상해지게 만들어요. 인간적이고 감성적인 시간과 지질학적 시간이라는 두 가지 척도는 서로 너무 달라요. 그러나 지질학적 시간 감각을 지질학자가 아닌 사람들에게 이해시키는 것은 아주 중요해요. 1년에 수 센티미터씩 진행되는 지질학적 과정의 속도는 더디지만 충분히 오랫동안 계속되면 엄청난 효과를 발휘하니까요. 지질학적 시간 척도에서 100만 년은 잠깐이에요. 그래서 인간의 경험은, 그러니까 한 사람의 일생이 아니라 맨 처음부터 지금까지 인류 전체가 경험한 시간은 진짜 순식간이죠. 이 두 종류의 시간 척도가 겹치는 일은 흔치 않아요."

그런 일이 일어나면, 그 효과는 두 시간이 뚜렷한 만큼 지속적일 수 있다. 인간의 시간 척도와 지질학의 시간 척도는 사람이 지진을 느낄 때마다 교차한다. 어떤 종류의 광물을 캐내기 시작할 때에도 교차한다. 1848년 이후, 두 시간의 척도가 시에라네바다 서부의 금광 지대에서 교차할 때, 캘리포니아는 인구가 급속도로 증가해 준주를 거치지 않고 바로 주가 되었다. 캘리포니아의 매력이 사라져가는 동안 새로 유입된 사람들은 다시 동쪽으로 퍼져나갔다. 그들은 캘리포니아를 중심으로 햇살 모양으로 퍼져나가서, 아이다호, 애리조나, 네바다, 뉴멕시코, 몬태나, 와이오밍, 유타, 콜로라도에서 아연, 납, 구리, 은, 금을 찾고, 서부의 모습을 변화시켰다. 그 변화는 들소가 소로 바뀌는 것보다 더 근본적인 변화였다. 1848년 캘리포니아에서 벌어진 사건은 오스트레일리아에서 금의 발견으로 직접 이어졌다(금을 찾기 위해 시에라네바다로 온 한 오스트레일리아인은 금이 들어 있는 캘리포니아의 지형과 판박이처럼 생긴 지형을 오스트레일리아의 뉴사우스웨일스에서 찾아냈다). 남북전쟁이 끝난 해인 1865년이 되자, 캘리포니아의 땅속에서는 7억8500만 달러어치의 금이 나왔고, 이로 인해 남북전쟁에서 결정적인 격차가 벌어진 것일지도 모른다. 1841년에 캘리포니아로 들어온 초기 이주민인 존 비드웰은 그의 비망록에 다음과 같이 표현했다.

만약 캘리포니아에서 금이 발견되지 않았다면, 1861년에 남부 연합이 일으킨 대반란의 충격을 견딜 수 있었을지 의문이다. 1864년, 뉴욕의 은행가와 사업가들은 캘리포니아의 금이 아니었다면 모든 것이 바닥났을 것이라는 점을 주저 없이 인정했다. 매달 500만~600만 달러가 캘리포니아에서 금융가로 쏟아져 들어왔다. 적시에 도착한 자금은 무역의 중추를 강화하고 사업을 자극함으로써, 정부가 채권을 팔 수 있게 해줬다. 당시 정부의 신용은 생명줄이었고, 군대를 먹이고 입히고 유지하는 주된 버팀목이었다. 한때 우리의 채권은 1달러에 38센트까지 떨어졌다. 캘리포니아의 금 덕분에 완전한 붕괴가 일어나지 않았고, 연방은 큰 충돌에서 벗어나 하나로 보존될 수 있었다.

무어스와 나는 고속도로 갓길로 돌아와서 금을 품고 있는 절벽을 따라 걸었다. 강물에 둥글어지고 석영 알갱이가 반짝이는 자갈들이 촘촘히 박혀 있는 절벽은 자갈로 덮여 있는 아주 넓은 스크린을 연상시킨다. 감독이나 영화, 밝게 빛나는 돌을 비추는 영사기는 없어도, 이 스크린에는 움직이고 있는 광부들의 모습이 보인다. 1848년 말에 캘리포니아 인구는 4000명이었고, 그 뒤로 1884년까지 15만 명이 더 유입된다. 확실히 원래부터 살고 있던 사람들을 제외하고, 존 오거스터스 서터만큼 제대로 적기를 만난 사람은 없다. 그는 금이 있을 것이라고는 상상조차 하지 않고 캘리포니아에 들어온다. 금발에 푸른 눈과 혈색 좋은 얼굴을 지닌 이 파산한 스위스인 포목상에게는 챙이 넓은 모자와 두둑한 뱃살과 유난히 독특한 꿈이 있다. 그의 나이는 서른여섯 살이다. 그의 꿈은 주인 없는 불모지를 자신의 영지로 만들고, 왕국보다는 식민지에 가까운 이 영지를 마치 공작처럼 다스리는 것이다. 클레멘타인호라는 배를 타고 1839년 캘리포니아 몬터레이에 도착한 그는 열 명의 하와이인

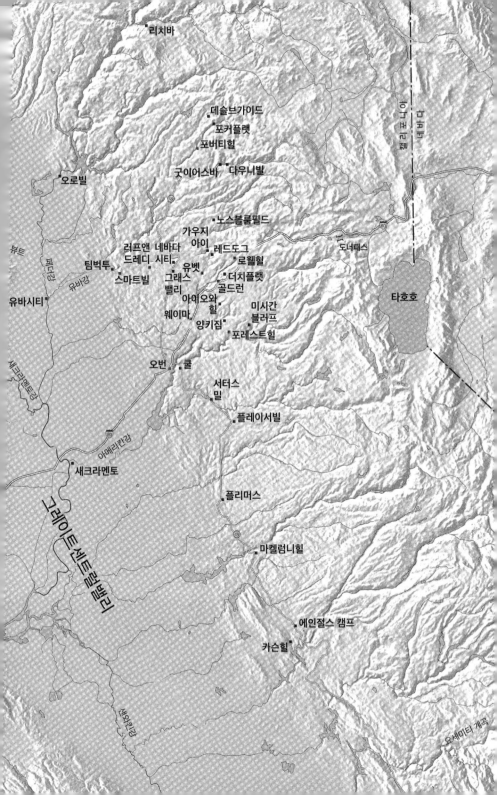

과 한 명의 인도 소년을 데리고 왔다. 그 인도 소년은 한때 킷 카슨의 소유였다가 서터에게 100달러에 팔려왔다. 캘리포니아 연안과 점점 확장되고 미합중국 사이에서 일종의 완충 장치를 찾고 있던 멕시코 정부는 서터에게 순차적으로 4만 헥타르가 넘는 땅을 준다. 서터는 샌프란시스코만 주변을 항해하면서, 일주일 동안 새크라멘토강에서 바다로 들어가는 입구를 찾아다닌다. 강어귀를 찾아낸 직후, 오늘날 새크라멘토 시내에서 지금도 뉴헬베티아라 불리는 27번가 자리에는 하와이식 초가집들이 들어선다. 서터에게는 대포가 있다. 그는 90센티미터 두께의 벽으로 둘러싸인 요새를 짓는다. 지하 감옥도 짓는다. 비스듬한 지붕 아래에는 0.8헥타르 넓이의 연병장을 둘러싸고 있는 건물이 자리 잡고 있다. 서터는 독립적인 농업경제를 발전시키는 것을 목표로 삼았고, 그의 사업은 번창한다. 그는 제분소를 만든다. 소떼를 들여오고 가죽 제조 공장을 짓는다. 방직공을 고용해 직물을 생산한다. 그는 농토를 넓히고 두번째 제분소의 건설을 계획한다. 그는 사람들을 끌어들이고, 여권을 발행한다.

뉴저지 램버트빌에서 온 제임스 윌슨 마셜도 그렇게 들어온 사람 중한 명이다. 그는 물레바퀴와 수레를 제조할 줄 아는 기계 목수이며 제재소 일도 해본 경험이 있다. 서터는 잘라낸 나무를 강에 띄워서 샌프란시스코로 운반하는 사업이 유망할 것이라고 생각한다. 한편, 새로운 제분소를 짓기 위해서는 판자가 필요하다. 그는 아메리칸강 상류의 작은 골짜기로 마셜을 보낸다. 절벽에 둘러싸인 이 골짜기 뒤로는 사탕소나무가 자라는 산비탈이 있다. 서부의 수많은 멋진 풍경과 마찬가지로, 이곳역시 원주민들이 소중한 그들의 땅이라고 여기는 곳이다. 강의 한 굽이가 산과 닿아 있다. 마셜은 이 물줄기를 막아서 동력으로 쓸 물레방아

용 수로를 설치한다.

그는 강자갈에 "꽃이 핀 것"을 보고, 금속이 있을 것 같다고 말한다.

제재소 일꾼 한 명이 그에게 묻는다. "'꽃이 핀 것'이라는 게 무슨 뜻이죠?"

마셜은 "석영"이라고 말한다.

제재소는 거의 완성되어가는데, 물레방아가 너무 천천히 돌아간다. 물은 물레방아 주위에 고인다. 가장 좋은 개선책은 자갈 아래의 기반암이 나올 때까지 도랑을 깊게 파내는 것이다. 1848년 1월 24일의 이른 아침, 얄레숨니족 원주민들의 도움으로 수로에서 자갈을 파내던 마셜은 반짝이는 작은 조각들을 줍는다. 돌은 아닌 것 같다.

광물에 대해 약간의 상식을 갖고 있는 내가 떠올릴 수 있는 비슷한 광물은 둘뿐이었다. 아주 반짝거리면서 부서지는 성질이 있는 황철석, 반짝이지만 무른 금. 나는 그것이 둘 중 어느 것인지 알아보려고 했다. 그리고 두들기면 모양이 바뀌기는 하지만 부서지지는 않는다는 것을 알아냈다.

그는 그것을 발갛게 달궈진 석탄 위에서 잿물에 넣고 끓여본다. 아무 변화가 없다.

마셜은 렌즈콩만 한 그 조각들을 천으로 잘 싸서 뉴헬베티아로 들고 간다. 그리고 서터와 단둘이 문을 잠그고 이야기를 해야 한다고 고집을 피운다. 서터는 그 조각에 질산을 부어본다. 아무런 변화가 없다. 그는 자신의 아메리카나 백과사전을 꺼내 G 항목을 찾아본다. 서터와 마셜은 이 조각을 천칭에 올려놓고 같은 무게의 은으로 균형을 맞춘다. 이제 천칭을 물속에 가라앉힌다. 만약 그 조각이 금이라면, 비중이 은보다 더 클 것이다. 천칭을 물속에 넣자, 천칭이 기울이지면서 마셜의 조각이 있는 쪽이 내려간다.

곧바로 서터의 머릿속에 무척 당혹스러운 미래가 훤히 펼쳐진다. 옆에 흐르는 강바닥에 금이 있다면, 누가 그의 제재소에서 일을 하겠는가? 제분소는 누가 완성하겠는가? 그의 뉴헬베티아, 들판과 숲이 있는 그의 영지, 그만의 세계, 그의 농업 왕국은 어떻게 될 것인가? 서터와 마셜은 제재소가 완성될 때까지라도 금이 발견되었다는 소문이 나지 않도록 다른 이들을 설득하기로 한다.

공교롭게도 멕시코에서는 (마셜이 서터를 방문하고 딱 닷새 뒤) 미국의 특사 니컬러스 P. 트리스트가 워싱턴의 소환 명령을 거부하고 협상을 밀어붙여서 과달루페이달고 조약을 성공적으로 매듭짓는다. 전쟁에 패배한 멕시코는 캘리포니아를 포함한 약 1억3500만 헥타르의 땅을 1500만 달러에 미국에 넘기기로 한다.

서터는 제재소와 물레방아 주위의 땅에 대해 얄레숨니족과 20년 임대 계약을 맺는다. 그는 얄레숨니족의 곡물을 빻아주고, 연간 150달러를 의복과 연장을 지불하기로 약속한다. 이 계약에 대한 법적 효력을 얻기 위해, 서터는 캘리포니아의 미 군정장관인 리처드 메이슨 대령이 있는 몬터레이로 사절을 보낸다. 사절은 노란 시료 몇 개를 탁자 위에 올려놓는다. 메이슨은 1840년에 웨스트포인트를 졸업한 그의 부관 윌리엄 셔먼 소위를 부른다.

메이슨: "이것은 무엇인가?"

셔먼: "금입니까?"

메이슨: "천연 금을 본 적이 있는가?"

셔먼: "조지아에서 봤습니다."

셔먼은 시료 하나를 깨물어본다. 그다음 사병에게 큰 도끼와 손도끼를 가져오게 한다. 그는 두 개의 도끼로 조심스럽게 시료를 두들겨서 얇게 편다. 셔먼은 스물네 살이던 1844년에 군 범죄와 연관된 조사를 하면서 이 검사법을 배웠다.

메이슨은 서터에게 원주민은 땅에 대한 권리가 없으므로 땅을 임대할 권리도 없다는 취지로 편지를 보낸다.

『캘리포니아스타California Star』의 편집자는 4월에 쓴 한 메모에서, 시에라네바다산맥 아래에 무진장한 금이 있다는 이야기에 대해 대문자로 "사기"라고 쓴다. 6주 후, 『캘리포니아스타』는 인쇄를 할 사람이 남아 있지 않아서 발행을 중단한다. 수천 명이 서터의 물레방아가 있는 곳으로 들어와 주변 지역으로 퍼져나간다. 마셜은 금이 발견된 장소인 아메리칸강에서 수수료를 받으려고 했지만, 1848년에 온 사람들은 그의 소유권을 무시하고 그의 땅으로 꾸역꾸역 들어온다. 강에는 송어 낚시꾼처럼 엉덩이를 맞대고 서 있는 사람들이 가득하다. 다음 웅덩이에서는 뭔가 큰 것이 나오리라는 기대를 품고 동굴로, 계곡으로, 평지로, 산골짜기로 끊임없이 움직이는 모습 역시 낚시꾼과 비슷하다. 아메리카 원주민들은 버들로 만든 바구니로 1만 6000달러어치의 금을 건져낸다. 사람들은 달걀만 한 금덩이를 찾아내고 있다. 1848년 5월 27일자 『뉴욕헤럴드』로 온 한 통의 편지에는 "이제 이 땅의 모든 백인이 한몫을 챙길 기회가 있다"고 쓰여 있다. 스코틀랜드인처럼 보이는 한 백인은 금을 발견하고 정신이 반쯤 나가서, 하루 온종일 "나는 부자다! 나는 부자다!"라고 소리를 지르며 돌아다닌다. 두 명의 광부는 작은 도랑 하나에서 7일 동안 1만 7000달러를 벌어들인다.

6월, 몬터레이에서 샌프란시스코로 간 메이슨 대령은 시에라네바다 산맥 기슭의 작은 언덕에서 무슨 일이 벌어지고 있는지를 직접 알아보기 위해 뉴헬베티아로 향한다. 그는 셔먼을 데려간다. 그들이 찾은 샌프란시스코는 "인적이 뜸하고" 항구에는 버려진 배가 가득하다. 성직자는 교회를 방치하고, 교사는 학생을 내팽개치고, 변호사는 그들의 호구를 내버려둔다. 상점은 문이 닫혀 있다. 모든 종류의 작업이 중단된 채로 방치되어 있다. 코스트산맥을 넘고 그레이트센트럴밸리를 지나는 동안, 메이슨과 셔먼은 놀고 있는 방앗간과 제재소, 아무 데나 돌아다니면서 잡초들 사이로 여문 곡식을 뜯어먹고 있는 가축들, "빈집, 폐허가 되어가고 있는 농장"을 본다. 마치 무시무시한 군대가 해안에서부터 산기슭까지 휩쓸고 지나간 것 같은 광경이다.

챙이 넓은 모자를 쓴 서터는 손잡이가 은으로 장식된 지팡이를 옆구리에 끼고 군정 장교들을 극진히 맞이한다. 모든 사달이 그들의 잘못이라고 하기는 어렵다. 서터의 가죽 공장에서는 2만 장의 가죽이 통 속에 방치된 채 썩어가고 있고, 4만 포대의 밀은 줄기에 달린 채 삭아가고 있다. 방앗간은 작업이 중단되었고, 직조공은 직조기를 내팽개쳤으며, 하루하루 떠돌아다니는 이방인들은 그의 요새를 하숙집으로 바꿔놓고, 그의 말을 훔치고, 그의 소를 죽인다. 단기적으로는 이익이지만 장기적으로는 재앙인 이 사태로 그의 영토는 종말을 맞고 있다. 그의 꿈은 황금빛 연기처럼 사라져가고 있다. 우리는 페더강에 위치한 그의 궁핍한 농장과 파산 후에 동부로 가서 1880년에 죽음을 맞은 그의 행적을 따라갈 수도 있지만, 자신의 요새에서 미국 독립 기념 연회를 개최하고 상석에 앉아 있는 1848년 7월 4일의 그를 그의 마지막 모습으로 기억하는 것이 더 좋을 것 같다. 그는 50명의 손님을 초대한다. 건배, 여흥, 웅변,

맛있는 음식들, 샴페인, 소테른 포도주, 셰리주, 마데이라 포도주, 브랜디를 곁들인 만찬을 위해 그는 (오늘날의 가치로 환산하면) 6만 달러 상당의 비용을 지불한다. 서터는 남북전쟁 비용을 충분히 충당할 수 있는 규모의 발견에 대해, 그의 소유권을 보장해달라고 호소한다. 그의 호소는 거부되지만 그는 어떤 억울함도 내비치지 않는다. 그의 오른쪽에는 리처드 반스 메이슨이, 왼쪽에는 윌리엄 테컴세 셔먼이 앉아 있다.

1848년 말이 되자, 수천 명의 사람이 240킬로미터 떨어진 곳까지 흩어져서 1000만 달러어치의 사금을 강에서 캐낸다. 1949년에 가장 많은 사금을 채취한 사람들은 1948년에 온 이들이다. 1949년에 온 사람들은 자리를 찾기 위해 돌아다니느라 시간을 다 보내기 때문이다. 1949년 말에는 사금 광부의 수가 5만 명에 육박한다. 홀로 금을 캐는 사람은 사라진다. 정교한 기술력에서 뒤처지지 않으려면, 개인은 집단을 이루는 수밖에 없다. 개인의 집단은 회사에 밀려난다. 사람이 늘어날수록 수중에 들어오는 몫은 점점 작아진다. 결국 독립적으로 금을 캐는 개인들은 겨우 먹고사는 수준이 되는데, 이런 생활 방식을 생계형 사금 채취라고 부른다. 중앙아메리카의 정글에서 병으로 죽거나 폭풍으로 물에 빠져 죽는 동료들을 지켜보면서 수천 킬로미터를 여행한 그들의 황금빛 목표는 이제 "콩 캐기" 같은 것으로 바뀌어가고 있다. 그러나 생생한 이야기들은 항상 동쪽으로 가고 있고, 그런 이야기로 인해 누군가는 육로로, 지협으로, 높은 봉우리로 가보려고 생각한다.

페더강 북부에서 갈라져나간 동쪽 지류의 한 깊은 계곡에서는 두 명의 독일인이 돌을 옆으로 굴리고 그 아래에서 금덩이를 발견한다. 또다른 두 광부는 8시간 동안 11킬로그램의 금을 건져낸다. 사금 접시를 한 번 일 때마다 1500달러를 번다. 땅에 부가 넘쳐나기 때문에 소유할 수 있는 땅의 넓이는 사방 1.2미터의 정사각형으로 제한된다. 일주일 안에 인구는 2명에서 500명으로 늘어난다. 그곳은 리치바라는 지명을 얻는다.

유바강에 위치한 굿이어스바에서는 외바퀴 손수레에 실린 모래 한 짐에 2000달러의 가치가 있다.

카슨크리크 위의 단단한 암석에서는 한덩이의 무게가 50.8킬로그램인 금덩이가 나왔다. 그 근처의 틈새를 검은 화약으로 폭발시키자, 11만 달러어치의 금이 터져나온다.

러프앤드레디에서 한 광부가 땅에 묻힌다. 그의 무덤을 파는 동안, 땅에서 금이 나온다. 장례식이 진행되는 사이, 문상객들은 금을 챙긴다. 어쨌든 그렇게 흙에서 와서 흙으로 돌아가는 이야기가 된다.

아이오와힐의 함금 자갈에서는 두 사람이 하루 동안 3만 달러를 캐낸다.

카슨힐의 단단한 바위에서는 성인 남자의 몸무게와 맞먹는 무게의 금덩이가 나온다. 신발 상자만 한 크기의 거의 순수한 금인데, 무게가 75킬로그램에 약간 못 미친다. 이 금은 지금까지 캘리포니아에서 발견된 것 중 가장 큰 금덩이다. 캘러베러스 카운티에 위치한 카슨힐은 마더로드 지대에 있다. 금을 품은 석영 광맥들의 다발인 마더로드는 약 300미터 높이에서 남북으로 약 140킬로미터에 걸쳐 길게 뻗어 있다. 마더로드의 석영 광맥들은 너비가 50미터에 이른다.

미국 광부들은 모든 주, 사실상 거의 모든 카운티에서 왔다. 다른 광부들은 멕시코, 인도, 프랑스, 오스트레일리아, 포르투갈, 잉글랜드, 스코틀랜드, 웨일스, 아일랜드, 독일, 스위스, 러시아, 뉴질랜드, 캐나다, 하와이, 페루에서 왔다. 페루에서는 한 번에 7000명이 왔다. 가장 많은 외국인은 중국인이다. 대부분의 다른 광부와 비교할 때, 중국인들에게는 수가 많다는 것보다 더 큰 강점이 있다. 그들은 술을 마시지 않는다. 확실히 아편을 피우기는 하지만, 다른 사람들이 생각하는 것만큼 과하지는 않다. 중국인 광부들은 큰 장화를 신고 푸른색 면옷을 입는다. 그들의 짐은 가볍다. 그들은 밥과 말린 생선을 먹는다. 그들의 사창가는 문전성시를 이룬다. 중국인들은 시에라에서 가장 뛰어난 도박사다. 그들은 백인의 도박을 푼돈 내기처럼 보이게 만든다.

초기 금광촌 중 일부는 아주 깊은 산골짜기나 협곡이나 동굴 속에 있어서 겨울에는 광부들의 천막에 햇빛이 닿지 않는다. 천막이 없다면 땅에 구멍을 파고 산다. 봇짐 속에는 침낭과 곡괭이와 삽과 사금 접시가 있고, 어쩌면 자갈을 거르는 작은 체, 커피포트, 담배 깡통, 소다로 부풀린 빵, 마른 사과, 절인 돼지고기가 있을지도 모른다. 잠은 모닥불 가에서 잔다. 잠에서 깨면 "몸을 한 번 털고 옷을 입는다". 아마 붉은색 플란넬 셔츠를 입을 것이다. 양모 바지를 입고, 두꺼운 가죽 장화를 신고, 잘 휘어지는 넓은 챙이 달린 부드러운 모자를 쓰고, 권총을 갖고 다닌다. 모두가 똑같지는 않다. 중산모를 쓰는 광부도 있고, 밀짚모자를 쓰는 광부도 있고, 솜브레로를 쓰는 광부도 있고, 베레모를 쓰는 프랑스 광부도 있다. 프랑스 광부는 그들의 자리에 삼색기를 건다. 정장 외투를 입고 일하는 광부도 있다. 술 장식이 달린 사슴가죽 옷을 입은 광부, 화려한 양단 조끼를 입은 광부, (장화가 다 닳아서) 정장 구두를 신고 일하는 광부도 있다. 인디언도 수없이 많은데, 그들은 기본적으로 옷을 입지 않는다. 흑인 광부도 많다. 그들은 모두 자유인이다. 개별 탐사가 집단 노동으로 바뀌어가는 동안 캘리포니아에 노예가 생겼을 수도 있지만, 초기 캘리포니아주에서는 노예제도가 금지되어 있었다. 일요일에는 싸구려 위스키를 마시면서 개를 죽이는 개, 닭을 죽이는 닭, 사람을 죽이는 사람, 곰을 죽이는 황소를 구경할 수 있다. 셰익스피어를 관람할 수도 있다. "모두의 여자"를 찾아갈 수도 있다. 1858년 10월 30일자 『하이드롤릭프레스Hydraulic Press』에는 "캘리포니아만큼 젊은이가 늙어 보이는 곳은 없다"고 쓰여 있다. 그들은 뾰족탑이 있는 하얀 나무 교회를 짓는다.

마켐럼니힐에서는 4개월 동안 매주 살인이 일어난다. 법이 없는 상황에서 교수형은 흔히 있는 일이다. 훗날 플레이서빌이라는 이름이 붙는 금광촌의 원래 이름은 행타운이다. 사람들이 깜박 잊고 손목을 묶지 않아서 교수대에 매달린 사람이 밧줄을 손으로 움켜쥐자, 누군가 그의 손을 총으로 마구 때려서 밧줄에서 손을 떼게 만든다. 어느 중국인 광부는 백인 청년에게 상처를 입혀서 감옥에 갇힌다. 사람들은 담배를 주겠다는 말로 그 "중국놈"을 감옥 창문 쪽으로 유인해 그의 머리를 잡고 목에 밧줄을 걸어 죽을 때까지 잡아당긴다. 한 젊은 광부는 베어강에서 노인을 살해한다. 재판소는 그에게 사형이나 추방 중에서 선택을 하게 한다. 그는 자신은 켄터키 출신이라고 하면서 죽음을 택한다. 켄터키에서는 그것이 더 명예로운 행동으로 여겨졌다.

광부의 아내들은 세탁업으로 남편보다 더 많은 돈을 벌기도 한다. 이곳에서 캐나다 클론다이크에 이르기까지, 사람들이 금광으로 몰려들 때마다 납품업자와 서비스업 종사자들은 금가루를 주워 모은다. 반면 광부는 99퍼센트가 빈손으로 돌아간다. 1853년, 29세의 릴런드 스탠퍼드는 골드런에서 약 16킬로미터 떨어진 미시간블러프에 잡화점을 연다. 존 스터드베이커는 행타운에서 외바퀴 손수레를 만든다.

스탠퍼드는 새크라멘토로 가서 "식료품, 잡화, 주류, 시가, 각종 기름,

밀가루, 곡물과 농작물, 사금 채취 도구, 광부의 생필품"을 판다. 스탠퍼드의 사전에 외상 거래란 없다. 광부들은 분명히 "금가루를 갖고 내려올" 것이다. 금가루를 갖고 내려온 그들은 청과물상인 마크 홉킨스에게 간다. 곡괭이, 삽, 사금 접시가 훨씬 더 이문이 많다는 것을 감지한 홉킨스는 농산품 장사를 중단하고 철물상인 콜리스 P. 헌팅턴과 제휴를 맺는다. 두 사람은 금가루를 가지고 광업 물품업자인 찰스 크로커에게 간다. 시에라네바다산맥을 둘러보고 내려온 시어도어 주다라는 기술자는 이 산맥을 횡단하는 철도를 건설할 수 있다는 의견을 갖고 있었고, 새크라멘토의 상인들은 주다를 믿고 센트럴퍼시픽 철도를 건설하기 위한 회사를 설립한다. 백악기의 금이라는 형태로 지표로 올라온 지질학적 시간은 사실상 대륙횡단 철도를 만들어내는 마술을 부린 것이다.

철도는 1863년에 새크라멘토를 출발한다. 그리고 곧바로 채광 기술과 어떤 의미에서 보면 조금 허상인 경주를 벌인다. 철도가 도너패스를 향해 1년에 약 32킬로미터의 속도로 연장되는 동안, 광부들은 그 사이에 놓인 경관을 뒤집어엎기 위해 가능한 모든 일을 하고 있다. 그들의 능력은 불과 10여 년 만에 크게 가속화된다. 이것은 기술의 진화다.

금광 탐사자들은 제임스 윌슨 마셜이 금을 발견한 지 2년이 되지 않아서 화석 강을 찾아낸다. 그리고 얼마 지나지 않아, 광활한 땅에는 아주 거대한 코요테가 파놓은 것 같은 구덩이가 가득하다. 초기 금광에서 이런 형태는 코요테 구멍이라고 알려진다. 사람들은 흙을 깊게 파낸 다음 완강기를 타고 직접 구멍 속으로 내려간다. 그들은 그 구멍이 자신의 무덤이 되지 않기를 바란다. 구멍 속으로 들어가 자갈층을 지나 기반암에 닿을 때까지 수직으로 파고들어간 다음, 옆으로 파면서 이동한다. 어떤 코요테 구멍은 수직으로 30미터를 내려간다. 180미터까지 내려가는 것도 있다. 도랑과 세광용 홈통을 따라 처음 쏟아져 내린 물은 발굴된 사금을 씻어낼 뿐 아니라 자갈로 덮인 산비탈에 침식시키고 그 속에 들어 있는 금도 씻어낸다. 이것은 땅 씻어내기, 골 파기, 터뜨리기, "강둑 아래에서 줍기"로 알려진다. 이제 지형에는 그 방문객들이 그들의 행동을 책임지는 부류가 아니라는 사실이 드러나기 시작한다. 훗날 잭 런던은 『황금 계곡All Gold Canyon』에 이렇게 쓴다.

그의 앞에 펼쳐진 반드러운 비탈에는 꽃들이 흩뿌려져 있고 달큼한 향기가 풍겼다. 그의 뒤쪽에 있던 반드러운 언덕의 표면은 끔찍한 폭발이 일어난 것처럼 무참히 파괴되었다. 느리게 진척되는 그의 작업은 기괴한 흔적으로 아름다움을 더럽히는 민달팽이의 움직임 같았다.

지금까지의 기술은 새로운 것이 아니다. 로마인들은 고지대의 저수지와 인공 수로를 이용해서 땅을 물로 씻어내는 방식으로 금을 얻었고, 1500년 이전의 컬럼비아 인디언들과 18세기에 오늘날 브라질이라고 알려진 지역에 살던 사람들도 같은 방식을 활용했다. 작센의 의사인 게오르크 바우어는 게오르기우스 아그리콜라라는 필명으로 『금속에 대하여De Re Metallica』(1556)라는 책을 썼다. 이 책은 접시로 이는 법에서 양 가죽을 이용해 물로 씻어내는 법에 이르기까지, 순수한 금을 얻는 야금 방법을 글과 목판화를 통해 자세하게 소개하고 있다.

어떤 사람들은 큰 그릇에 이런 종류의 모래를 넣고 물로 씻는다. 큰 그릇은 쉽게 흔들 수 있도록 밧줄 두 개를 이용해 들보에 매달아 건다. 이 접시에 모래를 넣고 물을 붓는다. 그다음 그릇을 흔들어서 흙탕물을 걸러내고 다시 깨끗한 물을 붓는다. 이 과정을 여러 번 반복한다. 이렇게 하면 금 알갱이는 무겁기 때문에 그릇의 뒤쪽에 가라앉고, 모래는 가볍기 때문에 앞쪽에 모인다. (…) 광부들은 자주 작은 그릇으로 광석을 씻어서 확인해본다.

바닥에 구멍이 가득 뚫린 상자를 물이 흐르는 세광용 홈통의 위쪽 끝에 놓는다. 홈통은 길이가 꽤 길지만 너비는 중간 정도다. 금을 함유한 물질들은 다량의 물과 함께 이 상자 속으로 들어온다. (…) 특히 모라비아인들이 이 방법으로 금 광석을 세척한다.

루시타니아인들은 세광용 홈통의 양쪽 가장자리를 세운다. 길이 180센티미터, 너비 45센티미터인 이들의 세광용 홈통은 수많은 격자무늬가 있거나 뒤쪽으로 턱이 솟아 있는데, 간격은 2센티미터다. 광부

와 그의 아내가 세광용 홈통의 위쪽에서 물을 흘려보내고, 광부는 금
알갱이가 들어 있는 모래를 세광용 홈통에 넣는다.

콜키스인들은 동물의 가죽을 샘의 웅덩이 속에 놓았다. 그 가죽을 물
속에서 꺼내면 금 알갱이가 많이 달라붙기 때문에 시인들은 콜키스의
"황금 양털" 이야기를 만들어냈다.

캘리포니아 사금광의 중대한 혁신은 1853년에 일어난다. 땅에 물을
흘려보내는 방식으로 사금을 채취하던 에드워드 E. 매트슨은 물을 '머
금은 산비탈이 무너지면서 거의 죽을 뻔했고, 손에 들고 있던 수확물도
놓쳐버린다. 매트슨은 안전한 거리에서 산비탈을 해체하는 방법을 생각
해낸다. 동료인 엘리 밀러, A. 채벗과 함께, 그는 생가죽 호스에 황동판
으로 만든 노즐을 부착하고, 레드도그 근처의 언덕에 센 수압으로 물

을 발사한다. 처음 만든 노즐은 길이가 90센티미터에 불과하며, 물줄기의 지름은 2센티미터다. 곧 길이가 4.8미터까지 길어진 노즐은 독재자, 감독관, 거인으로 불린다. 그들에게는 물이 흘러내릴 도랑과 수로가 늘 필요하다. 『허칭스 캘리포니아 매거진Hutchings' California Magazine』에는 이런 글이 실린다. "우리의 산에 흐르는 모든 물이 채굴과 제조업을 위해 필요할 날이 올 것이며, 누구나 살 수 있는 가격에 팔릴 것이다." 두 사람이 선광기 하나로 작업해 하루에 0.765세제곱미터의 흙을 세척할 수 있는 곳에서, 독재자 호스 하나로 작업하면 두 사람이 열두 시간 안에 산비탈 하나를 무너뜨려서 세광용 홈통을 따라 1500톤의 흙을 흘러내리게 할 수 있다. 바로 이것이 철도가 골드런에서 땅을 두고 경주를 벌이게 한 기술이다.

노즐은 해군의 대포처럼 생겼지만, 관절처럼 생긴 볼소켓 위에 올려져 있고, 작은 바윗돌을 가득 채운 "조종 상자"가 무게중심을 잡고 있다. 그래서 엄청난 수압에도 한 손으로 제어할 수 있다. 숲과 흙과 자갈을 비롯한 예전의 모든 흔적은 산산이 부서지고 물에 휩쓸려 사라진다. 1제곱센티미터당 약 9킬로그램의 압력으로 쏟아지는 물기둥은 마치 복잡하게 꼬여 있는 파동처럼 보는 이의 정신을 멍하게 만들고, 그 포물선의 끝이 부딪히는 곳에서는 바닷가에 폭우가 퍼붓는 듯한 소리가 난다. 노스브룸필드 골재 회사는 1년 동안 568억 리터의 물을 사용한다. 지름 23센티미터의 커다란 노즐에서는 1분에 11만3500리터의 물이 발사된다. 예일대학의 셰필드 과학학교를 설립한 벤저민 실리먼 교수는 1865년에 다음과 같은 글을 쓴다. "수력을 이용하는 과정에서, 인간은 자신의 이익을 위해서 자연의 힘을 지배하고 마음대로 사용한다. 대자연이 그 보물을 골고루 나눠줄 때 이용했던 것과 같은 힘으로 자갈 속에 숨겨진 보물을 억지로 **빼내려** 하고 있다!"

기반암으로 된 강바닥의 구멍 속 가장 깊은 곳에 자리한 가장 금이 풍부한 자갈을 얻기 위해, 광부들은 화석 강의 바닥 아래에 굴을 판다. 금맥을 지나가는 푸른 선 바로 아래에 있는 지점에 닿으면, 광부들은 금을 함유한 자갈층 속으로 곧바로 올라와서 노즐을 설치하고 산을 안에서부터 씻어내린다. 포트와인 능선에서는 중국인 광부들이 자갈층 속에 24킬로미터 길이의 굴을 만든다. 그동안 지표면은 더 깊게 파헤쳐진다. 스코츠플랫에서는 920만 세제곱미터의 자갈이 씻겨 내려간다. 유벳과 레드도그에서는 3590만 세제곱미터, 더치플랫에서는 8030만 세제곱미터, 골드런에서는 9790만 세제곱미터의 자갈이 물에 씻겨나간다. 샌프란시스코의 W. A. 스키드모어는 1868년 골드런과 더치플랫을 방문하고 이런 글을 남긴다. "머지않아 우리에게는 버려진 마을과 사금 채취로 파헤쳐져 폐허가 된 땅만 남을 것이다. 그 땅의 모습은 1848년 이전의 원시적인 황무지보다 훨씬 더 생기가 없을 것이다." 1860년대 중반, 수력 채굴을 하는 광부들은 1세제곱미터의 자갈에서 43센트 상당의 금이 나와야 수지가 맞는다는 것을 알게 된다. 노스브룸필드 골재 회사는 248만 세제곱미터의 자갈을 씻어내 9만4250달러를 얻는다. 머지않아 이 회사에서 얻는 금의 양은 씻어내는 자갈의 1200만 분의 1로 줄어든다.

물과 함께 쓸려내려간 암석 찌꺼기는 강바닥을 두텁게 만들고 계곡에 수백 미터 두께의 자갈을 채운다. 색이 바랜 것처럼 하얗고 넓게 펼쳐진 이 자갈 무더기들은 인간의 척도로는 족히 영원과 같은 시간 동안 돌로 된 빙하처럼 보일 것이다. 1년 반 동안의 수력 채굴로 인해, 이리 운하를 채우고도 남을 물질이 유바강으로 흘러들어간다. 1878년이 되자,

유바강 유역 한 곳을 따라서만 7280헥타르의 농지가 암석 찌꺼기로 뒤덮인다. 유바강과 페더강에서 뿜어내는 진흙, 모래, 자갈로 이뤄진 광미는 16킬로미터를 이동해 그레이트센트럴밸리로 들어간다. 아메리칸강의 광미는 그보다 훨씬 먼 곳까지 이른다. 원래의 땅이 둥그런 강자갈로 덮이면서, 식물이 살 수 없는 달 표면 같은 풍경이 드넓게 펼쳐진다. 수력 채굴을 하기 전, 그레이트센트럴밸리에서 새크라멘토강의 평상시 높이는 해수면과 같았다. 수력 채굴로 인해 산에서 내려오는 암석 폐기물이 점점 더 많아지는 동안, 강의 높이는 2.1미터 높아진다. 1880년에는 수력 채굴로 인해 3500만 세제곱미터의 광미가 새크라멘토강과 샌와킨강으로 흘러들어간다. 진흙은 샌프란시스코 쪽으로 계속 이동해, 결국 1억1163만 세제곱미터의 토사가 샌프란시스코만으로 들어간다. 카퀴네즈 해협에서는 항해술이 무용지물이 되고, 골든게이트 해협에서는 바닷물이 갈색을 띤다.

1880년대 초반에는 수력 채굴에 대항하기 위해 암석 폐기물 반대 협회Anti-Debris Association라는 시민 단체가 만들어진다. 1883년 6월 18일에는 금광 광부들이 높은 산에 만들어놓은 댐 하나가 무너진다. 부실 공사로 만들어진 댐이 고성능 폭약의 압력을 견디지 못했기 때문일 것이다. 순식간에 184억 리터의 물이 유바강으로 쏟아져 들어오면서 여섯 명이 숨지고 금광으로 인해 만들어진 것과 비슷한 황무지가 생긴다. 1884년 1월 9일, 미합중국 순회 재판소는 광미를 강으로 흘려보내는 것을 금지한다. 일부에서는 그 후로도 광미 차단 둑과 웅덩이 같은 것을 만들어놓고 수력 채굴을 계속하지만, 수력 채굴은 사실상 종말을 맞는다. 이제부터 캘리포니아의 광부들은 단단한 바위 밑을 뒤지게 된다.

1860년, 『네바다시티 기록Nevada City Transcript』은 에드워드 E. 매트슨

에 대해 이렇게 말한다. "그의 노동은 알라딘의 램프가 부리는 마술처럼 땅속 요정의 가장 깊은 동굴을 부수고 그 속에 숨겨진 그들의 보물을 빼앗아서 문명화된 인류의 무릎 위에 황금 소나기를 퍼붓는다." 그는 네바다시티 근처의 골드플랫에서 밤에는 광산 경비원으로, 낮에는 서적상으로 일하면서 생의 마지막 날들을 보낸다. 그는 자신의 발명품이 한창 인기 있을 때조차 결코 특허를 신청하지 않았다. 제임스 윌슨 마셜은 1848년 이래로, 자신이 캘리포니아 금의 발견자라는 사실에 집착해왔다. 윌리엄 테컴세 셔먼은 마셜을 "잘 봐줘야 반쯤 미친 사람"이라고 기억할 것이다. 마셜이 다시 금을 찾을 수 있는 장소를 정령들에게 물어본다는 주장을 몇 년 동안 계속하면서, 그런 인상은 더 확실해진다. 19세기 중반에 캘리포니아에 처음 들어온 사람들은 마셜에게 정말로 뭔가 신성한 직관이 있다고 믿고, 그의 냉대를 받으면서도 가는 곳마다 그를 따라다닌다. 그러나 그가 가는 곳 어디에서도, 그 뒤로 새로운 금은 발견되지 않는다. 그는 인사불성으로 취해 있고, 그의 수염을 따라서는 담배에 찌들어 갈색이 된 침이 뚝뚝 흐른다. 그의 셔츠와 바지는 침으로 얼룩져 있다. 마셜은 그런 몰골로 고향을 찾아간다. 뉴저지 램버트빌 브리지가 있는 고향 집에서부터 그가 태어난 농가와 마셜스코너를 향해 올라가면서, 그는 금을 발견하리라는 희망을 갖고 뉴저지 휘록암의 노두를 탐사한다. 그는 암석 시료 몇 개를 줍는다. 그러고는 누이의 집으로 가져가서 오븐에 구워본다.

20세기 말, 마셜이 태어난 곳에는 지금도 작은 농가가 서 있다. 일부는 자연석으로, 일부는 목조로 지어진 이 집은 오래전에 세 채의 아파트로 분리되었고, 페니타운이라는 이름의 공원 같은 쇼핑센터로 둘러싸여 있다. 철망 문 위에 달린 안내판에는 굵은 글씨로 "고양이를 내보내지 마시오"라고 쓰여 있다. "비밀이 새나가지 않게 하라"는 뜻으로도 해석될 수 있는 이 글귀는 마셜과 셔터의 약속을 넌지시 떠올리게 한다.

———

80번 고속도로 옆에서, 무어스는 금을 함유한 자갈층 속에 칼날을 집어넣어 둥그스름한 돌 몇 개를 빼냈다. 그러고는 돌을 칼로 긁어서 굳기를 보여주며 이렇게 말했다. "이 돌들은 사실상 진흙이에요. 조지아에 있었다면 훨씬 더 많이 풍화되었을 거예요."

19세기에 금을 함유한 자갈층에서 발견되는 덩어리 금 중 일부는 호박금electrum이었다. 연노란색을 띠는 호박금은 자연적으로 만들어진 금과 은의 합금이다. 다른 덩어리 금에는 좀이 슨 것 같은 작은 구멍이 가득하다. 그 작은 구멍에서는 아마 은이 빠져나갔을 것이다. 이것은 캘리포니아에 금이 있는 것은 우연이라는 첫 번째 증거의 일부였다. 호박금은 시에라네바다산맥의 단단한 암석에서 나오는 금이 아니기 때문이다. 이 자갈은 그 덩어리 금들을 다른 어딘가에서 운반해왔을 것이다. 칼로 홈집을 낼 수 있을 정도로 무른 암석이라면 강바닥을 굴러다니는 동안 부서져서 형체가 남아나지 않았을 것이다. 따라서 이 자갈은 이곳에 온 이후에 물러진 것이다. 금은 형태가 아주 쉽게 바뀌기 때문에, 덩어리 속의 작은 구멍들 역시 이곳에 운반된 이후에 나타났을 것이다.

금을 함유한 퇴적층이 에오세에 만들어졌다는 것은 함께 들어 있는 식물 화석을 통해 확인되었다. 강이 지나가는 자리에 형성된 180미터 깊이의 퇴적층, 농구공만 한 돌들과 함께, 자갈층 자체는 그것을 운반한 강의 세기를 보여주었다. 그 강은 히말라야산맥 꼭대기를 흐르는 강 같은 상류의 강이었다. 준고산지대의 에오세 식생을 나타내는 화석은 네바다 중부에서 발견되고 있다.

"시에라 동부의 카슨산맥에 있는 금이 이 자갈층에서 발견되는 덩어리 금과 비슷해요." 무어스가 말했다. "캘리포니아 금의 일부는 아마 오늘날의 네바다 아래에서 만들어졌을 거예요."

만약 1850년대의 광부들에게 이런 어리둥절한 이야기를 들려준다고 해도, 그들은 아마 크게 놀라지 않았을 것이다. 그들은 지질학자와 친숙했고, 지질학자는 그들의 영웅이 아니었기 때문이다. 1852년, 인디언바에서는 한 광부가 의사 부인에게 이렇게 말했다. "금을 찾기 위한 길잡이 중에서 과학이 가장 깜깜이라고 생각해요. 흙 모양으로 판단하고 지질학적 계산에 따라 결정하는 과학자들은 늘 실망스러워요. 반면 파고 싶은 곳을 그냥 파고 보는 무식한 모험가는 거의 성공을 거두지요." 이 의사 부인, 루이자 어밀리아 냅 스미스 클랩은 황금광 시대 초기에 그곳에 있었던 매우 흥미로운 작가다. 인디언바는 리치바와 가까웠다. 리치바는 두 독일인이 깊은 계곡의 바윗돌 아래에서 커다란 금덩이를 찾아낸 곳이었다. 의사 부부는 1851년에 그곳 주민이 되었다. 루이자 클랩은 매사추세츠 애머스트에 있는 여동생에게 편지를 썼는데, 이 편지들이 셜리 여사라는 필명으로 발간되었다. 때로 그녀의 글은 리치바 술집의 내부보다 더 화려했지만, "어떤 사람에게는 얼렁뚱땅 꾸려가는 방식이 로망이지만 캘리포니아의 삶에서는 필수"라는 그녀의 이야기는 멀리서 인기를 끌고 있다. 그녀는 "한 남자가 떨어질까 두려워 땅을 단단히 붙잡고 있을 때, 거나하게 취해서 초월적인 상태로 (…) 우아하게 드러누워 있는 (…) 붉은 셔츠를 입은 광부들"에 관해 이야기한다. 그녀는 "바위 위에 올려놓은 깃털 하나로 만들어진 아일랜드인의 유명한 솜털 안락의자"에 대해서도 말한다. 그리고 그녀는 지질학자에 대해 다음과 같은 생각을 덧붙인다.

지질학에서 금이 분명히 있다고 말할 때마다, 뭔가 심술을 부린 것처럼 그곳에는 금이 없다. 그리고 (지질학에서) 금이 나올 수 없다고 확언할 때마다, 그곳에는 엄청난 양의 금이 아름다운 광채를 처음으로 뽐내는 경우가 허다하다. 과학의 규칙에 대한 이 아름다운 광물의 오만불손한 모욕을 보는 것은 단정한 사람에게는 확실히 매우 고통스러운 일이다. 하지만 "만악의 근원"에 무엇을 더 기대할까?

시에라 지역의 금광 탐사자들 중에는 금이 있으면 따끔한 충격이 온다는 금자석gold magnet이라는 장비를 가슴에 지니고 다닌 이들이 있었다. 수맥을 찾듯이 금이 있는 곳을 가리킨다는 끝이 갈라진 개암나무 가지를 갖고 다니는 사람들도 있었다. 광부들은 지질학자만큼 그들도 존중했다. 협곡으로 올라가는 동안, 광부들은 서로의 어깨 너머로 "네가 찾는 곳에 금이 있다"며 덕담을 하곤 했다. 비교적 초기인 1849년에 『새크라멘토 플레이서 타임스Sacramento Placer Times』는 다음과 같이 썼다.

캘리포니아의 금광들은 모든 과학을 당혹스럽게 했고, 철학의 적용을 완전히 무용지물로 바꿔놓았다. 엉성한 철학에 약간의 행운이 가미되는 것만으로 확실한 성공으로 바뀌기도 한다. 우리는 광산에서 지질학자와 경험이 풍부한 과학자를 여럿 만났고, 그들이 군인이나 선원 같은 특별한 지식이 없는 사람들에게 번번이 지는 것을 봤다.

이런 모든 상황에도, 캘리포니아주 의회는 1860년에 주 지질조사소를 만들고, 예일대학 출신으로 이미 뛰어난 능력을 발휘하고 있는 조사이어 D. 휘트니를 캘리포니아주 고문 지질학자로 선출했다. 대부분의 사람은 휘트니가 캘리포니아에서 돈이 될 만한 땅이 어디에 있는지를 조사하고 분류해줄 것이라고 생각했다. 그런데 그는 캘리포니아의 고생물학, 지사학, 화성암석학, 층서학, 구조학을 연구했다. 그의 연구에서 광물학은 가장 미미한 부분이었고, 그는 전체적인 환경을 연구했다. 지구의 구성과 역사에 대한 이해로 이어지는 그의 연구 결과는 자본으로 바꾸기 어려운 학술적인 형태의 지질학이었다. 캘리포니아주는 그를 해고했다. 몇 년 지나지 않아서 연구비 지원이 중단되었으므로, 현대적인 의미에서 볼 때 해고된 것이다. 그의 이름은 시에라네바다산맥의 최고봉에 남아 있다.

중요한 에오세 강 퇴적층인 아이오와힐, 파버티힐, 포레스트힐, 노스브룸필드, 미시간블러프, 골드런, 유뱃, 더치플랫, 포커플랫, 다우니빌, 스마트빌이 파괴된 광경은 조사이어 휘트니에게는 그다지 큰 충격은 아니었다. 부드러운 흙이 씻겨나가면서 단단한 바위가 드러난 것이 지질학자로서는 관찰하기 더 좋기 때문이었다.

무어스는 골드런에서 인간이 만든 계곡을 마지막으로 한번 둘러보면서 이렇게 말했다. "전부 나쁘기만 한 것은 아니에요. 어떤 곳은 여기처럼 그렇게 나쁘지만도 않아요. 그런 곳들이 듬성듬성 있어요. 이곳은 잉글랜드 중부의 공업 지대가 아니에요. 나는 운전을 하고 싶어요. 또 여기저기를 빠르게 다니고 싶어요. 우리는 대가를 지불해야 합니다. 만약 사람들이 이 모든 것을 피하고 싶다면, 걸어다녀야 해요. 그 사람들이 자신의 자동차와 오디오세트들을 없앤다면, 신뢰성이 올라갈 거예요."

그는 기분 전환을 위해 한참을 그곳에 머물렀다. 그의 목소리가 더 낮고 부드럽게 이어졌다. "수백 년 동안, 우리는 수십억 년에 걸쳐 쌓인 광물을 마구 꺼내고 있어요. 품질 좋은 금광상은 이제 사라졌죠. 구리광상도 마찬가지고요. 모두 미국이 가져갔어요. 당분간은 더 나오지 않을 거예요. 몇백만 년에 걸쳐 침식이 일어나 이차적으로 농축되는 지질학적 과정이 일어나기 전까지는 말이에요. 그사이, 기술은 점점 더 낮은 품위의 자원을 추출하게 될 거예요. 우리는 우리가 무슨 짓을 하고 있는지를 깨닫지 못하고 있어요."

나는 무슨 짓을 하고 있는지는 알지만 관심이 없는 것이라고 생각한다고 말했다.

그가 말했다. "미국인들은 물이 고갈되지 않는 자원이라고 생각해요. 하지만 계속 뽑아내면, 물도 고갈될 수 있어요. 애리조나에서는 지금 지하수를 뽑아내고 있죠."

이내 우리는 600미터 아래로 내려가고 있었다. 도로는 심하게 풍화되어 선홍색과 암적색을 띠는 천매암 절벽 사이를 지났다. 이 천매암은 산이 솟아오르기 전의 해안평야가 보존되어 있는 아열대의 토양이었다. 지질학자들은 이 흙을 벽돌을 뜻하는 라틴어를 따서 라터라이트 토양 laterite soil이라고 부른다. 고도 600~900미터의 시에라 지역에는 어디에나 이 붉은 흙의 띠가 있다. 비가 내릴수록 다른 색은 빠져가고 산화철의 농도가 진해지면서 색이 짙어졌다. 천매암뿐 아니라 도로절개면에 있는 운모편암, 셰일, 응회암, 사암도 붉었다. 시에라네바다 서부의 지붕 같은 평원 아래로 도로가 기울어져 내려가는 동안, 절개되어 있는 우리 주위의 경사면은 만자니타들쑥으로 뒤덮인 붉은 산의 모습을 하고 있었다.

고속도로를 조금 벗어나서 고도 600미터 지점과 가까운 위마에는 캘리포니아주를 상징하는 암석인 사문암이 좁은 띠 모양으로 자리 잡고 있었다. 무어스가 말했다. "세계 어디서나, 사문암은 금을 함유하고 있는 석영과 연관이 있어요. 마더로드 지대인 이곳처럼요. 금-석영 광산은 사문암과 함께 나타나요. 단단한 광석을 채굴하는 광산이 있으면, 근처에 사문암이 있어요. 석영맥의 금과 사문암의 관계는 잘 밝혀져 있지 않지만, 광부들은 다 알고 있어요. 그들이 살면서 체득한 사실이니까요." 지질도에서 사문암은 등꽃처럼 진한 푸른색의 선과 꼬투리 모양으로 나타났다. 그 모양은 마치 마더로드를 가리키며 남북으로 늘어서 있는 페이즐리 무늬 같기도 했다.

마더로드 옆에는 중요한 단층 지대도 있었다. 폭이 24킬로미터 남짓한 이 단층 지대는 80번 주간고속도로에서 남북으로 160킬로미터 이상 뻗어 있었다. 고속도로에서 단층이 지나가는 곳은 모두 세 곳이었다. 오번 근처, 골드런에서 아래로 32킬로미터 떨어진 곳, 새크라멘토에서 위로 56킬로미터 떨어진 곳에서 단층이 교차했다. 한때 '파면 금이 나오는 땅'이라고 불리던 오번은 이제 플레이서 카운티의 청사가 있는 곳이다. 오번에서는 마셜이 서터스밀에서 금을 발견하고 넉 달이 채 지나지 않아 강에서 금이 나왔고, 20세기에 들어선 뒤에도 단단한 광석을 부수어 금을 캤다. 고속도로가 오번 시내를 통과해 서던퍼시픽 철도 아래를 지날 때 만나는 오번계곡에서는 사금 광상이 발견되었다. 1849년에 오번은 새크라멘토에서 마차로 물건을 편하게 실어 나를 수 있을 정도의 오르막에 있었다. 오번은 사람과 짐을 운반하는 노새들이 갑자기 나타난 금광들로 가는 길의 출발점이었다. 몇 년 안에, 오번은 마더로드 교차로로 알려지게 되었다. 편암 벽돌을 쌓아 만든 벽과 동석을 잘라 만든 창문 아치에는 1850년대 오번의 활기찬 모습이 남아 있다.

몇백 미터 위로 철도가 지나가는 해발 365미터 지점의 오번계곡에서, 고속도로는 석탄처럼 짙은 회색을 띠는 암석의 절개면을 통과했다. 그 암석은 인간의 기술보다 훨씬 더 대단한 뭔가에 손상된 것이 분명해 보였다. 우리는 충분히 넓은 갓길을 찾자마자 차를 세우고, 자세히 관찰하기 위해 차에서 내렸다. 걸어가는 동안, 활석편암과 깨져 미끄러진 사문암과 전단대shear zone(한 쌍의 힘이 서로 반대 방향으로 비스듬히 작용해 끊어진 지대 — 옮긴이)에 의해 분리된 화산암 덩어리들이 보였다. 무어스가 관심을 보인 3미터 높이의 절개면은 별다른 특징이 없었고, 위에는 방크스소나무와 가죽나무가 자라고 있었다. 절개면은 고속도로에 바싹 붙어 있었고, 거대한 트럭이 굉음을 내며 우리 옆을 지나갔다. 도로를 가로질러 세워진 광고판에는 "플레이서 저축, 어느 모로 보나 특별합니다"라고 쓰여 있었다. 시에라네바다산맥의 도로절개면을 하나씩 살피며 산을 넘어가는 동안, 무어스는 모든 종류의 몰입과 감탄을 보여주었다. 독특한 암석이 나타나면, 그는 온갖 소리로 감탄사를 연발했다. 지금, 돋보기로 이 노두를 살피는 그의 입에서도 그런 감탄이 터져나왔다.

그것은 입자가 작은(세립질) 휘록암이었고, 확대를 해야만 반짝이는 결정이 보였다. 비대칭으로 아무렇게나 생긴 사장석 결정이 어두운 휘석을 배경으로 흩어져 있었다. 이 휘록암은 입자가 아주 작았다. 비교하자면, 맨해튼의 허드슨강 건너편에 있는 팰리세이즈실의 휘록암보다 입자가 더 작았다. 이 절개면의 휘록암은 더 빠르게 냉각되고 굳었지만, 화학적으로 동일한 마그마에서 유래했다. 말하자면 본질적으로 같다는 것일 뿐, 지질학에서는 복사기로 찍어낸 듯 완전히 똑같은 것은 있을 수 없다. 만약 이 마그마가 물속이나 공기 중으로 관입했다면 현무암이 되었겠지만, 이 마그마는 화강암, 섬록암, 반려암처럼 물이나 공기가 없는 곳에서 서서히 식어 결정을 형성했다. 그러나 이 휘록암과 팰리세이즈실의 휘록암이나 관입해 굳은 다른 마그마 사이에는 냉각 속도나 화학적 조성보다 훨씬 중요한 차이가 있었다. 그 차이를 알아내기 위해, 암석 박편을 만들어 현미경으로 관찰할 필요는 없었다. 심지어 돋보기도 필요 없었다. 이 암석은 엽층리라고 하는 얇은 층이 마치 합판처럼 수직으로 포개져 있었다. 한꺼번에 냉각된 것이 아니라, 한 번에 한 층씩 연속적으로 냉각된 것이다. 하나하나의 엽층리는 한없이 길게 펼쳐진 바코드처럼, 하나의 역사로 읽힐 수 있었다. 무어스는 한껏 흥분한 목소리로 "정말 기분이 최고"라고 말했다. 공공연히 불가지론을 실천하던 그는 돋보기를 눈에 대고 노두 쪽으로 몸을 기울이면서 이렇게 말했다. "오, 하느님, 정말 환상적이에요! 전능하신 하느님! 이런 횡재가 있나! 이런 엄청난 행운을 우연히 만나다니! 우린 노다지를 찾은 거예요."

우리가 있는 곳이 시에라 서쪽 기슭의 높이 365미터 지점이고, 주위에 사문암과 석영이 있다는 사실을 생각하면, 처음에 내가 무어스의 말을 글자 그대로 받아들였다고 나무랄 수는 없을 것이다. 그러나 안타깝게도 이 노두에서 반짝이는 것은 모두 휘석이었다. 하지만 엘드리지 무어스가 생각하기에 그것은 금보다 더 귀했다. 우리가 시에라네바다산맥을 횡단하면서 봤던 다른 암석이나 육상에서 볼 법한 대부분의 암석과 달리, 이 암석은 대륙에서 유래한 것이 아니었다. 대륙사면에서 온 것도 아니고, 대륙붕에서 온 것도 아니고, 호수나 강이나 육지에서 온 것도 아니다. 대륙의 암석과는 유전적으로 아무런 연관이 없었다. 농가의 식탁에 오른 바닷물고기처럼, 아주 먼 거리를 이동해온 것이다. 이 암석보다 더 멀리서 올 수 있는 암석은 운석뿐이다.

19세기의 지질학자들은 이런 암석을 휘석반암이라고 불렀을 것이다. 19세기의 광부들은 파란 섬록암 또는 점판암이라고 불렀을 것이다. 이 암석은 해양지각의 암석이었다. 확장 중심부에서 만들어지는 해양지각은 확장 중심부의 뜨거운 열곡을 출발해 해구 쪽으로 갈수록 점차 냉각되다가, 깊은 해구 속으로 밀려들어가면서 거의 다 소멸된다. 바닷물에서 맨틀 암석까지 수직의 기둥을 따라 내려가면서 성분이 변하는 해양지각에서, 이 엽층리는 해양지각의 수평 이동을 보여주는 가장 명확한 기록이다. 한 번에 한 층씩 액체 상태의 암석이 확장 중심부에서 위로 올려져서 굳어지고, 그 상태로 먼 길을 떠난다. 이런 일들은 주로 대양의 중심부에 있는 전 세계의 확장되는 판의 경계에서 일어난다. 짧고 외따로 떨어져 있는 조각 같은 확장 중심부에서도 일어나는데, 이런 곳은 호상열도 근처에 발달한다. 암석이 연속적인 층을 형성하는 지질학적 구조에서, 층들은 모두 처음에는 수평으로 발달한다. 단 예외가 하나 있다. 해양지각의 엽층리는 수직으로 형성되어 계속 수직인 상태로 이동해 심해저평원의 바닥이 되고, 나중에 해구 속으로 사라진다. 무어스의 말에 따르면, "이것이 유일하게 연대의 진행이 가로로 일어나는 곳이다".

이 노두에 있는 암석은 엄청나게 큰 구조적 힘에 의해 확실히 산산조각이 났지만, 그리고 그에 수반되는 열과 압력에 의해 어느 정도 재결정 작용이 일어났지만, 그런 훼손이나 변성에도 구조가 감춰지지 않았다. 지질학에서는 판상 암맥sheeted dyke이라고 알려져 있는 이 얇은 층은 좁게는 10센티미터, 넓게는 80센티미터의 폭으로 겹쳐져 있었다. 이 얇은 층의 가장자리를 자세히 살피면, 확장 중심부에서 축적되는 암석이 서서히 멀어져가는 모습을 볼 수 있다. 겹겹이 쌓인 층은 오른쪽 가장자리를 따라 유리질로 변했다. 마그마는 굳은 암석에 닿으면 그 자리에서 빠르게 냉각되었다. 따라서 확장 중심부는 왼쪽에 있었다. 새로운 마그마의 얇은 층이 단단한 암석에 닿아서 가장자리가 유리질로 변하면, 그 얇은 층의 나머지 부분은 더 천천히 냉각되면서 세립 결정을 형성했다. 어떤 층은 양쪽 가장자리에 모두 유리질이 있었다. 이런 층은 먼저 형성되어 아직 냉각되고 있는 층의 약한 중심부를 마그마가 비집고 들어온 것이다. 이런 층들은 소소하고 부분적인 방식으로 판상 암맥의 연대를 변질시켰다.

지진파를 통해 해양지각의 규모가 처음 드러났을 때, 해양지각이 경이로울 정도로 얇다는 것이 밝혀졌다. 해양지각은 두께가 약 4600미터였고, 전 세계에 걸쳐 놀라울 정도로 균일했다. 해양지각 위에 쌓인 지층은 일반적으로 말해서 합판 위에 붙어 있는 얇은 무늬목과 크게 다를 바 없었다. 확장 중심부에서 좌우 대칭으로 갈라져 결국 섭입대에서 사라지는 해양지각의 암석은 대부분의 대륙 지각의 암석보다 젊었다. 지금까지 알려진 가장 오래된 대륙 지각의 암석은 1989년에 캐나다 노스웨스트준주에 있는 그레이트베어호에서 발견되었고, 우라늄-납 연대 측정법으로 측정된 암석의 연대는 39억6000만 년이다. 방사성 연대 측정법에 따르면, 지구 자체는 이 암석보다 6억 년 더 오래되었다. 지금까지 해저에서 발견된 가장 오래된 해양지각의 암석은 쥐라기 중기의 초반인 1억8500만 년 전에 만들어진 것이다. 이 연대는 대륙에서 가장 오래된 암석에 비해 20분의 1에 불과하며, 지구 자체에 비하면 25분의 1이다. 확장 중심부에서 섭입대까지, 창조에서 소멸까지, 해양지각은 2억 년도 안 되는 시간 안에 모든 것을 완전히 정리한다. 지각판에는 보통 대륙 지각과 해양지각이 둘 다 포함되지만, 해양지각은 해구에서 사라지는 데 반해 대륙은 그대로 위에 떠 있다. 무어스와 내가 보고 있는 종류의 암석은 대륙에서는 형성되지 않기 때문에, 허드슨만이나 오호츠크해, 또는 다른 어떤 연해에서도 발견되지 않을 것이다. 그런 암석이 가장 가까운 심해저에서 8000킬로미터 이상 떨어져 있는 캘리포니아 오번에서 무엇을 하고 있었을까?

다른 이에게 자문을 구할 필요는 없었다. 무어스는 구조학과 암석학의 전문가였고, 이것이 바로 그의 전문 분야였기 때문이다. 그는 이런 종류의 암석을 찾기 위해 지구 전역을 돌아다녔다. 마른 땅 위에서 그런 암석이 발견되는 곳이 있다면, 그것은 판의 이동 역사에서 새로운 땅이 만들어지는 사건을 확실하게 보여주는 증거였다. 사후에 어떤 사실을 나타내는 특징이 아니라, 어떤 사건이 시작될 것임을 사전에 암시하는 신호였다. 심해에서 추방되어 대륙 위에 안착한 이 암석은 한갓 실마리가 아니라, 웅장하고 극적인 방식으로 풍경이 바뀌었다는 절대적인 주장이었다.

쥐라기 중기가 끝나갈 무렵, 공룡이 한창 번성하던 1억6500만 년 전, 알류샨 열도나 일본과 비슷한 호상열도 하나가 서쪽의 대양에서 들어와 여기에 접안했다. 이것이 이 위도의 세 번째 암층이었다. 소노미아 암층의 뒤를 이어 들어온 이 암층은 소노미아 암층에 충돌해 우그러지면서 산이 만들어졌다. 그 영향이 동쪽으로 전파되면서 토양은 천매암이 되고, 사암은 규암이 되고, 실트암은 점판암이 되었다. 우리가 도로에서 본 변성암은 그렇게 만들어진 것이다. 이 세 암층은 북아메리카 대륙의 길이를 전체적으로 640킬로미터 이상 연장시켰다. 이곳에 달라붙은 세 번째 암층의 너비는 오늘날 캘리포니아 너비의 두 배였다.

우리가 오번에서 찾아낸, 충돌로 심하게 부서진 판상 휘록암은 세 번째 암층의 앞쪽 가장자리에 있던 해양지각의 일부였다. 호상열도는 동쪽으로 떠밀려가고 대륙은 서쪽으로 이동하는 동안, 그 사이에 놓여 있던 해양지각은 거의 다 소멸되었지만, 일부분이 떨어져나와서 대륙의 가장자리에 얹혀 그 충돌을 알렸다.

　이 세 번째 암층의 길이는 남-북으로 거의 1600킬로미터에 달했을 것이다. 남아 있는 부분의 길이는 160킬로미터가 조금 안 된다. 너비 역시 그레이트밸리 아래에 있는 부분까지 포함해서 160킬로미터 정도다. 이 2만5600제곱킬로미터 넓이의 땅덩이를 지질학에서는 스마트빌 지괴라고 부른다. 스마트빌은 오번 북쪽으로 약 40킬로미터 떨어진 곳에 있던 금광촌의 이름이다.

　그래스밸리, 포레스트힐, 플레이서빌, 플리머스, 마켈럼니힐, 에인절스캠프, 카슨힐을 따라 좁은 띠를 이루며 남북으로 놓인 마더로드와 주변 금광맥 지대의 지도를 보는 것은 사실상 스마트빌 지괴의 봉합선 지도를 보고 있는 것이나 마찬가지다. 이 충돌로 인한 지질학적으로 거의 즉각적인 결과로서, 근처 암석에는 가파른 경사를 이루며 끊어진 단층이 수없이 많이 발달했고, 오늘날 지질도에는 그 단층들이 마더로드를 따라 나타나 있다. 땅속에는 저반이 될 엄청난 양의 마그마가 들어왔다. 단층을 통과해 지하로 내려가서 마그마 근처나 내부를 순환하는 물은 고온의 금 화합물을 용해시켜서 위로 올라오고, 암석의 갈라진 틈새에 금을 침전시켰을 것이다. 쥐라기에 충돌한 스마트빌 지괴는 이런 방식으로 캘리포니아 중부의 면적을 두 배로 키웠을 뿐 아니라, 마더로드의 금맥도 만들었다.

　만약 어느 곳이든 심해저 평원 1헥타르를 지상으로 끌어올릴 수 있다면, 맨 아래에 있는 맨틀의 암석부터 맨 위에 쌓인 퇴적층에 이르기까지, 해저를 완전한 기둥 모양으로 들어올릴 수 있다면, 그 중간쯤에서 판상 암맥을 볼 수 있을 것이다. 사이사이 시간의 공백이 있고 기원과 연대가 각양각색인 대륙의 지층과 달리, 대양의 특별한 층상 구조는 대체로 같은 이야기를 전한다. 맨 아래에는 맨틀의 암석인 감람암이 있다. 감람암은 확장 중심부를 벗어나면서 구조적으로 몇 가지 방식으로 변형되어 있다. 그 위에는 확장 중심부로 빨갛게 달궈진 암석을 뿜어내던 거대한 마그마 체임버의 식은 흔적이 남아 있다. 식어가는 마그마 체임버는 그 내부에서 감람석, 사장석, 휘석의 결정이 눈처럼 내려앉으면서 층을 형성하는 경향이 있다. 그러나 이렇게 광물이 쌓여 형성된 띠무늬 위로, 마그마는 본질적으로 거대한 반려암을 형성하는데, 걸쭉한 마그마가 온도에 따라 화학적으로 분화되면서 위로 올라갈수록 사장화강암으로 변한다. 사장화강암 바로 위에는 벌어지고 있는 두 판 사이의 틈새를 계속 채우고 있는 휘록암의 판상 암맥이 있다. 그 판상 암맥 위에서는 액체 상태의 암석이 실제로 바다 속으로 분출된다. 물속에서 갑자기 식은 분출물은 제재소 바깥에 쌓여 있는 통나무들처럼 높게 쌓인다. 이 분출물은 불룩한 가장자리의 모양이 베개를 닮았다고 해, 지질학에서는 베개 용암이라 불린다. 베개 용암 위에는 심해에 가라앉은 엄버umber, 오커ochre, 처트, 백악chalk 같은 다양한 퇴적층이 있다. 지각-맨틀을 이루는 다른 것들과 달리, 이 퇴적층에는 우리 주위의 세계에 대한 실마리가 있을 수도 있다. 확장 중심부나 다른 곳에서 이 모든 층을 통과해 맨틀의 암석 속으로 침투한 물은 암석의 특성과 모양을 변화시킬 것이다. 광물의 변화를 통해서 부드러운 광택과 아주 매끄러운 질감을 얻은 맨틀의 암석은 섬유와 같은 상태가 되고, 색이 발달한다. 가끔 흰색의 점과 줄무늬가 생기기도 하지만, 주로 청록색과 회녹색과 황록색이 맨틀의 검은색을 바탕으로 무늬를 형성한다. 그 무늬가 뱀 가죽의 모양과 흡사하기 때문에, 이 암석은 약 600년 동안 영어로 serpentine(사문암)이라고 알려진다. 지질학자들은 그들의 이상한 대유법을 써서, 암석을 구성하는 이 하나의 광물의 이름을 따서 대양의 암석 복합체 전체의 이름을 지었다. 그러나 그 이름이 직접적으로 드러나지는 않는다. 그들의 예리한 시간 감각으로는 라틴어에서 유래한 용어에 만족할 수 없었다. 그들은 그보다 더 오래된 층위에 있는 그리스어에서 뱀을 뜻하는 단어인 ophis를 선택했다. 맨틀에서부터 바다 밑바닥까지 이어지는 완전한 암석의 기둥을 지질학에서는 집합적으로 오피올라이트로 부른다. 오피올라이트에 일반적으로 나타나는 공통된 순서를 오피올라이트 층서라고 한다.

오번의 절벽 아래에 있는 아메리칸강에서, 1852년에는 사금 접시에 담긴 자갈 한 그릇이 100달러의 가치를 지녔다. 홀로 사금을 채취하는 광부들이 떠난 뒤, 1857년에 아메리칸강 수로 회사는 그곳에 수력 채굴을 하기 위한 물을 가둬둘 댐을 건설했다. 댐은 결국 허물어졌다. 그러나 댐의 자리는 사라지지 않았다. 한번 망가진 환경이 환경론자들에게 영원한 분노를 자아내듯이, 한번 댐의 부지가 되면 국가나 주에서 어떤 시대에 어떤 결정을 내리든지 그곳은 영원히 댐의 부지다. 현재 캘리포니아 도로 지도에서 아메리칸강의 그 위치는 "오번 댐과 저수지(건설 중)"로 표시되어 있다.

오번 댐의 부지는 80번 고속도로에 오피올라이트가 흩어져 있는 곳에서 1.6킬로미터밖에 떨어져 있지 않다. 그래서 무어스와 나는 그 댐이 스마트빌 충돌과 어떤 연관이 있는지 보러 갔고, 그때 이후로 우리는 그곳을 다시 찾았다. 아메리칸강의 깊은 협곡은 끊어진 엽리가 발달한 절벽으로 둘러싸여 있다. 부서지고 무너지고 변형된, 암석학적으로 지독하게 시달린 그 암석은 대양의 호상열도가 대륙에 봉합되는 곳에서나 볼 수 있을 법한 것이다. 이곳에는 판상 암맥, 사문암, 사장화강암, 반려암, 그 외 대양의 암석 복합체를 구성하는 다른 요소들도 있었다. 미국 내무부의 국토개발국이 1967년에 선택한 댐의 모양은 수로에서 가장 꼭대기까지의 높이가 209미터에 이르는 얇은 콘크리트 아치 댐이었다. 이 댐의 건설 목적은 겨울철에 흐르는 지표수를 저장해 24킬로미터 하류에 있는 폴섬 댐의 저수 능력을 보강하는 것이다. 새로 만들어질 저수지인 오번호는 시에라 안쪽까지 32킬로미터를 더 들어가서, 아메리칸강의 두 지류를 물에 잠기게 할 것이다. 북쪽 지류를 따라서는 코드피시크리크와 셔트테일크리크를 지나고 양키짐을 넘어 거의 아이오와힐까지 올라가고, 중간 지류를 따라서는 뉴욕바와 머더러스바와 러커처키래프드를 지나서 볼케이노빌까지 들어가게 된다. 오번호는 넓이가 4050헥타르에 이르고, 황해보다 두 배 더 깊을 것이다.

무어스와 내가 1978년에 처음 방문했을 때, 이곳의 모습은 수력 채굴용 호스에 흙이 씻겨내려가서 파헤쳐진 곳과 흡사했다. 300미터 높이의 협곡을 따라 지그재그로 절벽을 내려가는 도로가 이어졌다. 강 한쪽은 임시 물막이용 댐으로 막혀 있었다. 길이 350미터에 달하는 협곡 바닥에는 댐의 바닥이 될 하얀 콘크리트가 깔려 있었다. 이 건설 계획은 착수 단계에서부터 스마트빌 지괴의 충돌로 인한 단층 작용의 문제를 다뤄야 했다. 댐 예정지는 정확히 봉합대에 위치하고 있었다. 댐의 바닥 아래로는 토목공학자들에게 F-1 단층이라고 알려진 단열이 지나갔다. 호상열도가 대륙에 접안하는 규모의 구조적 사건에서, 암석의 열극마다 모두 석영과 금이 들어차 있지는 않을 것이다. 비어 있는 균열도 셀 수 없이 많을 것이다. 그래서 국토개발국의 토목공학자들은 댐의 토대를 단단히 고정시키기 위한 작업을 수행했고, 이것을 "치과 작업" 또는 "근관 치료root canal"라고 불렀다. 그들은 스마트빌 단층대를 막기 위해서 25만3000세제곱미터의 콘크리트를 쏟아부었다.

무어스는 "캘리포니아에서 단층을 찾고 싶다면 댐을 찾아보라"고 말했다.

치과 작업이 끝나기가 무섭게, 1975년에 스마트빌 단층에서 72킬로미터 떨어진 오로빌 근처에서 지진이 일어났다. 리히터 규모 5.7의 지진이었다. 오로빌에서 가까운 페더강에는 세계에서 여덟 번째로 큰 댐이 있었다. 이 댐은 지진이 일어나기 불과 7년 전인 1968년에 완성되었고, 46억 톤의 물이 저수되어 있어서 저수지 아래의 암반에 엄청난 압력이 가해지고 있었다. 이 댐은 넓고 납작한 중력 댐이었고, 수력 채굴을 하고 남은 약 6000만 세제곱미터의 자갈을 채운 토사 충전 댐이었다. 댐은 지진의 충격을 흡수하고 그 자리에 그대로 서 있었으며, 저수지도 그대로였다. 그러나 (미국 내무부에서 국토개발국의 자매 기관인) 지질조사소는 비슷한 깊이의 저수지 25퍼센트가 순전히 그 무게 때문에 지진이 일어난다는 점을 조용히 지적했다. 오로빌의 지진은 오번 댐이 견딜 수 있도록 설계된 지진보다 다섯 배 더 센 지진이었다.

지역 일간지인 『새크라멘토비Sacramento Bee』의 편집부는 곧 이런 사실들을 모으기 시작했다. 『새크라멘토비』 1면에는 지진으로 오번 댐이 무너지면 새크라멘토는 두 시간 내에 6미터 깊이의 물속에 잠길 것이라는 전망이 실렸다. 국토개발국의 전前 차관보는 이것이 "미국 역사에서 평시에 일어나는 최악의 재앙"이 될 것이라고 말했다. 약 25만 명이 수재를 당할 것이라는 추정도 나왔다.

연방 정부는 10만 년 동안 움직이지 않은 단층을 비활성 단층이라고 생각한다. 오번에서 F-1 단층을 따라 일어난 가장 최근의 활동은 지금으로부터 1억4000만 년 전인 쥐라기에 있었지만, 그런 사실로는 새크라멘토를 진정시킬 수 없었다. 오번 댐의 건설은 중단되었다. 1978년에 무어스와 내가 찾아갔을 때 잔해만 남은 그 자리는 조용하고 말라 있었다. 몇 년 후에 다시 가봤을 때에도 그렇게 보였다. 지질학의 시간이 인간의 시간과 만났다가 다시 엇갈린 듯했다.

퓨마들이 댐 부지를 가로질러 지나간다. 곰과 야생 염소도 있다. 건설 계획은 휴면 상태이고 생명을 다한 것처럼 보인다. 아니, 그 반대일지도 모른다. 어떻게 보는지에 따라 다르다. 국토개발국은 그곳에 최소한의 인원을 유지하고 있는데, 그들은 하나같이 댐의 미래에 대해 긍정적으로 말한다.

저수지는 수위가 어느 정도가 되어야 하는지를 물으면 대답은 이럴 것이다.

"저수지의 수위는 344미터가 될 것입니다."

선착장은 포장될 것인지 물으면 이렇게 답할 것이다.

"네, 포장될 것입니다."

자갈이 깔려 있는 선착장은 91미터 길이의 가파른 경사로를 내려가다가 갑자기 길이 끊긴다. 최소한의 직원은 그곳을 "캘리포니아에서 가장 크고 가장 높은 미사용 선착장"이라고 부른다. 협곡 쪽에 바싹 달라붙어 있는 집들은 텅 빈 구덩이를 들여다보고 있다. 집들은 물이 채워질 것이라는 약속을 믿고 미래의 호숫가 둘레에 지어져 있었다. 그 집들에서 허공으로 뻗어 있는 잔교들이 살짝 보인다. 오번호 산책로라 불리는 구역은 1012제곱미터씩 3300개로 토지가 구획되어 있었다.

무어스는 건설하는 동안 드러난 암석을 캘리포니아대학 데이비스 캠퍼스의 지질학과 학생이 연구하도록 허가해줄 수 있는지를 알고 싶어 했다.

"연구는 괜찮지만, 그 학생의 연구 결과가 댐을 불편하게 하지 않았으면 좋겠어요."

오번 댐에는 지금까지 7억 달러가 들어갔다. 국토개발국은 아무것도 하지 않고 이 자리를 유지하는 데에만 1년에 100만 달러를 쓰고 있다.

우리는 아메리칸강을 건너, 캘리포니아의 쿨에서 커피를 마실 만한 곳을 찾았다. 아메리칸강의 다리는 높이가 213미터였다. 특별히 길지 않은 다리는 그곳에 없는 호수의 수질을 위해서 아주 높게 지어졌다. 쿨에 있는 집들은 보이지 않는 호수를 보기 위한 큰 전망창이 달려 있었다. 부동산 매물 간판은 수도 없이 많았다. 쿨은 1850년대의 표사광산 촌이었다. 현재 쿨 채석장에서는 해양 석회암을 캐고 있다. 이 석회암은 1.36세제곱킬로미터 크기의 꼬투리 모양 암석으로, 스마트빌 지괴가 당도하면서 캘리포니아로 파고들었다. 만약 그 당시에 달에서 지구 전체를 볼 수 있었다면, 두 개의 대륙(로라시아와 곤드와나)이 보였을 것이다. 위아래로 놓여 있는 이 두 대륙의 둘레와 사이에는 대양이 있었다. 가장 서쪽에는 이제 막 만들어지기 시작한 카리브해(중앙아메리카는 아직 없었다)와 그 옆으로 초기 단계의 대서양이 있었고, 동쪽으로는 지브롤터에서부터 중국을 가로질러 이어지는 테티스해라는 긴 바다가 있었다. 전 세계적으로, 이 시대에 나온 화석은 테티스 화석이라 불린다. 테티스는 강의 어머니였고, 바다의 신 오케아누스의 아내였다. 쿨이라는 지명은 선교사 애런 쿨의 이름에서 딴 것이다. 스마트빌 지괴가 접안하면서 따라 들어온 캘리포니아 쿨의 이 꼬투리 모양 석회암 속에는 테티스해의 방추충류와 테티스해의 산호가 들어 있다.

위에 놓인 판은 아래에 놓인 판을 긁으며 움직이는 동안 불도저의 삽날처럼 작용하여, 모래, 조개껍데기, 처트, 천매암을 가리지 않고 지나가는 길에 있는 것은 무엇이든 쌓아 올린다. 이런 방식으로 꽤 많은 양의 물질이 부착될 수 있다. 서쪽으로 이동하던 필리핀판이 유라시아판과 겹쳐지면서 유라시아판을 긁으면서 지나가는 동안, 부가대 하나가 올라와서 타이완이 되었다. 타이베이와 베이징 사이의 거리를 계속 줄어들게 하는 호상열도와 대륙의 충돌에서, 타이완은 필리핀의 루손섬 서부의 호상열도에서 유라시아판의 비탈에 가장 먼저 닿는 부분이다. 타이완 부가대를 이루는 암석의 멜란지 속에는 모래와 조개껍데기와 처트와 천매암뿐 아니라 판상 암맥과 베개 용암과 반려암과 사문암 같은 대양저의 부스러기도 딸려 올라왔고, 이것은 동타이완 오피올라이트라고 알려져 있다. 스마트빌이 북아메리카 대륙을 향해 다가오기 시작했을 때처럼, 이곳에서도 해양지각과 맨틀이 온전하게 보존된 암석이 따라 올라왔기를 기대해볼 수 있다.

스마트빌 지괴는 쿨의 석회암과 오번 댐의 편암과 사문암뿐 아니라, 오번으로 내려가는 고속도로를 따라서 우리가 본 붉게 풍화된 천매암과 규질점토암과 처트까지도 밀어올렸다. 이 암석들과 온갖 다른 암석이 뒤죽박죽으로 섞여 있는 스마트빌 멜란지에는 아주 얇은 층이 겹겹이 쌓여 있고, 끊어지고, 부서지고, 허물어지고, 변형된 부가대가 있는데, 이 부가대는 호상열도가 대륙에 접안한 자리인 스마트빌 봉합대에 딸려왔다.

호상열도와 대륙이 합쳐지는 동안, 그 사이에는 당연히 섭입대와 해구가 있었고, 충돌과정에서 사라졌다. 현재의 이론에 따르면, 사실상 막혀버린 것이다. 먼저, 북아메리카판의 해양지각과 맨틀이 해구 속으로 들어갔다. 마침내 대륙의 암석 자체가 해구에 당도했고, 토스터에 들어가는 베이글처럼 해구 속으로 욱여넣어졌다. 대륙 지각은 섭입대로 들어가기에는 너무 가볍고 두껍다. 그래서 대륙 지각이 해구에 당도하면, 해구는 기능이 중단된다. 오스트레일리아 북쪽의 해구는 이런 식으로 막혔고, 그 결과 뉴기니가 생성되었다. 쥐라기의 캘리포니아에서 일어난 사건에 대한 무어스의 상상에서, 크게 겹쳐진 스마트빌 해양지각(위쪽에 놓인 판)은 섭입이 중단된 후 북아메리카의 대륙 사면 위에 그대로 방치되어 있었다. 이 지역은 충돌 이후의 정적 속에서 식어갔다. 아래쪽에 놓인, 서쪽으로 움직이는 판은 더 이상 모든 것을 아래로 끌고 내려가면서 가라앉지 않았다. 물체를 끌어내리는 힘들이 사라지자, 대륙과 해양의 지각이 결합된 지형에서는 가벼운 물체를 위로 올리는 힘인 지각 평형이 작용하기 시작했다. 그렇게 융기가 일어나는 동안, 스마트빌의 해양지각과 맨틀의 큰 조각들이 부서져서 땅 위로 운반되어 공기 중에 드러났고, 마침내 시에라네바다산맥의 산기슭이 되었을 것이다.

지질학과 지구물리학 연구의 한 분야로서, 오피올라이트 연구의 역사는 길지 않다. 따라서 암석 자체가 만들어진 환경에서부터 대륙 바깥의 심해에서 육지로 올라온 방식에 이르기까지, 제기되는 거의 모든 의문에 대해 논쟁이 일어난다. 엘드리지 무어스는 스마트빌 지괴가 자리 잡은 과정을 연구했다.

서쪽으로 내려가는 동안 오번 바로 아래에 있는 해발 304미터 지점을 통과하면, 지평선 너머로 끝없이 펼쳐진 그레이트센트럴밸리가 눈에 들어온다. 그곳에 새크라멘토가 있고, 거기서 24킬로미터를 더 가면 데이비스가 있다. 이곳은 지형학적 환경이 갑자기 완전히 뒤바뀌는 산맥의 경첩에 해당된다. 스마트빌 지괴는 그레이트센트럴밸리를 따라 지하로 이어져 코스트산맥 아래에서 끝난다.

오번에서 해구가 사라진 후, 스마트빌 지괴의 *끄트머리*가 서쪽으로 움직이는 북아메리카판의 새로운 선두가 되었기 때문에 다른 해구가 발달되어야 했다. 확장 중심부에서 만들어지는 만큼의 해양지각을 소멸시켜 지구의 균형을 맞추기 위해서, 필요한 시기와 장소에 섭입대가 발달한다. 지질 시대 전반에 걸쳐, 섭입대는 꽤 자주 나타났다가 사라졌다. 스마트빌 지괴의 한쪽에 새로운 섭입대가 발달하는 동안에도, 다른 쪽에서는 오래된 섭입대가 사라져가고 있었다. 무어스는 "당연하다"고 말했다. "어디에선가는 그런 수렴이 일어나야만 해요. 중단되면 안 돼요. 이곳 오번에서는 페름기에서 쥐라기 초기까지 섭입이 일어났어요. 쥐라기 말이 되자 서쪽에 새로운 섭입대가 생겼는데, 이 섭입대는 백악기를 지나 제3기까지 작동했죠. 시에라에 화산이 나타났고, 큰 저반이 형성됐어요. 지질학은 정말 깔끔한 것 같아요. 이 새로운 판의 가장자리에서는 그 자체의 부가대가 만들어졌는데, 우리가 있는 곳에서 저기 서쪽으로 쌓여서 캘리포니아의 나머지 부분이 되었어요."

———

무어스가 시에라의 산기슭에서 예사롭지 않은 암석들을 감지하기 시작한 것은 나를 만나기 겨우 4년 전의 일이었다. 1974년의 어느 봄날, 그와 그의 가족은 데이비스를 벗어나 산으로 나들이를 갔다. 그들은 평소 다니던 페더강을 따라 올라가는 길 대신, 유바시티에서 오른쪽으로 방향을 틀어 유바강의 협곡으로 들어섰다. 당시 판구조론은 겨우 6년 된 신생 학설이었다. "외래 암층"이라는 용어가 만들어지려면 8년은 더 있어야 했다. 지질학자들은 생생하고 격렬한 과학 혁명에 휩쓸렸지만, 세상을 새롭게 보는 시선은 아직 시작 단계에 머물러 있었다. 몇몇 과학자는 미국 서부가 물에 떠밀려온 통나무처럼 암석이 밀려와서 모여 있는 것이라고 상상했다. 그러나 무어스는 몇 년 동안 마케도니아에서 연구를 하면서, 그곳에 뿌리박히지 않은 거대한 맨틀의 암석 덩어리가 지표 위에 산처럼 놓여 있는 이유를 이해하고 주변의 층상 반려암과 사장화강암과 판상 암맥과의 연관성을 밝히기 위해 씨름했다. 무어스는 현재 이스트앵글리아대학에 있는 프레드 바인과 함께, 키프로스의 트로도스산맥에서도 연구를 했다. 그곳에는 판상 휘록암이 약 110킬로미터에 걸쳐 뻗어 있고, 반려암과 화강암과 그 위를 덮고 있는 해양 퇴적층도 있었다. 무어스와 바인은 이 암석군 전체가 알 수 없는 이유로 푸른 바다에서 떨어져나와 아프리카의 대륙 사면에 놓였을 것이라고 생각했다. 두 사람은 이런 생각을 정리해 1971년 『왕립학회 철학회보Philosophical Transactions of the Royal Society』(런던)에 논문을 발표했으며, 이 논문의 의미는 「해양지각으로서의 트로도스 산괴, 키프로스, 그 외 오피올라이트The Troodos Massif, Cyprus, and Other Ophiolites as Oceanic Crust」라는 제목에 다 표현되어 있었다.

그레이트밸리와 시에라의 고지대 사이에 자리한 유바강 유역은 당시에는 아직 존재가 알려져 있지 않았던 스마트빌 지괴의 지리적 중심부에 위치한다. 무어스는 지질학 연구를 하기 위해 그곳에 간 것이 아니었다. 그는 오로지 참나무 숲을 벗어나서 폰데로사소나무가 있는 언덕 위로 올라가기 위해 전력을 다했는데, 출력도 소형인 그의 소형 버스로서는 그것이 너무나 버거운 일이었다. 버스는 앓는 소리를 내면서 간신히 언덕을 오르며 갈색 풀이 돋아난 도로변의 암석 사이를 천천히 지나갔다. 일을 할 때나 놀 때나, 지질학자는 이집트 벽화 속 인물처럼 항상 곁눈질을 해야 한다. 유바강에서 북쪽으로 약 16킬로미터 떨어진 지류인 드라이크리크 근처에서, 그의 소형 버스는 특별히 더 난감한 언덕길을 만났다. 도로 양옆에는 짙은 색의 화성암으로 이뤄진 도로절개면이 높게 서 있었다. 무어스는 차를 멈추지는 않았지만, 그의 팔에는 소름이 돋았을 것이다. 그는 마케도니아 지방에서, 더 정확히 말하자면, 키프로스에서 느낄 수 있었던 기분을 기억한다.

캘리포니아 지질도에는 그 지역의 암석이 막연히 "쥐라기-트라이아스기 변성화산암"이라고 묘사되어 있었다. 눈은 보도록 훈련된 것을 본다. 무어스가 자주 인용하는 격언처럼, "마음이 예측하지 못한 것은 눈에도 잘 보이지 않는다". 무어스는 돋보기를 손에 들고 그 도로절개면을 다시 찾아갔지만, 돋보기는 필요조차 없었다. 그는 가장자리가 유리질로 반짝이는 얇은 휘록암 판들이 나란히 차곡차곡 서 있는 전형적인 판상 암맥을 발견했다. 변형이 되지 않은 최고 상태의 판상 암맥이었다.

훗날 그가 오번의 80번 고속도로변에서 본 판상 암맥은 스마트빌 봉합대의 충돌로 인해 거의 형체를 알아볼 수 없을 정도로 변형이 된 것이다. 유바 계곡의 이 판상 암맥은 스마트빌 지괴가 충돌할 때 꽤 뒤쪽에 위치하고 있었다. 언젠가 나와 함께 그곳에 들렀을 때, 그는 이렇게 말했다. "만약 이 도로절개면에서 작은 암석 시료를 채취해 눈으로만 관찰한다면, 그것이 어디서 나온 것인지, 키프로스인지, 파키스탄인지, 오만인지, 뉴기니인지, 뉴펀들랜드인지, 캘리포니아인지 알아볼 수 없을 거예요. 연대를 측정하고, 미량 원소에 대한 자세한 화학적 분석을 해야만 구별할 수 있어요." 오번 댐에서 북쪽으로 오로빌까지, 해저가 확장되면서 순차적으로 형성된 이런 얇은 층상 구조는 무려 64킬로미터에 걸쳐 길게 노출되어 있다.

나는 그에게 스마트빌 지괴가 서쪽으로 얼마나 멀리 떨어진 곳에서 왔는지 알 수 있느냐고 물었다.

그는 "아니요"라고 답했다. "우리는 고지자기를 연구하려고 노력하고 있어요. 하지만 지금까지는 결론에 이르지 못했죠. 스마트빌 지괴는 아마 북아메리카에서 1000킬로미터쯤 떨어진 곳에서 발달했을 거예요. 그리고 아마 서북쪽에서 왔을 겁니다."

스마트빌 지괴의 고도는 대략 해발 0미터에서 1524미터에 이른다. 그 위에 놓인 작은 도로를 따라 움직이는 것은 암석에 다 기록되지 못한 시간대 사이를 움직이는 것이다. 성층권에서 급강하한 U-2 정찰기들이 비일 공군기지로 날아 들어가는 사이, 사람들은 오리건하우스의 마른 강바닥을 걸어 올라간다. 이곳에서 1850년에 처음 사금이 채취된 판상 휘록암 계곡은 약 1억6000만 년 전에 북태평양 해저로 올라왔고, 그로부터 500만 년 후에는 캘리포니아 위에 얹혔다. 심해에서 운반된 암석의 거대한 집합체인 오피올라이트는 모래 위에 처박힌 난파선처럼 서쪽으로 30도가량 비스듬하게 캘리포니아 위에 놓여 있다. 오피올라이트는 시에라의 산비탈보다 더 가파르게 기울어져 있다. 따라서 오늘날이 산기슭을 오르는 것은 지질학적으로는 예전의 해저 속으로 더 깊숙이 들어가는 것이다. 확장되는 열곡, 화강암과 반려암을 만드는 마그마 체임버, 과학에서 모호moho면이라 불리는 경계를 따라 맨틀 위에 놓인 무거운 결정이 쌓여 있는 층에 이르는 것이다. 산 위에는 (즉, 훨씬 더 깊은 곳에는) 맨틀 자체에서 유래한 사문암이 흩어져 있다. 암석의 습곡이 일어나지 않은 곳에서 오피올라이트는 완벽한 것처럼 깔끔하다. 과학 때문이 아니라 지구 자체의 어긋남 때문에, 우리는 종종 산을 오를 때 아래로 내려가기도 한다.

다른 방향에 있는 낮은 언덕 지대에서도 판상 암맥 위에 놓인 해양지각의 암석을 볼 수 있다. 이를테면 유바강 위의 팀북투 지대 아래에는, 공단으로 만든 베개를 쌓아놓은 것 같은 초록색 바위가 빠르게 흘러가는 맑은 강 쪽으로 뻗어나와 있다. 수력 채굴 이후 남은 자갈들이 범람원을 뒤덮고 멀리 하류까지 흘러내려갔지만, 이곳은 무심결에 낚싯대를 드리우거나 텐트를 치기 위해 주위를 둘러볼 정도로 매력적인 장소다. 오번에 있는 베개 용암은 대부분 전문가만 겨우 알아볼 수 있을 정도로 크게 부서져 있다. 반면, 팀북투의 베개 용암은 회전되어 있기는 해도 손상되지는 않았다. 각각 지름 약 60센티미터인 팀북투의 베개 용암은 마치 거대한 철갑상어 알을 펼쳐놓은 것처럼 단순하고 우아한 타원 모양을 하고 있다. 무어스의 말에 따르면, 육상에서 이보다 모양이 완벽한 베개 용암을 볼 수 있는 곳은 어디에도 없다.

팀북투는 1849년에 금광촌이었다. 무어스와 내가 1970년대에 처음 그곳에 들렀을 때, 지붕이 사라진 한 벽돌 건물의 벽에 다음과 같은 글귀가 있었다.


사금 삽니다
웰스파고 형제 금융


그리고 "스튜어트 형제는 직물, 신발, 기성복, 식료품을 팝니다"라고 쓴 페인트칠 글씨가 거의 보이지 않을 정도로 희미하게 남아 있었다.

1200명이 살았던 1850년대의 팀북투에서 건물은 그것 하나뿐이었다. 그리고 지금은 그마저 없다. 웰스파고 건물은 무너졌다. 무너진 잔해 위로 벽돌 건물의 한쪽 귀퉁이만 굴뚝처럼 튀어나와 있다. 약속의 말들은 사라졌고, 강가에는 언덕 하나만이 지워지지 않는 흉터를 간직하고 있다. 수력 채굴로 땅은 갑자기 산사태가 닥친 것처럼 파괴되었다.

대양의 확장 중심부 아래에 있는 마그마 체임버의 주변이나 내부에서는 지각의 틈새로 내려온 바닷물에 금속(구리, 은, 철, 마그네슘, 금)이 용해된다. 바닷물은 용해된 금속을 다시 위로 운반하고, 금속은 새로운 암석 위에서 침전된다. 이 새로운 암석이 이동하다가 우연히 대륙 위로 올라오면, 금속도 따라오는 것이다. 봉합이 일어나는 과정에서 단층이 형성된다. 땅속 깊숙한 곳까지 순환하는 지하수는 이 금속을 녹이고 순환 상승하여, 단층 속에 있는 석영맥 속에 다시 침전시킨다. 무어스는 캘리포니아 마더로드의 금이 스마트빌 지괴에 얹혀 있는 심해에서 유래했다고 상상되는 것이 어느 정도 일리가 있다고 말했다.

캘리포니아 스마트빌은 지금도 활기찬 마을이며, 우편번호는 95977이다. 스마트빌은 서커플랫 바로 위, 팀북투에서 1.6킬로미터쯤 떨어진 곳에 있다. 서커플랫이라는 지명은 광부들이 "서커주Sucker State"라고 부르는 일리노이에서 유래했다. 그러나 스마트빌의 짐 스마트는 일리노이 출신이 아니었고, 광부가 되지 않을 정도로 영리했다. 그는 호텔을 경영했다. 그냥 하는 말이지만, 팀북투와 스마트빌 사이에 있는 서커플랫 수로에서는 250만 달러어치의 금이 나왔다. 스마트빌에는 군데군데 칠이 벗겨진 하얀 목조 건물 교회가 있다. 주유기가 두 개 설치된 주유소에는 "낚시 미끼"라는 간판이 달려 있다. 갈색 풀로 덮인 산비탈 위에는 더글러스참나무가 자라고 있고, 150여 명의 주민이 사는 집들이 있다. 스마트빌의 도로절개면에는 울룩불룩한 베개 용암이 가득하다.

스마트빌에서 15킬로미터 떨어진 러프앤드레디의 도로절개면에서, 우리는 엄청나게 큰 반려암을 봤다. 40명의 광부가 만든 마을인 러프앤드레디의 주민들은 연방에서 분리 독립을 하기 위해 투표를 실시했다. 19세기와 20세기의 4분의 3에 해당되는 기간에, 지질학자들은 러프앤드레디의 반려암과 스마트빌과 팀북투의 베개 현무암 사이의 본질적인 연관성(그리고 그 근처의 휘록암, 사장화강암, 사문암과의 관계)을 알지 못했지만, 무어스는 그 점을 너그러이 이해했다. 그는 이렇게 말했다. "만약 헤드라이트와 휠캡과 브레이크 드럼과 라디에이터를 보면, '아, 자동차 부품이구나' 하고 말하겠죠. 하지만 그 부품들이 조립되어 있는 것을 한 번도 본 적이 없다면, 그 부품들을 서로 연결 지을 수 없을 거예요. 오피올라이트 층서는 판구조론의 이야기에서 가장 중요한 부분의 하나예요. 오피올라이트의 존재는 확장 과정과 섭입 과정의 증거입니다. 당연히 엄청난 양의 해양지각이 소멸된다는 증거이기도 하고요. 이곳에서 4만 세제곱킬로미터의 땅이 호상열도의 물질로 이뤄졌다는 사실에 이의를 제기하는 사람은 아무도 없어요. 그 호상열도는 크기가 일본만 했을 수도 있고 그렇지 않을 수도 있어요. 필리핀이나 마리아나 제도나 앤틸리스나 알루샨 열도만 했을지도 몰라요. 그러나 호상열도였다는 것만은 분명하고, 오피올라이트 암석이 그것을 증명해주고 있죠. 만약 오피올라이트가 우랄산맥의 봉합대에서 발견되었다면, 실제로도 그런데, 그것은 시베리아와 유럽 사이에 바다가 있었다는 뜻이에요. 그 바다는 사라졌어요. 오피올라이트는 올라왔고요. 그리고 우랄산맥은 페름기-트라이아스기에 봉합됐어요. 페름기-트라이아스기 이전에는 바다에 있는 섬이었어요. 수용소 군도가 정말로 있었던 거죠."

1960년대 중반에 무어스는 프린스턴대학에서 박사후 연구를 하고 있었다. 그는 그 시절에 "키프로스의 멋진 복합체"에 관한 이야기를 처음 들었지만, 막상 찾아보려고 하니 자료가 나오질 않았다. 그는 키프로스의 수도인 니코시아에 키프로스 지질조사소의 연구 논문을 요청했다. 당시 판구조론은 모습을 갖춰가는 단계였다. 판구조론이라는 용어 자체도 아직 존재하지 않았다. 대양의 확장 중심부는 알려져 있었고, 섭입대에서 일어나는 해양지각의 소멸에 대한 이해는 시작 단계에 있었다. 오피올라이트라 불리는 한 벌의 암석에 대한 생각은 몇 년 동안 과학계를 맴돌았지만, 널리 받아들여지지는 않았고 새로운 이론과 연결되지도 않았다. 판구조론의 이야기가 점점 더 많이 밝혀지는 동안, 오피올라이트 층서에 대한 이야기도 메아리처럼 함께 나왔다.

마침 프레드 바인도 당시 프린스턴에서 연구를 하고 있었다. 바인은 케임브리지대학의 동료인 드러먼드 매슈스와 함께 해양지각의 운동을 명확하게 꿰뚫어보는 데에 기여한 논문을 발표했고, 이 논문으로 바인과 매슈스는 세계 여러 곳에서 함께 판구조론 혁명을 일으킨 소수의 과학자에 속하게 되었다. 키프로스에서 소포가 도착했을 때, 무어스는 이미 3년간 마케도니아 지역에서 오피올라이트 하부 구성 암석을 연구한 경험이 있었지만, 그 기원에 대해서는 알지 못하고 있었다. 그는 오피올라이트가 처음 만들어진 환경에서 운반되어 다른 환경에 놓여 있다고는 상상하지 못했다. 대부분의 다른 지질학자들처럼, 그 역시 지하에서 밀고 올라온 마그마에서 형성된 암석이라고 생각했다. 키프로스의 지질도를 펼쳐본 그는 모두 같은 방향으로 이어져 있는 휘록암의 암맥을 발견했다. 또 그 암맥의 아래에는 맨틀에서 유래한 사문암이 있고, 위에는 베개 현무암이 있었다. 이제 그는 완전히 다른 차원의 상상을 하게 되었다. 그는 프레드 바인 앞에 그 지도를 펼쳐놓으면서 말했다. "어째서 이 것이 확장 중심부에서 형성된 해양지각처럼 보일까요?"

지질학에서 그런 직감이 희미하게나마 처음 빛을 낸 것은 그보다 거의 1세기 전의 일이었다. 1880년대가 되자, 지질학자들은 사문암, 반려암, 휘록암, 현무암의 일반적 조합에 대해 고찰하기 시작했다. 오스트리아의 에두아르트 쥐스는 『지구의 표면Face of the Earth』에서, 그가 "녹색 암석"이라고 칭한 이 암석들이 모두 습곡-단층 작용이 일어난 산맥에서 발견되는 특징이 있다는 점을 지적했다. 그는 이 암석들이 그 습곡산맥이 유래한 지향사에서 만들어진다고 주장했다.

1892년에 독일의 지질학자인 구스타프 슈타인만이 샌프란시스코를 방문했을 때, 버클리의 앤드루 로슨은 그를 금문교가 놓이기 전의 골든 게이트 해협 북쪽으로 데려가서 마린의 암석을 보여주었다. (무어스는 1967년에 독일어로 쓰인 슈타인만의 글을 읽다가 이 놀라운 이야기를 발견했다.) 슈타인만은 아펜니노산맥과 알프스산맥을 이리저리 돌아다니면서, 사문암과 베개 용암과 방산충 처트가 항상 같은 순서로 쌓여 있다는 점에 주목했다. 이제 마린에서, 그는 로슨에게 "이 암석들도 똑같다"고 말했다. 그곳에는 붉은 처트로 된 단단한 절벽이 있었고, 베개 용암도 있었다. 해협의 샌프란시스코 쪽에는 사문암으로 된 곳이 있었다. 슈타인만은 순서상 처트가 가장 위에 있으므로 이 암석군 전체가 심해에서 온 것이 분명하다고 추측했다. 1905년, 슈타인만은 알프스산맥을 누비며 관찰한 이 세 가지 유형의 암석에 대한 최종적인 연구 논문을 내놓았다. 이 세 종류의 암석은 과학에서 슈타인만 삼위일체Steinmann Trinity로 알려지게 되었다.

독일의 기상학자인 알프레트 베게너가 대륙이동설을 내놓은 후

(1912), 아무도 대륙이동설과 슈타인만 삼위일체를 연관 지어 생각하지 않았다. 약 40년 동안, 두 발상은 지질학의 한 귀퉁이에 내몰려 있었다. 그 누구도 베게너의 생각이 지질학에서 하나의 패러다임으로 활짝 꽃 피울 것이라 생각하지 않았고, 더 나아가 (슈타인만 삼위일체의 확장판 인) 오피올라이트 이야기가 세계의 판구조 역사를 다루는 장의 표제가 되리라고 생각한 사람도 없었다.

전조는 있었다. 해저 확장을 소개하고 새로운 구조 운동의 이야기를 시작한 「대양 분지의 역사」(1960)를 쓴 프린스턴의 지질학자 해리 헤스 는 1936년 모스크바에서 내놓은 한 논문에서 고산지대의 감람암을 호 상열도와 연결시키면서 이것이 "오피올라이트 문제와 연관 있다"고 말 했다. 오피올라이트의 문제는 잡다한 것이었다. 대부분의 지질학자는 이렇게 이질적인 암석들 사이의 연관성을 받아들이지 못했다. 소수의 사람만이 그 암석이 원래 자리에 있는 것인지, 만약 그렇지 않다면 어디 에서 왔고 어떻게 이동했는지 같은 근본적이고 답이 없는 질문을 던졌 다. 사문암으로 변하는 감람암은 이제 지표에서 볼 수 있는 어떤 암석 보다 더 깊은 곳에서 유래한 것처럼 보인다. 오늘날 감람암은 맨틀의 암 석으로 여겨지며, 이에 동의하지 않는 사람은 거의 없다. 헤스는 애팔래 치아산맥에 있는 고산형 감람암 지대 두 곳을 연구했다. 그는 이 감람 암이 애팔래치아산맥 아래에 있던 마그마에서 올라온 평범한 화성암 이 아니라 그보다 훨씬 빨리, 지향사의 가장자리에서 관입한 암석이라 고 주장했다. 계속해서 헤스는 이 감람암이 조산운동이 시작되는 단계 에 들어왔고, 그 후로는 관입된 적이 없는 것으로 보인다고 말했다. 그의 말에 따르면, 그 감람암은 융기하고 있는 산맥 속에 나타날 때부터 차갑 고 온전하며 단단했다. 다시 말해서, 그 감람암은 구조 운동을 통해서 그 자리에 놓인 것이다. 헤스는 대륙과 대양의 섭입대 사이의 충돌을 묘사하고 있었지만, 1936년의 그는 그것을 알지 못했다. 무어스는 이렇게 말했다. "헤스의 이야기는 잘못된 이유로, 올바른 말을 하는 사람에 관한 내가 알고 있는 가장 명확한 사례예요. 헤스는 오르도비스기에 일어난 이 '관입'이 애팔래치아산맥의 형성에서 가장 중요한 사건이라고 말했어요. 가장 중요한 사건이긴 했죠. 하지만 그것은 판구조 운동이 한 일이었어요."

1955년이 되자, 냉전 시대의 해저 탐사 프로그램 덕분에 폭발적으로 증가한 자료를 바탕으로, 스크립스해양대학의 러셀 레잇과 컬럼비아대학의 모리스 유잉은 지진파의 반향을 탐구해 해양지각에 대한 설명을 처음으로 내놓았다. 어디서나 해양지각은 일종의 꾸러미를 형성하는 것 같았다. 한때 녹아 있던 것이었지만, 대체로 세 구역으로 나뉜 조합을 이뤘다.

독일의 지질학자인 W. P. 데 로에버는 알프스의 고지대에 맨틀의 암석이 있다고 상상한 최초의 인물이었다. 그는 1957년의 한 논문에서 알프스의 감람암이 고체로 관입한 것으로 보인다고 말했다. 감람암은 조직이 변형되어 있었고, 맨틀에서 올라온 것으로 보였다. "고체로 관입했다"는 것은 "다른 어딘가에서 옮겨와 놓였다"는 것으로 이해할 수 있었다. 감람암이 옮겨졌다는 것은 변형된 조직을 통해서 확인할 수 있었다. 어떻게 옮겨졌는지는 아직 불확실했다.

1959년, 마케도니아에서 부리노스 오피올라이트 복합체의 지도를 만든 얀 브룬은 프랑스어로 된 초록 하나를 발표했는데, 이 초록에서 그는 오피올라이트를 대서양 중앙 해령에 비교했다. 그는 육상의 오피올라이트와 중앙 해령에서 발견되는 해양지각 사이의 유사성을 처음으로 제안했다. 브룬은 오피올라이트의 암석을 물속에서 파낸 암석에 비유했다. 이 모든 것은 해저가 확장된다는 것을 알기 전의 일이었고, 아무도 브룬의 연구를 주목하지 않았다. 그러나 브룬은 슈타인만 삼위일체와 오피올라이트 총서를 지향사라는 신비의 나라에서 끄집어내, 확장되고 있는 대양의 한가운데에 가져다놓았다.

그 후 9년에 걸쳐(1960~1968), 판구조론에 대한 스무 편의 특별한 논문이 등장했다. 그 논문들이 설명하는 판의 특징은 다음과 같다. 판은 기본적으로 단단하고, 가장자리에서는 변형이 일어난다. 모든 판에는 해양지각이 포함되며, 일반적으로 아주 큰 부분을 차지한다(대륙은 판의 탑승객이다). 확장 중심부에서 멀어지는 새로운 해저는 해구로 들어가면서 소멸된다. 서로 미끄러지면서 지나가는 판들은 (샌프란시스코와 같은 곳에서) 이따금씩 단층면을 따라 갑자기 크게 움직인다. 대륙지각에 충돌하는 해양지각은 안데스산맥 같은 것을 밀어올릴 수도 있다. 대륙 지각에 부딪힌 대륙 지각은 히말라야산맥, 우랄산맥, 애팔래치아산맥, 알프스산맥을 형성할 것이다.

이런 새로운 사실들이 아직 대부분 알려져 있지 않던 1960년대 초반에, 무어스는 마케도니아 지역에서 부리노스 복합체의 구조와 암석을 연구하고 있었다. 부리노스 복합체는 올림포스산에서 서쪽으로 약 100킬로미터 떨어진 곳에 있었다. 무어스는 브룬의 생각에 대해 알고 있었지만, 부리노스의 암석을 그곳에서 만들어진 "부분적으로 용융된 다이아퍼 덩어리"라고 생각했다. 다이아퍼는 그 위에 놓인 모암을 부수면서 상승하는 풍선처럼 생긴 암체다. 무어스의 지도교수 중 한 사람인 해리 헤스는 제자의 연구를 점검하기 위해 그리스로 갔다. 헤스는 이미 지향사 개념을 버리고 오래된 허물 같은 옛 지질학에서 탈피하고 있었다. 헤스는 부리노스의 암석이 바다 속 환경, 아마 확장 중심부에서 만들어졌을 것이라고 확신했다. 지금까지 배웠던 것들(그중에서도 특히 헤스에게 배웠던 것들)에 의지하고 있던 무어스는 헤스가 이상해졌다고 생각했다.

당시 미국에서는 오피올라이트가 대체로 무시되고 있었다는 사실에 비춰보면, 무어스의 그런 보수적인 태도를 이해할 수 있다. 스탠퍼드에서는 학교에서 그리 멀지 않은 곳에서 야외조사를 하고 있었던 한 대학원생이 그 지역의 퇴적층이 오피올라이트 복합체 위에 놓여 있다는 의견을 내놓자, 그 학생이 박사학위 논문에서 "오피올라이트"라는 단어를 사용하는 것을 학교가 허락하지 않았다. 교수들은 오피올라이트가 유럽인들의 터무니없는 생각이며, 확실히 틀렸고, 어떤 경우에도 캘리포니아에 적용될 수 없다고 설명했다.

확장되고 있는 해저의 개념은 1966년에 받아들여졌다. 그해에 무어스는 처음으로 키프로스의 지질도를 봤다. 무어스와 바인은 그곳에 갈 준비를 했지만, 건국 6년 된 신생 국가의 정치적 긴장감 때문에 때를 기다려야 했다. 두 사람은 1968년과 1969년 그곳에서 연구를 했다. 키프로스가 기본적으로 해양지각의 조각이며, 알 수 없는 방식으로 밀려 올라와서 이제는 공기 중에 드러나 있다는 것이 확실해져갔다. 무어스와 바인의 논문은 오피올라이트가 대체로 바다 밑바닥의 잔해라는 것을 최초로 밝혔으며, 이후 발표된 해양지각에 관한 모든 논문에 영향을 주었다. 바닷물에 냉각된 용암에서 맨틀의 지괴에 이르기까지 다양한 범위의 암석으로 이뤄져 있어서 대륙의 환경에서는 설명하기가 매우 어려웠던 이 이상한 암석의 집합체는 이제 평범한 화성암 지층이 아닌, 웅대한 경관의 변화가 일어나는 동안 한 곳에서 다른 곳으로 옮겨진 구조

운동의 지형으로 여겨지게 되었다.

1969년 말, 캘리포니아 퍼시픽그로브에서 열린 "새로운 지구구조학의 의미"에 관한 펜로즈 회의는 전 세계 구조지질학자들을 끌어들였다. 스탠퍼드의 윌리엄 디킨슨은 지향사를 해체해, 지향사의 각 부분을 충돌, 호상열도, 심해저 평원, 멜란지, 해구, 변환단층 같은 판구조 운동의 다양한 특징으로 변환시켰다. 무어스는 이 회의를 "사람들이 판구조 운동의 중요성을 진정으로 깨닫기 시작한 지질학의 분수령"이라고 묘사한다. 그는 디킨슨의 발표에 귀를 기울이면서, 시에라네바다산맥과 코스트산맥에서 본 모든 오피올라이트와 화산섬의 암석을 생각하다가 그 산계들을 호상열도의 부착으로 이해할 수 있을 것이라는 생각이 문득 들었다. 오피올라이트가 당도한 시기는 뒤이어 일어난 조산운동의 연대를 통해 정할 수 있을 것이다. 그는 이렇게 말했다. "오피올라이트가 충돌 과정을 통해 안착했다는 사실을 인식하는 것은 미국 서부도 그런 순서로 설명할 수 있다는 의미였어요. 1969년 펜로즈 회의의 마지막 날 아침에 문득 그런 생각이 떠올랐고, 나는 그 생각을 적어놓았어요. 점진적인 완지향사-차지향사의 발달과 북아메리카 서부에서 볼 수 있는 점진적인 조산운동을 연속적인 호상열도의 집합체로 설명할 수 있을 것 같았어요. 우리가 암층이라 부르는 것이 대륙에 잇달아 충돌한 호상열도라는 거죠. 나는 너무 들떠서 며칠 동안 자리에 가만히 앉아 있을 수가 없었어요. 사실 몇 주 동안 그 상태였어요. 그런 흥분을 안고 데이비스로 돌아왔죠." 얼마 후, 그는 『네이처』에 논문 한 편을 보냈다. 1970년에 등장한 이 논문은 캘리포니아는 북아메리카판의 광범위한 충돌 부분들이 모여 조립assembling되었다는 것을 처음으로 제안했다.

캘리포니아의 대부분이 섬이 모여 압축된 것이라는 발상은 과학의 발전인 동시에 고대 신화가 떠오르게 한다. 적어도 2000년 동안, 사람들은 미지의 섬을 상상해 묘사했고, 때로 상상은 확신으로 변모했다. 중세와 르네상스 시대에는 그런 섬들이 세계지도에 등장했고 항해를 통해서 그 자리에 그 섬이 없다는 것이 밝혀지면, 지도 제작자는 그 섬을 아직 탐험되지 않은 바다로 옮겨놓았다. 행운의 섬, 시볼라의 일곱 도시, 사라진 아틀란티스가 그런 섬들이며, 대서양 서쪽에 있는 낙원인 칼리포르니아도 그런 섬들 중 하나였다. 1508년에 출간된 『에스플란디안의 모험Las Sergas de Esplandián』이라는 에스파냐 소설에는 다음과 같은 묘사가 있다.

인도의 오른편에는 칼리포르니아라는 섬이 있다. 그 섬은 지상낙원과 매우 가까운 곳에 있었고, 검은 여자들이 살았다. 남자는 없었는데, 그들이 아마존 여전사의 방식으로 살고 있었기 때문이다. 단단하고 강인한 몸을 지닌 그들은 열정적이고 용감하며 힘이 셌다. 가파른 절벽과 바위 해안으로 둘러싸인 그들의 섬은 세상에서 가장 강했다. 그들의 무기는 모두 황금이었고, 그들이 길들여 타고 다니는 야생동물의 장신구도 황금이었다. 섬 전체에 금속은 금밖에 없었기 때문이다.

그 야생동물은 반은 사자, 반은 독수리인 그리핀griffin이었다. 그곳의 여전사들은 그리핀을 타고 하늘을 날아다니며 싸움을 벌였고, 덫을 놓아서 어린 그리핀을 잡았다. 그들은 항해를 하던 남자들이나 그들이 낳은 남자 아기를 그리핀의 먹이로 주었다. 칼리포르니아의 지배자는 "위대한 여왕 칼라피아였다. (…) 한창때의 그녀는 그들 중에서 가장 아름다웠다".

캘리포니아대학 데이비스 캠퍼스의 고생물학자인 제임스 W. 밸런타인은 새로운 구조학의 시각에서 현생누대(지난 5억5400만 년)의 해양 무척추동물의 분포 곡선을 내놓았다. 그는 생명의 다양성이 증가하다가 감소하고, 다시 증가하는 것을 봤다. 그가 생각하기에, 만약 수많은 작은 대륙이 적도와 꽤 가깝게 흩어져 있다면 생명의 다양성이 매우 클 것으로 기대할 수 있지만, 대륙 지괴들이 한곳에 뭉쳐 있으면(그리고 특히 극지방 근처에서 뭉쳐 있으면) 다양성이 매우 작아져야 했다. 전형적인 밸런타인의 그래프에서, 대륙붕의 생물은 선캄브리아 시대 후기와 캄브리아기 초기에 다양성이 매우 낮은 수준으로 시작해 고생대 중기까지 올라가다가 페름기 말에 뚝 떨어지고, 그 후에는 다시 올라가는 것으로 나타났다. 밸런타인은 그의 그래프를 무어스에게 보여주면서 "이런 생물 다양성의 유형을 대륙 이동과 육지의 재배치로 설명할 수 있는지 궁금하다"고 말했다.

이런 대화 중에서 나온 밸런타인과 무어스의 논문은 『네이처』(1970)와 『지질학 저널Journal of Geology』(1972)에 실렸다. 『지질학 저널』에 실린 논문의 제목은 「지구의 구조 운동과 화석 기록Global Tectonics and the Fossil Record」이었다. 대륙이동설의 개념에서 항상 맨 처음에 나오는 것은 베게너의 초대륙인 판게아Pangaea였다. 오스트레일리아, 아프리카, 아메리카, 유라시아가 서로 맞물려 있다가 떨어졌다면, 어쨌든 이 대륙들은 처음에는 붙어 있어야만 했다. 새롭게 결정된 지각판의 진로에 따르면, 이 처음은 약 2억 년 전이었고, 이때부터 판게아는 로라시아와 곤드와나라는 두 지괴로 갈라지기 시작했다. 그런 다음, 두 지괴가 점점 더 갈라지면서 오늘날과 같은 대륙의 윤곽이 조금씩 잡혀갔다. 밸런타인의 다양성 유형은 이런 이야기와 조화를 이뤘다. 지괴들이 더 많이 갈라질

수록 화석의 종류는 더 다양해졌다. 무어스는 판게아가 갈라지기 수억 년 전부터 있던 산맥 지대를 살펴봤다. 만약 새로운 학설이 옳다면, 시간이 앞으로 흐를 때뿐 아니라 시간을 거슬러 올라갈 때에도 맞아떨어져야 했다. 그는 고생대와 선캄브리아 시대의 대륙을 조금씩 다시 합쳐봤다. 판게아를 만든 대륙뿐 아니라, 이전까지는 아무도 생각하지 않았던 판게아 이전의 초대륙을 만든 대륙들도 다시 조립했다. 무어스와 밸런타인은 그 초대륙을 프로토판게아Protopangaea 또는 판게아마이너스원Pangaea Minus One이라고 불렀다. 과학에서 이 초대륙은 ("모국"이라는 뜻의 러시아어에서 유래한) 로디니아Rodinia라는 이름으로 더 널리 알려졌다. 암층이 모였다가 흩어지는 작용은 자연스럽게 주기적으로 일어나는 것처럼 보였다. 로디니아 이전에도 수많은 초대륙이 있었을지 모른다. 이 새로운 학설은 마치 작곡가의 마음속에 이미 다 만들어져 있던 작품처럼 안정적이고 독창적이었지만, 싫어하는 사람도 있었다. 「지구의 구조 운동과 화석 기록」은 대륙의 이동이 진화에 어떤 영향을 미쳤는지를 증명하려고 시도했고, 예기치 않게 적지 않은 지질학자와 고생물학자의 분노를 자아냈다. 그들이 느끼기에, 무어스 같은 "판구조론 신봉자들"은 앞뒤를 가리지 않고 지질학의 온갖 측면을 판구조론 모형에 포함시키려고 하면서도, 정작 해류 같은 현상은 무시하고 있었다. 그러던 1978년, 캐나다 에너지광산자원부의 패트릭 모렐과 테드 어빙이 판게아마이너스원에 대한 고지자기학적 증거를 내놓았다.

무어스와 밸런타인 역시 판구조의 변화와 해수위의 변화 사이의 관계를 감지하고 있었다. 무어스는 이렇게 설명했다. "미국의 대륙 중심부와 같은 탁상지의 층서 기록을 보면, 해수위가 높아서 대륙이 거의 물에 잠길 때와 해수위가 아주 낮을 때를 볼 수 있어요. 그것이 대륙 이동과 연관이 있을까요? 평균적인 대양 분지 하나를 놓고, 여기에 뜨겁고 아주 거대한 산맥 하나를 더한다고 해봐요. 대양 분지의 부피가 줄어들면서 바닷물이 대륙 위로 침범하는 해침이 일어날 거예요. 반대로, 산맥이 어떤 이유로 소멸하면, 그러니까 식어서 무너지거나 다른 이유로 사라지면, 대양 분지의 부피가 커지면서 바닷물이 대륙에서 후퇴하는 해퇴가 일어날 거예요. 해침이나 해퇴는 해저 확장이 계속되거나 계속되지 않는 것을 나타내는 것처럼 보여요. 우리보다 먼저 이 연구를 한 사람들도 있지만, 우리는 그 범위를 선캄브리아 시대-캄브리아기 경계까지 넓혔어요. 지질 기록을 보면, 바다는 선캄브리아 시대 후기에 크게 물러났다가 캄브리아기와 오르도비스기에 다시 들어오고, 페름기-트라이아스기에 물러났다가 백악기에 다시 들어오죠. 선캄브리아 시대 후기의 해퇴는 판게아마이너스원과 시기가 일치해요. 세계 곳곳에 확장 중심부가 생기면서 판게아마이너스원이 갈라질 때는 캄브리아기-오르도비스기 해침이 일어났고, 작은 대륙들이 모이기 시작했을 때는 페름기-트라이아스기 해퇴가 있었어요. 그리고 그 대륙이 다시 갈라졌을 때는 유명한 백악기 해침이 일어났는데, 당시 콜로라도는 물속에 있었죠."

파푸아 지질조사소의 휴 데이비스가 발표한 뉴기니의 단면에는 북쪽으로 기울어져 있는 거대한 오피올라이트가 보인다. 인도-오스트레일리아판이 삽처럼 작용해, 태평양의 맨틀과 지각의 한 조각을 떠올린 것이다. 뉴펀들랜드 메모리얼대학의 오피올라이트 연구자인 로버트 스티븐스, 존 맬패스, 해럴드 윌리엄스는 캐나다 뉴펀들랜드 일대의 오피올라이트가 오르도비스기에 북아메리카에 충돌한 어느 호상열도의 잔해이며, 이 충돌이 타코닉 조산운동을 유발했다고 설명했다. 인도네시아에서 연구를 하고 있는 캘리포니아대학 샌터크루즈 캠퍼스의 엘라이 실버는 물속에 잠겨 있다가 서북쪽의 대양 분지로 들어간 어느 소대륙 위에 놓인 커다란 오피올라이트를 추적하고 있었다.

세계 전역에서 비슷한 연구가 이어지는 동안, 공통적으로 "오피올라이트를 통해서 추측할 수 있는 고대의 지형은 무엇인지"에 대한 의문이 따라붙었고, 근사한 추론들이 잇달아 나왔다. 오피올라이트는 대양의 암석권이 형성되는 과정을 자세히 설명할 뿐 아니라, 다른 곳에서는 오래전에 사라진 판의 충돌에 대한 기록을 간직하고 있는 것처럼 보였다. 오피올라이트는 대륙이 해체되었다가 재건되는 동안 사라진 바다를 소환했고, 사라진 판을 짐작게 했다. 오늘날 대서양의 자리에 있던 대양 (또는 대양들)이 캄브리아기−데본기에 북쪽에서부터 사라지고, 오늘날 우랄산맥 자리에 있던 바다가 페름기에 사라지면서 판게아가 완성되었다. 오늘날 세계에서 가장 큰 지각판인 태평양판은 당시에는 존재하지 않았다. 그러다 트라이아스기 말과 쥐라기 초에 확장하는 해령 하나가 서쪽으로 뻗어나가면서 판게아는 로라시아와 곤드와나로 갈라졌고, 그 사이에 테티스해가 형성되었다. 초기 대서양의 중심부는 테티스해의 일부였다. 대양이 나타났다 사라지고 대륙이 발달하는 동안, 호상열도들은 차례차례 더 큰 지괴 속으로 휩쓸려 들어갔다. 어쩌면 「창세기」에 등장하는 최초의 마른 땅은 지구를 뒤덮고 있는 망망대해에서 서서히 부착되고 있는 호상열도들이었을지도 모른다.

판구조론이 자리를 잡기 전까지 많은 것이 모호하고 당혹스러웠듯이, 오피올라이트의 기원이 밝혀지자 25년 동안 문 굄돌로 썼던 돌이 실은 스코틀랜드의 성물인 스쿤의 돌임을 알게 된 것과 비슷한 상황에 놓였다. 이를테면 스탠퍼드대학의 박사학위 논문에서는 다루기 민망했던 개념이 지금까지 이해되지 않았던 캘리포니아의 사정을 설명하는 데 갑자기 도움이 되고 있었다. 이런 일을 돌이켜보면서, 언젠가 무어스는 내게 이렇게 말했다. "만약 서쪽 바다에서 들어와 달라붙는 호상열도와 멜란지 같은 것을 포함해서, 캘리포니아의 이런 모든 이야기가 공상처럼 들린다면, 태평양 서남부의 지도를 한번 보세요. 바로 지금 오스트레일리아와 인도네시아 사이의 관계를 보세요."

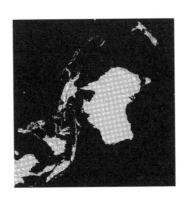

육상에서 완벽한 형태로 발견된 한 벌의 오피올라이트에 새로운 관심이 쌓여가는 동안, 해양지각의 각 부분이 맨 아래부터 위까지 실제로 측정되면서 지진파를 통해 얻은 결과가 한결 명확하게 확인될 수 있었다. 오피올라이트 층서는 대부분 확장 중심부에서 형성된다. 확장 중심부는 대부분 액체 상태이므로 열에 의해 많이 팽창되어 있다가 이후 점차 이동하면서 냉각되어 두께가 얇아지고, 2000만 년에 걸쳐 1100킬로미터를 이동한 후에는 심해의 차갑고 평평한 암반이 된다.

수십 미터 두께의 해양 퇴적층이 쌓인 심해의 차갑고 평평한 암반,

그 아래에는 약 1킬로미터 두께의 베개 용암,

그 아래에는 약 1킬로미터 두께의 판상 암맥,

그 아래에는 약 1킬로미터 두께의 심성암(사장화강암, 반려암),

그 아래에는 뚜렷한 마그마 체임버 위에 광물 결정이 층층이 쌓여 있는 약 1킬로미터 두께의 심성암,

그 아래에는 모호면,

그 아래에는 약 1킬로미터 두께의 맨틀 암석. 이 맨틀 암석의 일부는 확장 중심부에서 녹고, 일부는 원래의 고체 형태인 감람암이거나 물과 닿아서 사문암이 된다.

무어스는 데이비스에서 초등학교 5학년생들에게 오피올라이트에 대한 이야기를 할 때면, 내게 이야기할 때처럼 바다 밑바닥을 그리고 단순화된 수직의 층서를 이상적인 암석 기둥의 형태로 소개하는데, 그 내용은 위와 흡사하다. 이 모형은 유용하기만 한 게 아니라, 대체로 정확하다. 그러나 하나의 설명으로서는, 허먼 멜빌이 복수심에 불타서 고래를 추적하는 외다리 미치광이에 대한 소설을 썼다는 설명보다 더 두루뭉술하다. 해양지각은 전 세계적으로 젊고 공통적으로 두드러지는 특성이 있기는 하지만, 그런 단순한 요약처럼 간단하지만은 않다. 무어스

는 이렇게 말한다. "오피올라이트가 만들어지는 확장 중심부에서는 뜨거운 유체들이 뒤섞이고, 냉각되고, 그 밖의 다른 작용도 일어나요. 우리는 깔끔하게 쌓인 퇴적층에 관한 이야기를 하고 있는 것이 아니에요. 오피올라이트는 접촉면이 점이적이에요. 게다가 다양한 유형의 오피올라이트가 있어요. 어떤 것은 호상열도의 앞이나 뒤에 놓인 분지에서 유래하고, 어떤 것은 확장 중심부와 변환단층의 단면에서 유래하죠. 해저 '침식'도 일어나요. 이 층서가 조금씩 침식되고 퇴적물이 더 내려오면, 해저의 암석에도 지상의 퇴적암처럼 공백이 생겨요. 이탈리아의 오피올라이트에서는 휘록암이 사라졌고, 반려암도 없어요. 사문암에는 방해석이 들어차 있어요. 사회암이라 불리는 이 암석은 흰색과 초록색과 붉은색이 어우러진 매우 아름답고 값비싼 건축 석재예요. 엘바섬에는 약간의 반려암이 있어요. 그러나 이탈리아에는 휘록암의 판상 암맥은 없어요. 분명한 것은, 이탈리아의 오피올라이트가 다른 해저 환경에서 형성되었고, 그것이 어떤 환경이었는지는 잘 연구되지 않았다는 점이죠. 해양지각은 오늘날 지구물리학에서 말하는 것처럼 단순한 3층 구조가 아니에요. 지구물리학자들이 일관된 모형을 만드는 것은 불가능해요. 자연은 아주 뒤죽박죽이거든요."

우리가 키프로스로 야외조사를 갔을 때, 어느 날 무어스는 예전에 연구한 적 없는 한 노두를 오랫동안 자세히 조사했다. 그러고는 마그마가 연속적으로 분출했다는 것을 알아냈는데, 이 분출 사건에서는 층상 반려암이 먼저 나오고, 그 밑으로 사장화강암이 관입했다. 일반적인 순서와는 다르게 두 암석의 위치가 바뀐 것이다. "이것은 우리에게 오피올라이트의 순서를 단순하게 받아들이면 안 된다는 것을 상기시켜줘요." 무어스가 말했다. "기본적인 오피올라이트 표에서는 층상 반려암이 사장화강암보다 더 아래에 있을 거예요. 하지만 여기서는 사장화강암이 층상 반려암의 아래에 있는 것을 볼 수 있어요. 사장화강암이 나중에 관입한 거예요. 항상 순서대로 나타나는 것은 아닙니다."

나에게 혼란을 주려 한다기보다는 현실을 알려주기 위해서, 무어스는 내가 손바닥 위에 그린 그림을 정교하게 다듬어서 그의 "확장 오피올라이트 복합체"를 간단히 설명해줬다. 일반적인 오피올라이트 표에 세부적인 내용이 추가된 그의 설명을 통해서, 나는 대양의 아래에 놓인 실제 암석이 얼마나 복잡한지를 충분히 가늠할 수 있었다. 나는 읽자마자 잊어버렸지만, 복잡하게 얽혀 있는 자연과 그에 따른 지질학의 특성을 조금이나마 느껴봐야 했다.

육상에서 오피올라이트가 발견되는 곳에서는 그 오피올라이트 층서의 가장 윗부분에서 얕은 바다에서 쌓인 석회암층을 볼 수도 있다. 아니면 오피올라이트가 대륙의 가장자리로 올라왔을 때 공기와 접촉해 형성된 라테라이트laterite 토양을 볼 수 있을지도 모른다.

움직이는 암석판 위에 얹혀 있는 심해의 퇴적층은 (키프로스에서처럼) 백악이거나, (스마트빌 지괴에서처럼) 화산 생성물이거나, (이탈리아나 그리스에서처럼) 처트일 것이다. 이런 퇴적층은 그 해양지각이 움직인 대양의 환경을 알려준다.

거대한 베개 용암의 아래에는

또 베개 용암이 있다. 이 베개 용암은 용융 상태로 올라와 있는 휘록암 암맥을 계속 통과해 올라올 수 있을 정도로 충분한 압력을 지녔다.

그 아래에는 거대한 판상 암맥 지대가 있다. 만약 오피올라이트가 동물이라면, 수직으로 형성되는 이런 얇은 층은 뇌가 되었을 것이다. 이런 판상 암맥은 전체적으로 해저의 줄자이자 정밀한 시계다. 새로운 암맥이 기존 암맥의 복합체 속으로 비집고 올라올 때마다, 해저는 그만큼 확장된다. 새로운 암맥은 50~100년마다 관입하며, 종종 기존 암맥의 가운데를 가르고 들어오기도 한다. 갈라진 암맥의 평균 너비는 약 70센티미터일 것이다. 해저가 1년에 몇 센티미터의 비율로 일정하게 넓어지고 있다고 주장하는 지구물리학자들의 산술적 개념과 달리, 이런 암맥에는 해양지각의 확장이 가끔씩 일시적으로 일어났다는 것이 확실하게 기록되어 있다.

사장화강암 사이에는 (판상 복합체를 공급하는) 커다란 휘록암 암맥이 있다.

그리고 거대하고 다양한 질감의 반려암 사이에도 커다란 휘록암 암맥이 있다.

층상 반려암의 층은 일반적으로 순환한다. 사장석과 휘석이 축적되고, 그 아래에는 중간에 사장석(때로는 감람석과 사장석)이 축적된 감람석과 휘석이 축적되고, 그 아래에는 약간의 크롬철석이 들어 있는 감람석이 축적된다. 이 조합은 듀나이트dunite라고 알려져 있다. 도로 절개면나 절벽에 있는 오피올라이트의 모습에서 이 모든 것을 단번에 알아볼 수는 없겠지만, 그 근처 어딘가에 지구물리학적 모호면이 있다는 것만이라도 기억하려고 노력해보자.

그리고 이 지대의 맨 아래에 암석학적 모호면이 있다.

나는 그의 설명에 끼어들어야 했다. 잠깐, 모호면이 둘이라고요? 어떻게 모호면이 둘일 수 있죠? 초등학교 5학년도 알듯이, 지각이 끝나고 맨틀이 시작되는 경계인 모호면은 해저에서는 약 5킬로미터 아래, 육상에서는 대체로 약 35킬로미터 아래에 위치하며, 가장 깊이 박혀 있는 산맥에서는 무려 60킬로미터 지하에 있다. "모호면"이라는 지질학 용어는 1909년에 지각-맨틀의 경계를 발견한 크로아티아의 지진학자 안드리야 모호로비치치의 이름에서 딴 것이다. 자동 기록 장치를 통해 나온 지진파 기록을 조사한 지구물리학자들은 엉킨 회색 머리카락을 가까이에서 찍은 것 같은 기다란 띠에서 모호로비치치가 본 것을 본다. 그들은 감람석이 풍부하게 축적된 층에 닿을 때 지진파의 속도가 빨라지는 것을 확인했고, 그것이 지각에서 맨틀로 들어갈 때의 변화라고 여겼다. 지리적 환경에 놓인 오피올라이트를 본 지질학자들은 층상 감람석 아래에 맨틀의 물질이 있는 것을 보고, 맨틀의 감람석이 그 위에 놓인 암석으로 올라가서 지구물리학자들이 관찰한 지진파의 가속을 일으킨다는 것을 알아냈다. 지질학자들은 지각에서 맨틀로 바뀌는 진짜 위치는 층상 감람석의 아래라고 여기고, 이 부분을 암석학적 모호면이라고 부른다. 지구물리학자들은 암석의 특성이 그러하더라도, 그들의 기계가 틀릴 리 없다고 주장한다. 그러나 무어스는 모호면의 의미가 "모호로비치치 불연속면"이라는 것을 기억하자면서, 지구물리학자들이 말하는 그 자리에서 지진파가 확실히 불연속적이라고 말한다. 불연속이 일어나는 것은 지진파이고 종이에 기록된다. 하지만 지각-맨틀 경계는 더 아래에 있고, 암석에 기록된다. 이 경우, 자연은 뒤죽박죽이거나 엉망진창이 아니다. 과학도 시간이 가면 변한다. 지구의 조각을 맞춰나간 옛 지도제작자들처럼, 이제 지질학자와 지구물리학자들도 하나의 지도를 만들어나가고 있다. 그들이 지도를 제작하는 곳은 인간이 결코 다가갈 수 없는 곳이지만, 스카츠블러프나 셰틀랜드 제도와 마찬가지로 지구의 일부다. 그곳은 먼 과거에 스카츠블러프와 셰틀랜드 제도가 다른 곳의 다른 암석으로 있었을 때에도 지구의 일부였고, 먼 훗날에 스카츠블러프가 완전히 무너져내리고 셰틀랜드 제도가 바다 속에 잠기더라도 지구의 일부일 것이다. 두 모호면은 이중으로 보이는 상의 초점을 맞추려는 사진기의 원거리 뷰파인더와 같다. 두 모호면은 아직은 불완전한 지도에 그려진 변경이다.

오피올라이트 충서에서, 암석학적 모호면의 아래에는 약 1킬로미터 두께의 맨틀 암석인 감람암이 있다. 주로 감람석과 약간의 휘석으로 구성된 암석을 일반적으로 감람암이라고 하는데, 감람암은 그 안에 포함된 휘석의 종류와 양에 따라서 하즈버자이트harzburgite, 러졸라이트lherzolite, 듀나이트로 구분되며, 물이 닿으면 사문암이 된다. 맨틀의 감람암 중에서 고체 상태인 원래 형태로 이동하는 암석을 구조암tectonite이라고 하며, 구조암은 지각판의 바닥을 따라 뻗어 있을 것으로 추정된다. 오늘날 대륙 위에 얹혀 있는 측정 가능한 맨틀 암석 중에서 가장 두꺼운 것은 마케도니아에 있다. 바닥에서 꼭대기까지의 두께가 약 7킬로미터인 이 암석은 맨틀에서 공기 중으로 올리기에는 무게가 엄청나다.

지구과학의 이런 신생 분야에서, 두 개의 모호면이 유일한 전쟁터는 아니다. 오피올라이트는 중앙 해령뿐 아니라 호상열도 근처의 작은 확장 중심부에서도 발달하고, 해양 변환단층을 따라 형성되기도 한다. 그렇기 때문에 오피올라이트의 기원에 관한 논쟁도 격렬하게 벌어지곤 한다. 스마트빌 오피올라이트가 외부에서 당도한 호상열도와 연관이 있고, 캐나다 뉴펀들랜드의 아일랜즈만 오피올라이트가 해저의 확장 중심부에서 형성되었다는 것에 대해서는 대체로 합의가 이뤄졌다. 그러나 무어스는 키프로스가 바다 한가운데서 형성되었다고 생각하고, 다른 오피올라이트 학자들은 그렇지 않다. 일부가 사라진 이탈리아의 오피올라이트는 누군가에게는 해양 변환단층의 조각으로 보이고, 누군가에게는 그렇지 않다. 뉴기니의 파푸아 오피올라이트도 대단히 복잡해, 일부 연구자는 해저의 확장 중심부에서 만들어졌다고 생각하지만 호상열도 뒤에서 만들어졌다고 생각하는 사람도 있다.

무어스는 오피올라이트가 그것이 만들어진 환경의 흔적으로서보다는 확장 메커니즘의 모형으로서 더 중요하다고 말한다. 오피올라이트가 형성되어 그 자리에 이르기까지 경과된 시간은 다양한 방법으로 측정되었다. 그리고 일반적으로 바다 한가운데서 만들어지는 오피올라이트가 육상에 올라와 자리를 잡기까지 걸리는 시간으로 평균 3000만 년은 너무 빠듯하다는 일부 주장도 있다. 무어스는 오피올라이트의 대부분이 대륙 근처에 있는 호상열도의 앞이나 뒤에서 형성된다고 생각하는 사람들과는 이견이 없다고 말하지만, 오피올라이트가 중앙 해령에서 온다고 하더라도 시간은 충분하다고 주장한다. 지질학자들은 확장 중심부 아래에 있는 마그마 체임버에 관해서도 논쟁을 벌인다. 시간이 흐르는 동안 마그마 체임버가 계속 이어지는지, 아니면 별개의 단위를 이루는 마그마 체임버들이 하나씩 차례로 굳는 것인지 따위를 따진다. 무엇보다 지질학자들이 궁금하게 여기는 것은 10억 년이 넘을 정도로 오래된 오피올라이트가 얼마 없는 이유다. 지구 자체의 나이는 그 네 배가 넘는 45억 년이나 되는데 말이다. 남아 있는 오피올라이트를 통해서, 지질학자들은 지난 10억 년 동안 일어난 대륙의 모양 변화와 오래전에 사라진 산맥의 융기와 같은 지구 구조의 역사를 밝힐 수 있다. 그보다 이전인 원생누대 초기와 시생누대에는 어땠을까? 당시에는 뭔가 다른 일이 벌어졌을까? 판구조와는 다른 뭔가가 있었을까?

오피올라이트가 어떻게 대륙 위에 얹혔는지에 대한 긴 논쟁은 연구자들에게 더 직접적인 혼란을 일으켰다. 1971년, 미국 지질조사소의 R. G. 콜먼은 해양지각이 해구로 밀려들어가거나 대륙 아래로 파고드는 곳에서 잘려나간 해양지각의 윗부분이 대륙의 가장자리에 올라온 것이 오피올라이트라고 제안했다. 그는 이것을 "압등obduction"이라고 불렀다. 1976년, 존스홉킨스대학의 데이비드 엘리엇은 콜먼이 제안한 구조 변화가 너무 과격해 암석이 견디지 못할 것이라고 생각했다. 그는 오피올라이트가 산산조각이 나서 지상에 올라오지도 못할 것이라고 판단했다. 엘리엇은 오피올라이트가 눈썰매처럼 미끄러져서 얹히는 중력 미끄럼gravity sliding을 제안했다. 그러나 그러기 위해서는 뭔가가 해저를 융기시키고 미끄러져 내릴 수 있도록 먼저 조금 잘라놓아야 할 것이다. 이를테면 마케도니아의 맨틀을 수직으로 1만3000미터 이상 들어올릴 수 있었던 것은 무엇일까? 현재 가장 널리 받아들여지고 있는 학설은 예전에 다른 이들이 내놓은 적 있었지만 별다른 주목을 받지 못했다. 이유는 제안자가 대학원생과 박사후 연구원이었기 때문이다. 1969년, 피터

템플과 제이 지머맨은 대륙의 가장자리가 해양지각 아래로 내려갈 때 오피올라이트가 올라오는 것일지도 모른다고 제안했다. 대륙 지각이 해구를 틀어막으면, 해양지각이 지각 평형에 의해 융기된다는 것이다.

그들은 지진파 자료를 통해서, 지각판의 섭입이 사람들의 생각보다 훨씬 더 다양한 방식으로 일어난다는 것을 알아냈다. 해저는 대륙 아래로 내려갈 뿐 아니라, 두 장의 카펫이 겹쳐지듯이 다른 해저 밑으로 들어가는 일도 꽤 흔하게 일어났다. 아래에 놓인 판은 용융된 후, 위에 놓인 판을 뚫고 화산 호상열도의 형태로 솟아올랐다. 이제 이 호상열도는 그것이 놓인 판과 함께 움직이기 시작한다. 판의 움직임이 바뀐다. 새로운 해구가 형성된다. 호상열도 뒤편의 분지에 새로운 해양지각이 만들어진다. 어떤 호상열도는 한동안 한 방향으로 움직이다가, 스스로 방향을 바꾼다. 이를테면 해구를 틀어막은 다음, 그 자체의 지각을 잠식하면서 반대 방향으로 움직인다. 그 해양지각의 일부가 오피올라이트의 형태로 육지에 얹히는 것일지도 모른다. 마리아나 제도 뒤편의 분지는 현재 넓어지고 있으며, 남태평양의 통가-케르메데크 호상열도 뒤에 놓인 로-하버 분지와 남대서양의 사우스샌드위치 제도 뒤의 분지도 마찬가지다. 인도네시아와 필리핀 제도 사이에 놓인 두 해구는 서로를 향해 점점 더 가까워지고 있는데, 만약 뭔가가 두 해구를 멈추게 하지 않는다면 둘 다 사라질 것이다. 무어스를 포함한 일부 학자는 쥐라기의 캘리포니아에서도 이와 비슷한 방식으로 두 개의 해구가 동시에 활동하고 있었을 것이라고 생각한다. 동쪽에 있던 해구는 동쪽으로 비스듬히 내려가고 서쪽에 있던 해구는 서쪽으로 비스듬히 내려가면서, 스마트빌 지괴가 얹히는 동안 둘 다 파괴되었다는 것이다. 1983년 『지질학』 12월호에서, 화산학자인 앨릭스 맥버니는 점점 더 복잡한 방식으로 화성암과 판구조를 연결시키려는 시도를 다룬 후, 앞으로의 10년을 전망하면서 글을 마무리했다. 그는 이렇게 말했다. "화성암에 대해 우리가 현재 느끼고 있는 당혹감은 상상도 못 할 수준의 정교함으로 승화될 것이라고 예상한다."

그 절반인 5년 안에, 스마트빌 호상열도가 형성된 곳이 결정되었다. 바로 판의 이동 방향이 바뀐 후에 변환단층, 또는 단열대에 발달한 확장 중심부였다. 판의 움직임이 바뀌면, 변환단층은 섭입대나 확장 중심부로 바뀔 것이다. 이를테면 태평양판은 4300만 년 전에 이동 방향이 북쪽에서 서북쪽으로 바뀌었다. 엠퍼러 해산과 하와이 해산의 열점 경로에는 북-남 방향에서 서북-동남 방향으로 뚜렷하게 꺾인 당시의 변화가 정확히 기록되어 있다. 고대 태평양 전역에서 변환단층이 해구로 바뀌는 동안, 통가-케르메데크 호상열도, 알류샨 열도, 마리아나 제도가 형성되었다. 이와 비슷한 사건이 1억6000만 년 전에 일어나서 스마트빌 호상열도가 만들어진 것으로 보인다.

무어스에 따르면, 오늘날 세계의 오피올라이트와 그 역사에 대한 이해는 여기까지 왔다. 나는 그렇다손 치더라도 지질학자들도 혼란스러웠고, 지구물리학자는 말할 것도 없었다. "이것들이 그 지역에서 유래한 화성암이라는 생각을 버리고, 구조 운동을 통해 운반된 지형이라는 생각을 하기 시작하기까지 오랜 시간이 걸렸어요." 스마트빌 지괴가 시공간적으로 당혹스러울 만큼 복잡하기는 하지만, 그 지표면의 사정도 그에 못지않게 복잡하다는 것을 밝히고 싶다. 서터 카운티의 청사 소재지는 유바시티이고, 유바 카운티의 청사 소재지는 메리스빌이다. 오번은 플레서 카운티의 청사 소재지이고, 플레이서빌은 엘도라도 카운티의 청사 소재지다. 그리고 엘도라도는 어느 카운티의 청사 소재지도 아니다.

이것만으로도 충분히 당혹스러운데, 무어스는 여기에 시에라의 더 높은 곳에 있는 한 오피올라이트 후보를 더 얹어주면서, 그것이 지금까지 해온 비교적 단순한 이야기를 여러모로 복잡하게 만든다고 말했다. 이 오피올라이트 후보는 지질학에서 페더리버 감람암이라고 알려진 커다란 사문암으로, 더치플랫 바로 아래의 고속도로 근처에서 봤던 것과 비슷한 종류의 암석이었다. 그곳에서 어느 날 우리는 어떤 계곡에 들어갔는데, 그 계곡의 절벽은 촉감이 부드러웠고 뱀 가죽 같은 검은색과 녹색을 띠고 있었다. 페더리버 감람암은 설명하기가 매우 어려웠다. 양옆에 있는 다른 암층보다 훨씬 더 오래되었기 때문이다. 만약 미국 서부의 이 지역이 암층의 부착으로 형성되었다면 서쪽으로 갈수록 암석이 점차 젊어질 텐데, 소노미아와 스마트빌 사이에 있는 페더리버 감람암은 무엇을 하고 있었던 것일까? "연대는 데본기에서 페름기에 걸쳐 있어요." 무어스가 말했다. "우리는 페더리버 감람암이 어떻게 여기에 나타났는지 몰라요. 이 암석은 섭씨 약 600도인 20킬로미터 지하에서 변성이 일어났죠. 20킬로미터나 밀어올려진 것을 보면, 확실히 예사롭지 않은 스러스트 작용이었을 거예요. 페더리버 감람암의 동쪽에 접하고 있는 면에서 변성된 암석의 일부는 연대가 트라이아스기예요. 소노미아보다는 오래되었지만 나중에 자리를 잡았어요. 스마트빌보다 오래되었고 스마트빌의 동쪽에 놓여 있지만, 나중에 자리를 잡았어요. 왜, 어떻게 그렇게 되었는지는 아무도 몰라요. 우리에게는 북아메리카에 깔끔하게 부착된 몇 개의 연속적인 암층에 대한 이야기가 있었는데, 2번 암층과 3번 암층 사이에서 페더리버 감람암이 발견된 거죠. 페더리버 감람암은 2번 암층에 있는 어떤 암석보다 더 오래되었고, 3번 암층보다 더 나중에 자리를 잡았어요. 페더리버 감람암은 연대가 약 2억 년이었을 때 그 자리에 놓였어요. 이게 무슨 의미일까요? 이례적으로 오래되었다? 처음에는 호상열도에 얹혀 왔고, 결국 두 번 자리를 잡은 것이다? 일단 오피올라이트는 맞을까요? 다른 것이라면 뭘까요? 페더리버 감람암에는 사문암, 사문암화되지 않은 감람암, 변성반려암, 다양한 비율의 다른 각섬암이 포함되어 있고, 아마 변형된 판상 암맥도 들어 있을 거예요, 그것은 무엇을 의미할까요?"

캘리포니아대학 데이비스 캠퍼스와 사우스캐롤라이나대학에서 공부한 젊은 구조지질학자인 스티브 에덜먼에게 그것은 페더리버 감람암이 진짜 오피올라이트라는 의미였다. 페더리버 감람암의 내력이 당혹스럽기는 하지만, 에덜먼은 그 논의를 종결시킬 판상 암맥을 발견했다고 믿었다. 그는 지금까지 시에라 바깥에서 그 가능성을 언급한 유일한 지질학자였다. 1989년의 어느 날, (일도 없고 연구 보조금도 끊겨서 비행기를 탈 형편이 되지 않았던) 에덜먼은 기차를 타고 데이비스로 왔고, 풍부한 야외조사 경험을 위해서 산으로 향했다. 그는 무어스에게 함께 가 줄 것을 부탁했고, 나도 따라갔다.

붉은 턱수염을 기른 에덜먼이 암석 망치를 들고 있는 모습은 마치 서브를 준비하고 있는 테니스 선수 같았다. 발포 플라스틱으로 만든 분홍색 햇빛 가리개를 쓴 그는 물색 티셔츠와 반바지를 입었고, 발에는 아디다스 신발과 빨강과 파랑 줄무늬가 있는 흰 양말을 신었다. 우리는 높이 150미터가 넘는 아주 가파른 절벽이 있는 협곡에서 시냇물이 흐르는 좁은 산길로 내려갔다. 이곳 슬레이트크리크 근처에는 그래스플랫, 프랜치캠프, 양키힐 같은 금광촌이 있었고, 데블스게이트도 가까웠다. 마지막 남은 불씨가 타오른 곳이라고 할 수 있는 슬레이트크리크에서 광부들은 283만5000그램의 금을 캐냈다. 이곳과 같은 캘리포니아의 외진 계곡에서는 최근까지도 식물의 형태로 금이 자라고 있었다. 마치 앙리 루소의 그림에 나오는 것 같은 끝이 삐죽삐죽한 잎이 달린 이 식물은 바로 마리화나였다. 캘리포니아에서 마리화나 산업을 몰아내기 위해, 새크라멘토의 주정부는 마리화나 생산 반대 운동 단체인 CAMP를 조직했다. CAMPCampaign Against Marijuana Production 마약단속반이 오지를 돌아다닐 때 지질학자 행세를 한다는 소문이 돌았다. 텍사스대학의 한 지질학과 대학원생은 코스트산맥 북부에서 야외조사를 하던 중에 살해되었다. 마리화나 재배자로 추정되는 범인이 그의 뒤통수에 총을 쏜 것이다. 범인은 잡히지 않았다. 캘리포니아 광업지질국에서 일하는 한 남자는 업무상 시에라의 산자락을 자주 돌아다녔는데, 반경 8~16킬로미터 이내에 있는 옛 금광촌과 작은 산골 마을의 술집마다 들어가서 그곳의 모든 이에게 자신이 어디에서 무엇을 하는 사람인지를 이야기하고 다녔다. 대마밭에서나 돌밭에서나, 만나는 사람 모두 그를 알고 있었다.

19세기 광부들에게는 많은 암석이 점판암, 즉 슬레이트였다. 슬레이트크리크의 시냇물은 아름다운 회색의 휘록암 위를 흐르고 있었다. 이곳의 시냇물은 손에 꼽힐 정도로 맑았다. 나는 로키산맥 지역 어디에서도 이보다 맑은 시냇물을 본 적이 없었다. 무어스도 감탄하면서 "시내 바닥에 있는 반상쇄설편에 전단 감각을 암시하는 지표가 보일 정도로 물이 맑다"고 말했다.

에덜먼도 기분이 좋아 보였지만, 썩 좋지는 않은 것 같았다. 그는 무어스에게 슬레이트크리크로 와서 그 휘록암을 봐줄 것을 부탁했다. 오래되고 재결정 작용이 일어나 까맣게 변성된 그 휘록암에 판상 오피올라이트 암맥의 냉각된 가장자리와 얇은 층의 흔적이 희미하게라도 보인다는 것에 무어스가 동의할 수 있는지 알아보기 위해서였다.

절벽에서 튀어나온 바위턱을 살피며 상류로 올라가는 동안, 그의 돋보기에는 딱히 눈길을 끄는 것이 들어오지 않았지만 무어스는 도움을 주려고 애를 썼다. "여기는 그다지 좋은 구간이 아니에요. 우리 다음 굽이를 둘러봅시다. (…) 습곡도 조금 있는 것 같고, 층상도 조금 보이는 것 같아요. 반려암 같네요."

에덜먼의 발걸음이 조금 빨라진 듯했다.

"아마 저기 베개 용암이 있을지도 몰라요." 무어스는 희망을 품고 말했다. 하지만 그것은 베개 용암이 아니었다.

이제 에덜먼은 거의 뛰다시피 했다. 그는 저 앞에 더 좋은 것이 있다고 장담했다. 우리는 아직 그가 우리에게 보여주고 싶은 노두에 이르지 못했다. 다음 굽이를 돌아서, 그는 시내 쪽으로 튀어나온 커다란 노두를 유심히 살폈다. 에덜먼은 자신의 판단으로는 그것이 판상 암맥 같다고 말했다. 무어스의 생각은 어떨까?

무어스는 한참 그 바위를 들여다보다가 뒤로 물러나서 말했다. "괜찮아요. 신심이 깊다면 말이죠. 하지만 미심쩍어하는 사람에게 이 노두는 아니에요."

"그럼 이거는요?"

"아까 것보다는 아주 조금 더 확신을 주겠네요."

에덜먼의 말은 맞았다. 상류로 올라갈수록, 그가 무어스에게 보여주고 싶은 특징이 드러나는 것 같은 회색 암석이 더 많아졌다. 그러나 풍화와 변형으로 인해 얇은 층은 쉽게 확인되지 않았다. 허리띠에 가죽 케이스와 가죽 주머니를 줄줄이 달고, 턱수염까지 그림자를 드리우는 챙이 넓은 페도라를 쓴 무어스의 모습은 1849년부터 그곳에 있던 사람처럼 보였다.

"하워드 데이처럼 의심 많은 사람은 믿으려고 하지 않을 거예요." 무어스는 데이비스 캠퍼스의 한 변성암학자 이름을 들먹이며 말했다.

"예, 나도 그럴 것 같아요." 에덜먼이 말했다.

무어스는 "다행히 세상에 그런 사람은 한 명뿐이에요"라고 말했다.

에덜먼이 말했다. "여기서부터 위로 가면 더 좋을 것이 있어요. 그때까지만 판단을 미뤄주세요. 확실한 판상 암맥이 있거든요."

조금 더 가서, 무어스는 한 노두에서 발길을 멈췄다. 그는 맨눈으로도 보고, 돋보기로도 보면서 한참을 자세히 살폈다. 몇 분이 지났다. 흘러가는 시냇물 소리 말고는 아무 소리도 들리지 않았다. 드디어 무어스가 입을 열었다. "좋네요. 이거라면 하워드 데이도 납득할 거예요."

다음 바위턱(암붕)은 더 훌륭했다. 무어스는 그 바위도 한동안 조사했다. 에덜먼의 표정에는 승리의 기쁨이 가득했다. 무어스가 말했다. "저것이 식어서 굳은 가장자리라는 데에는 의심의 여지가 없어요. 저것도, 그리고 저것도요." 그러고는 에덜먼의 눈을 들여다보면서 이렇게 덧붙였다. "하지만 나는 신심이 깊은 사람이에요."

몇 미터 더 가서, 무어스는 다른 바위의 전면을 보며 말했다. "만약 오피올라이트를 온도가 600도인 지하 20킬로미터로 끌어내린다면, 아마 저렇게 보일 거예요. 이것이 암맥 복합체가 아니라면, 뭐가 될 수 있을까요? 없어요. 그것이 내 대답이에요."

에덜먼이 말했다. "그러면, 데블스게이트 오피올라이트를 믿으시는 거죠?"

무어스가 말했다. "나는 데블스게이트 판상 암맥 복합체를 믿어요."

에덜먼: "행복하세요?"

무어스: "네."

에덜먼: "시에라의 새로운 오피올라이트네요."

이제는 많은 지질학 정보를 지진파와 위성에서 얻고, 인공적인 빛 아래에서 출력물을 보며 연구한다. 그러나 지진계나 위성은 에덜먼이 본 것을 결코 보려고 하지 않았다.

무어스가 말했다. "만약 일본과 그것이 얹힌 오래된 해양지각을 움직여서 워싱턴주에 충돌시키면, 그래서 그 오래된 해양지각이 워싱턴주 위로 밀려올라가면, 페더리버 감람암 같은 것이 만들어질지도 몰라요. 만약 이것이 오피올라이트라면, 키프로스의 트로도스산맥보다 더 큰 거예요. 소노미아 암층의 일부 같지는 않아요. 스마트빌에 붙어 있는 것일 수는 있어요. 이것이 여기서 무엇을 하고 있는지는 몰라요. 다만 아주 크고 중요하다는 것만 알 뿐이죠."

만약 페더리버 감람암이 외래 암층 이야기와 잘 맞지 않더라도, 그는 괜찮다고 말했다. 북아메리카의 서쪽 가장자리에 대한 옛 생각은 사라졌지만, 그리 오래전에 사라진 것은 아니다. 조립되고 있는 암층에 대한 현재의 묘사는 너무 새롭고 아직 해결해야 할 것이 많기 때문에, 앞으로도 계속 수정이 필요할 것이다. 미리 조립된 하나의 큰 암층, 즉 스마트빌을 일부로 하는 스티킨 초암층이 쥐라기에 접안했을까? 아니면, 암층이 하나씩 따로따로 당도하여 이른바 아메리카 대륙 판연합을 형성했을까? "알래스카의 브룩스산맥에서 캐나다의 브리티시컬럼비아 중부를 거쳐 미국 서부, 멕시코의 바하칼리포르니아, 코스타리카로 이어지는 오피올라이트의 대부분은 연대가 중생대예요." 무어스가 말했다. "이 지역은 호상열도 복합체 같은 것이 쥐라기 중기에 북아메리카 서부에 충돌했다는 것을 나타내는 듯해요. 하나씩 충돌했는지, 한 덩어리로 충돌했는지는 말하기 어려워요. 양단간에 결정을 할 수는 있겠죠. 지금 당장 해결할 수는 없습니다. 시기는 달라 보여요. 브룩스산맥에서는 백악기 하부이고, 브리티시컬럼비아에서는 쥐라기 중반, 시에라네바다산맥에서는 쥐라기 중반으로 보여요. 그리고 남쪽으로 내려갈수록 조금 더 젊어지는 것 같아요. 들쭉날쭉한 가장자리에서 한 번의 충돌이 일어난 것일 수도 있고, 아니면 몇 개의 암층이 들어온 것일 수도 있어요. 우리에게는 아직 답이 준비되지 않았어요."

물론 세상에는 이런 엄청난 양의 외래 암층이 존재한다고 말할 준비가 되지 않은 지질학자들도 아직 있다. 그들은 그들의 덜 보수적인 동료들이 암석의 사소한 차이나 지층의 경계에 손쉽게 새로운 암층의 이름을 붙인다며 빈정거린다. 사실 어느 곳이든, 현재의 모습과 사라진 부분의 관계를 밝히기보다는 외부에서 온 것이라고 주장하는 편이 더 쉽기는 하다. 그곳이 아무리 작더라도 말이다. 그런 이들의 지질학에서는 하나의 야외조사 지역은 미소암층microterrane이 된다. 하나의 노두는 나노암층nanoterrane, 손바닥만 한 시료 하나는 피코암층picoterrane, 박편 하나는 펨토암층femtoterrane이다.

———

지구의 바깥 껍질의 3분의 2가 해양지각의 암석이지만, 해양지각은 접근하기가 매우 어렵다. 이런 해양지각이 떨어져나와 대륙의 가장자리에 얹힌 것을 야외지질학자가 부스러기라도 연구하려면, 아주 멀리까지 여행을 해야 한다. 무어스는 그의 전문 분야의 연구를 위해서 오만, 미크로네시아의 야프섬, 남미의 티에라델푸에고 제도, 파키스탄을 찾아다녔고, 지중해 동부, 그중에서도 주로 키프로스를 정기적으로 오갔다.

1980년대의 어느 가을, 스위스에서 일을 보고 있던 나는 비행기를 타고 키프로스로 가서 지질 연구를 하는 무어스를 지켜봤다.

무어스는 라르나카로 나를 마중 나왔다. 우리는 차를 타고 북쪽으로 갔는데, 어느 사이엔가 거대한 생선 구이 한 마리를 구조적으로 완전히 해체하고 있었고, 독한 키프로스 술을 마시고 있었다. 무어스의 말에 따르면, 키프로스는 정치적으로는 아시아에 속하지만, 지질학적으로는 어느 대륙에도 속하지 않았다. 아프리카의 가장자리에 얹혀 있지만 아프리카는 아니고, 유라시아도 아니었다. 키프로스는 고유명사로서의 지중해가 아니라 글자 그대로의 의미로 지중해에 있었다. 마지막 초대륙이 융기를 시작하고 대륙 내부에서는 테티스해가 새로운 해안선을 형성한 지 한참이 지난 후, 키프로스의 기반암이 될 마그마가 테티스해의 확장 중심부에서 솟아올랐다. 지금으로부터 9000만 년 전인 당시에는 테티스해를 사이에 둔 유라시아와 아프리카 사이의 거리가 지금보다 두 배 더 멀었다. 두 대륙은 그 후로도 1000만 년 동안 계속 더 멀어졌고, 그 후에 판의 움직임이 바뀌었다. 북대서양이 생기기 시작하자, 아프리카는 동북쪽으로 움직이면서 유라시아와 가까워졌고, 지금도 계속 그 방향으로 움직이고 있다. 현재 진행 중인 그 움직임의 결과에는 알프스산맥, 카르파티아산맥, 캅카스산맥, 자그로스산맥이 포함되는데, 무어스의 말에 의하면 "세계 한 방을 얻어맞고 사방에 산맥을 게워놓은 것"이었다. 지질학적으로 현재에 가까운 마이오세 후기가 되자, 테티스해는 거의 다 자취를 감추고 지중해와 흑해와 카스피해 남부만 남았다.

마이오세 후기에는 아프리카가 지렛대처럼 작용하여 테티스해의 바닥을 들어올리면서 키프로스가 올라왔다. 오피올라이트는 두터운 백악으로 덮여 있었다. 베개 용암 위에 쌓여 있는 이 백악은 육지에서 온 퇴

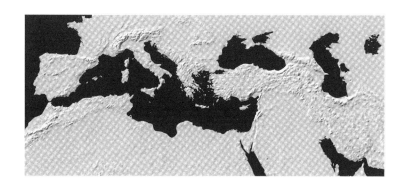

적물이 전혀 섞이지 않은 깨끗한 석회 앙금(연니)으로, 키프로스가 아주 먼 심해의 한 조각이었다는 것을 확실하게 알 수 있는 지표였다.

키프로스는 해양지각을 눈으로 보면서 직접 만져보기 좋은 장소다. 돋보기로 들여다보고, 작은 암석 코어를 채취해 잔류 자기를 조사하고, 지역에 따라 다양한 암석의 지도를 작성할 수 있는 곳으로, 키프로스만큼 보존이 잘된 곳은 세계 어디에도 없다. 맛조개처럼 생긴 키프로스섬은 약 80킬로미터 떨어진 터키 쪽으로 기다란 발을 뻗고 있다. 섬의 동북단에서 길고 낮은 산맥을 이루고 있는 이 발의 지질학적 역사는 잘 밝혀져 있지 않았다. 조금 부가대 같기도 하고, 어쩌면 혼란스러운 유라시아의 바다에 있던 섬 조각들의 집합체일 수도 있었다. 그래서 키프로스는 구조적인 의미에서, 터키에 속하는 것처럼 보였다. 1974년, 키프로스를 무력으로 점령한 터키는 키프로스 북부에 터키연방 키프로스 공화국을 세웠다. 터키연방 키프로스 공화국은 지금까지 지질학자들에게만 존재를 인정받고 있다. 미국 뉴햄프셔의 화이트산맥보다 더 높이 솟아 있는 키프로스의 두툼한 암체는 오피올라이트였다. 지표에 노출된 온전한 지각의 암석인 이 오피올라이트는 대륙과는 연관이 없었고, 독립된 키프로스 공화국의 심장부이자 본질이었다.

우리는 날마다 트로도스산맥으로 가기 위해 차를 몰고 니코시아를 벗어나서, 나무 한 그루 없는 메사오리아 평원으로 내려갔다. 메사오리아 평원은 키프로스섬에서 가장 중요한 암석들을 가로질러 동서로 뻗어 있었다. 우리의 오른쪽으로 약 16킬로미터 떨어진 곳에는 북부 해안 지대의 나지막한 윤곽이 보였고, 왼쪽 전면에는 트로도스산맥이 있었다. 메사오리아 평원에는 유엔이 그어놓은 경계선이 지나가는데, 그리스계 키프로스인들은 이 경계선을 녹색선이라 불렀고 터키계 사람들은 아틸라선이라 불렀다. 그 경계선을 따라서는 울타리 기둥 같은 유엔 초소들이 아득히 멀리까지 줄줄이 늘어서 있었다. 남북으로 지나는 모든 도로에는 포장이 안 된 흙길에도 바리케이드와 "멈춤!"이라고 쓰인 경고 표지판이 있었다.

한낮의 메사오리아는 캠프파이어 바로 옆에서 웅크리고 있는 것 같은 느낌이었다. 트로도스산맥 위로 올라가면 나무 그늘이 있었다. 알레포소나무숲 아래의 공기는 깊은 물처럼 시원했고 그만큼 고요했다. 판상 휘록암으로 이뤄진 능선 전체는 풍화되어 은색 종잇장 같은 면이 드러나 있었다. 마치 1000만 년의 시간을 1세기 이하의 단위로 기록한 수천 장의 카드를 가지런히 세워놓은 것 같았다. 그곳에는 백악의 절벽이 있었고, 불룩하게 분출된 베개 현무암이 있었다. 층상 구조가 있는 거대한 검은 반려암이 있었고, 사문암 봉우리들이 있었다. 가장 높은 봉우리는 올림포스산이었다. 고대 그리스에서, 올림포스산은 정리 해고된 신들을 위한 주택단지로 충분히 제안될 만했다. 지질학자들에게도 신묘한 재능이 있다. 그들은 산마루에서 대양의 암석을 볼 수 있을 뿐 아니라, 오피올라이트 층서의 맨 아래에 있는 암석 중 일부가 아무것도 뒤집히지 않은 키프로스 같은 곳에서 가장 높이 있다는 사실을 편안하게 받아들이기도 한다. 목수라면, 목수가 아니어도 목공 작품에서 그 재료가 된 나무의 모습을 볼 수 있는 사람이라면, 거의 다 그런 기분을 이해할 것이다. 거대한 대양의 암반인 키프로스 오피올라이트는 아프리카판의 사면에 얹혀 휘어졌다. 걸쳐지고 매달리고 아치 모양으로 늘어지고 접힌 이 오피올라이트는 달리의 그림 속 시계와 그다지 비슷하지는 않지만 그렇게 비유할 수 있겠다. 감람암 속으로 스며들어가서 사문암을 만든 물은 모든 것을 팽창시켰고, 뒤이어 침식이 일어나면서 아치 꼭대기의 안쪽에 있던 사문암이 드러났다. 그런 다음 위에서부터 옆면을 따라 다른 부분들도 다양하게 떨어져나갔다. 그 결과 사문암은 가장 높은 봉우리가 되었고, (아래로 내려갈수록 상부인) 오피올라이트 층서는 산을 따라 한 단계씩 내려가서 산맥 가장자리에 위치한 백악 절벽에서 끝났다. 일부 고지대에서, 무어스는 가장 깊은 곳의 반려암에서 줄무늬 모양 축적물(일명 마그마 퇴적물)을 조금 쪼아냈다. 그리고 그 사이에서 발견된 뭔가가 흐른 흔적을 무어스는 "마그마 체임버 속의 수로"라고 묘사했다. 그는 암석 망치로 그것을 톡톡 두들기면서 "어디가 위쪽인지 보여줘" 하고 말했다.

금속 지붕을 돌로 눌러놓은 돌집들 사이에서, 우리는 망치로 돌을 내리쳤다. 우리는 익어가는 사과나무와 검은포플러 사이로 돌아다녔다. 건조한 산 위에는 붉은 지붕을 얹은 하얀 집들이 흩어져 있었다. 우리는 깊은 계곡으로 들어갔다. 산괴에서 숲이 차지하는 부분은 포도밭보다 더 적었다. 높은 산등성이에서 둘러보니, 산들은 축구장을 여러 개 합쳐놓은 것 같았고 계단 모양의 포도밭은 하늘까지 뻗어 있는 것 같았다. 우리는 팔레코리 위쪽에서, 연간 소비해야 할 신선식품의 두 배에 해당되는 열네 송이의 포도를 따먹었다. 팔레코리의 어느 나무 밑 탁자에 앉아서 마신 커피는 맛이 아주 좋았다. 용량이 100밀리리터 남짓한 중동식 커피 냄비인 브리키로 끓인 커피였다. 커피와 함께 냉수 한 잔이 나왔다. "팔레코리"는 오래된 마을이라는 뜻이다. 팔레코리는 판상 휘록암 속에 자리를 잡고 있는데, 위용을 자랑하듯 늘어서 있는 얇은 층들이 너무 또렷해서 그 층들의 측면 운동을 확인할 수 있을 정도다. 무어스와 바인이 찾아낸 가장 뛰어난 해저 확장의 증거는 이렇게 높은 곳에 있었다. 더 최근에 무어스는 트로도스산맥에서 단층 지괴들을 연구해왔다. 다양하게 기울어진 판상 휘록암에서 그는 해저 확장 중심부가 넓어지는 동안 그곳의 열곡에서 단층이 일어나는 경향이 있다는 것을 발견했다. 말하자면, 코네티컷 계곡, 뉴어크 분지, 컬페퍼 분지, 서부의 거대한 베이슨앤드레인지 지질구 같은 단층 특징이 소규모로 나타난 것이다.

중앙 해령이 세계 곳곳을 지나가는 모습은 야구공의 솔기와 흡사하지만, 야구공의 솔기처럼 매끈한 하나의 선이 아니라 이리저리 어긋나 있는 토막들로 이뤄져 있다. 그런 모양은 확실히 구에 잘 맞는다. 어쨌든 이런 곳에서는 지구가 스스로 벌어지고 있는 것처럼 보인다. 해령은 열곡에서 변환단층, 변환단층에서 열곡으로 뛰어넘어가면서 전 세계 어디로든 간다. 일반적으로 열곡은 길이가 60킬로미터 정도이고, 변환단층으로 인한 열곡 변화도 60킬로미터 정도다. 무어스는 이런 유형을 트로도스산맥의 고지대에서 발견했다. 어느 도로 옆 바위에서, 그는 변환단층이 확장 중심부를 지나가면서 함몰된 곳에 쌓인 사암 퇴적물들을 가리켰다. 푸른 셔츠에 연한 황록색 모자를 쓰고 등에는 지팡이 가방을 맨 사람이 염소를 몰면서 지나갔다. 그는 시끄러운 염소 무리 너머로

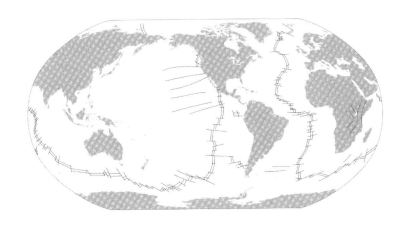

"야사스!" 하고 인사를 건넸다. 그의 표정을 보니, 그리스정교의 사제처럼 턱수염을 기른 두 남자가 보석상의 돋보기로 거친 암석을 들여다보는 모습을 수상하게 여기는 기미는 전혀 없어 보였다.

외진 산골짜기에서, 삼면이 막힌 협곡으로 걸어 들어간 우리는 베개 용암을 공급한 5미터 너비의 암맥을 봤다. 베개 용암 더미를 뚫고 바다 속으로 올라온 이 암맥은 더 많은 베개 용암을 만들었다. 1968년에 무어스와 바인이 그곳에서 연구하고 있을 때, 정장 차림의 한 키프로스 사람이 그들 앞에 나타났다. 그는 그냥 드라이브를 하러 나왔다가 그들의 차를 봤다고 말하면서, 그들이 무엇을 하는 것인지 물었다. 그는 자신을 내무부 장관이라고 밝혔다. 두 사람은 고지자기 자료를 얻기 위한 작은 원기둥 모양의 암석 시료를 얻기 위해 암석에 구멍을 뚫고 있다고 말했고, 그들의 연구가 워싱턴 D.C.에 위치한 미국 과학재단의 지원을 받는다고도 말했다. 장관은 온화한 어조로, "그럼 정부에서 돈을 대면서 두 분에게 우리 섬에 와서 바위에 구멍을 뚫으라고 했다는 뜻인가요?" 하고 말했다. 장관은 한참을 머물면서 키프로스가 지중해에서 중요한 위치에 있다는 것을 배웠다. 그로부터 1년 반 후, 그는 암살을 당했다.

스마트빌 지괴가 캘리포니아에 금을 가져다준 것처럼 보이듯이, 키프로스는 이 세계에 구리를 가져다주었다. "키프로스"는 구리copper를 뜻한다. 키프로스에서 구리가 유래한 것인지, 구리에서 키프로스가 유래한 것인지를 알 수 있는 단서들은 오래전에 사라졌다. 어느 날 아침, 키프로스 지질조사소 국장인 광산지질학자 게오르게 콘스탄티누는 우리를 니코시아 남부에 위치한 샤라는 마을 근처의 언덕 지대로 데려갔다. 베개 현무암이 풍화되어 만들어진 흙길을 따라, 그의 안내를 받아서 간 곳에는 소나무 숲으로 둘러싸인 12미터 깊이의 구덩이가 있었다. 오래된 광산이 대개 그렇듯이, 그곳 역시 군데군데 물이 차 있었다. 콘스탄티누는 이 구덩이가 4000년 동안 그 자리에 있었다고 말했다. 그의 잘생긴 얼굴에는 쾌활함과 우수가 번갈아 나타났다. 살짝 곱실거리는 머리카락과 뚜렷한 이목구비와 위풍당당한 자세를 보면서, 나는 그가 배우 같다고 생각했다. 내 상상 속에서 그는 햄릿 왕자, 헨리 5세, 영화 「엔터테이너」의 아치 라이스였는데, 그의 모습이 로런스 올리비에를 쏙 빼닮았기 때문에 어색하지 않았다. 알레포소나무로 둘러싸인 이 작은 구덩이에 울리는 그의 목소리는 낭랑하고도 경건했다. 콘스탄티누의 말에 따르면, 키프로스 사람들은 기원전 35세기에 다른 이들처럼 이 소나무 숲으로 들어와서 천연 금속 구리가 지표면에 놓여 있는 것을 발견했다. 지하수 속의 송진이 황산염과 섞이면서 구리가 금속으로 환원된 것이다.

테티스해의 해저에서 키프로스가 만들어지고 있을 때, 해저의 틈새로 스며든 바닷물은 마그마 내부나 그 근처로 들어가서 다량의 구리와 그보다 적은 양의 수은, 마그네슘, 주석, 금, 은을 바닷물에 용해시켰다.

오늘날 홍해와 칼리포르니아만의 해저에서 검은 열수를 내뿜는 블랙스모커black smoker처럼, 키프로스의 암석들 사이로 솟구친 뜨거운 바닷물은 베개 용암 위에 금속과 금속화합물을 침전시켰다. 고대 세계 전역에서, 사람들은 키프로스에서 무기를 만들 구리를 구했다. 헤아릴 수 없이 많은 군대의 칼과 창과 방패가 키프로스의 구리로 만들어졌다. 그러나 얼마 지나지 않아, 송진을 통해 환원된 구리는 바닥이 나고 말았다. 구리가 있던 곳의 검은 흙에 금속 구리 자체만큼이나 많은 구리 성분이 있다는 사실을 키프로스 사람들이 알게 된 것은 그로부터 1000년도 더 지나서였다. 키프로스에서 비는 인간의 시간 규모로는 드물었지만 지질학적 시간 규모로는 지속적이었고, 빗물은 구리보다 더 가벼운 물질을 제거해 흙의 상부에 공작석과 동남석 같은 구리 광물을 대단히 고농도로 농축시켰다. 20세기의 지질학자들은 이런 농축을 천성 부화 작용이라고 묘사할 것이다. 고대인들은 구리를 함유한 흙에 엄버umber를 섞어 가열하면 구리가 녹아서 흘러나온다는 것을 우연히 발견했다. 그곳의 주변에는 엄버가 많았다. 엄버는 망간과 철의 산화물이다. 오늘날 확장되고 있는 해저 환경에서 블랙스모커 옆에 있는 베개 용암 위에는 엄버가 진한 초콜릿색의 거대한 원뿔처럼 쌓여 있는데, 키프로스가 형성될 당시에도 아마 그랬을 것이다.

콘스탄티누의 말에 따르면, 키프로스에서는 기원전 2760년에 구리 제련이 시작되었다. 이후 몇 세기 동안, 키프로스는 일곱 왕국의 섬이 되었다. 키프로스에는 광석 찌꺼기 더미가 40곳에 쌓여 있다. 『일리아드』에는 청동 무기로 무장한 전사들이 등장한다. 청동은 구리에 약간의 주석을 첨가해 강도를 높인 합금이며, 여기에 들어가는 구리는 키프로스에서 나왔을 것이다. (키프로스에서는 호메로스가 살던 시대보다 거의 2000년 전부터 구리가 생산되었다.) 기원전 490년, 페르시아의 다리우스 1세는 청동 방패와 청동 창으로 무장한 4만 명의 군사를 이끌고 그리스를 공격했다. 페니키아와 로마인들도 키프로스의 구리를 캤다. 고대인들은 이런 천성 광상의 구리와 다른 풍부한 광물을 지하수면이 드러날 때까지 캤다. 한때 키프로스 공화국에서는 고대의 광석 찌꺼기를 도로 건설에 이용하기도 했지만, 이제는 기념물로 보존하고 있다.

샤의 광산을 둘러본 후, 우리는 고대의 광석 찌꺼기가 있는 곳으로 가기 위해 베개 현무암 도로절개면 사이로 차를 몰고 서서북 방향으로 향했다. 그곳에는 캐러브carob, 무화과, 피스타치오 과수원이 있었고, 나무들 아래에서는 백년초가 자라고 있었다. 그곳은 로렌스 더럴의 『키프로스의 쌉싸래한 레몬Bitter Lemons of Cyprus』처럼 "실크, 아몬드, 살구, 오렌지, 석류, 모과"가 있는 북부 해안 지대가 아니었다. 담황색 유칼립투스와 밑동에 세로로 홈이 파인 1000년 된 올리브 나무들이 있는 내륙이었다. 거의 모든 집이 흰색이었고, 대부분 하늘색 덧문이 달려 있었다. 그 색들은 키프로스가 아니라 그리스의 색이었다. 사실상 모든 건물의 옥상에는 석관을 세워놓은 것 같은 네모난 태양열 온수기가 있었다. 그 태양열 온수기에는 몇몇을 제외하고 전부 광고가 달려 있었다.

메사오리아 평원을 지나는 동안, 새로 생긴 마을들이 띄엄띄엄 나타났다. 1층짜리 임시 주택들이 다닥다닥 모여 있는 마을은 아틸라 선을 넘어 남쪽으로 탈출한 그리스계 키프로스인의 난민촌보다 조금 나은 수준이었다. 우리는 고속도로를 벗어나서, 페리스테로나에 새로 생긴 아주 좁은 길로 들어섰다. 마을 하나가 군 막사 하나보다 더 작아 보였다. 그곳에는 약 5킬로미터 떨어진 카토피아에서 온 사람들이 주로 살고 있었다. 하지만 카토피아는 이제 아틸라 선 너머 터키연방 쪽에 있었다. 콘스탄티누의 어머니인 아나스타샤 콘스탄티누도 그런 실향민이었다. 나이가 지긋하고 큰 키에 검은 옷을 입은 그녀는 분명히 아들을 보는 것만으로도 기뻐서 아들이 누구를 데려오든 상관하지 않았을 것이다. 시간은 정오에 가까워가고 있었고, 공기는 조금 습했으며, 기온은 섭씨 37도가 넘었다. 그곳은 치자나무와 동백과 진달래가 가득한 작은 온실이었다. 지질학자 아들은 분무 상자를 들고 화초들 사이를 돌아다녔다. 그는 콘크리트 테라스에 접이식 의자들을 펼쳐놓았다. 그곳에서는 나무 한 그루 없는 평원을 가로질러 키레니아의 대리암 산맥이 보였고, 산맥은 닿을 수 없는 북쪽에 검은 벽처럼 서 있었다. 그의 어머니는 식어서 조금 되직해진 쌀가루 죽을 내왔다. 설탕이 뿌려진 죽은 아주 차가웠고, 장미수를 머금고 있었다. 화산 같은 열기 속에서, 그 죽은 차가운 과일수프보다 네 배, 가스파초보다 두 배 더 효과가 좋았다. 눈을 감으면, 꽃밭 속에 있는 물웅덩이 속으로 스르르 빠져드는 것 같았다.

페리스테로나에서 서남쪽에 있는 스쿠리오티사에서는 지질학적 시간과 인간의 시간이 기록으로 남을 만큼 오랜 시간 동안 교차했다. 그곳에는 4300년 전부터 지금까지 운영되고 있는 아주 거대한 노천 광산이 있었다. 피라미드처럼 쌓여 있는 광석 찌꺼기 더미가 그 모든 시간을 말해줬다. 콘스탄티누의 말에 따르면, 스쿠리오티사와 그 주변에는 적어도 200만 톤의 고대 광석 찌꺼기가 있었다. "스쿠리아"는 광석 찌꺼기라는 뜻이다. 콘스탄티누의 말에 따르면, 키프로스의 괴상의 구리를 함유한 황화물 광석은 매우 독특한 설탕 같은 구조인데, 그로 인해 암석이 단단하지 않아서 항상 채굴이 쉬웠다. "고대인들은 뛰어난 지질학자였어요. 그들은 키프로스 광체ore body의 지질학적 특성을 알았죠. 나는 박사학위가 있는 탐사지질학자이기는 하지만, 고대인들이 몰랐던 광체를 찾을 수 있을 것 같지는 않아요."

　최초로 구리를 제련한 곳은 중국으로 알려져 있다. 키프로스인의 구리 제련법은 스스로 터득한 것일까, 아니면 다른 곳에서 배워온 것일까? 콘스탄티누는 그 의문에 대한 답을 찾는 데 도움이 될 만한 내용을 고대 문헌에서는 찾지 못했다고 말했다. 구리가 나온 곳에서는 철도 나올 것이다. 키프로스의 엄버는 절반 이상이 철이다. "키프로스의 엄버는 세계 최초의 철 급원이었고, 철은 키프로스에서 발명되었다고 보는 것이 논리적인 추측이라고 생각해요. 고대인들은 반려암을 이용해서 광석을 갈았고, 용광로의 내벽에 사문암을 붙였어요."

　그들의 용광로를 달군 땔감은 고대 키프로스 숲의 알레포소나무와 다른 침엽수들이었다. 황화물 광석을 제련해 450그램의 구리를 얻으려면 136킬로그램의 숯이 필요하다. 처음 구리를 캐기 시작했을 때부터 로마 제국이 멸망할 때까지, 키프로스에서는 약 20만 톤의 구리가 제련되었다. 그동안 면적 9300제곱킬로미터의 키프로스섬에서는 총 15만 제곱킬로미터의 소나무 숲이 연료로 쓰였다. 키프로스에서 건조된 수많은 배와 세계적으로 유명한 키프로스 토기의 가마에 들어갈 땔감은 제쳐두고, 구리 하나만을 위해서 숲이 열여섯 번 되살아나야 했던 셈이다.

　"오만, 이란, 사우디아라비아, 이집트, 이스라엘은 나무가 부족했기 때문에 모두 광산이 오래가지 않았어요." 콘스탄티누가 말했다. "트로도스산맥에서 물이 흘러내려온 덕분에 이곳에는 나무가 자랄 수 있었죠. 그러나 6000만 톤의 숯을 만들려면 12억 세제곱미터 분량의 나무가 필요하다는 사실은 정말 심각한 문제예요. 때로 나는 눈을 감고 고대의 풍경을 상상해요. 수천수만 명의 사람이 광석을 나르고 나무를 나르는, 그런 모든 것을 생각하면 기분이 묘해져요."

무어스는 캘리포니아로 돌아가기 전에 그리스의 마케도니아 지역에서 짧은 답사를 했고, 나는 스위스로 떠나기 전에 무어스를 따라갔다. 확실히 키프로스는 무어스의 말처럼 세계에서 가장 잘 발달한 오피올라이트 복합체를 볼 수 있는 곳 중 하나였지만, 키프로스의 오피올라이트 충서에는 맨틀 암석의 비율이 높은 편이 아니었다. 전형적인 해양 암석권에서 맨틀 암석은 거의 20퍼센트를 차지하고, 그 아래에는 판이 미끄러질 수 있도록 유동적인 맨틀 구간인 연약권이 있다. 키프로스에서는 사문암화된 트로도스산맥의 맨틀 암석이 한때 감람암이었던 부분에 비하면 상대적으로 적다. 나머지 부분은 파묻혀 있거나 사라진 것이다. 그 사라진 부분을 알아보고 싶으면, 마케도니아 지역으로 가면 된다. 7킬로미터 두께의 맨틀이 수직으로 드러나 있는 마케도니아 지역의 맨틀 암석은 대륙 위에 올라와 있는 측정 가능한 맨틀 암석 중에서 가장 두꺼운 것으로 꼽힌다. 무어스는 "아마 판의 바닥까지 닿아 있을 것"이라고 말했다.

두건을 두르고 긴 겉옷을 입고 운동화를 신은 아랍인들, 잡지만 한 크기의 손가방을 든 에티오피아인들, 파나소닉 서류가방들이 단속적으로 우르르 움직이는 아테네 공항에서, 우리는 겨우 렌터카 회사를 찾았다. 이내 아크로폴리스 초입에 도착한 우리는 어느 방향으로 갈지를 정했다. 무어스는 지대가 낮은 곳에 있는 디오니소스 극장 주위의 붉은 셰일과 붉은 처트를 눈여겨보라고 말했다. 그러고는 언덕을 빠르게 올라가면서, 그의 어깨 너머로 암석의 특징이 바뀌는 지점을 보라고 말했다. 그 지점을 못 보고 지나치기란 어려울 듯싶었다. 홀로 우뚝 서 있는 아크로폴리스는 처트와 셰일 위에 놓인, 거대하고 순수한 하나의 석회암 덩어리였다. 우리의 발길은 매표소에서 가로막혔고, 우리는 100드라크마를 지불했다. 언덕 꼭대기에는 미국 대학생들이 아주 많았다. 파르테논 신전의 수수한 그림자 속에 서 있는 무어스의 모습은 영락없는 영어 관광 안내인이었다. 그는 기원전 5세기 그리스 건축가인 이크티노스와 칼리크라테스에 관해 이야기를 했다. 미국 대학생들은 그의 이야기에 귀를 기울였다. 무어스는 페이디아스의 시대를 초월한 조각 작품을 칭찬했다. 그는 건물 남쪽으로 움직였고, 대학생들은 그의 뒤를 따라갔다. 무어스는 석회암이 물에 녹는다고 말했다. 그래서 석회암에는 동굴이 있다. 이 언덕에 있는 동굴 속에는 신들이 머문다고 여겨졌다. 구멍이 숭숭 뚫린 석회암에는 물이 고일 것이다. 은신처나 포위 공격을 버틸 장소를 찾고 있다면, 이런 언덕을 선택해야 할 것이다. 남쪽을 바라보니 에우메네스의 스토아 유적 너머로 사로니코스만의 해안이 보였다. 그곳에서는 747 여객기들이 활주로에서 이륙하고 있었다. 비행기들은 서둘러 떠나려고 하지 않는 것처럼 보였고, 방공 기구처럼 하늘에 매달려 있었다. 무어스는 이렇게 말했다. "살라미스 해전이 끝나고, 저 공항 옆에 있는 해변으로 배들이 쓸려왔대요. 석회암 속의 동굴이 커지면, 결국에는 천장이 내려앉게 돼요."

그는 신전, 교회, 모스크를 거쳐온 파르테논의 역사적 층서를 이야기하고, 파르테논을 현재와 같은 상태로 만든 산성비와 스모그와 화약의 침식력을 이야기했다. 1687년, 파르테논은 터키의 화약고로 사용되었다. 베네치아는 공격을 퍼부었고, 파르테논에서는 화약이 폭발했다. 이 사건은 지형학적 대재앙이었다. 2000년 동안 끄떡없이 서 있던 파르테논은 1687년의 그날 밤부터 침식을 일으키기 시작했다. "파르테논에는 회반죽이 없었어요." 무어스는 침통해하며 이렇게 덧붙였다. "전부 대리암이고, 서로 중력으로 지탱하고 있었죠. 게다가 파르테논은 지진 피해도 입었어요. 이곳의 지질학적 특성은 자세히 연구되지 않았어요. 일반적인 이야기를 하자면, 아크로폴리스는 붉은 처트와 셰일 위에 얹혀 있는 클리페klippe예요. 깊이 박혀 있는 지괴가 아닙니다."

클리페는 나페의 잔해다. 나페는 중력이나 스러스트 단층 작용이나 그 밖의 다른 작용에 의해 원래 있던 자리에서 다른 곳으로 움직인 큰 암반을 말한다. 기호에 따라서는 키프로스도 특수한 종류의 나페라고 부를 수 있을 것이다. 무어스는 동쪽을 가리켰다. 하얀 도시와 그곳의 수많은 언덕을 가로질러, 16킬로미터 남짓 떨어진 곳에 톱니처럼 삐죽삐죽한 히메투스산맥의 윤곽이 보였다. "아크로폴리스는 저기서 왔을 것으로 생각돼요." 무어스가 말했다. "이 생각에는 몇 가지 문제점이 있지만, 확실히 가능성은 있어요."

충돌이나 다른 구조 운동 사건으로 인해 열과 압력을 받은 석회암은 물러지고 재결정 작용이 일어나고 단단해져서 대리암으로 변한다. 히메투스산맥은 대부분 대리암이다. 먼저 테티스해의 바닥에 석회암이 쌓이고, 훗날 동북쪽으로 이동하는 아프리카에 눌리면서 충돌한 산맥에 습곡이 일어났다. 히메투스산맥에는 약 3000년 동안 대리암 채석장이 있었다. 파르테논은 히메투스산의 기슭에 있는 한 채석장에 만들어졌다.

만약 아크로폴리스가 클리페라면, 아크로폴리스는 에오세에 히메투스산맥을 벗어나서 육상으로 이동해 아테네까지 왔을 것이다. 파르테논은 그로부터 약 5000만 년 후인 홀로세에 수레에 실려서 뒤따라왔다.

"다른 가능성도 있어요." 무어스가 말했다. "아크로폴리스가 붉은 처트와 셰일이 있는 멜란지 속에 들어 있는 혼성 퇴적암을 포함한 하나의 큰 지괴일 수도 있어요. 중생대에 테티스해의 해저에서 첩입이 일어나고 있을 때, 바다 밑바닥이 구조적으로 긁혀서 만들어진 부가대라는 거죠."

미국인 학생들은 서로를 바라보고 있었고, 무어스는 다른 이들을 의식하기 시작했다. 가이드처럼 보인 사람이었는데, 학생들이 듣기에 그가 하는 이야기는 예사롭지 않았다. "이곳에 와서 지질학을 하면, 불경스러운 행동을 하는 듯한 생각이 늘 들어요." 무어스가 말했다. 유감의 뜻을 담은 말이었지만, 그다지 진심 같지는 않았다. 그러고는 이렇게 덧붙였다. "내 생각에, 그 셰일은 펠레폰네소스반도에서 그리스 서부를 관통해 뻗어 있는 올로노스-핀도스 심해 퇴적층과 연관이 있을 것 같아요."

아프리카와 유럽 사이에 끼어 으스러진 미소판 위에 놓인 바다 밑바닥에 대해 누구나 예상할 수 있듯이, 그리스에는 다양한 연대의 오피올라이트 조각이 고대 그리스 로마 시대의 항아리 손잡이처럼 사방에 흩어져 있다. 바실리시스 소피아스 대로를 따라 차를 몰고 신타그마 광장으로 들어가는 동안, 무어스는 아테네의 재원이 되어준 은이 라우리온의 변성 오피올라이트에서 나왔다고 말했다. 라우리온은 아티카 남단에 위치한 수니온곶 근처에 있었다. 그는 그리스 은행 옆에 차를 댔다. 그리고 매끄럽게 광을 낸 녹색과 검은색의 사문암이 바닥에 깔린 은행 창구에 서서 달러화를 드라크마화로 환전했다.

우리는 아티카를 가로질러 빠르게 북쪽으로 이동했다. 마치 1미터 상공에서 저공비행을 하는 경비행기를 타고 있는 것 같았다. 북에비아만에서 서쪽으로 몇 킬로미터를 더 가서, 무어스는 높고 기다란 도로절개면처럼 보이는 곳에 차를 댔다. 그곳은 사실상 석회암 절벽이었고, 그 뒤로는 파르나소스산맥이 가파르게 솟아 있었다. "파르나소스산맥 정상에는 오피올라이트 파편들이 있어요." 무어스가 말했다. "이곳이 바로 유명한 테르모필레 전투의 그 테르모필레예요." 동쪽으로, 올리브와 목화가 가득한 드넓은 해안평야는 엄청난 대군을 수용할 수 있을 만큼 컸다. 그러나 기원전 480년에는 이 해안평야가 없었고, 바닷물이 절벽 근처에서 찰랑거렸다. 침략군인 페르시아 군대가 있기에는 공간이 부족했다. 스파르타의 레오니다스 왕은 파르나소스산맥을 등지고 산맥 가장자리의 좁은 땅을 지켜냈다. 그 후 페르시아군이 산맥을 우회해 침투하는 길을 알아내면서, 레오니다스의 군대는 패배했다. "당시 산맥 기슭에는 온천이 여러 개 있었어요." 무어스가 말했다. "온천들은 오래전에 사라졌죠. 이 해안평야는 최근, 그러니까 지난 2500년 사이에 올라왔어요. 지진의 결과죠."

1960년대에 마케도니아 지역에서 길고 외로운 몇 번의 야외조사를 하는 동안, 무어스는 그만의 방식으로 그 땅에 녹아들었다. 그는 그리스어를 배웠다. 그의 관심사는 족히 수억 년에 걸쳐 있었다. 무어스는 내게 존 커스버트 로슨의 『현대 그리스 민속과 고대 그리스 종교Modern Greek Folklore and Ancient Greek Religion』를 아는지 물으면서, 그 책을 "기독교의 아취를 피상적으로 곁들인 다신교 신비주의"라고 묘사했다. 나는 지질학자가 아니므로 그의 말을 그대로 받아들였다. 더 북쪽으로 가서, 그는 다음과 같이 말했다.

———

이곳은 라미아예요. 제2차 세계대전 때, 여기서 몇 킬로미터 떨어진 곳에서 그리스 게릴라들이 독일군 셋을 쏴 죽였어요. 독일군은 그 길을 지나가던 그리스인 138명을 선착순으로 죽였어요. 독일군에게 독일인 한 명의 목숨은 그리스인 50명의 목숨과 같았죠.

———

저기 동쪽으로, 25킬로미터쯤 떨어진 곳에는 볼로스가 있어요. 이아손과 아르고호 원정대가 출발한 곳이죠.

———

파르살라는 여기서 서쪽으로 40킬로미터쯤 떨어진 곳에 있어요. 파르살라 근처, 상글리 오피올라이트의 서쪽 가장자리에 있는 충적층에서는 카이사르가 폼페이를 물리쳤어요. 파르살라 자체는 사문암 위에 있어요. 만약 검은 교회가 보인다면, 아마 사문암일 거예요. 이탈리아도 그래요. 피렌체에서 두오모의 건물 벽에 보이는 짙은 색 암석은 사문암이에요. 지오토의 종탑과 기베르티의 문이 있는 세례당도 마찬가지고요. 이스탄불에 있는 아야소피아의 짙은 색 돌기둥도 사문암이에요.

우리는 아득히 넓은 지평선과 마주쳤다. 부자연스러울 만큼 지나치게 평평한 지평선이었다. 어쩌면 캘리포니아의 그레이트센트럴밸리보다 더 평탄할 수도 있을 것 같았다. 목화밭과 밀밭과 보리밭 위로, 대략 8헥타르마다 한 그루씩 참나무들이 띄엄띄엄 서 있었다. 키 큰 전신주들은 무슨 의식을 치르고 있는 것처럼, 이차원적인 경관을 가로질러 줄지어서 있었다. 플라이스토세에는 이곳에 거대한 호수가 있었다. 그 호수의 깊고 고요한 바닥에는 고운 실트가 쌓였다.

———

이곳은 테살리아 평원이에요. 기원전 9세기에 그리스 부족들은 원주민을 쫓아내고 이곳에 정착했어요. 쫓겨난 이들은 산으로 들어갔죠. 그들은 말을 아주 잘 탔고, 말을 타고 그리스인 정착지를 습격했어요. 켄타우로스의 전설이 여기서 나왔는지도 몰라요. 밤에는 말과 말 탄 사람이 붙어 있는 것처럼 보였을 수도 있을 거예요.

———

저기 평원에서 올라가는 꼬부랑길이 보이나요? 그리스 사람들은 작은 당나귀 등에 100킬로그램의 짐을 지워서 언덕 위로 올려 보내는 방식으로 길을 알아내곤 했어요. 그리고 사람들은 그 당나귀를 뒤따라갔죠.

해안에 서 있는 세 산, 펠리온산, 오사산, 올림포스산은 이제 동쪽 하늘의 윤곽선을 만들고 있었다. 올림포스산의 소우주 속에서, 올림포스산이라는 봉우리는 하나다. 그것이 바로 이 산이다. 단단히 모습을 숨기고 있던 올림포스산은 당시 80퍼센트가 구름에 덮여 있었다. 우리는 산기슭만 겨우 볼 수 있었다. 무어스는 우리와 더 가까이 있는 땅에 대해, 다음과 같이 말했다.

———

　이곳은 펠라고니아 산괴인데, 반구형으로 쌓인 더 젊은 퇴적층 위로 밀려 올라간 중생대의 미소대륙이에요. 그 퇴적층은 얕은 바다에서 만들어진 석회암과 플리시flysch(조산운동이 시작될 무렵에 형성되는 퇴적층, 굵은 입자와 고운 입자가 반복적으로 쌓이는 것이 특징이다―옮긴이)예요. 그 반구의 가장 윗부분부터 펠라고니아 암석이 닳아 없어졌고, 그 사이로 올림포스산이 490미터쯤 드러난 거예요. 올림포스산 정상에 올라가려면 전문 장비가 필요할 것 같아요.

———

　이곳은 템페 계곡이에요. 올림포스산에서 뮤즈들이 내려와서 이 계곡물에서 놀았다고 해요.

　우리는 곧 마케도니아의 고지대로 들어섰다. 그곳에서는 붉은색과 흰색이 어우러진 마을 위로 멀리 산맥이 한눈에 보였다. 서쪽으로는 핀도스산맥이 있었고, 북쪽으로 들어가면 알바니아였다. 약 1500미터 높이에서, 부리노스, 플람부론 같은 마케도니아의 평범한 봉우리들은 뉴욕 북부의 애디론댁산맥 정도로 높아 보였다. 그러나 부리노스와 플람부론, 그리고 그 주위를 에워싸고 있는 지역은 그보다 훨씬 더 높이 올라왔다. 알 수 없는 방법으로 수직으로 1만3700미터를 융기한 이 지역은 거의 다 순수한 맨틀이었다.

　이 맨틀 감람암을 포함하는 부리노스 오피올라이트 복합체는 테티스해의 바닥이었고, 쥐라기에 확장 중심부에서 형성되었다. 그것이 백악기 초에 펠라고니아 미소대륙 위에 얹혔고, 이후 네 개의 큰 단층 지괴로 갈라졌다. 이런 이야기는 쉽고 꽤 단순한 편이지만, 1963년 이곳에서 연구를 시작할 무렵의 무어스에게는 당연히 아무 도움도 될 수 없었다. 당시에는 판구조론과 오피올라이트와 관련된 용어가 아직 만들어지지 않았고, 그런 이야기도 존재하지 않았기 때문이다. 그를 더 곤란하게 만든 것은 침식으로 인한 파괴와 기만이었다. 침식으로 인해, 오피올라이트 서열에서 가장 아래에 있어야 할 암석은 그곳에서 가장 높은 땅이 되었다. 게다가 부리노스의 판상 암맥은 그 위에 형성된 퇴적층과 나란히 놓여 있었기 때문에 오해를 불러일으키기 쉬웠다. 이 암층에서 수년을 보내고 그 후로도 오랫동안 고민한 끝에, 무어스는 이 판상 암맥이 확장 중심부에서 형성되고 난 직후에 원래의 면에서 90도 회전했다는 것을 깨달았다. 최근에는 네 개의 단층 지괴도 그 위로 기울어졌는데, 이는 허물어진 고대의 돌기둥에서 부러진 도막들과 비슷했다. 무어스는 그의 논문에서 이 도막들을 공간적으로 재구성했다. 그는 3년간 이곳을 철저히 연구했고, 그 후에도 연구를 이어갔다. 그는 맨틀에서 만들어진 암석과 그 위에 놓인 마그마에서 만들어진 암석의 차이를 구별하게 되었고, 그 조각들을 합치면 더 큰 층서의 일부가 된다고 확신했다.

스쿰사로 가는 도중, 맑은 시내가 흐르는 그 계곡에서, 무어스는 오피올라이트와 그 위에 얹힌 팔레고니아 암석의 접촉면 위에 서 있었다. 팔레고니아의 석회암 위에는 사문암이 놓여 있는데, 윗면이 심하게 잘려나간 사문암은 구조 운동이 멈추면서 밀리는 동안 뭉개진 편암이 되었다. 맨틀의 감람암은 대륙 위를 긁고 지나간 곳에서는 사문암이 되었지만, 그 경계에서 멀어질수록 사문암화되는 비율이 0에 가까워지면서 점점 더 순수한 감람암이 되었다. 그 감람암은 마그마인 적이 한 번도 없었다. 우리가 보고 있는 것은 (그의 추정에 의하면) 본질적으로 바뀌지 않은 상태의 지구 맨틀이었다.

이 오피올라이트 서열은 옆으로 누워 있었기 때문에, 우리는 지표면 위를 나아가면서 암석학적으로는 맨틀 속으로 점점 더 깊이 내려갈 수 있었다. 그 길은 아주 좁고 바위투성이였으며, 중간중간 절개 공사가 되어 있었다. 시내를 건넌 후, 우리는 잠시 걸음을 멈추고 다이너마이트에 의해 드러난 노두를 살펴봤다. 그 노두는 알갱이가 굵고 짙은 녹색을 띠고 있었는데, 매끄러운 감람석 속에 휘석이 우툴두툴하게 박혀 있었다. "이것은 굳은 맨틀이에요." 무어스가 말했다. "이 정도로 신선한 맨틀 물질을 볼 수 있는 곳은 아마 다이아몬드 관 내부 말고는 없을 거예요. 지금 우리가 있는 곳은 암석학적 모호면에서 대략 5킬로미터 아래예요. 테티스해의 밑바닥에서는 10킬로미터쯤 아래이고, 테티스해의 수면에서부터 따지면 15킬로미터쯤 내려왔어요. 어떤 사람들은 이 암석이 중력에 의해 미끄러져서 팔라고니아의 대륙 탁상지 위에 놓인 것이라고 생각하고 싶어해요. 해수면에서 15킬로미터나 아래에 있었는데? 중력 사태로 어떻게 그렇게 할 수 있겠어요?"

그곳의 감람암 속에는 이따금씩 띠 모양이나 렌즈 모양의 듀나이트가 보였다. 일반적으로 듀나이트 속에는 크롬을 함유한 크롬철석이 포함되어 있다. 크롬철석은 이리저리 튀어 있는 작은 타르 방울과 비슷하게 생겼고, 자동차의 라디에이터 그릴처럼 번쩍번쩍하지는 않았다. 그곳에서 10킬로미터 떨어진 곳에는 크로미온이라는 마을이 있었다. 제2차 세계대전 동안, 독일은 크로미온에서 그리스인을 강제 노역에 동원했다. 고강도 금속으로 기갑 전차를 만들기 위해서는 반드시 크롬이 필요한 데다, 크롬은 장갑을 뚫기 위한 철갑탄의 효과를 향상시키기도 했다. 듀나이트가 들어 있는 감람암은 물러서 침식이 더 잘 일어난다. "이곳에서는 지형의 상대적인 모양을 보고 거의 암석 지도를 만들 수가 있어요." 무어스가 말했다. "평탄하고 풀이 무성한 습지대는 그 아래에 듀나이트가 있어요. 순수한 감람암은 험준한 산맥 속에 있고요."

무어스가 마케도니아에서 혼자 연구를 하던 몇 년 동안, 그에게 관심을 보이는 것은 어디선가 나타난 큰 개들뿐이었다. 그 개들은 마스티프라는 품종의 사역견이었는데, 양을 보호하고 지질학자와 늑대를 적으로 봤다. 1965년, 무어스는 (마운트홀리요크대학을 갓 졸업한) 아내 주디와 함께 마케도니아에 왔다. 그리고 더 나중에는 폴크스바겐 버스에 제니바, 브라이언, 캐스린을 싣고 다녔다. 아이들은 부리노스 오피올라이트에 사는 마케도니아 할머니들의 관심을 끌었고, 어디선가 할머니들이 나타나곤 했다. 할머니들은 무어스의 아이들을 보고 침을 뱉을 정도로 사랑스러워했다. 침을 뱉는 것은 사악한 시선을 물리치기 위한 그 지역의 풍습이었다. 주디는 아기 캐스린이 노파들의 사랑을 받기 전에 얼른 빼앗아오는 요령을 익혔다. 어느 날 폴크스바겐 안에서 주디가 뒤를 돌아보자, 브라이언이 자신의 테디베어 인형에 침을 뱉고 있었다.

1989년 데이비스에서, 막 열여섯 살이 된 캐스린은 급성 단핵증에 걸려서 말을 전혀 할 수 없을 정도로 편도선이 심하게 부었다. 부엌 식탁에서는 액운을 물리치는 침 뱉기 이야기가 나왔다. 캐스린은 메모지에 이렇게 썼다. "아마 그 효과는 16년만 통하나봐."

내가 무어스에게 감람석을 확인해 사람들이 산비탈을 마구 파헤치게 만든 기분이 어떤지 물어본 곳은 바로 마케도니아였다. 그리고 그는 이렇게 답했다. "정신이 이상해지는 기분이에요. 나는 광산 마을에 살았고, 광산 일을 하는 가정에서 자랐어요. (⋯) 이제 나는 시에라 클럽의 회원이에요."

만약 애리조나 사람에게 크라운킹이 어디냐고 물으면, 보통은 대답 대신 어깨를 으쓱할 것이다. 크라운킹에 있는 집에 가려는 사람은 프래그스태프-피닉스 고속도로에서 블러디베이슨 도로로 빠져나와, 흙먼지가 일어나는 길을 따라 산이 있는 서서남 방향으로 가야 한다. 이 분지는 고도가 약 1070미터이고, 분지 앞에 놓인 산의 높이는 2130미터다. 비포장도로를 따라 흔들리고 덜컹거리며 한참을 가도, 산은 조금도 가까워지지 않는 것 같은 느낌이다. 최근에 무어스와 나도 어울리지 않게 크루즈 기능이 있는 트럭을 빌려서 그런 체험을 했다. 무어스의 기억 속에서, 그의 아버지는 블러디베이슨 도로에서 휘파람으로 슈베르트의 세레나데를 불었다. 이 특별한 시골 풍경을 가로지를 때 늘 그랬듯이, 20년 만에 그곳을 다시 찾은 무어스는 지금도 그 소리가 들리는 듯했다. 쏟아지는 아침 햇살 속에서, 들판의 백년초들은 은화처럼 반짝였다.

우리는 집이 한 채인 마을을 지났다. 우리의 좌석 사이에는 엑슨의 애리조나 지도가 놓여 있었다. "저기가 코데스였군요." 내가 물었다. "왜 저기를 코데스라고 부르죠?"

무어스가 말했다. "빌 코데스의 집이었으니까요."

차 꽁무니에서는 흙먼지가 더 크게 일었다. 이제 우리는 옛 블랙케니언 고속도로로 들어섰다. 무어스가 10대였을 때는 메스키트나무, 고양이발톱풀, 팔로베르데나무가 길가에 줄지어 서 있던 이 비포장도로는 프레스콧과 피닉스를 잇는 중요한 도로였다. 주행거리가 늘어갔지만, 산은 계속 뒤로 물러났다. 블랙케니언 고속도로를 벗어나자, 우리 차가 일으키는 흙먼지가 사와로선인장, 용설란, 촐라선인장, 오코틸로나무보다 더 크게 피어올랐다. 우리는 클리터라는 마을을 통과했다. 클리터는 코데스보다 더 작아 보였다. 그곳에는 1930년대쯤에 수명이 다한 것 같은 1920년대의 주유기가 있었다. 그 옆에는 1945년에 문을 닫은 블루네트워크 방송사의 마지막 방송이 흘러나왔을 것 같은 라디오 한 대가 바깥에 덩그러니 나와 있었다. 눈을 가늘게 뜨고 선인장을 한참 쳐다보고 있으면, 사진작가 도러시아 랭이 필름을 갈고 있는 모습이 보일 것 같았다. 그곳에서 한참을 더 가서, 드디어 우리는 오르막을 오르기 시작했다. 이제 길은 기울기에 정비례해, 평범한 비포장도로에서 미국에서 가장 특이하고 가장 비용이 많이 든 흙길로 바뀌어갔다. 이 볼품없는 흙길은 특별한 공사로 만들어진 도로절개면을 통과했다. 이 길은 1세기 전의 건설 인부들이 폭파시킨 단단한 화강암의 수직 절벽을 지나 좁은 산골짜기로 들어간다. 이곳에는 한때 900미터 높이까지 선로가 올라갔는데, 선로를 놓은 목적은 산 자체의 해체를 돕고, 엄청난 양의 금광석을 무개화차에 실어 크라운킹에서 쉽게 내려보내기 위해서였다. "이 철도는 놀라운 기술의 산물이었어요. 결과는 헛수고였지만." 무어스가 말했다. "이곳에는 광석이 없었어요. 광산 개발업자들은 보통 사람들과는 달라요. 그들은 '당연히 저기에 있다'고 말해요. 내가 열 살 때, 한 광산 개발업자가 '저기에는 확실한 광석이 1000톤 있는데, 우리가 가면 하루에 100톤을 처리할 거다'라고 말하는 것을 들었어요. 그는 열흘 안에 그의 광석이 100퍼센트 사라질 것이라는 계산을 멈추지 않았어요. 광산 개발업자들은 뭐든지 믿을 것이고, 후원자들도 마찬가지였어요. 돈은 기본적으로 뉴욕에서 왔어요. 광산 개발업자들은 항상 어수룩하지만 돈은 많은 사람을 찾아다녔어요."

"그들이 길을 제대로 찾아 들어갔다"는 목소리가 들렸다.

화강암이 깊숙이 잘려나간 곳 중에는 막다른 길들이 있었고, 그 앞에서 흙길은 급커브를 이루었다. 기차는 그런 막다른 길로 들어갔다가 후진으로 나오는 방식으로 더 고지대로 올라갔다. 어떤 곳에서는 잉글랜드의 푹 꺼진 길처럼 절개면이 낮은 쪽에 접하고 있었다. 산을 오르는 동안, 소노라 사막의 얕은 덤불 지대는 폰데로사소나무 숲으로 바뀌었다. 남쪽 비탈에는 덤불 지대가 아주 높은 곳까지 이어졌다. 우리는 양쪽 입구가 거의 다 허물어진 터널 옆을 지났다. 무어스와 그의 세 누이가 어렸을 때, 그의 할아버지는 손주들에게 이 동굴에 기언이라는 이름의 괴물이 살고 있다고 말했다. 그들이 태어나기 한참 전, 광산 계획이 실패하고 철도가 사라진 후, 기언이 다시 나타났다.

1830미터 높이에 있던 크라운킹은 정상 바로 아래의 그늘진 곳이었다. 그곳에는 건물 수십 채가 2킬로미터 길이의 숲에 흩어져 있었다. 주위가 조용할 때는 꼬부랑길의 한참 아래에서 올라오고 있는 차 소리도 들렸다. 사람들은 차 소리만 듣고도 누가 오고 있는지 알아맞힐 수 있었다. 무어스가 다시 찾은 지금의 크라운킹도 크게 바뀌지 않았다. 예전과 같은 표지판이 마을 가장자리에서 반갑게 맞이해줬다.


오늘의 화재 위험

매우 높음

중앙 도로는 하얀 화강암 흙이 덮인 자갈길이었다. 잡화점 베란다 아래의 옹벽 옆에는 픽업트럭 두 대가 주차되어 있었다. 9미터짜리 사과나무 한 그루가 베란다 위로 훌쩍 올라와 있었다. 어느 창문에는 붉은 네온 동그라미로 둘러싸인 "라이트"라는 글자가 보였고, 그 위에는 "미국 우체국"이라고 쓰여 있었다. 이름 없는 낡은 주유기에서는 여전히 휘발유가 나왔다. 그 옆에는 미국 국기가 나부끼는 하얀 깃대가 서 있었다.

크라운킹 위에서 사방으로 뻗어나간 내리막길들은 광산들로 이어졌다. 이 광산들은 주로 금광이었고, 은이나 아연 광산도 있었는데, 그중에는 마을의 우물 구실을 한 광산도 있었다. 이곳은 공기와 숲이 매우 건조했고, 마을은 아주 높은 곳에 있었기 때문에, 손쉽게 쓸 수 있는 수원은 상상조차 할 수 없었다. 그러나 필라델피아 광산에서는 갈라진 틈새로 물이 스며나왔다. 이렇게 매우 건조한 산에는 8월에 장맛비가 온다. 무어스가 기억하는 8월의 어느 장맛비는 한 시간 동안 216밀리미터가 쏟아졌다.

크라운킹에는 이제 네 개의 전화선이 각각 하나씩 네 집에 연결되어 있었다. 무어스가 자라던 1940년대에는 전화선이 하나뿐이었다. 마을에 있는 네 전화기 중 한 대에서 손잡이를 돌려 전화를 걸면, 나머지 세 전화기의 주인은 발신 전화를 듣기 위해 전화기를 들었다. 나는 무어스에게 그 시절에 대해 특별히 생각나는 다른 것은 없는지 물었다. 그는 "싱그러운 솔잎 냄새와 바람 소리"라고 말했다.

폰데로사소나무 아래, 마른 솔잎 위로 화강암 바위들이 있었다. 무어스는 숨바꼭질을 할 때면 그 바위 뒤에 숨었다. 친구들과 야구 놀이를 할 때는 바위는 베이스가 되었다. 어떤 해에는 크라운킹 학교에 1학년부터 8학년까지 학생이 여섯 명이었다. 보통은 학생 수가 10~15명이었다. 무어스는 집에서 학교까지 600미터를 올라갔는데, 때로는 꽤 깊은 눈밭을 헤치며 갔다. 우리가 갔을 때, 학교 건물은 교실이 한 칸 더 추가되어 두 칸이 되었다. 무어스가 어릴 적에는 화장실이 건물 밖에 있었는데, 이제는 실내에 있었다. 장작난로는 사라졌다. 천장의 굴뚝 구멍은 판자로 막혔다. 옛 교실에서 그 외의 것들은, 이를테면 길쭉한 판자들을 이어 붙인 벽이나 교실 한쪽을 무대로 쓰기 위해 커튼을 달 수 있는 기다란 봉 같은 것은 예전과 똑같았다. 교사의 책상에는 개인 컴퓨터가 있었다. 피아노는 무어스가 기억하는 업라이트 피아노였다. 그는 연주를 조금 해보고, "어느 정도 조율이 되어 있다"고 말했다.

무어스가 어렸을 때, 크라운킹에는 피아노가 한 대뿐이었다. 피아노의 주인은 그의 할머니인 애니 무어스였다. 샌프란시스코 출신인 그의 할머니는 어릴 적에 정기적으로 오페라 공연을 보러 다녔고, 집에 돌아오면 기억을 더듬어 연주를 했다. 남편이 광부가 되어 여기저기 외딴곳의 광산을 옮겨다니는 생활을 시작한 후에는 그녀의 피아노도 그녀와 함께 다녔다.

그녀의 남편에게 트럭이 있는 것이 도움이 되었다. 그는 트럭으로 플래그스태프에 있는 철도에서 콜로라도강까지, 나바호 다리의 강철을 운반했다. 그의 이름은 엘드리지 무어스였다. 기본적으로 삽과 곡괭이로 일을 하는 소규모 전천후 광부인 그는 납, 아연, 구리, 은, 금이 있는 곳에서 점점 더 기운이 나는 사람이었다. 1930년대 중반, 베르데강 유역에서 구리를 캐고 있던 그는 크라운킹으로 피아노를 실어오기로 결심했다. 그의 아들이자 엘드리지 무어스의 아버지인 엘드리지 무어스는 아버지인 엘드리지 무어스를 도와 피아노를 실어왔다. 아들 엘드리지 무어스의 아내인 제니바 무어스도 피아노를 갖게 되었고, 나란히 두 대의 포드 트럭을 탄 두 가족은 산 위에서 음악을 연주했다.

훗날 구조지질학자, 오피올라이트 전문가, 『지질학』의 편집자가 되는 엘드리지 3세는 1938년에 태어났다. 그의 가장 오랜 기억 중 하나는 광산 일을 진지하게 하는 사람은 아무도 지질학자의 조언을 구하거나 따르지 않을 것이라는 아버지와 할아버지의 말이었다. 두 사람은 자주 그런 말을 했다. 엘드리지의 아버지는 이렇게 말하곤 했다. "흠, 지질학자들? 그 사람들은 자기들이 단단한 바위 속을 꿰뚫어볼 수 있다고 생각하지."

크라운킹에서 8킬로미터쯤 떨어져 있고 300미터쯤 더 높은 곳에서, 엘드리지의 할아버지는 단단한 암석 속으로 굴을 파고 들어갔다. 무어스 가족의 글래디에이터 광산은 산맥의 능선 바로 아래에 있었다. 10인이 운영한 이 광산은 10년 동안 약 100만 달러의 총수익을 올렸다. 글래디에이터 광산은 금광이었지만 제2차 세계대전 동안 전략 물자로 선정된 납과 아연도 많았기 때문에, 금을 거의 다 캐낸 후에도 폐광이 되지 않았다. 수직갱도와 수평갱도(굴)는 산속으로 수백 미터를 들어갔다. 갱도는 천정의 높이가 1.5미터였고, 금맥을 따라 60도 기울어져 있었다. 그들은 5만 톤의 광석을 공기 착암기로 깨트려서, 톤당 약 14그램의 금을 얻었다.

주갱도는 이제 철망으로 덮여 있었고, 녹슨 폐기물이 그 주위를 둘러싸고 있었다. 산의 깊은 상처는 1세기가 지났지만 아직도 아물지 않았다. "갱도를 계속 열어놓으려면 암석의 성질에 의존해야 해요." 무어스가 말했다. "그때그때 상황에 맞춰 하는 거죠. 좋은 광석을 알아보는 감각을 익혀야 해요. 만약 번쩍거리는 황화물이 많으면, 광석이 있는 거예요." 황화물은 방연석(납)과 섬아연석(아연)이었다. "납과 아연은 금이 있다는 것을 나타내요. 이 금속들은 암석의 2~3퍼센트에 불과하지만, 중요한 단서예요."

전쟁이 끝난 직후, 엘드리지의 할아버지는 뭔가 다른 일을 하기 위해 이곳을 떠났다. 그의 아버지는 산꼭대기 아래에서 금맥이 노출된 장소를 찾아냈고, 그곳에서 새로운 수평갱도를 파기 시작했다. 그곳은 워이글 광산이라고 불렸다. 그의 가족은 연간 8500그램의 금이 나오는 워이글 광산으로 그럭저럭 생활을 꾸려갈 수 있었다. 그의 아버지는 처음에는 곡괭이와 삽을 들고 그곳에 올라갔고, 그다음에는 손으로 박는 쇠말뚝을, 마지막으로는 공기 착암기를 가지고 갔다. 그동안 암석은 풍화되기는커녕 점점 더 신선해지고 단단해졌다. 그는 10분 동안 1톤의 암석을 모아서 광석 수레 하나를 가득 채울 수 있었다. "등골 빠지게 힘든 일이었죠." 무어스가 말했다. "하지만 우리 아버지는 등골이 굉장히 튼튼했어요." 우리는 작은 동굴 같은 워이글 광산의 입구를 들여다봤다. 무어스는 이렇게 말했다. "저기에 광맥이 있어요. 조금 갈라진, 저기 저 부분이에요. 나는 아버지가 이 광산을 처음 파기 시작했을 때 여기에 있었어요. 암석 속에 녹슨 것 같은 자국은 아버지가 따라간 광맥을 나타내요. 노련한 광부는 암석 속에 뭐가 있는지를 알아채는 감각이 아주 탁월했어요. 어떤 노두에서 산화철의 흔적을 보고, '아, 그래, 여기 분명히 광맥이 있을 거야' 하고 말하죠. 그들에게 지질학자는 넝마주이나 떠돌이 개를 잡는 사람과 비슷한 부류였어요. 그들이 만나본 지질학자는 대부분 돈을 노리고 작은 광산 지대에 들어온 삼류 고문 지질학자들이었거든요. 당시에는 구조 모형과 화학적 모형이 아직 제대로 정립되지 않았기 때문에, 광상을 썩 잘 이해하지는 못했어요. 뭐가 어디에 있는지에 대해서는 아마 광부들의 직감이 어설픈 지질학자들보다 훨씬 나았을 거예요. 내 아버지는 기본적으로 지질학자들은 쓸모없는 패거리라고 확신했어요. 광업 회사들이 듣고 싶어하는 이야기가 담긴 보고서를 쓰려고 이곳에 들어오는 사람들이라는 거죠."

　소년 무어스는 워이글 광산의 막장에서 갱도 밖에 있는 광석 저장고까지 광석 수레를 밀고 다니면서 아버지를 도왔다. 수레에 싣고 온 광석을 그리즐리grizzly라고 하는 경사진 철망 위에 쏟아놓으면, 작은 덩어리들은 철망의 구멍을 통과해 통 속으로 들어갔다. (일반적으로 광석이 들어 있는 암석은 주위의 암석보다 더 약해서, 작은 조각으로 부서지는 경향이 있었다.) 더 큰 덩어리들은 철망 위로 굴러갔다. 그는 그 철망 위의 광석을 수작업으로 분류했다. 좋은 광석이라고 생각되는 것은 골라내고, 아닌 것은 한쪽에 버렸다. 통 속으로 들어간 광석은 미끄럼판을 따라 트럭으로 들어갔다. 전쟁 이후, 그의 아버지는 인터내셔널사의 십륜 덤프트럭을 갖게 되었다. 육륜구동 방식의 이 대형 트럭은 12톤을 운반할 수 있었다. 무어스는 운전을 배울 때, 일요일 아침에 슈퍼마켓 주차장에서 가정용 오토매틱 세단을 몰아보는 대신, 이 십륜 트럭을 끌고 크라운킹과 정상 사이를 오갔다. 광산까지 가는 8킬로미터 길이의 산길은 그의 아버지가 만들고 유지보수를 했다. 이 산길에서 무엇보다 두드러진 특징은 바깥쪽 벼랑에 난간이 없다는 점이었다. 우리가 크루즈 기능이 있는 트럭으로 그 길을 천천히 올라가는 동안, 무어스는 이렇게 말했다. "내가 처음 운전을 해본 길이 이 길이에요. 그 인터내셔널 트럭 안에서, 나는 겁에 질린 어린애였죠." 운전 연습을 할 때, 트럭 뒤에는 땅을 고르는 중장비인 그레이더가 매달려 있었다. 그의 아버지는 트럭 뒤에서 그레이더를 조종했다.

가끔 그는 아버지와 함께 그 큰 트럭을 타고 주 수도인 피닉스로 갔다. 그는 피닉스로 가는 길에 사막 옆 흙길에서 처음으로 포장도로를 봤다. 피닉스에서 북쪽으로 11킬로미터 떨어진 곳이었다. 과열된 트럭에서는 변속기 오일 냄새가 났다. 트럭이 멈추면, 두 사람이 되살려놓았다. 어떤 때는 홍수 때문에 몇 시간씩 발이 묶이기도 했다.

무어스 가족은 몇 년 동안 크라운킹에서 가장 멋진 집을 월세 25달러에 빌려서 살았다. 미늘판으로 외벽을 치장한 네모반듯한 집은 암반 위에 놓여 있었고 집 뒤편은 옹벽이었다. 현관 테라스에는 냉장고가 한 대 있었다. 무어스는 그것이 "애리조나 시골의 상징"이라고 했다. 그가 아홉 살이었을 때, 그의 가족은 뒷마당에 마른 솔잎과 화강암 바위가 있는 다른 미늘판자 집을 장만했다. 이제는 옅은 푸른색에 흰색 테두리를 두르고, 양철 지붕을 덮은 집은 주위 환경과 어우러져 삼림 감시원의 숙소를 연상시켰다. 그의 집에는 침실이 두 개였고, 딸은 셋이었다. 그의 아버지는 집 한켠에 가로세로 1.8미터, 2.7미터 크기의 시멘트 바닥을 만들고 광산에서 판잣집 하나를 가져다가 그 위에 놓았다. 그 판잣집은 아들을 위한 독채 침실이었다. 본채는 통풍구가 없는 부탄가스 난로로 난방을 했다. 우물은 해마다 몇 달씩 말라 있었다. 엘드리지의 아버지는 덤프트럭에 물탱크를 싣고 와서 세워놓았다. 그것이 무어스 가족의 자체 급수탑이었다.

열 살쯤 되었을 때, 무어스는 집 근처에 있는 큰 바위 두 개가 색이 다르지만 둘 다 화강암으로 불린다는 것을 조금 흥미롭게 여겼다. 그는 약간 혼란스럽기는 했지만 머리가 쭈뼛 설 정도는 아니었다. 광산촌에서 보낸 어린 시절 내내, 그는 언뜻언뜻 이런 지질학적 호기심을 느꼈다. 그의 독채 침실에 광물 수집을 한 것 같은 흔적은 없었다. 초보 파충류학자라면 벽장에 뱀이 그득하고, 화학자는 위험한 가루들이, 천문학자는 별자리판이 있을 테지만, 엘드리지는 악기를 갖고 있었다. 그의 아버지가 워이글 광산을 열었을 때, 엘드리지는 대단히 큰 관심을 보였다. "나는 좋은 금맥을 찾아내기를 바랐어요. 처지가 그랬으니까요. 하지만 광맥에 대한 호기심은 없었어요."

광부들에게 단단하고 색이 짙은 암석은 무조건 푸른 섬록암이었다. 판판한 암석은 모두 편암이었다. 그 밖의 다른 암석은 모두 화강암이었다. 이런 지질학을 배우기 위해 캘리포니아 공과대학을 다닐 필요는 없었다. 그의 아버지와 다른 광부들은 쉴 새 없이 암석에 관한 이야기를 했다. 그들은 냉장고가 있는 현관 옆 테라스에 앉아서, 광산촌 이야기, 채굴에 실패한 이야기, 광석 1톤당 몇 그램을 얻었는지에 대한 이야기를 했다. 엘드리지의 광산은 어디에도 없었다. 그는 그의 아버지의 친구인 칼 밴랜딩햄이 어느 날 마을을 둘러보며 했던 말을 결코 잊지 못할 것이다. "처음이 가장 낙관적이지. 광산촌에는 내리막길밖에는 없어." 어린 엘드리지는 그 말을 차츰 체득해가고 있었다. 어느 날 그는 끊임없이 이어지는 꼬부랑길을 따라 크라운킹으로 올라가다가, 갑자기 소리를 질렀다. "더 이상 못 참겠어! 다른 일을 결코 할 수 없다면, 난 여기서 나갈 거야, 나가서 다시는 들어오지 않을 거야." 그 말을 들은 그의 부모는 슬퍼 보였다. 당시 엘드리지의 나이는 열 살이었다.

그는 8학년을 마치고, 노스피닉스 고등학교에 입학했다. 그의 나이는 이제 열두 살이 되었다. 그의 아버지는 아이들이 편하게 학교를 다닐 수 있도록 피닉스 외곽에 집을 한 채 마련했다. 엘드리지의 어머니는 그 집에서 아이들과 함께 살았다. 엘드리지의 어머니가 크라운킹 학교의 교사가 된 뒤에는 (엘드리지보다 두 살 위인) 누이 캐럴린이 피닉스에서 집안일을 맡았다. 무어스는 발전하고 있는 피닉스에 대한 생각을 발전시켰다. 피닉스에 대한 그의 평가는 크라운킹에 대한 평가보다 훨씬 낮았다. 훗날 그의 설명처럼, "마이애미의 문화를 따라가려고 하는 곳에는 뭔가 문제가 있다".

고등학교를 다닐 때, 그는 기본적으로 음악과 역사에 관심이 있었다. 교사들은 손이 큰 그에게 첼로를 권했다. 그는 거의 절대음감을 갖고 있다. "만약 어떤 음을 내보라고 하면, 나는 바로 낼 수 있어요. 라디오에서 흘러나오는 음악을 듣고 무슨 조인지 바로 알아맞힐 수도 있죠." 크라운킹의 집에 있을 때, 그는 아버지가 피아노 건반을 치면 뒤돌아선 채로 무슨 건반을 쳤는지 맞힐 수 있었다. 엘드리지는 그의 아버지에 대해 이렇게 말한다. "음악은 아버지에게도 많은 의미가 있었어요. 하지만 아버지가 본 세상에서는 남자들이 음악을 하지 않았어요. 남자는 뭔가 현실적인 것을 해야 했죠." 고등학교에서 요구하는 조건을 충족시키기 위해, 엘드리지는 과학과 수학도 공부했다. 그는 과학이나 기술 관련 직업에 매력을 느끼지는 않았다. 하지만 이미 그쪽으로 내몰리고 있었는데, 그는 그 동력을 "지역적인 압박"이라고 묘사했다. 그는 이렇게 설명한다. "미국의 이쪽 지역에서는, 조금 똑똑한 고등학생은 당연히 과학기술 분야로 가야 한다고 생각했어요." 그의 성적은 최상위권이었다. 노스피닉스 고등학교는 최고의 학생을 캘리포니아 공과대학에 진학시키는 일에 특별한 자부심을 갖고 있었다. 캘리포니아 공과대학은 엘드리지가 지원한 다른 어떤 학교보다 큰 장학 혜택을 제시했다. 고분고분하게 말을 잘 듣는 16세 소년은 캘리포니아 공과대학에 입학했다.

그곳은 그의 학문적 고향이었다. 그에게 캘리포니아 공과대학은 교실이 하나인 크라운킹 학교보다 크게 대단할 것이 없었다. 그러나 마침내 전공을 선택해야 하는 날이 찾아왔다. 사실상 무슨 일을 하면서 평생을 살고 싶은지를 결정해야 하는 그 시기에, 그는 지적인 면에서 일종의 기습 공격을 당한 경험을 했다. 그는 대학에서 평생을 걸고 싶을 정도로 강한 매력을 느낀 과목이 딱 하나 있다는 것을 깨닫고 적잖이 놀랐다. 그 과목은 바로 지질학이었다. 그가 공공연히 크라운킹 탈출을 선언했다는 것은 말할 것도 없고, 어린 시절의 무덤덤했던 태도를 생각하면, 거기에는 확실히 양가감정이 있었을 것이다. 그가 지겹다고 생각했던 것들이 온전히 지겹기만 하지는 않았던 것이 분명하다. 그는 여전히 그 화강암들이 왜 색이 다른지 궁금했다. 산에서 금을 빼내는 방법은 그의 관심 밖이었을지 모른다. 하지만 무어스는 산이 어떻게 금을 품게 되었는지를 정말로 알고 싶었다. 그는 교실 창문 밖으로 보이던 샌가브리엘 산맥을 바라보며 그곳에 올라보고 싶었던 것을 기억한다. 앞으로 몇 년 동안, 그는 역사와 과학을 접목시키고 바깥세상을 여행해보기로 결심했다. 이 두 가지는 서로 결합될 수 있었고, 다시 한 단어로 바꿔 말할 수 있었다. 그래서 그는 지질학을 전공했다. 오늘, 만약 돋보기로 그를 자세히 들여다보면서 왜 그랬느냐고 물어보면, 그는 아마 어깨를 으쓱하면서 "나는 산에서 자랐거든요" 하고 말할 것이다.

그는 또 이렇게 말할 것이다. "지질학에 입문하기까지 우여곡절이 많았어요. 대학원을 다닐 때에도, 지금이라도 음악을 업으로 삼을 수 있을까 고민했죠."

글래디에이터 광산 입구에서, 우리는 버려진 광석 위에 버려진 널빤지를 얹어 만든 벤치에 앉았다. 몇 미터 옆에는 그의 할머니인 애니 무어스가 심은 붓꽃들이 있었다. 예전에는 그 옆에 그의 할머니 집이 있었다. 우리는 동쪽을 바라보고 있는 산등성이 바로 아래에서 샌드위치를 먹으면서 발치에 애리조나 지질도를 펼쳤다. 243만 헥타르 넓이의 진짜 애리조나도 우리 앞에 펼쳐져 있었다. 피닉스 동쪽으로 슈퍼스티션산맥이 보였다. 마차찰산맥의 네 봉우리도 보였다. 160킬로미터 떨어진 곳도 시야에 들어왔다. 나는 언젠가 무어스가 어느 고생물학자의 희열에 진저리를 치며 머리를 절레절레 흔들던 기억이 났다. 그 고생물학자는 뜨거운 와이오밍 골짜기를 열 시간 동안 쭈그리고 돌아다니다가 상어 이빨 몇 개를 찾아내고는 매우 기뻐했다. "나는 골짜기보다는 능선 체질이에요." 당시 무어스는 이렇게 말했다. "나는 높이 올라가서 주위를 둘러보는 것이 좋아요." 크라운킹으로 오는 동안 우리가 건너온 계곡은 이제 900미터 아래에 펼쳐져 있었다. 그는 지도 위에서 검은 선으로 표시된 그 계곡의 축을 따라 손가락을 움직이면서, "소멸하는 판의 특징인 대규모 멜란지 지대를 연상시키는 중요한 구조 운동 지대"인, 샤일록 단층이라고 말했다. 광산의 암석처럼, 이 계곡의 암석도 선캄브리아 시대에 만들어졌다. 그는 그곳에서 사문암, 반려암, 현무암을 순서대로 발견했다. 현무암은 베개 현무암이었다. 이 모든 것은 그에게 "선캄브리아 시대에 일어난 판의 활동", 즉 충돌, 접안, 추가된 대륙을 연상시켰다. 그는 이 주제에 대한 초록을 발표했다. 선캄브리아 시대는 아주 오래전이기 때문에 그 구조적 특징을 읽어내기가 대단히 어렵지만, 그 계곡의 암석은 그가 외래 암층에서 자랐다는 것을 암시했다.

무어스의 말에 따르면, 크라운킹의 화강암은 정확히는 석영몬조나이트였다. 석영몬조나이트는 화강암과는 거의 쌍둥이에 가까운 형제 같은 암석이다. 여기에 철이 약간 포함된 부분은 분홍색을 띠었다. 이 암석은 약 17억 년 전에 녹아 있는 형태로 땅속에 들어와 심성암이 되었고, 그것이 관입한 모암은 이 광산의 암석이었다. (우리는 크라운킹에서 그 접촉면을 가로질러 차를 타고 올라왔다.) 녹이 슨 것처럼 보이고 짙은 색을 띠는 그 모암은 20억 년 된 변성화산암질 변성퇴적암이었다. 무어스는 그 돌을 발로 툭툭 차면서 이렇게 말했다. "이 암석들은 특별히 작업이 쉽지 않은 쪽이에요."

나는 그가 곡괭이질이나 삽질이나 공기 착암기 작업 같은, 그의 아버지와 할아버지가 했던 등골 빠지는 일을 이야기하고 있다고 생각했다. 하지만 그의 말은 지질학 연구 작업을 의미했다.

"내 체계에서 이것을 끄집어내기까지는 시간이 아주 많이 걸렸어요." 그는 이야기를 계속했다. "금속 광상은 구조 운동 체계와 관련해서 흥미로운 뭔가를 알려주고 있어요." 그렇게 그의 관심은 먼 길을 돌아서 그가 성장한 곳으로 되돌아왔다. 그의 가족의 생계는 이 암석에서 나오는 것에 달렸다. 오래전에 그 바위가 그의 할아버지와 그의 아버지의 열정을 달궜던 것처럼, 애리조나 심성암과 그 안에서 마그마가 되어 부풀어 오른 암석의 관계는 이제 그의 상상력을 달궜다.

그의 할아버지와 아버지는 1949년과 1979년에 사망했다. "나는 금에 대한 열정은 없어요." 무어스가 말했다. "금이 나오면 밟아서 뭉개버려요. 광상에 대한 연구는 과학적 대상이 아니면 피하고 있어요. 소규모 광업은 지저분하고 위험하고 지루하고 침울해요. 그 일을 하는 사람들을 조금만 보고 있으면 영향을 받게 돼요. 그렇게 될 가능성을 내다보게 되니까, 나가고 싶더라고요. 도망가고 싶었어요. 나는 흙먼지가 없는 곳을 간절히 바랐어요. 푸르고 시원한 곳에 살기로 나 자신과 약속했죠. 기본적으로, 이런 종류의 광업은 허무한 일이에요. 아무도 결코 부자가 될 수 없어요. 우리 피 속에 뭔가가 있는 거예요."

내가 말했다. "당신의 피 속에도 있다는 건가요?"

그가 말했다. "일종의 항체 같은 거죠."

———

스마트빌 지괴의 오번 봉합선에서 (서쪽으로) 처음 시야에 들어오는 곳은 캘리포니아의 그레이트센트럴밸리다. 지구의 곡선을 따라 서쪽 지평선 끝까지 뻗어 있는 이 광활한 평원은 주변의 풍경을 극히 단순한 선으로 만든다. 사람들을 모여들게 하는 냉혹한 채굴지, 시에라네바다산맥의 높은 절벽, 샐리나스 해안을 포함한 캘리포니아의 독특한 지형 중에서, 내가 보기에 단연 으뜸은 그레이트센트럴밸리인 것 같다. 이곳은 그 어떤 평원보다 훨씬 더 평평하다. 주변 지역과 비교할 때, 이 평원은 먼저 자리를 잡았다. 평원 가장자리에는 산들이 휴대용 가림막처럼 둘러쳐져 있다.

언젠가 그레이트센트럴밸리를 바라보면서, 무어스는 어느 겨울날에 캐나다 뉴펀들랜드에서 비행기를 탔던 이야기를 했다. 눈보라 속에서 이륙한 비행기는 토론토로 날아갔고, 쏟아지는 진눈깨비를 뚫고 착륙했다. 그리고 (가로로 지나가는 진눈깨비를 맞으며) 시카고로 날아간 다음, 엄청난 눈폭풍이 몰아치는 평원과 (아무것도 보이지 않을 정도로 새하얀) 로키산맥과 눈 속에 파묻힌 베이슨앤드레인지를 지나서 눈 덮인 시에라네바다산맥을 넘어간 비행기는 하늘을 낮게 날아서 풋사과 색으로 물든 세상에 착륙했다. 그레이트센트럴밸리는 시원하고 습하며, 영하로 내려갈 정도로 춥지 않았다. 그리고 이제 그에게는 집이 있는 곳이었다.

그레이트센트럴밸리가 항상 시원한 것은 아니다. 어쩌면 항상 습한 것도 아닐지 모른다. 과일과 견과류 나무의 줄기는 햇볕에 타지 않도록 흰 칠이 되어 있다. 여름에는 보통 섭씨 37도 이상으로 올라가지만, 밤에는 기온이 섭씨 10도까지 떨어진다.

지표면은 굴곡을 전혀 느낄 수 없을 정도로 평평하다. 예전의 호수 바닥과 비슷한데, 그런 곳에서는 잔잔한 물속에 쌓인 퇴적물이 훗날 계곡 바닥이 된다. 그러나 그런 계곡은 대체로 아담한 편이지만, 그레이트센트럴밸리는 폭이 80킬로미터이고 길이가 640킬로미터다. 많은 부분이 예전에 습지이기는 했지만, 호수 바닥은 아니었다. 지질은 세계 어디서나 시간의 흐름을 따라 반복되는 것이 특징이다. 그러나 세로로 길게 뻗어 있는 칠레의 골짜기와 파키스탄의 달반딘 골짜기를 제외하고, 지구 어디에도 캘리포니아의 그레이트센트럴밸리와 견줄 만한 곳은 없다.

그레이트센트럴밸리에서 도로를 설계하는 기술자들은 밋밋한 지형 때문에 낭패를 겪는다. 어딘가를 메워야 할 필요가 있을 때, 잘라낼 데가 전혀 없기 때문이다. 만약 새 고속도로를 내면서 철길 따위를 넘어가야 한다면, 도로 기술자들은 교차 지점의 1킬로미터 정도 전부터 도로를 낮추어서 철길 위를 통과하는 고가 도로와 연결되는 경사로를 만들 충분한 흙을 파낸다. 이 드넓은 평원의 바다 한가운데서는 산들이 너무 멀고 낮아서, 아주 옅은 안개만 끼어도 육지를 벗어난 느낌이 들 것이다.

사방이 탁 트인 진짜 바다에서 시선이 닿는 수평선이나 지평선까지의 거리를 구하려면, 대략 눈높이에 해당되는 피트 값의 제곱근에 마일을 붙이면 된다. 가령 눈높이가 49피트(15미터—옮긴이)라면, 7마일(11킬로미터—옮긴이) 밖까지 보이는 것이다. 이 공식은 육상에서는 쓸모가 거의 없지만, 그레이트센트럴밸리에서는 유용하다. 다윈은 비글호에서 내려 아르헨티나를 여행할 때, 초원에서 미묘한 굴곡을 감지했다.

산니컬러스와 로자리오의 북쪽과 남쪽으로 수 킬로미터에 걸쳐, 땅은 정말로 평탄했다. 극도로 평탄한 땅에 대한 다른 여행가들의 글은 거의 과장처럼 여겨질 정도다. 나는 주위를 천천히 둘러보았지만, 다른 방향에 비해 사물이 더 멀리까지 보이지 않는 방향이 있는 지점을 결코 찾을 수 없었다. 그리고 이것은 이 평원의 기복을 분명하게 보여 준다.

다윈은 그레이트센트럴밸리에서도 같은 실험을 해볼 수 있을 것이다. 이곳의 대부분은 해수면과 높이가 거의 같지만, 확실히 솟아 있다. 80번 고속도로에서 북쪽으로 갈수록 이 평원은 꾸준히 높아진다. 그러나 그 정도가 매우 미미하기 때문에 레이저로만 측정할 수 있다. 무어스는 이 경사를 중앙해령의 사면에 빗대어 설명한다. 해령은 심해저 평원에 비해 약 1800미터 높이 솟아 있지만, 두 지점 사이의 거리는 매우 멀다. 그는 "만약 해령 중턱에 내려놓고 해령의 꼭대기 쪽으로 가라고 한다면, 어느 쪽으로 가야 할지 모를 것"이라고 말한다. 동태평양 해령처럼 빠르게 확장되고 있는 해령의 기울기는 새크라멘토와 레딩 사이에 있는 그레이트센트럴밸리의 기울기와 비슷하다.

계곡 위로 까치들이 보인다. 까치들은 날고 있을 때조차 도둑질을 한다. 포충망에 걸린 집파리처럼 붕붕거리며 오르락내리락하는 농업용 비행기가 보인다. 하늘에서 볍씨가 뿌려진다. 한때 DDT가 분사되던 곳에서, 이제 비행기는 살아 있는 살충제인 물고기를 떨어뜨린다. 그 물고기들은 논이라 불리는 격자 속에서 애벌레를 먹고 산다. 굴곡이라고는 눈을 씻고 봐도 볼 수 없는 이런 본질적인 평탄함 속에서도, 기구를 이용하면 대단히 미세한 놀라운 지형을 찾아낼 수 있다. 매끄러운 판자의 표

면이 아주 살짝 닳아 있는 것 같은 땅의 굴곡이 발견되는 것이다. 눈으로는 구별할 수 없지만, 쌀농사를 짓는 사람이라면 아마 날마다 그런 미세한 지형을 보고 있을 것이다. 모를 심을 때, 논에는 모가 서 있으되 물에 잠겨 죽지는 않을 정도로 물이 차 있어야 한다. 그리고 이런 까다로운 조건 때문에, 하늘에서 논을 내려다보면 그레이트센트럴밸리의 형태적 구조가 드러난다.

벼를 처음 심었을 때, 측량사의 막대를 실은 차량들은 고정된 측량 장비 주위를 맴돌면서 그레이트센트럴밸리의 굴곡을 알아냈고, 그 굴곡을 따라서 얕은 물이 담길 몇 센티미터 높이의 두둑이 만들어졌다. 두둑은 부드럽게 휘어지면서 나란한 곡선을 그리는 등고선이 되었다. 그렇게 두둑으로 구획된 논은 하늘에서 보면 거대하게 확대된 지형도처럼 보였다. 두둑은 표현 가능한 지체 구조를 센티미터 단위로 보여주었다. 배사의 볼록한 부분, 향사의 오목한 부분, 미세한 습곡, 우묵하게 꺼진 곳, 육안으로는 감지하기 어려울 정도로 미세한 굴곡을 그대로 드러냈다. 물은 아무리 얕아도 이런 표면을 따라 어느 방향으로든 흘러갈 것이다. 그래서 논은 계단식 구조를 이뤘고, 각 구획의 높이는 그 옆의 구획과 미묘하게 달랐다. 화산학자들이 분화가 일어나려는 땅의 팽창을 레이저로 감지하듯이, 최근 몇 년 사이, 쌀 농장주들도 회전하는 광선으로 그들의 논을 측량한다. 지면의 높이는 레이저로 조절되는 삽날이 달린 농기구로 땅을 골라서 조절한다. 새로 만들어진 두둑은 대개 똑바르기 때문에 논 아래에 있는 지면의 지질학적 구조가 덜 나타나는 편이다. 캘리포니아에는 20만 헥타르가 넘는 논이 있다. 이곳의 기후는 이집트와 매우 비슷하다. 이집트는 단위 면적당 쌀 수확량이 지구상 어느 곳보다 많은 곳이다. 데이비스 캠퍼스에서 쌀에 대해 가르치고 있는 짐 힐의 연구실에는 "밥 먹고 든든한 하루Have a Rice Day"라는 문구가 붙어 있다.

그레이트센트럴밸리에는 북쪽과 남쪽으로 두 줄기의 큰 강이 흐른다. 이 두 강은 그레이트센트럴밸리에서 만나 함께 샌프란시스코만으로 흘러들어간다. 북쪽을 흐르는 강은 샌와킨강이고, 남쪽을 흐르는 강은 새크라멘토강이다. 새크라멘토강의 지류인 페더강에는 시에라네바다산맥의 눈석임물을 가둬두는 댐이 있다. 이 물은 그레이트센트럴밸리에서 벼와 다른 작물의 재배를 위한 관개에 쓰일 뿐 아니라, 900킬로미터 이상을 이동해 로스앤젤레스의 숨통을 이어주고 있다. 삼각주를 공유하는 강들은 세계적으로 흔치 않다. 케네벡강과 앤드로스코긴강, 갠지스강과 브라마푸트라강, 티그리스강과 유프라테스강, 새크라멘토강과 샌와킨강 말고는 더 꼽을 만한 이름을 찾기 어렵다.

새크라멘토강과 샌와킨강의 범람원은 너비가 수십 킬로미터에 이른다. 물이 빠지기 전, 그리고 제각각 모양이 다른 다양한 색조의 녹색이 깔린 부엌 바닥처럼 구획이 나뉘기 전에 이 범람원은 골풀의 일종인 툴tule이라는 풀의 이름을 따서 툴레어 또는 툴 습지라고 불렸다. 툴은 봄

철 장마로 물에 잠긴 채 마구 휩쓸려도 (거의 홀로) 살아남을 수 있는 식물이었다. 새크라멘토는 툴 습지보다 위치가 미세하게 더 높다. 범람원 위에는 결코 건물을 지어서는 안 된다는 통념에 대한 해결책으로, 캘리포니아는 주도인 새크라멘토를 내놓았다. 새크라멘토의 옛 집들은 어떤 의미에서 보면 뒤집혀 있다. 긴 바깥 계단은 위층에 있는 출입구와 현관으로 이어진다. 시가지 전체가 죽마를 탄 것처럼 기둥 위에 서 있다.

참나무 숲으로 둘러싸인 시에라네바다산맥 기슭을 벗어난 80번 고속도로는 자갈이 섞인 질 좋은 흙을 지나서 새크라멘토의 실트질 점토와 유기물이 풍부한 부식질 글레이토humic gley 위에 놓여 있다. 이제 도로는 긴 둑길이 되어 점점 더 위로 올라가면서, 벼와 사탕무, 갯끈풀과 수수 위를 지나간다. 마치 샌프란시스코 대신 플로리다의 키웨스트를 찾아가려는 것 같다. 이례적으로 큰 홍수가 난 해에는 도로 아래로 600억 세제곱미터의 물이 들어온다. 더 두텁고 가벼운 강가의 흙에서는 몇 가지 줄뿌림 작물과 과실수가 자란다. 홍수로 불어난 물에 운반된 물질은 대부분 이런 자연 제방에 쌓인다. 범람원을 넘어가면 땅이 몇 센티미터씩 시나브로 높아지다가 마침내 볼록하게 쌓인 선상지의 끝자락이 나타난다. 곱고 비옥한 흙이 마치 묽은 페인트처럼 코스트산맥에서 동쪽으로 쏟아져 있다. 토양이 만드는 차이는 밭작물, 원예작물, 과수원에 폭넓게 나타난다. 토양 분류 체계에 따르면, 세상에는 열 종류의 흙이 있다. 그레이트센트럴밸리에는 그중 아홉 종류가 있다. 토양마다 담당하는 작물이 서로 다르다. 자두, 키위, 살구, 오렌지, 올리브, 천도복숭아가 자라는 이곳은 북아메리카의 과일나무숲이다. 그레이트센트럴밸리의 어떤 부분에서는 대형 농기계의 압력에 의해 단단하게 다져진 토양층이 뿌리의 생장을 방해한다. 이산화규소와 함께 단단히 굳어 있는 토양의 B층B-horizon은 콘크리트 바닥처럼 단단했다. 농민들은 여기에 구멍을 뚫고 그 구멍에 나무를 심었다. 이제 농민들은 디젤 동력의 중장비를 활용해 땅을 판다. 특히 이곳은 비트, 복숭아, 포도, 호두, 아몬드, 캔털루프멜론, 자두, 토마토의 땅이다. 캘리포니아의 그레이트센트럴밸리에서 재배되는 각각의 작물은 미국의 다른 어느 주보다 재배량이 많다.

1905년, 버클리에 위치한 캘리포니아대학의 농업대학에서는 그레이트센트럴밸리 한가운데에 있는 욜로 카운티의 데이비스에 실험 농장을 설치했다. 1925년, 그 농장은 자체적인 농업대학이 되었다. 1959년, 데이비스의 농업대학은 캘리포니아주립대학의 일반 캠퍼스가 되었다. 가축 등급 판정소였던 곳에는 이제 셰익스피어 극장이 있다. 하늘을 찌를 듯이 솟아 있는 급수탑들 아래, 땅을 감싸안고 있는 대학은 자체적인 순환도로가 있을 정도로 넓고 웅장하다. 어쩌면 그곳에는 상하이보다 자전거가 더 많을지 모른다. 그러나 데이비스는 여전히 캘리포니아의 중요한 농업 연구 중심지이고, 유리로 외벽을 치장한 포스트모던 풍의 지질학과 건물 바로 옆에는 하나같이 우람한 돼지들이 모여 있는 양돈장이 있다.

무어스는 지질학과 건물 옥상에서 광활한 평지를 둘러보다가, 동남쪽으로 160킬로미터 밖에 있는 요세미티의 지형을 찾아냈다. 서남쪽으로 80킬로미터 떨어진 곳에는 코스트산맥 옆으로 기묘하게 홀로 튀어나와 있는 디아블로산이 보인다. 다른 쪽으로 고개를 돌리니, 225킬로미터 떨어진 북쪽 지평선 위로 솟아 있는 래슨산의 하얀 원뿔과 그보다 가까운 땅에 있는 서터 뷰트가 보인다. 최근 분출한 화산이 남긴 서터 뷰트의 뾰죽뾰죽한 언덕들은 탁자 위에 놓인 화관처럼 그레이트센트럴밸리 위에 둥글게 늘어서 있다. 이런 중요한 지형들은 240만 헥타르에 걸쳐 펼쳐져 있다. 다시 말하자면, 매사추세츠보다 더 거대한 경관이 한눈에 들어오는 것이다. 그러나 그것은 그레이트센트럴밸리의 절반도 되지 않는다.

1960년대에 무어스가 데이비스에 왔을 때, 그곳의 인구는 1만 명이었다. 이제는 인구가 다섯 배로 늘어났지만, 데이비스는 여전히 조용한 동네이고, 여전히 야외조사의 근거지다. 그늘진 거리를 벗어나면 어디를 가나 작물과 유실수가 있다. 데이비스에서는 토요일이 되면 장터가 열리는데, 농민들은 그들이 재배한 라임타임, 자두, 레몬오이, 여주, 자몽만한 복숭아를 들고 나온다. 이 장터에서 팔리는 토마토는 크기가 복숭아보다 더 큰 것부터 진주알만 한 것까지 있다. 욜로 카운티에서는 플로리다만큼 많은 종류의 토마토가 자라고 있다. 욜로 카운티에서는 골프 티위에 올려놓고 치면 180미터를 날아갈 수 있는 토마토를 케첩 "가공용"으로 재배한다.

20세기 초에 건축된 무어스 가족의 전원주택은 "카운티 내"에 있으며, 시내 끝에서 호두나무가 늘어선 도로를 따라 쭉 내려가야 한다. 패트윈이라는 도로명은 그곳에서 예전에 농사를 짓고 호두나무를 키우던 부족의 이름에서 딴 것이다. 집은 북쪽을 향해 있고, 집 맞은편에는 토마토 밭이 있다. 동쪽 창문으로는 때때로 시에라네바다산맥의 낮은 능선이 보이고 서쪽 창문으로는 코스트산맥이 보이지만, 계곡이라는 느낌은 전혀 없다. 그레이트센트럴밸리라는 이름은 잘못 붙여진 것 같다. 평지가 너무 드넓게 펼쳐져 있기 때문에, 그 산자락들이 만나서 계곡을 떠올리게 하는 V자 형상을 그리지 못한다.

무어스는 경관을 둘러볼 때, 그 경관의 이면에 있는 다른 경관을 본다. 대부분의 지질학자처럼 그의 머릿속에도 이전 세계의 장면들이 차곡차곡 겹쳐져 있는 고대 풍경의 작품집이 들어 있다. 그는 오하이오에서 툰드라를 보고, 뉴멕시코의 메사 위에서 밀림을 보며, 애리조나의 페인티드 사막에서는 페르시아만을 본다. 언젠가 시에라네바다산맥에서 하루를 보낸 후, 그는 집 뒷마당에서 살구가 주렁주렁 열려 있는 나무 아래에 앉아 있었다. 나는 그에게 그의 집 뒷마당이라는 지구의 한 조각이 다른 시대에는 어땠는지를 묘사해달라고 부탁했다. 지질학자들이 종종 그렇듯이, 그는 현재 시제로 이야기를 했다. 그의 이야기가 사건을 따라, 층서를 따라 한 장면씩 과거로 거슬러 올라가는 동안, 캘리포니아는 해체되고 물에 녹아 사라져갔다.

시에라네바다산맥의 고산 지대에 주기적으로 빙하가 형성되는 플라이스토세 중기 후반, 이곳은 현재와 거의 비슷할 것이다. 어느 개울의 자연 제방 위에 있는 이곳은 과실나무들이 아닌 습지로 둘러싸여 있다. 그 습지에서 몇 센티미터 더 높이 있는 마른 땅에는 로바타참나무들이 서 있다. 그레이트샌트럴밸리의 동쪽과 서쪽에 놓인 산맥들은 지금보다 더 낮다. 디아블로산은 없다. 디아블로산은 "겨우 생기기 시작하고" 있다.

지금으로부터 300만 년 전인 플라이오세 후기인 피아첸차절에는 지평선 위로 코스트산맥도 없고 시에라네바다산맥도 없다. 그레이트센트럴밸리 아래의 경첩 부위에서는 시에라 단층 지괴가 솟아오르기 시작한다. 코스트산맥의 구조 운동은 행태가 다르다. 아주 느리게, 깊은 곳에서부터 꾸물꾸물 올라오고 있다. 전체적인 구조 같은 것은 없다. 단편들의 덩어리, 바다 속 잡동사니 모음이다. 훗날 이런 지질은 프란시스코 멜란지라고 알려질 것이다. 처음에는 섬으로 모습을 드러낸 프란시스코 멜란지는 해안평야의 평평한 퇴적층을 밀어붙여서 거의 수직으로 구부린다. 프란시스코 멜란지를 뚫고 솟아오른 화산들은 내파밸리와 그 주변 지역에 용암과 화산재를 토해낸다. 시에라네바다산맥의 산마루에는 활화산들이 있다. 솟아오르기 시작하는 산줄기들 사이에서, 서터 뷰트의 화산들이 분출한다.

나는 의문이 하나 생긴다. 비교적 최근인 300만 년 전까지만 해도 독립기념일 불꽃놀이 같은 지질학적 특성이 나타났는데, 지금은 우리가 사는 이 위도에서 평범한 지진만 일어나는 이유가 무엇일까?

무어스는 그 이유에 대해, 플라이오세에는 세 개의 지각판이 만나는 접점이 샌프란시스코 바로 앞에 있기 때문이라고 답한다. 섭입대 하나가 사라지는 동안, 그 섭입대의 해구는 샌앤드레이어스 단층으로 바뀐다. 화산활동은 그와 연관이 있다. 수천만 년 동안, 북아메리카판과 태평양판 사이에는 상당한 크기의 지각판 하나가 자리하고 있다. 이 지각판은 지질학에서 패럴론판이라고 알려져 있다. 플라이오세 후기가 되자, 한때 지구의 겉껍데기의 약 10분의 1이었다고 추정되는 지각과 맨틀로 이뤄진 거대한 조각의 대부분이 섭입대로 밀려들어갔다. 패럴론판은 단편적으로만 남아 있다. 북쪽에서는 후안데푸카판이 북아메리카판 아래로 섭입하면서, 래슨산, 섀스타산, 레이니어산, 세인트헬레나산, 글레이셔피크, 그리고 캐스케이드산맥의 다른 화산들을 만들어왔다. 남쪽에서는 코코스판과 나스카판이 섭입하면서 중앙아메리카가 만들어지고, 안데스산맥이 솟아올랐다. 수천만 년에 걸쳐, 패럴론판은 북아메리카판의 서쪽 가장자리 밑으로 내려갔고, 그사이 북아메리카판은 캘리포니아 해안 지대가 될 프란시스코 멜란지를 점차 긁어냈다. 서쪽으로 해저에는 태평양판과 패럴론판이 갈라지는 확장 중심부가 있었다. 패럴론판이 동쪽으로 이동하면서 소멸되는 동안, 이 확장 중심부가 점차 캘리포니아 쪽으로 다가왔다. 태평양판은 지금으로부터 2900만 년 전에 로스앤젤레스와 샌타바버라에서 북아메리카판에 처음 닿았다. 두 판이 만난 곳에서 해구와 확장 중심부는 기능을 멈추었고, 판의 경계는 변환단층이 되었다. 이 변환단층의 길이는 처음에는 수 킬로미터에 불과했지만, 로스앤젤레스와 샌타바버라를 기점으로 거대한 단층이 남북으로 길게 뻗어나가면서 마치 지퍼가 닫히듯이 해구를 틀어막았다. 패럴론판, 태평양판, 북아메리카판이 만나는 삼중 접점은 이 단층의 북단을 따라 북쪽으로 이동했다. 그래서 300만 년 전인 플라이오세에는 삼중 접점이 샌프란시스코 앞바다에 있었다. 시에라네바다산맥의 화산들은 사라져가고 있는 패럴론판이 뿜어내는 마지막 불꽃이었다. 내파밸리와 인접한 해안 지대의 화산은 땅을 뒤흔드는 새로운 단층의 결과였다. 서터 뷰트의 분출은 섭입 작용이나 새로운 판의 운동과 연관이 있다는 것이 거의 확실하지만, 잘 밝혀져 있지는 않다고 볼 수 있다. 홀로세인 지금도 이 삼중 접점은 여전히 움직이고 있다. 현재는 멘도시노곶에 있는데, 이곳에서 샌앤드레이어스 단층이 끝나고 패럴론 해구의 잔해가 이어진다. 어쨌든 현재의 학설에서는 그렇게 보인다.

　지금으로부터 600만 년 전인 마이오세 후기에는 무어스와 그의 살구나무는 어느 만의 해안이나 바닷물 속에 있을 것이고, 그레이트센트럴밸리는 대부분 바닷물로 덮여 있을 것이다. 그 만에는 다랑어와 다른 대형 어종이 그득한데, (오늘날 훔볼트 해류가 용승하는 페루 앞바다처럼) 차가운 물이 용승해 영양 염류가 풍부하기 때문이다. 골든게이트 해협은 없다. 이 만은 몬터레이를 통해서 대양과 이어진다. 샌앤드레이어스 단층의 서쪽을 따라서 암층 하나가 움직이고 있다. 샌디에이고, 로스앤젤레스, 샌타바버라, 샌루이스오비스포, 빅서, 몬터레이, 샐리나스가 될 자리를 품고 있는 이 암층은 훗날 샐리나스 암층이라고 알려지게 된다.

5000만 년 전인 에오세에 무어스의 뒷마당은 해안에서 약 50킬로미터 떨어진 패럴론해의 대륙붕 바다에 쌓인 진흙이다. 에오세의 강들이 이 바다로 내달리는 동안, 티베트와 맞먹는 고도에서부터 시에라네바다산맥이 될 저지대를 가로질러 흐르는 강물에 운반된 자갈은 미래의 그레이트센트럴밸리를 통과해 바다 밑 해저 협곡들을 깎는다. 이런 이야기는 에오세의 대륙붕 생물이 가득한 해양 셰일 속에 보존되어 있다. 이 셰일은 그레이트밸리 퇴적층에 속하는 데이비스 아래로 약 760미터 내려간 곳에 놓여 있다.

8000만~9000만 년 전인 백악기, 무어스의 집주소는 위태롭게 기울어진 심해 선상지 위가 된다. 퇴적물이 흘러내리고 있는 대륙 사면은 패럴론판이 사라지고 있는 해구 쪽으로 기울어져 있다. 너비 약 80킬로미터인 이 해구는 훗날 샌프란시스코와 페어필드로 나뉠 공간에 놓여 있다. 북아메리카판의 아래로 들어가면서 녹는 패럴론판은 거대한 저반이 될 마그마와 고대 시에라네바다산맥 위에 놓인 화산의 형성에 기여했다.

스마트빌 지괴의 접안이 일어나고 약 2000만 년 후인 쥐라기 말, 또 다른 호상열도가 들어온다. 이 호상열도는 무어스의 집과 그의 살구나무 근처 바로 아래에서 스마트빌 지괴에 접안한다. 지질학에서 코스트산맥 오피올라이트라 불리게 되는 이 호상열도는 1만2200미터 두께의 그레이트밸리 퇴적층 아래에 놓이고, 해안을 둘러싸는 산맥이 된다. 이 오피올라이트의 큰 조각 중 하나는 훗날 오클랜드 언덕 지대에서 모습을 드러낸다.

쥐라기에 스마트빌 지괴가 접안할 때, 각각의 섬은 아마 일본 열도의 홋카이도, 규슈, 혼슈와 비슷했을 것이다. 새크라멘토 동쪽의 해구가 막히고, 데이비스 서쪽에 새롭게 생긴 해구에서 패럴론판이 소멸되기 시작한다. 패럴론판이 해구 아래로 내려갈 때 함께 함몰된 주변 지역이 구조 분지를 형성한다. 그 구조 분지에 퇴적물이 쌓이면 그레이트센트럴밸리가 될 것이다. 이후로 거의 1억5000만 년 동안 시에라네바다산맥도 없고, 코스트산맥도 없을 것이기 때문에, 이곳은 강이 흐르는 일반적인 의미의 계곡이 아니라 구조 분지다. 이 구조 분지를 가장자리까지 가득 채운 퇴적물은 (거의 다) 주변의 산에서 유래한 것이 아니다.

스마트빌 지괴가 당도하기 전, 그곳은 대륙이 아니라 아주 깊고 푸른 바다다. 트라이아스기가 시작될 무렵, 데이비스가 될 곳은 먼 바다에 있다. 대륙붕은 아이다호와 네바다까지 물러나 있다. 이 위도의 북아메리카는 점점 넓어져가고 있었다. 두 암층은 이미 들어와 있다. 그러나 중생대가 시작될 무렵의 이곳에서, 캘리포니아는 아직 나타날 낌새조차 없다.

———

내파밸리는 데이비스에서 서쪽으로 56킬로미터 떨어진 곳에 있다. 지대의 3분의 1이 평평하고 곧게 뻗어 있어서 편하게 현장 답사를 나갈 수 있는 곳이다. 몇 번의 야외조사는 말할 것도 없이 자연스럽게 이뤄졌고, 무어스와 나는 서쪽으로 가로질러가면서 길가에서 암석과 와인 시료를 챙겼다.

밭작물과 과실나무와 아몬드나무가 있는 평탄한 길을 따라 수 킬로미터를 이동한 후, 갑자기 땅이 가팔라지면서 참나무가 우거진 언덕으로 들어선다. 그곳은 그해에 꽤 오랫동안 나무들이 갈색으로 말라 있어서, 지질학자들이 망치질을 하다가 일어난 불꽃에도 산불이 날 수 있다. 개울을 따라 고운 실트가 데이비스까지 펼쳐놓는 퓨타크리크는 코스트산맥으로 들어가는 일종의 관문으로, 이곳에는 코스트산맥에서 쏟아져 내린 물질이 성글게 쌓여 있다. 물살에 깎인 냇둑의 돌들 사이로, 플라이오세 해안지대의 화산에서 내려앉은 응회암과 사문암 자갈, 감람암 자갈, 처트 자갈, 잡사암 자갈, 화산 자갈을 품은 역암이 층을 이루고 있다. 여러 지질의 잔해가 뒤섞여 있는 암석에는 그동안 겪은 소동이 넌지시 드러난다. 또 입자가 고운 현무암의 잔해도 있다. 마이오세 중기에 서북부에서 폭발한 이 현무암은 유동성이 대단히 커서 하루 만에 아이슬란드와 맞먹는 넓이의 지역을 뒤덮었고, 옐로스톤에 있는 지구물리학적 열점이 이곳에서 시작되어 이동한 것으로 여겨지고 있다. 컬럼비아강 범람현무암은 남쪽으로 이곳까지 내려왔다.

에센스강이 흐르는 골짜기를 따라 올라가서 베리에사호의 기슭으로

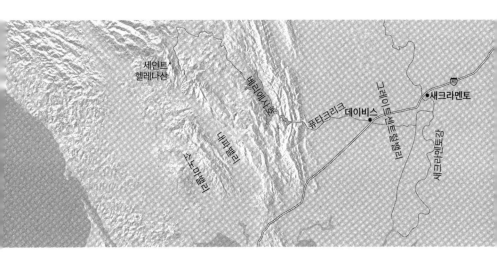

가는 동안, 우리는 퇴적암으로 이뤄진 거대한 도로절개면을 통과한다. 원래는 가로로 평평하게 놓여 있었을 층리면은 90도 가까이 휘어져서 거의 수직으로 서 있다. 뚜렷한 주름이 없는 줄무늬가 하늘을 향해 뻗어 있는 바위는 삐죽삐죽한 능선인 호그백으로 끝난다. 연대가 백악기인 이 암석은 그레이트밸리 퇴적층의 바닥면에 속하며, 난파선의 빛바랜 뼈대처럼 위쪽으로 높이 휘어져 있다. 이것은 북아메리카 대륙의 서쪽 끝에 가장 최근에 추가된 프란시스코 멜란지가 지표로 솟아올랐을 때(또는 밀려들어왔을 때), 그로 인해 구겨진 지층의 일부다. 패럴론 해구의 열과 압력 속에서, 프란시스코 멜란지의 퇴적물은 아주 다양한 방식으로 변성이 일어났고, 마침내 지표에 모습을 드러냈을 때는 온갖 잡다한 것이 복잡하게 뒤섞인 혼돈의 끝을 보여주었다. 이렇게 뭉크러지도록 졸여진 것 같은 암석이 코스트산맥의 본질이다. 우리는 지층이 또렷이 드러나는 평원과 그레이트밸리 퇴적층의 삐죽삐죽한 능선을 지나서, 험준하고 볼록한 바위들과 뿌리 없는 노두들이 비늘 모양 점토 속에 박혀 있는 땅으로 들어선다. 울퉁불퉁한 그 덩어리들은 마치 빙하 지형을 몇 배 확대해놓은 것 같다. 그레이트밸리 퇴적층이 빗살무늬라면, 프란시스코 멜란지는 페이즐리 무늬다.

"여기 좀 봐요, 뒤죽박죽된 프란시스코 곤죽이에요!" 무어스가 큰 소리로 말했다.

어지럽게 늘어서 있는 언덕들 사이로 좁은 간선도로인 잉크그레이드로드, 달러하이드로드가 꼬불꼬불 이어진다.

"저기 저 멜란지를 봐요! 우와, 저 덩어리 좀 봐요!"

서로 부딪치며 갈리는 지각판들 사이에 놓인 이 지형의 암석은 속속들이 끊어져 있어서, 변성현무암으로 된 한 도로절개면은 초록색 햄버

거처럼 보일 정도다. 우리는 이 현무암이 비늘 모양 점토와 접하는 면을 뚜렷하게 볼 수 있었다.

"저 점토는 프란시스코 멜란지의 기질이에요. 어디를 가나 저 점토 속에는 다양한 물질의 작은 덩어리들이 들어 있고, 그것이 코스트산맥 이야기의 알맹이인 거죠. 변성현무암은 그 기질 속에 있는 구조 지괴예요. 이 지역의 층서를 나타낸 지도를 만들려는 사람들이 왜 열을 받을 수밖에 없는지를 알아야 해요. 판구조론이 생기기 전이라고 상상해보세요. 이 과일 케이크 같은, 푸딩 속의 건포도 같은 덩어리들은 정말 골칫덩어리였어요. 우리가 보고 자란 층서학적 규칙과는 맞지 않았거든요. 사람들은 이곳에 층서가 있다고 가정하고, 침식되고 변형된 층서라는 방식으로 설명해보려고 몇 년씩 헛수고를 했어요. 그러다 1965년에 켄 쉬가 멜란지라는 개념을 내놓았어요. 하지만 그는 멜란지가 중력으로 인해 이곳에 있는 것이라고 주장했어요. 시에라네바다산맥에서 미끄러져 내려왔다는 것이었죠. 암반이 아래로 밀고 들어가는 것이라고는 아무도 생각하지 못했어요. 이제 우리는 판이 섭입되는 동안 긁히면서 쌓인 모든 잡다한 물질이 다른 판의 가장자리 위에 얹힌다는 사실을 알아요. 1969년, 미국 지질조사소의 워런 해밀턴은 백악기와 신생대에 북아메리카 아래로 밀려들어간 태평양판에 관한 논문을 발표했어요. 이 논문은 새로운 지구구조학에 관한 펜로즈 회의에서 소개되었죠. 별안간 프란시스코 멜란지가 새롭게 보이기 시작했어요. 사람들은 '아, 섭입으로 만들어진 둔덕이겠구나'라고 말했어요. 그리고 전말이 드러난 거죠."

프란시스코 멜란지에 포함된 암석은 그 기원이 대단히 광범위하다. 말 그대로 태평양 해역 전체, 또는 지표면의 절반 이상을 모아놓은 것이다. 화석과 고지자기에 나타난 바에 따르면, 프란시스코 멜란지에는 대류에서 유래한 퇴적암(사암 따위)과 해양의 이곳저곳에서 기원한 암석들(처트, 점토가 포함된 잡사암, 사문암, 반려암, 베개 용암과 다른 화산 생성물)이 기질이 되는 점토 속에 두서없이 모여 있었다. 섭입대에서는 판과 판 사이에 끼어 있는 수많은 것이 2만~3만 미터 아래로 끌려내려 갔다가 청색편암이 되어 다시 튀어나온다. 단단하고 무거운 이 청회석 암석은 모든 섭입대의 특징이며, 석류석이 산딸기처럼 박혀 있다.

케네스 징화 쉬의 1973년 논문에는 프란시스코 멜란지를 묘사하는 문장이 있다. 800킬로미터에 걸쳐 형성된 이 층의 구조적 특성을 처음으로 알아차린 그는 추수감사절 식탁에 둘러앉은 가족들끼리 할 만한 이야기로 프란시스코 멜란지를 설명한다.

이 중생대 암석의 특징은 화성암 구조든 퇴적암 층이든, 일반적으로 파괴되어 있다는 것이다. 또 더 유연한 물질이 완전히 변형되어 기질로 작용하고, 그 기질 속에는 더 잘 부러지는 암석 조각들이 렌즈 모양이나 소시지 조각 모양으로 하나씩 떠 있다는 특징도 있다.

쉬는 중국에서 태어났고, 스위스 연방 공과대학의 종신 교수일 때 이름의 영어 표기에 움라우트를 넣어서 Hsü라고 쓰기 시작했다.

오번의 멜란지는 스마트빌 지괴가 당도하기 전에 북아메리카판에 모였다. 프란시스코 멜란지와 만들어진 방식은 거의 같지만, 이 시에라 멜란지는 캘리포니아가 완성되는 과정에 일어난 충돌로 인해 거의 완전히 재결정화되었다는 점에서 차이가 난다. 코디액섬과 슈마진 제도 역시 태평양판이 북쪽으로 움직이면서 알래스카에 붙여놓고 지나간 부가대다. 오리건 해안은 (후안데푸카판과 북아메리카판 사이에 만들어진) 부가대다. 이 부가대에서는 줄줄이 밀려들어온 해산들로 인해 해안이 복잡해졌고, 무엇보다 이 해안의 절경인 바위섬들이 만들어졌다. 인도네시아 바깥쪽의 섬들은 캘리포니아 코스트산맥처럼 (인도-오스트레일리아판과 유라시아판이 만나면서 형성된) 둔덕 모양의 부가대다. 이탈리아의 아펜니노산맥, 오만만의 북부 해안, 미얀마의 아라칸 지역도 당연히 부가대다.

한번씩 코스트산맥에서는 혼성 퇴적암 위에서 오피올라이트의 베개용암이 발견된다. 멜란지는 판의 가장자리에서 형성되고, 오피올라이트는 그 판에 이미 존재하는 것이기 때문에, 그런 조합은 흔하게 볼 수 있다. 프란시스코 멜란지의 암석들 속에는 해양지각의 잔해가 골고루 퍼져 있고 눈에 잘 띄는 편이지만, 코스트산맥에서는 오피올라이트가 산의 동쪽에 집중되어 있다. 코스트산맥의 오피올라이트는 그 위에 놓인 그레이트밸리 퇴적층과 함께 위로 구부러져 있고 꽤 많이 부서져 있다. 데이비스와 러더퍼드 사이에는 홀로 떨어져서 프란시스코 멜란지 속에 떠 있는 사문암 덩어리가 하나 있는데, 이 사문암은 어느 작은 산골짜기의 우묵한 바닥을 이루고 있다. 그 사문암은 풍화되어 흙이 되었고, 이제 그 흙에서는 포도나무가 자라고 있다. 이 포도나무들은 캘리포니아주를 상징하는 암석인 사문 흙에서 자라는 귀한 포도나무다. 무어스는 그 포도로 만든 포도주를 특별히 좋아한다. 그는 그 포도주에서 오피올라이트의 향기를 맡고, 사문암의 신비가 여운처럼 남는 뒷맛을 느낀다. 내가 느끼는 그 포도주의 맛은 물이 빠져나간 바닷가보다는 심해에 가깝다. 그것은 발효된 감람암이며, 그 붉은 빛깔은 크롬 광택이 도는 모호로비치치면의 색이다.

그 포도주를 빚는 와이너리는 미국삼나무 그늘이 짙게 드리운 한적한 도로 위에 있다. 그곳에서는 약 3만7800리터인 1만 갤런의 포도주만 생산하며, 100년 동안 한 가족이 운영해왔다. 포도주 저장고는 프란시스코 사암 동굴 속에 있다. 술통은 큰 것, 작은 것 할 것 없이 모두 나무로 만들어졌다. 우리는 포도주 저장고 바깥에 있는 나무 데크에 서서, 아름드리나무들의 밑동 사이로 보이는 가파른 계곡을 바라본다. 유리잔을 코밑에 대고 포도주의 향을 음미한 무어스는 아주 진한 향기에서 키프로스의 포도주가 떠오른다고 말한다. 세인트헬레나산 쪽으로, 내파밸리의 서북쪽 끝에는 손상되지 않은 오피올라이트가 있다. 그의 말에 따르면, 층서가 거의 완전하며 퇴적층으로 덮여 있지만 베개 용암은 없다. 층서가 완전한 오피올라이트는 디아블로산 동쪽에 있다. "만약 코스트산맥의 오피올라이트 지도를 만든다면, 불연속적인 덩어리들이 오리건에서부터 쭉 이어질 거예요. 거기에 샌프란시스코 주위와 다른 곳에서 본 파편들이 추가되죠. 이 포도밭 아래에 놓인 지괴처럼 산산조각이 나서 주변으로 흩어진 오피올라이트 암석은 순서를 파악할 수 없어요." 무어스가 처음 캘리포니아에 왔을 때, 그는 우연히 내파밸리 북쪽 끝에 있는 수은 광상에 관한 보고서를 보았다. 그 보고서에는 "사문암과 화산암 사이의 접촉면을 따라가는 (…) 반려암"에 대한 언급이 있었다. 무어스는 자신의 밴을 타고 내파밸리로 들어가서 그곳을 관찰했다. 그런 다음 대학원생인 스티븐 베조어에게 그곳을 연구해보라고 권했다. 베조어의 석사 논문은 캘리포니아 오피올라이트 복합체의 존재를 최초로 증명했다. 우리는 와이너리를 떠나서 사거리에 있는 한 상점 앞에 차를 세운다. 무어스는 "포도주를 중화 적정하기 위해" 커피가 필요하다고 설명한다.

내리막은 평평한 내파밸리 바닥까지 깊숙하게 이어진다. 코스트산맥의 계곡으로서, 내파밸리 역시 너비가 5킬로미터에 이를 정도로 널찍하다. 그곳은 온통 포도나무로 덮여 있다. 계곡의 축을 따라서는 2차로인 세인트헬레나 고속도로가 지나간다. 영화 세트가 늘어서 있는 것 같은 이 길은 쥐브레 샹베르탱, 뫼르소, 본 같은 유명 포도주 산지를 지나가는 프랑스의 포도주 도로에 비길 만하다. 겉보기에는 농업 놀이동산의 무대 장치 같은 이 길에는 고딕풍 목재 골조 저택인 베린저의 라인하우스, 그리스도형제회 수도원의 라오스 불교 사원 같은 건물, 로버트 몬다비의 에스파냐풍 건물이 늘어서 있다. 대부분 둘러볼 수 있고, 포도주를 조금씩 맛볼 수 있다. 시간이 흐르면서 세인트헬레나 고속도로로 들어오려는 차들의 행렬이 늘어난다. 그런 진입로들은 늦은 아침부터 슬슬 막히기 시작해서 오후 3~4시에는 전쟁터가 된다. 가장 편하게 술을 마실 수 있는 사람들이 타고 있는 거대한 리무진이 일반 승용차보다 훨씬 더 많아 보인다.

코스트산맥에 있는 계곡은 대부분 내파밸리보다 더 작고 더 높아서, 대개 고도가 최소 300미터는 된다. 샌프란시스코만과 가까운 내파밸리의 남쪽 끝은 기본적으로 해수면과 높이가 같다. 바다에서 떨어져 있는 계곡 바닥은 조금 더 높기는 하지만, 그리 큰 차이는 없다. 내파밸리 중북부에서 세인트헬레나 고속도로의 높이는 해발 78미터다. 계곡 주위로는 버몬트의 그린산맥이나 뉴햄프셔의 화이트산맥과 높이가 비슷한 1000미터가 넘는 산들이 둘러싸고 있다. 왜 이런 자리에 이렇게 깊은 웅덩이 같은 곳이 있는 것일까?

샌앤드레이어스 단층에 속하는 단층들은 코스트산맥 전역에 펼쳐져 있고, 멀리 그레이트밸리 아래까지 뻗어 있다. 변환단층에는 구부러지면서 벌어지는 곳이 드물지 않게 발달한다. 이런 굽은 곳은 양쪽으로 잡아당겨지면서 평행사변형 모양으로 벌어지는데, 부드러운 산맥 사이에서는 강물에 깎여서 만들어지는 보통의 계곡보다 훨씬 더 깊은 계곡이 순식간에 형성된다. 코스트산맥에서는 우묵한 지형이 대부분 높이 있으며 침식으로 형성되었다. 일부 구조적으로 만들어진 깊은 계곡이 있는데, 지질학에서는 이런 계곡을 인리형 분지라고 한다. 내파 지역에 있는 다른 인리형 분지로는 소노마밸리, 유키아밸리, 윌리츠밸리, 라운드밸리가 있다. 베리에사호는 이런 인리형 분지에 물이 채워진 호수이고, 클리어호도 마찬가지다.

인리형 분지가 발달하는 곳에서는 지각이 전체적으로 잡아당겨지면서 얇아진다. 이런 곳에서 화산 분출이 일어나지 않을 리가 없다. 이 지역에서 패럴론 해구의 활동이 중단되고 샌앤드레이어스 단층이 나타난 후, 플라이오세의 내파 분지에서는 만들어지기가 무섭게 새빨간 유문암 용암이 흘러나왔고 하늘에서는 화산재가 쏟아졌다. 코스트산맥에서는 화산이 불을 뿜었고, 그런 화산활동의 산물은 프란시스코 복합체를 뒤덮고 굳어갔다. 이런 암석에서 양분이 풍부한 흙이 만들어지면서, 포도주의 고장이 될 준비가 갖춰졌다.

이곳의 암석을 지질학에서는 소노마 화산암이라고 한다. 내파와 소노마는 패트윈족 원주민의 이름이다. "내파"는 집, "소노마"는 코 또는 코 추장의 땅을 뜻한다. 따라서 소노마 화산암은 코 추장의 땅 화산암이다. 코 추장은 시대를 앞선 포도주 감별사였다. 캘리스토가의 온천과 진흙 목욕탕 속에는 아직도 화산의 열기가 남아 있다. 또 세인트헬레나산 근처, 숲이 말끔히 정리된 땅에도 지열이 남아 있는데, 그곳에는 작은 발전소들이 마치 외따로 서 있는 지열 농장처럼 점점이 흩어져 있다.

새로운 단층계가 땅을 뒤흔드는 동안 벌어진 열극에서는 뜨거운 지하수가 간헐천과 온천의 형태로 터져나왔다. 지하수에서는 기질의 구실을 하게 되는 은미정질 석영과 다양한 금속이 석출되었다. 약간의 금도 나왔다. 은은 더 많이 나왔다. 채굴이 가장 쉬운 지표면 근처에서는 진사(수은 황화물)의 결정이 붉게 반짝였다. 수은을 이용하면 부순 광석에서 금을 효과적으로 뽑아낼 수 있었다. 19세기에는 수은을 얻기 위해서 코스트산맥에 굴을 팠다. 그렇게 얻어진 수은은 그레이트센트럴밸리를 가로질러 운반되어 시에라 지역에서 쓰였다. 당시에는 코스트산맥의 금이 대수롭지 않았지만, 이제는 조금 더 중요해졌다. 1980년대에 홈스테이크 광업 회사는 내파밸리 북쪽의 산등성이에 두 곳의 노천 광산을 팠다. 지표면에서 두 광산의 부피를 합치면 대략 4세제곱킬로미터가 된다. 이곳의 금은 현미경으로만 보일 정도로 미세하지만, 그래도 시안화물로 녹여서 실속을 챙길 수 있을 정도의 농도는 된다. 캘리포니아와 네바다와 그 외 다른 지역에서 현미경적 크기의 금이 발견되면서, 21세기가 되면 미국의 금 생산량이 남아프리카공화국을 능가할 것이라는 예측이 나오고 있다. 지질학자들에게 이것은 달 착륙에 버금가는 놀라운 소식이다. 사우스다코타 블랙힐스에는 약 1세기가 된 홈스테이크의 지하 광산이 있다. 가장 최근에 측정된 갱도의 깊이가 2450미터인 이 광산은 서반구에서 가장 깊은 광산이다. 홈스테이크는 북아메리카의 다른 어떤 광업 회사보다 더 많은 금을 생산해왔다. 코스트산맥에서 새로운 광산을 개발하면서, 이 회사는 매장량이 두 배 이상 늘어났다고 발표했다.

1880년, 서른 살의 로버트 루이스 스티븐슨은 갓 결혼했고 폐병을 앓고 있었다. 그는 샌프란시스코의 "유독한 안개"를 피해서 캘리스토가 위의 산속으로 들어갔다. 그곳에서 그와 그의 미국인 신부와 그녀의 열두 살 난 아들은 실버라도라는 폐광의 빈 오두막에 무단으로 들어가 살면서 여름을 났다. 그들은 녹슨 장비와 폐석 더미 사이에 놓인 높은 벤치에 앉아서 초록의 직사각형을 이루는 내파밸리를 내려다봤다.

계곡 바닥은 언덕 기슭에 이를 때까지 극단적으로 평평하다. 여기저기 소나무로 뒤덮인 작은 언덕들만 전쟁에서 이름을 떨친 어느 족장의 무덤처럼 솟아 있다.

스티븐슨에게는 남다른 지질학적 감각이 있었다.

이곳은 마을뿐 아니라 자연도 정말 모두 새롭다. 캘리포니아의 언덕들은 완성이 덜 된 것처럼 보인다. 빗물과 시냇물은 아직 지형을 완벽한 형태로 깎아내지 못한 것 같다.
핫스프링스와 화이트설퍼스프링스는 내파밸리 철도에 있는 두 역의 이름이다. 캘리스토가 자체는 끓고 있는 지하 호수를 덮고 있는 얇은 막이 땅 위에 놓인 것처럼 보인다.

그가 남기기 시작한 메모들은 「실버라도 무단 점유자들The Silverado Squatters」과 다양한 작품의 배경이 되었다. 그는 세인트헬레나산의 정상을 "석영과 진사로 이뤄진 석총"이라고 묘사했다. 스티븐슨은 캘리스토가라는 지명이 새로 만들어졌다는 점에 주목했다. 한 모르몬교도 사업가가 미국 최고의 온천을 만들겠다는 포부를 품고 지은 이름이었는데, 다행히 그의 발상은 실패로 돌아갔다. 만약 그렇지 않았더라면, 미국 전역에 네바스토가, 유타스토가, 와이오스토가가 줄지어 생겨났을지도 모른다. 그곳에는 방울뱀 소리가 귀뚜라미 소리처럼 사방에서 들렸다. 스티븐슨은 몇 달이 지나도록 그가 듣고 있는 소리가 무슨 소리인지를 알지 못했다.

방울뱀은 유명한 명물이다. 경외심을 불러일으키며, 한 번 들으면 그 소리가 영원히 뇌리에 박힌다고 알려져 있다. 하지만 그 소리는 전혀 무섭지 않다. 여러 곤충이 내는 소리, 말벌의 붕붕거리는 소리가 귀에 들리면, 우리는 곧바로 위험을 알아차린다. 사실, 우리가 실버라도에 살던 몇 주 동안 어디를 가나 방울뱀 소리가 들렸지만, 우리는 전혀 무서워하지 않았다. 나는 진달래와 자주받침꽃이 피어 있는 아늑한 장소에서 일광욕과 유연체조를 하곤 했다. 그곳에 있으면 사방에서 물레 소리 같은 방울뱀 소리가 났고, 내 움직임이 갑자기 커지기라도 하면 쉭쉭거리거나 붕붕거리는 소리가 더 커지고 격해졌다. 그러나 나는 별 감흥이 없었고, 공격도 받지 않았다. 우리가 그곳에 머무를 날이 얼마 남지 않았을 무렵, 캘리스토가에 사는 한 남자가 그 소리를 똑같이 흉내 내면서 그 소리의 무서운 본질을 자세히 설명해줬다. 별안간, 우리가 치명적인 독사들이 우글거리는 거대한 도시에 살았고, 실버라도에서 가장 흔한 소음이 방울뱀 소리였다는 생각이 나를 덮쳤다.

이렇다 할 예고도 없이 어느 날 갑자기 나타난 실버라도 광산 주인을 보고, 불법 점유자인 스티븐슨은 당혹스러웠다.

나는 조금 움찔했다. 얼른 굽실거리면서, 한눈에 그가 주인임을 알아봤다고 말했다······.

스티븐슨의 여름은 리틀빅혼 전투가 벌어진 해(1876)로부터 4년 뒤였다. 서부는 그렇게 오래되었다. 그러나 내파밸리에서 스티븐슨이 헤아린 포도밭의 수는 40곳이었다. 농민들은 거의 한 세기 반 동안 이 계곡에 살았다. 1830년대에 노스캐롤라이나의 조지 욘트는 가톨릭으로 개종하고, 조지 콘셉시온 욘트를 세례명으로 삼았다. 그가 개종한 이유는 8400헥타르에 달하는 땅을 멕시코로부터 무상으로 불하받기 위해서였다. 한 영국인 의사는 역시 멕시코로부터 불하받은 내파밸리의 땅에 란초 카르네 후마나Rancho Carne Humana(에스파냐어로 인육 목장이라는 뜻―옮긴이)라는 이름을 붙였다. 1876년, 마인츠에서 온 독일인들은 베린저 와이너리를 설립했다. 그들은 1883년에 조상들의 집을 거의 그대로 복사한 듯한 라인하우스를 지었다. 라인하우스로 들어선 기다란 리무진들은 이제 키 큰 느릅나무가 서 있는 잔디밭 옆에 차를 세운다. 접이식 보조좌석에서 내린 사람들은 건물 안으로 들어와 『베린저: 내파밸리의 전설Beringer: A Napa Valley Legend』이라는 명작을 위해 40달러를 꺼낸다. 책자를 홀렁홀렁 넘기던 무어스는 라인하우스의 토대와 1층이 석회암이라는 정보를 찾아낸다. 건물 밖으로 나간 그는 헤이스팅스 삼중 돋보기를 들고 건물을 유심히 살핀다. "우와, 세상에!" 그의 입에서 감탄사가 튀어나온다. 이것은 무어스에게 새로운 땅이다. 그는 화산에서 나온 석회암을 한 번도 본 적이 없었다. "거의 용결되지 않은 화산재예요. 큰 공극이 아주 많은 부석 화산자갈이네요." 계속해서 그는 이렇게 말했다. "이건 푸슬푸슬한 화산재예요! 용결응회암! 이그님브라이트 ignimbrite예요!"

세인트헬레나 고속도로의 남쪽, 러더퍼드 방향으로 가는 길에 시멘트 블록으로 지은 루이스 마티니의 도로변 식당이 있다. 창문이 없는 얇고 깔끔한 현대적인 건물에는 긴 주랑 현관과 단조 철로 장식된 램프들이 있다. 가장 맛있는 부위의 소갈비를 건축적으로 보여주는 것 같은 건물이다. 타일로 장식된 방들 사이에는 마티니의 포도주 전시장과 짙은 색의 기다란 바가 있다. 아무도 누구를 내쫓지 않는다. 그래서 우리는 시원하고 조용한 곳에서 여섯 병의 포도주를 마시면서 노두에 코를 박고 지질에 관한 이야기를 한다. 루이스 마티니의 포도주는 직설적이고 단단하며 암시적이고 화산 같다. 포도주는 그것이 유래한 암층처럼, (1894년에 이탈리아에서 이민 온) 초대 마티너처럼 여행을 준비한다. 그리고 무어스의 말에 따르면, 쥐라기에 유럽을 벗어나서 훗날 되돌아온 이탈리아 자체와도 닮았다. 그는 이탈리아가 아프리카의 한 가지가 되었다고 말하면서, 손으로 잔을 감싸 쥐고 카베르네소비뇽 포도주를 돌린다. 이탈리아는 유럽에서 떨어져나와 아프리카에 붙었다가 나중에 다시 유럽에 충돌했고, 그 과정에서 알프스산맥이 만들어졌다. 두오모의 벽과 지오토의 종탑이 된 투스카니의 사문암은 이런 사연을 배경으로 하는 오피올라이트 조각이다.

마티니의 피노누아는 에스파냐 리오하 고지대의 강한 느낌과 프랑스 메독의 용수철 같은 탄력을 갖고 있다. 무어스는 "프랑스의 클라레 해안"과 에스파냐 북부의 칸타브리아 해안이 보르도를 경첩 삼아 입을 벌리고 있는 조개처럼 생겼다는 것을 알고 있었느냐고 내게 묻는다. 백악기 초기, 대서양이 젊고 좁았을 때, 프랑스 서부와 에스파냐 북부 사이에는 바다가 없었고 경첩은 닫혀 있었다. 이 확장 지역 내에 들어 있던 이베리아반도 전체는 아마 아프리카가 동북쪽으로 움직일 때 함께 잡아당겨졌을 것이다. 그때 생긴 균열이 점점 넓어져서 결국 비스케이만이 되었다. 이베리아반도는 비교적 짧은 기간에 90도를 회전해 현재 위치가 되었을 것이다.

진판델을 음미하면서, 무어스는 영국에 대해 "실루리아기 말에 일어난 충돌의 부스러기"라고 요약한다. 그는 영국에 프란시스코 멜란지와 유사한 멜란지들이 있다고 말한다. 이를테면 웨일스의 카니번셔와 앵글시가 그런 곳이다. 충돌 지역은 훗날 대서양이 벌어지면서 해체된 것으로 보인다. 프랑스 중부의 고원지대인 마시프상트랑은 실제로 북부 애팔래치아산맥과 연결된다. 남부 애팔래치아산맥은 뉴저지로 올라갔다가, 바다를 건너서 북아프리카의 아틀라스산맥, 이베리아 고원, 피레네산맥으로 이어진다. 이 지역들은 훗날 에스파냐가 회전할 때 압축되면서 더 높아졌다.

내파밸리 리저브 프티시라를 맛보는 동안, 나는 얼마 전에 가봤던 알래스카 브룩스산맥 이야기를 꺼낸다.

무어스의 말에 따르면, 브룩스산맥은 알래스카 위에 얹힌 다른 대륙의 한 조각이다. 그 대륙 조각은 섭입대를 들이박고, 오늘날 브룩스산맥의 남쪽 비탈에 해당되는 위치에 오피올라이트를 끼워넣었다. 그 후 이어진 충돌로, 그 대륙 조각이 휘어져서 산맥이 되었다.

"언제요?"

"잘 기억이 안 나요. 쥐라기거나, 아니면 백악기 초기일 거예요."

알래스카 중서부에 위치한 수어드반도는 쥐라기의 청색편암으로 이뤄져 있으며, 오피올라이트 암석으로 둘러싸여 있다. 하지만 수어드반도가 어디에서 왔는지는 아무도 모른다. 이 문제와 관련해서, 무어스는 알래스카의 어떤 곳도 유래를 확실히 알지 못한다고 덧붙인다. 알래스카 전체는 중생대에 북아메리카 쪽으로 떠밀려온 조각들로 이뤄진 것으로 보인다. 매킨리산 근처에서 동서로 뻗어 있는 디날리 단층의 남쪽에는 거대한 암층이 있다. 지질학자들에게 랭걸리아라고 알려진 이 암층은 해저 고원 위에 발달한 호상열도였다. 무어스의 묘사에 따르면, 매킨리산은 랭걸리아 암층이 당도한 이후에 올라온 "화강암 조각"이다. 그리 오래지 않은 과거에, 일본은 아시아 대륙에 부착되어 있다가 떨어져 나왔다. 일본은 1년에 1센티미터씩 북아메리카 쪽으로 이동하고 있다. 8억 년 후에는 어쩌면 알래스카의 일부가 될지도 모른다.

루이스 마티니 와이너리의 업무 교대 시간이다. 직원이 바뀐다. 이제 막 출근한 직원은 퇴근하는 동료에게 말한다. "조심해서 가요. 아주 난리예요. 도로가 다 꽉 막혀 있어요."

———

루이스 마티니 와이너리에서 우리가 이야기를 나눈 해는 1978년이었다. 당시에는 판구조론이 나온 지 10년밖에 되지 않았고, 무어스처럼 말하면 대체로 얼간이 취급을 받았다. 나는 당시에 그런 포도주를 마셨다고 기억되지만, 알 길은 없다. 오피올라이트와 지구의 구조 운동에는 변화하는 지구의 면면이 잘 기록되고 묘사되어 있기 때문에, 오랜 시간에 걸쳐 무어스와 나는 그 주제에 관한 이야기를 자주 나눴고, 지금부터는 그런 모든 대화 중 하나를 맛보기로 소개하려고 한다. 나는 무어스의 이야기를 통해서, 1970년대와 1980년대와 1990년대의 일부 지질학적 사고에서 드러나는 기대감을 종합해봤다.

이리저리 장소를 옮겨다니고 자유롭게 시간을 넘나들려면, 지난 15억 년간의 판구조에 관한 이야기를 잘 기억해두는 편이 좋을 것이다. 이 이야기는 기본적으로 로디니아와 판게아라는 두 초대륙의 뭉침과 흩어짐으로 요약할 수 있다. 오늘날에는 로디니아의 산맥을 볼 수 없지만, 일부 오피올라이트에 남아 있는 선명한 흔적들은 그 선캄브리아 시대의 산맥들을 만든 충돌을 가늠하게 해준다. 약 6억 년 전에 로디니아가 분리된 후, 그 조각들로 이뤄진 세계지도는 다른 행성의 지도라고 할 수 있을 만큼 오늘날과는 완전히 딴판이었다. 이를테면 카자흐스탄은 노르웨이 옆에 붙어 있었고, 그 옆에는 뉴잉글랜드가 있었다. 지금으로부터 2억5000만 년 전에는 흩어졌던 대륙들과 미소대륙들이 다시 모여서 판게아가 만들어졌다. 그때의 봉합선은 조금 희미해지기는 했어도 오늘날의 지형에 또렷하게 남아 있다(우랄산맥과 애팔래치아산맥). 판게아가 다시 흩어지기 시작한 중생대에는 대서양이 만들어졌을 뿐 아니라, 대륙들도 현재 지도에 위치한 방향으로 움직이면서 벌어지기 시작했다.

구조적으로 어디에 놓이든지, 오피올라이트는 연속적인 초대륙에 관한 일반적인 이야기 속에서 그 지역의 지리적 역사를 끌어낸다. 오피올라이트가 있다는 것은 그 오피올라이트가 대륙의 가장자리에 달라붙는 동안 크기를 알 수 없는 대양 분지가 사라졌다는 의미다. 그 사라진 대양 분지의 크기는 태평양에 맞먹을 수도 있다. 무어스는 오피올라이트의 기원에 관한 책을 계획하고 있다. 책의 제1장은 아마 오늘날 오스트레일리아 북부 해안에 복잡하게 흩어져 있는 섬들과 이제는 캘리포니아로 합쳐져 있으나 한때는 북아메리카 서쪽에 있던 패럴론해를 듬성듬성 채우고 있던 지괴들 사이의 유사성에 관한 이야기일 것으로 추측된다. 혼란스러운 지구의 한 조각인 오늘날의 오스트레일리아 북부는 인도-오스트레일리아판, 유라시아판, 태평양판이 서로 부딪치면서 만들어졌다. 그로 인해 지각은 잘 삶아진 달걀 껍데기에 강한 충격이 가해졌을 때처럼 아주 작은 판들로 부서졌다. 작은 조각들은 여전히 단단하고 그 자리에 있지만, 지각은 산산이 깨졌다. 미소판 중에서 가장 크기가 큰 필리핀판은 깊이가 10~11킬로미터인 해구로 둘러싸여 있다. 필리핀판의 동쪽에서는 태평양판이 필리핀판의 아래로 파고들고 있다. 필리핀판의 서쪽에서는 아시아의 지각판이 마리아나 해구 속으로 들어가고 있다. 그곳에서는 용융된 지각이 루손섬 서쪽에 호를 형성했고, 타이완이 중국 본토에 접안하려 하고 있다. 이런 변화는 그 지역에 있는 다른 여러 미소대륙과 소규모의 대양 분지에서 일어나고 있는 일들에 비하면 꽤 단순한 편이다. 그 지역의 어떤 섭입대는 확실히 뒤집히는 과정에 있고, 다른 섭입대는 뒤로 휘어져 있으며, 또 다른 섭입대는 양끝이 거의 만나서 원을 그릴 정도로 둥글게 말려 있다. 이런 판구조 운동의 사육제에서는 호상열도와 호상열도 사이의 충돌, 호상열도와 대륙 사이의 충돌이 무수히 일어난다. 북아메리카 서부의 이야기처럼, 대륙에 부착되기 전에 다른 호상열도와 합쳐지고 있는 것처럼 보이는 호상열도도 있다.

인도-오스트레일리아판의 해양지각이 자바 해구 속으로 들어가면서, 수마트라와 자바와 발리를 포함하는 안다만 제도에서 반다해까지의 지역에 호가 형성되었다. 오스트레일리아의 대륙붕이 해구로 밀려들어가면서 파푸아 오피올라이트가 생성되고 있는 곳에서는 오스트레일리아 대륙의 퇴적층이 우그러지면서 약 4900미터를 솟아올랐고, 그로인해 뉴기니섬의 대부분이 만들어졌다. 무어스의 예상에 따르면, 이제 섭입대가 뒤집히면서 태평양판이 오스트레일리아의 밑으로 미끄러져 들어가기 시작할 것이다. 이 사건과 관련해서, 그는 "오스트레일리아는 계속 나아가면서 필리핀과 그 사이에 놓인 모든 섬을 집어삼킨 다음, 동쪽으로 향하는 일본에 따라붙을 것"이라고 말한다.

"그러니까 그 말은 북쪽으로 기울어져 있는 섭입대가 진자처럼 방향을 바꿔서 남쪽으로 기울어진 섭입대가 된다는 건가요? 그게 가능해요?"

"지금 그런 일이 일어나고 있는 것 같아요. 지진파 탐사 결과로는 그렇게 보여요. 현재 판의 가장자리에는 마술처럼 변함없이 그대로인 것은 없어요. 특히, 섭입대로 들어가는 판의 가장자리는 특성이 아주 쉽게 바뀔 수 있어요."

시에라네바다산맥의 마더로드 근처에는 판구조론자들이 보기에 한 쌍의 해구가 쥐라기에 함께 있었던 것으로 보이는 지질학적 특성을 나타내는 곳이 있다. 그곳에는 확실히 확장 중심부가 없었고, 두 해구는 그 사이에 놓인 지각을 먹어치우기만 했다. 그 과정에서 소화되지 않고 들러붙은 천매암, 처트, 규질점토암, 석회암이 오번에서부터 위로 올라가면서 놓여 있다. 양쪽에서 해구가 잠식해 들어오면서 확장되지 않는 해저를 소멸시킨다는 발상은 많은 사람에게 특별히 더 억지스럽게 보였다. 그러나 1970년대 후반, 정확히 그런 방식으로 활동하고 있는 한 쌍의 해구가 술라웨시해에서 발견되었다. 두 해구는 서로 점점 다가가고 있고, 그 사이에 놓인 지각은 사라져가고 있다. 지질학자들은 수심측정기와 지진계를 통해서 이런 일이 일어나고 있다는 것을 관측할 수는 있지만, 그 이유를 설명하지는 못한다.

세계 지질도 위에서, 무어스는 손가락을 북쪽으로 움직이면서 베이징에서 시베리아까지 오피올라이트를 따라간다. 지도에는 몇 개의 나란한 선이 선캄브리아 시대의 두 대륙 지괴를 연결하고 있다. 그의 지도는 러시아 지도이기 때문에 지명이 키릴 문자로 쓰여 있다. 하지만 과학에서 쓰이는 색과 기호는 국제적으로 동일하기 때문에 암석을 읽을 수는 있다. "이 봉합선들은 중국과 시베리아가 두 개나 세 개의 바다에 의해 분리되어 있었다는 것을 알려줘요. 그 바다들은 고생대에 사라졌어요."

중국에서 북쪽에 있는 베르호얀스크산맥은 시베리아를 통과해 북극권의 랍테프해까지 구불구불하게 이어진다. 거대한 지괴들은 베르호얀스크산맥에서 동쪽으로는 3200킬로미터, 서쪽으로는 6400킬로미터 떨어진 곳까지 뻗어 있으며, 산맥 자체에는 지금은 사라진 바다의 확장 중심부에서 유래한 암석이 들어 있다. 베르호얀스크산맥의 오피올라이트는 연대가 백악기 초기이므로, 판게아의 형성과 연관 있는 중국의 봉합선보다 최소 1억 년 뒤에 만들어졌다. 베르호얀스크의 충돌은 판게아가 갈라지기 시작한 후에 일어났다. 대서양이 넓어지면서 북아메리카판은 서쪽으로 이동하고 유라시아판은 동쪽으로 이동하는 동안, 두 지괴는 지구의 거의 절반을 돌아 마침내 서로 닿았고, 베르호얀스크 산맥을 만들었다. 이곳은 실제로 아시아와 북아메리카가 만나는 판의 경계였다. 알래스카와 시베리아 사이에 놓인 추크치해와 베링해는 북아메리카 대륙을 덮고 있는 물에 불과하다.

무어스는 우랄산맥이 있는 서쪽으로 움직인다. 우랄산맥에는 측면을 따라 오피올라이트가 늘어서 있는데, 이 오피올라이트는 고생대 중반인 실루리아기에 유럽과 아시아를 분리하는 바다의 가장자리에서 얹혔다. 그 뒤에 이어진 충돌은 1억 년 후인 미시시피기가 되어서야 시작되었다. 오피올라이트가 생성되고 대륙 대 대륙의 충돌이 일어나기까지 그렇게 오랜 시간이 걸렸다는 것은 대단히 넓은 범위에 걸쳐 해저가 소멸되었다는 것을 의미한다. 적어도 1600킬로미터 너비의 대양이 사라진 것이다. 러시아 지질학자들은 이 바다를 고‡아시아해라 부른다. 마침내 충돌이 일어났고, 이 충돌로 2억5000만 년 전에 판게아가 완성되었다.

나는 북극점에서 10도 떨어져 있는 스피츠베르겐섬과 나머지 스발바르 제도를 손으로 가리키면서 그에게 묻는다. "이 섬들은 뭔가요?"

그는 대서양을 따라 내려오면서 그 섬들의 이야기를 앨라배마와 연결시킨다. 판게아가 합쳐지는 동안 사라진 여러 대양 분지 중에서 가장 집중적으로 연구된 곳을 지질학자들은 아틀라스의 아버지의 이름을 따서 이아페투스해라고 부른다. 이아페투스해는 하나의 대양 분지일 수도 있고 여러 대양 분지의 집단일 수도 있으며, 오늘날 유럽과 아프리카와 북아메리카의 상당 부분에 해당되는 대륙 지괴 사이에 놓여 있었다. 이아페투스해는 오늘날의 대서양보다 더 컸던 것으로 보인다. 지금으로부터 5억 년 전, 4억 년 전, 3억 년 전으로 시간이 흐르는 동안 이아페투스해는 점점 좁아졌다. 이아페투스해의 양쪽 가장자리에 있던 육지는 오늘날의 유럽이나 북아메리카와는 형태나 배치가 완전히 달랐지만, 현재 그 지역에서 볼 수 있는 암석으로 구성되어 있었다. 이아페투스해에는 호상열도와 해구가 있었고, 확장 중심부와 미소판과 섭입대와 주향 이동 단층과 많은 섬이 있었다. 이곳은 중생대의 캘리포니아 앞바다인 패럴론해와 많은 부분이 비슷했고, 오늘날의 태평양 서남부와도 비슷했다. 그리고 충돌이 일어났다. 이아페투스를 소멸시키고 그 사이에 놓인 섬들을 누른 고기처럼 압축시킨 이 충돌은 스피츠베르겐 근처에서 시작되어 거침없이, 단속적으로 남쪽으로 내려갔다. 옛 지질학의 설명에 따르면, 이것은 연속적으로 일어난 칼레도니아 조산운동, 타코닉 조산운동, 아카디아 조산운동, 앨리게니 조산운동이었다. 이 조산운동 사건들은 오피올라이트라는 뚜렷한 흔적을 남겼다. 이를테면 호상열도의 접안을 나타내는 신호인 뉴펀들랜드, 퀘벡, 버몬트의 오피올라이트는 오랫동안 타코닉 조산운동이라고 알려져 있었다. 판구조론의 초창기에는 뉴잉글랜드와 캐나다 동부에서 연이어 일어난 조산운동이 대륙 대 대륙의 충돌 결과로 여겨졌다. "타코닉 조산운동은 오피올라이트 암층이 북아메리카 대륙에 충돌한 것이에요. 그게 끝이에요." 무어스가 말한다. "그것은 해양 암층이었고, 아직 유럽은 아니었어요. 그 암층이 북아메리카에 충돌한 것이죠." 뉴잉글랜드가 조립되는 동안, 그 후로 최소 둘 이상의 호상열도가 더 들어왔다. 고생대의 북아메리카 동부 해안 지대에서 일어난 이런 호상열도의 부착은 중생대에 일어난 캘리포니아의 형성과 놀라울 정도로 흡사하다.

대륙들이 충돌할 때, 아프리카와 맞닿아 있었던 곳은 다름 아닌 미국의 옛 남부였다. 약 1억5000만 년 후, 미국 남부에서 아프리카가 떨어져 나갈 때 남은 큰 조각이 바로 플로리다이다. 무어스의 말에 따르면, 오늘날 플로리다를 덮고 있는 "많은 현대의 석회암은 애팔래치아 봉합선 위에서 발달했고, 이것은 플로리다 북부와 대륙붕 아래에서 지진학적으로 추적할 수 있다."

나는 생각을 정리하면서 조심스럽게 그에게 말했다. "플로리다를 덮고 있는 바다 모래 아래에는 석회암이 있고, 그 아래에는 고생대 암석이 있는데, 그 고생대 암석이 아프리카에서 왔다, 그 말이죠?"

"맞아요. 플로리다 남부는 대서양이 만들어질 때 아프리카가 남기고 간 조각이에요."

"플로리다 사람들은 남부 플로리다를 북부라고 하고 북부 플로리다를 남부라고 해요."

"문명은 지질학을 반영하는군요."

뉴욕의 스태튼섬 동남부는 이아페투스해의 서북부 해저에서 유래한 오피올라이트에 붙어 있는 유럽의 한 조각이다. 캐나다의 노바스코샤도 유럽에서 유래했고, 캐나다 뉴펀들랜드 동남부도 마찬가지다. 스코틀랜드의 하일랜드 서북부는 아메리카 대륙에서 유래했다. 노르웨이도 대부분이 그렇다.

대서양이 계속 넓어지는 동안, 테티스해의 서부, 즉 지중해는 집게처럼 닫히고 있었다. 이 집게의 고정점은 카사블랑카에서 서쪽으로 약 1600킬로미터 떨어진 대서양의 지각에 있었다. 처음에 확장되던 테티스해가 나중에 대서양을 벌린 힘의 영향으로 좁아지면서 길어지기까지 하는 동안, 전쟁터나 다름없던 지중해의 해저에는 오피올라이트 조각이 대양 분지 여기저기에 포탄 껍데기처럼 흩어졌다. 지중해의 이야기를 다루는 장으로 들어가면, 그런 오피올라이트가 알프스산맥, 코르시카섬, 아펜니노산맥, 카르파티아산맥, 디나르알프스산맥, 핀도스산맥, 크레테섬, 키클라데스 제도, 터키 서부 전역에 걸쳐 나온다.

지중해에는 구조 운동의 잔해가 가득한데, 그중에서도 가장 크고 파괴적인 사례는 이탈리아 미소대륙이다. 아드리아판이라고도 불리는 이탈리아 미소대륙의 서쪽 경계는 백악기 후기의 해안에 있던 섬입대다. 이것이 용융되어 베수비오산이 되고, 압축되고 뒤틀려서 아펜니노산맥이 된다. 이탈리아 미소대륙의 북쪽 경계는 스위스에 있다. 거기서 동북쪽으로 라인강을 따라 리히텐슈타인으로 가서 동쪽으로는 오스트레일리아의 알프스산맥과 빈을 포함시키고 자그레브와 사라예보를 따라 남쪽으로 내려간 다음, 그리스 마케도니아 지방의 부리노스 오피올라이트를 지나서 펠로폰네소스반도 중부에서 다시 이탈리아로 돌아온다. 쥐라기에는 이탈리아 미소대륙이 아프리카의 영구적인 일부가 되기 위한 시도가 있었다. 대서양이 벌어지면서 아프리카가 동북쪽으로 움직이는 동안, 이탈리아는 제자리로 되돌려졌다. 그때 밀려올라간 테티스해의 해양지각은 알프스산맥의 오피올라이트가 되었다. 알프스산맥의 충돌은 지금으로부터 5000만 년 전인 에오세에 시작되었고, 아직 완전히 끝나지 않았다.

오만의 무스카트는 감람암 절벽 위에 놓여 있으며, 지구에서 유일하게 맨틀 암석으로 만들어진 수도다. 오만의 북부는 거의 다 오피올라이트인데, 테티스해가 닫힐 때 아라비아의 대륙붕에 의해 융기된 것이다.

아프리카를 구성하는 네 개의 큰 덩어리인 서아프리카 크레이톤, 콩고 크레이톤, 짐바브웨 크레이톤, 칼라하리 크레이톤은 연대가 시생누대까지 거슬러 올라가는 30억 년 이상 된 지괴다. 오랫동안 지질학에서 대륙의 기반암, 대륙의 순상지, 대륙의 핵으로 정의되어온 크레이톤은 더 젊고 더 눈에 잘 띄는 암석이 부착되는 아주 오래된 기반암이다. 이제 판구조론은 대륙의 더 오래된 부분도 젊은 부분처럼 자체적으로 조립되었다는 것을 암시한다(모두가 그렇게 받아들이는 것은 아니다). 이를테면 아프리카의 크레이톤들은 변형대에 의해 분리되어 있는데, 이런 변형은 시생누대 이후에 일어났지만 선캄브리아 시대에도 한참 동안 있었다. 아마 이전에 존재하던 대양이 사라진 곳에 있는 봉합대에는 변형된 암석이 있을 것이다. 만약 당시에도 지금처럼 판구조 운동이 작용하고 있었다면, 그때 사라진 아프리카 바다의 지각들은 오피올라이트 층서의 암석이 되었을 것이다. 아프리카 서남부에 위치한 칼라하리 사막, 수단, 이집트, 아라비아반도, 사하라 사막 서부의 부아제르에는 선캄브리아 시대 후기의 오피올라이트가 있다. 무어스는 수단, 이집트, 그 밖의 다른 아프리카 지역에도 외래 암층이 가득하다고 말한다. 그의 말에 따르면, 호상열도는 "선캄브리아 시대 후기에 으스러지면서 들어왔다". 그는 계속해서 이렇게 말한다. "오랫동안 지질학자들은 아프리카가 그 자리에서 발달한 것으로 생각해왔지만, 그 이야기는 아마 잘못되었을 거예요. 선캄브리아 시대에 일어난 판의 이동에 관해서는 알려진 것이 아주 적어요. 내 생각에는 이것이 오피올라이트 이야기에서 일종의 미지의 신개척지인 것 같아요."

더 최근에 일어난 판의 움직임은 훨씬 쉽게 알아볼 수 있다. 세계지도에서 남극, 남아메리카, 아프리카, 오스트레일리아를 보면, 대륙들이 서로 갈라졌다는 것을 알아볼 수 있다. 마음속으로 곤드와나를 다시 모은 다음, 그것이 흩어지는 것을 지켜보자. 백악기에는 아프리카와 남아메리카가 남극에서 떨어져나오기 시작하고, 그다음에는 아프리카와 남아메리카가 갈라진다. 인도는 아직 아프리카 남부의 일부분이지만, 곧 떨어져나올 것이다. 오스트레일리아는 에오세가 될 때까지 남극에 붙어 있다가 분리되어 자체적인 판을 형성하고, 북쪽으로 이동한다. 인도와 오스트레일리아는 한동안 따로 움직이다가, 결국 서로 달라붙어서 하나의 판이 된다.

마다가스카르가 아프리카에서 분리되기 시작하고 얼마 지나지 않아, 인도도 아프리카에서 떨어져나온다. 그러나 인도는 마다가스카르보다 훨씬 더 멀리 이동한다. 세이셸도 같은 방식으로 아프리카를 떠난다. 비스듬하게 균열이 생기면서 확장 중심부가 있는 작은 대양 분지가 만들어지고, (캘리포니아만처럼) 계단 모양의 기하학적 구조를 이루는 그 확장 중심부에서는 짧은 해령들이 긴 변환단층으로 연결되어 있다. 이 확장이 멈추면, 마다가스카르와 세이셸은 다시 아프리카판에 합류할 것이다.

나는 샌앤드레이어스 단층 같은 변환단층이 해저에는 많지만 육상에는 왜 그렇게 드문지를 무어스에게 묻는다.

무어스는 이렇게 말한다. "왜냐하면 육상에 그런 환경이 나타나면, 변환단층이 육지를 빠르게 집어삼켜서 해양 변환단층으로 바꿔놓기 때문이에요. 어떤 변환단층은 인도를 아프리카에서 옮겨놓았어요. 마다가스카르 동쪽 해안을 봐요. 길게 일직선을 이루는 이 해안선이 인도가 떨어져나간 곳이에요. 인도에서 여기에 대응하는 곳은 서고츠산맥 아래에 있는 말라바르 해안이에요. 길게 일직선을 이루고 있죠. 샌디에이고와 로스앤젤레스와 그 외 다른 지역을 포함하는 캘리포니아의 샐리나스 지괴는 바다가 있는 서북쪽으로 계속 움직이면서 북아메리카 대륙에서 떨어져나갈 거예요. 예전에 단층으로 갈라진 뉴질랜드 남섬은 다시 갈라질 거예요. 아프리카 적도 지역과 브라질 동북부는 슬며시 멀어졌고, 그 사이에 바다가 발달했어요."

나는 전 세계 판의 경계선은 대부분 확장 중심부와 섭입대가 차지하고, 변환단층은 거의 없는 이유를 묻는다.

무어스는 "지구가 구이기 때문"이라고 답한다. "확장 중심부의 곡선과 섭입대의 곡선은 서로 만나거나 거의 만나다시피 할 거예요. 캘리포니아처럼 두 곡선이 만나지 않는 곳에서는 변환단층을 볼 수 있어요."

인도가 아프리카에서 분리될 때, 인도의 지리적 중심은 현재 희망봉의 위치보다 1600킬로미터 남쪽에 있었다. 인도와 티베트의 사이에는 길이 4800킬로미터의 테티스해가 가로 놓여 있었다. 동북쪽으로 움직이는 인도의 이동 속도는 판의 이동 역사에서 계산 가능한 다른 어느 대륙보다 빨랐다. 인도가 통과한 경로에는 최소 하나 이상, 어쩌면 다수의 호상열도가 있었다. 또 미소대륙들도 있었다.

히말라야산맥과 그 주변에는 그 지역 테티스해의 소멸을 설명하는 오피올라이트 층서가 잘 보존되어 있다. 파키스탄의 오피올라이트도 여기에 포함된다. 1971년에 인도-파키스탄의 전쟁이 일어나기 전까지, 그 오피올라이트는 지질학에서 힌두바그 복합체라고 알려져 있었다. 이 제는 무슬림바그 복합체라 불린다. 이 복합체는 인더스강 동쪽의 인더스 협곡에서 장포강과 브라마푸트라강까지 2000킬로미터에 걸쳐 이어지며, 그 길을 따라 지방마다 다른 이름으로 불린다. 이 연속적인 오피올라이트 지대는 백악기 말에 확장 중심부에서 형성된 해양지각으로 이뤄져 있으며, 인도가 북쪽으로 향하는 여정을 절반쯤 완수했을 무렵인 팔레오세에 인도 북부 가장자리에 얹혔다. 아마 인도는 해구에 닿아서 그 해구를 틀어막고, 해구 뒤에 늘어서 있는 호상열도와 그 주변의 해양지각을 밀어올렸을 것이다. 어쨌든, 무어스는 그런 방식의 이야기를 한다. 그는 오피올라이트를 옛 서부에서 배장기cowcatcher(기관차 앞에 달아서 선로 위의 있을지 모를 장애물을 제거하는 장치―옮긴이)가 달린 열차 앞에 놓인 소에 비유한다. 오피올라이트가 얹혔고 그 뒤에 놓인 호상열도가 (약 6000만 년 전에) 인도 위로 휩쓸려 올라갔을 때, 오스트레일리아는 아직 자체적인 판 위에 놓여 있었다. 에오세에 두 지각판이 합쳐진 후, 이제 지질학자들이 인도-오스트레일리아판이라고 부르는 거대한 판이 수천만 년 동안 북쪽으로 계속 움직였다. 그다음, 인도는 망치 머리처럼 아시아의 본토를 들이받았다. 무어스는 이 충돌이 이제 막 시작되었다고 생각한다.

당대의 모든 대륙 간 충돌 중에서 가장 강력한 이 충돌은 종종 정면충돌로 묘사된다. 그래서 마치 인간이 가늠할 수 있는 시간 규모 안에서 일어난 듯한 느낌을 불러일으킨다. 인도가 북쪽으로 움직이는 동안,

최고 속도는 100만 년당 228킬로미터다. 현재의 압축 속도는 그 4분의 1 정도로, 1년에 약 5센티미터를 움직인다. 만약 이것을 스톱모션 방식으로 촬영할 수 있다면, 격렬하게 소용돌이치는 구름이나 피어나는 장미처럼 정말 역동적으로 표현할 수 있을 것이다. 하지만 연간 5센티미터의 이동은 "충돌"이라는 단어를 쓰기에는 너무 느린 조우다.

티베트 쪽으로 다가가는 동안, 인도는 그 사이에 놓인 대륙붕을 찌그러뜨려서 두께 1.6킬로미터가 넘는 암석판을 바다 위로 솟아오르게 했다. 그 일부가 오늘날 에베레스트산의 정상이 되었다. 그 암석판은 처음 만들어진 지하 깊은 곳에서 최소 1만5240미터를 융기해 현재의 위치에 놓였다. 지구의 구조 변화 역사에서 이런 규모의 사건이 몇 번이나 있었는지, 우리는 알지 못한다. 아마 꽤 자주 있었을 것이다.

유라시아판과 인도-오스트레일리아판 사이의 경계는 꽤 분명할 것 같지만, 사실 명확하게 정의되지 않는다. 이 경계는 더 높은 산맥의 북쪽 경사를 따라 오피올라이트가 박혀 있는 인더스 봉합선처럼 단순하고 정확하지 않다. 비록 히말라야산맥을 중심으로 들이받는 쪽과 들이받히는 쪽이 명확하게 갈리는 것처럼 보이기는 하지만, 그 경계를 히말라야산맥으로만 한정할 수는 없다. 인도-오스트레일리아판과 유라시아판의 경계는 갠지스강 북부에서 바이칼호까지 3200킬로미터에 걸쳐 모호하게 놓여 있다. 이 경계는 한때 별개의 판으로 묘사되기도 했는데, 안타깝게도 그 판의 이름은 중국판이었다. 이 지역은 전체적으로 지진이 활발하게 일어난다. 세계에서 가장 높은 고원도 있다. 인도의 충돌로 히말라야 북부에는 안데스산맥과 맞먹는 높이의 산맥이 추가로 형성되었다. 중국 신장의 분지도 이 지역에 포함된다. 이곳은 충돌할 때 아래쪽으로 휘어져서 해수면보다 낮은 땅이 되었다. 중국은 나라 전체가 기본적으로 판의 경계에 속하며, 중국의 암석에서는 변형이 안 된 것을 찾기가 어렵다. 아메리카 대륙을 여행하는 중국 지질학자들은 평평하게 쌓여 있는 퇴적층의 사진을 쉴 새 없이 찍어댄다. 그들은 그런 기본적인 지질 구조를 좀처럼 보기 어렵기 때문이다. 티베트 고원 아래의 지각은 대부분의 대륙 지각보다 두 배 더 두껍다. 그렇게 된 까닭은 북쪽으로 밀고 올라가는 인도-오스트레일리아판 때문인 것으로 보인다. 1년에 5센티미터씩 가차 없이 전진하기 위해서는 온갖 것이 튀어나오거나 밀려나야 할 것이다. 산맥은 솟아오른다. 고원은 두터워진다. 그러나 이 두 가지 변화로는 이 압축이 전부 충분히 설명되지는 않는다. 한 프랑스 구조학자 집단의 연구가 나온 뒤로는 동남아시아의 큰 부분도 한쪽으로 힘을 받고 있다는 것에 동의하는 지질학자들이 늘어나고 있다. 미얀마와 인도가 만나는 곳의 고산지대는 거의 직각으로 꺾여서 동남쪽으로 내려간다. 이것을 버마 신탁시스(신탁시스syntaxis는 산맥에서 굽은 곳을 가리키는 용어)라고 하는데, 모든 거대한 강이 이 근처에서 시작된다. 벵골만에서 남중국해에 이르기까지 동남아시아 전역을 흐르는 브라마푸트라강, 메콩강, 이라와디강, 살윈강은 처음에는 나란한 계곡을 따라 흐르기 시작한다. 이 계곡들을 조절하는 긴 주향 이동 단층은 샌앤드레이어스 단층처럼 움직인다. 프랑스의 구조학자들은 베트남, 라오스, 타이, 캄보디아, 미얀마를 포함한 인도차이나반도 전체가 이 주향 이동 단층 사이에서 마치 거대한 탈장처럼 대륙에서 삐져나와 동남쪽으로 미끄러지고 있다고 주장한다. 기복도를 보면, 인도가 아시아에 부딪히면서 그 지역의 땅을 모두 동남쪽으로 밀어내고 있는 것처럼 보인다. 이론 구조학자들 사이에 받아들여지면서, 이 메커니즘은 대륙 탈출continental escape이라고 알려졌다.

오늘날 지향사 주기가 그렇듯이 언젠가는 판구조론도 그럴싸한 허구로 밝혀질 날이 올 수 있다고 생각하는지 무어스에게 물어본다.

"세계의 일부 지역에 대해서는 그럴 수 있다고 생각해요." 그가 대답한다. "중앙아시아에서 일어나고 있는 일이 무엇이든, 판구조론에서는 아무도 생각해보지 않아요. 하지만 지표면에서 일어나고 있는 과정의 80퍼센트에 대한 설명으로서, 판구조론은 탄탄한 편이에요." 그는 화산학자 앨릭스 맥버니의 말을 되풀이하며 이렇게 말한다. "'앞으로 10년 안에 우리가 현재 느끼고 있는 당혹감은 상상도 못 할 수준의 정교함으로 승화될 것'이라는 말을 기억하자고요."

(아니면 마크 트웨인이 했다고 알려진 말처럼, "연구자들은 이미 그 주제에 깜깜한 어둠을 드리우고 있다. 만약 그들이 조사를 이어간다면, 우리는 곧 그것에 대해 아무것도 모르게 될 것이다.")

내가 오류에서 발견으로, 그리고 다시 오류로 휘청거리며 나아가는 과학을 따라가고 있다는 생각이 든 것은 처음이 아니다. 판구조론의 초기 발견 일부를 설명하려는 내 노력 속에는 초기의 오해 역시 일부 보존되어 있을 것이다.

"그럴 수밖에 없어요." 무어스도 동의한다. "그것이 과학의 특성이에요. 지질학도 확실히 예외는 아니죠." 그의 스승이자, 참전 군인으로 예비역 해군 소장이기도 한 해리 헤스는 언젠가 무어스에게 이렇게 말했다. "지질학자는 물리학자나 화학자보다 정보 장교로서 더 뛰어난 자질을 갖고 있다. 결함이 있는 자료로 판단을 내리는 일에 익숙하기 때문이다."

사라진 지형을 어렴풋이 묘사하는 자료는 사실 무수히 많다. 그림들이 가장 명확해지는 곳에서는 그 자료들이 교차 검증으로 확인되는 일이 많다. 이를테면 오피올라이트의 이야기는 그 암석의 자기장에 보존된 고대 위도를 따를 것이다. 화석 기록은 일치하지 않으면 안 된다. 주향 이동 단층에 경관이 분할되어 서로 다른 방향으로 이동한 곳에서는 어긋난 모양을 맞춰봄으로써 시공간을 추적할 수 있다. 퇴적층, 청색편암 지대, 저반 지대, 스러스트 지대, 멜란지가 모두 어우러져서 무슨 일이 있었는지를 말해줄 것이다. 만약 이런 것들이 동시에 나타나지 않는다면, 그것은 없었던 일이다.

폭 3220킬로미터인 아시아판의 경계는 세계 어느 곳보다 판구조론을 더 복잡하게 만드는 곳이지만, 미국 서부도 그에 못지않게 복잡하다. 무어스 주위의 지질학자들 중에는 솔트레이크시티의 위치가 북아메리카판과 태평양판 사이의 복잡하고 어수선한 동쪽 경계라고 믿는 사람이 점점 늘어나고 있다. 판의 경계가 완전히 달랐던 그리 멀지 않은 과거에는, 다시 말해서 북아메리카 앞바다에서 해구가 패럴론판을 집어삼키고 있을 때, 알래스카에서 멕시코까지 이어지는 로키산맥이 나타났다. 주류적인 방법으로는 이것이 잘 설명이 되지 않는다. 세계지도에서 히말라야와 그 북쪽까지 추가적인 변형을 일으키면서 아시아에 충돌하고 있는 인도를 보면, 미국 서부 해안에는 왜 인도와 같은 것이 없는지 궁금할 수도 있을 것이다. 확실히, 스마트빌 지괴와 다른 호상열도의 부착이 산맥의 압축에 뭔가 보탬이 되기는 하겠지만, 그런 암층들의 충격은 대륙의 3분의 1을 변형시키기에는 뭔가 부족해 보인다. 서쪽으로부터 힘이 가해지면서 산맥이 형성된 것은 분명하다. 하지만 그 힘은 무엇이었을까? 만약 충돌하는 지괴의 힘이었다면, 그 지괴는 어디로 갔을까?

3200킬로미터에 달하는 미국 서부 해안을 따라 위로 올라가면서 쭉

갠지스강

브라마푸트라강

양쯔강

누강

이라와디강

메콩강

훑어보면, 적어도 인도만 한 크기로 튀어나온 땅덩어리를 볼 수 있다. 어느 날 나는 지도를 뚫어지게 쳐다보다가, 무어스에게 내 황당한 과학적 설명을 한번 들어봐줄 것을 부탁한다.

"말해봐요." 그가 말한다.

"알래스카는 북아메리카의 사라진 인도인가요?"

"그래요."

"알래스카는 한 번이 아니라 조금씩 연속적인 충돌로 캘리포니아의 위도에서 북아메리카에 부딪힌 다음, 변환단층을 벗어나서 현재 위치까지 북쪽으로 미끄러져 올라간 것인가요?"

"알래스카는 정확히 그렇게 움직였어요. 브룩스산맥이 그 자리를 빙 두르고 있을 때, 알래스카의 나머지 부분은 거기에 하나도 없었어요. 브룩스산맥 아래로, 알래스카는 모두 외래 암층으로 이뤄져 있어요. 그 암층들은 남반구, 심지어 태평양 서부에서도 온 것으로 보여요. 각각의 부분이 모두 어디에서 유래했는지 우리는 전혀 모르지만, 많은 부분이 이곳 캘리포니아에서 충돌한 다음에 변환단층을 따라 북쪽으로 올라갔어요. 소노미아나 스마트빌 같은 지괴는 아마 잘려서 북쪽으로 올라간 큰 암층의 조각들일 거예요."

애리조나대학의 조지 제럴스와 캘리포니아 공과대학의 제이슨 살리비는 방사성 연대 측정법, 고지자기학, 화석 대비, 연결 가능한 조산운동들을 통해서, 주노와 싯카를 포함하는 알래스카 동남부의 알렉산더 암층이 오스트레일리아 동부에서 페루를 거쳐 현재 위치에 이르기까지 북쪽으로 약 1만 6000킬로미터를 이동했다고 제안했다. 밴쿠버섬은 그 뒤를 따라온 것으로 보인다. 고지자기에 나타난 바에 따르면, 밴쿠버섬은 볼리비아 정도의 위도에서 출발해 에오세에 그곳에 당도했다.

이런 여정은 무어스가 상상한 5억 년 전 세계의 모습에 비하면 다소 평범해 보인다. 1991년, 무어스는 남극과 북아메리카 서부가 한때 연결되어 있었다는 주장을 담은 논문을 발표했다. 그것은 로디니아 대륙이 있던 때의 이야기였다. 구조론자들은 얼마 전부터 선캄브리아 시대 최후기에 북아메리카 서부에서 뭔가가 쪼개져서 떨어져나갔을 것이라는 점에 동의하고 있다. 오늘날 누비아 – 아라비아 크레이톤이 쪼개지면서 홍해가 만들어지고 있는 것처럼, 크레이톤이 쪼개지면서 분리되었다는 것이다. 무어스는 그 쪼개진 크레이톤의 반쪽이 남극일 것이라고 제안하면서, 캐나다 동부에서 앨라배마, 텍사스, 애리조나를 거쳐 남극 대륙 동부의 퀸모드랜드까지 이어지는 선캄브리아 시대의 암석을 추적했다. 무어스와 함께 남극에서 야외조사를 수행한 텍사스대학의 이언 디엘은 무어스의 제안을 받아들이고 그의 선캄브리아 시대의 배치를 발전시켜서 로디니아 초대륙을 재구성했다. 디엘과 무어스의 주장에 따르면, 로디니아 대륙에서는 모로코에서 정북으로 가면 아프리카 서부를 가로질러 베네수엘라로 들어가게 된다. 그리고 브라질과 칠레, 웨스트버지니아와 애리조나를 지나서 남극에 이르고, 그 건너편에는 오스트레일리아가 있다. 디엘과 무어스가 그들의 결론을 발표했을 때,『타임』『사이언스뉴스』『뉴욕타임스』『로스앤젤레스타임스』『샌프란시스코 크로니클』『워싱턴포스트』를 비롯한 수많은 언론에서는 이 이야기를 지도와 함께 소개했는데, 그 지도들에 비하면 15세기에 제작된 지도는 정밀한 문서로 보인다.

멕시코를 지나 과테말라로, 거의 온두라스에 닿을 때까지 손가락으로 짚어 내려가면서, 무어스는 오피올라이트 암석이 뒤얽혀 있는 이곳의 동 – 서 단층대가 고생대 북아메리카의 남단이었을 것이라고 말한다.

로디니아가 사라진 후, 과테말라 앞에는 드넓은 바다가 펼쳐졌다. 훗날 판게아가 합쳐질 때, 그곳에는 남쪽과 북쪽이 닿았다.

중생대에 판게아가 갈라지기 시작한 장소 중 한 곳은 미국에서 그리 멀지 않다. 만약 대서양을 둘러싸고 있는 트라이아스기의 암층을 다시 짜맞춰본다면, 암맥들은 바하마의 한 지점에서 방사상으로 뻗어나갈 것이다. 이는 그곳을 중심으로 하는 열점에서부터 판게아의 큰 덩어리가 부서져나갔다는 것을 암시한다. 이 초대륙이 갈라지는 동안 북아메리카와 남아메리카 사이에는 다시 큰 해협이 생겼는데, 사실상 테티스해가 서쪽으로 연장된 셈이었다. 앤틸리스 제도는 없었다. 소앤틸리스, 대앤틸리스 할 것 없이, 현재 카리브해에 있는 호상열도나 섭입대는 전혀 없었다. 깊고 푸른 바다뿐이었다. 그 밑바닥은 해양지각과 맨틀, 즉 오피올라이트 층서가 있었다. 길게 늘어서 있는 호상열도를 만들어낸 카리브판은 훨씬 서쪽에서 밀려와 오늘날의 자리에 정착한 것이 분명하다. 카리브판은 바하마 탁상지와 충돌한 것으로 보이며, 어쩌면 백악기 말에 북아메리카 대륙붕에 부딪혔을지도 모른다. 카리브판이 끼워 맞춰지는 동안, 해양지각의 가장자리가 부서져나갔다. 대양 분지 전역에서 호상열도가 해수면 위로 올라왔고, 해양지각의 조각들도 호상열도와 함께 올라왔다. 그것이 베네수엘라 북부, 쿠바, 히스파니올라, 푸에르토리코 서부의 오피올라이트다. 베네수엘라 해안에서 가까운 마르가리타섬은 하나의 큰 오피올라이트 덩어리로 보인다. 카리브해 중앙에 위치한 케이맨 해구는 해양지각의 두께가 일반적인 해양지각보다 훨씬 두껍다. 판의 중앙에서 일어난 화산활동으로 인해 원래의 오피올라이트 층서 위에 두터운 현무암이 들이부어진 것으로 보인다. "여기 말고 당시에 이런 일이 있었던 곳 중에서 우리가 아는 유일한 장소는 태평양

서부에 있는 나우루 분지예요." 무어스는 이야기를 이어간다. "일부에서는 이 두 장소가 서로 연관 있을지 모른다고 주장하고 있어요. 만약 동태평양 해령과 태평양에 있는 판들을 재구성한다면, 카리브해를 백악기 초기의 나우루 분지와 다시 만나게 할 수도 있어요." 만약 이 유래가 맞는다면, 카리브판은 동쪽으로 약 1만 3000킬로미터를 이동한 것이다.

남아메리카와 북아메리카 사이의 틈은 이후 두 단계에 걸쳐 메워졌다. 카리브판이 당도하고 얼마 지나지 않아, 어디선가 온두라스와 니카라과가 흘러들어왔다. 약 700만 년 전에는 마침내 파나마가 태평양에서 들어왔다. 이 충돌은 코르크 마개가 병 입구로 들어가는 모양을 연상시키지만, 그렇게 깔끔하게 딱 끼워진 것은 아니었다. 파나마는 어떤 호상열도의 일부였고, 그에 앞서는 오피올라이트는 코스타리카에서 콜롬비아의 코르디예라옥시덴탈산맥을 거쳐 에콰도르의 과야킬만까지 이어져 있었다. 따라서 초코 암층이라 불리는 이 호의 길이가 거의 1600킬로미터에 이르렀다는 것을 알 수 있다.

초코 암층의 동쪽에 있는 콜롬비아의 코르디예라센트랄에는 더 오래된 오피올라이트가 있는데, 연속적으로 쌓인 얇은 층 속에는 대륙의 성장이 나이테처럼 기록되어 있다. 무어스는 브라질에서 대륙이 모여든 토대로 보이는 선캄브리아 시대의 오피올라이트들 사이에 있었다. 아르헨티나의 파타고니아 남부에서는 로카스베르데스 복합체라 불리는 기다란 오피올라이트를 추적했는데, 이 오피올라이트는 남위 50도부터 아르헨티나 최남단인 티에라델푸에고까지 나란히 늘어서 있었다. 티에라델푸에고에서 동쪽으로 3200킬로미터 떨어진 대서양에 있는 사우스조지아섬은 부분적으로 오피올라이트로 이뤄져 있으며, 로카스베르데스 복합체에서 이동한 조각으로 여겨지고 있다.

"이동이요?"

"아마 변환단층 위에 있었을 거예요." 무어스가 말한다.

다시 말해서, 사우스조지아섬은 한때 티에라델푸에고의 동쪽 끝에 있다가 떨어져나온 것이다.

티에라델푸에고의 다른 부분도 떨어져나갔지만 다시 돌아온 것으로 보인다. 무어스와 다른 연구자들은 그 지역에 대한 지질 탐사 항해를 하던 1989년에 어느 정도 이런 결론을 내렸다. 마젤란 해협이 가로질러 놓여 있는 한 오피올라이트 복합체에 대해, 그들은 남아메리카의 한 조각 뒤에 호상으로 자리한 분지, 즉 배호 분지라고 해석한다. 남아메리카의 그 조각은 서쪽으로 이동하다가 방향을 바꾸었다. 어쩌면 사우스조지아섬도 다시 돌아올지 모른다.

안데스산맥의 고원 지대를 따라, 에콰도르에서 남위 50도까지는 오피올라이트가 알려져 있지 않다. 전 세계 판의 경계, 아니 이전 판의 경계에 있는 다른 모든 산맥 지대와 닿아 있는 이야기는 여기서 난데없이 맥이 끊겨버린다. 알래스카에서 에콰도르까지 쭉 판구조 속에 욱여넣고 있었는데, 갑자기 오피올라이트가 사라진 것이다. 오피올라이트가 사라진 구간의 거리는 적도에서 시애틀까지의 거리와 비슷하다. 현재의 오피올라이트 구조론에서 가장 큰 의문점은 아마 이것일 것이다. 안데스산맥 중부에서는 과연 무슨 일이 있었을까?

데이비스에 있는 연구실에서, 무어스는 아메리카 대륙이 펼쳐진 종이를 앞에 놓고 그 의문에 짧게 화답한다. "그게 궁금하시군요."

나는 내 의견을 말한다. "이곳은 아메리카 대륙의 서쪽 가장자리에서 오피올라이트를 찾지 못한 곳이에요. 오피올라이트는 캘리포니아에 달라붙은 스마트빌 지괴나 수천 킬로미터를 이동해 현재 위치로 온 카리브판 같은 외래 암층에 대해 알려주잖아요. 당신은 뭔가 직감적으로 생각하는 것이 있을 것 같아요."

무어스는 이렇게 말한다. "두 가지 가능성이 있어요. 한 가지 가능성은 우리가 알고 있는 어느 곳과도 다를 수 있다는 거예요. 다른 가능성은 증거가 감춰져 있거나 남아 있지 않은 거죠. 안데스 지역의 지질학자들이 기분 나쁠 수도 있는데, 내 추측으로는 안데스산맥 서부와 칠레와 페루의 해안 지대에 있는 중생대 화산의 상당수가 예전에 남아메리카로 들어온 뭔가를 나타내는 것 같아요. 나는 거기에 봉합선이 있을 것이라고 생각해요. 우리가 찾지 못하고 있을 뿐이죠. 아마 칠레-아르헨티나 국경에 있을 거예요."

"그러면 어디선가 암층이 흘러 들어와서 적도에서 남위 50도까지의 6400킬로미터를 채우고 있고, 그것을 나타내는 오피올라이트가 있는데, 그 오피올라이트가 어디 있는지는 모른다는 말인가요?"

"맞아요."

"그래서 당신은……"

"지질학을 닦달하고 있는 거죠. 알다시피."

"알래스카에서 티에라델푸에고에 이르기까지 남북 아메리카 대륙의 태평양 쪽 가장자리에서 발전하고 있는 것처럼 보이는 판구조 역사의 이해에는 그런 암층이 쭉 부착되었다는 증거가 아주 많은데, 유일한 예외가……"

"적도에서 남위 50도예요."

"그리고 당신의 생각은……"

"칠레는 외래 암층이에요."

"칠레와 페루 서부가 남태평양 어딘가에서 왔다는 건가요?"

"딱히 신뢰할 만한 위치는 아니에요. 하지만 내 생각은 그래요."

"안데스 동쪽에는 어디에 오피올라이트가 있나요?"

"발견되지 않았어요."

———

어느 날 아침, 데이비스를 벗어난 우리는 80번 고속도로를 타고 샌프란시스코로 향한다. 흰색과 분홍색의 협죽도가 흐드러지게 피어 있는 중앙분리대를 보며, 서쪽으로 향하는 차들은 파스텔 빛으로 물든 캘리포니아를 기대한다. 우리 앞에는 요란하게 장식한 사륜 바이크를 싣고 가는 트럭이 있다. 우리가 트럭을 추월하려고 옆 차선으로 빠지려고 하자, 트럭은 갑자기 차선을 바꿔서 우리 앞을 가로막는다. 캘리포니아 번호판이 붙어 있는 트럭에는 이렇게 쓰인 스티커가 붙어 있었다. "내 운전이 마음에 안 들어? 그럼 이 번호로 신고해. 1-800-엿-먹어."

서쪽 언덕 지대의 가장자리에 이르자, 디아블로산이 탁자 위의 모자처럼 놓여 있다. 새크라멘토에서 코스트산맥으로 향하는 길 내내, 고속도로에서는 디아블로산이 보인다. 무어스는 디아블로산을 관통 구조 piercement structure라고 부른다. 이 산은 프란시스코 멜란지 덩어리가 마치 짤주머니 속의 반죽처럼 계곡 퇴적층의 틈새로 불룩 삐져나온 것인데, 그 높이가 거의 1200미터에 이른다. 지형학적으로 이 산의 기부는 해수면이고, 그 옆에는 큰 강들로 연결되는 공통의 삼각주가 있다. 바다를 오가는 상선들은 그 삼각주의 운하를 통해 그레이트센트럴밸리를 가로질러 새크라멘토까지 들어간다.

디아블로산을 오르려면, 혼커만 너머에 있는 피츠버그를 거쳐야 한다. 고즈넉한 참나무 숲속에서(디아블로산은 주립공원이다) 프란시스코 복합체의 특징인 붉은 처트가 율동감 있게 쌓여 있는 층을 볼 수 있다. 별다른 특징은 없고, 층을 이루지 않는 사암도 볼 수 있다. 코스트산맥 오피올라이트의 요소들도 볼 수 있다. 무어스는 이 산을 "대부분의 프란시스코 복합체보다 훨씬 더 뒤죽박죽인 싸구려 과일 케이크"라고 말한다. 번갈아 쌓여 있는 화산암과 처트의 층은 결이 잘 일어난 크루아상처럼 접히고 또 접혀 있다. 산 정상에 서면 150킬로미터 넘게 떨어져 있는 시에라네바다산맥이 보이고, 과거 어느 바다의 확장 중심부에서 만들어진 판상 휘록암이 잘려 있는 채석장도 내려다보인다.

데이비스에서 서서남 방향으로 고속도로를 따라 나타나는 지질학적 특성은 내파밸리를 재현하는 것 같지만, 언덕들이 더 낮기 때문에 조금 덜 또렷한 느낌이다. 삼각주와 만은 구조 분지에 놓여 있다. 참나무가 숲을 이루는 언덕 지대에서 위로 휘어진 그레이트센트럴밸리의 퇴적층은 마른 풀로 덮여 있다. 풀이 듬성한 곳에서는 지층을 볼 수 있다. 코넬리아 근처에서는, 활발하게 활동 중인 그린밸리 단층을 따라 그린밸리크리크의 시냇물이 북쪽에서 흘러들어오고 있다. 이곳, 페어필드와 벌레이오 사이에 위치한 언덕 지대의 아기자기한 지형은 천천히 일어나는 포행 산사태와 흙사태와 토양류solifluction의 결과다. 토양류의 흔적은 살이 튼 자국처럼 언덕을 따라 구불구불하게 내려간다. 이곳은 집을 지을 만한 종류의 땅이 아니지만, 집을 짓고 싶은 종류의 땅이다. 이곳에서 진행 중인 지질학적 현상은 일상생활의 또 다른 요소일 뿐이다. 지역 신문의 세 줄짜리 광고란에 "주인이 갑자기 동부로 가게 되어 급매"라고 쓰여 있다면, 그 집이 썰매일 가능성을 배제할 수 없다.

벌레이오 근처의 설퍼스프링스산 정상에서, 고속도로는 30미터 높이의 계단 모양 관통로 사이로 들어간다. 80번 주간고속도로의 프란시스코 복합체는 여기서 시작된다. 코스트산맥의 오피올라이트는 여기에도 있다. 일부 암석은 사문암이다. 우리는 차를 한쪽에 대고, 멜란지 속의 이런저런 것들을 관찰하며 절개면 사이를 걸어다닌다. 사문암을 지나자 흑요석처럼 빛을 발하는 검은 벽이 나타난다. 무어스가 주머니칼로 파내자 사암석이 수월하게 떨어져나온다. 그는 파낸 암석을 휴대용 돋보기로 관찰하고, "바짝 굽힌 프란시스코 복합체의 기질"이라고 말한다. 그 비늘 모양 점토 속에는 세상의 절반에 어지러이 널려 있던 대륙의 파편과 심해의 퇴적물, 해산과 해양지각의 조각들이 박혀 있다.

고속도로는 내리막길을 따라 벌레이오, 베니셔, 수이선만, 샌파블로만을 향해 내려간다. 로버트 루이스 스티븐슨은 벌레이오를 처음 봤을 때 이 지역사회를 "어이없는 실수"라고 묘사했다. 벌레이오는 두 번, 잠시 동안 캘리포니아의 주도였다. 베니셔는 벌레이오의 부인 같은 도시였다. 우리는 수이선만과 샌파블로만 사이에 놓인 카퀴네즈 해협을 건너서 부드러운 해성층으로 이뤄진 도로절개면을 통과한다. 이 도로절개면은 대서양과 태평양 사이에 놓인 80번 주간고속도로에서 가장 규모가 크다. 수직 높이는 93미터이지만, 퇴적층이 너무 약하게 고결되어 있는 탓에 절개면 양쪽이 나비 날개처럼 활짝 펼쳐져 있어서 더 광대해 보인다. 패럴론 해구가 막힌 후, 이 해양 퇴적층은 프란시스코 멜란지 위에 자리를 잡았다. 코스트산맥 전체에 걸쳐, 마치 케이크 위의 설탕 장식처럼 멜란지를 덮고 있는 퇴적층은 멜란지가 아직 바다 속에 있을 때 쌓인 것이다.

샌파블로만 옆 습지의 매립지 위에 놓인 리치먼드를 통과해, 우리는 와일드캣 단층을 가로지른다. 그리고 잠시 후, 그 근처에 나란히 놓여

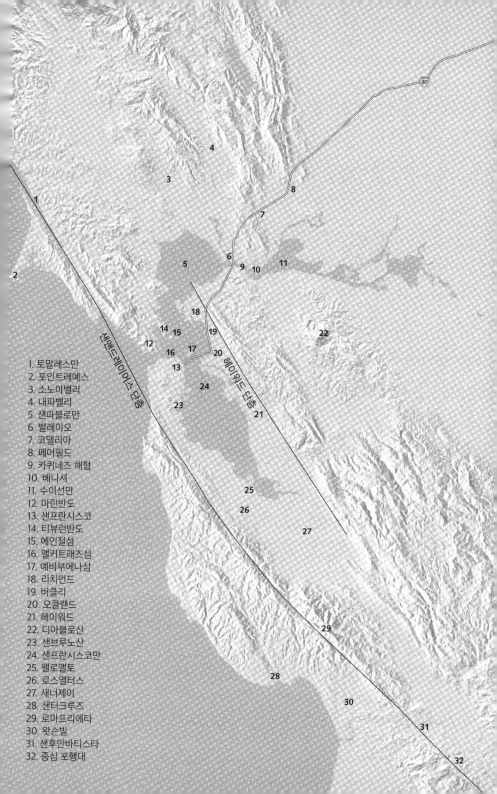

1. 토말레스만
2. 포인트레예스
3. 소노마밸리
4. 내파밸리
5. 샌파블로만
6. 벌레이오
7. 코델리아
8. 페어필드
9. 카퀴네즈 해협
10. 베니셔
11. 수이선만
12. 마린반도
13. 샌프란시스코
14. 티뷰런반도
15. 에인절섬
16. 앨커트래즈섬
17. 예바부에나섬
18. 리치먼드
19. 버클리
20. 오클랜드
21. 헤이워드
22. 디아블로산
23. 샌브루노산
24. 샌프란시스코만
25. 팰로앨토
26. 로스앨터스
27. 새너제이
28. 샌터크루즈
29. 로마프리에타
30. 왓슨빌
31. 샌후안바티스타
32. 중심 포행대

있는 헤이워드 단층이 나타난다. 우리 왼쪽으로 동남쪽 멀리, 버클리힐스의 절벽이 길게 이어진다. 가파른 절벽은 헤이워드 단층에서 끊기고, 그 아래로는 완만하게 기울어진 평지가 나타난다. 오벨리스크처럼 솟아 있는 캘리포니아대학 버클리 캠퍼스의 종탑은 위치를 알리는 표지처럼 단층 근처에 서 있고, 단층은 캠퍼스 오른쪽에 위치한 미식축구 경기장으로 지나간다. 헤이워드 단층은 미식축구 경기장에 그어져 있는 야드라인 중 하나와 마찬가지다.

도로는 서쪽으로 방향을 바꾸고, 샌프란시스코와 오클랜드를 잇는 베이교의 2층에 올라선 우리는 갑자기 물 위를 지나간다. 우리 왼쪽과 오른쪽으로는 80킬로미터 길이의 안전한 정박지가 있다. 이 정박지는 장소에 따라서는 폭이 20킬로미터 가까이 된다. 2세기에 걸친 대항해 시대 동안, 북아메리카에서 가장 놀라운 이 항구에 배가 단 한 척도 나타나지 않았다는 것은 좀처럼 믿기 힘든 이야기다. 지금까지 알려진 바로는, 캘리포니아의 시간으로도 근대인 1775년까지 골든게이트 해협을 통과한 배는 없었다.

지질학적 특성을 볼 때, 샌프란시스코만은 한눈에 봐도 이곳으로 물을 흘려보내는 강보다 더 젊어 보인다. 빙하가 주기적으로 발달하던 플라이스토세에는 대단히 많은 물이 얼음의 형태로 대륙 위에 놓여 있었고, 해수면의 높이는 현재보다 60미터가량 낮았다. 따라서 세계의 해안선은 오늘날의 해변보다 훨씬 바깥쪽에 있었다. 당시 새크라멘토-샌와킨강은 골든게이트 해협을 통과해 서쪽으로 65~80킬로미터를 더 흘러서 바다에 닿았다. 빙하가 녹으면서 해수면이 다시 높아질 때는 셀 수 없이 많은 계곡이 물에 잠겼다. 서스쿼해나강이 물에 잠기고 체서피크만이 만들어졌다. 델라웨어강은 트렌턴까지 물에 잠겼다. 허드슨강은 올버니까지 물에 잠겼다. 새크라멘토-샌와킨강은 골든게이트 해협과 코스트산맥을 지나 그레이트센트럴밸리까지 물에 잠기면서, 샌프란시스코만 전역에 작은 만들이 형성되었다.

만약 앨커트래즈섬, 에인절섬, 예바부에나섬 같은 섬들이 코스트산맥 지대에 있었다면, 만에 있는 섬이 아니라 산봉우리가 되었을 것이다. 뭔가가 의해 만 지역이 우묵하게 가라앉으면서 강들이 그레이트밸리를 빠져나오게 되었다. 이 우묵땅은 깊이와 넓이 면에서 캘리포니아 해안의 산맥들 사이에 놓인 여느 분지들과 다르다. 설명을 부탁하면, 무어스도 추측만 할 뿐이다. 그 우묵땅은 미국에서 가장 거대한 분수계가 끝나는 지점에서 침식되고 있는 계곡에 불과할지도 모른다. 아니면 샌앤드레이어스 단층 운동의 부수적인 효과로 만들어진 압축된 골짜기, 즉 향사 구조일지도 모른다. 아니면 아주 큰 인리형 분지일지도 모른다. 아니면, 이 세 가지 모두에 해당될지도 모른다. 무어스가 선호하는 추측은 인리형 분지다.

"만 아래에는 무엇이 있나요?"

"화산암, 역암, 남섬석편암, 사암, 사문암, 처트, 즉 프란시스코 복합체예요. 그 이름이 여기서 나왔고, 이것이 그 구조의 산물이에요. 프란시스코 복합체는 샌프란시스코라는 도시 아래에 있고, 이 만의 토대예요. 베이에리어에서 발견되는 프란시스코 복합체는 해안 지대의 다른 곳에서 볼 수 있을 법한 암석보다는 섭입대의 복합체에서 유래한 것이 더 많아요."

다리가 예바부에나섬에 다다르자 터널이 나타난다. 터널 입구 위로는 어느 다른 대륙에서 유래한 프란시스코 복합체의 사암이 드러나 있다. 어쩌면 이 사암은 우리가 살고 있는 이 대륙에서 유래했을지도 모른다. 대륙사면을 따라 해구로 미끄러져 들어온 아메리카 대륙의 퇴적층이 단단히 굳어서 프란시스코 복합체에 편입된 것일 수도 있다. 다시 밝은 곳으로 나와 다리의 서쪽 부분에 올라서면, 잭 케루악이 말한 그 백색 도시가 멀지 않다.

무어스와 나는 다른 어떤 도시에서도 볼 수 없는 진지한 여행 안내서를 들고 있다. 버클리의 지형학자인 클라이드 워하프티그가 쓴 『섭입대로 가는 전차A Streetcar to Subduction』라는 제목의 이 책은 대중교통을 이용한 지질 답사를 안내하는 멋지고 아기자기한 책이다.

다른 어떤 도시도 해구에 형성되었다고 주장할 수 없다. 해구는 해저를 이루는 거대한 판이 지구의 중심부로 끌려들어가는 곳이며, 각양각색의 거대한 땅덩어리들이 만나는 곳이고, 단단한 암석이 비늘 모양의 점토로 부서지는 곳이다. 이런 격동이 멈추고 하나로 교착된 덩어리가 비바람이 치는 공기 중으로 밀려올라오면, 이내 단단한 것은 높이 치솟고 무른 것은 씻겨 내려간다. 이나쿨브리스 공원에서, 우리는 러시안힐 꼭대기를 향해 올라간다. 언덕길에는 큼직하게 잘린 멋진 붉은 처트 덩어리들이 늘어서 있지만, 러시안힐은 사암이고 처트는 트럭으로 온 조경석이다. 무어스는 앨커트래즈섬을 향해 쌍안경의 초점을 맞춘다. 그는 앨커트래즈섬의 지질을 연구해왔다. 그의 말에 따르면, 앨커트래즈섬의 지층은 석영장석질 사암과 셰일로 이뤄져 있다. 앨커트래즈섬은 프란시스코 복합체라는 곤죽 속에 옆으로 누워 있다. 그는 러시안힐에서 그 층리면을 볼 수 있다. 앨커트래즈의 암석은 대륙에서 기원한다. 어떤 대륙에서 기원했는지, 또는 언제 떨어져나왔는지는 전혀 알 수 없다. 우리가 서 있는 이 언덕도 석영장석질 사암이고, 앨커트래즈와 유래가 같을 것으로 여겨지고 있다. 우리 뒤로는 노브힐이 있다. 러시안힐과 노브힐은 사실 하나의 작은 산에 솟아 있는 두개의 둔덕이다. 일부 구조학자들은 이 사암이 독립적으로 구색을 갖추고 있으므로 별개의 이름을 붙이기에 손색없다고 생각한다. 그들은 이 사암을 프란시스코 복합체 속으로 흘러들어온 아주 미세한 대륙으로 본다. 그들의 용어에 따르면, 노브힐은 앨커트래즈 암층에서 떨어져나온 일부분이다.

프란시스코 멜란지는 패럴론판이라는 테두리 안에 있는 모든 암석을 포함하기 때문에, 이것을 하나의 구조적 단위로 보기보다는 외부에서 유래한 잡동사니의 집합체로 묘사하는 것을 선호하는 사람들에게는 재분류 대상으로 딱 알맞다. 그들에게 샌프란시스코의 베이에리어 지역은 프란시스코 멜란지의 표식지라기보다는 빈틈없이 짜맞춰져 있는 여섯 개의 미니 암층이다. 앨커트래즈섬 뒤로는 에인절섬과 티뷰런반도의 남단이 보인다. 여기에 헤이워드 단층이 있는 리치먼드, 버클리, 오클랜드를 따라 흩어져 있는 조각들을 함께 묶어서 욜라볼리 암층이라고 부른다. 마린해드랜즈 암층에는 마린 카운티 남부뿐 아니라 샌프란시스코시의 상당 부분까지 포함된다. 그 외에 샌브루노마운틴 암층, 퍼마넌트 암층이 있고, 의혹이 남아 있는 이름 없는 암층도 있다.

우리는 골든게이트 해협을 건너 첫 번째 출구로 빠져서, 방산충 처트의 도로절개면이 있는 그늘진 언덕길을 따라 돌아 내려간다. 방산충은 따뜻한 해수면에 사는 성게처럼 생긴 생명체이며 현미경으로 볼 수 있다. 방산충이 죽으면 그 외골격이 바다 밑에 가라앉아서 방산충 연니가 되는데, 이것이 석화되어 만들어진 아주 단단하고 대단히 아름다운 암석이 방산충 처트다. 방산충 처트를 이루는 포도주 색의 은미정질 석영은 화살촉에 쓰일 정도로 단단하다. 전 세계 대양의 약 50퍼센트에서, 방산충 처트는 오피올라이트 층서 위에 에나멜처럼 덮여 있다. 그래서 오피올라이트 층서가 있는 곳에는 방산충 처트도 있다.

무어스의 말에 따르면, 바다 속에서 처트 아래로 계속 내려가면 현무암이 나온다. 아래로 걸어 내려가는 동안, 그는 붉은 처트 아래에서 그와 접하고 있는 검은색 암석을 발견한다. 그는 그 현무암이 바다 밑바닥에 얹혀 있던 셀 수 없이 많은 해저 화산 중 하나였다고 말한다.

1930년대 초반, 금문교의 북쪽 교각은 해수면에서 60미터 아래로 내려가 붉은 처트 밑에 놓인 현무암 속에 박혔다. 북쪽 교각에서는 암석의 굳기가 결코 문제 되지 않았다. 샌프란시스코에 있는 남쪽 교각은 훨씬 불안했다. 물속에서 남쪽 교각을 떠받쳐야 하는 바위는 울퉁불퉁하고 미끄러운 사문암이었다. 게다가 바다 밑으로 3킬로미터 떨어진 곳에는 샌앤드레이어스 단층이 있었다. 사문암은 불안정할 수 있다고 여겨졌고, 썩은 어금니처럼 파내어졌다. 파낸 구멍의 넓이는 0.4헥타르가 조금 넘었고, 깊이는 10층 건물 높이와 맞먹었다. 구멍에는 다리를 고정시키기 위해 콘크리트를 채워야 했다. 30미터 두께의 물막이 벽을 세우고 그 안에서 구멍을 건조시키는 동안, 버클리의 구조지질학자 앤드루 로슨은 기반암의 표면을 조사하기 위해 들통을 타고 그 안으로 내려갔다. 로슨의 새하얀 머리카락과 거구와 근사한 콧수염은 그의 모습을 하늘에서 내려온 거룩한 분처럼 보이게 했다. 사문암의 안정성에 대해 제기된 의문이 널리 알려지자, 굴착 기술자뿐 아니라 스탠퍼드의 저명한 구조지질학자인 베일리 윌리스도 관심을 갖게 되었다. 로슨은 윌리스의 평가를 "순전히 관심을 끌기 위한 허풍"이라고 폄하했다. 해협 아래로 32.6미터를 내려갔다가 올라온 로슨은 "전체 영역의 암석이 조밀하고 단단하며, 어떤 종류의 경계선도 없는 사문암"이라는 것을 알아냈다. 그의 보고서에는 "망치로 치면 강철처럼 소리가 울린다"고 쓰여 있다.

거대한 단층이 가까이 있다는 점에 대해, 로슨은 다리를 무너뜨릴 정도의 강력한 지진이 도시까지 파괴할 수 있다는 것을 (설계 단계에서) 현실적으로 전망했다. 그는 계속해서 이렇게 썼다. "파괴 가능성이 있지만 샌프란시스코는 성장을 멈추지 않을 것이다. 그리고 그런 성장을 위해서는 크고 값비싼 구조물을 세울 필요가 있다."

1935년 6월, 해협 남쪽의 교각 탑이 거의 완성되어갈 무렵, 케이블이 연결되지 않은 227미터 높이의 교각이 중형 지진에 흔들리기 시작했다. 존 밴더지의 『게이트The Gate』에 따르면, 프렌치 게일스라는 건설 기술자는 다음과 같이 이야기한다.

> 교각 탑이 크게 휘청거리면서 양쪽으로 5미터 정도씩 흔들렸다. (…) 꼭대기에는 열둘 아니면 열세 명이 있었는데, 내려올 방법이 없었다. 엘리베이터는 작동하지 않았다. 모든 것이 바다 쪽으로 기울어지면 사람들은 "간다!" 하고 소리쳤다. 그다음에는 다시 만 쪽으로 기울어졌다. 사람들은 탑 위의 데크에 엎드려 있었고, 토하기도 했다. 나는 만약 우리가 물속에 들어가면 철골 구조물이 물에 닿을 것이라고 생각했다.

그 철골 구조물은 물에 닿지 않았다. 수석 설계사인 찰스 엘리스는 그가 만들고 있는 다리를 미국삼나무 사이에 매달린 그물침대에 비유했다. 1929년 미국 과학아카데미의 연설에서 그는 이렇게 말했다. "만약 샌프란시스코에 지진이 일어난다는 것을 알았다면, 그리고 (…) 다리를 그때 만들었다면, 나는 스스로 그 다리의 한가운데에 있었을 것입니다. 그리고 태양이 태평양을 가로질러 중국으로 넘어가는 것을 지켜보면서, 지진에 관해서는 가장 안전한 장소를 골랐다며 만족했을 것입니다."

무어스와 나는 다리를 다시 건너간다. 남쪽 교각의 남쪽에서, 우리는 가파른 길을 따라 포인트로보스까지 이어지는 해변으로 내려간다. 해변 위로 사문암 노두가 나와 있다. 비늘무늬의 프란시스코 복합체 기질 속에는 큼직한 덩어리가 뭉텅뭉텅 박혀 있다. 교각에 가까워질수록, 사문암이 더 많이 보인다. "여기가 마린헤드랜즈 암층의 기부라고 할 수 있어요." 무어스가 말한다. "이 사문암을 기반으로, 그 해산은 정말 먼 길을 왔어요. 아주 오래됐고, 적도에서 왔어요. 저 멀리 바다 한가운데서 태어난 거죠. 정말 뒤죽박죽 쌓인 더미 위에 놓인 다리예요!" 엄청나게 크고, 무르면서 비누처럼 매끈하고, 실 같은 석면이 들어 있는 사문암은 거대한 다리 아래에 절벽을 이루며 우뚝 서 있다. 높은 곳에는 127밀리미터 구경의 대포를 위한 콘크리트 포좌와 152밀리미터 구경의 대포를 위한 사라지는 접이식 포좌가 있다. 해변에는 벌거벗은 사람들이 있다. 다른 남자들은 작은 상자 같은 옛 전투용 진지 안에 똑바로 앉아서 바람을 피하고 있다. 다리를 지나는 차들이 신축 이음 장치를 두드릴 때마다 멀리서 들리는 총성 같은 소리가 난다.

너비 1.6킬로미터가 넘는 이 사문암은 금문교에서부터 샌프란시스코를 가로질러 샌프란시스코만에 있는 옛 해군 조선소까지 이어진다. 사문암 위에는 프레시디오, 샌프란시스코대학, 관청 지구, 돌로레스 선교원, 헤이트-애시버리, 퍼시픽하이츠, 헤이즈밸리, 베이쇼어가 전부 또는 일부 놓여 있다. 포트레로힐은 사문암이다. 해군 조선소 근처에 있는 캔들스틱힐에서, 우리는 베개 용암과 붉은 처트를 찾아낸다. 30번가와 캐스트로가 사이에 있는 빌리고트힐을 오르는 동안, 붉은 처트 아래에 놓인 베개 용암이 또 보인다. 샌프란시스코 남쪽 끝인 비지테이션밸리에 있는 어느 학교 뒤에서, 우리는 반려암으로 된 짙은 색 언덕을 오른다.

근처 맥라렌 공원의 한 연못 주위에는 휘록암 바위들이 있다.

처트, 베개 용암, 휘록암, 반려암, 사문암이 차례로 늘어서 있는 샌프란시스코는 오피올라이트 층서에 맞춰 구성된 도시처럼 보인다. 그러나 여기 이 프란시스코 복합체는 층서가 아니다. "이 암석이 반드시 오피올라이트일 필요는 없어요." 무어스가 말한다. "지구 어디에선가 왔겠죠. 연대도, 지역도 다양한 해양지각 조각들이 이 멜란지에 모여들었거든요."

1895년에 앤드루 로슨은 이 암석에 프란시스코라는 이름을 붙였다. 그는 이 암석이 층서를 추적할 수 있는 일반적인 지층이라고 추측했다. 심하게 손상되었지만, 해독 가능하고 공간적으로 재구성할 수 있다고 생각한 것이다. 그렇게 하느니 혼합기 속의 콘크리트를 쏟아놓고 콘크리트 속의 자갈이 혼합기에 들어간 순서대로 번호를 매기는 편이 더 나을 것이다. 한편, 로슨은 오피올라이트 층서와 신기할 정도로 비슷한 설명을 내놓았고, 이 암석을 해양지각으로 봤다. 그런 면에서 보면, 그는 시대를 반세기 이상 앞서 있었다. 오늘날에는 베개 현무암이라고 묘사되는 샌프란시스코 해안 절벽에 대해, 로슨은 "속을 채운 자루들이 불규칙적으로 쌓인 더미"를 닮았고, "각각 옆에 있는 것과 접촉해 찌그러진 둥근 모양"이라고 말했다. 1914년에 프란시스코 복합체의 화성암을 나열하면서, 그는 해양지각 층서에 가장 근접한 설명을 내놓았다. "감람암, 휘석암, 반려암이 유전적으로 결합되어 있는 첫 번째 화성암은 무겁고 일반적으로 매우 철저하게 사문암화되어 있다. 두 번째 화성암은 타원형이고 작은 구멍이 있는 현무암과 휘록암이다." 그는 "제자리를 벗어나고 있는 바다에서 가라앉고 있는 바다"에 퇴적된 사암을 언급하면서, "뒤이어 처트가 나온다"고 덧붙였다. 로슨이 말하는 가라앉고 있는 바닥은 해구로 향하면서 식어가고 있는 해양지각판이었다.

샌프란시스코 시내에는 차나 케이블카로는 올라갈 수 없고 암벽 등반을 해야만 올라갈 수 있는 가파른 언덕들이 있다. 샌프란시스코 거리 지도를 보면, 엠바카데로 근처에서 그린가가 조금 끊겨 있는 곳을 볼 수 있다. 샌섬가와 만나는 지점에서 그린가를 따라 서쪽으로 몇 미터쯤 가면, 길이 끊기고 공터가 나타난다. 그 공터는 단단한 바위 절벽으로 된 수직의 공터다. 무어스는 위를 올려다보며 "너저분해 보이는 사암"이라고 말한다. "어떤 층서도 볼 수 없어요. 바다에서 쌓여서 해구로 들어간 사암이에요." 건물들은 절벽 꼭대기와 줄을 맞춰 서 있다. 한 아파트 건물은 발코니로 절벽 가장자리에 매달려 있는 것처럼 보인다. 그 건물 너머 어딘가에서 그린가는 다시 서쪽으로 이어진다.

두어 블록 떨어져 있는 필버트가에도 비슷하게 길이 끊긴 곳이 있다. 이곳의 급경사면은 조금 덜 가파르다. 차가 다닐 수는 없지만, 길은 계단으로 바뀌어 이어진다. 계단 양편으로 늘어선 집들 중에는 시대가 19세기 중반인 건물도 있다. 몇몇 집은 굴뚝이 있고 위아래로 여닫는 창문이 달린 목조주택이다. 1906년 4월, 지진이 일어나서 도시의 수도 시설이 파괴되고 화재로 도시가 쑥대밭이 되어가고 있을 때, 포도주에 푹 적신 이불보와 담요와 식탁보로 이런 집들을 구해낼 수 있었다고 전해진다. 한때 이곳에 살던 창백한 화가들과 밭은기침을 하던 시인들은 사라지고, 이제 그곳에는 『배런스 위클리Barron's Weekly』 같은 경제 신문을 읽는 사람들이 살고 있다. 절벽 위에 있는 그 집들은 단순한 부러움 이상의 매력을 지녔고, 바다 위로 16킬로미터 떨어진 곳까지 내다보인다.

우리는 387계단을 오른다. 당연히 사이사이에는 계단참과 경사로가 끼어 있다. 우리가 오르고 있는 계단은 사실 텔레그래프힐이다. 무어스는 이 언덕이 "저탁류 퇴적물이 두텁게 쌓인 하나의 거대한 지층"이라고 말한다. 계단 안쪽에 있는 바위는 바다에서 형성된 사암이며, 중간중간 셰일층이 끼어 있다. 이 바위를 만든 모래와 진흙은 아마 북아메리카 대륙에서 유래했을 것이다. 그러나 아주 멀리까지 흘러가서 해구 속으로 휘말려 들어갔다.

우리는 텔레그래프힐 정상에 있는 코이트타워에도 올라간다. 엘리베이터를 타려면 1달러를 내야 한다. 코이트타워는 높이가 64미터이고, 전망대까지의 높이는 해발 152미터. 이곳에서는 도심과 만과 해안가 변두리 지역이 한눈에 들어온다. 우리는 도로를 내려다본다. 의아할 정도로 똑바른 도로가 가파른 언덕을 롤러코스터처럼 내려간다. 무어스는 이렇게 말한다. "언덕들은 빠르게 솟아올랐고, 그래서 급격한 침식이 일어났어요. 샌프란시스코의 언덕들은 아직도 빠르게 솟아오르고 있어요. 샌프란시스코의 도로는 지질이나 지형은 고려하지 않은 채 종이 위에 그어진 거예요. 그저 웃음만 나올 뿐이죠."

고층건물들이 노브힐의 언덕 자락을 따라 올라간다. 코이트타워 남쪽으로는 마치 석순처럼 솟아 있는 마천루가 펼쳐진다. 시선이 멈춘 곳에는 이 반도 도시의 울타리 구실을 하는 높이 약 400미터인 샌브루노산의 능선이 있다. 샌브루노산은 텔레그래프힐, 노브힐, 러시안힐과 마찬가지로 프란시스코 멜란지 안에서 아무렇게나 흩어져 있는 커다란 해양 사암 조각이다. 코이트타워에서 북쪽으로는 골든게이트 해협을 가로질러 마린헤드랜즈가 보이고, 시선은 그 너머의 타말파이어스산에서 한 번 더 멈춘다. 타말파이어스산은 샌브루노산처럼 떠도는 사암 덩어리지만 그보다 두 배 더 높다. 영국의 해적 프랜시스 드레이크는 영국 여왕의 기사 작위 수여를 2년 동안 피해 다닐 때, 타말파이어스산 기슭에서 가까운 어느 태평양 바닷가에서 1579년 겨울을 보냈다. 그 산에 올라가서 주위를 둘러본 그와 그의 선원 중 어느 누구도 그들의 야영지 근처에 900제곱킬로미터에 달하는 보호수역이 있다는 것을 발견하지 못했다. 아마 안개 때문일 것이다. 그 안개는 캘리포니아의 다른 곳에 구름 한 점 없을 때 해안 지역을 뒤덮는 차갑고 거의 일상적인 바다 안개이며, 미국삼나무 숲을 키우고 살아남게 한 안개이고, 금문교를 감추고 튜바 소리를 내는 안개다.

1769년의 여름과 가을, 64명의 에스파냐 군인은 몬터레이만을 찾기 위해 샌디에이고에서 북쪽으로 640킬로미터를 걸었다. 166년 전의 어느 항해사의 설명 외에는 의지할 것이 없었던 그들은 몬터레이만을 알아보지 못하고 바닷가에서 큰 산을 만날 때까지 160킬로미터를 더 올라갔다. 어느 화창한 날, 그들은 그 산에 올랐다. 그들은 골든게이트 해협에서 23킬로미터 떨어진 곳에 있었지만, 그곳의 물을 볼 수는 없었다. 그들에게 보이는 것은 왼쪽에 있는 대양과 그들 앞으로 끝없이 뻗어 있는 산들뿐이었다. 해안을 따라 64킬로미터를 더 올라가자, 포인트레예스가 보였다. 포인트레예스까지 가는 길을 찾기 위해 몇 명의 군인이 선발대로 보내졌고, 그들은 그곳이 몬터레이가 아니라는 것을 알아냈다. 그들의 정확한 경로는 뚜렷하지 않다. 아마 그들은 험한 절벽들이 서로 마주 서 있는 좁은 해협의 무시무시한 조류와 맞닥뜨리기 훨씬 전에 길을 멈췄을 것이고, 셀 수 없이 많은 언덕 중 하나에서 샌프란시스코만을 바라본 최초의 유럽인이 되었을 것이다. 본대의 야영지로 돌아가던 굶주린 군인들은 사슴을 잡기 위해 샌브루노산을 올랐고, 거기서 샌프란시스코만을 봤다.

우리가 올라간 코이트타워 전망대 주위로는 샌프란시스코 시가지가 펼쳐져 있다. 그러나 비슷한 위치에 있던 그 군인들은 깊은 습지, 주름처럼 패인 도랑, 고깔 같은 높은 언덕들로 이뤄진 혼란스러운 지형을 내려다봤을 것이다. 나무가 거의 없는 그 언덕들은 물꽈리아재비, 털인디언붓꽃, 커피베리, 크리스마스베리, 덤불루핀, 옻나무로 뒤덮여 있었다. 습지와 개울에는 도금양, 아로요버드나무, 캘리포니아참나무, 노랑말채나무가 있었다. 훗날 도시가 될 자리는 많은 부분이 사구로 덮여 있었는데, 모래쑥국화와 덤불바카리스와 그 외 모래에 사는 풀들이 사구의 확장을 억제하고 있었다. 선발대는 아마 어깨를 으쓱했을 것이다. 어쨌든 그들은 임무를 완수하지 못했다.

샌프란시스코만을 발견하고 7년 후, 서른세 가족이 그곳에 정착하기 위해서 오늘날의 애리조나 지역인 멕시코를 출발해 북쪽으로 약 1300킬로미터의 산길을 걸어왔다. 그들의 지도자인 후안 바우티스타 데 안자는 그들보다 먼저 가서 지형을 조사했다. 그는 오늘날 금문교 남단 진입로와 아주 가까운 곳에 있는 사문암 절벽 꼭대기에 십자가를 하나 세웠다. 이곳은 성채(요새)의 자리가 되었다. 그는 거기서 몇 킬로미터 떨어진 작은 연못 옆에 십자가 하나를 더 세웠다. 그곳은 선교원이 될 자리였다. 정착민이 당도했을 때, 그들은 그 연못 옆에 천막을 설치했다. 그들이 정착한 지 7일째 되던 날은 바로 미국의 독립기념일인 1776년 7월 4일이었다.

———

샌프란시스코는 북아메리카 쪽 샌앤드레이어스 단층 위에 놓여 있다. 샌앤드레이어스 단층은 머슬록에 있는 바다로 들어와서, 샌프란시스코반도를 똑바로 가로지르며 동남쪽으로 내려간다. 이 단층은 사우스 샌프란시스코, 샌브루노, 밀브레, 벌링게임 위를 지나는 스카이라인대로에 바싹 붙어서 지나간다. 이 "스카이라인"은 샌프란시스코만의 함몰에 의해 다른 능선들과 분리된 코스트산맥의 능선 중 하나다. 12월 어느 날, 샌프란시스코 남쪽으로 8킬로미터쯤 내려간 무어스와 나는 스카이라인대로를 벗어나 약 300미터 높이인 곳에 올랐다. 우리는 100미터쯤 걸어서 손가락처럼 길쭉한 호수가 내려다보이는 전망 좋은 곳에 이르렀다. 길이 5킬로미터, 너비 160미터인 이 호수는 아주 곧게 뻗어 있었고, 서쪽으로 40도 정도 비스듬히 북쪽을 향하고 있었다. 호수가 있는 곳은 작은 열곡을 닮았다. 샌앤드레이어스호라 불리는 이 호수는 단층의 흔적 속에 자리하고 있다. 사실 샌앤드레이어스 단층이라는 이름은 이곳에서 나왔다. 1895년에 앤드루 로손은 국지적인 지형의 특징을 묘사하고 있다고 생각하고 이 호수의 이름을 붙였지만, 실제로 그 단층은 1200킬로미터에 걸쳐 뻗어 있었다. 단층대의 암석은 곧잘 으스러지고, 쉽게 풍화되어 지형에 홈을 남긴다. 그 홈은 눈에 보이지 않을 정도로 멀리까지 이어져 있었고, 훨씬 더 긴 다른 호수인 크리스털스프링스 저수지를 포함하고 있었다. 두 호수 모두 인공호수다. 이런 상황에서는 인공을 man-made라고 표기하는 것이 여성들에게는 만족스러울지도 모른다. 캘리포니아에서 샌앤드레이어스 단층은 생활용수를 저장하는 장소로 쓰였다. 이곳의 물은 시에라네바다산맥에 있는 헤치헤치 저수지에서 수로와 관을 통해 240킬로미터를 이동한다. 헤치헤치 저수지가 있는 계곡은 요세미티 계곡과 가깝고 생김새도 비슷하다. 1913년, 존 뮤어를 중심으로 한 환경운동가들은 헤치헤치 계곡에 댐이 건설되는 것을 저지하기 위해 미국 최초의 대규모 환경보존 운동을 벌였지만 승리하지 못했다. 샌앤드레이어스호 위에서, 우리는 기울어진 산등성이와 하늘이 담긴 깊은 물웅덩이와 샌프란시스코 국제공항이 있는 만 가장자리까지 쭉 내려다볼 수 있었다. 대형 여객기들이 줄지어 한 대씩 물 위를 천천히 날아오르고 있었다.

샌앤드레이어스와 크리스털스프링스 저수지는 20세기가 시작될 무렵에 건설되었다. 1906년 4월 18일, 캘리포니아 북부의 단층대 표면이 500킬로미터 가까이 파열되면서, 저수지의 나란한 면이 서로 반대 방향으로 미끄러졌다. 이곳에서는 2.5미터의 이동이 일어났다. 태평양 쪽은 북쪽으로 움직였다. 단층의 파열은 두 저수지를 똑바로 관통했지만, 댐은 부서지지 않았다. 그리고 그 후로도 부서지지 않았다. 1957년 3월 머슬록 근처에서 발생한 규모 5.5의 지진에 더 작은 다른 저수지가 터졌을 때에도 두 저수지의 댐은 건재했고, 1989년 10월의 로마프리에타 지진에도 끄떡없었다.

"이곳의 지진 공백 구간seismic gap은 지난번 지진으로는 채워지지 않았어요." 무어스가 말했다. 그의 말은 1989년 지진 때는 진앙에서 한참 북쪽인 샌앤드레이어스 단층의 이 구역에서는 움직임이 없었다는 뜻이다.

지진 공백 구간이라는 생각을 처음 떠올린 사람은 일본의 지진학자인 이마무라 아키쓰네였고, 당시 미국에서는 1906년 4월에 샌프란시스코 대지진이 일어났다. 이마무라는 수백 년에 걸친 일본의 지진 기록을 연구하면서, 지진이 일어난 시각과 장소를 도표로 정리했다. 그는 자신의 도표에 나타나는 지진이 잠잠한 구간, 즉 공백 구간이 일시적이고, 그 구간이 채워지는 쪽으로 압력이 가해지고 있다는 것을 알 수 있었다. 이마무라는 당시 도쿄가 꽤 긴 공백 구간에 들어와 있다는 것을 알아차렸다. 1912년, 그는 대중에게 도쿄의 공백 구간이 곧 채워질 것이라고 경고하기 시작했다. 그는 그 지진의 규모가 대단히 충격적일 것으로 예상했다. 아무도 그의 말에 진지한 관심을 보이지 않았다. 이마무라는 11년 동안 경고를 계속했다. 그의 경고에 대한 사람들의 반응은 지진의 공백 구간처럼 아무것도 없었다. 1923년에 이마무라의 공백은 2분 만에 채워졌고, 그사이에 14만 명이 목숨을 잃었다.

1906년 당시 인구가 100만 명에 못 미쳤던 샌프란시스코 베이에리어에서 지진으로 인한 사망자는 3000명으로 추정되었다. 현재 샌프란시스코의 인구는 600만 명이 넘는다. 그리고 활성 단층이 그물처럼 펼쳐져 있다는 사실은 꽤 널리 알려져 있다. 샌앤드레이어스 단층계는 하나의 선이 아니라, 층이 지고 조각난 지형이 수 킬로미터 폭으로 길게 이어지는 단층들의 집합이다. 이런 단층도 인구가 팽창하는 도시에서 하늘과 바다의 외곽선이 새로 창조되는 것을 막지는 못한다. 결국 단층 바로 위에서 사람들이 복작대며 살게 되면서, 단층의 특징을 보여주는 지형은 수만 채의 고층건물과 집들로 덮어버렸다. 변환 단층의 운동은 단층 골짜기와 침하 연못뿐 아니라, 크고 작은 단층절벽, 말안장처럼 우묵한 고개, 협곡, 케른콜kerncol과 케른버트kernbut(캘리포니아 컨강 유역에서 볼 수 있는 단층 지형—옮긴이), 압축된 지괴를 만든다. 강바닥의 위치는 어긋난다. 충적토에는 물이 고인다. 단층이 생기면 물이 빠지지 않는 우묵땅이 형성된다. 나란한 능선이 만들어지기도 하고 기존 능선이 어긋나기도 한다. 샘이 솟고 오아시스가 생긴다. 이런 지형보다 덜 항구적인 구조물을 세우기 위해 중장비가 들어와서 땅을 고르면, 단층으로 만들어진 지형의 지질학적 특징은 거의 사라진다. 샌앤드레이어스 단층의 지형학적 특성을 두루 관찰하려면 꽤 외진 곳까지 가야 한다.

샌프란시스코 바로 남쪽에 위치한 샌마테오 카운티는 1945년부터 주거지가 형성되면서 이런 지형이 모두 파괴되거나 희미해졌다. 미국에서 가장 아름다운 도시 경관인 샌프란시스코 베이에리어는 이런 단층들이 딱히 불편하지는 않을 것이다. 1989년에 대지진이 일어나고 1년이 채 지나지 않았을 때, 샌프란시스코에서 가장 큰 타격을 받은 주거 지구인 마리나 지구에서는 아담한(130제곱미터) 침실 두 개짜리 주택을 51만 6000달러에 살 수 있었다. 지진 이전보다 가격이 겨우 10퍼센트 하락했을 뿐이다.

1906년 지진 이후에 캘리포니아를 방문한 존스홉킨스대학의 해리 필딩 리드는 탄성반발elastic rebound에 관한 학설을 내놓았다. 리드 메커니즘이라고도 알려진 이 학설은 단층 운동의 역학을 설명한다. 그의 학설은 이런 운동이 어디까지 이어질 수 있는지에 대한 더 큰 이야기를 60년 앞서 내놓았다. 샌앤드레이어스 단층선으로부터 수백 킬로미터 떨어진 곳에서, 해리 리드가 자연으로부터 얻은 단서는 희미하지 않았다. 그는 줄맞춰 서 있던 작물과 나무들과 담장이 어긋나 있는 것을 봤다. 터널과 고속도로와 다리들도 비뚤어져 있었다. 리드는 땅속의 암석이 몇 년 동안 계속 탄성 변형을 받아오고 있었을 것이라고 생각했다. 그러다가 암석의 변형이 버틸 수 있는 한계를 넘어서게 되면, 지금까지 저장된 에너지가 한꺼번에 방출되면서 갑자기 미끄러지며 움직이는 것이라고 판단했다.

이 미끄러짐은 파열된 방향을 따라 이동하기 때문에, 샌앤드레이어스 단층은 주향 이동 단층이었다. 렌치 단층wrench fault이라고도 알려져 있고, 판구조론이 발견된 후에는 변환단층이라고도 불리게 되었다. 갑작스럽게 위치가 변하는 이 미끄러짐의 규모는 진앙에서 거리가 멀수록

약해진다. 1906년, 마린 카운티에서는 토말레스만 입구에 있는 올레마 밸리를 가로지르는 흙길이 끊어졌다. 이 흙길은 갑자기 6미터가 어긋났다. 이 길과 그 주변 지역은 1906년 지진에서 위치의 급변이 가장 컸던 곳이다. 진앙은 그곳에서 멀지 않은 물속에 있었다. 1906년에는 진동이 꼬박 1분 동안 지속되었다. 이에 비해 1989년 10월의 지진은 지속 시간이 4분의 1이었고, 방출된 에너지는 3분의 1이었다.

줍고 기다란 토말레스만은 샌앤드레이어스호를 닮았고, 단층 위를 바로 지나가는 단층 골짜기 속에 있다. 토말레스만의 해안에 서 있으면 피요르드 같은 그 규모도 인상적이지만, 양쪽 해안에 나타나는 완벽한 차이가 더 큰 인상을 남긴다. 한쪽 발에 갈색 면양말을, 다른 쪽 발에는 초록색 털양말을 신어도 이보다 더 짝짝이는 아닐 것이다. 토말레스만의 동쪽은 사람이 살지 않는 벌거숭이 언덕들로 이뤄져 있으며, 연중 대부분이 칙칙한 갈색이고 드문드문 참나무가 한 그루씩 서 있다. 작은 해안 마을이 있는 토말레스만의 서쪽은 초록이 짙게 우거진 산등성이다. 그 아래의 지질학적 특성을 생각하면, 정글이라고 할 수 있다. 토말레스만 동쪽 해안을 이루는 암석은 프란시스코 멜란지이며, 전형적인 코스트산맥의 표면을 나타낸다. 만의 서쪽은 대부분 화강암이다. 연대는 양쪽 지층이 100만 년쯤 차이가 나지만, 그보다 더 중요한 차이는 기원이 다르다는 점이다. 토말레스만 서쪽의 화강암은 머슬록 앞바다의 화강암처럼, 시에라네바다산맥 남부에서 떨어져나온 것이다. 이 화강암은 한 번의 지진으로, 단층을 따라 북쪽으로 최소 480킬로미터를 이동했다.

이와 비슷한 어긋남은 이 거대한 단층을 따라 늘어서 있다. 샌버나디노 카운티의 단층 동쪽에 있는 어떤 백악기 석영 몬조나이트는 샌루이스오비스포 근처의 단층 서쪽에 있는 석영 몬조나이트와 흡사하다.

샌루이스오비스포 근처의 단층 동쪽에 있는 에오세의 사암은 샌타크루즈산맥의 단층 서쪽에 있는 에오세 사암과 똑같아 보인다. 몬터레이의 위도에 있는 단층의 서쪽에 있는 피너클스 국립공원의 화산암은 약 400킬로미터 남쪽에 있는 단층에서 북아메리카쪽 면에 있는 화학적으로 동일한 지층에서 떨어져나간 것이 분명해 보인다. (어느 날 무어스는 가족을 모두 데리고 피너클스에 있는 좁은 협곡에 들어갔는데, 자기도 모르게 "단층이야, 지금 움직이면 안 돼" 하고 중얼거렸다.) 샌타바버라 카운티의 단층 동쪽에 있는 백악기 반려암은 약 580킬로미터 떨어진 멘도시노 카운티의 단층 서쪽에 있는 백악기 반려암과 거의 일치한다. 두 곳의 반려암 속에는 희귀한 살구씨 모양의 보라색 안산암 조각이 들어 있다. 샌프란시스코반도 남쪽에 있는 구조 분지의 조각은 단층에서 320킬로미터 아래에 있는 샌와킨 분지에서 떨어져나온 것으로 보인다. 이 모든 움직임이 서로 미끄러지면서 지나가는 태평양판과 북아메리카판 사이의 운동이라는 것을 이해하기 시작한 1960년대에는 정확히 샌앤드레이어스 단층 골짜기 속에 핵발전소를 지을 구덩이를 파고 있었다. 이 단층 골짜기는 샌프란시스코에서 단층선을 따라 약 80킬로미터 올라간 보데가곶에 위치한다. 핵 연료봉 폐기물의 절반은 열대지방으로 가고, 나머지 절반은 알래스카로 갈 뻔했지만, 이 계획은 환경론자들에 의해 중단되었다. 샌디에이고와 빅서와 샐리나스와 샌터크루즈를 싣고 북아메리카판과 부대끼며 지나가고 있는 샐리나스 암층은 언젠가는 로스앤젤레스를 샌프란시스코까지 실어 나를 것이다. 한편, 샐리나스 암층의 북쪽 부분은 토말레스만 서쪽에 있는 화강암인 포인트레예스반도다. 하늘에서 내려다보면, 포인트레예스반도는 캘리포니아의 다른 부분들과 분리되어 있는 것처럼 보인다. 마치 사우디아라비아가 아프리카에서 분리되어 있는 모습과 비슷한데, 암석판의 경계이기 때문이라는 이유 역시 비슷하다.

샌앤드레이어스 단층이 미끄러지는 연평균 속도는 뭔가를 6만 년 안에 1해리, 즉 1852미터를 너끈히 이동시킬 수 있는 속도다. 위치를 볼 때, 1906년의 급격한 변화는 대략 200년 치의 이동에 해당된다. 단층계의 어떤 부분은 지속적으로 조금씩 움직이는 포행creep이 일어나는 것으로 보이지만, 전체적으로 볼 때는 대부분 스타카토처럼 단속적으로 움직이며, 탄성 반발이 나타난다. 이 힘은 태평양판이 서북쪽으로 당겨지는 동안에는 기본적으로 일정하다. 이 힘에 반응해 해마다 수만 번의 지진이 일어나지만, 대부분 인간이 감지할 수 있는 문턱에 미치지 못하는 약한 지진이다. 단층의 양면이 가장 단단히 맞물려 있는 곳에서는 힘이 계속 축적되면서 점점 커지다가 결국 방출된다. 1906년의 지진은 그런 사건이며, 이제는 대규모 판-파열 지진plate-rupturing earthquake이라고 알려져 있다. 수직으로는 땅이 지각 하부까지 파열되었고, 옆으로는 지표면이 진앙을 중심으로 지퍼처럼 벌어졌다. 진앙에서 북쪽으로는 단층의 흔적이 대부분 물속에 있고 해안과 나란하다. 남쪽으로는 마린반도의 언덕들이 쟁기질한 고랑처럼 길게 갈라졌고, 단층이 지나가는 골든게이트 해협의 서쪽에서는 바다 밑바닥이 파열되었다. 머슬록에 절벽을 만들고, 샌프란시스코반도를 갈라놓은 이 급격한 변화는 몬터레이만 동쪽의 샌후안바티스타 근처에서 끝났다. 역사적으로 기록된 샌앤드레이어스 단층의 급변 중에서 1906년보다 더 극심한 위치 변화가 나타난 지진은 딱 한 번뿐이었다. 1857년, 로스앤젤레스 외곽의 테혼패스 근처에서는 단층 양쪽이 9미터 어긋났다.

캘리포니아 공과대학의 샌앤드레이어스 단층 전문가인 케리 시는 로스앤젤레스 근처의 단층대를 가로질러 수많은 도랑을 파고 노출된 퇴적층 속에 나타난 증거를 조사했다. 그가 밝혀낸 바에 따르면, 샌앤드레이어스 단층의 남쪽 중심부에서는 지난 2000년 동안 열두 번의 큰 지진이 있었고, 간격은 평균 145년이었다. 그중 가장 최근에 발생한 지진은 1857년 1월 9일에 일어난 테혼 대지진이었다. 여기에 145년을 더해보기 위해 캘리포니아 공과대학에 다닐 필요는 없다.

1992년, 미국 지질조사소는 샌프란시스코 일대의 단층에 대한 일련의 연구를 끝내고, (규모 8.3으로 추정되는) 1906년과 같은 규모의 지진은 250년에 한 번꼴로 일어난다는 결론을 내렸다. 인간의 눈으로 볼 때, 이런 수치는 아득해 보인다. 도쿄 증시에서 무슨 일이 벌어지는지를 알기 위해 한밤중에 일어나는 사람이 있는 나라에서, 누가 250년 뒤의 일을 걱정하겠는가? 우리가 염려하는 사람의 범위가 조부모에서 시작해 손주에서 끝난다면, 탄성 반발은 그나마 안전한 편이다. 샌앤드레이어스 단층에서 일어나는 어마어마한 지진 목록은 대부분 그 누구에게도 영향을 미치지 않는다. 판이 밀려가면, 그 위에 놓인 사람도 함께 밀려간다. 지구에서는 1989년에 샌터크루즈산맥의 로마프리에타 근처에 일어난 것과 같은 규모의 지진이 1년에 열네 번꼴로 일어난다. 그런 사실에 위험부담이 더 커지는 것 같을 수도 있다. 그러나 그리 많이 커지지는 않는다. 캘리포니아에서는 1769년 이래로 이런 수준의 지진이 열세 번밖에 일어나지 않았다. 그러니 이런 비길 데 없이 멋진 이런 곳에 들어와서 자리를 잡고 건물을 지으며 느긋하게 머무르지 않을 이유가 없다.

캘리포니아에서는 소가 쓰러지면 지진학자가 안다는 이야기가 있다. 세계에서 지진이 가장 활발하게 발생하는 나라 중 하나인 아이슬란드에는 관측되는 지진계가 서른 개도 되지 않는다. 캘리포니아에는 700개가 넘는다. 전 세계에서 캘리포니아보다 지진계가 더 많은 나라는 일본밖에 없다. 전체적인 규모와 국지적인 규모의 판 운동을 모두 감지하기 위해서, 지질학자들은 초장기선 전파간섭계도 활용한다. 초장기선 전파간섭계를 이용하면, 퀘이사quasar에서 전파가 도착하는 시간을 지구 곳곳에 있는 관측소에서 측정해 (아득히 멀리 떨어져 있는) 퀘이사까지의 거리를 1센티미터 이하의 오차로 측정할 수 있다. (이 장치를 이용하면 아프리카와 남아메리카가 1년 동안 실제로 이동하는 거리를 측정할 수 있다.) 지진계, 초장기선 전파간섭계, 그리고 다른 장비들을 이용해, 캘리포니아대학 러몬트-도허티 지구관측소의 린 사이크스와 스튜어트 니셴코는 1983년에 다음과 같은 예측을 내놓을 수 있었다. "새너제이 맞은편에서 샌후안바티스타까지의 샌앤드레이어스 단층 구간은 1906년에 1.5미터 이내로 다시 파열되었고, 1838년에도 지진이 일어났던 것으로 보이며, 앞으로 20년 이내에 규모 6.75~7.25의 지진이 발생할 가능성이 큰 것으로 계산되었다." 1989년에 샌앤드레이어스 단층의 특정 구간에서 규모 7.1의 강진이 일어난 후, 텔레비전 인터뷰를 하는 지질학자들이 20년 이내에 지진이 일어난다는 것보다 더 정확한 예측은 할 수 없다고 말하자 진행자들의 시선은 허공을 헤맸다. 방송 시간에 익숙한 앵커들에게 20년이라는 시간은 납득하기 어려울 정도로 두루뭉술했다. 그러나 비율로 따지면 지질학의 시간에서 20년은 인간의 시간으로는 눈 깜빡할 사이였다. 20년 안에 큰 지진이 일어날 것이라고 예측하는 것은 4500미터 떨어져 있는 촛불을 쏘는 것이나 마찬가지였다.

사이크스와 니셴코는 샌앤드레이어스 단층의 테혼패스와 솔턴호 사이의 구간에서도 큰 지진이 일어날 가능성이 크다고 강조했다. 이 구간의 아래쪽인 로스앤젤레스 동부와 샌디에이고에서는 역사시대 동안 규모 8.0 이상의 큰 지진이 일어난 적이 없었다. 대지진이 임박했을지도 모른다는 예측은 1992년 조슈아트리와 랜더스와 빅베어에서 지진이 일어나면서 대중에게 알려졌다. 이 지진은 샌앤드레이어스 단층과 꽤 가까운 곳에서 일어났고, 단층에 가해지는 압력을 실질적으로 증가시켰다. 같은 날 지진이 일어난 랜더스와 빅베어의 충격이 함께 작용하면서 240킬로미터 떨어진 산에서 기름이 스며나왔고, 그로 인해 멸종 위기에 처한 큰가시고기가 더 큰 위험에 빠졌다. 놀랍게도, 랜더스의 지진과 그보다 몇 주 앞서 멘도시노곶에서 일어났던 지진은 캘리포니아에서 20세기에 발생한 12대 지진에 포함된다. 앞서 더 작은 지진이 일어났던 세 장소와 함께, 조슈아트리와 랜더스는 일직선을 이루며 북쪽을 가리킨다. 이 선은 새로운 단층을 형성한다. 최단거리를 찾아가는 물길처럼, 샌앤드레이어스 단층은 방향을 바꿔서 모하비 사막을 통과해 북쪽으로 올라간 다음 시에라네바다산맥의 동쪽 사면을 넘어가려는 것처럼 보인다(1978년에 켄 데피스는 이런 가능성을 내게 언급했다). 랜더스의 지진은 새로운 단층 방향의 중요성을 강조하려는 듯이 규모가 7.3에 달했다. 만약 사막이 아닌 다른 곳에서 발생했다면 엄청난 피해를 일으켰을 것이다. 1992년 이전에도, 샌앤드레이어스 단층 주변에 축적된 압력은 320킬로미터 길이에 걸쳐 지축을 뒤흔들고 땅을 갈라놓기에 충분하다고 여겨졌다. 1981년, 미연방 재난관리청은 20세기가 끝나기 전에 샌앤드레이어스 단층 주변에서 규모 8.3 이상의 지진이 일어날 가능성이 있다고 경고했다. 재난관리청은 약 200억 달러의 재산 피해가 생기고, 수많은 부상자와 1만4000명에 달하는 사망자가 나올 것으로 내다봤다. 1982년, 캘리포니아 광업지질국은 이 예측에 보조를 맞추듯 이 지진이 "현재 캘리포니아 남부에 거주하고 있는 사람들의 다수가 살아 있는 동안에 일어날 것으로 예상된다"고 하면서, "샌앤드레이어스 단층을 가로지르는 주요 송수관의 3분의 2가 파열되어 3~6개월 동안 수도 공급에 차질이 생길 것"이라는 특별한 예측을 내놓았다.

같은 해에 캘리포니아 광업지질국에서는 『샌프란시스코 베이에리어에 있는 샌앤드레이어스 단층에서 규모 8.3의 지진이 발생할 경우 Earthquake Planning Scenario for a Magnitude 8.3 Earthquake on the San Andreas Fault in the San Francisco Bay Area』라는 지침서를 발간했다. 이 지침서에서는 베이교가 지진을 견딜 수 있을 것이라고 예측했다. 금문교도 그럴 것으로 봤다. 마리나 지역을 지나는 고가도로는 "무너질" 것이라고 말했다. 오클랜드의 니미츠 고속도로에 대해서는 이렇게 말했다. "앨러미다 카운티에서 샌프란시스코만 동쪽 해안을 따라 고속도로 수 킬로미터의 건설에 이용된 물다짐 공법은 심한 진동이 일어나는 동안 액화를 일으킬 수 있어서, 긴 구간에 통행이 완전히 제한될 것이다. (…) 오클랜드 시내를 관통하는 고가도로 구간은 광범위하게 손상될 것으로 예상된다." 이 지침서에서 예측한 지진은 실제로 일어났던 지진보다 35배 더 강했다.

이 지침서가 나올 무렵, 샌앤드레이어스 단층을 따라 어긋나 있는 암석이 설명되었고, 판의 경계에서 지진의 역할이 이해되었다. 1906년만 해도, 대지진은 전혀 예측할 수 없는 하늘의 뜻이었다. 이제 대지진의 발생 여부는 더 이상 궁금하지 않다. 언제 일어날지가 문제일 뿐이다. 어떤 힘이 방출되면 그 힘이 영원히 사라진다고 생각하는 사람은 더 이상 없을 것이다. 이제 사람들은 어떤 독특한 규모의 재난을 기다리기라도 하는 것처럼, 가공할 지진을 "큰 것the big one"이라고 부르기 시작했다. 캘리포니아는 알지도 못하는 새에 살금살금 모여 조립된 것이 아니다. 대지진은 이곳의 지형 어디에나 있다. 큰 것은 늘 임박해 있을 것이다. 그 큰 것은 바로 판구조 운동이다.

———

　때때로 나는 로스앤젤레스 외곽의 트랜스버스산맥 기슭에서부터 샌프란시스코 북쪽의 암석 해안까지 샌앤드레이어스 단층을 둘러보는데, 대체로 무어스와 함께한다. 화창한 날이면, 비행사는 무전기나 다른 장비의 도움 없이 단층을 길잡이 삼아 640킬로미터를 쉽게 날아갈 수 있었다. 숲이 우거진 고지대에서는 단층선이 사라지기도 하지만, 샌앤드레이어스 단층의 흔적은 대체로 또렷하다. 어찌 보면 대이동으로 다져진 길 같기도 하고, 배에 남아 있는 수술 자국 같기도 하다. 남쪽에서, 팜데일에서 로스앤젤레스 쪽으로 올라가는 14번 주州도로에는 단층대를 가로지르는 두 개의 높은 도로절개면이 있다. 도로절개면에 둥글게 말린 잡지처럼 생긴 플라이오세의 퇴적층이 한 번의 구조 운동 사건이 아니라 잇달아 일어난 사건 전체를 보여주면서 그 작용이 한창인 곳에 드러나 있었다. 지질학적 시간 규모로 볼 때, 이 지역은 연속적이라고 여겨질 정도로 자주 요동쳤다. 하지만 지금, 인간의 시간에서는 서북쪽으로 조용히 열곡이 뻗어 있는 고요하고 매력적인 땅이다. 단층 골짜기에는 풀이 무성하고, 그 양옆의 산등성이는 정겹다. 그곳은 침하 연못에서 이름을 딴 마을에 가지런한 울타리들과 깔끔하게 단장한 우체국이 있는 세계였다.

　더 북쪽으로 가면, 공들여 가꿔진 매력이 잠시 사라진다. 거의 모든 물이 자취를 감추고, 캘리포니아에서는 드물게 사막과 같은 풍경이 펼쳐진다. 샌타바버라의 해안에서 코스트산맥 쪽으로 64킬로미터 들어간 곳에 위치한 카리조 평원은 네바다 분지 남부를 닮았다. 캘리엔티산맥과 템블러산맥 사이, 평탄하고 식물이 살지 않는 이 직선 계곡 위를 지나는 샌앤드레이어스 단층은 단구와 절벽, 길게 이어져 있는 지구, 물길이 잘리거나 꺾인 하천, 물이 말라버린 침하 연못을 온전히 드러낸다. 하늘에서 보면 단층의 흔적은 흉터처럼 도드라져 있다. 사실상 유기적인 그 흉터는 고집스럽게, 서쪽으로 40도 기울어진 북쪽을 향해 서서히 움직인다. 땅에서는 뜨겁고 건조한 바람이 부는 사막의 포장도로 위에 서 있으면, 말 그대로 판의 경계에 서 있는 것이다. 그곳에서는 거의 4000년에 걸쳐 간헐적으로 흐른 어느 강바닥의 움직임을 볼 수 있다. 물이 바싹 마르고 바위투성이인 그 개울은 템블러산맥의 사면을 꽤 똑바로 내려오지만, 샌앤드레이어스 단층은 산등성이를 마치 미닫이문처럼 밀어올려서 물길을 차단한다. 개울은 오른쪽으로 90도 방향을 틀어 판의 경계를 따라 약 140미터를 이동한 다음, 단층으로 위치가 어긋난 강바닥을 찾아들어가서 샐리나스 화강암의 자갈밭을 따라 서쪽으로 흐른다.

바닥이 드러난 염기성 호수들과 위치가 어긋난 다른 하천들이 지나간다. 계곡으로 올라가는 (자갈)길은 단층 바로 위로 수 킬로미터가 이어진다. 간간이 가축 이동 방지 도랑, 가지뿔영양 무리, 이동식 주택, 옹색해 보이는 목장, 회전초로 만든 담장, 수도 펌프가 있는 마당이 보인다. 높은 탑 위에는 바람개비가 돌아간다. 부서지고 구멍이 많은 단층 지대 아래에는 이런 곳에도 늘 물이 흐른다.

북쪽으로 몇 킬로미터를 더 가면, 저마다 접시 안테나가 달린 작은 벽돌집들이 띄엄띄엄 서 있다. 그리고 몇 킬로미터를 더 가면, 드넓게 펼쳐진 멋진 초원 지대와 반듯한 집이 있는 근사한 목장이 나타난다. 단층은 그 반듯한 집을 가로질러 지나간다. 그리고는 광역 샌프란시스코를 향해 거침없이 나아간다.

캘리포니아 남부와 북부를 연결하는 가장 빠른 두 경로는 모두 샌앤드레이어스 단층을 지난다. 만약 시간이 넉넉하다면 5번 주간고속도로는 피해야 한다. 어떤 길은 거의 항상 단층대 안으로만 지나간다. 울퉁불퉁한 지형을 통과하는 물길처럼, 단층도 경사가 완만하고 평탄한 땅에 자리한다. 단층은 조금 휘어지더라도 강의 굽이에 비하면 아무것도 아니다. 더 북쪽으로 가면 사막 평원은 건초 목초지로 바뀌고, 수풀이 더 우거진 땅으로 이어진다. 그다음에는 포도나무가 늘어서 있는 단층 지구와 호두나무로 덮인 주름 같은 언덕이 나타난다. 땅다람쥐들, 조금 더 큰 까치 떼, 미루나무들, 울창한 참나무숲, 융단 같은 풀밭 위를 노니는 말들이 차례로 나타난다. 단층의 양쪽 면을 이루는 암석의 연대와 유형은 삼원색 중 두 개의 원색만큼이나 다르다. 서쪽 면을 따라서는 반려암 언덕과 다른 곳에서 온 화강암 지대가 길게 뻗어 있다. 단층 골짜기를 가로질러 바로 건너편에는 더 특이하고 더 너저분하며 무어스에게는 더 흥미로운 프란시스코 멜란지가 있다.

파크필드 근처에서 샌앤드레이어스 단층 위로 흐르는 시내에는 단층을 가로질러 놓인 다리가 하나 있다. 이 다리는 계속 비뚤어지고 있다. 다리의 동쪽 끝은 멕시코 쪽으로, 서쪽 끝은 알래스카 쪽으로 움직이고 있는 것이다. 촐라메와 파크필드 사이에서는, 1857년 이래로 판이 부서지는 파열이 여섯 번 일어났다. 22년마다 한 번꼴로 일어난 셈이고, 2003년 이전에 다시 일어날 확률은 98퍼센트로 예상되었다. 파크필드의 인구는 37명이다. 만약 이곳의 인구가 늘어난다면, 지진학자가 가장 먼저 알게 될 것이다. 이곳의 계곡은 여느 곳과 달리 수많은 전선으로 연결되어 있기 때문이다. 파크필드는 지진 예측 전문가들을 끌어들이고 있다. 지진이 일어나는 시간 간격이 짧다는 것은 이 단층 구역을 잘 감시하면 그들이 죽기 전에 뭔가를 알아낼 수 있을지도 모른다는 의미다. 또 파크필드 구간은 무어스의 말에 따르면, "기하학적으로 비교적 단순한 단층 구조"를 갖고 있다. 게다가 최근 세 번의 지진은 진앙이 같았고, 동일한 규모로 일어났다.

평균적으로 22년마다 한 번꼴로 판이 파열되는 지진이 일어났다는 것은 100만 년 동안 그런 지진이 4만5000번 있었다는 뜻이다. 파크필드에서 가장 최근에 일어난 지진은 1966년에 일어났다. 이 지진으로 지표면이 29킬로미터가 부서졌다. 이 마을 급수탑에는 이런 문구가 쓰여 있다. "파크필드, 세계 지진의 수도, 지진 보러 오세요." 실제 연도는 별로 중요하지 않다. 파크필드에 설치된 장비들은 충격적인 사건이 임박해 있다고 가정하는 것이다. 장비 설치의 목적은 계산된 평균치를 확인하는 것만이 아니다. 다가올 지진을 수개월, 수일, 수 시간, 수 분 전에 감지하는 기술을 개발하기 위한 목적도 있다. 하루 전은 말할 것도 없고, 한 시간, 아니 5분이나 1분 전에라도 미리 지진을 감지할 수 있다면, (인구밀도가 높은 곳에서는) 수많은 생명과 재산을 구할 수 있을 것이다. 그런 이유에서, 파크필드를 중심으로 북쪽으로 미들산, 남쪽으로 골드산 사이에 놓인 촐라메밸리에는 변형 측정기, 포행 측정기, 충격 발생 장치, 레이저 거리관측기, 경사계, 스물네 개의 지진계를 포함한 수백만 달러어치의 관측 장비가 설치되어 있다. 사람들은 연방 정부의 재정이 파크필드를 포크필드(pork에는 중앙 정부에서 선심성으로 제공하는 지역 보조금이라는 뜻이 있다 — 옮긴이)로 바꿔놓았다고 말한다. 일부 지진계는 0.8킬로미터 깊이의 구멍 속에 들어 있다. 지금까지의 경험에 따르면, 암석에서는 큰 움직임이 일어나기 직전에 포행이 나타난다. 포행 측정기는 수천만 분의 1센티미터의 포행까지도 감지한다.

만약 추측과학이라는 것이 있다면, 지진 예측이 바로 그런 과학이다. 그리고 연구가 세분화되는 동안 천기누설이라는 목표는 점점 희미해진다. 샌앤드레이어스 단층의 최대 응력, 즉 가장 센 힘으로 밀리는 방향은 단층의 양쪽 면이 움직이는 방향과 거의 수직을 이루는 것으로 드러났다. 이는 바나나 껍질에 위에서 누르는 힘이 작용하면, 수평 방향으로 미끄러지는 것과 같은 이치다. 이런 방식으로 움직이는 단층은 옆으로 미끄러질 정도로 약할 것이며, 분명히 어느 정도는 반들반들할 것이다. 무엇보다, 단층면을 이루는 암석의 구멍으로 들어온 물의 압력이 윤활제 역할을 하는 것으로 언급되어왔고, 지진이 원인일 수도 있는 갑작스러운 기체의 방출 역시 마찬가지다. 이런 메커니즘 탓에 지진이 어느 정도 무작위로 발생하면서 압력의 축적과 일시적인 공백의 중요성을 약화시키는 경향이 있을 것이다. 지진을 예측하려는 사람들은 지진에 영향을 줄 수 있는 것은 무엇이든 거의 다 지켜볼 것이다. 내파밸리에 있는 올드페이스풀이라는 이름의 한 간헐천은 240킬로미터 내에서 큰 지진이 일어나기 전후에 불규칙적인 분출을 하는 것처럼 보인다. 그러나 이 관측은 더도 덜도 아닌 딱 20년 동안의 기록을 토대로 한다. 1980년, 미국 지질조사소는 토양 속의 수소를 관찰하기 시작했다. 2년 후, 파크필드에서 서북쪽으로 약 32킬로미터 떨어진 콜링가 근처에서는 토양 속의 수소가 평소보다 50배로 폭증했다. 마치 폭발이 일어난 것 같았고, 1983년 4월에는 그런 폭발이 크게 증가했다. 그리고 1983년 5월에 콜링가 지하의 스러스트 단층에서 규모 6.5의 지진이 발생했다. 라돈 방출도 관측된다. 미세 지진의 유형과 횟수도 지진과 관련이 있는데, 특히 모기 도넛Mogi doughnut이라는 학설이 유명하다. 1960년대 중반, 일본의 한 지진학자는 자신의 지진파 기록표를 보고 몇 주 동안 일어난 작은 지진들이 그 후에 일어난 큰 지진의 진앙을 고리처럼 둘러싸고 있다는 것을 알아차렸다. 모기 도넛은 수소 폭발이나 라돈 방출과 함께 멋진 실마리가 되기도 하지만, 대부분의 큰 지진은 이런 전조 없이 일어난다.

지진이 빈번히 발생하는 곳에 사는 사람들은 지진 날씨에 대한 이야기를 한다. 지진 날씨는 매우 온화하고 바람 한 점 없는 것이 특징이다. 앞일을 내다보는 동물, 수위가 오르내리는 우물과 함께, 지진 날씨 같은 지진 전조 연구는 미 국립 과학재단의 연구비를 끌어올 수 없다. 어떤 사람은 우물의 수위가 내려가면 지진이 날 것이라고 말한다. 어떤 사람은 우물의 수위가 올라가는 것이 지진의 징조라고 말한다. 지진의 임박을 감지하는 능력은 뱀, 거북, 쥐, 뱀장어, 메기, 족제비, 새, 곰, 지네에게 주어져왔다. 동물의 행동에서 지진의 단서를 찾는 것은 미국보다는 중국과 일본에서 더 진지하게 받아들여진다고 생각되어왔지만, 1988년에 발표된 『캘리포니아 지질학California Geology』의 한 과학 논문에는 다음과 같은 평가가 있었다. "『새너제이 머큐리 뉴스San Jose Mercury News』의 분실물 찾기 코너에 이례적으로 많은 수의 개와 고양이가 나온다면, 그 지역에서 지진이 발생할 가능성이 유의미하게 증가한다."

지진 예측은 판구조론의 이해에 힘입어 큰 발걸음을 내딛어왔지만, 때로는 헛다리를 짚기도 했다. 계측 장비가 지진의 발생 과정을 신뢰할 수 있을 정도로 기록하게 되기 전까지, 지진을 예측하는 사람들에게는 명확하지 않은 계산 결과라도 제시해야 하는 도덕적 책임이 있다. 수맥

탐지 막대나 다름없는 수학은 1990년 12월 2일에 미주리 뉴마드리드에서 대지진이 일어날 것으로 예측했고, 이 어처구니없는 예측은 실현되지 않았다. 미국 광업국에서 (다름 아닌) 암석 균열을 연구한 미국 지질조사소의 어느 지질학자 겸 물리학자는 1981년 여름의 특정 날짜에 페루 리마 인근 해저에서 세 번의 대지진이 일어날 것이라는 예측을 실험실에서 내놓았다. 그중 가장 규모가 큰 지진은 지구상에 기록된 어떤 지진보다 20배 더 강력한 규모 9.9의 지진이었다. 수십만 명의 페루인이 죽음을 통보받았다. 그러나 아무 일도 일어나지 않았다.

　루이 아가시가 발견한 것처럼, 빙하 계곡을 가로질러서 한 줄로 곧게 말뚝을 세워놓고 1년 후 다시 오면, 말뚝이 움직여서 곡선을 이루는 것을 볼 수 있을 것이다. 만약 샌앤드레이어스 단층을 가로질러 한 줄로 곧게 울타리 기둥을 세워놓고 1년 뒤에 다시 오면, 거의 다 그대로 직선을 이루고 있는 울타리 기둥을 볼 수 있을 것이다. 단, 그 울타리 기둥이 촐라메밸리에서 북쪽으로 160킬로미터 떨어진 곳에 세워져 있다면 이야기가 다르다. 그곳에서는 기둥의 위치가 2.5~5센티미터 정도 살짝 어긋나 있을 것이다. 이듬해에는 위치가 조금 더 바뀔 것이고, 그다음 해에는 더 바뀔 것이다. 1200킬로미터에 걸쳐 판과 판이 부대끼며 마모되고 있는 샌앤드레이어스 단층은 전체가 다 독특하지만, 그중에서도 이곳 중심 포행대Central Creeping Zone는 단연 독특한 곳이다. 나무들은 움직이고, 물길은 휘어지며, 연못은 침하된다. 도로의 아스팔트에는 비스듬한 계단 모양의 균열이 발달한다. 깨진 조각들은 밑으로 떨어져서 조그만 지구minigraben를 형성한다. 작은 벼랑이 솟아오른다. 단층은 중심 포행대를 똑바로 지나간다. 그러나 스케이트를 탈 때 얼음 위에 생기는 자국처럼 짧게(3.2~9.6킬로미터) 끊어져 있는 나란한 흔적들로 이뤄져 있다. 중심 포행대에서는 산사태가 자주 일어나서, 새로운 포행의 흔적을 보기는 어렵다.

"포행은 이곳에서 170킬로미터에 걸쳐 비교적 지속적으로 나타나고, 거의 모든 움직임을 설명하는 것처럼 보여요." 무어스가 말한다. "포행은 드물어요. 대부분의 단층 운동은 단속적이죠. 포행은 수많은 작은 지진을 일으켜요. 단층대에서 500미터 안쪽에서는 한 시간 안에 포행이 전파되는 실제 '포행 사건'을 경험할 수 있어요." 이 포행대에는 수많은 참나무와 몇 명의 인간이 살고 있다. 단층의 태평양 쪽 노두에는 가빌란산맥의 기반암을 이루는 화강암의 장석과 운모가 반짝였다. 높이 1000미터가 넘는 가빌란산맥은 단층대와 가깝고, 이 산맥 역시 포행을 한다.

샌앤드레이어스 단층은 크게 움직이는 도약과 스멀스멀 기어가는 포행을 하면서, 수백만 년 동안 1년에 평균 35밀리미터를 움직인다. 이 수치는 태평양판의 운동 속도에 크게 못 미치며, 다시 태평양판의 이동 속도는 북아메리카판에 비하면 3분의 1에 불과하다. 이런 이동 속도의 부조화는 판구조론 초기에 태평양판의 연간 이동 속도가 다른 곳에서 결정되고 난 후에 발견되었다. 샌앤드레이어스 단층을 가로질러 흘러가다가 단층에 의해 절단된 화산암의 흐름은 태평양판의 운동 속도와 가까운 뭔가에 분리된 것이 아니다. 이 현상은 샌앤드레이어스 불일치San Andreas Discrepancy라고 알려지게 되었다. 만약 태평양판이 판의 동쪽 가장자리에 있는 거대한 변환단층보다 그렇게 빠르게 움직이고 있었다면, 나머지 운동은 어딘가로 이어졌어야 할 것이다. 샌앤드레이어스 단층군에 속하는 여러 부가적인 단층을 따라 나타나는 움직임으로는 그런 운동이 충분히 설명되지 않는다. 판의 경계 지역에 나타나는 다른 움직임들이 이런 차이를 메우고 있는 것이 분명했다.

열점설(하와이 지역같이 움직이는 판을 지하 깊은 곳에서 관통하는 고정된 곳에서 유래했다고 보는 학설)이 발달하고 지각판의 이동 방향에 대한 자료들이 개선되면서, 태평양판의 역사는 더 명확해졌다. 약 350만 년 전인 플라이오세에는 태평양판의 이동 방향이 약 11도 동쪽으로 바뀌었다. 왜 이런 일이 일어났는지는 활발한 논쟁과 수많은 논문의 주제가 되고 있지만, 그래도 하와이의 열점을 태평양판의 이 이야기 속에 엮어 넣어보면, 적어도 그 일이 있었다는 것을 알 수 있다. 플라이오세의 오하우섬에서 태평양판의 각도가 정말로 11도 꺾인 것이다.

현재 지구상에서 가장 큰 지각판인 태평양판은 태평양의 약 3분의 2를 차지하고 있다. 태평양판의 너비는 남북으로는 약 1만4500킬로미터, 동서로는 약 1만2800킬로미터다. 이렇게 거대한 태평양판의 방향을 바꿀 수 있는 것은 무엇이었을까? 약 350만 년 전에 태평양판의 가장자리를 따라서 일어난 여러 사건이 그 원인으로 지목되어왔다. 이를테면 태평양 서남부에 있는 거대한 현무암 지괴인 온통-자바 해저평원이 솔로몬 제도와 충돌하면서, 섭입대(라고 주장되는 곳)가 뒤집히고 태평양판의 거대한 암석판 일부가 피지 북부의 해저평원 아래로 욱여넣어졌다. 암석판은 결국 부러졌다. 서남쪽 구석에서 무서운 기세로 잡아당기던 힘이 갑자기 사라지자, 나머지 부분의 방향이 동북쪽으로 11도 틀어졌다. 같은 시기에 판의 서쪽 경계를 따라 우연히 일어난 여러 충돌도 이동 방향의 변화에 기여를 했을 것이다. 추가적인 추진력은 판의 북쪽 끝에서 기능을 상실한 확장 중심부가 섭입되면서 나왔을 것이다. 무거운 확장 중심부가 하강하면서 판을 잡아당겨 시계 방향으로 회전력이 생겼을 수도 있다. 원인이 무엇이든, 무게 34경5000조 톤의 이동체가 갑자기 오른쪽으로 방향을 튼다는 것은 쉽게 상상이 되지 않지만, 그런

급회전이 분명히 있었다.

　북아메리카 대륙의 지각 구조에 미친 영향은 두 대의 차량이 측면으로 부딪칠 때 나타나는 변형과 비슷하다. 태평양판과 북아메리카판 사이에 놓인 샌앤드레이어스 단층의 기본적인 움직임은 주향 이동과 평행 운동이다. 그러나 태평양판의 귀퉁이가 캘리포니아의 여러 곳에 욱여넣어지면서, 압축의 요소가 추가되었다. 그 결과 스러스트 단층과 그에 따른 습곡, 즉 향사와 배사가 나타났다. (석유는 돔처럼 솟아 있는 배사 구조 속으로 이동해 갇혔다.)

　그보다 앞선 지금으로부터 약 500만 년 전, 태평양에 위치한 동태평양 해령이라는 확장 중심부는 북회귀선에서 북아메리카 쪽으로 뻗어나가면서 바하칼리포르니아반도를 분리시키고 캘리포니아만을 벌어지게 했다. 바하칼리포르니아가 분리될 때, 북쪽으로 강한 압축도 함께 일어났다. 무엇보다 이 압축의 결과로, 로스앤젤레스 바로 위에서 샌앤드레이어스 단층이 크게 휘어지면서 트랜스버스산맥이 솟아올랐다. 지질학자들은 그 압축을 일으킨 원인이 판구조 운동이라는 것이 확인되기 오래전부터 잘 알고 있었다. 그러나 그 압축과 거대한 단층을 따라 일어나는 주향 이동 운동이 350만 년 전에 태평양판의 방향이 살짝 틀어짐으로 인해 나타난 결과라는 사실은 1980년대 후반에 들어와서야 알게 되었다. 배사, 향사, 캘리포니아의 이 끝에서 저 끝까지를 거의 다 아우르는 스러스트 단층과 같은 이런 모든 압축의 특징을 미루어보면, 샌앤드레이어스 불일치에서 사라진 운동의 일부가 설명된다. 로스앤젤레스 분지 한 곳에서만 220만 년 동안 1년에 약 1센티미터씩 압축이 일어났다. 러구나 해수욕장과 패서디나 사이의 거리는 220만 년 전보다 22.5킬로미터 더 가까워졌다. 이런 압축이 일어날 때마다 한 번씩 지진

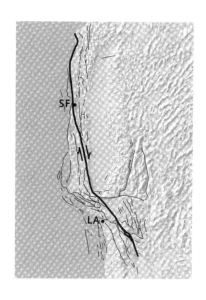

이 일어난다. 이를테면 1987년의 휘티어 협곡 지진과 1994년의 노스리지 지진이 일어났을 때, 샌타모니카산맥은 두 번 모두 폭이 줄고 능선이 솟아올랐다.

휘티어 협곡 지진의 진원은 새로 생긴 배사 구조 속 깊은 곳에 파묻혀 있는 단층이었다. 이런 단층은 약 16킬로미터 지하에서 발달해 점차 지표 쪽으로 올라오는 경향이 있다. 북쪽으로 800킬로미터에 걸쳐서 샌앤드레이어스 단층의 동쪽으로 새로 생긴 배사 구조도 특성이 비슷해, 지하 깊은 곳에서 일어난 연속적인 지진으로 만들어졌다. 대부분 최근에 발견되었고, 아마 아직 발견되지 않은 게 더 많을 것이다. 이 단층들이 샌앤드레이어스 단층과 이루는 각도는 아주 예리해서, 좁은 배가 일으킨 물보라와 비슷한 모양을 이룬다. 종종 지질학자들이 움직이는 단층의 존재를 의심하지 않을 때, 지진이 숨어 있던 수류탄처럼 갑자기 발생하기도 한다. 1983년에 콜링가에서 일어난 규모 6.5의 지진은 조금 당황스러웠다. 이 지진은 그곳 산등성이의 고도를 60센티미터 이상 높여 놓았다.

1892년, 수수께끼 같은 두 번의 지진이 데이비스와 가까운 그레이트 센트럴밸리의 윈터스에서 일어났다. 분명 이 지진도 콜링가 아래에 있는 것과 같은 종류의 숨은 스러스트 단층에서 일어났을 것이다. 하지만 윈터스의 스러스트 단층은 특히 흥미롭다. 이 스러스트 단층은 샌앤드레이어스 단층에서 80킬로미터 떨어진 코스트산맥의 동쪽에 있기 때문이다. 그러나 이곳은 새롭게 발견된 습곡과 단층의 산물임이 분명하며, 거대한 단층의 그림자는 사방에 드리워져 있다. 캘리포니아의 그레이트샌트럴밸리는 애팔래치아산맥 방식의 습곡-스러스트대를 찾고 있는 지질학자에게 세계에서 거의 마지막으로 남은 장소다. 무어스가 캘리포니아 지도 위에 거침없이 나타낸 그 범위는 샌트럴밸리 서쪽을 따라 거의 테하차피산맥에서 레드블러프까지 쭉 이어지고, 동쪽으로는 데이비스에 닿는다. 무어스와 그의 동료인 제프 운루는 비현실적으로 평탄한 학교 주위의 땅에서 구조 운동이 일어나는 습곡을 찾기 위해 야외로 나갔다. 그것은 아무리 감이 좋은 술래라도 찾아내기 어려운 까막잡기 놀이다. 두 사람은 배사 구조 하나를 찾아냈다. 수 킬로미터에 걸쳐 아치를 이루고 있는 그 배사 구조는 정상의 높이가 7.6미터였다. 그들은 이것을 데이비스 배사라고 부른다. 데이비스 배사는 무어스가 "데이비스 캠퍼스 습곡-스러스트대"라고 즐겨 부르는 것의 일부분이다. 그는 재미로 그렇게 이름을 붙였지만, 습곡은 허구가 아니다. 데이비스에 있는 배사 구조는 지난 수십만 년 동안 발달해왔으며, 알프스산맥보다 10배나 빠르게 융기하고 있다.

지금까지 내가 참관한 야외조사 중 가장 기이한 이곳에서, 무어스와 운루는 잔잔한 수면처럼 평평한 계곡에서 신생 산맥을 찾고 있었다. 그곳에 나타난 차이는 극히 미묘했다. 무어스가 말했다. "우리는 이곳 지표면에서, 5킬로미터 지하에 있는 보이지 않는 스러스트를 찾고 있어요. 압축으로 인한 힘은 샌트럴밸리의 중심부에 있는 이곳까지 미치고 있죠."

"지형은 그냥 나타나는 것이 아니에요." 운루가 말했다. "토양학자들은 이 계곡의 둔덕이 구조적으로 융기하고 있다는 것을 오래전부터 알고 있었어요. 분지 지역의 토양은 색이 더 어둡거든요. 샌트럴밸리의 이 부분에는 단층으로 파생된 습곡이 있어요."

무어스는 훗날 내게 이런 글을 보냈다.

우리는 계속 증거를 모으고 있어요. 우리가 본 두 개의 지진파 단면도에는 수평적인 반사가 나타났어요. 아마 코스트산맥에서 새크라멘토강까지 뻗어 있는 단층일 거예요. 제프는 하천의 기울기를 알아보고 있어요. 그렇게 하는 까닭은 범람원에 급격한 변화가 나타나는 곳에는 이유가 있기 때문인데, 여기서 그 이유는 융기예요. 이 분석은 융기가 확인된 데이비스 서쪽의 두 지역과는 꽤 잘 들어맞았고, 데이비스 오른쪽을 지나 북쪽으로 새로운 융기 지역이 있음을 암시한다고 볼 수 있을 것 같아요. 아마 그런 이유로 패트윈족 원주민들은 퓨타크리크의 냇둑에 위치한 이 특별한 지점을 그들의 마을로 선택했는지도 몰라요. 이곳은 습지 안에 있는 고지대이고, 융기하고 있기 때문에 높은 거였어요!

판의 경계와 연관된 압축 구조 운동은 완전히 상대적인 판의 운동에 기여를 하지만, 그다지 크게 기여하지는 않는다. 전체적으로 볼 때 연평균 1센티미터 미만이다. 그 정도로는 수치의 차이를 거의 줄일 수 없다. 놀랍게도, 나머지 사라진 운동은 베이슨앤드레인지에서 유래한 것으로 보인다. 리노와 솔트레이크시티 사이에 위치한 이곳에서는 지각이 길게 늘어나면서 끊어지고 있고, 끊어진 지각의 조각들은 산맥이 되어 맨틀 위에 떠 있다. 이런 지각의 확장은 이 지역의 너비를 수백만 년 동안 100킬로미터 정도 증가시켰다. 초장기선 전파간섭계에 나타난 바에 따르면, 베이슨앤드레인지는 서-서북 방향으로 1년에 약 10밀리미터씩 확장되고 있다. 이 확장으로 인해 공급되는 운동은 칼리포르니아만과 멘도시노곶 사이의 전체 판의 경계에서 샌앤드레이어스 불일치의 차이를 일으키기에 충분하다. 만약 태평양판의 운동 일부가 유타에서 유래하는 것이라면, 유타는 판의 경계에 속해야 할 것이다.

베이슨앤드레인지 지방의 서쪽 끝에 있는 시에라네바다산맥은 산맥 동쪽 기슭을 따라 지나가는 정단층 위로 솟아오르고 있다. 이 단층에서 여러 번의 지진이 일어나면서, 시에라네바다산맥은 유달리 높은 산맥이 되었다. 가장 최근의 대지진은 1872년에 일어났다. 불과 몇 초 사이에 산맥은 90센티미터가 솟아올랐다. 게다가 그 짧은 시간 안에 시에라네바다산맥이 북서북 쪽으로 6미터를 움직이기도 했다. 그 정도라면 어떤 불일치라도 메울 수 있을 것이다.

아마 판 사이에서 일어나는 전체 움직임의 약 6분의 1은 샌앤드레이어스 단층계의 다른 단층 때문에 일어날 것이다. 이 단층들은 모두 주향이동, 활성, 우선단층이다. 다시 말해, 단층의 한쪽 면에서 보면 다른 쪽 면이 단층면과 나란히 오른쪽으로 이동하는 것처럼 보이는 단층이다.

　일반적인 방식으로, 한 벌의 카드를 이용해서 단층면 사이의 관계를 증명할 수 있다. 먼저 카드 한 벌을 옆면이 위로 가게 해 양 손바닥 사이에 놓고, 양손으로 카드를 계속 누른 상태에서 오른손은 몸 쪽으로, 왼손은 바깥쪽으로 움직인다. 그러면 카드는 밀리거나, 카드끼리 들러붙거나, 움직이지 않거나, 미끄러질 것이다. 어떤 카드는 다른 카드보다 더 잘 미끄러질 것이다. 어쩌면 카드 사이에 주로 벌어지는 틈이 발달할지도 모른다. 어쨌든 카드 사이에 있는 51개의 틈은 캘리포니아에 있는 것과 같은 한 벌의 우측면 주향이동 단층이 된다. 만약 어떤 카드가 다른 카드보다 더 많이 움직이면 사실상 카드에 분할면이 생기는 것이고, 그 분할면은 샌앤드레이어스 단층에 비길 수 있다. 그러나 전체적인 움직임은 다양한 정도로 미끄러지는 각 카드의 움직임이 모두 모여서 이뤄진다.

　무어스는 350만 년 전에 일어난 판의 이동 방향 변화가 이런 대규모의 경계 단층을 만들었을 것이라고 믿고 있다. 샌앤드레이어스 단층과 나란하거나 거의 나란한 이 단층들은 강의 지류나 나무의 가지에 비길 수 있다. 그러나 나뭇가지처럼 갈라진 모양은 아니다. 서로 연결되어 있지 않은 경우가 많으며, 목재가 마르면서 나타나는 갈라진 틈과 생김새가 더 비슷하다. 이 단층들은 모두 서북쪽을 향하고 있다. 많은 단층이 저마다 고유의 이름을 갖고 있는데, 100여 년 전에 각 단층에 이름을 붙인 야외지질학자들이 그 단층들이 서로 연결되어 있을 것이라는 의심을 하지 않았기 때문이다. 코스트산맥 동쪽, 코텔리아에서 80번 주간고속도로를 가로질러 미끄러지고 있는 그린밸리 단층은 남쪽으로 콩코드 단층까지 이어진다. 80번 주간고속도로에서 갈라지는 680번 주간고속도로는 단층 바로 위에서 단층을 따라 이어진다. 내파밸리와 샌파블로만 아래를 따라서, 버클리와 오클랜드와 헤이워드를 따라서, 그리고 새너제이에서 한참 남쪽까지 이어지는 단층은 각 구간에 힐즈버그, 로저스크리크, 헤이워드라는 이름이 붙여졌다. 미국 지질조사소에서는 로저스크리크 단층에 나타나는 미세한 지진을 1989년 로마프리에타 근처에서 샌앤드레이어스 단층을 뒤흔든 것과 같은 강도의 지진이 일어날 가능성을 암시하는 불길한 전조로 보고 있다.

캘러베러스 단층은 헤이워드 단층과 가까운 곳을 지나서, 사전트 단층, 와일드캣 단층, 부시랜치 단층과 비슷하게 조금 더 남쪽까지 뻗어 있다. 앤티억 단층은 그레이트센트럴밸리에 있다. 1130킬로미터에 걸쳐 수많은 갈래로 쪼개져 있는 단층들 중에서, 지금까지 내가 언급한 단층은 모두 샌앤드레이어스 단층의 동쪽에 위치한 샌프란시스코 베이에리어에 있다. 샌앤드레이어스 단층의 서쪽, 즉 샌프란시스코반도나 그 아래에 있는 바다에는 필라시토스 단층, 라혼다 단층, 호스그리 단층, 샌그레고리오 단층이 있다. 샌그레고리오 단층은 샌프란시스코에서 몬터레이 남쪽의 빅서까지 뻗어 있다. 이 단층이 단번에 이동한 최장거리는 약 4미터로 기록되어 있다. 샌그레고리오 단층은 평균 300년마다 한 번씩 큰 지진을 일으켜왔다. 우리가 살아 있는 동안의 일이 아니라면, 상관할 것은 없다. 샌그레고리오 단층대에 속한 샌마테오 카운티에는 약 16만 2000제곱미터 규모의 도시계획 구역이 있다.

샌앤드레이어스 단층계는 멘도시노곶에서 솔턴호에 이르기까지 어떤 위도에서든 횡단면의 구조가 비슷하며, 수많은 주향이동 단층으로 이뤄진다. 이 단층계에 속하는 베이커스필드 근처의 화이트울프 단층에서는 1952년에 20세기 들어 두 번째로 큰 지진이 일어났다. 캘리포니아 남부에서는 단층 지대의 너비가 샌프란시스코의 세 배인 240킬로미터에 이르며, 훨씬 더 복잡하다.

헤이워드 단층 하나만으로 160킬로미터가 넘는 지역에 걸쳐 어긋남이 나타나고 있다. 샌프란시스코 북쪽에 위치한 샌파블로만에서 동남쪽을 따라 북위 약 37도까지 이어지는 헤이워드 단층은 길로이 근처에서 사라진다. 그곳에서 그리 멀지 않은 샌후안바티스타에는 샌앤드레이어스 단층이 지나간다. 버클리를 포함한 여러 장소에서, 헤이워드 단층의 한쪽 면에는 쥐라기 암석인 프란시스코 멜란지가 있고, 다른 쪽 면에는 조금 끌려올라간 백악기 암석인 그레이트밸리층이 있다. 미식축구 경기장에서 단층이 지나가는 운동장을 가로질러 80야드를 달리는 미식축구 선수는 5000만 년을 넘나드는 것이다. 눈 깜짝할 사이, 예측할 수 없는 한순간, 그의 발아래 깔린 잔디밭에 변화가 일어나면 그는 경기장 밖으로 내던져질 수도 있다. 헤이워드 단층은 미식축구 경기장을 통과할 뿐 아니라, 앨러미다 카운티 병원, 샌리앤드로 병원, 캘리포니아 주립대학도 관통하거나 아주 가까이 지나간다. 헤이워드 단층은 캘리포니아 시청각장애인학교도 지나갔지만, 불안해진 캘리포니아주는 장애인학교를 다른 곳으로 옮기고 옛 장애인학교 기숙사 건물에는 캘리포니아대학 버클리 캠퍼스의 대학생들을 채워넣었다.

헤이워드 단층을 경계로, 백악기의 버클리힐스는 쥐라기의 대학 캠퍼스와 샌프란시스코만 근처 홀로세의 충적토 평야와 분리된다. 헤이워드 단층은 버클리힐스가 만들어지는 데 적지 않은 기여를 했다. 뚜렷한 단층절벽인 버클리힐스는 다른 주향이동 운동의 수직 성분에 의해 만들어졌다. 완만한 비탈에서 가파른 절벽으로 급격히 변한 까닭은 이 단층의 활동이 대단히 활발하고 언덕들이 만들어진 지 얼마 되지 않았기 때문이다. 헤이워드 단층에서는 1836년과 1868년에 큰 지진이 일어났다. 이것은 버클리의 대학 2학년생이 느긋하게 파헤칠 수 있는 종류의 정보가 아니다. 샌앤드레이어스 단층과 헤이워드 단층에서 지진이 일어났을 때 가장 많이 흔들릴 곳을 예측한 미국 지질조사소의 한 「다양한 야외조사 지도Miscellaneous Field Studies Map」는 "대단히 격렬한" 것이 특징인 A단계 강도의 지진 위험이 있는 세 지역으로, 헤이워드 단층이 통과하는 버클리의 유니버시티가 남쪽 주변 지역, 오클랜드 시내의 메리트호 바로 동쪽에 있는 블록들, 피드먼트의 워런고속도로를 꼽았다. 워런고속도로는 물이 강바닥을 따라 흐르듯이, 헤이워드 단층을 따라 지나간다.

지질조사소는 2020년 이전에 샌앤드레이어스 단층이나 헤이워드 단층 위에 놓인 샌프란시스코 베이에리어에서 또다시 대지진이 일어날 확률이 67퍼센트라고 전망한다. 그중에서도 헤이워드 단층 쪽에 더 높은 가능성이 점쳐지고 있는데, 단층이 크게 한 번 움직일 만한 시기가 한참 지났기 때문이다. 만약 19세기에 일어났던 몇 번의 지진과 동일한 강도의 지진이 일어난다면, 미연방 재난관리청과 캘리포니아 광업지질국은 4500명의 사망자와 13만5000명의 부상자, 400억 달러의 재산 피해가 생길 것이라고 예측한다. 이 가능성에 대해 지질조사소는 이렇게 덧붙인다. 샌프란시스코 중심부는 "샌앤드레이어스 단층과 가까운 만큼 헤이워드 단층과도 가깝다."

헤이워드 외곽으로 흘러들어오는 샌로렌조크리크의 물길은 단층과 만나는 곳에서 오른쪽으로 급하게 휘어져서 1.6킬로미터 넘게 단층을 따라 서북쪽으로 흐르다가, 왼쪽으로 방향을 바꿔 샌프란시스코만이 있는 서남쪽으로 향한다. 헤이워드는 버클리에서 이 길을 따라 24킬로미터 아래에 있다. 만약 지질학적 의미의 "표식지type locality"가 있다면 헤이워드가 바로 그 장소다. 지진대가 그렇게 정확하게 그려지는 곳은 드물다. 기울어진 중세의 성벽을 닮은 가파르고 뚜렷한 단구가 마을을 따라서 지나가는데, 이 단구가 바로 그 옆에 놓인 단층의 산물이다. 도로의 연석처럼 동쪽으로 이어지는 단구는 미션대로와 메인 스트리트 사이에 있는 D스트리트에서 오른쪽으로 꺾여 남쪽으로 내려가다가 다시 서쪽으로 이어진다. 얼마 전에 무어스와 내가 D스트리트에 왔을 때는 도로 옆 인도가 압력을 받아 찌그러져서 한 줄로 길게 솟아올라 있었다. 단층은 불리바드 뷰익 서비스센터를 통과해 지나갔다. 인도 바깥쪽의 한 부분은 새로이 포장되어 있었다. C스트리트와 D스트리트 사이, 시청으로 설계되고 건설되어 오랫동안 헤이워드 시청사로 쓰인 건물은 정확히 단층 위에 서 있었다. 단층은 이 건물을 목화송이처럼 찢고 있었다. 타일과 회반죽이 머리 위로 쏟아지자, 공무원들이 뛰쳐나갔다. 관료 체계에는 도시에 닥친 위급 상황을 처리하기 위한 부서가 새로 생겼다. C스트리트 934번지의 한 상점은 자칭 "헤이워드 변형 봉합 센터"라고 선언했다. 이 변형에는 튀어나온 경계석, 압력으로 돌출된 인도, 맥시코시티 쪽으로 불룩해진 벽이 포함되었다. 미션대로 22534번지에 있는 한 간판 가게는 벽이 휘어졌다. 단층은 스포일드브랫 주차장을 비뚤어지게 했다. 근처의 시영 주차장에서는 주차요금 정산기의 줄이 오른쪽으로 꺾였다가 다시 원래 방향으로 되돌아왔다. 로버트 가라데 학원은 이웃한 골동품점에 비해 활동적이라서인지 최근에 남쪽으로 2.5센티미터 정도 움직였다. 학원 창문에는 "가라데 권법 쿵후 권투 – 길거리 싸움을 배울 수 있는 헤이워드 유일의 학원"이라고 쓰여 있었다. 동서 방향으로 지나가는 거리의 보도에는 모두 때운 자국이 있었다. 호텔 애비뷰 923번지에 있는 주택은 단층 때문에 비틀어지면서 벽이 오목하게 들어갔다. 그 너머에는 헤이워드 단층 절벽이 약 15미터 높이로 을씨년 스럽게 솟아 있었다.

헤이워드 남쪽에서, 우리는 수많은 시내가 언덕을 따라 내려오는 것을 봤다. 이 시내들은 단층선에서 오른쪽으로 돌아간 다음, 잠시 후에 어긋나 있는 냇바닥을 다시 찾아들어갔다. 산골짜기는 코바늘의 끝처럼 크게 휘어져 있었다. 샌앤드레이어스 단층과 마찬가지로, 헤이워드 단층도 어떤 곳(버클리)에서는 꼼짝도 하지 않고, 어떤 곳(주로 남쪽)에서는 조금씩 움직이는 것처럼 보인다. 어떤 하수관은 마카로니처럼 구불구불하다. 어떤 송수관은 물이 새기 시작한다. 기찻길들도 움직인다. 프리몬트에서 무어스와 나는 기찻길에 올라가 유니언퍼시픽의 선로를 살펴보기 위해 몇 개의 울타리와 담벼락을 넘었다. 유니언퍼시픽의 선로는 헤이워드 단층이 지나가는 곳에서 계단 모양으로 휘어 있었다.

1986년에 작은 지진이 일어난 키엔사베 단층은 헤이워드 단층의 남쪽 끝 근처에 깊숙이 숨어 있던 보이지 않는 스러스트였다. 진앙에서 40킬로미터 떨어진 알마덴의 한 와이너리에서는 지진의 충격으로 카베르네소비뇽 포도주 2만 갤런이 들어 있는 포도주통이 열렸다. 통의 높이는 9.14미터였다. 우레와 같은 소리를 내며 사무실로 밀려들어온 포도주는 건물을 부수고 도로로 쏟아져 나왔다. 이 지진은 알마덴을 표적으로 일어난 것 같다. 키엔사베 단층? 알마덴 사람들은 대부분의 다른 사람과 마찬가지로 키엔사베 단층에 대해 들어본 적이 없었지만, 이 단층은 그 전부터 이미 오랫동안 만성적인 피해를 주고 있었다. 키엔사베 단층은 와이너리가 지어진 이래로 서서히 존재를 드러내고 있었다. 이 단층은 와이너리에서 40킬로미터 떨어진 곳에 있는 반면, 샌앤드레이어스 단층은 와이너리 건물을 바로 통과하고 있었다. 건물 바깥쪽에는 "늪지"라는 뜻인 시에네가라는 이름의 도로가 있는데, 갈대가 가득한 침하 연못은 와이너리 옆에 무엇이 있는지를 단적으로 보여주었다. 알마덴Almadén은 에스파냐 지질학 용어로 "광산"을 뜻한다. 홀리스터에서 남쪽으로 약 20킬로미터 떨어진 중심 포행대에 위치한 이곳에서 포도주를 캐낸 곳은 없었다. 그럼에도, 샌앤드레이어스 단층이 지나가는 수많은 다른 곳처럼, 아늑하고 정감 있는 계곡인 이곳에도 호두나무 과수원과 올리브 과수원과 말 목장과 "주의: 어린이 통학로"라고 쓰인 표지판이 가득했다.

　이곳에서는 무지진 이동aseismic slip이라고도 불리는 느린 구조적 포행이 처음 관찰되었다. 현재 와이너리는 아틀라스삼나무 숲 아래에 조용히 서 있다. 알마덴은 와이너리를 폐쇄했다. 관리인인 이사벨 발렌수엘라는 2주 전에 멕시코에서 온 사람인데, 무어스와 내게 에스파냐어로 안내를 했다. 어둑하고 거대한 공간 속에, 술통들이 일렬로 늘어서 있었다. 술통 중에는 부서진 것이 적지 않았는데, 마치 세워놓은 거대한 달걀들처럼 금이 가 있었다. 건물 바닥의 넓게 갈라진 틈은 기다란 직사각형 건물의 이 끝에서 저 끝까지 이어져 있었다. 건물 바깥에 홀로 서 있는 벽돌담에는 청동 명패가 붙어 있었다. 명패에는 "주요 천연기념물로 지정된 샌앤드레이어스 단층"이라는 문구가 새겨져 있었다.

　동북부 출신인 나는 엄청난 대지진을 경험해본 적이 없다. 내가 살던 곳과 가장 가까운 곳에서 발생한 지진은 1980년에 뉴저지 치즈케이크를 중심으로 일어난 것으로, 아무런 손상도 일으키지 않았다. 1989년 10월 중순, 나는 아내와 함께 샌프란시스코에 있었다. 우리는 오클랜드 발 기차를 타고 북쪽으로 가던 중이었다. 버클리에 사는 조카가 우리를 역까지 태워다주었는데, 창고들이 즐비한 낮고 평평한 매립지의 어두운 거리에서 기차역을 찾느라 조금 애를 먹었다. 조카는 기차역을 찾기 위해 이 길로 들어갔다가 저 길로 나오면서, 니미츠고속도로의 교각 아래를 이리저리 돌아다녔다. 우리가 그곳을 떠나고 100시간 뒤에 그곳에서는 지진이 일어났다. 100시간은 지질학적 규모에서 보면 이루 말할 수 없이 짧은 시간이고, 인간의 관점에서 보면 전혀 상관없는 긴 시간이다. 내 신경세포의 원형질이 이곳을 떠날 때라고 느꼈다고 말할 수 있으면 좋겠지만, 나는 고양이가 아니었다.

몇 주 후, 나는 캘리포니아를 다시 찾았다. 무어스와 나는 남쪽에서 샌터크루즈산맥 방향으로 가다가, 산후안바티스타에 위치한 에스파냐 가톨릭선교원에 잠시 들렀다. 정찰대는 불과 스무 걸음 떨어져 있는 우물 두 개를 발견했고, 1797년 그곳에 선교원이 세워졌다. 드넓은 평원 한가운데로 헤이워드에 있는 것과 비슷한 약 15미터 높이의 절벽이 또렷한 윤곽을 드러내며 지나가고 있었다. 하나의 긴 계단 같은 그 절벽은 경기장의 관중석처럼 경사가 가팔랐다. 이런 단절된 지형 옆에 샘이나 얕은 우물이 있을 때, 오늘날의 지질학자는 "왜 거기에 우물이 있는가?"보다는 "여기서는 단층의 이동이 얼마나 자주 일어나는가?"를 궁금하게 여길 것이다. 무어스는 이렇게 말했다. "단층은 우물이 생기기 좋은 곳이에요. 각력질이고, 구멍이 아주 많아요. 대수층의 양쪽 끝이 잘리면, 물이 단층으로 흘러들어오죠." 프란치스코회 수도사들은 그 단층 절벽 꼭대기의 끝자락에 선교원을 지었다. 그곳은 단층 근처도 아니고 샌앤드레이어스 단층 바로 위에 있었다. 1800년 10월까지 그들은 초가 지붕을 얹은 진흙 건물 여덟 채를 짓고 있었다. 그러다 지진이 났고, 하루에 무려 여섯 번까지 이어진 여진으로 선교원 건물은 거의 다 허물어졌다.

시원한 회랑은 고정된 것처럼 보이고, 예배당은 수리된 것처럼 보인다. 선교원의 설계도에는 (선교원들 중에서도 독특하게) 기둥으로 분할된 세 개의 복도를 만들도록 되어 있었지만, 길게 늘어선 기둥은 벽으로 마감되었다. 절벽에서 보는 풍경은 거의 똑같다. 움직이는 것은 단층뿐이다. 1906년 4월, 산후안바티스타가 판이 파열되는 단층의 남쪽 끝에 있었을 때에 건물이 약간 파괴되었다. 1989년인 지금, 몇 주 전에 일어난 흔들림의 흔적은 전혀 보이지 않는다. 산후안바티스타와 남쪽으로 이어지는 단층대의 모든 곳에서는 기본적으로 피해가 발생하지 않았다.

예배당 옆 단층절벽은 실제로 관중석으로 사용되었다. 절벽 아래 흙길에서는 개 경주가 벌어졌지만, 개 경주에 대한 관심이 사라지면서 관중석에는 포도덩굴이 자랐다. 우리는 포도덩굴이 기어다니는 관중석에 앉아서 이야기를 나눴다. 위로는 선교원의 종소리가 울려 퍼졌고, 바로 아래로는 단층이 지나갔다. 우리는 단조로운 평원을 가로질러 멀리 동쪽에 펼쳐진 산들을 바라봤다. 거의 모든 지형처럼, 이 지형도 변치 않을 듯 보인다.

"사람들은 자연세계에서 과거에 일어난 모든 운동이 우리의 터전을 만들기 위해 일어났고 이제는 더 이상 변치 않을 것처럼 생각해요." 무어스가 말했다. "이런 풍경을 보면서, 이 모든 것이 우리를 위해 만들어졌다고 생각하는 거죠. 발밑에 샌앤드레이어스 단층이 있는데도 말이에요. 혼란은 과거의 일이고 이유야 어찌 됐든 지금의 우리는 더 안정된 시대에 살고 있다는 상상이 심리적으로 필요할 것 같기는 해요. 라몬트-도허티 연구소의 리어나도 시버는 그것을 놀라움 최소화 원칙principle of least astonishment이라고 불렀어요. 이런 몰락에서 볼 수 있듯이, 우리가 속한 시간에도 자연은 과거와 마찬가지로 활발하게 활동하고 있어요." 사건과 사건 사이의 시간이 긴 것은 오로지 인간의 일생과 비교할 때에만 그렇다.

(1983년에 「대규모 박피 구조론Large Scale Thin-Skin Tectonics」이라는 논문에서, 시버는 지각의 변형이 일어난 넓이와 규모가 상상이나 설명을 할 수 없을 정도로 엄청났을 가능성을 다루었다. 이 논문에서 그는 "우리는 상대적으로 역사가 짧고, 노두에서 관찰할 수 있는 수직 범위가 상대적으로 얕기 때문에 지질 현상을 직접 들여다볼 수 있는 시야가 극히 제한되어왔다"고 썼다. "여러 면에서 볼 때, 우리는 지질학적 과정에 대해 이차원적인 스냅사진 같은 시야만 갖고 있다. 더 나아가 지질학적 자료의 해석에서는 지구를 안정된 환경으로 보려는 심리적 요구에 영향을 받았을 것이다. 현재 나타나는 구조적 특징은 종종 지질학적 활동이 활발했던 과거의 마지막 순간처럼 인식되곤 한다. 이런 놀라움 최소화 원칙에 따라서, 지질학은 자료가 허용하는 범위에서 가장 정적인 해석을 받아들이는 경향이 늘 있어왔다.")

1850년에서 1906년 사이에 샌프란시스코 베이에리어에서는 규모 6~7 범위의 지진이 적어도 10년에 한 번꼴로 발생했다. 그 후 80년이 넘는 기간 동안, 샌앤드레이어스 단층의 그 구간은 기본적으로 잠잠했고, 1957년에 머슬록 근처에서 일어난 규모 5.5의 지진은 그다지 의미 있는 예외는 아니었다. 샌프란시스코반도를 따라 변형이 축적되는 동안, 사람의 수명을 훌쩍 넘는 시간이 흘렀다. 그래서 뉴욕 같은 지역에서 완벽하게 작동하는 놀라움 최소화 원칙이 이곳에서도 통하는 것처럼 보였다. 물론, 최근 들어서는 놀라움 최소화가 더 이상 샌프란스시코 베이에리어의 원칙이 아님을 시사하는 신문 기사가 가득했다. 게다가, 그것이 사라지지 않았으며 다시 찾아올 것을 암시하는 불안한 기류도 흐르고 있었다.

『샌프란시스코 크로니클』의 제리 캐롤:

우리가 세상살이로 바쁜 동안, 지구가 우리 발밑에서 가만히 있기로 한 합의를 제대로 이행하지 않는 것보다 더 큰 배신은 없다. 세상살이는 그 자체만으로도 위험천만한데 말이다.

『샌프란시스코 이그재미너』의 스테파니 솔터:

충격적인 경험은 (…) 땅속 깊은 곳에서 시작되어 정신의 깊은 곳까지 파괴했다. (…) 어쩌면 지진이 일어나는 시간은 가장 생생한 시간일지도 모른다. 거침없이 진행되던 모든 일들이 멈추고 생명의 소중함을 가장 절실히 이해하게 되는 시간이기 때문이다.

자기 몫의 부담이 축적되어간다는 것을 알고 있던 『샌프란시스코 크로니클』의 덕망 있는 칼럼니스트인 허브 캐인:

[이곳은] 재앙의 경계 위에서 영원히 춤추고 있는 무모하고 무심한 도

시다. (…) 우리는 이곳에서 삶의 기쁨과 위험을 새삼 깨닫고, 아무리 대단하더라도 도박할 만한 가치가 있다는 우리의 믿음을 재확인한다. (…) 우리는 샌프란시스코 사람으로 확인되었다.

단층을 따라 몇 킬로미터를 더 올라간 우리는 높은 곳에서 파하로 계곡을 둘러봤다. 그곳에서 단층은 샌터크루즈산맥을 가로질러 산맥의 남쪽 끝으로 들어갔다. 무어스의 말에 따르면, 샌터크루즈산맥의 동쪽은 올리고세의 셰일이고 서쪽은 백악기 중기의 석영섬록암이다. 양쪽 지층은 최소 6000만 년의 차이가 났고, 단층의 이동으로 어긋난 거리가 몇 킬로미터인지는 아무도 모른다. 마치 사과 하나와 배 하나를 반으로 가른 다음, 반쪽씩 붙여서 산을 만들어놓은 것 같았다. 우리는 가빌란산맥의 북쪽 끝에 서 있었다. 파하로강은 산맥을 도려낸 좁은 골짜기를 따라 서쪽으로 천천히 흘러서 바다로 들어갔다. 18세기 원주민들은 그곳에 당도한 에스파냐인들에게 그 거대한 협곡을 흐르는 작은 개울이 항상 그렇게 소박한 것은 아니었다고 알려주었다. 한때는 내륙의 강들이 모여드는 곳이었고, 오늘날 골든게이트 해협처럼 만으로 물을 흘려보내는 배출구 역할도 했다는 것이다. 무어스는 원주민들이 옳았다고 말했다. 해안 지대 전체가 서북쪽으로 이동하면서 동쪽에 놓인 것을 틀어막고 있었다는 것을 그들이 짐작하지 못했을 거라는 점은 신경 쓰지 말자. 지질학자들은 파하로 계곡을 "미국 국경 지대에서 지진 활동이 가장 왕성한 지역 중 한 곳"이라고 묘사해왔다. 1906년 4월 18일, 화물열차 한 대가 이 계곡을 지나다가 선로에서 튕겨져 나갔다.

샌앤드레이어스 단층이 파하로강을 가로질러 샌터크루즈산맥으로 들어가는 곳에서는 유난히 지독한 냄새가 풍겼다. 129번 고속도로는 그곳에서 파하로강의 오른쪽 기슭을 따라 지나간다. 산사태로 무너져 내린 약 110미터 너비의 퇴적층 더미로 이뤄진 단층 지대에는 10여 개의 유황천이 솟아나고 있었다. 유황천과 이어져 있는 아연도관들이 길가로 물을 뿜어냈고, 길은 연노란색으로 물들었다.

그 바로 서쪽에 위치한 왓슨빌은 전투가 한창인 1944년의 프랑스 마을 같은 모습이었다. 86년 된 성 패트릭 교회는 최근까지 네 개의 첨탑이 솟아 있던 벽돌 구조물이었으나, 이제는 무너진 붉은 돌무더기 속에 서 있었다. 건물은 서 있다는 것만으로도 놀라웠다. 십자가들은 기울어지고, 버팀대는 드러나고, 벽돌은 벽에서 떨어져나갔다. 남아 있는 벽돌 담은 만화 속 번개와 같은 모양으로 갈라져 있었다. 첨탑 두 개는 교회 주차장 위에 길게 쓰러져 있었다. 1번 고속도로가 스트루브슬루강을 가로지르는 곳에 세워진 콘크리트 기둥들은 포장도로에 구멍을 뚫었고, 이제는 선돌처럼 위로 솟아 있었다. 마을 중심부의 넓은 땅은 불도저로 깨끗이 밀려서 갈색의 맨흙이 드러나 있었다. 포드 백화점(1851년 건립)은 완전히 파괴되었다. 수많은 건물이 합판으로 막혀 있거나 철망으로 감싸여 있었다. 시멘트 벽돌담에는 금이 갔다. 250채의 집이 무너졌는데, 그중 다수가 일회용 컵처럼 으스러졌다. 천막들이 있었다. 집이 있던 자리에는 지하실을 파놓은 구멍만 덩그러니 남았다. 그 기나긴 한순간에 마을 가장자리에서는 100만 개의 사과가 땅에 떨어졌다.

캘리포니아 건축법에서 지진과 관련된 규정은 1933년에 처음 만들어졌다. 당시에는 학교 건물 이외의 다른 건물에는 이 규정이 적용되지 않았다. 1940년대 후반이 되자, 샌프란시스코는 이 규정을 다른 건물에까지 확대했다. 당시 이 규정은 사실상 샌프란시스코 베이에리어 전체와 캘리포니아주 전역의 여러 지자체의 법에 포함되었다. 대부분의 건물이 여전히 "이전 규정"에 따라 건축되어 있었지만, 개정된 규정이 발휘한 효과는 실로 주목할 만하다. 1989년 로마프리에타 지진의 사망자는 62명이었다. 1988년에 아르메니아에서 비슷한 규모의 지진이 일어났을 때는 5만5000명의 사망자가 나왔다. 1985년 멕시코시티에서는 1만 명이 죽었다. 1990년 이란 지진의 사망자 수는 5만 명이었다. 이런 차이가 난 까닭은 어느 정도는 운과 위치와 상대적인 강도 때문이었을 수도 있다. 그러나 대체로는 건축법을 개정하고, 기존 건물에 대한 보강을 제안하거나 요구했기 때문이다. 특별한 취약성에도 불구하고, 캘리포니아는 어떻게 대처해야 하는지, 그러기 위해서는 무엇을 해야 하는지를 알고 있는 것 같다. 1989년 10월에 2만1000채의 가정집과 상업용 건물이 갈라지거나 허물어지거나 부서지고, 잠깐의 흔들림으로 60억 달러의 재산 피해가 났지만, 개의치 말자.

지난여름에 샌터크루즈산맥에서는 규모 5.2의 지진이 일어났고, 그 전해에는 5.1의 지진이 발생했다. 이 지진들을 대지진의 전조라고 볼 수도 있겠지만, 단층의 큰 움직임이 뒤따르기 전까지는 결코 전조가 될 수 없으므로 경고로서는 쓸모가 없다. 리히터 규모로 5.2의 지진에서 발생하는 에너지는 왓슨빌을 산산조각 낸 지진보다 700배 더 적다. 리히터는 캘리포니아 공과대학의 교수였다. 1930년대에 고안된 그의 리히터 규모를 캘리포니아 공과대학 교수들은 알고 있었지만, 다른 일반 대중 가운데서는 알고 있는 사람이 매우 드물었다. 당시 캘리포니아 공과대학에는 리히터 규모의 원리를 명확하게 이해하고 있던 교수가 한 사람 더 있었다. 그 교수는 베노 구텐베르크로, 리히터 규모를 만든 자료를 제공한 주역이었다. 그 자료는 원래 남부 캘리포니아에만 적용되었는데, 이후 구텐베르크와 리히터가 공동 연구를 통해서 전 세계에 적용되는 척도를 개발했고, 그 이래로 리히터 규모는 다양하게 개선되어왔다. 시력과 청력이 좋지 않았던 구텐베르크는 기자들을 상대하는 것을 부담스럽게 여겼다. 그는 리히터 규모를 기자들에게 설명할 일이 생길 때마다, 동료이자 더 젊은 찰스 F. 리히터에게 부탁하곤 했다. 나는 리히터 규모가 어떻게 작동하는지 전혀 모르기 때문에, 서로 나란히 작용하는 세 가지 값의 수학적 조합이라는 것만 말하려고 한다. 리히터 규모는 진폭과 거리를 이용해 구한다. (진폭은 지진파 기록표에 나타난 파동의 높이다.) 리히터 규모는 진폭과 거리 사이에 그어진 선이 중앙값과 만나는 곳에서 결정된다. 리히터 규모에서는 정수값이 1씩 커질 때마다, 지진파의 진폭은 10배 증가하고 에너지는 30배 증가한다. 리히터는 이 규모 척도를 항상 구텐베르크-리히터 규모라고 불렀다.

———

샌앤드레이어스 단층이 샌터크루즈산맥을 통과하는 부분에는 꺾인 곳이 있다. 마치 동물을 피하기 위해 방향을 틀었다가 다시 제자리를 찾은 타이어 자국처럼, 단층의 자취는 조금 굽었다가 다시 곧게 나아간다. 변환단층의 꺾임은 이동을 지연시키고 압력의 축적을 돕기 때문에, 가장 뚜렷한 것들은 구조 매듭tectonic knot 또는 대형극great asperity 또는 두드러진 압박 굴곡restraining bend이라고 알려져 있다. 샌앤드레이어스 단층에서 알려진 가장 규모가 큰 두 지진은 재변형대나 그 부근에서 일어났다. 샌터크루즈산맥에 나타난 단층의 작은 꺾임은 별로 대단치는 않지만 단층을 단단히 맞물리게 하기에는 부족함이 없다. 시간의 흐름에 따라 변형이 점차 축적되는 사이, 지질학적 시간과 인간의 시간은 점점 더 가까워지고 결국에는 서로 만난다. 지진은 모든 곳에서 동시에 느껴지지 않는다. 지진은 시작되는 순간, 그 자리에서 상하좌우의 모든 방향으로 이동한다. 여기서 예로 드는 지진의 경우, 한계에 이르러 구조 매듭이 풀린 순간은 정확히 오후 5시 5분 16초였다.

진앙은 나이센마크 숲이다. 이곳은 몬터레이만에서 북쪽으로 8킬로미터 거리에 있는 트라우트크리크 협곡에서 몇백 미터 떨어진 곳에 위치한다. 근처에서 가장 눈에 띄는 지형지물은 로마프리에타라 불리는 산이다. 트라우트크리크 협곡의 굽이진 작은 도로에는 군데군데 닫힌 대문과 과속방지턱이 있다. 사유재산. 출입금지. 이곳은 지형이 가파르고 험하지만, 더없이 고요하다. 미국삼나무 숲 아래의 빈터에는 공작고사리가 자란다. 팜파스그래스가 가득한 풀밭이 있고, 황갈색의 멘지스딸기나무 군락이 있다. 200만 달러짜리 건물이 공사 중인데, 공사는 이 지진이 끝나면 계속될 것이다. 개 조심.

움직임은 지하 1만8230미터 지점에서 일어났다. 샌앤드레이어스 단층에서 지금까지 기록된 진원 중 가장 깊은 곳이다. 목적에 관계없이, 지구상의 어떤 시추공도 아직 그 깊이까지 도달하지 못했다. 샌앤드레이어스 단층에서, 어떤 지진도 그보다 깊은 곳까지는 이르지 않을 것 같다. 1만8300미터 지하에서는 암석이 더 이상 단단하지 않다.

진원 바로 위의 지표면인 진앙은 단층의 경로에서 6.4킬로미터 떨어져 있다. 일부 지질학자는 그 움직임이 숨은 스러스트 단층에서 일어난 것은 아닌지 의심스러워할 것이다. 그러나 샌터크루즈산맥에서, 샌앤드레이어스 단층의 양면은 수직이 아니다. 태평양 쪽 단층면은 사다리를 기대어놓은 것처럼 북아메리카 쪽 단층면 방향으로 기울어 있다.

7~10초 동안, 땅속 깊은 곳의 암석면이 미끄러진다. 최대 이동 거리

는 2미터가 넘는다. 이 이동은 서북과 동남 방향으로 총 40킬로미터에 걸쳐 파동을 전달한다. 이 정도의 진동은 특별히 대단한 사건이 아니다. 판이 파열되는 지진 같은 것과는 비교도 되지 않는다. 위로 향하는 암석의 움직임은 지하 6000미터 지점에서 멈춘다. 그렇더라도, 서로 비스듬하게 맞닿은 채 움직인 거대한 두 암석면이 만드는 불규칙한 타원 모양의 이동면은 넓이가 520제곱킬로미터에 달한다. 방출된 압력은 파동으로 변하고, 그 파동은 0.5메가톤의 에너지를 발생시킨다. 그것만으로도 충분히 심각하다. 캘리포니아에서 하는 말로, 이것은 성가신 간지럽힘이 아니라 얼얼한 한 방이다.

압력파pressure wave(P파)는 1초에 약 5.6킬로미터의 속도로 위와 바깥쪽으로 퍼져나간다. 그동안 암석의 내부에서는 결정 구조의 확장과 압축이 반복된다. 그다음에는 조금 더 느린 횡파shear wave가 이어진다. 그보다 더 느린(초당 약 3.2킬로미터) 표면파surface wave도 있다. 표면파에는 물결치는 바다처럼 움직이는 입자 운동인 레일리파Rayleigh wave와 뱀처럼 나아가는 러브파Love wave가 있다. 어디서든 물체가 진동을 하면, 그 진동은 모두 이 파동들로 이뤄져 있을 것이다. 30분쯤 지나서 캔들스틱 공원의 조명탑들이 움직인다. 그사이, 트라우트크리크 협곡에서는 개들이 짖어댄다. 자동차와 주택의 경보기에서 경보음이 울린다. 만약 어떤 식으로든 지역 전체에 울리는 경보음을 모두 들을 수 있다면, 지진이 확산되는 소리를 들을 수 있을 것이다. 미국삼나무가 흔들린다. 어떤 나무는 아스파라거스처럼 뚝 부러진다. 재변형대는 바위를 솟아오르게 만든다. 이곳, 단층의 서쪽에서는 땅이 갑자기 0.5미터 정도 높아진다. 지하에서 쳐올린 한 방 때문이다. 무슨 이유에서인지, 그 충격은 가장 높은 곳에서 가장 잘 느껴진다.

로마프리에타 학교 근처의 서밋로드에는 한 남자가 다이빙대에서 뛰어내린 사람처럼 공중에 떠 있다. 그가 땅에 머리를 부딪힌다. 또 다른 남자는 통유리창을 뚫고 옆으로 내던져진다. 붙박이로 설치된 오븐은 제자리를 벗어나서 부엌을 가로질러 돌진한다. 냉장고는 이리저리 미친 듯이 튕겨다니다가 본래 있던 자리로 되돌아간다. 펄호 옆에 있는 방 일곱 개짜리 집이 토대를 벗어나자, 부엌에 있던 여자가 비틀거리며 마룻바닥에 쓰러진다. 이 집은 1906년에도 토대를 벗어났다. 그녀의 부모는 그 전날 이사 온 참이다. 호수는 홀로 남아서 자두나무를 키운다. 이불을 덮고 침대에 누워 있던 라이언 무어는 집이 30미터를 움직이고 주변이 다 폐허로 변하는 동안에도 그대로 이불 속에 있다.

사람들은 이 지진이 샌프란시스코에서 일어난 사건이라고 생각하게 될 것이다. 그러나 왓슨빌에서 샌터크루즈까지, 샌프란시스코에서 남쪽으로 96킬로미터 이상 떨어진 압축 굴곡 지대에 이곳에서만 1906년 지진에 비길 정도로 지진이 격렬했다는 것이 드러날 것이다. 이 지역에는 고속도로의 고가도로, 큰 다리, 특별히 높은 건물 따위가 거의 없다. 고지대의 좁은 길을 따라서 수많은 집, 심지어 "규정대로 건축된" 새집들마저도, 갑자기 휘어지고 틀어지고 나무와 유리 파편으로 뒤덮였다. 단층의 움직임은 대단히 깊은 곳에서만 일어나기 때문에, 지표면에는 수수께끼 같은 기묘하고 무작위적인 균열이 나타난다. 드물고 일관성 없는 이런 균열은 지질학적 기록에 영향을 주지 않을 것이다. 지질 기록에서 로마프리에타 지진과 같은 지진을 읽어낼 수 없다면, 지진계가 나오기 이전 시대에는 이런 지진이 얼마나 많았을까? 그리고 그것은 지질학자들의 빈도 계산에 어떤 영향을 주게 될까?

도로는 조개껍데기처럼 부서지고 있다. 숲과 들판을 따라 작은 계곡만 하게 벌어진 열곡이 모릴로드를 가로지른다. 서밋로드를 따라서는 너비 90센티미터, 깊이 2미터, 길이 500미터의 균열이 집들 사이로 지나간다. 도로는 폭격을 맞은 것처럼 부서져 있다. 군데군데 불룩하게 턱이 솟아오르고, 도로 중앙을 지나는 두 줄의 노란 선은 왼쪽으로 움직여 있다.

열극도, 균열도, 울타리 기둥도 모두 왼쪽으로 이동하고 있다. 도대체 어떻게 된 일일까? 샌앤드레이어스 단층은 전형적인 우선단층이다. 북쪽으로 가야 하는 땅이 남쪽으로 가는 것일까? 판구조 운동이 거꾸로 가고 있는 것일까? 이유는 지질학자들이 밝혀낼 것이다. 그들의 4차원적 정신 능력과 학제 간 초언어적 방식으로, 지질학자들은 어떤 문제든 거의 다 답을 찾아낼 수 있다. 그들의 말에 따르면, 지하 깊은 곳에서 일어나는 단층의 움직임은 확실히 오른쪽으로 일어나지만, 그 위에 있는 지괴들은 볼베어링처럼 회전하고 있다. 시계 방향으로 회전하고 있는 원들이 있는 들판을 내려다본다고 상상해보면, 지질학자들의 말이 무슨 뜻인지를 알 것이다.

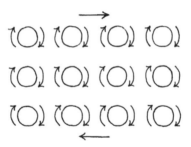

원과 원 사이에서, 움직임은 어디서나 왼쪽을 향한다. 그러나 들판 전체의 움직임은 오른쪽을 향한다. 설명은 마술을 부린다. 해리 후디니는 마술을 부렸을 때, 디트로이트강에서 밧줄과 쇠사슬과 수갑을 풀고 강바닥을 탈출했다.

이 굴곡으로 인한 모든 압축은 그 근처에서 가장 높으며, 샌터크루즈 산맥이라 불린다. 높이가 거의 1220미터에 달하는 로마프리에타는 그중 가장 높은 봉우리다. 로마프리에타는 검은 언덕이라는 뜻이다. 그 흔들림 속에서 번역에 살이 붙어서 대중 매체에는 '흔들리는 검은 산'으로 등장하게 된다.

캘리포니아대학 샌터크루즈 캠퍼스에서, 동부 해안 출신 1학년생 세 명이 숲속 캠퍼스의 미국삼나무 아래에 앉아 있다. 충격파가 도달해 머리 위의 나무들이 마구 흔들리자, 벌떡 일어난 세 학생은 저절로 춤을 추듯 움직이면서 둥글게 모여 소리를 지른다. 마을 가장자리 근처에서는 목장 울타리가 부서지고 말들이 달아난다. 달아난 말들은 고속도로로 올라가서 소형 트럭과 충돌하고, 운전자는 사망한다. 거리에서는 자전거들이 쓰러지고 자동차들이 통통 튀어다닌다. 샌터크루즈가 심각한 경제 침체를 벗어나 회복세에 들어선 것은 대체로 퍼시픽가든몰의 성공 덕분이었다. 보강되지 않은 낡은 벽돌 건물 여섯 블록으로 이뤄진 이 상가는 최근에 양품점으로 바뀌었다. 건물들은 다닥다닥 붙어 있고 높이가 제각각이다. 충격파가 도달할 때, 서로 다른 진동 주기에 반응한 건물들은 서로 다른 건물을 쓰러뜨린다. 21채의 건물이 무너진다. 더 높은 건물은 더 낮은 건물 위로 쓰러진다. 10명이 사망한다. 70년 된 메트로폴 호텔 건물은 그 아래에 있던 백화점의 천장을 박살낸다. 퍼시픽 가든몰은 대단히 젊은 범람원의 강 실트층 위에 서 있다. 이 퇴적층은 1906년의 지진 때에도 그랬듯이, 지진의 진동을 증폭시킨다.

산사태는 자동차의 경보음과 동일한 형태로 진원으로부터 멀어진다. 마치 폭발이 일어난 듯, 갈색 구름이 공중에 피어오른다. 한 번의 산사태로 약 75헥타르의 땅이 뒤덮이고 수십 채의 집이 파묻힌다. 홀리스터의 시계탑이 쓰러진다. 해안 절벽이 무너진다. 산의 절벽과 도로절개면이 무너진다.

충격파는 샌프란시스코반도 위로 이동한다. 로스가토스에 다다른 충격파는 75만 달러짜리 집들과 지진 보험이 없는 집들을 격하게 뒤흔든다. 자전거 가게에서 일하는 한 남자는 이번 지진이 "죽음에 가장 가까이 가본 경험"이라고 말한다. 그의 말은 『타임』에 24포인트 크기의 활자로 인쇄될 것이다. (여기에 발표되지 않은 여러 짧은 사연에 대해, 나는 타임워너사의 편집자들에게 큰 도움을 받았다. 그들은 한 상자 가득한 통신원들의 자료를 내게 보여주었다.)

진앙에서 북쪽, 충격파가 13초 후에 도달한 로스앨터스에는 해리엇 슈너와 데이비드 슈너가 산다. 뉴욕시에서 자란 그들은 집 아래로 지하철이 지나가는 감각에 익숙하다. 그것은 "백만 달러짜리 기찻길"이고, 모든 방에서 유리가 깨지고 있다. 이것은 그들이 경험한 첫 지진이다.

데이비드: "왜 이렇게 오래 걸리지?"

해리엇: "이게 마지막일 거야. 휴일에 유대교당에 다녀와서 정말 다행이다."

피아노가 움직인다. 콩이 들어 있는 단지들은 산산조각 난다. 포도주병이 깨지고 술이 쏟아진다. 큰 괘종시계가 쓰러지면서 시곗바늘은 5시 4분에 멈춰서고, 쓰러진 괘종시계에 부딪힌 메트로놈이 째깍대기 시작한다.

충격은 스탠퍼드대학에 닿고, 60채의 건물에서 1억6000만 달러의 피해를 입는다. 스탠퍼드대학은 지진 보험을 들지 않았다.

충격파는 샌마테오로 넘어간다. 그곳에서는 아파트 16층에 있는 한 여자가 커피를 한 잔 따라서 월드시리즈 3차전을 보기 위해 자리에 앉았다. 충격파가 당도하자, 아파트는 돌풍을 만난 비행기처럼 갑자기 흔들린다. 갑작스러운 움직임에 그녀의 머리가 한쪽으로 휙 젖혀진다. 램프가 부서진다. 책이 떨어진다. 문이 열린다. 음식이 떨어진다. 커피와 컵은 분리되어 각각 따로 방을 가로질러 날아간다.

샌터크루즈에서는 사람들이 죽고 왓슨빌은 폐허가 되었지만, 아직 샌프란시스코에는 아무 조짐도 없다. 지진파는 진원에서 곧바로 샌프란시스코로 오기도 하고, 모호면을 거쳐서 간접적으로 오기도 한다. 이런 깊은 곳에서 시작된 지진파는 모호면에 닿는 각도가 매우 작아서 위로 튕겨 올라간다. 이런 현상은 임계 반사라고 알려져 있다. 샌프란시스코가 흔들리기 시작하자, 그 흔들림은 진원에서 그 정도 떨어진 거리에서 일반적으로 일어날 것으로 예상할 수 있는 지진보다 두 배 더 강력하다.

16번가에서 두 남자가 함께 스쿠터 한 대를 타고 간다. 앞에 탄 남자는 어깨 너머로 "마이클, 그만 방방거려" 하고 말한다. 부시가를 걸어가던 한 여자는 캐딜락 한 대가 물침대처럼 출렁거리는 것을 본다. 그는 '저 안에서 도대체 무엇을 하고 있는 거지?'라고 생각한다. 그런 다음, 근처 카페의 창문이 떨어진다. 보도들이 움직인다. 헤이트-애시버리에서는 굴뚝이 무너져서 자동차 위로 떨어진다. 애즈버리하이츠에서는 한 남자가 잔디밭에 물을 주다가 갑자기 어지러움을 느끼면서 주저앉는다. 그의 앞마당 잔디밭은 바람에 이는 물결처럼 출렁거린다. 그의 아내는 집 안에서 2.1미터 길이의 그랜드피아노 앞에 앉아 있다. 피아노를 치는 동안, 바닥에서 붕 떠오른 피아노가 그녀의 바로 앞까지 다가온다. 그녀는 자신이 피아노를 잘 치기는 하지만 이 정도는 아니라고 생각한다. 하늘에는 소형 비행선이 떠 있다. 비행선의 조종사는 진동을 느낀다. 그는 네 번에 걸쳐 뭔가 부딪히는 느낌을 받는다.

골든게이트 공원에서는 여자 고등학생들이 필드하키 연습을 하고 있다. 그들의 코치는 경기장이 움직이는 것을 보고, "거대한 나무들이 (…) 자동차 와이퍼처럼 휘어지는 것"을 본다. 코치는 '이제는 끝이다, 나는 곧 땅속으로 떨어질 것이다, 그럴 수밖에 없다'고 생각한다. 선수들은 얼어붙은 것처럼 그 자리에 멈춰서 있다. 그러고는 말없이 서로를 쳐다보기만 한다.

동물원에서는 거미원숭이가 비명을 지르기 시작한다. 새장에서는 새들이 마구 날아다니다가 서로 부딪친다. 흔들리는 땅에서 햇볕을 쬐며 늘어져 있는 눈표범은 아무것도 개의치 않는 것이 분명하다. 어쨌든 눈표범은 근육을 움직이지 않는다. 코끼리 우리에 사는 삼색 고양이 파치는 우리 밖으로 나간다. 암컷인 파치는 어제부터 이틀 내내 하루 종일 건물 안으로 들어가려고 하지 않았다. 누군가 먹이를 주기 위해 안으로 데리고 들어가면, 파치는 아무것도 먹지 않고 밖으로 뛰쳐나갔다.

버클리의 셰파니스 식당에서는 장식장 문이 열리면서 셰프가 직접 만든 피클과 설탕절임 병들이 떨어진다. 늘 예약이 꽉 차 있는 이 유명 식당은 오늘 저녁에는 테이블이 절반만 찰 것이다. 그리고 오는 손님들은 특별히 비싼 포도주를 주문할 것이다. 한편, 오클랜드의 한 레스토랑에 일찍 도착한 손님들은 마치 기차의 식당 칸처럼 갑자기 왼쪽으로 기우뚱하는 느낌을 받는다. 소동이 끝나자, 손님들은 모두 일어나서 서로 악수를 한다.

샌프란시스코 테니스 클럽에서는 맞지도 않은 공이 날아간다. 선수들은 땅에 쓰러진다. 천장과 벽은 흐르는 물처럼 움직인다. 그 근처에서는 6번가와 블럭섬가가 만나는 곳에 있는 한 창고의 벽이 무너진다. 벽 돌더미에 차가 으스러지고 운전자는 목이 잘린다. 이 붕괴로 인해 네 명이 더 목숨을 잃는다.

샌프란시스코와 가장 가까운 샌앤드레이어스 단층은 160킬로미터에 걸쳐 아무런 에너지도 방출하지 않았다. 단층의 변형을 가져오는 압력은 변함없이 계속 축적되고 있다. 미국 지질조사소는 샌프란시스코에서는 30년 이내에 50배 더 강력한 지진이 일어날 것이라는 예상을 유지한다. 멘로파크에 위치한 지질조사소 사무소의 한 지진학자는 이렇게 말한다. "이번 지진은 큰 지진이 아니었다. 하지만 우리가 일하는 동안에는 이 지진이 가장 큰 지진이었으면 좋겠다." 단 하루도 문을 닫을 수 없을 정도로 중요한 곳인 퍼시픽 증권거래소는 이튿날 하루 종일 촛불 아래에서 거래를 이어간다.

샌프란시스코만 아래를 지나는 터널 속에서 도심 고속철을 타고 있는 승객들은 열차가 탈선해 바위 위를 달리는 것처럼 느낀다. 예바부에나섬을 통과하는 80번 주간고속도로의 터널은 살짝 비틀린 호스처럼 움직인다. 베이교 아래에서 돛배를 타고 있던 린다 램은 뭔가가 배의 용골을 잡아채는 느낌을 받는다. 다리 위의 차들이 미끄러진다. 다리의 구조 전체가 움직인다. 먼저 서쪽으로 30센티미터쯤 갔다가 다시 동쪽으로 돌아오고 나서 강철이 구부러지고 교각에서부터 큰 동심원을 그리며 파동이 퍼져나가더니, 오이보다 두꺼운 볼트들이 끊어진다. 그 순간, 교각 하나와 연결된 500톤짜리 도로 상판 한 구간이 헐거워지면서 경첩이 젖혀지듯 아래로 내려간다. 그로 인해 한 명이 숨지고, 다리의 아래층이 부서지면서 아래로 바다가 훤히 드러난다. 다리의 아래층에서 오클랜드 쪽으로 가던 앨러미다 카운티 교통국의 운전사는 타이어가 모두 터졌다고 생각하고, 차를 제어하기 위해 사투를 벌여서 바다로 곤두박질치기 2.4미터 앞에서 차를 겨우 멈춰 세운다. 박살난 차들이 다리의 가장자리에서 흔들리고 있지만 추락하지는 않는다. 같은 시각, 금문교는 물결치듯 오르내리고, 진자처럼 좌우로 흔들리며 진동한다. 차를 타고 북쪽으로 향하고 있던 대니얼 몬은 금문교 한가운데를 지나가고 있다. 그는 처음 미진이 있을 때부터 무슨 일이 일어나고 있는지를 알고 있었고, 이 상황에 대해 공포와는 정반대의 반응을 보인다. 그는 운이 매우 좋다고 느낀다. 예전부터 그는 만약 선택권이 있다면 지진이 날 때 바로 이곳에 있고 싶다고 생각하곤 했다. 기자들이 나중에 그를 찾을 것이고, 그는 그들에게 "우리는 결코 다리를 폐쇄하지 않을 것"이라고 말할 것이다. 그는 현재 금문교의 수석 엔지니어다.

수석 엔지니어보다 1분 앞서 금문교를 건너고 있던 페기 이아코비니는 몇 초 전에 마린해드랜즈로 들어와 있다. 그녀는 기자들에게 영국계 특유의 달변으로 자신의 겪은 이야기를 술술 풀어놓는다. "내 차가 차선을 절반이나 뛰어 넘어갔어요. 내 타이어가 터진 것 같았어요. 사람들이 다 차문을 열거나 차창 밖으로 머리를 내밀고 자기 타이어를 확인했어요. 두 소녀는 서로 끌어안고 '어머, 어떡해'를 연발했죠. 고속도로에 있는 것들이 그냥 다 폭발하고 있었어요. 마치 다이너마이트에 불을 붙인 것 같았습니다. 그 막대처럼 생긴 것 있잖아요, 그게 그냥 타내려가서 펑하고 터져버렸죠. 통신선은 그냥 불꽃만 튀기고 있었어요. 정말 심장이 두근두근했죠. 난 그냥, 어휴, 이게 무슨 일인지. 하지만 피해가 어느 정도인지는 전혀 몰랐어요."

캔들스틱파크 경기장에서는 파울 라인 끝에 있는 기둥이 낚싯대처럼 후들거린다. 머리 위에서 조명이 이리저리 흔들린다. 위쪽 관중석은 멀미가 날 정도로 출렁인다. 사람들은 한 곳에 모여 서 있다. 어떤 사람은 비명을 지른다. 강철 볼트가 떨어진다. 콘크리트 덩어리가 떨어진다. 무게 20킬로그램이 넘는 콘크리트 덩어리 하나가 관중석에 떨어진다. 그 좌석에 앉아 있던 관객은 핫도그를 사기 위해 방금 자리를 비운 참이었다. 월드시리즈를 보기 위해 모인 6만 관객 중에서는 한 명의 사망자도 나오지 않았다. 경기장은 그 이름대로, 방산충 처트 속에 촛대처럼 단단히 박혀 있다.

시내의 고층건물들은 매립지 위로 솟아 있지만, 토대는 기반암 깊숙이 단단히 박혀 있다. 게다가 전단벽, 모멘트 골조, 강철-고무 분리 지지 구조를 갖추고 있어서, 이리저리 기울고 흔들리지만 무너지지는 않는다. 46층에 있는 여자는 마치 우주를 떠도는 것 같은 기분을 느낀다. 29층에 있는 여자는 귀가 먹먹해지는 굉음에 책상 밑으로 들어가서 아기처럼 몸을 웅크리고, 달리는 코끼리의 발소리를 상상한다. 장식장, 꽃병, 컴퓨터, 법전들이 날아다닌다. 사진들이 떨어진다. 파이프들이 휘어진다. 5시에서 거의 5분이 지난 시각. 사람들로 꽉 찬 엘리베이터가 승강로 벽에 쿵쿵 부딪힌다.

하얏트 호텔의 높은 층에서 엎어져 미끄러지고 있는 투숙객들은 파도타기를 하는 것 같다고 생각한다.

삭스 백화점에서는 두뇌 회전이 빠른 한 점원이 고객을 안전한 문설주 안으로 들어가게 한 다음, 그곳에서 매출 전표에 사인을 받는다.

캠프턴프레이스 호텔 7층, 여배우 시빌 셰퍼드는 방금 룸서비스로 새우, 굴, 얼음을 채운 샴페인 한 병을 받았다. 노브힐의 기슭. 단단한 프란시스코 사암. 셰퍼드는 지진을 모르지 않는다. 로스앤젤레스에 있는 그녀의 집의 액자는 아크릴이고, 창문에는 안전유리가 끼워져 있다. 온수기가 벽에 볼트로 고정되어 있고, 침대마다 옆에는 손전등과 라디오와 안전모가 있다. 이제 노브힐에서, 셰퍼드와 동료는 대피를 하기 전에 굴과 새우를 먹기로 결심한다. 그러나 샴페인은 남겨두기로 한다. 아까 그녀의 점성술사로부터 전화가 왔다. 전화를 달라는 메모가 있었지만 셰퍼드는 전화를 하지 않았다. 이제 그녀는 점성술사가 무슨 말을 하려고 했었는지 궁금하다.

오클랜드의 한 사무용 건물에서는 10층과 11층 사이의 계단이 무너진다. 세 사람이 갇힌다. 아무 도움도 받을 수 없다는 것을 알게 되자, 한 사람이 버지니아주 페어팩스 카운티에 있는 딸에게 전화를 건다. 딸은 911에 전화한다. 페어팩스 카운티 경찰은 오클랜드 경찰에 텔레타이프teletype를 보내고, 오클랜드 경찰은 그 건물에 올라가서 벽을 허물고 구조 작업을 한다.

한편, 포인트레예스 앞바다에서는 미 해군의 월터S.딜함이 심하게 흔들리고 있어서 장교들은 함선이 좌초하고 있다고 생각한다. 몬터레이 근처, 모스랜딩 해양연구소가 파괴된다. 진앙에서 남쪽으로 1.6킬로미터 떨어진 빅서에서는 바닷가 절벽이 무너진다. 1분쯤 지난 후, 리노에서는 옷걸이에 걸린 옷들이 옷장 안에서 흔들린다. 곧이어 샌퍼낸도밸리에 있는 수영장에는 이상한 모양의 물결이 인다. 로스앤젤레스에서는 초고층건물이 흔들린다.

1868년에 헤이워드 단층에서 지진이 발생한 후, 지질학자들은 지질도에 따라 위험도가 달라진다는 것을 명확하게 확인하고, 캘리포니아주 지진 조사 위원회 보고서에 다음과 같이 썼다. "샌프란시스코가 겪은 고통의 대부분은 (…) 매립지에서 나타났다." 1906년에는 1분 안에, 샌프란시스코 매립지가 90센티미터나 가라앉았다. 매립지와 천연 지형이 만나는 곳에서는 케이블카 레일이 아래로 구부러졌다. 1989년 이전에 인쇄되어 배포된 지도에는 가장 격렬한 지진이 일어날 것으로 지질학자들이 예상한 지역이 점과 교차 빗금으로 표시되어 있는데, 이 지역에는 오클랜드의 니미츠 고속도로뿐 아니라, 샌프란시스코의 마리나와 엠바카데로 지역, 2번가와 스틸먼가 근처의 고속도로들이 포함된다. 일반적으로 지진의 진동은 진원에서 멀어질수록 감소하지만, 단단히 다져지지 않은 퇴적층 위에 형성된 매립지에서는 지진의 진동이 증폭될 수 있다. 이는 격발 장치와 전선을 이용하면, 멀리서도 폭발을 일으킬 수 있는 것과 같은 이치다. 만약 퇴적층과 매립층에 다량의 물이 존재한다면 매립지는 순식간에 회색의 유사流沙처럼 변할 수도 있는데, 이런 현상을 액상화라고 한다. 기반암과 비교하면, 매립지에서는 피해가 100배 정도 더 클 수도 있다. 진원이 서쪽으로 멀리 태평양에 있었음에도 큰 피해가 발생한 1985년 멕시코시티 지진이 그런 사례다.

이제 막 샌프란시스코 국제공항에 착륙한 비행기 안, 승객들은 머리 위 선반의 짐을 내리기 위해 일어서지만 그들을 대신해서 지진이 짐을 내려준다. 관제탑에서는 천장이 떨어지고, 유리창이 깨진다. 샌프란시스코 공항은 매립지 위에 있고, 만 건너편에 있는 오클랜드 국제공항도 마찬가지다. 두 비행장 모두 지반의 모래가 물과 함께 분출되는 분사 sand boil 현상이 발생한다. 샌프란시스코 시내에서는 280번 고속도로의 고가도로, 엠바카데로 고속도로, 101번 국도가 크게 갈라진다. 균열이 생긴 곳은 모두 만을 매립한 곳이거나 조수가 흐르는 작은 물길을 매립한 곳이다. 이 도로들은 무너지지 않는다. 그러나 만을 가로질러 천연 해안선의 서쪽에 위치한 니미츠 고속도로의 사이프러스 구간, 즉 880번 고속도로의 2층 구간은 도로가 놓인 매립지의 진흙과 같은 주기로 진동을 일으킨다. 이렇게 진동수가 일치하자, 진동이 거의 800퍼센트 가까이 증폭된다. 콘크리트 기둥들이 무너지기 시작한다. 4센티미터 두께의 철근이 철사처럼 삐져나온다. 이 고속도로는 최근에 건설된 것이 아니다. 도로 상층부와 만나는 기둥 윗부분의 이음매는 끊어질 것을 대비한 보강이 충분히 이뤄지지 않았다. 현재 법령의 기준에는 크게 못 미치는 구조일 것이다. 이 점을 잘 알고 있는 캘리포니아주 토목기술자들은 보강을 위한 청사진을 만들어놓았지만, 예산 부족으로 실행에 옮기지는 못했다.

아래쪽 도로는 북쪽으로 향하고, 재난도 같은 방향을 향한다. 위쪽 도로의 상판이 차례로 하나씩 떨어진다. 상판 하나의 무게는 600톤이다. 상판은 철근으로 연결되어 있는데, 이 철근이 고속도로의 붕괴를 돕고 있는 것처럼 보인다. 차 뒤에서 벌어지고 있는 일들을 눈으로 보거나 감지한 아래쪽 도로의 일부 운전자는 급제동을 해 차를 세우고 차 밖으로 뛰어 도망치다가 다른 차에 치여 목숨을 잃는다. 어떤 운전자는 곧 쓰러질 기둥 밑이 문설주처럼 안전한 곳이라고 믿었을 것이다. 그들은 기둥 쪽으로 차를 몰고 가서 그 주위를 맴돌다가 기둥에 깔려 으스러진다. 자동차 수리점에서 갓 나온 1968년식 머스탱을 몰고 가던 한 은행 고객 상담원은 도로가 덜컥거리는 것을 느낀다. 그녀는 수리가 제대로 되지 않아서 파워 스티어링에 문제가 있다고 생각하고, 가능한 한 빨리 고속도로를 벗어나기로 결심한다. 고속도로 출구가 모습을 드러낸다. 출구를 돌아 나오면서 고속도로를 벗어나는 그녀는 뭔가 거대한 소리를 듣는다. 백미러에는 위층 도로가 아래층 도로 위로 떨어지면서 납작하게 부서지는 모습이 비친다.

거대한 상판이 무너지는 동안, 그 아래에 놓인 차 안에 있는 사람들은 양팔을 들어 막아보려 한다. 어떤 남자는 흰색 픽업트럭 안에서 땅콩을 먹으면서 자신의 신세가 바람 빠진 타이어 두 짝 같다고 느낀다. 잠시 후, 그의 트럭의 높이는 60센티미터가 된다. 아무튼 그는 살아남는다. 공항 셔틀버스 안에서는 전원이 사망한다. 어떤 남자는 차 뒤로 줄줄이 떨어지는 상판을 아슬아슬하게 피하면서 전속력으로 질주한다. 그의 아내는 "어서 달려! 빨리 도망가!" 하고 소리를 지른다. 기적적으로, 그는 탈출에 성공한다. 많은 이가 상판을 피해 달아나려고 애써보지만, 탈출에 성공한 사람은 드물다. 고속도로 상판은 2000미터 길이에 걸쳐 붕괴된다. 상판이 무너지기 시작한 지점은 고속도로가 천연 퇴적층을 벗어나 매립지로 들어서는 곳이다. 그리고 매립지가 다시 천연 퇴적층으로 바뀌는 곳에서 붕괴가 멈춘다.

5시 5분, 샌프란시스코 적십자 재난 봉사회는 재난 대비 회의를 하는 중이다. 적십자사 건물이 흔들린다. 회원들은 탁자 아래에서 다시 모인다.

마리나 구역의 운동장과 공원에서는 분사 현상이 나타나 나팔처럼 벌어진 구멍이 진흙을 뱉어내고 있다. 건축 용어를 쓰자면, 마리나의 거리에는 연성층soft story 건물이 흔하다. 연성층 건물은 적어도 하나 이상의 벽이 트여 있기 때문에, 구조를 잘 지탱하지 못한다. 마리나 구역에는 1층이 주차장인 건물이 수없이 많다. 건물이 내려앉으면, 연성층은 사라진다. 아파트 건물 4층에 살고 있는 한 여자는 자신의 부엌에서 인스턴트 필라프를 만들었다. 그녀는 실내복에 스웨터를 걸치고, 월드시리즈를 보기 위해 텔레비전을 켠다. 건물이 흔들리자, 그녀는 익숙하게 문간으로 가서 문설주를 단단히 붙잡는다. 그러나 격렬한 진동을 이기지 못하고 바닥에 내동댕이쳐진다. 흔들림이 멈추자, 그녀는 4층인 자신의 집 창밖에서, 마치 공중에 떠 있는 것처럼 똑바로 서 있는 사람의 다리를 보게 된다. 그녀는 자신이 환각을 보고 있다고 생각한다. 그러나 사실은 건물이 붕괴되어 그녀의 집 아래로 3층이 사라지고, 그녀의 아파트가 1층이 된 것이다. 송수관이 파괴되고, 수압이 떨어진다. 부서진 가스관에서는 60미터 높이의 화염이 치솟는다. 1906년 때와 마찬가지로, 불을 끌 물이 부족하다. 마리나 구역에서는 뒤늦게 발견된 손을 붙잡고 있는 어느 남녀를 비롯하여, 많은 사망자가 나온다. 자전거를 타고 가던 한 남자는 자전거 아래로 땅이 움직이는 것을 느낀다. 집에 도착한 그는 크게 다친 아내와 죽어 있는 갓난 아들을 보게 된다. 필모어가와 베이가가 만나는 곳에 있는 한 아파트 건물은 거리 쪽으로 고꾸라졌다. 건물 안에 있는 침대들은 똑바로 서 있다.

1906년의 마리나 구역은 짠물 석호였다. 1914년에 파나마 운하가 개통된 후, 샌프란시스코는 그 이듬해에 파나마 – 태평양 세계박람회를 열기로 계획했다. 세계박람회는 샌프란시스코가 대지진을 완전히 회복했다는 것을 증명할 뿐 아니라, 해상 운송을 위한 황금 정박지임을 뽐낼 기회였다. 박람회 장소로 선정된 곳이 바로 이 석호였다. 그곳을 매립하기 위해 고운 모래를 수력으로 밀어넣고, 거기에 잡다한 부스러기를 섞어서 67헥타르의 마른 땅을 만들었다. 세계박람회를 발판삼아 번성한 그곳이 오늘날의 마리나 구역이 된 것이다. 진원에서 암석이 미끄러진 순간부터 거의 1분이 흘렀다. 샌프란시스코에서 이번 미진은 15초 동안 이어질 것이다. 땅이 심하게 흔들리고 마리나 구역의 분사가 액상화된 땅속 깊은 곳의 물질을 쏟아낼 때, 타르를 입힌 종이와 미국삼나무 조각도 함께 뱉어냈다. 그것은 1906년 지진 당시 까맣게 탄 집들의 잔해다.

———

지진.

행성 껍데기의 운동성에 나타난 작은 어긋남은 엄청난 변화를 일으켜서, 그 위에 놓인 모든 것을 예전과 전혀 다른 것으로 바꿔놓는다. 그 예전의 것도 그보다 더 전에 있던 것과는 송두리째 달랐다……

얼마 전, 머슬록에서는 아라우요라는 남자가 낚시를 하고 있었다. 그는 유럽식으로 보이는 긴 낚싯대를 썼다. 그는 낚싯대를 바다에 드리워놓기만 할 뿐 좀처럼 미끼를 던지는 것 같지는 않았다. 그의 집은 절벽 꼭대기와 가까웠다. 그는 자랑스럽게 그곳을 가리켰다. 가장 가까이에서 이 경치를 볼 수 있는 곳이었다.

그는 오솔길로 내려와 물 건너편의 너럭바위로 뛰어 넘어갔다. 절벽을 따라 내려온 지진의 균열은 물속으로 들어가서 바위 아래까지 이어져 있었다. 그는 샌앤드레이어스 단층에서 낚시를 하고 있었고, 운수가 별로 좋지 않았다.

나는 그에게 물었다. "뭘 찾고 있나요?"

그가 말했다. "쏨뱅이요. 여기에는 연어와 줄무늬농어도 있어요. 지금은 어디 있는지 모르겠어요. 언젠가는 오겠죠."

그는 스스로 운이 매우 좋은 것 같다고 말했다. 물고기와 바다가 아주 가까운 곳에 집이 있고, 그 집을 살 만한 여력이 되기 때문이라는 얘기였다. 그는 6개월 전에 그 집을 샀다. 이 특별한 장소에서는 부동산이 헐값이다. 그는 17만 달러에 구입했다. 그의 말소리는 파도 소리에 묻혀 잘 들리지 않았다.

"무너지면 무너지는 거죠." 그는 이렇게 외치면서 푸른 바다를 향해 팔을 휘둘렀다. "무슨 일이 일어날지는 몰라요. 오직 하느님만 아는 거죠. 봐요, 바다가 한눈에 보이잖아요. 머슬록도 있고요. 달리 뭐가 더 필요하겠어요? 이것이 인생이지. 무너지면, 우리도 같이 무너지겠죠."

가마우지가 있었고, 사다새가 있었다. 너른 낚시 바위에는 끊어진 흔적이 계급장처럼 남아 있었다. 아라우요의 집 근처 어딘가에서, 행글라이더 한 대가 불안정한 땅을 박차고 날아올랐다. 이제 행글라이더는 우리 머리 위를 안정적으로 맴돌고 있었다.

아라우요는 행글라이더를 무시한 채, 낚시에 열중했다.

"이 녀석들이 어디에 있는지 모르겠어요." 그가 다시 말했다. "하지만 언젠가는 올 거예요. 꼭 올 거예요."

제5권

# 크레이톤을 가로질러

—

캐 나 다

노스다코타

미네소타

사우스다코타

위스콘신

네브래스카

아이오와

미시간

캔자스

미주리

일리노이

인디애나

오하이오

켄터키

오클라호마

아칸소

테네시

NC

미시시피

앨라배마

조지아

대륙의 중심부를 이루는 내륙 안정 지괴인 크레이톤은 일리노이, 아이오와, 네브래스카, 그리고 그 주변 지역에 걸쳐 놓여 있다. 이 지역에는 바위가 많이 보이지 않는다. 도로절개면에는 에메랄드 색 살갈퀴가 밀처럼 바람에 흔들린다. 높은 언덕은 짙은 색의 고운 황토로 덮여 있다. 물론, 우리가 딛고 있는 땅 밑에 두께가 수십, 수백, 심지어 수천 미터에 이르는 암반이 있다는 것은 알고 있다. 그러나 그 암반이 땅 위로 드러나는 일은 매우 드물고, 그런 곳에는 이미 주립공원이라는 이름이 붙어 있을 가능성이 매우 높다. 일리노이 라살 카운티에는 (오르도비스기 바다의 사암이 일리노이강의 하안절벽으로 드러나 있는) 스타브드록 주립공원이 있다. 이곳의 거대한 석영사암은 손으로 문지르기만 해도 하얀 모래가 발등 위로 후드득 떨어질 정도로 암벽에 가볍게 엉겨 있다. 아이오와 데번포트 근처에는 멈춰 서서 사진을 찍어야 할 것 같은 빙하 언덕 위에 놓인 작은 농장이 있다. 이 농장의 헛간은 마치 커다란 빵 위에 얹힌 비스킷 같다. 아이오와의 건초더미와 풍차 아래에는 대단히 큰 기복을 이루는 초콜릿색 땅이 있다. 빙하 지형인 이곳은 전혀 평탄하지 않고, 이곳에 부는 바람은 갈라진 숲을 따라 하얗게 흐르는 물살 같은 소리를 낸다. 아이오와시티의 더뷰크가 1100번지에는 3층 건물 높이의 데본기 석회암이 있다. 스컹크강의 서쪽은 13킬로미터에 걸쳐 꾸준히 올라가다가 위스콘신 빙기 빙상의 한쪽 귀퉁이였던 디모인에 이른다. 이제는 굴곡이 없는 더 젊은 땅이다. 강물에 깎여 돌출된 패멀 주립공원의 석회암은 그보다 더 젊다. "그곳에서는 방울뱀을 보게 될 것"이라는 말을 듣겠지만, 석탄기의 완족류와 앵무조개와 바다나리를 보게 될 것이다. 에임스 근처, 레지스 주립공원은 유수에 침식된 석질 사암이다. 이 사암 속에는 석영과 장석 말고도 많은 것이 들어 있다는 뜻이다. 이곳은 노두 전체가 너무 닳아서 제대로 된 시료를 얻을 수가 없다. 펑크록 같은 불량 바위다. 이 암석에는 탄소 조각이 들어 있다. 카운실블러프스의 절벽은 바람을 타고 온 황토이며, 고양이 계단이라 불리는 작은 단구가 절벽 꼭대기까지 이어진다. 네브래스카의 망류 하천인 플랫강의 한 모래톱에서는 온갖 자갈을 주울 수 있다. 그곳에 흩어져 있는 자갈들 중에는 멀게는 수백 킬로미터 떨어진 곳에서 온 것도 있다. 이 모든 것에도 불구하고, 2400킬로미터에 걸친 이 북아메리카 대륙 중심부에서 볼 수 있는 암석은 와이오밍에서 한쪽 눈만 뜨고 볼 수 있는 암석보다 종류가 훨씬 적다. 당대 최고의 책인 『북아메리카의 진화Evolution of North America』(프린스턴, 1959)에서, 미국 지질조사소의 필립 킹은 중서부에 대해 이렇게 요약했다. "내륙 저지대의 다소 단조로운 지질학적 특징은 캐나다 순상지, 애팔래치아산맥, (서부) 대산계의 복잡한 암석이나 구조에 비하면 조금 시시해 보일 것이다. 우리도 마찬가지다. 이 책에서 그 지역의 면적에 어울리는 지면을 할애할 수는 없다."

눈에 보이지 않는 것을 감지할 수만 있다면 더 많은 것을 알아낼 수 있을 것이다. 모든 산맥과 절벽을 형성하는 석회암과 셰일과 사암이 대륙의 중심부에 나타난 열두 시대를 지질학에서는 현생누대라고 부른다. 현생누대가 시작된 5억4400만 년에 지구상에는 단단한 골격을 가진 생명체가 처음 나타나서 암석에 화석을 남겼다. 미국 중서부에서는 이 현생누대의 암석이 까마득하게 오래된 기반암 위를 얇은 합판처럼 덮고 있다. 그 기반암 중에는 광대한 캐나다 순상지가 남쪽으로 확장된 것도 있다. 오랫동안 지질학자들이 가르쳐온 바에 따르면, 대륙은 기반암인 탁상지를 중심으로 성장했고 탁상지는 선캄브리아 시대부터 내내 그 자리에 있었다. 지구의 시작과 함께 발을 내디딘 선캄브리아 시대는 40억 년 넘게 이어져왔다. 40억 년은 지구 역사의 8분의 7에 해당되는 기간이다. 그럼에도, 지질학 교과서에서 선캄브리아 시대를 다루는 장은 대체로 짧다. 태초에 기반암이 있었고, 세상은 그 위에서 커나갔다.

하버드대학의 레지널드 앨드워스 데일리의 『우리의 움직이는 지구Our Mobile Earth』(스크리브너스, 1926)라는 342쪽짜리 책은 선캄브리아 시대의 암석을 한 쪽, "고생대 이전 시대PrePaleozoic eras"를 한 쪽으로 다뤘다. 데일리는 당대 지질학의 거인이었다. 그는 선캄브리아 시대 암석의 특징을 "일그러진 기반암 복합체"라고 요약했다. 문학박사이자 지질학회 회원인 H. N. 허친슨 목사의 『지구의 자서전The Autobiography of the Earth』(애플턴, 1891)은 그보다는 조금 나았다. 허친슨은 16장으로 구성된 그의 책 중 한 장을 할애해 감별할 수는 없지만 "본질적으로 편마암"인 암석 덩어리에 대해 언급했다. 총 283쪽 중 15쪽에서, 그가 "고대 시대An Archaic Era"라고 부른 선캄브리아 시대를 다룬 것이다. 그로부터 60년 후인 1951년, 유타대학의 A. J. 어들리의 『북아메리카 구조지질학Structural Geology of North America』에서는 지구 역사의 처음 88퍼센트를 총 43장 중

한 장으로 다뤘다. 그 장은 다음과 같은 문장으로 시작된다. "북아메리카 대륙은 대체로 안정된 내륙과 그 주변을 둘러싸고 있는 변형되거나 관입하거나 변성된 암석 지대로 이뤄져 있다." 가장 오래된 요소인 캐나다 순상지에 대해서는 이렇게 말했다. "아직 때가 되지 않았다. (…) 때가 되면 광대한 지역이 뚜렷하게 분할될 것이다." 20세기가 저물어가기 시작했음에도, 맥길대학의 콜린 W. 스턴, 로버트 L. 캐럴, 토머스 H. 클라크라는 세 캐나다 지질학자가 그들의 『북아메리카의 지질학적 변화 Geological Evolution of North America』(와일리, 1979)에서 선캄브리아 시대의 사건을 다룬 부분은 549쪽 중 20쪽이었다. 24억 년 된 캐나다 암석으로 박사학위 논문을 쓴 캔자스대학의 W. 랜디 반 슈무스의 말에 따르면, 지질학자들은 여전히 지구의 역사를 크게 두 단위로 나누고, 앞선 시대에 대한 관심은 압도적으로 긴 그 기간에 반비례하는 경향이 있다. "기반암이 있고, 현생누대가 있다. 선캄브리아 시대는 다를 것이라는 오랜 편견이 존재한다. 선캄브리아 시대의 다른 점은 더 오래되었다는 것뿐이다. 그래서 선캄브리아 시대 암석에는 벌레가 없다. 우리가 층서 관계를 밝히는 데 이용할 수 있는 화석이 없는 것이다. 선캄브리아 시대의 화석은 동위원소다. 우리가 찾고 있는 답을 줄 수 있는 무언가는 늘 암석 속에 들어 있다. 우리는 기술의 발전을 기다려야 한다. 대륙의 발달에 관한 한 우리는 여전히 변방에 머물러 있다. 정보는 거기에 있다. 우리는 그것을 어떻게 끄집어낼 것인지만 고민하면 된다."

최근 몇 년간의 기술 발달로 아득한 시간 속에 빛이 드리워지면서, 예전에는 상상조차 할 수 없었던 구조들이 드러나기 시작했다. 대륙의 기반암은 과학사 내내 거의 구별할 수 없는 암석 덩어리였으나, 이제는 아니다. 변성암석학, 사마륨/네오디뮴 지질연대학, 아르곤/아르곤 열연대학, 우라늄/납 연대 측정법, 지르콘 연대 측정법, 항공지자기 지도, 중력 지도, 미량 원소 지구화학, 지각을 구성하는 암석의 역사와 맨틀에서 암석의 기원을 추적하는 동위원소의 관찰과 같은 기술과 학문이 고안되거나 발전했다. 말할 것도 없이, 이런 다채로운 기술 스펙트럼의 양끝에는 신기한 이온 탐지 질량분석계와 지속적인 유정 탐색 기술이 있다. 많은 기술이 1980년대 초부터 발전하기 시작했는데, 그때부터 컴퓨터와 자료를 처리하는 프로그래밍 기술이 크게 진화했기 때문이다. 그 모든 결과를 종합해 선캄브리아 시대의 장면 전체를 빠르고 새롭고 그릴 수 있게 되었다.

아이오와를 가로질러 디모인으로 향하는 동안, 지표면에는 아무것도 없다. 물길도, 단층선도, 노두도, 낮은 언덕 하나도 없다. 그리고 지금 발 아래 있는 것도 느낌이 없기는 마찬가지다. 여기서 땅속으로 180미터 아래에는 거대한 구조곡의 동쪽 가장자리가 지나간다. 지각의 파열인 이 열곡은 호수 바닥에 가라앉은 배처럼 가만히 자리하고 있다. 선캄브리아 시대 동안 틈이 메워지고 고생대에는 퇴적물로 덮인 이 열곡은 중심부의 폭이 약 48킬로미터이며 서남쪽으로 뻗어 있다. 80번 주간고속도로를 타고 가면, 이 열곡을 비스듬히 가로질러 네브래스카 링컨에서 열곡의 건너편에 닿게 된다. 이 열곡의 절벽은 깊이가 수직으로 900미터에 이르는 곳이 많다. 이 숨은 열곡은 아이오와, 위스콘신, 슈피리어호 아래를 따라 멀리 북쪽으로도 뻗어 있다. 슈피리어호에서는 이 열곡이 다른 두 열곡과 삼중 접점을 형성하는데, 하나는 미시간을 거쳐 동남쪽으로 뻗어 있고, 다른 하나인 불완전한 열곡(금이 간 틈새에 불과하며, 약한 팔이라고 알려져 있다)은 북서북 쪽을 따라 캐나다로 들어간다. 대륙의 토대인 "안정된" 크레이톤에 생긴 이 거대한 열곡은 지금으로부터 11억600만 년 전에 갈라지기 시작해서 10억8600만 년 전에 균열을 멈췄다. 대륙 규모로 갈라진 열곡은 북아메리카 대륙의 중심부를 반으로 쪼개며 곧장 올라갔다가 다른 편으로 내려간다. 금방이라도 아무도 모르는 지구 한 귀퉁이에 대륙을 흩어놓을 기세다. 이 열곡은 현대의 북아메리카 중력 지도와 지자기 지도에서 우리가 확인할 수 있는 단일 지형 중에서 가장 두드러진다. 열곡이 삼중 접점으로 만나는 현상은 판구조론의 독특한 특징이며, 오늘날 세계 전역에서 볼 수 있다. 멀리 남대서양에서는 아프리카판과 남극판과 남아메리카판이 만난다. 아조레스 제도에서는 아프리카판과 유라시아판과 북아메리카판이 만난다. 인도양에도, 갈라파고스 제도에도, 캘리포니아의 멘도시노곶에도 삼중 접점이 있다. 그러나 북아메리카 대륙 중심부 아래에 있는 선캄브리아 시대의 열곡계를 가장 분명하게 느끼려면, 아라비아와 아프리카의 지도를 봐야 한다.

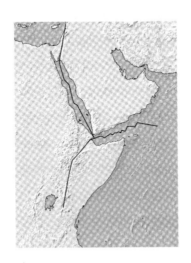

열곡으로 인한 화산(킬리만자로산)과 열곡으로 함몰된 호수(탕가니카호, 빅토리아호)가 있는 동아프리카 열곡대가 홍해와 아덴만과 만나는 지점인 아라비아반도 남단에는 판의 삼중 접점이 있다. 이 분리는 일어난 지 얼마 되지 않았고, 지속 기간은 2000만 년에 불과하다. 그러나 미국 중서부의 지하에는 이와 비슷한 잔존물 같은 것이 자리하고 있고, 20세기의 4분의 3이 지날 때까지 존재조차 알려지지 않았었다. 이 논의의 맥락에서 볼 때, 북아메리카 열곡이 생긴 이래로 지금까지 이어진 11억 년이라는 기간은 특별히 긴 시간이 아니다. 선캄브리아 시대 초기보다는 말기에 훨씬 더 가깝기 때문이다. 지구의 역사는 그 전에 이미 4분의 3이 지나 있었다. 앞서 언급한 새로운 통찰과 기술의 진보 덕분에, 지질학자들은 상대적으로 현재에 가까운 북아메리카 중앙부 열곡보다 더 아득히 먼 시간과 더 광대한 지형 속으로 들어갈 수 있었다. 그렇게 시간을 거슬러, 원생누대(지금으로부터 25억 년 전)의 시작과 그보다 앞선 시생누대 초까지 이르렀다. 영원히 그 자리에 있었을 것 같은 북아메리카 크레이톤도 그때는 존재하지 않았다. 최근 일부 지질학자는 지구 역사의 처음 6억 년에 명왕누대라는 지위를 부여했다. 지구의 시작 단계에 왜 저승의 신인 명왕(하데스)의 이름을 붙였는지는 지질학자들이 이야기할 몫이지만, 그들이 전문적인 지식으로 추측해 묘사하는 최소 40억 년 전의 세계는 대체로 바다가 드넓게 펼쳐진 풍경이다.

공교롭게도, 지구상에서 발견된 가장 오래된 암석의 나이도 이와 비슷하다(정확히는 39억6000만 년). 지구상에서 가장 오래된 암석은 2년마다 새로 발견된다. 방사성 측정법으로 연대가 결정된 새로운 지각 파편이 나올 때마다, 연대는 40억 년에 더 다가가는 것처럼 보인다. 미국에서 가장 오래된 암석은 미네소타강 유역에서 나왔고, 연대는 약 35억 년이다. 서그린란드에서는 38억 년 전의 암석이 나왔고, 오스트레일리아에서는 35억 년 된 암석이 발견되었다. 아프리카에 있는 일부 암석은 연대가 36억 년 정도 되었다. 현대의 어느 대륙도 연대가 시생누대만큼 오래된 대륙은 없지만, 지금까지 알려진 가장 오래된 암석이 북아메리카 대륙에서 나왔다는 점은 흥미롭다. 현재 MTI에 있는 새뮤얼 A. 보링은 지금까지 지구상에서 가장 오래된 암석을 발견하여 연대를 측정했는데, 암석은 거의 정확히 북극권에 해당되는 캐나다 노스웨스트준주의 그레이트베어호 동쪽에서 발견되었다. 보링의 논문을 심사하고 지도한 캔자스대학의 지질연대학자 랜디 반 슈무스는 다음과 같은 설명을 덧붙인다. "아주 심하게 변형된 엽편상 편마암이다. 본래의 암석 구조나 질감이 전혀 보존되어 있지 않다. 이 암석은 워프메이 조산대(라고 알려진 산맥 형성 작용)의 기반암 덩어리에 속한다. 화학적으로 볼 때, 이전에 있었던 다른 뭔가가 부분적으로 녹아서 만들어졌다는 점에서 이 암석은 진화한 암석이다. 따라서 가장 오래된 암석은 확실히 아니다. 그리고 우리는 오스트레일리아의 사암에 들어 있는 지르콘을 통해서, 42억 년 전에 결정화된 화성암이 있었다는 것을 알고 있다. 그러므로 더 오래된 암석은 있었지만 파괴되었거나, 아직 발견되지 않았다."

가장 오래된 바위 앞에 펼쳐져서 명왕누대의 시작까지 거슬러 올라가는 장면은 동위원소와 화학적 특징, 우주론 자료, 그리고 추측에 의존한다. 태양계는 약 45억6000만 년 전에 성간 가스 구름에서 만들어지기 시작했을 것이다. 「창세기」의 첫 11절은 선캄브리아 시대 전체와 현생누대의 처음 1억5000만 년을 아우르는 40억 년이 넘는 시간을 다루고 있는 셈이다. 한편, 중력, 초신성의 충격파, 또는 다른 뭔가로 인해 붕괴된 가스 구름은 밝은 빛을 내뿜는 증기가 되었고, 그 안에서 광물은 티끌을 형성했다. 현재의 이론에 따르면, 이런 티끌이 모여 만들어진 미행성에 여러 물질이 휩쓸려 엉기면서 행성이 되었다. 물질이 모이고 압축되어 지구가 만들어진 과정은 수천만 년 이내의 짧은 시간 안에 일어났고, 여기에는 물을 함유한 혜성의 물질도 포함되었다. 지구는 처음부터 대기권이나 지표면 밖으로 물을 배출했을 것이다. 끊임없이 쏟아진 운석은 지구에 부착되어 지구의 크기를 증가시켰다. 지금으로부터 약 39억 년 전쯤에는 운석의 충돌이 특히 심했다. 지구에 충돌한 운석 중에는 지름이 수백 킬로미터에 이르는 큰 것도 많았다. 지구가 어느 정도 냉각되고 운석의 폭격이 멈추기 전까지는 안정된 대륙 지각이 발달할 수 없었을 것이다. 운석의 폭격이 멈췄다는 것은 그만큼의 파편들이 태양계의 행성에 편입되었다는 뜻이다. 오늘날 소행성대는 행성이 되지 못한 잔해들처럼 보인다. 크기가 화성만 한 천체 하나가 초기 지구에 충돌하면서 기화된 물질들을 궤도로 내보냈을 것으로 여겨진다. 그 물질이 냉각되고 응축되어 달이 되었다.

시생누대 초기 지구의 표면은 특색 없는 둥근 땅을 바다가 둘러싸고 있어서 온통 물이었을까? 이론가들은 그럴 수도 있긴 하지만 가능성이 매우 낮다고 생각한다. 아마 지구 전역에서 섬들이 무리지어 솟아올라 있었을 것이며, 그런 섬들을 모두 합치면 지구 표면의 25퍼센트쯤 되었을 것이다. 지구물리학자들은 시생대 초기에 우라늄, 칼륨, 토륨이 붕괴되면서 생산된 열량을 계산했고, 오늘날 지구가 만들어내는 것보다 서너 배 더 많은 열이 발생했을 것이라고 추측했다. 오늘날 지구에서 열을 배출하는 통로는 에트나 화산이나 옐로스톤이나 하와이 같은 지구물리학적 열점, 대서양 중앙 해령이나 동태평양 해령 같은 확장 중심부, 하나의 판이 다른 판 아래로 미끄러져 들어가는 섭입대의 화산이다. 섭입대로 들어간 암석은 어느 정도 용융되고, 그 결과 만들어진 마그마는 레이니어산, 세인트헬레나산, 아콩카과산, 후지산 같은 화산의 형태로 지표면을 뚫고 올라온다. 해양지각이 부분적으로 용융되어 만들어진 마그마는 화학적으로 해양지각과는 다를 것이다. 그래서 마그마가 굳으면 덜 조밀하고 더 가벼운, 안산암이나 화강암 같은 대륙형 암석이 된다. 시생대 초기의 지구는 오늘날보다 4배 더 많은 열을 제거하기 위해서, 열이 빠져나갈 수 있는 곳이 훨씬 더 많았을 것이다. 그리고 이 지점에서 논의는 시생누대 세계의 모습에 대해 풀리지 않은 의문의 중심에 이른다. 일부에서는 오늘날과 비슷한 크기의 지각판들이 훨씬 더 빨리 움직였고 판의 경계에서는 화산활동이 훨씬 더 활발하게 일어났을 것이라고 생각한다. 다수가 생각하는 그림은 알껍데기 같은 지각이 현재보다 몇 배 더 많은 판들로 조각나 있는 지구다. 그 판들은 당연히 더 작았고, 열이 발산되는 판의 경계를 모두 합한 길이는 지금보다 훨씬 더 길었다. 맨틀 깊숙한 곳에서 지표로 올라오는 열기둥인 열점의 역할 역시 중요하다. 지구 전역에 아주 많이 흩어져 있는 열점이 열의 방출에서 매우 큰 비중을 차지하고, 판의 움직임은 오히려 덜 중요했을 수도 있다. 지구물리학자들은 당시 지구에서 이 세 가지 요소가 차지하는 비율을 밝혀내기 위해 노력하고 있다.

"수십만 개의 화산섬, 즉 화산 열도들이 있었을지 몰라요." 반 슈무스가 말했다. "그러니까 큰 대륙은 없고, 지구 전체를 빙 돌아가면서 남태평양 같은 호상열도들만 늘어서 있는 거예요. 그 호상열도들이 점점 합쳐져서 일본처럼 되고, 나중에는 대륙이 되는 거죠. 시생대 초기에 제법 큰 대륙이 있었을 가능성은 높지만, 아주 큰 대륙이나 초대륙은 없었을 거예요. 아니면 끝내주는 초대륙이 있었는데, 기록이 모두 사라진 것일 수도 있고요."

가장 오래된 암석들은 시생대 지각의 부스러기들이고, 고립되어 있기 때문에 지구 전체의 맥락에서 고려할 수 없다. 그 암석들은 대륙 지각이 거의 다 맨틀로 들어가 재순환되는 과정에서 흩어진 조각일까? 아니면 대륙 지각이 아주 오랜 시간에 걸쳐 천천히 성장하는 과정에서, 소규모로 형성된 초기 대륙 물질의 잔존물일까? 사라진 옛 대륙들이 지구 표면에서 차지하던 비율은 지금의 대륙과 거의 비슷했을까? 아니면 대륙은 거품처럼 떠오른 화강암에 다른 것들이 부착되면서 조금씩 성장하기 시작했을까? 오늘날의 대륙은 본질적으로 가라앉지 않는다. 대륙을 구성하는 암석들은 가볍고 뜨는 성질이 있어서 해구를 틀어막고 아래로 내려가지 않기 때문이다. 그러나 그것은 어디까지나 오늘날의 암석에 해당되는 이야기다. 지구의 열과 지구의 판구조가 완전히 다른 시생대 초기의 땅은 오늘날의 땅과는 다르다. 무엇이 맨틀 속으로 들어가 사라졌고, 무엇이 재순환되었는지 아무도 모른다. "현대에 비유하는 것도 좋아요. 하지만 모든 것을 거기에 맞추려는 덫에 걸리지 않도록 조심해야 해요. 그것이 지켜야 할 선이에요." 최근 기술과 통찰력의 발전으로, 과학은 선캄브리아 시대를 전보다 더 깊이 들여다볼 수 있게 되었다. 그러나 그 깊이는 그리 깊지 않다. 의문은 아직 진행형이다.

30억 년 전에 시작된 시생대 후기에 대해서는 논쟁이 계속되고 있지만, 그림은 더 또렷해지고 있다. 그 무렵에는 지구 전체에 퍼져 있던 여러 화강암질 미소대륙들이 합쳐지기 시작했다. 28억 년 전에서 27억 년 전 사이에는(선캄브리아 시대를 연구하는 지질학자들은 100만 년을 떼고 "2800"에서 "2700" 사이라고 말하곤 한다) 대륙들이 크게 성장했을 수도 있고, 대륙을 이루는 물질이 처음으로 많이 보존되었을 수도 있다.

이 점에 대해서는 어떤 논문에 의지하는가에 따라 다르다. 어쨌든, 이 새로운 대륙들은 오늘날의 관점에서 보면 여전히 작다. 북아메리카 대륙의 중심부이자 기반암인 순상지가 만들어지려면 아직 멀었다. 그러나 그 구성 요소들은 하나씩 모여들고 있었고, 서로 충돌해 울퉁불퉁한 지형을 형성하게 될 것이다. 대양을 가로질러 페이즐리 모양으로 퍼져나가고 있던 이 소박한 대륙들은 오늘날 나인, 래, 슬레이브, 와이오밍, 슈피리어, 헌이라 불리며, 북아메리카 지질학에서는 시생대 크레이톤이라고 알려져 있다.

———

시생누대가 끝나고 원생누대가 시작된 시기는 선캄브리아 시대가 절반쯤 지났을 때인 지금으로부터 25억 년 전이었다. 이 시기는 지각 구조의 분수령이라고 할 수 있다. 시생누대의 지각이 어떤 구조였는지는 몰라도, 오늘날의 세계에서 우리가 보는 판구조 형식은 약 25억 년 전에 시작된 새로운 누대와 함께 나타났다고 말할 수 있다. 지구의 과정에서 가장 중요한 것은 순환과 반복이라고 여기는("현재는 과거로 가는 열쇠"임을 신조로 삼는 동일과정설 개념) 지질학자들과 지구의 역사를 대체로 선형적 서사로 보는 지질학자들 사이의 중대한 역사적 논쟁에서, 약 25억 년 전에 일어났던 이 변화보다 더 분명하고 확실하게 비가역적이며 반복 불가능한 사건의 예는 찾기 어려울 것이다.

"시생대-원생대 전환기는 지구 활동 방식의 진정한 문턱인 것으로 보여요." 반 슈무스를 만나러 콜로라도 남부의 캔자스 주립대학 지질학 야외조사 캠프를 찾았을 때, 그는 내게 이렇게 말했다. "만약 판구조론의 범위를 오늘날의 모형에만 엄격하게 제한하고 싶다면, 시생대의 구조 운동에 대한 용어를 새로 만들어야 할 거예요. 가끔 사람들은 시생대에는 판구조 운동이 활성화되지 않았다고 말하는 실수를 저질러요. 당시에는 오늘날과 같은 방식의 판구조 운동은 없었지만, 이름이 뭐가 됐든, 뭔가 역동적인 땅의 활동은 있었다고 말하고 싶어요. 미소판구조론을 제안할 수도 있고, 수평 방향으로 움직이는 판의 운동보다는 열점의 활동이 더 지배적이었는지도 모르죠. 뭔가 다른 일이 있었을 거 같아요. 그것이 정확히 어떻게 달랐는지를 알 수 있을 정도로 기록이 충분하게 맞춰지지는 않았어요. 시생대 – 원생대 전환기는 지구 표면이 아니라 지구 내부에서 유래한 구조 운동의 변화, 지각의 변화가 일어난 시기예요."

　지구 표면에는 25억 년 전의 이 거대한 변화가 표현되어 있었다. 생명은 시생대 초기에 혐기성 세균의 형태로 시작되었지만, 광합성 세균은 시생대 중기에 나타났고 원생대가 되어서야 번성했다. 광합성 세균은 산소를 내뿜었다. 대기가 바뀌었다. 대양도 바뀌었다. 바다 속에는 물에 잘 녹는 제1철이 풍부했는데, 주로 20억 년에 걸쳐 배출된 용암에 의해 바다 속으로 들어왔다. 이제 산소가 추가되면서, 제1철은 제2철로 바뀌었다. 물에 녹지 않고 밀도가 높은 제2철은 진흙 같은 형태로 석출되어 바다 밑바닥에 가라앉았고, 석회 진흙과 이산화규소 진흙, 그 밖의 다른 바다 속 퇴적물과 결합해 호상철광층banded-iron formation이 되었다. 전 세계에 걸쳐 형성된 호상철광층은 쇠못이 되고, 자동차가 되고, 대포가 되었다. 이것이 바로 미네소타 메사비산맥의 철이며, 오스트레일리아 해머슬리 분지의 철이고, 미시간과 위스콘신과 브라질의 철이다. 전 세계에서 지금까지 채굴된 철은 90퍼센트 이상이 선캄브리아 시대의 호상철광층에서 나왔다. 이 철의 연대는 지금으로부터 25억~20억 년 전이다. 환원된 대기에서 산화된 대기로의 전이, 그리고 그와 관련해서 일어난 대양의 화학적 성질의 급격한 변화, 즉 철을 만들어낸 변화는 대단히 특별하다. 그 사건은 결코 반복되지 않았다. 지구에서 그런 일은 다시 일어나지 않았다.

시생대-원생대 전환기인 25억 년 전 무렵에는 대륙 지각 전체의 화학적 조성에도 뚜렷한 변화가 나타났다. 시생대 이후, 지각에는 칼륨이 확실히 더 많아졌다. 분명 지구는 이런 화학적 변화가 일어날 수 있을 정도로 충분히 냉각되었고, 더 차분하고 현대적인 형태의 구조를 취할 수 있을 정도로도 충분히 냉각되었다. 23억 년 전에 이르자, 지구의 표면은 대륙 빙상이 유지될 수 있을 정도로 냉각되었다. 아마 최초의 빙상이었을 것이다. 반 슈무스는 이렇게 말한다. "지구 전체에서 방사능 붕괴로 발생하는 열은 점차 줄어들고 있어요. 어느 시점에 이르면, 이것이 중대한 영향을 미칠 거예요. 미래에는 이 중대한 영향이 판의 움직임을 멈추게 하겠죠. 그러면 우리 지구도 금성처럼 매우 정적인 행성이 될 거예요. 홀로 떨어져 있는 열점은 한동안 활동을 계속하다가 사그라질 것이고, 우리는 기본적으로 거의 움직임이 없는 지구에 살게 될 거예요. 아마 언젠가는, 점점 느려지다가 결국에는 멈추겠죠."

약 20억 년 전, 표류하던 와이오밍 크레이톤, 즉 와이오밍 대륙에서는 북아메리카의 궁극적 발달에 특별한 의미를 지닌 하나의 사건이 일어났다. 분명, 와이오밍에서 뭔가가 벗겨져 나와서 변환 단층(알파인 단층, 디날리 단층, 샌앤드레이어스 단층처럼, 양면이 수평으로 미끄러지는 단층) 얹혀 이동했다. 그 결과 와이오밍 대륙의 그쪽 면은 거의 깔끔한 일직선이 되었다. 이와 비슷한 사건은 19억 년 후인 백악기에도 일어났다. 당시에 마다가스카르에서 떨어져나온 인도는 빠른 속도로 이동해 티베트와 충돌했다. 언젠가 엘드리지 무어스가 지적했듯이, 마다가스카르 동부 해안과 인도의 말라바르 해안에는 깔끔하게 직선으로 맞물리는 선이 있는데, 그것은 과거에 두 땅이 연결되었던 자리다.

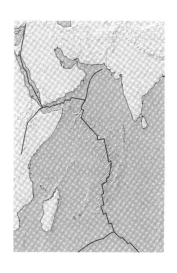

선캄브리아 시대에 끊어진 와이오밍 미소대륙의 해안선은 샤이엔대라 불리게 된다. 만약 19억 년 전 그곳에서 오늘날 래러미산맥의 바위 위에 서 있을 수 있다면, 눈앞에는 푸른 바다가 펼쳐져 있었을 것이다. 그 바다는 허드슨만처럼 대륙붕을 덮고 있는 얕은 바다가 아니라, 해양지각 위에 놓여 있는 깊은 바다였다. 그 너머에 북아메리카 대륙 중앙부 열곡계는 없었을 것이다. 아직 열곡이 만들어질 북아메리카 대륙이 존재하지 않았기 때문이다. 그러나 곧 시생누대의 크레이톤들이 충돌하기 시작했고, 크레이톤들이 부딪힌 자리에는 산이 만들어졌다. 때로는 산들 사이에 화산섬들이 원호 모양으로 끼이기도 했다. 이 모든 사건은 지질학적으로는 덧없이 짧은 시간인 1억 년 안에 연이어 일어났다. 지금으로부터 약 18억5000만 년 전, 와이오밍, 헌, 슈피리어 미소대륙이 하나로 합쳐졌고, 이 미소대륙들을 단단히 붙잡고 있던 변형대는 과학에서 트랜스-허드슨 조산대라고 알려진다. 그것은 으스러진 섬들의 잔해가 가득한 내해다. 19억 년 전, 그 섬들의 모습은 오늘날의 인도네시아와 무척 비슷했을지도 모르지만, 식생은 없었다. 18억3000만 년 전이 되자, 트랜스-허드슨 조산대는 아시아와 충돌한 후의 인도네시아와 비슷한 모양이 되었을 것이다. 18억 년 전에는 캐나다 순상지가 거의 완성되었다. 18억~14억 년 전에는 북아메리카 대륙 대부분이 그 가장자리에서 성장해나갔다.

캐나다 순상지라는 이름은 오스트리아의 지질학자 에두아르트 쥐스가 19세기에 붙였으며, 그의 책 『지구의 표면』은 1906년에 처음 영어로 출간되었다. 그는 광범위하게 노출되어 있는 캐나다의 기반암을 "평평한 방패와 다름없는 탁자 같은 땅"이라고 묘사하고, "우리가 명명한 캐나다 순상지는 지표에 드러난 시생대의 표면"이라고 공식적으로 선언했다. 그 뒤로, 방패를 뜻하는 "순상지"는 지질학에서 대륙 중심부를 묘사하는 용어가 되었고, 어떤 면에서는 오용되기도 했다. 지질학자들은 너비가 수천 킬로미터인 그들의 순상지가 용사의 방패처럼 살짝 볼록한 모양이기를 바랐다. 하버드대학의 레지널드 앨드워스 데일리는 1926년에 "넓게 퍼져 있는 지구의 겉껍데기는 단단한 판과 같아서, 휘어지거나 접히려 하지 않는다"고 썼다. "그것은 방패와 비슷한 모양을 하고 있다. 그래서 캐나다 순상지라 불려왔으며, 방패처럼 꼿꼿하고 강하다." 1979년, 맥길대학의 스턴, 캐릴, 클라크가 저술한 지질학 교재에는 다음

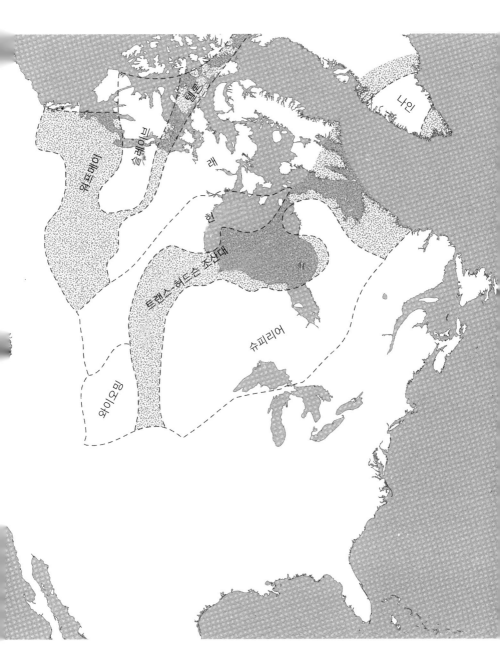

시생누대의 크레이톤(나인, 래, 슬레이브, 와이오밍, 슈피리어, 헌)과 충돌 조산대.
(그린란드는 신생대 초기에 북아메리카와 분리되었다.)

과 같이 쓰여 있다. "'순상'은 대강의 형태를 묘사하는 용어로, 낮고 넓은 돔 형태를 뜻한다."

캐나다의 이 "돔"은 너비 1600킬로미터에 이르는 분지로, 바다 속에 잠겨 있었다. 게다가 캐나다 순상지는 형성 과정의 충돌로 인해 습곡이 일어난 암석들의 전시장이다. 꿋꿋하고 강한 것은 분명하다. 전 세계에 몇 안 되는 다른 침식면들과 마찬가지로, 캐나다 순상지는 16억 년 동안 특별한 일 없이 그 자리에 가만히 놓여 있었다. 캐나다 순상지에 비길 만한 곳으로는 브라질 순상지, 시베리아 순상지, 인도와 오스트레일리아와 남극의 순상지, 발트해 순상지, 아프리카-아라비아 순상지에 있다. 이런 순상지 중 다수는 (구조적으로 분리된) 다른 순상지에서 부서진 조각이다. 어쩌면 이 순상지들을 맞추면 고대의 초대륙이 나올지도 모른다.

시생누대의 크레이톤들이 모이면서 바위투성이의 산들이 만들어졌다. 이 산들은 서서히 침식되었고, 지금으로부터 17억5000만 년 전이 되자 산기슭까지 완만한 경사를 이루었다. 어떤 곳에서는 그 당시에 올라온 유문암질 용암이 비교적 평평한 표면을 따라 펼쳐지기도 했다. 완만한 경사를 이루는 순상지 위로 바다가 들어왔다 나가기를 반복하면서, 순상지 전체에 고르게 모래가 쌓였다. 적도에서 차츰 성장해나가는 이 새로운 대륙에는 아무것도 없었다. 그 모습은 아마 오늘날 아라비아의 룹알할리 사막과 꽤 비슷했을 것이다.

17억5000만 년 전, 와이오밍 크레이톤의 끊어진 가장자리 너머에는 바다가 있었고, 그 바다에는 움직이는 일본 같은 화산섬들의 호상열도가 서 있었다. 그 섬들은 하나씩 잇따라 들어왔고, 우리가 아는 인접한 땅인 와이오밍 동남부, 콜로라도, 네브래스카가 되었다. 수많은 호상열도가 북쪽으로도 줄줄이 부착되었는데, 멀리 시카고와 그 너머까지도 뻗어 있었을 것이다. 방사성 연대 측정법은 섬이 처음 만들어진 연대를 알려준다. 액체 상태로 맨틀에서 올라온 물질이 굳어서 어린 지각이 된 시기를 알 수 있는 것이다. 접안 시기, 즉 그 섬들이 와이오밍 크레이톤에 하나씩 부착된 시기는 결정하기가 훨씬 더 어렵다. 그러나 대개 섬들은 뭔가 다른 것에 충돌하기 전에 1000만~2000만 년 정도 바다에 있는 것으로 보인다. 당시 크레이톤에 모여든 섬들 중에서 가장 오래된 섬은 오늘날 콜로라도의 주요 기반암이 되었고, 연대는 17억9000만 년이다. 18억 년 전에는 콜로라도도 없고, 네브래스카도 없었다. 그 모든 것은 사실상 그다음 1억 년 동안 생겼고, 지금으로부터 약 17억 년 전쯤에 호상열도들은 접안을 모두 마쳤다. 대륙의 새로운 해안선은 뉴멕시코 남부에서 인디애나를 거쳐 래브라도 쪽으로 향했다.

약 1억5000만 년 전, 상대적으로 최근인 쥐라기에 일어난 미국 최서단 지역의 조립은 16억 년 전에 일어난 콜로라도의 조립과 매우 흡사하다. 최서단 지역에서 부가대가 발달했다는 사실은 판구조론의 초창기에 명확하게 드러났다. 그리고 수십 년이 흐른 지금, 탁상지, 안정된 크레이톤, 아주 오래된 핵이라 불리는 북아메리카 대륙의 중심 기반암 역시 같은 방식으로 만들어졌다는 것이 명확하게 밝혀졌다. 콜로라도와 와이오밍 동남부가 고대의 순상지와 접하는 곳인 샤이엔대의 또렷한 선은 오늘날에도 그 특성을 그대로 유지하고 있다. 와이오밍 전단대라고도 불리는 샤이엔대의 폭은 평균 3.2킬로미터다. 어떤 곳에서는 전단대를 중심으로 양쪽으로 다리를 걸치고 설 수 있을 정도로 폭이 매우 좁다. 샤이엔 서부에서 래러미산맥을 지나가는 80번 주간고속도로는 호상열도에서 유래한 원생대의 화강암, 콜로라도 지질구에서 북쪽으로 뻗어 있는 부토 위에 놓여 있다. 북쪽으로 몇 킬로미터 떨어진 곳에는 시생대 크레이톤의 가장자리가 있다. 경계선은 또렷하게 구별되며, 그 남쪽으로는 시생대 암석이 없다. 거기서 서쪽에 있는 메디신보산맥은 산맥의 북쪽 절반이 남쪽 절반보다 10억 년 이상 오래되었고, 똑같이 좁은 선을 경계로 시간의 도약이 일어난다. 이 경계선은 래러미 바로 서쪽, 주간고속도로가 지나가는 분지 퇴적층 아래에 파묻혀 있다.

———

내가 몇 년 전에 랜디 반 슈무스를 만난 곳은 그가 "18억 년 전 이후의 부가복합체"라고 부르는 곳이었다. 대부분의 사람은 그곳을 콜로라도라고 부른다. 반 슈무스가 학생들을 가르치고 있는 캔자스대학에서는 콜로라도 프레몬트 카운티에 지질학 야외조사 캠프를 두고 있다. 미국 중부의 대학들은 학교 바깥에 지질학 연구를 할 만한 곳이 많지 않다. 선캄브리아 시대의 기반암은 완전히 파묻혀 있다. 대륙 중앙부의 땅속 깊은 곳에 무엇이 있는지 확인하려면, 그런 암석이 공중으로 휘어져 올라와 있는 콜로라도 같은 곳으로 학생들을 데리고 가야 한다. 이곳에서 선캄브리아 시대의 암석은 거대한 산맥의 중심부이자 산봉우리다.

내가 그를 만난 날, 반 슈무스는 학생들을 데리고 캐논시티 서북쪽의 꽤 높은 지대로 올라갔다. 그곳에서 학생들은 규암과 다른 암석들을 지도에 표시하는 작업을 하고 있었는데, 연대가 17억5000만 년으로 추정되는 규암은 연대가 정확히 17억50만 년인 화강암 속에 펜던트 형태로 들어 있었다. 화강암은 마치 꿀단지 속에 들어간 손가락처럼 먼저 그 자리에 있던 규암 속에 매끄럽게 관입했다. 사암이 열과 압력을 받아 변성된 암석인 규암은 퇴적 구조가 조금 뭉개져서 해독하기가 어려웠다. 사층리는 어디에 있는가? 어느 쪽이 위인가? "꼭대기"를 찾는 학생들이 고산지대의 풀밭에 흩어져서 노간주나무 숲과 톱니 모양의 산등성이를 헤집고 다니는 동안, 반 슈무스는 바위에 앉아서 큰 그림을 되새겼다. 그는 키가 꽤 크고, 조용하고 느긋하며 조금 심심한 사람이었다. 장화에 청바지를 입고 모자를 쓴 그의 모습은 그곳과 잘 어울렸다. 내가 그를 찾은 까닭은 엘드리지 무어스가 "퇴적물 아래의 대륙 중심부에 대한 지식이 누구보다 해박한 사람, 광범위한 연대 결정자"라고 그를 묘사했기 때문이다. 또 무어스는 최근 북아메리카 선캄브리아기 지질학을 다루는 개요서에서, 반 슈무스가 미국 중서부와 관련된 거의 모든 논문의 주요 저자라고도 덧붙였다. 반 슈무스는 자신을 "지질연대학과 원생대 지구 역사를 전공한 지구화학자"라고 설명했다. 그는 일리노이 네이퍼빌에서 자랐고(그의 아버지는 시카고 은행의 직원이었다), 화학자가 되기 위해 캘리포니아 공과대학에 진학했다. 지질학은 다양한 과학 분야에서 사람들을 끌어들이는 경향이 있다. 그래서 그는 휴런호 북쪽에 있는 24억 년 된 순상지 바위에 이끌렸고, 그 바위에 대한 연구로 UCLA에서 박사학위를 받았다. 그가 박사과정을 밟던 1960년대 초반은 판구조론이 확립되기 전이었고, 방사성 연대 측정법에서도 몇 가지 중대한 발전이 있기 몇 년 전이었다. 그의 말을 빌리면, 당시의 구조도와 지질도에는 많은 선캄브리아기 암석이 "하나의 커다란 녹색 덩어리"로 표시되어 있었다. 그는 그 녹색 덩어리를 자세히 채워나가는 일을 도왔다. 이름에서 짐작할 수 있듯이, 반 슈무스의 선조는 네덜란드와 국경을 접하고 있는 독일 마을 출신의 이민이다. 그는 해마다 브라질 순상지의 건조한 방목지에서 "동위원소를 이용해 오래된 지괴의 연대를 확인하기 위한" 연구를 하고 있으며, 같은 종류의 확인 방법으로 시생대의 와이오밍과 원생대의 콜로라도 풍경에서도 모호함을 걷어내왔다. 당연히 캔자스에 대해서도 마찬가지다.

반 슈무스와 그의 동료들이 지질 시대의 연대를 1640, 1790, 1850 같은 식으로 표현하며 대화를 나눌 때, 그들은 마치 올리버 크롬웰이나 미국 독립혁명이나 『모비딕』의 출판에 관한 이야기를 하는 것처럼 편하고 친숙하게 말한다. 이를테면 17억4500만 년 전에 일어났던 일을 말할 때, 그들은 "1745"라고 말한다. "사실상 콜로라도 전체가 1700에서 1790 사이"라는 반 슈무스의 말은 호상열도가 모여서 만들어진 기본적인 콜로라도 지각은 연대가 17억 년에서 17억9000만 년 사이라는 뜻이다. 콜로라도에서의 첫날, 반 슈무스의 이야기에서는 그런 연대가 아무렇지 않게 하나씩 튀어나왔고, 나는 그럴 때마다 잠깐씩 멈칫하면서 허공을 응시하며 생각했다. 맞다, 그는 16억5000만 년 전의 이야기를 하고 있는 것이지. 어떤 발전 과정이, 이를테면 "1750"에서 "1770"까지 진행되었다고 말할 때, 그와 그의 선캄브리아기 동료들은 거의 항상 일상에서 시간이 흐르는 순서대로 작은 숫자에서 큰 숫자순으로 연대를 나타내곤 했다. 그의 인간적인 면이 작동해 시간의 화살을 거꾸로 돌리고 있는 것이다.

"내가 봤을 때, 이곳은 호상열도 암층의 부가복합체예요." 그는 다시 그렇게 말했다. "남태평양을 생각해보세요. 모든 것이 부착되기를 기다리고 있어요. 피지의 섬들은 4000만 년이 됐고, 아직도 접안을 위해 대기 중이에요. 콜로라도의 선캄브리아 시대는 충분히 광범위하게 연구되지 않았어요. 10년 후의 지질학자들은 각 부분을 밝혀서 전체적인 이야기를 만들어낼 수 있을 거예요. 기술은 더 발전할 테니까요. 이곳은 새로운 개척지예요. 이 새로운 개척지에 닿으려면 시간을 거슬러 올라가야 해요. 동위원소는 이것이 새로운 지각이라고 우리에게 알려주고 있고요, 그리고 새로운 지각을 얻는 유일한 방법이 호상열도 환경에 있다는 것도 알려주고 있어요. 네브래스카를 지나는 80번 주간고속도로 아래에 뭐가 있는지 알고 싶다면, 바로 여기서 볼 수 있어요. 바위를 직접 보고 그 위를 걸어다니는 것을 대체할 방법은 기본적으로 없어요. 네브래스카의 땅속 수백 미터 아래는 바로 이렇게 생겼어요."

나는 캔자스 로렌스로 그를 찾아가서, 중요한 자료들을 보기도 했다. 그 자료 덕분에 그와 다른 이들은 오랫동안 장막에 싸여 있던 선캄브리아 시대의 셀 수 없이 많은 세계를 관찰하고, 유추하고, 추론하고, 상상하고, 발견하고, 묘사할 수 있었다. 이를테면 대학의 큰 자료보관소에는 드릴로 채취한 선캄브리아기 암석 시료들이 있었고, "Rb/Sr 및 Sm/Nd 청정 실험실"의 병원 같은 방에서는 루비듐/스트론튬과 사마륨/네오디뮴 연대 측정법을 이용해 실트라고 하기에는 너무 미세한 암석 가루의 연대와 기원을 알아내고 있었다. 이제 다시 콜로라도에서 그가 학생들과 야외조사를 하는 동안, 우리는 프리몬트 카운티를 둘러봤다. 그렇게 나는 우리 앞에 놓인 지형을 보면서, 그의 시각에서 그 기원을 생각해볼 수 있었다. 오두막집들이 모여 있는 야외조사 캠프는 자갈길을 따라 한참을 올라간 곳에 있었다. 그곳에는 원형극장처럼 생긴 막다른 길이 있었는데, 지질학에서 이곳은 캐논시티 만입부라고 알려져 있었다. 캠프와 꽤 가까운 곳에는 쥐라기의 이암과 모래가 있었다. 이곳에서 오멜 루카스라는 학교 교사는 (리틀빅혼 전투가 벌어진 해인) 1876년에 여름휴가를 왔다가 수없이 많은 거대한 뼈를 발견했다. 그 인상적인 뼈들 중에는 덴버 자연사박물관의 높이 7.3미터인 스테고사우루스, 클리블랜드 자연사박물관의 높이 22미터인 하플로칸토사우루스, 바그너 자유연구소(필라델피아 소재)의 높이 21미터인 아파토사우루스, 미국 자연사박물관의 높이 18미터인 카마라사우루스, 스미스소니언 박물관의 높이 6미터인 케라토사우루스와 12미터인 알로사우루스와 27미터인 디플로도쿠스가 있다. 반 슈무스는 그 지층을 향해 다정하게 고개를 끄덕이고는 흙먼지를 날리며 그대로 지나쳤다. 지구의 연대 전체를 볼 때, 그 공룡들과 그의 제자들은 지금 이곳에 함께 있다고 말할 수 있을 정도로 가깝다. 그는 만입부의 가파른 절벽을 깎아 만든 3미터 폭의 도로를 타고 크리플크리크로 올라갔다. 절벽을 따라 올라가는 동안 고도는 120미터, 150미터로 점점 높아졌고, 도로 양옆으로는 어떤 것에도 가로막히지 않은, 난간조차 없이 완벽하게 탁 트인 전망이 펼쳐졌다. 만입부 절벽의 암석은 공룡보다 3억 년은 더 오래되었지만, 그 암석이 놓인 암반에 비하면 13억 년이나 더 젊었다. 그 암반은 우리를 17억5000만 년 전으로 안내할 것이다. 당시 콜로라도 지각은 기본적인 의미에서 처음 조립되고 있었다. 반 슈무스는 며칠 전 이 협곡에서 중상을 입고 차 안에 있던 운전자가 낚시꾼에게 발견되었다고 말했다. "아직 차가 보이나요? 여기 있을지도 몰라요."

캐논시티와 살리다 사이를 지나는 아칸소강을 따라 80킬로미터쯤 떨어진 곳에 있는 프리몬트 카운티 서부는 비현실적인 풍광과 빼어난 구조가 특히 기억에 남는다. 대체로 하얀 물살을 일으키며 빠르게 흐르는 아칸소강은 폭이 30미터쯤 될 것이다. 그곳에서는 바위가 강을 둘러싸고 우뚝 솟아 있다. 강이 콜로라도 동부의 평지로 흘러 들어가기 전, 강물은 마지막으로 가장 깊은 골짜기를 깎아내며 지나간다. 마치 커다란 빵 덩어리 속으로 사라진 칼처럼, 급류는 높이 300미터가 넘는 절벽으로 이뤄진 협곡을 가르며 나아간다.

그 협곡과 주변 지역의 암석은 대체로 호상열도가 남긴 흔적이며, 거의 모든 곳에서 변형이 일어났다. 그 암석들을 규암, 혼성암, 편마암, 편암으로 바꿔놓은 수많은 사건의 역사는 이제 거의 헤아릴 길이 없다. 그러나 협곡에서 50킬로미터쯤 올라가면, 길쭉한 초기 지각의 단면이 있다. 초기 지각은 식생에 빗대어 말하면 원시림과 같다. 어찌된 일인지, 이 암석은 그것이 나타난 이래로 일어난 모든 구조 운동 사건의 불똥을 잘 피해왔다. 반 슈무스는 이렇게 말했다. "지금 우리는 콜로라도의 탄생을 보고 있는 거예요. 이건 초기 지각이에요. 이것이 당도했을 때, 기본적으로 여기에는 아무것도 없었어요."

"그게 언제였죠?"

"1740이었어요."

계속해서 그는 이렇게 말했다. "이곳에서는 초기 기반암이 약 1억 년에 걸쳐 발달했어요. 심성암은 화산활동과 어느 정도 동시에 나타났는데, 남쪽으로 갈수록 더 젊었고 서남쪽으로 진행됐어요." 심성암은 관입한 마그마였고, 대부분 화강암으로 냉각되었다. 15억 년 후, 시에라네바다산맥의 화강암도 이와 비슷한 방식으로 모암이 되었을 것이다.

강 건너 저 멀리 석탄 열차 한 대가 지나갔다. 순간 그의 마음속 풍경도 석탄기로 바뀌었다. "아프리카와 남아메리카는 고생대에 석탄이 거의 없었어요." 그가 뜬금없이 말했다. 그 대륙들이 "남극 근처에 박혀" 있을 때, 다른 곳에서는 거대한 나무들이 위세를 떨치고 있었다. 당시 북아메리카는 적도에 있었다. 그래서 지금 석탄 열차가 있는 것이다.

그러나 기차는 그저 지나가고 있을 뿐이었다. 그 굉음과 덜컹거림과 화차에 실린 화물은 우리의 대화 속에는 없는 시간에 속해 있었다. 지질학자의 마음은 이내 초기 아메리카 대륙 중앙부로 다시 돌아갔다. 그 시기는 지금으로부터 18억 년 전에서 14억 년 전 사이, 태초부터 지금까지 이어져온 지구 역사의 약 3분의 1에 해당되는 기간이다. 18억~14억 년 전은 원생누대의 겨우 20퍼센트에 해당되지만, 그럼에도 그는 이 시기에 대한 연구에 집중했다. 만약 선캄브리아 시대에서 그의 전문 분야를 한 시기 꼽으라면, 바로 이 시기가 될 것이다. 1938년에 시작해 적어도 80년, 그리고 10년을 더 내다볼 수 있는 그의 일생은 점점 확장되고 있는 정보와 사고의 길 끝에 있는 아주 작은 점이었다. 그 길은 시간을 거슬러 올라가서 이 4억 년이라는 시간을 하나로 묶어 생각할 수 있게 해주었다. 인간의 일생과 4억 년이라는 시간은 찰나와 무량억겁만큼이나 차이가 커 보인다. 그러나 억겁의 시간을 잇는 다리를 놓아서 그 둘을 하나로 엮어주는 것은 더 짧은 시간을 사는 인간의 마음이다. 인간은 그 억겁의 시간을 상상하고, 실제로 볼 수도 있다.

단거리 경마 기수는 20초짜리 경주를 생각할 때, 각 부분 사이의 간격을 그의 의식 속에서 넓힘으로써 마치 20분 동안 일어나는 일처럼 생각하는 법을 배운다. 그는 말을 탈 때마다의 미묘한 차이를 경주 내내 천천히 인식한다. 만약 아득히 긴 시간을 마주하면서 그 안에서 살아가고 그 안에서 생각하면서 그 막대한 수에 익숙해질 수 있다면, 처음 지구가 얼마나 빨리 뭉쳐졌는지, 대륙들이 얼마나 빨리 모였다가 흩어졌는지, 대륙이 얼마나 멀리까지 빠르게 이동했는지, 산이 얼마나 빨리 솟아올랐다가 얼마나 빨리 해체되어 사라졌는지를 느낄 수 있을 것이다. 반 슈무스의 말에 따르면, 북아메리카 중심부 형성의 기원처럼 포괄적인 뭔가를 상상할 때는 자료가 얼마나 인상적인지 또는 방대한지를 가리지 않고 마음속에 잘 새겨놓는 편이 좋다. 가장 발전된 그림도 현재 가장 잘나가는 가설의 인증을 받은 것일 뿐이기 때문이다. "지질학에서는 결정적인 답을 절대 내놓을 수 없어요. 이 분야가 원래 그래요."

이 깊은 골짜기에는 "세계에서 가장 높은" 현수교가 놓여 있다. 이 다리는 주로 걸어서 지나다니는 관광객을 위해 만들어졌다. 만약 다리 중간쯤에서 걷고 있는데 옆으로 차가 지나간다면, 300미터 높이의 허공에 매달린 이 다리의 발판은 급류 위의 뗏목처럼 출렁일 것이다. 그곳에는 똑바로 서 있기 어려울 정도로 거센 바람이 분다. 마치 사람을 넘어뜨리려는 것 같은 바람이다. 고소공포증이 있는 사람이라면 자동차가 지나간다고 해도 공포가 더 가중되지는 않을 것이다. 이미 공포가 극에 달해서 더 이상 느낄 여력이 없기 때문이다. 협곡 절벽의 소용돌이와 타래 무늬는 두 번 이상 철저하게 부대낌을 당한 변성화성암, 변성퇴적암, 혼성암, 편마암으로 이뤄져 있어서 어떤 방법으로도 해독할 수 없고 그속에 담긴 이야기들을 희미하게 드러낼 뿐이다. 그때 한 젊은 여자가 유모차를 끌고 지나가면서 그 내용물에 다정하게 관심을 보인다. 그녀는 지질학을 해야 할 사람이다.

협곡 옆의 공원 지역에서, 반 슈무스는 이 초기 지각의 광범위한 변형이 아마 호상열도가 충돌하는 과정에서 일어난 고도의 변성 작용에서 비롯되었을 것이라고 추측했다. 그는 이것이 와이오밍 크레이톤에 부착된 첫 암층의 일부일 수도 있다고 말했다. "다른 암층은 확인되지 않았어요." 이어서 그는 이렇게 말했다. "그러나 원칙적으로는 타당해요. 우리가 보고 있는 이것이 중생대 캘리포니아에 부착된 것과 비슷한 암층의 모임이라는 것에는 동의할 수 있지만, 이곳의 암층은 경계를 확인할 수 있는 단계를 넘어섰어요. 우리는 이 협곡의 나이를 몰라요. 나는 1800이 넘지는 않았을 거라고 확신해요. 문제는 이 협곡의 암석에서는 변성 작용이 너무 여러 번 중첩되어 일어났다는 점이에요. 그것을 모두 가려내고 원래 무엇이었는지를 알아내는 것이 현재 개척해나가야 할 방향이에요. 그렇게 된다면, 동해 같은 배호 분지, 캘리포니아 코스트산맥 같은 부가대, 호상열도 사이의 열곡 분지, 전호 분지, 구조해연(조산대나 호상열도의 전면에 분포하는 좁고 긴 요지—옮긴이) 같은 것도 이해할 수 있게 될 거예요." 그가 이야기를 하는 동안 나는 열심히 메모를 휘갈겼고, 그는 페그마타이트 채석장을 내려다보고 있었다. 고개를 들자, 북동북 방향의 숲 위로 파이크스피크의 산봉우리가 보였다.

살리다 근처에는 반려암과 베개 현무암과 그 외 바다 속에서 형성되는 다른 화산암들이 있었다. 그는 이 암석들을 보며 말했다. "이 암석들은 확실히 호상열도의 암석과 연관이 있을 거예요. 대륙의 진화 과정은 아직 더 개척해나가야 할 분야이기는 하지만, 이 암석들이 지각에 머무른 기간이 매우 짧다는 것은 동위원소를 통해서 아주 명확하게 알 수 있어요." 그의 말은 지구 내부에서 올라온 마그마가 냉각되어 지각이 형성될 때, 그 지각이 그리 오래, 또는 그리 멀리까지 이동하지 않고 다시 섭입대로 들어가서 녹았다는 뜻이다. 초기 마그마 속에 들어 있는 방사성 원소의 붕괴 시간표에는 마그마가 처음 나타날 당시 사건의 흔적이 남아 있을 것이다. 그는 이렇게 설명한다. "그것이 맨틀에서 나와 지각으로 들어왔을 때, 시계가 돌아가기 시작했어요. 그런 것들이 차례로 녹아서 화강암이나 다른 암석으로 바뀔 수는 있겠지만, 시계는 결코 멈추지 않아요. 저 암석들 속에는 그런 이야기가 담겨 있어요. 우리의 숙제는 그것을 어떻게 읽어야 하는지를 알아내는 것이죠."

지각을 구성하는 암석의 역사와 맨틀의 기원을 추적할 때 특별히 유용한 동위원소는 사마륨과 네오디뮴이다. 사마륨은 방사성 붕괴를 일으켜서 정해진 비율로 네오디뮴이 되기 때문에, 두 원소는 루비듐과 스트론튬, 우라늄과 납처럼 정밀한 시계와 같은 역할을 한다. "사마륨/네오디뮴 분석 기법은 1970년대 후반에 완성됐어요." 반 슈무스가 말했다. "장비가 발달하면서, 누구나 쓸 수 있는 도구가 됐죠. 기본적으로 이 기술은 암석이 언제 맨틀에서 올라왔는지를 알려줘요. 연대를 알려주지는 않지만, 대륙 지각의 역사를 추적할 수 있는 동위원소 추적자 역할을 하고, 특히 대륙 지각의 조각에 포함된 물질이 얼마나 오래전에 맨틀에서 분리되었는지를 결정해줘요. 암석이 결정화된 연대는 다른 방법을 이용해 얻어내고, 사마륨/네오디뮴 분석을 통해서는 특정 암석이 얼마나 오랫동안 대륙계의 일부로 있었는지를 알 수 있어요."

사마륨/네오디뮴 연대는 정확accuracy하기는 하지만 정밀precision하지는 않다. 정확성과 정밀성은 다르다. 처음에는 이 차이가 갈라진 머리카락 한 올보다 더 작아 보일 수도 있다. 이를테면 조지 워싱턴이 47세를 전후로 20년 사이에 마지막 지출 내역서를 제출했다고 말한다면, 정확하기는 하지만 전혀 정밀하지 않다. 만약 산타클로스가 할로윈 새벽 12시 26분 9초에 굴뚝으로 내려왔다고 말한다면, 정밀하기는 하지만 정확성은 거의 없는 이야기일 것이다. 반 슈무스는 지질학의 목표를 정의하면서, "규정된 불확실성의 범위 안에만 들어 있다면 정확한 것"이라고 말했다. "정확하기도 하고 정밀하기도 하면 좋겠죠. 범위는 좁히고, 그 좁은 창 안에 정답이 포함되기를 바라는 거예요." 그는 이렇게 덧붙였다. "정밀하다는 것은 실험 기술이 좋다는 의미예요. 아주 정밀하면서 전혀 정확하지 않을 수도 있어요. 이상적인 것은 정확성의 범위를 좁히고, 동시에 정밀한 것이죠." 선캄브리아기 지질연대학에서, 200만 년이라는 범위는 극도로 좁은 창이다. 17억4600만 년을 전후로 200만 년 같은 연대는 매우 정밀한 것이다.

아득한 과거의 시간 속에서 정확성을 찾기 위해 가장 널리 이용되는 암석 성분은 지르코늄 독립사면체 규산 염광물, 즉 지르콘zircon이라는 광물이다. 반 슈무스의 말을 빌리면, 지르콘은 실험 기술이 발달하면서 "선캄브리아 시대의 일꾼"이 되었다. 지르콘은 그것이 포함된 암석이 일차적으로 결정화된 연대를 더 정확하고 꽤 정밀하게 산출해내기 때문이다. 수 세기 동안 지르콘은 보석으로서 독립된 위치를 차지해왔다. 지르콘은 피라미드나 프리즘 모양을 이루며, 다이아몬드 같은 광택과 다양한 색을 지녔다. 스타라이트starlite는 타이에서 나는 파란색 지르콘이다. 때로는 뿌연 회색이나 무색, 또는 옅은 노란색을 띠는 스리랑카의 지르콘은 자곤jargon이라 불리는 원석이다. "지르콘"이라는 명칭은 옛 프랑스어의 jargon에서 유래했고, "가글gargle"이라는 단어와 궁극적으로 어원이 같다.

대부분의 지르콘은 밝게 빛나는 보석이기는커녕 눈에 잘 보이지 않을 정도로 작다. 지르콘 결정은 긴 지름의 길이가 10분의 1밀리미터도 되지 않는 것이 보통이다. 지르콘은 사암, 편암, 편마암 속에 들어 있다. 마그마가 응고된 암석 종류에는 거의 다 지르콘이 들어 있는데, 그중에서 가장 친숙한 암석은 화강암이다. 지르콘은 화강암질 마그마가 지표로 분출되어 만들어진 암석인 유문암 속에도 들어 있다. 그리고 화강암과 다른 암석에서 유래한 모든 퇴적암, 바닷가와 강가의 모래 속에도 당연히 들어 있다. 안타깝게도, 호상열도와 해양지각에서 무엇보다 중요한 구성 요소인 현무암질 암석에는 지르콘이 드물다.

반 슈무스와 그의 동료들은 캔자스대학에 있는 그들의 "청정 실험실"에서 암석을 곱게 갈아 무거운 광물을 모은 다음, 브로모포름이 들어 있는 플라스크에 붓는다. 탄소, 수소, 브롬으로 이뤄진 무색의 액체인 브로모포름은 클로로포름과 매우 비슷하다. 석영을 비롯한 비교적 가벼운 다른 광물은 브로모포름에 뜬다. 설석, 황철석, 자철석, 지르콘, 인회석, 각섬석, 석류석 같은 무거운 광물은 바닥에 가라앉는다. 가라앉은 광물은 프란츠 분리기로 들어간다. 이 장치는 대단히 강력한 자기장으로 자철석과 각섬석과 석류석을 제거한다. 남은 설석, 인회석, 황철석, 지르콘은 모두 요오드화메틸렌 속으로 들어간다. 요오드화메틸렌에서는 인회석이 떠오른다. 인회석을 제거하면, 가라앉은 지르콘과 황철석과 설석만 남는다. 황철석은 산에 녹고, 지르콘과 설석은 산과 반응하지 않는다. 프란츠 분리기의 강도를 다시 조절해 지르콘에서 설석을 분리한다. 이렇게 분리해 농축시킨 아주 작은 지르콘 더미는 내게는 반짝이는 무거운 먼지처럼 보였다. 현미경 아래에서, 이 먼지는 투명하고 옅은 호박색의 길쭉한 사각뿔로 보였다. 그 모양은 비타민 E 캡슐을 닮았다.

마그마가 식는 동안, 이를테면 관입해 들어온 거대한 저반이 천천히 점점 굳으면서 그 안의 마그마가 다양한 광물과 암석으로 차례차례 발달하는 동안, 지르코늄 이온은 규소와 산소를 끌어당겨 지르콘을 만든다. "그 원소들은 매우 강하게 결속되어 있어요." 반 슈무스가 말했다. "거기에 우라늄, 하프늄, 토륨 같은 다른 원소가 살짝 끼어드는 것이죠. 납은 우라늄과 토륨이 방사성 붕괴를 일으키면서 형성되기 시작해요. 지르콘이 만들어지려면, 주위에 규소가 많아야 해요. 그래서 일반적으로 지르콘은 석영이 들어 있는 화성암과 연관이 있어요."

지르콘은 거의 현미경으로나 볼 수 있는 크기이지만, 그럼에도 실험실에서는 다양한 방식으로 붕괴가 일어났을 수도 있는 바깥 부분을 갈아내고, 광택이 나도록 지르콘을 다듬어서 깨끗한 상태의 시료를 만든다. 이렇게 하면 그 뒤에 이어지는 연대 분석의 정확도가 높아진다. 그 지르콘은 압력솥과 비슷한 테플론 용기 속에서 불화수소산에 용해되는데, 이 과정은 며칠이 걸린다. 이온교환 크로마토그래피라는 화학적 추출 과정은 지르콘이 녹아 있는 용액에서 우라늄과 납을 분리한다. 이 납의 존재비와 구성비를 분석하면, 지르콘이 처음 결정화된 연대가 나온다. 워싱턴 카네기 연구소의 토머스 E. 크로가 개발한 이 분석법은 매우 까다로웠던 이전의 작업을 크게 간소화시켰다. 우라늄/납의 완전한 분석은 500만 분의 1에서 1000만 분의 1그램의 지르콘만 있으면 가능하다.

지르콘을 선캄브리아 시대 연대 측정법의 총아로 올려놓은 몇 가지 특징 중 하나는 한번 결정이 형성되면 쉽게 재결정 작용이 일어나지 않는다는 점이다. 오랜 세월에 걸친 거대한 지각 변동 사건들 속에서, 지르콘은 어느 정도의 변성을 겪어도 그대로 남아 있고, 때로는 대단히 강한 변성 작용을 견디기도 한다. 청정 실험실에서 한 암석의 연대를 결정하는 데 걸리는 기간은 3~4주다. 반 슈무스는 적당한 대안이 없다고 말했다. "요즘에는 지르콘으로 하지 않으면 완전히 정확한 연대라고 느껴지지가 않아요."

오랫동안 3억 년이라고 여겨졌던 조산운동 주기는 최근 지르콘 연대 측정을 통해서 수천만 년으로 좁혀졌다. 지구상에서 가장 오래되었다고 알려진 암석의 대략적 나이인 39억6000만 년은 그 암석에 함유된 지르콘으로 결정되었다. 현무암에는 지르콘이 드물기 때문에, 현재 남아 있는 선캄브리아기 해양지각의 연대 측정에 지르콘이 직접 이용되는 일은 거의 없다. 그러나 살리다 근처의 반려암과 베개 현무암과 다른 콜로라도 초창기 해양지각의 암석층 사이에는 어떤 섬에서 분출되었을 유문암질 응회암이 켜켜이 쌓여 있었다. 유문암에는 지르콘이 들어 있었다. 반 슈무스의 동료인 M. E. 빅퍼드가 그 지르콘에서 얻은 연대를 바탕으로 추측할 때, 콜로라도의 반려암과 현무암이 만들어진 연대는 17억2800만 년 전후로 600만 년 사이였다.

"선캄브리아기는 암석이 어떻게 생겼는지를 토대로 어떤 상관관계를 만들 수는 없어요." 반 슈무스는 다시 강조했다. "우리는 표준화석도 없어요. 그래서 낱낱이 흩어져 있는 선캄브리아기 지각의 다양한 조각을 연결할 방법은 방사성 연대 측정 기술 밖에는 없어요. 동위원소는 우리에게 훌륭한 지도 작성 도구를 줬어요. 1950년대와 1960년대 초반에 시작된 두 가지 주요 기법은 칼륨/아르곤과 루비듐/스트론튬인데, 정확성과 정밀성 면에서 둘 다 한계가 있었어요. 두 방법 다 수행하기 꽤 쉬운 편이었고, 이 두 연대 측정법을 통해서 선캄브리아기, 그중에서도 특히 북아메리카에 관한 초기 정보가 엄청나게 많이 나왔어요. 지르콘에 들어 있는 우라늄/납 연대 측정법을 통해서는 더 작지만 의미 있는 양의 연구가 나왔어요. 이 기술은 조작이 매우 어려웠고, 당시 북아메리카에는 그 조작을 할 수 있는 사람이 몇 명 없었어요. 1970년대에 방법 면에서 큰 발전이 있었고, 우라늄/납 연대 측정법이 아주 간편해졌어요. 그 이후로, 정밀한 연대 정보는 대부분 화성암에 포함된 지르콘의 우라늄/납 연대 측정을 통해서 나왔죠. 아르곤/아르곤 열연대학은 지난 10년간 크게 발전했고, 젊은 암석의 연구와 변성암 연구에 널리 이용되고 있어요. 특히 구조 운동이 일어나는 한경에서 변성 작용의 마지막 단계를 살펴보는 데 쓰이죠. 이 기술은 선캄브리아기 기반암을 연구하는 우리와 크게 연관이 있는 것은 아니에요."

반 슈무스는 그와 다른 몇몇 사람이 포코너스 지역에서 화산암경에 들어 있는 포획암의 연대를 측정하려 한다고 말했다. 콜로라도, 유타, 애리조나, 뉴멕시코가 정확히 십자로 만나는 포코너스 지역에는 쉽록이 있다. 쉽록은 (와이오밍에 있는 데빌스타워처럼) 화산암경이다. 화산굴뚝이라고도 불리는 화산암경은 지표로 분출되는 마그마가 타고 올라가는 관이다. 모든 것이 굳고 긴 세월이 흘러 화산과 그 주위의 땅이 침식으로 무너져 내린 후, 화산암경은 홀로 우뚝 서 있기도 한다. 화산암경을 이루는 응고된 마그마는 한때 그 주위에 있던 바위보다 훨씬 더 단단하고 항구적이다. 그래서 차등 침식이 일어난다. 이 경우, 포획암은 화산암경의 주위에 있다가 마그마 속으로 떨어진 암석이다. 쿠키 속에 들어 있는 초콜릿 조각처럼, 포획암은 그것이 들어 있는 암석과는 다른 고유의 연대와 고유의 내력을 지닌 이물질이다. 화산암경 속에는 모든 깊이의 지각과 맨틀 상부에서 나온 포획암들이 들어 있다. 따라서 이 포코너스 프로젝트는 48킬로미터 깊이의 구멍을 뚫는 것에 해당되는 지각의 단면을 얻을 수 있다는 것을 의미한다. 이 프로젝트는 한마디로 선캄브리아 시대의 장면에 대한 새로운 발견이다. 이 발견을 가능하게 해준 지식과 기술은 10년 전에는 존재하지도 않았다. 변성암석학의 발전, 특히 광물이 형성되는 온도와 압력에 대한 이해의 발전은 포획암이 나온 깊이를 결정할 수 있게 해줄 것이다. 미량원소 지구화학의 발전은 포획암이 있던 원래의 지질 환경을 연상할 수 있게 해줄 것이다. 미량원소는 그 환경이 이를테면 바다였는지 육지였는지를 알려주는 지표가 되

어줄 것이다. 사마륨/네오디뮴 연대 측정법에서는 지각의 역사를 얻어
낼 수 있을 것이다. 개선된 우라늄/납 분석법은 10만 분의 1그램이라는
미량의 지르콘으로부터 정보를 모을 수 있게 해줄 것이다.

캔자스, 네브래스카, 콜로라도, 그리고 그 주변부가 되었을 마지막 호
상열도 접안이 일어난 것은 약 17억 년 전이었다. 이 최후의 충돌 이후
에 추가로 열과 압력을 받아서 변형된 암석이 오늘날 프레몬트 카운티
의 아칸소강 협곡 절벽에서 볼 수 있는 절벽이 되었다. 17억 년 전, 북아
메리카 대륙의 해안선은 텍사스 서남부에서 오클라호마, 미주리, 일리
노이를 거쳐서 미시간까지 이어졌다. 덴버와 캐논시티 남쪽, 뉴멕시코
남부 어디쯤에도 해안선이 있었다. 16억5000만 년 전이 되자, 북아메
리카 대륙 가장자리의 모습은 오늘날 남아메리카 대륙 서부 해안과 상
당히 비슷해졌을 것이다. 남아메리카의 서부 해안은 남아메리카판과
나스카판의 경계인 페루-칠레 해구와 대체로 나란히 발달해 있다. 페
루-칠레 해구는 깊이가 무려 8000미터에 이른다. 충돌의 웅장함이 고
스란히 드러나는 엄청난 깊이다. 남아메리카판은 서쪽으로 이동하면서,
넓이 1600만 제곱킬로미터에 달하는 해양지각으로 이뤄진 나스카판
위로 올라가고 있고, 해구 아래에서는 동쪽으로 기울어진 섭입대가 남
아메리카 대륙 아래로 들어가고 있다. 섭입대 아래에서는 하강하는 지
각들이 녹아서 마그마가 되고, 그 마그마가 남아메리카 대륙 가장자리
에 있는 암석의 틈새로 솟아올라 산페드로 화산, 유야이야코 화산, 엘
포트로 화산, 델토로산, 도무요산, 메르세다리오산, 아콩카과산, 즉 안
데스산맥을 형성했다. 아콩카과산과 해구 바닥 사이의 높이 차는 수직
으로 1만5000미터에 이른다. 16억5000만 년 전, (높이가 알려져 있지
않은) 캔자스의 산맥과 오클라호마 남부에 형성된 북아메리카 해안 사

이의 모습도 이와 비슷했다. 안데스산맥 주변부처럼, 해양지각이 섭입하고 지하에서 녹아 메르세다리오나 아콩카과 같은 화산이 만들어졌을 것이다.

———

지진파의 반향, 중력 이상 같은 다양한 형태의 지구물리학적 자료 중에서, 선캄브리아 시대를 밝히는 데 가장 유용한 자료는 자기장 변화의 측정이었다. 이 자료는 주로 하늘에서 수집되는데, 마치 현생대의 껍질을 벗겨내고 다른 것은 아무것도 없이 선캄브리아 시대만 보여주는 것 같은 효과를 낸다. 1980년이 되자, 자기학자들은 암석에 나타난 자기장의 특성을 통해서 암석의 유형을 정확하게 식별할 수 있다고 느끼는 단계에 이르렀다. 그들의 지도에서 강한 자기장은 다양한 밝기의 붉은색으로 표시되고, 약한 자기장은 파란색과 초록색 계통을 나타냈다. 화강암 계열은 본질적으로 파란색과 초록색이지만, 자철석이 포함된 화강암은 붉은색을 띠었다. 북아메리카 중앙부 열곡은 철이 풍부한 현무암의 강력한 신호 때문에 매우 요란한 색을 나타냈다. 구멍을 뚫고 암석 코어를 채취한 곳에서는, 암석 코어와 비교하고 그 도움을 통해 확인했다. 1982년에 발표된 이시도어 지츠의 「미합중국 종합 자기 이상 지도 Composite Magnetic Anomaly Map of the United States」는 반 슈무스가 말하는 선캄브리아 시대 지질학의 "큰 발전"을 대표한다. 무엇보다 큰 성과를 가져온 것은 컴퓨터 프로그래밍의 발전이었다. 예전에는 평가하고 연계하고 융합할 수 있는 자료가 한 지역이나 한 주에만 국한되어 있었다. 물론 이것도 완벽하지는 않았다. 어떤 주의 지질조사소에서 수집한 자료는 빈약하고 개략적인 반면, 그 옆의 다른 주에서 수집된 자료는 아주 상세할 수도 있다. 이런 대비는 특정 주 경계선을 따라서 지질학적으로 뚜렷한 분리가 발생하는 결과를 낳았고, 일부 냉소적인 선캄브리아 시대 지질학자들은 이런 분리를 경계 단층이라고 불렀다.

반 슈무스는 경계단층이 사라지는 것으로 보고 싶었고, 그래서 그의 꿈은 애팔래치아산맥에서 로키산맥에 이르는 미 국토 전체에 걸쳐 1킬로미터 간격으로 자기력을 항공 측정하는 연방 계획을 수행하는 것이었다. "지난 10년 동안, 우리는 이 기반암을 이해하기 위한 첫 단계에서 엄청난 발전을 이뤘어요." 그가 말했다. "더 개선된 다음 단계로 올라가기 위해서는 더 큰 규모의 노력과 비용이 필요해요. 전투기 한 대 가격이면 기반암에 대한 우리의 지식이 한 단계 더 발전할 거예요. 완벽하게 조사하려면 나라 전체를 짧은 쪽으로 3000번 횡단해야 하는데, 이 경비가 1.6킬로미터당 10달러예요. 결과를 얻기까지 5000만 달러, 어쩌면 1억 달러가 들어가야 할지도 몰라요. 우리는 무엇을 배우게 될까요? 확인하기 전에는 모르지만, 아마 이 대륙의 구조를 이해하게 될 겁니다."

「미합중국 종합 자기 이상 지도」에는 원생대 대륙의 이 끝에서 저 끝까지 연속적으로 이어지는 붉은 점들이 있다. 이 점들의 평균 연대는 14억5000만 년이다. 1450심성암이라 불리는 이 점들은 지구의 활동에서 이전에는 없었고, 이후에도 반복되지 않았으며, 아직까지 설명이 되지 않은 수수께끼 같은 사건이다. 무엇인가가 부가대 전체를 부분적으로 녹였고, 대륙은 4000킬로미터 길이의 화강암질 심성암으로 꿰매졌다. 그 심성암은 자철석이 풍부한 화강암이었기 때문에 붉은색으로 나타났다. 1450저반이라고도 불리는 이 심성암에 속하는 암석으로는 래러미산맥의 셔먼 화강암, 콜로라도의 실버플룸 화강암, 미주리 남부의 세인트프랜시스산맥, 위스콘신의 울프강 저반이 있다. 그러나 이 저반은 다시 암석에 열을 가하고 변형시켜서, 오늘날 캐논시티의 깊은 골짜기를 이루는 절벽을 만들었다. 대부분 일리노이 지하에서 서쪽으로 놓여 있는 18억~16억5000만 년 전의 부가복합체의 조각들로 이뤄진 일리노이의 기반암은, 1450 사건의 유문암 용암으로 덮이게 되었다.

심성암과 저반은 대체로 대규모 조산운동의 한 단계이자 결과물로 정의된다. 캘리포니아 공과대학의 지질학자인 리언 실버는 1450심성암을 "북아메리카 비非조산 천공Anorogenic Perforation of North America"이라고 불렀다. 실버와 다른 이들은 이것을 제목으로 하는 논문을 내놓았고, 이 논문은 산의 형성을 동반되지 않고 지구 내부로 들어가 박힌 거대한 화성암의 수수께끼에 대한 관심을 불러일으켰다. 일반적으로, 1450심성암은 확장 과정에서 방출된 압력에 의해 우연히 나타난 것으로 보고 있다. 즉, 초대륙이 갈라지고 늘어나고 얇아지고 부서져서 어딘가에 대양이 형성되는 동안, 이 사건으로 잡아당겨지고 늘어나서 얇아진 오늘날 북아메리카 지각에는 지표면 근처까지 맨틀의 열기가 전달되었다. 그 결과 조산운동과 관계없이 1450심성암이 만들어졌을 뿐 아니라, 북아메리카 대륙 남부와 동부 가장자리를 따라 지각 상층부를 채우고 그 위를 덮고 있는 거대한 화강암과 유문암의 암층도 형성되었다. 어쩌면 이렇게 대륙이 늘어나는 과정에서 북아메리카 대륙이 한 조각 크게 떨어져나가서 지금 지구 어딘가에 있지만, 아직 그 기원이 밝혀지지 않고 있는 것일 수도 있다.

1450심성암과 그와 연관된 사건에 대한 사뭇 다른 시나리오도 있다. 일부 이론가들은 크고 안정된 대륙에는 활화산이나 열곡이 없기 때문에 열의 흐름이 억제된다는 가설을 내놓았다. 맨틀에서 올라온 열이 대류 아래에 쌓여 온도가 점점 올라가고 지각 하부에서 부분적인 용융이 일어나서, 그로 인해 심성암이 형성되어 올라온다는 것이다. 이 설명은 다른 설명만큼 타당해 보이며, 1450심성암의 원인은 아직 이해되지 않고 있다. 한 줄로 늘어서 있는 심성암은 트리스탄다쿠냐 제도나 레위니옹섬이나 하와이의 화산처럼 지구물리학적 열점의 흔적이 아니다. 1450심성암은 오래된 순상지를 관입하지 않았다. 대륙 전체의 지각 하부가 모두 대단히 뜨거웠지만, 18억 년 전 이후 북아메리카에 부착된 부분인 순상지의 대륙 중앙부 남쪽에서만 화강암 생성이 활발했던 이유에 대해, 일부 지구물리학자들은 모든 화강암 성분이 옛 시생대 크레이톤에서 녹아 나왔기 때문이라고 제안했다. "새로운" 지각, 즉 추가로 부착된 지각에 우라늄과 토륨과 칼륨이 풍부해 방사능에 의해 녹았을 가능성을 언급한 지질학자도 있었다. 반 슈무스가 선호하는 추측은 없다. 그는 고개를 가로저으며 이렇게 말할 것이다. "본질적으로 연대가 같은 심성암이 4000킬로미터에 걸쳐 한 줄로 늘어서 있는 곳은 세상 어디에도 없어요."

———

중력 이상은 아득한 과거를 들여다볼 수 있는 또 다른 도구다. 자기 이상은 비행기로 측정할 수 있는 반면, 중력 이상은 차를 타고 다니며 측정해야 한다. 모든 구획의 교차점마다 멈춰서, 사람이 직접 중력계를 설치하고 값을 측정해야 한다. 미사일이 오늘날보다 훨씬 중요했을 때에도 중력값이 측정되었다. 다양한 중력장에 대한 자료는 탄도 계산에 필수적이기 때문이었다. 그럼에도, 중력 자료의 수집은 미국 전체에서나 전 세계적으로나 불규칙적으로 드문드문 이뤄졌다. 지표면 1제곱킬로미터 안에는 수없이 많은 측정 구획이 있다. 반 슈무스는 "양질의 항공 중력계는 아직 개발되지 않았다"고 말했다. "그렇게 되면 아주 좋을 거예요. 브라질 순상지 같은 먼 곳까지 날아가서 좋은 중력 지도를 얻을 수 있으니까요." 자기장 지도에는 더 세부적인 것들이 포함되어 있지만, 자기장 지도는 중력 지도처럼 지각 속에 무엇이 있는지를 3차원적으로 완전하게 보여주지는 않는다. 반 슈무스는 이렇게 말했다. "자기장은 지각의 얕은 부분, 지각 상부 수백 미터 깊이까지만 시료적으로 조사하고 있어요. 중력장은 기본적으로 암석권 전체의 평균을 구하고 있어요. 그래서 중력 지도를 보면 지각의 특징을 더 깊이 들여다볼 수 있습니다." 중력계는 지하에 있는 암석의 밀도를 측정한다. 낮은 중력은 화강암이나 퇴적 분지 같은, 가벼운 대륙의 암석이 될 것이다. 높은 중력은 가장 밀도가 높은 물질을 나타낸다. 맨틀에서 바로 올라온 해양지각이나 맨틀 자체일 수도 있다. 해저 확장 중심부와 비슷한 현무암질 암석으로 이뤄진 북아메리카 대륙 중앙부 열곡은 중력계에서 대단히 높게 기록된다. 미국에서는 애팔래치아산맥과 로키산맥 사이의 기반암을 해석하는 지질 연구에 중력도가 가장 유용하게 이용되는데, 험준한 바위 지형으로 인한 혼란이 개입할 여지가 없기 때문이다.

여러 면에서, 중력계와 자력계에서 얻은 지구물리학적 자료는 근처에 직접 만질 수 있는 암석, 즉 수치 해석에 신빙성을 제공하는 기준점이 없으면 무용지물이나 다름없다. 만약 표적으로 삼은 대상이 선캄브리아기의 캔자스나 네브래스카라면, 가장 가까이 있는 암석은 지표에서 600~900미터 아래에 있으므로 유전에서 나오는 암석 코어에 의존해야 한다. 이런 암석 코어는 통찰을 고정시켜주는 닻 역할을 한다. 유전에서 나온 암석 조각에 대한 방사성 연대 측정에 암석학과 화학과 자기장 지도를 결합시키고 중력 지도를 보완하면, 아주 먼 과거를 들여다볼 수 있는 가장 강력한 방법이 된다.

반 슈무스는 자기적 특징에 대해 "그 특징을 검증해볼 암석이 있어야만 효과가 있다"고 말해왔다. 석유 회사에서 특별히 깊은 곳까지 시추를 할 때면, 대학의 지질학자들이 암석 조각을 구하러 나타나곤 한다. 선캄브리아 시대의 암석에는 (석유가 될 만한 것이 없어서) 석유가 형성되지 않기 때문에, 석유 시추 작업은 선캄브리아 시대의 층에 닿으면 멈추는 것이 보통이다. 그러나 단층으로 인해 석유와 가스가 선캄브리아 시대의 층까지 내려갔을 것으로 추측되는 몇몇 장소에서는 시추공이 더 깊이 내려갔다. 텍사코 석유 회사는 캔자스에서 3600미터를 시추해, 대륙 중앙부 열곡 중심부의 마른 퇴적물 속으로 한참을 들어갔다. 아모코 석유 회사는 슈피리어호 근처에 있는 비슷한 암석에서 탄화수소가 나왔다는 사실에 힘입어, 아이오와 중심부와 대륙 중앙부 열곡의 측면에서 5200미터를 시추했다. 이 시추로 석유는 얻지 못했지만, 상당량의 자료를 얻을 수 있었다. 다른 곳에서도 굴착 장비가 선캄브리아기 암석 속으로 100여 미터씩 들어가곤 했는데, 작업자들이 어디를 뚫고 있는지 몰랐거나, 선캄브리아기의 암반이 젊은 암석 위로 쐐기처럼 밀고 들어왔다고 생각했기 때문이다. 시추 작업자들이 선캄브리아기 암석을 건드리면, 때로는 대학 지질학자들이 작업을 계속해달라고 돈을 지불하기도 한다. 산업계와 학계의 이 화기애애한 장면은 목말타기 시추라고 알려져 있다. 작업자들은 시간당 150달러 정도의 비용을 받고, 장비의 날이 닳을 때까지 시추를 계속한다. 지질학자들은 500~1000달러를 지불하고, 암석 조각이 가득한 통 몇 개를 들고 자리를 뜬다. 때로는 석유 회사에서 "선심을 써서" 덤으로 한 시간 더 시추를 해주기도 한다.

네브래스카의 유정을 통해 확인된 바에 따르면, 네브래스카의 기반암은 부가된 호상열도 따위로 이뤄진 콜로라도의 기반암과 거의 같았다. 반 슈무스는 이렇게 말했다. "하지만 아이오와에는 좋은 기준점이 없어요. 아이오와는 네브래스카에서 동쪽으로 확장되었을 수도 있고, 위스콘신에서 서남쪽으로 확장되었을 수도 있어요. 원생대 초기 아이오와의 역사는 큰 수수께끼로 남아 있어요. 아이오와의 기반암은 현재 우리 지식에서 가장 큰 구멍입니다. 만약 5000만 달러어치의 과학 시추를 할 수 있다면, 나는 아이오와에 쓸 거예요." 이런 구멍이 생긴 이유 하나는 지질학에서 자주 들리는 "아이오와에서 나온 기름은 그냥 다 마실 수 있을 것"이라는 이야기에서 찾을 수 있다.

미국 중서부 지하의 기반암에 대한 가장 포괄적인 자료는 캔자스대학 지질학부 건물 지하에 보관되어 있다. 중서부의 모든 주에서 잘라온 암석 시료와 유정에서 채취한 암석 코어가 가득한 이 자료 보관소는 약 30년이 되었다. 이곳에서 나온 가장 직접적인 결과물은 추론보다는 사실에 근거해 만들어진 선캄브리아기 대륙 중앙부 지도들이다. 반 슈무스는 네브래스카 버펄로 카운티에서 나온 암석 코어 하나를 무작위로 꺼내 살펴보다가, 17억9000만 년 된 토나라이트질 편마암이라고 말했다. 이 암석 코어의 흑운모와 각섬석에는 지르콘이 들어 있었다. "네브래스카의 기반암은 캔자스의 기반암보다 더 흥미로워요." 그가 말했다. "네브래스카가 더 미성숙한, 원시적인 호예요." 선캄브리아 시대를 기준으로 볼 때, 이 자료보관소에서 시추 자료가 가장 잘 구비되어 있는 네 주는 오클라호마, 미주리, 캔자스, 네브래스카다. 그는 "텍사스에서는 기름이 너무 많이 나와서 기반암에 이르기 전에 시추를 중단한다"고 말했다.

독일은 과학적 심부 시추 분야의 선두에 서기 위해서, 2억 달러를 들여 바이에른에 깊이 9000미터가 넘는 구멍을 뚫었다. 러시아는 백해와 북극해 사이에 위치한 콜라반도에 1만2000미터 깊이의 구멍을 뚫었다. 주먹구구식이거나 석유에 휘둘리거나 이리저리 찾아다니며 거저 얻는 방식을 넘어서는 과학적 시추는 미국에서는 아직 그리 많지 않다.

지하 깊은 곳에 있는 자료보관소는 반 슈무스에게 땅속으로 11킬로미터를 뚫고 선캄브리아 시대의 세계로 들어가면 무엇을 배울 수 있는지를 물어보기에 더없이 좋은 장소인 것 같았다.

"우선, 당연히, 선캄브리아 시대는 지구 역사의 거의 90퍼센트를 차지해요." 그가 말했다. "현생대의 지질학이 시작되는 순간을 이해하고자 한다면, 선캄브리아 시대를 이해해야 해요. 두 번째로, 선캄브리아 시대의 순상지 지역, 특히 시생대의 순상지에는 금, 구리, 철, 니켈, 납 같은 중요한 경제 자원이 풍부해요. 다이아몬드 관은 비교적 젊지만 선캄브리아 시대의 크레이톤에서만 발견돼요. 선캄브리아 시대의 크레이톤에는 맨틀에서 킴벌라이트를 형성하기 위해 필요한 압력을 만드는 것과 연관된 뭔가가 있어요." 다이아몬드의 모암인 킴벌라이트는 화산암경의 일종이다. "선캄브리아 시대에는 오래된 암석에서만 볼 수 있는 지구 동력학 체계의 어떤 측면이 보존되어 있는데, 그 이유는 이 암석들이 엄청난 깊이까지 침식되어 있기 때문이에요." 계속해서 그는 이렇게 말했다. "선캄브리아 시대는 산맥 지대의 뿌리에서만 볼 수 있는 반면, 현생대는 진짜 어디서나 볼 수 있어요. 산맥의 중간 부분에서도 볼 수 있고, 윗부분에서도 볼 수 있죠. 우리는 애팔래치아산맥의 뿌리가 어떻게 생겼는지 몰라요. 애팔래치아산맥 중심부가 습곡으로 형성되었다는 것은 알지만, 그것은 깊은 뿌리 부분에서 일어난 충돌은 아니에요. 선캄브리아 시대의 습곡대를 살펴봐야만, 더 젊은 산에서 무슨 일이 벌어지고 있는 지에 대해서도 깊이 있는 이해를 시도할 수 있어요. 지금 우리에게는 선 캄브리아 시대의 층서를 확립할 수 있는 연대 측정 기술이 있어요. 우리 는 광물학과 지구화학 기술로, 이전에 존재했던 암석의 종류, 이른바 원 생암석을 밝힐 수 있어요. 원래의 조성 환경과 직접적으로 연관된 지질 학적 역사를 해독하는 첫걸음을 뗄 수 있게 된 거죠. 세계 곳곳에는 선 캄브리아기의 암석이 거의 원상태 그대로 보존되어 있는 곳이 많아요. 그중에는 35억 년 또는 그 이상으로 거슬러 올라가는 화석 군집이 보존 되어 있는 곳도 있어요. 그것은 우리가 생명의 진화를 추적할 수 있는 유일한 기록입니다."

어느 대학 지질학과 101호 강의실, 대륙이동설을 경멸하는 루셔스 P. 이니그마타이트 교수는 선캄브리아 시대에는 화석이 전혀 없다고 가르쳐왔다. 지금까지 사실상 선캄브리아 시대는 그렇게 정의되었다. 화석의 등장, 즉 이전에는 존재하지 않았던 단단한 부분을 가진 생명체의 갑작스럽고 폭발적인 발전은 현생누대의 시작을 의미했다. "캄브리아기를 조금 앞서서, 크고 연한 몸을 가진 생명체로 이뤄진 에디아카라 동물상이라는 화석 군집이 있었어요." 반 슈무스가 말했다. "그 전까지 우리가 봐왔던 것은 복잡한 세균, 조류, 작은 단세포 유기체뿐이었어요. 그 기록과 이런 것들이 진화했던 환경에 대한 이해 없이는, 우리는 생명의 진화를 진정으로 이해할 수 없어요. 암석 기록에는 이른바 화학적 화석도 많아요. 이를테면 탄소 동위원소의 조성 같은 것이 있는데, 이런 것은 시간의 흐름에 따라서 추적 조사할 수 있습니다. 탄소 동위원소의 조성은 지구상에서 일어난 생명 활동을 반영하거든요. 선캄브리아 시대에는 전통적으로 캄브리아기였던 현대 지질학의 출발점을 끌어올릴 만한 것이 많이 있어요."

———

선캄브리아 시대의 풍경은 황량했다. 식물의 통제를 받지 않는 땅은 날씨에 그대로 들볶였다. 바위가 드러난 높은 산꼭대기는 오늘날의 산꼭대기와 다를 바 없었을 것이고, 맨땅이 드러난 산비탈에는 남극 대륙의 산맥처럼 잔돌 무더기가 부채꼴 모양으로 높이 쌓여 있었을 것이다. 지형에는 질감이 있었고, 암석에는 색깔이 있었다. 암석 위로는 여러 갈래의 물길이 복잡하게 얽혀 있는 강이 흘렀다. 암석이 쪼개지고, 가루가 되고, 무너져 내리고, 켜켜이 쌓여서 새로운 암석이 되는 순환 과정은 식물의 뿌리나 줄기에 방해를 받지 않았고, 그만큼 더 빨리 순환했다. 중력만이 안식각 내에서 바위와 자갈을 기울어진 땅에 붙잡아두고 있었다. 실트와 모래는 호수나 바다로 빠르게 씻겨 내려갔다. 꾸밈없고 수수하며 극히 단순한 선캄브리아 세계의 그림은 사막 한가운데에 비를 흠뻑 머금은 하얀 강이 난입한 낯선 풍경을 보여주었을 것이다.

만약 11억 년 전에 지금의 시카고 위치에서 80번 주간고속도로의 경로를 따라 서쪽으로 여행할 수 있다면, 오늘날 지질학자들이 선캄브리아 시대 기반암에서 보는 것들의 대부분을 가로질러 지나갈 것이다. 일리노이에서는 유문암 비탈과 파묻힌 화강암으로 이루어진 안데스산맥처럼 높은 대륙 가장자리 사이를 지나갈 것이다. 아이오와 동부에서는 심성암대를 만날 것이다. 이 심성암대 역시 북아메리카 비조산 천공 때부터 일어난 침식으로 비탈져 있었을 것이다.

11억 년 전에 80번 주간고속도로를 반대 방향으로도 갈 수 있다면,

시생대의 와이오밍 크레이톤이 풍화된 순상지 위에 놓인 록스프링스와 롤린스의 자리를 지나갈 것이다. 래러미를 지나고, 18억 년 전 대륙의 가장자리였던 옛 샤이엔대를 건너면, 촘촘하게 모여 있는 호상열도들이 나타날 것이다. 이 호상열도들이 접안해 콜로라도와 네브래스카와 그 밖의 다른 여러 지역이 채워질 것이다. 분홍색 화강암(오늘날의 프런트 산맥 화강암)은 볼 수 없을 것이다. 14억5000만 년 전 무렵 호상열도 복합체 속으로 들어온 불가사의한 심성암 중 하나인 이 화강암은 아직 땅속 깊이 묻혀 있었다. 18억 년 전 이후의 변성화산암 위로 네브래스카를 가로질러, 노스플랫에서 카니를 거쳐 링컨까지 쭉 지나갔을 것이다.

이 11억 년 전의 북아메리카의 연대는 훗날 링컨과 오마하와 디모인이 될 자리에서 이제 겨우 중간에 이르렀다. 11억800만 년 전에 열곡이 생기기 시작했을 때, 이 세 지역 사이의 거리는 지금보다 훨씬 가까웠다. 약 11억 년 전, 여전히 멀어지고 있던 이 세 지역은 앞으로 1400만 년 동안 계속 더 멀어질 것이다. 북아메리카 대륙 중심부 아래에서는 뭔가가 북아메리카를 계속 갈라놓음으로써 하나로 통합된 대륙의 존속을 위협하고 있었다. 이 대륙 중앙부 열곡은 맨틀 깊은 곳에서 올라온 열기 등 때문에 생겼을 가능성이 크다. 즉 지구물리학적 열점이 지각을 둥글게 부풀린 다음 쪼개놓은 것으로 보인다. 그 사이로 현무암질 용암이 흘러 들어와서 이 열곡을 가득 메웠다. 밤에는 용암천 위로 하늘이 온통 붉게 물들었다. 약 11억 년 전, 슈피리어호 아래의 삼중 접점에서는 서로 연결되어 있던 슈피리어호 서남쪽 부분과 미시간주를 관통하는 부분이 벌어지기 시작했다. 만약 이 균열이 충분히 오래 지속되었다면, 오늘날 중서부라 불리는 지역의 반 이상을 포함하는 이 두 부분 사이의 땅은 북아메리카를 벗어나 아무도 모르는 곳으로 뿔뿔이 흩어졌을 것이다. 그리고 북아메리카 한가운데에는 해안선의 길이가 1600킬로미터나 되는 아주 큰 만이 발달했을 것이다.

80번 주간고속도로는 링컨과 오마하 사이를 지나는 구간에서 열곡의 가운데를 곧장 통과한다. 그리고 열곡의 동쪽 측면에 있는 디모인 쪽으로 조금씩 비스듬히 나아간다. 이 도로에서 아이오와의 서쪽 절반에 해당되는 부분은 열곡 자체 또는 열곡의 측면 분지 위에 놓여 있다. 그 지형을 정확히 따라가려면, 종합 자기 이상 지도나 평형 잔류 중력 지도가 필요할 것이다. 자기장 지도와 중력 지도에서는 대륙 중앙부 열곡이 가장 뚜렷하게 나타나는 특징이기 때문이다. 25년 전까지만 해도 이 열곡은 과학 지도에도 알려져 있지 않았다. 단순히 "대륙 중앙부 중력 이상" 또는 "대륙 중앙부 중력 높음"처럼 원인의 의미가 내포되지 않는 설명만 달려 있었다. 만약 이 열곡이 대서양 중앙부 열곡처럼 2억 년 동안 계속 벌어지고 있었다면, 링컨과 디모인 사이의 거리는 뉴저지의 저지시티와 모로코의 카사블랑카만큼이나 멀어졌을 것이다. 그러나 그런 일은 일어나지 않았다. 북아메리카 대륙 중앙부 열곡계는 갑자기 발달을 멈췄거나 멈출 수밖에 없었고, 결국 대륙의 진화에 중요한 역할을 하지 못했다. 이 열곡계에서 가장 오래된 암석은 연대가 11억800만 년이고, 가장 젊은 암석은 10억8600만 년이기 때문에, 열곡은 2200만 년 동안 형성되었다. 대서양이 벌어진 기간과는 비교가 안 되지만, 칼리포르니아만이 갈라진 기간의 세 배에 이르며, 홍해가 갈라진 기간보다 더 길다.

뭔가가 젊은 열점을 완전히 소멸시키고, 대륙 중앙부를 온전하게 남겨놓았다. 열곡이 넓어지는 동안, 지괴들은 열곡 가운데 부분으로 내려갔다. 이제 이 부분이 열곡의 옆면보다 훨씬 더 큰 압축력을 받게 되면서, 열곡의 중간 부분은 양옆보다 더 높아졌다. 지질학 용어로는, 지구가 눌리면서 위로 솟아올라 지루horst가 된 것이다. 마치 홍해가 확장을 멈추는 동안, 바다 밑바닥이 해안보다 더 높이 올라간 것이나 비슷했다. 원생대의 북아메리카에서 열곡의 확장을 멈추게 한 압축력은 그렌빌 조산운동이었을 것이라고 여겨진다. 그렌빌 조산운동은 약 10억 5000만 년에 끝난 대륙 대 대륙의 충돌이다. 이 조산운동으로 서아프리카와 아마존의 크레이톤들이 북아메리카의 동쪽과 남쪽 가장자리에 모여들었고, 가장 최근의 초대륙인 판게아보다 수억 년 앞서 로디니아 초대륙이 형성되었다. 그렌빌 조산운동 시기에 아프리카와 남아메리카의 크레이톤들은 형태나 배치가 그다음 시대인 현생누대 때와는 달랐다. 오늘날과 같은 모양으로 모여 있지 않았다는 것이다. 이 대륙들도 북아메리카만큼이나 오늘날과 모양이 그리 닮지 않았다. 텍사스에서 래브라도까지, 북아메리카 동부는 그렌빌 조산운동으로 시작되었다.

이 사건들의 끝을 맺는 일종의 느낌표처럼, 콜로라도 지하에 외따로 떨어져 있는 기둥 모양의 암반은 그렌빌 조산운동과 연관이 있는 것처럼 보인다. 대륙 대 대륙의 충돌이 일어나면서 열곡 형성이 멈추던 때와 비슷한 시기에 저반 하나가 콜로라도에 관입했다. 이것 말고는 이 저반의 존재를 설명할 길이 없다. 당시 콜로라도나 그 주위에서 일어났거나 일어날 조짐을 보였던 다른 사건은 없었다. 그런데 이 독불장군 같은 화강암이 난데없이 나타난 것이다. 파이크스피크의 이 화강암은 로키산맥의 다른 모든 화강암과는 연대와 조직이 다르다. 반 슈무스는 이렇게 말한다. "식었고, 그게 다예요. 파이크스피크 저반은 그냥 홀로 저렇게 있는 거예요." 그 후로 선캄브리아 시대가 끝날 때까지, 아메리카 대륙 중앙부는 5억 년 동안 잠잠했다.

# 찾아보기

옮긴이 김정은

생물학을 전공했고, 펍헙 번역 그룹에서 전문 번역가로 활동하고 있다. 옮긴 책으로『지구 격동의 이력서, 암석 25』,『이토록 놀라운 동물의 언어』,『유연한 사고의 힘』,『생명, 경계에 서다』,『유연한 사고의 힘』,『바람의 자연사』,『바이털 퀘스천』,『진화의 산증인, 화석 25』, 『미토콘드리아』,『세상의 비밀을 밝힌 위대한 실험』,『신은 수학자인가?』,『생명의 도약』, 『날씨와 역사』,『좋은 균 나쁜 균』,『자연의 배신』,『카페인 권하는 사회』,『감각의 여행』등 이 있다.

감수 최상훈

고려대 지질학과를 졸업하고 동 대학원에서 박사학위를 받았다. 현재 충북대 자연과학대학 지구환경과학과 교수로 있다.

# 이전 세계의 연대기

초판 인쇄  2021년 8월 26일
초판 발행  2021년 9월 3일

지은이  존 맥피
옮긴이  김정은
펴낸이  강성민
편집장  이은혜
기 획  박은아
마케팅  정민호 김도윤
홍 보  김희숙 함유지 김현지 이소정 이미희 박지원

펴낸곳  (주)글항아리 | 출판등록  2009년 1월 19일 제406-2009-000002호

주소  10881 경기도 파주시 회동길 210
전자우편  bookpot@hanmail.net
전화번호  031) 955-2696(마케팅)  031) 955-1936(편집)
팩스  031) 955-2557

ISBN  978-89-6735-949-2 03400

글항아리사이언스는 (주)글항아리의 과학 브랜드입니다.

**www.geulhangari.com**